AF526427

Bertram Wöhrmann, Dennis Zimmer, Jan Große,
Günter Baumgart, Jens Söldner, Guido Söldner,
Constantin Söldner, Markus Grau, Philip Sonntag,
Gerd Pflueger, Florian Klotmann, Michael Schröder,
Jörg Rösch, Christoph Karger

VMware vSphere 7

Das umfassende Handbuch

Liebe Leserin, lieber Leser,

auch wenn die *Hybrid Cloud* und moderne *Container-Infrastrukturen* auf Basis von *Kubernetes* oder *OpenShift* die Begriffe der Stunde sind, wird Ihr Aufgabenbereich als VM-Administrator sicherlich nicht in der Wolke verschwinden. Ganz im Gegenteil: Nie waren die Ansprüche an eine funktionierende Infrastruktur so groß wie heute. Fachkenntnisse im Bereich Virtualisierung sind wertvoller denn je.

Dieses umfassende Nachschlagewerk stellt Ihnen daher von den Grundlagen wie der Storage-Architektur, virtualisierten Netzwerken, dem Monitoring, der Datensicherung und Ausfallsicherheit bis hin zu modernen Anwendungsfeldern alle relevanten Themen vor. Ob es um die Verwaltung komplexer Storage-Architekturen mit NetApp oder Pure Storage geht oder Sie mit der VMware Cloud Foundation eine ganz neue Möglichkeit kennenlernen wollen, um vSphere einzusetzen: Hier finden Sie praxisorientierte Anleitungen und fundiertes Hintergrundwissen von anerkannten Fachleuten.

Die Autoren Bertram Wöhrmann, Dennis Zimmer, Jan Große, Günter Baumgart, Jens Söldner, Guido Söldner, Constantin Söldner, Markus Grau, Philip Sonntag, Gerd Pflueger, Florian Klotmann, Michael Schröder, Jörg Rösch und Christoph Karger können auf langjährige Erfahrung in jedem Aspekt der Servervirtualisierung zurückgreifen und bieten Ihnen erprobtes Know-how zum Betrieb von virtuellen Maschinen und Netzwerken. Klar und gut verständlich werden so die Planung, Installation, Konfiguration und Wartung einer virtuellen Landschaft erklärt, damit Sie das Potenzial von VMware vSphere voll ausnutzen können.

Dieses bewährte Standardwerk ist zahlreichen Administratoren, IT-Architekten und Beratern ein zuverlässiger Begleiter gewesen. Auch in der sechsten Auflage wird es Ihnen bei Ihrer Arbeit mit vSphere zur Seite stehen.

Und noch ein Wort in eigener Sache: Dieses Werk wurde mit großer Sorgfalt geschrieben, geprüft und produziert. Sollte dennoch einmal etwas nicht so funktionieren, wie Sie es erwarten, freue ich mich, wenn Sie sich mit mir in Verbindung setzen. Ihre Kritik und konstruktiven Anregungen sind jederzeit willkommen.

Ihr Christoph Meister
Lektorat Rheinwerk Computing

christoph.meister@rheinwerk-verlag.de
www.rheinwerk-verlag.de
Rheinwerk Verlag · Rheinwerkallee 4 · 53227 Bonn

Auf einen Blick

Wir hoffen, dass Sie Freude an diesem Buch haben und sich Ihre Erwartungen erfüllen. Ihre Anregungen und Kommentare sind uns jederzeit willkommen. Bitte bewerten Sie doch das Buch auf unserer Website unter **www.rheinwerk-verlag.de/feedback**.

An diesem Buch haben viele mitgewirkt, insbesondere:

Lektorat Christoph Meister
Korrektorat Sibylle Feldmann, Düsseldorf
Herstellung Norbert Englert
Typografie und Layout Vera Brauner
Einbandgestaltung Mai Loan Nguyen Duy
Titelbild iStock: 610749276 © spainter_vfx, 521525770 © Mlenny, 6931452 © Archives
Satz III-Satz, Husby
Druck Beltz Grafische Betriebe, Bad Langensalza

Dieses Buch wurde gesetzt aus der TheAntiquaB (9,35/13,7 pt) in FrameMaker.

Gedruckt wurde dieses Buch mit mineralölfreien Farben auf chlorfrei gebleichtem, FSC®-zertifiziertem Offsetpapier (70 g/m²).

Hergestellt in Deutschland.

Bibliografische Information der Deutschen Nationalbibliothek:
Die Deutsche Nationalbibliothek verzeichnet diese Publikation in der Deutschen Nationalbibliografie; detaillierte bibliografische Daten sind im Internet über *http://dnb.dnb.de* abrufbar.

ISBN 978-3-8362-7578-1

6., aktualisierte Auflage 2021, 1., korrigierter Nachdruck 2024

Informationen zu unserem Verlag und Kontaktmöglichkeiten finden Sie auf unserer Verlagswebsite **www.rheinwerk-verlag.de**. Dort können Sie sich auch umfassend über unser aktuelles Programm informieren und unsere Bücher und E-Books bestellen.

Inhalt

4 Cluster 173

5 Installation von ESXi und vCenter 235

Vorworte und Danksagungen

Dieses Buch ist eine Teamleistung, und eine gewaltige dazu. Dieses Buch zu schreiben und es regelmäßig zu überarbeiten, sodass Sie inzwischen die 6. Auflage in den Händen halten, nahm viel Zeit in Anspruch. Wir Autoren konnten uns dabei stets auf den Rückhalt und die Unterstützung durch viele weitere Akteure verlassen – von Firmen bis hin zu unseren Familien. Bei ihnen möchten wir uns im Folgenden individuell bedanken, und wir möchten auch kurz unsere Motivation schildern, warum wir dieses Buch für Sie geschrieben haben.

Vorwort und Danksagung von Dennis Zimmer

Eines vorweg: 2020 wird leider nicht nur aufgrund dieses Buches in Erinnerung bleiben. Die Einschränkungen und die enorm schnelle Veränderung der Arbeitswelt durch Covid19 haben jeden Einzelnen getroffen und betroffen. Viele IT-Administratoren waren zeitweise ausschliesslich mit dem Bereitstellen von Remote-Umgebungen und virtuellen Desktops beschäftigt. Dies führte zu einem Boom im VDI-Umfeld, und gleichzeitig zu immensen Performance-Problemen, wenn es um den Storage geht, da sich die virtuellen Desktopnutzung vervielfachte. Aus 500 wurden 2000 Desktop-Systeme, die von Mitarbeitern dauerhaft remote genutzt wurden – und das quasi über Nacht.

Dies ist nur ein Beispiel für die Veränderung in der IT. Weiterhin nimmt die Agilität spürbar zu und die Softwareentwicklung rückt mit dem Bereich der Resourcenbereitstellung zusammen. *DevOps* wird zwar gerne als Begriff für eine Tätigkeit verwendet, aber in Wirklichkeit ist es ein Konzept, in dem es darum geht, Entwicklung, Test, Automatisierung und Überwachung miteinander zu verbinden. Noch vor 3 Jahren hatten die Wenigsten von Kubernetes gehört, und auch Docker sowie Container waren Begriffe, die eher im Entwicklerumfeld bekannt waren. Diese Zeiten sind vorbei: Container und virtuelle Maschinen laufen inzwischen auf denselben Plattformen. Automatisierung ist der Schlüssel für reproduzierbare Ergebnisse beim Ausrollen und Migrieren sowie zum Betrieb sich »selbst-heilender« Anwendungen. Migration bedeutet vor allem die Möglichkeit, zwischen verschiedenen Cloud-Plattformen wechseln zu können und den gefürchteten Vendor Lock-in zu vermeiden.

Die IT-Infrastruktur wird immer öfter als Ganzes angeschaut und nicht mehr in Silos aufgetrennt, die mehr oder weniger unabhängig agieren können. Ebenso verschwimmen die Grenzen zwischen lokaler On-Premises-Umgebung und sogenannten Hyperscalern wie Amazon AWS, Google Cloud oder Microsoft Azure.

VMware hat in 2012 mit *Nicira* eine äusserst wichtige Software eingekauft, die man heute unter NSX kennt. Diese ist die Schlüsselkomponente für die Cloud Foundation Produkte und bietet die Möglichkeit, Netzwerke über die bekannten physikalischem Grenzen hinweg zu betreiben.

Die weiteren Zukäufe (Heptio, Pivotal, Carbon Black und Bitnami) zeigen ebenso klar auf, dass für VMware zukünftig die Anwendungen im Vordergrund stehen werden und die Infrastrukturbereitstellung Teil des Automatisierungs-Stack wird.

VMware Cloud Foundation und *Tanzu* sind die Zukunftsprojekte und integrieren sich immer tiefer in die vormals von virtuellen Maschinen dominierte Infrastruktur. Dabei spielt die Container-Orchestration auf Basis von Kubernetes eine entscheidende Rolle. Obwohl VMware mit vSphere 7 deutliche Vereinfachungen und Einstiegshilfen für Administratoren mitbringt, müssen Sie viele neue Konzepte und Methoden erlernen und verstehen. Dieses Buch und auch die von VMware kostenlos bereitgestellten Videos und Trainings bieten beste Voraussetzungen, um den Sprung in Cloud-Native Welt zu meistern.

Als ich vor knapp 10 Jahren zusammen mit Bertram Wöhrmann das erste Buch zu VMware vSphere schrieb (das war damals zu Version 4), war die Migration aktiver VMs über *vMotion* das Thema, das für Begeisterung sorgte. Mit VMware vSphere 7, dem sich dieses Buch widmet, wird es die Migration ganzer Anwendungs-Stacks zwischen komplett unterschiedlichen Umgebungen sein, ohne dass eine Applikationsanfrage verloren geht.

Ich möchte das Ende meines Vorworts dazu nutzen, allen Autoren für die immense Arbeitsleistung danken, die sie in dieses Buch gesteckt haben. Besonderer Dank gilt Bertram Wöhrmann, der vor 2008 als Co-Autor zu mir gestossen war und seit ein paar Jahren das Buch zu VMware vSphere mit Herzblut weiterführt.

Aufgrund des tollen Feedbacks, das wir in dieser Zeit erhalten haben, kann ich nur erahnen, wie viele tausend Administratoren, Berater und IT-Verantwortliche mit Vorfreude auf dieses Buch warten, um sich die tägliche Arbeit durch die vielen niedergeschriebenen Hinweise und Erfahrungsberichte zu erleichtern.

Viel Spass beim Lesen und Lernen!

Vorwort und Danksagung von Bertram Wöhrmann

Ich habe an einigen Büchern mitgearbeitet, immer unterstützt von einem schlagkräftigen Autorenteam. Mittlerweile sind es acht Bücher sowie Sonderhefte und viele Fachartikel geworden. Hinzu kommen noch einige Videotrainings zum Thema vSphere 5/5.5/6.0.

Zu meinem Werdegang: Nach meinem Informatikstudium begann ich als Programmierer und schrieb in Chile eine Teleskopsteuerungssoftware. Nachdem das Projekt abgeschlossen war, wechselte ich in den Bereich »Windows-Administration und Netzwerke«. Nach einem Arbeitgeberwechsel konzentrierte ich mich ganz auf die Administration von Windows-Servern. Im Jahr 2005 wurde ich dann auf das Thema VMware-Virtualisierung aufmerksam. Seitdem gilt ein großer Teil meiner Aufmerksamkeit diesem Bereich: Die Planung, der Aufbau und die Weiterentwicklung von virtuellen Landschaften sind meine Hauptaufgaben, genauso wie die Analyse von Rechenzentren und deren Migration. Mein Wechsel ins Consulting gibt mir die Möglichkeit, viele Konfigurationen zu sehen, und Sie als Leser können dadurch von meinem Wissen profitieren.

Mit meinen Beiträgen zu diesem Buch möchte ich Ihnen das Thema *VMware vSphere* näherbringen und ich hoffe, dass Sie von dem Buch für Ihre Arbeit profitieren.

Zuallererst möchte ich mich beim Buch-Team für die tolle Zusammenarbeit bedanken. Es ist schon fantastisch, mit so vielen Spezialisten an einem Projekt zusammenzuarbeiten. Der daraus resultierende Tiefgang kommt letztendlich dem Buch und Ihnen als Leser zugute. Mein Dank gilt auch allen Autoren, die an dieser und an den vorherigen Büchern mitgearbeitet haben.

Mein Dank gilt ebenfalls allen Mitarbeitern des Verlags, die uns tatkräftig unterstützt haben und uns die Veröffentlichung dieses Buches ermöglichen. Besonderer Dank gilt Christoph Meister, der aufseiten des Verlags die Fäden in der Hand gehalten hat. Auch unsere Korrektorinnen, Sybille Feldmann und Petra Bromand, möchte ich an dieser Stelle erwähnen. Sie haben es geschafft, die Wahl von Begriffen und Namensgebungen abzugleichen, sodass Sie ein einheitlich verständliches Werk in der Hand halten.

Viele Menschen haben mir mit Rat und Tat zur Seite gestanden und mich immer wieder motiviert. Den Kollegen, die uns Autoren dabei unterstützt haben, die Qualität des Buches zu sichern, gilt ebenfalls mein ausdrücklicher Dank.

Meiner Familie gilt mein größter Dank. Meine Frau Kornelia hat mich immer in meiner Arbeit bestärkt. Dieser Rückhalt und das Verständnis meiner Söhne Sven und Pit für das Schreiben haben mich erst in die Lage versetzt, meine Buchprojekte durchzuführen.

Widmen möchte ich das Buch meiner Familie: Sie gibt mir über alle Generationen hinweg den Halt und die Kraft, immer nach vorne zu schauen.

Vorwort und Danksagung von Günter Baumgart

Bis Anfang der 1990er-Jahre studierte ich Elektrotechnik an der Fachhochschule in Bochum und absolvierte ab 2003 ein weiterbildendes Studium »IT-Sicherheit – Administration und Sicherheit von IT-Systemen und -Netzwerken« an der Ruhruniversität Bochum. Seit 1990 bin ich im Bereich der Softwareentwicklung, des Engineerings und der Architektur von IT-Systemen tätig.

1999 setzte ich erstmalig ein Virtualisierungsprodukt aus dem Hause VMware ein und war augenblicklich begeistert. Seit diesem Tag bin ich ein Anhänger der Idee der Virtualisierung. Ich freue mich ganz besonders darüber, auch in dieser neuen Auflage des vSphere-Buches mit zwei Beiträgen dabei sein zu können. Kapitel 3, »vMotion und Storage vMotion«, und Kapitel 13, »Die private Cloud mit Nutanix«, sind die Kapitel, die ich zu diesem Buch beigesteuert habe. Das Aufarbeiten und die Aktualisierung der Themen, sodass Sie als interessierter Leser auf Ihre Kosten kommen, war wie bei jedem der vielen Buchprojekte, an denen ich bisher beteiligt war, wie immer eine Herausforderung. Es hat natürlich auch wieder einiges an Freizeit gebraucht, um alle Kapitel fertigzustellen. Ich freue mich darüber, dass ich mir abermals der vollen Unterstützung meiner ganzen Familie sicher sein konnte.

Meine Frau Annette hat mich großartig unterstützt und stand mir jederzeit mit Rat und Tat zur Seite, um es mir zu ermöglichen, so zu schreiben, dass die Inhalte auch diesmal zum Weiterlesen bewegen. Sie hat mir den Rücken freigehalten, sodass ich die nötige Ruhe finden konnte, um gute Arbeit abliefern zu können. Alle, die Kinder haben, egal ob diese klein oder groß sind, werden wissen, wovon ich spreche. Natürlich gilt mein ganz besonderer Dank Maxi und Flori, die wieder einmal auf Papa verzichten mussten. Vielen Dank euch allen für euer Verständnis!

Vorwort und Danksagung von Jan Große

Bereits von klein auf hatte ich großes Interesse an der Welt der Computertechnik. Sobald der erste C64 bzw. der erste x86-Rechner greifbar war, wurde getüftelt, gebastelt und analysiert, was das Zeug hielt. Aufgrund dieses regen Interesses zog es mich bereits während meiner Schulzeit auf ein Berufskolleg, auf dem wir als erster Jahrgang die Möglichkeit hatten, einen höheren Schulabschluss mit dem Schwerpunkt Informatik zu erreichen.

Nach mehreren Jahren IT-Arbeit im SMB-Umfeld regte sich bei mir schon im Jahr 2006 ein starkes Interesse an der Virtualisierung. Ab 2009 konnte ich unter der Flagge von Siemens meine Fähigkeiten im Bereich »VMware und Microsoft Windows im Enterprise-Umfeld« bei der Planung, Umsetzung und Betreuung von diversen Infrastrukturen unter Beweis stellen. Im Jahr 2013 erweiterte sich mein Tätigkeitsfeld bei der opvizor GmbH. Dort habe ich als *Systems Engineer* nicht nur Kunden und die Produktentwicklung des opvizor-Analyse-Tools für VMware vSphere betreut, sondern bekam auch das erste Mal die Möglichkeit, mein Wissen in Form von Schulungen und Vorträgen sowie im firmeneigenen Blog mit dem Schwerpunkt VMware weiterzugeben. Seit 2015 bin ich im Bereich Consulting der Login Consultants Germany GmbH tätig und betreue Kunden im Bereich VMware und Cloud.

Mein besonderer Dank gilt Bertram Wöhrmann, der mich ermutigt und mir die Möglichkeit gegeben hat, an diesem Buch mitzuarbeiten. Ein weiterer Dank gilt Dennis Zimmer, der mich in vielen Dingen ermutigt hat und mir gezeigt hat, dass man mit seinen Herausforderungen wächst. Außerdem danke ich allen, die mich und das Team tatkräftig unterstützt haben.

Mein größter Dank gilt meiner Frau Romina, die mich in allen Lebenslagen ermutigt, unterstützt und mir zur Seite steht. Sie war bereits beim ersten Buchprojekt meine größte Unterstützung. Es macht mich unendlich stolz, sie bei diesem Projekt nun als Frau an meiner Seite zu haben und mit ihr die Welt entdecken zu können.

Vorwort und Danksagung von Dr. Michael Schröder

Meine Verbindung zu VMware geht zurück auf die Zeit um das Jahr 2000. Dort erblickte meine erste Windows 2000-Installation das Licht der Welt in einer virtuellen Maschine. Ich hatte damals den Vorläufer der VMware Workstation auf einer Windows NT 4.0-Workstation installiert. Die Leistung der damaligen Hardware war unterirdisch und der Bootvorgang der VM glich einer Diashow. Ich war dennoch wie vom Blitz getroffen. Es war die goldene Zeit des Dotcom-Hypes und IT wurde für mich fortan interessanter als Polymerase-Kettenreaktion oder Nukleotid Biosynthese.

So ist es rückblickend nicht verwunderlich, dass ich nach Abschluss meiner Forschungstätigkeit an der Universität eine Karriere in der IT einschlug.

Die erste eigene ESX-Installation war Version 2.5, und die Faszination ist seither ungebrochen. Die Beschäftigung mit Themen rund um die Virtualisierung ist ein fortwährender Lernprozess. Meine praktischen IT-Erfahrungen halte ich seit 2010 in meinem Blog *Elastic-Sky.de* fest. Zunächst nur in deutscher Sprache, seit 2017 zweisprachig in Deutsch und Englisch. Es war mir immer wichtig, mein Wissen mit der Community zu teilen, daher wurde ich 2019 *VMware Certified Instructor* (VCI).

Mein Dank gilt Bertram Wöhrmann, der mir die Möglichkeit gab, hier an diesem Buch mitzuwirken und Dr. Jens Söldner, der mich als Co-Autor vorschlug und mich auf dem Weg zum VCI förderte.

Des Weiteren möchte ich mich herzlich bedanken bei Dr. Ruth Viereck und Dr. Matthias Schwager für die Unterstützung in inhaltlichen Fragen und bei der fachlichen Korrektur.

Vorwort und Danksagung von Dr. Jens-Henrik Söldner

Wie bei mehreren meiner Autorenkollegen waren die Commodore-Heimrechner C64 und Amiga mein Einstieg in die faszinierende Welt der Computertechnik. Ein Studium der Informatik an der Universität Erlangen-Nürnberg war dann nur der nächste logische Schritt. Parallel zum Studium war ich von 1997 an als Trainer im IT-Bereich aktiv, zunächst im Umfeld von Novell NetWare und Microsoft NT 4 und Windows 2000. Die erste verfügbare Version von VMware Workstation half mir dann, in den Trainings Windows- und Novell-Welten auf einem portablen Shuttle Spacewalker demonstrieren zu können. Mit ESX 2.x kam dann die offizielle Autorisierung als *VMware Certified Instructor*, seitdem bin ich als Trainer und Consultant in virtuellen Welten zusammen mit meinen Brüdern Dr. Guido Söldner und Dr. Constantin Söldner als Geschäftsführer der Söldner Consult GmbH aktiv. Als VMware im Jahr 2014 NSX-V auf den Markt brachte, hatte ich das Glück, als erster deutschsprachiger Trainer zu einem Train-the-Trainer-Bootcamp in den VMware Hauptsitz in den USA eingeladen zu werden. Seitdem ist Netzwerkvirtualisierung und die Sicherheit im Netz ein fester Bestandteil meiner beruflichen Tätigkeit. Ab dem Wintersemester 2018 darf ich dieses Wissen auch als Professor für Wirtschaftsinformatik und IT-Sicherheit an der Hochschule Ansbach an StudentInnen weitergeben.

Ich freue mich darüber, als neuer Autor in dieser Auflage des vSphere-Buches dazuzustoßen. Kapitel 8, »Netzwerkvirtualisierung mit VMware NSX Data Center« und Kapitel 19, »Automatisierung von vSphere«, sind die Kapitel, die ich zu diesem Buch beisteuern durfte.

Mein besonderer Dank gilt Thomas Schönfeld, der mich nach einem gemeinsamen Training zu NSX-V an Bertram empfohlen hat und mir ermöglicht hat, das Autorenteam zu ergänzen. Mein größter Dank gilt meiner Freundin Maria für die Unterstützung und den Rückhalt, den sie mir tagtäglich gibt und insbesondere dafür, dass sie über meine kleineren und größeren Schwächen hinwegschaut.

Für die Durchsicht und technische Korrektur des Kapitels zu NSX-V möchte ich mich bei Frank Escaros-Büchsel, NFV Consulting Architect bei VMware, bedanken. Danke, Frank, für Deine Hilfsbereitschaft und den Einsatz, den Du für die VMware Community zeigst!

Vorwort und Danksagung von Florian Klotmann

Ich war stets sehr interessiert an der IT. Bereits während meiner Schulzeit habe ich Computer zusammengebaut und später auch mit Mikrocontrollern diverse Projekte umgesetzt sowie eigene 3D-Drucker von Grund auf entworfen und gebaut. Vor 8 Jahren habe ich meine Ausbildung zum Fachinformatiker mit der Fachrichtung Systemintegration erfolgreich beendet und konnte damit mein Hobby zu meinem Beruf machen.

Anfangs habe ich noch an sehr unterschiedlichen Themen innerhalb der IT gearbeitet. Mittlerweile arbeite ich primär in den Bereichen der Virtualisierung, Datensicherung sowie Servermanagement. Als Werkzeug für viele dieser Themen nutze ich dabei bereits seit mehreren Jahren die PowerShell aus dem Hause Microsoft, die auch dank der vielen verfügbaren Module ein sehr mächtiges Tool ist. Damit ist auch die Automatisierung oder auch die Verbesserung von vielen Prozessen für mich ein essentieller Part bei der Arbeit.

Mein besonderer Dank gilt Bertram Wöhrmann, der es mir ermöglicht hat, an diesem Buch zu mitschreiben. Durch seine Unterstützung und sein immer offenes Ohr wurde ich stets darin bestärkt, bei dieser für mich vollkommen neuen Erfahrung einen guten Beitrag leisten zu können.

Außerdem möchte ich mich herzlich bei meiner Familie bedanken. Bei meiner Frau Vera, die mich stets ermutigt hat hier mitzuwirken und mir dafür auch immer die Zeit gab, welche ich benötigt habe. Sowie bei meinen Eltern Ulla und Wolfgang und meinem Bruder Fabian, die mir zu jedem Zeitpunkt mit Rat und Tat zur Seite standen und mir immer den Rücken freihielten. Ihr habt mich stets unterstützt und wart immer für mich da. Ich danke Euch dafür!

Vorwort und Danksagung von Gerd Pflueger

Auch bei mir gehören Commodore C64 und Amiga zum Einstieg in die EDV-Welt dazu. So richtig habe ich mich aber erst für Netzwerk-Technik interessiert, als ich als Labor-Ingenieur bei der Technischen Hochschule Nürnberg das Arbeiten begann. Die Infrastruktur bestand damals aus Ethernet (noch als Yellow Cable) und Novell NetWare. Die Netzwerk-Technik hat mich aber dann bei verschiedenen Stationen beschäftigt, z. B. in der EDV der Firma Brochier in Nürnberg und in mehreren Netzwerk-Consulting- und Partner-Firmen. Ein Höhepunkt meiner Karriere begann im Februar 2000, als ich die Chance bekam, bei Cisco Systems als Systems Engineer anzuheuern. Nach 16 Jahren und einem Monat verließ ich Cisco als *Distinguished Systems Engineer* und wechselte im März 2016 zu VMware. Zurzeit bin ich Lead Solution Engineer innerhalb des NSX Teams Deutschland und dort verantwortlich für die Bereiche Enterprise Datacenter und Edge Computing, einschließlich neuer Technologien wie AI/ML, SD-WAN und anderer SDN-Entwicklungen. Zusätzlich bin ich seit knapp 4 Jahren *Member of the CTO Ambassador Program*.

Dieses Buch-Projekt ist neben unzähligen Artikeln in verschiedenen Fachmagazinen mein zweites, nachdem ich das VMware-Buch »SD-WAN 1:1: The What, Why and How« 2019 veröffentlicht habe.

Ich möchte mich bei verschiedenen Personen bedanken. Zuerst bei Bertram Wöhrmann und Jens Söldner, die mich mit ins Buch-Projekt geholt haben und mir die Chance gegeben haben, das spannende Kapitel »VMware Cloud Foundation« zu aktualisieren (Ach ja: »VCF ist das neue vSphere«). Motivierend waren auch die Diskussionen mit Jörg Rösch.

Dank sage ich außerdem meiner Frau Jane, meiner Familie, meinen Managern, meinem Team und dem Universum.

Für Kommentare und Verbesserungen meines Kapitel 22, »VMware Cloud Foundation 4.0«, bin ich per E-Mail unter *gerd@vmware.com* oder *gerd@expect.de* erreichbar.

Vorwort und Danksagung von Jörg Rösch

Ich freue mich darüber, als neuer Autor in dieser Auflage des vSphere-Buches dazu zu stoßen. Mit über 20 Jahren Erfahrung in der IT-Netzwerk- und Sicherheitstechnik habe ich das NSX-T-Kapitel mitgeschrieben. Als Technical Account Manager (TAM) für Virtual Cloud Network bin ich bei VMware tätig und unterstütze Kunden in den Bereichen Konzeptionierung, Architektur, Planung und Implementierung.

Mein besonderer Dank gilt Jens Söldner von Söldner Consult, der mich Bertram empfohlen hat und mir ermöglicht hat, das Autorenteam zu ergänzen. Inspirierend und lustig waren auch die Diskussionen mit Gerd Pflueger.

Mein größter Dank gilt meiner Frau Sandra, die mich in allen Lebenslagen unterstützt und mir stets zur Seite steht. Außerdem bedanke ich mich ganz herzlich bei unseren drei wundervollen Töchtern Emely, Marie und Enna, die des Öfteren auf ihren Papa verzichten mussten.

Für Kommentare und Verbesserungen zu Kapitel 8, »Netzwerkvirtualisierung mit VMware NSX Data Center«, bin ich per E-Mail unter *jroesch@vmware.com* oder *jroesch78@gmx.de* erreichbar.

Vorwort und Danksagung von Philip Sonntag

Mein Weg in der IT begann mit meiner Ausbildung im Jahr 2009 in einem metallverarbeitenden Betrieb, in dem es darum ging, die die Prozesse des Unternehmens in der IT abzubilden. Ein Arbeitgeberwechsel zu einem IT-Systemhaus brachte mich in den Bereich Storage-Infrastruktur und damit auch in Verbindung mit VMware vSphere. Den Storage-vMotion-Vorgang kannte ich bereits von meinem vorherigen Arbeitgeber und schnell wurde klar, dass mein neues Zuhause die Virtualisierungslösungen und die Speicherarchitektur im Rechenzentrum werden sollte.

Nach einiger Zeit kamen dann noch Backup-Themen hinzu, und ich stellte fest, dass mein Wissen im Bereich der Unternehmensprozesse im Zusammenhang mit der IT mein Steckenpferd geworden war.

Sehr freute ich mich auf Empfehlung von Jens Söldner im Team mitwirken zu dürfen und ein Kapitel für die Storage-Architektur mit NetApp unter vSphere beizusteuern. Ich bin davon überzeugt, dass der von NetApp gewählte Ansatz sich ganzheitlich auf die IT von Unternehmen anwenden lässt und Sie in Ihrer alltäglichen Arbeit erhebliche Unterstützung und Erleichterungen erfahren werden. Es ist mir in Projektabschlüssen sehr wichtig, dass am Ende der Reise glückliche Gesichter auf das Projekt zurückblicken und dass ein wirklicher Mehrwert nicht nur sichtbar, sondern auch spürbar ist.

Herzlich danken möchte an dieser Stelle meiner Familie Theresa, Monika, Konrad, Tabea und Malte. Leider ist meine Oma Luzie während der Entstehung dieses Kapitels von uns gegangen, was die Arbeit am Buch erheblich verändert hat. Um so mehr bedanke ich mich bei meinen Freunden, die mich in dieser Zeit so unglaublich gehalten und bestärkt haben.

Vorwort und Danksagung von Christoph Karger

Zunächst möchte ich mich beim Buch-Team für die freundliche Aufnahme und die Chance, mein Wissen mit den Lesern teilen zu dürfen, bedanken. Ich selbst befasse mich seit 20 Jahren mit Technologien zur Kommunikation zwischen IT-Systemen und habe früh meine Leidenschaft für TCP/IP-basierende Netzwerke entdeckt. Ich bin seit ca. zehn Jahren als Trainer und Consultant in der IT tätig. Mein Fokus liegt hier bei Netzwerktechnologien und Virtualisierung. Jüngst habe ich bei der Söldner Consult GmbH eine neue Heimat gefunden und freue mich über die Möglichkeiten, die mir hier offenstehen.

Mein besonderer Dank gilt Stefan Probst, der mich in meiner beruflichen Laufbahn stehts fürsorglich und humorvoll unterstützt hat, und der mir stets verlässlich den Rücken freigehalten hat. Ebenso möchte ich mich bei Jens Söldner bedanken, der mich in der Welt des Bücherschreibens eingeführt hat. Ferner gilt mein Dank natürlich auch meiner Familie und meinen Freunden, auf die ich mich stets verlassen konnte. Ebenso möchte ich mich bei den Kollegen der Söldner Consult GmbH für die interessanten und lehrreichen Debatten über Netzwerke und VMware bedanken.

Für Fragen, Anmerkungen und Verbesserungen zum NSX-T Kapitel können Sie mich via E-Mail unter *christoph.karger@soeldner-consult.de* und *c.e.karger@gmail.com* erreichen.

Danksagung an VWware und Copyright-Statement

Da wir in diesem Buch die sehr gute Diagramm- und Icon-Library von VMware zur Erstellung der Grafiken genutzt haben, sind wir verpflichtet, folgendes Statement abzudrucken:

> *This document was created using the official VMware icon and diagram library. Copyright 2010 VMware, Inc. All rights reserved. This product is protected by U.S. and international copyright and intellectual property laws. VMware products are covered by one or more patents listed at http://www.vmware.com/go/patents.*
>
> *VMware does not endorse or make any representations about third party information included in this document, nor does the inclusion of any VMware icon or diagram in this document imply such an endorsement.*

Vielen Dank an unsere Sponsoren

Kapitel 1
Einleitung

Virtualisierung ist heutzutage aus der Welt der Server kaum mehr wegzudenken. Sie ist das Mittel der Wahl, wenn es darum geht, Ressourcen optimal zu nutzen, und bietet dabei noch ein großes Maß an Flexibilität.
Autor dieses Kapitels ist Jan Große, Login Consultants Germany GmbH.
jgrosse@vpantheon.com

1.1 Servervirtualisierung

Zu Beginn wollen wir die wichtigsten Fragen zum Thema Virtualisierung klären.

1.1.1 Was ist Servervirtualisierung?

Mithilfe der Virtualisierung kann man die bestehende 1:1-Beziehung von einem Betriebssystem auf einem Server aufheben. Mithilfe des Hypervisors wird die Ebene des Betriebssystems von der Hardwareebene abstrahiert. Auf Basis dieser neuen Zwischenebene können dann mehrere Instanzen von Betriebssystemen auf einem einzigen Server installiert werden. Der Hypervisor ist in unserem Fall *VMware ESXi 7*.

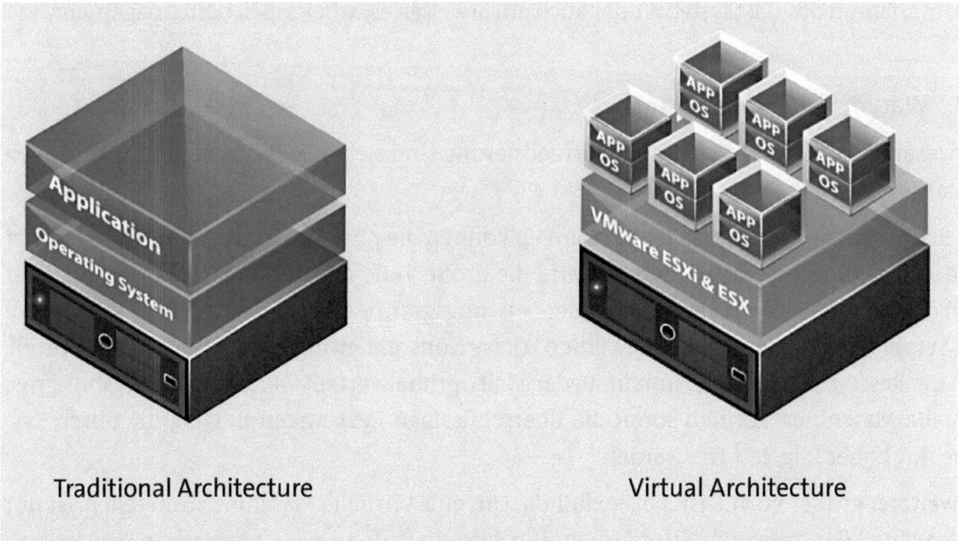

Abbildung 1.1 Die Virtualisierungsarchitektur in der Übersicht

1.1.2 Was ist eine virtuelle Maschine?

Eine *virtuelle Maschine*, kurz VM, kann man sich vereinfacht als ein Stück vom »Kuchen der physischen Ressourcen« vorstellen.

Die Konfiguration einer virtuellen Maschine wird bei ihrer Erstellung festgelegt. So kann etwa bestimmt werden, über wie viele virtuelle CPUs und Arbeitsspeicher sie verfügen soll und welche Komponenten (wie Netzwerkkarten, USB-Controller und CD-Laufwerke) sie erhalten soll. Sie verfügt, wie ein physisches System auch, über ein BIOS bzw. UEFI.

Die Daten wie auch die Konfiguration der virtuellen Maschine werden auf einem Datenspeicher abgelegt, der vom Hypervisor erreichbar ist. Eine virtuelle Festplatte der VM ist auf dem Datenspeicher des ESXi-Hosts also nur ein Satz von Dateien.

Innerhalb einer virtuellen Maschine kann – wie auf einem physischen Server auch – ein Gastbetriebssystem installiert werden. Das Gastbetriebssystem kann zum Beispiel Microsoft Windows, Linux, macOS, aber auch ein Hypervisor sein. So können nicht nur Standardgastsysteme installiert werden, sondern auch verschiedene Testszenarien über virtualisierte Virtualisierung sehr effektiv abgebildet werden. Auch wenn VMware die Funktionen der *Nested Virtualization* in den vergangenen Versionen immer wieder erweitert hat, beachten Sie bitte, dass das Betreiben solcher Installationen zwar möglich, aber nicht offiziell von VMware für produktive Umgebungen unterstützt ist.

Nach Möglichkeit sollte jede installierte virtuelle Maschine mit den *VMware Tools* versehen werden. Die VMware Tools sind ein Paket aus verschiedenen Applikationen, Treibern und Skripten. Sie ermöglichen die Verwendung von VMware-eigener virtueller Hardware (beispielsweise der VMware-VMXNET-Netzwerkkarte) und bieten die Möglichkeit der Kommunikation zwischen Hypervisor und VM für Aufgaben wie z. B. Zeitsynchronisation, ein sauberes Herunterfahren des Gastsystems oder auch ein erweitertes Arbeitsspeichermanagement.

1.1.3 Warum virtualisiert man?

Die wesentlichen Argumente für die Virtualisierung sind sicherlich Konsolidierung und Flexibilität.

Durch die flexible Verteilung der Ressourcen können die physischen Server optimal genutzt werden. Systeme auf physischen Servern, die große Teile der Zeit untätig (*idle*) sind, aber auch solche Server, die permanent an der Leistungsgrenze arbeiten, werden auf einem großen Server in virtueller Form konsolidiert. Diese Konsolidierung bringt den großen Vorteil, dass die Ressourcen dadurch nun im Bedarfsfall optimal verteilt werden. Leistungshungrige virtuelle Maschinen können somit die überschüssigen Ressourcen nutzen, die durch Systeme mit hoher Idle-Zeit frei werden.

Ein weiterer großer Vorteil ist die Flexibilität. Um eine virtuelle Maschine zu erstellen, ist nur ein Bruchteil des Aufwands erforderlich, den Sie zum Aufbau eines physischen Servers treiben müssen. Die Ressourcen einer virtuellen Maschine können auch im Nachhinein sehr schnell, teilweise sogar während der Laufzeit, geändert werden. Sollte die Anzahl virtueller CPUs einer VM nicht mehr ausreichen, können Sie auf aktuellen Systemen sogar via HotPlug im laufenden Betrieb CPUs per Mausklick oder Konsolenbefehl hinzufügen.

Die Flexibilität beschränkt sich dabei nicht nur auf die virtuellen Maschinen an sich. Eine Auszeit für die Hypervisoren muss nicht zwingend auch eine Auszeit für die virtuellen Maschinen bedeuten. Die virtuellen Maschinen können im laufenden Betrieb auf einen anderen physischen Server verschoben werden, ohne dass das Gastbetriebssystem etwas davon mitbekommt. Nach erfolgreicher Auszeit können die Maschinen dann wieder zurückverschoben werden.

Darüber hinaus können Ausfälle der Gastsysteme über verschiedene Mechanismen von vSphere abgesichert werden, indem Automatismen konfiguriert werden, die im Fall eines Ausfalls starten.

Mittlerweile wachsen die Möglichkeiten weiter und weiter. So können sogar ganze Rechenzentren heruntergefahren werden, indem die virtuellen Maschinen unterbrechungsfrei in andere On-Premise-Datacenter oder sogenannte SDDCs (*Software Defined Datacenter*) in der Cloud verschoben werden.

1.1.4 Gibt es auch Nachteile?

Natürlich bietet Virtualisierung nicht nur Vorteile. Sie erfordert Know-how, und es gibt gewisse »No-Gos«.

Know-how

Virtualisierung, gerade mit VMware, lässt sich gut mit dem Satz »Easy to learn – but hard to master« beschreiben. Einen Hypervisor zu installieren und mit einigen virtuellen Maschinen zu versehen, ist recht schnell erledigt. Möchte man allerdings den vollen Nutzen und die volle Leistung aus der Installation ziehen, muss man sich intensiv mit dem Thema auseinandersetzen. Dieser zusätzliche Aufwand sollte gerade in kleineren Umgebungen nicht unterschätzt werden.

No-Gos

Auch wenn es immer mehr Lösungen für die sogenannten Totschlagargumente gibt, so lässt sich nicht jedes System virtualisieren. Gründe, die gegen eine Virtualisierung sprechen können, sind beispielsweise die Lizenzierung bzw. der Support des Betriebssystems oder der Software. Lizenziert ein Softwarehersteller sein Produkt beispielsweise auf Basis der darunterliegenden physischen Hardware, kann dies ein klares Argument gegen Virtualisierung sein. In diesem Fall können Sie sich schnell in der Lage wiederfinden, dass die Software, die Sie in einer sehr spärlich ausgestatteten VM betreiben wollen, auf einmal utopische Summen kostet, weil die VM auf einem sehr großzügig ausgestatteten Hypervisor läuft.

Unterstützt der Hersteller einer Software oder eines Betriebssystems keine Virtualisierung, heißt das zwar nicht zwingend, dass das Produkt nicht in einer virtuellen Maschine läuft. Im Fehlerfall jedoch hat man keinen Anspruch auf Unterstützung dem Hersteller gegenüber.

Ein weiteres großes No-Go kann eine Servererweiterung darstellen. Solche Erweiterungen können beispielsweise externe Maschinen sein, die über die seriellen oder parallelen Ports eines Servers gesteuert werden. Hier muss im Einzelfall geprüft werden, ob es eine entsprechende Lösung für das jeweilige Szenario im Bereich der Virtualisierung, beispielsweise per »pass-through«, gibt und ob es praktikabel ist, diese umzusetzen.

1.1.5 Welche Arten der Virtualisierung gibt es?

Es gibt verschiedene Arten von Virtualisierung. Die Technik im Bereich von VMware fußt auf der Technologie der Hypervisor-basierten Virtualisierung. Bei dieser mittlerweile gängigsten Technik ist ein Hypervisor, auch *Virtual Machine Manager* (VMM) genannt, für die Verwaltung der Gastsysteme verantwortlich. Diese Technologie gibt es in zwei Varianten:

- **Hypervisor Typ 1:** Bei dieser Technologie werden die Hypervisoren unmittelbar als Betriebssystem auf die Hardware installiert. Diese Art von Hypervisor wird in der Regel zur Server- oder auch zur Desktopvirtualisierung genutzt. Solche Hypervisoren sind sehr schlank und versuchen, den Overhead zu minimieren. Zu dieser Technologie zählen beispielsweise *VMware ESXi* und *Microsoft Hyper-V*. VMware nutzt mit ESXi einen anderen Ansatz als Microsoft. Das eigens von VMware erstellte ESXi ist ein eher minimalistischer Ansatz mit sehr restriktiven Vorgaben im Hinblick auf Kompatibilität und Support.
- **Hypervisor Typ 2:** Zum Typ 2 zählen solche Hypervisoren, die in ein bestehendes Betriebssystem installiert werden, beispielsweise *VMware Workstation*, *VMware Fusion* und *Oracle VirtualBox*. Diese Art der Virtualisierung wird häufig dazu genutzt, um Testsysteme innerhalb eines bestehenden PCs zu installieren.

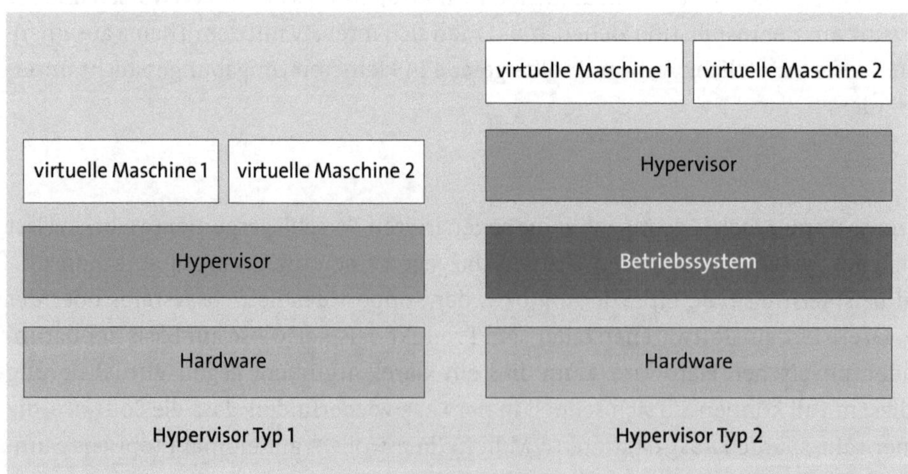

Abbildung 1.2 Hypervisor Typ 1 und Typ 2 im Vergleich

Neben der Hypervisor-basierten Virtualisierung gibt es noch die Hardwarevirtualisierung und die Betriebssystemvirtualisierung. Bei der *Hardwarevirtualisierung* wird die Verwaltung der Gastsysteme von der Hardware selbst übernommen. Ein Beispiel für Hardwarevirtualisierung ist die IBM-LPAR-(Logic-Partition-)Technologie.

Die *Betriebssystemvirtualisierung* hebt sich stark von den anderen Varianten der Virtualisierung ab. Bei der Betriebssystemvirtualisierung wird ein einzelnes Betriebssystem partitioniert. Die dadurch entstehenden Instanzen laufen isoliert, aber anders als bei den anderen Virtualisierungsvarianten zwingend immer mit demselben Betriebssystem, da die Basis immer dieselbe ist. Beispiele für die Betriebssystemvirtualisierung sind *Linux vServer* und *BSD Jails*.

1.2 Die VMware-Produktfamilie

Die Produktfamilie aus dem Hause VMware wächst stetig. Allein sämtliche Produkte zu erklären, würde den Rahmen dieses Buchs schon fast sprengen. Im Folgenden stellen wir die Produkte aus dem Bereich der Hypervisoren kurz vor.

1.2.1 VMware Workstation

VMware Workstation ist das Produkt, mit dem VMware groß geworden ist. Das kostenpflichtige Produkt VMware Workstation ist ein Hypervisor vom Typ 2 und für die Plattformen Windows und Linux verfügbar. Mithilfe von VMware Workstation können virtuelle Maschinen nicht nur ausgeführt, sondern auch erstellt, verwaltet und verändert werden. Die häufigsten Anwendungsszenarien sind Test- oder Entwicklungssysteme oder auch der Ersatz einer kompletten Test- oder Entwicklungsumgebung auf Basis virtueller Maschinen.

Mithilfe von VMware Workstation kann eine Vielzahl von Gastbetriebssystemen betrieben werden – von Linux über Windows und macOS bis hin zu Hypervisoren wie ESXi. Die Gastsysteme können über verschiedene Methoden an das Netzwerk des Wirtssystems angebunden oder auch nur intern mit anderen Gastsystemen verbunden werden. Über die Netzwerkverbindung hinaus können diverse Komponenten (wie USB-Geräte, Verzeichnisse und CD/DVD-Laufwerke) ebenfalls mit dem Gastsystem verbunden werden.

VMware Workstation bietet mit der Snapshot-Funktion eine Möglichkeit, den derzeitigen Stand einer virtuellen Maschine festzuhalten, um zu einem späteren Zeitpunkt bei Bedarf zu diesem Punkt zurückkehren zu können. Dabei wird sowohl der Zustand der Datenspeicher als auch, wenn erwünscht, der Zustand des Arbeitsspeichers festgehalten. Man kann also auf Knopfdruck einen Sprung zu einem festgehaltenen Zustand aus der Vergangenheit einer eingeschalteten virtuellen Maschine machen.

Über diese Funktionen hinaus gibt es die Möglichkeit, die Grenzen des PCs zu überschreiten, auf dem VMware Workstation ausgeführt wird. Man kann eine Verbindung zu anderen

VMware Workstations, zu einem vCenter Server, zu ESXi-Servern oder auch zu der vCloud Air herstellen und dort liegende Systeme nutzen.

Bestehende virtuelle Maschinen können als OVF-Paket exportiert und auf andere Systeme übertragen werden.

Ein weiteres Feature ist das Verbinden von VMDK-Dateien mit dem PC-System, auf dem VMware Workstation ausgeführt wird. So kann – die Unterstützung für das in der VMDK-Datei verwendete Dateisystem vorausgesetzt – auch auf die Daten zugegriffen werden, während die virtuelle Maschine ausgeschaltet ist.

1.2.2 VMware Workstation Player

Den *VMware Workstation Player*, der zuvor *VMware Player* bzw. *VMware Player Plus* hieß, gibt es für Windows und Linux. Er ist in zwei Varianten verfügbar: in einer nicht lizenzierten Variante, die für die nicht kommerzielle persönliche Nutzung vorgesehen ist, und in einer kommerziellen, lizenzierten Variante, die einige erweiterte Funktionen bietet. Unabhängig von der Version ist der Workstation Player primär dafür vorgesehen, virtuelle Maschinen abzuspielen. Über das Abspielen hinaus können auch virtuelle Maschinen erstellt und die Konfiguration vorhandener virtueller Maschinen kann angepasst werden.

Die Vorzüge der lizenzierten Variante bestehen darin, dass Sie mit ihr die Option haben, den Support zu nutzen, den VMware anbietet, und dass sie die Möglichkeit zum Ausführen von sogenannten *Restricted VMs* bietet. Diese Restricted VMs können mit *VMware Workstation Pro* oder *VMware Fusion Pro* erstellt und mit verschiedenen Einschränkungen versehen werden. Einschränkungen können beispielsweise ein Ablaufdatum sein oder darin bestehen, dass das Einbinden von USB-Geräten innerhalb der virtuellen Maschine deaktiviert ist.

1.2.3 VMware Fusion und VMware Fusion Professional

VMware Fusion bildet das macOS-Äquivalent zu VMware Workstation Player, während *VMware Fusion Pro* das Äquivalent zu VMware Workstation Pro ist. Der Funktionsumfang ist zu großen Teilen identisch mit dem entsprechenden Pendant für Linux bzw. Windows – mit der Ausnahme, dass es keine nicht kommerzielle Version von VMware Fusion gibt.

1.2.4 VMware vSphere Hypervisor (ESXi)

Der *VMware vSphere Hypervisor* ist die freie Variante des ESXi-Hypervisors. Er bietet eine gute Basis für den Einstieg in die Virtualisierung. Voraussetzung für den Betrieb eines vSphere Hypervisor ist eine kompatible Hardware. Es gibt allerdings einige Einschränkungen im Vergleich zu den kostenpflichtigen Versionen. Die aktuellen Einschränkungen sind:

- maximal 8 vCPUs pro virtuelle Maschine
- maximal 480 vCPUs insgesamt pro Host
- keine Möglichkeit zum zentralen Management über ein vCenter

Durch die fehlende zentrale Verwaltung sind Funktionen wie Hochverfügbarkeit, die integrierte Backup-Funktion und Live-Migration nicht verfügbar.

Da seit der Version vSphere 6.5 der installierbare *vSphere-Client* nicht mehr länger funktioniert, ist der Zugriff auf den vSphere Hypervisor nur noch über den *Host-Client* bzw. über die Konsole/SSH möglich. Den Host-Client erreichen Sie unter der URL *https://<vSphere Hypervisor>/ui*.

Die freie Version des vSphere Hypervisor kann im laufenden Betrieb mit einer Lizenz zu einer vSphere-Edition angehoben werden.

1.2.5 VMware ESXi

VMware ESXi gehört zu den Typ-1-Hypervisoren und stellt die kostenpflichtige Basis von VMware für Server- und Desktopvirtualisierung dar.

ESXi ist in drei verschiedenen Editionen verfügbar:

- vSphere Standard
- vSphere Enterprise Plus
- vSphere with Operations Management Enterprise Plus

Zusätzlich zu diesen Editionen gibt es noch verschiedene *Kits*, in denen vSphere angeboten wird und in denen ESXi enthalten ist.

Die Editionen bestimmen den Funktionsumfang an Features bzw. den Umfang von verschiedenen Features. So bietet eine Standard-Edition beispielsweise nur Fault Tolerance für Systeme mit bis zu zwei vCPUs, während eine Enterprise-Plus-Edition eine Fault Tolerance mit bis zu acht vCPUs unterstützt.

1.2.6 VMware vSphere

VMware vSphere ist die VMware-Produktlinie für die Virtualisierung. Zu ihr gehört eine Vielzahl von Produkten. vSphere kann darüber hinaus auch durch diverse Produkte von Drittherstellern erweitert werden. So kann beispielsweise ein vCenter eingesetzt werden, um die Systeme zentral zu verwalten, ein *VMware Lifecycle Manager*, vormals *Update Manager*, kann genutzt werden, um Updates zu erleichtern, und ein Backup-Tool eines Drittherstellers kann verwendet werden, um Backups von virtuellen Maschinen zu erstellen.

1.3 Einführung in die VMware-Servervirtualisierung

In der Welt der VMware-Servervirtualisierung werden Sie häufig mit verschiedenen Produkten und Funktionen einzelner Produkte in Berührung kommen. Die einzelnen Begriffe werden hier nur kurz erläutert, um Ihnen einen ersten Überblick zu verschaffen. Eine detaillierte Beschreibung der einzelnen Punkte finden Sie in den jeweiligen Kapiteln.

VMware ESXi

VMware ESXi ist der VMware-Hypervisor. Er wird als Betriebssystem auf einen Server installiert und verwaltet sowohl die physischen als auch die virtuellen Ressourcen.

VMware vCenter Server

Das *vCenter* stellt die Anlaufstelle der vSphere dar. Das vCenter wird entweder als eigenständige virtuelle Appliance (VCSA) oder als Software auf einem Windows-System installiert.

Nach der Installation können die ESXi-Server hinzugefügt werden. Mithilfe des vCenters können auf Basis der ESXi-Systeme dann weitere Funktionen (wie Cluster für Hochverfügbarkeit und eine dynamische Ressourcenverteilung) konfiguriert und genutzt werden. Das vCenter dient außerdem als zentrale Anlaufstelle für viele Zusatzprodukte.

VMware vSphere Web Client und VMware vSphere Client

Mit Erscheinen der Version 6.5 hat VMware ein neues Produkt eingeführt, das den vSphere Web Client nun mit der Version 7 vollständig ablöst. Dieses Produkt heißt genau wie der alte »Fat Client«, nämlich *VMware vSphere Client*. Das Produkt fußt auf HTML5 und wird, um Irritationen vorzubeugen, im Weiteren oftmals *HTML5-Client* genannt.

Der *VMware vSphere Web Client* ist ein auf *Flash* basierendes grafisches Interface für das vCenter. Der VMware Web Client wurde mit der Version *vSphere 5.1* eingeführt und sollte den *VMware vSphere Client* (Fat Client) ablösen. Bis zur Version 6.0 war allerdings an vielen Stellen noch eine Grätsche zwischen dem *Web Client* und dem *vSphere Client* notwendig, da einige Features bzw. Funktionen exklusiv entweder im Web Client oder im vSphere Client existierten. Das wohl bekannteste Beispiel war der *VMware Update Manager*, der bis zu vSphere 6.0 nur über den vSphere Client konfigurierbar war. Mit dem *vSphere 6.0 Update 1* hat sich die Situation geändert, und der Update Manager ist seitdem vollständig über den Web Client konfigurierbar.

Seit Version 6.0 wurde der vSphere Web Client ständig weiterverbessert, was Struktur und Performance angeht.

Mit dem Release von vSphere 6.5 wurde der vSphere Client von VMware offiziell abgeschafft. Eine Nutzung des vSphere Clients ist seitdem weder für das Administrieren von vCenter Servern noch für das direkte Verwalten von Hosts möglich.

Dafür wurde zeitgleich der »neue« VMware vSphere Client veröffentlicht. Obwohl er denselben Namen wie der alte vSphere Client trägt, hat er wenig mit ihm gemein. Der neue vSphere Client wird, wie der vSphere Web Client, über den Browser bedient. Er basiert allerdings auf HTML5 statt auf Flash und bringt massive Performance- und Strukturverbesserungen mit sich. Mit dem Release von vSphere 7 ist der HTML5-Client der einzige Client, der genutzt werden kann. Der VMware vSphere Client ist ab diesem Release nicht mehr verfügbar, und bei einem Upgrade auf vSphere 7 sollte darauf geachtet werden, dass Produkte von Drittanbietern mit dem HTML5-Client kompatibel sind.

VMware Virtual Symmetric Multi Processing (SMP)

Mithilfe von *SMP* können die vCPUs einer virtuellen Maschine über mehrere physische Prozessoren verteilt werden.

VMware vSphere Virtual Machine File System (VMFS)

Das VMware-eigene Dateisystem *VMFS* ist optimiert für die Nutzung von Datenspeichern mit den Verzeichnissen und Dateien der virtuellen Maschinen. Es ermöglicht nicht nur eine hohe Performance, sondern auch spezielle Mechanismen für das Arbeiten mit Clustern.

VMware Virtual SAN (vSAN)

vSAN ist eine Technologie von VMware, die separat lizenziert werden muss. Mithilfe von vSAN können Festplatten aus verschiedenen Servern zu einem großen Storage-Verbund zusammengeschaltet werden. Virtuelle Maschinen, die auf dem darauf entstehenden Storage gespeichert werden, können über Policies mit Redundanzen versehen werden. VSAN fordert als Minimum das Zusammenschalten von drei Servern; jeder Server benötigt zusätzlich zum nutzbaren Speicher mindestens eine SSD.

VMware vSphere Virtual Volumes (VVOLs)

Die *Virtual-Volumes-Technologie* ist ein neuer Ansatz der Speicherverwaltung. Voraussetzung für die Nutzung von Virtual Volumes ist ein entsprechender Datenspeicher, der die Technologie über *VMware VASA* (siehe Abschnitt 9.15) unterstützt.

Der Speicher wird dabei nicht in LUNs konfiguriert, sondern in verschiedene Kategorien unterteilt. Virtuelle Maschinen werden den verschiedenen Kategorien zugewiesen und von der vSphere organisiert. Die Verwaltung des Datenspeichers rückt somit in die vSphere.

VMware vSphere Storage Thin Provisioning

Thin Provisioning bietet die Möglichkeit, Datenspeicher von virtuellen Maschinen zu konfigurieren, ohne ihn direkt vollständig in Anspruch zu nehmen. Es wird nur so viel Datenspeicher genutzt, wie auch in der virtuellen Maschine verwendet wird. Dies funktioniert beim Wachstum vollautomatisch; beim Schrumpfen sind einige Handgriffe notwendig, um die virtuellen Datenspeicher auch auf dem Datenspeicher wieder schrumpfen zu lassen.

VMware Fault Tolerance

Mit der *Fault Tolerance* kann eine laufende virtuelle Maschine in Echtzeit auf einen weiteren Host gespiegelt werden. Fällt der Host mit der aktiven Instanz der virtuellen Maschine aus, übernimmt dann die gespiegelte Instanz unterbrechungsfrei. Mit der Version 6.0 wurde hier die Einschränkung von maximal einer vCPU pro VM auf bis zu vier vCPUs angehoben. Mit vSphere 7 können mit der Standard- und der Enterprise-Lizenz bis zu zwei vCPUs, mit der Enterprise-Plus-Lizenz bis zu acht vCPUs verwendet werden.

VMware vSphere vMotion und Storage vMotion

vMotion ist eine Funktion, mit der eine laufende virtuelle Maschine von einem physischen Host während der Laufzeit auf einen anderen Host übertragen werden kann. Der Anwender bekommt dabei in der Regel nichts von dem Vorgang mit und kann die Maschine während der gesamten Zeit nutzen.

Mit *Storage vMotion* können die Dateien der virtuellen Maschinen von einem Datenspeicher zu einem anderen verschoben werden. Ähnlich wie bei vMotion ist auch dieser Vorgang während der Laufzeit der virtuellen Maschine möglich.

VMware vSphere High Availability (HA)

Mit *High Availability* ist es möglich, Ausfälle von Hosts und virtuellen Maschinen zu erkennen und automatisch darauf zu reagieren. Die Systeme können, beispielsweise wenn ein Hostsystem ausfällt, automatisch auf einem anderen Host im selben HA-Cluster erneut gestartet werden.

VMware vSphere Distributed Resource Scheduler (DRS)

Der *Distributed Resource Scheduler* überwacht die Ressourcenauslastung der Hosts innerhalb eines Clusters und kann dazu genutzt werden, Vorschläge für eine optimale Ressourcennutzung zu machen oder diese Vorschläge direkt vollautomatisch umzusetzen.

VMware vSphere Distributed Power Management (DPM)

Distributed Power Management stellt Ihnen die Möglichkeit zur Verfügung, virtuelle Maschinen bestmöglich auf einem Minimum an ESXi-Hosts zu bündeln. Die übrigen ESXi-Hosts werden dann abgeschaltet und erst bei Ressourcenengpässen wieder vollautomatisch gestartet.

VMware vSphere Storage DRS

Storage DRS liefert Vorschläge zur Verteilung oder verteilt die virtuellen Datenspeicher automatisch aufgrund von Auslastung und I/O-Last auf den Datenspeichern innerhalb eines DRS-Clusters.

VMware vSphere Storage API

Die *vSphere Storage API* bietet Schnittstellen für Drittanbieter zur Kommunikation zwischen vSphere und Datenspeichersystemen. Zu diesen Schnittstellen gehört unter anderem die *VMware vSphere API for Storage Awareness* (VASA). Diese Steuer-API wird beispielsweise für Virtual Volumes oder die Nutzung von vSAN eingesetzt. Eine andere Schnittstelle ist die *vSphere API for Array Integration* (VAAI), die es zum Beispiel ermöglicht, Funktionen wie das Klonen oder Verschieben einer virtuellen Maschine vom Hypervisor auf den Datenspeicher auszulagern.

VMware vSphere Standard Switch (vSwitch), Distributed Switch (dvSwitch, vDS) und Portgruppen

vSphere Standard Switches und *Distributed Switches* sind virtuelle Switches, die dazu dienen, virtuelle Maschinen mit dem Netzwerk zu verbinden. Sie können nicht nur dazu genutzt werden, die virtuellen Maschinen untereinander kommunizieren zu lassen, sondern ermöglichen auch die Kommunikation über physische Netzwerkports. Die Konfiguration der Switches erfolgt in sogenannten Portgruppen. Diese stellen Untermengen eines entsprechenden virtuellen Switchs dar.

Während vSphere Standard Switches pro ESXi-Host konfiguriert werden und somit auf jedem ESXi-Host einzeln angelegt und verwaltet werden müssen, ist die Konfiguration von vSphere Distributed Switches zentral über das vCenter organisiert. Dadurch kann das gesamte Datacenter verwaltet werden.

VMware vSphere Storage I/O Control und VMware vSphere Network I/O Control

Mithilfe von *Storage I/O Control* und *Network I/O Control* können Prioritäten für die Datenspeicher und Netzwerkkarten der virtuellen Maschinen vergeben werden. Auf Grundlage dieser Prioritäten regelt vSphere dann den Zugriff auf die gemeinsam genutzten Ressourcen innerhalb eines Clusters.

VMware vSphere Storage Policy-Based Management (SPBM)

Storage Policy-Based Management ist die Grundlage für den SDS-Ansatz (*Software-Defined Storage*) von VMware. Bei diesem Ansatz wandert die Verwaltung des Storage zu vSphere.

VMware vSphere Flash Read Cache (vFRC)

Die *vFRC*-Technologie ermöglicht es, Flash-Speicher in ESXi-Hosts als Lesecache für dediziert ausgewählte virtuelle Maschinen zur Verfügung zu stellen.

VMware vSphere Host-Profiles

In *Host-Profiles* kann ein Konfigurationsstand eines ESXi-Hosts festgehalten werden. Das Profil kann dann ESXi-Hosts zugewiesen werden, um zu prüfen, ob sie der darin gespeicherten Konfiguration entsprechen. Darüber hinaus kann die Konfiguration auch automatisch anhand der festgehaltenen Parameter geändert werden.

VMware vSphere vShield Endpoint

vShield Endpoint bietet die Möglichkeit, den Virenscan aus den virtuellen Maschinen auf eine zentrale Appliance eines Drittherstellers auszulagern.

VMware Cloud on AWS

VMware Cloud on AWS ist ein Joint-Venture-Produkt von VMware und Amazon, das die Integration lokaler vSphere-Installationen in AWS ermöglichen soll.

VMware vSphere with Kubernetes/VMware Tanzu

VMware vSphere with Kubernetes bzw. *VMware Tanzu* ermöglicht Ihnen, Kubernetes-Container via Self-Service auf vSphere zu erstellen und zu nutzen. Sie brauchen eine VMware-Enterprise-Plus-Lizenz in Verbindung mit einer Add-on-Lizenz für Kubernetes, wenn Sie VMware Tanzu einsetzen wollen.

VMware vSphere Update Manager (VUM)

Der *vSphere Update Manager* bietet Funktionen zum Vereinfachen und Automatisieren der Patch-Verwaltung von vSphere-Hosts sowie von Teilen der virtuellen Maschinen.

VMware vSphere Lifecycle Manager

Der *vSphere Lifecycle Manager* ist der Nachfolger des vSphere Update Managers.

Er bietet laut VMware die Funktionalität des Update Managers und erweitert diese um Lifecycle-Management. Unter anderem können Installationen von ESXi sowie Firmware-Updates während Releases verwaltet werden.

Der Zeitpunkt des Umstiegs auf den Lifecycle Manager kann selbst gewählt werden, ist allerdings irreversibel.

VMware vSphere Content Library

Mithilfe der *Content Library* können Daten wie Templates, ISO-Images, Skripte und vApps an zentraler Stelle verwaltet und über mehrere vCenter hinweg genutzt werden.

VMware vRealize Orchestrator

Das unter dem Namen *vCenter Orchestrator* bekannt gewordene Produkt zur Automatisierung wird von VMware nun als Bestandteil der vRealize-Produktlinie unter dem neuen Namen *vRealize Orchestrator* fortgeführt.

VMware vSphere Data Protection (VDP) (End of Availability)

vSphere Data Protection ist eine voll integrierte Backup-Lösung für vSphere. Mit der Version vSphere 6.5 hat VMware das *End of Availability* für dieses Produkt angekündigt. Mit der Version vSphere 6.7 wird es nicht weiter unterstützt.

VMware vSphere Replication

Mithilfe der *vSphere Replication* können zeitversetzt Abbilder von virtuellen Maschinen erstellt und aktualisiert werden. Die Replikate können bei einem Ausfall genutzt werden, um die ausgefallenen Systeme zu ersetzen.

VMware vCenter High Availability

vCenter High Availability ermöglicht es, ständig eine passive, aktuelle Kopie der vCenter Server Appliance vorzuhalten, die bei einem Ausfall des aktiven vCenters genutzt werden kann. Mit vSphere 6.7 wurde der *Embedded Linked Mode* eingeführt. Er ermöglicht ein Verlinken der vCenter, die mit einem *Embedded PSC Server* installiert sind.

VMware Platform Services Controller (PSC)

Der *Platform Services Controller* wurde mit der Version vSphere 6.0 eingeführt. Er ist für die Verwaltung von Single Sign On, Lizenzen, Zertifikaten und Services zuständig. Er kann entweder mit dem vCenter oder als separate Instanz installiert werden.

VMware vCenter Server Linked Mode

Mit dem *vCenter Server Linked Mode* können vCenter Server miteinander verbunden werden. Diese Verbindung ermöglicht nicht nur die zentrale Verwaltung, sondern über den erweiterten Linked Mode auch ein vMotion einer virtuellen Maschine von einem vCenter in ein anderes vCenter.

VMware Hybrid Linked Mode

Mit dem *Hybrid Linked Mode* ist es möglich, ein vCenter aus dem Software-Defined Datacenter, beispielsweise in der *VMC on AWS Cloud*, mit einer SSO-Domäne in der On-Premises-Installation zu verbinden. Bei einem Log-in über das vCenter im SDDC können anschließend sämtliche Systeme des SDDC sowie der verlinkten SSO-Domäne in einem vSphere-Client verwaltet werden.

VMware vSphere Bitfusion

VMware vSphere Bitfusion virtualisiert Hardwarebeschleuniger wie etwa Grafikkarten. Sie können mithilfe von Bitfusion zu einem Pool zusammengefasst werden, der unter anderem für Aufgaben im Machine Learning und der Artificial Intelligence genutzt werden kann.

VMware vSphere Auto Deploy

Über *vSphere Auto Deploy* können Serversysteme direkt aus dem Netzwerk mit ESXi gebootet und automatisch in ein vCenter eingebunden werden.

VMware vSphere SDKs und Tools

VMware stellt eine Reihe von SDKs und Tools zur Verfügung, die das Arbeiten mit vSphere flexibel machen und vereinfachen:

- **PowerCLI:** Allen voran soll an dieser Stelle die PowerCLI genannt werden. Die PowerCLI ist ein PowerShell-Interface, über das eine Vielzahl der Funktionen in der vSphere gesteuert und auch automatisiert werden können.
- **vSphere Command Line Interface (vCLI):** Über die vCLI können Befehle an einen ESXi-Server oder ein vCenter über das Netzwerk gesendet werden.
- **SDK for Perl:** Das SDK for Perl bietet ein Perl-Scripting-Interface (clientseitig) für die *Web Services API*.
- **Virtual Infrastructure eXtension (VIX):** VIX ist eine API, mit deren Hilfe Programme und Skripte erstellt werden können, die Arbeiten innerhalb einer virtuellen Maschine ausführen.
- **vSockets:** vSockets ist eine Programmierschnittstelle für die Kommunikation zwischen virtueller Maschine und ESXi-Server.
- **Web Client SDK:** Mit dem Web Client SDK können Erweiterungen für den *VMware Web Client* erstellt werden.
- **HTML Console SDK:** Die HTML Console SDK ist eine neue JavaScript-Bibliothek, die Möglichkeiten für Konsolenzugriffe auf virtuelle Maschinen über einen Webbrowser bietet.
- **Virtual Disk Development Kit (VDDK):** Das VDDK ist eine Sammlung von C- und C++-Bibliotheken und -Utilitys, die darauf ausgerichtet sind, virtuelle Festplatten zu erstellen und zu verwalten.
- **Open Virtualization Format (OVF) Tool:** Das OVF-Tool ist ein kommandozeilenbasiertes Programm, das speziell für den Import und Export von OVF-Paketen entwickelt wurde.
- **Site Recovery Manager (SRM) API:** Die SRM-API bietet eine Programmierschnittstelle mit Funktionen zum Auslösen und Testen von Ausfallszenarien im *SRM*.
- **VMware Studio:** Das VMware Studio ist ein frei verfügbares Tool, das zum Erstellen und Verwalten von virtuellen Appliances und vApps genutzt werden kann, die für VMware-Plattformen optimiert sind.

VMware-vSphere-Editionen

VMware vSphere ist in zwei verschiedenen Editionen verfügbar. Die Editionen werden jeweils auf Basis von CPUs lizenziert. Der entsprechende vCenter Server muss separat lizenziert werden.

Die Lizenzen heißen *vSphere Standard Edition* und *vSphere Enterprise Plus Edition* und haben folgende Features:

vSphere Standard Edition

- vMotion
- Storage vMotion
- High Availability
- Data Protection
- Fault Tolerance (für virtuelle Maschinen mit maximal 2 vCPUs)
- vShield Endpoint
- vSphere Replication
- Hot Add
- Virtual Volumes
- Storage Policy-Based Management
- Content Library
- Storage APIs for Array Integration & Multipathing
- Instant Clone

vSphere Enterprise Plus Edition

- sämtliche Features der *vSphere Standard Edition*
- Reliable Memory
- vSphere Persistent Memory
- Big Data Extensions
- vSphere Integrated Containers
- Virtual Serial Port Concentrator
- DRS & DPM
- Proactive High Availability
- Nvidia Grid vGPU
- VM-level Encryption
- Grafikbeschleunigung für virtuelle Maschinen
- vMotion über vCenter
- vMotion »long Distance«
- vMotion Cross CloudFault Tolerance (für virtuelle Maschinen mit bis zu 4 vCPUs)
- Storage DRS
- Storage I/O Control
- Network I/O Control

- Single Root I/O Virtualization (SR-IOV)
- Flash Read Cache (vFRC)
- Distributed Switch (VDS)
- Host Profiles
- Auto Deploy

Neben diesen zwei Editionen gibt es noch zwei besondere Lizenzierungsmodelle.

Das erste Modell nennt sich *VMware vSphere Essentials Kit*. Es bietet zwei Lizenzvarianten für kleine Unternehmen. Das Essentials Kit erlaubt die Nutzung von einem *vCenter Server Essentials* sowie von bis zu drei ESXi-Servern, die jeweils über maximal zwei CPUs verfügen dürfen.

Das Essentials Kit ist in zwei Editionen verfügbar, die sich im Funktionsumfang unterscheiden. Während das *Essentials Kit* lediglich vCenter und den Hypervisor mitbringt, können mit dem *Essentials Plus Kit* darüber hinaus auch vMotion, HA, Data Protection, vShield Endpoint und vSphere Replication genutzt werden.

Das zweite Modell nennt sich *vSphere Remote Office Branch Office* und ist ebenfalls in zwei verschiedenen Editionen verfügbar. Wie der Name schon vermuten lässt, ist es für Außenstandorte gedacht. Anders als beim Essentials Kit muss der vCenter Server Standard separat lizenziert werden. Die Lizenzen der Editionen *vSphere Remote Office Branch Office Standard* und *vSphere Remote Office Branch Office Advanced* erlauben jeweils die Nutzung von 25 virtuellen Maschinen. Die Editionen verfügen über folgenden Funktionsumfang:

vSphere Remote Office Branch Office Standard

- vMotion
- Storage vMotion
- High Availability (HA)
- Data Protection
- Fault Tolerance (für virtuelle Maschinen mit bis zu 2 vCPUs)
- vShield Endpoint
- vSphere Replication
- HotAdd
- Content Library

vSphere Remote Office Branch Office Advanced

- sämtliche Features von *vSphere Remote Office Branch Office Standard*
- Fault Tolerance (für virtuelle Maschinen mit bis zu 4 vCPUs)
- Hot Profiles
- Auto Deploy
- Distributed Switch (VDS)

Kapitel 2
vSphere-Architektur

Dieses Kapitel beschäftigt sich mit dem strukturellen Aufbau einer virtuellen Infrastruktur. Wir gehen den Fragen nach, welche Elemente dazugehören, wie sie ineinandergreifen und wie sie aufgebaut sind.
Autor dieses Kapitels ist Bertram Wöhrmann, Ligarion.
buch@ligarion.de

Mit der Version vSphere 7 und deren Neuerungen geht VMware ganz konsequent den Weg weiter zum *Software-Defined Datacenter* (SDDC). Die Abstrahierung von Storage wird immer weiter ausgebaut. Im Bereich des Netzwerks hat NSX seinen Platz gefunden (hier werden Switches, Router und Firewalls virtualisiert), und mit *VMware SD-WAN by VeloCloud* (Virtualisierung von WAN-Anbindungen) wird der Produkt-Stack noch ausgebaut. VMware entwickelt den Stack immer weiter und versucht so, das SDDC zu komplettieren.

Das ist aber nur ein Teil des Software-Stacks für das SDDC. Für einen effektiven Betrieb ist es möglich bzw. notwendig, weitere Softwarekomponenten zu nutzen.

Viele Themen reißen wir in diesem Kapitel nur kurz an. Wir denken, dass es sinnvoller ist, die detaillierten Erklärungen direkt in demjenigen Abschnitt auszuführen, in dem wir auch die passende Komponente beschreiben.

2.1 Infrastrukturbestandteile eines Software-Defined Datacenter (SDDC)

Die Infrastruktur eines Software-Defined Datacenter bietet nicht nur Komponenten zum Virtualisieren von Betriebssystemen (vSphere-Server). Hinzu kommen Komponenten für das Management der Infrastruktur, und da bildet der *vCenter Server* mit dem *Lifecycle Manager* nur den bekannten Anfang. Des Weiteren werden Komponenten für die Virtualisierung des Netzwerks (NSX) benötigt, genauso wie Komponenten für die Virtualisierung des Storages (vSAN).

Zum gesamten VMware-Design eines SDDC gehören noch Komponenten zur Automatisierung, nämlich *vRealize Automation* und der *Orchestrator*. Bei der Fehleranalyse werden Sie von *vRealize Operations* und *vRealize Log Insight* unterstützt. Als letztes Glied in der Kette wird *vRealize Business for Cloud* zur Nutzungsmessung und Kostenanalyse genutzt.

Wenn Sie es sich leicht machen wollen, arbeiten Sie mit dem Stack *VMware Cloud Foundation*. Hierbei handelt es sich um die Zusammenfassung aller Komponenten des SDDC in einem Software-Stack. Mehr dazu können Sie in Kapitel 22 lesen.

2.2 vSphere-Host

Der physische Server, der seine Ressourcen – wie CPU, Hauptspeicher (RAM), Netzwerkkarten und Festplattenspeicher – über eine Virtualisierungsschicht (Hypervisor) den virtuellen Maschinen zur Verfügung stellt, ist der *vSphere-Host* (siehe Abbildung 2.1).

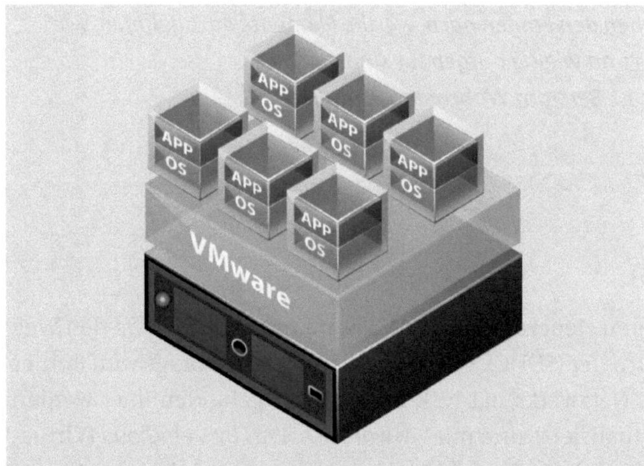

Abbildung 2.1 vSphere-Host-Struktur

2.2.1 Hardware

Ursprünglich kamen als Prozessorbasis für den Einsatz von VMware vSphere nur 64-Bit-x86-Prozessoren zum Einsatz. Auf anderen CPUs war das System nicht lauffähig, da der VMkernel einen 64-Bit-Kernel besitzt. Mit vSphere 7 hat sich das geändert. Eine Unterstützung von ARM-Prozessoren ist jetzt inkludiert. Das gilt auch für ARM-basierte Erweiterungskarten.

Für die Installation benötigen Sie mindestens eine CPU mit zwei Cores. Der minimale Arbeitsspeicherbedarf hat sich auf 4 GB erhöht, wobei VMware angibt, dass 8 GB Memory benötigt werden, um alle Funktionen nutzen zu können. Des Weiteren ist ein unterstützter Storage-Controller erforderlich. Möglich sind SCSI, SAS, SATA und Fibre-Channel. Abschließend wird noch mindestens eine Netzwerkkarte benötigt, damit Sie auf das System zugreifen können. Im Normalfall werden aber wohl mehrere Netzwerkports zum Einsatz kommen.

Intel VT-x und AMD-V/RVI

Alle Prozessoren, für die VMware Support anbietet, müssen eine Erweiterung zur Unterstützung von Virtualisierungstechnologien aufweisen. Durch diese Technologien wird im Wesentlichen der *Virtual Machine Monitor* (VMM) in seiner Arbeit unterstützt. Dadurch reduziert sich der Overhead. Auch der Prozess der Migration einer aktiven virtuellen Maschine zwischen verschiedenen Prozessorgenerationen wird erleichtert.

Die unterstützten CPUs von Intel, AMD und ARM bringen eine solche Technologie mit.

2.2.2 Hardware Compatibility List (HCL)

Wie andere Betriebssystemhersteller bzw. Hersteller von Hypervisoren pflegt auch die Firma VMware eine *Hardware Compatibility List* (HCL). Vergewissern Sie sich, dass die Komponenten, die Sie einsetzen wollen, in dieser Liste aufgeführt sind. Sie müssen zwar keine Bedenken haben, dass ein nicht gelistetes System nicht funktionieren wird, aber Sie haben nur Support für Ihre Virtualisierungslandschaft, wenn Sie sich aus der Liste der unterstützten Hardware bedienen.

Die HCL finden Sie unter *https://www.vmware.com/resources/compatibility/search.php*.

2.3 Architektur eines vSphere-Hosts

Die Architektur eines vSphere-Hosts definiert sich mithilfe verschiedenen Kernkomponenten (siehe Abbildung 2.2). Auf diese wollen wir im Folgenden eingehen.

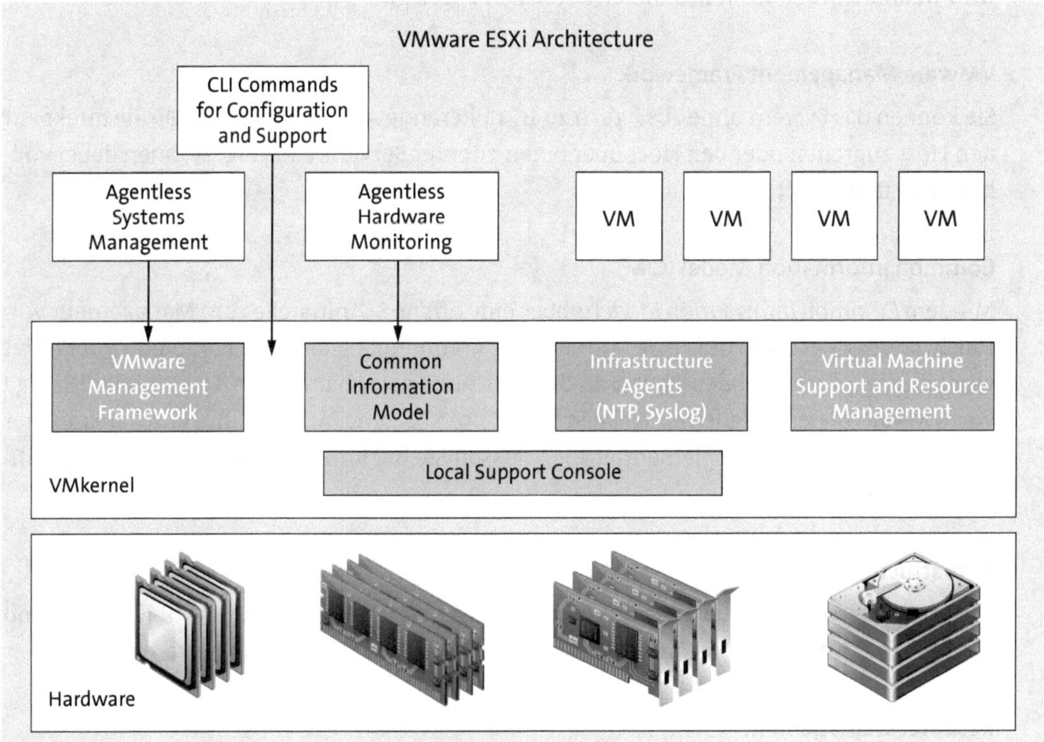

Abbildung 2.2 Struktur von VMware vSphere ESXi

VMkernel

Der VMkernel ist eine sehr schlanke Implementierung des Hypervisors. Er kontrolliert und verwaltet die meisten Ressourcen eines vSphere-ESXi-Servers. Die Regelung des Zugriffs auf die Ressourcen CPU, Memory und Disk wird mithilfe eines Schedulers erreicht. Der Kernel hat neben einem TCP/IP-Stack zur Netzwerkkommunikation auch einen Storage-Stack für die Kommunikation mit Speichermedien. Der VMkernel ist eine Eigenentwicklung von VMware und nicht, wie viele meinen, ein Linux-Derivat.

Reliable Memory

Reliable Memory dient der Absicherung des Hypervisors zur Laufzeit. Um diese Funktion genau zu verstehen, sollten Sie wissen, dass der Hypervisor von VMware nach dem Booten für seine Funktion keine Festplatte mehr benötigt, weil der gesamte Hypervisor in den Arbeitsspeicher geladen wird. Aus diesem Grund ist es wichtig, dass der Bereich im Arbeitsspeicher, in dem die Software abgelegt wird, keine »Probleme« bereitet. Mit der Funktion *Reliable Memory* hat VMware eine Engine implementiert, die den Arbeitsspeicher scannt, um mögliche problematische Bereiche zu erkennen. Stellt sie Probleme fest, wird der Hypervisor dort nicht abgelegt. Die »nicht mehr optimalen« Speicherzellen werden vom Hypervisor gemieden, und er wird während der Laufzeit in anderen Bereichen abgelegt.

VMware Management Framework

Sie können das System ohne zusätzlich zu installierende Agents verwalten. Ob Sie direkt auf den Host zugreifen oder den Host über einen vCenter Server managen, ist Ihnen dabei vollkommen freigestellt.

Common Information Model (CIM)

Mit dem *Common Information Model* gibt es eine offene Schnittstelle zum Management von Hardwareressourcen. Damit Ihre zum Einsatz kommende Hardware komplett unterstützt wird, müssen die passenden Treiber in dem ESXi-Image enthalten sein. Das Standard-Image von VMware bietet lediglich eine allgemeine Unterstützung. Arbeitet Ihr Hardwareanbieter nicht mit dieser freien Implementierung, müssen Sie bei ihm nach einem herstellerspezifischen Image fragen.

Infrastructure Agents

Die implementierten Infrastrukturagenten sind für das Syslogging, das SNMP-Handling und die Zeitsynchronisation zuständig. Zusätzlich werden hier die lokalen User verwaltet.

Resource Management

Der *Resource Manager* partitioniert die Hardware, um den virtuellen Maschinen mithilfe eines Share-Mechanismus die Ressourcen zur Verfügung zu stellen. Dabei werden die Einstellungen zur Reservierung und zur Limitierung der Ressourcen CPU und Memory beachtet sowie die Shares aller *Core Four* (CPU, Memory, Network und Disk) berücksichtigt. Der Resource Manager wird als Teilprozess des VMkernels gestartet.

Virtual Machine Support

Der *Virtual Machine Support* ist für die Virtualisierung der CPU zuständig. Er gibt die CPU-Befehle der virtuellen Maschine an die physische Hardware weiter. Außerdem kümmert er sich um die Verwaltung der virtuellen Maschine nach deren Start.

Hardware Interface Layer

Der *Hardware Interface Layer* setzt die Hardwareanfragen der VM in die physische Adressierung um und ermöglicht so eine Adressierung der Ressourcen. Außerdem koordiniert er die Bereitstellung des VMFS (*Virtual Machine File System*) und der spezifischen Gerätetreiber. Er dient als Bindeglied zwischen dem VMkernel und der eigentlichen Serverhardware.

2.4 Grundlagen der CPU-Virtualisierung

Eine Emulation bildet Prozessoranfragen des Gasts über *Software* ab. Der Gast hat in diesem Fall keinen direkten Zugriff auf die CPU. Ein Virtualisierer leitet die Prozessoranfragen des Gasts direkt an die *Hardware* weiter.

VMware vSphere ist ein Virtualisierer. Unter vSphere wird die CPU einer virtuellen Maschine direkt vom Hostsystem abgeleitet und auch für bestimmte Arten von CPU-Instruktionen teilweise physisch verwendet. Aus diesem Grund sieht eine VM dieselbe CPU, wie sie im Host vorhanden ist (siehe Abbildung 2.3).

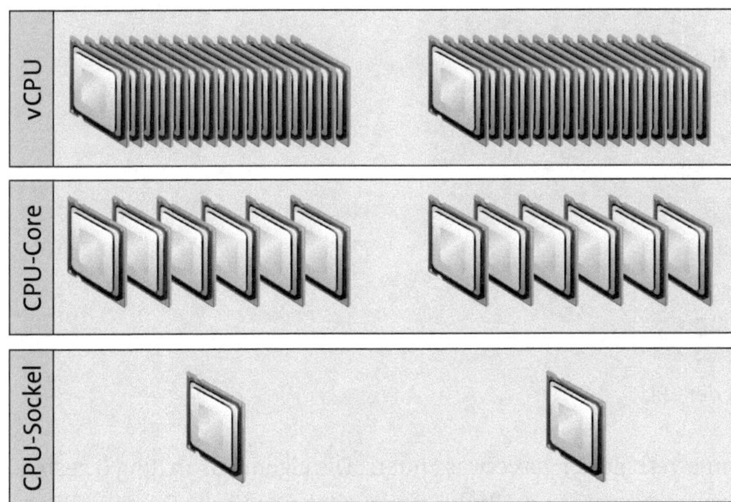

Abbildung 2.3 Zusammenhang zwischen physischen, logischen und virtuellen CPUs

Die virtuelle CPU einer VM kann CPU-Instruktionen in zwei verschiedenen Modi abarbeiten: im *Direct Execution Mode* und im *Virtualization Mode*. In den meisten Fällen werden die CPU-Instruktionen im Direct Execution Mode ausgeführt, der nahe an der Geschwindigkeit der realen CPU liegt. Sollte der Befehl nicht in diesem Modus ausführbar sein, wird der Virtualization Mode verwendet. Eine virtualisierte CPU bedient sich so oft wie möglich der realen physischen CPU-Ressource, und die Virtualisierungsschicht greift nur bei der Ausführung von bestimmten CPU-Instruktionen ein.

Durch diese Umsetzung entsteht der oft erwähnte Virtualisierungs-Overhead, den wir näher in Abschnitt 2.5.2, »Memory-Overhead«, im Zusammenhang mit dem Arbeitsspeicher beschreiben.

Dazu sei als Hintergrund erwähnt, dass eine CPU grundsätzlich vier Privilegierungsstufen hat, sogenannte *Ringe* oder auch *Domains* (siehe Abbildung 2.4). Ring 0 hat die höchste Priorität. Hier liegt der Kernel Mode im x86 Umfeld wird er auch als *Supervisor Mode* bezeichnet, der manipulativ auf Hauptspeicher und Interrupts zugreifen darf. Auf dieser Stufe läuft normalerweise der Kernel des Betriebssystems, im Fall von VMware vSphere also der Hypervisor-VMkernel. In den Ringen 1 bis 3 liegt der User-Mode, wobei normalerweise lediglich Ring 3 genutzt wird. Es gibt nur wenige Applikationen, die direkt auf Ring 1 oder Ring 2 zugreifen.

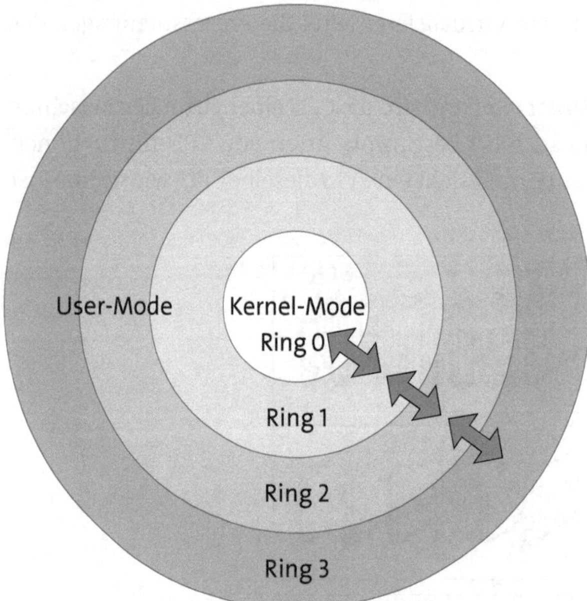

Abbildung 2.4 Ringstruktur der CPU

Bei einer virtuellen Maschine verhält sich das etwas anders: Die eigentlich an Ring 0 gestellten Anfragen des Betriebssystems werden an Ring 3 umgeleitet. Damit die Daten in Ring 1 bis 3 verarbeitet werden können, wird der physische Speicher in virtuelle Speicherseiten aufgeteilt. Der Memory-Controller (*Memory Management Unit*, MMU) übernimmt an dieser Stelle die Umsetzung von physischen Speicherinhalten in virtuelle. Damit der Programmcode auch richtig ausgeführt werden kann, enthält jede Speicherseite die Information dazu, auf welchem Ring der Code ausgeführt werden muss. Um zu verhindern, dass ein solch komplexes System beeinflusst wird – z. B. durch Schadcode –, wurde das sogenannte *NX-Flag* kreiert (*No Execution Flag*). Diese Information hilft dem System, Daten von Programmcode zu unterscheiden. Der Mechanismus verhindert, dass Programmcode im Bereich der Daten ausgeführt werden kann.

Applikationen verwenden in der Regel den unprivilegierten Ring einer CPU, daher laufen diese Befehle im Direct Execution Mode. Wird hingegen eine Instruktion vom Betriebssystem ausgeführt, geschieht dies in der Regel modifizierend auf dem privilegierten Ring der CPU. Diese Anfragen werden von der Virtualisierungsschicht, dem VMM (*Virtual Machine Monitor*), abgefangen.

Dieser Managementaufwand wird als der *Virtualisierungs-Overhead* bezeichnet. Er hängt von der Arbeitslast der virtuellen CPU und der Menge der Aufrufe an den privilegierten Ring ab. Die Auswirkungen zeigen sich in verlängerten Laufzeiten der einzelnen Befehle und in einer erhöhten CPU-Last.

Die reale CPU wird an das Betriebssystem der VM durchgereicht. Aus diesem Grund sind dem Betriebssystem auch die Besonderheiten der eingesetzten CPU bekannt. Verschiedene Betriebssysteme nutzen diese CPU-spezifischen Befehle. Es kann auch sein, dass der Gast während der Installation auf diese Besonderheiten hin optimiert wurde. Das Verschieben einer solchen speziellen VM auf andere vSphere-Server mit unterschiedlichen CPUs – insbesondere beim Wechsel zwischen Intel- und AMD-Prozessoren – beeinträchtigt unter Umständen die Funktionalität des Betriebssystems bzw. der Applikation.

2.4.1 CPU-Affinität

Die *CPU-Affinität* (engl. *CPU Affinity*) bezeichnet eine Konfigurationsoption der virtuellen Maschine, und zwar die direkte Zuweisung einer physischen CPU bzw. eines Kerns. Diese Technik sollten Sie nur in Ausnahmefällen (z. B. zum Troubleshooting) verwenden, weil sie etliche Auswirkungen auf andere Bereiche der virtuellen Infrastruktur hat. Zum einen wird dadurch die CPU-Lastverteilung des ESXi-Servers außer Kraft gesetzt, zum anderen kollidiert diese CPU-Zuordnung mit eventuell vorgenommenen Einstellungen von CPU-Shares und CPU-Reservierung. Durch das Umgehen der CPU-Lastverteilung kann der Hypervisor den Forderungen seitens der VM eventuell nicht mehr nachkommen. Die mögliche Virtualisierungsquote und die Flexibilität reduzieren sich. Die Nutzung von vMotion ist durch die CPU-Affinität eingeschränkt, und *Distributed Resource Scheduling* verhindert diese sogar.

2.4.2 Hyperthreading

Der vSphere-Server unterstützt die Hyperthreading-Technologie von Intel. Diese bietet bei Nutzung von Ein-Sockel-Prozessoren ein auf Hardwareebene realisiertes Multithreading zur Verbesserung der CPU-Performance. Dabei kann ein physischer Core – im Intel-Wortgebrauch wird er als *Hyperthread* bezeichnet – gleichzeitig zwei Threads ausführen. Er verhält sich mit aktiviertem Hyperthreading ähnlich wie zwei logische Cores. Sofern ein Betriebssystem und die darauf laufenden Applikationen mehrere CPUs nutzen können, sind hierdurch Geschwindigkeitsvorteile möglich. Dabei reicht die Performance nicht an eine Verdopplung heran, wie sie durch eine Dual-Core-VM erreicht würde. Ungeeignete Applikationen werden durch die Hyperthreading-Technologie unter Umständen auch verlangsamt, wenn sie zu viele der gemeinsam genutzten Ressourcen eines Cores verwenden.

Auf der Hardwareebene muss das Hyperthreading im BIOS aktiviert sein. Im Host ist Hyperthreading per Default aktiv; bei Bedarf deaktivieren Sie es über den Webclient im Tab Configure eines vSphere-Hosts unter Settings • Hardware • Overview • Processors • Edit Hyperthreading (siehe Abbildung 2.5).

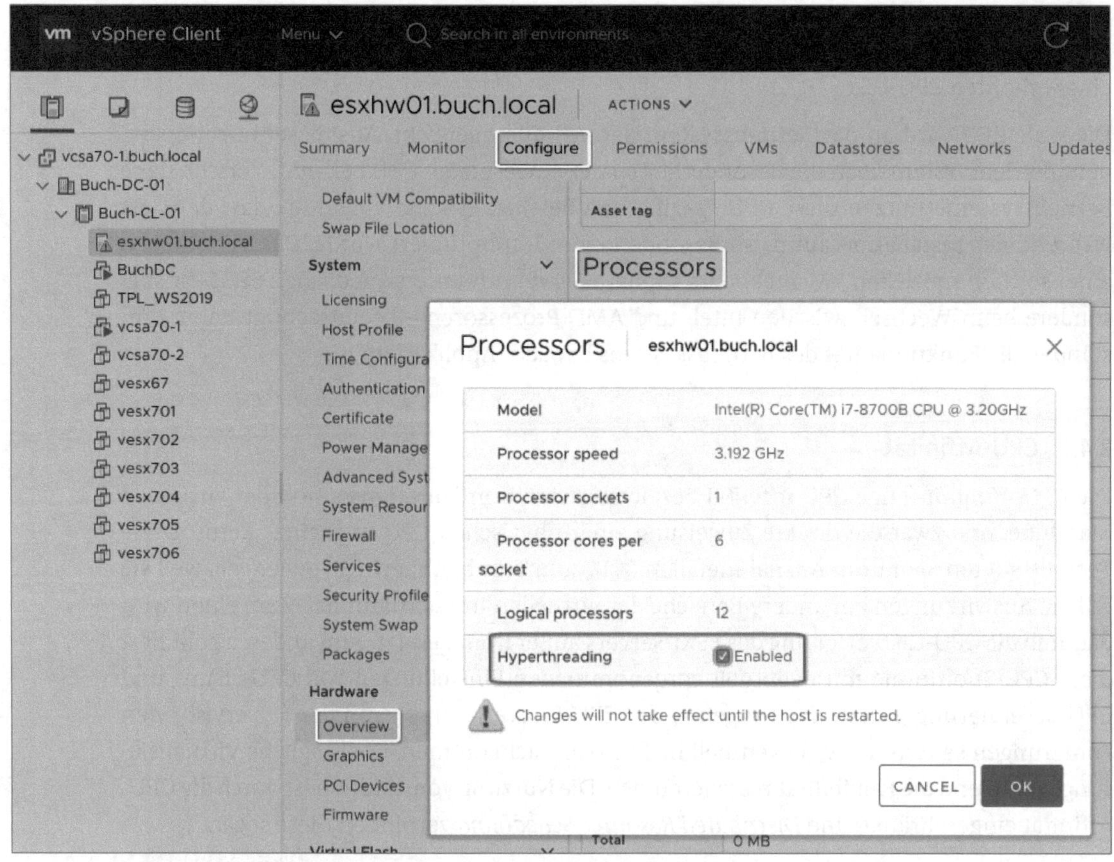

Abbildung 2.5 Aktivierung des Hyperthreadings auf dem vSphere-Host

Der vSphere-Server teilt die Last zwischen den Cores auf, um eine ausgewogene Auslastung zu erreichen. Wenn für eine logische CPU keine Last gefordert wird, wird sie in einen speziellen *Halt State* geschaltet. Dabei kann eine andere VM auf dem Core von den zusätzlichen freien Ressourcen dieser CPU profitieren.

2.4.3 Virtual SMP (vSMP)

Auch in virtuellen Umgebungen ist es möglich, virtuelle Maschinen mit mehr als einer vCPU zu erstellen. Die aktuelle Version von VMware vSphere unterstützt bis zu 256 virtuelle CPUs pro VM. VMware nennt diese Funktion *Virtual SMP* (*Symmetric Multi Processing*) oder auch vSMP. Dabei gilt es einiges zu beachten: Grundsätzlich – und das unterscheidet eine virtuelle Maschine nicht von einem physischen Server – ist nicht jede Applikation multiprozessorfähig. Bevor Sie eine vSMP-Maschine erzeugen, sollten Sie das abklären und dabei nicht nur das Betriebssystem (achten Sie auf die HAL (*Hardware Abstraction Layer*) bzw. den Kernel), sondern auch die Anwendung beachten.

Schauen wir noch einmal zurück auf den Beginn von Abschnitt 2.4, »Grundlagen der CPU-Virtualisierung«, wo wir den logischen Aufbau einer CPU erklärt haben. Da es allen CPUs einer VM möglich sein muss, auf identische Speicheradressen zuzugreifen – auch beim Cache –, wird sofort klar, dass eine virtuelle Maschine mit mehreren CPUs dann am leistungsfähigsten arbeiten kann, wenn alle virtuellen Prozessoren auf einer logischen oder physischen CPU liegen. Befinden sich die Prozessoren auf unterschiedlichen Sockeln, können die virtuellen CPUs nicht in optimaler Geschwindigkeit miteinander kommunizieren. Die Ursache dafür ist, dass der Informationsaustausch der CPUs untereinander über den Frontside-Bus erfolgen muss. Ein ähnliches Verhalten zeigt sich bei der Überschreitung der NUMA-Grenzen. Die Geschwindigkeitseinbußen sind dabei aber nicht so groß wie im vorhergehenden Fall.

Auch beim Betriebssystem müssen Sie auf einiges achten. Denken Sie bitte daran, dass Sie bei mehreren CPUs in einer VM einen Multiprozessor-Kernel installieren müssen. Einen Weg zurück – zumindest bei Windows-VMs – unterstützt Microsoft nicht. Manche Betriebssysteme haben Einschränkungen bei der Anzahl der CPUs, nicht aber bei der Anzahl der Cores!

Sehen wir uns nun an, wie VMware mit dem Thema vSMP und der Tatsache umgeht, dass freie Ressourcen anderen VMs zur Verfügung gestellt werden. Während eine CPU im physischen Umfeld exklusiv einem Betriebssystem zur Verfügung steht, teilen sich die virtuellen Maschinen die CPU-Zyklen. Zur optimalen Abarbeitung der Prozesse werden diese in einem SMP- bzw. vSMP-System parallelisiert. Steht eine Instanz, die gerade einen Teilprozess abarbeitet, nicht zur Verfügung, müssen alle anderen Teilprozesse so lange warten, bis auch dieser Prozess parallel zu den anderen abgearbeitet wurde. Diese Art der parallelen Abarbeitung wird auch *Co-Scheduling* genannt und dient grundsätzlich dazu, die Performance eines Systems zu erhöhen.

Es könnte vorkommen, dass ein Watchdog-Timer auf einen Schwesterprozess warten muss. Reagiert dieser Prozess aber nicht in einem passenden Zeitfenster, stirbt er. Zur Messung dieser Varianzen wird der sogenannte *Skew* herangezogen. Dieser Wert repräsentiert den zeitlichen Unterschied zwischen den Prozessteilen. Überschreitet der Skew einen definierten Schwellenwert, wird die CPU der VM mit angehalten (*co-stopped*). Sie wird erst wieder mitgenutzt (*co-started*), wenn genügend Ressourcen für die Abarbeitung auf der physischen

CPU vorhanden sind. Der Co-Stop verhindert, dass sich der Skew-Wert erhöht; dieser kann nur sinken.

Mit dem *Relaxed Co-Scheduling* gibt es eine Funktion, die dafür sorgt, dass angehaltene vCPUs keine Skew-Wert-Erhöhung mehr erfahren. Somit wird ein zu häufiges Co-Scheduling verhindert (siehe Abbildung 2.6).

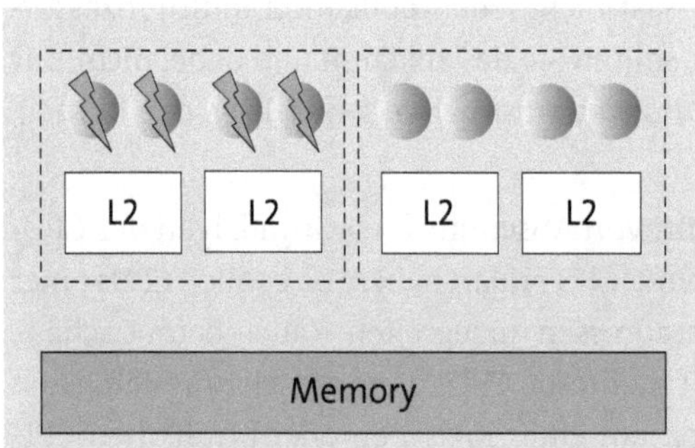

Abbildung 2.6 SMP-Handling alt

Der Skew-Wert hat aber noch eine weitere Funktion: Der VMkernel nutzt diesen Wert, um die Arbeitslast auf die physischen CPUs zu verteilen. Eine geskewte CPU hat Rechenzeit übrig, die andere VMs nutzen können.

Die deutliche Minderung des Co-Stoppings erlaubt nun auch die Nutzung aller Prozessorkerne (siehe Abbildung 2.7).

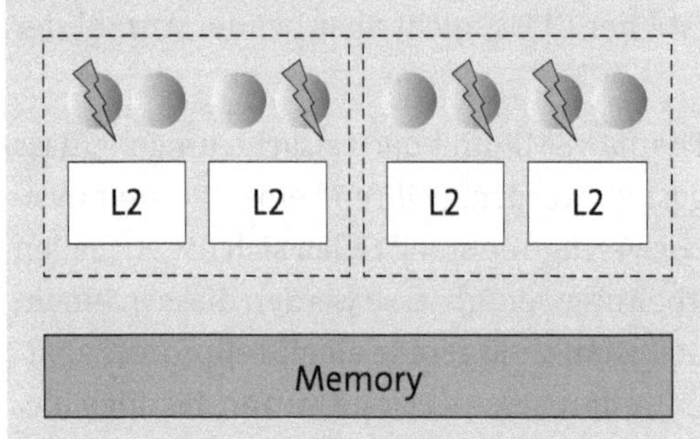

Abbildung 2.7 SMP-Handling aktuell

CPU-Anfragen der VMs müssen nicht unnötig warten, weil nicht genügend Kerne einer physischen CPU verfügbar sind. Somit hat der aktuelle CPU-Scheduler wesentlich mehr Möglichkeiten, CPU-Anfragen zu verteilen.

Seit vSphere 5.x hat sich eine weitere Änderung an dieser Stelle ergeben, die die Performance noch einmal erheblich steigert: VMware hat die *NUMA*-Architektur (*Non-Uniform Memory Access*) in die VM eingeführt (siehe Abbildung 2.8). Die Voraussetzung ist die virtuelle Hardware Version 8. Die Funktion wird bei VMs mit mehr als acht virtuellen CPUs automatisch aktiviert. Unterstützt wird sie sowohl von Intel- als auch von AMD-CPUs.

Lassen Sie uns zuerst darauf eingehen, was NUMA genau ist. NUMA ist interessant für Multiprozessorsysteme. Hier hat jede CPU ihren lokalen Arbeitsspeicher, den sie aber auch anderen CPUs zur Verfügung stellen kann. Auf physischer Ebene erkennen Sie das daran, dass jede CPU ihre eigenen Speicherbänke besitzt. Im Sinne einer guten Performance sollten diese Bänke auch symmetrisch mit Memory bestückt werden. Eine solche Kombination aus CPU plus zugehörigem Speicher nennt man *NUMA-Knoten* (*Node*). Es ist wichtig zu beachten, dass es mittlerweile CPUs gibt, die mehr als einen NUMA-Knoten pro CPU haben.

In Abbildung 2.8 sehen Sie eine CPU mit zwei NUMA-Knoten, die wie empfohlen symmetrisch mit Arbeitsspeicher ausgestattet sind (in diesem Fall 16 GB).

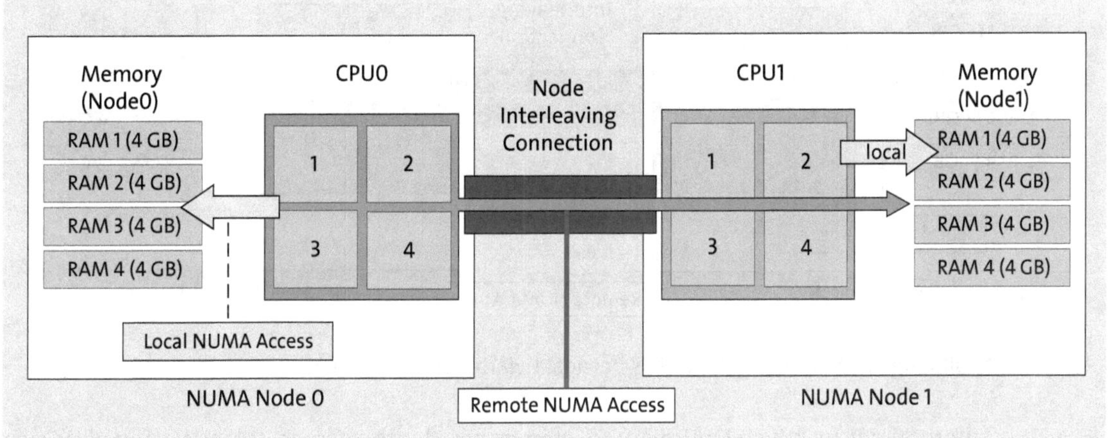

Abbildung 2.8 Die NUMA-Architektur

So wird gewährleistet, dass überwiegend auf schnellen lokalen Speicher zugegriffen werden kann. Das macht sich bei der Gesamtperformance positiv bemerkbar, denn mehrere Prozessoren können nicht konkurrierend auf Speicherbereiche zugreifen. Mit der extremen Steigerung der Cores pro Prozessor ist das ein immer größer werdendes Problem. Gerade bei hochlastigen Anwendungen könnten sich die CPUs bzw. Cores untereinander ausbremsen.

Benötigt ein Kern nun mehr Arbeitsspeicher, als die eigene CPU direkt adressieren kann, kann er diesen anfordern. Über einen Remote-NUMA-Zugriff kann der Speicher einer anderen CPU angefordert und für die eigenen Belange verwendet werden. Dass dieser Zugriff langsamer ist als das Nutzen des eigenen Speichers, müssen wir wohl nicht extra erwähnen.

Welche Vorteile oder Nachteile hat das für eine virtuelle Maschine? Lassen Sie uns tiefer einsteigen und die möglichen Szenarien betrachten. Eine NUMA-VM bekommt einen sogenannten *Home-Node*. Das bedeutet, sie bekommt damit einen Prozessor und Speicher zugewiesen. Braucht eine VM Speicher, wird er optimalerweise vom Home-Node zugewiesen. Dadurch sind schnelle Zugriffszeiten garantiert. Ist der Workload in einem Home-Node zu hoch, kann bzw. wird die VM auf einen anderen Home-Node verschoben. Gewährleistet werden kann das aber nur, wenn die ESXi-Optimierung aktiv ist. Ist sie das nicht, tritt nicht selten ein Fall wie der in Abbildung 2.9 dargestellte auf.

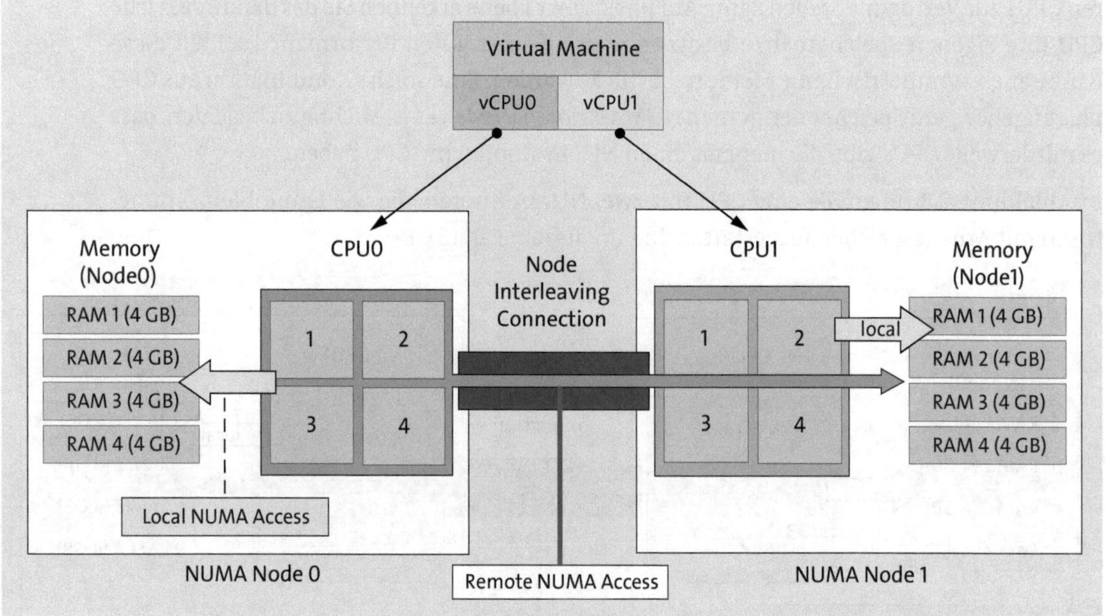

Abbildung 2.9 Verteilung der vCPUs bei deaktivierter ESXi-Optimierung

Aufgrund der inaktiven Optimierung kann es bei Mehrprozessor-VMs passieren, dass sich die vCPUs auf mehrere Prozessoren verteilen, was zur Folge hat, dass die virtuelle Maschine nicht optimal arbeiten kann. In der Grundkonfiguration aktiviert sich NUMA automatisch in der virtuellen Maschine ab der virtuellen Hardwareversion 8. Dennoch sollte immer mit der aktuellsten Version der virtuellen Hardware gearbeitet werden. Da stellt sich sofort die Frage, wie Sie die ESXi-Optimierung aktivieren können (siehe Abbildung 2.10). Lassen Sie uns an dieser Stelle das Pferd von hinten aufzäumen, denn es ist einfacher, die Konfigurationen aufzulisten, die eine NUMA-Optimierung verhindern. In den folgenden Situationen können Sie NUMA also nicht nutzen:

- NUMA ist in der BIOS-Konfiguration des Servers deaktiviert.
- CPU-Affinitätsregeln binden die virtuelle Maschine an Cores, die auf unterschiedlichen NUMA-Knoten liegen.
- Die VM nutzt mehr Arbeitsspeicher, als ein NUMA-Knoten direkt adressieren kann.
- In der VM werden mehr CPU-Kerne genutzt, als ein NUMA-Knoten bereitstellen kann.
- Es sind weniger als vier Cores insgesamt oder zwei Cores pro NUMA-Knoten nutzbar.

Bei den zuletzt genannten Werten handelt es sich um die Standardeinstellungen des ESXi-Hosts. Diese können Sie in den ADVANCED SETTINGS an Ihre Bedürfnisse anpassen. Die Werte `Numa.RebalanceCoresTotal` und `Numa.RebalanceCoresNode` sind für diese Einstellungen verantwortlich.

Es handelt sich also um eine Funktion, die speziell auf die Performanceoptimierung von Mehrprozessor-VMs abzielt.

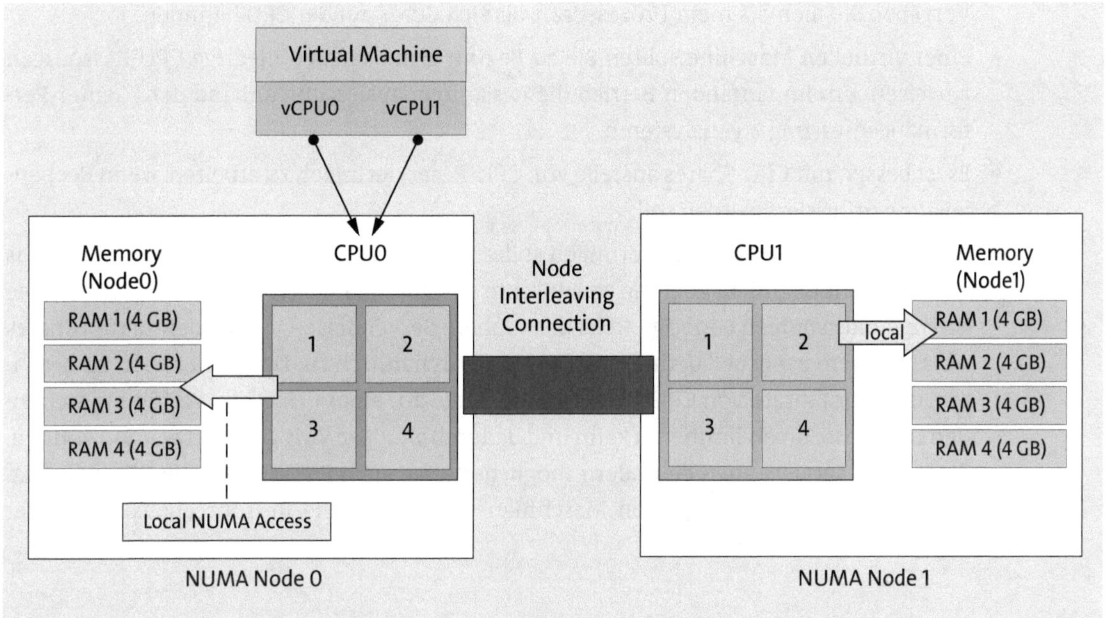

Abbildung 2.10 Aktivierte ESXi-Optimierung: Die VM liegt auf einem NUMA-Knoten.

Zwar gilt auch weiterhin unter vSphere vSMP, dass weniger mehr ist, allerdings ist es wesentlich entspannter geworden, Mehrprozessor-VMs zu verwenden. Die Hauptkriterien sollten immer noch die Anforderungen der Anwendung und des Systems sein und nicht der Gedanke, dass mehr CPUs auch automatisch mehr Leistung bedeuten.

Bedenken Sie aber bitte auch hier, dass es zwar möglich ist, VMs anzulegen, deren Anzahl von vCPUs der Anzahl der gesamten Cores der unterliegenden Hardware entspricht, aber in diesem Fall ist es nicht unwahrscheinlich, dass viele Remote-NUMA-Zugriffe stattfinden. Das bedeutet, dass die Prozessoren untereinander auf ihre Speicherbereiche zugreifen.

Für eine optimale Performance sollte somit eine virtuelle Maschine maximal so viele vCPUs besitzen, wie physische Cores auf einer CPU vorhanden sind. Diese Performanceeinschränkung greift auch, wenn Sie einer VM mehr Arbeitsspeicher zuweisen, als ein NUMA-Knoten – sprich eine physische CPU – direkt adressieren kann, ohne remote auf den Bereich einer anderen CPU zugreifen zu müssen.

2.4.4 Best Practices

Nachfolgend finden Sie einige Empfehlungen zum Umgang mit CPU-Reservierung, -Limits und -Shares:

- Erfahrungsgemäß werden Prozessoren nicht zurückgerüstet, auch wenn sie eigentlich nicht benötigt werden. Bei Mehrprozessor-VMs fangen Sie einfach mit einer Zweiprozessormaschine an. Weitere Prozessoren lassen sich immer noch später hinzukonfigurieren. Vergeben Sie niemals mehr Prozessoren, als sich Cores auf der CPU befinden.
- Einer virtuellen Maschine sollten Sie zu Beginn grundsätzlich niedrige CPU-Ressourcen zuweisen, um im laufenden Betrieb die Ressourcenauslastung anhand der vCenter-Performancemessung zu analysieren.
- Es ist besser, mit CPU-Shares anstelle von CPU-Reservierungen zu arbeiten, wenn Rechenleistung priorisiert werden soll.
- Beim Einsatz von CPU-Reservierungen sollten Sie das aktuelle Minimum definieren, das eine VM benötigt, nicht aber die gewünschte absolute Menge an CPU in MHz. Wenn eine VM mehr Ressourcen benötigt, weist der vSphere-Server diese – je nach definierten Shares – bis zu einem eventuell definierten CPU-Limit dynamisch zu. Des Weiteren ist zu beachten, dass der Einsatz von CPU-Reservierungen die auf einem Host zur Verfügung stehenden CPU-Ressourcen limitieren kann und dadurch weniger VMs gestartet werden können. Zu hohe Reservierungen behindern möglicherweise auch Funktionen wie DRS oder HA. Das Verschieben von virtuellen Maschinen kann durch die Ressourcenauslastung der vSphere verhindert werden.

2.5 Grundlagen der Memory-Virtualisierung

Der physische Speicher eines Hosts wird in zwei Segmente unterteilt: *System* und *Virtual Machines*. Der Speicherbereich für das System wird vom VMkernel und von den Gerätetreibern verwendet und ist nicht konfigurierbar. Er wird mit einer Größe von mindestens 50 MB beim Starten des vSphere-Hosts angelegt und variiert je nach Anzahl und Art der verwendeten PCI-Geräte und deren Treibern. Der Speicherbereich für virtuelle Maschinen ist der Rest des physischen Speichers und wird komplett für die VMs genutzt.

Zur Verdeutlichung erklären wir zunächst die generelle Nutzung von Speicher innerhalb eines Betriebssystems. Speicher wird in einem Betriebssystem über virtuelle Speicheradressen erreicht, die auf physische Adressen verweisen (siehe Abbildung 2.11). Es ist nicht erlaubt, dass eine virtuelle Maschine auf den physischen Speicher eines vSphere-Hosts direkt zugreift. Um den virtuellen Maschinen Speicher zur Verfügung zu stellen, bietet vSphere eine weitere, virtuelle Schicht. Diese gaukelt der VM die physischen Speicheradressen vor.

Im VMware-Jargon heißt der physische Speicher im Host *Machine Memory Pages*, und die der VM virtualisiert vorgegaukelten physischen Speicherseiten werden *Physical Memory*

Pages genannt. Die Physical Memory Pages für eine VM sind – so wie es ein Betriebssystem erwartet – durchgängig mit Nullen gefüllt. Sie sind durch die Virtualisierungsschicht aus verschiedenen Bereichen zusammengefasst, aber nicht zusammenhängend. Diese Bereiche sind z. B. normale physische Speicherbereiche (*Machine Memory Pages*) von vSphere Shared Pages oder auch Swapped Pages. Das virtuelle Speichermanagement erfolgt durch den Host über den VMkernel, und zwar unabhängig von dem Betriebssystem, das in der VM läuft. Der VMkernel greift von der VM alle Befehle ab, die auf den Speicherbereich schreibend zugreifen möchten, und leitet sie auf die der VM vorgegaukelten Physical Memory Pages um.

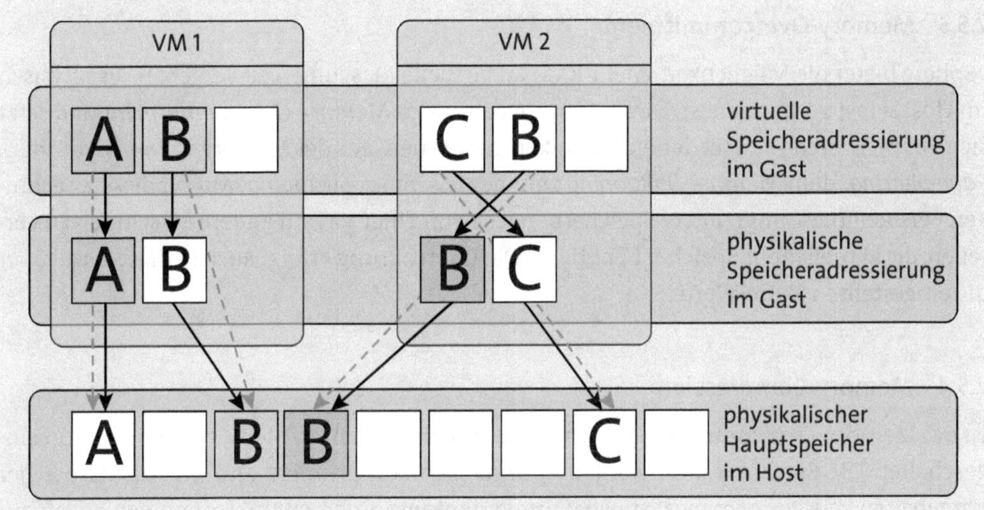

Abbildung 2.11 Speicheradressierung zwischen VM und Host

Der Speicher wird normalerweise in 4-KB-Blöcke eingeteilt. Es werden aber auch Memory-Blöcke von 2 MB unterstützt. Diese Funktion können Sie nur pro VM konfigurieren. Dazu aktivieren Sie in der Konfigurationsdatei die Funktion `Mem.AllocGuestLargePage=1`. Dies ist empfehlenswert, wenn die VM große Speicherseiten benötigt, wie z. B. ein Datenbankserver.

2.5.1 Virtual Machine Memory

Der Speicherbereich, der für die VMs zur Verfügung steht, wird *Virtual Machine Memory* genannt und bietet allen VMs die Speicherressourcen des vSphere-Servers abzüglich eines Virtualisierungs-Overheads. Dem Betriebssystem wird vorgegaukelt, dass der Speicher, der in der Konfiguration festgelegt wurde, auch vorhanden ist. Der physisch zugewiesene Speicher kann aber variieren – bis zum konfigurierten Maximum. Auch hier setzen Sie über die Einstellung der Shares-Werte eine Priorität gegenüber den anderen VMs, die auf demselben Host arbeiten. Eine Reservierung weist den Speicher der virtuellen Maschine fest zu.

2.5.2 Memory-Overhead

Der Memory-Overhead hängt von der Anzahl der CPUs und natürlich von dem Speicher ab, der der VM zugewiesen ist. Dieser Memory-Overhead stellt einen Speicherbereich zur Verfügung, um VM-Frame-Buffer sowie verschiedene Virtualisierungsdatenstrukturen abzulegen. Die Nutznießer dieses Speichers sind der vmx-Prozess (*Virtual Machine Executable*), der VMM (*Virtual Machine Monitor*), Speicher für die Verwaltung von Geräten und Speicher für das Management und die benötigten Agenten.

2.5.3 Memory-Overcommitment

vSphere bietet die Möglichkeit, mehr RAM an virtuelle Maschinen zu vergeben, als physisch im Host selbst vorhanden ist. Dieses Feature nennt sich *Memory-Overcommitment* und setzt sich aus mehreren verschiedenen Techniken zusammen: aus der *Memory-Compression*, dem *Page-Sharing*, dem *Memory-Ballooning* und dem *Memory-Swapping*. Mit all diesen Techniken versucht man, ungenutzte Speicherbereiche von einer VM auf andere Maschinen zu verteilen, die aktuell mehr Speicher benötigen. Die Priorisierung erfolgt auch in diesem Fall über die eingestellten Share-Werte.

2.5.4 Memory-Compression

Ist das Memory-Overcommitment aktiviert, wird damit auch die Memory-Compression eingeschaltet. Die Speicherseiten werden automatisch komprimiert und im Arbeitsspeicher vorgehalten. Die Performance ist dabei nur geringfügig eingeschränkt, denn der Zugriff auf den Arbeitsspeicher ist allemal schneller, als wenn das System auf geswappte Daten zugreifen muss. Zwei Einstellungen beeinflussen dabei das Verhalten der Funktion. In den ADVANCED SETTINGS lässt sich die Funktion ganz deaktivieren, indem Sie den Parameter `Mem.MemZipEnable` auf 0 setzen. Der Parameter `Mem.MemZipMaxPct` gibt prozentual an, wie viel Speicher der VM maximal als Kompressionscache genutzt werden soll. Der Standardwert dieses Parameters liegt bei 10 %.

2.5.5 Content-based Page-Sharing

Die Page-Sharing-Technik wird beim Betrieb von mehreren VMs auf einem Host verwendet. Es wird versucht, identische Memory-Pages der VMs zusammenzufassen. Die dabei beobachtete Speicherblockgröße ist so klein, dass es vollkommen unerheblich ist, ob auf den virtuellen Servern identische Software installiert ist oder nicht.

Trotzdem gelingt dies umso besser, je homogener die verschiedenen Gastbetriebssysteme sind, also wenn mehr identische Serverapplikationen auf ihnen laufen. Ein gutes Beispiel ist eine Serverfarm mit identischen Webservern, die aber alle unterschiedlichen Webcontent hosten. Es ist zu erwarten, dass diese Systeme eine große Anzahl von identischen Speicherblöcken haben, die von der VMM zusammengefasst werden können. So werden redundante Speicherinhalte eliminiert. Will nun eine der virtuellen Maschinen einen solchen Speicherbereich beschreiben, wird für diesen Server eine Kopie des Speicherblocks exklusiv angelegt, sodass er ihn frei nutzen kann. Bei dieser Technik sind bis zu 30 % Speicherersparnis erreichbar. Bei weniger homogenen Memory-Inhalten reduziert sich die Ersparnis auf ca. 5 %.

2.5.6 Memory-Ballooning

Das in Abschnitt 2.5.3 beschriebene Memory-Overcommitment kann nur dann einwandfrei funktionieren, wenn dem Host ein Mechanismus zur Verfügung steht, der das Management des Arbeitsspeichers im virtuellen System übernimmt – und das natürlich im laufenden Betrieb. Dafür ist das sogenannte *Memory-Ballooning* zuständig (siehe Abbildung 2.12).

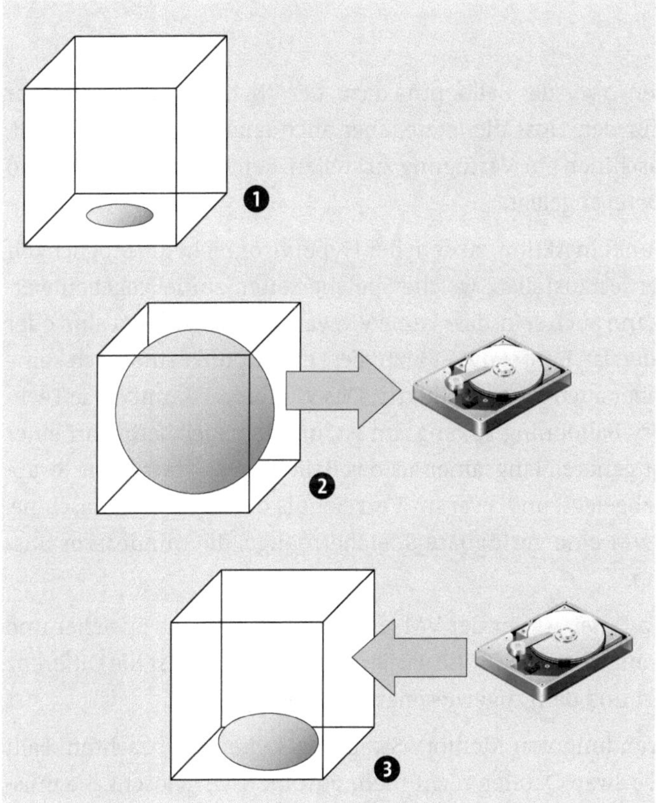

Abbildung 2.12 Darstellung des Memory-Balloonings

Der Memory-Balloon-Treiber (*vmmemctl*) kommt ins Spiel, wenn der Speicher eines Hosts zu knapp wird oder wenn eine VM an ihre Speichergrenzen stößt. Braucht der Host Speicher, hat das Ballooning immer Vorrang vor dem Swappen.

Wird Speicher benötigt, gibt der *Virtual Machine Monitor* (VMM) dem Ballooning-Treiber das Kommando zur Anforderung von Speicher vom Betriebssystem (siehe Abbildung 2.12, ❶). Ist genug Speicher vorhanden, gibt die VM demjenigen Treiber Speicher, der in der Free-List steht. Ist kein freier Speicher vorhanden, wird es dem Gastbetriebssystem überlassen, welcher Speicher freigegeben werden kann.

Der vSphere-Kernel gibt im Hintergrund die vom Ballooning-Treiber markierten Speicherseiten frei, bis genug Speicher für den Host akquiriert worden ist ❷. Anschließend beginnt der Ballooning-Treiber, den reservierten Speicher wieder freizugeben ❸.

Das Verhalten des Memory-Balloonings können Sie pro vSphere-Server durch den Parameter `mem.CtlMaxPercent` festlegen. Dieser Wert bestimmt die maximale Speichermenge in Prozent, die durch diese Technik von einer virtuellen Maschine abgezogen werden kann.

2.5.7 Memory-Swapping

Das *Memory-Swapping* dient ebenso wie das Ballooning dazu, der VM mehr Arbeitsspeicher zuzuweisen. Diese Technik ist für den Host die letzte, aber auch langsamste Möglichkeit, Speicher für andere virtuelle Maschinen zur Verfügung zu stellen. Beim Start einer VM wird automatisch eine solche Swap-Datei angelegt.

Das Swapping tritt zu dem Zeitpunkt in Aktion, zu dem der Hypervisor nicht die Möglichkeit hat, über den Ballooning-Treiber festzustellen, welche Speicherseiten zurückgegeben werden können. Die Ursache dafür kann auch sein, dass keine VMware Tools installiert sind oder kein Ballooning-Treiber vorhanden ist. Bootet die VM (zu diesem Zeitpunkt sind noch keine VMware Tools aktiv), ist der Treiber auch nicht produktiv. Des Weiteren kommt diese Technik zum Zuge, wenn das Memory-Ballooning zu langsam ist, um den Speicherbedarf einer VM zu decken. Das Swapping ist generell langsamer als das Ballooning. Es wird eine Swap-Datei pro VM auf dem Volume abgelegt, und zwar im Verzeichnis der virtuellen Maschine. Das Swapping garantiert einer VM eine verfügbare Speichermenge, die mindestens ausreicht, damit die VM starten kann.

Dieser Speicherbereich, die Swap-Datei, ist der der VM jetzt neu zugewiesene Speicher und wird beim Einschalten einer VM angelegt. Die Größe variiert je nach VM und ist die Differenz zwischen dem Reservierungswert und dem zugewiesenen Speicher einer VM.

Eine Besonderheit bei der Verwendung von Memory-Swapping sollten Sie beachten: Fällt der ESXi-Server aus, werden diese Swap-Dateien nicht mehr automatisch gelöscht. Sie müssen sie dann manuell löschen, wozu das Stoppen und Starten einer VM notwendig wird.

Ein weiteres Feature von VMware vSphere gibt es noch: Es nennt sich *Swap to Host Cache*. Was soll damit erreicht werden? Voraussetzung für die Nutzung der Funktion ist das Vorhandensein einer lokalen SSD-Platte im vSphere-Host. Sie können diese Platte als lokale Swap-Disk für die virtuellen Maschinen einrichten. Der Vorteil liegt auf der Hand: Wenn schon geswappt werden muss, dann geschieht das auf einer sehr schnellen lokalen Disk.

2.5.8 Best Practices

Im Folgenden finden Sie einige Empfehlungen zum Umgang mit Memory-Reservation, Memory-Limits und Memory-Shares:

- Grundsätzlich sollten Sie den Einsatz von Memory-Overcommitment vermeiden. Es bewirkt auf jeden Fall eine Verlangsamung. Sollte die Überbelegung des Speichers unvermeidbar sein, achten Sie darauf, dass nicht das Memory-Swapping genutzt wird, denn es reduziert die Performance einer VM deutlich.
- Sie sollten Memory-Shares gegenüber Memory-Reservierungen den Vorzug geben. Das gilt auch hier nur für die Priorisierung.
- Beim Einsatz von Memory-Reservierungen sollten Sie ein Minimum an RAM definieren, den eine VM benötigt. Falls eine VM mehr Ressourcen braucht, werden diese vom Host, je nach Shares, bis zum eventuell definierten Memory-Limit dynamisch zugewiesen. Beachten Sie außerdem, dass der Einsatz von Memory-Reservierungen die auf einem vSphere-Server zur Verfügung stehenden Speicherressourcen limitiert. Somit können weniger VMs gestartet werden – selbst dann, wenn andere VMs den reservierten Speicherbereich nicht nutzen. Auch kann das *Distributed Resource Scheduling* (DRS) in seiner Funktion behindert werden, da hier die Ressourcenauslastung des Hosts ein Verschieben von virtuellen Maschinen verhindert. Sie können diese Einschränkung aber umgehen, indem Sie die Slot-Size in der Cluster-Konfiguration von Hand ändern.
- Ein Delegieren des Ressourcenmanagements erreichen Sie idealerweise durch die Einführung von Ressourcenpools. Dabei geben Sie die Grenzen des Ressourcenpools an (also die Reservierung und das Limit), um die darin laufenden virtuellen Maschinen von den weiteren Ressourcen eines Hosts zu isolieren.

2.6 Grundlagen der Hardwarevirtualisierung

Wie wir bis jetzt gezeigt haben, wird bei der klassischen Virtualisierung dem Gast eine virtuelle Hardware zur Verfügung gestellt. Das sehen Sie sehr schön, wenn Sie eine virtuelle Maschine booten: Sofort ist der vom Computer bekannte BIOS-Schirm sichtbar. Gehen Sie in die Tiefen des BIOS, stellt sich die virtuelle Maschine wie ein ganz normaler Computer dar. Alle Elemente eines Computers werden in der VM emuliert, seien es der Festplattencontroller, die Netzwerkkarte oder andere Hardwareelemente. Wie schon beschrieben, handelt es sich um einen »normalen« PC, nur eben virtuell. Der Vorteil besteht darin, dass Sie ein Betriebssystem – die passenden Treiber vorausgesetzt – einfach in die virtuelle Hülle bringen können. Anschließend installieren Sie die Applikation, und fertig ist der virtuelle Server.

Es gibt aber noch andere Varianten von virtuellen Maschinen: die sogenannten *paravirtualisierten VMs*.

Abbildung 2.13 stellt den Unterschied zwischen beiden Varianten dar. Sie veranschaulicht, dass bei der paravirtualisierten Maschine der Layer der virtuellen Hardware fehlt. Dafür existiert eine definierte Schnittstelle. Sie steuert die Ressourcen und den direkten gemeinsamen Zugriff auf die physische Hardware. Ein solcher Mechanismus kann aber nur funktionieren, wenn dem Betriebssystem der Hypervisor »bekannt« ist. Als Ergebnis erhöht sich die Performance der virtuellen Maschine, denn es fehlt die Schicht der virtuellen Hardware. Die direkte Kommunikation zwischen dem Gastsystem und dem Hypervisor wird als *Paravirtualisierung* bezeichnet.

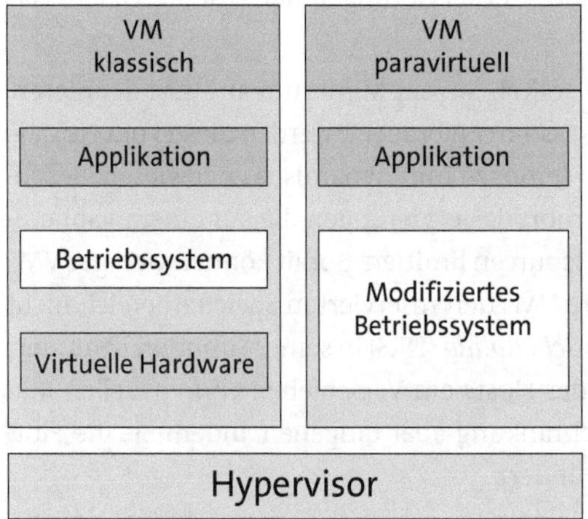

Abbildung 2.13 Unterschied zwischen klassischer und paravirtualisierter VM

Nicht alle Betriebssysteme unterstützen die Paravirtualisierung. Das rührt daher, dass starke Eingriffe in den Kernel erforderlich sind.

Im Gegensatz zu dem Ansatz, dass der Layer der virtuellen Hardware vollständig entfällt (bei komplett unterstütztem Betriebssystem), gibt es Teilansätze, auf die wir kurz eingehen wollen. Lassen Sie uns zuvor etwas ausholen: Warum geht VMware diesen Weg, und welche Vorteile bringen die Technologien?

Der Layer der Hardwarevirtualisierung ist eine Softwarekomponente, die die Hülle für die VM simuliert. Das bedeutet aber im Gegenzug, dass alle Aktionen, die über diese Schicht laufen, Last in diesem Layer erzeugen, bevor die Daten an die eigentliche Hardwarekomponente gelangen (wie z. B. die Netzwerkkarte). Das erzeugt Rechenzeit auf der CPU und bremst die Performance. Der Ansatz, dem nun gefolgt wird, besteht darin, Teilkomponenten zu paravirtualisieren. Der Vorteil dabei ist, dass nicht der gesamte Kernel angepasst werden muss, sondern dass es reicht, passende »Hardwaretreiber« für das Gastbetriebssystem zur Verfügung zu stellen.

Es gibt bereits entsprechende Ansätze bei dem paravirtualisierten SCSI-Adapter (PVSCSI). Auf die Funktionen des Adapters gehen wir an entsprechender Stelle in Kapitel 20, »Virtuelle Maschinen«, ein.

2.7 Management einer virtuellen vSphere-Infrastruktur

Für das Management von virtuellen Infrastrukturen wird ein passendes System benötigt. Wenn Sie noch die alten vSphere-Versionen kennen, erwarten Sie an dieser Stelle den *Platform Services Controller* (PSC) und den *vCenter Server*. Das ist inzwischen nicht mehr richtig, stattdessen sagen wir: Back to the Roots. Wie schon in den Anfängen des vCenter Servers gibt es nur noch eine Komponente. Der PSC als einzelne Komponente ist tot, er ist wieder komplett in das vCenter eingeflossen.

Damit aber nicht genug: Aus Redundanzgründen für mehrere Standorte oder aufgrund der Größe können auch weiterhin mehrere Systeme nebeneinander installiert werden. Sie können als Einzelsystem zum Einsatz kommen oder werden über eine gemeinsame Domain miteinander verbunden. Die Ausfallsicherheit mit *vCenter High Availability* (vCenter HA) führt dazu, dass keine zusätzlichen Komponenten wie z. B. Loadbalancer benötigt werden, um die Ausfallsicherheit eines vCenter Servers zu gewährleisten.

Wichtig

Mit vSphere-Version 7.0 gibt es keine Möglichkeit mehr, PSC und vCenter zu trennen. Beide Komponenten sind integraler Bestandteil der Appliance. Den PSC gibt es nicht mehr.

Eine Migration von abgekündigten Strukturen in die neue Appliance wird in Abschnitt 5.7 beschrieben.

Eine Windows-Version des vCenters gibt es ebenfalls nicht mehr.

Mögliche und auch nicht unterstützte Topologien sollen im Folgenden näher betrachtet werden.

2.7.1 vCenter-Server-Topologien

Durch die Verschmelzung von PSC und vCenter Server haben sich die Topologien stark vereinfacht. VMware bietet bei der Migration zu der neuen Topologie entsprechende Unterstützung, damit nicht ein völliger Neuaufbau notwendig ist.

Achtung

VMware schränkt, auch mit vSphere 7.0, die unterstützten Topologien weiter ein. Es ist zwar technisch möglich, auch andere Topologien zu installieren, aber für solche Umgebungen gibt es keinen Support!

Bevor wir Ihnen eine Liste der unterstützten Topologien zeigen, müssen Sie noch wissen, dass VMware eine wichtige Änderung bei der Verknüpfung von vCenter Servern vorgenommen hat. Es gibt nur noch eine Möglichkeit der Verlinkung, und zwar den *Enhanced Linked Mode*, den *Embedded Link Mode* gibt es nicht mehr. Für den Anwender, der schon länger mit VMware vSphere arbeitet, ist das etwas verwirrend. War der Enhanced Linked Mode früher den Windows-vCenter-Servern vorbehalten und der Embedded Linked Mode den Appliances, wurde der Name Embedded Linked Mode aufgegeben, und die Vernetzung von vCenter-Appliances heißt jetzt Enhanced Linked Mode. Diese Namenswechsel sind etwas verwirrend, denn es ist notwendig zu wissen, was für eine Version die im Einsatz befindliche Infrastruktur hat, um zu verstehen, was gemeint ist, wenn vom Enhanced Linked Mode die Rede ist.

Achtung

Der Embedded Linked Mode heißt jetzt Enhanced Linked Mode!

Einen Begriff gilt es im Vorfeld noch näher zu definieren. Eine *SSO-Domain* (*Single-Sign-On-Domain*) ist der Name, den der VMware-Directory-Dienst für die Anmeldung benutzt. Die *Single-Sign-On-Site* gibt es nicht mehr, hier hat ebenfalls eine Vereinfachung der Struktur stattgefunden. Auch ein Wechsel des vCenter Servers in eine andere SSO-Domain ist mittlerweile möglich.

Achtung

Für den Domainnamen sollten ausschließlich Namen genutzt werden, die im Netzwerk noch nicht verwendet werden!

2.7.2 Abgekündigte vCenter-Topologien

Viele altbekannte Topologien wurden abgekündigt, weil ein singulär installierter *Platform Services Controller* (PSC) nicht mehr unterstützt wird.

Folgende Topologien werden nicht mehr unterstützt.

- PSC und vCenter getrennt (siehe Abbildung 2.14)
  - nur eine Single-Sign-On-Domain
  - PSC und vCenter Server getrennt

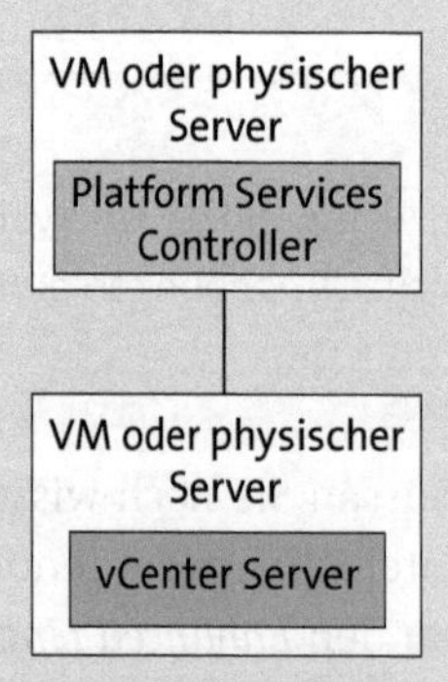

Abbildung 2.14 Externer PSC und vCenter Server

- Mehrere vCenter Server mit externem PSC (siehe Abbildung 2.15)
  - nur eine Single-Sign-On-Domain
  - PSC und vCenter Server getrennt

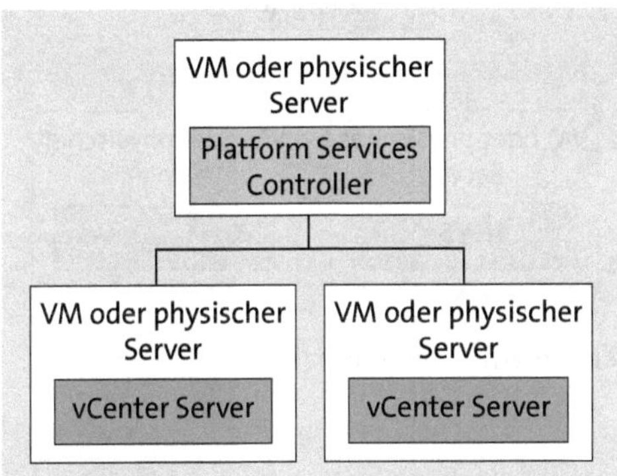

Abbildung 2.15 PSC mit zwei vCenter Servern ohne Loadbalancer

- vCenter embedded mit PSC und zwei vCenter Servern (siehe Abbildung 2.16)
  - nur eine Single-Sign-On-Domain
  - PSC und vCenter embedded und vCenter Server z. T. getrennt

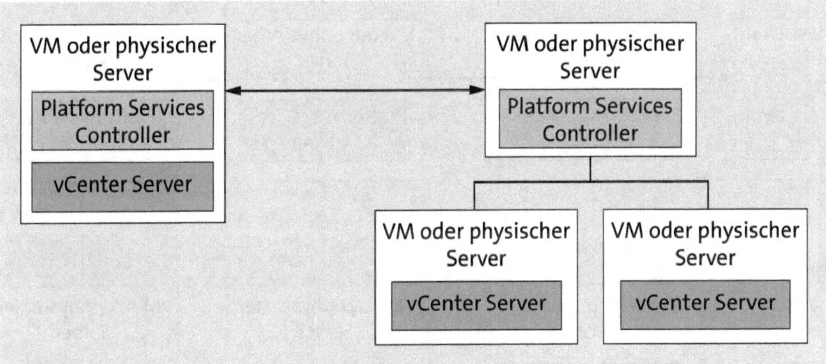

Abbildung 2.16 Embedded VCSA mit Single PSC

- vCenter Server mit zwei PSCs (siehe Abbildung 2.17)
  - nur eine Single-Sign-On-Domain
  - ein oder mehrere vCenter Server möglich
  - zwei externe PSCs (Ihr Betriebssystem muss identisch sein)
  - es können vCenter Server auf Basis von Windows und auf Basis von Appliances kombiniert werden

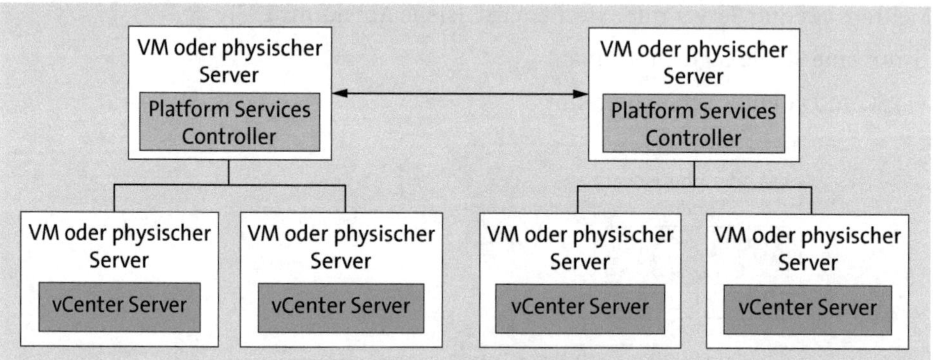

Abbildung 2.17 Zwei PSCs mit mehreren vCenter Servern ohne Loadbalancer

- vCenter Server in zwei Sites mit PSC
  - nur eine Sign-On-Domain (siehe Abbildung 2.18)
  - zwei Sign-On-Sites
  - mindestens ein PSC pro Site
  - mindestens ein vCenter pro Site

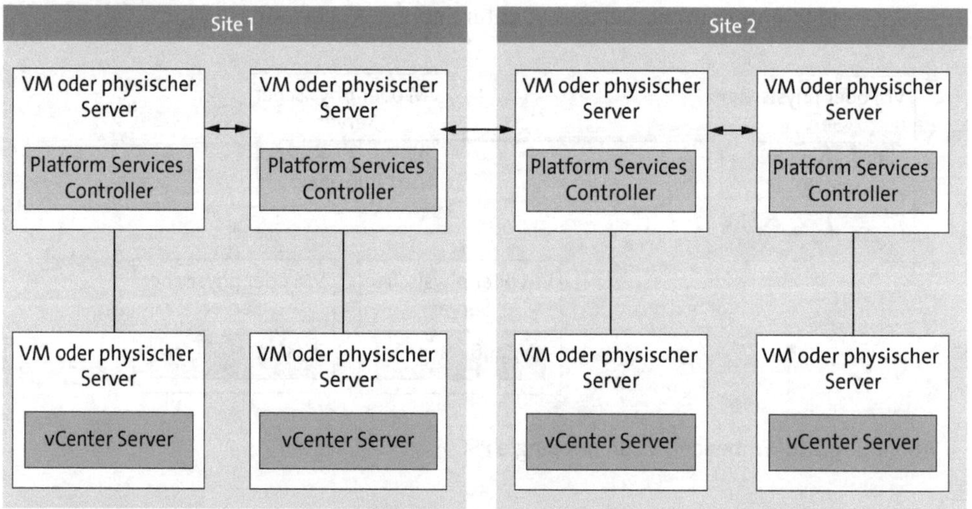

Abbildung 2.18 Zwei Sites, eine Single-Sign-On-Domain

- vCenter Server mit zwei PSCs und Loadbalancing
  - nur eine Sign-On-Domain
  - ein oder mehrere vCenter Server möglich

- zwei externe PSCs
- Loadbalancer (siehe Abbildung 2.19)

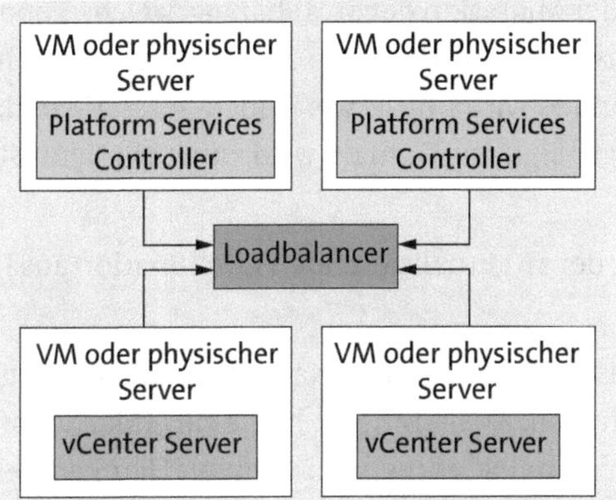

Abbildung 2.19 PSCs mit Loadbalancer

- vCenter Server mit PSCs und Loadbalancing in zwei Sites
  - nur eine Sign-On-Domain
  - zwei Sign-On-Sites (siehe Abbildung 2.20)
  - mindestens ein PSC pro Site
  - mindestens ein vCenter pro Site
  - Loadbalancer

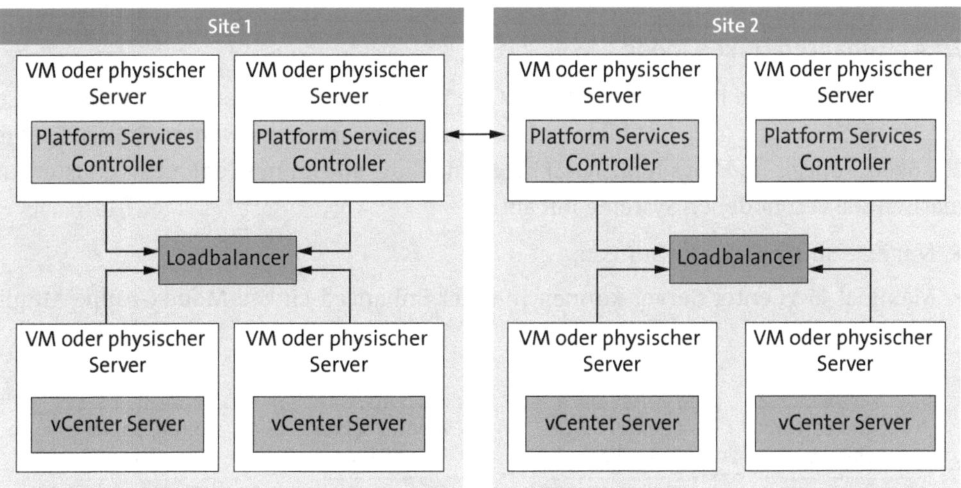

Abbildung 2.20 Zwei Sites mit Loadbalancer

2.7.3 Der Weg zur unterstützten Topologie

Die einzige unterstützte Variante ist die vCenter Server Appliance mit allen integrierten Systemen. Grundsätzlich ist die Vorgehensweise der Migration davon abhängig, welche Topologie derzeit zum Einsatz kommt. Die gute Nachricht ist, dass VMware die passenden Tools hat, um den Weg zur neuen Topologie zu gehen, und es wird mittlerweile auch unterstützt, dass ein vCenter Server Mitglied einer anderen Single-Sign-On-Domain wird, ohne ein Neuinstallation vornehmen zu müssen.

Unerheblich ist, welches Betriebssystem unter der zu aktualisierenden Kombination aus PSC und vCenter Server liegt.

Grundsätzlich muss erst die Topologie angepasst werden, und im Nachgang kann die Migration auf eine neue vCenter-Server-Version erfolgen. Ausnahme ist hier eine einfache Infrastruktur mit einer All-in-One-Appliance bzw. einem PSC mit einem vCenter. Hier kann eine Migration zur Version 7.0 direkt erfolgen.

Achtung

Das Konvertierungstool funktioniert erst ab vCenter-Server-Version 6.7 Update 1.

Mit dem Konvertierungstool bzw. über den vSphere-Webclient wird auf dem vCenter Server ein PSC mit Verbindung zum alten PSC installiert. Anschließend kann der alte PSC dekomissioniert werden. Die Version hat sich nach diesem Prozess nicht geändert. Ein Upgrade kann jetzt im Nachgang erfolgen.

2.7.4 Enhanced Linked Mode

Der jetzige Enhanced Linked Mode erlaubt die Verbindung zwischen verschiedenen vCenter-Server-Systemen (siehe Abbildung 2.21). Damit einhergehend werden Rollen, Rechten, Lizenzen, Policies und Tags repliziert. Eine Anmeldung an einem vCenter Server listet automatisch alle verbundenen Systeme mit auf:

- Nur eine Single-Sign-On-Domain.
- Maximal 15 vCenter Server können in einer Enhanced-Linked-Mode-Gruppe Mitglied werden.

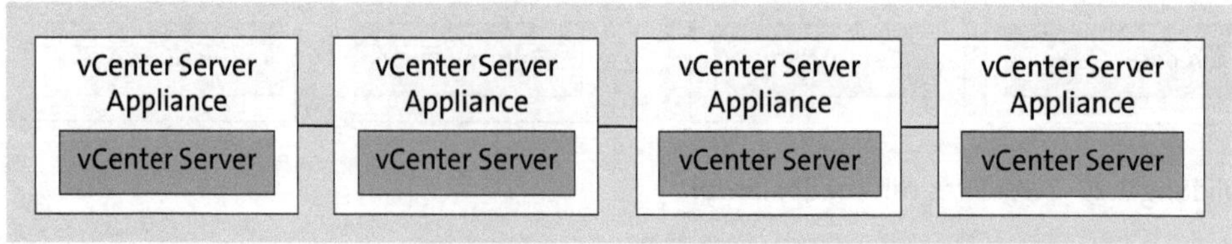

Abbildung 2.21 Enhanced Linked Mode

Kommen mehrere vCenter Server zum Einsatz, sollte darauf geachtet werden, dass sich die SSO-Controller sauber abgleichen. Mehr dazu finden Sie in Abschnitt 6.9.

2.7.5 vCenter Server

Der vCenter Server ist Dreh- und Angelpunkt der VMware-Infrastruktur. Mit dem Managementsystem verwalten Sie das komplette VMware-Datacenter von der Konfiguration der ESXi-Server über das Erstellen von virtuellen Maschinen bis zum Einrichten der VMware-Features HA (*High Availability*) und DRS (*Distributed Ressource Scheduling*) sowie vieler andere Funktionen. Des Weiteren bietet das vCenter eine Zugriffskontrolle auf Basis von Benutzern und Gruppen. Performancedaten der vSphere-Server sowie der virtuellen Maschinen werden ebenfalls gesammelt und in der Datenbank abgelegt.

Der vCenter Server ist nicht zwingend notwendig zum Betreiben von vSphere-Hosts, damit diese die Dienste bereitstellen können, um virtuelle Maschinen zu erstellen. Sie können jeden Host einzeln und unabhängig voneinander verwalten. Viele Dienste aber, wie z. B. DRS, setzen zwingend einen vCenter Server voraus.

Die Software bietet eine zentralisierte Verwaltung aller im VMware-Datacenter zusammengefassten Ressourcen, deren virtueller Maschinen sowie der Benutzer.

Des Weiteren bietet der Managementserver eine Schnittstelle für Plug-ins zur Erweiterung der Funktionalität. Dazu zählen z. B.:

- vSphere Replication
- weitere Tools von VMware
- Tools von Drittanbietern oder auch Freewaretools

Integrierte Dienste

Über die Integration einer SSO-Lösung (*Single Sign On*) wird dem Anwender geholfen, die Anzahl der Anmeldungen im System zu reduzieren. Alle VMware-eigenen Dienste werden anmeldetechnisch unter dem Mantel des SSO-Diensts zusammengefasst. Mit einer Anmeldung findet sich der Administrator im gesamten VMware-Framework wieder und kann so die komplette Umgebung administrieren. Dieser Dienst kann nicht umgangen und muss mitinstalliert werden. Durch eine Verknüpfung des VMware-eigenen SSO mit einem Windows Active Directory kann auch dieses System als Authentifizierungsquelle genutzt werden.

Der SSO-Dienst (siehe Abbildung 2.22) nutzt seine lokale Datenbank oder verifiziert die User über einen eingebundenen Verzeichnisdienst. Ist die Anmeldung erfolgreich, kann der Anwender in seinem HTML5-Client alle VMware-Komponenten sehen und nutzen, ohne sich erneut anmelden zu müssen. Voraussetzung dafür ist natürlich, dass er dafür freigeschaltet ist.

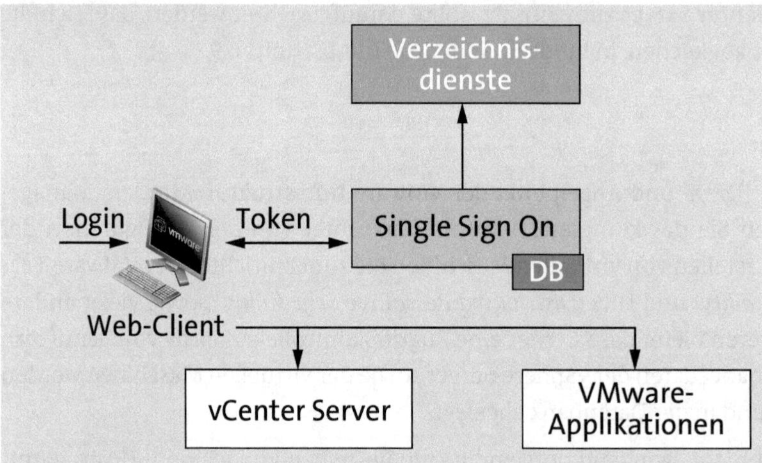

Abbildung 2.22 Aufbau einer SSO-Struktur

Mit dem SSO können sich zentral gepflegte Anwender an allen VMware-Komponenten anmelden. Dabei können unterschiedliche Verzeichnisdienste eingebunden werden:

- Windows Active Directory ab Version 2003
- Active Directory über LDAP
- Open LDAP ab Version 2.4
- die lokale SSO-Datenbank

Die Möglichkeiten der Installation sind dabei vielfältig. Je nach Ausprägung der Landschaften können Sie unterschiedliche Installationsszenarien auswählen.

Editionen

Es gibt drei Versionen des vCenter Servers von VMware:

- *vCenter Server Essentials*
  (maximal drei Hosts, vSphere Essentials bzw. Essentials Plus Version)
- *vCenter Server Foundation*
  (maximal vier Hosts, Standard, Enterprise Plus bzw. VMware vCloud Suite)
- *vCenter Server Standard* (alle vSphere-Versionen)

Wenn Sie ohne Einschränkungen arbeiten wollen, müssen Sie auf die *Standard*-Version des vCenter Servers zurückgreifen. Bei kleineren Umgebungen können Sie die *Foundation*-Version nutzen. Die *Essentials*-Version dient Umgebungen, die noch kleiner sind und nur mit den abgespeckten vSphere-Versionen Essentials bzw. Essentials Plus arbeiten. Ein späteres Upgrade auf die *Standard*-Version ist nur eine Frage des Geldes.

Maximale Ausstattung

Auch das vCenter kann nicht unendlich viele Ressourcen verwalten; es gilt die eine oder andere Einschränkung. Die Angaben in den folgenden Tabellen beziehen sich auf die *Standard*-Version des vCenter Servers.

vCenter Server Appliance	Anzahl
Hosts	2.500
VMs (registriert/eingeschaltet)	45.000/40.000

Tabelle 2.1 Mögliche verwaltbare Infrastruktur für die vCenter Server Appliance

vCenter Server Scalability – Enhanced Linked Mode	Anzahl
Linked vCenter Server	15
Hosts im Linked Mode	15.000
Powered-on VMs	135.000
Registered VMs	150.000

Tabelle 2.2 Mögliche verwaltbare Infrastruktur für das vCenter im Enhanced Linked Mode

Die Zahlen, die VMware hier ansetzt, sind an der einen oder anderen Stelle sicherlich sehr optimistisch gewählt. Sie sollen nur als Richtschnur dienen, damit Sie abschätzen können, wie viele Managementsysteme Sie benötigen.

Zugriff

Damit Sie die virtuelle Infrastruktur auch verwalten können, benötigen Sie ein Werkzeug, um auf die einzelnen Komponenten zuzugreifen. Hier haben Sie nur noch eine Möglichkeit: Der Zugriff auf die Infrastruktur erfolgt mit einem Webbrowser. Mittlerweile sind alle Funktionen im *HTML5-Client* umgesetzt. Der Flash-basierte Client gehört somit zum alten Eisen – endlich.

Lizenzierung

Für die Verwaltung der VMware-Lizenzen in einer vSphere-Infrastruktur wird der im vCenter Server integrierte Lizenzserver eingesetzt. In diese Verwaltungskonsole tragen Sie alle VMware-Lizenzen ein und weisen sie den zugehörigen Hardwarekomponenten zu.

VMware Infrastructure SDK

Es gibt die verschiedensten Möglichkeiten, in der virtuellen Infrastruktur Aufgaben zu automatisieren, auch außerhalb des vCenters und seiner Komponenten. Sie haben als Anwender verschiedene Optionen zur Verfügung, um eigene Anforderungen abzubilden. Dabei ist es egal, ob Sie mit der PowerShell skripten oder mit C programmieren möchten. Es gibt noch viele weitere Möglichkeiten, das Management der Infrastruktur zu optimieren. VMware stellt eine Auswahl von Softwarepaketen zur Verfügung, damit Anwender das Management an ihre Bedürfnisse anpassen können.

Wenn Sie sich für alle Informationen interessieren, finden Sie auf der eigens dafür eingerichteten Webseite Näheres zu dem gewünschten Thema. Die Webseite erreichen Sie unter *https://www.vmware.com/support/pubs/sdk_pubs.html*. Von dort können Sie auch die Applikationen herunterladen.

Benötigte Netzwerkports – Implementierung

Der Host hat Berührungspunkte mit verschiedenen Komponenten. Hier muss das Netzwerk für unterschiedliche Ports freigeschaltet werden. Sie finden die entsprechenden Ports in Tabelle 2.3.

Port	Protokoll	Kommunikation	Beschreibung
22	TCP	Client → vSphere-Host	SSH-Server
53	UDP	vSphere-Host → DNS-Server	DNS-Abfragen
68	UDP	vSphere-Host → DHCP-Server	DHCP-Abfragen
80	TCP	Client → vSphere-Host	Browser Redirect to HTTPS (443)
88	TCP	vSphere-Host → AD-Server	Kerberos-AD-Authentifizierung
111	TCP/UDP	vSphere-Host → NFS-Server	NFS-Client
123	UDP	vSphere-Host → Time-Server	NTP-Client
162	UDP	vSphere-Host → SNMP-Collector	Senden von SNMP-Traps
389	TCP/UDP	vSphere-Host → LDAP-Server	Kerberos-AD-Authentifizierung
427	UDP	vSphere-Client → vSphere-Host	CIM Service Location Protocol
443	TCP	vSphere-Client → vSphere-Host	Managementverbindung vom Client zum Host
443	TCP	vSphere-Host → vSphere-Host	Provisionierung und Migration von Host zu Host

Tabelle 2.3 Ports für die vSphere-Host-Kommunikation

Port	Protokoll	Kommunikation	Beschreibung
445	UDP	vSphere-Host → MS Directory Service	AD-Authentifizierung
445	TCP	vSphere-Host → MS Directory Service	AD-Authentifizierung
445	TCP	vSphere-Host → SMB-Server	SMB-Verbindungen
514	TCP/UDP	vSphere-Host → Syslog-Server	Anbindung des Syslog-Servers
902	TCP/UDP	vSphere-Host → vCenter	vCenter-Server-Agent-Kommunikation
2049	TCP/UDP	vSphere-Host → NFS-Server	NFS-Datenport
3260	TCP	vSphere-Host → iSCSI-Storage	iSCSI-Datenport
5989	TCP	CIM Server → vSphere-Host	CIM-Transaktionen über HTTP
5989	TCP	vCenter → vSphere-Host	CIM-XML-Transaktionen über HTTPS
5989	TCP	vSphere-Host → vCenter	CIM-XML-Transaktionen über HTTPS
6500	UDP	vSphere-Host → vCenter	Kommunikation zum Syslog-Server
8000	TCP	vSphere-Host (Ziel-VM) → vSphere-Host (Quell-VM)	vMotion-Kommunikation über den VMkernel-Port
8000	TCP	vSphere-Host (Quell-VM) → vSphere-Host (Ziel-VM)	vMotion-Kommunikation über den VMkernel-Port
8100	TCP/UDP	vSphere-Host → vSphere-Host	Datenverkehr zwischen den Hosts für Fault Tolerance
8182	TCP/UDP	vSphere-Host → vSphere-Host	Datenverkehr zwischen den Hosts für vSphere-HA
8200, 8300	TCP/UDP	vSphere-Host → vSphere-Host	Datenverkehr zwischen den Hosts für Fault Tolerance
8301	UDP	vSphere-Host → vSphere-Host	DVS-Portinformationen
8302	UDP	vSphere-Host → vSphere-Host	DVS-Portinformationen

Tabelle 2.3 Ports für die vSphere-Host-Kommunikation (Forts.)

Das vCenter kommuniziert über das Netzwerk mit den Komponenten, die es verwaltet. Die Verbindungen werden über einen Windows-Dienst hergestellt (*vpxd.exe*, gilt nur für die installierbare Version, nicht für die Appliance). In Tabelle 2.4 sehen Sie, welche Ports für die Kommunikation benötigt werden.

Port	Protokoll	Kommunikation	Beschreibung
22	TCP/UDP	SSH-Client → vCenter	nur bei der vCenter Server Appliance relevant
25	TCP	vCenter → SMTP-Server	E-Mail-Benachrichtigungen
53	UDP	vCenter → DNS-Server	DNS-Abfragen
80	HTTP	Client-PC → vCenter	Dieser Port wird für den direkten Webzugriff benötigt. Es erfolgt aber nur eine Umleitung auf Port 443. Es können Konflikte mit einem installierten Microsoft IIS auftreten. (Vorsicht bei der Nutzung des Authentication Proxy!)
88	TCP/UDP	vCenter → AD-Server	Authentifizierung am Active Directory
135	TCP	vCenter → vCenter	vCenter-Linked-Modus
161	UDP	SNMP-Server → vCenter	SNMP-Polling
162	UDP	vCenter → SNMP-Server	Senden von SNMP-Traps
389	TCP/UDP	vCenter → Linked vCenter Server	Dieser Port wird für die Kommunikation mit dem LDAP benötigt.
443	TCP	vSphere-Client → vCenter	Port für die initiale Anmeldung über den vSphere-Webclient
443	TCP	vCenter → vSphere-Hosts	vCenter-Agent, DPM-Kommunikation mit HP ILO
514	UDP	vCenter → Syslog Collector	Syslog-Collector-Port
623	UDP	vCenter → vSphere-Hosts	DPM-Kommunikation via IPMI

Tabelle 2.4 Ports für die vCenter-Server-Kommunikation

Port	Protokoll	Kommunikation	Beschreibung
636	TCP	vCenter → Platform Services Controller	SSL-Verbindung zwischen den Komponenten beim Linked Mode
902	TCP	vCenter → vSphere-Hosts	Kommunikation zwischen vCenter und vSphere-Hosts
902	UDP	vCenter → vSphere-Hosts	Heartbeat-Kommunikation zwischen Hosts und vCenter
902	TCP/UDP	vSphere-Client → vSphere-Hosts	Anzeige der Konsole von VMs
1433	TCP	vCenter → MS SQL	Verbindung zum Datenbankserver MS SQL
1521	TCP	vCenter → Oracle	Verbindung zum Datenbankserver Oracle
2012	TCP	vCenter (Tomcat-Einstellungen) → SSO	Kontroll-Interface für SSO
2014	TCP	vCenter (Tomcat-Einstellungen) → SSO	RPC-Port für VMware Certificate Authority
2020	TCP/UDP	vCenter	Authentication Services Framework
5480	TCP	Client PC → vCenter	Zugriff auf die Webkonfigurationsseite der VCSA
5988	TCP	vSphere-Host → vCenter	CIM-Transaktionen über HTTP
6500	TCP/UDP	vCenter → vSphere-Host	Port für den ESXi Dump Collector
6501	TCP	vCenter → vSphere-Host	Port für den Auto-Deploy-Dienst
6502	TCP	vCenter → vSphere-Client	Port für das Auto-Deploy-Management
7500	UDP	vCenter → vCenter	Java-Port für den vCenter Linked Mode

Tabelle 2.4 Ports für die vCenter-Server-Kommunikation (Forts.)

Port	Protokoll	Kommunikation	Beschreibung
8000	TCP	vCenter → vSphere-Host	vMotion-Anfragen
8005	TCP	vCenter → vCenter	Port für die interne Kommunikation
8006	TCP	vCenter → vCenter	Port für die interne Kommunikation
8009	TCP	vCenter → vCenter	AJP-Port (Apache JServ Protocol); dient der Weiterleitung von Webserveranfragen an einen Applikationsserver
8080	HTTP	Client-PC → vCenter	Webservices über HTTP für die vCenter-Webseite
8083	TCP	vCenter → vCenter	interne Dienstediagnose
8085	TCP	vCenter → vCenter	interne Dienstediagnose/SDK
8086	TCP	vCenter → vCenter	Port für die interne Kommunikation
8087	TCP	vCenter → vCenter	interne Dienstediagnose
8443	HTTPS	Client-PC → vCenter	Webservices über HTTPS für die vCenter-Management-Webseite
8443	TCP	vCenter → vCenter	Port für den Linked Mode
9443	TCP	Client-PC → vCenter	Webclient-Zugriff
10109	TCP	vCenter → vCenter	Service-Management vom vCenter Inventory Service
10111	TCP	vCenter → vCenter	Linked-Mode-Kommunikation des vCenter Inventory Service
10443	TCP	vCenter → vCenter	vCenter Inventory Server Service über HTTPS

Tabelle 2.4 Ports für die vCenter-Server-Kommunikation (Forts.)

Auch das Single Sign On muss mit unterschiedlichen Elementen kommunizieren. Sie finden die Liste in Tabelle 2.5.

Port	Protokoll	Kommunikation	Bemerkungen
2012	TCP	vCenter (Tomcat) → SSO	RPC Control Interface
2014	TCP	vCenter (Tomcat) → SSO	PRC-Port für alle VMware-Certificate-Authority-APIs
7005	TCP	vCenter Server → SSO	–
7009	TCP	vCenter Server → SSO	AJP-Port
7080	TCP	vCenter Server → SSO	HTTP-Zugriff
7444	TCP	vCenter Server → SSO Webclient → SSO	HTTPS-Zugriff SSO-Lookup

Tabelle 2.5 Ports für die SSO-Kommunikation

In Tabelle 2.6 sehen Sie, welche Ports der Update Manager zur Kommunikation nutzt (* betrifft nur die Windows-basierte Version).

Ports	Protokoll	Kommunikation	Beschreibung
80	TCP	Update Manager → Internet	Download von Patches aus dem Internet
80	TCP	vSphere-Host → Update Manager	Kommunikation vom Host zum Update Manager
80	TCP	Update Manager → vCenter*	Kommunikation zwischen Update Manager und vCenter Server
443	TCP	Update Manager → Internet	Download von Patches aus dem Internet
443	TCP	vSphere-Host → Update Manager	Kommunikation vom Host zum Update Manager, Rückweg über 9084
443	TCP	vCenter → Update Manager*	Kommunikation vom vCenter zum Update Manager, Rückweg über 8084
735	TCP	Update Manager → VMs	Update-Manager-Listener-Port für das Patchen von VMs

Tabelle 2.6 Ports für die Update-Manager-Kommunikation

Ports	Protokoll	Kommunikation	Beschreibung
902	TCP	Update Manager → vSphere-Host	Übermittlung von Patches vom Update Manager zum vSphere-Host
1433	TCP	Update Manager → MS SQL*	Verbindung zum Datenbankserver MS SQL
1521	TCP	Update Manager → Oracle*	Verbindung zum Datenbankserver Oracle
8084	TCP	Update Manager → Client-Plug-in	SOAP-Server-Update-Manager
9084	TCP	vSphere-Host → Update Manager	Webserver-Update-Manager auf Updates wartend
9087	TCP	Update Manager → Client-Plug-in	Port für das Hochladen von Host-Update-Files
9000 → 9100	TCP	vSphere-Host → Update Manager	Ports für Hostscanning bzw. Bereich für Portalternativen, wenn 80 und 443 schon anderweitig genutzt werden

Tabelle 2.6 Ports für die Update-Manager-Kommunikation (Forts.)

Beim *vCenter Converter* werden unterschiedliche Ports genutzt. Diese hängen unter Umständen sogar davon ab, welches Betriebssystem importiert werden soll. In Tabelle 2.7 finden Sie die Ports, die für die Übernahme eines Servers benötigt werden.

Ports	Protokoll	Kommunikation	Bemerkungen
22	TCP	vCenter Converter → Source-Maschine	für die Konvertierung von Linux-basierten Systemen
137	UDP	vCenter Converter → Source-Maschine	für die Migration einer aktiven Maschine (wird nicht benötigt, wenn die Quelle kein NetBIOS nutzt)
138	UDP	vCenter Converter → Source-Maschine	
139	TCP	vCenter Converter → Source-Maschine	Kommunikation zwischen zur übernehmenden Maschine und vCenter Converter

Tabelle 2.7 Ports für die vCenter-Converter-Kommunikation

Ports	Protokoll	Kommunikation	Bemerkungen
443	TCP	vCenter Converter Client → vCenter Converter Server	Wird benötigt, wenn der vCenter-Converter-Linux-Client nicht auf dem vCenter-Converter-Server installiert ist.
443	TCP	vCenter Converter → vCenter	Dieser Port wird genutzt, wenn das Ziel ein vCenter ist.
443	TCP	vCenter Converter Client → vCenter	Wird benötigt, wenn der vCenter-Converter-Client nicht auf dem vCenter-Converter-Server installiert ist.
443, 902	TCP	Source-Maschine → vSphere-Host	Datentransport-Port für das Cloning zum vSphere-Host
445	TCP	vCenter Converter → Source-Maschine	Dient der Systemübernahme. Falls die Quelle NetBIOS nutzt, wird dieser Port nicht benötigt.
9089	TCP	vCenter Converter → Source-Maschine	Verteilung des Remote Agents

Tabelle 2.7 Ports für die vCenter-Converter-Kommunikation (Forts.)

Der *vRealize Orchestrator* (vRO) nutzt sehr viele Ports (siehe Tabelle 2.8). Um seine einwandfreie Funktion zu gewährleisten, müssen Sie diese Ports freischalten.

Port	Protokoll	Kommunikation	Bemerkungen
25	TCP	vRO-Server → SMTP-Server	E-Mail-Benachrichtigungen
80	TCP	vRO-Server → vCenter	Informationsaustausch über die virtuelle Infrastruktur
389	TCP/UDP	vRO-Server → LDAP-Server	LDAP-Authentifizierung
443	TCP	vRO-Server → vCenter	Informationsaustausch über die virtuelle Infrastruktur
636	TCP	vRO-Server → LDAP-Server	SSL-LDAP-Kommunikation zur Abfrage von Gruppenmitgliedschaften

Tabelle 2.8 Ports für die Orchestrator-Kommunikation

Port	Protokoll	Kommunikation	Bemerkungen
1433	TCP	vRO-Server → MS SQL	Kommunikation mit MS SQL
1521	TCP	vRO-Server → Oracle	Kommunikation mit Oracle-Datenbanken
3306	TCP	vRO-Server → MySQL	Kommunikation mit MySQL-Datenbanken
5432	TCP	vRO-Server → PostgreSQL	Kommunikation mit PostgreSQL-Datenbanken
8230	TCP	vRO-Client → vRO-Server	Lookup-Port – Kommunikation mit dem Konfigurationsserver
8240	TCP	vRO-Client → vRO-Server	Kommandoport – Kommunikation für Remoteaufrufe
8244	TCP	vRO-Client → vRO-Server	Datenport
8250	TCP	vRO-Client → vRO-Server	Messaging-Port – Weitergabe von Nachrichten im Java-Umfeld
8280	TCP	vRO-Server → vRO-Server	Kommunikation zwischen vRO-Server und Web-Frontend über HTTP
8281	TCP	vRO-Server → vRO-Server	Kommunikation zwischen vRO-Server und Web-Frontend über HTTPS
8281	TCP	vCenter → vRO-Server	Kommunikation zwischen vRO-Server und vCenter-API
8282	TCP	vRO-Client-PC → vRO-Server	HTTP-Server-Port
8283	TCP	vRO-Client-PC → vRO-Server	HTTPS-Server-Port
8286	TCP	vRO-Client-PC → vRO-Server	Java-Nachrichten-Port
8287	TCP	vRO-Client-PC → vRO-Server	SSL-gesicherter Java-Nachrichten-Port

Tabelle 2.8 Ports für die Orchestrator-Kommunikation (Forts.)

Weitere Informationen zu den Ports, die von VMware-Komponenten genutzt werden, finden Sie in einem recht übersichtlichen Dokument, das auf der VMware-Webseite liegt. Schauen Sie dort auf jeden Fall mal rein:

https://kb.vmware.com/s/article/2131180

2.8 Verschlüsselung

Sicherheitsaspekte spielen eine immer größere Rolle. Datentransfers müssen abgesichert werden, Datenbanken und auch komplette virtuelle Maschinen werden aus Sicherheitsgründen verschlüsselt.

Damit VMs sicher verschlüsselt werden können, wird eine zugehörige Infrastruktur benötigt. Mit vSphere 7.0 hat VMware noch einmal nachgerüstet. Der Fokus lag auf einer sicheren Kette zur Bereitstellung von Zertifikaten und der Unterbindung von Möglichkeiten der Manipulation.

Für die Umsetzung hat VMware die *vSphere Trust Authority* (vTA) implementiert. Darüber werden vertrauenswürdige Cluster zur Verfügung gestellt, auf denen dann verschlüsselte VMs laufen können. Die Kommunikation erfolgt über das KMIP-Protokoll (*Key Management Interoperability Protocol*). Das vCenter dient für dieses Thema quasi als Passthrough-Komponente. Dabei ist die vTA ein dedizierter vSphere-Cluster, der nur für die Sicherheit verantwortlich ist und keine Workloads aufnimmt. Aus diesem Grund können diese Systeme auch vSphere-Hosts mit wenigen Ressourcen sein.

Hinweis

Für die einwandfreie Funktion müssen in den Hosts TPM-Chips (*Trusted Platform Module*) verbaut sein. Zusätzlich muss auf dem Server UEFI Secure Boot aktiviert sein.

Die Anzahl der Administratoren auf den vTA sollte auf jeden Fall eingeschränkt werden.

Der vTA fallen dabei unterschiedliche Aufgaben zu – die vTA holt die Schlüssel ab, der KMS-Server liefert sie aus. Damit kann jetzt auch das vCenter verschlüsselt werden.

Die Attestierung von Hosts gehört ebenfalls zu der Aufgabe der vTA. Bekommt ein Host dieses Testat nicht, werden auch keine verschlüsselten Workloads auf ihn verschoben (siehe Abbildung 2.23).

Hinweis

Es muss nicht für jeden Workload-Cluster ein dedizierter vTA-Cluster aufgebaut werden.

Aus Sicherheitsgründen empfiehlt VMware für den vTA-Cluster ein dediziertes vCenter, aus Supportsicht muss das aber nicht sein.

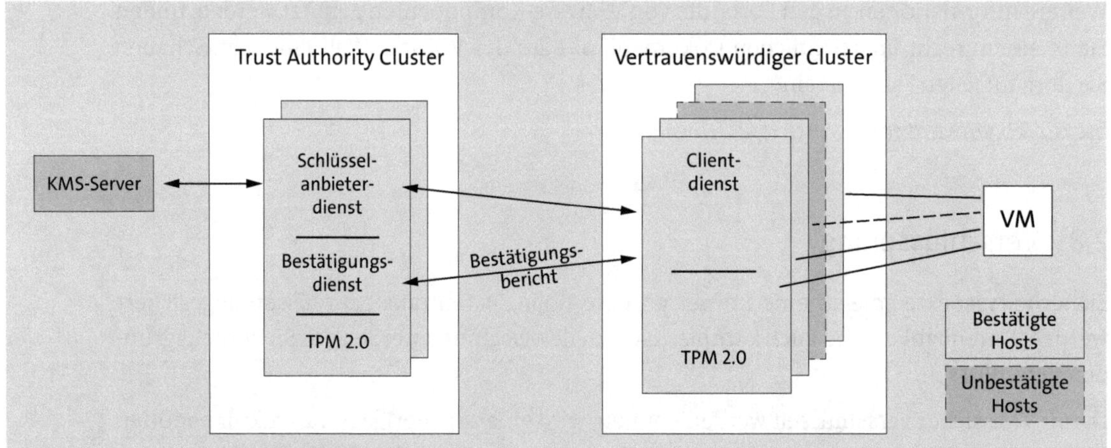

Abbildung 2.23 vSphere Trust Authority Cluster

Die Status- bzw. Konfigurationsdaten werden in Datenbanken auf dem vCenter Server und dem vSphere-Host abgelegt.

Teile der Infrastruktur wurden schon mit vSphere 6.7 eingeführt, aber das System hatte noch ein paar Schwächen. So konnte ein sicherer Workload durch DRS auf einen unsicheren Host verschoben werden. Hinzu kommt die Tatsache, dass der vCenter Server nicht verschlüsselt werden konnte, weil er ja die Schlüssel bereitgestellt hat. Jetzt hält der vTA die Schlüssel, und damit ist auch das vCenter verschlüsselbar.

2.9 Maximale Ausstattung

Auch wenn Sie sich an die *Hardware Compatibility List* (HCL) halten, so müssen Sie doch wissen, welche Ausstattung des Hosts mengenmäßig noch unterstützt wird. Diesen Punkt möchten wir in den folgenden Tabellen näher aufschlüsseln.

In Tabelle 2.9 finden Sie die maximalen Werte für die CPUs; Tabelle 2.10 enthält den maximalen Wert für den Arbeitsspeicher.

CPUs pro Host	Anzahl	Bemerkungen
Logische Prozessoren	768	Die Anzahl berechnet sich wie folgt: Sockel × Cores × Threads
Virtuelle CPUs (vCPUs)	4.096	–
NUMA-Knoten pro Host	16	–

Tabelle 2.9 Maximale CPU-Werte

CPUs pro Host	Anzahl	Bemerkungen
Maximale Anzahl von virtuellen CPUs pro Core	32	Die Anzahl ist abhängig von der Last, die die VMs verursachen. (Gilt ebenfalls für *vSphere 4.0 Update 1*; bei *vSphere 4.0* sind es 20 vCPUs.)
Maximale Anzahl von VMs pro Host	1.024	Die Anzahl ist abhängig von der Last, die die VMs verursachen.

Tabelle 2.9 Maximale CPU-Werte (Forts.)

Memory pro Host	Menge
Arbeitsspeicher	16 TB

Tabelle 2.10 Maximaler Memory-Wert

Angesichts der Menge der Karten geben wir in der Tabelle für die Netzwerkkarten nur die Geschwindigkeit und die Anzahl der möglichen Karten an. In Tabelle 2.11 finden Sie die maximale Anzahl von physischen Netzwerkkarten.

Speed	Anzahl
1 GBit	32
10 GBit	16
20 GBit	16
25 GBit	16
40 GBit	8
50 GBit	8
100 GBit	4
100/10 GBit 1 GBit	16 16

Tabelle 2.11 Maximale Anzahl physischer Netzwerkkarten

Tabelle 2.12 listet dagegen die maximale Anzahl der *virtuellen* Karten bzw. Ports auf.

PCI VMDirectPath	Anzahl
PCI VMDirectPath Devices (pro Host)	8
PCI VMDirectPath Devices (pro VM)	4
vNetzwerk-Standard-Switch	**Anzahl**
Virtuelle Switch-Ports pro vSwitch	4.096
Portgruppen pro vSwitch	512
Portgruppen pro Host	512
vNetzwerk-Distributed-Switch	**Anzahl**
Virtuelle Switch-Ports pro vCenter	60.000
Hosts pro Switch	1.000
VDS pro vCenter	128
vNetzwerk	**Anzahl**
Maximal aktive Ports pro Host	1.016
Virtuelle Switch-Ports gesamt	4.096

Tabelle 2.12 Maximale Anzahl virtueller Karten bzw. Ports

In Tabelle 2.13 finden Sie die maximale Anzahl von parallelen vMotion-Operationen.

Parallele vMotion-Operationen pro Host	Anzahl
1-GBit-Netzwerk	4
10-GBit-Netzwerk	8

Tabelle 2.13 Maximale Anzahl von parallelen vMotion-Operationen

Für den Storage gibt es ebenfalls Einschränkungen. Tabelle 2.14 trennt die verschiedenen Anbindungsmöglichkeiten voneinander und beschreibt außerdem das Filesystem VMFS.

VMFS allgemein	Maximalwert
Volume-Größe	64 TB
vDisks pro Host	2.048

Tabelle 2.14 Maximalwerte im Storage-Umfeld

VMFS allgemein	Maximalwert
Volumes per Hosts	1.024
Hosts pro Volume	64
VMFS-5/6	**Maximalwert**
Files pro Volume	ca. 130.690
Filegröße	62 TB
Blockgröße	1 MB; bei einer Migration von VMFS-3 wird die alte Blockgröße übernommen.
RDM-Größe (virtuelle Kompatibilität)	62 TB
RDM-Größe (physische Kompatibilität)	64 TB
Fibre-Channel	**Maximalwert**
LUNs pro Host	1.024
Anzahl Pfade pro LUN	32
Maximale Anzahl pro Host	1.024
HBAs pro Host	8
Maximale Anzahl von HBA-Ports	16
FCoE	**Maximalwert**
Maximale Anzahl von SW-Adaptern	4
NFS	**Maximalwert**
Maximale Anzahl von NFS-Datastores	256
Hardware-iSCSI-Initiator	**Maximalwert**
LUNs pro Host	1.024
Pfade pro Host	4.096
Pfade pro LUN	8
Software-iSCSI-Initiator	**Maximalwert**
Ziele pro Host	256

Tabelle 2.14 Maximalwerte im Storage-Umfeld (Forts.)

Kapitel 3
vMotion und Storage vMotion

3

Im Jahr 2003 führte VMware die Live-Migration von virtuellen Maschinen durch vMotion ein. Was damals eine echte Sensation war, gehört heute eher zum normalen IT-Alltag. Später, mit VMware Infrastructure 3.5, kam dann Storage vMotion hinzu. Diese beiden äußerst mächtigen Funktionen sind heute aus dem Umfeld von Migrationen im Datacenter gar nicht mehr wegzudenken und stellen eine erhebliche Arbeitserleichterung für die Administration dar. Inzwischen nutzen Kunden rund um den Globus täglich diese Funktionen wie selbstverständlich, und man kann durchaus sagen, dass sie sich über Jahre hinweg als absolut zuverlässig bewährt haben.
Autor dieses Kapitels ist Günter Baumgart.
guenter.baumgart@anmax.de

Wie Sie im Anleser bereits erfahren haben, gibt es die Funktionen *vMotion* und *Storage vMotion* (*SvMotion*) nun schon eine sehr lange Zeit. Währenddessen wurden diese beiden Funktionalitäten immer weiter optimiert. Sie ermöglichen dem Anwender, laufende, also eingeschaltete virtuelle Maschinen von einem Hypervisor respektive von einem Storage zu einem anderen zu verlegen. In jeder Version gab es Verbesserungen in der Leistung und am Funktionsumfang von vMotion und SvMotion.

Bis zum heutigen Tag sind in vielen Umgebungen die unterschiedlichsten Versionen von vSphere im Einsatz. Gerade in großen Environments existiert auch noch einiges an älteren vSphere-Versionen. Sie werden sicherlich das Problem kennen, dass sich hier und da noch vSphere-Cluster befinden, die aus den unterschiedlichsten Gründen nicht einfach so zu migrieren sind. Aus diesem Grund werde ich an der einen oder anderen Stelle in diesem Kapitel den Funktionsumfang aufzuzeigen, den man in den einzelnen Releases mit vMotion und SvMotion erwarten kann. Sollten Sie in der glücklichen Lage sein, dass sich in Ihrem Environment keine älteren vSphere-Versionen mehr befinden, ignorieren Sie einfach diese Textpassagen.

Was bedeutet »ältere Version« in diesem Kontext? Ich behaupte, dass man durchaus sagen kann, dass alles unterhalb von vSphere-Version 5 in der Regel nicht mehr anzutreffen ist. vSphere 5 begegnet man allerdings noch vereinzelnd, wobei ich mir recht sicher bin, dass spätestens im nächsten vSphere-Buch auch diese Version nicht mehr behandelt werden muss. Konkret heißt das: Ich betrachte *vSphere 5.5* als älteste Version. Diese Version erreichte den Status *End of General Support* (EOGS) am 19.09.2018, und der Status *End of Technical Guidance*

(EOTG) wurde am 19.09.2020 erreicht. Nachlesen können Sie dies in der *VMware Knowledge Base* (KB51491) unter *https://kb.vmware.com/s/article/51491*. Sollten Sie also noch ein derartiges Release im Einsatz haben, können Sie am Ende dieses Jahres nicht einmal mehr auf einen Technical-Guidance-Support zurückgreifen. Eine detailliertere Erläuterung, was Sie bezüglich des Support-Leistungsumfangs während der Technical-Guidance-Phase erwarten können, finden Sie unter *https://www.vmware.com/support/policies.html#lifecycle-table*.

VMware Lifecycle Product Matrix

Supported Products, as of July 31, 2020

Dates highlighted in red indicate a product version is within 6 months of End of General Support or End of Technical Guidance.
Dates highlighted in purple indicate a product version has gone past its End of General Support.

PRODUCT RELEASE	GENERAL AVAILABILITY	END OF GENERAL SUPPORT	END OF TECHNICAL GUIDANCE	LIFECYCLE POLICY	END OF AVAILABILITY	NOTES
ESXi 5.5	2013/09/19	2018/09/19	2020/09/19	EIP		A, B
ESXi 6.0	2015/03/12	2020/03/12	2022/03/12	EIP		
ESXi 6.5	2016/11/15	2021/11/15	2023/11/15	EIP		
ESXi 6.7	2018/04/17	2022/10/15	2023/11/15	EIP		A, B, Q
ESXi 7.0	2020/04/02	2025/04/02	2027/04/02	EIP		

Abbildung 3.1 Zeitpunkte, zu denen die unterschiedlichen Support-Ereignisse eintreten (Stand: September 2020)

Was noch in der letzten Auflage für vSphere 5.5. galt, gilt in diesem Buch nun seit März dieses Jahres auch für die 6.0er-Version von vSphere. Der Support-Status EOGS hat bereits begonnen und endet am 12.03.2022. Setzen Sie noch vSphere 6.0 in Ihrem Datacenter ein, sollten Sie so langsam versuchen, diese Version durch eine aktuellere zu ersetzen. Denn denken Sie unbedingt daran, dass EOTG eher als Hilfe zur Selbsthilfe zu verstehen ist.

Was bedeutet das aber für Sie im Detail? Sie bekommen im Zuge des EOGS keine Maintenance-Updates und auch keine Upgrades mehr von VMware. Nach dem EOGS-Datum wird es keinerlei neue Security-Patches und keine neuen Bugfixes für diese Version mehr geben. Telefonischen Support bei VMware bekommen Sie ebenfalls nicht mehr, und Zertifizierungen für aktuelle Hardware gibt es auch nicht. Also kann man durchaus sagen, dass es quasi keinen Support mehr gibt, der für Produktionssysteme geeignet ist!

Wenn Sie hier genauer hinschauen wollen, empfehle ich Ihnen, einen Blick auf die Webseite *https://www.vmware.com/support/policies/lifecycle.html* zu werfen (siehe Abbildung 3.1). Für weitere Informationen zum Thema Lifecycle können Sie sich die jeweils aktuelle *VMware Lifecycle Product Matrix* unter *http://www.vmware.com/content/dam/digitalmarketing/vmware/en/pdf/support/product-lifecycle-matrix.pdf* herunterladen.

Upgrade-Pfade

Setzen Sie noch eine ältere Version als die vSphere-Version 6.5 ein, sollten Sie spätestens jetzt über eine Migration hin zu einer aktuelleren Version nachdenken.

Nutzen Sie allerdings noch eine ältere Version als die vSphere-Version 6.0, kann ich Ihnen nur raten, sich umgehend mit dem Thema Migration zu beschäftigen. Bitte schauen Sie im Zuge Ihrer Migrationsplanung in jedem Fall in die Upgrade-Vorgaben bzw. in die *Update Sequence* von VMware (*https://kb.vmware.com/s/article/53710*).

Da es keinen direkten *Upgrade Path* von vSphere 5.5 hin zu vSphere 6.7 oder gar 7.0 gibt, müssen Sie einen entsprechenden Zwischenschritt über die Version 6.0 oder neuer einplanen. Schauen Sie in diesem Zusammenhang auch unbedingt diese Dokumente an:
https://docs.vmware. com/de/VMware-vSphere/6.7/vsphere-esxi-67-upgrade-guide.pdf
https://docs.vmware.com/de/VMware-vSphere/6.7/vsphere-vcenter-server-67-upgrade-guide.pdf

Sie werden in diesem Kapitel aber selbstverständlich in der Hauptsache das Neueste über vMotion und SvMotion erfahren. Kommen wir also zum Kernthema zurück. Dieses Kapitel unterteilt sich in zwei große Abschnitte.

Im ersten Abschnitt werden Sie einiges über die Funktionsweise von vMotion erfahren. Auch wenn die Versionen vor 6.0 quasi nicht mehr im Einsatz sind, ist es dennoch wichtig, ihre Technologie kurz zu betrachten. Der Grund hierfür ist, dass die stetige Weiterentwicklung dieser Technologie und die einzelnen Implementierungen von Version zu Version aufeinander aufbauen. Das heißt, wir schauen uns kurz vSphere-Version 5 an, im Anschluss daran betrachten wir die Weiterentwicklungen der Version 6, und zum Schluss sehen wir uns die Optimierungen in der Version 7.0 an. Zur Erinnerung: Nach der vSphere-Version 5.5 brachte VMware die Versionen 6.0, 6.5, 6.7 und nun die Version 7.0 heraus.

Zwischen den einzelnen Versionen gibt es oftmals auch sehr große Unterschiede in der Funktionsweise. Sie werden die Merkmale dieser einzelnen Evolutionsstufen von vMotion im Folgenden kennenlernen. Ich hoffe, dass Sie hierbei – sollten Sie noch Version 5.5 oder 6.0 nutzen – auf jeden Fall Lust auf eine Migration hin zur aktuellen Version 7.0 bekommen. Das Gleiche gilt selbstverständlich analog für SvMotion.

Kommen wir nun zum eigentlichen Thema: vMotion und Storage vMotion haben zwar unterschiedliche Funktionen, sind aber, was die Technologie angeht, teilweise recht ähnlich und greifen auch gemeinschaftlich auf einzelne Komponenten in vSphere zu. Dies ist der Grund dafür, dass sie gemeinsam in einem Kapitel behandelt werden. Beide Technologien sind *proaktiv*. Mithilfe von vMotion bzw. SvMotion kann eine neue Verteilungssituation herbeigeführt werden (*proaktive Funktion*), wobei der Gedanke, diese Funktionen im Hinblick auf das Eintreten von unvorhergesehenen Ereignissen nutzen zu wollen, unpassend ist. SvMotion und vMotion sind keine HA-Mechanismen! Das bedeutet: vMotion wird zur Migration einer virtuellen Maschine zwischen ESXi-Hosts verwendet, und Storage vMotion wird zur Migration der Daten einer virtuellen Maschine zwischen unterschiedlichen Datastores verwendet. Beide Funktionen sind nicht anwendbar, sollte das Quell- oder Zielsystem nicht online bzw. ausgefallen sein.

vMotion und Storage vMotion sorgen im Wesentlichen für eine höhere Verfügbarkeit von Diensten in einer IT-Umgebung, da sie geplante Wartungsfenster sowohl an den beteiligten

Hosts als auch an den Datastores ohne eine Downtime von virtuellen Maschinen (also den Unternehmensdiensten) ermöglichen.

Sicherlich haben Sie auch schon gehört, dass manchmal vMotion und SvMotion im Zusammenhang mit Hochverfügbarkeit genannt werden. Dies ist nicht korrekt! Bei vMotion und SvMotion handelt es sich nämlich nicht um Funktionen, die genutzt werden können, um für Hochverfügbarkeit innerhalb einer IT-Umgebung zu sorgen. Das heißt: Beide Funktionen können nicht zum Abfangen von unvorhersehbaren Ausfällen in einer IT-Umgebung eingesetzt werden.

Was ist neu in dieser Version

VMware hat sich in vSphere 7 speziell dem Thema große VMs, oft auch als Monster-VMs bezeichnet, angenommen und für derartige Workloads den vMotion- und den Storage-vMotion-Prozess analysiert und dann optimiert. Die Rede ist hier von VMs, die sich in Größenordnungen von mehreren 100 vCPUs und 6 TB vRAM befinden. Oftmals sind transaktionale Datenbankplattformen genau die Kandidaten, die solche Anforderungen an die Workloads haben und bei denen Leistungseinbußen überhaupt nicht toleriert werden können. Bei einer derartigen VM, die mit vMotion oder Storage vMotion von einem ESXi, dem Quell-ESXi, auf einen anderen ESXi, den Ziel-ESXi, verlegt werden soll, ist es notwendig, zwei grundsätzliche Herausforderungen in Einklang zu bringen. Einerseits muss der Verlegungsvorgang natürlich so schnell wie möglich erfolgreich abgeschlossen werden, aber andererseits muss gleichzeitig auch dafür gesorgt werden, dass der Verlegeprozess einen möglichst geringen Einfluss auf die Leistungsfähigkeit der Gast-VM bzw. der darin arbeitenden Applikation hat. Damit ist gemeint, dass der Service, der von der VM bereitgestellt wird, nicht merklich verlangsamt wird. Man spricht in diesem Zusammenhang oftmals auch von einem Betäubungszeitraum, der sogenannten *Stun Time*, eines Workloads, der natürlich so kurz wie möglich sein muss.

Die Zeitspanne im Zuge eines Verlegungsvorgangs zwischen dem Anhalten und dem Fortsetzen, also zwischen Suspending und Resuming einer VM soll weniger als eine Sekunde betragen. Man spricht dabei oftmals vom *OneSecSLA*. Diese Vorgabe wurde in der Vergangenheit für normal große VMs in der Regel problemlos eingehalten. Bei den großen Monster-VMs konnte bei früheren vSphere-Versionen hingegen diese Vorgabe schon einmal zu einem Problem werden.

Diese Herausforderungen haben unter anderem dazu geführt, dass das VMware-Engineering in der Version 7 den Live-Migrationsprozess – vMotion (siehe Abschnitt 3.1) und auch Storage vMotion (siehe Abschnitt 3.2) – dahin gehend überarbeitet hat.

3.1 vMotion

Von VMwares Live-Migrationsfunktion für virtuelle Maschinen, vMotion, haben Sie sicherlich schon gehört. Also erübrigt sich hier eine längere Erklärung. In einem Satz gesagt, ist vMotion (siehe Abbildung 3.2) die Funktion, mit der Sie eingeschaltete virtuelle Maschinen von einem ESXi-Host auf einen anderen ESXi-Host verlegen können, und zwar ohne dass die virtuelle Maschine ausgeschaltet werden muss bzw. deren Dienstbereitstellung unterbrochen wird.

Vor vSphere 5.x war keine gleichzeitige Hot-Migration einer virtuellen Maschine in Hinblick auf den ESXi-Host (vMotion) und den Datastore (SvMotion) möglich. In der vSphere-Version 6.7 sind der auf HTML5 basierende *vSphere-Client* (HTML5-Client) und der auf Flash basierende *vSphere-Web-Client* (Flash-Client) für die Administration vorgesehen. Ab vSphere 7 ist nun ausschließlich der auf HTML5 basierende *vSphere-Client* (HTML5-Client) für die Administration nutzbar. Somit hat der Flash-Client nun endgültig ausgedient und teilt das Schicksal des ehemaligen C#-Clients. In der Übergangszeit zwischen den vSphere-Versionen 6 und 7 war es nicht möglich, ausschließlich mit dem *vSphere-Client* zu arbeiten. Man benötigte oftmals beide Clients für die Administration. Doch dies hat sich mit dem Erscheinen der Version 7.0 geändert, und der *vSphere-Client* ist mittlerweile ausgereift.

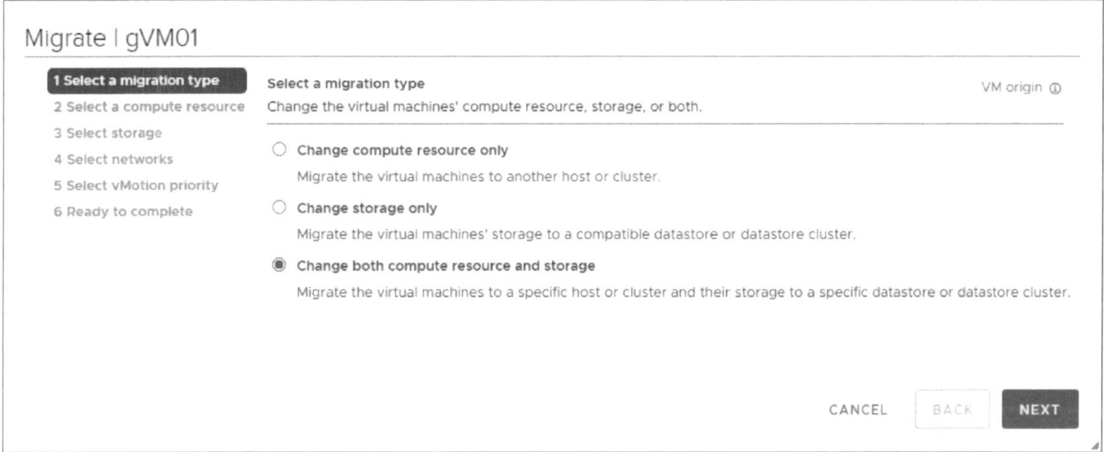

Abbildung 3.2 Es stehen drei Migrationsvarianten in einem Arbeitsgang zur Verfügung: vMotion, SvMotion und beide zusammen.

Übrigens: Mit *Cold-Migration* – also mit der Migrationsvariante, bei der die virtuelle Maschine abgeschaltet wird – war eine gleichzeitige Verlegung bezüglich Host und Datastore auch schon vor vSphere 5.x möglich.

vMotion wurde früher immer gern z. B. auf Messen den interessierten Anwendern vorgeführt. Hierbei wurden dann Tests durchgeführt, in denen gezeigt wurde, dass es auch bei Hunderttausenden von vMotion-Vorgängen niemals zum Verlust einer einzelnen VM oder eines damit verbundenen Diensts kam.

Derartige Vorführungen gibt es heute selbstverständlich auch noch. Allerdings sind sie etwas modifiziert worden und zeigen die enorme Reichweite und Kompatibilität der heutigen Möglichkeiten dieser Technologie. Es wird z. B. sehr gern präsentiert, dass VMs im eingeschalteten

Zustand von einer On-Premises-Cloud-Structure, also einer Cloud im eigenen Datacenter vor Ort bzw. lokal, hin zu einer entfernten Cloud-Structure verlegt werden können. Dabei wird oftmals eine Off-Premises-Cloud-Structure bei einem Cloud-Provider gewählt. Um das Schauspiel dann noch spektakulärer zu gestalten, liegt zwischen diesen beiden Cloud-Structures auch noch eine sehr große Distanz.

Sicherlich werden Sie es seit einiger Zeit in Ihren Environments auch schon mit großen virtuellen Maschinen zu tun bekommen haben. Gerade große Datenbankanwendungen, die in VMs betrieben werden, sind heutzutage normalerweise in jedem Datacenter zu finden. Und vielleicht ist es Ihnen ebenfalls schon einmal passiert, dass bei dem Versuch, eine derartig große VM von einem Host auf einen anderen Host zu verlegen, vMotion nicht so arbeitete, wie Sie es eigentlich erwartet hatten. Mit vSphere 7.0 hat VMware sich genau diesem Thema gewidmet und vMotion dahin gehend überarbeitet.

3.1.1 Die grundsätzliche Funktionsweise von vMotion

Wenn man sich vMotion näher anschaut, stellt man schnell fest, wie simpel es eigentlich ist (siehe Abbildung 3.3). Es zeigt sich sofort auch ganz deutlich, was eine Isolation zwischen Hardware- und Betriebssystem-Layer bzw. der Applikation an Vorteilen in Hinblick auf die erhöhte Verfügbarkeit von Diensten mit sich bringt.

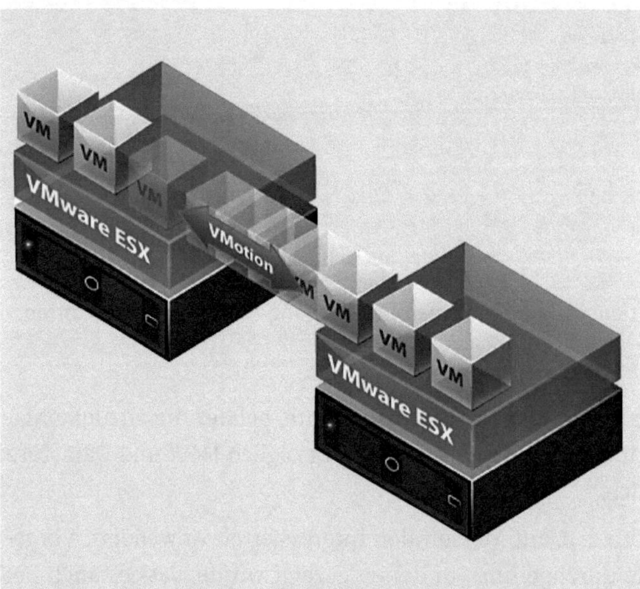

Abbildung 3.3 vMotion-Migration aktiver virtueller Maschinen zwischen zwei ESXi-Hosts – gestern wie auch heute

In Abbildung 3.4 können Sie in einer Art Sequenzdiagramm sehen, wie der vMotion-Vorgang aus der Sicht einer virtuellen Maschine abläuft.

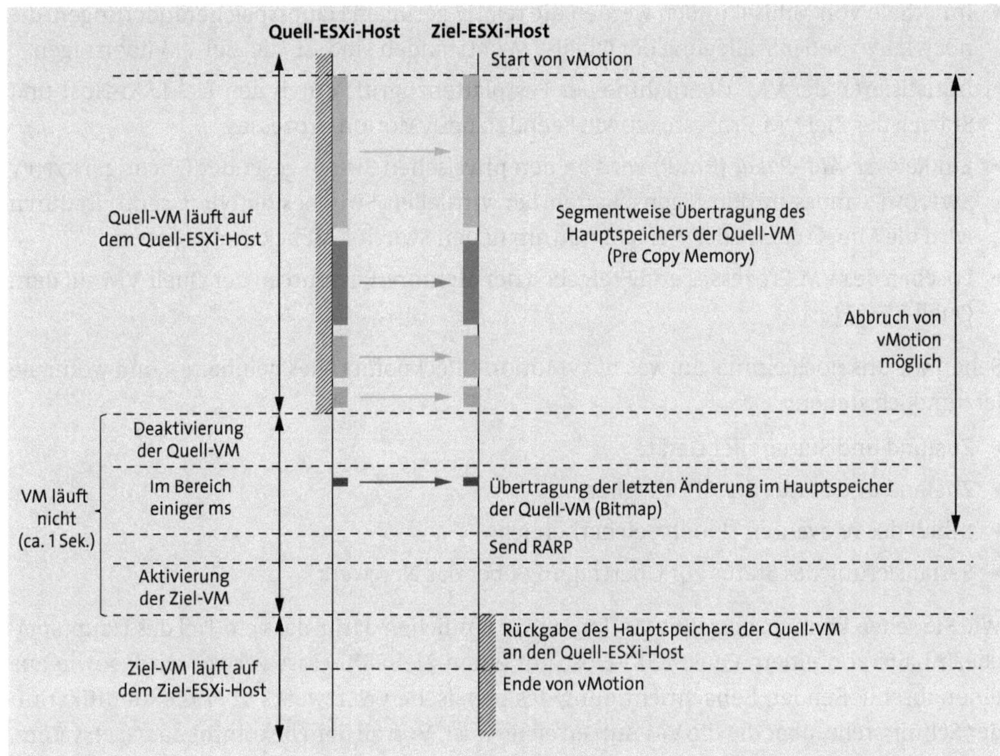

Abbildung 3.4 Der Ablauf von vMotion aus der Perspektive einer virtuellen Maschine

Aus der Sicht einer virtuellen Maschine läuft vMotion folgendermaßen ab (siehe auch Abbildung 3.4):

- Überprüfen, ob die Ressourcen, die die Quell-VM benötigt, auf dem Ziel-ESXi-Host verfügbar sind und ob die Quell-VM ordnungsgemäß betrieben werden kann (*Kompatibilitäts-Check*).
- Reservieren der Ressourcen, die die Quell-VM auf dem Ziel-ESXi-Host benötigen wird.
- Anlegen von Hauptspeicher-Checkpoints. Das bedeutet: Alle Veränderungen bezüglich der Quell-VM, die im Zuge der Übertragung stattfinden werden, werden in einen zusätzlichen Speicherbereich (*Memory Bitmap*) geschrieben.
- Übertragen des Hauptspeicherinhalts hin zur Ziel-VM auf dem Ziel-ESXi-Host in mehreren Iterationen (Checkpoint/Checkpoint-Restore-Vorgänge). Diese erwähnten Checkpoint/Checkpoint-Restore-Vorgänge werden nun so lange wiederholt, bis nur noch kleinste Änderungsmengen im Hauptspeicher des ESXi-Zielhosts fehlen, um die Ziel-VM erfolgreich in Betrieb zu nehmen.
- Stilllegen der CPU der Quell-VM (*Quiescing*). Ab jetzt kann es keine Veränderungen im Hauptspeicher der Quell-VM mehr geben.

- Innerhalb von Millisekunden werden die relativ geringen Hauptspeicheränderungen, die noch kurz vor der Stilllegung der Quell-VM entstanden sind, an die Ziel-VM übertragen.
- Initialisieren der VM, Übernahme des Festplattenzugriffs durch den Ziel-ESXi-Host und Starten des Ziel-VM-Prozesses sowie Beenden des vMotion-Prozesses.
- Ein *Reverse-ARP-Paket* (RARP) wird an den physischen Switch gesendet (wichtig: NOTIFY SWITCHES muss in den Eigenschaften der virtuellen Switches aktiviert sein). Dadurch wird die MAC-Adresse der Ziel-VM nun am neuen Switch-Port bekannt gegeben.
- Löschen des VM-Prozesses und Freigeben der Memory-Ressourcen der Quell-VM auf dem Quell-ESXi-Host.

Sehen wir uns noch einmal an, was die vMotion-Checkpoints alles beinhalten und wofür sie letztendlich stehen:

- Zustand und Status aller Geräte
- Zustand und Status der CPU-Register
- Inhalt des relevanten Hauptspeicherbereichs
- Serialisierung des Status zur Übertragung über das Netzwerk

Wie Sie sehen können, besteht vMotion im Wesentlichen darin, dass ein Teil des Hauptspeicherinhalts von einem Quell-ESXi-Host auf einen Ziel-ESXi-Host verlegt wird, sowie aus einer abschließenden Benachrichtigung des physischen Netzwerks über die Modifikation der Schnittstelle, über die die VM nun erreichbar ist. Von all dem bekommt das Gastsystem, also die virtuelle Maschine, selbstverständlich nichts mit.

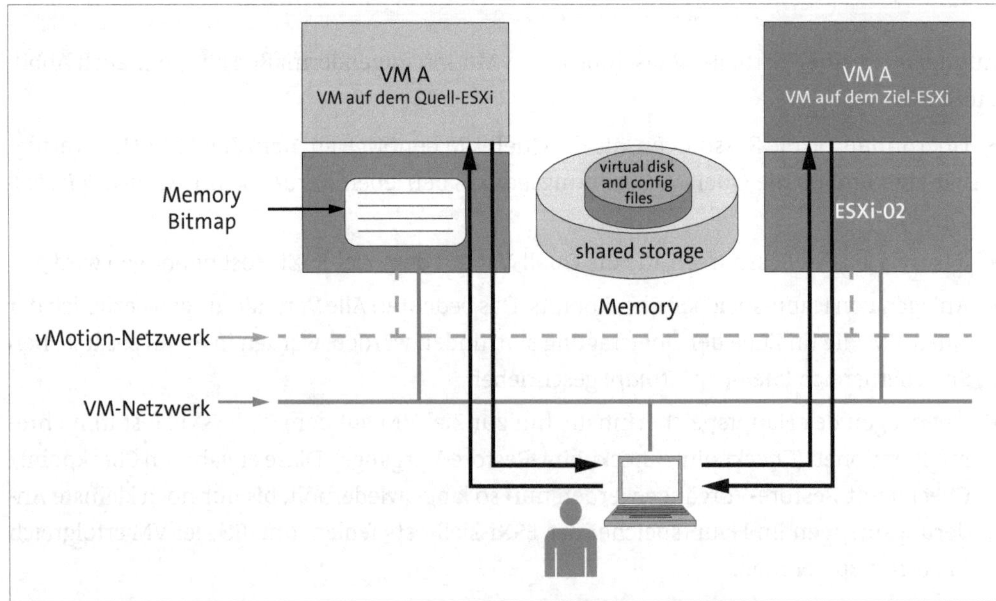

Abbildung 3.5 Schematische Darstellung des vMotion-Prozesses mit einem dedizierten vMotion-Netzwerk

In Tabelle 3.1 finden Sie mit Blick auf vSphere 6.7 ein Rechenbeispiel dafür, wie eine Übertragung des Hauptspeichers einer VM mit 2 GB Memory-Belegung aussehen könnte. Real gemessene zeitliche Werte hängen natürlich im Wesentlichen davon ab, wie die Architektur, die zur Verfügung stehenden Bandbreiten und die vorhandene Latenz in der Umgebung aussehen, in der Sie den vMotion-Vorgang durchführen.

Pre-Copy-Iteration	Zu übertragender Hauptspeicher	Übertragungszeit	Änderungen im Hauptspeicher während der Übertragung
1	2.048 MB	16 Sekunden	512 MB
2	512 MB	4 Sekunden	128 MB
3	128 MB	1 Sekunde	32 MB
4	32 MB	0,25 Sekunden	8 MB
5	8 MB	Abschluss von vMotion, da eine Restübertragung des Hauptspeichers in ca. 0,06 Sekunden erfolgen kann.	

Tabelle 3.1 Iterative Übertragung des Hauptspeichers während eines vMotion-Vorgangs

Als Fazit kann man festhalten, dass für die Ermittlung derartiger Werte immer die direkte Verbindung zwischen Quell-ESXi-Host und Ziel-ESXi-Host entscheidend ist. In Tabelle 3.1 können Sie sehen, wie in mehreren Teilschritten sukzessive der Gesamtinhalt des Hauptspeichers so lange kopiert wird, bis ein CPU-Stopp möglich wird, der dann zwar zu einer Beeinträchtigung der Performance, aber nicht zu einem Ausfall des Diensts führt.

Schauen wir uns nun einmal an, welche Komponenten an vMotion beteiligt sind und was jeweils ihre Aufgabe in der Steuerung des gesamten Prozesses ist.

Beteiligte Komponenten

- vCenter
- vpxa
- hostd
- vMotion-Modul

Die ersten Konfigurationsprüfungen werden von *vCenter* durchgeführt. Im Anschluss daran wird dann über die *vpxa*- und *hostd*-Komponenten eine Pseudo-VM, auch manchmal als Ghost-VM bezeichnet, als Container auf dem Ziel-ESXi-Host erstellt (siehe Abbildung 3.6). Im nächsten Schritt startet das *vMotion*-Modul den eigentlichen vMotion-Prozess und kontrolliert fortwährend die Datenübertragung.

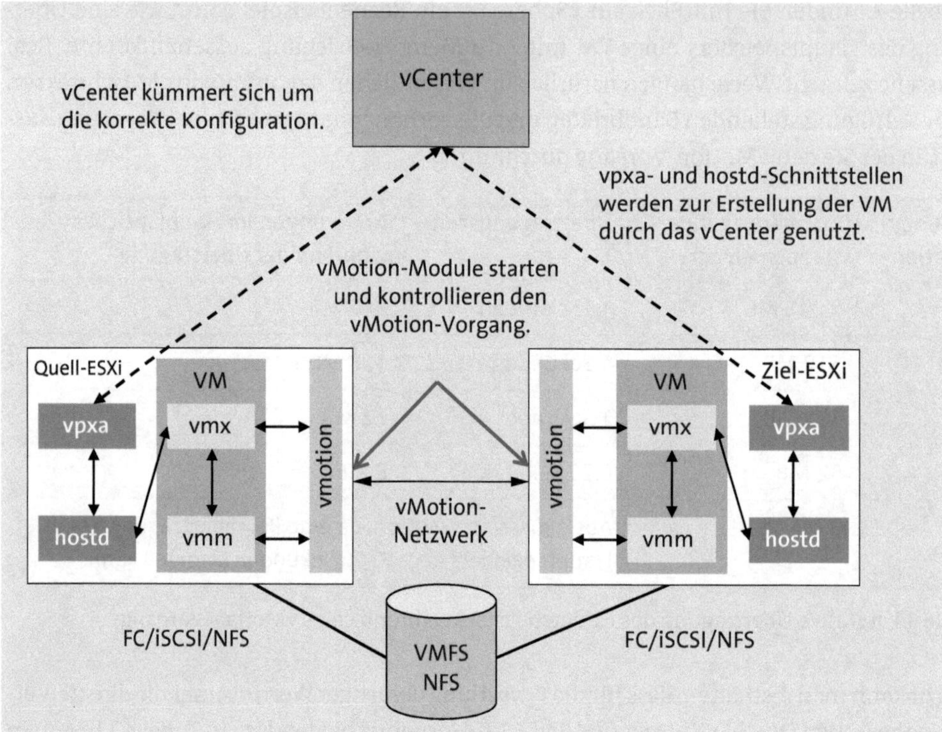

Abbildung 3.6 An vMotion beteiligte Komponenten

Da vCenter lediglich den Prozess validiert und im Anschluss daran startet, aber nicht an der eigentlichen Datenübertragung beteiligt ist, wird ein laufender vMotion-Prozess auch zu Ende geführt, falls das vCenter zwischenzeitlich abstürzt.

Sollte der soeben beschriebene Fall eintreten, dass das vCenter abstürzt, kann nach dem Wiederanfahren des vCenters unter Umständen immer noch die Quell-VM an der ursprünglichen Stelle in der Datenbank eingetragen sein. vCenter kennt dann ja noch nicht den neuen Ort, an dem sich die Quell-VM befindet. In so einem Fall hilft das Neustarten des Management Agents oder ein Disconnect mit anschließendem Connect des ESXi-Hosts am vCenter.

Ein vMotion-Interface wird vom Administrator angelegt und setzt auf einem dedizierten VMkernel-Port auf. Hierbei wird der Datenverkehr für die Live-Migration virtueller Maschinen über einen eigenen TCP/IP-Stack geleitet.

Dadurch ist sichergestellt, dass der vMotion-Datenverkehr von anderem Netzdatenverkehr isoliert wird. Dieses Verfahren dient der Optimierung des vMotion-Vorgangs (siehe Abbildung 3.5).

Unter den Porteigenschaften legen Sie die Eigenschaften für den VMkernel fest. Hier müssen Sie wie in Abbildung 3.7 vMotion einschalten.

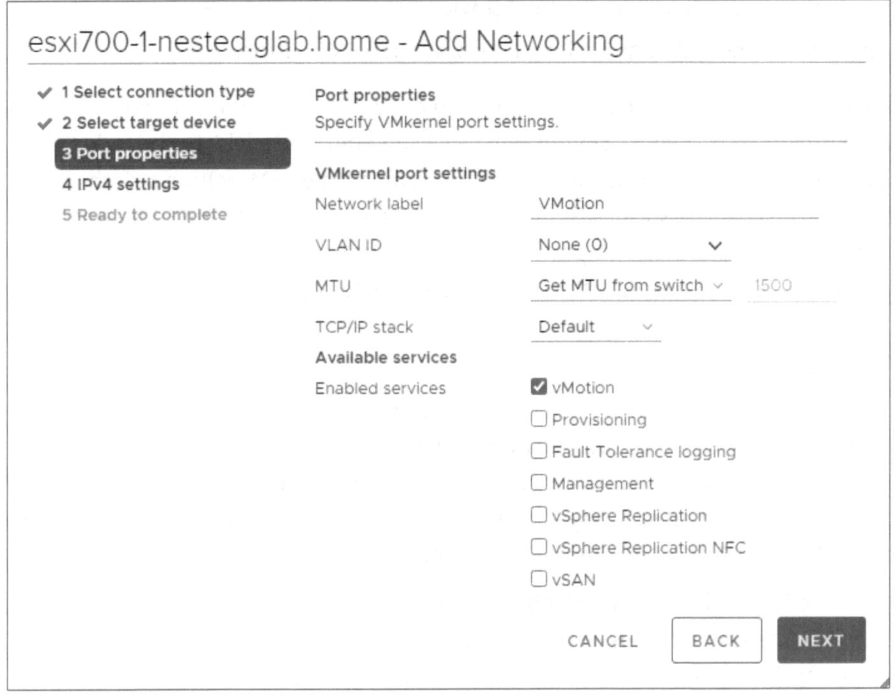

Abbildung 3.7 Unter den »Porteigenschaften« wird ein VMkernel-Adapter für »vMotion« aktiviert, damit vMotion genutzt werden kann.

3.1.2 Voraussetzungen für ein erfolgreiches vMotion

In der vorliegenden vSphere-Version (VMware ESXi, 7.0.0, 15843807 und VMware-vCenter-Server, 7.0.0, 16189207) war es noch nicht möglich, das CPU-Masking einer virtuellen Maschine unter Edit Settings mit CPU aufzurufen. Entgegen der VMware-Dokumentation für vSphere 7 gab es keinen Eintrag CPU Mask und dementsprechend auch keinen Hyperlink Advanced. Anscheinend gibt es in dieser Version diesbezüglich noch ein Problem. Aus diesem Grund finden Sie in den Bildunterschriften zu Abbildung 3.8 bis Abbildung 3.11 den Zusatz »Ansicht: vSphere 6.7«. Diese Abbildungen stammen aus einer vSphere-6.7-Umgebung.

vMotion ist immer ein Eingriff in eine aktive virtuelle Maschine, die keine Kenntnis davon hat, dass sie ihren Aufenthaltsort gerade ändert. Das bedeutet, dass unterschiedlichste Voraussetzungen erfüllt sein müssen, damit dieser Vorgang ohne Probleme oder gar Ausfälle ablaufen kann. Hierzu gehören grundsätzlich:

- die Kompatibilität der CPU,
- das vMotion-Interface (mindestens 1-GBit-Adapter),
- gleich benannte virtuelle Portgruppen,

- ausreichende Ressourcen auf dem Zielhost sowie
- mindestens eine vSphere-Essentials-Plus-Lizenz auf den ESXi-Hosts.

Meist stellt lediglich die CPU-Kompatibilität ein Problem dar, da die Serverinfrastrukturen in vielen Unternehmen nach wie vor organisch gewachsen sind und nicht immer alle Server eine identische Hardwareausstattung besitzen. Ob Sie eine virtuelle Maschine zwischen zwei ESXi-Hosts migrieren können, werden Sie sehr schnell feststellen. Das vCenter überprüft am Anfang des vMotion-Prozesses die Migrationsfähigkeit. Sollte eine Inkompatibilität festgestellt werden, bricht der Vorgang sofort mit einer Fehlermeldung ab.

Kompatibilität der CPU

Das Problem der CPU-Kompatibilität ist ganz leicht zu erklären: Stellen Sie sich vor, eine virtuelle Maschine würde auf einem ESXi-Host mit AMD-CPU und SSE3-Funktion gestartet. Da VMware ESXi ein Virtualisierer ist, sieht das Gastbetriebssystem die CPU-Funktionen im Standard komplett, und das Betriebssystem kann sich den Gegebenheiten anpassen und durch Zusatztreiber die Multimedia-Funktion gut nutzen.

Würde diese virtuelle Maschine nun einfach auf einen Host übertragen, dessen CPU nur SSE2 unterstützt, würde das Gastbetriebssystem trotzdem weiter die SSE3-Funktion nutzen wollen. Es käme zwangsläufig zu Problemen bis hin zum Absturz. Während diese Schwierigkeit durch das sogenannte CPU-Masking noch in den Griff zu bekommen ist, wäre es bei größeren CPU-Unterschieden ein unlösbares Problem, z. B. beim Wechsel von einer AMD- auf eine Intel-CPU oder beim Wechsel von einer 64-Bit- auf eine 32-Bit-CPU.

Da der ESXi-Server nicht vorhersehen kann, welche CPU-Instruktion die virtuelle Maschine – oder besser gesagt das Gastbetriebssystem – nutzt und noch nutzen wird, muss der Anwender dafür sorgen, entweder gleiche CPUs zu verwenden oder ein entsprechendes Masking einzurichten.

Welche CPU-Serien miteinander bezüglich der *Enhanced vMotion Capability Mode*-Funktion (CPU-Masking und EVC) kompatibel sind und mit welchen vSphere-Versionen Sie sie einsetzen können, entnehmen Sie bitte dem *VMware Compatibility Guide*. Sie finden ihn unter *https://www.vmware.com/resources/compatibility/search.php?deviceCategory=cpu*. Ein Artikel, den Sie in diesem Zusammenhang unbedingt lesen sollten, trägt die Überschrift *Enhanced vMotion Kompatibilität (EVC) Prozessorsupport*. Sie finden ihn in der *VMware Knowledge Base* (KB 1003212) unter *https://kb.vmware.com/s/article/1003212*.

Zwei etwas ältere Artikel aus dem Jahr 2016 geben ebenfalls Auskunft darüber, welche CPUs miteinander kompatibel sind. Verwenden Sie z. B. in Ihrem Test-Lab noch Equipment aus dieser Zeit, dann informieren Sie sich in den VMware-Knowledge-Base-Artikeln 1991 (Intel) und 1992 (AMD):

- Intel: *http://kb.vmware.com/kb/1991*
- AMD: *http://kb.vmware.com/kb/1992*

Sollte es bei Ihnen einmal vorkommen, dass sich eine virtuelle Maschine nach einem Upgrade nicht mehr per vMotion migrieren lässt, lösen Sie dieses Problem einfach dadurch, dass Sie das CPU-Masking auf die Defaultwerte zurücksetzen. Gehen Sie hierzu in die CPU-IDENTIFIKATIONSMASKE-Eigenschaften der virtuellen Maschine und wählen Sie ALLE WERTE AUF STANDARDWERTE ZURÜCKSETZEN (siehe Abbildung 3.8) aus. Das Ärgerliche an diesem Verfahren ist allerdings, dass Sie die VM abschalten müssen, damit Sie diese Einstellung vornehmen können.

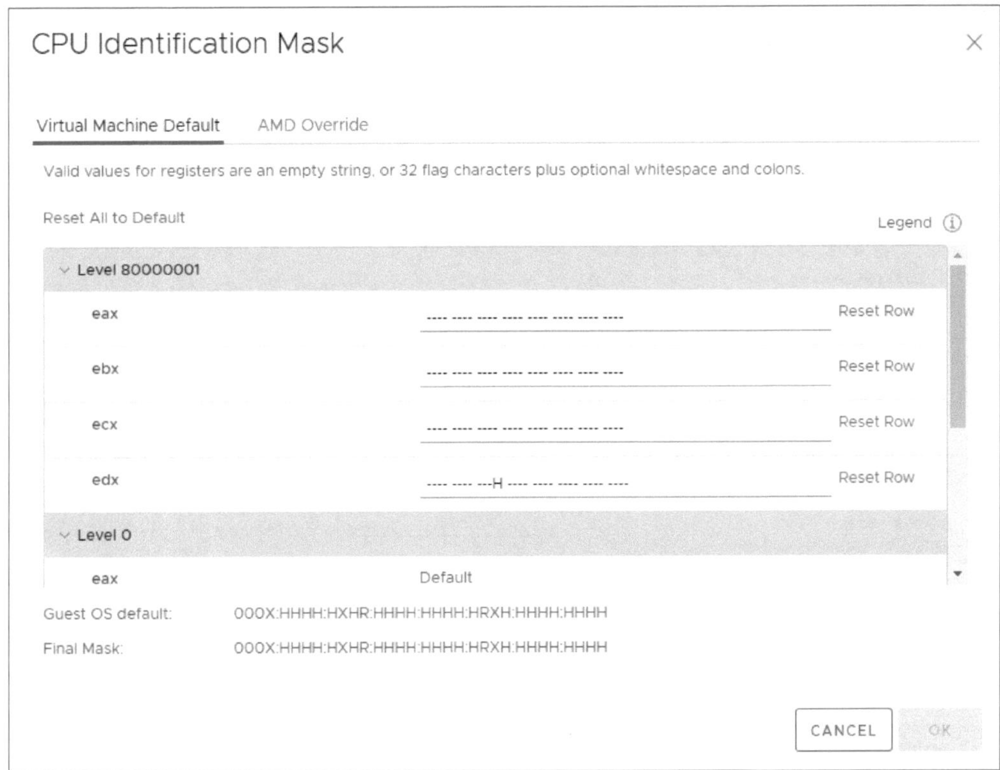

Abbildung 3.8 In den Eigenschaften der VM können Sie das CPU-Masking zurücksetzen (Ansicht: vSphere 6.7).

CPU-Masking und EVC

In den Eigenschaften einer virtuellen Maschine können Sie die CPU-Identifikationsmaske nach Ihren Wünschen anpassen. Klicken Sie hierzu im vSphere-Client mit der rechten Maustaste auf die VM, wählen Sie anschließend den Menüpunkt EINSTELLUNGEN und klicken Sie dort auf BEARBEITEN (EDIT SETTINGS). Neben dem Punkt CPU-ID-MASKE (CPUID MASK) im Unterpunkt CPU finden Sie einen Hyperlink (siehe Abbildung 3.9) mit der Bezeichnung ERWEITERT (ADVANCED). Klicken Sie auf diesen Hyperlink. Jetzt können Sie, wie in Abbildung 3.8 zu sehen ist, durch Anklicken jede Ebene öffnen. In den einzelnen Ebenen ist es nun möglich, eine *abgeschaltete* VM-CPU-Funktion auszublenden. Durch diese Ausblendung von CPU-Features erhöhen Sie die vMotion-Kompatibilität zwischen ESXi-Hosts mit unterschiedlichen CPU-Generationen (siehe Abbildung 3.8, Abbildung 3.10).

Die Standardmöglichkeit ist das Verstecken des Non-Execution-Bits, das nur von neueren CPUs unterstützt wird (NX/XD-FLAG). Wird dieses Flag aktiviert (siehe Abbildung 3.8, Abbildung 3.10), kann eine virtuelle Maschine zwischen ESXi-Servern migriert werden, wobei es egal ist, ob die Prozessoren über die NX-Funktion verfügen oder nicht – es sei denn, es sind noch weitere CPU-Instruktionen auf den CPUs unterschiedlich, die nicht ausgeblendet werden (siehe Abbildung 3.10).

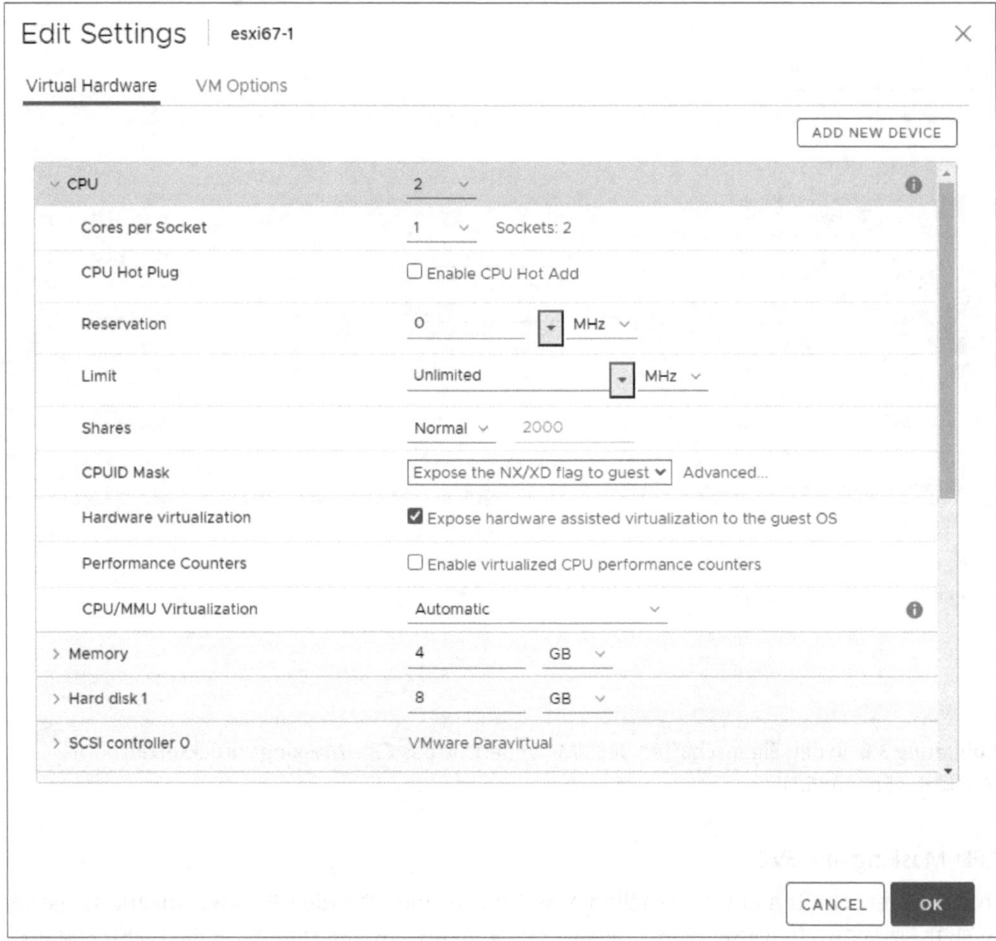

Abbildung 3.9 In den Eigenschaften der virtuellen Maschine beeinflussen Sie das CPU-Masking (Ansicht: vSphere 6.7).

Reicht das Non-Execution-Bit nicht aus, ist es möglich, CPU-Hersteller-spezifisch Anpassungen vorzunehmen, d. h. entweder allgemein, für AMD- oder für Intel-Prozessoren die Register anzupassen. Möchten Sie z. B. bei den genutzten AMD-Prozessoren die SSE3-Funktion verstecken (siehe Abbildung 3.11), sähe die Anpassung wie folgt aus:

Level 1 – Reihe ECX : ---- ---- ---- ---- ---- ---- ---0 -0-0

Abbildung 3.11 zeigt die geänderte Einstellung in der CPU-IDENTIFIKATIONSMASKE.

Einen sehr guten VMware-Knowledge-Base-Artikel, der die Zusammenhänge der verschiedenen Maskierungen mit den entsprechenden Prozessoren aufzeigt, finden Sie unter *https://kb.vmware.com/s/article/1003212*. Lesen Sie zu diesem Thema aber bitte auch den Abschnitt »Kompatibilität der CPU« weiter oben in diesem Abschnitt und schauen Sie gegebenenfalls auch einmal in den VMware Compatibility Guide hinein. Sie finden ihn unter *https://www.vmware.com/resources/compatibility/search.php?deviceCategory=cpu*.

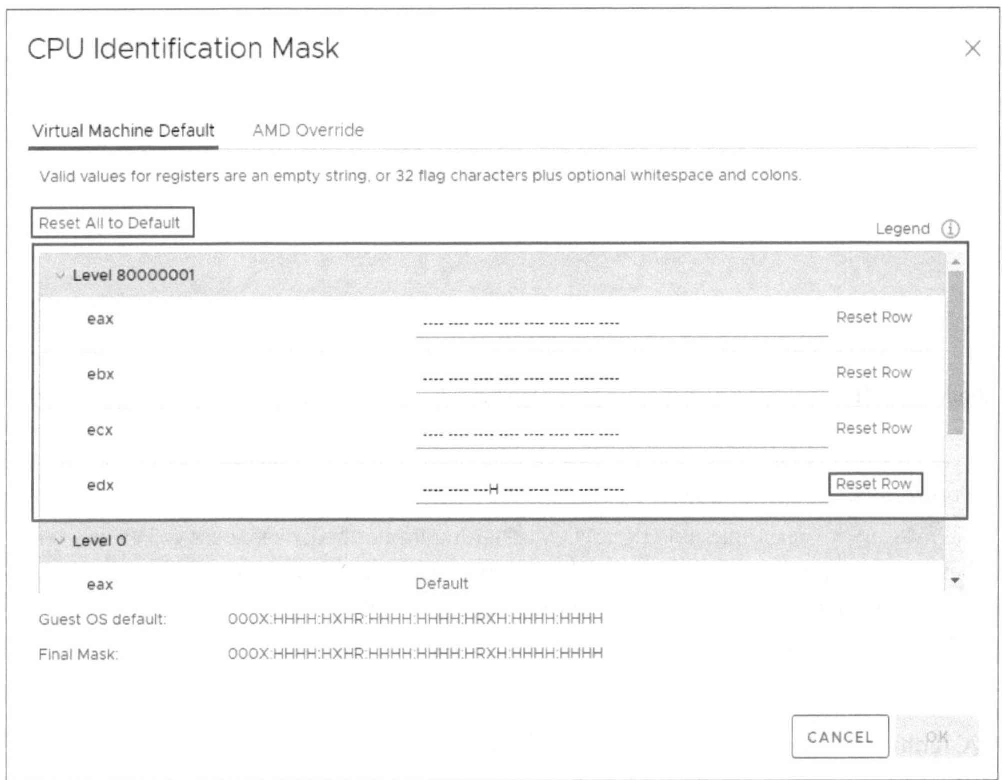

Abbildung 3.10 Bei Intel- und AMD-CPUs können Sie bestimmte Funktionen direkt ausblenden (Ansicht: vSphere 6.7).

Möchten Sie die Änderung rückgängig machen, reicht es, entweder ZEILE AUF STANDARDWERT ZURÜCKSETZEN (RESET ROW) anzuklicken (siehe Abbildung 3.10), wenn Sie gerade die angepasste Reihe ausgewählt haben – oder Sie setzen direkt alles zurück, indem Sie ALLE WERTE AUF STANDARDWERTE ZURÜCKSETZEN (RESET ALL TO DEFAULT) auswählen.

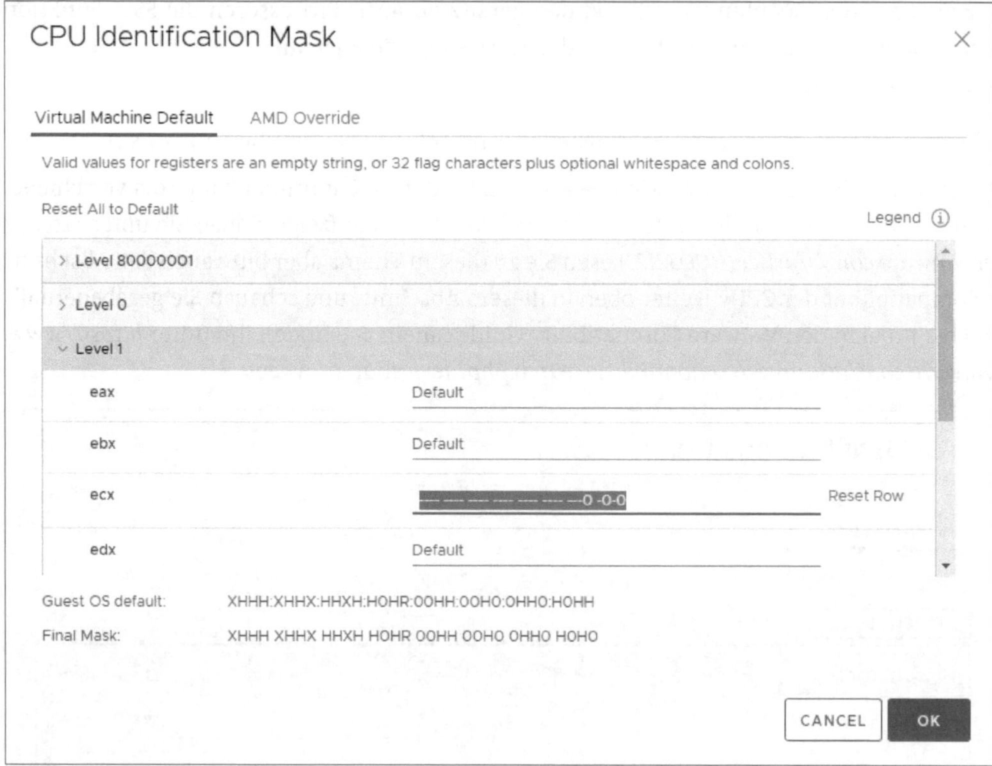

Abbildung 3.11 SSE3 wird durch diese Anpassung für die VM ausgeblendet (Ansicht: vSphere 6.7).

Komfort vs. Geschwindigkeit

Sie müssen bei der Anpassung der CPU-Maskierung immer bedenken, dass ein Verstecken bestimmter Funktionen das Gastbetriebssystem ausbremsen kann, falls es mit diesen Funktionen schneller betrieben werden könnte. Im Endeffekt entscheiden Sie sich, abhängig vom Gastbetriebssystem, zwischen Komfort und Geschwindigkeit.

EVC (Enhanced vMotion Compatibility) auf Cluster-Ebene

Wollen Sie die CPU-Maskierung nicht für jede virtuelle Maschine definieren, bietet der EVC-Cluster (er wird in Abschnitt 4.1.2, »Der EVC-Mode (Enhanced vMotion Compatibility Mode)«, näher beschrieben) die Möglichkeit, CPU-Funktionen global auszublenden. Das heißt, in den Cluster-Eigenschaften wird definiert, welche CPU-Generation die virtuellen Maschinen innerhalb des Clusters sehen (siehe Abbildung 3.12).

Man kann hier von dem kleinsten gemeinsamen Nenner aller ESXi-Host-CPUs im Cluster sprechen.

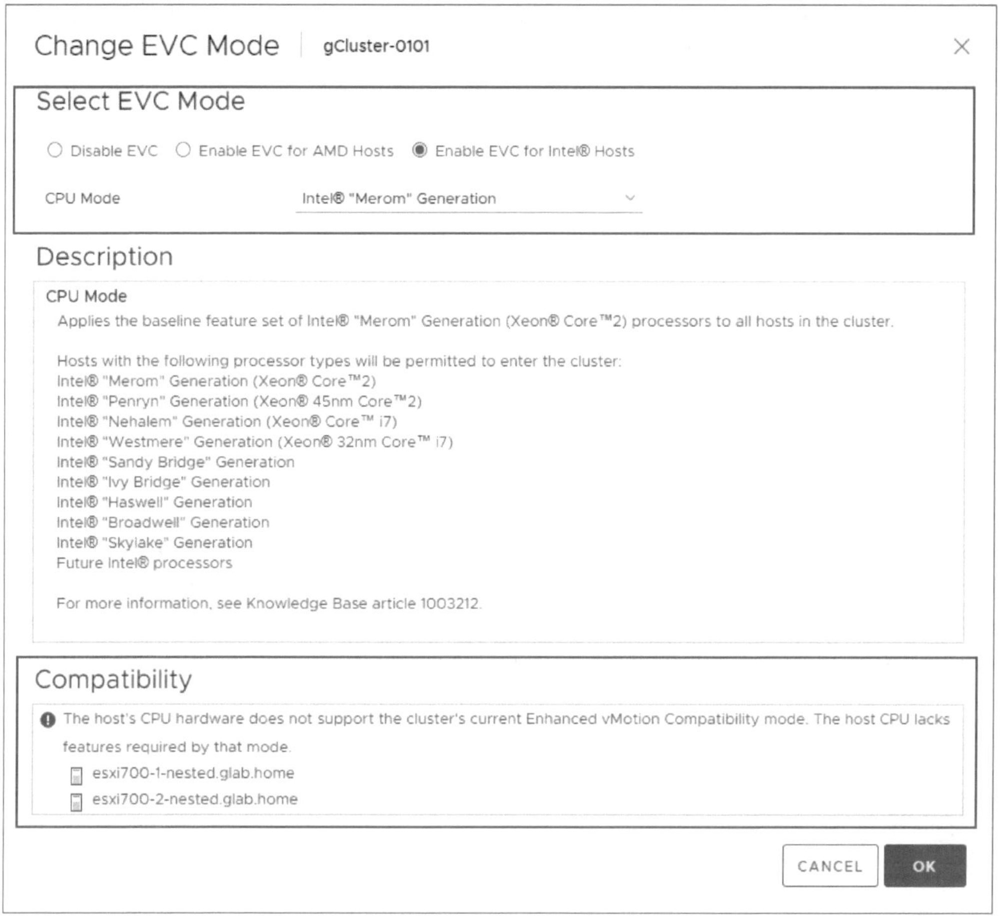

Change EVC Mode | gCluster-0101

Select EVC Mode

○ Disable EVC ○ Enable EVC for AMD Hosts ◉ Enable EVC for Intel® Hosts

CPU Mode Intel® "Merom" Generation

Description

CPU Mode

Applies the baseline feature set of Intel® "Merom" Generation (Xeon® Core™2) processors to all hosts in the cluster.

Hosts with the following processor types will be permitted to enter the cluster:
Intel® "Merom" Generation (Xeon® Core™2)
Intel® "Penryn" Generation (Xeon® 45nm Core™2)
Intel® "Nehalem" Generation (Xeon® Core™ i7)
Intel® "Westmere" Generation (Xeon® 32nm Core™ i7)
Intel® "Sandy Bridge" Generation
Intel® "Ivy Bridge" Generation
Intel® "Haswell" Generation
Intel® "Broadwell" Generation
Intel® "Skylake" Generation
Future Intel® processors

For more information, see Knowledge Base article 1003212.

Compatibility

The host's CPU hardware does not support the cluster's current Enhanced vMotion Compatibility mode. The host CPU lacks features required by that mode.
esxi700-1-nested.glab.home
esxi700-2-nested.glab.home

CANCEL OK

Abbildung 3.12 In den Cluster-Eigenschaften können Sie die CPU-Generation global für den gesamten Cluster einrichten.

EVC ermöglicht es seit vSphere 4 auch, die Prozessorgeneration während des Betriebs der virtuellen Maschinen zu erhöhen, z. B. von CPU-Generation 1 auf 2, allerdings nicht umgekehrt (*https://kb.vmware.com/s/article/1005764*). Wird die CPU-Generation erhöht, erhalten aktive virtuelle Maschinen erst nach einer Abschaltung oder einem Reset die neue Einstellung (siehe Abbildung 3.13).

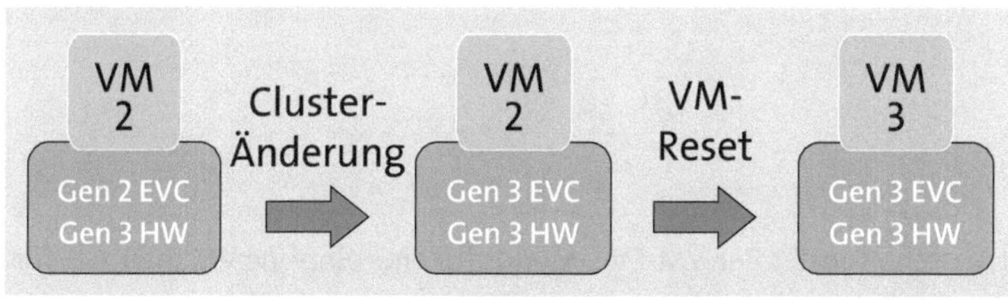

Abbildung 3.13 Änderung der EVC-Prozessorgeneration im Cluster während des laufenden Betriebs

Innerhalb des EVC-Clusters garantiert die EVC-Funktion, dass es zu keinen CPU-Inkompatibilitäten der CPU-Generationen bei den vMotion-Vorgängen kommt. Andere Gründe, die die Nutzung von vMotion verhindern, werden dadurch nicht ausgeschlossen, z. B. die Nutzung von lokalen Geräten.

Per-VM-EVC (Per VM Enhanced vMotion Compatibility)

Ab vSphere-Version 6.7 steht Ihnen der *Per-VM-EVC*-Modus zur Verfügung. Wie der Name schon verrät, können Sie nun in dieser Version erstmals einen EVC-Modus auf der Ebene einer virtuellen Maschine definieren und festlegen. Die Einstellungen, die Sie im Per-VM-EVC-Modus für eine virtuelle Maschine vornehmen, sind unabhängig von den Einstellungen, die Sie unter Umständen für den Cluster konfiguriert haben, in dem diese virtuelle Maschine ausgeführt wird. Weitere Informationen zu diesem Thema finden Sie in der VMware-Dokumentation unter *https://docs.vmware.com/de/VMware-vSphere/7.0/com.vmware.vsphere.vm_admin.doc/GUID-A1C095EF-1B0F-4C10-9190-CFDD07193B2B.html*.

Das Ein- und Ausschalten des Per-VM-EVC-Modus ist nur bei einer ausgeschalteten virtuellen Maschine möglich. Administrieren Sie den Per-VM-EVC-Modus im *HTML5-Client*, wie in Abbildung 3.14 dargestellt. Sie erreichen das Formular, in dem Sie die Einstellungen für den Per-VM-EVC-Modus vornehmen können, indem Sie die entsprechende virtuelle Maschine aus dem Repository des HTML5-Clients auswählen.

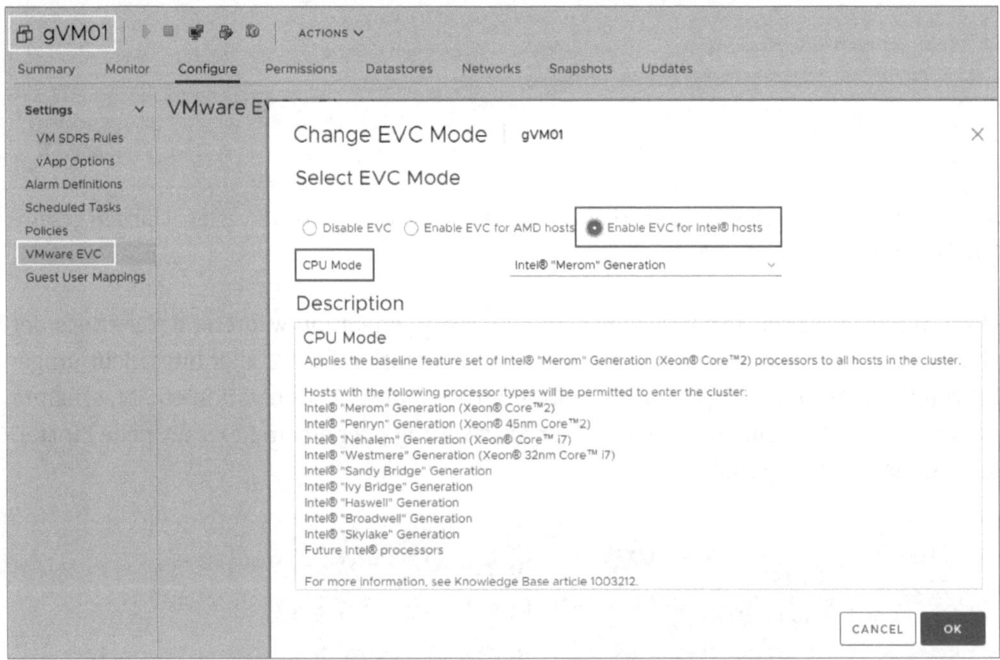

Abbildung 3.14 Das Ein- und Ausschalten des Per-VM-EVC-Modus für eine einzelne VM (hier z. B. für eine VM namens »gVM01«)

Anschließend klicken Sie auf das Register KONFIGURIEREN (CONFIGURE) auf der rechten Seite des Browserfensters. Als Nächstes klicken Sie auf den Menüpunkt VMWARE EVC. Klicken Sie dann auf die Schaltfläche BEARBEITEN (EDIT). Nun öffnet sich das Formular EVC-MODUS ÄNDERN bzw. CHANGE EVC MODE (siehe Abbildung 3.14), in dem Sie die gewünschte CPU-Kompatibilität festlegen können.

In den 6er-Versionen von vSphere, die noch via Flash-Client bzw. *Flex-Client* zu administrieren sind, werden Sie in diesem nicht einmal den entsprechenden Menüpunkt zur Administration des Per-VM-EVC-Modus sehen. Sie müssen hier ebenfalls den HTML5-Client einsetzen, um diese Funktion nutzen zu können. Darüber hinaus muss die Hardwareversion der VM dieses Feature unterstützen. Ab Hardware-Version 14 einer VM können Sie diese Funktion dann auch via HTML5-Client nutzen.

Einen Überblick darüber, welche Ihrer VMs mithilfe des Per-VM-EVC-Modus in einem Cluster oder in einem Datacenter konfiguriert und welche nicht konfiguriert sind, können Sie sich dadurch verschaffen, dass Sie im Repository des HTML5-Clients auf den Cluster oder das Datacenter klicken. Anschließend wählen Sie das Register VMs. Sie sollten dann eine Spalte mit der Überschrift EVC-MODUS sehen.

In dieser Spalte wird Ihnen angezeigt, welche VM welche diesbezüglichen Einstellungen besitzt. Sollte die Spalte nicht vorhanden sein, klicken Sie auf den Pfeil in einem beliebigen Spaltentitel, wählen SPALTEN ANZEIGEN/AUSBLENDEN (SHOW/HIDE COLUMNS) und aktivieren das Kontrollkästchen EVC-MODUS bzw. EVC CPU MODE (siehe Abbildung 3.15).

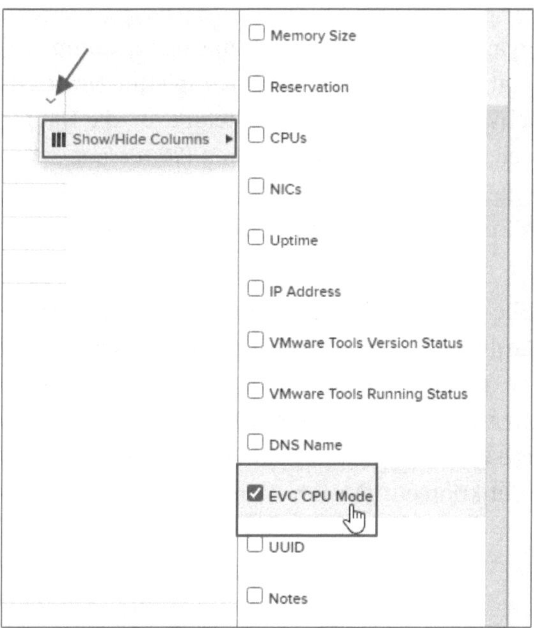

Abbildung 3.15 So blenden Sie die Spalte »EVC CPU Mode« in der Übersicht ein.

3.1.3 vMotion-Spezialfunktionen

Die Forderungen nach virtuellen Maschinen mit großem Hauptspeicher haben in den letzten Jahren ebenso stetig zugenommen wie der Wunsch, virtuelle Maschinen über große Distanzen und möglichst schmalbandige Leitungen transferieren zu können. Denken Sie hier z. B. an die sogenannten *Monster-* oder auch *Wide VMs* VMs. In solchen VMs werden in der Regel z. B. In-Memory-Datenbanken (IMDB) oder Large Databases betrieben.

Damit auch Applikationen mit derartigen Anforderungen in den Monster-VMs betrieben werden können, hat VMware hier massiv nachgelegt. Aktuell liegt die maximal zulässige Hauptspeichergröße einer VM bei 6.128 GB (*https://configmax.vmware.com/guest?vmwareproduct=vSphere&release=vSphere%207.0&categories=1-0*). Sie sehen schon: VMware musste reagieren und auch vMotion an diese neuen VM-Anforderungen anpassen.

In diesem Abschnitt werden Sie nun die unterschiedlichen Spezialfunktionen kennenlernen, die dafür genutzt werden, vMotion-Vorgänge erfolgreich durchzuführen. Diese Spezialfunktionen werden für vMotion in den verschiedenen Versionen ab vSphere 5.x in unterschiedlicher Art und Weise eingesetzt.

Vom Prinzip her kann man aber sagen, dass es grundsätzlich zwei unterschiedliche Ansätze zu vMotion gibt: Die Live-Migration findet entweder auf Basis der *Post-Copy Memory Migration* oder auf Basis der *Pre-Copy Memory Migration* statt. Sehen wir uns nun die Spezialfunktionen an.

Quick Resume

Quick Resume verändert den vMotion-Vorgang minimal, da nicht zuerst der komplette Hauptspeicherinhalt auf dem Zielhost benötigt wird, bevor es zu einer kompletten Umschaltung kommt. Bei *Quick Resume* wird die Ziel-VM bereits aktiv geschaltet, bevor alle Hauptspeicherdaten migriert wurden, und die Quell-VM wird dabei angehalten (*Stun Mode*), aber die Ressourcen werden nicht gelöscht. Im Hintergrund kopiert VMware die restlichen Hauptspeicherinhalte weiter und ermöglicht den Zugriff auf Pages vom Ziel-ESXi-Host auf dem Quell-ESXi-Host.

So schön dieses Verfahren auf den ersten Blick auch erscheint, es bringt jedoch die Gefahr mit sich, dass Probleme auftreten, sollte Hardware während des Quick Resumes ausfallen. Um dieser Gefahr vorzubeugen, nutzt VMware eine Datei auf dem zentralen Storage, die eine Art Datenpuffer bereitstellt, sodass bei einem Ausfall der Migrationsvorgang trotzdem abgeschlossen werden kann. Natürlich führt diese Form des Quick Resumes zu einem geringen Leistungsabfall; allerdings wäre ohne diese Funktion ein vMotion-Vorgang bei VMs mit viel vRAM nicht möglich.

Stun During Page Send (SDPS)

Stun During Page Send ermöglicht eine verlangsamte Ausführung einer virtuellen Maschine während der Übertragung mit vMotion. Diese Funktion wurde in vSphere 5.x eingeführt.

Stellen Sie sich vor, dass die Hauptspeicheraktivität bzw. die Änderungsgeschwindigkeit im Hauptspeicher einer virtuellen Maschine quasi in Zeitlupe abläuft.

Mit vSphere 5.x wurde Quick Resume durch *Stun During Page Send* ersetzt, das auch oftmals als *Slow Down During Page Send* bezeichnet wird. Der vMotion-Prozess beobachtet bei diesem Verfahren die Rate der veränderten Speicherseiten (*Dirty Pages*) während des vMotion-Vorgangs und vergleicht diese mit der aktuell möglichen Übertragungsrate zum Ziel-ESXi-Host.

Basierend auf diesem Ergebnis wird die vCPU der Quell-VM etwas verlangsamt, indem Stopps (Sleep) im Millisekundenbereich künstlich eingebaut werden, um die Änderungsrate etwas zu verlangsamen. Damit wird dem vMotion-Vorgang die Chance gegeben, selbst sehr dynamische Systeme zu migrieren. Auch hier kommt es zu Leistungseinbußen, allerdings müssen Sie bedenken, dass die langsame Datenübertragung bzw. die hohe Datenänderungsrate in früheren vMotion-Versionen oftmals zu Fehlschlägen bei vMotion-Vorgängen geführt hat.

Multi-NIC-vMotion-Unterstützung

Die *Multi-NIC-vMotion*-Unterstützung, die seit vSphere 5.x verfügbar ist, bietet deutliche Vorteile, um die Bandbreite beim vMotion-Transfer zu erhöhen, da mehrere Netzwerkadapter gleichzeitig genutzt werden können. Allerdings müssen Sie für die Multi-NIC-Unterstützung auch das Design überdenken – also die Netzwerkinfrastruktur der vSphere-Umgebung.

Zum besseren Verständnis gebe ich Ihnen einen Überblick über einige der gebräuchlichsten Darstellungsformen bzw. Bezeichnungen im Netzwerkumfeld: Oft werden Angaben zum Durchsatz in *Gbit/s* oder *Gbps* gemacht. Das Ethernet oder *Gb-Ethernet* (Gigabit-Ethernet) wird hier und da auch oft mit *ETH* oder einfach nur mit *E* abgekürzt. Hierbei entstehen dann Konstrukte in unterschiedlichster Konstellation wie z. B. *Gbit/s-Ethernet* oder *GbpsE*. Doch kommen wir wieder zurück zum Design der Netzwerkinfrastruktur.

Es ist möglich, bis zu vier 1-Gbit/s-Ethernet- und acht 10-Gbit/s-Ethernet-Netzwerkkarten für die vMotion-Übertragung zu benutzen.

Daher sollten Sie bei der Planung darauf achten, welche virtuellen Maschinen genutzt werden (vRAM-Konfiguration) und wie die Serversysteme (PCI-Bus-Nutzung) ausgelegt sind bzw. ausgelegt werden müssen, um einem erhöhten Netzwerkverkehr (Peaks) gerecht zu werden.

Außerdem sollten Sie unbedingt auf die Nutzung der CPU-Ressourcen Ihrer ESXi-Hosts achten. Neben den CPU-Ressourcen, die der vMotion-Prozess selbst benötigt (ca. 30 % eines Prozessorkerns), müssen Sie für jedes 1-Gbps-Ethernet-Interface ca. 10 % eines Prozessorkerns reservieren. Bei z. B. drei 1-Gbps-Ethernet-Interfaces müssten Sie zusätzlich noch 30 % an Kapazität eines Kerns auf Ihren ESXi-Hosts für das Netzwerk reservieren.

Verwenden Sie hingegen 10-Gbps-ETH-Adapter, dann rechnen Sie wie folgt: Gehen Sie davon aus, dass jedes 10-GbpsE-Netzwerk-Interface einen eigenen Prozessorkern zu 100 % nutzt. Bei allen acht 10-Gbps-ETH-Interfaces benötigen Sie dann ganze acht Prozessorkerne lediglich für die Netzwerk-Interfaces!

Konfiguration eines Standard-vSwitchs (vSS)

Die Einrichtung des Multi-NIC-Supports für vMotion ist nicht ganz so intuitiv wie erhofft, aber immer noch gut verständlich und planbar. Sie legen so viele VMkernel-Ports an, wie Sie benötigen, und stellen anschließend jeweils die zu nutzenden *vmnic*-Adapter auf AKTIV, während Sie alle übrigen Adapter auf UNUSED schalten.

Dazu müssen Sie an dem gewünschten virtuellen Switch einen neuen VMkernel-Adapter anlegen (siehe Abbildung 3.16).

Diesen Adapter müssen Sie natürlich für VMOTION aktivieren, und Sie sollten auch einen sprechenden Namen wie »vMotion1«, »vMotion_1« oder »vMotion1_64« (bei VLAN-Nutzung) wählen, damit die Zuordnung später leichter fällt (siehe Abbildung 3.17).

In diesem Beispiel erhält der erste VMkernel-Adapter seine IP-Adresse, wie Sie in Abbildung 3.18 sehen können. Wichtig ist hierbei nur, dass sich zumindest alle vMotion-Adapterpärchen der beteiligten ESXi-Hosts im gleichen Netzwerksegment befinden.

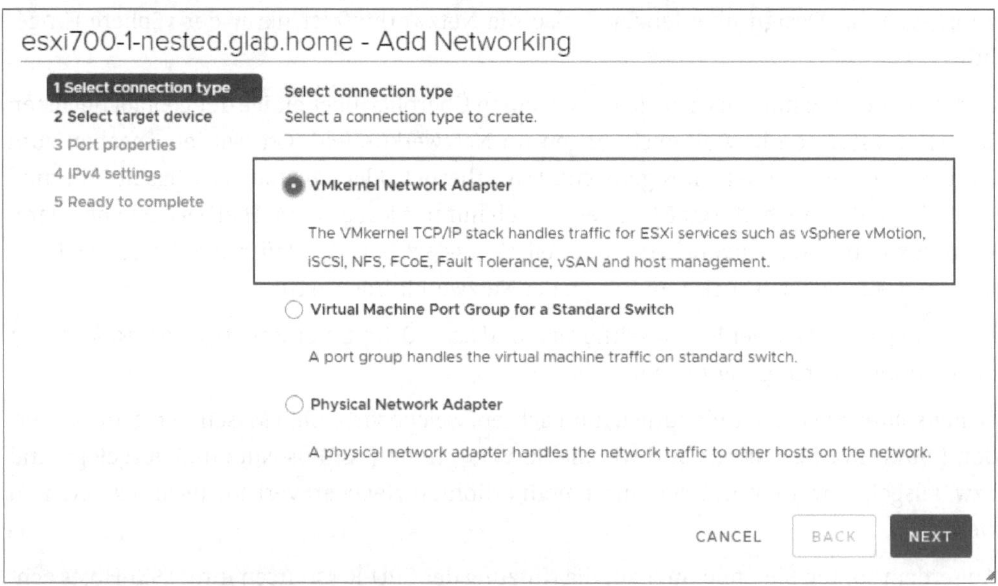

Abbildung 3.16 So legen Sie den ersten VMkernel-Adapter für vMotion an.

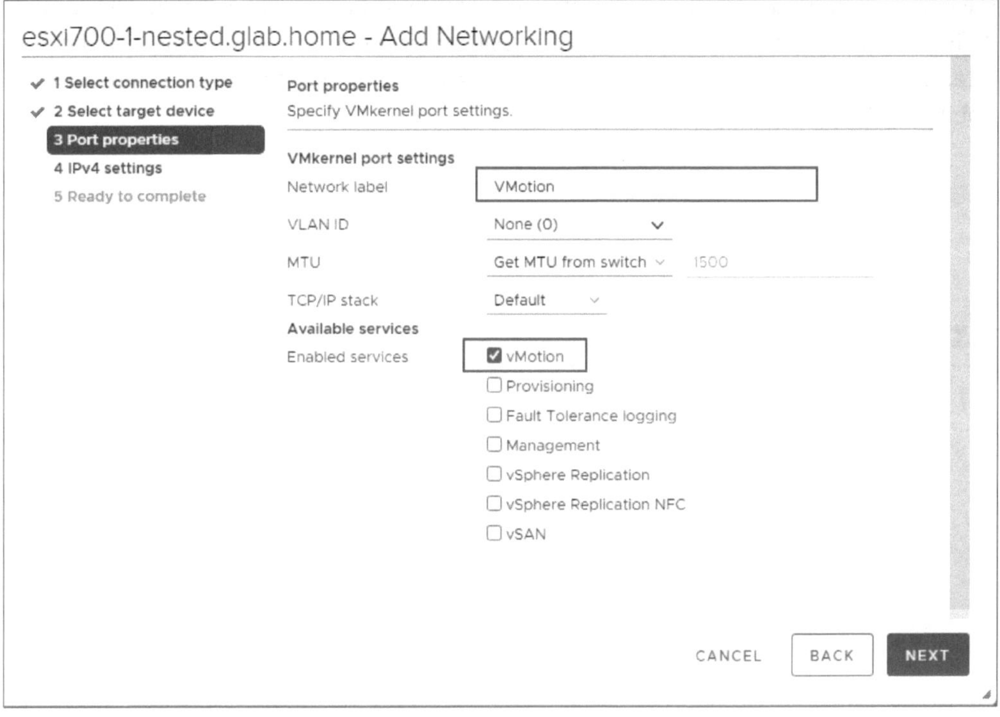

Abbildung 3.17 Aktivierung von vMotion

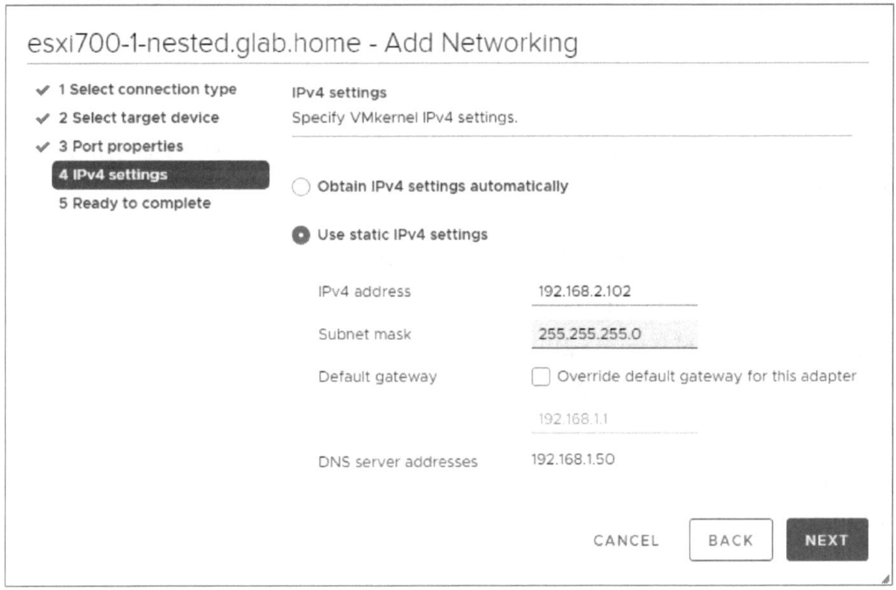

Abbildung 3.18 IP-Konfiguration des ersten vMotion-Adapters

Nach der Erstellung des VMkernel-Adapters ist es wichtig, die physischen Netzwerkkarten zu definieren, die Sie nutzen wollen. Genauer gesagt, darf immer nur ein *vmnic*-Adapter aktiv sein, alle anderen Adapter müssen auf NICHT VERWENDETE ADAPTER gesetzt werden (siehe Abbildung 3.19).

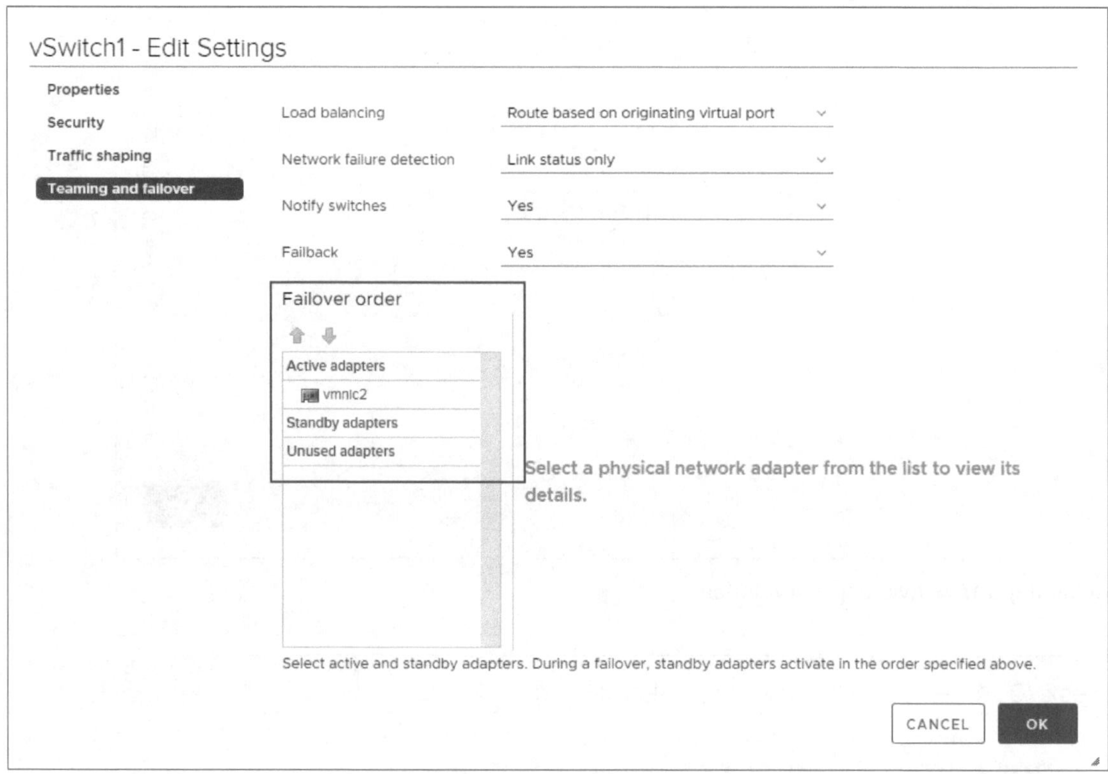

Abbildung 3.19 Beim ersten vMotion-Adapter wird nur der vmnic2-Adapter aktiv belassen, alle anderen Adapter werden als »Nicht verwendete Adapter« konfiguriert.

Danach werden weitere Adapter nach dem gleichen Schema angelegt:

1. Label und VLAN (siehe Abbildung 3.20)
2. IP-Konfiguration (siehe Abbildung 3.21)
3. Active/Standby-Konfiguration der Portgruppe bzw. des VMkernel-Adapters (siehe Abbildung 3.22)

Dieses Verfahren zur Erweiterung der Uplinks kann man annähernd beliebig fortführen, das heißt, bis die maximale Anzahl der möglichen Multi-NIC-Unterstützung erreicht ist.

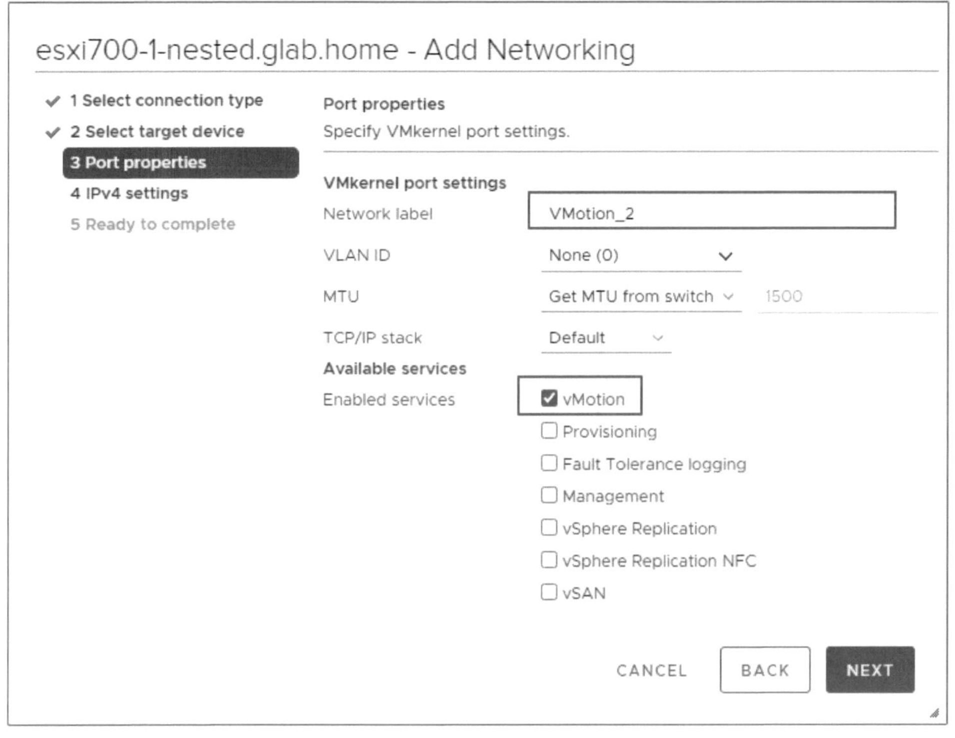

Abbildung 3.20 Anlegen des zweiten VMkernel-Adapters für vMotion

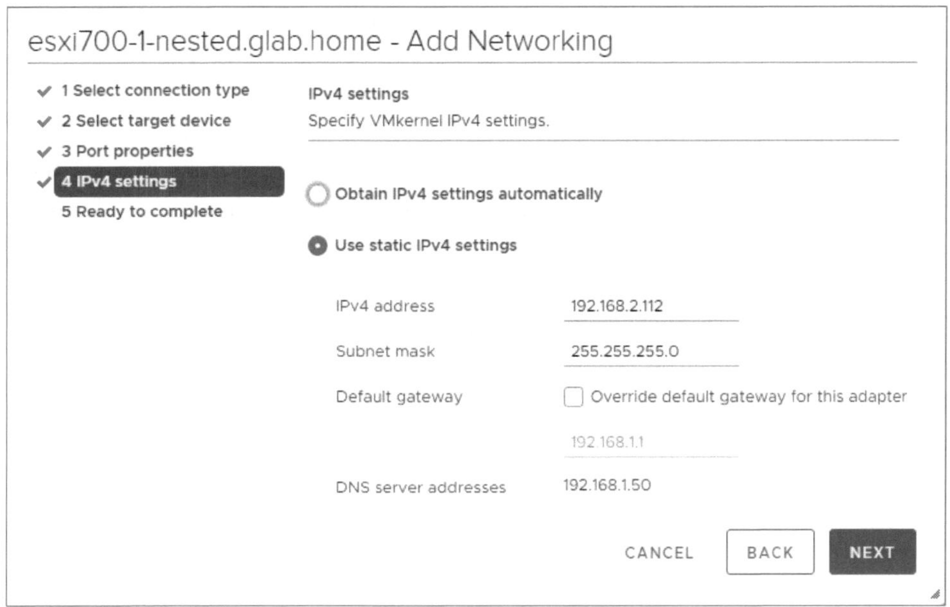

Abbildung 3.21 IP-Konfiguration des zweiten vMotion-Adapters

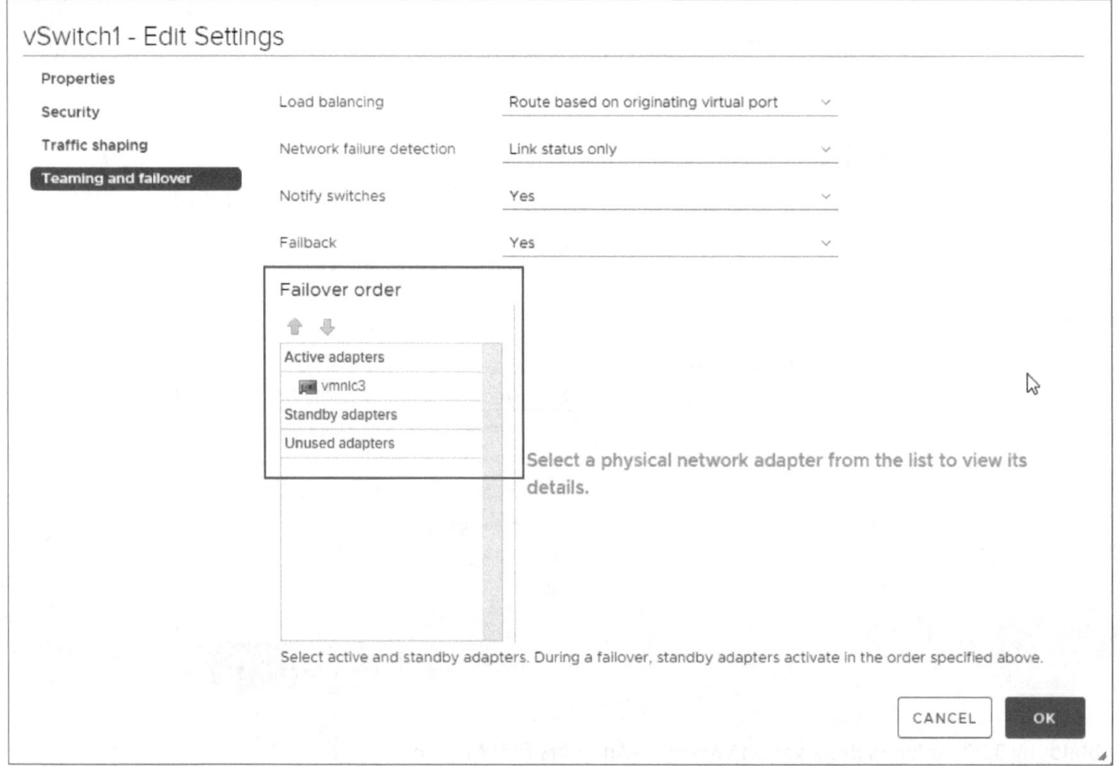

Abbildung 3.22 Beim zweiten vMotion-Adapter wird nur der vmnic3-Adapter aktiv belassen, alle anderen Adapter werden als »Nicht verwendete Adapter« konfiguriert.

Konfiguration mit Distributed vSwitch (vDS)

Die Konfiguration mittels *Distributed vSwitch* stellt sich auf ESXi-Hostseite gegenüber der Ansicht im vCenter Server (VMkernel anlegen, IP-Adresse angeben) – wenn man einmal vom farblichen Design absieht – identisch dar. Allerdings müssen Sie sich nicht um die »Active«/ »Unused«-Konfiguration jedes einzelnen vMotion-Adapters kümmern, sondern können dies einmalig zentral einrichten (siehe Abbildung 3.23).

Die beiden (oder mehr) *Distributed*-Portgruppen werden entsprechend angepasst, damit immer nur ein physischer Netzwerkadapter genutzt werden kann. Näheres zu den Portgruppen finden Sie in Abschnitt 7.2, »Die physischen und virtuellen Netzwerkschichten«, im Absatz »Port Group«. Die Konfiguration des ersten Adapters sehen Sie in Abbildung 3.24, die des zweiten Adapters in Abbildung 3.25.

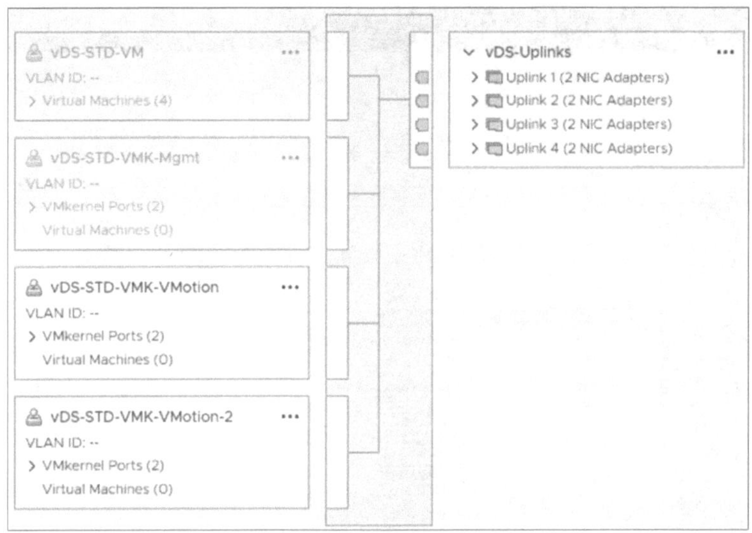

Abbildung 3.23 Anlegen von zwei oder mehr vMotion-Portgruppen am Distributed vSwitch

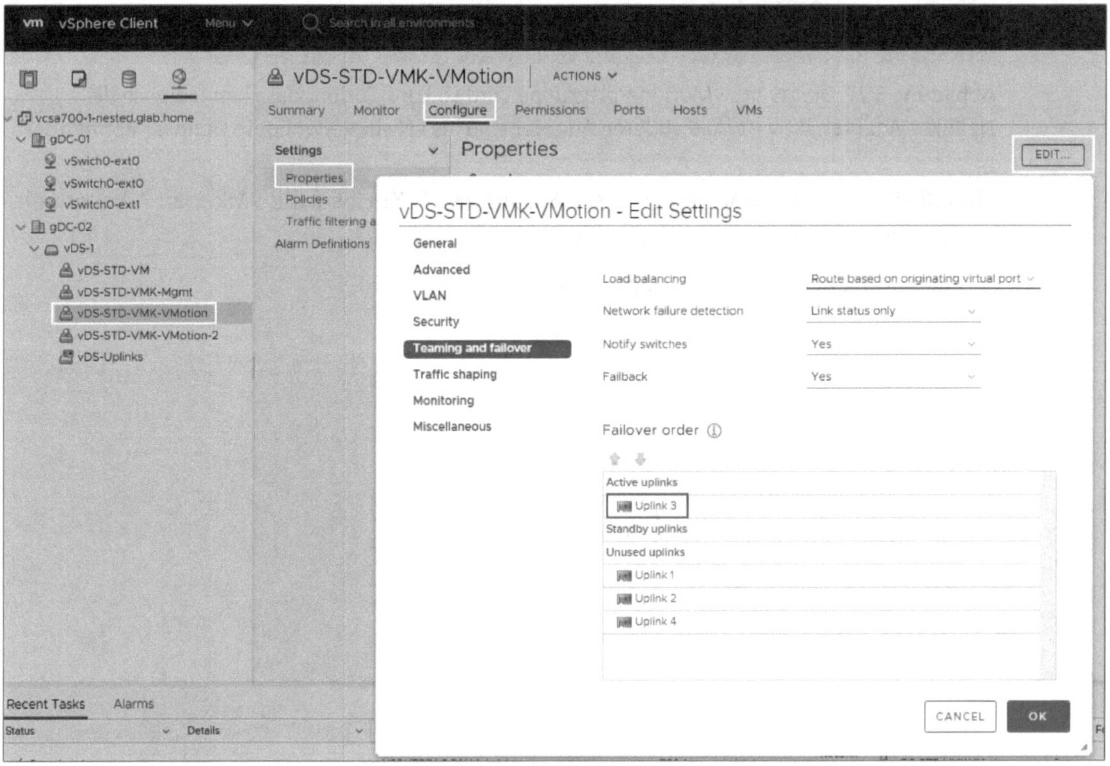

Abbildung 3.24 Die erste vMotion-Portgruppe wird so konfiguriert, dass hier nur der Uplink-3-Adapter (Uplink des Distributed vSwitch) aktiv ist. Alle anderen Adapter sind als »Nicht verwendete Uplinks« konfiguriert.

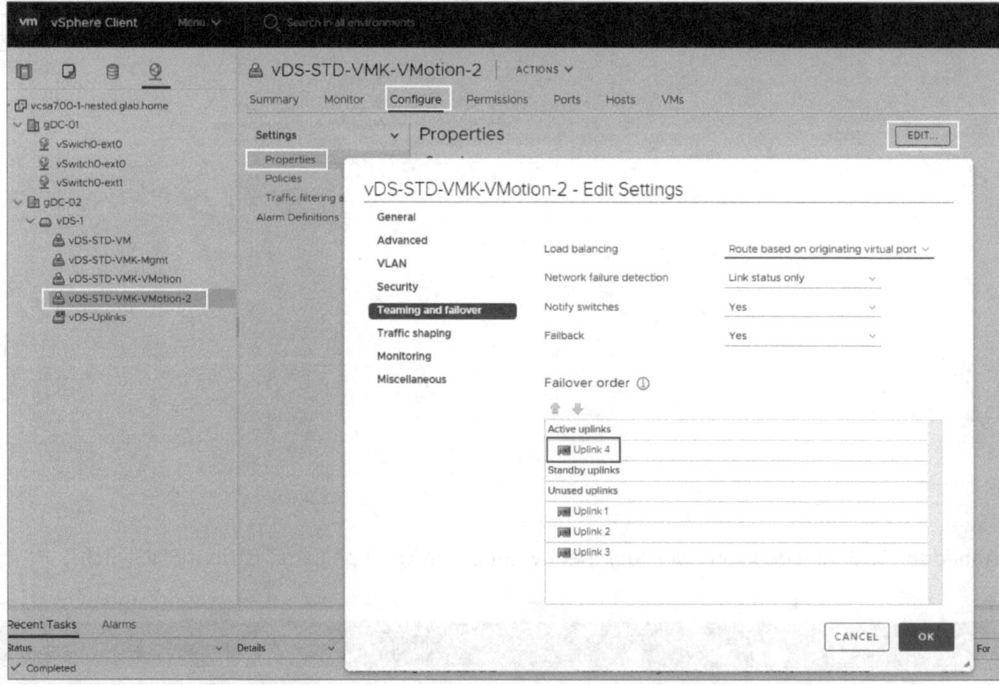

Abbildung 3.25 Die zweite vMotion-Portgruppe wird so konfiguriert, dass hier lediglich der Uplink-4-Adapter aktiv ist. Alle anderen Adapter sind als »Nicht verwendete Uplinks« konfiguriert.

Sind die Portgruppen angelegt, müssen Sie auf den ESXi-Hosts die VMkernel-Adapter anlegen und sie den Portgruppen zuweisen:

1. Verwaltung der virtuellen Adapter (siehe Abbildung 3.26)

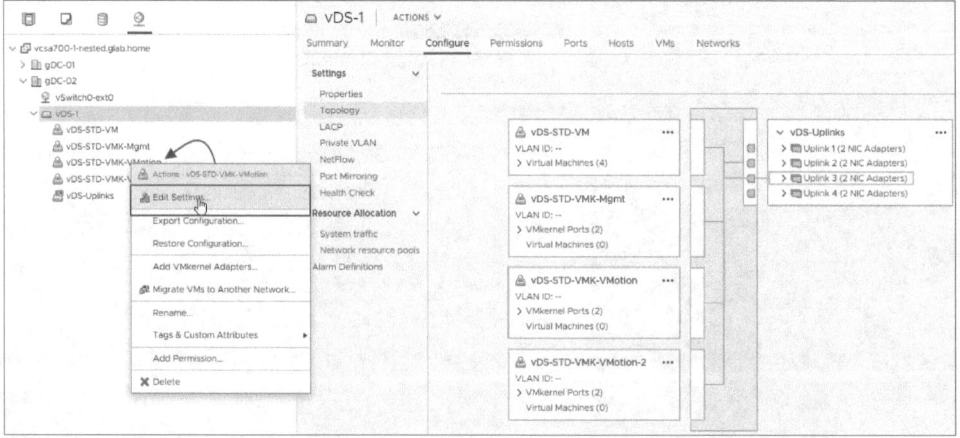

Abbildung 3.26 Verwaltung der VMkernel-Adapter auf Distributed vSwitches auf dem ESX-Host

2. Erstellung des VMkernel-Adapters (siehe Abbildung 3.27)

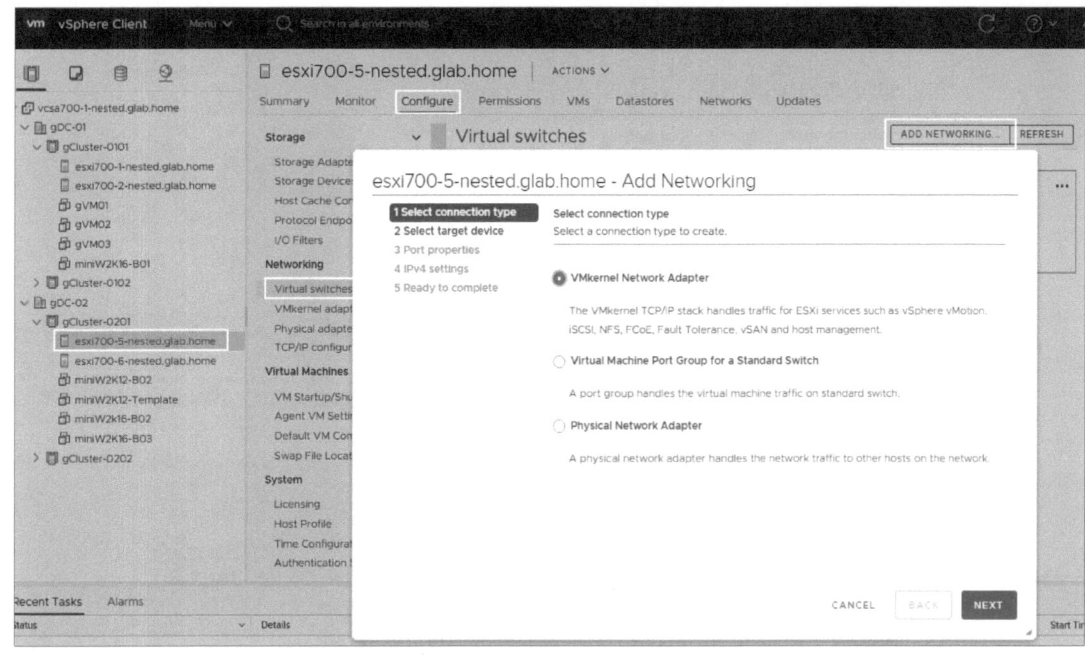

Abbildung 3.27 Einen neuen VMkernel-Adapter auf dem Distributed vSwitch erstellen

3. Zuordnung zu der gewünschten Portgruppe (siehe Abbildung 3.28)

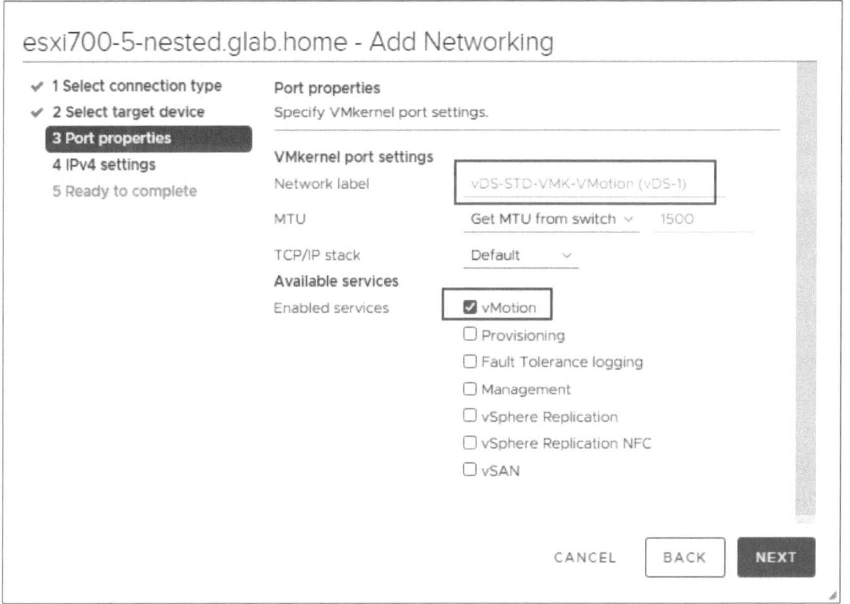

Abbildung 3.28 Eine Portgruppe für den virtual Distributed vSwitch auswählen und vMotion aktivieren

4. Vergabe der IP-Konfiguration (siehe Abbildung 3.29)

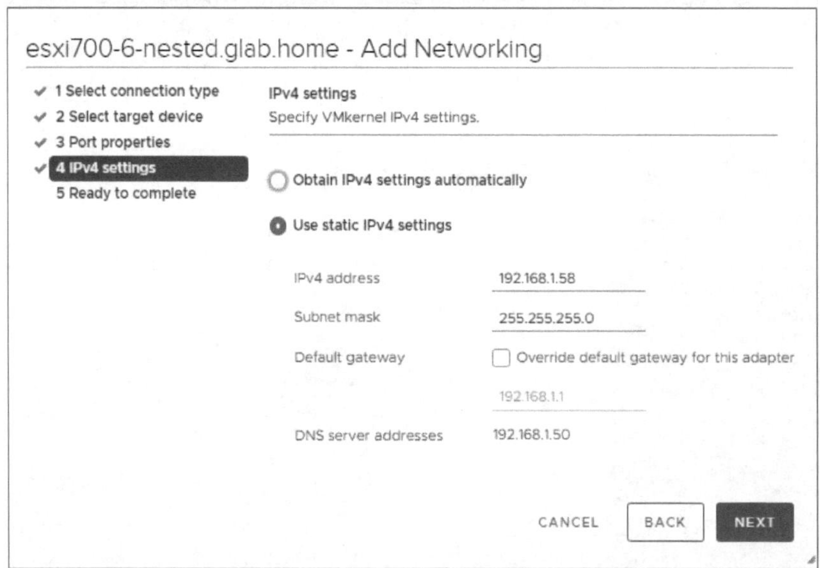

Abbildung 3.29 Die IP-Adresse für den vMotion-Adapter angeben

Nach Abschluss der Konfiguration sollten Sie zwei oder mehr Portgruppen mit VMkernel-Adapter vorfinden (siehe Abbildung 3.30).

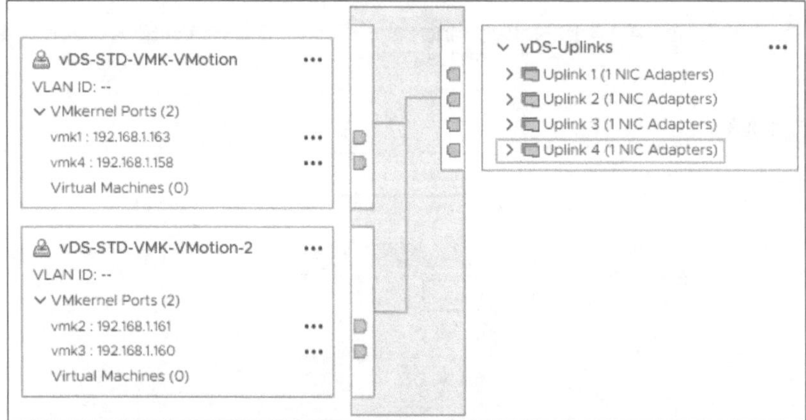

Abbildung 3.30 Am Ende der Konfiguration müssten zwei vMotion-Adapter an den unterschiedlichen vMotion-Portgruppen existieren.

Cross vSwitch vMotion

Mit der Möglichkeit, vMotion über unterschiedliche vSwitch-Typen hinweg durchzuführen, hat VMware eine weitere große Neuerung in vSphere 6.x einfließen lassen, die wiederum ganz neue Perspektiven im virtuellen Netzwerk eröffnet.

Regeln zur Migration von VMs mit vMotion

Hier sind die Regeln im Detail:

- vSwitch (vSS) zu vSwitch (vSS): Supported
- dvSwitch (vDS) zu dvSwitch (vDS): Supported
- vSwitch (vSS) zu dvSwitch (vDS): Supported
- dvSwitch (vDS) zu vSwitch (vSS): Unsupported

Dass »dvSwitch zu vSwitch« nicht funktioniert und somit nicht unterstützt wird, liegt daran, dass der vSwitch mit den Metadaten der VM des dvSwitchs nichts anfangen kann. Der vSwitch verfügt ja nicht über den logischen Funktionsumfang eines dvSwitchs.

Cross vCenter vMotion: das vMotion über vCenter-Grenzen hinweg

Seit vSphere 6 ist es auch möglich, virtuelle Maschinen mit vMotion über Datacenter-Grenzen hinweg zu migrieren. Dies wird *Cross vCenter vMotion* bzw. *Cross vCenter Provisioning* genannt. In vSphere 5 war das nur für virtuelle Maschinen in ausgeschaltetem Zustand (Cold Migration) möglich. Aber nach wie vor gilt natürlich, dass Datacenter meist räumlich voneinander getrennt sind und oftmals lediglich über schmalbandige Kommunikationsverbindungen verfügen, und auch die Anbindung des Shared Storage ist über sehr lange Strecken hier und da nicht immer so performant wie auf dem eigenen Campus.

Aus diesem Grund sollten Sie stets im Hinterkopf behalten, dass Migrationen mit vMotion zwischen den Rechenzentren schnell zu einer Überbuchung der Leitungskapazität beitragen können, was nach außen hin dann so aussieht wie eine Denial-of-Service-Attacke. Lassen Sie also Vorsicht walten und prüfen Sie erst einmal die Leitungskapazität!

Bis Version 6.0 U2 war es noch so, dass ein vMotion nur zwischen identischen vSphere-Versionen bzw. vCenter Servern unterstützt wurde (*https://kb.vmware.com/s/article/2106952*). Diese Einschränkung ist allerdings seit vSphere 6.0 U3 gefallen, und Sie konnten seit dieser Version vMotion auch als Cross-vCenter-Version einsetzen. Das heißt, Sie können ein vMotion z. B. von einem vCenter Server 6.0 U3 zu einem vCenter Server 7.0 durchführen.

Bitte schaffen Sie allerdings die notwendigen Voraussetzungen für diese Konfiguration. Nachlesen, was es alles hierzu zu beachten gilt, können Sie unter *https://docs.vmware.com/en/VMware-vSphere/7.0/com.vmware.vsphere.vcenterhost.doc/GUID-DAD0C40A-7F66-44CF-B6E8-43A0153ABE81.html*.

Ein sehr interessantes und mit einem schönen User Interface ausgestattetes Werkzeug für die Migration finden Sie in den VMware-Labs (Flings). Das *Cross vCenter Workload Migration Utility* können Sie unter *https://labs.vmware.com/flings/cross-vcenter-workload-migration-utility* herunterladen. Dieses in Java erstellte Tool sollten Sie sich unbedingt einmal anschauen! Sie können es entweder als Plug-in im vCenter Server oder als Stand-alone-Version über einen Browser nutzen.

Cross Cloud Cold und Hot Migration: das vMotion zwischen den Clouds

Gerade dann, wenn Sie *VMware Cloud* (*https://cloud.vmware.com/de/vmc-aws*) auf *Amazon Web Services* (AWS) als Teil Ihrer Hybrid-Cloud-Infrastruktur nutzen, ist das Vorhandensein eines Features wie Cross-vCenter- und Cross-Version-vMotion natürlich sehr wichtig. Die Art dieser Live-Migration wird als *Cross Cloud Hot Migration* bezeichnet.

An dieser Stelle sei darauf hingewiesen, dass Sie, wenn Sie Ihre lokale vSphere-Infrastruktur mit einer VMware Cloud auf der AWS-Infrastruktur ergänzen möchten, je nach vSphere-Version unterschiedliche Migrationsverfahren anwenden müssen. Setzen Sie z. B. On-Premise vSphere 6.0 ein, ist lediglich eine Cold Migration des Workloads möglich, den Sie verlegen möchten. Setzen Sie hingegen vSphere 6.5 und höher ein, können Sie auch Hot Migrations durchführen, also Workloads im eingeschalteten Zustand verlegen. Das geht von der Cloud hin zum lokalen Datacenter und natürlich auch wieder zurück.

Möchten Sie tiefer in das Thema vMotion zwischen einem lokalen Software-Defined Datacenter (Local SDDC) und einer VMware Cloud auf AWS (VMware Cloud on AWS) einsteigen, empfehle ich Ihnen, unter *https://docs.vmware.com/en/VMware-Cloud-on-AWS/0/rn/vmc-on-aws-relnotes.html* in den Release Notes zu VMware Cloud on AWS sowie unter *https://cloud.vmware.com/de/vmc-aws* nachzuschlagen.

vMotion-Support für Microsoft-Windows-Cluster

Seit Version 6.0 ist es bereits möglich, die einzelnen Server-Nodes eines Microsoft-Windows-2012-R2-Failover-Clusters (MSCS), der physikalisches RDM nutzt und über mehr als zwei Nodes verfügt, mittels vMotion zu verlegen. Auch ist dabei gewährleistet, dass der vMotion-Prozess keine Störungen in einer geclusterten Applikation (wie z. B. *Windows Server Failover Clustering* – WSFC) verursacht.

Die Voraussetzungen hierfür sind:

- Mindestens Version 11 der virtuellen Maschinenhardware.
- Der virtuelle SCSI-Controller muss im *Physical SCSI Bus Sharing Mode* konfiguriert sein.
- Der Festplattentyp muss als physikalisches RDM konfiguriert werden.

Weitere Informationen hierzu finden Sie in den Guidelines for Microsoft Clustering on vSphere bzw. im entsprechenden Knowledge-Base-Artikel (KB) 1037959 unter *https://kb.vmware.com/s/article/1037959* und in KB 2147661 (*https://kb.vmware.com/s/article/2147661*). Die entsprechenden Setup-Dokumente befinden sich unter *https://kb.vmware.com/s/article/1004617*.

Erweiterung des vMotion-Netzwerks

Eine weitere Neuerung in *vSphere 6 vMotion* war der Support für Layer-3-(L3-)Netzwerke (*Routed vMotion Network*). Das heißt, es ist nicht mehr so wie in den Vorgängerversionen notwendig, das Netzwerk ausschließlich auf der Basis von Layer 2 (L2) aufzubauen, auch die gleichzeitige Nutzung von mehreren TCP/IP-Stacks ist möglich geworden. Hierdurch wurde es ebenfalls ermöglicht, den vMotion-Datenverkehr des ESXi-Hosts über einen exklusiven TCP/IP-Stack zu leiten.

Dieser exklusive TCP/IP-Stack verfügt über die üblichen Merkmale:

- Memory Heap
- ARP-Tabelle
- Routing-Tabelle
- DNS-Konfiguration
- Default-Gateway

Dies gewährleistete eine wesentlich genauere Kontrolle der Nutzung einzelner Netzwerkressourcen und erhöhte die Sicherheit dadurch, dass noch eine zusätzliche Möglichkeit der Isolation geschaffen wurde. Operationen wie das Klonen von virtuellen Maschinen können seitdem ebenfalls über ein dediziertes Netzwerk durchgeführt werden. Des Weiteren verhindert dies eine Beeinflussung des vMotion-Datenverkehrs in erheblichem Umfang.

Es gibt folgende TCP/IP-Stacks auf VMkernel-Level:

- normaler TCP/IP-Stack des Kernels für Management Traffic, System Traffic, vMotion Traffic, IP-Storage Traffic und Fault Tolerance Traffic
- dedizierter TCP/IP-Stack für vMotion Traffic bezüglich isolierter Live-Migration
- dedizierter TCP/IP-Stack für Provisioning Traffic bezüglich isolierter Cold Migration, Cloning und Snapshot Creation
- dedizierter TCP/IP-Stack für den isolierten Netzwerkverkehr von Applikationen

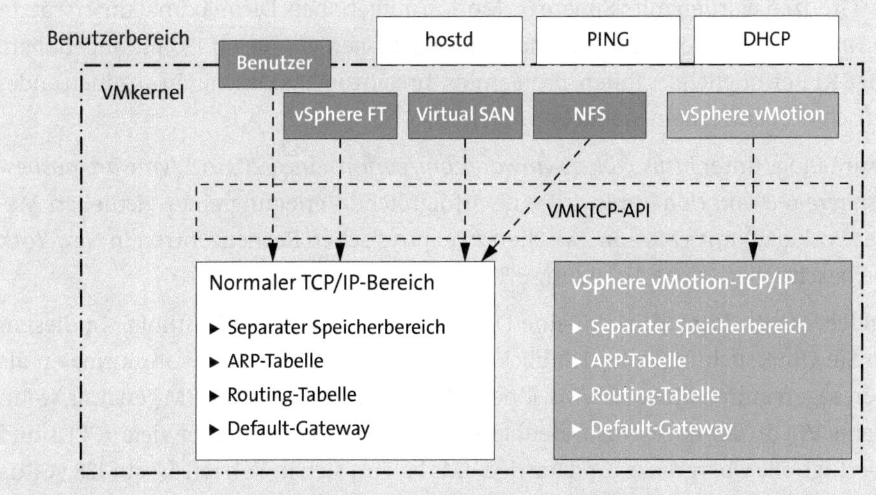

Abbildung 3.31 Der ESXi 6.0 gestattet die Nutzung eines dedizierten TCP/IP-Stacks für vMotion.

vSphere Replication NFC (Network File Copy)

Eine Neuerung, die in vSphere 6.x dazukam, war, dass ein eigenes Netzwerk für vSphere Replication NFC (*Network File Copy*) eingerichtet werden kann. Das bedeutet, dass sich in diesem Netzwerk ausschließlich vSphere-Replication-NFC-Datenverkehr befindet, d. h. Cloning-Vorgänge und vMotion mit ausgeschalteten VMs, also ausschließlich Cold Data Migrations. Auch hier darf es sich sowohl um eine Layer-2- als auch eine Routed-Layer-3-Verbindung handeln.

Higher Latency Link Support

Vor vSphere 5.x durfte die Latenzzeit von 5 ms (Millisekunden) nicht überschritten werden, obwohl dies bei vMotion über große Distanzen (*Long Distance vMotion*) keine Seltenheit war. Manche Implementierungen von Clustern über Rechenzentrumsgrenzen hinweg konnten aufgrund dieser Anforderung nicht oder nur eingeschränkt betrieben werden.

Daher wurde die unterstützte Latenzzeit von 5 auf 10 ms verdoppelt, was allerdings eine Enterprise-Plus-Lizenz voraussetzte. Letztendlich repräsentieren derartige Latenzen aber ausschließlich den Metrodistanzbereich, und somit war ausschließlich ein Metro-vMotion möglich. Im Bereich von Geodistanzen sind 10 ms natürlich nicht gerade viel. Rein rechnerisch kommt man bei einer RTT (*Round Trip Time*) von 5 ms, was bei einer Strecke zwischen zwei Orten ca. 2,5 ms ergibt, mit der Ausbreitungsgeschwindigkeit des Lichts innerhalb von Glasfaser bzw. Lichtwellenleitern (LWL) theoretisch gerade einmal um die 500 km weit.

In der Praxis ist dieser Wert natürlich überhaupt nicht haltbar, und die erreichbaren Distanzen sind viel geringer. Wenn man hier die ganzen verzögernden Streckenelemente (wie Switches, optische Reichweitenverstärker, Multiplexer etc.) berücksichtigt, kann man sich glücklich schätzen, wenn man innerhalb von 2,5 ms ein Viertel dieser theoretisch errechneten Distanz erreichen kann.

Diese engen Grenzen wurden mit vSphere 6 vMotion aufgehoben. Die maximal unterstützte *Round Trip Time* (RTT) im Netzwerk für vMotion-Migrationen wurde auf 150 ms angehoben. Eine derartige RTT ermöglicht es Ihnen, problemlos Ihre virtuellen Maschinen an einen anderen, geografisch weit entfernten Standort zu verlegen.

In den VMware-Blogs unter *https://blogs.vmware.com/performance/2015/02/vmware-pushes-envelope-vsphere-6-0-vmotion.html* wird eine erfolgreiche Verlegung einer virtuellen Maschine (Live-Workload) mit vMotion zwischen zwei physischen Rechenzentren in New York und London beschrieben (siehe Abbildung 3.32).

Hierbei handelt es sich immerhin um eine Distanz von ca. 5.600 km (Luftlinie). In diesem Blog finden Sie Untersuchungen im Hinblick auf Live-Migration sowohl von normalen als auch von den sogenannten Monster-VMs. Eine VM wird oftmals Monster-VM genannt, wenn es sich um eine VM (in der Regel eine Datenbank-VM) handelt, die über sehr viele vCPUs und vMemory verfügt. Die Obergrenze für derartige VMs beläuft sich in Version 6.7 auf 128 vCPUs (*Virtual CPUs*) und 6.128 GB Memory. In vSphere 7.0 wurden dieser Werte nochmals angehoben. Die aktuelle Obergrenze liegt nun bei 256 vCPUs und 6 TB vRAM. Ich schätze, dass Sie davon ausgehen können, dass sich diese Werte in der Zukunft noch weiter nach oben verändern werden.

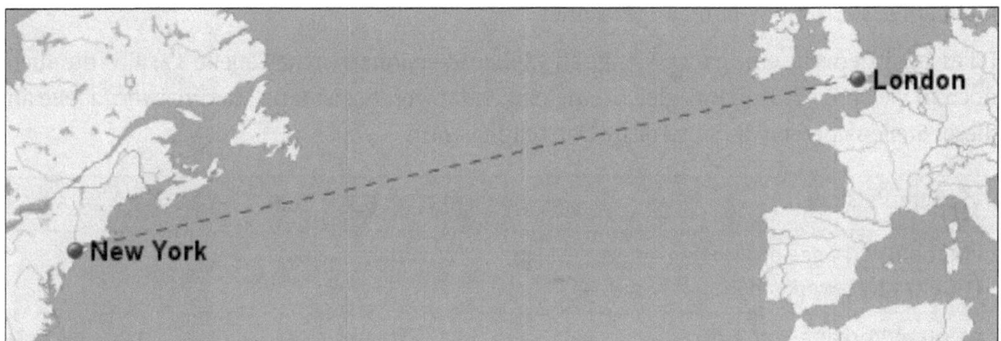

Abbildung 3.32 Die Stecke, auf der VMware erfolgreich die Verlegung einer Live-Workload mittels Long Distance vMotion vorgeführt hat

Long Distance vMotion

Der Trend hin zu Long Distance oder auch Geo vMotion zeichnete sich bereits in den vergangenen Jahren deutlich ab. Das heißt, Quell- und Ziel-ESXi-Hosts befinden sich unter Umständen Tausende von Kilometern voneinander entfernt.

Schon sehr früh kamen immer mehr Unternehmen auf den Markt, die an Systemen arbeiteten, die die Latenz und die Datenübertragung über große Distanzen so optimierten, dass auch zwischen den USA und Europa eine vMotion-Funktion realisiert werden konnte. VMware hat mit vSphere 5.x bereits damals reagiert und die Akzeptanz der Latenzzeit bei vMotion-Vorgängen deutlich erhöht. Die notwendigen Technologien für den als *Long Distance vMotion* bezeichneten Migrationsvorgang waren in der Vergangenheit im Laborbetrieb bereits zum großen Teil verfügbar und wurden auf Messen (beispielsweise auf der VMworld) auch früher schon eindrucksvoll vorgeführt. Aber mit vSphere 6 verließ Long Distance vMotion dann das Labor und konnte produktiv eingesetzt werden!

Long Distance vMotion ist immer eine Kombination aus vMotion und SvMotion. Nicht nur, dass nun für Long Distance vMotion eine RTT von 150 ms erlaubt ist, sondern der Long-Distance-vMotion-Datenverkehr kann auch mittels NFC (*Network File Copy*) durchgeführt werden. Hierbei können Sie dann selbstverständlich den Provisioning-TPC/IP-Stack nutzen. Dies war ebenfalls eine Neuerung in vSphere 6. Man kann also sagen, dass NFC quasi einen FTP-Service (*File Transfer Protocol*) bietet, der es ermöglicht, Daten zwischen den einzelnen Datastores zu kopieren.

Welche Anforderungen an gleichzeitige vMotion-Migrationen gibt es? Sie müssen in jedem Fall sicherstellen, dass das vMotion-Netzwerk über eine dedizierte Bandbreite von mindestens 250 Mbps (Mbit/s) je gleichzeitige vMotion-Sitzung verfügt.

Eine größere Bandbreite ermöglicht selbstverständlich eine höhere Performance, die natürlich zu einer schnelleren Fertigstellung der einzelnen Migrationen führt.

Durchsatzgewinne, wie sie etwa durch WAN-Optimierungstechniken möglich sind, werden nicht auf das 250-Mbps-Limit angerechnet.

Da es ja mittlerweile eine ganze Menge an vSphere-Versionen (siehe Tabelle 3.2) gibt, die auch noch in vielen Environments gleichzeitig eingesetzt werden, ist eine Maximalwerttabelle an dieser Stelle sicherlich die sinnvollste Darstellungsform.

vSphere-Versionen	7.0	6.7	6.5	6.0	5.5	5.1	5.0
vMotion-Vorgänge pro Host (1-Gbit/s-Netzwerk)	4	4	4	4	4	4	4
vMotion-Vorgänge pro Host (10-Gbit/s-Netzwerk)	8	8	8	8	8	8	8
vMotion-Vorgänge pro Datenspeicher	128	128	128	128	128	128	128

Tabelle 3.2 Maximal gleichzeitige vMotion-Vorgänge

Ausführlichere Informationen finden Sie im Konfigurationsmaximum-Tool von VMware. Das Tool stellt online alle Konfigurationsobergrenzen ab vSphere 6.0 unter *https://configmax.vmware.com* zur Verfügung. Falls Sie Offlinedokumente bevorzugen, können Sie sich auch die entsprechenden Daten aus dem Konfigurationsmaximum-Tool in ein PDF-Dokument exportieren lassen.

Eine ausgezeichnete Funktion im Konfigurationsmaximum-Tool stellt die Versionsgegenüberstellung dar. Sie können hier unterschiedliche Versionen übersichtlich dargestellt vergleichen und die Ergebnisse anschließend auch als CSV-Datei exportieren.

Fazit

Halten wir abschließend fest: Die wesentliche Erweiterung für Long Distance vMotion ist die Erhöhung der RTT (Paketumlaufzeit/Latenz) von maximal 10 ms auf maximal 150 ms.

Einige interessante Informationen bezüglich RTT finden Sie auch unter *https://de.wikipedia.org/wiki/Paketumlaufzeit*. Doch wenn Sie es wirklich genau wissen möchten, empfehle ich Ihnen, die Latenz der Stecke, um die es geht, durchzumessen. Nur hierdurch sind Sie in der Lage, qualitativ hochwertige Aussagen zur Güte Ihrer Leitung zu machen.

Und noch eine letzte Bemerkung zu diesem Thema im Hinblick auf VMwares *Virtual Volumes*, kurz VVOLs. Natürlich unterstützt Long Distance vMotion auch Virtual Volumes, wobei diese selbstverständlich *keine* Voraussetzung für eine erfolgreiche Long-Distance-Live-Migration mit Long Distance vMotion sind.

Verschlüsseltes vMotion

Ab vSphere 6.5 kann die Übertragung der Daten einer virtuellen Maschine während des vMotion-Prozesses verschlüsselt erfolgen. vSphere 7 setzt auf den bereits vorhandenen und bewährten Sicherheitsimplementierungen seiner Vorgängerversion auf.

Die Verschlüsselung erfolgt mit einem vom ESXi-Host erzeugten Datenverschlüsselungsschlüssel nach XTS-AES-256 (*AES = Advanced Encryption Standard*). Des Weiteren liegt diesbezüglich eine Zertifizierung nach FIPS 140-2 (*https://en.wikipedia.org/wiki/FIPS_140-2*) vor. Verschlüsselt wird der vMotion-Traffic vom ESXi mittels des VMkernel-Moduls vmkcrypto. Das bedeutet, dass sämtliche kryptografischen Operationen von vmkcrypto durchgeführt werden. Eine weitere Optimierung in vSphere 7 ist, dass es nun auch möglich ist, den vMotion-Datenverkehr nicht nur wie bisher bei Nutzung von IPv6 mittels IPsec (*Internet Protocol Security*) verschlüsseln zu können, sondern auch bei Nutzung von IPv4, wobei die softwarebasierte Verschlüsselung und Entschlüsselung sowie auch das Hashing via IPsec durch Third-Party-Software erfolgt. Somit können sichere Übertragungen von einem Datacenter in ein anderes Datacenter erfolgen. Selbst wenn eine virtuelle Maschine während der Übertragung in fremde Hände gelangt sein sollte, können Sie sicher sein, dass die Daten für Dritte nicht lesbar sind. Das verschlüsselte vMotion sichert Ihnen Vertraulichkeit, Integrität und Authentizität der mit vMotion übertragenen Daten zu. Das bedeutet, dass die Übertragung einer virtuellen Maschine, vom Standpunkt der Security aus betrachtet, keine Schwachstellen mehr aufweist.

Sie können grundsätzlich allerdings erst einmal zwei Fälle unterscheiden. In dem einen Fall ist es so, dass Sie eine bereits verschlüsselte virtuelle Maschine mit verschlüsseltem vMotion migrieren. Im anderen Fall migrieren Sie eine nicht verschlüsselte virtuelle Maschine mittels verschlüsseltem vMotion.

Verschlüsselung virtueller Maschinen

Verschlüsselte virtuelle Maschinen (*VM-Verschlüsselung*) werden mit vMotion immer verschlüsselt übertragen. Bei nicht verschlüsselten virtuellen Maschinen können Sie zwischen den drei Optionen für vMotion wählen: DEAKTIVIERT (DISABLED), OPPORTUNISTISCH (OPPORTUNISTIC) und ERFORDERLICH (REQUIRED).

Wie Sie sehen, hängt das verschlüsselte vMotion an der einen oder anderen Stelle durchaus eng mit der Verschlüsselung von virtuellen Maschinen zusammen. Was genau das Verschlüsseln von virtuellen Maschinen bedeutet und wie es funktioniert, können Sie in Kapitel 19, »Automatisierung von vSphere«, nachlesen. Dennoch möchte ich Ihnen einige Punkte zu diesem Thema an dieser Stelle in Erinnerung rufen.

Das Verschlüsseln von virtuellen Maschinen bietet Ihnen ein hohes Maß an Sicherheit. Denken Sie an die virtuellen Maschinen in Ihrem Environment, die vertrauliche Daten beinhalten oder besonders brisante Applikationen bzw. Dienste bereitstellen. Hier ist das Verschlüsseln von virtuellen Maschinen sicherlich genau das, was Sie umsetzen möchten. Services wie *High*

Availability (HA), der *Distributed Resource Scheduler* (DRS) und auch *Fault Tolerance* (FT) unterstützen die Nutzung von verschlüsselten virtuellen Maschinen ebenfalls.

Außerdem ist das Verschlüsseln von virtuellen Maschinen quasi unabhängig von dem Betriebssystem, das in der virtuellen Gastmaschine installiert ist. Bei der Verschlüsselung von virtuellen Maschinen werden selbstverständlich auch die virtuellen Festplatten der virtuellen Maschine (die VMDKs) genauso verschlüsselt und wie die anderen Dateien (z. B. *vmx*, *nvram*, *vswp*, *vmsn*), die gemeinsam eine virtuelle Maschine bilden.

Bitte beachten Sie, dass eine verschlüsselte virtuelle Festplatte nicht von einer nicht verschlüsselten virtuellen Maschine gelesen werden kann. Die Verschlüsselung einer virtuellen Festplatte wird durch die Speicherrichtlinie *VM Encryption Policy* umgesetzt (siehe Abbildung 3.33). Möchten Sie ältere virtuelle Maschinen weiterhin in Ihrer neuen vSphere-7-Umgebung betreiben und diese nun auch verschlüsseln, steht diesem Vorhaben nichts im Wege. Ein ESXi-Host in der Version 7 unterstützt selbstverständlich auch den gleichzeitigen Betrieb von verschlüsselten und unverschlüsselten virtuellen Gastmaschinen.

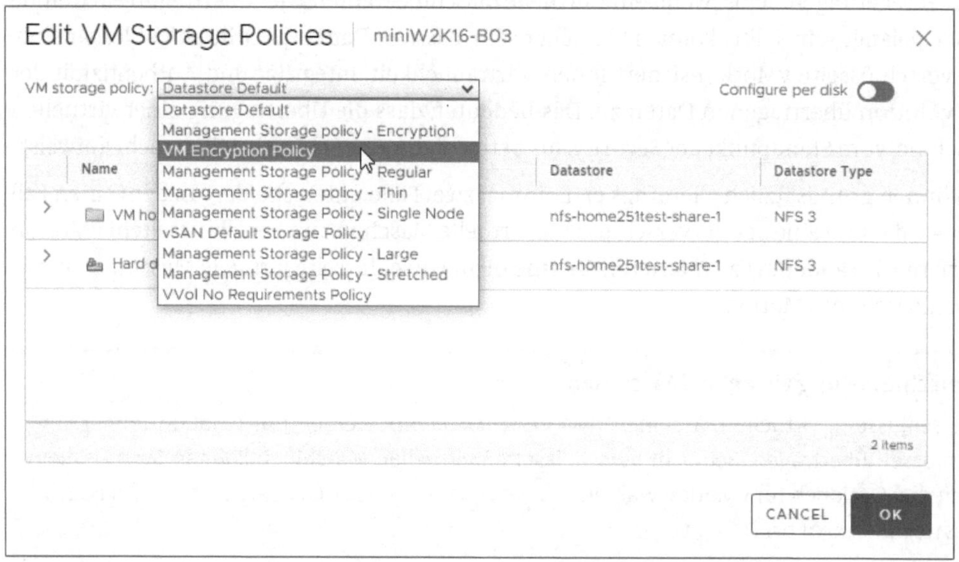

Abbildung 3.33 Speicherrichtlinie für die Erstellung von verschlüsselten virtuellen Festplatten

Die Ver- und Entschlüsselung der virtuellen Maschine wird direkt von dem ESXi-Host durchgeführt, auf dem sich die virtuelle Maschine momentan befindet. Damit ein ESXi-Host aber überhaupt verschlüsseln kann, muss zuerst der Hostverschlüsselungsmodus auf allen ESXi-Hosts aktiviert werden (siehe Abbildung 3.34), die verschlüsselte virtuelle Maschinen hosten sollen.

Für das Verschlüsseln von virtuellen Maschinen benötigen Sie ebenfalls einen externen *Key-Management-Server* (KMS), oft auch bezeichnet als *Trusted-Key-Provider* (TKP). Ein solcher KMS bzw. Schlüsselmanagementserver muss das *Key Management Interoperability Pro-*

tocol (KMIP) in der Version 1.1 unterstützen, damit Sie ihn in vSphere einsetzen können (siehe Abbildung 3.35). Allerdings ist es laut VMware geplant, in zukünftigen vSphere-Versionen weitere Protokolle zu unterstützen. Der KMIP-Client, der in vCenter enthalten ist, unterstützt also aktuell lediglich die Version 1.1. Sollten Sie nicht sicher sein, ob Ihr KMS geeignet ist, schauen Sie im VMware Compatibility Guide unter *https://www.vmware.com/resources/compatibility/search.php* und unter *https://www.vmware.com/resources/compatibility/search.php?deviceCategory=kms* nach oder lesen Sie dieses Dokument: *https://www.vmware.com/resources/compatibility/pdf/vi_kms_guide.pdf*. Wie Sie den Schlüsselmanagementserver in vSphere einbinden und das Vertrauen zwischen dem vCenter Server und Ihrem Schlüsselmanagementserver herstellen können, erfahren Sie in den VMware Docs unter *https://docs.vmware.com/de/VMware-vSphere/7.0/com.vmware.vsphere.security.doc/GUID-55B17A13-13AB-4CA1-8D83-6515AA1FEC67.html*. Hier finden Sie unter anderem ein Video von VMware mit einer Schritt-für-Schritt-Anleitung zur Konfiguration.

Der Prozess verläuft wie folgt: Ihr KMS erzeugt und speichert die Schlüssel. Anschließend übergibt er die Schlüssel zwecks Verteilung an den vCenter Server, der sie dann an die registrierten ESXi-Hosts weiterverteilt.

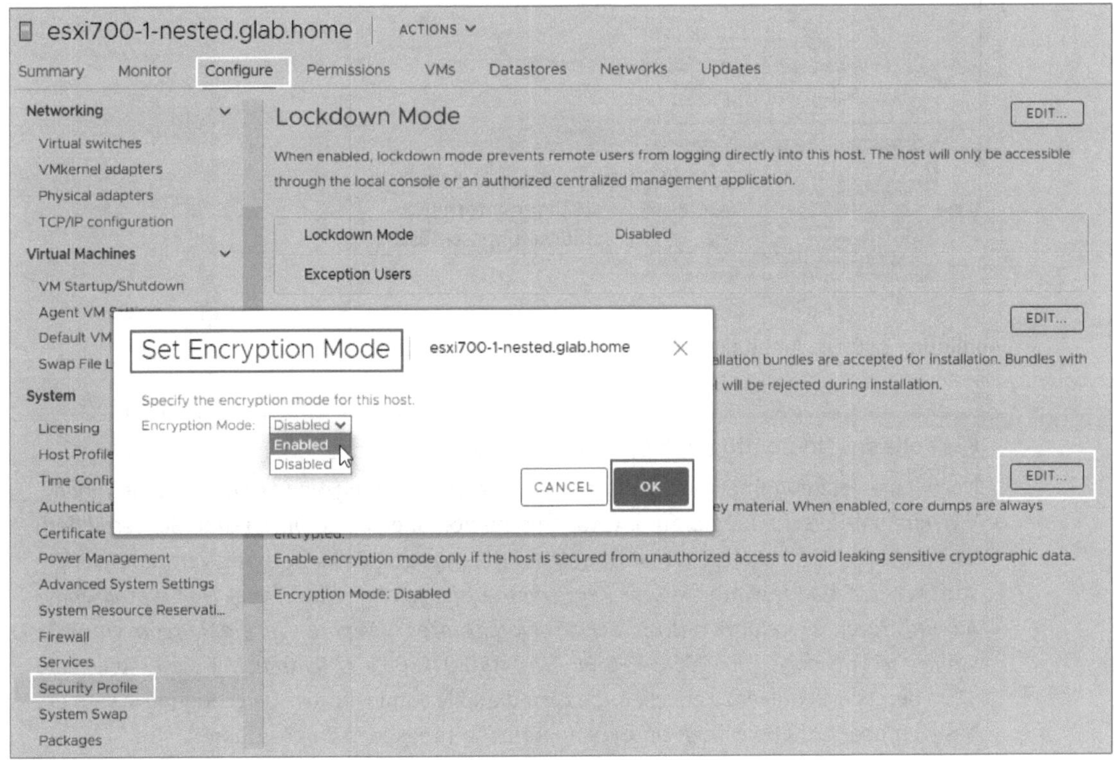

Abbildung 3.34 Aktivieren Sie den Hostverschlüsselungsmodus zum Verschlüsseln von virtuellen Maschinen.

Der detaillierte Prozessablauf bei der Verschlüsselung wird in den VMware Docs, unterstützt auch durch ein Video, beschrieben: *https://docs.vmware.com/de/VMware-vSphere/7.0/com.vmware.vsphere.security.doc/GUID-78DD547A-6FFC-49F1-A5F2-ECD7507EE835.html.*

Wie Sie in Abbildung 3.35 sehen, ist Ihr KMS ein wesentliches Element Ihres Environments. Ist der KMS nicht verfügbar, bekommt vCenter auch keine Schlüssel vom KMS geliefert. Das Gleiche gilt natürlich für den vCenter Server: Ist dieser nicht verfügbar, kann der Schlüssel für eine VM-Verschlüsselung auch nicht angefordert werden. Sie sehen schon: Wenn Sie Ihren vorhandenen KMS nicht hochverfügbar gestaltet haben, sollten Sie dies unbedingt in Erwägung ziehen.

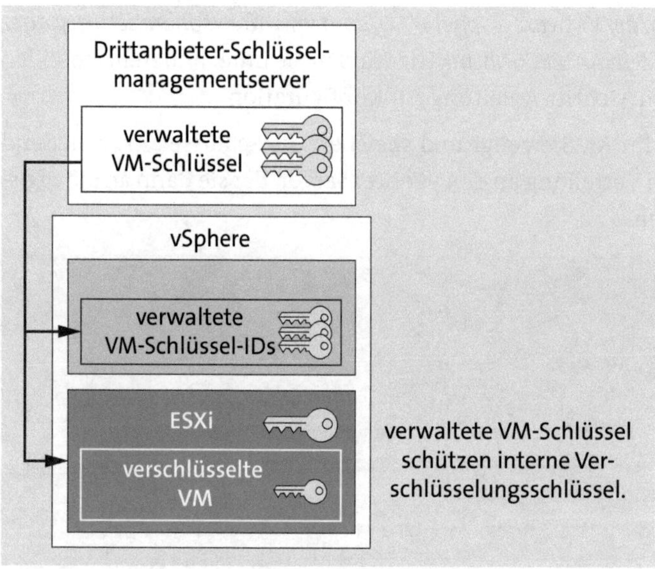

Abbildung 3.35 Die Architektur von vSphere Virtual Encryption

Die Rolle des No-Cryptography-Administrators

Noch eine letzte Anmerkung zum Thema »Verschlüsselung von virtuellen Maschinen«: VMware hat Berechtigungen für kryptografische Vorgänge eingeführt. Damit Sie verhindern können, dass jeder beliebige Administrator auf Daten zugreifen kann, die als vertraulich eingestuft wurden, hat VMware die Rolle *Kein Kryptografie-Administrator*, engl. *No Cryptography-Administrator*, eingeführt (*https://docs.vmware.com/en/VMware-vSphere/7.0/com.vmware.vsphere.security.doc/GUID-17568345-E59E-43A8-A811-92F8BE9C7719.html*). Mit dieser Rolle sind Sie in der Lage, Benutzer zu erstellen, die zwar die volle administrative Berechtigung in vSphere besitzen, aber nicht berechtigt sind, kryptografische Tätigkeiten durchzuführen.

Beschäftigen wir uns nun zunächst mit dem ersten Fall, in dem Sie eine bereits verschlüsselte virtuelle Maschine mittels verschlüsseltem vMotion migrieren bzw. auf einen anderen ESXi-Host übertragen möchten.

Augenscheinlich haben Sie in diesem Fall mit dem vSphere-Client keine Möglichkeit, die Migration mittels vMotion unverschlüsselt durchzuführen. Das würde aber bedeuten, dass Sie auch keine verschlüsselte Übertragung einer verschlüsselten virtuellen Maschine über vCenter-Grenzen hinweg durchführen können. Dies wird von VMware in der aktuellen Version nur durch Verwendung der vSphere-API ermöglicht. Wie das im Detail umgesetzt wird, entnehmen Sie bitte dem vSphere-Web-Services-SDK-Programmierhandbuch im Developer-Bereich VMware{code} unter *https://www.vmware.com/support/developer/vc-sdk/* und unter *https://code.vmware.com/apis/968/vsphere* sowie der vSphere-Web-Services-API-Referenz-Dokumentation, die Sie unter *https://developer.vmware.com/* und unter *https://code.vmware.com/docs/5722/vsphere-web-services-api-reference* finden. Schauen Sie aber auch noch einmal in den Abschnitt »Cross vCenter vMotion: das vMotion über vCenter-Grenzen hinweg« weiter oben, um zu prüfen, ob Ihnen das Cross-vCenter-Workload-Migration-Utility hier möglicherweise weiterhelfen kann.

Kommen wir nun zur verschlüsselten Übertragung von virtuellen Gastmaschinen, die nicht verschlüsselt sind. Für diese virtuellen Maschinen können Sie in den Eigenschaften derjenigen virtuellen Maschine, die Sie mittels verschlüsseltem vMotion migrieren möchten, die Übertragungsart mit vMotion einstellen. Rufen Sie dazu den Menüpunkt VM-OPTIONEN (VM OPTIONS) im Bereich VERSCHLÜSSELUNG (ENCYPTION) auf. Hier stehen Ihnen die Optionen DEAKTIVIERT (DISABLED), OPPORTUNISTISCH (OPPORTUNISTIC) und ERFORDERLICH (REQUIRED) zur Verfügung (siehe Abbildung 3.36).

Was nun die einzelnen Optionen beim verschlüsselten vMotion bedeuten, entnehmen Sie der folgenden Auflistung:

- DEAKTIVIERT (DISABLED): Diese Option veranlasst vMotion, die Daten unverschlüsselt zu übertragen.
- OPPORTUNISTISCH (OPPORTUNISTIC): Diese Option veranlasst vMotion, verschlüsselt zu übertragen, wenn der Quell-ESXi-Host und der Ziel-ESXi-Host dies unterstützen. Unterstützt der Ziel-ESXi-Host kein verschlüsseltes vMotion, wird die virtuelle Maschine unverschlüsselt übertragen. Die Option OPPORTUNISTISCH (OPPORTUNISTIC) ist die Standardeinstellung für die Übertragung einer virtuellen Maschine mit vMotion.
- ERFORDERLICH (REQUIRED): Diese Option veranlasst vMotion, ausschließlich verschlüsselt zu übertragen. Wenn der Quell- oder der Ziel-ESXi-Host kein verschlüsseltes vMotion unterstützt, wird kein vMotion-Vorgang durchgeführt, und eine Migration der virtuellen Maschine findet nicht statt.

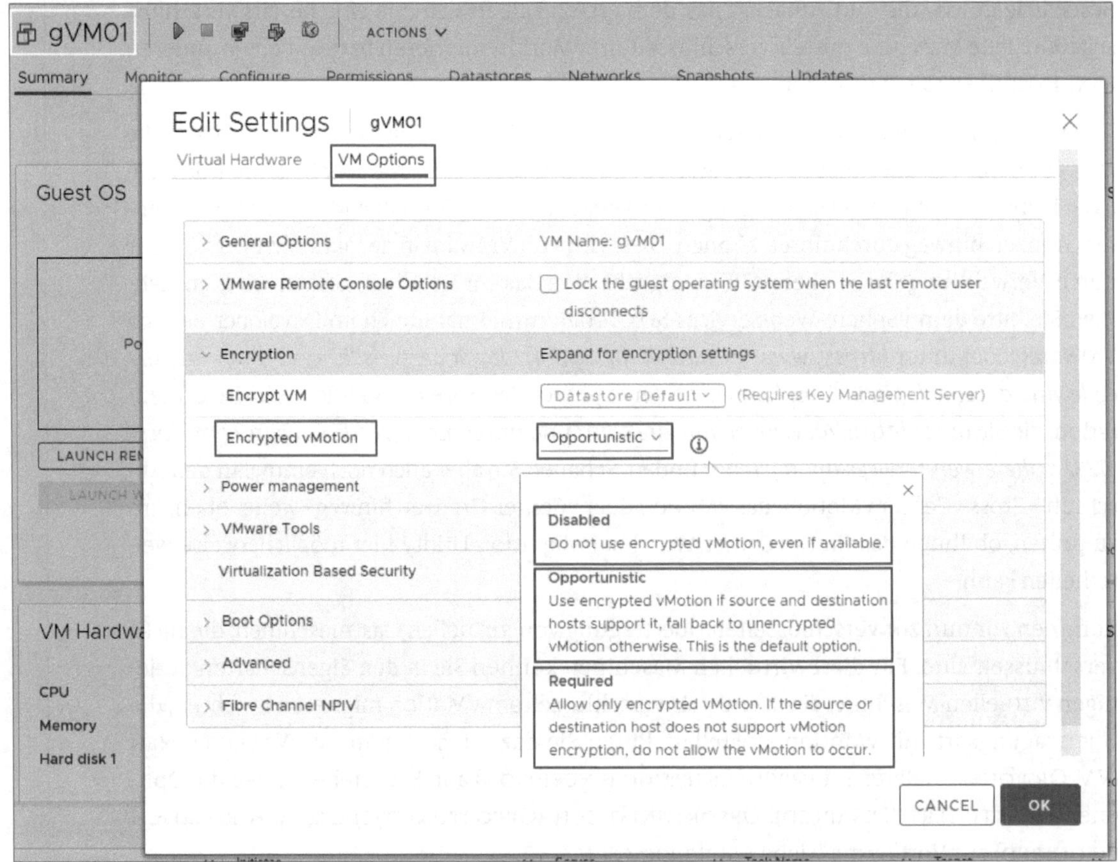

Abbildung 3.36 Ob die nicht verschlüsselte virtuelle Maschine verschlüsselt oder unverschlüsselt mit vMotion übertragen werden soll, legen Sie in den Einstellungen der einzelnen virtuellen Maschine fest.

Wenn Sie eine virtuelle Maschine verschlüsseln, wird ein entsprechender Eintrag in der Verschlüsselungseinstellung der virtuellen Maschine vorgenommen, sodass diese von vMotion nur verschlüsselt übertragen wird. Entschlüsseln Sie dann zu einem späteren Zeitpunkt die virtuelle Maschine wieder, wird in den Optionen für verschlüsseltes vMotion die Einstellung ERFORDERLICH (REQUIRED) eingetragen. Möchten Sie diese virtuelle Maschine wieder auf die Standardoption OPPORTUNISTISCH (OPPORTUNISTIC) umstellen, müssen Sie dies manuell in den erweiterten Einstellungen der virtuellen Maschine durchführen.

Für eine nicht verschlüsselte virtuelle Maschine gilt keine Einschränkung bei der verschlüsselten Übertragung über vCenter-Grenzen hinweg. Das bedeutet, dass Sie unverschlüsselte virtuelle Maschinen mittels verschlüsseltem vMotion von einem vCenter Server, der sich z. B. in Ihrem Datacenter befindet, zu einem anderen vCenter Server migrieren können, der sich in einem anderen Datacenter befindet. Sie sehen: Mit diesem vMotion-Merkmal sind dann Szenarien möglich, in denen eine virtuelle Maschine mit einer verschlüsselten Übertragung von einer On-Premises-Cloud-Structure (also einer Cloud im eigenen lokalen Datacenter) in eine andere, z. B. eine Off-Premises-Cloud-Structure, verlegt werden kann und das, ohne die API bemühen zu müssen. Diese Off-Premises-Cloud-Structure könnte sich dann durchaus bei einem Cloud-Provider befinden – und das alles geschieht, ohne dass der Service, den die virtuelle Maschine anbietet, dabei unterbrochen wird.

vMotion für große Workloads

Was wurde optimiert, um den vMotion-Prozess fit für große Workloads zu machen? In der folgenden Auflistung sehen Sie nun eine Übersicht zu den Optimierungen, die in Version 7 vorgenommen wurden.

- Optimierung der vMotion-Logik
- Optimierung der Performance eines Workloads während des vMotion-Prozesses
- Verringerung der Stun Time bzw. der Zeitspanne des kurzen Einfrierens einer VM

Damit Sie die Änderungen in vSphere 7 besser verstehen können, möchte ich an dieser Stelle noch einmal ganz kurz einige Eckdaten zum bisherigen vMotion-Prozess aufführen. Der vMotion-Prozess benötigt sogenannte *Page Tracer* für die Verfolgung von Änderungen an den einzelnen Memory Pages. Jede einzelne vCPU einer VM benötigt einen solchen Page Tracer zur Ablaufverfolgung im Zuge des vMotion-Prozesses. Während der Installation eines Page Tracers muss die entsprechende vCPU ganz kurz angehalten werden. Auch wenn diese Installation, die während des vMotion-Prozesses stattfindet, nur im Bereich von Millisekunden liegt, wird natürlich die Performance des Workloads hierdurch merklich beeinträchtigt.

Stop-based Page Trace Install

Dieses Verfahren nennt VMware *Stop-based Page Trace Install*. Wenn Sie mehr darüber erfahren möchten, wie vRAM und pRAM miteinander interagieren, lesen Sie bitte den folgenden Blogbeitrag: *https://blogs.vmware.com/vsphere/2020/03/how-is-virtual-memory-translated-to-physical-memory.html*.

Die Engineers von VMware haben dieses Verfahren in vSphere 7 optimiert. Wie Sie an der Prozessbeschreibung gesehen haben, werden die vCPUs bei der Installation der Page Tracer kurzzeitig gestoppt. Das hat, wie gesagt, einen erheblichen zeitlichen Impact, und genau an dieser Stelle wurde eine Veränderung vorgenommen. Das bedeutet, dass VMware in vSphere 7 das Verfahren *Stop-based Page Trace Install* durch das Verfahren *Loose Page Trace Install* ersetzt. Die neue Vorgehensweise unterscheidet sich an einem Punkt ganz deutlich vom Vorgänger: Es wird nur noch eine vCPU dazu eingesetzt, die Seitenverfolgung durchzuführen, und der Page Tracer wird nur noch auf einer vCPU betrieben. Alle anderen vCPUs des Workloads stehen weiterhin unterbrechungsfrei ausschließlich dem Workload zur Verfügung. Somit unterscheiden sich die beiden Verfahren eigentlich nur in einem geringen Umfang voneinander, wobei sich die Auswirkungen im Hinblick auf die Performance des Workloads extrem positiv darstellen.

Large Trace Installs

Mit der Einführung von *Large Trace Installs* wird eine weitere Optimierung in vSphere 7 implementiert. In der x86-Architektur stehen Page Tables mit 4 KB, 2 MB und 1 GB zur Verfügung. Hierbei werden 4-KB-Seiten als kleine und 2-MB- bzw. 1-GB-Seiten als große Seiten bezeichnet. Werden große Seiten verwendet, führt dies zu einer Entlastung des *Translation Lookaside Buffer*, kurz TLB, was automatisch zu einer Leistungsoptimierung im Hinblick auf die vCPU bzw. den Workload führt. In vSphere 7 wurde also die Granularität der Page Tables gegenüber der Vorgängerversion von 4 KB auf 1 GB geändert. Durch die Vergrößerung der Memory Pages auf 1 GB reduziert sich natürlich die zu verfolgende Anzahl von Memory Pages gegenüber der Page-Größe von 4 KB massiv. Das bedeutet, dass der Page Tracer gerade bei großen VMs durch diese Änderung eine Entlastung im Hinblick auf die zu verfolgende Menge an Memory Pages erfährt.

Memory Bitmap Compression

Eine weitere Modifikation liegt in der Veränderung der Art und Weise, wie die letzten Änderungsdaten am Ende des vMotion-Prozesses, also kurz vor der Umschaltung, übertragen werden. Und auch hier möchte ich mit Ihnen wieder nur ganz kurz den vMotion-Prozess im Hinblick auf einen einzelnen Aspekt beleuchten. Wie Sie ja wissen, ist vMotion größtenteils damit beschäftigt, die einzelnen Memory Pages in einem iterativen Prozess von der Quelle zum Ziel zu übertragen (siehe Abbildung 3.4). Wurden am Ende des Prozesses dann die letzten Änderungen übertragen, kann der vMotion-Prozess endgültig auf die neue, die Ziel-VM, umschalten. Aber gerade wenn der Vorgang in die Endphase kommt, kann die Änderungsrate hier zu einem echten Problem werden. Bei kleinen VMs stellt das Übertragen der Speicherseiten mit den letzten Änderungen kein Problem dar – zumal es, wie Sie ja aus diesem Kapitel bereits wissen, hinreichende Verfahren dazu gibt, die letzten Änderungen erfolgreich übertragen zu können. Aber bei den Monster-Workloads kann das unter Umständen eine sehr große Herausforderung werden, und ein Anhalten bzw. Betäuben der VM im Sekundenbereich ist natürlich im Hinblick auf den Service, den die VM bereitstellt, keine wirklich gute Option.

Damit die Übertragung der Memory Bitmaps bzw. Memory Pages auch bei extrem großen VMs einwandfrei und entsprechend schnell funktioniert, überträgt vMotion in vSphere 7 nun die Memory Bitmaps in komprimierter Form. Und durch diese Idee wird dann die Stun Time auch für die ganz großen Workloads unter die zeitliche Obergrenze von einer Sekunde gebracht.

3.1.4 Bedienung

Die Bedienung von vMotion ist sehr intuitiv und trivial, weil eine aktive virtuelle Maschine einfach per Drag-and-drop auf einen anderen ESXi-Host gezogen werden kann. Da die virtuelle Maschine angeschaltet ist, startet der vMotion-Prozess automatisch mit dem ersten Dialog.

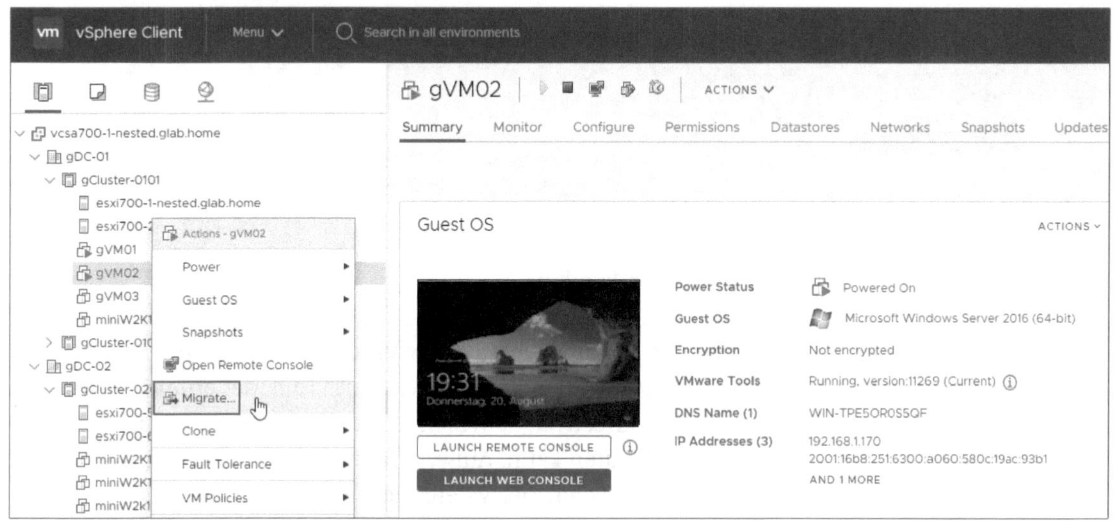

Abbildung 3.37 Eine Migration mithilfe von vMotion wird aus dem Kontextmenü der virtuellen Maschine heraus gestartet.

Eine andere Variante ist die Auswahl MIGRIEREN im Kontextmenü einer virtuellen Maschine (siehe Abbildung 3.37). Der Unterschied zwischen diesen beiden Möglichkeiten der Bedienung ist, dass Letztere auch für Storage vMotion genutzt werden kann und dass natürlich eine weitere Abfrage bezüglich des Zielsystems und des Ressourcenpools erscheint (siehe Abbildung 3.38).

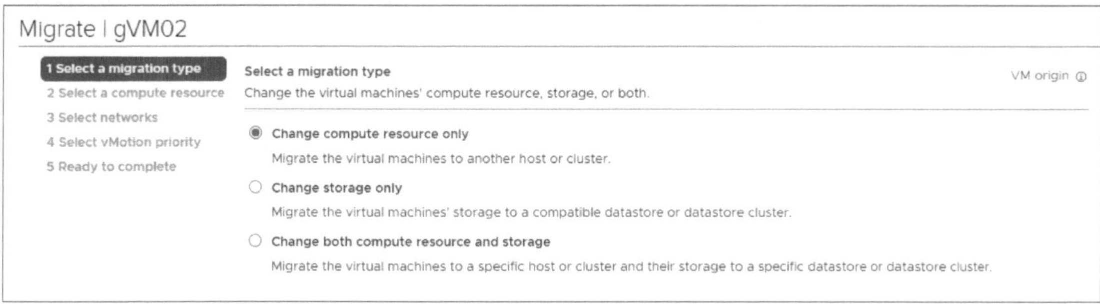

Abbildung 3.38 »Computing-Ressource« steht für vMotion, »Speicher« steht für Storage vMotion bei aktiven VMs.

Haben Sie sich für die Drag-and-drop-Variante entschieden, fällt der Dialog deutlich kürzer aus, und Sie haben nur die Wahl der vMotion-Priorität (siehe Abbildung 3.39). Übrigens ist es auch möglich, mehrere virtuelle Maschinen gleichzeitig zu markieren und per Drag-and-drop oder per Kontextmenü zu migrieren.

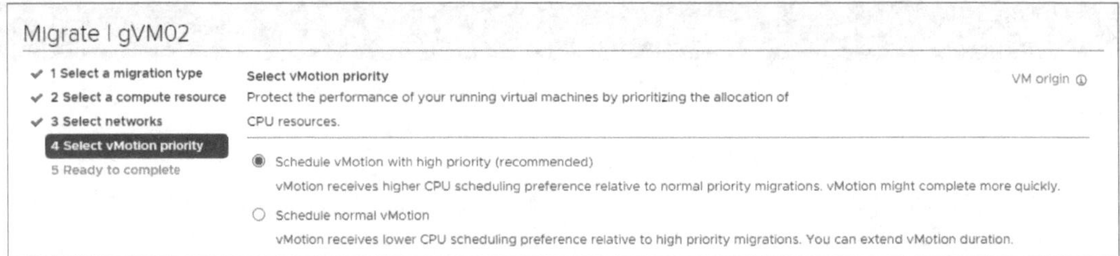

Abbildung 3.39 Auswahl der vMotion-Priorität

Bei der vMotion-Priorität sollten Sie möglichst immer VMOTION-MIGRATION MIT HOHER PRIORITÄT PLANEN (SCHEDULE VMOTION WITH HIGH PRIORITY) auswählen, damit eine entsprechende Absicherung der Ressourcen auf dem Zielsystem gewährleistet ist und der vMotion-Prozess möglichst schnell ablaufen kann. Außerdem wird der vMotion-Prozess direkt abgebrochen, falls die Ressourcen auf dem Zielsystem nicht zur Verfügung stehen.

Die Auswahl von NORMALEN VMOTION-VORGANG PLANEN (SCHEDULE NORMAL VMOTION), so wie in Abbildung 3.39 zu sehen, kann den vMotion-Vorgang zeitlich deutlich in die Länge ziehen, da auf die Ressourcen gewartet wird, anstatt sie direkt zu reservieren. Daher werden diese Migrationen auch immer ausgeführt, selbst bei Problemfällen mit zu hohem Hauptspeicherbedarf.

Sobald der vMotion-Prozess gestartet wurde, können Sie den gesamten Prozess in den Events der Hostsysteme und der virtuellen Maschine nachvollziehen (siehe Abbildung 3.40).

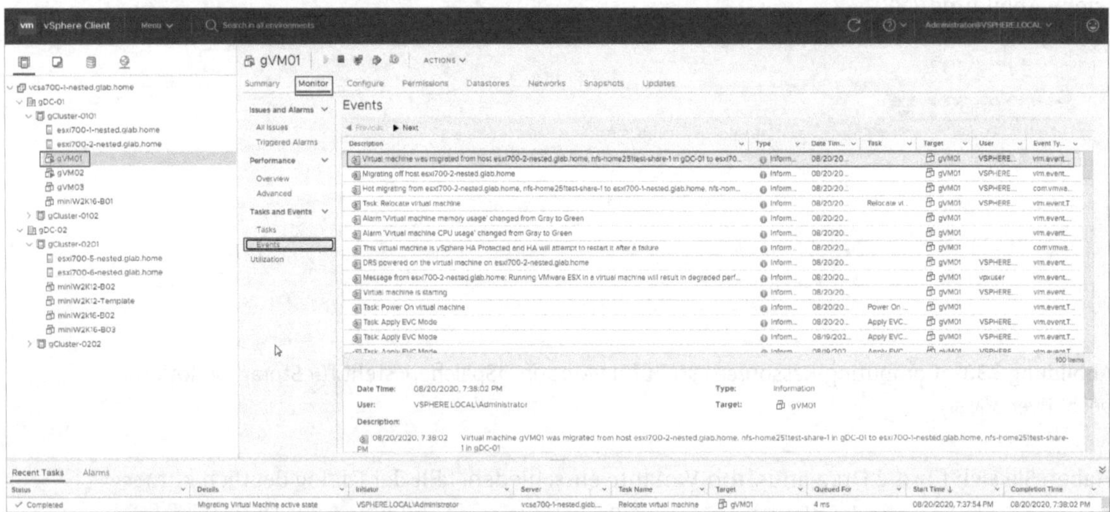

Abbildung 3.40 In der Anzeige »Ereignisse« können Sie den vMotion-Vorgang detailliert nachvollziehen.

Damit können Sie auch die Dauer des gesamten Prozesses im Nachhinein prüfen. Während der Laufzeit lässt sich nicht nachvollziehen, wie lange der Prozess noch dauern wird.

In der Standardkonfiguration sind nur vier (1-Gbps-Netzwerk) bzw. acht (10-Gbps-Netzwerk) vMotion-Migrationen gleichzeitig pro Host und 128 vMotion-Migrationen pro VMFS-Datastore zugelassen.

3.1.5 Sicherheit

Verschlüsselung

In der Regel findet die vMotion-Datenübertragung im Klartext statt. Daher ist es nicht nur aus Performance-, sondern auch aus Sicherheitsgründen zu empfehlen, ein dediziertes Netzwerk für den vMotion-Verkehr zu betreiben. In keinem Fall sollte der vMotion-Verkehr mit dem Netzwerkverkehr der virtuellen Maschinen vermischt, sprich, über die gleichen Netzwerkadapter betrieben werden, ohne zumindest eine Trennung durch VLAN vorzunehmen. Das galt jedenfalls so in der Vergangenheit.

Mit vSphere 6.5 kam dann das verschlüsselte vMotion. Es garantiert die Vertraulichkeit, die Integrität und die Authentizität von Daten, die mittels vMotion zwischen den ESXi-Hosts übertragen werden. Der Schutz vor Datenmissbrauch kann dadurch zwar erheblich gesteigert werden, aber Sie müssen natürlich dann garantieren, dass Sie in Ihrer Infrastruktur die Verschlüsselung auch flächendeckend einsetzen können.

Bedenken Sie, dass verschlüsseltes vMotion mit keiner vSphere-Version möglich ist, die vor vSphere 6.5 herauskam. Können Sie dies nicht garantieren, gilt natürlich nach wie vor all das, was Sie am Anfang dieses Absatzes gelesen haben – und was die Optimierung angeht, gilt das Gesagte sowieso weiterhin.

TPM (Trusted Platform Module) im Kontext von vMotion

Die Integration von *Trusted Platform Module* (TPM) in den ESXi-Host existiert in der Version 1.2 bereits seit vielen Jahren. Die aktuelle Version von TPM ist Version 2.0. Sie basiert auf einer Hardwareerweiterung eines Servers (oftmals eine Zusatzplatine, TPM-Modul genannt, die auf dem Mainboard steckt) für den UEFI Secure Boot. UEFI steht für *Unified Extensible Firmware Interface* (*http://www.uefi.org*). Hierbei wird die Signatur des zu bootenden Codes überprüft.

Die Hardwareerweiterung nennt sich *TPM-Modul* oder *TPM-Chip*. Dieser Chip speichert neben den Kryptoberechnungen, die er durchführt, unter anderem auch verschlüsselte Daten, wie z. B. Schlüssel, Anmeldeinformationen, Hashwerte etc. Eine detaillierte Beschreibung dessen, was TPM ist und wie es genau funktioniert, können Sie den Dokumenten der *Trusted Computing Group* unter *https://trustedcomputinggroup.org/resource/trusted-platform-module-2-0-a-brief-introduction/* entnehmen.

Seit der vSphere-Version 6.7 gibt es nun auch *Virtual TPM* (vTPM), das im Zusammenhang mit virtuellen Maschinen zum Einsatz kommt. VMware hat ein virtualisiertes TPM-2.0-Gerät – das TPM-Modul in Software – entwickelt, das im Windows einer VM als normales TPM-2.0-Gerät erkannt und angezeigt wird.

Dieses vTPM-Gerät (vTPM-Chip) kann wie ein physisches TPM im Server (physikalischer Chip) auch Kryptooperationen ausführen und diesbezügliche Credentials speichern. Sämtliche dieser Informationen werden mittels *VM Encryption* gesichert und in der *nvram*-Datei der jeweiligen virtuellen Maschine gespeichert. Das heißt, dass die kryptografischen Daten des TPM quasi zur virtuellen Maschine gehören, da sie sich innerhalb des VM-Ordners befinden.

Das zeigt auch die Notwendigkeit der Einführung eines vTPM-Geräts auf, denn ohne eine derartige Architektur wäre ein vMotion bzw. eine Live-Migration im Hinblick auf die TPM-Technologie gar nicht möglich – mal ganz abgesehen davon, dass ein physikalisches TPM-2.0-Gerät sequenziell arbeitet. Das heißt, es würde eine VM nach der anderen abgearbeitet werden. Sicherlich können Sie sich vorstellen, was das bei einer großen Anzahl von VMs auf dem Host bedeuten würde.

Voraussetzungen für vTPM

Noch ein Hinweis an dieser Stelle: Damit Sie vTPM nutzen können, benötigen Sie die Virtual-Machine-Verschlüsselung. Diese können Sie in den VM-Optionen der Einstellungen zur virtuellen Maschine unter VERSCHLÜSSELUNG vornehmen. Darüber hinaus benötigen Sie noch eine Schlüssel-Management-Infrastruktur (KMS) eines Drittherstellers (3rd Party).

Welche Möglichkeiten Sie diesbezüglich haben, entnehmen Sie bitte dem VMware Compatibility Guide. Diesen finden Sie unter *https://www.vmware.com/resources/compatibility/search.php?deviceCategory=kms*. Und einen etwas älteren, aber doch sehr guten Blogbeitrag über Konzept und Topologie gibt es unter *https://blogs.vmware.com/vsphere/2017/10/key-manager-concepts-toplogy-basics-vm-vsan-encryption.html*.

Wenn Sie nachschauen möchten, welche Ihrer virtuellen Maschinen vTPM nutzt, gehen Sie auf den entsprechenden Cluster in Ihrem vCenter und klicken auf VMs. In der Spalte mit der Überschrift TPM können Sie dann den aktuellen TPM-Status Ihrer einzelnen VMs betrachten. An dieser Stelle noch eine Bemerkung zu vSphere 6.x: Dieses Merkmal ist nur im vSphere-Client zu finden. Im vSphere-Webclient werden Sie diesbezüglich nichts finden.

3.1.6 Problemfälle

Neben den vielen möglichen Inkompatibilitäten, die eine Migration verhindern, existieren auch Problemquellen, die nicht einfach zu erkennen oder zu beheben sind.

Lokale Geräte

Viele lokale Geräte verhindern unter Umständen vMotion, und der Prozess bricht bereits bei der ersten Überprüfung mit einer Fehlermeldung ab (siehe Abbildung 3.41).

Dies ist z. B. bei lokalen Festplatten der Fall. Bei für den VMkernel »weniger wichtigen« Geräten (wie beispielsweise lokal verbundenen Wechselmedien) erscheint eine Warnmeldung, die Ihnen mitteilt, dass das Gerät auf dem Zielsystem nicht verfügbar ist. Sind Sie damit einverstanden, wird der vMotion-Vorgang ohne den Anschluss der CD oder Diskette fortgesetzt. Das gilt nicht bei bestehender Verbindung eines Client-Device, da dort eine direkte Verbindung vom Client zum ESXi-Server hergestellt ist. In einem solchen Fall ist vMotion nicht möglich.

Dynamic DirectPath I/O

In vSphere 7 steht die Funktion *Dynamic DirectPath I/O* zur Verfügung. Angenommen, Sie hätten in einigen Ihrer ESXi-Hosts PCI-Geräte eingebaut. Stellen Sie sich nun vor, dass es sich dabei um z. B. NVIDIA-GRID-GPU-Adapter handelt. Wenn Sie jetzt einer VM einen solchen Adapter mittels DirectPath I/O zuweisen, arbeitet die VM mit einer lokalen Hardware zusammen. Würden Sie diese VM auf einen Host migrieren können, der kein derartiges PCI-Gerät enthielte, dann hätte die VM natürlich ein enormes Problem.

Mit Dynamic DirectPath I/O ist es nun möglich, eine VM mit vMotion zu migrieren, der ein derartiges PCI-Gerät zugewiesen wurde. Voraussetzung dafür ist allerdings, dass der Zielhost ebenfalls ein solches PCI-Gerät zur Verfügung stellt, was der zu migrierenden VM im Vorfeld auch bekannt gegeben wurde. In der Praxis bedeutet dies, dass bei der Konfiguration der VM die entsprechenden im Cluster verfügbaren PCI-Devices bekannt gegeben werden müssen. Unter EDIT SETTINGS können Sie nun auf ADD NEW DEVICE und den Punkt PCI-DEVICE klicken. Hier haben Sie dann die Möglichkeit, Dynamic DirectPath I/O auszuwählen und anschließend die entsprechende Hardware hinzuzufügen (siehe Abbildung 3.41).

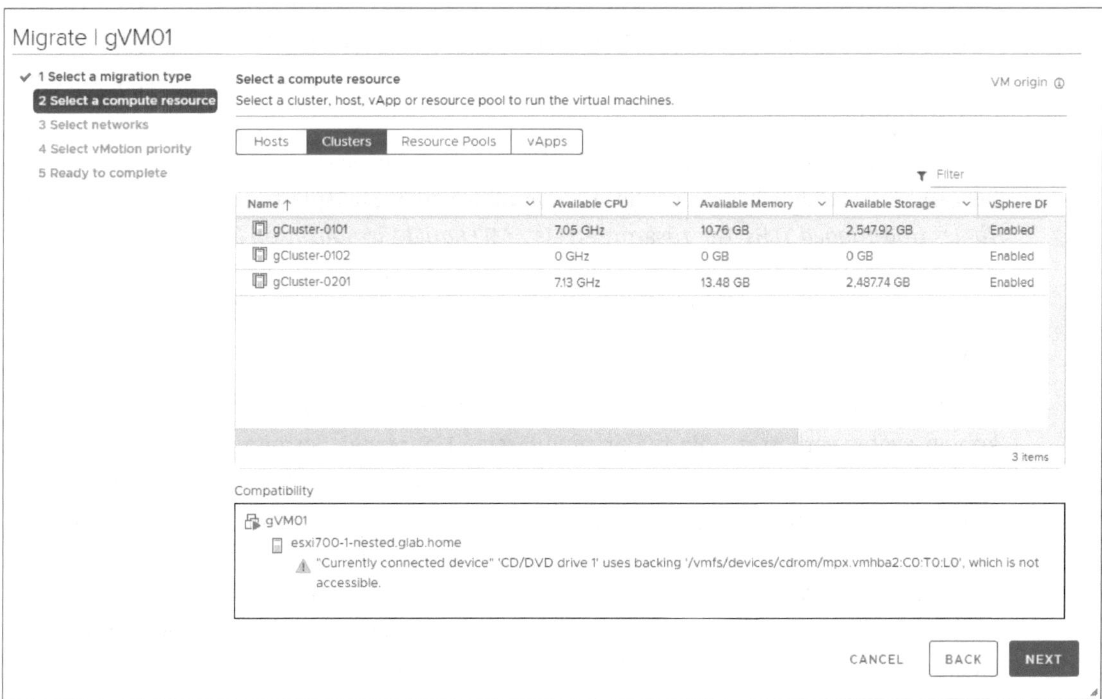

Abbildung 3.41 Problem beim Zugriff auf eine ISO-Datei durch den Ziel-ESXi-Host, da ein lokales Medium verwendet wurde

Gleiche Portgruppe = gleiches Netzwerk?

vMotion achtet bei der Prüfung der Netzwerke nur auf die Portgruppennamen, ohne die physische Verbindung prüfen zu können. Existieren zwei ESXi-Hosts mit der Portgruppe LAN (der die virtuelle Maschine auch angehört), die aber auf unterschiedlichen physischen Netzwerken konfiguriert sind, kann der vMotion-Prozess zwar erfolgreich abgeschlossen werden, der VM allerdings steht kein funktionierendes Netzwerk mehr zur Verfügung. Sie ist in dem Fall zwar noch aktiv, aber die Netzwerkverbindung zur Außenwelt ist gekappt – Sie hätten die VM sozusagen »totmigriert«. Daher müssen Sie auf die Gleichheit der Portgruppennamen auf den beteiligten ESXi-Hosts achten (Distributed vSwitches bieten durch die zentrale Verwaltung der Portgruppen eine deutliche Vereinfachung) und auch darauf, ob die physischen Gegebenheiten der Uplinks hinter den Portgruppen ebenfalls identisch sind.

Hauptspeicheränderungen

Eine sehr typische Ursache von Problemen sind virtuelle Maschinen, die enorm viele Änderungen im Hauptspeicher durchführen. Je größer die Hauptspeichermenge ist und je mehr Änderungen es gibt, desto schwieriger wird es, eine reibungslose vMotion-Migration durchzuführen. Kommt es stetig zu Abbrüchen bei einer VM, sollten Sie sich deren Hauptspeicheraktivitäten näher anschauen. Ein gutes Beispiel hierfür sind z. B. Webserver, die viele dynamische Webseiten hosten und deren Inhalte im Hauptspeicher vorhalten. Bei einer hohen Änderungsrate dieser Sites kommt es dann unter Umständen zu unangenehmen Abbrucheffekten.

Diese problematischen Vorgänge werden aber nach und nach auch durch Unterstützung der Prozessorhersteller behoben, da diese mit Funktionen wie beispielsweise AMDs *Nested Page Tables* und *Tagged TLBs* (die zusammen als *AMD Rapid Virtualization Index* bezeichnet werden) eine deutliche Beschleunigung bringen und den Hypervisor selbst entlasten. Nähere Informationen zu den AMD-Technologien finden Sie unter folgender URL:

http://www.amd.com/en-us/solutions/servers/virtualization

Mit vSphere 5.x hatte VMware zwar die Verfahren von vMotion beim Transfer der Iterationskopien weiter verbessert, die maximal zulässige Hauptspeichermenge einer VM aber auf 1 TB erhöht. Seit vSphere 6.5 ist dieser Wert nun auf maximal 6 TB gestiegen. Um Systeme mit mehr als 64 GB Hauptspeicher oder mit einer Änderungsrate von mehr als 120 MB pro Sekunde mit vMotion zu migrieren, empfiehlt VMware, 10-Gbps-Verbindungen zwischen den einzelnen ESXi-Hosts zu etablieren. Die Migrationsfähigkeit bei VMs mit vielen Hauptspeicheränderungen wird durch 10 Gbps natürlich ebenfalls massiv gesteigert. Demzufolge ist eine dedizierte 10-Gbps-Verbindung für vMotion optimal geeignet.

Aktuell gibt es zwar keine Verpflichtung vonseiten VMwares, dies umzusetzen, aber mit steigender Datenmenge und der Menge an Migrationen sicherlich eine gute Strategie. Eine weitere massive Optimierung dieses Sachverhalts ist mit der Freigabe von bis zu vier 40-Gbps-Ethernet-Ports für vMotion verbunden. Hier hat VMware bereits den Grundstein für die Ansprüche gelegt, die voraussichtlich in der nahen Zukunft an virtuelle Umgebungen bzw. von virtuellen Maschinen gestellt werden. Und in vSphere 7 ist es nun auch so weit! Die 40-Gbps-Implementierung wird bei der Migration von VMs benötigt, die sich in der Größenordnung von bis zu 24 TB vRAM und 768 vCPUs befinden.

Fazit: Sollten Sie große VMs in Ihrem Environment betreiben, die dann auch noch entsprechend stark frequentierte Services anbieten, und diese dann mit vMotion verlegen wollen, sollten Sie unbedingt in Erwägung ziehen, Ihre Infrastruktur im Hinblick auf das vMotion-Netzwerk mit redundanten 40-Gbit/s-Links auszustatten.

SCSI-Reservation-Conflicts

Ein weiterer möglicher Grund für Probleme sind zu hohe *SCSI-Reservation-Conflicts*. Das heißt, dass die virtuelle Maschine nicht migriert werden kann, da das Zielsystem keinen rechtzeitigen Zugriff auf die SAN-Festplatten erhält. Dieses Problem tritt nur bei IP/FC SAN auf und kommt aufgrund von Treiberfehlern oder – deutlich häufiger – Überlastung zum Tragen.

Informationen über SCSI-Reservations finden Sie in den VMkernel-Protokollen der ESXi-Server. Die Problematik der SCSI-Reservation-Conflicts wurde mit vSphere 5.x nochmals deutlich minimiert und kann bei Storage-Systemen mit VAAI-Unterstützung sogar eliminiert werden, da nicht mehr die komplette LUN, sondern nur die betroffenen Blöcke gesperrt werden.

Auslagerungsdateien (Swapfiles)

Auf Hostebene gibt die Möglichkeit, die Auslagerungsdateien der virtuellen Maschinen auf lokale Festplatten des ESXi-Hosts zu legen, anstatt sie im zentralen Speicher vorzuhalten. Das spart einerseits zwar teuren SAN/NAS-Plattenplatz, führt aber andererseits dazu, dass neben dem Hauptspeicher der virtuellen Maschine auch der Swap-Speicher übertragen werden muss. Liegen alle Daten im Shared Storage, muss der Swap-Speicher nicht bewegt werden, liegt er jedoch auf dem lokalen ESXi-Host, muss er zusätzlich übertragen werden, was einen vMotion-Vorgang deutlich verlängern kann.

In Abbildung 3.42 und Abbildung 3.43 sehen Sie, wie Sie den Umgang mit dem Swap-Speicher konfigurieren.

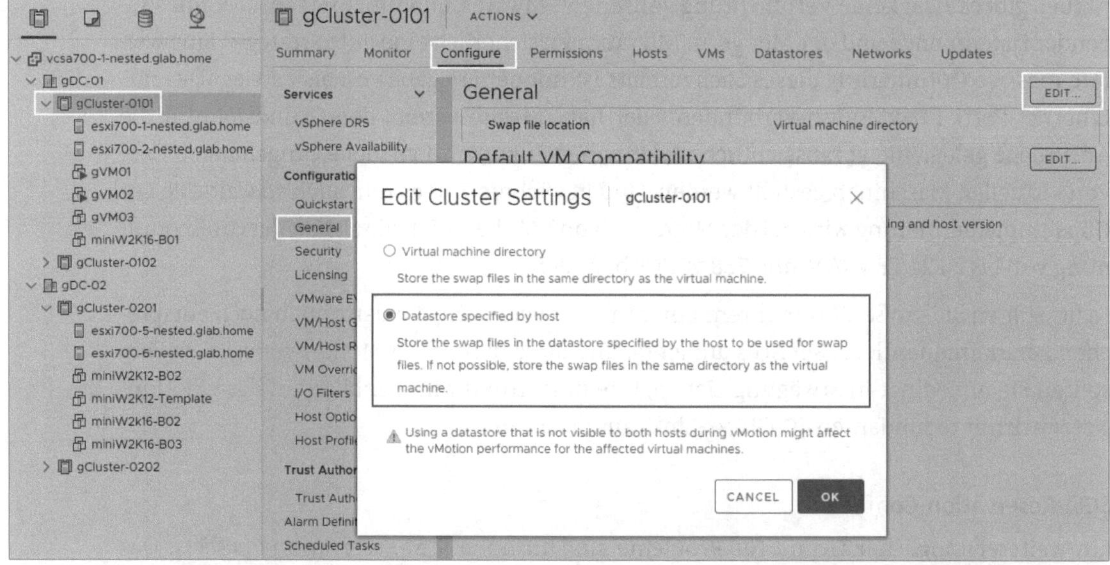

Abbildung 3.42 Anpassung des Speicherorts für die Auslagerungsdatei einer virtuellen Maschine in den Einstellungen des Clusters

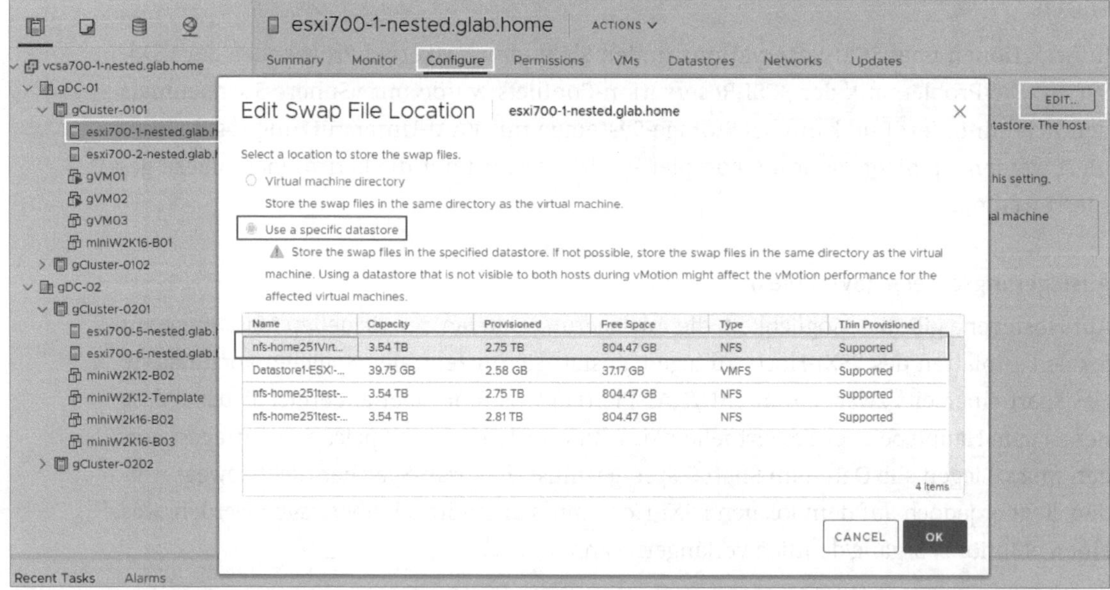

Abbildung 3.43 Anpassung des Speicherorts für die Auslagerungsdateien der virtuellen Maschinen in den Eigenschaften des ESXi-Hosts

Timeouts und langsame Übertragung

Schlägt vMotion bereits am Anfang fehl, handelt es sich um ein Problem mit der Verbindung zum Zielhost. Sie sollten in diesem Fall die vCenter-Meldung genau analysieren und das VMkernel-Protokoll (*/var/log/vmkernel.log*) auf dem Quell-ESXi-Server anschauen.

Einen zwar schon etwas betagten, aber dennoch guten Blogbeitrag zu diesem Thema finden Sie unter *http://www.vmwarewolf.com/vmotion-fails-at-10-percent*.

Dauert vMotion sehr lange oder bricht ab, kann dies an einem sehr langsamen Netzwerk liegen, in dem keine rechtzeitige Rückmeldung durch den Ziel-ESXi-Host gesendet wird. Es existieren Fälle, in denen das Gigabit-Netzwerk aufgrund einer Fehleinstellung auf den Ethernet-Switches auf 100-MBit-Halbduplex heruntergestuft wurde, was zu diesem Problem führte.

Hier sollten Sie sich auch die aktuelle Geschwindigkeit der Netzwerkkarten anschauen (`esxcfg-nics -l` oder `esxcli network nic list` auf der Management Console/vCLI) und das VMkernel-Protokoll des Zielservers prüfen.

Ist das Netzwerk im Normalzustand sehr langsam, ist es möglich, die Switchover-Time zu erhöhen, beispielsweise in den ERWEITERTEN SYSTEMEINSTELLUNGEN (siehe Abbildung 3.44) des ESX-Hosts: `PreCopySwitchoverTimeGoal` (Standard 500). Sie erreichen den Wert in den ERWEITERTEN SYSTEMEINSTELLUNGEN (ADVANCED SYSTEM SETTINGS) auch, indem Sie die Bezeichnung `PreCopySwitchoverTimeGoal` direkt in die Filterfunktion eingeben (siehe Abbildung 3.45).

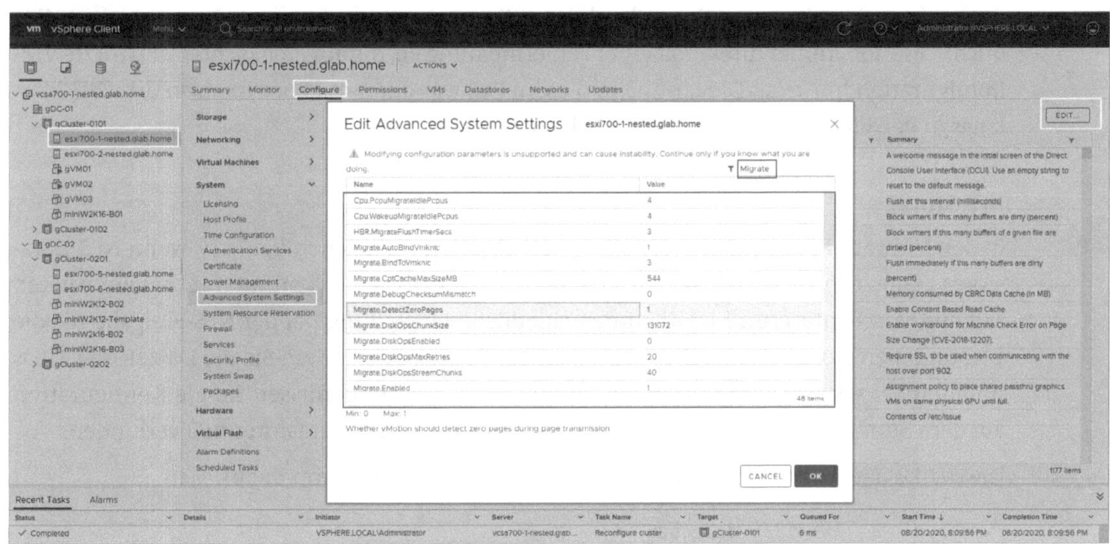

Abbildung 3.44 »Erweiterte Systemeinstellungen« bzw. »Advanced System Settings« für vMotion-Vorgänge in den Eigenschaften des ESXi-Hosts

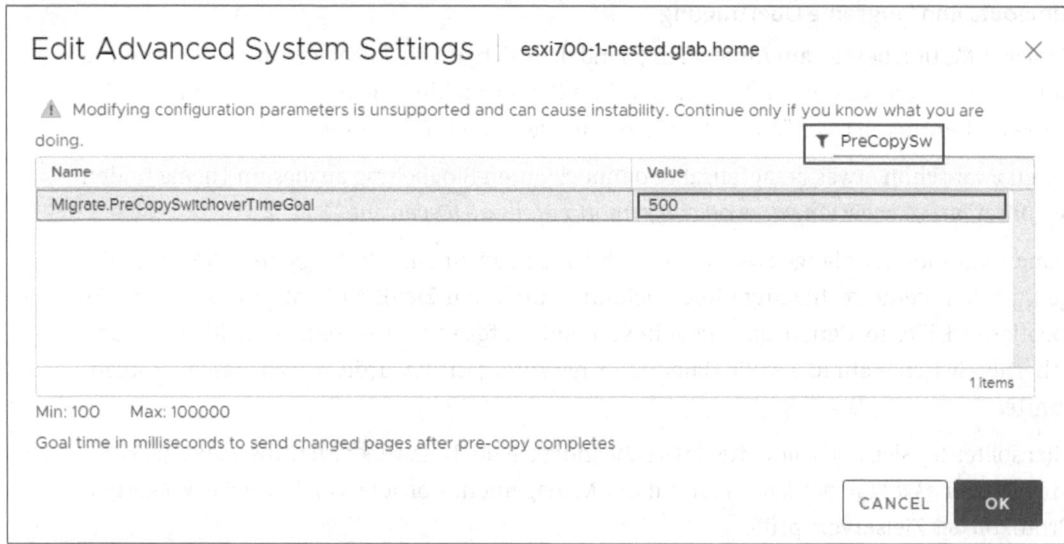

Abbildung 3.45 Schnelles Auffinden eines Parameters in den »Erweiterten Systemeinstellungen« bzw. »Advanced System Settings«

vMotion funktioniert nach einem VM-Hardware-Upgrade nicht mehr

In der Vergangenheit gab es oft ein Problem mit virtuellen Maschinen mit völlig veralteter Hardware, die von Version 4 (ESX 3) auf Version 7 (vSphere) aktualisiert wurden und die entweder in einem EVC-Cluster waren oder deren CPU-Masking angepasst wurde. Bei solchen VMs bricht vMotion immer direkt mit einer Fehlermeldung ab, die auf eine nicht unterstützte VM-Konfiguration hinweist. Die Lösung in diesem Fall war dann das Zurücksetzen des CPU-Maskings in den Eigenschaften der virtuellen Maschine.

NFS-Storage

In den VMware-Foren existieren Beiträge zu vMotion-Abbrüchen bei 78 %, wenn NFS-Datastores genutzt wurden. Das ist kein allgemeiner Fehler, sondern kommt nur bei vereinzelten Kunden vor. Hintergrund ist die unterschiedliche Einstellung bei der NFS-Freigabe für die verbundenen Hostsysteme. Dies stellen Sie sehr leicht fest, indem Sie die Datastore-UUIDs miteinander vergleichen. Sollten diese unterschiedlich sein, müssen Sie die Konfiguration auf dem Storage für die ESXi-Hosts vereinheitlichen und die Datastores neu verbinden.

Die UUIDs der Datastores können Sie auf der Kommandozeile mit `df` auslesen:

```
/vmfs/volumes/18341836-debecbc6
     50.0G 100k 50.0G 0 % /vmfs/volumes/nfs
```

Dieses Ergebnis muss auf allen ESX-Hosts gleich sein.

Ausfälle

Ausfälle in jeglicher Form können zu einem Fehlschlagen des vMotion-Vorgangs beitragen, z. B. Netzwerk-, Storage- oder Hostausfälle. vMotion ist allerdings so konzipiert, dass keiner dieser Ausfälle zum Totalverlust der virtuellen Maschine führen würde. Ein Ausfall auf dem Quellsystem, während die VM noch dort residiert, wirkt sich daher genau wie ein Ausfall ohne vMotion-Vorgang aus. Ein Ausfall des Zielsystems betrifft die virtuelle Maschine erst nach dem Senden des RARP-Pakets (Reverse ARP) und des vMotion-OK-Signals.

Protokolldateien

Sämtliche Informationen zu den vMotion-Vorgängen finden Sie in den Protokolldateien der virtuellen Maschinen und der beteiligten ESXi-Hosts. Dort können Sie nach den Begriffen »Migrate«, »migration id« oder »vMotion« suchen.

- **Home-Verzeichnis der virtuellen Maschine:**
  - *vmware.log* enthält die Informationen zu der Ziel-VM.
  - *vmware-<höchste Nummer>.log* speichert die Informationen der Quell-VM.
- **Hostprotokolle befinden sich auf dem Quell- und dem Ziel-ESXi-Host:**
  - */var/log/vmkernel.log*
  - */var/log/vmware/hostd*.log*

> **Zeitunterschiede**
> Beachten Sie mögliche Zeitunterschiede der ESXi-Hosts bei der Protokollanalyse.

Die VMkernel-Protokolle enthalten Netzwerk- und Storage-Fehler sowie vMotion-Timeouts. Außerdem ist es möglich, die Migrationsdatenmenge, die Änderungsrate und die vMotion-Dauer in den Logs einzusehen.

Hier sehen Sie ein kleines Beispiel mit einem Extrakt aus der *vmkernel.log*:

1. `Another pre-copy iteration needed with 38769 modified pages (last = -1)`
2. `Another pre-copy iteration needed with 9616 modified pages (last = 38769)`
3. `Stopping pre-copy: only 3872 pages were modified`

Berechnung:

1. Iteration: 34,2 Sekunden, 38.769 Page-Änderungen (151,4 MB) = 4,43 MB/s
2. Iteration: 2,9 Sekunden, 9616 Page-Änderungen (37,76 MB) = 12,97 MB/s
3. Iteration: 0,87 Sekunden, 3872 Page-Änderungen (15,1 MB) = 17,36 MB/s

Die dritte und letzte Iteration liegt unter einer Sekunde (OneSecSLA) und wird zum vMotion-Abschluss genutzt.

3.1.7 vMotion Configuration Maximums und Support

In diesem Abschnitt finden Sie sämtliche *Configuration Maximums* für die Funktion vMotion in den vSphere-Versionen 5.x, 6.x und 7.x:

- 4 gleichzeitige vMotion-Vorgänge bei Verwendung von 1-Gbps-ETH-Adaptern sind je Host maximal möglich.
- 8 gleichzeitige vMotion-Vorgänge bei Verwendung von 10-Gbps-ETH-Adaptern sind je Host maximal möglich.
- 128 gleichzeitige vMotion-Vorgänge sind pro Datenspeicher maximal möglich.
- 128 gleichzeitige vMotion-Vorgänge sind pro VMFS-Volume maximal möglich.

Ausführliche Informationen finden Sie unter *https://configmax.vmware.com/*.

Die wichtigsten Storage-Anbindungen und -Protokolle werden von vMotion vollständig unterstützt:

- Fibre Channel – FC
- Fibre Channel over Ethernet – FCoE
- internet Small Computer System Interface – iSCSI
- Network File System – NFS
- Direct Attached Storage – DAS
- Virtual Volumes – VV
- Hyper-Converged Infrastructure – HCI

3.1.8 Lizenzierung

vMotion ist ab der Essentials-Plus-Edition und höher integriert und wird anhand der vSphere-Lizenzierung der Editionen pro CPU-Sockel lizenziert. Neu in vSphere 7 ist, dass CPUs mit mehr als 32 Cores eine weitere Sockel- bzw. CPU-Lizenz benötigen. Hierbei ist allerdings zu ergänzen, dass Funktionen wie Cross-vSwitch-, Cross-vCenter-, Long-Distance- oder Cross-Cloud-vMotion nicht in allen Editionen gleichermaßen enthalten sind. Bitte schauen Sie sich in diesem Zusammenhang die nachfolgenden Dokumente mit den Vergleichstabellen an:

- vSphere Standard, vSphere Enterprise Plus, vSphere with Operations Management und vSphere Platinum-Editions: *https://www.vmware.com/content/dam/digitalmarketing/vmware/de/pdf/vsphere/vmw-flyr-comparevsphereeditions-uslet.pdf*
- vSphere Essentials und vSphere Essentials Plus Kits: *https://www.vmware.com/content/dam/digitalmarketing/vmware/de/pdf/vsphere/vmw-flyr-vspherecomparekits-uslet.pdf*
- vSphere Scale-Out: *https://www.vmware.com/content/dam/digitalmarketing/vmware/de/pdf/vsphere/vmw-flyr-vspherescaleout-uslet-web.pdf*

- vSphere Remote Office Branch Office (ROBO) Standard und ROBO Advanced Editions: *https://www.vmware.com/content/dam/digitalmarketing/vmware/de/pdf/vsphere/vmw-flyr-vsphererobo-uslet.pdf*

3.2 Storage vMotion

Das Verschieben einer virtuellen Maschine von einem Datastore auf einen anderen war bis zu VMware Infrastructure 3.5 (VI 3.5) nur im abgeschalteten Zustand erlaubt. Einen Ausblick auf die Storage-vMotion-Funktion bot erstmals die Onlinemigration einer VM von ESX 2.5 (VMFS-2) auf ESX 3 (VMFS-3). Mit VI3.5 wurde ebenfalls erstmals Storage vMotion als Funktion etabliert. Es war allerdings nur über das VMware SDK und das Remote CLI als Befehl verfügbar; eine grafische Implementierung fehlte gänzlich. Andrew Kutz, ein VMware-Communitymitglied, entwickelte daher das erste inoffizielle Storage-vMotion-Plug-in, das ein grafisches Frontend als vCenter-2.5-Plug-in bereitstellte. vSphere brachte von Anfang an die grafische Integration von Storage vMotion mit.

Storage vMotion hat sich wie vMotion als sehr zuverlässig und sehr schnell herausgestellt und wird daher von VMware-Kunden sehr gern verwendet, um

- virtuelle Maschinen besser auf den Datastores zu verteilen,
- Storage-Planungsfehler der Vergangenheit zu beheben,
- die Systeme auf neue Datastores zu migrieren (z. B. Wechsel des zentralen Speichersystems, Tiered-Storage-Modell),
- die VMFS-Version zu aktualisieren,
- Storage-Wartungsfenster zu überbrücken und
- Workloads zwischen unterschiedlichen Environments bewegen zu können.

Eine der wesentlichsten Storage-vMotion-Innovationen seit vSphere 5.x ist definitiv die Nutzung der VAAI-Storage-Kommunikation, um den Storage-vMotion-Vorgang komplett im Storage-Array abzubilden. Der große Vorteil daran ist, dass keine Datenübertragung der VMDK-Dateien zwischen ESXi-Host und Storage-Array stattfindet. Natürlich ist diese Methode nur möglich, wenn das Array auch VAAI-Unterstützung anbietet und die Migration nicht zwischen unterschiedlichen Storage-Arrays stattfindet.

3.2.1 Funktionsweise

Manchmal kommt es, wenn von »Storage vMotion« gesprochen wird, zu einem Missverständnis. Es wird sehr oft davon ausgegangen, dass durch Storage vMotion immer sowohl der ESXi-Host als auch der Datastore gleichzeitig gewechselt werden müssen. Dies ist definitiv nicht der Fall!

Storage vMotion (SvMotion) ist ausschließlich dafür da, denjenigen Anteil einer virtuellen Maschine ohne Downtime zu migrieren, der sich im Storage befindet. In Abbildung 3.52 können Sie sehen, dass im dritten Unterpunkt zwar beides durchgeführt werden kann, dies ist aber lediglich ein Eindruck, den die GUI vermittelt. Beim Wechsel der Konfiguration der virtuellen Maschine wird ein sogenanntes Self-vMotion durchgeführt. Hierbei wird das Home Directory der virtuellen Maschine auf dem lokalen Host migriert, auf dem sie sich befindet. Das ist allerdings lediglich SvMotion-prozessrelevant und hat nichts mit einem normalen vMotion zu tun. Storage vMotion kann aus dem vSphere-Client, dem Remote CLI, dem PowerCLI oder dem VMware SDK gestartet werden.

Storage vMotion hat folgende Eigenschaften:

- Die VM verbleibt auf dem gleichen ESXi-Host.
- VM-Festplatten sind individuell auf Datastores migrierbar.
- Es ist keine Abhängigkeit vom Massenspeicher (SAN/NAS) gegeben.
- Die Thick/Thin-Formatunterstützung und -konvertierung ist gegeben.
- Eine RDM-zu-VMDK-Konvertierung ist möglich.
- Eine Ausfallzeit (Downtime) ist nicht notwendig.
- Storage vMotion ist komplett transparent für das Gastbetriebssystem.
- Das System wird nur minimal belastet.

Damit Sie die Migration der virtuellen Maschine von einem Datastore auf einen anderen besser verstehen, müssen Sie zuerst darüber nachdenken, aus welchen Dateien die VM normalerweise besteht:

- Konfigurationsdatei (*.vmx*)
- Protokolldateien (*.log*)
- Auslagerungsdatei (*.vswp*)
- Snapshots (*-delta*)
- andere Dateien (*.nvram* etc.)
- Festplattendateien (*.vmdk*)

Bis auf die Festplattendateien liegen immer alle Dateien in der Standardkonfiguration im Home-Verzeichnis der virtuellen Maschine. Bei den Festplattendateien sind allerdings Ausnahmen möglich. Die Festplattendateien können entweder ebenfalls im Home-Verzeichnis liegen oder über mehrere Datastores verteilt werden.

vSphere 4.x

Schauen wir uns die einzelnen Schritte des Storage-vMotion-Prozesses einmal unter vSphere 4 aus Sicht der virtuellen Maschine im Detail an (siehe auch Abbildung 3.46):

1. Zunächst wird überprüft, ob die Quell-VM auf den bzw. die gewünschten Ziel-Datastores verschoben werden kann.
2. Das Home-Verzeichnis wird auf den Ziel-Datastore kopiert (Ausnahme: Festplattendateien).
3. Ein Snapshot auf die Festplattendateien wird angelegt.

4. Die Festplattendateien werden zum Ziel-Datastore vor dem Snapshot übertragen.
5. Die Übertragung der restlichen aufgelaufenen Snapshot-Dateien erfolgt iterativ, bis nur noch wenige Restdaten vorhanden sind.
6. Alle restlichen Daten werden mit gleichzeitigem Self-vMotion (Fast Suspend/Resume) kopiert.
7. Das Quell-Home-Verzeichnis und die Quellfestplatten werden gelöscht.

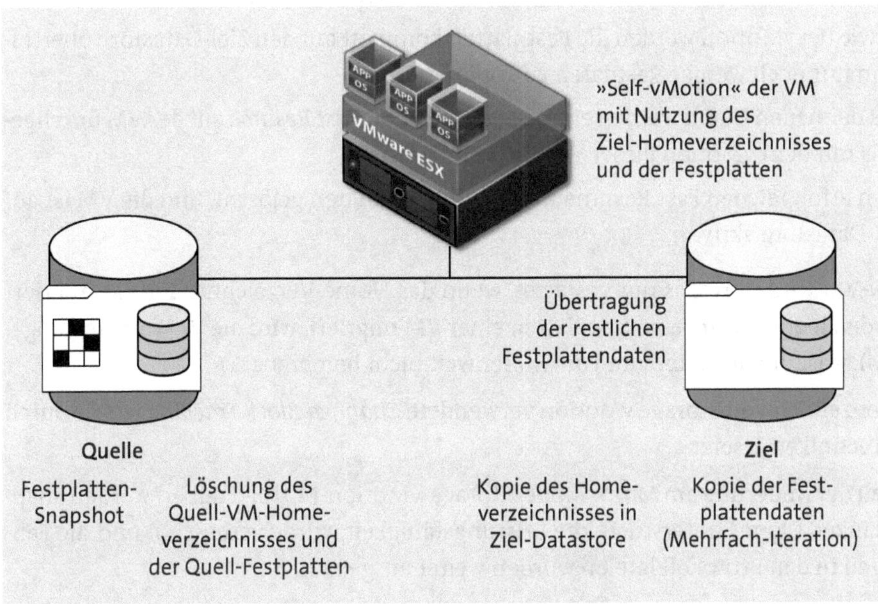

Abbildung 3.46 Schema des Storage-vMotion-Prozesses in vSphere 4

Für die unterschiedlichen Vorgänge sind zwei Komponenten zuständig: der *NFC Copier* und der *Data Mover*. Der NFC Copier ist für die »normalen« Dateien im Home-Verzeichnis verantwortlich, der Data Mover kümmert sich um die größeren Festplattendateien, die iterativ kopiert werden müssen.

Beide Komponenten arbeiten über dem Dateisystem. Das heißt, sie sind unabhängig vom Speichersystem und können mit VMFS und mit NFS arbeiten. Außerdem kann der Aufbau der Festplattendatei durch den Data Mover verändert werden (thick/thin).

Zwischenzeitlich wurde mit vSphere 4.1 die Funktion *Changed Block Tracking* für Storage vMotion genutzt.

vSphere 5.x

Durch die Verwendung von Snapshots hatte die vSphere-4-Version von Storage vMotion Probleme mit bestehenden Snapshots oder Linked Clones. Mit vSphere 5.x verändert sich der komplette Prozess, sodass diese Probleme der Vergangenheit angehören:

1. Es wird überprüft, ob die Quell-VM auf den bzw. die gewünschten Ziel-Datastores verschoben werden kann.
2. Das VM-Home-Verzeichnis wird mittels *vpxa* auf den Ziel-Datastore kopiert.
3. Auf dem Ziel-Datastore wird eine »Shadow-VM« mit den bereits kopierten Dateien gestartet. Danach wartet die Shadow-VM auf die noch fehlenden Daten.
4. Storage vMotion startet den Storage-vMotion-Mirror-Treiber, mit dem alle Schreibvorgänge auf bereits kopierte Blöcke automatisch auf den Ziel-Datastore repliziert werden.
5. Ähnlich wie bei vMotion werden die Festplatten komplett auf den Ziel-Datastore übertragen, wenn nur noch wenige Restdaten zu kopieren sind.
6. Auf Basis der neuen Daten werden ein *Fast Suspend* und *Fast Resume* auf der VM durchgeführt, was mit dem vMotion dieser Version vergleichbar ist.
7. Nach dem erfolgreichen Fast Resume werden die Quelldaten gelöscht, und die VM ist auf dem Ziel-Datastore aktiv.

Die Shadow-VM wird übrigens nur gestartet, wenn das Home-Verzeichnis der VM migriert wurde. Werden lediglich einzelne Festplatten einer VM migriert, wird die VM nur kurz angehalten (*Stun*), was für das System und die Außenwelt nicht bemerkbar ist.

Das zwischenzeitlich von Storage vMotion verwendete *Changed Block Tracking* wurde durch die neuen Techniken ersetzt.

Zusätzlich zu der Änderung am *Mirror Mode* (Storage-vMotion-Mirror-Treiber) werden Snapshots und Linked Clones unterstützt, die Leistungsfähigkeit wurde verbessert, und die Fehlermeldungen in den Protokolldateien wurden weiter ausgebaut.

Nach wie vor wird für Storage vMotion ein Data Mover verwendet, der in drei Typen vorkommt:

- **fsdm:** Basistreiber; funktioniert immer, ist aber der langsamste aller Data Mover, da alle Daten den kompletten Stack vom Storage-Array bis zur VMkernel-Anwendungsebene durchlaufen müssen. Dieser Treiber wird eingesetzt, wenn der Quell- und der Ziel-Datastore unterschiedliche Blockgrößen haben.
- **fs3dm:** Seit vSphere 4 steht der *fs3dm*-Modus zur Verfügung, der den Datenweg im Stack optimiert, d. h. auf ESXi-VMkernel-Hardwareebene und nicht mehr bis auf Anwendungsebene. Dieser Treiber wird eingesetzt, wenn der Quell- und der Ziel-Datastore gleiche VMFS-Blockgrößen haben.
- **fs3dm Hardware Offload:** Mit vSphere 4.1 wurde auch ein Hardwaremodus auf Basis von VAAI eingeführt, der den Host deutlich entlastet und die Daten auf Storage-Array-Ebene kopiert. Dieser Treiber wird eingesetzt, wenn Quell- und Ziel-Datastore gleiche VMFS-Blockgrößen haben und VAAI-Unterstützung durch die Storage-Arrays zur Verfügung steht.

vSphere 6.x

In vSphere 6.x funktioniert der Storage-vMotion-Vorgang etwas anders als in den früheren Versionen (siehe Abbildung 3.47). Das SvMotion in vSphere 6.x benutzt eine I/O-Spiegelungsarchitektur, um die Datenblöcke von der Quelle zum Ziel zu kopieren. Damit das erfolgen kann, sind einige Prozessschritte erforderlich. Nachdem Sie die Speichermigration mit SvMotion gestartet haben, geht es so wie im Kasten beschrieben weiter.

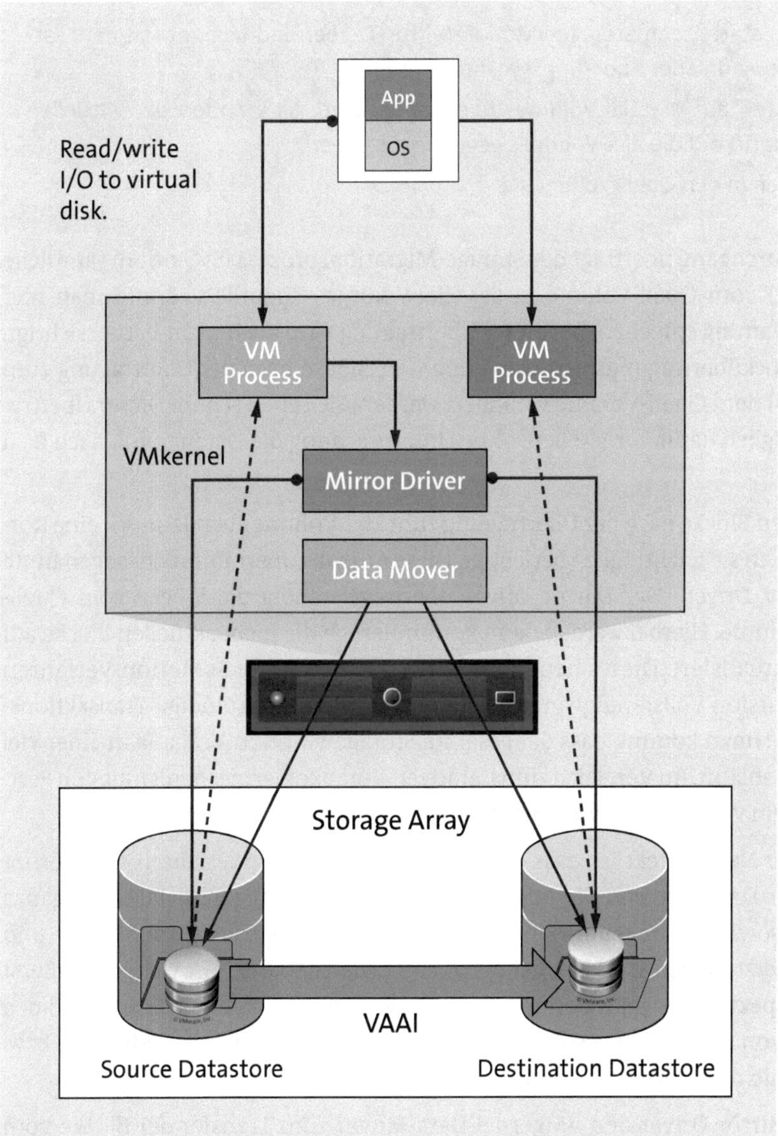

Abbildung 3.47 Schematische Darstellung von SvMotion in vSphere 6

Der SvMotion-Vorgang in der Übersicht

- Überprüfung, ob die Quell-VM auf ein bzw. mehrere gewünschte Ziel-Volumes verschoben werden kann.
- Überprüfung, ob der VMkernel-Data-Mover oder VAAI für den Kopiervorgang verwendet werden kann.
- Erzeugung einer weiteren virtuellen Maschine (*Schatten-VM*).
- Storage vMotion startet den Storage-vMotion-Mirror-Treiber und beginnt mit der Festplattenübertragung und der Änderungssynchronisation.
- Wurden alle Daten auf die Ziel-Volumes übertragen, wird via vMotion der virtuellen Maschine der Zugriff auf die Ziel-Volumes gegeben (*Cut Over*).
- Löschen der Daten in den Quell-Volumes.

In einem einzigen Durchgang überträgt der Storage-Migrationsprozess (SvMotion) sämtliche Datenblöcke (Blöcke) vom Quell-Volume in das Ziel-Volume. Eigentlich könnte man hier schon von Block-Streaming sprechen. Bei dieser Übertragung wird auch nicht berücksichtigt, dass während des Blockübertragungsprozesses einige der Blöcke nach der Übertragung zum Ziel-Volume noch auf dem Quell-Volume verändert werden. Sie sehen schon: Dieser Übertragungsprozess ist lediglich dafür vorgesehen, ohne Unterbrechung die Daten von A nach B zu kopieren.

Damit die veränderten Blöcke nach der Übertragung zum Ziel-Volume aber dennoch eine Korrektur erfahren, werden sie nachträglich berichtigt. Diese Aufgabe übernimmt der sogenannte Spiegeltreiber (*Mirror Driver*). Der Mirror Driver überträgt ständig die Blöcke vom Quell-Volume zum Ziel-Volume. Hierbei werden dann kontinuierlich die nicht aktuellen Blöcke auf dem Ziel-Volume aktualisiert. Dieses neu in vSphere 6.x eingeführte SvMotion-Verfahren kann somit auf Rekursion vollständig verzichten und garantiert vollständige Transaktionsintegrität der Daten. Hinzu kommt, dass der gesamte Storage-vMotion-Vorgang in einer viel kürzeren Zeitspanne abläuft. Im Vergleich zum iterativen Vorabkopiermechanismus von Festplatten ist das Spiegeln von I/Os wesentlich effektiver.

Ein weiterer positiver Nebeneffekt ist, dass das SvMotion-Spiegelungsverfahren eine Verringerung von IOPS zur Folge hat und die Migrationszeit demnach kürzer ausfällt. Der ganze Migrationsprozess sowie das Ergebnis sind mit diesem neuen Verfahren einfacher und transparenter, und letztendlich ist das Ergebnis auch vorhersehbarer. Ein weiterer äußerst bemerkenswerter Aspekt dieses veränderten Migrationsverfahrens zeigt sich darin, dass auch das Vorhandensein von langsamen Festplatten im Ziel-Array oder in einem niedrigeren bzw. anderen Tier innerhalb des gleichen Arrays kein Problem darstellt.

Dadurch, dass der Mirror Driver den VMkernel-Data-Mover zum Transfer der Blöcke vom Quell-Volume hin zum Ziel-Volume verwendet, schreibt der Mirror Driver während des gesamten SvMotion-Prozesses synchron auf das Quell- und das Ziel-Volume. Was die unterschiedlichen Ausprägungen der Data-Mover-Typen angeht, bleibt es nach wie vor so, dass entweder der Host oder bei Vorhandensein eines Arrays mit VAAI-Unterstützung der entsprechende Typ (*fsdm, fs3dm, fs3dm Hardware Offload*) genutzt wird (siehe dazu den Kasten im Abschnitt zu vSphere 5.x).

vSphere 7

Auch Storage vMotion steht in der neuen Version genauso wie vMotion ganz im Zeichen der großen Workloads, der Monster-VMs.

In vSphere 7 wurde der Prozess *Fast Suspend and Resume*, kurz FSR, optimiert. Im Unterschied zu vMotion ist FSR eine Live-Migration innerhalb eines ESXi-Hosts. Man könnte FSR auch als lokales vMotion oder als lokale Live-Migration bezeichnen. vMotion transferiert ja Memory Pages von einem ESXi- zu einem anderen ESXi-Host. FSR hingegen transferiert die Memory Pages lediglich innerhalb des Memorys eines einzelnen ESXi-Hosts.

Wird nun ein Storage-vMotion-Prozess (kurz SvMotion-Prozess) initiiert, wird auf dem Quell-ESXi-Host, auf dem sich auch die Quell-VM befindet, erst einmal die Ziel- oder ghost-VM erstellt. Dieser Vorgang läuft übrigens ebenfalls ab, wenn Hot-Add verwendet wird.

Wenn Sie nun Memory Pages innerhalb eines einzelnen ESXi-Hosts, also im RAM eines ESXi-Servers, transferieren möchten, können Sie dies natürlich auch ganz elegant mit Verpointerung realisieren. Indem Sie mit Referenzierung arbeiten, sparen Sie sich den ganzen Kopieraufwand von Speicherseiten. Genau das macht FSR und überträgt somit auch keine Memory Pages. FSR verwendet in diesem Zusammenhang die sogenannten *PFrames*, die dann die entsprechenden Metadaten enthalten. Vor vSphere 7 war immer nur eine vCPU damit beschäftigt, den Stack der PFrames abzuarbeiten. Die anderen vCPUs der VM waren an diesem Arbeitsgang gar nicht beteiligt und wurden während der Phase des PFrame-Transfers einfach gestoppt. Das bedeutet, dass der ganze Vorgang single-threaded ablief und hierdurch bei extrem großen VMs die Zeitspanne, die Stun Time, zwischen Suspending und Resuming einer VM auch schon mal deutlich über der magischen Grenze von einer Sekunde lag (OneSecSLA).

Sie ahnen sicherlich schon etwas. Richtig, die Engineers von VMware haben in Version vSphere 7 die während der Stun-Phase brach liegenden vCPUs für die Abarbeitung des PFrame-Transferierungsprozesses herangezogen. Das heißt: War es vor vSphere 7 ein sequenzieller Page-Frame-Transfer, wurde nun in vSphere 7 dieser Vorgang in einen parallelisierten Page-Frame-Transfer umgewandelt, der selbstverständlich entsprechend schneller abläuft. Hierdurch wurden dann nachweislich bei extrem großen VMs wieder Umschaltzeiten erreicht, die den Anforderungen genügen.

Die Logik des Migrationsprozesses nutzt also das FSR. FSR ist aber nicht ausschließlich am svMotion-Vorgang beteiligt, sondern wird von vielen Funktionen innerhalb von vSphere genutzt, unter anderem von der Funktion Hot-Add. In diesem Zusammenhang sollten Sie wissen, dass Sie, wenn Sie Hot-Add für Ihre VM aktivieren, dadurch automatisch vNUMA deaktivieren. Hierdurch entsteht ein weiterer Nebeneffekt. Durch die Deaktivierung von vNUMA wird das Gast-OS in der Gast-VM möglicherweise in seiner Leistung beeinträchtigt. Dies wiederum würde im Zuge eines svMotion-Prozesses dann eine additive Leistungsverringerung im Hinblick auf das Gast-OS mit sich bringen. Das bedeutet, wenn Sie Hot-Add nicht unbedingt benötigen, schalten Sie es gerade bei größeren Workloads besser gar nicht erst ein.

Überprüfen Sie die Anforderungen an vCPUs im Vorfeld ganz genau und geben Sie Ihrem Gast-OS bzw. der darauf laufenden Applikation auch nur die vCPU-Ressourcen, die wirklich benötigt werden. Werfen Sie hierzu in jedem Fall einen Blick auf den folgenden KB-Artikel: *https://kb.vmware.com/s/article/2040375.*

3.2.2 Voraussetzungen

Genau wie für vMotion müssen auch für Storage vMotion bestimmte Voraussetzungen erfüllt sein, damit ein problemloser Ablauf gewährleistet ist:

- VMs mit bestehenden Snapshots können erst seit ESX 5 migriert werden.
- Virtuelle Festplatten müssen im persistenten Modus sein, damit Snapshots möglich sind.
- Werden *Raw Device Mappings* (RDMs) im *Virtual Compatibility Mode* genutzt, sind eine Migration der reinen Mapping-Datei und die Konvertierung des RDM in eine Thin- oder Thick-Festplattendatei (außer bei NFS) möglich. Bei RDMs im Physical Mode kann die Mapping-Datei nur migriert, nicht aber in eine VMDK-Datei konvertiert werden.
- Eine Migration während der Installation der VMware Tools wird nicht unterstützt.
- Der ESXi-Host, auf dem die virtuelle Maschine betrieben wird, muss über eine Storage-vMotion-fähige Lizenz verfügen. Das heißt, es ist mindestens eine Standardlizenz erforderlich.
- ESX/ESXi-3.5-Systeme müssen für vMotion lizenziert und konfiguriert sein.
- Seit ESX/ESXi 4.0 ist keine vMotion-Konfiguration mehr notwendig.
- Der ESXi-Host, auf dem die virtuelle Maschine betrieben wird, muss vollen Zugriff auf den Quell- und den Ziel-Datastore besitzen.
- Genau wie in vSphere 5.x sind in vSphere 6.x und in vSphere 7 in der Standardkonfiguration nur zwei Storage-vMotion-Migrationen gleichzeitig pro Host und acht Storage-vMotion-Migrationen pro VMFS-Datastore zugelassen.

Vorsicht, sollten Sie noch eine Umgebung haben, die älter als vSphere 5.x ist

Seien Sie sehr achtsam beim Backup, sollten Sie noch ein System mit vSphere 4 besitzen. Da beide Prozesse mit Snapshots arbeiten, kann es zu sehr kritischen Storage-vMotion-Problemen kommen, wenn ein zusätzliches Programm auf die Snapshots zugreift. Dieses Problem wurde mit vSphere 5.x behoben.

Wie Sie in Abbildung 3.48 sehen, kommt es zu einem deutlichen Anstieg der Ressourcenauslastung während des gesamten Storage-vMotion-Vorgangs. Allerdings ist Storage vMotion als Prozess so ausgelegt, dass es möglichst wenige von virtuellen Maschinen genutzte Ressourcen blockiert. Trotzdem ist eine gewisse Mehrbelastung des ESXi-Hosts nicht von der

Hand zu weisen, und die Dauer der Storage-vMotion-Übertragung verlängert sich natürlich, je weniger Ressourcen zur Verfügung stehen.

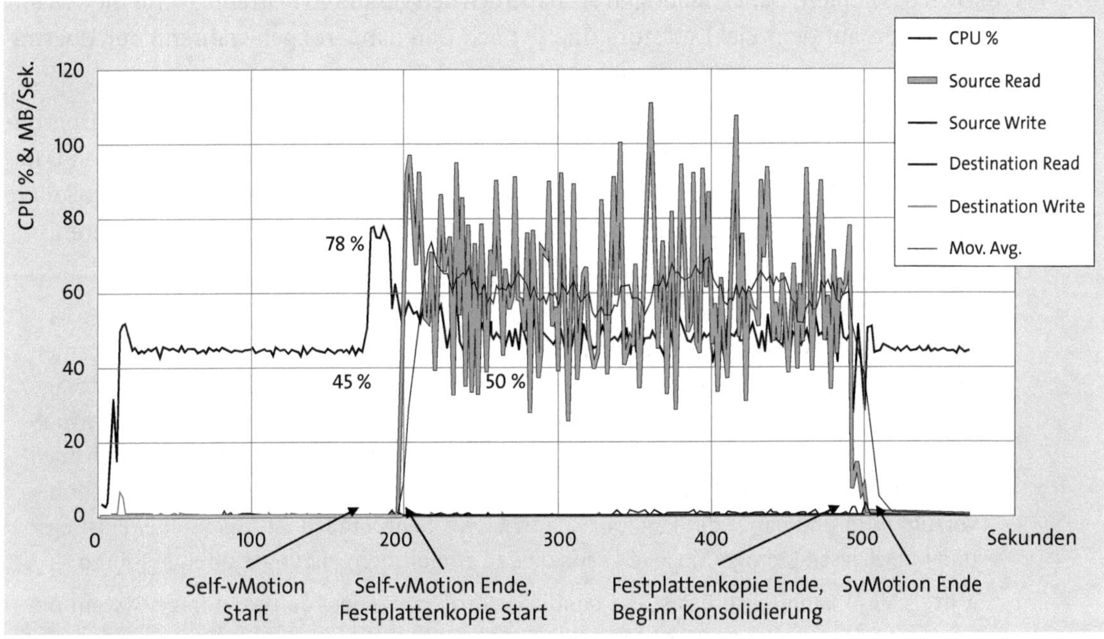

Abbildung 3.48 Belastung durch den Storage-vMotion-Vorgang

Auch den Speicherbedarf auf dem Quell- und dem Ziel-Datastore sollten Sie nicht vernachlässigen (siehe Abbildung 3.49). Sie müssen bedenken, dass auf dem Quell-Datastore in den vSphere-Vorgängerversionen durch die Snapshots zusätzlich REDO-Logs vorgehalten werden müssen, die die Änderungsdaten während des gesamten Storage-vMotion-Prozesses aufnehmen. Diese Logs wachsen kontinuierlich.

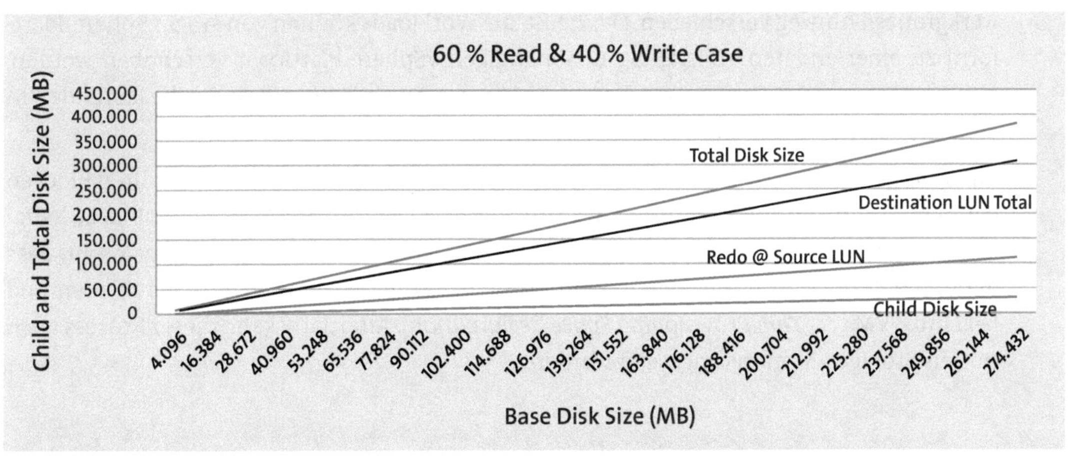

Abbildung 3.49 Speicherbedarf auf den Festplatten während des Storage-vMotion-Vorgangs

Auf dem Ziel-Datastore werden erst die Quellfestplatten mit den Daten vor dem Anlegen des Snapshots kopiert, und erst nach der vollständigen Übertragung werden die restlichen REDO-Logs kopiert. Daher benötigen Sie natürlich den gesamten Plattenplatz für die VM mit ihren Daten auf dem Ziel-Datastore und je nach Datenänderungen während der Übertragung noch einen gewissen Spielraum auf dem Quell-Datastore.

Je größer die Gesamtdatenmenge der virtuellen Maschine ist und je länger der Übertragungsprozess dauert, desto größer wird die benötigte Zusatzkapazität auf dem Quell-Datastore. Genaue Zahlen kann ich nicht liefern, aber Sie sollten bei der Berechnung großzügig mit 20 % Zusatzkapazität der zu migrierenden VM auf dem Quell-Datastore kalkulieren.

Leistungseinbußen

Durch die Datenmenge, die übertragen werden muss, kommt es natürlich zu einer enormen Schreib-/Lesebelastung des Storage-Systems. Außerdem müssen Sie bedenken, dass Storage vMotion sequenziell mit sehr großen Blöcken arbeitet, während der normale Betrieb virtueller Maschinen eher von kleinen Blöcken und Random-Zugriff geprägt ist. Daher treffen auch zwei verschiedene Zugriffsarten auf den Storage, wobei der sequenzielle Zugriff immer bevorzugt wird und daher der Random-Zugriff etwas benachteiligt ist. Gerade bei Einstiegs- und Mittelklasse-Storage-Modellen kann dies zu erheblichen Leistungseinbußen führen.

Mittels VAAI kann diese Belastung deutlich reduziert werden, da das Storage-System die Kopiervorgänge intern realisieren kann.

3.2.3 Storage-vMotion-Funktionen und Methoden

vSphere Storage vMotion unterstützt NFS v3 und NFS v4.1, was ebenfalls für vMotion gilt.

Mit Storage vMotion ab Version 6.x können Sie nicht nur Ihre virtuellen Maschinen über Data-Store-Grenzen hinweg verlegen, sondern auch über vCenter-, Datacenter- und Netzwerkgrenzen hinweg verschieben. Das heißt, die Workloads können von einer vSphere-Plattform zu einer anderen vollständig unabhängigen vSphere-Plattform verschoben werden, ohne dass es zu einer Serviceunterbrechung kommt. Das bedeutet, dass Sie die laufende VM von einer Cloud in eine andere verlegen können.

Mit Storage vMotion lässt sich auch sehr elegant eine Thin-Disk von ihren genullten Blöcken befreien. Wenn Sie Daten auf Ihrer Thin-Disk löschen, werden diese gelöschten Blöcke lediglich mit Nullen überschrieben. Hierbei werden die Null-Blöcke aber nicht so gelöscht, dass die VMDK-Datei schrumpft. Hierzu können Sie bei Windows-VMs `sdelete` verwenden und bei Linux-VMs `dd` (*Thin Provisioning Space Reclamation*). Alternativ kann dieser Prozess auch mittels Storage vMotion umgesetzt werden.

3.2.4 Bedienung

Da der gleiche Wizard für vMotion und Storage vMotion Verwendung findet, ist auch der Weg zum Aufruf des Wizards der gleiche: Gehen Sie über das Kontextmenü der virtuellen Maschine (siehe Abbildung 3.50).

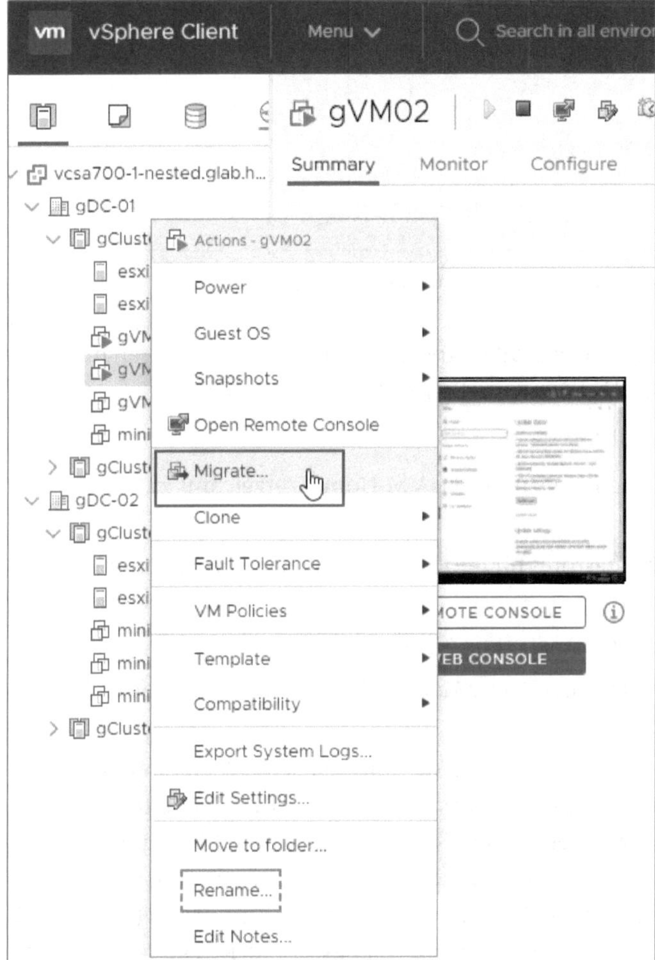

Abbildung 3.50 Wie bei vMotion öffnen Sie den Wizard über den Kontextmenüpunkt »Migrieren bzw. Migrate« auf einer oder mehreren VMs.

Alternativ ist ein Drag-and-drop möglich, allerdings müssen Sie dazu in die Datastore-Ansicht des vSphere-Clients wechseln und die virtuelle Maschine per Drag-and-drop von dem aktuellen Datastore auf den Ziel-Datastore verschieben (siehe Abbildung 3.51).

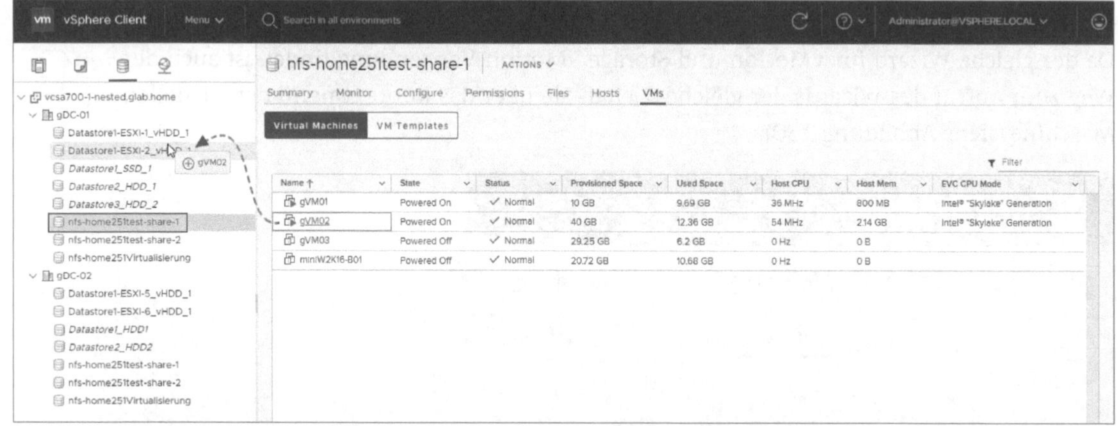

Abbildung 3.51 Storage vMotion per Drag-and-drop im vSphere-Client

In diesem Fall startet der Wizard bereits mit allen Angaben durch, und Sie müssen nur noch die Ziele des Home-Verzeichnisses und der virtuellen Festplatten angeben.

Der Wizard im vSphere-Client erlaubt:

- das Verschieben von Festplattendateien, ohne das VM-Home-Verzeichnis zu verschieben (siehe Abbildung 3.52),
- die Auswahl unterschiedlicher Datastores für die unterschiedlichen Komponenten (Home-Verzeichnis, einzelne Festplatten),
- die Konvertierung des Festplattenformats (*thin/thick*),
- das Kopieren von RDM-Festplatten (*Raw Device Mapping*) zu virtuellen Festplatten (VMDK) im Thin- oder Thick-Format sowie
- die vollständige Umbenennung einer virtuellen Maschine einschließlich ihrer Systemdateien, ihrer virtuellen Festplattendateien und des Verzeichnisses auf dem Datenträger, in dem sie abgespeichert ist. Hierzu geben Sie einer virtuellen Maschine einfach einen neuen Namen über den Menüeintrag UMBENENNEN (RENAME) (siehe Abbildung 3.50). Migrieren Sie anschließend die virtuelle Maschine und wählen Sie im Menü (siehe Abbildung 3.52) SOWOHL COMPUTING- ALS AUCH SPEICHERRESSOURCEN ÄNDERN (CHANGE BOTH COMPUTE RESOURCE AND STORAGE) aus.

Der einfachste Storage-vMotion-Vorgang besteht im Verschieben der kompletten virtuellen Maschine. In diesem Fall muss nur der Ziel-Datastore angegeben werden, und es wird direkt angezeigt, ob eine Migration möglich wäre (siehe Abbildung 3.53).

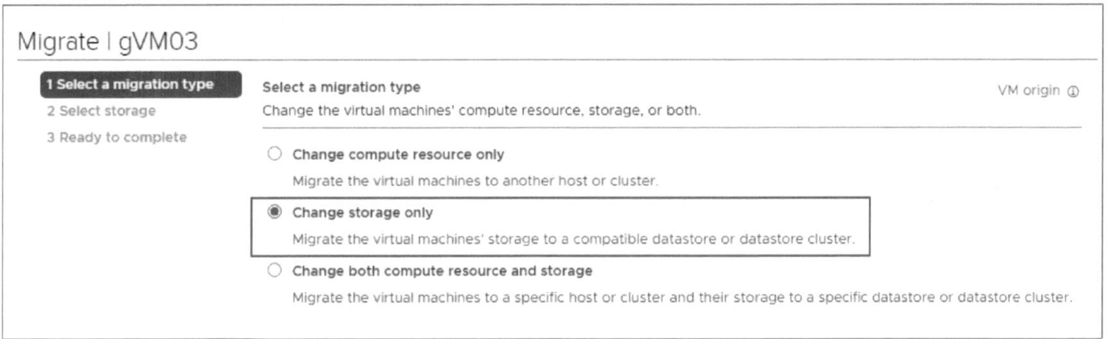

Abbildung 3.52 »Change Datastore« bzw. »Nur Speicher ändern« ist gleichbedeutend mit Storage vMotion.

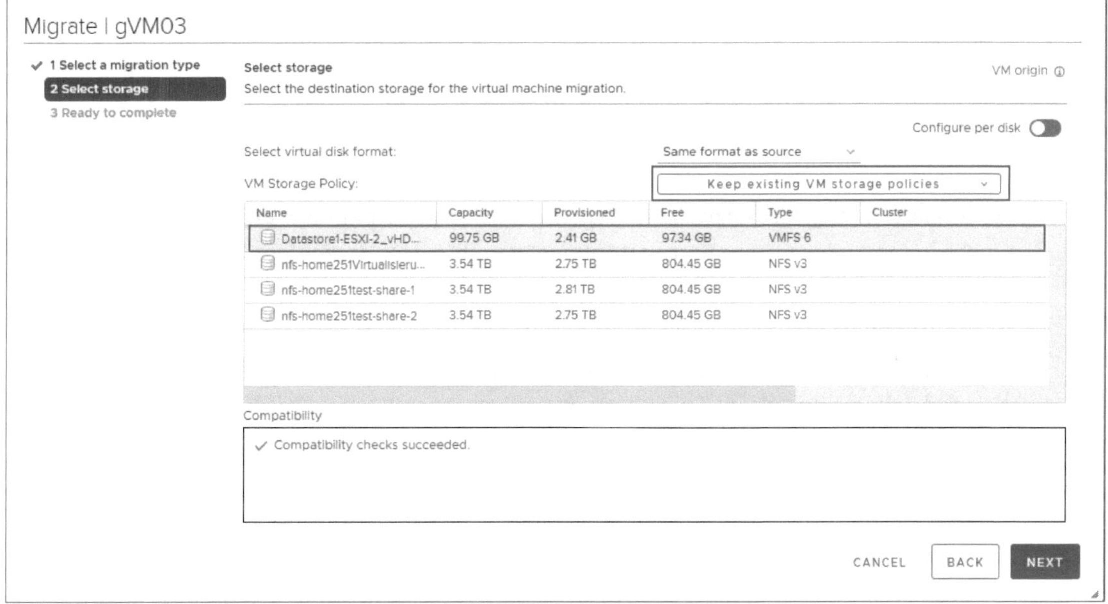

Abbildung 3.53 Auswahl des Ziel-Datastores bei Storage vMotion

Schalten Sie PRO DATENTRÄGER KONFIGURIEREN (CONFIGURE PER DISK) ein. Sofort öffnet sich ein neues Formular, in dem Sie die unterschiedlichen Datastores für das Home-Verzeichnis und die virtuellen Festplatten auswählen können (siehe Abbildung 3.54). Auch hier wird direkt geprüft, ob die Ziel-Datastores kompatibel mit dem Storage-vMotion-Vorgang sind.

Unter FORMAT FÜR DIE VIRTUELLE FESTPLATTE AUSWÄHLEN (SELECT VIRTUAL DISK FORMAT), zu sehen in Abbildung 3.53, können Sie den Typ der virtuellen Festplatte bestimmen. Hierfür haben Sie vier unterschiedliche Möglichkeiten zur Auswahl: FORMAT WIE QUELLE

(SAME FORMAT AS SOURCE), THIN-PROVISION, THICK-PROVISION EAGER-ZEROED und THICK-PROVISION LAZY-ZEROED.

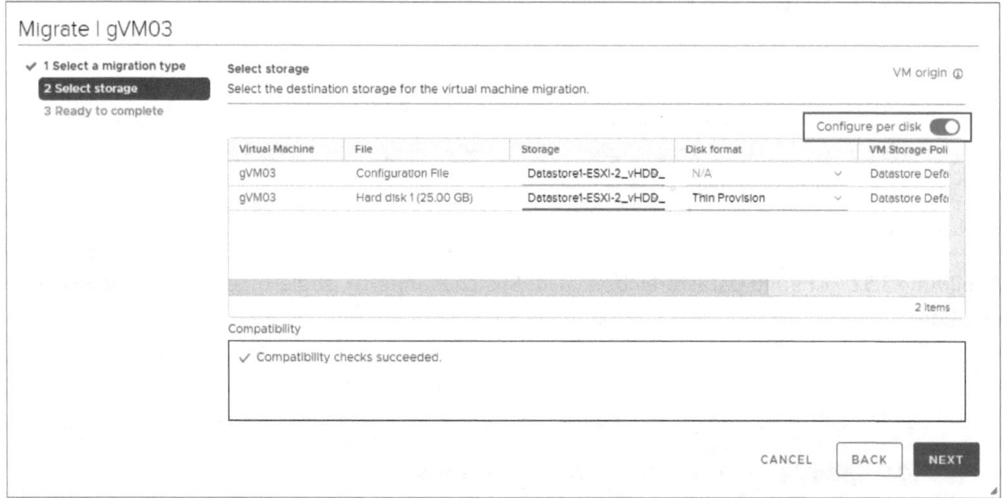

Abbildung 3.54 Erweiterte Auswahl der Ziel-Datastores mittels »Pro Datenträger konfigurieren«

- FORMAT WIE QUELLE bzw. SAME FORMAT AS SOURCE ist einfach erklärt. Es bedeutet, dass Sie keine Änderung am Festplattentyp gegenüber dem derzeitigen Format der virtuellen Festplatten der zu migrierenden VM vornehmen wollen. Ist das Festplattenformat z. B. *thin*, dann bleibt es auch *thin*.
- THIN PROVISIONED FORMAT bedeutet, dass die Festplatte ins Thin-Format konvertiert wird, falls sie derzeit im Thick-Format vorliegt. Ansonsten würde keine Anpassung erfolgen. Das Thin-Format ist sehr plattenplatzeffizient, da nur wirklich geschriebene Daten Plattenplatz auf dem Datastore belegen. Existiert eine 20-GB-Festplatte mit 5 GB Belegung, dann schlagen auch nur 5 GB auf dem Datastore zu Buche.
- THICK-PROVISION EAGER-ZEROED bedeutet, dass die Festplatte ins Thick-Format mit der Eigenschaft EAGER-ZEROED konvertiert wird. Dieser Vorgang kann unter Umständen schon etwas länger dauern, da beim Anlegen der Festplatte sämtliche im Storage allozierten Blöcke mit Nullen beschrieben werden. Haben Sie allerdings ein Storage-Array, das VAAI unterstützt, ist dieser Vorgang eventuell schon eher zu verkraften. Virtuelle Festplatten, die das EAGER-ZEROED-Format enthalten, sind performanter als die mit Thin-Format formatierten virtuellen Festplatten. Allerdings wird hierbei auch die komplette angegebene Festplattengröße im Datastore belegt. Existiert z. B. eine 20-GB-Festplatte mit 5 GB Belegung, schlagen mit THICK-PROVISION EAGER-ZEROED trotzdem die vollen 20 GB zu Buche.
- THICK-PROVISION LAZY-ZEROED bedeutet, dass die Festplatte ins Thick-Format mit der Eigenschaft LAZY-ZEROED konvertiert wird. Normalerweise unterstützen moderne Speicher-Arrays für die dem ESXi-Host bereitgestellten Volumes bzw. LUNs Thin-Provisioning auf Storage-Ebene. Wenn Sie jetzt auf der Ebene des Hypervisors auch noch mit Thin-Provi-

sioning arbeiten, haben Sie eigentlich keinerlei Vorteile dadurch, sondern unter Umständen sogar eine gewisse Verschwendung von Ressourcen durch erhöhtes Housekeeping in Ihrem Environment.

Idealerweise bietet sich an dieser Stelle die LAZY-ZEROED-Eigenschaft an. Sie kennen sicherlich die Windows-Schnellformatierung. LAZY-ZEROED ähnelt dieser in gewisser Weise. LAZY-ZEROED reserviert lediglich den ganzen Speicherplatz auf einem VMFS-Volume, ohne dabei die Blöcke zu nullen. Da die Speicherplatzreservierung vom Storage-System mittels Thin-Provisioning bereitgestellt wird, findet auf der Hypervisor-Ebene auch keine Überbuchung statt. Genutzt werden tatsächlich nur die Blöcke, die Sie wirklich benötigen. Sie bekommen quasi eine virtuelle Thick-Festplatte mit Thin-Eigenschaften.

Aber beachten Sie bitte, dass die Performance einer LAZY-ZEROED-Festplatte nicht so hoch ist wie die einer EAGER-ZEROED-Festplatte. Stellt Ihre Applikation hohe Performanceanforderungen, sollten Sie sich für EAGER-ZEROED THICK-PROVISION entscheiden.

Zum Abschluss folgt eine Zusammenfassung des Vorgangs, und nach der Bestätigung beginnt die Übertragung der Daten mittels Storage vMotion, was Sie in den TASKS & EVENTS des Hostsystems und der virtuellen Maschine sehen können (siehe Abbildung 3.55).

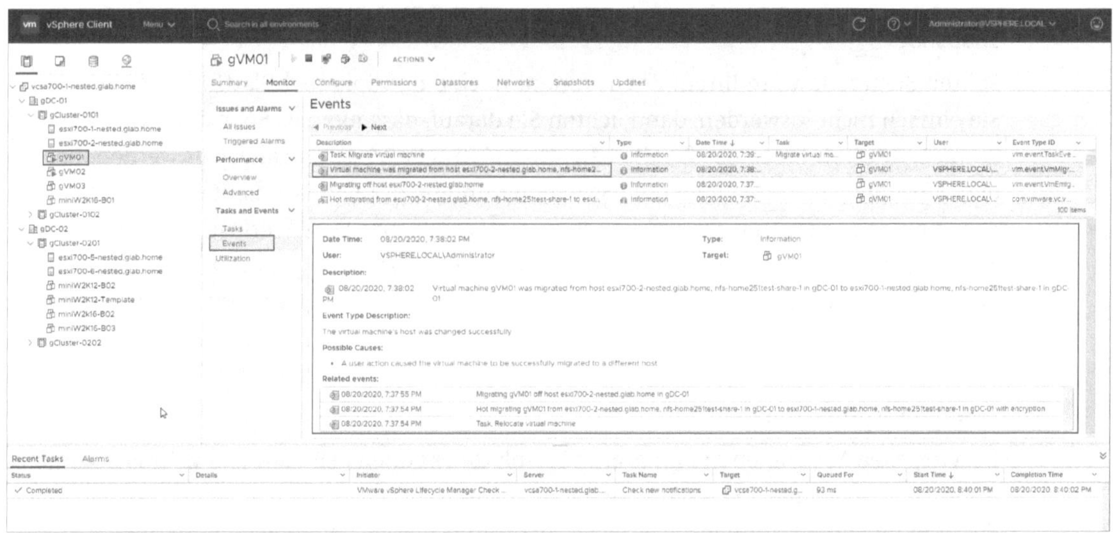

Abbildung 3.55 Storage-vMotion-Tasks in der Ansicht »Überwachen • Ereignisse bzw. Monitor • Events« der virtuellen Maschine

3.2.5 Problemfälle

Es sind derzeit wenige Problemfälle mit Storage vMotion bekannt, und die meisten rühren eher von der Infrastruktur als von der Software her. So werden natürlich leistungsfähige Storage-Systeme und -Anbindungen benötigt, damit Storage vMotion problemlos und schnell durchgeführt werden kann. Zu hohe Latenzzeiten oder Paketverluste bis hin zum Ausfall von Infrastrukturkomponenten bergen eine gewisse Gefahr für den SvMotion-Prozess, da dieser bei sehr großen virtuellen Maschinen mehrere Stunden dauern kann.

Generell sollten Sie bei Systemen mit mehr als 20 GB (1-Gbps-basierte Storage-Anbindung) bzw. 50 GB Daten (FC-basiert) eine gleichzeitige Storage-Migration mehrerer Workloads eher nicht in der Hauptgeschäftszeit durchführen.

Große Raw Device Mappings

Ein sehr häufig übersehenes Problem ist die automatische Migration von RDMs in VMDK-Dateien. Wir müssen nicht lange nach einem Beispiel suchen – nehmen wir einfach einen Fileserver mit einer 1-TB-LUN, die über RDM angebunden ist. Wird diese per Storage vMotion auf einen Datastore verschoben, findet keine Prüfung dahin gehend statt, ob genügend Platz auf dem Ziel-Datastore verfügbar ist; irgendwann ist der Datastore voll, da die wenigsten Datastores 1 Terabyte Zusatzkapazität haben. Daher sollten Sie immer vorher kontrollieren, ob ein RDM angeschlossen ist und ob genügend Datastore-Kapazität zur Verfügung steht. Ansonsten besteht natürlich die Möglichkeit, nur die RDM-Mapping-Datei zu kopieren und nicht die Datastores selbst (FORMAT WIE QUELLE auswählen).

Snapshots

Sollten Sie irgendwo in Ihrem Environment noch eine vSphere-4-Plattform betreiben, die Sie einfach nicht loswerden, dann achten Sie darauf, dass niemals Snapshots während des Storage-vMotion-Prozesses für die betroffene virtuelle Maschine angelegt werden. Besonders Aktionen, die direkt auf dem ESXi-Server und nicht über das vCenter ausgeführt werden, sind gefährlich und führen im schlimmsten Fall zum Datenverlust. Achten Sie daher auf manuelle Snapshots und Snapshots im Umfeld von Backups, die z. B. durch Backup-Skripte oder -Programme erstellt werden. Seit vSphere 5.x besteht dieses Problem allerdings nicht mehr.

Storage-vMotion-Timeout

Bei virtuellen Maschinen mit mehreren Festplatten können beim Storage-vMotion-Vorgang Abbrüche vorkommen. Betrachten wir einmal ein Abbruchbeispiel. In den Protokolldateien des vCenter Servers können Sie dann ähnliche Einträge wie den folgenden finden:

```
[2008-07-17 12:29:57.283 02828 error 'App'] [MIGRATE]
(1216409209437375) vMotion failed: vmodl.fault.SystemError
[2008-07-17 12:29:57.454 02828 verbose 'App'] [VpxVmomi]
Throw vmodl.fault.SystemError with:
(vmodl.fault.SystemError) {
 dynamicType = <unset>,
 reason = "Source detected that destination failed to resume.",
```

```
msg = "A general system error occurred: Source detected that
destination failed to resume."}
```

Eine mögliche Lösung ist die Reduzierung gleichzeitiger Migrationsprozesse (Migration, Klonen, VM-Erstellung), eine weitere Lösung ist die Erhöhung der Übertragungs-Timeouts. Dies können Sie in den Eigenschaften VM-OPTIONEN (VM OPTIONS) • KONFIGURATION BEARBEITEN (EDIT CONFIGURATION) (siehe Abbildung 3.56) der virtuellen Maschinen oder direkt in der Konfigurationsdatei anpassen. Dazu müssen Sie den Eintrag `vmotion.maxSwitchoverSeconds` als Timeout hinzufügen. Der Standardwert ist 100, daher sollten Sie den Wert entsprechend erhöhen.

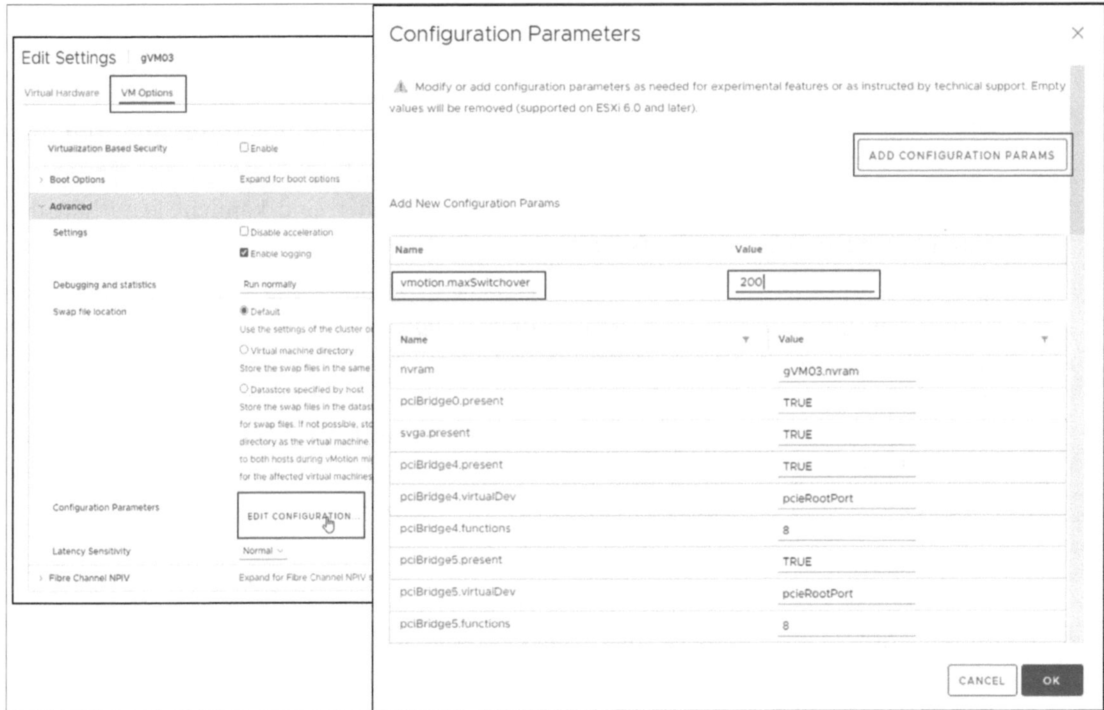

Abbildung 3.56 Erweiterte Konfiguration in den Eigenschaften einer VM

Den Knowledge-Base-Eintrag finden Sie unter *https://kb.vmware.com/s/article/2141355*. Unter normalen Verhältnissen in Ihrem Environment sollte dies allerdings seit der Version vSphere 5.x kein Problem mehr darstellen.

Storage vMotion und vSphere HA

Solange Storage vMotion aktiv läuft, ist es für HA nicht möglich, die VM neu zu starten, bis Storage vMotion entweder beendet oder abgebrochen wird. Storage vMotion passt den Fehlerzustand der VM automatisch beim Start des Vorgangs an. Sollte vCenter allerdings ausfallen, verfällt diese Anpassung nach 15 Minuten, damit die VM spätestens dann neu gestartet werden kann (*https://kb.vmware.com/s/article/1004790*).

3.2.6 Troubleshooting

Wenn Fehler auftreten, sollten Sie in folgende Log-Dateien hineinschauen:

- *VMKernel.log*
- *host.d*
- *VMware.log*
- *vpxd.log*

In *VMKernel.log* finden Sie Hinweise auf Storage- oder Netzwerkfehler im Zusammenhang mit Storage-vMotion-Timeouts. Die Interaktionen zwischen dem vCenter Server und dem ESXi-Host werden in der *host.d*-Log-Datei mitgeschrieben. Hinweise auf Probleme beim Starten des VM-Prozesses finden Sie in der Datei *VMware.log*.

Fehler, wie z. B. Timeouts, die auf dem Host selbst entstanden sind, können Sie mithilfe der Einträge in der *vpxd.log*-Datei aufspüren.

Eine sehr gute Unterstützung bei der Fehlersuche in vMotion und SvMotion erhalten Sie auch in den Opvizor-Blogs unter *VMware Health Analyzer*. Hier finden Sie ausgezeichnete Unterstützung unter *https://www.opvizor.com/blog/storage-vmotion-activities-report/* und unter *http://www.opvizor.com/blog/vmware-health-analyzer-vmotion-and-storage-vmotion-vsphere-report/* mit den vMotion- und Storage-vMotion-Reports. Dieses Reporting enthält z. B. detaillierte Angaben von der zu migrierenden virtuellen Maschine über das Quell- und Ziel-Volume bis hin zum eigentlichen SvMotion-Datentransfer.

3.2.7 Storage vMotion Configuration Maximums

Da es ja mittlerweile eine ganze Menge vSphere-Versionen (siehe Tabelle 3.3) gibt, die auch noch in vielen Environments gleichzeitig eingesetzt werden, ist eine Maximalwerttabelle an dieser Stelle sicherlich eine durchaus sinnvolle Sache.

vSphere-Versionen	7.0	6.7	6.5	6.0	5.5	5.1	5.0
Storage-vMotion-Vorgänge pro Host	2	2	2	2	2	2	2
Storage-vMotion-Vorgänge pro Datenspeicher	8	8	8	8	8	8	8

Tabelle 3.3 Storage-vMotion-Maximalwerte

Ausführlichere Informationen finden Sie im Konfigurationsmaximum-Tool von VMware. Das Tool stellt online alle Konfigurationsobergrenzen für vSphere 6.x und vSphere 7 unter *https://configmax.vmware.com* zur Verfügung.

Ein vMotion ohne gemeinsam genutzten Speicher bedeutet, dass Sie ein vMotion durchführen, bei dem die virtuellen Festplatten der VM nicht auf einem Shared Storage gespeichert sind, sondern sich lokal auf den physikalischen Festplatten des ESXi-Hosts befinden. Hierbei führen Sie automatisch ein gleichzeitiges vMotion und Storage vMotion durch. In diesem speziellen Fall gilt natürlich als maximal zulässiger vMotion-Vorgang je Host ebenfalls die 2.

3.2.8 Lizenzierung

Die Storage-vMotion-Lizenz ist ab vSphere 6 bereits in der Standard-Edition enthalten. Bitte beachten Sie allerdings in diesem Zusammenhang, dass die Funktion *Storage DRS* erst ab einer vSphere-Enterprise-Plus-Lizenz enthalten ist (Siehe Abschnitt 3.1.8).

Kapitel 4
Cluster

VMware bietet einen Cluster zur Ausfallsicherheit (HA) und zum Lastausgleich (DRS) an. Zusätzlich gibt es die Funktion Fault Tolerance (FT), die ebenfalls auf HA basiert. Die Integration weiterer Cluster-Funktionalitäten folgte. Alle diese Themen sind Teil dieses Kapitels.
Autor dieses Kapitels ist Bertram Wöhrmann.
buch@ligarion.de

VMware versteht unter einem *Cluster* in erster Linie eine Gruppe von zusammengehörenden Servern, die bei Funktionen wie Ausfallsicherheit oder Lastenausgleich füreinander einstehen. Die Funktionen sind rudimentär und nicht mit Applikationsclustern oder Clustern im Mid-Range- oder High-End-Bereich vergleichbar. Sie sind aber trotzdem äußerst wirkungsvoll und dadurch bei Kunden sehr beliebt. Man kann das Cluster-Objekt grob in EVC-, HA- und DRS-Cluster aufteilen. *Fault Tolerance* (FT) verwendet zwar ebenfalls einen HA-Cluster als Basis, trotzdem finden Sie die Besprechung dieses Themas im Kapitel für virtuelle Maschinen.

4.1 Cluster-Objekt

Sie müssen nicht zwingend HA (*High Availability*) und DRS (*Distributed Resource Scheduler*) nutzen, sondern können ein Cluster-Objekt einfach als organisatorischen Container für ESXi-Hosts und virtuelle Maschinen verwenden, um beispielsweise Berechtigungen zu vergeben. Unabhängig von HA oder DRS kann ein ESXi-Host zwar aktiv in einen Cluster verschoben werden, er muss allerdings zum Entfernen aus dem Cluster in den Maintenance-Modus versetzt werden. Durch Verwendung von vMotion bzw. DRS können die VMs manuell oder automatisch von dem Host, den Sie entfernen wollen, auf die übrigen ESXi-Server verteilt werden. Damit ist es möglich, den ESXi-Host aus einem Cluster zu entfernen, ohne die VMs abschalten zu müssen. Anschließend kann der ESXi-Host wieder problemlos für VMs genutzt werden.

4.1.1 Einen Cluster anlegen

Um einen Cluster zu erstellen, wählen Sie einfach im Kontextmenü des Datacenter-Objekts den Eintrag New Cluster (siehe Abbildung 4.1). Alternativ gehen Sie auf das Datacenter-Objekt und wählen im rechten Fenster das Register Hosts & Clusters aus und darunter das Register Clusters. Über das Action-Menü wählen Sie den Dialog zum Anlegen des Clusters.

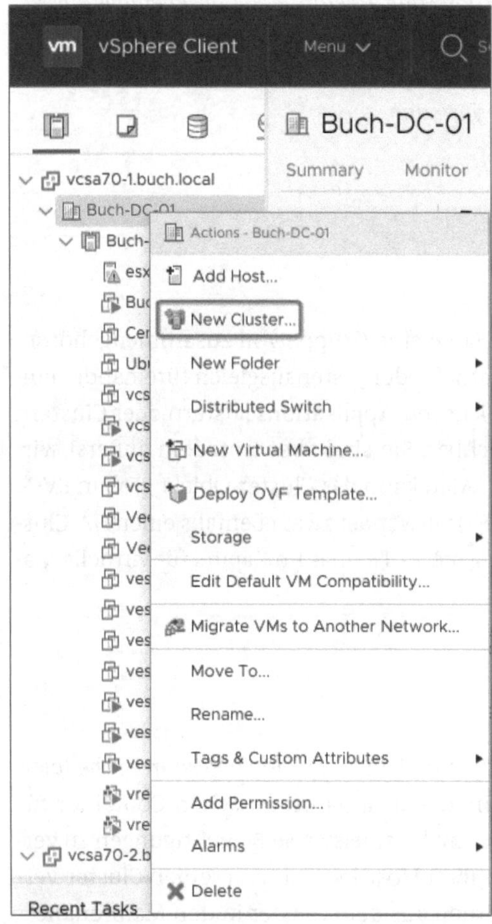

Abbildung 4.1 So legen Sie einen neuen Cluster an.

Nun geben Sie einen Cluster-Namen und gegebenenfalls gewünschte Features an. Damit ist der Cluster erstellt (siehe Abbildung 4.2), und Sie können per Drag-and-drop ESXi-Hosts in den Cluster ziehen. Wählen Sie keine Features aus, ist die Integration in den Cluster aus vCenter-Sicht nur eine Änderung; es werden keine Komponenten auf dem ESXi-Host installiert.

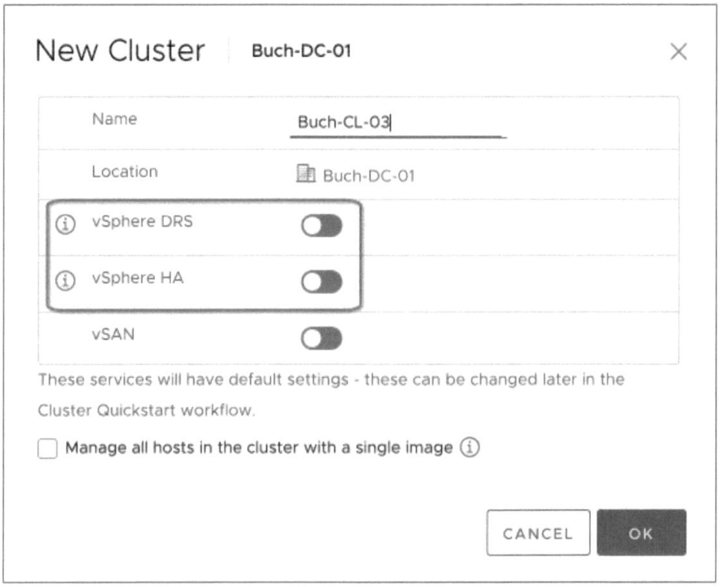

New Cluster | Buch-DC-01

Name: Buch-CL-03
Location: Buch-DC-01
vSphere DRS
vSphere HA
vSAN
These services will have default settings - these can be changed later in the Cluster Quickstart workflow.
Manage all hosts in the cluster with a single image
CANCEL | OK

Abbildung 4.2 Name und Funktionsumfang des Clusters

4.1.2 Der EVC-Mode (Enhanced vMotion Compatibility Mode)

Eine Funktion, die nur im Cluster nutzbar ist, nennt sich EVC, was für *Enhanced vMotion Compatibility* steht. Die Bezeichnung deutet es bereits an: Es können ESXi-Server mit unterschiedlichen CPU-Generationen in diesen Cluster integriert werden, und ein vMotion eingeschalteter VMs ist trotzdem möglich. Dies ist vergleichbar mit der Advanced-CPU-Funktion jeder virtuellen Maschine, die es ermöglicht, CPU-Funktionen zu verstecken (siehe Abbildung 4.3).

Achtung

Laut Dokumentation soll das auch in vSphere 7.0 so funktionieren, aber den CPUID Mask-Eintrag gibt es nicht. Wir haben aus diesem Grund hier einen Screenshot aus einer vSphere-6.7-Umgebung eingefügt (Stand September 2020).

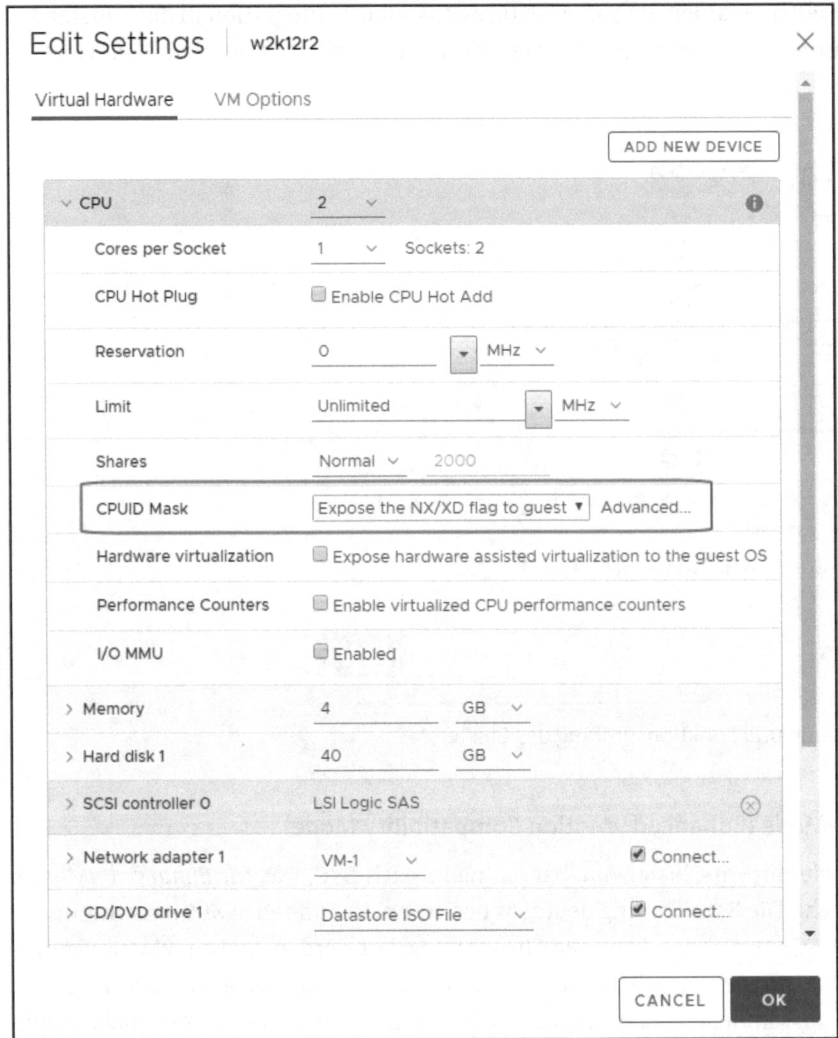

Abbildung 4.3 CPUID-Masking in den Eigenschaften einer VM

Allerdings bietet EVC im Cluster den klaren Vorteil, dass diese Einstellung nicht pro VM getroffen werden muss, sondern Cluster-weit gilt, und dass jede VM automatisch konfiguriert wird. Trotzdem werden die Einstellungen einer VM durch den EVC-Cluster zugeordnet und erst beim Abschalten einer VM angepasst, selbst wenn diese den EVC-Cluster wechselt. Daher sollten Sie VMs bei Änderungen im EVC-Cluster nicht neu starten, sondern komplett abschalten und wieder anschalten, damit Ihre EVC-Konfiguration aktuell ist.

Das bedeutet aber auch, dass VMs abgeschaltet sein müssen, bevor sie den ersten EVC-Cluster betreten dürfen. Nur so werden die EVC-Einstellungen sauber in die VM projiziert.

Um die Funktion *VMware EVC* zu nutzen, können Sie dies entweder direkt beim Anlegen des Clusters angeben oder sie zu jedem Zeitpunkt nachträglich aktivieren (siehe Abbildung 4.4). Auch hier gilt: Die VMs müssen abgeschaltet sein, wenn eine Generationsänderung nach unten stattfindet (d. h., mehr CPU-Funktionen werden ausgeblendet).

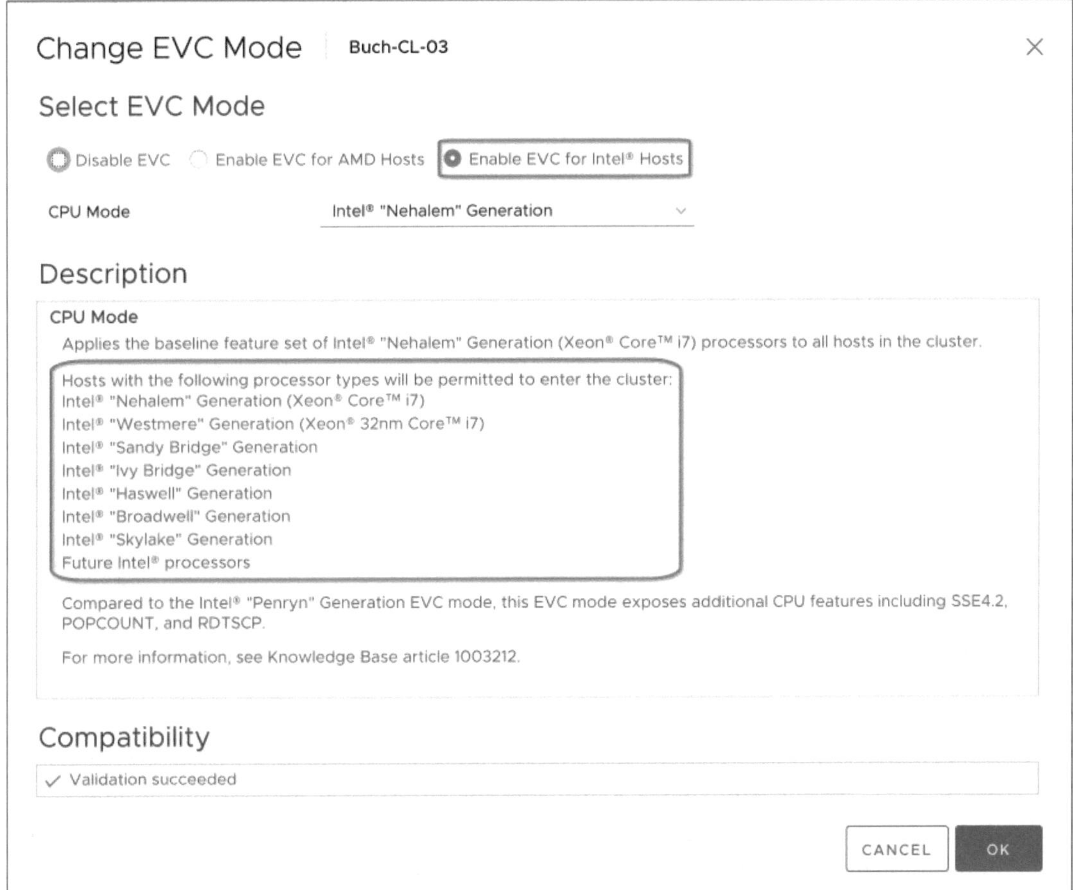

Abbildung 4.4 Ändern der EVC-Einstellungen eines bestehenden Clusters

Auch EVC kann keine Wunder bewirken, und es müssen zumindest gleiche CPU-Hersteller und ähnliche CPU-Familien in den ESXi-Hosts eingebaut sein, damit ein gemeinsamer Nenner gefunden wird und die VMs entsprechend konfiguriert werden können (siehe Abbildung 4.5).

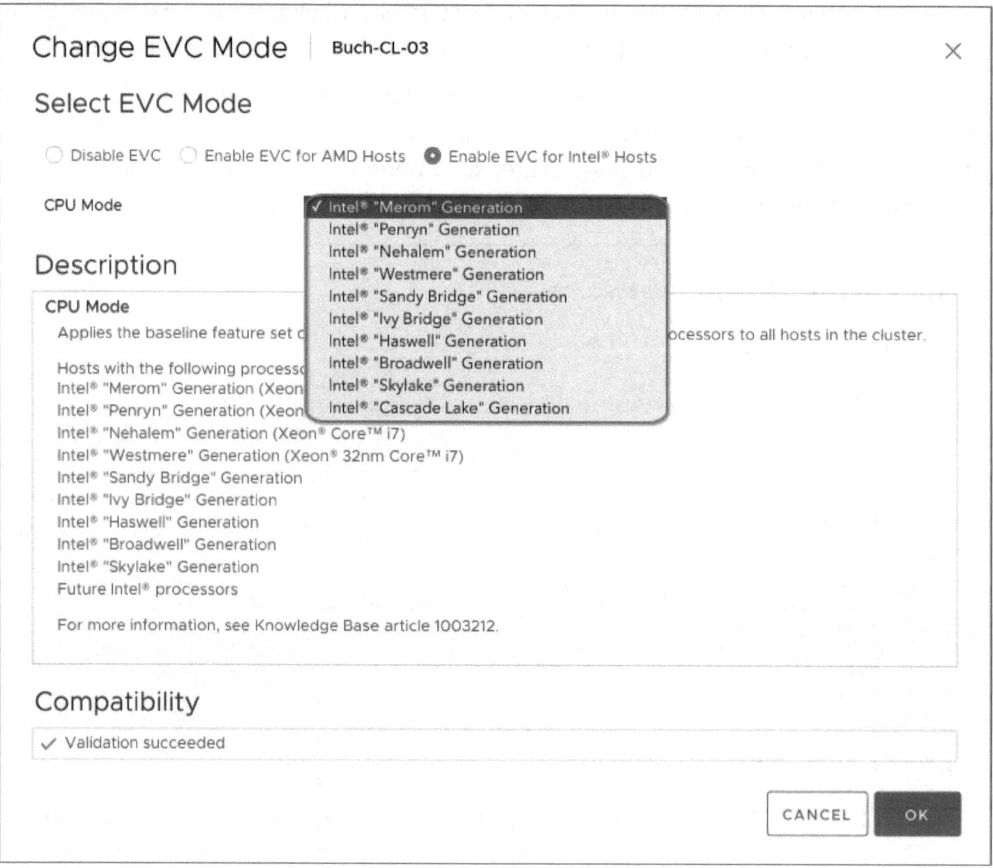

Abbildung 4.5 Aktivieren von EVC im Cluster

Man ist geneigt zu fragen: Hat EVC nur Vorteile? Wie immer ist die klare Antwort: Nein. Werden in einem Cluster zwei Server der neuesten Intel-Generation mit zwei Servern der ältesten Intel-Generation in einem EVC-Cluster kombiniert, werden alle VMs auf die ältere CPU-Generation zurückgestuft. Sind in der neueren Generation CPU-Funktionen für einzelne Applikationen ideal zum Performancegewinn, so sind diese Funktionen für die VM nicht mehr sichtbar.

Das Gleiche gilt für virtuelle Maschinen, die auf einer aktuellen CPU gestartet und installiert wurden. Wenn die Applikation entsprechende Programmoptimierungen aufgrund der CPU-Funktionen mitinstalliert oder genau auf bestimmten CPU-Funktionen aufbaut, kann ein Wechsel in einen EVC-Cluster mit einer älteren CPU-Generation Nachteile in Sachen Stabilität und Leistung bringen.

Obwohl ein solcher Wechsel selten vorkommt, sollten Sie hierbei bedenken, dass VMware in der Standardkonfiguration die CPU mit allen Funktionen komplett sichtbar an die virtuelle Maschine durchreicht. Es findet eine Virtualisierung und keine Emulation statt. Sobald EVC genutzt wird, sieht die virtuelle Maschine zwar immer noch die reale CPU, allerdings werden bestimmte Register ausgeblendet, die die Prozessorgenerationen ausmachen. Die VM kann also unter Umständen nicht auf den vollen Funktionsumfang der aktuell genutzten physischen CPU zugreifen.

Welche CPU-Funktionen genau zusätzlich eingeblendet werden, sehen Sie in der Beschreibung der Generationen.

Mittlerweile wird aber flexibler mit den CPU-Generationen umgegangen. So ist es möglich, eine VM bereits in einen EVC-Cluster mit Prozessoren der neuen Generation zu verschieben, ohne die VM auszuschalten. Sie behält einfach so lange die Einstellungen zum Betrieb unter der alten Generation bei, bis ein Power-Reset durchgeführt oder die VM ab- und wieder angeschaltet wird.

4.2 HA-Cluster

Ein vSphere-Cluster kann, wie bereits angekündigt, viel mehr, als nur virtuelle Maschinen zusammenzufassen und eine verbesserte vMotion-Kompatibilität herzustellen. Es ist durch den Einsatz der HA möglich, virtuelle Maschinen automatisch neu zu starten – sowohl bei einem Ausfall des ESXi-Servers als auch bei einem Ausfall des Gastbetriebssystems (siehe Abbildung 4.6).

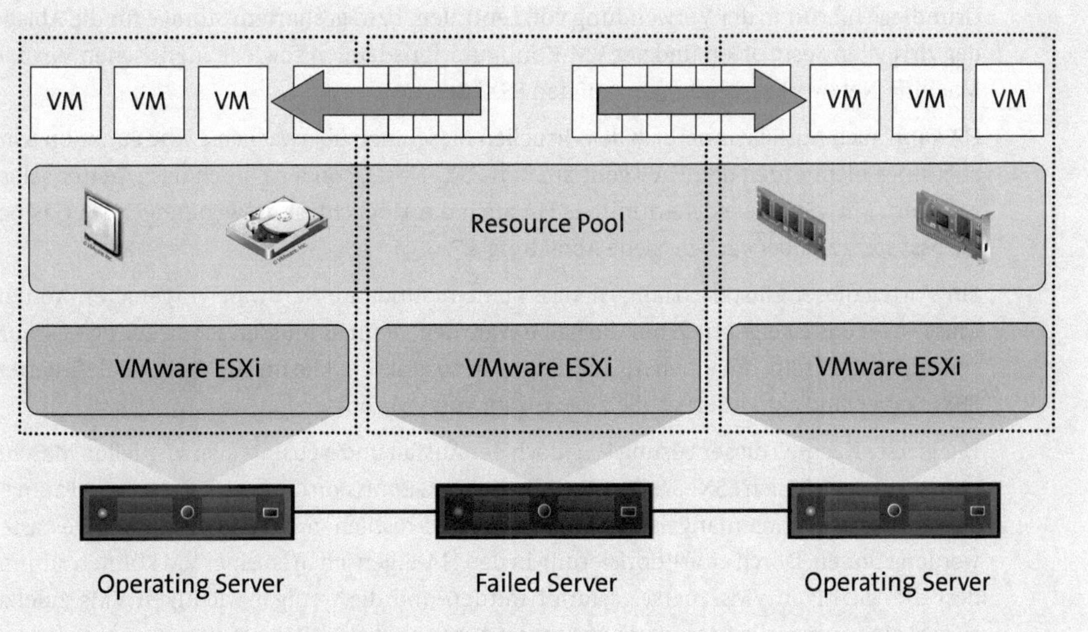

Abbildung 4.6 Übersicht der HA-Funktion von VMware

4.2.1 Technologieübersicht

Die Grundidee hinter *VMware High Availability* (HA) ist, den Ausfall eines ESXi-Servers zu überwachen und ihn zu kompensieren. Dabei unterscheidet sich der Clustering-Gedanke von VMware komplett von Microsofts Cluster-Lösung oder von ähnlichen Produkten unter Unix: Deren Cluster stellen eine virtuelle Einheit dar, die auf mindestens zwei physischen Servern basiert, und Anwendungen laufen auf der virtuellen Einheit, z. B. einem SQL-Server oder anderen Enterprise-Applikationen. Dabei ist immer ein physischer Server aktiv und verwaltet die virtuelle Einheit. Hier teilt sich der aktive Server mit den passiven Servern des Clusters mithilfe einer gemeinsam genutzten Festplattenressource die Informationen über den aktuellen Zustand der virtuellen Einheit und der darauf laufenden Anwendungen.

Fällt bei solch einem Cluster-Verbund der aktive physische Server aus, übernimmt ein passiver Server die Verwaltung der virtuellen Einheit, und die auf dem ausgefallenen Server laufenden Anwendungen können ohne Unterbrechung fortgeführt werden. Die Anwendungen müssen *cluster-aware* sein, um diese Ausfallsicherheit mit der Cluster-Lösung zu nutzen.

VMware realisiert mit HA eine andere Art des Clusterings, die besser in »VMware Fast Server Recovery« umbenannt werden sollte. Diese Lösung überwacht alle im HA-Verbund befindlichen ESXi-Server, und bei einem Ausfall eines dieser Server wird versucht, die darauf aktiven virtuellen Maschinen auf einem anderen, freien ESXi-Server wieder neu zu starten. In diesem Fall ist der Neustart der virtuellen Maschinen unumgänglich. Ebenso besteht die Grundlage hierfür in der Verwendung von zentralem bzw. geshartem Storage für die Ablage der virtuellen Festplatten und der VM-Konfigurationsdateien sowie in identischen Virtual-Machine-Netzwerkverbindungen auf den ESXi-Servern.

HA kann auch Ausfälle innerhalb der virtuellen Maschinen überwachen. Diese Funktion wird allerdings nicht durch den HA-Agent auf den ESXi-Hosts, sondern durch das vCenter selbst realisiert. Mit vSphere existiert mittels HA auch die Möglichkeit, Anwendungen im Gastbetriebssystem zu überwachen (siehe Abbildung 4.7).

Ein Vorteil dieser Cluster-Lösung ist, dass keine redundante Hardware vorgehalten werden muss –aber das ist eigentlich nur die halbe Wahrheit, denn es müssen schon genug Ressourcen vorhanden sein, um einen Ausfall abfangen zu können. Alle im HA-Verbund definierten ESXi-Server sind aktive Server, die eine Anzahl von VMs hosten.

Der größte Nachteil dieser Lösung ist jedoch der Ausfall und Neustart aller virtuellen Maschinen des ausgefallenen ESXi-Servers. Durch die *Strict Admission Control* besteht beim Failover die Gefahr, dass VMs mangels Ressourcen auf den restlichen ESXi-Servern nicht gestartet werden können. Durch eine Priorisierung in den HA-Eigenschaften einer VM können zumindest die wichtigen VMs zuerst gestartet werden und die weniger wichtigen VMs zuletzt, sodass eine eventuelle Ressourcenknappheit nur unwichtige VMs betrifft.

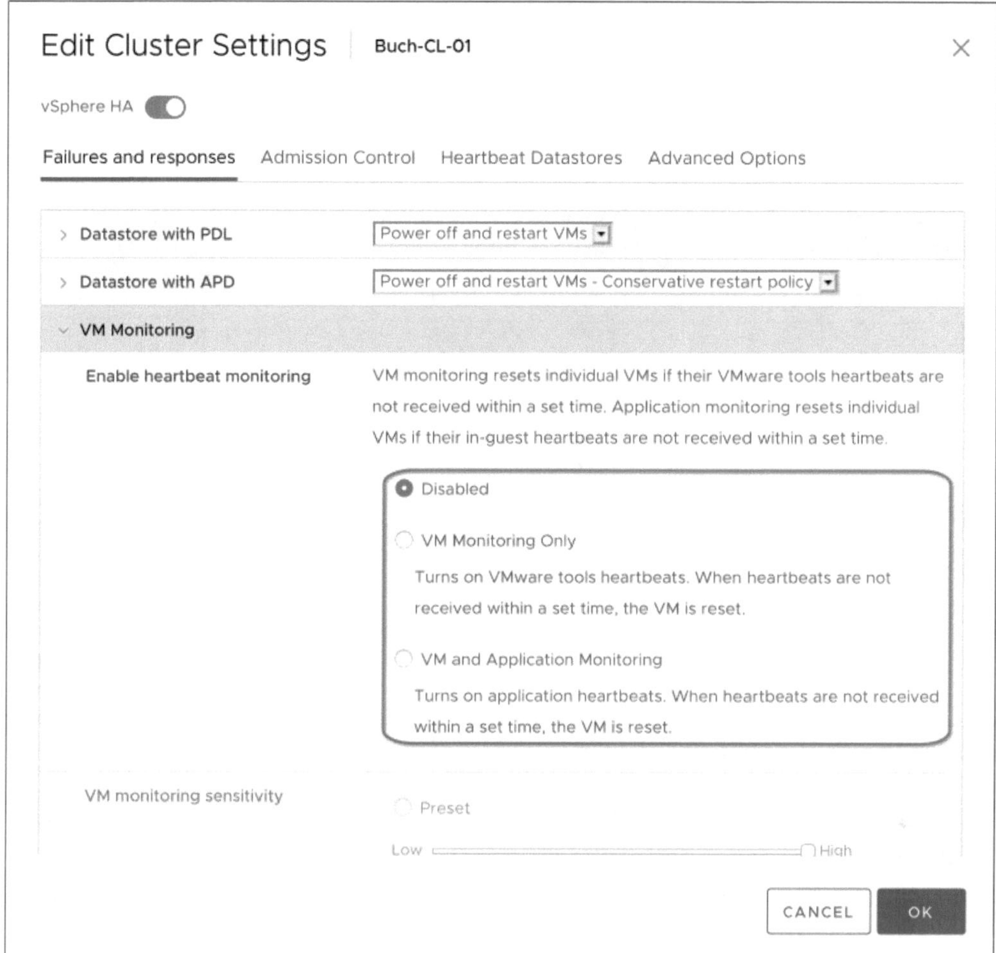

Abbildung 4.7 Applikationsüberwachung mittels HA

Empfehlung

In einem HA-Cluster sollten immer so viele Ressourcen vorgehalten werden, dass der Ausfall eines Hosts kompensiert werden kann.

Sie sollten bei der Admission Control auf jeden Fall die prozentuale Einstellung der Ressourcen in Betracht ziehen (siehe Abbildung 4.8), da in Umgebungen mit vielen ESXi-Hosts im Cluster eine Hosteinstellung zu unscharf ist. Bei Scale-up-Clustern (wenigen hochperformanten Servern mit sehr vielen VMs pro Host) sollte der Failover-Host eine gute Alternative darstellen.

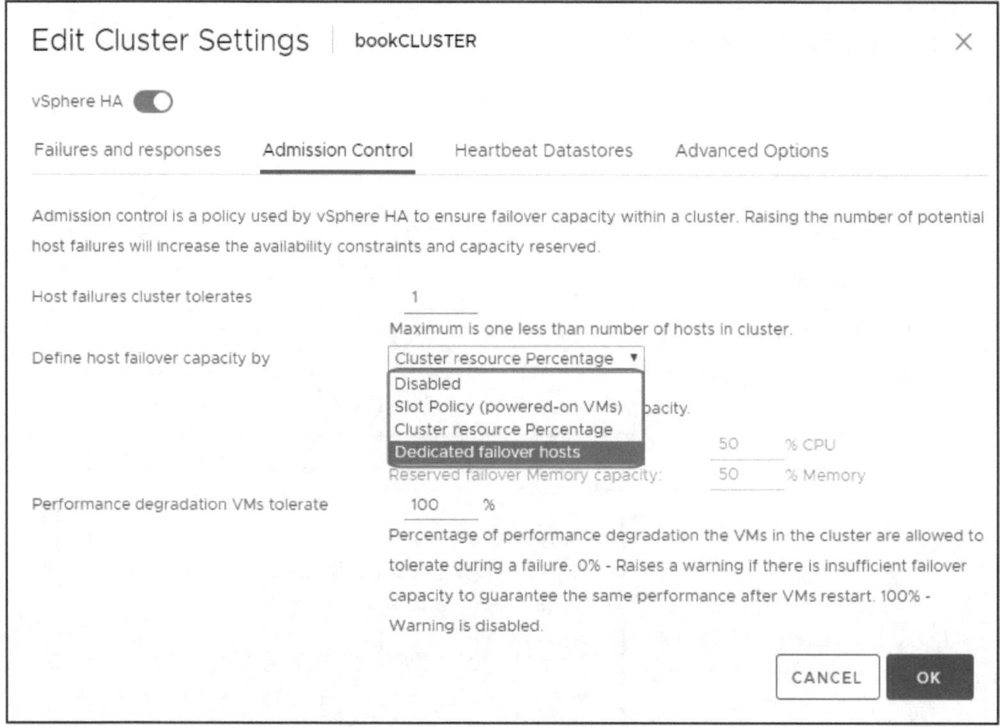

Abbildung 4.8 »Admission Control« mit Ressourceneinstellung

Auch ohne VC-Server

Ein HA-Cluster wird zwar über den vCenter Server eingerichtet, bleibt aber auch ohne diesen lauffähig, da auf jedem ESXi-Server lokale HA-Komponenten installiert sind, die unter anderem die komplette HA-Konfiguration vorhalten.

Das Konzept folgt dabei dem Primary/Secondary-Prinzip: Es wird ein Primary im Cluster gewählt, alle anderen Hosts im Cluster erhalten den Secondary-Status. Es gibt keine festen Kriterien für die Wahl, aber der Host mit den meisten Datastores hat eine gute Chance, Primary zu werden. Für den Fall, dass der Primary-Server ausfällt, wird ein neuer Primary gewählt, und die alte Hierarchie ist wiederhergestellt. Ist der ehemalige Primary erneut aktiv, gliedert er sich als Secondary wieder in den Cluster ein.

Des Weiteren kann ein HA-Cluster mit DRS kombiniert werden: Beim Starten von virtuellen Maschinen wie auch im laufenden Betrieb wird immer die Auslastung der HA-Knoten im

Cluster berücksichtigt, und je nach DRS-Konfiguration werden bestimmte VMs entweder automatisch auf freie ESXi-Server verschoben, oder dies wird nur als Empfehlung ausgesprochen, um eine ausgewogene Lastverteilung zwischen den ESXi-Servern zu erreichen.

Eine Erweiterung der HA-Funktionalität erfolgte mit dem *proaktiven HA* (siehe Abbildung 4.9). Hier werden aktuell die Status aller Hardwarekomponenten eines Hosts überprüft. Die Information, die das System zur Beurteilung des Hardwarestatus benötigt, werden über eine Schnittstelle zur Hardware ausgelesen.

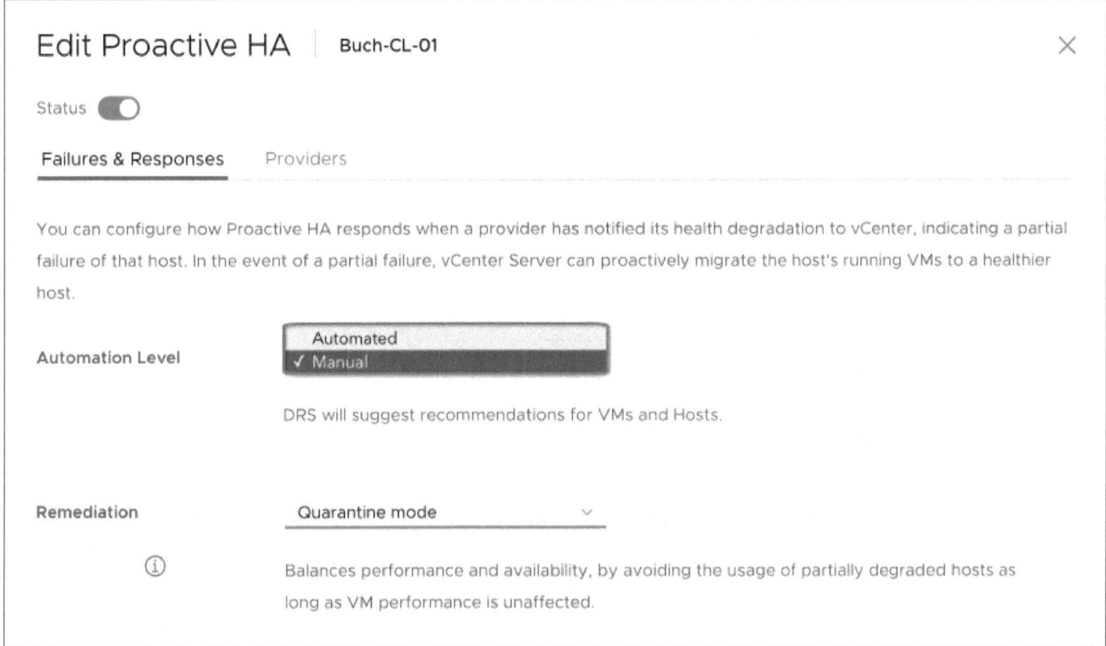

Abbildung 4.9 Festlegung der Art von »Proactive HA«

Werden sich anbahnende Anomalitäten gefunden, z. B. dass die Anzahl der Bitfehler im Arbeitsspeicher steigt, wird der Host proaktiv evakuiert, damit ein Ausfall der auf ihm gehosteten virtuellen Maschinen ausgeschlossen werden kann. Bei der Aktivierung des manuellen Modus bekommt der Administrator Empfehlungen zum Freiziehen eines Hosts.

Beim automatischen Modus führt das vCenter die Aufgabe ohne weiteren Eingriff des Administrators durch. Über den Punkt REMEDIATION (siehe Abbildung 4.10) wird festgelegt, wie sich der Host verhalten soll, falls ein Fehler auftritt. VMware sieht hier die drei Einstellungsmöglichkeiten aus Tabelle 4.1 vor.

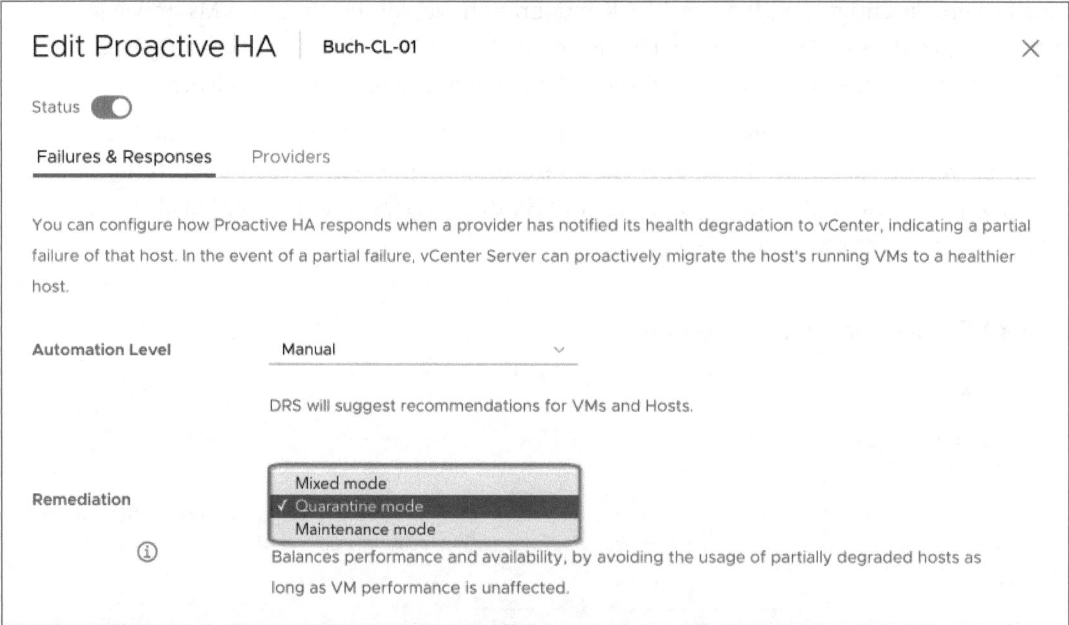

Abbildung 4.10 »Remediation«-Einstellungsmöglichkeiten

Option	Beschreibung
QUARANTINE MODE	VMs werden von dem betroffenen Host nur wegmigriert, wenn keine Ressourcenengpässe entstehen und wenn keine Affinitäts- bzw. Antiaffinitätsregeln gebrochen werden. Es werden keine neuen VMs auf dem Host bereitgestellt. Dieser Modus wird nur gewählt, wenn der gefundene Fehler nicht so schwerwiegend ist.
MAINTENANCE MODE	Treten Fehler auf, wird ohne Rücksicht auf eventuell vorhandene Ressourcenengpässe oder Affinitäts- bzw. Antiaffinitätsregeln der Host evakuiert und in den Maintenance Mode versetzt.
MIXED MODE	Bei leichten Fehlern verbleiben die VMs auf dem Host; eine Evakuierung erfolgt erst bei schwerwiegenden Fehlern.

Tabelle 4.1 »Remediation«-Modi

4.2.2 Voraussetzungen für HA

Die Anforderungen für HA entsprechen zum größten Teil denen von vMotion, allerdings existiert keine zwingende Voraussetzung, gleiche Prozessoren in den ESXi-Hostsystemen zu nutzen. Dies rührt daher, dass HA die virtuellen Maschinen nicht im aktiven Zustand migriert, sondern einschaltet, nachdem sie bereits durch den Ausfall gestoppt wurden. Daher gilt: HA setzt voraus, dass jede VM auf jedem ESXi-Host neu gestartet werden kann.

Die Empfehlungen zum Betrieb von vSphere HA lauten:

- vCenter-Integration
- zentraler Storage, auf den alle ESXi-Systeme zugreifen können
- alternativ zum zentralen Speicher kann auch VSAN genutzt werden
- installierte und funktionstüchtige HA-Komponenten auf den ESXi-Hosts
- Managementnetzwerkverbindung zwischen allen ESXi-Hosts im Cluster (siehe Abbildung 4.11)
- gleiche Netzwerkkonfiguration für die VMs auf allen ESXi-Hosts im Cluster
- keine Managementnetzwerkverbindung zwischen ESXi-Hosts über Router zulässig, die *Gratuitous ARP* verwerfen

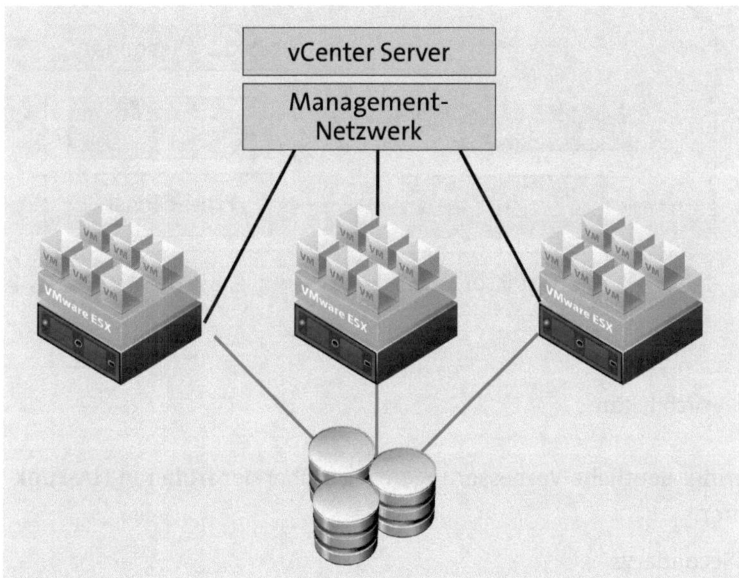

Abbildung 4.11 Grundstruktur der Anforderungen für vSphere HA

> **Tipp**
> Möchten Sie bei virtuellen Maschinen testen, ob sie die Anforderungen erfüllen, können Sie dafür eine vMotion-Migration nutzen, da deren Voraussetzungen die von HA noch übertreffen. So ist es möglich, ohne Ausfall die HA-Fähigkeit einer VM zu überprüfen.

Aufgrund der Anforderungen an zentralen Shared Storage und direkte Netzwerkverbindungen zwischen den ESXi-Hosts ist es manchmal schwierig, einen HA-Cluster zwischen mehreren Rechenzentren aufzubauen. Hier nutzt auch eine Replikation der Daten zwischen SAN-Systemen in den Rechenzentren nichts, sondern nur ein Zugriff auf die gleichen Daten. Schlagwörter hierzu sind *Metro-Cluster* und *Stretched Cluster*.

4.2.3 HA-Komponenten

Beim Einsatz von vSphere HA kommen drei Komponenten ins Spiel: der vCenter Server, der ESXi-Hostprozess (*hostd*) und der FDM (*Fault Domain Manager*; siehe Abbildung 4.12).

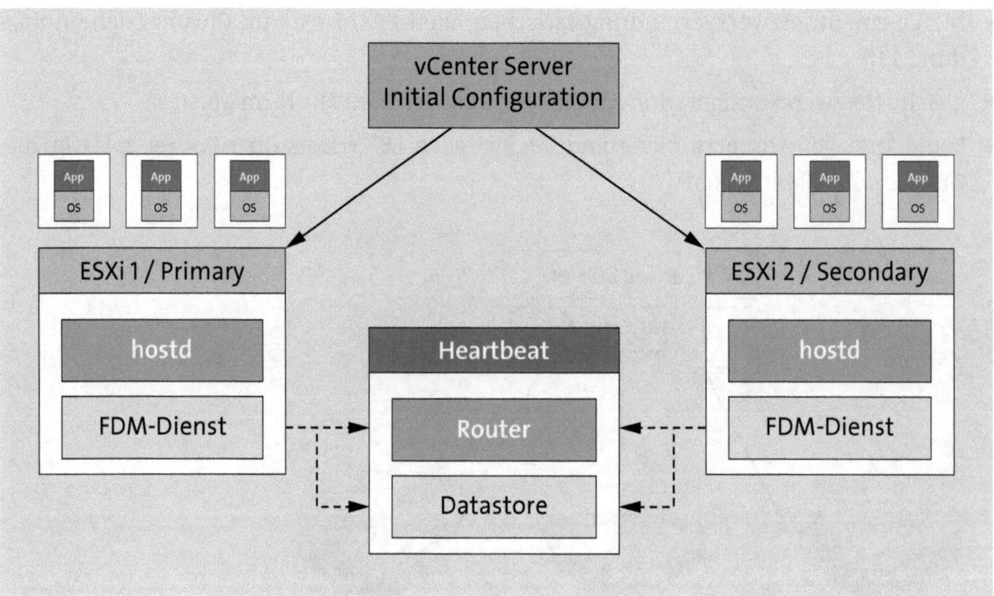

Abbildung 4.12 VMware-HA-Architektur

Die FDM-Komponente bringt deutliche Verbesserungen gegenüber der früheren HA-Funktionalität mit sich, darunter:

- ein Primary, mehrere Secondarys
- keine DNS-Abhängigkeit mehr (IP-basiert)
- Verbesserungen bei Isolation Response und Admission Control
- HA-Protokollierung ist Syslog-fähig
- Netzwerk- und Storage Heartbeat

4.2.4 Lizenzierung von HA

vSphere HA ist Bestandteil der vSphere-Suite, die auf CPU-Sockel-Basis lizenziert wird und ab der Edition *Essentials Plus* integriert ist. Auch in den *Remote Office Branch Office*-(ROBO-)Versionen ist High Availability schon enthalten.

4.2.5 Einrichtung von HA

Sie richten HA dadurch ein, dass Sie das Feature HA (vSPHERE HA, siehe Abbildung 4.13) in den Eigenschaften eines Clusters oder bei der Neuerstellung einschalten (TURN ON). Auf diese Weise werden die HA-Komponenten auf den ESXi-Hosts aktiviert und kommunizieren miteinander. Danach können Sie HA an die Bedürfnisse der Infrastruktur anpassen (siehe Abbildung 4.14).

Abbildung 4.13 Aktivierung des VMware-HA-Features

Enable Host Monitoring

Die Option ENABLE HOST MONITORING (siehe Abbildung 4.14) ist sinnvoll, wenn Sie an ESXi-Hosts innerhalb eines Clusters Wartungsarbeiten ausführen, die zum Verlust der Heartbeat-Pakete führen würden. Ein typischer Fall wäre ein Austausch oder ein Firmware-Upgrade von Ethernet-Switches. Der Schalter sollte vor der eigentlichen Wartung deaktiviert und nach Abschluss der Wartungsarbeiten wieder aktiviert werden.

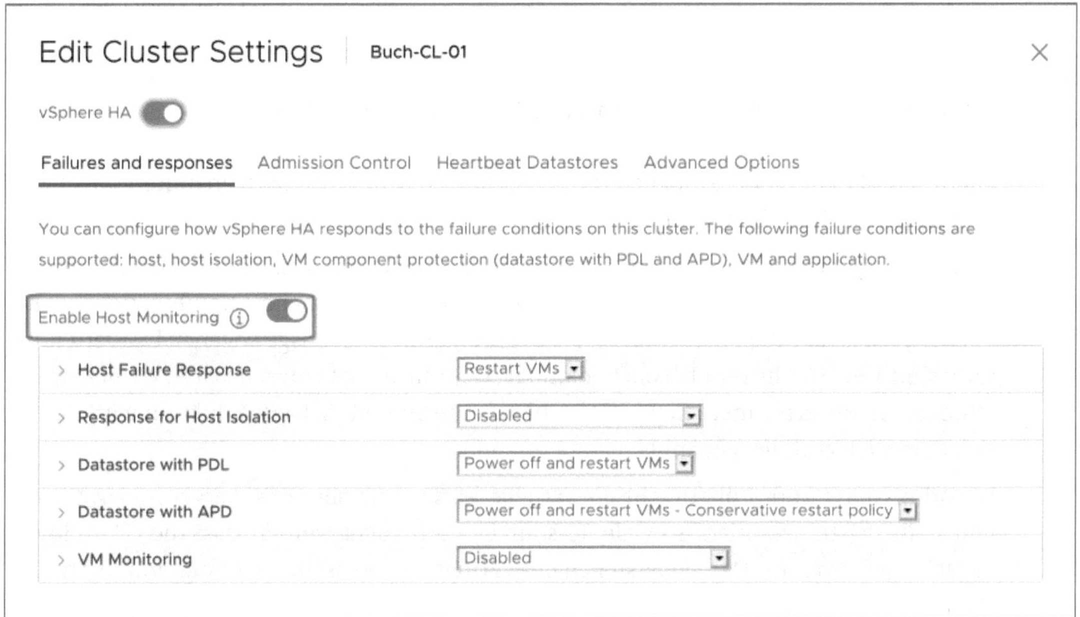

Abbildung 4.14 Aktivierung/Deaktivierung des »Host Monitoring«

HA-Failover-Capacity und Admission Control

Die HA-Failover-Capacity (siehe Abbildung 4.15) gibt die Anzahl der ausgefallenen ESXi-Server an, die ein HA-Cluster verkraften soll. Der vCenter Server errechnet eigenständig, wie viele Ressourcen insgesamt im Cluster verfügbar sein müssen, um den Ausfall der angegebenen Anzahl von ESXi-Servern abzufangen.

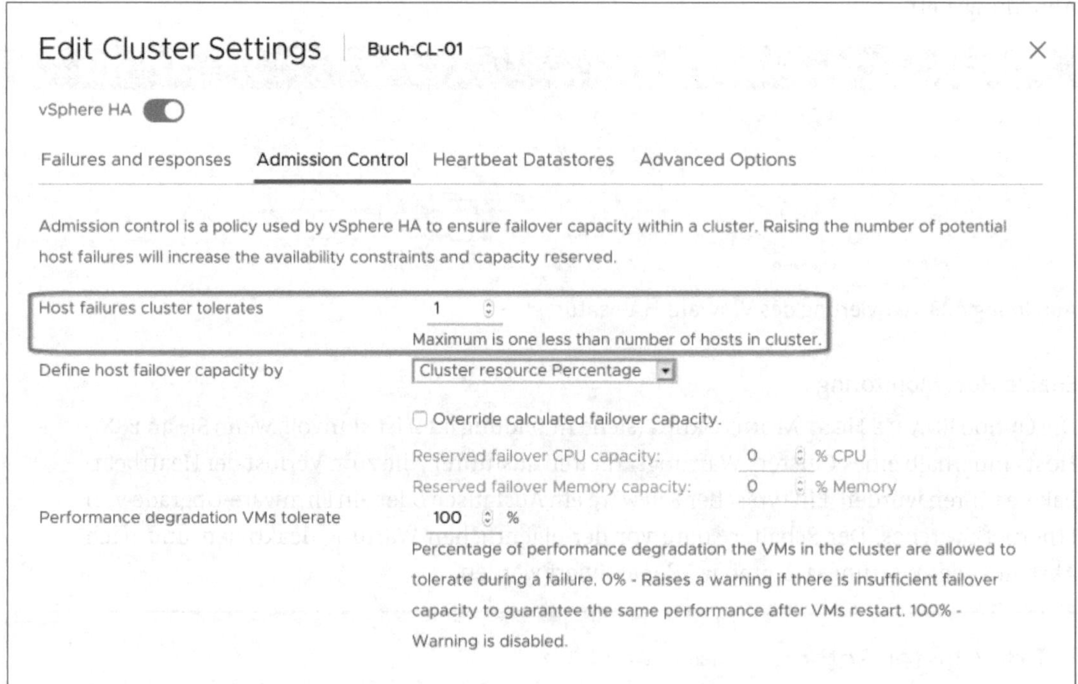

Abbildung 4.15 Festlegung der Anzahl der zu tolerierenden Hostausfälle

Allerdings ist es in vSphere möglich, die Berechnungsgrundlage der sogenannten *Slots* selbst vorzugeben (siehe Abbildung 4.16).

Als Grundlage hierfür dient der ESXi-Server mit der stärksten Auslastung, wobei dieser Umstand eine sehr konservative Berechnung ergibt. Optimal wäre hier die Kombination von HA mit DRS, sodass alle ESXi-Server im Cluster-Verbund mit einer ausgewogenen Lastverteilung aktiv sind. Der HA-Cluster überwacht dann die Gesamtmenge von startbaren virtuellen Maschinen, um die errechnete Kapazität nicht zu unterschreiten. Diese Funktion wird *Admission Control* (Richtlinie) genannt.

Die Admission Control überwacht die aktuelle Auslastung aller ESXi-Server im HA-Cluster und stellt sicher, dass nicht so viele Ressourcen verbraucht werden, dass die HA-Failover-Capacity gefährdet ist. Das Sicherstellen der verfügbaren Ressourcen erfolgt mit der möglichen Sperre folgender Operationen:

- Start von virtuellen Maschinen
- Migration einer aktiven virtuellen Maschine in einen HA-Cluster
- zu einem Snapshot einer ausgeschalteten virtuellen Maschine zurückrollen und diesen aktivieren
- Erhöhen von CPU- oder Memory-Resource-Settings einer virtuellen Maschine

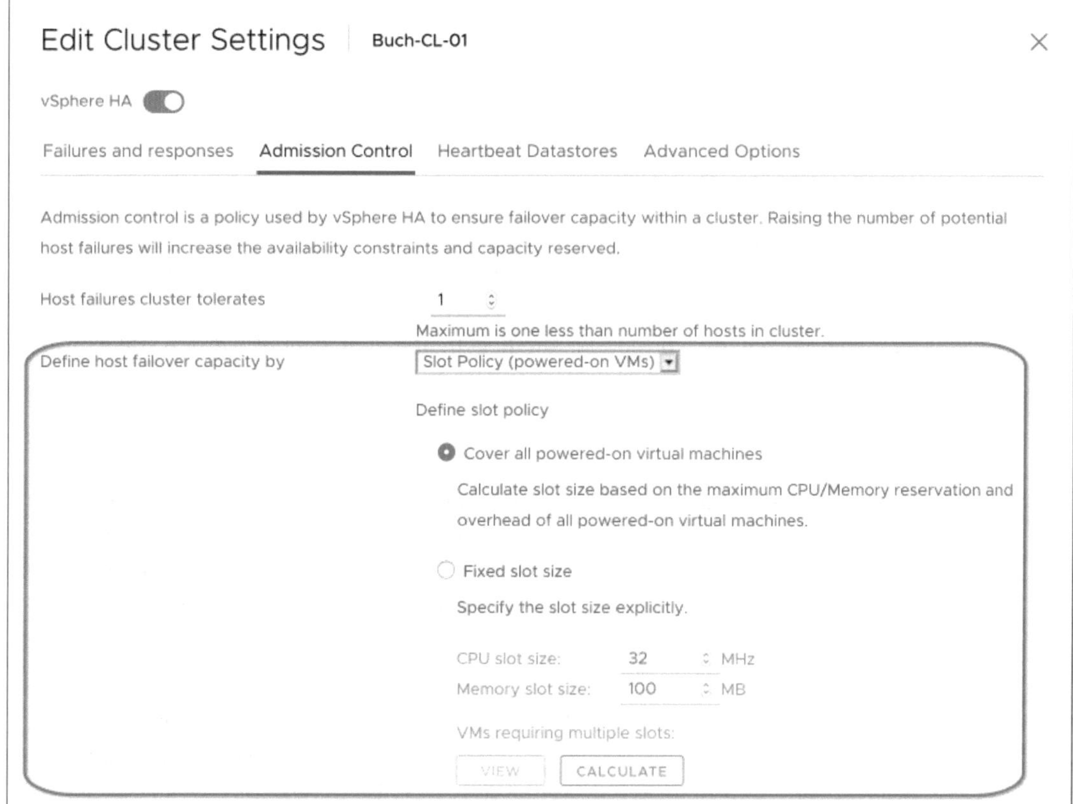

Abbildung 4.16 Slot-Größe für Ressourcenberechnung vorgeben

Diese Überwachung verringert die Flexibilität der ESXi-Server im HA-Cluster und kann durch Deaktivierung der Admission Control ausgeschaltet werden. Dadurch können mehr virtuelle Maschinen gestartet werden, als die Admission Control erlauben würde. Dabei signalisiert der vCenter-Client einen HA-Cluster mit niedriger Failover-Capacity nicht mit einem roten Symbol, und virtuelle Maschinen können nach Belieben gestartet werden.

Die Folge dieser Aufhebung ist eine reduzierte Kapazität, um die konfigurierte Anzahl von ESXi-Server-Ausfällen abzufangen. Werden jetzt bei einem Ausfall die virtuellen Maschinen auf den übrigen ESXi-Servern neu gestartet, entscheidet die *HA Restart Priority* einer VM, wann diese gestartet wird, um somit die letzten freien Ressourcen des HA-Clusters in Beschlag zu nehmen. VMs mit einer niedrigen Priorität laufen Gefahr, mangels Ressourcen nicht mehr gestartet werden zu können.

Dieses Standardverfahren der Admission Control können Sie jedoch in einem begrenzten Rahmen konfigurieren. So besteht die Möglichkeit, die Ressourcensperre der Admission Control komplett aufzuheben und auch bei erschöpften Ressourcen die VMs immer noch zu starten. Die Auswahl treffen Sie mit dem Schalter ENABLE ADMISSION CONTROL. In diesem Fall ist es auch nicht mehr möglich, die POLICY detaillierter zu konfigurieren, und der Bereich wird grau unterlegt.

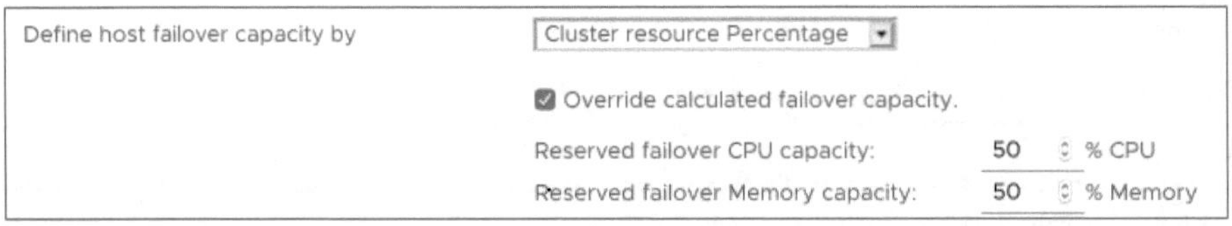

Define host failover capacity by | Cluster resource Percentage

Override calculated failover capacity.

Reserved failover CPU capacity: 50 % CPU

Reserved failover Memory capacity: 50 % Memory

Abbildung 4.17 Die Richtlinie »Policy« dient zur detaillierten Einstellung der HA-Regeln.

Deaktivieren Sie die POLICY, können Sie die Regeln, die angewendet werden sollen, weiter konfigurieren (siehe Tabelle 4.2).

Option	Beschreibung
HOST FAILURES CLUSTER TOLERATES	Die Anzahl der Hosts, die ausfallen dürfen, bevor der Cluster nicht mehr aktiviert wird. Die Admission Control nimmt diesen Wert als Berechnungsgrundlage, um das Starten weiterer Systeme zu prüfen.
DEFINE HOST FAILURE CAPACITY BY/ SLOT POLICY (POWERED-ON VMS)	Eine Slot-Größe wird über alle eingeschalteten VMs für CPU- und Arbeitsspeicherressourcen berechnet. Die Größe berechnet sich über die vorgenommenen Reservierungen. Alternativ kann der Administrator eine Slot-Größe selbst definieren.
DEFINE HOST FAILURE CAPACITY BY/ CLUSTER RECOURCE PERCENTAGE	Prozentualer Anteil der Ressourcen, die bei der Laufzeit aller Systeme noch ungenutzt bleiben müssen, um Ausfälle abfangen zu können.
DEFINE HOST FAILURE CAPACITY BY/ DEDICATED FAILOVER HOSTS	Festlegung eines Hosts, der im Fall eines Fehlers alle betroffenen VMs übernehmen soll.
PERFORMANCE DEGRADATION VMS TOLERATE	Welche Performanceeinschränkung eine VM hinnehmen kann im Fall eines HA-Events.

Tabelle 4.2 Optionen für die Richtlinien zur Zugangssteuerung

Zuletzt ist es auch möglich, die ERWEITERTEN OPTIONEN direkt zu beeinflussen.

Datastore-Heartbeat

Neben dem Netzwerk-Heartbeat existiert noch ein Datastore-Heartbeat, der bei einem Netzwerkausfall prüft, ob Sie noch auf die Dateien der virtuellen Maschinen zugreifen können (siehe Abbildung 4.18).

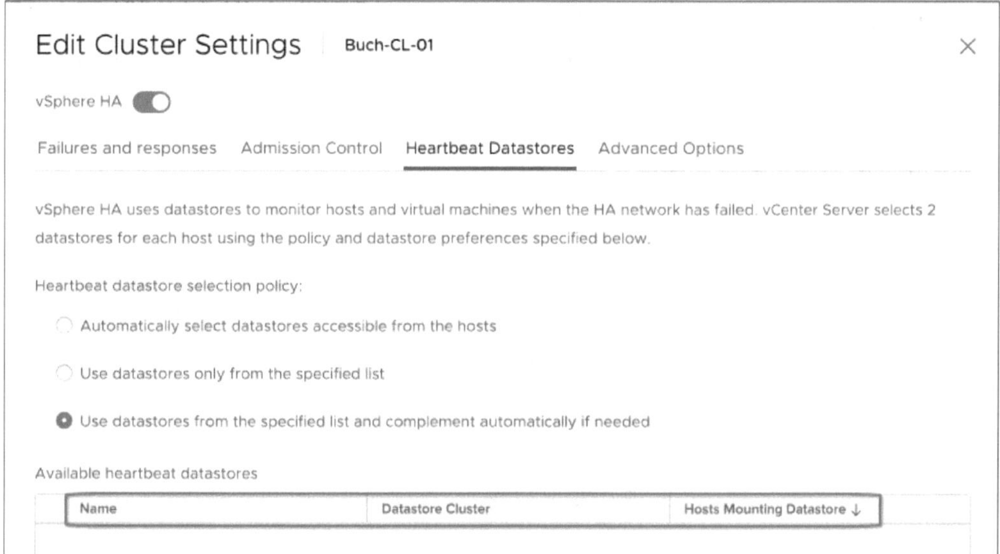

Abbildung 4.18 So richten Sie den Datastore-Heartbeat ein.

Somit existiert ein weiterer Test, der prüft, ob wirklich die VMs ausgefallen sind oder nur die Managementschnittstelle des ESXi-Hosts.

Bei Nutzung der Standardeinstellung werden (sofern verfügbar) zwei Datastores getestet, was Sie mit der Option `das.heartbeatDsPerHost` auf maximal fünf erhöhen können.

4.2.6 Gemeinsamer Einsatz von unterschiedlichen ESXi-Versionen

VMware hat den FDM-HA-Agent abwärtskompatibel entwickelt, d. h., bei älteren ESXi-Servern wird der gleiche FDM-Agent auf die Server installiert wie unter ESX 7. Somit können unterschiedliche ESXi-Versionen in einem HA-Cluster-Verbund gemeinsam existieren.

Empfehlung

Ein »Misch-Cluster« sollte nicht im Dauerbetrieb aktiv sein, sondern nur während einer Migrationsphase auf eine einheitliche Version.

4.2.7 HA Advanced Options

Es existiert eine Vielzahl von erweiterten Optionen für den Einsatz des HA-Clusters, um diesen für die vielfältigen Gegebenheiten der Kunden und der Infrastruktur passend einzustellen (siehe Abbildung 4.19).

Eine umfangreiche Liste aller Optionen finden Sie hier:

http://www.yellow-bricks.com/vmware-high-availability-deepdiv/#HA-advancedsettings

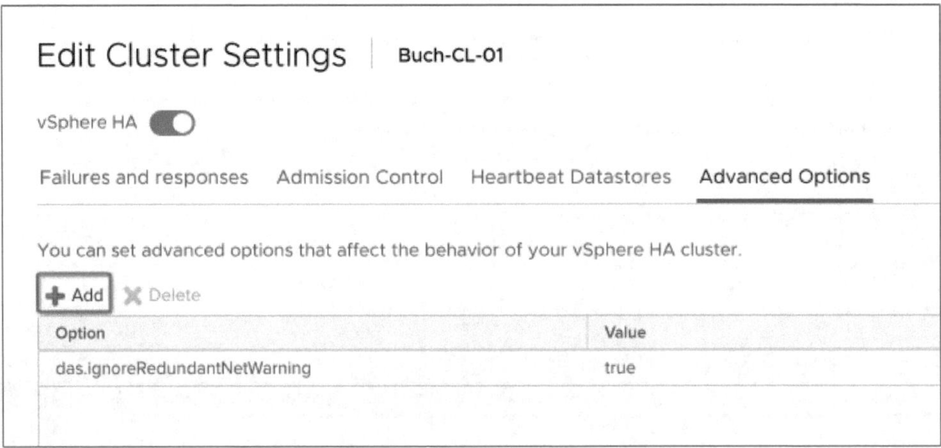

Abbildung 4.19 »Advanced Options« in den Cluster-Eigenschaften

Die ADVANCED OPTIONS (siehe Tabelle 4.3) legen Sie in den Eigenschaften des Cluster-Objekts fest.

Option	Beschreibung
`das.isolationaddress[x]`	IP-Adressen der Service Console des ESXi-Hosts, die für Heartbeat-Tests genutzt werden sollen; `[x]` = 1–10. Standardmäßig wird nur das Default-Gateway genutzt.
`das.usedefaultisolationaddress`	Dieser Wert kann `true` oder `false` annehmen und gibt an, ob das Default-Gateway als Heartbeat-Adresse genutzt werden soll.
`das.isolationshutdowntimeout`	Zeitintervall für das Herunterfahren einer VM, bevor sie ausgeschaltet wird. Default = 300

Tabelle 4.3 »Advanced Options« für vSphere HA

Option	Beschreibung
das.vmmemoryminmb	Standardwert für die Arbeitsspeicherreservierung, wenn keine Reservierung gesetzt ist. Default = 0 MB
das.slotmeminmb	Das System nutzt den Wert, der kleiner ist: entweder die aktuelle Memory-Reservierung oder das.slotmeminmb.
das.slotcpuinmhz	Standardwert für die CPU-Reservierung, wenn keine Reservierung gesetzt ist. Default = 32 MHz
das.vmCpuMinMHz	CPU-MHz für die Slot-Berechnung – Admission Control.
das.iostatsinterval	Anpassung des I/O-Stats-Intervalls für das VM Monitoring. Der Wert muss größer als 0 sein, aber ein Wert unter 50 wird nicht empfohlen. vSphere HA könnte sonst die VM unerwartet zurücksetzen. Default = 120 Sekunden
das.ignoreinsuffivienthbdatastore	Deaktivierung der Fehlermeldung, wenn nicht ausreichend Datastores für den Heartbeat zur Verfügung stehen. Default = False
das.heartbeatsperhosts	Festlegung der Anzahl der Datastores für den Heartbeat. Der Wert muss zwischen 2 und 5 liegen. Default = 2
Das.config.fdm. isolationPolicyDelaySec	Zeitintervall, nach dem bei einer Hostisolierung die Policy ausgeführt wird. Wird ein Wert unter 30 eingestellt, wird er automatisch auf 30 gesetzt.
das.respectvmvmantiaffinityrules	Sollen VM-VM-Antiaffinity-Regeln auf jeden Fall eingehalten werden, muss der Wert auf True gesetzt werden. Bei False werden im Fehlerfall die Regeln nicht berücksichtigt.

Tabelle 4.3 »Advanced Options« für vSphere HA (Forts.)

Option	Beschreibung
das.respectvmhostsoftaffinityrules	Wird der Wert auf True gesetzt (ist Defaultwert), werden, falls notwendig, VMs ohne Berücksichtigung der VM-Hostgruppen gestartet. Sollen auf jeden Fall die Regeln eingehalten werden, muss der Wert auf False gesetzt werden.
das.reregisterrestartdisabledvms	Wird vSphere HA für eine VM deaktiviert, sorgt diese Einstellung dafür, dass die VM auf einem anderen Host registriert wird, sodass sie später sofort eingeschaltet werden kann.
das.config.fdm.memReservationMB	Normalerweise benötigt der HA-Agent 250 MB Arbeitsspeicher. Kann vSphere aufgrund von Speicherengpässen den Speicher nicht zuweisen, können Sie hier den zu nutzenden Speicher auf minimal 100 MB reduzieren. Für sehr große Umgebungen ist es ebenfalls möglich, den Speicher auf bis zu 325 MB zu erhöhen. **Hinweis:** Nachdem auf allen Hosts die Einstellung angepasst worden ist, erfolgt die Aktivierung über RECONFIGURE FOR HA an den betroffenen Hosts.
das.maxresets	Sollte ein Reset einer VM durch die Fehlersituation *All Paths Down* (APD) oder *Permanent Drive Loss* (PDL) erfolglos ausgelöst werden, kann durch diesen Parameter festgelegt werden, wie groß die Anzahl der Wiederholungsversuche sein soll. Gemanagt wird das Ganze durch die *VM Component Protection* (VMCP).
das.maxterminates	Maximale Anzahl von Versuchen, bevor die VM abgebrochen wird.
das.terminateretryintervalsec	Sollte ein Abbruch fehlschlagen, legen Sie hier einen Zeitwert in Sekunden fest, nach dem ein erneuter Versuch gestartet wird.
das.config.fdm.reportfailoverfailevent	Wenn Sie den Parameter auf 1 setzen, wird im Fall eines ausgelösten HA-Events eine respectvmhostsoftaffinityrules-Meldung pro betroffene VM erzeugt. Der Standardwert ist 0.

Tabelle 4.3 »Advanced Options« für vSphere HA (Forts.)

Option	Beschreibung
`vpxd.das.completemetadataupdateintervalsec`	Zeitfenster in Sekunden, in dem während eines HA-Ereignisses VMs neu gestartet werden. Der Standardwert ist 300. **Hinweis:** Gilt nur für Cluster, in denen DRS nicht aktiviert ist.

Tabelle 4.3 »Advanced Options« für vSphere HA (Forts.)

Weitere Informationen finden Sie hier:

https://docs.vmware.com/en/VMware-vSphere/7.0/com.vmware.vsphere.avail.doc/GUID-E0161CB5-BD3F-425F-A7E0-BF83B005FECA.html

das.isolationaddress

Ein Beispiel für die Nutzung der Option `das.isolationaddress` ist sehr einfach gefunden, da es aus Sicherheitsgründen oft sinnvoll ist, neben dem Default-Gateway weitere Systeme als Heartbeat-Ziel zu nutzen, um eine Isolation auszuschließen (siehe Abbildung 4.20).

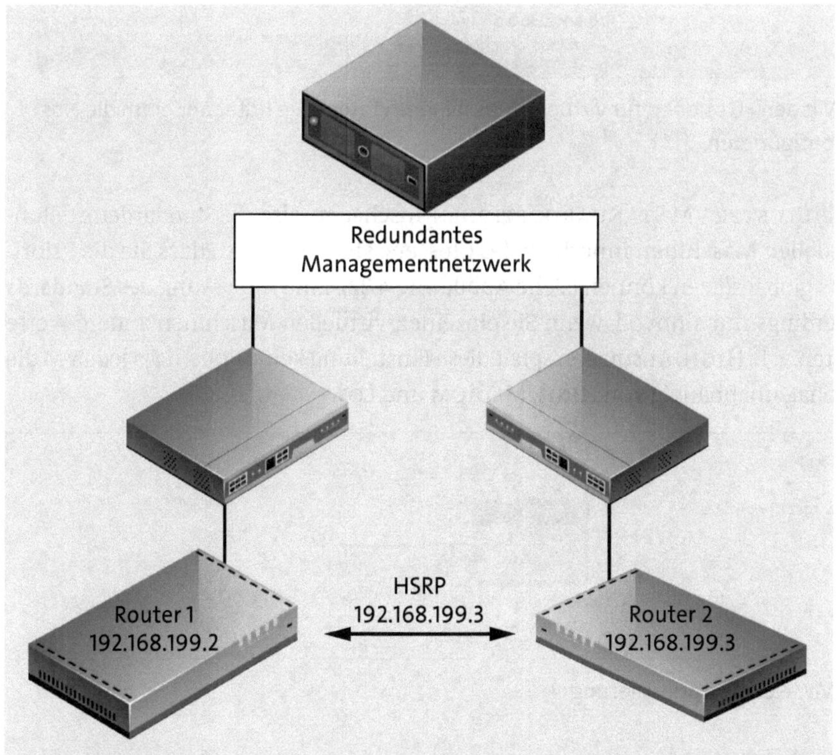

Abbildung 4.20 HSRP-ausfallsichere Konfiguration der beiden physischen Router

Soll außer auf das Default-Gateway, das z. B. ein HSRP-geschützter Router sein könnte (HSRP = Cisco *Hot Standby Router Protocol* – eine dynamische Adresse zeigt auf zwei Router), auch auf die beiden physischen Adressen der Router und des vCenter Servers (192.168.199.22) gepingt werden, sähen die ADVANCED OPTIONS wie folgt aus:

```
das.isolationaddress[1]  =  192.168.199.2
das.isolationaddress[2]  =  192.168.199.3
das.isolationaddress[3]  =  192.168.199.22
```

4.2.8 Virtual Machine Options

Da vSphere HA in erster Linie die VMs schützen soll und nicht die Hostsysteme, können Sie Regeln für einzelne virtuelle Maschinen aufstellen und auch das allgemeine Verhalten beim Neustart der VMs sowie das Verhalten bei erkannter Isolation konfigurieren (siehe Abbildung 4.21).

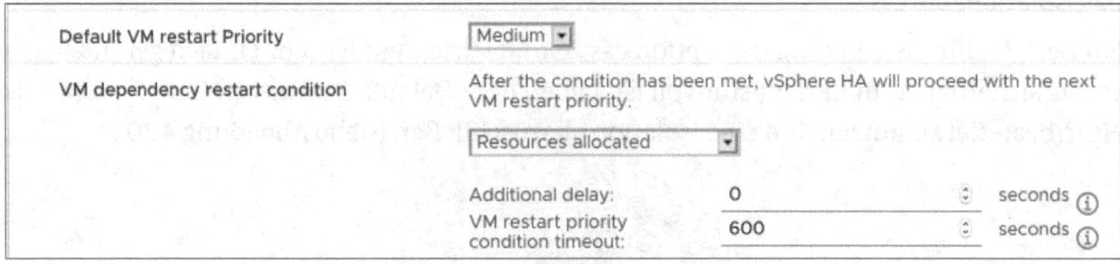

Abbildung 4.21 Mit den »Optionen für virtuelle Maschinen« können Sie unter anderem die Hostüberwachung konfigurieren.

Wenn Sie sich die CLUSTER VM STANDARDOPTIONEN anschauen, also die Standardeinstellungen für alle virtuellen Maschinen innerhalb des Clusters, stellen Sie fest, dass Sie die Priorität des Neustarts global setzen können (siehe Abbildung 4.22). Eine Anpassung des Standards MEDIUM ist allerdings nur sinnvoll, wenn Sie einzelnen virtuellen Maschinen andere Werte zuweisen möchten, z. B. HIGH. Ansonsten spielt diese Einstellung keine Rolle, da ja jede VM die gleiche Priorität hat, unabhängig von HIGH, MEDIUM und LOW.

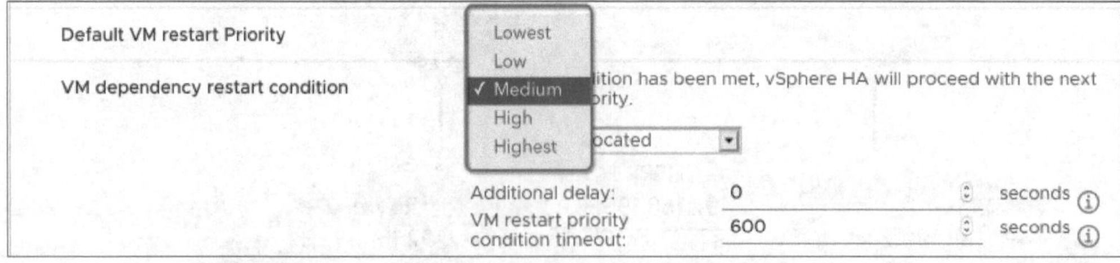

Abbildung 4.22 VM-Neustartpriorisierung

Die HOSTISOLIERUNGSREAKTION (HOST ISOLATION RESPONSE, siehe Abbildung 4.23) ist mit die wichtigste Einstellung des HA-Clusters, da sie die Reaktion des isolierten ESXi-Hosts bestimmt. Ist dieser wirklich ausgefallen, sind sowieso alle virtuellen Maschinen offline, und die restlichen Cluster-Mitglieder können die VMs neu starten. Ein Problem tritt auf, wenn der Host samt virtuellen Maschinen noch läuft, aber das Heartbeat-Netzwerk der Service Console aussetzt.

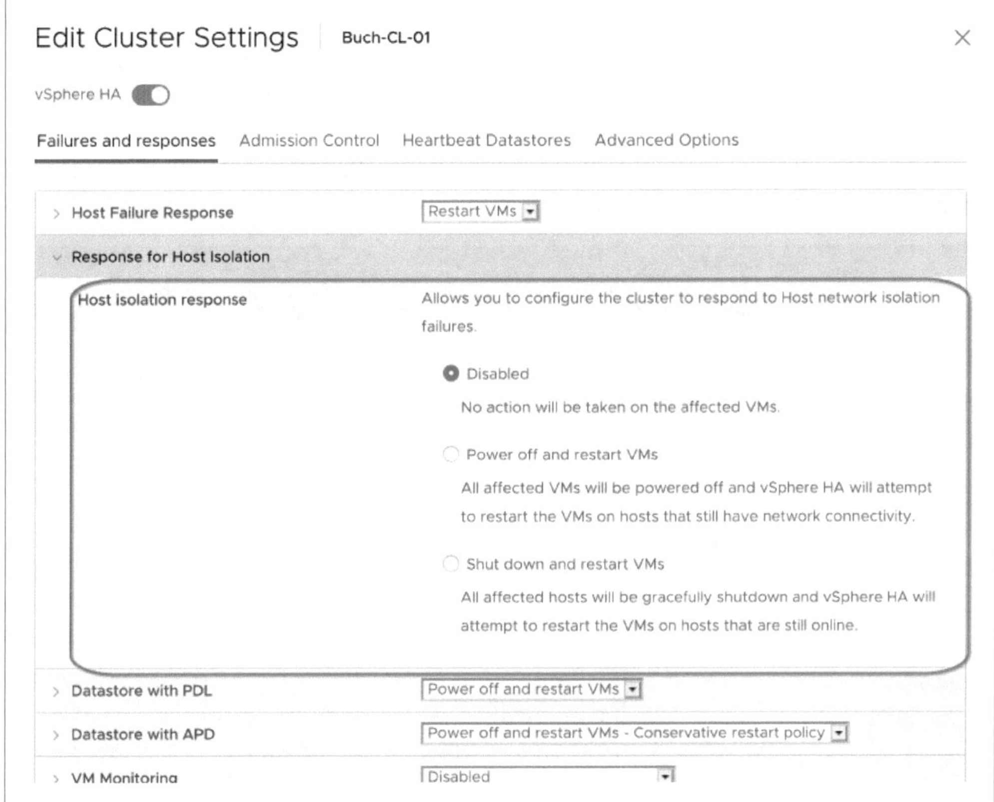

Abbildung 4.23 Hostisolierungsreaktion

Hier müssen Sie sich Gedanken darüber machen, ob die virtuellen Maschinen dann wirklich automatisch vom ESXi-Host gestoppt werden sollen (und wenn, in welcher Form) oder ob sie aktiv bleiben sollen. Entscheiden Sie sich für eine Abschaltung, bedeutet POWER OFF das harte Abschalten der VM, während SHUT DOWN die virtuelle Maschine über die VMware Tools aus dem Gast heraus herunterfährt, um sie auf einem anderen Host wieder zu starten.

Die Entscheidung fällt leicht, wenn die physischen Switches, auf denen das Managementnetz liegt, unabhängig von den physischen Switches der virtuellen Maschinen betrieben werden. In diesem Fall kann es zu einer Störung des Managementnetzwerks kommen, während die VMs aber normal weiterlaufen. Daher sollten Sie die RESPONSE FOR HOST ISOLATION aktivieren (siehe Abbildung 4.23). Dies gilt generell, wenn Probleme im Netzwerk einer Infrastruktur nicht selten sind.

Hinweis

Alle übrigen ESXi-Hosts, die den isolierten Host als ausgefallen erkennen, können ihrerseits die VMs nicht neu starten, da die Festplattendateien der virtuellen Maschinen während der Laufzeit gesperrt sind.

Die Einstellungen zur Restart-Priorität und zur Isolation Response können Sie auch für jede einzelne VM getrennt unter SETTINGS • VM OVERRIDES einrichten (siehe Abbildung 4.24), wenn diese Anforderung besteht. Hier ist es beispielsweise sinnvoll, die wichtigsten VMs mit einer hohen Priorität zu versehen, während alle anderen VMs standardmäßig auf NORMAL bleiben.

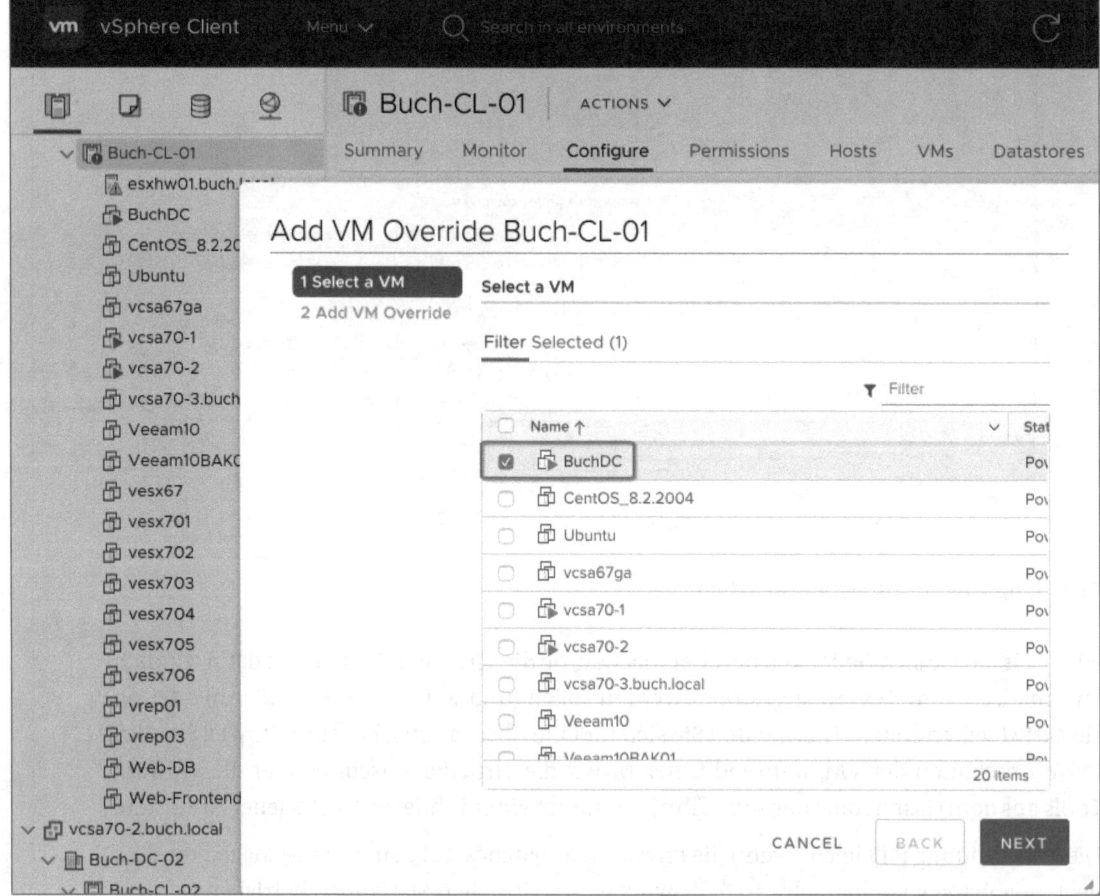

Abbildung 4.24 Auswahl der VM

Nach der Markierung der anzupassenden VMs kann die Parametrierung vorgenommen werden (siehe Abbildung 4.25).

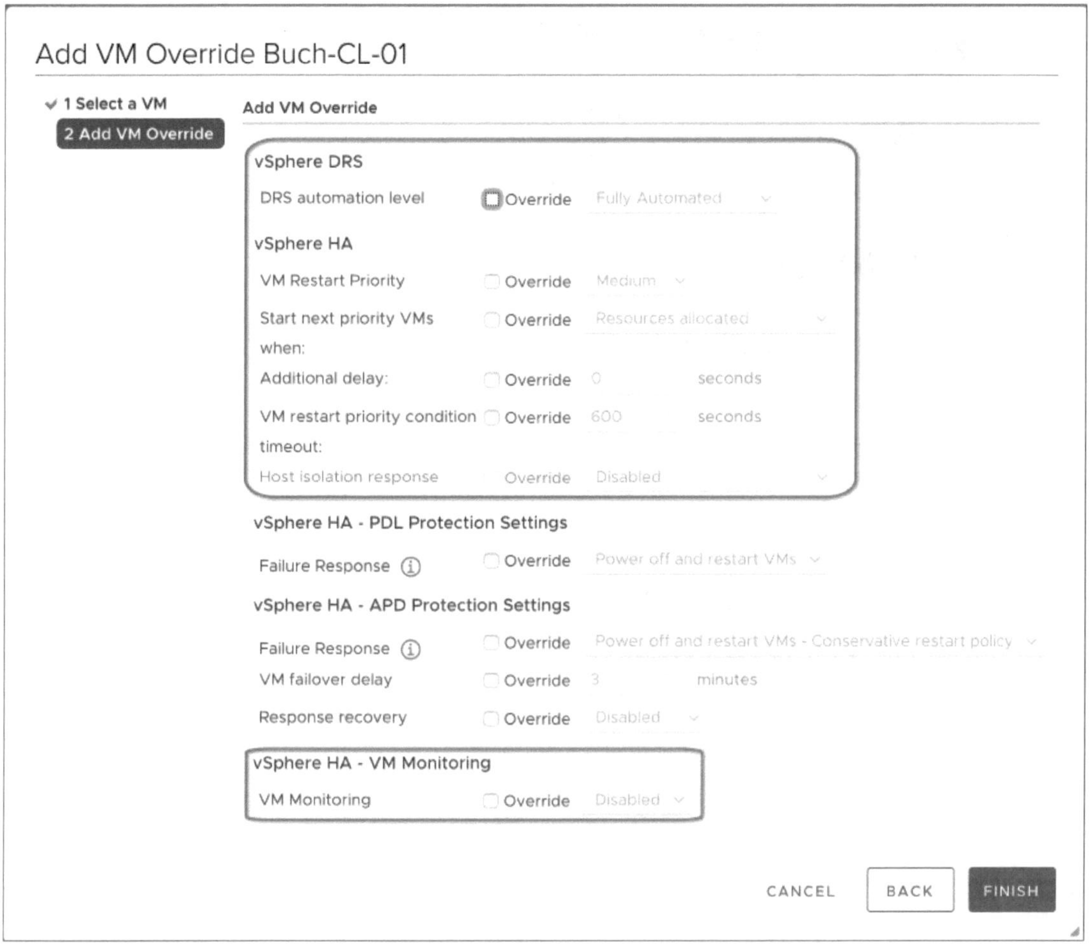

Abbildung 4.25 Anpassung der Parameter pro VM bzw. VM-Gruppe

4.2.9 Der HA-Agent (oder: Was passiert beim Hinzufügen eines ESXi-Hosts zum HA-Cluster?)

Wenn der erste ESXi-Server einem Cluster hinzugefügt wird, wird er automatisch zum Primary, und jeder nachfolgende Server wird ein Secondary.

Die einzelnen Cluster-Prozesse sind in Abbildung 4.26 dargestellt. Die HA-Agents überwachen sich im Verbund gegenseitig durch einen HA-Heartbeat über das Netzwerkinterface des Managementnetzwerks. Die Datenbank mit den vCenter-Informationen hält der Agent im RAM vor.

Außerdem wird automatisch in der Firewall des ESXi-Hosts der *vSphere High Availability Agent* erlaubt (siehe Abbildung 4.27), der unter anderem für die Heartbeat-Kommunikation zuständig ist.

App
OS
App
OS
App
OS
App
OS
VMware ESXi
vpxa
VMAP
AAM

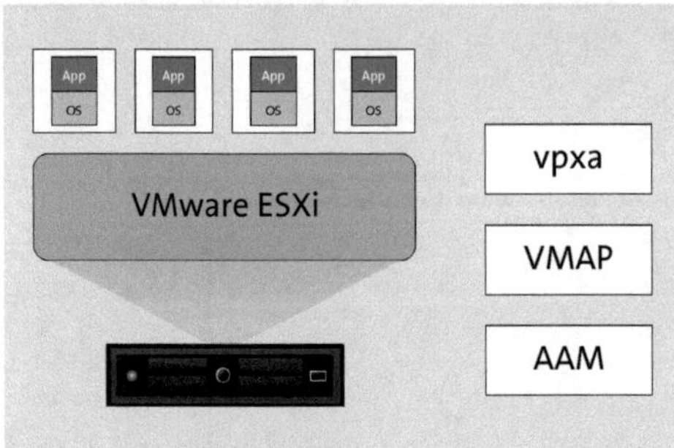

Abbildung 4.26 HA-Cluster-Prozesse pro ESXi-Server

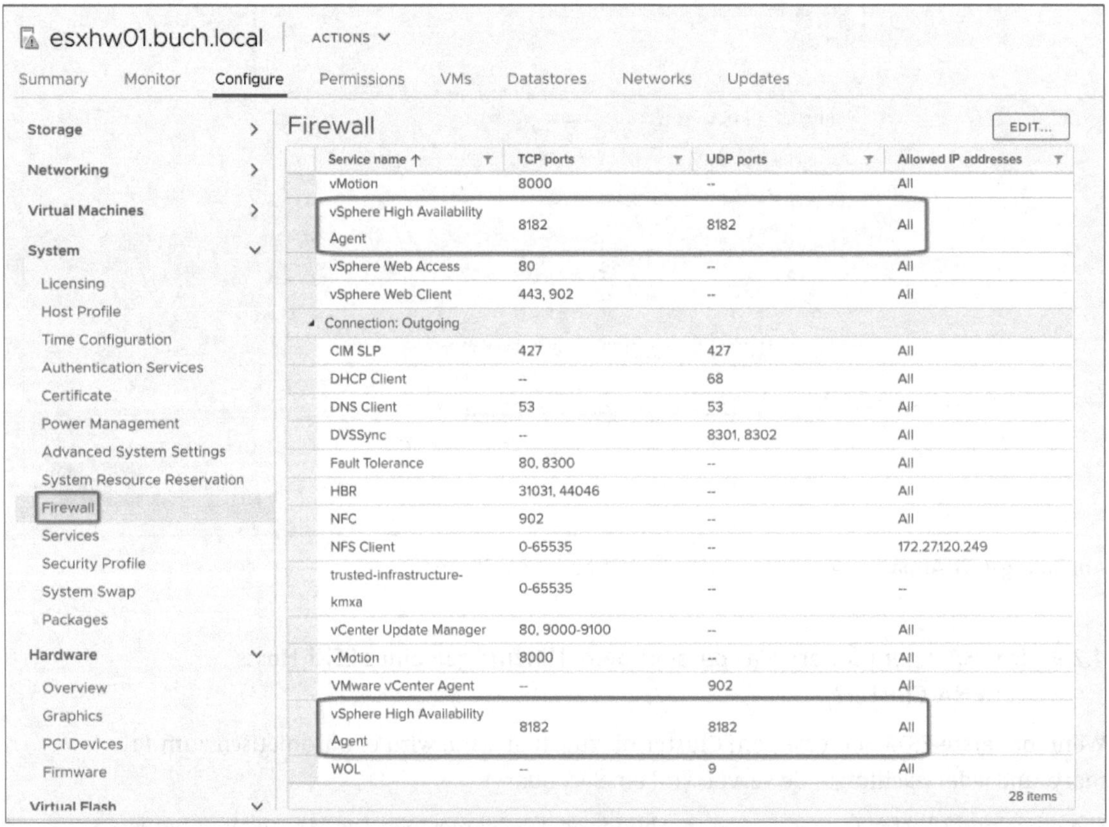

esxhw01.buch.local
ACTIONS
Summary
Monitor
Configure
Permissions
VMs
Datastores
Networks
Updates
Storage
Networking
Virtual Machines
System
Licensing
Host Profile
Time Configuration
Authentication Services
Certificate
Power Management
Advanced System Settings
System Resource Reservation
Firewall
Services
Security Profile
System Swap
Packages
Hardware
Overview
Graphics
PCI Devices
Firmware
Virtual Flash
Firewall
EDIT...
Service name
TCP ports
UDP ports
Allowed IP addresses
vMotion 8000 -- All
vSphere High Availability Agent 8182 8182 All
vSphere Web Access 80 -- All
vSphere Web Client 443, 902 -- All
Connection: Outgoing
CIM SLP 427 427 All
DHCP Client -- 68 All
DNS Client 53 53 All
DVSSync -- 8301, 8302 All
Fault Tolerance 80, 8300 -- All
HBR 31031, 44046 -- All
NFC 902 -- All
NFS Client 0-65535 -- 172.27.120.249
trusted-infrastructure-kmxa 0-65535 -- --
vCenter Update Manager 80, 9000-9100 -- All
vMotion 8000 -- All
VMware vCenter Agent -- 902 All
vSphere High Availability Agent 8182 8182 All
WOL -- 9 All
28 items

Abbildung 4.27 Firewall-Einträge für den HA-Agent

4.2.10 Reconfigure for vSphere HA

Der laufende FDM-Prozess von vSphere HA auf dem ESXi-Host wird durch einen zusätzlichen Monitoring-Prozess überwacht, der diesen Prozess bei einem Ausfall automatisch neu startet. Das hilft beim versehentlichen Stoppen des FDM oder bei kleineren Problemen.

Sollte ein Konfigurationsfehler vorliegen, schafft oft ein RECONFIGURE FOR VSPHERE HA im Kontextmenü des ESXi-Hosts Abhilfe (siehe Abbildung 4.28). Dieser Aufruf rekonfiguriert den HA-Agent komplett und startet ihn neu.

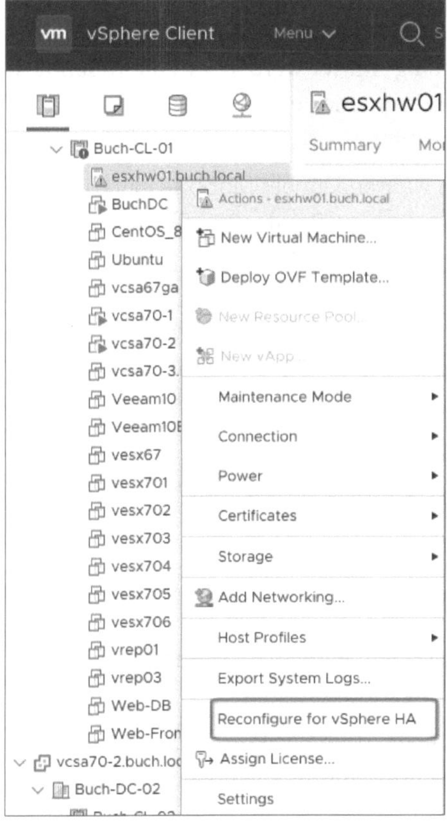

Abbildung 4.28 »Reconfigure for vSphere HA« kann bei Konfigurationsproblemen des Clusters Wunder bewirken.

4.2.11 Das Verhalten eines HA-Clusters

Der Primary-Agent in einem Cluster überwacht die Verfügbarkeit der ESXi-Server und startet die virtuellen Maschinen des ausgefallenen HA-Knotens auf den verbleibenden ESXi-Servern mit genügend freier Kapazität neu. Die Heartbeat-Pakete, die zur Funktionsüberprüfung der einzelnen Systeme genutzt werden, werden sekündlich über alle Managementverbindungen verschickt. Zusätzlich werden – falls so konfiguriert – die Datastores bzw. deren Verfügbarkeit getestet.

Ist die aktuelle Failover-Capacity des HA-Clusters unter dessen konfigurierte Failover-Capacity gefallen, zeigt sich das Cluster-Symbol im vCenter-Client bei aktiver Zugangssteuerung in Rot. Das rote Symbol kann zum einen durch Ausfall zu vieler ESXi-Server bedingt sein oder zum anderen durch zu hohe Belegung der ESXi-Server mit virtuellen Maschinen. Haben

Sie bei den virtuellen Maschinen keine HA-Restart-Priorisierung vergeben, werden die ausgefallenen virtuellen Maschinen nacheinander auf den verbleibenden ESXi-Servern gestartet, bis die Kapazität der ESXi-Server erschöpft ist. Dies kann zur Folge haben, dass wichtige VMs nicht mehr gestartet werden können. Das Vergeben einer HA-Priorität hilft, diese Problematik etwas zu entschärfen, indem ein ESXi-Administrator den wichtigeren VMs eine höhere Priorität verleiht, damit diese frühestmöglich gestartet werden, um die freien Ressourcen garantiert zu erhalten. Virtuelle Maschinen mit einer niedrigeren Priorität fallen dann gegebenenfalls der Ressourcenknappheit zum Opfer.

Einen Sonderfall stellt der Ausfall eines ESXi-Servers während einer vMotion-Operation dar: Fällt der ursprüngliche ESXi-Server aus, versucht HA, die betreffende virtuelle Maschine auf dem vom Administrator vorgesehenen Zielserver der vMotion-Operation zu starten. Fällt hingegen der Zielserver aus, wird HA versuchen, diese VM auf dem ursprünglichen ESXi-Server wieder zu starten. Fallen im Extremfall beide an der vMotion-Operation beteiligten ESXi-Server aus, wird HA versuchen, einen dritten ESXi-Server mit ausreichend verfügbarer Kapazität zu finden, um die betroffene virtuelle Maschine darauf erneut zu starten.

Bei einem HA-Failover werden die virtuellen Maschinen mit der höchsten Priorität zuerst gestartet. Dabei wählt HA den ESXi-Knoten mit den meisten nicht reservierten Ressourcen als Erstes aus.

4.2.12 HA-Slot-Berechnung

Ein HA-Slot wird anhand der aktiven virtuellen Maschinen berechnet. Er kann jedoch auch an individuelle Slot-Größen angepasst werden.

War man zu optimistisch oder verfügt man wirklich über zu wenige Ressourcen, ist eine Fehlermeldung beim Starten einer virtuellen Maschine, die die HA-Einstellungen übersteigt, unvermeidlich (siehe Abbildung 4.29).

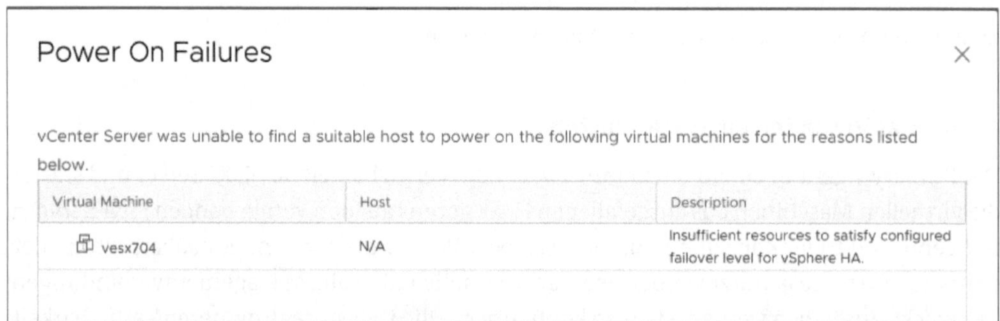

Abbildung 4.29 Ressourcenwarnung aufgrund einer Verletzung der HA-»Admission Control«

Die aktuellen Slot-Größen und die weiteren noch verfügbaren Slots lassen sich unter der Auswahl vSPHERE HA • SUMMARY auf der MONITOR-Registerkarte des Clusters einsehen (siehe Abbildung 4.30).

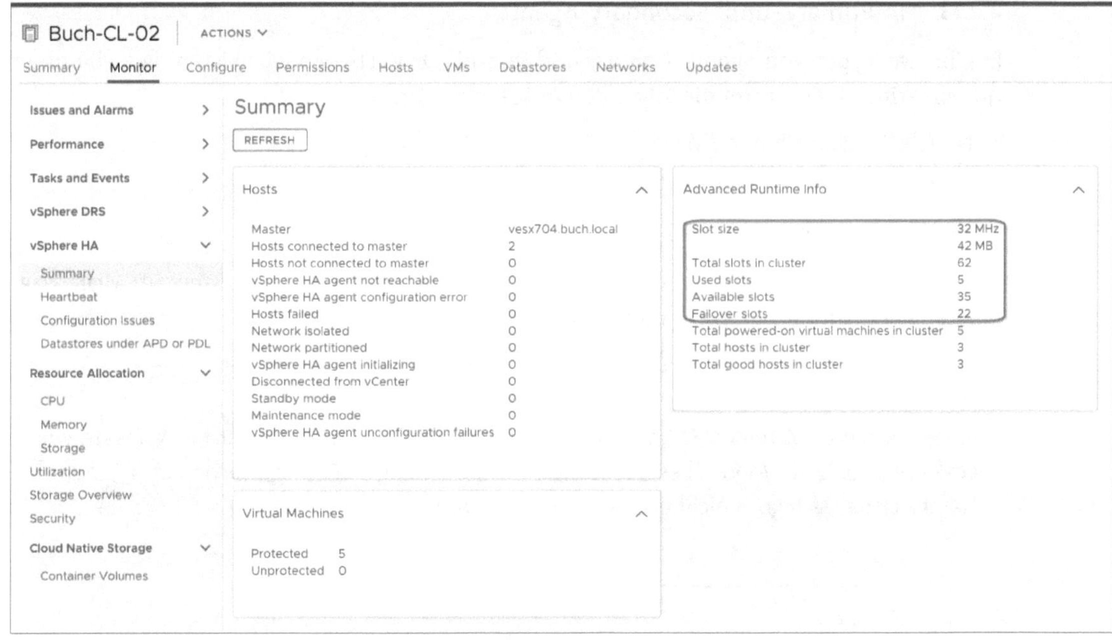

Abbildung 4.30 »Advanced Runtime Info« eines HA-Clusters

Dieses Problem können Sie auch umgehen, indem Sie die ADMISSION CONTROL auf einen Prozentteil des gesamten Clusters setzen (siehe Abbildung 4.31).

Damit ändern Sie die fixe Regel in eine relative Bewertung. Diese relative Bewertung ist auch bei Clustern mit vielen ESXi-Hosts (sechs und mehr) interessant, um die Slot-Berechnung zu optimieren.

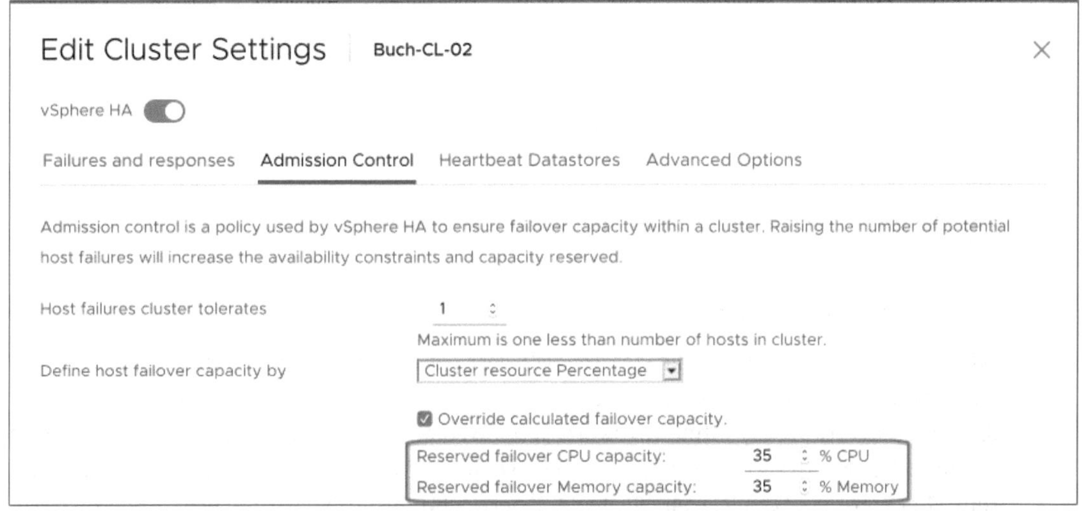

Abbildung 4.31 Cluster-Ressourcen nicht fix, sondern relativ angeben

4.2.13 HA-Primary- und -Secondary-Agents

Es gibt zwei Typen von Agents: *Primary* und *Secondary*. Im HA-Modell existiert jedoch immer nur ein Primary. Er nimmt die folgenden Aufgaben wahr:

- Neustart ausgefallener VMs
- Kommunikation mit dem vCenter
- Überwachung der Secondarys

Welcher Host der Primary ist, können Sie in der SUMMARY des HA-Clusters im MONITOR-Bereich herausfinden (siehe Abbildung 4.32).

Hinweis

In dem Screenshot finden Sie noch die alte Bezeichnung Master. Früher hat VMware von einem Master/Slave-Modell gesprochen. Das neue Wording ist Primary/Secondary. Die neuen Namen ziehen sich noch nicht bis ins letzte Detail durch.

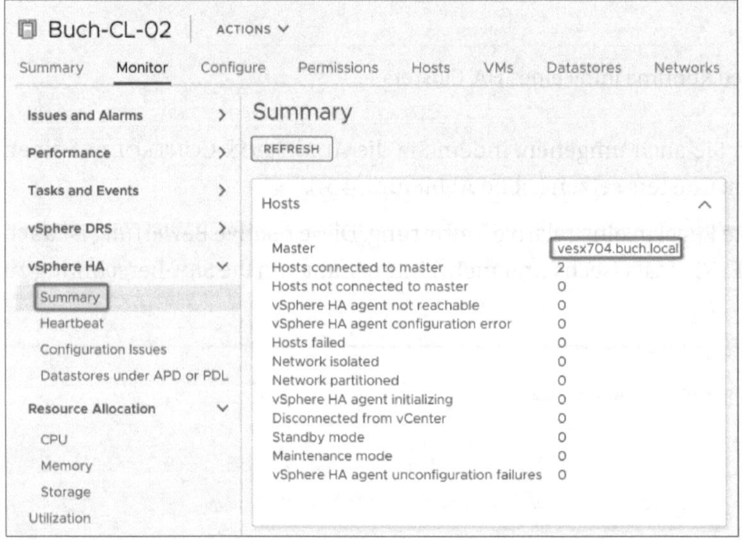

Abbildung 4.32 Primary/Secondary-Aufteilung im HA-Cluster

4.2.14 HA-Hostisolation

Wie bereits erwähnt, werden die Heartbeat-Pakete standardmäßig sekündlich verschickt und auch erwartet. Verliert das Managementnetzwerk eines aktiven ESXi-Knotens im HA-Cluster die Netzwerkverbindung, ohne aber komplett auszufallen, ist das noch kein Beinbruch, denn die virtuellen Netzwerke für die virtuellen Maschinen können ja unter Umständen noch aktiv sein. Hier kommt jetzt die zweite Stufe der Überwachung, die Datastore-Heartbeats, zum Einsatz (siehe Abbildung 4.33).

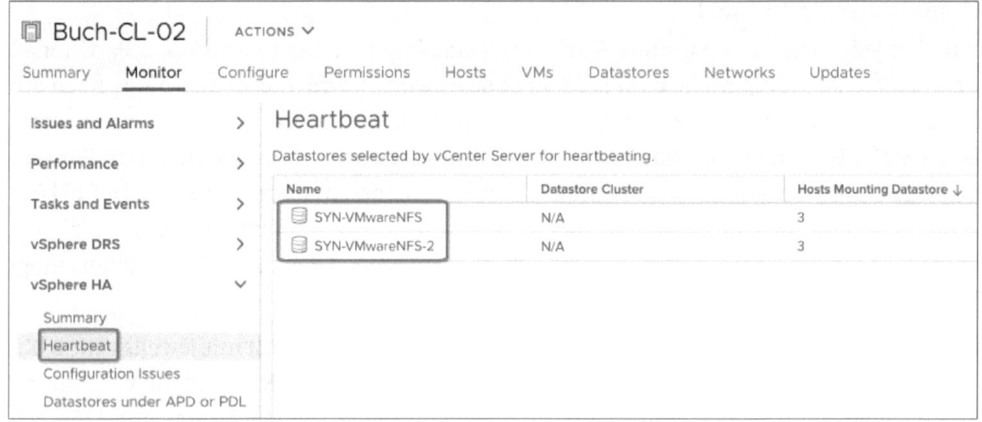

Abbildung 4.33 Datastore-Heartbeat

So erkennt der Primary zusätzlich, ob die VMs noch im Zugriff sind, und verzichtet automatisch auf einen Neustart. Diese Vorgehensweise trägt deutlich zur Entspannung bei »halb ausgefallenen« Infrastrukturen bei. Erst dann, wenn nicht mehr auf die VMs zugegriffen werden kann und der Host isoliert ist, wird ein Neustart ausgeführt – also das gleiche Verhalten wie bei einem ausgefallenen Host.

Achtung

Sie können einen HA-Cluster auch mit nur einem Datastore anlegen. Eine Fehlermeldung ist Ihnen hier gewiss, denn HA setzt mindestens zwei Datastores für den Datastore-Heartbeat voraus, ansonsten bekommen Sie die Fehlermeldung zu sehen.

Der Cluster funktioniert aber dennoch!

Isolationsvorgang

Secondary isoliert:

1. 0 Sekunden – Der Secondary-Host wird isoliert.
2. 10 Sekunden – Der Secondary wechselt in den *election state*.
3. 25 Sekunden – Der Secondary ernennt sich selbst zum Primary.
4. 25 Sekunden – Der Secondary pingt die Isolationsadressen an.
5. 30 Sekunden – Der Secondary erkennt sich selbst als isoliert und startet den Isolationsprozess.

Primary isoliert:

1. 0 Sekunden – Der Primary-Host wird isoliert.
2. 0 Sekunden – Der Primary pingt die Isolationsadressen an.
3. 5 Sekunden – Der Primary erkennt, dass er isoliert ist, und startet den Isolationsprozess.

Split-Brain oder Partitioned

Es existiert jedoch noch eine weitere Form der Hostisolation namens *Partitioned*. Partitioned bedeutet, dass kein Ping mehr vom ESXi-Host beantwortet wird, dieser allerdings noch am Auswahlprozess der Hosts untereinander teilnimmt. Dieser Zustand kann eintreten, wenn beispielsweise bei einem verteilten Cluster die Netzwerkverbindung zwischen den Rechenzentren gekappt wird, was einer Split-Brain-Situation entsprechen würde. In diesem Fall können die Hosts innerhalb des jeweiligen Rechenzentrums noch miteinander kommunizieren, aber die Verbindung zum Primary ist nur noch aus demjenigen Rechenzentrum heraus möglich, in dem der ursprüngliche Primary aktiv ist.

vSphere löst das recht clever: Stellen Sie sich zwei Rechenzentren (RZ) mit jeweils acht ESXi-Hosts in einem übergreifenden Cluster von insgesamt 16 Hosts vor. Nun fällt die Verbindung zwischen den beiden Rechenzentren aus. In RZ1 existiert noch der HA-Primary, und die sich im RZ1 befindlichen sieben ESXi-Server (Secondary) können das Netzwerk und den HA-Primary erreichen. In RZ2 existiert kein HA-Primary mehr, und acht Secondarys können keinen Primary erreichen. Allerdings erkennen die acht ESXi-Hosts sich untereinander. In diesem Fall wird ein Auswahlverfahren gestartet, und einer der acht Hosts wird zum Primary. In jedem der beiden RZ existiert nun ein Primary, und HA läuft nach wie vor korrekt. Sobald die Netzwerkverbindungen wiederhergestellt werden, wird erneut ein Auswahlprozess angestoßen, um einen der beiden HA-Primarys zum Secondary herabzustufen.

4.2.15 HA und getrennte (disconnected) ESXi-Server

Ist ein ESXi-Server eines HA-Clusters im vCenter als `disconnected` markiert, schließt die HA-Logik diesen Server aus ihren Failover-Berechnungen und Failover-Aktivitäten aus. War dieser Server ein Primary-Knoten, übernimmt einer der übrigen Secondary-ESXi-Hosts als neuer Primary den HA-Cluster. Ist ein vSphere-Host getrennt oder im Maintenance Mode, dann ist er nicht mehr Teil der HA-Funktionalität (siehe Abbildung 4.34).

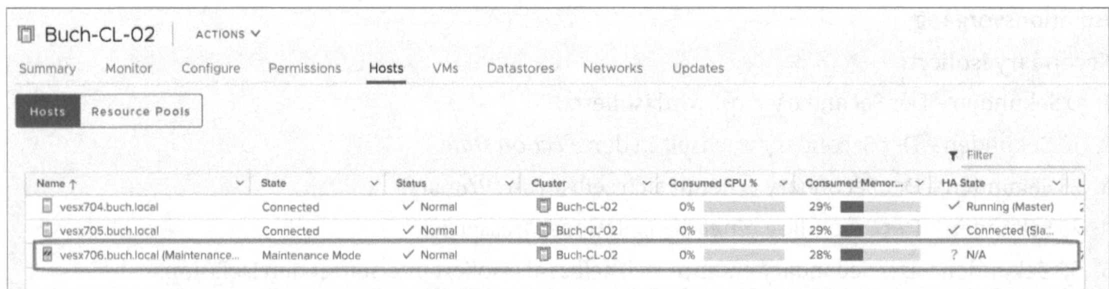

Abbildung 4.34 Von HA ausgeschlossen durch Maintenance

4.2.16 HA und DNS

DNS ist keine Voraussetzung für einen funktionierenden HA-Cluster, da alle Komponenten über IP kommunizieren. Früher war eine ausfallsichere und stabile DNS-Konfiguration notwendig, um HA korrekt betreiben zu können. Weiterhin gilt aber, dass ein funktionierender DNS Grundvoraussetzung für eine funktionierende Rechenzentrumsinfrastruktur ist.

4.2.17 HA im vSphere-Client (oder: Der Cluster treibt's bunt ...)

Der HA-Cluster zeigt sich im vCenter genauso wie ein DRS-Cluster, da beide VMware-Funktionen gleichzeitig in einem Cluster aktiviert werden können. Das Symbol kann bei der Kombination von HA und DRS insgesamt drei verschiedene Status anzeigen – und zwei verschiedene Status, wenn HA allein betrieben wird:

- Ein normales Symbol informiert darüber, dass der HA-Cluster ohne Einschränkungen lauffähig ist.
- Ein gelbes Symbol bei einem mit DRS kombinierten Cluster signalisiert, dass DRS überbucht (*overcommitted*) ist. (Das heißt, es stehen nicht genügend Ressourcen zur Verfügung.)
- Ein rotes Symbol signalisiert einen ungültigen HA- oder DRS-Cluster (zum Beispiel wenn im HA-Bereich die Ressourcen zum Erreichen der Failover-Capacity nicht ausreichen).

Yellow Cluster – overcommitted

- Ein DRS-Cluster ist *overcommitted*, wenn ein ESXi-Host ausfällt und somit nicht mehr ausreichend Ressourcen zur Verfügung stehen.
- Ein DRS-Cluster hat für einen Child-Ressourcenpool oder dessen VMs nicht ausreichend Ressourcen, um dessen bzw. deren Anforderungen zu erfüllen.

Red Cluster – invalid

- Ein HA-Cluster hat keine ausreichenden Kapazitäten (aktuelle Failover-Capacity), um die konfigurierte Failover-Capacity abzudecken.

4.2.18 HA-Limitierungen mit vSphere

In Tabelle 4.4 sehen Sie, welche Beschränkungen bei vSphere 7.x in Bezug auf vSphere HA bekannt sind.

Beschreibung	Limitierung
ESXi-Hosts pro HA-Cluster	64
Aktive VMs per Cluster	8.000
Aktive VMs pro ESXi-Host	1.024

Tabelle 4.4 HA-Cluster-Limitierung

4.2.19 HA Virtual Machine Monitoring

HA Virtual Machine Monitoring, oft nur VMHA genannt, ist eine Funktion, um virtuelle Maschinen auf Aktivität zu überwachen. Diese Aktivität wird in Form des Heartbeats gemessen, der über die *VMware Tools* erzeugt wird. Sobald während eines gewissen Zeitraums kein Heartbeat mehr empfangen wird, führt vCenter einen harten Reset durch. Dieses Vorgehen soll z. B. Kernel-Panics unter Linux und Bluescreens unter Windows erkennen. Allerdings wurde die Funktion erweitert, sodass mit den VMware Tools auf Ausfälle von Anwendungen in den virtuellen Maschinen reagiert werden kann.

Bei der Aktivierung des VM Monitorings kann daher zwischen reiner VM- und VM-und-Anwendungs-Überwachung unterschieden werden (siehe Abbildung 4.35).

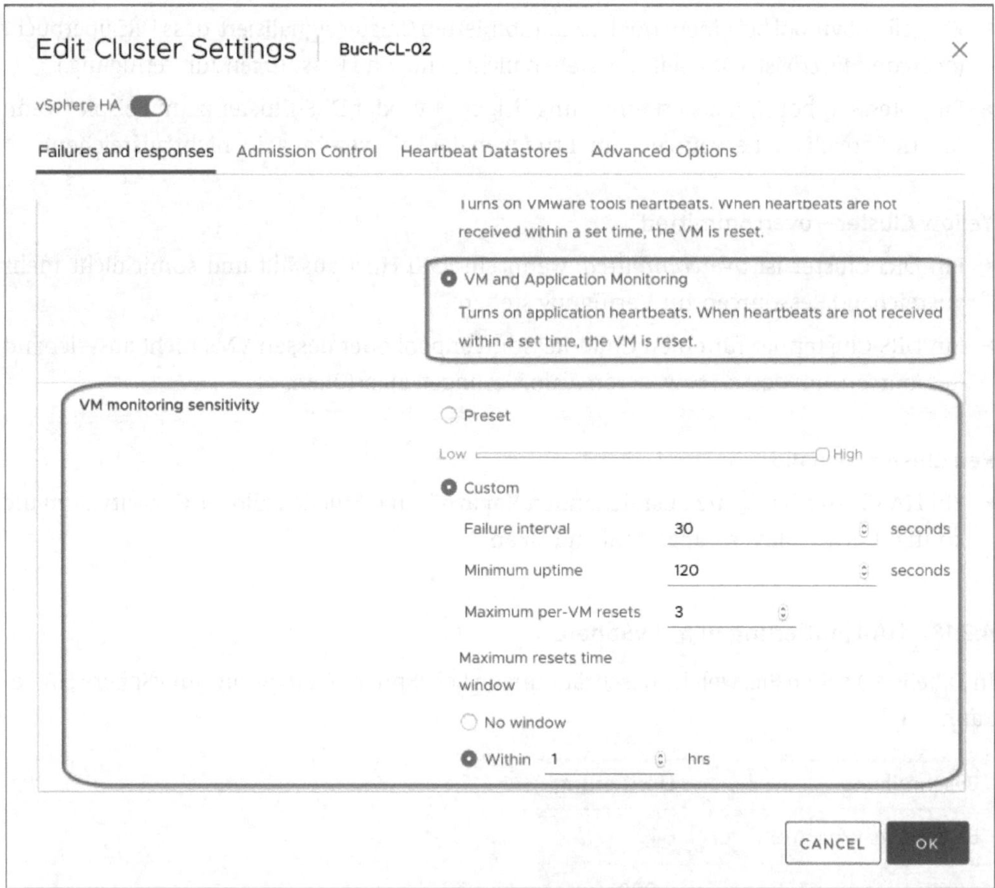

Abbildung 4.35 Die VM-Monitoring-Funktion von vSphere HA

Die Ansprechzeiten können Sie in den Einstellungen den eigenen Bedürfnissen anpassen, oder Sie arbeiten mit den drei möglichen Standardeinstellungen.

Die Defaultwerte der Standardeinstellungen, LOW, MEDIUM und HIGH, sehen Sie in Tabelle 4.5.

Level	Failure interval	Minimum uptime	Maximum per-VM resets	Maximum resets time window
LOW	120 Sekunden	480 Sekunden	3	168 Stunden
MEDIUM	60 Sekunden	240 Sekunden	3	24 Stunden
HIGH	30 Sekunden	120 Sekunden	3	1 Stunde

Tabelle 4.5 Standard-Monitoring-Empfindlichkeit

Vier Werte sind für die Empfindlichkeit interessant:

- FAILURE INTERVAL: Dieser Wert steht für das Prüfintervall auf Ausfall einer VM, d. h. dafür, wie lange kein Heartbeat erkannt wurde.
- MINIMUM UPTIME: Bestimmt die Mindestlaufzeit zwischen einem Fehler mit Neustart und einer erneuten Heartbeat-Überwachung.
- MAXIMUM PER-VM RESETS: Bestimmt die maximale Anzahl an Neustarts aufgrund von erkannten VMHA-Fehlern. Danach findet kein weiterer Neustart statt, und die VMHA-Erkennung wird für die VM vorübergehend abgeschaltet.
- MAXIMUM RESETS TIME WINDOW: Zeitfenster, in dem die maximale Anzahl der VM-Resets gezählt wird. Ist das Zeitfenster seit dem ersten Ausfall überschritten, startet das Reset-Time-Window von vorn.

Diese Einstellungen können nicht nur allgemein, sondern auch individuell pro virtuelle Maschine vorgenommen werden (siehe Abbildung 4.36). Hier ist es möglich, beim Standard (USE CLUSTER SETTINGS) zu bleiben oder ebenfalls zwischen HIGH, MEDIUM und LOW zu wählen. Das Application Monitoring kann zu- oder abgeschaltet (VM MONITORING) werden. Reicht das nicht aus, ist es auch möglich, pro virtuelle Maschine eine CUSTOM-Einstellung zu treffen.

Je nach der Konfiguration im Cluster ist es an dieser Stelle möglich, unterschiedliche Parametrierungen vorzunehmen.

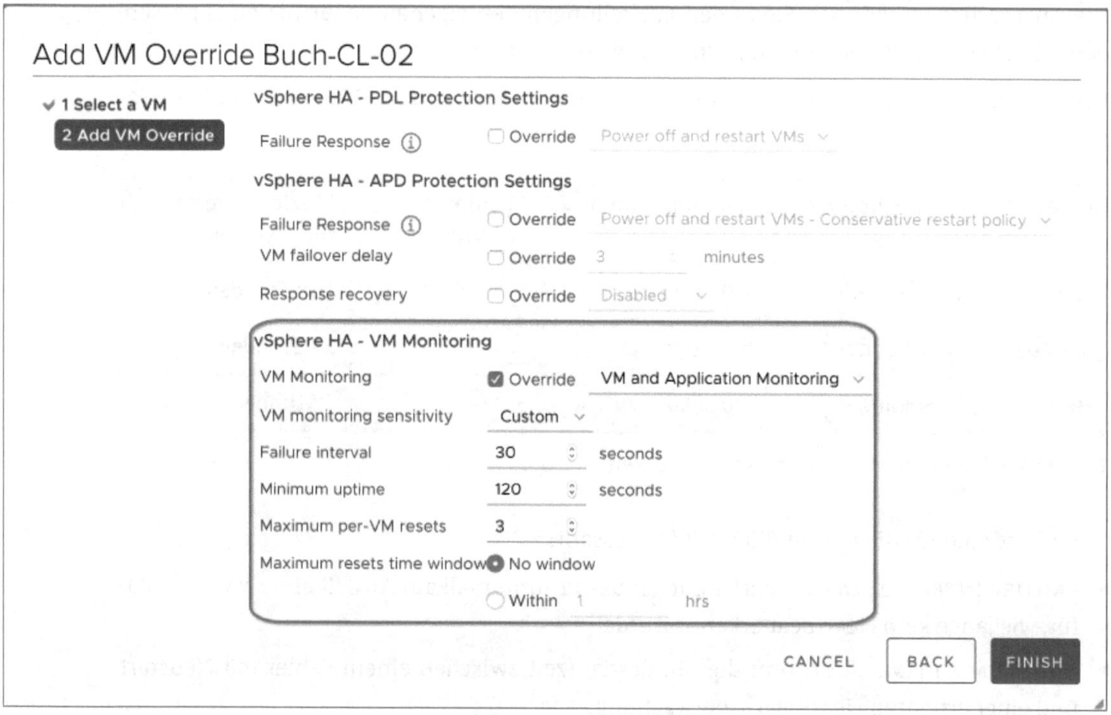

Add VM Override Buch-CL-02

✓ 1 Select a VM
2 Add VM Override

vSphere HA - PDL Protection Settings
Failure Response | Override | Power off and restart VMs
vSphere HA - APD Protection Settings
Failure Response | Override | Power off and restart VMs - Conservative restart policy
VM failover delay | Override | 3 minutes
Response recovery | Override | Disabled
vSphere HA - VM Monitoring
VM Monitoring | Override | VM and Application Monitoring
VM monitoring sensitivity | Custom
Failure interval | 30 seconds
Minimum uptime | 120 seconds
Maximum per-VM resets | 3
Maximum resets time window | No window
Within 1 hrs

CANCEL BACK FINISH

Abbildung 4.36 Pro-VM-Einstellungen für das VM Monitoring

vSphere-HA-geschützt

vSphere bietet übrigens eine einfache Möglichkeit, den aktuellen HA-Schutz einer virtuellen Maschine einzusehen, indem Sie in der Übersicht der VM auf den vSphere-HA-Schutz achten (siehe Abbildung 4.37 und Abbildung 4.38).

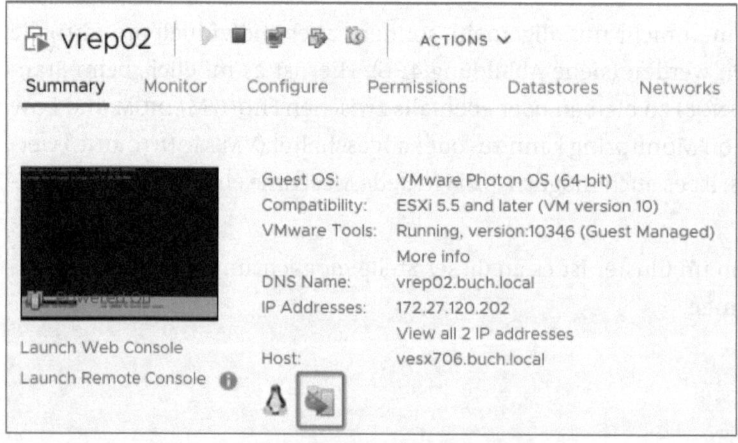

Abbildung 4.37 VM ist durch vSphere HA geschützt, klassische Ansicht.

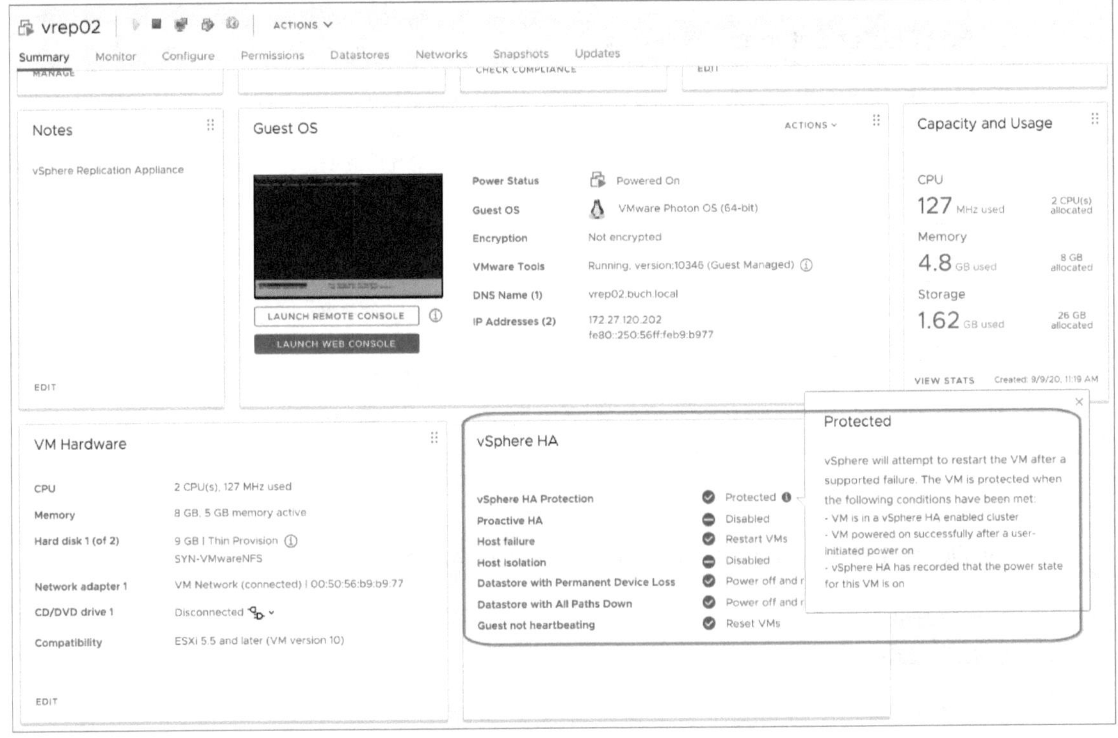

Abbildung 4.38 VM ist durch vSphere HA geschützt, neue Ansicht.

vSphere HA VM Application Monitoring

Die VM-Application-Monitoring-Funktion wird über das Guest SDK durchgeführt. Es ist öffentlich zugänglich, d. h., jeder Entwicklungspartner kann diese Funktionalität nutzen, wie es beispielsweise Symantec tut.

4.2.20 Host-Monitoring der Storage-Anbindungen

VMware hat ein Host-Hardware-Monitoring etabliert. Dabei geht es nur um die Überwachung der Datastore-Anbindungen. So heißen die Punkte folgerichtig DATASTORE WITH PDL (*Permanent Drive Loss*) und DATASTORE WITH APD (*All Path Down*; siehe Abbildung 4.39).

Durch die Überwachung sollen Situationen abfangen werden, in denen VMs scheinbar nicht korrekt arbeiten. Hinter diesen zwei Fehlerbildern verbergen sich unterschiedliche Ausfallsituationen. Der Ausfall einer LUN bzw. eines Datenbereichs wird durch PDL beschrieben. In dieser Situation findet noch eine Kommunikation zwischen dem Storage und dem Host statt. Der Storage schickt entsprechende SCSI-Fehlercodes an den Host, um den Fehler zu beschreiben. Zur Vermeidung von Folgefehlern wird der Pfad als *down* gekennzeichnet. Einstellungsmöglichkeiten gibt es drei (siehe Abbildung 4.40).

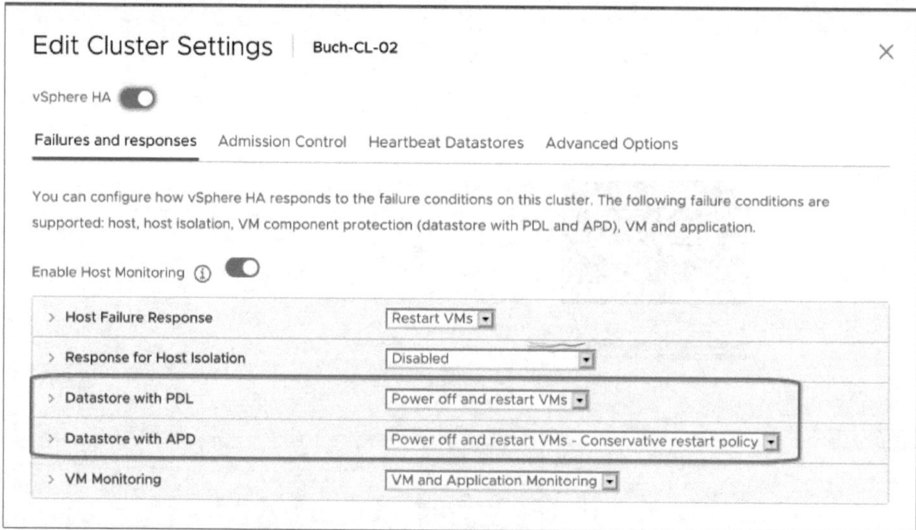

Abbildung 4.39 Überwachung der Datastore-Anbindungen

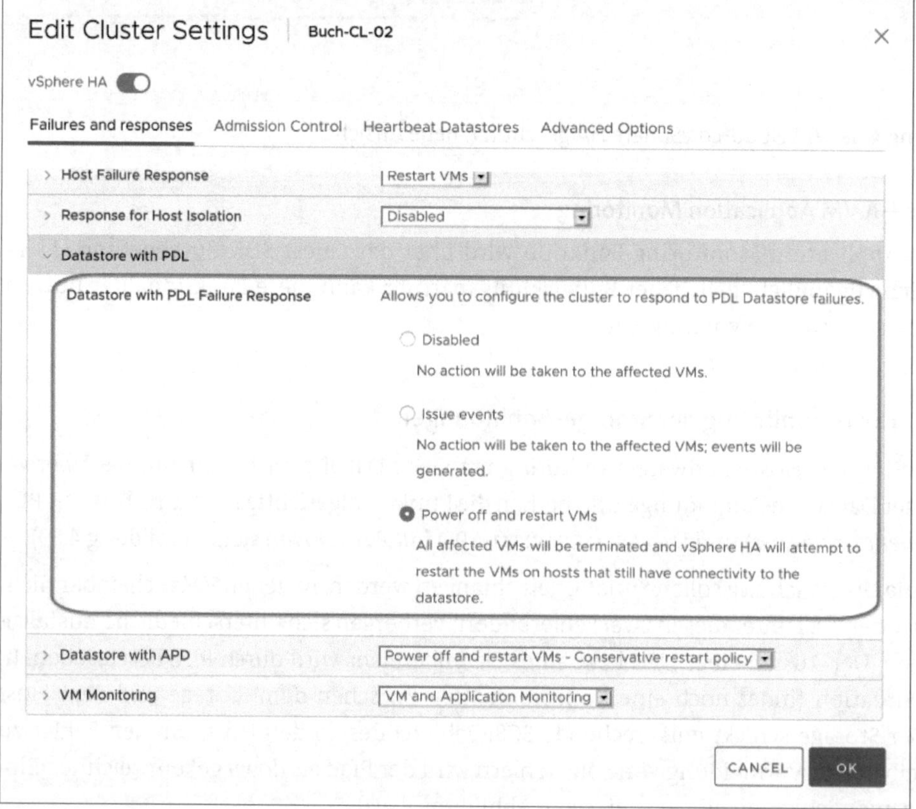

Abbildung 4.40 PDL-Einstellungen

Mit DISABLE kann die Überwachung komplett deaktiviert werden. Das kann dazu führen, dass die VMs unter Umständen nicht auf einem anderen Host erneut gestartet werden. Mit ISSUE EVENTS wird eine reine Benachrichtigungsfunktion aktiviert. Notwendige Aktionen muss der Administrator in diesem Fall selbst entscheiden und durchführen.

Der dritte Punkt ist POWER OFF AND RESTART VMS. Erkennt das System ein PDL-Event für einen Datastore auf einem Host, werden alle betroffenen VMs ausgeschaltet und auf einem Host wieder gestartet, der noch Zugriff auf den Datastore hat.

Das Fehlerbild APD beschreibt die Kommunikationsunterbrechung zum Storage ohne die Option, noch Fehlercodes an den Host senden zu können; PDL ist also ausgeschlossen.

Befehle werden noch so lange an den Storage geschickt, bis der Timeout erreicht wird. Antwortet der Storage innerhalb des Timeouts, wird die Verbindung wiederhergestellt, andernfalls bleibt die Verbindung unterbrochen. Einstellungsmöglichkeiten gibt es grundsätzlich vier (siehe Abbildung 4.41). Bei zwei Einstellungen kann noch eine zusätzliche Konfiguration vorgenommen werden.

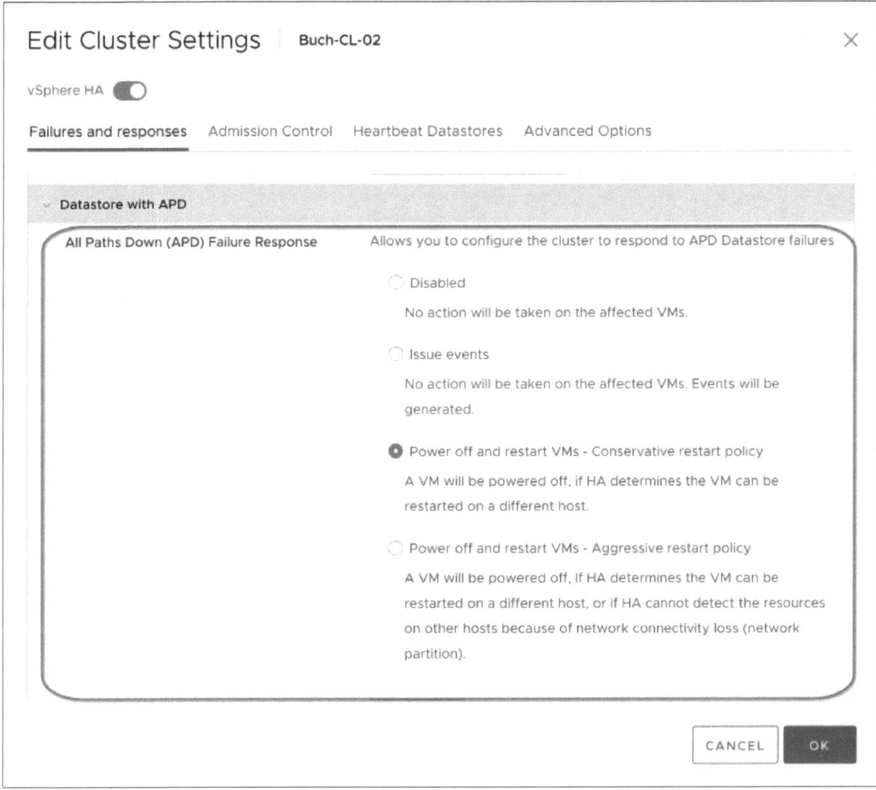

Abbildung 4.41 APD-Einstellungen

Die Überwachung kann auch hier deaktiviert werden (DISABLE), und wie beim PDL-Event kann eine reine Benachrichtigungsoption über ISSUE EVENTS genutzt werden. Bleiben noch zwei auswählbare Optionen. Beide behandeln betroffene VMs in der gleichen Art und Weise. Es wird ein POWER OFF AND RESTART VMs aktiviert, aber mit unterschiedlicher Wertigkeit. Sie haben die Wahl zwischen einer CONSERVATIVE RESTART POLICY oder einer AGGRESSIVE RESTART POLICY.

Im Fall einer CONSERVATIVE RESTART POLICY wird eine VM nur ausgeschaltet, wenn das System weiß, dass die VM auf einem anderen Host wieder gestartet wird. Bei einer AGRESSIVE RESTART POLICY wird die Möglichkeit, die VM auf anderen Hosts wieder hochzufahren, außer Acht gelassen. Tritt APD ein, werden die betroffenen VMs ausgeschaltet, ohne zu wissen, ob sie auf einem anderen Host wieder starten können.

Grundsätzlich ist es so, dass nach dem vermeintlichen Eintreten von APD das System 140 Sekunden wartet, bevor es den Zustand offiziell macht. Erst zu diesem Zeitpunkt fängt der HA-Counter an zu zählen. Standardmäßig vergehen dann weitere drei Minuten, bis Aktionen an den VMs durchgeführt werden.

Dieser Wert lässt sich über RESPONSE RECOVERY anpassen (siehe Abbildung 4.42). Als Standardeinstellung sind hier die oben genannten drei Minuten hinterlegt, aber den Wert können Sie an Ihre Erfordernisse anpassen. Gesteuert wird das Ganze über *VM Component Protection* (VMCP).

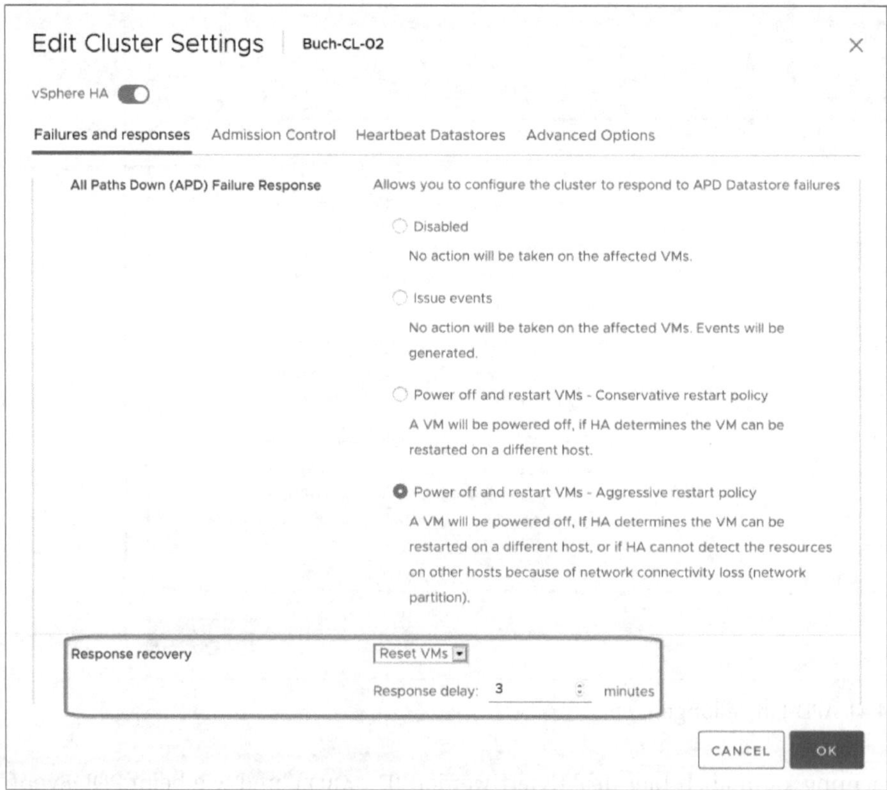

Abbildung 4.42 Anpassung der Reaktionszeit von HA

4.3 DRS-Cluster

In den meisten Fällen unterstützen Cluster-Produkte sowohl die Ausfallsicherheit als auch die Lastverteilung. Dies ist bei VMware vSphere nicht anders, daher ist eine Lastverteilungsfunktion bei den Cluster-Objekten mit an Bord.

4.3.1 Technologieübersicht

Um in einer VMware-Umgebung eine Lastverteilung zwischen den verschiedenen ESXi-Hosts zu erreichen, fasst man bestimmte ESXi-Hosts zu einem DRS-Cluster zusammen (siehe Abbildung 4.43). DRS ist die Abkürzung für *Distributed Resource Scheduling* und kann als ein Ressourcen-Loadbalancing-Tool für virtuelle Maschinen betrachtet werden.

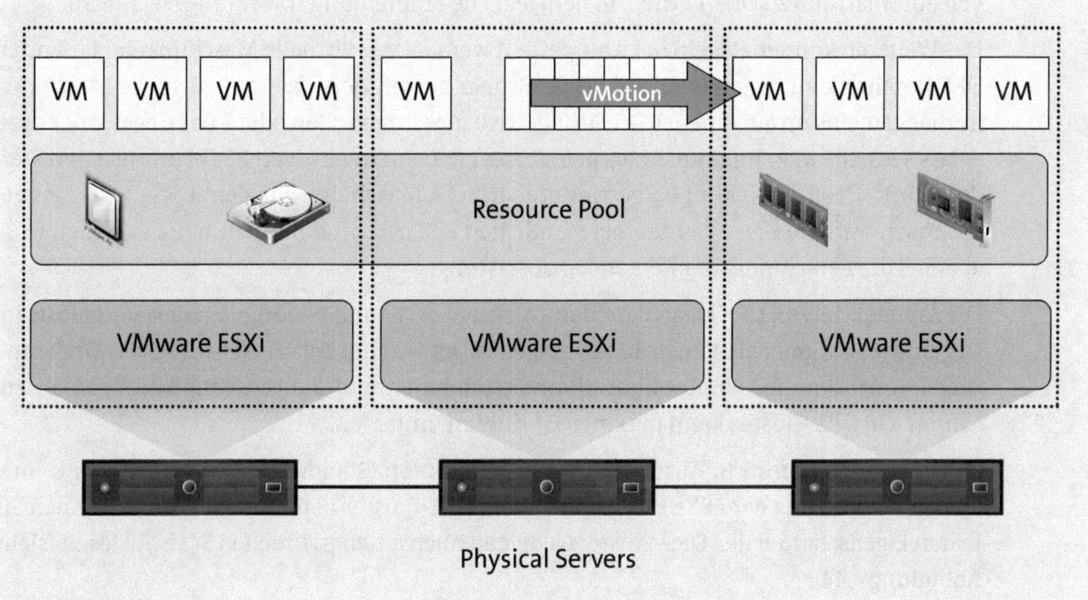

Abbildung 4.43 Funktionsübersicht zu DRS (Distributed Resource Scheduling)

Zwischen den ESXi-Hosts innerhalb des Clusters werden die virtuellen Maschinen verschoben, um unter Berücksichtigung der CPU- und Speicherauslastung der ESXi-Hosts eine ausgeglichene Verteilung der Last zu erhalten. Dabei wird die Netzwerk- und die Festplattenauslastung der ESXi-Hosts nicht beachtet. Das Verschieben der VMs erfolgt mithilfe von vMotion, daher ist die Ablage der VM-Dateien auf einem zentralen Speichermedium die Grundvoraussetzung für DRS. Aus diesem Grund müssen Sie darauf achten, dass die verschiedenen ESXi-Hosts eines DRS-Clusters auch CPU-kompatibel für vMotion-Aktivitäten sind.

Hinweis

Viele Nutzer erwarten, dass bei der Nutzung von DRS alle Hosts eine nahezu identische Auslastung haben. Dem ist aber nicht so. DRS greift erst ein, wenn eine VM Ressourcenengpässe hat. Erst dann wird entschieden, welche VM auf welchen Host verschoben wird.

Das Ziel von DRS kann man also in einen Satz fassen: Durch das Verschieben virtueller Maschinen von stark ausgelasteten Servern hin zu weniger ausgelasteten Servern wird versucht, eine ausgewogene Verteilung von virtuellen Maschinen in der vSphere-Umgebung zu erreichen (siehe Abbildung 4.43).

DRS kann in verschiedenen Automatisierungsstufen betrieben werden. Diese reichen von reinen Empfehlungen dazu, welche virtuellen Maschinen zu verschieben sind, bis hin zum voll automatisierten DRS-Betrieb, in dem jegliche Empfehlung sofort umgesetzt wird.

Des Weiteren können Regeln dazu aufgestellt werden, wie virtuelle Maschinen im gesamten DRS-Regelwerk zu behandeln sind. Diese Regeln bestimmen, dass z. B. virtuelle Maschinen immer gemeinsam auf einem ESXi-Host betrieben werden sollen oder – das Gegenstück dazu – dass virtuelle Maschinen niemals gemeinsam auf einem einzigen ESXi-Host platziert werden dürften. Natürlich können bestimmte virtuelle Maschinen aus dem DRS-Cluster ausgeschlossen werden; diese werden bei sämtlichen DRS-Aktivitäten nicht berücksichtigt, wohl aber bei der Berechnung der Ressourcenauslastung.

Die Architektur von DRS basiert auf dem vCenter Server und benötigt auf den ESXi-Hosts im Gegensatz zu vSphere HA keine lokalen Agents. Der vCenter Server ist für DRS der Dreh- und Angelpunkt, um die DRS-Konfiguration vorzunehmen und die DRS-Empfehlungen auszuführen. Ein DRS-Cluster kann maximal 64 Knoten umfassen.

Das vCenter überprüft in Abständen von fünf Minuten (Standardeinstellung) die CPU- und Speicherauslastung der ESXi-Hosts, die sich im DRS-Cluster befinden. Allerdings können Sie in den Eigenschaften des DRS-Clusters jederzeit auch einen manuellen Scan auslösen (siehe Abbildung 4.44).

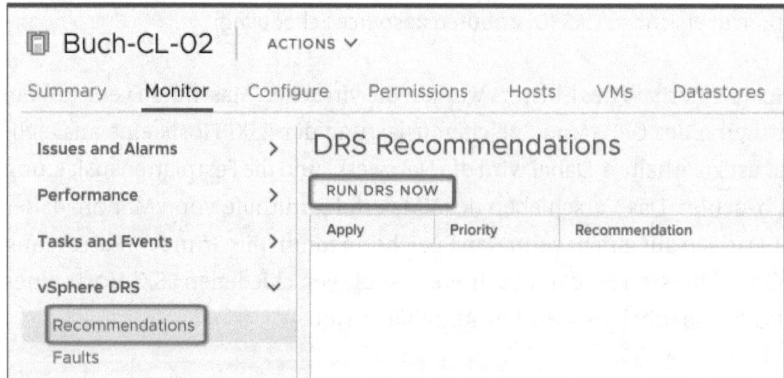

Abbildung 4.44 Manueller Start der DRS-Überprüfung

Bei der Berechnung der Ressourcenauslastung bezieht der vCenter Server alle virtuellen Maschinen der ESXi-Hosts im DRS-Cluster ein, auch die aus der DRS-Funktion ausgegliederten virtuellen Maschinen. Dieser Berechnungsprozess wird ebenfalls durch das Hinzufügen oder das Entfernen eines ESXi-Hosts aus dem DRS-Cluster gestartet, um schnellstmöglich eine optimale Auslastung von CPU und Speicher der ESXi-Hosts zu erlangen.

4.3.2 Lizenzierung von DRS

VMware DRS ist Bestandteil der *vSphere Enterprise Plus Edition* und höher. Die Lizenzierung erfolgt auf CPU-Sockel-Basis.

4.3.3 Einen DRS-Cluster anlegen

Prinzipiell wird der DRS-Cluster genau so wie ein HA-Cluster angelegt, da DRS auch nur eine Funktion des Cluster-Objekts ist. Daher können Sie DRS direkt beim Anlegen eines Clusters aktivieren (siehe Abbildung 4.45 und Abbildung 4.2) oder auch nachträglich.

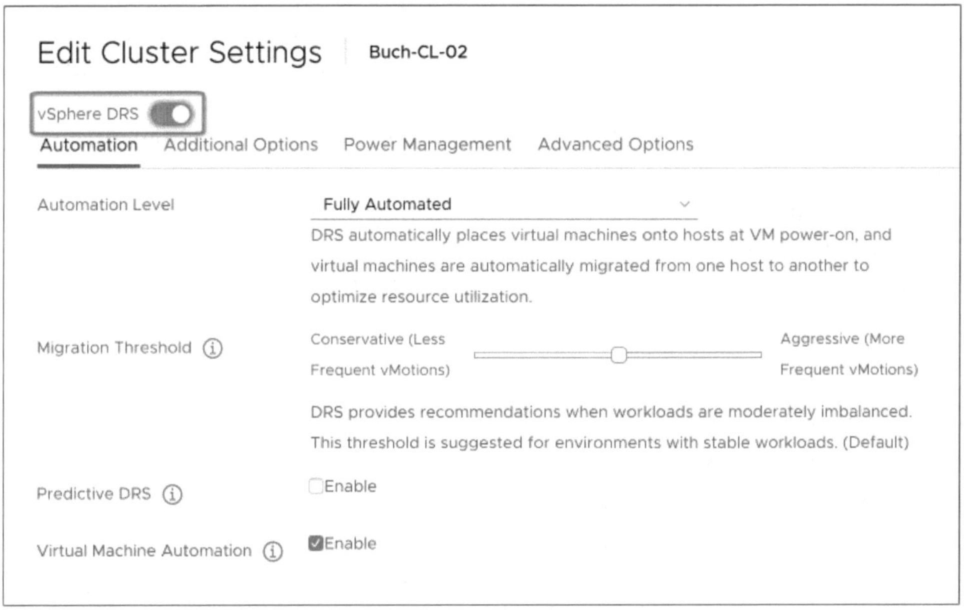

Edit Cluster Settings | Buch-CL-02

vSphere DRS

Automation | Additional Options | Power Management | Advanced Options

Automation Level: Fully Automated

DRS automatically places virtual machines onto hosts at VM power-on, and virtual machines are automatically migrated from one host to another to optimize resource utilization.

Migration Threshold: Conservative (Less Frequent vMotions) — Aggressive (More Frequent vMotions)

DRS provides recommendations when workloads are moderately imbalanced. This threshold is suggested for environments with stable workloads. (Default)

Predictive DRS: Enable

Virtual Machine Automation: Enable

Abbildung 4.45 Aktivierung von DRS

Deaktivierung

Ebenso ist es jederzeit möglich, die DRS-Funktion zu deaktivieren, was allerdings direkte Auswirkungen auf die Systeme hat, da alle Ressourcenpools entfernt werden!

Gibt es in dem Cluster eine vApp, kann der DRS-Cluster nicht deaktiviert werden.

Sobald ein DRS-Cluster existiert, können Sie ESXi-Hosts inklusive Ressourcenpools per Drag-and-drop integrieren. Sie müssen lediglich entscheiden, wie die Ressourcenpools übernommen werden sollen. Möglich ist eine Übernahme der Ressourcenpools mit gleichem Namen in den Root-Ressourcenpool des Clusters (der Cluster selbst ist der Root-Ressourcenpool), oder Sie legen neue Ressourcenpools für alle VMs dieses Hosts mit dem zu wählenden Namenspräfix an (Vorgabe: GRAFTED FROM ESX HOST).

Ist DRS nicht aktiviert, wird automatisch eine Warnmeldung ausgegeben, da alle Ressourcenpools verloren gehen.

Selbstverständlich kann DRS auch aktiviert werden, wenn schon Hostsysteme Mitglied im Cluster sind.

4.3.4 Prioritäten-Ranking

Die DRS-Prioritäten werden in Werten von einem bis fünf Sternen angegeben. Diese Werte haben Auswirkungen auf die Migration einer virtuellen Maschine von einem Host auf einen anderen sowie auf den Zielhost beim Neustart einer VM. Eine Empfehlung mit Priorität 5 hat die größte Auswirkung auf die Performanceauslastung eines ESXi-Hosts. Im Gegensatz dazu hat eine Empfehlung mit einem Stern die geringste Auswirkung. Die Empfehlungen mit Priorität 5 umfassen außerdem die Migrationen, die von den *DRS Affinity Rules* herrühren oder vom Einschalten des Maintenance-Modus auf einem ESXi-Host, was eine automatische Evakuierung der Gastsysteme durch DRS auslöst. Des Weiteren versprechen Operationen mit Priorität 5 eine Auflösung von sehr großen Ungleichgewichten bei der Auslastung. Die Empfehlungen mit weniger Priorität haben absteigend auch immer einen kleiner werdenden Einfluss auf den Ausgleich von Ungleichgewichten im DRS-Cluster.

4.3.5 DRS Automation Level

Der Automatisierungsgrad (AUTOMATION LEVEL) eines DRS-Clusters ist eine für alle ESXi-Hosts des DRS-Clusters übergreifende Einstellung und umfasst die drei Ebenen MANUAL, PARTIALLY AUTOMATED und FULLY AUTOMATED (siehe Abbildung 4.46).

Die Automatisierungsebene MANUAL gibt lediglich über den vCenter-Client dem VMware-Administrator Empfehlungen dazu, welche virtuelle Maschine auf welchem ESXi-Host zu starten ist, um eine ausgewogene Lastverteilung zu erreichen. Die aktuellen Empfehlungen werden im vCenter-Client nach Auswahl des DRS-Clusters aufgelistet (siehe Abbildung 4.47).

Dieses *Prioritäten-Ranking* wird vom Automatisierungsgrad (AUTOMATION LEVEL) auf der DRS-Automatisierungsebene FULLY AUTOMATED immer verwendet, bei PARTIALLY AUTOMATED nur beim Einschalten einer VM. Die Empfehlungen enthalten unter anderem den Namen der virtuellen Maschine und das jeweilige Prioritäten-Ranking. Als Administrator können Sie diese Empfehlungen zu einem beliebigen Zeitpunkt durch einen Klick umsetzen lassen. Hierbei müssen Sie die Empfehlung für die betroffene virtuelle Maschine auswählen und ihr zustimmen bzw. sie ablehnen. Natürlich werden auch hier nur jene ESXi-Hosts als Ziel betrachtet, die alle Bedingungen für einen Start der VM erfüllen.

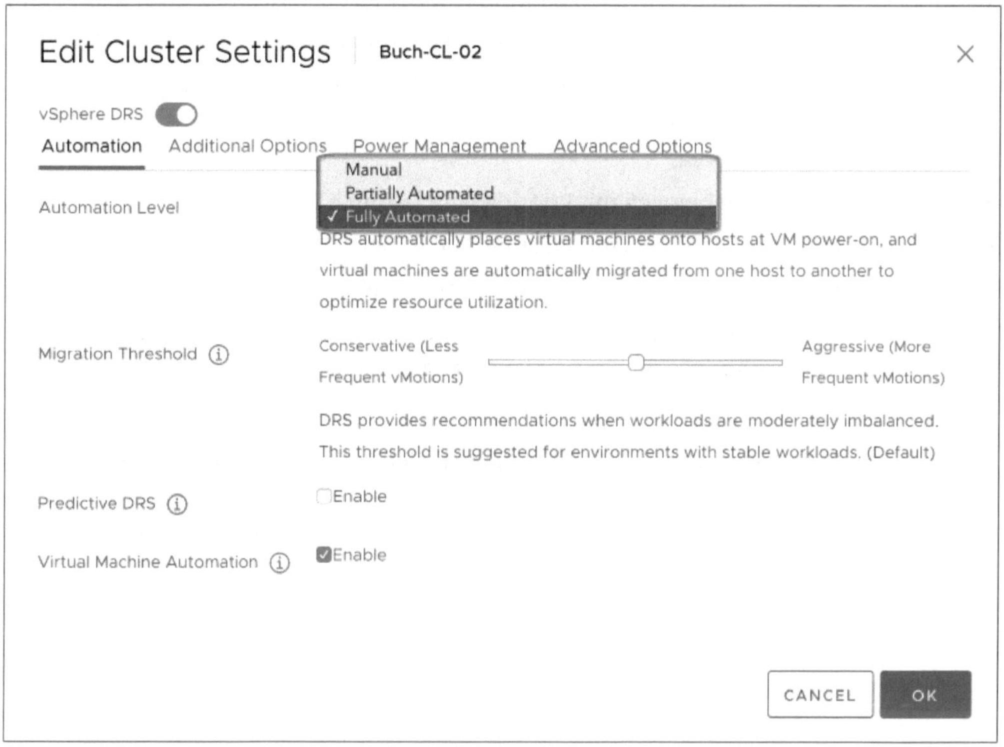

Abbildung 4.46 Eigenschaften des DRS-Clusters

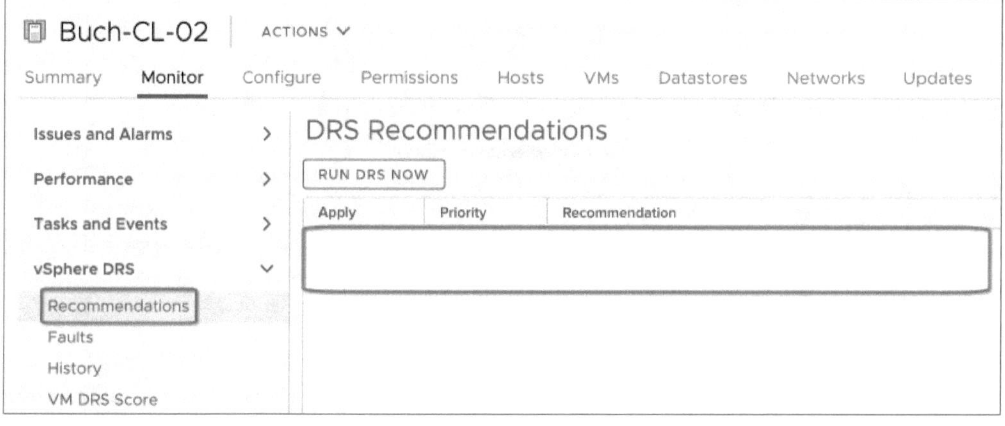

Abbildung 4.47 Die Prioritätenanzeige beim Start einer VM, wenn die Automatisierungsebene »Manual« eingestellt ist

Die Automatisierungsebene FULLY AUTOMATED ist das Gegenteil der manuellen Methode. Sämtliche Empfehlungen werden vom vCenter automatisch durchgeführt – beim Starten von virtuellen Maschinen (*Initial Placement*) und im laufenden Betrieb (*Virtual Machine Migration*). Auf dieser Ebene kann die Migration von virtuellen Maschinen nochmals in fünf Level unterteilt werden. Dabei ist Level 1 das konservativste und Level 5 das aggressivste:

- Level 1, CONSERVATIVE, bedeutet, dass nur Empfehlungen mit Priorität 5 automatisiert durchgeführt werden. Alle anderen Empfehlungen, also mit Priorität 1 bis 4, werden Ihnen als Empfehlung angeboten.
- Level 2 führt alle Empfehlungen mit Priorität 4 und 5 durch.
- Level 3 führt alle Empfehlungen mit Priorität 3 oder mehr durch.
- Level 4 führt alle Empfehlungen mit Priorität 2 oder mehr durch.
- Die am höchsten automatisierte Form des DRS erreichen Sie mit Level 5, AGGRESSIVE. Hierbei werden grundsätzlich alle Empfehlungen – egal welche Priorität sie besitzen – vom System automatisch durchgeführt.

Auf der SUMMARY-Registerkarte des DRS-Clusters (siehe Abbildung 4.48) können Sie alle Empfehlungen und eine Kurzübersicht sehen.

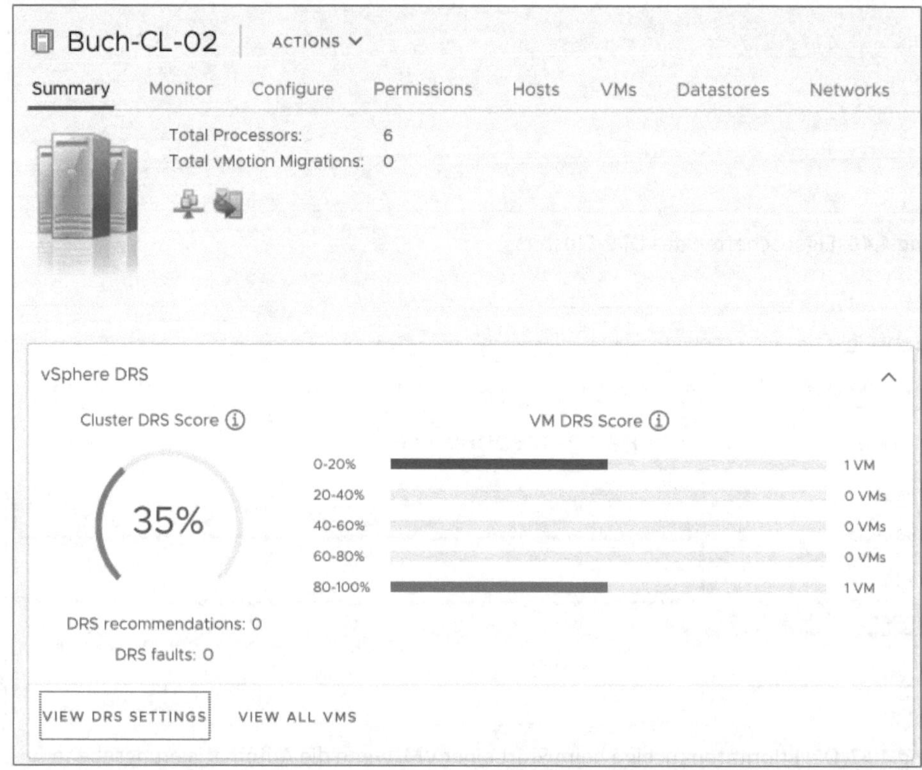

Abbildung 4.48 VMware-DRS-Kurzübersicht im »Summary«-Register des DRS-Clusters

Die Automatisierungsebene PARTIALLY AUTOMATED ist eine Mischung aus den beiden Stufen MANUELL und FULLY AUTOMATED. Beim Starten von virtuellen Maschinen erfolgt deren Initial Placement komplett automatisiert. Je nach Ressourcenauslastung der ESXi-Hosts wird die zu startende virtuelle Maschine auf einen freien ESXi-Host verschoben und dann gestartet. Dies ist die einzige voll automatisierte Aktion auf dieser Stufe. Die regelmäßige Überprüfung der ESXi-Auslastung resultiert dann, wie in der Stufe MANUAL, lediglich in Empfehlungen zur Migration von VMs. Diese können Sie dann bei Bedarf durchführen.

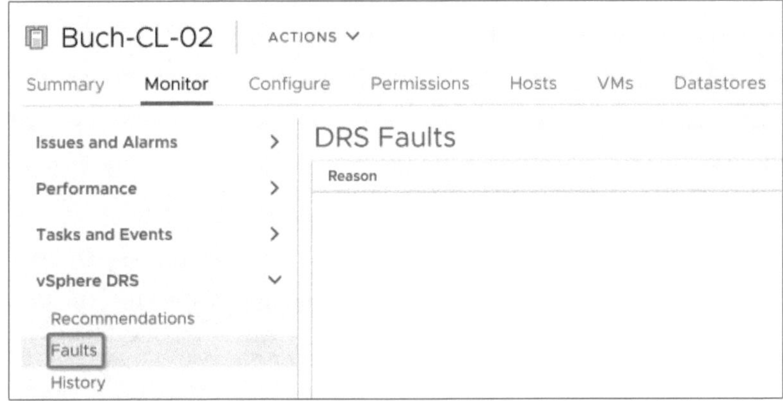

Abbildung 4.49 DRS-Fehleransicht

Außerdem lassen sich die vergangenen DRS-Migrationen und etwaige Fehler in den entsprechenden Ansichten gut nachvollziehen (siehe Abbildung 4.49 und Abbildung 4.50).

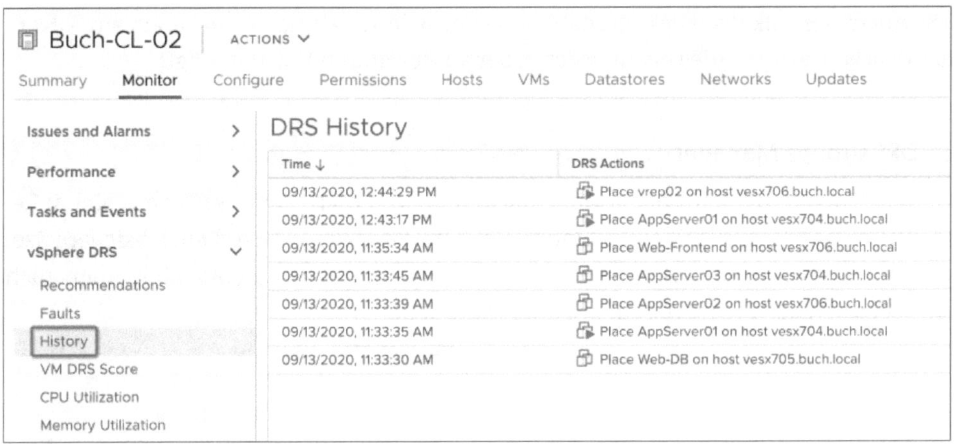

Abbildung 4.50 DRS-Historie

Möchten Sie sich die derzeitige Auslastung genauer anschauen, bieten sich die *Resource Distribution Charts* im Register MONITOR des DRS-Clusters an, die die Auslastung der einzelnen Hosts und eventuelle Ungleichgewichte anzeigen (siehe Abbildung 4.51).

Vorsicht

Lassen Sie immer Vorsicht walten und stellen Sie FULLY AUTOMATED nicht zu aggressiv ein, da es sonst zu enorm vielen vMotion-Aktivitäten kommen kann, die den Cluster massiv negativ beeinflussen.

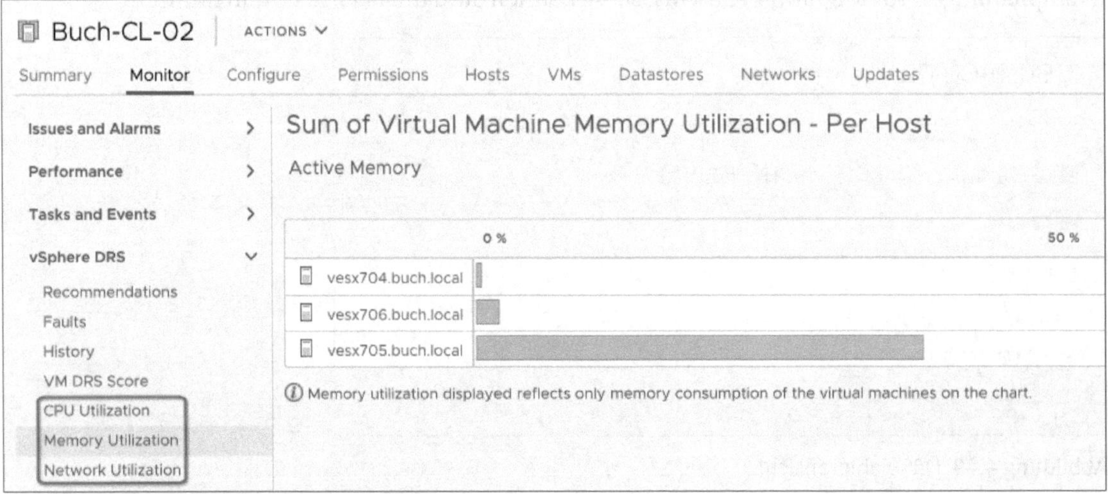

Abbildung 4.51 DRS-Distribution-Charts

In den Charts werden die Werte für CPU-, Arbeitsspeicher- und Netzwerknutzung angezeigt. Jedes Segment des Balkens reflektiert dabei eine virtuelle Maschine. Wenn Sie auf ein Balkensegment klicken, werden die Leistungsdaten der ausgewählten VM angezeigt.

4.3.6 DRS Groups Manager

Da vSphere-Umgebungen immer komplexer werden und man nicht immer mit einem Rechenzentrum, sondern mit übergreifenden Clustern (*Stretched Cluster*) ausfallsichere Szenarien realisiert, will man diese im DRS ebenso abbilden. Selbstverständlich können auch andere Szenarien der Grund für eine Gruppierung sein.

An einem kleinen Beispiel wollen wir ein solches Szenario erklären:

1. vESX704 ist ein ESXi-Server in RZ1.
2. vESX705 ist ein ESXi-Server in RZ2.
3. VM1vCPU greift auf Ressourcen in RZ1 zu. Über vESX704 kann die VM optimal zugreifen. Die VM sollte nur in Notfällen auf vESX705 laufen.
4. VM2vCPU greift auf Ressourcen in RZ2 zu. Der optimale Zugriff ist möglich, wenn der Server auf vESX705 liegt. Die VM sollte nur in Notfällen auf vESX704 laufen.

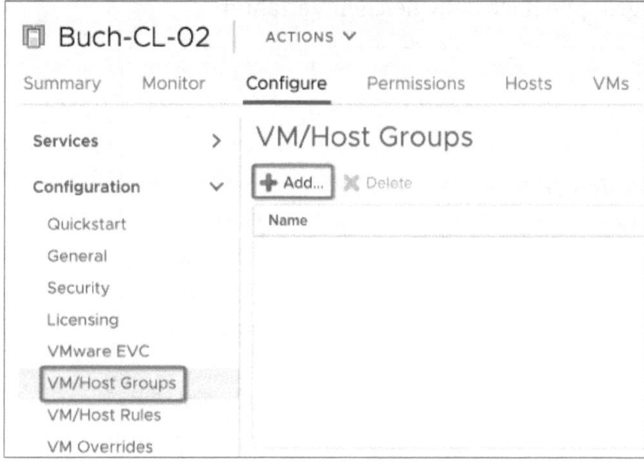

Abbildung 4.52 Einrichtung von DRS-Gruppen

Die DRS-Gruppen sollen daher die beiden Standorte mit ESXi-Hosts und VMs abbilden. Dazu verwenden Sie den *DRS Groups Manager*. Erstellen Sie eine VM-Gruppe (siehe Abbildung 4.52), in der jeweils nur eine VM enthalten ist. Dieses Szenario können Sie natürlich um eine beliebige Anzahl Hosts und VMs erweitern.

Dazu werden zwei DRS-VM-Gruppen angelegt, die jeweils den Namen des Rechenzentrums tragen und die jeweiligen virtuellen Maschinen enthalten. Nach Abschluss der Konfiguration erhalten Sie die Übersicht über alle DRS-VM-Gruppen (siehe Abbildung 4.53).

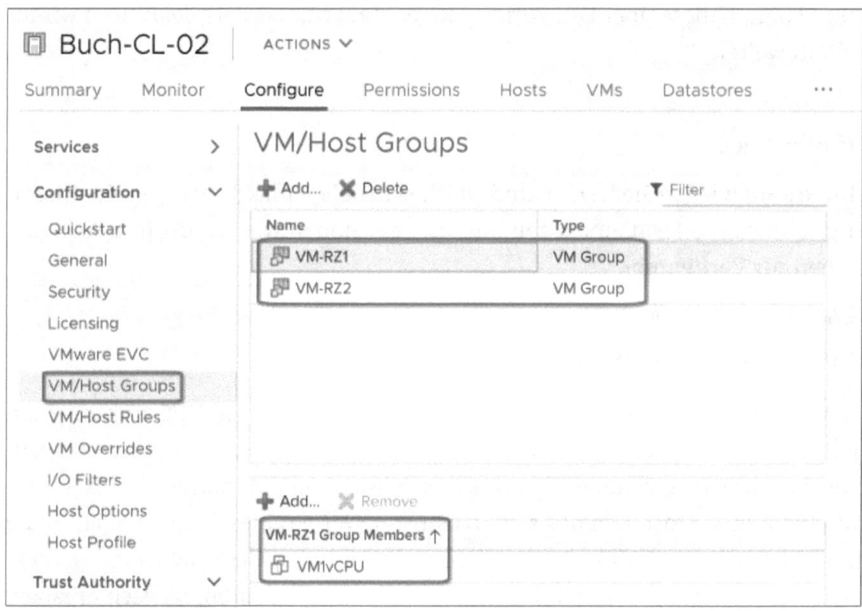

Abbildung 4.53 Die DRS-VM-Gruppen beider Rechenzentren

Danach erstellen Sie die DRS-Hostgruppen nach dem gleichen Verfahren.

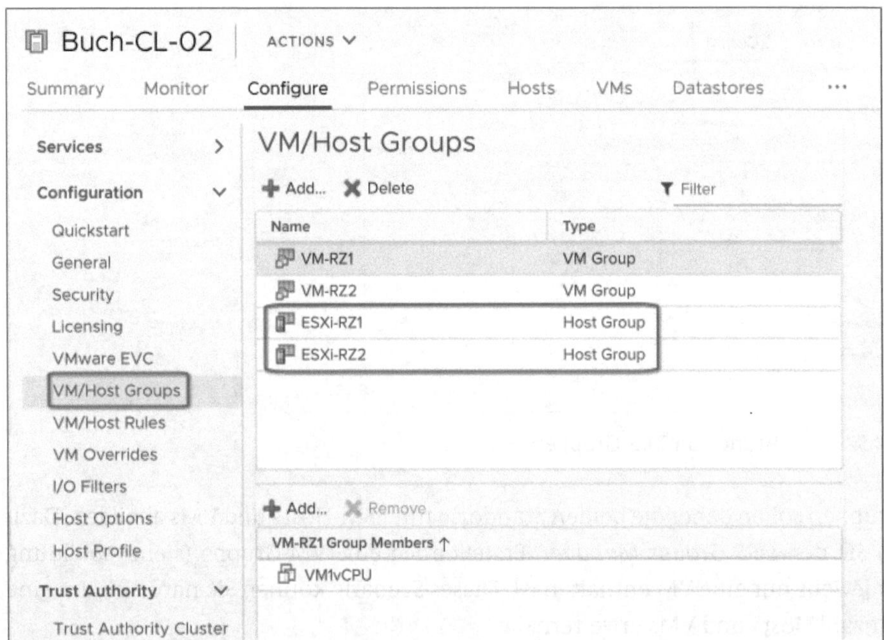

Abbildung 4.54 Die DRS-Host- und -VM-Gruppen beider Rechenzentren

Nach Abschluss der Konfiguration haben Sie alle notwendigen Gruppen angelegt (siehe Abbildung 4.54) und können diese über DRS Affinity Rules steuern. Das Beispiel führen wir im nächsten Abschnitt weiter.

4.3.7 DRS Affinity Rules

Mit den *DRS Affinity Rules* legen Sie fest, ob und welche virtuellen Maschinen bei DRS-Migrationen immer gemeinsam oder niemals gemeinsam verschoben werden dürfen. Folgende zwei Regeln stehen zur Verfügung:

- KEEP VIRTUAL MACHINES TOGETHER
- SEPARATE VIRTUAL MACHINES (siehe Abbildung 4.55)

Die Regel KEEP VIRTUAL MACHINES TOGETHER stellt sicher, dass bei von DRS empfohlenen oder auch durchgeführten Migrationsvorgängen immer die in dieser Regel definierten virtuellen Maschinen zusammen verschoben werden. Das heißt, diese VMs befinden sich immer zusammen auf einem ESXi-Host. Um das sicherzustellen, werden diese Regeln auch in die Berechnungen eingeschlossen, sodass die Empfehlung immer den Gesamtzustand berücksichtigt, die aktuelle Auslastung der ESXi-Hosts sowie die Möglichkeiten, die sich ergäben, wenn alle VMs dieser Regel verschoben würden. Ein typischer Fall hierfür wären voneinander abhängige Systeme, wie beispielsweise ein Datenbanksystem und das dazugehörige Applikationssystem. Können beide nicht unabhängig voneinander betrieben werden, ist es sinnvoll, sie immer auf dem gleichen ESXi-Host zu betreiben.

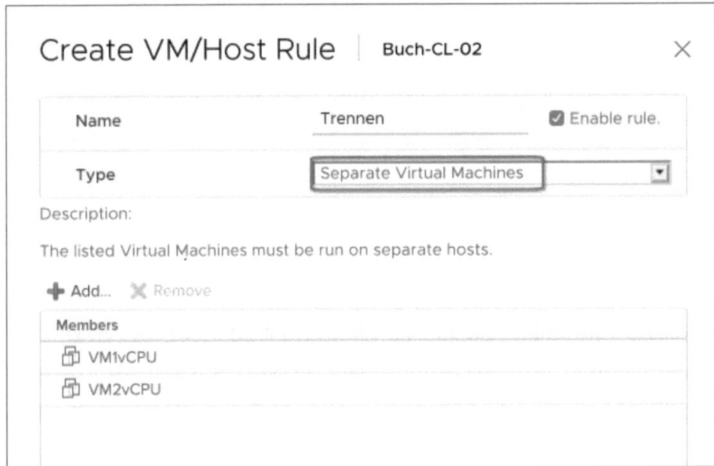

Abbildung 4.55 Die Affinity Rules sind das Regelwerk für DRS.

Das Gegenteil dazu stellt die Regel SEPARATE VIRTUAL MACHINES dar. Sie sorgt dafür, dass die in dieser Regel definierten virtuellen Maschinen niemals auf einem ESXi-Host gemeinsam laufen. Dies ist zum Beispiel für Cluster-Lösungen innerhalb der virtuellen Welt sinnvoll: Ein Ausfall eines ESXi-Hosts mit beiden Knoten eines Microsoft-Clusters oder eines NLB-Verbunds umginge die auf der virtuellen Ebene getroffenen Vorsichtsmaßnahmen wieder, und das komplette Cluster-System stünde still. Auch diese Regeln werden bei den Berechnungen der Performanceauslastung immer berücksichtigt.

Nach der Erstellung von neuen Regeln werden diese sofort mit der aktuellen Verteilung der VMs abgeglichen, und bei den Modi MANUAL und PARTIALLY AUTOMATED werden neue Migrationen empfohlen. Diese müssen nicht zwingend durchgeführt werden, aber sie bleiben als Empfehlung bestehen, bis keine Regel mehr verletzt wird.

Wird eine Regel z. B. beim Start einer virtuellen Maschine verletzt, erscheint eine Fehlermeldung und der Startvorgang wird gestoppt.

Kombination mit den DRS-Gruppen

In Abschnitt 4.3.6, »DRS Groups Manager«, sind wir bereits auf die Erstellung der DRS-Gruppen eingegangen. Allerdings haben diese Gruppen keinerlei Relevanz, wenn sie nicht mit Affinity Rules kombiniert werden.

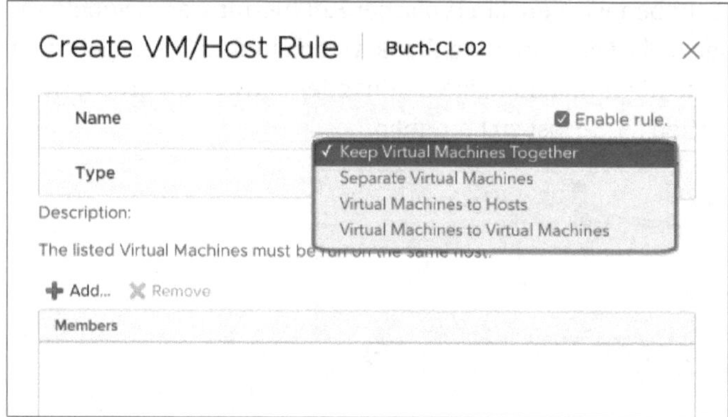

Abbildung 4.56 Regeln für DRS-Gruppen

Die Kombination wird automatisch möglich, sobald Sie bei den DRS-Regeln VIRTUAL MACHINES TO HOST auswählen (siehe Abbildung 4.56). Danach werden Sie nach den zur Auswahl stehenden VM- und Hostgruppen gefragt und danach, wie sich diese zueinander verhalten sollen. In Abbildung 4.57 sehen Sie eine der Optionen, die zur Auswahl stehen:

- MUST RUN ON HOSTS IN GROUP: Die VMs der VM-Gruppe müssen zwingend auf den ESXi-Hosts der gewählten Hostgruppe betrieben werden.
- SHOULD RUN ON HOSTS IN GROUP: Die VMs der VM-Gruppe sollten, falls möglich, auf den ESXi-Hosts der gewählten Hostgruppe betrieben werden.
- MUST NOT RUN ON HOSTS IN GROUP: Die VMs der VM-Gruppe dürfen nicht auf den ESXi-Hosts der gewählten Hostgruppe betrieben werden.
- SHOULD NOT RUN ON HOSTS IN GROUP: Die VMs der VM-Gruppe sollten, falls möglich, nicht auf den ESXi-Hosts der gewählten Hostgruppe betrieben werden.

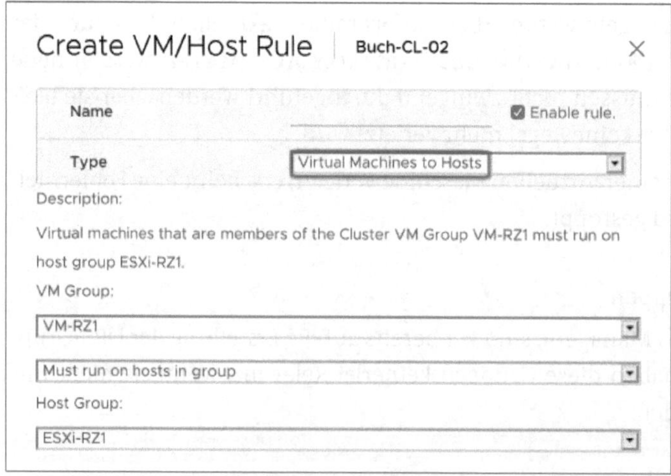

Abbildung 4.57 Wie stehen die VM- und Hostgruppen zueinander?

Wenn wir den begonnenen Mini-Workshop um Affinity Rules ergänzen, um eine wirkliche Trennung der beiden Rechenzentren zu erreichen, müssen wir noch weitere Schritte durchführen.

Wir erinnern uns:

1. vESX704 ist ein ESXi-Server in RZ1.
2. vESX705 ist ein ESXi-Server in RZ2.
3. VM1vCPU greift auf Ressourcen in RZ1 zu. Über vESX704 kann die VM optimal zugreifen. Die VM sollte nur in Notfällen auf vESX705 laufen.
4. VM2vCPU greift auf Ressourcen in RZ2 zu. Der optimale Zugriff ist möglich, wenn der Server auf vESX704 liegt. Die VM sollte nur in Notfällen auf vESX705 laufen.

Ganz wesentlich in unserem Beispiel ist, dass es die Möglichkeit gibt, die VMs in RZ1 auch in RZ2 zu betreiben, es ist nur langsamer. Daher müssen wir für unsere Regeln nicht MUST RUN ON HOSTS IN GROUP, sondern SHOULD RUN ON HOSTS IN GROUP auswählen, damit im Fehlerfall – oder besser gesagt im Problemfall – eine Zuordnung nicht optimaler Ressourcen noch durchgeführt wird (siehe Abbildung 4.58 und Abbildung 4.59).

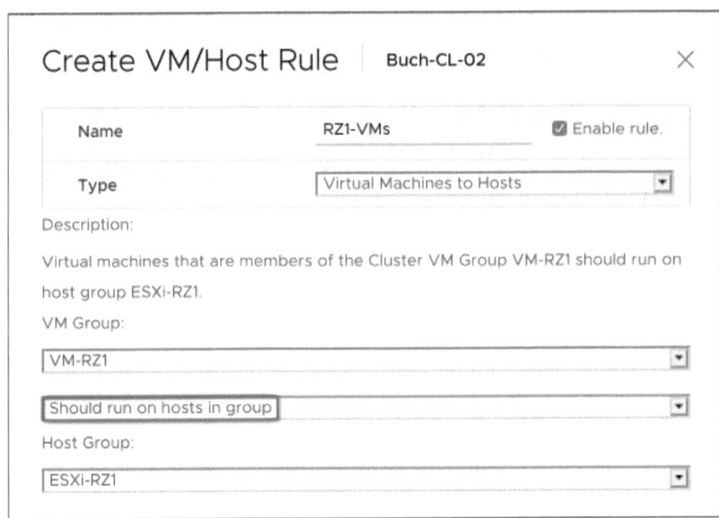

Abbildung 4.58 VMs in RZ1 sollen nur auf ESXi-Hosts in RZ1 betrieben werden.

Somit ist die Zuordnung abgeschlossen, und DRS verschiebt die virtuellen Maschinen nach Möglichkeit nur innerhalb der Standorte. Im Problemfall oder bei einem Ressourcenengpass werden jedoch die Regeln aufgeweicht.

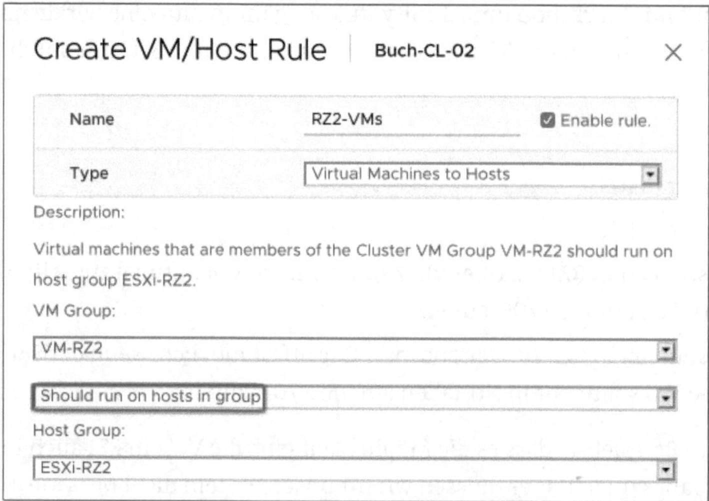

Abbildung 4.59 VMs in RZ2 sollen nur auf ESXi-Hosts in RZ2 betrieben werden.

Diese Regeln können Sie natürlich auch für andere Aspekte verwenden, etwa bei Lizenzproblemen oder in dem Fall, dass nur bestimmte ESXi-Hosts mit sehr vielen Ressourcen ausgestattet sind und ressourcenfressende VMs auch nur dort betrieben werden sollen.

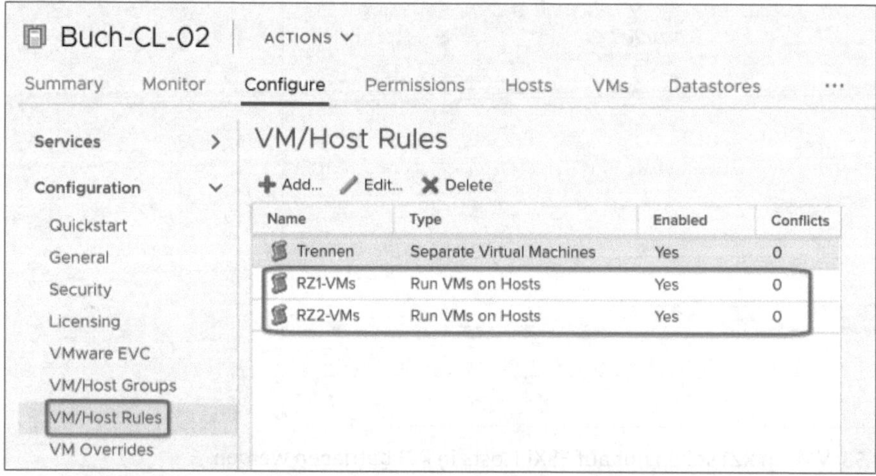

Abbildung 4.60 Das komplette Regelwerk für die Trennung der Rechenzentren

Natürlich war dieses Beispiel mit nur jeweils einem ESXi-Host pro Rechenzentrum ein Minimalbeispiel; allerdings können Sie die Anzahl der ESXi-Hosts und der VMs einfach erhöhen – das Prinzip bleibt das gleiche.

4.3.8 DRS Virtual Machine Options

Die DRS-Regeln betreffen standardmäßig immer alle virtuellen Maschinen aller zum DRS-Cluster hinzugefügten ESXi-Hosts. Zeitweise kann es aber notwendig werden, verschiedene virtuelle Maschinen innerhalb eines DRS-Clusters gesondert zu behandeln. Zum Beispiel sollten bestimmte VMs niemals via vMotion verschoben und somit von der DRS-Automatisierung ausgeschlossen werden. Andere wiederum sollten trotz Teil- oder Vollautomatisierung der DRS-Migration nur nach Zustimmung des Administrators verschoben werden – also entgegen der Cluster-Konfiguration auf MANUAL konfiguriert werden.

Abbildung 4.61 Die DRS-Automation kann auch pro VM gesondert definiert werden.

Diese Einstellungen definieren Sie in den DRS-Eigenschaften im Menü unter DRS AUTOMATION LEVEL (siehe Abbildung 4.61). Hier existieren die Einstellungen DISABLED, MANUAL, PARTIALLY AUTOMATED und FULLY AUTOMATED. Letzteres gibt die globale DRS-Cluster-Einstellung wieder und ist auch der Standardwert jeder VM. Durch die Einstellung DEAKTIVIERT (DISABLED) wird zwar die virtuelle Maschine von DRS-Migrationen ausgenommen, und es werden dafür auch keine Empfehlungen ausgesprochen, aber die Performanceauslastung durch diese VM wird bei den DRS-Berechnungen dennoch berücksichtigt.

Abschließend sei zu diesen Möglichkeiten erwähnt, dass zu viele Ausnahmeregelungen die Möglichkeiten und auch den Sinn von DRS unterwandern. Diese DRS-Optionen sollten Sie nur in Maßen einsetzen!

4.3.9 DRS und Ressourcenpools

Die Ressourcen eines jeden ESXi-Hosts im DRS-Cluster werden logisch zu einem Ressourcenpool zusammengefasst. Wie auch bei Ressourcenpools für allein stehende ESXi-Hosts können Ressourcenpools einen DRS-Cluster weiter in logische Ressourcengruppen unterteilen. Dabei sind die Grenzen der Pools nicht mehr an einen ESXi-Host gebunden, sondern umfassen die gesamten Ressourcen eines DRS-Clusters.

Beim Hinzufügen eines neuen ESXi-Hosts stehen zwei Möglichkeiten zur Verfügung, wie die neu hinzukommenden Ressourcen eines ESXi-Hosts logisch verwaltet werden sollen: Die Option PUT THIS HOST'S VIRTUAL MACHINES IN THE CLUSTER'S ROOT RESOURCE POOL fügt den ESXi-Host mitsamt seinen virtuellen Maschinen zum Ressourcenpool des DRS-Clusters hinzu. Sollten auf dem ESXi-Host bereits Ressourcenpools existieren, werden diese ignoriert.

Die Option CREATE A NEW RESOURCE POOL FOR THIS HOST'S VIRTUAL MACHINES AND RESOURCE POOLS fügt den neuen ESXi-Host in einem neu erstellten Ressourcenpool dem DRS-Cluster hinzu. Der neu erstellte Ressourcenpool existiert in der Hierarchie auf der obersten Ebene, und alle VMs des ESXi-Hosts werden diesem neuen Pool zugeordnet. Der neue Pool erhält standardmäßig den Namen GRAFTED FROM SERVERNAME, den Sie aber ändern können.

4.3.10 DRS und der Maintenance-Modus

Zum Patchen, Ausschalten oder für andere Administrationsaufgaben auf einem ESXi-Host ist es notwendig, alle darauf laufenden VMs zu stoppen. In größeren Umgebungen mit DRS kann dies sehr problematisch werden, denn bei mehreren Administratoren führen Migrationen oder andere Aktivitäten auf dem gewünschten ESXi-Host, das Herunterfahren oder das Patchen schnell zu größeren Problemen. Um diese Schwierigkeiten zu umgehen, entwarf VMware den Maintenance-Modus.

Vor den genannten Administrationstätigkeiten wird der Maintenance-Modus für einen ESXi-Host entweder per vCenter-Client oder über die Kommandozeile aktiviert. In der Zeit, bis ein ESXi-Host den Maintenance-Status erreicht hat (zuerst müssen alle darauf laufenden VMs verschoben oder gestoppt werden), und während des Maintenance-Modus werden auf diesem ESXi-Server keine Aktionen mit den darauf abgelegten virtuellen Maschinen zugelassen. Dies betrifft auch das Verschieben von VMs mittels vMotion auf diesen Host.

Wird der Maintenance-Modus auf einem ESXi-Host im DRS-Cluster gestartet, werden im vollautomatischen Betrieb alle VMs auf freie Ressourcen innerhalb des Clusters verschoben. Erst danach ist der Maintenance-Modus aktiv.

Manuell eingreifen

Bedenken Sie, dass der Maintenance-Modus erst aktiviert wird, wenn die VMs entweder auf andere Hosts migriert, abgeschaltet oder suspendiert wurden. Sind die vMotion-Kriterien nicht erfüllt, kann der Maintenance-Modus nicht automatisch aktiviert werden, und Sie müssen manuell eingreifen.

4.3.11 DRS-Limitierungen mit vSphere

Tabelle 4.6 listet die Limitierungen auf, die in vSphere 7.0 in Bezug auf VMware DRS bekannt sind.

Beschreibung	Limitierung
ESXi-Hosts pro DRS-Cluster	64
Aktive VMs in einem DRS-Cluster	8.000
Aktive VMs pro ESXi-Host in einem DRS-Cluster	1.024

Tabelle 4.6 DRS-Cluster-Limitierung

4.3.12 Power Management

Power Management ist eine der Funktionen, die äußerst kontrovers diskutiert werden, da DRS aufgrund der Auslastung versucht, viele VMs auf möglichst wenige ESXi-Hosts zu verteilen, um die frei werdenden Hosts energiesparend in den Stand-by-Modus zu versetzen (siehe Abbildung 4.62).

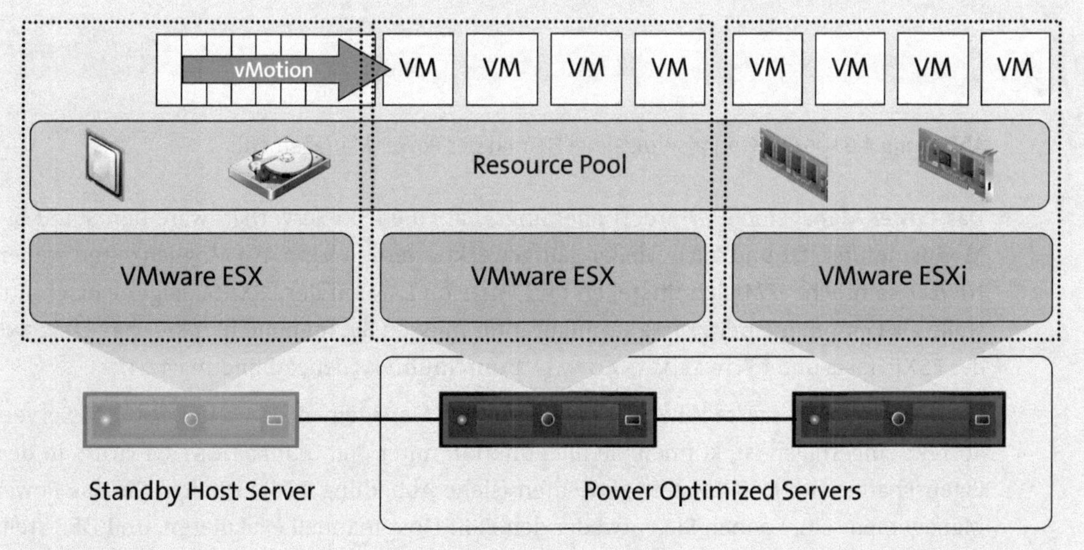

Abbildung 4.62 DPM schaltet nicht benötigte Hosts in einen Stand-by-Modus, um Energie einzusparen.

Die Kritiker möchten nicht, dass Ressourcen künstlich konsolidiert und vorhandene Systeme abgeschaltet werden. Außerdem bestehen Bedenken, dass die abgeschalteten Systeme bei steigenden Anforderungen vielleicht nicht oder zu langsam wieder aktiv werden.

Allerdings gibt es genügend Gründe, dieses Risiko einzugehen, wenn es um Energieeffizienz und Kosteneinsparungen geht. Vor allem Provider und große IT-Unternehmen, die ihre Hardware nicht im Detail planen können, sondern, um die Spitzen abzufangen, zwangsläufig mehr Hardware vorhalten müssen, als wirklich nötig ist, ziehen großen Nutzen aus dem Power Management.

Der Einsprungpunkt hat sich in Version 7 geändert. Hieß das Thema früher Distributed Power Management mit einem eigenen Punkt, gibt es jetzt in der Oberfläche eine neuen Punkt mit dem Namen Host Options (siehe Abbildung 4.63).

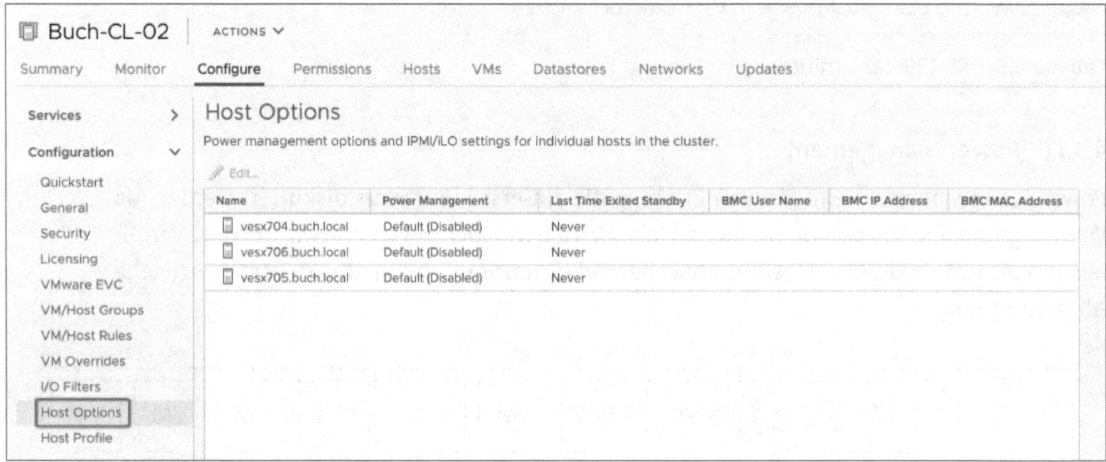

Abbildung 4.63 »Host Options«, die neue Heimat des Power Managements

Das Power Management erfordert allerdings, dass die ESXi-Serverhardware den Stand-by-Modus unterstützt und auch wieder »aufgeweckt« werden kann. An Möglichkeiten stehen *HP iLO*, sämtliche *IPMI*-Schnittstellen und *Wake on LAN* auf der ESXi-Managementschnittstelle als Optionen bereit. Diese Konfiguration müssen Sie manuell in den Host Options des ESXi-Hosts unter Power management durchführen (siehe Abbildung 4.64).

Nachdem Sie sichergestellt haben, dass die Power-Management-Funktion des ESXi-Servers korrekt eingetragen ist, können Sie die Funktion unter dem Punkt Host Options in den Eigenschaften des DRS-Clusters einrichten (siehe Abbildung 4.65). Schalten Sie das Power Management ein, können Sie entweder den ESXi-Host manuell evakuieren, und DRS stellt entsprechende Empfehlungen bereit, oder Sie lassen das Power Management ähnlich der Automatic-Einstellung selbstständig agieren und bestimmen nur, anhand welcher Priorität die VMs migriert und die freien Systeme abgeschaltet werden.

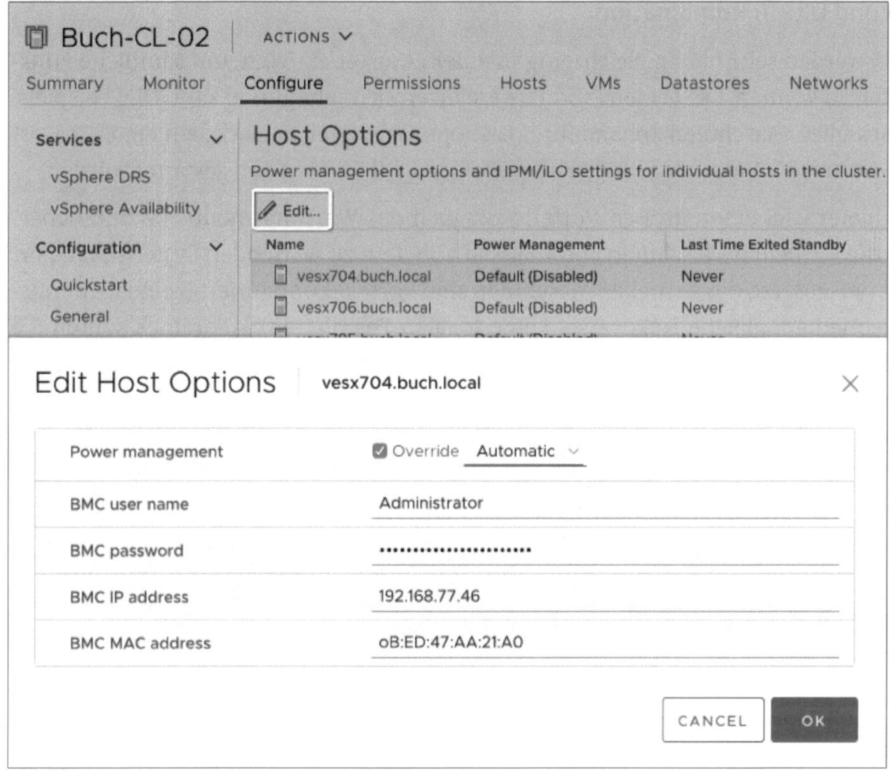

Abbildung 4.64 BMC-Einstellung für DRS

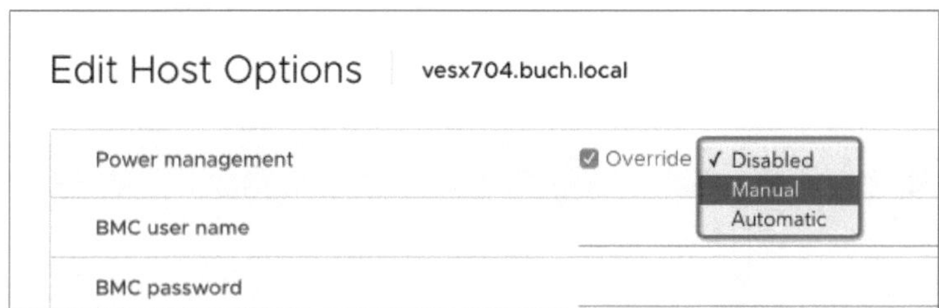

Abbildung 4.65 Power-Management-Konfiguration innerhalb des DRS-Clusters

Selbstverständlich ist es möglich, einzelne Hosts mit anderen Einstellungen zu versehen und komplett aus dem Power Management zu entfernen. Außerdem können Sie unter HOST OPTIONS den Zeitpunkt des letzten erfolgreichen Stand-by-Vorgangs einsehen. Eine Zeitsteuerung ist derzeit leider nur über eigene Erweiterungen durch Skripte möglich. Es wäre für viele Unternehmen interessant, zu einer bestimmten Abendstunde Power Management zu aktivieren, es morgens vor den Stoßzeiten wieder zu deaktivieren und alle ESXi-Hosts verfügbar zu halten. An dieser Stelle können wir daher nur auf die PowerShell oder auf Perl verweisen.

4.3.13 HA und DRS in Kombination

HA und DRS werden sehr häufig gleichzeitig in einem Cluster aktiviert, um sämtliche Funktionen nutzen zu können. Die beiden Produkte ergänzen sich sehr gut; so kann DRS beispielsweise die virtuellen Maschinen anhand ihrer Last optimal verteilen, nachdem ein ESXi-Host ausgefallen ist und die VMs »wahllos« auf den übrigen ESXi-Servern neu gestartet wurden.

Außerdem bietet DRS einen großen Vorteil bezüglich des Wartungsmodus (Maintenance-Modus), da die virtuellen Maschinen automatisch von dem zu wartenden System evakuiert werden – vorausgesetzt, die virtuellen Maschinen sind korrekt konfiguriert (keine verbundenen Wechselmedien, gleiche Netzwerke, keine lokalen Festplatten). Allerdings sollten Sie beachten, dass eine HA-DRS-Kombination realistisch erst ab drei ESXi-Hosts im Cluster sinnvoll genutzt werden kann.

Kapitel 5
Installation von ESXi und vCenter

In diesem Kapitel beschäftigen wir uns mit der Installation der verschiedenen Softwarekomponenten von VMware vSphere 7. Nicht nur die Standardinstallation wird hier beschrieben, sondern auch Installationen in DAS- und SAN-Umgebungen.

Autor dieses Kapitels ist Bertram Wöhrmann.
buch@ligarion.de

5

Auch wenn die Installation der einzelnen VMware-Komponenten an sich nicht kompliziert und aufwendig ist, sollen doch die einzelnen Schritte gezeigt werden, damit Ihnen klar wird, worauf Sie besonders achten müssen. Wir beginnen mit dem ESXi-Host, und zwar zunächst auf DAS-Systemen, und betrachten im Anschluss daran die Installationen im SAN näher. Abschließend liegt der Fokus auf der Vorgehensweise bei der Installation des *vCenter Servers* und seiner Komponenten. Auch das Upgrade von ESXi und vCenter wird näher beleuchtet.

Achtung beim Upgrade

Es gibt derzeit keinen unterstützten Upgrade-Pfad von vSphere-Versionen kleiner 6.5 nach vSphere 7. (Stand: September 2020)

Weitere Informationen zu dem Thema finden sich in der Knowledge Base von VMware unter *https://kb.vmware.com/s/article/78487*.

5.1 VMware vSphere 7

Die Version VMware vSphere 7 ist ihren Vorgängerversionen immer noch sehr ähnlich. Auch wenn sich unter der Haube und an der Architektur Änderungen ergeben haben, so ist der Grundstock der Software seit der Einführung von ESXi gleich.

5.1.1 VMware-vSphere-Systemvoraussetzungen

Die Systemvoraussetzungen für die Installation finden Sie im *VMware Compatibility Guide* auf der VMware-Website. Die Kompatibilitätslisten, d. h. die Auflistungen der von VMware unterstützten Hardware und Software, sind in mehrere Gruppen untergliedert. Hier sind alle Komponenten aufgelistet:

- Platform & Compute
- CIM Providers (HW Monitoring)
- CPU Series
- Guest OS
- Host OS
- Host Profiles
- I/O-Komponenten
- Key Management Servers (KMS)
- System/Servers
- Storage & Availability
- Site Recovery Manager (SRM) for SRA
- Site Recovery Manager (SRM) for VVols
- Storage/SAN
- vSAN
- Data Protection and Fileservices
- VMware Flash Read Cache
- vSphere APIs for Storage Awareness (VASA), non VVols
- vSphere APIs for Virtual Volumes (VVols)
- vSphere APIs for I/O Filtering (VAIO)
- Solutions & Architectures
- VMware Validated Design Certified Partner Architecture
- Networking & Security
- Networking and Security Services for NSX-T
- Networking and Security Services for NSX for vSphere
- Hardware VXLAN Gateway
- Cloud Infrastructure Platform
- VMware Cloud Foundation
- Management & Orchestration
- vRealize Operations
- vRealize Orchestrator
- vSphere Web Client
- End User Computing
- Horizon (Thin Clients)
- View Turnkey Appliances (Rapid Desktop Appliances)
- End User Computing Storage

- Horizon Proven Storage for VDI Capacity
- View Composer Array Integration (VCAI) – Horizon
- Virtual Volumes (VVols) – Horizon
- Graphics
- Shared Pass-Through Graphics
- Virtual Dedicated Graphics Acceleration (vDGA)
- Virtual Shared Graphics Acceleration (vSGA)
- Edge and IoT
- Edge Gateways for Pulse and IoT Center
- Embedded Systems for Pulse IoT Center

Wenn Sie die Seite *https://www.vmware.com/resources/compatibility/search.php* aufrufen, können Sie die Kompatibilität überprüfen (siehe Abbildung 5.1). Sie können dort direkt eine Auswahl treffen. Es ist ebenfalls möglich, als Einstiegspunkt die VMware-Seite *https://www.vmware.com/guides.html* zu wählen.

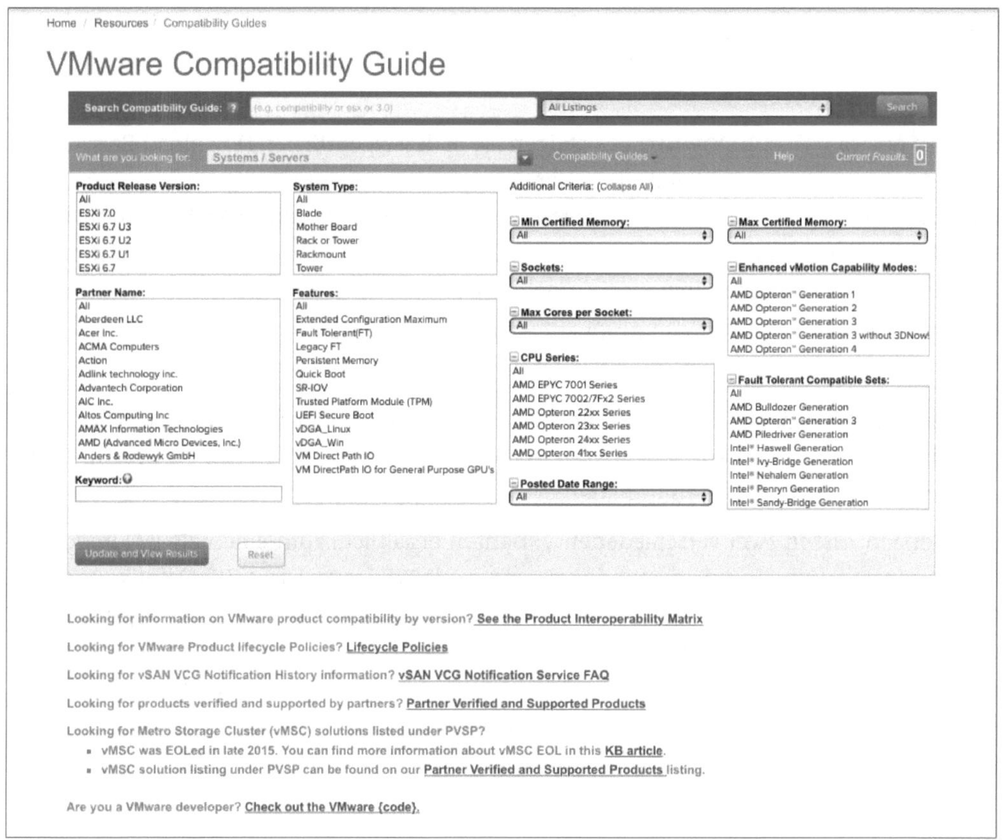

Abbildung 5.1 Der VMware Compatibility Guide

Sollte noch genug Papier im Drucker vorhanden sein, können Sie auch die PDF-Variante des *Systems Compatibility Guide* ausdrucken. Diese umfasst stattliche 286 Seiten und ist unter der URL *https://www.vmware.com/resources/compatibility/pdf/vi_systems_guide.pdf* zu finden. Alternativ speichern Sie die Datei ab, damit Sie jederzeit auf sie als Referenz zugreifen können.

Mit dem *VMware Compatibility Guide* hat VMware eine separate Website aufgebaut, um die Überprüfung der Kompatibilität von Komponenten zu ermöglichen. Hier können Sie nach einzelnen Systemen oder Systemkomponenten suchen. Zudem sind dort nicht nur die Hardware-, sondern auch die Softwarekompatibilitäten abgebildet.

5.1.2 Download der Installationsmedien

Die Installationsdateien von VMware vSphere 7 finden Sie auf der VMware-Website *www.vmware.com* unter dem Link DOWNLOADS. In dieser Sektion befinden sich die unterschiedlichen VMware-Produkte inklusive ihrer Versionsstände. Im oberen Bereich müssen Sie die Nummer der Version auswählen, die heruntergeladen werden soll.

Klicken Sie neben dem gewünschten Produkt auf DOWNLOAD, um die Dateien herunterzuladen. Sollten Sie eine ältere Version suchen, finden Sie den passenden Link auf der Einstiegsseite ganz oben.

Über die Auswahl GO TO DOWNLOADS steigen Sie in den eigentlichen Download-Bereich ein. Der Ladeprozess kann nun über die browsereigene Download-Funktion oder über den Download-Manager von VMware erfolgen. Letzterer bietet ein recht komfortables Interface, das auch das Wiederaufsetzen von Downloads und die einfache Steuerung zulässt. Für den endgültigen Download ist allerdings eine Anmeldung erforderlich.

Nach erfolgreicher Anmeldung befinden Sie sich auf der eigentlichen Download-Seite mit den Einzelkomponenten inklusive Download-Link (siehe Abbildung 5.2).

Auf der Webseite wählen Sie nun die Version aus, die Sie herunterladen wollen. Klicken Sie einfach auf den passenden Download-Link. Nach einer Anmeldung im Download-Portal können Sie die Versionen herunterladen.

ESXi Version 7 ist in zwei verschiedenen Varianten erhältlich: zum einen als *ISO-Image* zur direkten Installation eines Servers oder alternativ als *ZIP-Datei*. Diese ZIP-Datei können Sie mit dem *Lifecycle Manager* nutzen, um vorhandene Hosts zu aktualisieren. Die *Depot-Version* benötigen Sie, wenn Sie Auto-Deploy-Umgebungen für vSphere aufbauen wollen. Mehrere Hardwarehersteller bieten angepasste ISO-Images an, in denen schon die herstellerspezifischen Treiber und Tools integriert sind. Auch diese ISOs können im Register CUSTOM ISOs & ADDONS bei VMware heruntergeladen werden.

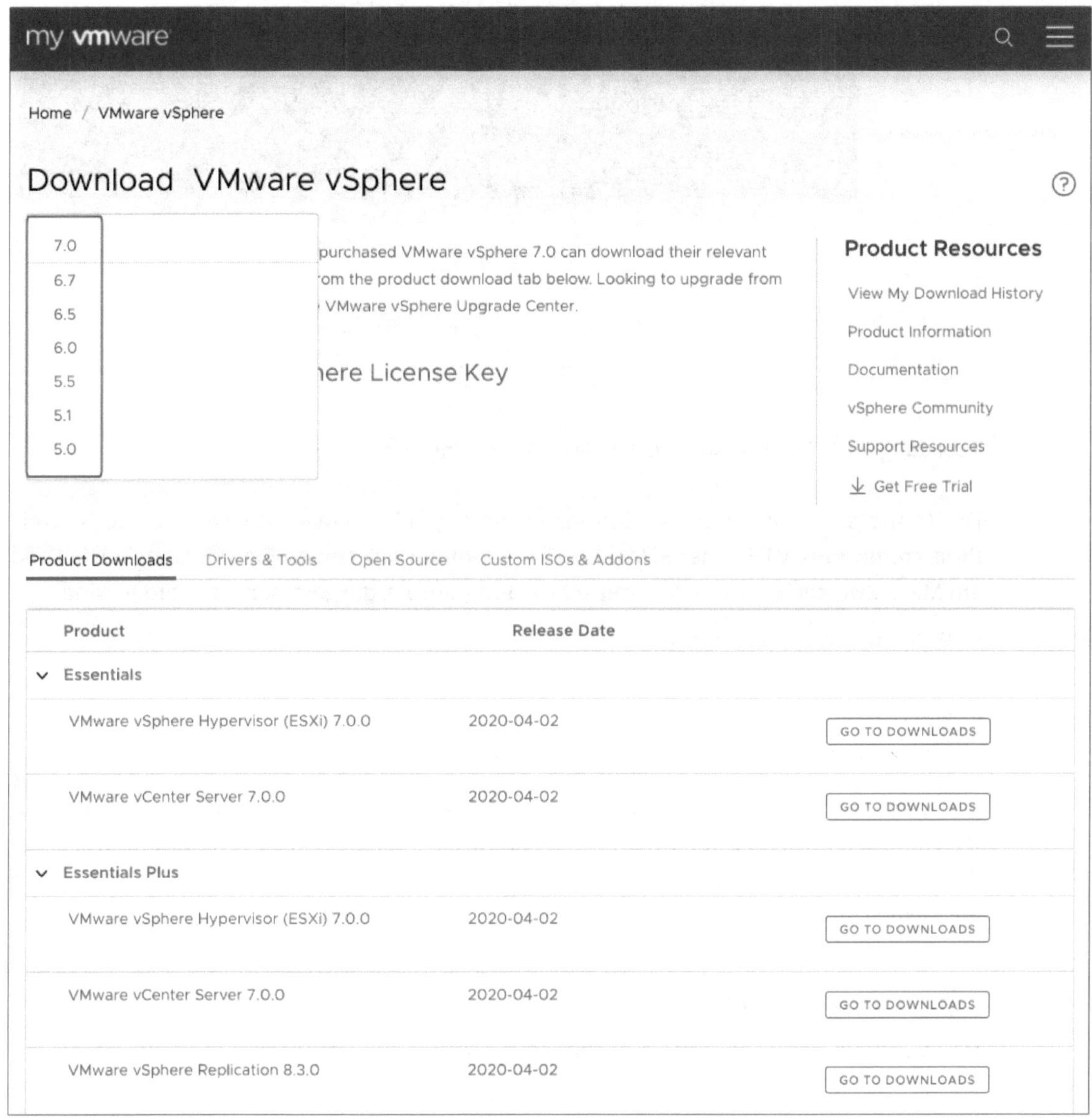

Abbildung 5.2 Download-Sektion mit den Komponenten von VMware vSphere

Generell sollten Sie jede heruntergeladene Datei auf ihre MD5-Checksumme hin prüfen (siehe Abbildung 5.3), da es immer wieder zu Übertragungsfehlern kommt, die zu sehr unschönen Effekten wie einer fehlerhaften Installation führen. Unter jedem Download-Link finden Sie die Checksummen zum Überprüfen der Datei. Hier sehen Sie eine MD5-, eine SHA1- und auch eine SHA256-Checksumme.

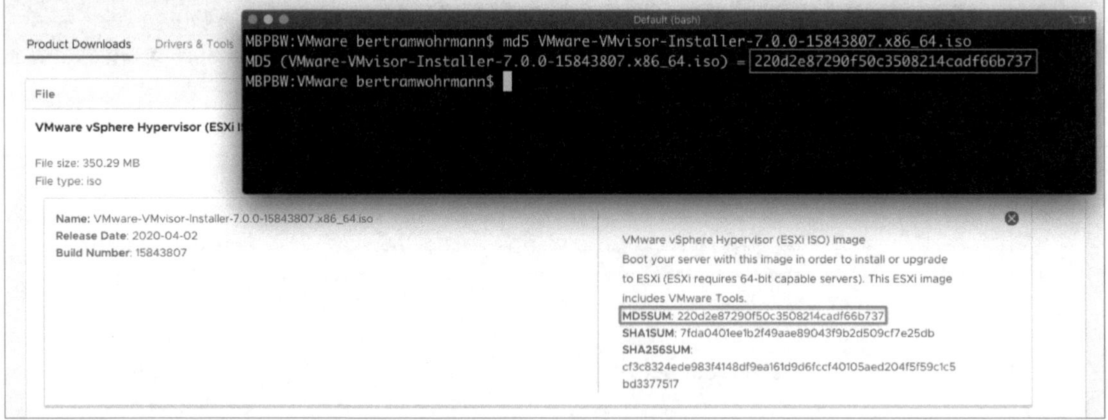

Abbildung 5.3 MD5-Checksummenvergleich mit Bordmitteln

Die Kontrolle wurde hier in der Kommandozeile auf einem Mac durchgeführt. Kostenfreie Programme zum MD5- oder SHA1/256-Checksummentest finden Sie mit Google wie Sand am Meer. Zwei recht empfehlenswerte MD5-Programme, die gern genutzt werden, sind:

- Windows MD5 Checksum Tool
  http://getmd5checker.com/downloads/Md5Checker/3.3.0.12/Md5Checker.zip
- winMD5Sum
  http://www.nullriver.com/downloads/Install-winMd5Sum.exe

Nachdem Sie das Installationsmedium auf Integrität getestet haben, nutzen Sie das ISO-DVD-Image – entweder auf eine DVD gebrannt oder über Softwareverteilungstools. DVD-Emulationsprogramme auf Serverseite (z. B. HP iLO) können zur Anwendung kommen, um die Medien direkt zu nutzen.

5.1.3 Vor der Installation

Vor der Installation sollten Sie unbedingt folgende Hinweise beachten.

Platzbedarf und Filesystem

Der neue ESXi-Host hat einen etwas höheren Platzbedarf als das alte System. Zudem hat sich an der Struktur im Filesystem etwas geändert. Erfolgt die Installation auf einer SD-Karte bzw. einem USB-Stick, werden mindestens 8 GB Speicher benötigt. Bei allen anderen Installationen wird ein Minimum von 32 GB Speicher erwartet. Für ein Upgrade sind als Minimum 4 GB freier Platz notwendig.

Es hat aber noch weitere Änderungen gegeben. So hat ein vSphere-7-Host nur noch vier Partitionen (siehe Tabelle 5.1, im Beispiel installiert auf einer 40-GB-Festplatte).

Kommt ein kleineres Medium zum Einsatz, verkleinern sich die Partitionen 5, 6 und 7.

Partition	Größe	Funktion
1	100 MB	EFI-System
-	1,94 MB	freier Platz, wird für den Upgrade-Prozess benötigt
5	4 GB	BOOTBANK1
6	4 GB	BOOTBANK2
7	31,9 GB	OSDATA

Tabelle 5.1 Partitionstabelle vSphere 7

Einrichten der Hardware

Bevor Sie beginnen, die Server aufzusetzen, müssen Sie die Hardware konfigurieren. Die Hardwarehersteller machen bestimmte Vorgaben, damit der vSphere-Server seine volle Leistungsfähigkeit ausspielen kann. Dazu müssen Sie im BIOS einige Einstellungen vornehmen. Auf jeden Fall ist die Prozessorvirtualisierung zu aktivieren. Deaktivieren Sie eventuell vorhandene Power-Saving-Funktionen. Die Hardware eines vSphere-Hosts sollte immer auf maximale Leistung gestellt sein. Etwaige Stromsparmechanismen sollten über vSphere selbst konfiguriert werden.

Viele Hersteller bieten entsprechende Dokumente an, in denen die Einstellungen für das BIOS hinterlegt sind. Hier finden sich auch Informationen für Hersteller, die keine eigenen ISOs zur Verfügung stellen.

Keine SAN-Verbindung

Außer bei Boot-from-SAN sollte der vSphere-Server während der Installation keine Verbindung zum SAN und zum zentralen Speicher haben. Dies ist empfohlene Praxis und dient zu Ihrer eigenen Sicherheit, damit nicht ungewollt Formatierungen vorgenommen werden. Die Auswahl einer falschen LUN passiert leider viel zu leicht.

Während der Installationsroutine werden bei der Partitionierung ausgewählte LUNs formatiert, unabhängig von den Daten – es sei denn, Sie wählen die Option, alle von der Installation betroffenen Datenbereiche nicht zu berücksichtigen. Sie müssen allerdings nicht zwingend die FC- oder Ethernet-Kabel ziehen – ein Abschalten der Ports oder das Aufheben der Zuordnung am Speichersystem genügt in den meisten Fällen.

5.1.4 Lokale Installation

Zur lokalen Installation müssen Sie entweder die VMware-vSphere-7-Installations-DVD in das Serversystem einlegen oder sie mittels Emulation (Virtual Media – HP iLO, Dell iDRAC ...) dem Server bekannt machen. Sehr wichtig ist hier die passende Kombination aus Firmware-,

Java- und ActiveX-Version. Die entsprechenden Informationen können Sie Tabelle 5.2 entnehmen.

Remote-Controller	Firmware	Java-Version
iDRAC 7	1.30.30 (Build 43)	1.7.0_60-b19
iDRAC 6	1.54 (Build 15) 1.70 (Build 21)	1.6.0_24
DRAC 5	1.0 1.45 1.51	1.6.0_20, 1.6.0_203
DRAC 4	1.75	1.6.0_23
ILO	1.81 1.92	1.6.0_22, 1.6.0_23
ILO2	1.8 1.81	1.6.0_20, 1.6.0_23
ILO3	1.28	1.7.0_60-b19
ILO4	1.13	1.7.0_60-b19
IBM RSA 2	1.03 1.2	1.6.0_22

Tabelle 5.2 Remote-Controller-Firmwareversionen

Alternativ ist es auch möglich, den Host über ein USB-Medium bereitzustellen.

Während der Installation erhalten Sie fast keine Angaben; die eigentliche Konfiguration erfolgt nach dem Abschluss der Installation in der Managementkonsole des ESXi. An dieser Stelle haben Sie dann auch die Möglichkeit, den Netzwerkadapter anzupassen, den Sie nutzen wollen.

Außerdem empfiehlt VMware, die Uhr im BIOS auf UTC-Zeit zu stellen. Die Anpassung an die entsprechende Zeitzone erfolgt nach der Installationsprozedur mit dem *vSphere Web Client*.

PCI-ID-Plan

Sollte der Server über sehr viele Netzwerkkarten verfügen, ist ein PCI-ID-Plan des Serversystems sehr hilfreich. (Die PCI-ID ist die PCI-Nummer von Geräten in PCI-Slots.) Es wird nach einer Netzwerkkarte als Uplink für den virtuellen Switch gefragt, den die Management-Portgruppe nutzt.

Vorbereitung des USB-Mediums

Soll die Installation über ein USB-Medium (z. B. einen USB-Stick) erfolgen, sind einige vorbereitende Arbeiten notwendig. Als Erstes benötigen Sie ein Tool, mit dem Sie einen USB-Stick bootfähig machen können. Für diesen Zweck können Sie das Tool *UNetbootin* (*http://unetbootin.github.io*) nutzen. Diese Software gibt es für alle gängigen Plattformen. Somit sind Sie vom Betriebssystem selbst unabhängig. Jetzt müssen Sie entweder in der oberen Auswahl eine DISTRIBUTION wählen, um den passenden USB-Stick zu erstellen, oder Sie wählen den unteren Auswahlpunkt aus und binden direkt das ISO-Abbild ein (siehe Abbildung 5.4).

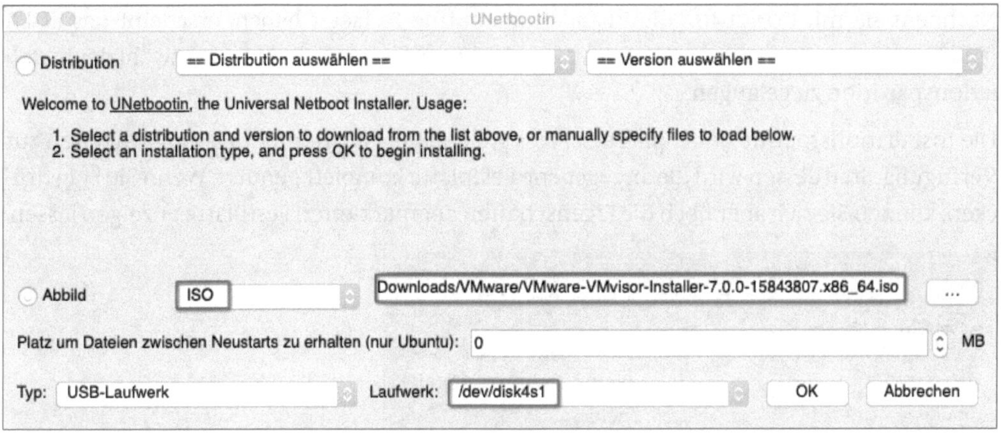

Abbildung 5.4 Erstellen eines bootfähigen USB-Mediums

Nun folgt die Auswahl des USB-Mediums, auf das die vSphere-ISO kopiert werden soll. Ist der Prozess abgeschlossen, können Sie mit Ihrem USB-Stick einen Server booten und dann installieren.

Installation

Die Installation von vSphere 7 ist absolut simpel und erfordert keinerlei Linux-Kenntnisse. Sie benötigen lediglich zertifizierte und von VMware freigegebene Hardware. Für Testumgebungen können Sie sich auch in der Community umschauen, um herauszufinden, auf welchen Systemen die Software noch erfolgreich installiert werden konnte. Selbst auf den Produkten *VMware Workstation* und *VMware Fusion* lässt sich die Software zu Testzwecken installieren.

Nach dem Starten des ISO-Images oder der DVD wird direkt in die Installationsroutine gebootet. Mit der [Tab]-Taste könnten Sie die Bootparameter ändern; zur Drucklegung des Buchs war uns jedoch noch keine sinnvolle Nutzungsmöglichkeit bekannt.

Zu Beginn der Installation lädt das System verschiedene Treiber. Anschließend zeigt sich der Screen wie in Abbildung 5.5.

```
Welcome to the VMware ESXi 7.0.0 Installation

VMware ESXi 7.0.0 installs on most systems but only
systems on VMware's Compatibility Guide are supported.

Consult the VMware Compatibility Guide at:
http://www.vmware.com/resources/compatibility

Select the operation to perform.

(Esc) Cancel        (Enter) Continue
```

Abbildung 5.5 Hinweis auf den Compatibility Guide von VMware

Nachdem Sie mit CONTINUE die Installationsroutine fortsetzt haben, erscheint das EULA (*End User License Agreement*). Dieses müssen Sie bestätigen, um dann zur Auswahl der Installationspartition zu gelangen.

Die Installationsroutine des vSphere-Servers stellt keine Partitionierungsmöglichkeiten zur Verfügung. Stattdessen wird die angegebene Festplatte komplett genutzt. Wenn Sie F1 drücken, können Sie sich aber noch die Eigenschaften der markierten Festplatte anzeigen lassen.

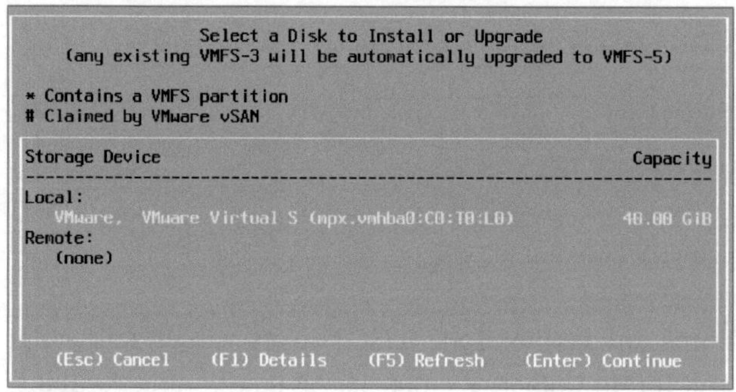

Abbildung 5.6 Auswahl der Zielfestplatte

An dieser Stelle finden Sie alle Angaben, die Sie für die Beurteilung der Festplatte benötigen (siehe Abbildung 5.7). Zusätzlich erhalten Sie die Information, ob die Installationsroutine eine vorhandene ESXi-Installation gefunden hat.

```
                        Disk Details
Model/Vendor:       VMware, VMware Virtual S
Full Disk Name:     mpx.vmhba0:C0:T0:L0
Interface Type:     parallel
LUN ID:             0
Target ID:          0
Capacity:           40.00 GiB
Path:               /vmfs/devices/disks/mpx.vmhba0:C0:T0:L0
ESX(i) Found:       No
SSD Device:         True
Datastores:         (none)

                        (Enter) OK

(Esc) Cancel   (F1) Details   (F5) Refresh   (Enter) Continue
```

Abbildung 5.7 Eigenschaften der ausgewählten Festplatte

Tipp

Möchten Sie eine universale Installation auf einem USB-Stick erzeugen, können Sie ein USB-Medium einstecken. Wenn Sie anschließend [F5] drücken, wird der Stick angezeigt, und Sie können eine Installation direkt auf dem USB-Gerät vornehmen. Mit diesem Stick können Sie dann jeden unterstützten Host starten.

Nach der Auswahl und der Bestätigung der Festplatte wird Ihnen, falls bereits ein VMware-System auf der Festplatte installiert war, die Abfrage aus Abbildung 5.8 gezeigt.

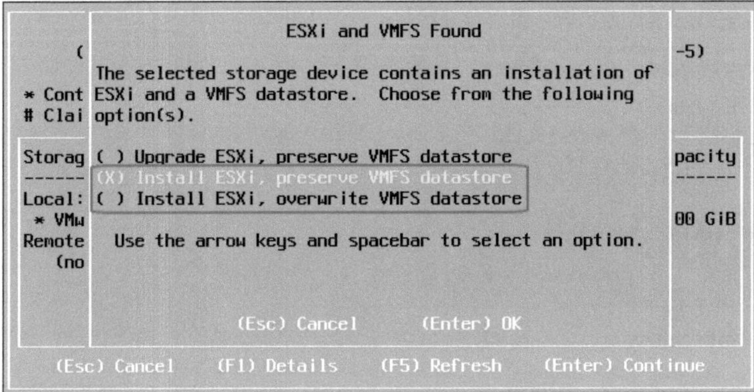

Abbildung 5.8 Upgrade-Optionsauswahl bei gefundener Installation

Wählen Sie einfach die gewünschte Aktion, und Sie können die Arbeiten entsprechend fortsetzen. Hier wird auch auf diejenigen Rücksicht genommen, die Single-Host-Umgebungen betreiben. Sie können die VMFS-Datastores behalten, ohne dass die darauf liegenden VMFS-Partitionen beeinträchtigt werden. Dies stellt einen möglichen Upgrade-Pfad dar, oder aber Sie lassen eine Formatierung vor der Installation durchführen.

Wählen Sie nun Ihr bevorzugtes Tastaturlayout aus (siehe Abbildung 5.9) und fahren Sie mit der Installation fort.

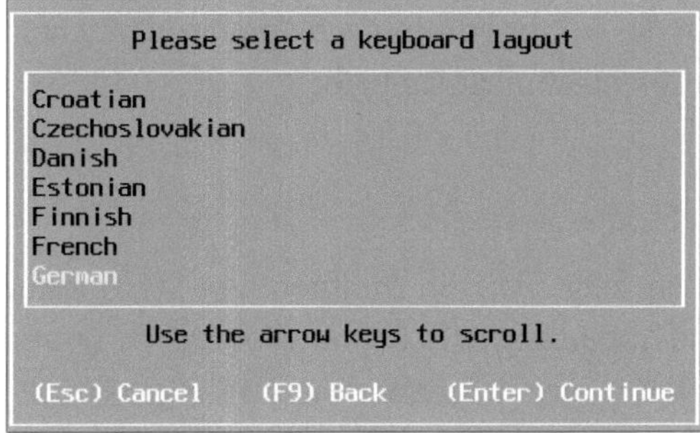

Abbildung 5.9 Auswahl des Tastaturlayouts

Eine kurze Zusammenfassung bestätigt, dass eine Installation stattfindet, und zeigt an, auf welcher Festplatte sie durchgeführt wird. Das Passwort muss selbstverständlich auch noch festgelegt werden.

Nun haben Sie Zeit für ein Heißgetränk, während der Balken den Fortschritt der Installation anzeigt. Nach ca. fünf Minuten sind alle Arbeiten abgeschlossen. Ist die Installation erfolgreich durchgelaufen, weist die Installationsroutine Sie darauf hin (siehe Abbildung 5.10).

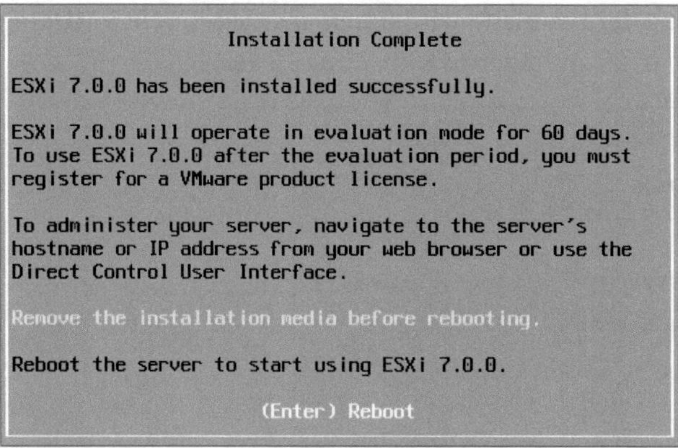

Abbildung 5.10 Installationsabschluss

Entnehmen Sie das Installationsmedium und starten Sie das System neu. Der neu bereitgestellte Server heißt Sie willkommen, und Sie können mit den weitergehenden Konfigurationsarbeiten beginnen.

Es ist selbstverständlich ebenfalls möglich, die Installation auch auf einem USB-Stick oder einer SD-Karte vorzunehmen. Es gibt Server, die passende Steckplätze im Gerät zur Verfügung stellen. Denken Sie aber daran, dass Sie dann einen Single Point of Failure haben. Über USB-Sticks und SD-Karten lässt sich kein RAID spannen, und daher sollten Sie genau überlegen, ob Sie mit dieser Technologie arbeiten wollen oder doch besser bei der klassischen Festplattenvariante im RAID-Verbund bleiben. Für die Zugriffsgeschwindigkeit ist das kein Problem, denn beim Booten wird das gesamte vSphere-System in den Arbeitsspeicher geladen und dort auch ausgeführt. Theoretisch kann das Bootmedium nach dem erfolgreichen Start des Hosts entfernt werden, ohne dass es Probleme zur Laufzeit gibt.

5.1.5 Der erste Start von vSphere 7

Sobald der vSphere-7-Server komplett gestartet ist, zeigt sich ein rudimentäres Startmenü, das Sie über die Tastatur bedienen können (siehe Abbildung 5.11). Da der vSphere-7.x-Server laut Standardeinstellungen eine IP-Adresse per DHCP bezieht, können Sie – wenn ein DHCP-Server im Netzwerk vorhanden ist – auch direkt über den *vSphere Web Client* auf den neu installierten Host zugreifen.

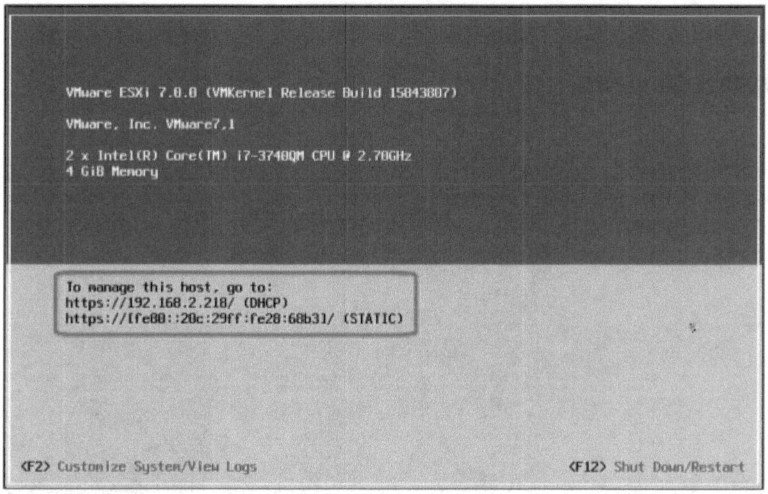

VMware ESXi 7.0.0 (VMKernel Release Build 15843807)
VMware, Inc. VMware7,1
2 x Intel(R) Core(TM) i7-3740QM CPU @ 2.70GHz
4 GiB Memory
To manage this host, go to:
https://192.168.2.218/ (DHCP)
https://[fe80::20c:29ff:fe28:68b3]/ (STATIC)
<F2> Customize System/View Logs
<F12> Shut Down/Restart

Abbildung 5.11 Erststart des vSphere-7-Systems

Soll eine Anpassung der Konfiguration erfolgen, bietet sich die Taste F2 an, mit der Sie das Netzwerk konfigurieren können. Zuvor müssen Sie sich aber am System authentifizieren. Dabei ist die Anzeige im Anmeldedialog hilfreich, die das eingestellte Tastaturlayout angibt (siehe Abbildung 5.12). So vermeiden Sie Anmeldefehlversuche, weil das Layout nicht bekannt ist.

Authentication Required
Enter an authorized login name and password for localhost.localdomain.
Configured Keyboard (German)
Login Name: [root]
Password: [**********_]
<Enter> OK <Esc> Cancel

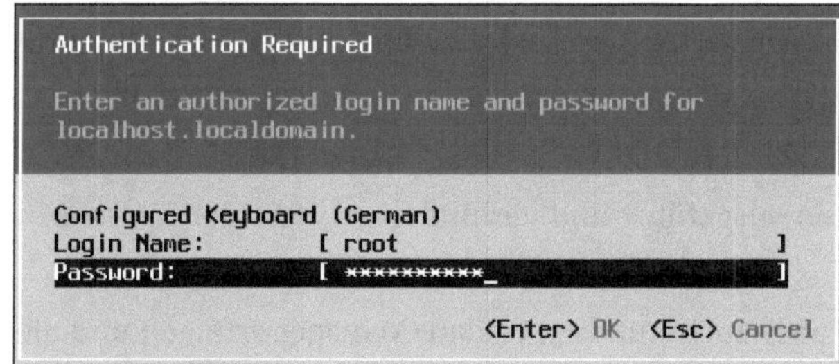

Abbildung 5.12 Serveranmeldung mit der Anzeige des Tastaturlayouts

Nach der Anmeldung gelangen Sie in ein rudimentäres Konfigurationsmenü (siehe Abbildung 5.13). Hier können Sie die Basiseinstellungen des ESXi-Hosts vorgeben. Auf nähere Details zu seiner Konfiguration gehen wir in Kapitel 14, »Konfiguration von ESXi und vCenter«, ein.

Auf einigen Systemen gibt es ein Problem bei der Installation bzw. beim Booten des Servers. Bei ihnen sieht es auf der Konsole so aus, als bliebe der Server beim Umschalten vom Text- in den Grafikmodus hängen. (Das kann auch bei Systemen passieren, die im Compatibility Guide stehen.)

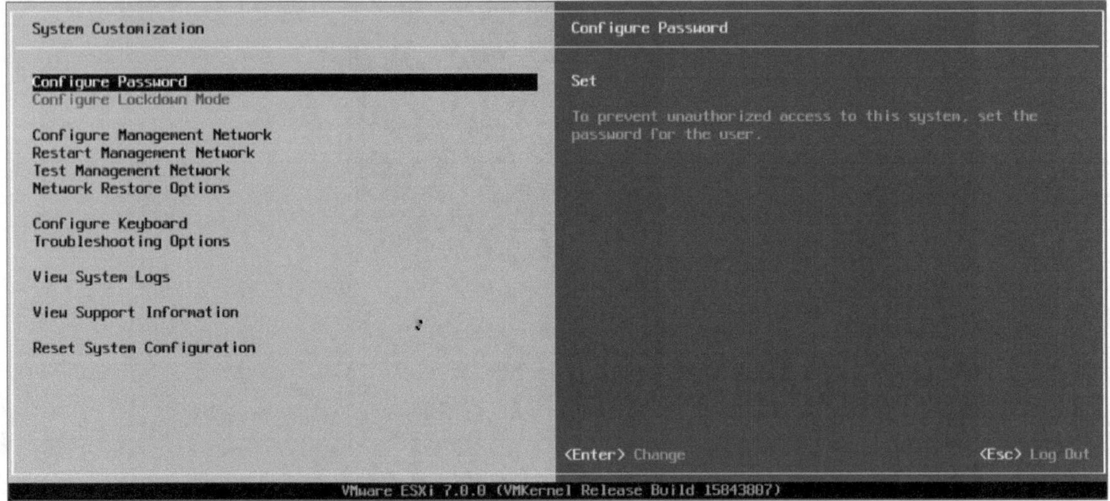

Abbildung 5.13 Konfigurationsseite des vSphere-7-Systems

Die Ursache dafür ist die sogenannte *Headless*-Funktion im BIOS. Ist sie aktiviert, kann das Problem auftreten. Schauen Sie dazu in den AHCI-Einstellungen im BIOS nach. Kann die Funktion nicht deaktiviert werden, müssen Sie beim Starten vom Bootmedium einen Bootparameter angeben.

Durch Drücken der Tasten ⇧ + O gelangen Sie in den Eingabemodus. Setzen Sie dort den Parameter `ignoreHeadless` auf `TRUE`. Damit das Ganze auch nachhaltig ist, geben Sie nach erfolgter Installation im System einen persistenten Parameter an. Durch die Einstellung

```
esxcli system settings kernel set --setting=ignoreHeadless --value=TRUE
```

wird der Befehl jedes Mal beim Booten ausgeführt und verhindert so, dass der Bildschirm einfriert.

Die Aktualisierung eines Hosts kann aber auch mit dem Update Manager erfolgen und die Parametrierung über einen SSH-Zugriff.

5.1.6 Installation über das Netzwerk

Sie können den vSphere-Server auch über das Netzwerk installieren. Um diese Möglichkeit zu nutzen, benötigen Sie ein *Preboot Execution Environment* (PXE). Diese Umgebung besteht aus einem DHCP-(*Dynamic Host Configuration Protocol*-)Server, einem TFTP-(*Trivial File Transfer Protocol*-)Server und einem Boot-Environment.

Bootet ein Server via PXE, wird ihm eine gültige IP-Adresse zugewiesen; über TFTP wird das Bootmenü auf den Host transferiert. Ist der Transfervorgang abgeschlossen, wird der Kernel geladen und eine RAM-Disk angelegt. Wählen Sie das Installationsskript und sprechen Sie das Installationsmedium über das Netzwerk an. Seit der Einführung von Version 5 des VMware-

ESXi-Servers können Sie auch den vSphere-Server geskriptet installieren. Die Installation kann, wie beschrieben, automatisch mit einem Skript laufen, oder Sie führen sie manuell durch. Die Vorgehensweise ist weitestgehend so, wie wir es bereits im vorhergehenden Abschnitt beschrieben haben.

Es gibt auch verschiedene Installationstools, die es Ihnen ermöglichen, eine Konfiguration individuell einzurichten und automatisiert zu starten, so z. B. die *HPE Insight Rapid Deployment*-Software von HP oder – Sie haben es ja unter Umständen mitgekauft – das *VMware Auto Deploy*. Letzteres funktioniert natürlich nur, wenn Sie schon eine bestehende vSphere-Infrastruktur betreiben.

5.1.7 Installation im FCoE bzw. SAN

Bevor Sie Serversysteme in einem SAN (*Storage Area Network*) nutzen, müssen Sie unbedingt den HBA-Controller daraufhin überprüfen, ob die Firmware und gegebenenfalls das BIOS auf einem aktuellen Stand sind.

Bei vSphere 7 ist das nicht so einfach möglich. Für ein Firmware-Update des Adapters müssen Sie mit einem bootfähigen Medium den Server starten und über diesen Weg die Firmware aktualisieren.

Einschränkungen

Leider bietet eine Systeminstallation im Speichernetzwerk nicht nur Vorteile, sondern auch Einschränkungen. Allerdings werden die Einschränkungen mit jeder VMware-ESXi-Version immer geringer.

Soll aus dem SAN gebootet werden, müssen Sie weiterhin darauf achten, dass der vSphere-Server während der Installationsphase nur die ersten 128 LUNs erkennen kann. Nach der Installation sind es insgesamt 1.024 LUNs.

Aus Hardwaresicht bestehen derzeit noch Probleme bei manchen Systemen mit internen IDE-Festplatten (z. B. IBM-Blades), die im BIOS deaktiviert werden müssen. Aus Performancegründen bietet es sich außerdem an, den HBA, von dem gebootet wird, möglichst hoch am PCI-Bus (PCI-ID) anzusiedeln.

Boot-on-SAN

Die Möglichkeit, den vSphere-Server im bzw. aus dem SAN zu installieren und zu starten, wurde hauptsächlich durch die Verbreitung von Blade-Servern forciert, da diese oft über keine lokalen Festplatten verfügen. Neben der Nutzung plattenloser Systeme bietet die Boot-on-SAN-Alternative einen weiteren Vorteil in Bezug auf Ausfallsicherheit: Blade-Server sind in vielen Fällen modellgleich, das heißt, es ist die gleiche Hardwaregrundlage vorhanden. Fällt ein Blade aus, können Sie durch einfaches Umsetzen der Boot-LUN im SAN ein anderes Blade mit identischer Konfiguration neu starten. Dadurch sparen Sie sich die Neuinstallation und Konfiguration bei Hardwareausfällen. Auch Replikationen oder die Spiegelung und Sicherung der Systempartition sind somit sehr einfach, da alles im SAN passieren kann.

Eine Installation bzw. der Start des vSphere-Servers von zentralem (oder nicht lokalem) Speicherplatz setzt einen bootfähigen und zertifizierten Fibre-Channel- oder iSCSI-HBA (*Host-Bus-Adapter*) voraus.

Allerdings sollten Sie im Idealfall die LUN-ID 0 für die Zuordnung der Bootfestplatte nutzen. Wählen Sie eine andere Boot-LUN-ID, sollten Sie sich diesen Bereich gut merken, um später keine versehentlichen Formatierungen durchzuführen.

Zugriff beim Mapping der LUN

Beim Mapping der LUN (also bei der Zuordnung HOST WWN/ISCSI NAME ↔ STORAGE LUN in der Speicherverwaltung) sollten Sie nur dem einen Host den Zugriff gestatten, der auch von der LUN bootet!

Nachdem Sie eine entsprechende LUN angelegt und ein Mapping durchgeführt haben, können Sie den vSphere-Server mit der VMware-vSphere-Installations-DVD starten. Bei der Auswahl des Bootloaders und der Festplatte, die Sie partitionieren wollen, müssen Sie auch die entsprechende LUN auswählen (im Idealfall LUN 0).

Fibre-Channel-HBAs und Boot-on-SAN

Die Installation kann bereits vor der Anpassung der Fibre-Channel-HBAs (Firmware-Update, Bootkonfiguration) stattfinden. Allerdings ist dies Geschmackssache. Der große Unterschied zwischen dem lokalen Boot und dem SAN-Boot besteht aus Sicht der Installationsroutine nur in der zugeordneten System- und Installationspartition. Daher muss der HBA die LUNs bereits vor dem Boot der vSphere-DVD sehen. Bei der Plattenauswahl wird die LUN dann angewählt.

Nach erfolgter Installation müssen Sie den Server allerdings vom lokalen Boot auf den Boot mittels HBA umkonfigurieren. Bevor Sie über die Einrichtung von Boot-on-SAN nachdenken, sollten Sie auf jeden Fall kontrollieren, ob die aktuelle Firmware auf dem Host-Bus-Adapter eingespielt ist. Falls nicht, sollten Sie dies zuerst nachholen. Außerdem bieten die Hersteller Anleitungen dazu an, wie der HBA als Bootmedium eingerichtet wird.

5.1.8 Installation in der virtuellen Maschine

Mit *VMware Workstation* bzw. *VMware Fusion* und einem VT-(*Virtualization Technology-*) fähigen Prozessor ist es möglich, einen VMware-vSphere-Server in der virtuellen Maschine zu betreiben.

Dies ist nicht besonders schnell, bietet jedoch viele Vorteile in Test- und Entwicklungsszenarien. Außerdem half diese Möglichkeit sehr, dieses Buch zu erstellen, da viele Tests und Versuche ansonsten viel zu aufwendig geworden wären.

Mittlerweile gibt es als Betriebssystemkonfiguration der *VMware Workstation* bzw. *VMware Fusion* den Punkt ESXi Server 4/5/6/6.x. So können Sie einen vSphere-Host ohne Probleme innerhalb dieser Produkte installieren.

5.2 Upgrade auf vSphere 7

Möchten Sie eine bereits bestehende Landschaft auf die neue VMware-Version updaten, müssen Sie grundsätzlich zuerst einen vorhandenen vCenter Server auf die aktuelle Version aktualisieren. Alle Vorgängerversionen von *vCenter Server 7* können die neuen vSphere-Hosts nicht managen.

Ist die Managementumgebung in der passenden Version vorhanden und betriebsbereit, haben Sie mehrere Möglichkeiten, das Update der Hosts durchzuführen. Bei den kurzen Bereitstellungszeiten sollten Sie sich aber überlegen, ob es nicht grundsätzlich sinnvoller ist, direkt eine Neuinstallation vorzunehmen. Über diesen Weg werden Sie zudem auch die gesamten Altlasten los und haben ein frisches, neues System.

Achtung

Ein Upgrade von älteren Versionen als vSphere 6.5 wird nicht unterstützt!

Kommen ältere Versionen zum Einsatz, müssen Sie den Weg über ein Zwischen-Upgrade zu Version 6.5 bzw. 6.7 gehen, die anschließend auf Version 7 aktualisiert wird. In diesem Fall empfehlen wir Ihnen jedoch eine vollständige Neuinstallation.

Upgrade von Version ESX 6.5 bzw. 6.7 auf ESXi 7

Ein Upgrade von Version 6.5 oder 6.7 auf die aktuelle Version ist recht simpel und wird auch durch den VMware-Support unterstützt. Legen Sie die CD mit der aktuellen Version ein und gehen Sie den Installationsweg durch. Nach der Auswahl der Festplatte stellt das System fest, dass bereits eine VMware-Installation auf der Festplatte ist, und Ihnen wird angeboten, das System zu aktualisieren (siehe Abbildung 5.14).

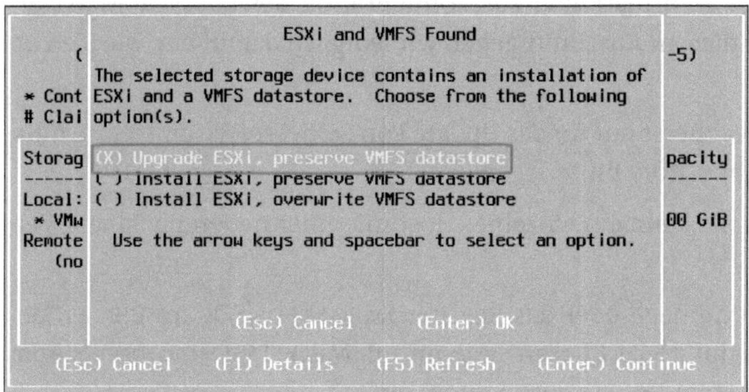

Abbildung 5.14 Upgrade der ESXi-Version auf 7

Wichtig

Alle virtuellen Maschinen müssen auf dem zu aktualisierenden System gestoppt oder mit vMotion auf andere ESX(i)-Server verschoben werden.

Die mögliche Auswahl ist dabei selbsterklärend. Für das Upgrade gibt es genau eine Auswahlmöglichkeit. Die beiden anderen Auswahlpunkte betreffen nur eine mögliche Neuinstallation.

Insgesamt gibt es zwei Möglichkeiten, einen aktualisierten vSphere-Host zu erhalten: durch die Installation von einem Datenträger oder durch ein Update über den Lifecycle Manager.

Neuinstallation

Aufgrund der schnellen Installation von VMware vSphere ist es möglich, alle Hosts neu zu installieren. Dazu versetzen Sie den Host eines eventuell bestehenden Clusters in den Maintenance-Modus. Dadurch werden alle virtuellen Maschinen vom Server evakuiert. Trennen Sie die Verbindung des Hosts im vCenter, entfernen Sie ihn aus dem Inventar und installieren Sie ihn neu. Nach erfolgreicher Installation, Konfiguration und Aufnahme in den Cluster geben Sie den Host wieder für VMs frei. So können Sie einige der VMs wieder auf den neuen Host migrieren.

Wiederholen Sie die Vorgehensweise für alle betroffenen Server, bis sämtliche Systeme aktualisiert worden sind. Der Vorteil dieser Vorgehensweise ist, dass Sie die Möglichkeit haben, die Systemkonfiguration anzupassen. Dieser Weg sollte die erste Wahl sein, wenn die Hostsysteme schon vorher von älteren ESX/ESXi-Versionen aktualisiert wurden. Alternativ können Sie auch die Installation weglassen und die Systeme direkt vom Netzwerk starten. Dazu lesen Sie später mehr in Abschnitt 15.4, »VMware Auto Deploy und Image Builder im Webclient«.

Über den vCenter Server

Damit der vCenter Server die Option für das Updaten von ESXi-Hosts anbietet, muss der *vSphere Lifecycle Manager* zum Einsatz kommen.

Detaillierte und weitergehende Informationen zur Konfiguration des Lifecycle Managers finden Sie in Abschnitt 15.2. In diesem Abschnitt gehen wir lediglich darauf ein, wie Sie vorhandene Hosts aktualisieren.

Wenn Sie den Lifecycle Manager zuerst nur für das Update von ESXi-Servern einsetzen, müssen Sie zu Beginn kein Patch-Repository hinterlegen.

Über das Kontextmenü des Hosts kann ein einzelner Host mit einer neueren vSphere-Version bereitgestellt werden.

Zuerst importieren Sie ein ESXi-Image über das Register IMPORTED ISOs im Bereich des Lifecycle Managers (siehe Abbildung 5.15). Klicken Sie dann auf IMPORT ISO und lesen Sie das ISO-Image mithilfe eines Filesystem-Browsers ins System ein.

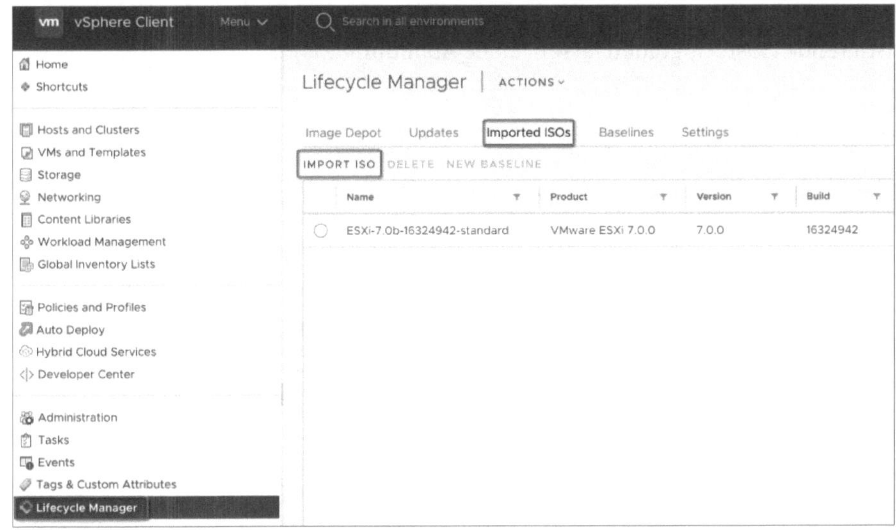

Abbildung 5.15 ISO-Import im Lifecycle Manager

Das ISO-File wird geladen, geprüft und anschließend über den IMPORT-Button ins System eingebunden. Nach dem Abschluss des Imports müssen Sie eine Baseline erstellen. Das geschieht in der Hauptoberfläche im Register BASELINES über den Menüpunkt NEW • NEW BASELINE (siehe Abbildung 5.16). Auf diese Weise wird nach dem Start des Wizards, der die passenden Abfragen stellt, um eine zugehörige Baseline zu erstellen, das Anlegen einer Upgrade-Baseline eingeleitet.

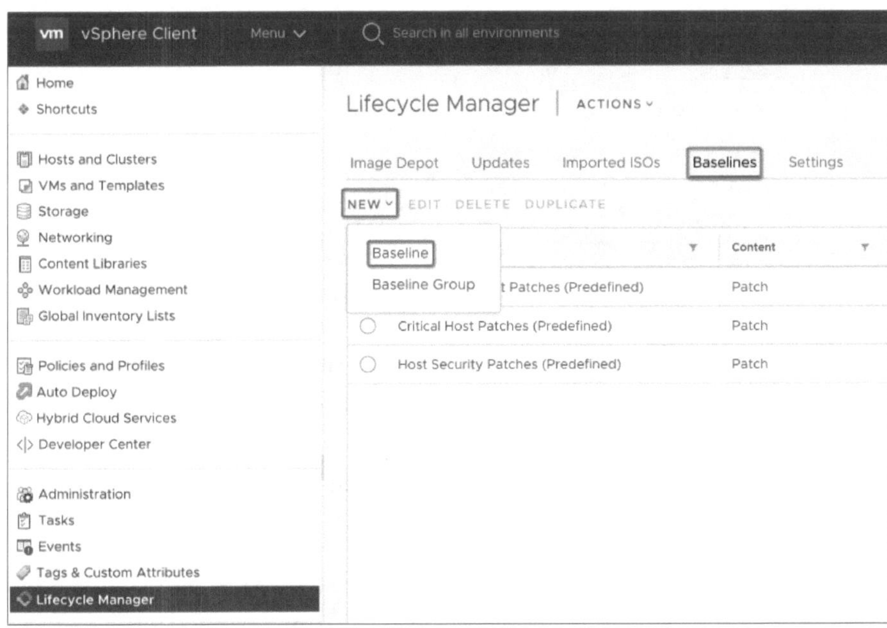

Abbildung 5.16 Erstellen einer Baseline zum Upgraden eines Hosts

Das erste Fenster des Assistenten ist selbsterklärend. Wir wollen eine Baseline anlegen, mit der sich existierende Hosts upgraden lassen (siehe Abbildung 5.17).

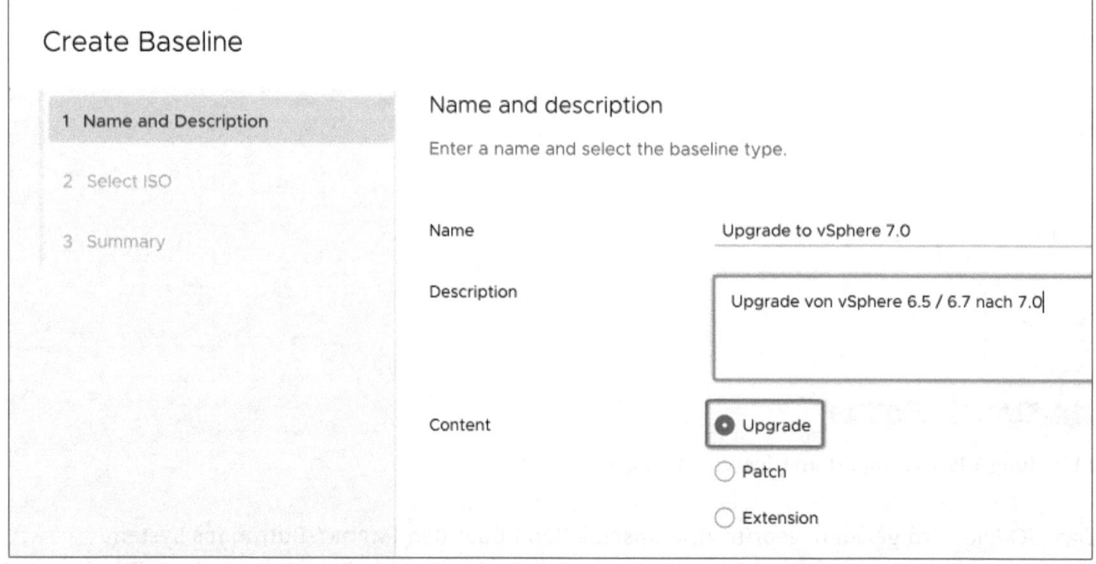

Abbildung 5.17 Erstellen einer Upgrade-Baseline

Im folgenden Schritt müssen Sie der Baseline ein ISO-Image zuweisen. In dem Dialog aus Abbildung 5.18 werden alle importierten ISO-Files angezeigt; wählen Sie den passenden aus.

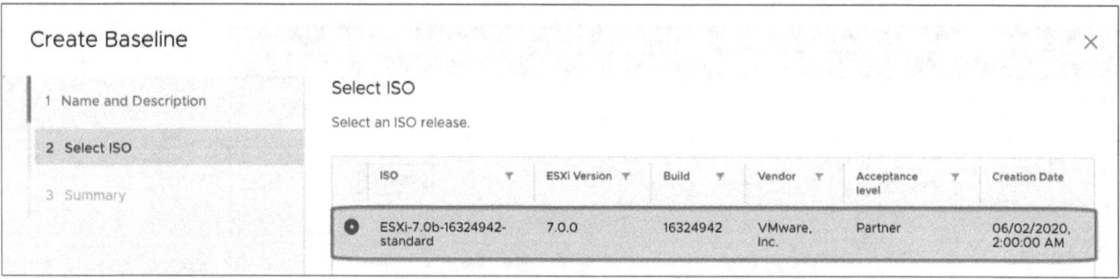

Abbildung 5.18 Verknüpfung der Upgrade-Baseline mit dem ISO-Image

Die Baseline ist damit erstellt und nutzbar, jetzt müssen Sie sie mit einem Objekt verknüpfen. Grundsätzlich ist das mit den Objekten *vCenter Server*, *DataCenter*, *Cluster* und *Host* möglich (siehe Abbildung 5.19).

Über ATTACH erfolgt die Auswahl der Baseline, die mit dem gewählten Objekt verknüpft werden soll (siehe Abbildung 5.20).

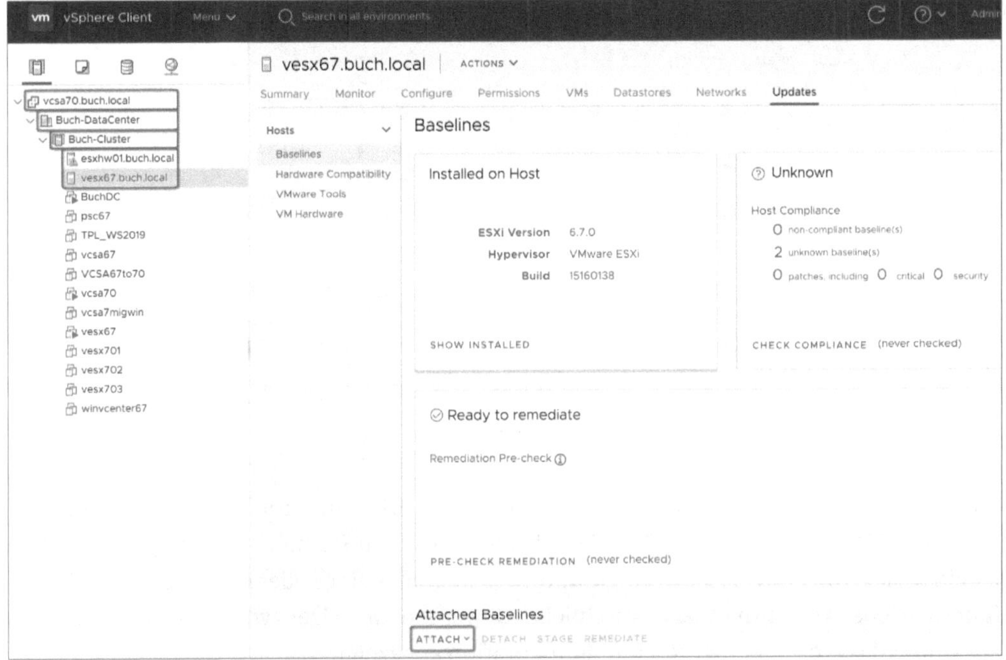

Abbildung 5.19 Eine Baseline mit einem vCenter-Objekt verbinden

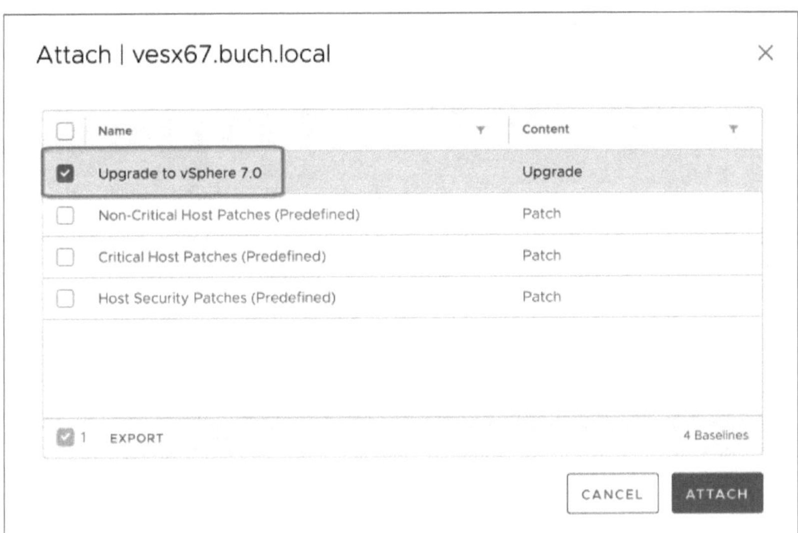

Abbildung 5.20 So hängen Sie eine Upgrade-Baseline an ein vCenter-Objekt an.

Prüfen Sie den Host, den Sie ausgewählt haben, auf Kompatibilität! Dieses geschieht nicht automatisch! Klicken Sie auf den entsprechenden Link, um den Compliance-Check zu starten (siehe Abbildung 5.21).

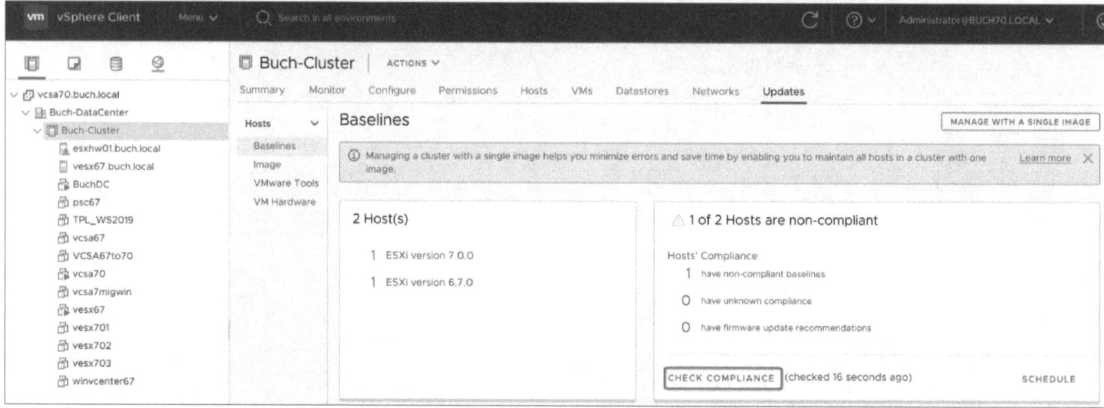

Abbildung 5.21 Compliance-Check der vSphere-Hosts

Wird ein System mit einer vSphere-Version angezeigt, die vom Profil abweicht, können Sie mit einem Upgrade die Compliance wiederherstellen. Wenn Sie auf REMEDIATE klicken, startet ein Dialog, mit dem Sie die Konfiguration des Upgrades eines oder mehrerer Hosts durchführen (siehe Abbildung 5.22). Anschließend werden die Lizenzvereinbarung und eine Zusammenfassung der eingestellten Konfiguration angezeigt.

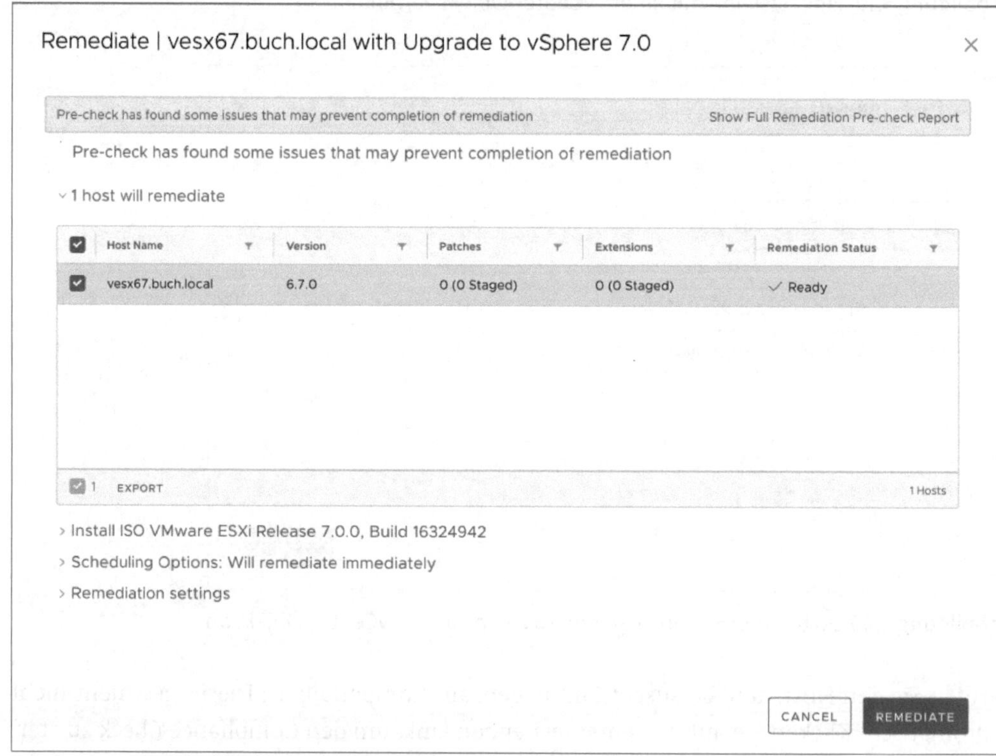

Abbildung 5.22 Konfiguration für die Upgrade-Vorbereitung

Klicken Sie nun auf REMEDIATE, um das Upgrade zu starten.

Der Update-Vorgang läuft jetzt vollkommen automatisch ab; es sind keine manuellen Eingriffe nötig. Das betroffene System bzw. die betroffenen Systeme werden in den *Maintenance Mode* versetzt, anschließend führt der Patch-Manager die Update-Arbeiten durch. Nach Abschluss der Arbeiten wird der Host automatisch neu gestartet. Das System ist erneut unter der alten Netzwerkkonfiguration erreichbar und wird nun automatisch wieder aus dem Maintenance-Modus genommen.

5.3 Quick Boot ESXi

Mit vSphere 6.7 gibt es die Möglichkeit, Hosts beschränkt auf Patch-Prozesse schnell neu zu starten. Diese Beschleunigung beim Bootprozess wird dadurch erreicht, dass der gesamte Initialisierungsprozess der Hardware umgangen wird. Sie müssen allerdings eine Reihe von Voraussetzungen beachten, damit diese Funktion genutzt werden kann.

Randbedingungen für den Quick Boot

- Die Serverhardware muss laut HCL diese Funktion ermöglichen.
- Es dürfen nur native Treiber genutzt werden, keine VMKLinux-Treiber.
- Keine Unterstützung für Passthrough-Geräte.
- Keine Unterstützung von Trusted-Platform-Modulen (TPM).

Bei vorhandenen Systemen können Sie über die Kommandozeile mithilfe des Befehls `/usr/lib/vmware/loadesx/bin/loadESXCheckCompat.py` prüfen, ob die Hardware die Quick-Boot-Funktion unterstützt.

Hinweis

Wenn Sie die Funktion aktivieren, obwohl das System sie nicht unterstützt, wird ein normaler Reboot durchgeführt. Unter Umständen kann aber auch ein PSOD (*Purple Screen of Death*) das Resultat sein.

Die Funktion muss im Lifecycle Manager aktiviert werden. Dazu lesen Sie mehr in Abschnitt 15.2, »Der Lifecycle Manager«.

5.4 Der Platform Services Controller

Mit der Version vCenter Server 7 fällt der externe *Platform Services Controller* (PSC) weg, das heißt, er integriert sich voll in die vCenter Server Appliance. Eine Einzelinstallation ist nicht mehr möglich.

Eine Zusammenführung von PSC und vCenter Server ist seit Version 6.5 U2d möglich. Mit dieser Version hat VMware ein Kommandozeilentool für die Zusammenführung von PSC und vCenter bereitgestellt. Mit Version 6.7 U2 ist die Funktion ins vCenter gewandert.

Der Prozess selbst ist zweigeteilt: Es wird erst ein PSC im vCenter als Embedded System bereitgestellt, und im zweiten Schritt wird der alte PSC dekommisioniert.

Es geht aber viel einfacher. Im Rahmen eines Upgrades des vCenter Servers auf die Version 7.0 sorgt der Upgrade- bzw. Migrationsprozess dafür, dass der PSC und das vCenter zusammengelegt werden.

5.5 Installation der VMware vCenter Server Appliance

Bei der *VMware vCenter Server Appliance* (VCSA) handelt es sich um einen *vCenter Server*, der in eine Linux-Appliance integriert wurde. Mittlerweile läuft unter dem System das Betriebssystem *VMware Photon OS*. Sie sparen sich so zusätzliche Betriebssystemlizenzen für das vCenter und haben ein Gesamtpaket, das funktioniert.

Mit der Version 7 stellt VMware den ersten vCenter Server bereit, der nicht mehr auf Windows installiert werden kann. Bevor wir auf die Installation der Appliance eingehen, möchten wir uns mit den Funktionen und den Einschränkungen der derzeitigen Version beschäftigen.

Auch bei dieser vCenter Appliance ist eine Datenbank enthalten. Dabei setzt VMware seit Version 6.0 auf eine vPostgres-Datenbank, ihre Leistungsfähigkeit wurde aber um ein Vielfaches verbessert.

Es gibt einen *Linked Mode* für die VCSA: den *Enhanced Linked Mode*. Viele Funktionen, die früher auf Windows nachinstalliert werden mussten, sind nun ohne zusätzliche Installationsarbeiten Bestandteil der Appliance. Die Hochverfügbarkeit des vCenter Servers ist bei der Appliance mit VMware-Bordmitteln möglich.

5.5.1 Installation des vCenter als Appliance

Die Appliance ist recht einfach zu installieren. Das Betriebssystem und die Applikation werden zusammen in einem Schritt bereitgestellt. Die Installation kann über einen GUI-Installer oder über die Kommandozeile erfolgen.

GUI-Installation

Kommen wir zur Installation der vCenter Appliance (zum Upgrade siehe Abschnitt 5.7.1, »Upgrade der VCSA von 5 bzw. 6.7«). Hier hatte sich schon mit Version 6.0 einiges geändert. Der Import erfolgt über einen Installer. Die zuständige Applikation ist für Windows, Linux und macOS auf dem ISO enthalten. Das gilt sowohl für den GUI-Installer als auch für den CLI-Installer.

In diesem Abschnitt geht es um die Installation über eine GUI. Dazu rufen Sie im Unterverzeichnis *vcsa-ui-installer/<OS-Ordner>* der DVD den Installer auf (siehe Abbildung 5.23).

Zuvor sollten Sie noch wissen, dass sich die Installation in zwei Schritte gliedert. Begonnen wird mit der Bereitstellung und dem Start der Appliance. Danach wird zur Konfiguration der Applikation verzweigt.

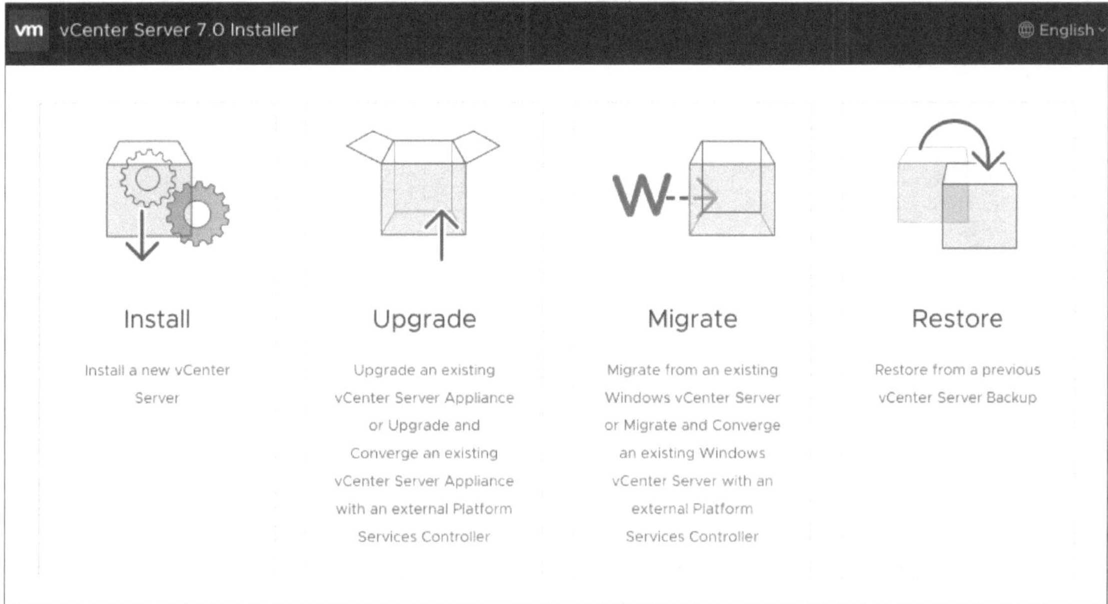

Abbildung 5.23 Startbildschirm der VCSA-Installationsroutine

Nach dem Aufruf der Installationsapplikation sehen Sie einen Auswahlbereich mit unterschiedlichen Optionen:

- Installation einer neuen Appliance
- Aktualisierung (Upgrade) einer vorhandenen Appliance
- Migration eines Windows-basierten vCenter Servers auf eine VCSA
- Wiederherstellung (Restore) einer VCSA aus einem Backup

Nachdem Sie sich für die Installation entschieden haben, sehen Sie als Erstes die *Stage 1* für die Bereitstellung der Appliance (siehe Abbildung 5.24).

Es folgt das EULA, das Sie bestätigen müssen.

Das System will nun wissen, auf welchem Host die Appliance bereitgestellt werden soll. Dazu geben Sie den Hostnamen und einen gültigen User-Account nebst Passwort an (siehe Abbildung 5.25).

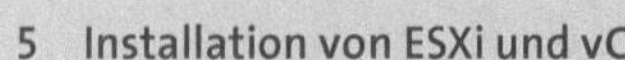

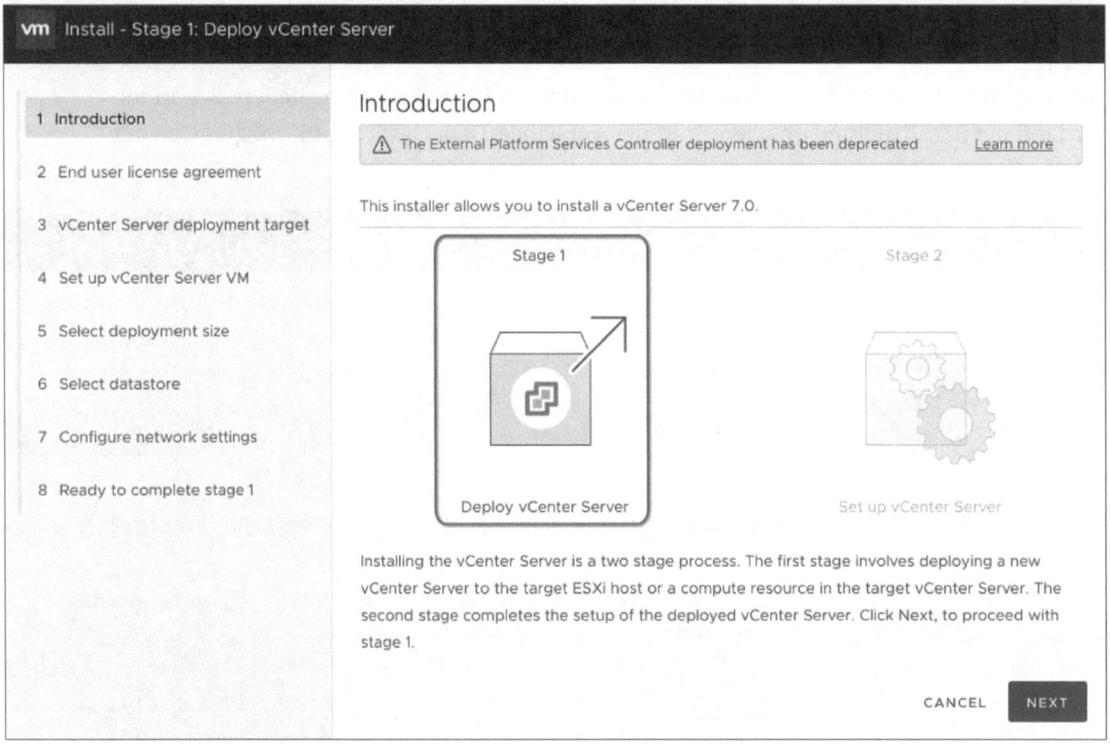

Abbildung 5.24 Erste Installationsphase – Bereitstellung

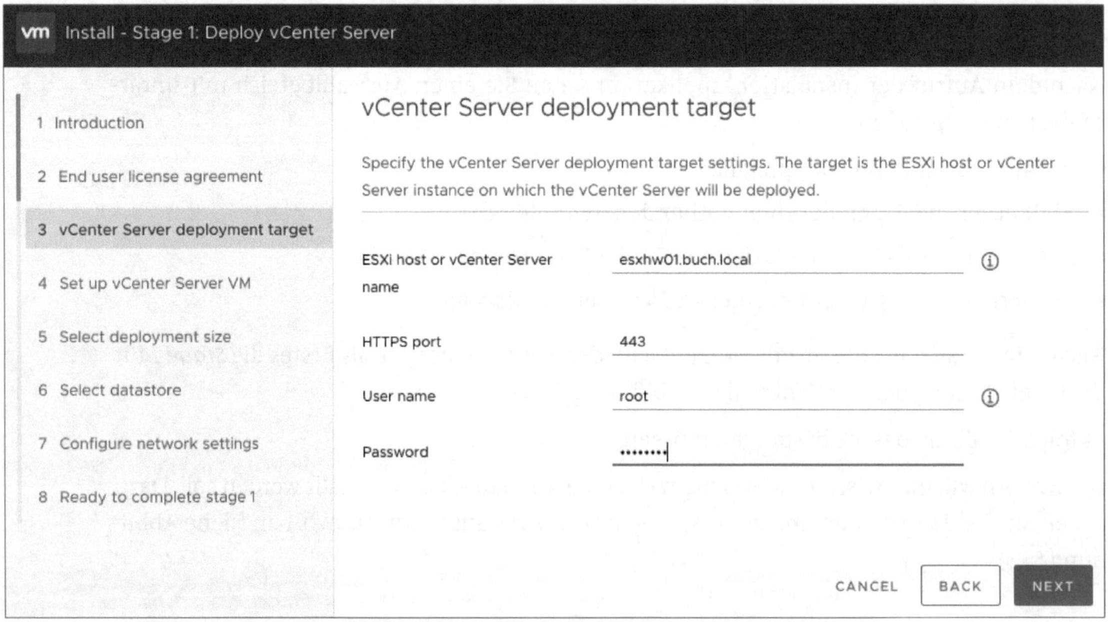

Abbildung 5.25 So legen Sie den Host fest, der die Appliance aufnehmen soll.

Überprüfen Sie diese Angaben. Dann zeigt das System Ihnen den gültigen SHA1-Fingerabdruck des Hosts (siehe Abbildung 5.26).

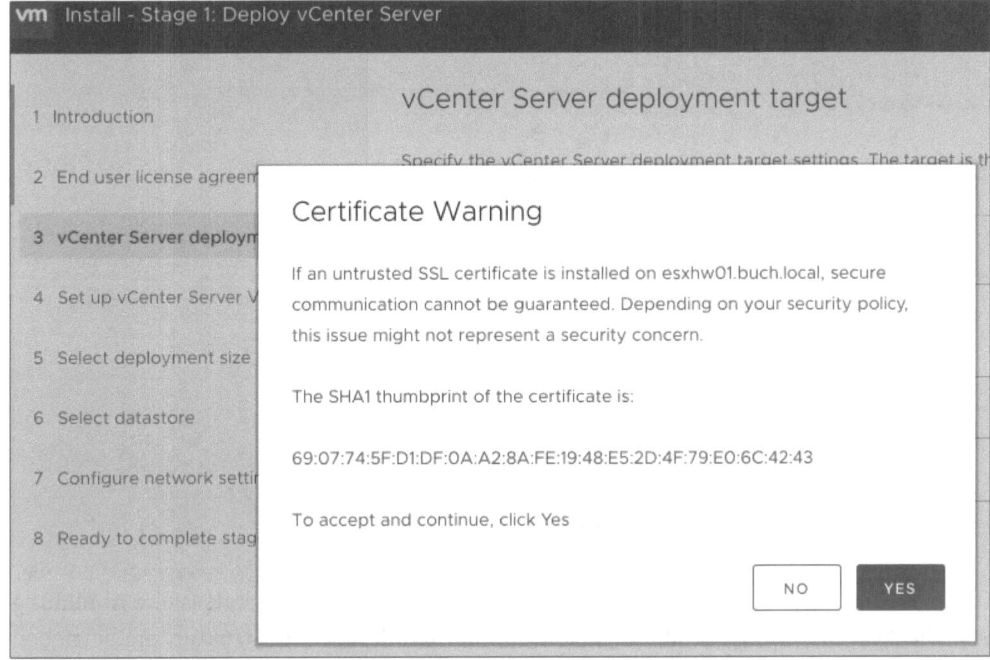

Abbildung 5.26 Fingerabdruck des Hosts

Nach der Bestätigung des Fingerabdrucks erwartet die Installationsroutine die Basisdaten für die VCSA. Damit sind der Parameter Appliance Name und das Passwort für den root-User gemeint (siehe Abbildung 5.27).

Beachten Sie, dass das Passwort bestimmten Regeln genügen muss. Es muss folgende Bedingungen erfüllen:

- mindestens 8 Zeichen lang
- weniger als 21 Zeichen lang
- mindestens 1 Großbuchstabe vorhanden
- mindestens 1 Kleinbuchstabe vorhanden
- mindestens 1 Ziffer vorhanden
- mindestens 1 Sonderzeichen vorhanden
- kein Leerzeichen erlaubt
- nur sichtbare ASCII-Zeichen aus dem unteren Bereich von 0 bis 127 erlaubt

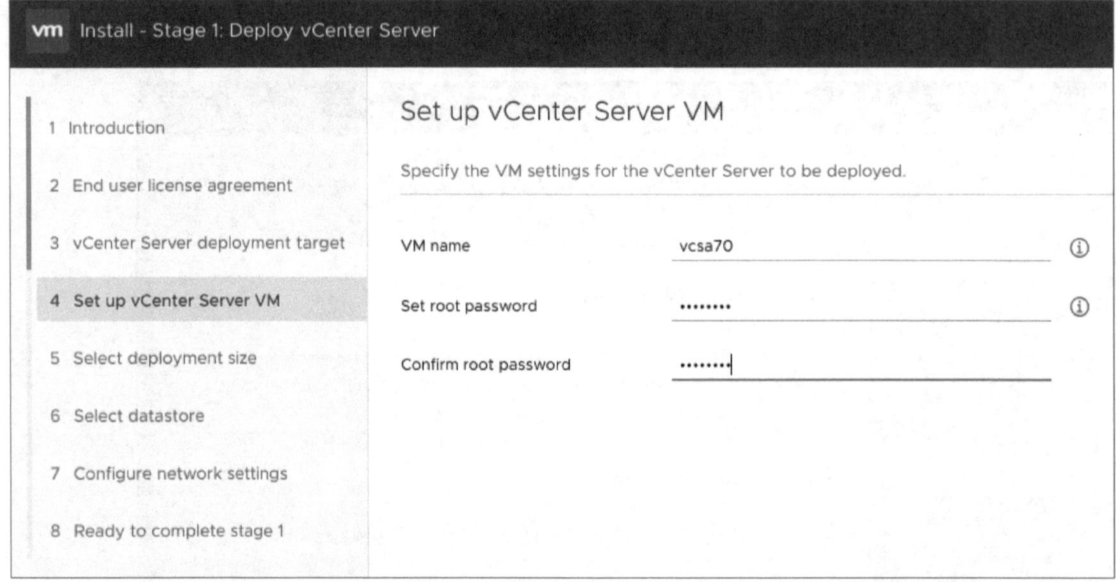

Abbildung 5.27 Festlegung der Basisparameter

Die Festlegung der Installationsart findet im nächsten Dialogschritt statt (siehe Abbildung 5.28). Die Auswahl erfolgt in Abhängigkeit von der Größe der Infrastruktur, die betrieben werden soll. Zur Auswahl stehen fünf Größen (siehe Tabelle 5.3).

Installationsgröße	vCPUs	Speicher (GB)	Storage (GB)	Hosts (bis)	VMs (bis)
Tiny	2	12	415	10	100
Small	4	19	480	100	1.000
Medium	8	28	700	400	4.000
Large	16	37	1.065	1.000	10.000
X-Large	24	56	1.805	2.000	35.000

Tabelle 5.3 Installationsgröße der VCSA

Ist es notwendig, mehr Plattenplatz zu reservieren, nehmen Sie im nächsten Schritt zusätzliche Einstellungen vor. Die Partition für Statistiken, Tasks, Ereignisse und Alarme wird dann erweitert. Nutzen Sie dazu das Feld STORAGE SIZE.

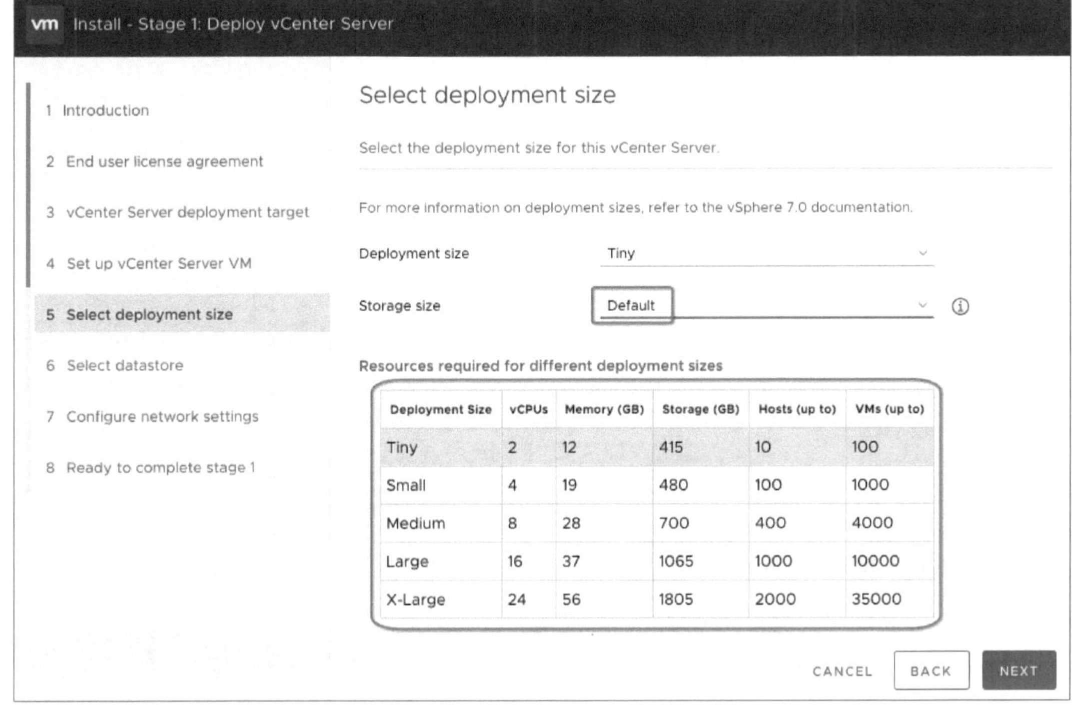

Abbildung 5.28 Größe der zu betreibenden Infrastruktur

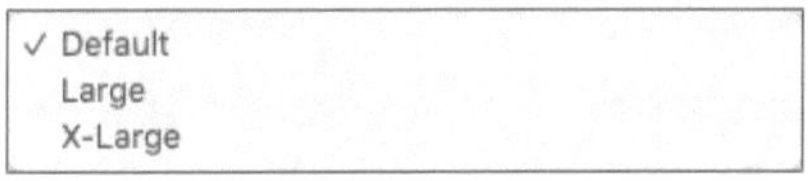

✓ Default
Large
X-Large

Abbildung 5.29 Zusätzlicher Plattenplatz für Ereignisse, Alarme, Tasks und Statistiken

In unserem Fall fällt die Wahl auf die TINY-Konfiguration (siehe Abbildung 5.28). Die Appliance benötigt ein Heim auf dem Storage, und das legen Sie im nächsten Schritt fest (siehe Abbildung 5.30).

Achtung

Die Option ENABLE THIN DISK MODE können wir für produktive Umgebungen nicht empfehlen. Sollten Sie diesen Modus nutzen wollen, greifen Sie bitte auf Storage-basiertes Thin Provisioning zurück.

Sie können einen vSAN-Cluster während der Installation der VCSA erstellen zu lassen. Wenn Sie diese Option aktivieren, wird nach dem Erstellen des vSAN-Clusters automatisch die neue VCSA auf diesem Datastore installiert. Der THIN DISK MODE kann in dieser Testumgebung nicht deaktiviert werden, weil hier nur ein NFS-Datastore zur Verfügung steht, der VMs immer in diesem Modus bereitstellt.

vm Install - Stage 1: Deploy vCenter Server
1 Introduction
2 End user license agreement
3 vCenter Server deployment target
4 Set up vCenter Server VM
5 Select deployment size
6 Select datastore
7 Configure network settings
8 Ready to complete stage 1
Select datastore
Select the storage location for this vCenter Server
Install on an existing datastore accessible from the target host
Show only compatible datastores
Name
Type
Capacity
Free
Provisioned
Thin Provisioning
VMware-NFS
NFS
7.85 TB
6.2 TB
1.65 TB
Supported
1 item
Enable Thin Disk Mode
Install on a new vSAN cluster containing the target host

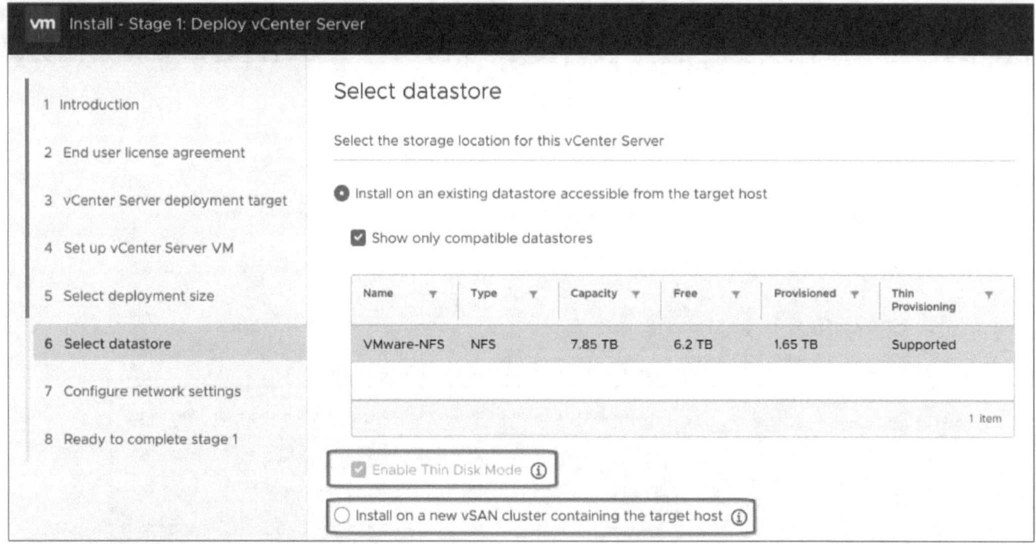

Abbildung 5.30 Auswahl des Storage

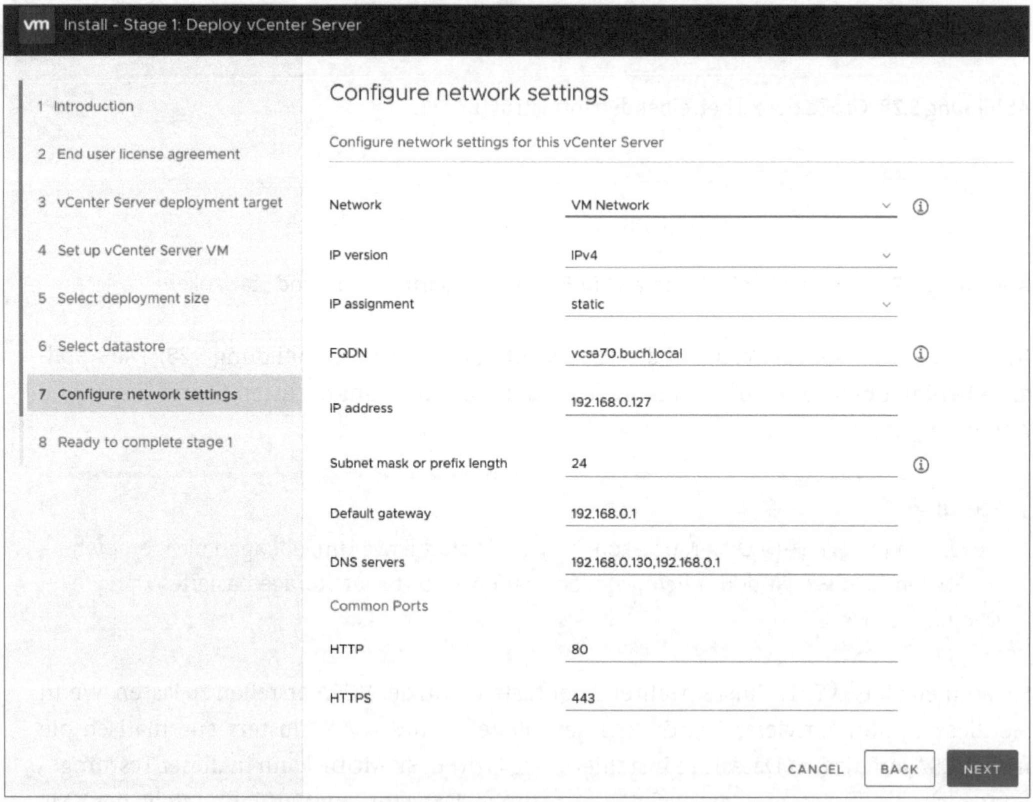

vm Install - Stage 1: Deploy vCenter Server
1 Introduction
2 End user license agreement
3 vCenter Server deployment target
4 Set up vCenter Server VM
5 Select deployment size
6 Select datastore
7 Configure network settings
8 Ready to complete stage 1
Configure network settings
Configure network settings for this vCenter Server
Network
VM Network
IP version
IPv4
IP assignment
static
FQDN
vcsa70.buch.local
IP address
192.168.0.127
Subnet mask or prefix length
24
Default gateway
192.168.0.1
DNS servers
192.168.0.130,192.168.0.1
Common Ports
HTTP
80
HTTPS
443
CANCEL
BACK
NEXT

Abbildung 5.31 Netzwerkparameter der VCSA

Die Netzwerkparameter der VCSA und deren Namen (siehe Abbildung 5.31) sind ein essenzieller Bestandteil der Bereitstellung, genauso wie natürlich auch die Festlegung der Portgruppe, über die die Anbindung der VCSA erfolgen soll.

Hinweis

Findet sich kein DNS im Netzwerk, der während der Installation bereitsteht, müssen Sie statt des FQDN die IP-Adresse als Namen angeben. Andernfalls funktioniert die Installation nicht, denn es wird eine DNS-Abfrage vorgenommen, um den Namen mit der IP-Adresse abzugleichen.

Die Zusammenfassung stellt alle vorgenommenen Einstellungen noch einmal zusammen. Nach eingehender Kontrolle kann die Bereitstellung der Appliance erfolgen, die Stage 1 abschließt (siehe Abbildung 5.32).

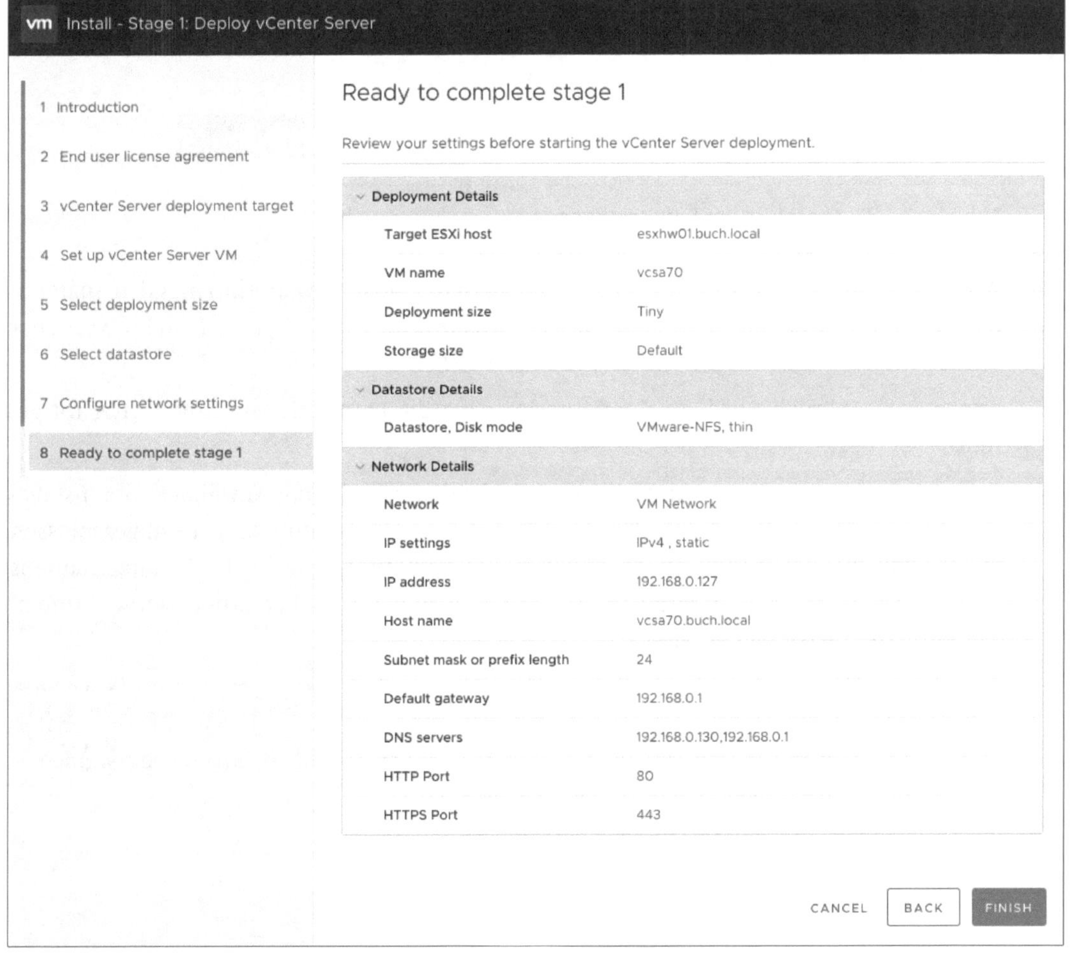

Abbildung 5.32 Installationszusammenfassung

Je nachdem, wie schnell das unterliegende System ist, wird der blaue Balken kürzere oder längere Zeit zu sehen sein.

Nach erfolgreicher Installation kann der Installationsprozess abgeschlossen werden, oder Sie entscheiden sich dafür, direkt zur Konfiguration der Appliance überzugehen (siehe Abbildung 5.33).

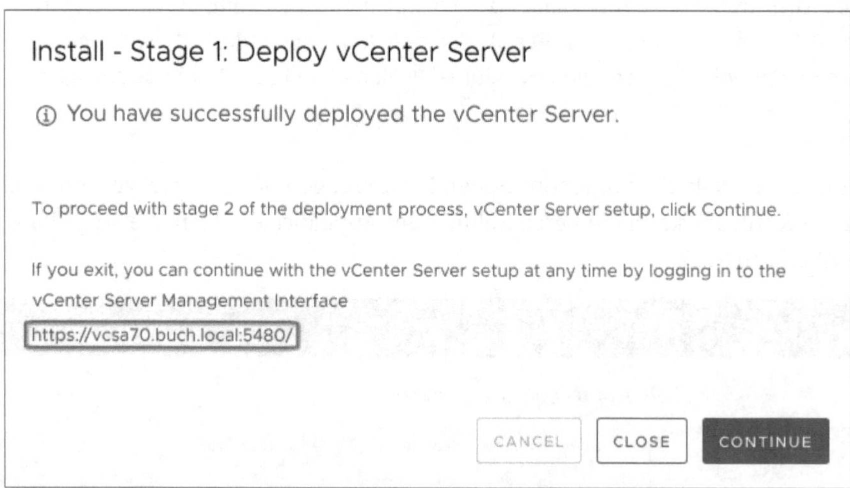

Abbildung 5.33 Abschluss der Bereitstellung

Wird der Installationsprozess hier abgebrochen, ist es trotzdem weiterhin möglich, später in die Konfiguration einzusteigen. Starten lässt sich die Konfiguration mit einem Browser über die URL *https://<FQDN oder IP-Adresse der VCSA>:5480*.

Erfolgt kein Abbruch, wird die Konfiguration über die Installationsroutine weiter fortgeführt.

Sollte es einmal zu lange bis zur nächsten Eingabe dauern, wird der Anwender vom Installationsprozess abgemeldet. Feststellen lässt sich das erst, wenn eine Eingabe abgeschlossen werden soll. In diesem Fall wird der Anwender zur erneuten Eingabe des Benutzernamens und des Passworts aufgefordert. Es müssen aber nicht alle Eingaben erneut vorgenommen werden, denn sie bleiben erhalten.

Achtung

Soll die *vCenter Server Appliance* über *vCenter Server High Availability* abgesichert werden, müssen Sie auf jeden Fall den SSH-Zugriff aktivieren.

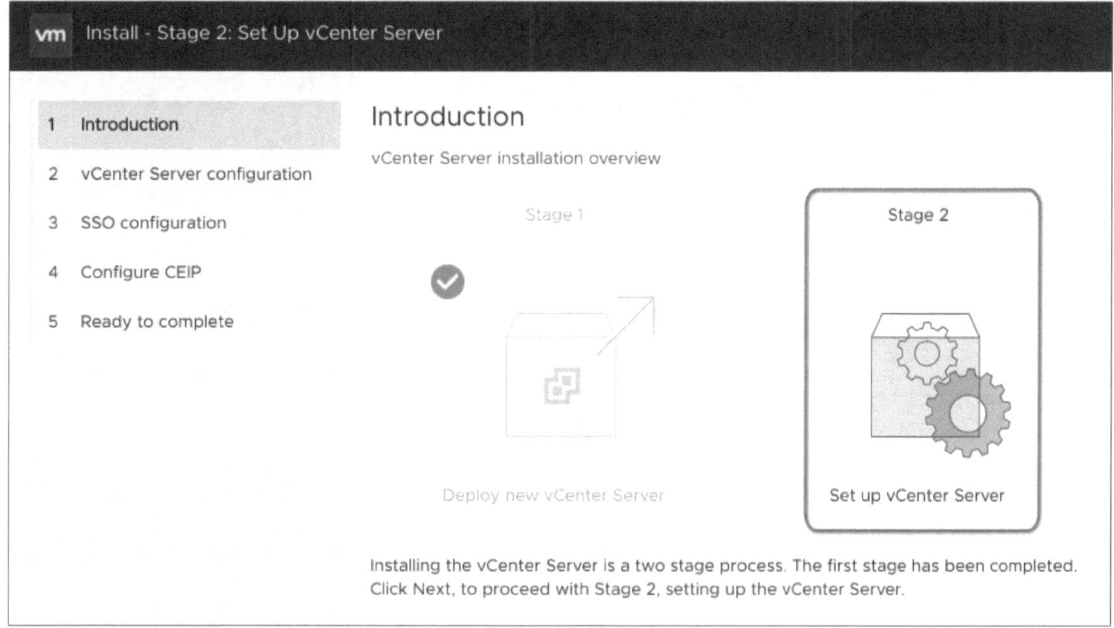

Abbildung 5.34 Start von Stage 2 – der Konfiguration der VCSA

Nach dem Eintritt in *Stage 2* folgen die Festlegung der Art der Zeitsynchronisation und die Festlegung des SSH-Zugriffs (siehe Abbildung 5.35).

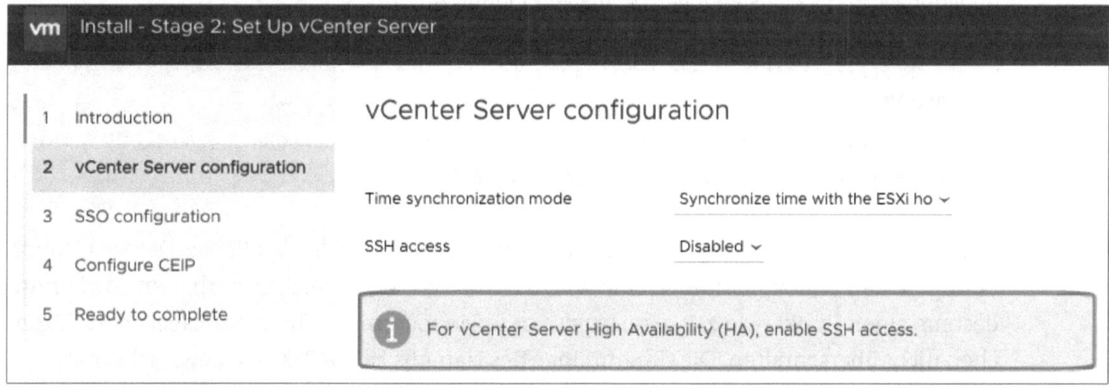

Abbildung 5.35 Zeitsynchronisation und SSH-Zugriff

Anschließend legen Sie im Dialog aus Abbildung 5.36 die Parameter fest, mit denen eine Verbindung der Single-Sign-On-Domain zum vorhandenen PSC aufgebaut wird. Dazu geben Sie den Account und das Passwort für den SSO-Administrator an.

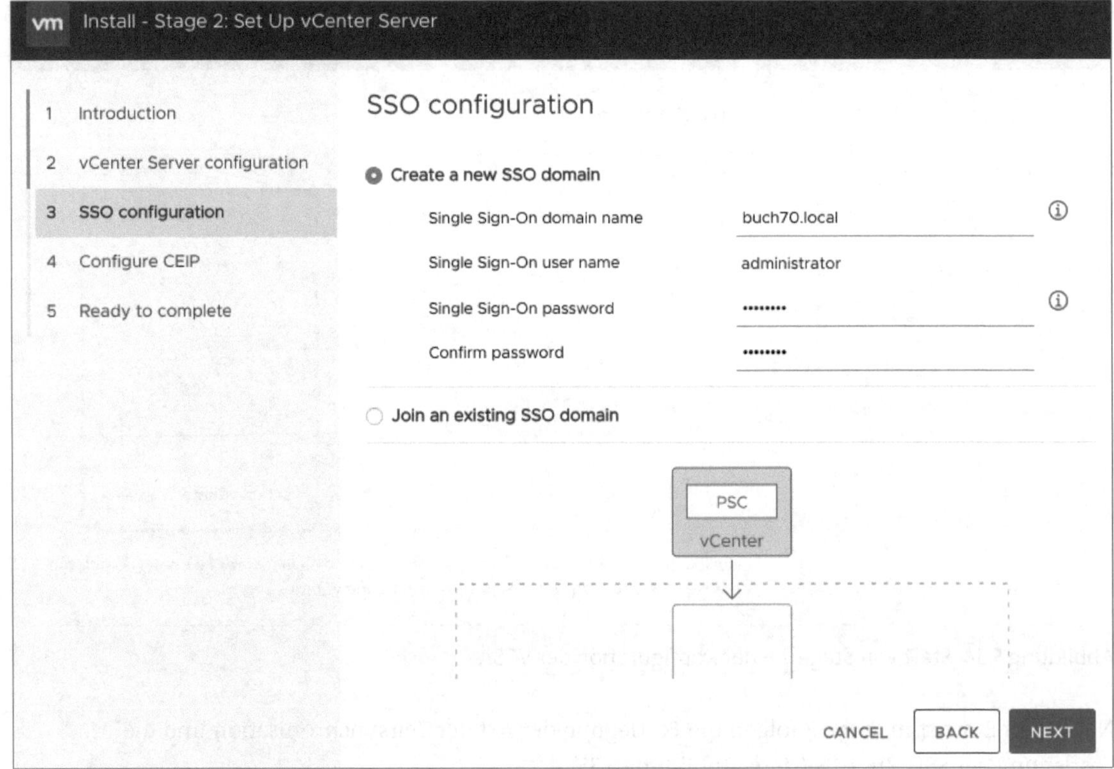

Abbildung 5.36 SSO-Einstellungen für die Verbindung zum PSC

Achtung

Der SSO-Domänenname darf nicht identisch mit einem Namensdienst (wie LDAP, Active Directory o. Ä.) sein, der im Netzwerk schon besteht!

Die Passwortrichtlinien entsprechen denen für den root-User der Appliance. Der SSO-Domänenname darf nur alphanumerische Zeichen und das Minuszeichen enthalten sowie mindestens einen Punkt, wie z. B. VSPHERE.LOCAL. Die maximale Länge des Labels darf 63 Zeichen nicht überschreiten. Die Gesamtlänge des Namens ist auf 253 Zeichen beschränkt.

Es folgt noch eine Möglichkeit, dem *Customer Experience Improvement Program* (CEIP) beizutreten. Nach der Zusammenfassung startet der Prozess.

Es wird nun versucht, eine Verbindung zu einem existierenden SSO herzustellen oder einen neuen SSO anzulegen. Ist dieser Prozess erfolgreich, wird eine Installationszusammenfassung angezeigt, und der Konfigurationsprozess lässt sich starten.

Nach dem Hinweis, dass der Prozess nicht unterbrochen werden kann und dass im Fall einer Unterbrechung die Appliance neu bereitgestellt werden muss, startet die Vorbereitung der VCSA. Das nimmt einiges an Zeit in Anspruch (siehe Abbildung 5.37).

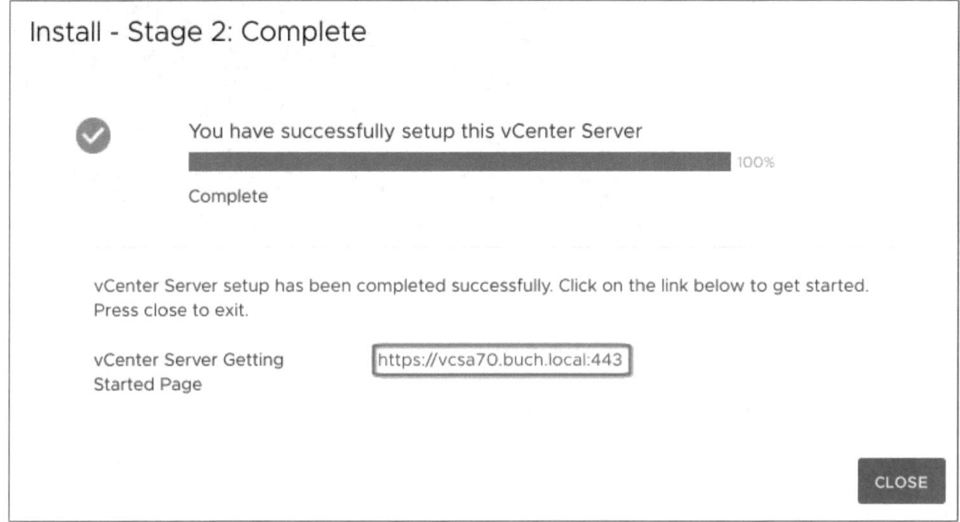

Abbildung 5.37 Abschluss der Konfiguration

Nach der Konfiguration und dem Start aller Dienste können Sie sich über den Webbrowser anmelden.

Wird wie bei dieser Installation anstelle eines FQDN eine IP-Adresse als Name angegeben, hat das System den Namen PHOTON-MACHINE.

CLI-Installation

Besteht die Notwendigkeit, die *VMware vCenter Server Appliance* (VCSA) mehrfach zu installieren, oder wollen Sie einfach nur den Prozess zur Eingabe der Konfigurationsparameter vereinfachen, können Sie die Installation auch über die Kommandozeile vornehmen. Dazu benötigen Sie die VCSA-DVD und einen Editor.

Die Installationsbefehle für die unterschiedlichen Betriebssysteme finden Sie in den Ordnern *win32*, *mac* und *lin64*. Damit eine Installation aber überhaupt durchgeführt werden kann, benötigen Sie eine passende Template-Datei. Vorlagen dafür finden Sie im Unterordner *template/update* für Aktualisierungen, in *template/install* für Neuinstallationen und in *template/migrate* für Migrationen (siehe Abbildung 5.38).

Die Templates haben unterschiedliche Aufgaben. Sie müssen das passende Template auf einen Datenträger kopieren, auf dem die Datei editiert werden kann, um Ihre persönlichen Konfigurationsparameter einstellen zu können. Tabelle 5.4 erläutert die Aufgaben der Templates.

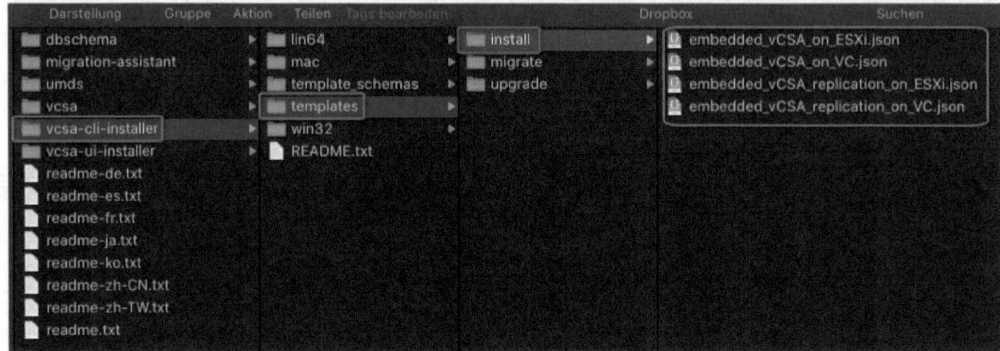

Abbildung 5.38 Templates für die CLI-Installation

Template-Datei	Option	Bemerkung
embedded_vCSA_on_ESXi	Neuinstallation	neue vCSA → ESXi
embedded_vCSA_on_VC	Neuinstallation	neue vCSA → vCenter
embedded_vCSA_replication_on_ESXi	Neuinstallation	neue vCSA an vorhandene SSO-Domäne → ESXi
embedded_vCSA_replication_on_VC	Neuinstallation	neue vCSA an vorhandene SSO-Domäne → vCenter

Tabelle 5.4 Funktion der unterschiedlichen Template-Dateien für die CLI-basierte Installation, Migration oder ein Upgrade der VCSA

Als Beispiel zeigen wir im Folgenden das Template *embedded_vCSA_on_ESXi.json*. Hier können Sie die einzelnen Einträge sehen, die angepasst werden können:

```
{
    "__version": "2.13.0",
    "__comments": "Sample template to deploy a vCenter Server Appliance with
                  an embedded Platform Services Controller on an ESXi host.",
    "new_vcsa": {
        "esxi": {
            "hostname": "<FQDN or IP address of the ESXi host
                         on which to deploy the new appliance>",
            "username": "root",
            "password": "<Password of the ESXi host root user. If left blank, or
                         omitted, you will be prompted to enter it at the command
                         console during template verification.>",
            "deployment_network": "VM Network",
```

```
    "datastore": "<A specific ESXi host datastore, or a specific datastore
                  in a datastore cluster.>"
},
"appliance": {
    "__comments": [
        "You must provide the 'deployment_option' key with a value, which
         will affect the VCSA's configuration parameters, such as the VCSA's
         number of vCPUs, the memory size, the storage size, and the maximum
         numbers of ESXi hosts and VMs which can be managed. For a list of
         acceptable values, run the supported deployment sizes help, i.e.
         vcsa-deploy --supported-deployment-sizes"
    ],
    "thin_disk_mode": true,
    "deployment_option": "small",
    "name": "Embedded-vCenter-Server-Appliance"
},
"network": {
    "ip_family": "ipv4",
    "mode": "static",
    "system_name": "<FQDN or IP address for the appliance. Optional when the
                    mode is Static. Remove this if using dhcp.>",
    "ip": "<Static IP address. Remove this if using dhcp.>",
    "prefix": "<Network prefix length. Use only when the mode is 'static'.
               Remove if the mode is 'dhcp'. This is the number of bits set
               in the subnet mask; for instance, if the subnet mask is
               255.255.255.0, there are 24 bits in the binary version of the
               subnet mask, so the prefix length is 24. If used, the values
               must be in the inclusive range of 0 to 32 for IPv4 and 0 to
               128 for IPv6.>",
    "gateway": "<Gateway IP address. Remove this if using dhcp.>",
    "dns_servers": [
        "<DNS Server IP Address. Optional when the mode is Static.
          Remove this if using dhcp.>"
    ]
},
"os": {
    "password": "<Appliance root password; refer to --template-help for
                 password policy. If left blank, or omitted, you will be
                 prompted to enter it at the command console during template
                 verification.>",
    "ntp_servers": "time.nist.gov",
    "ssh_enable": false
},
```

```
        "sso": {
            "password": "<vCenter Single Sign-On administrator password; refer to --
                        template-help for password policy. If left blank, or
                        omitted, you will be prompted to enter it at the command
                        console during template verification.>",
            "domain_name": "vsphere.local"
        }
    },
    "ceip": {
        "description": {
            "__comments": [
                "++++VMware Customer Experience Improvement Program (CEIP)++++",
                "VMware's Customer Experience Improvement Program (CEIP) ",
                "provides VMware with information that enables VMware to ",
                "improve its products and services, to fix problems, ",
                "and to advise you on how best to deploy and use our ",
                "products. As part of CEIP, VMware collects technical ",
                "information about your organization's use of VMware ",
                "products and services on a regular basis in association ",
                "with your organization's VMware license key(s). This ",
                "information does not personally identify any individual. ",
                "",
                "Additional information regarding the data collected ",
                "through CEIP and the purposes for which it is used by ",
                "VMware is set forth in the Trust & Assurance Center at ",
                "http://www.vmware.com/trustvmware/ceip.html . If you ",
                "prefer not to participate in VMware's CEIP for this ",
                "product, you should disable CEIP by setting ",
                "'ceip_enabled': false. You may join or leave VMware's ",
                "CEIP for this product at any time. Please confirm your ",
                "acknowledgement by passing in the parameter ",
                "--acknowledge-ceip in the command line.",
                "++++++++++++++++++++++++++++++++++++++++++++++++++++++++++++++"
            ]
        },
        "settings": {
            "ceip_enabled": true
        }
    }
}
```

Listing 5.1 Skript zur automatischen Installation der VCSA

Achtung

Die Syntax der Skripte hat sich zwischen den Versionen vSphere 6.0, 6.5 und 6.7 jedes Mal geändert. Bestehende Skripte von älteren vSphere-Versionen müssen angepasst werden!

Die gute Nachricht ist, dass, abgesehen vom Wegfall der PSC-Optionen, beim Sprung von vSphere 6.7 nach 7.0 keine Änderung stattgefunden hat.

Für eine korrekte Installation müssen Sie die richtige Angabe bei dem Parameter `deployment_option` machen. Mögliche Werte können Sie Tabelle 5.5 entnehmen:

Wert	vCPU	Speicher (GB)	Storage (GB)
`tiny`	2	12	315
`tiny-lstorage`	2	12	1.390
`tiny-xlstorage`	2	12	3.145
`small`	4	19	380
`small-lstorage`	4	19	1.435
`small-xlstorage`	4	19	3.195
`medium`	8	28	600
`medium-lstorage`	8	28	1.600
`medium-xlstorage`	8	28	3.360
`large`	16	37	965
`large-lstorage`	16	37	1.665
`large-xlstorage`	16	37	3.425
`xlarge`	24	56	1.705
`xlarge-lstorage`	24	56	1.805
`xlarge-xlstorage`	24	56	3.565

Tabelle 5.5 Werte für den Parameter »deployment_option«

Nach der Anpassung der einzelnen Parameter kann die Installation gestartet werden. Zuvor aber sollten Sie testen, ob die Syntax des Installationsskripts in Ordnung ist. Der Befehl `vcsa-deploy install -verify-template-only <Pfad zum Template-Ordner>/<Template-Name>.json` erledigt die Arbeit. Werden keine Fehler angezeigt, können Sie die Installation mit folgendem Befehl starten:

```
vcsa-deploy install -accept-eula <Pfad zum Template-Ordner>/<Template-Name>.json
```

Für jedes der drei unterschiedlichen Betriebssysteme finden Sie einen Installationsbefehl im zugehörigen Ordner.

Nach dem Absetzen des Befehls erfolgt die Bereitstellung der Appliance vollautomatisch, ohne dass ein weiterer Eingriff nötig wäre.

5.6 Patchen des vCenter Servers

Auch die vCenter Server Appliance bekommt regelmäßig Patches oder Erweiterungen. Diese können auf unterschiedliche Art und Weise eingespielt werden.

Nehmen wir als Erstes das *vCenter Server Appliance Management Interface* (VAMI). Die Anmeldung erfolgt über *http://<FQDN oder IP des vCenters>:5480*. Nach der Anmeldung mit einem berechtigten User finden Sie die Managementoberfläche für das vCenter vor (siehe Abbildung 5.39)

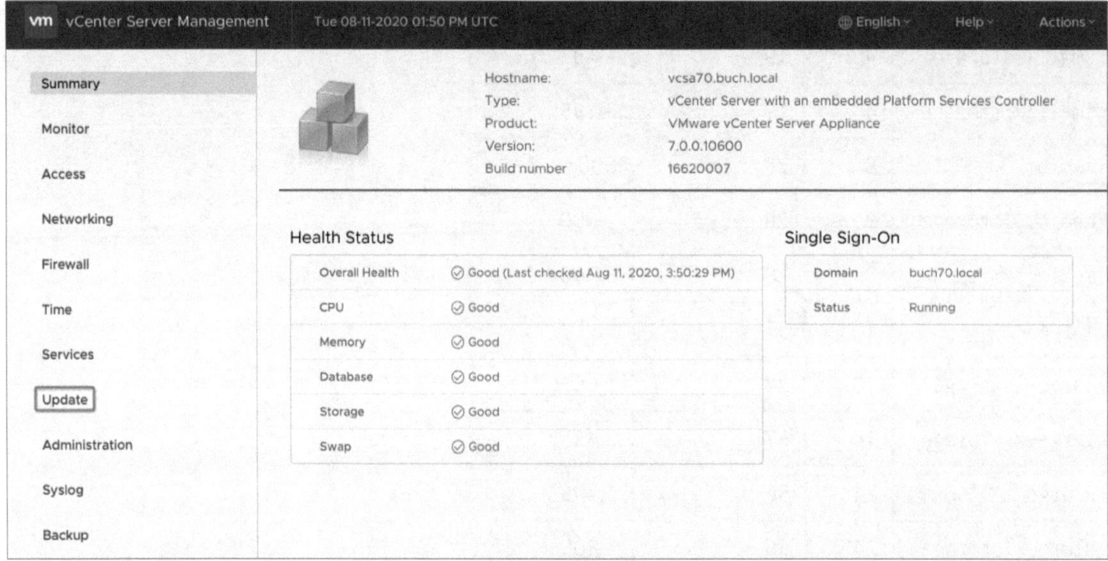

Abbildung 5.39 Die Managementoberfläche der VCSA

Interessant ist für uns die Sektion UPDATE. Kommt Ihr vCenter nicht direkt ins Internet, kann unter NETWORKING ein Proxy-Server hinterlegt werden. Sollte das auch nicht funktionieren, muss der Patch-Vorgang auf anderem Wege stattfinden, dazu später mehr in diesem Abschnitt.

Findet das System vorliegende Patches, werden sie in der Oberfläche angezeigt. Abbildung 5.40 zeigt vorhandene Patches auf einem älteren vCenter Server.

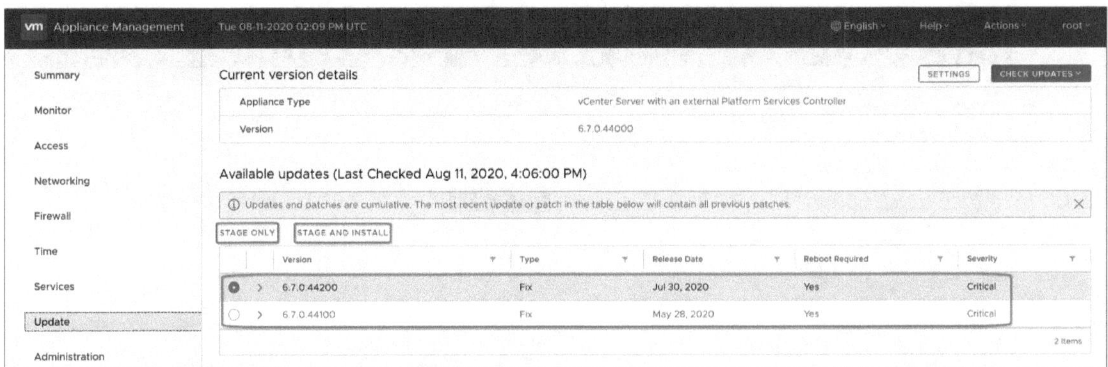

Abbildung 5.40 Patches für den vCenter Server

In diesem Fall liegen zwei kritische Patches vor. Nach der Auswahl des Patches kann er entweder nur auf die Appliance geladen werden, oder der Upload wird mit direkter Installation gestartet. Ist nur der Upload erfolgt, kann dieser wieder rückgängig gemacht werden, oder die Installation wird über den Browser durchgeführt (siehe Abbildung 5.41).

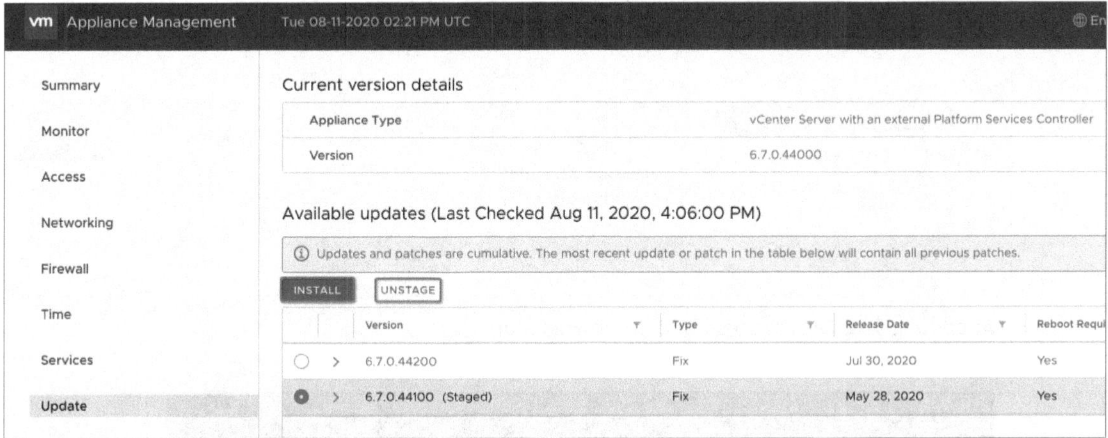

Abbildung 5.41 Installation bzw. Unstaging eines Patches

Ist es nicht möglich, die Patches direkt in der VAMI herunterzuladen, kann der Patch-Vorgang auch über die Kommandozeile durchgeführt werden. Zuerst muss dazu der Patch von der VMware-Webseite heruntergeladen werden (siehe Abbildung 5.42): *https://my.vmware.com/group/vmware/patch#search*

Die Patches liegen immer im ISO-Format vor. Das ISO muss im DVD-Laufwerk der VCSA gemountet werden, damit die Patches eingespielt werden können. Dazu muss eine Verbindung per SSH mit der VCSA hergestellt werden. Der Befehl `software-packages stage -iso` bereitet den Patch-Vorgang vor (siehe Abbildung 5.43).

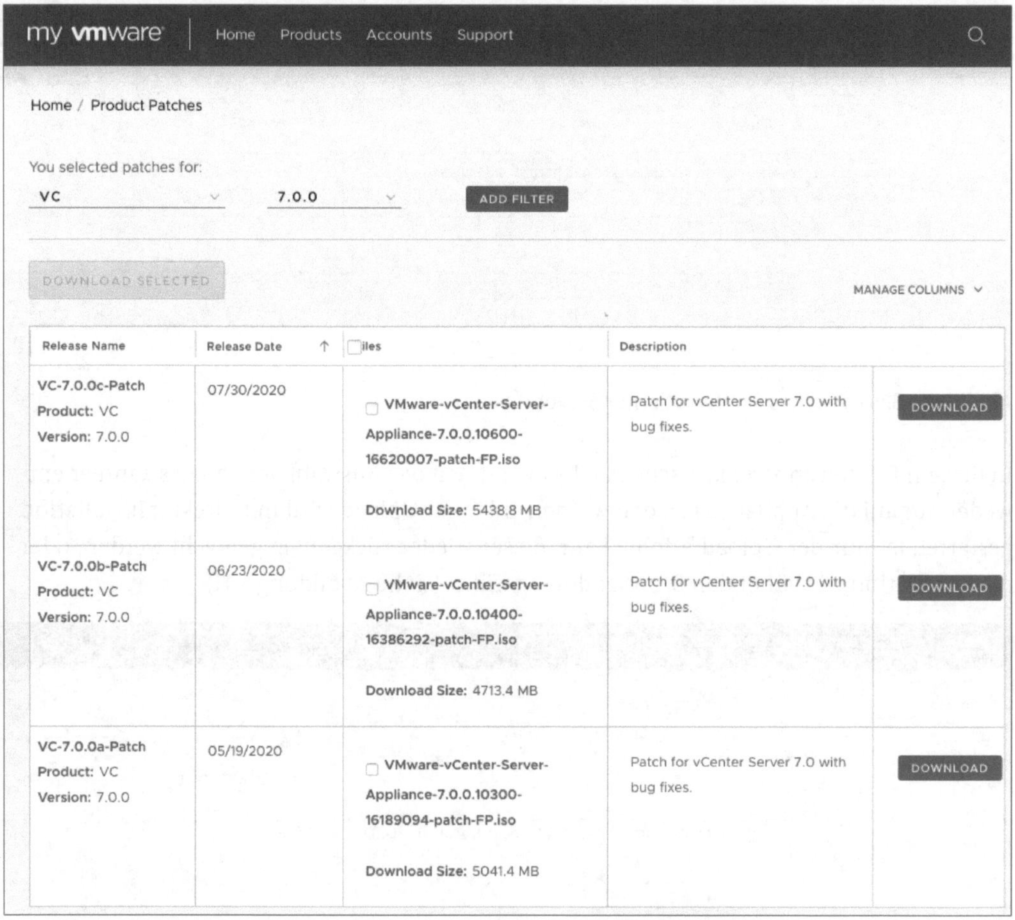

my vmware
Home
Products
Accounts
Support
Home / Product Patches
You selected patches for:
VC
7.0.0
ADD FILTER
DOWNLOAD SELECTED
MANAGE COLUMNS
Release Name
Release Date
Files
Description
VC-7.0.0c-Patch
Product: VC
Version: 7.0.0
07/30/2020
VMware-vCenter-Server-Appliance-7.0.0.10600-16620007-patch-FP.iso
Download Size: 5438.8 MB
Patch for vCenter Server 7.0 with bug fixes.
DOWNLOAD
VC-7.0.0b-Patch
Product: VC
Version: 7.0.0
06/23/2020
VMware-vCenter-Server-Appliance-7.0.0.10400-16386292-patch-FP.iso
Download Size: 4713.4 MB
Patch for vCenter Server 7.0 with bug fixes.
DOWNLOAD
VC-7.0.0a-Patch
Product: VC
Version: 7.0.0
05/19/2020
VMware-vCenter-Server-Appliance-7.0.0.10300-16189094-patch-FP.iso
Download Size: 5041.4 MB
Patch for vCenter Server 7.0 with bug fixes.
DOWNLOAD

Abbildung 5.42 Die Patches für VCSA downloaden

Default (ssh)
Command> software-packages stage --iso
[2020-08-11T14:51:06.224] : ISO mounted successfully
VMWARE END USER LICENSE AGREEMENT
PLEASE NOTE THAT THE TERMS OF THIS END USER LICENSE AGREEMENT SHALL GOVERN YOUR USE OF THE SOFTWARE, REGARDLESS OF ANY TERMS THAT MAY APPEAR DURING THE INSTALLATION OF THE SOFTWARE.
IMPORTANT-READ CAREFULLY: BY DOWNLOADING, INSTALLING, OR USING THE SOFTWARE, YOU (THE INDIVIDUAL OR LEGAL ENTITY) AGREE TO BE BOUND BY THE TERMS OF THIS END USER LICENSE AGREEMENT ("EULA"). IF YOU DO NOT AGREE TO THE TERMS OF THIS EULA, YOU MUST NOT DOWNLOAD, INSTALL, OR USE THE SOFTWARE, AND YOU MUST DELETE OR RETURN THE UNUSED SOFTWARE TO THE VENDOR FROM WHICH YOU ACQUIRED IT WITHIN THIRTY (30) DAYS AND REQUEST A REFUND OF THE LICENSE FEE, IF ANY, THAT YOU PAID FOR THE SOFTWARE.

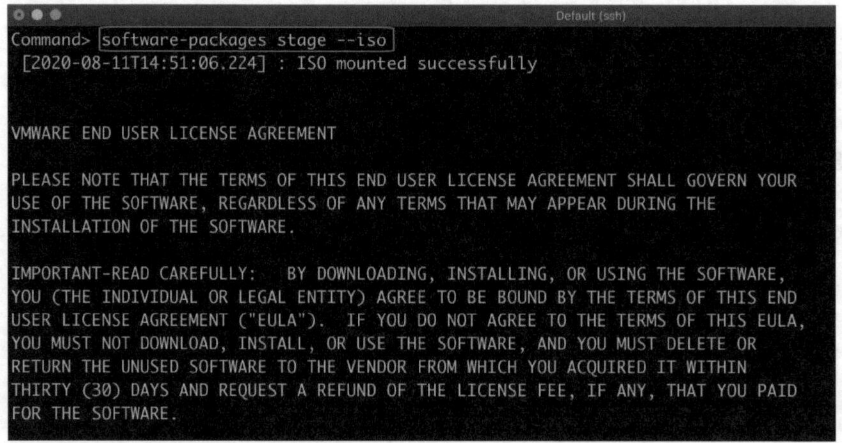

Abbildung 5.43 Staging des Patches

Das EULA muss akzeptiert werden, danach wird der Patch ins System geladen, aber noch nicht installiert. Mit dem Kommando `software-packages list -staged` werden nähere Informationen zu dem Patch angezeigt (siehe Abbildung 5.44).

```
Default (ssh)
Command> software-packages list --staged
 [2020-08-11T14:59:36.224] :
        version: 6.7.0.44100
        releasedate: May 28, 2020
        thirdPartyInstallation: False
        vendor: VMware, Inc.
        leaf_services: ['vmware-pod']
        tags: []
        productname: VMware vCenter Server Appliance
        TPP_ISO: False
        rebootrequired: True
        name: VC-6.7.0U3h-Appliance-FP
        buildnumber: 16275304
        version_supported: ['']
        severity: Critical
        updateversion: True
        eulaAcceptTime: 2020-08-11 14:51:08 UTC
        category: Security
        summary: Patch for vCenter Server Appliance 6.7 with security fixes for PhotonOS
        size in MB: 1900
        kb: https://docs.vmware.com/en/VMware-vSphere/6.7/rn/vcenter-server-appliance-photonos-security-patches.html
Command>
```

Abbildung 5.44 Details zum Patch

Mit dem Befehl `software-packages install -staged` wird der Patch in der VCSA eingespielt (siehe Abbildung 5.45).

```
Default (ssh)
Command> software-packages install --staged
 [2020-08-11T15:18:04.224] : Validating software update payload
 [2020-08-11T15:18:04.224] : Validation successful
 [2020-08-11 15:18:04,820] : Copying software packages  [2020-08-11T15:18:05.224] : ISO mounted successfully
42/42
 [2020-08-11T15:19:44.224] : ISO unmounted successfully
 [2020-08-11 15:19:44,035] : Running test transaction ....
 [2020-08-11 15:19:47,054] : Running pre-install script.....
 [2020-08-11 15:19:57,078] : Upgrading software packages ....
 [2020-08-11T15:21:17.224] : Setting appliance version to 6.7.0.44100 build 16275304
 [2020-08-11 15:21:17,219] : Running pre-patch script.....
 [2020-08-11 15:21:19,225] : Running post-patch script.....
 [2020-08-11T15:21:29.224] : Packages upgraded successfully, Reboot is required to complete the installation.
Command>
```

Abbildung 5.45 Installation des Patches

Mit dem abschließenden Reboot ist das System gepatcht und wieder sicher oder mit neuen Funktionen versehen.

Es gibt noch eine weitere Möglichkeit, das vCenter zu aktualisieren, und zwar über den Lifecycle Manager. Wählen Sie das Register UPDATES im vCenter Server aus, kann in der Auswahl UPDATE PLANNER das Patchen des vCenters geplant werden (siehe Abbildung 5.46).

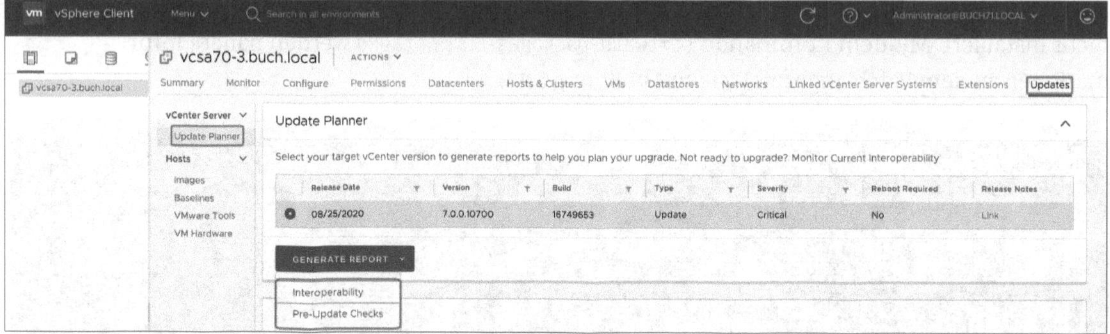

Abbildung 5.46 Patchen über den Lifecycle Manager

Die INTEROPERABILITY funktioniert nur bei der Aktivierung des CEIP für das vCenter. Unter PRE-UPDATE CHECKS wird überprüft, ob der Patch ins vCenter eingespielt werden kann. In diesem Fall ist das ohne Probleme möglich (siehe Abbildung 5.47).

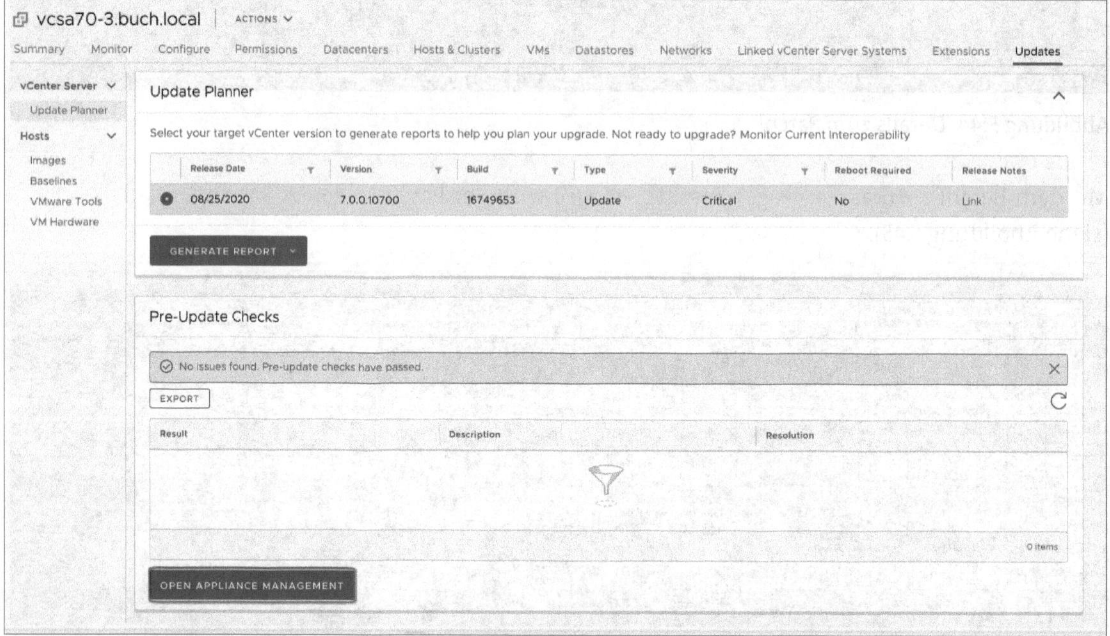

Abbildung 5.47 Überprüfung, ob der Patch ins vCenter eingespielt werden kann

Mit dem Button OPEN APPLIANCE MANAGEMENT wird in die VAMI des vCenters verzweigt, und dort können Sie dann, wie bereits beschrieben, die Patches einspielen.

5.7 Upgrade des vCenter Servers

Die Aktualisierung der Managementkomponenten erfolgt auf unterschiedlichen Wegen, die wir Ihnen in den folgenden Abschnitten kurz vorstellen werden.

5.7.1 Upgrade der VCSA von 6.5 bzw. 6.7

Es gibt unterschiedliche Wege, um eine bestehende vCenter Server Appliance (VCSA) zu aktualisieren.

Berücksichtigen Sie bitte, dass das Upgrade nur funktioniert, wenn Sie eine Appliance der folgenden Versionen einsetzen:

- vCenter Server Appliance 6.5
- vCenter Server Appliance 6.7

Sollten Sie eine andere Version einsetzen, müssen Sie im Vorfeld eine Aktualisierung der Appliance auf Version 6.5 bzw. 6.7 vornehmen. Es kann deshalb unter Umständen sinnvoll sein, direkt eine Neuinstallation der Appliance vorzunehmen. Das ergibt aber nur Sinn, wenn die Umgebung nicht zu viele Einstellungen im Bereich der Rechtevergabe hat. Bei der Nutzung von Distributed Switches ist eine Neuinstallation ebenfalls nicht sinnvoll.

GUI-Upgrade auf Version 7.0

Das Vorgehen beim Upgrade der *VMware vCenter Server Appliance* (VCSA) hat sich mit der Version 6.0 signifikant geändert. Aufgrund der großen Änderungen in der neuen Appliance gibt es zwar einen Upgrade-Pfad, aber er beinhaltet eine komplette Neubereitstellung einer Appliance der Version 7.0 bei Übernahme der Konfiguration aus der alten Appliance. Aus diesem Grund werden auch temporäre Netzwerkparameter benötigt, damit beide Systeme parallel betrieben werden können.

Das Upgrade wird genauso gestartet wie die Neuinstallation der vSphere Appliance der Version 7.0. Legen Sie dazu die DVD mit dem ISO-Image ein und starten Sie den Installer (siehe Abbildung 5.48).

Nun folgt eine ganze Reihe von Konfigurationsschritten, die alle den parallelen Aufbau und die Übernahme der Daten betreffen. Auch bei dem Upgrade-Prozess gibt es zwei Abschnitte im Rahmen der Aktualisierung.

Alles beginnt mit dem Deployment der Appliance. Wichtig ist der Hinweis oben. Soll ein Upgrade einer Umgebung erfolgen, die noch aus zwei Systemen, dem Platform Services Controller und dem eigentlichen vCenter Server, besteht, werden die beiden Systeme zusammengeführt (siehe Abbildung 5.49).

vCenter Server 7.0 Installer
English
Install
Install a new vCenter Server
Upgrade
Upgrade an existing vCenter Server Appliance or Upgrade and Converge an existing vCenter Server Appliance with an external Platform Services Controller
Migrate
Migrate from an existing Windows vCenter Server or Migrate and Converge an existing Windows vCenter Server with an external Platform Services Controller
Restore
Restore from a previous vCenter Server Backup

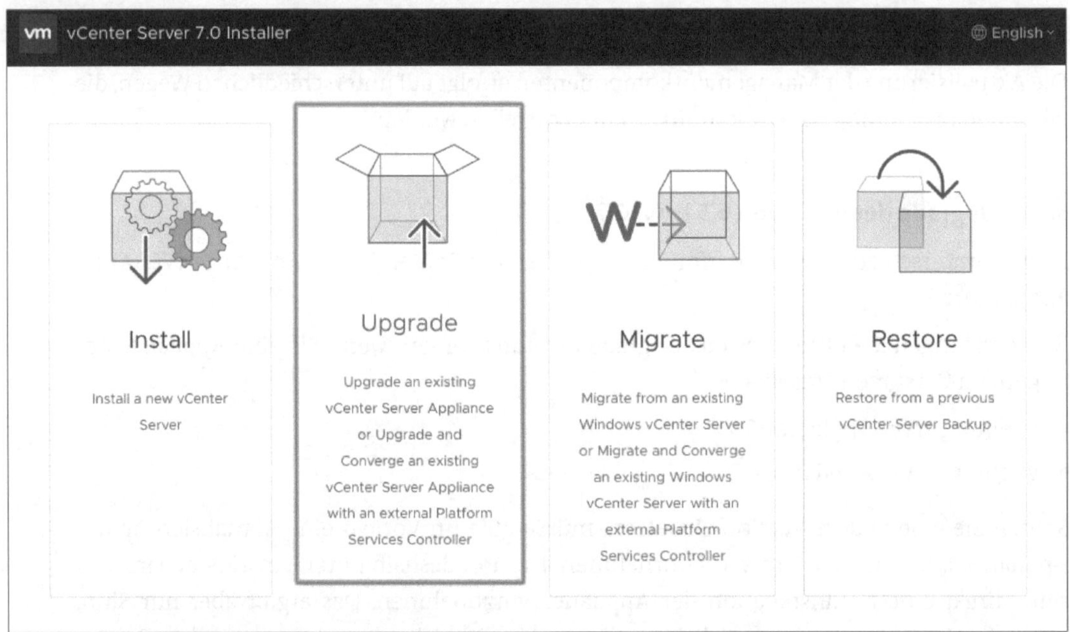

Abbildung 5.48 Starten des Upgrades

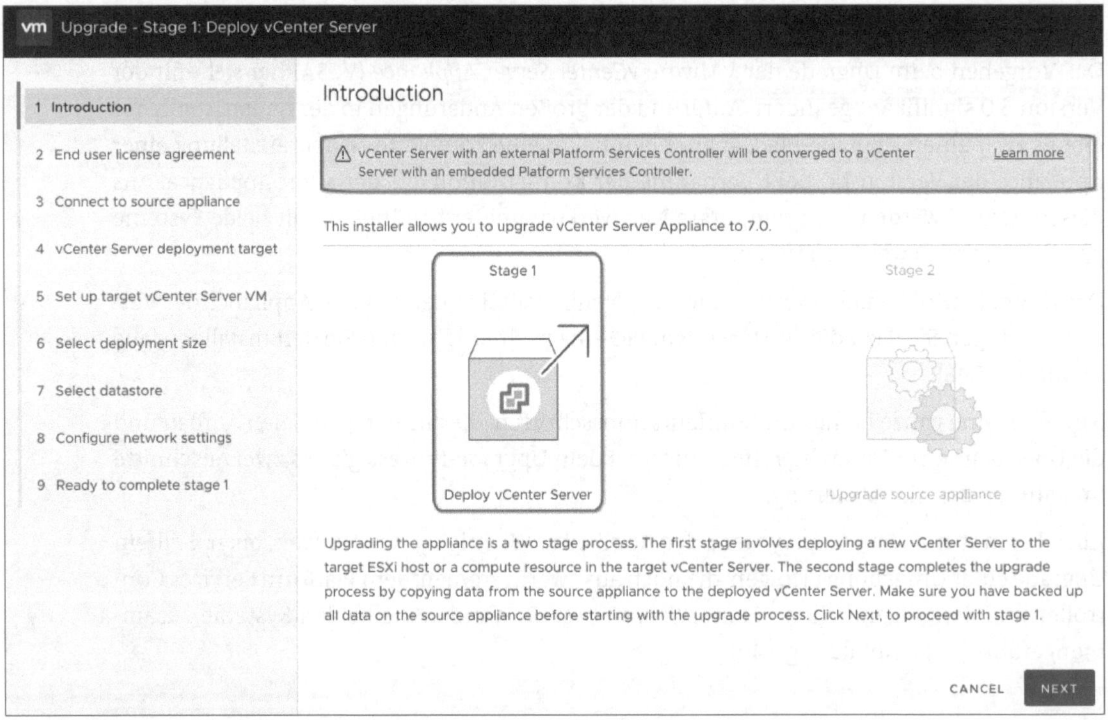

Upgrade - Stage 1: Deploy vCenter Server
1 Introduction
2 End user license agreement
3 Connect to source appliance
4 vCenter Server deployment target
5 Set up target vCenter Server VM
6 Select deployment size
7 Select datastore
8 Configure network settings
9 Ready to complete stage 1
Introduction
vCenter Server with an external Platform Services Controller will be converged to a vCenter Server with an embedded Platform Services Controller.
Learn more
This installer allows you to upgrade vCenter Server Appliance to 7.0.
Stage 1
Deploy vCenter Server
Stage 2
Upgrade source appliance
Upgrading the appliance is a two stage process. The first stage involves deploying a new vCenter Server to the target ESXi host or a compute resource in the target vCenter Server. The second stage completes the upgrade process by copying data from the source appliance to the deployed vCenter Server. Make sure you have backed up all data on the source appliance before starting with the upgrade process. Click Next, to proceed with stage 1.
CANCEL
NEXT

Abbildung 5.49 Deployment im Rahmen des Upgrades

Es folgt die Zustimmung zum EULA. Im nächsten Schritt müssen Sie die Quell-VCSA angeben, damit sich die Aktualisierungsroutine mit dem System verbinden kann.

Das System verlangt weitere Eingaben. Das sind im Einzelnen Passwörter für die administrativen Accounts der Appliance selbst und der Name und das Passwort des SSO.

Zusätzlich muss das System wissen, welche Instanz die VCSA managt. Sie müssen also angeben, welcher ESXi-Host die Quell-VCSA beheimatet bzw. welches vCenter das System verwaltet (siehe Abbildung 5.50).

Zur Validierung wird der SSH-Key angezeigt, bevor Daten für das Deployment der neuen VCSA angegeben werden müssen.

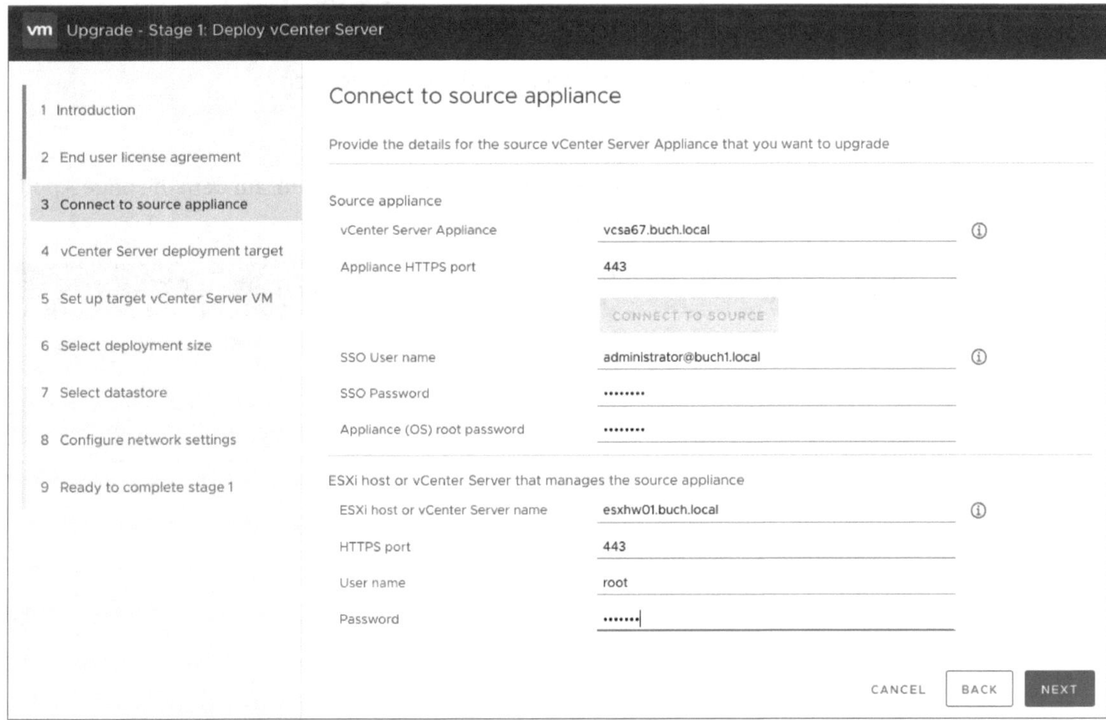

Abbildung 5.50 Angabe von Passwörtern und der Virtualisierungsquelle der VCSA

Wurde die bestehende Umgebung mit einem nicht vertrauenswürdigen Zertifikat bereitgestellt, kommt es zu einer Zertifikatswarnung.

In diesem Beispiel soll eine Kombination aus einem externen PSC und einem vCenter aktualisiert werden (siehe Abbildung 5.51).

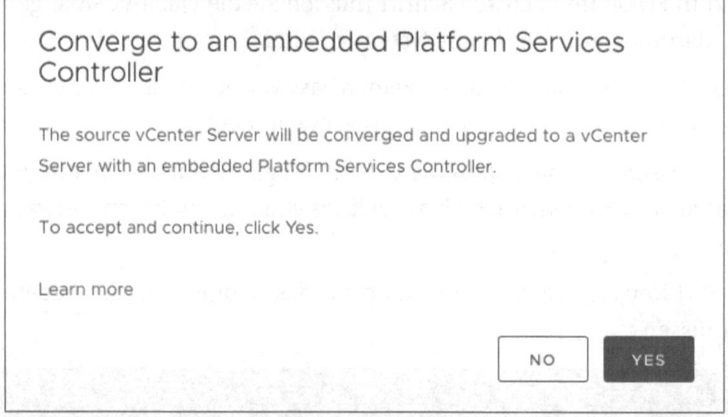

Abbildung 5.51 Hinweis zur Zusammenführung und dem gleichzeitigen Upgrade von PSC und vCenter

Als Nächstes müssen Sie den Host bzw. den vCenter Server angeben, auf dem die neue Appliance bereitgestellt werden soll (siehe Abbildung 5.52).

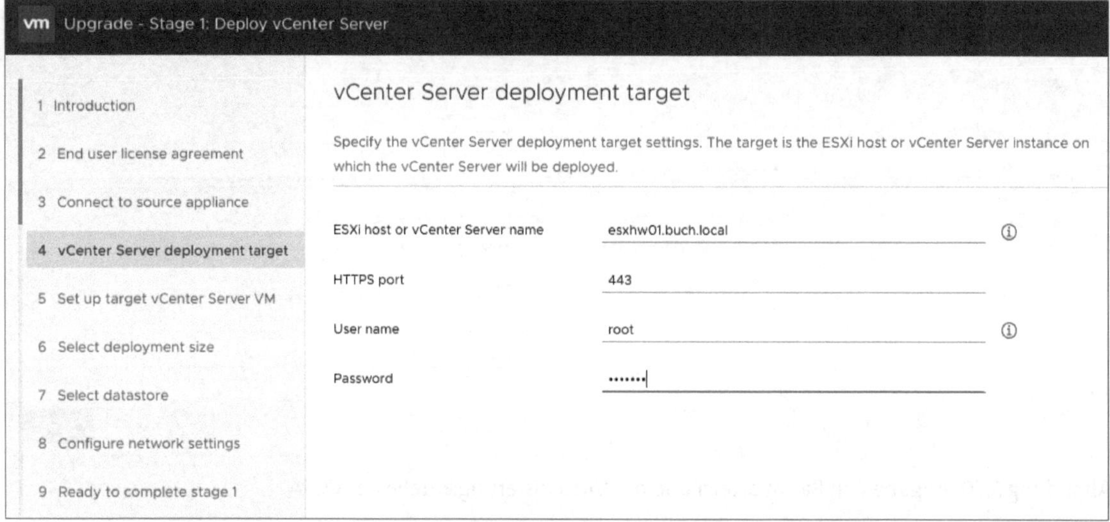

Abbildung 5.52 Ziel-Infrastruktur für die neue VCSA

Auch jetzt kommt wieder eine Zertifikatswarnung bei einem nicht vertrauenswürdigen Zertifikat.

Wenn Sie dieses Zertifikat akzeptieren, müssen Sie als Nächstes einen Namen und ein Passwort für die neue Appliance eingeben (siehe Abbildung 5.53).

Wie schon bei der Installation müssen Sie dem System mitteilen, welche Installationsgröße es haben soll (siehe Abbildung 5.54).

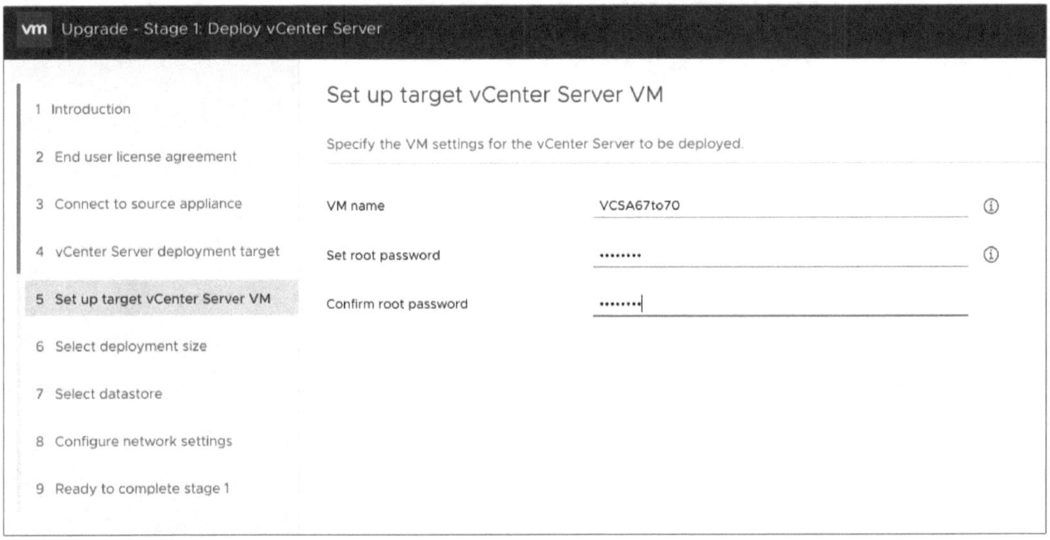

Abbildung 5.53 Name und Passwort der neuen Appliance

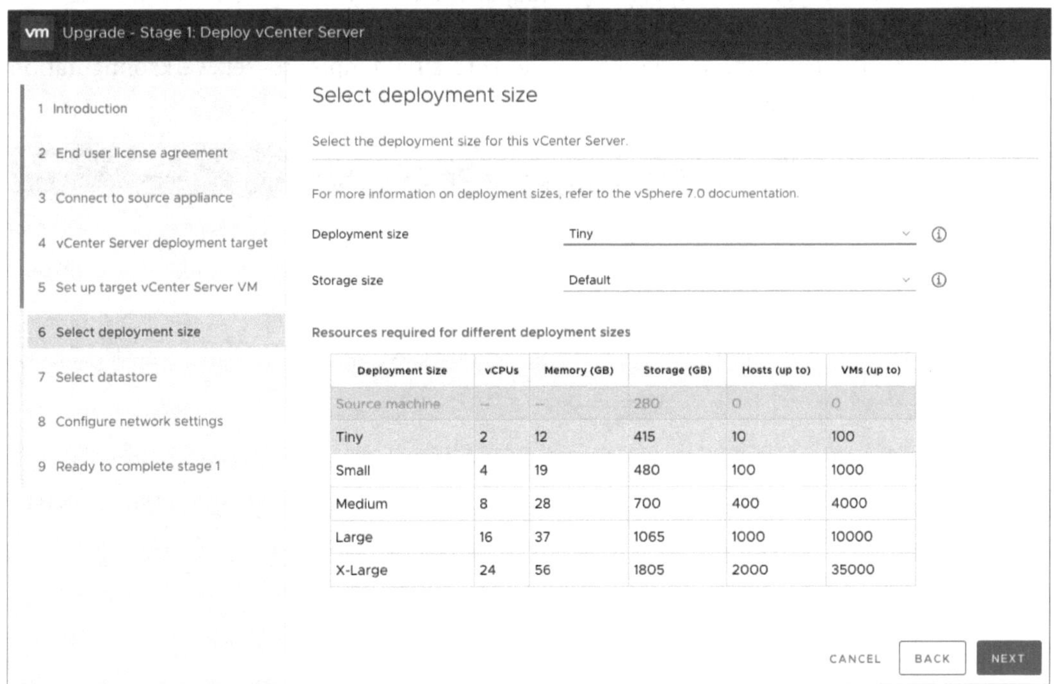

Deployment Size	vCPUs	Memory (GB)	Storage (GB)	Hosts (up to)	VMs (up to)
Source machine	--	--	280	0	0
Tiny	2	12	415	10	100
Small	4	19	480	100	1000
Medium	8	28	700	400	4000
Large	16	37	1065	1000	10000
X-Large	24	56	1805	2000	35000

Abbildung 5.54 Auswahl der Appliance-Größe

Der dazu passende Datastore muss im nachfolgenden Schritt angegeben werden (siehe Abbildung 5.55).

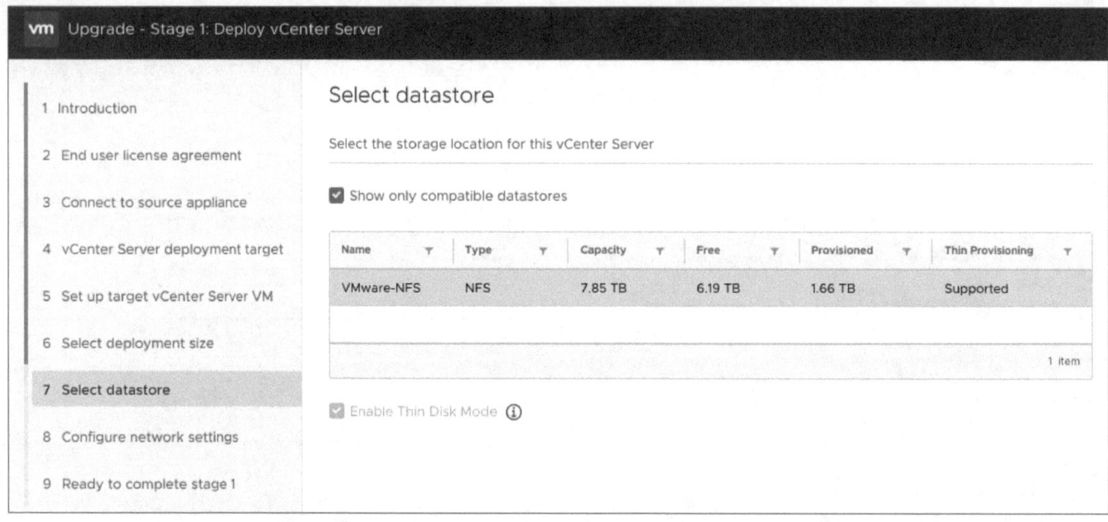

Abbildung 5.55 Ablageort der neuen VCSA

Die Besonderheit bei einem Upgrade der Appliance auf diesem Weg ist, dass sowohl die alte als auch die neue Appliance parallel im Netzwerk stehen müssen, damit eine Datenübernahme stattfinden kann. Aus diesem Grund wird eine temporäre Netzwerkkonfiguration benötigt (siehe Abbildung 5.56).

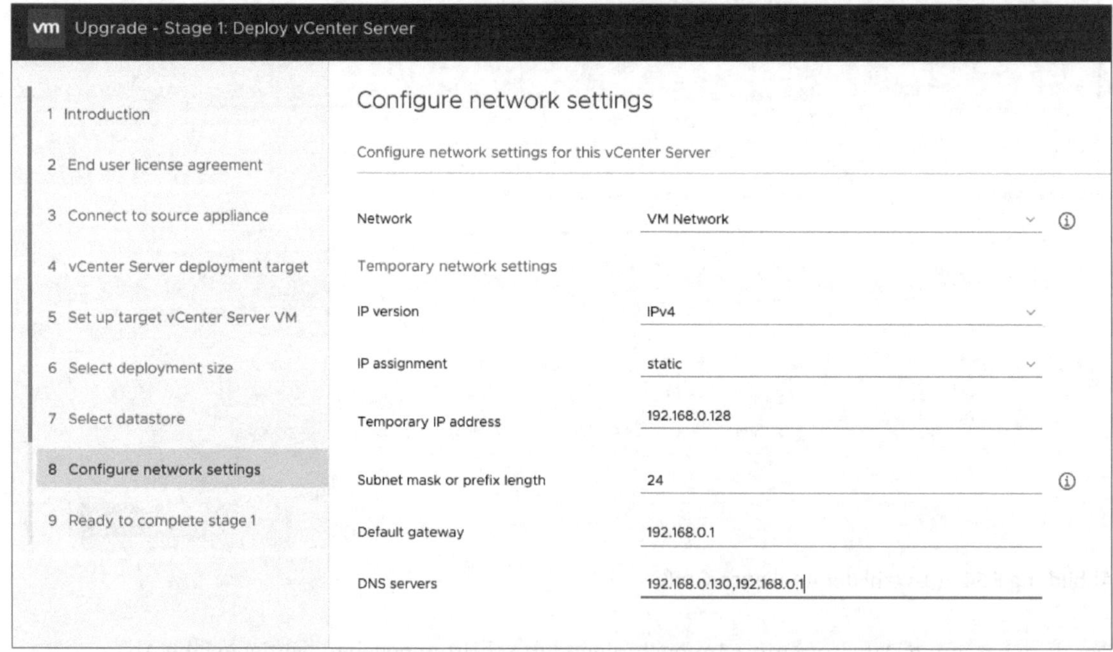

Abbildung 5.56 Temporäre Netzwerkeinstellungen der neuen VCSA

Der Prozess läuft dann folgendermaßen ab: Die neue Appliance wird mit der temporären Netzwerkkonfiguration bereitgestellt und eingeschaltet. Die Altdaten werden von der Quell-VCSA heruntergeladen, die Quellmaschine wird heruntergefahren, und anschließend übernimmt die neue Maschine die Identität des alten Systems.

> **Achtung**
> Die alte Quell-VCSA darf nach der Migration nicht mehr hochgefahren werden. Es würde einen IP-Adressenkonflikt geben!

Nun wird wieder eine Zusammenfassung der Einstellungen angezeigt, und danach wird der Bereitstellungprozess gestartet. Ist dieser Prozess abgeschlossen, gibt das System eine Meldung wie die in Abbildung 5.57 aus.

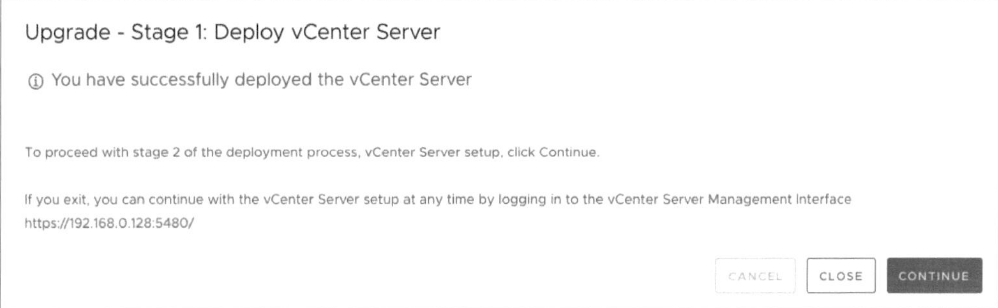

Abbildung 5.57 Die Bereitstellung ist abgeschlossen

Der Prozess der Konfiguration kann nun fortgeführt werden. Falls er an dieser Stelle unterbrochen wird, setzen Sie ihn anschließend mit dem Aufruf der URL *https://<Appliance Name>:5480* fort.

Der Konfigurationsprozess beginnt mit *Stage 2* (siehe Abbildung 5.58).

Mit einem *Pre-upgrade Check* kontrolliert das System, ob alle Voraussetzungen für das Upgrade erfüllt sind. Unter Umständen zeigt das System Meldungen an, die auf Probleme hinweisen können (siehe Abbildung 5.59). Prüfen Sie, ob die Warnungen gegen eine Installation sprechen und beheben Sie ggfs. die angesprochenen Probleme, bevor Sie die Installation fortsetzen.

Es folgt die Abfrage, ob das vCenter das erste in einer SSO-Domäne ist oder ob es mit einer SSO-Domäne verbunden ist, also ein Replikationssystem ist (siehe Abbildung 5.60).

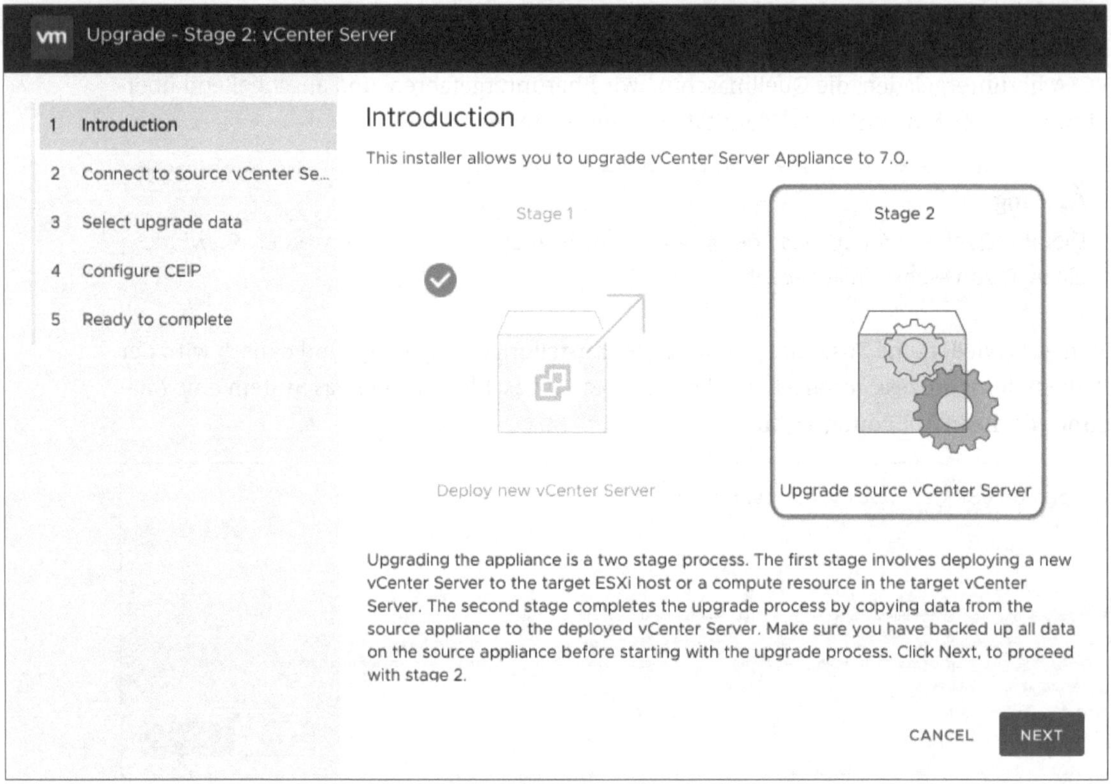

vm Upgrade - Stage 2: vCenter Server

1 Introduction
2 Connect to source vCenter Se...
3 Select upgrade data
4 Configure CEIP
5 Ready to complete

Introduction

This installer allows you to upgrade vCenter Server Appliance to 7.0.

Stage 1

Deploy new vCenter Server

Stage 2

Upgrade source vCenter Server

Upgrading the appliance is a two stage process. The first stage involves deploying a new vCenter Server to the target ESXi host or a compute resource in the target vCenter Server. The second stage completes the upgrade process by copying data from the source appliance to the deployed vCenter Server. Make sure you have backed up all data on the source appliance before starting with the upgrade process. Click Next, to proceed with stage 2.

CANCEL NEXT

Abbildung 5.58 Start der Konfigurationsphase

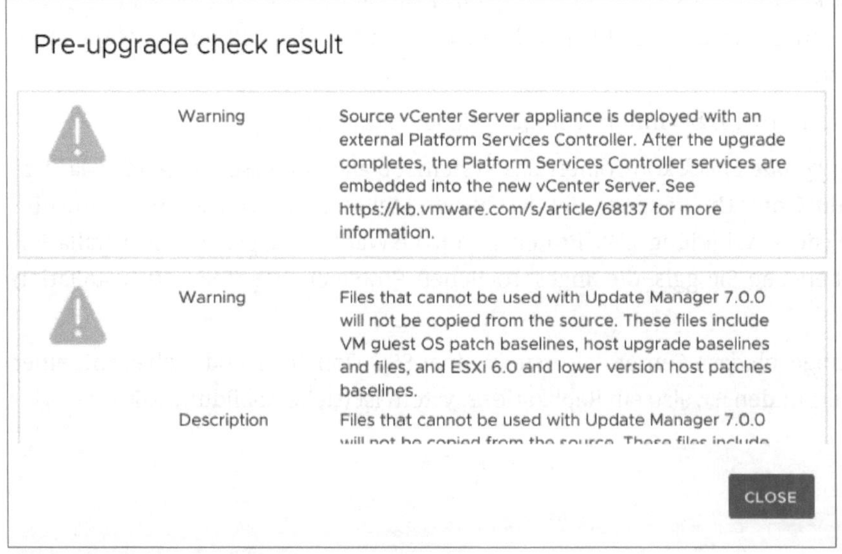

Abbildung 5.59 Hinweise des Pre-upgrade Checks

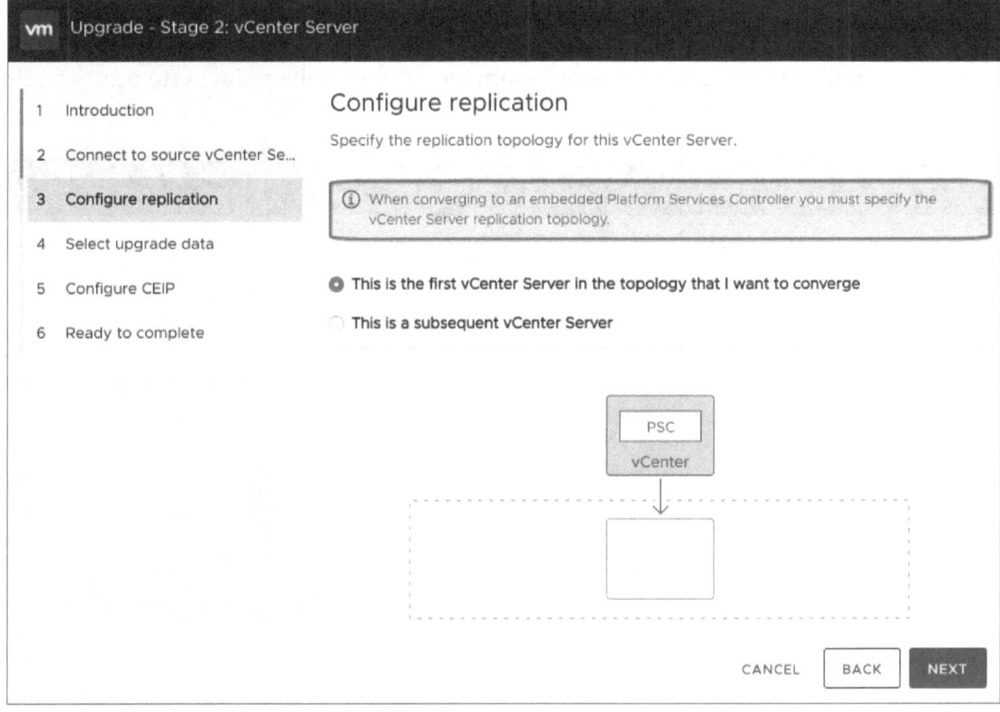

Abbildung 5.60 Festlegen der SSO-Topologie

Der Administrator kann nun entscheiden, welche Daten vom Altsystem übernommen werden sollen. Zur Auswahl stehen:

- Konfigurationsdaten
- Konfigurationsdaten plus Tasks und Events
- Konfigurationsdaten, Tasks und Events sowie Performancemetriken

Je nach Auswahl variiert die zu übertragende Datenmenge (siehe Abbildung 5.61).

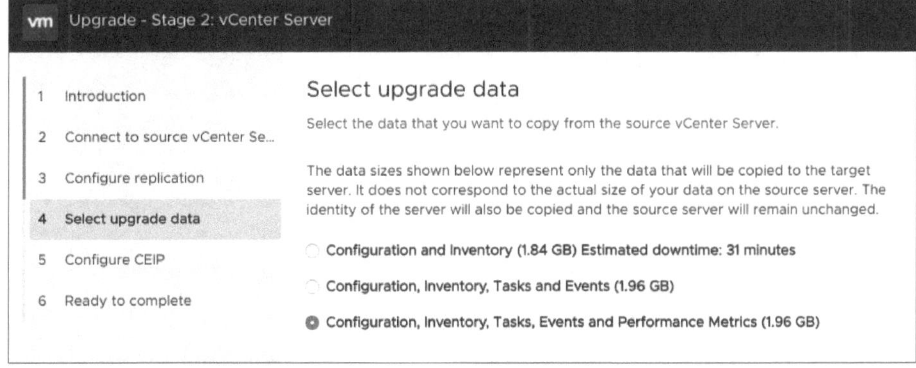

Abbildung 5.61 Auswahl für die Datenübernahme

Nach der Zustimmung oder Ablehnung zur Teilnahme am CEIP sehen Sie, zusammenfassend dargestellt, wieder alle Einstellungen. Zusätzlich müssen Sie noch bestätigen, dass eine Sicherung des alten vCenter Servers vorliegt, um im Fall eines Fehlers das System zurückrollen zu können (siehe Abbildung 5.62).

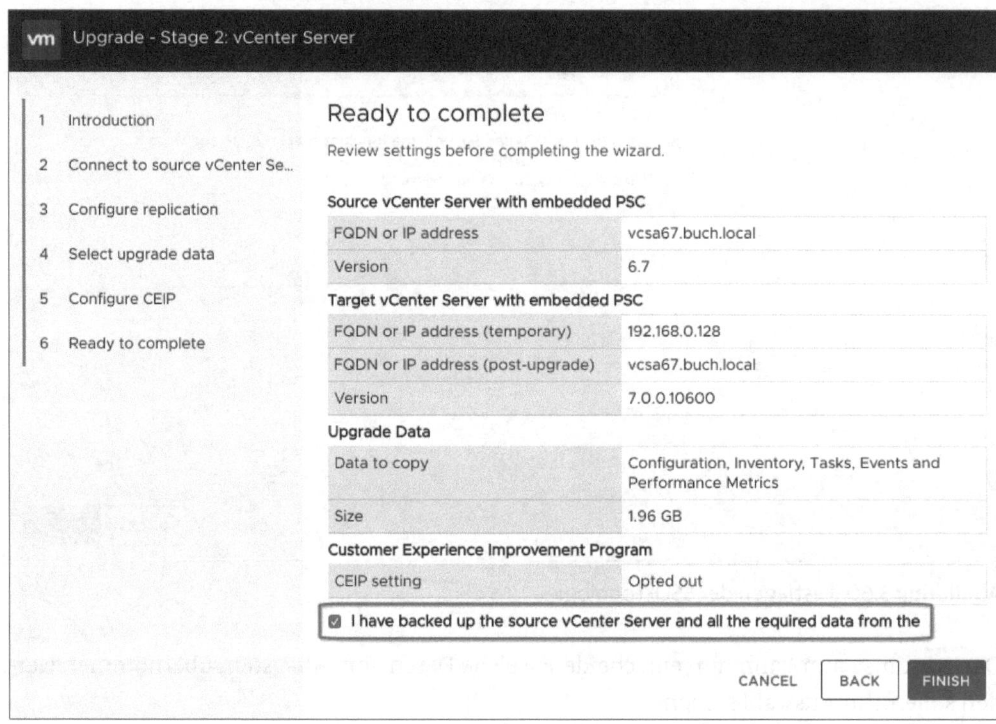

Abbildung 5.62 Zusammenfassung der Einstellungen

Als Letztes, bevor die eigentlichen Umstellungen erfolgen, gibt die Installationsroutine einen Hinweis dazu, dass die alte VCSA heruntergefahren wird, wenn die neue VCSA die Netzwerkidentität der alten übernommen hat (siehe Abbildung 5.63).

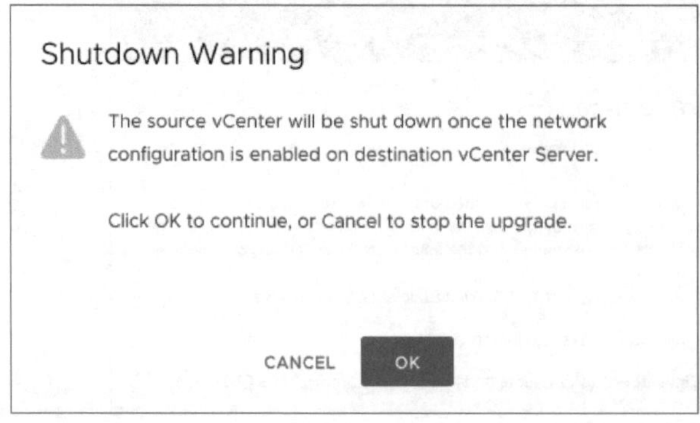

Abbildung 5.63 Abschaltungshinweis

Mit dem Abschluss der Installation wird ein weiterer Hinweis wie der aus Abbildung 5.64 gezeigt.

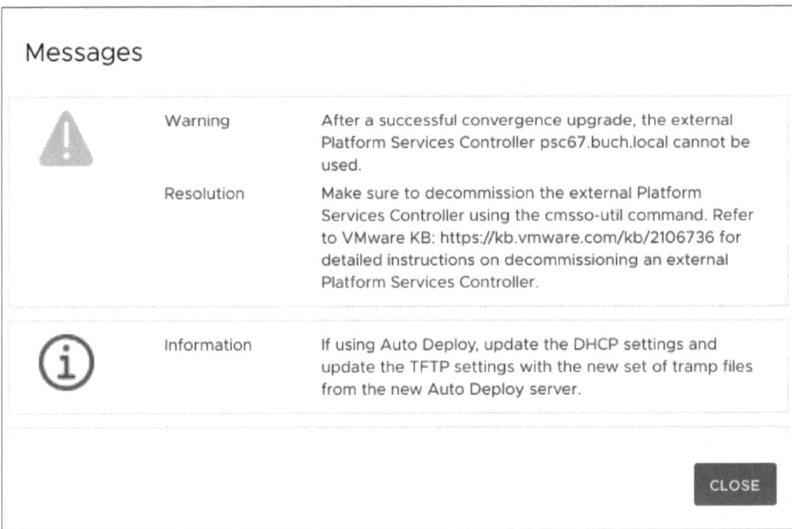

Abbildung 5.64 Abschlusshinweis

Über den Link, den Sie in Abbildung 5.65 sehen, können Sie direkt auf die neue Appliance zugreifen. Damit ist das Upgrade abgeschlossen. Funktioniert die neue Appliance einwandfrei, können Sie die Quell-VCSA und unter Umständen den PSC aus dem Inventar löschen.

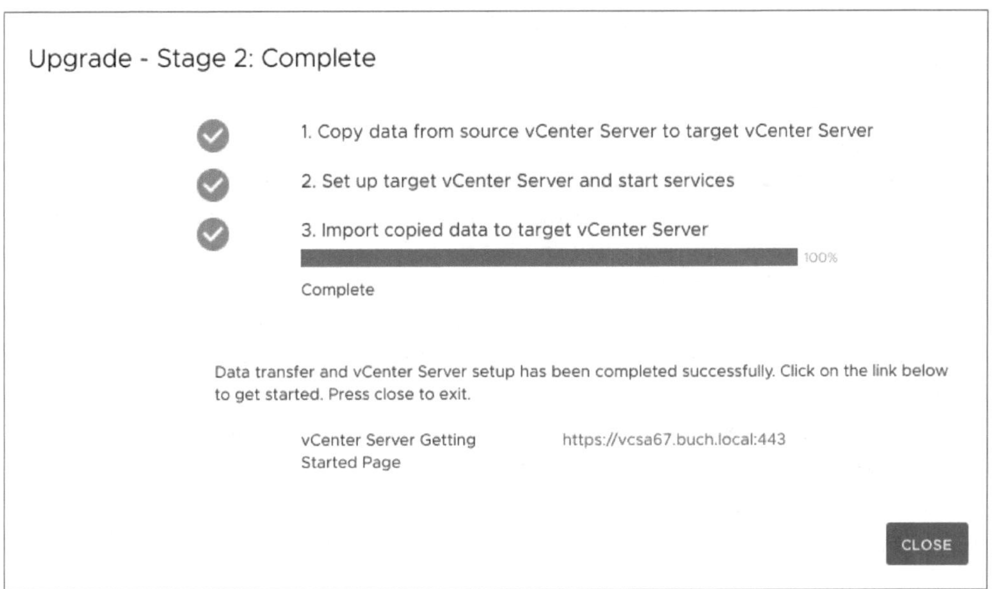

Abbildung 5.65 Abschluss des Upgrades

CLI-Upgrade auf Version 7.0

Selbstverständlich kann die Appliance auch über die Kommandozeile aktualisiert werden. Dabei gehen Sie genauso vor wie bei der geskripteten Neubereitstellung. Aus dem Template-Ordner müssen Sie dazu das passende Template heraussuchen und anpassen. Für die Syntax werfen Sie bitte einen Blick in Abschnitt 5.5.1.

Die Syntax des Skripts überprüfen Sie mit `vcsa-deploy upgrade --verify-template-only <Pfad zum Template-Ordner>/<Template-Name>.json`. Werden keine Fehler angezeigt, können Sie das Upgrade starten, und zwar mit diesem Befehl:

```
vcsa-deploy upgrade --accept-eula <Pfad zum Template-Ordner>/<Template-Name>.json
```

Die Prozessreihenfolge gleicht der des Upgrades über das GUI.

5.7.2 vCenter-Server-Upgrade (Windows-basiert)

Es gibt keine Möglichkeit, das vCenter unter Windows upzugraden, denn die Windows-Version des vCenters gibt es nicht mehr. Lediglich die Variante, aus dem Windows-basierten vCenter eine Appliance zu machen, ist denkbar.

5.8 Migration vom Windows vCenter zur vCenter Server Appliance

VMware selbst bietet eine Option für eine Migration von einem Windows-basierten vCenter auf ein Appliance-basiertes vCenter an. Das Tool besteht aus zwei Komponenten: aus der eigentlichen Migrationsroutine und aus dem Migrationsassistenten, der auf der Quell-VM laufen muss.

Limitierungen

- Lokale Benutzer und Gruppen des Windows-Systems werden nicht zur VCSA migriert. Sind für diese beiden Objekte im vCenter Rechte zugewiesen, muss vor der Migration des vCenter Servers eine Zuweisung von Rechten für SSO-Accounts oder Accounts aus anderen Anmeldequellen erfolgen.
- Nach der Migration kann auf nicht migrierte Erweiterungen nicht mehr zugegriffen werden, denn die Quelle muss ausgeschaltet bleiben. Andernfalls gäbe es Konflikte im Netzwerk.
- Eine Migration von Diensten, die nicht mit den von VMware vorgegebenen Ports arbeiten, wird nicht unterstützt. Das betrifft aber nicht die Dienste *Auto Deploy*, *Update Manager*, *vSphere ESXi Dump Collector* und *HTTP Reverse Proxy*.
- Es wird nur eine Netzwerkkarte auf das neue System migriert.

> **Hinweis**
>
> - Die Migration ist nur möglich von der Quellversion 6.5 oder 6.7!
> - Alle Systeme müssen zeitsynchron laufen!
> - Externe Datenbanken werden exportiert und in die interne vPostgres-Datenbank migriert.

Im ersten Schritt müssen Sie den Migrationsassistenten auf der Quell-VM starten. Das Tool findet sich auf dem VCSA-ISO und wird über *DVD:\Migration-Assistant\VMware-Migration-Assistant.exe* gestartet. Nun werden einige Vorkontrollen durchgeführt, und das Tool informiert darüber, wann die Migration gestartet werden kann (siehe Abbildung 5.66). Das Fenster auf dem Quell-vCenter darf nicht geschlossen werden!

Auch dieser Prozess läuft in mehreren Schritten ab. Zuerst wird die Appliance mit temporärer Netzwerkkonfiguration bereitgestellt. Dann werden die Daten aus dem alten vCenter in die neue Appliance übertragen, und zum Schluss übernimmt die neue VCSA die Identität des alten vCenters. Die Quelle wird dann heruntergefahren.

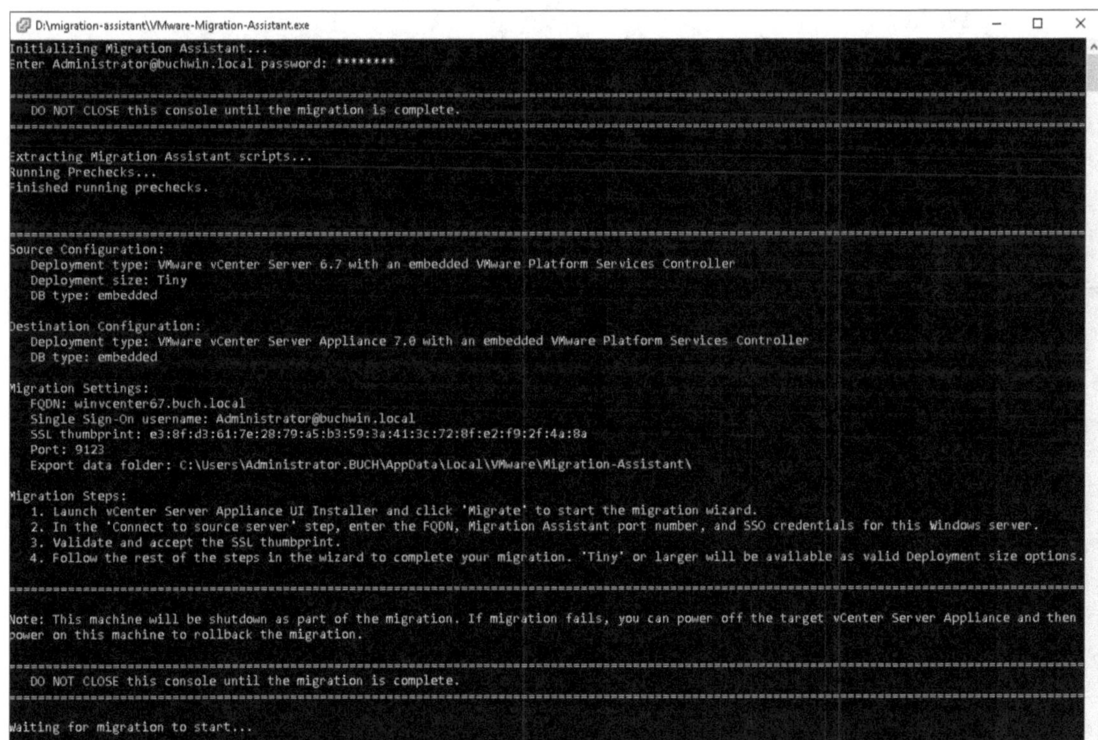

Abbildung 5.66 Der Migrationsassistent

Starten Sie nun die Installationsroutine auf einem anderen System im Netzwerk und wählen Sie den Punkt MIGRATE aus (siehe Abbildung 5.67).

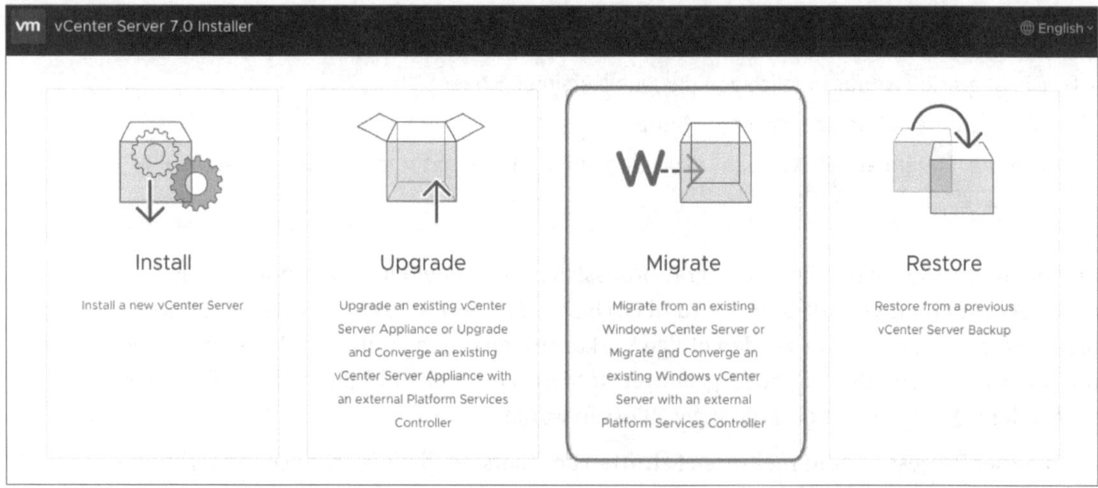

Abbildung 5.67 Migration vom Windows vCenter zur VCSA

> **Wichtig**
>
> Eine Microsoft-Express-Datenbank wird zu einer neuen integrierten vPostgres-Datenbank migriert. Wenn Sie eine Microsoft-Express-Datenbank einsetzen, sollten Sie diese Migration bedenken.

Vor der Bereitstellung der neuen VM müssen Sie Parameter für die Kommunikation mit dem Quell-vCenter angeben (siehe Abbildung 5.68).

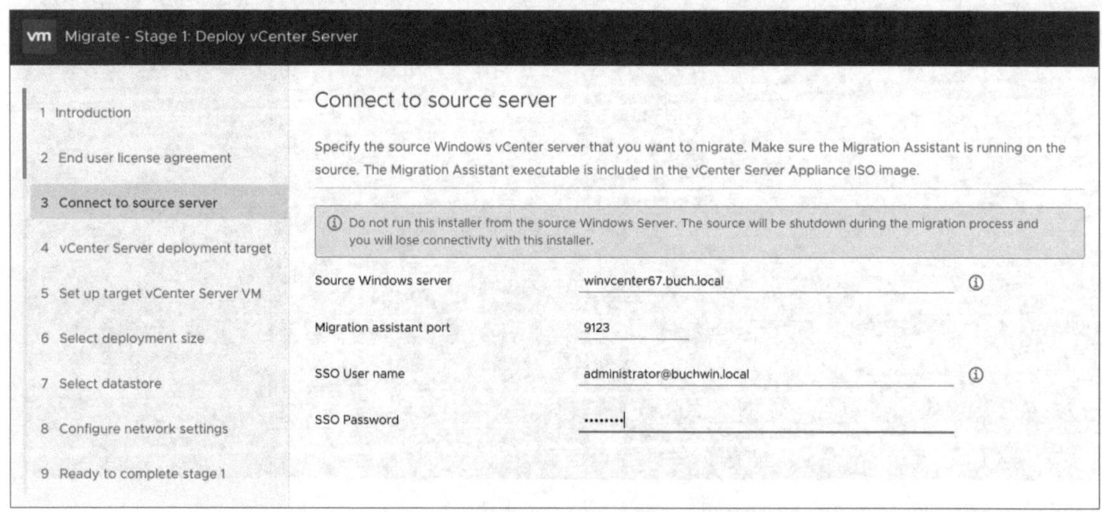

Abbildung 5.68 Verbindungseinstellungen zum Quell-vCenter

Achtung

Der Migrationsassistent darf nicht auf dem vCenter gestartet werden, das migriert werden soll. Zu einem späteren Zeitpunkt der Migration wird das System heruntergefahren.

Außerdem darf Port 9123 nicht durch Firewalls geblockt werden!

Wie schon bei der Installation legen Sie fest, auf welchem Host bzw. vCenter die neue Appliance bereitgestellt werden soll, und geben die Zugangsdaten ein (siehe Abbildung 5.69).

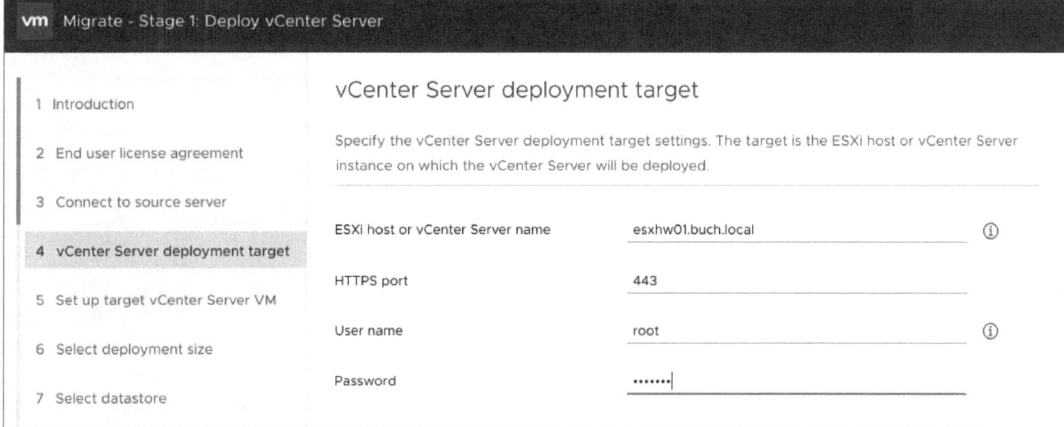

Abbildung 5.69 Installationsziel der VCSA

Jetzt folgen einige Schritte, die Ihnen auch vom Anlegen einer VM bekannt sein dürften. Das sind die Auswahl des Ablageordners der VM im vCenter und die Auswahl des Hosts, der die neue VCSA beherbergen soll. Der Name und das root-Passwort sind die nächsten Parameter, die Sie festlegen müssen (siehe Abbildung 5.70).

vm Migrate - Stage 1: Deploy vCenter Server

1 Introduction
2 End user license agreement
3 Connect to source server
4 vCenter Server deployment target
5 Set up target vCenter Server VM
6 Select deployment size

Set up target vCenter Server VM

Specify the VM settings for the vCenter Server to be deployed.

VM name: vcsa7migwin
Set root password
Confirm root password

Abbildung 5.70 Eingabe des Systemnamens und des Passworts

Die Größe der zu erstellenden Appliance legen Sie im folgenden Konfigurationsschritt fest, wobei unter Umständen die Größe der Bereitstellungsfestplatten variiert werden kann (siehe Abbildung 5.71).

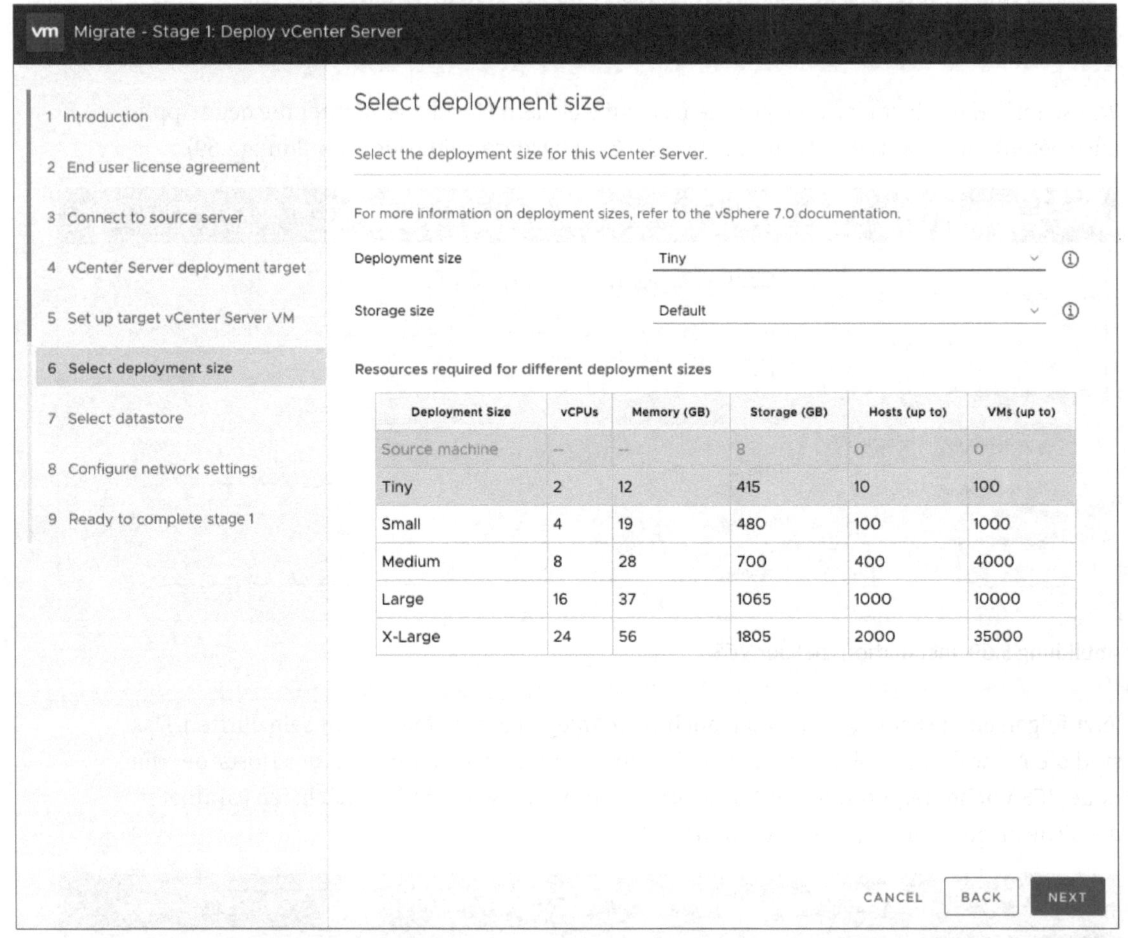

Abbildung 5.71 Installationsgröße

Der Ablageort der Appliance auf dem Datastore wird ebenfalls benötigt, genauso wie die Netzwerkkonfiguration (siehe Abbildung 5.72). Letztere ist temporär, damit Quell- und Ziel-vCenter miteinander kommunizieren können.

Nach der Zusammenfassung aller Parameter wird die VCSA bereitgestellt. Nach Abschluss der Bereitstellung müssen Sie über CONTINUE den zweiten Schritt der Migration starten. Während des zweiten Migrationsschritts sind nur wenige Eingaben notwendig. War das Quellsystem Mitglied einer Domäne, müssen Sie entsprechende Daten hinterlegen. (siehe Abbildung 5.73)

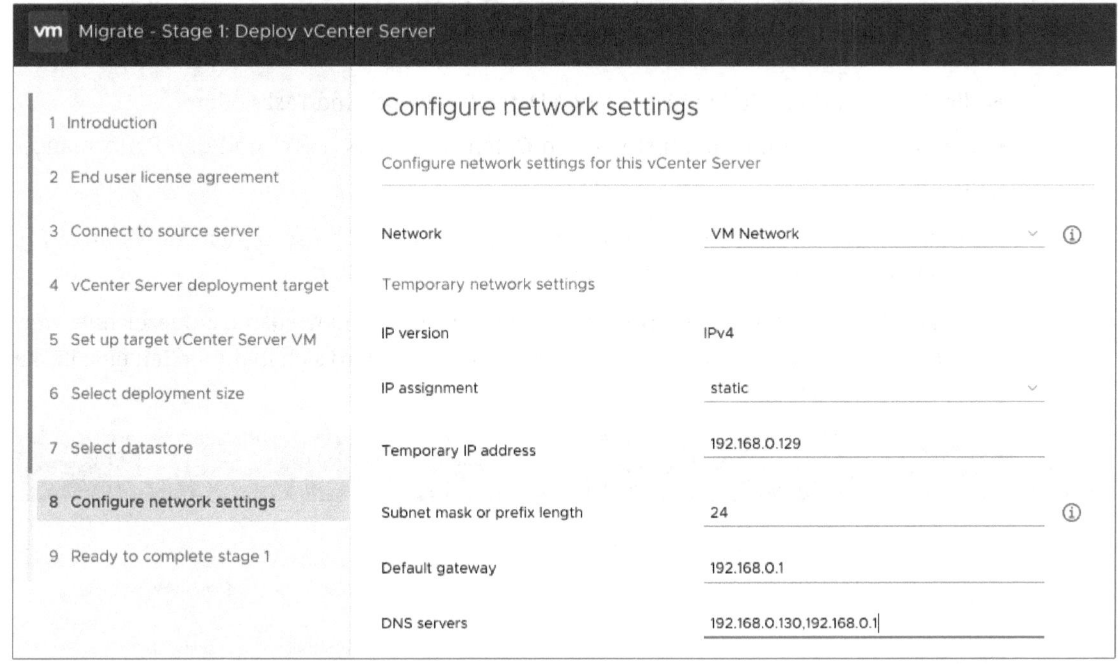

Abbildung 5.72 Temporäre Netzwerkkonfiguration

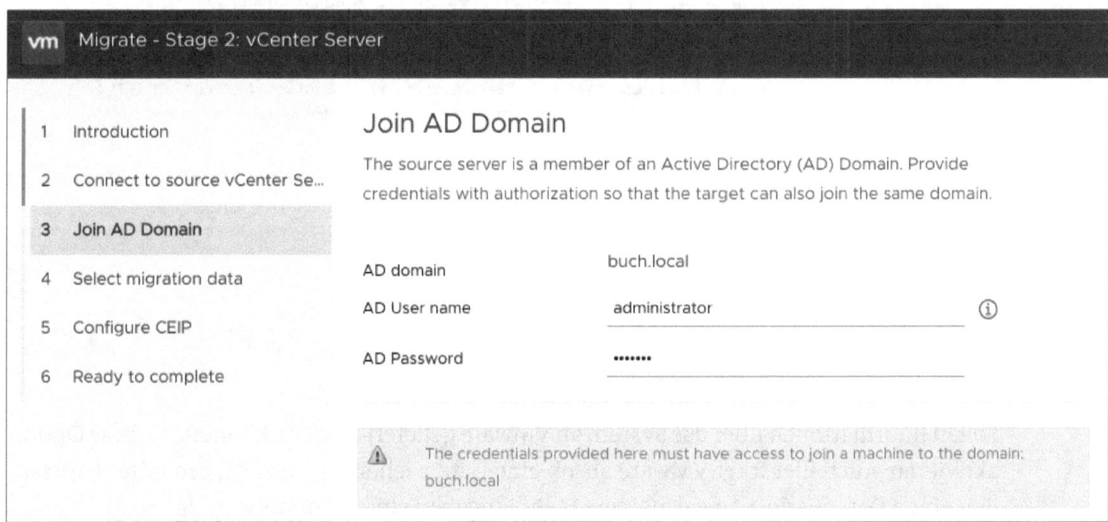

Abbildung 5.73 Domänenbeitritt

Ein ganz wichtiger Punkt ist, zu entscheiden, welche Daten migriert werden sollen:

- nur die Konfiguration,
- die Konfiguration mit den historischen Daten für Events und Tasks oder
- die Konfiguration mit den historischen Daten für Events, Tasks und den Performancedaten.

Die Routine zeigt die Größe der Daten an, die migriert werden müssen (siehe Abbildung 5.74). Je nach Datenmenge dauert die Migration länger oder kürzer.

Bedenken Sie bitte, dass während der Migration keine Performancedaten aufgezeichnet werden. Das heißt, in den Anzeigegraphen Ihres Monitorings wird sich in dieser Zeit eine Lücke in der Darstellung finden.

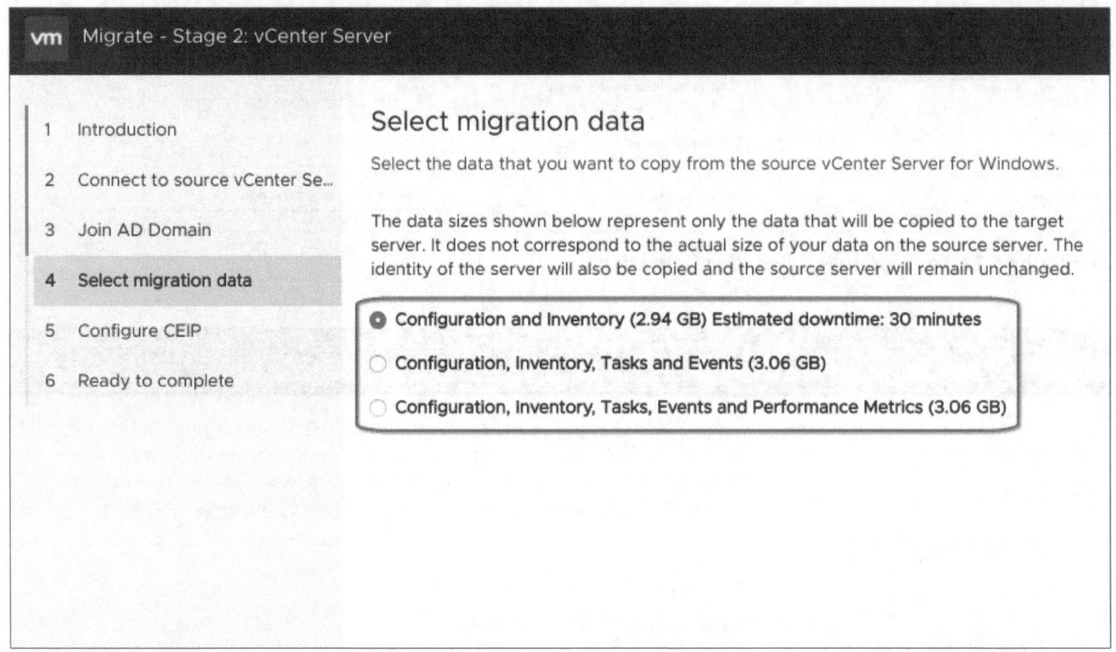

Abbildung 5.74 Festlegung der zu übernehmenden Daten

Sollen Informationen über das System an VMware geliefert werden, können Sie diese Option aktivieren. Auch hier fragt VMware ab, ob eine Datensicherung vorliegt, um unter Umständen einen Datenverlust zu vermeiden. Mehr Eingaben sind nicht notwendig.

Die Datenübernahme als zweiter Teil der Bereitstellung erfolgt, nachdem die Migrationsroutine die Quell-VM abgeschaltet hat (siehe Abbildung 5.75).

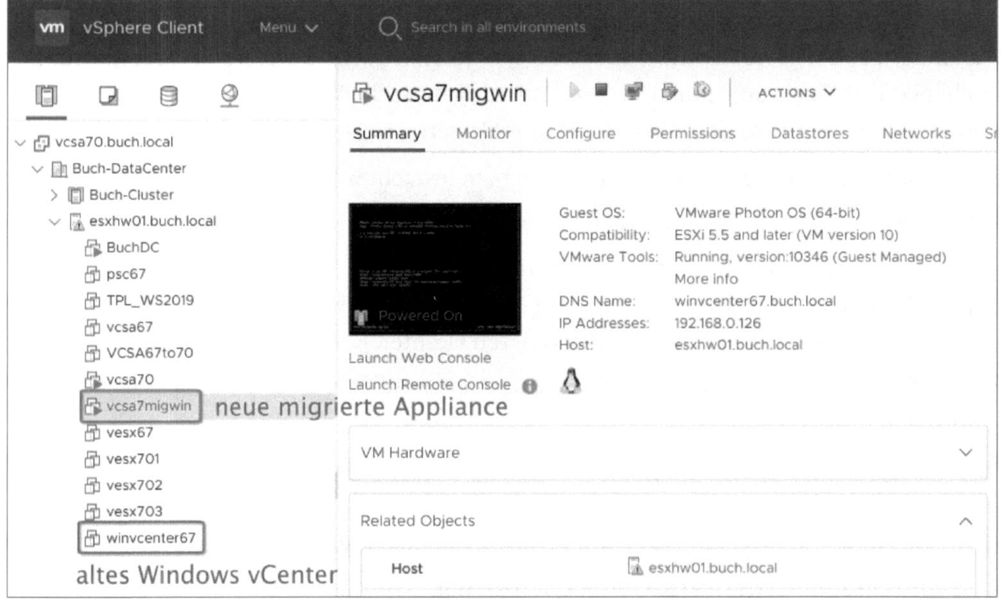

Abbildung 5.75 Migration erfolgreich abgeschlossen

Hinweis

Der Anzeigename im vCenter der neuen VCSA entspricht nicht dem eigentlichen Namen der neuen VCSA, weil der Name der Quell-VM übernommen wird.

Außerdem haben beide VMs die gleiche IP-Adresse.

Damit ist die Migration abgeschlossen. Im Fall eines Problems kann das Quell-vCenter wieder gestartet und genutzt werden – aber nur, wenn zuvor das neue vCenter heruntergefahren wurde. Es dürfen nicht beide Maschinen gleichzeitig eingeschaltet sein.

5.9 Nachträgliche Änderungen am vCenter

War es früher quasi unmöglich, die IP-Adresse oder den Namen eines vCenter Servers zu ändern, so ist das heute kein Problem mehr. Es gibt aber auch andere Dinge im Zusammenhang mit dem vCenter, die einer näheren Betrachtung bedürfen. Diese Themen werden nun gesammelt näher betrachtet.

Achtung

Einige der hier beschriebenen Aktionen werden nur unter vSphere 7.0 unterstützt!

5.9.1 Ändern der vCenter-Server-FQDN bzw. -IP

Das Ändern von IP-Adresse und FQDN wird seit Version 6.7 U2 unterstützt, aber nur für die Appliance. Der Einsprungspunkt für die Änderungen ist die VAMI des vCenter Servers. Der Aufruf erfolgt über *https://<FQDN oder IP des vCenters>:5480*

Zuvor sollten aber die folgenden Dinge getan bzw. bedacht werden:

- Nutzen Sie vCenter High Availability, muss dies zuerst zurückgebaut werden.
- Sie sollten ein Backup der Appliance durchführen. Dabei ist es egal, ob das Backup filelevel-basiert ist oder mit einer anderen Software wie z. B. Veeam durchgeführt wurde. Dieser Schritt hat Gültigkeit für alle verlinkten vCenter.
- Der DNS-Eintrag muss angepasst werden, damit die Auflösung von Namen zu IP-Adressen funktioniert.
- Ist das vCenter Mitglied eines Active Directory, dann muss diese Mitgliedschaft erneuert werden.
- Drittherstellerprodukte müssen unter Umständen neu registriert werden.
- Es wird ein administrativer SSO-Account benötigt.
- Zertifikate, die Sie selbst ausgestellt haben, müssen selbstverständlich mit den neuen Parametern neu erstellt werden.

Beide Änderungen werden an der gleichen Stelle in der VAMI vorgenommen (siehe Abbildung 5.76).

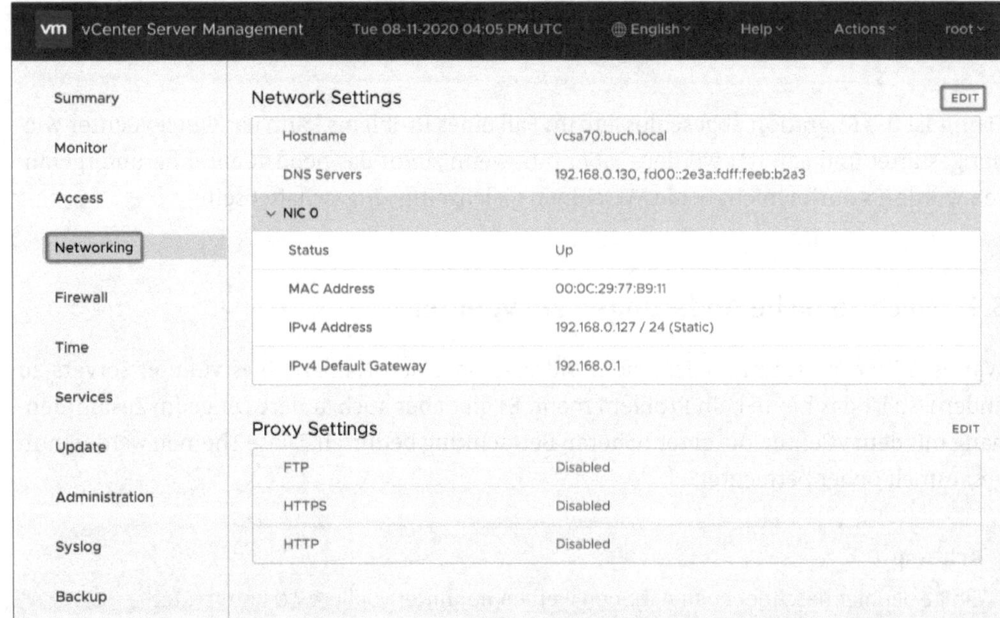

Abbildung 5.76 Einsprung für die Änderung von FQDN und/oder der IP-Adresse

Der Änderungsprozess ist immer der gleiche, egal welchen Parameter Sie ändern wollen (siehe Abbildung 5.77). Verzweigt wird über den EDIT-Button und die anschließende Auswahl der Netzwerkkarte.

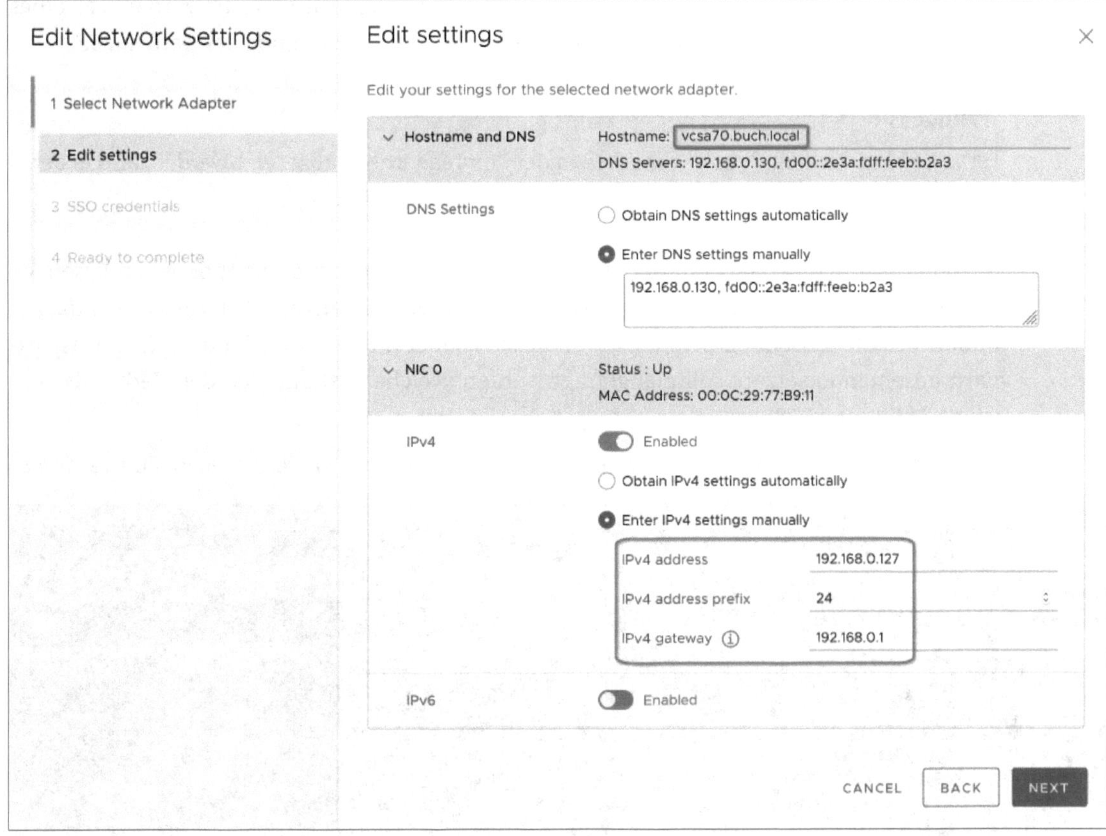

Abbildung 5.77 Änderung von IP-Adresse und/oder FQDN

Nachdem die Änderungen eingepflegt worden sind, muss noch ein gültiger administrativer SSO-Account hinterlegt werden. Nach einem Reboot sind die Änderungen dann im System. Beachten Sie die Liste der beschriebenen Nacharbeiten, damit alles so funktioniert wie vorher.

5.9.2 vCenter-Replikationsketten

Auch wenn es den singulären PSC nicht mehr gibt, so ist er doch immer noch Bestandteil der vCenter Server Appliance. Letztendlich geht es hier um die SSO-Komponenten. Miteinander verlinkte vCenter müssen sich replizieren. Abhängig davon, welche Anforderungen Ihre Umgebung hat, müssen Sie sich Gedanken darüber machen, wie die Replikationsketten aufgebaut werden sollten. Es ist ganz wichtig, dass es in der Umgebung der verlinkten vCenter

Server keine Sackgasse gibt. Auf jeden Fall sollte jedes vCenter für sich ausfallen können, ohne dass dadurch der Replikationstraffic für weitere vCenter Server unterbrochen wird.

Aus diesem Grund sollten Sie immer eine Ringtopologie wählen. Bei einer Sterntopologie ist das vCenter im Zentrum der wunde Punkt, und bei einer Replikationskette wird im Fall eines Problems die Kette getrennt, solange nicht eines der vCenter am Ende der Kette ausfällt.

Hinweis

Die Befehle für diese Arbeiten müssen in der Kommandozeile abgesetzt werden, also in der BASH.

Nachdem Sie sich per SSH mit der vCenter Server Appliance verbunden haben, müssen Sie mit dem Befehl `shell` in die BASH wechseln. Im Unterverzeichnis */usr/lib/vmware-vmdir/bin* finden sich die passenden Befehle. Bevor Sie sich näher mit den einzelnen Replikationspartnern auseinandersetzen, sollte abgefragt werden, welche Systeme Teil des Verbunds sind (siehe Abbildung 5.78).

```
vdcrepadmin -f showservers -h <FQDN eines vCenters> -u <Admin-Account> -w <Admin-Passwort>
```

```
root@vcsa70-1 [ / ]# cd /usr/lib/vmware-vmdir/bin/
root@vcsa70-1 [ /usr/lib/vmware-vmdir/bin ]# ls
idmap          vdcbackup    vdcpass                  vdcschema    vdcupgrade
vdcaclmgr      vdcleavefed  vdcrepadmin              vdcsetupldu  vmkdc_admin
vdcadmintool   vdcmetric    vdcresetMachineActCred   vdcsrp
root@vcsa70-1 [ /usr/lib/vmware-vmdir/bin ]# ./vdcrepadmin -f showservers -h vcsa70-1.buch.local -u administrat
or
password:
cn=vcsa70-1.buch.local,cn=Servers,cn=default-site,cn=Sites,cn=Configuration,dc=buch70,dc=local
cn=vcsa70-2.buch.local,cn=Servers,cn=Default-First-Site,cn=Sites,cn=Configuration,dc=buch70,dc=local
cn=vcsa70-4.buch.local,cn=Servers,cn=Default-First-Site,cn=Sites,cn=Configuration,dc=buch70,dc=local
cn=vcsa70-3.buch.local,cn=Servers,cn=Default-First-Site,cn=Sites,cn=Configuration,dc=buch70,dc=local
cn=vcsa70-5.buch.local,cn=Servers,cn=Default-First-Site,cn=Sites,cn=Configuration,dc=buch70,dc=local
cn=vcsa70-6.buch.local,cn=Servers,cn=Default-First-Site,cn=Sites,cn=Configuration,dc=buch70,dc=local
root@vcsa70-1 [ /usr/lib/vmware-vmdir/bin ]#
```

Abbildung 5.78 Auflistung aller Mitglieder einer SSO-Domäne

Im nächsten Schritt ist es wichtig zu wissen, welche vCenter welche Replikationspartner haben (siehe Abbildung 5.79).

Fügt man aus der Ausgabe ein Bild zusammen, wird schnell klar, dass wir hier eine Sterntopologie haben. Der VCSA70-1 ist quasi das Zentrum aller Replikationen. Sie können sich bestimmt leicht vorstellen, was passiert, wenn dieses System länger ausfällt und während der Zeit Änderungen an der Domäne vorgenommen werden.

```
root@vcsa70-1 [ /usr/lib/vmware-vmdir/bin ]# ./vdcrepadmin -f showpartners -h vcsa70-1.buch.local -u administrator
password:
ldap://vcsa70-2.buch.local
ldap://vcsa70-4.buch.local
ldap://vcsa70-3.buch.local
ldap://vcsa70-5.buch.local
ldap://vcsa70-6.buch.local
root@vcsa70-1 [ /usr/lib/vmware-vmdir/bin ]# ./vdcrepadmin -f showpartners -h vcsa70-2.buch.local -u administrator
password:
ldap://vcsa70-1.buch.local
root@vcsa70-1 [ /usr/lib/vmware-vmdir/bin ]# ./vdcrepadmin -f showpartners -h vcsa70-3.buch.local -u administrator
password:
ldap://vcsa70-1.buch.local
root@vcsa70-1 [ /usr/lib/vmware-vmdir/bin ]# ./vdcrepadmin -f showpartners -h vcsa70-4.buch.local -u administrator
password:
ldap://vcsa70-1.buch.local
root@vcsa70-1 [ /usr/lib/vmware-vmdir/bin ]# ./vdcrepadmin -f showpartners -h vcsa70-5.buch.local -u administrator
password:
ldap://vcsa70-1.buch.local
root@vcsa70-1 [ /usr/lib/vmware-vmdir/bin ]# ./vdcrepadmin -f showpartners -h vcsa70-6.buch.local -u administrator
password:
ldap://vcsa70-1.buch.local
root@vcsa70-1 [ /usr/lib/vmware-vmdir/bin ]#
```

Abbildung 5.79 Replikationstopologie der SSO-Domäne

Wichtig

Berücksichtigen Sie dieses Thema direkt, bevor Sie eine Kette von vCenter Servern aufbauen. Schon bei der Verbindung zu einer vorhandenen SSO-Domäne können Sie die Replikationspartner mit der richtigen Auswahl des zu verbindenden vCenter Servers auswählen.

Kommen wir nun zu der guten Nachricht. Die Replikationspartnerschaften können im Nachhinein einfach geändert werden. Auch hier müssen Sie in der BASH der VCSA aktiv werden. Sie sollten darauf achten, dass es keinen *Single Point of Failure* (SPOF) gibt, d. h., beim Ausfall eines vCenter Servers sollte die Replikation der SSO-Domäne immer noch funktionieren.

Planung

Bei der Planung der »richtigen« Replikationspartner sollte berücksichtigt werden, an welchen Standorten die Systeme stehen und wie die Standorte miteinander verbunden sind. Auch die Stabilität der Anbindung kann dabei eine Rolle spielen.

Zur Anpassung der Replikationspartner nutzen Sie ebenfalls den Befehl `vdcrepadmin`, und zwar mit den Parametern `-f createagreement` (neuen Replikationspartner festlegen) bzw. `-f removeagreement` (Replikationspartner löschen).

In unserem Beispiel soll die vorhandene Sterntopologie zu einer Ringtopologie geändert werden.

Der Befehl vdcrepadmin -f createagreement -h <FQDN Quell-vCenter> -H <FQDN Ziel-vCenter> -u <Admin-Account> -w <Admin-Passwort> fügt einen Replikationspartner hinzu. Tauschen Sie createagreement durch removeagreement, wird ein Replikationspartner abgemeldet.

Der Befehl vdcrepadmin -f createagreement -h vcsa70-2.buch.local -H vcsa70-3.buch.local -u Administrator -w <Admin-Passwort> fügt dem vCenter VCSA70-2 den Replikationspartner VCSA70-3 hinzu.

Nach dem Absetzen aller notwendigen Befehle sieht die Liste der Replikationspartner nun wie folgt aus (siehe Abbildung 5.80).

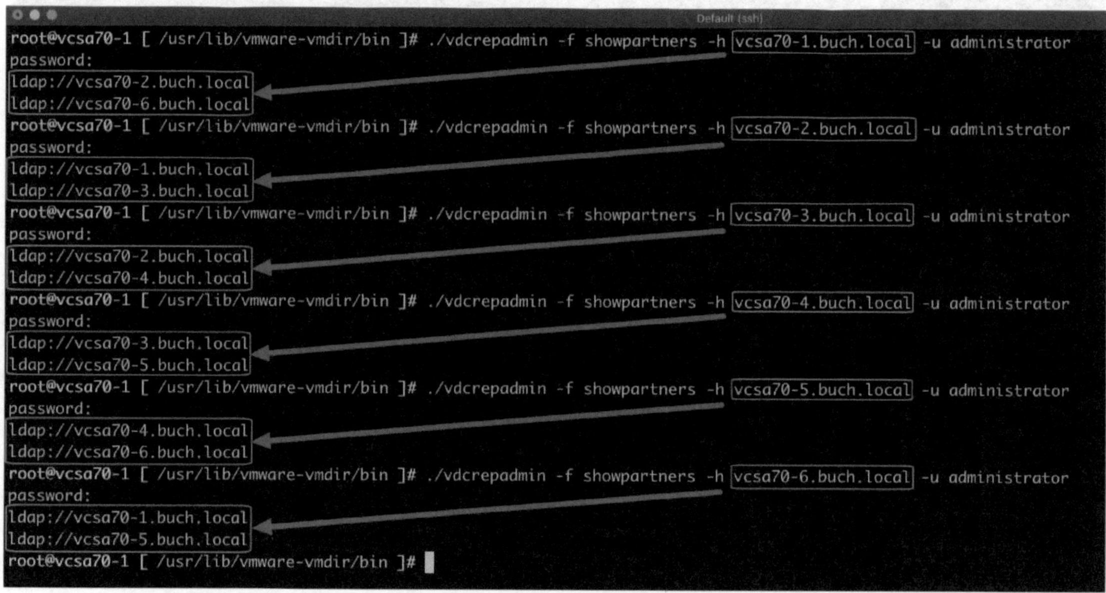

Abbildung 5.80 Konfigurierte Ringtopologie für die Replikation der SSO-Domäne

> **Achtung**
> Bei der Nutzung des Befehls müssen Sie bei Schreibweise des Namens der vCenter Server die Groß-/Kleinschreibung berücksichtigen!

5.9.3 Wechsel in eine andere existierende SSO-Domäne

Ein vCenter kann auch in eine andere SSO-Domäne verschoben werden. In der Kommandozeile müssen Sie dazu folgenden Befehl zum Vortest absetzen (siehe Abbildung 5.81):

```
cmsso-util domain-repoint -m pre-check --src-emb-admin Administrator --replication-partner-fqdn <FQDN Ziel-Replikations-Server> --replication-partner-admin <Administrator des Ziel-Replikations-Server> --dest-domain-name <Ziel SSO Domainname>
```

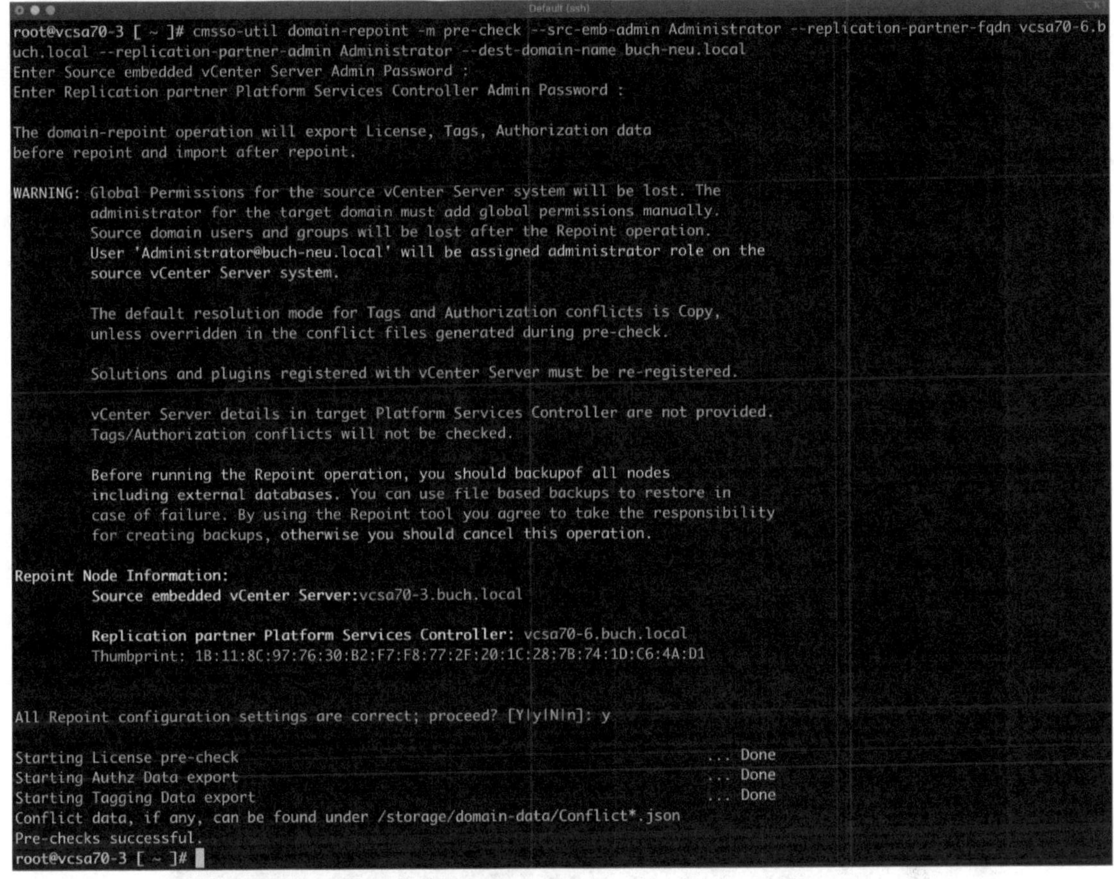

Abbildung 5.81 Vortest zum Wechsel der SSO-Domäne

Hat das System keine Einwände, kann mit dem Ersetzen des Kommandos `pre-check` durch `execute` der Domänenwechsel initiiert werden.

Durch den Pre-Check werden im Verzeichnis */storage/domain-data* entsprechende *json*-Files mit den Informationen abgelegt. Werden Sie nicht ungeduldig, denn die Abarbeitung des Domänenwechsels dauert eine Weile.

Im Folgenden sieht das Ganze wie in Abbildung 5.82 aus.

In der Managementoberfläche sieht das Ganze dann so aus, wie in Abbildung 5.83 gezeigt (hier liegen zwei Browserfenster übereinander). Zwei vCenter wurden aus der Domäne *buch70.local* entfernt. Das System *vcsa70-3* wurde in die Domäne *buch-neu.local* mit dem vCenter *vcsa70-6* migriert.

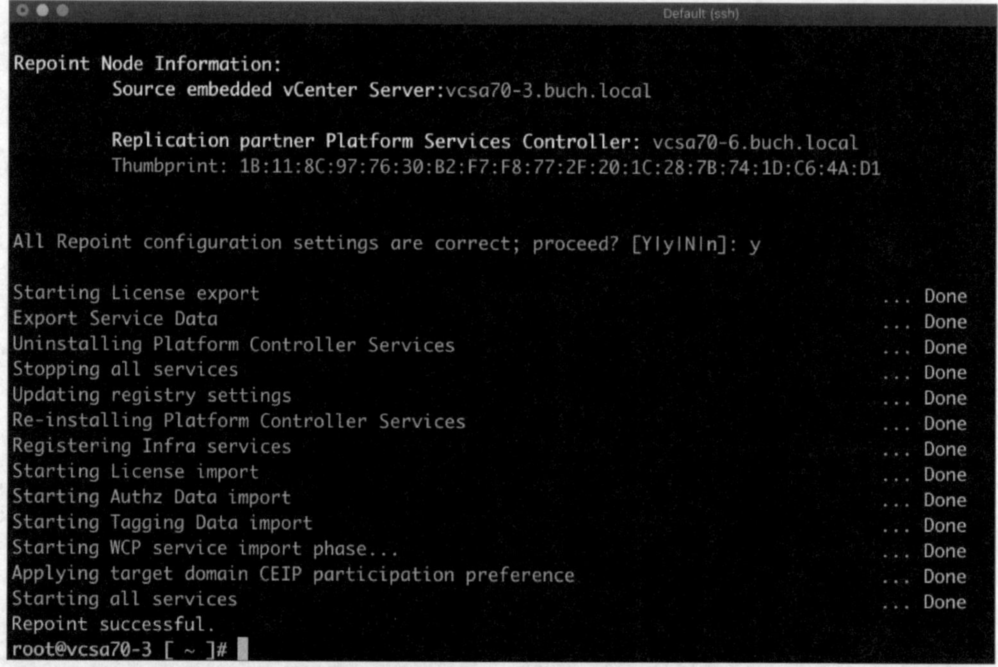

Abbildung 5.82 Systemmeldungen während der SSO Domain Migration

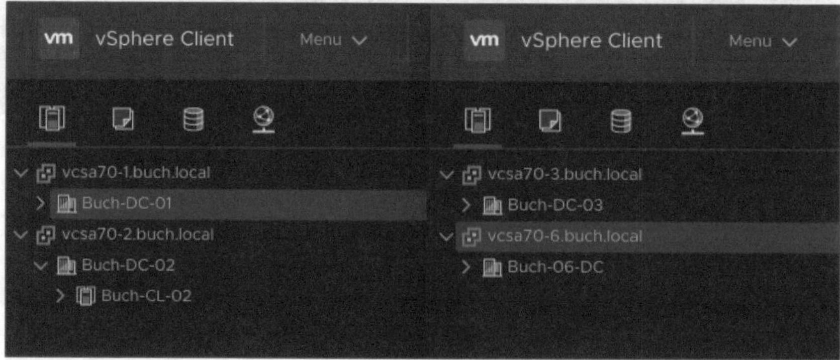

Abbildung 5.83 Die neue Struktur nach der Dekommissionierung bzw. Migration der vCenter

5.9.4 Linked Mode verlassen in neue SSO-Domäne

Soll beim Verlassen der SSO-Domäne auch gleichzeitig eine neue SSO-Domäne angelegt werden, ist das ebenfalls möglich. Auch hier kommt der Befehl `cmsso-util` zum Einsatz.

`cmsso-util domain-repoint -m execute --src-emb-admin Administrator --dest-domain-name <Ziel SSO Domainname>` ist der Befehl für die Migration in eine neu erstellte SSO-Domäne (siehe Abbildung 5.84).

Achtung

Wird eine neue SSO-Domäne erstellt, kann der Parameter `-m pre-check` nicht genutzt werden. Er führt zu einem Fehler.

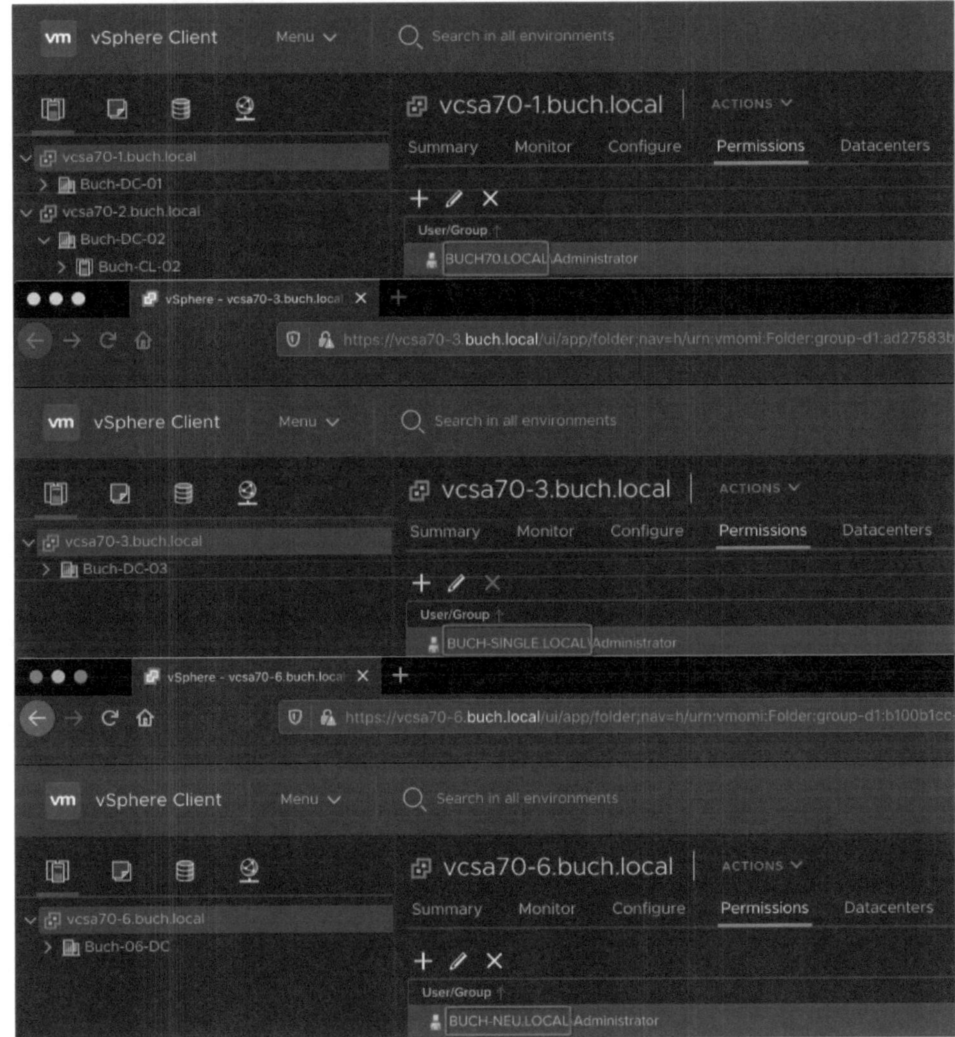

Abbildung 5.84 Übersicht über die drei SSO-Domänen nach den Umzügen

5.9.5 Dekomissionierung eines vCenter Servers

Wird ein vCenter Server nicht mehr benötigt, reicht es nicht, ihn einfach auszuschalten und zu löschen, wenn er Mitglied eines vCenter-Verbunds ist. Hier sind weitergehende Schritte notwendig!

Achtung

Ein einmal aus einem vCenter-Verbund gelöschter vCenter Server kann dieser Domäne nicht wieder hinzugefügt werden. Das System muss dafür neu aufgesetzt werden!

Der Befehl muss auf einem System abgesetzt werden, das weiterhin Mitglied der SSO-Domäne bleibt!

Auch für diese Aufgabe müssen wir die Kommandozeile bemühen und uns per SSH mit der Appliance verbinden. Mit dem Befehl cmsso-util unregister -node-pnid vcsa70-6.buch.local --username administrator@buch70.local -passwd <User Passwort> wird das benannte vCenter dekommisioniert.

Nach dem Durchlauf des Befehls sollten die Replikationspartner kontrolliert werden (siehe Abschnitt 5.9.2). Es kann notwendig sein, die Replikationspartner anzupassen, damit die alte Topologie wiederhergestellt werden kann (siehe Abbildung 5.85).

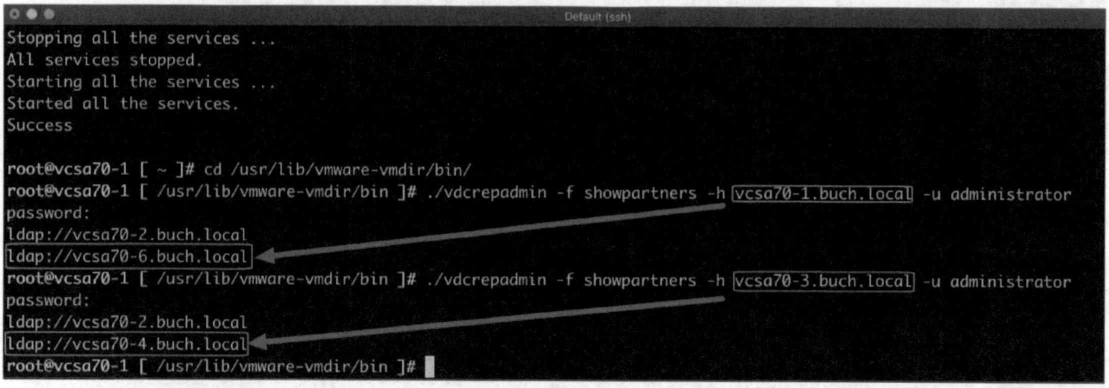

```
Stopping all the services ...
All services stopped.
Starting all the services ...
Started all the services.
Success

root@vcsa70-1 [ ~ ]# cd /usr/lib/vmware-vmdir/bin/
root@vcsa70-1 [ /usr/lib/vmware-vmdir/bin ]# ./vdcrepadmin -f showpartners -h vcsa70-1.buch.local -u administrator
password:
ldap://vcsa70-2.buch.local
ldap://vcsa70-6.buch.local
root@vcsa70-1 [ /usr/lib/vmware-vmdir/bin ]# ./vdcrepadmin -f showpartners -h vcsa70-3.buch.local -u administrator
password:
ldap://vcsa70-2.buch.local
ldap://vcsa70-4.buch.local
root@vcsa70-1 [ /usr/lib/vmware-vmdir/bin ]#
```

Abbildung 5.85 Eine Anpassung der Replikation ist notwendig.

Achtung

Bei der Dekomissionierung werden alle Dienste im Verbund angehalten, danach aber wieder gestartet. Aus diesem Grund müssen Sie mit einer Auszeit rechnen.

Die Befehle zur Anpassung der Replikation finden sich in Abschnitt 5.9.2. Haben Sie die Anpassung der Replikationspartner vorgenommen, kann das vCenter heruntergefahren und gelöscht werden.

5.10 vCenter-Server-Komponenten

Viele Komponenten sind mittlerweile Bestandteil des vCenters geworden, aber es gibt immer noch einige Erweiterungen, die separat installiert werden müssen. Diese Komponenten und ihre Installation beschreiben wir in den folgenden Unterabschnitten.

5.10.1 Update Manager Download Service

Der *Update Manager Download Service* (UMDS) ist bereits auf der VCSA installiert und muss hier nicht nachinstalliert werden, aber der Download-Manager für den Lifecycle Manager kann auf der VCSA nur genutzt werden, wenn die Security der VCSA den direkten Zugriff auf das Internet erlaubt. Will die Security da partout nicht einlenken, kommt Plan B zum Einsatz, und der heißt UMDS.

Die Lifecycle-Manager-Komponente, die für den Download der Patches und Erweiterungen zuständig ist, liegt als *tar*-File auf dem ISO-File der VCSA. Dieses Paket kann auf einem Linux-System installiert werden, das Zugriff auf das Internet hat und den Download durchführen kann. Die Patches können dann später im Lifecycle Manager importiert werden.

Die Datei findet sich unter *ISO-VCSA:/umds/VMware-UMDS-7.0.0-16615764.tar.gz*.

Nach dem Entpacken findet sich im Arbeitsverzeichnis ein neues Unterverzeichnis *vmware-umds-distrib*. Für die Ablage der Patches wird noch ein weiteres Unterverzeichnis benötigt, das angelegt werden muss (siehe Abbildung 5.86).

```
Default (ssh)
root@photon-machine [ /tmp ]# tar -xzf /mnt/cdrom/umds/VMware-UMDS-7.0.0-16615764.tar.gz
root@photon-machine [ /tmp ]# cd vmware-umds-distrib/
root@photon-machine [ /tmp/vmware-umds-distrib ]# ls
EULA  bin  lib  share  vmware-install.pl
root@photon-machine [ /tmp/vmware-umds-distrib ]# mkdir /tmp/patches
root@photon-machine [ /tmp/vmware-umds-distrib ]#
```

Abbildung 5.86 Entpacken des UMDS

Die Installation erfolgt über *vmware-install.pl*. Nach der Installation finden Sie diese im Verzeichnis */usr/local/vmware-umds*, sofern der Pfad nicht geändert wurde.

Eine einfache Appliance für diese Funktion wäre schön, dann könnten Sie den UMDS auch leicht einsetzen, falls Sie nicht ganz so firm in der Bedienung der Linux-Kommandozeile sind.

Damit ist die Installation abgeschlossen, und die Patches können heruntergeladen werden.

5.10.2 VMware vSphere Replication

vSphere Replication soll letztendlich die Lücke zwischen *VMware Fault Tolerance* (FT) und der klassischen Datensicherung schließen.

Diese Funktion ist für alle diejenigen gedacht, die es verschmerzen können, im Fehlerfall eine mehr oder minder große Menge an Daten zu verlieren – anders als bei FT, wo ein Spiegel einer Maschine erstellt wird. Nur bedeutet ein Spiegel, dass auch Fehler innerhalb der VM auf das Duplikat übertragen werden.

Hinweis

vSphere Replication kann auch Bestandteil einer *Site Recovery Manager*-Installation sein. Es handelt sich um die gleiche Komponente.

vSphere Replication erstellt ebenfalls ein Duplikat eines virtuellen Systems, aber das Duplikat hat nicht den gleichen Stand wie das Original. Was bedeutet das? Der Duplizierungsprozess läuft nicht zeitgleich, sondern um einen Zeitfaktor *x* verzögert. So kann im Fall eines Fehlers zwar schnell auf ein Duplikat zurückgegriffen werden, aber es fehlen die Daten der letzten *y* Minuten. Durch den »Abstand« zwischen der originalen und der Replika-VM ist die Wahrscheinlichkeit hoch, dass der Fehler nicht in die Replika übertragen wurde.

Achtung

Im Gegensatz zu *vSphere Fault Tolerance* funktioniert *vSphere Replication* auch vCenter-übergreifend. Es werden also ein oder zwei vCenter Server für die Konfiguration der Replikation benötigt.

Was verbirgt sich letztendlich hinter dieser Komponente? Ist eine Replikation aktiv, werden alle Änderungen, die in einer VM auflaufen, in ein Redo-Log geschrieben. Ist das festgelegte Delta-Intervall abgelaufen, werden die Daten in die VM integriert, es wird ein Snapshot erstellt, und ein weiteres Redo-Log wird angelegt. In der Konfiguration kann hinterlegt werden, wie viele Redo-Logs und wie viele Snapshots behalten werden sollen.

Auch bei dieser Applikation handelt es sich um eine virtuelle Appliance. Der Import in die virtuelle Umgebung erfolgt über den Webclient. Die Appliance kann in verschiedenen Ausstattungen bereitgestellt werden. Es gibt zwei unterschiedliche Appliances im ISO-File:

- Das OVF-File ohne Zusatz installiert die Appliance mit den benötigten Managementkomponenten.
- Das OVF-File mit dem Zusatz *AddOn* sorgt für die Bereitstellung einer weiteren Replikations-Appliance.

Eine Appliance kann immer nur mit einem vCenter verbunden sein. Das wird bei der Installation auch überprüft. Des Weiteren kann eine solche Maschine maximal 2.000 Replikationen managen.

Eine Appliance kommt nie allein. Zu einer Installation gehören immer zwei Appliances: eine im Quell-vCenter und eine im Ziel-vCenter. Es sind stets zwei Replikationsmaschinen in zwei unterschiedlichen vCentern notwendig. Der erste Server in einer Replikationsumgebung wird über das File *vSphere_Replication_OVF10.ovf* importiert. Reicht die Leistungsfähigkeit nicht aus, kann eine Erweiterung zur Master-Replikations-Appliance importiert werden. Hier wiederum ist das File *vSphere_Replication_AddOn_OVF10.ovf* die richtige Wahl.

Auch bei dieser Komponente müssen Sie wieder einige Parameter eingeben. Nur die CPU-Ressourcen können beim Import festgelegt werden. Sie können zwei oder vier virtuelle CPUs

5

definieren (siehe Abbildung 5.87). Der Arbeitsspeicher belegt eine Größe von 8 GB. Beim Plattenplatz werden 26 GB benötigt.

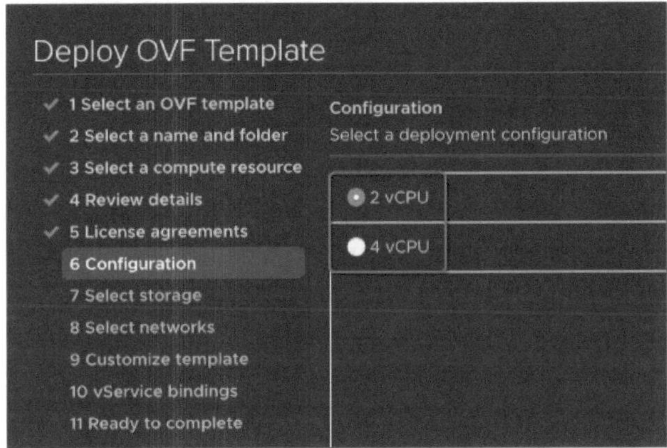

Abbildung 5.87 Festlegung der CPU-Ressourcen

Die Netzwerkparameter folgen im nächsten Konfigurationsschritt (siehe Abbildung 5.88).

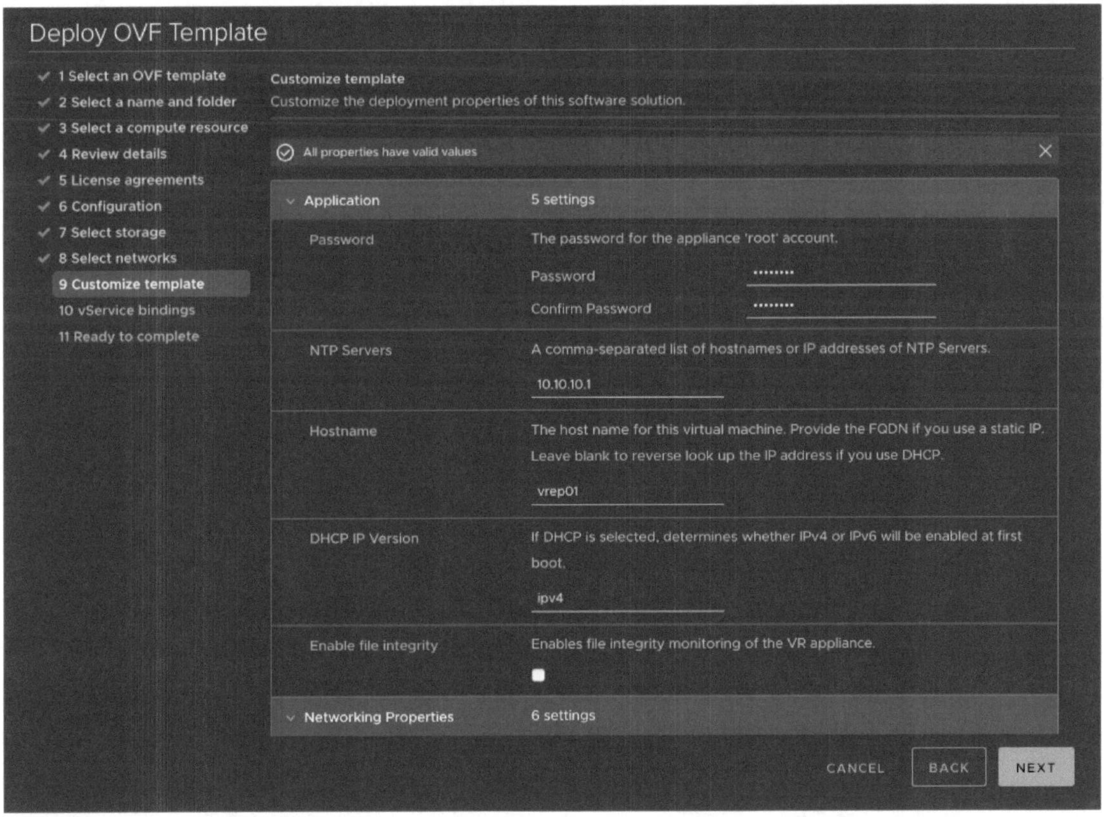

Abbildung 5.88 Festlegung der Appliance-Parameter

Die Beschreibung der weitergehenden Konfiguration finden Sie in Abschnitt 15.8, »VMware vSphere Replication Appliance«.

Hinweis

Sollte die Installation fehlschlagen, müssen Sie kontrollieren, ob bei den Runtime-Settings des vCenter Servers die vCENTER SERVER MANAGEMENT ADDRESS eingetragen ist.

Wie schon zuvor beschrieben, müssen Sie bei Engpässen bei der Replikation eine Add-on-Appliance importieren. Auch hierzu wird der Webclient genutzt. Die benötigten Eingaben entsprechen denen bei der Installation der ersten Replikations-Appliance.

Zu guter Letzt möchten wir Ihnen nicht vorenthalten, dass ein Replikationsmodell Bandbreite benötigt. Berücksichtigen Sie das bei der Planung der Netzwerkverbindungen!

5.10.3 VMware Image Builder

Der *Image Builder* ist eine Erweiterung der PowerCLI. Mit diesem Werkzeug gibt VMware Ihnen das Mittel an die Hand, um eigene Installations-Images herzustellen. Sie können dabei ein Image für die ESXi-Installation nehmen und nachträglich erschienene Patches integrieren. Eine Aufnahme von Treibern in das Image ist ebenfalls eine Option.

Selbstverständlich können Sie anschließend ein neues ISO-File erstellen und damit wiederum einen neuen Host installieren. Mit dieser Funktion sparen Sie sich die Patch-Orgien und müssen auch nicht immer auf die hardwareherstellerspezifischen Images warten. Sie können sich einfach ein angepasstes Installations-Image selbst konfigurieren und es nutzen, sobald die Patches bzw. Treiber verfügbar sind.

Eine eigene Installationsroutine gibt es für den VMware Image Builder nicht. Die Komponente ist Teil der PowerCLI und wird mit dieser zusammen installiert.

Lassen Sie uns einen kurzen Blick auf den Image Builder und seine Funktion werfen. Zuvor möchten wir aber erst mal ein paar neue Begriffe klären. VMware nutzt im Rahmen des Auto Deploys und des Image Builders die Bezeichnungen *VIB*, *Depot* und *Profil*. In Tabelle 5.6 sehen Sie, was damit gemeint ist.

Begriff	Erklärung
VIB	Ein VIB (*VMware Infrastructure Bundle*) ist ein Softwarepaket, das VMware oder andere Hersteller zur Verfügung stellen. Diese Pakete können Treiber, Erweiterungen, CIM-Provider oder andere VMware-Komponenten und -Erweiterungen enthalten.

Tabelle 5.6 Image-Builder-Begriffe

Begriff	Erklärung
Depot	Ein Depot ist eine Ablage, in der der Image Builder die Installationskomponenten finden kann. Das dafür benötigte Offline-Bundle können Sie in der Basisversion bei VMware herunterladen. Es handelt sich dabei um die ZIP-Datei der ESXi-Version. Das Depot muss nicht zwingend auf dem lokalen Server liegen, es kann auch nur über eine URL erreichbar sein. Es ist möglich, mehrere Depots zu haben.
Profil	Das Profil fasst verschiedene Komponenten zusammen und bildet die Basis für die Installation eines Hosts.

Tabelle 5.6 Image-Builder-Begriffe (Forts.)

Ein Bild sagt mehr als tausend Worte, und deshalb wollen wir anhand von Abbildung 5.89 kurz auf die Struktur des Image Builders eingehen.

Mit den Befehlserweiterungen der PowerCLI für den Image Builder werden Ihnen die Befehle zur Verfügung gestellt, die Sie benötigen, um die Depots zu verwalten und die Profile zu erstellen. Letztendlich können Sie mit den Softwarekomponenten im Depot und den Profilen ein neues ISO-Image für die Installation mit dem klassischen Medium erstellen, oder Sie erzeugen eine ZIP-Datei, die später wiederum als Basis für ein Depot dienen kann. Sie können das erstellte ISO-Image auch nutzen, um per Auto Deploy einen Server neu zu betanken.

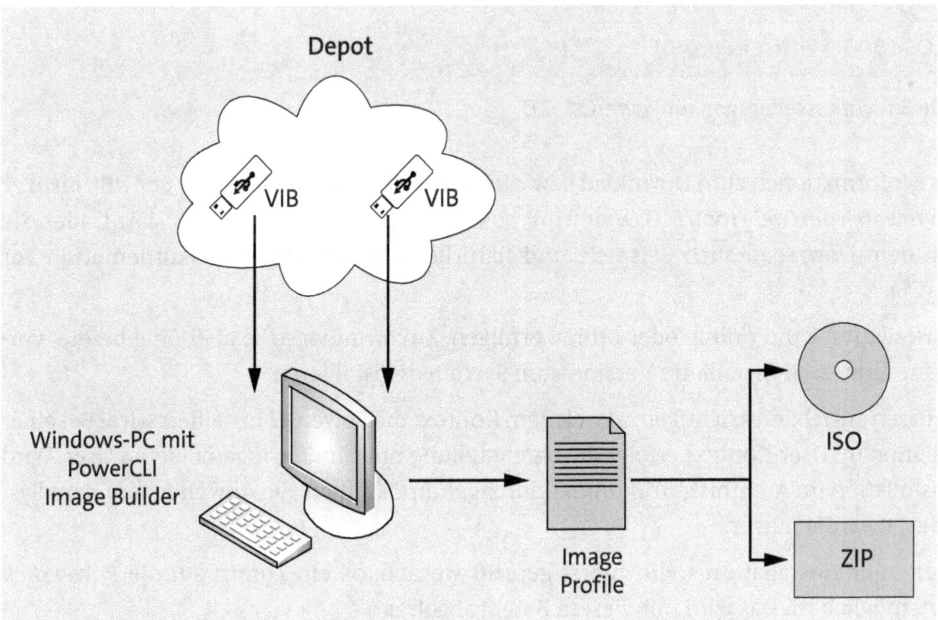

Abbildung 5.89 Image-Builder-Architektur

5.10.4 PowerCLI

Die *vSphere PowerCLI* (Command-Line Interface) hat einen enormen Umfang und wird mit jedem neuen Release immer weiter ausgebaut. Sie ist ein Administrationstool, das auf der Windows PowerShell basiert.

Diese Softwarekomponente müssen Sie auf dem System installieren, von dem aus sie genutzt werden soll.

Hinweis

Es gibt kein MSI-Paket mehr von der aktuellen PowerCLI. Die Installation erfolgt direkt über die PowerShell.

Voraussetzungen

Tabelle 5.7 zeigt die Voraussetzungen, die erfüllt sein müssen, damit die Nutzung der PowerCLI möglich ist.

Betriebssystem	.NET-Version	PowerShell-Version
Windows	4.7.2 oder neuer	5.1
Linux	.NET Core 3.1	7.0
macOS 10.12	.NET Core 3.1	7.0

Tabelle 5.7 Voraussetzungen für PowerCLI 12.0

Nähere Informationen zum Download bzw. zur Installation finden Sie unter der URL *https://code.vmware.com/web/tool/12.0.0/vmware-powercli* (siehe Abbildung 5.90). Dort finden Sie neben dem Download auch Beispiele und natürlich die notwendige Dokumentation zur PowerCLI.

Die Installation kann online oder offline erfolgen. Zuvor müssen Sie aber eine bereits vorhandene ältere MSI-installierte Version vom System deinstallieren.

Sie müssen auch berücksichtigen, in welchem Kontext die PowerCLI installiert wird: Bei einer Installation im User-Kontext erfolgt die Bereitstellung nur für den angemeldeten User. Wird die Installation im Administratorkontext durchgeführt, können alle Anwender auf dem System die PowerCLI nutzen.

Bei der Onlineinstallation sollte zuerst geprüft werden, ob ein Zugriff auf die *PowerShell Gallery* möglich ist. Das wird mit diesem Befehl abgefragt:

```
Find-Module -Name VMware.PowerCLI
```

Ist der Zugriff auf den Befehl nicht möglich, muss eine aktuellere Version der PowerShell installiert werden. Unter Umständen muss TLS1.2 aktiviert werden (siehe Abbildung 5.91).

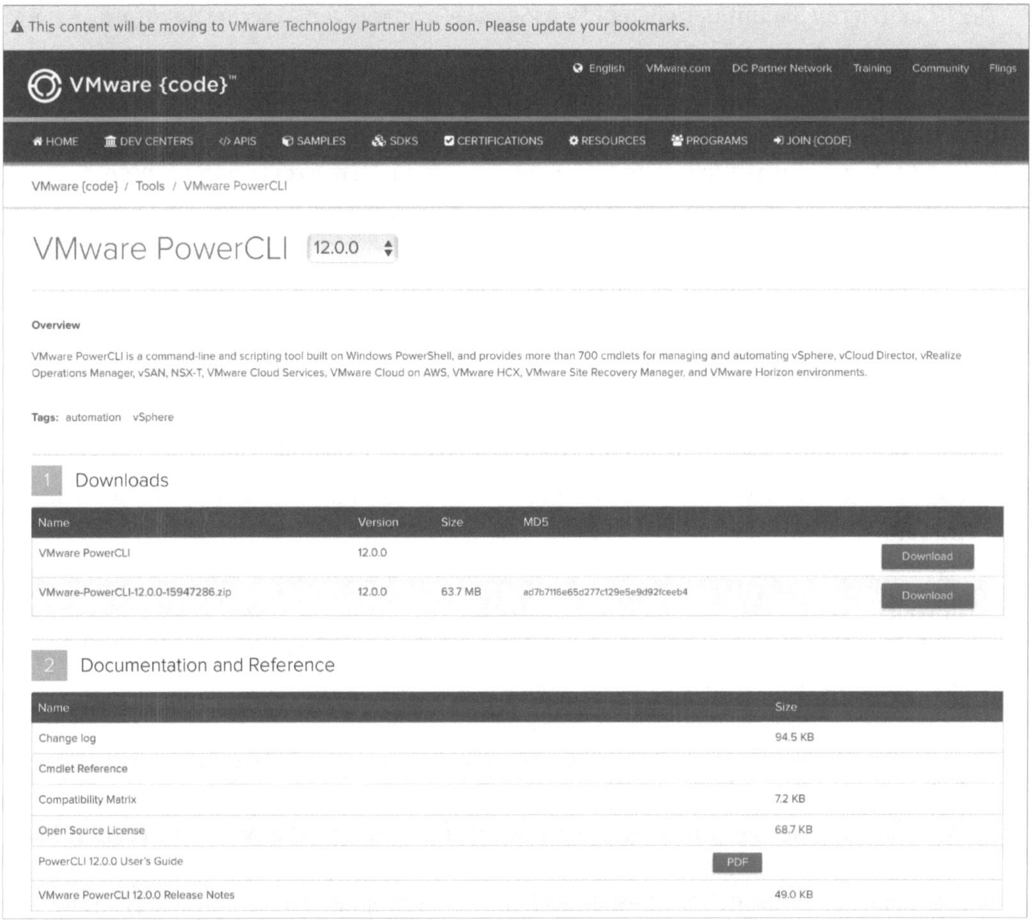

⚠ This content will be moving to VMware Technology Partner Hub soon. Please update your bookmarks.

VMware {code}™

English VMware.com DC Partner Network Training Community Flings

HOME DEV CENTERS APIS SAMPLES SDKS CERTIFICATIONS RESOURCES PROGRAMS JOIN {CODE}

VMware {code} / Tools / VMware PowerCLI

VMware PowerCLI 12.0.0

Overview

VMware PowerCLI is a command-line and scripting tool built on Windows PowerShell, and provides more than 700 cmdlets for managing and automating vSphere, vCloud Director, vRealize Operations Manager, vSAN, NSX-T, VMware Cloud Services, VMware Cloud on AWS, VMware HCX, VMware Site Recovery Manager, and VMware Horizon environments.

Tags: automation vSphere

1 Downloads

Name	Version	Size	MD5	
VMware PowerCLI	12.0.0			Download
VMware-PowerCLI-12.0.0-15947286.zip	12.0.0	63.7 MB	ad7b7116e65d277c129e5e9d92fceeb4	Download

2 Documentation and Reference

Name		Size
Change log		94.5 KB
Cmdlet Reference		
Compatibility Matrix		7.2 KB
Open Source License		68.7 KB
PowerCLI 12.0.0 User's Guide	PDF	
VMware PowerCLI 12.0.0 Release Notes		49.0 KB

Abbildung 5.90 Download der PowerCLI

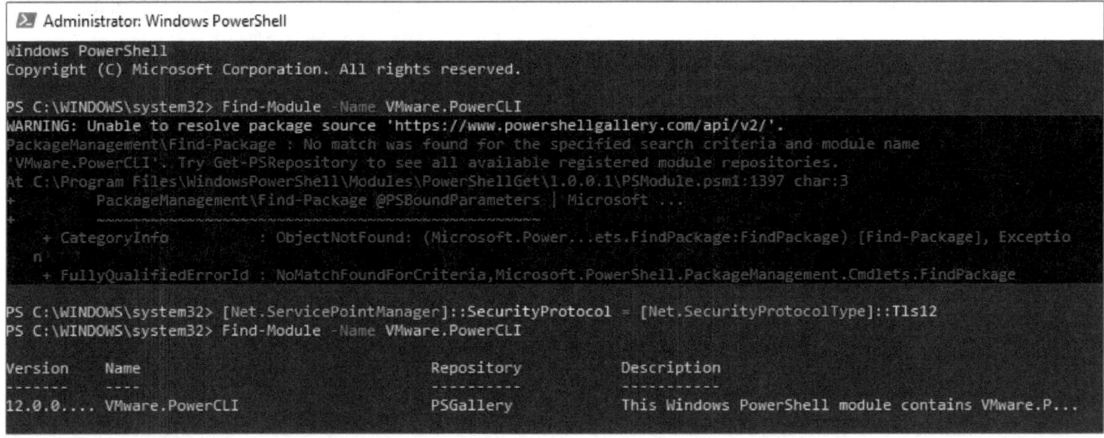

Abbildung 5.91 Fehlermeldung bei der Zugriffsüberprüfung und deren Behebung

TLS 1.2 aktivieren Sie mit dem Befehl `[Net.ServicePointManager]::SecurityProtocol = [Net.SecurityProtocolType]::Tls12`.

Die eigentliche Installation geschieht über `Install-Module -Name VMware.PowerCLI -Scope CurrentUser`. Möglicherweise erscheint zwar eine Fehlermeldung, die besagt, dass es sich um ein *untrusted Repository* handelt, aber die Installation lässt sich trotzdem durchführen.

Ist eine Onlineinstallation nicht möglich, müssen Sie auf einem System, das Zugang zum Internet hat, den Download des Pakets mit `Save-Module -Name VMware.PowerCLI -Path <Pfad zum Ablageordner>` durchführen. Die Offlineinstallation nehmen Sie dann mit dem Befehl `Import-Module VMware.PowerCLI` vor.

Damit Sie Skripte remote ausführen können, ist es erforderlich, eine Umgebungsvariable in der Shell zu setzen. Der Befehl `Set-ExecutionPolicy RemoteSigned` bringt den gewünschten Erfolg. Die Standardeinstellung hat Microsoft aus Sicherheitsgründen auf `Restricted` gesetzt.

Nun können Sie in die Weiten der PowerCLI eintauchen und Ihre Infrastruktur mit ihr administrieren.

Hinweis

Die Basis für die PowerCLI ist die PowerShell. Die ursprünglich für Windows entwickelte Shell kann mittlerweile auch auf anderen Systemen genutzt werden.

Installation unter Linux bzw. macOS

Für die Nutzung der PowerCLI wird die PowerShell benötigt. Die passende Version kann unter *https://github.com/PowerShell/PowerShell* heruntergeladen werden. Hier finden sich PowerShell-Pakete für diverse Betriebssysteme, wie Windows, Linux und macOS. Das zum Betriebssystem passende Paket ist nun herunterzuladen und in bekannter Weise zu installieren, wie Sie das von anderen Applikationen auf dem Betriebssystem auch kennen. Nach der Installation kann, wie im Abschnitt zuvor beschrieben, die PowerCLI installiert werden.

5.10.5 Zertifikate

Das Konzept für die Zertifikate ist mehrstufig. Es gibt grundsätzlich mehrere unterschiedliche Arten von Zertifikaten (siehe Tabelle 5.8).

Zertifikat	Beschreibung
ESXi-Zertifikat	ESXi-Zertifikate werden erstellt, wenn eine Verbindung zwischen Host und vCenter aufgenommen wird. Sie werden im Filesystem des Hosts im Ordner */etc/vmware/ssl* abgelegt.

Tabelle 5.8 Zertifikatstypen in vSphere-Umgebungen

Zertifikat	Beschreibung
Maschinenzertifikat	Die Maschinenzertifikate bilden die Basis für die sichere Kommunikation zwischen Client und Host per SSL. Dabei hält jeder Knoten ein eigenes Zertifikat. So gilt z. B. ein Zertifikat für alle Dienste, die ein PSC bereitstellt.
Solution-Zertifikat	Solution-Zertifikate werden benutzt, um Lösungen am VMware-SSO-Server anzumelden.
vCenter-SSO-Zertifikat	Der Identitätsanbieterdienst des SSO-Servers stellt Tokens aus. Ein solches Token dient als Basis für die Authentifizierung in der kompletten vSphere-Umgebung. Dabei werden die Gruppen- bzw. User-Informationen in dem Token abgespeichert. Bei der Erstellung des Tokens erfolgt eine Signierung mit einem Serverzertifikat. So ist gewährleistet, dass das Token aus einer vertrauenswürdigen Quelle stammt. Im normalen Betrieb ist es nicht notwendig, beim SSO-Server Serverzertifikate auszutauschen.
SSL-Zertifikat für VMware Directory Service (VMDIR)	Das Maschinenzertifikat wird als VMDIR-Zertifikat genutzt (seit vSphere 6.5).

Tabelle 5.8 Zertifikatstypen in vSphere-Umgebungen (Forts.)

Die Bereitstellung erfolgt über einen Reverse-HTTP-Proxy. Dieser Proxy verwaltet die Zertifikate für den vCenter Server und alle Services. Durch die Einführung des Proxys müssen nicht mehr alle Zertifikate getauscht werden, wenn ein Tausch gewünscht ist, sondern nur eines. Das ist für den Fall relevant, dass Sie die Zertifikate tauschen wollen.

In vCenter Server findet sich als weitere Komponente die *VMware Certificate Authority* (VMCA). Sie ist für das Ausstellen der Zertifikate verantwortlich. Es gibt dabei zwei Möglichkeiten der Konfiguration der VMCA: Sie kann als Hauptzertifizierungsstelle fungieren oder in einer bestehenden CA als Zwischenzertifizierungsstelle agieren.

Tools für Zertifikate

Zur Unterstützung des Zertifikatsmanagements gibt es einige Tools. Die Tools unterscheiden sich je nach durchzuführender Aufgabe und danach, in welchem Bereich die Zertifikate getauscht werden sollen.

Zur *VMware Certificate Authority* (VMCA) liefert VMware eine Komponente für das Zertifikatsmanagement. Sie finden das Tool im Filesystem der jeweiligen vCenter-Maschine. Das Tool findet sich unter */usr/lib/vmware-vmca/bin/certool*.

Der *VMware Endpoint Certificate Store* (VECS) ist für die Verwaltung der Zertifikat-Trusts verantwortlich. Es gibt drei Stores: einen für die VMware-Root-CA, einen für Maschinenzertifikate und einen für Solution-User.

Sie finden das Tool unter */usr/lib/vmware-vmafd/bin/vecs-cli*. Wenn Sie den Parameter `help` eingeben, zeigt sich auf der vCenter Appliance die Ausgabe der Hilfe zu dem Befehl.

Gleiches gilt für die weiteren Tools. Das Management der Solution-Zertifikate erfolgt mit dem Programm *dir-cli*. Sie finden die ausführbare Datei im selben Verzeichnis wie *vecs-cli*.

Sie können auch alle Austauscharbeiten mit dem *Certificate Manager* durchführen.

Austausch von Zertifikaten

Sollte die Notwendigkeit bestehen, die Standardzertifikate von VMware zu ersetzen, gibt es einiges zu tun. Grundsätzlich sind dafür unterschiedliche Aktionen mit mehreren Arbeitsschritten notwendig. Für diese Aufgabe verwenden Sie am besten den *Certificate Manager*.

In Tabelle 5.9 schlüsseln wir auf, welche Aktionen sich hinter den einzelnen Menüpunkten verbergen.

Auswahlpunkt	Menüpunkt	Beschreibung
1	Replace Machine SSL certificate with Custom Certificate	Nutzen Sie diesen Menüpunkt, um das Maschinen-SSL-Zertifikat durch ein benutzerdefiniertes Zertifikat zu ersetzen.
2	Replace VMCA Root certificate with Custom Signing Certificate and replace all Certificates	Falls die VCMA als Zwischenzertifizierungsstelle fungiert, können Sie hier das Zertifikat der CA einbinden.
3	Replace Machine SSL certificate with VMCA Certificate	Hiermit können Sie das Maschinen-SSL-Zertifikat durch ein VMCA-Zertifikat ersetzen.
4	Regenerate a new VMCA Root Certificate and replace all certificates	Alle Maschinen-SSL-Zertifikate und lokalen Solution-Benutzerzertifikate werden hier ausgetauscht, nachdem zuvor ein neues VCMA-Root-Zertifikat erstellt worden ist. In Umgebungen mit mehreren PSC-Systemen muss der Befehl zuerst auf dem PSC und anschließend auf allen vCenter Servern durchgeführt werden.

Tabelle 5.9 Auswahlmenüpunkte des Certificate Managers

Auswahl-punkt	Menüpunkt	Beschreibung
5	Replace Solution user certificates with Custom Certificate	Hiermit können Sie Solution-Benutzerzertifikate durch benutzerdefinierte Zertifikate ersetzen.
6	Replace Solution user certificates with VMCA certificates	Hiermit können Sie Solution-Benutzerzertifikate durch VCMA-Zertifikate ersetzen.
7	Revert last performed operation by re-publishing old certificates	Jede Aktion im Certificate Manager führt dazu, dass die letzten Zertifikate im BACKUP_STORE abgespeichert werden. Diese Auswahl führt ein Rollback durch und spielt die Zertifikate im letzten Stand wieder ein.
8	Reset all Certificates	Alle vorhandenen vCenter-Zertifikate werden durch VCMA-Zertifikate ersetzt.

Tabelle 5.9 Auswahlmenüpunkte des Certificate Managers (Forts.)

Nach dem Aufruf einzelner Menüpunkte können unter Umständen weitere Auswahlpunkte angezeigt werden. Wir möchten Ihnen hier an einem Beispiel erklären, wie Sie das vorhandene Zertifikat gegen ein eigenes austauschen.

Zu Beginn müssen Sie die Beispieldatei für ein Zertifikat editieren. Es empfiehlt sich, die Beispieldatei zu kopieren und die Kopie zu nutzen. Es handelt sich um einfache Textdatei, die Sie im Pfad */usr/lib/vmware-vmca/share/config/certool.cfg* finden.

```
# Template file for a CSR request
#

# Country is needed and has to be 2 characters
Country = US
Name = CA
Organization = VMware
OrgUnit = VMware Engineering
State = California
Locality = Palo Alto
IPAddress = 127.0.0.1
Email = email@acme.com
Hostname = server.acme.com
```

Listing 5.2 Mitgeliefertes »certool.cfg«-Template

Hinweis

Nutzen Sie bitte den `IPAddress`-Eintrag nicht! Der Support von VMware für diesen Eintrag fällt weg, weil sich IP-Adressen ändern können und dann ein Zertifikatswechsel notwendig wäre.

Nachdem Sie die Beispieldatei angepasst haben, starten Sie den Certificate Manager und wählen den ersten Menüpunkt aus. Um eine Verbindung zum System herzustellen, müssen Sie das gültige SSO-Passwort kennen. Es erfolgt eine Auswahl mit zwei Menüpunkten.

Im folgenden Schritt legen Sie fest, wo das Zertifikat im Filesystem abgespeichert werden soll. Abgespeichert wird das Zertifikat unter dem Namen *machine_SSL.csr*.

Jetzt muss das erstellte Zertifikat an der Root-Zertifizierungsstelle registriert werden. Welche Schritte folgen, hängt davon ab, welche CA Sie einsetzen. Als Ergebnis erhalten Sie ein Root-Zertifikat. Abschließend muss das Zertifikat importiert werden. Damit sind die Arbeitsschritte abgeschlossen.

Falls Sie sich schon bei den Vorversionen mit Zertifikaten beschäftigt haben, sehen Sie sofort, dass VMware hier stark nachgebessert hat.

5.11 VMware vCenter Converter Standalone

Der *VMware vCenter Converter* ist eine Software, die unabhängig von einem vCenter Server genutzt werden kann. Es handelt sich um eine reine Client-Server-Anwendung. In diesem Abschnitt gehen wir kurz auf die Installation des Produkts ein.

Bevor die Installation gestartet werden kann, müssen Sie das Tool von der VMware-Website herunterladen (siehe Abbildung 5.92). Außer einem gültigen Account wird nichts weiter benötigt, weil das Tool selbst frei ist.

Nach dem Start des Installationsprogramms und der Bestätigung des *Patent Agreement* sowie des EULA erscheint das Fenster für die Angabe des Installationspfads. Danach folgt die Auswahl des Installationstyps, zu sehen in Abbildung 5.93.

Der obere Punkt, LOCAL INSTALLATION, führt einfach eine Installation durch. Konvertierungen können von hier aus verwaltet werden. Keine weiteren Einstellungsmöglichkeiten trennen Sie von der endgültigen Installation. Beim zweiten Punkt, CLIENT-SERVER INSTALLATION (ADVANCED), besteht die Möglichkeit, Teile der Client-Server-Applikation *vCenter Server Standalone* zu installieren. Diese Software besteht aus drei Komponenten: dem *Converter Server*, dem Agenten und dem Client. Beim Server handelt es sich um den Serverteil der Applikation. Der Client wird benötigt, um auf den Serverteil zuzugreifen. Der Agent wird auf den Systemen installiert, die virtualisiert werden sollen.

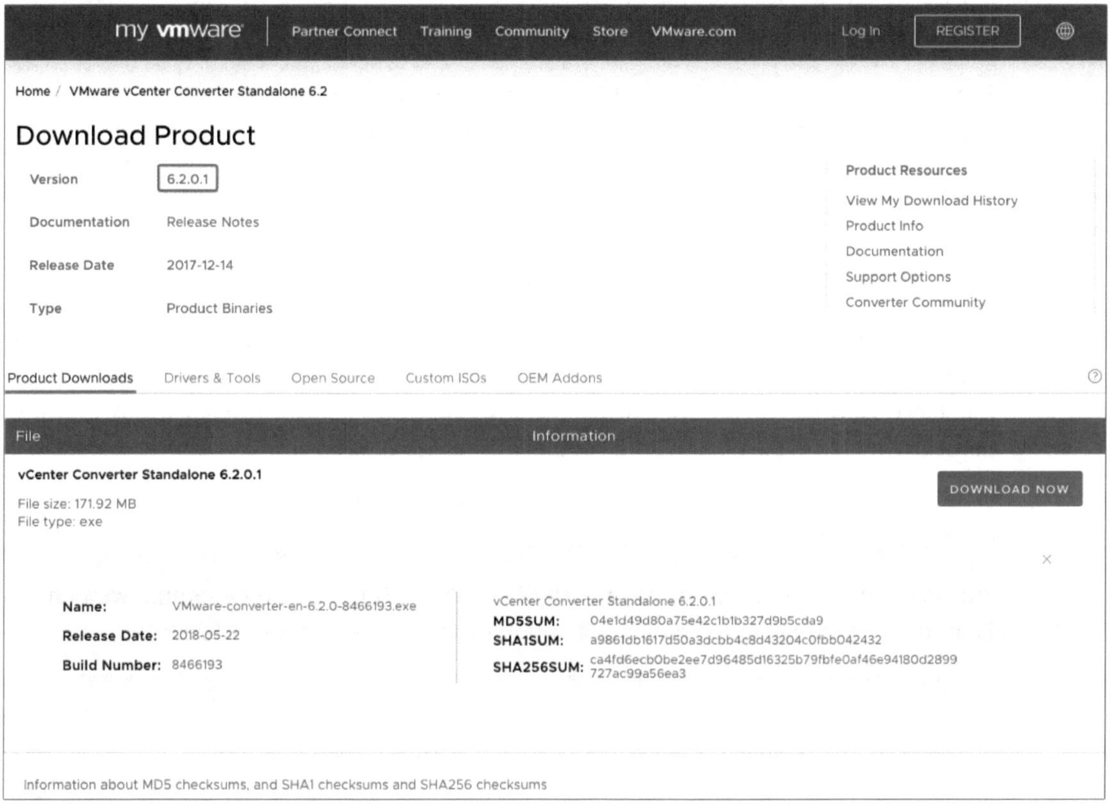

my vmware
Partner Connect
Training
Community
Store
VMware.com
Log In
REGISTER
Home / VMware vCenter Converter Standalone 6.2
Download Product
Version
6.2.0.1
Documentation
Release Notes
Release Date
2017-12-14
Type
Product Binaries
Product Resources
View My Download History
Product Info
Documentation
Support Options
Converter Community
Product Downloads
Drivers & Tools
Open Source
Custom ISOs
OEM Addons
File
Information
vCenter Converter Standalone 6.2.0.1
File size: 171.92 MB
File type: exe
DOWNLOAD NOW
Name: VMware-converter-en-6.2.0-8466193.exe
Release Date: 2018-05-22
Build Number: 8466193
vCenter Converter Standalone 6.2.0.1
MD5SUM: 04e1d49d80a75e42c1b1b327d9b5cda9
SHA1SUM: a9861db1617d50a3dcbb4c8d43204c0fbb042432
SHA256SUM: ca4fd6ecb0be2ee7d96485d16325b79fbfe0af46e94180d2899 727ac99a56ea3
Information about MD5 checksums, and SHA1 checksums and SHA256 checksums

Abbildung 5.92 Download des vCenter Converter

VMware vCenter Converter Standalone
Setup Type
Click the type of setup you prefer, then click Next.
Local installation
Install Converter on this machine. Use this option to create and manage conversion tasks from this local machine only.
Client-Server installation (advanced)
Set up a client-server model for Converter. Use this option to install the server, client or the agent on this machine.
InstallShield
< Back
Next >
Cancel

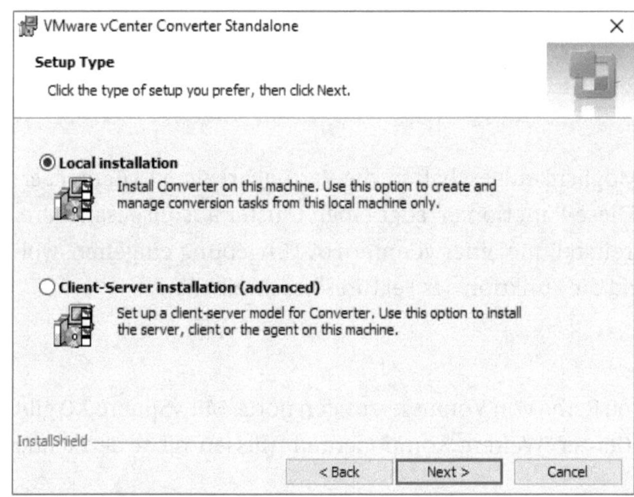

Abbildung 5.93 Auswahl der Installationsmethode

Bei der Standardinstallation werden alle Komponenten zusammen installiert. Im folgenden Dialog können Sie die Auswahl der Komponenten aber noch anpassen.

Sobald Sie die Eingabe bestätigen, beginnt die eigentliche Installation der Softwarekomponenten. Sie können die Installation mit dem automatischen Start des Clients abschließen. Jetzt steht das Tool für den Import von Computern in die virtuelle Infrastruktur bereit.

5.12 Hochverfügbarkeit für vCenter Server und Komponenten

Der *vCenter Server* von VMware ist extrem wichtig für das Management von virtuellen Infrastrukturen. Grundlegende Funktionen stehen nicht mehr zur Verfügung, wenn der Managementserver ausfällt. Diesen Aspekt sollten Sie bei der Planung von virtuellen Infrastrukturen berücksichtigen. In die Planung fließen die folgenden Faktoren ein:

- Welche Funktionen des vCenter Servers werden genutzt?
- Wie lange kann ein Ausfall verkraftet werden?

Zur Absicherung des vCenters kann auch die Funktion *Fault Tolerance* genutzt werden, solange das vCenter nicht deren maximal unterstützte Ressourcen überschreitet.

Hinweis

Bedenken Sie, dass jedes Konstrukt nur so verfügbar ist wie das schwächste Glied in der Kette. Soll das vCenter hochverfügbar sein, müssen auch die Datenbank und der Platform Services Controller (PSC) einer entsprechenden Verfügbarkeit genügen. Das bedeutet am Ende, dass der Datenbankserver ebenfalls ein Cluster sein muss und dass es mindestens zwei PSCs geben muss.

5.12.1 vCenter HA für die VCSA

VMware hat mit vCenter HA eine Möglichkeit geschaffen, die Verfügbarkeit der *vCenter Server Appliance* (VCSA) zu erhöhen. Diese Funktion erzeugt einen Cluster aus insgesamt drei VCSAs. Bevor wir näher auf die Bereitstellung einer vCenter-HA-Umgebung eingehen, wollen wir zunächst die Architektur und die Funktion des Features beschreiben.

Architektur

Für die Nutzung der Funktion ist eine Reihe von Voraussetzungen nötig. Mit vSphere 7.0 gibt es nur noch das voll integrierte vCenter. Weitere Komponenten müssen nicht betrachtet werden.

Letztendlich wird mit Bordmitteln des unterliegenden Betriebssystems aus der VCSA ein Drei-Knoten-Cluster in der Konstellation *aktiv/passiv/Quorum* erstellt. Hinter dem Quorum verbirgt sich die sogenannte *Witness-Appliance*. Basis für die beiden zusätzlichen Appliances ist immer die produktive VCSA. Als Kopie dieser VM werden der passive Knoten und die Witness-VCSA erstellt. In der virtuellen Infrastruktur wird für die Kommunikation der drei VMs untereinander ein zusätzliches virtuelles Netzwerk benötigt. Über das Managementnetzwerk ist immer nur die aktive VCSA erreichbar.

Welchen Vorteil bietet Ihnen diese Funktion? Man könnte eine VCSA ja auch mit *vSphere HA* absichern. Letzteres ist zwar möglich, aber es kann nicht definiert werden, wie lange die Ausfallzeit der VCSA wirklich dauert. Je nach Anzahl der ausgefallenen VMs kann das Starten der VCSA ebenfalls länger dauern, denn unter Umständen findet auch noch ein Check des Filesystems statt.

Beim Einsatz von vCenter HA ist ein *Recovery Time Objective* (RTO) von fünf Minuten hinterlegt. Es gehen also maximal die Daten der letzten fünf Minuten verloren. Damit hat der Administrator einen definierten Verlust, mit dem er umgehen kann. Die Datenbankinformationen werden synchron gespiegelt, eine Filesynchronisation erfolgt asynchron. Damit die genannten Zeiten auch wirklich eingehalten werden können, ist es sinnvoll, vCenter HA nur in Umgebungen zu nutzen, die aus mindestens drei vSphere-Hosts bestehen. In diesem Fall kann jede VCSA auf einem Host abgelegt werden. In Umgebungen mit nur einem Host könnten im ungünstigsten Fall zwei VCSA auf einmal wegbrechen, falls es zu einem Hostausfall kommt.

Bereitstellung

Ein solcher Cluster kann auf zweierlei Weise erstellt werden. Früher geschah das über den *Basic*-Modus oder den *Advanced*-Modus.

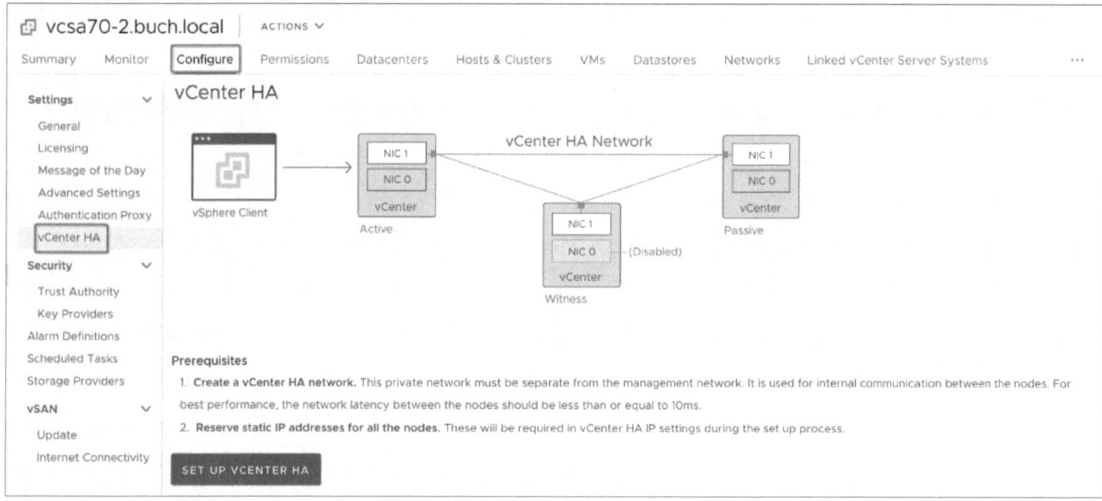

Abbildung 5.94 Einrichten von »vCenter HA«

Grundsätzlich hat sich das nicht geändert, aber die Unterscheidung der Modi erfolgt durch die Auswahl von AUTOMATICALLY CREATE CLONES FOR PASSIVE AND WITNESS NODES (siehe Abbildung 5.95). Wird hier nichts abgewählt, landet man in dem alten Basic-Modus. Eine einfache Bereitstellung eines vCenter-HA-Clusters in einem vSphere-Cluster ist damit möglich. Wird der Modus deaktiviert, müssen Sie eine Reihe von Aufgaben selbst erledigen.

Bevor wir hier angreifen können, fehlt noch eine wichtige Vorbereitung auf der VCSA. Damit der VCSA-Cluster über ein privates Netzwerk untereinander kommunizieren kann, benötigen die beteiligten Hosts eine Portgruppe für das Heartbeat-Netzwerk.

Achtung

Ist im Cluster DRS aktiviert, funktioniert die Bereitstellung nur, wenn mindestens drei Hosts Mitglied des Clusters sind!

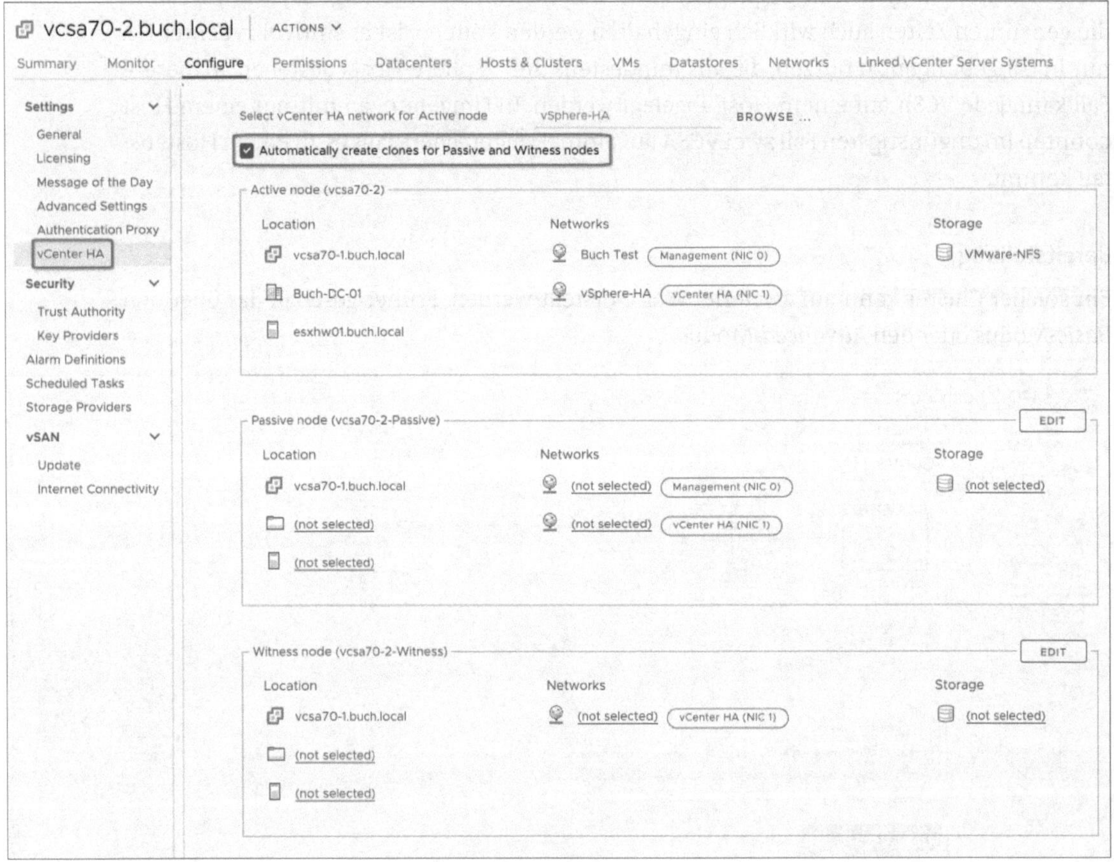

Abbildung 5.95 Automatischer Bereitstellungsmodus

Nach dem Erstellen einer Portgruppe für vCenter HA beginnen wir mit dem automatischen Modus (siehe Abbildung 5.96) zur Bereitstellung. Alle anzupassenden Angaben sind markiert.

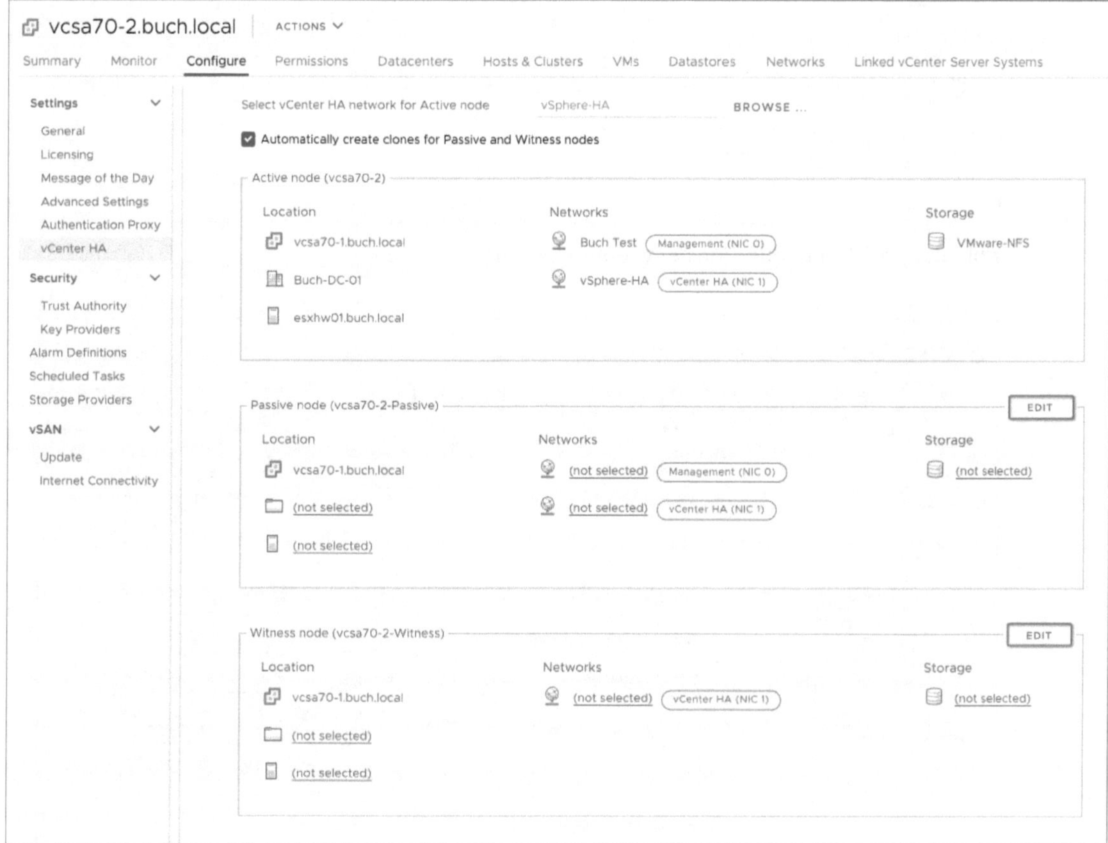

Abbildung 5.96 Parametrierung des vCenter-HA-Clusters

Die Einstellungen für den passiven und den Witness-Knoten werden über die beiden EDIT-Buttons vorgenommen. Dabei werden die Werte in dem Wizard nacheinander abgefragt (siehe Abbildung 5.97).

In unserer Testumgebung liegt keine volle Redundanz vor. Aus diesem Grund wird der Hinweis oben in der Konfiguration angezeigt. Im folgenden Konfigurationsschritt müssen die IP-Adressen für das Heartbeat-Netzwerk konfiguriert werden (siehe Abbildung 5.98). Die Einstellungen des Managementnetzwerks für den passiven Knoten können eingesehen werden. Eine Anpassung sollte man nicht vornehmen, denn im Fall eines Fehlers übernimmt der passive Knoten die Identität des ehemals aktiven Knotens. Jetzt beginnt die Bereitstellung mit dem Roll-out der passiven Appliance und deren Konfiguration, gefolgt von dem Witness-Knoten.

Passive node resource settings
1 Name and folder
2 Compute resource
3 Storage
4 Networks
5 Review
Networks
Configure virtual machine networks.
The same host is being used for Active node and Passive node.
Management Network (NIC 0)
Buch Test
BROWSE ...
vCenter HA Network (NIC 1)
vSphere-HA
BROWSE ...

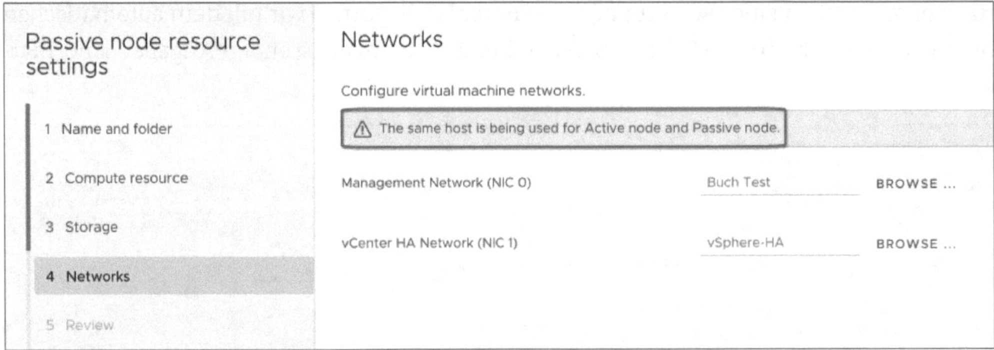

Abbildung 5.97 Konfiguration der vCenter-HA-Cluster-Knoten

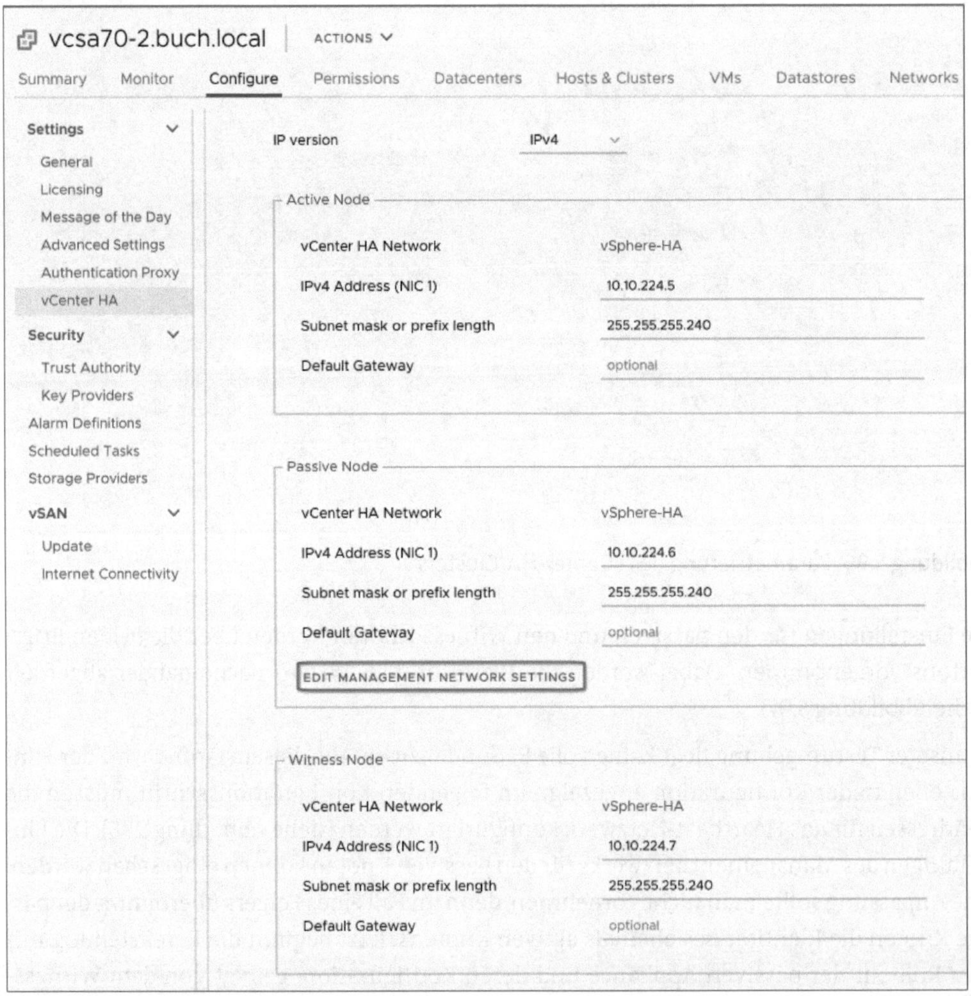

vcsa70-2.buch.local
ACTIONS
Summary
Monitor
Configure
Permissions
Datacenters
Hosts & Clusters
VMs
Datastores
Networks
Settings
General
Licensing
Message of the Day
Advanced Settings
Authentication Proxy
vCenter HA
Security
Trust Authority
Key Providers
Alarm Definitions
Scheduled Tasks
Storage Providers
vSAN
Update
Internet Connectivity
IP version
IPv4
Active Node
vCenter HA Network
vSphere-HA
IPv4 Address (NIC 1)
10.10.224.5
Subnet mask or prefix length
255.255.255.240
Default Gateway
optional
Passive Node
vCenter HA Network
vSphere-HA
IPv4 Address (NIC 1)
10.10.224.6
Subnet mask or prefix length
255.255.255.240
Default Gateway
optional
EDIT MANAGEMENT NETWORK SETTINGS
Witness Node
vCenter HA Network
vSphere-HA
IPv4 Address (NIC 1)
10.10.224.7
Subnet mask or prefix length
255.255.255.240
Default Gateway
optional

Abbildung 5.98 Netzwerkkonfiguration des Heartbeat-Netzwerks

Schon während der Bereitstellung ändert sich das Anzeigefenster. Alle notwendigen Informationen werden angezeigt, und an dieser Stelle kann der Cluster auch später gemanagt werden (siehe Abbildung 5.98). Kalkulieren Sie für die Bereitstellung etwas Zeit ein.

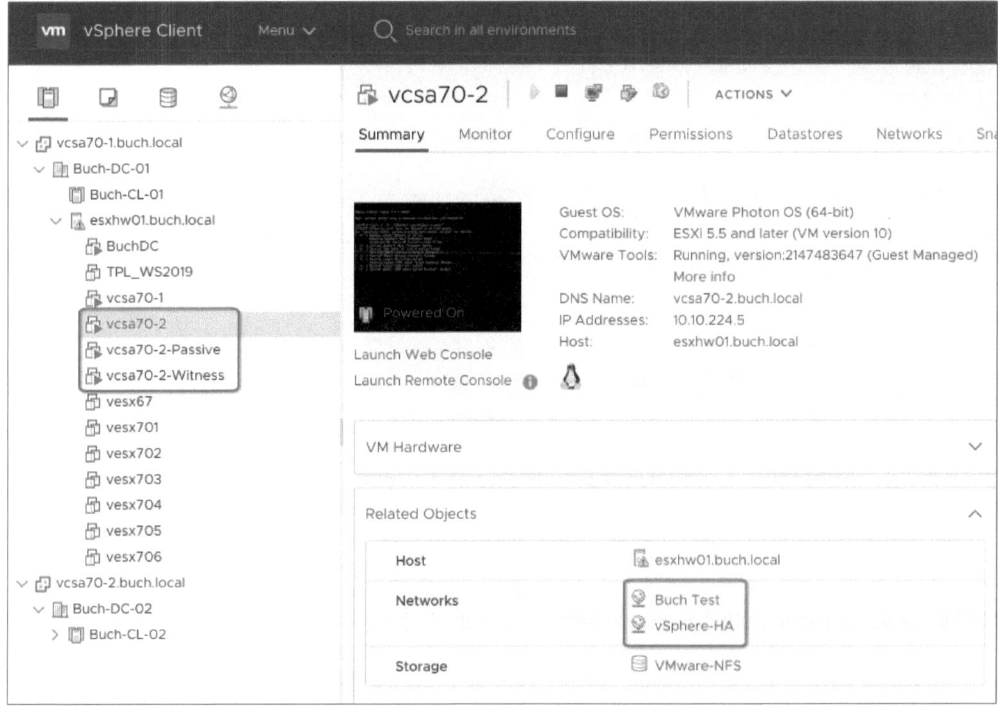

Abbildung 5.99 »vCenter HA« ist bereitgestellt.

Im Client zeigt sich nun, was sich durch die Bereitstellung alles geändert hat (siehe Abbildung 5.99). Es gibt jetzt drei VCSA-Systeme. Der aktive Knoten trägt den ursprünglichen Namen, der passive Knoten hat den ursprünglichen Namen plus die Endung *-Passive*, und der dritte Knoten trägt die Namensendung *-Witness*.

Die Bereitstellung im ADVANCED-Modus ist ähnlich einfach, erfordert aber zusätzliche Eingriffe. Sie beginnen hier mit dem Anlegen einer Portgruppe und mit dem Festlegen der IP-Konfiguration (siehe Abbildung 5.100).

Haben Sie den ersten Schritt der Bereitstellung mit NEXT verlassen, kommen Sie in die Maske, die Sie schon von der automatischen Bereitstellung kennen. Hier geht es um die Festlegung der IP-Adressen für das Heartbeat-Netzwerk. Ist der Schritt ebenfalls abgeschlossen, wird der VCSA eine weitere Netzwerkkarte hinzugefügt mit der verbundenen Portgruppe für das vSphere-HA-Netzwerk. Jetzt ist ein händischer Eingriff vom Administrator notwendig (siehe Abbildung 5.101).

Die Duplikate für den Whitness- und den Passive-Knoten müssten jetzt von der VCSA erstellt werden, damit nach dem Abschluss der Arbeiten der vSphere-HA-Cluster funktioniert.

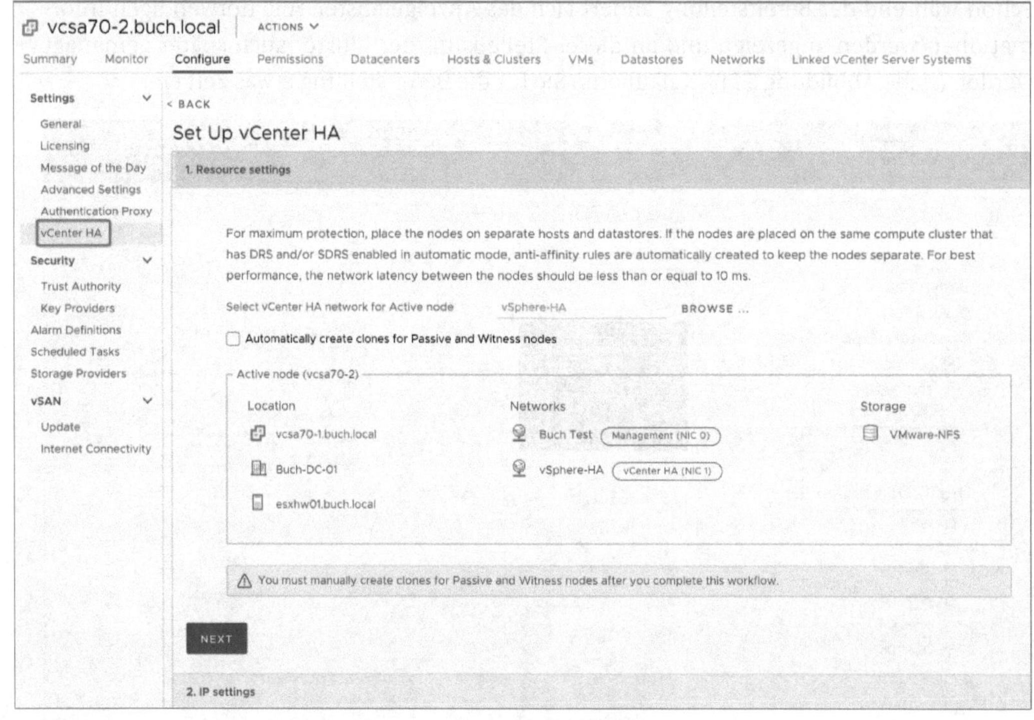

Abbildung 5.100 Bereitstellungsmodus mit manuellem Eingriff

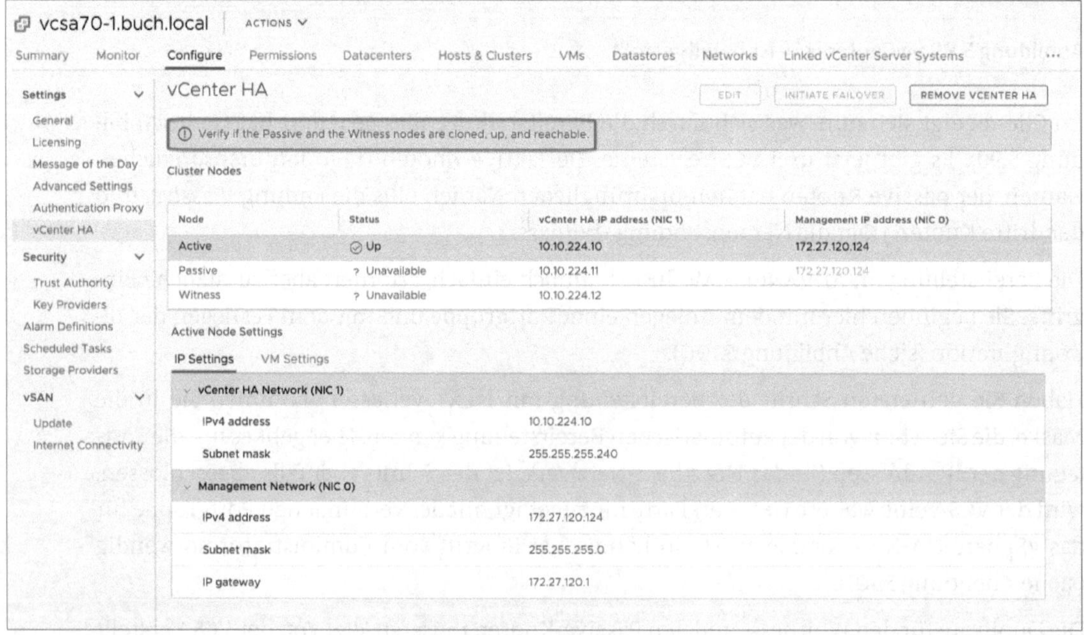

Abbildung 5.101 Hinweis auf notwendige Nacharbeiten

Aber warum gibt es denn jetzt den manuellen Modus? Das ist ganz einfach. Soll der vSphere-HA-Cluster Cluster-Knoten in einem anderen vCenter haben, ist das mit der automatischen Bereitstellung nicht möglich, und Sie müssen dazu die manuelle Bereitstellung nutzen.

Hinweis

Wird der Cluster wieder zurückgebaut, wird der zweite Netzwerkadapter nicht automatisch deaktiviert!

Wichtig für die Ausfallsicherheit ist natürlich, dass jedes der drei VCSA-Systeme auf einem eigenen Host laufen sollte. Liegen zwei VCSAs auf einem Host und fällt dieser aus, ist das der Verfügbarkeit nicht zuträglich. Damit ein solches Szenario nicht eintritt, wird bei der Installation automatisch eine Regel eingerichtet, die vorschreibt, dass die Systeme nicht zusammen auf einem Host laufen dürfen. Wird der DRS-Cluster erst später aktiviert, müssen Sie diese Regeln selbst einrichten.

Betrieb

Der Betrieb des Clusters gestaltet sich recht einfach. In der Mitte des Fensters sehen Sie eine Übersicht über die drei Cluster-Knoten mit den entsprechend konfigurierten IP-Adressen. Es ist aber nicht ohne Weiteres ersichtlich, welcher Knoten der aktive ist. Dazu wählen Sie den passiven Knoten aus und aktivieren darunter das Register VM SETTINGS. Dann können Sie sofort ablesen, welche VCSA sich hinter dem aktiven Knoten verbirgt. In diesem Fall ist die *vcsa70-2-Passive* der aktive Knoten. Im Client finden sich drei zugehörige Menüpunkte für den Betrieb: EDIT, INITIATE FAILOVER und REMOVE VCENTER HA (siehe Abbildung 5.102).

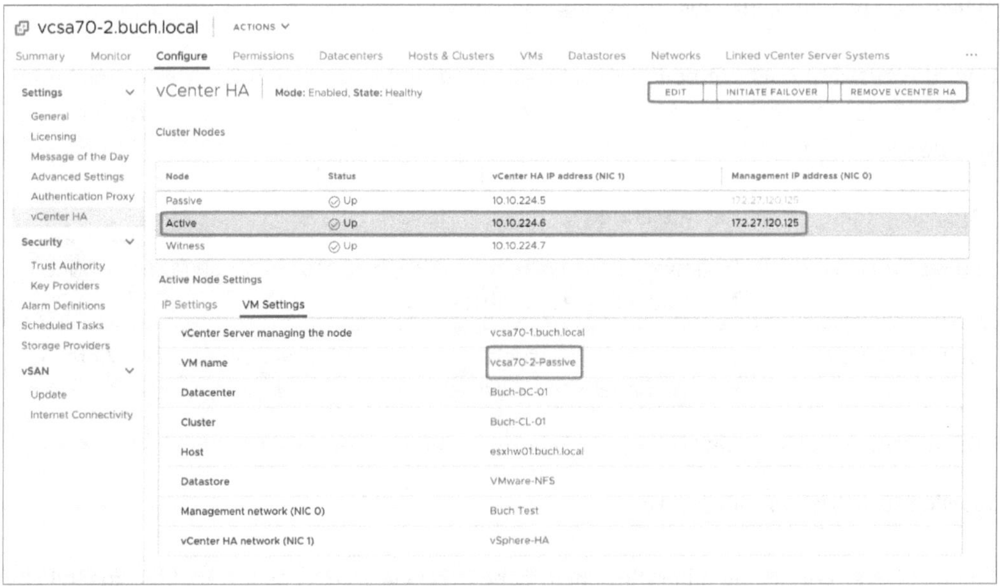

Abbildung 5.102 vSphere-HA-Betrieb

Hinter dem EDIT-Button verbirgt sich nicht die Option, die Parameter des HA-Clusters zu verändern, stattdessen finden Sie dort die Auswahlpunkte für die Wartung (siehe Abbildung 5.103).

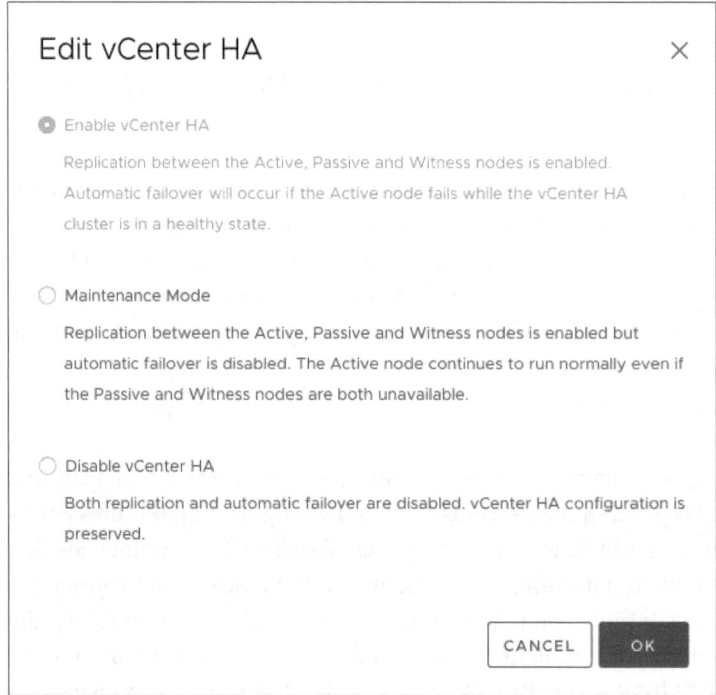

Abbildung 5.103 Edit-Funktionen im vCenter-HA-Cluster

Über die Auswahl EDIT können unterschiedliche Aktionen durchgeführt werden (siehe Abbildung 5.103). Die mögliche Auswahl und die dahinterliegenden Funktionen finden Sie in Tabelle 5.10.

Auswahlpunkt	Beschreibung
ENABLE VCENTER HA	Reaktivierung von vCenter HA nach der Auswahl von MAINTENANCE MODE oder DISABLE VCENTER HA.
MAINTENANCE MODE	Einstellung für Wartungsarbeiten. Es wird weiter repliziert, aber ein Failover findet nicht statt.
DISABLE VCENTER HA	Replikation und Failover werden hier deaktiviert.

Tabelle 5.10 Betrieb von vCenter HA

Einen Failover können Sie über die Schaltfläche INITIATE FAILOVER testen. Eine zusätzliche Option ermöglicht einen sofortigen Failover (siehe Abbildung 5.104).

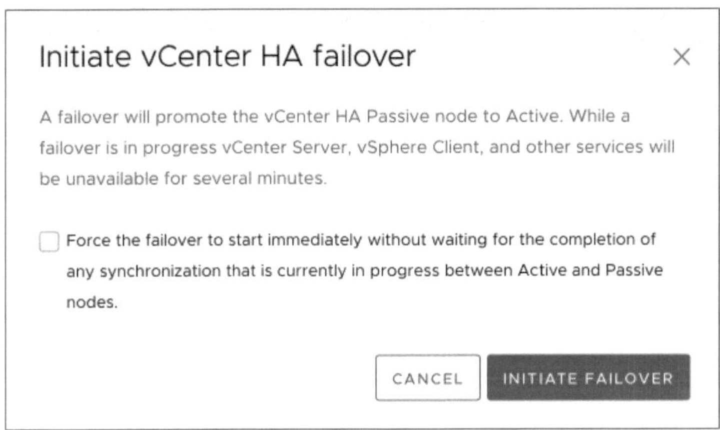

Abbildung 5.104 Failover-Test

Bei der Durchführung eines Failovers wird erst die Synchronisation abgeschlossen, um die noch fehlenden Daten zu übernehmen. Dann wird die passive VCSA aktiv geschaltet, und die aktive wird passiv. Bitte bedenken Sie, dass die Dienste des vCenters erst gestartet werden müssen. Von daher ist es einfach zu verstehen, dass die Sitzungen des Clients auf das vCenter verloren gehen. Nach einer Wartezeit muss eine neue Verbindung hergestellt werden.

Der Rückbau des Clusters gestaltet sich ganz einfach. Sie müssen nur den Menüpunkt REMOVE VCENTER HA im Hauptfenster wählen, damit die Deinstallationsroutine die beiden zusätzlichen Systeme zurückbaut. Einzig die zusätzliche Netzwerkkarte wird nicht entfernt! Das müssen Sie von Hand erledigen.

5.13 Lizenzierung

In diesem Abschnitt gehen wir kurz auf den im vCenter integrierten Lizenzserver ein. In einer reinen vSphere-Umgebung benötigen Sie nur den integrierten Lizenzserver.

Den vSphere-Lizenzserver finden Sie unter MENU • ADMINISTRATION • LICENSING • LICENSES. Hier pflegen Sie die Lizenzen der Umgebung ein (siehe Abbildung 5.105).

Die neue VMware-vSphere-Version läuft ohne Angabe einer Lizenz 60 Tage als Evaluation – mit vollem Funktionsumfang. Gleiches gilt für vCenter Server.

Besitzen Sie bereits Lizenzen oder haben Sie Lizenzen bestellt, sind diese im VMware-Lizenzportal jederzeit abrufbar.

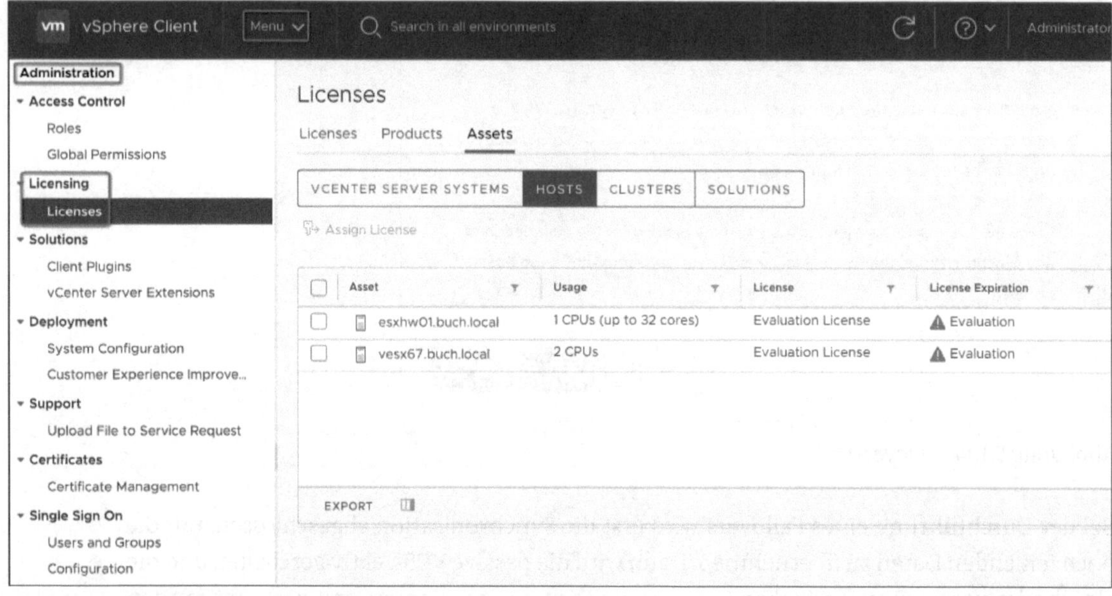

Abbildung 5.105 Pflegen von Lizenzen

Kapitel 6
Verwaltungsmöglichkeiten

In diesem Kapitel erfahren Sie, wie Sie Ihre VMware Virtual Infrastructure verwalten. Wir werden auf alle Möglichkeiten der Verwaltung eingehen, die Sie in der VMware Virtual Infrastructure nutzen können.
Autor dieses Kapitels ist Bertram Wöhrmann.
buch@ligarion.de

Nachdem Sie dieses Kapitel gelesen haben, werden Sie alle Möglichkeiten kennen, die Ihnen die Firma VMware zur Verfügung stellt, um Ihre virtuelle Infrastruktur zu administrieren. Dabei werden wir näher beleuchten, wann Sie welches Tool verwenden sollten. Durch den perfekten Einsatz des richtigen Tools ist es möglich, die Landschaft effektiv zu administrieren.

Die grafische Benutzeroberfläche ist der *HTML5-Client*. Es genügt also ein einfacher Browser für das Management einer vSphere-Infrastruktur. Damit ist es auch unerheblich, mit welchem Betriebssystem Sie arbeiten.

Achtung
Der alte Webclient, der auf Adobe Flash basierte, wird nicht mehr unterstützt. Systeme zur Administration von Serverinfrastrukturen sollten auch mit möglichst wenig zusätzlicher Software auskommen, um die Angreifbarkeit so gering wie möglich zu halten.

6.1 Die lokale Hostkonsole

Der ESXi-Host besitzt direkt auf der Serverkonsole eine Oberfläche, die einige rudimentäre Konfigurationsmöglichkeiten bietet. Sie gelangen über die Taste [F2] zu der Managementoberfläche (siehe Abbildung 6.1). In dieser Oberfläche können Sie das Passwort, die Netzwerkeinstellungen und die Tastatur konfigurieren. Sollte es Probleme im Bereich des Netzwerks geben, können Sie über die Auswahl NETWORK RESTORE OPTIONS die Netzwerkeinstellungen zurücksetzen. Die Auswahlmöglichkeiten reichen von einem Zurücksetzen der Parameter über die Wiederherstellung des Standard-vSwitchs bis zur Wiederherstellung eines Distributed Switchs. Des Weiteren können Sie die Log-Dateien einsehen und das System komplett zurücksetzen, also quasi in den Post-Install-Zustand zurückbringen. Viel mehr als diese rudimentären Funktionen steht in der Konsole des ESXi-Servers nicht zur Verfügung.

Der Befehl RESTART MANAGEMENT AGENTS findet sich unter dem Menüpunkt TROUBLESHOOTING OPTIONS. Dort können Sie auch die SSH-Freischaltung vornehmen und deren Parameter konfigurieren.

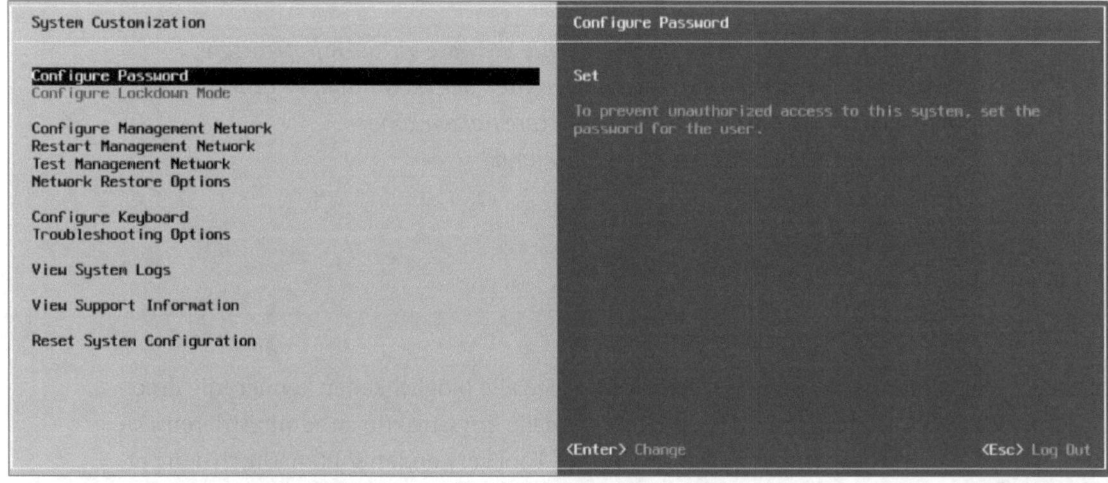

Abbildung 6.1 Die Managementoberfläche bei VMware ESXi

6.2 Zugriff auf die Hostkonsole per SSH

Der direkte Zugriff auf den Host ist natürlich über die lokale Konsole möglich. Sie können – die Freischaltung der Ports vorausgesetzt – per SSH auf Ihren Host zugreifen (*SSH-Service*, siehe Abbildung 6.2).

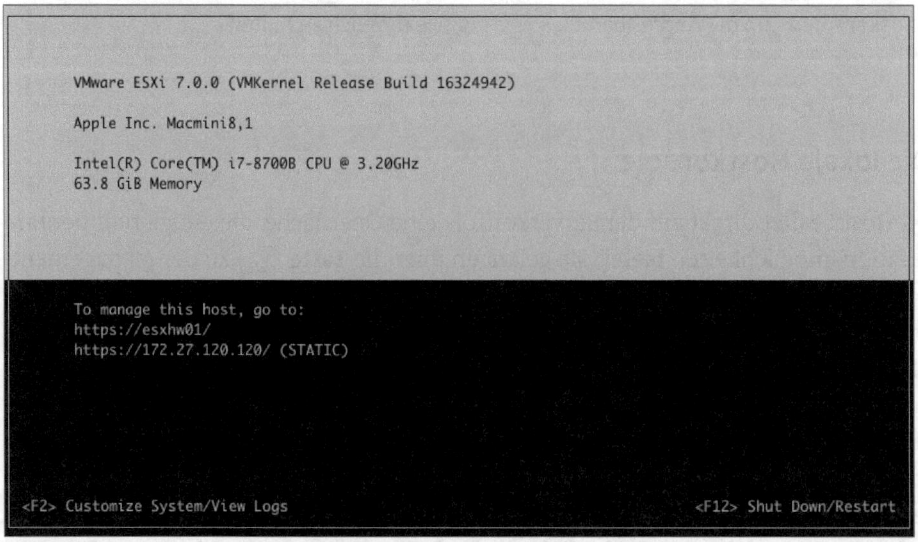

Abbildung 6.2 Zugriff auf die Hardwarekonsole über SSH

An der einen oder anderen Stelle kann es aber auch schwierig sein, direkt auf die Hostkonsole zuzugreifen. Hier hat VMware Abhilfe geschaffen: Starten Sie den Dienst DIRECT CONSOLE UI im vSphere Web Client sowie den SSH-Dienst. Nachdem Sie eine SSH-Sitzung zum ESXi-Host geöffnet haben, geben Sie einfach den Befehl `dcui` ein, und Sie erhalten ein Fenster, das Ihnen nicht ganz unbekannt sein sollte.

Mit [Strg]+[C] kommen Sie wieder zurück in die Kommandozeile.

6.3 Die Weboberfläche des Hosts

Eine einfache Möglichkeit, sich direkt mit dem vSphere-Server zu verbinden, ist der Weg über die integrierte Weboberfläche. Die Weboberfläche ist direkt nach der Installation des vSphere-Hosts erreichbar. Wenn Sie in Ihren Browser *https://<Server-IP bzw. FQDN>* eingeben, werden Sie direkt zur Anmeldung weitergeleitet (siehe Abbildung 6.3).

Abbildung 6.3 Weboberfläche – direkter Hostzugriff

Der Zugriff auf die Weboberfläche ermöglicht Ihnen die volle Administration des Hosts. Vor der Anmeldung können Sie sich die vSphere-Dokumentation ansehen. Dazu gibt es unten links einen Link, der sich hinter der Benennung DIE VMWARE HOST-CLIENT-DOKUMENTATION verbirgt.

Mit diesem Link wird die URL *https://www.vmware.com/de/support/pubs/* aufgerufen. Die Konsole selbst ist eine HTML5-basierte Webseite (siehe Abbildung 6.4).

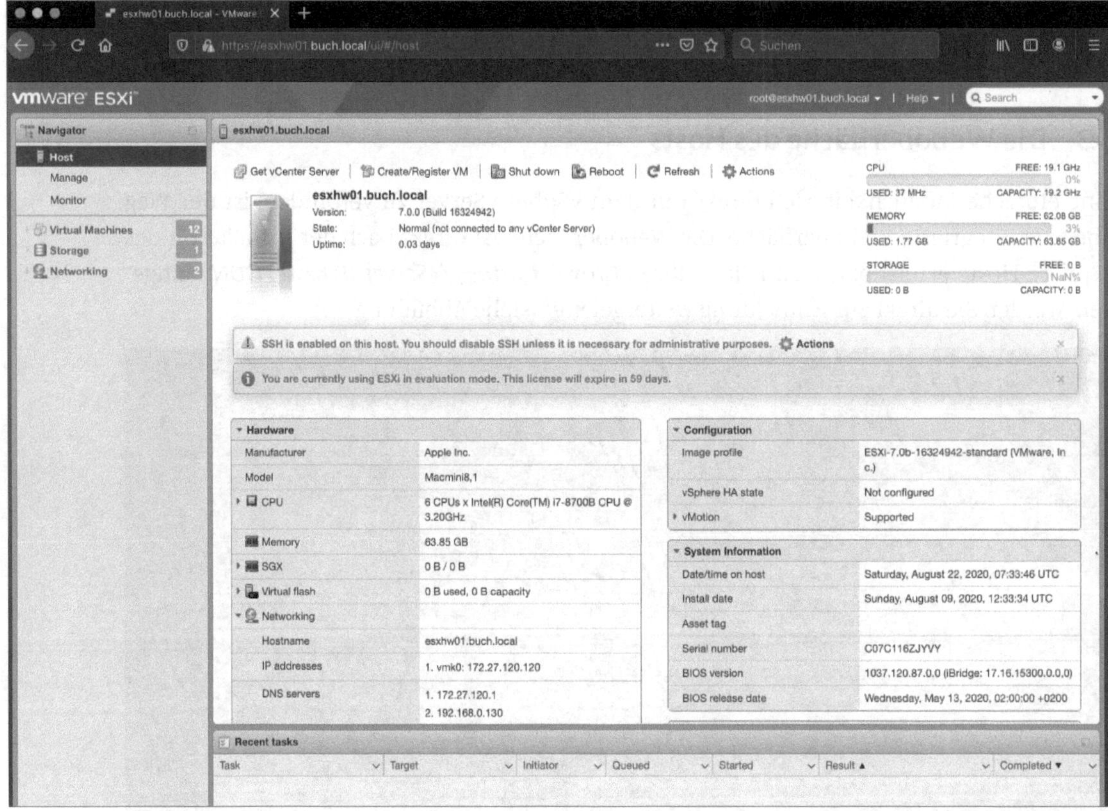

Abbildung 6.4 Webadministration des Hosts

Auf die einzelnen Punkte gehen wir in Abschnitt 6.6, »Die Weboberfläche der VCSA«, näher ein.

6.4 Die lokale VCSA-Konsole

Die lokale Konsole der *vCenter Server Appliance* (VCSA) sieht prinzipiell so aus wie die Konsole des Hosts, nur ist die Farbe der Konsole eine andere, damit Sie leichter zwischen VCSA und Host unterscheiden können. Viele Einstellungsmöglichkeiten gibt es hier nicht.

Für die meisten Einstellungen ist der Zugriff über den Webbrowser notwendig (siehe Abbildung 6.5).

Die Möglichkeiten, etwas einzustellen, sind genauso rudimentär wie beim vSphere-Host.

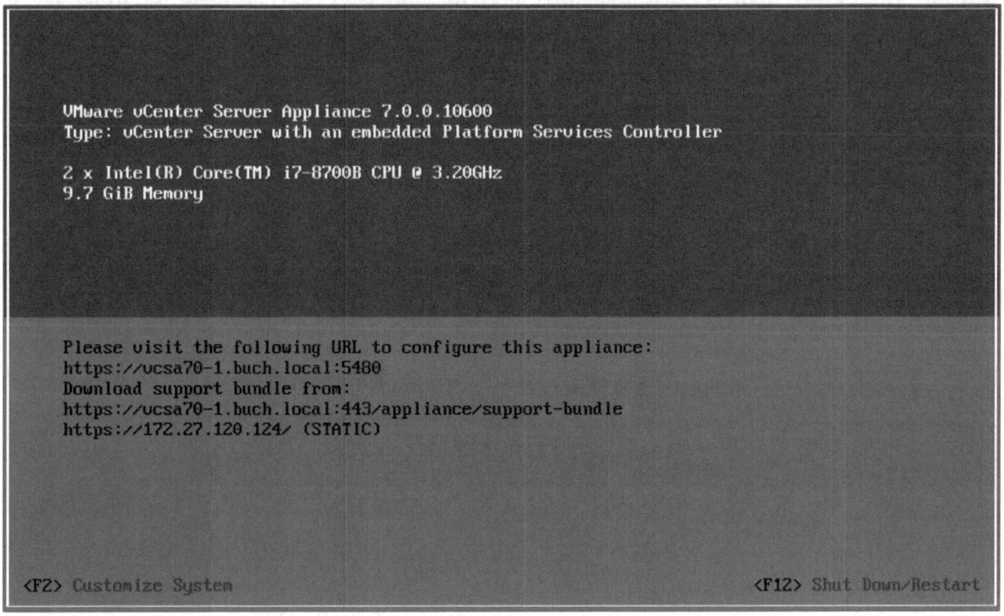

```
VMware vCenter Server Appliance 7.0.0.10600
Type: vCenter Server with an embedded Platform Services Controller

2 x Intel(R) Core(TM) i7-8700B CPU @ 3.20GHz
9.7 GiB Memory

Please visit the following URL to configure this appliance:
https://vcsa70-1.buch.local:5480
Download support bundle from:
https://vcsa70-1.buch.local:443/appliance/support-bundle
https://172.27.120.124/ (STATIC)

<F2> Customize System                                    <F12> Shut Down/Restart
```

Abbildung 6.5 Die VCSA-Konsole

6.5 Zugriff auf die VCSA per SSH

Wenn Sie diese Funktion in der Oberfläche der VCSA aktiviert haben, können Sie sich auch per SSH an der VCSA anmelden. Nutzen Sie dazu ein Tool wie PuTTY oder ein anderes Terminal (siehe Abbildung 6.6).

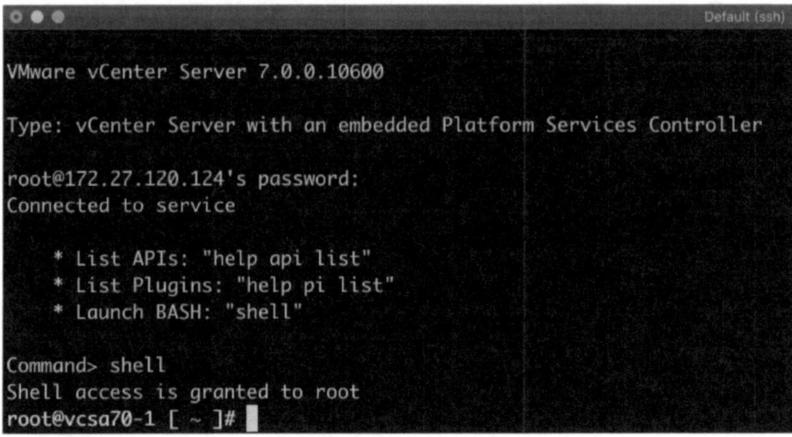

Abbildung 6.6 SSH-Zugriff auf die VCSA

Es gibt in der VCSA eine eigene Shell. Hier können Befehle speziell für die VCSA abgesetzt werden. Mehr Linux-like ist die BASH, die über den Befehl `shell` aktiviert werden muss. Nach der »Aktivierung« der Bash können Sie die VCSA ebenfalls administrieren, haben aber nun mehr Zugriffsmöglichkeiten im System.

6.6 Die Weboberfläche der VCSA

Bei der VCSA gibt es ein Webinterface für das Management der Appliance. Der Zugriff erfolgt über *https://<VCSA-IP-Adresse oder FQDN>:5480* (siehe Abbildung 6.7).

Die genauen Konfigurationsmöglichkeiten sind in Abschnitt 14.10 beschrieben.

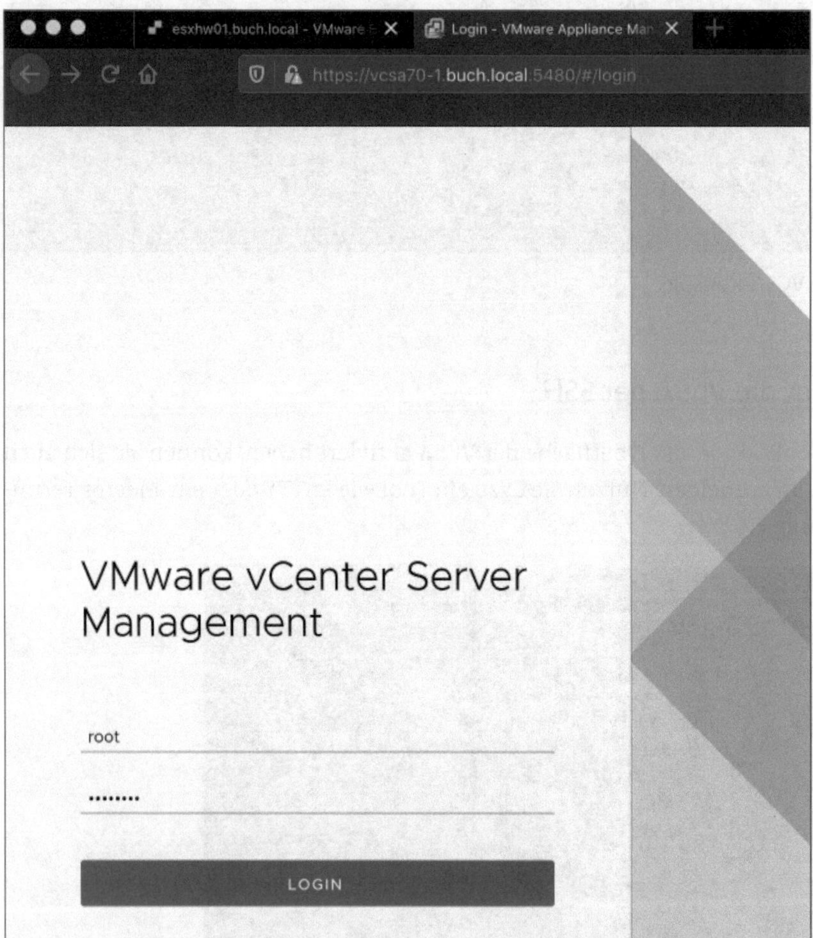

Abbildung 6.7 Anmeldung an der Managementoberfläche der VCSA

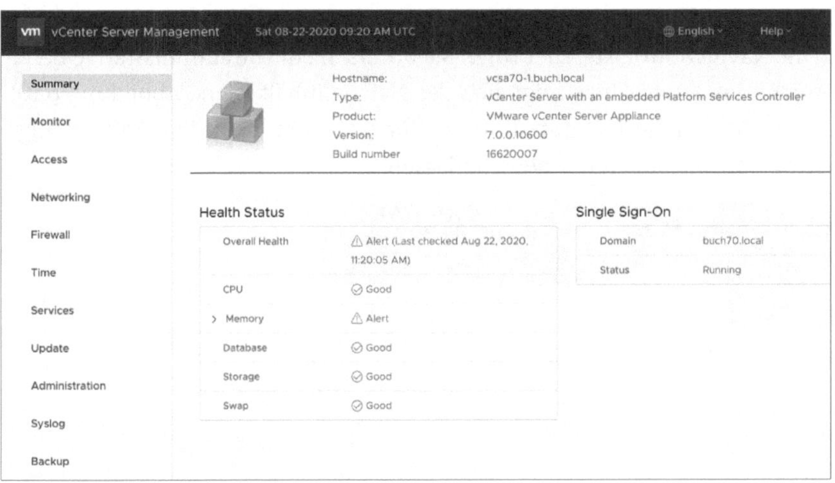

Abbildung 6.8 Administrationsinterface der VCSA

6.7 vSphere Web Client

Der *vSphere Web Client* ist das führende Managementinterface zur Administration virtueller Infrastrukturen von VMware.

Das Fenster (siehe Abbildung 6.9) gliedert sich in mehrere Bereiche.

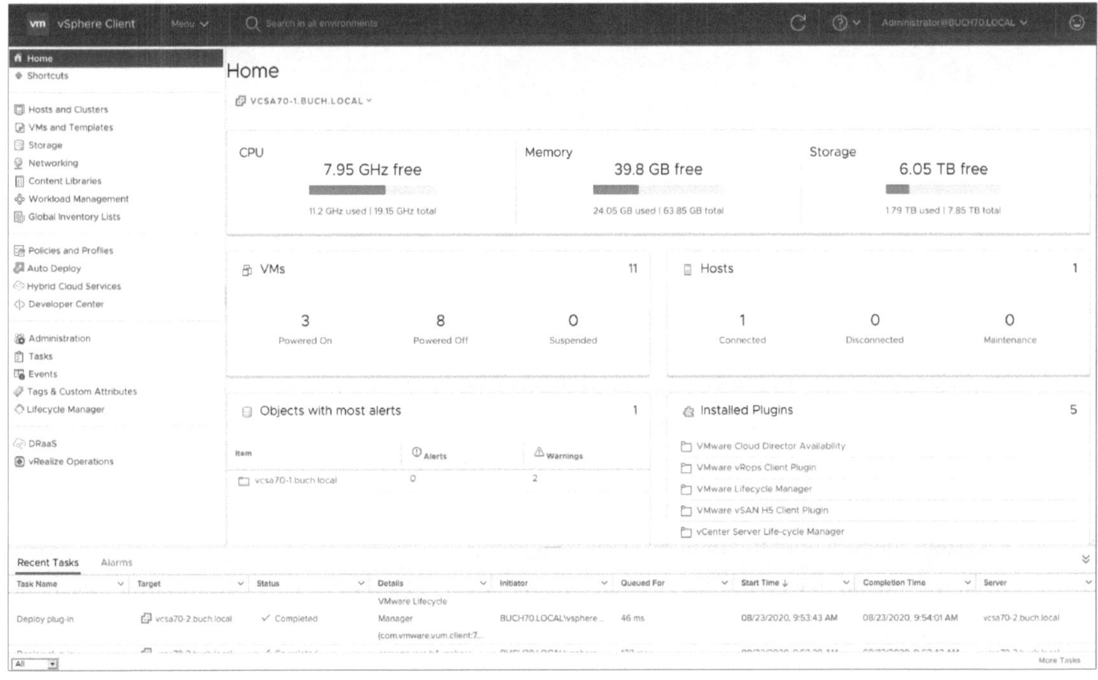

Abbildung 6.9 Die Oberfläche des »vSphere Web Client«

Die Oberfläche ist sehr strukturiert, VMware hat hier stark ausgemistet. Im linken Fensterbereich findet sich die Navigationsleiste. Hier rufen Sie unterschiedliche administrative Bereiche auf. Beim Aufruf des MENU-Links zeigt sich der gleiche Inhalt (siehe Abbildung 6.10), allerdings werden zusätzlich die Tastatur-Shortcuts für die ersten neun Punkte angezeigt. Welchen Weg Sie wählen, bleibt damit Ihnen überlassen.

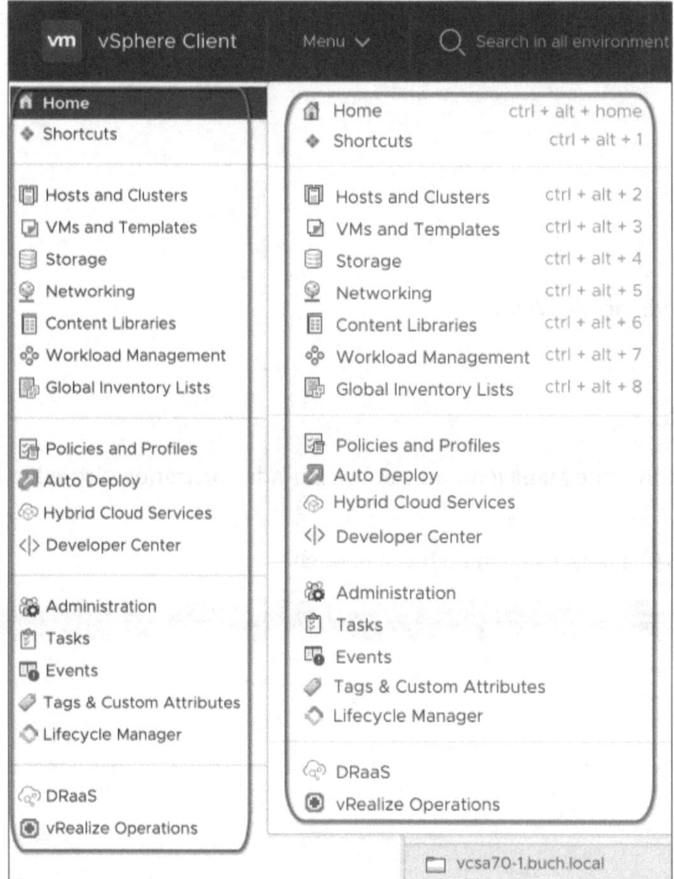

Abbildung 6.10 Der Navigationsbereich bzw. das Menü des »vSphere Web Client«

Im HOME-Fenster findet sich der Punkt zum Zugriff auf ein bestimmtes vCenter. Hier werden die Daten des vCenters angezeigt, wie Ressourcenverbrauch, Anzahl von Hosts bzw. VMs, die Objekte, die die meisten Fehler verursacht haben, und welche Plug-ins aktiv sind.

Dieser Bereich ist in seiner Anzeige variabel. Bei der Auswahl eines Menüpunkts oder Icons werden hier die entsprechenden Daten angezeigt.

Der untere Bereich ist für die Anzeige von RECENT TASKS und ALARMS reserviert. Dabei variiert die Anzeige je nachdem, welcher Punkt ausgewählt wird. Standardmäßig werden alle

Tasks angezeigt, es kann aber zwischen allen, aktuell aktiven und fehlgeschlagenen Tasks unterschieden werden (siehe Abbildung 6.11).

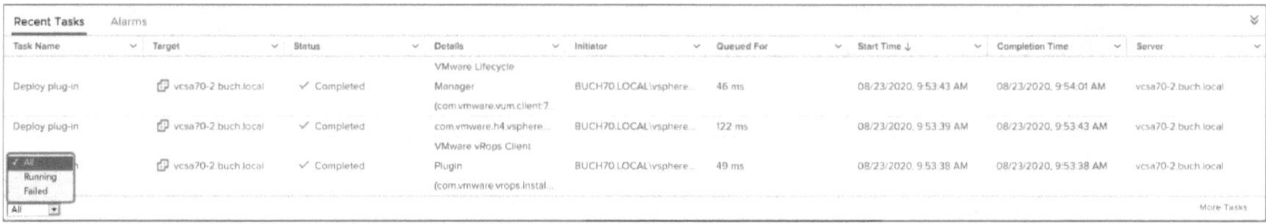

Abbildung 6.11 Unterer Anzeigebereich des »vSphere Web Client«

Der nach unten zeigende Doppelpfeil oben rechts im Fenster reduziert das Fenster auf ein Minimum. Wird diese Auswahl getroffen, zeigt sich unten links im Fenster ein Doppelpfeil nach oben, mit dem Sie den Bereich wieder vergrößern können. Wenn Sie in der Anzeige auf die Ansicht ALARMS wechseln, werden alle Alarme angezeigt. Die einzige zusätzlich mögliche Option ist hier das Minimieren des Bereichs.

Im oberen Bereich des Browsers sehen Sie einen Navigationsbereich, der zum Organisieren des Clients dient (siehe Abbildung 6.12).

Abbildung 6.12 Der Organisationsbereich im vSphere Client

Die Möglichkeiten reduzieren sich auf sieben Auswahlpunkte. Ein Klick auf das Logo VM VSPHERE CLIENT verzweigt direkt in den Dialog mit den Shortcuts aus Abbildung 6.17. Die Auswahl MENU listet die Punkte des Navigationsbereichs auf (siehe Abbildung 6.10).

Der Name des nächsten Punkts ist wohl selbsterklärend: Hier starten Sie eine Suche über alle Objekte der virtuellen Infrastruktur. Das kreisförmige Pfeilsymbol aktualisiert die Anzeige, daneben finden Sie die HILFE.

Bleiben noch zwei Links übrig: Das Smiley eröffnet Ihnen die Möglichkeit, den Entwicklern Feedback zu geben. Wenn Sie auf Ihren aktuellen Anmeldenamen klicken, können Sie das Passwort wechseln sowie den Anzeigemodus zwischen hell und dunkel umschalten. Neu ist hier MY PREFERENCES, über die sich der Client an die eigenen Bedürfnisse anpassen lässt. Vier Register gibt es, beginnend mit TIME FORMAT (siehe Abbildung 6.13).

Sie können auswählen zwischen den Rechnereinstellungen, dem 12-Stunden-Format und dem 24-Stunden-Format.

Das Register LANGUAGE (siehe Abbildung 6.14) ermöglicht die Anpassung der Anzeigesprache im Client unabhängig vom Betriebssystem. Das ist sehr hilfreich und macht es einfach, auf einem deutschen System mit dem englischen Client zu arbeiten.

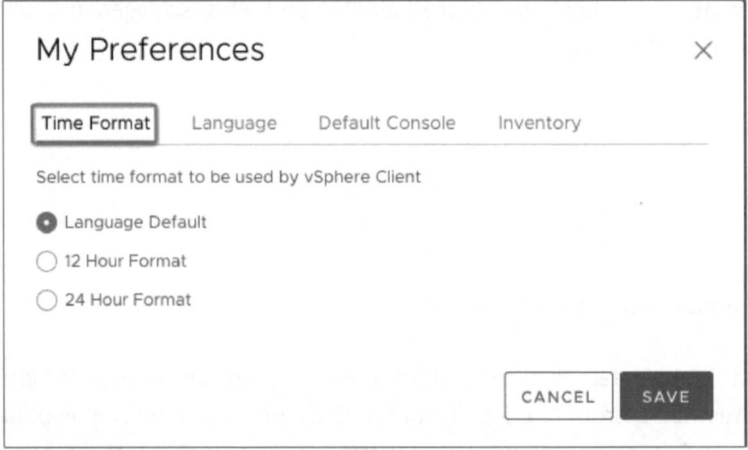

Abbildung 6.13 Einstellung des Zeitformats

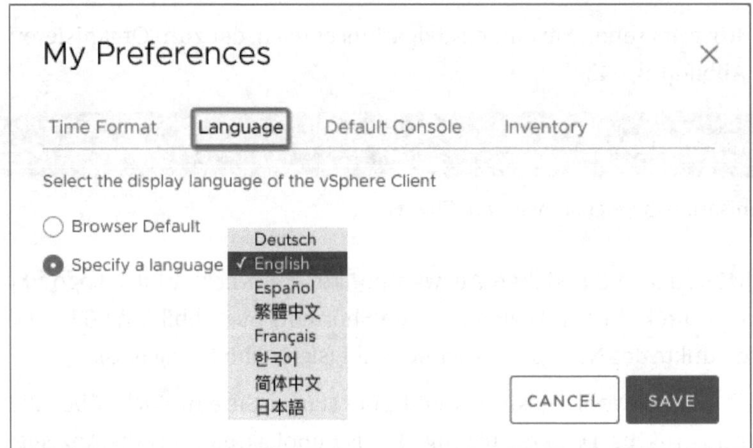

Abbildung 6.14 Spracheinstellungen des Clients

Um auf die Konsole einer virtuellen Maschine zugreifen zu können, stehen grundsätzlich zwei Optionen zur Verfügung. Die erste Option ist die WEB CONSOLE, alternativ gibt es die VMWARE REMOTE CONSOLE (siehe Abbildung 6.15). Hier kann eine Festlegung für die gesamte Umgebung erfolgen, damit nicht beim ersten Aufruf immer die entsprechende Auswahl pro VM getroffen werden muss. Die Einstellung findet sich unter dem Register DEFAULT CONSOLE.

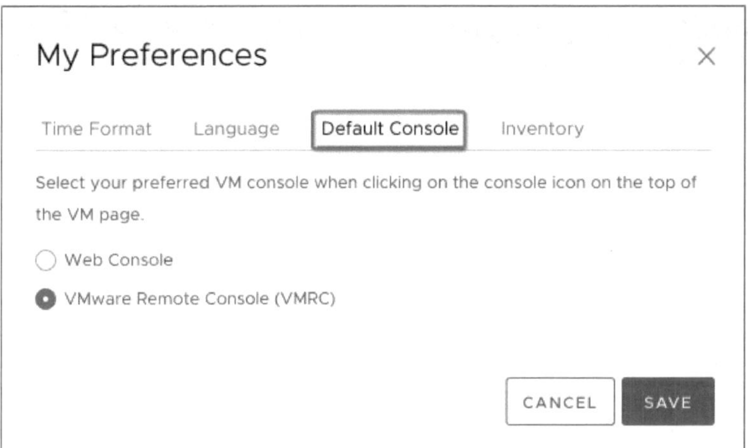

Abbildung 6.15 Festlegung der VM-Konsole

Als vierte und letzte Einstellungsmöglichkeit lässt sich über das Register INVENTORY festlegen, ob die VMs in der Ansicht HOSTS AND CLUSTERS angezeigt werden sollen (siehe Abbildung 6.16).

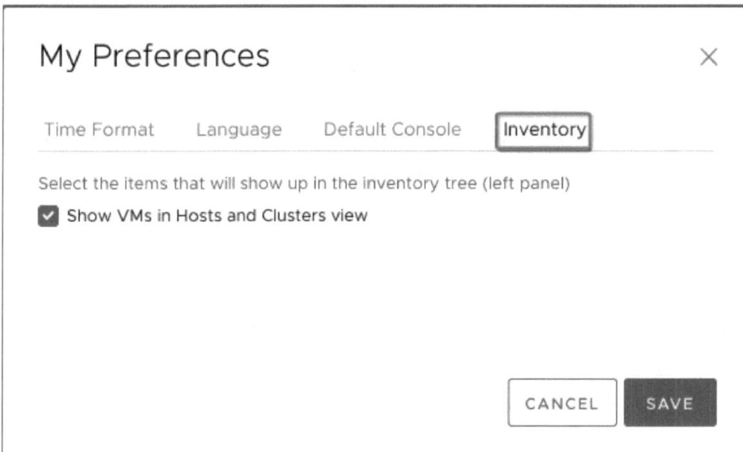

Abbildung 6.16 Konfiguration der Ansicht Hosts and Clusters

Der Menüpunkt MENU bzw. HOME bringt Sie immer wieder in dieses Fenster, quasi zum Startscreen. Wer den alten Übersichtsschirm des vSphere-Clients vermisst, kann über die Auswahl SHORTCUTS das Fenster aufrufen (siehe Abbildung 6.17).

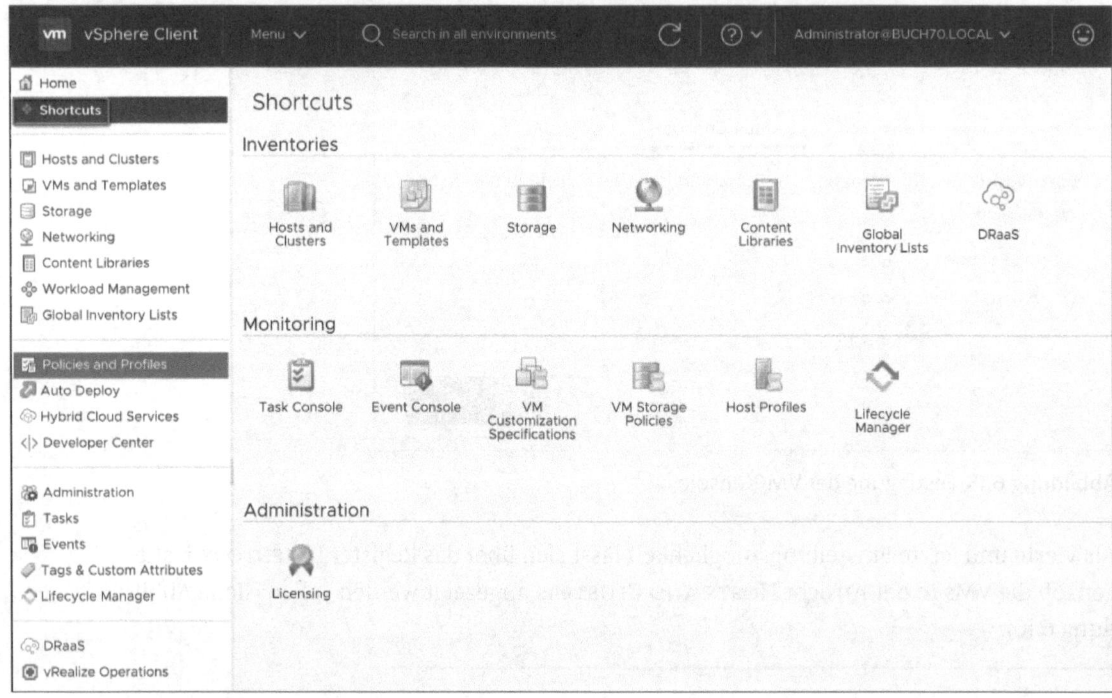

Abbildung 6.17 Ansicht mit Icons

Kommen wir nun zum *Navigationsmenü* links im Fenster. Hier hat VMware eine vierfache Gruppierung vorgenommen; sie deckt sich aber nicht ganz mit der Anzeige im Shortcut-Fenster.

Im ersten Abschnitt werden alle Inventarobjekte zusammengefasst. Diesem Abschnitt folgt der Bereich für die Auswahl von Policies and Profiles mit Auto Deploy, Hybrid Cloud Services und Developer Center. Alle Einstellungen, die mit dem vCenter Server und dem Lifecycle Manager zusammenhängen, finden Sie im nächsten Block. Tasks, Events und Tags & Custom Attributes gehören auch zu dem Abschnitt. Im letzten Bereich finden sich DRaaS (*Desaster Recovery as a Service*) und vRealize Operations.

6.7.1 Administration des vCenters

Lassen Sie uns nun einen kurzen Blick auf die Administration des vCenters werfen (siehe Abbildung 6.18).

Im Bereich Access Control können Sie bestehende Rollen auf dem vCenter anpassen bzw. neue erstellen. Die hinterlegten Berechtigungen werden hier ebenfalls angezeigt, zusammen mit dem Ort, an dem sie Gültigkeit haben. Wer sich mit Lizenzen und den zugehörigen Reports beschäftigt, ist bei LICENSING richtig. Im Bereich SOLUTIONS finden Sie noch den Aktivierungsbereich der Plug-ins und die Extensions des vCenter Servers. Die Unterstützung über das Customer Experience Program kann unter DEPLOYMENT aktiviert werden, und hier gibt es jetzt eine Verzweigung zur Administration der VCSA über den Punkt SYSTEM CONFIGURATION. Hinter der Auswahl verbirgt sich ein Link zur Management Console der VCSA. Müssen Sie aufgrund eines Problems bei VMware ein Supportfile hochladen, sind Sie im Bereich SUPPORT • UPLOAD FILE TO SERVICE REQUEST genau richtig. Die Administration der SSO-eigenen Anwender erfolgt unter SINGLE SIGN ON. Über CONFIGURATION werden die Parameter für das SSO selbst festgelegt. Last, but not least können Sie in den Bereich des Zertifikatmanagements wechseln.

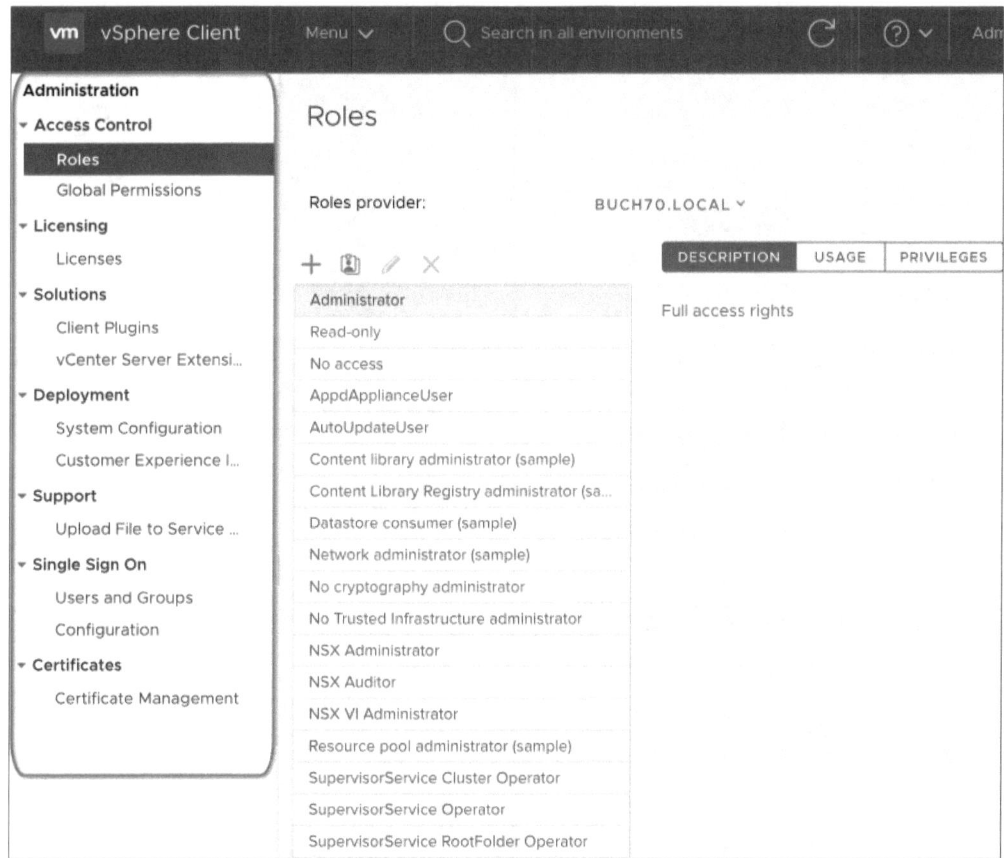

Abbildung 6.18 Die Administration im »vSphere Web Client«

Damit sind schon fast alle administrativen Möglichkeiten besprochen. Einzig bei der Auswahl von Objekten aus dem Inventar gibt es noch das ACTIONS-Menü aus Abbildung 6.19. Sein Inhalt entspricht eins zu eins dem Kontextmenü des Objekts.

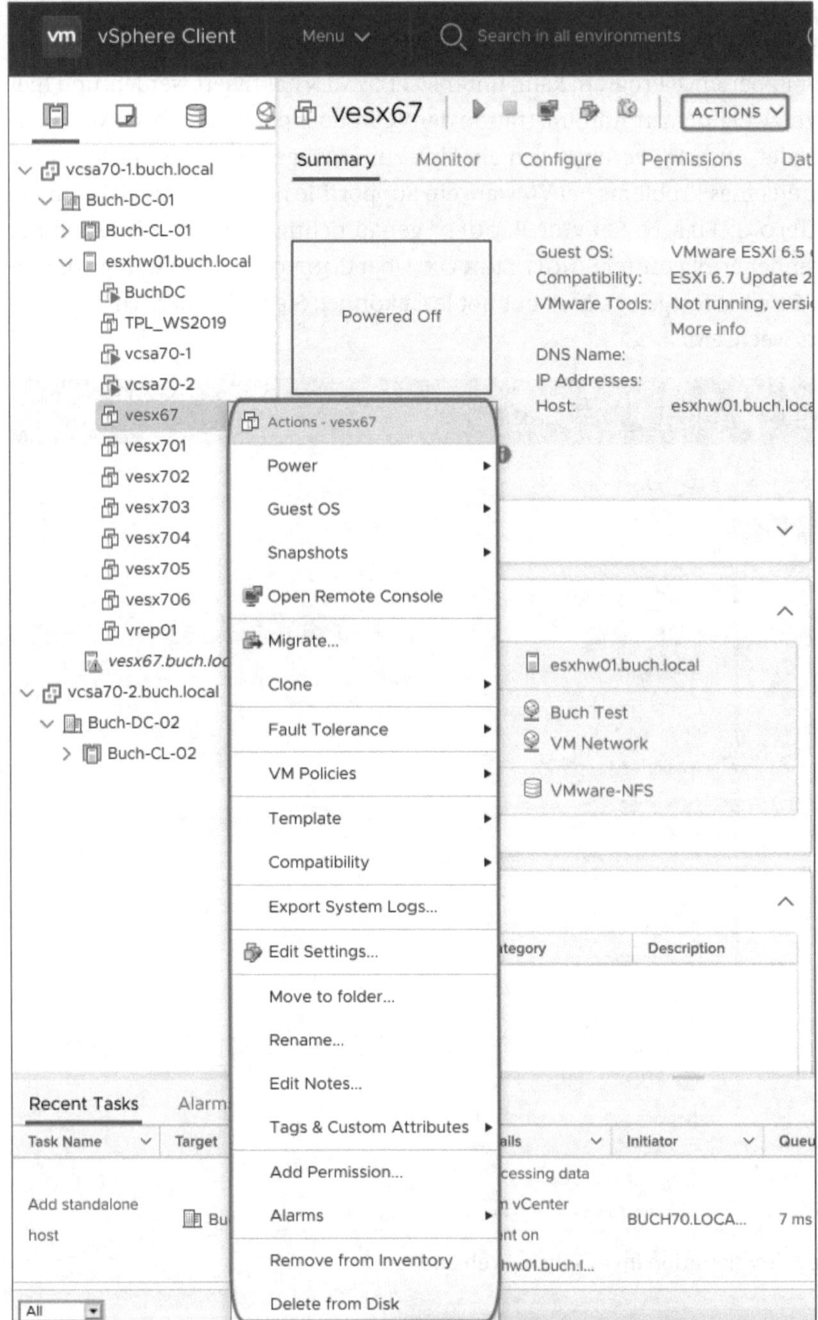

Abbildung 6.19 »Actions«-Menü bzw. Kontextmenü eines Objekts

Zur besseren Übersicht hat VMware einen Filter in den Webclient eingebaut. Dieser hilft Ihnen besonders in großen Umgebungen, schnell die virtuellen Maschinen zu finden, die Sie suchen. Hier hat sich eine signifikante Verbesserung ergeben. Auch können die Listendarstellungen angepasst werden (siehe Abbildung 6.20). Über den kleinen Pfeil am Ende der Spalte öffnen Sie die Auswahl SHOW/HIDE COLUMNS und wählen darin aus, welche Informationen eingeblendet werden sollen und welche nicht.

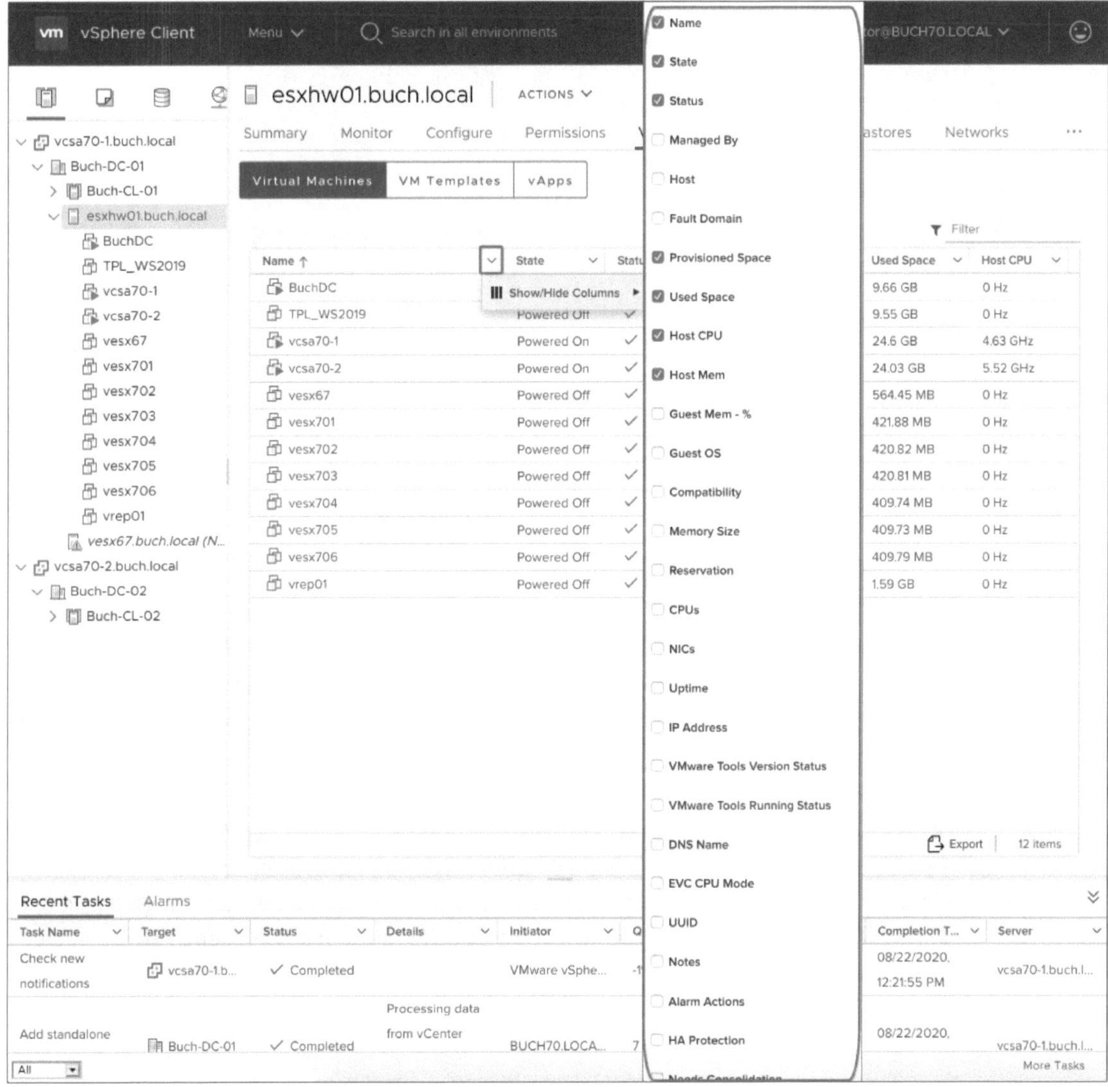

Abbildung 6.20 Anpassen der Ansicht

Auch ein Export der Daten ist selbstverständlich möglich. Wird der Button EXPORT ausgewählt, können Sie entscheiden, welche Informationen im Export enthalten sein sollen (siehe Abbildung 6.21).

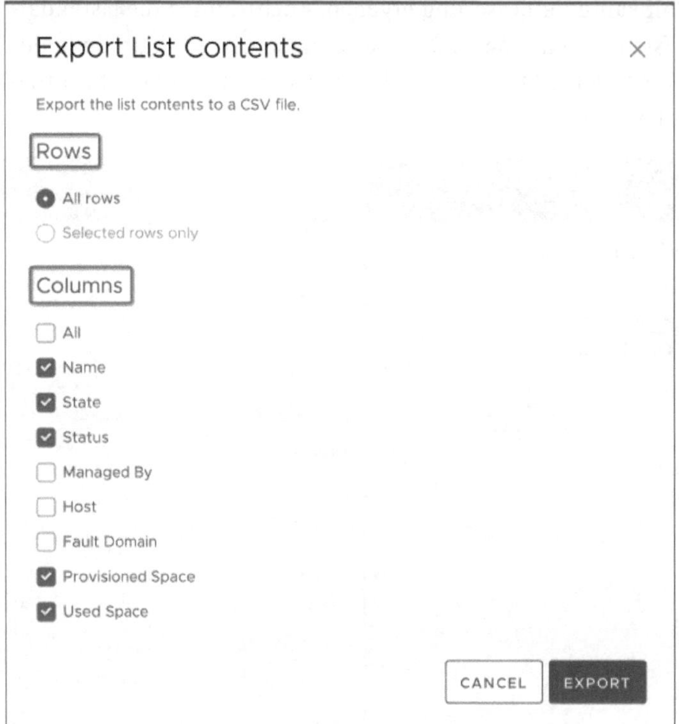

Abbildung 6.21 Auswahl für den Export

Zusätzlich wird hier definiert, ob nur die aktuelle Auswahl oder alle Elemente exportiert werden sollen. Damit hat sich eine wesentliche Verbesserung ergeben. Der Export selbst findet immer in eine CSV-Datei statt.

Sprachenmix auf dem vSphere Web Client verhindern

Sollten Sie beim vSphere Web Client die Sprache fest einstellen wollen, müssen Sie in Ihrem Browser eine Einstellungsänderung vornehmen. In den Internetoptionen können Sie die Sprachen festlegen. Fügen Sie dort die gewünschte Sprache hinzu und verschieben Sie sie in die oberste Zeile der Wertigkeit.

6.8 Administration über mobile Geräte

Es gibt die eine oder andere App, mit der man virtuelle Infrastrukturen managen kann, aber die meisten sind schon länger nicht aktualisiert worden. Grundsätzlich wird auch keine dedizierte App benötigt bzw. von VMware angeboten. Mit der Einführung des HTML5-basierten Webclients können Sie den »normalen« Weg der Administration auch auf mobilen Endgeräten nutzen. Dabei ist die Übersichtlichkeit auf Tablets größer als auf Mobiltelefonen.

6.9 vCenter Server

Das vCenter ist – im Gegensatz zu den bisher vorgestellten Möglichkeiten der Administration – ein komplett eigenes Produkt. Das vCenter fasst die Administration von Hosts und virtuellen Maschinen in diesem Tool zusammen. Des Weiteren stellt das Tool zusätzliche Funktionen zur Verfügung, die die Funktionalität der virtuellen Infrastruktur ausbauen, sodass Sie z. B. die Verfügbarkeit weiter erhöhen können. Für die Anmeldung am vCenter Server wird der schon bekannte Webclient eingesetzt.

6.9.1 Zugriff auf den vCenter Server

Nach der Installation des vCenters und einem Neustart des Systems können Sie auf das vCenter zugreifen. Zur Verbindung mit dem vCenter Server benötigen Sie den Webclient, den wir bereits in Abschnitt 6.7, »vSphere Web Client«, beschrieben haben.

Nach der Verbindung zum vCenter über den Browser müssen Sie als Benutzername einen Benutzer aus der integrierten SSO-Datenbank eingeben. Für den Administrator wäre das z. B. der Anwender *administrator@buch70.local*. Es kann auch mit Domänenanmeldeinformationen gearbeitet werden. Dazu müssen Sie nur das untere Auswahlfenster aktivieren (siehe Abbildung 6.22).

Um einem »normalen« Benutzer Zugriff zu gewähren, müssen Sie für diesen in den vCenter-Berechtigungen zuerst ein Zugriffsrecht hinterlegen.

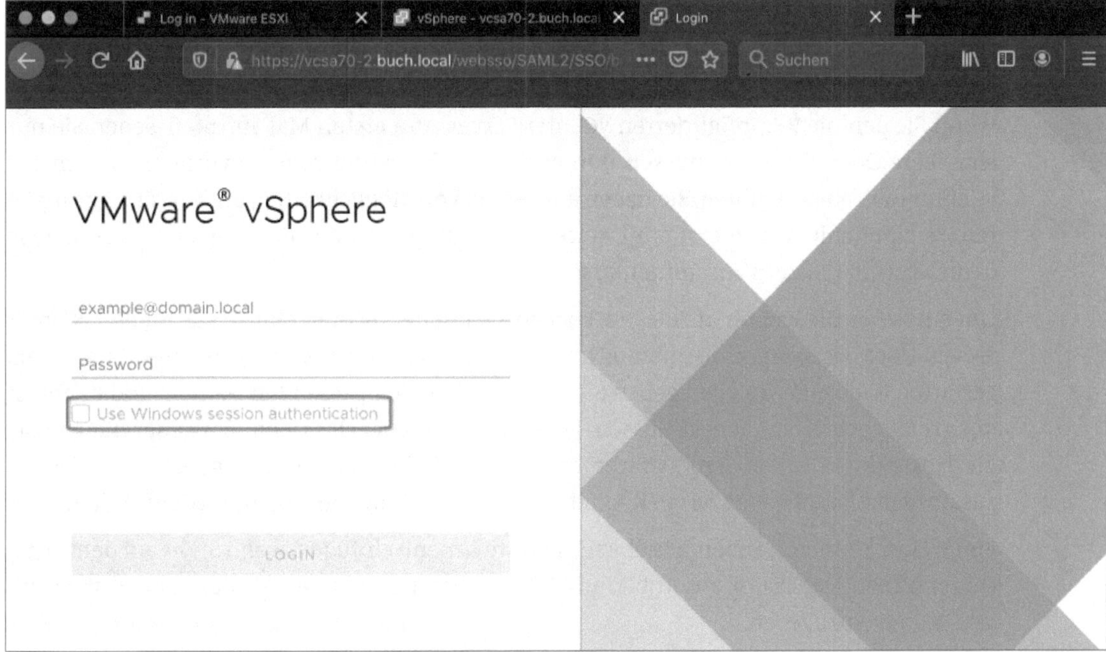

Abbildung 6.22 Anmeldung am vSphere Web Client

6.9.2 Verlinken von vCenter Servern

Bis hier ist alles relativ simpel für Infrastrukturen, die aus einem vCenter Server mit einer Anzahl von vSphere-Hosts bestehen. Kommen aber mehr Standorte zusammen oder mehrere Brandabschnitte, die jeweils mit einem eigenen vCenter Server implementiert worden sind, wird die Administration etwas »hakelig«. Zur Administration der Umgebung muss man sich jedes Mal an dem zugehörigen vCenter anmelden, und das kann auf die Dauer nerven. Auch wenn alle vCenter ins Active Directory eingebunden sind und die Anmeldedaten durchgereicht werden können, macht die gleichzeitige Anmeldung an mehreren vCentern das Arbeiten auf dem Administrations-PC unübersichtlich.

Der *Enhanced Linked Mode* schafft hier Abhilfe. Die Verlinkung erfolgt einfach über eine gemeinsame SSO-Domäne. Der PSC hält die SSO-Domäne, die sich alle untereinander über alle VCSAs miteinander replizieren. Weder Brandabschnitte noch getrennte Standorte bilden hier eine Grenze. Werden nun mehrere vCenter mit der SSO-Domäne verbunden, muss man sich nur einmal anmelden und kann dann über den Webclient alle verbundenen vCenter administrieren, ohne sich erneut neu anmelden zu müssen.

Hinweis

Verlinkt wird grundsätzlich und am einfachsten bei der Bereitstellung der VCSA. Eine Zusammenführung kann aber auch über die Kommandozeile der VCSA erfolgen.

Nähere Randbedingungen finden Sie in Kapitel 2, »vSphere-Architektur«.

6.9.3 Hinzufügen von ESXi-Hosts zum vCenter

Wenn Sie den nicht konfigurierten vCenter Server zum ersten Mal aufrufen, sehen Sie nur eine leere Oberfläche. Sie müssen nun einige Konfigurationsschritte vornehmen, um das vCenter mit Leben zu füllen. Sie haben eine Reihe von Möglichkeiten, um Server zu gruppieren. Es empfiehlt sich, zuerst ein Datacenter anzulegen. Unter dieser Struktur können Sie dann Hosts in Clustern zusammenfassen.

Um ein neues Datacenter anzulegen, klicken Sie mit der rechten Maustaste auf den vCenter Server. Über das Kontextmenü und NEW DATACENTER wird das Anlegen eines Datacenters gestartet. Nach dem Anlegen geben Sie dem Objekt einen passenden Namen, und damit ist die Arbeit auch schon abgeschlossen. Jetzt haben Sie zwei Optionen: Entweder hängen Sie die Hosts direkt unter dem Datacenter ein, oder Sie fassen sie in sogenannten *Clustern* zusammen. Darauf gehen wir in Kapitel 14, »Konfiguration von ESXi und vCenter«, ein.

Einen Host können Sie ebenfalls über das Kontextmenü einfügen, wenn Sie es auf dem Datacenter öffnen. Der Dialog aus Abbildung 6.23 erscheint und fordert Sie dazu auf, hostspezifische Daten einzugeben.

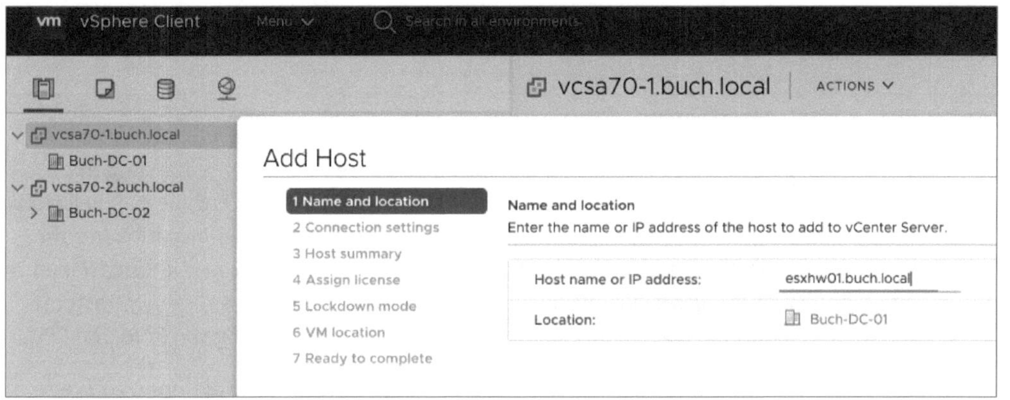

Abbildung 6.23 Einbinden eines Hosts ins vCenter

Nach Eingabe und Prüfung von Benutzername und Passwort wird eine Zusammenfassung des Hosts angezeigt, in der Sie unter anderem den Namen des Hosts, den Serverhersteller, die installierte vSphere-Version und bereits registrierte virtuelle Maschinen finden. Allerdings sollten Sie sich genau überlegen, ob Sie den Host mittels DNS-Name oder IP-Adresse hinzufügen. Gerade für spätere HA-Cluster und natürlich für die bessere Übersicht ist es sinnvoller, mit DNS-Namen zu arbeiten. Selbstverständlich können Sie auch im Nachhinein die Zuordnung des Hosts zur Organisationsgruppe ändern. Falls Sie das vCenter zum ersten Mal einsetzen, müssen Sie erst ein Datacenter anlegen, bevor Sie einen Host ins Management aufnehmen können.

Jetzt wird der Host dem vCenter hinzugefügt. Nach ein paar Sekunden im Status DISCONNECTED und dem Abschluss des Tasks ADD STANDALONE HOST können Sie den vSphere-Host über den vCenter Server verwalten.

Achtung

Fügen Sie ein Host einem Cluster hinzu, wird dieser automatisch in den *Maintenance-Modus* gesetzt.

Es können auch mehrere Hosts parallel in den Cluster aufgenommen werden, ohne mehrfache Eingabe der Benutzerdaten.

6.9.4 Verwaltung von vSphere-Hosts

Nachdem die vSphere-Hosts hinzugefügt worden sind, ist es möglich, sie fast so zu verwalten, als würden Sie sich per Webclient direkt mit dem Host verbinden. Wählen Sie im linken Fenster einen Host aus, werden im rechten Fenster verschiedene Informationen und Register angezeigt. Über diese Register verwalten Sie den Host und legen zum Beispiel ein virtuelles Netzwerk an. Die Register unterscheiden sich etwas von denen, die Sie sehen, wenn Sie sich direkt mit einem Host verbinden. In Tabelle 6.1 sehen Sie die Optionen, die Ihnen zur Verfügung stehen.

Reiter	Beschreibung
SUMMARY	Auf der Registerkarte SUMMARY finden Sie eine Zusammenfassung mit Informationen über das gerade ausgewählte Objekt. Wenn Sie zum Beispiel einen vSphere-Host auswählen, sehen Sie allgemeine Informationen zum Host, z. B. zu Hersteller, CPUs oder RAM. Außerdem werden Informationen über die Ressourcen des Hosts angezeigt, z. B. die verwendeten Datastores, die angelegten virtuellen Netzwerke und die Auslastung von RAM und CPU.
MONITOR	Hinter dem Register MONITOR verbergen sich Unterfunktionen zu Events und Tasks, die Performancedaten, Alarme und Informationen zum Status der Hardware. Hier sind Sie an der richtigen Stelle, um den Betrieb der Hosts zu verwalten.
CONFIGURE	Alle Konfigurationsoptionen des Hosts lassen sich hier einstellen. Dazu gehört auch die Festlegung der Startreihenfolge von virtuellen Maschinen. Die zum Objekt gehörigen Scheduled Tasks finden sich hier ebenfalls.
PERMISSIONS	Eine Übersicht über die Zugriffsrechte auf dem Host finden Sie in diesem Bereich.
VMS	Alle virtuellen Maschinen, die auf dem Host liegen, werden hier angezeigt. Weitergehende Aktionen an den VM-Objekten können Sie über das Kontextmenü durchführen.
RESSOURCE POOLS	Auf dem Host residierende Ressourcenpools werden hier aufgelistet.
DATASTORES	Alle mit dem Host verbundenen Datastores finden sich hier und dazu ein Kontextmenü am Objekt zur Durchführung von Arbeiten.
NETWORKS	Alle Netzwerkelemente, die mit dem Host verbunden sind, werden hier gesammelt dargestellt.
UPDATES	Auf dieser Registerkarte stellen Sie eine Verbindung zum Update Manager her. Ein Patchen des Hosts kann hier initiiert werden.

Tabelle 6.1 Die Register des Hosts im Webclient

Die angezeigte Struktur ist für die meisten Objekte im Webclient identisch. Es unterscheiden sich nur diejenigen Objekte, die unterhalb des Registers angezeigt werden.

6.9.5 Weitere Funktionen des vCenter Servers

Durch den Einsatz des vCenter Servers ist es nicht nur möglich, mehrere vSphere-Hosts gleichzeitig zu verwalten. Es kommen viele Funktionen hinzu, die erst durch $n + 1$ Hosts und vCenter möglich werden. Einen Teil dieser Funktionen und Möglichkeiten werden wir in diesem Abschnitt kurz erläutern.

HA-Cluster

Durch einen Cluster erhalten Sie die Möglichkeit, einige Features zu nutzen, die ohne vCenter und ohne den Cluster so nicht möglich wären. So können Sie zum Beispiel *vSphere HA* (*High Availability*) verwenden. Dies bietet die Möglichkeit, eine virtuelle Maschine hochverfügbar zu machen. Hosts, die in einem Cluster zusammengefasst sind, prüfen untereinander gegenseitig die Verfügbarkeit der restlichen Hosts im Cluster. Beim Ausfall eines physischen Hosts werden die virtuellen Maschinen, die auf diesem System betrieben wurden, automatisch auf den verbleibenden Hosts neu gestartet.

DRS-Cluster

VMware DRS (*Distributed Resource Scheduling*) bietet eine automatische Lastverteilung der virtuellen Maschinen über alle Hosts in einem Cluster. Erreicht wird diese Funktion durch die Unterstützung von vMotion. *vMotion* verschiebt virtuelle Maschinen ohne spürbare Unterbrechung von einem Host auf einen anderen. Eine Unterfunktion des DRS ist das Power-Management. Diese Option gibt dem Administrator ein Mittel an die Hand, zu lastarmen Zeiten vSphere-Hosts auszuschalten oder automatisiert ausschalten zu lassen. Steigt der Ressourcenbedarf wieder an, werden die vSphere-Hosts automatisch wieder gestartet.

EVC-Cluster

VMware EVC (*Enhanced vMotion Compatibility*) bietet einen Kompatibilitätsmodus, der vMotion zwischen Hosts ermöglicht, in denen unterschiedliche CPU-Typen verbaut sind. Der CPU-Herstellertyp muss schon identisch sein. Damit können Sie Cluster mit neueren Servern erweitern und die VMs in aktivem Zustand auf die neuen vSphere-Server migrieren, ohne eine Unterbrechung zu haben. Nach abgeschlossener Migration können die alten Hosts dann abgebaut werden.

Alle diese Funktionen sind nur durch die Verwendung von *VMware vCenter Server* möglich. Sie sehen also, dass das VMware vCenter nicht nur eine leichtere und komfortablere Administration mehrerer vSphere-Hosts ermöglicht, sondern dass auch viele weitere Funktionen hinzukommen.

Trusted-Authority-Cluster

War es in den Versionen vor vSphere 7.0 so, dass die Verschlüsselung einer VM einen vCenter Server vorausgesetzt hat und dieser seinerseits mit einem KMS-Server verbunden sein musste, so hat sich das geändert. Auf diesem Weg wurden Schlüssel über ein nicht gesichertes System verbreitet, was unter Umständen als problematisch anzusehen war.

Hier hat VMware grundsätzlich nachgebessert. Mit einem kleinen Verwaltungscluster, dem Trusted-Authority-Cluster, wird das Problem umgangen. In diesem Cluster werden keine Workloads aufgenommen, er soll optimalerweise nur für das Thema Verschlüsselungsverwaltung verantwortlich sein.

6.9.6 Einbindung ins Active Directory

Mit dem Einsatz des *Single Sign On* (SSO) besteht die Möglichkeit, eine zentrale User-Basis für die VMware-Produkte zu nutzen. Es ist aber häufig nicht gewünscht, User in mehreren Systemen zu pflegen.

Viele Unternehmen haben bereits ein *Active Directory* (AD), in dem User gepflegt werden, und da ist es nicht sehr sinnvoll, zusätzlich lokale User für einen vCenter Server zu pflegen oder dort neue Benutzer einzurichten. Das hat auch VMware erkannt und deshalb die Möglichkeit geschaffen, den vCenter Server in ein vorhandenes Active Directory oder einen anderen Verzeichnisdienst einzubinden. Dort haben Sie die Möglichkeit, Gruppen für den Zugriff auf das vCenter anzulegen und diese dann im vCenter zu berechtigen. Als Ergebnis werden die User nur noch an einer Stelle gepflegt, was den administrativen Aufwand stark reduziert.

Zur Nutzung von AD-Accounts muss der vCenter Server Mitglied einer Domäne sein. Die Mitgliedschaft kann über den Webclient initiiert werden. Der Weg geht über ADMINISTRATION • SSO • CONFIGURATION • IDENTITY PROVIDER • ACTIVE DIRECTORY DOMAIN, die Auswahl des vCenters und JOIN DOMAIN (siehe Abbildung 6.24).

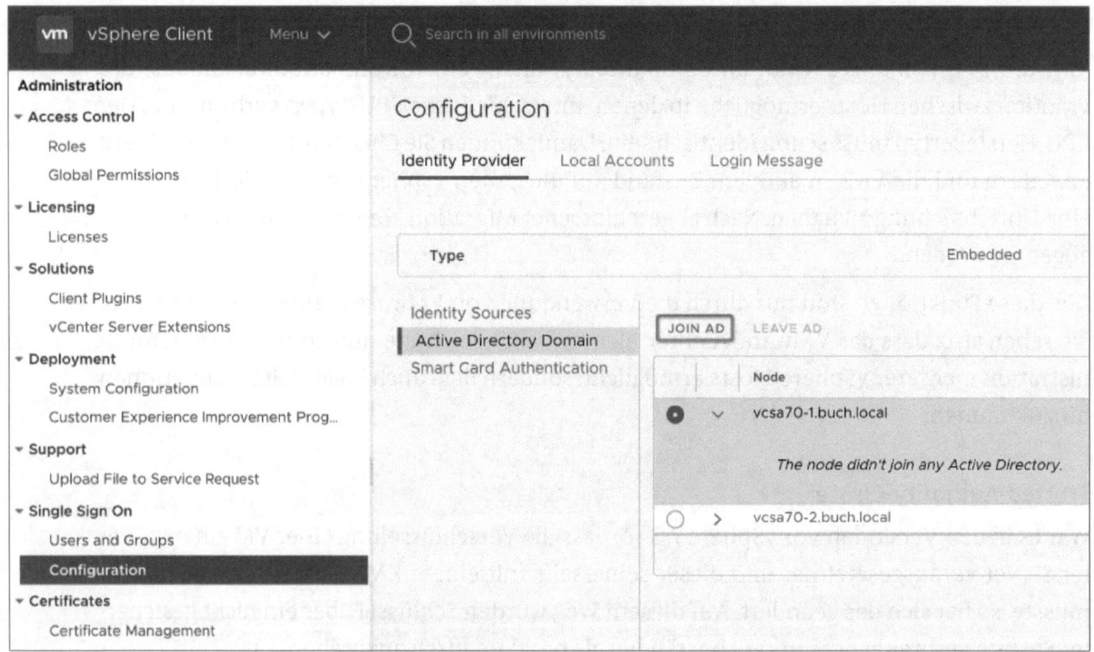

Abbildung 6.24 AD-Integration des vCenters

Sollte es Probleme bei der Aufnahme des Systems in die Domäne geben, kann der Prozess auch über die Kommandozeile erfolgen. Dazu müssen Sie die Verbindung zur VCSA per SSH herstellen. Der Befehl für die Aufnahme in die Domäne lautet:

```
/opt/likewise/bin/domainjoin-cli Join <Name der Domäne> <AD-User zur Aufnahme in die Domäne> <Passwort>.
```

Nach einem Reboot kann das Active Directory dem SSO als Berechtigungsquelle hinzugefügt werden (siehe Abbildung 6.25).

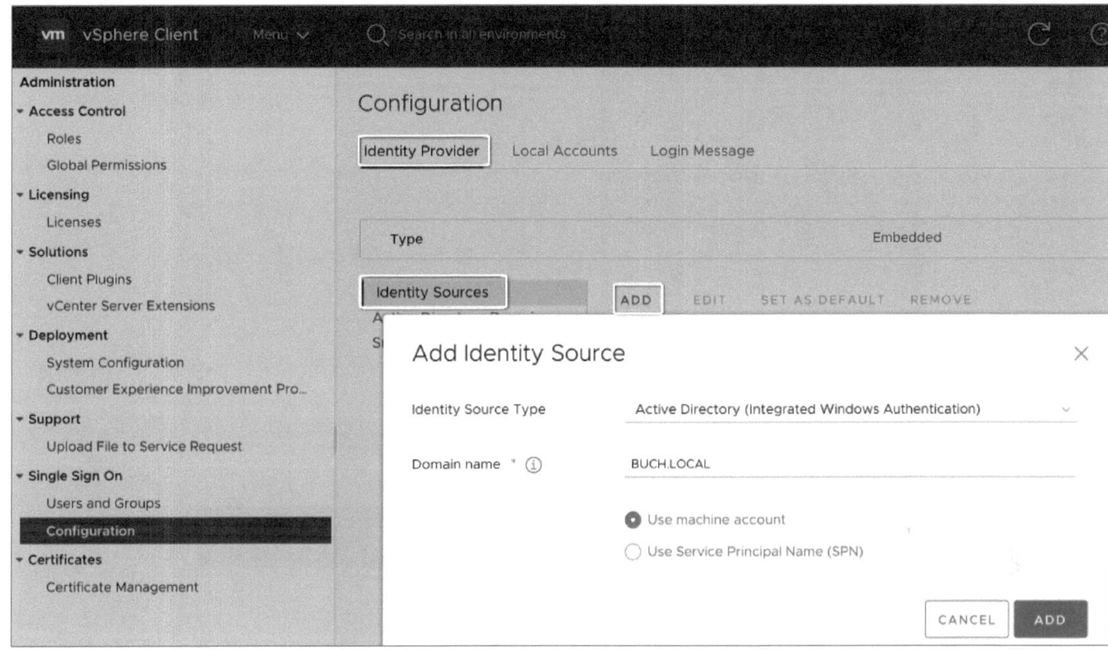

Abbildung 6.25 Einbinden des Active Directory ins SSO

Nach der Berechtigungserteilung an die User bzw. Gruppen im vCenter ist der Zugriff mit Domänen-Accounts möglich (siehe Abbildung 6.26).

Über Add fügen Sie einen Benutzer hinzu, indem Sie im Folgedialog die Domäne als Basis der Benutzerauswahl angeben. Mit Assign Role weisen Sie dem entsprechenden Benutzer passende Rechte zu. Neue Rollen lassen sich über Home • Administration • Access Control • Roles anlegen (siehe Abbildung 6.27).

Es empfiehlt sich, an dieser Stelle vorhandene Rollen so zu belassen, wie sie sind, und sie nicht zu manipulieren. Möchten Sie ähnliche Rollen erstellen, besteht die Möglichkeit, eine vorhandene Rolle zu kopieren und entsprechend anzupassen. Näheres dazu finden Sie in Kapitel 14, »Konfiguration von ESXi und vCenter«.

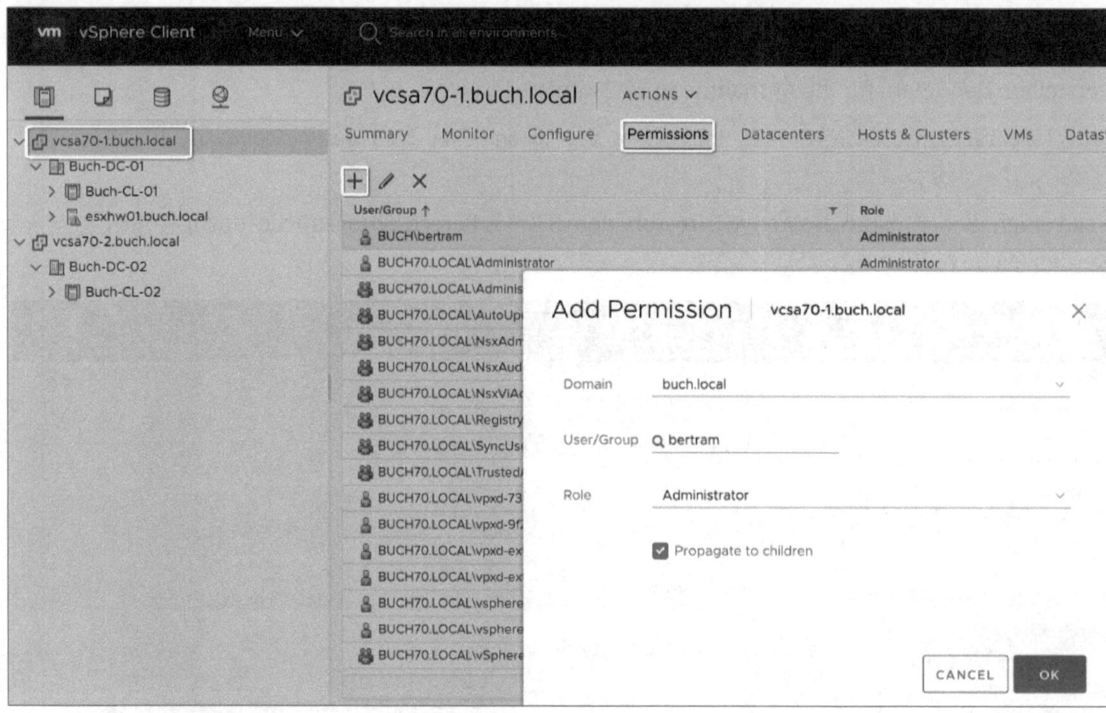

Abbildung 6.26 Dialog zum Hinzufügen von Benutzern

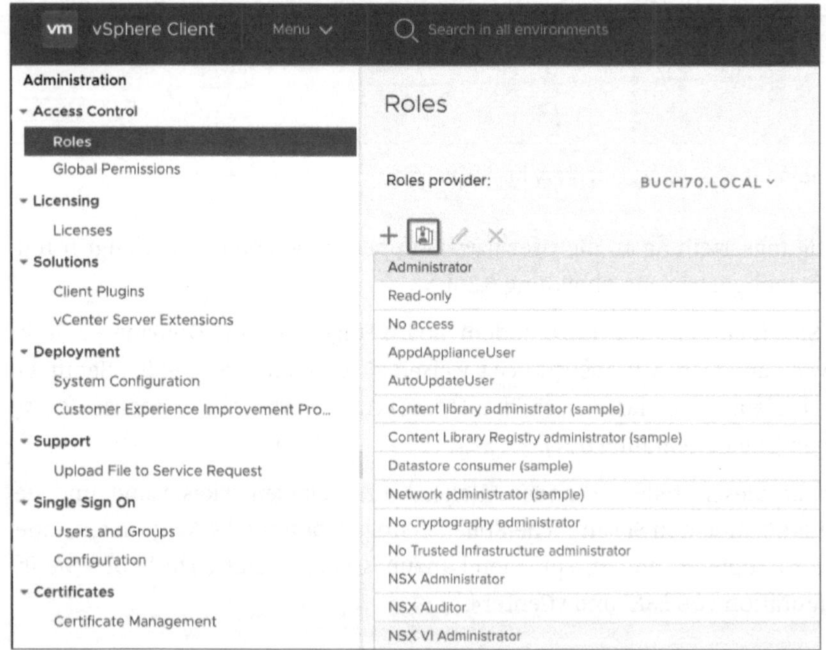

Abbildung 6.27 Duplizieren einer Rolle

6.9.7 Troubleshooting des vCenter Servers

Für die Fehleranalyse lassen sich die vCenter-Log-Dateien exportieren. Auch die Tiefe des Log-Levels lässt sich genau einstellen über GENERAL • CONFIGURE • EDIT (siehe Abbildung 6.28).

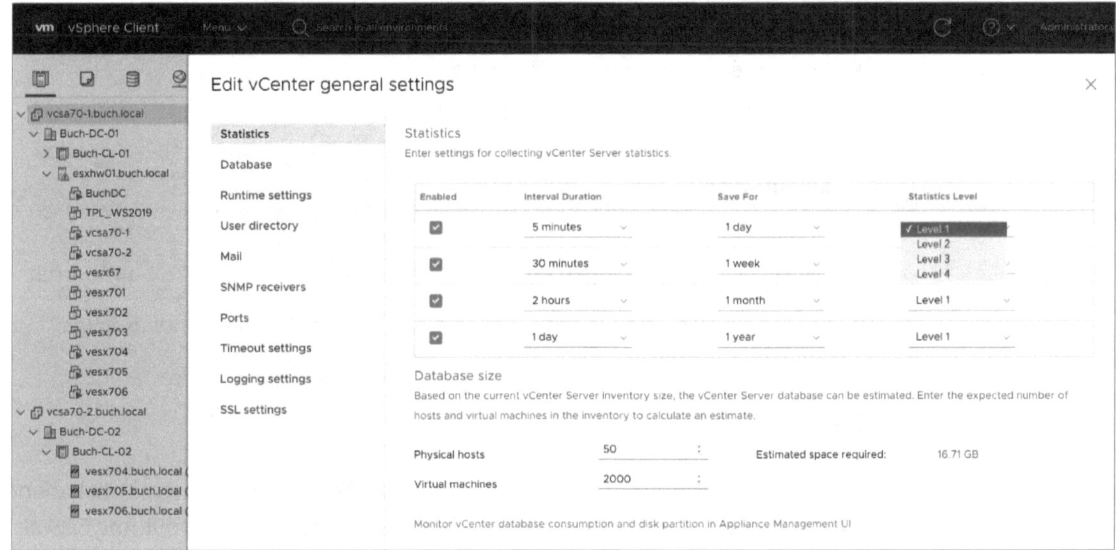

Abbildung 6.28 Einstellen des Log-Levels im Webclient

Ändern Sie das Log-Level nur, wenn Sie Probleme haben und die Ursachen erforschen wollen. Sind die entsprechenden Arbeiten abgeschlossen, sollten Sie das Level im eigenen Interesse wieder auf die Standardeinstellung (LEVEL 1) zurücksetzen.

> **Hinweis**
>
> VMware hatte früher folgende Namen für die Log-Level: *none, error, warning, info, verbose* und *trivia*. Mit vSphere 7.0 gibt es nur noch die Log-Level 1 bis 4.
>
> Die Einstellung, dass überhaupt keine Metriken gesammelt werden, gibt es nicht mehr.

Alle Log-Level bauen aufeinander auf, d. h., Log-Level 3 enthält alle Einstellungen aus Log-Level 1 und Log-Level 2.

Tabelle 6.2 zeigt Ihnen, welche Metriken mit welchem Log-Level gesammelt werden.

Log-Level	Beschreibung
1	▶ Cluster Service – alle Metriken ▶ CPU – `cpuentitlement`, `totalmhz`, `usage` (average), `usagemhz` ▶ Memory – `consumed`, `mementitlement`, `overhead`, `swapinRate`, `swapoutRate`, `swapused`, `totalmb`, `usage` (average), `vmmemctl` (balloon)

Tabelle 6.2 Log-Level im vCenter

Log-Level	Beschreibung
1 (Forts.)	▶ Network – usage (average) ▶ System – heartbeat, uptime ▶ Virtual Machine Operations – numChangeDS, numChangeHost, numChangeHostDS
2	▶ CPU – Leerlauf und reservierte Kapazität ▶ Disk – alle Metriken außer numberRead und numberWrite ▶ Memory – alle Metriken außer memUsed sowie den minimalen und maximalen Roll-up-Werten
3	▶ Gerätemetriken ▶ Metriken aller Counter, außer den minimalen und maximalen Roll-up-Werten
4	alle unterstützten Metriken des vCenter Servers einschließlich der minimalen und maximalen Roll-up-Werte

Tabelle 6.2 Log-Level im vCenter (Forts.)

Möchten Sie ein Log der gesamten Infrastruktur oder von Teilen der Infrastruktur haben, lässt sich das über das Kontextmenü eines Objekts bewerkstelligen (siehe Abbildung 6.29 als Beispiel für die Logfiles eines Hosts). Dabei können Sie immer auswählen, welche Elemente mit exportiert werden sollen.

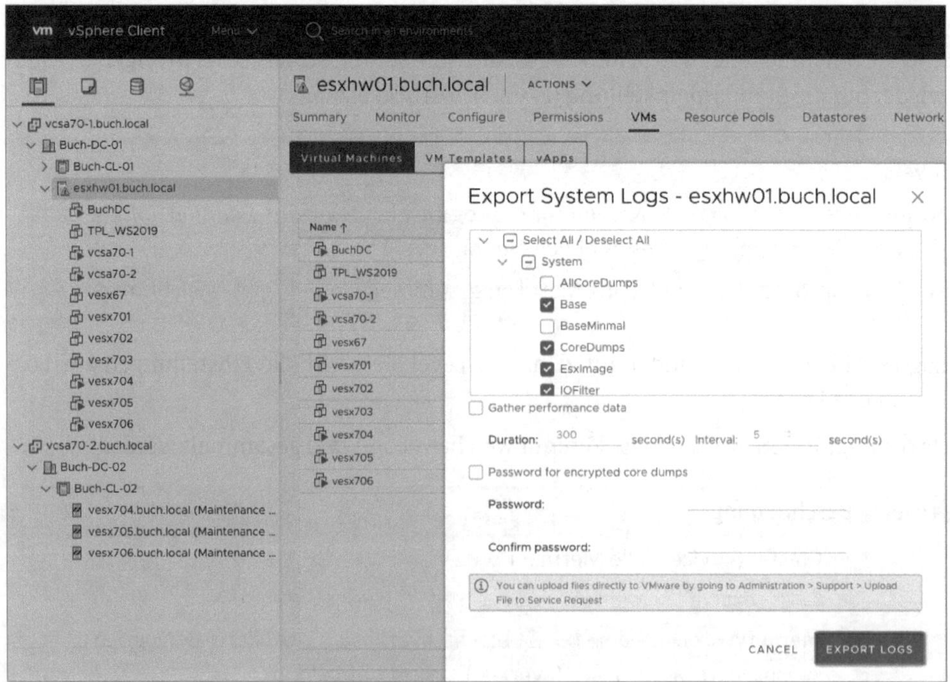

Abbildung 6.29 Der Export von Log-Dateien

Erschrecken Sie nicht – das kann durchaus einige Zeit in Anspruch nehmen. Die Granularität des Exports lässt sich durch Parameter einstellen.

6.10 VMware vSphere PowerCLI

VMware vSphere PowerCLI (im Folgenden auch *PowerCLI* genannt) setzt auf die *PowerShell* auf und ermöglicht eine sehr schnelle, einfache und unkomplizierte Administration der *VMware Virtual Infrastructure*.

Die ursprüngliche Basis bildet die PowerShell von Microsoft. Microsoft hat mit diesem Kommandozeilentool, das Schnittstellen in viele bekannte Systeme bietet (z. B. in das .NET Framework), eine übergreifende Shell programmiert, die sich an bereits bekannten Systemen orientiert. Mittlerweile gibt es sie für alle gängigen Betriebssysteme. Die PowerCLI gliedert sich in diese Shell ein und stellt Ihnen eine große Anzahl von Befehlen zur Administration von vSphere-Umgebungen zur Verfügung.

Sie können das Tool über die VMware-Codeseite *https://code.vmware.com/web/dp/tool/vmware-powercli/* (siehe Abbildung 6.30) herunterladen.

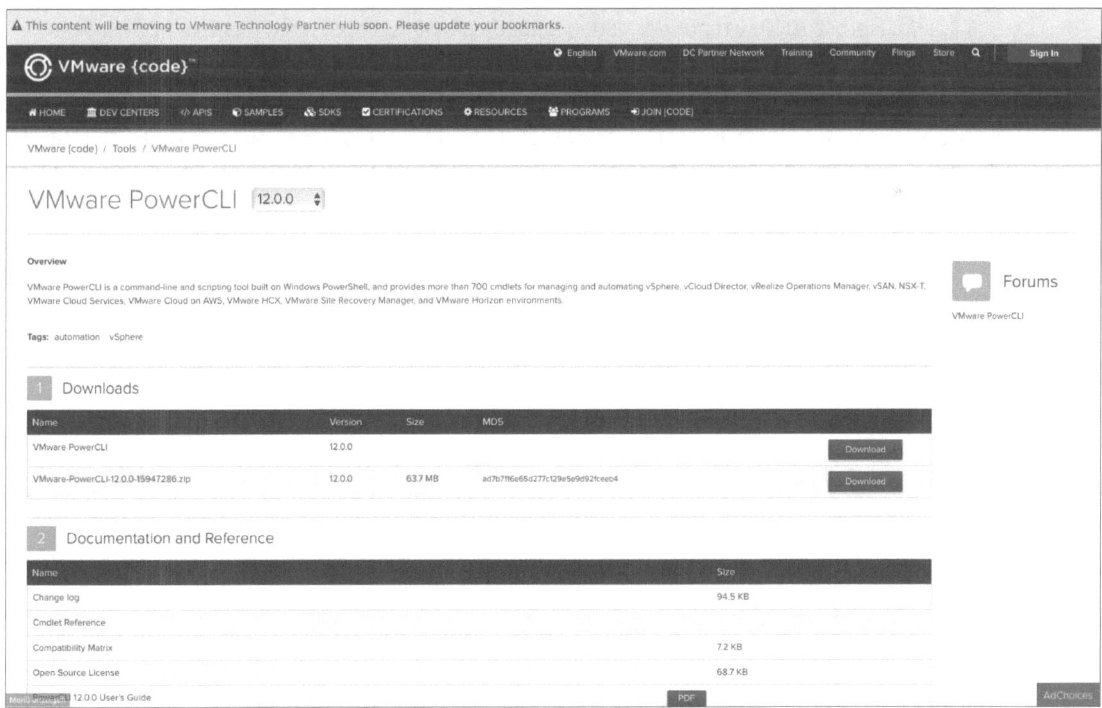

Abbildung 6.30 Download über die VMware-Codeseite

Es reichen zum Teil nur wenige Zeichen Code, um Aufgaben in der virtuellen Infrastruktur abzuarbeiten.

Die erstellten Skripte können Sie an einzelnen oder mehreren Objekten gleichzeitig ausführen. Damit Sie ein Gefühl für die geringe Komplexität der Skripte bekommen, zeigen wir hier ein Beispielskript, das einen Rescan aller Host-Bus-Adapter der angewählten Hosts durchführt:

```
$_ | Get-VMHostStorage -RescanAllHBA
$_ | Get-VMHostStorage -Refresh
```

Mit etwas Einarbeitung ist es schnell möglich, komplexe Skripte zu erstellen, mit denen Sie als Administrator die Aufgaben erfüllen können, die Ihnen im Tagesgeschäft begegnen. Die Möglichkeiten, die sich Ihnen hier eröffnen, werden Ihnen sofort bewusst werden, wenn Sie sich Ihre täglichen administrativen Aufgaben anschauen. Allerdings ist es nicht jedermanns Sache, auf der Kommandozeile herumzuzaubern.

Hinweis

Berücksichtigen Sie den Link zur neuen Webseite, der eingeblendet wird (siehe Abbildung 6.30). Im Herbst 2020 war auf der neuen Seite die PowerCLI aber noch nicht zu finden.

Wie wichtig die PowerCLI ist, zeigt sich auch an der Aktualisierungsrate, denn mit jeder neuen Version von VMware vSphere und dessen Unterprodukten werden immer mehr Befehle in die PowerCLI integriert. Diese Funktionen betten sich tief in die PowerCLI ein und erweitern die Möglichkeiten dieser Managementschnittstelle um ein Vielfaches. So gibt es mittlerweile einige Funktionen, die nur über die PowerCLI abgebildet werden können.

Kapitel 7
Das Netzwerk in VMware vSphere

Aus welchen Elementen besteht die Netzwerkanbindung von vSphere? In welcher Situation verwende ich welche Netzwerkdesigns? Wie integriere ich vSphere in bestehende Netzwerkumgebungen? Diese Fragen rund um das Netzwerk werden in diesem Kapitel behandelt.
Autor dieses Kapitels ist Florian Klotmann, florian@klotmann.net (basierend auf einer Version von Urs Stephan Alder).

Das Netzwerk spielt in jeder Server- oder Client-Virtualisierungslösung eine zentrale Rolle, findet doch die Kommunikation zwischen den beteiligten Elementen im Netzwerk statt:

- von *vSphere-Client* und *vCenter* zu den Virtualisierungshosts
- Netzwerkverkehr zwischen den Virtualisierungshosts untereinander
- Kommunikation zu und von den virtuellen Maschinen
- Zugriff vom Virtualisierungshost auf die IP-basierten Speichersysteme

Die Netzwerkanbindung kann von sehr einfach bis hochkomplex ausfallen – je nach der gewünschten Leistung und Integration in bestehende Netzwerkumgebungen.

7.1 Grundsätzliche Planungsaspekte

Es gibt sehr viele Aspekte, die bei der Planung für eine zukünftige Netzwerkimplementierung berücksichtigt werden müssen. Der Planungsablauf stellt ein Wechselspiel zwischen vorhandener und zu beschaffender Technologie im Kontrast zu den Konfigurationsmöglichkeiten im Netzwerk-Stack von vSphere dar.

7.1.1 Gutes Netzwerkdesign

Das Netzwerkdesign unter vSphere sollte mehr beinhalten als »Ich kann den Host pingen – alles ist gut«. Designfehler können üble Folgen haben – bis hin zum gleichzeitigen Totalausfall aller VMs in einem Cluster, weil das Netzwerkdesign den Anforderungen von HA (*High Availability*) nicht genügte.

Was macht also ein gutes Design aus? Folgende Punkte sollten erfüllt sein:

- **Das Netzwerk ist robust gegenüber Ausfällen.**

  Hier ist insbesondere wichtig, dass das Design nicht an den Netzwerkschnittstellen des ESXi-Hosts aufhört. Die physische Netzwerkinfrastruktur muss mit einbezogen werden, und die Verteilung der physischen Netzwerkkarten auf die physischen Switches muss korrekt sein. Die physische Verteilung der Netzwerkkomponenten muss dann entsprechend auf den virtuellen Switches umgesetzt werden. Dies bedeutet, dass für die Uplinks an den virtuellen Switch auch die Netzwerkkarten verwendet werden, die jeweils mit einem anderen physischen Switch verbunden sind.

- **Das Netzwerk erfüllt die Leistungsanforderungen.**

  Alle I/O-Muster können auch zu Spitzenzeiten abgedeckt werden.

- **Die vorhandenen Ressourcen werden gut genutzt.**

  Dies bedeutet, dass die idealen Load-Balancing-Policies verwendet werden, sodass die I/O-Last auf den Netzwerkkarten gleichmäßig verteilt wird.

- **Die verschiedenen Verkehrsmuster – wie I/O der VMs, vSAN, vMotion, FT, iSCSI, NFS, HA-Heartbeat, Managementverkehr – sind voneinander getrennt.**

  Wenn das nicht geht, weil nicht genügend Netzwerkkarten zur Verfügung stehen, sollten die Verkehrsmuster entweder vernünftig kombiniert oder mittels Active-Stand-by-Adaptern bzw. Network I/O Control modelliert werden.

- **Sicherheitsaspekte werden berücksichtigt.**

  Verschiedene Netze müssen voneinander getrennt bleiben. Es ist zum Beispiel eine sehr schlechte Idee, das Benutzernetz mit dem iSCSI-Storage-Netz zu kombinieren. Falls ein Benutzer nämlich einmal der Netzwerkkarte seines Notebooks eine statische IP-Adresse zuweist, die mit derjenigen des iSCSI-Targets identisch ist, dann ist viel »Spaß« in der Infrastruktur garantiert.

7.1.2 1- und 10-Gigabit-LAN und die maximale Anzahl physischer NICs

In vSphere 7 werden folgende NICs (Netzwerkkarten) unterstützt: 1 GBit, 10 GBit, 20 GBit, 25 GBit, 40 GBit, 50 GBit und 100 GBit. Für welche Technologie Sie sich entscheiden, hat Einfluss auf das physische Serverdesign, denn die Anzahl der maximal zugelassenen physischen Ports hängt von der Technologie ab. Bei 1 GBit liegt das Maximum – abhängig vom verwendeten Netzwerkkartenprodukt – bei bis zu 32 Ports, bei 10 GBit sind es, je nach eingesetzter Netzwerkkarte, zwischen 8 und 16 physische Ports.

Diese Informationen können Sie auf einer speziellen VMware-Webseite beziehen:

https://configmax.vmware.com/home

Da sich diese Angaben bei neuen Versionen von vSphere ändern können, sollten Sie die aktuellen Informationen zu Ihrer jeweiligen vSphere-Version prüfen.

Beachten Sie auch, dass neben den von VMware angegebenen Maxima auch solche vom Hersteller des Servers existieren können. Eine zu hohe Dichte von 10-GBit-NICs in bestimmten Servermodellen kann problematisch sein, weil der I/O-Stack eines solchen Servers gar nicht fähig ist, diese große Datenmenge zu bewältigen. Es wird zu vielen Interrupts kommen, und der Server bricht in der Leistung ein.

7.1.3 1- und 10-GBit-Technologie versus Load-Balancing und Verkehrsmusterkontrolle

Außer auf die maximale Anzahl physischer Ports, die im Host verbaut werden können, hat die Verwendung der 1- oder 10-GBit-Technologie auch Einfluss auf die Nutzung der Load-Balancing-Policy.

Bei 1 GBit geht es eigentlich immer darum, den »Kanal« zu vergrößern und über ein entsprechendes Teamkonstrukt ein möglichst ideales Load-Balancing zu erreichen.

Wird 10-GBit-Technologie (oder höher) verwendet, steht weniger der Load-Balancing-Mechanismus im Vordergrund, stattdessen müssen verschiedene Verkehrsmuster in dem »breiten Kanal« ideal getrimmt werden. Verkehrsmuster auf einem Kanal zu trimmen, bedeutet zwingend die Verwendung eines *vNetwork Distributed vSwitch* (vDS), da der *vNetwork Standard vSwitch* (vSS) keine Möglichkeit für *Network I/O Control* bietet.

7.1.4 Wie viel Bandbreite benötige ich in der Praxis wirklich?

Bandbreiten- und designtechnisch gesehen ist die 10-GBit-Technologie sicher die erste Wahl, weil sie einfach die flexibelsten Möglichkeiten bietet. Informatiklösungen werden meist durch das Budget begrenzt, und nicht allen IT-Betreibern stehen die Mittel für 10-GBit-Backbones zur Verfügung.

Für die Praxis kann sicher gesagt werden: Mit 1 GBit – zusammen mit einem intelligenten Design – kommt man sehr weit. Für heutige Server mit zwei CPUs genügt mehrfaches 1 GBit im Aggregat vollkommen. 4-CPU-Server geraten mit 1-GBit-Aggregaten an eine Leistungsgrenze. Bei Blade-Systemen mit vollen Chassis und Blades, die prall gefüllt mit RAM sind, sind 10 GBit oder mehr ein Muss, um die I/O-Leistung der vielen Server im Blade-Chassis optimal nutzen zu können. In Bezug auf die Storage-Anbindung ist mehrfaches 1 GBit im Entry-Level-Bereich unproblematisch und reicht vollauf. Sobald eine Stufe höhergeschaltet wird, sind 10 GBit zu bevorzugen oder sogar ein Muss.

100 GBit wären dann die höchste Bandbreite, die zurzeit unterstützt wird.

7.1.5 VLANs oder keine VLANs?

ESXi kann mit oder ohne VLANs betrieben werden. Selbstverständlich ist auch ein Mischbetrieb möglich. Keine VLANs zu verwenden, führt bei mehreren Netzwerksegmenten dazu, dass diese Segmente physisch ab dem ESXi-Host erschlossen werden müssen. Eine hohe Anzahl an physischen Ports im ESXi-Host ist die Folge (siehe Abbildung 7.1).

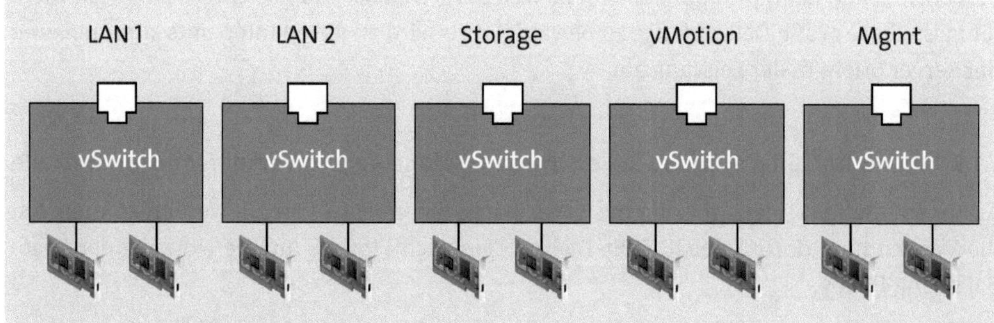

Abbildung 7.1 Fünf Segmente, ohne VLAN, redundant

Ein Beispiel

Anforderung: Es sollen fünf Segmente gebildet werden. VLANs werden nicht eingesetzt. Es ist außerdem erforderlich, dass Redundanz vorhanden ist.

Das bedeutet, dass mit physischen Netzwerkkabeln eine Verbindung zu jedem einzelnen Segment hergestellt werden muss. Für jedes Segment muss ein virtueller Switch gebildet werden. Damit die Redundanz gewährleistet ist, müssen zwei physische Netzwerkkarten an einem virtuellen Switch vorhanden sein. Da eine Netzwerkkarte nur einem virtuellen Switch zugeordnet werden kann, führt dies zu einer Anzahl von zehn physischen Netzwerkkarten.

Werden VLANs verwendet und wird alles auf einen vSwitch konsolidiert, können massiv physische Netzwerkkarten, Kabelverbindungen und Switch-Ports und letztendlich auch Kosten eingespart werden. Das Beispiel aus Abbildung 7.2 zeigt, dass es möglich ist, 60 % der Netzwerkkarten einzusparen und trotzdem praktisch dieselbe Qualität der Netzwerkanbindung zu erreichen.

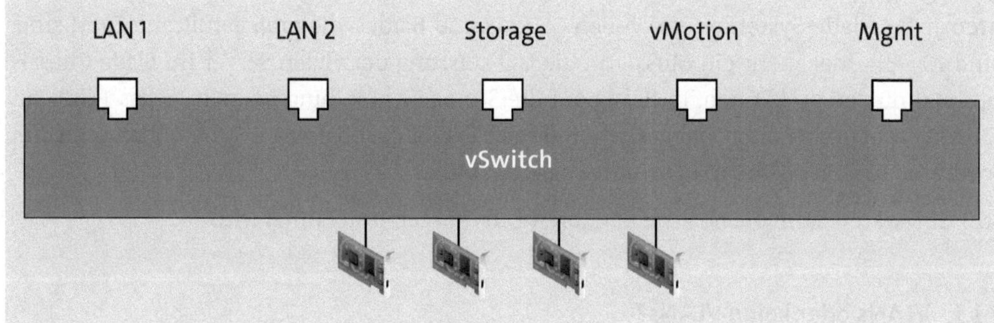

Abbildung 7.2 Fünf Segmente, mit VLAN, mehrfach redundant

7.1.6 Physische Switches können die Load-Balancing-Policy beeinflussen

Um ein voll redundantes Design zu erhalten, müssen die Netzwerkkarten in einem Host auf mindestens zwei physische Switches verteilt werden. Die verwendeten Switch-Komponenten im LAN haben einen Einfluss darauf, welche Load-Balancing-Policy in vSphere verwendet wird. Die Load-Balancing-Policy *IP-Hash* bedingt, dass die physischen Switch-Komponenten einen *Etherchannel*, statisches LACP (und dynamisches LACP bei vDS) oder eine Link-Aggregation nach IEEE 802.3ad bilden. Damit ergibt sich die zentrale Frage: Kann ich mit den eingesetzten Switches einen Channel über die Switch-Ports von mehreren Switches erzeugen (siehe Abbildung 7.3)?

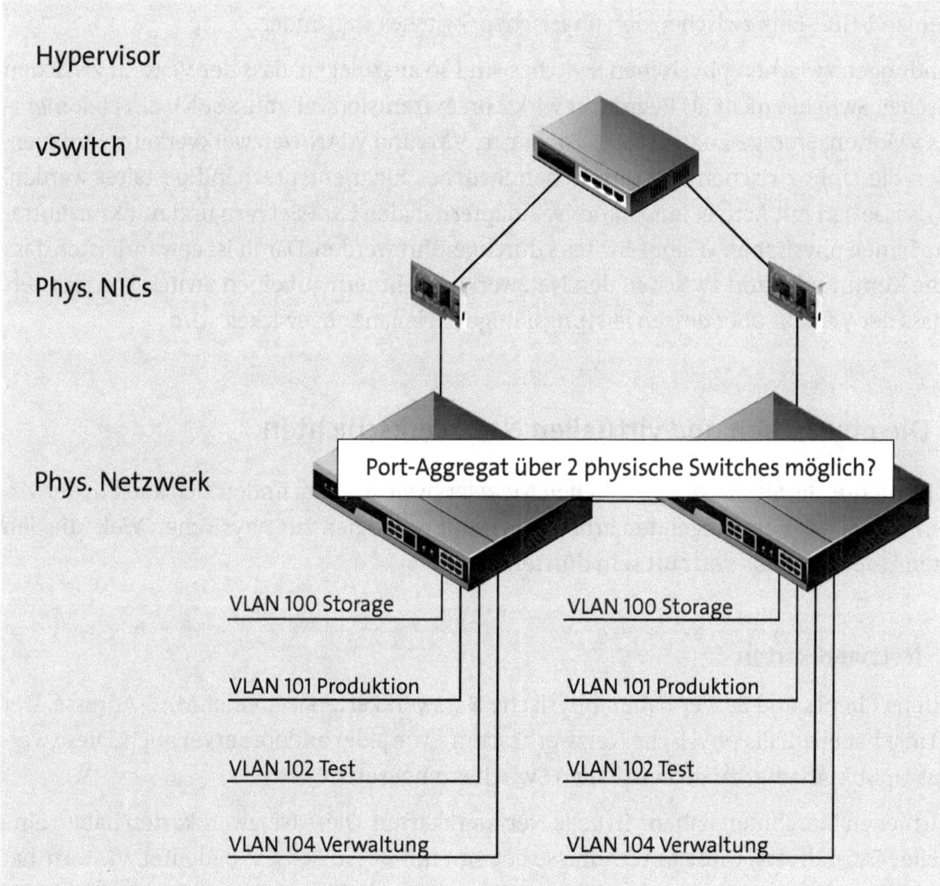

Abbildung 7.3 Ist ein Channel über mehrere Switches möglich?

Nur wenn Sie diese Frage mit Ja beantworten können, kann die Load-Balancing-Policy *IP-Hash* verwendet werden. Selbstverständlich können in diesem Fall auch alle anderen Policies auf diesen Switches eingesetzt werden, ohne dass ein Aggregat auf diesem physischen Switch konfiguriert wird.

Lautet die Antwort Nein, können alle Policies außer *IP-Hash* verwendet werden.

7.1.7 Links zwischen den physischen Switches

Ein Aspekt, dem unbedingt Rechnung getragen werden sollte, sind die Verbindungen von physischen Switches untereinander. Es nützt nichts, wenn Sie Ihr ESXi-Netzwerkdesign nach Best Practice durchgeführt haben, aber die Kommunikation von einem ESXi-Server zu einem anderen ESXi-Server, die jeweils mit verschiedenen physischen Switches verbunden sind, über einen 1-GBit-Link zwischen den physischen Switches stattfindet.

Verbindungen zwischen physischen Switches sind so auszulegen, dass der Verkehr zwischen physischen Switches nicht als Begrenzer wirkt! Im extremsten Fall muss solch ein Link mehrfaches vMotion, Storage-Zugriff, Fault Tolerance, VM- und vSAN-Netzwerkverkehr verdauen. Können die Links zwischen den physischen Switches nicht entsprechend gestaltet werden, sollte das Design mit Active- und Stand-by-Adaptern in den ESXi-Servern und mit Konzentration auf einen physischen »Haupt-Switch« durchgeführt werden. Damit ist gewährleistet, dass sich die Kommunikation zwischen den Netzwerkteilnehmern auf einen Switch konzentriert und dass der Verkehr über dessen leistungsfähige Backplane abgewickelt wird.

7.2 Die physischen und virtuellen Netzwerkschichten

Viele Elemente, die Sie aus der physischen Netzwerkwelt kennen, finden sich auch in der virtuellen Welt wieder. Im Folgenden arbeiten wir mit Analogien zur physischen Welt, die den meisten Lesern bestens vertraut sein dürften.

7.2.1 Netzwerkkarten

Physische Clients und Server haben physische Netzwerkkarten mit einer MAC-Adresse. Der ESXi-Host hat ebenfalls physische Netzwerkkarten – wie jeder andere Server auch. Diese werden als Uplink-Adapter zu den virtuellen Switches eingesetzt.

Die virtuellen Maschinen haben virtuelle Netzwerkkarten. Diese Netzwerkkarten haben eine virtuelle MAC-Adresse. Diese MAC-Adresse beginnt mit 00:50:56:. Das bedeutet, VMware hat einen eigenen MAC-Adressbereich. Das zu wissen kann bei der Fehlersuche hilfreich sein, zum Beispiel bei einem IP-Adressenkonflikt: Wenn Sie eine MAC-Adresse sehen, die mit 00:50:56: beginnt, wissen Sie jetzt, dass es sich um einen VMware-Netzwerkadapter von einer VM handelt.

Die MAC-Adresse für eine virtuelle Netzwerkkarte kann automatisch oder statisch konfiguriert werden. Die MAC-Adressen zu den einzelnen virtuellen Netzwerkadaptern werden in der Konfigurationsdatei (*.vmx*) der virtuellen Maschine gespeichert.

7.2.2 Switches

In der physischen Welt gibt es den physischen Switch, und demzufolge existiert in der virtuellen Welt der virtuelle Switch. In der Tat sind die virtuellen Switches physischen Layer-2-Switches nachgebildet. Die virtuellen Switches haben aber nicht alle Eigenschaften von physischen Switches. Zum Beispiel sind virtuelle Switches nicht STP-(*Spanning Tree Protocol*-) fähig.

7.2.3 Port

Ein physischer Switch hat physische Anschlüsse, die auch *Ports* genannt werden. Je nach Switch-Modell existiert eine bestimmte Menge an physischen Anschlüssen. Wenn Ihr Switch zum Beispiel 48 physische RJ45-Ports hat, können Sie 48 Netzwerkkarten von Servern oder Clients über Netzwerkkabel mit ihnen verbinden.

Ein virtueller Switch hat ebenfalls eine bestimmte Menge an Ports, analog zu einem physischen Switch. Je nach Typ und Einstellungen des virtuellen Switchs kann die Menge an Ports beim *vNetwork Standard Switch* bis zu 4.096 betragen und beim *vNetwork Distributed Switch* bis zu 60.000.

7.2.4 Port Group

In den physischen Switches gibt es je nach Modell unterschiedliche Module bzw. Steckverbinder für verschiedene Anwendungsgebiete. Zum Beispiel gibt es 10-GBit-CX4-Module für das Stacking von Switches oder Private-Ports, die mit GBICs (Gigabit-Interface-Konvertern) bestückt werden können, um längere Distanzen mittels LWL (Lichtwellenleitern) überbrücken zu können. Kurz gesagt: Für verschiedene Anwendungszwecke gibt es verschiedene Module.

In der virtuellen Welt gibt es zwei unterschiedliche »Module«, sogenannte *Port Groups* (Portgruppen). Diese dienen zum Anschluss von virtuellen Maschinen und/oder dazu, dem Hypervisor den Netzwerkzugang über TCP/IP zu ermöglichen.

Die Aufteilung der Schichten stellt Abbildung 7.4 dar. Wenn Sie in dieser Abbildung die Verbindungen von den VMs zu den virtuellen Switches und von diesen zu den physischen Netzwerkkarten etwas genauer betrachten, fällt auf, dass die Ausprägung sehr unterschiedlich sein kann. Da gibt es:

- VMs an virtuellen Switches mit einer Netzwerkkarte
- VMs an virtuellen Switches mit zwei Netzwerkkarten
- VMs an virtuellen Switches ohne Netzwerkkarten

Im Folgenden sehen wir uns diese Möglichkeiten etwas genauer an.

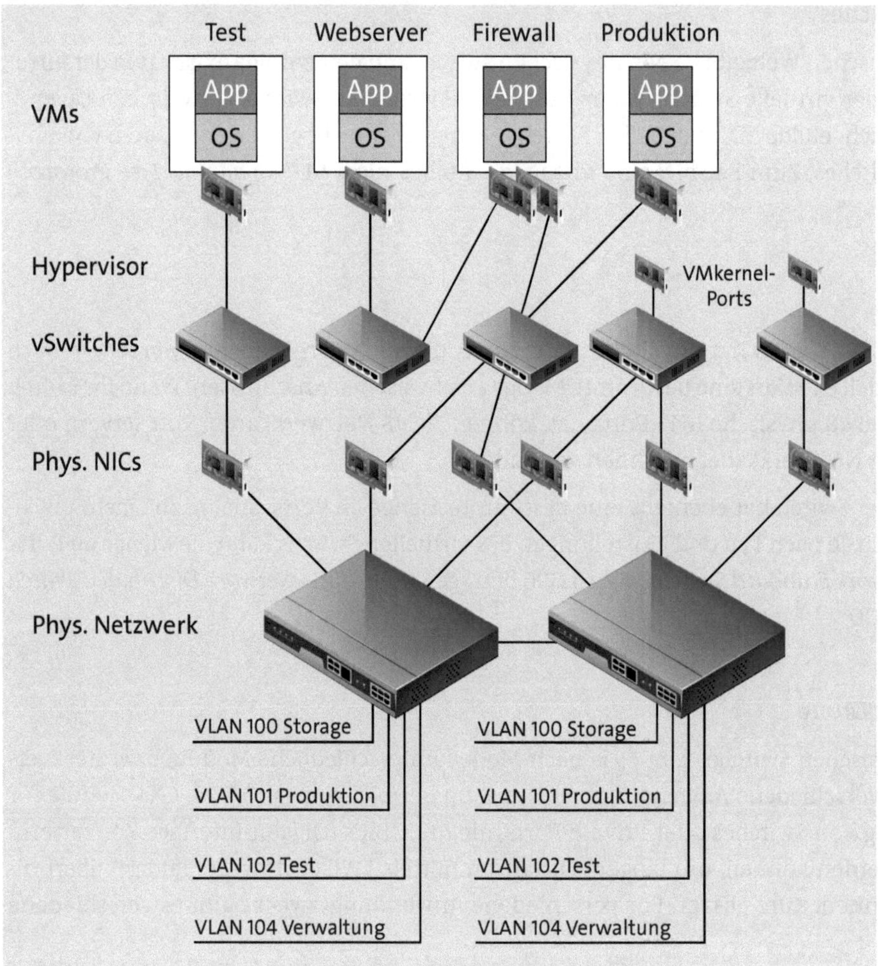

Abbildung 7.4 Die Schichten im virtuellen und physischen Netzwerk

VMs an virtuellen Switches mit einer Netzwerkkarte

Diese VMs können in das physische Netzwerk kommunizieren, besitzen aber keine Redundanz. Sind VMs an demselben virtuellen Switch angeschlossen, kommunizieren sie direkt über diesen Switch miteinander, ohne das physische Netzwerk zu benutzen.

VMs an virtuellen Switches mit zwei Netzwerkkarten

Diese VMs können in das physische Netzwerk kommunizieren, besitzen aber Redundanz und automatische Lastverteilung (*Load-Balancing*). Sind VMs an demselben virtuellen Switch angeschlossen, kommunizieren sie direkt über diesen Switch miteinander, ohne das physische Netzwerk zu benutzen.

VMs an virtuellen Switches ohne Netzwerkkarten

Diese VMs können nicht direkt in das physische Netzwerk kommunizieren. Sind VMs an demselben virtuellen Switch angeschlossen, kommunizieren sie direkt über diesen Switch miteinander.

In Abbildung 7.4 sehen Sie, dass die Webserver-VM an solch einen virtuellen Switch angeschlossen ist. Sie kann nicht direkt in das physische Netzwerk kommunizieren. Eine Kommunikation in das physische Netzwerk ist nur über die Firewall-VM möglich.

7.3 Die physischen Netzwerkkarten im Host

Innerhalb des ESXi-Servers gibt es zwei Typen von virtuellen Switches:

1. den *vNetwork Standard Switch* (vSS, vSwitch)
2. den *vNetwork Distributed Switch* (vDS, dvSwitch)

Beide Arten von vSwitch-Typ benötigen als Uplinks physische Netzwerkkarten im Server. Diese Netzwerkkarten werden als *vmnic#* angezeigt. Die Nummerierung fängt bei 0 an. Somit ist die erste Netzwerkkarte die *vmnic0*, die nächste *vmnic1* etc. Die vergebene *vmnic*-Nummer hängt von der PCI-Nummer der physischen Netzwerkkarte ab. Das bedeutet für Standardserver, dass On-Board-Netzwerkkarten zuerst kommen.

Danach folgen die in einen PCI-Bus gesteckten Netzwerkkarten. Je niedriger die PCI-Nummer in der Reihenfolge bei mehreren Netzwerkkarten ist, desto niedriger ist die *vmnic*-Nummer. Bei der Nummerierung ist es egal, ob es sich um 1-GBit- oder 10-GBit-Adapter handelt. Bei Blade-Systemen, die synthetische Netzwerkadapter verwenden, kann die Nummerierung normalerweise eingestellt werden.

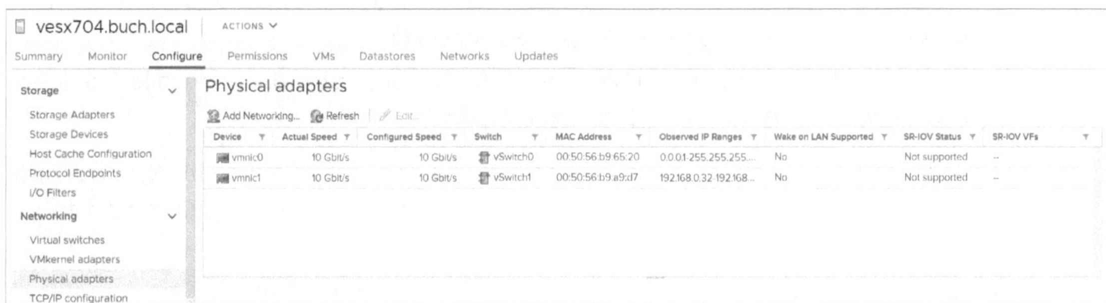

Abbildung 7.5 Die physischen NICs im Server

Wie Sie in Abbildung 7.5 sehen können, sind nebst der *vmnic*-Nummerierung, die Sie in der Spalte DEVICE finden, diverse andere Informationen vorhanden:

- In der Spalte ACTUAL SPEED sind der Verbindungsstatus und die Geschwindigkeit der Karte sichtbar.

- Die Spalte CONFIGURED SPEED zeigt, ob die Netzwerkkarte die Verbindungsgeschwindigkeit aushandelt oder ob diese fix eingestellt ist.
- Die Spalte SWITCH beinhaltet, ob die Netzwerkkarte an einem – sowie an welchem – vSwitch-Typ verwendet wird.
- Die Spalte MAC ADDRESS zeigt die MAC-Adresse des physischen Netzwerkadapters an.
- In der Spalte OBSERVED IP RANGES sehen Sie das Netzwerksegment, das die Karte wahrnimmt. Dieses wahrgenommene Netzwerk wird durch sogenanntes *Snooping* erkannt. Dabei werden die IP-Adressen im Segment ausgewertet, und die IP-Range wird ermittelt.

  Diese Angaben können als Hilfsmittel verwendet werden, um die korrekte Netzwerkkarte als Uplink einem vSS (*vNetwork Standard Switch*) oder einem vDS (*vNetwork Distributed Switch*) zuzuordnen.
- Die Spalte WAKE ON LAN SUPPORTED zeigt, ob die betreffende Netzwerkkarte *Wake on LAN Support* (WOL) besitzt oder nicht. Diese Information ist für DPM (*Distributed Power Management*) wichtig, falls die Server aus dem Stand-by-Modus mittels WOL eingeschaltet werden sollen.
- Die Spalte SR-IOV STATUS zeigt an, ob SR-IOV (*Single-Root I/O Virtualization*) unterstützt wird oder nicht.
- Die Spalte SR-IOV VFs gibt Informationen über individuelle virtuelle Funktionen, die mit SRO-IV freigeschaltet wurden.

Wenn Sie eine *vmnic* anklicken und damit markieren, können Sie für die betreffende Netzwerkkarte noch weitere Informationen bzw. Funktionen einsehen (siehe Abbildung 7.6):

- Unter ALL wird Ihnen eine Zusammenfassung der vier Register PROPERTIES, CDP, LLDP und RDMA präsentiert.
- Die Registerkarte PROPERTIES enthält Informationen wie Hersteller und Name der Netzwerkkarte, verwendeter Treiber, PCI-Bus-Nummer etc.
- Die Registerkarten CDP und LLDP zeigen Informationen über die Protokolle CDP (*Cisco Discovery Protocol*) oder LLDP (*Link Layer Display Protocol*) an.

Über den Menüpunkt EDIT können Sie die Netzwerkkarte konfigurieren. Eine Netzwerkkarte kann hinsichtlich der Geschwindigkeit bei der Datenübertragung in folgende Modi versetzt werden:

- AUTO NEGOTIATE
- 10 MB, HALF DUPLEX
- 10 MB, FULL DUPLEX
- 100 MB, HALF DUPLEX
- 100 MB, FULL DUPLEX
- 1000 MB, FULL DUPLEX

Bei NICs, z. B. in Blade-Systemen, existiert vielfach nur ein fixer Modus, wie z. B. 20000 MB, FULL DUPLEX, der nicht verändert werden kann.

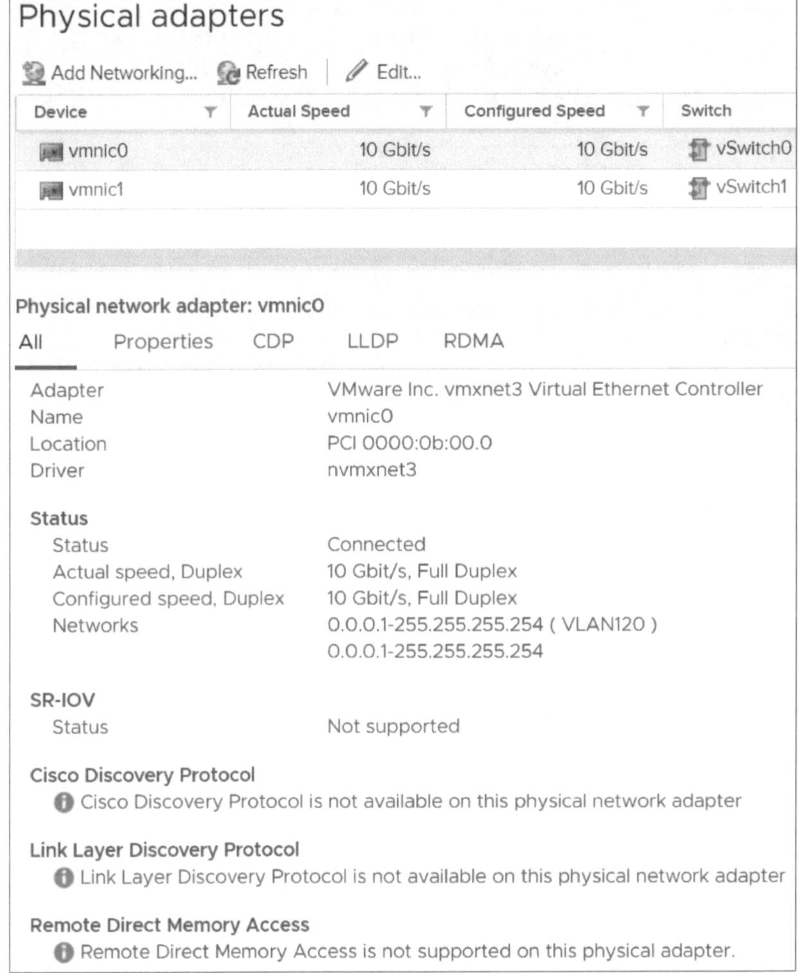

Abbildung 7.6 Weitere Details einer Netzwerkkarte

7.4 vSS und vDS – eine Gegenüberstellung

Wie schon erwähnt wurde, gibt es bei den beiden vSwitch-Typen vSS und vDS Gemeinsamkeiten, aber auch starke Unterschiede im Konzept. Dieser Abschnitt stellt zuerst die Eigenschaften der zwei vSwitch-Konzepte einander gegenüber.

Danach folgt ein Vergleich der gemeinsamen Eigenschaften. Auf die spezifischen Eigenschaften gehen wir in Abschnitt 7.5, »Arbeiten mit dem vNetwork Standard Switch (vSS)«, und in Abschnitt 7.6, »Arbeiten mit dem vNetwork Distributed Switch (vDS)«, ein.

7.4.1 Die Eigenschaften der vSwitch-Typen im Überblick

Tabelle 7.1 veranschaulicht die Fähigkeiten der beiden vSwitch-Typen.

Eigenschaft	vNetwork Standard Switch (vSS)	vNetwork Distributed Switch (vDS)
Layer-2-Switch	Ja	Ja
VLAN 802.1q	Ja	Ja
NIC-Teaming	Ja	Ja
CDP (*Cisco Discovery Protocol*)	Ja	Ja
Traffic Shaping ausgehend	Ja	Ja
Traffic Shaping eingehend	Nein	Ja
Net Flow	Nein	Ja
LLDP (*Link Layer Discovery Protocol*)	Nein	Ja
Port Mirroring	Nein	Ja
Enterprise Level Management	Nein	Ja
PVLAN	Nein	Ja
Blocken von individuellen Ports	Nein	Ja
Network I/O Control	Nein	Ja
Verwaltung durch vCenter	Nein	Ja
Traffic-Filter	Nein	Ja
LACP/LAG	Nein	Ja

Tabelle 7.1 Eigenschaften des Standard vSwitch und des Distributed vSwitch

Wie man unschwer erkennen kann, bietet der *vNetwork Distributed Switch* einiges mehr an Möglichkeiten als der *vNetwork Standard Switch*.

Hinweis

Auch wenn in Tabelle 7.1 bei den beiden verschiedenen vSwitch-Typen in den Eigenschaften ein »Ja« eingetragen ist, so kann es immer noch leicht unterschiedliche Möglichkeiten innerhalb dieser Einstellungen geben. Als Beispiel seien hier die Einstellungsmöglichkeiten bei VLANs und Ports genannt.

7.4.2 Die beiden vSwitch-Typen

Innerhalb des ESXi-Servers gibt es – wie in Abschnitt 7.3 schon erwähnt – zwei Typen von virtuellen Switches:

- den *vNetwork Standard Switch* (vSS, vSwitch)
- den *vNetwork Distributed Switch* (vDS, dvSwitch)

Wir werden ab jetzt primär folgende Begriffe verwenden, damit eine einheitliche Begrifflichkeit existiert:

- vNetwork Standard Switch: *vSS*
- vNetwork Distributed Switch: *vDS*
- Sind der vNetwork Standard Switch und der vNetwork Distributed Switch zusammen gemeint, sprechen wir von *vSwitch-Typ(en)*.

Die vSwitch-Typen bilden einen Layer-2-Ethernet-Switch ab (OSI-Modell: Layer 2), ohne jedoch alle Eigenschaften eines physischen Layer-2-Switchs zu besitzen. Als Beispiel sei hier STP (*Spanning Tree Protocol*) aufgeführt: Physische Layer-2-Switches beherrschen STP, in den vSwitch-Typen ist STP jedoch nicht implementiert.

Beide vSwitch-Typen stellen ein Verbindungselement dar, das auf der einen Seite sogenannte *Port Groups* (Portgruppen) und auf der anderen Seite physische Netzwerkadapter innerhalb des Hosts verwendet. Diese physischen Netzwerkadapter werden als *vmnic#* bezeichnet.

Es gibt zwei Typen von Port Groups:

- **Virtual Machine Port Group:** Diese Portgruppe wird verwendet, um virtuelle Maschinen mit einem der vSwitch-Typen zu verbinden, damit die VM über sie eine Netzwerkverbindung erhält.
- **VMkernel Port Group:** Diese Portgruppe ermöglicht dem ESXi-Kernel/Hypervisor, über TCP/IP im Netzwerk zu kommunizieren.

Die TCP/IP-Kommunikation des Kernels/Hypervisors ist für folgende Kommunikationsbeziehungen des Hosts nötig:

- vom vSphere-Client zum Host
- vom vCenter Server zum Host
- vom Host zu IP-basierten Speichersystemen
- zwischen den Hosts für vMotion-Traffic, Provisioning-Traffic, Fault-Tolerance-Logging, Management-Traffic, vSphere-Replication-Traffic, vSphere-Replication-NFC-Traffic und Virtual-SAN-Traffic

Die beiden Switch-Typen weisen auf den ersten Blick viele gemeinsame Merkmale auf. Bei näherer Betrachtung ergeben sich dann aber doch signifikante Unterschiede. Während der vSS schon seit der VMware-ESX-Version 3.0 existiert, wurde der vDS mit der VMware-ESX-

Version 4.0 eingeführt. Der vDS erfuhr jeweils Erweiterungen mit den vSphere-Versionen 4.1, 5.0, 5.1, 5.5, 6.0, 6.5, 6.7 und 7.0. Der vDS ist definitiv das modernere Konzept und bietet mehr Flexibilität. VMware implementiert neue Netzwerk-Features primär in den vDS. Damit der vDS verwendet werden kann, wird die größte vSphere-Edition, *Enterprise Plus*, benötigt.

Die folgenden Screenshots (Abbildung 7.7 und Abbildung 7.8) zeigen die Elemente für vNetwork Standard Switches (vSS) und vNetwork Distributed Switches (vDS).

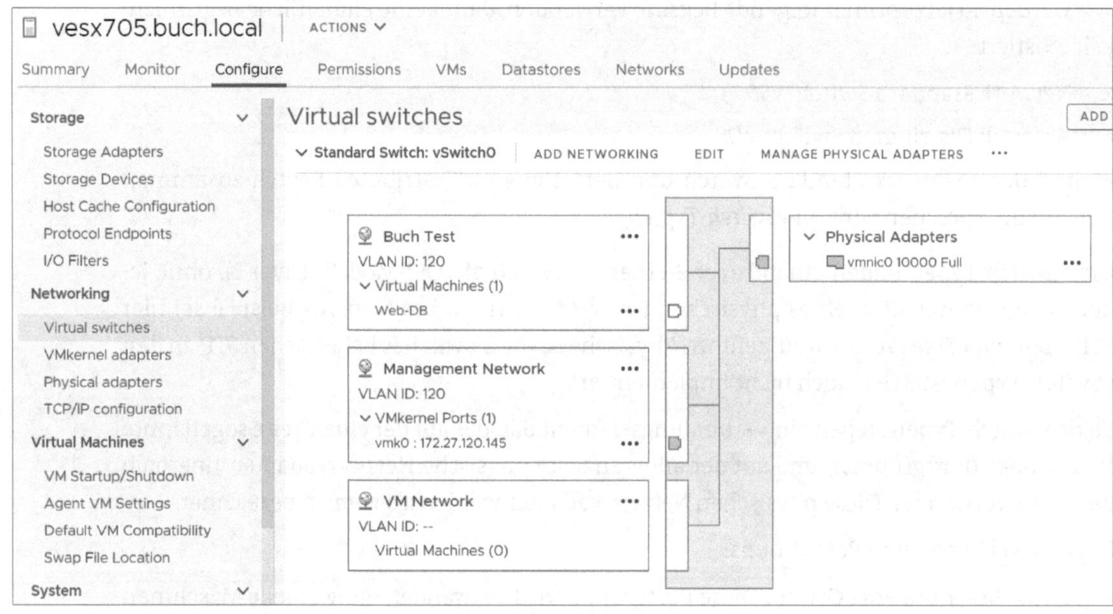

Abbildung 7.7 vSS – vNetwork Standard Switch

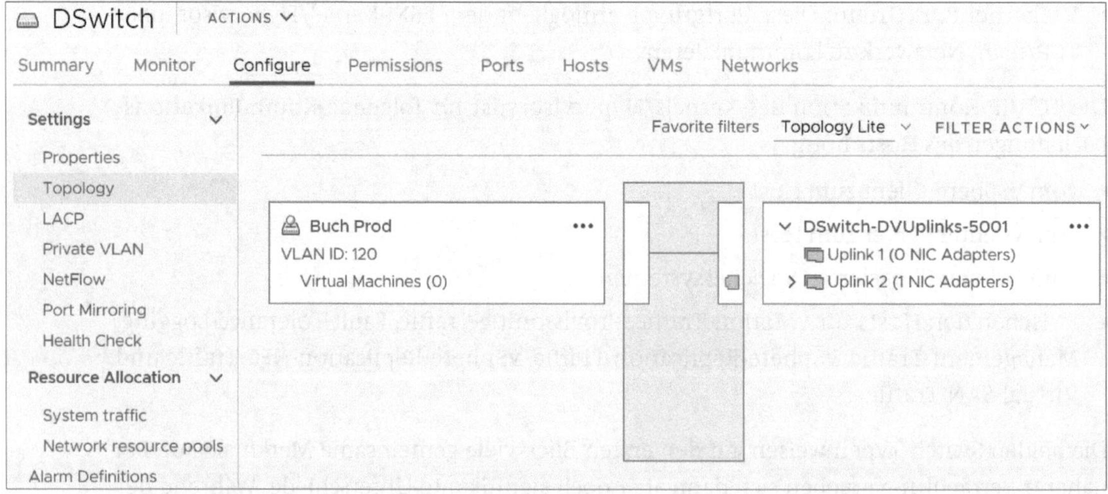

Abbildung 7.8 vDS – vNetwork Distributed Switch

7.4.3 Der Switch-Teil bei vSS und vDS

In den Abbildungen ist der Switch-Teil jeweils als grauer Kasten in der Mitte dargestellt. Links von ihm befinden sich die Port Groups, rechts sind die Uplink-Adapter zu sehen. Dieses Konzept ist bei beiden vSwitch-Typen aus Sicht des Hosts dasselbe.

Die Einstellungsmöglichkeiten und Eigenschaften der beiden vSwitch-Typen sind – bezogen auf den reinen Switch-Teil – recht unterschiedlich. Festzuhalten ist, dass Sie für den vDS die wenigsten Einstellungen direkt auf dem ESXi-Host vornehmen können. Die meisten Konfigurationen müssen über das vCenter vorgenommen werden.

7.4.4 Port Groups bei vSS und vDS

Bei den Port-Groups sind Einstellungen für vSS und vDS möglich. Auch hier sind die meisten Einstellungen für den vDS ausschließlich über das vCenter möglich.

Ebenfalls fällt auf, dass diverse Einstellungen, die beim vSS auf Switch-Ebene erfolgen, bei dem vDS in die Port-Group-Ebene verschoben wurden. Beispiele sind die Layer-2-Security-Policies, das NIC-Teaming und das Traffic Shaping.

7.4.5 Ports bei vSS und vDS

Die Einstellung für die Anzahl der Ports ist beim vSS sehr begrenzt und könnte nur über den vSphere-Client vorgenommen werden. Dies ist jedoch nicht wirklich nötig, da die Voreinstellung auf *Elastic* eingestellt ist, was eine automatische Erhöhung der Ports, wenn benötigt, zur Folge hat.

Weil die beiden Ansätze der virtuellen Switches völlig voneinander abweichen, sind die Details dazu in den entsprechenden Abschnitten der vSwitch-Typen hinterlegt – für den vSS ist das Abschnitt 7.5, für den vDS Abschnitt 7.6.

7.4.6 Die Layer-2-Security-Policies

Die Security-Policies auf Layer 2 sind bei beiden Switch-Typen identisch. Es gibt drei Einstellungen (siehe Abbildung 7.9):

1. PROMSICUOUS MODE
2. MAC ADDRESS CHANGES
3. FORGED TRANSMITS

Die SECURITY-Einstellungsmöglichkeiten sind auf vSS und vDS absolut identisch. Die Policies beziehen sich auf den Ethernet-Stack (Layer 2). Sie können auf REJECT oder ACCEPT eingestellt werden. Wir sehen sie uns im Folgenden etwas genauer an.

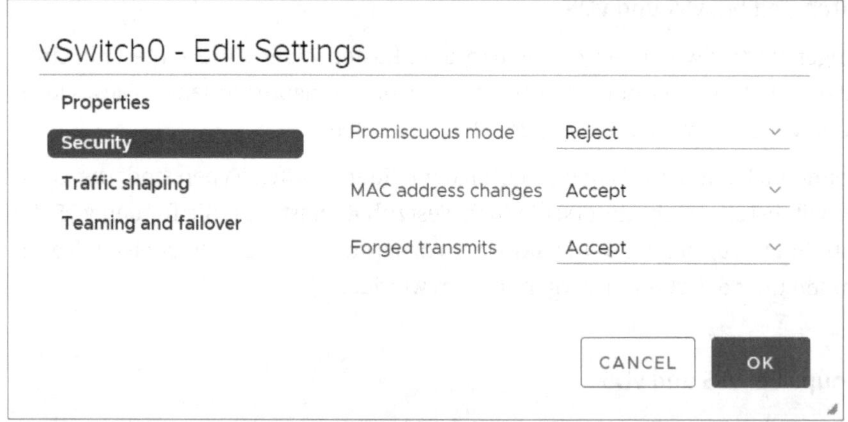

Abbildung 7.9 vSS-Konfiguration – »Security« (Switch und Port Groups sind identisch)

Promiscuous Mode

Dieser Modus ist standardmäßig auf REJECT eingestellt. Im *Promiscuous Mode* ist es möglich, den gesamten Netzwerkverkehr auf dem betreffenden vSS oder vDS an eine entsprechend eingestellte Port Group zu leiten. Diese Funktion wird für das *Sniffing* mit Paketanalysesoftware innerhalb einer VM benötigt. Eine andere Anwendung ist der Einsatz eines IDS (*Intrusion Detection System*) innerhalb einer VM.

MAC Address Changes

Dieser Modus ist bei beiden Typen standardmäßig auf REJECT eingestellt. Wenn innerhalb des Betriebssystems in der VM die MAC-Adresse verändert wurde, wird dies je nach Konfiguration akzeptiert oder verworfen. Mit ACCEPT kann die VM normal in das Netzwerk kommunizieren. Steht diese Einstellung auf REJECT, wird der eingehende Verkehr der nicht originalen MAC-Adresse verworfen.

Die MAC-Adresse einer virtuellen Netzwerkkarte ist in der Konfigurationsdatei *.vmx* hinterlegt. Somit weiß der ESXi-Host, welche die originale und somit gültige MAC-Adresse ist.

Forged Transmits

Auch dieser Modus ist bei beiden Typen standardmäßig auf REJECT eingestellt. Wenn innerhalb des Betriebssystems in der VM die MAC-Adresse verändert wurde, wird dies mit der Einstellung ACCEPT akzeptiert, und die VM kann normal in das Netzwerk kommunizieren. Mit der Einstellung REJECT wird der ausgehende Verkehr der nicht originalen MAC-Adresse verworfen.

7.4.7 Traffic Shaping

Die Traffic-Shaping-Eigenschaften sind bei beiden vSwitch-Typen im Bereich *Outbound* oder *Egress* (ausgehend vom ESXi-Host ins physische Netzwerk) praktisch identisch. Der einzige Unterschied besteht darin, dass beim vSS diese Einstellung nebst einer Port Group auch auf dem virtuellen Switch selbst eingestellt werden kann. Beim vDS kann Traffic Shaping nur auf einer Port Group eingestellt werden.

Ingress oder *Inbound* (vom physischen Netzwerk in den ESXi-Host) beherrscht nur der vDS. Daher schauen wir uns an dieser Stelle nur das gemeinsame Outbound an (siehe Abbildung 7.10).

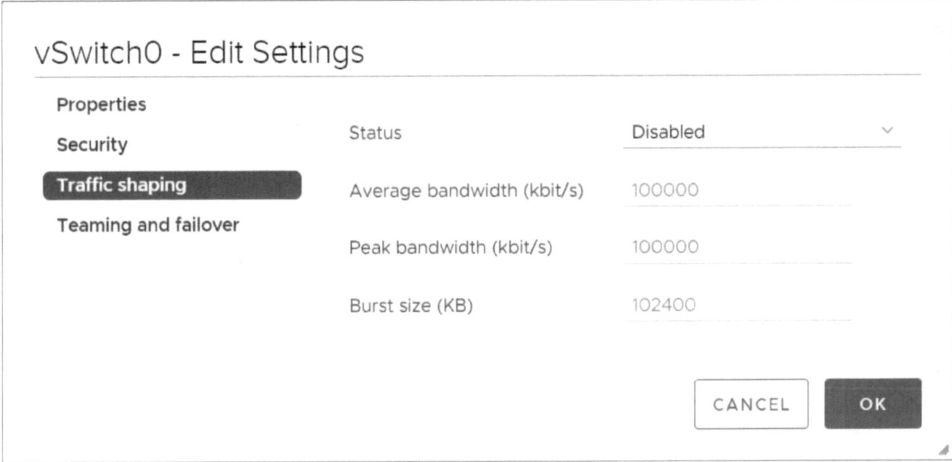

Abbildung 7.10 vSS-Konfiguration – »Traffic shaping« (Switch und Port Groups sind identisch)

Das TRAFFIC SHAPING ist standardmäßig auf DISABLED gesetzt, also nicht aktiv. Das bedeutet, dass die volle zur Verfügung stehende Netzwerkbandbreite genutzt werden kann. Mit Traffic Shaping besteht die Möglichkeit, die Gesamtbandbreite zu beschränken. Es gibt drei Einstellungen zum Traffic Shaping (siehe Abbildung 7.11):

- AVERAGE BANDWIDTH
- PEAK BANDWIDTH
- BURST SIZE

Average Bandwidth

Mit AVERAGE BANDWIDTH kann die zulässige Bandbreite in KBits/s eingestellt werden. Wird Traffic Shaping aktiviert, ist der Standardwert 100.000 KBit/s, was 100 MBit/s entspricht. Das bedeutet, dass bei einem 1-GBit-Anschluss nur ein Zehntel der Bandbreite verwendet wird.

Peak Bandwidth

Mit PEAK BANDWIDTH kann die Average Bandwidth nach oben ausgedehnt werden. Eine Bedingung ist, dass genügend Bandbreite vorhanden ist. Der Wert, den Sie bei PEAK BANDWIDTH angeben, ist das effektive Maximum, das überhaupt verwendet werden kann. Die Peak Bandwidth kann nicht kleiner sein als die Average Bandwidth.

Burst Size

Mit BURST SIZE kann auf der Peak Bandwidth eine Volumengrenze durchgesetzt werden. Es ist die maximale Datenmenge, die in einem Burst versendet werden kann.

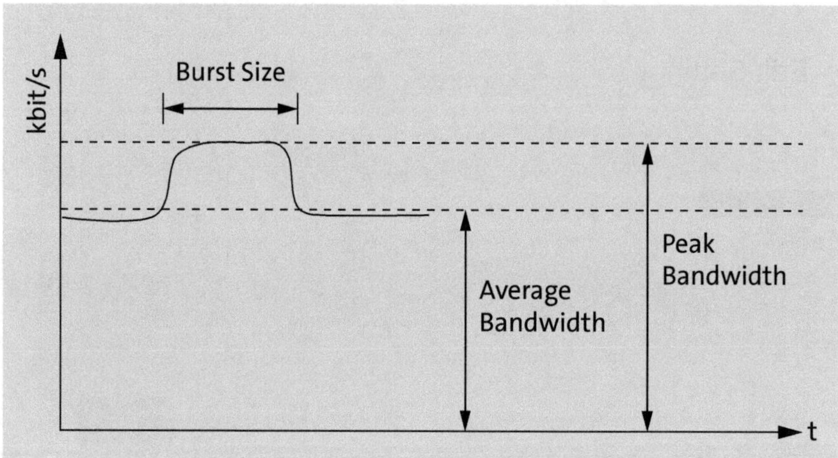

Abbildung 7.11 Traffic-Shaping-Einstellungen als Diagramm

7.4.8 Die VLAN-Einstellungen der vSwitch-Typen

Bevor wir auf die Unterschiede der VLAN-Einstellungen bei den vSwitches eingehen, schauen wir uns die VLANs aus Sicht von VMware an.

VLANs sind eine Layer-2-Eigenschaft, »da, wo das Ethernet-Protokoll stattfindet«. VMware unterstützt den IEEE-Standard 802.1q. Für die VLAN-Tags sind 12 Bits vorgesehen. 12 Bits entsprechen einem Adressraum von 2^{12}, also 4096 unterschiedlichen Werten. Da die Nummerierung mit 0 beginnt, ist die höchste VLAN-ID 4095, und somit betragen die gültigen Werte 0 bis 4095. 0 heißt »kein Tag« und ist die Standardeinstellung einer Port Group. Das bedeutet, sie selbst nimmt kein Tagging vor, sondern leitet den Verkehr 1:1 an die VM weiter. 4095 steht für *Trunk-Port*, das heißt, alle Pakete werden eine Schicht höher weitergegeben, und die Auswertung des eigentlichen Tags findet in der VM statt.

In der Praxis kommt am häufigsten das VST (*Virtual Switch Tagging*) zur Anwendung. Dieses wird von beiden vSwitch-Typen gleichwertig unterstützt.

Bei VST wird eine VLAN-ID auf einer Port Group eingegeben (gültige Werte: 1 bis 4094). Die Uplink-Adapter, die der vSwitch verwendet, werden an einen Trunk-Port des physischen Switchs angeschlossen.

Werden nun Netzwerkpakete von einer VM ins physische Netz gesandt, baut die Port Group das konfigurierte Tag ein, das wäre in Abbildung 7.12 das Tag 50 oder das Tag 51. Das mit dem Tag bestückte Netzwerkpaket wird über die Netzwerkkarte an den Trunk-Port des physischen Switchs geliefert. Der physische Switch wertet das Tag aus und behandelt es entsprechend. »Entsprechend behandeln« bedeutet: Wenn das Endziel ein Access-Port ist, wird das Tag aus dem Netzwerkpaket entfernt und dann von diesem an den Client, Server oder an das, was auch immer sich an diesem Anschluss befindet, als normales Netzwerkpaket abgeliefert, wie in Abbildung 7.12 dargestellt.

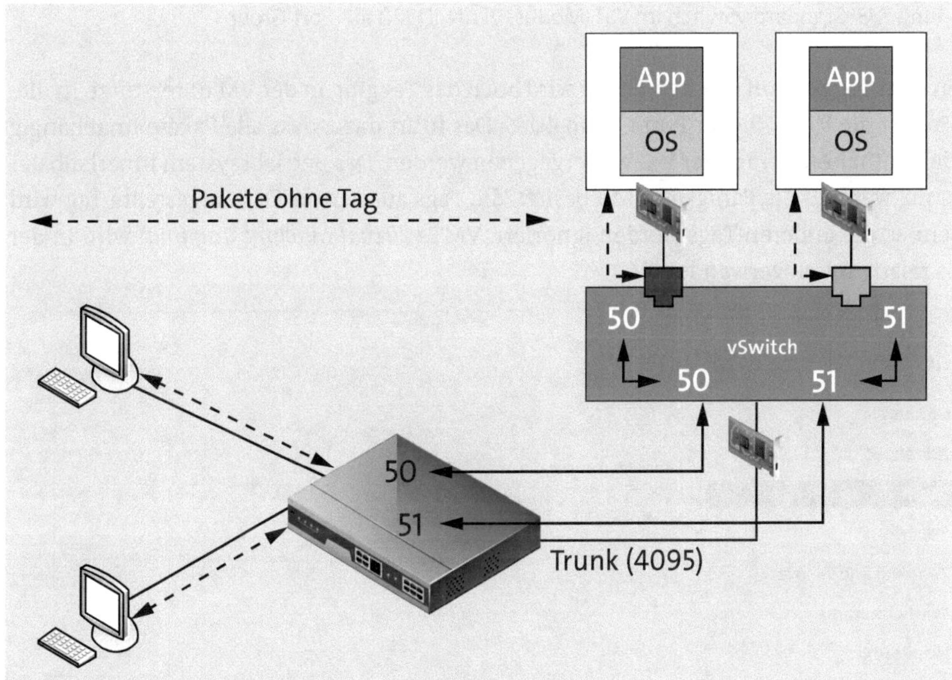

Abbildung 7.12 VST (Virtual Switch Tagging)

Sind weitere Trunk-Ports an dem physischen Switch vorhanden, werden alle Netzwerkpakete so belassen, wie sie sind, und an diese Ports ausgegeben. Hat ein Trunk-Port am physischen Switch Begrenzungen (Filter), werden nur diejenigen Netzwerkpakete durchgelassen, die auch der Filter unterstützt.

Die Screenshots aus Abbildung 7.13 und Abbildung 7.14 zeigen die Einstellungen bei den verschiedenen vSwitch-Typen bezüglich VST.

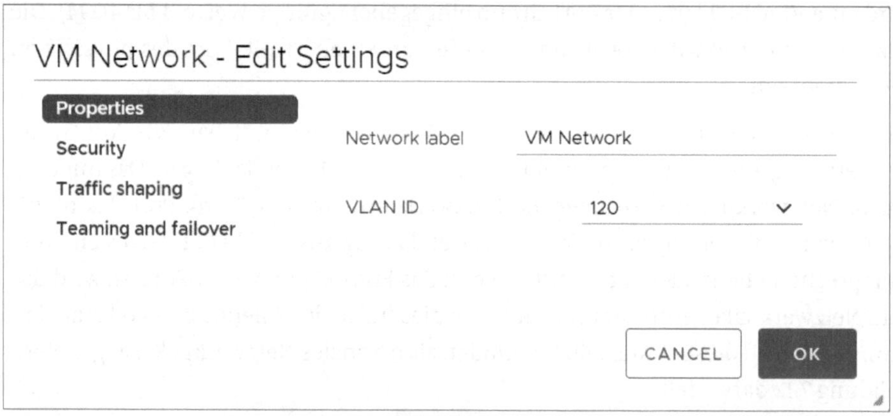

Abbildung 7.13 Standard vSwitch im VST-Modus, VLAN-ID 120 auf Port Group

Neben dem Tagging auf vSwitch-Ebene wird auch das Tagging in der VM unterstützt. In diesem Fall ist die VLAN-ID der Port Group 4095. Das führt dazu, dass alle Pakete unabhängig von den enthaltenen Tags der VM weitergegeben werden. Das Betriebssystem innerhalb der VM kann, wenn es die Fähigkeit dazu besitzt, die Tags auswerten. Das eingestellte Tag wird verwendet, die anderen Tags werden ignoriert. VMT (*Virtual Machine Tagging*) wird in der Praxis relativ selten verwendet.

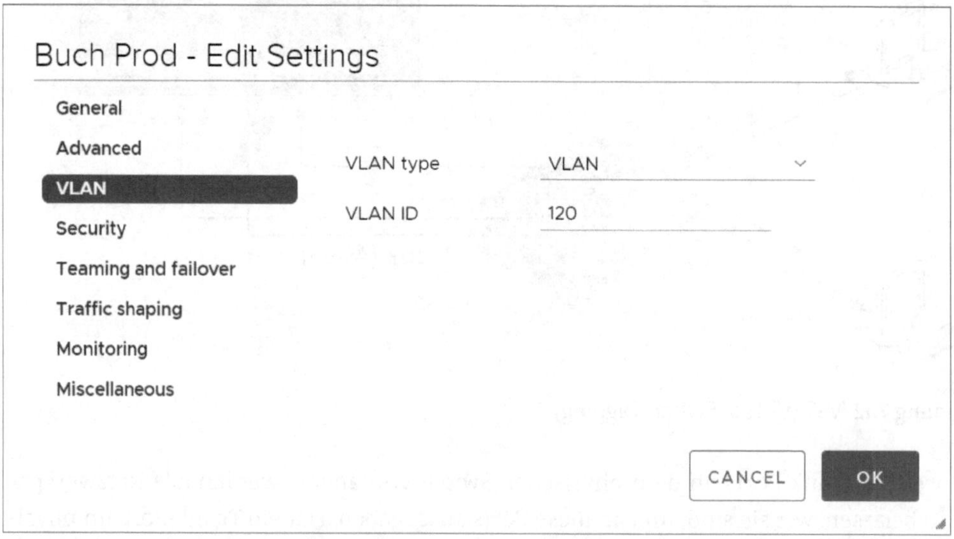

Abbildung 7.14 Distributed vSwitch im VST-Modus, VLAN-ID 120 auf Port Group

Die Abbildung 7.15 veranschaulicht den Vorgang.

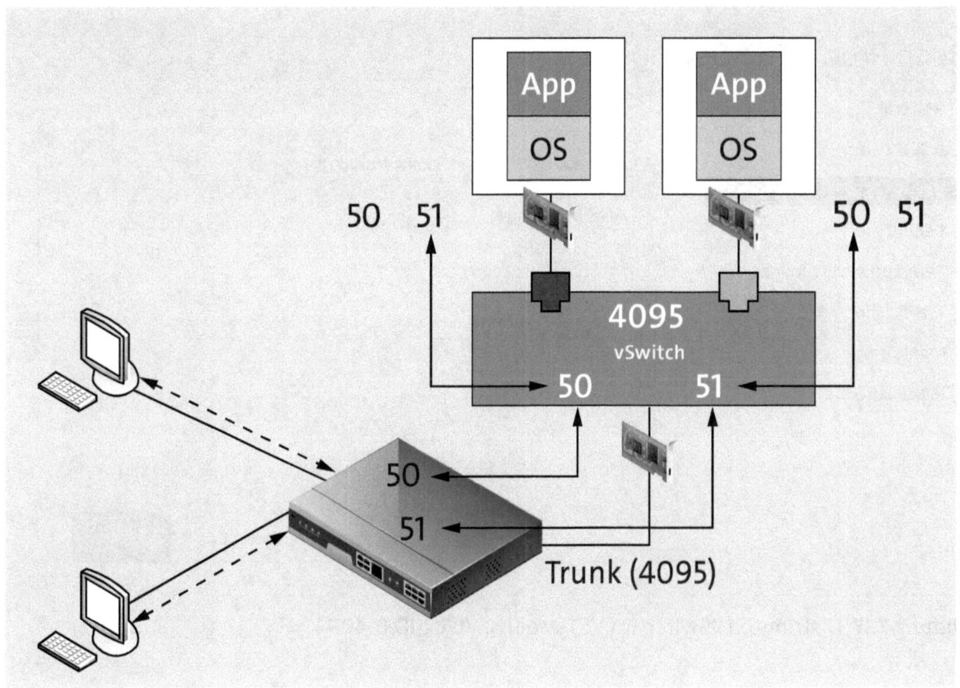

Abbildung 7.15 VMT (Virtual Machine Tagging)

Wie man unschwer erkennen kann, bietet der vDS (siehe Abbildung 7.17) noch mehr Einstellungsmöglichkeiten für einen Trunk-Port. Im Feld VLAN TRUNK RANGE können Filter gesetzt werden. Möchten Sie nur bestimmte VLAN-IDs durchlassen, geben Sie im freien Feld diese Blöcke an. Eine Eingabe von `5,19,55-57` würde bedeuten, dass nur Netzwerkpakete mit den Tags 5, 19, 55, 56 und 57 durchgelassen würden.

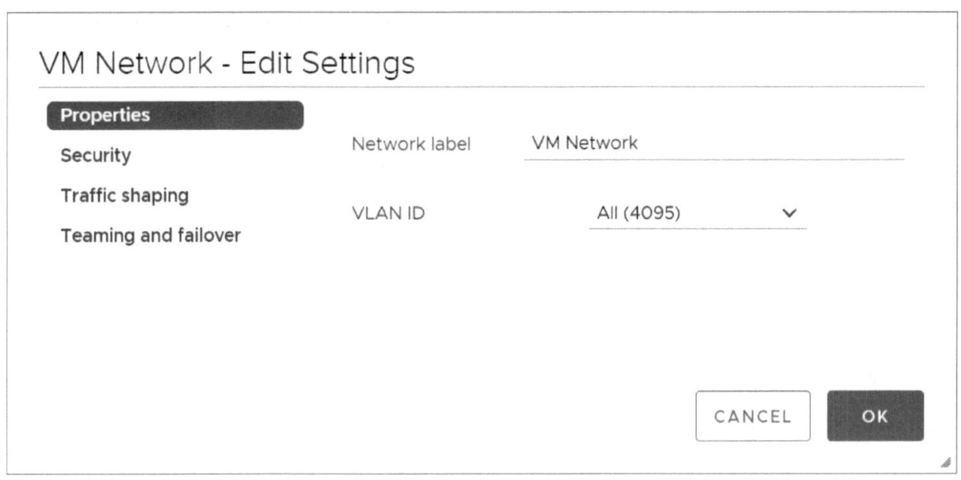

Abbildung 7.16 Standard vSwitch im VMT-Modus, VLAN-ID 4095

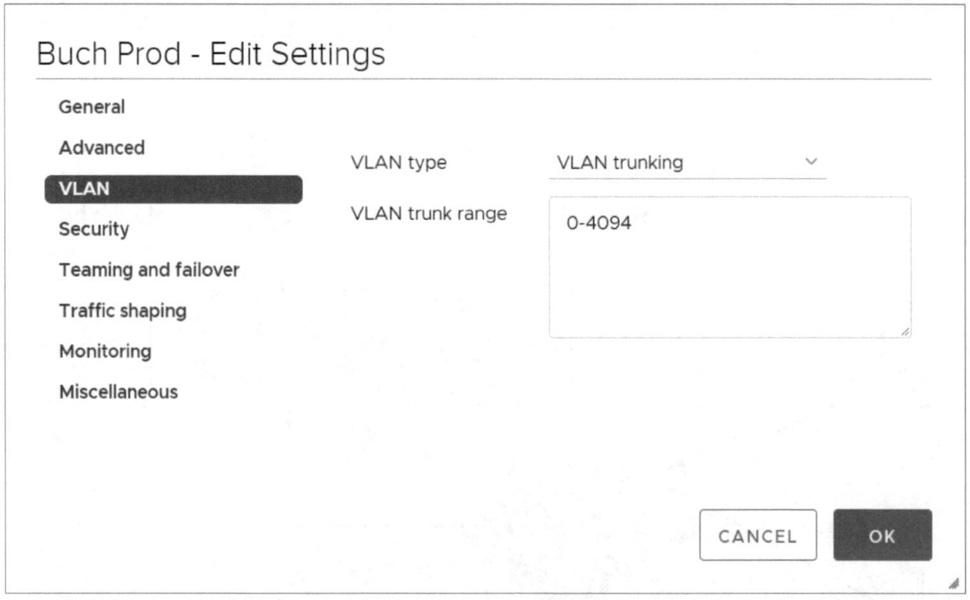

Abbildung 7.17 Distributed vSwitch im VST-Modus, VLAN-ID 0-4094

Eine weitere Einstellung, die nur vDS besitzen, sind PVLANs, also *Private VLANs*. Auf diese gehen wir später in Abschnitt 7.6.4 ein, da private VLANs ein Alleinstellungsmerkmal des vDS sind.

7.4.9 Die NIC-Teaming- und die Load-Balancing-Policies der vSwitch-Typen

Die Wirkungsweise der Load-Balancing-Policies ist bei beiden vSwitch-Typen identisch. Ein Unterschied besteht jedoch: Bei den Distributed vSwitches gibt es eine (sehr interessante) Policy. Dies ist die *Route based on physical NIC load*. Tabelle 7.2 listet die vorhandenen Policies abhängig von den vSwitch-Typen auf (siehe auch Abbildung 7.18).

Einstellung	vSS	vDS	Konfiguration phys. Switch
Route based on originating virtual port	Ja	Ja	Nein
Route based on IP hash	Ja	Ja	Ja
Route based on source MAC hash	Ja	Ja	Nein
Route based on physical NIC load	Nein	Ja	Nein
Use explicit failover order	Ja	Ja	Nein

Tabelle 7.2 Load-Balancing-Policies

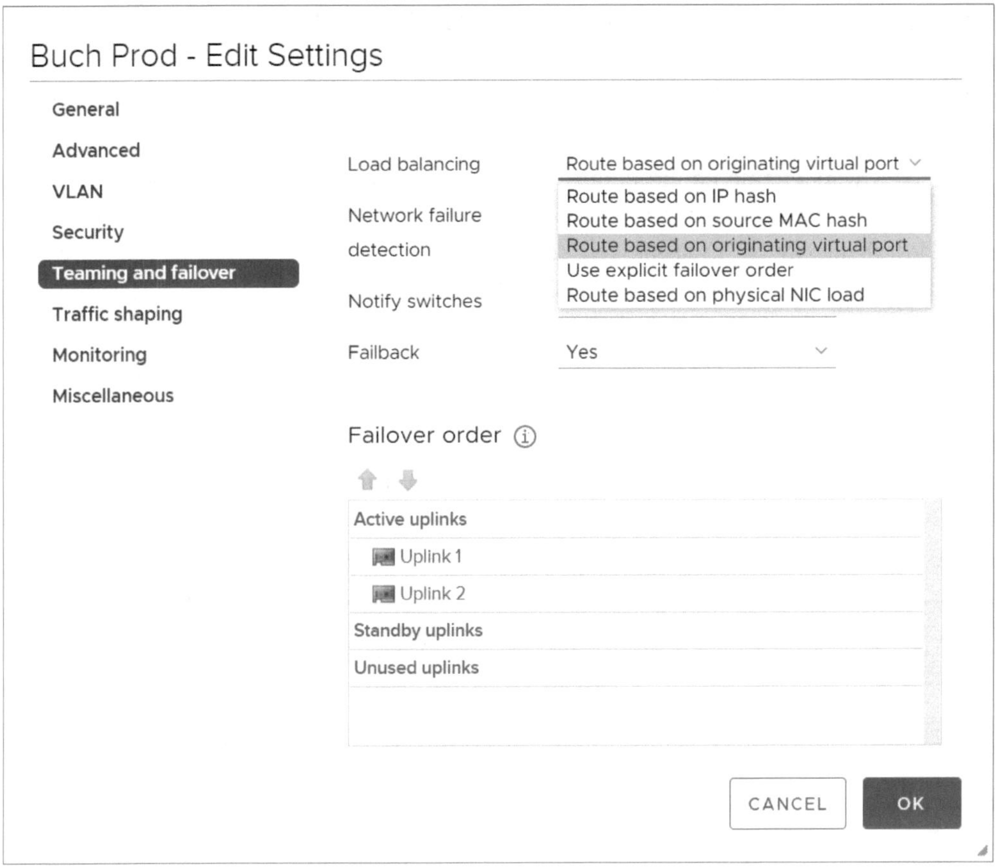

Abbildung 7.18 »Teaming and failover«-Einstellungen für den vDS

7.4.10 Die Arbeitsweise der Load-Balancing-Policies

In diesem Abschnitt wird die Arbeitsweise der vorhandenen Einstellungen zum Load-Balancing dargestellt.

Für alle Policies gilt, dass sie von innen nach außen wirken. Dies bedeutet: vom ESXi-Host ins Netz. Für die Richtung »aus dem Netz zum ESXi« sind die physischen Switches zuständig.

Weil die TEAMING AND FAILOVER-Einstellungen beim vSS (außer einer einzigen Policy) dieselben sind, wird hier auf die Abbildung der vSS-Einstellungen verzichtet.

In den folgenden Abschnitten sehen wir uns die Einstellungen, die in dem Dialog aus Abbildung 7.18 möglich sind, im Detail an.

Teaming and failover – Route based on originating virtual port

Dies ist die Standardeinstellung bei jeder neu erstellten Port Group auf einem vDS oder vSS. Diese Policy kommt ohne Konfigurationsschritte aufseiten der physischen Switch-Hardware aus.

Diese Policy wendet eine Round-Robin-Verteilung an. Bei einem Team mit zwei Netzwerkkarten bedeutet das: Die erste VM wird an die erste physische Netzwerkkarte »gepinnt«, die zweite VM an die zweite physische Netzwerkkarte, die dritte an die erste etc. Eine andere Darstellungsweise wäre: VM1–NIC1, VM2–NIC2, VM3–NIC1, VM4–NIC2, VM5–NIC1 etc. Die grafische Darstellung dieser Verteilung sehen Sie in Abbildung 7.19.

Der Nachteil dieser Policy kann sein, dass die zwei VMs mit der höchsten benötigten Netzwerkleistung genau an dieselbe NIC gepinnt werden. Das führt dazu, dass jede VM nur noch die Hälfte der Netzwerkbandbreite zur Verfügung hat. Eine Umverteilung von VMs kann erst stattfinden, wenn diese ausgeschaltet und wieder eingeschaltet werden oder wenn ein Failover-Event vorliegt.

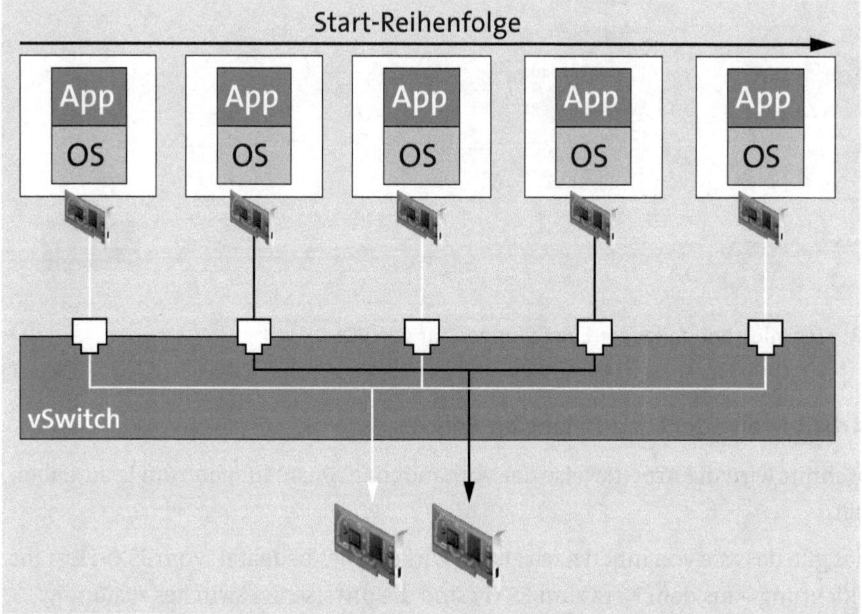

Abbildung 7.19 Load-Balancing mit »Route based on originating virtual port«

Teaming and failover – Route based on IP hash

Wird die Policy ROUTE BASED ON IP HASH gewählt, muss darauf geachtet werden, dass die physische Switch-Seite ebenfalls konfiguriert wird. Dies geschieht durch Aktivieren von statischem LACP, Etherchannel oder 801.3ad etc.

Die Arbeitsweise stellt sich wie folgt dar: Die Quell- und Ziel-IP-Adresse – oder anders ausgedrückt, die Client-zu-Server-IP-Adresse in einer Kommunikationsbeziehung – wird genommen und zu einem Hashwert verrechnet. Wenn viele Kommunikationsbeziehungen zwischen vielen Clients und einem Server existieren, gibt es entsprechend viele unterschiedliche Hash-Werte. Diese verschiedenen Hashes werden auf die vorhandenen physischen Netzwerkkarten verteilt (siehe Abbildung 7.20).

Diese Policy skaliert ideal, wenn es 1:n-Verbindungen gibt. Bei 1:1-Verbindungen findet keine Verteilung über mehrere Netzwerkkarten statt, da ja nur ein Hash-Wert existiert. Dies ist vielfach ein Problem bei der VMkernel-Konfiguration in Verbindung mit IP-basiertem Storage. Wird nur ein VMkernel-Port auf einer Storage-IP-Adresse verwendet, werden die weiteren Netzwerkadapter im Netzwerkteam nicht für den Datentransport verwendet. Diese stehen dann nur für einen eventuell auftretenden Failover zur Verfügung.

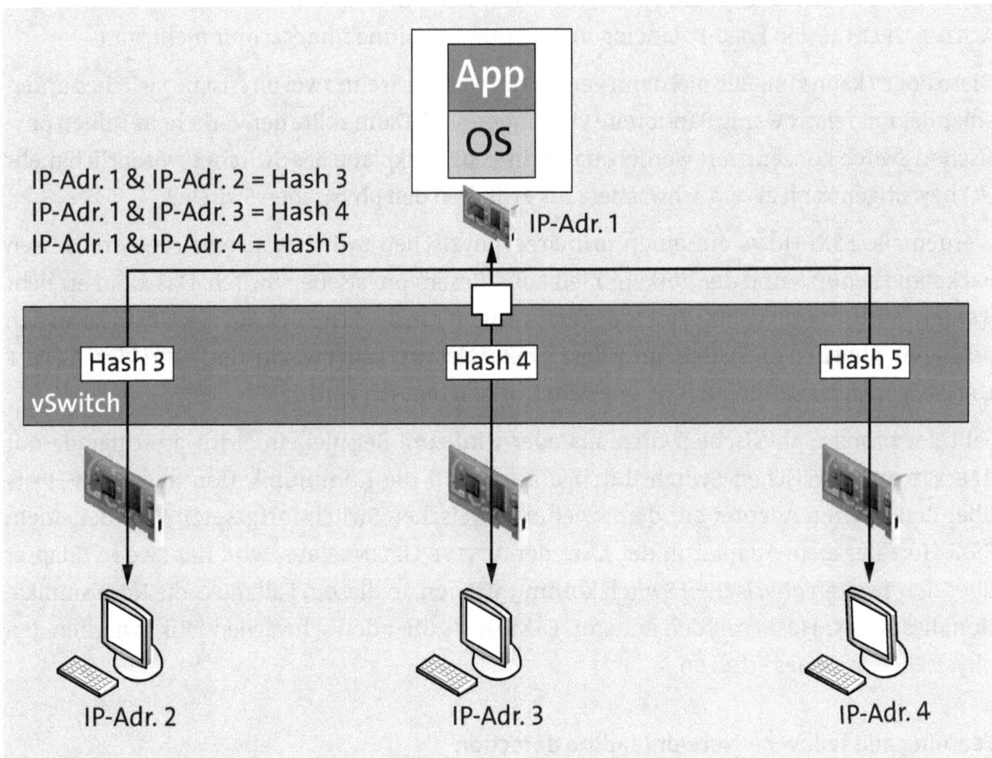

Abbildung 7.20 Wirkungsweise der »Route based on IP hash«-Policy

Teaming and failover – Route based on source MAC hash

Bei der Load-Balancing-Policy ROUTE BASED ON SOURCE MAC HASH wird die MAC-Adresse einer virtuellen Netzwerkkarte als Grundlage der Verteilung genommen. Diese Policy besitzt ansonsten dieselbe Arbeitsweise wie die Load-Balancing-Policy ROUTE BASED ON ORIGINATING VIRTUAL PORT.

Diese Policy bedingt keine Konfiguration am physischen Switch.

Teaming and failover – Route based on physical NIC load

Die Load-Balancing-Policy ROUTE BASED ON PHYSICAL NIC LOAD kann nur bei einer Port Group an einem dvSwitch verwendet werden.

Diese Policy skaliert sehr gut, da der Netzwerkverkehr auf einem Netzwerkinterface im ESXi-Server beobachtet wird. Beträgt die Saturierung des Netzwerkinterfaces 75 % während 30 Sekunden, werden die Verkehrsströme der verschiedenen Teilnehmer umverteilt.

Auch diese Policy bedingt keine Konfiguration am physischen Switch.

Teaming and failover – Use explicit failover order

Die Policy USE EXPLICIT FAILOVER ORDER verwendet immer den ersten Adapter unter den ACTIVE UPLINKS. Ein Load-Balancing im eigentlichen Sinne findet damit nicht statt.

Diese Policy kann zum Beispiel dann verwendet werden, wenn zwei physische Switches untereinander mit relativ wenig Bandbreite verbunden sind. Dann sollte der Verkehr auf einen physischen Switch konzentriert werden, da die interne Backplane des Switches wesentlich mehr I/O bewältigen kann als ein schwacher Link zwischen den physischen Switches.

Werden alle ESXi-Hosts auf einen primären physischen Switch konzentriert, wird dessen Backplane benutzt, und der Verkehr bleibt auf diesem physischen Switch. Das kann erreicht werden, wenn bei allen ESXi-Hosts der erste Adapter in der Liste der ACTIVE UPLINKS an den primären physischen Switch und der zweite Netzwerkadapter in der Liste der ACTIVE UPLINKS an den zweiten physischen Switch angeschlossen wird.

Fällt der primäre physische Switch aus oder wird zum Beispiel ein Firmware-Upgrade mit REBOOT am physischen Switch durchgeführt, wird die Kommunikation aller ESXi-Hosts über den zweiten Adapter auf dem zweiten physischen Switch fortgesetzt. Fällt bei einem ESXi-Host der erste Adapter in der Liste der ACTIVE UPLINKS aus, wird der zweite Adapter über den zweiten physischen Switch kommunizieren. In diesem Fall muss die Kommunikation dieses ESXi-Hosts mit den anderen ESXi-Hosts über den schwachen Link zwischen den physischen Switches erfolgen.

Teaming and failover – Network failure detection

Bei der NETWORK FAILURE DETECTION, dem zweiten Feld aus Abbildung 7.18, geht es darum, wie der ESXi-Host einen Fehler oder Ausfall im Netzwerk wahrnimmt. Die Standardkonfiguration ist LINK STATUS ONLY. Bei dieser Konfiguration liegt ein Fehler vor, wenn das Netzwerkkabel keine Verbindung mehr zu einem physischen Switch-Port hat, der physische Switch-Port abgeschaltet wurde oder ein ganzer physischer Switch ausfällt. Logische Fehler, wie ein physischer Port im falschen VLAN, kann LINK STATUS ONLY nicht auflösen.

Mit der Einstellung BEACON PROBING können auch logische Fehler kompensiert werden. In dieser Einstellung werden kleine UDP-Netzwerkpakete über die Uplinks versandt. Kommen alle Pakete zwischen allen Uplinks an, ist alles in Ordnung. Gibt es einen Uplink, der nichts empfängt und von dem nichts empfangen werden kann, dann liegt ein Fehler vor. Dieser Uplink wird durch die Failover-Policy behandelt und in dem Fall nicht mehr verwendet. Damit die Einstellung zuverlässig funktioniert, müssen drei oder mehr Uplinks vorhanden sein.

Die Einstellung BEACON PROBING darf nicht mit der Load-Balancing-Policy ROUTE BASED ON IP HASH verwendet werden.

Teaming and failover – Notify switches

Die Standardeinstellung von NOTIFY SWITCHES, dem dritten Feld aus Abbildung 7.18, steht auf YES und ist somit aktiv. Die andere Möglichkeit wäre die Einstellung NO und damit die Deaktivierung dieser Einstellung.

Bei einem Ausfall einer Netzwerkverbindung, die über eine physische Netzwerkkarte hergestellt wurde, werden alle virtuellen Netzwerkkarten über einen anderen Uplink (Netzwerkverbindung) geleitet. Somit sind die auf einem physischen Switch-Port registrierten MAC-Adressen nicht mehr aktuell. Dasselbe geschieht auch bei vMotion oder wenn eine neue virtuelle Netzwerkkarte mit einer Port Group verbunden wird.

Beispiel *vMotion*: Damit bewegen Sie eine VM von einem ESXi-Host auf einen anderen ESXi-Host. Die MAC-Adresse der virtuellen Netzwerkkarte liegt dann auf einmal an einem anderen physischen Switch-Port. Damit die Konvergenz im Netzwerk möglichst schnell wiederhergestellt wird, setzt der ESXi-Host ein ARP-Paket ab, damit sich die Lookup-Tables der physischen Switches aktualisieren.

In den meisten Fällen ist eine Einstellung auf YES sinnvoll. Es gibt jedoch Ausnahmen. Insbesondere sei hier Microsoft NLB (*Network Load-Balancing*) im Unicast Mode genannt. Wenn Sie NLB verwenden, muss die Einstellung NO sein.

Teaming and failover – Failback

Wurde ein Failover durchgeführt, weil ein Uplink die Netzwerkverbindung verloren hat, werden alle Netzwerkteilnehmer dieses Uplinks auf andere Uplinks verteilt. Wurde der Defekt des ausgefallenen Uplinks behoben, werden die verschobenen Verbindungen wieder auf den alten Uplink zurückgeführt.

Dies ist besonders bei nicht dynamischen Load-Balancing-Policies (ROUTE BASED ON ORIGINATING VIRTUAL PORT, ROUTE BASED ON SOURCE MAC HASH oder USE EXPLICIT FAILOVER ORDER) wichtig, damit der Netzwerkverkehr wieder optimiert wird.

Bei Ausfällen und um für die Wiederverfügbarkeit von physischen Switches zu sorgen (wie zum Beispiel bei Firmware-Updates), müssen Sie Folgendes beachten: ESXi hat mitunter von einem bootenden Switch relativ früh wieder eine scheinbar intakte Verbindung am Uplink. Gelegentlich nimmt der Switch aber an den Ports noch keine Daten entgegen. Dies kann zu

Störungen führen. Um das möglichst zu verhindern, lautet die Empfehlung, an den physischen Switches die Ports auf PORTFAST zu konfigurieren.

Failover Order

Mit der FAILOVER ORDER (siehe Abbildung 7.18) können Netzwerkadapter in einem von drei Zustandsbereichen zugeordnet werden:

1. ACTIVE UPLINKS
2. STANDBY UPLINKS
3. UNUSED UPLINKS

In dieser Einstellung kann der Verkehr für alle Load-Balancing-Policies (außer für die Policy ROUTE BASED ON IP HASH) modelliert werden. Modellierung bedeutet in diesem Fall, dass zum Beispiel ein vSwitch-Typ mit sechs Uplink-Adaptern erzeugt wird und danach die Uplink-Adapter spezifisch auf einzelne Port Groups sortiert werden. Ein Beispiel sehen Sie in Tabelle 7.3.

NIC	Mgmt	vMotion	Storage	VMs Prod	VMs Test
vmnic0	Active	Stand-by	Stand-by	Stand-by	Active
vmnic1	Active	Unused	Stand-by	Active	Unused
vmnic2	Stand-by	Unused	Stand-by	Active	Unused
vmnic3	Stand-by	Unused	Active	Stand-by	Unused
vmnic4	Stand-by	Unused	Active	Stand-by	Unused
vmnic5	Stand-by	Active	Stand-by	Stand-by	Unused

Tabelle 7.3 Modellierung von Verkehrsmustern im Netzwerk

Damit wird erreicht, dass der Verkehr bei größeren Aggregaten über spezifische Netzwerkadapter abgewickelt wird. Bei einem Ausfall eines aktiven Uplinks würde ein Stand-by-Uplink hinzugenommen. Bei den Stand-by-Uplinks wäre noch die Sortierreihenfolge zu beachten, um eine absolut perfekte Konstellation zu erzeugen. Beim Ausfall eines aktiven Uplinks wird der erste Stand-by-Adapter ins Team eingebunden.

7.4.11 CDP – Cisco Discovery Protocol der vSwitch-Typen

CDP (*Cisco Discovery Protocol*) ist ein proprietäres Protokoll der Firma Cisco. Das Gegenstück dazu wäre das herstellerunabhängige LLDP (*Link Layer Display Protocol*), das nur vom vDS unterstützt wird. CDP wird von beiden vSwitch-Typen unterstützt.

CDP stellt Informationen (siehe Abbildung 7.21) über die Geräte im Netzwerk bereit. Damit lässt sich feststellen, an welchem physischen Switch-Port ein NIC-Port (*vmnic#*) des Hosts angeschlossen ist und in welchem VLAN er sich befindet, wie der physische Switch heißt, welches Betriebssystem verwendet wird, welche IP-Adresse er besitzt oder wie die SNMP-Location des Geräts ist.

CDP wird primär im Backbone-Bereich der Server und Switches verwendet. Unter den Netzwerk-Professionals herrschen unterschiedliche Meinungen darüber, ob es verwendet werden soll oder nicht. Die zwei Hauptargumente der Gegner von CDP sind:

- CDP erhöht das Grundrauschen im Netzwerk.
- CDP verbreitet Informationen, die der IT-Sicherheit abträglich sein könnten.

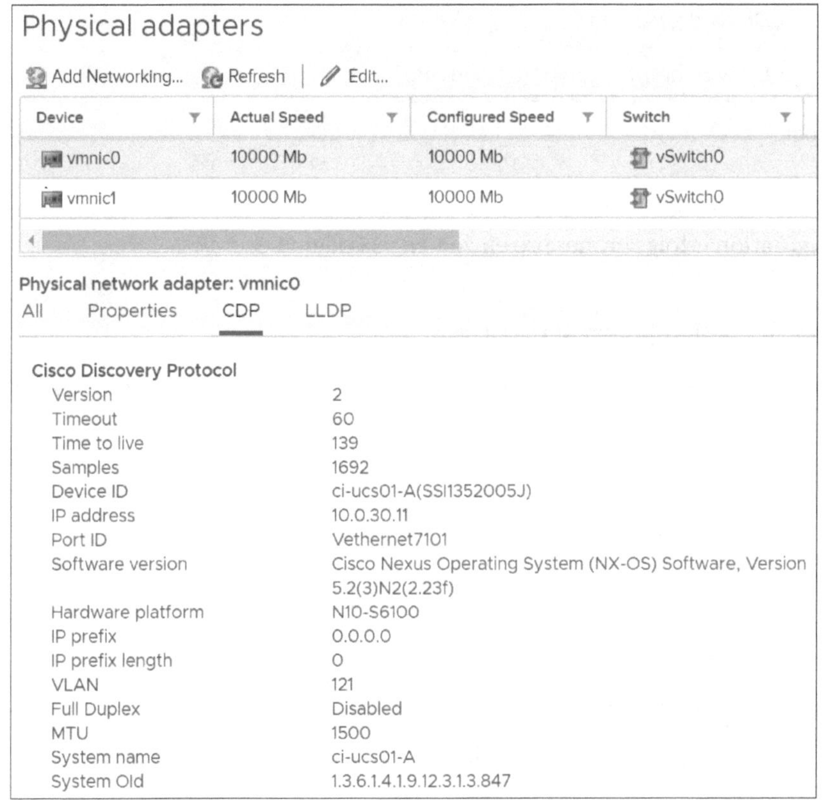

Abbildung 7.21 CDP-Informationen

Bei statischen Infrastrukturen mag die Betrachtungsweise stimmig sein, bei dynamischen Infrastrukturen, in denen sich die Konfigurationen ständig ändern, weniger. Bei vielen Änderungen können sich schnell einmal Fehler in eine Konfiguration einschleichen. Wer schon mal eine Fehlersuche in einem komplexen Netzwerk durchgeführt hat, kann ein Lied davon singen, wie »einfach« die Nachverfolgung von Konfigurationen mit wenig Informationen ist. In so einem Fall ist CDP extrem hilfreich.

Die vSwitch-Typen des ESXi-Hosts sind in der Standardeinstellung im CDP-Listenmodus aktiv. Das bedeutet, dass der ESXi-Host CDP-Informationen empfängt, wenn der Switch Advertising betreibt. Der physische Switch hingegen bekommt keine Informationen vom ESXi-Host. Dies kann selbstverständlich geändert werden. Tabelle 7.4 zeigt die Einstellungsmöglichkeiten.

Einstellung	Auswirkung
Disabled	Kein CDP.
Listen (Standard)	CDP wird empfangen.
Advertise	CDP wird gesendet.
Both	CDP wird empfangen und gesendet.

Tabelle 7.4 CDP-Modi

Beim vSS müssen die Modi über die Befehlszeile festgelegt werden, beim vDS dagegen über das GUI. Die Konfiguration erfolgt immer pro einzelnen vSS oder vDS.

7.4.12 Configuration Maximums für vSS und vDS

Für vSS und vDS gibt es eine maximale Anzahl an Elementen, die erzeugt werden können (siehe Tabelle 7.5).

Gegenstand	Maximum
Totale Anzahl virtueller Netzwerk-Switch-Ports pro Host (vDS- und vSS-Ports)	4.096
Maximum aktiver Ports pro Host (vDS und vSS)	1.016
Maximale Anzahl an Ports pro vSS	4.088
Maximale Anzahl an Port Groups pro vSS	512
Maximale Anzahl an vDS-Switch-Ports pro vCenter	60.000
Maximale Anzahl an statischen/dynamischen Port Groups pro vDS	10.000
Maximale Anzahl an *Ephemeral Port Groups* pro vDS	1.016
Maximale Anzahl an Hosts pro vDS	2.000
Maximale Anzahl an vDS pro vCenter	128

Tabelle 7.5 Configuration Maximums für vSS und vDS

7.5 Arbeiten mit dem vNetwork Standard Switch (vSS)

Der *vNetwork Standard Switch* (vSS) wird in der Praxis nach wie vor häufig verwendet. Die Gründe hierfür sind sehr einfach:

- **Rückwärtskompatibilität:** Der vSS existiert seit der ESX-Version 3.0 und ist im Umgang bis heute weitestgehend identisch geblieben. Bestehende Umgebungen müssen nicht verändert werden.
- **Lizenzkosten:** Anders als für den vSS brauchen Sie für den vDS die höchste Lizenzstufe von vSphere. Sind die Enterprise-Plus-Lizenzen nicht vorhanden, muss mit dem vSS gearbeitet werden.
- **Eigenschaften:** Die vorhandenen Eigenschaften des vSS reichen aus.
- **Unabhängigkeit:** Es ist absolute Unabhängigkeit vom vCenter gewünscht. Alles, was mit dem vSS zu tun hat, findet auf dem Host statt.
- **Kleine Umgebung:** Die Umgebungsgröße bedingt keinen vDS.

7.5.1 Der vSS ist hostbezogen

Der vSS existiert immer pro VMware-ESXi-Host. Das bedeutet, dass Änderungen an einem vSS auf einem ESXi-Host nur auf diesem einen ESXi-Host stattfinden. Diese Änderungen übertragen sich nicht automatisch auf andere ESXi-Hosts. Bei vielen Hosts bedeutet dies eine Menge Handarbeit. Bei einer größeren Anzahl von Hosts und vSS können Sie sich die Arbeit erleichtern, indem Sie ein Skript erstellen oder Hostprofile verwenden.

Eine kurze Anmerkung zum Einsatz von Hostprofilen im Zusammenhang mit Netzwerkkonfigurationen: Wird ein Hostprofil an einem ESXi-Host angewendet, muss dieser Host in den Maintenance Mode versetzt werden. Damit ist er aus Sicht der Produktion offline. Somit sind Hostprofile kein Ersatz für die Eigenschaft ENTERPRISE LEVEL MANAGEMENT eines vDS. »Enterprise Level« bedeutet indirekt auch, dass Equipment nicht vollständig außer Betrieb genommen werden muss.

7.5.2 Die Konfigurationsmöglichkeiten zum vSS

Alle Verwaltungsarbeiten zum vSS finden über das vCenter mit dem *vSphere-Client* statt. Bei einem Standalone-Host nutzen Sie den *Host-Client* und dort die Konfigurationseinstellungen in der Ansicht NETWORKING • VIRTUAL SWITCHES.

Wird ein Host markiert und die Ansicht CONFIGURE gewählt, so können Sie unter NETWORKING • VIRTUAL SWITCHES auf alle Informationen und Konfigurationsmöglichkeiten des vSS zugreifen.

Der Screenshot aus Abbildung 7.22 zeigt diese Ansicht mit verschiedenen Elementen. Die Legende dazu:

CONFIGURE lässt Sie auf die Konfiguration des Hosts zugreifen.

Im Abschnitt NETWORKING haben Sie Zugriff auf verschiedene netzwerkbezogene Informationen und Einstellungen des Hosts:

- VIRTUAL SWITCHES zeigt alle Informationen über die vorhandenen virtuellen Switches des Hosts und lässt deren Konfiguration zu.
- VMKERNEL ADAPTERS zeigt alle vorhandenen VMkernel des Hosts. Hier lassen sich sämtliche VMkernel des Hosts verwalten.
- PHYSICAL ADAPTERS ist die Sicht auf die physischen Adapter des Hosts.
- TCP/IP CONFIGURATION ermöglicht den Zugriff auf die TCP/IP-Stacks des Hosts.

An dieser Stelle kann der zu konfigurierende virtuelle Switch ausgewählt werden.

Die Verwaltung des virtuellen Switchs erfolgt über die sechs vorhandenen Elemente:

- ADD NETWORKING – Hier können Sie VMkernel Network Adapter, Virtual Machine Port Groups und neue vSS erzeugen sowie physische Netzwerkkarten an einen virtuellen Switch hinzufügen.
- REFRESH – Aktualisiert die Ansicht der Netzwerkinformationen.
- MIGRATE VMKERNEL ADAPTER – Bestehende VMkernel können von einem vSS oder vDS an den ausgewählten vSwitch migriert werden.
- MANAGE PHYSICAL ADAPTERS – Physische Netzwerkadapter können damit einem virtuellen Switch (vSS oder vDS) hinzugefügt und von ihm entfernt werden.
- EDIT – Darüber können Sie Einstellungen wie MTU, SECURITY, TRAFFIC SHAPING und TEAMING AND FAILOVER konfigurieren.
- REMOVE – Entfernt das ausgewählte Objekt, sofern die Plausibilitätskontrolle dies zulässt.

In diesem Abschnitt können Sie auf drei verschiedene Ebenen des vSwitch0 zugreifen:

- PORT GROUPS – Darüber lassen sich die Port Groups am virtuellen Switch verwalten.
- PROPERTIES – Hier können Sie Informationen beziehen, wie den Namen des vSS und die MTU.
- POLICYS – An dieser Stelle können Sie Informationen über SECURITY, TRAFFIC SHAPING und TEAMING AND FAILOVER beziehen.

Hier können Sie die zu bearbeitende PORT GROUP auswählen.

Mit den drei zur Verfügung stehenden Buttons können Sie die ausgewählte Port Group bearbeiten oder weitere Informationen beziehen:

- DETAILS – Unter DETAILS beziehen Sie Informationen über PROPERTIES, SECURITY, TRAFFIC SHAPING und TEAMING AND FAILOVER.
- EDIT – Hier können Sie die PROPERTIES, SECURITY, TRAFFIC SHAPING und TEAMING AND FAILOVER konfigurieren.
- REMOVE – Mit diesem Button löschen Sie die ausgewählte Port Group.

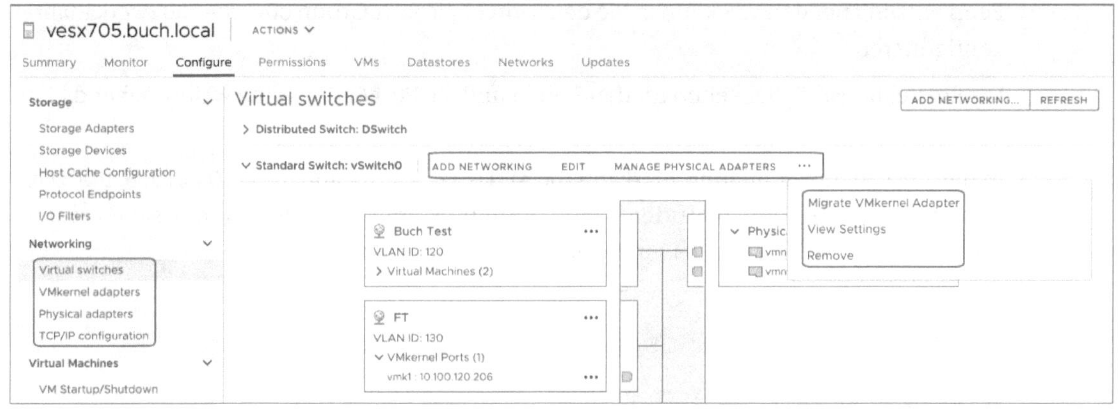

Abbildung 7.22 Die Konfigurations- und Informationselemente des vSS

7.5.3 Einstellungen auf dem Switch oder den Port Groups

Über NETWORKING • PHYSICAL ADAPTERS (siehe Abbildung 7.22) können Sie Geschwindigkeit der physischen Netzwerkkarte einstellen.

In der Ansicht aus Abbildung 7.23 können Netzwerkkarten hinzugefügt und entfernt werden. Hier finden Sie die Informationen zu einer Netzwerkkarte, wie PCI-Slot-Position, NIC-Treiber etc.

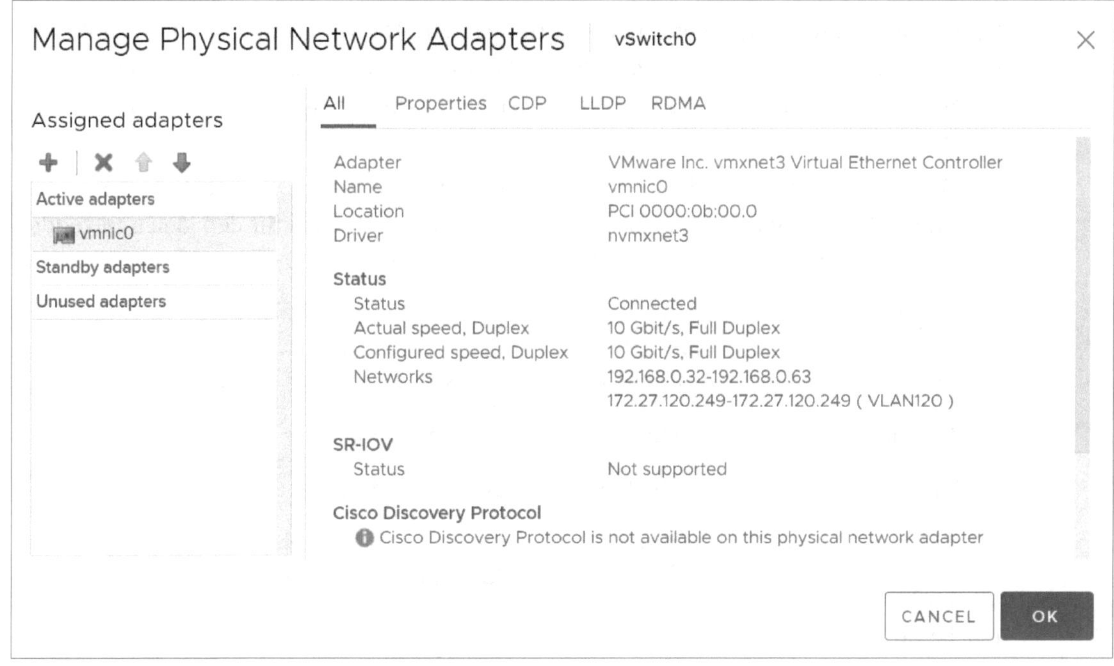

Abbildung 7.23 vSS-NIC-Konfiguration

Beim entsprechenden vSS können Sie den Switch, die Port Group oder die Netzwerkadapter konfigurieren.

Die Einstellungsmöglichkeiten für den Switch und die Port Groups sind weitestgehend identisch.

In der Ansicht aus Abbildung 7.24 kann die MTU-Size vom Standard 1500 auf z. B. 9000 für Jumbo Frames angehoben werden. Werden Jumbo Frames konfiguriert, muss die gesamte Infrastrukturkette bis zum Ziel Jumbo Frames unterstützen.

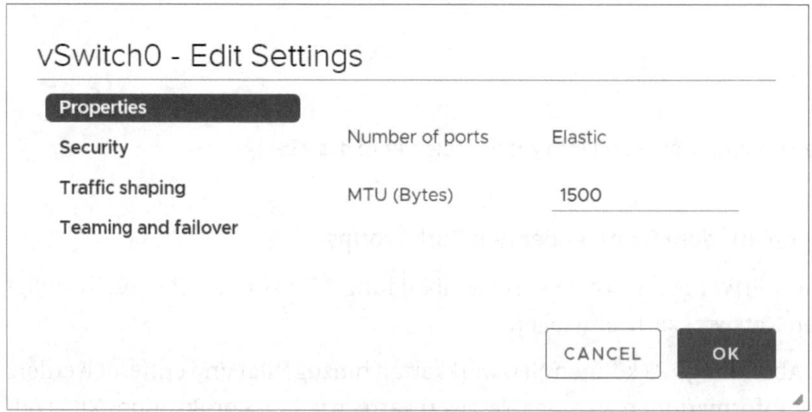

Abbildung 7.24 vSS-Konfiguration – Anzahl der Ports, MTU-Size (nur Switch)

Mit vSphere 6.0 wurde das Konzept der Ports geändert. Die Einstellung ist nun fix auf ELASTIC eingestellt. Das heißt, die Anzahl der Ports passt sich dynamisch an. Für jeden Uplink-Adapter oder jede angeschlossene virtuelle Netzwerkkarte wird automatisch ein Port bereitgestellt.

Die Themen, die Sie in Tabelle 7.6 finden, wurden für vSS und vDS zusammen behandelt. Darum werden sie hier nicht nochmals aufgeführt. Dies gilt auch für den gleich folgenden Abschnitt 7.6, »Arbeiten mit dem vNetwork Distributed Switch (vDS)«.

Thema	Abschnitt	Titel
Layer-2-Security-Policy	Abschnitt 7.4.6	Die Layer-2-Security-Policies
Traffic Shaping	Abschnitt 7.4.7	Traffic Shaping
VLAN	Abschnitt 7.4.8	Die VLAN-Einstellungen der vSwitch-Typen
Teaming and failover	Abschnitt 7.4.9	Die NIC-Teaming- und die Load-Balancing-Policies der vSwitch-Typen

Tabelle 7.6 An früherer Stelle behandelte Themen

Thema	Abschnitt	Titel
CDP	Abschnitt 7.4.11	CDP – Cisco Discovery Protocol der vSwitch-Typen

Tabelle 7.6 An früherer Stelle behandelte Themen (Forts.)

7.6 Arbeiten mit dem vNetwork Distributed Switch (vDS)

Der *vNetwork Distributed Switch* (vDS) unterstützt alle Features des vNetwork Standard Switch (vSS) und noch sehr viele mehr (siehe Tabelle 7.1).

Der vDS hat sehr wichtige spezifische Eigenschaften, die ihn vom vSS stark unterscheiden. Zu seinen bedeutendsten Merkmalen zählen:

- **Massenkonfiguration:** Der vDS ist für die Konfiguration von großen Infrastrukturen konzipiert. Eine Änderung überträgt sich auf alle Mitglieder. Dies ergibt weniger Arbeitsschritte und ist weniger fehleranfällig.
- **Network vMotion:** Der Status einer Netzwerkverbindung wird übertragen und bleibt intakt. Auch werden die Zähler, die registrieren, welche Daten übertragen wurden, nicht auf null zurückgesetzt, sondern laufen kumulativ weiter.
- **Erweiterung durch Dritthersteller:** Es ist möglich, den vDS in seinen Funktionen zu erweitern.

7.6.1 Der vDS existiert im vCenter und im Host

Ein wesentliches Element des *vNetwork Distributed Switch* (vDS) ist, dass sich Änderungen, die Sie an ihm vornehmen, sofort auf die in ihm registrierten Hosts übertragen. Sind zum Beispiel 50 ESXi-Hosts in einem vDS registriert und wird an diesem eine Port Group neu erstellt, dann wird diese Änderung an die 50 ESXi-Hosts übertragen. Diese Übertragung ist möglich, weil sich der Bauplan zum vDS in der *vCenter*-Datenbank befindet. Jede vorgenommene Änderung wird vom vCenter lokal in die einzelnen Hosts geschrieben. Dass die Informationen lokal auf den Hosts abgelegt werden, ist essenziell. Ansonsten würde der Ausfall des vCenters dazu führen, dass Netzwerkverbindungen verloren gingen. Der Ausfall des VMware vCenters führt jedoch dazu, dass ein vDS nicht mehr konfiguriert werden kann.

Eine Strategie, um das Managementnetzwerk vor dieser Situation zu schützen, besteht darin, dass das Managementnetzwerk nach wie vor als vSS ausgeprägt ist. Zum einen ist die vSS-Konfiguration über die Befehlszeile vollständig gegeben, während sie beim vDS nur in Teilen möglich ist, und zum anderen ist der vSS vom vCenter völlig unabhängig.

Abbildung 7.25 zeigt die Architektur des vDS auf.

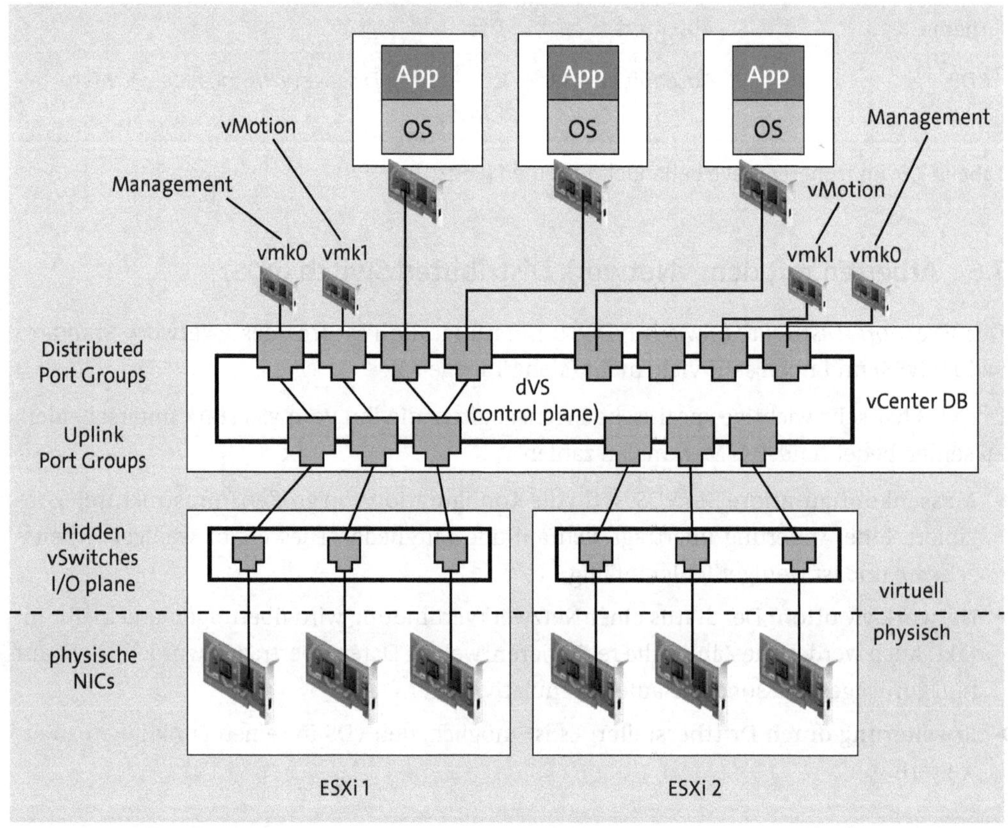

Abbildung 7.25 Architektur des vDS

7.6.2 Die Konfigurationsmöglichkeiten des vDS

Um einen vDS zu erzeugen, müssen Sie in die vCenter-Ansicht NETWORKING wechseln. Danach markieren Sie das Datacenter, zu dem der vDS gehört. Ein vDS kann nur einem Datacenter zugeordnet werden. Das bedeutet, er ist nicht Datacenter-übergreifend. Abbildung 7.26 veranschaulicht die Schritte.

Ein Assistent führt Sie mit Dialogen durch die Erstellung des vDS, und zwar durch folgende Punkte:

1. NAME AND LOCATION
   Hier geben Sie den Namen des vDS ein und welchem Datacenter er zugewiesen werden soll.
2. SELECT VERSION
   An dieser Stelle geben Sie an, welche vDS-Version erzeugt werden soll: Es stehen die Versionen vDS 6.5.0, vDS 6.6.0 und vDS 7.0.0 zur Verfügung. Jede dieser vSphere-Versionen brachte neue Eigenschaften in den vDS. Die wesentliche Frage ist, welche ESX- bzw. ESXi-

Hostversion die älteste ist, die in den vDS aufgenommen wird. Damit ist Rückwärtskompatibilität gewährleistet, allerdings auf Kosten der Features. Ein Aktualisieren auf eine höhere vDS-Version, sobald keine älteren Hosts mehr vorhanden sind, ist jederzeit möglich.

3. CONFIGURE SETTINGS
   In diesem Abschnitt konfigurieren Sie die Anzahl der Uplinks (Standard 4), Network I/O Control (Standard ENABLED), die Default-Portgruppe (Standard CREATE A DEFAULT PORT GROUP) und den PORT GROUP NAME (Standard DPORTGROUP).

   Die Konfiguration der Anzahl an Uplinks ist auf 4 eingestellt. Maximal sind 32 Uplinks möglich, analog zu den Configuration Maximums mit 32×1-GBit-Adaptern. Diese Werte können später, falls nötig, verändert werden.

4. READY TO COMPLETE
   Am Ende wird eine Zusammenfassung der Einstellungen präsentiert, die Sie mit einem Klick auf FINISH bestätigen können.

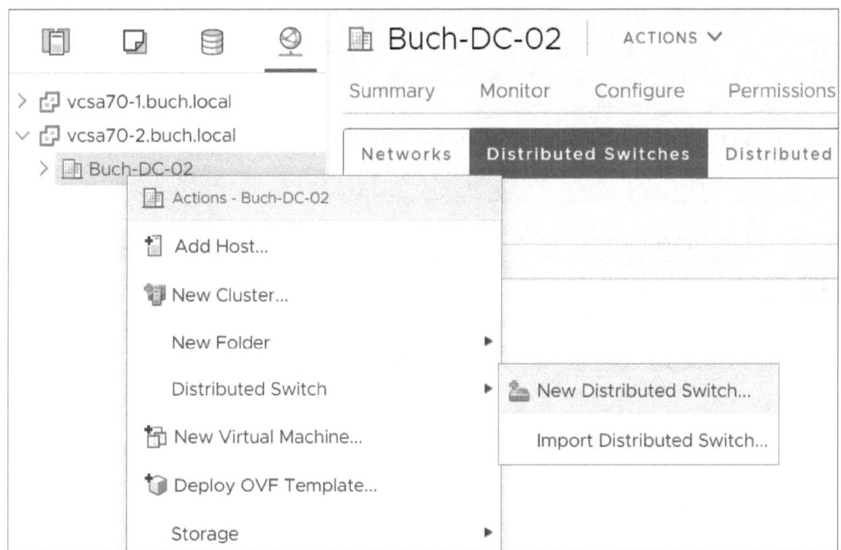

Abbildung 7.26 So erzeugen Sie einen vDS im vSphere-Client.

In der nächsten Ansicht (siehe Abbildung 7.27) können die Hosts hinzugefügt und verwaltet werden.

Zum Hinzufügen von Hosts müssen sechs Schritte vollzogen werden. Diese sind links in Abbildung 7.28 zu sehen.

Beim Hinzufügen von Hosts können Sie die *vmnic#*, die Sie verwenden wollen, als Uplink-Adapter bestimmen. Wenn Sie viele Hosts gleichzeitig registrieren, sollten Sie die Zuordnung eines Uplinks von einem Host auf alle anderen Hosts kopieren.

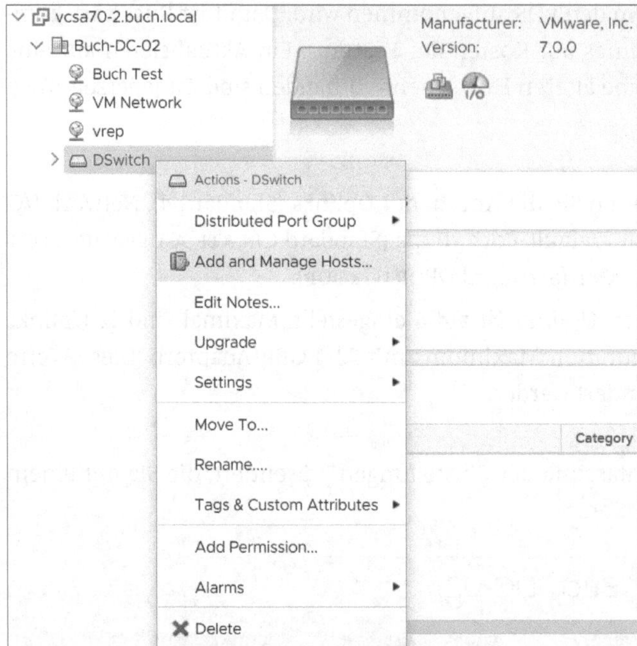

Abbildung 7.27 vDS – Ansicht zum Hinzufügen und Verwalten von Hosts

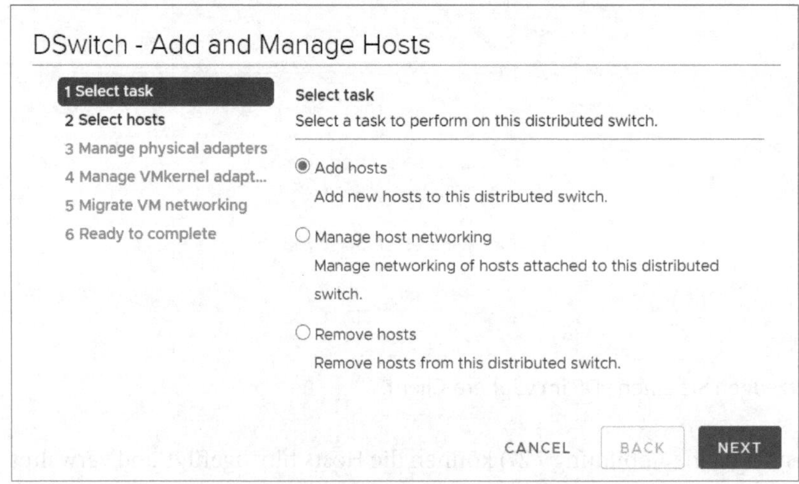

Abbildung 7.28 Dialogfeld für die Hostverwaltung am vDS

7.6.3 Einstellungsmöglichkeiten auf dem vDS-Switch-Teil

Falls ein vDS existiert, können Sie ihn oder die Distributed Port Groups an ihm konfigurieren. Sie erreichen den Konfigurationsdialog, indem Sie den vDS markieren und mit der rechten Maustaste das Auswahlmenü öffnen (siehe Abbildung 7.29).

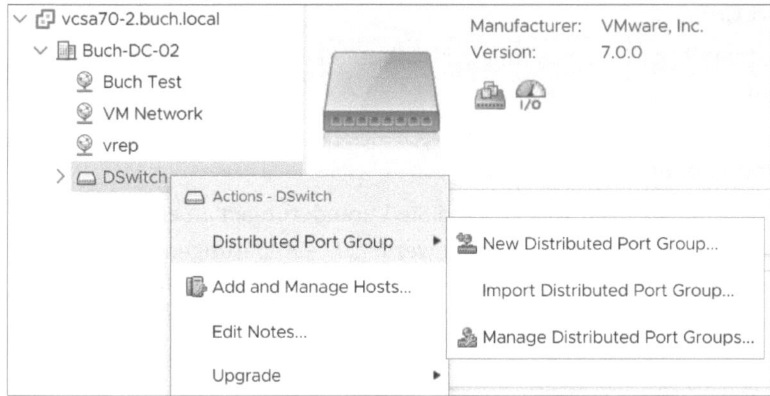

Abbildung 7.29 Konfigurationsmöglichkeiten für Port Groups auf dem vDS

New Distributed Port Group

Mit NEW DISTRIBUTED PORT GROUP können neue Port Groups erstellt werden. Im Konfigurationsdialog zum Erstellen einer neuen Port Group (siehe Abbildung 7.30) können Sie einen Namen vergeben sowie ein oder kein VLAN, die Art des VLAN und die Anzahl der Ports konfigurieren.

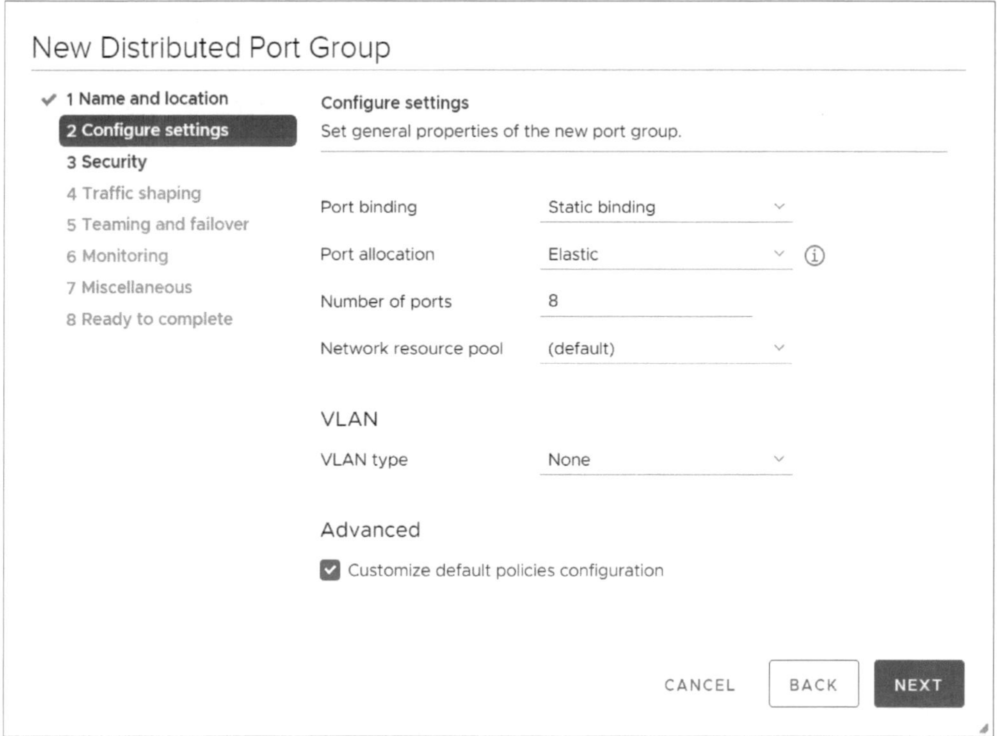

Abbildung 7.30 Konfigurationsdialog beim Erstellen einer Port Group

Import Distributed Port Group

Über IMPORT DISTRIBUTED PORT GROUP können Distributed Port Groups von einer Sicherung importiert werden.

Manage Distributed Port Groups

Über MANAGE DISTRIBUTED PORT GROUPS können Sie Veränderungen an einem vDS vornehmen, die gleichzeitig an alle Port Groups verteilt werden. Die Änderungen betreffen Einstellungen wie die Security Policies, das Traffic Shaping, VLAN etc. (siehe Abbildung 7.31).

Add and Manage Hosts

Der Menüpunkt ADD AND MANAGE HOSTS ermöglicht es, neue Hosts aufzunehmen, deren Netzwerkkarten für die Uplink-Verwendung zuzuordnen, die virtuellen Adapter (VMkernel-Ports) der ESXi-Hosts zum Beispiel von einem vSS auf den vDS zu migrieren und VMs im Netzwerk zu migrieren. Die Migrationsfunktionen werden in Abschnitt 7.7, »Die Migration von vSS auf vDS«, ausführlich behandelt.

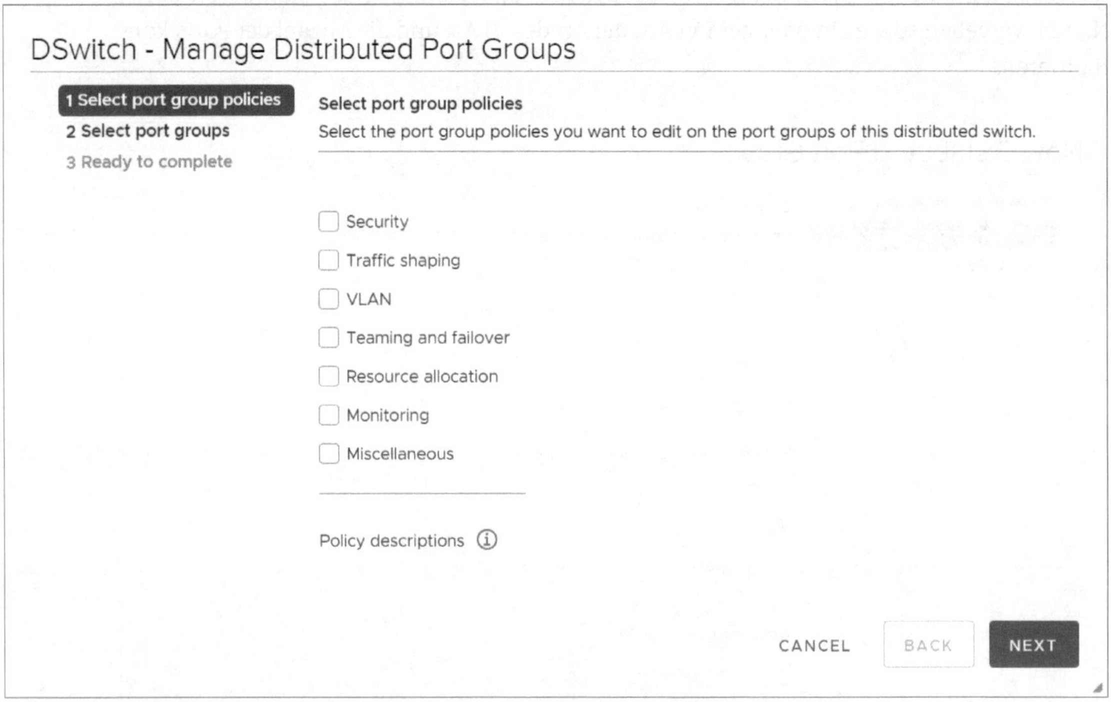

Abbildung 7.31 Konfigurationsdialog zum Editieren der Port Group

Settings

Unter SETTINGS gibt es mehrere Konfigurationsmöglichkeiten (siehe Abbildung 7.32).

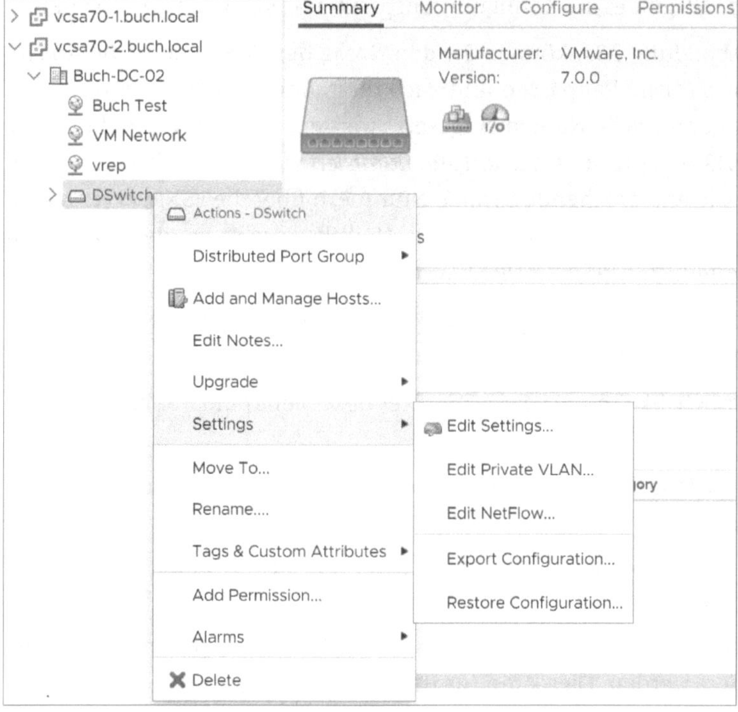

Abbildung 7.32 Einstellungen des vDS

Die Option EDIT SETTINGS ermöglicht es Ihnen, den vDS-Switch-Teil zu konfigurieren (siehe Abbildung 7.33).

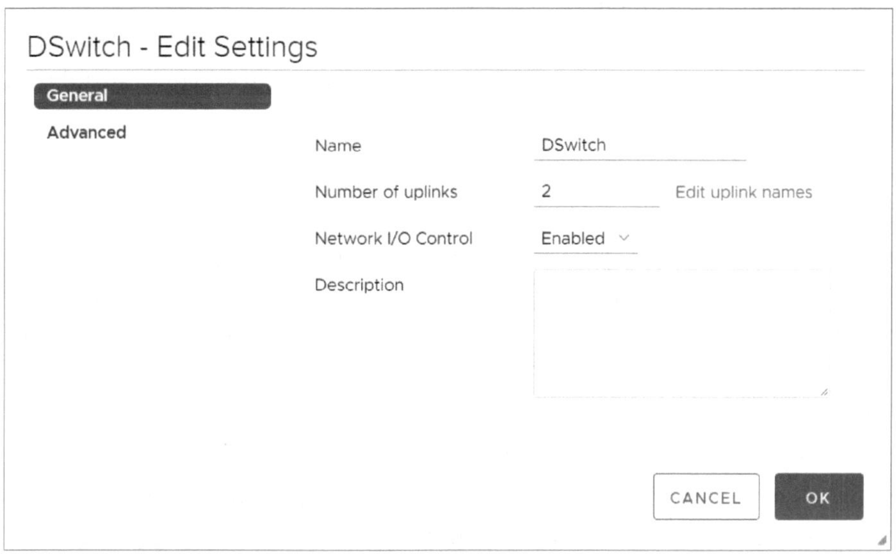

Abbildung 7.33 Eigenschaften des vDS

In den Eigenschaften des vDS gibt es die Konfigurationspunkte GENERAL und ADVANCED.

Unter GENERAL (siehe Abbildung 7.33) können Sie den NAME des vDS ändern, die Anzahl der Uplinks (NUMBER OF UPLINKS) anpassen und auch die Namen der Uplinks vergeben. Grundsätzlich können irgendwelche Namen eingesetzt werden. Ideal ist, wenn die Hosts, die gemeinsam einem vDS zugeordnet sind, *hart standardisiert* werden. Das bedeutet: gleiche Anzahl *vmnics*, und die entsprechenden *vmnic*-Nummern über die ESXi-Server haben jeweils dieselbe Funktion. Dann können *vmnic#* und Uplinks vereint werden: *vmnic1* zu Uplink-Name VMNIC1, *vmnic2* zu Uplink-Name VMNIC2 etc.

Unter ADVANCED können Sie die MTU-Size 1500, den MULTICASTING FILTERING MODE und auch CDP oder LLDP in allen bekannten Modi konfigurieren.

Weitere Konfigurationsmöglichkeiten für den vDS unter dem Menüpunkt SETTINGS (siehe Abbildung 7.32) sind:

- EDIT PRIVATE VLAN – Dient der Konfiguration von privaten VLANs. Auf dieses Thema gehen wir in Abschnitt 7.6.4, »Private VLANs« ein.
- EDIT NETFLOW – Dient der Konfiguration von NetFlow. Auf dieses Thema gehen wir in Abschnitt 7.6.7, »NetFlow«, ein.
- EXPORT CONFIGURATION – Hier kann der gesamte vDS inklusive seiner Port Groups und Einstellungen exportiert werden. Dies kann für Backups oder Migrationen in ein neues vCenter verwendet werden.
- RESTORE CONFIGURATION – Über diese Option können Sie den vDS bzw. die Port Groups wiederherstellen.

Migrate Virtual Machine Networking

MIGRATE VMs TO ANOTHER NETWORK ermöglicht die Migration von VMs von einer zugewiesenen auf eine neue Port Group. Diese Funktion wird im folgenden Abschnitt ausführlich erklärt.

7.6.4 Private VLANs

Private VLANs (PVLANs) ermöglichen eine bessere Ausnutzung der Netzwerkressourcen. In Abschnitt 7.4.8, »Die VLAN-Einstellungen der vSwitch-Typen«, wurden die VLAN-Möglichkeiten beschrieben. Normale VLANs sind auf 4.094 verwendbare Möglichkeiten begrenzt. Private VLANs bieten die Möglichkeit einer erweiterten Konfiguration.

Den ersten Konfigurationsschritt, um ein PVLAN benutzen zu können, müssen Sie auf dem Switch-Teil des vDS durchführen (siehe Abbildung 7.32 und Abbildung 7.34).

Zuerst geben Sie eine VLAN-ID für das primäre private VLAN ein (linke Seite in der Eingabemaske). Markieren Sie anschließend diese VLAN-ID und geben Sie in einem zweiten Schritt die sekundäre private VLAN-ID (rechte Seite in der Eingabemaske) und deren Typ ein.

Es gibt drei Typen sekundärer privater VLANs, die erzeugt und später den Port Groups zugewiesen werden können:

1. PROMISCUOUS
2. ISOLATED
3. COMMUNITY

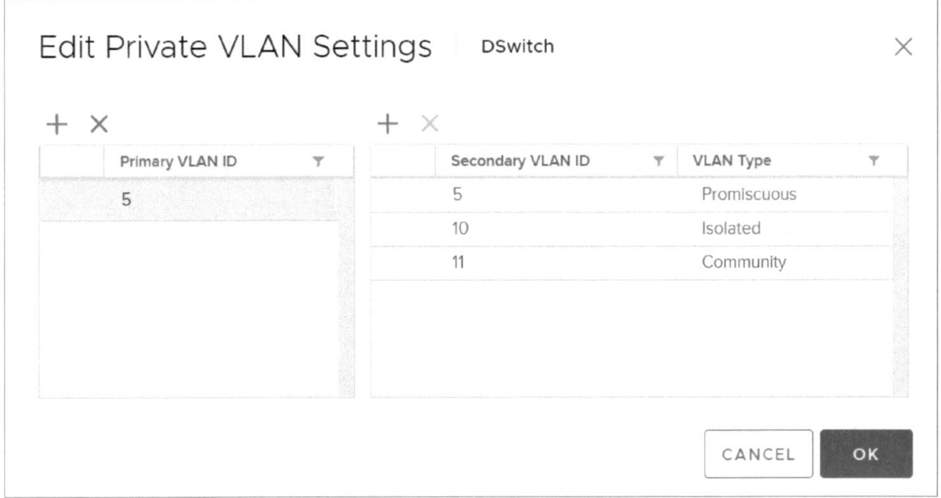

Abbildung 7.34 PVLAN-Einstellungen auf dem Switch-Teil des vDS

In Abbildung 7.35 ist die Zuweisung eines sekundären VLAN zu einer Port Group zu sehen.

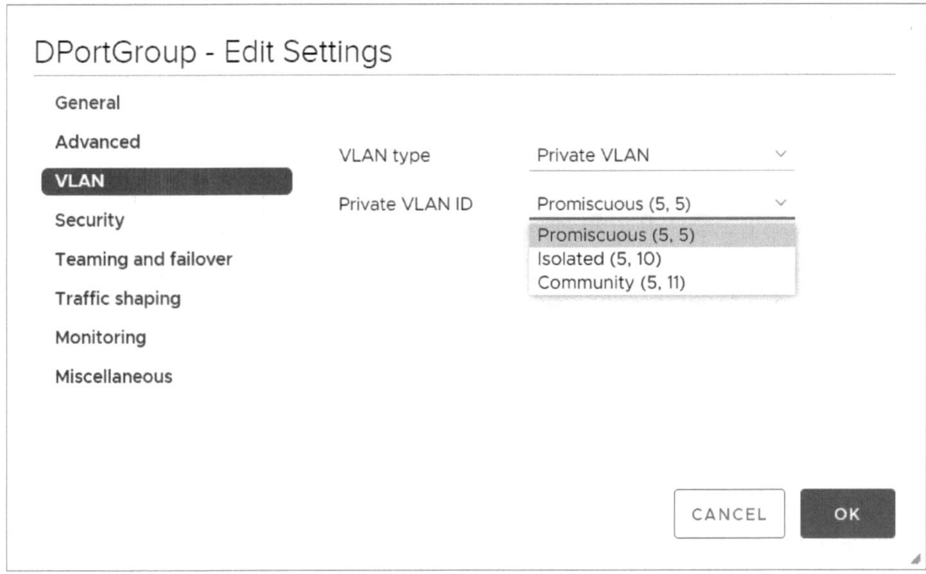

Abbildung 7.35 PVLAN-Einstellungen auf der Port Group

Die verschiedenen Typen, die an eine sekundäre private VLAN-ID vergeben werden können, haben unterschiedliche Reichweiten, was die Netzwerkkommunikationsmöglichkeiten betrifft. Aus der Zusammenfassung in Tabelle 7.7 ist dies ersichtlich.

	Promiscuous (5, 5)	**Community (5, 11)**	**Isolated (5, 10)**
Promiscuous (5, 5)	erreichbar	erreichbar	erreichbar
Community (5, 11)	erreichbar	erreichbar	nicht erreichbar
Isolated (5, 10)	erreichbar	nicht erreichbar	nicht erreichbar

Tabelle 7.7 Kommunikationsreichweite der PVLAN-Typen

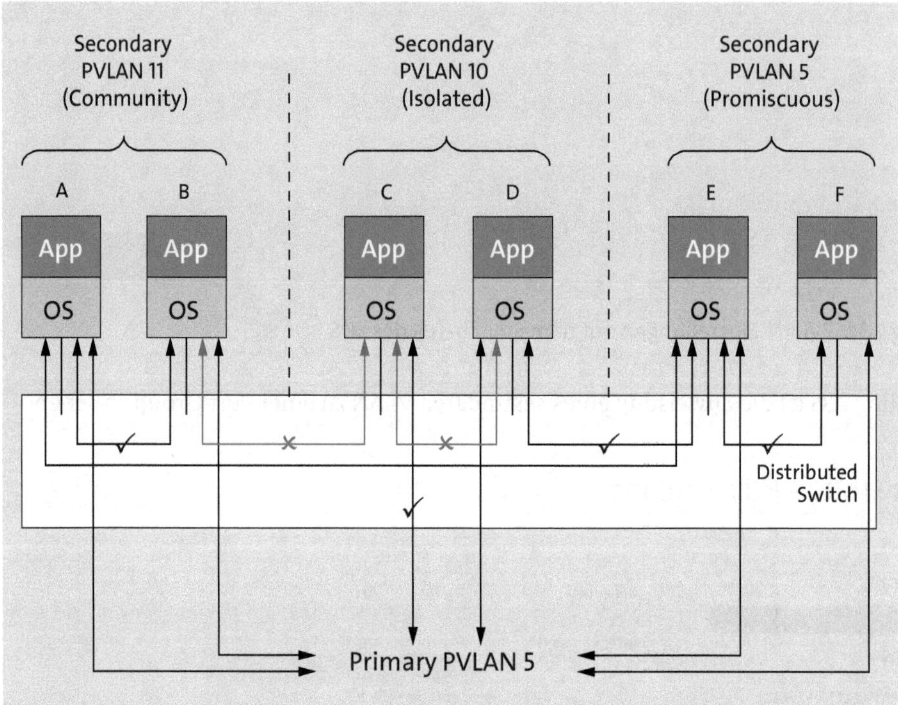

Abbildung 7.36 Kommunikationsbeziehungen der PVLAN-Typen als Grafik

Im Folgenden sehen wir uns diese Typen genauer an (sortiert nach Reichweite):

- PROMISCUOUS: Dieser Typ hat die größte Reichweite. Ein Client in solch einem PVLAN kann mit PVLANs vom Typ ISOLATED und COMMUNITY und mit PVLANs des eigenen Typs kommunizieren.

  Anwendungsgebiet: Hier befindet sich das Standard-Gateway, damit Clients aus dem Typ Isolated- und Community-VLAN nach außen in das physische Netzwerk kommunizieren können.

- COMMUNITY: Dieser Typ hat eine mittlere Reichweite. Ein Client in diesem PVLAN kann mit den Promiscuous-PVLANs innerhalb derselben Community, aber nicht mit den Isolated-PVLANs kommunizieren.

  Anwendungsgebiet: Hier werden Clients und Server einer Firma zusammengefasst, sodass die Firmenressourcen untereinander kommunizieren können, vor anderen Typen aber geschützt bleiben.

- ISOLATED: Dieser Typ hat die kürzeste Reichweite. Ein Client in diesem PVLAN kann mit PVLANs vom Typ PROMISCUOUS, aber weder mit den Community- noch mit den Isolated-PVLANs kommunizieren.

  Anwendungsgebiet: Einzelne private Clients, die sich nicht sehen sollen, obwohl sie sich im selben IP-Adressbereich und in derselben sekundären VLAN-ID befinden.

7.6.5 Einstellungsmöglichkeiten auf der Distributed Port Group

Bei der Erzeugung einer Port Group auf einem vDS können nicht alle möglichen Einstellungen vorgenommen werden. Einige Einstellungen sind erst später dran.

Markieren Sie die Port Group und öffnen Sie mittels EDIT SETTINGS die Konfigurationsmasken. Es gibt zwei Typen von Port Groups im vDS. In Abbildung 7.37 werden diese sichtbar.

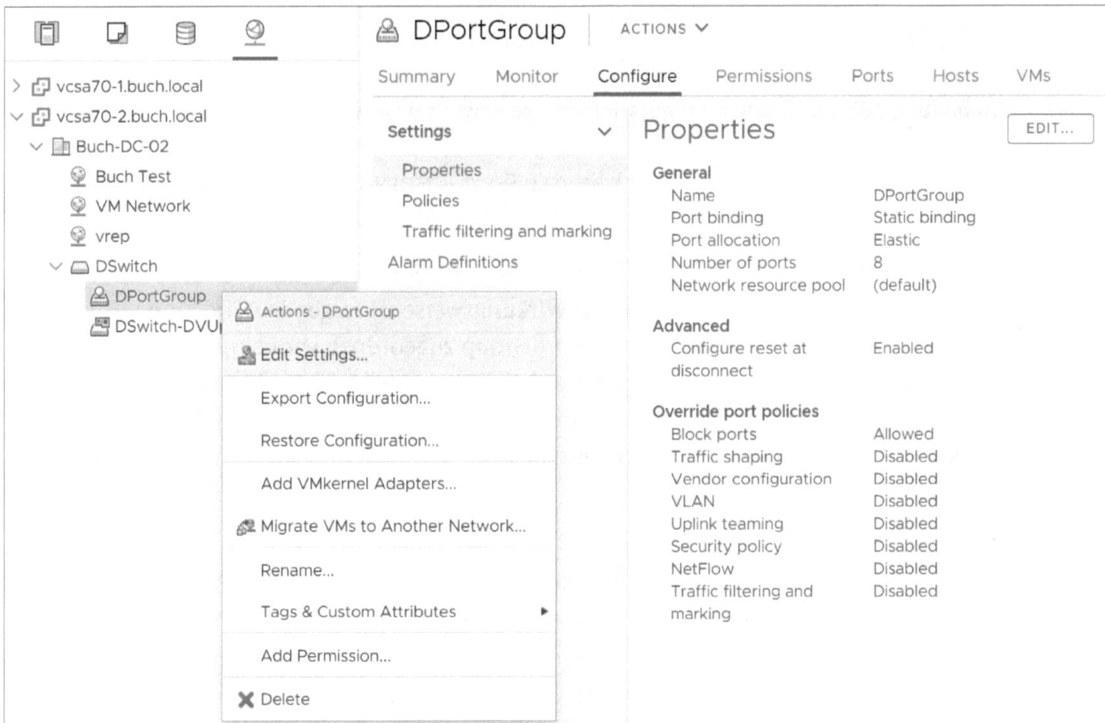

Abbildung 7.37 Übersicht der Eigenschaften einer Port Group

Die eine Port Group ist für die Verbindung von VMs und VMkernel gedacht, die andere beinhaltet ausschließlich die Uplink-Adapter.

In der ersten Einstellung – GENERAL – kann der NAME angepasst werden, und die Anzahl der Ports sowie die Art des PORT BINDING können konfiguriert werden (siehe Abbildung 7.38).

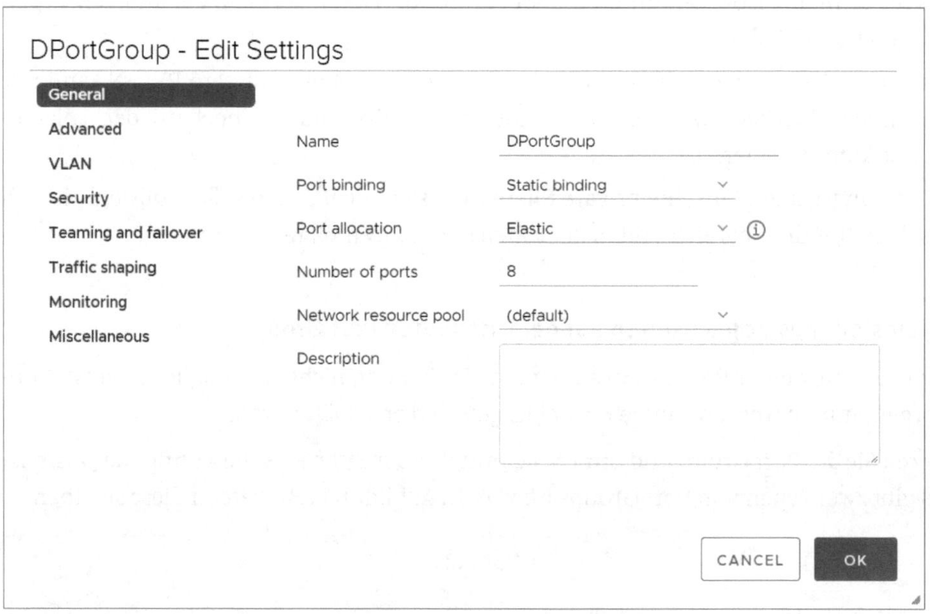

Abbildung 7.38 Geöffnete Konfigurationsmaske einer Port Group

Die einzelnen Einstellungsmöglichkeiten zu PORT BINDING und zu PORT ALLOCATION sehen wir uns im Folgenden genauer an:

- GENERAL • PORT BINDING • STATIC BINDING • ELASTIC

  Dies ist die Standardeinstellung. Die Wirkungsweise ist folgende: Wird eine virtuelle NIC einer VM oder ein VMkernel dieser Port Group zugeordnet, wird ein neuer Port generiert und belegt. Der Port gilt als belegt, sobald ein Device an ihn angeschlossen wurde. Eine VM, die zum Beispiel nicht läuft, belegt trotzdem einen Port. In der Einstellung NUMBER OF PORTS ist der Wert 8 als Startwert festgelegt. Sind diese Ports aufgebraucht, werden automatisch weitere Ports generiert.

- GENERAL • PORT BINDING • STATIC BINDING • FIXED

  Diese Einstellung entspricht der früheren Standardeinstellung vor ESXi 5.5. Hier kann eine fixe Anzahl Ports eingegeben werden. Diese ändert sich nicht, es sei denn, sie wird manuell erhöht.

- GENERAL • PORT BINDING • EPHEMERAL • NO BINDING

  Bei EPHEMERAL • NO BINDING gibt es keine fixe Portanzahl. Für jeden angeschlossenen Teilnehmer wird die Portanzahl um einen Port erhöht.

Die meisten weiteren Einstellungen, die dann folgen, wurden schon an anderer Stelle beschrieben oder werden etwas später erläutert. Tabelle 7.8 zeigt, wo Sie die verschiedenen schon behandelten Themen finden.

Thema	Abschnitt	Titel
Layer-2-Security-Policy	Abschnitt 7.4.6	Die Layer-2-Security-Policies
Traffic Shaping	Abschnitt 7.4.7	Traffic Shaping
VLAN	Abschnitt 7.4.8	Die VLAN-Einstellungen der vSwitch-Typen
Teaming and Failover	Abschnitt 7.4.9	Die NIC-Teaming- und die Load-Balancing-Policies der vSwitch-Typen
Resource Allocation	Abschnitt 7.6.6	Network I/O Control
Monitoring	Abschnitt 7.6.7	NetFlow

Tabelle 7.8 Port-Group-Themen, die an anderer Stelle behandelt werden

Auf der Port Group gibt es noch weitere Einstellungsmöglichkeiten für Policies unter MISCELLANEOUS und ADVANCED.

Unter MISCELLANEOUS (siehe Abbildung 7.39) können alle Ports für die ausgewählte Port Group auf einen Schlag blockiert werden. »Auf einen Schlag« meint alle daran angeschlossenen VMs auf allen in den vDS aufgenommenen. Das bedeutet, Tausende von VMs können innerhalb von Sekunden vom Netz genommen werden. Wenn Sie dasselbe mit vSS-Port-Groups machen möchten, müssen Sie bei 2.000 Hosts sehr viel Zeit aufwenden, weil Sie auf jeden einzelnen Host zugreifen müssten.

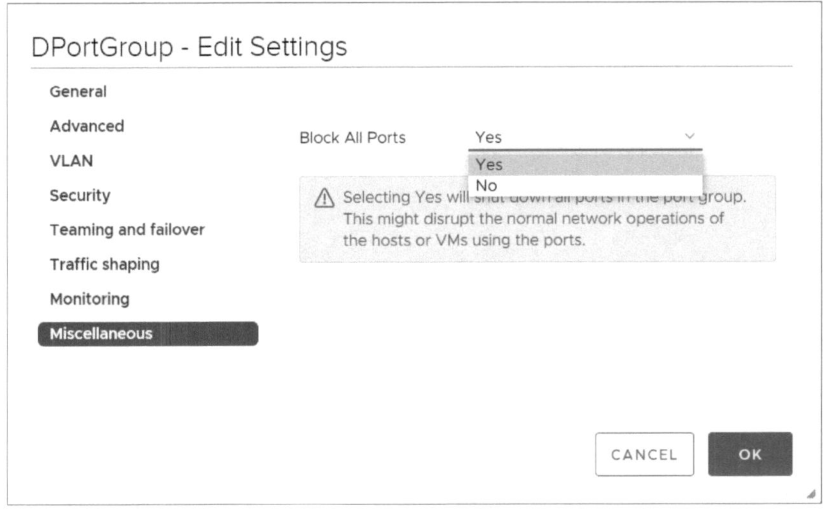

Abbildung 7.39 Die Port-Group-Einstellung »Miscellaneous«

In welchen Situationen ergibt so etwas Sinn? Wenn zum Beispiel ein neuer, bis dato unbekannter und hoch aggressiver Virus/Wurm durch das Netz ginge, wäre es möglich, sehr schnell zu intervenieren – auch dann, wenn die Infrastruktur Tausende von VMs hätte. Einzelne Abschnitte könnten sofort stillgelegt werden.

Die Einstellung ADVANCED (siehe Abbildung 7.40) ermöglicht es, die Policy-Einstellungen auf eine Port Group zu fixieren. Fixierte Teile (OVERRIDE PORT POLICIES: DISABLED) können dann nicht mehr auf einem Port direkt verändert werden. Ist die Port-Group-Policy nicht fixiert (OVERRIDE PORT POLICIES: ALLOWED), ist es möglich, die Einstellung auf dem Port zu verändern (siehe Abbildung 7.41).

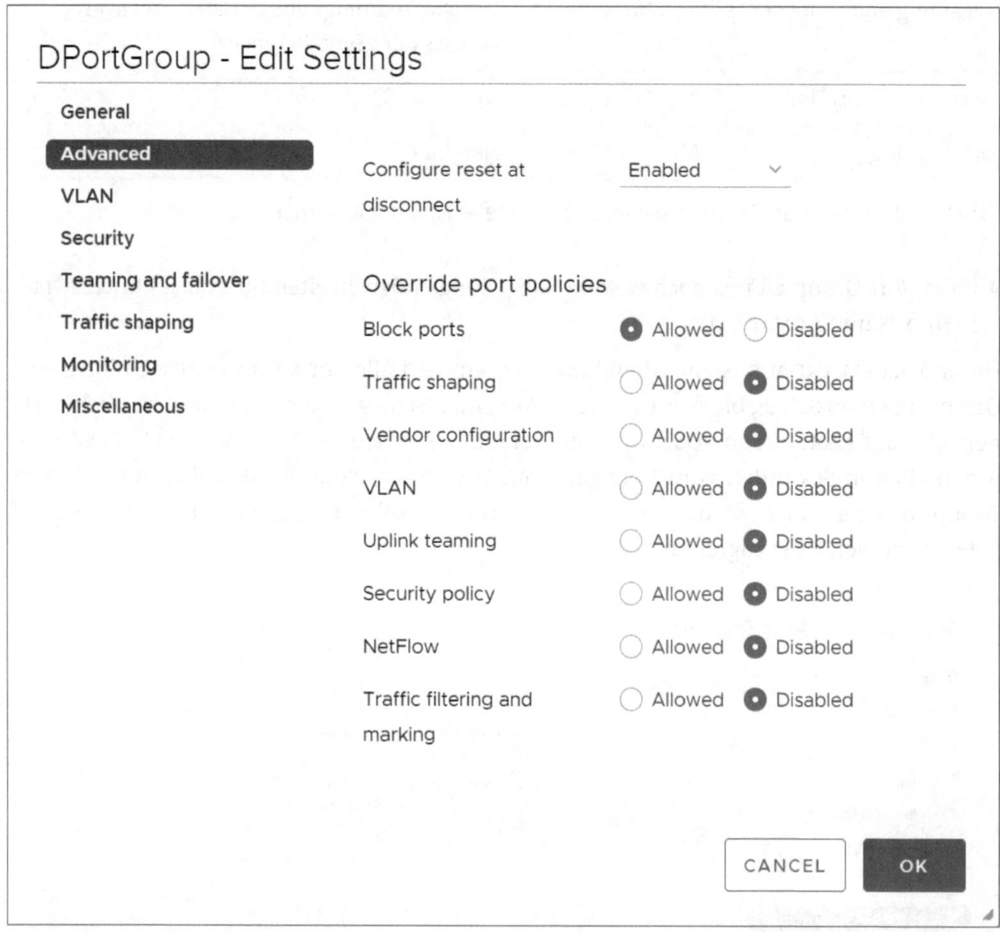

Abbildung 7.40 Die Port-Group-Einstellung »Advanced«

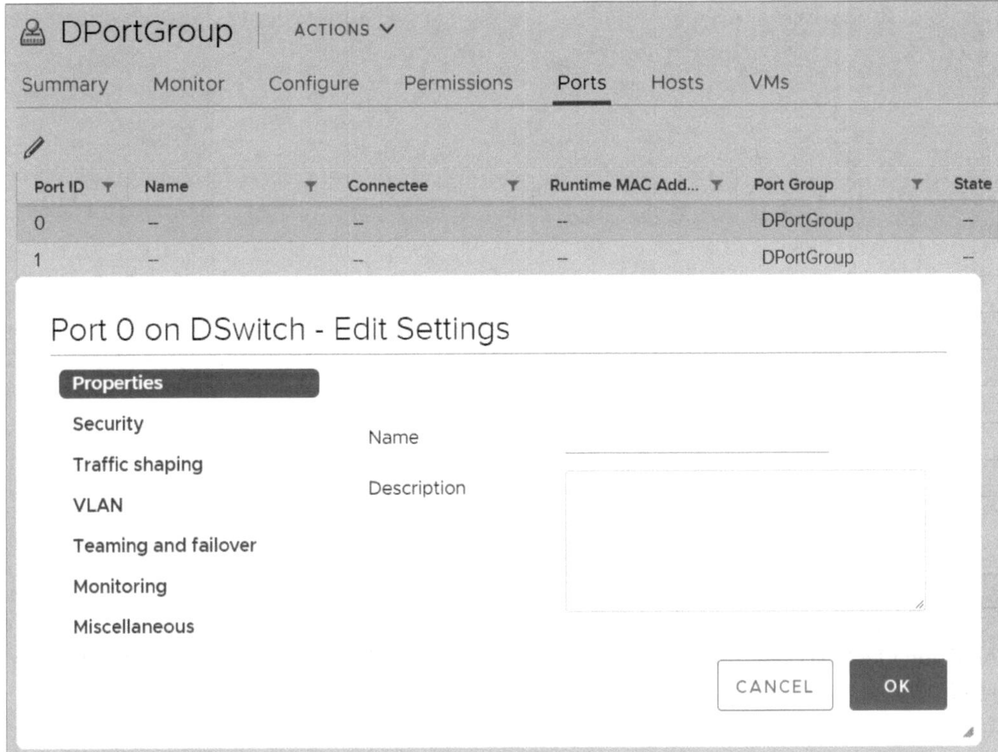

Abbildung 7.41 Die Einstellungen zur »Port Policy«

7.6.6 Network I/O Control

Mittels *Network I/O Control* (NIOC) kann der Netzwerkverkehr bei den vDS sehr fein modelliert werden. Beim Erstellen eines vDS ist die NETWORK I/O CONTROL eingeschaltet. Mit vSphere 6.0 wurde die Version 3 von Network I/O Control eingeführt. Die vorherige Version 2 ist dazu nicht kompatibel und verfolgt ein anderes Konzept.

Bei Version 2 konnte ein *CoS (Class of Service) priority tag* verwendet werden, das auch als *Quality of Service tagging (802.1p)* bezeichnet wird. Bei Version 3 gibt es dieses nicht mehr, dafür können aber Bandbreitenreservierungen vergeben werden.

Unter RESSOURCE ALLOCATION sind die Konfigurationen für die NIOC sichtbar, und es besteht die Möglichkeit, diese hier zu konfigurieren.

Der Abschnitt SYSTEM TRAFFIC in Abbildung 7.42 zeigt die Anzahl der Netzwerkadapter und die vorhandene Bandbreite sowie eventuell eingestellte Reservierungen der Netzwerkbandbreite.

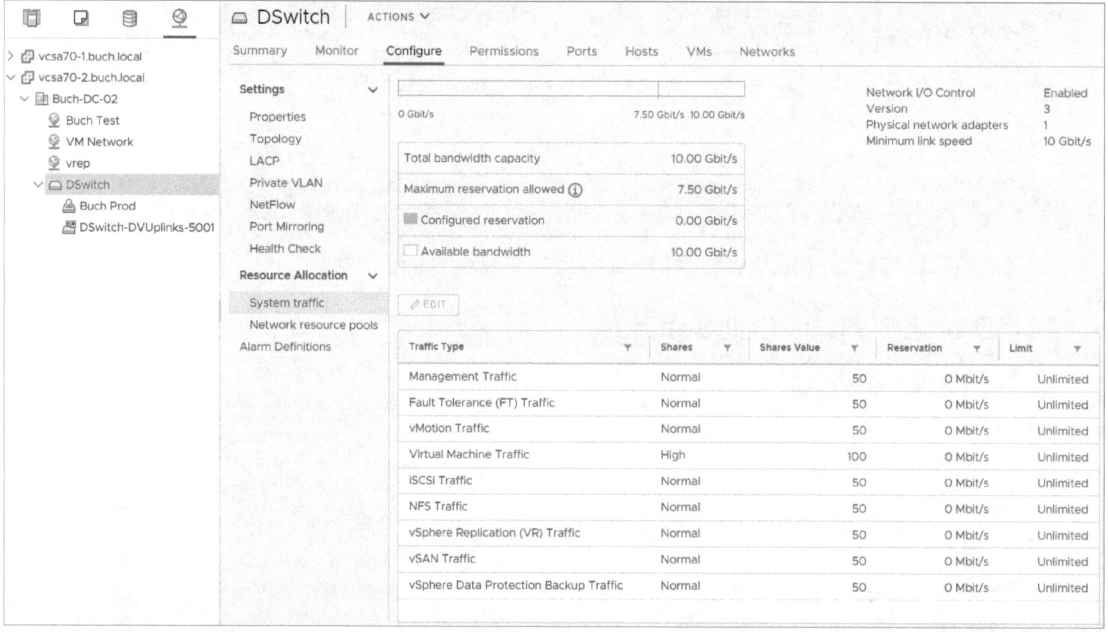

Abbildung 7.42 Das Register »Ressource Allocation« mit den Einstellungen für »System traffic« im »NIOC«

Hier werden die Einstellungen (SHARES, RESERVATION, LIMIT) der neun vSphere-Verkehrstypen (wie VIRTUAL MACHINE TRAFFIC, MANAGEMENT TRAFFIC, VMOTION TRAFFIC etc.) vorgenommen. Diese können in den Einstellungen verändert, aber nicht gelöscht werden.

Wenn Sie eines der acht Netzwerkverkehrsmuster markieren und auf das Editieren-Symbol klicken, öffnet sich ein Fenster, in dem Sie alle Einstellungen vornehmen können (siehe Abbildung 7.43).

Dies betrifft die folgenden Einstellungen:

- SHARES: Das Konzept der *Shares* ist bei CPU und Memory schon lange bekannt. Dies ist hier praktisch dasselbe. Es gibt vordefinierte Werte: LOW (25), NORMAL (50), HIGH (100) und CUSTOM (zu definieren). Shares kommen nur dann zum Einsatz, wenn »der Hunger größer ist als der Kuchen«, das heißt, wenn mehr Bandbreite verwendet werden sollte, als vorhanden ist. Mehr Shares ergeben ein größeres Stück vom Kuchen. Wenn ein Verkehrsmuster also 25 Shares hat, das andere aber 50 Shares besitzt, bekommt das Muster mit 50 Shares doppelt so viel Bandbreite wie das mit 25 Shares.
- RESERVATION: Der Standard ist auf 0 gesetzt, also inaktiv. Hier kann eine Reservierung für das betreffende Verkehrsmuster eingegeben werden. Diese Reservation kann später z. B. auf benutzerdefinierte Netzwerkressourcenpools und von diesen bis auf einzelne virtuelle Netzwerkkarten (vNICs) heruntergebrochen werden.

- LIMIT: Per Default ist die Einstellung auf UNLIMITED gesetzt. Wird ein Wert eingegeben, kann hier ein Shaping auf dem Netzwerkverkehrsmuster betrieben werden. Diese Obergrenze an Bandbreite wirkt (im Gegensatz zu den Shares) immer, also auch dann, wenn noch viel Bandbreite zur Verfügung stünde. Die Werte sind in MBit/s definiert.

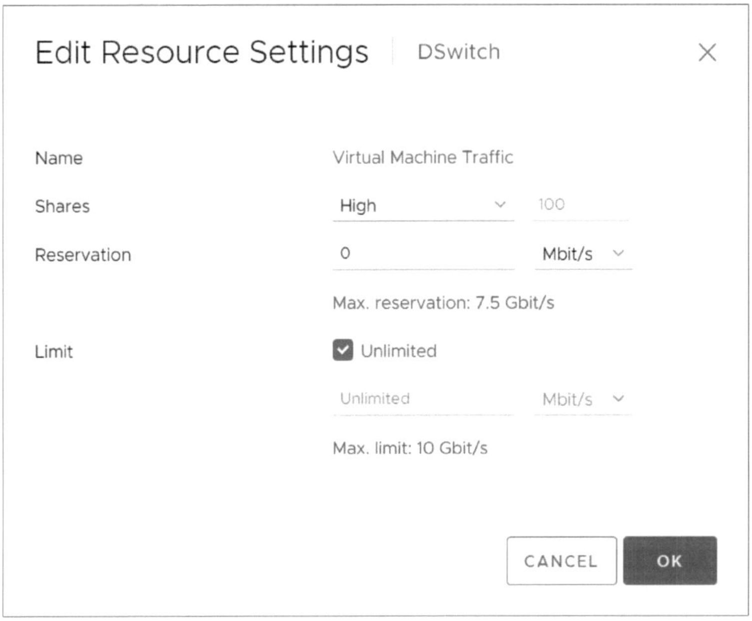

Abbildung 7.43 Einstellungsmöglichkeiten im Verkehrsmuster »Virtual Machine Traffic«

Der Abschnitt NETWORK RESOURCE POOLS (siehe Abbildung 7.44) gibt Ihnen die Möglichkeit, benutzerdefinierte Ressourcenpools zu erstellen. Hier gibt es als Einstellungsmöglichkeit nur die RESERVATION QUOTA.

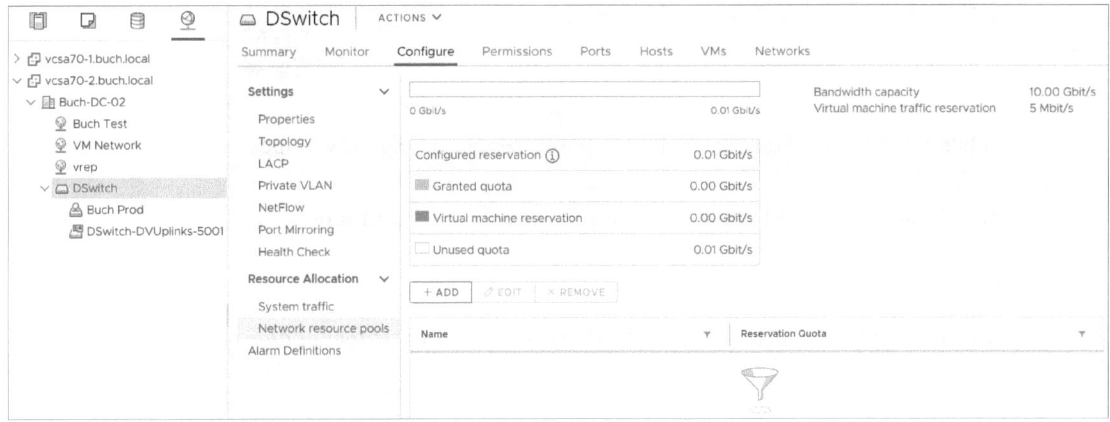

Abbildung 7.44 Das Register »Ressource Allocation« mit den Einstellungen für »Network resource pools« im »NIOC«

Benutzerdefinierte Netzwerkressourcenpools

Ein benutzerdefinierter Netzwerkressourcenpool kann über + ADD erstellt werden. Sehen wir uns dazu ein Beispiel an. Wir möchten zwei Netzwerkressourcenpools für VIRTUAL MACHINE TRAFFIC erstellen – den einen mit einer Reservation von 100 MBit/s, den anderen mit einer Reservation von 10 MBit/s. Dazu sind vier Schritte notwendig:

Schritt 1

Wir verändern im SYSTEM TRAFFIC die Reservation für VIRTUAL MACHINE TRAFFIC (siehe Abbildung 7.43).

Schritt 2

Wir erstellen zwei neue Netzwerkressourcenpools: *High-Level-Apps* und *Low-Level-Apps*. Abbildung 7.45 zeigt die Erstellung des Ressourcenpools *High-Level-Apps*.

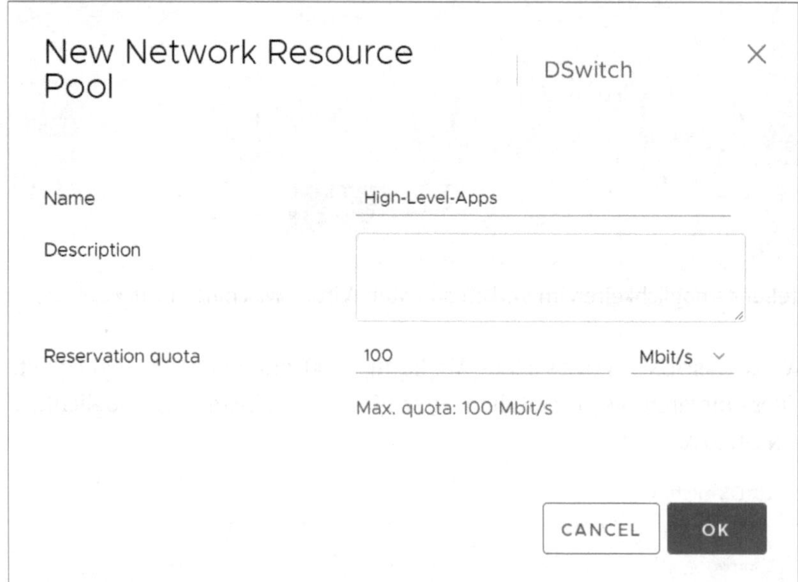

Abbildung 7.45 Erstellung des Netzwerkressourcenpools »High-Level-Apps«

In Abbildung 7.46 sind beide erzeugten Ressourcenpools zu sehen.

Schritt 3

Nun muss die Zuordnung der Port Groups zu den entsprechenden Netzwerkressourcenpools erfolgen. Dies sehen Sie in Abbildung 7.47.

DSwitch
ACTIONS
Summary
Monitor
Configure
Permissions
Ports
Hosts
VMs
Networks
Settings
Properties
Topology
LACP
Private VLAN
NetFlow
Port Mirroring
Health Check
Resource Allocation
System traffic
Network resource pools
Alarm Definitions
0 Gbit/s
0.11 Gbit/s
Bandwidth capacity 10.00 Gbit/s
Virtual machine traffic reservation 110 Mbit/s
Configured reservation 0.11 Gbit/s
Granted quota 0.11 Gbit/s
Virtual machine reservation 0.00 Gbit/s
Unused quota 0.00 Gbit/s
+ ADD
EDIT
REMOVE
Name
Reservation Quota
High-Level-Apps 100 Mbit/s
Low-Level-Apps 10 Mbit/s

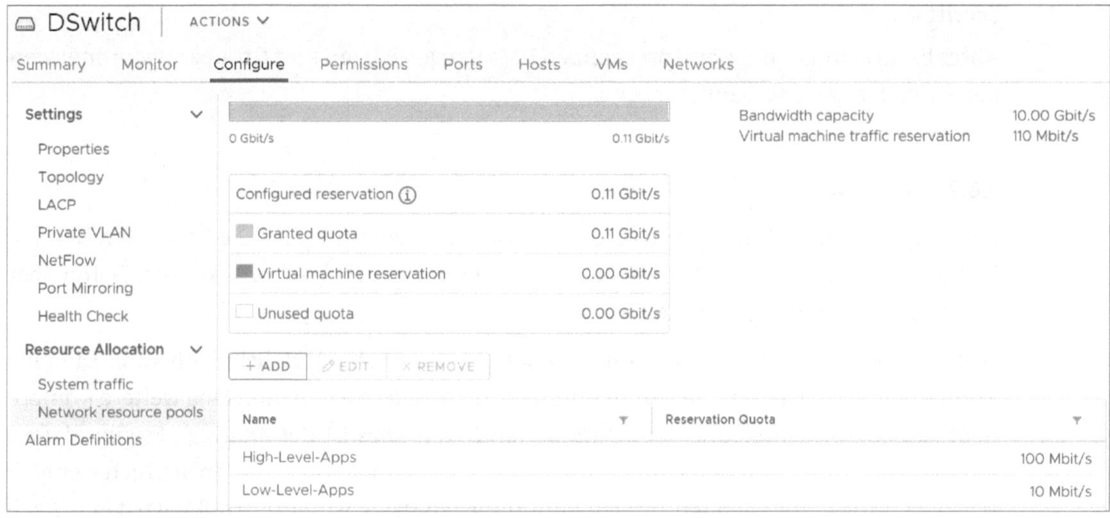

Abbildung 7.46 Zwei erstellte benutzerdefinierte Netzwerkressourcenpools

New Distributed Port Group
1 Name and location
2 Configure settings
3 Ready to complete
Configure settings
Set general properties of the new port group.
Port binding
Static binding
Port allocation
Elastic
Number of ports
8
Network resource pool
(default)
(default)
High-Level-Apps
Low-Level-Apps
VLAN
VLAN type
None
Advanced
Customize default policies configuration
CANCEL
BACK
NEXT

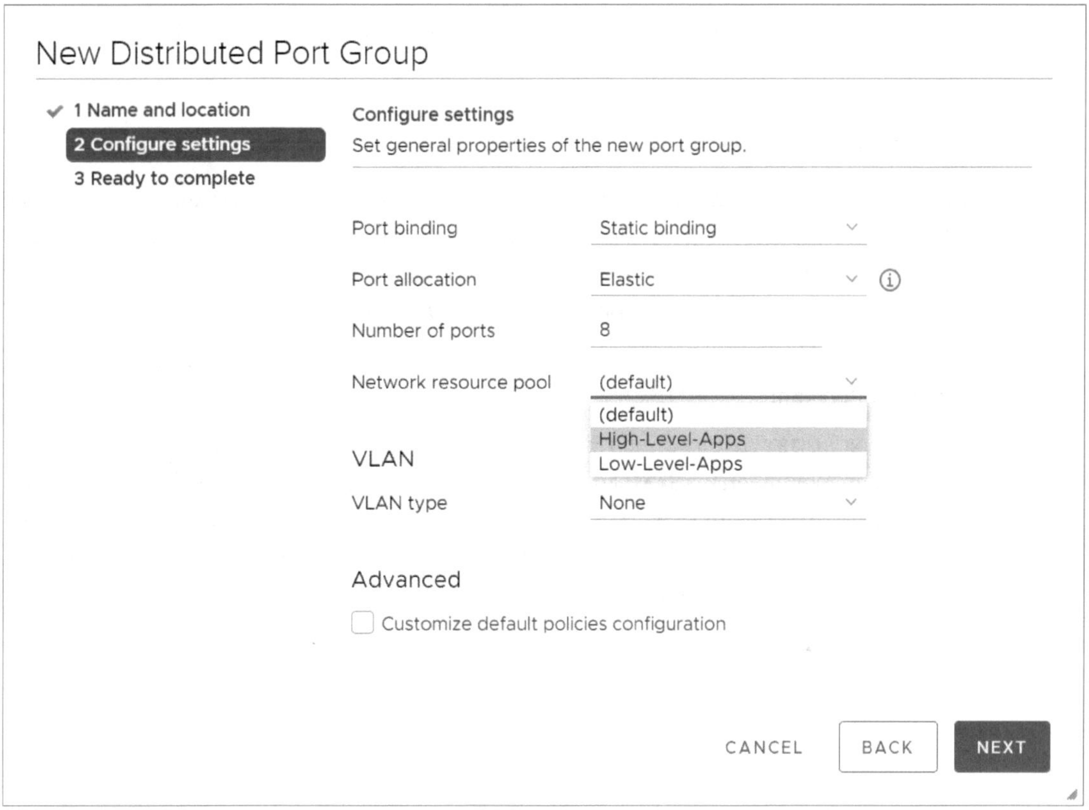

Abbildung 7.47 Zuordnung der Port Groups zu den Netzwerkressourcenpools

Schritt 4

Abschließend müssen die entsprechenden VMs den jeweiligen Port Groups zugeordnet werden – und fertig ist die Konfiguration.

7.6.7 NetFlow

NetFlow wurde ursprünglich von Cisco entwickelt und wird mittlerweile von vielen Herstellern unterstützt. Mittels NetFlow – der Name sagt es eigentlich schon – können Daten über den Netzwerkverkehr gesammelt werden.

Damit NetFlow benutzt werden kann, benötigt man noch zusätzliche Software. Die eine Komponente ist diejenige, die Daten sammelt, auch *Collektor* genannt. Eine weitere Komponente dient zur Auswertung der gesammelten Daten. Dies ist der *Analyzer*. Es gibt diverse kostenlose Produkte, vor allem im Linux-Umfeld. Für Windows existieren deutlich weniger. Wir haben für den folgenden Implementierungsteil das kostenlose Tool *SolarWinds Realtime NetFlow Analyzer* der Firma *SolarWinds* verwendet. Am Beispiel dieser Software nehmen wir die Einstellungen vor. Hier ist eine Einstellung davon betroffen.

Die folgenden Schritte zeigen die Einrichtung von NetFlow mit dem vDS auf.

Schritt 1

Der erste Schritt ist die Aktivierung von NetFlow auf dem vDS (siehe Abbildung 7.48).

Für die Konfiguration von NetFlow auf dem vDS müssen Sie unter EDIT die IP-Adresse des NetFlow-Collectors angeben. Außerdem ist die Portnummer einzustellen. Beim vDS ist der Standardport 1; bei *SolarWinds* verwenden Sie Port 2055. Sie passen entweder den vDS oder den Collector-Port an. In unserem Beispiel haben wir den Port auf dem vDS angepasst.

Unter SWITCH IP ADDRESS wird dem vDS eine IP-Adresse angegeben, damit der Collector die Daten abgreifen kann.

Unter ADVANCED SETTINGS können Sie Timeout-Werte für den Datenfluss und die Sampling-Rate eintragen. Wir haben bei SAMPLING RATE den Wert 1 angegeben; dies bedeutet, dass jedes Netzwerkpaket aufgezeichnet wird. In der Praxis wird diese Sampling-Rate meist höher gesetzt, damit die Systemlast nicht zu hoch wird. Ein Wert von 10 würde bedeuten, dass jedes zehnte Netzwerkpaket bewertet wird.

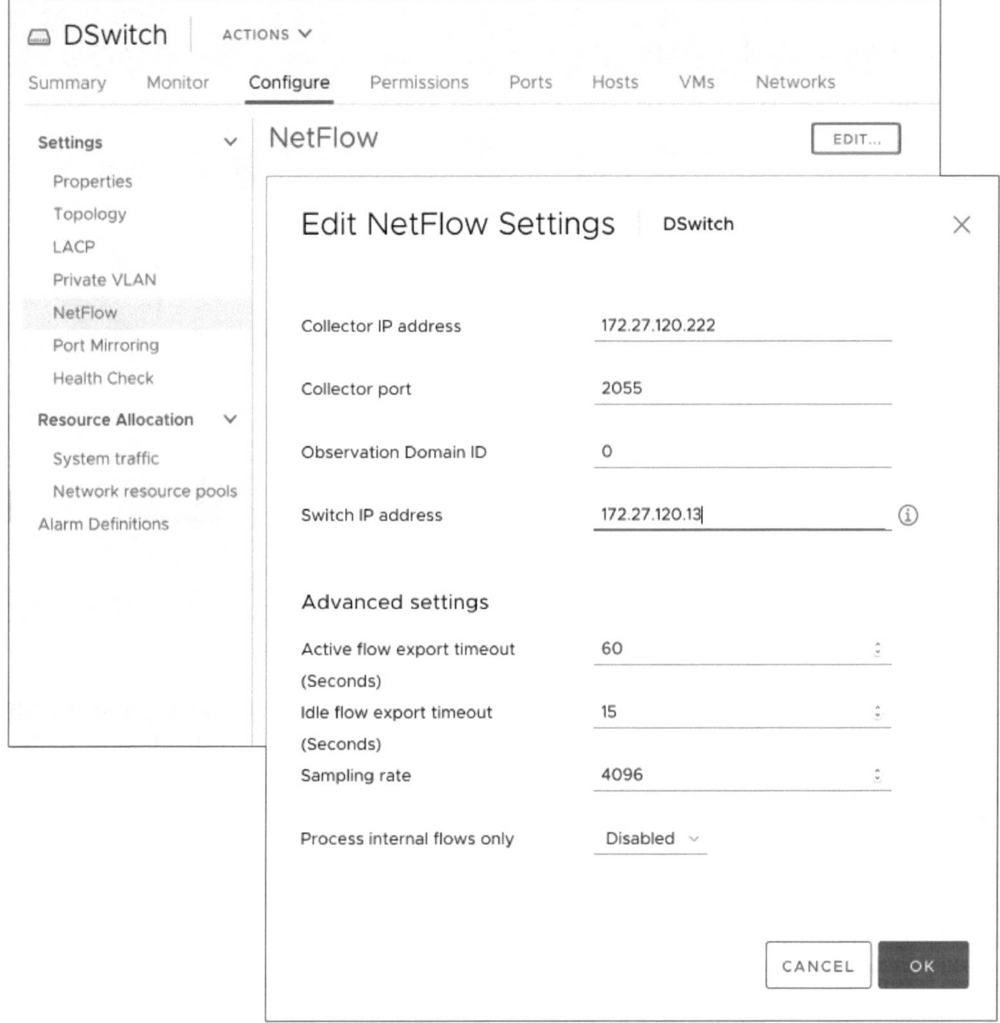

Abbildung 7.48 NetFlow-Einrichtung auf dem vDS

Schritt 2

Nachdem der vDS für NetFlow vorbereitet wurde, müssen auch die Port Groups auf dem vDS für NetFlow aktiviert werden (siehe Abbildung 7.49). Hier wird NetFlow auf der Port Group BUCH PROD aktiviert.

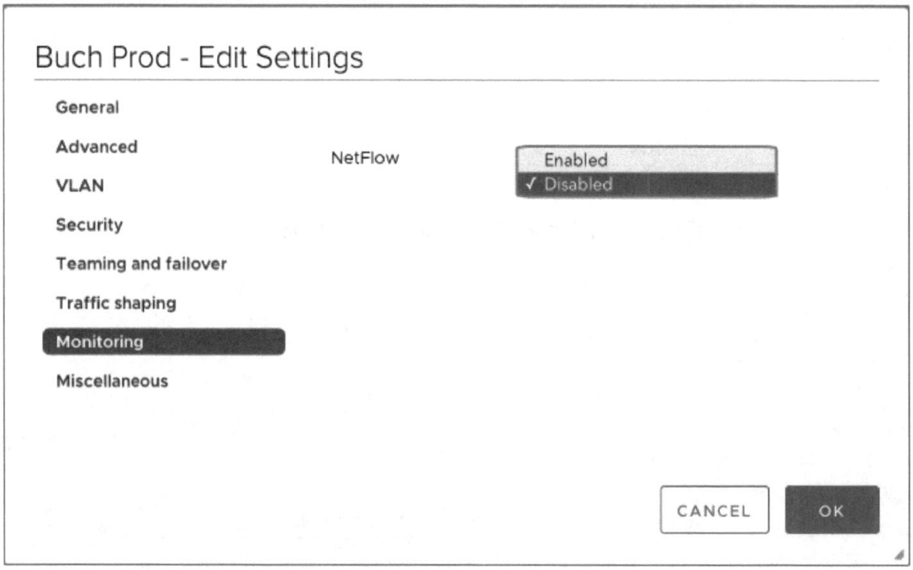

Buch Prod - Edit Settings

General
Advanced
VLAN
Security
Teaming and failover
Traffic shaping
Monitoring
Miscellaneous

NetFlow — Enabled / ✓ Disabled

CANCEL OK

Abbildung 7.49 NetFlow auf der Port Group aktivieren

Schritt 3

Nachdem der vDS und die Port Group(s) aktiviert wurden, kann die NetFlow-Software konfiguriert werden. Der erste Schritt beim NetFlow-Collector besteht darin, die IP-Adresse des vDS anzugeben, damit die Software weiß, von wo Daten gesammelt werden sollen. In unserem Beispiel ist das die IP-Adresse 172.27.120.13.

Die VMs sind auf den Port-IDs 0, 1 und 2. Bei allen läuft das NetFlow-Protokoll, der Collektor ist nicht an einer anderen Port Group angeschlossen, die nicht für NetFlow aktiviert ist. Die Uplinks, die angezeigt werden, werden von den Netzwerkkarten des ESXi-Hosts belegt, über die der NetFlow-Verkehr abgewickelt wird. In der Collektor-Software können diese Port-IDs hinzugefügt und konfiguriert werden.

Schritt 4

Im letzten Schritt können Sie die Daten visualisieren und überprüfen.

Nach kurzer Zeit sind die Daten im Collektor zu sehen. Dort ist die Datenmenge sichtbar, die die einzelnen Ports zu einem bestimmten Zeitpunkt übermitteln.

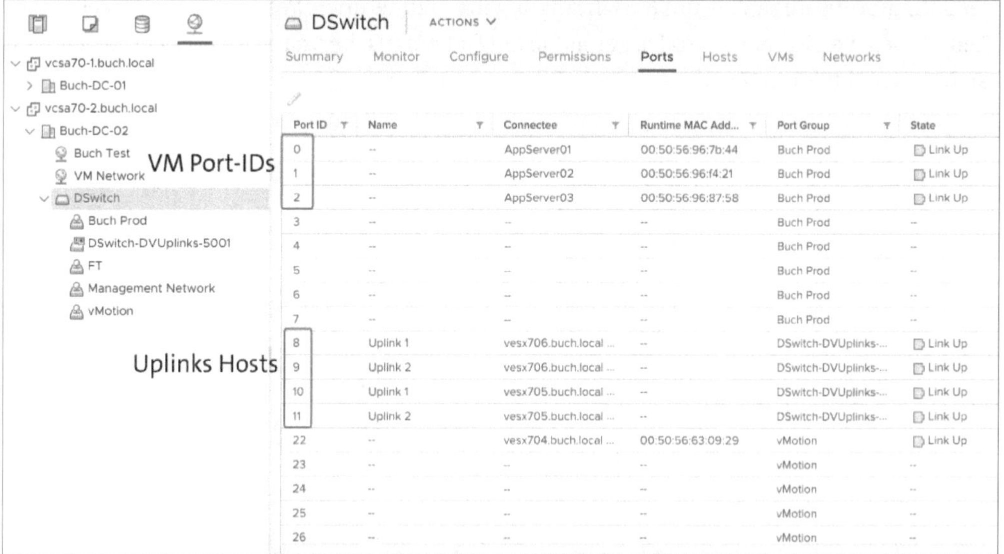

Abbildung 7.50 Portinformationen auf dem vDS (Teil 1)

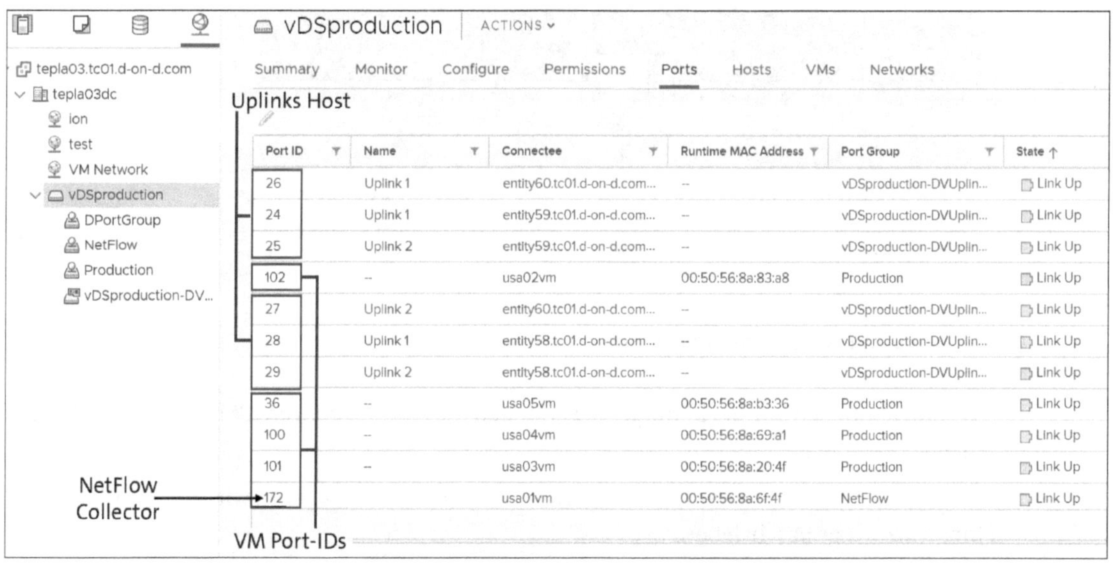

Abbildung 7.51 Portinformationen auf dem vDS (Teil 2)

7.6.8 Port Mirroring

Früher konnte Netzwerkverkehr von anderen Teilnehmern nur über den Promiscuous Mode aufgezeichnet werden. Das Problem daran war, dass dann gleich alle Teilnehmer an dem betreffenden vSwitch-Typ wahrgenommen wurden. Selbstverständlich konnte man Filter in der Sniffer-Software setzen, um Einschränkungen vorzunehmen. Wenn nur der Verkehr eines Teilnehmers verfügbar sein soll, ist es auf jeden Fall praktischer, dass der Port gespiegelt wird (siehe auch Abbildung 7.52).

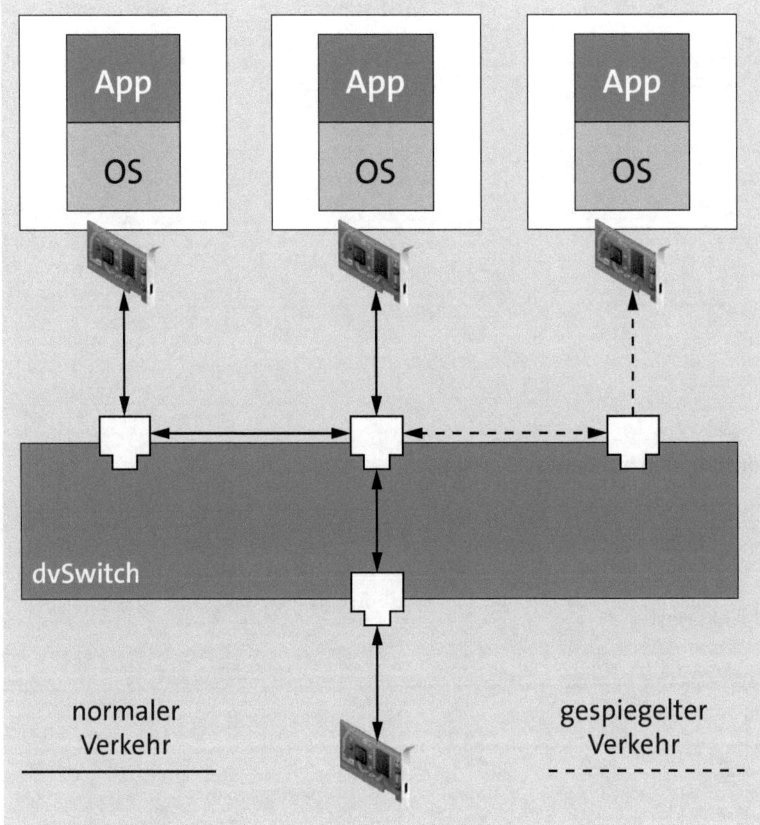

Abbildung 7.52 Schema des Mirrorings

Es ist auch möglich, n:1-Beziehungen zu erstellen. Das heißt, mehrere Ports werden auf einen einzigen gespiegelt.

Port Mirroring muss auf dem vDS eingerichtet werden. Im Folgenden wird die Konfiguration eines Mirrorings beschrieben.

Schritt 1

Die Identifikation der Portnummer ist der erste Schritt. Dazu selektieren Sie den vDS und wählen anschließend die Registerkarte PORTS aus (siehe Abbildung 7.53).

Wie in der Abbildung zu sehen ist, gibt es drei VMs an den Port-IDs 0, 1 und 2.

Wir zeigen nun die Einrichtung eines Port Mirrors von Port-ID 1 zu Port-ID 2.

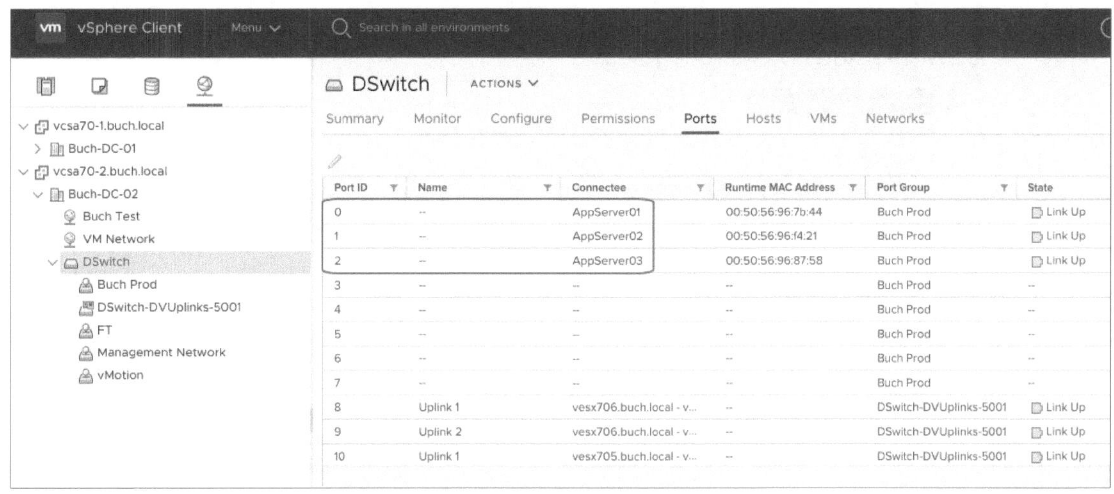

Abbildung 7.53 Die wichtigen Informationen für das Port Mirroring

Schritt 2

Im zweiten Schritt öffnen Sie auf dem vDS über CONFIGURE • SETTINGS den Konfigurationsdialog. Danach wählen Sie PORT MIRRORING aus (siehe Abbildung 7.54). Mit NEW starten Sie den Assistenten zur Einrichtung.

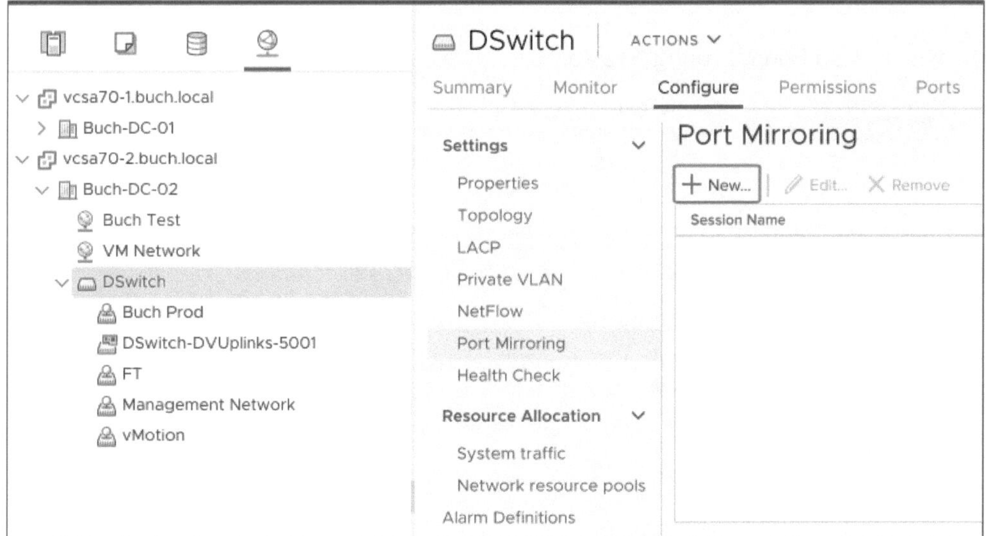

Abbildung 7.54 Die wichtigen Informationen für das Port Mirroring

Schritt 3

In diesem Schritt sind die Grundkonfigurationen zu erstellen. Mit dem Punkt + NEW kann die Art der Session eingestellt werden.

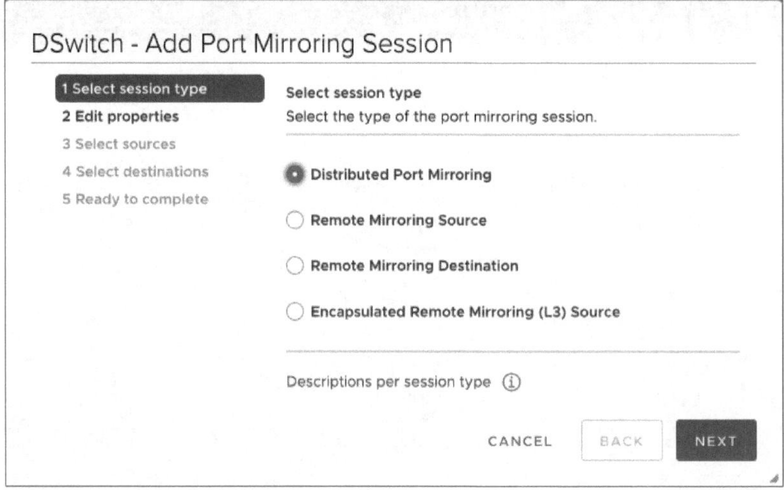

Abbildung 7.55 Die Art des Mirrorings

Schritt 4

Im Dialog aus Abbildung 7.56 geben Sie einen Namen für die Session ein und nehmen einige Einstellungen vor. Es können weitere Details eingegeben werden, wie Paketgrößen, Sampling-Rate, Beschreibung etc.

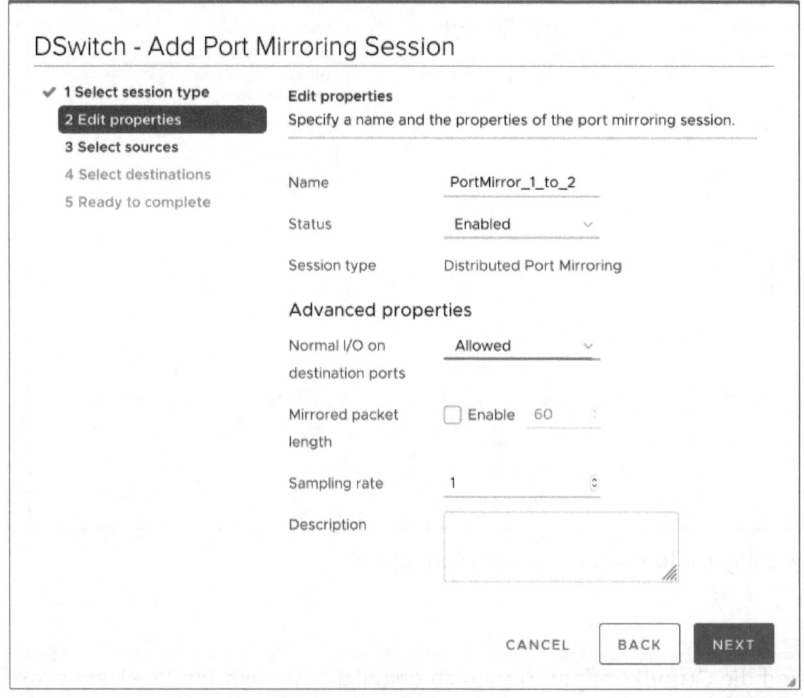

Abbildung 7.56 »Edit properties«

Schritt 5

In diesem Schritt geben Sie die Quelle an, von der Daten bezogen werden (siehe Abbildung 7.57). Dazu muss bei der betreffenden Port-ID ein Häkchen gesetzt werden.

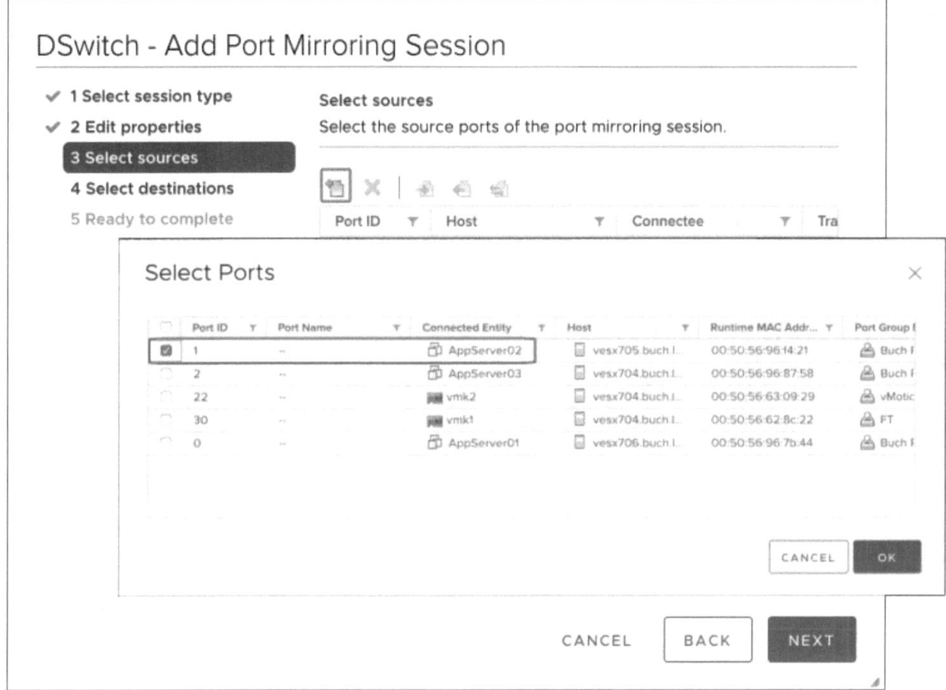

Abbildung 7.57 Auswählen der Quelle – Port 1

Mithilfe eines Selektors können Sie die Richtung des Netzwerkverkehrs einstellen (siehe Abbildung 7.58).

Abbildung 7.58 Eingabe der Richtung und die aktuell gewählte Richtung

Drei Möglichkeiten sind vorhanden:

1. Ingress/Egress (eingehend/ausgehend)
2. Ingress (eingehend)
3. Egress (ausgehend)

Schritt 6

Im nächsten Schritt geben Sie das Ziel an (siehe Abbildung 7.59).

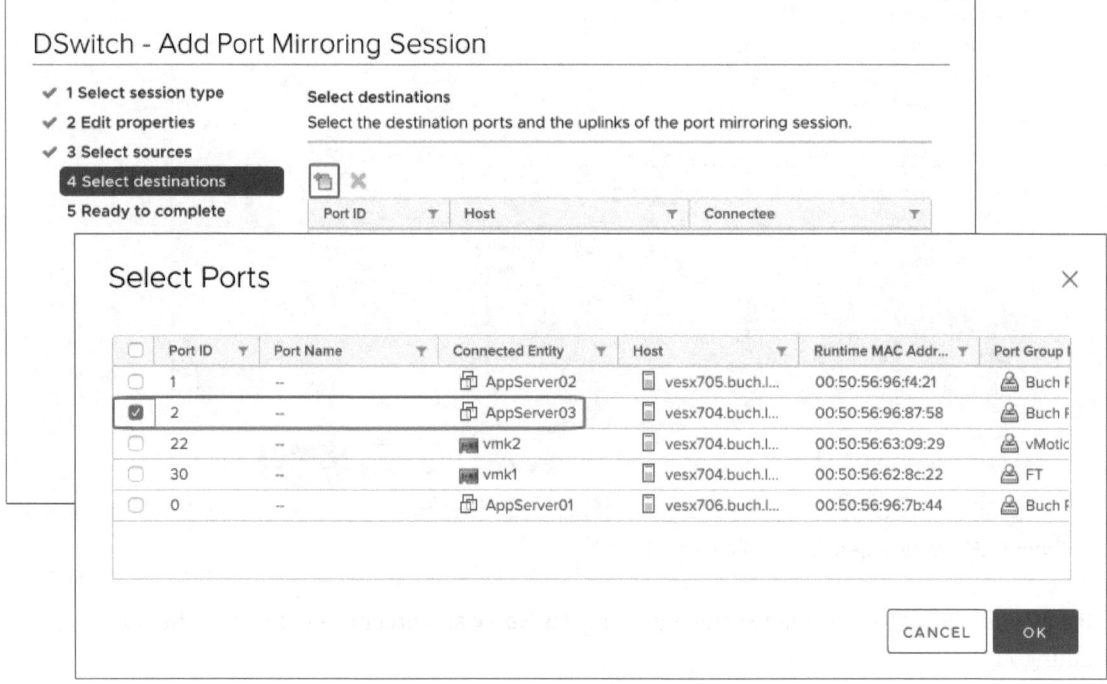

Abbildung 7.59 Das Ziel für das Port Mirroring angeben

Schritt 7

Im Dialog aus Abbildung 7.60 sehen Sie eine Zusammenfassung der Einstellungen. Sobald Sie auf FINISH klicken, wird die Konfiguration durchgeführt.

Nun können Sie an Port 1 eine VM anschließen, auf der ein Netzwerkanalysator installiert ist. Dieser empfängt alle Daten von Port 2.

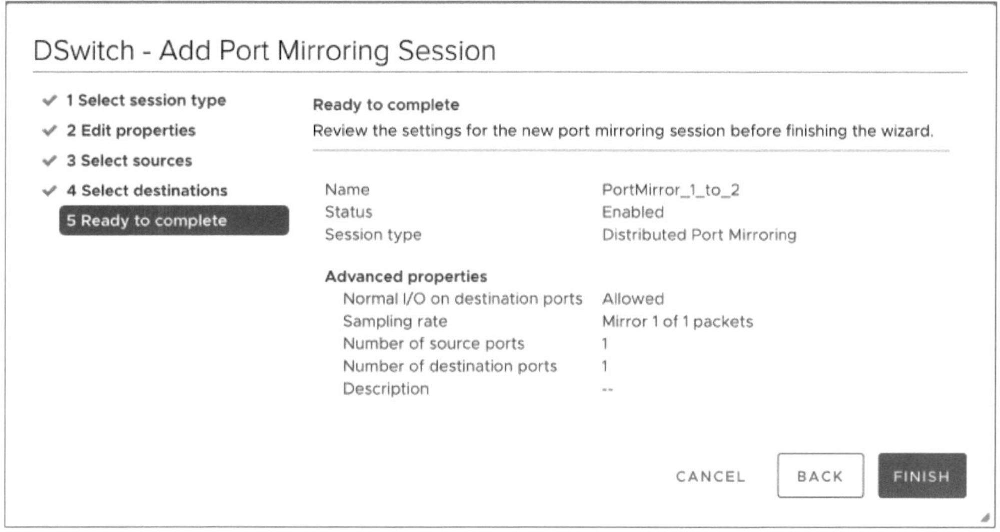

Abbildung 7.60 Zusammenfassung der Konfiguration für die Port-Mirror-Session

7.7 Die Migration von vSS auf vDS

Bei bestehenden Infrastrukturen ist es mitunter erwünscht, dass von den bestehenden Standard-vSwitches zu den dvSwitches migriert werden kann. Dieser Vorgang kann – wenn er gut geplant ist und bestimmte Voraussetzungen eingehalten wurden – ohne Unterbrechung und in einem Schritt durchgeführt werden.

Das folgende Szenario zeigt, wie Schritt für Schritt eine Migration durchgeführt wird. Folgende Ziele sollen erreicht werden:

- Es darf zu keinerlei Unterbrechungen in der Netzwerkkommunikation kommen.
- Das Managementnetzwerk soll als Standard-vSwitch erhalten bleiben.
- Die virtuellen Maschinen sollen von der Port Group *Buch Test* auf eine neue Port Group namens *Buch Prod* migriert werden.

Wie in Abbildung 7.61 zu sehen ist, existiert ein vSS (*vNetwork Standard Switch*), der Redundanz besitzt. An der Port Group *Buch Test* hängen die eingeschalteten drei virtuellen Maschinen, die migriert werden sollen.

Im ersten Schritt wird der vDS erstellt. Dieser besitzt zwei Uplinks und eine Port Group mit dem Namen *Buch Prod* für die drei VMs (siehe Abbildung 7.62).

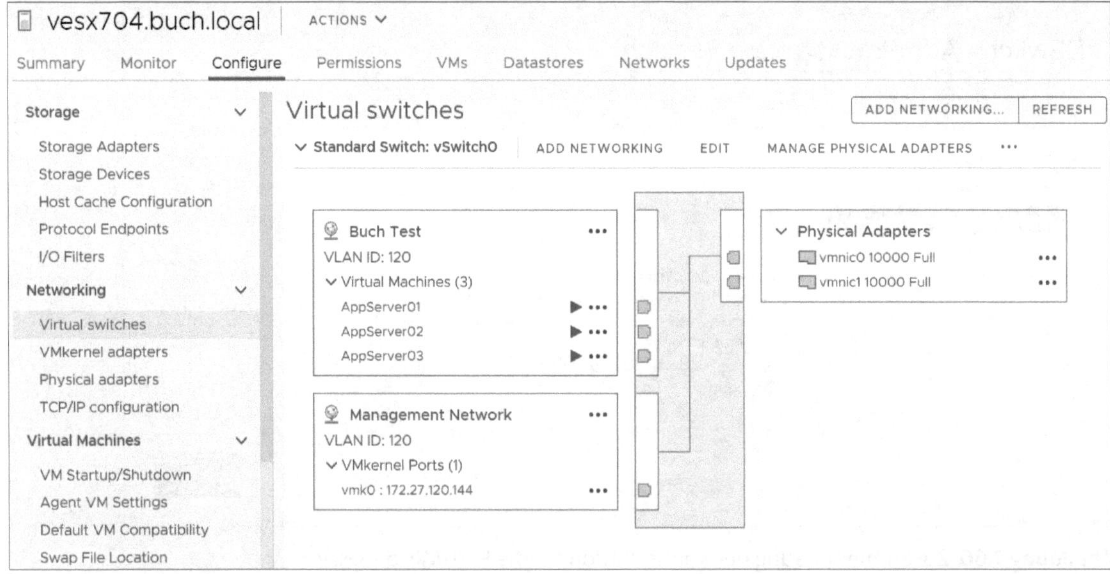

Abbildung 7.61 Ausgangslage für die Migration

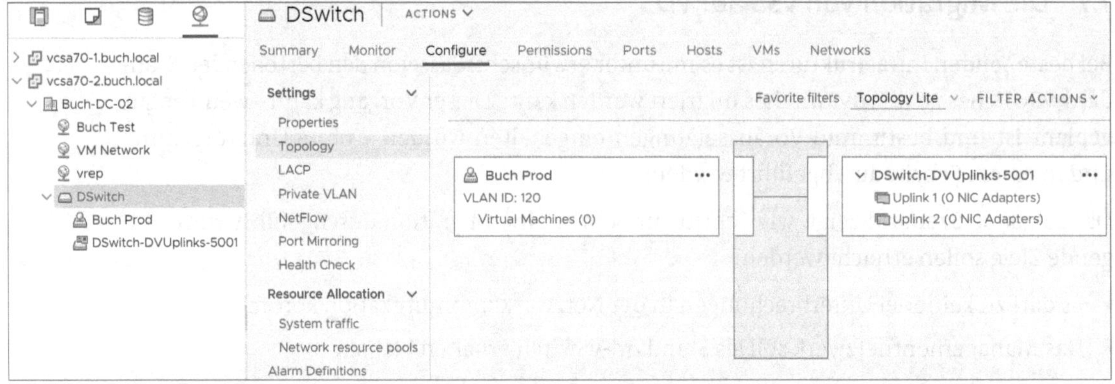

Abbildung 7.62 Vorbereiteter vDS mit zwei Uplinks und der Port Group »Buch Prod«

Ist der vDS erstellt, kann im zweiten Schritt mit ADD AND MANAGE HOSTS der Migrationsprozess eingeleitet werden (siehe Abbildung 7.63).

Mit ADD HOSTS wird ein Fenster geöffnet, das die Auswahl der gewünschten Hosts ermöglicht (siehe Abbildung 7.64).

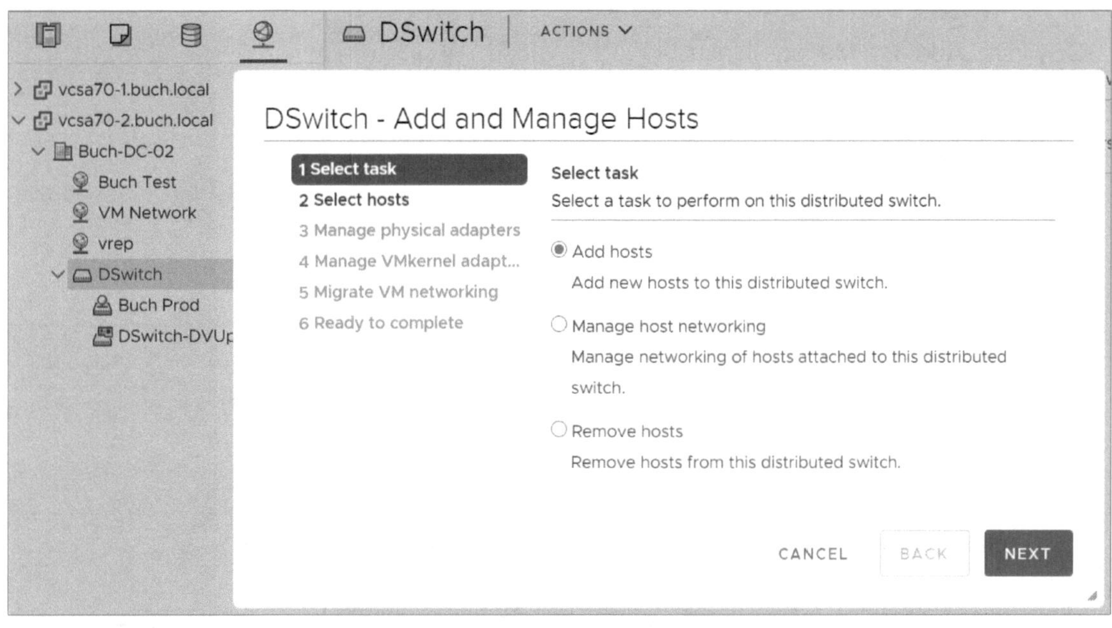

Abbildung 7.63 »Add and Manage Hosts« mit der Sicht auf den vDS »DSwitch«

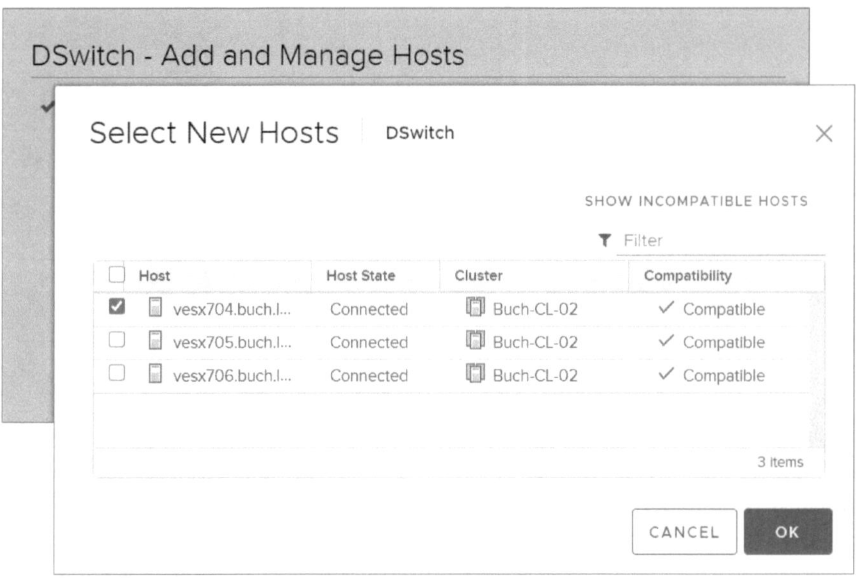

Abbildung 7.64 Host hinzufügen

Im dritten Schritt können nun die Netzwerkadapter den Uplink-Ports zugewiesen werden (siehe Abbildung 7.65 und Abbildung 7.66).

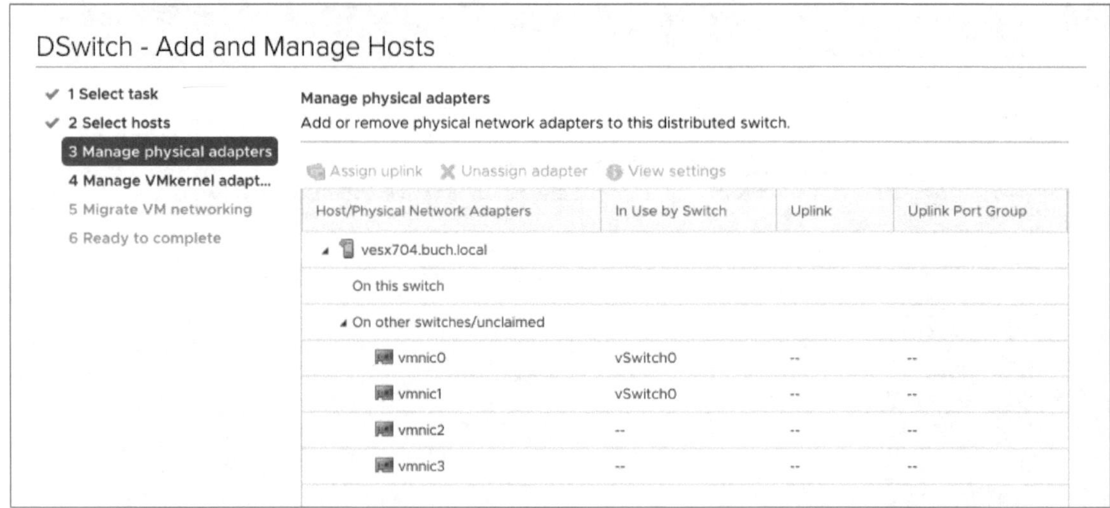

Abbildung 7.65 Netzwerkadapter migrieren – Zuweisung durchführen, Teil 1

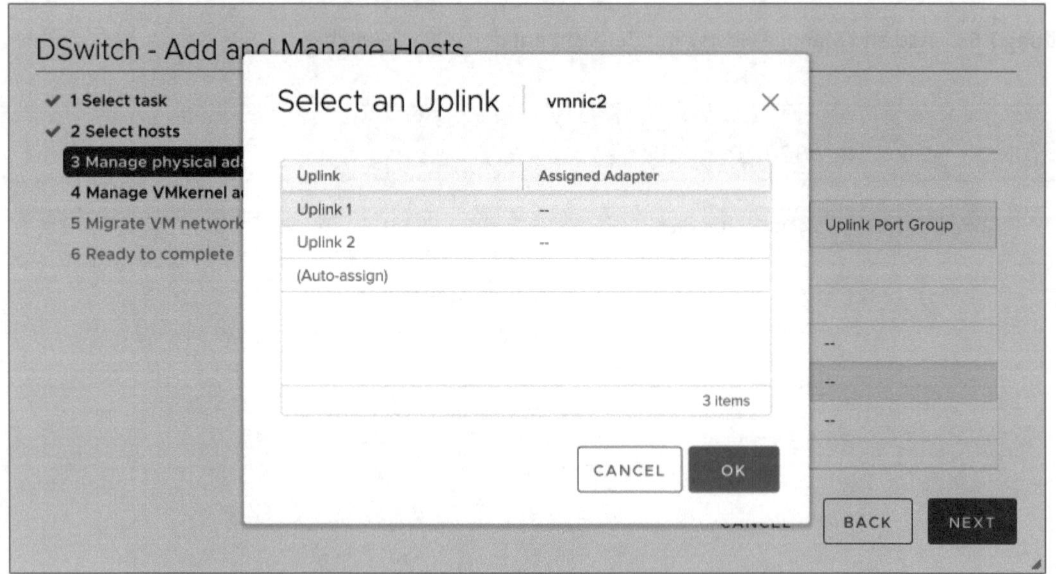

Abbildung 7.66 Netzwerkadapter migrieren – Zuweisung durchführen, Teil 2

Ist die Zuweisung erstellt (siehe Abbildung 7.67), kann zu Schritt 4 gewechselt werden.

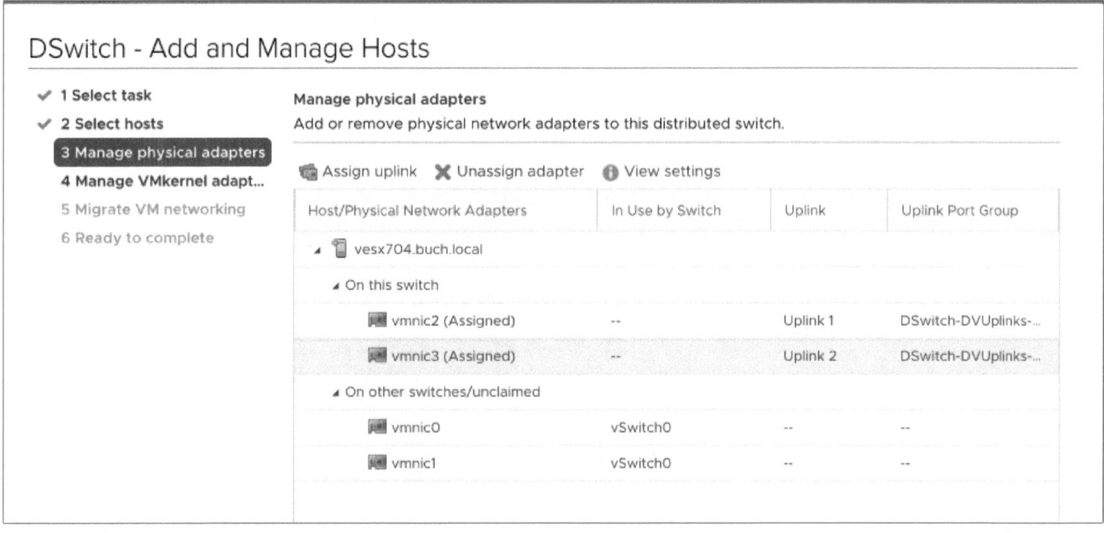

Abbildung 7.67 Netzwerkadapter migrieren – Zuweisung erstellt

In Schritt 4 werden die VMkernel ihrer Port Group zugewiesen (siehe Abbildung 7.68).

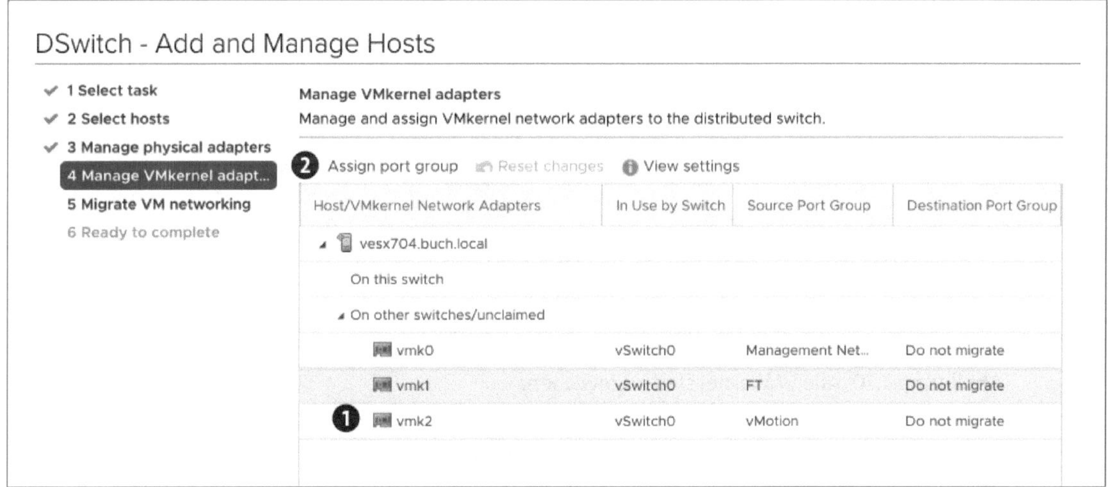

Abbildung 7.68 Zuweisen der VMkernel zur Port Group

Dazu markieren Sie den betreffenden VMkernel ❶ und rufen mit ASSIGN PORT GROUP ❷ ein Fenster auf, das die Zuweisung ermöglicht (siehe Abbildung 7.69).

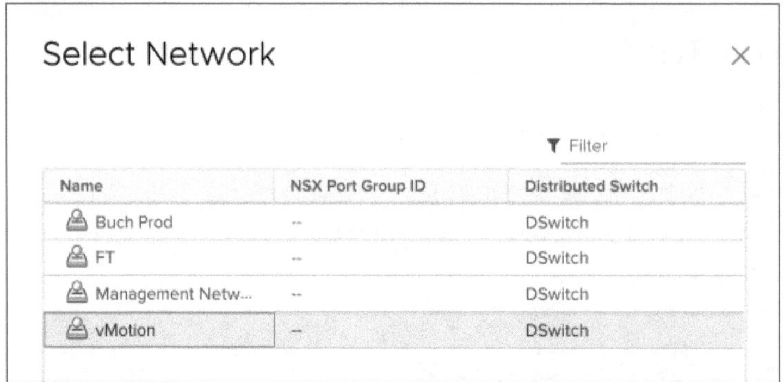

Abbildung 7.69 Zuweisen des vMotion-VMkernels zur Port Group »vMotion«

Sind alle VMkernel den betreffenden Port Groups zugewiesen worden (siehe Abbildung 7.70), können Sie mit NEXT zu Schritt 5 wechseln.

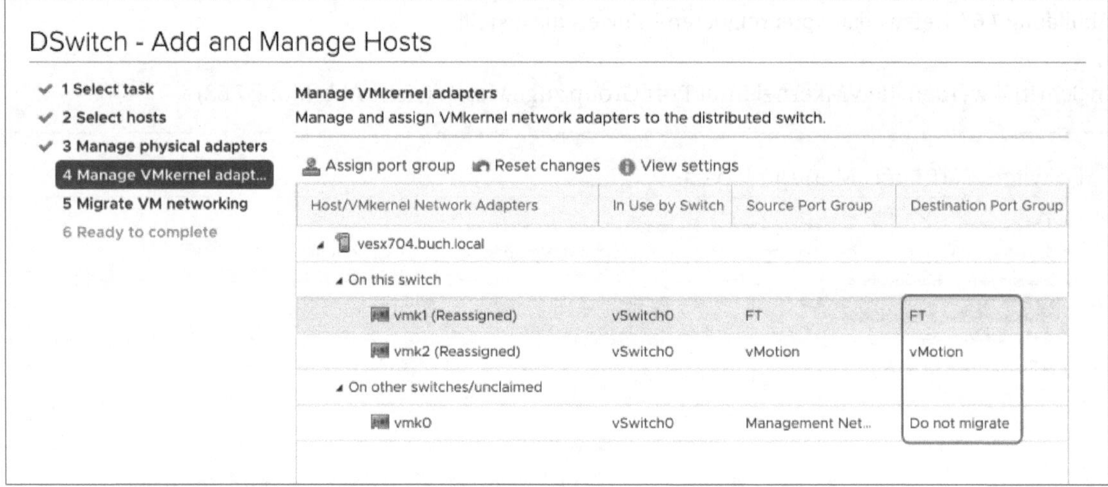

Abbildung 7.70 Alle VMkernel sind zugewiesen.

In Schritt 5 (siehe Abbildung 7.71) können Sie die virtuellen Maschinen der neuen Port Group zuweisen. Im Standard ist die Auswahl deaktiviert, und Sie sehen keine VMs. Setzen Sie den Haken, werden alle migrationsfähigen VMs angezeigt und können direkt mit dem Dialog migriert werden. Dazu markieren Sie jetzt die betreffende VM ❶.

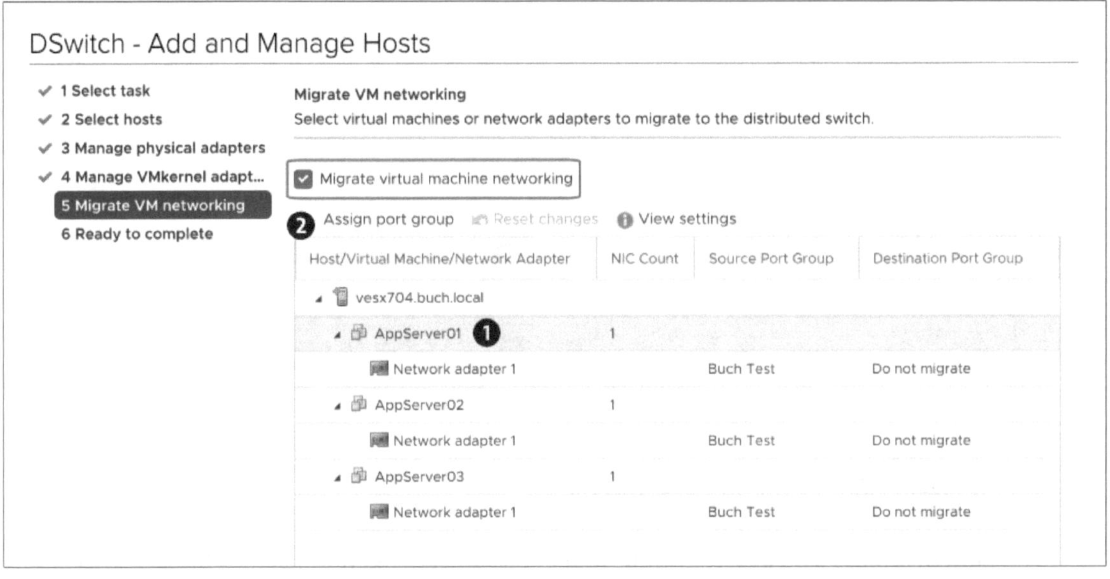

Abbildung 7.71 Migration von virtuellen Maschinen

Durch einen Klick auf ASSIGN PORT GROUP ❷ öffnen Sie ein Fenster, um diese Zuweisung durchzuführen (siehe Abbildung 7.72).

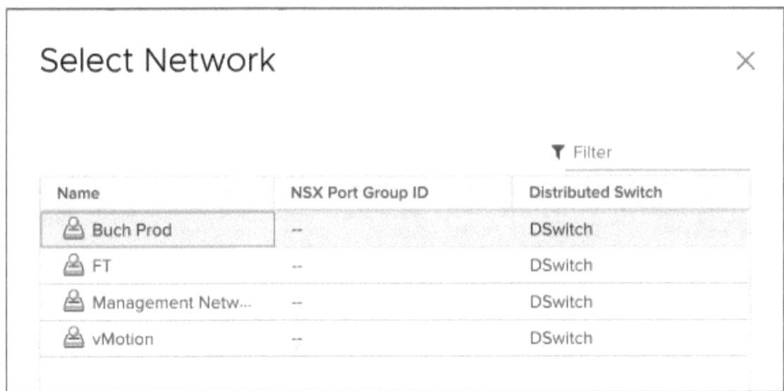

Abbildung 7.72 Zuweisen der VMs zur Port Group »Buch Prod«

Wenn Sie alle VMs den betreffenden Port Groups zugewiesen haben (siehe Abbildung 7.73), wechseln Sie mit NEXT zu Schritt 6.

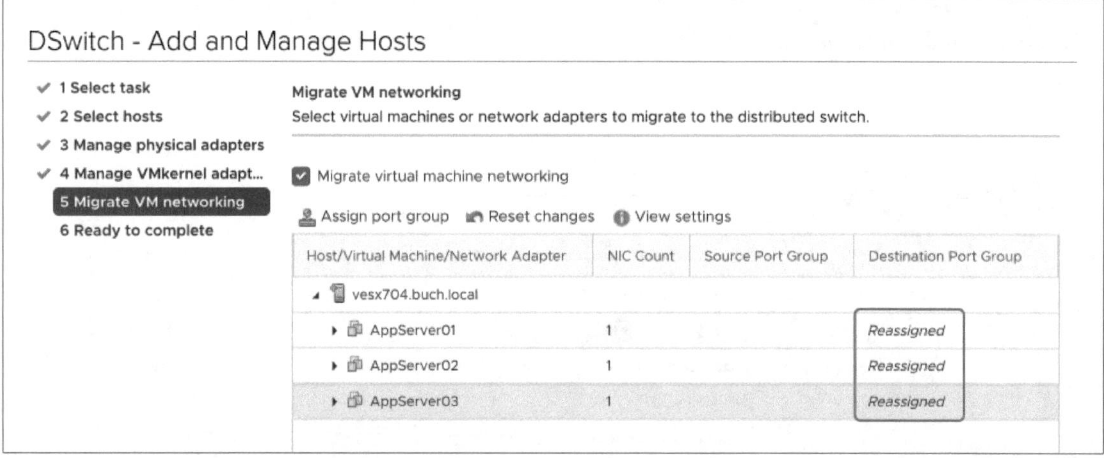

Abbildung 7.73 Alle VMs sind zugewiesen.

Zum Abschluss wird Ihnen eine Zusammenfassung der Migrationseinstellungen präsentiert (siehe Abbildung 7.74). Klicken Sie auf FINISH, um die Einstellungen durchzuführen.

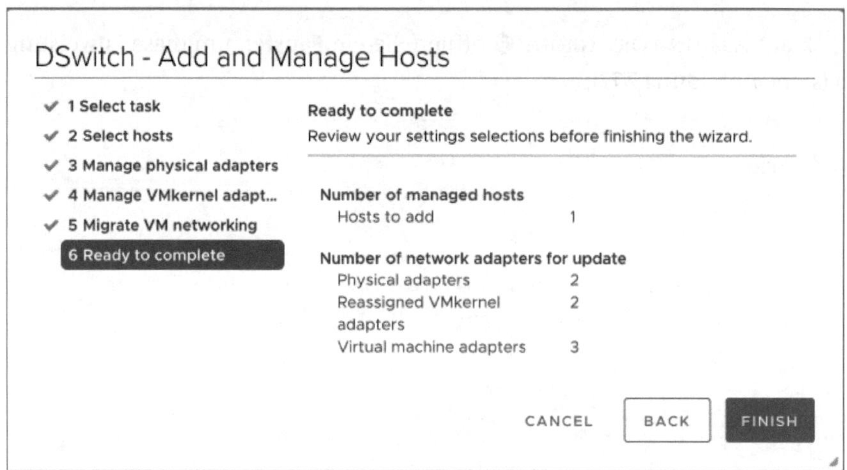

Abbildung 7.74 Zusammenfassung der Migrationseinstellungen

Die Migration wird so durchgeführt, dass es zu keinen Unterbrechungen kommt. Es kann durchaus ein »Ping« verloren gehen, weil die Konvergenz der physischen Netzwerkinfrastruktur kurzzeitig nicht gegeben ist. Ein Ping-Ausfall führt in der Regel nicht zu einem Kommunikationsverlust. Um definitiv sicherzugehen, dass keine Störungen im Produktivbetrieb entstehen, können Sie die Migration vorsichtshalber auf eine Randzeit legen.

Ist die Migration abgeschlossen, sind alle migrierten Elemente am vDS sichtbar (siehe Abbildung 7.75). In unserem Fall wurden zwei VMkernel, drei VMs und zwei Netzwerkkarten migriert.

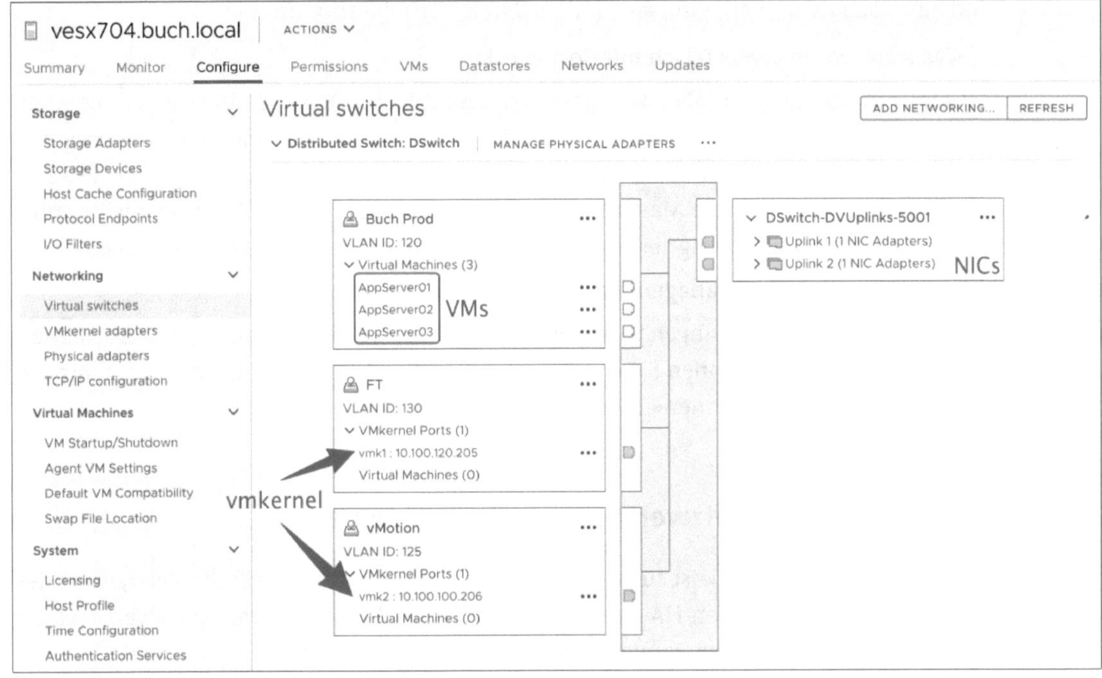

Abbildung 7.75 Endergebnis der Migration

Zum Abschluss der Migration können Sie noch die vSS entfernen, die nicht mehr gebraucht werden (siehe Abbildung 7.76). Dazu werden diese markiert und danach mit der Löschfunktion über REMOVE entfernt.

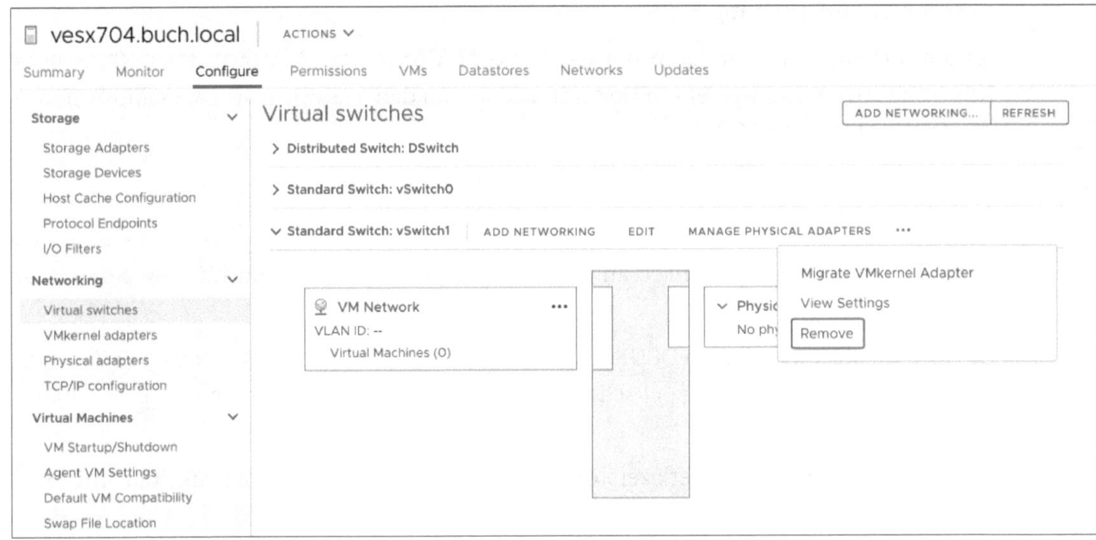

Abbildung 7.76 Entfernen der obsoleten vSS

Und hier noch zwei Überlegungen aus dem Bereich Troubleshooting:

1. **Was wäre, wenn etwas falsch migriert wurde?**

   Dies ist in den meisten Fällen kein gravierendes Problem, denn die Migrationstools arbeiten in beide Richtungen. Etwas mühsam wird es natürlich, wenn viele virtuelle Maschinen von einer Port Group auf eine falsche Port Group migriert wurden, an der schon viele korrekt verbundene virtuelle Maschinen existieren. In diesem Fall bleibt Ihnen nichts anderes übrig, als die falsch migrierten VMs zu identifizieren und zurückzuverschieben.

2. **Was wäre, wenn das Managementnetzwerk verloren ginge?**

   Es kann bei Fehlüberlegungen passieren, dass ein Managementnetzwerk ins Leere migriert wird. In diesem Fall können Sie den Anweisungen aus Abschnitt 7.8, »Managementnetzwerk – Reparaturfunktionen«, folgen.

7.8 Managementnetzwerk – Reparaturfunktionen

Das Managementnetzwerk ist für zwei Dinge sehr wichtig: erstens für die Verwaltung des Hosts und zweitens für den HA-Heartbeat. Ein Verlust des Managementnetzwerks würde dementsprechend in diesen Bereichen zu einem Problem führen.

Es gibt grundsätzlich zwei Möglichkeiten, das Managementnetzwerk zu betreiben: auf einem vSS oder auf einem vDS.

Ein Managementnetzwerk, das mit einem vSS implementiert wurde, bietet Unabhängigkeit gegenüber einem vCenter Server. Ein vSS kann vollkommen über die Kommandozeile verwaltet werden. Über das DCUI (*Direct Console User Interface*) stehen Ihnen zudem Reparaturfunktionen zur Verfügung.

Wird ein Uplink entfernt, kann mit der Funktion Configure Management Network • Network Adapters wieder ein Netzwerkadapter an den vSS *vSwitch0* angeschlossen werden (siehe Abbildung 7.77).

Alternativ können Sie auch die ESXi-Shell mit dem Kommando

```
esxcfg-vswitch vSwitch0 -L vmnic0
```

nutzen. Damit würde die *vmnic0* an den *vSwitch0* gebunden (`-L` steht für `link=pnic`, `-U` für `unlink=pnic`).

Die ESXi-Shell kann mit dem DCUI über Troubleshooting Options • Enable ESXi Shell aktiviert werden. Mit [Alt]+[F1] schalten Sie in den Shell-Modus um, mit [Alt]+[F2] können Sie ihn beenden.

Wurde das komplette Netzwerk zerstört, gibt es im DCUI ebenfalls Möglichkeiten, um dagegen anzugehen.

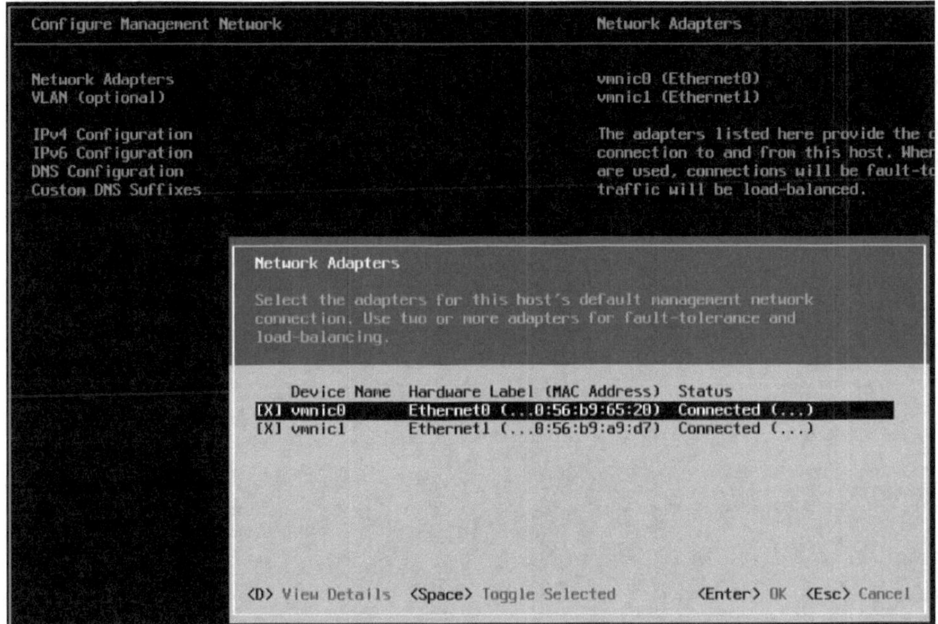

Abbildung 7.77 NICs an den »vSwitch0« binden

Im DCUI-Hauptmenü gibt es den Punkt NETWORK RESTORE OPTIONS (siehe Abbildung 7.78). Dieser umfasst drei Punkte:

1. RESTORE NETWORK SETTINGS
2. RESTORE STANDARD SWITCH
3. RESTORE VDS

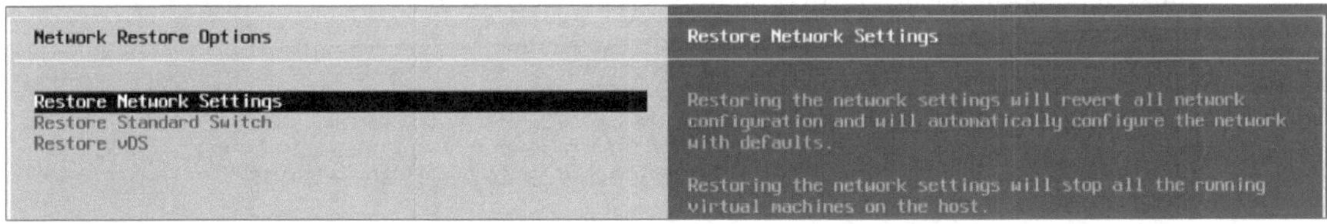

Abbildung 7.78 Netzwerkreparaturfunktionen

Je nach Situation kann einer dieser Punkte verwendet werden.

Da es für den vDS eingeschränktere Möglichkeiten mit der Kommandozeile gibt, wird gern ein Netzwerkdesign verwendet, das davon unabhängig macht. Dies kann realisiert werden, wenn das Managementnetzwerk nur mit einem vSS und alle anderen Funktionen mit dem vDS umgesetzt werden. Dies bedingt aber mindestens vier Netzwerkadapter.

Um vDS-Designs im Bereich Managementnetzwerk robuster zu machen, wurde mit vSphere 5.1 eine automatische Reparaturfunktion (*Network Rollback*) eingeführt. Diese ist standardmäßig eingeschaltet. Sie greift zum Beispiel, wenn die Migration des Management-VMkernels auf einen vDS ohne Netzwerkadapter erfolgt. In diesem Fall ist die Verbindung zum Host kurz unterbrochen, erscheint aber nach kurzer Zeit wieder (siehe Abbildung 7.79).

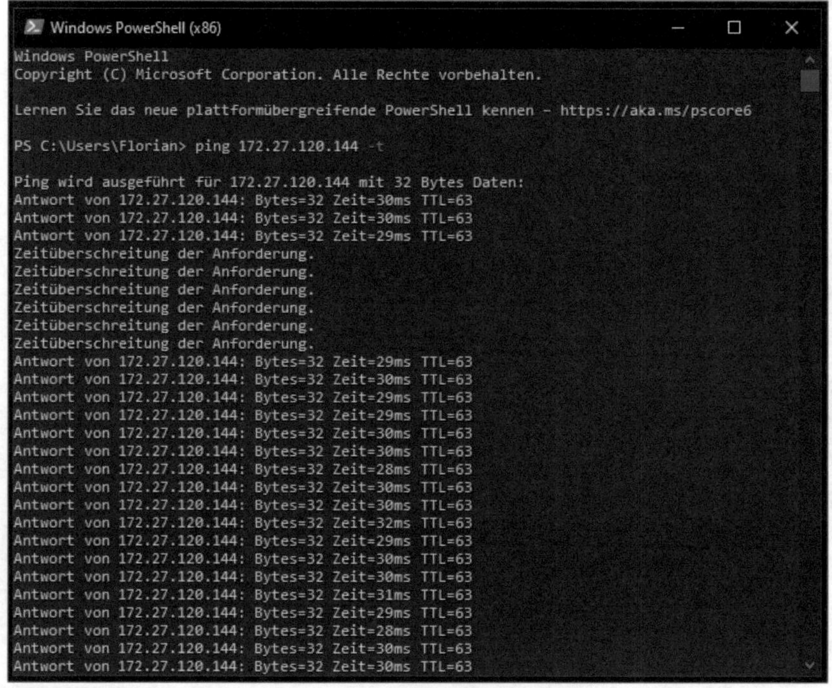

Abbildung 7.79 »Network Rollback« repariert den Host.

Diese Rollback-Funktion kann im vCenter Server auch ausgeschaltet werden. In diesem Fall muss der ursprüngliche Wert `true` auf `false` gesetzt werden (siehe Abbildung 7.80).

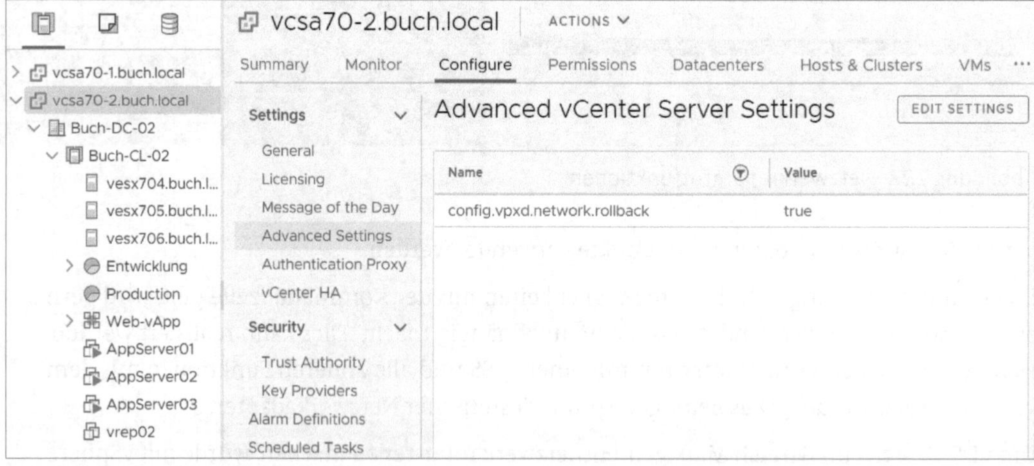

Abbildung 7.80 vCenter-Network-Rollback

7.9 Architektur-Beispiele

7.9.1 Empfehlungen und Best Practices

Für die Umsetzung von Netzwerkkonzepten in der Praxis gibt es einige Empfehlungen und Anmerkungen. Diese sollen helfen, eine hohe Verfügbarkeit sowie ausreichende Performance und Sicherheit zu gewährleisten. Da die Anforderungen und Gegebenheiten aber sehr unterschiedlich sein können, ist es sehr schwer, einen Satz goldener Regeln zu entwerfen. Sie müssen die folgenden Empfehlungen und Anmerkungen also immer für Ihre eigene Umgebung einschätzen und eventuell auch anpassen.

Verwaltungsnetz – Service Console

Für die Verbindung der *Service Console* sind vor allem Verfügbarkeit und Sicherheit entscheidend. Die Performance im Verhältnis zu Netzen für die Storage- oder VM-Anbindung spielt eine eher geringere Rolle. Im Schnitt hat die Service Console eine Auslastung von ca. 100 MBit/s. Dabei ist zu bedenken, dass sich dieser Durchschnitt aus sehr hohen Lastspitzen, aber auch aus längeren Zeitfenstern mit geringer Last errechnet. Eine Kombination mit anderen Netzen, zum Beispiel VMkernel, ist zu überlegen, aber generell nicht abzulehnen.

Aus Sicherheitsgründen sollte die Service Console in ein separates Verwaltungsnetzwerk eingebunden sein. Das kann bedeuten: physische Trennung oder Segmentierung mithilfe von VLANs. Letztere Lösung bietet dabei eine viel höhere Flexibilität im Design. Es sollte sichergestellt sein, dass die Service Console vom vCenter und den anderen ESXi-Hosts im Cluster erreichbar ist. Der Zugriff sollte aber nur für Administratoren möglich sein oder von Systemen aus, die den direkten Zugriff auch wirklich benötigen.

Die Verfügbarkeit der Service Console ist vor allem beim Einsatz eines VMware-HA-Clusters wichtig. Sofern die Service Console eines ESXi-Hosts nicht von den anderen Hosts erreicht werden kann, wird von einer Isolation oder gar einem Ausfall ausgegangen.

Daher sollten Sie beim Design überlegen, ob beim Ausfall eines Netzwerkports im Server oder beim Ausfall eines Switchs die Verfügbarkeit gegeben ist. Sofern das vCenter die Service Console eines ESXi-Hosts nicht mehr erreicht, wird der Server als *disconnected* angezeigt. Die Verfügbarkeit der virtuellen Maschinen muss damit aber nicht direkt in Bezug stehen.

Die Service Console sollten Sie also immer in ein möglichst kleines, abgeschlossenes Verwaltungsnetzwerk einbinden. Eine Verfügbarkeit muss auch beim Ausfall eines Netzwerkadapters oder Switchs gegeben sein. Eine Gigabit-Verbindung ist aus Sicht der Performance definitiv ausreichend.

NFS-Netz – VMkernel

Für die Anbindung eines NFS-Datastores ist sicher die Performance das größte Thema, gefolgt von der Verfügbarkeit und der Sicherheit. Sofern die Verbindung zum NFS-Datastore nicht den Durchsatz ermöglicht, den die virtuellen Maschinen zum Lesen und Schreiben auf ihren virtuellen Disks benötigen, sind direkt mehrere Systeme betroffen.

In vielen Umgebungen reicht daher eine einfache Gigabit-Verbindung nicht aus. Es müssen mehrere Netzwerkports im ESXi-Host aktiv verwendet werden. Das bedeutet: Abhängig von den externen Switches müssen Sie ein Teaming mit entsprechender Paketverteilung einrichten. Dabei ist es sinnvoll, auch eine Skalierbarkeit nach oben einzuplanen. Dies gewährleisten Sie durch frei bleibende Netzwerkports im Server oder Switch.

Im Server lässt sich natürlich auch nachträglich ein freier Slot mit einem zusätzlichen Netzwerkadapter bestücken. vMotion ermöglicht dies zudem, ohne die Verfügbarkeit der virtuellen Maschinen zu beeinflussen.

Durch das Zusammenfassen von Ports erreichen Sie auch gleich eine ausreichende Verfügbarkeit der Netzwerkports. Achten Sie jedoch darauf, Ports auf unterschiedlichen Adaptern zu kombinieren, sonst würde der Ausfall einer einzelnen Karte eine Trennung der Netze bedeuten. Sofern die externen Switches keinen Etherchannel über mehrere getrennte Systeme unterstützen, müssen Sie zusätzlich mit mindestens einem Stand-by-Port arbeiten.

Für ausreichend Sicherheit können Sie den NFS-Export nur für bestimmte Server freigeben. Zudem sorgt der Einsatz von VLANs wieder für eine gute Trennung des NFS-Netzes von zum Beispiel dem Verwaltungsnetzwerk. Natürlich können Sie auch auf physischer Ebene trennen. Der Einsatz separater Switches und Leitungen ist aber immer mit Kosten verbunden – nicht nur wegen des erhöhten Hardwarebedarfs, sondern auch aufgrund des Verwaltungsaufwands.

Für ein NFS-Netz sollten Sie demnach von Beginn an für eine gute Bandbreite mit Erweiterungsmöglichkeit sorgen. Die Verfügbarkeit gewährleisten Sie dadurch direkt mit; Sie müssen sie aber unbedingt überprüfen. Da ein Storage-Netz meist separiert ist – egal ob physisch oder per VLAN –, können Sie dadurch eine grundlegende Sicherheit schaffen. Optional erweitern Sie dies noch auf dem Storage-System durch gezielte Freigaben.

iSCSI-Netz – VMkernel

Für ein iSCSI-Netz gilt ziemlich das Gleiche in Bezug auf Performance, Verfügbarkeit und Sicherheit. Ein wesentlicher Unterschied: Sie können nicht nur Ports durch ein Teaming zusammenfassen, sondern auch *Multipathing* einsetzen. Erstellen Sie zum Beispiel zwei VMkernel-Ports für die iSCSI-Anbindung in unterschiedlichen Netzen auf dem ESXi und dem Storage-System, können Sie die Last mithilfe von Multipathing wie bei einer Fibre-Channel-Anbindung verteilen.

Die iSCSI-LUN wird einmal über das erste VMkernel-Netz in Netz A erkannt, ein weiteres Mal über den zweiten VMkernel-Port in Netz B. So können Sie zum Beispiel auf Etherchannels komplett verzichten. Selbst bei zwei getrennten physischen Switches, die keine systemübergreifenden Etherchannels unterstützen, erreichen Sie so aktiv über beide Switches mithilfe des Round-Robin-Verfahrens eine Lastverteilung.

Seit vSphere ist es übrigens nicht mehr notwendig, für eine iSCSI-Verbindung zu einem Datastore sowohl ein VMkernel- als auch ein Service-Console-Interface im Storage-Netzwerk zu haben.

Für die Anbindung von iSCSI- und NFS-Datastores auf einem NetApp-System empfiehlt sich ein Blick in den Technical Report 4597. Dieser enthält eine Menge Tipps und Tricks für die Optimierung des Storage-Netzwerks: *https://www.netapp.com/us/media/tr-4597.pdf.*

Für iSCSI-Netze muss eine gute Performance und Verfügbarkeit gewährleistet werden! Eine Erhöhung der Sicherheit erreichen Sie durch Separieren des Netzes und gezielte Zugriffssteuerung auf dem Storage-System. Der wesentliche Unterschied zum NFS-Netz ist, dass Sie mehr Möglichkeiten beim Zusammenfassen von Ports durch die Multipathing-Technologie haben.

vMotion-Netzwerk – VMkernel

Bei vMotion-Netzwerken gilt als Erstes immer noch die Empfehlung, ein dediziertes Gigabit-Netzwerk zu verwenden. Fällt ein vMotion-Netz einmal aus, bedeutet das nicht einen direkten Ausfall der virtuellen Maschinen. Es nimmt Ihnen aber die Flexibilität, virtuelle Maschinen zu verschieben, um zum Beispiel eine defekte Netzwerkkarte auszutauschen.

Die Last auf einem vMotion-Netz ist vor allem hoch, wenn Sie viele virtuelle Maschinen verschieben müssen, zum Beispiel während eines Patch-Vorgangs mithilfe des Update Managers. Wie bei der Service Console gibt es also Spitzenzeiten mit hohen Anforderungen und Phasen, in denen kaum Last erzeugt wird.

Eine gute Konfiguration für ein vMotion-Netzwerk wären dedizierte Ports pro ESXi-Server, die vielleicht auf einen dedizierten unmanaged Switch zusammengeführt werden. Dieses wäre eine Möglichkeit, nicht zu kostenintensiv ein dediziertes physisches Netz aufzubauen. Natürlich erreichen Sie eine Trennung auch über VLANs, um nicht in einen zusätzlichen Switch investieren zu müssen.

Ein Ausbau auf mehrere Ports pro ESXi-Host oder gar 10-Gigabit-Ethernet beschleunigt den vMotion-Prozess erheblich! Die Verfügbarkeit wird durch einen weiteren Port erhöht, dieser ist aber kein Muss. Sofern es sich um ein dediziertes Netz zwischen den ESXi-Hosts oder ein definitiv abgeschottetes Netzwerk handelt, ist für ausreichend Sicherheit gesorgt.

Bei vMotion-Netzen müssen Sie in erster Linie immer gewährleisten, dass das Netz exklusiv für vMotion und nur für die notwendigen ESXi-Hosts zugänglich ist. Dadurch ist eine ausreichende Sicherheit gleich mit gegeben, und die Verfügbarkeit lässt sich durch mehr Ports und Switches erhöhen. Letzteres bietet damit auch gleich mehr Performance, davon ausgenommen sind Active-/Stand-by-Konfigurationen.

Fault Tolerance – VMkernel

Für *Fault Tolerance* ist die Mindestanforderung ein 1-Gigabit-Netzwerk. VMware empfiehlt sogar ein 10-Gigabit-Netzwerk. Letzteres gilt sicher nur dann, wenn auch viele virtuelle Maschinen über Fault Tolerance abgesichert werden sollen. Die Belastung dieses Netzwerktyps hängt stark von der Auslastung der virtuellen Maschinen und – wie zuvor erwähnt – von der Anzahl abgesicherter Systeme ab. Im Gegensatz zu vMotion-Netzen sind enorme Lastspitzen und lange Phasen mit wenig Last eher die Ausnahme.

Für den Performanceaspekt bietet es sich an, auch hier zukunftsorientiert zu denken. Damit steigt voraussichtlich auch die Anzahl der virtuellen Maschinen, die über diese Funktion abgesichert werden. Freie Ports und Steckplätze für eine optionale Erweiterung und damit für eine Erhöhung des Durchsatzes sind hier sicher ebenfalls interessant.

Im Gegensatz zu vMotion ist die Verfügbarkeit dieses Netzwerktyps kritischer. Fällt ein Fault-Tolerance-Netzwerk aus, ist kein Schutz für die virtuellen Maschinen mehr gegeben.

Eine Trennung des Netzwerks von den anderen Netzen ist auch hier wieder sehr sinnvoll. Sie erhöht zudem die Sicherheit und reduziert die Systeme in diesem Netzwerk auf die Anzahl der ESXi-Hosts.

Ein Fault-Tolerance-Netzwerk stellt sehr hohe Anforderungen an die Performance, die unbedingt erfüllt werden sollten – in manchen Fällen sogar bis zu 10 GBit. Eine Skalierung sollte möglich sein! Die Verfügbarkeit dürfen Sie dabei nicht außer Acht lassen, und auch im Fehlerfall muss ausreichend Performance gegeben sein. Ansonsten gewährleistet Fault Tolerance keinen Schutz für die virtuellen Maschinen. Sicherheitstechnisch reduziert sich das Netz auch hier auf die ESXi-Hosts selbst, und es sollte in der Regel ein getrenntes Netz sein.

Virtual-Machine-Netzwerke

Netzwerke virtueller Maschinen sind sehr variabel. Hier müssen Sie also wirklich genau auf die eigene Umgebung und auf damit verbundene Anforderungen schauen. Handelt es sich um ein Produktivnetz mit hohen Durchsätzen und großen Anforderungen an Verfügbarkeit und Sicherheit? Oder ist es ein Testnetzwerk, das vielleicht auch einmal ausfallen darf und nicht die durchgehend hohen Durchsätze benötigt? Genauso kann es ein Netzwerk sein, über das sich Anwender auf virtuelle Desktops verbinden.

Grundsätzlich sollten Sie wie zuvor darauf schauen, welche Anforderungen es in Richtung Performance, Verfügbarkeit und Sicherheit gibt. In den meisten Fällen wird mit mindestens zwei Ports gearbeitet, um Ausfälle abzufangen.

Zur Sicherheit sollten Sie darauf achten, dass unterschiedliche Netze voneinander mithilfe von VLANs abgeschottet sind. Es gelten hier schon fast die gleichen Regeln wie bei der Anbindung physischer Server.

Eine häufige Frage während des Designs ist die Kombination unterschiedlicher Netze auf einem vSwitch. Dies lässt sich nach den Anforderungen von Performance und Verfügbarkeit gut einstufen. Die Sicherheit kann auf Basis von VLANs in den meisten Fällen außer Acht gelassen werden.

Wenn Sie Lösungen für Netze von virtuellen Maschinen konzeptionieren, sollten Sie immer möglichst viele Informationen zum Verhalten der Netze sammeln.

Bei mehreren Netzen sollten Sie die Kombination lastintensiver mit weniger lastintensiven Netzen in Erwägung ziehen. Des Weiteren sollten Sie daran denken, einen vSwitch mit mehreren aktiven Ports zu erstellen. Die aktiven Ports können dann auf der Portgruppenebene für jede Portgruppe individuell in den Modus »aktiv«, »Stand-by« oder »nicht zu verwenden« umgeschaltet werden. So kann eine erste Portgruppe Uplink 1 und 2 aktiv sowie Uplink 3 als Stand-by verwenden. Die zweite Portgruppe könnte Uplink 3 und 4 aktiv, Uplink 2 jedoch als Stand-by nutzen. Dadurch lässt sich die Verteilung der Netzlast der einzelnen Portgruppen auf einem gemeinsamen vSwitch noch genauer konfigurieren.

Server-Management-Karten

Die Vernetzung von Server-Management-Controllern (iLOM, iRMC ...) kann auch – gerade beim Einsatz von DPM – für das Netzwerkdesign des ESXi-Hosts interessant werden.

Für die Anbindung der Serververwaltungsschnittstellen ist keine enorm performante Verbindung notwendig. Daher können Sie diesen Aspekt getrost vernachlässigen. Verfügbarkeit ist gerade im Fehlerfall sehr wichtig. Fällt zum Beispiel die Verbindung zur Service Console aus, kann dies die letzte Möglichkeit sein, irgendwie den Server zum Beispiel per Remote-KVM zu verwalten – oder einfach, um einen Serverstatus zu bekommen: eingeschaltet oder ausgeschaltet?

Da aber über diese Verbindung unter anderem auch Server ein- und ausgeschaltet werden können, sollte die Sicherheit eine große Rolle spielen.

Kurzum: Es gilt das Gleiche wie für die Service Console. Es handelt sich um eine Verwaltungsschnittstelle, die leider häufig in Konzepten vergessen wird!

7.9.2 Beispiel auf Basis verfügbarer Ports im Server

Es ist nicht einfach, eine optimale Konfiguration seines Netzwerks zu finden. Die folgenden drei Beispiele sollen Ihnen helfen, eine Vorstellung davon zu bekommen, wie eine mögliche Konfiguration aussehen könnte. Für die eigene Umgebung sollten Sie aber zwingend zunächst die Bedingungen und den Bedarf ermitteln, bevor Sie eines dieser Beispiele übernehmen. Vor allem sind in den meisten Fällen Anpassungen nötig, und gegebenenfalls brauchen Sie sogar eine bessere Konfiguration.

Für die Beispiele sind wir davon ausgegangen, dass VLANs eingesetzt werden. Geben wir in den folgenden Beispielen für eine Port Group keinen Uplink mit A für »aktiv« oder S für »Stand-by« an, wird dieser nicht für die Portgruppe verwendet und muss also auch als nicht zu verwenden in der Port Group konfiguriert werden.

Grundlegend gilt natürlich: Je mehr Ports zur Verfügung stehen, umso mehr Konfigurationen sind möglich, und Sie können wesentlich besser optimieren.

Wir haben auch immer nur einen Stand-by-Adapter konfiguriert, da beim Ausfall eines Ports stets nur ein Stand-by-Adapter aktiviert wird. Es gibt keine Möglichkeit, Uplink-Portgruppen zu definieren. Haben Sie also zwei aktive Uplinks auf *Switch0* und zwei Stand-by-Adapter auf *Switch1* verbunden, kann es beim Ausfall nur eines aktiven Adapters dazu kommen, dass die

Performance sinkt, da ein Etherchannel/LACP auf *Switch1* und einer auf *Switch0* konfiguriert wurde. Der ESXi-Server wird daher nicht auch noch den zweiten Uplink umschalten. Fällt auch der zweite Link aus oder der komplette Switch, würden beide Stand-by-Uplinks aktiviert und komplett auf den anderen Switch umgeschaltet.

7.9.3 Beispiel 1 – ESXi-Hosts mit zwei Netzwerkports

Die wohl kleinste sinnvolle Konfiguration sind zwei Ports in einem ESXi-Server (siehe Abbildung 7.81). Theoretisch könnten Sie auch mit nur einem Port arbeiten. Dabei dürfen Sie aber keine Verfügbarkeit oder hohe Performance erwarten.

Bei der Aufteilung der Ports an die unterschiedlichen Portgruppen wurde versucht, eine möglichst gleiche Auslastung der Ports bei ausreichender Verfügbarkeit zu erhalten.

Im normalen Zustand werden über *vmnic1* die Service Console, *VMkernel_iSCSI1* und ein Teil des Virtual-Machine-Netzwerks kommunizieren, über *vmnic2* der *VMkernel_iSCSI2*, vMotion und der andere Teil des Virtual-Machine-Netzwerks.

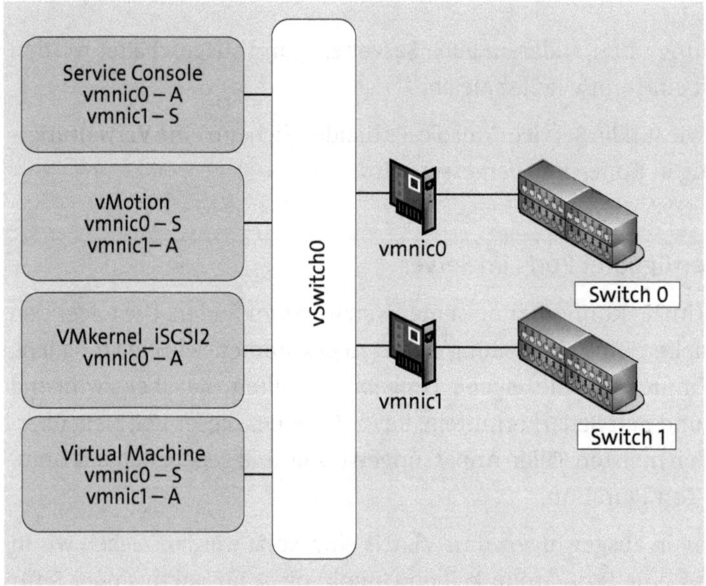

Abbildung 7.81 Beispielkonfiguration mit zwei Uplink-Ports

Die Aufteilung des Virtual-Machine-Netzwerks auf beide Uplinks ist nur möglich, sofern ein Switch-übergreifender Etherchannel unterstützt wird oder mit einer Paketverteilung auf Basis der Source-MAC-Adresse oder des vSwitch-Ports eingerichtet ist.

Für die Anbindung eines iSCSI-Datastores wurden zwei VMkernel-Netze zum Storage gewählt. Eine Verteilung der Last erfolgt durch das Multipathing des ESXi-Servers. Dabei wurde für jeden VMkernel ein anderer Uplink festgelegt. Warum verwenden wir iSCSI als Beispiel?

Bei einer Zwei-Port-Konfiguration handelt es sich meist um eine günstige Lösung, und sie ist daher üblicherweise in Verbindung mit iSCSI-Storage zu finden.

Die Service Console und vMotion sind auf unterschiedlichen Uplinks, der zweite Uplink ist aber jeweils als Stand-by-Adapter für den Fehlerfall konfiguriert.

7.9.4 Beispiel 2 – ESXi-Hosts mit vier Netzwerkports

Im Vergleich zu dem Beispiel mit zwei Ports arbeiten wir in diesem Beispiel mit NFS (siehe Abbildung 7.82). Um NFS nutzen zu können, müssen Sie im Netzwerk immer für Performance und Verfügbarkeit sorgen. Sie können kein Host-Multipathing verwenden.

Aus Sicht der Uplinks sind *vmnic0* und *vmnic1* mit *Switch0* verbunden. Über diese Ports wird der VMkernel verbunden. Um einen Switch-Ausfall abzufangen, konfigurieren wir noch *vmnic2* als Stand-by.

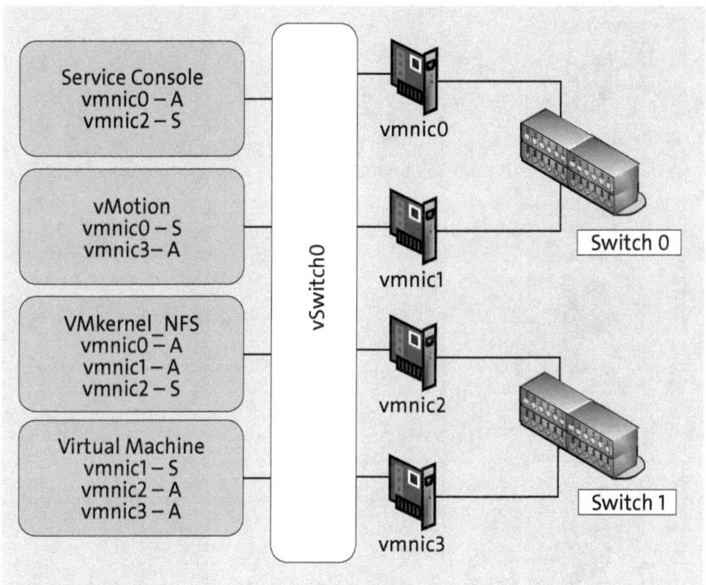

Abbildung 7.82 Beispielkonfiguration mit vier Uplink-Ports

Die Service Console ist mit *vmnic0* verbunden und für den Ausfall des Ports oder Switchs zusätzlich über *vmnic2* als Stand-by-Adapter abgesichert.

Über *Switch1* kommunizieren *vmnic2* und *vmnic3*. Das Virtual-Machine-Netzwerk verwendet diese beiden Ports aktiv und ist über *vmnic1* gegen den Ausfall von *Switch1* abgesichert.

Das vMotion-Netzwerk ist im Normalzustand über *vmnic2* verbunden und beim Ausfall des Ports oder Switchs mit *vmnic0* als Stand-by-Adapter konfiguriert.

Für Netzwerke mit mehr als einem aktiven Port muss eine Paketverteilung eingerichtet werden, die wie bei der Zwei-Port-Konfiguration von den externen Switches abhängig ist. Bei einem Switch-übergreifenden Etherchannel muss IP-Hash oder LACP eingestellt werden, ansonsten muss entweder die MAC-Source-Adresse oder die *Originating Port-ID* als Verfahren zur Paketverteilung ausgewählt werden.

7.9.5 Beispiel 3 – ESXi-Hosts mit sechs Netzwerkports

Für die Sechs-Port-Konfiguration haben wir das vorherige Beispiel um wesentliche Best-Practice-Empfehlungen erweitert. So stehen pro Netzwerk im Normalfall dedizierte Ports zur Verfügung (siehe Abbildung 7.83). Beim Ausfall eines Ports oder Switchs kann es aber auch wieder dazu kommen, dass zwei Netzwerke über einen Port verbunden sind. Bei der Einstellung der Paketverteilung gilt das Gleiche wie in den beiden Beispielen zuvor.

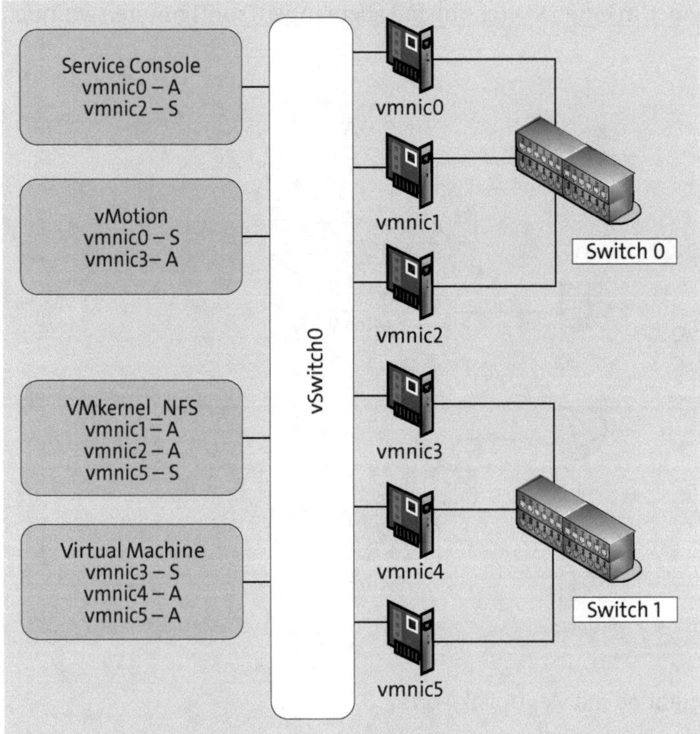

Abbildung 7.83 Beispielkonfiguration mit sechs Uplink-Ports

Natürlich ist es auch möglich, eine Konfiguration mit mehr als einem vSwitch zu erstellen. Die bisherigen Empfehlungen gelten dabei genauso. Eine Konfiguration mit mehr als einem vSwitch kann helfen, eine klare Funktionsabgrenzung zu haben und Konfigurationen nicht zu komplex werden zu lassen. In diesem Beispiel wurden so das VMkernel- und das Virtual-Machine-Netzwerk getrennt. Der Netzwerkverkehr für NFS-Datastores wird über *vmnic1* und *vmnic2* verteilt, die beide mit *Switch0* verbunden sind.

Die virtuellen Maschinen sind im Normalfall über *vmnic4* und *vmnic5* angebunden. Sollte ein Link oder Switch ausfallen, können beide Portgruppen auf einen Stand-by-Adapter zurückgreifen, der mit dem jeweils anderen physischen Switch verbunden ist. Damit diese Konfiguration bei Ausfall nur eines Ports ordnungsgemäß funktioniert, müssen Sie entweder mit der Paketverteilung auf Basis der Source-MAC-Adresse oder der Originating Port-ID arbeiten. Alternativ – sofern die physischen Switches einen übergreifenden Channel unterstützen – nutzen Sie IP-Hash.

Für die Service Console wurde wieder *vmnic0* im Normalfall exklusiv reserviert. vMotion auf dem zweiten vSwitch arbeitet über *vmnic3*. Beiden Portgruppen haben wir wieder einen Stand-by-Port zugewiesen. Der Ausfall eines Ports oder Switchs ist damit berücksichtigt.

Für eventuelle Tests haben wir einen internen vSwitch für virtuelle Maschinen eingerichtet (siehe Abbildung 7.84). In manchen Umgebungen wird ein solcher vSwitch ohne externen Uplink auch für den Aufbau einer DMZ-Umgebung genutzt. Wichtig ist aber, die Einschränkungen der angebundenen virtuellen Maschinen für vMotion zu berücksichtigen.

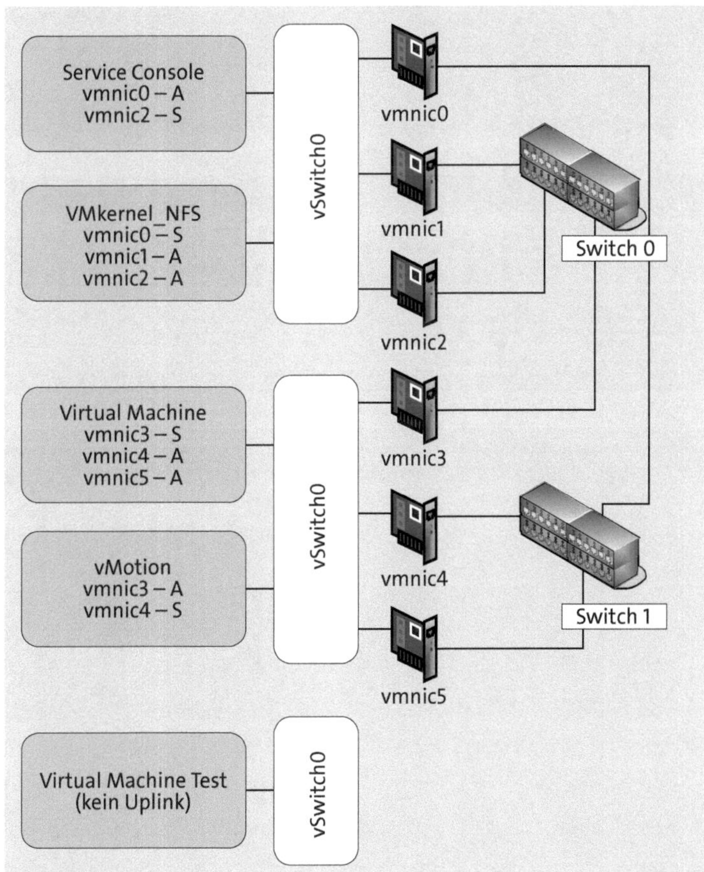

Abbildung 7.84 Eine weitere Beispielkonfiguration mit sechs Uplink-Ports

Kapitel 8

Netzwerkvirtualisierung mit VMware NSX Data Center

VMwares Software-Defined-Networking-Plattform »VMware NSX Data Center« ist aktuell für NSX-v und NSX-T verfügbar. NSX-v erweitert vSphere um mächtige Funktionen für logisches Switching, Routing und Netzwerksicherheit auf den OSI-Schichten 2 bis 7. NSX-v ist ausschließlich für vSphere verfügbar und ist im Januar 2022 »End of General Support«. NSX-T ist die neue Version von VMware NSX Data Center. NSX-T ist aus VMwares »Multi-Cloud-Vision« heraus entstanden und bietet Netzwerkvirtualisierung und Sicherheitsfeatures im eigenen Rechenzentrum, in der Cloud und im Hybrid-Cloud-Modell. Die von NSX-T unterstützten und geschützten Applikationen können auf virtuellen Maschinen, Containern und sogar physischen (Bare-Metal-) Servern laufen. Da NSX-T das zukunftsorientiertere Produkt von VMware ist und es bereits aktuell mehr Features bereitstellt als NSX-v, erläutert dieses Kapitel primär die Grundlagen und die Architektur von NSX-T und führt Sie durch dessen Installation und die erste Inbetriebnahme.
Autoren dieses Kapitels sind Jörg Rösch, VMware Senior Technical Account Manager für Netzwerk und Security, jroesch@vmware.com, Christoph Karger, Netzwerk-Architekt und Trainer bei der Söldner Consult GmbH, christoph.karger@soeldner-consult.de, und Dr. Jens-Henrik Söldner, Professor für Wirtschaftsinformatik und IT-Sicherheit an der Hochschule Ansbach sowie Geschäftsführer der Söldner Consult GmbH, jens.soeldner@soeldner-consult.de.

Schon seit den ersten Generationen der VMware-Produkte ist der einfache Zugriff auf logische Teilnetze (VLANs) innerhalb von Switches und physischen Netzwerken möglich. Seit der Einführung des Distributed Switchs in vSphere 4.0 ist auch die zentrale Verwaltung von virtuellen Switches über das vCenter möglich. Nachfolgende vSphere-Versionen haben dann die Funktionalität der Distributed Switches Zug um Zug erweitert. Allerdings bleiben die Netzwerkfunktionen von vSphere unabhängig vom verwendeten vSwitch – Standard oder Distributed – auf OSI-Layer-2-Funktionen beschränkt. Für das Routing zwischen VLANs und Netzwerken wird herkömmlicherweise auf physische Layer-3-Switches zurückgegriffen, für Load-Balancing, VPN und Firewall-Funktionen zumeist auf physische Appliances, die meist recht kostenintensiv in Anschaffung und Betrieb sind.

Diese Situation ändert sich grundlegend, wenn *VMware NSX Data Center* (in den Varianten NSX-T oder NSX-v erhältlich) zum Einsatz kommt. NSX kann als Hypervisor für das Netzwerk betrachtet werden, da es – ähnlich wie vSphere – von der zugrunde liegenden Hardware abstrahiert: Welche Netzwerkhersteller für die Bereitstellung des physischen Netzwerks zum Einsatz kommen, ist für den Einsatz von NSX letztlich egal. Die verbreitetere Bezeichnung für diese Technik ist *Software-Defined Networking* (SDN), eine aktuelle Herangehensweise zum Entkoppeln der *Control Plane* und der *Data Plane* von Netzwerkgeräten. Genau nach diesem Ansatz der Trennung und Abstraktion von Netzwerkfunktionalitäten und ihrer Bereitstellung in Software arbeitet NSX. Für die Bereitstellung eines echten Software-Defined Datacenters (SDDC) ist NSX eine ganz wesentliche Komponente.

8.1 VMware NSX: Geschichte und Vision

VMware hat im Jahr 2012 die umfassende Vision eines Software-Defined Datacenters (SDDC) vorgestellt. Über das SDDC erweiterte VMware den Fokus seiner Produkte erheblich: Neben der gewohnten Virtualisierung von Server- und Desktopbetriebssystemen sollten Kunden nun auch die Funktionen von Speichersystemen und dem Netzwerk virtualisieren können. Erste Gehversuche mit der Virtualisierung von Netzwerk- und Sicherheitsfunktionen hat VMware seit 2009 mit der Produktlinie »VMware vShield« unternommen. Einen wesentlichen Schritt in Richtung der Virtualisierung des Netzwerks markierte die Übernahme des Start-ups Nicira im Jahr 2012. VMware kombinierte die Technik von Nicira mit seinen bestehenden vShield-Produkten, um 2013 auf dieser Basis NSX anzukündigen. Im Produktiveinsatz ist die erste Version von NSX, *NSX-v* 6.0, im Jahr 2014 aufgetaucht. Seit Juli 2020 unterstützt VMware mit NSX-v 6.4.8 und höher auch die aktuelle Version 7.0 von vSphere. NSX-v unterstützt dabei ausschließlich vSphere als Hypervisor und beinhaltet keine Unterstützung für die Absicherung von Workloads, die in Containern laufen. Deutlich interessanter für den Einsatz in neuen Umgebungen ist daher die jüngere Produktlinie, *NSX-T* (das T steht für *Transformers*), die VMware erstmalig 2017 vorgestellt hat. Die aktuelle Version 3.0 von NSX-T ist die von VMware empfohlene Version für die Installation in neuen Umgebungen. Einen detaillierten Vergleich der beiden Varianten finden Sie in Abschnitt 8.2.

Inzwischen spielt VMware NSX innerhalb der VMware-Strategie eine gewichtige Rolle, da das Netzwerk die Brücke zur Cloud darstellt und Sicherheitsfunktionen immer wichtiger werden. Dank stetiger Weiterentwicklung und gezielter Zukäufe ist aus NSX inzwischen eine Produktsuite geworden, die umfassende Funktionen für die Virtualisierung und Verwaltung von Netzwerk und IT-Sicherheit in VMware-Rechenzentren und in der Cloud bereitstellt. Den aktuellen Stand dieser Produktsuite, VMwares Vision eines Virtual Cloud Network (*VCN*), stellt Abbildung 8.1 dar. Durch den Einsatz der Produkte aus dieser Suite können Netzwerke über verschiedene Ebenen und Bereiche (im klassischen Rechenzentrum, in Zweigstellen oder in der Public Cloud) hinweg erstellt, abgesichert und überwacht werden.

VMwares Produktfamilie *Virtual Cloud Network* beinhaltet folgende Produkte, die teilweise einzeln zu lizenzieren sind:

- *NSX Data Center* ist das Kernstück und stellt eine umfassende Netzwerk- und Sicherheitsplattform für Software-Defined Networking auf Basis von NSX-T oder NSX-v bereit.
- *NSX Cloud* ermöglicht die Verwaltung und Kontrolle der Firewall-Regeln in der Public Cloud (wie z. B. AWS oder Microsoft Azure) aus dem lokalen Rechenzentrum.
- *NSX Intelligence* stellt eine verteilte Analyseplattform dar, die einen Einblick in Datenflüsse im kompletten Rechenzentrum inklusive einer *Stateful Inspection* auf OSI-Schicht 7 ermöglicht und bei Bedarf auch automatisch Firewall-Regeln ausrollen kann. Als Datenquelle werden die ESXi-Hosts und der NSX-T-Manager verwendet.
- *NSX Distributed IDS/IPS* stellt Schutzmöglichkeiten gegen fortgeschrittene Hackerangriffe bereit.
- *NSX Advanced Load Balancer* bietet umfassende Load-Balancer-Funktionen für Multi-Cloud-Umgebungen, eine Webanwendungs-Firewall (WAF) sowie Analysefunktionen.
- *Tanzu (NSX) Service Mesh* stellt die für Microservices benötigten Kommunikations- und Netzwerkfunktionen zur Verfügung.
- *NSX Hybrid Connect (HCX)* ist ein Migrationstool, das Netzwerke zwischen Quell- und Zielumgebungen »stretchen« kann, was die Migration von VMs zwischen Standorten erleichtert und »nahtlose« Umgebungen über mehrere Standorte hinweg ermöglicht. HCX bietet WAN-Beschleunigung und ermöglicht eine Vielzahl von Use Cases inklusive Disaster Recovery und Rechenzentrumskonsolidierung.

Auf der Verwaltungs- und Automatisierungsebene beinhaltet VMwares Virtual Cloud Network zwei weitere Produkte:

- *vRealize Network Insight* ist ein Überwachungswerkzeug für physische und virtuelle Umgebungen sowie für die Public Cloud.
- *vRealize Automation* ist VMwares Plattform für Kunden, die ein Self-Service-Portal für Entwickler und Administratoren bereitstellen möchten. Es umfasst weitgehende Automatisierungsfunktionen, einen Servicekatalog sowie umfangreiche Integrationen.

NSX stellt auch eine wichtige Komponente innerhalb von VMwares Vision einer »intrinsischen Sicherheit« dar. Unter *Intrinsic Security* versteht der Hersteller eine umfassende Strategie, bei der die bestehende Infrastruktur und die »Kontrollpunkte« innerhalb dieser Infrastruktur verwendet werden, um alle Anwendungen, Umgebungen (egal ob im Rechenzentrum oder in der Cloud) und Endgeräte zu schützen. VMware will damit die bislang übliche Silo-Denkweise aufbrechen, den Fokus des Schutzbedarfs auf das »richtige« Applikationsverhalten legen und gleichzeitig den Kunden eine Verschlankung seiner oftmals komplexen Security-Landschaft ermöglichen. Aktueller Bestandteil der intrinsischen Sicherheitsvision ist neben NSX die Sicherheitssuite *VMware Carbon Black*, die mit Funktionen aus dem Antivirus- und dem Endpoint-Detection-Bereich aufwarten kann. Weitere Bestandteile sind *VMware Workspace One* zur Absicherung von Desktops sowie *VMware Secure State* für die Erhöhung der Sicherheit in der Public Cloud.

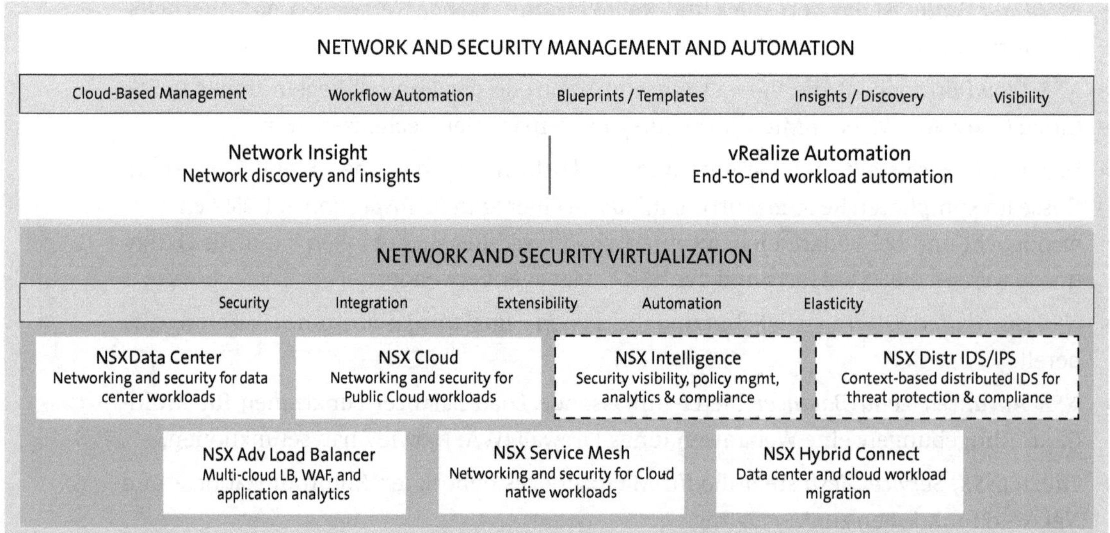

Abbildung 8.1 Die VMware-Produktfamilie Virtual Cloud Network bündelt Netzwerk- und Sicherheitsfunktionen.

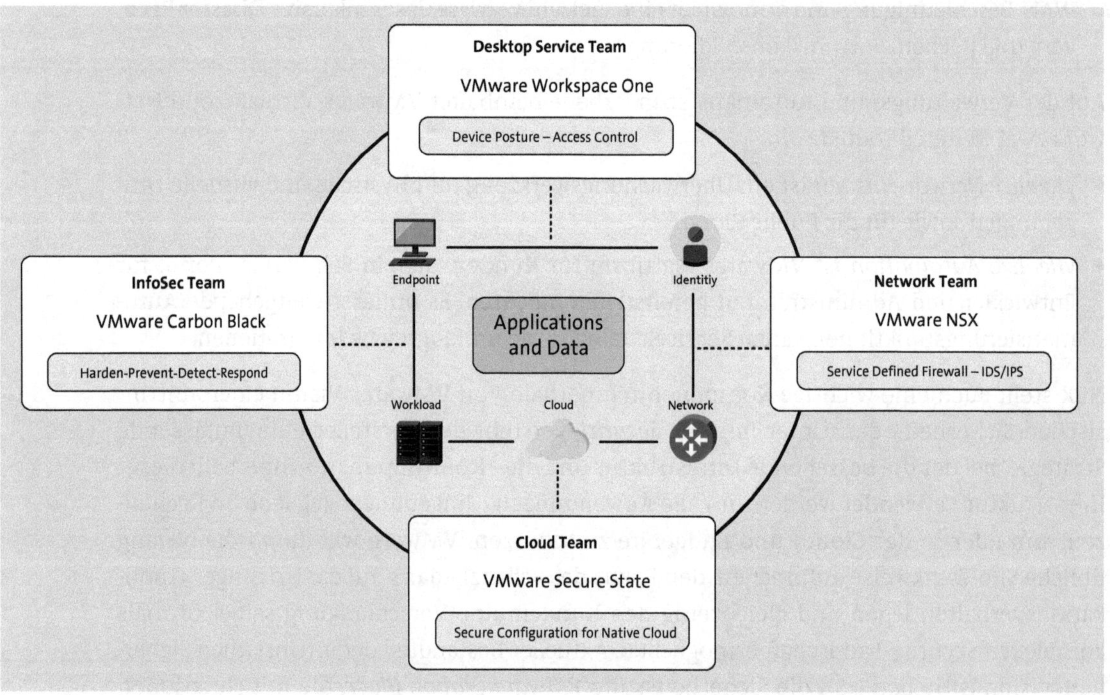

Abbildung 8.2 Intrinsic Security

8.2 VMware NSX-T im Vergleich zu NSX-v: ein Überblick über die Unterschiede

Dieser Abschnitt richtet sich an Leser, die mit NSX-v bereits Erfahrungen gesammelt haben und einen Überblick über die Unterschiede erhalten möchten. Wenn NSX für Sie neu ist, können Sie diesen Abschnitt ohne Weiteres überspringen.

VMware NSX existiert momentan in zwei Varianten: NSX-v und NSX-T. Im Folgenden werden die wesentlichen Unterschiede zwischen NSX-v und NSX-T kurz erläutert. Dadurch, dass NSX-v in absehbarer Zeit abgekündigt wird, gehen wir im Folgenden nicht mehr im Detail darauf ein. Eine detaillierte Abhandlung zu NSX-v findet sich im kostenfreien Onlinekapitel aus der Vorgängerversion dieses Buchs unter *https://www.rheinwerk-verlag.de/5089/*.

Wichtig: End of Support

VMware hat bereits angekündigt, dass NSX-v nur noch bis Anfang 2022 unterstützt wird (End of General Support). Für neue Installationen sollten Sie daher unbedingt NSX-T in Betracht ziehen. Die NSX-v-Version funktioniert ausschließlich mit VMware vSphere, wohingegen NSX-T auch mit anderen Hypervisoren auf KVM-Basis kompatibel ist. Eine Kompatibilität mit vSphere 7 ist erst ab NSX-v 6.4.8 gewährleistet.

Im Gegensatz zu NSX-v ist die jüngere Variante NSX-T nicht abhängig von vSphere und unterstützt neben VMwares hauseigenem Hypervisor ESXi auch KVM in verschiedenen Linux-Distributionen. Des Weiteren gibt es mit NSX-T keine 1:1-Beziehung mehr zwischen einem NSX-Manager und einem vCenter, was bei NSX-v zwingend notwendig war und für die Skalierung in großen Umgebungen ein Hindernis dargestellt hat. NSX-T ist hier viel flexibler im Vergleich zu NSX-v: Mit NSX-T können Sie mehrere vCenter als *Compute Manager* einbinden. Zusätzlich besteht die Möglichkeit, einzelne *Transport Nodes* (z. B. ESXi oder KVM) auch losgelöst vom vCenter zu konfigurieren.

Ein wesentlicher Unterschied und Vorteil von NSX-T gegenüber NSX-v ist, dass nun sogenannte Cloud-Native-Applikationen wie Container und Kubernetes unterstützt werden. NSX-v ist noch primär auf herkömmliche On-Premises-Umgebungen ausgerichtet, NSX-T unterstützt neben dem Einsatz im klassischen On-Premises-Rechenzentrum auch den Einsatz in Multi-Cloud-Umgebungen. Technisch präsentiert sich NSX-T ebenfalls moderner als NSX-v: Anstelle der bisherigen eigenständigen Management-Appliance und dem Controller-Cluster bei NSX-v gibt es nun bei NSX-T einen konsolidierten NSX-T-Management-Cluster bestehend aus drei Appliances. Dieser Management-Cluster bildet komplett die Verwaltungsschicht (Management Plane) und die Kontrollschicht (Control Plane) ab. Was die »Edges« (Maschinen für Netzwerkfunktionen wie Routing oder Load-Balancing) betrifft: Unter NSX-T können diese nun wahlweise als virtuelle Maschinen oder auch physisch (Bare Metal) ausgerollt werden.

Ebenso hat VMware bei NSX-T das Overlay-Protokoll aktualisiert. Statt des Overlay-Protokolls VXLAN (bei NSX-v) nutzt NSX-T nun das neuere GENEVE als Overlay-Protokoll. In Abschnitt 8.4 diskutierten wir die Rolle des Overlay-Protokolls im Detail.

Der Aufbau der Routing-Topologie erfolgte unter NSX-v mit *Distributed Logical Routers* (DLRs) für den East-West-Verkehr und mit Edge-Service-Gateways (ESG) für den North-South-Verkehr. Bei NSX-T hat sich auch dies geändert. Hier wird der sogenannte Tier-0-Router verwendet, um North-South- und East-West-Verkehr zu gewährleisten. Den Tier-1 können Sie einsetzen, um Mandantenfähigkeit zu gewährleisten. Unter NSX-T wird die Kommunikationsbeziehung zwischen Tier-0 und Tier-1 inklusive der Vergabe der P2P-IP-Adressen automatisch kreiert.

In Tabelle 8.1 sind die wichtigsten Unterschiede zwischen NSX-v und NSX-T zusammengefasst.

Funktion	NSX-v	NSX-T
Hypervisor-Support	nur vSphere	ESXi, KVM
vCenter-Abhängigkeit	1:1	1:n
NSX-Manager-Design	ein NSX-Manager, Control Plane wird auf separaten VMs deployt	NSX-Manager-Cluster mit drei Nodes
NSX-Controller-Design	dedizierter NSX-Controller-Cluster	NSX-Manager-Funktion und NSX-Controller-Funktion, wird auf den gleichen Appliances abgebildet
Edge-Formfaktor	virtuelle Maschine	virtuelle Maschine, physisch (Bare Metal)
Overlay-Protokoll	VXLAN	GENEVE
Routing-Topologie	Distributed Logical Router (DLR) für East-West-Verkehr und ESG (Edge Service Gateway) für North-South-Verkehr	Tier-0 kann East-West- und North-South-Verkehr abbilden, Tier-1 kann für Mandantenfähigkeit eingesetzt werden
Routing-Protokolle	OSPF, BGP	BGP
Logical switch Replikation Modus	Unicast, Multicast, Hybrid	Unicast (Two Tier oder Head)

Tabelle 8.1 Die wichtigsten Unterschiede zwischen NSX-v und NSX-T

Funktion	NSX-v	NSX-T
Management-GUI	überwiegend über den vSphere-Client	dedizierte NSX-T-Manager-GUI
Einsatzgebiet	primär für den On-Premises-Einsatz	unterstützt neben On-Premises-Einsatz auch Multi-Cloud
Tunnel Endpoint Integration mit physischer Switch-Hardware	Ja	Nein
Cloud Native (Kubernetes, Openshift, Pivotal etc.)	Nein	Ja

Tabelle 8.1 Die wichtigsten Unterschiede zwischen NSX-v und NSX-T (Forts.)

Im Detail gibt es einige weitere Unterschiede zwischen NSX-v und NSX-T, etwa in den Bereichen Routing, Security und Load-Balancing. Es gibt aktuell sehr wenige Gründe, um nicht bereits NSX-T einzusetzen. Generell ist davon auszugehen, dass alle neuen NSX-Installationen direkt auf NSX-T setzen und dieses installieren, und viele NSX-v-Kunden sind bereits auf NSX-T migriert oder planen aktuell das Upgrade.

In den folgenden Abschnitten konzentrieren wir uns auf die Funktionen von NSX-T.

8.3 VMware NSX-T im Überblick

In den letzten Jahren haben sich die Anforderungen an die IT-Infrastruktur stark erhöht. Die Bereitstellung und ein komfortables Management von virtuellen Maschinen stellt nur noch eine Minimalanforderung dar. Die Netzwerkeinbindung von VMs in Netzwerke, die innerhalb des Hypervisors als Overlay-Netzwerke realisiert werden und auch wie aus der physischen Welt geroutet werden können, kann VMware mit der ersten NSX-Version, NSX-v, bereits seit 2014 bereitstellen. Auch der Schutz von VMs über Hypervisor-interne Firewall-Funktionen, die sogenannte Mikrosegmentierung, ist seit der ersten Version von NSX-v möglich und inzwischen im Mainstream angekommen. Gut sechs Jahre nach dem Erscheinen von NSX-v hat sich die IT-Welt weiterentwickelt: Container, Kubernetes sowie das Verschieben von Workloads zu verschiedenen Cloud-Anbietern dominieren die technischen Diskussionen. VMware hat auf die geänderten Anforderungen reagiert und stellt mit der jüngeren Variante von NSX, NSX-T (das T steht für *Transformers*) weitreichende Funktionen bereit, um Kunden ein zukunftsweisendes Bereitstellen von virtualisierten Netzwerken und beherrschbarer IT-Sicherheit auch in Container-Welten und der Multi-Cloud zu ermöglichen.

Die wichtigsten Einsatzbereiche von NSX-T lassen sich in vier großen Use Cases zusammenfassen:

1. Bereitstellen von virtuellen Netzwerken inklusive Routing-Funktionen nicht nur für vSphere (wie bei NSX-v bereits der Fall), sondern auch für ausgewählte KVM-basierte Hypervisoren und in der Cloud.
2. Absichern von Workloads mit weitgehenden Firewall-Funktionen. Workloads umfassen hier neben virtuellen Maschinen auch Container und Kubernetes.
3. Vollständige Automatisierbarkeit: Alle Funktionen sind über REST-APIs aufrufbar und können damit bequem automatisiert werden. Manuelle Prozesse und fehlerhafte Konfigurationen können so vermieden werden.
4. Native Unterstützung von Cloud-Native-Applikationen (Container und Kubernetes): Im Unterschied zur Variante NSX-v hat VMware NSX-T so konzipiert, dass Container und Kubernetes umfassend unterstützt werden.

Im Detail steckt in NSX-T eine Vielzahl von Funktionen, die VMware in die Säulen Plattform, Netzwerk, Sicherheit und Services, Automatisierung, Troubleshooting und Betrieb aufgliedert. In Abbildung 8.3 und Abbildung 8.4 sehen Sie eine Übersicht dazu.

Platform	Netzwerk	Sicherheit und Services
– Multihypervisor support – Bare-metal server support – Policy-driven Konfiguration – Support für VMs und Container – Support für AWS und Azure – HTML 5 UI für die Verwaltungsschicht – Development Kit (DPDK) für die Datenschicht basierend auf NSX Edge Knoten (VM oder Bare-metal) – Multisite (Federation)	– Overlay oder VLAN-backed logischer Switch – L2 Bridging und QoS – Statisches Routing und ECMP Routing – BGP (Border Gateway Protocol) support – Duplicate IP Erkennung – BFD (Bidirectional Forwarding) – VRF Lite und EVPN – Rate limiting – Layer 3 Multicast	– Distributed Firewall – Gateway Firewall – Network Introspection – Endpoint Protdection – Intrustion Detection System – URL Analyse – NSX Intelligence – NAT und NAT64 – DHCP Server und DNS – Load Balancer – VPN (L2 und IPSec)

Abbildung 8.3 NSX-T-Features – Plattform, Netzwerk, Sicherheit und Services

Automatisierung	Troubleshooting	Betrieb
– REST/JSON API Support – Tag-basierte Zuweisung in Security-Gruppen – Inventory Support – Vorgelagerte OpenStack-Unterstützung und Partner ecosystem	– IPFIX (IP Flow Information Export) – Port-Spiegelung – Traceflow – Netzwerk-Topologie-Dashboard – Alarmmeldungen – Spezielle technische Support-Logs können ausgewählt werden – Überwachungs-Dashboard und Statistiken	– Installationswizard – Dashboards – Rollenbasierte Zugriffskontrolle – Upgrade Koordinator – Backup und restore – vRealize Log Insight – vRealize Operations

Abbildung 8.4 NSX-T-Features – Automatisierung, Troubleshooting und Betrieb

8.3.1 Lizenzierung

Sie müssen neben vSphere eine separate NSX-Lizenz erwerben. VMware vertreibt die Lizenzen von NSX als *NSX Data Center Standard, Professional, Advanced, Enterprise Plus* und *Remote Office Branch Office*. Die NSX-Lizenzen können für NSX-T und NSX-v eingesetzt werden.

Das VMware-Knowledge-Base-Dokument 78223 gibt nähere Auskunft über die unterschiedlichen Lizenzvarianten und die darin enthaltenen Funktionen (*https://kb.vmware.com/s/article/78223*) für die NSX-T-Version 3.0.

8.4 Exkurs: Das GENEVE-Protokoll

Da die Switching-Funktionalität von NSX-T auf dem Overlay-Protokoll GENEVE (*Generic Network Virtualization Encapsulation*) beruht, ist ein kurzer Exkurs über das GENEVE-Protokoll zum weiteren Verständnis notwendig. Dies stellt einen fundamentalen Unterschied zu NSX-v dar, das an dieser Stelle auf VXLAN setzte. Die beiden Overlay-Protokolle VXLAN und GENEVE erfüllen den gleichen Zweck. Während VXLAN eine feste Header-Größe von 8 Byte hat, ist der GENEVE-Header variabel in seiner Größe und kann auf bis zu 260 Byte anwachsen. Die Möglichkeit von GENEVE, die Grundinformationen variabel um weitere Optionen anzureichern, macht es gegenüber VXLAN flexibler.

NSX-T beinhaltet, wie auch schon NSX-v, neben der Switching- und der Routing-Funktion auch weitgehende Mechanismen zur Absicherung von virtuellen Maschinen in vSphere-

Umgebungen, allen voran die *Distributed Firewall* (DFW), die in ihrer Funktion völlig unabhängig von der Verwendung von GENEVE ist.

Die Switching- und Routing-Funktionen von NSX-T ergeben aber vor allem im Zusammenhang mit logischen (d. h. mit dem GENEVE-Overlay-Protokoll implementierten) Netzwerken Sinn, wie sie typischerweise in Automatisierungs-, Cloud- und DevOps-Projekten benötigt werden.

8.4.1 Was ist GENEVE, und warum wird es benötigt?

Bei GENEVE handelt es sich um eine Technik zur Virtualisierung von Netzwerken. Mit GENEVE können Sie bestehende Limitierungen überwinden, die bei der (automatisierten) Bereitstellung von vielen Netzwerken in großen Umgebungen auftreten, z. B. im Service-Provider-Umfeld oder beim Cloud-Computing. Zu diesen Limitierungen gehören:

- Probleme in sehr großen Umgebungen mit dem *Spanning Tree Protocol* (STP) und der maximalen Anzahl von 4.094 nutzbaren VLANs,
- Herausforderungen in der Verwaltung von Netzwerken in mandantenfähigen (Multi-Tenancy-)Umgebungen,
- Schwierigkeiten bei der Bereitstellung von *Stretched-Layer-2-Umgebungen* und
- unzureichende MAC-Adresstabellen in Top-of-Rack-Switches in großen Umgebungen.

Nähere Informationen zu den Herausforderungen, die das GENEVE-Protokoll überwindet, finden Sie in der aktuellen einschlägigen Literatur zur Netzwerktechnologie und im RFC-Dokument zu GENEVE, online abrufbar unter *https://tools.ietf.org/html/draft-ietf-nvo3-geneve-16*.

GENEVE ist bei der IETF aufgrund eines Vorschlags von VMware, RedHat, Microsoft und Intel seit 2014 in der Entwicklung. Aktuell (Stand Juni 2020) befindet sich der Draft in der Entwicklungsversion 16. Neuere Informationen zum Stand der Entwicklung sind online abrufbar unter *https://datatracker.ietf.org/doc/draft-ietf-nvo3-geneve/*.

8.4.2 Die Grundidee von GENEVE

Bei GENEVE handelt es sich um ein sogenanntes *Overlay-Protokoll*, bei dem softwareseitig nahezu beliebig viele separate Netzwerke (oder Broadcast-Domains) in ein einziges physisch vorhandenes Transportnetzwerk gekapselt werden. Das Transportnetzwerk ist meist als VLAN realisiert.

Dazu werden die Ethernet-Frames, wie sie z. B. von virtuellen Maschinen auf der OSI-Schicht 2 erzeugt werden, in ihrer Gesamtheit in ein neues Paket gekapselt, das wiederum mit Headern der OSI-Schichten 2 bis 4 versehen wird. Direkt vor dem ursprünglichen Ethernet-Frame wird ein GENEVE-Protokollvorspann (Header) hinzugefügt, der unter anderem ein Feld mit einer Größe von 24 Bit für die GENEVE-Netzwerk-ID vorsieht, den sogenannten VNI

(*Virtual Network Identifier*). Mit diesen 24 Bit sind theoretisch 16.777.216 unterschiedliche GENEVE-Netzwerke abbildbar.

Als Transportprotokoll (auf OSI-Schicht 4) wird UDP verwendet, um das Verhalten von physischen Switches weitestgehend nachzubilden. UDP ist verbindungslos und unzuverlässig – die gleichen Eigenschaften, die ein Switch aufweist. Zudem wäre eine verschachtelte Kapselung von TCP-Daten (im inneren Ethernet-Frame) in einen äußeren Ethernet-Frame aufgrund der Eigenschaften des TCP-Protokolls alles andere als ratsam.

In der Netzwerkschicht (OSI-Schicht 3) wird die in UDP gekapselte GENEVE-Nachricht mit äußeren IP-Adressen versehen. Diese IP-Adressen stehen für den sendenden und den empfangenden ESXi-Host, und zwar für einen bestimmten VMkernel-Adapter, den sogenannten VTEP (*Virtual Tunnel End Point*).

Schließlich wird das Paket in einen äußeren Ethernet-Frame gekapselt. Die dort verwendeten MAC-Adressen entsprechen den MAC-Adressen der sendenden und empfangenden ESXi-Hosts bzw. den MAC-Adressen der Interfaces von Routern, da GENEVE-Pakete dank der Verwendung von IP als Netzwerkprotokoll routbar sind.

Da bei der Kapselung von Ethernet-Frames in GENEVE einiges an äußeren Headern hinzugefügt wird, muss natürlich die maximale Übertragungsgröße (*Maximum Transmission Unit*, MTU) in den physischen Switches, die zur Übertragung verwendet werden, erhöht werden. Die Größe eines normalen Ethernet-Frames liegt bei rund 1.500 Bytes, kann aber unter Berücksichtigung von VLAN-Tagging auf 1.522 anwachsen. Hinzu kommen dann 20 bis 60 Byte IP-Header, 8 Byte UDP-Header und 8 bis 260 Byte GENEVE-Header. So kann die nötige MTU zwischen 1.536 und 1.850 schwanken. Da die variablen Optionen von GENEVE derzeit nicht genutzt werden, ist die von VMware empfohlene angepasste MTU von 1.600 Bytes aktuell noch zeitgemäß, um die zusätzlichen Protokoll-Header ohne Probleme unterbringen zu können. Jedoch wurde die Empfehlung insofern angepasst, dass 1.600 Byte nun die Mindestanforderung sei. Empfohlen wird jedoch, auf sogenannte *Jumbo Frames* zu setzen, die eine MTU von rund 9.000 Bytes aufweisen, für Geschwindigkeiten ab 10 Gigabit ohnehin zu empfehlen sind und schon ab 1 Gigabit auf den Netzwerkschnittstellen einstellbar sind.

In Abbildung 8.5 ist anschaulich dargestellt, wie die Layer-2-Netzwerke von virtuellen Maschinen (d. h. der *Inner Ethernet Frame*) mittels GENEVE in UDP und IP gekapselt werden.

Die Verwendung von GENEVE bringt viele Vorteile mit sich:

- Die Konfiguration und Komplexität des physischen Netzwerks kann stark vereinfacht werden. Da GENEVE-Netzwerke »in Software« erzeugt werden (in den ESXi-Hosts) und nicht als konfigurierbares Objekt auf einem physischen Switch, sinkt die Anzahl der benötigten und zu verwaltenden VLANs stark. Dies ist unter anderem auch für die Performance des *Spanning Tree Protocol* sehr vorteilhaft: Nun müssen viel weniger VLANs verwaltet werden, da der physische Switch weniger CPU-Zeit für das Spanning Tree Protocol aufwenden muss.

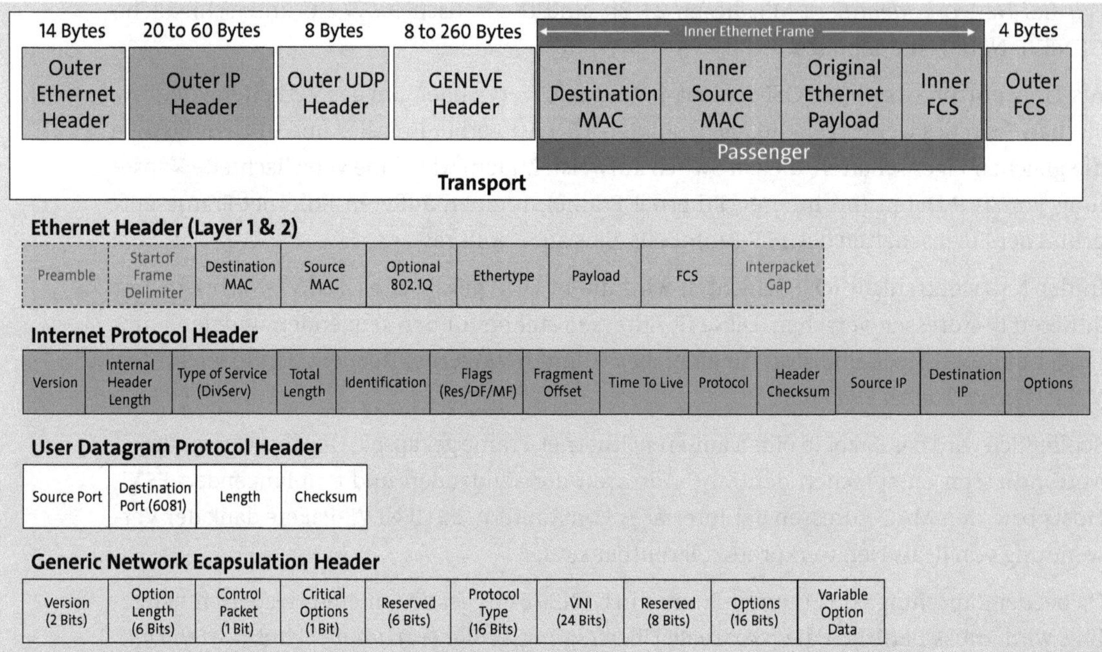

Abbildung 8.5 Die Header, die notwendig sind, um einen Ethernet-Frame einer virtuellen Maschine zu kapseln (GENEVE, äußerer UDP-Header, äußerer IP-Header und äußerer Ethernet-Header), fügen in der Regel rund 50 Bytes zum gekapselten Ethernet-Frame hinzu.

- Alle logischen GENEVE-Netzwerke können in einem einzigen VLAN übertragen werden, das bei Bedarf gegebenenfalls noch geroutet werden kann, da GENEVE-Netzwerke dank der Kapselung in UDP und IP routbar sind.
- GENEVE-Netzwerke können automatisiert über eine API erzeugt werden und stehen dann innerhalb aller beteiligten ESXi-Hosts zur Verfügung. Das physische Netzwerk muss hierüber nicht weiter informiert werden.
- Dank des Felds mit einer Größe von 24 Bit für die GENEVE-Netzwerk-ID (VNI) stehen praktisch unbegrenzt viele (16.777.216) gekapselte Layer-2-Netzwerke zur Verfügung, die in Software vollkommen voneinander getrennt sind.
- Die MAC-Adressen von virtuellen Maschinen sind im inneren Ethernet-Frame enthalten, der als Teil der »Payload« von physischen Switches nicht weiter beachtet wird. Die physischen Switches speichern nur die MAC-Adressen in der äußeren Schicht in ihrer MAC-Adresstabelle. Diese MAC-Adressen entsprechen VMkernel-Ports auf einigen wenigen ESXi-Hosts, sodass der Speicherbedarf für die MAC-Adresstabellen deutlich geringer ausfällt und der Endkunde gegebenenfalls günstigere Layer-2-/Layer-3-Switches mit kleinerer MAC-Adresstabelle einsetzen kann.

- Da GENEVE durch die Verwendung von UDP und IP routbar ist, können innere Layer-2-Netzwerke ohne Probleme in gerouteten Umgebungen verwendet werden. Somit ist ein einfaches »Stretching« eines Layer-2-Netzwerks über Routergrenzen hinweg möglich.
- Das physische Netzwerk kann dank der Routing-Fähigkeit von GENEVE als Layer 2/Layer 3 in einer sogenannten *Spine-Leaf-Topologie* ausgelegt werden. Was sich zunächst kompliziert anhört, zieht viele weitere Vorteile nach sich, vor allem in größeren Umgebungen.

8.5 Die Architektur von NSX-T

Damit Sie die Architektur von NSX-T verstehen, ist ein kurzer Exkurs zur logischen Architektur von physischen Netzwerkkomponenten wie Switches nötig. Ein Netzwerkgerät wie ein aktueller Layer-3-Switch kann logisch in drei Funktionsebenen oder -schichten unterteilt werden:

- die Datenschicht (*Data Plane*)
- die Kontrollschicht oder Steuerschicht (*Control Plane*)
- die Managementschicht oder Verwaltungsschicht (*Management Plane*)

Auf der Datenschicht findet die eigentliche Datenübertragung der Nutzerdaten im Netzwerk statt; die Kontrollschicht und die Managementschicht dienen dazu, die korrekte Funktionsweise der Datenschicht zu ermöglichen.

Exkurs: Die Komponenten einer Netzwerkkommunikationsarchitektur im Überblick

- Auf der *Managementschicht* (manchmal auch *Verwaltungsschicht* genannt) steht zur Konfiguration des Switchs normalerweise ein Kommandozeileninterface (CLI) zur Verfügung, über das der Administrator den Switch einrichtet und die Konfiguration anpasst. Allgemein werden auf der Managementschicht die Richtlinien für die Konfiguration und den Datenaustausch der beiden anderen Schichten festgelegt.
- Auf der *Kontrollschicht* (manchmal auch *Steuerschicht* genannt) tauschen sich Switches über spezielle Protokolle miteinander aus. Zum Beispiel informieren sie sich gegenseitig über Routen mithilfe dynamischer Routing-Protokolle wie OSPF oder BGP. Die Aufgabe der Kontrollebene ist es, festzulegen, wohin der Benutzerverkehr geschickt werden soll. Über die Kontrollschicht werden die Router und Switches für die korrekte Weiterleitung der Datenpakete konfiguriert.
- Auf der *Datenschicht* werden die Benutzerdaten übertragen. Die Datenschicht hat die Aufgabe, den Netzwerkverkehr an die Ziele zu senden, die von der Kontrollschicht festgelegt wurden.

In herkömmlichen Netzwerken sind alle drei Schichten in physischen Netzwerkgeräten wie Switches und Routern zu finden, und zwar in deren Firmware. Beim Ansatz des *Software-Defined Networking* (SDN), zu dem auch NSX-T zählt, werden diese Schichten voneinander entkoppelt und in Software verteilt realisiert. Das ermöglicht eine neue Flexibilität und bietet weitreichende Automatisierungsmöglichkeiten bei der Verwaltung des Netzwerks, das nun größtenteils durch Softwarefunktionen abgebildet wird. Das physische Netzwerk wird immer noch benötigt, allerdings ist es auf die Bereitstellung einer zuverlässigen und schnellen Übertragungsfunktion reduziert (*Underlay*) – zumindest, was logische Netzwerke über GENEVE betrifft.

8.5.1 Die Verwaltungsschicht (Management Plane) in NSX-T

Bei NSX-T wird die Verwaltungsschicht (Management Plane) und die Steuerschicht (Control Plane) auf einem NSX-Management-Cluster abgebildet (siehe Abbildung 8.6). Dieser Cluster besteht in der Regel aus drei Appliances, sprich drei virtuellen Maschinen, die in einem vereinheitlichten Modus die Aufgaben sowohl von der Verwaltungsschicht als auch von der Kontrollschicht gemeinsam übernehmen. Hier liegt ein Unterschied zu NSX-v, wo unterschiedliche VMs die beiden Schichten gesteuert haben. Die Funktion von Verwaltungsschicht (Management Plane) und Kontrollschicht (Control Plane) ist jedoch innerhalb der VMs in Software nach wie vor logisch getrennt.

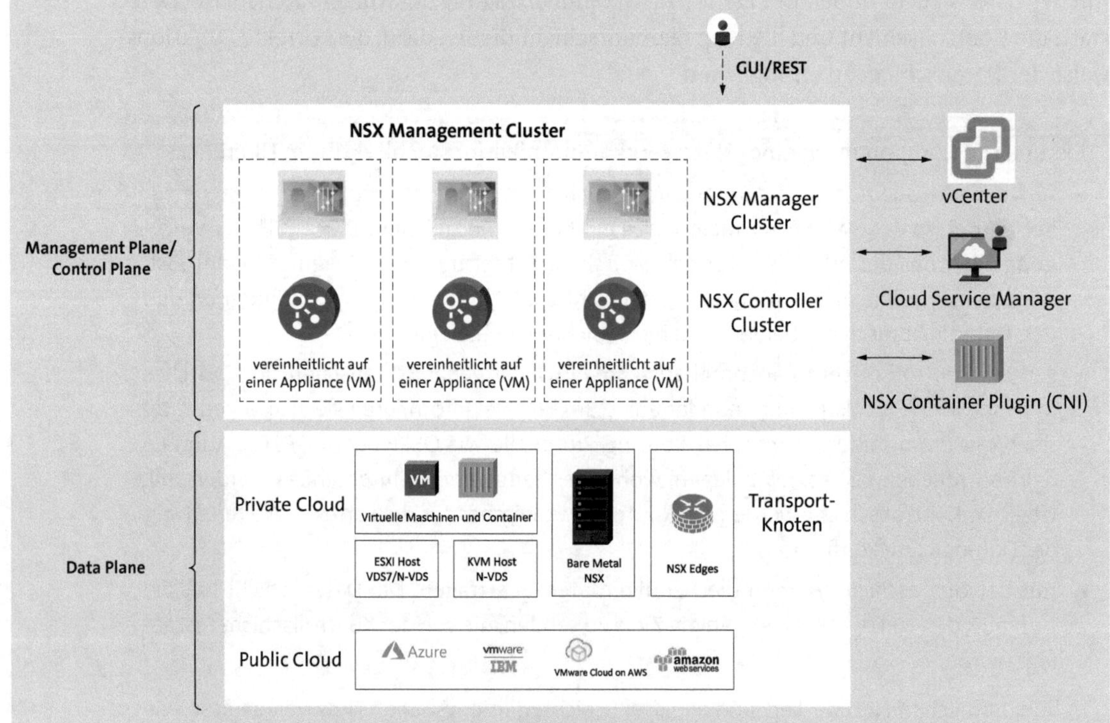

Abbildung 8.6 NSX-T-Komponenten in der Übersicht

Der NSX-Management-Cluster bietet eine webbasierte GUI für alle Benutzerkonfigurationen an sowie eine REST-API. Außerdem ist der NSX-Management-Cluster der Kommunikationspartner für vCenter, einen optionalen Cloud-Service-Manager bei der Verwendung von NSX Cloud und das optionale NSX-Container-Plug-in (CNI).

8.5.2 Die Kontrollschicht (Control Plane) in NSX-T

Die Kontrollschicht (Control Plane) ist für die Berechnung und Verteilung der Steuerungsinformationen des Netzwerks verantwortlich, wie z. B. Routing-Tabelle, ARP-Tabelle oder VTEP-Tabelle. Die Kontrollschicht ist in eine zentrale Steuerungsebene (*Central Control Plane*, CCP) und eine lokale Steuerungsebene (*Local Control Plane*, LCP) unterteilt. Diese Trennung vereinfacht die Arbeit der CCP erheblich und ermöglicht die Erweiterung und Skalierung der Plattform für verschiedene Endpunkte. Die Kontrollschicht läuft in den gleichen Appliances wie die Verwaltungsschicht von NSX-T.

8.5.3 Die Datenschicht (Data Plane) in NSX-T

Die Datenschicht umfasst die sogenannten Transportknoten in einer herkömmlichen On-Premises-Umgebung (Private Cloud). Dazu gehören alle zur NSX-T-Infrastruktur hinzugefügten ESXi- und KVM-Hosts sowie NSX-Edge-Knoten und etwaige physische (Bare-Metal-) Server. Transportknoten sind für die verteilte Weiterleitung des Netzwerkverkehrs verantwortlich. Außerdem ist es möglich, in den gängigen Public Clouds (Azure, AWS, VMware Cloud on AWS) die Sicherheitsrichtlinien und Firewall-Regeln von NSX mit steuern zu lassen.

Der Datenverkehr von virtuellen Maschinen und Containern fließt dann über die virtuellen Switches der ESXi- bzw. KVM-Hosts. Im Fall von ESXi-Hosts unter vSphere 7 gibt es hierfür zwei verschiedene Implementierungen: den VDS7 sowie den N-VDS.

8.5.4 Cloud-Management-Plattformen als optionale Erweiterung von NSX-T

Typischerweise findet in den Unternehmen eine Integration von NSX-T in eine Cloud-Management-Plattform statt, um komplexe Applikationen inklusive Netzwerkfunktionen automatisiert bereitzustellen. Dank der REST-API-Schnittstelle kann NSX-T in praktisch alle Cloud-Management-Plattformen integriert werden. Dazu gehören unter anderem:

- VMware vRealize Automation (vRA)
- Morpheus von Morpheus Data
- OpenStack-Distributionen (z. B. Red Hat, VMware Integrated OpenStack etc.)
- Kubernetes und Pivotal Cloud Foundry

8.6 Die Komponenten von NSX-T im Detail

8.6.1 Der NSX-Management-Cluster

Wie bereits in Abschnitt 8.5 erwähnt, besteht der NSX-T-Manager-Cluster aus Gründen der Hochverfügbarkeit und des Lastausgleich aus drei virtuellen Maschinen. Nur für Testumgebungen können Sie eine Umgebung mit lediglich einem NSX-T-Manager konfigurieren. Der NSX-T-Manager-Cluster bildet die Funktionen Manager, Policy und die zentrale Kontrollschicht (Control Plane) ab. Durch die Realisierung der verschiedenen Funktionen auf einem NSX-T-Management-Cluster hat VMware die Verfügbarkeit, die Administration sowie den Installations- und Upgrade-Prozess vereinfacht. Abbildung 8.7 stellt die NSX-T-Manager-Komponenten vereinfacht dar. Die *Manager-Funktion* umfasst folgende Aufgaben:

- Empfängt und validiert die Konfigurationsanforderungen des NSX Policy Module.
- Veröffentlicht die Konfiguration an die zentrale Kontrollschicht- bzw. Control-Plane-Komponente.
- Installiert und präpariert die Datenschicht- bzw. Data-Plane-Komponenten (Transportknoten).
- Empfängt die statistischen Daten von den Datenschicht- bzw. Data-Plane-Komponenten (Transportknoten).

Die *NSX-Policy-Funktion* beinhaltet folgenden NSX-Manager-Prozess:

- Der »Reverse Proxy« ist der Einstiegspunkt zum NSX-Manager.
- Die »Policy«-Funktion beinhaltet alle Netzwerk- und Sicherheitsmethoden.
- »Proton« ist die Hauptkomponente des NSX-Managers. Proton hat die Aufgabe, Funktionen wie logisches Switching, logisches Routing und Distributed Firewalling bereitzustellen.
- Die NSX-Policy-Funktionen und Proton greifen auf die Corfu-Datenbank zu.

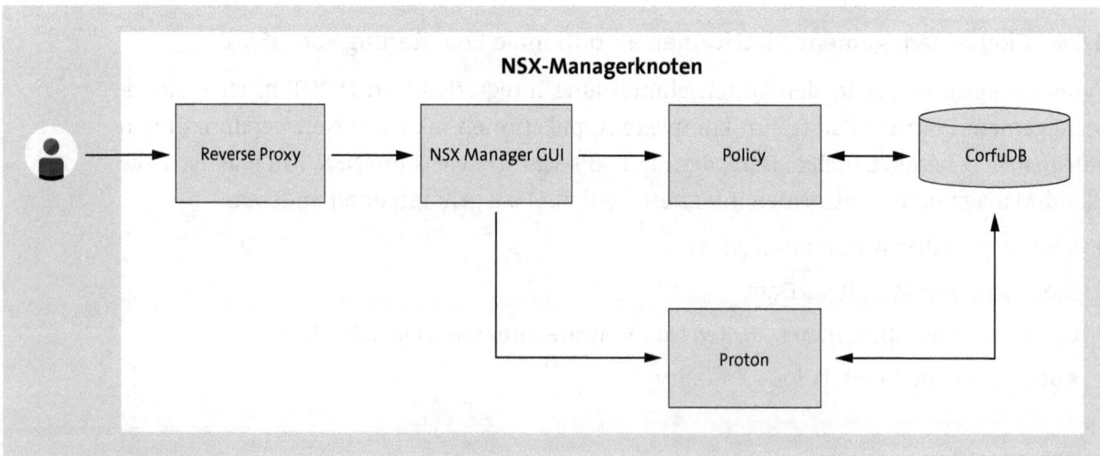

Abbildung 8.7 NSX-T-Manager-Funktion

Der Reverse Proxy stellt Authentifizierungs- und Autorisierungsfunktionen bereit. NSX-Policy-Manager und Proton sind interne Webanwendungen, die über das HTTP-Protokoll miteinander kommunizieren.

CorfuDB ist ein persistenter In-Memory-Objektspeicher. Die Persistenz wird erreicht, indem jede Transaktion in eine gemeinsame Transaktionsprotokolldatei geschrieben wird. Abfragen werden direkt aus dem Hauptspeicher bedient, um eine bessere Leistung und Skalierbarkeit bieten zu können.

Ebenfalls im NSX-Management-Cluster laufen als Teilfunktion die *NSX-Controller*. Diese verwalten den tatsächlichen Zustand des Systems und konfigurieren die Datenebene. Zu den Hauptfunktionen der NSX-Controller gehören die Bereitstellung von Funktionen auf der Kontrollschicht (Control Plane), wie z. B. logisches Switching, Routing und Distributed Firewalling, und die Übermittlung der ermittelten Konfiguration an die Datenschicht (Data Plane).

In der Regel wird für den NSX-T-Manager-Cluster eine sogenannte virtuelle IP-Adresse konfiguriert. Daher benötigen Sie insgesamt vier IP-Adressen für den Cluster (eine IP-Adresse pro Appliance und die virtuelle IP-Adresse, VIP). In diesem Szenario bekommt ein NSX-T-Manager die VIP-Funktion (siehe Abbildung 8.8).

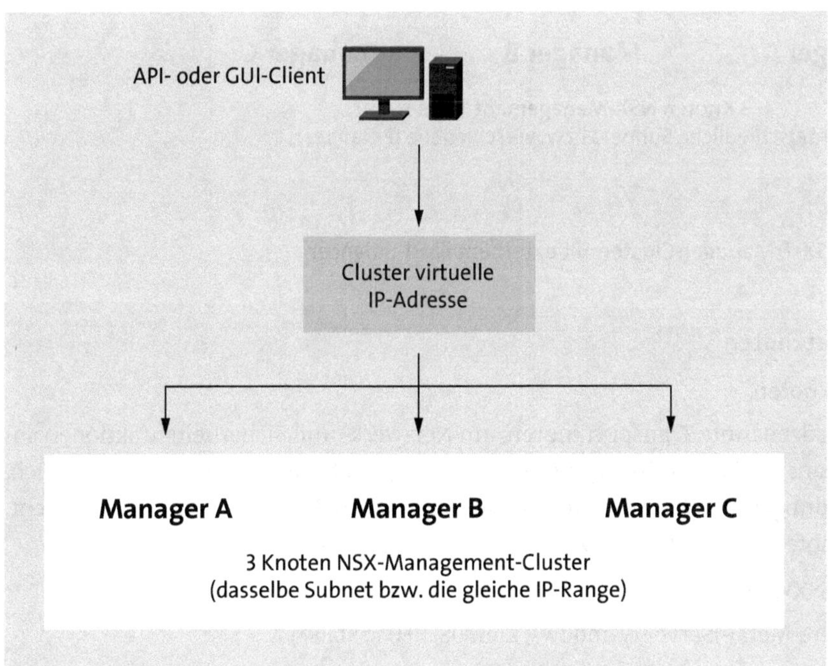

Abbildung 8.8 NSX-T-Manager-Cluster mit virtueller IP-Adresse

Müssen die NSX-T-Manager in separaten IP-Netzen sein oder wollen Sie die Rest-API-Funktion auf allen drei NSX-T-Managerknoten von außen nutzbar machen, ist es notwendig, einen externen Load-Balancer vor den NSX-T-Manager-Cluster zuschalten (siehe Abbildung 8.9). Somit sind dann alle drei NSX-Manager von außen über die VIP erreichbar, und die GUI sowie die API sind auf allen NSX-T-Managerknoten nutzbar, was aus Skalierbarkeitsgründen wünschenswert ist. Den externen Load-Balancer können Sie über ein 3rd-Party-Produkt oder über NSX selbst realisieren.

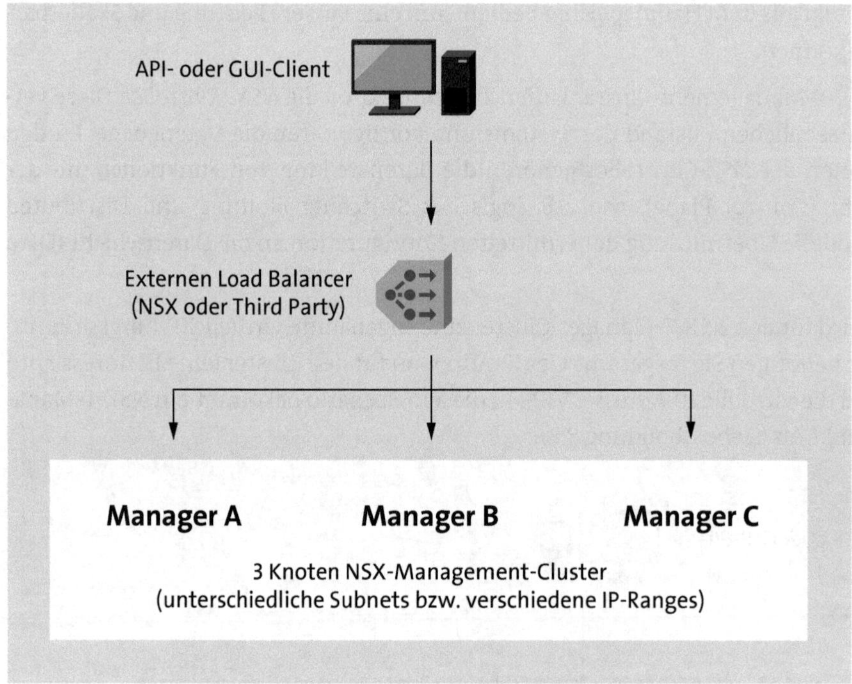

Abbildung 8.9 NSX-T-Manager-Cluster mit externem Load-Balancer

8.6.2 Transportknoten

Host-Transportknoten

NSX-T benötigt sogenannte Transportknoten, um Netzwerk- und Sicherheitsfunktionen abzubilden. Ein Transportknoten ist für die Weiterleitung des Datenverkehrs verantwortlich, der von Anwendungen in VMs, Containern oder physischen Servern (Bare Metal) ausgeht. Die Transportknoten gibt es daher in verschiedenen sogenannten Formfaktoren:

- Hypervisor (ESXi oder KVM)
- physische (Bare-Metal-)Server (Windows, CentOS, RHEL, SLES)

Somit gibt es bei NSX-T keine Abhängigkeiten zu einem einzigen Hypervisor-Typ, ein wesentlicher Unterschied zu NSX-v, das nur unter vSphere betrieben werden kann.

ESXi- und KVM-Transportknoten können zusammenarbeiten. Netzwerktopologien können sich sowohl über ESXi- als auch KVM-Umgebungen erstrecken, unabhängig vom Hypervisor-Typ. NSX-T Datacenter 3.0 führt zudem Windows-Bare-Metal-Unterstützung für Transportknoten ein.

Der Datenverkehr von virtuellen Maschinen und Containern fließt dann über die virtuellen Switches der ESXi- bzw. KVM-Hosts. Im Fall von ESXi-Hosts unter vSphere 7 gibt es hierfür zwei verschiedene Implementierungen: den VDS7 sowie den N-VDS, bei KVM wird nur der N-VDS unterstützt.

Der NSX-Proxy-Agent läuft dabei auf jedem Transportknoten und empfängt Informationen bezüglich der Konfiguration der Kontrollschicht (Control Plane) vom NSX-T-Manager.

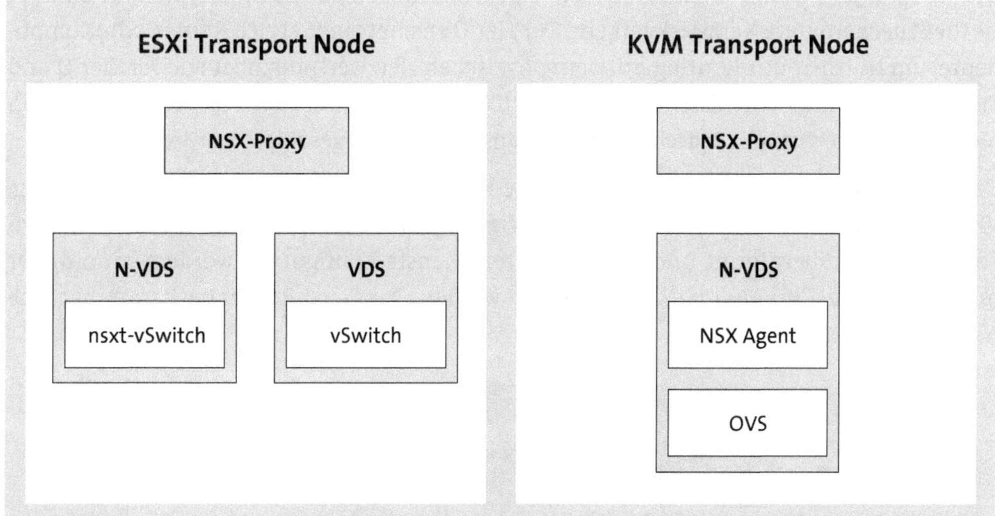

Abbildung 8.10 Transportknotenarchitektur des NSX-T-Hosts

Edge-Transportknoten

Zusätzlich zu den Host-Transportknoten müssen Sie sogenannte Edge-Transportknoten einrichten. Edges sind notwendig, um das Routing und die Netzwerkdienste (z. B. Load-Balancing, NAT, VPN) in NSX abzubilden. Edge-Transportknoten können Sie als virtuelle Maschine oder als physischen Server (Bar-Metal-Server) laufen lassen. Für die Bare-Metal-Variante sollten Sie sich entscheiden, wenn Sie spezielle Anforderungen an Performance sowie Latenz- und Konvergenzverhalten im Routing-Umfeld haben.

8.6.3 Edge-Cluster

Ein Edge-Cluster ist eine Gruppe von Edge-Transportknoten, der immer verwendet werden muss, auch wenn nur ein einziger NSX-Edge-Knoten vorhanden ist. Vorteile des Edge-Clusters sind Skalierbarkeit, Redundanz und hoher Durchsatz. Ein NSX-Edge-Cluster muss vorhanden sein, wenn Sie ein Tier-0- oder Tier-1-Gateway mit Diensten wie North-South-Routing, NAT, Load-Balancing oder VPN erstellen möchten.

Ein Edge-Knoten benötigt immer einen Edge-Cluster

Wichtig: Jeder NSX-Edge-Knoten muss zu einem NSX-Edge-Cluster gehören, selbst wenn Sie nur einen einzigen NSX-Edge-Knoten haben. Ein Edge-Cluster kann bis zu zehn Edge-Knoten umfassen.

8.6.4 Tier-0- und Tier-1-Gateways

Die Tier-0-/Tier-1-Komponenten sind die eigentlichen Netzwerkkomponenten, denn über sie fließt der geroutete Netzwerkverkehr. Der Tier-0 erzeugt eine Service-Router-(SR-)Komponente, um North-South-Routing mit dem physischen Netzwerk aufzubauen. Der Tier-0 und Tier-1 besitzt immer eine Distributed Router (DR) Komponente, damit die Kommunikation nicht durch eine virtuelle Maschine (Edge-Transportknoten) geschickt werden muss.

Das Tier-1-Gateway benötigt nur dann Edge-Knoten, wenn Dienste wie Load-Balancing, VPN, NAT, Edge Firewalling oder DHCP konfiguriert werden. Wenn der Tier-0 nur North-South-Routing übernimmt und keine weiteren Dienste konfiguriert werden, kann dieser mit ECMP (*Equal Cost Multipath*) konfiguriert werden. Der Tier-1-Router besitzt immer eine Aktiv-Standby Konfiguration.

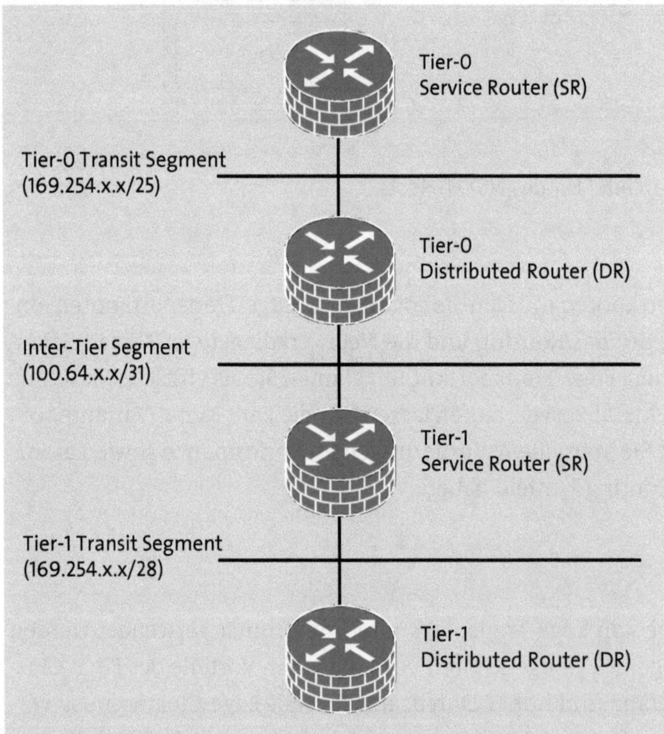

Abbildung 8.11 Tier-0-/Tier-1-Service-Router (SR) und Distributed Router (DR)

Die Transit Netze zwischen Tier-0 Service Router (SR), Tier-0 Distributed Router (DR), Tier-1 Service Router (SR) und Tier-1 Distributed Router (DR) werden von NSX-T automatisch erzeugt. Falls es Routing-Konflikte gibt mit den internen Netzen können diese geändert werden. In Abbildung 8.11 sehen Sie ein Beispiel der internen Kommunikation über die verschieden virtuellen Router Komponenten. Wenn keine Service am Tier-0 konfiguriert sind, wird kein Tier-1 Service Router ausgerollt.

Ein üblicher Anwendungsfall ist die Verwendung des Tier-0-Gateways als Provider-Gateway und der Tier-1-Gateways als Tenant-Gateways.

8.6.5 Transportzone und Segmente

Transportzonen erlauben das Aufspannen von logischen Netzwerken über die physische Infrastruktur hinweg. Eine Transportzone kann entweder für Overlay- oder für VLAN-Verkehr konfiguriert werden (siehe Abbildung 8.12).

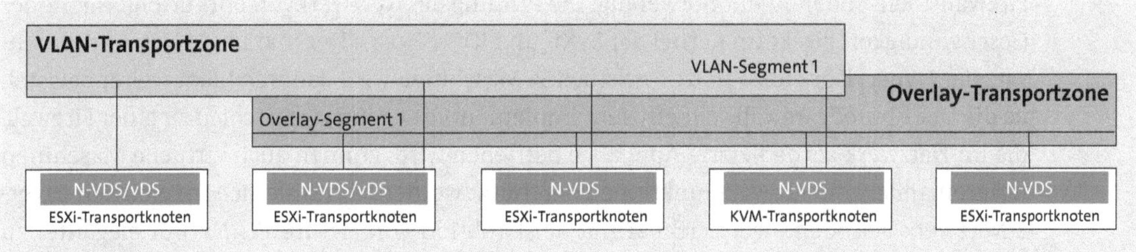

Abbildung 8.12 VLAN- und Overlay-Transportzone

Die VLAN-Transportzonen werden für die Verbindung zwischen NSX-Edge-Uplinks und vorgeschalteten physischen Routern verwendet, um eine North-South-Konnektivität herzustellen.

Ein Hypervisor-Transportknoten kann zu mehreren Transportzonen gehören. Ein Segment kann dagegen nur zu einer Transportzone gehören, d. h., ein Segment kann entweder an eine VLAN-Transportzone oder an eine Overlay-Transportzone gebunden werden. Die NSX-Edge-Knoten können mehreren Transportzonen angehören: einer Overlay-Transportzone und mehreren VLAN-Transportzonen.

Ein Segment ist äquivalent zu einer vSphere-Portgruppe und wurde in NSX-v noch Logical Switch genannt. Segmente werden zum einen genutzt, um VMs anzubinden, und zum anderen, um Uplink- und VPN-Konnektivität zu realisieren. Schon auf dieser Ebene lässt sich mit NSX-T die Sicherheit erhöhen, um sich beispielsweise gegen MAC-, IP- sowie DHCP-Spoofing zu schützen. Aktuell noch rudimentär ist die Implementierung von *Quality of Service* (QoS). Genutzt werden hierfür sogenannte Segmentprofile, die sich auf das gesamte Segment oder einzelne Ports auf dem Segment anwenden lassen. Zur Verfügung stehen derzeit folgende Profile:

- IP Discovery
- Spoof Guard
- Segment Security
- MAC Management
- QoS

8.6.6 Distributed Firewall (DFW) und Gateway-Firewall

Eine große Stärke von NSX-T ist die Möglichkeit, die Kommunikation zwischen VMs, Containern und physischen Maschinen untereinander mit Firewall-Regeln zu schützen. VMware nennt diese Möglichkeit Mikrosegmentierung. Die NSX-T-Distributed-Firewall ist die Schlüsselkomponente bei der Durchsetzung der Mikrosegmentierung. Sie ist direkt in den Hypervisor-Kernel integriert und bietet eine zustandsabhängige Filterung von Layer 2 bis Layer 7 bei hohem Durchsatz.

Die *Distributed Firewall* ist eine Firewall, die auf der Kommunikationsstrecke zwischen den virtuellen Netzwerkkarten (vNIC) von virtuellen Maschinen und dem VMware vSwitch eingreift. Innerhalb der VM ist außer den ohnehin benötigten VMware Tools kein weiterer Firewall-Dienst oder -Agent notwendig. Die Prüfung des Netzwerkverkehrs erfolgt mit hoher Geschwindigkeit direkt im Kernel der ESXi- und KVM-Hosts. Der maximale Netzwerkdurchsatz der Hypervisor-Hosts und der virtuellen Maschinen wird dadurch nicht weiter belastet, da die Distributed Firewall sehr effizient implementiert ist. Im Unterschied zu einer Firewall, die im Netzwerk als dedizierte Appliance betrieben wird, können auch virtuelle Maschinen untereinander mit Firewall-Funktionen geschützt werden, wenn sie sich im gleichen Layer-2-Netzwerk befinden – vergleichbar mit der Funktion von *Private VLANs*, nur eleganter zu konfigurieren und flexibler.

Die Gateway-Firewall wird auch als Perimeter-Firewall bezeichnet und greift in den Verkehr zwischen virtualisierter und physischer Welt ein, also in den North-South-Traffic. Die Gateway-Firewall residiert allerdings im Gegensatz zur Distributed Firewall ausschließlich auf Edges.

Bedenken Sie, dass es sich bei beiden Firewalls um Paketfilter handelt, die die Header prüfen. Beide können Stateful- und Stateless-Regeln enthalten. Sofern der Netzwerkverkehr auf Signaturen geprüft werden soll, muss IDS implementiert werden, das in Abschnitt 8.6.7 behandelt wird.

8.6.7 IDS (Intrusion Detection System) und IPS (Intrusion Prevention System)

Der IDS-/IPS-Systemschutz richtet sich gegen Schwachstellen, die als böswilliger Angriff auf eine Anwendung oder einen Dienst ausgenutzt werden können. Angreifer versuchen meistens, die Anwendung zu unterbrechen und die Kontrolle über sie zu erlangen. Die IDS-/IPS-Technologie stützt sich auf Signaturen, um Versuche zur Ausnutzung von Schwachstellen in den Anwendungen zu erkennen. Diese Signaturen sind vergleichbar mit Regular Expressions, die den Netzwerkverkehr mit böswilligen Verkehrsmustern vergleichen.

IDS (*Intrusion Detection System*) ist, wie der Name schon sagt, ein Überwachungssystem, und IPS (*Intrusion Prevention System*) ist ein Kontrollsystem, das den Verkehr im Fall eines Angriffs blockt. Das bedeutet, dass Sie bei IPS das Risiko von Fehlalarmen haben. Bezüglich der Regelwerke bieten beide Varianten einen ähnlichen Funktionsumfang. Der Unterschied besteht in der Art der Verarbeitung. Bei IDS wird der Verkehr kopiert, die Originalpakete werden weitergeleitet, und die Kopie wird gegen das Regelwerk geprüft. Sollte eine Regelwerkverletzung auftreten, wird alarmiert. Man spricht auch von *Out of Band Inspection*. Bei einen IPS-System wird der eingehende Verkehr direkt geprüft und bei Regelverletzung verworfen, man spricht hier auch von *In Band Inspection*.

Mit der NSX-T-Version 3.0 können Sie das IDS-Feature nutzen, IPS wird in zukünftigen Versionen implementiert. IDS arbeitet nach dem gleichen Prinzip wie die Distributed Firewall auf vNIC-Ebene. Administration und Konfiguration sind ähnlich wie bei der Mikrosegmentierung, Sie können die Policies über die GUI einrichten.

8.7 Die Einrichtung von NSX-T vorbereiten

8.7.1 Hardwareanforderungen von NSX-T

NSX-T-Manager und NSX-T-Edge-Knoten (NSX-T Edge Nodes) lassen sich sowohl virtualisiert als auch auf physischen Servern, sogenanntem Bare Metal, betreiben. Ebenso steht NSX-T nicht nur für vSphere-Umgebungen zur Verfügung, sondern auch für *KVM*-Umgebungen (*Kernel Virtual Machine*). Der NSX-T-Controller-Cluster ist immer virtualisiert. Im Folgenden sind die Hardwareanforderungen der einzelnen Komponenten aufgelistet.

Als Hypervisor werden vSphere und KVM unter verschiedenen Linux-Distributionen für den Aufbau von Transportknoten unterstützt. Für Manager und Controller muss vSphere oder Ubuntu KVM verwendet werden, während für Edge Nodes nur vSphere oder Bare Metal unterstützt wird. Der Hypervisor muss vier CPU-Kerne und 16 GB RAM zur Verfügung stellen.

Der NSX-T-Manager lässt sich in vier unterschiedlichen Formfaktoren ausrollen – von Extra Small bis Large –, wobei Small lediglich für *PoC* (*Proof of Concept*) gedacht ist.

Manager-VM	vCPU	RAM (GB)	Storage (GB)	VM-Hardwareversion
Extra Small	2	8	300	10 oder später
Small	4	16	300	10 oder später
Medium	6	24	300	10 oder später
Large	12	48	200	10 oder später

Tabelle 8.2 NSX-T-Manager-Formfaktoren

- Extra Small VM dient ausschließlich der *Cloud Service Manager Appliance* (CSM). Für weitere Informationen zur CSM Appliance rufen Sie folgenden Link auf: *https://docs.vmware.com/en/VMware-NSX-T-Data-Center/3.0/installation/GUID-6123879F-ECE2-4A9E-BOBF-A69355563027.html#GUID-6123879F-ECE2-4A9E-BOBF-A69355563027.*
- Small VM passt für Labor- und PoC-Installationen und sollte nicht produktiv verwendet werden.
- Medium VM ist für typische Produktivumgebungen gedacht und unterstützt bis zu 64 ESXi-Hosts.
- Large VM ist für sehr große Umgebungen mit mehr als 64 ESXi-Hosts vorgesehen.

Edge Nodes können als Edge VM in vier Formfaktoren oder als Bare Metal Edge ausgerollt werden. Des Weiteren ist zu berücksichtigen, dass lediglich VMXNET3 als vNIC für Edge VMs unterstützt werden.

Größe	vCPU	RAM (GB)	Storage (GB)
Small	2	4	200
Medium	4	8	200
Large	8	32	200
Extra Large	16	64	200

Tabelle 8.3 Edge-VM-Anforderungen

Weiteren Einfluss auf die Wahl des Formfaktors bezüglich der Edge VM haben die Themen Load-Balancer und VPN.

	Small LB	Medium LB	Large LB	Extra Large LB
Small	1	Not supported	Not supported	Not supported
Medium	10	1	Not supported	Not supported
Large	40	4	1	Not supported
Extra Large	80	8	2	1
Bare Metal	750	75	18	9

Tabelle 8.4 Sizing der Edges in Bezug auf Load-Balancer

	Small	Medium	Large	Extra Large	Bare Metal
Anzahl an Tunneln pro Sitzung (policy based)	N/A	256	256	256	256
Anzahl der Sitzungen	128	256	512	512	512
Anzahl der IPSec-Tunnel	1.024	2.048	4.096	4.096	4.096

Tabelle 8.5 Sizing der Edges in Bezug auf VPN

Sofern Bare Metal Edges genutzt werden sollen, gibt es minimale und empfohlene Anforderungen, die in Tabelle 8.6 abgebildet sind. Bare Metal Edges haben Vorteile gegenüber Edge VMs, wenn es um Performance und Latenzen geht. Beispielsweise lässt sich bei *Bidirection Forwarding Detection* (BFD) das Signalisierungsintervall auf 50 ms herabsetzen, mit einer Edge VM liegt der kleinste Wert bei 500 ms (Version 3.0).

Anforderung	CPU Kerne	RAM (GB)	Storage (GB)
Minimal	8	32	200
Empfohlen	24	256	200

Tabelle 8.6 Bare-Metal-Edge-Anforderungen

Wichtig ist auch, dass die CPUs der verwendeten Bare-Metal-Server die CPU-Features *AES-NI* und *1 GB Huge Page* unterstützen. Zum Zeitpunkt der Erstellung dieses Buchs werden folgenden CPUs von VMware unterstützt:

CPU-Hersteller	Typ
Intel	Xeon E7-xxxx (Westmere-EX and later CPU generation) Xeon 56xx (Westmere-EP) Xeon E5-xxxx (Sandy Bridge and later CPU generation) Xeon Platinum (all generations) Xeon Gold (all generations) Xeon Silver (all generations) Xeon Bronze (all generations)
AMD	EPYC 7xx1 Series (Naples) EPYC 3000 Embedded Family and newer EPYC 7xx2 Series (Rome)

Tabelle 8.7 Unterstützte CPUs

Ebenso sollte geprüft werden, ob die verwendete Hardware für einen Bare Metal Edge Ubuntu zertifiziert ist, was unter folgender URL möglich ist: *https://certification.ubuntu.com/server/models?release=18.04%20LTS&category=Server*.

Des Weiteren gibt VMware zum Zeitpunkt der Erstellung dieses Buchs folgende Netzwerkkarten für Bare Metal Edges als unterstützt an:

NIC-Hersteller	Typ
Mellanox	ConnectX-4 EN ConnectX-4 Lx EN ConnectX-5 Mellanox ConnectX-5 EX
Intel	XXV710 X520/Intel 82599 X540 X550 X710 XL710
Cisco	VIC 1387

Tabelle 8.8 Unterstützte NICs

Grundsätzlich ist es gut, auf sogenannte Offloading-Features zu achten. Diese können die Performance bezüglich des Netzwerkdurchsatzes steigern, da Kalkulationen nicht mehr von der CPU, sondern von spezialisierter Hardware auf den Netzwerkkarten durchgeführt, also ausgelagert werden. Seitens VMware werden hier folgende Features unterstützt:

- Checksum Offload (CSO)
- TCP Segmentation Offload (TSO)
- UDP Checksum Offload (CSO)
- Encapsulated Packets (Overlay)
  - GENEVE TCP/UDP Checksum Offload (CSO)
  - GENEVE TCP Segmentation Offload (TSO)
  - GENEVE Rx filter
  - GENEVE OAM packet filter
- Ability to handle high-memory DMA (64-bit DMA addresses)
- Ability to handle multiple Scatter Gather elements per Tx frame

- Jumbo Frames (JF)
- Receive Side Scaling (RSS)

In Abbildung 8.13 haben wir den VMware Compatibility Guide verwendet, um nach Netzwerkkarten zu suchen, die die Features GENEVE-Offload und GENEVE-RxFilter unterstützen. Ein Auszug aus dem Suchergebnis ist in Abbildung 8.14 zu finden. Den Guide rufen Sie unter folgendem Link im Browser auf: *https://www.vmware.com/resources/compatibility/search.php*.

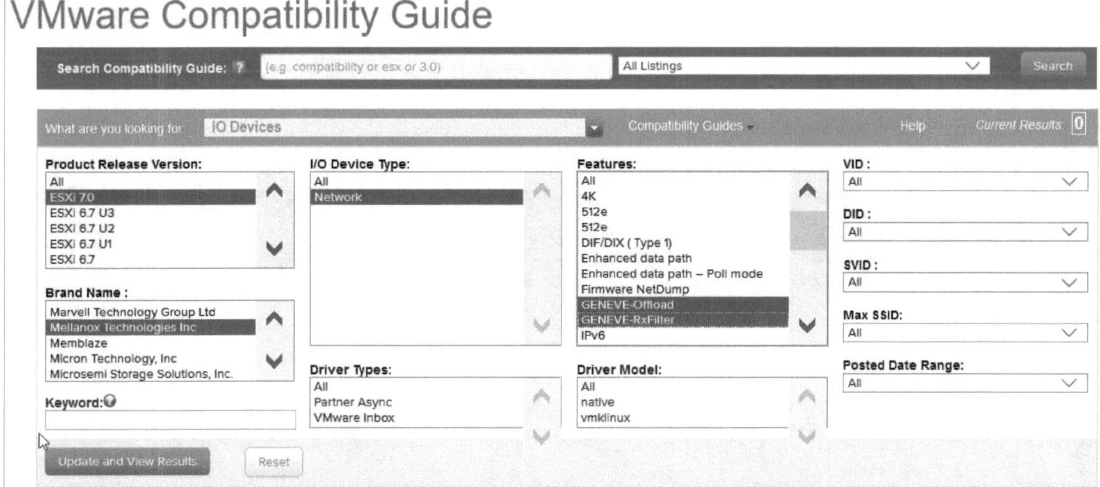

Abbildung 8.13 VMware Compatibility Guide

Wichtig: MTU-Größe

Vergessen Sie, bezogen auf die Einstellungen zur Netzwerkthematik mit dem Team, das die physischen Komponenten betreut, nicht, zu klären, welche Größe für die MTU gesetzt werden soll. Dies ist erforderlich auf allen Schnittstellen, die potenziell GENEVE-Traffic ermöglichen sollen. Eine MTU von mindestens 1.600 Byte, besser noch 9.000 Byte, wird hier empfohlen.

Einstellungen im BIOS

Ein weiterer Punkt, der zwecks Optimierung geprüft werden sollte, ist die Einstellung im BIOS der verwendeten Hosts. Prüfen Sie hier, ob alle Hosts auf der aktuellsten Version laufen und ob auch alle Kerne und Sockel aktiviert sind. Sofern BIOS und Prozessor Turbo Boost unterstützen, sollte diese Funktionalität aktiviert werden. Stellen Sie das BIOS auf maximale Performance, einige Hersteller bieten hier vordefinierte Profile. Sollten Sie manuelle Einstellungen vornehmen, achten Sie darauf, dass diese innerhalb der Spezifikationen des Herstellers liegen, um die Gewährleistung nicht zu verlieren. Ferner sollten Sie prüfen, ob das

System auch mit den geänderten Einstellungen stabil läuft und ob sich der geänderte Leistungsbedarf durch die Erhöhung der Performance rechtfertigen lässt. Einige Hersteller bieten die Möglichkeit, neben NUMA ein Node Interleaving durchführen zu lassen. Seitens VMware ist jedoch auf NUMA zu setzen. Selbstverständlich müssen die Virtualisierungs-Features VT-x, AMD-VT und EPT bzw. RVI aktiviert sein. Sofern ECC RAM verwendet wird, ist es mitunter möglich, im BIOS die Rate des sogenannten Memory Scrubbing einzustellen. Memory Scrubbing ist eine Routine, die unabhängig vom Betriebssystem den Arbeitsspeicher auf Fehler prüft. VMware empfiehlt, die vom Hardwarehersteller vorgegebenen Standardeinstellungen zu verwenden.

I/O Device and Model Information

The detailed lists show actual vendor devices that are either physically tested or are similar to the devices tested by VMware or VMware partners. VMware provides support only for the devices that are listed in this document.

Click on the 'Model' to view more details and to subscribe to RSS feeds.

Bookmark | Print | Export to CSV

Search Results: Your search for" IO Devices " returned **144 results.** Back to Top Turn Off Auto Scroll Display 10

Brand Name	Model	Device Type	Supported Releases	
Mellanox Technologies Inc	ConnectX-4 EN NIC; 100GbE; dual-port QSFP28; (MCX416A-CCA)	Network	ESXi	7.0
Mellanox Technologies Inc	ConnectX-4 EN NIC; 100GbE; single-port QSFP28; (MCX415A-CCA)	Network	ESXi	7.0
Mellanox Technologies Inc	ConnectX-4 EN NIC; 40/56GbE; dual-port QSFP28; PCIe3.0 x8; (MCX414A-BCA)	Network	ESXi	7.0
Mellanox Technologies Inc	ConnectX-4 EN NIC; 40/56GbE; single-port QSFP28; PCIe3.0 x16; (MCX415A-BCA)	Network	ESXi	7.0
Mellanox Technologies Inc	ConnectX-4 EN NIC; 40/56GbE; single-port QSFP28; PCIe3.0 x8; (MCX413A-BCA)	Network	ESXi	7.0
Mellanox Technologies Inc	ConnectX-4 EN NIC; 40GbE; dual-port QSFP28; (MCX414A-BCA)	Network	ESXi	7.0
Mellanox Technologies Inc	ConnectX-4 EN NIC; 40GbE; dual-port QSFP28; (MCX416A-BCA)	Network	ESXi	7.0
Mellanox Technologies Inc	ConnectX-4 EN NIC; 50GbE; dual-port QSFP28; (MCX414A-GCA)	Network	ESXi	7.0
Mellanox Technologies Inc	ConnectX-4 EN NIC; 50GbE; dual-port QSFP28; (MCX416A-GCA)	Network	ESXi	7.0
Mellanox Technologies Inc	ConnectX-4 EN NIC; 50GbE; single-port QSFP28; (MCX413A-GCA)	Network	ESXi	7.0

Previous 1 2 3 4 5 6 7 8 9 10 11 12 13 14 15 Next

Abbildung 8.14 VMware-Compatibility-Guide-Ergebnisse

8.7.2 Softwareanforderungen von NSX-T

Bei allen VMware-Produkten müssen Sie unbedingt die Kompatibilität der einzusetzenden Versionen untereinander in der *VMware Product Interoperability Matrix* überprüfen, da nicht alle Produktversionen miteinander kompatibel sind. Die Product Interoperability Matrix finden Sie unter *http://partnerweb.vmware.com/comp_guide/sim/interop_matrix.php*. Im Kontext von vSphere 7 mit NSX-T geht aus der Product Interoperability Matrix hervor, dass vSphere 7 ausschließlich NSX-T ab Version 3.0 unterstützt.

Zudem empfiehlt es sich, vor der Installation von NSX-T die aktuellen Release Notes genau zu prüfen, um bekannte Probleme und Inkompatibilitäten im Vorfeld zu vermeiden. VMware stellt die Release Notes als Teil der NSX-T-Dokumentation bereit, und zwar unter *https://docs.vmware.com/en/VMware-NSX-T-Data-Center/3.0/rn/VMware-NSX-T-Data-Center-30-Release-Notes.html*.

8.7.3 Weitere Anforderungen von NSX-T

Wie bei vielen anderen VMware-Produkten und -Diensten müssen Sie einige weitere Anforderungen beachten. Die wichtigsten sind:

- **DNS-Namensauflösung** als Forward- und Reverse-Lookup: Besonders der zweite Punkt, der Reverse-Lookup, führt immer wieder zu unangenehmen Überraschungen, wenn die DNS-Einträge für den Reverse-Lookup nicht gesetzt sind.
- **Zeitsynchronisation** über NTP für alle beteiligten Komponenten, insbesondere vCenter, NSX-Manager, Domänencontroller etc.
- **Die Kommunikation zwischen den NSX-Komponenten über die von NSX-T verwendeten Netzwerkports muss erlaubt sein.** Eine Auflistung der benötigten Ports finden Sie unter *https://ports.vmware.com/home/NSX-T-Data-Center*.
- Der administrative Benutzer muss innerhalb von vSphere die erforderlichen **Berechtigungen** haben, um Installation und Einrichtung durchführen zu können.

8.8 Die NSX-T-Installation (Management Plane)

8.8.1 Einrichtung des NSX-Managers

In diesem Abschnitt zeigen wir Ihnen, wie der erste NSX-T-Manager in die Umgebung installiert wird. Grundsätzlich können Sie die NSX-Manager auf vSphere 7 oder KVM laufen lassen. Zur Bereitstellung stehen hier die Formate OVF, OVA sowie QCOW2 zur Auswahl. Da sich dieses Buch vSphere 7 widmet, beschränken wir uns darauf, zu zeigen, wie der Manager aus vSphere 7 heraus platziert wird. Für den Leser, der sich für eine Installation auf KVM interessiert, sei der Hinweis auf die offizielle Dokumentation gegeben: *https://docs.vmware.com/en/VMware-NSX-T-Data-Center/3.0/installation/GUID-B29354B7-FD0B-47F0-9DB3-466C842E92FB.html*.

Bevor Sie anfangen, sollten Sie folgende Dinge zur Hand bzw. vorkonfiguriert haben:

- Manager Appliance in Form einer OVA/OVF/QCOW2
- einen Ordner im Inventory, wo Sie die VM ablegen wollen (optional)
- Compute-Ressourcen
- Entscheidung über den Formfaktor
- Storage-Ressourcen (Datastore)

- Netzwerk (Portgruppe, VLAN) für Managementzwecke
- zu verwendende Passwörter für Root-User der Manager-VM sowie für Admin- und Audit-User des Managers
- Management-IP-Adresse und Subnetzmaske sowie das zu verwendende Default-Gateway. (kann im Nachgang nicht geändert werden)
- IP-Adresse des DNS-Servers und vorbereitete DNS-Einträge für Foward and Reverse Lookup
- IP-Adresse des NTP-Servers

Passwörter müssen für NSX-T im Übrigen folgende Komplexität aufweisen:

- mindestens zwölf Zeichen
- mindestens ein Kleinbuchstabe (Lower Case)
- mindestens ein Großbuchstabe (Upper Case)
- mindestens eine Zahl
- mindestens ein Sonderzeichen
- mindestens fünf unterschiedliche Zeichen

Das Standard-Kennwortkomplexitätsregelwerk wird im PAM-Modul des Ubuntu Linux vom NSX-T-Manager in Form von Argumenten erzwungen. Diese Argumente sind in der Datei */etc/pam.d/common-password* (siehe Tabelle 8.9) hinterlegt.

Argument	Wert	Beschreibung
`retry`	3	Wie oft ein neues Passwort eingegeben werden kann, bevor eine Fehlermeldung ausgegeben wird.
`minlen`	12	Zulässige Mindestgröße neuer Passwörter.
`difok`	0	Anzahl der Bytes, die sich zwischen altem und neuem Passwort unterscheiden müssen. In diesem Fall keines, was bedeutet, dass altes und neues Passwort identisch sein dürfen.
`lcredit`	1	Maximale credit*-Punkte für die Verwendung von Kleinbuchstaben.
`ucredit`	1	Maximale credit*-Punkte für die Verwendung von Großbuchstaben.
`dcredit`	1	Maximale credit*-Punkte für die Verwendung von Ziffern.
`ocredit`	1	Maximale credit*-Punkte für die Verwendung von Sonderzeichen.
`enforce_for_root`	-	Das Kennwort ist für den Root-Benutzer festgelegt.

Tabelle 8.9 Regelwerk zur Kennwortkomplexität

Der englische Begriff *Credit* lässt sich in diesem Kontext gut mit Ansehen übersetzen. Es geht hier um das Ansehen eines Zeichens, also seiner Wertigkeit. Bezogen auf die Einstellungen in der Tabelle, die den Standardeinstellungen entsprechen, bedeutet dies, dass wir zwölf Punkte haben, und jeder Wert, der ein Credit ist, hat eine einfache Gewichtung.

Wie üblich in vSphere selektieren Sie ein Datacenter, Cluster oder Host-Objekt. Mit einem Rechtsklick wählen Sie DEPLOY OVF TEMPLATE. Im Anschluss öffnet sich ein Wizard, der Sie durch die Installation führt.

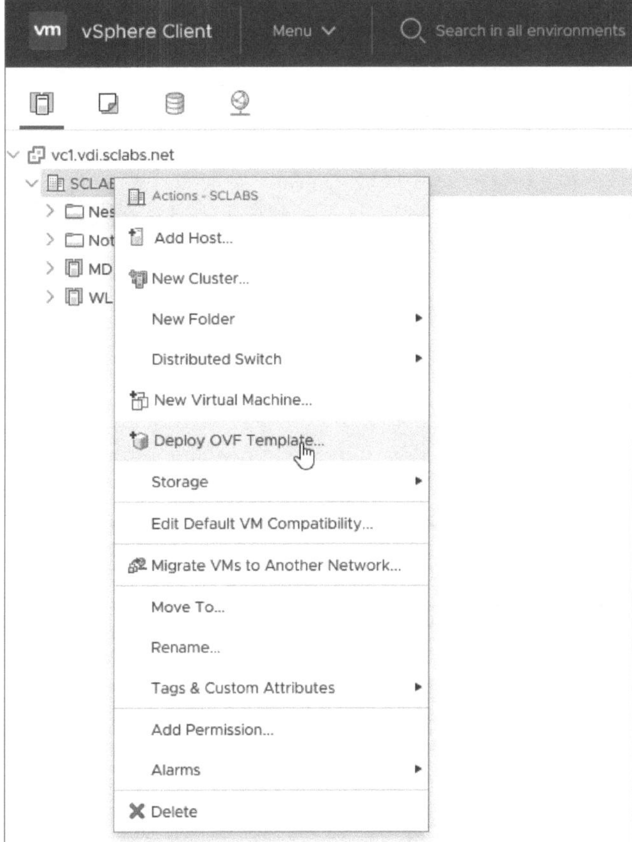

Abbildung 8.15 OVF über »vSphere Client« einbinden

Auf der ersten Seite haben Sie nun die Möglichkeit, einen Pfad zum Installationsmedium in Form einer URL anzugeben oder über den lokalen Dateibrowser eine OVA-/OVF-/QCOW2-Datei auszuwählen. In diesem Fall haben wir uns, wie in Abbildung 8.16 zu sehen, für letztere Variante entschieden, um NSX-T 3.0.1 aus einer OVA zu installieren.

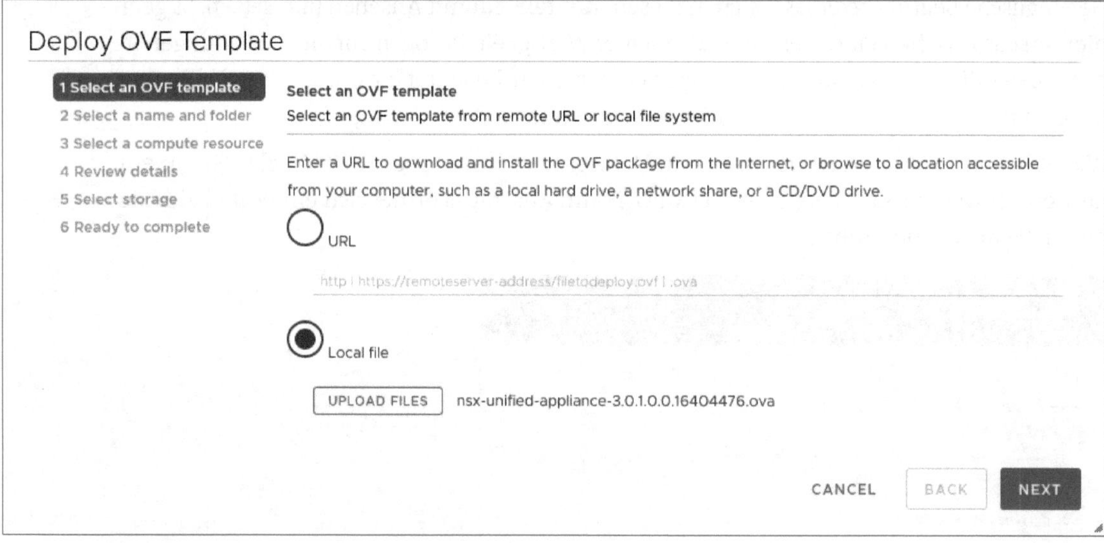

Abbildung 8.16 »Select an OVF template«

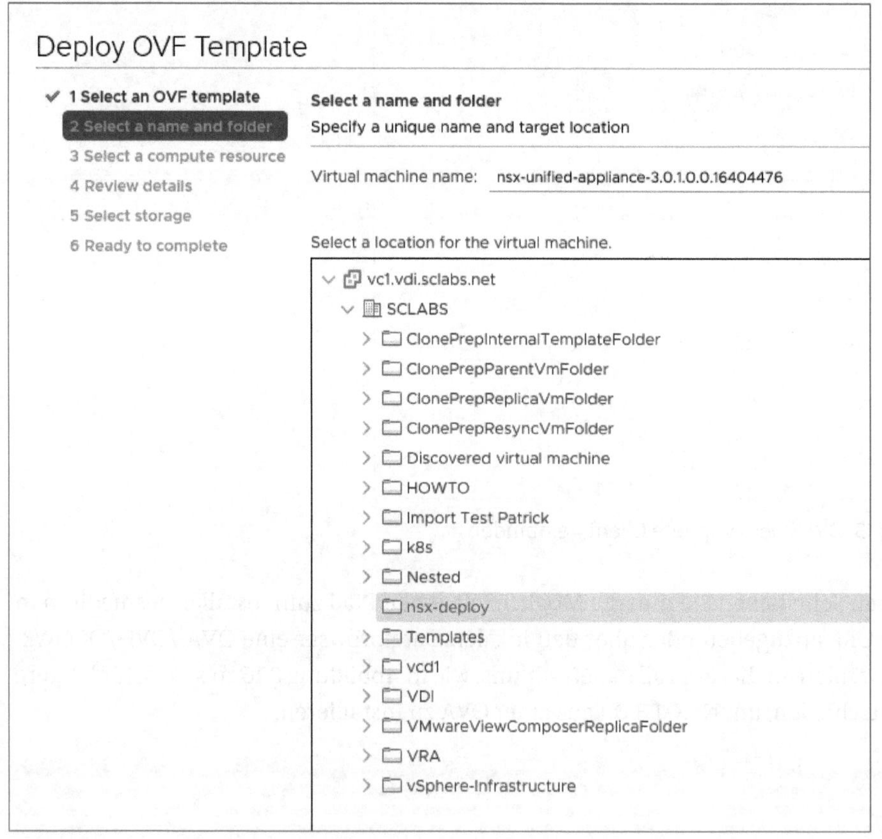

Abbildung 8.17 »Select a name and folder«

Im zweiten Schritt kann, wie in Abbildung 8.17 gezeigt, der Name der VM angepasst werden. Dies ist auch zu empfehlen, da sich bei vSphere die Ordner und Dateinamen einer VM im Gegensatz zur VM selbst erst nach Storage vMotion ändern. Zunächst ist der Name der VM immer der Name der OVA-Datei ohne Dateiendung, was in den seltensten Fällen ratsam ist. Außerdem wird an dieser Stelle definiert, um welches Datacenter-Objekt es sich handelt, und gegebenenfalls, in welchem Ordner die VM im Inventory abgelegt wird. Die Ansicht über Ordner zu gruppieren, ergibt gerade in größeren Umgebungen Sinn und erleichtert das Wiederfinden.

Als Nächstes muss selektiert werden, auf welchem ESXi-Host die VM initial gestartet werden soll. Denken Sie daran, im Fall eines Manager-Clusters mit Anti-Affinity-Regeln und Hostgruppen zu arbeiten, um zu verhindern, dass mehr als ein NSX-T-Manager gleichzeitig auf einem ESXi-Host läuft. Dies lässt sich im Nachgang im vCenter konfigurieren. In Abbildung 8.18 ist nun dargestellt, wie die *Compute Resource* ausgewählt wird. vSphere prüft im Rahmen des Wizards, ob der ausgewählte ESXi-Host die nötigen Bedingungen erfüllt. Sollte dies nicht der Fall sein, müsste der Vorgang abgebrochen und es müssten Ressourcen bereitgestellt werden, die adäquat sind.

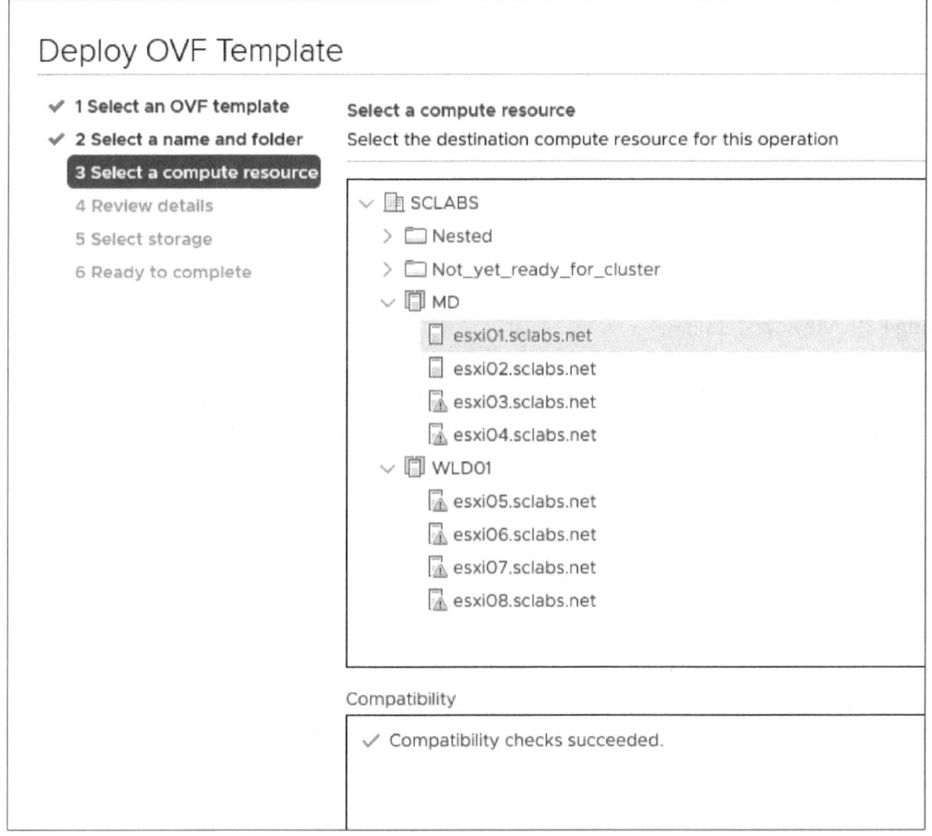

Abbildung 8.18 »Select a compute resource«

Im vierten Schritt, der in Abbildung 8.19 zu sehen ist, werden Sie dazu aufgefordert, sich die Resultate Ihrer bisherigen Auswahl anzusehen und zu prüfen. Sollten im OVA-/OVF-Paket Konfigurationen enthalten sein, die von den Standards abweichen, wird dies vom System angezeigt und sollte betrachtet werden.

Abbildung 8.19 »Review details«

In Abbildung 8.20, die Schritt fünf entspricht, ist auszuwählen, welcher Formfaktor zu nutzen ist. Dies kann im Nachgang nicht mehr geändert werden und will daher gut überlegt sein. In Tabelle 8.2 (siehe Abschnitt 8.7.1) können Sie nachschauen, welcher Formfaktor für Sie der richtige ist. In den meisten Produktivumgebungen ist MEDIUM ein adäquater Wert, da LARGE erst ab mehr als 64 ESXi-Hosts erforderlich ist. Weiteren Einfluss auf die Wahl des entsprechenden Formfaktors haben Services Load-Balancer und VPN.

Wie jede andere VM benötigt auch die Manager-VM einen Datastore, um die VM-Daten dort abzulegen. Hier wird ebenfalls auf Kompatibilität geprüft, und ein Weiterkommen ist erst möglich, wenn ein geeigneter Datastore zur Verfügung steht. Des Weiteren lässt sich hier einstellen, ob die Disk thin oder thick provisioniert und welche Storage Policy berücksichtigt werden soll.

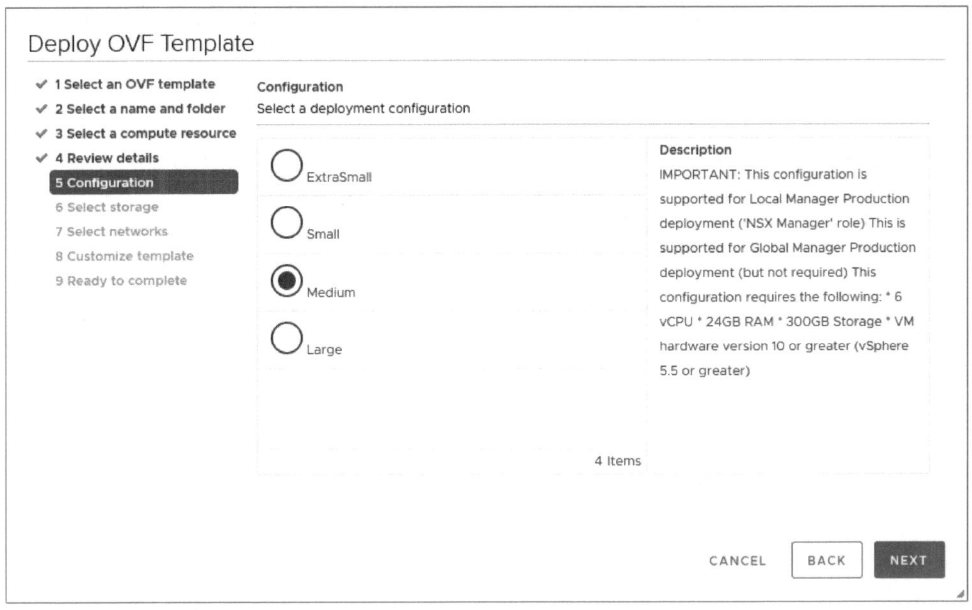

Abbildung 8.20 »Select a deployment configuration«

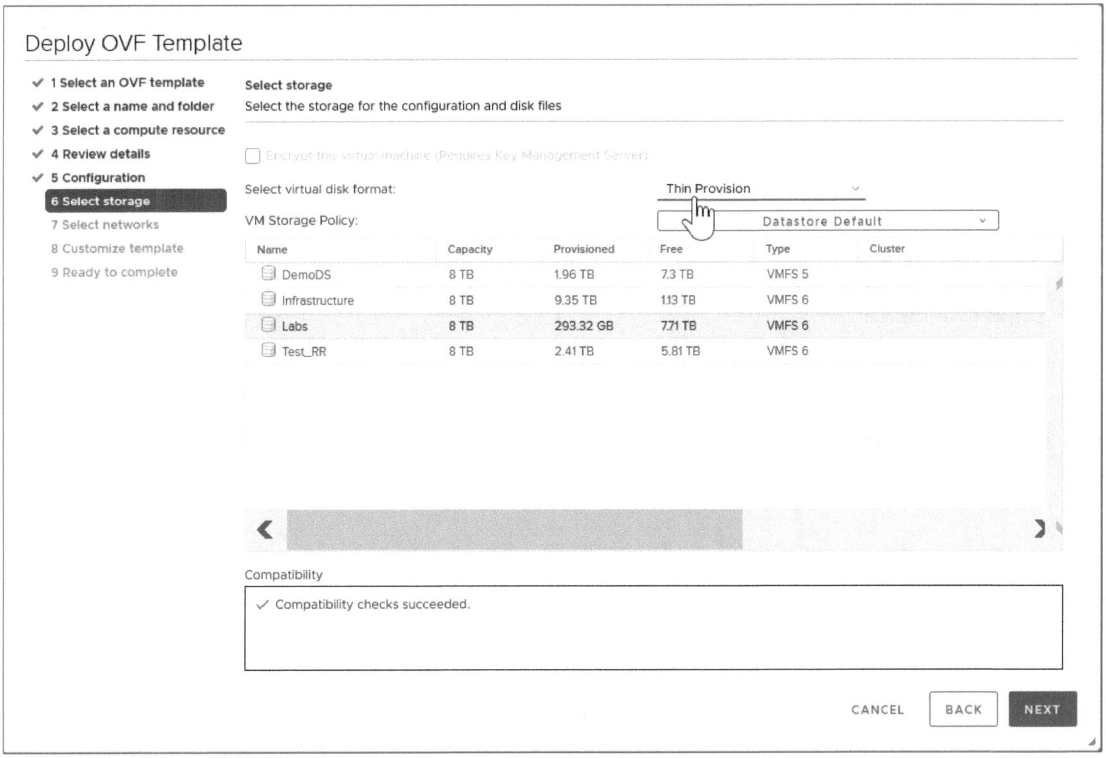

Deploy OVF Template

1 Select an OVF template
2 Select a name and folder
3 Select a compute resource
4 Review details
5 Configuration
6 Select storage
7 Select networks
8 Customize template
9 Ready to complete

Select storage
Select the storage for the configuration and disk files

Encrypt this virtual machine (Requires Key Management Server)

Select virtual disk format: Thin Provision

VM Storage Policy: Datastore Default

Name	Capacity	Provisioned	Free	Type	Cluster
DemoDS	8 TB	1.96 TB	7.3 TB	VMFS 5	
Infrastructure	8 TB	9.35 TB	1.13 TB	VMFS 6	
Labs	8 TB	293.32 GB	7.71 TB	VMFS 6	
Test_RR	8 TB	2.41 TB	5.81 TB	VMFS 6	

Compatibility
Compatibility checks succeeded.

CANCEL BACK NEXT

Abbildung 8.21 »Select storage«

Der siebte Schritt, dargestellt in Abbildung 8.22 und Abbildung 8.23, befasst sich mit der Auswahl des Netzwerksegments, das Sie für das Management des NSX-T-Managers verwenden wollen.

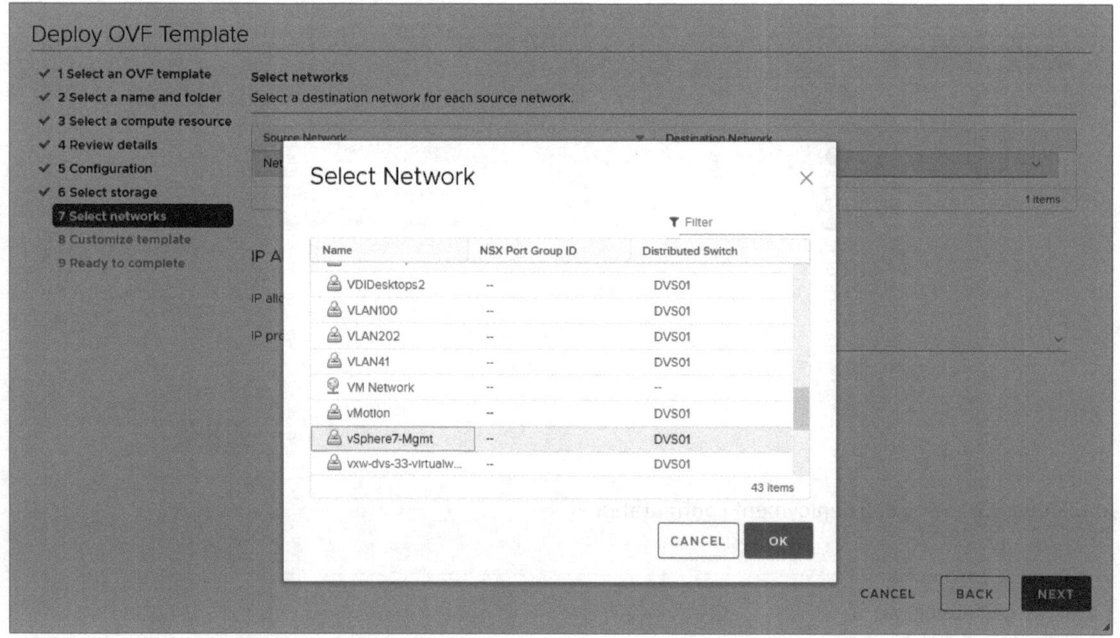

Abbildung 8.22 »Select networks« (1/2)

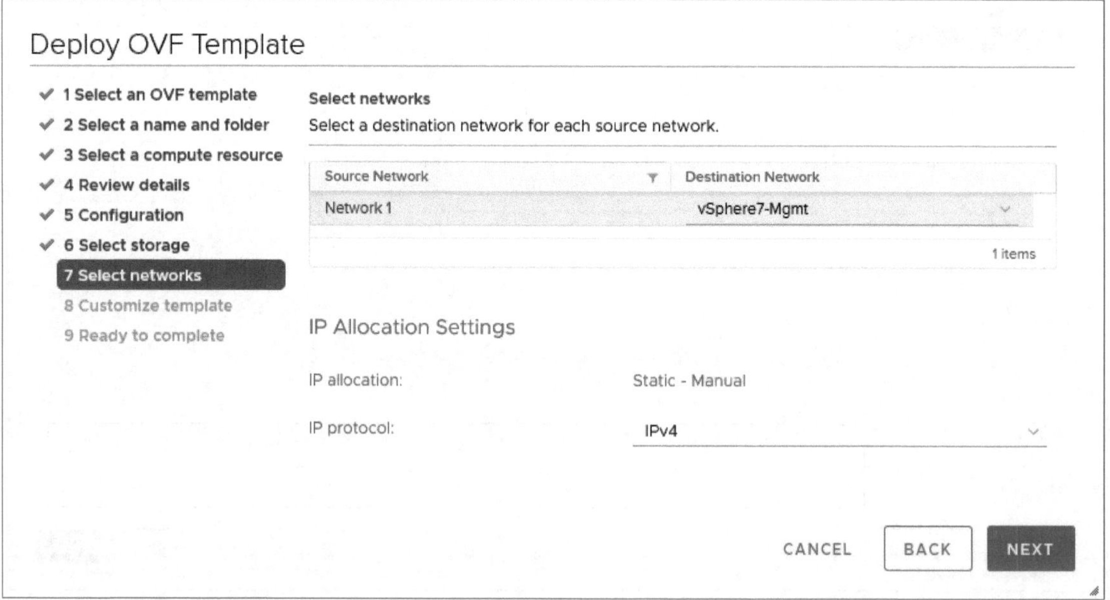

Abbildung 8.23 »Select networks« (2/2)

Dieses Netz sollten Sie zu diesem Zeitpunkt bereits angelegt haben, und Sie sollten sichergestellt haben, dass Konnektivität gewährleistet ist. Ferner wird hier ausgewählt, welche Version des *Internetprotokolls* (IP) Verwendung finden soll: Version 4 oder 6.

Im vorletzten Schritt der Installation, auszugsweise in Abbildung 8.24 bis Abbildung 8.25 gezeigt, werden Sie dazu aufgefordert, Passwörter für den Root-User sowie den Admin- und den Audit-User für den Manager festzulegen. Ebenso werden Sie nach IP-Adresse, Subnetzmaske, Default-Gateway, DNS-Server und NTP-Server gefragt. Die IP-Adresse des Managers lässt sich im Nachgang nicht mehr ändern. Sollten Sie sich hier geirrt haben, ist eine Neuinstallation erforderlich.

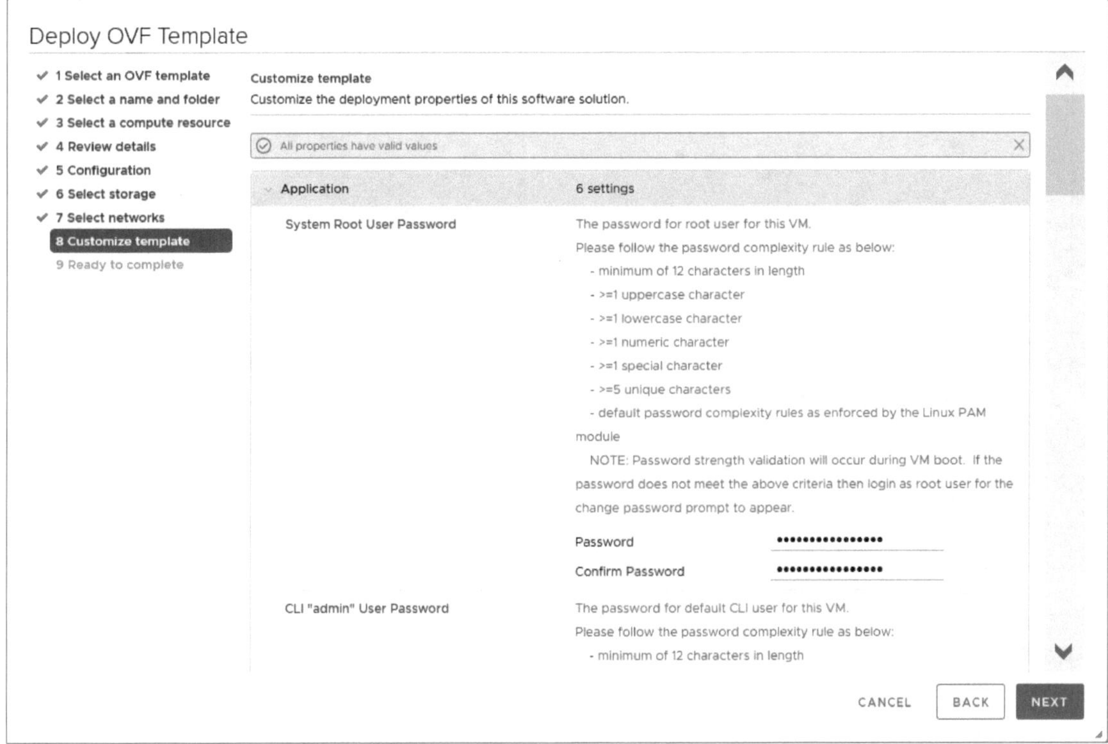

Abbildung 8.24 »Customize template« (1/2)

Wenn Sie hier, wie in Abbildung 8.26 gezeigt, angekommen sind, klicken Sie auf FINISH. Anschließend können Sie in vSphere sehen, wie die VM erstellt und gestartet wird. Später haben Sie die Wahl, für ein redundantes Setup weitere NSX-T-Manager auf die geschilderte Art zu installieren oder, wie in Abschnitt 8.8.3, »Hinzufügen weiterer NSX-T-Manager« beschrieben, aus der GUI des NSX-Managers heraus zu installieren. Letzteres ist vorzuziehen.

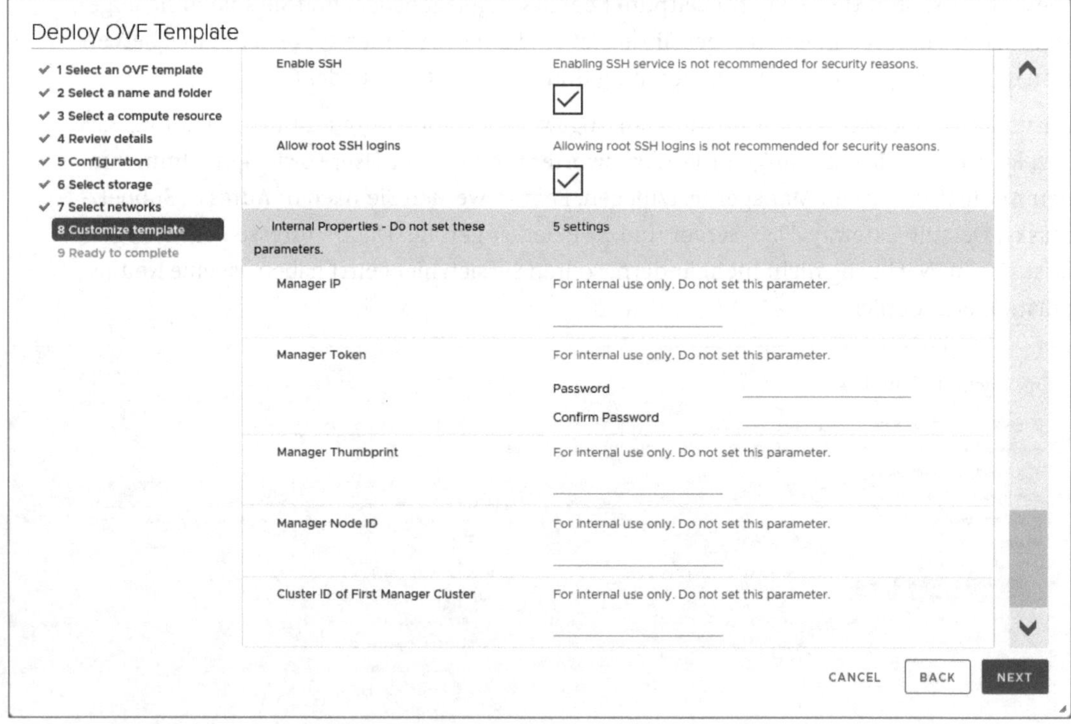

Abbildung 8.25 »Customize template« (2/2)

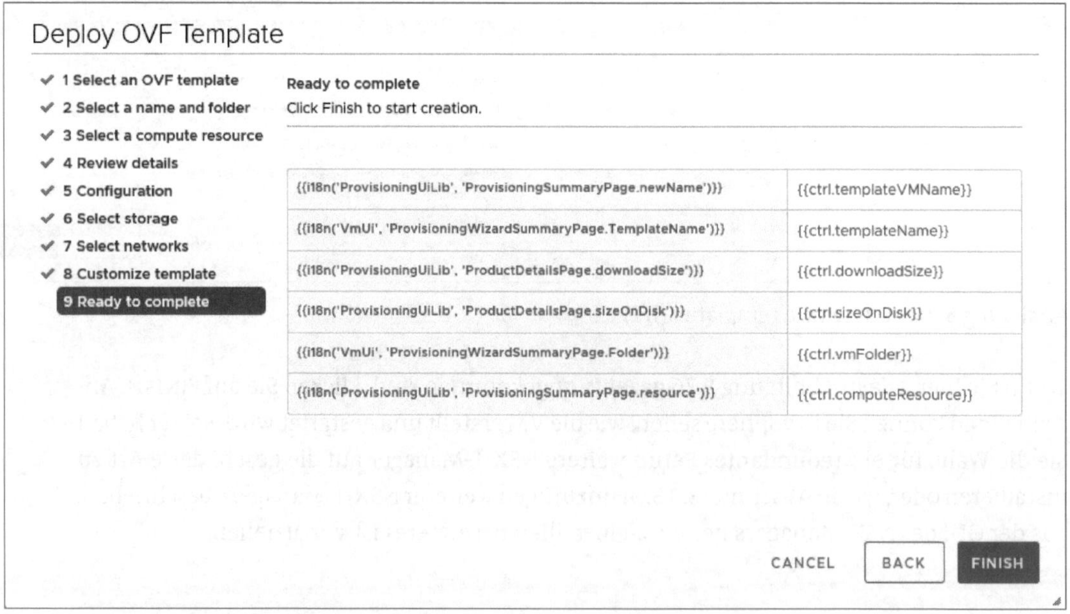

Abbildung 8.26 »Ready to complete«

Als Nächstes sollten Sie den NSX-Manager mit einem Compute Manager, also dem vCenter, verbinden. Dieser Schritt ist zwar nicht zwingend erforderlich, erleichtert aber die Arbeit und das Automatisieren. Beschrieben wird dieser Schritt in Abschnitt 8.8.2.

Gültigkeit des Administratorkennworts ändern

In den Standardeinstellungen für den NSX-Manager und die Edge Appliances läuft das Passwort für den Administrator-Account nach 90 Tagen ab. Sollte dies geschehen, können Sie sich nicht mehr anmelden und das System nicht mehr verwalten, außerdem funktionieren keinerlei API-Calls mehr, die mit diesen Zugangsdaten gearbeitet haben.

Um diesen Zeitraum zu ändern, verbinden Sie sich mittels SSH auf den NSX-Manager und geben folgendes Kommando ein:

```
nsxcli>set user <username> password-expiration <1 - 9999>
```

Mit `set user admin password-expiration 365` setzen Sie also das Ablaufen des Passworts für den User *admin* auf 365 Tage. Sofern ein Passwort für einen User niemals ablaufen soll, verwenden Sie folgendes Kommando:

```
nsxcli> clear user <username> password-expiration
```

Mit `clear user audit password-expiration` setzen Sie also das Ablaufen des Passworts für den User *audit* außer Kraft.

Sollte das Passwort bereits abgelaufen sein, gibt es die Möglichkeit, das System zurückzuerobern. Hierzu sei der KB-Artikel 70691 empfohlen, den Sie unter der URL *https://kb.vmware.com/s/article/70691* finden können.

Einstellungsmöglichkeiten bezüglich der Passwortkomplexität lassen sich im PAM-Modul des Photon OS bzw. Ubuntu Linux in der Datei */etc/pam.d/common-password* ändern. Die betreffenden Werte kennen Sie bereits aus Tabelle 8.9.

8.8.2 NSX-T mit Compute Manager verbinden

Es ist sinnvoll, den NSX-T-Manager mit dem vCenter zu verbinden. Hierdurch sparen Sie sich Verwaltungsaufwand, da sämtliche im vCenter verwaltete ESXi-Hosts nun auch in NSX zur Verfügung stehen. Falls Sie »Stand-alone«-ESXi-Hosts und KVM-Hosts verwenden, müssen Sie diese auf jeden Fall einzeln als Transportknoten im NSX-T-Manager einpflegen.

Eine Verbindung des NSX-Managers mit dem Compute Manager (vCenter) bringt Ihnen unter anderem die folgenden Vorteile:

- Erlaubt es, Installation und Konfiguration weiterer NSX-T-Manager und Appliances in der vSphere-Umgebung vom NSX-T-Manager aus durchzuführen, anstatt sie manuell aus dem vCenter heraus zu erstellen, zu konfigurieren und dem Cluster hinzuzufügen.

- Erlaubt es, die NSX-T Edge Nodes aus dem NSX-T-Manager heraus einzubringen, anstatt sie manuell aus einem OVF via vSphere auszurollen.
- Erlaubt das automatische Ausrollen von NSX-T-Komponenten und die Konfiguration von ESXi-Hosts zu Transport Nodes.

Das Koppeln des NSX-T-Managers mit dem Compute Manager, der in unserem Fall ein vCenter ist, geht schnell von der Hand. Sie benötigen hierfür den FQDN des Compute Managers sowie Username und Passwort für einen Account mit voller Berechtigung.

Rufen Sie die GUI des NSX-T-Managers auf und navigieren Sie zum Punkt SYSTEM in der oberen Menüleiste. Anschließend gehen Sie in der linken Navigationsleiste unter FABRIC auf den Punkt COMPUTE MANAGERS. Im Frame für COMPUTE MANAGERS klicken Sie links oben auf ADD, wie in Abbildung 8.27 gezeigt.

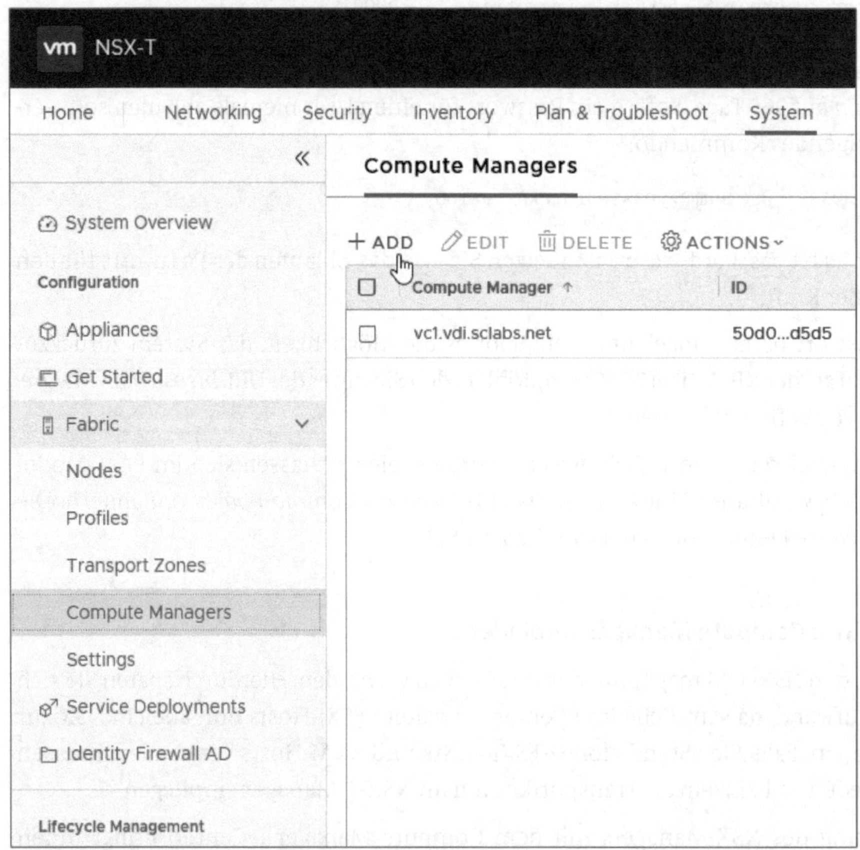

Abbildung 8.27 Hinzufügen eines Compute Managers (1/2)

Anschließend öffnet sich ein Fenster, in dem Sie die Daten für den Compute Manager angegeben müssen, wie Abbildung 8.28 darstellt. Klicken Sie hier auf ADD, bekommen Sie eine Fehlermeldung, die sagt, dass der Thumbprint fehlt; er wird dann angezeigt. Sie können diesen nun mit ADD hinzufügen und die Einrichtung mit einem erneuten ADD abschließen.

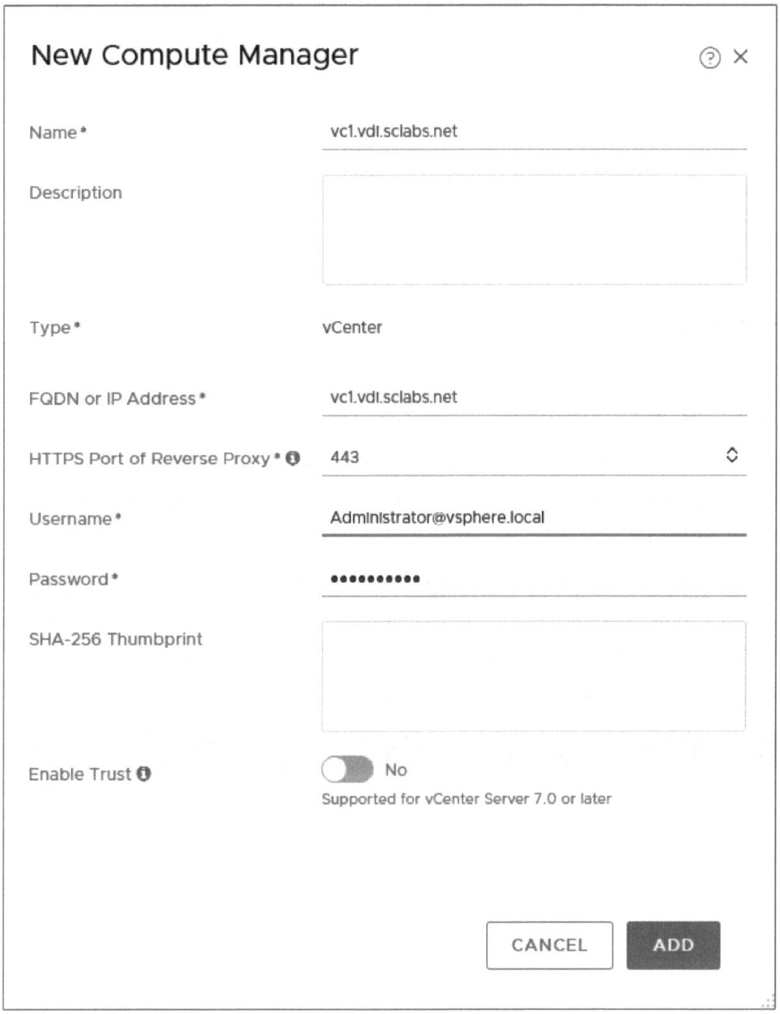

Abbildung 8.28 Hinzufügen eines Compute Managers (2/2)

Anschließend ist oben ein grüner Kasten zu sehen, dessen Text den Erfolg der Anbindung verkündet. Abschließend schauen wir uns, zu sehen in Abbildung 8.29, an, ob der Compute Manager registriert ist und wie sein aktueller Verbindungsstatus aussieht.

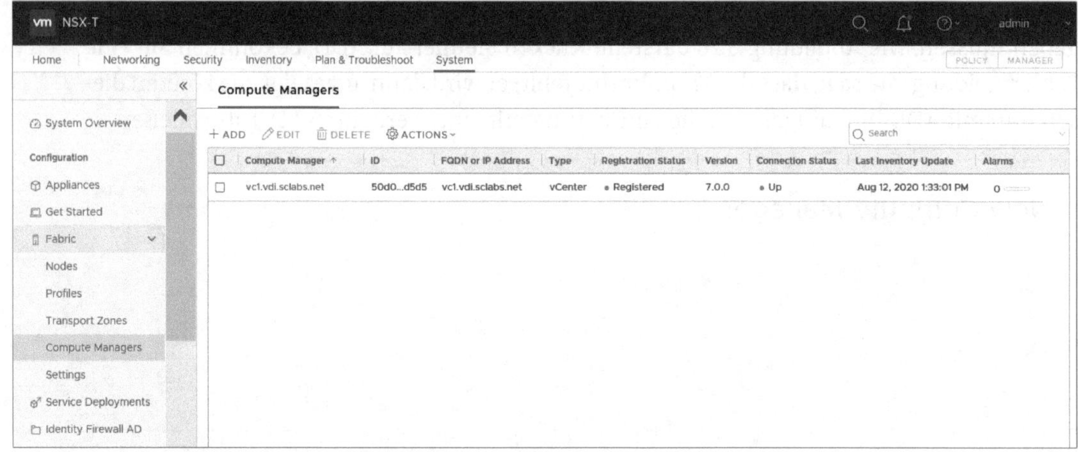

Abbildung 8.29 Compute-Managers-Überblick

8.8.3 Hinzufügen weiterer NSX-T-Manager

Sofern das Hinzufügen weiterer NSX-T-Manager über die GUI erfolgen soll, was ratsam ist, müssen Sie vorher, wie in Abschnitt 8.8.2 geschildert, einen Compute Manager verknüpfen, der in unserem Fall ein vCenter ist.

Rufen Sie die GUI des NSX-T-Managers auf und navigieren Sie zum Punkt SYSTEM in der oberen Menüleiste. Anschließend gehen Sie in der linken Navigationsleiste unter SYSTEM OVERVIEW auf CONFIGURATION und klicken rechts neben der Navigationsleiste oben links auf NSX MANAGEMENT NODES, wie in Abbildung 8.30 gezeigt.

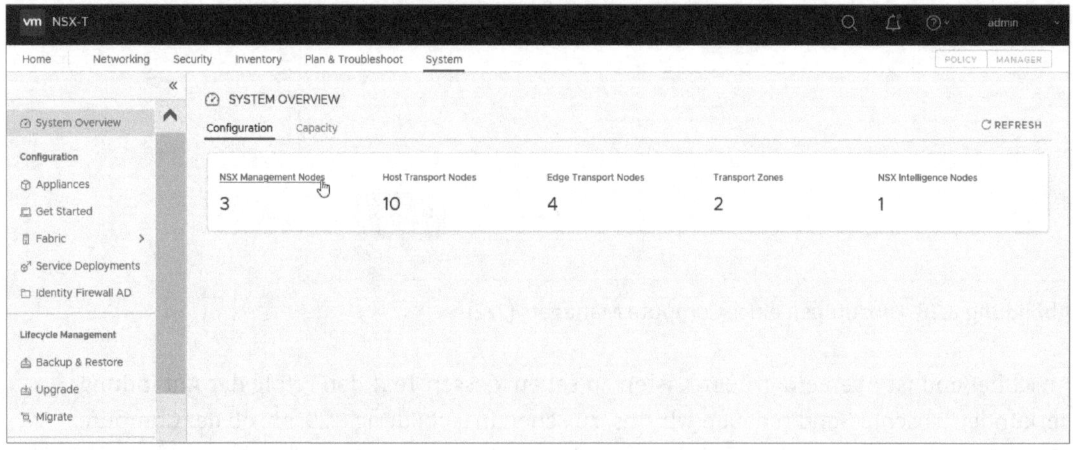

Abbildung 8.30 »System Overview«

Alternativ können Sie auch über SYSTEM • CONFIGURATION APPLICANCES direkt auf die Seite zum Hinzufügen von NSX Appliances gelangen.

Wie in Abbildung 8.31 dargestellt, können Sie hier alle NSX-T Appliances sehen und weitere hinzufügen. In unserem Fall sind die gewünschten drei Managementknoten schon installiert. Einen neuen fügen Sie hinzu, wenn Sie auf ADD NSX APPLIANCE klicken. Bedenken Sie in der Praxis, dass nur maximal drei NSX-T-Manager unterstützt werden.

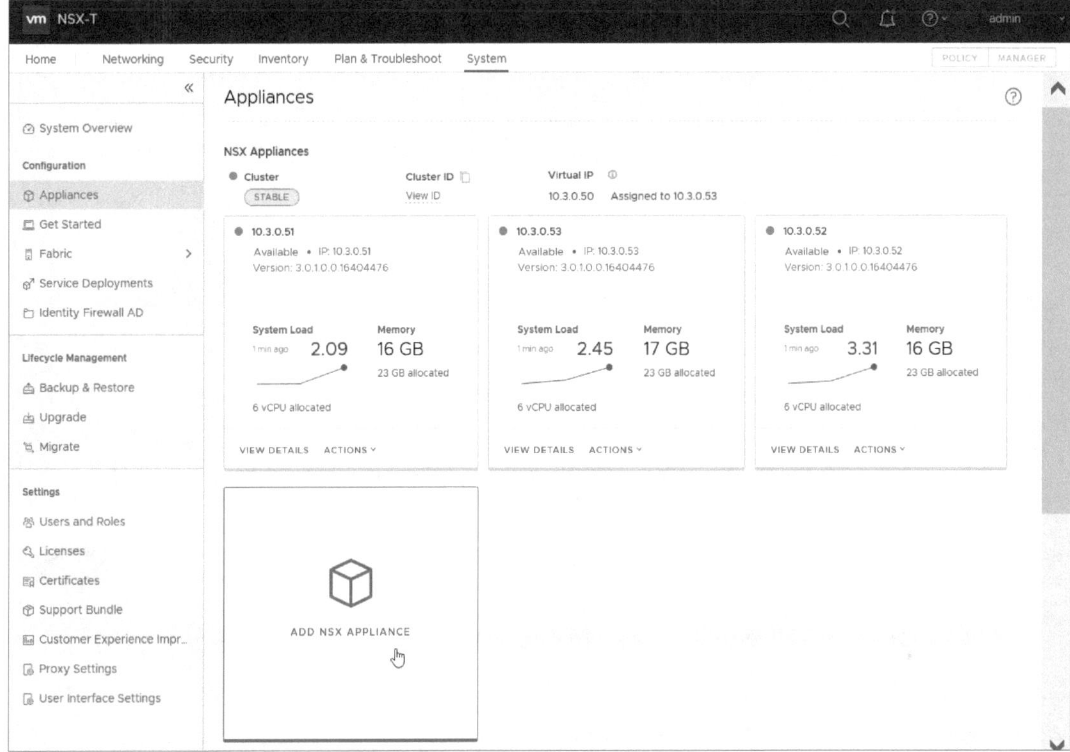

Abbildung 8.31 Hinzufügen eines NSX-T-Managers via NSX-T-Manager-GUI (1/4)

Hier wird übrigens auch die *Virtual Internet Protocol*-(VIP-)Adresse gesetzt bzw. geändert. Ändern oder löschen können Sie diese nur, wenn Sie die GUI über eine der IP-Adressen der Knoten aufrufen. Sofern Sie über die VIP verbunden sind, lässt sich diese nicht ändern oder löschen.

Nun tragen Sie, zu sehen in Abbildung 8.32, den Hostnamen, dessen IP-Adresse und Subnetzmaske in Form der CIDR-Notation ein (auch Präfixlänge genannt), referenzieren den oder die DNS- und NTP-Server und wählen den Formfaktor aus. Wie Sie sehen, können Sie den kleinsten Formfaktor Extra Small nicht auswählen. Aber wie bereits gesagt, ist diese ohnehin nur als *Cloud Service Manager Appliance* (CSM) vorgesehen und würde daher in einem Cluster keinen Sinn ergeben.

Nach einem Klick auf NEXT landen Sie auf der in Abbildung 8.33 dargestellten Seite. Klicken Sie dort neben NETWORK auf SELECT NETWORK oder, falls Sie sich vertan haben, zum Ändern auf den Namen des Netzwerks. Die Auswahl des Netzwerks zeigt Abbildung 8.34.

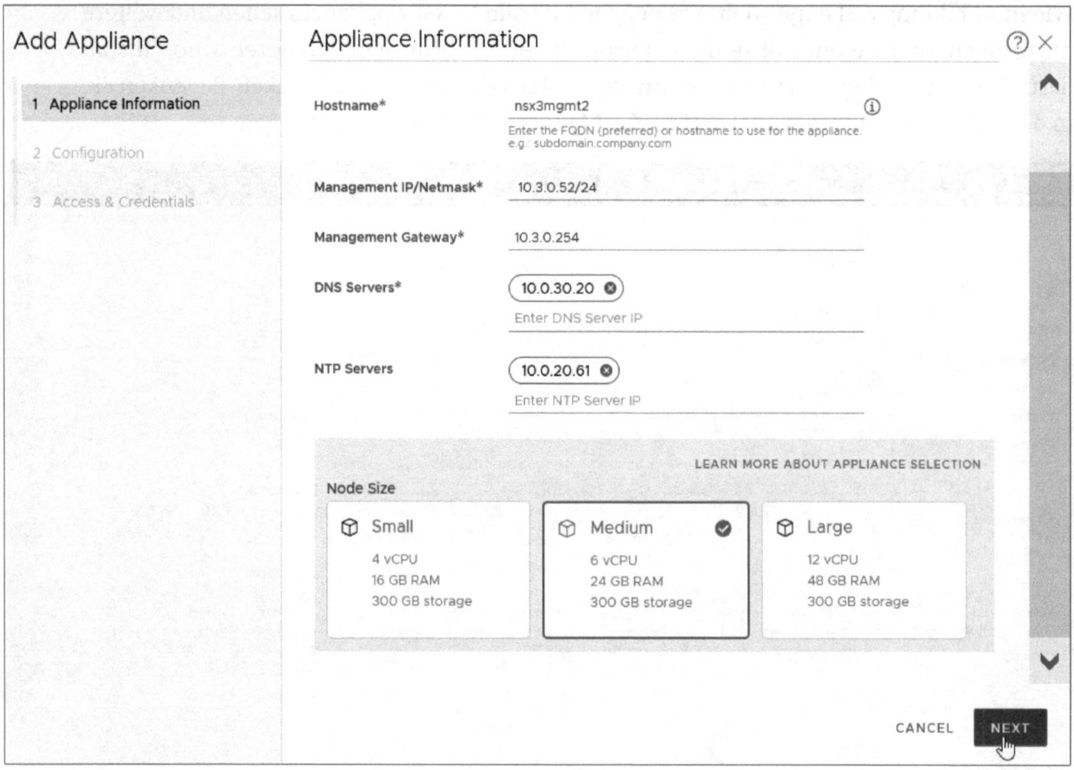

Abbildung 8.32 Hinzufügen eines NSX-T-Managers via NSX-T-Manager-GUI (2/4)

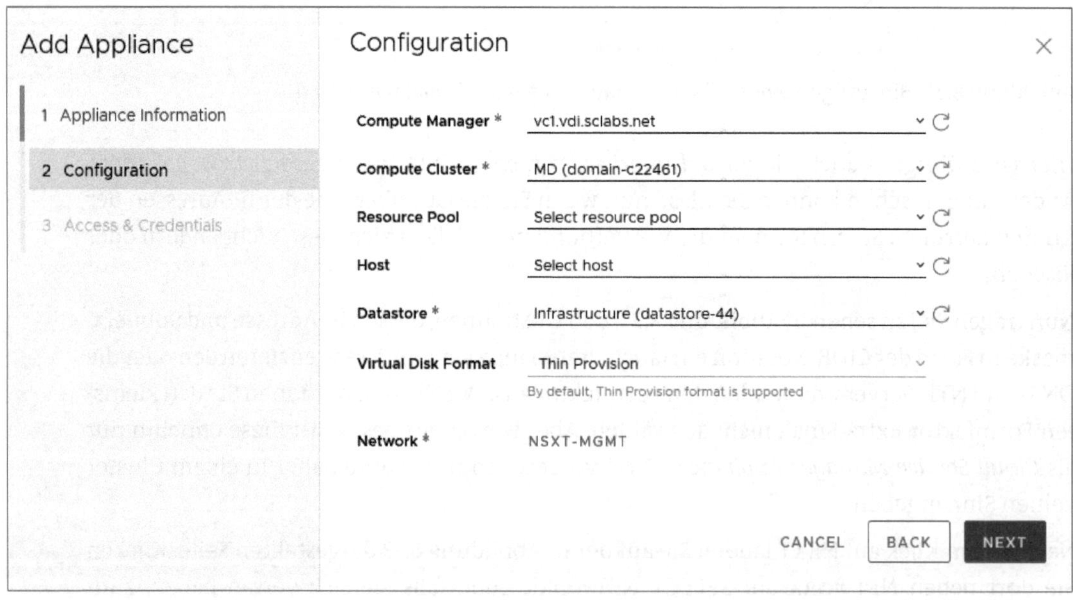

Abbildung 8.33 Hinzufügen eines NSX-T-Managers via NSX-T-Manager-GUI (3/4)

Select Network

Selected Network: NSXT-MGMT

Type: Distributed Virtual Portgroup/Network

	name	id	Type
○	dot1q	dvportgroup-49	Distributed Virtual Portgroup
○	Host-TEPs	dvportgroup-17468	Distributed Virtual Portgroup
○	Edge-Teps-n9k-2	dvportgroup-23754	Distributed Virtual Portgroup
○	Management-ephemeral	dvportgroup-15461	Distributed Virtual Portgroup
●	NSXT-MGMT	dvportgroup-3568	Distributed Virtual Portgroup
○	Extern	dvportgroup-289	Distributed Virtual Portgroup
○	VDI-Servers	dvportgroup-50	Distributed Virtual Portgroup
○	vxw-vmknicPg-dvs-33-23-afdbf973-fee8-496d-b287-3097dfbe6a83	dvportgroup-257	Distributed Virtual Portgroup

37 Networks

CANCEL OK

Abbildung 8.34 Hinzufügen eines NSX-T-Managers via NSX-T-Manager-GUI (3/4) – Select Network

Abschließend geben Sie, wie in Abbildung 8.35 dargestellt, die Zugangsdaten ein und klicken auf INSTALL APPLIANCE. Der Vorgang braucht eine Weile, um abgeschlossen zu werden, und kann beispielsweise unter SYSTEM • CONFIGURATION APPLIANCES oder auch im vSphere unter den RECENT TASKS beobachtet werden.

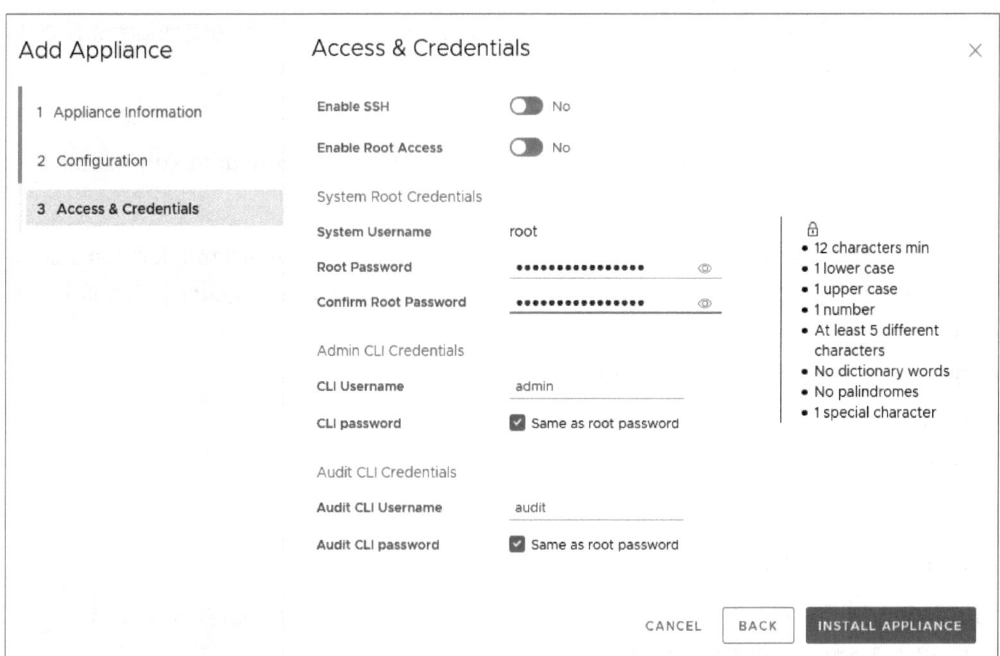

Abbildung 8.35 Hinzufügen eines NSX-T-Managers via NSX-T-Manager-GUI (4/4)

Auf der Übersichtsseite des NSX-T-Managers (SYSTEM • CONFIGURATION APPLIANCES) können, wie in Abbildung 8.36 zu sehen, nähere Informationen zum Zustand der betreffenden Appliance betrachtet werden.

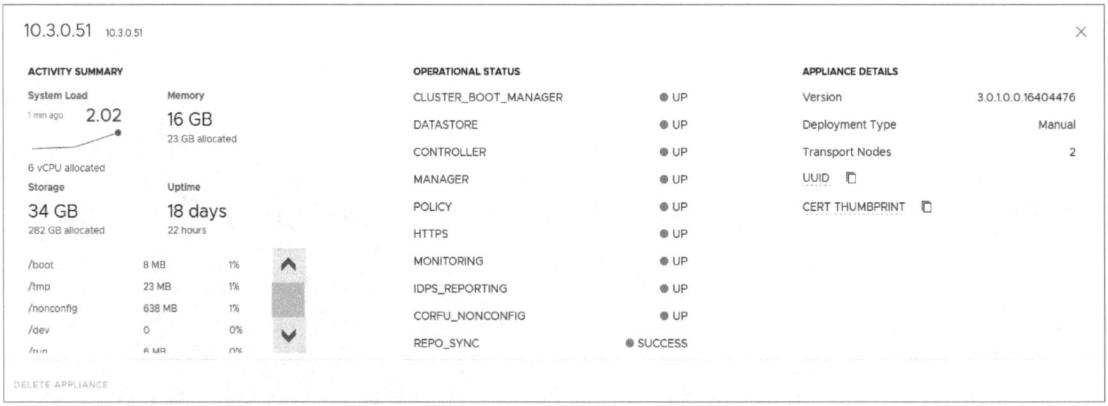

Abbildung 8.36 View Details einer Appliance

Nachdem der zweite NSX-T-Manager installiert ist, wiederholen Sie diese Schritte für den dritten NSX-T-Manager. Mehr als drei NSX-T-Manager werden aktuell nicht unterstützt. Bedenken Sie, dass die NSX-T-Manager idealerweise auf ESXi-Hosts laufen, die in unterschiedlichen Brandabschnitten stehen. Hier sei nochmals auf die Thematik der (Anti-)Affinity Rules und Hostgruppen verwiesen.

Alternativ können Sie die weiteren NSX-T-Manager auch über die ESXCLI hinzufügen. Öffnen Sie hierzu eine SSH- oder Console-Verbindung auf den ersten bereits installierten NSX-T-Managern oder Global Managern als Admin, nicht als Root. Führen Sie

```
get certificate api thumbprint
```

aus und kopieren Sie sich den Output. Anschließend ermitteln Sie mit dem Kommando

```
get cluster config
```

die Cluster-ID, die Sie ebenfalls kopieren. Als Nächstes verbinden Sie sich mit den neu erstellten NSX-T-Managern und lassen diese beitreten. Hierzu müssen Sie folgende Informationen angeben:

- IP-Adresse des ersten Managerknotens
- Cluster-ID
- Username und Passwort
- Certificate Thumbprint

Der vollständige Befehl sieht also so aus:

```
join <Manager-IP> cluster-id <cluster-id> username <Manager-username> password
<Manager-password> thumbprint <Manager-thumbprint>
```

8.8.4 Anlegen von IP-Pools, Transport Zones und Uplink Profile

Erstellen eines IP-Pools

IP-Pools sind eine Möglichkeit, die *Virtual Tunnel End Points* (VTEP), die auch einfach TEP genannt werden, mit IP-Adressen zu versorgen. Diese wiederum werden benötigt, um die Overlay-Netzwerke zu bilden. Alternativ können die VTEPs auch via DHCP mit IP-Adressen versorgt werden. Dies setzt jedoch voraus, dass entweder in jedem TEP-Netzwerk ein DHCP-Server steht oder dass ein Gateway mit DHCP Relay Agent (oder IP Helper, wie ihn Cisco für IPv4 nennt) einzurichten sowie Routing bis zum DHCP-Server und zurück gewährleistet sein muss. In Umgebungen mit *Virtual Route Forwarder* (VRF) bedeutet dies einen erhöhten Konfigurationsaufwand. Leider wird in komplexeren Umgebungen von anderen Produkten eine gewisse Art der Konfiguration vorausgesetzt. Im Fall von *vCloud Foundation* (VCF) in der Version 4 nötigt einen der zugehöre Cloud Builder, die TEPs mit DHCP zu provisionieren. Aus NSX-T-Sicht sind beide Varianten adäquat, jedoch ist die Konfiguration via IP-Pools beliebter und minimiert die Abhängigkeit von Diensten außerhalb der vSphere/NSX-Umgebung.

Zunächst navigieren Sie in der oberen Leiste auf NETWORKING und dort in der seitlichen Navigationsleiste zu dem Punkt IP ADDRESS POOLS. Wie Sie in Abbildung 8.37 sehen können, haben wir in unserer Umgebung bereits zwei IP-Pools getrennt für Edges und Hosts bereitgestellt. Um zu zeigen, wie es geht, legen wir im Folgenden einen neuen IP-Pool namens TEP an, indem wir auf ADD IP ADDRESS POOL klicken.

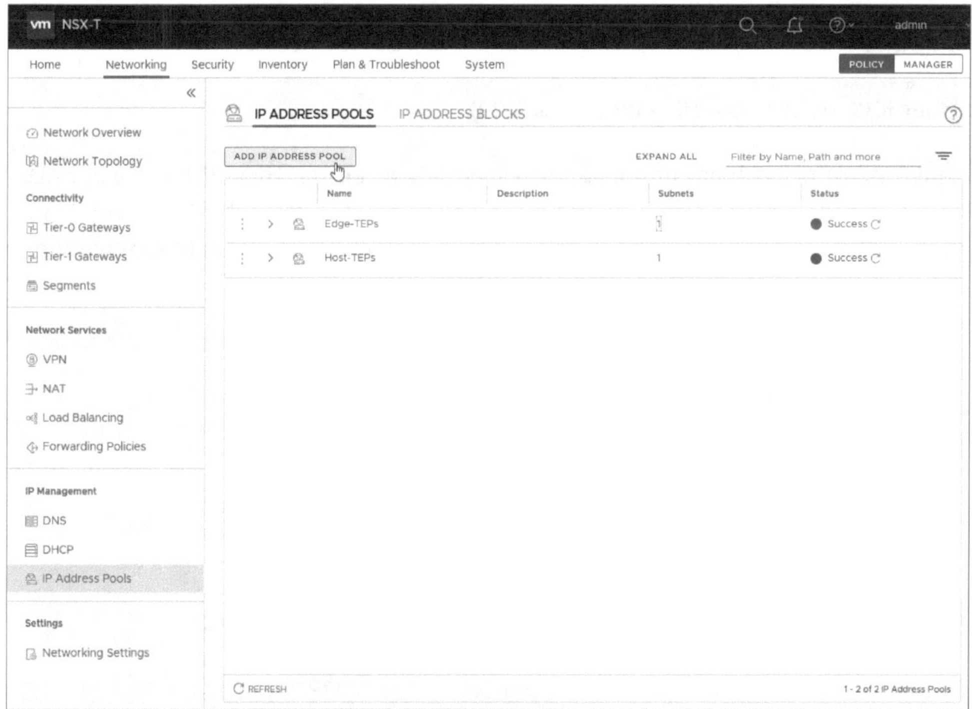

Abbildung 8.37 Erstellen eines IP-Adress-Pools (1/10)

In Abbildung 8.38 ist zu sehen, dass ein weiteres Objekt geöffnet wurde, dem wir einen Namen und eine Beschreibung sowie Tags und Scopes vergeben können. Zwingend notwendig ist hier nur der Name. Um dem IP-Pool-Objekt auch IP-Adressbereiche zuzuordnen, klicken Sie auf SET unterhalb von SUBNETS.

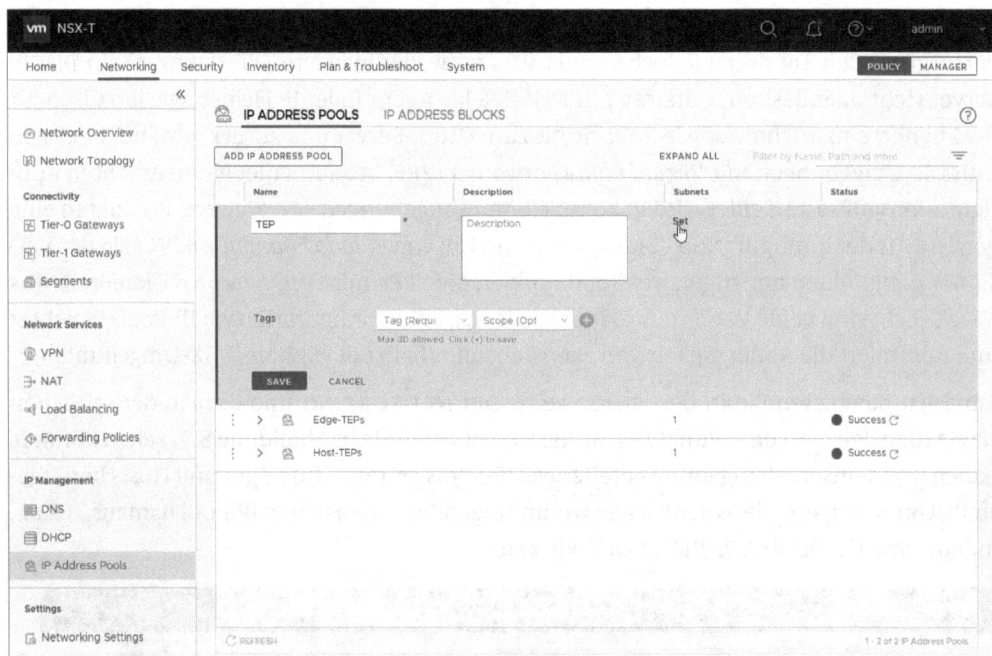

Abbildung 8.38 Erstellen eines IP-Adress-Pools (2/10)

Anschließend öffnet sich das in Abbildung 8.39 gezeigte Fenster. Hier klicken Sie auf ADD SUBNET und haben jetzt die Möglichkeit, einen kompletten CIDR-Block oder eine IP-Range aus einem CIDR-Block zu wählen. Wir machen Letzteres und wählen daher IP RANGES aus.

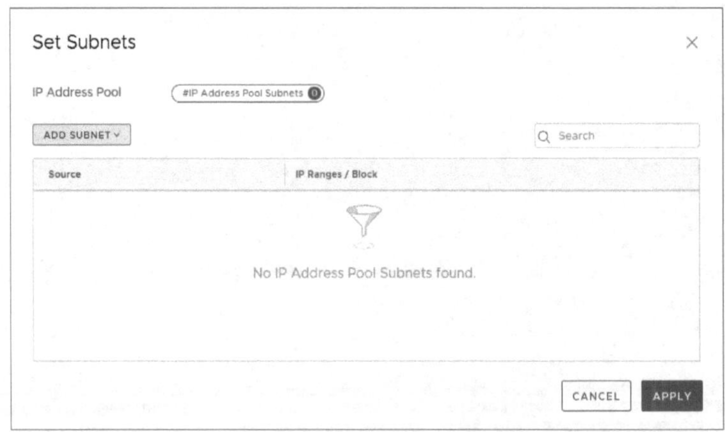

Abbildung 8.39 Erstellen eines IP-Adress-Pools (3/10)

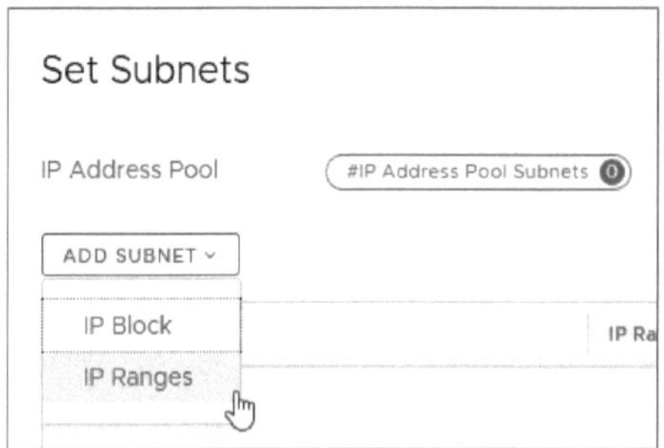

Abbildung 8.40 Erstellen eines IP-Adress-Pools (4/10)

Die in Abbildung 8.41 gezeigte Maske ermöglicht uns, nun Adressbereiche (IP RANGES) einzugeben. Hierzu müssen die Start- und Endadressen der Range zusammenhängend und ohne Leerzeichen angegeben werden. Vorsicht: Das Navigieren mit der Maus oder der [⇆]-Taste in ein anderes Feld reicht hier nicht, Sie sollten auf ADD ITEM(S) klicken oder [↵] drücken.

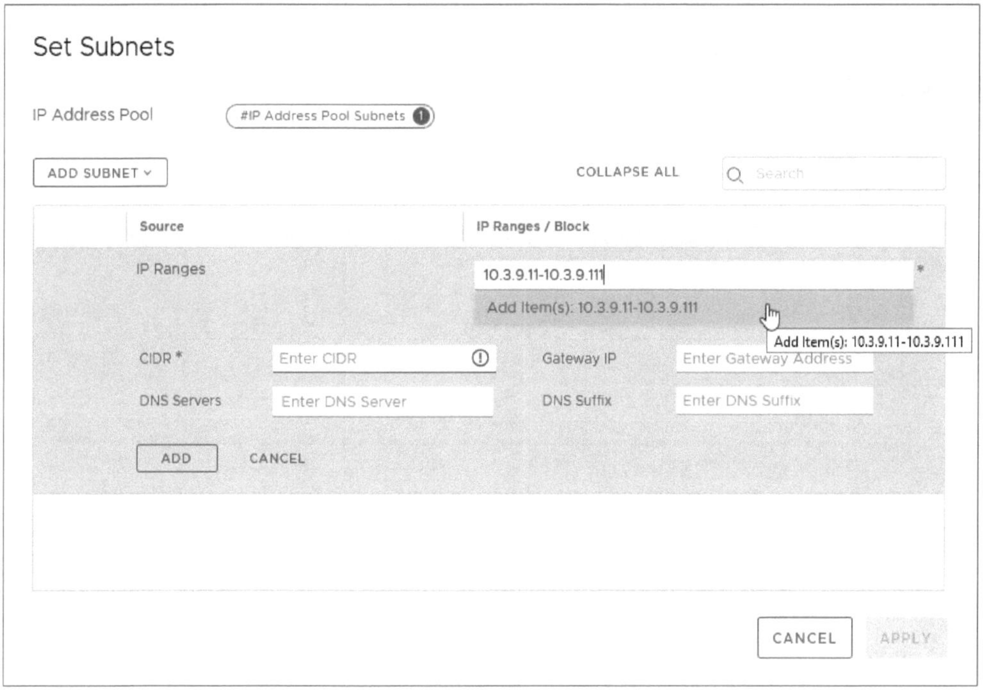

Abbildung 8.41 Erstellen eines IP-Adress-Pools (5/10)

Als Nächstes müssen wir zwingend die Netzadresse mit CIDR-Notation (Präfixlänge) eintragen. Alle weiteren Einstellungen sind optional und nicht in jedem Fall erforderlich. Sobald Sie fertig sind mit den in Abbildung 8.42 gezeigten Einstellungen, klicken Sie auf ADD. Anschließend sehen Sie wie in Abbildung 8.43 Ihr angelegtes Subnetz und klicken hier auf APPLY.

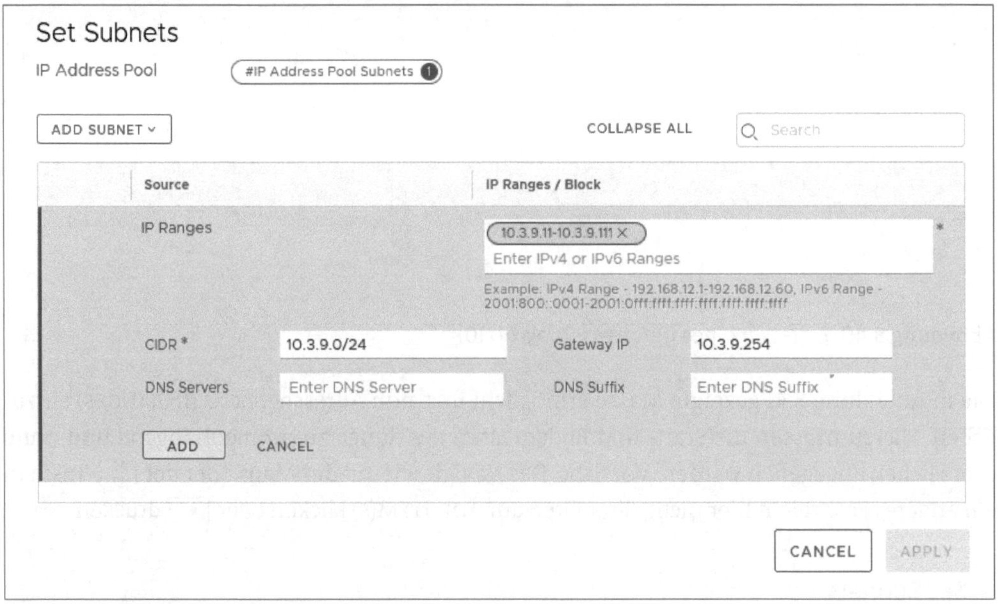

Abbildung 8.42 Erstellen eines IP-Adress-Pools (6/10)

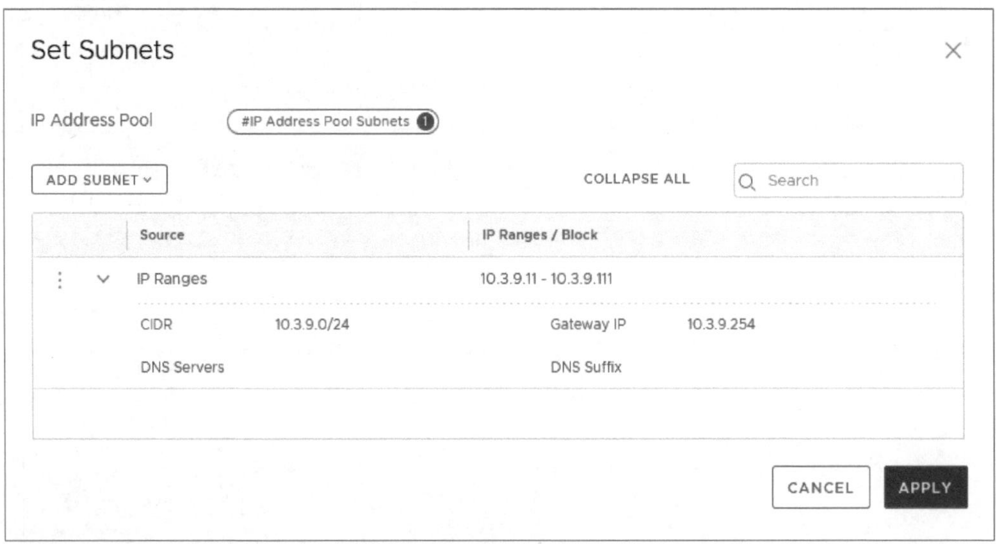

Abbildung 8.43 Erstellen eines IP-Adress-Pools (7/10)

Nun sind Sie wieder im Objekt des IP-Pools. Sie müssen dieses noch speichern und etwas warten, bis die Einrichtung abgeschlossen ist. Das kann einen Moment dauern, in der Zwischenzeit können Sie rechts neben UNINITIALIZED auf den Refresh-Button klicken. Diese letzten Schritte sind in Abbildung 8.44 bis Abbildung 8.46 dokumentiert.

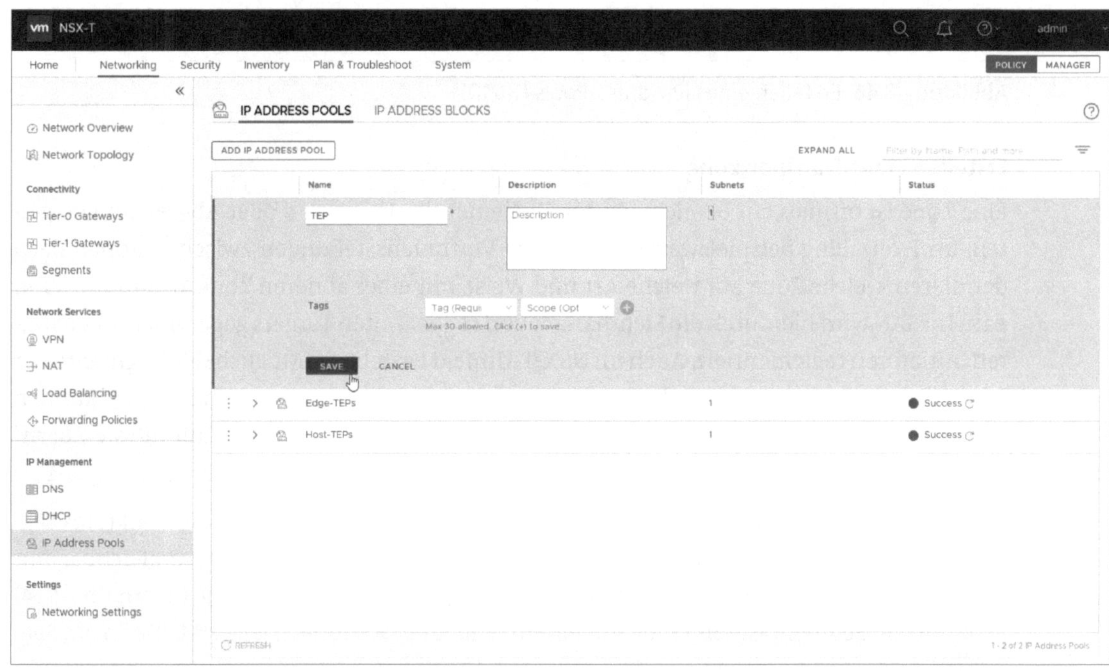

Abbildung 8.44 Erstellen eines IP-Adress-Pools (8/10)

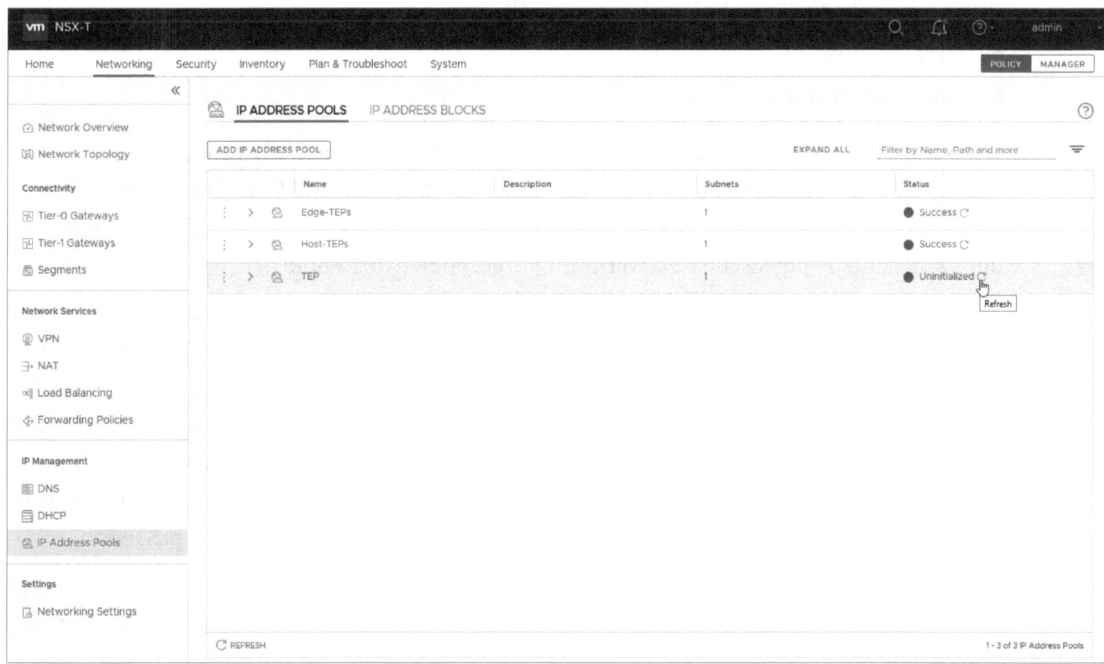

Abbildung 8.45 Erstellen eines IP-Adress-Pools (9/10)

Abbildung 8.46 Erstellen eines IP-Adress-Pools (10/10)

Erstellen einer Transportzone

Eine Zone ist oftmals ein Bereich, für den Reglementierungen und oder Abgrenzungen gelten. Im Firewalling beispielsweise können Sie Vertrauensstellungen zwischen Zonen dazu definieren, welche Zone auf welche Art und Weise mit einer anderen Zone kommunizieren darf. Im SAN wird hierdurch die Sichtbarkeit von sogenannten Targets gegenüber sogenannten Initiatoren reglementiert. Auch im NSX-T-Umfeld besteht die Möglichkeit, Segmente vor ESXi-Hosts zu verbergen – oder besser, sie überhaupt erst sichtbar zu machen. Hosts können VMs nur an Segmente anbinden, die in Transportzonen enthalten sind, auf die sie Zugriff haben.

Sie können einer Transportzone später mehrere Segmente zuweisen, aber ein konkretes Segment kann nur Teil einer einzigen Transportzone sein. Ein Segment ist vergleichbar mit einer vSphere-Portgruppe, stellt also eine Layer-2-Domain, auch Broadcast-Domain (IPv4) genannt. Ein Segment ist ein VLAN mit einem eindeutigen Subnetz. Jede VM, die an ein Segment oder eine Portgruppe angebunden wird, bekommt quasi virtuell einen Access-Port und ist damit einem VLAN und dem zugehörigen Subnetz zugeordnet.

Grundsätzlich gibt es zwei Arten von Transportzonen:

- *Overlay Transport Zone*
- *VLAN Transport Zone*

Während eine Overlay Transport Zone (Overlay-Transportzone) verwendet wird, um den Traffic der zugeordneten Segmente zwischen allen Transport- und Edge-Transportknoten zu verteilen (East-West), sind VLAN Transport Zones (VLAN-Transportzonen) für den Zugriff auf die Uplinks in die physische Netzwerkwelt vorgesehen (North-South).

Zur Erinnerung: Die virtuellen Switches stellen die Verbindung zwischen VM-NICs, Portgruppen/Segmenten und physischen NICs her. Der *Virtual Standard Switch* (VSS) wird in jedem ESXi-Host eigenständig verwaltet, der *Virtual Distributed Switch* (VDS) wird zentral im vCenter verwaltet und ist verteilt über alle Hosts im Cluster. Für ESXi-Hosts mit Versionen vor vSphere 7 und KVM-Hosts steht der *NSX Virtual Distributed Switch* (N-VDS) als Alternative zu Verfügung. Dieser ist über alle Transportknoten verteilt und wird von NSX-T verwaltet. In einer vSphere-7-Umgebung sind sowohl VDS als auch N-VDS für ESXi passend.

Zunächst navigieren Sie, wie in Abbildung 8.47 zu sehen ist, in der oberen Menüleiste auf SYSTEM und steuern auf der Navigationsleiste links den Punkt TRANSPORT ZONES unterhalb von FABRIC an.

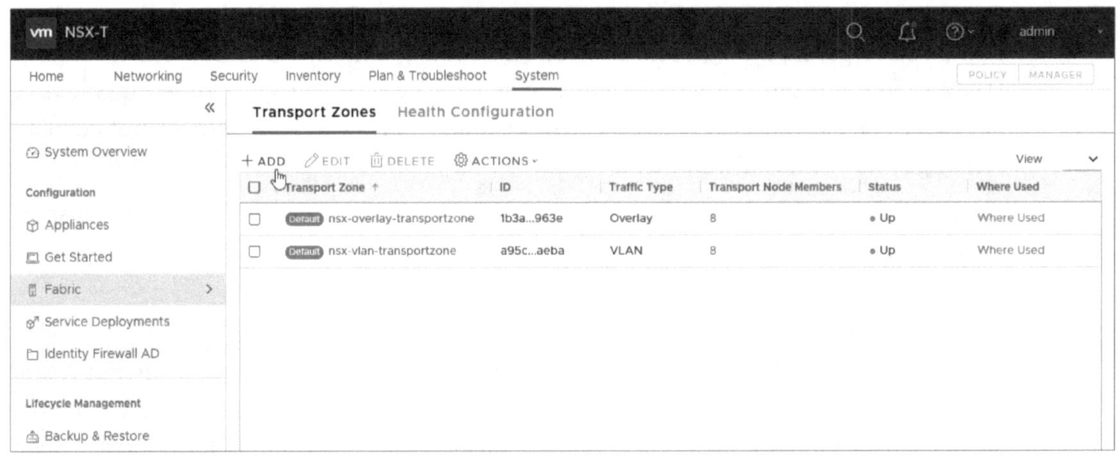

Abbildung 8.47 Hinzufügen einer Transport Zone (1/2)

8

Daraufhin öffnet sich das in Abbildung 8.48 gezeigte Fenster. Hier vergeben Sie zunächst einen Namen für die Transport Zone und optional eine Beschreibung.

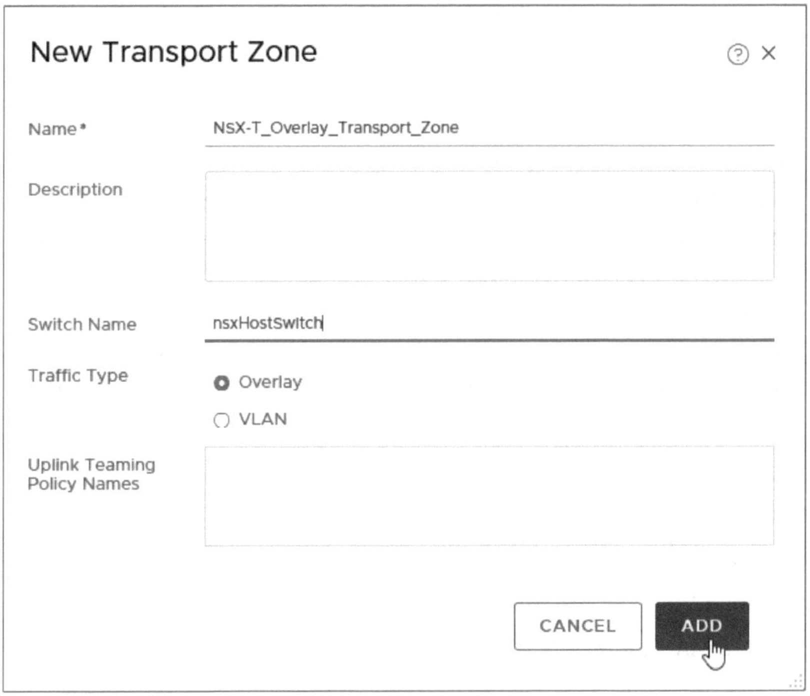

New Transport Zone

Name* NSX-T_Overlay_Transport_Zone

Description

Switch Name nsxHostSwitch

Traffic Type Overlay VLAN

Uplink Teaming Policy Names

CANCEL ADD

Abbildung 8.48 Erstellung einer Transport Zone (2/2)

Es hat sich gerade in größeren Umgebungen gezeigt, dass es auch hier ratsam ist, einen Namen zu vergeben, der Rückschlüsse auf Verwendung und Art der Transportzone zulässt. Des Weiteren müssen Sie sich hier entscheiden, ob Sie eine Transport Zone für OVERLAY oder VLAN erstellen wollen. Dies geschieht über den TRAFFIC TYPE. Sofern Sie mit den Einstellungen fertig sind, klicken Sie auf ADD.

Das Fenster schließt sich, und Sie bekommen eine Bestätigung darüber, dass die Transport Zone angelegt wurde.

Erstellen eines Uplink-Profils

Der ESXi-Host ist in Rechenzentren über physische NICs (`vmnic0` bis `vmnicN`) mit den *Top of the Rack*-(ToR-)Switches verbunden. vSphere stellt die Verbindung zwischen Logik und Physik über sogenannte Uplink-Ports her. Auf den Hosts muss also definiert sein, welche logischen Uplink-Ports mit welchen physischen NICs verbunden sind. Über ein Uplink-Profil kann nun gesteuert werden, welche Einstellungen bezüglich *Link-Aggregierung* (*LAG*) genutzt werden sollen, welche *VLAN ID (VID)* verwendet werden soll und gegebenenfalls ein von 1.600 Byte abweichender Wert für die MTU.

Für eine LAG wird das *Link Aggregation Control Protocol* (*LACP*) 802.3ad verwendet, das auf mindestens einer Seite auf Active konfiguriert sein muss, damit es zu einer Link-Aggregierung kommt. Die physischen Interfaces müssen auf einer »Logik« terminiert sein: Wenn Sie aus Redundanzgründen die Links auf zwei unterschiedlichen ToR-Switches auflegen wollen, müssen diese in einem Cluster laufen. Allgemein spricht man hier von einer *Multi Chassis Link Aggregation* (*MCLAG*), die Hersteller haben jedoch teilweise ihre eigenen Begriffe und unterscheiden mitunter gar nach Plattform. Arista spricht beispielsweise von MLAG, während Cisco es Multi Chassis EtherChannel nennt und dieses auf 2000er und 3000 Series Catalyst via StackWise Cluster, auf 4000er und 6000er Series Catalyst via VSS-Cluster und auf Nexus via vPC realisiert. Die jeweiligen Technologien unterscheiden sich teilweise stark, ermöglichen aber alle eine Link-Aggregierung über mehr als einen physischen Switch hinweg. Für das Load-Balancing bestehen im LACP folgende Möglichkeiten:

- Source MAC address
- Destination MAC address
- Source and destination MAC address
- Source and destination IP address and VLAN
- Source and destination MAC address, IP address, and TCP/UDP port

Sprechen Sie in jedem Fall mit den zuständigen Netzwerkadministratoren ab, welche Load-Balancing-Mechanismen auf der Seite der physischen Switches unterstützt werden. Gerade die Lastverteilung via Port wird nicht von allen Herstellern und Plattformen unterstützt.

Ebenso können Sie Einstellungen bezüglich des Teamings vornehmen. Hier ist es möglich, die Default Teaming Policy oder Named Teaming Policies zu verwenden. Eine solche Policy definiert, wie der virtuelle Switch mit den Uplinks bezüglich Redundanz und Load-Balancing umgehen soll. Während die Default Policy immer für den gesamten Switch gilt, ist es möglich, pro Segment eine eigene Policy zu definieren.

Unter FAILOVER ORDER können Sie einen aktiven Uplink sowie seine passiven Stellvertreter wählen, die nur genutzt werden, wenn der aktive Uplink ausfällt. Ein Load-Balancing findet hier nicht statt. Mit LOAD BALANCING SOURCE wird eine Liste aktiver Uplinks definiert, über die eine Lastverteilung stattfindet.

Um nun ein Uplink-Profil zu erstellen, navigieren Sie auf der oberen Menüleiste zu SYSTEM, dann in der Navigationsleiste links unter FABRIC auf PROFILES und dort in der zugehörigen Menüleiste auf UPLINK PROFILES. Hier klicken Sie auf ADD, wie in Abbildung 8.47 zu sehen ist.

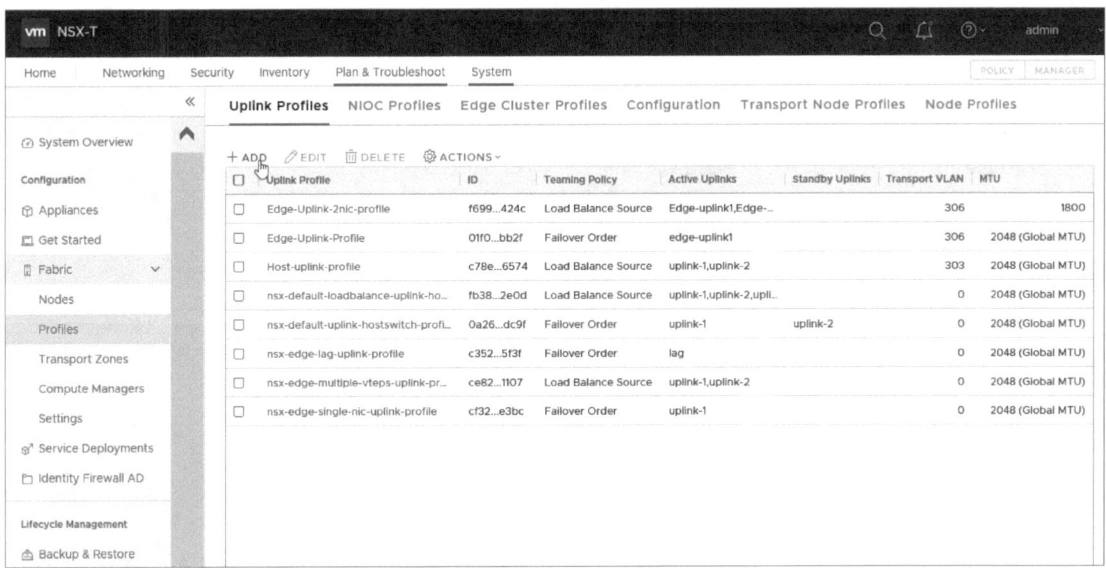

Abbildung 8.49 Hinzufügen eines Uplink-Profils (1/5)

Anschließend erscheint das in Abbildung 8.50 gezeigte Fenster, in dem Sie einen Namen für das Profil angeben müssen sowie die Einstellungen für die Link Aggregation und das Teaming.

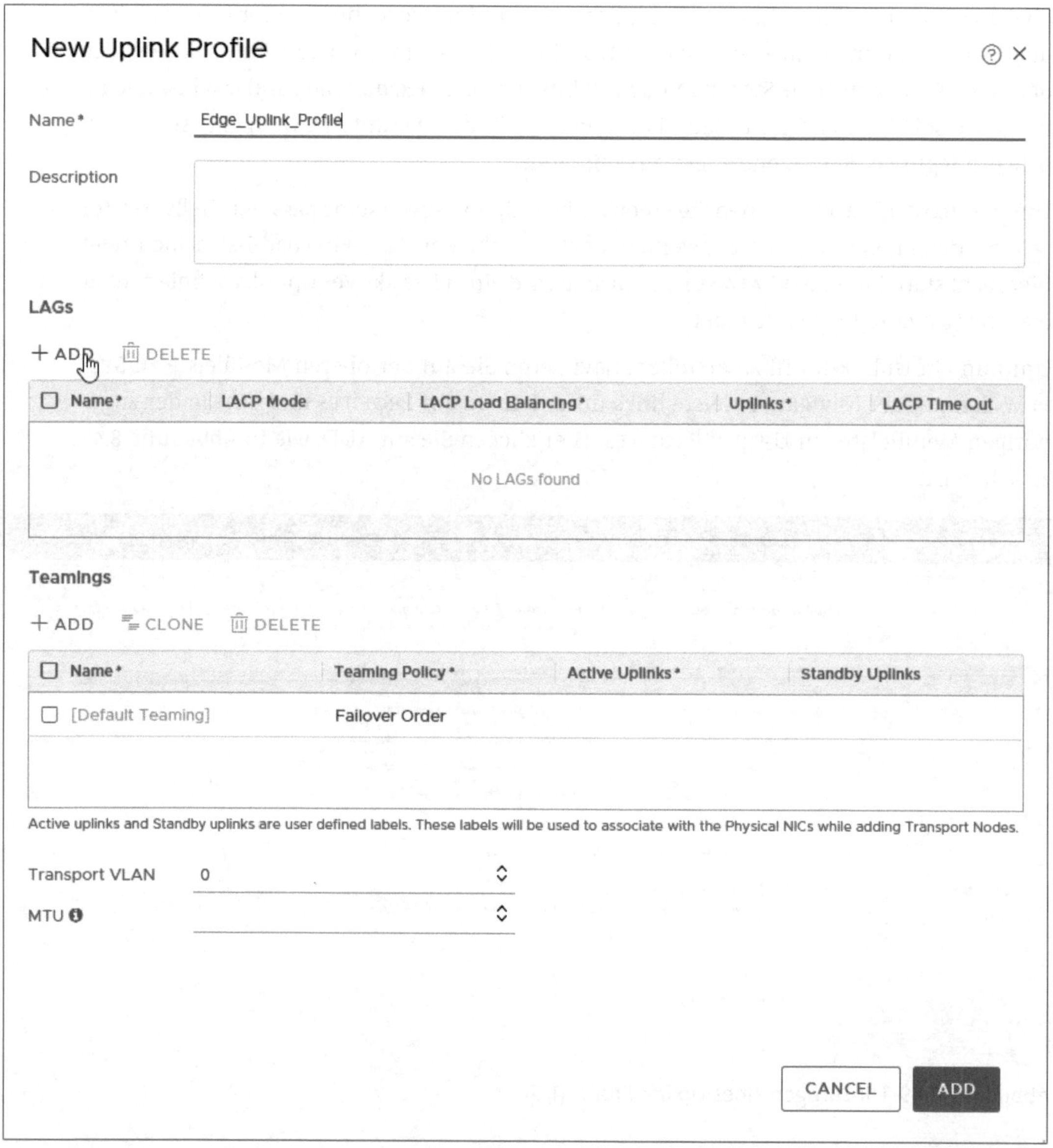

Abbildung 8.50 Hinzufügen eines Uplink-Profils (2/5)

Hier klicken Sie nun auf ADD, dann in das Feld unter NAME und tragen dort einen Namen ein, wie in Abbildung 8.51 zu sehen ist.

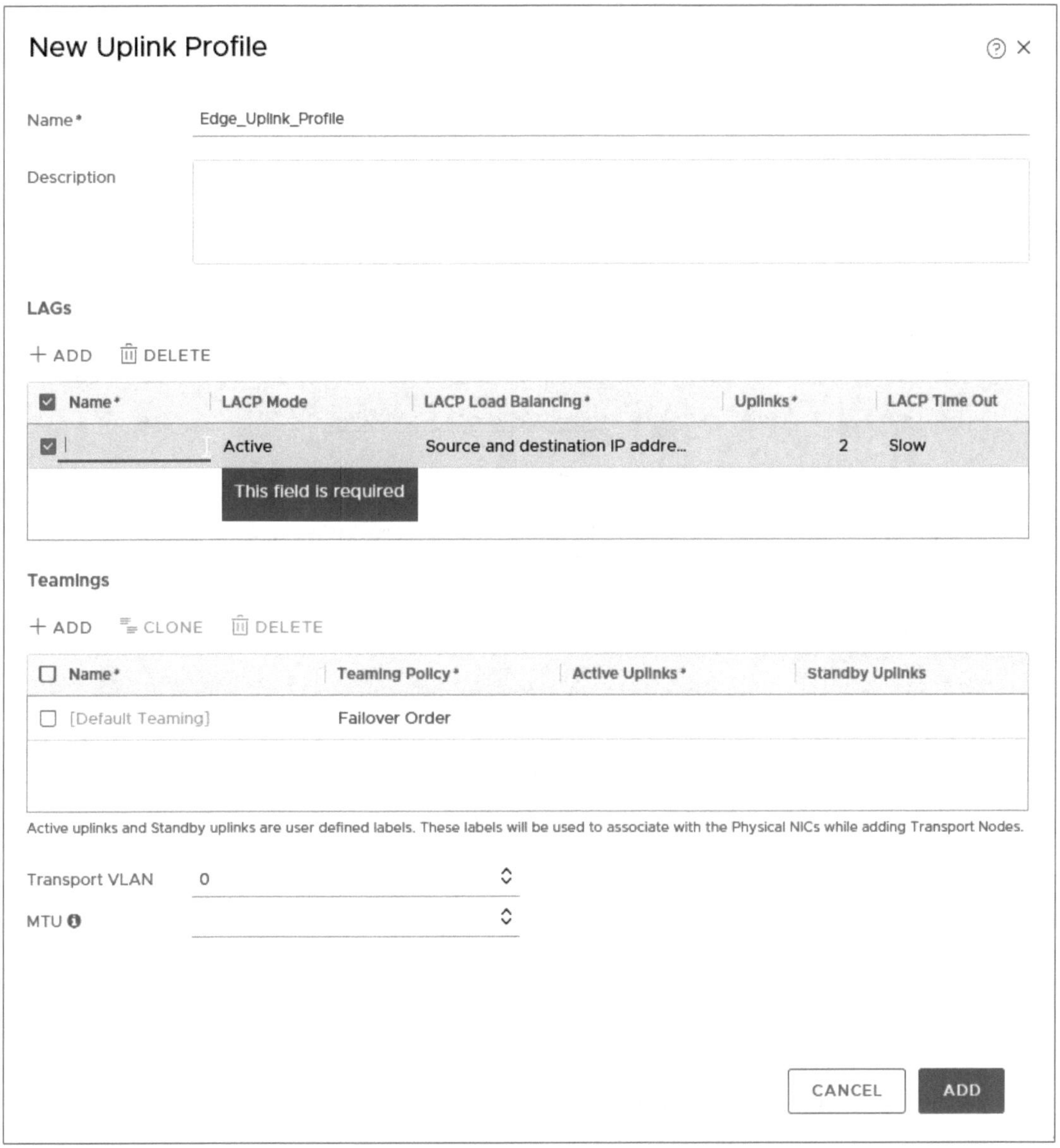

Abbildung 8.51 Hinzufügen eines Uplink-Profils (3/5)

In Abbildung 8.52 sehen Sie, wie durch Klicken in das entsprechende Feld der Load-Balancing-Mechanismus ausgewählt werden kann.

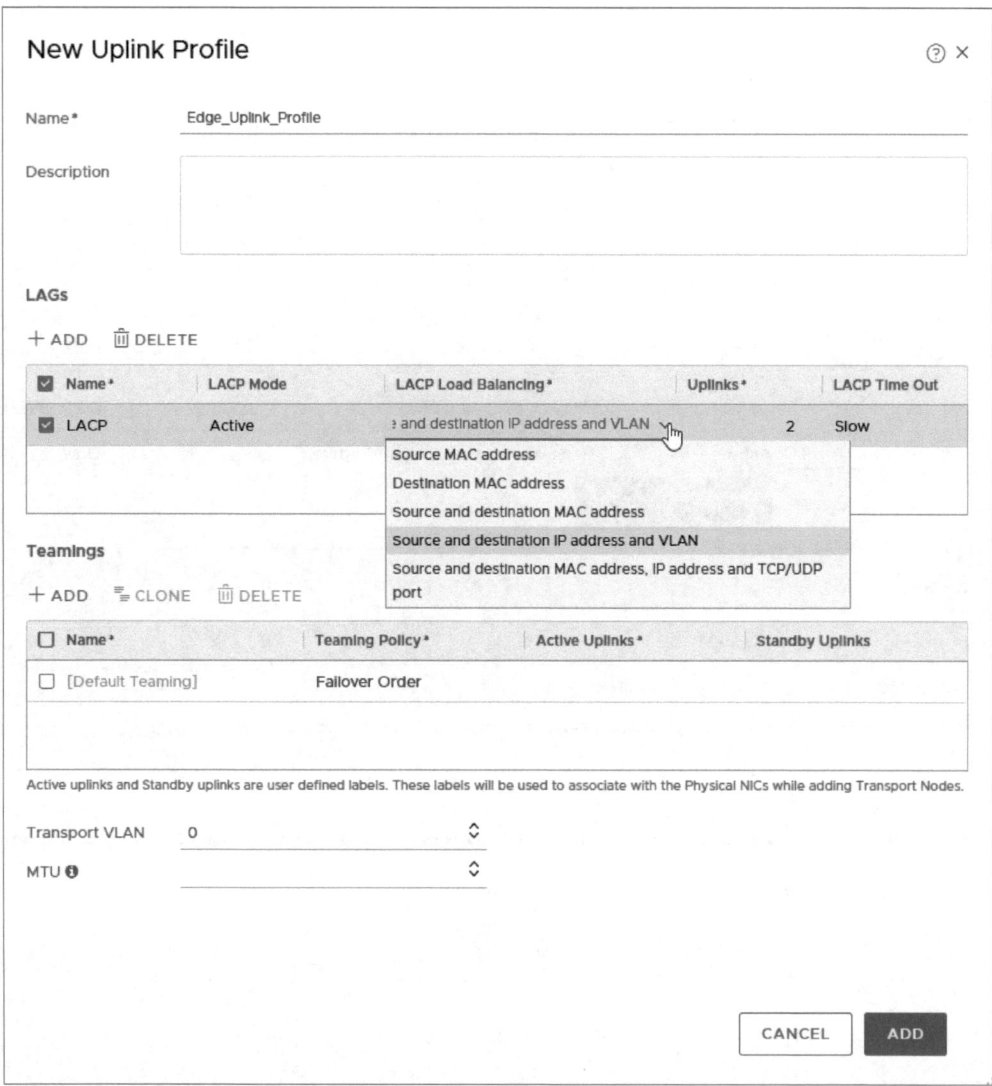

Abbildung 8.52 Hinzufügen eines Uplink-Profils (4/5)

Im letzten Schaubild, das Sie in Abbildung 8.53 sehen, werden exemplarisch Einstellungen für das Teaming und das VLAN getätigt. Sofern Sie das Default Teaming verwenden möchten, müssen Sie lediglich einen Haken setzen. Sollten Sie eine Named Teaming Policy nutzen wollen, können Sie diese über ADD bei TEAMINGS hinzufügen. Mit einem abschließenden ADD rechts unten wird das neue Uplink-Profil erstellt.

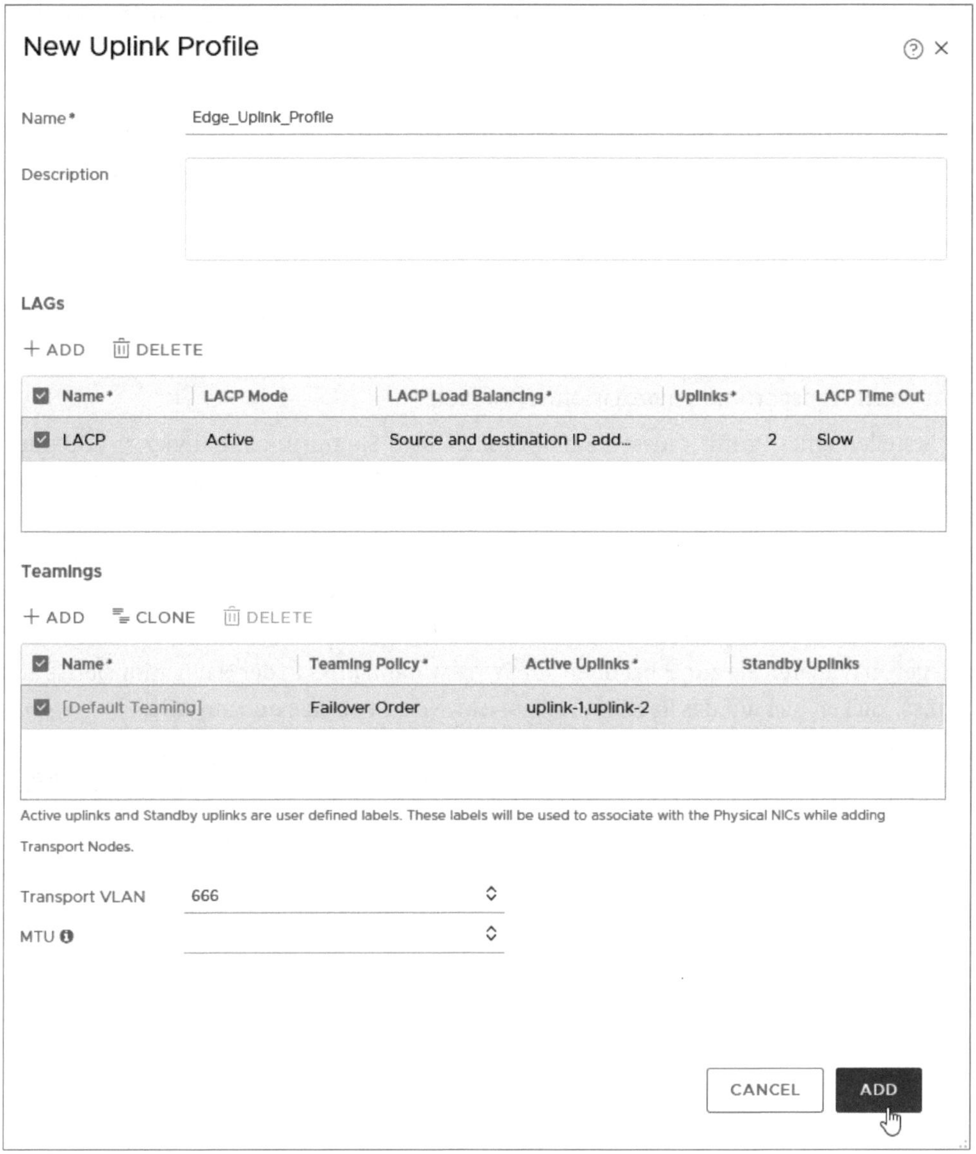

Abbildung 8.53 Hinzufügen eines Uplink-Profils (5/5)

8.8.5 Erstellen eines Transportknotenprofils

Ein Profil ist in diesem Kontext ein *Template*, also eine Vorlage. In Profilen für Transportknoten werden die Transportzone, die Member Hosts, (N-)VDS inklusive Uplink-Profil, IP-Adresszuweisung, gegebenenfalls IP-Pool, Mapping der physischen NICs, *Network I/O Control*-(NIOC-)Profile und LLDP-Profile zusammengefasst.

Einen Host können Sie nur zu einem Transportknoten oder zu einem Edge-Transportknoten (Edge Node) machen. Daher können Sie ein Transportknotenprofil nur einem Transportknoten, aber keinem Edge-Knoten zuweisen.

Sobald ein solches Profil mit einem vCenter-Server-Cluster verknüpft wird, werden alle Hosts, die kein Edge Node sind, mit den im Profil angegebenen Einstellungen verknüpft. Sollte ein Host auf einen nicht NSX-T-präparierten Cluster verschoben werden, werden die Einstellungen aus dem Profil wieder entfernt.

Möchten Sie ein erstelltes Profil löschen, können Sie dies erst dann tun, wenn Sie alle Verknüpfungen zwischen Profil und Clustern aufgehoben haben. Bestehende Transportknoten bleiben hiervon unberührt, lediglich neue Hosts können nun nicht mehr mit den Einstellungen für einen Transportknoten provisioniert werden.

Beim Erstellen eines Profils müssen Sie bedenken, dass Sie nur maximal vier N-VDS oder VDS hinzufügen können. Handelt es sich um eine VLAN Transport Zone, verwenden Sie einen Enhanced N-VDS bzw. Enhanced VDS. Für Overlay Transport Zones können Sie Standard- oder Enhanced (N-)VDS verwenden. Bezogen auf VLAN Transport Zones gibt es keine Limitierung dabei, wie viele Standard-N-VDS genutzt werden können.

Um nun, wie in Abbildung 8.54 zu sehen, ein Transportknotenprofil (Transport Node Profile) anzulegen, navigieren Sie zunächst oben auf SYSTEM, dann links in der Navigationsleiste auf PROFILES, klicken hier auf das Register TRANSPORT NODE PROFILE und auf ADD.

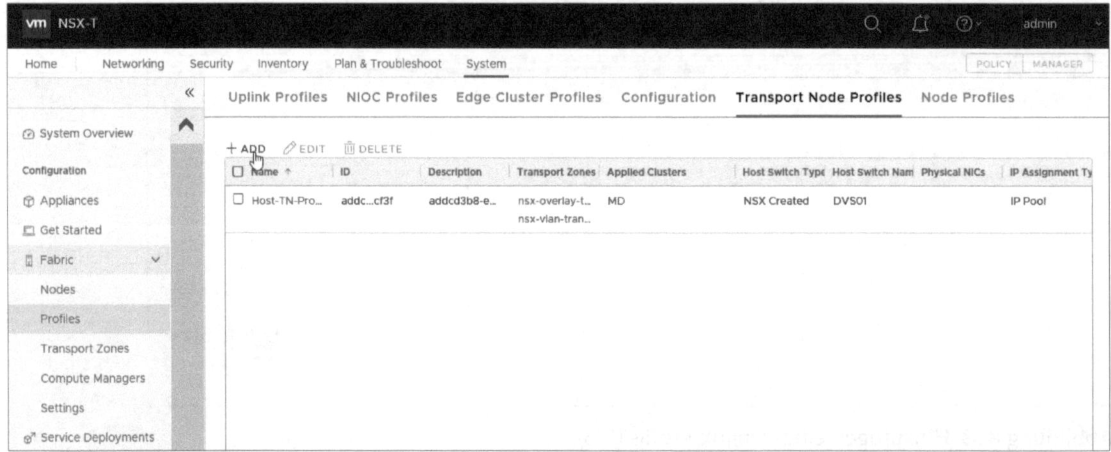

Abbildung 8.54 Erstellen eines Transportknotenprofils

Im Anschluss öffnet sich, wie in Abbildung 8.55 gezeigt, ein Fenster, in dem Sie zunächst einen Namen für das Profil definieren und eine Beschreibung des Profils hinzufügen können. Sie müssen sich an dieser Stelle entscheiden, ob Sie den von vSphere 7 verwalteten VDS oder den von NSX verwalteten N-VDS verwenden. Ebenso müssen Sie sich entscheiden, ob Sie den allgemein nutzbaren Standardmodus oder den performanceoptimierten *Enhanced Network Stack* (ENS) verwenden wollen. Letzterer ist auch bekannt unter *Enhanced Data Path* und kann nur auf Hosts ab Version 6.7 verwendet werden. Transport Zone, Uplink Profile, IP Assignment sowie gegebenenfalls ein IP-Pool sind Pflichtangaben und sollten vorher erstellt worden sein.

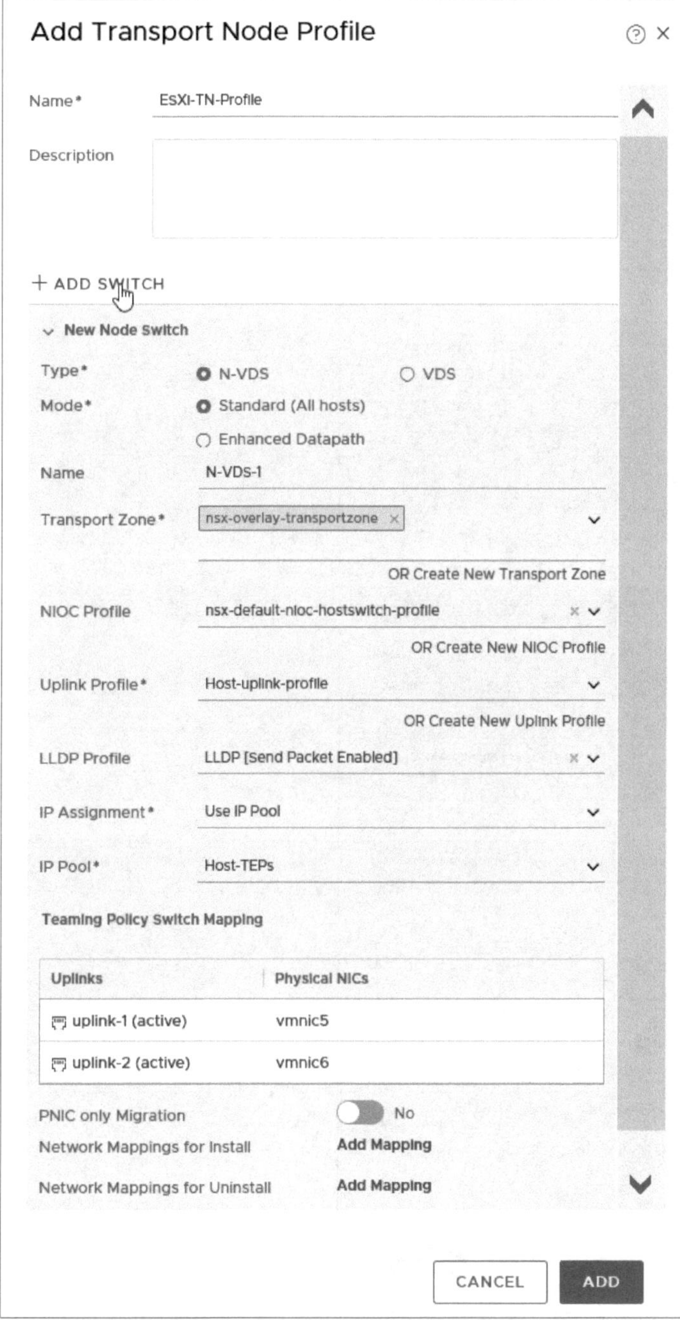

Abbildung 8.55 Einstellungen des Transportknotenprofils

Während Sie die Transportzone und das Uplink-Profil nötigenfalls, wie im Übrigen auch das NIOC-Profil, aus diesem Fenster heraus bei Bedarf anlegen können, müssten Sie für den IP-Pool die Erstellung an dieser Stelle abbrechen. Ob Sie Enhanced Data Path verwenden können, hängt von den verbauten physischen Netzwerkkarten ab.

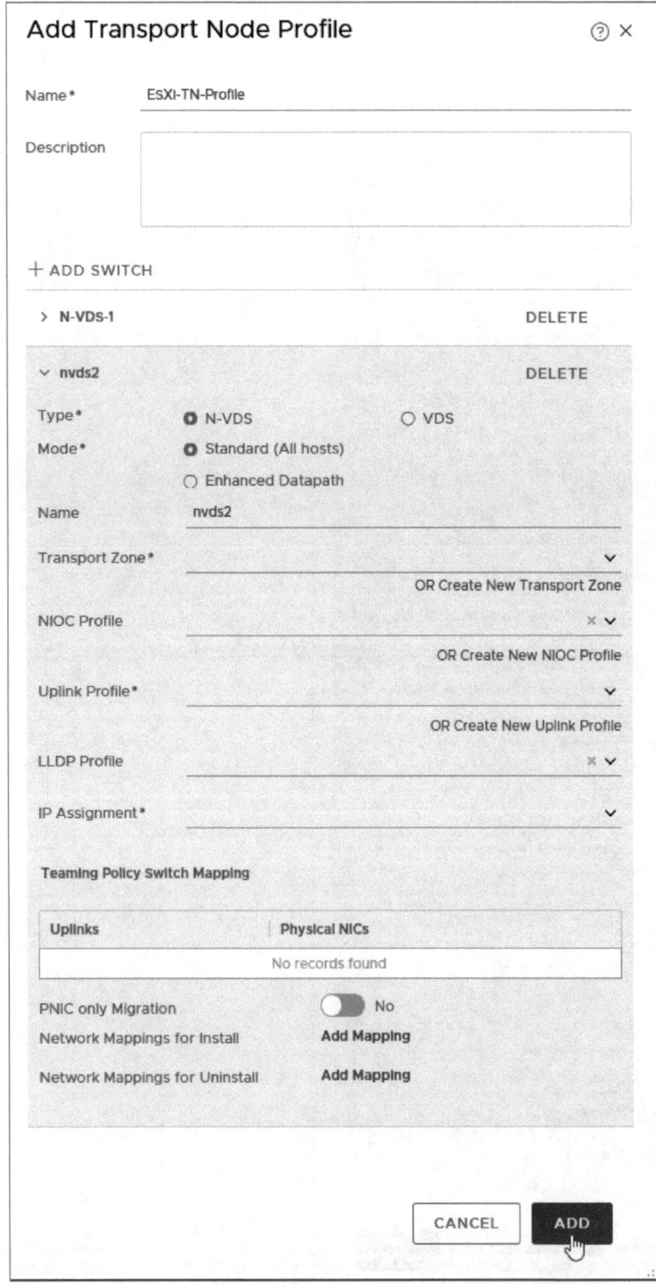

Abbildung 8.56 Hinzufügen eines weiteren (N-)VDS zum Transportknotenprofil

Sofern Sie nur diesen einen Switch im Transport Node Profile nutzen wollen, können Sie auf ADD rechts unten klicken. Sofern Sie weitere (N-)VDS mit Ihrem anzulegenden Profil verknüpfen möchten, können Sie das über ADD SWITCH bewerkstelligen.

Möchten Sie weitere (bis zu vier) (N-)VDS anbinden, bekommen Sie, nachdem Sie auf ADD SWITCH geklickt haben, eine weitere Konfigurationsmaske, wie in Abbildung 8.56 gezeigt.

Wenn Sie fertig sind und rechts unten final auf ADD geklickt haben, wird das Profil angelegt und taucht im NSX auf, wie in Abbildung 8.57 zu sehen ist.

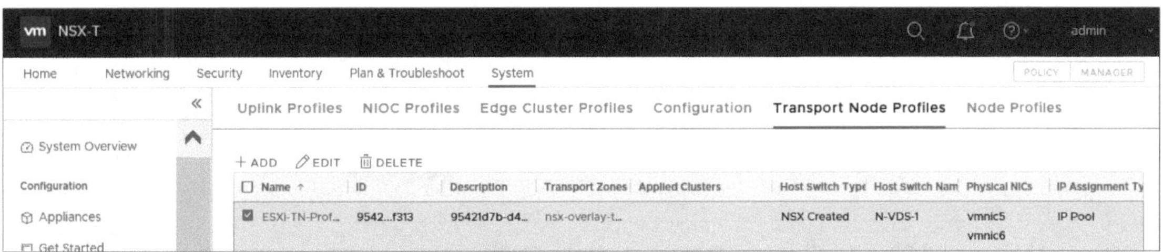

Abbildung 8.57 Angelegtes Transportknotenprofil

8.8.6 Einrichten von Host-Transportknoten

Um die ESXi-Hosts zu Transportknoten zu machen, müssen diese lediglich mit einem Transportknotenprofil verknüpft werden. Hierzu navigieren Sie in der oberen Menüleiste, wie in Abbildung 8.58 gezeigt, auf SYSTEM und wählen unter FABRIC in der Navigationsleiste den Punkt NODES aus. Hier selektieren Sie unter MANAGED BY das vCenter und setzen einen Haken bei dem Cluster, dessen Hosts Sie mittels Transport Node Profile zum Host Transport Node machen möchten. Erst dann wird der Schalter CONFIGURE NSX blau und damit nutzbar.

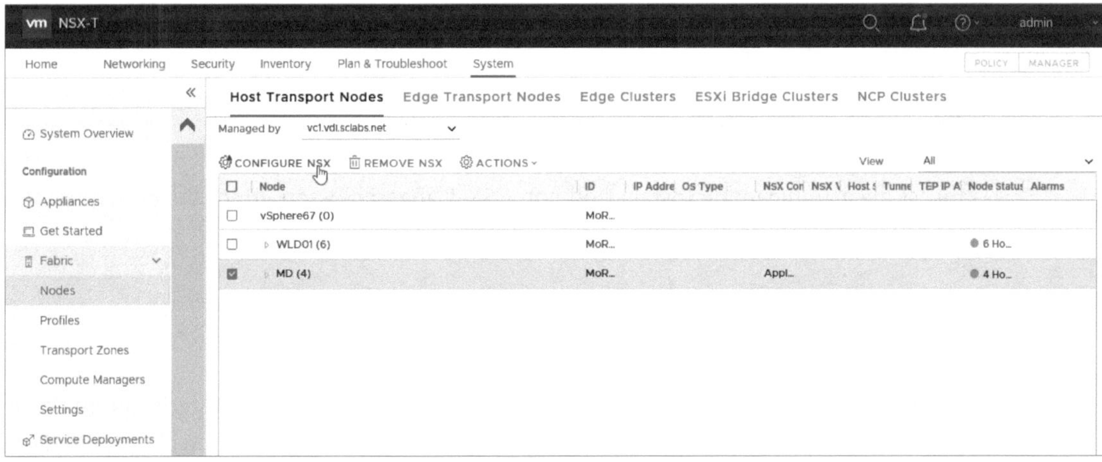

Abbildung 8.58 Ausrollen von Transportknoten (1/2)

Nachdem Sie auf CONFIGURE NSX geklickt haben, öffnet sich, wie in Abbildung 8.59 gezeigt, ein Fenster, in dem Sie das TRANSPORT NODE PROFILE auswählen können, um es dann mit einem APPLY hinzuzufügen.

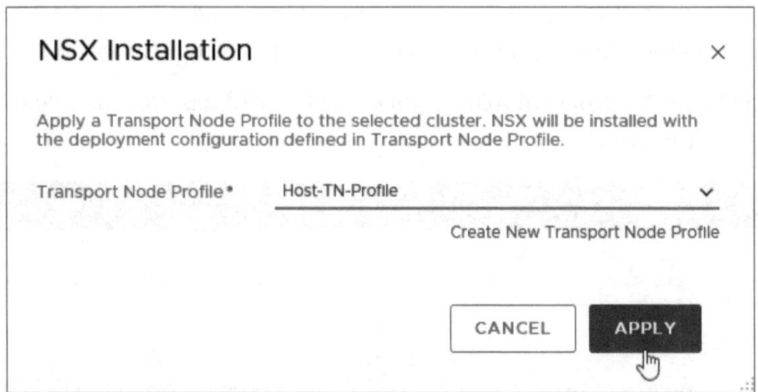

Abbildung 8.59 Ausrollen von Transportknoten (2/2)

Anschließend kann man den Status unter SYSTEM • FABRIC • NODES • HOST TRANSPORT NODES einsehen. Sofern ein Cluster ein anderes Transport Node Profile erhalten soll, geschieht dies auf die gleiche Weise. Unter ACTIONS können Sie, wie in Abbildung 8.60 gezeigt, ein Profil vom Cluster wieder lösen.

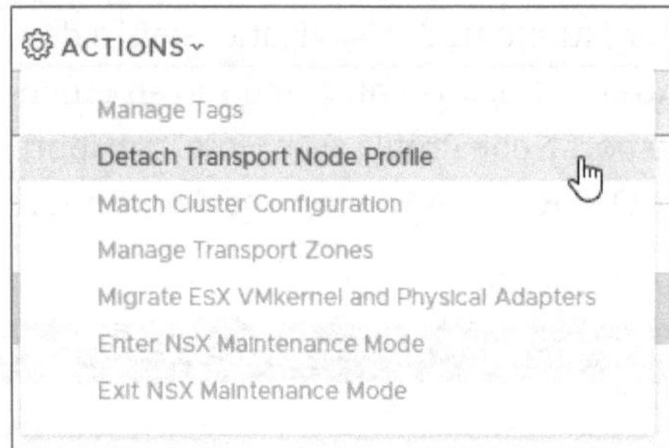

Abbildung 8.60 Aushängen eines Transportknotenprofils vom Cluster

Damit ist die grundlegende Installation von NSX-T abgeschlossen. Im nächsten Kapitel besprechen wir die Verwendung von NSX-T in der Praxis.

8.9 NSX-T mit einer beispielhaften Netzwerktopologie

Nachdem wir in Abschnitt 8.8 die Grundinstallation mit der NSX-T-Manager-Konfiguration dargestellt sowie die ESXi-Hosts für NSX-T präpariert haben, wollen wir nun eine exemplarische NSX-T-Implementation durchführen. Das heißt, wir zeigen, wie die Edge-Knoten angelegt werden, inklusive des Konfigurieren von Transportzonen, Edge-Uplinks, eines Tier-0- und eines Overlay-Segments, sowie das Einstellen des BGP-Routings. Zum Abschluss dieses Kapitel gehen wir noch auf die Distributed Firewall ein.

In Abbildung 8.61 sehen Sie das Zieldesign mit zwei NSX-Edge-Knoten und einem Tier-0-Router. Der Tier-0-Router baut die Kommunikation zur physischen Netzwerkinfrastruktur auf. Die virtuellen Maschinen sind über ein Overlay-Segment am Tier-0-Router angebunden. Ein NSX-Edge-Knoten ist ein Transportknoten, der die lokale Steuerungsschicht (Control Plane) und die NSX-T-Datenschicht (Data Plane) abbildet.

Als Routing-Protokoll setzen wir *BGP* (*Border Gateway Protocol*) mit *ECMP (Equal Cost Multi Path)* ein, d. h., der Traffic wird auf alle vier BGP Verbindungen aufgeteilt.

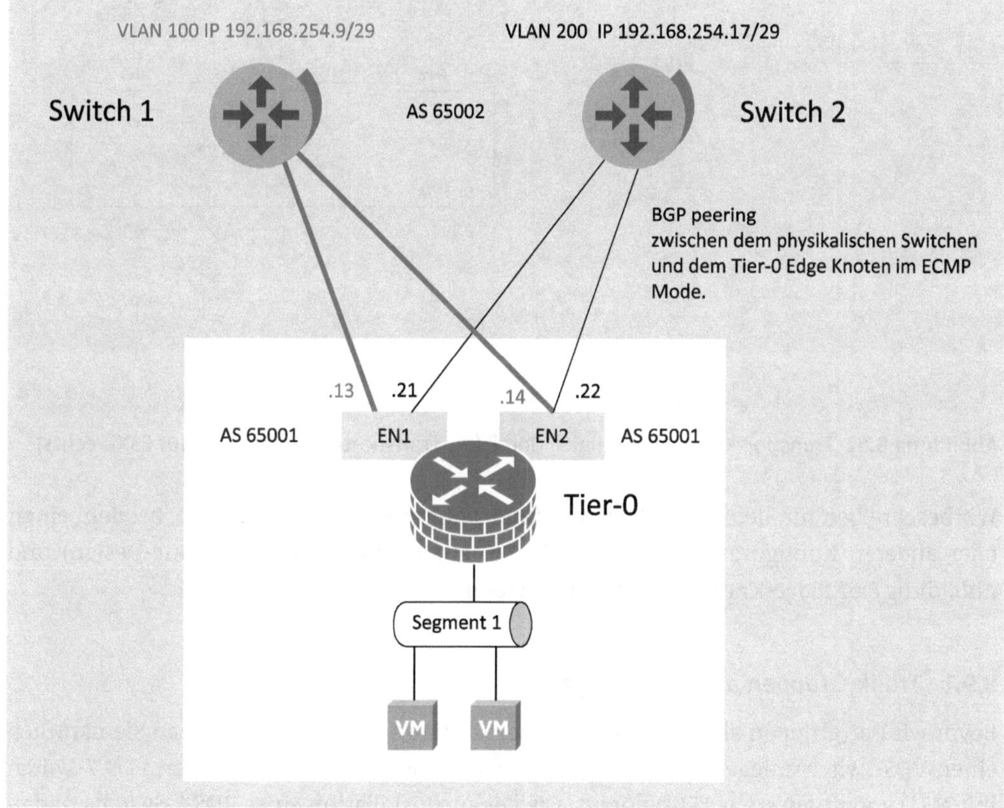

Abbildung 8.61 Routing-Topologie

In Abbildung 8.62 sehen Sie links, dass wir die ESXi-Transportknoten mit einem VDS-7-Switch angebunden haben. Der ESXi-Host rechts zeigt Ihnen, wie eine Edge VM mit NSX konzeptioniert wird. Wir benutzen für die ESXi-Konfiguration in beiden Fällen den VDS-7-Switch. Die Edge VM selbst müssen Sie an einen N-VDS anbinden.

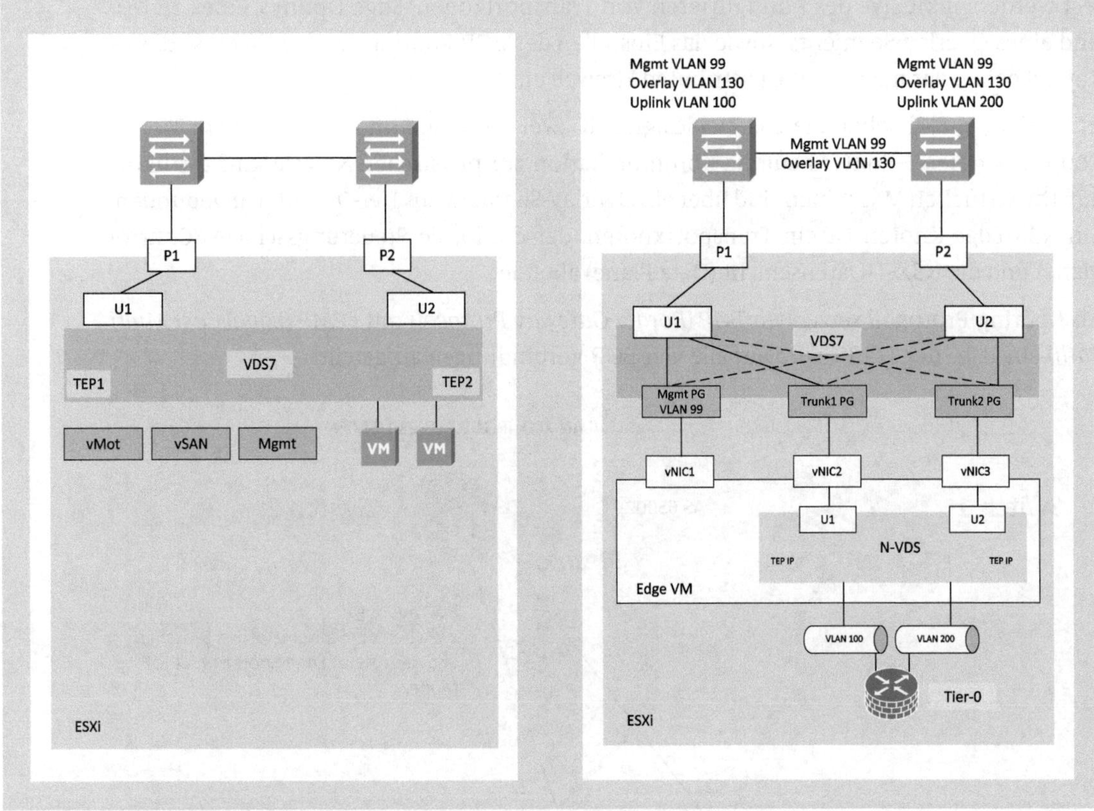

Abbildung 8.62 Transportknoten (ESXi links) und Edge-Transportknotendesign (auf ESXi rechts)

Wir beschreiben für Sie nun die Edge-Knoten-Konfiguration. Es ist hilfreich, bei dem einen oder anderen Konfigurationsschritt noch mal auf Abbildung 8.61 (Routing-Design) und Abbildung 8.62 (Edge-Knoten-Design) zu schauen.

8.9.1 Trunk-Gruppen anlegen in vSphere

Bevor wir Portgruppen als Trunks im vCenter konfigurieren können, müssen Sie natürlich einen VDS-Switch anlegen. Wir setzen in diesem Kapitel einen bestehenden VDS-7-Switch mit MTU von mindestens 1.700 voraus. Die genaue Installation eines VDS-7-Switchs finden Sie in Kapitel 7, »Das Netzwerk in VMware vSphere«.

Zur Erstellung der Trunk-Gruppen müssen Sie im vCenter auf NETWORKING gehen, dann mit einem rechten Mausklick die Option DISTRIBUTED PORT GROUP auswählen und anschließend auf NEW DISTRIBUTED PORT GROUP klicken. Nun definieren Sie einen Namen für die Portgruppe (siehe Abbildung 8.63).

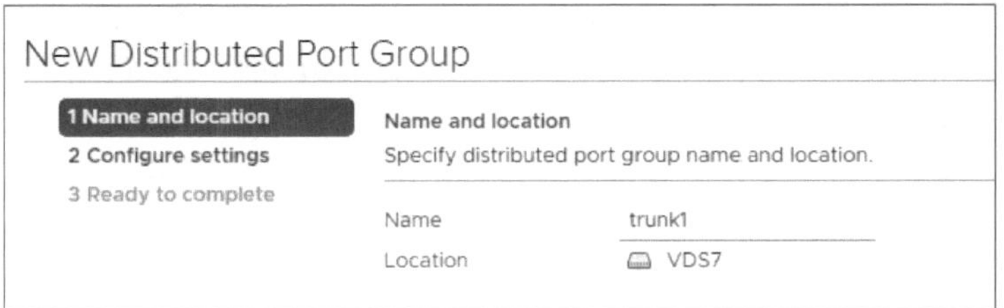

Abbildung 8.63 Trunk anlegen (1/8)

Im Feld VLAN TYPE wählen Sie die Option VLAN TRUNKING (siehe Abbildung 8.64). Dann definieren Sie, dass die VLAN-IDs 130 und 100 erlaubt werden.

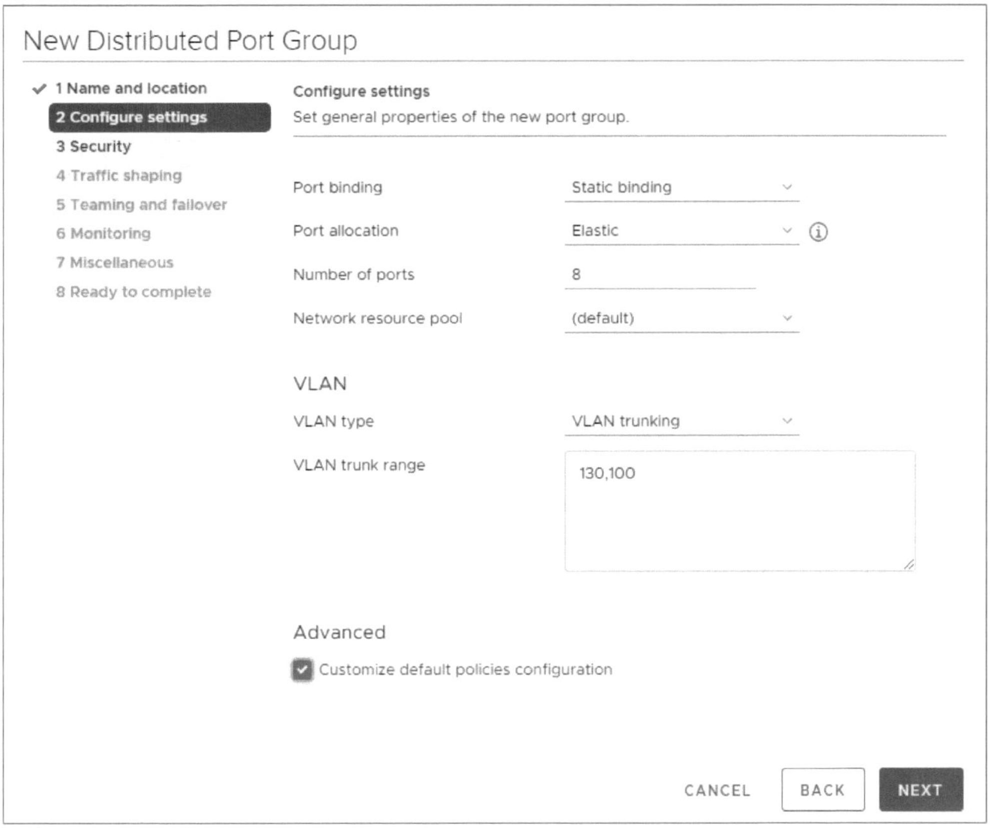

New Distributed Port Group

✓ 1 Name and location
2 Configure settings
3 Security
4 Traffic shaping
5 Teaming and failover
6 Monitoring
7 Miscellaneous
8 Ready to complete

Configure settings
Set general properties of the new port group.

Port binding: Static binding
Port allocation: Elastic
Number of ports: 8
Network resource pool: (default)

VLAN
VLAN type: VLAN trunking
VLAN trunk range: 130,100

Advanced
☑ Customize default policies configuration

CANCEL BACK NEXT

Abbildung 8.64 Trunk anlegen (2/8)

In Abbildung 8.65 wählen Sie als Load-Balancing-Algorithmus USE EXPLICIT FAILOVER ORDER aus. Konfigurieren Sie für Trunk 1 den Uplink 1 als aktiv und den Uplink 2 als Standby. Jetzt haben Sie sicherlich den Eindruck, nur ein Link sei aktiv in unserem Setup. Dies ist nicht der Fall, über die VLAN-ID 100 konfigurieren wir eine BGP-Session von Edge-Knoten 1 zum physikalischen Switch 1 und eine BGP-Session vom Edge-Knoten 2 zu Switch 1.

Später konfigurieren wir Trunk 2 mit VLAN-ID 200 und erstellen hier eine BGP-Session von Edge-Knoten 1 zu Switch 1 und eine weitere BGP-Session von Edge-Knoten 2 zu Switch 2. Somit erreichen wir Redundanz und Traffic Sharing über BGP für den North-South-Verkehr. Die VLAN-ID 130 für den Overlay-Verkehr (TEP-Pool) wird auf Trunk 1 und Trunk 2 hinzugefügt. Ein Load-Sharing werden wir später im NSX-T-Manager über den N-VDS-Switch implementieren.

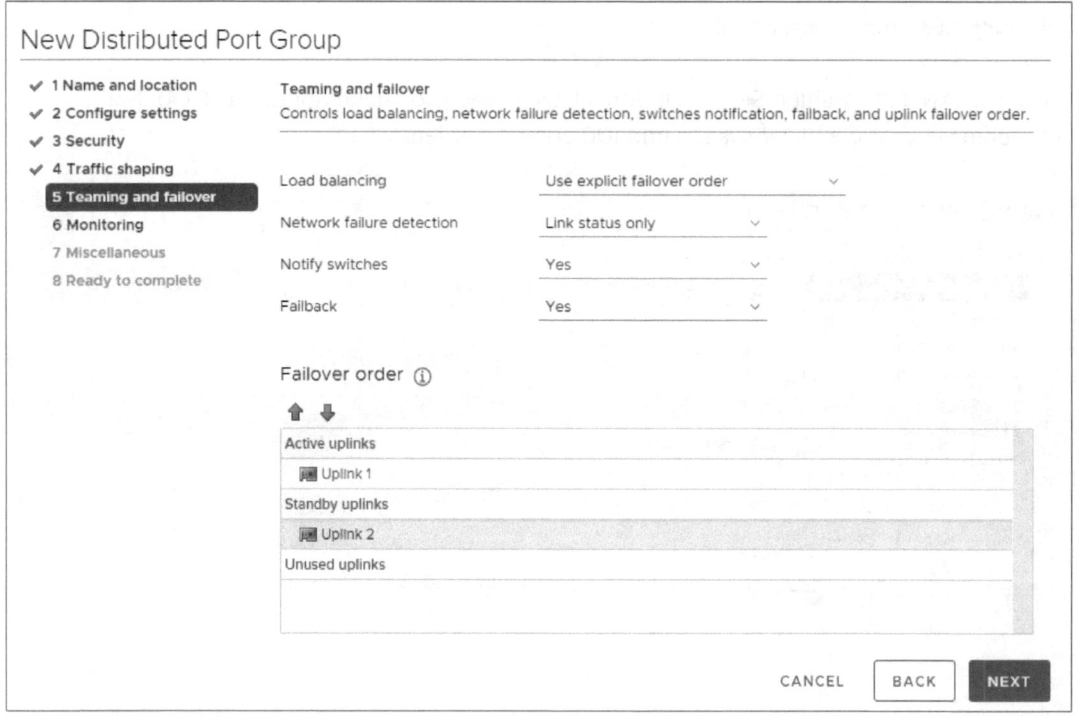

Abbildung 8.65 Trunk anlegen (3/8)

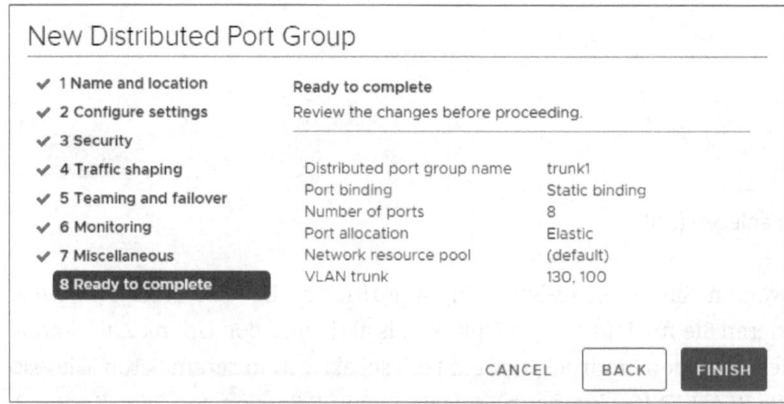

Abbildung 8.66 Trunk anlegen (4/8)

In folgenden Abbildungen sehen Sie die Konfigurationsschritte für Trunk 2. Die VLAN-IDs 130 und 200 werden genutzt. Als Load-Balancing müssen Sie wiederum USE EXPLICIT FAILOVER ORDER auswählen und die Uplinks von der Aktivität im Gegensatz zu Trunk 1 setzen, sprich Uplink 2 als aktiven Teilnehmer definieren und Uplink 1 als Stand-by.

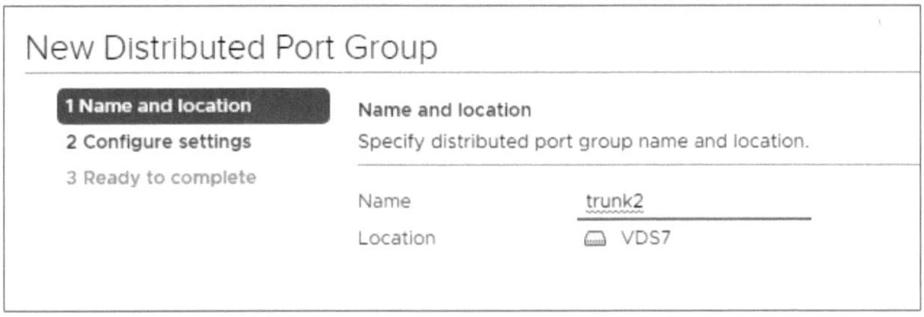

New Distributed Port Group

1 Name and location
2 Configure settings
3 Ready to complete

Name and location
Specify distributed port group name and location.

Name trunk2
Location VDS7

Abbildung 8.67 Trunk anlegen (5/8)

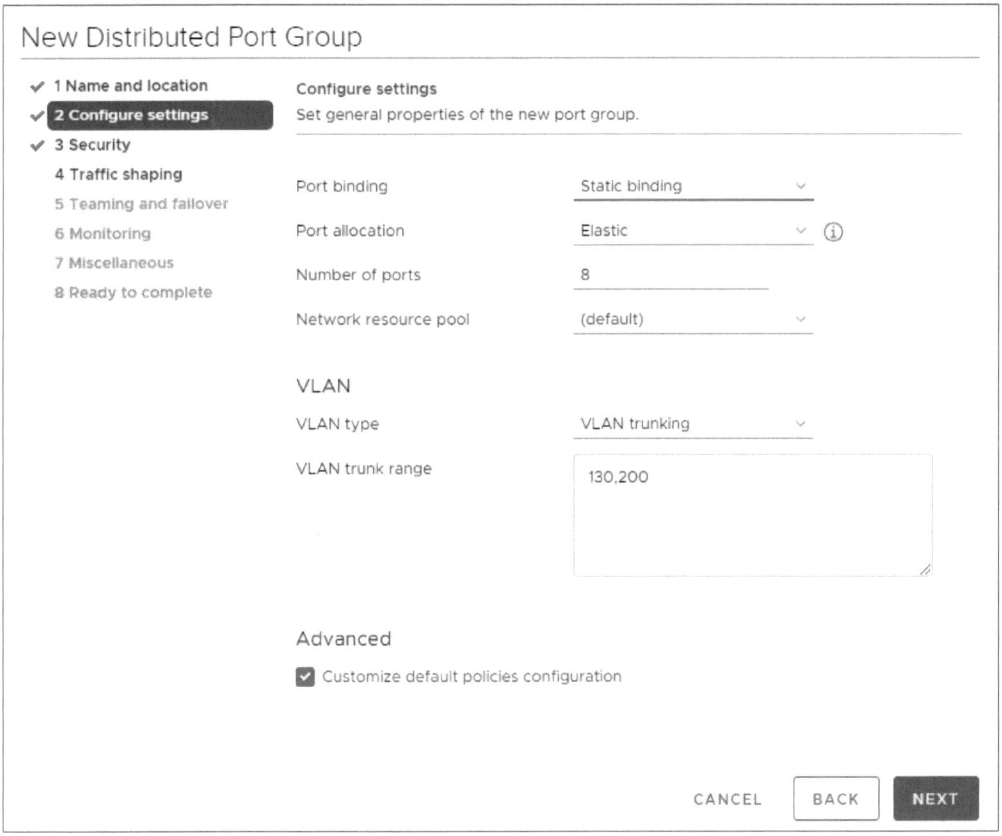

New Distributed Port Group

✓ 1 Name and location
✓ 2 Configure settings
✓ 3 Security
4 Traffic shaping
5 Teaming and failover
6 Monitoring
7 Miscellaneous
8 Ready to complete

Configure settings
Set general properties of the new port group.

Port binding Static binding
Port allocation Elastic
Number of ports 8
Network resource pool (default)

VLAN
VLAN type VLAN trunking
VLAN trunk range 130,200

Advanced
Customize default policies configuration

CANCEL BACK NEXT

Abbildung 8.68 Trunk anlegen (6/8)

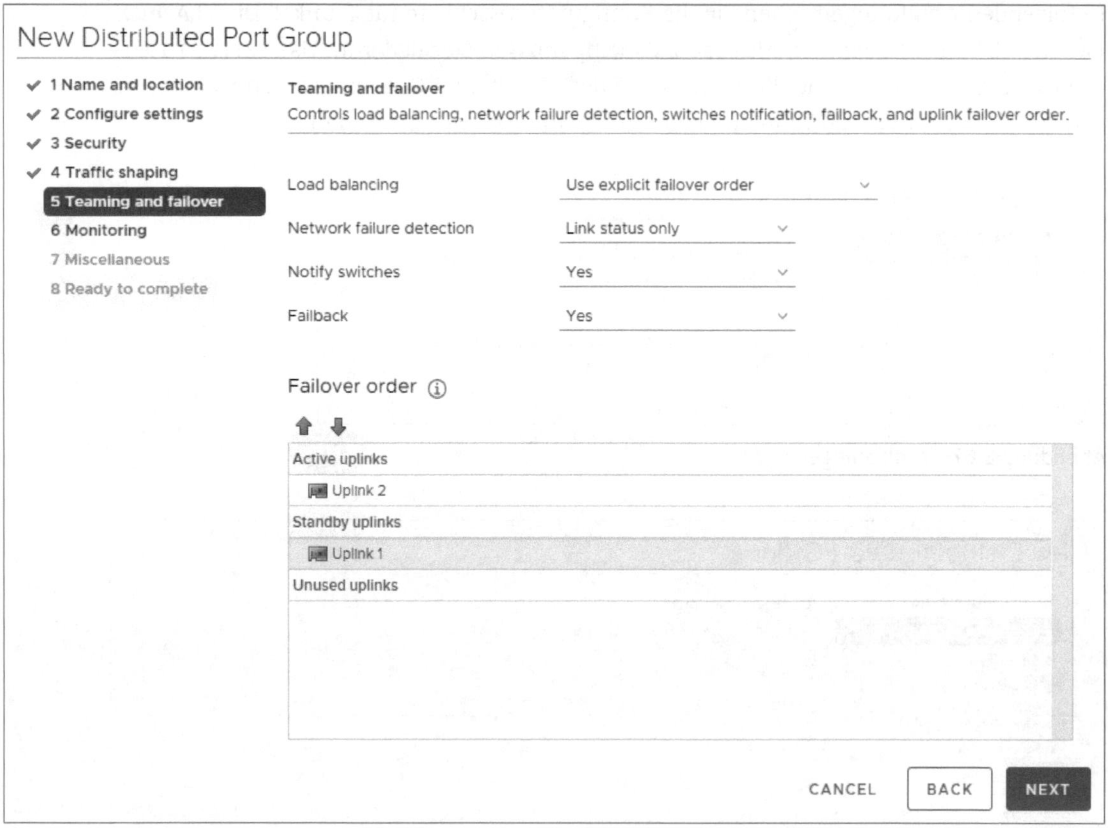

New Distributed Port Group

✔ 1 Name and location
✔ 2 Configure settings
✔ 3 Security
✔ 4 Traffic shaping
5 Teaming and failover
6 Monitoring
7 Miscellaneous
8 Ready to complete

Teaming and failover
Controls load balancing, network failure detection, switches notification, failback, and uplink failover order.

Load balancing: Use explicit failover order
Network failure detection: Link status only
Notify switches: Yes
Failback: Yes

Failover order

Active uplinks
Uplink 2
Standby uplinks
Uplink 1
Unused uplinks

CANCEL BACK NEXT

Abbildung 8.69 Trunk anlegen (7/8)

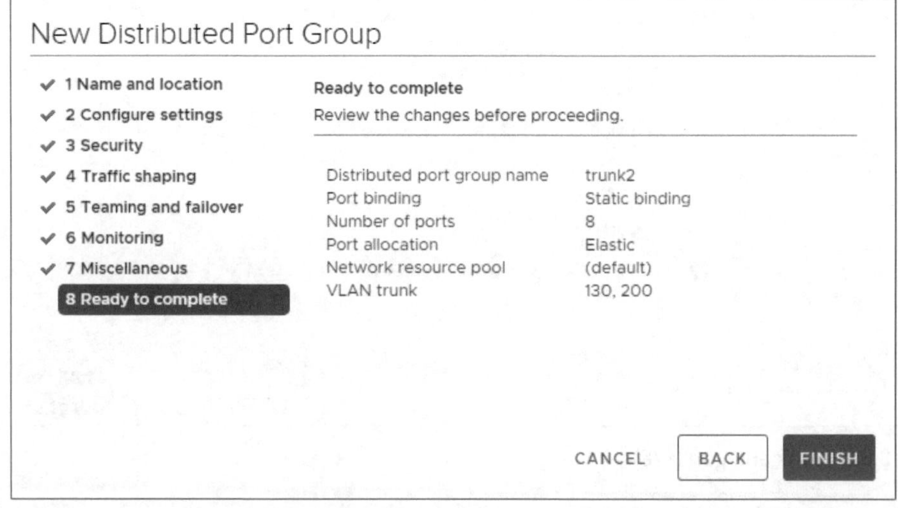

Abbildung 8.70 Trunk anlegen (8/8)

8.9.2 Uplink-Profil und Transportzone anlegen

Als Nächstes müssen analog zu den Host-Transportknoten Uplink-Profile und Transportzonen für die Edge-Knoten angelegt werden.

Zum Konfigurieren eines neuen Uplink-Profils gehen Sie auf SYSTEM • PROFILES • UPLINK PROFILES • ADD.

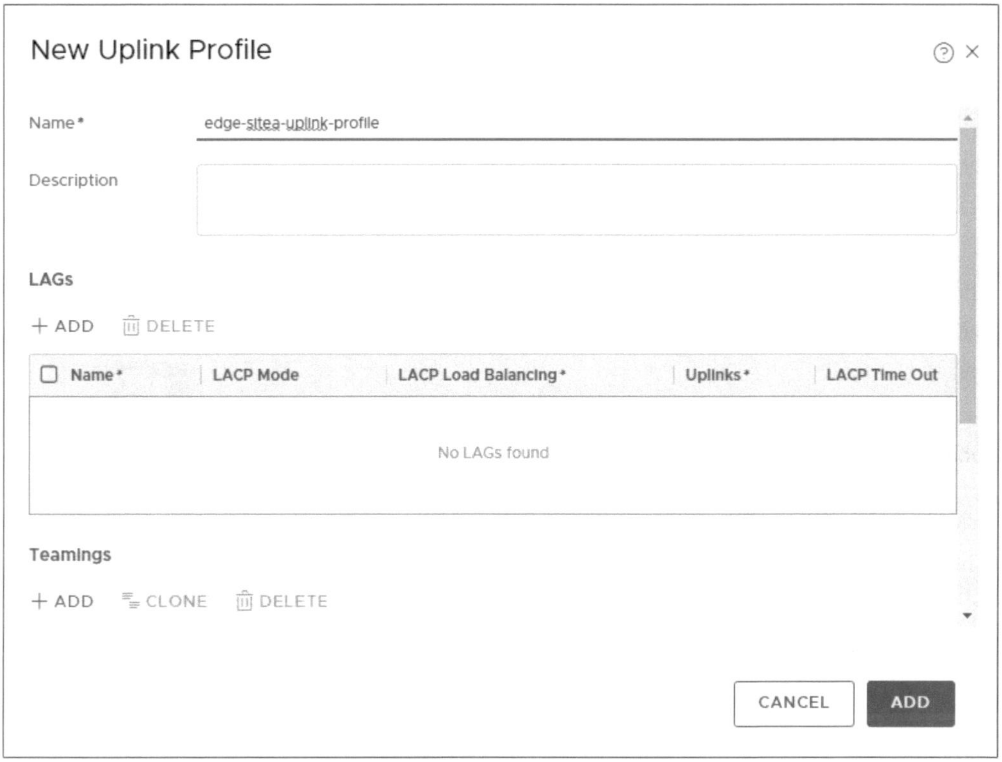

New Uplink Profile

Name* edge-sitea-uplink-profile

Description

LAGs

+ ADD DELETE

Name*	LACP Mode	LACP Load Balancing*	Uplinks*	LACP Time Out
No LAGs found				

Teamings

+ ADD CLONE DELETE

CANCEL ADD

Abbildung 8.71 Edge Uplink Profile anlegen (1/3)

Nachdem Sie einen Namen für das Uplink-Profil ausgewählt haben, können Sie einen Port-Channel oder ein Teaming konfigurieren. Wir implementieren Teaming für Uplink 1 und Uplink 2 und verwenden als Policy LOAD BALANCE SOURCE. Als Overlay Transport VLAN nehmen wir die VLAN-ID 130, die für den Tunnelverkehr verwendet wird.

Als Nächstes definieren wir die Konfiguration für Uplink 1 und Uplink 2. Hier implementieren wir jeweils Failover.

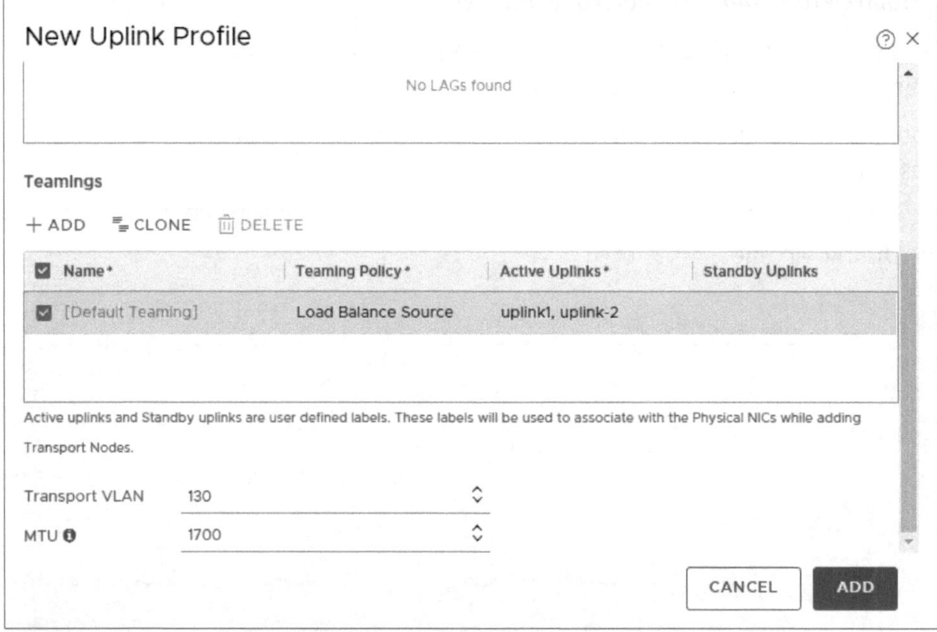

Abbildung 8.72 Edge Uplink Profile anlegen (2/3)

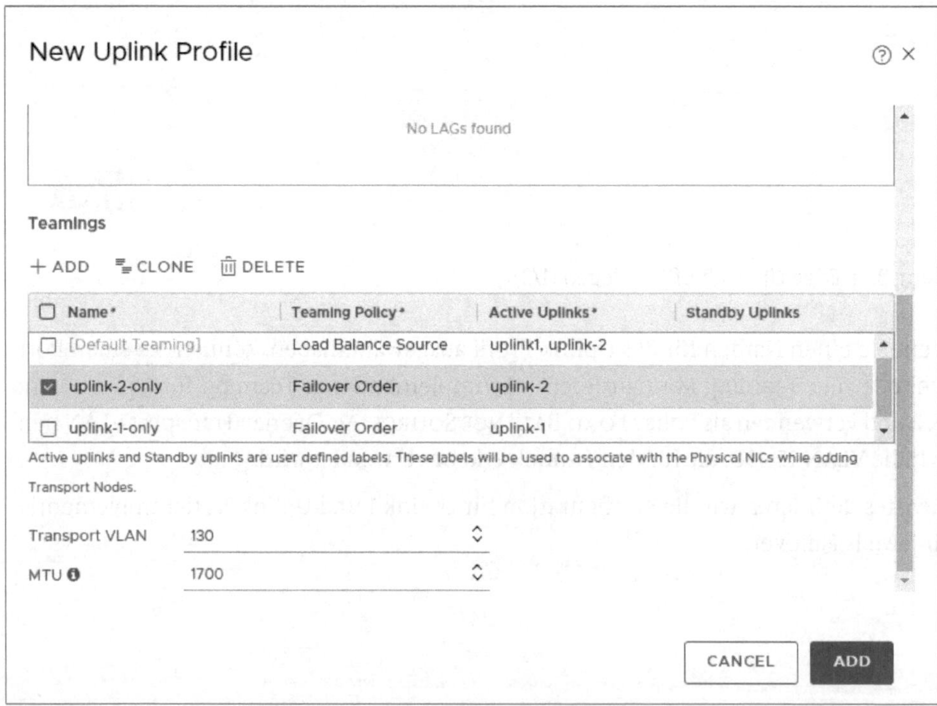

Abbildung 8.73 Edge Uplink Profile anlegen (3/3)

Anschließend erstellen wir die Transport Zone VLAN für den North-South-Verkehr. Unter UPLINK TEAMING POLICY NAMES verknüpfen Sie die beiden Uplinks 1 und 2 mit den Uplink-Profilen, deshalb muss der Name im Uplink-Profil und in der VLAN-Transportzone gleich sein, in unserem Fall also `uplink-1-only` und `uplink-2-only`.

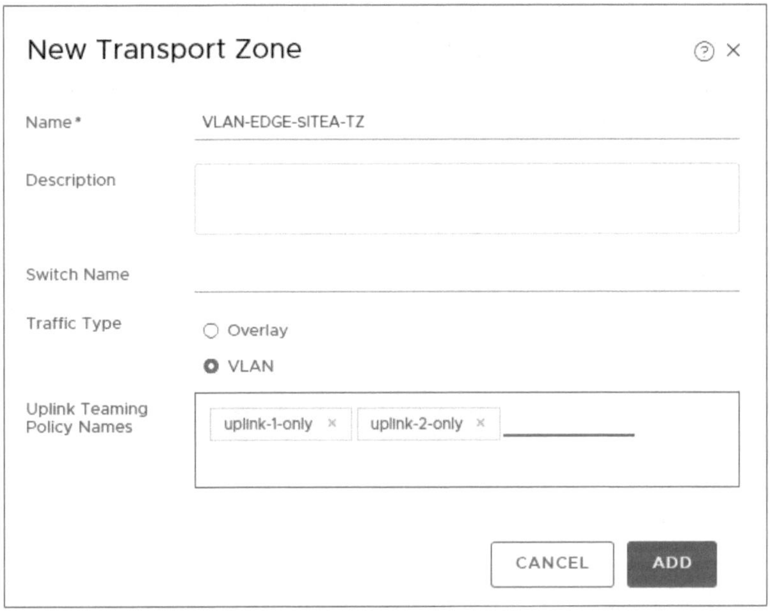

Abbildung 8.74 VLAN-Edge-Transportzone anlegen

In Abbildung 8.75 sehen Sie drei Transportzonen, eine Overlay-Transportzone für sämtlichen Overlay-GENEVE-Verkehr und zwei VLAN-Transportzonen. Eine VLAN-Transportzone wird für die Segmente (Logical Switches), die VLAN verwenden, genutzt, sprich VMs, die sich in einem traditionellen VLAN befinden. Die zweite VLAN-Transportzone ist für den North-South-Verkehr konzeptioniert.

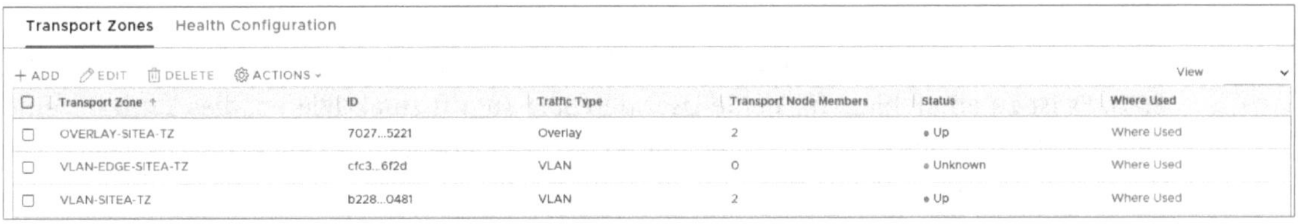

Transport Zone	ID	Traffic Type	Transport Node Members	Status	Where Used
OVERLAY-SITEA-TZ	7027...5221	Overlay	2	Up	Where Used
VLAN-EDGE-SITEA-TZ	cfc3...6f2d	VLAN	0	Unknown	Where Used
VLAN-SITEA-TZ	b228...0481	VLAN	2	Up	Where Used

Abbildung 8.75 Transportzonenübersicht

VMware empfiehlt, aus Skalierbarkeitsgründen einen eigenen TEP-IP-Pool für die Edge-Knoten einzurichten. Wir verzichten in unserer Laborumgebung auf diese Konfiguration, das Anlegen eines IP-Pools können Sie in Abschnitt 8.8.4 einsehen.

8.9.3 Erstellen von Edge-Transportknoten und Edge-Clustern

Für unsere Topologie brauchen wir zwei Edge-Transportknoten. Sie können Edge-Transportknoten als virtuelle Maschine oder Bare Metal erzeugen. Bare Metal Edge Nodes sollten Sie nutzen, wenn Sie sehr hohe Anforderungen an Latenz und Performance haben. Wir werden die Edges in unserer Topologie als virtuelle Maschine kreieren. Hierzu gehen Sie zu SYSTEM • FABRIC • NODES • EDGE TRANSPORT NODES • ADD EDGE VM. Nun müssen Sie einen Namen für den ersten Edge-Knoten vergeben und in der zweiten Zeile den FQDN-Namen hinzufügen. Als Größe verwenden wir SMALL, da wir uns in einer Laborumgebung befinden.

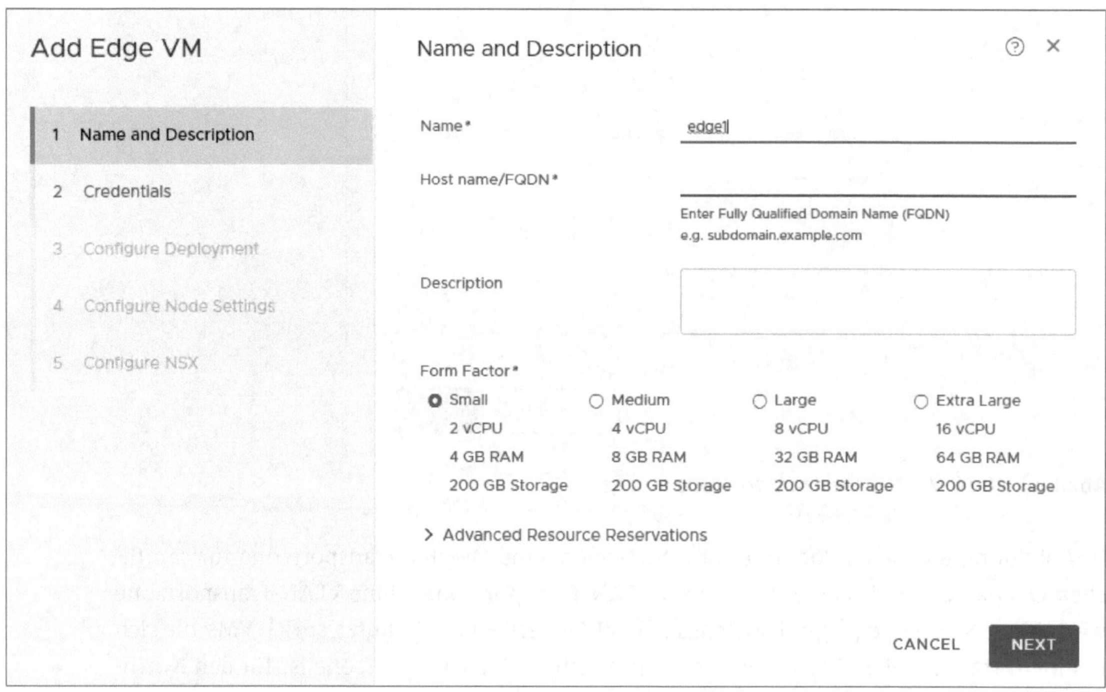

Abbildung 8.76 Edge-VM-Transportknoten anlegen (1/5)

Anschließend vergeben Sie die Passwörter für die User ADMIN und ROOT (siehe Abbildung 8.77). Es ist zu empfehlen, für beide User den SSH-Zugriff zu aktivieren, dies kann für eine Fehlersuche sehr hilfreich sein. Sofern Sie Sicherheitsbedenken haben, können Sie den SSH-Zugriff zu einem späteren Zeitpunkt wieder deaktivieren.

Nun wird definiert, in welcher vSphere-Umgebung die Edge VM ausgerollt wird (siehe Abbildung 8.78). Hierzu müssen Sie mindestens den vCenter als Compute Manager eintragen und den jeweiligen Cluster sowie den Datastore hinzufügen.

Der nächste Schritt ist, eine Management-IP der Edge VM zu vergeben. Dies kann mit DHCP oder statisch erfolgen (siehe Abbildung 8.79). Des Weiteren sollten Sie die Domäne, DNS und NTP angeben.

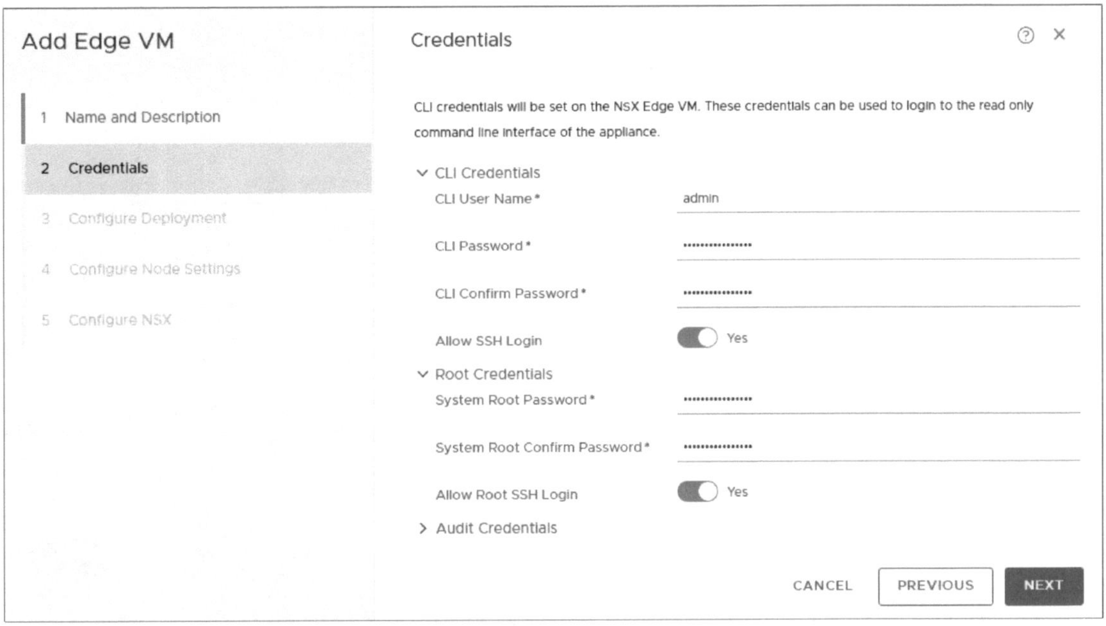

Abbildung 8.77 Edge-VM-Transportknoten anlegen (2/5)

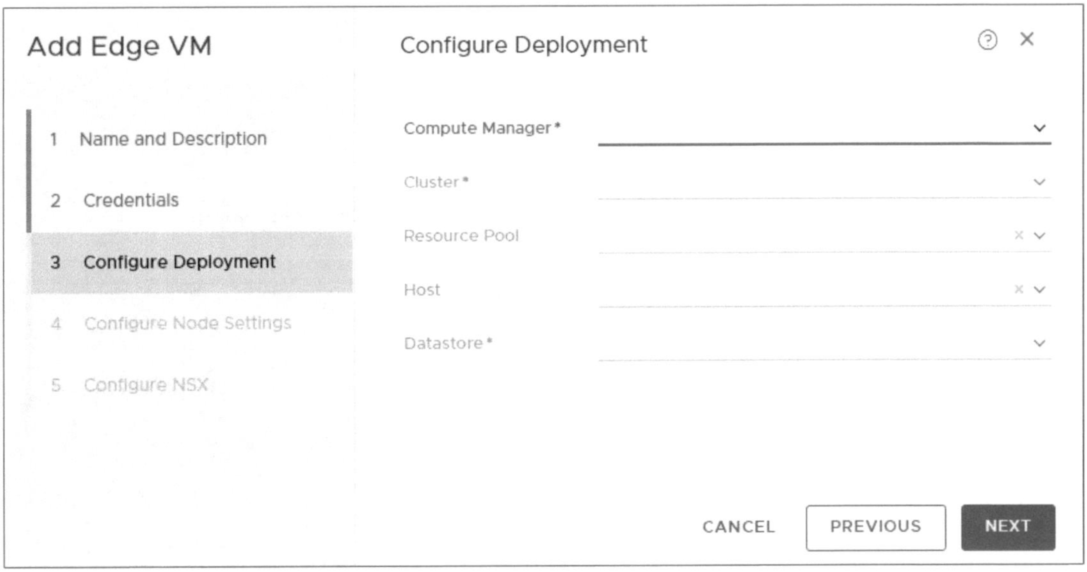

Abbildung 8.78 Edge-VM-Transportknoten anlegen (3/5)

Im letzten Schritt muss die N-VDS-Konfiguration durchgeführt werden (siehe Abbildung 8.80). Hierzu müssen Sie die Transportzone für Overlay und die Edge TZ mit VLAN eingeben, die wir im vorherigen Abschnitt erzeugt haben. Ebenfalls müssen Edge-Uplink und TEP-IP-Pool ausgewählt werden. Für die Uplinks definieren Sie die jeweiligen Trunks.

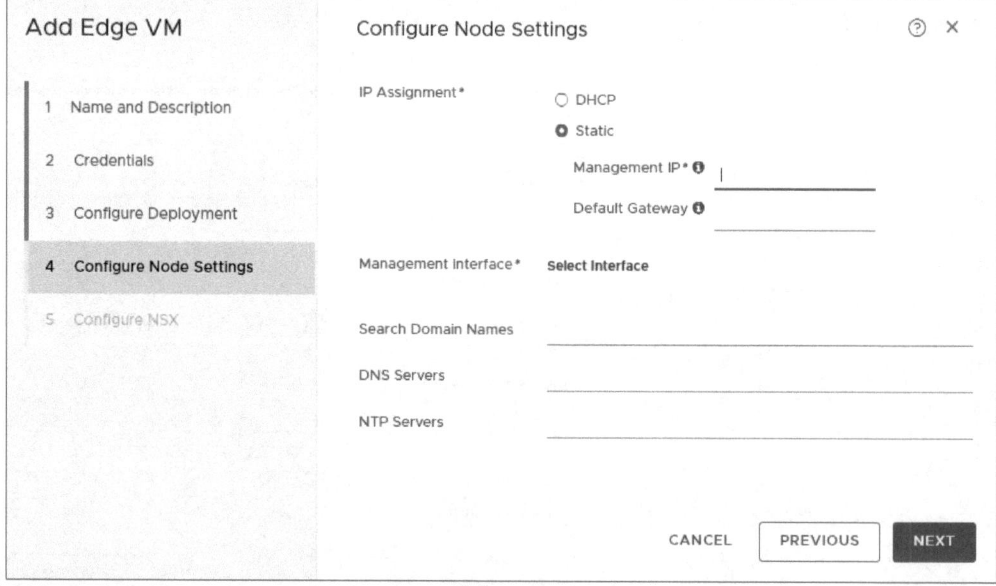

Abbildung 8.79 Edge-VM-Transportknoten anlegen (4/5)

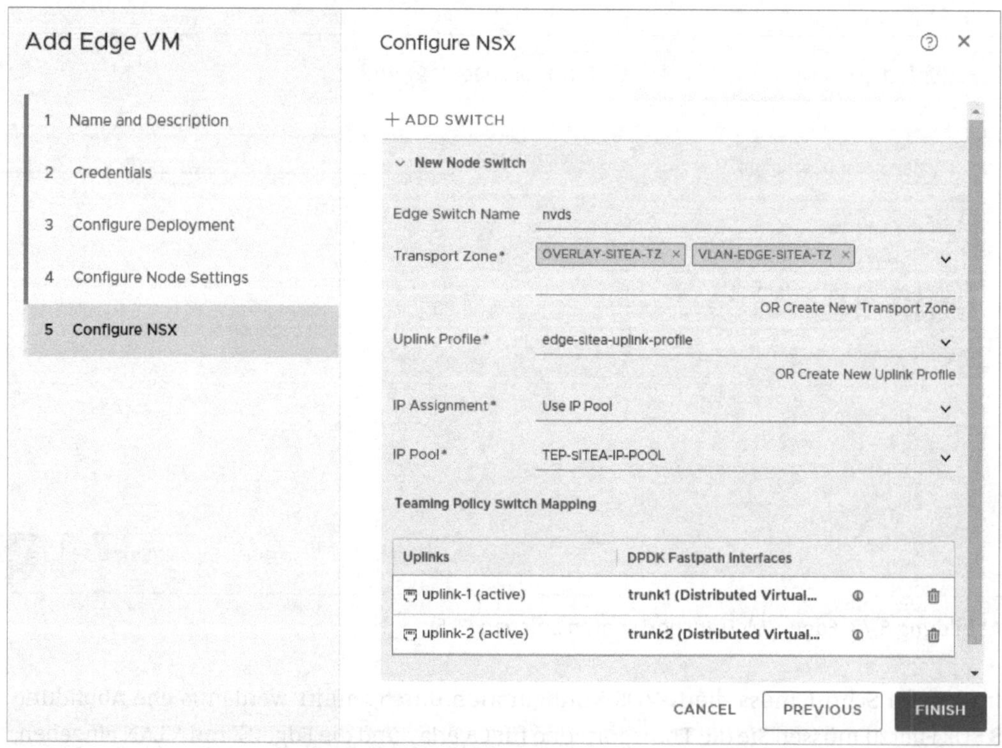

Abbildung 8.80 Edge-VM-Transportknoten anlegen (5/5)

Nun wird der erste Edge-Knoten angelegt. Den zweiten Edge-Knoten können Sie nach dem gleichen Prinzip erstellen, Sie benötigen hierzu nur einen dedizierten Namen und eine dedizierte Management-IP-Adresse.

Sind die Edge-Knoten erzeugt, müssen Sie einen Edge-Cluster erstellen. Hierzu gehen Sie auf SYSTEM • FABRIC • NODES • EDGE CLUSTERS • ADD. Nachdem Sie einen Namen vergeben haben, müssen Sie nur noch die Edge-Knoten auswählen, die Mitglieder des Edge-Clusters sein sollen (siehe Abbildung 8.81).

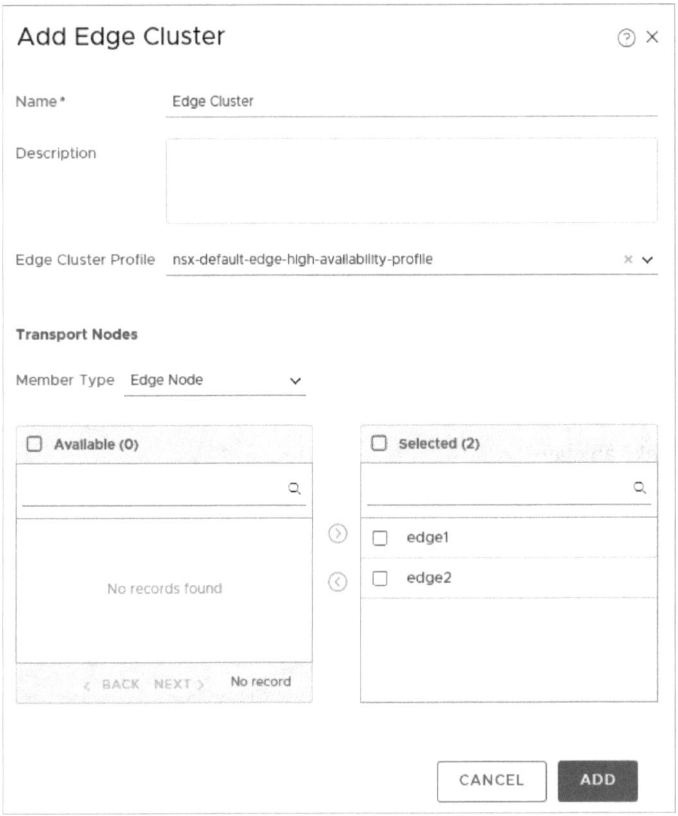

Abbildung 8.81 Edge-Cluster anlegen

8.9.4 Tier-0- und Uplink-Segmente anlegen

Um die Konnektivität vom Tier-0-Router zum physikalischen Netzwerk aufzubauen, müssen Sie zuerst für die Uplinks zwei logische Switches (Segmente) erzeugen. Unter NSX-T verwendet man den Begriff *Segmente* für logische Switches. Segmente können mit einer VLAN- oder einer Overlay-Transportzone konfiguriert werden.

Um ein Segment zu erzeugen, gehen Sie zuerst auf NETWORKING • SEGMENTS • ADD SEGMENT. Dann vergeben Sie einen Namen für das Segment und ordnen es der VLAN Edge Transport Zone zu (siehe Abbildung 8.82). Jetzt konfigurieren Sie die VLAN-ID 100 für Uplink 1, der von den Edge-Knoten BGP zum physikalischen Switch 1 aufbaut. Anschließend dürfen Sie nicht vergessen, die UPLINK-1-ONLY Teaming Policy zu spezifizieren.

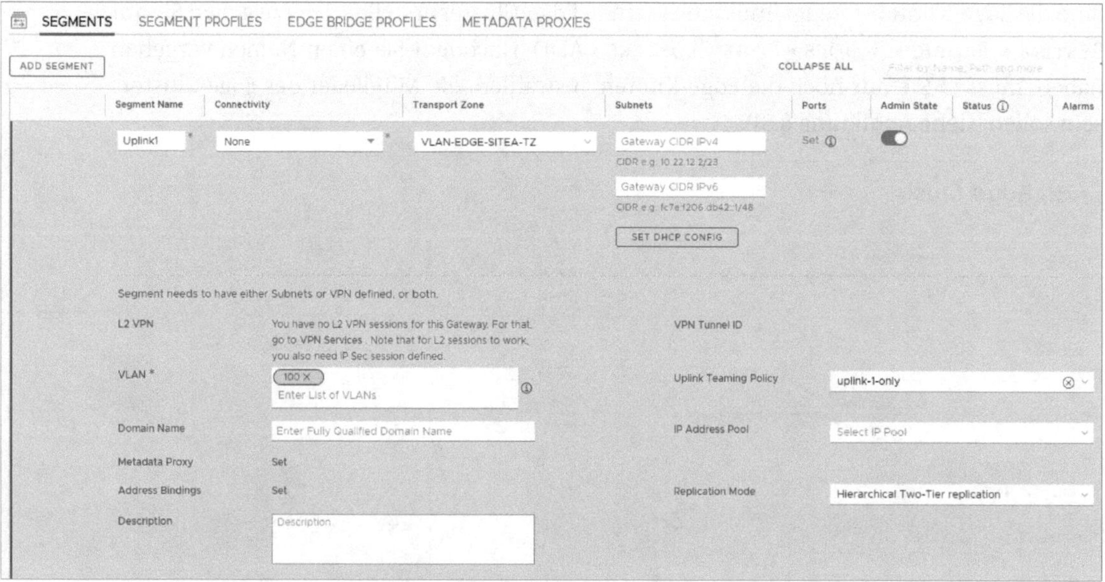

Abbildung 8.82 Segment für Uplink 1 anlegen

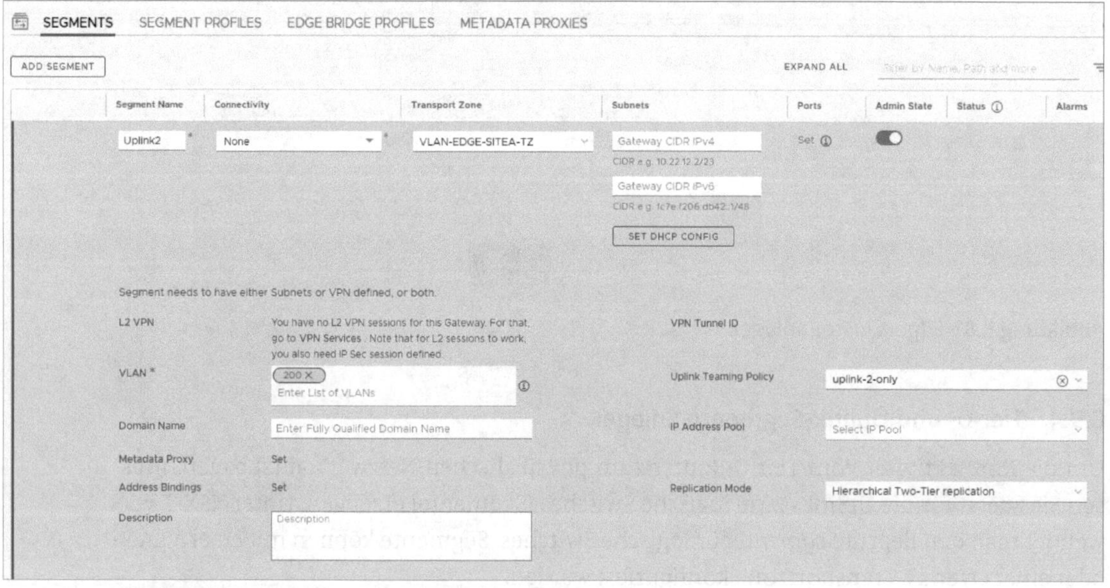

Abbildung 8.83 Segment für Uplink 2 anlegen

Nun konfigurieren Sie Uplink 2 mit der VLAN-ID 200 und der Teaming Policy UPLINK-2-ONLY (siehe Abbildung 8.83).

Um den Tier-0-Router anzulegen, müssen Sie auf NETWORKING • TIER-0 GATEWAYS • ADD GATEWAY klicken (siehe Abbildung 8.84).

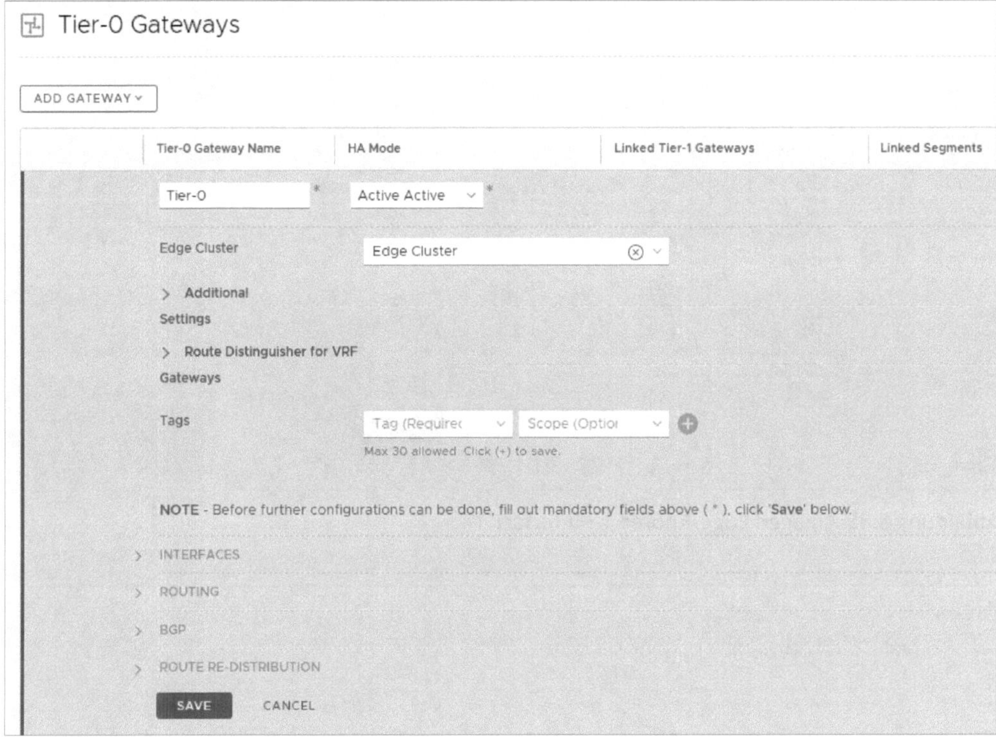

Abbildung 8.84 Tier-0-Router anlegen

Wir verwenden ACTIVE ACTIVE als HA MODE, da wir den Traffic über beide Edge-Knoten aufteilen wollen. Bedenken Sie, dass Sie bei HA Active Active keine Stateful Services auf dem Tier-0-Gateway konfigurieren können.

Nach dem Erstellen des Tier-0-Routers legen Sie die Interfaces von Edge-Knoten 1 und Edge-Knoten 2 an. Auf jedem Edge-Knoten liegt das VLAN 100 und VLAN 200 an. Das VLAN 100 ist am physikalischen Switch 1 konfiguriert und das VLAN 200 am physikalischen Switch 2 (siehe Abbildung 8.61).

Zum Erstellen eines neuen Interface müssen Sie auf TIER-0 • EDIT • INTERFACES • SET • ADD INTERFACE gehen. Anschließend müssen Sie einen Namen für das Interface, eine IP-Adresse mit Subnetmask, das Segment (logischer Switch) und den jeweiligen Edge-Knoten auswählen.

In den Abbildung 8.85 bis Abbildung 8.88 sehen Sie die Konfiguration der Interfaces.

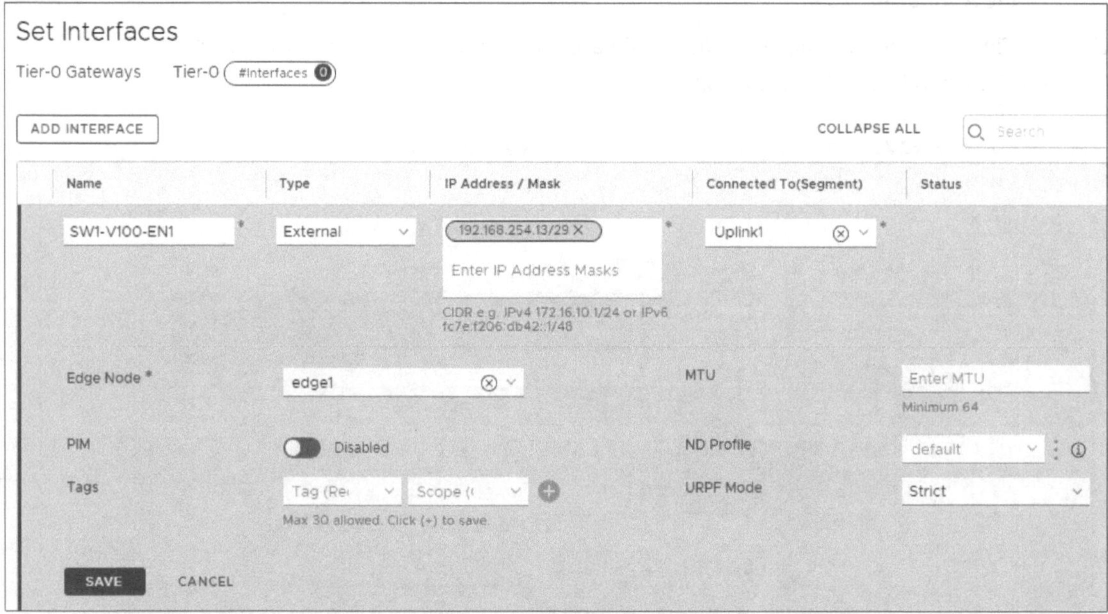

Abbildung 8.85 Anlegen Edge-Knoten 1 – Interface 1

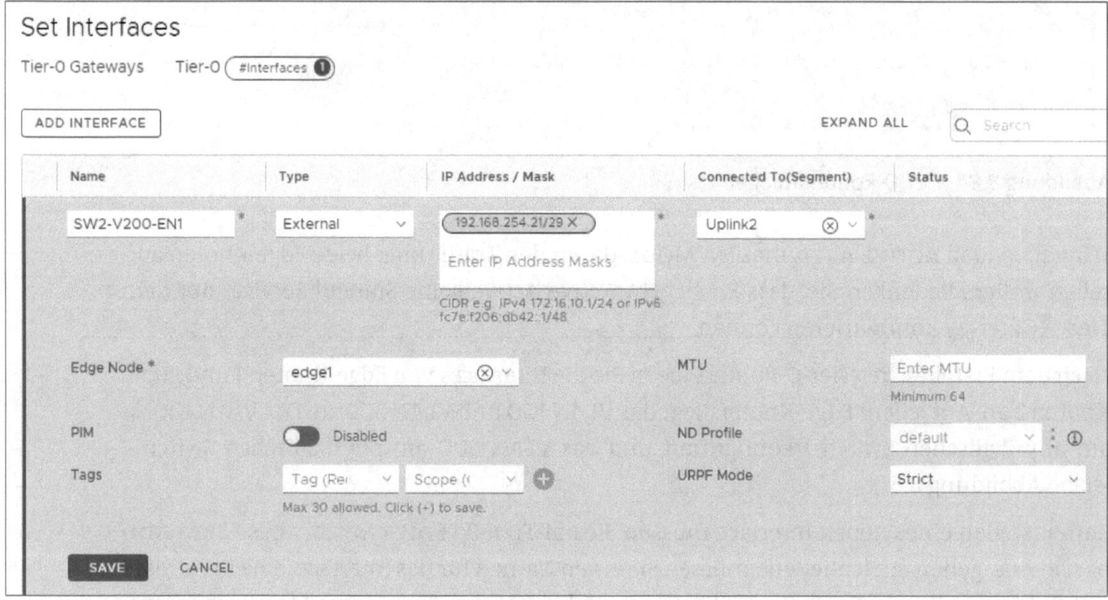

Abbildung 8.86 Anlegen Edge-Knoten 1 – Interface 2

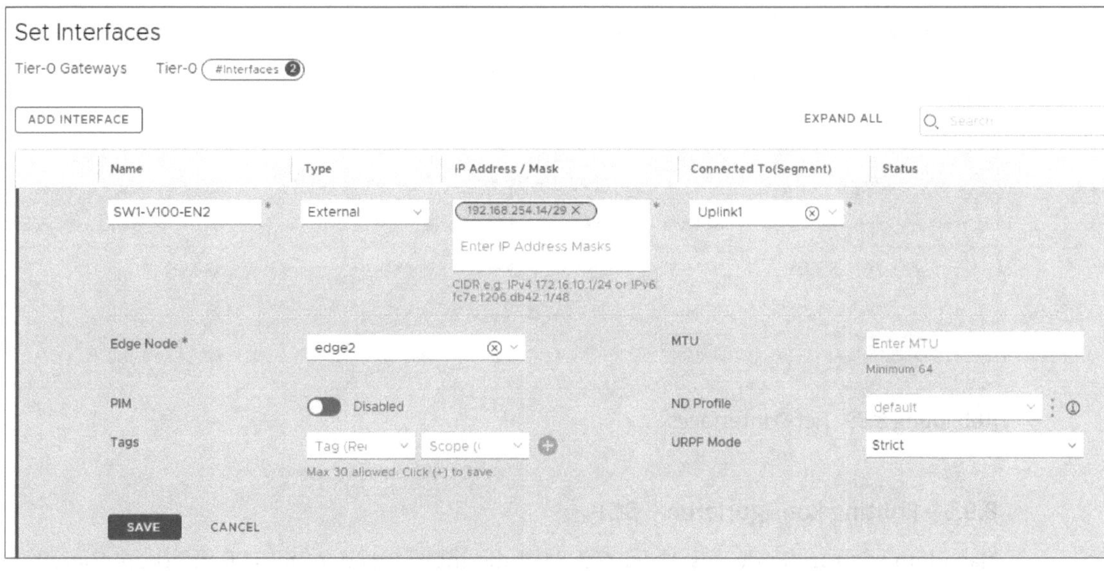

Abbildung 8.87 Anlegen Edge-Knoten 2 – Interface 1

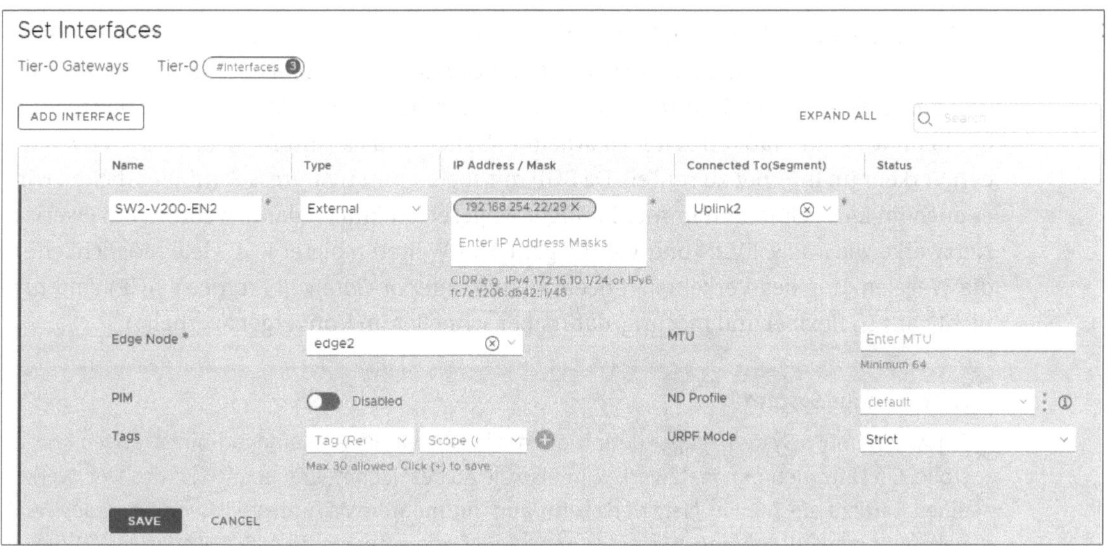

Abbildung 8.88 Anlegen Edge-Knoten 2 – Interface 2

Der Tier-0-Router besitzt nun insgesamt vier Interfaces über die Edge-Knoten 1 und 2 verteilt (siehe Abbildung 8.89).

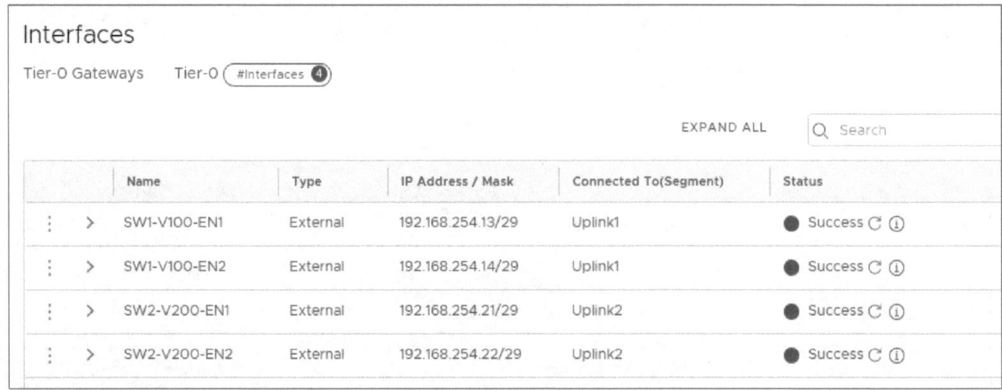

Abbildung 8.89 Tier-0 Interfaces

8.9.5 Routing konfigurieren – BGP

Nachdem wir zum Ende des Abschnitt 8.9.4 die Interfaces der Tier-0-Routerkomponenten eingerichtet haben, wollen wir nun das Routing zu den physikalischen Netzwerkkomponenten aufbauen.

Als Routing-Protokoll wird, im Gegensatz zu NSX-V, nur das *Border Gateway Protocol* (BGP) verwendet. BGP ist das derzeit einzige *Exterior Gateway Protocol* (EGP), das in Verwendung ist. Seine Aufgabe ist es, Routing zwischen *Autonomous Systems* (AS) zu gewährleisten und hierbei mit vielen Präfixen stabil zu arbeiten. Daher wird es zum Beispiel dafür verwendet, den Verkehr im Internet zu routen. Da BGP mit sogenannten Address Families arbeitet, wird es auch im LAN seit Jahren immer häufiger eingesetzt, nämlich dann, wenn es um Overlay-Netzwerke wie MPLS, EVPN und VXLAN geht. Des Weiteren bietet BGP viele Möglichkeiten, die Wegelenkung des Verkehrs zu beeinflussen. *Interior Gateway Protocols* (IGP) sind hier nicht ganz so flexibel und mächtig, dafür aber schneller im Konvergenzverhalten.

Autonomous System

Ein Autonomous System ist per definitionem ein Netzwerk unter einer administrativen Kontrolle. Ein Unternehmensnetzwerk wird also als AS bezeichnet, und ebenso ist das Netzwerk eines Carriers ein AS. Ein Netzwerk kann auch in mehrere AS unterteilt werden. Jedes AS bekommt eine *Autonomous System Number* (ASN), die entweder in *ASPLAIN* oder *ASDOT* dargestellt wird. Die *Regional Internet Registry* (RIR) für Asia Pacific (APNIC) stellt ein Umrechnungswerkzeug bereit, das Sie unter folgender URL aufrufen können: *https://submit.apnic.net/cgi-bin/convert-asn.pl*.

Stellt man ein BGP Peering zwischen zwei Routern unterschiedlicher AS her, spricht man von *External BGP* (EBGP oder auch eBGP). Die Idee ist nun, das physische Netzwerk und das NSX-T-Netzwerk als unterschiedliche AS zu definieren und eBGP zwischen T0 Edge und z. B. ToR-Switch sprechen zu lassen. Dies ist möglich, da ToR-Switches oftmals L3-Switches sind, die Routing beherrschen. Ein klassischer L2-Switch würde nicht funktionieren, da dieser kein Routing unterstützt. Sollte der ToR-Switch (auf der Access-Ebene des Datacenters) kein Routing beherrschen, wird das Peering mit Geräten auf der Data Center Distribution erstellt, spätestens hier liegt Routing-Funktionalität vor. Peerings zwischen Routern im selben AS werden über *Internal BGP* (IBGP oder auch iBGP) hergestellt. iBGP kann optional verwendet werden, um ein BGP Peering zwischen den T0-SR herzustellen. Eine nähere Betrachtung von BGP würde den Rahmen dieses Buchs sprengen, daher sei hier lediglich darauf hingewiesen, dass eBGP und iBGP unterschiedlich gehandhabt werden.

Bevor Sie NSX-T an BGP anbinden, sollten Sie sicherstellen, dass im bereits bestehenden BGP nicht zu viele Präfixe vorhalten. NSX-T 3.0 unterstützt, sofern Extra Large oder Bare Metal Edges verwendet werden, maximal 500.000 Präfixe. Auf einem BGP-Router, der Internetverkehr routet, sind es bereits über 600.000 Präfixe. Sie sollten hier also gegebenenfalls dafür sorgen, dass an NSX-T nur die Ihnen wichtigen Präfixe explizit bekannt gegeben werden und der Rest in Form einer Default Route erreichbar gemacht wird. Um BGP nun zu aktivieren, gehen Sie in den Editiermodus des Tier-0-Routers (siehe Abbildung 8.90).

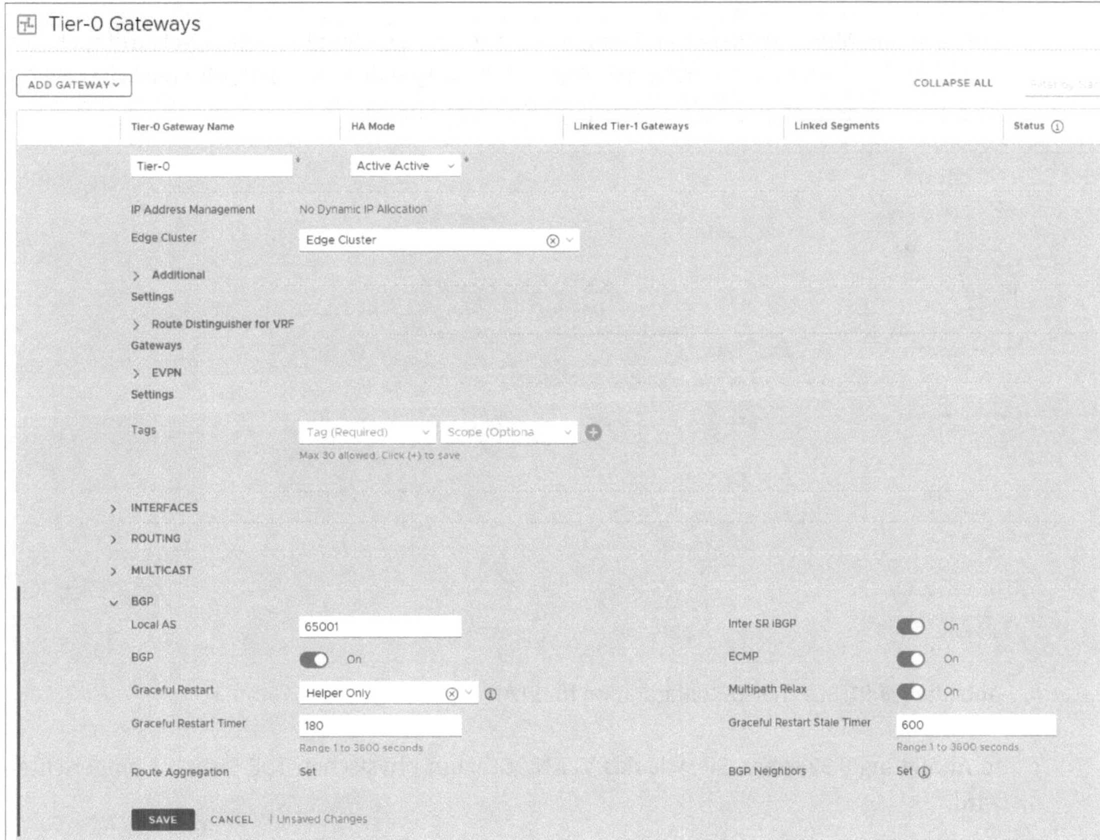

Abbildung 8.90 Tier-0 BGP aktivieren

Prüfen Sie dort um BGP eingeschaltet ist. In unser Topologie konfigurieren wir anschließend ECMP (*Equal Cost Multi Path*), damit der BGP-Traffic verteilt wird. Anschließend gehen Sie unter BGP NEIGHBORS auf die Option SET.

Als Erstes konfigurieren Sie die BGP-Nachbarschaft von den Edge-Knoten 1 und 2 zu ToR-Switch 1. Hierzu müssen die IP-Adresse des ToR-Switchs 1 und die Source-IP-Adressen eingegeben werden. Des Weiteren muss die Remote-AS-Nummer des T ToR-Switchs 1 definiert werden (Abbildung 8.91).

IP-Adressen müssen zusammenpassen!

Die IP-Adressen, die Sie als Nachbarn für das BGP-Protokoll konfigurieren, müssen stimmig sein: Wenn Sie IP-Adresse A auf der einen Seite als Nachbar angeben, müssen Sie diese auf der Gegenseite als Quelle (Source) angeben und umgekehrt. Andernfalls kommt kein Peering zustande. Als Source-IP wird auf dem ToR-Switch die IP-Adresse verwendet, die gemäß Routing dem Ziel am nächsten ist. Dieses Verhalten lässt sich durch explizite Definition der Update-Source anpassen.

Die Funktion *Multipath Relax* wird lediglich benötigt, wenn im physischen Netz mit mehr als einem AS gearbeitet wird und darüber dennoch ECMP gefahren werden soll. Sofern das NSX-T AS nur mit einem AS peered, ist diese Funktion nicht nötig.

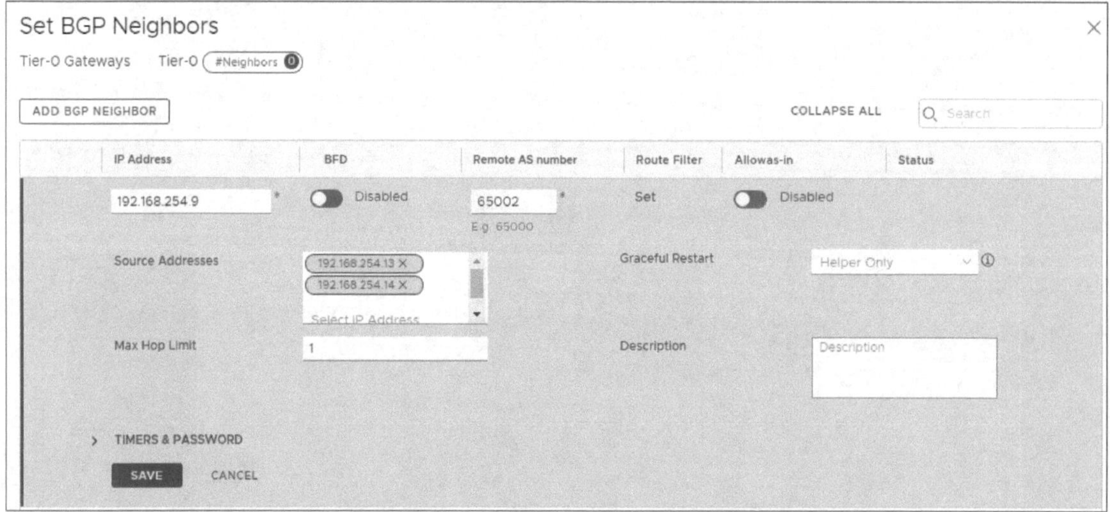

Abbildung 8.91 BGP-Tier-0-Konfiguration für VLAN 100

In Abbildung 8.92 sehen Sie, wie das VLAN 200 zum physischen ToR-Switch 2 eingerichtet wird.

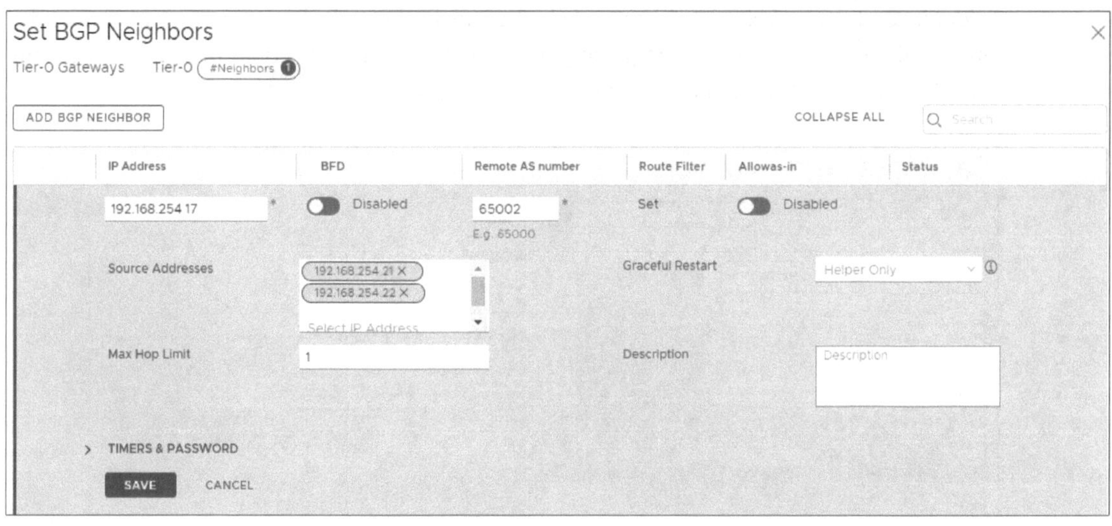

Abbildung 8.92 BGP-Tier-0-Konfiguration für VLAN 200

Nach einiger Zeit sehen Sie, dass die BGP-Nachbarschaft erfolgreich aufgebaut ist (Abbildung 8.93).

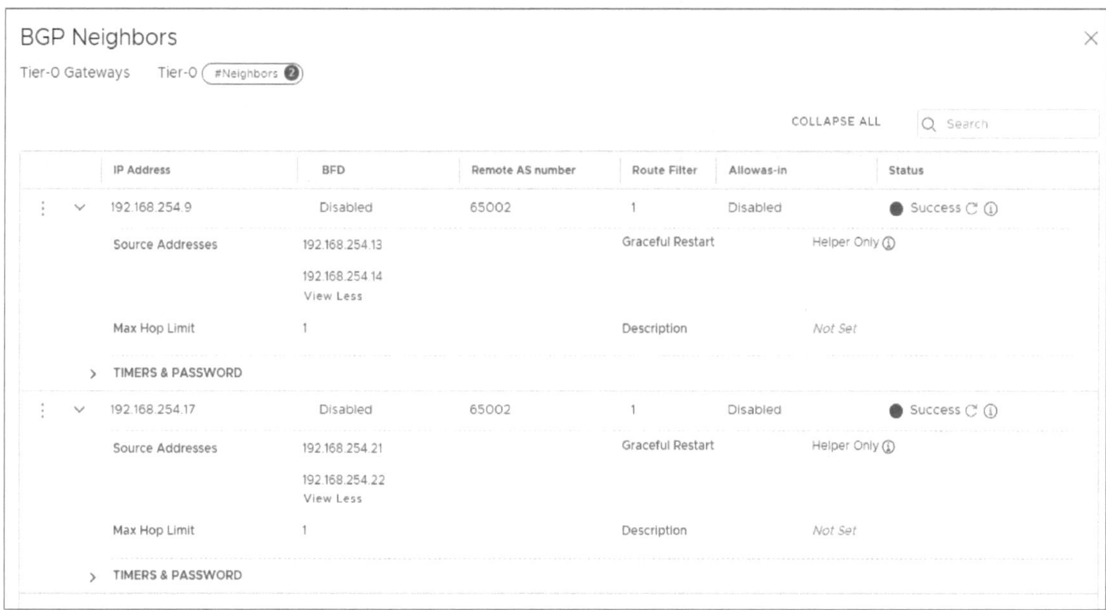

Abbildung 8.93 Tier-0 – BGP Peering

Damit die physikalischen ToR-Switches von NSX-T Routing-Information erhalten, müssen Sie zum Abschluss noch Route Redistribution einrichten. Hierzu gehen Sie unter dem Tier-0-Router auf SET ROUTE RE-DISTRIBUTION (siehe Abbildung 8.94).

Leider ist es derzeit in NSX-T nicht möglich, Präfixe direkt ins BGP einzubringen, es muss der Umweg über eine Redistribution gegangen werden. Dies hat zur Folge, dass die Präfixe aus NSX-T im BGP mit *Origin Code Incomplete* angezeigt werden.

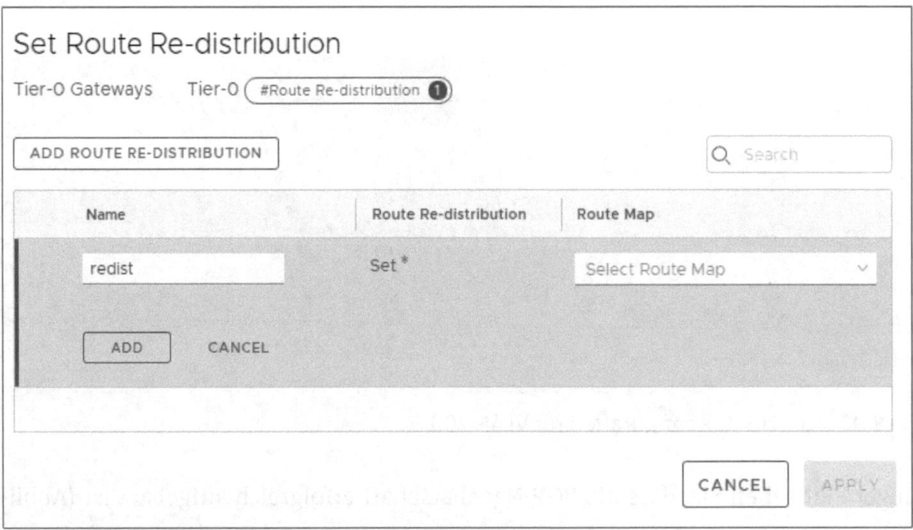

Abbildung 8.94 Route Redistribution einrichten (1/2)

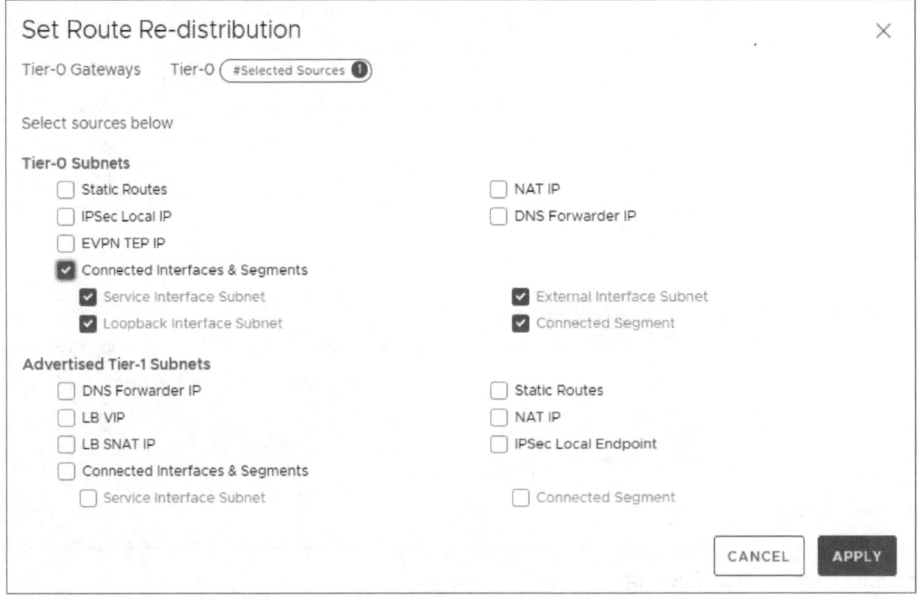

Abbildung 8.95 Route Redistribution einrichten (2/2)

Anschließend definieren Sie, dass alle Netze, die am Tier-0-Router konfiguriert sind, automatisch ins BGP-Routing verteilt werden (siehe Abbildung 8.95).

8.9.6 Erstellen eines Overlay-Segments

Ein Segment ist ein logischer NSX-Switch, der mit VLANs oder Overlay konfiguriert werden kann; spezifiziert wird dies durch die Transport Zone. In Abbildung 8.96 sehen Sie, wie wir ein neues Overlay-Segment anlegen. Wir vergeben hierzu einen Namen sowie eine IP-Adresse und binden das Segment an eine Overlay-Transportzone. Außerdem binden wir das Segment noch an den Tier-0 Router.

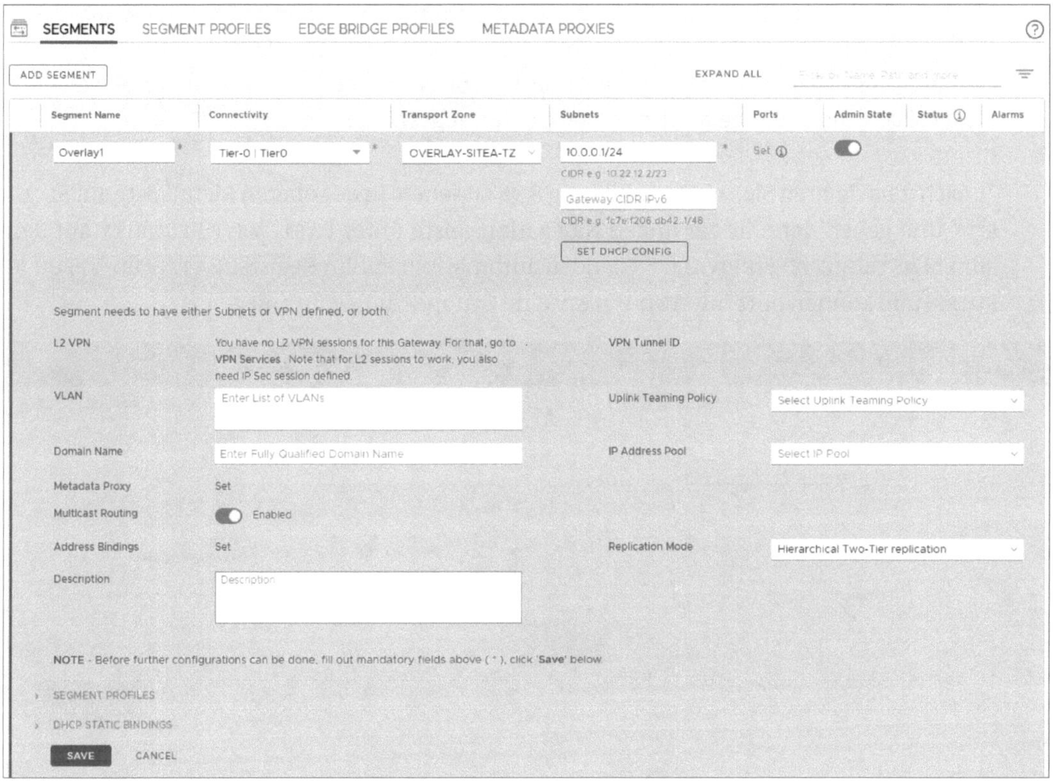

SEGMENTS SEGMENT PROFILES EDGE BRIDGE PROFILES METADATA PROXIES

ADD SEGMENT EXPAND ALL

Segment Name	Connectivity	Transport Zone	Subnets	Ports	Admin State	Status	Alarms
Overlay1	Tier-0 | Tier0	OVERLAY-SITEA-TZ	10.0.0.1/24	Set			

Segment needs to have either Subnets or VPN defined, or both.

L2 VPN: You have no L2 VPN sessions for this Gateway. For that, go to VPN Services. Note that for L2 sessions to work, you also need IP Sec session defined. — VPN Tunnel ID

VLAN: Enter List of VLANs — Uplink Teaming Policy: Select Uplink Teaming Policy

Domain Name: Enter Fully Qualified Domain Name — IP Address Pool: Select IP Pool

Metadata Proxy: Set

Multicast Routing: Enabled

Address Bindings: Set — Replication Mode: Hierarchical Two-Tier replication

Description

NOTE - Before further configurations can be done, fill out mandatory fields above (*), click 'Save' below.

SEGMENT PROFILES

DHCP STATIC BINDINGS

SAVE CANCEL

Abbildung 8.96 Anlegen eines Overlay-Segments

In Abbildung 8.97 sehen Sie eine Übersicht der von uns erstellten NSX-Segmente.

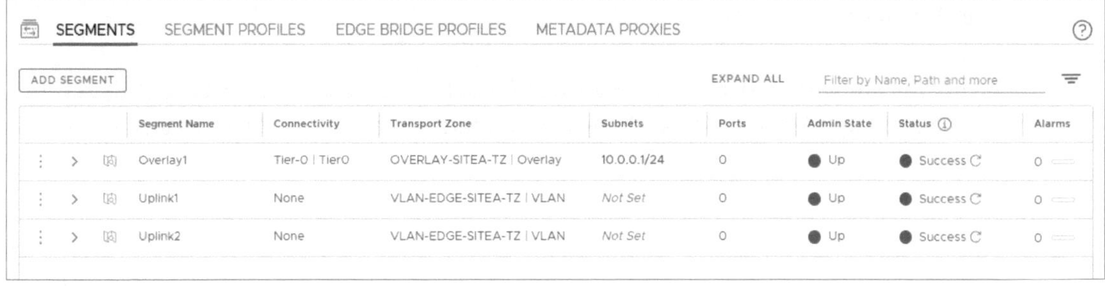

Abbildung 8.97 Segmentüberblick

8.9.7 Die Distributed Firewall einrichten

In Abschnitt 8.6.6 wurde die Aufgabe der Distributed Firewall erläutert. Hier zeigen wir Ihnen, wie Sie DFW-Regelwerke erstellen, um den East-West-Verkehr (Traffic innerhalb der NSX-T-Umgebung) zu reglementieren.

Abarbeitung von Regelwerken

Beachten Sie, dass NSX-T die Regeln sequenziell prüft. Beim ersten Match eines Pakets mit einer Regel führt es diese aus und nimmt keine weiteren Prüfungen des Pakets vor. Die Abarbeitung der Kategorien erfolgt von links nach rechts, und innerhalb einer Kategorie werden die Policies und ihre Regeln von oben nach unten abgearbeitet.

Zunächst navigieren Sie, wie in Abbildung 8.98 zu sehen, in der oberen Menüleiste auf SECURITY und gehen dann in der linken Navigationsleiste unter EAST WEST SECURITY auf den Punkt DISTRIBUTED FIREWALL. Sie landen automatisch auf im Register CATEGORY SPECIFIC RULES und können dort mit ADD POLICY eine Gruppe für Regeln anlegen.

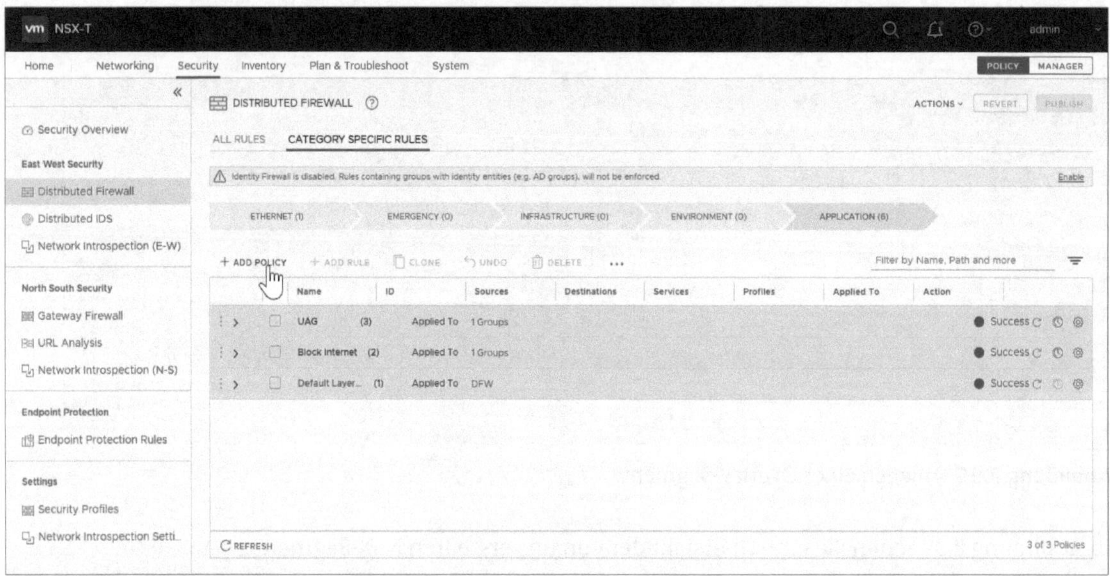

Abbildung 8.98 DFW ADD POLICY (1/2)

An der Meldung im gelben Kasten brauchen Sie sich nicht zu stören, es ist lediglich der Hinweis, dass in der benutzten Umgebung keine Identity Firewall, also keine Verknüpfung mit Active-Directory-Gruppen aktiviert ist. Dies hat aber keinen Einfluss auf die DFW-Regelwerke und ihre Funktionalität.

Wie in Abbildung 8.99 gezeigt, wird nun eine Policy hinzugefügt, deren Name Sie durch Klicken in das entsprechende Feld ändern können und sollten. In der Praxis ist hier selbstverständlich ein Name zu wählen, der einen Hinweis auf die Inhalte bzw. die Verwendung der Policy gibt.

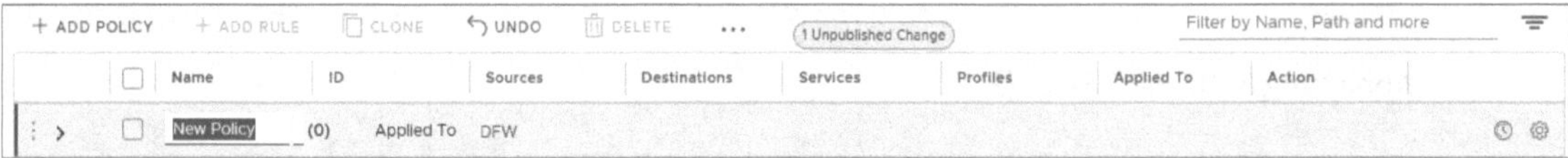

Abbildung 8.99 ADD POLICY (2/2)

Im nächsten Schritt klicken Sie, wie in Abbildung 8.100 gezeigt, auf die drei vertikal angeordneten Punkte links neben der Policy und dann auf ADD RULE.

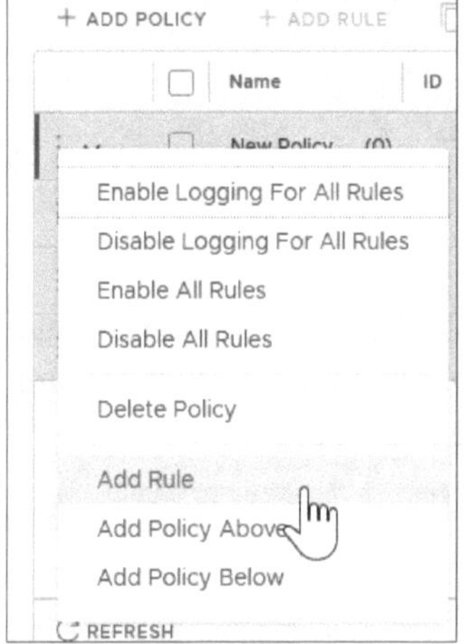

Abbildung 8.100 ADD RULE (1/7)

Nun taucht, wie in Abbildung 8.101 ersichtlich, unterhalb der Policy eine neue Regel auf, die Sie durch Klicken in die entsprechenden Felder anpassen können.

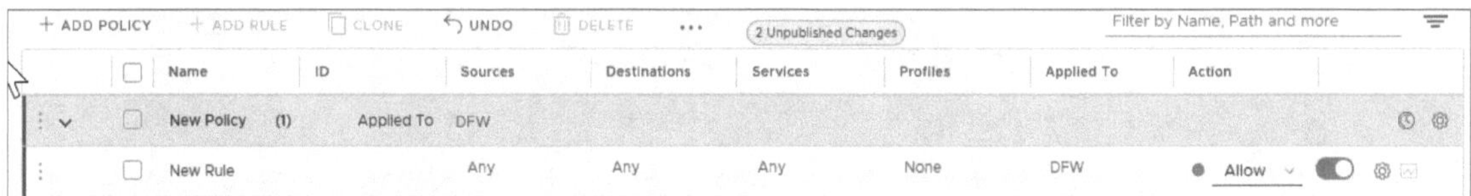

Abbildung 8.101 ADD RULE (2/7)

Sobald Sie alle Felder Ihren Wünschen entsprechend angepasst haben, wählen Sie (siehe Abbildung 8.102) aus, was passieren soll, wenn diese Regel greift. Der Unterschied zwischen DROP und REJECT ist, dass DROP Pakete ohne Rückmeldung an den Absender verwirft. Bei REJECT hingegen wird der Absender darüber informiert, dass das Paket aufgrund einer Regelverletzung verworfen wurde.

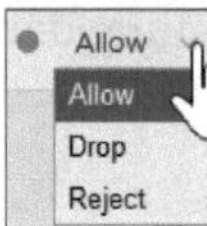

Abbildung 8.102 ADD RULE (3/7)

Auf jeden Fall sollten Sie das Feld APPLIED TO anpassen. Steht hier DFW, gilt die Regel für die gesamte Umgebung, und somit gelten auch alle Regeln. Es ergibt aber Sinn, dass Regeln nur dort genutzt werden, wo sie auch benötigt werden. Daher klicken Sie, wie in Abbildung 8.103 zu sehen, auf das entsprechende Feld, um es anzupassen.

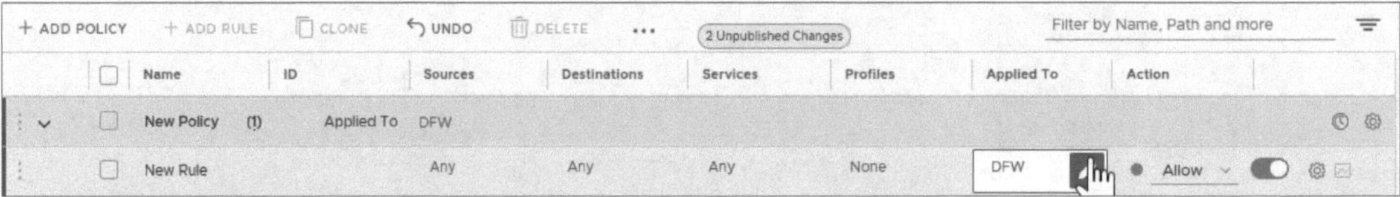

Abbildung 8.103 ADD RULE (4/7)

Es öffnet sich das in Abbildung 8.104 gezeigte Fenster, in dem Sie Gruppen erstellen können, für die eine Regel gelten soll. Aktivieren Sie hierzu die Option GROUPS und wählen Sie eine bereits erstellte Gruppe oder fügen Sie mit ADD GROUP eine neue Gruppe hinzu.

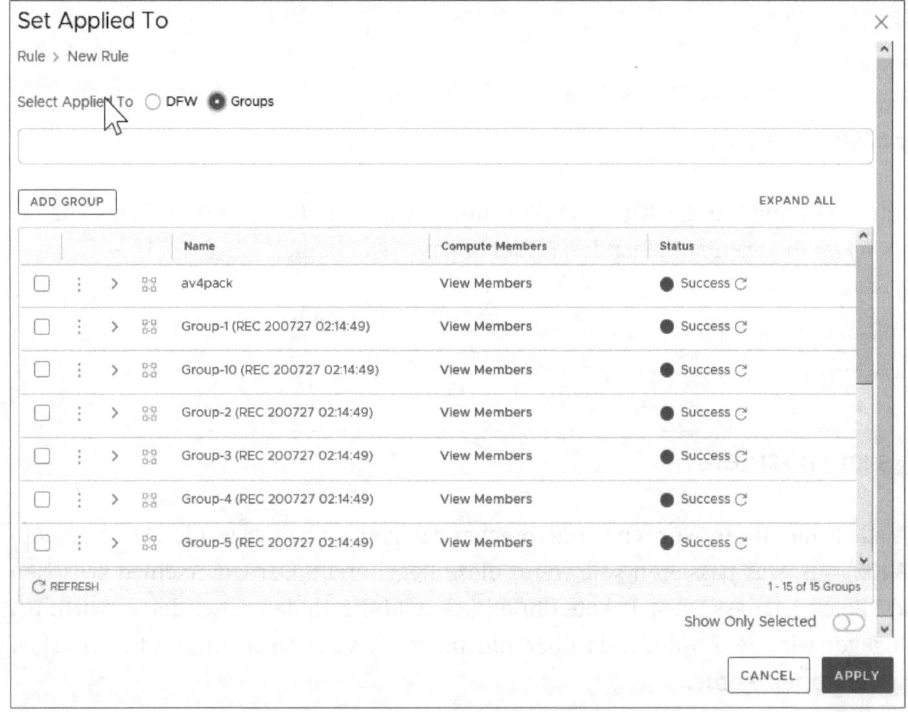

Abbildung 8.104 ADD RULE (5/7)

Anschließend bietet sich, wie Abbildung 8.105 zeigt, nun die Möglichkeit, zunächst einen Namen zu definieren. Klicken Sie dann auf SET MEMBERS.

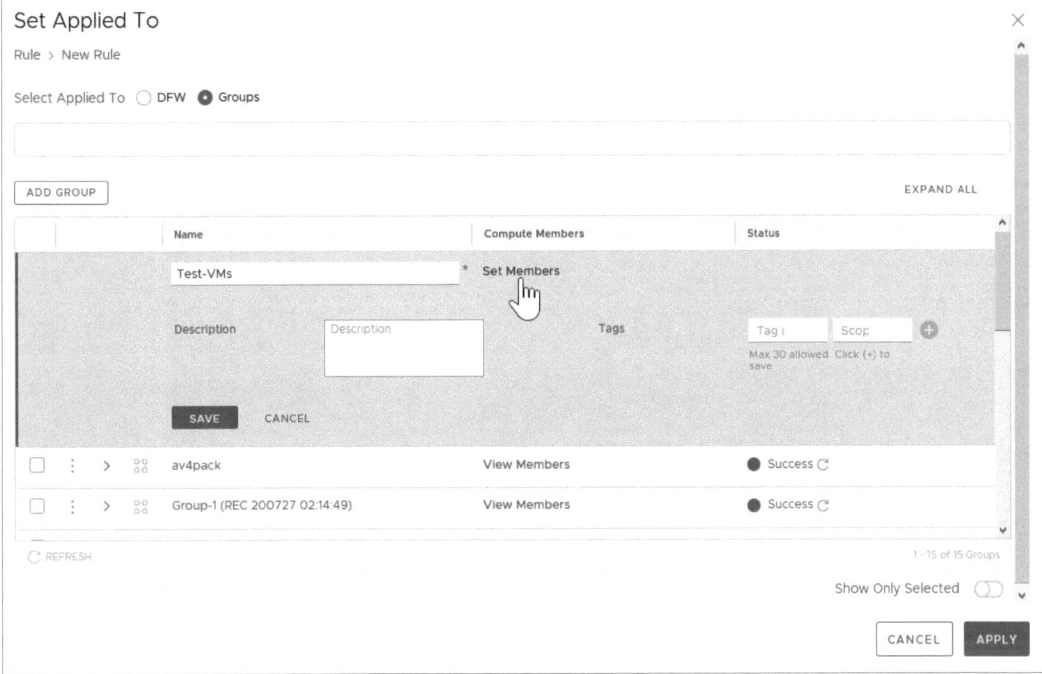

Abbildung 8.105 ADD RULE (6/7)

Ein weiteres Fenster öffnet sich, und Sie können über ADD CRITERIA Filter definieren, um VMs einzubringen. Dies veranschaulicht Abbildung 8.106. Sobald Sie damit fertig sind, klicken Sie auf APPLY und anschließend nochmals auf APPLY, um auch das nächste Fenster zu schließen.

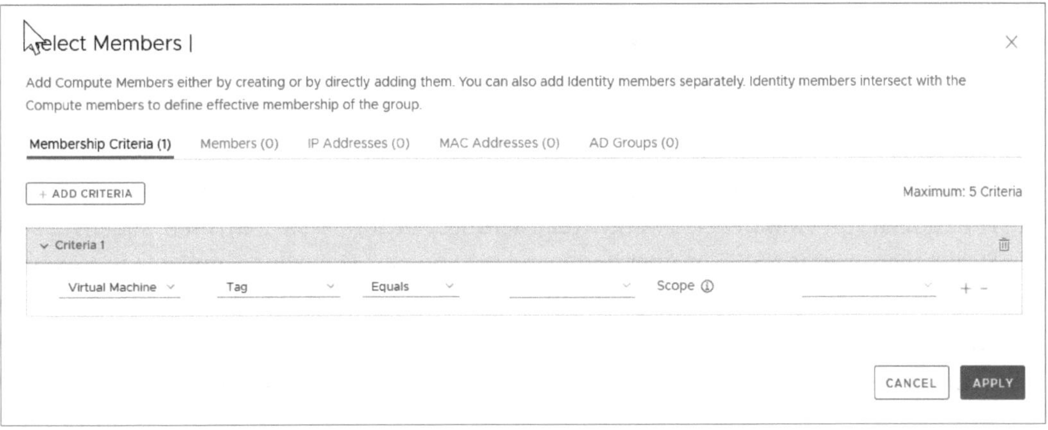

Abbildung 8.106 ADD RULE (7/7)

Diese Schritte wiederholen Sie nun, bis Sie alle Policies und Regeln erstellt haben. Die Regelwerke sind noch nicht aktiv. Um die Regeländerungen zu aktivieren, müssen Sie, wie in Abbildung 8.107 dargestellt, rechts oben auf PUBLISH klicken.

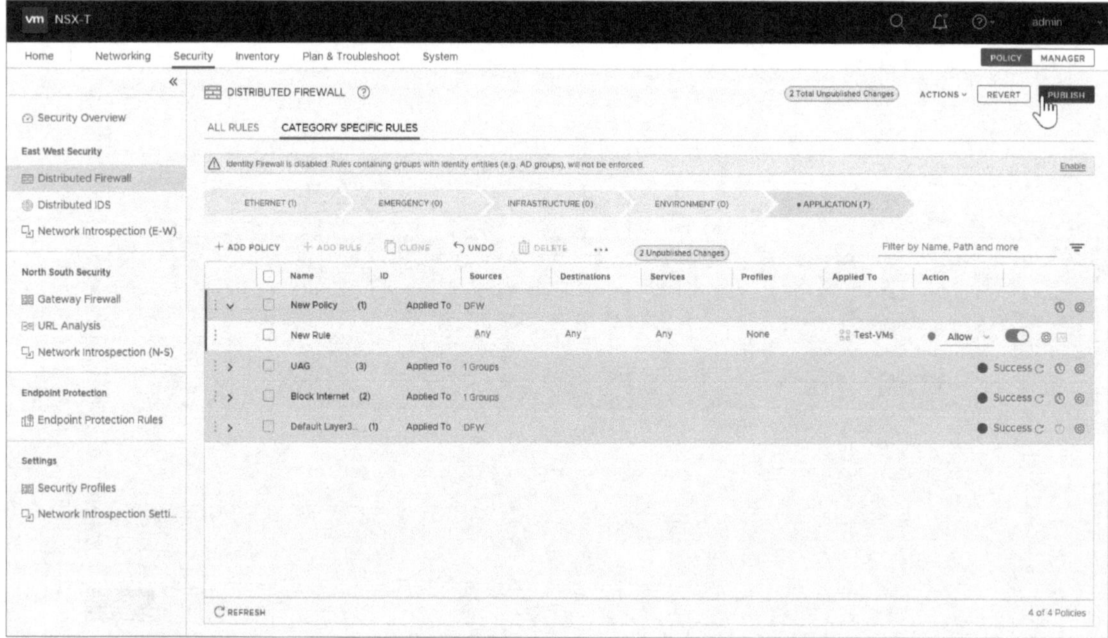

Abbildung 8.107 Aktivieren eines erstellten Regelwerks bzw. einer Änderung

> **Die Gateway-Firewall**
>
> Die Gateway-Firewall ist für die Reglementierung von North-South-Traffic zuständig. Die Erstellung von Regelwerken für die Gateway-Firewall funktioniert genauso wie bei der Distributed Firewall, und die Abarbeitung funktioniert ebenfalls auf diese Art und Weise.

8.10 Zusammenfassung und Ausblick

In diesem Kapitel haben Sie einen Überblick über die Architektur und die wesentlichen Funktionen von VMwares Netzwerkvirtualisierungsplattform NSX-T erhalten. Zudem haben Sie gesehen, wie Sie NSX-T in einer bestehenden vSphere-7-Umgebung implementieren und wie Sie die wichtigsten Funktionen anhand einer Beispielumgebung nutzen können.

Wenn Sie NSX-T nun selbst testen möchten, empfiehlt es sich zunächst, die von VMware kostenfrei unter *https://labs.hol.vmware.com* bereitgestellten Hands-on-Labs zu nutzen.

NSX-T ermöglicht es, Netzwerk- und Sicherheitsfunktionen auch für Ihre modernen, containerbasierten Anwendungen bzw. Microservices (Cloud-native Applications) bereitzustellen. Auch hierfür stehen in VMwares Hands-on-Labs-Umgebung geeignete Laborszenarien zur Verfügung, in denen Sie NSX in Kombination mit Containern und Kubernetes testen können.

Der volle Funktionsumfang von NSX-T hinsichtlich der Netzwerkautomatisierung erschließt sich insbesondere dann, wenn Sie das Produkt mit einer Cloud-Management-Plattform kombinieren, wie z. B. mit VMware vRealize Automation oder alternativen Produkten wie MorpheusData.

Ein weiterer von der Netzwerkautomatisierung unabhängiger Use Case ist die Erhöhung der Sicherheit im Netzwerk. Über die Distributed Firewall und IDS-/IPS-Funktionen können Sie Ihre Applikationen absichern.

Für die Überwachung einer NSX-T-Umgebung stehen außerdem weitere Produkte von VMware zur Verfügung, z. B. *vRealize Log Insight*, *vRealize Operations* oder *vRealize Network Insight*.

Kapitel 9
Storage-Architektur

Auch mit VMware vSphere 7.0 hat es Verbesserungen und Neuerungen gegeben. Hier soll es aber auch um das Grundsätzliche zum Thema Storage gehen. Die Autoren dieses Kapitels sind Jan Große, jgrosse@vpantheon.com, und Bertram Wöhrmann, buch@ligarion.de.

Eine erfolgreiche Virtualisierungsinfrastruktur steht und fällt mit der richtigen Planung und Umsetzung einer Storage-Architektur. Sie ist einer der wichtigsten Faktoren für performante VMs. VMware gibt an, dass 90 % der Supportanfragen ihre Fehlerursachen im Bereich des Storages haben. Der größte Teil davon liegt im Bereich von grundsätzlichen Planungsfehlern als Ursache von Leistungs- oder Zugriffsproblemen. Auch All-Flash-Systeme wirken da häufig nur problemverschiebend.

Themenauswahl dieses Kapitels

Es mag Ihnen vielleicht komisch vorkommen, dass wir noch über Plattendesigns schreiben, die nicht vollständig auf SSDs basieren – aber so sehen nun einmal die Infrastrukturen bei den Kunden aus.

Aus diesem Grund besprechen wir selbstverständlich auch die vermeintlich alte Technologie.

Es ist allerdings zu leicht, einfach alles auf die anfängliche Planung zu schieben, da viele der Schwierigkeiten erst auftreten, nachdem die virtuelle Infrastruktur über eine längere Zeit betrieben wurde und über gewisse Grenzwerte hinausgewachsen ist. Versuche, die Probleme ohne neue Hardware und ohne strukturelle Änderungen z. B. durch geschickte Umverteilung oder andere Maßnahmen in den Griff zu bekommen, erreichen bestenfalls eine temporäre Erleichterung.

Eine Basis für eine gute Planung soll dieses Kapitel sein, für den aktuellen Stand genauso wie für das kommende Wachstum. Weitere Hilfestellungen zeigen, wie Sie mit Engpässen umgehen können.

Dabei ist Storage ein zweigleisiges Thema. Es geht hier nicht nur um die Ablage von virtuellen Maschinen, sondern auch um das Installations- bzw. Bootmedium für den Host selbst.

Hinweis

Der vSphere-Host braucht das Bootmedium nur zum Starten des Systems. Nach dem Start läuft der gesamte Host im Speicher. Plattenressourcen werden nur für Log- bzw. Scratch-Partitionen gebraucht.

9.1 Lokale Medien

VMware vSphere unterstützt die Installation und den Start des Systems auf bestimmten Typen lokaler Medien. Dabei bieten die unterschiedlichen Festplattentypen auch unterschiedliche Eigenschaften. Beispielsweise ist der Betrieb virtueller Maschinen nicht von jedem Medium aus möglich oder empfehlenswert.

9.1.1 SATA

Mit vSphere kann problemlos auf SATA-Festplatten zugegriffen werden, vorausgesetzt, der SATA-Controller besitzt offiziellen Support (siehe *VMware Compatibility Guide* unter *http://www.vmware.com/resources/compatibility/search.php*). Eine Installation auf SATA-Festplatten ist uneingeschränkt möglich, für die Installation ist ein RAID-Level empfohlen, aber nicht unbedingt notwendig.

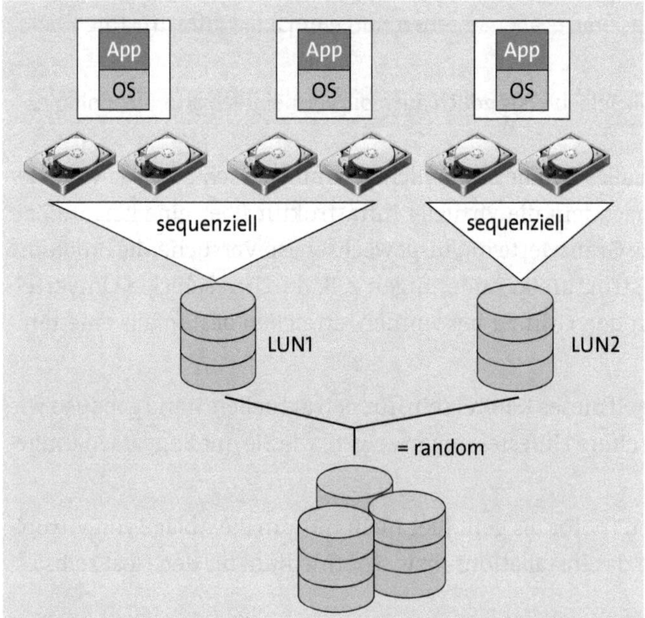

Abbildung 9.1 Aus sequenziellem Zugriff wird, aufgrund mehrerer virtueller Festplatten und LUNs, ein reiner Random-Zugriff.

Allerdings sollten Sie immer eine ausfallsichere RAID-Variante wählen, z. B. RAID 1 oder RAID 5, wenn VMs auf dem Datenbereich abgelegt werden sollen. Der Betrieb virtueller Maschinen auf lokalen SATA-Festplatten ist allerdings nicht zu empfehlen, wenn die VMs produktiv eingesetzt werden und entsprechend Leistung benötigt wird.

Die Leistungsfähigkeit beim Random-Zugriff von SATA-Festplatten gegenüber Fibre-Channel-(FC-) oder SAS-Festplatten kann mit weniger als 50 % angegeben werden. Da beim Betrieb mehrerer VMs auf dem gleichen VMFS (*VMware vSphere Virtual Machine File System*) nahezu ausschließlich Random-Zugriff herrscht, entsteht mit SATA leicht ein Performance-Engpass. Dessen Hintergrund ist unter anderem die Datendichte, also reine Physik. Vergleichen Sie 4 TB SATA mit 1.600 GB SAS, so sind auf ungefähr der gleichen Fläche nahezu zweieinhalbmal mehr Daten abgelegt.

Dies ist beim sequenziellen Lesen und Schreiben von Vorteil, allerdings nicht beim Random-Zugriff, bei dem sich der Schreib-/Lesekopf stetig bewegen muss, um die Daten auszulesen.

Random-Zugriffe auf einen Datastore

Sie müssen immer bedenken, dass die Random- oder sequenziellen Zugriffe nicht pro Datastore stattfinden. Sie müssen die Schichten des Storages unterhalb genau betrachten. Die physischen Komponenten unterhalb stehen in der Regel nicht exklusiv einem Datastore zur Verfügung, vielmehr werden sie auch von anderen Servern genutzt.

Daher ist es nahezu unmöglich, dass sequenzielle Zugriffe vorkommen, wenn mehrere VMs über mehrere Datastores verteilt auf einer Hardware liegen. Daher ist ein sequenzieller Zugriff nur zu gewährleisten, wenn eine VM oder ein *Raw Device Mapping* (RDM) auf einer LUN liegt, die wiederum allein auf einem Hardwarebereich liegt.

SATA-Festplatten sind zumeist mit 5.400 oder 7.200 Umdrehungen (RPM) erhältlich, einzelne Platten auch schon mit 10.000 RPM. SATA-Festplatten sind wesentlich billiger als die FC-Typen. Mittlerweile verfügen die SATA-Platten über bis zu 512 MB Cache, was deutliche Leistungsvorteile bringt. Allerdings kann die einzelne SATA-Festplatte nicht mit einer FC/SAS-Platte mithalten. Es ist davon auszugehen, dass eine SATA-Platte je nach Umdrehungen zwischen 70 und 90 IOPS erreicht.

Dagegen hilft nur, mehrere SATA-Festplatten zu einem großen RAID-Verbund zusammenzufassen. Allerdings führen Sie dies besser im SAN (*Storage Area Network*) oder NAS (*Network Attached Storage*) als im DAS (*Direct Attached Storage*) durch.

Achten Sie dabei auf die Limitierung von VMware auf 62-TB-LUNs. Je nach Storage-System und der Umrechnung ist in der Regel die angezeigte Gesamtgröße etwas kleiner.

Kommt es nicht auf die Festplattenleistung an und ist nur die Festplattenkapazität von Bedeutung, ist SATA eine erstklassige Wahl. Übrigens können Sie SATA-Festplatten aufgrund ihrer sehr guten sequenziellen Leistung sehr gut im Backup/Restore-Umfeld einsetzen.

9.1.2 SAS und SCSI

SAS (*Serial Attached SCSI*) hat das parallele SCSI (finaler Standard Ultra-320) rasch abgelöst. Die parallele SCSI-Anbindung hatte die physischen Belastungsgrenzen erreicht, da die Signallaufzeit der einzelnen Bits auf dem Bus zu sehr abwich. SAS überträgt das traditionelle SCSI seriell und ermöglicht damit höhere Übertragungsraten, nämlich 3 GBit/s (3G), 6 GBit/s (6G), 12 GBit/s (12G), 22,5 GBit/s (24G), und in Entwicklung ist 48 GBit/s (48G). Außerdem nutzt SAS Punkt-zu-Punkt-Verbindungen, wodurch ein SCSI-Terminator überflüssig wird. SAS bietet aber mit Expandern und Dual Porting noch zwei weitere Vorteile.

Expander

SAS unterstützt die Erweiterung durch Expander, um Domänen von SAS-Geräten aufzubauen, was mit Netzwerk-Switches vergleichbar ist. Es wird zwischen Edge- und Fanout-Expandern unterschieden. Der Edge-Expander kann bis zu 128 SAS-Geräte verwalten, ein Fanout-Expander verwaltet bis zu 128 Edge-Expander. Damit ist es möglich, bis zu 16.384 (128 × 128) Endgeräte über ein SAS-Kabel zu betreiben.

Dual Porting

SAS bietet die Möglichkeit, Festplatten mit einem oder mit zwei Ports zu nutzen, entweder gebündelt (zwecks Performance) oder um für Ausfallsicherheit zu sorgen. Eine Dual-Port-SAS-Platte kann somit an zwei unterschiedliche SAS-Controller angeschlossen werden, wodurch Ausfallsicherheit sehr einfach realisierbar ist.

Sowohl im Server- als auch im Storage-Bereich sind primär SAS-Festplatten und SSDs zu finden. SAS hat sehr gute Zugriffs- und Übertragungswerte. Hier können Sie von 120 IOPS (10.000 Umdrehungen) und 180 IOPS (15.000 Umdrehungen) ausgehen, und der Einsatz ist preiswerter als SSD-Platten im Server- bzw. Storage-Umfeld.

SAS-Platten sind ideale Kandidaten zur Verwendung als lokaler Speicher mit VMware ESXi. Auch bei SAS ist empfohlen, lokal ein ausfallsicheres RAID 1 oder RAID 5 aufzubauen, bevor Sie den ESXi-Server installieren. Für eine reine ESXi-Installation wären SSDs oversized. Viele Kunden installieren auf USB-Stick oder SD-Card, denn nach dem Bootvorgang läuft der vSphere-Host in einer RAM-Disk, und das Bootmedium wird nicht mehr gebraucht.

SAS- bzw. SSD-Plattentypen eignen sich zudem bei entsprechender Festplattenanzahl und RAID-Level (1, 10, 5, 50 und 6) zum Betrieb virtueller Maschinen auf lokalem Speicher.

Info

Man sollte meinen, dass sich im Bereich der SSD das Thema RAID erledigt hat. Das ist aber nicht so. Auch SSDs können ausfallen, und dort gespeicherte Daten müssen vor einem Ausfall geschützt werden. Aus diesem Grund kommen weiterhin bekannte RAID-Level zum Einsatz. Einige Hersteller haben diese aber für die Nutzung im Bereich SSD-Festplatten optimiert und bieten entsprechend modifizierte RAID-Level an.

9.1.3 Fibre-Channel (FC)

Fibre-Channel-Festplatten gehörten (abgesehen von Solid-State-Festplatten) zu den schnellsten Festplattentypen im Storage-Bereich. Aufgrund des teuren FC-Anschlusses sind diese Festplatten im Server-Bereich sehr selten zu finden, dafür im Storage-Bereich umso öfter. Wegen der guten Zugriffsgeschwindigkeit und der hohen Datenübertragungsraten wurde FC meist in Bereichen eingesetzt, in denen Geschwindigkeit und Zuverlässigkeit gefragt sind.

Das hat sich aber mittlerweile geändert. Die SAS-Platten haben die FC-Platten verdrängt und sie sowohl bei der Kapazität als auch bei der Geschwindigkeit überholt.

9.1.4 NVMe (Non-Volatile Memory express)

Das NVMe-Protokoll wurde zuerst in hochwertigen Notebooks verwendet, denn es ist eine Schnittstelle für Speichermedien mit kleinen Abmessungen. Das Speichermedium wird hier direkt an den PCIe-Bus angebunden. Damit entfallen SAS oder SATA als separate Storage-Busse. Eine Beschleunigung der Zugriffe ist damit vorprogrammiert. Über die Bündelung der PCIe-Lanes können Prozesse weiter parallelisiert werden. Mit der Erhöhung der Bündelungsrate beschleunigt sich auch der Zugriff auf den Storage.

Bei NVMe wurde der Befehlssatz verschlankt und auf Parallelisierung und I/O-Performance optimiert. Kommt in Notebooks der M.2-Anschluss zum Einsatz (*mini*), so findet sich im Storage-Bereich der U.2-Anschluss (*universal*).

Diverse Storage-Hersteller bieten schon entsprechende Geräte an, um das Maximum an Performance aus den Systemen herauszuholen. Der Anschluss der Geräte kann über Fibre-Channel, das Netzwerk oder eine native NVMe-Schnittstelle erfolgen.

9.1.5 IDE

VMware integrierte auch eine IDE-Unterstützung, nicht nur für Wechselmedien (CD/DVD), sondern auch für die Installation auf lokalen Festplatten. Im Bereich der Festplatten spielt IDE aber keine Rolle mehr. SATA ist der Standard für den Anschluss von Festplatten in Systemen im Non-SAS-Bereich.

9.1.6 SSD

SSD steht für *Solid State Disk*. Das sind Festplatten, die aus Speicherchips und nicht aus den in der traditionellen Festplattenwelt bekannten Magnetscheiben bestehen. Als Speicherchips dienen entweder Flash- oder SDRAM-Speicher. Die beiden Speichertypen unterscheiden sich hauptsächlich in der Geschwindigkeit und Flüchtigkeit, wie Tabelle 9.1 zeigt.

Merkmal	SSD-Flash	SSD-SDRAM	Festplatte
Geschwindigkeit	mittel bis hoch	sehr hoch	hoch
Zugriffszeit	gut	sehr gut	mittel bis schlecht
Datenflüchtigkeit	nicht flüchtig	flüchtig	nicht flüchtig
Robustheit	hoch	hoch	niedrig
Leistungsaufnahme	niedrig	niedrig	hoch
Lautstärke	lautlos	lautlos	mittel bis hoch
Preis	mittel bis hoch	sehr hoch	günstig bis hoch

Tabelle 9.1 Vergleich der SSD-Typen mit herkömmlichen Festplatten

SSD-Festplatten dienen z. B. auch als Installationsbasis für die Embedded-Version des VMware ESXi, die bei der Server-Auslieferung bereits vorinstalliert ist. Dort werden entweder SSD-Festplatten, SD-Karten oder USB-Memory-Sticks genutzt.

Die Zeit hat sich gewandelt, und SSDs sind bezahlbarer geworden. Kamen sie vor nicht allzu langer Zeit nur bei speziellen Anwendungen zum Einsatz, werden sie durch die sinkenden Preise mittlerweile nicht nur in zentralen Storages, sondern auch immer häufiger in Servern verbaut. Herkömmliche Festplatten werden häufig nur noch als Massenspeicher und nicht mehr als Performance-Lieferant genutzt.

Außerdem haben die SSD-Festplatten aufgrund der enormen Leistungsmöglichkeiten im Random-Zugriff im Storage-Markt Einzug erhalten. (So haben z. B. *HDS*, *EMC* und *NetApp* passende Module im Programm. Andere Hersteller wie z. B. *Pure Storage* haben von Anfang an nur auf SSDs gesetzt.)

Mit sich ändernden Technologien werden auch SSD-Speicher immer schneller, aber auch wenn man mit den hohen Preisen kalkuliert, so sind diese nur auf die Kapazität bezogen hoch – auf die I/O und damit die Leistungsfähigkeit gerechnet, sind die SSD-Laufwerke deutlich günstiger als die SAS- oder SATA-Festplatten, da Sie von diesen die x-fache Menge benötigen würden, um den gleichen Datendurchsatz zu erhalten. Gerade im VMware-, aber auch im Datenbank- und Exchange-Umfeld sind die Kapazitäten der Festplatten zumeist wesentlich uninteressanter als die Leitungsfähigkeit.

SSD-Massenspeicher können als Host-Cache eingesetzt werden, um eine Beschleunigung bei der Auslagerung des VM-Hauptspeichers (Swap) zu erreichen (siehe Abbildung 9.2). Weitere Informationen finden Sie in Abschnitt 9.11, »Flash-basierter Speicher«.

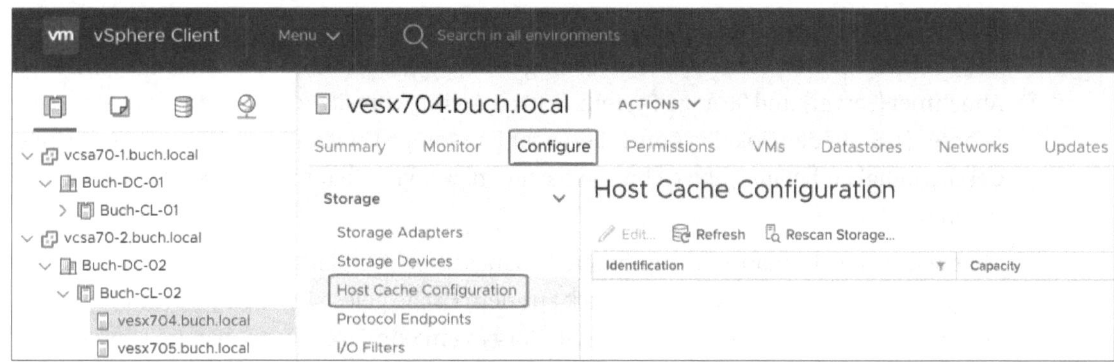

Abbildung 9.2 SSD-Datastores als Host-Cache unter vSphere

Mit vSphere 5.5 wurde die Funktion deutlich erweitert. Der Flash Read Cache ist aber auch schon wieder abgekündigt (seit vSphere 6.7 U2).

9.1.7 USB

USB-Festplatten bieten aufgrund der guten Geschwindigkeit und des guten Preises eine hervorragende Möglichkeit, um virtuelle Maschinen zu sichern und wiederherzustellen.

Nachweislich kommt es allerdings bei einer Vielzahl von Server-Systemen zu Leistungseinbußen, wenn der USB-Anschluss aktiviert ist. Daher sollten Sie dies bei den Server-Systemen vorher prüfen! Falls es zu Leistungsproblemen kommt (im schlimmsten Fall zum Absturz des Systems), empfiehlt es sich, den On-Board-USB-Controller abzuschalten. Wenn Sie dennoch USB einsetzen möchten, ist eine USB-Zusatzsteckkarte die bessere Wahl.

Eine oft genutzte Variante sind interne, redundante USB-»Sticks«, auf denen der Hypervisor *VMware ESXi* installiert wird. Dabei handelt es sich oftmals um SD-Karten, die auf einem Steckplatz direkt auf dem Motherboard installiert sind. Damit lässt sich entweder gänzlich auf interne Festplatten im Server verzichten (z. B. bei der Nutzung von Netzwerk- oder FC-Speichersystemen), oder die internen Festplatten lassen sich exklusiv z. B. für VMware vSAN verwenden.

Tipp

Trotz der Möglichkeit, virtuelle USB-Controller in den virtuellen Maschinen zu konfigurieren und diese an VMs durchzureichen, raten wir von einer Verwendung als Speichermedium ab. Auf der einen Seite würden vMotion und DRS und sogar HA möglicherweise verhindert, oder die Verbindung zum USB-Medium geht verloren. Auf der anderen Seite ist die Performance meist sehr eingeschränkt, sodass z. B. selbst Sicherungen mit verschiedenen Backup-Programmen oftmals instabil laufen oder sogar die Sicherung abbrechen.

9.1.8 Cache

Der Cache ist der transparente Beschleuniger in der Mitte der Kommunikation zwischen Abnehmer (Server) und Storage-System. Je nach Architektur sitzt der Cache auf dem Storage-Adapter (z. B. auf dem lokalen Controller) oder im Storage-Controller und kann in Größe und Geschwindigkeit beliebig abweichen, je nachdem, wie viel Geld man in die Hardware investieren möchte.

Mit Cache versucht man, den Zugriff auf die langsamen Festplatten zu vermeiden oder besser gesagt zu reduzieren. Kann ein Block aus dem Cache gelesen werden, wurde der I/O auf den Festplatten gespart. Kann man diesen Vorgang maximieren, kann man im Hintergrund sogar Festplatten einsparen.

Cache ist zwar kein Wundermittel, ist aber bei vielen Lastprofilen nutzbringend. Das gilt vor allem bei VMware-Horizon-Umgebungen, wo Sie sehr oft mit den gleichen Blockabfragen konfrontiert werden, da die Horizon-VMs zum großen Teil aus gleichen Daten bestehen (Template – Clone).

Eine Unart vieler Storage-Hersteller ist leider, dass sie die Messdaten ihrer Storage-Systeme mit Cache optimieren. Somit sind die typischen Performance-Vergleiche der Konkurrenten immer mit Vorsicht zu genießen, und die Tests entsprechen nicht den realen Lastdaten einer typischen Produktionsumgebung.

9.2 Die Wahl: Block oder File?

Grundlegend sei vorweggesagt, dass bei vSphere alle Dateien, aus denen virtuelle Maschinen bestehen, zusammen in einem Unterverzeichnis oder in mehreren Unterverzeichnissen abgelegt werden (je nach der Verteilung der virtuellen Festplatten). Dieses Verzeichnis liegt wiederum auf einem sogenannten *Datastore* – einem Ablageort für virtuelle Maschinen. Dabei ist es aus Sicht der VM unerheblich, auf welcher Art von Datastore sie liegt. Das heißt, eine VM kann nicht unterscheiden, ob sie auf einem VMFS-6-formatierten – somit blockbasierten – Datastore gespeichert ist oder ob sie auf einem NFS-Datastore liegt.

Beide Arten von Datastores haben ihre Vor- und Nachteile. Die Entscheidung ist hier sicherlich nicht trivial und auch nicht durch ein »gut« oder »schlecht« zu bewerten. Um eine Entscheidung zu treffen, müssen Sie immer die eigenen Anforderungen und Voraussetzungen berücksichtigen. Klassisch wurden von ESX in Version 2 ausschließlich Fibre-Channel-Datastores unterstützt. Daher war zu diesem Zeitpunkt die Wahl sehr einfach. Doch VMware begann mit Version 3.0 auch, iSCSI- und NFS-Datastores zu erlauben.

Es bleibt Ihnen daher selbst überlassen, die für Sie richtige Wahl zu treffen. Als Entscheidungshilfe können Sie Tabelle 9.2 heranziehen.

Eigenschaften	FCP	iSCSI	NFS
Durchsatz	hoch (100 %)	niedriger (92 %); abhängig von der genutzten Netzwerkbandbreite	mittel (95 %); abhängig von der genutzten Netzwerkbandbreite
Latenz	sehr niedrig	mittel	mittel
Kosten	hoch; neue HBAs und eventuell Switches nötig	sehr niedrig; alles mit zumeist kostenloser Software	niedrig bis hoch; Infrastruktur und Wissen meist vorhanden; HW-Kosten bei großen Systemen mit FC vergleichbar
Redundanz	sehr gut und einfach zu realisieren	gut, abhängig von LAN-Switches, mittelschwer	gegeben, aber relativ komplex zu konfigurieren
Komplexität	hoch; oft neues Know-how nötig	mittel; iSCSI-Know-how schnell erlernbar	niedrig; NFS-Know-how meist vorhanden
Skalierbarkeit	gut	mittel	sehr gut, keine VMFS-Limits
Management	komplex	mittelschwer	einfach bis komplex
Platzverbrauch	normal, nur mit Thin Provisioning niedrig	normal, nur mit Thin Provisioning niedrig	niedrig, Thin Provisioning per Default; Komplexität steigt rapide mit der Systemgröße

Tabelle 9.2 Vergleich der Datastore-Protokolle

Neben diesen Kriterien spielen bei der Wahl auch oft die bereits im Einsatz befindlichen Technologien eine ausschlaggebende Rolle:

- Sind bereits eine FCP-Infrastruktur und Know-how vorhanden?
- Ist eine 10-GBit-Ethernet-Infrastruktur oder größer vorhanden?
- Womit hat der betreffende Administrator am meisten Erfahrung, insbesondere beim Troubleshooting und Design der Infrastruktur?
- Welche Protokolle sind auf dem Storage-System lizenziert?

Es gilt, eine Gesamtbetrachtung für den Einzelfall anzustellen. Muss man z. B. eine 10-GBit-Ethernet-Infrastruktur zunächst aufbauen, blieben die Kosten für eine Architektur mit NFS zu FC vergleichbar. Darüber hinaus steigen die Kosten für NFS-Systeme mit zunehmender Größe und Performance schnell. Nimmt man beispielsweise einen kleinen *Synology Storage* für eine sehr kleine VMware-ESXi-Infrastruktur, sind die Kosten überschaubar. Muss man hingegen für eine große Infrastruktur ein entsprechend größeres oder sogar mehrere geclusterte NFS-Systeme verwenden, z. B. *NetApp*, so steigen Kosten, Komplexität und Management rapide an.

Um weitere Vorteile und Nachteile der entsprechenden Anbindungsarten kennenzulernen, haben wir die Storage-Themen auf verschiedene Abschnitte verteilt, um Ihnen die bestmöglichen Angaben zu bieten.

VMware hat zu diesem Thema ein sehr gutes Whitepaper veröffentlicht:

http://www.vmware.com/files/pdf/techpaper/Storage_Protocol_Comparison.pdf

In Bezug auf die Performance hat FC nach wie vor die Nase vorn, da es sich um ein für den Einsatzzweck optimiertes Protokoll handelt. Dies wird aus dem oben genannten Whitepaper ebenfalls deutlich. Mit steigenden Bandbreiten im Netzwerkumfeld kann das Pendel auch zu den anderen Protokollen schwenken. Beim Durchführen von entsprechenden Tests sollte auf jeden Fall ein genauer Blick auf den Storage geworfen werden und darauf, ob und welche Cache-Konfigurationen genutzt werden.

Außerdem sei an dieser Stelle erwähnt, dass es mit *VMware vSAN* eine weitere Möglichkeit gibt, hochperformanten Speicher mit vergleichsweise geringen Kosten bereitzustellen (siehe Abschnitt 9.16, »VMware vSphere Virtual Volumes«).

9.3 Storage Area Network – was ist eigentlich ein SAN?

Auf diese kurze Frage könnte man mit einem oder mehreren Büchern antworten, allerdings fassen wir uns kurz und gehen nur auf das ein, was im VMware-Umfeld wesentlich ist.

Ein *Storage Area Network* (SAN) ist ein eigenes Netzwerk, in dem Massenspeichersysteme mit Server-Systemen verbunden sind. Man unterscheidet FC-SAN (Fibre-Channel) und IP-SAN (iSCSI), allerdings stammen die Basiskonzepte aus der Fibre-Channel-Welt.

Traditionell wird ein SAN mit Fibre-Channel verbunden und in einer *Switched Fabric* betrieben. Die Switched Fabric ist eine Sternvernetzung, die durch Fibre-Channel-Switches realisiert wird (siehe Abbildung 9.3). Um die Ausfallsicherheit zu gewährleisten und auch Wartungen zu vereinfachen, werden meist mehrere Switched Fabrics aufgebaut, die komplett voneinander unabhängig sind, aber trotzdem die gleichen Endgeräte an anderen Ports miteinander verbinden. Anders gesagt, ein FC-SAN-Storage verbindet sich mit mindestens einem seiner zwei FC-Ports an einen FC-Switch und mit dem anderen FC-Port an einen anderen FC-Switch. Natürlich lässt sich dieses Konstrukt noch weiter redundant auslegen. Zum Beispiel könnte ein FC-Storage zwei FC-Karten mit je zwei Ports besitzen, die dann über Kreuz an zwei unterschiedliche FC-Switches angebunden sind.

Neben der Switched Fabric wurde früher der *Arbitrated Loop* für Speichernetze genutzt. Er ist allerdings veraltet und wird von VMware nicht unterstützt. Aus diesem Grund wollen wir darauf auch nicht näher eingehen.

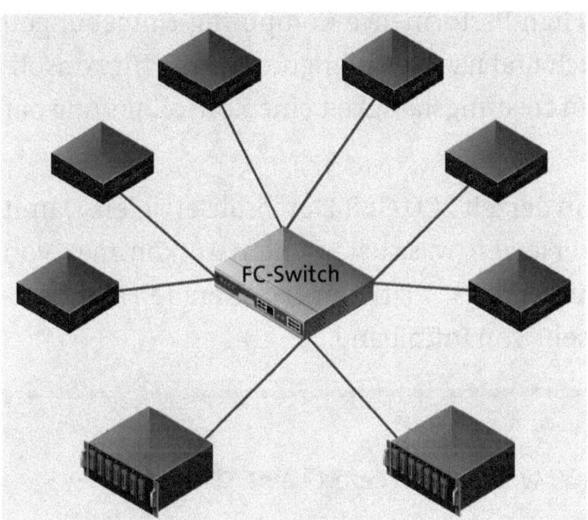

Abbildung 9.3 Switched Fabric

Mit der Einführung von iSCSI wurde auch Ethernet als Basis für Speichernetze populär. Man spricht hier von IP-SAN, das mit FCoE (*Fibre Channel over Ethernet*) assoziiert wird.

Ein wesentliches Unterscheidungsmerkmal zwischen SAN und LAN ist aber in jedem Fall, dass nur Speichergeräte und Server miteinander verbunden sein sollten und dass nur mit Speicherprotokollen kommuniziert wird (iSCSI, FCP). Diese Trennung ist unabhängig von der physischen Basis sinnvoll und sehr zu empfehlen.

Im aktuellen Fibre-Channel-Umfeld fällt die Trennung zum LAN leicht, da Fibre-Channel nicht zur »normalen« Netzwerkkommunikation genutzt wird. So ist es unwahrscheinlich, jemanden, der sein Notebook mit einem FC-Adapter bestückt hat, im Rechenzentrum beim Datenschnüffeln zu erwischen. Bei iSCSI können jedoch Standard-Ethernet-Switches und Netzwerkkarten verwendet werden. In diesem Fall können wir Ihnen nur dringend raten, entweder das IP-SAN mit separaten Switches komplett vom LAN zu trennen oder zumindest mit einer Trennung mittels VLAN zu arbeiten. Darüber hinaus ist darauf zu achten, dass eingesetzte Ethernet-Switches auf den Ports auch die volle Bandbreite darstellen können. Qualitativ hochwertige Switches bieten ausreichend Performance, sodass alle Ports gleichzeitig mit voller Last angesteuert werden können. Dabei kann ein solcher Qualitätsunterschied auch bei Switches eines Herstellers in unterschiedlichen Modell- und Preisklassen zu finden sein. Achten Sie darauf, dass eingesetzte Ethernet-Switches die Ports auch bei der Nutzung aller Ports in voller Bandbreite ansteuern können und ihre Performance nicht durch billigere, schwächere Chipsätze begrenzt wird.

9.4 Infiniband

Eine kaum noch eingesetzte Technologie ist *Infiniband*. Infiniband ist ein Hochgeschwindigkeitsnetz mit sehr geringen Latenzzeiten, das auch im VMware-Umfeld durch viele Vorteile glänzt. Ursprünglich wurde Infiniband für High-Performance-Computing-Umgebungen entwickelt. Allerdings stellte sich Infiniband nach und nach als sehr gute Lösung für konsolidierte Umgebungen heraus, da neben der hohen Leistungsfähigkeit eine Konsolidierung der I/O-Adapter stattfinden kann.

Ein Infiniband-HCA (*Host Channel Adapter*) kann derzeit 200 GBit Durchsatz erzielen. Damit kann er etliche GBit-Ethernet- und FC-Adapter ersetzen, was sich mit dem Aufkommen von 25/40-GBit-Ethernet und 16/32-GBit-FC nicht unbedingt relativiert hat. Gerade Heartbeat-Netze und vMotion/FT-Netzwerke profitieren sehr von Infiniband.

Hinweis

Treibersupport gibt es nur direkt von Mellanox. VMware selbst liefert keine Treiber!

Infiniband hat sich als Technologie hauptsächlich in den USA verbreitet und findet zumindest in Deutschland kaum Verwendung. Darüber hinaus hat sich FC als Standard deutlich mehr verbreitet, das wiederum gegen eine starke Konkurrenz von FCoE bestehen muss.

9.5 Kommunikation

9.5.1 Kommunikationsadapter

Egal ob es sich um iSCSI- oder Fibre-Channel-Netzwerke handelt, es wird immer vom *Initiator* und vom *Target* gesprochen. Diese Ausdrücke haben ihren Ursprung im SCSI-Protokoll und bezeichnen den Endpunkt einer SCSI-Verbindung auf der Clientseite bzw. auf der Host/Storage-Seite.

Hinweis

Wenn wir von Fibre-Channel-Netzwerken sprechen, sind damit auch Fibre-Channel-over-Ethernet-Netzwerke gemeint.

9.5.2 Der Initiator

Der Initiator stellt die Datenverbindung zum Speicherendpunkt (*Target*) her. Es gibt zwei Arten von Adaptern, die im VMware-Umfeld als Initiatoren genutzt werden können: der HBA (als Hardware-Initiator) und der Software-Initiator.

Host-Bus-Adapter (FC, FCoE, iSCSI)

Sowohl Fibre-Channel- als auch iSCSI-Verbindungen zum Speichersystem können über einen physischen Host-Bus-Adapter (HBA) hergestellt werden. Host-Bus-Adapter müssen über einen schnellen Bus zum Server-System verfügen. Daher sind sie zumeist als PCI-X- oder PCI-Express-Karten erhältlich.

Hinweis

Die Anzahl der unterstützten iSCSI-HBAs wird mittlerweile immer geringer. Hier sollten Sie sich nach geeigneten Alternativen umschauen.

Ein großer Vorteil von HBAs ist die eingebaute CPU, die die FC- oder iSCSI-Pakete empfängt, bearbeitet oder verschickt. Dadurch werden die Prozessoren des Host-Systems nicht belastet. In Abbildung 9.4 ist klar zu sehen, dass der HBA die FC-Frames verwaltet und der VMkernel nur den Treiber zur Nutzung stellen muss.

Im iSCSI-Fall dient die HBA-CPU zum Entpacken und Verpacken der SCSI-Kommandos in das TCP/IP-Protokoll (siehe Abbildung 9.5).

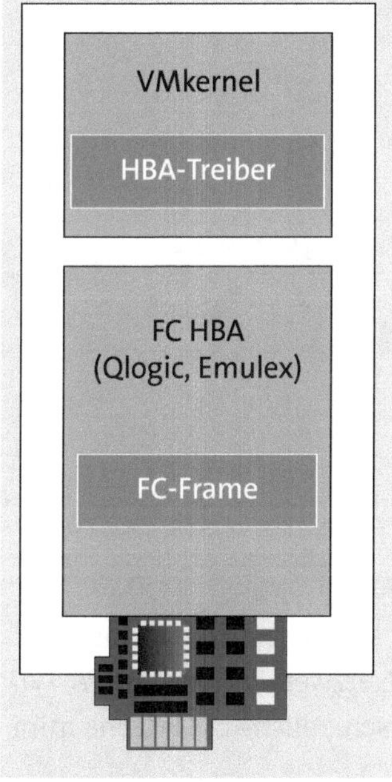

Abbildung 9.4 Fibre-Channel-HBA mit VMware-Treiber

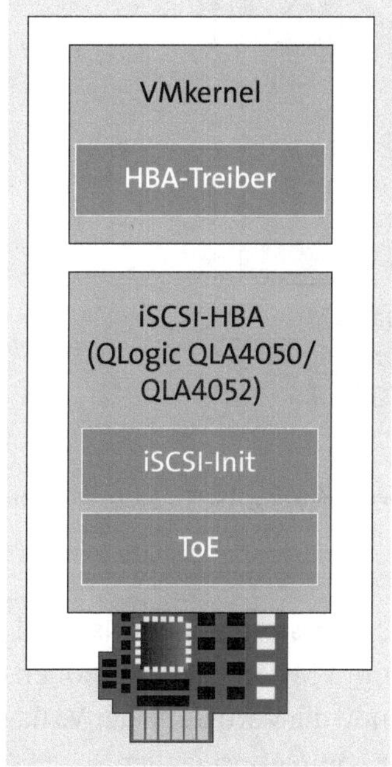

Abbildung 9.5 iSCSI-HBA mit VMware-Treiber

Die meisten HBAs verfügen außerdem über ein BIOS, das auch den Systemstart über den HBA ermöglicht. Durch diese Funktion ist die Nutzung von festplattenlosen Systemen möglich, deren Systempartitionen im SAN liegen. Auch diese Funktion entstand wie die IDE-Unterstützung aufgrund von Anforderungen aus den Blade-Systemen. Bei der Verwendung von HBAs in der gleichen Broadcast-Domäne sollten Sie immer die Firmware-Versionen identisch halten, um Inkompatibilitäten zu vermeiden.

VMware-HBA und Software-Initiator

VMware unterscheidet bei der Unterstützung von Storage-Systemen zwischen der Zertifizierung für HBAs und Software-Initiatoren, worauf Sie in jedem Fall achten sollten.

Software-Initiator

Software-Initiatoren bzw. emulierte Controller, die als Initiator dienen, kommen unter VMware ESXi im iSCSI- und FCoE-Umfeld vor (siehe Abbildung 9.6). Der große Vorteil der Software-Initiatoren ist, dass herkömmliche Netzwerkkarten zur iSCSI-Kommunikation verwendet werden können, was einen erheblichen Kostenvorteil bringt.

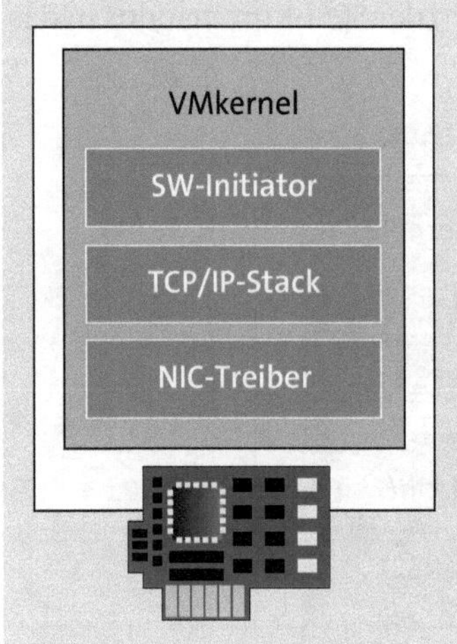

Abbildung 9.6 Der Software-iSCSI- bzw. FCoE-Initiator wird komplett vom Kernel gestellt, basierend auf dem Netzwerkkartentreiber.

Unter VMware ESXi besteht nur der Nachteil, dass die Host-CPU belastet wird. Die Host-CPU-Belastung wird mit VMware-ESXi-Versionen durch TOE-fähige Netzwerkkarten (TOE: *TCP/IP Offload Engine*) und die Verteilung der VMkernel-Last auf unterschiedliche CPU-Kerne minimiert oder sogar komplett wegfallen.

Bei Verwendung moderner Server-Systeme ist der Geschwindigkeitsunterschied zwischen Software- und Hardware-Initiatoren kaum spürbar. Allerdings ist es mit Software-Initiatoren nicht möglich, das System über SAN zu booten. Das heißt, Sie benötigen zwingend lokale Systemfestplatten.

iSCSI und Gateways

Obwohl es möglich ist, die iSCSI-Anbindung über Router und Gateways zu betreiben, sollten Sie dies unter allen Umständen vermeiden.

Sollte man dennoch gezwungen sein, diese Variante in Erwägung zu ziehen, dann achten Sie besonders auf eine performante Verbindung zwischen dem VMkernel-Port und dem Storage-Target. Die Management-Verbindung, die für die Metadaten zuständig ist, ist nicht minder wichtig, aber etwas anspruchsloser als der Datenkanal.

Software-Initiator im Gastbetriebssystem

Neben der Möglichkeit, Software-iSCSI-HBAs im VMkernel zu nutzen, bringen sowohl Linux als auch Windows eigene iSCSI-Initiator-Treiber mit, die über das Netzwerk der virtuellen Maschine die Verbindung mit dem Target aufnehmen. Diese Variante ist die schnellstmögliche iSCSI-Nutzung, da die Software-iSCSI-Initiatoren der Gastbetriebssysteme MPIO (*Multipathing I/O*) unterstützen, wodurch gleichzeitig mehrere Verbindungen (Netzwerkkarten) zum Storage-System hergestellt und genutzt werden können.

Ansonsten ist dieses Verfahren mit dem *Raw Device Mapping* vergleichbar, da die LUN nur der einzelnen VM – also dem einzelnen Software-iSCSI-Initiator – zur Verfügung steht. In diesem Fall benötigt der ESXi-Host keinerlei Zugriff auf den iSCSI-Storage.

Da kein Booten von iSCSI mittels Gastbetriebssystem möglich ist, müssen Sie diese Technik allerdings mit lokalen VMFS-Partitionen, NFS oder iSCSI über VMkernel kombinieren, z. B. indem Sie die Boot-Platte über VMkernel und die Datenplatte über Software-iSCSI im Gast betreiben (siehe Abbildung 9.7).

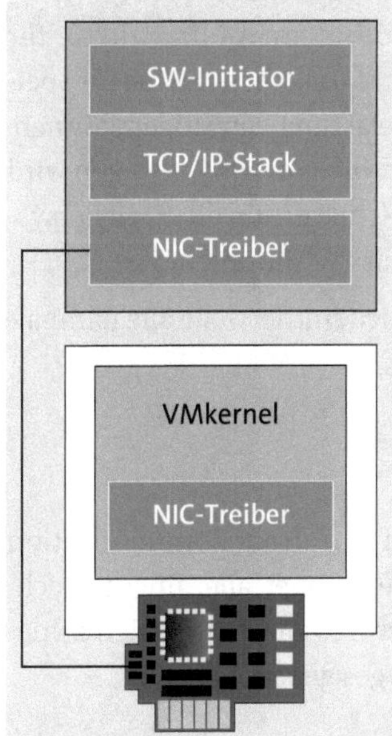

Abbildung 9.7 Der Software-iSCSI-Adapter im Gast (oberer Bereich) wird komplett vom Gastbetriebssystem betrieben; die Netzwerkverbindung basiert auf dem Netzwerkkartentreiber des VMkernels (vSwitch und Uplink).

Der größte Nachteil besteht in der recht hohen CPU-Belastung für das Gastsystem und damit den VMware-ESXi-Host, da die komplette iSCSI-Berechnung im Gastsystem stattfindet. Abhilfe schaffen hier aber VMXNET-3-Adapter oder sogar VMDirectpath-I/O-Adapter.

Host-Channel-Adapter (Infiniband)

Im Infiniband-Umfeld spricht man nicht von *Host-Bus-Adaptern*, sondern von *Host-Channel-Adaptern*. Diese sind die Initiatoren und dienen zum Zugriff auf die Storage-Systeme. Infiniband hat wesentliche Vorteile bei Latenzzeiten, Konsolidierung und Gesamtgeschwindigkeiten. Die Infiniband-Technik ist im hochpreisigen Segment angesiedelt und ist mit FC vergleichbar.

FCoE-(Fibre-Channel over Ethernet-)Adapter

Fibre-Channel over Ethernet (FCoE) ist ein Protokoll, das Fibre-Channel-Frames über den Standard-Ethernet-Bus transportiert. So können Sie trotz Nutzung von Fibre-Channel die 10/20/25/40/50/100-GBit-Ethernet-Technologie einsetzen.

Somit ist es dank FCoE auch möglich, existierende FC-Architekturen zu nutzen und gleichzeitig Teile von FC über die Ethernet-Komponenten zu betreiben. Dazu müssen Sie z. B. die Fibre-Channel-N-Port-IDs und die Ethernet-MAC-Adressen miteinander verbinden, was FCoE als Funktion liefert. Unter gewissen Voraussetzungen können sich weitere Vorteile ergeben. Oft werden als Vorteile die Reduzierung von Anschlusskarten, Kabeln, Switches, Energiebedarf und Kühlkosten genannt. Dies ist aber oftmals eine Milchmädchenrechnung, in der davon ausgegangen wird, dass man die bereits bestehende Ethernet-Infrastruktur für die Speicherinfrastruktur nutzen kann. Diese Rechnung geht oftmals nicht auf: Eine für Speicher zu nutzende Ethernet-Infrastruktur müsste die höhere Belastung bewältigen können. Abgesehen von der Verkabelung ist dies gerade bei Switches problematisch. Deswegen wird in aller Regel eine dedizierte bzw. abgetrennte Netzwerkinfrastruktur für die Speichersysteme aufgebaut, was die Argumente der Reduzierung wieder stark schrumpfen lässt.

Wurde FCoE von *NetApp* und *Cisco* etabliert, so unterstützen doch mittlerweile alle namhaften Hersteller dieses Protokoll.

9.5.3 Das Target

Initiatoren nützen nichts, wenn kein Target zur Verfügung steht, um an der Kommunikation teilzunehmen. Als Target wird allgemein das Storage-System bezeichnet, allerdings ist technisch jeder Storage-Prozessor, eigentlich sogar jeder Storage-Prozessor-Port, für den Initiator ein gültiges Target. Schauen wir uns den Aufbau eines Storages genauer an.

Systemaufbau (Storage-Prozessor)

Als *Storage-Prozessor* wird allgemein die Intelligenz des Storage-Systems bezeichnet. Andere Begriffe hierfür sind *Head* (Kopf), *Controller* oder sonstige herstellerspezifische Namen. Jeder

Storage-Prozessor, kurz SP, kann über einzelne oder viele Ports verfügen, die entweder als Target zum Frontend (z. B. ESXi-Server) oder selbst als Initiator ins Backend (weitere Storage-Systeme – typischerweise bei Verwendung von Storage-Virtualisierung) dienen.

Außerdem besitzen die SPs individuelle Technologien zur Leistungssteigerung, die auch speziell auf die Eigenschaften des Herstellers abgestimmt sind (z. B. Steigerung der Double-Parity-Geschwindigkeit). Dazu gehören auch leichter verständliche Konfigurationen, wie die Menge des verfügbaren Lese- und Schreib-Caches.

Abhängig von Hersteller, Modell und Typ verfügen die SPs über eine unterschiedliche Anzahl verschiedener Technologien (FC, Ethernet, iSCSI, NFS ...), die die Leistungsfähigkeit und die Ausfallsicherheit für die angeschlossenen Server-Systeme bestimmen. Im Normalfall sind alle Anschlüsse eines SPs immer im *Active/Active-Zustand*, das heißt, jegliche Speicheranbindung ist gleichwertig und gleich performant. Sind mehrere SPs miteinander verbunden (interne Cluster), so ist die Architektur des Herstellers dafür ausschlaggebend, ob weiterhin alle Pfade aktiv sind oder manche passiv oder langsamer.

Anschlüsse (FC, iSCSI, Infiniband etc.)

Natürlich verfügt auch das Target über entsprechende Host-Bus-Adapter, die die einzelnen Speicherprotokolle unterstützen müssen. Daher kommt es auch auf das jeweilige Speichersystem an, ob Fibre-Channel, iSCSI, Infiniband oder FCoE unterstützt wird. Die Anzahl der HBA-Ports bestimmt die Designmöglichkeiten und die Punkte Ausfallsicherheit und Lastverteilung. Die Storage-Anschlüsse oder -Ports sind der sichtbare Storage-Teil aus VMware-ESXi-Sicht. Das heißt, die Pfade werden über Intitiator-Target-Portverbindungen dargestellt.

9.5.4 Logical Unit Number (LUN)

Die *Logical Unit Number* (LUN) ist das eigentliche Medium, das vom Initiator erkannt und genutzt wird. Statt einer physischen Festplatte kann die LUN auch eine logische Festplatte oder ein Bandlaufwerk sein.

Vereinfacht ausgedrückt, spiegelt die LUN für den vSphere-Host die Festplatte im SCSI-Bus wider, die entweder mit VMFS formatiert oder als *Raw Device Mapping* (RDM) genutzt werden kann. Allerdings geht die LUN keine zwingende 1:1-Beziehung mit den physischen Festplatten ein, sondern kann auch eine logische Aufteilung darstellen. Legen Sie beispielsweise ein RAID-Set mit fünf Platten im RAID 5 an, können Sie dieses RAID je nach Speichersystem problemlos als mehrere LUNs (auch mit unterschiedlicher Größe) herausgeben. Für das Initiator-System stellt sich diese LUN immer wie ein einzelnes nutzbares Medium dar, auf das zugegriffen werden kann.

Durch die Nutzung von LUN-IDs statt fester SCSI-IDs ist es möglich, weit mehr Geräte nach außen zu geben bzw. aus Initiator-Sicht zu unterscheiden.

LUNs werden durch eine ID von 0 bis 255 gekennzeichnet und bilden in Verbindung mit dem HBA und dem Target den Pfad im SCSI-Umfeld.

vSphere nutzt den NAA-(*Network Address Authority*-)Namespace oder den T10-Namespace. Letzterer kommt zum Einsatz, wenn das Storage-System nicht die LUN-WWN (*World Wide Number*) liefert.

9.5.5 Pfadmanagement (Active/Active, Active/Passive)

Die Verwaltung und die Nutzungsmöglichkeiten der verschiedenen Pfade zur Kommunikation und Datenübertragung zwischen Server-System und Storage-System sind ein wesentliches Leistungsmerkmal in der Virtualisierung. Pfade sind alle Wege, die zwischen Initiator und Target möglich sind. Erfolgt keine Aufteilung (Zoning), so wären bei einem ESX(i)-Host mit zwei Anschlüssen, der mit einem Storage-System mit zwei Anschlüssen über eine Fabric kommuniziert, vier Pfade sichtbar.

Bei den Nutzungsmöglichkeiten wird vereinfacht zwischen *Active/Active-*, *Pseudo-Active/Active-* und *Active/Passive-* bzw. *Active/Stand-by-Systemen* unterschieden.

Active/Active

Ein *Active/Active-System* (siehe Abbildung 9.8) bietet die Möglichkeit, auf allen Anschluss-Ports des Storage Area Networks (SAN) mit gleicher Geschwindigkeit und zur gleichen Zeit auf die vom Storage-System bereitgestellten Ressourcen zuzugreifen.

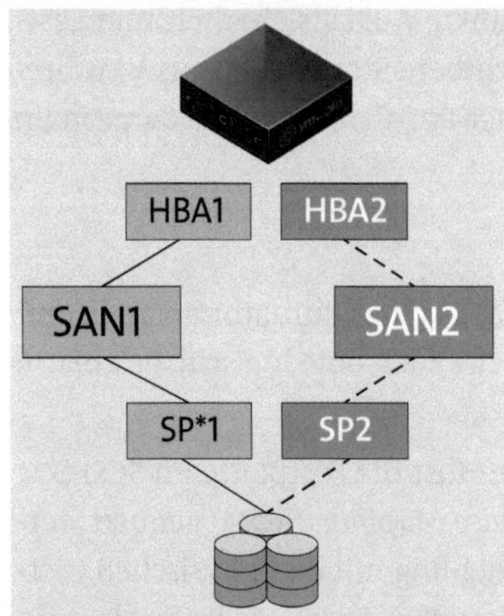

Abbildung 9.8 Active/Active-Speichersystem

Dies ermöglicht zum einen die Ausfallsicherheit über die Controller, zum anderen aber auch die gleichzeitige Nutzung mehrerer Pfade zu den LUNs, was eine höhere Leistung und Lastverteilung bedeutet.

Beim Pfadmanagement beginnen viele Hersteller, die Tatsachen etwas zu beschönigen, da Mischvarianten existieren, die zwar das beste Preis-Leistungs-Verhältnis bieten, allerdings nicht dem entsprechen, was man erwarten würde (siehe Abbildung 9.9). Wer sich mit den verschiedenen Speichersystemen und Controller-Architekturen bereits auskennt, der weiß mit Sicherheit, wovon wir sprechen: *Asymmetric Active/Active* oder *Pseudo-Active/Active* (siehe weiter unten).

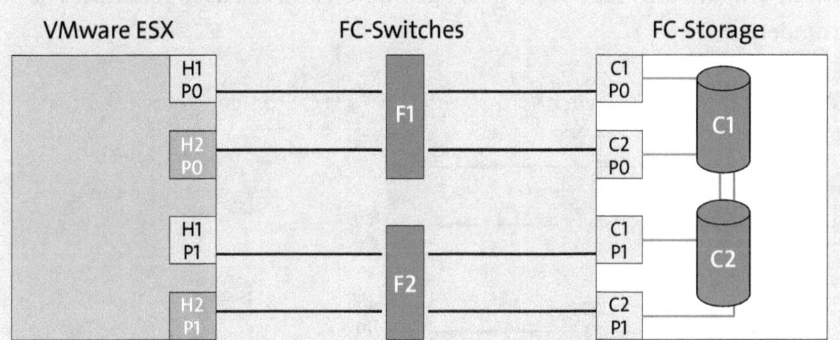

Abbildung 9.9 Active/Active-Anbindung in der Praxis

Die meisten vollwertigen *Active/Active-Systeme* waren früher primär im High-End- und damit auch im Höchstpreissegment zu finden. Mittlerweile findet sich eine entsprechende Anbindung auch in den preiswerteren Segmenten.

Active/Passive

Im Gegensatz zu *Active/Active-Systemen* können die Storage-Prozessoren der *Active/Passive-Systeme* nicht gleichzeitig auf eine RAID-Gruppe und deren LUNs zugreifen und diese im SAN bereitstellen (siehe Abbildung 9.10). Der aktive Storage-Prozessor ist der Eigner (Owner) der LUN und steuert alle Zugriffe. Allerdings übernimmt der passive Storage-Prozessor bei einem Ausfall des aktiven Storage-Prozessors dessen Funktion (*Trespassing*) und dessen RAID/LUN-Zugriff. Dieser Trespassing-Vorgang kann mehrere Sekunden dauern.

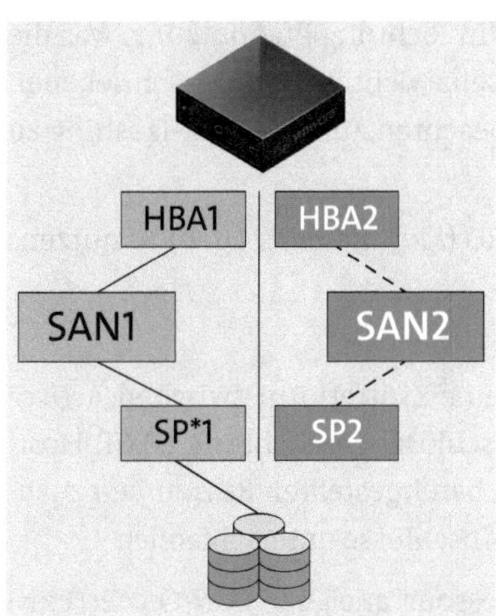

Abbildung 9.10 Active/Passive-Speichersystem

Das wird noch deutlicher durch Abbildung 9.11, in der die interne Verknüpfung im Storage näher betrachtet wird. Daher ist nur ein manuelles Load-Balancing möglich, aber die Ausfallsicherheit ist gewährleistet. Normalerweise existieren Path-Management-Anwendungen wie *Dell EMC PowerPath*, um die Pfadnutzung zu optimieren und so ein sogenanntes Path-Trashing zu verhindern.

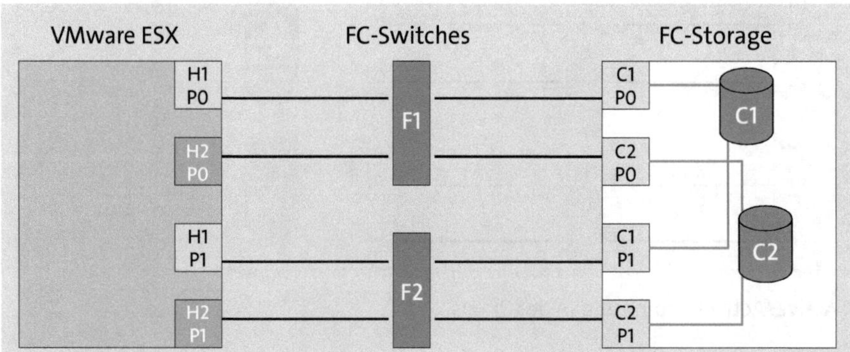

Abbildung 9.11 Active/Passive-Anbindung in der Praxis – beachten Sie die Anbindung innerhalb des Storage!

Path-Trashing bedeutet, dass auf eine LUN über den Pfad des passiven Storage-Prozessors zugegriffen wird. Dieser Zugriff kann allerdings nicht direkt auf die LUN erfolgen, sondern er nimmt entweder einen internen Umweg über den LUN-Eigner oder ist schlichtweg nicht möglich.

Um dieses Path-Trashing zu verhindern, schalten viele Storage-Systeme den Eigner auf den zugreifenden Storage-Prozessor um, damit der Host bedient werden kann. Diese Schutzfunktion steht bei ESX(i)-Hosts jedoch unter keinem guten Stern, da der gleichzeitige Zugriff vieler Hosts über verschiedene Pfade auf eine LUN möglich und realistisch ist.

Dadurch schwenkt das Storage-System stetig den Eigner in Richtung Pfadnutzung, was die Leistung des Storage-Systems enorm senkt. Daher ist es sehr wichtig, die vorgeschriebenen Multipathing-Einstellungen und das Zoning im SAN zu beachten, um das Path-Trashing zu verhindern.

Zumeist wird empfohlen, bei *Active/Passive-Systemen* MRU (*Most Recently Used*) zu nutzen.

Pseudo-Active/Active

Pseudo-Active/Active oder *Asymmetric Active/Active* ist eine Zwitterform zwischen *Active/Active* und *Active/Passive*. Zwar bieten alle Frontend-Anschlüsse (in Richtung ESX(i)-Host) die Möglichkeit, gleichzeitig auf die vom Storage-System bereitgestellten Ressourcen zuzugreifen, allerdings ist die Geschwindigkeit der einzelnen Anschlüsse unterschiedlich.

Dies kommt daher, dass wie beim *Active/Passive-System* Ressourceneigner (LUN-Owner) existieren, womit nur einer von zwei Storage-Prozessoren die volle Geschwindigkeit erreichen kann, während der zweite immer über den Eigner auf die LUNs zugreifen muss, was zu teilweise sehr deutlichen Leistungsengpässen führt.

vSphere klassifiziert den Pfad über 3rd-Party-Multipathing und ALUA (*Asymmetric LUN Unit Access*).

Pseudo-Active/Active-Systeme sind sowohl im Entry- als auch im Mid-Range-Level zu finden

Bei solchen Systemen sollten Sie beim Einsatz von VMware ESXi möglichst die Nutzung des langsameren (nicht optimalen) Pfads vermeiden, entweder durch entsprechendes SAN-Design und Hilfsprogramme oder durch die Integration von Drittanbieter-Multipathing-Modulen (Dell EMC PowerPath). Außerdem bringt VMware vSphere das *ALUA Path Management* mit.

ALUA ermöglicht die Kommunikation zwischen Storage und ESXi-Server, indem der Status der Pfade (*active-optimized, active-unoptimized, unavailable, standby*) übermittelt wird. Damit kann der ESXi-Server die optimierten Pfade bevorzugt behandeln.

9.6 FC-Speichernetzwerk

Schauen wir uns den Aufbau des Fibre-Channel-Netzwerks einmal »aus 10.000 Meter Höhe« an. Das heißt, wir kratzen nur an der Oberfläche der Technologie und des Designs (siehe Abbildung 9.12). Ein sehr gutes vertiefendes Buch zum Thema Storage heißt »Speichernetze« und ist beim dpunkt.verlag erschienen (ISBN: 978-3-86490-503-2).

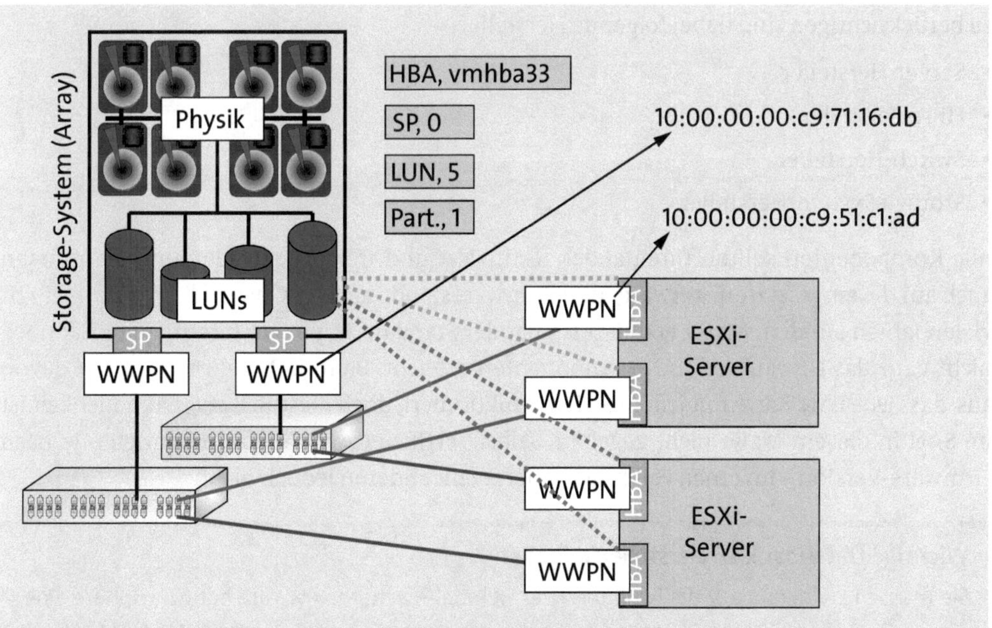

Abbildung 9.12 Beispiel eines Fibre-Channel-Netzes mit den einzelnen Komponenten

9.6.1 Vorteile und Nachteile

Wie alles in der IT und im Leben haben auch Fibre-Channel-Netzwerke ihre Vor-, aber auch ihre Nachteile:

- **Vorteile von Fibre-Channel**
  - hohe Geschwindigkeiten möglich
  - niedrige Latenzen
  - niedrige CPU-Belastung am Host
  - Load-Balancing und Failover einfach realisierbar
  - Raw Device Mappings möglich
- **Nachteile von Fibre-Channel**
  - relativ hohe Kosten durch Infrastruktur (da FC im Premium-Segment und nicht bei »billigen« Storages zu finden ist)
  - eventuell fehlendes Know-how
  - Thin Provisioning nicht per Default
  - VMFS-Datastores nicht verkleinerbar

9.6.2 Support-Matrix

Gerade im Zusammenhang mit Fibre-Channel sei ausdrücklich darauf hingewiesen, dass Sie sich unbedingt an die Support-Matrix aller beteiligten Hersteller halten sollten. Besonders zu berücksichtigen sind dabei folgende Hersteller:

- Server-Hersteller
- HBA-Hersteller
- Switch-Hersteller
- Storage-System-Hersteller

Alle Komponenten sollten füreinander zertifiziert und freigegeben sein, und Sie müssen auch auf die eingesetzten Software- und Firmwarestände achten. Obwohl Fibre-Channel seit vielen Jahren auf dem Markt etabliert ist, hat der Standard in puncto Interoperabilität noch nicht ganz das Niveau von LAN-Komponenten erreicht. Beim LAN geht man meist davon aus, dass jede LAN-Karte mit jedem Switch funktioniert, doch diese Selbstverständlichkeit ist im SAN in diesem Maße nicht gegeben. Selbst zertifizierte HBA-Karten können – je nach Firmware-Version – im einen Fall funktionieren, im anderen jedoch nicht.

Wichtige Datenbank zu Herstellerfreigaben

Sie müssen zwingend auf die Freigaben der Hersteller achten. VMware hat für vSphere eine eigene Datenbank für die Freigabe von Speichersystemen und I/O-Karten (SAN und LAN) im

Internet bereitgestellt. Sie finden diese Freigabe-Matrix im *VMware Compatibility Guide* unter folgender URL:

http://www.vmware.com/resources/compatibility/search.php

Zusätzlich zur Freigabe der Hersteller sollten Sie darauf achten, dass die Anbindung des Storage-Systems zwingend redundant erfolgt (z. B. durch Multipath-I/O) und dass das Speichersystem selbst auch redundant ausgelegt ist (z. B. durch Clustering). Der Redundanzaspekt ist bei virtueller Infrastruktur genauso hoch oder noch höher als bei normaler Speicherzentralisierung – die Verfügbarkeit aller VMs hängt direkt von der Verfügbarkeit des Speichersystems ab.

9.6.3 Direct Attached

Manche Systeme (wie z. B. HP MSA) können auch direkt an die FC-Adapter des ESXi-Servers angeschlossen werden. Für kleine Umgebungen, z. B. zwei ESXi-Server mit je einer HBA-Karte und zwei FC-Ports, ist es natürlich auch möglich, direkt mit einem redundanten FC-Storage verbunden zu sein. In diesem Fall hätte der FC-Storage zwei Controller mit jeweils zwei FC-Ports. Entsprechend würde man die FC-Leitungen über Kreuz stecken.

9.6.4 Fabric

Fabric wird ein abgegrenztes Netzwerk genannt, das Initiatoren (Hosts, Workstations) mit Targets (Storage-Systemen, Tape-Librarys) verbindet. Eine Fabric kann über mehrere FC-Switches verbunden sein.

Zumeist werden zwei oder mehr Fabrics im FC-Umfeld eingerichtet, um die FC-*Broadcasts* im kleinsten Rahmen zu halten (ähnlich wie bei Ethernet) und um außerdem eine klare Trennung für Wartungsfenster herzustellen.

Ein besonderer Vorteil der FC-Fabric ist, dass alle Geräte mit voller Bandbreite senden und empfangen können. Die HBAs der ESXi-Server sind in diesem Fall über einen oder mehrere Pfade mit *Fabric 1* und *Fabric 2* verbunden, sodass im Wartungsfall einer Fabric die Verbindung zum Storage-System immer noch über die verbleibende Fabric zur Verfügung steht.

9.6.5 Verkabelung

Prinzipiell versucht man immer, über Kreuz zu verkabeln, was besonders bei *Active/Passive-* und *Asymmetric Active/Active-Systemen* sehr sinnvoll ist, um die Zuordnung von aktiven Ports über die Fabrics zu verteilen. In Abbildung 9.13 sehen Sie dies bei der Verbindung zur EMC CX. Wenn Sie ein vollwertiges *Active/Active-System* (wie im Beispiel die *HDS AMS2000*) einsetzen, so ist die Verkabelung eher Geschmackssache als wirklich notwendig.

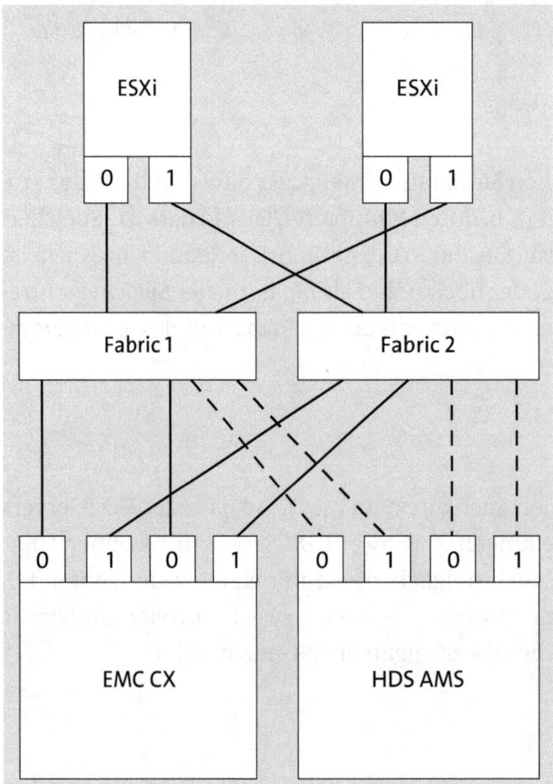

Abbildung 9.13 Verkabelungsmöglichkeiten

9.6.6 Zoning

Zoning nennt sich die Aufteilung der FC-Ports eines FC-Switchs, ähnlich der VLANs im Ethernet-Segment. Mittels Zoning erstellen Sie Gruppen, die eine Kommunikation zwischen den enthaltenen Ports oder WWNs ermöglichen. Das Erstellen von Zonen, die auf Ports basieren, nennt sich *Port-Zoning*, das heißt, man fasst FC-Ports zur Kommunikation zusammen. Damit können Sie auch einen Systemwechsel oder Hardwaretausch ohne erneute Änderung an den SAN-Zonen durchführen.

Dies steht im Gegensatz zum *WWN-Zoning*, wo die WWNs (*World Wide Numbers*), also die eindeutigen Identifikationsnummern des Ports oder des Systems, in Gruppen zusammengefasst werden. Dies hat den Vorteil, dass der HBA mit einer erlaubten WWN auf einem beliebigen Port auf dem FC-Switch angeschlossen werden kann. Kommt es jedoch zu einem Hardwareaustausch, müssen Sie auch das Zoning anpassen.

Zumeist ist das Port-Zoning wegen der vereinfachten Verwaltung bei einem Hardwareaustausch beliebter. VMware empfiehlt übrigens mindestens vier Pfade zu einem Storage-System.

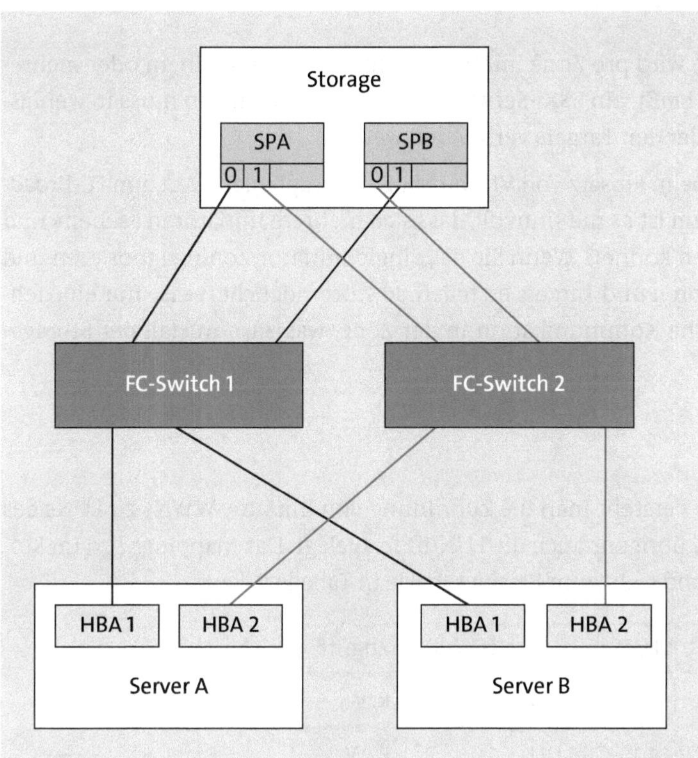

Abbildung 9.14 Zoning-Beispiel

Abbildung 9.14 zeigt, dass jeweils zwei Zonen auf jedem FC-Switch angelegt werden müssen. Dies wäre bei einem Single-Initiator-Zoning so wie in Tabelle 9.3 zu konfigurieren.

FC-Switch	Zonenbeschreibung
FC-Switch 1	Server A, HBA 1 ↔ Storage SPA Port 0 Server A, HBA 1 ↔ Storage SPB Port 1
FC-Switch 1	Server B, HBA 1 ↔ Storage SPA Port 0 Server B, HBA 1 ↔ Storage SPB Port 1
FC-Switch 2	Server A, HBA 2 ↔ Storage SPA Port 1 Server A, HBA 2 ↔ Storage SPB Port 0
FC-Switch 2	Server B, HBA 2 ↔ Storage SPA Port 1 Server B, HBA 2 ↔ Storage SPB Port 0

Tabelle 9.3 Single-Initiator-Zoning

Single-Initiator-Zoning

Beim *Single-Initiator-Zoning* wird pro Zone immer nur ein Initiator mit einem oder mehreren Targets verbunden. Das heißt, ein ESXi-Server mit zwei FC-Anschlüssen muss in wenigstens zwei Zonen mit dem oder den Targets verbunden werden.

Diese Form des Zonings ist beim Einsatz von VMware äußerst empfehlenswert, um FC-Broadcasts zu limitieren. Außerdem ist es nie sinnvoll, dass sich mehrere Initiatoren »sehen« und miteinander kommunizieren können. Wenn Sie das Single-Initiator-Zoning ignorieren und eine Zone mit vielen Initiatoren und Targets erstellen, so stört möglicherweise nur eine fehlerhafte Komponente jegliche Kommunikation in der Zone, was zum Ausfall der Storage-Verbindung führen kann.

9.6.7 Mapping

Unter dem Begriff *Mapping* versteht man die Zuordnung von Initiator-WWNs zu LUNs des Targets. Beim Mapping wird übrigens auch die LUN-ID festgelegt. Das Mapping wird im Storage-System durchgeführt und sieht zum Beispiel so wie in Tabelle 9.4 aus.

Initiator	Target	LUN	LUN-ID	Zugriff
WWN ESX1	WWN-Target	400-GB-LUN	10	R/W
WWN ESX2	WWN-Target	400-GB-LUN	10	R/W

Tabelle 9.4 Mapping im Storage

Da viele Funktionen der virtuellen Infrastruktur nur bei gemeinsamem Zugriff mehrerer ESXi-Server auf die gleichen LUNs möglich sind, ist es sinnvoll, die entsprechenden ESXi-Server einer Gruppe zuzuordnen und diese beim Mapping zu verwenden. Damit ist gewährleistet, dass keine unterschiedlichen LUN-IDs für die gleiche LUN verwendet werden, was schnell zu Chaos führt.

9.6.8 NPIV (N-Port ID Virtualization)

In der Historie des Fibre-Channel-Protokolls existierten immer Punkt-zu-Punkt-Verbindungen zwischen HBA und Switch (Netzwerk). Ein FC-Port hatte eine eindeutige WWPN (*World Wide Port Number*) und ein FC-Host eine eindeutige WWN (*World Wide Number*), über die die Kommunikation adressiert wurde. Das Konzept war bis zur Einführung der Virtualisierung auch für die meisten Installationen absolut ausreichend.

Durch die Virtualisierung und die Mehrfachbelegung der FC-Ports durch virtuelle Maschinen wurde eine entsprechende Technologie gesucht und mit NPIV (*N-Port ID Virtualization*) entwickelt. Somit war es auch problemlos möglich, einer virtuellen Maschine die Festplatten einer anderen virtuellen Maschine zuzuordnen. Aus Sicherheitsaspekten ist NPIV daher sinnvoll, da einer virtuellen Maschine eine LUN direkt zugeordnet werden kann. Nur der ESXi-Host muss noch Read-only-Berechtigung besitzen. Dies verhindert eine Fehlkonfiguration oder nicht autorisierte Zugriffe auf die LUNs. Als Nachteil muss ganz klar aufgezeigt werden, dass die virtuelle Maschine »direkten« Zugriff auf den Storage bekommt und daher theoretisch durch Schadsoftware Schäden anrichten könnte, indem massiv viele Speicherzugriffe in kurzer Zeit durchgeführt werden, was wiederum zum sogenannten *Noisy Neighbour* führen kann.

NPIV bedeutet: Wenn der HBA und der Switch diese Technik unterstützen, können mehrere WWPNs auf einem HBA-Switch-Port genutzt werden. VMware ESXi unterstützt seit Version 3.5 die NPIV-Funktion, mit der Sie virtuellen Maschinen bis zu vier virtuelle WWNs zuweisen können. Allerdings ist diese Funktion noch nicht vollständig implementiert. Das heißt, die virtuellen WWNs werden nach wie vor vom VMkernel verwaltet, da noch keine virtuellen Fibre-Channel-Karten im Gast möglich sind. Bis dahin hat die NPIV-Nutzung hauptsächlich Sicherheitsvorteile; Path-Management-Tools im Gast können nach wie vor nicht verwendet werden.

9.7 FCoE

Fibre-Channel over Ethernet (FCoE) wurde entwickelt, um die Kompatibilität mit Fibre-Channel zwar zu behalten, jedoch auf die flexible Ethernet-Basis umstellen zu können. Da Ethernet und Fibre-Channel über komplett getrennte Infrastrukturen verfügen mussten, kann der Schritt zu FCoE eine Vereinfachung für Architekten und Administratoren darstellen, um beide Technologien zusammenzuführen.

Oftmals wird sowohl von der Vereinfachung und Reduzierung der Verkabelung gesprochen als auch von einer weiteren Konsolidierung im Rechenzentrum. Dies gilt aber nur unter bestimmten Voraussetzungen. In aller Regel müssen die Datenströme »Storage« und »andere« dennoch getrennt bleiben, um negative Effekte wie zum Beispiel *Noisy Neighbour* auszuschließen. Zudem muss man darauf achten, dass Switches über alle Ports mit voller Last betrieben werden können. Oftmals werden einfache Switches mit schwächerer Hardware ausgeliefert, sodass man beispielsweise 48 Ports anbinden kann, jedoch bei voller Last nur 50 % der Ports betreiben kann bzw. der maximale Durchsatz des Switchs nicht nominal 48 × 1 GBit, also 48 GBit, sondern z. B. nur 30 GBit beträgt.

Weiterhin werden Speicher- und Server-Systeme heutzutage mit mindestens 10 GBit angeschlossen. Hier sind entsprechende Switches erforderlich. Die beispielsweise vier 10-GBit-Schnittstellen eines 48+4-Port-Switchs für Speichersysteme zu nutzen, ist in aller Regel nicht sinnvoll. Meist benötigt man zwei dieser Ports zur Vernetzung der Switches untereinander. Die übrigen zwei Ports für eine Speicheranbindung zu nutzen, führt zu einem sehr weit verzweigten Netz über mehrere Switches. Doch gelten auch für FCoE die gleichen generellen Regeln zur Netzverzweigung wie bei FC: Verwenden Sie möglichst einfache, »niedrige« Netze mit kurzen Strecken, um die Performance nicht negativ zu beeinflussen. Vom administrativen Aufwand ganz zu schweigen.

Darüber hinaus ist zu beachten, dass die FC-Pakete nicht routingfähig sind und auch nicht in IP-Pakete gepackt werden können, um diese routingfähig zu machen, wie dies bei iSCSI der Fall ist. Durch den Verzicht auf die Nutzung von Transportschichten wie TCP/IP und des damit verbundenen Overheads profitieren Sie von einer verbesserten Performance. Dennoch gilt weiterhin, dass FC in Bezug auf Performance im Vergleich zu FCoE die Nase vorne hat. Entsprechende Tests – im Speziellen für VMware vSphere, die Sie in der VMware-Dokumentation in Whitepapers finden können – belegen dies.

Oftmals fällt die Entscheidung für FCoE, weil man sich zuvor für ein bestimmtes Speichersystem entschieden hat. Während klassische FC-SAN-Speichersysteme meist recht »dumm« sind, verfügen komplexere Systeme oft über *Head Units* (beispielsweise NetApp, EMC), die verschiedene Features mitbringen, um »direkt« angeschlossenen Servern Dienste wie z. B. Fileservices anzubieten. Entscheidet man sich für so ein »intelligenteres« System, ist man oftmals an FCoE gebunden. Davon hängt dann auch ab, welches Protokoll im Speichernetzwerk genutzt werden kann.

vSphere unterstützt schon lange die FCoE-Hardwareschnittstellen (CNA) und hat diese Unterstützung mit vSphere 5 um einen Software-FCoE-Initiator erweitert (siehe Abbildung 9.15).

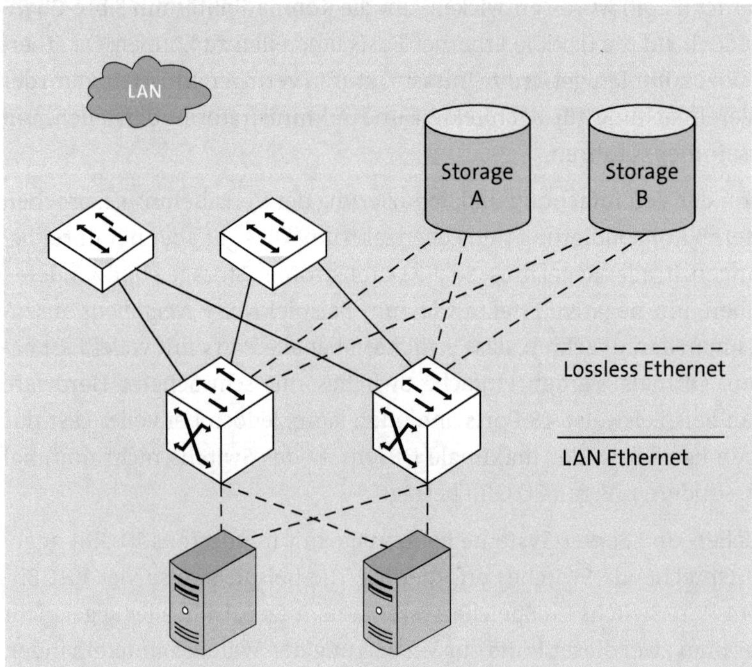

Abbildung 9.15 FCoE-Übersicht (Quelle: Autor Abisys, http://de.wikipedia.org/w/index.php?title=Datei:Storage_FCoE.tif)

9.8 NVMe-oF

Wirft man einen genaueren Blick auf das Storage-Thema, ist ersichtlich, dass über die Zeit eine kontinuierliche Entwicklung stattgefunden hat. Die Bussysteme zur Anbindung von Festplatten haben sich immer weiterentwickelt, um den größeren Datenmengen Rechnung zu tragen. Werfen Sie beispielsweise einen Blick auf die Anbindung über SATA bzw. SAS: Beide Protokolle wurden für drehende Platten entwickelt. Da lag es nahe, auch die SSD-Platten über diese Busse anzubinden. Hier zeigt sich das Problem: Die Datenspeicher wurden immer schneller, aber die Anbindung war die Limitierung.

Für die Nutzung der beiden Bussysteme werden auf dem Motherboard zusätzlich Chips benötigt. Dieser Schiefstand zwischen einem alten Protokoll und einer neuen Datenablage ist natürlich aufgefallen, und so wurde der NVMe-Standard entwickelt. Die Schwachstellen der alten Protokolle wurden eliminiert, und Daten können nun in extrem hohen Geschwindigkeiten übertragen werden.

Das weckt offensichtlich Begehrlichkeiten. Was ist, wenn die lokale Platte im Server noch Platz frei hat, die ein anderer Server noch benötigt? Jetzt kommt *NVMe-oF* (*Non-Volatile Memory express over Fabrics*) ins Spiel.

Das Entwicklerteam des Protokolls *NVMe* hat über den Tellerrand geschaut und kein reines Storage-Protokoll entwickelt. Die Implementierung lässt auch die Nutzung als Netzwerkprotokoll zu. Genau diese Flexibilität birgt den großen Vorteil, der das Protokoll sehr attraktiv macht.

Denn wenn Sie jetzt einwenden wollen, dass es ja nicht noch weitere rudimentäre Komponenten braucht, da wir ja doch schon Netzwerk und Fibre-Channel haben, dann sind damit auch genau die beiden Infrastrukturen genannt, über die das Protokoll genutzt werden kann.

Wichtig

NVMe-oF braucht keine eigene rudimentäre Infrastruktur im Rechenzentrum!

Häufig ist die Implementierung also nur eine Frage der installierten Firmware auf den entsprechenden Komponenten. Und selbstverständlich reden wir hier nicht von einem Entweder-oder. Das NVMe-Protokoll kann z. B. in FC-Netzwerken parallel zu FC laufen. So können Sie einen entsprechenden neuen, NVMe-konformen Storage aufbauen und das Protokoll etablieren, aber parallel auf den alten Bestandssystemen weiterhin FC nutzen.

Soll das Protokoll über Ethernet genutzt werden, kommt eine Funktion zum Tragen, die VMware mit Version 6.7 vorgestellt hat, nämlich das *RDMA* (*Remote Direct Memory Access*). Näheres dazu finden Sie in Abschnitt 9.17. Mit vSphere 7.0 hat VMware den Support für dieses Protokoll integriert.

9.9 iSCSI-Speichernetzwerk

Das *iSCSI-Speichernetzwerk*, das auch *IP-SAN* genannt wird, ist neben dem FC-SAN die beliebteste Methode, um zentralen Speicher an die ESX-Server zu koppeln. Statt WWN/WWPN-Adressen zur eindeutigen Identifizierung im Fibre-Channel-Umfeld werden MAC-Adressen, IP-Adressen und iNames genutzt. Während MAC-Adressen eher auf dem Ethernet-Level Verwendung finden, sind eine IP-Adresse und ein iName zum Mapping des Storage notwendig (siehe Abbildung 9.16). Zur Absicherung der Netzwerke können Sie mit eigenen physischen Switches oder VLANs arbeiten.

Zur Authentifizierung wurde CHAP (*Challenge Handshake Authentication Protocol*) als Protokoll integriert, was eine erste Sicherheitshürde bietet, da nur Systeme mit dem gleichen Schlüssel miteinander kommunizieren können. Die Integration einer Gesamtverschlüsselung mit IPsec (*Internet Protocol Security*) ist jedoch nicht möglich.

Das sehr oft genannte Argument, die Ethernet-Technologie sei im Gegensatz zu Fibre-Channel bereits bekannt und damit sei auch die iSCSI-Einführung kostengünstiger, kann nicht in jedem Fall bestätigt werden.

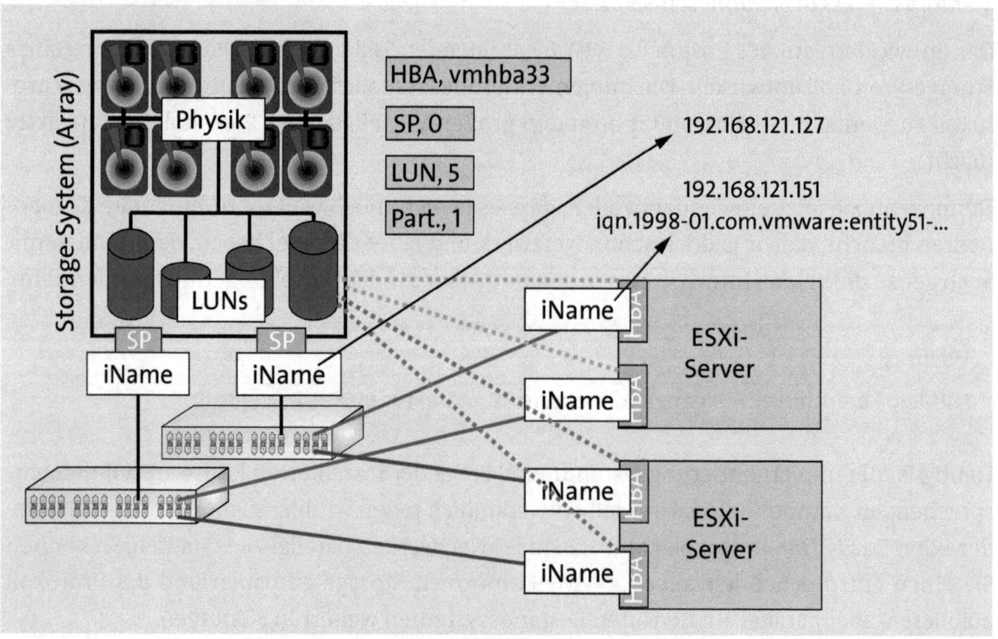

Abbildung 9.16 Komponenten im iSCSI-Netzwerk

Zuallererst ist es wichtig, sich mit der iSCSI-Technologie auseinanderzusetzen – mit ihren Anforderungen, Stärken und Schwächen. Die Verwaltbarkeit des Ethernet-Switchs oder der IP-Adressen ist zweitrangig. Im direkten Vergleich halten sich die Neuerungen von Standard-Ethernet nach IP-SAN oder FC-SAN eigentlich die Waage, da in beiden Technologien viele neue Themen beachtet werden müssen. Setzen Sie bereits FC-SAN ein, entfällt das Argument komplett.

Die Aussage »kostengünstiger« hängt sehr stark von den Anforderungen des Unternehmens an Leistungsfähigkeit und Ausfallsicherheit ab. Dazu sollten Sie sich Abschnitt 9.9.3, »IP-SAN-Trennung«, näher anschauen.

9.9.1 Vorteile und Nachteile

Ein iSCSI-Speichernetzwerk weist folgende Vor- und Nachteile auf:

- **Vorteile von iSCSI**
  - mittlere bis hohe Geschwindigkeiten möglich, je nach Anzahl und Bandbreite der Netzwerkanschlüsse
  - mittlere Latenzen
  - Load-Balancing und Failover einfach realisierbar
  - Raw Device Mappings möglich
  - sehr niedrige Einstiegskosten
  - relativ wenig Know-how erforderlich
- **Nachteile von iSCSI**
  - höchste CPU-Belastung am Host
  - Skalierbarkeitsprobleme mit LUN-Locking bei VMFS (viele VMs pro Datastore) werden mit vSphere 5.5 und VAAI größtenteils gelöst
  - Umgang mit LUN-Clones teilweise komplizierter als bei NFS (Resignatur)
  - VMFS-Datastores nicht verkleinerbar
  - Thin Provisioning nicht per Default

9.9.2 Kommunikation

Die Kommunikation läuft aufgrund der SCSI-Verwandtschaft auch über Initiator und Target ab. Der Initiator kann entweder ein iSCSI-HBA, der Software-iSCSI-Initiator des VMkernels oder der Software-iSCSI-Initiator im Gastbetriebssystem sein.

In jedem Fall empfiehlt es sich, über den Einsatz von *Jumbo Frames* (MTU bis 9.000 statt Standard-MTU von 1.500) nachzudenken, da diese Änderung eine Beschleunigung des Datenverkehrs aufgrund der größeren Netzwerkpakete und der sich damit verringernden Header-Informationen zur Folge hat.

Es wird in jedem Fall ausschließlich der VMkernel-Adapter für die iSCSI-Verbindung genutzt. In Kapitel 7, »Das Netzwerk in VMware vSphere«, finden Sie weitere Informationen dazu, wie die entsprechende Netzwerkkonfiguration aussehen kann.

9.9.3 IP-SAN-Trennung

Selbst kleine Umgebungen von 20 VMs bekommen bei entsprechendem Leistungsbedarf schnell große Probleme bei der Performance, wenn das iSCSI-Netzwerk nicht physisch vom produktiven IP-Netzwerk (LAN) getrennt ist.

In den meisten Fällen nützt auch keine Auftrennung mittels VLANs. Damit wäre zwar die Sicherheit der Pakete gewährleistet, aber nicht die Leistungsfähigkeit pro Port. Je nachdem, welche Ethernet-Switches im LAN eingesetzt werden, müssen Sie zusätzlich ein eigenes physisches Netzwerk mit eigenen Switches nur als Storage-Netzwerk aufbauen.

Hinweis

Je höher die zum Einsatz kommenden Netzwerkbandbreiten sind, desto stärker relativiert sich das Thema, wenn die unterliegende Switch-Infrastruktur mitspielt.

Probleme können auftreten bei:

- **Überbuchung**
  Der sehr einfach zu erklärende Fall ist das Überbuchen (*Overbooking*) von Switch-Ports. Das heißt, die Backplane des Switchs verfügt nicht über ausreichend Leistung, um alle Front-Ports mit voller Bandbreite gleichzeitig zu bedienen. Bei einem 48-Port-Switch beispielsweise, der nur mit einer 48-GBit-Backplane ausgestattet ist, entsteht ein Problem bei Volllast. 48 Ports Full Duplex bedeuten maximal 96 GBit Last, was von der 48-GBit-Backplane nur zur Hälfte abgedeckt wird. Daher ist jeder Port doppelt überbucht. Achten Sie daher immer auf *non-blocking* beim Switch-Kauf.
- **Lastverteilung**
  Ein sehr unschönes und nur schwierig festzustellendes Problem ist die mangelhafte Lastverteilung mancher Ethernet-Switches, die bei Volllast mehrerer Ports die Last nicht anteilig verteilen, sondern diese beliebig über die verbundenen Ports zulassen und verteilen. Dies führt im schlimmsten Fall dazu, dass Anwendungen nicht genügend Bandbreite zur Verfügung haben und es zu Applikationsabbrüchen im Sekundenbereich kommt.

  Auch hier ein kleines Beispiel: Es ist ein iSCSI-Storage-System mit einem GBit-Port auf einem Switch mit vier iSCSI-Initiatoren (ESX-Server) angeschlossen, die miteinander kommunizieren. Der Port des Storage-Systems erhält 90 % Last (*Utilization*). Allerdings schwankt die Kommunikation der vier Initiatoren-Ports aufgrund der Lastverteilungsprobleme des Switchs zwischen 20 und 80 %. Im Ergebnis kommt es zu Applikationsproblemen auf den virtuellen Maschinen des ESX-Servers mit der geringsten zugeordneten Priorität, da Pakete zu langsam verteilt oder sogar verworfen werden.

  Die Backplanes kostengünstigerer Switches sind einfach nicht auf die Volllast aller Ports, sondern nur für einen Bruchteil der Port-Volllast ausgelegt. Somit würden das LAN und das IP-SAN sich gegenseitig stören, da die Switch-Backplane diese Leistung nicht erbringen kann.

Selbst bei der Trennung der physischen Netzwerke mit eigenen Switches weichen die Leistungsanforderung und die Switch-Leistung stark voneinander ab. Nicht selten müssen daher Backbone-Switches angeschafft werden, um das iSCSI-Netzwerk, das zumeist höhere Anforderungen als die LAN-Kommunikation hat, vernünftig zu betreiben.

Solche Leistungsprobleme sind nicht immer leicht erkennbar, stellen sich aber oft durch »Hänger« in virtuellen Maschinen dar. Diese Stopps der Applikation in einer VM reichen von der Verlangsamung der Anwendung für den Benutzer bis hin zum sporadischen Absturz der VM, da die iSCSI-Informationen nicht schnell genug umgesetzt werden können.

Daher ist es sehr wichtig, die Leistungsanforderungen genau zu bestimmen und ein entsprechendes Design der Ethernet-Infrastruktur aufzubauen. Sehr oft stellt sich heraus, dass sich Planungsschwächen viel schlimmer auswirken als bei der Nutzung von FC-SAN. Durch die Einführung von 10/20/25/40/50/100-GBit-Ethernet wird sich das Performance-Problem allerdings relativieren, wenn die Backplane der Ethernet-Switches entsprechende Leistung vorhält.

Übrigens findet sich eine sehr gute Abhandlung über die Möglichkeiten des iSCSI-Netzwerks und deren Implementierung auf dem Blog von Chad Sakac (Virtual Geek) – schon älter, aber immer noch aktuell:

http://virtualgeek.typepad.com/virtual_geek/2009/09/a-multivendor-post-on-using-iscsi-with-vmware-vsphere.html

9.10 Network File System (NFS)

Was den Aufbau des Netzwerks betrifft, unterscheidet sich NFS nur unwesentlich von iSCSI. Das heißt, auch hier sollte ein Speichernetzwerk dediziert genutzt werden, und der VMkernel stellt die Verbindung zum NFS-Storage her.

Allerdings arbeitet NFS nicht blockorientiert, sondern dateiorientiert, NFS nutzt also kein VMFS im Backend. Die Erklärung liegt schon im Namen *Network File System* (NFS). Im Endeffekt ist es dem Storage-System überlassen, welches Dateisystem im Hintergrund die Dateien verarbeitet und organisiert, für den ESX-Server ist nur interessant, dass über NFS mit ihm kommuniziert wird.

NFS arbeitet im Gegensatz zu den blockorientierten VMFS-Datastores immer im Thin-Provisioning-Modus (Ausnahme: VAAI-Nutzung von *NFS Reserve Space*). Das heißt, nur die real abgespeicherten Daten verbrauchen im NFS wirklich Festplattenplatz, unabhängig von der angegebenen VMDK-Festplattendatei der virtuellen Maschine. Darüber hinaus ist es bei der Nutzung des standardisierten NFS-Protokolls möglich, von jedem anderen NFS-Client auf die NFS-Freigaben zuzugreifen, was Sicherungen sehr flexibel und einfach macht. Da auch das NAS-Storage-System selbst in der Lage ist, die Daten einzusehen, existieren auch dort sehr mächtige Sicherungsmöglichkeiten (z. B. *NetApp Filer*).

Ein weiterer Vorteil von NFS besteht darin, dass keine SCSI-Reservations auf dem kompletten Datastore (LUN) ausgeführt, sondern nur sogenannte File-Locks angewendet werden. Dadurch werden nur die im Zugriff befindlichen Dateien gesperrt und nicht die komplette LUN, was NFS eine sehr gute Flexibilität und Skalierbarkeit einbringt. Diese Vorteile werden besonders in großen VDI-(*Virtual Desktop Infrastructure*-)Umgebungen geschätzt, weswegen sich NFS in diesem Anwendungsbereich auch durchsetzt.

9.10.1 Kommunikation

Bei der Kommunikation von NFS handelt es sich um ein Client-Server-Protokoll. Das heißt, der NFS-Client verbindet (authentifiziert) sich mit dem NFS-Server und beginnt eine Standardkommunikation. Ein sehr wichtiger Aspekt ist dabei die Nutzung von IP-Adressen oder DNS-Namen, wobei IP-Adressen meist bevorzugt werden, um die Abhängigkeit von DNS-Servern zu minimieren. Da es bei NFS kein Multipathing gibt, sind Sie auf die Möglichkeiten des Storage-Systems angewiesen, intern Cluster abzubilden. Dies ist meist über Round-Robin-Mechanismen, MAC-Adressen-basiert oder IP-basiert möglich. Das Gleiche gilt für die Load-Balancing-Möglichkeiten.

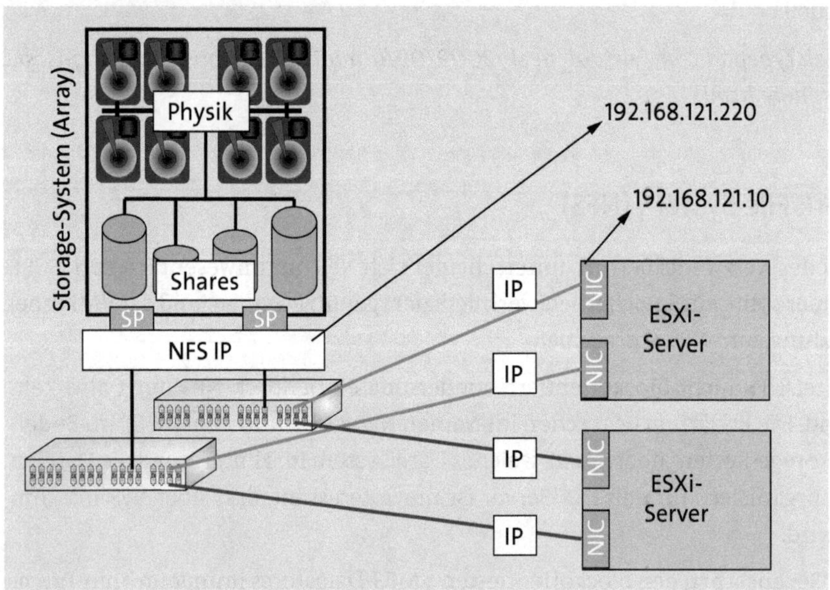

Abbildung 9.17 Komponenten bei der NFS-Nutzung

Ein großes Problem ist hierbei, Ausfallsicherheit und Lastverteilung abzuwägen, wie es bei den blockbasierten Protokollen durch Multipathing möglich ist. Hier entscheiden die Anzahl der Netzwerk-Ports und die Möglichkeiten der Ethernet-Switches darüber, wie weit Sie gehen können. In diesem Bereich brilliert unter anderem die Firma *Arista Networks* mit ihren kostengünstigen 10-GBit-Switches, die eine Port-Aggregation über Switch-Grenzen erlauben. Dies ist bei anderen Herstellern nur mit vielfach teureren Switches möglich. Zum besseren Verständnis zeigt Abbildung 9.17 die Komponenten, die bei dieser Anbindungsart zum Einsatz kommen.

Den Aufbau des VMkernel-NFS-Moduls zeigt Abbildung 9.18.

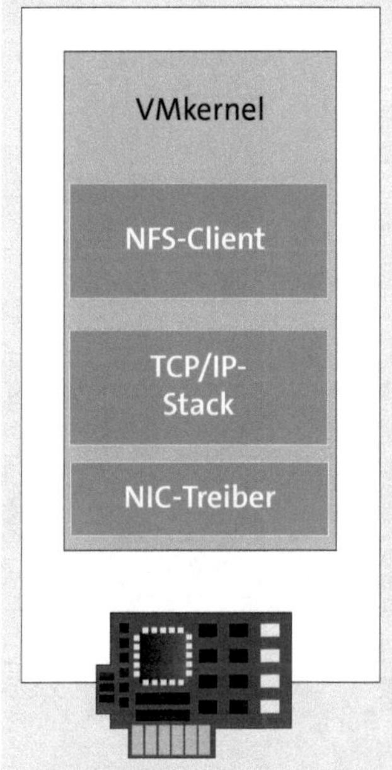

Abbildung 9.18 NFS-Modul im VMkernel

In jedem Fall empfiehlt es sich, über den Einsatz von Jumbo Frames (MTU bis 9.000 statt Standard-MTU von 1.500) nachzudenken, da Jumbo Frames aufgrund der größeren Netzwerkpakete und der sich damit verringernden Header-Informationen den Datenverkehr beschleunigen. Die Kommunikation findet über den VMkernel statt, der über das IP-Hash-basierte Load-Balancing-Verfahren die Last verteilen kann.

Lastverteilung unter NFS

Eine Lastverteilung mit NFS ist auch bei IP-Hash-basiertem Load-Balancing nur möglich, wenn dem ESXi-Server mehrere IP-Adressen auf der Seite des NFS-Servers angeboten werden. Ansonsten würde der VMkernel-Port immer nur einen Adapter nutzen, da immer die gleiche Netzwerkkarte pro IP-Verbindung verwendet würde.

Durch die Nutzung von 10-GBit-Netzwerkkarten (oder schnelleren) sind mit NFS enorme Geschwindigkeiten bei Datendurchsatz und Latenzzeiten möglich. Dies bringt weitere Marktdurchdringung für NFS und Entspannung, was die Verwendung von Load-Balancing auf der ESXi-Seite angeht.

Selbstverständlich ist es auch möglich, NFS-Systeme aus dem Gastbetriebssystem anzubinden und nur für eine dedizierte virtuelle Maschine zu nutzen (siehe Abbildung 9.19). Der Netzwerkverkehr läuft in diesem Fall über die Portgruppe der virtuellen Netzwerkkarte ab. Um mehr Performance im Gast zu erreichen, müssten Sie mit mehreren virtuellen Netzwerkkarten und mehreren NFS-Servern arbeiten.

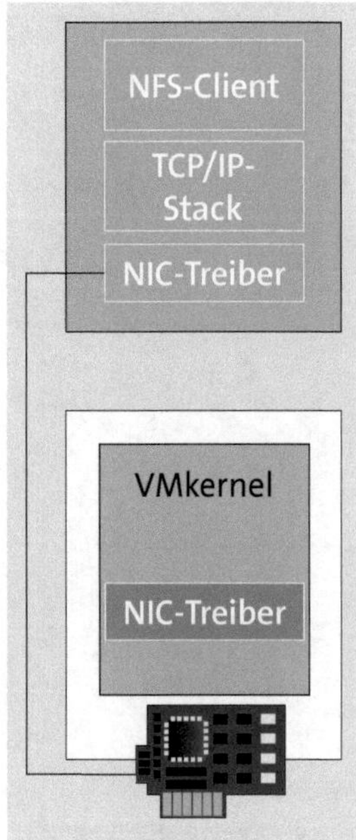

Abbildung 9.19 NFS im Gastbetriebssystem

9.10.2 NFS 3.1 / NFS 4

Das NFS-Protokoll hat eine lange Historie. Bei der Definition der ersten NFS-Version 1989 (RFC1094) war von Virtualisierung noch nicht die Rede. Sun Microsystems hat das Protokoll für sein Unix-Betriebssystem entwickelt, um auf Dateien im Netzwerk zugreifen zu können. Damit wurde ein Zugriffsmechanismus etabliert, der es erlaubt, Dateien im Netzwerk so zu behandeln, als wenn sie im lokalen Filesystem abgelegt wären.

Die erste NFS-Version, die VMware unterstützt hat, war die Version 3. Sie wurde 1995 im RFC1813 definiert. Authentifiziert wird unter NFS v3 der zugreifende Client auf dem Server, nicht aber der zugreifende User. Diese Art der Authentifizierung und die Notwendigkeit, dass die Nutzer-IDs auf Client und Server identisch sein mussten, um keine Probleme zu bekommen, hat zu einer Weiterentwicklung des Protokolls geführt, auch um die Unix-Lastigkeit des Protokolls zu reduzieren. Zwar wurde mit der Einführung von *rpc.idmapd* (ID Mapper Daemon) und *nfsuserd* (NFS User Daemon) die Notwendigkeit von identischen Nutzer-IDs auf Client und Server eliminiert, aber weitere Erfordernisse machten eine Neudefinition notwendig. Die erfolgte dann mit RFC3010 mit der Auflage der Version NFS v4, und das schon im Jahr 2000. Es sollte aber noch sehr lange dauern, bis die Version sich etablieren konnte.

Das Protokoll in Version 3 ist immer noch weit verbreitet und kommt auch heute noch zum Einsatz. Die einfache Handhabung ist genauso ein Grund wie die Prämisse, dass Bestandsumgebungen nur sehr ungern auf neue Technologien umgestellt werden, um die größtmögliche Stabilität zu garantieren.

Noch bis 2016 hat VMware nur die Version NFS v3 unterstützt. Erst mit vSphere 6.0 kam der Support für die aktuellere NFS-Version, die dann aber schon NFS v4.1 war (RFC7530, Weiterentwicklung definiert in RFC7931 und RFC8587). Genug der Theorie, was hat sich am Protokoll verändert?

Die sicherlich wichtigste Änderung ist die Umstellung von Client-basierter auf User-basierte Authentifizierung. Die Unterstützung des Kerberos-Protokolls sorgt dafür, dass Unix-User-IDs nicht mehr interessieren. Nutzernamen in der Form *Anwendername@Domain.name* sind in der gesamten Domäne *Domain.name* bekannt, ohne dass zusätzliche Dienste benötigt werden. Eine Bündelung von Netzwerkverbindungen ermöglicht die Erhöhung von Bandbreiten. Ein Failover ist ebenso Bestandteil der neuen Protokollimplementierung, und damit gibt es nun auch im NFS-Bereich ein *Multipathing*.

Achtung

Eine parallele Nutzung von NFS v3 und NFS v4.1 auf demselben Datastore wird nicht unterstützt. Aufgrund von unterschiedlichen Locking-Mechanismen ist sonst die Datenintegrität gefährdet.

Eine Migration von NFS v3 auf NFS v4.1 ist in der Regel nicht möglich. Gehen Sie entsprechenden Problemen aus dem Weg, und stellen Sie einen neuen Datenbereich mit NFS v4.1 zur Verfügung. Dann verschieben Sie die Daten mit Storage vMotion.

Weiterhin kann unter NFS v4.1 auch verschlüsselt werden. In Tabelle 9.5 finden Sie eine Gegenüberstellung der Funktionsunterschiede von NFS v3 und NFS v4.1.

Funktion	NFS v3	NFS v4.1
Zugriff	Auth_sys	Auth_sys, Kerberos (krb5/krb5i)
Verschlüsselung	Nein	Ja
Multipathing	Nein	Ja
Lockmechanismen	Clientseitig	Serverseitig
Hardwarebeschleunigung	Ja	Ja

Tabelle 9.5 Unterschiede zwischen NFS v3 und NFS v4.1

Funktion	NFS v3	NFS v4.1
Festplattenformat	Ja	Ja
Unterstützung IPv6	Ja	Ja
ISO-Images als CD in der VM	Ja	Ja
Snapshots	Ja	Ja
Virtuelle Festplatte größer als 2 TB	Ja	Ja

Tabelle 9.5 Unterschiede zwischen NFS v3 und NFS v4.1 (Forts.)

Hat NFS v4.1 beim Funktionsumfang NFS v3 bereits überholt, so schlägt das Pendel bei den unterstützten VMware-Produkten zugunsten von NFS v3 aus (siehe Tabelle 9.6).

Funktion	NFS v3	NFS v4.1
vMotion/Storage vMotion	Ja	Ja
High Availability (HA)	Ja	Ja
Fault Tolerance (FT)	Ja	Ja
Distributed Resource Scheduler (DRS)	Ja	Ja
Host Profiles	Ja	Ja
Storage DRS	Ja	Nein
Storage I/O Control	Ja	Nein
Site Recovery Manager	ja	Nein
vVols	Ja	Ja
vSphere Replication	Ja	Ja
vRealize Operations Manager	Ja	Ja

Tabelle 9.6 Unterstützte VMware-Funktionen, NFS v3 und NFS v4.1

9.10.3 Vorteile und Nachteile

Das *Network File System* (NFS) bietet folgende Vor- und Nachteile:

- **Vorteile von NFS**
  - mittlere bis hohe Geschwindigkeiten möglich, je nach Anzahl der Netzwerkanschlüsse
  - mittlere Latenzzeiten

  - sehr niedrige Einstiegskosten
  - relativ wenig Know-how erforderlich
  - Thin Provisioning per Default
  - sehr einfaches Management
  - Zugriff auf die VMs mit jedem NFS-Client möglich (Backup)
  - keine VMFS-Skalierungsprobleme
- **Nachteile von NFS**
  - Raw Device Mappings sind nicht auf NFS möglich.
  - Load-Balancing und Failover sind je nach eingesetzter LAN-Infrastruktur bzw. NFS-Version schwieriger realisierbar.
  - Es gibt wenige Sicherheitsfunktionen im Protokoll (abhängig von der NFS-Version).

9.11 Flash-basierter Speicher

Flash-basierter Speicher war vor nicht allzu langer Zeit noch ein schwieriges Thema. Für seine Nutzung mussten z. B. PCI-Express-Karten eingesetzt werden, wie z. B. die von ehemals FUSIONio. Die Karten gab bzw. gibt es auch als OEM-Produkt von diversen Serverherstellern. Mittlerweile gibt es lokale SSDs oder NVMe-Geräte mit dem gleichen Nutzen.

Ist die passende Hardware verbaut, können Sie zwischen vier Varianten der Nutzung entscheiden bzw. diese auch miteinander kombinieren:

- als Datastore (Formatierung mit VMFS), um VMs und VMDK-Dateien abzulegen
- VMDirectPath, um PCI-Geräte des Hosts direkt in der VM zu nutzen
- als Host-Cache
- im vSAN

Die Formatierung einer SSD oder Flash-Karte mit VMFS geschieht genauso wie bei einer normalen LUN- oder SAS-Festplatte.

Der Speicher kann immer nur in einer Funktion genutzt werden. Ein Splitten der Funktionalität, wie es früher mal ging, ist nicht mehr möglich.

9.11.1 VMFS-Datastore

Variante 1 – also die Nutzung als Datastore – bietet natürlich den großen Vorteil, dass die darauf abgelegten virtuellen Maschinen einen deutlichen Leistungsschub bezüglich I/O-Durchsatz und Latenzzeiten erhalten (siehe Abbildung 9.20).

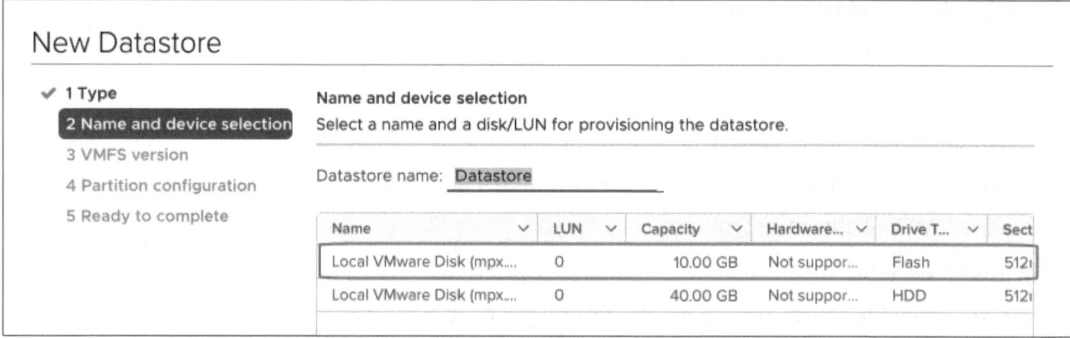

Abbildung 9.20 Flash-Speicher als VMFS-Datastore

Wenn Sie sich über die Ausfallsicherheit Gedanken machen, so ist es korrekt, dass eine Flash-basierte PCIe-Karte kein Hardware-RAID-Level unterstützt, sodass Sie entweder auf Software-RAID in den Gastbetriebssystemen zurückgreifen oder Storage-Virtualisierer wie Data-Core einsetzen müssen, um Flash-Karten zu bündeln.

Die aktuelle Servergeneration kann eine entsprechende Zusammenfassung von lokalen SSDs nach einem gleichen oder ähnlichen Schema durchführen wie bei drehenden Platten.

Oft ist es aber überhaupt nicht notwendig, die Datastores ausfallsicher aufzusetzen, da die Anforderungen der Anwendung dies nicht verlangen. Ein Beispiel wären *Linked Clones* in einer VMware-View-Umgebung.

Die *Golden Images* (oder auch die Master-VM, von der sämtliche Kopien, *Linked Clones* genannt, erzeugt werden) und die Linked Clones liegen auf dem SSD-Datastore, und wenn dieser ausfallen sollte, müssen sich die Anwender einfach neu anmelden und werden durch den Desktop-Pool mit einem neuen Server verbunden.

Dieses Einsatzgebiet wird abnehmen. VMware hat mit der Version Horizon 8 angekündigt, dass die Linked Clones nicht weiter unterstützt werden.

9.11.2 DirectPath I/O / Dynamic DirectPath I/O

Variante 2 (VMDirectPath) geht sogar einen Schritt weiter und lässt eine VM per RDM für den Zugriff zu. Das heißt, dies wäre für leistungsfressende Datenbankserver oder auch für Webserver mit hoher I/O-Last interessant. Dazu muss die Hardware im ESXi-Host aktiviert werden (siehe Abbildung 9.21), damit sie in der VM genutzt werden kann. Die Funktion beschränkt sich aber nicht nur auf Festplattencontroller. Viele andere PCI-Geräte können auch in der VM genutzt werden.

Abbildung 9.21 Aktivierung von VMDirectPath

Über den Punkt CONFIGURE PASSTHROUGH gelangen Sie in die Anzeige aller PCI-Geräte des Hosts, und dort können Sie eine Auswahl treffen für das Gerät, das Sie in einer VM nutzen wollen. Nach einem Reboot des Hosts kann im Folgenden die Konfiguration der VM erfolgen. Das Gerät selbst wird über EDIT SETTINGS der VM hinzugefügt. Nutzen Sie dazu die Auswahl PCI DEVICE (siehe Abbildung 9.22).

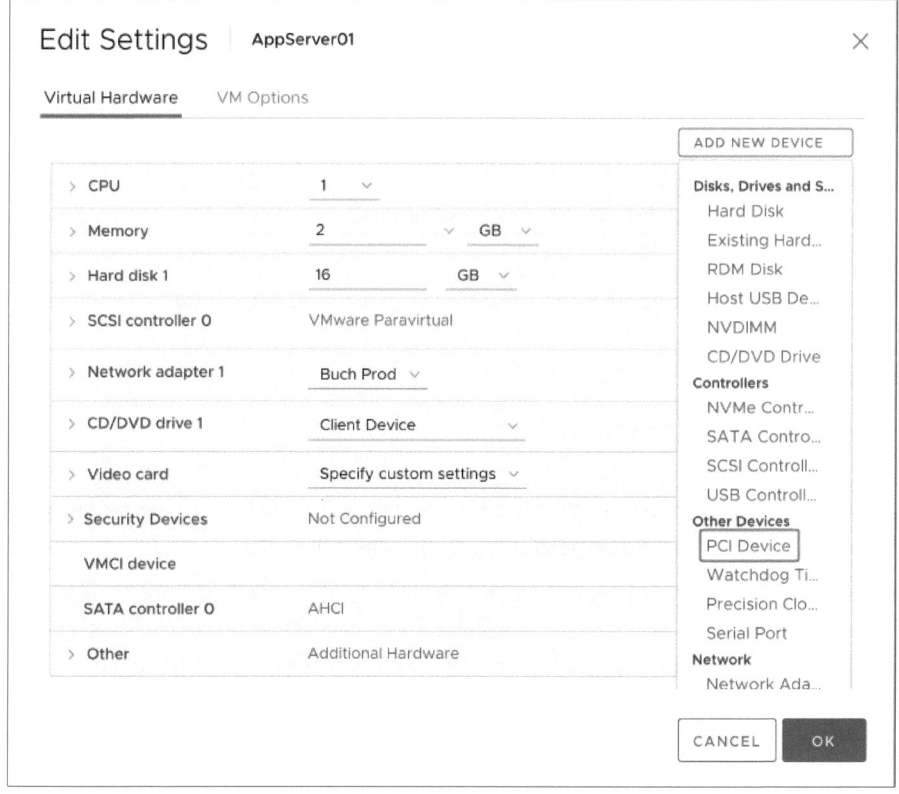

Abbildung 9.22 Hinzufügen eines PCI-Geräts

Nach der Auswahl können Sie der VM fest ein PCI-Gerät zuweisen (DirectPath I/O), siehe Abbildung 9.23.

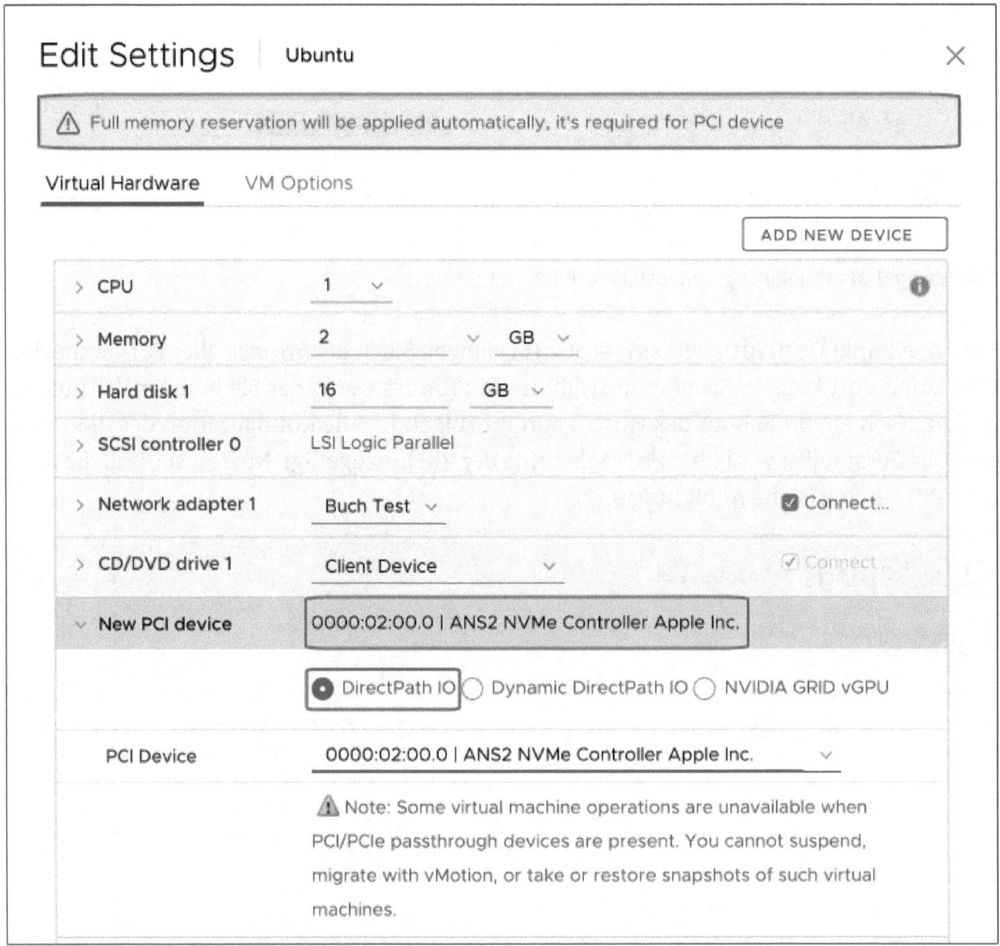

Abbildung 9.23 PCI-Zuweisung per DirectPath I/O

Mit der Funktion Dynamic DirectPath IO können Sie Geräte zuordnen, bei denen versucht wird, sie beim Starten der VM zu verbinden (siehe Abbildung 9.24).

Hinweis

Beiden Varianten ist gemein, dass der VM der konfigurierte Arbeitsspeicher fest zugewiesen wird. Aus Performance-Gründen ist das notwendig.

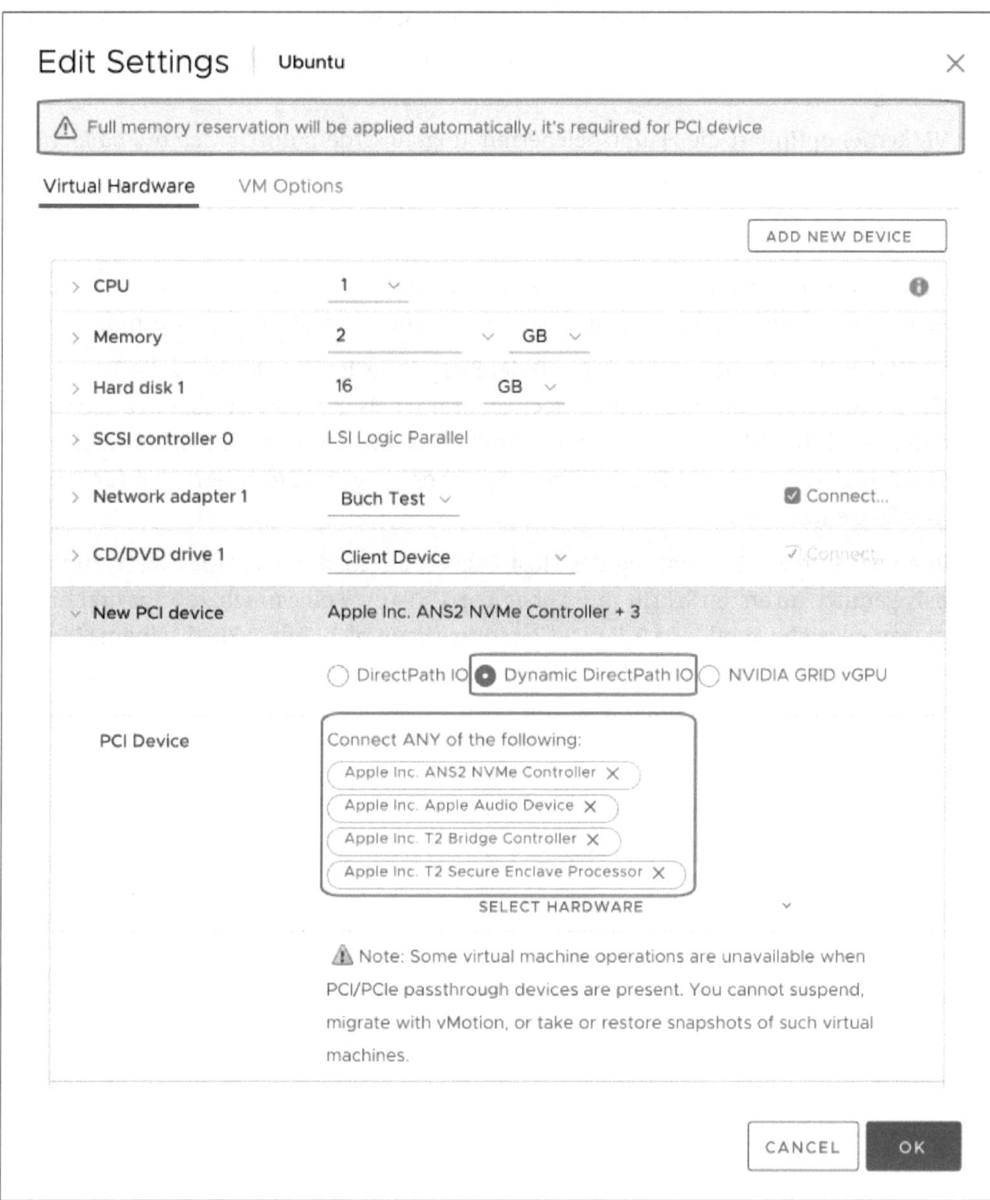

Abbildung 9.24 PCI-Zuweisung per Dynamic DirectPath I/O

9.11.3 Host-Cache

Variante 3 (Host-Cache) ist sehr interessant, da man die Flash-Karte anstatt der NFS-, iSCSI- oder FC-LUN des Storage-Systems nutzt, um im Falle eines Engpasses von physischem RAM die VM mittels Auslagerungsdatei (*.vswp*) über den VMkernel zu versorgen. Dieses seit Jahren genutzte Verfahren des Memory-Overcommitment – d. h., es wurde deutlich mehr

Hauptspeicher an die virtuellen Maschinen vergeben, als physisch vorhanden ist – kann mittels Host-Cache beschleunigt werden. Dies erleichtert die Ressourcenplanung und die Ausfallplanung.

Der VMkernel optimiert die Hauptspeichernutzung außerdem durch *Memory Ballooning*, *Memory Compression* sowie durch das *Transparent Page-Sharing* (Content-based Memory-Sharing). Hat der VMkernel alle Möglichkeiten zur Optimierung ausgeschöpft und ist kein physischer RAM mehr verfügbar, so greift die letzte Instanz in Form der virtuellen Swap-Datei im Verzeichnis der VM. Da diese Swap-Datei auf dem im Vergleich zum RAM äußerst langsamen Datastore liegt, kann es zu massiven Geschwindigkeitseinbußen kommen.

Setzen Sie den Host-Cache ein, so wird statt der Swap-Datei im VM-Datastore die Swap-Datei der SSD-Karte genutzt, die zwar immer noch langsamer als der RAM ist, aber dennoch deutlich schneller als traditionelle Festplatten. Damit ist es möglich, den Geschwindigkeitsnachteil deutlich abzufedern und SSD-basierten Speicher als gangbare Alternative für Spitzen oder Ausfälle einzuplanen.

Kommen wir nun zur Einrichtung des Host-Caches. Ein Medium wird für diese Funktion exklusiv genutzt. Im ersten Schritt muss über ADD CAPACITY eine nutzbare Kapazität hinzugefügt werden (siehe Abbildung 9.25). Die Ressource kann nicht nur exklusiv einem Host zur Verfügung gestellt werden, sie kann über ADD CAPACITY ON CLUSTER auch einem Cluster zur Nutzung bereitgestellt werden.

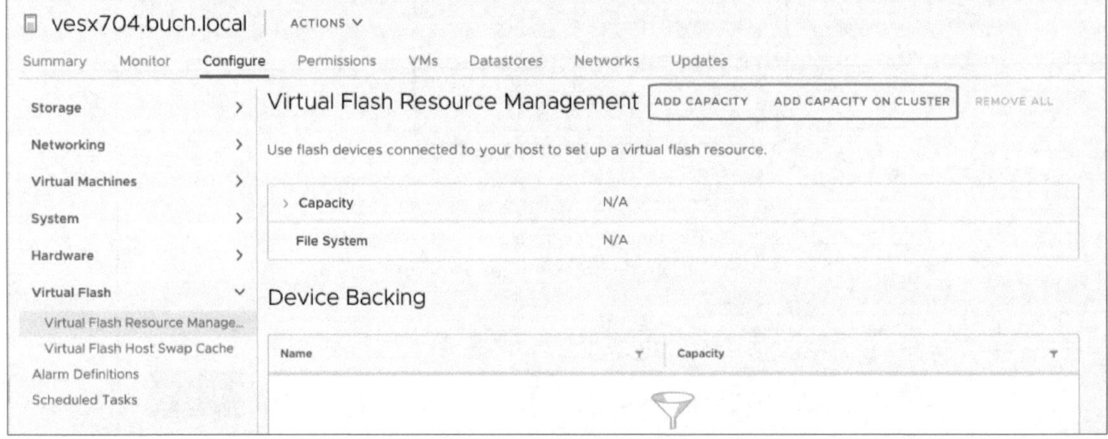

Abbildung 9.25 Hinzufügen einer vFlash-Kapazität

Nach der Auswahl des Storages wird das Gerät exklusiv formatiert, und zwar nicht mit VMFS, sondern mit dem Filesystem VFFS (*Virtual Flash File System*).

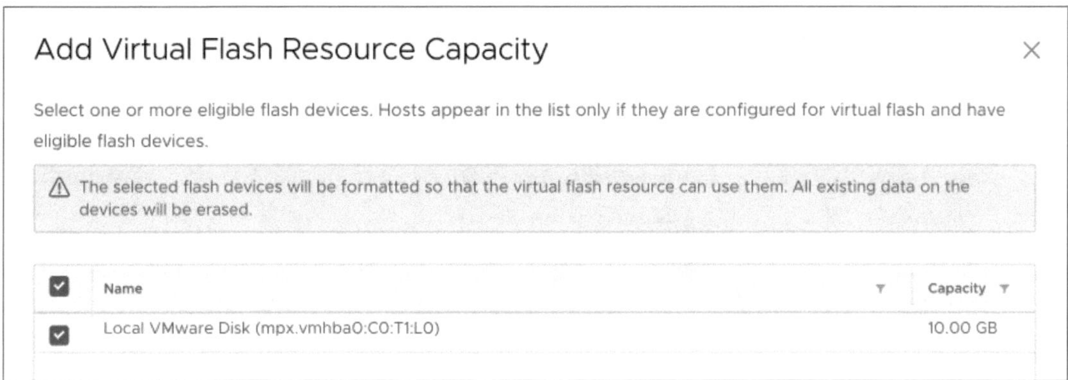

Abbildung 9.26 Auswahl des Geräts für vFlash

Das formatierte Flash-Device wird nach der Erstellung als nutzbare Ressource angezeigt (siehe Abbildung 9.27).

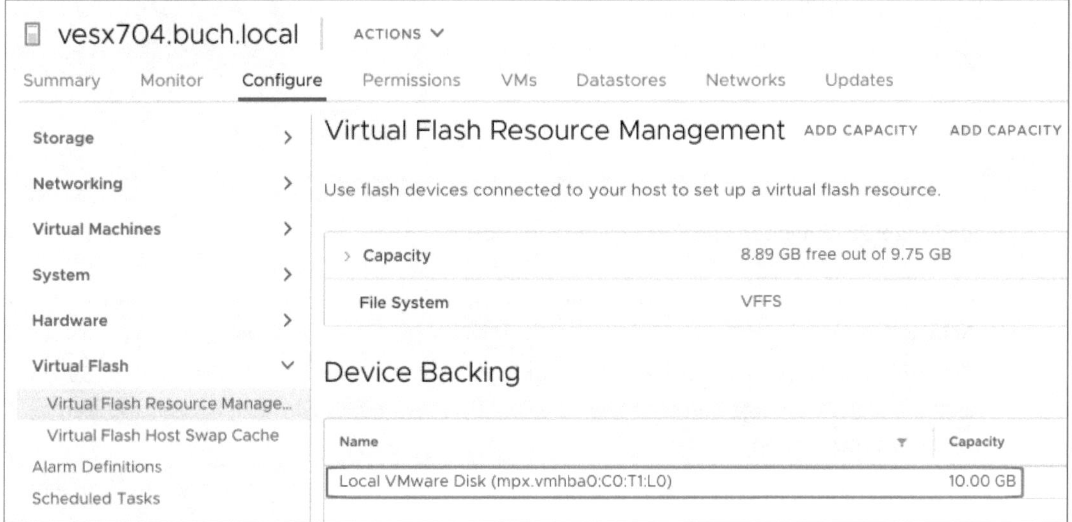

Abbildung 9.27 Nutzbare vFlash-Ressourcen

Der weitere Weg zur Nutzung geht über VIRTUAL FLASH HOST SWAP CACHE und den Button EDIT (siehe Abbildung 9.28).

Dem Host muss nicht der gesamte Speicher zugewiesen werden. Es können auch nur Teile des Caches zugewiesen werden.

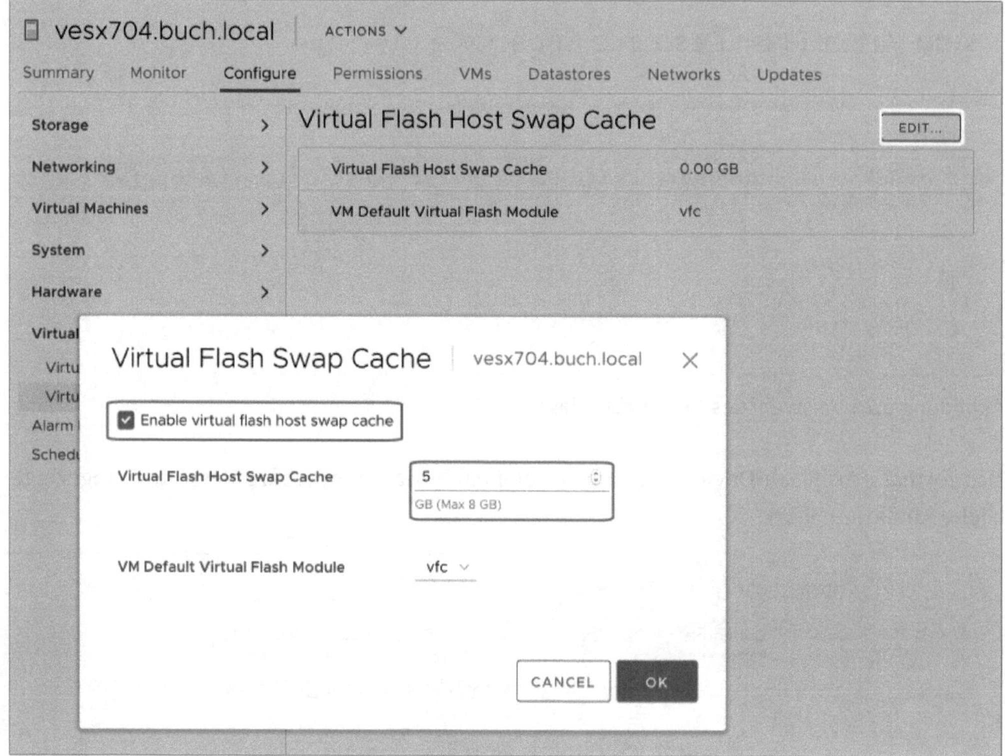

Abbildung 9.28 Zuweisen von Swap Cache zum Host

Achtung

Die Funktion vFlash Read Cache (vFRC) wurde von VMware mit der Version vSphere 6.7 U2 abgekündigt. Zu wenige Kunden haben die Funktion genutzt. Es wird empfohlen, als Alternative vSAN einzusetzen.

Diese Funktion konnte früher auch mit dieser Art der Bereitstellung in der VM genutzt werden.

9.11.4 Virtual SAN (vSAN)

Virtual SAN wird in einem eigenen Kapitel besprochen. Schauen Sie dazu bitte in Kapitel 10, »VMware vSAN«, nach.

9.12 VMware-Storage-Architektur

VMware besitzt seit der ersten Version des ESXi-Servers eine eigene Storage-Architektur und -Implementierung. Diese besteht aus den verschiedenen Storage- und Netzwerk-Stacks sowie aus eigenen Multipathing-Möglichkeiten. Außerdem wird das Dateisystem VMFS stetig weiterentwickelt und ist mittlerweile bei VMFS 6 mit der Version 6.82 angekommen. Zusätzlich ist vSphere 7.0 noch kompatibel zu VMFS 5.

> **Achtung**
> Mit VMFS 6 wird der Zugriff auf Hosts beschränkt, die Version 6.5 oder neuer einsetzen.

9.12.1 VMkernel-Storage-Stack

Der VMware-Storage-Stack ist für die Anbindung der verschiedenen Datenträger, die Verwendung von SCSI-Protokollen und NFS sowie für das Multipathing zuständig.

Der Speicherstack des VMkernel

VMware ESXi besitzt einen eigenen SCSI-Stack, der die Nutzung von lokalem und entferntem Storage (iSCSI, FC) möglich macht. Dieser Stack verfügt auch über eigene Queuing-Mechanismen und eigene Multipathing-Funktionen. Auch Drittherstellern ist es möglich, eigene Multipathing-Funktionen in den VMkernel zu integrieren. Dazu wird die PSA (*Pluggable Storage Architecture*) genutzt.

TCP/IP-Protokoll im VMkernel (vMotion, iSCSI)

Der VMkernel enthält neben dem Storage-Stack auch einen Netzwerk-Stack, der das TCP/IP-Protokoll unterstützt. Auf diesem VMkernel-Stack kommunizieren unter ESXi das Management, vMotion, Fault Tolerance, NFS, vSphere Replication, vSAN, die Software-iSCSI-Funktion und die Software-FCoE-Funktion. Da es sich bei TCP/IP um ein Standardprotokoll handelt, funktionieren leider auch Teile der Denial-of-Service-Attacken gegen dieses Protokoll. Daher sollten Sie diese Ports immer vom Netzwerk der virtuellen Maschinen und des produktiven LANs trennen. Dies ist etwa mit VLANs für z. B. vMotion, iSCSI oder Fault Tolerance möglich, ohne an Flexibilität bei den physischen Adaptern zu verlieren.

Multipathing

Mit der *Pluggable Storage Architecture* (PSA) bietet VMware eine modulare Option für das Multipathing. Sie bringen eigene Module mit, aber es ist auch die Schnittstelle für 3rd-Party-Anbieter für ihre Multipathing-Produkte.

Zu den Multipathing-Komponenten gehören:

- MPP (*Multi-Path-Plug-in*, VMware-eigene und Third-Party-Plug-in-Kontrolle),
- NMP (Native-Multipathing-Plug-in, VMware-eigene Pfadkontrolle),
- HPP (High-Performance-Plug-in, VMware-eigene Pfadkontrolle für NVMe-Geräte),
- SATP (Storage-Array-Type-Plug-in, Failover-Kontrolle und Überwachung) und

- PSP (*Path-Selection-Plug-in*, Lastverteilung, Pfadauswahl anhand der Policies *Fixed*, *MRU* oder *Round-Robin*).

Die Pluggable-Storage-Architektur (PSA) von vSphere ist in Abbildung 9.29 dargestellt.

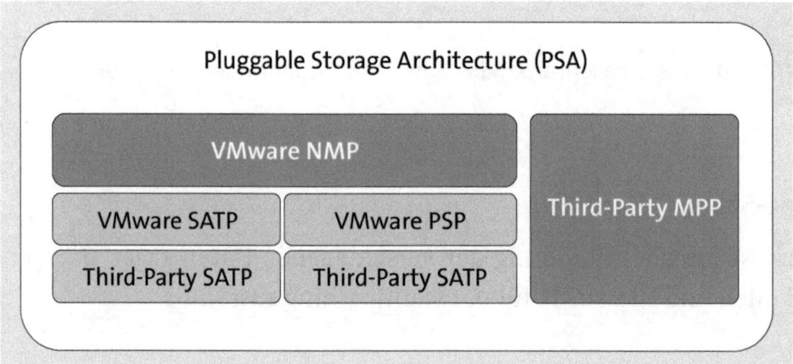

Abbildung 9.29 Multipathing unter vSphere

Der Multipathing-Vorgang (Weg der I/Os)

- Das NMP-Modul ruft das entsprechende PSP-Modul auf (Fixed, MRU oder RR).
- PSP wählt den optimalen physischen Pfad aus, um die I/O zu versenden.
- Wenn die I/O-Operation erfolgreich ist, gibt NMP dies zurück.
- Wenn die I/O-Operation fehlgeschlagen ist, wird ein SATP ausgewählt.
- Wenn SATP den I/O-Fehler erkennt, wird bei Bedarf ein inaktiver Pfad aktiviert.
- PSP sendet die I/O über den neuen Pfad.

Multipathing-Module

Führen Sie auf der Konsole (oder in der vCLI) des ESX-Hosts den Befehl `esxcli storage nmp satp list` aus, so erhalten Sie eine Übersicht über die verschiedenen integrierten Module und deren Funktion (siehe Tabelle 9.7).

Modulname	Standard-PSP	Beschreibung
VMW_SATP_ALUA_CX	VMW_PSP_RR	Support für EMC CX, die ALUS unterstützen
VMW_SATP_SVC	VMW_PSP_FIXED	Support für IBM SVC
VMW_SATP_MSA	VMW_PSP_MRU	Support für HP MSA
VMW_SATP_EQL	VMW_PSP_FIXED	Support für EqualLogic Arrays
VMW_SATP_INV	VMW_PSP_FIXED	Support für EMC Invista

Tabelle 9.7 VMware-Multipathing-Module

Modulname	Standard-PSP	Beschreibung
VMW_SATP_SYMM	VMW_PSP_RR	Support für EMC Symmetrix
VMW_SATP_LSI	VMW_PSP_MRU	Support für LSI und andere Arrays, kompatibel mit SIS 6.10 im Non-AVT-Modus
VMW_SATP_EVA	VMW_PSP_FIXED	Support für HP EVA
VMW_SATP_DEFAULT_AP	VMW_PSP_MRU	Allgemeiner Support für Active/Passive-Arrays
VMW_SATP_CX	VMW_PSP_MRU	Support für EMC CX, die das ALUS nicht nutzen
VMW_SATP_ALUA	VMW_PSP_MRU	Support für ALUA-konforme Arrays
VMW_SATP_DEFAULT_AA	VMW_PSP_FIXED	Allgemeiner Support für Active/Active-Arrays
VMW_SATP_LOCAL	VMW_PSP_FIXED	Support für lokal angeschlossene Geräte

Tabelle 9.7 VMware-Multipathing-Module (Forts.)

Die Multipathing-Policies *Fixed*, *Most Recently Used* (MRU) und *Round-Robin* (RR) können unter vSphere genutzt werden.

Abhängig vom Storage-Hersteller ist die entsprechende Policy auszuwählen. Allerdings hat VMware auch eigene Tabellen hinterlegt, sodass bei vielen Storage-Systemen automatisch das korrekte Multipathing genutzt wird (siehe Abbildung 9.30).

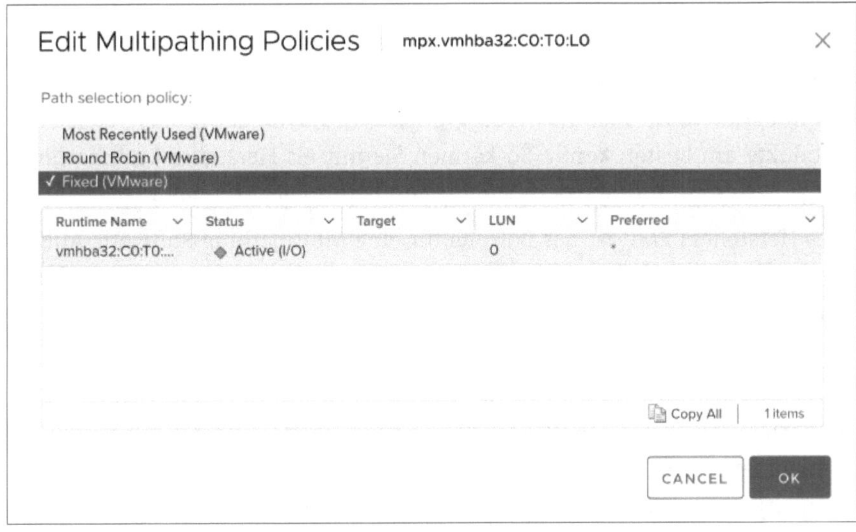

Abbildung 9.30 Multipathing-Auswahl unter vSphere 7.0

Fixed

Der angegebene bevorzugte Pfad wird immer genutzt, bis er ausfällt. Dann wird auf einen noch verfügbaren Pfad gewechselt. Ist der bevorzugte Pfad allerdings wieder online, so wird er direkt wieder genutzt. Die Policy FIXED empfiehlt sich für eine manuelle Lastverteilung zwischen den Pfaden, birgt aber die Gefahr des »Pingpongs«, wenn der bevorzugte Pfad immer einmal wieder ausfällt, z. B. aufgrund eines Port-Problems. *Fixed Multipathing* ignoriert ALUA (*Asymmetric Logical Unit Access*).

MRU

Die Policy *Most Recently Used* (MRU) empfiehlt sich bei den meisten *Active/Passive-Storage-Systemen*. Der große Nachteil von MRU ist, dass immer nur ein Pfad genutzt wird und Sie somit kein manuelles Load-Balancing einstellen können. MRU hat jedoch den Vorteil, dass immer nur beim Ausfall eines Pfades auf einen noch aktiven Pfad gewechselt und dort geblieben wird. Dadurch sind fehlerhafte Ports nicht so dramatisch wie bei *Fixed*. MRU ist ALUA-fähig und ist einem *Fixed Multipathing* bei *Asymmetric Active/Active-Systemen* vorzuziehen.

Round-Robin

Die neueste Form der Pfadverwaltung ist *Round-Robin*, das auf den Möglichkeiten eines *Active/Active-Arrays* aufsetzt. Der Pfad wird anhand der Anzahl von durchgeführten I/O-Operationen oder aufgrund des Datendurchsatzes stetig gewechselt, wodurch eine sehr effektive Lastverteilung entsteht. Round-Robin ist bei *Active/Passive* nicht sinnvoll einsetzbar und wird daher nicht empfohlen. Handelt es sich um einen *Asymmetric Active/Active-Storage*, so erkennt Round-Robin die optimalen Pfade mittels ALUA und benutzt die nicht optimalen nur im Notfall.

3rd-Party-Multipathing

vSphere bringt eine Storage-Architektur mit, die es Drittherstellern erlaubt, eigene Multipathing-Plug-ins zu integrieren. Dies ist auch von großem Vorteil, da der Storage-Hersteller seine eigenen Produkte am besten kennt. So können Sie mittels Hersteller-Multipathing-Plug-ins ein Storage-System wesentlich performanter und optimaler anbinden.

PowerPath/VE des Herstellers EMC ist das Beispiel für eine Multipathing-Software. Außerdem hat VMware den Standard ALUA, auf den beispielsweise *NetApp* setzt, als Multipathing-Möglichkeit implementiert.

SCSI-Timeout

Aufgrund des möglichen Zeitverzugs beim Ausfall des aktiven Pfades und des damit verbundenen Wechsels auf einen neuen Pfad wird empfohlen, die SCSI-Timeout-Zeiten in Windows-Gastbetriebssystemen zu kontrollieren und gegebenenfalls neu zu setzen. Dies ist im VMware-Knowledge-Base-Artikel 1014 beschrieben (*http://kb.vmware.com/kb/1014*).

Der folgende Registry-Wert wird bei der Installation der VMware Tools automatisch auf 60 gesetzt und steht standardmäßig auf 30:

```
HKLM/System/CurrentControlSet/Services/Disk/TimeOutValue (REG_DWORD /60 decimal)
```

Unter Linux müssen Sie nach der Installation der VMware Tools eine UDEV-Datei manuell umkonfigurieren. VMware setzt den Wert direkt auf `180`, was im Normalfall ausreicht. Möchten Sie den Wert ändern, passen Sie die Datei */etc/udev/rules.d/99-vmware-scsi-udev.rules* an, indem Sie den `echo`-Wert in den `RUN`-Zeilen manipulieren:

```
RUN+="/bin/sh -c 'echo 180 >/sys$DEVPATH/device/timeout'"
```


Alternativ finden Sie die Timeouts bei Red-Hat-basierten Systemen unter:

```
/sys/block/<disk>/device/timeout
```

9.12.2 Festplattendateien

Virtuelle Maschinen ohne Daten sind selten, daher sind die genutzten Festplattendateien natürlich äußerst wichtig, und Sie müssen wissen, wie diese angebunden werden und funktionieren. Die Standardfestplatten unter vSphere sind im VMFS-Umfeld vom Typ *Thick* und im NFS-Umfeld vom Typ *Thin*. Allerdings werden die Thin-Festplatten auch auf VMFS-Partitionen unterstützt und genießen in vielen Anwendungsfällen eine hohe Beliebtheit.

Info

Wir gehen hier nur auf Festplattenformate ein, die auch von vSphere unterstützt werden. Andere VMware-Produkte werden nicht betrachtet.

Thick Provision Lazy Zeroed (Default) und Thick Provision Eager Zeroed

In diesem Bereich geht es um Thick-provisioned-Festplattendateien. Es gibt hier zwei unterschiedliche Arten. Lassen Sie uns zu Beginn einen Blick auf deren Gemeinsamkeiten werfen.

Thick-provisioned-Festplattendateien sind leistungsfähiger als *Thin-provisioned*-Festplatten. Sie werden beim Anlegen in voller Größe erstellt. Das heißt, eine 100-GB-Festplattendatei verbraucht 100 GB auf dem Datenspeicher, für jede Festplatte eine eigene Datei.

Zu jeder Festplattendatei existiert eine Beschreibungsdatei, die folgende Informationen enthält (Auszug):

```
# Disk DescriptorFile
version=1
encoding="UTF-8"
CID=fffffffe
parentCID=ffffffff
createType="vmfs"
```

```
# Extent description
RW 4194304 VMFS "VMDK-VM-flat.vmdk"
# The Disk Data Base
#DDB
ddb.adapterType = "lsilogic"
ddb.geometry.cylinders = "261"
ddb.geometry.heads = "255"
ddb.geometry.sectors = "63"
ddb.longContentID = "069b985d6f25921bb133f553fffffffe"
ddb.uuid = "60 00 C2 96 49 11 62 02-d3 18 52 c9 d3 a1 1a cf"
ddb.virtualHWVersion = "14"
```

Die Einträge haben folgende Bedeutung:

- **`version`**
  `version` gibt die Version der Beschreibungsdatei an. Derzeit verwendet VMware immer die Version 1.
- **`CID`**
  `CID` ist ein einmalig berechneter Zufallswert, den VMware als ID zur internen Zuordnung nutzt.
- **`parentCID`**
  Anhand dieser Identifikation wird bei Snapshots die Eltern-Festplatte erkannt. Existiert kein Snapshot oder ist es die Eltern-Festplatte, enthält `parentCID` immer den Wert `ffffffff`.
- **`createType`**
  Dieser Parameter beschreibt den Dateityp. Es existiert knapp ein Dutzend verschiedener Werte, wenn man alle VMware-Produkte betrachtet. Im VMware-ESXi-Umfeld ist dieser Wert meist `vmfs`.

  Versuchen Sie nicht, den `createType` manuell zu ändern, da dies die Festplatte unbenutzbar machen kann.

Datentypen

VMware ESXi unterscheidet beim Anlegen zwischen vier Typen:

- *thick*
- *zeroedthick*
- *eagerzeroedthick*

  Diese drei Dateitypen sind nicht durch die Konfigurationsdatei voneinander zu unterscheiden. Alle drei Typen sind *monolithic flat*, das heißt, auf der Festplatte wird die volle Dateigröße verbraucht.
- *thin*

  Dieser Dateityp wächst beim Beschreiben dynamisch.

Thin-Festplatten-Dateien erkennen Sie an zwei Eigenschaften:

- Der Wert `ddb.thinProvisioned = "1"` steht in der Konfigurationsdatei.
- Die Dateigröße, die mit `ls -sh "disk-flat.vmdk"` oder `stat "disk-flat.vmdk"` angezeigt wird, ist kleiner als die angelegte Größe. Ein `ls -lah` bringt die angelegte Maximalgröße und nicht die reale Größe auf der Festplatte zum Vorschein.

- **`Extent description`**
  Der verwendete Festplattentyp hat direkte Auswirkungen auf die `Extent description`-Passage:
  - Die Zeilen sind nach dem folgenden Schema aufgebaut: Zugriffsmodus, Festplattengröße in Sektoren, Typ des Extents, Ort der Festplattendatei.
  - Die Festplattengröße in Sektoren wird bei der Verwendung der Festplattendateien durch das VMware-Server-Produkt benötigt. Diese Information ist vor allem dann wichtig, wenn die Beschreibungsdatei verloren gegangen ist. Dieser Wert wird folgendermaßen berechnet:

    Größe in Sektoren = (VMDK-Größe in Bytes) ÷ Bytes pro Sektor (immer 512)

    Bei einer 2,7-GB-Festplatte wäre das beispielsweise:

    (2902327296 + 512) ÷ 512 = 5668607

  Im Folgenden zeigen wir ein Beispiel für entsprechende Einträge:
  - *monolithicFlat*

  `RW 4194304 VMFS "VMDK-VM-flat.vmdk"`

- **`Disk Data Base`**
  Der `Disk Data Base`-Abschnitt beschreibt die Festplattengeometrie, die Hardwareversion und den Festplattenadaptertyp:
  - `ddb.adapterType`: Festplattenadapter; kann `buslogic`, `lsilogic` etc. sein.
  - Die weiteren Geometriedaten können Sie sehr leicht anhand von Tabelle 9.8 und der folgenden Formel berechnen (*Bytes pro Sektor* ist immer gleich 512):

    Zylinder = (VMDK-Größe in Bytes) ÷ (Heads × Sektoren × Bytes pro Sektor)
  - Der Parameter `ddb.virtualHWVersion` beschreibt die Version der VMware-Plattform, unter der die Festplatte genutzt wird.

Format	Vorteile	Nachteile
thin	▶ effektive Speicherplatznutzung ▶ schnelle Erstellung der Festplattendateien	▶ Speicherplatz im Datastore muss überwacht werden, da dieser leicht überläuft. ▶ Belastung des Host-Systems ▶ häufige SCSI-Reservierungen bei Datenwachstum im Gast

Tabelle 9.8 Festplattenformate im Vergleich

Format	Vorteile	Nachteile
thick	▶ keine Überprovisionierung des Datastores möglich ▶ keine SCSI-Reservierungen bei Datenwachstum im Gast ▶ schnelle Erstellung der Festplattendateien	▶ Teurer Speicherplatz geht verloren, da bei geringem Füllgrad der Gast-Festplatten alle Bytes trotzdem verbraucht werden.
zeroedthick	▶ gleiche Vorteile wie *thick* ▶ Überschreiben eventuell vorhandener Altdaten beim ersten Blockzugriff ▶ Standardformat für *thick*	▶ Es bestehen die gleichen Nachteile wie bei *thick*. ▶ Theoretisch ist ein Data-Leaking möglich, das heißt, Altdaten könnten gelesen werden. Derzeit sind allerdings keine Fälle bekannt.
eagerzeroedthick	▶ gleiche Vorteile wie *thick*, bis auf die Geschwindigkeit der Plattenerstellung ▶ Überschreiben der kompletten Festplatte mit Nullen ▶ kein Data-Leaking möglich	▶ Die Nachteile sind die gleichen wie bei *thick*. ▶ Erstellung der Festplattendatei dauert sehr lange. ▶ Thin-Provisioning-Effizienz im Storage kann deutlich gestört werden.

Tabelle 9.8 Festplattenformate im Vergleich (Forts.)

Raw Device Mapping – Virtual Compatibility (RDM) oder Physical Compatibility (RDMP)

Des Weiteren existieren Festplattentypen, die nicht als Datei auf einem VMFS oder NFS angelegt werden, sondern als Verlinkung zu einer LUN über den direkten SCSI-Weg dienen. Das bedeutet, dass die LUN der virtuellen Maschine roh zur Verfügung steht (*Raw Device Mapping*) und nach Belieben genutzt werden kann (z. B. mit NTFS-Formatierung bei einer Windows-VM). Bei diesen Festplattentypen wird zwischen einem *Physical* und einem *Virtual Compatibility Mode* unterschieden. Der Physical Mode wird nur gebraucht, wenn Cluster benötigt werden, in denen sowohl virtuelle als auch physische Systeme liegen.

Shared VMDK

Auch in virtuellen Umgebungen kann es die Anforderung geben, einen *Windows Failover Clustering Service* (WFCS) abzubilden. Dazu brauchten Sie, je nach Art der Abbildung, RDMs, damit entsprechende Systeme aufgebaut werden konnten. Das gilt natürlich auch für Cluster-Software von anderen Herstellern. Aus unseren Beschreibungen wissen Sie allerdings schon, dass der Betrieb von RDMs eine Herausforderung darstellen kann. VMware stellt die Technologie zwar zur Verfügung, aber es wird bereits daran gearbeitet, den Einsatz zu minimieren.

Mit den *Shared VMDK* können Sie einen Cluster ganz ohne RDMs aufbauen. Folgende Voraussetzungen müssen erfüllt sein, damit Sie die Funktion nutzen können:

- Der Datastore muss VMFS-6 formatiert sein.
- Das Array muss *WEAR* (*Write Exclusive-All Registrant*) unterstützen.
- Die Anbindung des Storages muss über Fibre-Channel erfolgen.
- Das Multipathing muss über VMware NMP erfolgen.
- Die betroffenen Festplatten müssen im Format *Eager Zeroed Thick* provisioniert sein.
- Der SCSI-Controller muss im Modus *Physical Shared* arbeiten.
- Die betroffenen VMs müssen auf getrennten Hosts laufen. Das kann mit DRS-Regeln konfiguriert werden.
- `QuorumArbitrationTimeMax` muss auf den Wert 60 gesetzt werden.
- Jede virtuelle Festplatte sollte einen eigenen SCSI-Controller haben.

Die Aktivierung der Funktion erfolgt auf dem Datastore über den Weg CONFIGURE • GENERAL • DATASTORE CAPABILITIES • EDIT. Hier können Sie die Funktion *Clustered VMDK* aktivieren.

Hinweis

VMware hat entsprechende Tests mit Windows Server in den Versionen 2012 R2, 2016 und 2019 durchgeführt. Als Applikation wurde mit dem SQL Server 2016 bzw. 2017 gearbeitet.

Einige Einschränkungen müssen Sie allerdings auch beachten:

- Snapshots sind nicht möglich.
- Cloning ist nicht möglich.
- Storage vMotion kann nicht eingesetzt werden.
- Fault Tolerance (FT) wird nicht unterstützt.
- Hot Change von virtueller Hardware wird ebenfalls nicht unterstützt.

Die gute Nachricht ist aber, dass vMotion tatsächlich funktioniert. Wenn Sie einen WFCS installieren möchten, finden Sie ein entsprechendes Dokument bei VMware auf der folgenden Webseite:

https://docs.vmware.com/en/VMware-vSphere/7.0/com.vmware.vsphere.wsfc.doc/GUID-1A2476C0-CA66-4B80-B6F9-8421B6983808.html

Thin Provisioning ist nicht gleich Thin Provisioning

Genau wie bei den Snapshots müssen Sie ganz klar zwischen Thin Provisioning im VMware-Umfeld und Thin Provisioning im Storage-Umfeld unterscheiden. Aus Performance-Gründen sind zweifellos die Thin-Provisioning-Möglichkeiten des Storage-Systems (falls vorhanden) vorzuziehen.

Thin Provisioning (siehe Abbildung 9.31) ist allerdings unabhängig von der ausführenden Komponente (VMkernel, Storage) schnell erklärt: Wenn Sie eine Festplatte von 40 GB anlegen und nur 20 GB Daten im Gast generiert werden, so sorgt Thin Provisioning dafür, dass die 40-GB-Festplatte physisch nur 20 GB belegt.

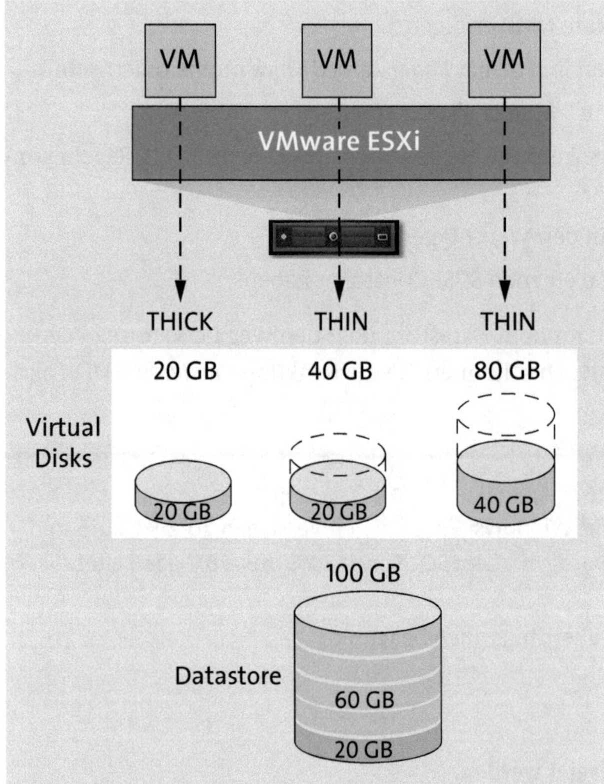

Abbildung 9.31 Thin Provisioning unter VMware

Damit können Sie die Storage-Effizienz deutlich steigern, da eine einfachere Vergabe von Storage möglich ist und sogar eine Überbelegung. Das heißt, es wird mehr Storage verwendet, als physisch vorhanden ist. Letzteres birgt natürlich auch die Gefahr, dass der Datastore (VMware) oder die physischen Kapazitäten (Storage-System) überlaufen und es zu massiven Problemen kommt. Dies kann bis zu Datenverlust und Systemausfällen führen, weswegen es äußerst wichtig ist, die Plattenkapazitäten dort zu überwachen, wo Thin Provisioning aktiviert ist.

In diesem Moment sollte auch klar werden, warum es sehr problematisch wäre, Thin Provisioning auf zwei Ebenen (VMware und Storage) gleichzeitig zu nutzen. Es gibt allerdings mehr zu beachten als nur die Verwaltung. Thin Provisioning belastet zwangsweise das ESXi-Host-System mehr als Thick-Festplatten, da diese Festplattendateien mit den Daten wachsen. Das heißt, das ESXi-System muss sich außer um das Schreiben der Daten auch um das Wachstum kümmern. Dieses Wachstum führt auch zu SCSI-Reservations, was vor allem bei der Verwendung älterer VMFS-Versionen sehr problematisch wird, wenn diese zu oft vorkommen. Ein Dokument von VMware zeigt jedoch, dass die SCSI-Reservations mit VMFS-Version 3.31 nur zu einer minimalen Beeinträchtigung nahe 0 % führen.

Seit der VMFS-Version 5 und in Verbindung mit VAAI verzichtet VMware komplett auf SCSI-Reservations auf LUN-Ebene und beschränkt sich darauf, nur die veränderten Blöcke zu schreiben. Dies gilt natürlich nur, wenn das genutzte Storage-System VAAI unterstützt. Außerdem kommt es bei der Nutzung von Thin Provisioning zur Fragmentierung im VMFS. VMware hat jedoch in einem internen Test festgestellt, dass die Fragmentierung nur in seltenen Fällen zu einem Leistungsverlust führt.

Folgende Gründe kommen für den Leistungsverlust infrage:

- Eine Fragmentierung führt nur zu Performance-Nachteilen, wenn die I/O-Anfragen auf Blöcke gehen, die nicht nachfolgend sind, also weit verstreut auf dem Storage liegen. Die VMFS-Blockgröße ist jedoch so groß (VMFS-5/VMFS-6: 1 MB), dass die meisten Storage-Anfragen davon nicht betroffen sind. Sogar dann, wenn die Blöcke nicht direkt aufeinanderfolgen, sind sie doch in sehr begrenzten Regionen zu finden.
- Virtuelle Festplatten sind sehr große Dateien, sodass die »Datenlücken« und damit die I/O-Blockanfragen ebenfalls sehr groß sind. Die größte Leistungsverzögerung entsteht dann, wenn die Schreib-/Leseköpfe der Festplatten viele Blöcke suchen müssen, um eine komplette Datei bereitzustellen. Im Falle von einzelnen oder wenigen »Datenlücken« innerhalb größerer Datensektionen ist die Suchzeitverzögerung vernachlässigbar. Dies gilt insbesondere für Festplatten mit Thick Provisioning.
- Da Massenspeicher zumeist sehr große Caches (Datenpuffer) vorhalten, werden die meisten Schreibzugriffe bereits dort absorbiert. Daher führt die Fragmentierung der Daten sehr selten zu nennenswerten Performance-Nachteilen bei der Nutzung von SAN-Storage. Lokaler Datenspeicher (DAS) ist davon eher betroffen, da die Caches kleiner sind.
- Selbst sequenzielle Datenzugriffe auf einem Storage-System werden *random*, da die I/O-Anfragen mehrerer VMs über unterschiedliche ESXi-Hosts gleichzeitig erfolgen. Daher kann man nicht von einem einzelnen Datenstrom einer einzelnen VM sprechen, sondern viele Systeme greifen gleichzeitig auf den Massenspeicher zu. Höhere Performance schaffen Sie daher besser durch die Eingrenzung der Zugriffe (Hot Blocks) auf einen Datastore (RAID-Set), als nur häufig und selten genutzte Blöcke (Cold Blocks) zu mischen. VMware spricht hier von *Hot Blocks*, also Datenblöcken, die sehr häufig genutzt werden, und *Cold Blocks*, die nur selten oder gar nicht verwendet werden (z. B. Betriebssystemdateien nach der Installation).

- Dies betrifft auch VMs mit Thin Provisioning. Das heißt, die meisten Anpassungen an der *Thin-provisioned* Disk passieren während der Installation des Betriebssystems oder einer Anwendung. Danach nehmen das stetige Wachstum und die Änderungen an der virtuellen Festplatte zumeist ab. Trägt man nun beide Fakten zusammen, bedeutet es, dass die Hot Blocks vieler VMs auf einem Datastore sehr nah aneinander geschrieben werden, was zu Leistungssteigerungen im Storage-System führt. Abbildung 9.32 stellt abstrakt dar, dass die Blöcke der Anfangsinstallationen (Hot Blocks, HB) recht nah beieinander sind.

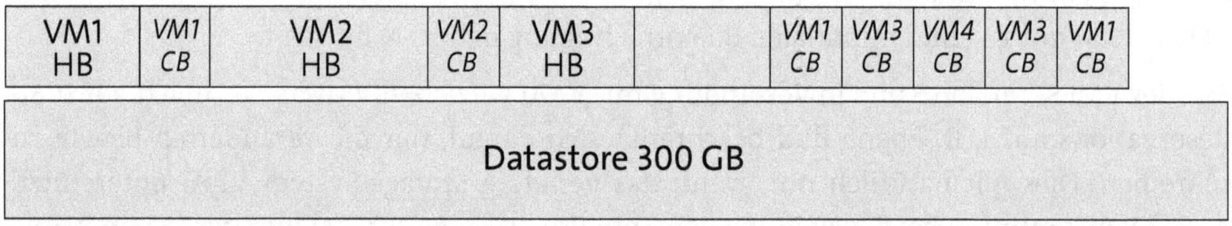

VM1 HB	*VM1 CB*	VM2 HB	*VM2 CB*	VM3 HB		*VM1 CB*	*VM3 CB*	*VM4 CB*	*VM3 CB*	*VM1 CB*

Datastore 300 GB

Abbildung 9.32 VM1 bis VM4 sind »thin-provisioned« mit einer Aufteilung in »Hot Blocks« (HB) und »Cold Blocks« (CB) zur vereinfachten Darstellung.

Damit geht VMware nicht davon aus, der Fragmentierung entgegenwirken zu müssen, was in KB-Artikel 1006810 (*http://kb.vmware.com/kb/1006810*) nachzulesen ist.

Formatierung mit Nullen

Ein Problem, das jede Thin-Provisioning-Implementierung betrifft, sind Formatierungsvorgänge, bei denen Nullen geschrieben werden. Das heißt, obwohl keine Nutzdaten geschrieben werden, entstehen trotzdem Daten. Bei VMware-Thin-Provisioning-Festplatten führt dies direkt zu einer enormen Ineffizienz, da die Festplatte nach einiger Zeit in voller Größe auf dem Datastore liegt, weil ja alle Daten mit Nullen geschrieben wurden. Durch Thin Provisioning wird das Problem noch schlimmer, da die Festplatte langsam wächst (MB-Bereich) und bei jedem Wachstum eine SCSI-Reservation ausführt. Dies führt zur Verlangsamung des Formatiervorgangs und zur Belastung aufgrund der vielen SCSI-Reservations. Dies ist mit dem Wachstum von Snapshot-Dateien zu vergleichen.

Viele Storage-Systeme beginnen damit, genau diese Nullen zu erkennen, und begegnen dem Problem auch, indem sie die unnötig verbrauchten Kapazitäten nachträglich wieder freigeben (z. B. HP 3PAR, HDS) oder schon direkt beim Schreiben erkennen und ignorieren (z. B. HP 3PAR, IBM SVC, DataCore).

Datenwachstum

Findet ein Datenwachstum durch Generierung neuer Daten im Gast statt, so wächst die Thin-Festplatten-Datei mit an. Werden Daten gelöscht, so schrumpft sie allerdings nicht automatisch. Das gleiche Problem findet sich auch bei der Verwendung von Backup-Produkten über die vStorage-APIs oder bei den Kopiervorgängen mit *Storage vMotion*. Geschriebene Daten müssen kopiert werden. Da viele Dateisysteme die Daten nicht wirklich löschen, sondern nur als gelöscht markieren, befindet sich die Festplattendatei immer nur im Wachstum. Das Gleiche gilt übrigens auch für die Formatierung.

Nur wenn eine VM innerhalb des Betriebssystems die Daten wirklich gelöscht und den Speicher als frei markiert hat, kann zum Beispiel durch ein Storage vMotion der Speicherplatz in einer Thin-Festplatte wieder zurückgewonnen werden.

Datenfreigabe

Sie sollten bei der Planung Ihrer Storage-Infrastruktur auch den Prozess nicht außer Acht lassen, mit dem Daten wieder entfernt werden. Es ist nämlich nicht so, dass nach dem Löschen einer VM auch sofort der Speicher freigegeben wird. Noch interessanter wird das Thema, wenn Sie mit Thin-Provisioned-Festplatten arbeiten. Was passiert nach dem Löschen von Daten in einer VM?

Früher mussten Sie als Administrator eingreifen. Wenn allerdings ein unterstützter Storage zum Einsatz kommt, kann der Prozess auch automatisch ablaufen. Die beteiligten Komponenten ist das SCSI-Kommando `unmap`. Unter der Version VMFS-6 kann dieses Kommando automatisch abgesetzt werden. Voraussetzung dafür ist, dass der genutzte Storage VAAI unterstützt. Wenn Sie sich unsicher sind, ob dem so ist, hilft Ihnen die Kommandozeile weiter. Mit dem Befehl

```
esxcli storage core device list
```

werden Ihnen alle Geräte angezeigt, die mit dem Host verbunden sind. Die `naaIDs` werden ebenfalls angezeigt; diese ID wird für den eigentlich wichtigen Befehl gebraucht. Die Ausgabe in unserem Beispiel lautet:

```
Device: naa.5000472a593277a044
```

Der Befehl `esxcli storage core device vaai status get -d naa.5000472a593277a044` erzeugt folgende Ausgabe:

```
VAAI Plugin Name: VMW_VAAIP_NETAPP
ATS Status: supported
Clone Status: supported
Zero Status: supported
Delete Status: supported
```

Die Ausgabe des `Delete Status` zeigt, dass das *Reclaimen* des Storage unterstützt wird. Das erfolgt in der Regel automatisch mit einer niedrigen Priorität. Nähere Informationen zu VAAI finden Sie in Abschnitt 9.13.

9.12.3 Auslagerungsdateien

Wenn Sie sich das Gesamtkonstrukt VMware ESXi inklusive der virtuellen Maschinen anschauen, stellen Sie mehrere Orte fest, an denen Auslagerungsdateien genutzt werden: zunächst im VMkernel und im Gastbetriebssystem der virtuellen Maschine. Jede dieser Auslagerungsdateien hat dabei seine Daseinsberechtigung.

Allerdings müssen Sie immer bedenken, dass die Auslagerungsdatei virtuellen Hauptspeicher auf den lokalen oder entfernten Datenträgern abbildet. Da die Zugriffs- und Durchsatzzeiten von Datenträgern wesentlich langsamer sind als die von physischem Hauptspeicher, bedeutet ausgiebiges Auslagern immer auch verlangsamten Systemzugriff.

Eine Verwendung von SSD- oder Flash-Speichern ist mit vSphere als Cache-Erweiterung möglich und führt dazu, dass eine Überprovisionierung nicht zwingend zu starken Leistungseinbrüchen führt (siehe Abschnitt 9.11, »Flash-basierter Speicher«).

VMkernel

Warum benötigt der VMkernel Swap-Space? Der VMkernel benutzt den Swap-Space zum sogenannten Memory-Overcommitment, also zur Überprovisionierung von Hauptspeicher. Bei einer Standardkonfiguration würde dies bedeuten, dass auf 14 GB verfügbaren Hauptspeicher für virtuelle Maschinen 14 GB weiterer Hauptspeicher als Swap-Space hinzukämen; es wären also maximal 28 GB RAM für virtuelle Maschinen nutzbar. Auch hier gilt: Swapping macht die Systeme nicht schneller, sondern langsamer. Allerdings ist die Nutzung der Auslagerungsdatei ideal, um mit kurzen Spitzen zurechtzukommen.

Außerdem verbrauchen die Gastbetriebssysteme in den seltensten Fällen den konfigurierten Hauptspeicher. Gäbe es kein Overcommitment, könnten nur so viele virtuelle Maschinen betrieben werden, wie physisch Hauptspeicher verfügbar ist, selbst wenn dieser nicht durch die VMs genutzt würde – den Hypervisor interessiert nur der konfigurierte Speicher der aktiven VMs.

Die Auslagerungsdatei selbst wird bei der Standardkonfiguration pro virtueller Maschine im gleichen Heimatverzeichnis der VM angelegt, wenn die VM startet. Die Größe der Swap-Datei entspricht der Größe des VM-Hauptspeichers. Daher müssen Sie bei der Planung der richtigen LUN-Größe die Swap-Datei jeder virtuellen Maschine mit einrechnen (siehe Abbildung 9.33).

Zwar ist es möglich, die Auslagerungsdateien auf den lokalen Storage der ESXi-Server zu legen. Dies bringt aber Nachteile mit sich, da bei vMotion und damit auch bei DRS zusätzlich die Swap-Datei auf das Zielsystem übertragen werden muss.

Des Weiteren besteht die Möglichkeit, alle Auslagerungsdateien auf einer einzigen LUN zu betreiben, die im Zugriff aller von vMotion betroffenen Server ist. Damit schaffen Sie sich allerdings bei schlechter Planung ein potenzielles Nadelöhr bei der Leistung.

Eine Alternative außerhalb der GUI ist die Einstellung der Swap-Datei in der VMX-Datei der virtuellen Maschine (`sched.swap.dir= "/vmfs/volumes/<volume_name>/<dir_name>"`). Damit verteilen Sie die Swap-Dateien auf wenige LUNs, womit Sie eine gute Performance erreichen können. So könnten Sie beispielsweise die Swap-Dateien auf günstigerem Speicher als die VMs ablegen.

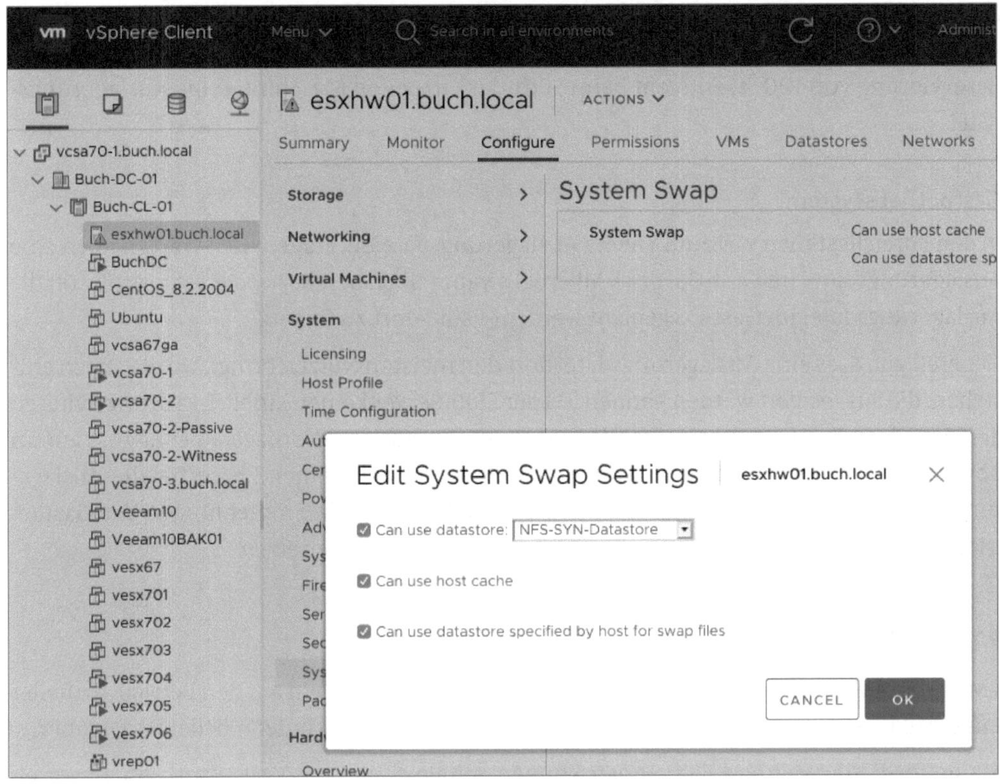

Abbildung 9.33 Anpassung des Speicherorts der Swap-Datei

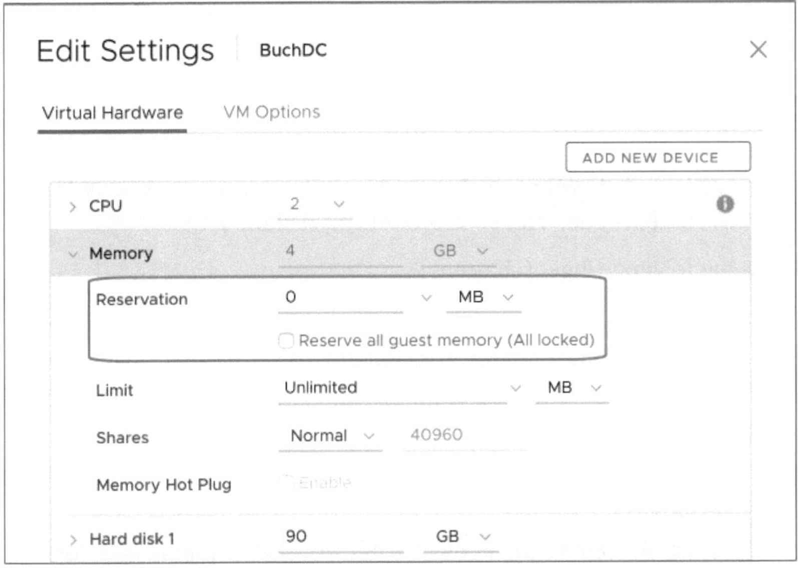

Abbildung 9.34 Die Memory-Reservierung beeinflusst die Erstellung der Swap-Datei.

Diese Größe können Sie durch Anpassung der Hauptspeicherreservierung in den Eigenschaften der virtuellen Maschine heruntersetzen (siehe Abbildung 9.34). Wählen Sie eine Reservierung von 100 %, entsteht beim Start der virtuellen Maschine keine Auslagerungsdatei.

Gastbetriebssystem

In den Foren liest man viel zum Thema Auslagerungsdateien. Fragen wie »Warum noch eine Auslagerungsdatei im Gast-OS, der VMkernel swappt doch bereits?« oder »Wie groß soll die Auslagerungsdatei im Gast-OS geplant werden?« sind dort zu finden.

Generell gilt, dass eine Auslagerungsdatei dort den meisten Nutzen bringt, wo die Daten entstehen, die ausgelagert werden können. Da der ESXi-Server keinen Einblick in die Aktivitäten der jeweiligen Betriebssysteme hat, ist der VM-Swap nur als »Notnagel« bei Engpässen im physischen Hauptspeicher und natürlich für Peaks gedacht. Einen Ersatz für die Auslagerungsdatei im Gast stellt dies nicht dar. Daher sollten Sie alle Empfehlungen der Gastbetriebssysteme bezüglich der Auslagerungsdateien weiterhin umsetzen.

9.12.4 VMFS im Detail

VMFS, das VMware-proprietäre *Virtual Machine File System*, ist ein auf den Betrieb virtueller Infrastrukturen ausgelegtes und optimiertes Dateisystem. »Optimiert« bedeutet genauer:

- **Cluster-fähig:** Mehrere ESXi-Server können zeitgleich auf die VMFS-Partitionen zugreifen, ohne Daten zu beschädigen.
- **Dateioptimiert:** Sehr große und sehr kleine Dateien werden unterstützt, womit schnell und zuverlässig auf kleine Konfigurationsdateien sowie auf große CD/DVD-Images und sehr große Festplattendateien zugegriffen werden kann. Offiziell wird nur eine Verzeichnisebene unterstützt.

Außerdem ist VMFS ein *journalisiertes Dateisystem*, was die Fehlersuche und die Fehlerbehandlung wesentlich erleichtert, und VMFS arbeitet mit einem LVM (*Logical Volume Manager*), der für Funktionen wie Extents oder VMFS-Vergrößerung zuständig ist.

Die Version 6 von VMFS hat folgende Eigenschaften:

- **GTP:** VMFS-6 nutzt GPT statt MBR als Partitionstabelle, wodurch die maximale Partitionsgröße steigt und die Partition-Offset-Probleme umgangen werden (*Partition Alignment*).
- **64 TB:** Es werden bis zu 64 TB große VMFS-Partitionen und Raw Device Mappings unterstützt. Die Limitierung der VMDK-Dateien auf knapp 2 TB (2 TB – 512 Byte) wurde mit vSphere 5.5 aufgehoben und beträgt jetzt 64 TB (genauer gesagt 62,9 TB, da Speicherplatz für Metadaten und Snapshots verloren geht.)
- **1 MB Blocksize:** VMFS-6 hat eine einheitliche Blockgröße von 1 MB unabhängig von der VMDK-Datei-Größe gesetzt.

- **Kleinere Sub-Blocks:** Die Sub-Block-Größe wurde von 64 KB auf 8 KB reduziert und mit VMFS-6 wieder auf 64 KB vergrößert. Das heißt, dass die Performance bei Anfragen kleiner Blöcke im VMFS deutlich steigt.
- **Sehr kleine Dateien** (1 KB) werden unterstützt.
- **ATS Locking:** (*Atomic Test & Set* – VAAI-Funktion): Vor VMFS-5 und ATS wurden SCSI-Reservations ausgeführt, wenn neue Dateien angelegt oder vergrößert wurden. ATS führt dazu, dass solche Aktivitäten nicht mehr zu SCSI-Reservierungen führen.
- **Snapshot:** Per Default wird nun immer *SE Sparse* für Snapshots genutzt.
- **512e-Modus:** »4k native«-Festplatten werden jetzt unterstützt.
- **Platzrückgewinnung:** *Automatic Space Reclamation* (vergleiche `unmap`).

9

Achtung

Ein Upgrade von VMFS 5 auf VMFS 6 ist nicht möglich. Einen entsprechenden KB-Artikel zur Migration finden Sie unter *https://kb.vmware.com/kb/2147824*.

VMFS-Aufbau

VMFS erlebte, über seine Lebensdauer, viele Änderungen, die sichtbar vor allem den Strukturaufbau der VMFS-Partitionsinformationen betrafen. Die im VMFS genutzten LVM-Offsets enthalten folgende Informationen:

- Volume-ID (Signatur)
- Anzahl der Extents (Spanning mehrerer VMFS-Volumes)
- Anzahl der Geräte
- Volume-Größe

Außerdem dienen die LVM-Offset-Informationen zum Erkennen eines Snapshot-Volumes.

In den Volume-Metadaten sind folgende Informationen zu finden:

- Eigenschaften aller Dateien inklusive
  - Name
  - Größe
  - letzter Zugriffszeit
  - Änderungszeit
  - Berechtigungen
  - Eigner
  - Gruppennamen

VMFS-UUID

Die VMware-Foren wimmeln von Einträgen über verloren geglaubte Datastores, und kaum ein Administrator oder Berater von VMware-ESXi-Umgebungen war noch nicht mit »falsch« erkannten Snapshot-LUNs konfrontiert. Dieser Aspekt ist den neu eingeführten LVM-Offset- und Volume-Metadaten zu verdanken.

In den folgenden Abschnitten schauen wir uns die Details an.

Affinity 2.0

Mit vSphere 7.0 hat VMware den Affinity Manager in der Version 2.0 etabliert. Viele werden sich fragen: »Was ist der Affinity Manager? Ich kenn nicht einmal die Version 1.0.«

Lassen Sie uns betrachten, was der Affinity Manager macht und vor allen Dingen was sich geändert hat. Um zu verstehen, was der Affinity Manager tut, müssen wir zuerst den Begriff *Resource Cluster* (*RC*) einführen. Im VMFS werden die Ressourcen auf der Disk in RCs organisiert. Letztendlich reden wir hier von einer Gruppe. Stehen Daten zum Schreiben an, ist das ein zweiteiliger Prozess:

- Welcher RC übernimmt die Arbeit?
- Welche Ressourcen adressiert der RC?

Die Zuordnung von Ressourcen zum RC nennt sich *Affinitizing*. Die Verantwortung für diesen Prozess trägt der Affinity Manager. Auch wenn der Prozess sich einfach anhört, so muss man sich vor Augen führen, dass VMFS ein Cluster-Filesystem ist und unterschiedliche Hosts parallel auf einen Datastore zugreifen können und es auch wirklich tun. Die gesamte Koordination obliegt dem Affinity Manager.

So weit die Pre-vSphere-7.0-Betrachtung. Was ist nun der Fortschritt mit der Version 2.0? Auch hier dreht sich letztendlich alles um Performance. Die Art und Weise, wie der Affinity Manager agiert, wurde verbessert und der Overhead minimiert. Es wird jetzt eine Karte der Status aller RCs im Cluster erstellt. Der Plattenplatz wird dabei in *Regions* unterteilt. Mit der Basis der Anzahl der belegten Blöcke auf den Hosts wird ein Ranking erstellt. Beide Informationen zusammen bilden die *Region Map*. Die benötigten Informationen beim Schreiben von Daten stehen nun viel schneller zur Verfügung.

Im Grunde genommen wird an dieser Stelle genau der Punkt adressiert, der den größten zeitlichen Impact hatte, nämlich das erste Schreiben von Informationen. Es muss kein RC gesucht werden, denn durch die Cluster-weite Map weiß das System immer und ohne lange zu suchen, wo entsprechende Ressourcen zur Verfügung stehen.

Snapshots

Neben Snapshots virtueller Maschinen auf VMware-Host-Ebene existieren Snapshots auf Storage-Ebene. Abhängig vom Storage-Hersteller handelt es sich entweder um einen Snapshot (das heißt, Änderungen werden in einen weiteren Speicherbereich geschrieben – ähnlich wie bei einem ESXi-Snapshot) oder um einen Snapshot-Clone oder Clone (d. h. um eine 1:1-Kopie einer LUN, also doppelte Plattenbelegung). Dabei ist zu bedenken, dass LUN-Serials (LUN-Seriennummern) vom Storage beim Anlegen einer LUN automatisch vergeben werden und nicht mehr nachträglich zu ändern sind.

Beim Formatieren einer LUN mit dem VMFS wird automatisch der LVM-Header eingerichtet, in dem eine SCSI-Disk-ID anhand der LUN-Seriennummer (Serial) eingetragen wird (siehe Abbildung 9.35). Sobald es zu Änderungen an der Konfiguration kommt, die die Seriennummer betreffen, wird die LUN automatisch als Snapshot erkannt.

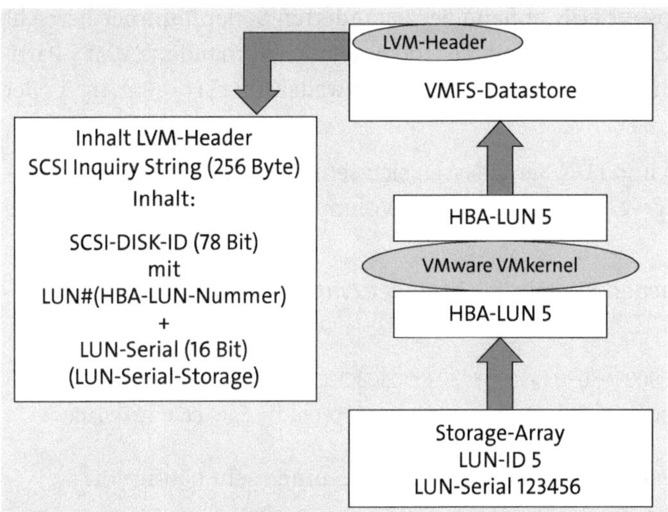

Abbildung 9.35 LVM-Header-Informationen zum Volume

Dieses Vorgehen schützt die LUNs vor Dateninkonsistenz oder Datenverlust, falls durch Konfigurationsfehler im SAN oder bei der Nutzung von Snapshots oder bei einem Umschalten einer Spiegelung (Sicherung) eine LUN doppelt vergeben wird oder eine falsche LUN in der virtuellen Infrastruktur sichtbar wird.

Sie sollten bedenken, dass zumeist nicht nur ein ESXi-Server, sondern viele ESXi-Server auf die gleichen LUNs zugreifen. Mit dem LVM-Header werden LUNs für alle Server der Infrastruktur eindeutig gekennzeichnet.

Sobald eine neue LUN mit VMFS-Partition auf einem ESXi-Server erkannt wird, findet ein Vergleich der SCSI-Inquiry-Daten (unter anderem LUN-Serial) mit den geschriebenen Daten des LVM-Headers statt. Damit sind auch neu in die Infrastruktur integrierte ESXi-Server direkt in der Lage, zwischen korrekten Konfigurationen und möglichen Fehlkonfigurationen oder Snapshots zu unterscheiden.

Beispiel: Erkennung eines Snapshots

```
LUN Anlage
LUN ID: 5
LUN Serial: 30303042303830303030303031383830
VMFS UUID: 47f77067-244ed1d5-bde0-0015173f9345
ESX-Server: esx1
LUN-Kopie auf ESX-Server ESX2
LUN ID: 5
LUN Serial: 30303042303830303030303031383850
```

Durch die Erkennung der Snapshot-LUN anhand der veränderten Seriennummer herrscht auf dem System kein direkter Zugriff mehr auf die trotzdem noch vorhandene VMFS-Partition. Die LUN ist jedoch nach wie vor physisch zu sehen (entweder mit `esxcfg-mpath -l` oder über den Webclient).

Die Informationen zur LUN-ID und LUN-Serial lassen sich sehr gut mit dem Befehl `esxcfg-mpath -l -v` auslesen. Mit `esxcfg-volume` können Sie die Volumes auch wieder anzeigen und integrieren.

Einen erkannten Snapshot machen Sie sehr leicht in der */var/log/vmkwarning*-Protokolldatei ausfindig:

```
ALERT: LVM: 4475: vml.010006000030303042303830303030303031383830417869 6f6d20:1
may be snapshot: disabling access. See resignaturing section in SAN config guide.
```

Folgende Fälle, die zum Erkennen eines Snapshots führen, kommen sehr häufig vor:

- Ein LUN-Snapshot im Storage wird auf einen ESXi-Server gemappt (LUN-Serial).
- Ein LUN-Spiegel wird auf einen ESXi-Server gemappt (LUN-Serial).

`esxcfg-volume -l` als Befehl sollten Sie daher immer auf der Konsole bereithalten.

VMFS-Partition-Alignment

Als hätte man mit dem Thema »Storage unter VMware« nicht schon genug Sorgen, so muss man sich auch noch um die Partitionen und deren Zuordnung kümmern ...

Ganz so schlimm ist es nicht, allerdings kann es bei einer inkonsistenten Zuordnung zu merklichen Leistungsverlusten beim Zugriff auf den Storage kommen. Aber eines vorweg: Wenn Sie LUNs mittels Webclient (über die API) formatieren, wird bei Sektor 128 gestartet, was zu einer optimalen Leistung führt (minimale Latency, hohe Leistung).

Es ist zumeist nicht wichtig, welches Alignment genau eingetragen wird (d. h. 64, 128 ...), sondern eher, dass auf der Basis 64 überhaupt ein durchgehendes Alignment sowohl im VMFS als auch im Gastbetriebssystem erfolgt. Durch eine ungleiche Zuordnung kommt es zu Umrechnungen auf dem Storage, was zu Verzögerung sowie zu Leistungsverlust führt.

Gastsystem

Allerdings ist dies noch nicht alles, da in der virtuellen Maschine ebenfalls mit Zuordnungen im Dateisystem gearbeitet wird. Wie Sie im Beispiel in Abbildung 9.36 sehen, kann eine falsche Zuordnung den Storage dazu veranlassen, drei Chunks einzulesen, obwohl nur eine Cluster-Abfrage im Gast stattfand.

Daher ist anzuraten, auch die Partitionen des Gastbetriebssystems anzupassen, um die bestmögliche Leistung zu erreichen. Windows-Versionen seit Windows 7 und Server 2008 passen das Alignment bereits automatisch an, wenn sie nicht auf eine bereits bestehende Partition installiert werden.

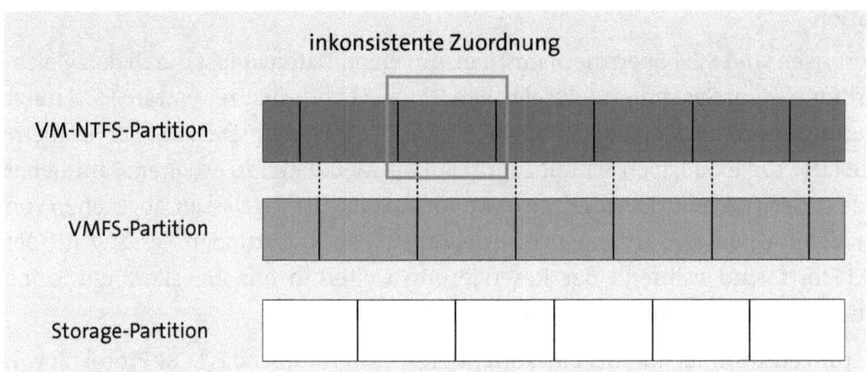

Abbildung 9.36 Partition-Alignment/Storage, VMFS, Gast

Bei korrektem Alignment sieht die Zuordnung so aus wie in Abbildung 9.37.

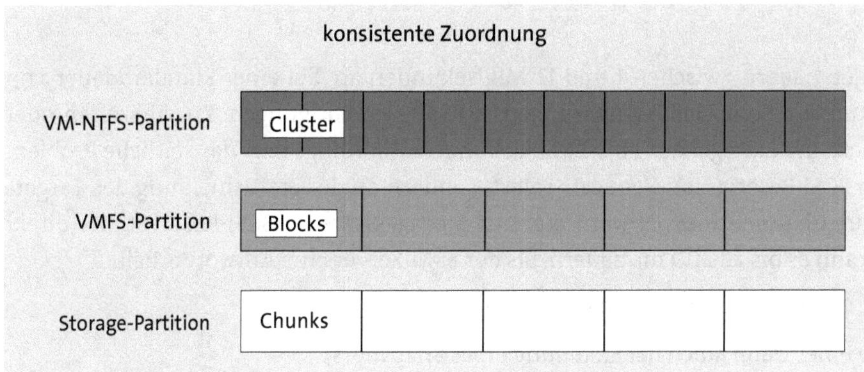

Abbildung 9.37 Konsistente Zuordnung vom Storage bis zum Gast

Achtung: Datenverlust!

Anpassungen an der Zuordnung können immer nur beim Anlegen einer Partition erfolgen und nicht nachträglich. Sollten Sie die Änderungen auf produktive LUNs anwenden, ist ein Datenverlust sehr sicher.

Upgrade zu VMFS-Version 6

VMware vSphere 7.0 kann nur auf Datastores zugreifen, die entweder mit VMFS-5 oder mit VMFS-6 formatiert sind. Ein Upgrade von VMFS-5 nach VMFS-6 ist **nicht** möglich! Es muss eine Migration durchgeführt werden.

Sie müssen VMFS-5-Datastores also löschen und neu im VMFS-6 erstellen. Dies bedeutet natürlich, dass Sie zunächst alle Daten evakuieren müssen – zum Beispiel mit einem Storage vMotion auf einen zuvor angelegten neuen VMFS-6-Datastore.

SCSI-Reservation

SCSI-Reservierungen sind SCSI-Sperrmechanismen, um einen Datenverlust durch den gleichzeitigen Zugriff mehrerer Systeme auf die gleichen Daten zu verhindern. VMware ESXi nutzt SCSI-Reservierungen, um die Metadaten einer LUN zu ändern. Wichtig: Der ESXi-Server sperrt die komplette LUN, um exklusiven Schreibzugriff auf die Metadaten zu erhalten. Sämtlicher I/O der VMs des reservierenden Hosts ist nach wie vor auf die LUN zugelassen, abgesehen von weiteren Metadaten-Updates. Dazu muss ein erneuter SCSI-Lock stattfinden. Lesezugriffe der anderen ESXi-Hosts sind während der Reservierung weiterhin erlaubt, allerdings keine schreibenden I/Os (weder durch den Host noch durch die VM).

SCSI-Reservierungen kommen nur bei blockorientiertem Zugriff über das SCSI-Protokoll vor. Somit sind Fibre-Channel, iSCSI, FCoE und AoE betroffen.

Durch Aktivitäten wie Snapshots oder Thin Provisioning verschiedener virtueller Maschinen auf der gleichen LUN treten Metadatenänderungen relativ häufig und zu beliebigen Zeiten auf. Finden die Änderungen gleichzeitig statt, kommt es zu einem *SCSI Reservation Conflict*.

Reservierungen dauern zwischen 1 und 12 Millisekunden an, bei einer Standarddauer von ca. 7 Millisekunden. Sehr kleine Änderungen, z. B. an Berechtigungen, Zugriffszeiten oder Eignern, dauern in der Regel nur 1 bis 2 Millisekunden. Allerdings liegt das zeitliche Problem nicht an den SCSI-Reservation-Requests selbst, sondern an der Statusmeldung des Targets über das Fibre-Channel-Netz. Obwohl die SAN-Storage-Systeme SCSI-Reservations direkt bearbeiten, kann es bis zu 200 ms dauern, bis der ESXi-Server eine Antwort erhält.

Folgende Aktionen führen zu SCSI-Reservations:

- Erstellung einer Datei (auch bei Erstellung eines Snapshots)
- Löschung einer Datei (auch bei Löschung eines Snapshots)
- Wechsel der VMDK-Datei in den REDO-Modus (Update alle 15 MB)
- Vergrößerung von Thin-Festplatten (Update alle 15 MB). Bei der Verwendung von NFS werden NFS-Locks statt SCSI-Reservations genutzt.
- Migration von VMDK-Dateien (je eine Reservierung bei Quelle und Ziel). vMotion kann bei Konflikten fehlschlagen.
- Suspend der virtuellen Maschine (eine Suspend-Datei wird erstellt)
- VMDK-Festplatte mit aktivem *Persistent Mode* (aufgrund des Erstellens und Löschens des REDO-Logs – und alle 16 MB beim Datenwachstum)
- VM-Erstellung mittels Template (wenn das Template auch auf einem VMFS liegt, werden Reservations auf Quelle und Ziel gesetzt)
- Template-Erstellung aus VM (wenn Quelle und Ziel im VMFS liegen, wird neben der Standardreservierung auch alle 16 MB eine SCSI-Reservierung im Target durchgeführt)
- Export einer VMDK-Datei

- Dateisystemanpassung via fdisk etc.
- Ausführung von vm-support
- Änderung von Berechtigungen, Eigner, Zugriffs-/Änderungszeiten
- Größenänderung einer Festplattendatei
- das erste Hinzufügen einer LUN an einen ESXi-Server

Wird eine SCSI-Reservierung fehlerhaft aufrechterhalten, ist dieser Befehl nützlich, um sie wieder aufzuheben:

```
vmkfstools -L lunreset /vmfs/devices/disks/vmhba#\:#\:#\:0
```


VMFS-Extents

Eine häufig gestellte Frage lautet, ob VMFS-Partitionen problemlos erweitert werden können, wie es bei vielen modernen Dateisystemen der Fall ist. Dies wünschen sich z. B. Administratoren, wenn sie eine stark gefüllte LUN auf dem Storage-System vergrößert haben. Bei vSphere lautet die Antwort: »Ja!« Es ist möglich, die VMFS-Partition online zu vergrößern, ohne Extents zu nutzen. Daher werden Extents nur noch über die Kommandozeile oder bei einer Verbindung von zwei oder mehr LUNs miteinander verbunden. Befinden sich die zu verknüpfenden Partitionen auf der gleichen LUN, wird die VMFS-Partition einfach vergrößert.

Ein großes Problem bei Extents besteht darin, dass sie per Konkatenation an bestehende Partitionen geknüpft werden und nicht per Stripe. Hat dies Nachteile? Auch hier ist die Antwort definitiv: »Ja!« Da beim Konkatenieren einfach mehrere Partitionen logisch verbunden werden, werden die Daten nicht gleichmäßig über alle Partitionen verteilt wie beim Striping. Der ESXi-Server legt die Daten schlicht so, wie sie entstehen, nacheinander über die Partitionen ab, als wäre es eine einzige Partition. Das heißt, zuerst wird das erste Extent mit Daten gefüllt, dann das zweite etc. bis zum letzten Extent. Sind die Daten größer als ein Extent (haben Sie z. B. eine 60-GB-VMDK-Datei bei 5 × 50-GB-Extents), wird zwangsweise über zwei LUNs geschrieben. Fällt eine der beiden genutzten LUNs aus, wird die VMDK-Datei entweder verschwinden, da der Header fehlt, oder sie wird beschädigt, da Datenteile fehlen.

Allerdings versucht der ESXi-Server, falls es vom Plattenplatz her möglich ist, VMDK-Dateien komplett auf ein Extent zu legen, um zumindest einen Teil der Ausfallsicherheit zu wahren. Sobald nicht mehr genügend Plattenplatz für eine VMDK-Datei auf einem der Extents ist, beginnt der ESXi-Server, die Lücken zu füllen, was entfernt mit einer Fragmentierung vergleichbar ist. Ist nicht mehr genügend Platz auf einem der Extents für eine Festplatte frei, so kann die Festplattendatei oder VM nicht mehr angelegt werden! Das Gemeine hierbei ist, dass Sie nicht sehen, wie stark die Extents belegt sind, sondern nur, wie stark der Datastore belegt ist. Besteht ein Datastore aus vier Extents à 74 GB und sind noch insgesamt 100 GB auf dem Datastore frei, können Sie trotzdem niemals eine Festplattendatei größer als 74 GB anlegen.

Thin Provisioning und Extents

Dieses Problem verschlimmert sich durch Thin Provisioning, da die Festplattendatei dann zwar angelegt werden kann, allerdings wird die Festplatte spätestens bei 74 GB nicht mehr weiter beschrieben werden können. Das Gleiche gilt bei Snapshots, die zwar immer angelegt werden können, aber unter Umständen irgendwann aufgrund der Größenbeschränkung eines Extents nicht mehr wachsen können.

Entgegen der Meinung, bei Extents würden die VMDK-Dateien sinnvoll verteilt, wird sogar bei gleichzeitigem Anlegen mehrerer VMs auf dem gleichen Extent-Datastore die gleiche LUN genutzt, falls genügend freier Platz vorhanden ist. Daher ist eine Erhöhung der Leistung durch Zugriff auf mehrere Partitionen nicht steuerbar, sondern rein zufällig, und zwar abhängig vom Füllgrad. Wie bereits erwähnt wurde, ist es ganz fatal, Extents in Verbindung mit Linked Clones oder Thin-VMDK-Dateien zu nutzen, da im schlimmsten Fall alle VMs auf der ersten Festplatte des Extents angelegt würden und dieses irgendwann volllaufen würde, ohne dass es am Füllgrad des Datastores erkennbar wäre. Der Vorteil an der Konkatenation ist, dass bei einem Ausfall eines Extents im besten Falle nur die VMs nicht mehr im Zugriff sind, die auf genau dieser LUN lagen.

Im vSphere-Client lässt sich die Kapazität des Datastores durch Rechtsklick auf den Datastore oder im Konfigurationsmenü erweitern (siehe Abbildung 9.38).

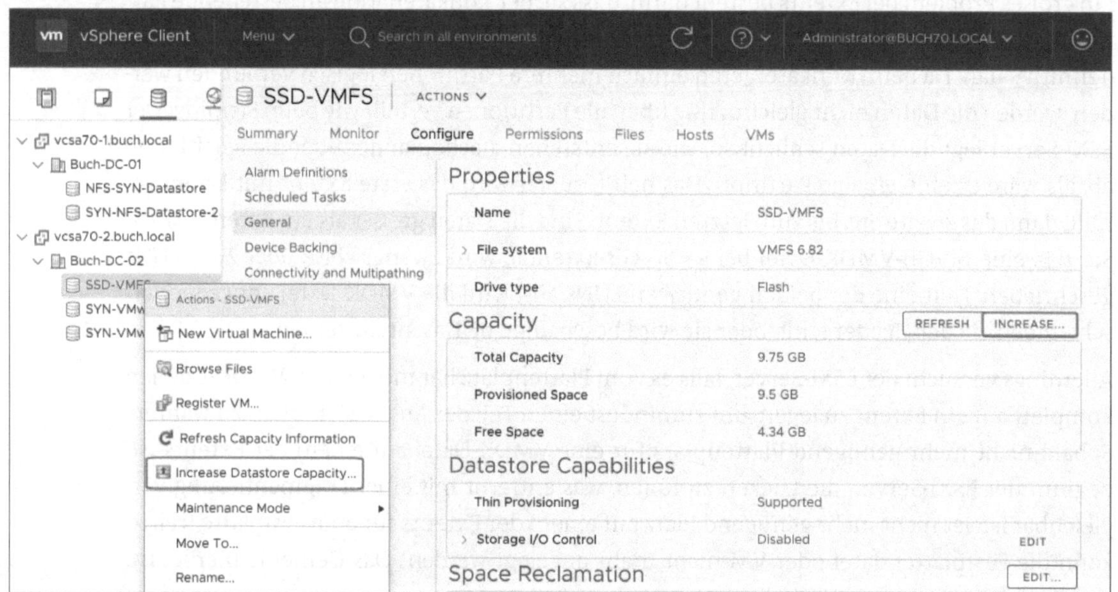

Abbildung 9.38 Erweitern des Datastores im Webclient

Nutzung von Extents

Neben der Vergrößerung von bestehenden Datastores durch das Anlegen weiterer Partitionen durch Konkatenieren auf der gleichen LUN können Sie Extents auch auf beliebige Raw

LUNs anwenden, sogar auf solche, die von unterschiedlichen Storage-Systemen kommen. Dabei sollten Sie aber mehrere Aspekte bedenken:

1. die Datensicherheit, da bei Ausfall einer der LUNs beliebige Zugriffe auf den Datastore versagen
2. ein weiteres Mal die Datensicherheit: Wenn Sie Extents über mehrere Storage-Systeme verteilen, entstehen mehrere potenzielle Ausfallpunkte, die schwer adressierbar sind.
3. QoS (*Quality of Service*): Bei einer Verteilung auf mehrere LUNs müssen Sie sehr darauf achten, dass diese immer gleicher Natur sind, also keine unterschiedlichen Performance-, RAID- oder QoS-Einstellungen besitzen. Dies würde zu unvorhersehbaren Problemen führen.

VMFS-Blockgröße

Die Spekulationen um die richtige VMFS-Blockgröße haben sich mit VMFS-5 erledigt, da VMFS-5 nur noch eine einzige Blockgröße zulässt, nämlich 1 MB. Nur bereits mit VMFS-3 angelegte Datastores, die auf VMFS-5 aktualisiert werden, behalten ihre bestehende Blockgröße von bis zu 8 MB. VMFS-5 unterstützt Dateigrößen (z. B. VMDK) bis 2 TB und seit Version 5.5 bis 64 TB. Die Blockgröße spielt hierbei keine Rolle mehr.

Hinweis

Sie erleichtern sich die Arbeit ganz enorm, wenn Sie alte von VMFS-3 nach VMFS-5 aktualisierte Datastores vor einer vSphere-7.0-Migration auf native VMFS-5-Datastores oder besser schon auf native VMFS-6-Datastores umstellen!

Allerdings ist es wichtig, zu verstehen, dass eine Abfrage aus der Applikation im Gast nichts mit der Blockgröße des VMFS und auch nichts mit der Blockgröße im Storage zu tun hat. Erstens ist es so, dass sowohl NTFS unter Windows als auch VMFS unter VMware Dateisysteme sind und die Block- bzw. Cluster-Größe hier für die Zuordnungen in der Dateiallokationstabelle eine Rolle spielt. Zweitens hat beides nichts mit der blockorientierten Welt des Storage-Systems zu tun.

1 MB Blockgröße im VMFS bedeutet, dass jede Datei mindestens 1 MB belegt, unabhängig davon, ob sie kleiner ist. VMDK-Dateien betrifft dies nie, sondern nur VMX-, LOG- und andere Dateien. Kleinstdateien wie zum Beispiel VMX- oder LOG-Dateien existieren aber nicht millionenfach auf dem Datastore, sondern es sind eher ein paar Dutzend oder wenige Hundert; daher ist die Verschwendung uninteressant.

Werden aus dem Windows-Gast 4 KB angefordert, so weiß das Dateisystem aus der *File Allocation Table* (FAT), wo diese 4 KB auf der Festplatte stehen, und gibt die Anfrage an den SCSI-Treiber weiter. Dies betrifft den VMkernel, der die Zuordnung zwischen dem angefragten Datenblock und der Ablage auf dem Storage kennt. Daher werden auch bei einer Blockgröße des VMFS von 1 MB bei einer 4-KB-Abfrage die 64 KB des Storage zählen (bzw. das, was im Storage eingestellt ist) und nicht die 1 MB des VMFS. VMware hat allerdings bei VMFS-6 wieder 64-KB-Sub-Blöcke eingeführt. Das heißt, falls die Abfrage aus dem Gast 4 KB beträgt, fragt VMware in jedem Fall 64 KB ab.

Fazit: Alignment ist wichtig, aber die Blockgröße und der Alignment-Wert sind für die Leistungsfähigkeit zweitrangig.

VMFS-SCSI-Errorcodes

Alle Fehler, die beim Betrieb von VMFS-Partitionen auftreten, sind in der Protokolldatei */var/log/vmkwarning* zu finden. Sie unterscheiden sich jedoch zwischen den VMware-ESXi-Versionen. Ein sehr hilfreiches Knowledge-Base-Dokument (289902) finden Sie hier:

http://kb.vmware.com/kb/289902

Eine SCSI-Fehlermeldung ist wie folgt aufgebaut:

```
H:0x8 D:0x0 P:0x0 Possible sense data: 0x0 0x0 0x0
```

Tabelle 9.9 stellt die generelle Syntax für ESXi 5.0 und neuere Versionen dar.

Code	Eigenschaft
A	Host-Status (Initiator)
B	Gerätestatus (Target)
C	Plug-in (VMware-spezifisch)
D	Fehlercode
E	erweiterter Fehlercode
F	Kennzeichner des erweiterten Fehlercodes

Tabelle 9.9 SCSI-Fehlercode-Aufbau

9.12.5 VFFS

Das Virtual Flash Filesystem (VFFS) ist dem VMFS ähnlich, hat aber eine Optimierung für Flash-Geräte erfahren. Es unterstützt auch die Gruppierung von Flash-Geräten, kann aber nicht zum Ablegen von virtuellen Maschinen genutzt werden. VFFS-Geräte werden nur für das Caching genutzt.

9.12.6 Virtuelle Maschinen

Die virtuellen Maschinen haben zwar technisch nicht allzu viel mit Storage zu tun, allerdings sind sie der erste Ansatzpunkt, an dem die Leistungsengpässe bemerkt und gespürt werden. vSphere bringt für die virtuellen Maschinen mittlerweile fünf verschiedene Adapter mit und unterstützt *Raw Device Mappings* (RDM) und NPIV. Nach wie vor können die VMware-Snapshots die Speicherleistung deutlich verschlechtern.

IDE-Adapter

Für ältere Gastbetriebssysteme hat VMware den IDE-Adapter, der bei den VMware-Workstation-Produkten schon seit jeher verfügbar ist, mit vSphere ins Enterprise-Segment gebracht. Während Sie eine virtuelle Festplatte anlegen, müssen Sie statt SCSI den IDE-Controller wählen (siehe Abbildung 9.39). Diesen Adapter sollten Sie wirklich nur im Notfall verwenden, da er keinerlei Leistungsvorteile bringt, sondern nur Kompatibilitätsvorteile.

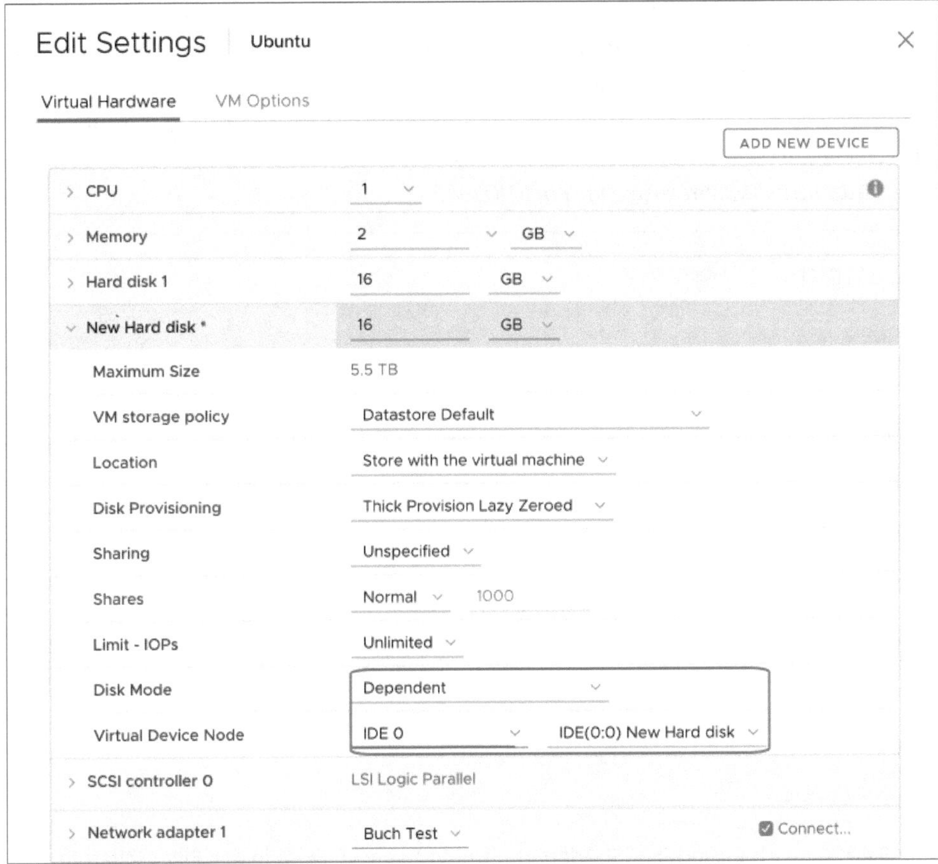

Abbildung 9.39 Der IDE-Festplattencontroller in den Eigenschaften der VM

Standard-SCSI-Adapter

Als Standard-SCSI-Adapter werden die bereits bekannten BusLogic-Parallel- und LSI-Logic-Parallel-Emulationen mitgeliefert. *BusLogic* sollten Sie nur bei älteren Systemen auswählen und ansonsten immer *LSI Logic* vorziehen. Reichen Sie notfalls während der Installation den LSI-Treiber per Diskette nach ([F6] unter Windows). *LSI Logic Parallel* ist für SAN-Umgebungen optimiert, da diese eine bessere Busbandbreite und bessere Cache- und Queue-Möglichkeiten bieten.

Um den LSI-Logic-SAS-Controller zu verwenden, muss die virtuelle Maschine über die neue Hardware-Version 7 verfügen, und er ist nicht nur als Adapter für geclusterte Windows-Gastsysteme gedacht, sondern auch für aktuelle Betriebssysteme.

Paravirtualized SCSI

VMware stellt einen SCSI-Adapter für virtuelle Maschinen bereit, der paravirtualisiert läuft (siehe Abbildung 9.40). Dies bedeutet, dass der Treiber dieses Geräts ähnlich wie die VMXNET-Netzwerkkarte über seine Virtualisierung »Bescheid weiß«. Dies ermöglicht eine optimierte Kommunikation zwischen Gastkomponente und VMkernel und bietet daher erhebliche Leistungsvorteile. Außerdem existieren Limitierungen bei den Hot-Add- und Hot-Remove-Funktionen, und Sie sollten bedenken, dass paravirtualisierte SCSI-Platten mit Snapshots keine Leistungsvorteile mehr besitzen. Weitere Informationen erhalten Sie in der VMware Knowledge Base unter *http://kb.vmware.com/kb/1010398*.

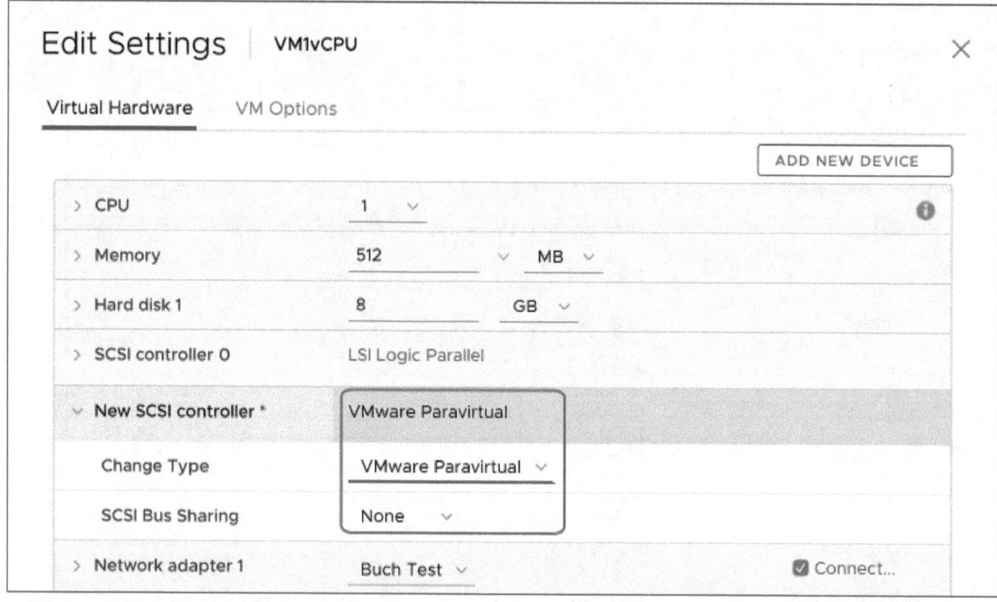

Abbildung 9.40 Paravirtualisierter SCSI-Adapter unter VMware vSphere in den Eigenschaften einer VM

RDM

Bei *Raw Device Mappings* (RDM) handelt es sich um 1:1-Zuordnungen zwischen virtueller Festplatte und physischer LUN (siehe Abbildung 9.41). Daher funktionieren RDMs auch nur mit blockorientierten Systemen und nicht mit NFS. VMware nutzt zur Zuordnung ein Mapping-File, das als Proxy für die SCSI-Befehle dient. Man unterscheidet zwischen *Physical* und

Virtual Mode, wobei der Physical Mode für Cluster zwischen virtuellen und physischen Systemen eingesetzt wird und der Virtual Mode Funktionen wie Snapshots unterstützt.

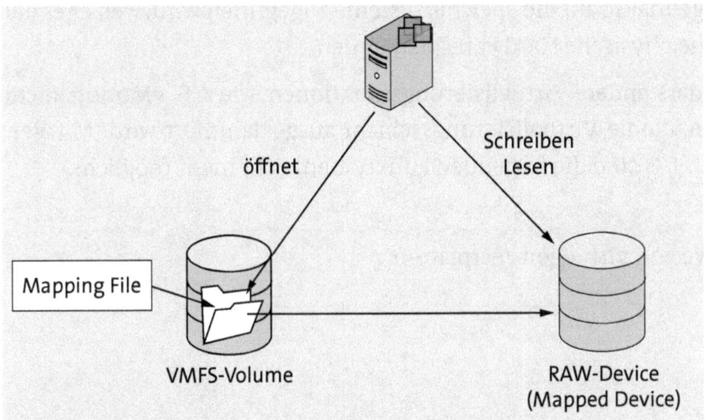

Abbildung 9.41 Raw-Device-Mapping-Zuordnung

Sie sollten bei der Verwendung von RDMs sehr vorsichtig agieren, da das Betriebssystem im Gast die Festplatten mit eigenen Daten und Dateisystemen beschreibt. Während VMware NTFS und EXT4 als Daten erkennt, was beim Überschreiben von RDM-LUNs mit VMFS zumindest eine Hürde darstellt, sind z. B. Oracle-Raw-Daten nicht erkennbar. Daher sollten Sie die LUN-IDs für RDMs in einem bestimmten Bereich (z. B. größer 100) halten, um Missverständnisse und Datenverlust zu vermeiden.

Vorteile von RDMs sind die bessere Unterstützung von Storage-Snaphots, die Lesbarkeit der Daten von anderen Systemen (z. B. NTFS statt VMFS) und die effektive Einzelnutzung durch die VM oder den VM-Cluster. Nachteile liegen in der Verwaltung, da Sie für jede virtuelle Festplattendatei ein RDM und eine LUN anlegen und verwalten müssen.

Die LUNs müssen bei der RDM-Verwendung mit dem ESXi-Server verbunden werden. Dies unterscheidet sich nicht von VMFS-Datastores. vMotion, HA und DRS funktionieren in diesem Fall dann auch wie normal.

Setzen Sie Storage vMotion ein, sollten Sie unbedingt beachten, dass aus der RDM-LUN eine VMDK-Datei erzeugt wird, wenn Sie dies nicht dediziert ausschließen. Dies hat zur Folge, dass eine 1-TB-RDM-LUN als 1-TB-VMDK-Datei auf dem Ziel-Datastore erstellt wird.

NPIV (*N-Port ID Virtualization*) ist nur bei der Verwendung von RDMs möglich und erlaubt eine direkte Zuordnung der virtuellen Festplatte der virtuellen Maschine zu einer LUN, da auf den virtuellen Maschinen zusätzliche virtuelle WWPNs (*World Wide Port Names*) konfiguriert werden. Diesen virtuellen WWPNs, die der ESXi-Server an die FC-Ports weitergibt (daher müssen Sie die Funktion auf den FC-Switches freischalten), können Sie schreibenden Zugriff auf die LUNs erlauben, während der ESXi-Host nur lesenden Zugriff erhält. Damit sorgen Sie dafür, dass die entsprechende LUN nicht aus Versehen oder absichtlich einer anderen, nicht autorisierten VM zugeordnet wird.

VMDirectPath-I/O

Der I/O-Zugriff von *VMDirectPath* belastet die CPU beim Verarbeiten von Storage-Last weniger, wenn dauerhaft und regelmäßig auf die Speichersysteme zugegriffen wird, weil er es der VM ermöglicht, direkt auf die physische Hardware zuzugreifen.

Dies führt allerdings dazu, dass andere Virtualisierungsfunktionen, wie z. B. vMotion, nicht mehr zur Verfügung stehen, da die Virtualisierungsschicht ausgeklammert wird. Mit Verwendung von VMDirectPath-I/O sind die folgenden Funktionen nicht mehr möglich:

- vMotion
- Hot Add bzw. Hot Remove von virtuellen Festplatten
- Suspend und Resume
- Record und Replay
- Fault Tolerance
- vSphere HA
- Snapshots
- DRS ist eingeschränkt. Eine entsprechende VM kann Teil eines Clusters sein, kann aber nicht verschoben werden.

Um VMDirectPath-I/O zu nutzen, vergewissern Sie sich in der VMware HCL, welche Karten bzw. Geräte unterstützt werden.

9.12.7 VMware-Snapshots

Wenn Sie einen Snapshot auf einer virtuellen Maschine erstellen, so wird ein bestimmter Zeitpunkt festgehalten. Das heißt, ab dem Zeitpunkt des Snapshots bleiben die Ursprungsdateien der VM unangetastet, und alle Änderungen werden in neue Dateien geschrieben. Dies kann im laufenden Betrieb der virtuellen Maschinen geschehen. Ebenfalls ist es möglich, die aktuellen Daten mit den Daten des Snapshots zusammenzuführen, was auch keine Ausfallzeiten mit sich bringt. Nur wenn Sie die Daten seit dem Snapshot verwerfen möchten, wird die virtuelle Maschine gestoppt, auf den alten Stand gebracht und nochmals aktiviert.

Theoretisch können Sie beliebig viele Snapshots anlegen, allerdings ist dies natürlich aufgrund der fehlenden Transparenz bei der Snapshot-Verwaltung und dem aufwendigen Management wenig sinnvoll.

Sobald ein Snapshot angelegt wurde, wachsen die neu erstellten Deltadateien dynamisch mit der Aktivität im Gast. Jede Änderung auf den Festplatten führt also zum Wachstum der Delta-Festplattendatei. Damit ist jede Änderung gemeint – vom Kopieren einer Datei über sicheres Formatieren der Festplatte mit Nullen bis zum Löschen von Dateien. Es findet niemals eine Reduzierung des Plattenbedarfs statt. Allerdings kann eine Deltadatei niemals größer werden als die Originaldatei, von der sie abstammt, da alle Speicherblöcke 1:1 abgebildet wurden. Wird der gleiche Block hundertmal überschrieben, ändert dies nichts an der Größe der Deltadatei. Sobald ein neuer Block geschrieben wird, wächst die Deltadatei mindestens in 15-MB-Schritten mit.

Daher ist es wichtig, zu verstehen, dass zwar nach dem Anlegen des Snapshots der zusätzliche Speicherbedarf maximal verdoppelt werden kann; dies gilt aber für jeden Snapshot. Das heißt, wenn die Deltadatei nach dem ersten Snapshot 5 GB groß ist und ein zweiter Snapshot angelegt wird, so summieren sich die Deltadateien insgesamt auf dem Datastore. Somit müssen Sie sowohl die Anzahl der Snapshots als auch deren Größe im Auge behalten.

Snapshots werden übrigens fast immer von Backup-Produkten genutzt, um virtuelle Maschinen im aktiven Zustand von außen zu sichern (nicht mittels Agent im Gast, sondern durch das vStorage API). Dies hat den Hintergrund, dass die Festplattendateien einer VM im exklusiven Lese-/Schreibzugriff durch den VMkernel sind, bis ein Snapshot angelegt wird. Ab diesem Zeitpunkt können die Ursprungsfestplattendateien gelesen werden, und die letzte Deltadatei ist im exklusiven Schreib-/Lesezugriff durch den VMkernel.

Tabelle 9.10 zeigt den technischen Ablauf eines Snapshots.

Aktion/Dateien der VM	VMDK-Größe	NTFS-Größe	freie Kapazität NTFS
Anlegen der VM mit Thick-Platte			
Vm1.vmdk (c:\)	10,2 GB	10 GB	5 GB
Kapazitätsnutzung im VMFS durch VM	**10,2 GB**		
Kopieren einer DVD im Gast (1 GB)			
Vm1.vmdk (c:\)	10,2 GB	10 GB	4 GB
Anlegen von Snapshot 1			
Vm1.vmdk (c:\)	10,2 GB	10 GB	4 GB
Vm1-000001.vmdk	> 1 MB	10 GB	4 GB
Kopieren einer Datei im Gast (500 MB)			
Vm1.vmdk (c:\)	10,2 GB	10 GB	4 GB
Vm1-000001.vmdk	~500 MB	10 GB	3,5 GB
Anlegen von Snapshot 2			
Vm1.vmdk (c:\)	10,2 GB	10 GB	4 GB
Vm1-000001.vmdk	~500 MB	10 GB	3,5 GB
Vm1-000002.vmdk	> 1 MB	10 GB	3,5 GB

Tabelle 9.10 Ein Snapshot und seine Entwicklung in der Übersicht

Aktion/Dateien der VM	VMDK-Größe	NTFS-Größe	freie Kapazität NTFS
Kopieren einer DVD im Gast (2 GB)			
Vm1.vmdk (c:\)	10,2 GB	10 GB	4 GB
Vm1-000001.vmdk	~500 MB	10 GB	3,5 GB
Vm1-000002.vmdk	~2 GB	10 GB	1,5 GB
Kapazitätsnutzung im VMFS durch VM	**12,5 GB**		
Entfernen der beiden Snapshots			
Vm1.vmdk (c:\)	10,2 GB	10 GB	1,5 GB
Kapazitätsnutzung im VMFS durch VM	**10,2 GB**		

Tabelle 9.10 Ein Snapshot und seine Entwicklung in der Übersicht (Forts.)

Wie Sie in Tabelle 9.10 sehen, sind Deltadateien leicht an der Nummerierung *######.vmdk* zu erkennen und wachsen mit den Daten im Gast mit. Die Plattenbelegung im Gastdateisystem wird mit dem Anlegen des Snapshots konserviert und auf den Deltadateien mitgepflegt. Sobald die Snapshots entfernt werden, werden alle Änderungen in die Originalfestplattendateien geschrieben. Die Deltadateien werden gelöscht und belegen keinen zusätzlichen Plattenplatz mehr. Jedes Wachstum der Deltadateien und das Anlegen und Entfernen der Snapshots führt übrigens im FC-Umfeld zu SCSI-Reservations, wodurch ein exzessiver Gebrauch von Snapshots auch schnell zu Leistungsengpässen führt.

Snapshots sind keine Backups

Snapshots werden zwar zur Sicherung von außen durch Software oder Skripte genutzt, dienen aber selbst nicht als Ersatz für Backup-Lösungen. Snapshots sind, wenn überhaupt, kurzzeitig bei Anpassungen im Gast einzusetzen (z. B. zur Aktualisierung des Gastbetriebssystems oder der Applikation) oder eben durch die Backup-Software, die die Snapshots direkt wieder löscht, sobald die Sicherung abgeschlossen wurde.

Wie bereits erklärt wurde, bauen die Snapshots per Copy-on-Write-Verfahren aufeinander auf. Daher dürfen Sie niemals die Snapshot-Kette unterbrechen, indem Sie beispielsweise Snapshot-Dateien manuell entfernen. Dies führt im schlimmsten Fall zu massivem Datenverlust.

Snapshots entfernen

Das Entfernen von Snapshots entspricht technisch dem Zurückschreiben aller Änderungen seit dem Anlegen der Snapshots auf die Original-VMDK-Dateien respektive auf einem Raw Device Mapping. Das Verfahren wurde bereits mit *vSphere 4 Update 2* entscheidend angepasst. Die Änderung betrifft die Auswahl DELETE ALL im *Snapshot Manager*, um sämtliche Snapshots zu entfernen und alle Änderungen auf die Originalplatte zurückzuschreiben.

Der Vorgang sieht wie folgt aus:

1. Originalfestplatte *vm1.vmdk* – 20 GB
2. Snapshot 1 *Vm1-000001* – 1 GB
3. Snapshot 2 *Vm1-000002* – 1 GB
4. Snapshot 3 *Vm1-000003* – 1 GB
5. Snapshot 4 – 5 GB

Durch die Auswahl von DELETE ALL im Snapshot Manager wird zuerst Snapshot 1 auf die Originalfestplatte zurückgeschrieben, danach Snapshot 2, Snapshot 3 und schließlich Snapshot 4, und alle Snapshots werden gelöscht. Es wird kein zusätzlicher Festplattenplatz verbraucht. Das heißt, es bleibt bei 28 GB. Der Vorteil liegt auf der Hand, die Festplattennutzung nimmt mit Löschung jedes Snapshots nicht zu. Besonders wenn der Datastore schon voll ist, ist diese Vorgehensweise von unschätzbarem Vorteil.

Snapshot Consolidator

VMware hat auf die beschriebene Problematik reagiert und ermöglicht mit dem integrierten *Snapshot Consolidator* auch das Erkennen und Löschen von Snapshots, die im Snapshot Manager nicht mehr sichtbar sind (siehe Abbildung 9.42). Diese unsichtbaren Snapshots haben in der Vergangenheit manchen Administrator zur Verzweiflung getrieben, da die Datastores vollliefen, ohne dass man erkennen konnte, weshalb. Tools wie der *opvizor* konnten diese Snapshots bereits früher aufspüren, indem sie auf die genutzte Festplatte der VM achteten und nicht auf den Snapshot Manager.

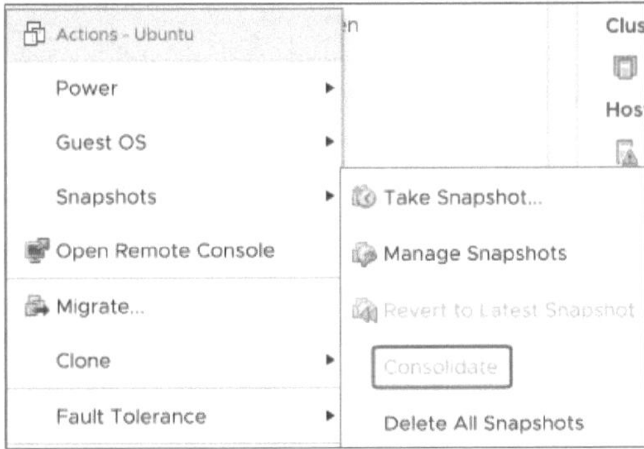

Abbildung 9.42 Snapshot-Consolidate einer VM, die nur bei Bedarf verfügbar ist

Snapshots können aus den verschiedensten Gründen aus dem Snapshot Manager verschwinden, wenn die Beschreibungsdatei der VM-Snapshots korrupt ist.

Diese Suche nach unsichtbaren Snapshots funktioniert übrigens auch mit der PowerCLI. So stellen Sie fest, welche VMs ein Consolidate gebrauchen können:

```
Get-VM | Where-Object {$_.Extensiondata.Runtime.ConsolidationNeeded}
```

Um ein Consolidate auf eine einzelne VM auszuführen, schreiben Sie:

```
(Get-VM -Name "TestVM").ExtensionData.ConsolidateVMDisks()
```

9.12.8 VM-Speicherprofile

VM-Speicherprofile (*VM Storage Policies*) sind auf den ersten Blick nur bestimmte Attribute, die Sie zentral im vCenter anlegen (ähnlich wie *Custom Attributes*) und dem Storage-System zuweisen. Über HOME • POLICIES AND PROFILES erhalten Sie eine Übersicht sämtlicher VM-Speicherprofile (siehe Abbildung 9.43).

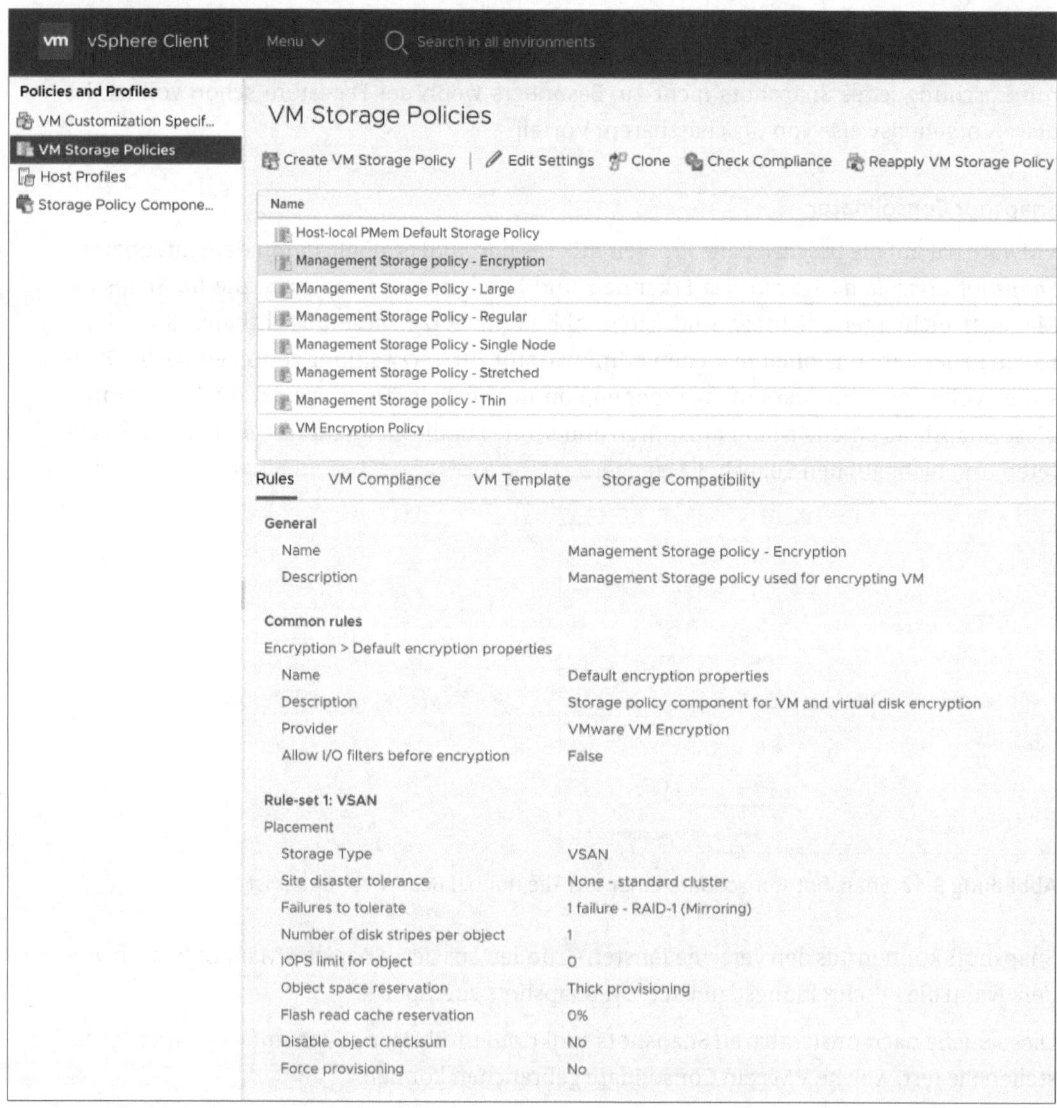

Abbildung 9.43 VM-Speicherprofile

Genauer wird das Vorgehen noch am Beispiel von vSAN in Kapitel 10, »VMware vSAN«, beschrieben.

9.13 VAAI

VAAI, die *VMware vStorage APIs for Array Integration*, ist ein Paket von Programmierschnittstellen, das VMware vSphere die Kommunikation mit den angeschlossenen Storage-Systemen ermöglicht. VAAI wurde bereits mit vSphere 4.1 eingeführt und mit den nachfolgenden Versionen immer wieder erweitert. Die Storage-Hersteller sind auf den Zug aufgesprungen, wodurch sich der mögliche Funktionsumfang deutlich verbessert hat.

VAAI bringt vor allem in der Performance enorme Vorteile, da Storage vMotion vom ESXi-Host komplett auf das Storage-System verlagert werden kann. Das Storage-System erhält lediglich Informationen von vSphere, welche Blöcke kopiert werden sollen und wohin. Statt Datenübertragungen finden nur Pointer-Übertragungen statt, was die Last auf dem Storage-Netzwerk wesentlich verringert.

Weitere Funktionen sind:

- **Atomic Test & Set** (ATS) ermöglicht es, Dateien anzulegen und zu ändern, ohne SCSI-Reservations auf der kompletten LUN zu setzen.
- **Clone Blocks/Full Copy/XCOPY** wird von Storage vMotion genutzt.
- **Zero Blocks/Write Same** wird genutzt, um Blöcke zu löschen bzw. mit Nullen zu beschreiben.
- **Thin Provisioning Block Space Reclamation** ermöglicht es dem ESXi-Host, Informationen ans Storage-System zu senden, welche Blöcke nicht mehr durch virtuelle Maschinen mit Daten belegt sind (z. B. weil eine VM gelöscht oder auf einen anderen Datastore migriert wurde – »reclaim«).

Auch bei der Nutzung von NAS-Storage gibt es hier Unterstützung:

- **Full File Clone** erlaubt es, ungenutzte VMDK-Dateien (VM abgeschaltet) auf dem NAS-System zu kopieren (sehr nützlich für Massenprovisionierung).
- **Reserve Space** ermöglicht die Erstellung von Thick-provisioned VMDK-Dateien – vormals war nur Thin Provisioning auf NAS-Storage-Systemen möglich.
- Dank **Native Snapshot Support** können Snapshots direkt durch den Storage erzeugt werden (dies sind keine VMware-Snapshots). Diese Funktion kann für VDI-(Desktop-)Umgebungen als performanter Ersatz für Linked Clones dienen.
- **Extended Statistics** verbessern die Auswertung des real genutzten und provisionierten Plattenspeichers des Datastores (sehr nützlich bei Verwendung von Thin- und Thick-VMDK-Dateien und Snapshots).

Die Fähigkeiten von XCOPY wurden weiter ausgebaut. So ist es nun möglich, XCOPY mit spezifischen Parametern zu konfigurieren und so die XCOPY-Operationen des Storage-Arrays zu optimieren. Dies geschieht entweder mit dem Standard-SCSI-T10-Plug-in (*VMW_VAAIP_T10*) oder über die Unterstützung spezifischer Dritthersteller-Plug-ins (*vmkAPI*).

Voraussetzung für die Nutzung der VAAI-Funktionen ist ein unterstütztes Storage-System.

Den VAAI-Status können Sie auf der Kommandozeile auslesen:

```
esxcli -s vcenter -h esx1 storage core device vaai status get
```

Eine Übersicht über die verfügbaren VAAI-Funktionen erhalten Sie mit folgendem Befehl:

```
esxcli -s vcenter -h esx1 storage core claimrules list -c all
```

Folgende *Advanced Settings* sind VAAI-relevant:

- `/DataMover/HardwareAcceleratedMove`
- `/DataMover/HardwareAcceleratedInit`
- `/VMFS3/HardwareAcceleratedLocking`

VAAI-Einschränkungen

Folgende Limitierungen gibt es bei der Nutzung von VAAI:

- Die Quelle ist ein RDM, das Ziel ist ein Datastore (VMDK).
- Die Blockgrößen auf Quell- und Zieldatenträger sind unterschiedlich (sollte nicht mehr sehr häufig vorkommen).
- Der Quell-VMDK-Typ ist *eagerzeroedthick*, und der Ziel-VMDK-Typ ist *thin*.
- Die Quell- oder die Ziel-VMDK-Datei sind Sparse- oder Hosted-Typen (VMware Server, VMware Workstation).
- Das Klonen einer VM mit existierenden Snapshots ist nicht möglich.
- Der VMFS-Datastore ist nicht *aligned* (Partition Alignment), was nur bei manuell angelegten VMFS-Datastores passieren kann; *vSphere Client*, *vSphere Web Client* und Applikationen oder Plug-ins, die die *vCenter-API* nutzen, legen die VMFS-Partition immer korrekt an.
- Die VM liegt auf einem VMFS-Datastore, der aus mehreren Erweiterungen (*Extents*) auf unterschiedlichen Storage-Systemen besteht.

9.14 Storage I/O Control

Storage I/O Control (SIOC) erweitert die Ressourcenkontrolle um die Einschränkung oder Priorisierung der Kommunikation zwischen ESXi-Host und Datastore bzw. LUN.

Der Unterschied zwischen der Storage-Priorisierung und den Ressourcenkontrollmöglichkeiten von CPU und Hauptspeicher ist allerdings recht groß, da es komplexer ist, die Storage-

Kommunikation zu messen und zu kontrollieren. Zum einen existiert die reine Datenübertragungsmenge (Datendurchsatz in IOPS), zum anderen gibt es die Latenzzeiten (*Latency* in Millisekunden).

Der eine oder andere VMware-Erfahrene wird jetzt kontern, dass es doch schon länger pro virtueller Festplatte möglich war, die Storage-Kommunikation zu kontrollieren. Das ist zwar richtig, allerdings müssen Sie sich im Klaren darüber sein, dass ein großer Unterschied zwischen der Priorisierung auf *vmdk*-Festplatten-Ebene und der Priorisierung auf dem Storage-Level besteht. Wurden 20 virtuelle Maschinen mit Festplatten hoher Priorisierung auf einem Host angelegt, so wäre die Ressourcenkontrolle nutzlos. Es war dem ESXi-Host schlichtweg egal, wie viele VMs miteinander konkurrierten und ob Systeme per vMotion auf andere ESXi-Hosts migriert wurden, auf denen komplett andere Bedingungen herrschten.

Mit Storage I/O Control erfolgt ein Austausch zwischen ESXi-Hosts und dem Storage-System, sodass eine Priorisierung mit Berücksichtigung der realen Leistungssituation im SAN oder NAS stattfinden kann. Außerdem ist Storage I/O Control in der Lage, die Anteile (*Shares*) der VMs übergreifend aus vCenter-Sicht zu überwachen.

9.14.1 Voraussetzungen

Um die angestrebte Zentralisierung zu erreichen, werden allerdings auch bestimmte Konfigurationen vorausgesetzt:

- Alle Systeme (ESXi-Hosts, Datastores), auf denen SIOC aktiviert ist, müssen durch den gleichen vCenter Server verwaltet werden.
- Die Unterstützung für VMFS-Datastores auf Basis von FC, FCoE und iSCSI muss vorhanden sein.
- Die Unterstützung für NFS-Datastores muss vorhanden sein.
- Es darf keine Unterstützung für Raw Device Mappings (RDM) vorhanden sein.
- Es darf keine Unterstützung für VMFS-Datastores mit mehreren Extents vorhanden sein; es ist nur ein Extent erlaubt.
- Das Storage-Array muss im *VMware Compatibility Guide* (VCG) als SIOC-fähig aufgeführt sein.

9.14.2 Konfiguration

Storage I/O Control (SIOC) wird in zwei Schritten konfiguriert: durch die Aktivierung von SIOC auf dem Datastore und durch die Konfiguration von Anteilen (Shares) auf den entsprechenden VMS.

Die SIOC eines Datastores aktivieren Sie in der STORAGE-Ansicht (siehe Abbildung 9.44).

Dort wählen Sie den gewünschten Datastore aus und schalten dann in den Eigenschaften (GENERAL) in der Datastore-Konfiguration (CONFIGURE) SIOC aktiv (siehe Abbildung 9.45).

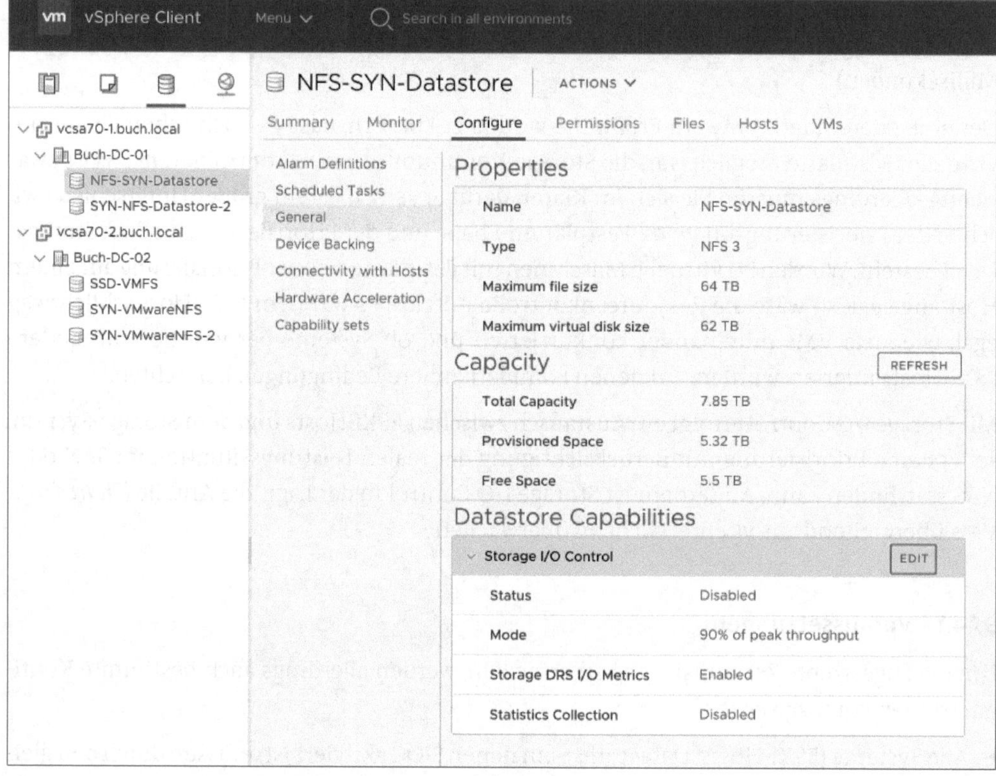

Abbildung 9.44 Auswahl von »Storage I/O Control«

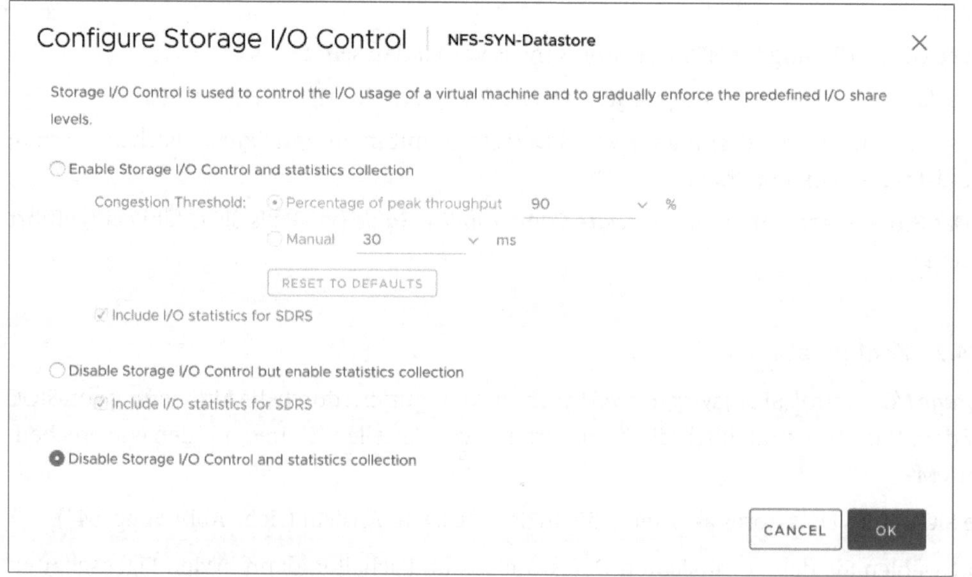

Abbildung 9.45 Aktivierung von SIOC

Alternativ lässt sich die Einstellung über einen Rechtsklick auf den Datastore konfigurieren (siehe Abbildung 9.46).

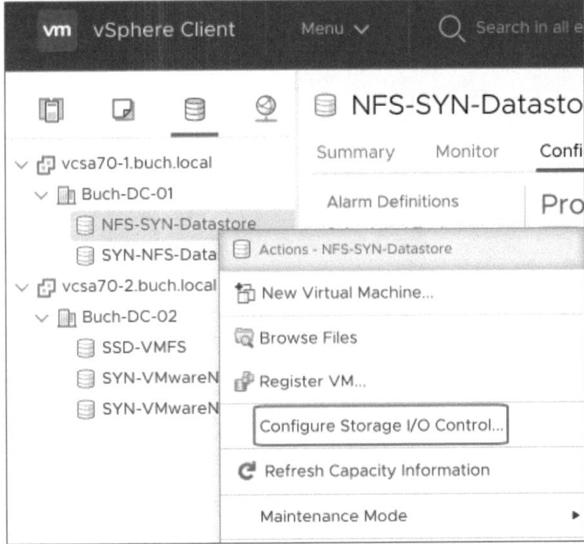

Abbildung 9.46 Aktivierung von SIOC durch einen Rechtsklick auf einen Datastore

Die Einstellung CONGESTION THRESHOLD ist die Latenzzeit in Millisekunden, die auf dem Datastore gemessen wird und ab der Storage I/O Control aktiv wird und anhand der VM-Shares die Priorisierung beginnt.

Den Empfehlungen von Herstellern und Experten im Storage-Umfeld zufolge sollte die CONGESTION THRESHOLD nur selten angepasst werden. Eine Anpassung ist vor allem dann sinnvoll, wenn die Storage-Systeme über wesentlich schnellere Zugriffe verfügen (z. B. bei Verwendung von SSD-Festplatten – senken Sie dann den Wert auf 10 ms) oder über langsamere (z. B. 7.200-RPM-SATA – erhöhen Sie den Wert auf 50 ms).

Übrigens ist SIOC automatisch auf Datastore-Clustern aktiv, die für Storage DRS (Details dazu finden Sie in Abschnitt 4.3, »DRS-Cluster«) genutzt werden; einzelne Datastores außerhalb von Datastore-Clustern müssen Sie manuell konfigurieren.

Im nächsten Schritt nehmen Sie die Priorisierung auf VM-Ebene vor, genauer gesagt in den Eigenschaften der virtuellen Maschine. Diese Einstellung erfolgt wie in früheren VMware-Versionen mit SHARES (HIGH, NORMAL, LOW, CUSTOM), nun aber auf eine zentralisierte Art und Weise in Verbindung mit vCenter und Datastore.

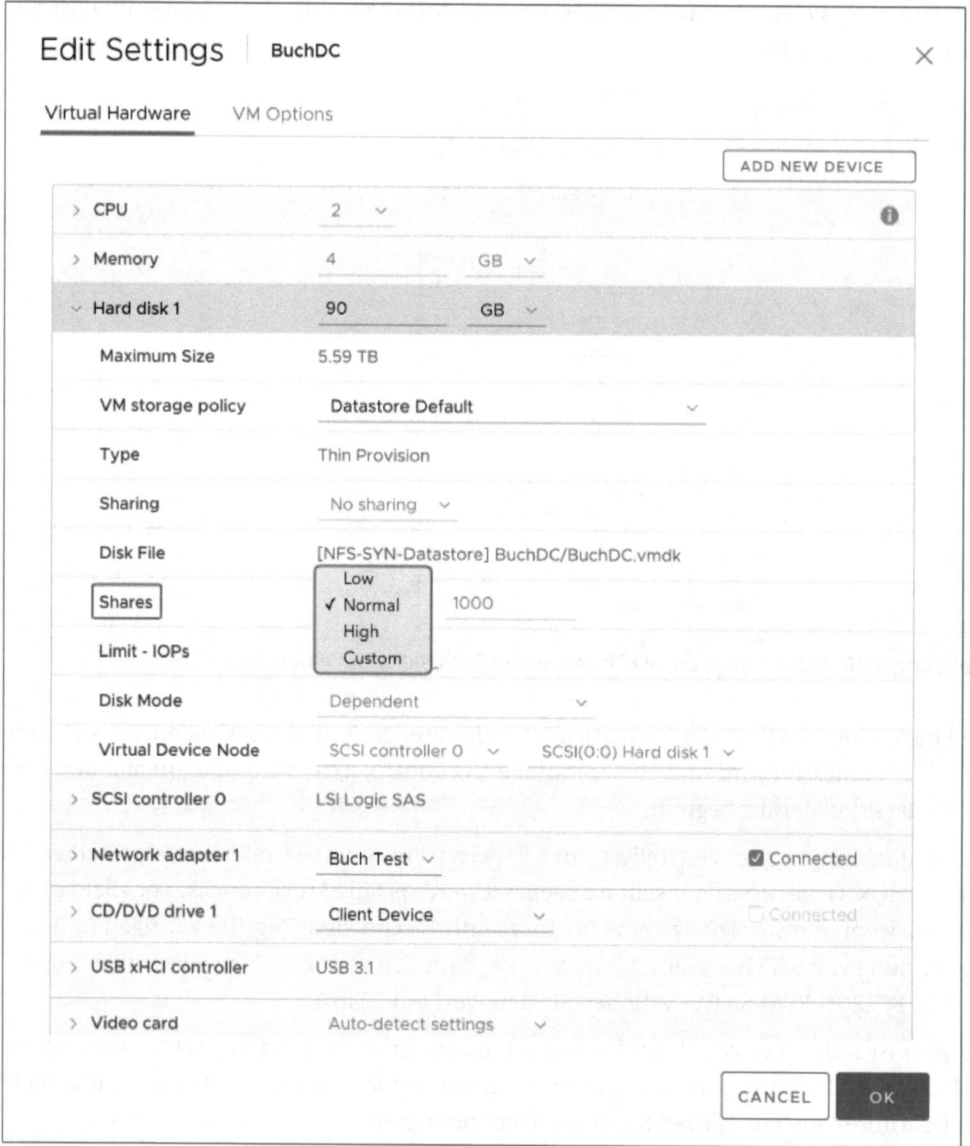

Abbildung 9.47 Konfiguration der »Shares«-Einstellung in den virtuellen Maschinen

Außerdem ist es möglich, die I/O-Operationen der virtuellen Festplatte pro Sekunde zu limitieren (LIMIT - IOPs).

Beachten Sie, dass diese Einstellungen nur greifen, falls Ressourcenengpässe herrschen, sodass es zwischen virtuellen Maschinen zu »Konkurrenzkämpfen« kommt und die Latenzen des Storages höher als der CONGESTION THRESHOLD sind.

Genau wie bei CPU- oder Memory-Ressourcen ist es möglich, die Storage-Ressourcen zentral z. B. auf Cluster-Ebene einzusehen und gegebenenfalls auch zu verändern (siehe Abbildung 9.48).

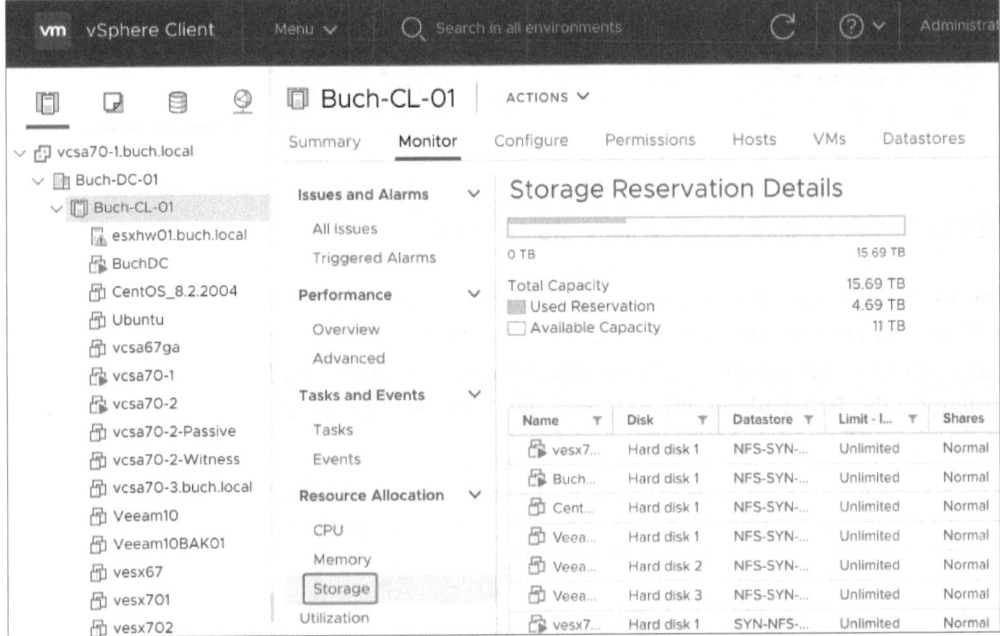

Abbildung 9.48 Zentrale Ressourcenüberwachung

9.15 VASA

Die Schnittstelle VASA (*VMware vStorage APIs for Storage Awareness*) dient, wie der Name schon sagt, dazu, an die vSphere-Systeme Informationen vom Storage-System zu übertragen, die dessen Status wiedergeben. Zu diesen Informationen gehören Pfadfehler, ausgefallene RAID-Sets, der Status der Replikation, die Snapshot-Fähigkeit oder der Festplattentyp.

Der sogenannte *VASA-Provider* übergibt die Storage-Informationen an den vCenter Server, der diese weiterverarbeiten kann, z. B. in Form der VM-Speicherprofile.

Der VASA-Provider wird durch den Storage-Hersteller geliefert und muss auf dem vCenter Server installiert werden. Informationen und Download-Links zu den VASA-Providern finden Sie unter:

http://www.vmware.com/resources/compatibility/search.php?deviceCategory=vasa

Eingebunden werden die VASA-Provider im vCenter Server. Der Weg geht hier über den betroffenen vCenter Server CONFIGURE • SECURITY • STORAGE PROVIDERS (siehe Abbildung 9.49).

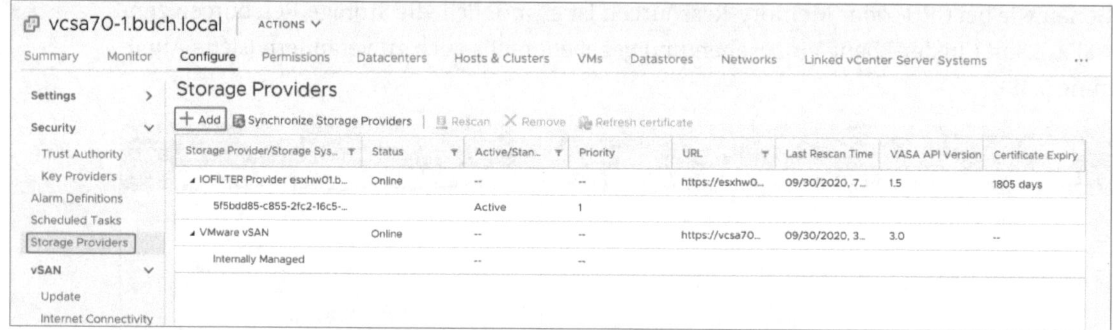

Abbildung 9.49 Einbinden eines weiteren Storage Providers

Für die Einbindung werden unterschiedliche Eingaben benötigt. Neben dem Namen, der URL und einem Benutzernamen nebst Passwort müssen Sie festlegen, ob die Kommunikation zwischen vCenter und Storage mit dem Storage-Provider-Zertifikat abgesichert werden soll. Wird der Punkt nicht aktiviert, wird der Thumbprint des Storage-Provider-Zertifikats angezeigt, und Sie können ihm vertrauen.

Das Management der Storage Provider erfolgt ebenfalls unter CONFIGURE • STORAGE PROVIDERS. Die Befehle sind an sich selbsterklärend (siehe Abbildung 9.50).

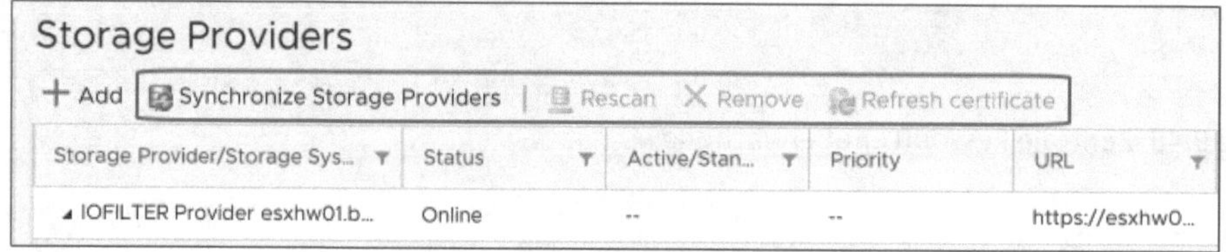

Abbildung 9.50 Management der Storage Provider

Die vier Menüpunkte erlauben eine Synchronisation aller Storage Provider mit der gemanagten Umgebung. Mit einem RESCAN werden die Daten des Storages in der Datenbank aktualisiert. Mit REMOVE löschen Sie den markierten Storage Provider, und der Menüpunkt REFRESH CERTIFICATE dient zur Aktualisierung des Provider-Zertifikats. Erfolgt die Aktualisierung nicht rechtzeitig, wird die Nutzung des Providers eingestellt.

9.15.1 vSphere API for I/O Filtering VAIO

VAIO ist ein Filterframework, mit dem Filter in den Datenpfad von VMs eingebunden werden können. Der Filter sitzt im Datenstrom des SCSI-Controllers.

Grundsätzlich gibt es vier mögliche Einsatzoptionen. Zwei sind von Partnern nutzbar, und zwei sind VMware-eigenen Funktionen vorbehalten:

- Verschlüsselung (VMware only)
- Quality of Service (QoS) (VMware only)
- Replikation
- Caching

Mit vSphere 6.0 Update 1 wurde diese standardisierte Schnittstelle bereitgestellt, um zu verhindern, dass sich 3rd-Party-Hersteller »Lücken« suchen, um sich in den Datenstrom einzuklinken.

Im Webclient können Sie einsehen, welche Filter im System geladen sind. Schauen Sie am Host unter CONFIGURE • STORAGE • I/O FILTERS (siehe Abbildung 9.51).

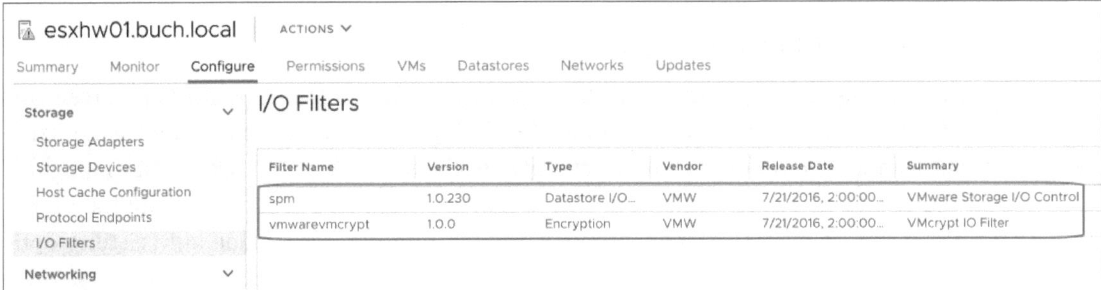

Abbildung 9.51 Installierte I/O-Filter auf dem Host

9.16 VMware vSphere Virtual Volumes

VMware vSphere Virtual Volumes (kurz *vVols*) wurden erstmalig auf der *VMworld 2012* vorgestellt, die Einführung sollte aber erst drei Jahre später folgen. Sie sind das Resultat einer mehrjährigen Neuentwicklung, um die Herausforderungen im Bereich der Speicherverwaltung virtueller Infrastrukturen zu meistern. vVols sind nebst *VASA* und *vSAN* ein Bestandteil der *Software Defined Storage*-Strategie von VMware. Sie wurden mit *vSphere 6.0* eingeführt. Seit 2019 sind vVols in einer breiten Produktpalette von Storage-Systemen verfügbar. Mit vSphere 7 nimmt VMware sich des Themas vVols nun nochmals entsprechend der Nutzung des Markts an und integriert vVols in zunehmend mehr Produkte, wie etwa vROps und SRM.

Immer mehr Produkte unterstützen vVols

War es bis vor kurzem noch nicht unterstützt, so hat VMware mit der Version 8.3 des *Site Recovery Managers* (*SRM*) die Unterstützung von vVols integriert. Der Unterschied zur klassischen SRM-Architektur ist recht einfach. Wird nicht mit vVols gearbeitet, dann wird eine Replikationsinstanz benötigt, um die geschützten VMs auf die *Protected Site* zu replizieren. vVols haben bereits einen Replikationsmechanismus, der sich voll in den SRM integriert.

Die Replikation von VMs kann bei der Nutzung von vVols einfach über Storage-Profile realisiert werden. Der SRM ist nur noch für die Steuerung der Übernahme zuständig.

Mit *vRealize Operations* (*vROps*) Version 8.1 erkennt die Software vVols.

Seit vSphere 6.7 unterstützen vVols IPv6 *end-to-end*. Dies versetzt Unternehmen und Organisationen, die bereits IPv6 einsetzen, nun in die Lage, auch von vVols Gebrauch zu machen.

Darüber hinaus ist es seit vSphere 6.7 möglich, SCSI-3-persistente Reservierungen zu nutzen. Damit lassen sich geteilte Disks und Volumes von unterschiedlichen, virtuellen Maschinen verwenden, die auf unterschiedliche Hosts und Knoten verteilt sind. Dieses Verfahren kann somit in Microsoft-WSFC-Clustern zum Einsatz kommen, ohne RDMs (*Raw Device Mappings*) nutzen zu müssen.

9.16.1 Software Defined Storage

Software Defined Storage verfolgt die Strategie, die Verwaltung von Speicherressourcen von der ihnen zugrunde liegenden Hardware-Technologie zu abstrahieren. Grundlegend dafür ist die Trennung von Kontroll- und Datenpfad (siehe Abbildung 9.52). Damit ist es möglich, ein hohes Maß an Skalierbarkeit und Flexibilität der Lösung zu erreichen, da im Datenpfad keinerlei Kontrollinformationen gesendet werden und die Datenpfade auf Leistung optimiert werden können.

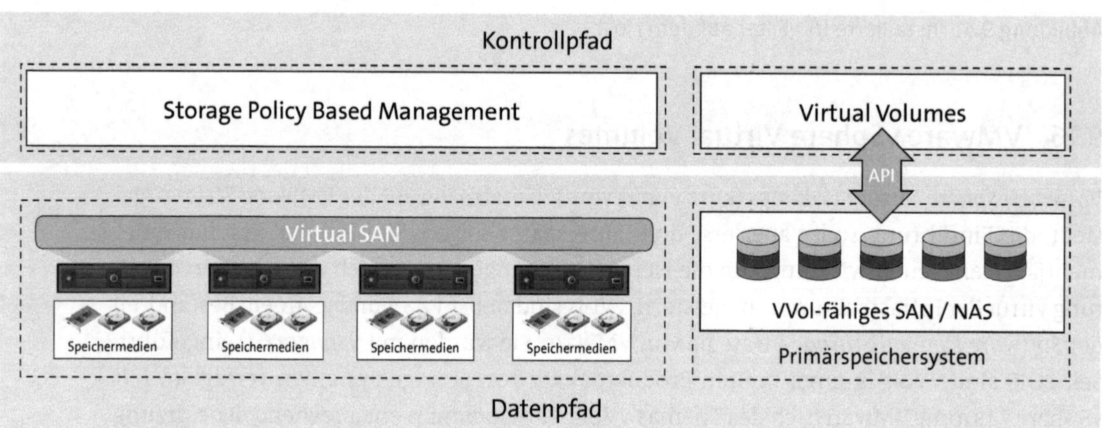

Abbildung 9.52 VMware Software Defined Storage

Wichtige Technologien für den Kontrollpfad sind:

- Storage Policy Based Management (SPBM)
- vSphere API for Storage Awareness (VASA)

SPBM wird in *vCenter* über das Definieren von *VM Storage Policies* zur Verwaltung unterschiedlichster Speicherressourcen realisiert. Sie können für ein Speichersystem auch mehrere VM Storage Policies definieren, um dessen Eigenschaften abzubilden (beispielsweise mehrere *Storage-Pools* mit unterschiedlichen *Speicher-Tiers* oder Funktionen wie Deduplication).

Außer den Eigenschaften eines Speichersystems, die das Speichersystem über *VASA* in das *vCenter* einspeist, können Sie den VM Storage Policies auch *Tags* mitgeben. Eine VM Storage Policy wird explizit pro virtueller Festplatte einer VM hinterlegt.

Die Übersicht der virtuellen Maschinen in vCenter gibt Auskunft über die Übereinstimmung der hinterlegten VM Storage Policies mit den konsumierten Speicherressourcen Ihrer virtuellen Festplatten. Sie finden die Information im *vSphere Web Client* unter VMs AND TEMPLATES • <VM> • SUMMARY im Fenster VM STORAGE POLICIES (siehe Abbildung 9.53).

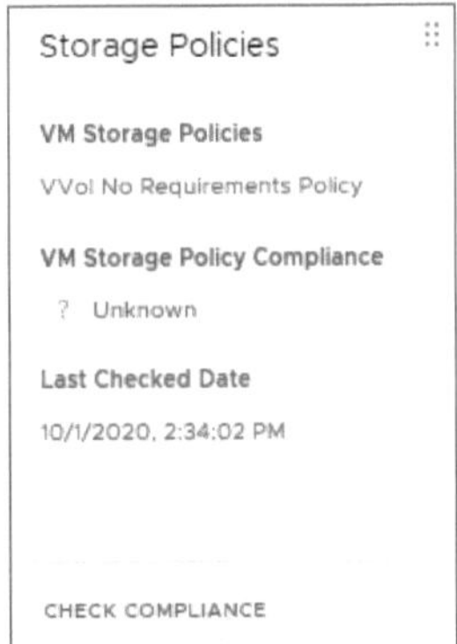

Abbildung 9.53 Information zur Übereinstimmung einer VM mit den »VM Storage Policies«

Einhaltung der VM-Speicherrichtlinien

Sollte eine VM melden, dass ihre virtuellen Festplatten nicht den hinterlegten VM Storage Policies entsprechen (siehe Abbildung 9.53), so können diese mit *Storage vMotion* in den Zieldatenspeicher verschoben werden. Ein Klick auf das Feld CHECK COMPLIANCE im Fenster STORAGE POLICIES prüft erneut, ob die Speicherrichtlinien, die für die virtuellen Festplatten hinterlegt sind, eingehalten werden.

Die Hersteller von Speichersystemen steuern einen VASA-Treiber bei, der die Eigenschaften der speichersysteminternen Konfiguration an vCenter übermittelt. Zur Verwaltung von vVols muss ein Speichersystem zwingend über VASA in vCenter eingebunden werden.

Im Datenpfad werden folgende Technologien benötigt:

- vVols oder vSAN
- Anschluss über ein Block-Protokoll (FC, iSCSI, FCoE) oder ein File-(NFS-)Protokoll
- Die Funktionalität muss aufseiten des Speichersystems implementiert sein, damit es mit vVols umgehen kann. vVols sind Objekte in einem Storage-Container.
- *vSphere APIs for I/O Filtering (VAIO)*: Über VAIO werden die nativen *Data Services* eines Speichersystems vermittelt (beispielsweise die Deduplikation).

9.16.2 Architektur von Virtual Volumes

Um eine klare Trennung von Kontroll- und Datenpfad herzustellen, ist eine neue Architektur zur Anbindung externer Speicherressourcen erforderlich (siehe Abbildung 9.55).

Die Konsequenz ist eine logische Trennung der Eigenschaften des Speichers von den Datastores. Die Eigenschaften sind vielmehr über Profile mit den Festplatten der VMs verknüpft (siehe Abbildung 9.54).

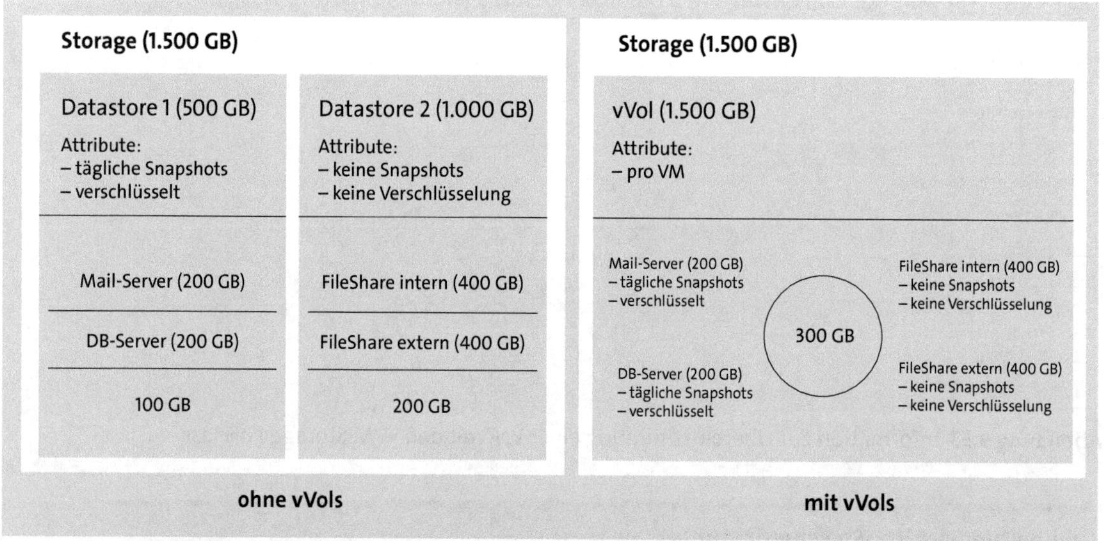

Abbildung 9.54 Beispielhaftes Schema – ohne vVols vs. mit vVols

Kontrollpfad

Zum Kontrollpfad zählen folgende Elemente:

- Storage Policy-Based Management
- *VASA-Provider* zur Kommunikation zwischen dem ESXi-Host und dem Speichersystem

SPBM besteht aus den zwei Komponenten *VM Storage Policies* und *VASA-Provider*. Letzterer muss vom Hersteller des Speichersystems geliefert werden. Oftmals ist er integraler Bestandteil des Speichersystems. Erkundigen Sie sich bei Ihrem Lieferanten. Der VASA-Provider liefert vCenter-Informationen vom Speichersystem zur Kapazität, zur Art der Anbindung und zu definierten Funktionen (beispielsweise Snapshot, *Multi-Tier Storage Pool*) eines Storage-Containers. Diese Informationen wiederum werden wie eingangs beschrieben in *VM Storage Policies* abgebildet. Der VASA-Provider steuert folgende Operationen bezogen auf virtuelle Maschinen und gibt diese an das Speichersystem zur Verarbeitung:

- Provisionieren
- Löschen
- Snapshots
- Full Clones
- Linked Clones
- Storage vMotion (bei ausgeschalteter virtueller Maschine)

Datenpfad

Zum Datenpfad zählen folgende Elemente:

- Anbindung des Speichersystems an einen ESXi-Host via *Protocol Endpoint* (PE)
- Partitionierung des Speichersystems in einen oder mehrere Storage-Pools, die als *Storage-Container* bezeichnet werden
- Speicherung von vVols (Virtual-Machine-Objekte) in den Storage-Containern
- vVol-Datastores
- *vSphere APIs for I/O Filtering* (VAIO)

Die Kommunikation zwischen dem ESXi-Host und dem Speichersystem erfolgt über die bekannten Protokolle für Block- oder File-Storage. Im Speichersystem muss ein *Protocol Endpoint (PE)* konfiguriert werden, um I/O senden zu können. In einem PE sind die Informationen zu der Anbindungsart (Protokoll) hinterlegt und Informationen dazu, welche ESXi-Hosts Zugriff auf die Storage-Container erhalten.

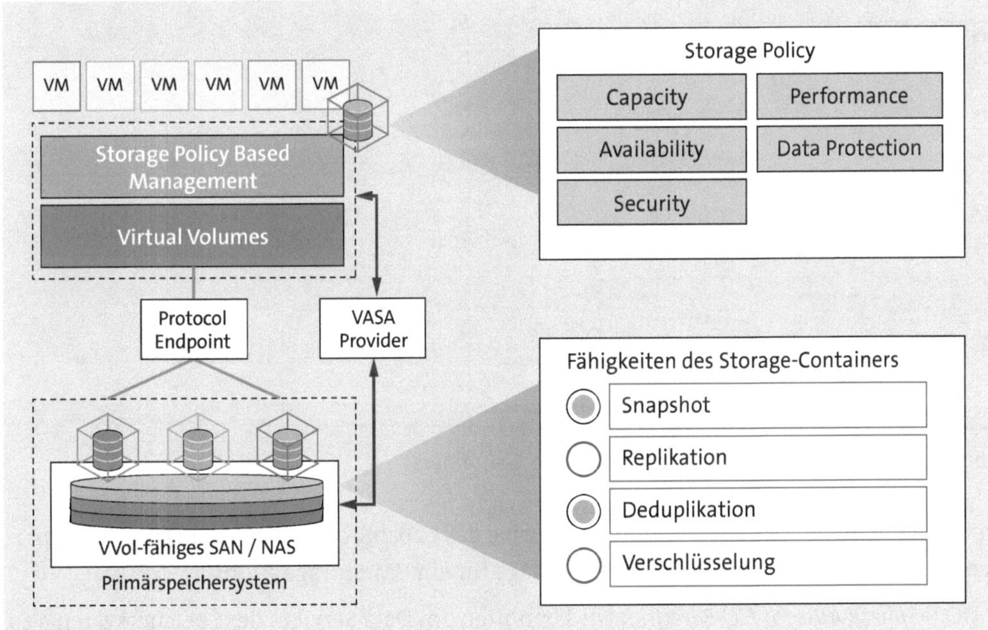

Abbildung 9.55 Architekturübersicht zu Virtual Volumes

Multipathing- oder Load-Balancing-Richtlinien und -Topologien werden vom PE unterstützt. Um diese Topologien zu nutzen, müssen auf dem Speichersystem so viele PEs erstellt werden, wie es Pfade gibt. Der PE hat den Vorteil, dass die Anzahl benötigter Verbindungen zu einem ESXi-Host (1.024 LUNs und NFS-Mounts pro ESXi-Host) drastisch reduziert wird. Storage-Container sind typischerweise größer als LUNs, und es können mehrere Storage-Container einem einzelnen PE zugewiesen werden. vVols werden fix einem PE zugewiesen.

Ein Storage-Container ist ein logisches Konstrukt eines Speichersystems und kommt einem Storage-Pool vom Prinzip her sehr nahe. Er arbeitet objektorientiert und beruht nicht auf einem übergeordneten Dateisystem oder einer LUN. Das heißt, dass die virtuellen Festplatten von VMs direkt als Objekte im Storage-Container vorliegen. Im Container werden weitere Eigenschaften und Data Services in Form von *Capability Sets* hinterlegt (siehe Abbildung 9.56). Beispiele dafür sind Snapshots, Deduplikation oder die Abbildung eines Service-Levels sowie vom Benutzer erstellte Tags.

Mit Virtual Volumes werden die Objekte bezeichnet, die in einem Storage-Container gespeichert sind. Es gibt fünf Typen von vVols:

- CONFIG – VMX-Dateien, NVRAM, Log-Dateien usw.
- DATA – VMDKs
- MEM – Snapshots
- SWAP – Swap-Dateien
- OTHER – lösungsspezifischer Typ von vSphere

vVNX Performance Tier - Capabilities	
▾ Storage Properties	
Drive Type	PerformanceTier
	Any
FAST Cache	Off
	Any
Tiering Policy	Any
RAID Type	Any
▾ Service Level	
	Silver
▾ Usage Tag	
	Generic

Abbildung 9.56 Capability-Profil eines Storage-Containers

In vCenter wird ein Storage-Container inklusive des Capability Sets als vVol-Datastore repräsentiert. Das Capability Set dient als Grundlage für ein VM-Storage-Profil.

VAIO (*vSphere APIs for I/O Filtering*) wird benötigt, um Data Services des Speichersystems zu nutzen. Ein Snapshot einer VM wird im Gegensatz zu VMFS- oder NFS-Datastores direkt auf dem Speichersystem durchgeführt. Dasselbe gilt beispielsweise für eine *Space Reclamation* im Gastbetriebssystem.

VAIO ist ein Framework, das einem VMware-Partner und Hersteller von Speicherlösungen die Entwicklung von Filtern erlaubt, um eine I/O-Anfrage zwischen einem Gastbetriebssystem und der mit ihr verbundenen Virtual Disk abzufangen. Dieser I/O wird nicht verarbeitet, ohne den durch den Dritthersteller bereitgestellten I/O-Filter zu durchlaufen. Diese Filter arbeiten auf der Ebene von vSphere ESXi und nicht auf der Ebene virtueller Maschinen.

In der ersten Version (ESXi 6.0 Update 1) unterstützen I/O-Filter nur Caching und Replikation:

- Caching führt zu einer signifikanten Steigerung von IOPS, reduziert die Latenzzeit und erhöht die Auslastung physikalischer Hardware.
- Replikation erlaubt die Konfiguration von Replikationsrichtlinien auf Granularität einer VM (beispielsweise zum Einsatz bei lokalen Kopien und Fernkopien).

Vorteile von Virtual Volumes

- feinere, auf der Granularität einer VM beruhende Kontrolle über externe Speicherressourcen
- gestraffter und automatisierter Betrieb von Speicherressourcen
- geringerer Verwaltungsaufwand für Speichersystem- und VMware-Administratoren
- Aufgaben, die den Speicherbereich betreffen, werden direkt im Speichersystem durchgeführt (beispielsweise VM-Snapshots).

9.16.3 vVol-Best-Practices

vVol ist eine bahnbrechende Technologie. Mit den Best Practices wollen wir Ihnen zeigen, wie Sie eine möglichst gute Erfahrung mit vVol machen können. Einige Best Practices des letzten Abschnitts sind im Folgenden zusammengefasst.

Best Practices zu Storage-Containern

- Studieren Sie die Best Practices zur Erstellung von Storage-Pools oder Storage-Aggregaten beim Hersteller Ihres Speichersystems.
- Konfigurieren Sie Storage-Container auf Basis von Storage-Pools oder -Aggregaten.
- Definieren Sie logische Limits für Storage-Container (SC).
- Begrenzen Sie den Zugriff, indem Sie Grenzen setzen und beispielsweise nach Abteilungen oder Gruppierungen unterscheiden (*Usage Tags*).
- Nutzen Sie die geplanten Eigenschaften Ihres Speichersystems in vollem Umfang.
- SCs sind individuelle Datastores; deren *Storage Capability Sets* sollten eine Aufgabe des Speichersystems sein und keine Datenmigrationen in einen anderen SC erfordern.
- Überprovisionieren Sie Ihre SCs keinesfalls.
- Nach Ändern der Speicherkapazität eines SCs sollte keine Repartitionierung erforderlich sein.
- Das Provisionieren des *Protocol Endpoints* (PE) sollte über die Verwaltung des Speichersystems erfolgen.
- PEs müssen für den ESXi-Host erreichbar sein.

- PEs sollten nicht von Hand konfiguriert werden.
- PEs müssen unter Umständen an einen Storage-Prozessor gebunden werden.
- PEs müssen unter Umständen mit ESXi-Hosts assoziiert werden.
- Stellen Sie sicher, dass der PE zur Verbindung der Storage-Container an vSphere-Hosts keine höhere LUN-ID zuweist als den in `Disk.MaxLUN` hinterlegten Wert der ESXi-Hosts.
- Sonst muss der Parameter `Disk.MaxLUN` pro ESXi-Host entsprechend angepasst werden.

Virtual Volumes

- Machen Sie Gebrauch von den *VM Storage Policies*.
- Die spezifischen Anforderungen von vVols werden über die Profile abgebildet.
- Die Policies ermöglichen es, die Anforderungen einer VM zu überprüfen (*Compliance*).
- *VM Storage Policies* ermöglichen eine Abstrahierung unterschiedlicher Eigenschaften eines Speichersystems (beispielsweise ein SC mit Deduplikation oder basierend auf Flash-Speicher) wie auch die Abbildung von Service-Leveln.
- VM-Snapshots haben keinerlei Performance-Engpässe zur Folge.
- vVol-Snapshots werden im Speichersystem durchgeführt.
- Das Backup eines Snapshots bringt keine Nachteile für die Leistungsfähigkeit eines vVols mit sich.
- *Cross-Host* oder *Cross-VM Metadata Lock Contention* haben keinerlei Performance-Einbußen bei vVols zur Folge.
- Jede VM besitzt ihr eigenes CONFIG-vVol, um *Cross-Host* und *Cross-VM Content Locks* zu vermeiden (wie bei herkömmlichen, auf LUNs basierenden VMFS-Datastores ohne VAAI).
- *vSphere APIs for Data Protection* werden unterstützt.
- Vom Hot-Add-Mode sollte bei einer Appliance kein Gebrauch gemacht werden.
- Der Hot-Add-Mode bringt die beste Performance, setzt aber voraus, dass die Backup-Software in einer VM läuft.
- Der SAN-Mode mit einem Standalone-Backup-Host wird nicht unterstützt, da es keine vVol-Driver für Windows- und Linux-Gastbetriebssysteme gibt.
- VADP wird ansonsten in vollem Umfang unterstützt, inklusive der Stilllegung von Snapshots mit den *Microsoft Volume Shadow Copy Services*.

Performance

- Individuelle vVols einer VM können unterschiedlichen Storage-Profilen zugeordnet sein.
- Klassisch: Datenbank-Logs und Datenbankdaten verfügen über ein Storage-Profil, das ihren Charakteristika entspricht. Sie liegen somit in getrennten Storage-Containern – entsprechend dem zugewiesenen Storage-Profil.

- In den Einstellungen einer VM ist immer ein VM-Storage-Profil hinterlegt. Es kann für die individuellen virtuellen Festplatten angepasst werden.
- Es gibt aber keine individuelle Kontrolle über VM-Storage-Profile für Swap-vVols, Memory-vVols oder Snapshot-vVols.
- Einige Speichersysteme bieten neue Quality-of-Service-Optionen (QoS) für Storage-Container (*Capability Sets*).
- Pro-vVol-VM-Storage-Profile ermöglichen speichersystemseitig das Abbilden und Einhalten von QoS in der Granularität eines vVols.
- Richten Sie Ihre Aufmerksamkeit auf die I/O-Last individueller PEs.
- Sämtlicher vVol-I/O passiert den PE.
- Das Speichersystem wählt den PE, der den jeweiligen ESXi-Hosts zugewiesen ist.
- Das bringt den Vorteil von Load-Balancing und Multipathing.
- Das Speichersystem kann den Pfad optimieren.
- *Queue Depth* ist eine Limitierung, der Sie bei Block-Storage Beachtung schenken sollten.
- vVols erlauben das Vierfache der gebräuchlichen I/O-Scheduling-Queue-Elemente für PE-Geräte.

Gotchas

- Denken Sie an die Limitierungen Ihres Speichersystems!
- Eine einzelne VM besitzt mehrere vVols.
- Individuelle Objekte bedeuten individuelle vVols (im Minimum vier während des Betriebs).
- Snapshots sind speichersystemabhängig. Je nach Speichersystem zählen Snapshots als individuelle vVols.
- Sizing: Die maximal unterstützte Anzahl an vVols pro Speichersystem ist ein gewichtiger Faktor. Beispiel: Eine VM mit zwei VMDK-vVols mit zwei Snapshots belegt bereits 10 vVol-Plätze.
- In Abhängigkeit vom Speichersystem bieten einige Hersteller eine VASA-Provider-VM (beispielsweise NetApp). Andere wiederum bieten eine native VASA-Unterstützung (beispielsweise EMC VNX).
- SCs brauchen Zugriff auf die VASA-Provider-VM.
- Es bedarf zwingend eines VASA-Providers (VP), um vVol-Speicher zu verwalten.
- Sichern Sie die VP-VM.
- Nutzen Sie vSphere HA oder SMP, um die VP-VM zu schützen.
- Konsultieren Sie die Best Practices Ihres Herstellers.

9.17 RDMA – Remote Direct Memory Access

Mit vSphere 6.5 hat *Remote Direct Memory Access* (RDMA) Einzug in vSphere gehalten. RDMA erlaubt den direkten Zugriff auf den Speicher eines Computers vom Speicher eines anderen Computers aus. Dabei handelt es sich um einen Direkttransfer mit minimaler CPU- bzw. Kernel-Belastung am Betriebssystem vorbei. Durch dieses Umgehen des Kernels werden extrem hohe I/O-Bandbreiten mit geringen Latenzen erreicht. Um RDMA nutzen zu können, müssen beide Teilnehmer über einen *Host Channel Adapter* (*HCA*) verfügen. RDMA unterstützt dabei die Netzwerktechnologien iWRAP, Infiniband und RoCE (*RDMA over Converged Ethernet*).

RDMA kann dabei in zwei Formen genutzt werden:

- **zwischen zwei ESXi-Hosts**: Dabei können verschiedene Services beschleunigt werden, zum Beispiel SMP-FT, NFS oder iSCSI.
- **zwischen virtuellen Maschinen (in dieser Form auch PVRDMA genannt):** Hiermit können Sie eine Vielzahl von Applikationen für hohen Durchsatz bei niedrigen Latenzen nutzen. Beispiele sind unter anderem das High Performance Computing, Datenbanken oder auch Big-Data-Applikationen wie *Hadoop*.

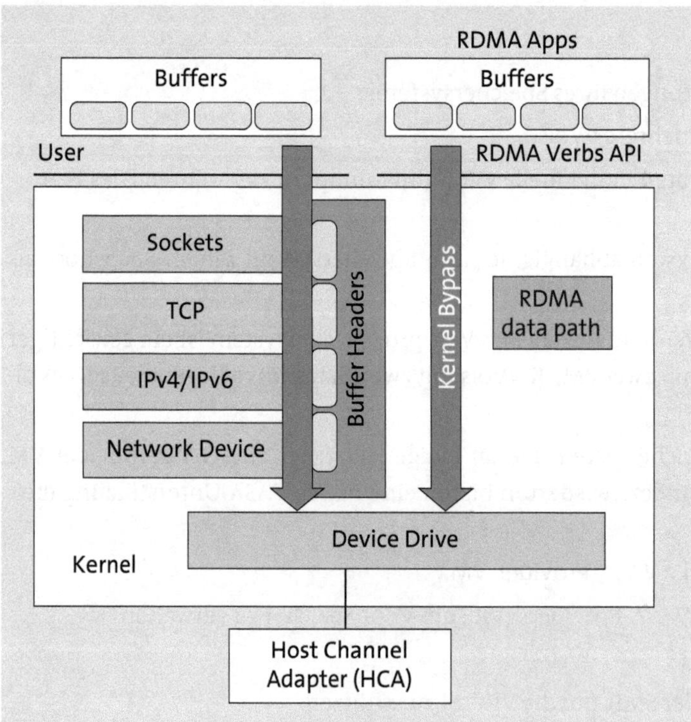

Abbildung 9.57 Funktionsweise von RDMA schematisch dargestellt

Bei vRDMA gibt es drei Transportmodi, die automatisch gewählt werden:

- **Memcpy** – RDMA zwischen VMs auf demselben Host
- **TCP** – RDMA zwischen zwei Hosts ohne Host-Channel-Adapter (HCA)
- **RDMA** – Fast Path RMDA zwischen zwei Hosts mit HCAs

9.18 PMem – Persistent Memory NVDIMM-Unterstützung

Mit der Version 6.7 ist die Unterstützung für *PMem (Persistent Memory in nicht flüchtigen Speicherriegeln, NVDIMM* oder *Non-Volatile DRAM)* in vSphere eingezogen. Diese speziellen RAM-Riegel bieten die Geschwindigkeit von DRAM, jedoch bleibt der Speicherinhalt auch nach einem Power-Zyklus erhalten, der deutlich schneller vollzogen werden kann, da Daten nicht erneut geladen werden müssen. Darüber hinaus ist NVDIMM Byte-adressierbar und kann somit als regulärer bzw. alternativer Festplattenspeicher genutzt werden.

Mit dieser enormen Geschwindigkeit, die fast 100-mal schneller ist als SSDs, können Sie Daten »näher« an der Applikation verarbeiten, da die CPUs mit nahezu DRAM-Latenzen auf sie Zugriff haben.

Dabei gibt es für VMs zwei unterschiedliche Möglichkeiten, PMem zu nutzen. VMs, die entsprechende Fähigkeiten zur Nutzung von PMem mitbringen bzw. zu diesem Zweck modifiziert wurden, bekommen neben dem normalen RAM zusätzlich den persistenten RAM in der virtuellen Hardware präsentiert. Damit sie dies nutzen können, muss mindestens die virtuelle Hardware Version 14 verwendet werden. Darüber hinaus muss das Gast-Betriebssystem PMem unterstützen. Der Einsatz von PMem erlaubt weiterhin die Nutzung von DRS. Ein Einsatz von HA und Snapshots hingegen wird nicht unterstützt. Zusätzlich können die Daten von NVDIMMs nicht auf normalen Storage migriert werden.

Nicht modifizierte VMs können hingegen den persistenten RAM als Datastore nutzen. Dies ist in allen Versionen der virtuellen Hardware möglich. Außerdem können die Daten sowohl von einem Datastore auf einen anderen Datastore als auch zwischen Hosts und deren Datastores verschoben werden.

Möchten Sie einen ESXi-Host mit NVDIMMs in den Wartungsmodus versetzen, sind weitere Schritte erforderlich:

- Sie müssen alle VMs, auch abgeschaltete, vom Host entfernen.
- Sie müssen sicherstellen, dass der PMem-Datastore leer ist, und anschließend alle Namespaces entfernen.

Nun kann der Host heruntergefahren werden, um beispielsweise NVDIMMs hinzuzufügen oder zu entfernen. Wird der Host wieder gestartet, so erstellt er den PMem-Datastore neu.

Kapitel 10
VMware vSAN

VMware vSAN 7.0 ist die neueste Generation einer langen Produktentwicklung, die erstmalig auf der VMworld 2013 als Betaversion vorgestellt wurde. Analog zur damaligen ESXi-Version 5.5 startete vSAN ebenfalls mit der Versionsnummer 5.5.
Das folgende Kapitel wird Ihnen eine Einführung in das Funktionsprinzip und die Grundlagen von VMware vSAN geben. Dabei werden besonders die Aspekte Leistung und Redundanz hervorgehoben und wie Sie im Tagesbetrieb Fehler vermeiden können. Autor dieses Kapitels ist Dr. Michael Schröder, Gründer und Inhaber von Microlytix, schroeder@microlytix.de.

Um das Konzept vSAN zu verstehen, müssen Sie sich zunächst den Namen anschauen. Auch wenn er *Storage Array Network* (SAN) beinhaltet, hat vSAN mit einem herkömmlichen SAN nur sehr wenig gemein. Anstatt einer zentralen, gemeinsamen Speichereinheit (SAN-Storage) setzt vSAN auf dezentrale, lokale Speicherung in jedem Host. Der lokale Speicher eines jeden Hosts im vSAN-Cluster trägt zu einem logischen, verteilten vSAN-Datenspeicher bei.

VMware vSAN ist ein integraler Bestandteil von vSphere und somit im Kernel eines jeden ESXi-Hosts integriert. Als solches muss es nur aktiviert werden. Es sind keine weiteren Installationen (Kernel-Treiber, virtuelle Appliances) notwendig. Wenn Sie vSAN 7 einsetzen möchten, benötigen Sie lediglich ein vCenter, ESXi-Hosts und eine Lizenz.

Das Thema vSAN ist sehr umfangreich, sodass man damit allein ein ganzes Buch füllen könnte. Wir werden in diesem Kapitel daher nur auf die Basisfunktionen und Konzepte eingehen.

Anmerkung zu den besprochenen vSAN-Versionen

Kurz vor Redaktionsschluss dieses Kapitels (September 2020) wurde vSAN Version 7.0 Update 1 angekündigt. Generell bezieht sich dieses Kapitel auf vSAN 7.0, jedoch werden wir in den einzelnen Abschnitten explizit auf neue Funktionen und Änderungen der Version 7.0 U1 hinweisen.

10.1 Grundlagen und Aufbau

Bevor wir uns mit dem Aufbau von vSAN und der zugrunde liegenden Idee näher befassen, treten wir zunächst einen Schritt zurück und blicken auf einen klassischen vSphere-Cluster aus zwei ESXi-Hosts und einem zentralen Datenspeicher (*Shared Storage*). Dazu verfolgen wir exemplarisch einen Schreibzugriff vom Host zum Datenspeicher. Wir nennen Lese- und Schreibzugriffe kurz *I/O* (engl. *Input/Output*). Der I/O-Auftrag wird vom Kernel zum *Host Bus Adapter* (HBA) gesendet und von dort auf Kabel oder Lichtwellenleiter übertragen bis zu einem Fibrechannel- oder LAN-Switch. Im Switch werden die Pakete verarbeitet und zum weiterführenden Switch-Port geleitet. Von dort wird das Datenpaket wieder auf Kabel oder Glasfaser umgesetzt, um schließlich am Controller-Port der Storage-Einheit anzukommen. Von dort geht es auf den RAID-Controller der Storage-Einheit und weiter zum Disk- bzw. SSD-Controller. Sobald der Schreibauftrag ausgeführt wurde (oder im persistenten Cache gelandet ist), liefert der Storage-Controller eine Bestätigung an den Sender zurück. Diese Bestätigung nimmt den gesamten Weg rückwärts, den wir bei der I/O betrachtet hatten. Auch wenn die Übertragungsgeschwindigkeit extrem hoch und die Latenzen sehr gering sind, vergeht bei jedem Schritt etwas Zeit. Ist sie auch sehr klein, so summiert sie sich doch über viele Millionen I/O zu beträchtlichen Wartezeiten auf.

An dieser Stelle kommt das vSAN-Konzept ins Spiel, indem es die Übertragungswege stark verkürzt und Daten nur zu lokalen Speichergeräten leitet. Hinzu kommt, dass vSAN einen sehr leistungsfähigen Cache-Speicher verwendet, was die Wartezeiten der I/O noch weiter verkürzt.

Die lokale Speicherung der Daten erfordert jedoch Vorkehrungen in Bezug auf Redundanz, denn jeder ESXi-Host stellt einen isolierten Fehlerpunkt dar (*Single Point of Failure*). Folglich müssen Daten derart auf verschiedene Hosts verteilt werden, dass deren Verfügbarkeit selbst bei Ausfall eines ganzen Hosts gewährleistet bleibt.

10.2 Hardwareanforderungen

10.2.1 HCL und ReadyNodes

VMware vSAN stellt strenge Anforderungen an Hardware, Treiber und Firmware. Serversysteme oder Komponenten, die für VMware ESXi zertifiziert sind, entsprechen damit nicht unbedingt auch den Anforderungen an VMware vSAN. Hierfür gibt es eine eigene Kompatibilitätsliste, die unter der URL *https://vmwa.re/vsanhcl* erreichbar ist.

Es ist zwar prinzipiell erlaubt, einen Host aus zertifizierten Komponenten selbst zu konfigurieren, jedoch kann dies eine sehr zeitraubende Tätigkeit werden. Um den Aufbau und die Planung eines vSAN-Clusters zu vereinfachen, wurden sogenannte ReadyNodes konzipiert. Dies sind vorkonfigurierte Serversysteme, die schon ab Werk vSAN-zertifiziert sind. Es gibt

ReadyNodes von verschiedenen Herstellern und in unterschiedlichen Größen. Die Anzahl der Größen ist überschaubar. Die meisten Hersteller haben ReadyNodes in den Größen 2, 4, 6 und 8 – vergleichbar mit den T-Shirt-Größen S, M, L und XL. Innerhalb einer ReadyNode-Größe kann nach Bedarf RAM oder Diskspeicher variiert werden. Eine Übersicht der ReadyNodes verschiedener Hersteller finden Sie unter der URL *https://www.vmware.com/resources/compatibility/pdf/vi_vsan_rn_guide.pdf.*

10.2.2 Diskgruppen

Ein vSAN-Cluster arbeitet ohne Storage-Arrays. Stattdessen verwendet jeder vSAN-Knoten lokalen Datenspeicher in Form von magnetischen Disks oder *Solid State Drives* (SSD). Die lokalen Datenspeicher sind in Diskgruppen organisiert. Abbildung 10.1 zeigt den schematischen Aufbau.

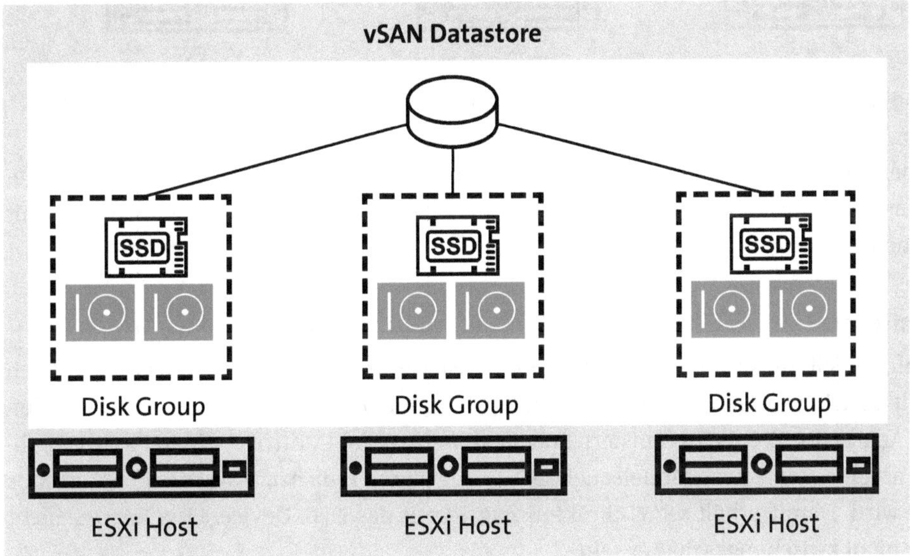

Abbildung 10.1 vSAN-Hybrid-Cluster (Schema)

Jeder vSAN-Knoten kann bis zu fünf Diskgruppen enthalten. Jede dieser Diskgruppen besteht aus genau einem Cache-Device (SSD) und mindestens einem bis maximal sieben Capacity-Devices pro Gruppe. Diese dürfen entweder magnetische Disks oder SSD sein, jedoch keine Mischung aus beiden. Wir unterscheiden in Cache-Schicht und Capacity-Schicht (engl. *Tier*). Abbildung 10.2 zeigt schematisch die Trennung in Cache-Tier und Capacity-Tier.

Werden magnetische Disks verwendet, spricht man von einem Hybrid-Cluster. Der Geschwindigkeitsnachteil magnetischer Disks wird durch schnelle SSD im Cache-Tier bis zu einem gewissen Grad kompensiert. Nutzt man nur SSD-Disks in Cache- und Capacity-Tiers, spricht man von einem All-Flash-Cluster (AF-Cluster).

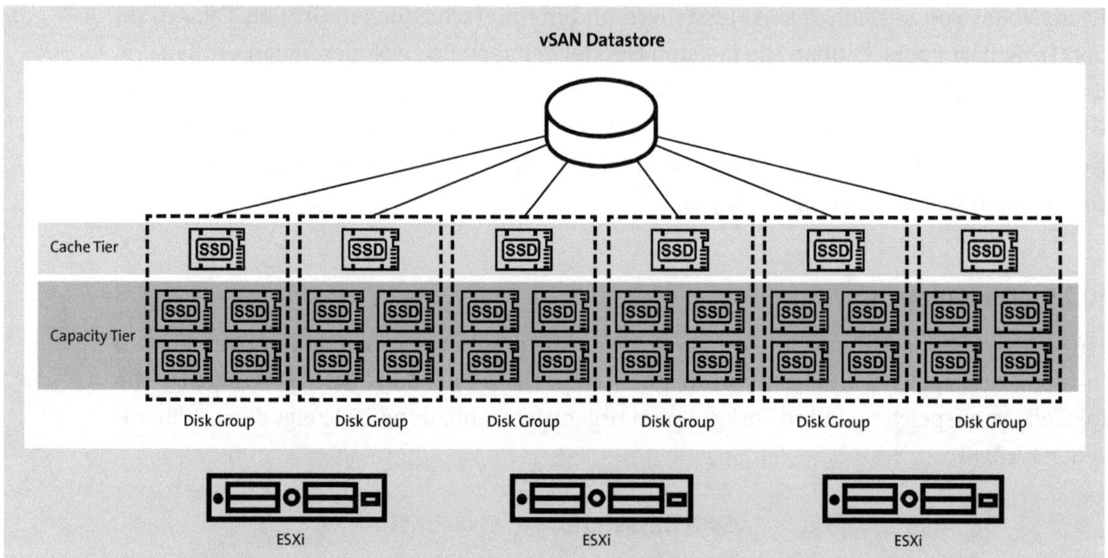

Abbildung 10.2 vSAN-Disk-Tiers am Beispiel eines AF-Clusters

Da sich der Preis pro Gigabyte bei SSD stark an den Preis magnetischer SAS-Festplatten angenähert hat, verlieren Hybrid-Cluster immer mehr an Bedeutung. Der AF-Cluster wurde somit zum Standard.

Disk-Controller

Jede Disk oder SSD muss vom Server über einen Disk-Controller angesprochen werden. Auch hier stellt vSAN besondere Anforderungen an die Controller-Hardware. Die Disks werden nicht zu Arrays (RAID-Sets) organisiert. Stattdessen muss der Controller einen Passthrough-Modus anbieten, der je nach Modell auch JBOD- (engl. *Just a Bunch of Disks*) oder HBA-Modus genannt wird. Damit erhält vSAN direkten Zugriff auf das Disk-Device. Eine RAID-Schicht darf hier nicht zwischengeschaltet sein.

Es gibt Controller, die nicht im Passthrough-Modus arbeiten können. Hier kann die Disk alternativ im RAID 0 mit nur einem Device angesteuert werden. Es ist dabei aber zu beachten, dass der Schreibcache des RAID-Controllers deaktiviert werden sollte. Es werden somit keine Schreiboperationen im Cache des RAID-Controllers zwischengespeichert, der nicht unter Kontrolle von vSAN steht. VMware vSAN verwendet seine eigene Caching-Funktion.

Ein weiterer Nachteil der Anbindung über RAID 0 ist, dass SSDs meist nicht als solche erkannt werden und manuell als Cache-Tier bzw. Capacity-Tier definiert werden müssen.

Cache

Es gibt prinzipiell zwei alternative Architekturmodelle eines vSAN-Clusters: All-Flash und Hybrid. Beim All-Flash-Cluster bestehen – wie der Name beschreibt – alle Datenspeicher des

Cache- und des Capacity-Tiers aus Flash-Medien. Dabei spielt es keine Rolle, ob wir es mit klassischen Solid State Disks (SSD) zu tun haben, die über SAS- oder SATA-Controller angebunden sind, oder ob die Flash-Medien über das NVMe-Protokoll an PCIe, U.2- oder M.2-Schnittstellen angebunden sind. Tabelle 10.1 zeigt eine Übersicht der Schnittstellen und Protokolle.

Interface	Protokoll
SAS	SCSI
SATA	ATA
M.2	NVMe
U.2	NVMe
PCIe	NVMe

Tabelle 10.1 Interfaces und Protokolle für den Zugriff auf Speichermedien

Beim Hybrid-Cluster besteht das Cache-Tier ebenfalls aus schnellen Flash-Medien und das Capacity-Tier aus magnetischen Festplatten. Das Cache-Tier wird hier zur schnellen Pufferung von Lese- und Schreibvorgängen verwendet. Dabei ist die Gewichtung asymmetrisch. 70 % des Cache-Speichers wird als Lesecache verwendet und 30 % als Schreibcache. Im AF-Cluster ist kein Lesecache notwendig, da hier auch die Capacity-Disks sehr schnelle Leseraten liefern. Daher wird im AF-Cluster das Cache-Tier zu 100 % als Schreibcache verwendet.

An dieser Stelle ist die Frage erlaubt, warum eine All-Flash-Konfiguration überhaupt ein Cache-Tier benötigt. Es geht hierbei weniger um Geschwindigkeit der Lese- und Schreibvorgänge als vielmehr um Ausdauer. Die für das Cache-Tier eingesetzten Medien sind für deutlich mehr *DWPD* (*Drive Writes Per Day*) ausgelegt und schonen damit die Medien des Capacity-Tiers.

An dieser Stelle folgt schnell ein Exkurs zu den Qualitätsangaben von Flash-Medien. Die Angabe *TeraBytes Written* (*TBW*) bezeichnet die gesamte Datenmenge, die ein Medium über seine Laufzeit aufnehmen kann. Ein zweiter Parameter, *Drive Writes Per Day*, beschreibt, wie oft an einem Tag das Medium komplett überschrieben werden kann. DWPD und TBW können ineinander umgerechnet werden:

DWPD = (TBW × 1.000) / (365 × Garantie [Jahre] × Kapazität [GB])

10.2.3 vSAN-Netzwerk

VMware vSAN ist eine verteilte Storage-Lösung mit lokalem Speicher auf den beteiligten vSAN-Knoten. Die Kommunikation zwischen den Knoten hängt daher sehr stark von der Netzwerkverbindung ab.

Die Mindestanforderungen an die Netzwerkbandbreite beträgt 1 GBit für Hybrid-Cluster und 10 GBit für AF-Cluster. Die Netzwerkverbindung sollte redundant ausgelegt sein und über unabhängige Infrastruktur geleitet werden. Hier gelten prinzipiell die gleichen Designüberlegungen wie im klassischen iSCSI- oder FC-SAN.

VMkernel-Ports

Für den Intra-vSAN-Datenverkehr (vSAN-Traffic) benötigt jeder vSAN-Knoten mindestens einen VMkernel-Port. Über dieses vSAN-Netzwerk erfolgen die Cluster-Kommunikation, der Datenabgleich sowie entfernte Lese- und Schreiboperationen für Datenblöcke, die sich nicht auf dem lokalen Compute-Host befinden. Das vSAN-Netzwerk und dessen VMkernel-Ports sollten unbedingt redundant ausgelegt sein. Die IP-Adressen der VMkernel-Ports müssen sich in einem eigenen Netzwerksegment befinden und verwenden nicht das Default-Gateway.

Jumbo Frames

Die Verwendung von Jumbo Frames (MTU 9.000) im vSAN-Netzwerk ist optional, aber empfohlen. Bei der Verwendung von Jumbo Frames muss die maximale Übertragungseinheit (MTU) durchgehend auf dem gesamten Pfad und auf allen beteiligten Komponenten gesetzt sein. Dies erhöht die Komplexität und ist damit eine häufige Fehlerquelle. Jumbo Frames verringern jedoch die Anzahl der insgesamt gesendeten Pakete und wirken sich somit positiv auf die CPU-Last aus.

10.3 Architektur und Speicherkonzepte

Ein vSAN-Datenspeicher verwendet keine RAID-Gruppen oder LUNs. Stattdessen nutzt vSAN ein über das Netzwerk verteiltes RAID (*Distributed RAID*). Es gibt auch genau einen vSAN-Datenspeicher pro Cluster.

Die kleinste logische Einheit eines vSAN-Datenspeichers ist die *Diskgruppe*. Sie besteht immer aus genau einem Cache-Medium (Flash) und einer bis sieben Kapazitätsdisks. Diese dürfen entweder aus Festplatten (hybrid) oder ebenfalls aus Flash-Medien bestehen (AF). Jede Diskgruppe bildet eine Fehlereinheit (*Fault Domain*). Es ist daher wichtig, Redundanz über mehrere solcher Fault Domains herzustellen.

Bricht in einer Diskgruppe das Cache-Device weg, ist die Diskgruppe verloren. Geht hingegen eine der Kapazitätsdisks verloren, können die betroffenen Datenblöcke aus anderen Diskgruppen rekonstruiert werden –vorausgesetzt, die betroffene Diskgruppe hat noch ausreichend Speicherplatz zur Verfügung.

Im vSAN-Cluster gibt es mindestens drei Hosts, von denen jeder mindestens eine Diskgruppe hat. Die Datenredundanz wird durch Verteilung der Daten über mehrere unabhängige Diskgruppen gewährleistet. Diskgruppen innerhalb eines Hosts sind nicht unabhängig, da bei einem Hostausfall alle Gruppen gleichermaßen betroffen wären.

10.3.1 Replikate und Witness

Um im Fall eines Hostausfalls die Verfügbarkeit der Daten zu gewährleisten, müssen diese in Kopie (Replikat) auf mindestens einem weiteren Host abgelegt werden. Das Konzept mit zwei Kopien auf zwei Hosts hat jedoch einen Schwachpunkt. Was würde passieren, wenn nicht ein Host ausfiele, sondern die Kommunikation zwischen den Hosts? Wie kann ein Host unterscheiden, ob er selbst isoliert ist oder ob der andere Host ausgefallen ist? Diese Information ist außerordentlich wichtig, da jedes Szenario eine andere Reaktion erfordert. Im Fall der Isolation muss er Schreibzugriffe einstellen, aber im Fall des Hostausfalls ist er der letzte Überlebende mit verfügbaren Daten und muss diese weiter präsentieren. Die Antwort ist simpel: Er kann es nicht unterscheiden. Aus diesem Grund wurde ein weiteres Konstrukt eingeführt: der *Witness*.

Ein Witness (auch *Quorum* oder *Tie-Breaker* genannt) wird benötigt, um das oben beschriebene Dilemma zu lösen. Dazu wird auf einem dritten Host die Witness-Komponente vorgehalten. Diese besteht nur aus wenigen MB Metadaten. Kommt es zum Ausfall oder zur Kommunikationsstörung, wird darüber abgestimmt, wer die Daten weiterhin präsentieren darf und wer sämtliche I/O einstellen muss. Jede der Komponenten (Datenkopien und Witness) erhält je eine Stimme (engl. *Vote*). Wer über mehr als die Hälfte der Votes verfügt, gewinnt den Zugriff. Im Szenario mit zwei Datenkopien und der Witness-Instanz auf einem dritten Host wird die Sachlage eindeutig. Fällt ein Host aus, verbleiben zwei Komponenten, die zusammen zwei von drei Stimmen vereinen und somit weiterhin die Daten präsentieren dürfen. Dabei ist es gleichgültig, ob ein Host mit Datenkopien oder der Host mit der Witness-Instanz ausgefallen ist.

Bricht hingegen die Kommunikation zusammen (z. B. durch eine Netzwerkstörung), hat jede Komponente für sich nur eine von drei Stimmen und wird sämtliche I/O einstellen. Somit bleiben die Daten konsistent, und nach Wiederherstellung der Kommunikation können die Daten wieder synchronisiert und verfügbar gemacht werden.

Wir werden im kommenden Abschnitt Redundanzmodelle kennenlernen, die mit mehr als zwei Datenreplikaten arbeiten. Es gilt jedoch immer, dass mehr als 50 % aller Votes den Zugriff gewinnen. Aus diesem Grund sorgt vSAN dafür, dass es immer eine ungerade Anzahl an Votes gibt, um eine Pattsituation auszuschließen.

10.3.2 Speicherrichtlinien und Redundanz

Die Redundanz eines Objekts (z. B. einer VMDK-Datei) wird nicht durch das darunterliegende Speichersystem bestimmt, sondern individuell über eine Speicherrichtlinie. Wir werden im Folgenden verfügbare Richtlinien vorstellen und deren Vor- und Nachteile besprechen.

Da Speicherrichtlinien auf Objektebene arbeiten, können beispielsweise unterschiedliche Richtlinien für mehrere Objekte einer VM definiert werden. Auch wenn sich hier zur besseren Vergleichbarkeit mit klassischem Storage der Begriff RAID etabliert hat, spricht man präziser von *Failures to Tolerate* (*FTT*), also wie viele Hardwarefehler toleriert werden können, ohne Datenverlust zu erleiden.

Es gibt zwei Arten an Speicherrichtlinien, um Redundanz zu gewährleisten: *Replikation* und *Erasure Coding* (*EC*). Bei der Replikation werden zu schützende Objekte mehrfach im Cluster angelegt, sodass der Ausfall eines Objekts keinen Datenverlust zur Folge hat. Erasure Coding bezeichnet allgemein ein Codierungsverfahren, bei dem Daten fragmentiert und in einer Art verteilt werden, dass sie auch nach Verlust von Datenfragmenten wieder mathematisch rekonstruiert werden können.

Erasure Coding erfordert immer einen AF-Cluster. Im Hybrid-Modus ist diese Speicherrichtlinie nicht verfügbar.

Das in vSAN eingesetzte Erasure-Coding-Verfahren basiert auf Polynomberechnungen nach Reed Solomon, bei denen *n* Datenpakete durch *k* Kontrollpakete erweitert werden und damit Fehlerkorrekturen ermöglichen. Das Korrekturverfahren ist eng verwandt mit der Fehlerkorrektur bei CD-Spielern. Auch hier können Fehler durch Kratzer im Medium durch ein mathematisches Verfahren kompensiert werden.

Die Anzahl der hierfür notwendigen Hosts berechnet sich aus der Anzahl der zu tolerierenden Fehler und der Art der Speicherrichtlinie. Bei allen Richtlinien, die mit Replikaten (Kopien) auf verschiedenen Hosts arbeiten, berechnet sich die Mindestanzahl an Hosts mit *n* möglichen Ausfällen (FTT) aus *2n+1*. Für FTT = 1 benötigen wir also mindestens drei Hosts. Für FTT = 2 sind es schon fünf Hosts. Bei Erasure Coding mit *n* möglichen Ausfällen berechnet sich die Anzahl der notwendigen Hosts aus *2n+2*. Hier sind also mindestens vier Hosts notwendig, um genau einen Fehler abzufangen.

FTT = 0 (RAID 0)

Dies ist die einfachste aller Richtlinien. Es werden keine Hardwareausfälle toleriert, das heißt, das Objekt wird nicht redundant angelegt und ist nur einmalig im System verfügbar. Bei einem Hardwareausfall ist das Objekt verloren. Für statuslose und leicht zu ersetzende Objekte ist dies eine praktikable Richtlinie, die obendrein wenig Speicherplatz benötigt. Sie wird häufig für Agent-VMs verwendet, die an einen Host gebunden sind.

Replikation FTT = 1 (RAID 1)

Dies ist die Standardrichtlinie im vSAN-Cluster. Sie stellt sicher, dass genau ein Hardwareausfall toleriert werden kann. Es werden mindestens drei Hosts benötigt. Das Objekt wird in Kopie auf zwei unterschiedlichen Hosts abgelegt, und auf einem dritten Host befindet sich das Witness-Objekt.

Replikation FTT = 2

Um Resistenz gegen zwei Hardwareausfälle zu gewährleisten, sind schon mindestens fünf Hosts notwendig: drei Datenkopien und zwei Witness-Objekten. Das bedeutet einen erheblichen Mehrverbrauch an Datenspeicher von 300 % zur Nettokapazität, da das Objekt in drei Replikaten auf dem vSAN-Datenspeicher abgelegt werden muss.

Erasure Coding FTT = 1 (RAID 5)

Erasure Coding (EC) mit FTT = 1 entspricht einem RAID 5 in klassischen Storage-Arrays. Hier werden die Daten in drei Fragmente geteilt, und über eine relativ einfache Funktion (XOR) wird eine Parität berechnet. Aus dieser und den verbleibenden Datenfragmenten lässt sich im Fehlerfall der gesamte Datensatz berechnen.

Ein klassisches RAID 5 benötigt gemäß Definition mindestens drei Speicherobjekte (Disks) – bei vSAN hingegen sind mindestens vier (Hosts) erforderlich.

Erasure Coding mit FTT = 1 erlaubt genau einen Hardwareausfall. Die Mindestanzahl der Hosts berechnet sich aus *2n+2*. Das heißt, um mit Erasure Coding ein FTT von 1 zu gewährleisten, müssen mindestens vier Hosts eingesetzt werden. Erasure Coding kommt ohne ein Witness-Objekt aus. Die Information wird über vier Hosts verteilt. Als Randnotiz sei hier erwähnt, dass vSAN bei vier Objekten eine ungerade Anzahl an Votes erzeugt, indem eine der Komponenten zwei Votes erhält. Dies ist jedoch ohne praktische Bedeutung, da bei EC ein isolierter Host über keinen nutzbaren Datensatz verfügt und somit auch nicht schreibend darauf zugreifen kann. Ein Mehrheitsvotum spielt bei EC daher keine Rolle.

Der Vorteil von EC liegt im sparsameren Datenspeicherverbrauch im Vergleich zur Replikation (RAID 1). Die Speicheranforderung liegt bei nur 133 % (siehe Tabelle 10.2). Die Leistungsanforderungen für Erasure Coding sind jedoch höher als bei Replikationsverfahren. Prüfsummen müssen berechnet werden und erzeugen CPU-Last. Darüber hinaus müssen für jeden Schreibvorgang vier I/O-Vorgänge erfolgen (Datenblock lesen, Prüfsumme lesen, Datenblock schreiben, Prüfsumme schreiben).

Erasure Coding FTT = 2 (RAID 6)

Um einen Ausfall von zwei Hosts zu kompensieren, reicht eine einfache Bit-Parität (XOR) nicht mehr aus. Hierzu sind komplexere Polynomberechnungen notwendig. Die Daten werden in vier Fragmente unterteilt und mit zwei Prüfsummen angereichert, die hier Syndrome genannt werden. Im Vergleich zu klassischem RAID 6, das mindestens vier Datenobjekte (Disks) benötigt, erfordert EC FTT = 2 bei vSAN mindestens sechs Hosts. Ein Witness-Objekt und ein Voting kommen auch hier nicht zum Einsatz. Daher darf die Anzahl der Objekte hier geradzahlig sein, wenngleich vSAN auch wieder ein Objekt mit zwei Votes ausstattet. Wie bei RAID 5 ist dies jedoch ohne praktische Bedeutung.

Wie bei allen EC-Richtlinien berechnet sich auch bei RAID 6 die geforderte Hostanzahl aus *2n+2*. Die Speicherplatzbelegung beträgt 150 % der Nettoanforderung. Im Vergleich dazu belegt FTT = 2 mit Replikation 300 % des Nettovolumens (siehe Tabelle 10.2).

Storage Policy	% Nettobedarf	% RAW nutzbar
FTT 0 (RAID 0)	100 %	100 %
FTT 1 (RAID 1)	200 %	50 %
FTT 2	300 %	33 %
FTT 1 EC (RAID 5)	133 %	75 %
FTT 2 EC (RAID 6)	166 %	66 %

Tabelle 10.2 Speicherplatzbedarf verschiedener Storage Policies

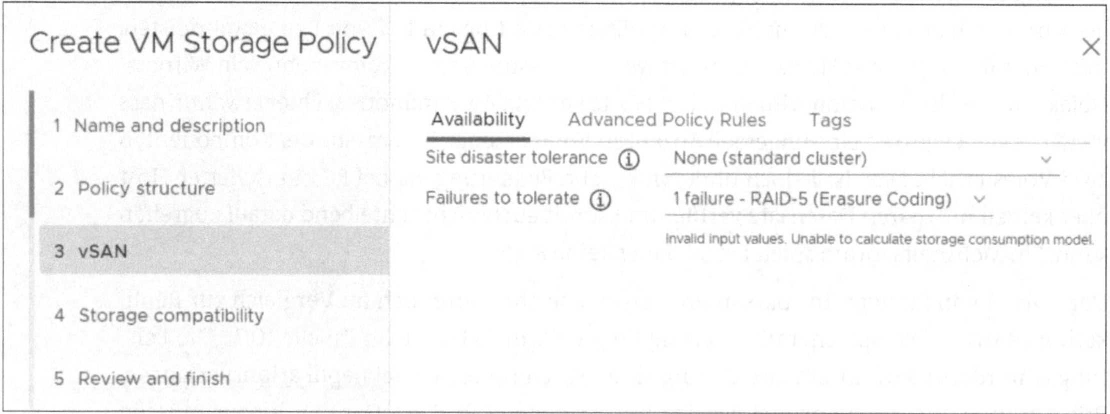

Abbildung 10.3 Erzeugung eigener Speicherrichtlinien

Neben der vSAN-Default-Policy können eigene Richtlinien definiert werden. Abbildung 10.3 zeigt den Dialog zur Erstellung einer benutzerdefinierten Richtlinie.

10.3.3 Disk-Stripes pro Objekt

Jedes Speicherobjekt kann über mehrere Diskgruppen verteilt werden. Diese können sich auf demselben oder auf unterschiedlichen Hosts befinden. Dadurch werden mehrere Cache-Devices genutzt, und die Leistung wird damit erhöht. Sind Objekte geteilt, spricht man von Striping, da die Daten wie ein Streifenmuster über mehrere Datenspeicher verteilt werden. Striping entspricht einem RAID 0 über mehrere Diskgruppen (siehe Abbildung 10.4). Die Anzahl der Stripes pro Objekt kann in der Speicherrichtlinie (*Number of Disk Stripes per Object*) vorgegeben werden, und die Stripes können Werte zwischen 1 und 12 annehmen.

Erreicht ein Objekt eine Größe von mehr als 255 GB, wird es von vSAN automatisch aufgeteilt. Dabei kann es vorkommen, dass Stripe-Objekte auf derselben Diskgruppe platziert werden, was dann natürlich zu keiner Leistungsverbesserung führt. Es muss hier unterschieden werden zwischen der Angabe *Disk Stripes per Object* aus der Speicherrichtlinie und Objekteinheiten (*Chunks*), die durch Teilung bei Erreichen der 255-GB-Grenze entstehen. Stripe-Objekte, die in der Policy definiert wurden, werden auf unterschiedlichen Diskgruppen abgelegt. Es dürfen maximal 12 Stripes pro Objekt erzeugt werden. Chunks, die automatisch durch Teilung entstehen, dürfen in großer Zahl vorhanden sein und auf derselben Diskgruppe liegen. Sie sind nur limitiert durch die maximale Größe von 62 TB eines VM-Disk-Objekts.

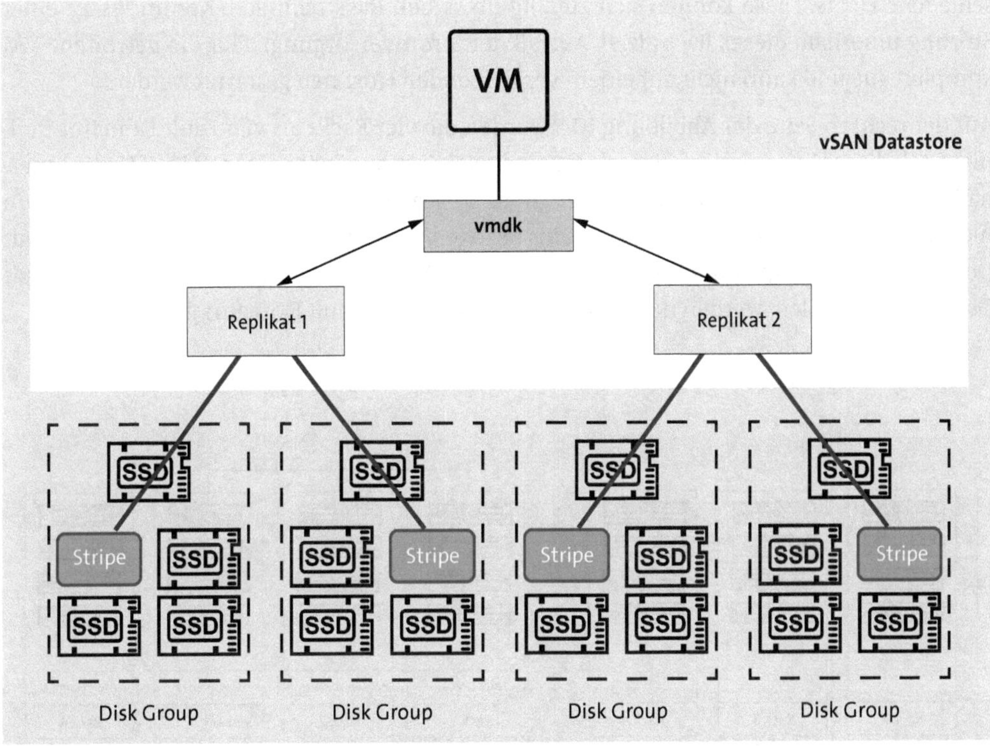

Abbildung 10.4 vSAN Striping mit zwei Stripes pro Objekt

Die maximale Anzahl an Objekten pro Host beträgt 9.000. Wird diese Grenze erreicht, versucht vSAN, Objekte auf andere Hosts zu verlagern. Ist das nicht möglich, wird ein Fehler erzeugt.

10.3.4 Fault Domains

Eine Fault Domain ist eine Gruppe von Hosts, die sich in einer gemeinsamen Fehler- oder Gefahrenzone befinden. Ein Server-Rack kann beispielsweise eine solche Fault Domain darstellen, denn alle darin untergebrachten Server sind abhängig von derselben Stromversorgung oder denselben Netzwerk-Switches. Im einfachsten Fall eines Vier-Knoten-vSAN-Clusters stellt jeder Knoten eine eigene logische Fault Domain dar. Bei größeren Clustern mit vielen Hosts ist es empfehlenswert, die Hosts auf mehrere Server-Racks zu verteilen. Indem wir vSAN mitteilen, welche Hosts sich gemeinsam in einer Fault Domain (z. B. einem Rack) befinden, ermöglichen wir vSAN, die Komponenten besser und mit weniger Ausfallrisiko zu verteilen.

In Abbildung 10.5 sehen Sie auf der linken Seite einen vSAN-Cluster aus 16 Knoten, verteilt auf vier Racks, bei dem keine Fault Domains definiert wurden. Die Verteilung der Komponenten einer VM mit einer Storage Policy von FTT = 1 (RAID 1) erfolgt statistisch auf drei verschiedene Hosts. Diese können sich zufällig im selben Rack befinden. Kommt es zu einer Störung innerhalb dieses Racks (z. B. Ausfall der Stromversorgung), fällt die betroffene VM komplett aus und kann nicht auf einem verbleibenden Host neu gestartet werden.

Auf der rechten Seite der Abbildung 10.5 wurden die vier Racks als vier Fault Domains definiert. Mit dieser Information wird vSAN keine zwei Komponenten einer VM auf Hosts innerhalb einer Fault Domain platzieren. Hier gilt es zu beachten, dass die Speicherrichtlinie nun nicht auf Hosts, sondern auf Fault Domains bezogen wird. Eine Policy von FTT = 2 ohne Fault Domains benötigt eine Mindestanzahl von fünf vSAN-Knoten. Um diese Richtlinie mit Fault Domains zu erfüllen, werden nun analog mindestens fünf Fault Domains gefordert.

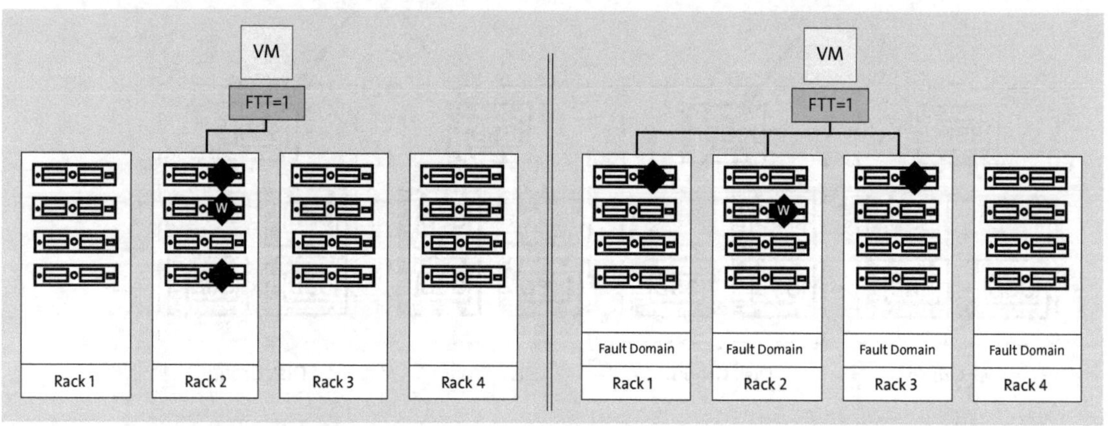

Abbildung 10.5 Verteilung der Replikate und des Witness mit und ohne Definition von Fault Domains

Wenn Sie sechs Hosts auf drei Fault Domains verteilen, können Sie damit weder Erasure Coding (5/6) noch Replikation mit FTT = 2 Policies anwenden, auch wenn dies von der Anzahl der Hosts möglich wäre. Vergleichen Sie dazu Tabelle 10.3.

FTT	Methode	Anzahl Fault Domains
0	Repl. RAID 0	1
1	Repl. RAID 1	3

Tabelle 10.3 Anzahl der benötigten Fault Domains in Abhängigkeit von der geforderten FTT

FTT	Methode	Anzahl Fault Domains
2	Repl. RAID 1	5
3	Repl. RAID 1	7
1	EC RAID 5	4
2	EC RAID 6	6

Tabelle 10.3 Anzahl der benötigten Fault Domains in Abhängigkeit von der geforderten FTT (Forts.)

10.3.5 Deduplizierung und Kompression

10

Gemeinsam mit Erasure Coding wurden mit vSAN 6.2 Deduplizierung und Kompression als ein weiteres Werkzeug zur Dateneinsparung für AF-Cluster veröffentlicht. Bei Deduplizierung wird ein SHA-1-Hash für einen 4k-Datenblock im Cache-Tier berechnet. Existiert derselbe Hashwert ein zweites Mal, wird dieser Datenblock nicht im Capacity-Tier gespeichert, sondern nur ein Zeiger auf den ursprünglichen Block mit demselben Hashwert (Abbildung 10.6). Sollte es keinen korrespondierenden Hashwert geben, ist der Block also einzigartig, wird er über einen LZ4-Algorithmus komprimiert. Wenn das Kompressionsergebnis 2k oder kleiner ist, wird der Block komprimiert gespeichert. Ansonsten wird er unkomprimiert auf das Capacity-Tier ausgelagert. Deduplizierung und Kompression arbeiten nur auf dem Cache-Tier. Wird das Feature also nachträglich aktiviert, werden Blöcke erst nach Veränderung behandelt. Bereits im Capacity-Tier liegende Daten werden nicht automatisch dedupliziert und komprimiert.

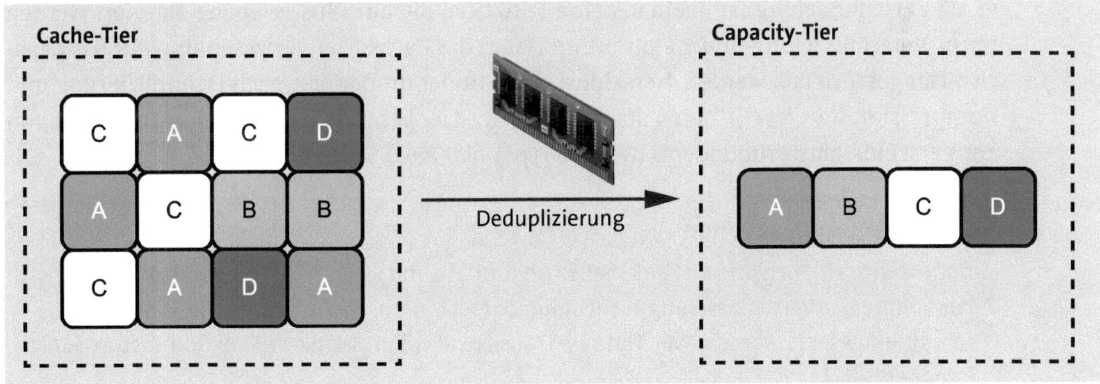

Abbildung 10.6 Deduplizierung und Kompression

Deduplizierung und Kompression sind Cluster-Eigenschaften und können daher nur für den gesamten vSAN-Datenspeicher des Clusters und nicht auf Objektebene aktiviert werden. Beide Funktionen waren standardmäßig miteinander verknüpft und konnten nur gemeinsam ein- bzw. ausgeschaltet werden.

Compression only

Mit Einführung von vSAN 7.0 U1 wurde diese Kopplung aufgehoben. Die Funktion *Compression only* war bisher nur Kunden von *VMware Cloud on AWS* vorbehalten, ist jetzt aber auch im Datacenter verfügbar. Zur Aktivierung markieren Sie den vSAN-Cluster im vSphere-Client unter CONFIGURE • VSAN • SERVICES. Wählen Sie die Kategorie SPACE EFFICIENCY und klicken Sie auf EDIT. Im Drop-down-Menü SPACE EFFICIENCY haben Sie nun die Auswahl zwischen den drei Optionen NONE, COMPRESSION ONLY und DEDUPLICATION AND COMPRESSION. Die neue Option COMPRESSION ONLY kann für Workloads und Daten sehr nützlich sein, die hohes Kompressionspotenzial haben, aber nicht sehr gut deduplizieren. Sie können so die für die Deduplizierung erforderliche Rechenleistung einsparen.

Ein weiterer Vorteil besteht darin, dass der Verlust einer Capacity-Disk nicht die gesamte Diskgruppe beeinträchtigt, sondern nur die Daten auf dem betroffenen Datenträger. Die Diskgruppe wird nicht komplett als »unhealthy« deklariert.

Deduplizierung und Kompression wirken nur innerhalb einer Diskgruppe, die Hashwerte werden also nur innerhalb einer Diskgruppe verglichen. Ein identischer Datenblock auf einem anderen Host oder einer anderen Diskgruppe wird nicht über Zeiger referenziert.

Der Einsatz von Deduplizierung und Kompression sollte gut abgewogen werden, da es zulasten der Systemleistung geht und zusätzliche CPU-Ressourcen erfordert.

10.3.6 Verschlüsselung

vSAN-Verschlüsselung ist ebenfalls eine Funktion, die auf Cluster-Ebene aktiviert werden muss. Verschlüsselung findet statt, wenn Daten das Cache-Tier verlassen und auf das Capacity-Tier geschrieben werden. Verschlüsselung findet immer erst nach Deduplizierung und Kompression statt, bevor Daten auf das Capacity-Tier geschrieben werden. Man spricht von der Verschlüsselung ruhender Daten (*Encryption at Rest*).

Data-in-Transit-Encryption

Data-in-Transit-Encryption ist eine neue Funktion, die mit vSAN 7.0 U1 eingeführt wurde. Bisher konnte die Verschlüsselung nicht ruhender Daten nur indirekt über die VM-Verschlüsselung umgesetzt werden. Mit Data-in-Transit-Encryption ist diese Funktion fest in vSAN integriert.

Für die Verschlüsselung ist ein *Key Management Server* (*KMS*) notwendig, der von VMware nicht bereitgestellt wird. KMS, vCenter und ESXi-Hosts bilden eine Vertrauensdomäne, indem zunächst Zertifikate zwischen vCenter und KMS ausgetauscht werden. Dann übergibt vCenter die Verbindung zum KMS an die vSAN-Knoten. Ab jetzt werden die vSAN-Knoten die Schlüssel vom KMS anfragen. Die ESXi-Server erzeugen intern individuelle AES-256-XTS-Schlüssel zum Verschlüsseln der Datenträger (*Data Encryption Key, DEK*). Die DEK des ESXi-Hosts werden mit einem *Key Encryption Key* (*KEK*) des KMS verschlüsselt und auf dem Datenträger gespeichert. Bei einem Neustart des Hosts muss dieser zunächst den KEK vom KMS anfordern, um die lokalen Speichermedien zu entschlüsseln und die Diskgruppe zu mounten.

Die eigentliche Verschlüsselung findet im VMkernel statt. Verschlüsselung ist in Hybrid- und AF-Clustern möglich.

Der KMS-Server hat eine elementare Rolle für die Ver- und Entschlüsselung und muss daher redundant ausgelegt werden. Die KMS-Server dürfen sich daher auch nicht auf dem von ihnen verschlüsselten Cluster befinden. Verschlüsselung stellt hohe Anforderungen an die CPU-Leistung. Es sollte daher sichergestellt werden, dass AES-NI (*Advanced Encryption Standard New Instructions*) der CPU aktiviert ist. Dies kann die Verschlüsselungsleistung signifikant verbessern.

Core-Dumps der Hosts sollten ebenfalls verschlüsselt werden, denn sie könnten Verschlüsselungs-Keys enthalten. Hierfür generiert der KMS einen *Host-Encryption-Key* (HEK), der für alle Hosts im Cluster identisch ist.

10.3.7 vSAN-HCI-Mesh

Per Definition gibt es pro vSAN-Cluster genau einen Datastore. Mit vSAN 7 Update 1 wurde eine neue Funktion eingeführt, die es Ihnen erlaubt, den vSAN-Datenspeicher eines anderen vSAN-Clusters einzubinden. Der entfernte vSAN-Datastore wird nicht als Share eingebunden, sondern es wird das native vSAN-Protokoll verwendet.

Damit kann beispielsweise ein vSAN-Cluster, der noch über genügend freie Kapazität auf seinem Datastore verfügt, diese einem anderen vSAN-Cluster zur Verfügung stellen. Eine VM kann so Compute-Ressourcen auf einem Cluster konsumieren und gleichzeitig den Datenspeicher eines anderen vSAN-Clusters belegen. Bezüglich des Datenspeichers können wir also von Client- und Server-Clustern sprechen.

Das neue vSAN-HCI-Mesh hat einige Anforderungen und Einschränkungen, die es zu beachten gilt:

- Ein vSAN-Datenspeicher kann von maximal 5 vSAN Client-Clustern eingebunden werden.
- Ein vSAN-Cluster kann maximal 5 entfernte vSAN-Datenspeicher einbinden.
- Ein vSAN-Datenspeicher kann von maximal 64 Hosts angesprochen werden (lokale Hosts eingerechnet). D.h. ein 40-Host vSAN-Cluster kann nicht von einem 30-Host vSAN-Client-Cluster eingebunden werden (70 Hosts in Summe). Die Einbindung durch einen 24-Host Cluster, oder zwei 12-Knoten Cluster wäre hingegen möglich (64 Hosts in Summe).
- Das vSAN-Netz zwischen Client- und Server-Clustern erfordert mindestens 10 Gbps Adapter. Es werden 25 Gbps empfohlen.
- Link Aggregation (LACP) und NIC-Teaming ist erlaubt.
- vSAN-Netzwerkverbindungen zwischen Clustern sind über Layer2 und Layer3 erlaubt.
- Stretched-Cluster und 2-Knoten-Cluster werden nicht unterstützt.

- Data-in-Transit Verschlüsselung wird nicht unterstützt.
- VM-Objekte dürfen nicht über mehrere vSAN-Datenspeicher aufgespannt werden. D.h. die Diskfiles (VMDK) einer VM dürfen nicht in unterschiedlichen vSAN-Datenspeichern liegen.

10.4 Sizing

Das operative Minimum eines vSAN-Clusters sind drei ESXi-Knoten. Zur Wahrung der Redundanz müssen Datenobjekte in Kopien auf mindestens zwei Knoten abgelegt werden und ein weiteres Witness-Objekt auf dem dritten Knoten. Im Fall eines Hostausfalls oder Verlusts der Diskgruppe sind die Daten auf einem weiteren Host verfügbar.

Das operative Minimum eines Clusters aus drei Knoten ist jedoch nicht empfehlenswert. Neustart oder Wartung eines beteiligten Knotens führt automatisch zu verringerter Verfügbarkeit der Datenobjekte, da entweder eine Datenkopie oder der Witness nicht verfügbar ist. Somit wäre jede Wartung gleichbedeutend mit einer Störung und einem Verlust der Redundanz. Es wird daher ein Minimum von vier Knoten empfohlen. Vier Knoten erlauben auch die Verwendung der Erasure-Coding-Richtlinie (FTT = 1).

Jeder zusätzliche Host erhöht die Hardware- und Lizenzkosten. Dennoch ist es besser, mehrere kleinere Hosts im Cluster zu haben als weniger Hosts, die größer sind. Die Auswirkungen eines Hostausfalls werden somit minimiert. Verliert ein Vier-Knoten-Cluster einen Host, verbleiben 75 % der Gesamtressourcen im Cluster. Im Fall eines Sechs-Knoten-Clusters bleiben nach Verlust eines Knotens dagegen noch 83 % der Gesamtressourcen verfügbar. Es gilt hier, einen Mittelweg zwischen Kostenersparnis und Ausfallrisiko zu finden.

Ein wichtiger Aspekt bei der Planung eines vSAN-Clusters ist auch die Anzahl und Größe der Diskgruppen pro Host. Jede Diskgruppe erfordert ein Cache-Medium. Dies sind besonders schnelle und ausdauernde, aber auch hochpreisige Flash-Medien. Das mag den Wunsch nahelegen, mit nur einer Diskgruppe pro Host auszukommen und stattdessen möglichst viele und große Medien für das Capacity-Tier zu verwenden. Dies ist jedoch aus mehreren Gründen nicht empfehlenswert. Zunächst bedeuten mehrere Diskgruppen pro Host, dass Objekte über mehrere Gruppen verteilt abgelegt werden können (*Striping*). Dies steigert den Lese- und Schreibdurchsatz. Viel wichtiger als die gesteigerte Leistung ist jedoch der Aspekt der Ausfallsicherheit. Beim Verlust einer von mehreren kleinen Diskgruppen verbleiben auf dem Host weitere intakte Diskgruppen, auf denen die Daten wiederhergestellt werden können. Beim Verlust einer großen (womöglich sogar der einzigen) Diskgruppe im Host muss auf einen Schlag eine große Datenmenge auf einem alternativen Knoten (falls vorhanden) wiederhergestellt werden. Aus diesem Grund werden alle ReadyNodes mit mindestens zwei Diskgruppen bestückt.

Das Verhältnis von Cache-Disk zu Kapazitätsdisks wurde in früheren Versionen mit 10 % als empfohlenem Richtwert angegeben. Dies ist weiterhin gültig für Hybrid-Cluster. Moderne AF-Cluster verfügen über moderne Flash-Medien im Cache- und Capacity-Tier. Hier kann der Cache-Anteil auch auf 5 % reduziert werden, insbesondere bei sehr großen Kapazitätsmedien. Die Cache-Nutzung von vSAN deckelt bei 600 GB. Bei größeren Cache-Medien werden weiterhin nur 600 GB für das Caching verwendet. Alles darüber verlängert die Lebensdauer des Speichermediums, da überschüssige Zellen als Reserve bereitgehalten werden.

10.4.1 Slackspace

Bei der Planung von vSAN-Datenspeichern sollen mindestens 30 % der Kapazität als sogenannter *Slackspace* vorgehalten werden. Dies ist nicht als Reservevolumen für zukünftiges Wachstum zu verstehen, sondern als temporäres Verfügungsvolumen für Änderungen der Storage-Richtlinien.

Ein großer Vorteil von vSAN-Datenspeichern liegt im *Storage Policy Based Management* (*SPBM*), also Datenspeicherrichtlinien, die pro Objekt gesetzt werden können. Das bedeutet auch, dass Richtlinien für alle Objekte jederzeit verändert werden können. Dabei wird neben dem Originalobjekt mit der alten Richtlinie nochmals zusätzlich das Objekt mit der neuen Richtlinie angelegt. Erst nachdem die neuen Objekte vollständig erzeugt und die I/O umgestellt wurden, löscht vSAN die alten Objekte. Für eine Übergangzeit belegen also alte und neue Objekte Platz auf dem vSAN-Datenspeicher. Abbildung 10.7 zeigt exemplarisch einen Wechsel der Richtlinie von RAID 1 auf RAID 5. Obwohl diese Änderung eine Einsparung an Datenspeicher zur Folge hat, muss während der Umwandlung mehr Speicher vorgehalten werden. Dieser Dispositionsspeicher ist der Slackspace.

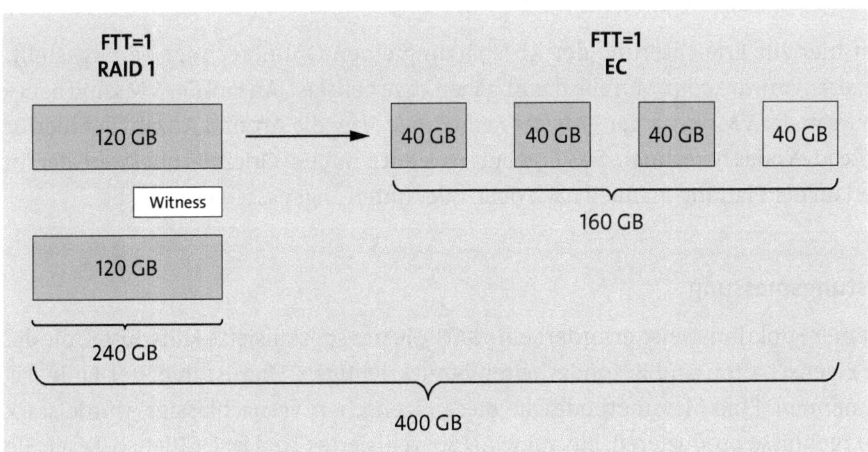

Abbildung 10.7 Dynamische Änderung der Storage Policy von RAID 1 auf EC RAID 5 (Quelle: https://www.elasticsky.de)

Capacity Reserve

Mit vSphere 7.0 U1 wurde die Vorhaltung des Slackspace von einem fixen Prozentsatz zu einem dynamischen Wert verändert. Dieser richtet sich nach der Anzahl der Hosts im Cluster und den jeweiligen Cluster-Einstellungen. Für einen 12-Knoten-Cluster werden beispielsweise nur noch rund 18 % Slackspace veranschlagt. Bei 24 Knoten sind es noch etwa 14 % und bei einem 48-Knoten-Cluster sogar nur noch runde 12 %.

Der Begriff *Slackspace* wird fortan als *Capacity Reserve* bezeichnet. Diese setzt sich zusammen aus:

- Host Rebuild Reserve – Reserve zum Abfangen eines kompletten Hostausfalls.
- Operations Reserve – Reserve für interne vSAN-Umlagerungen, wie z. B. Policy-Änderungen.

Die Capacity Reserve wird auf Cluster-Ebene definiert. Selektieren Sie dazu den vSAN-Cluster über MONITOR • VSAN • CAPACITY • CONFIGURE.

10.4.2 Hilfsmittel zur Planung

Die Planung und Größenabschätzung eines vSAN-Clusters ist eine komplexe Aufgabe. Viele Parameter müssen berücksichtigt werden:

- CPU, RAM und Diskanforderung der VMs
- geplante Speicherrichtlinien
- mittlere IOPS pro VM
- vCPU pro Core
- Zuwachsraten bezüglich CPU, RAM und Disk

VMware hat hier zur Erleichterung der Abschätzung einen Onlinerechner bereitgestellt: *https://vsansizer.vmware.com*. Mithilfe der Angaben zu Arbeitslast, Anzahl der VMs und benötigter Ressourcen der VMs kann der *VMware ReadyNode Sizer* die Art und Anzahl der hierfür benötigten ReadyNodes berechnen. Das Ergebnis ist jedoch nur ein Orientierungswert, der im weiteren Verlauf der Planung manuell nach oben oder unten angepasst werden sollte.

10.4.3 Leistungsmessung

Aufgrund seiner Funktionsweise erfordert ein vSAN-Cluster spezialisierte Hilfsmittel, die die physischen Eigenschaften und Besonderheiten berücksichtigen. Hier ist in erster Linie das Caching zu nennen. Eine Messmethode, die diese Eigenschaft vernachlässigt, würde stark verfälschte Ergebnisse produzieren. Ein auf vSAN spezialisiertes Tool ist HCIBench. Lesen Sie mehr dazu in Abschnitt 16.5, »Benchmark-Werkzeuge«.

vSAN IO Insight

Eine weitere Neuerung in vSAN 7 Update 1 ist *vSAN IO Insight*. Damit kann der Datendurchsatz einer VM ermittelt werden. Das Tool gab es schon längere Zeit als VMware Fling und wurde jetzt komplett in die Benutzeroberfläche integriert. Zur Aktivierung wählen Sie ein VM-Objekt im vSphere-Client aus und klicken dann auf VSAN • NEW IO INSIGHT INSTANCE • <VM(S) WÄHLEN> • MESSINTERVALL WÄHLEN. Nach Ende der Messung können Sie die Ergebnisse in der

Leistungsanalyse des vSphere-Clients sehen. Selektieren Sie dazu den vSAN-Cluster unter MONITOR • VSAN • PERFORMANCE • IO INSIGHT • <INSTANZ WÄHLEN> • VIEW METRICS.

10.5 Topologien

Es gibt prinzipiell drei Arten von vSAN-Clustern: den Standard-Cluster mit 3 bis 64 Knoten, den Stretched-Cluster und die Sonderform des Zwei-Knoten-Clusters für Außenstandorte. Bei Integration eines vSAN-Clusters in ein bestehendes Datacenter mit vCenter kann die Topologie ausgewählt werden, wie in Abbildung 10.8 dargestellt.

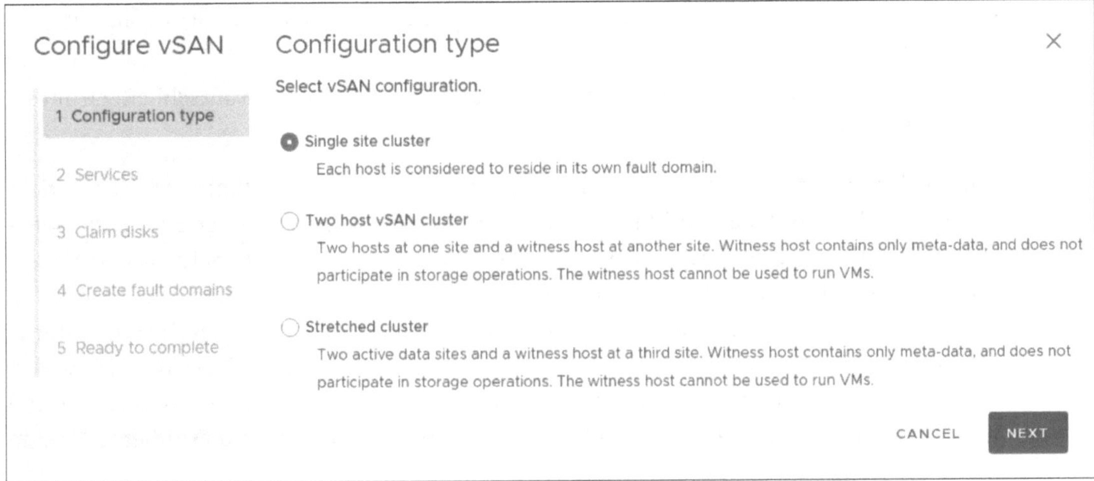

Abbildung 10.8 vSAN-Cluster-Topologie bei der Erzeugung

10.5.1 Standard-Cluster

Der Standard-Cluster, auch *Single-Site-Cluster*, ist die Urform des vSAN-Clusters. Das ist ein Cluster an einem Standort mit bis zu 64 Knoten.

10.5.2 Stretched-Cluster

Ein Stretched-Cluster erstreckt sich über zwei Datacenter oder Brandabschnitte. An beiden Standorten befindet sich ein optimalerweise gleich großer Teil des Stretched-Clusters. Beide Teile arbeiten Active/Active und sind gegenseitig über eine RAID-1-Replikation abgesichert. Zwischen den Standorten muss eine Verbindung mit mindestens 10 GBit und einer maximalen Latenz von 5 ms (RTT) bestehen. Beide Seiten sollten sich im gleichen Layer-2-Netzsegment befinden, wenngleich Layer-3 erlaubt ist. Zur Vermeidung von Split-Brain-Szenarien wird eine dritte Witness-Site benötigt. Dort gibt es entweder einen Witness-Host oder eine Witness-Appliance. Die Witness-Site darf sich nicht in einem der beiden Datacenter befinden. Zwischen den Data-Sites und der Witness-Site wird mindestens eine 100-MBit-Verbindung empfohlen mit einer Latenz von höchstens 200 ms RTT. Die Witness-Site muss sich in einem eigenen Layer-3-Segment befinden.

Die maximale Anzahl an Hosts pro Seite in einem Stretched-Cluster ist 15. Es ergibt sich damit ein 15 + 15 + 1-Szenario.

Mit dem Stretched-Cluster ergibt sich die Notwendigkeit zweier Speicherrichtlinien. Die erste Richtlinie betrifft die Fehlertoleranz zwischen den Datacentern und nennt sich *Site Disaster Tolerance* (früher auch *Primary Failures To Tolerate*, PFTT, genannt).

- *None*: Entspricht einem nicht verteilten Standard-Cluster.
- *Dual Site Mirroring*: Entspricht einem RAID 1 über beide Standorte.
- *None – keep data on preferred*: Keine Spiegelung; Daten verbleiben ausschließlich auf primärer Seite.
- *None – keep data on secondary*: Keine Spiegelung; Daten verbleiben ausschließlich auf sekundärer Seite.

Innerhalb einer Site gibt es darüber hinaus eine weitere Speicherrichtlinie. Diese entspricht den Richtlinien eines Standard-Clusters und wurde in früheren Versionen *Secondary Failures To Tolerate* genannt (SFTT). Es ist also möglich, VMs nur auf einer Seite des Stretched-Clusters zu halten und dennoch innerhalb der Seite Redundanz zu schaffen. Dies ist sinnvoll für Anwendungen, die am anderen Standort keine Funktion hätten oder die eine interne Methode der Verclusterung zum zweiten Standort anwenden. Als Beispiel wären hier Active-Directory-Domänencontroller zu nennen, von denen es einen an jedem Standort gibt und die sich intern replizieren (siehe Abbildung 10.9). Es besteht kein Grund, diese über vSAN zum anderen Standort zu spiegeln.

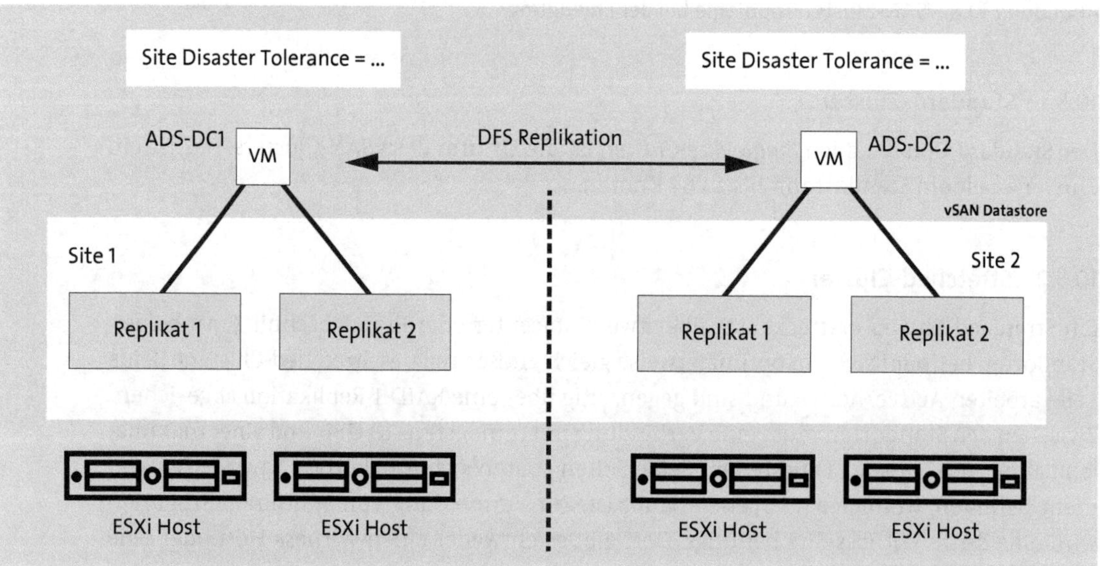

Abbildung 10.9 Anwendungsbeispiel ohne Spiegelung

10.5.3 Zwei-Knoten-Cluster

Der Name dieser vSAN-Cluster-Form klingt wie ein Widerspruch zu den zuvor besprochenen Mindestanforderungen an einen vSAN-Cluster. Ein solcher benötigt schließlich mindestens drei Knoten. Das gilt in gewisser Weise auch für den Zwei-Knoten-Cluster. Hier befinden sich zwei Knoten an einem Außenstandort und eine Witness-Appliance oder ein Witness-Host im zentralen Datacenter. Dieses Konzept ist gut geeignet für Firmen mit vielen kleinen Filialen, die eine kleine Zahl VMs vor Ort benötigen.

vSAN Shared Witness

Bisher musste für jeden Zwei-Knoten-Cluster in der Zweigstelle ein Witness-Host bzw. eine Witness-Appliance im zentralen Datacenter vorgehalten werden. Das konnte je nach Anzahl der Zweigstellen zu einer hohen Anzahl an Witness-Appliances im Rechenzentrum führen. Mit vSAN 7.0 U1 können sich nun bis zu 64 Zweigstellen mit Zwei-Knoten-Clustern eine einzelne Witness-Appliance teilen. Hier ist jedoch zu beachten, dass die Größe der Witness-Appliance je nach Anzahl der angeschlossenen Zwei-Knoten-Cluster angepasst werden muss.

Die Außenstelle muss mit mindestens 1 MBit angebunden sein und darf eine Latenz von bis zu 500 ms RTT (*Round Trip Time*) haben. Die beiden vSAN-Knoten dürfen in diesem Modell ausnahmsweise ohne Switch-Infrastruktur direkt Punkt zu Punkt verkabelt sein.

Der Zwei-Knoten-vSAN-Cluster wird oft mit der VMware-ROBO-Lizenz (*Remote-Office-Branch-Office*) verwechselt oder gar synonym verwendet. Man muss aber klar betonen, dass es sich hier um zwei grundverschiedene Begriffe handelt. Die ROBO-Lizenz erlaubt den Betrieb von 25 VMs an verschiedenen Standorten auf beliebig vielen ESXi-Hosts. Sie ist konzipiert für kleine Außenstandorte, hat aber nichts mit der Zwei-Knoten-vSAN-Topologie zu tun. Im Gegensatz dazu ist der Zwei-Knoten-Cluster ein Architekturmodell zur Anbindung von kleinen Zweigstellen.

10.6 Setup

10.6.1 Greenfield-Setup

Unter *Greenfield-Setup* versteht man in der IT einen kompletten Neuaufbau ohne Verwendung vorhandener Komponenten – also im übertragenen Sinn einen Neubau »auf der grünen Wiese«.

Die Neuinstallation eines vSAN-Clusters wurde mit jeder Version weiter vereinfacht. Mithilfe des Setup-Assistenten der vCenter Appliance können Sie einen vSphere-Standard-Cluster oder wahlweise einen vSAN-Cluster erstellen lassen. Sie brauchen hierfür zunächst einen mit ESXi 7 installierten Host, bei dem lediglich das root-Log-in und das Managementnetzwerk konfiguriert sind. Der Setup-Assistent wird diesen Host als Installationsziel der vCenter

Appliance verwenden und alle Vorbereitungen für die Verwendung als vSAN-Cluster treffen. Binden Sie hierfür das VMware-VCSA-ISO auf Ihrem lokalen PC oder Mac ein und wechseln Sie in das Verzeichnis *vcsa-ui-installer*. Sie finden drei Unterverzeichnisse: *lin64* für einen Linux-PC, *win32* für einen Windows-PC und *mac* für ein Apple-System. Führen Sie den für Ihr System passenden Installer aus (z. B. *Installer.exe*, wenn Sie auf einem Windows-System arbeiten). Der Installer bietet Ihnen vier Optionen:

- INSTALL – für die Neuinstallation (kein vCenter vorhanden).
- UPGRADE – ältere Version einer vCenter Appliance vorhanden (z. B. 6.5 oder 6.7)
- MIGRATE – Ablösung eines älteren vCenters auf Windows-Basis durch die vCenter Appliance.
- RESTORE – Wiederherstellung eines vCenter Servers der Version 7 aus einer gespeicherten Konfiguration.

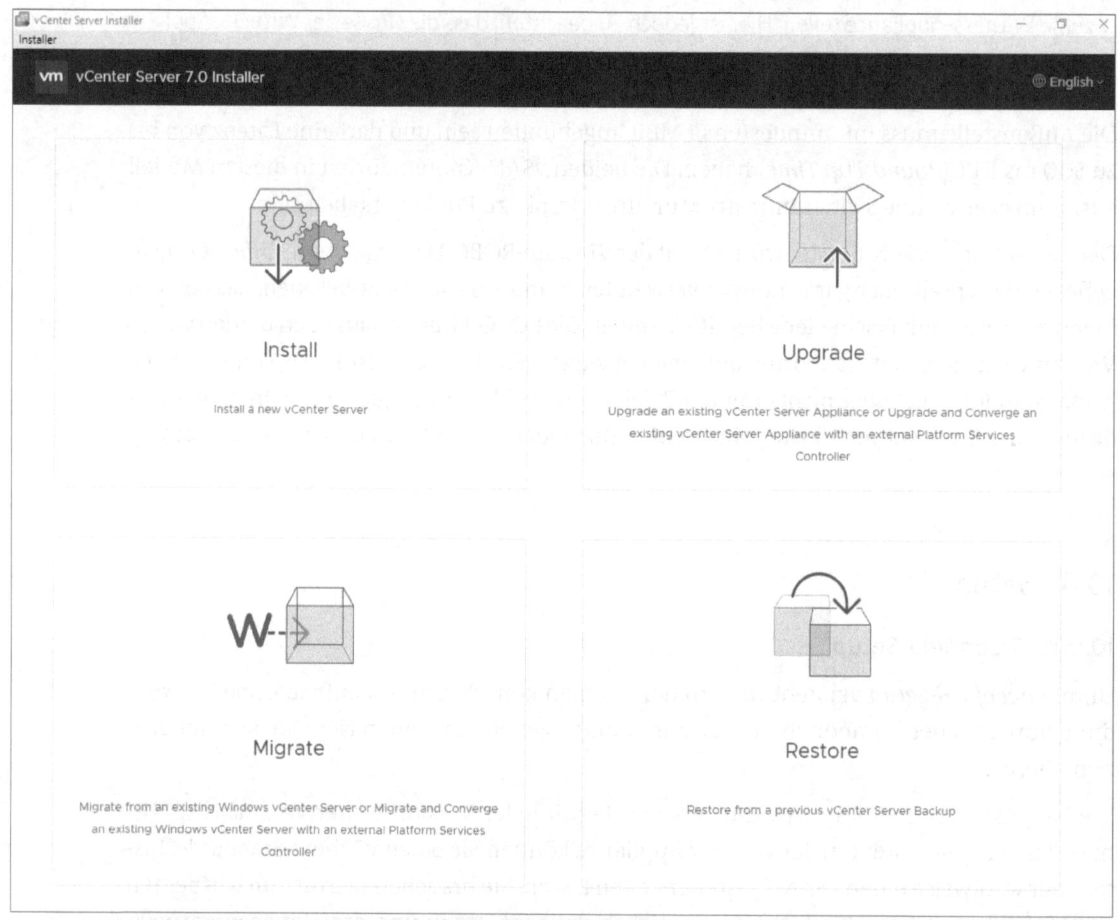

Abbildung 10.10 vCenter Appliance Installer

Für das Greenfield-Setup wählen Sie INSTALL. Der Assistent führt Sie durch den gesamten Setup-Prozess. Mit der Schaltfläche NEXT kommen Sie zum folgenden Schritt. Bestätigen Sie das *End User License Agreement* (EULA) und geben Sie den ersten ESXi-Host an, auf dem vCenter bereitgestellt werden soll. Dieser muss bereits mit ESXi 7.0 installiert und im DNS auflösbar sein.

Abbildung 10.11 Angabe des ESXi-Zielhosts für die vCenter Appliance

Geben Sie im nächsten Schritt den Namen der vCenter-VM und das root-Passwort an.

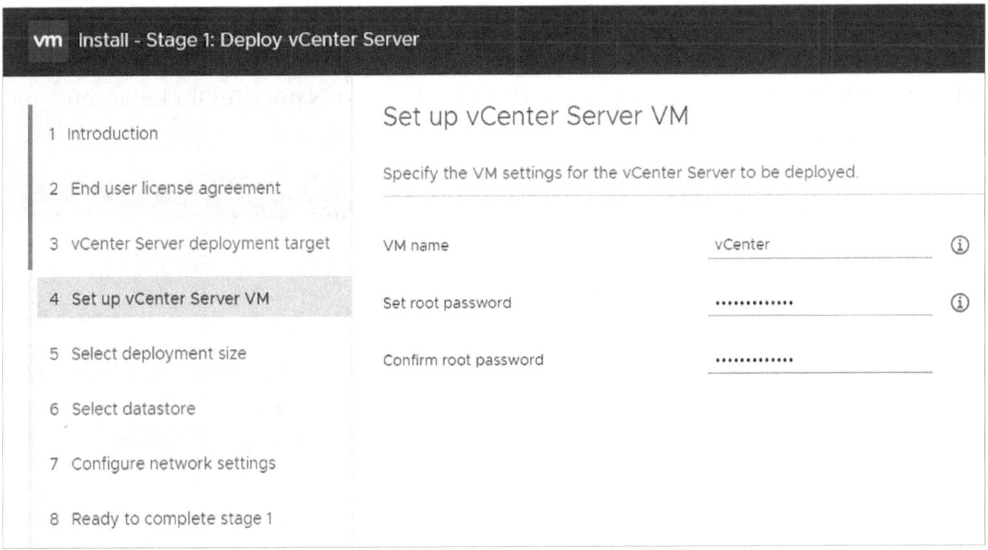

Abbildung 10.12 Angabe des VM-Namens und des root-Passworts

Wählen Sie die Größe der vCenter Appliance. Diese ist abhängig von der geplanten Größe Ihres Clusters. Die Tabelle im unteren Bereich gibt Ihnen Anhaltspunkte zur zu wählenden Größe der Appliance. Zusätzlich können Sie noch die Größe der internen Disks der vCenter Appliance beeinflussen. Beim Punkt STORAGE SIZE können Sie DEFAULT, LARGE und X-LARGE wählen. Sobald Sie die Auswahl ändern, verändert sich die Spalte STORAGE in der Tabelle dynamisch.

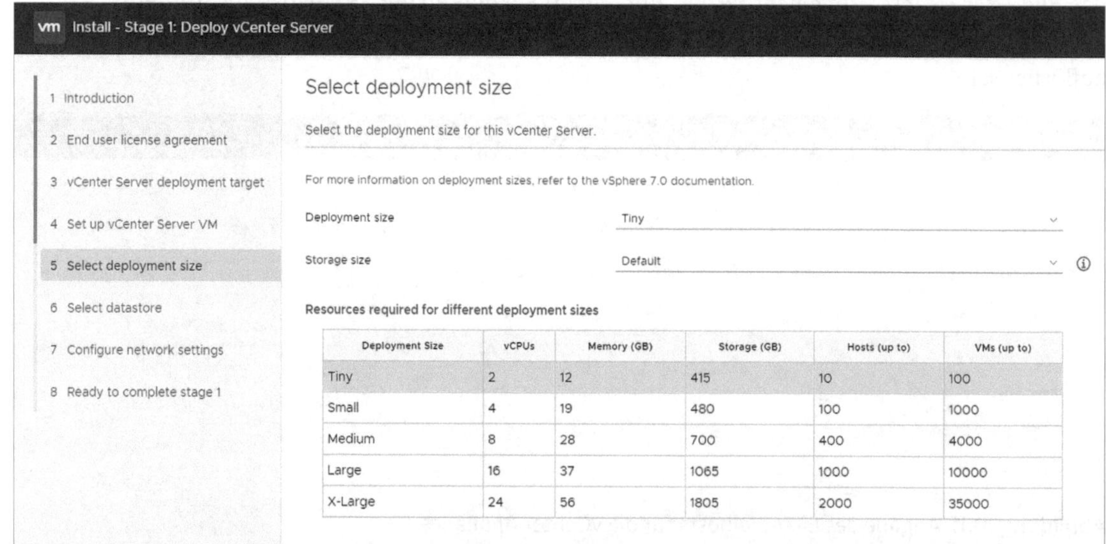

Deployment Size	vCPUs	Memory (GB)	Storage (GB)	Hosts (up to)	VMs (up to)
Tiny	2	12	415	10	100
Small	4	19	480	100	1000
Medium	8	28	700	400	4000
Large	16	37	1065	1000	10000
X-Large	24	56	1805	2000	35000

Abbildung 10.13 Auswahl der Bereitstellungsgröße der vCenter Appliance

Wählen Sie einen Datenspeicher für die vCenter-VM. Durch Setzen des Hakens bei SHOW ONLY COMPATIBLE DATASTORES werden nur solche Datenspeicher angezeigt, die für die Bereitstellung infrage kommen. Geben Sie zusätzlich den neuen Namen für Ihr Datacenter und Ihren Cluster an.

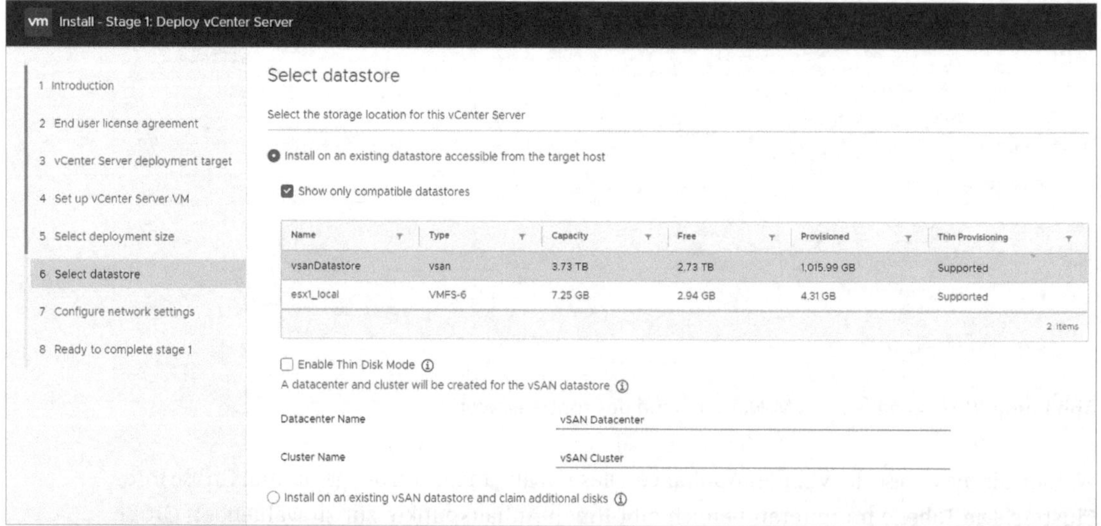

Name	Type	Capacity	Free	Provisioned	Thin Provisioning
vsanDatastore	vsan	3.73 TB	2.73 TB	1,015.99 GB	Supported
esx1_local	VMFS-6	7.25 GB	2.94 GB	4.31 GB	Supported

Abbildung 10.14 Auswahl des Datenspeichers für die vCenter Appliance. Namen für das Datacenter und den Cluster werden ebenfalls definiert.

Definieren Sie die Netzwerkeinstellungen für die neue vCenter Appliance sowie weitere Netzwerkparameter wie Gateway, DNS und Subnetzmaske. Verwenden Sie nach Möglichkeit eine statische IP-Adresse für das vCenter oder legen Sie im DHCP-Server nachträglich eine Reservierung für das vCenter an.

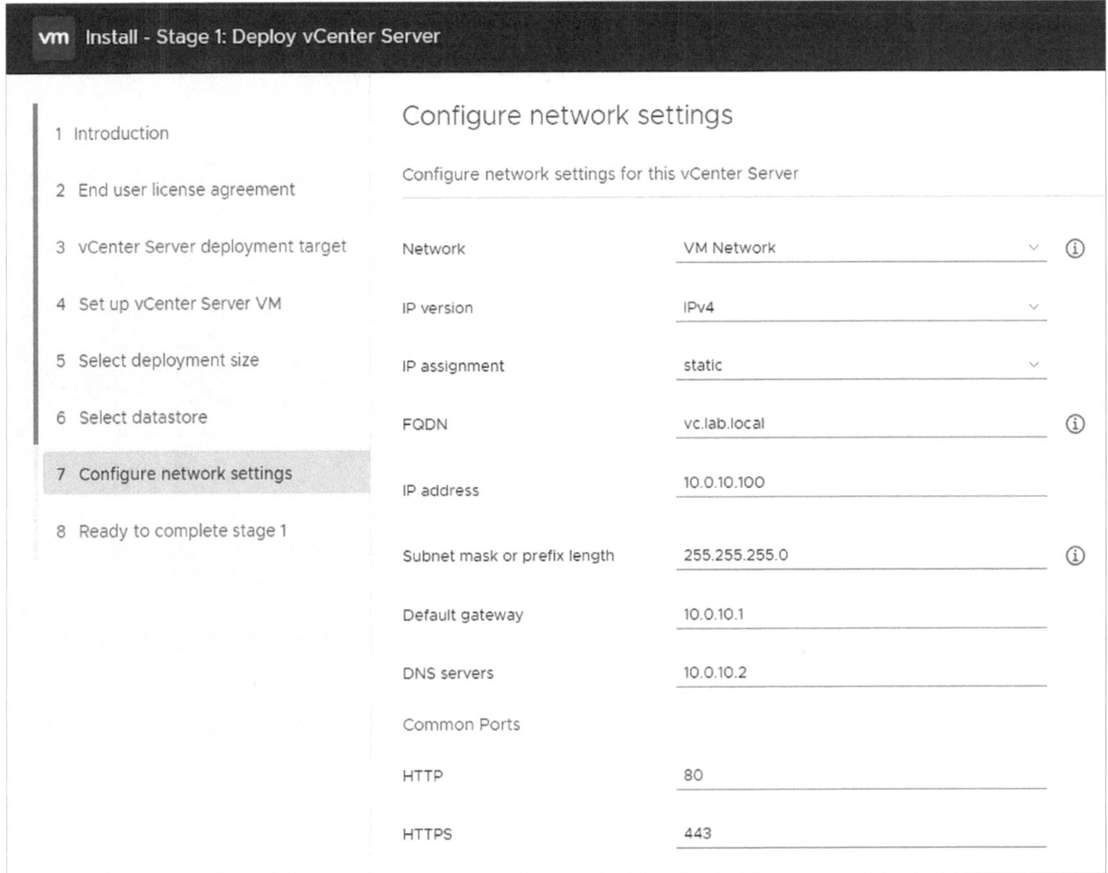

Abbildung 10.15 Eingabe der Netzwerkparameter

Im letzten Schritt der Phase 1 werden Ihnen nochmals alle Parameter in einer Übersicht aufgelistet. Überprüfen Sie Ihre Einstellungen und klicken Sie auf FINISH, wenn alles korrekt ist.

Am Ende der ersten Phase werden Sie ein lauffähiges vCenter auf einem singulären ESXi-Host haben. Das Kuriose an diesem Konstrukt ist, dass Sie faktisch einen Single-Node-vSAN-Cluster haben mit einer laufenden vCenter Appliance darauf.

Alle weiteren Einrichtungsschritte finden im vSphere-Client des vCenters statt. Dort folgen Sie dem vSAN-Quickstart-Workflow und werden aufgefordert, dem Cluster weitere Hosts hinzuzufügen. Es können dabei mehrere Hosts gleichzeitig zugefügt werden. Dafür müssen auf den freien Hosts nur Log-in und Managementnetzwerk konfiguriert sein.

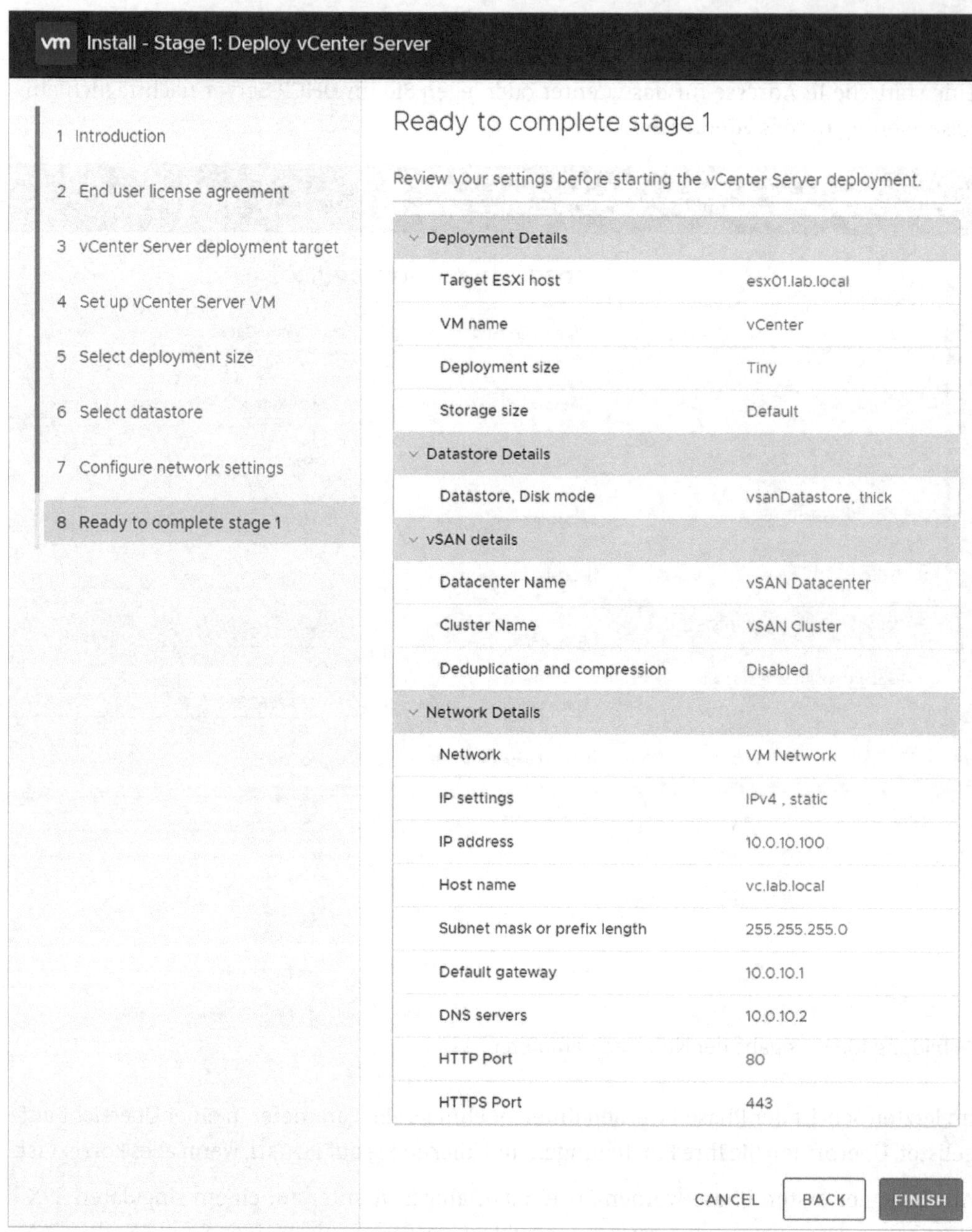

Abbildung 10.16 Übersicht aller Konfigurationsparameter

10.6.2 vSAN-Cluster in bestehendes Datacenter integrieren

Wenn Sie bereits ein vCenter im Datacenter haben, können Sie dort einen Cluster hinzufügen und vSAN darauf aktivieren. Markieren Sie das Datacenter im vSphere-Client, öffnen Sie mit der rechten Maustaste das Kontextmenü und wählen Sie NEW CLUSTER. Geben Sie dem Cluster einen Namen und aktivieren Sie den Schalter vSAN. Die Schalter DRS und HA sind optional, werden aber empfohlen.

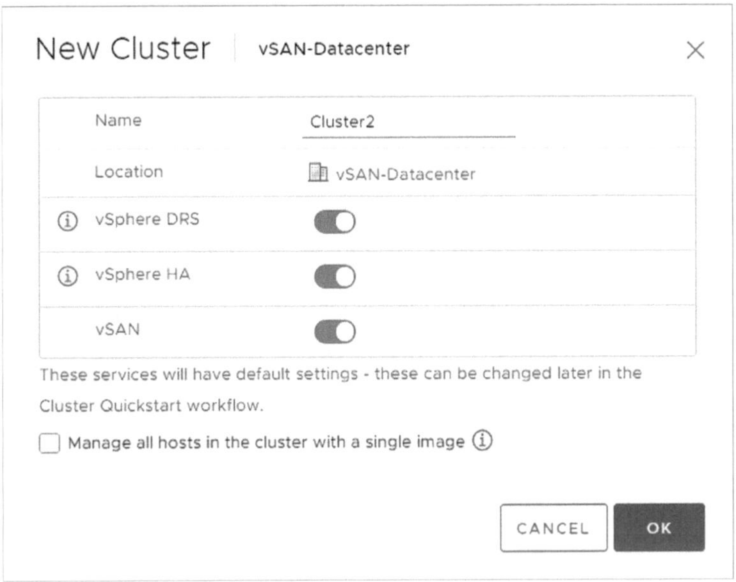

New Cluster | vSAN-Datacenter

Name: Cluster2
Location: vSAN-Datacenter
vSphere DRS
vSphere HA
vSAN

These services will have default settings - these can be changed later in the Cluster Quickstart workflow.

Manage all hosts in the cluster with a single image

CANCEL OK

Abbildung 10.17 Einen neuen vSAN-Cluster erstellen

Sobald Sie den (leeren) Cluster erstellt haben, werden Sie zum Cluster-Quickstart-Assistenten weitergeleitet. Sie werden aufgefordert, ESXi-Hosts zum neuen Cluster hinzuzufügen. Sie können den Cluster-Quickstart auch zu einem späteren Zeitpunkt wieder aufrufen. Wählen Sie dazu CLUSTER • CONFIGURE • CONFIGURATION • QUICKSTART.

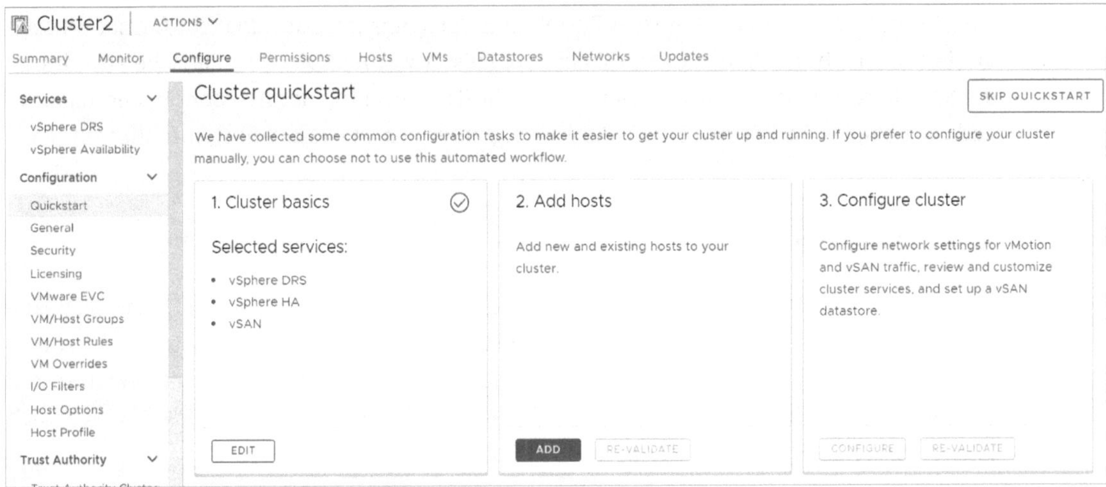

Abbildung 10.18 Cluster-Quickstart-Assistent

Sie können auch einen bereits bestehenden Cluster zum vSAN-Cluster machen. Markieren Sie dazu den künftigen vSAN-Cluster unter CONFIGURE • VSAN • SERVICES. Sie sehen den Status VSAN IS TURNED OFF. Um das zu ändern, klicken Sie am rechten Rand des Clients auf CONFIGURE. Sollten sich noch keine Hosts im Cluster befinden, erhalten Sie einen Hinweis, der besagt, dass noch nicht alle Funktionen konfigurierbar sind.

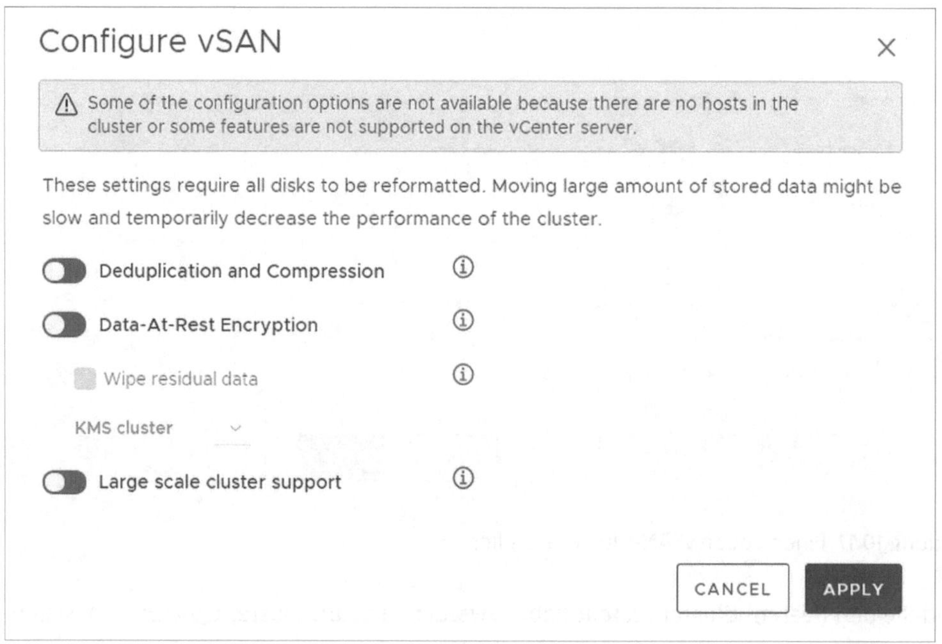

Abbildung 10.19 Assistent zur Aktivierung von vSAN auf bestehenden Clustern

Wenn Sie bereits ESXi-Hosts im Cluster haben, wählen Sie die Art des vSAN-Clusters (Single-Site-, 2-Host- oder Stretched-Cluster). Bestehende Speichergeräte dürfen nicht formatiert sein, da sie sonst nicht im Schritt CLAIM DISKS aufgelistet werden. Die automatische Zuordnung der Speichergeräte zum Capacity-Tier bzw. Cache-Tier bewältigt der Assistent in der Regel zuverlässig. Falls nicht, können Sie die Zuordnung unter CLAIM DISKS selbst durchführen.

10.7 vSAN File Service

Der *vSAN File Service* wurde mit Version 7 neu eingeführt und ist eine Abstraktionsschicht, die auf vSAN aufsetzt, um Dateifreigaben für unstrukturierte Daten bereitzustellen. Darunter versteht man Daten, die nicht in definierten Datensätzen abgelegt werden. Die bekanntesten Beispiele hierfür sind Dokumente, Bilder, Audio- und Videodaten. Etwa 80 % des tagtäglich produzierten Datenaufkommens ist unstrukturiert.

Mit vSAN File Service können nun Fileshares gemeinsam mit Blockspeicher auf dem vSAN-Datenspeicher bereitgestellt werden. Das derzeit verfügbare Protokoll ist NFS, und es werden aktuell die Versionen NFS v3 und NFS v4.1 unterstützt.

SMB-Support

Mit vSAN 7.0 U1 wurde zusätzlich zu NFS auch das SMB-Protokoll (v2.1 und v3) in die vSAN File Services integriert. Damit werden Windows-Fileshares direkt auf vSAN möglich. Die Authentifizierung erfolgt über eine Active-Directory-Integration. Darüber hinaus wurde Kerberos-Authentifizierung für NFS-Shares integriert.

Auch die Skalierbarkeit der vSAN File Services wurde verbessert. Im ursprünglichen Release war die Anzahl der Filesystem-VMs (FSVM) auf acht pro Cluster begrenzt. Seit vSAN 7 U1 ist die Anzahl auf maximal 32 pro Cluster angestiegen. Damit ergibt sich nicht nur eine bessere Lastverteilung, sondern auch eine Leistungssteigerung.

Der Grund dafür, dass VMware im ersten Schritt (vor vSAN 7 U1) auf NFS und nicht auf beispielsweise SMB setzte, ist die konsequente Ausrichtung des Unternehmens auf Cloud-Native-Applikationen wie Kubernetes-Container, denn diese benötigen zum Teil persistenten Datenspeicher, der entweder als *Read-Write-Once* (RWO) oder als *Read-Write-Many* (RWM/RWX) ausgelegt sein kann. VMware Cloud Native Storage (CNS) ermöglichte bereits seit vSphere 6.7 U3 über das Container Storage Interface (CSI) die bedarfsgesteuerte Bereitstellung von RWO Persistent Volumes durch Kubernetes – also im Prinzip ein einzelner Pod, der ein einzelnes Volume einbindet. Mit NFS-Fileshares auf vSAN File Service wird eine Anforderung von Kubernetes-Pods erfüllt, die gemeinsamen und persistenten Datenspeicher für unterschiedliche Namespaces erfordern. Ein RWX-Datenspeicher kann von mehreren Pods eingebunden und beschrieben werden, beispielsweise einer Farm von Webserver-Containern, die auf denselben Webseiteninhalt zugreifen.

Fordert ein Entwickler ein RWX Volume in Kubernetes an, kommuniziert CNS mit vSAN File Service und lässt einen NFS-Share mit der geforderten Größe und der entsprechenden SPBM-Richtlinie erzeugen. Dieser neue NFS-Share wird an den Kubernetes Worker Node angebunden, auf dem der Pod liegt, der das Volume angefordert hatte. Fordert ein weiterer Pod dieses Volume an, sorgt CNS dafür, dass es nicht noch einmal erzeugt wird, sondern er bindet das bestehende Volume an den Worker Node des zweiten anfordernden Pods an.

Selbstverständlich können NFS-Freigaben auch ganz klassisch zur Dateiablage verwendet werden und dabei die Vorzüge des SPBM von vSAN nutzen. Im UI des vSphere-Clients werden vom Nutzer erzeugte Shares in gleicher Weise behandelt und an gleicher Stelle angezeigt wie automatisch erzeugte Container-Volumes. Auch der Vorgang der Erzeugung unterscheidet sich prinzipiell nicht. Sowohl die grafische Benutzeroberfläche des vSphere-Clients als auch die dynamische Bereitstellung über CNS greifen auf dieselbe API des CSI zu.

Bei der Einrichtung erstellt vSAN ein einziges verteiltes vDFS-Dateisystem (engl. *vSAN Distributed File System*) für den Cluster, das intern für Verwaltungszwecke verwendet wird. Eine Fileservice-VM (FSVM) wird auf bis zu 8 Hosts (bis zu 32 auf vSAN 7.0 U1) ausgerollt. Die FSVMs verwalten Dateifreigaben im vSAN-Datenspeicher, wobei jede FSVM einen NFS-Dateiserver enthält. Technisch handelt es sich bei den FSVMs um schlanke Agent-VMs mit dem PhotonOS-Betriebssystem und Docker-Containern, die die Fileservice-Funktionalität bereitstellen. Die Agent-VMs müssen nicht gewartet werden. Dies erledigt VMware vSAN. Wenn Updates der FSVM anstehen, werden diese durch ein neues Image ausgetauscht.

Bei der Aktivierung des Diensts wird ein statischer IP-Pool erzeugt, um den FSVMs IP-Adressen zur Verfügung zu stellen. Für jeden Host wird eine FSVM und damit eine IP-Adresse benötigt. Die IP-Adresse der primären FSVM stellt gleichzeitig die Adresse des NFS-Diensts dar. Es können mehrere NFS-Freigaben erstellt werden, von denen jede eine individuelle Speicherrichtlinie haben kann.

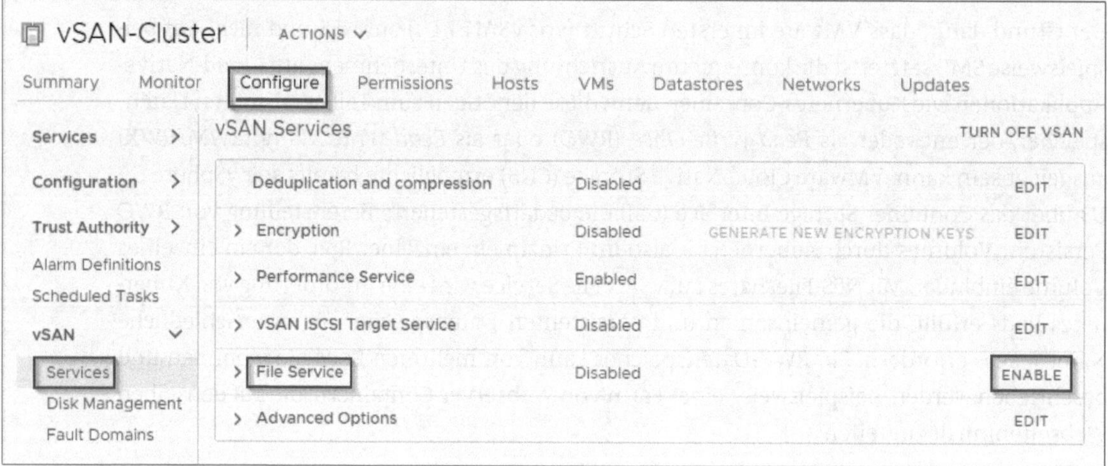

Abbildung 10.20 Aktivierung des vSAN File Service

In der aktuellen Version vSAN 7.0 gibt noch ein paar Einschränkungen und Besonderheiten, die es zu beachten gilt:

- vSAN File Service wird nicht unterstützt auf einem Stretched- oder Zwei-Knoten-Cluster (gilt für vSAN bis Version 7.0, ab vSAN 7.0 U1 werden auch Zwei-Knoten-Cluster unterstützt).
- vSAN File Service funktioniert nicht in Kombination mit dem vSphere Lifecycle Manager (vLCM). Diese Einschränkung galt für Version vSAN 7.0 GA, ist jedoch mit Version vSAN 7.0b weggefallen.
- FSVMs werden ausgeschaltet und gelöscht, sobald der Host in den Wartungsmodus geht. Beim Verlassen des Wartungsmodus wird eine neue FSVM bereitgestellt.

- Standard- und Distributed-Portgruppen, mit denen die FSVMs verbunden sind, ändern ihre Sicherheitseinstellungen automatisch. *Forged Transmits* und *Promiscuous Mode* werden erlaubt. Gegebenenfalls erfolgt ein Override der vSwitch-Einstellungen.

10.7.1 Aktivierung des vSAN File Services

Die Aktivierung des vSAN File Services erfolgt auf Cluster-Ebene im Register CONFIGURE unter VSAN • SERVICES • FILE SERVICE (siehe Abbildung 10.20). Klicken Sie bei FILE SERVICE auf den Link ENABLE. Ein Dialog erklärt die Architektur und weist Sie auf die Voraussetzungen hin (siehe Abbildung 10.21).

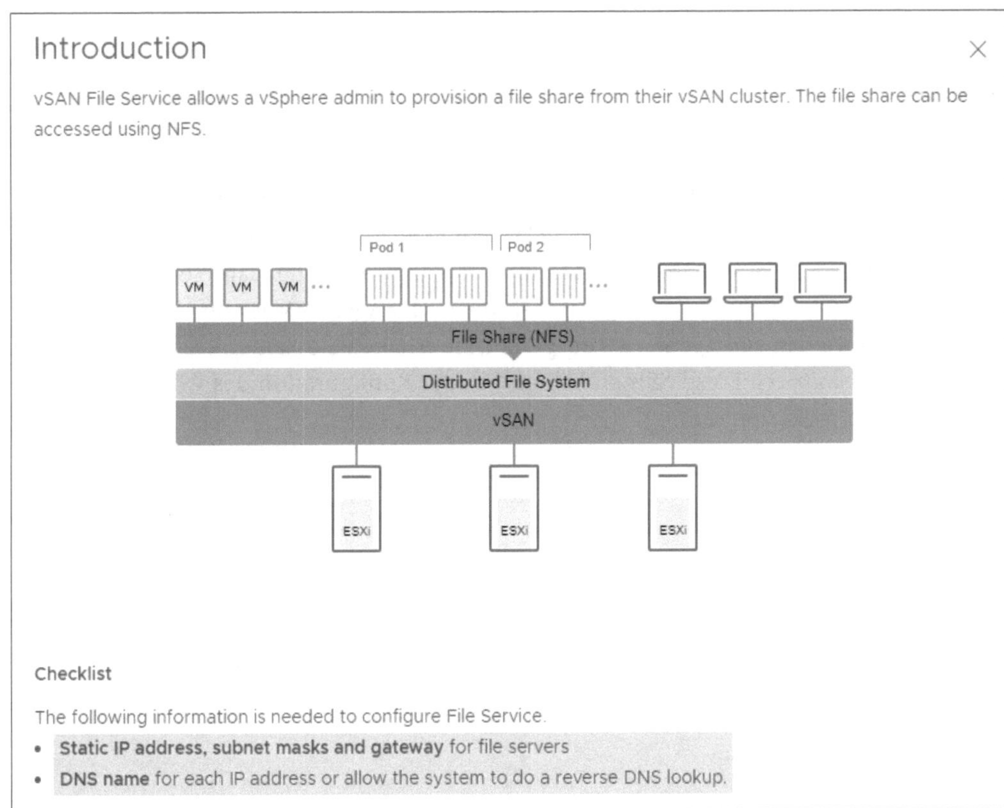

Abbildung 10.21 vSAN File Service, Dialog 1: allgemeine Einführung und Voraussetzungen

Die Agent-VM wird als OVF-Paket (*Open Virtualization Format*) bereitgestellt und kann entweder automatisch bei VMware heruntergeladen (*Automatic Approach*) oder manuell (*Manual Approach*) bereitgestellt werden. Dies ist wichtig, falls vCenter über keine Internetverbindung verfügt (Abbildung 10.22). Das OVF-Paket wird auf der vCenter Appliance im Pfad */storage/updatemgr/vsan/fileService/* abgelegt.

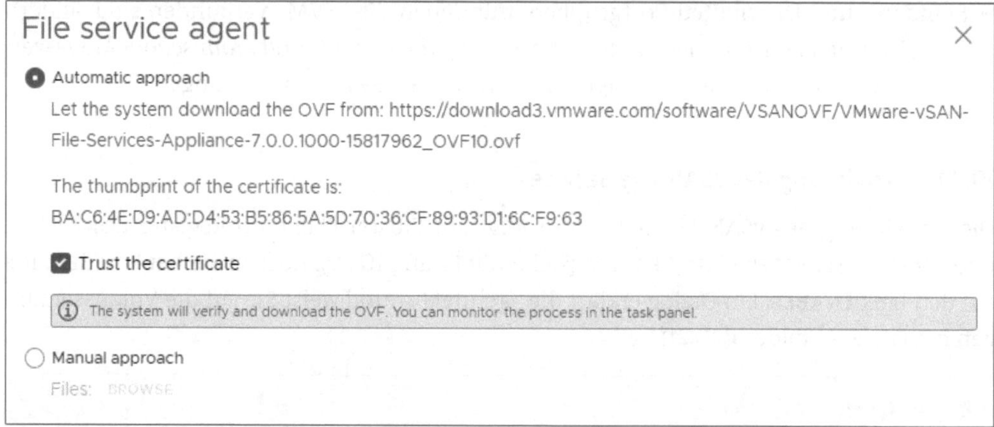

Abbildung 10.22 vSAN File Service, Dialog 2: automatische oder manuelle Bereitstellung der Agent-VM

Bei der manuellen Bereitstellung müssen alle sechs Dateien von VMware-Downloads bezogen werden (*.ovf-*, *.cert-*, *.mf-* und drei *.vmdk*-Dateien). Der vSAN File Service erhält einen eigenen Namespace (File Service Domain), der mindestens zwei Zeichen lang sein muss. Dieser bildet auch die Grundlage des VM- und DNS-Namens der Agent-VM (siehe Abbildung 10.23). Bei vier Hosts werden vier Agent-VMs ausgerollt. Sie erhalten die Namen *<servicedomain>01* bis *<servicedomain>04*. Diese Namen sollten vor der Konfiguration des vSAN File Service bereits im DNS registriert sein.

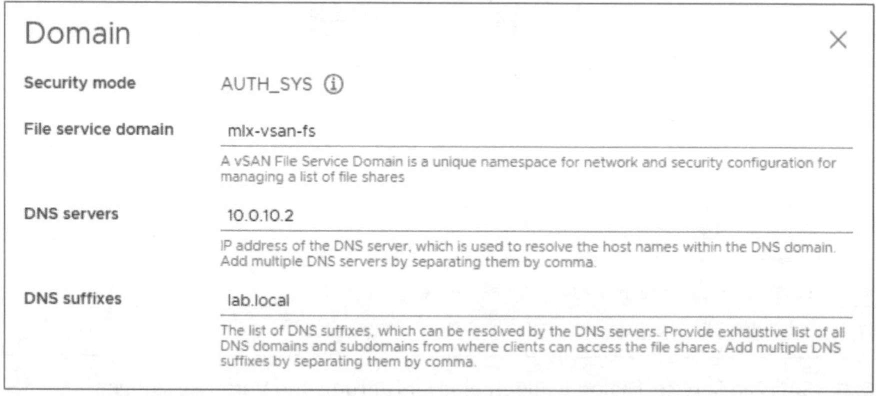

Abbildung 10.23 vSAN File Service, Dialog 3: Angabe des File Service Namespace und der DNS-Einstellungen

Geben Sie im Dialog die Portgruppe für die Agent-VMs und die Netzwerkeinstellungen an, wie in Abbildung 10.24 dargestellt. Nehmen Sie nach Möglichkeit eine eigene Portgruppe für die FSVM, da bei der Bereitstellung die Sicherheitsrichtlinien der Portgruppe für *Forged*

Transmits und *Promiscuous Mode* verändert werden. Es wird automatisch ein IP-Pool für die Agent-VMs angelegt. Hier ist es vorteilhaft, wenn die Agent-VM-Namen zuvor im DNS registriert wurden. Es muss nur die IP-Adresse der ersten Agent-VM eingegeben werden. Autofill erzeugt für jeden Host im Cluster eine weitere, aufsteigende IP-Adresse.

Abbildung 10.24 vSAN File Service, Dialog 4: Angabe der Portgruppe und Netzwerkeigenschaften

Wurden VM-Namen und deren IP-Adressen zuvor im DNS registriert, können die FQDN der Agent-VMs über das Feld LOOKUP DNS automatisch eingetragen werden (siehe Abbildung 10.25). Bei vielen Hosts kann dies eine enorme Erleichterung sein.

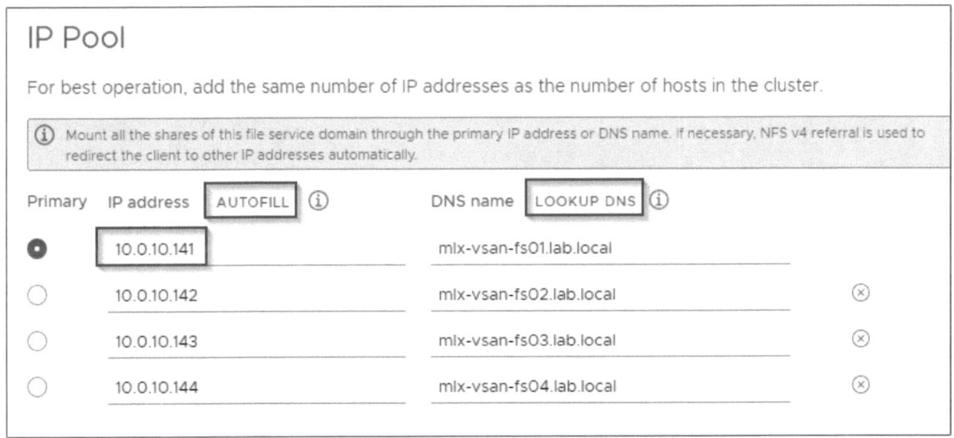

Abbildung 10.25 vSAN File Service, Dialog 5: Eingabe der IP-Adressen und FQDN der Agent-VMs

Im letzten Schritt erhalten Sie eine Übersicht der Einstellungen. Mit Klick auf FINISH werden die Agent-VMs bereitgestellt und erscheinen innerhalb des Ressourcenpools ESXi AGENTS (siehe Abbildung 10.26). Alle Agent-VMs erhalten automatisch eine spezielle vom System definierte Speicherrichtlinie `FSVM_Profile_DO_NOT_MODIFY` ohne Redundanz und mit Bindung zum jeweiligen Host. Diese Speicherrichtlinie ist nicht zu verwechseln mit der Richtlinie der NFS-Shares, die wir später betrachten werden.

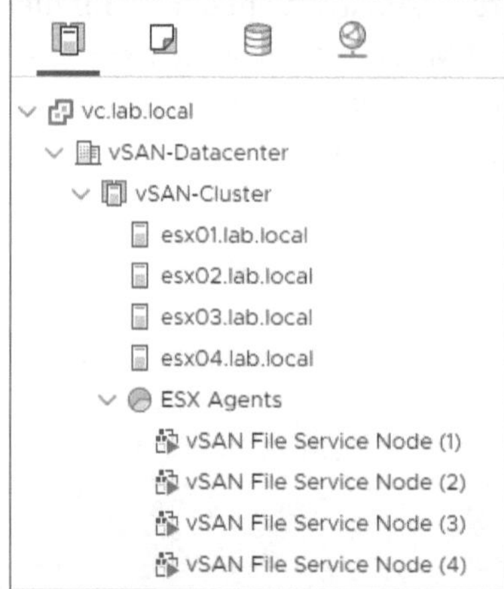

Abbildung 10.26 vSAN-File-Service-Agent-VMs

Nach Abschluss der Basiseinrichtung erscheinen mehr Details unterhalb der File-Service-Statusseite (siehe Abbildung 10.27). Bei Aktivierung des Links SEE ALL werden alle IP-Adressen und FQDN der Agent-VMs angezeigt. Die IP-Adresse des ersten Agents stellt die Kommunikationsadresse dar.

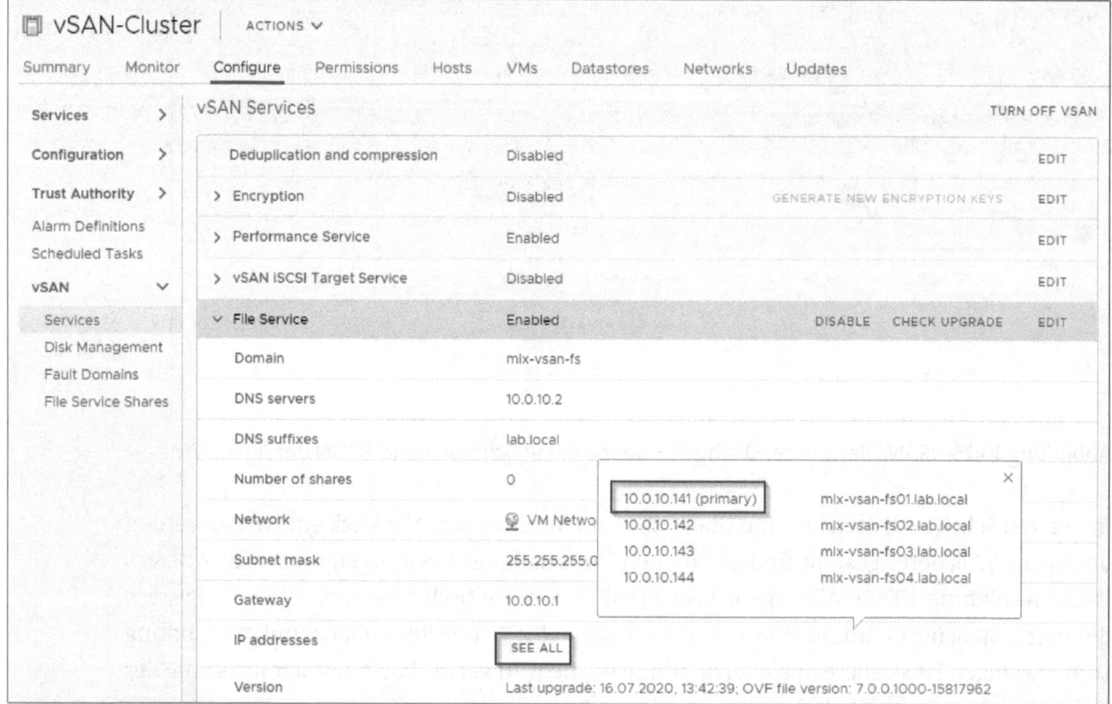

Abbildung 10.27 vSAN-File-Service-Status

10.7.2 NFS-Fileshare hinzufügen

Nach der erfolgreichen Basiskonfiguration kann jetzt ein NFS-Fileshare eingerichtet werden. Auch dies erfolgt wieder auf Cluster-Ebene im Register Configure über vSAN • File Service Shares. Fügen Sie einen neuen Share mit dem Link Add hinzu. Geben Sie dem Share einen Namen. Verwenden Sie hier keine Leer- oder Sonderzeichen. Jeder Share kann eine eigene Speicherrichtlinie haben. Wir verwenden im Beispiel den Namen myfirstshare und die Default-Speicherrichtlinie des Clusters (Replikation FTT = 1, RAID 1). Optional können (und sollten) Warn- und Obergrenzen definiert werden. Im Beispiel ist das harte Limit (Share hard quota) bei 50 GB und die Warnschwelle (Share warning threshold) bei 45 GB gesetzt (siehe Abbildung 10.28).

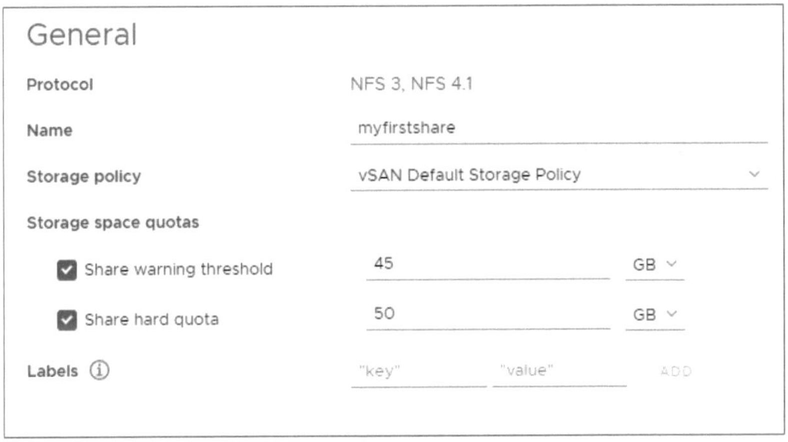

General

Protocol NFS 3, NFS 4.1

Name myfirstshare

Storage policy vSAN Default Storage Policy

Storage space quotas

Share warning threshold 45 GB

Share hard quota 50 GB

Labels "key" "value" ADD

Abbildung 10.28 Einrichtung des NFS-Share, Dialog 1

NFS bietet Zugriffsbeschränkungen auf Hostebene. Standard ist aus Sicherheitsgründen immer No access, d. h., niemand kann auf den Share zugreifen, dieser ist also unerreichbar. Zur Auswahl stehen noch Any IP (Vorsicht, Vollzugriff) oder ein benutzerdefinierter Zugriff von bestimmten Adressen oder Adressbereichen. Hier lässt sich pro IP-Segment bestimmen, wer Leserechte, Lese- und Schreibrechte oder keinen Zugriff hat (siehe Abbildung 10.29). Erwähnenswert ist hier auch die Option Root squash. Damit werden Remotezugriffe auf den NFS-Share durch den Benutzer *root* (ID 0) intern auf den Benutzer *nobody* (ID 65534) gemappt. Eine Rechteausweitung (engl. *Privilege Escalation*) eines Angreifers vom Clientsystem wird somit erschwert.

Nach Abschluss des Assistenten mit Finish erscheint der soeben erstellte vSAN-Fileshare unter Cluster • Configure • vSAN • File Service Shares. Die Verteilung im Cluster kann durch Klick auf den Share-Namen überprüft werden. Im Beispiel wurde eine RAID-1-Richtlinie gewählt (siehe Abbildung 10.30).

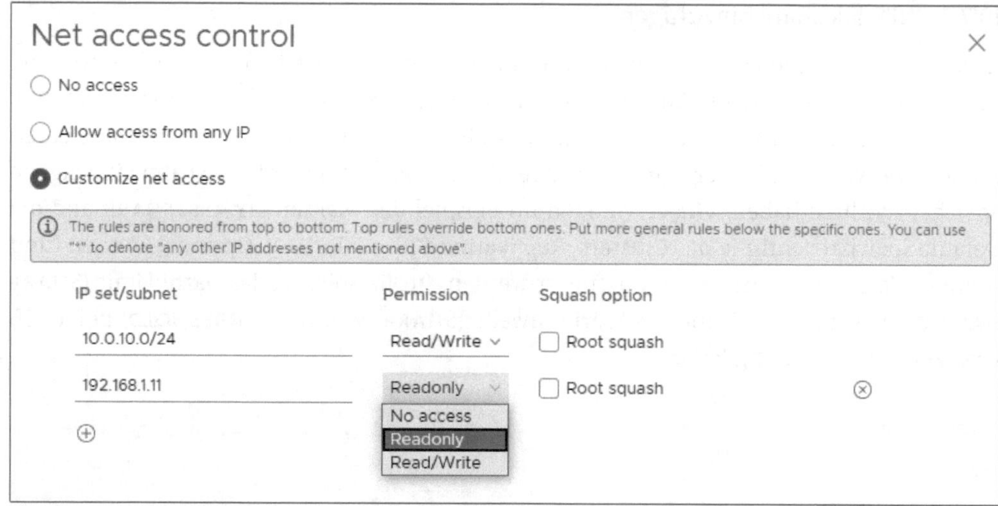

Abbildung 10.29 Einrichtung des NFS-Share, Dialog 2

Physical Placement | File Share

Group components by host placement

Virtual Object Components

Type	Component State	Host
myfirstshare > File Share (RAID 1)		
Witness	Active	esx03.lab.local
Component	Active	esx02.lab.local
Component	Active	esx01.lab.local

Abbildung 10.30 Verteilung der vSAN-FS-Komponenten im Cluster

Um den neu erstellten NFS-Share an ein Clientsystem zu mounten, können Sie in der oben gewählten Ansicht der File-Service-Shares die NFS-Freigabe auswählen und dann auf COPY URL klicken. Je nachdem, ob Sie das NFS-3- oder das NFS-4.1-Protokoll wählen, wird Ihnen ein entsprechender Link generiert (siehe Abbildung 10.31).

In Linux-Systemen und -Derivaten können Sie den kopierten String aus der Zwischenablage direkt verwenden: mount <kopierte URL> /<lokaler-Pfad>, also zum Beispiel mount 10.0.10.141:/myfirstshare /tmp/vsan-nfs.

Unter Windows müssen zunächst die Dienste für NFS aktiviert werden: SYSTEMSTEUERUNG • WINDOWS FEATURES AKTIVIEREN • DIENSTE FÜR NFS. Der Mount-Befehl auf der Windows-Shell lautet: mount -o anon \\10.0.10.141\myfirstshare N:. Beachten Sie hier die Verwendung der Backslashs im Gegensatz zu den Slashs auf Linux-Systemen. Mit -o werden Optionen wie die anonyme Anmeldung (anon) übergeben. N: bezeichnet den Windows-Laufwerkbuchstaben, unter dem der NFS-Share eingehängt wird.

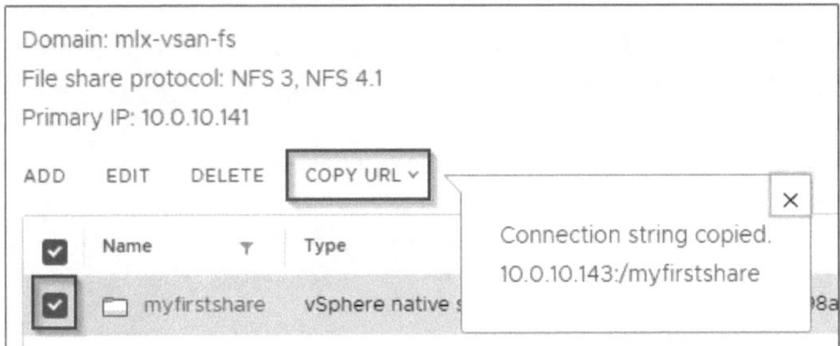

Abbildung 10.31 NFS-Verbindung in Zwischenablage kopieren

Kapitel 11
Pure Storage

Seitdem sich Pure Storage auf der vmworld 2011 in Las Vegas das erste Mal mit dem FlashArray der Öffentlichkeit präsentiert hat, sind die All-Flash-Lösungen gerade in VMware-Umgebungen sehr beliebt.
In diesem Kapitel wird beschrieben, wie sie sich einfach in die vSphere-7-Umgebung einbinden und verwalten lassen.
Autor dieses Kapitels ist Markus Grau, vsphere7buch.markus.grau@gmail.com

Die von Pure Storage angebotenen Produkte und Services werden mit der Prämisse entwickelt, im gesamten Lebenszyklus von Speichersystemen so einfach wie möglich gehandhabt zu werden.

Das Produktportfolio wurde stetig um weitere Plattformen und Softwarefunktionen erweitert. *FlashArray* ist nun eine Produktfamilie, *FlashBlade* eine weitere Plattform und *Pure1* das übergreifende Management- und Analysewerkzeug. Da für die meisten vSphere-Umgebungen FlashArray eingesetzt wird, liegt der Fokus dieses Kapitels auch darauf, wie FlashArray-Systeme in vSphere-Umgebungen betrieben werden.

11.1 Portfolio

Das aktuelle Portfolio besteht aus zwei Speicherplattformen in unterschiedlichen Ausprägungen und einer zentralen Managementplattform. Deren einfache Verwaltung erlaubt es auch den vSphere-Administratoren, die selbst keine Storage-Profis sind, die Speichersysteme selbstständig zu verwalten und in die vSphere-Welt zu integrieren.

11.1.1 Die FlashArray-Familie

Die *FlashArray*-Familie umfasst heute drei Speichersysteme, die für die unterschiedlichsten Anforderungen verwendet werden. Gemeinsam nutzen sie das Betriebssystem *Purity//FA* und verfügen daher über den gleichen Funktionsumfang. Dazu gehören Inline-Datenreduktion, Replikation, VAAI-Unterstützung und vieles mehr. Sie nutzen zudem die gleichen Softwareschnittstellen (APIs und Integrationen in z. B. das VMware-Ökosystem) und lassen sich daher unabhängig von der Leistungsklasse mit den gleichen Tools verwalten. Primär zur Anbindung durch blockbasierte Speicherprotokolle wie z. B. *Fibre Channel*, *iSCSI* oder *NVMe-over-Fabrics* wurde die Funktionalität von Purity//FA mit der Version 6.0 auch um die filebasierten Protokolle *SMB* und *NFS* erweitert.

FlashArray//X

FlashArray//X ist nun in der dritten Generation der *NVMe*-basierten Speichersysteme erhältlich. Da auch die vorherigen Generationen, *FlashArray//m* und *FlashArray FA300/400*, Purity//FA verwenden, gelten die folgenden Beschreibungen auch hierfür, sofern die Plattformen noch unterstützt werden (siehe *https://support.purestorage.com/Pure1/Support/Pure_Storage_End-of-Product_Life_Cycle_Overview*).

FlashArray//X verwendet von Pure Storage eigens entwickelte NVMe DirectFlash Modules, die es erlauben, sehr niedrige Antwortzeiten von 250 µs zu erreichen, ohne dass Sie dabei auf aktive Datendienste wie Inline-Deduplizierung, Kompression und Verschlüsselung verzichten müssen. Durch den zusätzlichen Einsatz von DirectMemory Modules, die Storage Class Memory (Intel Optane) nutzen, lassen sich die Antwortzeiten weiter reduzieren.

Abbildung 11.1 FlashArray//X mit DirectFlash Modules und DirectMemory Modules

FlashArray//C

FlashArray//C wurde als kapazitätsoptimiertes All-Flash-System für Applikationen entwickelt, die nicht die allergeringsten Antwortzeiten benötigen (wie z. B. Testumgebungen, Backup-Systeme und nicht-I/O-intensive virtuelle Maschinen), aber nicht auf konsistente Antwortzeiten verzichten können. Gleichzeitig ergibt sich eine sehr hohe Packungsdichte, da bis zu 49 TB große QLC-NAND-Flash-Module verwendet werden. So wird eine effektive Kapazität von mehr als 5 PiB auf 9 Höheneinheiten erreicht. Durch die Nutzung von QLC-NAND-Speicher können Sie auch für Tier-2-Applikationen eine All-Flash-Plattform nutzen. FlashArray//C verwendet wie FlashArray//X als Betriebssystem Purity//FA und verfügt somit über die gleichen Schnittstellen und Integrationen in das VMware-Ökosystem.

Da *Storage Policy Based Management* von VMware eingesetzt wird, lässt sich so zum Beispiel auf einfache Art und Weise ein regelbasiertes Tiering von virtuellen Maschinen realisieren, um jeder VM auch die optimale Speicherplattform zuzuweisen. Somit entfallen komplexe Tiering-Konzepte und -Konfigurationen innerhalb eines Speichersystems.

Abbildung 11.2 FlashArray//C mit einer DirectFlash-Shelf-Erweiterung

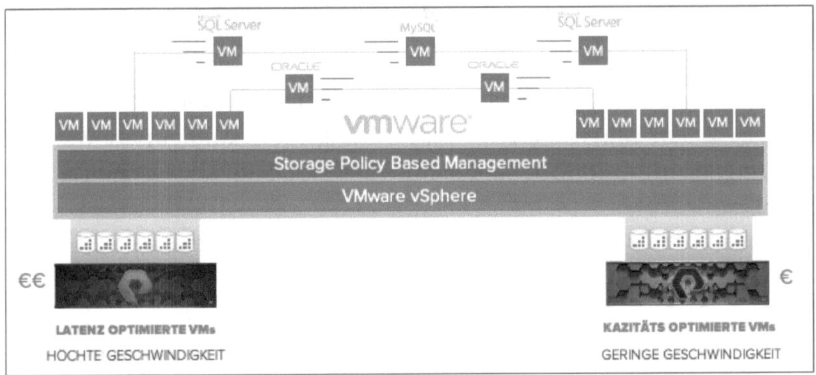

Abbildung 11.3 Storage Policy Based Management mit FlashArray//X und FlashArray//C

Cloud Block Store (CBS)

Cloud Block Store ist ein rein softwarebasiertes FlashArray, das als unterliegende Hardware die Ressourcen des jeweiligen Public-Cloud-Hyperscalers verwendet. Durch die Verwendung von Purity//FA als Software können so die gleichen Datendienste und APIs wie auf den physischen FlashArrays bereitgestellt werden. Hierbei wird unter anderem die Möglichkeit geschaffen, Daten, Container und auch vVols in die Public Cloud und wieder zurück zu migrieren und so eine Hybrid-Cloud-Umgebung zu schaffen.

Cloud Block Store for AWS wurde nach den Empfehlungen des *AWS Well-Architected Technical Review* entwickelt und erfüllt damit die höchsten Standards. *Cloud Block Store for Azure* befand sich im Herbst 2020 noch in einer Betaphase und kann daher hier nicht beschrieben werden.

Cloud Block Store ist über den *Marketplace* des Hyperscalers erhältlich (siehe Abbildung 11.4).

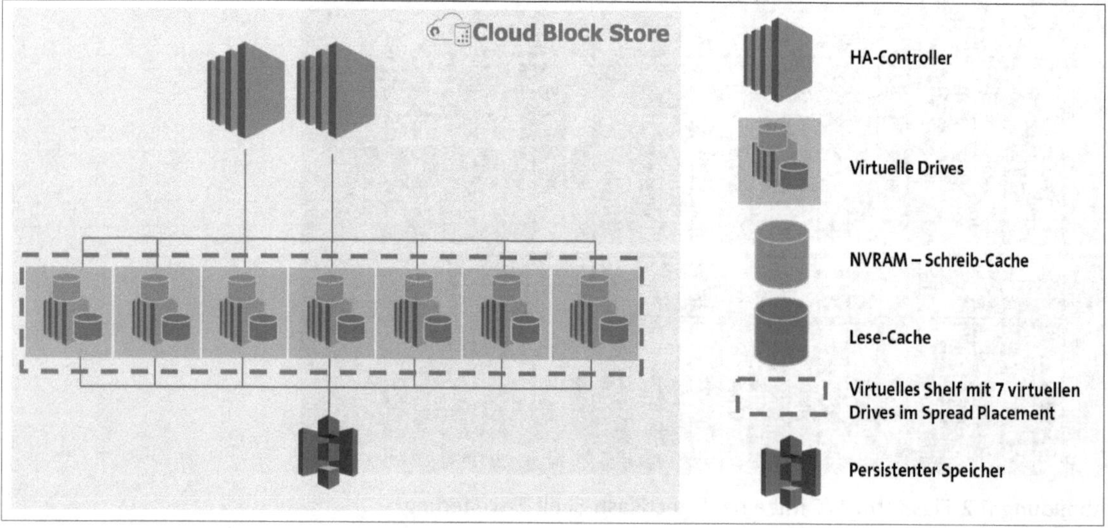

Abbildung 11.4 Architektur des Cloud Block Store for AWS

In *VMware Cloud on AWS* lässt sich Cloud Block Store durch eine Verbindung vom Gastsystem zu CBS nutzen. Hierzu ist es notwendig, dass im Gastsystem der iSCSI-Initiator und die vom jeweiligen Betriebssystem mitgelieferten Multi-Pathing-Tools konfiguriert werden. Sind diese Voraussetzungen erfüllt, können Sie Volumes aus Cloud Block Store am Gastbetriebssystem bereitstellen.

11.1.2 FlashBlade

Mit *FlashBlade* hielt im Jahr 2016 die zweite Speicherplattform Einzug in das Produktportfolio. Während FlashArray primär für konsolidierte Umgebungen mit Anforderungen an geringe Antwortzeiten entwickelt wurde, konzentriert sich FlashBlade insbesondere auf bandbreitenintensive Umgebungen oder Umgebungen, die einen hohen Grad an parallelen Zugriffen aufweisen. Beispiele hierfür sind moderne Analysetools, Datenpipelines, Big Data, maschinelles Lernen, Backup & Recovery sowie die Softwareentwicklung.

Als Scale-out-System für multidimensionale Performanceanforderungen konzipiert, stellt FlashBlade Speicherressourcen über eine S3-kompatible Schnittstelle und über die Dateiprotokolle SMB und NFS zur Verfügung. Gerade im Big-Data-Bereich werden vSphere-Umgebungen über NFS angebunden.

11.2 Verwaltung der Speichersysteme

Alle FlashArray- und FlashBlade-Speichersysteme verfügen über vielfältige Möglichkeiten der Verwaltung. Jedes System kann hierbei sicher über eine grafische HTML-Oberfläche (GUI), ein Kommandozeileninterface (CLI) oder über eine HTTP-REST-Schnittstelle (API) verwaltet werden.

Neben der direkten Verwaltung der Speichersysteme sind viele Integrationen in das VMware-Ökosystem sowie in Automatisierungs- und Monitoring-Software, Container-Landschaften und Software-Toolkits (z. B. für PowerShell und Python) gegeben. Alle Integrationen greifen hierbei auf die REST-APIs zurück.

Beispiele für die VMware-Integration sind das Pure-Storage-Plug-in für den *vSphere Web Client* oder auch das FlashArray-Plug-in für den *vRealize Orchestrator* mit über 100 mitgelieferten Workflows.

11.2.1 Pure1

Mit der Software-as-a-Service-(SaaS-)Lösung *Pure1* können Pure-Storage-Kunden eine zentrale Monitoring- und Analyseplattform für ihre Speichersysteme und ihre vSphere-Umgebungen nutzen.

Neben gängigen Funktionen wie Kapazitäts- und Performance-Monitoring und den Reporting-Funktionen sind KI-gestützte Trend- und Workload-Analysen möglich, um besonders die Planung der Nutzung und Verteilung von Workloads zu vereinfachen.

Abbildung 11.5 Pure1 als App und im Webbrowser

Da Pure1 ebenfalls über eine HTTP-REST-API verfügt, ist eine Sicht auf die gesamte Speicherumgebung möglich. Hiermit lässt sich z. B. im Zusammenspiel mit dem *vRealize Orchestra-*

tor eine intelligente Verteilung von virtuellen Maschinen nach Kapazitäts- und Performanceauslastung der Speichersysteme realisieren. Der Workflow verwendet dabei Metriken der letzten 30 Tage, um zu verhindern, dass virtuelle Maschinen auf Speichersystemen provisioniert werden, die jeden Tag bereits bei >95 % Auslastung liegen.

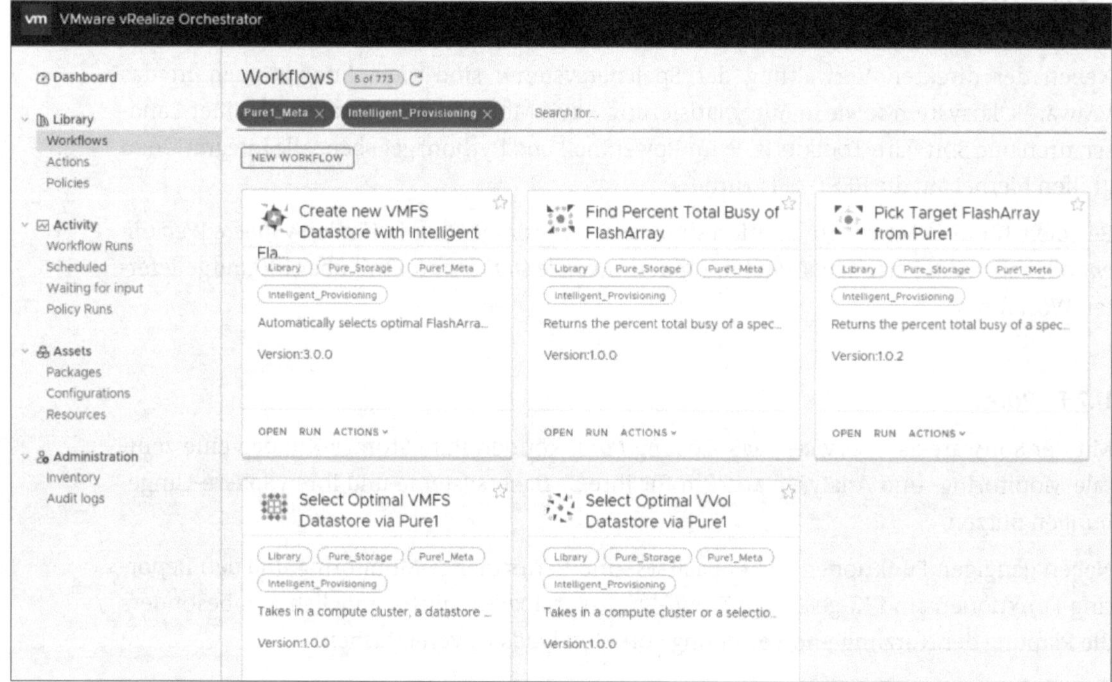

Abbildung 11.6 Beispiele für Pure1-gestützte Workflows in vRO

Das FlashArray-Plug-in für den vRealize Orchestrator kann über die *VMware Solutions Exchange*-Website heruntergeladen werden.

Darüber hinaus überwacht und visualisiert Pure1 nicht nur die Speichersysteme von Pure Storage selbst, sondern ermöglicht auch Einblicke in die darüberliegende Infrastruktur.

VM Analytics ist eine Erweiterung von Pure1, die Ihnen für vSphere-Umgebungen eine Ende-zu-Ende-Sicht von der virtuellen Disk bis hin zum Speichersystem selbst erlaubt. Zusätzlich zur Visualisierung werden die Performancemetriken der vCenter-API und der Speichersysteme angezeigt. So können Sie sehr einfach Probleme oder Flaschenhälse identifizieren.

VM Analytics unterstützt neben dem Pure Storage FlashArray auch virtuelle Maschinen, die sich auf vVols, NFS- oder vSAN-Datastores befinden. Bei der Verwendung von FlashArray werden erweiterte Metriken wie z. B. die Beziehung *Datastore Name* zu *Volume Name* angezeigt.

Details zu VM Analytics finden Sie in Abschnitt 11.7.

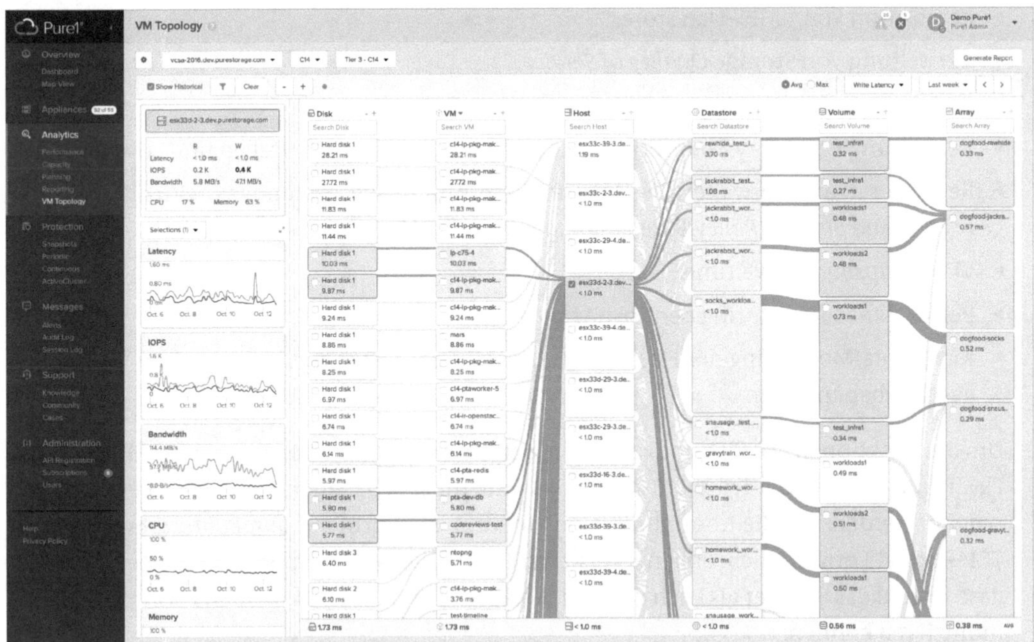

Abbildung 11.7 VM Analytics im Pure1 Topology View

11.2.2 FlashArray-Plug-in für vSphere Web Client

Durch die Verwendung des FlashArray-Plug-ins für den vSphere Web Client lassen sich beinahe alle Tätigkeiten rund um die Verwaltung und Überwachung der FlashArrays direkt aus dem Webclient erledigen. Ebenso automatisiert die Verwendung des Plug-ins die Best-Practices-Einstellungen, die für die Verwendung von FlashArrays in vSphere Umgebungen von Pure Storage empfohlen werden.

Seit der Version 4.2 des Plug-ins ist auch die Anbindung an Pure1 gegeben. So erhalten Sie mehr Informationen zu den Speichersystemen – z. B. ob Tags, die gesetzt wurden, die Abteilung oder den Standort kennzeichnen oder wie die Auslastung des Speichersystems der letzten 30 Tage aussieht.

Weitere Funktionen des Plug-ins sind:

- Erstellen von Hosts und Host-Group-Objekten auf dem Array. Das manuelle Erstellen und das Eintragen der *WWNNs* oder *IQNs* entfallen dadurch.
- Automatische iSCSI-Konfiguration. iSCSI-Softwareadapter werden erstellt, die FlashArrays verbunden, und die Best Practices zu iSCSI werden gesetzt.
- Überprüfen der Best Practices. Überprüft die korrekte Konfiguration des ESXi-Hosts und stellt sicher, dass die unterstützten Limits nicht überschritten werden.
- Erstellen von *VMFS*-Datastores.

- Replikation von VMFS-Datastores.
- Verwaltung von Storage *Quality of Service*.
- Erstellen von VMFS-Datastores in *ActiveCluster Pods*.
- Verwaltung von Array-Snapshots (Erstellen, Klonen, Wiederherstellen und Löschen).
- Registrieren und Verwalten des *VASA*-Providers für die Verwendung von Virtual Volumes (vVols) und *Storage Policy Based Management* (SPBM).
- vVol-*Snapshot*-Verwaltung.
- Performance-Monitoring der FlashArrays.
- Kapazitäts-Monitoring der FlashArrays (Anzeige der Datenreduktion und der tatsächlich geschriebenen Daten.

Um die Funktionen des Plug-ins zu nutzen, benötigt das vCenter Zugriff auf die REST-API der FlashArrays. Dieser erfolgt über TCP-Port 443 und muss gegebenenfalls in der Firewall freigeschaltet werden. Für die Kommunikation zu Pure1 ist Zugriff auf *pure1.purestorage.com* via TCP-Port 443 erforderlich. Sollen vVols zum Einsatz kommen, muss sichergestellt werden, dass sowohl das vCenter als auch die ESXi-Hosts via TCP-Port 8084 mit den FlashArrays kommunizieren können.

Die Installation und Aktualisierung des Plug-ins erfolgt entweder über das FlashArray selbst oder via *PowerShell*.

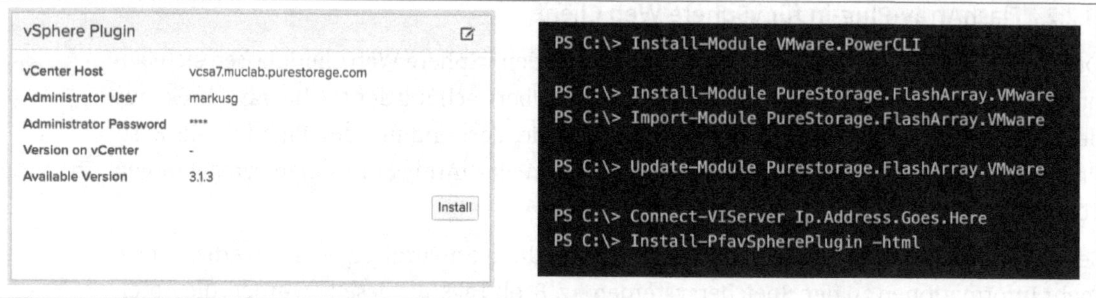

Abbildung 11.8 Installation des FlashArray Plug-ins via GUI und PowerShell

Wenn Sie die PowerShell nutzen, muss sichergestellt sein, dass vCenter eine Verbindung zum Download-Server *https://pure-vmware-plugin-repository.s3-us-west-1.amazonaws.com/* über Port 443 herstellen kann.

Die aktuellen Release Notes des vSphere-Client-Plug-ins können Sie auf der Pure-Support-Website einsehen:

https://support.purestorage.com/Solutions/VMware_Platform_Guide/Release_Notes_for_VMware_Solutions/Release_Notes%3A_vSphere_Client_Plugin_-_All_Versions

11.3 FlashArray und ESXi-Konfiguration

11.3.1 FlashArray konfigurieren

Sollte das FlashArray-Plug-in nicht verwendet werden, müssen Sie die Konfigurationsschritte manuell durchführen. Um Speicherplatz für einen VMFS-Datastore bereitzustellen, sind folgende Schritte notwendig:

1. Erstellen und konfigurieren Sie die Hostobjekten.
2. Erstellen Sie die Host Groups.
3. Erstellen Sie ein Volume.
4. Verbinden Sie das Volume mit dem Host bzw. den Host-Group-Objekt(en).

Hostobjekte erstellen und konfigurieren

Ein Hostobjekt repräsentiert in der FlashArray-Konfiguration einen ESXi-Host mit den zugehörigen Initiatoren. Für Fibre Channel handelt es sich um *WWNs*, bei iSCSI um *IQNs* und bei einer Verbindung über NVMe-over-Fabrics um *NQNs*.

Ein Hostobjekt benötigt zwingend einen Namen und kann nach dem Anlegen weiter konfiguriert werden.

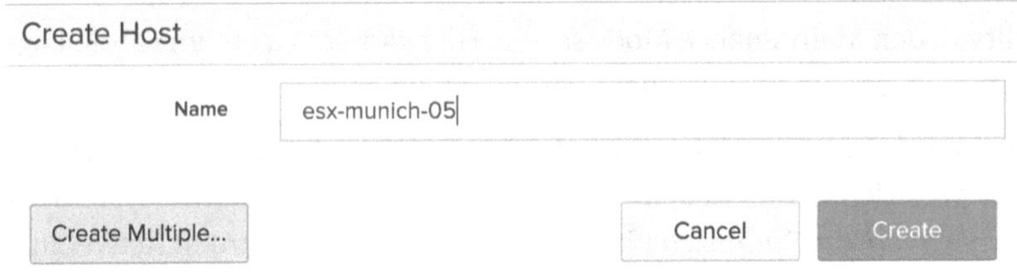

Abbildung 11.9 Ein Hostobjekt erstellen

Zunächst müssen die Hostports konfiguriert werden. Hierbei handelt es sich um die Initiatornamen der Storage-Adapter des jeweiligen ESXi-Hosts, die im Webclient angezeigt werden.

Falls CHAP zur Authentifizierung von iSCSI-Initiatoren verwendet wird, müssen Sie die Anmeldeinformationen eintragen. Die FlashArray-Targets müssen Sie als *Static Targets* verwenden.

Seit Purity//FA 6.0 ist das Setzen der PERSONALITY zwingend erforderlich. Diese Host-Personality regelt das Verhalten des FlashArrays bei SCSI-Kommandos des jeweiligen Betriebssystems. Das ist insbesondere bei der Verwendung von kontinuierlicher Replikation (*ActiveDR*), synchroner Replikation (*ActiveCluster*) und *Quality of Service* (QoS) notwendig. Aber auch für den Fall, dass Sie mehr als 255 LUN-IDs verwalten, muss die Host Personality auf ESXI gesetzt werden.

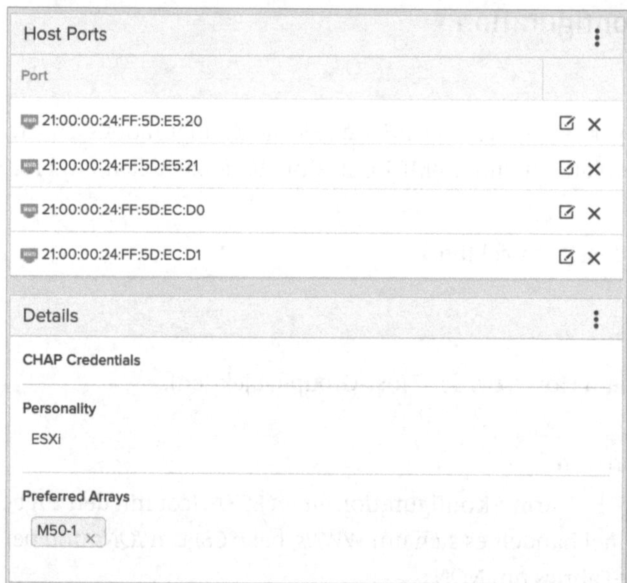

Abbildung 11.10 Beispiel für »Host Ports« eines über Fibre Channel angebundenen ESXi-Host

Bei Purity//FA-Versionen kleiner 5.3.7 müssen Sie bereits angebundene ESXi-Hosts vor dem Ändern der Personality in den Maintenance Mode setzen. Hier kann es zu einem Fabric-Log-out-/Log-in-Event kommen, das einen *Permanent Device Loss* (PDL) zur Folge haben könnte

Die Einstellung PREFERRED ARRAYS dient dazu, in *ActiveCluster*-Umgebungen Datenlokalität für einen ESXi-Host zu präferieren, indem dem ESXi-Host die Pfade zum Speichersystem als *Active/Optimized* bzw. *Active/Non-Optimized* übermittelt werden. Somit wird in ActiveCluster-Konfigurationen verhindert, dass hostseitige I/O-Operationen immer über beide Arrays im ActiveCluster verteilt werden, was insbesondere bei größeren Entfernungen zu unnötig hohen Latenzen führen kann. Die Empfehlung lautet, PREFERRED ARRAYS zu setzen, sofern die Round Trip Time zwischen den ActiveCluster-Arrays mehr als 0,5 ms beträgt.

Wenn es sich um *Uniform*-ActiveCluster-Umgebungen handelt (z. B. VMware HA/DRS über zwei Rechenzentren bzw. Brandabschnitte), muss PREFERRED ARRAYS auf beiden Flash-Arrays für die Hostobjekte gleichgesetzt sein.

Da es sich um eine Einstellung auf den FlashArrays handelt, ist auf den ESXi-Hosts keinerlei Konfiguration notwendig. Sobald ein präferiertes FlashArray konfiguriert wurde, informiert das FlashArray den ESXi-Host via ALUA (*Asymmetric Logical Unit Access*) über die Pfadpräferenz.

Nachdem die Hostobjekte mit den zugehörigen Initiatoren und Einstellungen konfiguriert wurden, empfiehlt es sich, die Hosts, die einem ESXi-Cluster angehören, in eine Host Group zu legen. Eine Host Group ist eine Verwaltungseinheit, die es erlaubt, Volumes mit nur einem Schritt an einem Cluster bereitzustellen. So stellen Sie sicher, dass alle ESXi-Hosts im

Cluster Zugriff auf dasselbe Volume haben und dieses auch mit derselben LUN-ID ausgestattet ist.

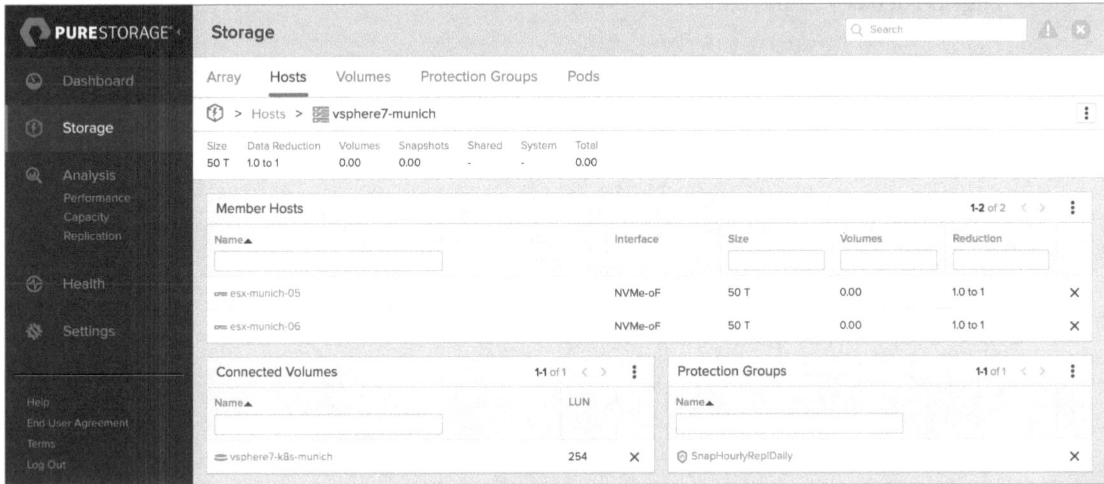

Abbildung 11.11 Host Group mit zwei ESXi-Hosts und einem leeren 50 TiB Volume angebunden

Alle ESXi-Hosts eines Clusters sollten auch zu einer Host Group auf dem FlashArray hinzugefügt werden, da dies den Betrieb und die Fehlersuche erleichtert.

Volumes als VMFS-Datastore erstellen

Für die Erstellung eines Volumes sind zwei Parameter zwingend notwendig: der *Name des Volumes* innerhalb des FlashArrays und die *Größe des Volumes*, das als VMFS-Datastore verwendet werden soll. Optional können noch QoS-Einstellungen wie z. B. Bandbreitenlimits oder IOPS-Limits gesetzt werden. Weitere Einstellungen sind nicht möglich.

Da FlashArrays mit einem variablen Blocklayout mit 512 Byte Granularität arbeiten, muss kein Partition Offset für ein bestimmtes Betriebssystem gesetzt werden, um Performanceproblemen durch Partition Misalignment aus dem Weg zu gehen.

Alle Volumes werden automatisch Thin Provisioned bereitgestellt, und alle Daten auf dem FlashArray werden, bevor sie auf ein Flash-Medium geschrieben werden, *dedupliziert*, *komprimiert* und *verschlüsselt*. Für die Datenreduktionsmechanismen Deduplizierung und Komprimierung wird das variable Blocklayout berücksichtigt, was gerade in vSphere-Umgebungen zu großen Einsparungen führt.

Die Größe des Volumes sollte die maximal unterstützte Größe für VMFS nicht überschreiten. Bei Geschwindigkeitsmessungen von kleinen (z. B. 2 TiB) oder großen (z. B. 50 TiB) Volumes sind keine Unterschiede festzustellen.

Ein Volume kann entweder mit Hostobjekten oder mit Hostgruppen verbunden werden. Falls ein Volume für die gemeinsame Nutzung durch einen Cluster vorgesehen ist, empfiehlt es sich, das Volume mit der Hostgruppe und nicht mit den einzelnen Hosts zu verbinden. Dies erleichtert die Bereitstellung und hilft, sicherzustellen, dass der gesamte ESXi-Cluster Zugriff auf das Volume hat.

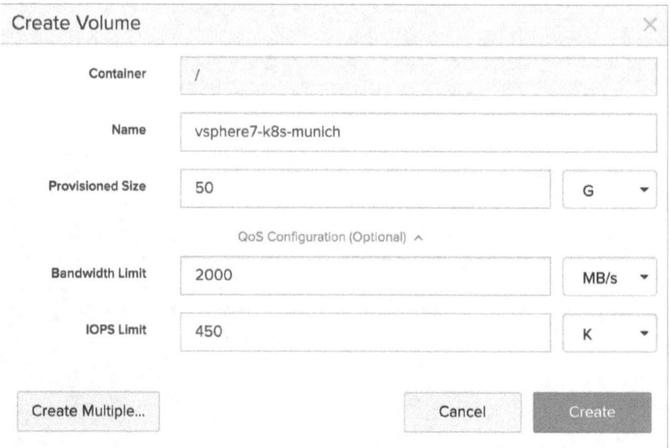

Abbildung 11.12 Optionen zum Volume-Management

Private Volumes, wie ESXi-Boot-Volumes, sollten nur mit dem jeweiligen Hostobjekt verbunden werden, da sie nicht gemeinsam genutzt werden sollten.

Weil es keine speziellen Anforderungen an LUN-IDs für ESXi-Umgebungen gibt, sollte die automatische LUN-ID-Zuteilung von Purity//FA verwendet werden. In ActiveCluster-Umgebungen müssen Sie darauf achten, dass das Volume mit derselben LUN-ID zum jeweiligen Host oder Host-Group-Objekt verbunden ist. Dies erleichtert die Übersichtlichkeit und die Fehlersuche.

11.3.2 ESXi-Konfiguration

Seitens der ESXi-Hosts sind für die optimale Verwendung von Pure FlashArrays nur wenige Einstellungen notwendig, die ich im Folgenden vorstellen werde.

- Konfiguration von VMware Native Multipathing Plugin (NMP)
- Konfiguration von VMware API for Array Integration (VAAI)
- iSCSI-Konfiguration
- NVMe-over-Fabrics-Konfiguration (siehe Abschnitt 11.6)

Das Plug-in VMware Native Multipathing konfigurieren

Um die I/O-Operationen möglichst gleichmäßig über alle Frontend-Ports des FlashArrays zu verteilen, wird NMP als Multi-Pathing-Software genutzt. Die zusätzliche Installation einer zusätzlich bereitgestellten Multi-Pathing-Software ist daher nicht notwendig.

Für Pure FlashArrays, die mit Fibre Channel oder iSCSI angebunden sind, wird das *Storage Array Type Plugin* (SATP) `VMW_SATP_ALUA` mit dem *Path Selection Plugin* (PSP) *Round Robin* empfohlen. Hierbei werden die Pfade zu einem bestimmten Volume rotiert, wodurch ESXi (und die virtuellen Maschinen, die auf dem Volume laufen) die Leistung maximieren kann, da alle verfügbaren Ressourcen (HBAs, Target-Ports usw.) genutzt werden.

Zusätzlich wird das *IO Operations Limit* von `1000` (ESXi-Defaulteinstellung) auf `1` gesetzt. Diese Anpassung bewirkt, dass nach jedem I/O ein Wechsel des logischen Pfads eines Volumes stattfindet.

Das Optimieren des IO Operations Limit hat dabei positive Effekte auf die Umschaltzeiten der Pfade (z. B. im Fall eines Ausfalls eines oder mehrerer Pfade) und bewirkt gleichzeitig, dass die Frontend-Ports seitens des FlashArrays gleichmäßig genutzt werden und sich dadurch Hotspots vermeiden lassen.

Seit vSphere 6.7 U1 und 7.0 gibt es eine Erweiterung des Round Robin PSP: *Enhanced Round Robin Load Balancing (Latency Based PSP)*. Mit dieser Erweiterung können nun einzelne Pfade aktiv überwacht werden, und der ESXi-Host kann entscheiden, ob er IOs an den jeweiligen Pfad senden soll oder einen anderen Pfad wählt. Ohne diese neue *Sub-Policy* des PSP wurde der I/O einfach gesendet, ohne dass dabei überprüft wurde, ob dieser Pfad auch optimal ist.

Initial werden die ersten 16 IOs pro Pfad überprüft, und deren durchschnittliche Antwortzeit wird berechnet. Danach erfolgt eine Berechnung der durchschnittlichen Antwortzeit eines jeden Pfads, und das NMP leitet daraus ab, welche Pfade nun *optimal* oder *non-optimal* sind. Ein Pfad, der als non-optimal deklariert wurde, wird nicht verwendet, und es werden somit keine IOs über diesen gesendet.

Der ESXi-Hosts überprüft alle Pfade einschließlich der Non-optimal-Pfade alle drei Minuten auf Änderungen der Latenz und trifft die Einstellung *optimal* bzw. *non-optimal* für jeden Pfad neu.

Alle Einstellungen zu SATP, PSP und Latency Based PSP werden in ESXi 7.0 und neuer automatisch vorgenommen, sobald eine LUN eines Pure FlashArrays angebunden wird.

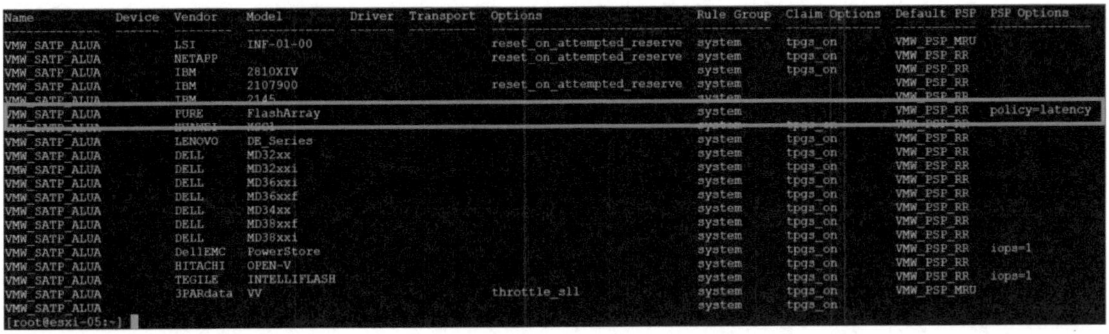

```
Name           Device Vendor   Model        Driver Transport Options                    Rule Group Claim Options Default PSP  PSP Options
-------------- ------ -------- ------------ ------ --------- -------------------------- ---------- ------------- ------------ --------------
VMW_SATP_ALUA         LSI      INF-01-00                     reset_on_attempted_reserve system     tpgs_on       VMW_PSP_MRU
VMW_SATP_ALUA         NETAPP                                 reset_on_attempted_reserve system     tpgs_on       VMW_PSP_RR
VMW_SATP_ALUA         IBM      2810XIV                                                  system     tpgs_on       VMW_PSP_RR
VMW_SATP_ALUA         IBM      2107900                       reset_on_attempted_reserve system                   VMW_PSP_RR
VMW_SATP_ALUA         IBM      2145                                                     system                   VMW_PSP_RR
VMW_SATP_ALUA         PURE     FlashArray                                               system                   VMW_PSP_RR   policy=latency
VMW_SATP_ALUA         HUAWEI   XSG1                                                     system     tpgs_on       VMW_PSP_RR
VMW_SATP_ALUA         LENOVO   DE_Series                                                system     tpgs_on       VMW_PSP_RR
VMW_SATP_ALUA         DELL     MD32xx                                                   system     tpgs_on       VMW_PSP_RR
VMW_SATP_ALUA         DELL     MD32xxi                                                  system     tpgs_on       VMW_PSP_RR
VMW_SATP_ALUA         DELL     MD36xxi                                                  system     tpgs_on       VMW_PSP_RR
VMW_SATP_ALUA         DELL     MD36xxf                                                  system     tpgs_on       VMW_PSP_RR
VMW_SATP_ALUA         DELL     MD34xx                                                   system     tpgs_on       VMW_PSP_RR
VMW_SATP_ALUA         DELL     MD38xxf                                                  system     tpgs_on       VMW_PSP_RR
VMW_SATP_ALUA         DELL     MD38xxi                                                  system     tpgs_on       VMW_PSP_RR
VMW_SATP_ALUA         DellEMC  PowerStore                                               system     tpgs_on       VMW_PSP_RR   iops=1
VMW_SATP_ALUA         HITACHI  OPEN-V                                                   system     tpgs_on       VMW_PSP_RR
VMW_SATP_ALUA         TEGILE   INTELLIFLASH                                             system     tpgs_on       VMW_PSP_RR   iops=1
VMW_SATP_ALUA         3PARdata VV                            throttle_sll               system     tpgs_on       VMW_PSP_MRU
VMW_SATP_ALUA                                                                           system     tpgs_on
[root@esxi-05:~]
```

Abbildung 11.13 Default-Multi-Pathing-Einstellungen mit ESXi 7.0 und FlashArray

VMware API for Array Integration (VAAI) konfigurieren

VAAI ermöglicht das Auslagern und Beschleunigen diverser Tätigkeiten vom ESXi-Host auf das Speichersystem, sofern dieses VAAI-Unterstützung bietet – auf die gesamte Pure-Storage-FlashArray-Familie trifft das zu.

Die FlashArrays unterstützen folgende VAAI-Funktionen:

- Hardware Assisted Locking (`ATOMIC TEST & SET`)
- Zero Offload (`WRITE SAME`)
- Space Reclamation (`UNMAP`)
- Copy Offload (`XCOPY`)

Für den optimalen Betrieb müssen die VAAI-Funktionen seitens der ESXi-Hosts angeschaltet sein. Standardmäßig sind sie es auch. Überprüfen können Sie das in den erweiterten Einstellungen des jeweiligen ESXi-Hosts. Alle Werte müssen hierbei auf 1 gesetzt sein.

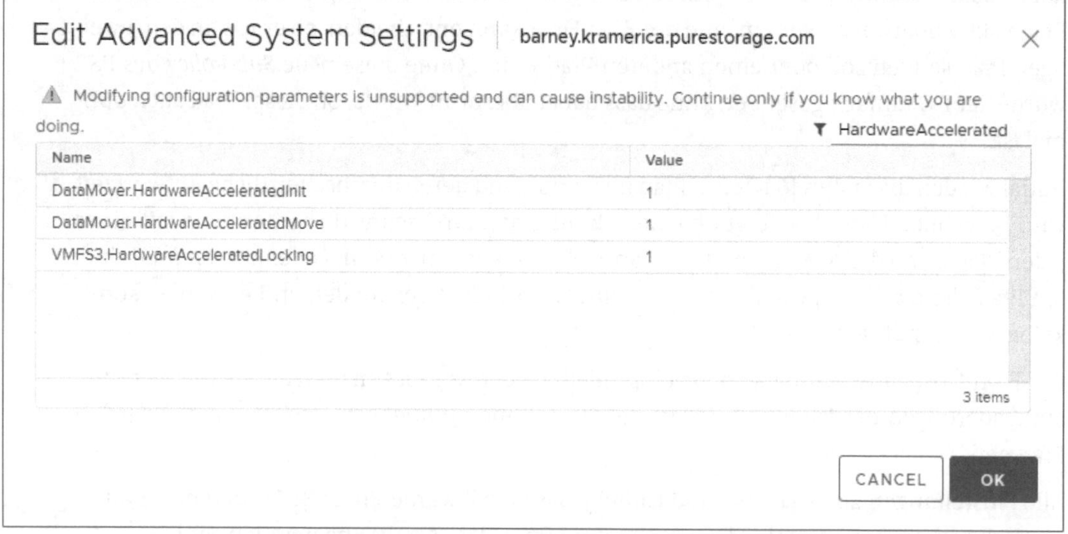

Abbildung 11.14 VAAI-Einstellungen

Während die genannten VAAI-Funktionen mit Protokollen arbeiten, die den SCSI-Befehlssatz verwenden (z. B. Fibre Channel und iSCSI), gilt es beim Einsatz von NVMe-over-Fabrics (NVMe-oF) einige Unterschiede zu beachten. In der initialen Version von ESXi 7.0 sind nicht alle VAAI-Funktionen implementiert. Dies liegt unter anderem daran, dass manche Funktionen, die aus der SCSI-Welt bekannt sind, nicht in der NVMe-Spezifikation vorhanden sind bzw. noch nicht umgesetzt wurden. Bei Interesse finden Sie die NVMe-Spezifikation bei nvm Express unter *https://nvmexpress.org/developers/nvme-specification/*.

VAAI-Funktion	SCSI-Kommando	NVMe-Kommando
Atomic Test and Set (ATS)/ Hardware Accelerated Locking	COMPARE AND WRITE (0x89)	Compare and Write (0x05 / 0x01 – fused operation)
Block Zero/Hardware Accelerated Init	WRITE SAME (0x93)	Write Zeroes (0x08)
Extended Copy (XCOPY)/ Hardware Accelerated Copy	XCOPY (0x83)	kein äquivalentes NVMe-Kommando
Dead Space Reclamation (Block Delete)	UNMAP (0x42)	Deallocate

Tabelle 11.1 Vergleich von SCSI-Kommandos und NVMe-Kommandos für VAAI

VAAI mit ActiveCluster

ActiveCluster unterstützt VMware VAAI Copy Offload für effizientes Klonen von VMs und Storage-vMotion-Operationen, wenn sich Quelle und Ziel der Operation im selben Pod befinden. VAAI-Copy-Offload-Vorgänge über Pod-Grenzen hinweg funktionieren wie herkömmliche Kopien.

Beim regelmäßigen Klonen von VMs z. B. zur Bereitstellung von Desktops aus Golden Images sollten Sie die zu klonende Quell-VM im selben Pod wie die Ziel-VMs speichern.

iSCSI-Konfiguration

Für die optimale Verwendung von iSCSI sind einige Anpassungen erforderlich. Diese können entweder durch die Verwendung der FlashArray-Webclient-Plug-ins automatisiert erfolgen oder manuell durchgeführt werden.

Sie sollten das iSCSI-Log-in-Timeout von standardmäßig 5 Sekunden auf 30 Sekunden erhöhen. Ebenfalls wird empfohlen, *DelayedAck* auszuschalten. Beide Anpassungen können Sie in den Einstellungen bzw. den erweiterten Einstellungen des *iSCSI vmhba* durchführen.

Informationen über weitere optionale Anpassungen wie z. B. die Verwendung von Jumbo Frames erhalten Sie auf der Pure-Support-Website:

https://support.purestorage.com/Solutions/VMware_Platform_Guide/User_Guides_for_VMware_Solutions/FlashArray_VMware_Best_Practices_User_Guide/dddVMware_ESXi_Host_Configuration

11.4 Virtual Volumes (vVols)

Pure Storage FlashArrays unterstützen vVols bereits seit vSphere 6.5. Dieser Abschnitt geht nur auf die notwendige Konfiguration zur Nutzung von vVols im Zusammenspiel mit FlashArray ein.

Obwohl die Verwendung des vSphere-Client-Plug-ins nicht zwingend notwendig ist, vereinfacht es die Konfiguration gegenüber den manuellen Schritten. Das Plug-in ermöglicht auch das Registrieren des FlashArray-VASA-Providers und das Bereitstellen eines vVol-Datastores. Alternativ kann der VASA-Provider auch manuell registriert werden, z. B. über die PowerCLI.

Der VASA-Provider selbst ist bereits auf beiden HA-Controllern eines jeden FlashArrays vorhanden und muss daher nicht extern, etwa als virtuelle Appliance, installiert und verwaltet werden. Er ist somit direkt hochverfügbar.

Für jedes FlashArray, auf dem vVols genutzt werden, muss der zugehörige VASA-Provider in vCenter registriert werden.

Der VASA-Provider unterstützt sowohl einzelne vCenter-Instanzen als auch die Anbindung an mehrere vCenter (*Enhanced Linked Mode*).

Direkt nach dem Registrieren des VASA-Providers kann nun ein vVol-Datastore über das vSphere-Client-Plug-in angelegt werden. Hierbei wird auch eine Verbindung zum *Protocol Endpoint* (PE) erstellt und der vVol-Datastore am ESXi-Host bereitgestellt. Als Standard wird ein PE mit einer Größe von 8 Petabyte pro FlashArray konfiguriert. Es können mehrere PEs auf einem FlashArray erstellt werden. Ebenso kann die Größe seitens des Pure-Supports geändert werden, falls notwendig. Eine weitere Konfiguration ist nicht erforderlich.

Für die Nutzung von vVols wird Purity//FA 5.3.6 und neuer empfohlen.

Eine ausführliche Beschreibung der unterstützten Funktionen im Zusammenspiel mit vVols und FlashArray sowie eine detaillierte Anleitung für die Konfiguration werden auf der Pure-Support-Webseite bereitgestellt:

https://support.purestorage.com/Solutions/VMware_Platform_Guide/User_Guides_for_VMware_Solutions/Virtual_Volumes_User_Guide/Web_Guide%3A_Implementing_vSphere_Virtual_Volumes_with_FlashArray

11.5 ActiveCluster

ActiveCluster ist eine Funktion des Purity//FA-Betriebssystems, mit der Sie aus zwei FlashArrays ein *Active/Active Stretched Storage*-System bilden. Hierzu werden neben zwei FlashArrays keine zusätzlichen Softwarelizenzen oder Hardwareerweiterungen an den FlashArrays benötigt.

Die Verwendung von ActiveCluster ermöglicht folgende Szenarien:

- Kontinuierlicher Betrieb über Rechenzentren hinweg.
- Kontinuierlicher Betrieb im Rechenzentrum.
- Synchrone Datenspiegelung für Desaster Recovery.
- Unterbrechungsfreie Datenmigration/Workload Re-Balancing zwischen Arrays.
- 3-Site-Architekturen für den kontinuierlichen Betrieb und Desaster Recovery.

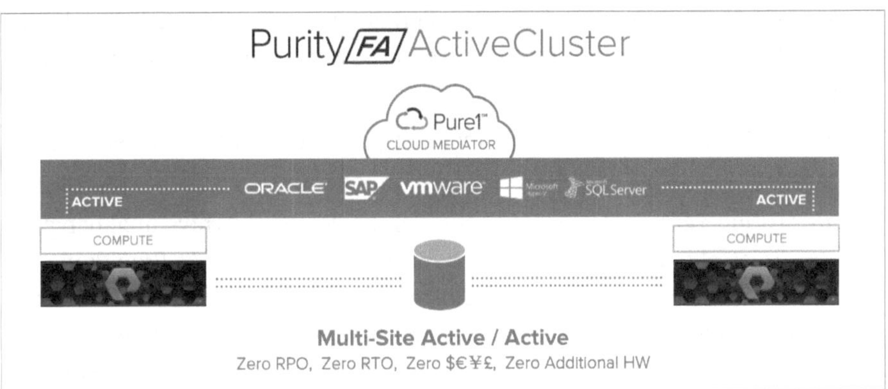

Abbildung 11.15 ActiveCluster-High-Level-Architektur

ActiveCluster wird insbesondere dann verwendet, wenn hohe Anforderungen an *RTO* (*Recovery Time Objective* oder auch Wiederherstellungszeit) und *RPO* (*Recovery Point Objective* oder auch Verlusttoleranz) gestellt werden.

Für den kontinuierlichen Betrieb bedeutet dies ein RTO von 0 und ebenfalls ein RPO von 0. Die Lösung muss daher in der Lage sein, selbst bei einem Ausfall eines gesamten FlashArrays ohne jeglichen Datenverlust weiterzuarbeiten.

Um diese Anforderungen zu erfüllen, werden zwei Technologien angewendet: synchrone Datenspiegelung zwischen den FlashArrays und ein Umschaltmechanismus (Failover/Failback), der für die Hosts, VMs und Applikationen transparent ist.

ActiveCluster repliziert hierbei nicht nur die eigentlichen Daten synchron, sondern auch *Volume Snapshots* und *Volume Clones*.

Der Active/Active Stretched Cluster, den ActiveCluster abbildet, definiert sich dadurch, dass bei einer Uniform-Host-Anbindung ein Host eine Verbindung zu beiden FlashArrays besitzt und auf dasselbe Volume lesend und schreibend zugreift. In VMware-HA- bzw. vMSC-Umgebungen (*https://kb.vmware.com/s/article/51656*) ist *Uniform* die häufigste Methode der Anbindung. So können virtuelle Maschinen den Verlust eines Arrays oder den Verlust der Replikationsverbindungen zwischen Arrays unterbrechungsfrei, d. h. ohne jeglichen zusätzlichen Eingriff, überbrücken.

Neben einer Uniform-Host-Anbindung gibt es auch die Non-Uniform-Host-Anbindung. Im Gegensatz zur Uniform-Host-Anbindung werden Hosts nur an eines der beiden FlashArrays angebunden. Diese Art der Anbindung wird dann verwendet, wenn z. B. eine Anbindung der Hosts über beide Standorte hinweg nicht möglich ist bzw. für den jeweiligen Anwendungsfall nicht erforderlich ist (etwa wenn die Wiederherstellungszeit größer als 0 ist).

Unabhängig davon, ob Hosts uniform oder non-uniform angebunden werden, erfolgt nach der Wiedererstellung eines ausgefallenen FlashArrays automatisiert eine Resynchronisation der Daten, um wieder einen 100 % gleichen Datenbestand auf beiden FlashArrays garantieren zu können und ein RPO von 0 zu ermöglichen. Hierbei werden, falls möglich, nur die seit dem Ausfall angefallenen Daten (Deltas) repliziert – es muss also nicht der gesamte Datenbestand neu repliziert werden.

Neben den beiden FlashArrays kommt eine weitere Komponente bei ActiveCluster zum Einsatz, und zwar ein *Mediator*.

Der *Pure Mediator* ist ein Service, der in einer von den beiden FlashArrays unabhängigen Fehlerdomäne bereitgestellt wird und verhindert, dass es zu einem *Split Brain* kommen kann. Split Brain ist ein bekanntes Problem in Cluster-Umgebungen jeglicher Art. Für den Fall, dass zwei Systeme, die Daten über ihren Zustand bzw. ihre Aktivitäten austauschen, nicht mehr miteinander kommunizieren können, kann ohne eine dritte Instanz keine Entscheidung darüber getroffen werden, welches System den aktiven Betrieb weiterführt und welches System ihn einstellt.

Der Pure Mediator ist eine solche dritte Instanz, die im Fall eines Verbindungsverlusts zwischen den FlashArrays kontaktiert wird und diese über den Zustand des anderen informiert. So kann entschieden werden, auf welchem FlashArray der Datenzugriff erhalten bleibt und auf welchen er nicht weiter fortgeführt wird, um Dateninkonsistenz und Datenverlust auszuschließen.

Der Pure Mediator ist hierbei eine passive Komponente. Daher findet keinerlei Überwachung oder das aktive Ausführen eines Failovers/Failbacks durch den Mediator statt. Diese Aktivitäten werden durch die FlashArrays selbstständig getroffen.

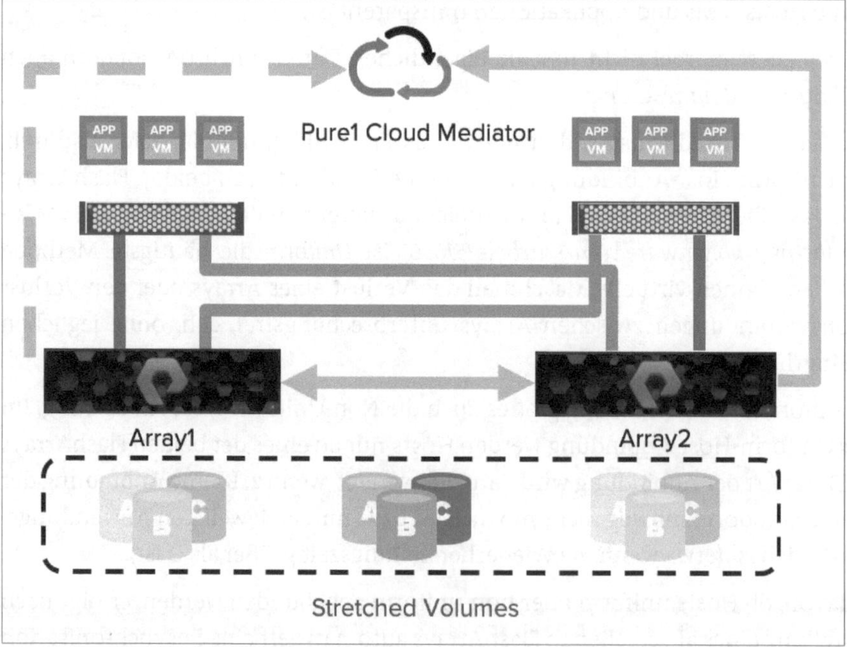

Abbildung 11.16 Pure1 Cloud Mediator

Für die Nutzung des Pure Mediator sind zwei Szenarien möglich:

- Nutzung des Pure1 Mediators als Service in der Pure1 Cloud
- Ausrollen einer virtuellen Mediator Appliance an einem dritten Standort

Meist wird der Pure1 Mediator verwendet, da hierfür keinerlei zusätzlicher Aufwand anfällt. ActiveCluster nutzt diesen in der Standardeinstellung. Für die Anbindung wird dieselbe verschlüsselte Verbindung verwendet, die auch für die Anbindung an das Pure-Supportsystem zum Einsatz kommt. Damit wird z. B. auch eine zusätzliche Konfiguration der Firewall-Regeln für den Mediator überflüssig.

Wenn Sie die virtuelle Mediator Appliance verwenden, müssen Sie zunächst die Appliance selbst ausrollen und nach dem Start mit einer Netzwerkkonfiguration versehen. Anschließend muss diese IP-Adresse bzw. der passende FQDN in den FlashArrays eingetragen werden.

Die Änderung des Mediators kann online vorgenommen werden. Eine Mediator-Instanz erlaubt die Anbindung mehrerer ActiveCluster. Daher ist es nicht notwendig, für jeden ActiveCluster einen separaten Mediator zu betreiben.

Gegenüber einem ESXi-Host ist eine ActiveCluster-Konfiguration nur durch die höhere Anzahl an Pfaden von einer Single-FlashArray-Konfiguration zu unterscheiden.

Während zum Beispiel ein Volume mit zwei redundanten Pfaden an ein FlashArray angebunden ist, sind bei der Verwendung von ActiveCluster nun vier Pfade für dieses Volume sichtbar. Bei einem Ausfall eines FlashArrays würden somit aus Sicht des ESXi-Hosts nur wenige Pfade verfügbar sein. Das Multi-Pathing des ESXi-Hosts deklariert einen Ausfall eines Pfads bzw. dessen Rückkehr.

Eine abweichende Konfiguration der ESXi-Hosts bei der Nutzung von ActiveCluster muss nicht durchgeführt werden.

ActiveCluster im Rechenzentrum vs. ActiveCluster über weitere Distanzen

Um eine konsistente synchrone Datenreplikation sicherzustellen, muss ein Host so lange warten, bis beide FlashArrays die vom Host geschriebenen Daten gesichert haben, bevor er das *Write Acknowledge* bekommt. Erst jetzt kann der Host weitere Daten senden. Im Fall der FlashArrays muss er warten, bis beide FlashArrays die Dateien in ihren NVRAM-Speicher kopiert haben.

Für ActiveCluster sieht der Schreibvorgang wie folgt aus:

❶ Der ESXi-Host sendet einen Write IO, der von Array 1 angenommen wird.

❷ Array 1 leitet den Write IO an Array 2 weiter.

❸ Array 1 und Array 2 kopieren den Write IO in ihr NVRAM.

❹ Array 2 sendet ein *NVRAM Acknowledge* an Array 1.

❺ Array 2 sendet das *Write Acknowledge* an den Host.

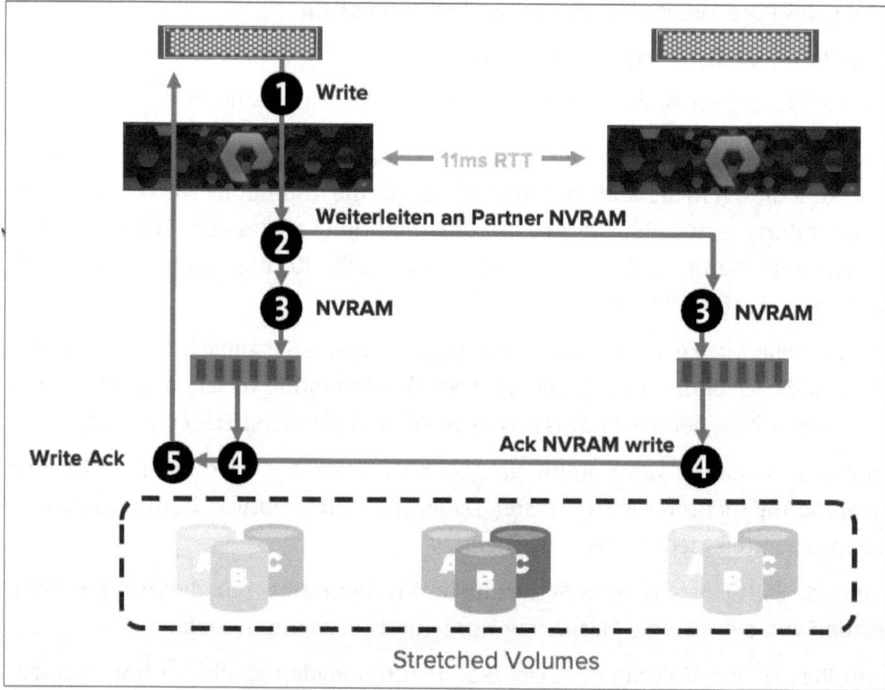

Abbildung 11.17 Schreibvorgang bei ActiveCluster

Die Zeit, in der ein Host auf die Bestätigung des Schreibvorgangs warten muss, ist von der Distanz und der damit verbundenen Latenz zwischen den FlashArrays abhängig. ActiveCluster unterstützt hierbei bis zu 11 ms *RTT* (*Round Trip Time*) zwischen den beiden FlashArrays. Dabei ist nur die RTT des Replikationsnetzwerks von Bedeutung.

Um keine zusätzlichen Latenzen für den I/O-Verkehr zwischen Host und FlashArray zu verursachen, lassen sich auf dem FlashArray für die jeweiligen Hostobjekte Präferenzen festlegen, die es erlauben, den Datenverkehr im Normalbetrieb jeweils lokal stattfinden zu lassen.

In Uniform-Host-Umgebungen wird bei RTT kleiner als 0,5 ms zwischen den FlashArrays empfohlen, keine Präferenzen zu setzen und so eine optimale Lastverteilung über alle Pfade und über beide Arrays hinweg zu erzielen. Hierbei werden dem ESXi-Host die Pfade zum Volume über ALUA (*Asymmetric Logical Unit Access*) vom FlashArray kommuniziert.

Ohne eine Präferenz zu setzen, werden alle Pfade nun als *Active/Optimized* bzw. in ESXi als *Active(I/O)* dargestellt und somit gleichwertig verwendet.

Bei Umgebungen, die eine höhere RTT als 0,5 ms aufweisen, wird empfohlen, eine Präferenz für das jeweils lokale FlashArray in den Hostobjekten auf dem FlashArrays zu setzen.

Nun werden dem ESXi-Host die lokalen Pfade via ALUA als Active/Optimized und die Pfade des entfernten FlashArrays als Active/Non-Optimized kommuniziert. Im Normalbetrieb erfolgt somit die gesamte Kommunikation zwischen den ESXi-Hosts und dem FlashArray lokal über die Active/Optimized-Pfade. Erst wenn ein Fehler bei der Verbindung auftritt, wählt das ESXi-Multi-Pathing einen *Active/Non-Optimized* Pfad.

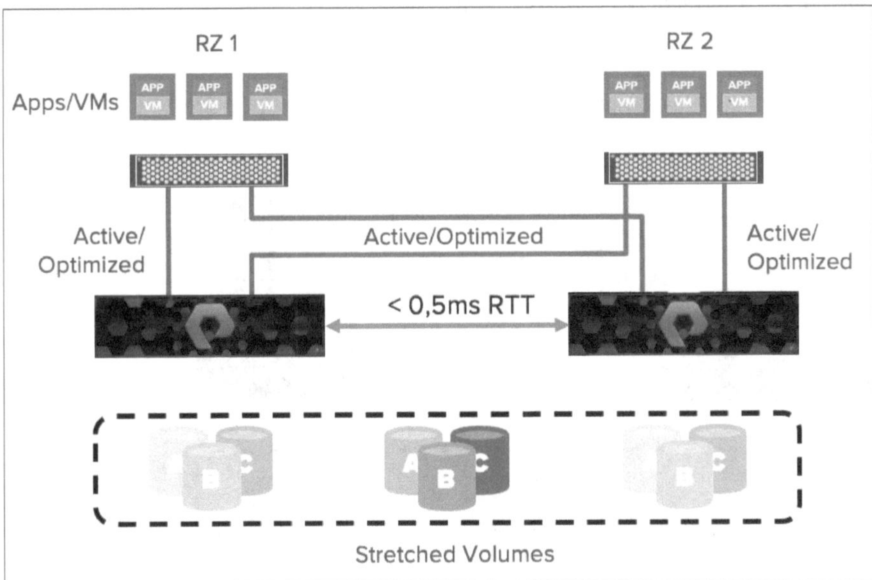

Abbildung 11.18 Standardkonfiguration bei RTT <0,5 ms

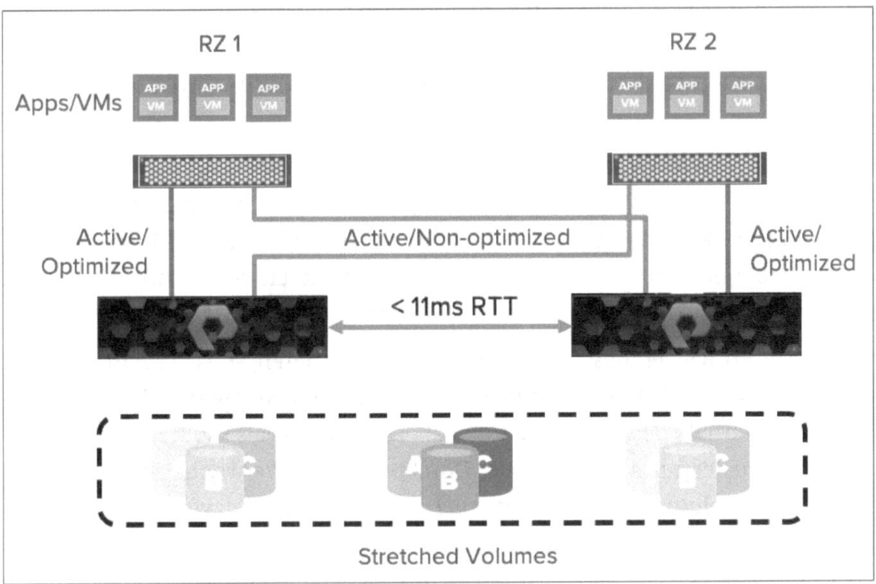

Abbildung 11.19 Lokaler Datenverkehr bei konfigurierten Präferenzen bei RTT >0,5 ms und <11 ms

Da die Array-Präferenz in den Hostobjekten auf den FlashArrays konfiguriert wird, ist es transparent für virtuelle Maschinen. Wird z. B. eine VM mittels *vMotion* (manuell oder durch

DRS ausgeführt) von einem ESXi-Host in Rechenzentrum 1 (RZ 1) auf einen ESXi-Host in RZ 2 migriert, erfolgt der Datenverkehr zwischen dem ESXi-Host und dem FlashArray zuvor lokal in RZ 1 und nach der erfolgreichen Migration lokal in RZ 2.

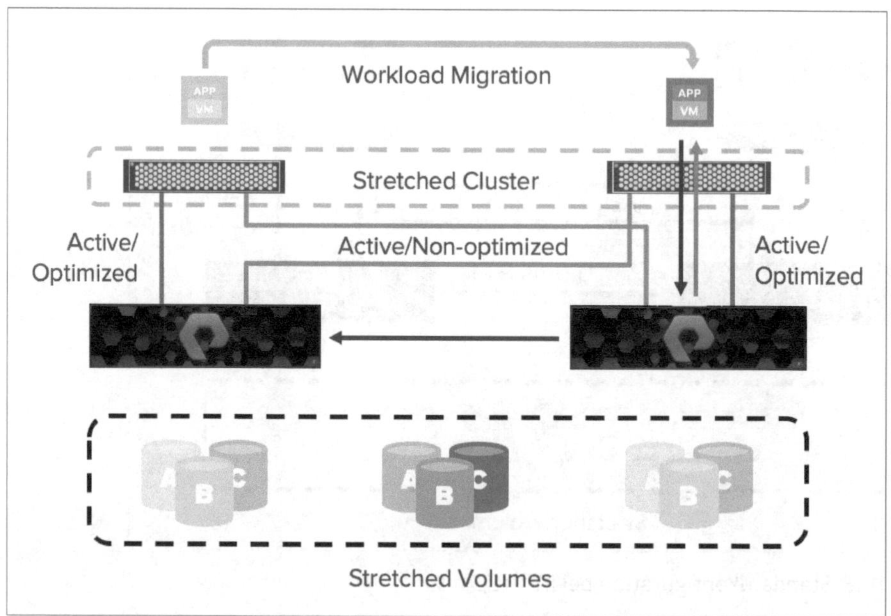

Abbildung 11.20 Workload-Migration mit präferiertem lokalem Datenverkehr

Wie Sie die Präferenz setzen, habe ich bereits in Abschnitt 11.3.1, »FlashArray konfigurieren«, beschrieben.

Volumes, die via ActiveCluster bereitgestellt werden, werden in Pods auf den FlashArrays organisiert. Ein Pod ist dabei ein Objekt zur Verwaltung von Volumes und zugleich auch eine Konsistenzgruppe. Innerhalb eines ActiveClusters können Sie mehrere Pods betreiben, um beispielsweise Datenbereiche auf den FlashArrays zu organisieren oder um verschiedene Einstellungen wie z. B. Failover-Präferenzen oder Mediator-Konfigurationen vorzunehmen.

Um einen reibungslosen Betrieb des ActiveClusters zu garantieren, muss darauf geachtet werden, dass Dienste, die für die Konnektivität zum Mediator notwendig sind, keine Abhängigkeit zu Volumes innerhalb des ActiveClusters haben. Beispielsweise sollten DNS-Server-VMs, die vom ActiveCluster zur Auflösung von Domänennamen verwendet werden, nicht auf einem gespiegelten Volume betrieben werden. Dasselbe gilt für Netzwerk-Proxy-Server, NAT-Gateways und Dienste, die das Standard-Gateway für das FlashArray bereitstellen.

Der Blockspeicher, der zur Bereitstellung dieser Dienste verwendet wird, muss sich außerhalb der gestreckten Pod-Volumes befinden, die ActiveCluster bereitstellt.

Die jeweils aktuelle Dokumentation zum Betrieb von vSphere und ActiveCluster ist auf der Pure-Support-Website erhältlich:

https://support.purestorage.com/Solutions/VMware_Platform_Guide/User_Guides_for_VMware_Solutions/ActiveCluster_with_VMware_User_Guide/Web_Guide%3A_Implementing_vSphere_Metro_Storage_Cluster_With_ActiveCluster

11.6 NVMe-over-Fabrics

Mit vSphere 7.0 wird nun auch die Anbindung von blockbasierten Speichersystemen über *NVMe-over-Fabrics* (*NVMe-oF*) unterstützt.

Hierbei wird im Gegensatz zu iSCSI oder Fibre Channel Protocol (FCP) kein SCSI-Protokoll über die Ethernet- bzw. Fibre-Channel-Infrastruktur transportiert, stattdessen wird das NVMe-Protokoll genutzt.

Während SCSI für die Verwendung von Festplatten entwickelt wurde, konzentriert sich NVMe auf Anforderungen von Flash-basierten Medien, um deren Geschwindigkeit maximal ausnutzen zu können. NVMe unterstützt dazu beispielsweise bis zu 64k Queues mit je bis zu 64k Kommandos pro Queue. SCSI über SATA oder SAS unterstützen hingegen nur eine einzelne Queue mit 32 bzw. 256 Kommandos und stellen damit einen Flaschenhals für den Zugriff auf Flash-Medien dar.

NVMe-oF ermöglicht eine Ende-zu-Ende-Kommunikation vom ESXi-Host, die über die Storage Fabric in das FlashArray und hin zum Flash-Medium läuft. NVMe-oF stellt Ihnen hierbei mehrere Optionen für den Transport des NVMe-Protokolls bereit:

NVMe over *Fibre Channel*

- NVMe over *RDMA* (*RoCEv2* oder *InfiniBand*)
- NVMe over *TCP*

vSphere 7.0 unterstützt sowohl NVMe over Fibre Channel als auch NVMe over RMDA unter der Verwendung von *RoCEv2* (*RDMA over Converged Ethernet*). FlashArray unterstützt aktuell NVMe-oF over RoCEv2.

Da es sich bei vSphere 7.0 um die erste Version handelt, die NVMe-oF beinhaltet, ist der Support derzeit auf VMFS-Datastores begrenzt. vVols und RDMs werden z. B. noch nicht unterstützt.

Um nun NVMe-oF mit vSphere 7.0 und FlashArray zu verwenden, müssen Sie zunächst die RDMA-Netzwerkadapter auf den ESXi-Hosts konfigurieren. Sie müssen dabei sicherstellen, dass die RoCEv2-Unterstützung eingeschaltet ist. Dies ist beispielsweise für *Mellanox RDMA Network Interface Cards* (RNICs), die den Treiber `nmlx4_core` nutzen, sowie *Broadcom RNICs* notwendig.

Ähnlich wie bei der Konfiguration von iSCSI müssen Sie nun vSwitches, Port Groups und vmkernel-Ports erstellen.

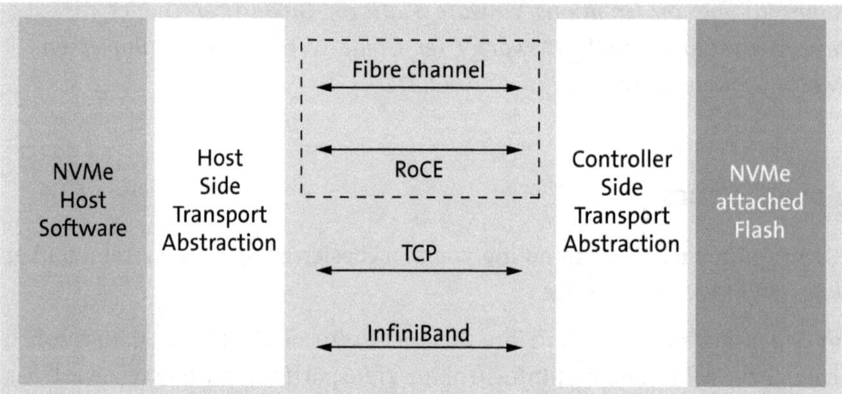

Abbildung 11.21 NVMe-over-Fabrics

Zu beachten ist hierbei:

- Es sind mindestens zwei verschiedene Portgruppen erforderlich (maximal vier).
- Jede Portgruppe sollte nur einen physischen RDMA-NIC-Port im Abschnitt ACTIVE ADAPTERS haben. Andere Adapterports sollten sich im Abschnitt UNUSED ADAPTERS befinden.
- Die MTU zwischen den vmkernel-Adaptern und dem virtuellen Switch muss konsistent konfiguriert sein.

Abschließend müssen lediglich die Software-NVMe-over-RDMA-Adapter auf den ESXi-Hosts hinzugefügt werden. Dies schließt die Konfiguration bei ESXi ab.

Seitens des FlashArrays muss nun noch der *NQN* (*NVMe Qualified Name*) des ESXi-Hosts im zugehörigen Hostobjekt konfiguriert werden. Verwenden Sie `esxcli`, um ihn anzuzeigen:

```
[root@munich-esx7-4:~] esxcli nvme info get
   Host NQN: nqn.2014-08.com.vmware:nvme:munich-esx7-4
```

Nun können Volumes zur Verwendung als Datastore erstellt und an die ESXi-Hosts bzw. Host Groups angebunden werden.

11.7 VM Analytics

Um die VM-Analytics-Funktion in Pure1 zu nutzen, muss der *VM Analytics Collector* installiert werden. Bei dem Collector handelt es sich um einen Docker-Container, der eine Verbindung zu einem oder mehreren vCentern herstellt und von dort über API-Zugriffe die notwendigen Performancemetriken periodisch ausliest. Diese Metriken werden über eine gesicherte Verbindung an Pure1 gesendet, dort verarbeitet und unter VM TOPOLOGY angezeigt.

Diese Metriken enthalten Topologieinformationen von Hosts, VMs, virtuellen Disks und Datastores sowie die dazugehörigen I/O-, CPU- und Memory-Statistiken.

Die Installation des VM Analytics Collector wird durch das Ausrollen einer virtuellen Appliance (OVA) erledigt. Es muss daher keine weitere Container-Umgebung bereitgestellt werden.

Die OVA kann direkt aus der Pure1-Oberfläche heruntergeladen werden.

Unter ANALYTICS • VM TOPOLOGY klicken Sie auf das Settings-Icon und vergeben unter CREATE COLLECTOR einen Namen. Im gleichen Fenster wird nun auch der Link zum Download der aktuellen Collector Appliance angezeigt.

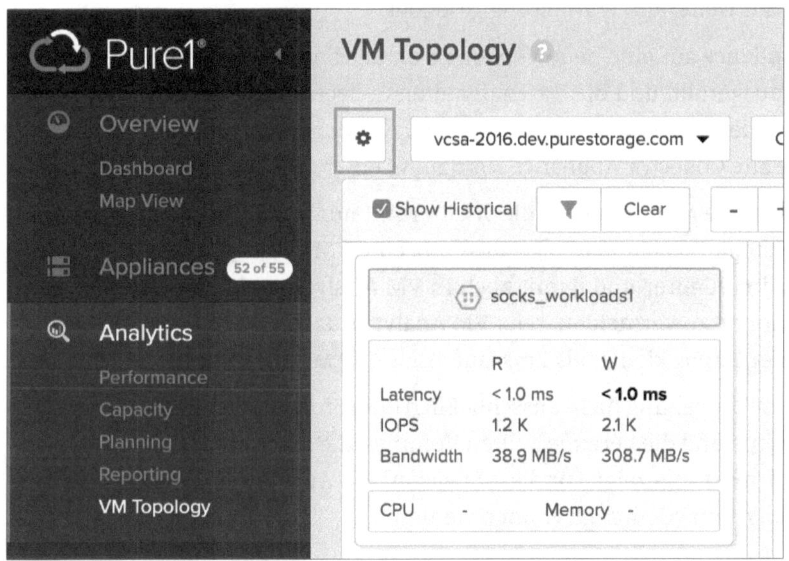

Abbildung 11.22 Erstellen eines neuen VM Analytics Collector in Pure1

Das Ausrollen der Appliance selbst geschieht über den herkömmlichen DEPLOY OVF TEMPLATE-Weg aus dem vSphere Web Client heraus.

Nachdem die Collector Appliance erstellt wurde, sollten Sie das Passwort ändern. Dies kann über die Konsole oder via SSH erfolgen. Der Default-Benutzername ist `pureuser` und das Default-Passwort lautet ebenfalls `pureuser`.

Das Passwort für den `pureuser`-Benutzer ändern Sie mit dem Kommando `pureadmin`:

```
pureadmin setattr --password
```

Nun kann die Verbindung zu einem oder mehreren vCentern hergestellt werden. Hierfür nutzen Sie das Kommando `purevmanalytics`:

```
purevmanalytics connect --hostname <VCENTER IP ADDRESS>
  --username <USERNAME@domain.name>
```

Überprüfen Sie jetzt die Verbindung zum vCenter:

```
$ purevmanalytics list
password for pureuser:
Name                      Enabled   State    Duration (s)   Last collection
------------------------  --------  -------  -------------  -------------------
vcenter01.purestorage.com True      IDLE           12.4367  2020-05-21 06:25:21
```

Nach wenigen Stunden werden die Statistiken in Pure1 angezeigt. Die Zeit ist insbesondere von der Größe der vCenter-Umgebung und der Anzahl an virtuellen Maschinen abhängig. Ab diesem Zeitpunkt werden die Metriken in der Standardeinstellung alle zehn Minuten erfasst und an Pure1 zur weiteren Verarbeitung gesendet.

Um die Collector Appliance auf eine neue Version zu aktualisieren, wird eine neue virtuelle Collector Appliance ausgerollt, und die Daten der alten Collector Appliance werden importiert. Nutzen Sie dazu den Befehl `purevmanalytics config import --host HOST [--user USER]`. Dann löschen Sie die alte Collector Appliance aus dem vCenter und aus Pure1.

Standardmäßig werden die Metriken über die vCenter-API nur mit einer Mindestgranularität von 1 ms bereitgestellt. Das hat zur Folge, dass z. B. eine VM, die `esxtop` mit einer Latenz von 0,58 ms anzeigt, im vCenter und damit auch in VM Analytics mit 0 ms erscheint. Um fehlerhafte Informationen zu vermeiden, zeigt VM Analytics daher VMs und ESXi-Hosts, die durchgehend mit einer Latenz kleiner als 1 ms laufen, als <1.0 MS an.

Werden in der vSphere-Umgebung nicht ausschließlich Pure Storage FlashArrays verwendet, werden Speichersysteme und die bereitgestellten Volumes, die nicht auf FlashArrays gehostet werden, als (UNKNOWN) angezeigt. Für diese Speichersysteme werden daher nur die Metriken angezeigt, die aus dem vCenter gewonnen werden.

Abbildung 11.23 Darstellung von Nicht-Pure-Storage-Systemen

Die gesamte Dokumentation zur Integration von Pure-Lösungen in VMware-Lösungen finden Sie im VMware Platform Guide auf der Pure-Support-Website:

https://support.purestorage.com/Solutions/VMware_Platform_Guide

Kapitel 12
VMware vSphere und NetApp-Storage

Mit der idealen Kombination einer vSphere-Umgebung mit NetApp-Storage lässt sich insbesondere beim Backup sehr viel Zeit einsparen. Im Vergleich zu traditionellen Lösungen dauern viele Dateiübertragungen mit der richtigen Technologie nur noch einen Bruchteil der Zeit.
Autor dieses Kapitels ist Philip Sonntag, philipsonntag@gmail.com.

NetApp, im Jahr 1992 gegründet, war der erste Anbieter am Markt, der sowohl Fibre-Channel als auch Netzwerkprotokolle nativ unterstützte. Die Architektur hat sich bis heute bewährt: Sie besteht aus zwei Filern, die ihre Funktion im Fehlerfall automatisch oder auf Wunsch manuell gegenseitig übernehmen können. Ein ONTAP-System von NetApp wird in der Regel immer als *HA-System* konfiguriert, sodass ein Komplettausfall des Systems mit sehr hoher Wahrscheinlichkeit nicht eintreten wird.

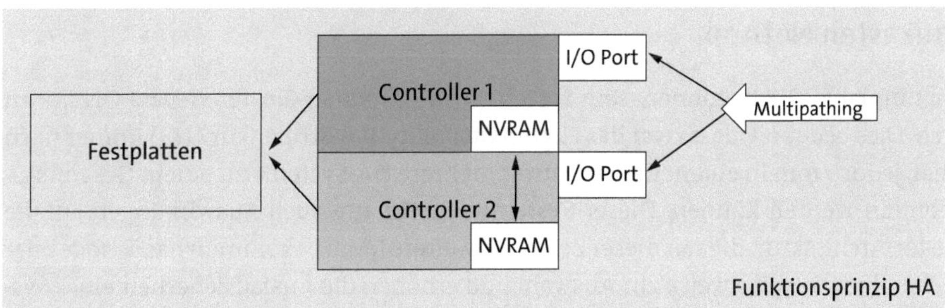

Abbildung 12.1 NetApp HA

Ein *Snapshot* eines Volumes einer NetApp hat den technischen Vorteil, dass eine Schreiboperation in einem Volume mit Snapshot keine zusätzliche Schreibbelastung mit sich bringt, wie das bei einigen anderen Snapshot-Verfahren der Fall ist. Grundlage dafür ist das NetApp-eigene *Write Anywhere File Layout* (WAFL). Diese Snapshot-Technologie sorgt für die Replikation zwischen den zwei ONTAP-Storage-Systemen *SnapVault* und *SnapMirror*. Seitdem diese beiden Features in *NetApp ONTAP* integriert wurden, bewährt sich NetApp-ONTAP-Storage als Backup-Storage und ist im primären wie auch im sekundären Storage-Umfeld sehr beliebt.

Synchrone Spiegelung von Storage war bei NetApp lange Zeit, wegen der langsamen IP-Übertragungsgeschwindigkeiten ausschließlich im *NetApp MetroCluster* verfügbar, dessen Funktionsprinzip Sie in Abbildung 12.2 sehen. Der MetroCluster zeichnet sich dadurch aus, dass eine synchrone Spiegelung auf einer Distanz von bis zu 300 km realisiert werden kann. Die beiden Varianten *Stretched MetroCluster* (*Dark-Fibre* für kurze Distanz) und *Fabric MetroCluster* (*Dark-Fibre* mit FC-Switches große Distanz) gibt es bis heute, und sie komplettieren den neuen MetroCluster IP. Dieser synchronisiert im Gegensatz zum klassischen MetroCluster nicht mehr über eine extra Dark-Fibre-Verbindung, sondern über ein TCP/IP-Netzwerk, und kann über eine Distanz von 700 km arbeiten. Zusätzlich ermöglicht der *synchrone SnapMirror* aus der Snapshot-Replizierung in manchen Anwendungsfällen eine Alternative zu einem MetroCluster.

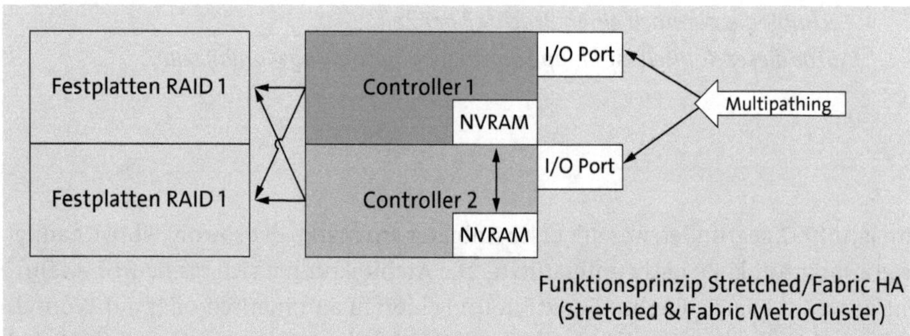

Abbildung 12.2 Funktionsprinzip MetroCluster

12.1 Baukasten NetApp

NetApp hat im Jahr 2012 begonnen, sein System vom 7-Mode in Clustered-Data-ONTAP zu überführen. Dies bedeutet, dass zwar das High-Availability-Konstrukt (kurz HA) immer noch Bestand hat, jedoch nun in einem neuen Cluster mehrere HA-Systeme zu einem Gesamtsystem kombiniert werden können. Dieser Systemwechsel hatte auch Auswirkungen auf die MetroCluster-Architektur, die seit dieser Zeit noch weitere Modi bekommen hat: *2-node* oder *4-node* stehen hier beispielsweise zur Auswahl und erhöhen die Ausfallsicherheit eines Systems nachhaltig.

Mit dem Wechsel von ONTAP 8 auf ONTAP 9 wurden Release-Zyklen angepasst, und außerdem hielt die Cloud-Architektur bei NetApp Einzug in die Produktlandschaft. *ONTAP Select* wurde als alternatives Produkt für die kleine private Cloud neben einem separaten ONTAP-System geschaffen und bildet für Direct-Attached-Storage die ONTAP-Funktionen ab. Dabei wird der lokale Speicherplatz eines ESXi-Hosts von der Software als ONTAP-Storage betrieben.

Die durch ONTAP initiierte *Data Fabric* bildet die Grundlage für sämtliche Cloud-Services von NetApp. In ONTAP 9.7 wurde eine Beta-Funktion für S3-Speicher direkt in ONTAP integriert. NetApp unterstreicht damit die zukünftigen Möglichkeiten innerhalb der NetApp DataFabric als private Cloud.

Im Hybrid-Cloud-Ansatz findet sich unter anderem das Produkt HCI. Der Ansatz von NetApp-HCI-Systemen ist ein anderer als vergleichsweise zu VMware vSAN. Unterschieden wird hier, auf welcher Ebene der Storage physikalisch angebunden ist.

Bei VMware vSAN gibt es im Unterschied zur HCI-Lösung von NetApp keine separate Storage-Hardware. Das vSAN von VMware ist gänzlich virtualisiert, während NetApp Storage-Nodes mit dem Betriebssystem *Solid Fire* vorhält, die Sie dann mit der klassischen Datafabric von NetApp verbinden können. So lassen sich die bekannten Vorteile wie Replikation per SnapVault oder SnapMirror weiter nutzen. Zusätzlich gibt es Compute-Nodes, die die entsprechende Hardware für die Virtualisierung separat zur Verfügung stellen. Das VMware vSAN stellt aus dieser Perspektive ein neues Silo dar, während für NetApp die Integration in die bestehende Produktlinie und die bestehenden Features sehr wichtig ist.

Somit gilt für die HCI-Lösung von NetApp der bekannte Ansatz, dass aus der Applikation Storage-Snapshots mithilfe einer Backup-Software erstellt werden und diese dann auf ein separates System übertragen werden. Die Granularität in der Übertragung der geänderten Blöcke ist hier der Vorteil der HCI-Lösung von NetApp, weil nur geänderte Blöcke zwischen zwei Snapshots übertragen werden müssen. Damit stellt der HCI-Ansatz von NetApp ein ideales Einstiegstor in die *Hybrid Cloud* dar. Genau abwägen müssen Sie den Unterschied einer HCI-Lösung gegenüber der klassischen Architektur mit ONTAP und vSphere. Aus technischer Sicht funktioniert eine HCI-Lösung ebenso gut wie eine klassische Architektur, insofern wird es eine Frage des Preises sein, welcher Trend der richtige für Sie ist, was die Mehrheit der Administratoren und Entscheider auf Dauer nutzen wollen und welche Technologie sich auf dem Markt durchsetzt.

Abbildung 12.3 zeigt den Unterschied zwischen einer klassischen Storage/Server-Architektur (links), einer virtualisierten Storage-Umgebung (Mitte), wie sie beispielsweise mit vSAN realisierbar ist, und dem HCI-Ansatz von NetApp (rechts).

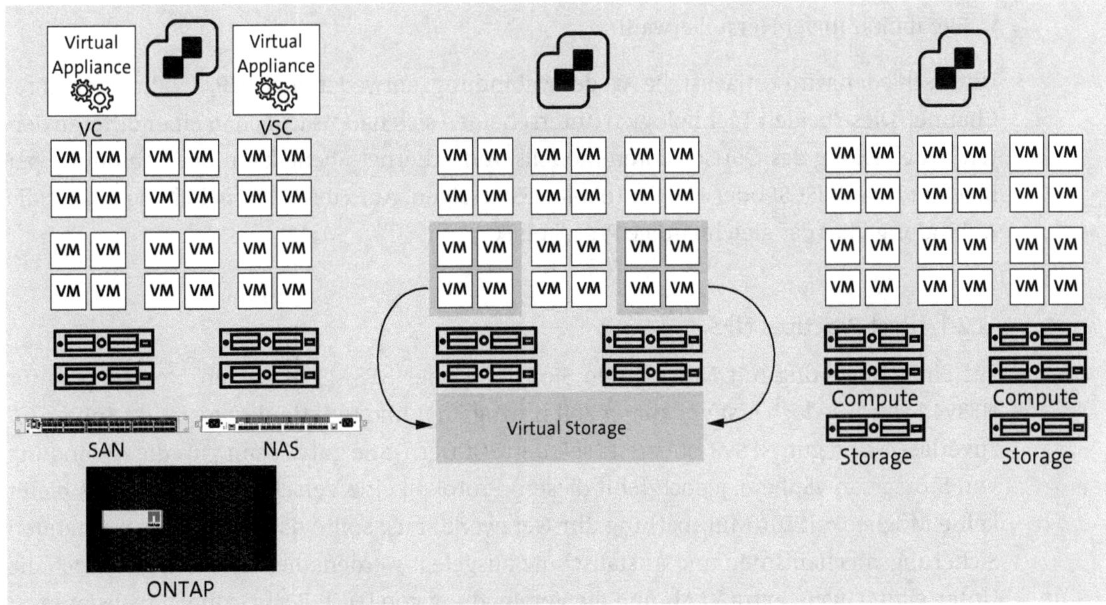

Abbildung 12.3 Vergleich der verschiedenen Ansätze

Der Schwerpunkt der Betrachtung in diesem Kapitel liegt auf der klassischen Architektur.

Innerhalb eines ONTAP-Storage-Systems wird der Speicher in *Storage Virtual Machines* (*SVM*, VServer) logisch unterteilt. Die Festplatten werden in *Aggregaten* zu RAID-Gruppen zusammengefasst und bilden die Grundlage für *Volumes*, die dann in flexibler Größe auf dem NetApp-System angelegt werden können. Die Netzwerk-Ports werden entweder als einzelne Ports oder bereits in einem Verbund (*ifgrp*) in *Broadcast Domains* zusammengefasst. Innerhalb einer Broadcast Domain werden *LIFs* (*Logical Interface*) erstellt, denen Sie dann IP-Adressen zuweisen und zwischen denen Ports oder ifgrps einer Broadcast Domain verschoben werden können. Dies sorgt für Ausfallsicherheit und ermöglicht planbar durchführbare Downtimes für einzelne Ports.

Eine SVM kombiniert Volumes und LIFs miteinander, sodass der Zugriff entsprechend Ihren Vorgaben stattfinden kann.

12.2 Klassischer Ansatz

NetApp und VMware arbeiten schon seit vielen Jahren zusammen, und dementsprechend gibt es auf beiden Seiten Best Practices Guides, die Ihnen die verschiedenen Arten erläutern, wie der Storage an eine vSphere-Umgebung angehängt werden kann. Folgende Vorteile hat die klassische Architektur gegenüber dem HCI-Ansatz:

- Kombination von Front-End-Netzwerk und Storage-Netzwerk möglich
- unabhängige Beschaffungszeiträume von Storage und Server
- Flexibilität in der Herstellerwahl

Unterschieden wird zunächst die Art der Anbindung: entweder über TCP/IP oder über Fibre-Channel. Diese beiden Technologien unterscheiden sich hauptsächlich in einer differenzierten Unterteilung des OSI-Schichten-Modells. Auf Ethernet-Ebene kann die Anbindung per Block-Protokoll iSCSI oder File-Protokoll NFS erfolgen. Auf Fibre-Channel-Ebene erfolgt die Anbindung über das gleichnamige Protokoll FC.

12.2.1 Best Practices NFS

Für eine Umgebung mit NFS können Sie NFSv3 oder NFSv4.1 einsetzen. Der Support für NFSv4.1 wurde jedoch erst vor kurzer Zeit hinzugefügt und funktioniert erst mit vSphere 6.7 zuverlässig und gut. NFSv3 ist bereits seit den 2000ern eine gute Lösung für die Anbindung von Storage an vSphere, jedoch fehlt diesem Protokoll eine Verschlüsselung, und es bietet keine Möglichkeit für Multipathing. Ihr Netzwerk-Stack sollte daher mit entsprechenden Sicherungsmechanismen und Ausfallschutz ausgelegt werden; dies lässt sich gut durch die Unterteilung in ein extra VLAN und die Verwendung von LACP-Port-Gruppen realisieren.

Für eine Anbindung sollten Sie mindestens 10 GBit/s vorsehen. Sie können auch das Storage-vMotion-Netzwerk auf dieses Netzwerk legen, sodass lang andauernde vMotion-Vorgänge der Vergangenheit angehören.

Sie sollten die beiden NFS-Versionen nicht in einer SVM mischen und diese – wenn überhaupt – getrennt voneinander betreiben. Für die Einhaltung der Best Practices der ESXi-Hosts ist es empfehlenswert, die VSC-Console zu installieren und die entsprechenden Host-Einstellungen durchzuführen sowie das VAAI-Plug-in auf jedem ESXi-Host zu installieren. Eine Anleitung dazu finden Sie Abschnitt 12.3, »NetApp Virtual Storage Console«.

12.2.2 Best Practices FC

Für die Realisierung Ihrer Fibre-Channel-Umgebung müssen Sie zwingend auf die Hardwarekompatibilität achten. Im Gegensatz zu Ethernet-Umgebungen gibt es keinen Standard, der eine generelle Kompatibilität zwischen Geräten garantiert. Sie müssen also jede einzelne Komponente Ihrer FC-Umgebung einzeln über die Kompatibilitätsmatrix der Hersteller prüfen. Bei NetApp finden Sie die Kompatibilitätsmatrix auf der Website *mysupport.netapp.com/matrix*.

Eine Fibre-Channel-Umgebung mit NetApp-Storage besteht für gewöhnlich aus folgenden Bestandteilen:

- ONTAP-Version
- Host Operation System
- Host-Bus-Adapter
- Host-Plattform
- Host-Multipath
- Host-Utilities
- HBA-Treiber
- HBA-Firmware
- Filesystem
- Host-Clustering

Der SAN-Switch wird in der NetApp-Kompatibilitätsmatrix in einer separaten Liste geführt. Wichtig ist nur die Abhängigkeit von der ONTAP-Version:

- Switch-Firmware
- ONTAP-Version

Vor allem die HBA-Treiber und die HBA-Firmware machen es mitunter nicht leicht, eine kompatible Gesamtkonfiguration zu finden. Der NetApp-Support unterstützt Sie bei einer Fehlersuche nur, wenn eine Kompatibilität gegeben ist. VMware vSphere 7.0 wurde bereits in die Kompatibilitätsmatrix von NetApp aufgenommen, und es sind bereits einige Konfigurationen verfügbar. Wenn Sie den NetApp-Support kontaktieren, können Sie Ihre Konfiguration speziell anfragen, sofern sie nicht in der Liste verfügbar sein sollte. Generell lässt sich sagen, dass eine Kompatibilität mit VMware vSphere 6.5 in Kombination mit etwas älterer Hardware aktuell (Oktober 2020) schon schwierig zu finden ist. Sie sollten gerade in einer Fibre-Channel-Umgebung die Software generell up to date halten und die Versionsschritte nach Möglichkeit mitgehen.

Ein großer Nachteil bei der Anbindung über FC/LUN gegenüber der TCP/IP-NFS-Anbindung innerhalb von NetApp ist der logische Overhead auf dem NetApp-System. Durch die zusätzliche Schicht bis zur LUN im NetApp-System ergeben sich viele zusätzliche Objekte, die einzeln administriert werden müssen. Dies hat zwar keinen Einfluss auf die Funktionalität, sollte bei der Entscheidung jedoch unbedingt bedacht werden, da es die Komplexität erhöht.

Eine Anbindung über Ethernet ist auch aus Kostengründen in der Regel die wirtschaftliche Lösung. Über die Anbindung per NFS können Sie kein *Raw Device Mapping* durchführen. Deshalb empfiehlt sich die Entscheidung für Ethernet, weil Sie dort parallel mit den Protokollen *NFS* und *iSCSI* arbeiten können. Tabelle 12.1 zeigt den logischen Unterschied zwischen FC, iSCSI und NFS.

<table>
<tr><th>Logische Elemente – FC</th><th>Logische Elemente TCP/IP – iSCSI</th><th>Logische Elemente TCP/IP – NFS</th></tr>
<tr><td colspan="2">LUN</td><td rowspan="3">volume</td></tr>
<tr><td colspan="2">qtree</td></tr>
<tr><td colspan="2">volume</td></tr>
<tr><td colspan="3">aggregate</td></tr>
<tr><td>FC-LIF (hält WWNN)</td><td colspan="2">Ethernet-LIF (hält IP)</td></tr>
<tr><td>FC-Interfaces ESX</td><td colspan="2">Ethernet-Interface ESXi</td></tr>
<tr><td colspan="2">VMFS-Datastore oder Raw-Device</td><td>NFS-Datastore</td></tr>
</table>

Tabelle 12.1 Vergleich der logischen Elemente FC, iSCSI und NFS

12.3 NetApp Virtual Storage Console

Für beide Arten der Anbindung liefert NetApp die *Virtual Storage Console* (*VSC*) mit. Als NetApp-Kunde können Sie diese kostenlos in Ihre Umgebung deployen. Nach dem Download von der NetApp-Support-Seite *https://mysupport.netapp.com* können Sie sie als OVA-Template bequem installieren. Für die Appliance werden regelmäßig Updates herausgegeben, die Sie über ein ISO auf Ihre installierte Appliance ausrollen können.

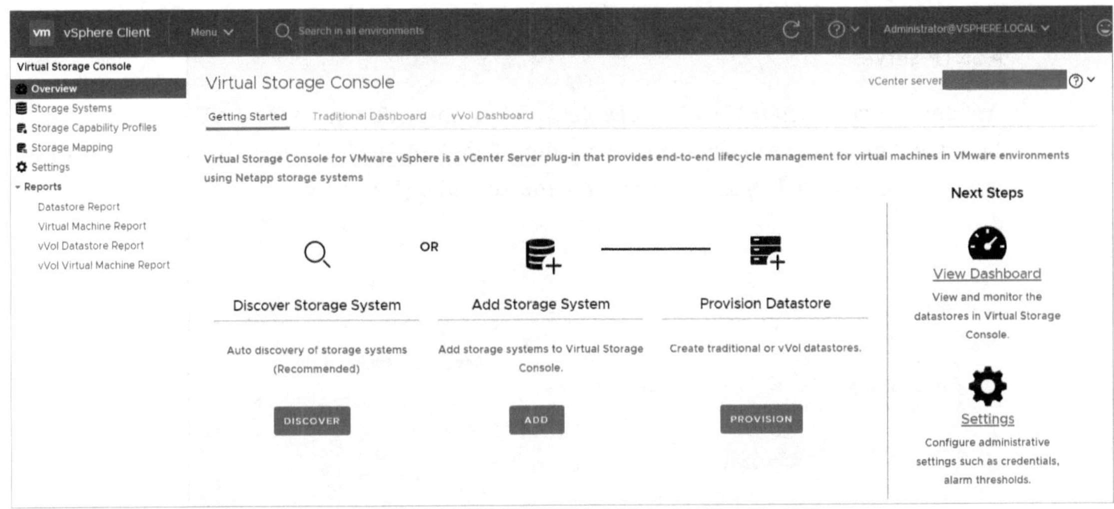

Abbildung 12.4 VSC nach der Installation in vSphere

Die NetApp VSC übernimmt verschiedene Funktionen:

- Provisionierung eines Datastores nach bestimmten Vorgaben (NFS, iSCSI und FC)
- Konfiguration der notwendigen Timeout-Werte im ESXi-Server
- Installation NFS-Plug-in for VAAI (vStorage API for Array Integration)

Der Vorteil liegt hier darin, dass Sie nach erfolgreicher Grundinstallation und Basiseinrichtung Ihres NetApp-Storages sämtliche Administrationsaufgaben für die Provisionierung von Datastores aus der vSphere-Oberfläche durchführen können. Es ist nicht notwendig, sich auf der Administrationsoberfläche des NetApp-Storage-Systems anzumelden.

12.3.1 Die VSC installieren

Für die Installation der NetApp VSC müssen Sie folgende Parameter bereithalten:

- Admin-Passwort
- Maintenance-Passwort
- IP-Adresse des vCenter
- User-Name des vCenter
- Passwort des vCenter
- Hostname der Appliance
- Subnetzmaske
- Gateway

- DNS-Server
- NTP-Server

Auf den *Storage Virtual Machines* des NetApp-Systems müssen Sie für die VSC einen eigenen Benutzer anlegen. Dies erledigen Sie mit dem Tool *RBAC User Creator*, das Sie im Tool Chest von NetApp finden: *https://mysupport.netapp.com/site/tools*.

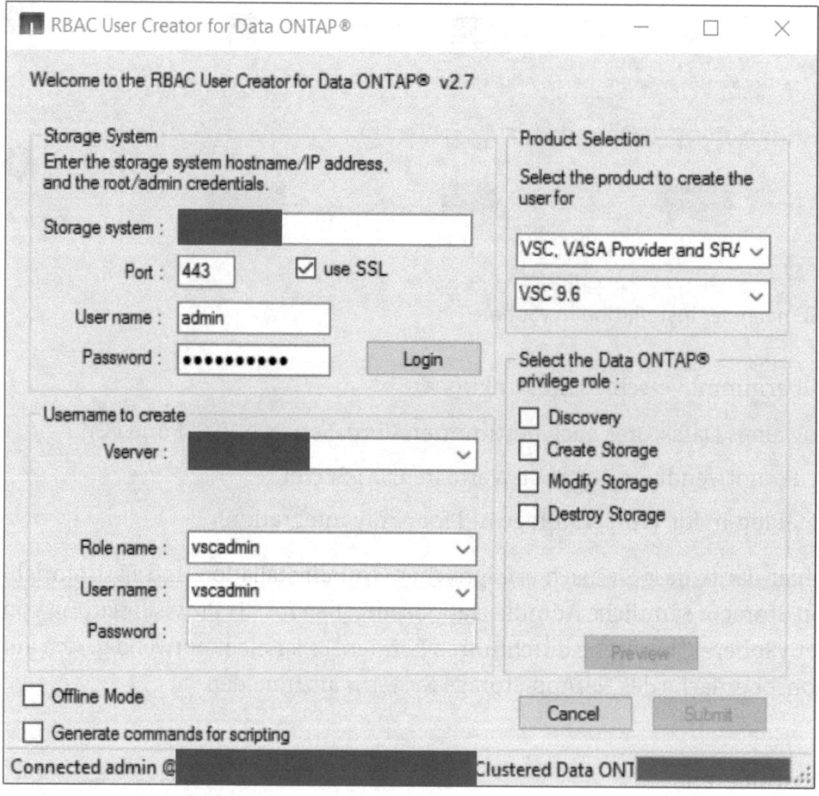

Abbildung 12.5 RBAC User Creator

Mit dem Tool RBAC User Creator loggen Sie sich auf dem Cluster ein und wählen dann pro SVM aus, welchen User Sie erstellen wollen. Es ist empfehlenswert, eine neue Rolle und einen neuen User anzulegen. Einen neuen User legen Sie an, indem Sie einen Text in das Dropdown-Feld eingeben. In Abbildung 12.5 wurden Rollenname und Username identisch gewählt. Wählen Sie bei den Produkten die entsprechenden Parameter Ihrer spezifischen Umgebung aus, und legen Sie mit den Rechten individuell fest, welche Möglichkeiten der User auf dem NetApp-Storage-System erhalten soll. Für eine komplette Administration über die VSC sollten Sie alle Punkte auswählen.

12.3.2 VServer den Aggregaten zuweisen

Weisen Sie auch jeder SVM die Aggregate zu, auf denen sie Volumes erstellen können. Auf der Kommandozeile des NetApp-Clusters setzen Sie dafür folgende Befehle ab:

```
vserver show
aggr show
vserver modify -vserver {VSERVERNAME} -aggr-list {AGGREGATENAME}
```

12.3.3 VServer in VSC anlegen

Nachdem Sie die SVMs innerhalb der VSC angelegt haben, sehen Sie diese in einer Übersicht zusammengefasst (siehe Abbildung 12.6).

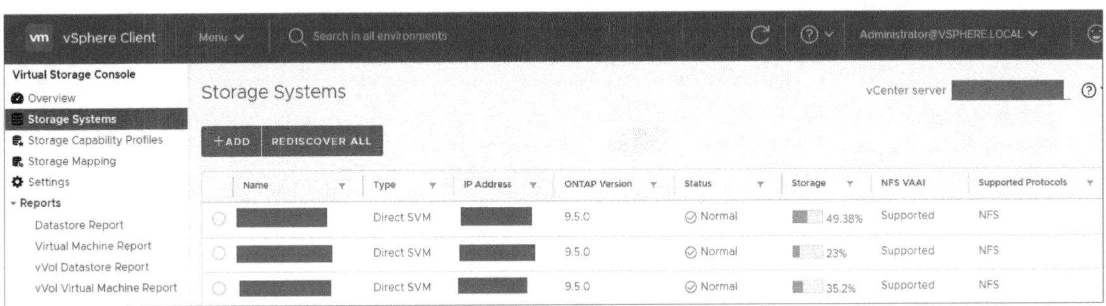

Abbildung 12.6 Übersicht SVMs in Virtual Storage Console

Nun haben Sie die Möglichkeit, bequem über die VSC einen neuen Datastore innerhalb des NetApp-Storage-Systems anzulegen:

12.3.4 VSC-VAAI konfigurieren

Bevor Sie einen Datastore nun an Ihre vSphere-Umgebung provisionieren, müssen Sie noch Einstellungen auf dem Host vornehmen. Dies betrifft auch die VAAI-Schnittstelle. *VAAI* steht für *vStorage API for Array Integration* und ist eine Kommunikationsschnittstelle zwischen Storage und Hypervisor. An dieser Stelle stellt die VSC innerhalb von vSphere eine Oberfläche bereit, die über die VAAI-Schnittstelle mit dem Storage kommuniziert. Neben der VAAI-Schnittstelle hält die VSC zusätzlich den VASA-Provider und den Storage-Replication-Adapter für den VMware Site Recovery Manager bereit.

Mit ONTAP 9.7 wurde eine wesentliche Änderung in der Kommunikation zwischen VASA-Provider und vCenter eingeführt: die *OnCommand API Services* müssen nun nicht mehr mit dem VASA-Provider verdrahtet werden, sondern können direkt untereinander kommunizieren.

Für den Betrieb mit einer NFS-Umgebung laden Sie auf der NetApp-Support-Website das aktuelle NFS-Plug-in für VMware VAAI herunter: *https://mysupport.netapp.com/site/products/all/details/nfsplugin-vmware-vaai/downloads-tab*.

Über die Einstellungen der VSC deployen Sie das Plug-in im Abschnitt SETTINGS auf jeden einzelnen ESXi-Host (siehe Abbildung 12.7). Bitte beachten Sie, dass es möglicherweise erforderlich ist, den ESXi-Server neu zu starten.

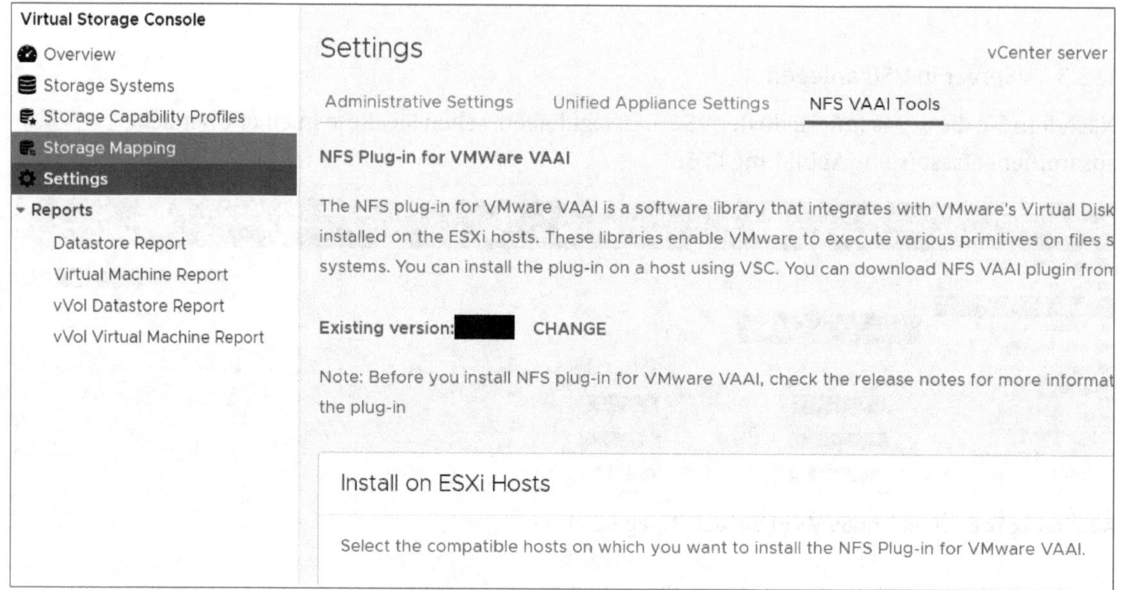

Abbildung 12.7 Installation des NFS-Plug-ins für VMware VAAI

Bevor Sie den Neustart ausführen, sollten Sie über die VSC auch noch die ESXI HOST SETTINGS setzen, damit Sie sich einen erneuten Neustart sparen können. Sowohl für NFS als auch FC- und iSCSI-Verbindungen müssen Sie auf den ESXi-Hosts die Timeout-Werte und die Adapter-Einstellungen korrekt setzen. Die VSC übernimmt dies per Klick in der Übersicht OVERVIEW (siehe Abbildung 12.8).

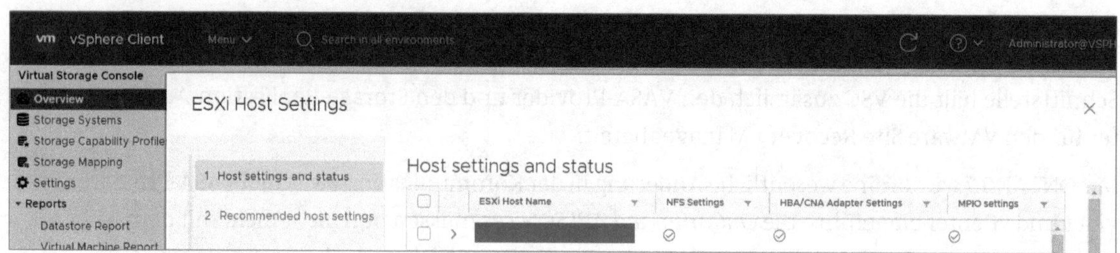

Abbildung 12.8 ESXi Host Setting (FC, NFS, MPIO)

Die Werte stellt die VSC automatisch ein. Manuell müssen Sie die Werte nur setzen, wenn Sie mehrere Storage-Systeme von unterschiedlichen Herstellern mit unterschiedlichen Anforderungen zeitgleich einsetzen. Hier müssen Sie schauen, ob die Werte überhaupt kompatibel miteinander sind.

Im Technical Report 4597 hält Appendix B die genauen Anforderungen für NetApp zum Nachlesen bereit: *https://www.netapp.com/us/media/tr-4597.pdf*.

12.3.5 Einen Datatore anlegen

Nachdem nun alle notwendigen Schritte abgeschlossen sind, können Sie mit dem Anlegen eines Datastores starten.

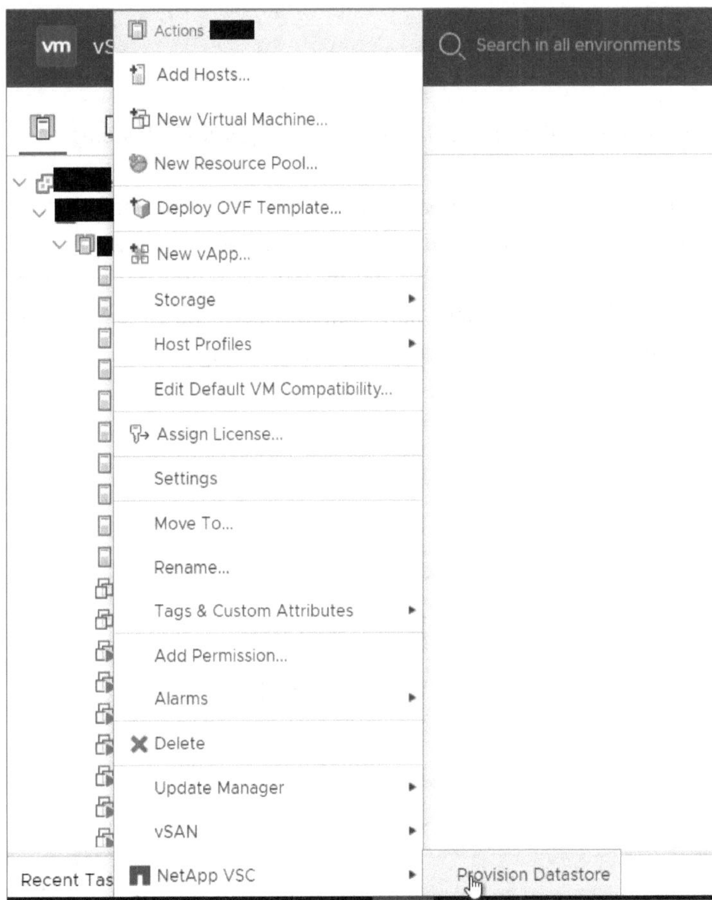

Abbildung 12.9 VSC Provision Datastore über den Wizard

Sie können einen Datastore für einen Host oder gleich für einen ganzen Cluster erstellen, je nachdem, welches Objekt Sie mit dem Rechtsklick in der Ansicht HOST & CLUSTER anklicken.

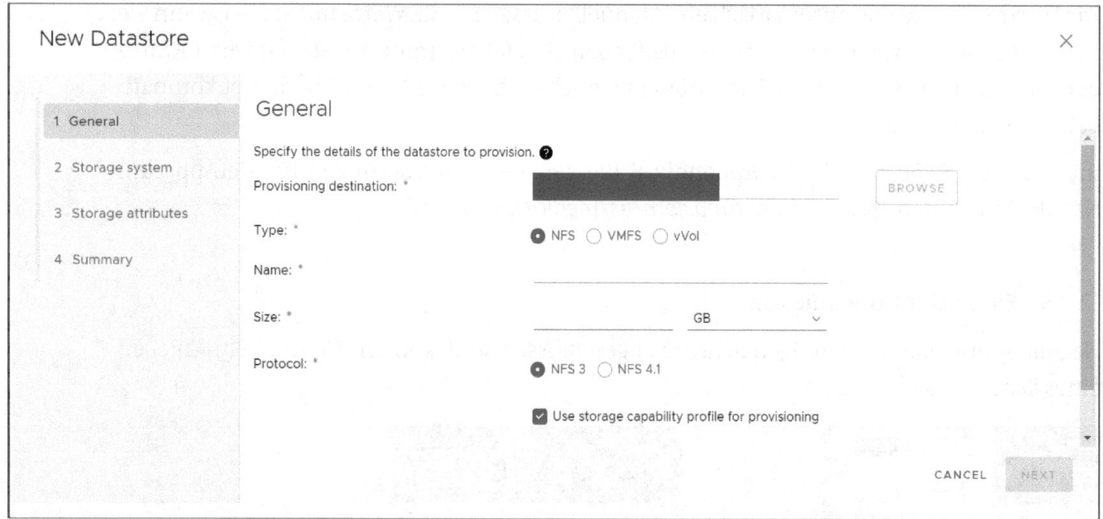

Abbildung 12.10 Eingabe der gewünschten Größe, des Namens und des Typs des Datastores

Es öffnet sich der Wizard für das Anlegen eines neuen Datastores (siehe Abbildung 12.10). Im Beispiel wird ein NFS-Datastore erzeugt. Name und Größe können individuell angegeben werden, und auch die NFS-Version kann ausgewählt werden. Für VMFS-Volumes funktioniert dieser Wizard ebenso, die Oberfläche weicht dann entsprechend den notwendigen Parametern leicht von dieser und der folgenden Darstellung in Abbildung 12.11 ab.

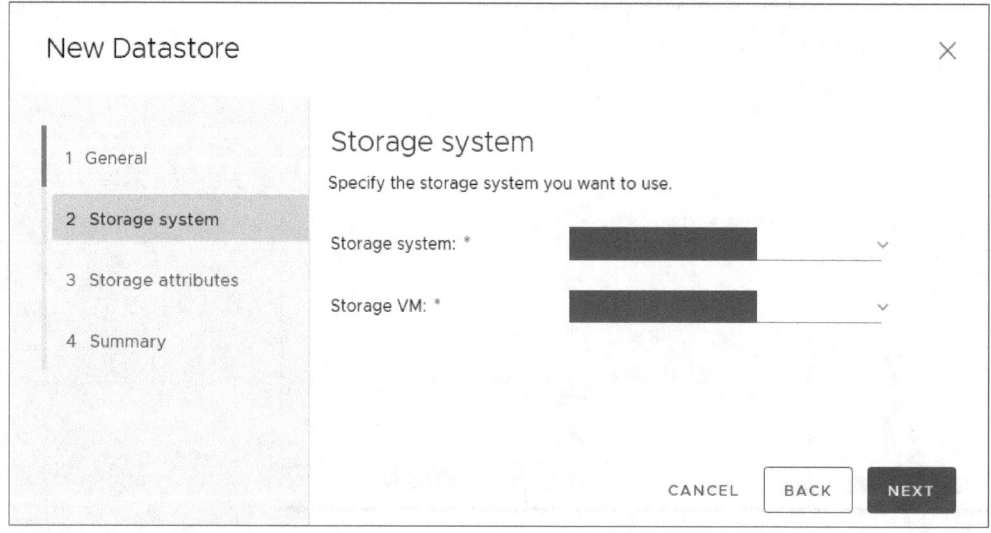

Abbildung 12.11 Angabe des Aggregats

Die zuvor hinzugefügten SVMs werden im dritten Schritt (siehe Abbildung 12.12) ausgewählt.

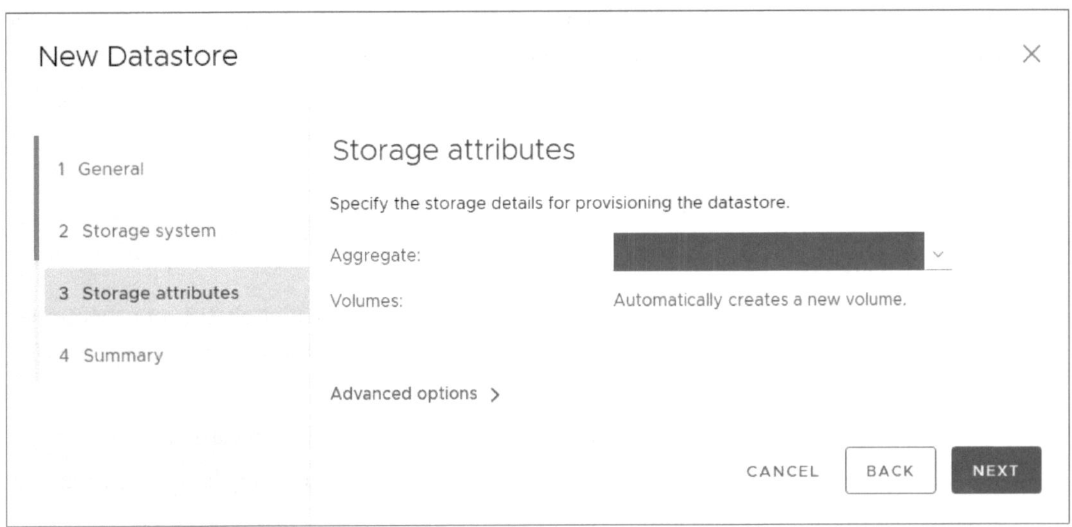

Abbildung 12.12 Auswahl des Aggregats

Nachdem der vServer ausgewählt wurde, können Sie die *Aggregate* auswählen, die Sie zuvor festgelegt haben. Entweder wählen Sie ein bestehendes Volume aus, oder die VSC legt ein neues Volume für Sie an, je nachdem, wie weit die Berechtigungen des zuvor erstellten Benutzers reichen.

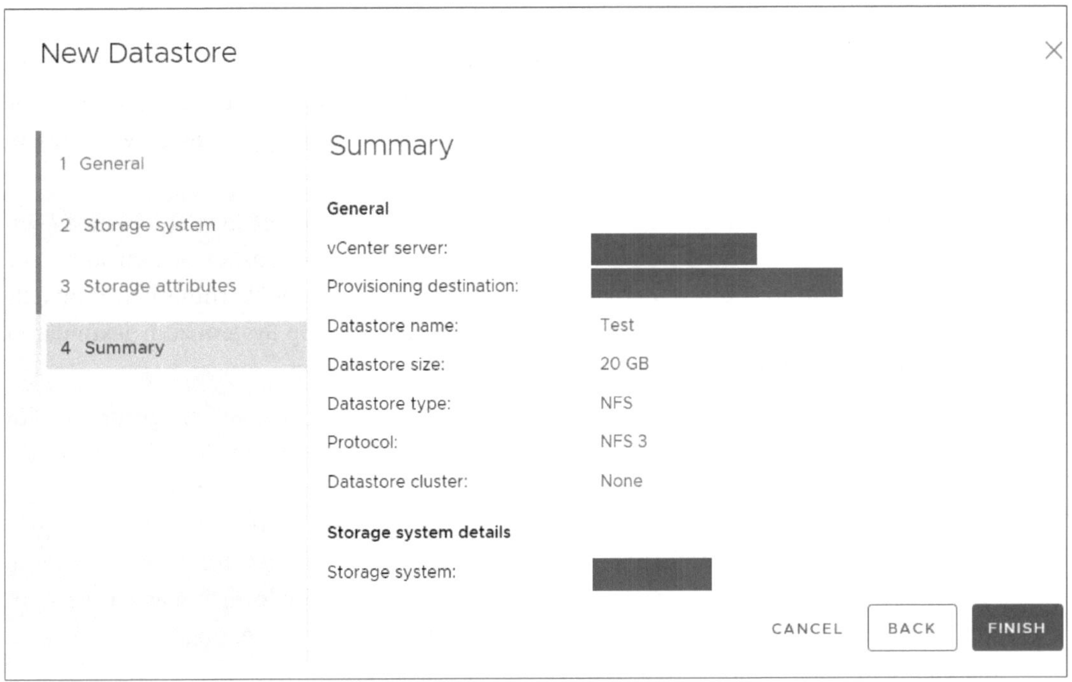

Abbildung 12.13 Zusammenfassung der eingegebenen Parameter

Bevor Sie im letzten Schritt (siehe Abbildung 12.13) auf FINISH klicken, überprüfen Sie Ihre Eingaben und Ihre Auswahl in der Zusammenfassung. Weitere und tiefergehende Informationen hält der Technical Report 4597 für Sie bereit: *https://www.netapp.com/us/media/tr-4597.pdf*.

12.4 Backup einrichten

12.4.1 IntelliSnap – Backup

Storage, Virtualisierung und Backup lassen sich ideal aufeinander abstimmen. Mit einer Backup-Software wie *Commvault* oder *Veeam* können Sie in Kombination mit vSphere und NetApp die folgenden Punkte in Ihrer Umgebung umsetzen:

- regelmäßiges Snapshot-Backup (sekundenschnell und applikationskonsistent)
- Übertragung auf ein NetApp-Backup-Device (ohne Beeinträchtigung der Applikation)
- lange Backup-Zeiten entfallen
- NDMP Tape-Out
- Management erfolgt aus der Backup-Software heraus
- VMs werden unter Hinzunahme eines FlexClones innerhalb von Minuten gestartet
- niedrige RTO und kurze RPO

Abbildung 12.14 zeigt Ihnen, wie eine IntelliSnap-Umgebung mit Commvault und VMware vSphere technisch aufgebaut wird.

Technische Herzstücke sind der CommServ-Server, NetApp Unified Manager mit ONTAP-Storage sowie das vCenter und die ESXi-Server. Empfehlenswert ist es, den Speicher der NetApp mit NFS an die ESXi-Server zu mounten und keine FC-Umgebung zu verwenden, weil dann der logische Overhead niedriger ist.

In Commvault richten Sie unterhalb des vCenters für jeden Datastore in vCenter einen eigenen Subclient ein. Diesen können Sie dann einfach per NetApp-Snapshot sichern. Mit einer zusätzlichen Snapshot-Copy in der entsprechenden Storage Policy übernimmt Commvault die anschließende Snapvault-Verbindung vom primären NetApp-System zum sekundären NetApp-System und synchronisiert diese auf Wunsch regelmäßig.

Der Vorteil der Snapshot-Übertragung liegt darin, dass sie effizient ist, weil nur geänderte Blöcke über die Netzwerkleitung übertragen werden müssen. Ein weiterer Vorteil ist die Übertragung getrennt vom I/O des Clients. Es empfiehlt sich, auf dem primären System nur eine geringe Anzahl von Snapshots zu halten und auf dem günstigen sekundären Storage eine größere Anzahl an Backups vorzuhalten. Je nachdem, ob ein Tape-Out gewünscht ist, kann diese Lösung auch um ein Tape-System erweitert werden. Beachten Sie jedoch, dass an ein NetApp-System kein Gerät direkt per FC angeschlossen werden kann. Hierfür benötigen Sie einen kleinen FC-Switch, oder Sie weichen alternativ auf SAS-Drives aus.

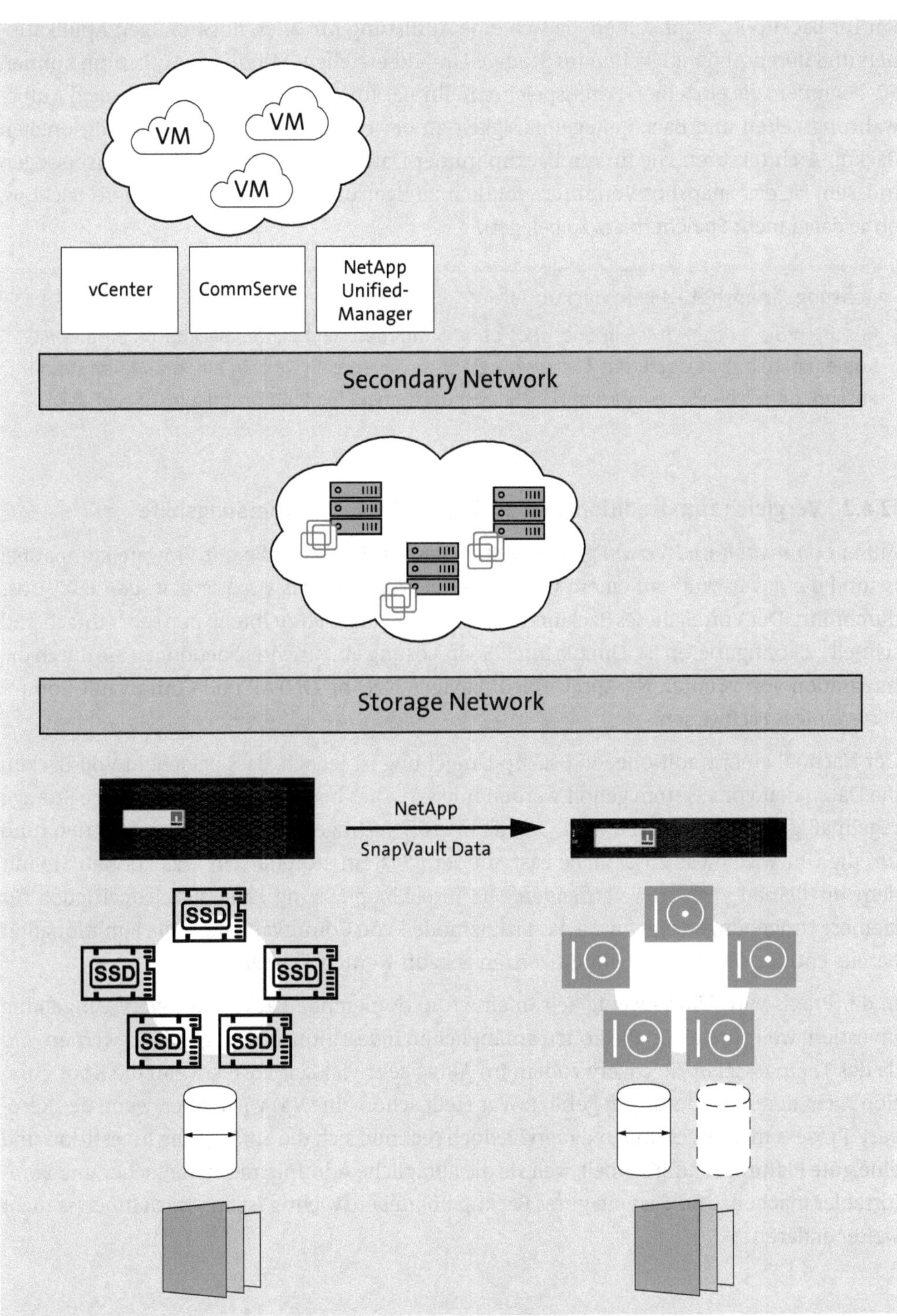

Abbildung 12.14 Technischer Aufbau einer IntelliSnap-Umgebung

Für Ihr Backup-Konzept sollten Sie sich eine Auflistung mit allen notwendigen Applikationen und deren Abhängigkeiten im Storage-Umfeld erstellen. Mit dieser Auflistung können Sie beginnen, die einzelnen Datenspeicher in Ihr Backup aufzunehmen und sie nach Aufbewahrungszeiten und Backup-Regelmäßigkeit zu bewerten. Im Gegensatz zu traditionellen Backup-Architekturen, die für ein Backup immer Daten aus einem System herausbewegen müssen, ist das Snapshot-Verfahren deutlich zügiger und erlaubt viel häufigere Backups, ohne dabei mehr Speicherplatz zu belegen.

Achtung: Snapshot ist kein Backup

Beachten Sie jedoch, dass ein Snapshot ohne SnapVault kein echtes Backup im Sinne einer Kopie darstellt. Erst durch die Auslagerung auf ein zweites System in einen anderen Brandabschnitt erreichen Sie ein Backup. Der Snapshot ist aber eine gute Grundlage für ein Backup.

12.4.2 Vergleich zum traditionellen Backup und eine Entscheidungshilfe

Außer *Commvault* und *Veeam* gibt es weitere Backup-Software, die mit VMware kompatibel ist und die das Backup auf einem traditionellen Weg über das vCenter bzw. den ESXi-Host durchführt. Der Vorteil dieses Backups ist, dass es im Vergleich zu IntelliSnap sehr einfach und schnell zu konfigurieren ist. Um die IntelliSnap-Lösung einzurichten, benötigen Sie durch die Integration von vCenter, NetApp UnifiedManager, NetApp ONTAP und Commvault CommServe einiges Fachwissen.

Der Nachteil einer traditionellen Backup-Umgebung ist jedoch, dass bei jedem Voll-Backup die Daten neu vom System geholt werden müssen. Dies bedeutet, dass der primäre Storage regelmäßig komplett gelesen wird. Gerade in großen Umgebungen mit einem Betrieb rund um die Uhr wird diese zusätzliche Last auf dem System störend sein. Das können Sie mit dem IntelliSnap-Verfahren vermeiden. Die IntelliSnap-Lösung kann sich jedoch auch für kleinere Umgebungen eignen, da das Lizenzmodell von Commvault die volle Funktionalität bereits enthält, ohne dass weitere Lizenzen gekauft werden müssen.

In der Praxis wird häufig wenig Zeit in eine funktionierende Backup/Recovery-Umgebung investiert, weil zum einen die hohen anfänglichen Investitionskosten gescheut werden und da das Thema Backup/Recovery zudem im Alltag sehr viel Zeit kostet, wenn die Konfiguration nicht den Anforderungen genügt. Wer stellt schon eine VM wieder her, wenn der Recovery-Prozess mehrere Stunden dauert? Jedoch rechnen sich die anfängliche Investition und eine gute Planung häufig schnell, weil sie die alltägliche Administration einfacher und komfortabler machen. Und dass ein gutes Backup überlebenswichtig ist, muss ich Ihnen ja nicht weiter erklären ...

Kapitel 13
Die private Cloud mit Nutanix

Wie Sie mit der Technologie von Nutanix eine private Cloud im eigenen Rechenzentrum betreiben, erfahren Sie in diesem Kapitel.
Der Autor dieses Kapitels ist Günter Baumgart, guenter.baumgart@anmax.de

Als vor einigen Jahren die Firma Nutanix mit ihren Lösungen auf den deutschen Markt kam, hat hier sicherlich niemand damit gerechnet, dass sich in kürzester Zeit eine derartige Architektur im Rechenzentrum nicht nur in dieser Art verbreiten, sondern sich auch noch solch einer Beliebtheit erfreuen würde. Auch die Klarheit des zugrunde liegenden Konzepts und die extreme Standardisierung im Hinblick auf die Komponenten trugen mit Sicherheit dazu bei, dass eine so hohe Akzeptanz überhaupt erst möglich werden konnte. Gerade Themen wie die Standardisierung, die Reduktion von Komplexität oder die Automatisierung von Lösungen sind oftmals die entscheidenden Erfolgsfaktoren, die die Einführung neuer Technologien vorantreiben. Nun, alle diese und noch viele weitere Attribute, über die Sie einiges in diesem Kapitel erfahren werden, werden von einer *Nutanix On-Premises-Cloud* erfüllt. Wie sich das Ganze technisch darstellt, erfahren Sie nun auf den folgenden Seiten.

Wie Sie sicherlich bereits wissen, ist die Firma Nutanix (*https://www.nutanix.com/de*) ein reiner Softwarehersteller mit unterschiedlichsten sehr innovativen Lösungen aus dem Bereich des Cloud-Computings. Das Lösungsangebot von Nutanix erstreckt sich über die gesamten Cloud-Service-Ebenen (CSE) hinweg. Das bedeutet, Nutanix hat für die unterschiedlichsten Servicemodelle (...aaS), wie *Infrastructure as a Service* (IaaS), *Platform as a Service* (PaaS) und auch *Software as a Service* (SaaS), diverse Lösungen im Portfolio. Einen groben Überblick dazu finden Sie in Abbildung 13.1.

Wie Sie sehen, ist das Angebot an Lösungen rund um den Kernbereich (siehe Abbildung 13.2), also die Infrastruktur bzw. die Virtualisierungsplattform oder das Core-Cloud-Computing, sehr umfangreich. Auf jeden der verfügbaren Lösungsbausteine und dessen Charakteristik eingehen zu wollen, ist hier in diesem Kapitel leider nicht möglich.

Allerdings habe ich für Sie in Tabelle 13.1 eine Linksammlung mit einzelnen Links zu den unterschiedlichen Lösungen und Themengebieten aufgelistet. Folgen Sie einfach den Links, und Sie werden eine große Anzahl an weiterführenden Artikeln zu den einzelnen Themengebieten finden.

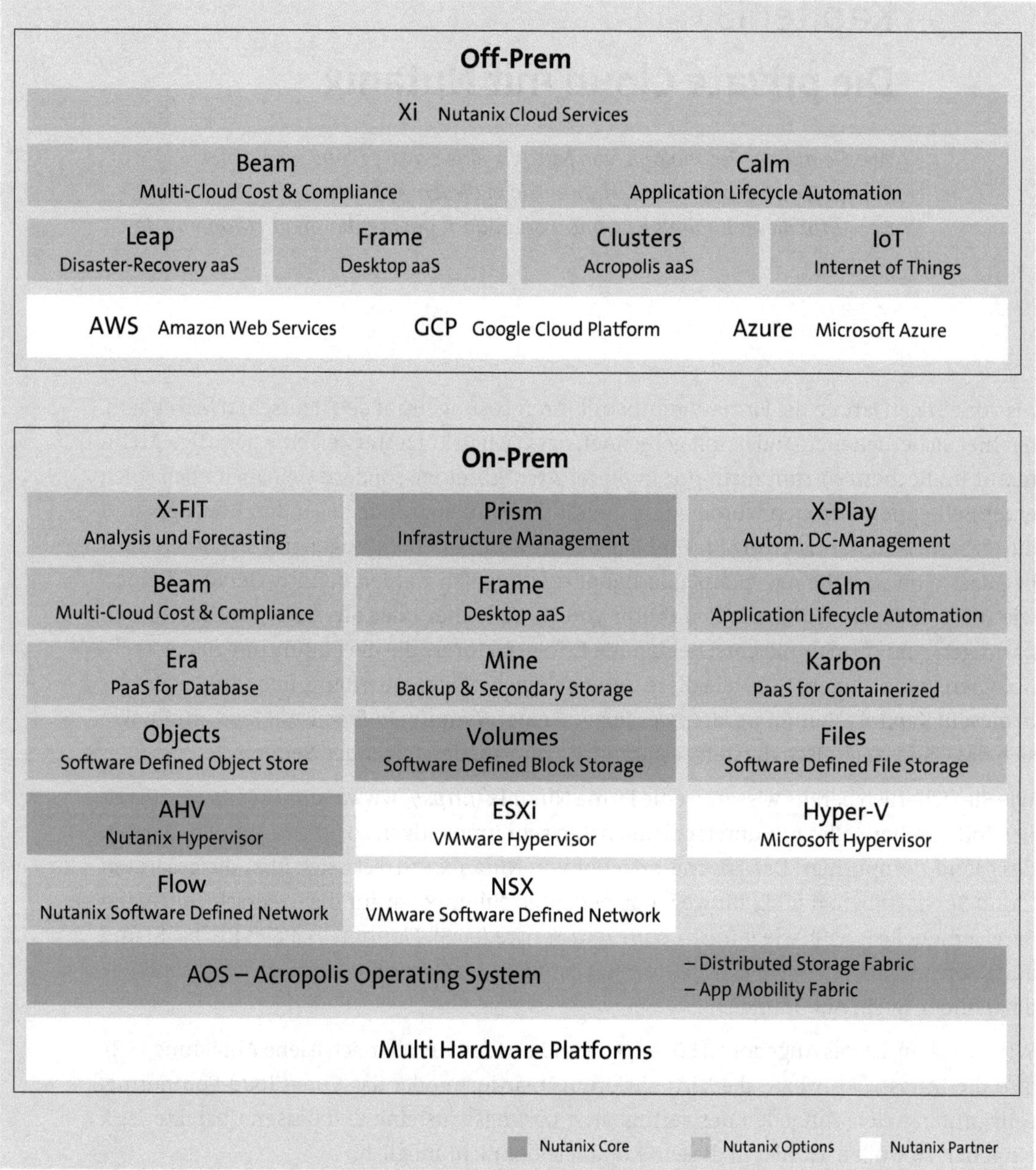

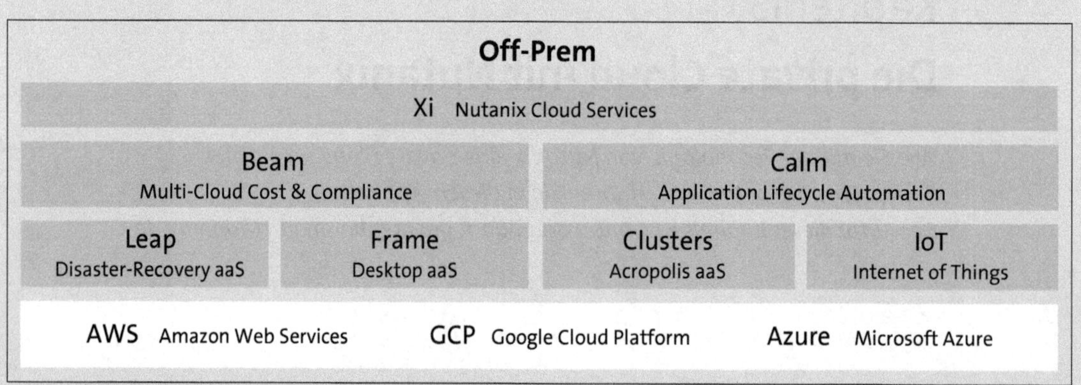

Abbildung 13.1 Lösungen aus dem Bereich des Cloud-Computings. Die Schattierungen verdeutlichen die Verzahnung zwischen Core-, Optional- und Partnerprodukten (Stand: August 2020).

Hierzu noch eine kurze Bemerkung, bevor Sie sich in die Lektüre stürzen: Sie müssen sich bei einigen der Links, die ich in diesem Kapitel aufführe, erst mit Ihrem Zugangsnamen und

Passwort anmelden. Dann finden Sie auf dem Portal die neusten Releases der Dokumentationen, die ständig gepflegt und aktualisiert werden. Verfügen Sie noch gar nicht über entsprechende Anmeldedaten für das MyNutanix-Portal, können Sie sich diese ganz einfach erstellen, indem Sie sich auf der Site *https://my.nutanix.com/#signup* registrieren. Nach der Registrierung bekommen Sie eine E-Mail mit Ihren Zugangsdaten, und mit diesen ist es dann auch möglich, auf alle aktuellen Infos hinter den angegebenen Links in diesem Dokument zuzugreifen.

Core- und Optionalprodukte für die Nutanix-Plattform		
AHV	Nutanix Hypervisor (Abschnitt 13.2.4) Any (ehem. Acropolis) Hypervisor	*https://portal.nutanix.com/page/documents/list?type=software&filterKey=software&filterVal=AHV*
AOS	Nutanix-Cloud-Betriebssystem Acropolis Operating System (Abschnitt 13.3)	*https://portal.nutanix.com/page/documents/list?type=software&filterKey=software&filterVal=AOS*
Calm	Application Lifecycle Automation	*https://portal.nutanix.com/page/documents/list?type=software&filterKey=software&filterVal=Calm*
Beam	Multi-Cloud Cost Governance und Security Compliance SaaS	*https://portal.nutanix.com/page/documents/list?type=software&filterKey=software&filterVal=Xi%20Beam*
Era	PaaS für Datenbank	*https://portal.nutanix.com/page/documents/list?type=software&filterKey=software&filterVal=Era*
Files	Software Defined File Storage	*https://portal.nutanix.com/page/documents/list?type=software&filterKey=software&filterVal=Files*
Flow	Software Defined Network Microsegmentation unter AHV	*https://portal.nutanix.com/page/documents/list?type=software&filterKey=software&filterVal=Flow*
Frame	Enduser Computing (EUC) aus der Public-Cloud als Desktop aaS	*https://portal.nutanix.com/page/documents/list?type=software&filterKey=software&filterVal=Xi%20Frame*
IoT	Nutanix-Internet-of-Things-Service	*https://portal.nutanix.com/page/documents/list?type=software&filterKey=software&filterVal=Xi%20IoT*

Tabelle 13.1 Lösungen von Nutanix im Bereich des Cloud-Computings

Core- und Optionalprodukte für die Nutanix-Plattform		
Karbon	PaaS bez. Containerisierung	*https://portal.nutanix.com/page/documents/list?type=software&filterKey=software&filterVal=Karbon*
Leap	Disaster-Recovery-aaS (Abschnitt 13.6.5)	*https://portal.nutanix.com/page/documents/list?type=software&filterKey=software&filterVal=Leap*
Mine	Backup & Secondary Storage	*https://portal.nutanix.com/page/documents/list?type=software&filterKey=software&filterVal=Mine*
Move	Migration von Workloads zwischen Virtualisierungsplattformen (Abschnitt 13.7)	*https://www.nutanix.com/blog/cloud-mobility-using-nutanix-move*
Objects	Software Defined Object Store (S3-Storage)	*https://portal.nutanix.com/page/documents/list?type=software&filterKey=software&filterVal=Objects*
Prism	Infrastructure Management, Analysis und Forecasting sowie Automatisierung des Datacenter-Managements (Abschnitt 13.4)	*https://portal.nutanix.com/page/documents/list?type=software&filterKey=software&filterVal=Prism*
Volumes	Software Defined Block Storage (Abschnitt 13.3.1)	*https://portal.nutanix.com/page/documents/list?type=software&filterKey=software&filterVal=Volumes*

Tabelle 13.1 Lösungen von Nutanix im Bereich des Cloud-Computings (Forts.)

An dieser Stelle sei erwähnt, dass sich das Core-Cloud-Computing (siehe Abbildung 13.2) aus dem Hause Nutanix in der Regel in Ihrem eigenen Rechenzentrum befindet. Das Liefermodell ist in den meisten Fällen die Private-Cloud. Mit Nutanix können Sie sich also eine Lokale-, eine Private- bzw. eine On-Premises-Cloud aufbauen, deren Komponenten sich physisch in Ihrem eigenen Rechenzentrum oder im Datacenter befinden.

Selbstverständlich können Sie die einzelnen Bausteine aber auch dazu verwenden, sich eine Public- oder Hybrid-Cloud oder diverse Kombinationen aus unterschiedlichen Cloud-Liefermodellen etc. aufzubauen. Sie sehen schon, das Thema kann sehr schnell in viele unterschiedliche Richtungen gehen, da die einzelnen Bausteine sehr flexibel eingesetzt und in unterschiedlichster Art und Weise miteinander verbunden werden können. Aber wie gesagt, in diesem Kapitel wird es ausschließlich um die Private-Cloud gehen.

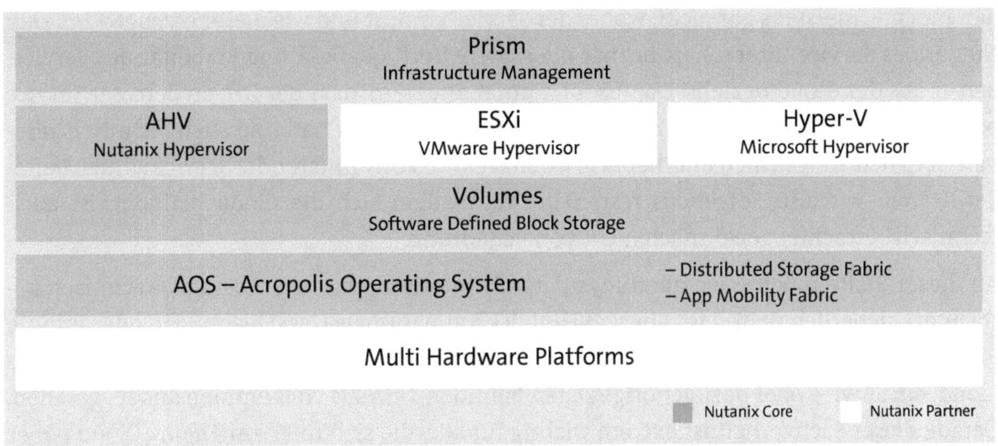

Abbildung 13.2 Bausteine, die das Fundament der Nutanix Enterprise Cloud bilden

Was erwartet Sie nun alles in diesem Kapitel? Sie werden erfahren, wie die Infrastrukturlösung bzw. die On-Premises-Cloud von Nutanix aufgebaut ist, welche Architektur hinter dieser Lösung steht, welche Mechanismen zum Tragen kommen und welche großartigen und ungeahnten Möglichkeiten sich Ihnen mit dieser Architektur bieten werden. Des Weiteren werden Sie sehen, wie Sie die Management-Interfaces benutzen, um die Administration sowie auch das Monitoring und das automatisierte Patching einer kompletten Nutanix-Umgebung durchzuführen.

13.1 Allgemeines zum Thema Cloud

Bevor wir uns näher mit der Enterprise-Cloud-Lösung von Nutanix beschäftigen, möchte ich für alle, die sich in der Vergangenheit mit dem Thema Cloud im Allgemeinen noch nicht auseinandergesetzt haben, dieses Thema einmal ganz kurz ansprechen und die eine oder andere grundlegende Begrifflichkeit etwas näherbringen. Bitte überspringen Sie diesen Punkt einfach und lesen Sie in Abschnitt 13.2 weiter, sollten Sie sich diesbezüglich bereits auskennen.

Wenn Sie sich noch nicht mit dem Thema Cloud beschäftigt haben, drängen sich sicherlich sofort einige Fragen auf: Worum geht es überhaupt beim Thema Cloud? Was will man erreichen, und wofür verwendet man eine Cloud im Allgemeinen?

Clouds, zu Deutsch »Wolken«, gibt es in der Natur in den unterschiedlichsten Ausprägungen. Nehmen wir einmal die Regenwolken. Aus solchen Wolken kommt, wie der Name schon sagt, der Regen. Man kann auch sagen, dass der Service der Regenwolke darin besteht, Regen zu liefern. Wie die Wolke aber den Regen erzeugt und bereitstellt, ist für denjenigen, der den Regen benötigt, normalerweise nicht von besonderem Interesse.

Mit diesem kleinen Beispiel möchte ich Ihnen verdeutlichen, worauf es letztendlich ankommt. In der heutigen Gesellschaft interessiert es denjenigen, der einen Service beziehen möchte, meistens gar nicht, woher der Service kommt und wie dieser erzeugt wird. Den Nutzer des Service interessiert primär die sichere Verfügbarkeit und Stabilität des Service, den er aus der Cloud bezieht! Daraus folgt unter anderem, dass der Ort, an dem der Service bereitgestellt wird, für den Nutzer meistens keine Bedeutung hat. Und auch technisch gesehen ist es heute eigentlich unerheblich, wo sich ein zu konsumierender Service aktuell befindet. Halten wir also Folgendes fest: Der Ort, an dem sich die Cloud befindet, ist auch technisch betrachtet gewöhnlich nicht von Bedeutung.

An dieser Stelle möchte ich allerdings darauf hinweisen, dass die Aussage »technisch betrachtet« sicherlich richtig ist, aber im Hinblick auf nationale Gesetzgebungen oder interne Richtlinien von Organisationen und Unternehmen wird der Standort, an dem sich eine Cloud, ein Service oder dazugehörige Daten befinden, oftmals vollkommen anders gesehen. Gerade dieser Sachverhalt ist extrem wichtig für alle, die sich mit dem Thema Cloud näher beschäftigen möchten. Und wie bei allen anderen Technologien zählen auch in diesem Fall daher nicht nur die technischen Aspekte.

Im Zuge derartiger Überlegungen werden Verfahren verwendet, bei denen die Dienste einer Organisation über unterschiedliche Liefermodelle bereitgestellt werden. Stellen Sie sich beispielsweise vor, dass Sie einzelne Ihrer Services aus einer Public-Cloud heraus anbieten dürfen, aber andere wiederum aus einer Private-Cloud heraus anbieten müssen. In solchen Fällen ist es natürlich von großem Vorteil, wenn Sie Ihre angebotenen Dienste sowohl in der Private- als auch in der Public-Cloud laufen lassen können, ohne sich mit Fragen der technischen Kompatibilität beschäftigen zu müssen. Auch die temporäre Ausdehnung einer Private-Cloud mittels der Ressourcen aus einer Public-Cloud ist eine ausgezeichnete Möglichkeit, um Engpässe zu überbrücken oder generell eine Cloud zu erweitern. Diese und viele andere derartige Fragestellungen darf man bei der Planung seiner Cloud-Vorhaben auf keinen Fall aus den Augen verlieren.

13.2 Die Nutanix Enterprise Cloud

Wenn Sie über das Thema Infrastruktur zum Aufbau einer Cloud nachdenken, denken Sie dann nicht sofort an Begriffe wie Flexibilität, Agilität, Sicherheit, Robustheit, Skalierbarkeit und ständige Verfügbarkeit? Genau, das ist es, was eine moderne IT-Infrastruktur in der heutigen Zeit leisten muss und auch ausmacht!

13.2.1 Gestern, heute und in Zukunft – die Infrastruktur in ständigem Wandel

In den 1990er-Jahren war es üblich, die Datenspeicher direkt an den Server anzuschließen (siehe Abbildung 13.3). Man spricht hier auch von *Direct Attached Storage* (DAS).

Etwa zehn Jahre später, also so um das Jahr 2000 herum, wurden dann in vielen Unternehmen erstmals Speichernetzwerke in den Rechenzentren etabliert. Diese Art der IT-Architektur ermöglichte es, dass eine Speicherressource von mehreren Servern genutzt werden konnte. Man teilte die Infrastruktur quasi in Ebenen bzw. Tiers ein. Dieses Ressourcen-Sharing begünstigte die Bildung von Silos innerhalb der IT-Abteilungen in den Unternehmen und Organisationen. Die Mitarbeiter spezialisierten sich in ihren Teams, und je nach Größe der IT eines Unternehmens bildeten sich sogar unterschiedlich spezialisierte Teams, deren Aufgabe es war, sich ausschließlich mit den Herausforderungen ihrer Ebene zu beschäftigen. Technisch gesehen bedeutet das, dass sich in einer ersten Ebene die Server mit ihren Hypervisoren befinden, in einer zweiten, der mittleren Ebene befindet sich das Speichernetzwerk, und in einer dritten Ebene sind die Speichersysteme bzw. Storage-Arrays untergebracht. Dieser *3-Tier-Architektur* (siehe Abbildung 13.3) genannte Aufbau wurde also in drei Ebenen eingeteilt, in denen sich dann die einzelnen physikalischen Komponenten befanden.

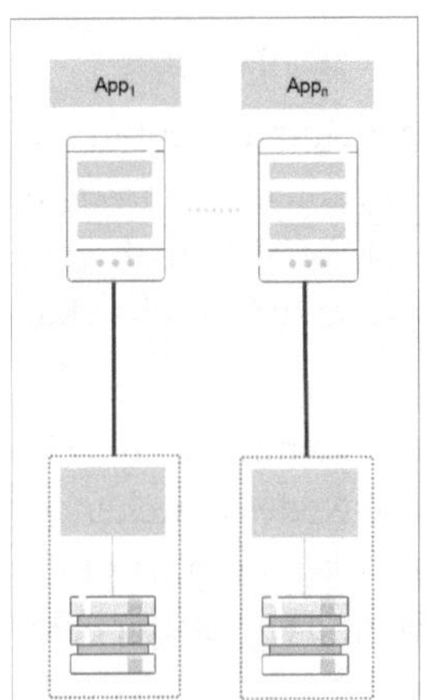

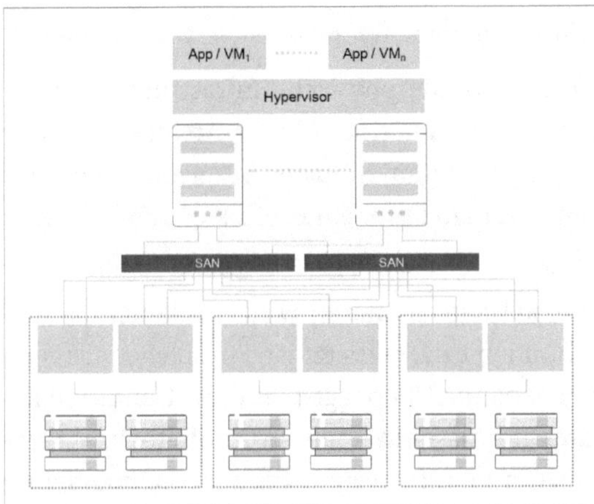

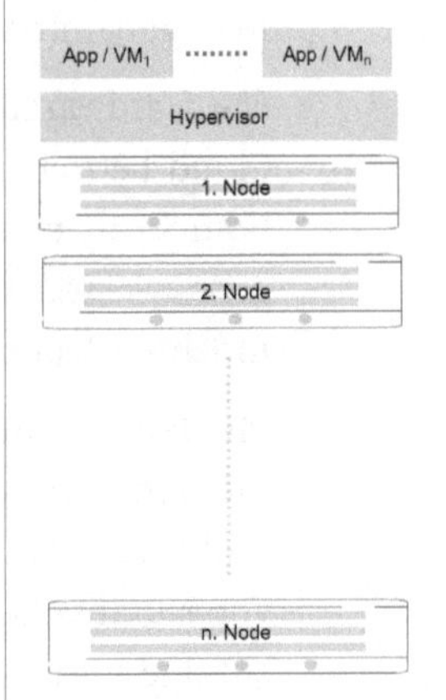

Abbildung 13.3 Vom DAS über das SAN zur HCI

Der nächste Schritt in der Evolution der Rechenzentrums-IT brachte wieder ungefähr zehn Jahre später abermals den völlig neuen Ansatz (siehe Abbildung 13.3) der softwarezentrierten Architektur mit sich. Was in 2000 der *Hypervisor* (HV) war, war konsequenterweise in 2010 der *Software Defined Storage* (SDS). Mit dieser völlig neuen, vollständig auf Software basierenden Speicherkomponente war es nun endlich möglich geworden, die drei physikalischen Ebenen in das Format einer *Hyper Converged Infrastructure* (HCI) zu bringen. Als physikalische Komponente blieb nur noch der standarisierte Server, auch oft als *Components Of-The-Shelf* (COTS) bezeichnet, übrig, was auf den ersten Blick schon für eine enorme Vereinfachung sorgte. Da in einer HCI ausschließlich Software für die Bereitstellung der benötigten Infrastrukturfunktionen eingesetzt wird, steigen folglich auch Flexibilität und Elastizität enorm an – mal ganz abgesehen von der Vereinfachung für die Administration durch den Wegfall von unterschiedlichen physikalischen Komponenten mit ihrem individuellen Management.

13.2.2 Die Cloud-Plattform

Um die Architektur der Nutanix Enterprise Cloud zu verstehen, ist es wichtig, sich über einige Basisfragen im Klaren zu sein.

Beginnen wir also ganz am Anfang mit den zwei Grundelementen, aus denen eine Cloud besteht. Und natürlich handelt es sich bei diesen Grundelementen um Software und um Hardware. Die Ebene der Software stellt die Funktionsebene dar und lässt sich wiederum in zwei Module aufteilen. Wie Sie ja bereits wissen, handelt es sich hierbei um den Hypervisor und das Cloud-Betriebssystem, das in der Cloud unter anderem auch den *Software Defined Storage* bereitstellt. *Acropolis* ist der Name der gesamten Nutanix-Cloud-Plattform. Das Cloud- bzw. verteilte Betriebssystem trägt den Namen *Acropolis Operating System* (siehe Abbildung 13.1), kurz AOS, und der in die Plattform integrierte Hypervisor von Nutanix wird AHV genannt, was für *Any* (ehem. *Acropolis) Hypervisor* (siehe Abbildung 13.6) steht.

Die Hardwareplattform bzw. die physische Infrastruktur, auf der die Nutanix Enterprise Cloud betrieben wird, basiert auf einer Cluster-Architektur, die im allgemeinen Sprachgebrauch oft einfach nur als Nutanix-Cluster bezeichnet wird. Obwohl Sie sicherlich ganz genau wissen werden, was man unter einem Cluster und auch einem Node zu verstehen hat, möchte ich dennoch ganz kurz auf diese Terminologie eingehen.

Mit dem Begriff Node, zu Deutsch Knoten, wird ein Element bezeichnet, das mit anderen Elementen (Nodes) verbunden bzw. vernetzt ist. Ein solcher aus mehreren Nodes bestehender Verbund wird Cluster genannt. Übertragen Sie diese Definition nun auf die Enterprise Cloud von Nutanix, bedeutet dies, dass ein Node ein Computer bzw. Server ist und ein Cluster demzufolge aus mehreren Computern besteht, die alle miteinander vernetzt sind.

Die Größe von Clustern kann ganz unterschiedlich sein. Üblicherweise gilt im Rechenzentrum als Empfehlung für die Untergrenze, dass kein Cluster unter drei Nodes aufgebaut werden sollte. Cluster, die aus zwei oder gar einem Node bestehen, sind zwar möglich, sollten aber nicht im Rechenzentrum genutzt werden. Warum es diese Empfehlung gibt, werden Sie später im Abschnitt 13.2.5 erfahren. Einen Zwei-Node-Cluster können Sie z. B. in einer Zweigniederlassung bzw. in einem Remote- oder Backoffice, oftmals als ROBO-Location bezeichnet, aufbauen. Der Zwei-Node-Cluster hat allerdings eine Besonderheit. Er benötigt eine Witness-VM, die in Form einer Appliance bereitgestellt wird. Die Witness-VM dient der Feststellung, in welchem Zustand sich der Cluster befindet. Dazu muss sich die Witness-VM an einem dritten Standort bzw. in einer separaten Fehlerdomäne befinden, damit der Zwei-Node-Cluster ordnungsgemäß betrieben werden kann.

Der One-Node-Cluster (manchmal auch als Single-Node-Cluster bezeichnet) ist zwar ein funktionsfähiges Gebilde und stellt Ihnen auch den normalen Funktionsumfang einer Nutanix Enterprise Cloud zur Verfügung, ist aber, was die Verfügbarkeit angeht, natürlich keine Alternative. Das heißt, bestünde Ihre IT aus einem One-Node-Cluster, haben Sie bei Ausfall des Nodes auch keine IT mehr. Sicherlich gibt es für den One-Node-Cluster neben dem

Betrieb in einem Test-Lab auch andere sinnvolle Einsatzzwecke, aber im Zuge dieses Kapitels werden wir uns primär mit der Cluster-Architektur im Rechenzentrum beschäftigen, was bedeutet, dass es hier immer um mindestens drei Nodes gehen wird.

Block

In der Nutanix-Nomenklatur gibt es neben den Begriffen »Cluster« und »Node« noch einen weiteren: *Blocks*. Ein Block beschreibt die Menge an Nodes in einem Chassis. Das heißt, der Block gibt an, wie viele Server in einem Chassis eingebaut werden können.

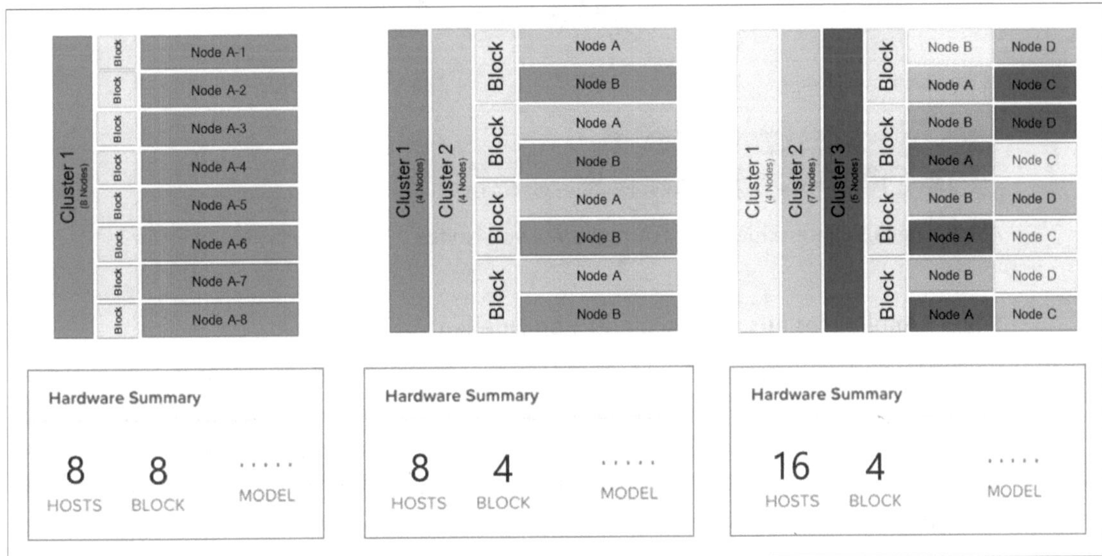

Abbildung 13.4 Der Zusammenhang zwischen Nodes, Blocks und Clustern

Nehmen Sie einmal an, Sie besäßen einen Chassis-Typ, der vier Nodes aufnehmen kann. Das würde bedeuten, dass ein Cluster, der aus drei Nodes besteht, gleichzeitig auch einen Block darstellt. Würde der Cluster hingegen aus neun, zehn, elf oder zwölf Nodes bestehen, würden Sie in Prism Element (siehe Abschnitt 13.4.1) demzufolge drei Blocks angezeigt bekommen. Der Begriff des Blocks schafft eine zusätzliche Einteilung der Nodes innerhalb eines Clusters und stellt den direkten Bezug zum Formfaktor (siehe Abbildung 13.5) der Hardware her.

In Abbildung 13.4 sehen Sie nun drei unterschiedliche Beispiele. Auf der linken Seite sehen Sie einen Cluster, der aus acht Blocks besteht, wobei jedes Chassis auch nur aus einem einzigen Servermodul besteht. In der Mitte sehen Sie, dass ein Chassis zwei Servermodule beinhaltet. Hierbei besteht ein Block dann aus zwei Nodes. Und auf der rechten Seite in Abbildung 13.4 sehen Sie dann die Chassis-Variante, bei der vier Server in ein Chassis eingeschoben werden können und es sich dann um einen Viererblock handelt.

Die verschiedenen Hersteller von Hardware (*https://www.nutanix.com/products/hardware-platforms*), die von Nutanix unterstützt werden (siehe Abbildung 13.6), haben unterschiedliche Formfaktorvarianten in ihren Portfolios. In Abbildung 13.5 sehen Sie beispielsweise die drei unterschiedlichen Variationen im Hinblick auf den Formfaktor aus dem Hause Supermicro.

Chassis mit zwei Nodes

Chassis mit vier Nodes

Chassis mit einem Node

Abbildung 13.5 Unterschiedliche Formfaktoren von Nodes

13.2.3 Appliances aus unterschiedlichen Quellen

Wie in der Einleitung bereits erwähnt, ist Nutanix ein Hersteller von unterschiedlichen Softwarelösungen. Hierzu gehört auch das für den Aufbau einer Enterprise Cloud erforderliche Cloud-Betriebssystem bzw. -Operation-System, Acropolis Operation System, kurz AOS (siehe Abbildung 13.2). Nutanix stellt also keine Hardware her. Aber natürlich wird Hardware in Form von Nodes benötigt, um das Cloud-Betriebssystem *Acropolis Operation System* auszuführen.

Damit Sie als Bereitsteller und Betreiber Ihrer Cloud-Infrastruktur es aber so einfach wie möglich haben, stellen Ihnen Nutanix und einige der sich am Markt befindlichen Hersteller von Hardware die Appliances gemeinsam bereit, mit denen Sie ganz einfach Ihre Cluster in Ihren Datacentern aufbauen können.

Die Appliances bzw. Nodes zum Aufbau Ihrer Cloud können Sie also je nach Ihren Vorlieben von den unterschiedlichen Hardwareherstellern auswählen. In Abbildung 13.6 sind einige dieser Hersteller aufgeführt. Nutanix bietet Ihnen eine ganze Palette an verschiedenen Hardwaremöglichkeiten.

Ob Sie die Nodes direkt von Nutanix oder von einem OEM (*Original Equipment Manufacturer*) bevorzugen oder eher die HCL (*Hardware Compatibility List*) und einen Third-Party-Hersteller, bleibt einzig und allein Ihnen überlassen. Wenn Sie sich zu diesem Thema einen vollständigen Überblick verschaffen möchten, finden Sie hier einige diesbezügliche Links:

- *https://www.nutanix.com/products/hardware-platforms/specsheet*
- *https://www.nutanix.com/de/partners/oem*
- *https://www.nutanix.com/de/products/hardware-platforms#third*

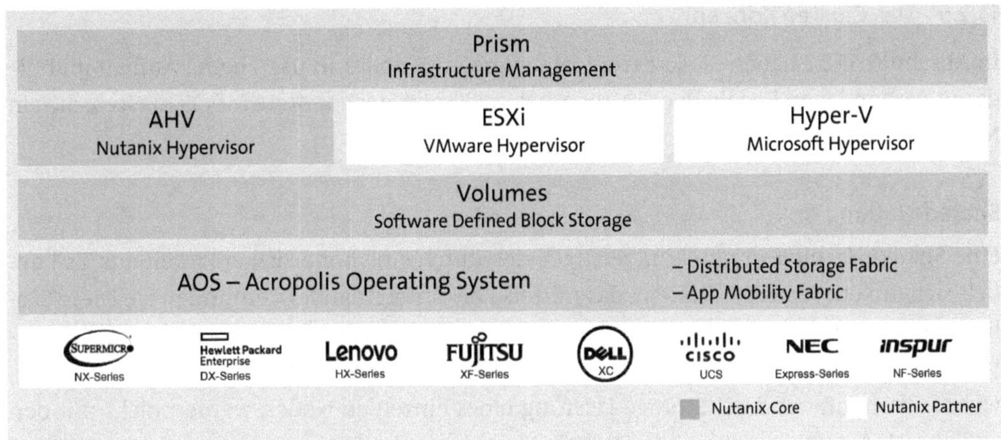

Abbildung 13.6 Die unterschiedlichen Hersteller von Nodes für den Aufbau einer Nutanix Enterprise Cloud (Stand: August 2020)

13.2.4 Das Konzept des Multi-Hypervisors

Welchen Hypervisor möchte ich nutzen? Dies ist eine Frage, die Sie sich mit dem Einsatz einer Nutanix Enterprise Cloud durchaus stellen dürfen. Nutanix selbst nennt diese Option der Auswahl »Freedom of Choose«. Das bedeutet, dass Sie sich den Hypervisor aussuchen können, den Sie in einem Nutanix-Cluster einsetzen möchten, und es geht noch viel weiter! Nehmen wir einmal an, Sie hätten mehrere Nutanix-Cluster in Ihren Rechenzentren im Einsatz. Stellen Sie sich nun vor, dass Sie einen Cluster ausschließlich für den Betrieb von Datenbanken, einen weiteren separaten Cluster für den Betrieb von Lösungen zur Analyse von Daten und dann noch einen dritten Cluster für die restlichen Workloads in Ihrem Unternehmen betreiben. Dann könnten Sie, falls es aus Ihrer Sicht notwendig wäre, in jedem Cluster einen anderen Typ von Hypervisor einsetzen.

Bis 2019 gab es noch die Möglichkeit, aus vier unterschiedlichen Hypervisoren zu wählen, die innerhalb einer Plattform bzw. eines Clusters genutzt werden konnten. Aktuell sind es drei Hypervisor, die von Nutanix supportet werden. Hierbei handelt es sich um den Nutanix-eigenen Hypervisor, den AHV aus der Acropolis-Familie, den Hypervisor von VMware, den ESXi aus der vSphere-Familie, und den Hypervisor von Microsoft, den Hyper-V. Der Support des XenServers, des Hypervisors von Citrix, wurde 2019 eingestellt.

AHV

Die Core-Technologie des Acropolis-Hypervisors AHV setzt auf dem in Linux integrierten Typ-1-Bare-Metal-Hypervisor KVM auf, wobei AHV lediglich auf der offenen Virtualisierungstechnologie KVM (*Kernel-based Virtual Machine*) basiert und kontinuierlich von Version zu Version weiterentwickelt wurde. Heutzutage erlaubt Ihnen der AHV die Ausführung und den Betrieb jeder Art von Workloads bzw. Anwendungen.

13.2.5 Das Cluster-Konzept

In Abschnitt 13.2.2 haben Sie ja bereits einen ersten Einblick in das Thema Aufbau und die damit verbundenen Regeln der Cluster erhalten. Es gibt noch weitere Möglichkeiten, die ein Nutanix-Cluster Ihnen bietet.

Shared-Nothing

Eine Shared-Nothing-Architektur zeichnet sich durch eine hohe Skalierbarkeit aus. Es handelt sich um ein verteiltes System, das mittels LAN untereinander verbunden ist. Diese Skalierbarkeit erreicht man dadurch, dass jeder Node, physikalisch betrachtet, im Cluster-Verbund als vollkommen eigenständiges Element gesehen werden kann. Die Ressourcen, wie die Compute- und die Storage-Leistung eines einzelnen Nodes, werden nicht mit den anderen Nodes im Cluster geteilt. Deshalb kann durch das Hinzufügen von weiteren Nodes nicht nur eine lineare Leistungssteigerung, sondern auch ein quasi unbegrenztes Wachstum erreicht werden. Man spricht in diesem Zusammenhang oftmals von einer *Web-Scale-Architektur*. Fällt z. B. einmal ein Node aus, hat dies keinerlei Einfluss auf einen anderen Node im Cluster-Verbund. Jeder einzelne Node im Cluster kann via Failover die Aufgaben bzw. Services eines ausgefallenen Nodes problemlos übernehmen.

Scale-Out

Nähern wir uns dem Thema der horizontalen Skalierung mit einem Beispiel. Nehmen wir an, Sie hätten in Ihrem Datacenter einen Nutanix-Cluster mit drei Nodes zur Virtualisierung Ihrer Workloads im Einsatz. Nun bekämen Sie die Anforderung, dass Sie weitere Workloads auf dieser Virtualisierungsplattform betreiben müssen. Die vorhandenen Ressourcen reichen also nicht aus, um den Anforderungen des Betriebs nachzukommen, und Sie möchten Ihren Cluster erweitern. Ein Nutanix-Cluster kann, ohne dass die vorhandene Infrastruktur beeinträchtigt wird, durch das Hinzufügen einzelner Nodes einfach schrittweise erweitert werden. Die Erweiterung eines Clusters durch zusätzliche Nodes wird als *Scale-Out* bezeichnet. Nach der Erweiterung des Clusters werden die Workloads dann entsprechend den vorhandenen Ressourcen automatisch im Cluster verteilt.

Auch gibt es keine Einschränkungen hinsichtlich der Ausstattung eines hinzuzufügenden Nodes. Das heißt, Sie können Ihrem vorhandenen Cluster auch neue Nodes hinzufügen, die eine andere Ausstattung im Hinblick auf Compute (CPU), Memory (RAM), Disk-Menge oder Art der Disks haben. Das gilt selbstverständlich ebenfalls für die Erweiterung eines Clusters mit Nodes einer neueren Hardwaregeneration oder einzelnen Nodes, die mit mehr Storage ausgestattet sind als andere. Auch haben Sie die Option, Nodes, die ausschließlich mit SSDs bestückt sind, mit solchen, die eine Hybrid-Disk-Bestückung – Flash- und magnetische Disks – aufweisen, in einem einzelnen Cluster zu betreiben. Durch so einen Aufbau können Sie z. B.

Workloads, die auf All-Flash-Nodes betrieben werden müssen, entsprechend berücksichtigen, ohne den ganzen Cluster mit All-Flash-Nodes ausrüsten zu müssen.

Und natürlich geht das Ganze auch umgekehrt. Das bedeutet, dass Sie einem Cluster Nodes wieder entnehmen können, sollten Sie entsprechenden Bedarf haben. Das könnte z. B. der Fall sein, wenn Sie einen Teil Ihrer Workloads in einen anderen Cluster migrieren möchten und dadurch so viele Ressourcen frei werden, dass vollständige Nodes im laufenden Betrieb entnommen werden können. Aber Sie werden mir sicherlich zustimmen, wenn ich sage, dass dieses Beispiel sehr konstruiert klingt. Denn in der Regel ist es so, dass die IT in einem Unternehmen wächst und nicht schrumpft. Aber dieses Beispiel zeigt Ihnen dennoch ganz deutlich, dass dadurch, dass man jederzeit unterschiedliche Nodes hinzufügen und auch wieder entnehmen kann, die Option besteht, einen Refresh der Cluster-Hardware im laufenden Betrieb vornehmen zu können.

Wenn Sie sich nun vorstellen, dass die Hardware Ihres Clusters in die Jahre gekommen ist und Sie die Hardware aktualisieren müssen, können Sie mit den soeben geschilderten Mitteln einen Hardware-Refresh Ihres Clusters durchführen, ohne dass die Services, die in Ihrem Cluster betrieben werden, unterbrochen bzw. temporär heruntergefahren werden müssen.

Scale-Out, die horizontale Skalierung

Die Kapazität des Storages in der Cloud kann ganz granular über die Menge der Nodes im Cluster gesteuert werden. Des Weiteren können die Compute-Ressourcen, wie CPU und Memory, auf diese Weise erweitert werden.

Scale-Up

Je nachdem, wie genau Sie das Wachstum bzw. den Bedarf an Ressourcen Ihrer zukünftigen IT im Vorfeld einschätzen können, kann dieses Modell einen enorm großen Einfluss auf das Erscheinungsbild der Infrastruktur haben. Sie haben im Abschnitt »Scale-Out« gelesen, dass Sie jederzeit Ihren Cluster durch ganz unterschiedliche zusätzliche Nodes erweitern können. Sollten Sie aber im Vorfeld bereits wissen, dass für Sie ein Scale-Out nicht infrage kommt, können Sie auch über eine vertikale Skalierung nachdenken und die Nodes Ihres Clusters so wählen, dass Sie bei der aktuellen Ausstattung später noch einiges an Ausbau zulassen. Dadurch, dass Sie einzelne Nodes eines Clusters außer Betrieb nehmen können, ohne eine Downtime von Services hinnehmen zu müssen, ist eine zukünftige Erweiterung basierend auf dem Plan des Scale-Up ein durchaus interessanter Ansatz.

Scale-Up, die vertikale Skalierung

Über die Menge der Disks in den Nodes des Clusters kann ganz granular die Storage-Kapazität in der Cloud gesteuert werden. Das Gleiche gilt allerdings auch für die in einem Node vorhandenen Compute-Komponenten, wie CPU und Memory.

Controller Virtual Machine

Das Konzept der *Controller Virtual Machine*, kurz CVM, bildet quasi das Herzstück des Betriebssystems der Nutanix-Cloud. Durch die CVM werden im Cluster sämtliche Dienste und auch die Speicherressourcen, also der Software Defined Storage, der Virtualisierungsplattform bereitgestellt. In einem Nutanix-Cluster befindet sich auf jedem Node eine CVM (siehe Abbildung 13.7). Alle CVMs sind untereinander über das Netzwerk verbunden.

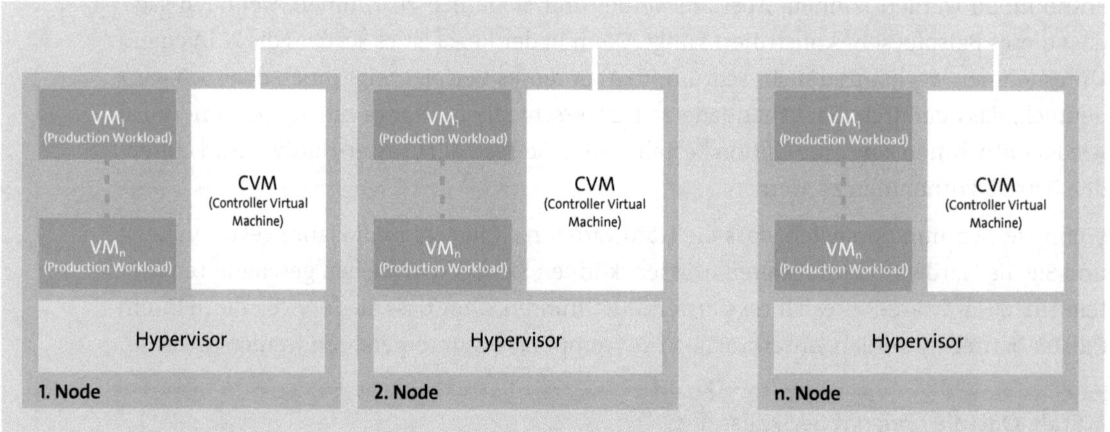

Abbildung 13.7 Auf jedem Node im Cluster befindet sich eine CVM.

Durch diese Verbindung werden zwischen den einzelnen CVMs Daten ausgetauscht, sodass die CVMs im Cluster über einen einheitlichen Informationsstand verfügen und dadurch natürlich auch der Ausfall einzelner CVMs kompensiert werden kann. Die CVMs bilden sowohl die *Distributed Storage Fabric*, kurz DSF (siehe Abschnitt 13.3.1), als auch die *App Mobility Fabric*, kurz AFM (siehe Abschnitt 13.3.2), zu denen wir neben einer genaueren Betrachtung der CVM in Abschnitt 13.2.6 später noch kommen werden.

Welche Nodes gibt es eigentlich?

Grundsätzlich gibt es drei unterschiedliche Arten von Nodes, aus denen Cluster aufgebaut werden können. Sind alle Nodes im Cluster von der gleichen Art, spricht man von einem *homogenen Cluster*. Werden dagegen unterschiedliche Arten von Nodes im Cluster eingesetzt, handelt es sich um einen *heterogenen Cluster*. Das heißt, in einem heterogenen Cluster können Sie unterschiedliche Nodes verbauen. Achten Sie bei heterogenen Cluster-Strukturen darauf, dass Sie unterschiedliche Nodes entsprechend berücksichtigen, was die Redundanz angeht. Sie können z. B. einen Cluster aufbauen, der aus normalen Nodes unterschiedlicher Ausstattung besteht. Sie können aber auch einen Cluster aufbauen, der ein Mix aus Normal- und Spezial-Nodes darstellt. Was das im Einzelnen bedeutet, schauen wir uns nun einmal etwas genauer an.

Allrounder

Ein normaler Node – man könnte auch sagen, ein Allrounder – weist im Hinblick auf Ressourcen wie CPU, Memory oder Disk keine Besonderheiten auf. Das heißt, keine der Ressourcen des Nodes ist übermäßig oder gar nicht in einem derartigen Node vorhanden. Ein solcher Node kann mit unterschiedlichen Hypervisoren betrieben werden, besitzt eine CVM und bietet die Virtualisierungsplattform für Ihre produktiven Workloads. Diese Art von Nodes gibt es in den unterschiedlichsten Größen.

Normaler Node

- Hypervisor: AHV, ESXi oder Hyper-V
- CVM: ja
- Netzwerk: ab 10 Gbps
- Workload: Produktions-VMs bzw. -Services

Storage-Only-Nodes

Storage-Nodes oder Storage-Only-Nodes sind mit vielen und großen Disks und einem Minimum an CPU und Memory ausgestattet. Als Hypervisor kommt ausschließlich der Nutanix AHV zum Einsatz. Des Weiteren befindet sich auf einem Storage-Node eine CVM. Ein Storage-Node ist sehr oft auch nur mit den Compute-Ressourcen für die CVM ausgestattet. Wenn auf einem Storage Node einige Ihrer Produktions-Workloads ausgeführt werden sollen, ist der Storage-Node Bestandteil eines Clusters, in dem als Hypervisor Nutanix AHV eingesetzt wird. Bei einem derartigen Vorhaben müssen dann natürlich CPU und Memory im Node entsprechend vorhanden sein. Dient der Storage-Node nicht dazu, dass direkt auf ihm Workloads ausgeführt werden sollen, können diese Nodes auch in einem Cluster betrieben werden, in dem der Hypervisor, der ESXi aus der vSphere-Familie, genutzt wird. Was die Menge an Storage-Only-Nodes in einem Cluster angeht, sollten Sie immer mit n+1 rechnen.

Storage-Only-Nodes

- Hypervisor: AHV, ESXi
- CVM: ja
- Netzwerk: ab 10 Gbps
- Workload: Workload-Ausführung nur mit AHV, mit ESXi ausschließlich zur Storage-Erweiterung.

Storage-Heavy-Nodes

Diese Nodes gehören eigentlich der Kategorie der Normal-Nodes an. Der Unterschied besteht lediglich darin, dass bei diesen Nodes verhältnismäßig viele und große Disks verbaut worden sind. Was den Anwendungsfall angeht, unterscheiden Sie sich vollkommen von den Storage-Only-Nodes.

Storage-Heavy-Node

- Hypervisor: AHV, ESXi und Hyper-V
- CVM: ja
- Netzwerk: ab 10 Gbps
- Workload: Produktions-VMs bzw. -Services

Compute-Only-Nodes

Compute-Nodes hingegen sind Compute-Only-Nodes, das heißt, sie verfügen über sehr viel CPU-Leistung und Memory, stellen aber keinen Storage zur Verfügung. Auch eine CVM ist auf diesen Nodes nicht vorhanden, und als Hypervisor kommt bei diesen Nodes ausschließlich der AHV zum Einsatz. Was die Empfehlung für Workloads angeht, eignen sich diese Nodes in der Regel für Stateless-Services. Die Netzwerkverbindung in einem heterogenen Cluster, der mit Compute-Nodes arbeitet, darf 25 Gbps nicht unterschreiten. Was die Menge an Compute-Only-Nodes in einem Cluster angeht, sollten Sie natürlich immer mit n+1 arbeiten.

Compute Node

- Hypervisor: AHV
- CVM: nein
- Netzwerk: ab 25 Gbps
- Workload: Stateless-Services (Stateles Databases)

Wie Sie hier in diesem Abschnitt gesehen haben, steht Ihnen eine sehr umfangreiche Auswahl an verschiedenartigsten Nodes zur Verfügung. Wenn Sie sich nun einmal die Kombinationsmöglichkeiten vor Augen führen, werden Sie feststellen, dass Sie sich mit diesen Bausteinen eine extrem individuell auf Ihre Bedürfnisse zugeschnittene IT-Infrastruktur aufbauen können.

Cluster-Eigenschaften

- Klein anfangen und ohne Downtime mittels Scale-Out und Scale-Up massiv erweitern.
- Einsatz unterschiedlicher Generationen von Hardware in einem Cluster.
- Nutzung unterschiedlicher Arten von Nodes in einem Cluster.
- Die Ressourcen eines Clusters können Sie jederzeit ganz granular ändern.

13.2.6 Controller Virtual Machine – die CVM

Wie bereits in Abschnitt 13.2.5 unter »Controller Virtual Machine« ganz kurz erläutert wurde, spielt die CVM eine zentrale Rolle in der HCI von Nutanix. Sie ist so wichtig, dass man ihr ohne Weiteres ein ganzes Kapitel in einem eigenen Buch zum Thema Software und Lösungen von Nutanix widmen könnte. Aus diesem Grund werden wir nicht auf alle diesbezüglichen Themen ganz detailliert eingehen können. Sollten Sie sich allerdings tiefer in die einzelnen Themen einarbeiten wollen, folgen Sie einfach den Links, mit denen ich an der einen oder anderen Stelle den Text ergänzt habe.

Eine ganz zentrale Informationsquelle ist die *Nutanix Bible*, die Sie unter *https://nutanixbible.com* finden. Dieses Dokument geht auf einigen Hundert Seiten ganz genau auf die Technologie der Nutanix-Software ein. Da es sich bei diesem Dokument um ein Onlinedokument handelt, wird es auch permanent überarbeitet und um Neuigkeiten ergänzt. Nutzen Sie es einfach als weiterführende Informationsquelle zu sämtlichen Themen, die ich in diesem Kapitel ansprechen werde.

Bei einer CVM handelt es sich um eine virtuelle Maschine, die normalerweise auf jedem einzelnen Knoten eines Clusters ausgeführt wird. Das *Acropolis Operating System* (AOS) ist ein auf Linux basierendes verteiltes Betriebssystem, das sich in jeder der CVMs befindet. Die CVMs innerhalb eines Clusters stellen sämtliche Cluster-Services bereit, die in der verteilten Architektur benötigt werden. Auch besteht eine Abhängigkeit zwischen den Services der einzelnen CVMs im Cluster. Es ist also sehr wichtig, sicherzustellen, dass die einzelnen Nodes netzwerktechnisch untereinander jederzeit Verbindung haben. Eine CVM wird, je nachdem, was sie leisten muss, mit einer bestimmten Menge an Compute-Ressourcen ausgestattet.

Handelt es sich zum Beispiel um einen Cluster, dessen Aufgabe es ist, im Wesentlichen Ihre Produktions-Workloads zu hosten, wird die CVM in der Regel mit vier vCPUs und 32 GB vRAM ausgestattet. Betreiben Sie allerdings in Ihren Rechenzentren beispielsweise zwei Cluster, deren Workloads wechselseitig repliziert werden, würden vCPU- und vRAM-Ausstattung möglicherweise etwas anders aussehen. Wie genau sich der Bedarf an Ressourcen dann darstellt, hängt unmittelbar damit zusammen, in welchem Umfang Sie die Softwarekomponenten, die die Cluster-Services bereitstellen, benötigen oder, anders ausgedrückt, wie viele Workloads Sie replizieren und welches Replikationsverfahren Sie verwenden möchten. Der Leistungsbedarf hängt also direkt mit den Aufgaben zusammen, die die CVM in Ihrem Cluster hat.

Halten wir fest, dass die einzelnen Cluster-Services, die die CVMs anbieten, ganz unterschiedliche Aufgaben haben und alle miteinander interagieren. Wie Sie sich sicherlich vorstellen können, gibt es eine ganze Reihe dieser Nutanix-Cluster-Komponenten im AOS, die die Cluster-Services bereitstellen. Auf einige dieser Komponenten möchte ich in diesem Kapitel etwas genauer eingehen. Die Funktionen, die das Acropolis Operation System Ihnen bietet, lassen sich in zwei Gruppen aufteilen. Hierbei handelt es sich um die Distributed Storage

Fabric (Abschnitt 13.3.1) und die App Mobility Fabric (Abschnitt 13.3.2), und selbstverständlich basieren die jeweiligen Funktionen dieser beiden Funktionsbereiche auf den Nutanix-Cluster-Komponenten und deren Services.

Die meisten Services arbeiten im Hintergrund, und Sie werden bei Ihrer täglichen Arbeit in den seltensten Fällen direkt mit ihnen etwas zu tun haben. Trotzdem sollten Sie darüber informiert sein, welche Aufgaben die einzelnen Services haben, um im Bedarfsfall das entsprechende Verständnis für die Zusammenhänge aufbringen zu können. In Tabelle 13.2 finden Sie eine Übersicht über die wichtigsten Services mit entsprechenden URLs zu videobasierenden Erklärungen, die Ihnen im Detail erläutern, wofür die einzelnen Services benötigt werden und wie sie miteinander interagieren. Reichen Ihnen diese Informationen zum Verständnis nicht aus, empfehle ich Ihnen, auch hier wieder einen Blick in die Nutanix-Bibel zu werfen. Eine umfangreiche Erläuterung der Komponenten und der dazugehörigen Services erfolgt in den Basics unter CLUSTER-COMPONENTS (*https://nutanixbible.com/#anchor-book-of-basics-cluster-components*).

Service	Bezeichnung	Tutorial
Zeus	Schnittstelle für den Zugriff auf Zookeeper.	*https://youtu.be/OYi9yB38ivY*
Zookeeper	Konfiguration und Management des Clusters.	*https://youtu.be/OYi9yB38ivY*
Medusa	Interface für den Zugriff auf die Cassandra-Datenbank.	*https://youtu.be/vzEBmcBvVKc*
Cassandra	Verteilte Datenbank für die Metadaten.	*https://youtu.be/vzEBmcBvVKc*
Stargate	Datenverwaltungsmanager, ist zuständig für alle I/O-Operationen im Cluster.	*https://youtu.be/qilkb-vORKs*
Curator	Map-Reduce-Cluster-Management zur Bereinigung und Optimierung des SDS.	*https://youtu.be/EmBjy4xcr8s*
Genesis	Cluster-Komponenten- und Servicemanager (z. B. Cluster-Start, -Stopp, -Restart, CVM-Autopathing etc.).	
Chronos	Task- und Job-Planung.	
Cerebro	Management bezüglich Replication und das Disaster Recovery (DR).	
Pithos	Konfigurationsmanager für die vDisk.	
Prism	HTML5-Benutzeroberfläche und API-Management-Interface für das CLI.	

Tabelle 13.2 Einige der wichtigen Cluster-Komponenten

Ein Service, mit dem Sie vermutlich sehr oft in einen Dialog treten werden, ist *Prism*. Prism (siehe Abbildung 13.8) stellt Ihnen das User-Interface (UI) in HTML5 zur Verfügung, sodass Sie Ihren Cluster administrieren können. Die Benutzeroberfläche, die der Dienst Prism zur Verfügung stellt, heißt *Prism Element*. Betreiben Sie einen Nutanix-Cluster in Verbindung mit AHV als Hypervisor, benötigen Sie für die Core-Administration kein weiteres Management-Interface oder -Tool mehr.

Nutzen Sie hingegen den ESXi oder den Hyper-V als Hypervisor, können Sie mit Prism Element zwar viele der administrativen Aufgaben wie z. B. das Anlegen und Verwalten Ihrer Workloads durchführen, aber die betriebliche Praxis zeigt dann doch oftmals, dass die Administratoren eher das Hypervisor-Management mit den entsprechenden Tools des Hypervisor-Herstellers durchführen. Bei vSphere würden Sie dann das vCenter für das Management Ihrer Hyper Converged Infrastructure nutzen und bei Hyper-V sicherlich den System Center Virtual Machine Manager (SCVMM).

Doch kommen wir zurück zum Prism-Service. Wie Sie mit Prism Element arbeiten und wie es ausschaut, erfahren Sie in Abschnitt 13.4.1 ganz genau. Doch wie verschaffen Sie sich nun den Zugang zu Prism Element? Das möchte ich Ihnen anhand eines kleinen Beispiels erläutern.

Zuallererst benötigen Sie für jede CVM eine eigene IP-Adresse. Das heißt, besteht Ihr Cluster aus fünf Nodes, benötigen Sie für jeden Node bzw. jede CVM auf diesem Node eine eigene IP-Adresse und eine weitere für den Cluster selbst. Das bedeutet, dass Sie Prism Element im vorliegenden Beispiel unter sechs unterschiedlichen Adressen über Port 9440 erreichen können. Sie erreichen das Management-Interface also über die Cluster-IP- und über jede einzelne CVM-IP-Adresse in der Art *https://<IP-Adresse-CVM oder IP-Adresse-Cluster>:9440*. Am besten nutzen Sie aber nach Möglichkeit immer die Cluster-IP-Adresse, um mit Prism Element zu arbeiten.

Der Grund hierfür ist folgender: Die Prism-Services der einzelnen CVMs handeln unter sich einen Master aus. Dieser Master ist dann unter der Cluster-IP-Adresse erreichbar. Ist die CVM, deren Prism-Service der Master ist, für die anderen CVMs im Cluster plötzlich nicht mehr erreichbar, wählen die verbleibenden CVMs einen neuen Master aus ihrer Mitte, wobei dieser dann wieder unter der Cluster-IP-Adresse erreichbar ist. Hätten Sie sich allerdings zur Administration direkt mit dem CVM-Prism-Service verbunden, der in unserem kleinen Beispiel vorübergehend nicht mehr erreichbar gewesen wäre, hätten Sie Ihre Verbindung zu Prism Element verloren.

Natürlich hätten Sie sich auch nach dem Verbindungsverlust direkt wieder mit einem der noch verfügbaren CVM-Prism-Services verbinden können, aber über die Cluster-IP-Adresse ist es durch den Automatismus in der Verbindungsbereitstellung sehr viel einfacher. Wie Sie sehen, besteht durch dieses Master/Slave-Verfahren extrem viel Redundanz und eine damit verbundene ausgezeichnete Verfügbarkeit im Hinblick auf die Erreichbarkeit der Prism-Element-UI.

Ein weiterer Service, auf den ich kurz eingehen möchte, ist der Stargate-Service, den Sie unter anderem auch in Abbildung 13.8 finden. Um aber zu verstehen, was genau die Aufgabe dieser Komponente ist bzw. welchen Service diese Komponente anbietet, schauen wir uns einmal etwas genauer an, wie der Hypervisor und der Software Defined Storage, den das AOS ja bereitstellt, zusammenarbeiten. Wie der Software Defined Storage aufgebaut ist, werden Sie im Abschnitt »Der Software Defined Storage, aufgeteilt in Pool und Container« noch genauer erfahren. Doch kommen wir zurück zur eigentlichen Fragestellung.

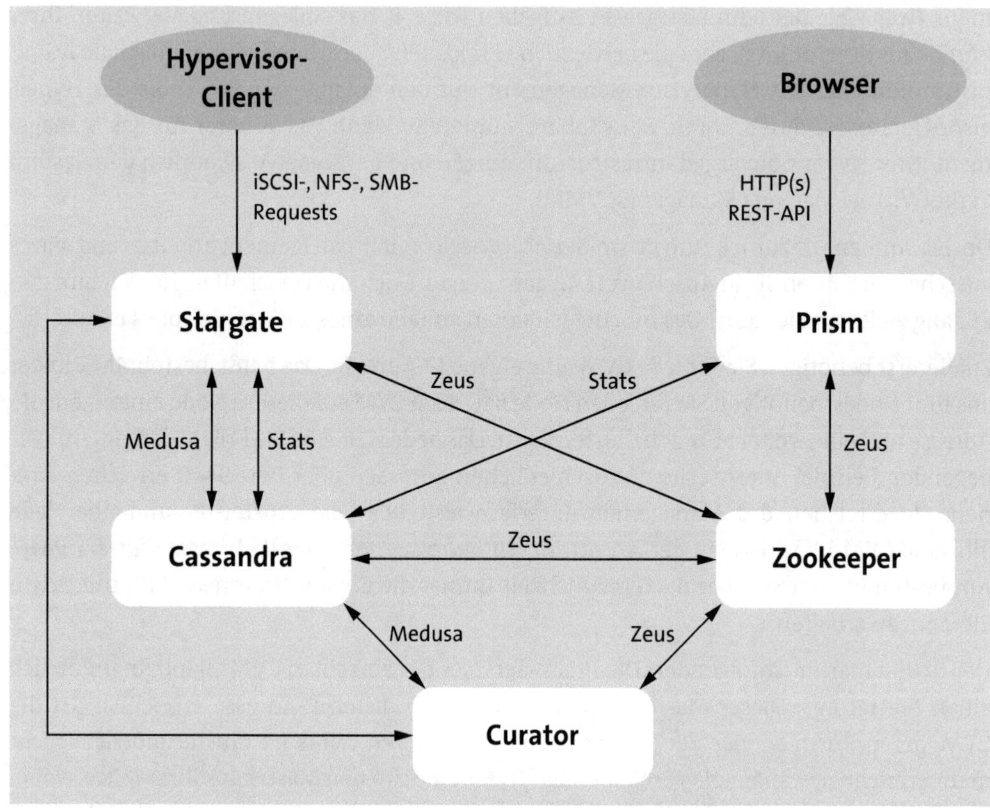

Abbildung 13.8 Das Zusammenwirken der Komponenten in der CVM

In Abbildung 13.9 sehen Sie eine Darstellung im Hinblick auf den Speicher eines Nodes im Cluster.

Betrachten wir einmal anhand von Abbildung 13.9, wie Sie den Storage eigentlich nutzen können. Die in der Serverhardware verbauten Datenträger werden durch den im Server-Node verbauten SCSI-Controller verwaltet. Im Betrieb wird dieser SCSI-Controller dann mithilfe der Gerätevirtualisierung (DMA-Remapping) des Hypervisors via Passthrough-Modus der CVM exklusiv zugeteilt. Hierdurch steht die gesamte Disk-Speicherkapazität, die in einem Node verbaut ist, ausschließlich der CVM dieses Nodes zur Verfügung. Wenn Sie sich nun vorstellen, dass dieses Konzept für alle CVMs im Cluster gleichermaßen gilt (siehe Abbildung 13.7), erkennen Sie sicherlich sofort das große Ganze des verteilten Speichers im Cluster-Verbund. Das heißt, der Hypervisor bezieht seinen Storage direkt von der CVM.

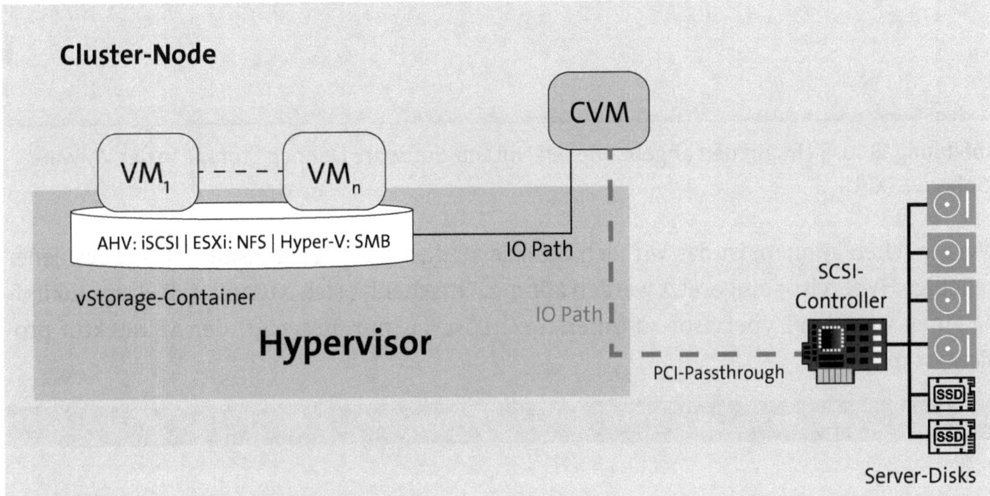

Abbildung 13.9 Durch die CVM werden die unterschiedlichen Arten von Hypervisor mit Storage versorgt, in dem dann Ihre Workloads betrieben werden.

Distributed Storage Fabric

Alle CVMs innerhalb eines Clusters bilden unter anderem gemeinsam die Distributed Storage Fabric, DSF, indem sie den gesamten Direct Attached Storage, DAS, der einzelnen Nodes zu einem verteilten Software Defined Storage, SDS, zusammenfasst.

Wie in Abschnitt 13.2.4 bereits erläutert wurde, werden von Nutanix aktuell drei unterschiedliche Hypervisor unterstützt. Das ist zum einen der AHV von Nutanix, der ESXi von VMware und der Hyper-V aus dem Hause Microsoft. Jeder dieser Hypervisoren bekommt von der CVM den im System zu Verfügung stehenden Storage über ein geeignetes Protokoll bereitgestellt.

Im Fall des AHV ist dies das iSCSI-Protokoll, über das der AHV den Storage erreicht. Der ESXi kann den Storage via NFS anbinden, und der Hyper-V kann das SMB-Protokoll verwenden, um über den vorhandenen Storage zu verfügen. Abbildung 13.10 und Abbildung 13.11 zeigen Ihnen, wie Sie den Nutanix Software Defined Storage vonseiten der Prism-Element-UI und aus der Sicht des Webclients des ESXi sehen.

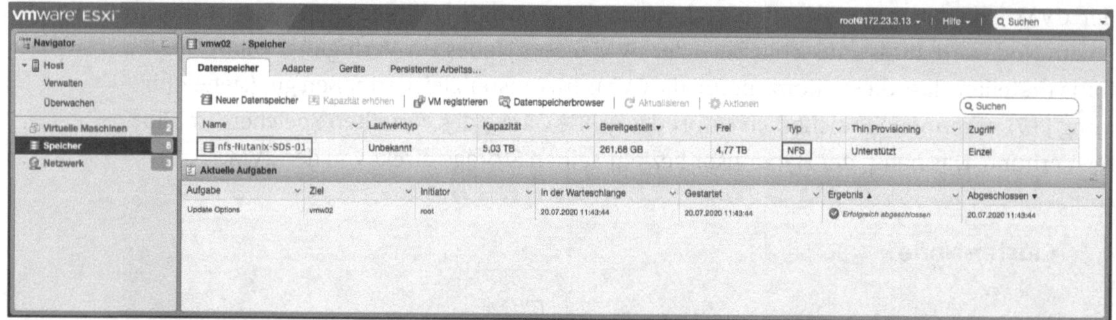

Abbildung 13.10 Sicht auf den angebundenen Nutanix Software Defined Storage in der VMware-vSphere-ESXi-UI

Wie Sie sehen können, ist das wirklich Geniale an dieser Umsetzungsidee, dass quasi jeder beliebige Hypervisor eingesetzt werden könnte. Entscheidet sich Nutanix z. B. dazu, zukünftig einen weiteren Hypervisor zu unterstützen, ist das mit dieser Art der Architektur problemlos möglich.

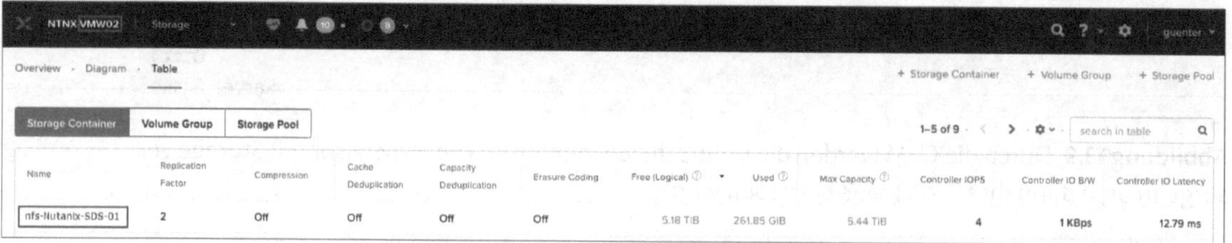

Abbildung 13.11 Sicht auf den bereitgestellten Nutanix Software Defined Storage in der Prism-Element-UI

In welchen Bereichen die anderen Komponenten genutzt werden, die Sie aus Tabelle 13.2 kennen, werden Sie in Abschnitt 13.3 erfahren. Aber lassen Sie sich doch einfach einmal den Zustand aller Services im Cluster auf der Shell anzeigen (siehe Abbildung 13.12). So können Sie sich im Bedarfsfall auch sehr schnell einen ausgezeichneten Überblick über den allgemeinen Systemzustand verschaffen.

Hierzu verbinden Sie sich mit SSH auf die Cluster-IP-Adresse oder die IP-Adresse einer der CVMs und führen dann im CLI den Befehl `cluster status` aus. Sofort bekommen Sie die entsprechenden Services sämtlicher CVMs im Cluster nacheinander in der Konsole aufgelistet.

Nachdem Sie nun bereits einige der unterschiedlichen Aufgaben der CVM kennenlernen konnten, sind Sie sich mit Sicherheit darüber im Klaren geworden, welche herausragende Rolle die CVM in der Nutanix-Plattform-Architektur einnimmt. Auch werden Sie sich spätestens jetzt die Frage stellen, was eigentlich passiert, wenn in einem derartigen Systemverbund eines der Elemente, also in unserem Fall eine der CVMs im Cluster-Verbund, plötzlich nicht mehr verfügbar ist.

```
nutanix@NTNX-            -CVM:172.23.2.8:~$ cluster status
2020-07-20 13:05:00 INFO zookeeper_session.py:143 cluster is attempting to connec
2020-07-20 13:05:00 INFO cluster:2784 Executing action status on SVMs 172.23.2.7,
The state of the cluster: start
Lockdown mode: Disabled

    CVM  CVM: 172.23.2.10 Up
                          Zeus   UP       [5089, 5124, 5125, 5126]
                     Scavenger   UP       [5891, 5919, 5920, 5921]
                 SSLTerminator   UP       [7956, 7989, 7990, 7991]
                SecureFileSync   UP       [7960, 8015, 8016, 8017]
                        Medusa   UP       [8444, 8477, 8478, 25308, 25408]
           DynamicRingChanger   UP       [8797, 8832, 8833, 8896]
                        Pithos   UP       [8801, 8857, 8858, 8886]
                        Mantle   UP       [8806, 8883, 8884, 8912]
                      Stargate   UP       [9051, 9080, 9081, 9082, 9083]
                    InsightsDB   UP       [9375, 9409, 9410, 9475]
          InsightsDataTransfer   UP       [9379, 9438, 9439, 9470, 9471, 94
                         Ergon   UP       [9395, 9467, 9468, 9469]
                       Cerebro   UP       [9425, 9512, 9513, 9616]
                       Chronos   UP       [9453, 9544, 9545, 9600]
                       Curator   UP       [9496, 9596, 9597, 9631]
                        Athena   UP       [9535, 9663, 9664, 9665]
                         Prism   UP       [9810, 9841, 9842, 9881, 9883, 98
                           CIM   UP       [9814, 9868, 9869, 9876]
                  AlertManager   UP       [9843, 10033, 10034, 10087]
                      Arithmos   UP       [9872, 9945, 9946, 10039]
                       Catalog   UP       [9879, 10077, 10078, 10079]
                     Acropolis   UP       [10083, 10169, 10170, 10171]
                         Uhura   UP       [10128, 10203, 10204, 10753]
                          Snmp   UP       [10164, 10237, 10238, 10239]
             SysStatCollector   UP       [10213, 10264, 10265, 10266]
             NutanixGuestTools   UP       [10269, 10302, 10303, 10324]
                     MinervaCVM   UP       [11181, 11211, 11212, 11213, 113
                 ClusterConfig   UP       [11185, 11241, 11242, 11243]
                       Mercury   UP       [11215, 11273, 11274, 11302]
                    APLOSEngine   UP       [11246, 11299, 11300, 11301]
                         APLOS   UP       [3622, 3651, 3652, 3653, 3680, 36
                         Lazan   UP       [11393, 11449, 11450, 11451]
                        Delphi   UP       [11423, 11481, 11482, 11483]
                          Flow   UP       [11454, 11567, 11568, 11569]
                       Anduril   UP       [11485, 11537, 11538, 11539]
                         XTrim   UP       [11507, 11581, 11582, 11584]
                 ClusterHealth   UP       [29254, 29299, 29349, 29350, 2935
0, 29520, 29521, 29522, 29523, 30007, 30008, 30009, 30010, 30012, 30013, 30014, 3

   CVM  CVM: 172.23.2.7 Up, ZeusLeader
                          Zeus   UP       [5134, 5169, 5170, 5171, 5184, 52
                     Scavenger   UP       [6245, 6273, 6274, 6275]
                 SSLTerminator   UP       [8301, 8333, 8334, 8336]
```

Abbildung 13.12 Ausführung des Befehls »cluster status« auf der Konsole (Auszug aus dem Output)

Dass die CVM auf einem Node nicht mehr zur Verfügung steht, kann ganz unterschiedliche Gründe haben. Einerseits kann es gewollt sein, weil z. B. das AOS der CVM ein Update erfährt und diese dann einen Neustart benötigt. Natürlich ist es auch möglich, dass eine CVM aus ungeplanten Gründen nicht mehr erreichbar ist, aber warum eine CVM nicht erreichbar sein könnte, will ich an dieser Stelle eigentlich gar nicht besprechen. Stattdessen möchte ich Ihnen aufzeigen, dass, selbst wenn eine CVM einmal aus den unterschiedlichsten Gründen nicht zur Verfügung steht, Ihre Workloads, das heißt also Ihre Services, dennoch stabil weiterlaufen. Dass dies überhaupt möglich ist, liegt am Verfahren des CVM-Autopathings, über dessen Funktionalität Sie im Abschnitt »DataPath Redundancy« noch einiges mehr erfahren werden.

Kommen wir aber erst einmal dazu, wie der SDS, der Software Defined Storage, eines Nutanix-Clusters aufgebaut ist, wie man ihn nutzen kann und vor allem mit welchen Eigenschaften man ihn ausstatten kann.

Der Software Defined Storage, aufgeteilt in Pool und Container

Der vorhandene physische Speicher in den einzelnen Nodes, also die im Node enthaltenen SSDs und HDDs (oder nur SSDs bei All-Flash-Knoten), werden logisch zu einem Pool zusammengefasst (siehe Abbildung 13.13). Dies erfolgt im Zuge der Erstellung eines Clusters völlig automatisch während der Installationsphase, des *Foundation-Prozesses*.

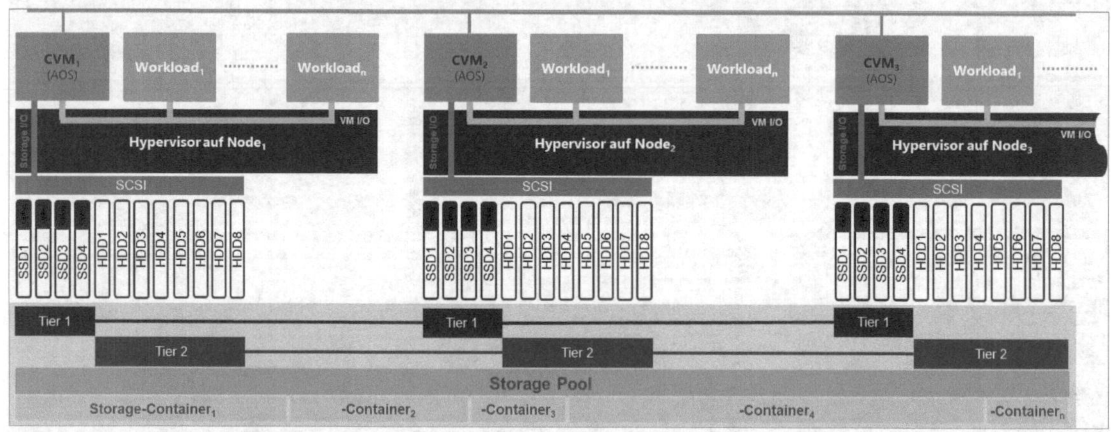

Abbildung 13.13 Logische Darstellung einer Distributed Storage Fabric im Bezug auf Storage-Container und -Tiering

Der Software Defined Storage eines Nutanix-Clusters stellt Ihnen auch Funktionen wie das automatische Storage-Tiering (siehe Tabelle 13.3) zur Verfügung.

Storage-Tiering

Derartige Storage-Funktionalität trifft man im Rechenzentrum in der Regel nur in Storage-Systemen der Enterprise-Klasse an. Wie Sie in Abbildung 13.13 sehr schön sehen können, werden die beiden Storage-Tiers logisch über den gesamten Cluster hinweg gebildet. So stehen Ihnen in unserem Beispiel auf der Basis von SSDs ein Tier-1- und auf der Basis von HDDs ein Tier-2-Storage-Bereich zur Verfügung.

Typ	Tier 1	Tier 2
Hybrid	SSD (SAS)	HDD (SAS)
All Flash	SSD (SAS)	SSD (SAS)
All Flash (Hybrid)	SSD (NVMe)	SSD (SAS)

Tabelle 13.3 Arten von unterschiedlichen Tiers

Sie verfügen also in einem Cluster über den gesamte Software Defined Storage in Form eines Storage-Pools. Dies bedeutet auch, dass Ihnen die gesamte im Cluster vorhandene Speicherkapazität in diesem einen Pool zur Verfügung steht und Sie durch das Hinzufügen von weiteren Nodes die Speicherkapazität, wie bereits in Abschnitt 13.2.5 erwähnt, zu jedem Zeitpunkt ganz granular nach Ihren Wünschen steigern können. Wie aber können Sie nun den Storage in Ihrem Hypervisor nutzen? Dies geschieht durch virtuelle Storage-Container.

Storage-Container

Ein Storage-Container stellt eine logische Einheit dar. Eigentlich handelt es sich ausschließlich um Storage Policies. Unterteilt wird der vorhandene Pool mittels Storage-Containern. Volumes, die Sie aus dem Bereich der Storage-Arrays kennen, gibt es in diesem Konzept nicht. Ein Storage-Container ist eine logische Abgrenzung bzw. ein logischer Bereich innerhalb eines Pools mit speziellen Eigenschaften. So kann ein Storage-Container z. B. die Eigenschaft haben, alles zu deduplizieren, was sich innerhalb seiner Grenzen befindet. Doch dazu später mehr in Abschnitt 13.3.1.

Im Zuge eines Deployments werden automatisch drei Container vom System generiert: ein Container für Ihre Workloads, der `default-container-...`, ein zweiter Container für das Management unter anderem für Systemfiles und AHV-Konfigurationsfile-Pakete und ein weiterer Container für Self-Services. Mehr über dieses Thema erfahren Sie noch etwas später im Unterabschnitt zum Foundation-Prozess (siehe Abschnitt 13.2.7).

Wenn Sie nun dem Hypervisor einen Teil des Storages aus dem Pool zur Verfügung stellen möchten, portionieren Sie also den im Pool vorhandenen Storage mithilfe von virtuellen Storage-Containern. Diese Storage-Container werden von Ihnen ja lediglich als logische Bereiche innerhalb des Pools definiert. Das erklärt auch, weshalb die Erzeugung eines Storage-Containers so enorm schnell vonstattengeht. Wenn Sie einen Storage-Container z. B. in der UI in Prism Element anlegen (siehe Abschnitt 13.4.1) und die Erstellung mit OK bestätigen, steht der Storage-Container augenblicklich für das Deployment einer VM zur Verfügung. Es wird ja nur eine Policy angewendet, um einen Storage-Container zu definieren, und kein aufwendiger Prozess gestartet, der sich z. B. mit der logischen Bildung von Laufwerken beschäftigen muss.

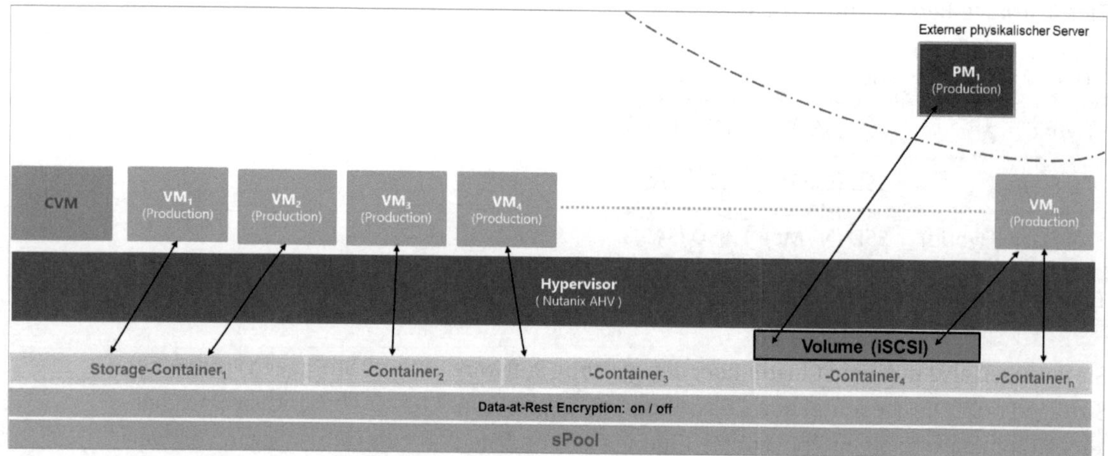

Abbildung 13.14 Schematische Darstellung von virtuellen Storage-Containern in einem Nutanix-AHV-Cluster

Kommen wir aber nun zum Thema der Nutzung eines Storage-Containers (siehe Abbildung 13.14). Storage-Container können unterschiedliche Eigenschaften haben. So können Sie beispielsweise einem sContainer die Eigenschaft *Compression* zuweisen. Das heißt, die Daten der Workloads, die in diesem sContainer gespeichert werden, werden komprimiert. Oder weisen Sie einem sContainer die Eigenschaft *Deduplication* zu, werden alle Workload-Daten in diesem einen sContainer dedupliziert.

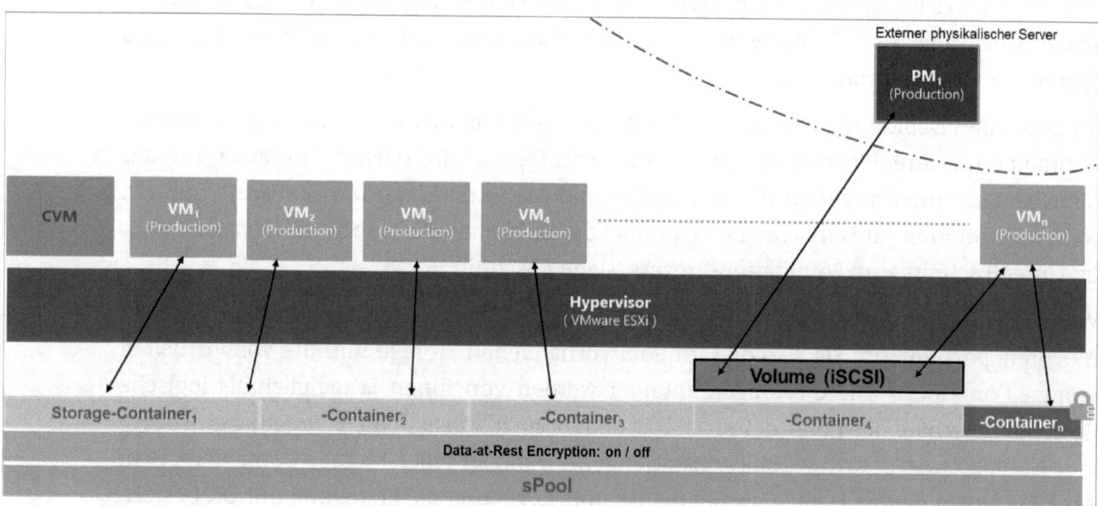

Abbildung 13.15 Schematische Darstellung von virtuellen Storage-Containern in einem Nutanix-ESXi-Cluster

Natürlich können Sie einem einzelnen sContainer auch mehrere Eigenschaften zuweisen. Diese zugewiesenen Eigenschaften gelten dann ausschließlich für diesen einzelnen sContainer.

Betreiben Sie einen Nutanix-AHV-Cluster und möchten Ihre Daten verschlüsselt abspeichern, ist es möglich, die Verschlüsselung für alle sContainer gleichzeitig einzuschalten (siehe Abbildung 13.14). Das heißt, Sie verschlüsseln Ihren Nutanix-AHV-Cluster auf Cluster-Ebene.

Eigenschaften, die virtuellen Storage-Containern zugeordnet werden können

- Replikationsfaktor 2
- Replikationsfaktor 3
- Inline-Compression
- Time-Based-Compression (Post Processing)
- Inline-Cache-Deduplication
- Capacity-Deduplication (Post Processing)
- Erasure Coding
- Data-at-Rest Encryption

13

Betreiben Sie dagegen einen Nutanix-ESXi- oder Hyper-V-Cluster, können Sie die Verschlüsselung entweder auf der Ebene eines einzelnen Containers (siehe Abbildung 13.15) oder auf der Ebene des Clusters einschalten. Das bedeutet, dass in diesem Fall diese Funktion vStorage-Container-zentrisch oder auf der Cluster-Ebene, Cluster-zentrisch, zu nutzen ist.

Weitere Informationen hierzu und auch wie es bei einem Nutanix-Hyper-V-Cluster ganz genau ausschaut, entnehmen Sie bitte den folgenden Dokumenten:

- *https://portal.nutanix.com/page/documents/details?targetId=Nutanix-Security-Guide-v5_17:wc-security-data-encryption-aos-wc-t.html*
- *https://portal.nutanix.com/page/documents/details?targetId=Web-Console-Guide-Prism-v5_17:wc-container-create-wc-t.html*
- *https://portal.nutanix.com/page/documents/details?targetId=Nutanix-Security-Guide-v5_17:wc-security-data-encryption-aos-wc-t.html*

Hypervisor mit dem Software Defined Storage verbinden

Nutzen Sie als Hypervisor den Nutanix AHV, können Sie sofort mit der Erstellung Ihrer Workloads beginnen, da der soeben von Ihnen erstellte Storage-Container direkt genutzt werden kann. Der Storage-Container wird also automatisch mit dem AHV verbunden. Ähnliches gilt für ESXi, dem Hypervisor von VMware (siehe Abbildung 13.10).

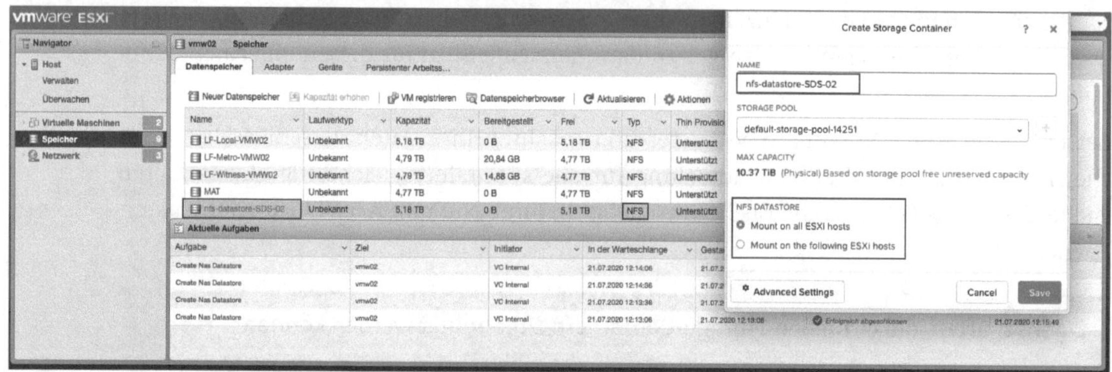

Abbildung 13.16 Bereitstellung eines Storage-Containers in einem Nutanix-AOS/ESXi-Cluster

Wenn Sie einen Storage-Container in einem Cluster definieren, in dem ESXi als Hypervisor eingesetzt wird, können Sie an dieser Stelle eine Auswahl bezüglich der Anbindung (siehe Abbildung 13.16) treffen. Setzen Sie dagegen den Hyper-V von Microsoft als Hypervisor in Ihrem Nutanix-Cluster ein, wird der Storage-Container als SMB-Share an den Hyper-V angebunden, um Ihre Workloads dort zu speichern. In diesem Fall ähnelt das Verfahren der Anbindung des Storage-Containers an den ESXi-Hypervisor.

Aufteilung und Belegung des Software Defined Storages

Die Bruttokapazität des Storages in einem Nutanix-Cluster umfasst alle in den einzelnen Nodes eines Clusters eingebauten Datenträger. Hierzu ein kurzes Beispiel: Nehmen Sie einmal an, Sie hätten einen Cluster mit drei Nodes. Ein Node enthält sechs Disks, davon zwei SSDs und vier HDDs. Zusammen ergibt sich dann eine Physical RAW Capacity von 83,52 TB (Terabyte), was rund 75,96 TiB (Tebibyte) ausmacht. Wenn Sie nun die Kapazität berechnen, die Ihnen für Ihre Workloads zur Verfügung steht, kommen Sie selbstverständlich auf einen ganz anderen Wert, denn es gibt natürlich eine ganze Menge Parameter, die maßgeblichen Einfluss auf die Nutzkapazität in einem Nutanix-Cluster haben.

Der Speicherplatz, von dem hier die Rede ist, setzt sich im Wesentlichen aus der Redundanzkapazität der Nutzdaten (siehe Abschnitt 13.3.1) durch die eingeplante Kapazität für die Ausfallwahrscheinlichkeit (n+1) und dem, was das System selbst an Speicherplatz bezüglich Housekeeping benötigt, zusammen.

Nehmen wir weiter an, dass die gesamte Nutzkapazität einmal aus Gründen der Datenredundanz im Cluster vorgehalten werden soll. Wir sprechen dann von einem Replikationsfaktor mit dem Wert zwei, kurz RF = 2. Auf den Replikationsfaktor werde ich in Abschnitt 13.3.1 noch wesentlich genauer eingehen. Des Weiteren soll ein Node im Cluster ausfallen dürfen, ohne dass in einem solchen Fall eine betriebliche Beeinträchtigung vorliegt. Das bedeutet im vorliegenden Beispiel, dass bei drei Nodes im Cluster ein Node ausfallen darf, ohne dass Sie dadurch einen Verlust an Services hinnehmen müssen. Sie werden zwar bezüglich der Services, die auf dem ausgefallenen Node liefen, eine kurzzeitige Betriebsunterbrechung haben, aber nach dem Neustart durch Failover dieser Services bzw. Workloads auf den verbleibenden Nodes stehen Ihnen diese Services ja unmittelbar wieder zur Verfügung.

Damit Sie sich selbst ein Bild davon machen können, wie sich die nutzbare Storage-Kapazität, der *Extent Store*, im Detail auswirkt, empfehle ich Ihnen, einen Blick auf den *Storage Capacity Calculator* von Nutanix zu werfen. Sie finden ihn unter *https://sizer.nutanix.com/#/storage-capacity-calculator*. Bitte berücksichtigen Sie aber, dass die Werte, die Sie mit diesem Tool ermitteln, lediglich Schätzungen sind. Wenn Sie es genau wissen wollen, wenden Sie sich einfach an einen Systems Engineer von Nutanix. Dieser wird dann sicherlich zusammen mit Ihnen ein entsprechendes fallbezogenes Sizing durchführen.

Aber kommen wir zurück zu unserem kleinen Beispiel und schauen wir uns einmal an, was Sie von den vorhandenen 75,96 TiB Physical RAW Capacity als Extent Store Capacity für Ihre Workloads nutzen können, wenn Sie hier mit RF = 2 und n+1 (n+1 = ein Node im Cluster darf ausfallen) kalkulieren. Bitte berücksichtigen Sie auch hier, dass es sich bei der folgenden Darstellung nur um Schätzwerte handelt.

13

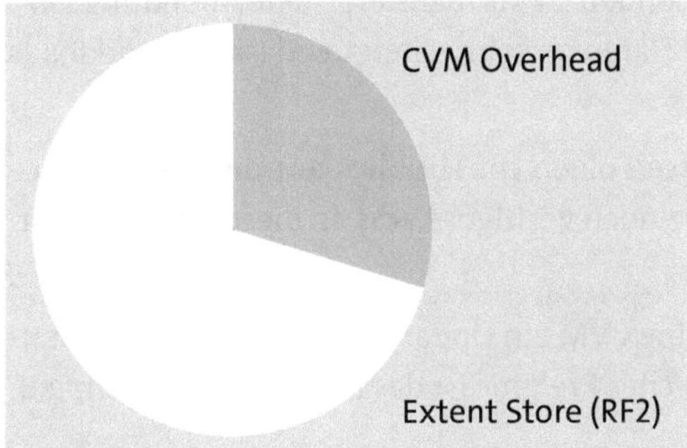

Abbildung 13.17 Qualitative Ansicht der Verteilung zwischen CVM Overhead und Extent Store Capacity im Cluster

Nachdem in unserem Cluster-Beispiel nun ein Node ausgefallen ist, stehen Ihnen von den ursprünglichen 75,96 TiB noch ca. 50,64 TiB an Gesamtkapazität im Cluster zur Verfügung. Die Extent Store Capacity beträgt davon noch ca. 43,18 TiB (siehe Abbildung 13.17). Das heißt, 21,59 TiB stehen Ihnen für Ihre Workloads zur Verfügung, und die gleiche Menge an Kapazität, also nochmals 21,59 TiB, haben Sie für die Redundanz Ihrer Workloads im Cluster. Eine derartige Betrachtungsweise zeigt ganz deutlich auf, welche Reserven im System vorhanden sind und wie gut man vor einem Worst-Case-Szenario geschützt ist.

DataPath Redundancy

Die Belastbarkeit einer Infrastruktur ist eines der wichtigsten Themen im Hinblick auf den sicheren IT-Betrieb im Rechenzentrum. Sie müssen eigentlich immer damit rechnen, dass Ihnen eine Ihrer Komponenten plötzlich ausfällt. Aus diesem Grund werden z. B. Nodes netzwerktechnisch untereinander redundant angebunden, was allerdings zum Standard gehört, über den heutzutage niemand mehr nachdenkt.

Aber was passiert eigentlich, wenn eine Softwarekomponente auf einmal nicht mehr zur Verfügung steht? Sie wissen ja, dass die CVM, die sich auf einem Node befindet, dem Hypervisor dieses Nodes den Storage in Form eines Storage-Containers zur Verfügung stellt (siehe Abbildung 13.9). Stellen Sie sich nun einmal vor, dass diese lokale CVM aus irgendwelchen Gründen nicht mehr verfügbar ist. Das würde doch bedeuten, dass Workloads auf einmal keinen Zugriff mehr auf ihre Daten haben und voraussichtlich nach kurzer Zeit ihren Betrieb einstellen würden. Dieses Szenario tritt demnach sofort ein, wenn der I/O-Pfad zwischen einem Workload und dessen Daten nicht mehr vorhanden ist.

Damit das nicht passieren kann, existiert natürlich ein weiteres Verfahren – eine Redundanz der Pfade, über die der I/O umgeleitet wird, wenn der primäre Kanal, also die lokale CVM, nicht mehr vorhanden ist. Da die CVMs bzw. die Storage-Controller untereinander kommunizieren, wird die Nichtverfügbarkeit einer CVM natürlich unmittelbar erkannt, und der Datenverkehr kann entsprechend automatisch über einen Sekundärpfad umgeleitet werden. Dieser Sekundärpfad wird von den verbleibenden CVMs realisiert (siehe Abbildung 13.7). Über den Sekundärpfad wird dann der gesamte Datenverkehr geleitet, sodass die Workloads wieder Zugriff auf Ihre Daten haben.

Wie Sie sich vorstellen können, hat das gewisse Folgen im Hinblick auf die Performance (siehe Abschnitt 13.3.1), aber dafür ist der Service noch verfügbar, was an dieser Stelle eigentlich das Wichtigste ist.

Stellen Sie sich abschließend einmal vor, dass eine CVM ein Update erfährt und durchgestartet werden muss. Gerade im Hinblick auf ein solches Ereignis ist das Konzept der Datenpfadredundanz eine absolute Notwendigkeit.

Es gibt ein sehr schönes Video von der Nutanix University zu diesem Thema, das den Prozess ganz kurz recht anschaulich visualisiert. Sie finden es unter *https://www.youtube.com/watch?v=9cigloapOXw*. Und hier ist natürlich auch noch der Link, unter dem Sie das ganze Thema in all seinen Details erklärt bekommen: *https://nutanixbible.com/#anchor-book-of-aos-data-path-resiliency*.

13.2.7 Der Foundation-Prozess

Das *Nutanix On-Premises-Cloud Installation-Framework* nennt Nutanix den Foundation-Prozess. Es handelt sich dabei um einen Workflow zur Installation eines vollständigen Nutanix-Clusters in nur einem Arbeitsgang. Wird der Foundation-Prozess erfolgreich abgeschlossen, ist der Nutanix-Cluster sofort einsatzbereit und für das Deployment von Workloads nutzbar.

Im ersten Schritt beginnen Sie damit, die Netzwerkports aller Ihrer Nodes, über die Sie mittels IPMI das Servermanagement erreichen können, sowie eine Arbeitsstation via Netzwerk-Switch miteinander zu verbinden (siehe Abbildung 13.18). Die genaue Position dieses Ports kann sich je nach Modelltyp und Hersteller der Serverhardware an unterschiedlichen Positionen befinden. Im nächsten Schritt verbinden Sie dann einen weiteren Netzwerkport von jedem Node mit Ihrem Switch. Am besten nutzen Sie hier einen der Ports, der später dann auch in der Produktion verwendet wird. Achten Sie unbedingt darauf, dass in dem Netzwerk, das Sie für den Foundation-Prozess nutzen, kein aktiver DHCP-Server vorhanden ist. Geben Sie nun Ihrer Arbeitsstation eine statische IP-Adresse aus der IP-Range, in der Ihr Cluster später arbeiten soll.

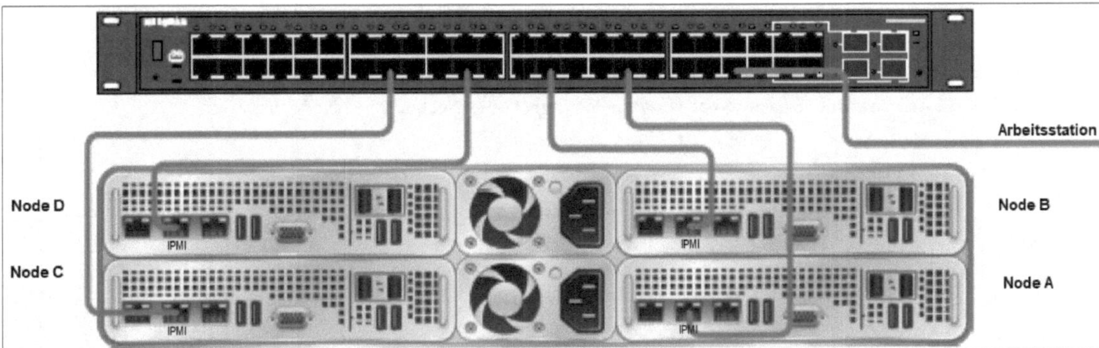

Abbildung 13.18 Schematische Darstellung der IPMI-Anbindung

Versorgen Sie die Netzteile der Server mit Strom, sodass das Servermanagement der Nodes startet. Schalten Sie allerdings keinen der Nodes ein!

Als Nächstes installieren Sie das Softwarepaket, das Ihnen die Durchführung eines Foundation-Prozesses ermöglicht, auf Ihrer Arbeitsstation.

Hier gibt es unterschiedliche Varianten der Software. Sie können entweder die Foundation-Software direkt auf Ihrer Arbeitsstation (Windows: **.msi*-Paket, macOS: **.dmg*-Paket) installieren, oder Sie nutzen eine Appliance-VM, die Sie z. B. unter einem Typ-2-Hypervisor wie VMware-Workstation oder -Fusion oder auch VirtualBox auf Ihrer Arbeitsstation laufen lassen können.

Alle Varianten haben nicht nur den gleichen Funktionsumfang, sondern unterscheiden sich auch in der Bedienung überhaupt nicht voneinander, da in allen Varianten das Management via Browser erfolgt (siehe Abbildung 13.19). Downloaden Sie nun einfach die Foundation-Software-Variante, für die Sie sich entschieden haben, unter *https://my.nutanix.com/* und installieren Sie sie entsprechend auf Ihrer Arbeitsstation.

Nach dem Start der Foundation-Software können Sie sich mittels Browser per *http://localhost:8000* mit der UI verbinden und werden mit WELCOME TO NUTANIX INSTALLER begrüßt (siehe Abbildung 13.19).

Sie haben nun die Möglichkeit, auf der Formularseite, die Ihr Browser Ihnen anzeigt, sämtliche Daten einzugeben, die notwendig sind, um Ihren Cluster zu konfigurieren.

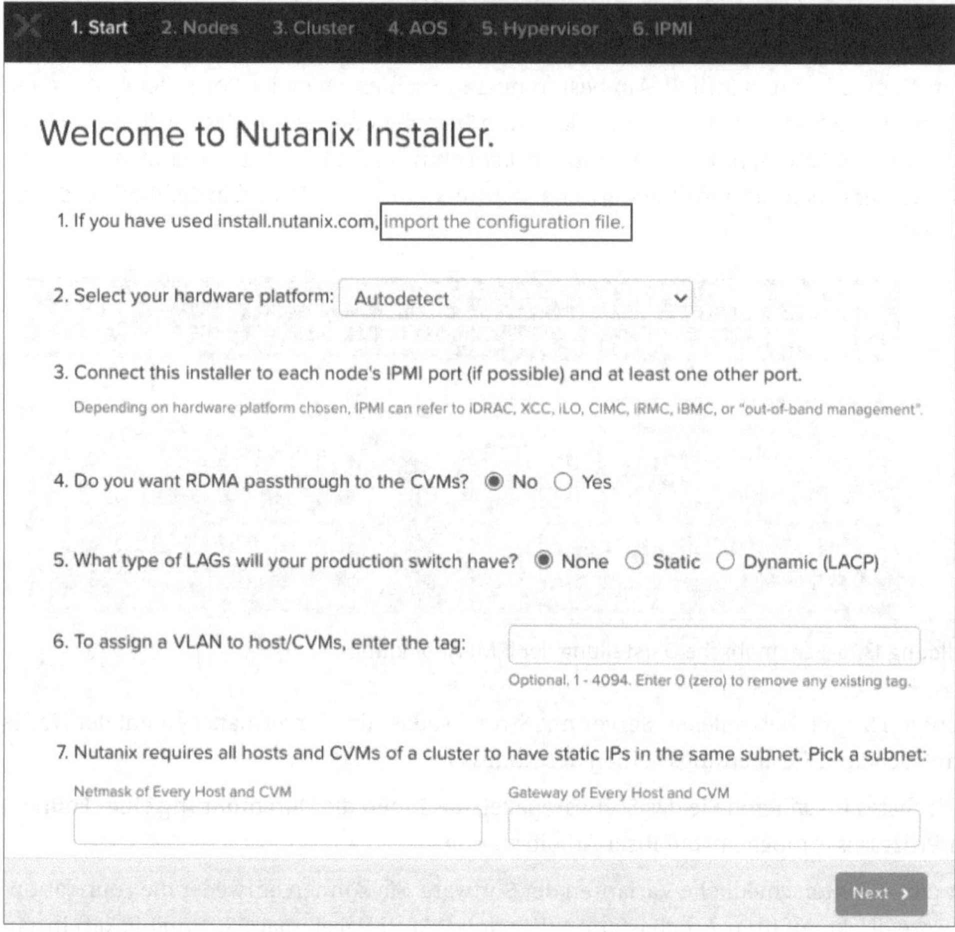

Abbildung 13.19 Die Foundation via Configuration-File durchführen

Jetzt gibt es zwei unterschiedliche Herangehensweisen, um den Foundation-Vorgang, oder kurz die Foundation, erfolgreich durchzuführen. Zum einen können Sie sich unter *https://install.nutanix.com* anmelden, alle erforderlichen Daten eingeben und im Anschluss daran eine Konfigurationsdatei herunterladen. Diese Konfigurationsdatei können Sie dann einfach im Startformular bei Punkt 1 unter IMPORT THE CONFIGURATION FILE in der Foundation hochladen. Die Alternative ist, im Zuge der Foundation alle erforderlichen Parameter zur Installation des Nutanix-Clusters in die einzelnen Formularfelder (siehe Tabelle 13.4) im Browser einzugeben.

Diese Tabelle enthält nur die Parameter, die Sie bei einer Standard-Foundation setzen müssen. Alle weiteren Parameter, die dieser Prozess benötigt, sind voreingestellt. Sollte es aus Ihrer Sicht notwendig sein, die Voreinstellungen zu ändern, schauen Sie dazu bitte zuerst in den *Foundation Field Installation Guide*. Der hier vorgestellte Installationsweg gilt ausschließlich für die IPv6-basierte Knotenerkennung unter Verwendung von CVM oder Phoenix. In anderen Fällen konsultieren Sie bitte den besagten Guide.

Lfd. Nr.	Prozessschritte	Beschreibung
1	Start	Geben Sie Netmask und Gateway für die CVM und das IPMI ein. Nach einem Klick auf das Feld NEXT werden sämtliche angeschlossenen Nodes gesucht, was je nach Netzwerk bis zu 30 Sekunden dauern kann.
2	Nodes	Nun können Sie die im Netzwerk gefundenen Nodes einzeln auswählen, um sie in den Cluster-Verbund aufzunehmen. Tragen Sie die IPMI-, die Host- und die CVM-IP-Adresse für jeden Knoten in das Formular ein. Anschließend tragen Sie noch für jeden Node einen Hostnamen ein und klicken auf das NEXT-Feld.
3	Cluster	Geben Sie nun an, welche Größenordnung der Hauptspeicher Ihrer CVMs haben soll (siehe Abschnitt 13.2.6). An dieser Stelle nun eine wichtige Bemerkung: Oftmals wird der Cluster nicht im Zuge des Foundation-Prozesses erstellt, sondern im Nachhinein. Das heißt, der Foundation-Prozess wird lediglich dazu verwendet, alle Nodes, aus denen später der Cluster gebildet wird, zu installieren. Die Erstellung des Clusters erfolgt dann im Anschluss an die Node-Installation manuell entweder direkt auf der Konsole oder via Terminal, PuTTY, PowerShell etc., mittels IPMI. Der Grund hierfür ist: Sollte während des Node-Installationsprozesses eine Störung auftreten, kann es bei der Erstellung des Clusters zu Problemen kommen. Tritt z. B. der Fall ein, dass ein Node im Zuge des Foundation-Prozesses nicht ordnungsgemäß installiert wird, kann der Installationsvorgang einfach wiederholt werden. Wenn dann schlussendlich alle Nodes ordnungsgemäß installiert wurden und diese auch korrekt funktionieren, kann der Cluster mit dem Befehl cluster -s <cvm-ip-1> <cvm-ip-2> .... <cvm-ip-n> create erstellt werden.
4	AOS	In diesem Formular wird Ihnen eine AOS-Version (siehe Abschnitt 13.2.2) wie z. B. *nutanix_installer_package-release-euphrates-5.16.1.3-stabil-x86_64.tar.gz* angezeigt, die Sie zur Installation verwenden können, oder Sie haben andere Vorstellungen und möchten eine andere AOS-Version installieren. Dann können Sie hier Ihre Wunschversion entsprechend hochladen und zur Installation nutzen.

Tabelle 13.4 Eingabe der Parameter zur Durchführung des Foundation-Prozesses

Lfd. Nr.	Prozessschritte	Beschreibung
5	Hypervisor	In diesem Formular haben Sie die Möglichkeit, Ihren favorisierten Hypervisor aus der Menge der unterstützten Hypervisoren (siehe Abschnitt 13.2.4) auszuwählen und dann die entsprechende Version, die Sie in Ihrem Cluster nutzen möchten, hochzuladen und zur Installation zu verwenden. Bitte achten Sie unbedingt darauf, dass Hypervisor-Installationsdateien unter Umständen eine Hardwareabhängigkeit (Customized ISO) besitzen können. Nutzen Sie hier den AHV, brauchen Sie in der Regel nichts hochzuladen, da der AHV bereits Bestandteil des *AOS-tar-gz* ist.
6	IPMI	Zu guter Letzt müssen Sie noch die Daten zur Anmeldung am IPMI setzen. Auf der Formularseite gibt es eine Combobox namens TOOLS. Wenn Sie diese aufklappen, können Sie den Default-Anmeldenamen und das Passwort für jeden unterstützten Hardwarehersteller setzen lassen. Aber selbstverständlich können Sie diese Daten auch manuell in das Browserformular eintragen.

Tabelle 13.4 Eingabe der Parameter zur Durchführung des Foundation-Prozesses (Forts.)

Sie können auf der letzten Foundation-Konfigurationsseite in Ihrem Browser den Foundation-Prozess mit START beginnen. Ab diesem Zeitpunkt werden sämtliche Nodes Ihrer Nutanix On-Premises-Cloud parallel installiert (siehe Abbildung 13.20).

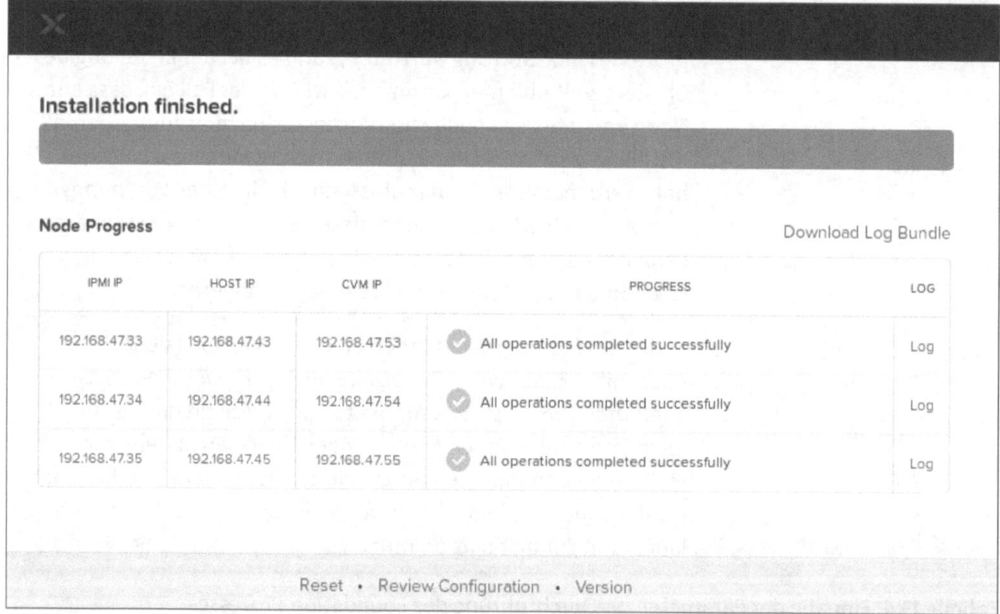

Abbildung 13.20 Fertigstellungsmeldung eines Drei-Node-Clusters durch den Foundation-Prozess

Dieser Vorgang kann je nach Menge der Nodes unterschiedlich lange dauern. Führen Sie z. B. eine Foundation mit um die sechs Nodes durch, ist Ihr Cluster nach ca. einer Stunde fertiggestellt, und Sie können dann sofort mit dem Deployment Ihrer Workloads beginnen.

Nachdem das System fertiggestellt ist, kann es sofort mittels Prism Element und je nach Hypervisor auch mit den entsprechenden Clients genutzt werden. Prism Element erreichen Sie durch Eingabe der URL in Ihren Browser: *https://<CVM-IPs oder Cluster-IP>:9440*.

Topics zum Foundation-Prozess

Die LAN-Verbindungen zwischen der Foundation bzw. Ihrer Arbeitsstation und den Nodes müssen über einen Switch laufen, der den gesamten LAN-Verkehr ohne Blockierungen durchleitet.

Der Foundation-Prozess fordert ausschließlich statische IP-Adressen aller beteiligten Geräte.

Es darf kein DHCP genutzt werden und sich auch nicht im Netzwerk befinden!

Die Erkennung via IPMI anhand der MAC-Adressen der Node-NIC-Ports nutzt IPv6. Dieses Verfahren ist extrem empfindlich in Bezug auf die Netzwerkeinstellungen aller am Prozess beteiligten Geräte.

Es ist auch möglich, die zu installierenden Nodes nicht durch die Foundation anhand von MAC/IPv6 im Netz identifizieren zu lassen, sondern vor dem Foundation-Prozess die IPMI-Interfaces der zu installierenden Nodes mit IP-Adressen, Netzwerkmasken und Default-Gateway-Adressen zu versehen. Dies kann über die Konsole oder mittels IPMI-TOOL erfolgen. Durch dieses Verfahren wird das Auffinden der Nodes in einem problematischen Netzwerk garantiert.

Ein Cluster kann auch direkt im Zuge des Foundation-Prozesses mit erzeugt werden. Kommt es allerdings während des Foundation-Prozesses zu einer Störung, hat dies einen umfangreichen Arbeitsaufwand zur Folge. Wirken Sie dieser Gefahr entgegen und führen Sie den Cluster-Build erst nach der Installation sämtlicher Nodes aus. Dieser Sachverhalt gilt für One-Node-Cluster nicht.

Das Einloggen in Prism Element ist erst möglich, nachdem ein Cluster erstellt wurde.

Sollten Sie auf einen Sachverhalt treffen, der in diesem Abschnitt nicht besprochen worden ist, lesen Sie bitte im Field Installation Guide zum Thema FOUNDATION nach. Sie finden den Guide unter *https://portal.nutanix.com/page/documents/details/?targetId=Field-Installation-Guide-v4-5%3AField-Installation-Guide-v4-5*.

Sie haben einiges über die Foundation erfahren, also die Software, die Ihnen die vollständige Installation eines Nutanix-Clusters ermöglicht. Diese Art der Foundation, über die wir bis hierher gesprochen haben, ist allerdings eine Stand-alone-Lösung zur Installation ganz neuer Cluster.

Es gibt aber noch eine weitere Variante der Foundation von Nutanix. Hierbei handelt es sich um eine Embedded-Version. Diese Version ist integraler Bestandteil von Prism Element (siehe Abschnitt 13.4.1). Sie können sie in einem bereits bestehenden Cluster verwenden, um z. B. dem Cluster einen oder mehrere neue Nodes hinzuzufügen, ein AOS-Upgrade durchzuführen oder Modifikationen bezüglich des Hypervisors vorzunehmen.

13.2.8 Lifecycle-Management

Der Lifecycle Manager, kurz LCM, überwacht Software- und Firmwareversionen bzw. Stände aller Elemente innerhalb eines Nutanix-Clusters. Das ist an sich schon eine herausragende Eigenschaft, denn bedenken Sie, wie unterschiedlich ein Nutanix-Cluster mit Blick auf die unterschiedlichen Arten von Hypervisoren und Hardwareplattformen aufgebaut sein kann.

Beim LCM handelt es sich um ein Management-Framework, wie Sie im Flussdiagramm in Abbildung 13.21 sehen können. Sie erreichen den Lifecycle Manager über die Prism-Element-UI (siehe Abschnitt 13.4.1).

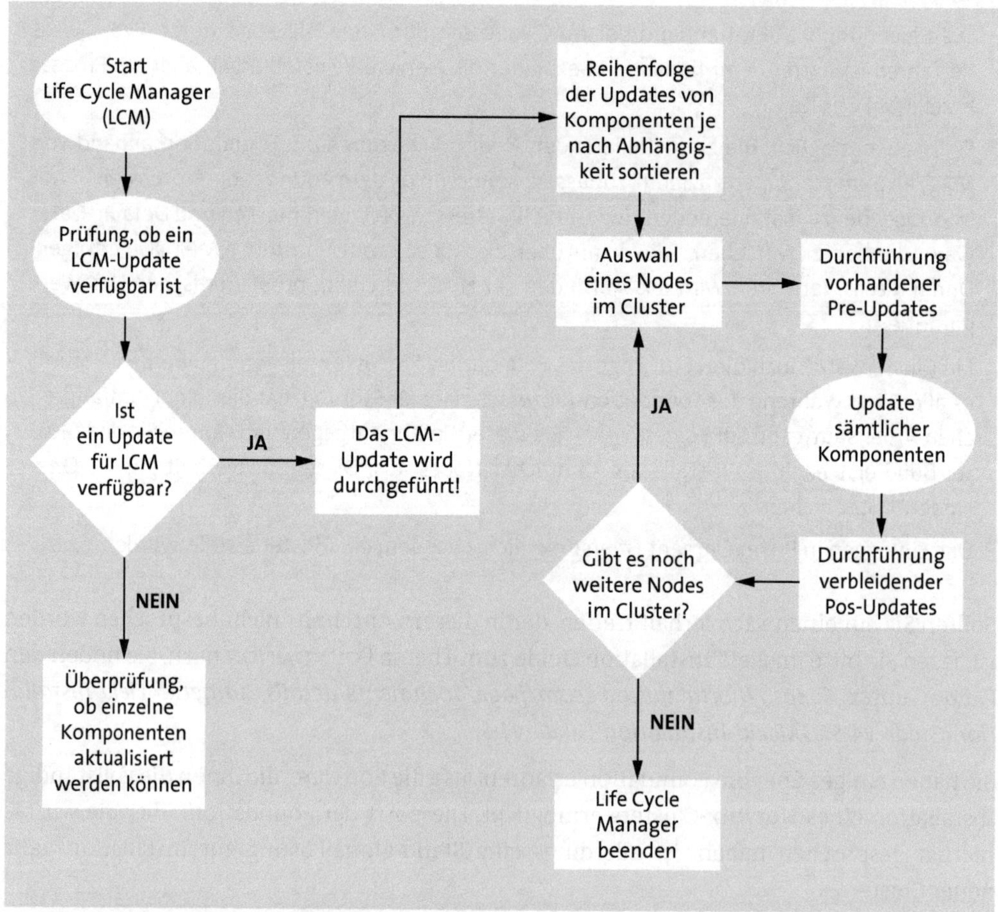

Abbildung 13.21 Die LCM-Orchestrierungs-Engine überprüft das Inventar, die Verfügbarkeit von Upgrades und diesbezügliche Abhängigkeiten untereinander.

Wenn Sie sich das Flussdiagramm einmal etwas genauer anschauen, werden Sie sehen, dass sich nach dem LCM-Start das LCM-Framework grundsätzlich erst einmal selbst bezüglich eines Updates überprüft und sich gegebenenfalls entsprechend modifiziert. Somit können Sie sich immer sicher sein, dass Sie auf dem neuesten Stand sind. Im Anschluss an diesen ersten Prozessschritt beginnt die rollende Update-Prozedur der einzelnen Nodes im Cluster.

Wenn Sie sich nun einen Node etwas genauer anschauen, werden Sie feststellen, dass ein Node oberflächlich betrachtet erst einmal aus den Komponenten Server, AOS und Hypervisor besteht. Schauen wir uns dann den Server genauer an, sehen wir Komponenten wie M.2 Drives, SATA-DOM, die Datenträger im Server, das BIOS, die Remote-Controller für das Servermanagement wie z. B. das BMC von Supermicro, iDRAC von Dell, iRMC von Fujitsu, XClarity von Lenovo oder iLO von HPE und so weiter.

Anhand dieser Aufzählung von beteiligten Komponenten erahnen Sie sicherlich schon, mit was für einer unglaublichen Menge an Elementen man es in einem Nutanix-Cluster zu tun hat – und diese Auflistung ist nicht einmal im Ansatz vollständig! Stellen Sie sich z. B. einmal vor, dass das Update des BIOS in einer gewissen Abhängigkeit vom Remote-Server-Management stünde. Das würde bedeuten, dass zuerst das Remote-Server-Management eines Nodes upgedatet werden muss, bevor das BIOS upgedatet werden kann.

Wenn man jetzt davon ausgeht, dass alle Komponenten ein regelmäßiges Update erfahren sollten und diese Updates dann auch noch untereinander in irgendeiner Abhängigkeit stehen, wird sehr schnell klar, was das LCM eigentlich leistet. Das LCM erspart Ihnen die Kontrolle darüber, welches Update für welche Komponente Sie wann einzuspielen haben, und auch die Beschaffung von Updates aus den unterschiedlichsten Bezugsquellen übernimmt das LCM für Sie.

Die Update-Automatisierung, die das LCM darstellt, vereinfacht das Infrastruktur-Upgrade immens und ist dadurch natürlich eine unglaubliche Arbeitserleichterung für das Betriebspersonal. Denken Sie aber auch immer daran, dass alles überwacht wird, denn sollte das LCM einmal Hilfe benötigen, muss jemand aus dem Betrieb bzw. dem Support, der über das notwendige Wissen verfügt, hier unterstützen.

Topics bezüglich Infrastruktur-Upgrade mit dem Lifecycle Manager

- Unterstützung von Multi-Hypervisor-Software-Upgrades.
- Versionskonformität durch automatisierte Software-Upgrades.
- Automatisierte Durchführung von Firmware-Upgrades auf unterschiedlichen Serverplattformen.
- Firmware-Aktualisierungsautomatik überprüfen bezüglich Verfügbarkeit, Erforderlichkeit und Vorteilen von Updates.

Wenn das Management Ihrer Infrastruktur einen Internetzugang besitzt, sollten Sie für weiterführende Informationen zum Thema LCM das folgende Dokument heranziehen:

https://portal.nutanix.com/page/documents/details/?targetId=Life-Cycle-Manager-Guide-v2_3:Life-Cycle-Manager-Guide-v2_3

Für Cluster ohne Internetzugang schauen Sie einmal in den Lifecycle Manager Dark Site Guide unter *https://portal.nutanix.com/page/documents/details?targetId=Life-Cycle-Manager-Dark-Site-Guide-v2_3:Life-Cycle-Manager-Dark-Site-Guide-v2_3*. Dort finden Sie eine präzise Anleitung dazu, wie Sie in diesem Fall vorgehen können.

Das LCM Dark Site Bundle können Sie sich dann für Ihre Dark Site Cluster hier herunterladen: *https://portal.nutanix.com/page/downloads?product=lcm*

13.3 Nutanix-Plattformarchitektur und -technologie

In diesem Abschnitt erfahren Sie, wie einzelne Elemente der Plattformarchitektur im Core-Bereich (siehe Abbildung 13.2) zur Bereitstellung der Gesamtfunktionalität beitragen.

13.3.1 Funktionen, die die Distributed Storage Fabric beinhaltet

Die *Distributed Storage Fabric* bzw. *DSF* stellt die verteilte Datenebene innerhalb des Nutanix-Cloud-Betriebssystems AOS dar (siehe Abbildung 13.7). Sämtliche den Software Defined Storage betreffenden Funktionen werden von der Distributed Storage Fabric bereitgestellt. Die DSF stellt quasi die Kopplung und die Interaktion der einzelnen Komponenten dar (siehe Abbildung 13.8), die sich in den CVMs eines Cluster befinden. Das heißt, alle CVMs bilden zusammen einen Verbund aus Komponenten bzw. eine Fabric, die das verteilte Cloud-Betriebssystem AOS repräsentiert.

Data Locality

Werfen wir nochmals einen kurzen Blick auf Abbildung 13.9 in Abschnitt 13.2.6. Sie sehen hier einen Node eines Clusters in einer schematischen Darstellung. Auch können Sie sehen, dass dieser Node wie jeder andere Node in einem Nutanix-Cluster unter anderem über eine CVM, einen Hypervisor und eine gewisse Menge an lokalem Storage in Form von Datenträgern verfügt. Jetzt ist es in der Nutanix-Cluster-Architektur grundsätzlich so, dass ein Workload bzw. eine virtuelle Machine (VM) unter normalen Betriebsbedingungen immer lokal auf einem Node ausgeführt wird. Auch das können Sie in Abbildung 13.9 sehen. Die VMs liegen auf dem lokalen Storage des Nodes, den der Hypervisor über die CVM bezieht. Dieser Sachverhalt wird von Nutanix mit *Data Locality* bezeichnet. Die Daten einer VM werden also immer auf den lokalen Datenträgern eines Nodes gespeichert (siehe Abbildung 13.22). In einem ordnungsgemäß arbeitenden Nutanix-Cluster herrscht somit 100%ige Data Locality.

Jetzt denkt natürlich jeder unweigerlich sofort darüber nach, ob die Daten auf irgendeine Art und Weise im Cluster geschützt werden, falls die lokalen Datenträger des Nodes zerstört, entwendet oder Ähnliches werden. Keine Sorge, selbstverständlich beinhaltet DSF eine Schutzfunktion, damit Ihre Daten nicht verloren gehen können. Wie dieser Schutz funktioniert, erfahren Sie etwas später im Abschnitt »Block-Redundanz und Replikationsfaktor«

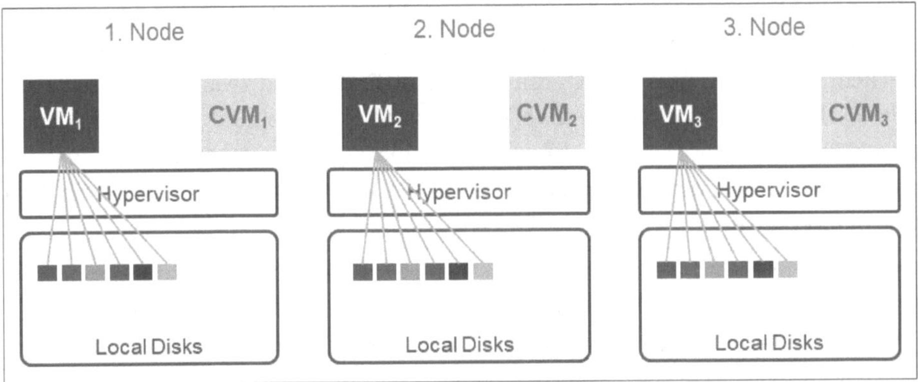

Abbildung 13.22 Sämtliche Datenblöcke eines Workloads werden lokal auf dem Node, auf dem sich der Workload befindet, abgespeichert.

Doch kommen wir zurück zur Data Locality und schauen wir uns einmal an, was Datenlokalität wirklich bedeutet. Wenn Sie sich z. B. eine durchschnittliche IT in Bezug auf das Thema Schreib-Lese-Verhältnis anschauen, sehen Sie oftmals Verhältnisse um die 80 : 20. Das heißt, in einem solchen Environment finden 80 % Lese- und 20 % Schreiboperationen von Daten statt. Überlegen Sie sich nun einmal, was das im Hinblick auf Datenlokalität bedeutet. Wenn Daten, die lokal auf den Nodes gespeichert sind, eingelesen werden, können Sie von einer extrem niedrigen Leselatenz ausgehen. Sie lesen ja direkt von den Disks im Server und nicht über ein Netzwerk.

Die optimalen Eigenschaften des Konzepts der Data Locality ergeben sich aus der Tatsache, dass ausschließlich die lokalen Disks eines Nodes genutzt werden.

Jeder einzelne Node im Cluster stellt seine maximale Leistung nur den Workloads zur Verfügung, die er hostet. Das ist auch einer der Gründe dafür, dass die Betrachtung von IOPS in einem Nutanix-Cluster keine so tragende Rolle spielt.

Beim Schreiben sieht es allerdings etwas anders aus. Im nächsten Abschnitt, »Block-Redundanz und Replikationsfaktor«, erfahren Sie, wie die Sicherheit Ihrer Daten in einem Nutanix-Cluster garantiert wird. Ohne vorgreifen zu wollen, möchte ich Ihnen dennoch schon einmal verraten, dass das Schreiben von Daten in Teilen über das Netzwerk vonstattengeht und dadurch selbstverständlich, wie in allen anderen Formen von Infrastruktur, latenzbehaftet ist – allerdings nur für gerade einmal 20 % der gesamten Datenbewegung, um bei unserem kleinen Beispiel zu bleiben. Sie werden aber feststellen, dass durch diese Art der Bereitstellung von Daten eine deutlich spürbare Verbesserung der Workload-Experience die Folge ist.

Durch die Data Locality wird ein Höchstmaß an Performance und die geringstmögliche Latenz beim Lesen eines Blocks erreicht.

Ein weiterer großer Vorteil dieses architekturellen Softwareprinzips ist der, dass im Hinblick auf das Lesen von Daten zwischen den Nodes eines Clusters quasi kein Netzwerkverkehr stattfindet. Bemühen wir nochmals das Beispiel des Lesens und Schreibens von Daten, können wir erneut festhalten, dass eine Optimierung stattfindet, und zwar diesmal dadurch, dass für das Einlesen von Daten das Netzwerk des Clusters nicht belastet wird. Das bedeutet eine enorme Entlastung Ihres Netzwerks und hat oftmals einen wesentlichen Einfluss auf die Auslegung der notwendigen Netzwerkinfrastruktur. Wie Sie sehen, ist das Thema Data Locality recht facettenreich.

Wenn Sie noch mehr über die Funktionsmechanismen zur Data Locality erfahren möchten, schlagen Sie bitte unter *https://nutanixbible.com/#anchor-book-of-aos-data-locality* und auch unter *https://nutanixbible.com/#anchor-book-of-aos-networking-and-i/o* nach.

Block-Redundanz und Replikationsfaktor

Schauen wir uns nun einmal an, wie sichergestellt wird, dass die Daten auch bei einem Ausfall von Knoten weiterhin zur Verfügung stehen. Das Verfahren, mit dem das sichergestellt wird, basiert auf Replikation und wird mit dem *Replication Factor*, kurz *RF*, angegeben. Bauen Sie sich beispielsweise einen Nutanix-Cluster mit dem Replikationsfaktor zwei auf, also RF = 2, beinhaltet der Software Defined Storage des Clusters jeden Datenblock zwei Mal (siehe Abbildung 13.23). Bauen Sie hingegen einen Cluster mit RF = 3 auf, ist jeder Datenblock drei Mal vorhanden, einmal lokal bezüglich Data Locality und zwei Mal verteilt im gesamten Cluster.

Replikationsfaktor

Der Replikationsfaktor gibt an, wie oft die Datenblöcke in Ihrem Cluster-Verbund gespeichert werden.

Bei RF = 2 muss ein Cluster mindestens drei Nodes umfassen, dann darf maximal ein Node im Cluster ausfallen.

Bei RF = 3 muss der Cluster mindestens fünf Nodes umfassen, dann dürfen maximal zwei Nodes im Cluster ausfallen.

Nehmen wir einmal an, dass alle Datenblöcke im System doppelt vorhanden sein sollen (RF = 2). Dies bedeutet, dass wir immer den lokalen Original-Datenblock und eine Kopie dieses Datenblocks im restlichen Cluster gespeichert haben. Ginge nun einer der Datenblöcke verloren, hätten wir immer noch eine Kopie, mit der wir arbeiten könnten. Hieraus ergibt sich dann, dass, wenn ein Node ausfällt, also nicht mehr zur Verfügung steht, dennoch alle Blöcke immer noch einmal im System vorhanden sind. Nutzen wir dagegen RF = 3, sodass alle Datenblöcke drei Mal im Cluster vorhanden sind, dürfen sogar zwei Nodes des Clusters ausfallen, und immer noch sind sämtliche Datenblöcke einmal im Cluster vorhanden.

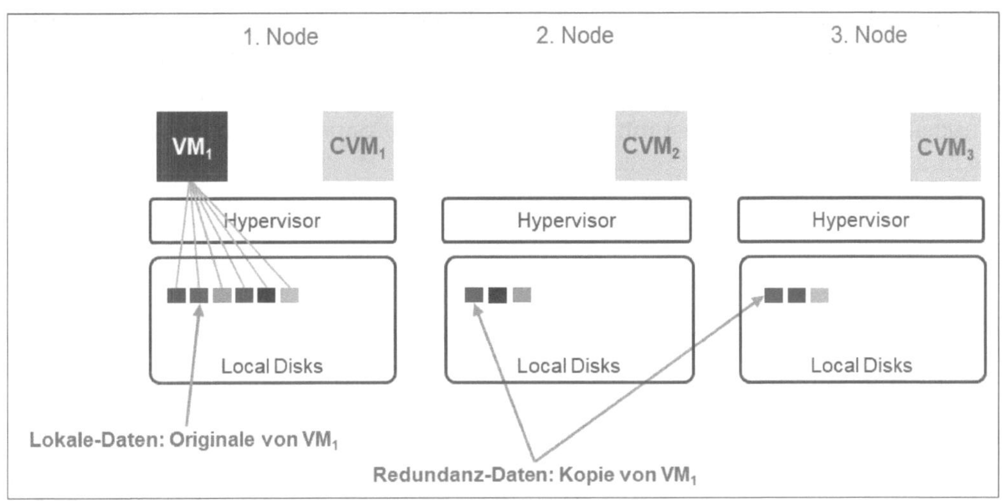

Abbildung 13.23 RF = 2-Verfügbarkeit durch Verteilung sämtlicher Daten im gesamten Nutanix-Cluster

Bei RF = 3 müssen Sie allerdings noch etwas anderes berücksichtigen. Zur Verdeutlichung schauen wir uns hierzu wieder ein kleines Beispiel an. Stellen Sie sich einen Drei-Node-Cluster mit RF = 2 vor. Wenn ein Node ausfällt, sind noch zwei Nodes verfügbar, auf denen dann neben den Workloads, die lokal auf diesen beiden Nodes laufen, auch noch die Workloads neu gestartet werden, die auf dem Node liefen, der ausgefallen ist. Ein weiterer Node darf jetzt nicht mehr ausfallen. Bei Nutzung von RF = 3 dürfen ja maximal zwei Nodes im Cluster ausfallen, ohne dass dieser Hardwareausfall zu Datenverlusten führen würde. Um das gewährleisten zu können, muss die kleinste Cluster-Größe bei fünf Nodes liegen.

Halten wir also fest, dass ein Cluster mit RF = 2 mindestens aus drei Nodes und ein Cluster mit RF = 3 mindestens aus fünf Nodes bestehen muss.

Die Verfügbarkeit im Hinblick auf RF = 3 hat natürlich zur Folge, dass in einem derartig sicheren Cluster sehr viel Speicherplatz für die Redundanz benötigt wird. Sicherlich werden Sie einige Situationen kennen, in denen es unbedingt erforderlich ist, eine solche Sicherheit und hohe Verfügbarkeit bereitzustellen.

In Abschnitt 13.2.6 haben Sie etwas über die Eigenschaft von Storage-Containern erfahren. An dieser Stelle nun noch eine wichtige diesbezügliche Ergänzung: Der Replikationsfaktor kann ganz granular für einen einzelnen virtuellen Storage-Container auf zwei oder drei gesetzt werden. Sie können also z. B. einen virtuellen Storage-Container anlegen, der mit RF = 2 arbeitet und einen anderen, der mit RF = 3 arbeitet. So sind die Workloads in dem virtuellen Storage-Container, der mit RF = 3 arbeitet, stärker geschützt. Wie Sie anhand dieses Beispiels gut sehen, können Sie den Bedarf an Speicherplatz in Ihrem Cluster im Hinblick auf die Nutzung von RF = 3 durchaus steuern. Das Beispiel zeigt, dass nicht alle Workloads, die in einem Cluster betrieben werden, unter RF = 3-Schutz gestellt werden müssen. Es ist aber unbedingt darauf zu achten, dass, wenn anfänglich (siehe Abbildung 13.24) RF = 2 gewählt wurde, ein nachträglicher Wechsel hin zu RF = 3 bei gefüllten bzw. belegten Containern nicht möglich ist. Wenn hingegen anfänglich RF = 3 gewählt wurde, ist ein nachträgliches Umschalten des RF-Levels eines mit Workloads belegten Containers kein Problem.

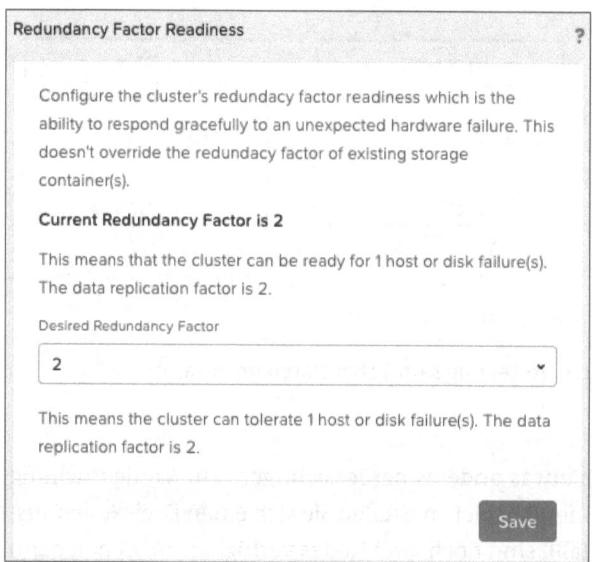

Abbildung 13.24 In den Grundeinstellungen in Prism Element wurde für diesen Cluster RF = 2 gesetzt.

Ausfall einer Disk

Ein weiterer interessanter Aspekt ist der Ausfall einer Disk in einem Node und der damit verbundene Wiederherstellungsprozess. Die Art des Wiederherstellungsprozesses unterscheidet sich bei AOS so gravierend von den üblichen Disk-Wiederherstellungsverfahren, die man aus der Legacy-IT kennt, dass ich hier gern etwas genauer darauf eingehen möchte.

Wie wird also mit einem Disk-Ausfall im Node im Hinblick auf den Wiederherstellungsprozess umgegangen? Bei Nutanix wird von einem *Self Healing* nach einem Disk-Ausfall gesprochen. Es gibt ja kein RAID im AOS und somit auch keinen RAID-Degraded-Status, und deshalb ist auch kein Disk-Rebuild-Prozess erforderlich.

Die Block- bzw. Datenredundanz wird, ohne dass die Disk überhaupt gewechselt wird, sofort wiederhergestellt. Dies gilt natürlich für alle Redundanzverfahren, etwa RF = 2, RF = 3 oder auch EC-X, auf das wir im nächsten Abschnitt, »Erasure Coding (EC-X)«, noch genauer eingehen werden. Das heißt, alle auf der ausgefallenen Disk befindlichen Blöcke werden sofort wieder nach den RF-Regeln mittels Recovery-Prozess im Cluster angelegt. Bei großen Cluster-Strukturen ist dieses Verfahren natürlich ideal, denn je mehr Nodes im Cluster vorhanden sind, desto schneller ist logischerweise auch der Recovery-Prozess. Das kommt zum einen bei großen Clustern natürlich der Belastung des Netzwerks zwischen den Nodes zugute, denn im Zuge der Disk-Wiederherstellung müssen ja die Datenblöcke, die auf der ausgefallenen Disk waren, über das Netzwerk transportiert werden, um dann auf andere Disks kopiert werden zu können. Zum anderen geht es enorm schnell vonstatten, da alle CVMs im Cluster an diesem Prozess beteiligt sind. Sie sehen, dass ausschließlich einfache Kopierprozesse für die Wiederherstellung der Daten sorgen. Dieses Verfahren ist auch immer gleich, egal ob eine Disk in unterschiedlichen Nodes im Cluster oder in einem einzelnen Node des Clusters ausfallen.

Ich möchte Ihnen an dieser Stelle allerdings noch einen wichtigen Hinweis geben. Sie sollten nach Möglichkeit nur Nodes im Cluster nutzen, in denen jedes Tier grundsätzlich immer aus mindestens zwei Disks besteht. Sonst könnte es passieren, dass der Ausfall einer Disk im Tier dazu führt, dass ein ganzer Node nicht mehr verfügbar ist, weil das Tier nur aus z. B. einer SSD bestand. Die Verfügbarkeit eines Nodes an nur eine einzelne nicht redundant ausgelegte Disk zu binden, wäre im Rechenzentrum sicherlich ein eklatanter Planungsfehler.

Erasure Coding (EC-X)

Bei der Nutzung von *Erasure Coding*, zu Deutsch Löschcodierung, wird automatisch die Funktion *Data Locality* für den virtuellen Storage-Container (siehe Abschnitt 13.2.6) – etwas kürzer vStorage-Container – deaktiviert, bei dem das Erasure Coding eingeschaltet wurde (siehe Abbildung 13.25). Dieser Sachverhalt ist vStorage-Container-zentrisch! Das bedeutet, dass alle anderen vStorage-Container im Cluster hiervon natürlich unberührt bleiben. Bei Erasure-Coding-Verfahren handelt es sich um eine Verfügbarkeitstechnologie mit gleichzeitiger Kapazitätsreduktion.

Nehmen Sie z. B. RF = 2: Bei dieser Art von Datenschutztechnologie werden alle verfügbaren Daten im Cluster doppelt vorgehalten. Es wird also 100 % mehr Speicherplatz benötigt, als Nutzdaten im System vorhanden sind! Mit dem Erasure-Coding-Algorithmus werden die Daten hingegen ebenso geschützt, aber der Speicherverbrauch für die gleiche Redundanz kann um bis zu 70 % niedriger liegen. Der Nachteil dieses Verfahrens ist allerdings, dass es Applikationen gibt, die mit dieser Art der Ablage von Daten nicht umgehen können. Fazit: Bevor EC-X genutzt wird, müssen Sie sicherstellen, dass die Applikationen, die durch EC-X geschützt werden sollen, auch dafür geeignet sind. Natürlich können Sie die Applikationen dann in vStorage-Containern speichern, die RF = 2- oder RF = 3-geschützt werden.

Wenn Sie abschließend einen genaueren Blick auf die Funktionsweise von EC-X werfen möchten, finden Sie zu diesem Thema genau das Richtige in der Nutanix-Dokumentation. Folgen Sie diesem Link für weitere Informationen: *https://nutanixbible.com/#anchor-book-of-aos-capacity-optimization*. Hier wird im Detail erläutert, wie die Effizienz der Daten durch Kapazitätsoptimierung verbessert wird.

Für den Fall, dass Sie den Software-Defined-S3-Storage von Nutanix namens *Objects* (*https://portal.nutanix.com/page/documents/details?targetId=Objects-v10:Objects-v10*) einsetzen, noch eine kurze Bemerkung dazu: Sie sollten daran denken, dass Erasure Coding bei Objects immer eingeschaltet sein sollte. Da jedes dazukommende Objekt immer angehängt wird, kann der Platz bei der Löschung eines Objekts in der Regel nicht wiederverwendet werden. Schalten Sie allerdings Erasure Coding für den vStorage-Container, den Objects nutzt, ein, wird dieser eigentlich freie, aber nicht nutzbare Speicherplatz wieder verfügbar.

Compression

Die Komprimierungsfunktion, die durch die DSF zur Verfügung gestellt wird, erlaubt zwei unterschiedliche Arten der Verwendung der Datenkompression. Die Kompression der Daten kann während des Schreibvorgangs als Inline-Kompression erfolgen oder als nachgelagertes Verfahren. Bei der nachgelagerten Kompression können Sie dann angeben, in welchem zeitlichen Intervall die nachgelagerte Kompression durchgeführt werden soll. Die Kompressionsfunktion ist völlig unabhängig von anderen Funktionen der DSF und kann für einen vStorage-Container einzeln ein- und ausgeschaltet werden (siehe Abbildung 13.25).

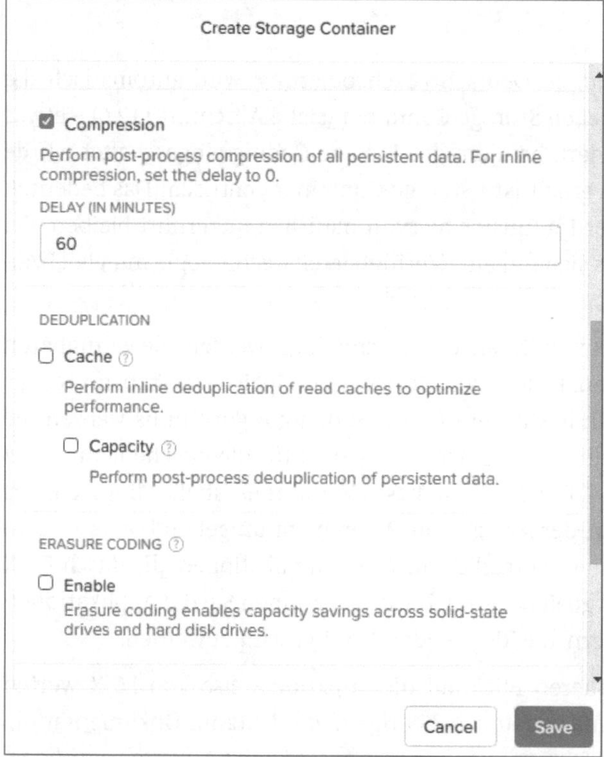

Abbildung 13.25 Festlegung von Speicheroptimierungsverfahren bei der Erstellung eines virtuellen Storage-Containers

Des Weiteren kann die Kompression aber selbstverständlich auch in Kombination mit anderen Speicherplatzgewinnungsverfahren genutzt werden. Als Beispiel ist hier die gemeinsame Nutzung von Kompression und Deduplikation zu nennen, die im folgenden Abschnitt

»Deduplication« näher betrachtet wird. Auch ist die Datenkompressionsfunktion unabhängig von der Ausstattung oder der Art der Nodes, die sich in Ihrem Nutanix-Cluster befinden.

Steuern können Sie dies über die Eingabe des Intervalls. Tragen Sie z. B. eine Null in das Feld mit der Bezeichnung DELAY ein, arbeitet das AOS mit Inline-Kompression. Lassen Sie dagegen den Defaultwert (60 Minuten) stehen, wird im Zyklus von 60 Minuten eine Komprimierung der Daten in dem entsprechenden vStorage-Container durchgeführt. Hier sprechen wir dann von der Offline-Komprimierung.

Je nachdem, um welche Art von Schreibvorgang es sich bei der Inline-Komprimierung handelt, variiert das Verfahren. Handelt es sich um Random-Write, werden die Daten von der *Capacity Optimization Engine*, kurz *COE*, des AOS anders behandelt, als wenn es sich um Sequential-Write-Vorgänge handelt.

Leider ist der Umfang dieses Kapitels nur sehr begrenzt, und deshalb kann nicht umfänglich auf die Funktion und alle Aspekte des Themas eingegangen werden. Damit Sie sich aber anderweitig mit den entsprechenden Informationen versorgen können, hier wieder ein Link, der Sie zu einer weiterführenden Erläuterung des Themas führt: *https://nutanixbible.com/#anchor-book-of-aos-compression*.

Deduplication

Wie auch schon im Abschnitt »Compression« erläutert, kann die Deduplikation von Daten zusammen mit der Kompressionsfunktion innerhalb eines vStorage-Containers genutzt werden oder auch unabhängig davon.

Wie Sie in Abbildung 13.25 sehen, können Sie beim Erstellen eines vStorage-Containers sämtliche Speicheroptimierungsverfahren unabhängig voneinander oder in Kombination nutzen. Bei der *Deduplication Engine*, die das AOS zur Verfügung stellt, handelt es sich um eine massiv skalierende Datenreduktionstechnologie, an der sämtliche CVMs des Clusters beteiligt sind. Auch hier bei der Deduplizierung haben Sie die Auswahl zwischen zwei Optionen. Zum einen handelt es sich um die Deduplizierung der Performanceschicht und zum anderen um die Deduplizierung des Extent Stores. Durch die Deduplizierung im Extent Store werden doppelt vorkommende Datenblöcke gelöscht.

Wie bereits erwähnt, lässt der Umfang dieses Kapitels nur in sehr begrenztem Maße weiterführende Erklärungen zu. Bitte folgen Sie diesem Link für weiterführende Informationen zum Thema: *https://nutanixbible.com/#anchor-book-of-aos-elastic-dedupe-engine*.

Snapshots und Cloning

AOS stellt Ihnen Storage-basierende Snapshots zur Verfügung, die sich gegenüber Hypervisor-basierten Snapshots grundsätzlich darin unterscheiden, dass sie dem Hypervisor nur in sehr geringem Umfang Leistung abverlangen und ihn dadurch auch nicht übermäßig zusätzlich belasten.

Es gibt eine ganze Reihe an unterschiedlichen Verfahren, wie Snapshots, also Point-in-Time-Kopien, möglichst optimal erstellt werden können. Das effizienteste Verfahren im Storage-Umfeld ist wohl das *Redirect-on-Write*-Verfahren, kurz *RoW* (siehe Abbildung 13.26). Das RoW liefert beste Performance und ist auch optimal für eine langfristige Speicherung von Snapshots geeignet. AOS unterstützt Workload-zentrische Snapshots nach dem RoW-Verfahren bezüglich des Software Defined Storages in einem Nutanix-Cluster. Das bedeutet, dass nur ein Snapshot von einem einzelnen Workload und nicht von einem ganzen vStorage-Container, der mehrere Workloads enthält, erzeugt wird.

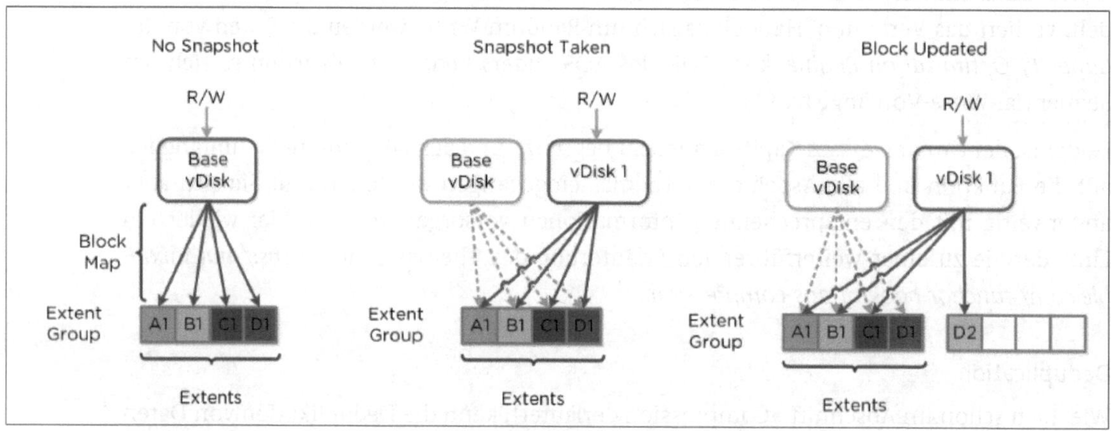

Abbildung 13.26 Schematische Darstellung der Funktionsweise von Snapshots (https://nutanixbible.com/)

Setzen Sie als Hypervisor in Ihrem Nutanix-Cluster AHV ein, ist die Unterstützung natürlich vollständig integriert. Aber AOS unterstützt auch die *vStorage APIs for Array Integration*, kurz *VAAI*, für NAS sowie die *View Composer API for Array Integration*, kurz *VCAI*, sollten Sie eine Desktop-Virtualisierungsumgebung mit VMware Horizon View auf einem Nutanix-Cluster aufbauen wollen. Setzen Sie dagegen den Hypervisor von Microsoft in Ihrem Nutanix-Cluster ein, wird vom AOS für diese Storage-Operationen selbstverständlich auch der *Offloaded Data Transfer*, kurz *ODX*, für Hyper-V unterstützt.

Local Snapshot

Wird ein Snapshot von einer VM bzw. einem Workload erstellt, liegt dieser durch die Data Locality selbstverständlich auch auf dem Node, auf dem auch die originale VM selbst läuft.

Remote-Snapshot

Wird ein lokaler Snapshot auf einen anderen entfernten, eigenständigen, unabhängigen Nutanix-Cluster repliziert, spricht man von einem Remote-Snapshot. Diesen Remote-Snapshot können Sie auf dem entfernten Cluster, auf dem er sich befindet, vollständig nutzen und z. B. wieder in einen Workload konvertieren, auch wenn keine Verbindung mehr zum Quell-Cluster besteht.

Clones

Das Klonen einer VM geht extrem schnell vonstatten, da keine Kopie der VM angefertigt wird. Vielmehr werden lediglich die Metadaten geklont, und von der vDisk wird ein Snapshot erstellt. Das heißt, wird eine VM geklont, dann wird zuerst die aktuelle Blockzuordnung der VM gesperrt bzw. auf Read-only gesetzt. Anschließend wird ein Klon dadurch erzeugt, dass auf die einzelnen Blöcke in der gesperrten Blockzuordnung (Block-Map) referenziert wird, und zusätzlich wird dann noch eine leere sogenannte Extend für zukünftige Blockänderungen erzeugt. Wird nun eine Änderung an der Klon-VM vorgenommen, erfolgt die Block-Schreiboperation in die Extend (siehe Abbildung 13.27).

Dieses Verfahren wird auch angewendet, wenn Klone von Klonen erzeugt werden. Alle Klone erben die Blockzuordnung, also die Block-Map, ihrer Vorgänger, und alle neuen Schreibvorgänge finden dann in separaten Extends statt.

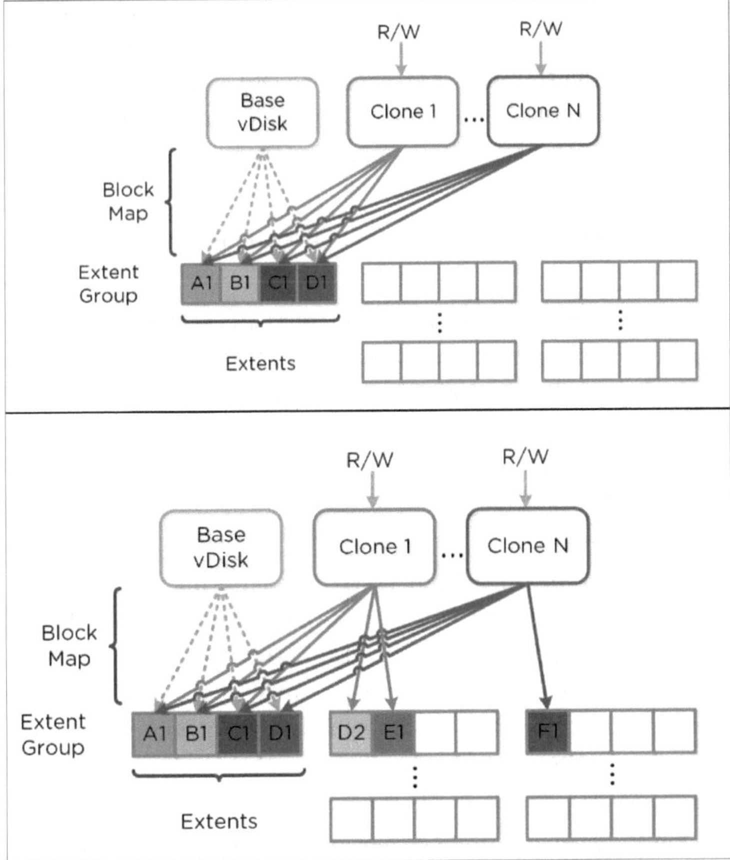

Abbildung 13.27 Funktionsdarstellung des Cloning-Vorgangs einer VM (https://nutanixbible.com/)

Bitte folgen Sie für weiterführende Informationen zum Thema Snapshots und Clones bezüglich der DSF diesem Link: *https://nutanixbible.com/#anchor-book-of-aos-snapshots-and-clones*. Ein weiterer Link zu diesem Thema, den ich Ihnen sehr empfehlen kann:

https://portal.nutanix.com/page/documents/solutions/details?targetId=TN-2064-Nutanix-Clones-and-Snapshots:TN-2064-Nutanix-Clones-and-Snapshots

Shadow-Cloning

Shadow-Cloning wird meistens im Umfeld des End-User-Computings (EUC) bzw. der Virtual-Desktop-Infrastruktur (VDI) genutzt. Bei den beiden unterschiedlichen Lösungen handelt es sich in diesem Umfeld in der Regel um *VMware Horizon View* und *Citrix XenDesktop* mit MCS (Machine Creation Services).

Durch die Funktion der Data Locality wird unter anderem bei normalen Workloads sichergestellt, dass so wenig Netzwerk-Traffic wie möglich zwischen den Nodes verursacht wird. An dieser Stelle möchte ich nochmals daran erinnern, dass durch Data Locality nur beim Schreiben von Daten in den Software Defined Storage der HCI das Netzwerk zwischen den Nodes belastet wird. Das Lesen von Daten erfolgt ja jeweils direkt von den lokalen Disks eines Nodes. Hierdurch wird sichergestellt, dass keine Daten über das Netzwerk bewegt werden müssen.

Schauen wir uns einmal genau an, wie das Ganze nun im Hinblick auf die Nutzung von Linked-Clones ausschaut.

Bei Horizon VMware View beziehen die Clones ihre Daten von der Parent- bzw. Replica-VM, der sie zugeordnet sind. Wenn nun die ausgerollten Clones über den gesamten Cluster bzw. alle Nodes verteilt sind und die Parent-/Replica-VM sich auf nur einem der Nodes befindet, würden die Clones, die auf einem Node sind, auf dem die Parent-/Replica-VM nicht liegt, ihre Daten ja über das Netzwerk von dem Node beziehen, auf dem sich die Parent-/Replica-VM befindet. Das würde bedeuten, dass für diese Clone-VMs das Feature Data Locality nicht greifen würde.

Damit die Data Locality aber auch für diesen Fall umgesetzt werden kann, wird das sogenannte Shadow-Cloning-Feature des AOS genutzt. Hierbei wird die Parent-/Replica-VM automatisch je nach Bedarf auf jeden Node geklont, auf dem sich diesbezüglich lesende Klone befinden. Außerdem wird diese geklonte Parent-/Replica-VM vom System automatisch auf dem Flash-Tier abgelegt. Hierdurch ist es möglich, für sämtliche an diese Parent-/Replica-VM gebundenen Klone die Data Locality zu gewährleisten.

Die Menge des benötigten Speicherplatzes hängt natürlich im Wesentlichen davon ab, wie groß die einzelnen Parent-/Replica-VMs sind und wie viele es von ihnen geben wird. Die Menge der benötigten Desktop-Pools hängt dann direkt mit der Menge der Parent-/Replica-VMs und somit mit dem benötigten Speicherplatz im Hot-Tier zusammen. Und achten Sie unbedingt darauf, dass beim Sizing des SSD-Tiers dieser hierfür auch entsprechend ausgelegt wird, damit der zusätzlich benötigte Speicherplatz für diese Funktion später auch wirklich zur Verfügung steht. Natürlich können Sie sich diese Überlegungen ersparen, indem Sie einen derartigen Cluster ausschließlich mit All-Flash-Nodes aufbauen.

Aber schauen wir uns das ganze Thema einmal etwas genauer anhand eines kleinen Beispiels an und stellen uns dabei die folgende Frage: Wie funktioniert der Trigger für Shadow-Cloning? Das heißt, woran erkennt das System oder, besser gesagt, die DSF überhaupt, ob ein Clone, der sich auf irgendeinem Node im Nutanix-Cluster befindet, optimiert arbeitet?

Wie Sie ja bereits wissen, besitzt jeder Node in einem Nutanix-Cluster eine CVM (siehe Abbildung 13.7). Die CVM stellt dem Hypervisor den Storage zur Verfügung, in dem sich die VMs bzw. die Entitäten befinden. Stellen Sie sich nun vor, dass Sie eine Lösung zur Desktop-Virtualisierung auf Ihrem Nutanix-Cluster einsetzen. Stellen Sie sich weiter vor, dass Sie einen Golden Master (Parent-/Replica-VM) auf dem ersten Node Ihres Drei-Node-Clusters gespeichert haben. Und jetzt stellen Sie sich noch vor, dass Sie einen Linked-Clone-Desktop auf dem Node erzeugen, auf dem sich auch der Golden Master befindet. Schauen wir uns einmal an, wie sich das I/O-Verhalten in diesem Beispiel darstellt.

Der Linked-Clone-Desktop würde aus dem Golden Master die benötigten Daten lesen. Da der Golden Master schreibgeschützt ist, kann somit der Linked-Clone-Desktop auch keine Daten in den Golden Master schreiben. Damit der Linked-Clone-Desktop aber Änderungen an den Daten zur späteren Wiederverwendung abspeichern kann, verfügt er über eine sogenannte Delta-Datei. In diese Delta-Datei schreibt der Linked-Clone-Desktop nun seine Datenänderungen und kann sie zu einem späteren Zeitpunkt natürlich auch wieder auslesen. Halten wir abschließend noch fest, dass sich der Golden Master und auch der dazugehörige Linked-Clone-Desktop mit seiner Delta-Datei auf demselben Node befinden. Das heißt, Data Locality liegt vor. Diese Beschreibung ist, was das Lesen und das Schreiben von Daten angeht, sicherlich recht oberflächlich, aber für die Erläuterung der Arbeitsweise des Shadow-Clonings an dieser Stelle völlig ausreichend.

Doch kommen wir zurück zu unserem Beispiel: Betrachtet haben wir bisher nur einen Node in einem Cluster mit mehreren Nodes! Wie würde das Ganze nun aussehen, wenn wir auf einem anderen Node, sagen wir dem Node zwei, einen Linked-Clone-Desktop erzeugen? Sicherlich fällt Ihnen sofort auf, dass dann das Lesen von Daten aus dem Golden Master über das Netzwerk, das die Nodes verbindet, erfolgen muss. Das bedeutet, dass für diesen zweiten Linked-Clone-Desktop keine vollständige Data Locality vorliegt. Und genau hier kommt nun die Schadow-Cloning-Technologie zum Einsatz.

Sie ahnen es sicherlich schon: Die ASF hat bemerkt, dass vom Linked-Clone-Desktop, der sich auf Node 2 befindet, Daten über das Netzwerk und somit über die CVM auf dem ersten Node und über die CVM auf dem zweiten Node gelesen werden. Und nun sehen Sie auch schon das erste Kriterium bzw. einen ersten Trigger für das Aktivwerden des Shadow-Clonings. Halten wir also fest: Wenn eine vDisk von zwei oder mehr Nodes gelesen wird, ist das einer der drei Indikatoren dafür, dass Shadow-Cloning aktiv werden sollte. Indikator zwei und drei sind: keine Schreibvorgänge über einen Zeitraum von 300 Sekunden, und die Anzahl der Lesevorgänge überschreitet die Zahl 100. Treffen diese drei Bedingungen zu, wird die Funktion Shadow-Cloning aktiv.

Aber wie arbeitet diese Funktion nun genau? Zur Beantwortung dieser Frage kehren wir noch einmal zu unserem kleinen Beispiel zurück. Wird von der ASF nach den bereits genannten Kriterien festgestellt, dass die Shadow-Cloning-Funktion benötigt wird, werden vom Linked-Clone-Desktop auf dem zweiten Node die benötigten Daten aus dem Golden Master auf Node eins eingelesen und lokal auf Node zwei gespeichert. So können diese Daten dann bei erneutem Lesen durch den Linked-Clone-Desktop lokal auf Node zwei eingelesen werden. Die Daten, die der Linked-Clone-Desktop aus dem Golden Master gelesen hat, werden in Form eines Shadow-Golden Masters lokal auf Node zwei gespeichert. Dieser Shadow-Golden-Master wächst dann im Laufe der Zeit stetig an und wird dem Golden Master auf Node eins, dem Original, immer ähnlicher. Theoretisch entwickelt sich der Shadow-Golden-Master immer weiter und ist am Ende eine Kopie des Golden Masters. Wird der Linked-Clone-Desktop auf Node zwei gelöscht, wird auch der dazugehörige Shadow-Golden-Master gelöscht und der Speicherplatz wieder freigegeben.

Und natürlich finden Sie weiterführende Erläuterungen zu den Shadow-Clones unter dem Link *https://nutanixbible.com/#anchor-book-of-aos-shadow-clones*.

Volumes, Block-Storage mit iSCSI

AOS stellt Ihnen via iSCSI unabhängig vom jeweiligen Hypervisor auch Block-Storage zur Verfügung, den Sie dann aus anderen Betriebssystemen heraus z. B. mittels Software-iSCSI-Initiator als externen Speicher nutzen können. Unerheblich ist dabei, ob es sich um VMs handelt, die in Ihrem Nutanix-Cluster gehostet werden, oder Sie versorgen VMs aus anderen Environments mit iSCSI-Storage, oder ob es sich um physikalische Serversysteme handelt, die sich außerhalb des Nutanix-Clusters befinden.

Stellen Sie sich einmal vor, Sie würden einen dedizierten Datenbankserver in Ihrem Rechenzentrum betreiben wollen (siehe Abbildung 13.15), wobei sich die Datenbank nicht auf diesem Server befinden soll, sondern auf einem entfernten Block-Storage-System. Hierbei wäre das entfernte Block-Storage-System dann Ihr Nutanix-Cluster, der Ihrem Datenbankserver seinen Software Defined Storage in Form einer Volume Group mittels iSCSI zu Verfügung stellt. An diesem Beispiel haben Sie das Prinzip sicherlich bereits erkannt.

Volume Group

Eine Volume Group provisioniert Blockstorage via iSCSI an Container, virtuelle Maschinen oder physikalische Hosts.

Allerdings gibt es eine Einschränkung im Hinblick auf den diesbezüglichen Support. Es ist nicht gestattet, Volumes an einem externen Hypervisor zum Betrieb von VMs zu benutzen. Denn oftmals ist es so, dass nicht alles, was funktioniert, tatsächlich auch für eine Produktivumgebung unterstützt wird.

Wofür können Volumes eingesetzt werden?

- Oracle RAC
- Microsoft Failover Clustering
- DB2
- Sybase
- MS SQL
- Microsoft Exchange

Damit Sie Volumes für die externen Datendienste auch nutzen können, verbinden Sie sich mit der UI von Prism Element (siehe Abschnitt 13.4.1) und tragen in den CLUSTER DETAILS (siehe Abbildung 13.28) eine IP-Adresse ein, unter der Sie das iSCSI-Target erreichen können. Sorgen Sie außerdem dafür, dass die Ports 3260 und 3205 vom iSCSI-Initiator erreichbar sind. Was das Thema der sicheren Datenübertragung angeht, können Sie im Zuge der Erstellung einer Volume Group auch das CHAP-Authentifizierungsverfahren einschalten.

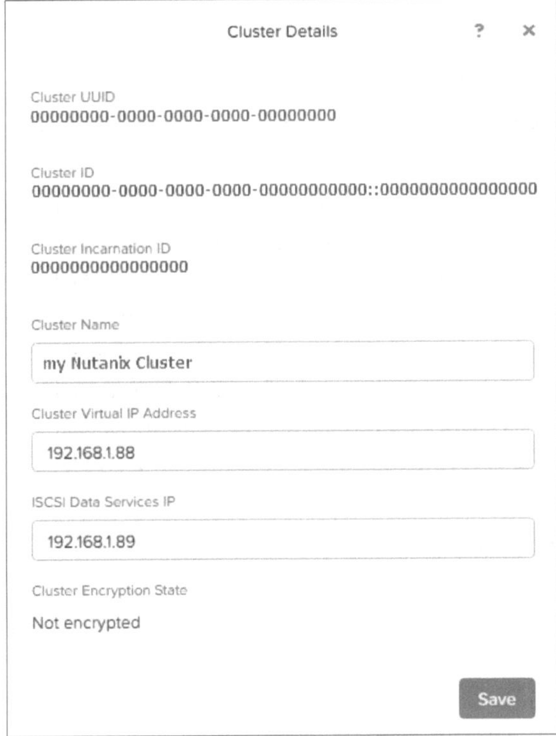

Abbildung 13.28 In den »Cluster Details« wird die IP-Adresse für den iSCSI-Service festgelegt.

Bis vor Kurzem stellte Ihnen Nutanix ausschließlich das Docker-Volumen-Plug-in, kurz DVP (*https://hub.docker.com/plugins/nutanix-dvp-docker-volume-plug-in*), zur Verfügung. Dieses

Plug-in dient als Interface zur Anbindung von AOS-Volumes. Sie können damit Volumes erstellen oder formatieren und diese dann an Docker-Container anhängen. Damit sind Sie in der Lage, Ihre Daten in einer Docker-Container-Umgebung persistent zu halten. Ergänzend hierzu muss man allerdings heute sagen, dass Nutanix mit dem Produkt *Karbon* hier einen etwas anderen Weg mit viel umfangreicheren Möglichkeiten im Bereich von Microservices verfolgt. Wenn Sie über einen Zugang zum Nutanix-Support-Portal verfügen, informieren Sie sich bitte unter *https://portal.nutanix.com/page/documents/kbs/details?targetId=kA00e000000LJR9CAO.*

Zur Nutzung von Volumes im Bereich von OpenStack können Sie die *Acropolis Volumes API* zur Anbindung an *Cinder* einsetzen. Cinder ist der Block-Storage-Service von OpenStack, mit dem Sie iSCSI-Targets in OpenStack zur Verfügung stellen können.

Sind Sie nun neugierig geworden und möchten mehr über den Block-Service bzw. die Methode zur Bereitstellung von Backend-DSF-Storage für dedizierte Geräte erfahren, werfen Sie einen Blick auf *https://nutanixbible.com/#anchor-book-of-storage-services-volumes-(block-services).*

Verschlüsselung und Sicherheit der Daten

Es gibt grundsätzlich drei Möglichkeiten der Verschlüsselung von Daten, die auf der Verschlüsselung mit AES 256 und SSED basieren. In diesem Zusammenhang werden auch KMS für die Schlüsselspeicherung unterstützt.

Sie können z. B. eine softwarebasierte Datenverschlüsselung nach FIPS-140-2 Level-1 in einem Nutanix-Cluster aktivieren. Des Weiteren können Sie selbstverschlüsselnde Laufwerke (SSED) nach FIPS-140-2 Level-2 3 verwenden und dadurch Ihre Daten verschlüsseln. Als dritte Variante ist es möglich, beide Verfahren gleichzeitig zur Verschlüsselung der Daten zu nutzen. Diese Art der Verschlüsselung kann entweder auf Cluster- oder auf Container-Ebene konfiguriert werden, wobei das auch vom Typ des Hypervisors abhängig ist. Eine Verschlüsselung auf Cluster-Ebene ist möglich mit AHV, ESXi und Hyper-V, eine Verschlüsselung auf Container-Ebene nur mit ESXi und Hyper-V. Bei der Verschlüsselung auf Basis von SSED handelt es sich um eine Verschlüsselung auf Cluster-Ebene.

Key Management Server zur Verwaltung Ihrer Schlüssel:

- **IBM**
  IBM Security Key Lifecycle Manager v2.5.0.8 und IBM Security Key Lifecycle Manager v2.7.0.1
- **Gemalto**
  SafeNet KeySecure 460 v8.0.1 und SafeNet Virtual KeySecurek150v
- **Vormetric**
  Data Security Manager v5.2 (patch 2)

Weitere Informationen zum Thema finden Sie unter *https://nutanixbible.com/#anchor-book-of-aos-key-management-(kms)*.

Direct write through

Direct write through ist eine Funktion, die es erlaubt, unter bestimmten Bedingungen die Daten direkt in das zweite Tier zu schreiben. Was löst dieses Systemverhalten aus, und warum sollte man Tier 1 überhaupt umgehen?

Immerhin handelt es sich bei Tier 1 um den Tier-Level mit der höchsten Performance in einem Zwei-Tier-Datenspeichermodell. Natürlich gibt es gute Gründe dafür, Derartiges unter bestimmten Bedingungen zu erlauben. Sie werden sicherlich bereits einen Verdacht haben! Richtig: Bei einem Backup werden die Daten in der Regel sequenziell auf den Datenträger geschrieben, und das geschieht dann auch mit Blockgrößen, die jenseits von 32 KB liegen. Hier können Sie auch schon die Kriterien erkennen, die dieses Systemverhalten auslösen. Bei einer Blockgröße größer als 32 KB und wenn es sich um einen sequenziellen Schreibvorgang handelt, wird direkt in das zweite Tier geschrieben, und Tier 1 wird umgangen und somit auch von derartigen Schreibvorgängen entlastet.

13.3.2 Funktionen, die die App Mobility Fabric bereitstellt

Wie Sie bereits an der Bezeichnung merken können, sorgt die App-Mobility-Fabric-(AMF-) Logik unter anderem für die Mobilität von Workloads in einem Nutanix-Cluster. Die App Mobility Fabric beinhaltet z. B. Funktionen, die die Verfügbarkeit und die Mobilität von Workloads oder Migrationen zwischen unterschiedlichen Hypervisoren ermöglichen. Doch schauen wir uns einfach einmal einige der wichtigsten Funktionen, die die AMF Ihnen zur Verfügung stellt, an.

High Availability

Sie kennen High Availability, abgekürzt HA, für die Workloads in Virtualisierungsumgebungen sicherlich schon lange. Wie Sie bereits wissen, unterstützt die Acropolis-Plattform die drei unterschiedlichen Hypervisor Nutanix-AHV, VMware ESXi und Microsoft Hyper-V. Wie Sie ebenfalls wissen, unterstützt jeder dieser Hypervisoren die HA-Funktion. Aber natürlich sind die Mechanismen, wie die verschiedenen Hersteller HA implementiert haben, von ganz unterschiedlicher Natur.

Wie das HA beim vSphere bzw. beim ESXi ausschaut, können Sie in Kapitel 4, »Cluster«, nachlesen.

Der AHV ist im Gegensatz zu den anderen beiden supporteten Hypervisoren ESXi und Hyper-V nicht als Stand-alone-Hypervisor nutzbar. Das bedeutet, Sie können den AHV nur in Verbindung mit einem Nutanix-AOS-Cluster betreiben.

Sicherlich wird es Sie an dieser Stelle freuen, zu erfahren, dass für Sie alles so bleibt, wie es ist, wenn es zu Ihrer täglichen Arbeit gehört, Funktionen wie z. B. HA im Umfeld von ESXi oder Hyper-V zu nutzen. Das bedeutet, Sie verwenden für die Administration weiterhin Ihre gewohnten Tools und nutzen sie wie immer.

Möchten Sie allerdings den AHV als Hypervisor nutzen, sollten Sie eigentlich wissen, wie HA mit AHV funktioniert. Doch das Beste direkt vorab: Durch die enge Verzahnung von AHV, dem Hypervisor, und AOS, dem Cloud-OS, ist HA per Default im Nutanix-AHV-Cluster immer verfügbar bzw. eingeschaltet. HA startet alle die Workloads, die nach einem Knotenausfall nicht mehr laufen, auf einem oder mehreren anderen geeigneten Knoten im Cluster automatisch erneut. Voraussetzung ist natürlich eine HA-konforme Konfiguration des Clusters. Das bedeutet, dass die Ressourcen, die für den Neustart der VMs benötigt werden, nach dem Ausfall eines Nodes auch noch zur Verfügung stehen.

Achtung

Bei einem hardwarebedingten Node-Ausfall werden die zuvor auf diesem Node ausgeführten VMs auf andere laufende Nodes im gesamten Cluster verteilt und neu gestartet.

Die Überwachung der einzelnen Nodes im Cluster erfolgt durch die CVM, von der sich ja auf jedem Node eine befindet. Das Ganze basiert auf dem Prinzip von Leader und Worker. Die CVM, die aktuell die Rolle des Leaders hat, überwacht die einzelnen Worker-Nodes bezüglich ihrer jeweiligen Verfügbarkeit. Schauen wir auch ganz kurz auf den HA-Trigger.

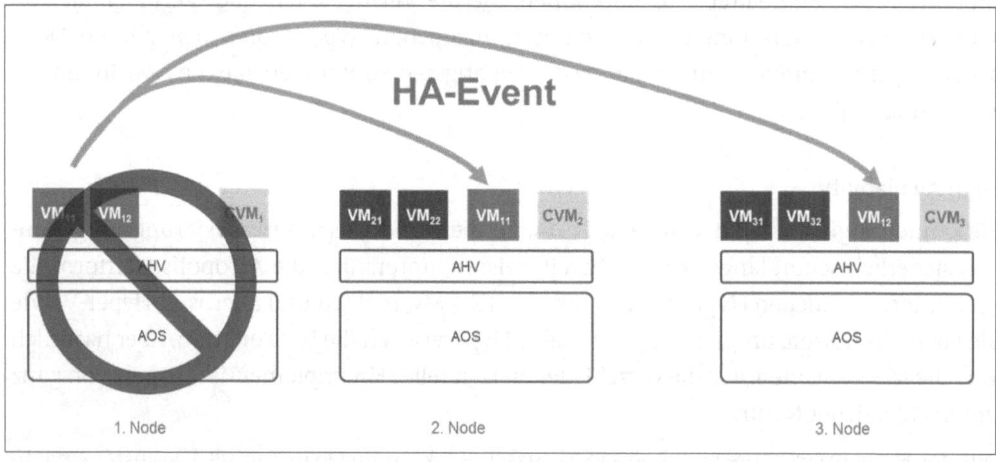

Abbildung 13.29 High Availability sorgt für den Neustart von VMs auf anderen Nodes im Cluster.

Die zeitliche Überprüfung zwischen einem Worker und dem Leader erfolgt durch einen Heartbeat in einem Fünfsekundenintervall. Der Heartbeat zwischen Worker und Leader wird maximal viermal wiederholt, bis der Leader in einen letzten Wartezustand geht. Das heißt, nach insgesamt 20 Sekunden beginnt eine zusätzliche Sicherheitswartezeit von 40 Sekunden. Verstreicht diese Wartezeit nun, ohne dass ein Heartbeat stattfindet, wird der entsprechende Worker als verloren erklärt bzw. markiert, und das HA-Event wird ausgelöst.

Leider ist die Erklärung von HA im Zuge dieses kurzen Kapitels nur in sehr eingeschränkter Form möglich. Es gibt noch sehr viele weitere Punkte im Umfeld von HA mit AHV, über die Sie mehr erfahren sollten. Damit Sie aber bei der Recherche nach weiteren Infos nicht allein auf Google angewiesen sind, hier ein paar hilfreiche Links zum Thema:

- *https://nutanixbible.com/#anchor-book-of-ahv-vm-high-availability-(ha)*
- *https://next.nutanix.com/installation-configuration-23/vm-high-availability-ha-on-ahv-33654*
- *https://portal.nutanix.com/page/documents/kbs/details?targetId=kA00e000000LI-QUCA4*

Live Migration

Sie kennen die Verlegung von eingeschalteten VMs von einem Hypervisor zu einem anderen bereits seit vielen Jahren. Es ist eine Funktion, die vor mehr als einem Jahrzehnt die Arbeitsweise im Rechenzentrum grundlegend verändert hat. VMware nennt das vMotion, andere Hersteller sprechen in diesem Zusammenhang von Migrate, Live-Migration oder auch Hot-Migration – viele Namen für ein und dieselbe Funktion. Aus dem vorherigen Abschnitt, »High Availability«, wissen Sie, dass die Acropolis-Plattform die Hypervisor AHV, ESXi und Hyper-V unterstützt. Aber auch bei der Verlegung eingeschalteter VMs von einem Node zum anderen sind natürlich die unterliegenden Mechanismen abhängig vom Hersteller.

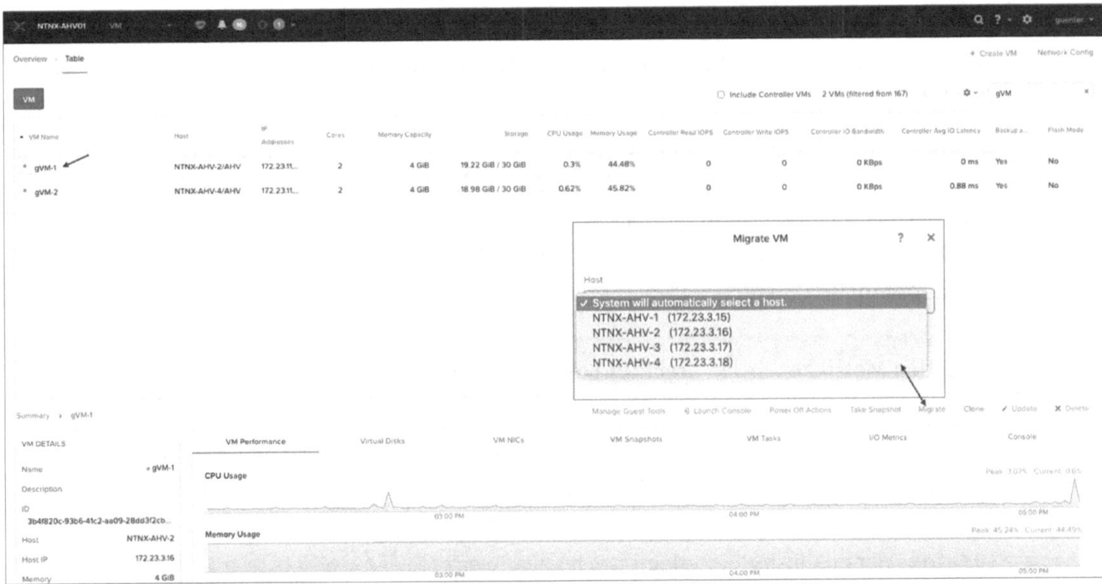

Abbildung 13.30 Live-Migration einer VM in Prism Element

Und auch hier gilt wieder: Falls Sie in Ihrem Nutanix-Cluster den ESXi als Hypervisor einsetzen, arbeiten Sie mit vCenter und kennen natürlich vMotion und DRS. Setzen Sie Hyper-V ein, gilt das ebenso. Sie nutzen die Tools und die Verfahren genau so, wie Sie es gewohnt sind, ohne einen Unterschied zu bemerken.

Nutzen Sie dagegen den AHV als Hypervisor, ist Ihr zentrales Tool für die Live-Migration von VMs Prism (siehe Abbildung 13.30). Wird eine virtuelle Maschine mittels Migrate von einem Node zum anderen verschoben, folgen die Daten dieser VM, also die vDisks etc., dem Laufzeitzustand der VM hin zum Ziel-Node und werden auf der lokalen Disk des Nodes abgespeichert.

Dies gilt im Übrigen für alle Hypervisor, nicht nur für den AHV. Das ist auch die logische Folge, wenn man bedenkt, dass in einem Nutanix-Cluster Data Locality benutzt wird. Wenn Sie also eine VM mit Live Migration oder vMotion auf einen anderen Node verlegen, folgen die vDisks dieser VM hin zum neuen Node nach einer Zeitspanne von ca. 300 Sekunden per Default. Im Umfeld von VMware kann man diese Operation durchaus mit gleichzeitigem vMotion und Storage-vMotion vergleichen. Der Laufzeitzustand sowie die zugehörigen Daten wechseln den Node.

Acropolis Dynamic Sheduling

Die Funktion *Acropolis Dynamic Sheduling*, kurz *ADS*, des AHV ist vergleichbar mit dem *Distributed Resource Scheduler*, kurz *DRS*, aus vSphere und ist grundsätzlich immer eingeschaltet. Das Intelligent-VM-Placement, das Bestandteil des ADS-Moduls ist, ist zuständig für die Platzierungs- bzw. Verlegungsentscheidungen von Workloads im Nutanix-AHV-AOS-Cluster. Das ADS ist ein integraler Bestandteil der Distributed Storage Fabric (siehe Abschnitt 13.3.1). Die Entscheidung für eine Verlegung eines Workloads auf einen anderen Node wird auf Basis von Echtzeitberechnungen von Parametern wie der Systemauslastung von z. B. CPU und Memory getroffen.

Grundsätzlich gibt es zwei Hauptkriterien, die die Platzierungsentscheidung betreffen. Das eine Kriterium basiert auf der *Erstplatzierung*, d. h., der ursprüngliche Ablageort der VM auf einem Node im Einschaltaugenblick gilt als Basiskriterium. Das zweite Kriterium betrifft die Laufzeitoptimierung, also das Verschieben von VMs basierend auf den Ergebnissen der Laufzeitmetriken des Clusters.

Bei den Metriken wird in drei Rubriken unterschieden

- Überprüfung der Auslastung von CPU und Memory der Nodes im Cluster.
- Belastungszustand des Speichers und Einbeziehung von aktuell gültigen Affinitäts- und Anti-Affinitätsregeln innerhalb des Clusters.
- Permanente Überprüfung der Nodes im Hinblick auf Ressourcenkonflikte und die Einhaltung der im Cluster hinterlegten Schwellenwerte.

Die Auslastung der Stargate-Prozesse und die Zuordnungen der vDisks sowie die Volumes (Volume Group bzw. iSCSI-Targets) werden permanent überprüft. Auch benutzerdefinierte Richtlinien, die den Betriebsort, die Separierungen von VMs oder die Gruppierung einzelner VMs betreffen, fließen in die Überwachung mit ein.

ADS verteilt die VMs je nach verfügbaren Ressourcen und ihren Anforderungen auf die einzelnen Nodes im Cluster, sodass anfänglich eine über alle Ressourcen ausgeglichene Belastung entsteht. Der Überprüfungsvorgang bezüglich der Ressourcenverteilung findet alle 15 Minuten statt. Betrachtet werden vom AHV der CPU- und Memory-Verbrauch, die Stargate-Prozessauslastung sowie der Speicherplatzverbrauch bezüglich der einzelnen Nodes. Des Weiteren unterstützt ADS auch die Anwendung des Affinitätsmanagements. Hier wird unterschieden in Affinity- und Anti-Affinity-Rules. Zu erwähnen ist vor allem, dass eine Migration nur bei Konflikten durchgeführt wird. Das bedeutet, wenn zwischen den Knoten z. B. eine Verzerrung auftritt (etwa drei Knoten bei 10 % und einer bei 50 %), wird keine Migration durchgeführt, da dies ja eigentlich keinen Vorteil bringen würde. Im Gegenteil, ein quasi ständiges Ausbalancieren der Workloads zwischen den Nodes erhöht lediglich die Belastung des gesamten Clusters! Erst wenn es zu Konflikten um Ressourcen kommt, wird vom System eine Migration eingeleitet.

Dies funktioniert dann wie folgt: Ein Scheduler überwacht die Stargate-Prozessauslastung jedes Nodes. Falls bei einem Stargate-Prozess festgestellt wird, dass die Zuweisungsschwelle, die aktuell bei 85 % liegt, überschritten wird, beginnt die Verlegung eines Workloads auf einen weniger belasteten Node im Cluster-Verbund. Die soeben beschriebenen Mechanismen gelten immer auch für die Volume Groups.

Verlegen von VMs bei unterschiedlichen CPU-Generationen im Cluster

Sie können Workloads zwischen einzelnen Nodes mit unterschiedlichen CPU-Typen oder Generationen verlegen. Bei Nutzung von AHV als Hypervisor im Cluster wird ein ähnliches Verfahren wie der Enhanced vMotion Capability Mode, kurz EVC-Modus, bei vSphere genutzt. Hierbei können zwischen den einzelnen AHV-AOS-Nodes des Clusters auch unterschiedliche Prozessorgenerationen eingesetzt werden, ohne dass dies die Migration von Workloads beeinträchtigt. Das System ermittelt die niedrigste Prozessorgeneration der einzelnen CPUs der Nodes im Cluster und schränkt alle QEMU-Domänen entsprechend ein, sodass der kleinste gemeinsame Nenner im Hinblick auf die CPU-Eigenschaften gefunden und anschließend festgelegt wird. Dieser Modus ist grundsätzlich aktiv und muss nicht manuell eingeschaltet werden.

Affinity- und Anti-Affinity-Rules

Mit Affinitäts- oder Anti-Affinitätsregeln sind Sie in der Lage, VMs z. B. an bestimmte Hosts oder Gruppen von Hosts zu binden oder VMs voneinander fernzuhalten, um das Ausfallrisiko einzelner Services zu minimieren. Neben Anwendungsfällen wie Ressourcenverteilung oder Zuordnungen und Sicherstellung der Verfügbarkeit von Services gibt es auch den Fall, diese Policies aus Gründen der Lizenzierung anzuwenden.

Sie haben mit dem AHV die Möglichkeit, VM-Host-Affinitätsrichtlinien und VM-VM-Anti-Affinitätsrichtlinien zu verwenden.

VM-Host-Affinitätsrichtlinie

Mit der VM-Host-Affinitätsrichtlinie können Sie z. B. eine VM an eine Gruppe von Nodes binden. Das bedeutet, dass die VM nur auf den Hosts laufen darf, die sich in der von Ihnen festgelegten Gruppe befinden. Stellen Sie sich vor, Sie betreiben einen Nutanix-Cluster, der sich sowohl aus Hybrid-Nodes als auch aus All-Flash-Nodes zusammensetzt. Dann können Sie mit einer VM-Host-Affinitätsrichtlinie festlegen, dass bestimmte VMs nur auf den All-Flash-Nodes betrieben werden dürfen (siehe Abbildung 13.31). Dies ist z. B. eine der Methoden, um VMs in den SSD-Bereich eines Clusters zu pinnen. Oder Sie stellen sich vor, dass Sie bestimmte VMs an Nodes binden müssen, die eine hohe CPU-Taktrate benötigen, um rechenintensive Aufgaben durchzuführen.

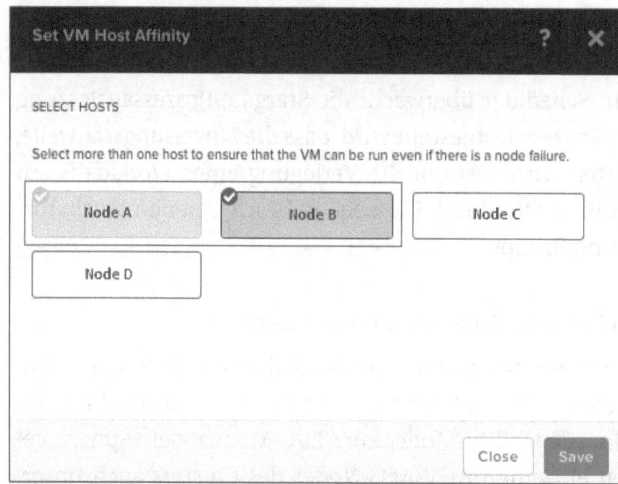

Abbildung 13.31 VM mittels VM-Host-Affinitätsrichtlinie den Nodes A und B mit Prism Element zuordnen

VM-VM-Anti-Affinitätsrichtlinie

Bei der zweiten Art von Richtlinie isolieren Sie VMs voneinander. Mit dieser Richtlinie können Sie eine Anti-Affinität zwischen virtuellen Maschinen festlegen. Die VM-VM-Anti-Affinitätsrichtlinie hält die angegebenen virtuellen Maschinen so voneinander getrennt, dass Sie bei Ausfall eines Nodes nicht sofort beide VMs verlieren. Hierdurch können Sie eine höhere Verfügbarkeit von bestimmten Services wie z. B. Microsoft Exchange Server oder Domain Controller erreichen. Fällt einer der Nodes im Cluster aus, auf dem einer Ihrer beiden Exchange Server läuft, steht Ihnen immer noch eine zweite Instanz zur Verfügung.

Weitere wichtige Informationen zum Umgang mit Affinitäts- und Anti-Affinitätsregeln des AHV finden Sie unter *https://portal.nutanix.com/page/documents/solutions/details?targetId=BP-2029_AHV:BP-2029_AHV*.

vNUMA Support

Selbstverständlich unterstützt AHV auch *Virtual Nonuniform Memory Access*, kurz *vNUMA*. Der Hauptzweck von vNUMA besteht darin, großen virtuellen Maschinen, manchmal auch als Monster-VMs bezeichnet, zusätzliche Ressourcen zur Performanceverbesserung zuweisen zu können. Zu diesem Zweck können mehrere sogenannte vNUMA-Nodes erstellt werden, die jeweils über vCPUs und vRAM verfügen. Diese vNUMA-Nodes werden dann den physikalischen NUMA-Nodes direkt zugeordnet (Pinning).

Eine ausgezeichnete Lektüre mit einer sehr guten Betrachtung sämtlicher Aspekte im Umfeld von vNUMA finden Sie in der Dokumentation zum AHV unter *https://portal.nutanix.com/page/documents/solutions/details?targetId=BP-2029_AHV:BP-2029_AHV*.

13.3.3 Netzwerk

Sofern Sie schon einmal einen Nutanix-Cluster mit dem ESXi als Hypervisor und einen weiteren Nutanix-Cluster mit dem AHV als Hypervisor installiert haben, werden Sie sofort nach der Installation festgestellt haben, dass es im Hinblick auf die Anbindung der Netzwerkkarten, die in den einzelnen Nodes eines Clusters verbaut worden sind, keine wesentlichen Unterschiede gibt.

Wenn Sie nach der Foundation (siehe Abschnitt 13.2.7) mit dem Hypervisor AHV in der Prism-Element-UI in den Bereich NETZWERK (siehe Abschnitt 13.4.1) schauen, werden Sie sehen, dass alle Netzwerkanschlüsse bereits an den *Open Virtual Switch*, kurz *OVS*, angebunden sind und sofort für den Netzwerk-Traffic zur Verfügung stehen.

Schauen Sie nach der Foundation mit dem Hypervisor ESXi in einen der Webclients eines der ESXi-Nodes unter NETZWERK, sehen Sie Ähnliches. Sämtliche Uplinks stehen bereits zur Verfügung.

Mit Sicherheit werden Sie sich nun an die Installation eines vCenter Servers machen, um dann unter anderem einen *Virtual Distributed Switch*, kurz *VDS* oder *vdSwitch*, anzulegen. Wie Sie das machen, erfahren Sie im entsprechenden Kapitel zum VMware-Netzwerkteil hier in diesem Buch.

Wie Sie ja bereits wissen, brauchen Sie nach der Durchführung der Foundation mit dem AHV als Hypervisor keine weiteren Tools für die Administration des Nutanix-Clusters mehr zu installieren, und auch das Netzwerk ist für die meisten Einsatzszenarien bereits zu diesem Zeitpunkt fertiggestellt und einsatzbereit.

Als virtuelles Switch-Element kommt hierbei der OVS zum Einsatz. Was der OVS ist, der durchaus mit einem vdSwitch in vSphere zu vergleichen ist, erfahren Sie im Abschnitt »Das

Netzwerk des AHV«. Hier lernen Sie einiges zum Thema Netzwerk kennen, wenn Sie den AHV als Hypervisor in Ihrem Nutanix-Cluster einsetzen.

Im Abschnitt »Das Netzwerk des ESXi« erfahren Sie dann etwas über einige der gravierenden Unterschiede im Hinblick auf das Netzwerk bei der Nutzung des ESXi als Hypervisor.

Der dritte supportete Hypervisor in einem Nutanix-Cluster, der Hyper-V von Microsoft, ist nicht Thema dieses Buchs und wird daher hier nicht ausführlicher erläutert werden. Sollten Sie sich allerdings dafür interessieren, wie das Netzwerk mit Hyper-V in einem Nutanix-Cluster aussieht und funktioniert, schauen Sie doch einfach einmal in folgendes Dokument: *https://nutanixbible.com/#anchor-book-of-hyper-v-networking*. Wenn Sie Videos bevorzugen, empfehle ich, einen Blick in das TechTopX-Video von Nutanix zu diesem Thema zu werfen. Hier erhalten Sie in unter zehn Minuten einen Überblick über die Hyper-V-Netzwerk-Basics sowohl aus Sicht des Hyper-V-Managers als auch aus Sicht des SCVMM.

Das Netzwerk des AHV

Das Netzwerk des AHV basiert auf dem Open Virtual Switch, kurz OVS und manchmal auch als Open vSwitch bezeichnet. Der OVS ist als Software-Switch Bestandteil des Linux-Kernels, und wie uns das O in OVS anzeigt, handelt es sich um Open-Source-Software.

Auf jedem AHV-Node im Cluster befindet sich eine Instanz des OVS, und alle im Cluster vorhandenen OVS-Instanzen zusammen bilden dann den einen logischen Open Virtual Switch für das Switching und Routing im Cluster. Des Weiteren stellt der OVS die unterschiedlichen Funktionen wie z. B. Quality of Service, kurz QoS, VLAN-Tagging, Tunneling, LACP-Trunks, das für Link Aggregation Control Protocol steht, Port-Mirroring etc. zur Verfügung. Zusätzlich dazu sind Funktionen wie openFlow etc. im OVS enthalten, und er verfügt über eine Libvirt-Integration.

AHV unterstützt das IP-Adressmanagement, kurz IPAM, mit dem es möglich ist, mittels integriertem DHCP (*Dynamic Host Configuration Protocol*) Ihren VMs entsprechende IP-Adressen dynamisch zuzuweisen.

Ich möchte hier nicht weiter auf den OVS eingehen. Es gibt sehr viel Literatur zu diesem Thema, und auch Nutanix bietet einiges unter den folgenden Links:

- *https://portal.nutanix.com/page/documents/solutions/details?targetId=BP-2029_AHV:top_ahv_networking_overview.html*
- *https://nutanixbible.com/#anchor-book-of-ahv-networking*.

Stattdessen erfahren Sie in dieser kurzen Abhandlung, wie sich Ihnen das Ganze schematisch und in der UI darstellt.

Schauen wir uns einmal Abbildung 13.32 an. Hier sehen Sie eine sehr vereinfachte, aber recht übersichtliche schematische Darstellung des Netzwerks im Nutanix-Cluster. Der OVS besitzt natürlich auch Elemente und Komponenten wie Bridges, Ports und Uplinks.

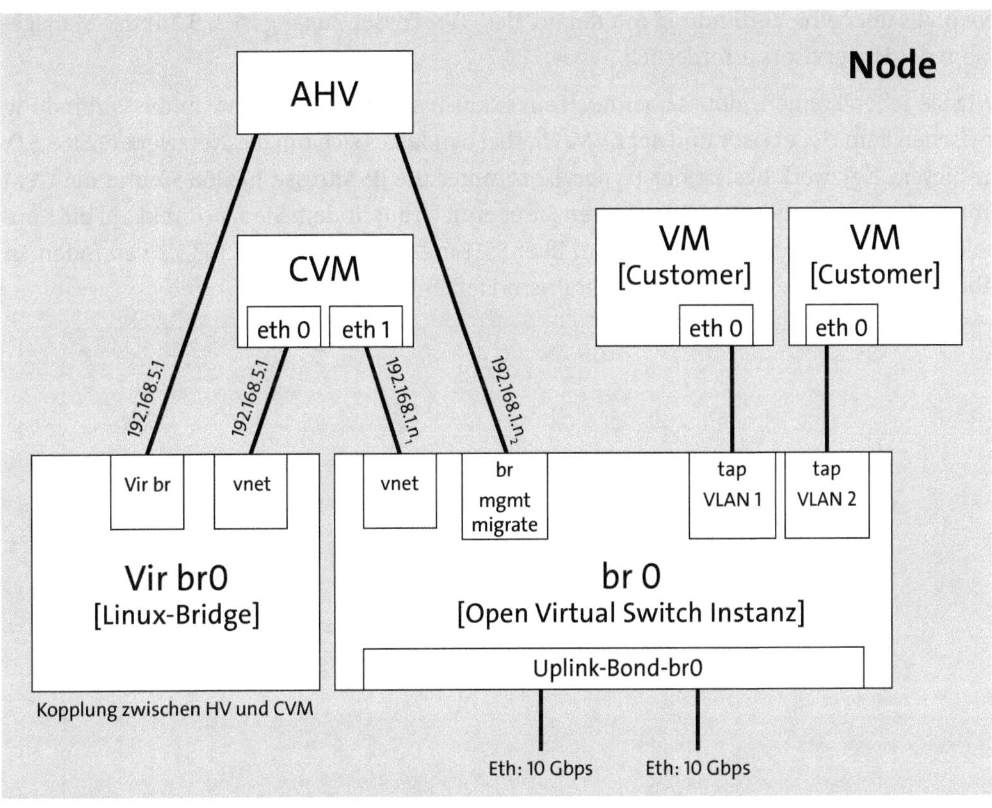

Abbildung 13.32 Schematische Darstellung des Netzwerks mit CVM und Workloads unter AHV

Wie Sie sehen können, haben Sie es hier mit zwei Bridges zu tun: der Linux-Bridge `vir br0` und der `br0` des OVS. Natürlich können Sie im Anschluss an die Foundation im OVS auch mehr als eine Bridge anlegen. Das bedeutet, Sie könnten hier eine `br0` und eine `br1` definieren, an die Sie dann beispielsweise je zwei Uplinks mappen würden (Bond), wenn Ihre Nodes über vier oder noch mehr Netzwerkkarten verfügen. Diesbezügliche Konfigurationen sind die Regel, wenn Sie physikalische Netztrennungen vornehmen möchten. Allerdings können Netze auch genauso gut mittels VLAN voneinander isoliert werden. Das ist jedoch eine Frage des Geschmacks. Wir haben jetzt die Seite angeschaut, die die Verbindung mit der Außenwelt ermöglicht. Werfen wir nun einen Blick auf die Innenseite.

Damit Ihre Produktions-VMs auch über das Netzwerk die Außenwelt erreichen können, werden sie mit den entsprechenden Ports der `br0` verbunden. Bei der CVM sieht es allerdings etwas anders aus. Die CVM hat grundsätzlich zwei Anschlüsse. Eine Verbindung besteht mit der `br0` und eine weitere mit der Linux-Bridge. Über die Verbindung zwischen der CVM und der `br0` erreichen Sie z. B. die Prism-Komponente, um mittels der Prism-Element-UI administrative Tätigkeiten über diese CVM am Cluster verrichten zu können. Der Hypervisor verfügt ebenfalls über eine Verbindung mit der br0 des OVS. Dieser Zugang ist z. B. für das Management des Hypervisors erforderlich.

Wie Sie sehen können, gibt es aber noch ein exklusives Netzwerk eigens für die Verbindung zwischen dem Hypervisor und der CVM. Hierbei handelt es sich um das Netzwerk 192.168.5.0. In diesem Netzwerk besitzt der Hypervisor immer die IP-Adresse 192.168.5.1 und die CVM immer die Adresse 192.168.5.2. Probieren Sie es einfach aus, indem Sie z. B. direkt auf die Konsole eines Nodes gehen und sich dann über SSH mit der CVM via 192.168.5.2 verbinden. In Abbildung 13.33 sehen Sie, wie es in der Prism-Element-UI ausschaut.

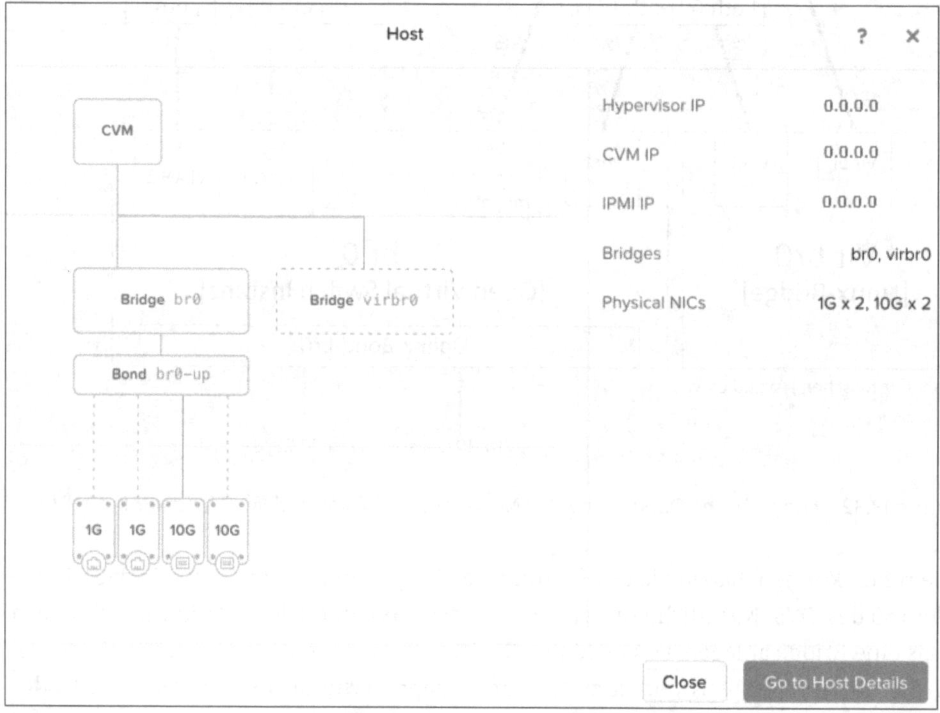

Abbildung 13.33 Darstellung des Netzwerks auf den Nodes in Prism Element

Wie Sie sicherlich bereits erwartet haben, wird es nun um das Thema Load-Balancing von Uplinks gehen. Das heißt, konkret wird es um das Netzwerkdesign gehen, und dazu müssen Sie natürlich wissen, was im Umfeld von AHV an Möglichkeiten zur Verfügung steht.

Die Bündelung (*Link-Aggregation*) mehrerer physischer LAN-Schnittstellen zu einem logischen Kanal zum Zweck der Erhöhung des Datendurchsatzes und der Ausfallsicherheit gegenüber einer einfachen Netzwerkschnittstelle werden wir uns nun etwas genauer ansehen.

An *Load Balancing Policies* bzw. Lastausgleichsrichtlinien gibt es *Active-Backup*, *Balance-SLB* und *Balance-TCP mit LACP*. Nach der Durchführung der Installation eines Nutanix-Clusters mittels Foundation-Prozess steht Ihnen bereits eine vollständig vorkonfigurierte und nutzbare Netzwerkinfrastruktur auf der Basis des OVS zur Verfügung. Hierbei wird die Policy, Active-Backup benutzt. In Abbildung 13.33 erkennen Sie das daran, dass eine Verbindung zwischen einem der 10-Gbps-Ports durchgezogen ist und alle anderen gestrichelt, also als Standby, dargestellt sind. Der Vorteil dieser Policy besteht darin, dass sie sehr ressourcenschonend arbeitet und auch gut funktioniert. Man kann in der Regel davon ausgehen, dass in vielen Umgebungen das Active-Backup-Konzept (siehe Abbildung 13.34) eine sehr gute Wahl ist.

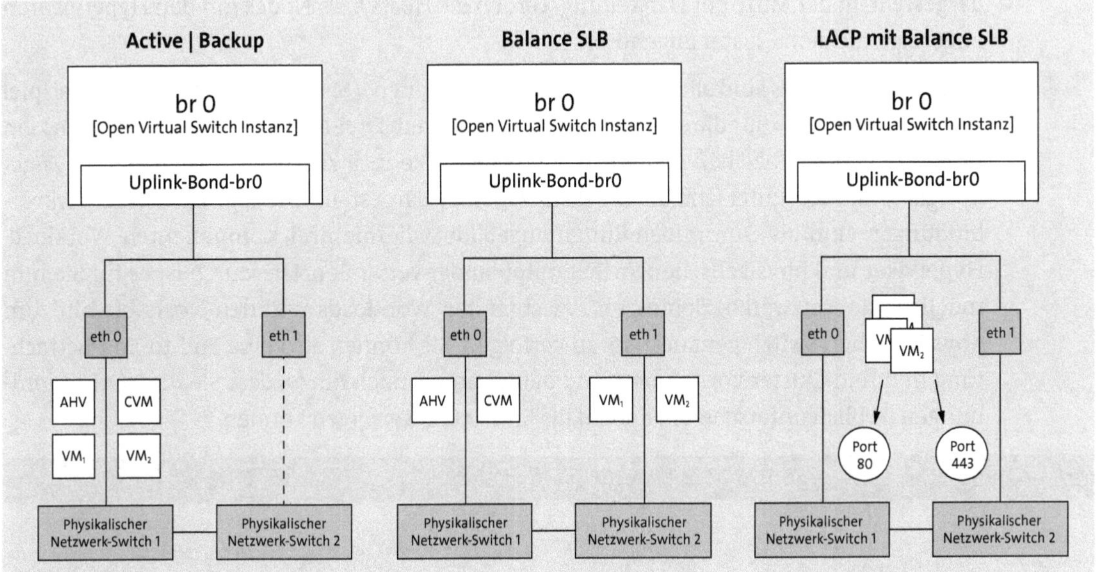

Abbildung 13.34 Load Balancing Policies unter AHV

Server Load Balancing, kurz *SLB*, (siehe Abbildung 13.34) arbeitet wie folgt: Das System wählt selbstständig, völlig automatisch und über einen speziellen SLB-Algorithmus aus, welche VM über welchen der zur Verfügung stehenden physikalischen Kanäle kommuniziert. Der Vorteil dieses Verfahrens ist, dass die zur Verfügung stehende Systembandbreite sehr gut ausgenutzt wird. Nachteilig könnte sich bei dieser Regel in manchen Environments auswirken, dass die Workloads nicht die voll zur Verfügung stehende Bandbreite im Netzwerk nutzen können.

Als dritte Möglichkeit steht Ihnen dann noch die Regel LACP mit Balance-TCP (siehe Abbildung 13.34) zur Verfügung. Natürlich muss Ihre physikalische Netzwerkinfrastruktur für die Nutzung dieser Policy auch LACP unterstützen. Der Datenverkehr erfolgt aktiv/aktiv. Das heißt, er wird auf mehrere der zur Verfügung stehenden physikalischen Kanäle aufgeteilt. Dieses Verfahren basiert auf dem Traffic-Hashing-Algorithmus. Dabei haben Sie natürlich die bestmögliche Ausnutzung der im Netzwerk zur Verfügung stehenden physikalischen Bandbreite, was als Vorteil natürlich klar auf der Hand liegt. Auf der anderen Seite müssen

Sie an den wesentlich höheren Aufwand im Hinblick auf die Konfiguration in Ihrer physikalischen Switch-Infrastruktur denken.

Abschließend betrachten wir noch einmal, wie sich das Netzwerk in einem Nutanix-Cluster mit AHV als Hypervisor darstellt. Schauen Sie in Prism Element (siehe Abschnitt 13.4.1) unter NETWORK nach (HOME links oben in der GUI aufklappen und NETWORK anklicken), sehen Sie die Darstellung wie in Abbildung 13.35. Die gesamte Netzwerkstruktur wird dreigeteilt dargestellt. In der Mitte der Darstellung werden die Hosts bzw. Nodes mit den Hypervisoren angezeigt, die dem Cluster angehören.

Links von den Hosts sind alle mit den Hosts verbundenen VMs zu sehen. In unserem Beispiel sehen Sie allerdings nur die drei CVMs, da sich in diesem Drei-Node-Cluster aktuell noch kein Produktions-Workload befindet. An den VMs sehen Sie zusätzlich auch noch die VLAN-Zugehörigkeit farblich unterschiedlich gekennzeichnet dargestellt. Die logischen Netzwerkverbindungen sind als Gummibandlinien abgebildet, die die drei Komponenten Workload, Hypervisor und physikalischen Switch miteinander verbinden. Hierdurch ist es für Sie nun möglich, die Netzwerkbeziehungen zwischen den Workloads und den Hosts bis hin zum physikalischen Switch genauestens zu verfolgen. Sie können also eine End-to-End-Betrachtung in Ihrem Cluster vornehmen, und dann kommt noch hinzu, dass Sie die VLAN-Zuordnungen farblich unterscheidbar ebenfalls End to End verfolgen können.

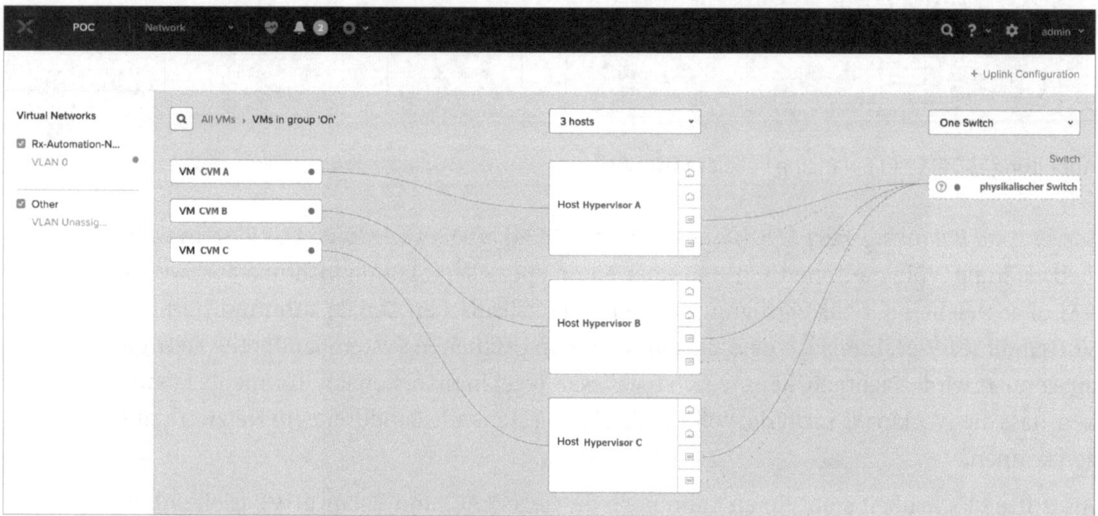

Abbildung 13.35 Darstellung der Netzinfrastruktur von der VM über den Hypervisor AHV bis hin zum physikalischen Switch

Schauen wir uns nun einmal die rechte Seite der Hosts etwas genauer an. Hier haben die Hosts ihre Netzwerkports grafisch als kleine Anschlussbuchsen-Piktogramme abgebildet. Das Piktogramm einer RJ45-Buchse markiert eine 1-Gbps-Performance, wogegen ein einfaches Rechteck einen 10-Gbps-Anschluss darstellt. Man kann also ganz genau erkennen, wie viele NIC-Ports jeder einzelne Host hat und um welche Art es sich handelt. Von diesen Ports gehen nun die einzelnen logischen Verbindungen, gezeichnet als Gummibandlinien, zu den einzelnen Switch-Ports der physikalischen Switches im Environment.

Um in der End-to-End-Betrachtung nun ganz detailliert dargestellt zu bekommen, welcher Netzwerkport des Hosts mit welchem physikalischen Port auf dem Switch verbunden ist, ist es erforderlich, dass Ihre physikalischen Switches LLDP (was für *Link Layer Discovery Protocol* steht) unterstützen. Ist das der Fall, können Ihre Switches unter NETWORKSWITCH, das Sie im Menü unter dem Zahnrad rechts oben in der Prism-UI finden (siehe Abschnitt 13.4.1), eingerichtet bzw. bekannt gemacht werden. Hier werden Sie die gleichen Piktogramme sehen, die bereits für die Ports am Host verwendet wurden, und wie von den VMs bereits bekannt, finden Sie neben den einzelnen physikalischen Switch-Ports ebenfalls die farblich unterschiedlich gekennzeichneten VLANs.

Unter dem folgenden Link finden Sie noch weitere Informationen zum Netzwerk, wenn Sie AHV als Hypervisor einsetzen möchten: *https://nutanixbible.com/#anchor-book-of-ahv-networking*.

Vor allem die konzeptionellen Architekturdiagramme im Hinblick auf den OVS zeigen auf, wie Sie sich die Arbeitsweise dieses Kernelements vorstellen können.

Microsegmentation

Die Microsegmentation mit Flow wird durch die Funktion openFlow bereitgestellt. AHV stellt durch die Integration des OVS die Basisfunktionalitäten des Netzwerkes bereit, wobei die Kategorien und Policies in Prism Central (siehe Abschnitt 13.4.2) integriert wurden.

Da der OVS integraler Bestandteil des Hypervisors ist, ist Flow quasi immer mit an Bord und muss innerhalb von Prism Central lediglich aktiviert, aber nicht installiert werden. Man kann an dieser Stelle durchaus von einer Ost-West-Inline-Firewall sprechen. Ost-West-Verkehr ist der Traffic, der zwischen den Applikationen stattfindet (Horizontaldatenverkehr). Der Speicherbedarf für Flow beläuft sich auf zusätzliche 1 GiB für die Prism-Central-Instanz im Cluster. Flow erlaubt das Anwenden unterschiedlichster Policies auf die unterschiedlichen Kategorien.

Diese Gruppierung in Verbindung mit den Policies jeder einzelnen VM wird Microsegmentation genannt. Man kann hierbei von einer virtuellen Blase sprechen, die den entsprechenden Workload umhüllt bzw. von der Umgebung isoliert. Lediglich durch die von dieser virtuellen Blase freigegebenen Kommunikationsports kann die Applikation, die sich innerhalb des Workloads befindet, mit der Außenwelt kommunizieren.

Betrachten wir einmal beispielhaft eine mögliche Gefahrensituation.

Hat ein Aggressor es wider Erwarten geschafft, in das Betriebssystem eines durch Microsegmentation geschützten Workloads einzudringen und fährt die betriebssystemeigene Firewall herunter, besteht immer noch keine Gefahr, dass eine erweiterte Kommunikation mit der Außenwelt möglich wird. Der Grund hierfür ist, dass die Isolation des Workloads durch Microsegmentation kein integraler Bestandteil des Workloads selbst oder des darin installierten Betriebssystems ist. Die Funktion des äußeren Isolierens eines Workloads liegt in einem anderen Abstraktions-Layer. Einfluss auf die Microsegmentation kann ausschließlich durch das Administrationstool des Clusters, Prism Central, genommen werden. Selbst ohne Betriebssystem-Firewall des Workloads sind lediglich die Ports nutzbar, die in Prism Central für einzelne Workloads festgelegt wurden.

Ein weiterer positiver Aspekt bei der Nutzung von Microsegmentation ist der, dass auf die betriebssystemintegrierten Firewalls Ihrer Workloads weitestgehend verzichtet werden kann, was durchaus als Leistungsoptimierungsmaßnahme des jeweiligen Betriebssystems angesehen werden könnte.

Das Netzwerk des ESXi

Wenn Sie einen Nutanix-Cluster mit dem ESXi als Hypervisor einsetzen, nutzen Sie zur Netzwerkadministration die UI des Hypervisors, also den Webclient von VMware, oder Sie haben einen vCenter Server in Betrieb und nutzen dann entsprechend die UI des vCenter Servers. Das bedeutet, dass es für Sie keine Veränderung im Hinblick auf die Administration des Netzwerks in einem Nutanix-Cluster gibt. Kennen Sie sich also mit vSphere aus, brauchen Sie sich nicht umzugewöhnen.

Aber wenn Sie sich zum ersten Mal nach Fertigstellung des Foundation-Prozesses die Netzwerkkonfiguration des Clusters z. B. im vCenter Server anschauen, werden Sie eine Art der Konfiguration sehen, die Ihnen bis dato sicherlich so noch nicht untergekommen ist. Erschrecken Sie sich bitte nicht, es ist wirklich sehr einfach zu verstehen, warum es so aussieht.

Ich möchte an dieser Stelle auf den Abschnitt »Das Netzwerk des AHV« und die Abbildung 13.32 verweisen. Wenn Sie sich das Schema anschauen, sehen Sie zwei Kernkomponenten, `vir br0` und `br0`, an denen alle anderen Komponenten angeschlossen werden. Genauso sieht das Netzwerk auch nach der Installation mit dem ESXi-Hypervisor aus. Schauen Sie sich hierzu im Vergleich einmal Abbildung 13.36 an.

Auch in dieser Abbildung gibt es zwei Kernnetzwerkelemente: einen virtuellen Standard-Switch, kurz vSS, mit Uplinks mit dem Namen VSWITCH0 und einen vSwitch namens VSWITCH NUTANIX. Der vSwitch Nutanix verbindet den Hypervisor, also den ESXi, mit der dazugehörigen CVM über das Netzwerk 192.168.5.0. Der VSWITCH0 verbindet Ihre Produktions-VMs, die CVM und die VMware-Kernel-Ports über die dafür vorgesehenen Port Groups mit der Außenwelt. Er stellt das VM- und das Managementnetzwerk zur Verfügung. Und selbstverständlich können Sie weitere vSS in Ihren ESXis anlegen, ebenso wie Sie weitere Bridges beim AHV erstellen können und, falls vorhanden, dann auch zusätzliche Uplinks an diese vSS bringen, um weitere Workloads daran zu betreiben.

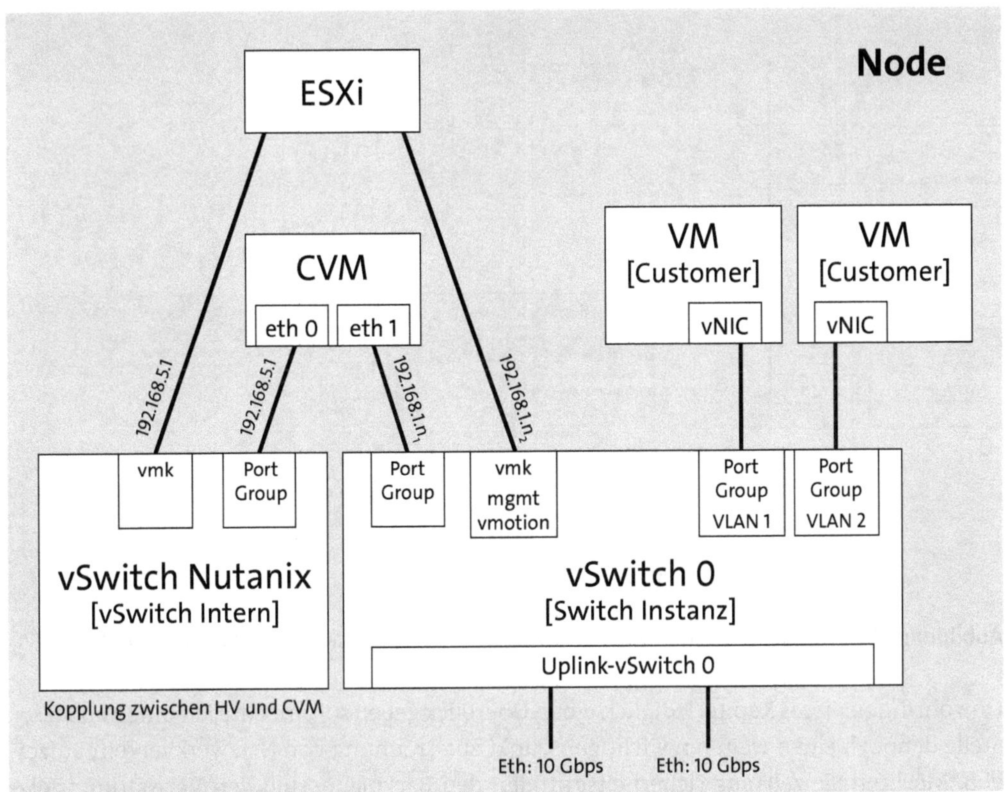

Abbildung 13.36 Schematische Darstellung des Netzwerks mit CVM und Workloads unter ESXi (Management nicht segmentiert)

Was Sie netzwerkseitig nun alles mit Funktionen wie beispielsweise Netzwerklastverteilungsregeln des ESXi oder Netzwerksegmentierung mit NSX machen können, wird in diesem Buch nachhaltig beschrieben. Auch wird das Thema *virtual Distributed Switch*, kurz *vDS*, behandelt. Der Einsatz des vDS ist im Umfeld einer Nutanix-Cloud sicherlich keine schlechte Idee. Das Netzwerk des ESXi in einer Nutanix-Cloud wird natürlich auch in den Unterlagen von Nutanix hinreichend behandelt. Hierzu können Sie unter *https://nutanixbible.com/#anchor-book-of-vsphere-networking* und unter *http://go.nutanix.com/rs/nutanix/images/Nutanix_TechNote-VMware_vSphere_Networking_with_Nutanix.pdf* etwas finden sowie, sollten Sie über einen Support-Portal-Zugang verfügen, auch unter *https://portal.nutanix.com/page/documents/solutions/details?targetId=BP-2074-vSphere-Networking:BP-2074-vSphere-Networking*.

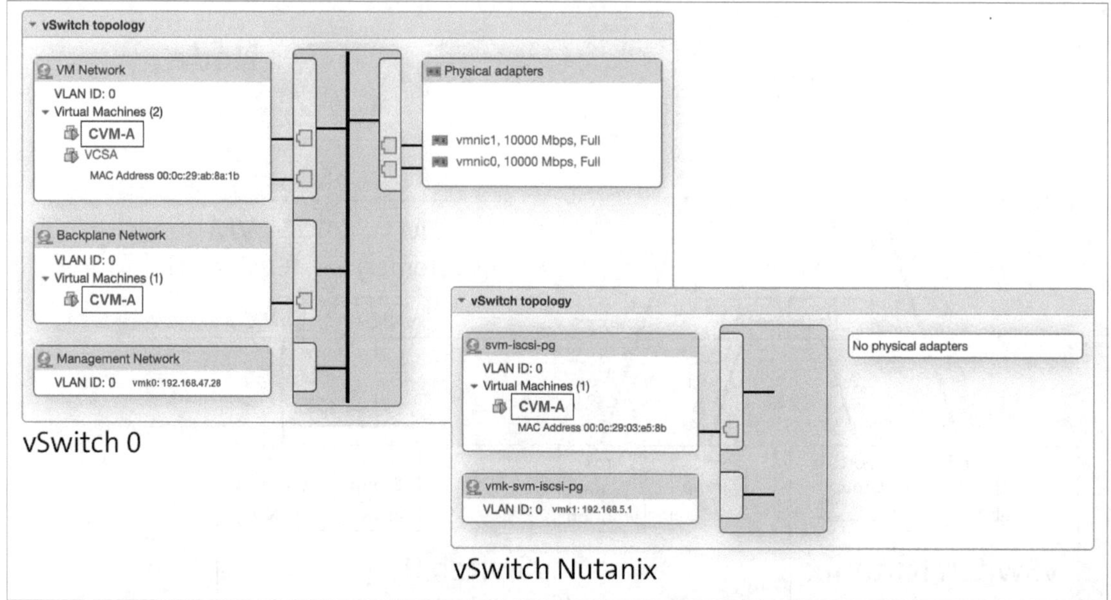

Abbildung 13.37 Darstellung eines separierten Netzwerks mit CVM und Workloads unter ESXi (vSS)

Obwohl Ihnen dieses Kapitel lediglich einen Überblick geben soll, möchte ich Ihnen an dieser Stelle dennoch einen weiteren wichtigen Punkt zur Trennung von Netzwerkverkehr aufzeigen. Möchten Sie z. B. aus Sicherheitsgründen den Backplane- und den Verwaltungsnetzwerkverkehr über zwei unterschiedliche VLANs führen, sollten Sie das Netzwerk auf dem vSwitch0 segmentieren. Das heißt, Sie würden sich im Zuge der Foundation (siehe Abschnitt 13.2.7) dazu entscheiden, in den Cluster-Settings die Option ENABLE CVM NETWORK SEGMENTATION (siehe Tabelle 13.4) auszuwählen.

Nun wird die CVM während des Deployment-Prozesses mit drei eth-Ports ausgestattet, sodass Sie an vSwitch0 zwei separate Port Groups für die beiden unterschiedlichen Netzwerke haben und diese dann auch in unterschiedlichen VLANs betreiben können (siehe Abbildung 13.37). Hierzu gibt es selbstverständlich wieder ein entsprechendes Dokument, das Sie unter *https://portal.nutanix.com/page/documents/details?targetId=Nutanix-Security-Guide-v5_17:wc-network-segmentation-intro-wc-c.html* finden.

13.3.4 Cluster Conversion

Diese Funktion erlaubt es, einen kompletten Nutanix-Cluster im Hinblick auf den eingesetzten Hypervisor zu migrieren. Es ist also möglich, vollständig automatisiert einen AOS-Cluster mit dem ESXi im laufenden Betrieb – also mit all seinen eingeschalteten Workloads – in einen AOS-Cluster mit dem AHV als Hypervisor umzuwandeln. Falls Sie sich das Ganze einmal anschauen möchten, finden Sie hier ein kurzes Video: *https://www.youtube.com/watch?v=pCaSJAneeiI*. Dort erfahren Sie, worauf Sie zu achten haben, welche Vorbereitungen Sie treffen müssen und wie Sie es dann im UI auch umsetzen können.

13.4 Verwaltung

Die Verwaltung eines Nutanix-Clusters im Hinblick auf die Core-Funktionalität (siehe Abbildung 13.1 und Abbildung 13.2) kann mit Prism Element erfolgen. Wie weit Sie die Verwaltung eines Nutanix-Clusters mit Prism Element allerdings vollständig durchführen können, hat im Wesentlichen damit zu tun, welchen Hypervisor Sie im AOS-Cluster nutzen. Setzen Sie den AHV ein, brauchen Sie kein weiteres Verwaltungswerkzeug mehr. Sie können alle administrativen Tasks aus Prism Element heraus erledigen. Setzen Sie dagegen ESXi von VMware oder Microsoft Hyper-V ein, benötigen Sie je nachdem, was Sie vorhaben, entweder den vSphere-Web-Client, den vSphere-Client oder den Hyper-V-Manager bzw. den System Center Virtual Machine Manager kurz SCVMM. Es kommt also auf den Hypervisor an, ob Sie allein mit Prism Element auskommen oder zusätzlich noch etwas anderes benötigen.

Wenn Sie allerdings mehrere Nutanix-Cluster in Ihrem Datacenter im Einsatz haben, können Sie sich die Administration sämtlicher Ihrer Cluster dadurch erleichtern, dass Sie Prism Central nutzen. Prism Central ist nicht nur ein Werkzeug, um auf die optionalen Lösungen (siehe Abbildung 13.1) von Nutanix zuzugreifen und diese zu verwalten, sondern es ermöglicht Ihnen auch, alle Ihre Nutanix-Cluster, egal wo sie sich auch immer befinden mögen, zentral, also von einem Punkt aus zu managen.

13.4.1 Das Management mit der Prism-UI

Im Zuge dieses Kapitels haben Sie bereits an einigen Stellen von Prism Element gehört und auch schon die eine oder andere Abbildung gesehen. Hier erfahren Sie nun einiges über den Umgang mit der Prism-Element-UI. Ergänzend möchte ich Sie an dieser Stelle noch auf ein 20-minütiges Video aufmerksam machen, das Ihnen ebenfalls einen guten Überblick über die Arbeitsweise mit der Prism-Element-UI vermittelt. Sie finden es auf YouTube unter dem folgenden Link: *https://www.youtube.com/watch?v=JswydFBtl7I*.

Sie erreichen die Prism-Element-UI entweder über die Cluster-IP-Adresse oder über die IP-Adresse eines jeden Nodes im Nutanix-Cluster. Geben Sie dazu in Ihren Browser *<FQDN oder Cluster-IP>:9440* ein, und schon werden Sie auf die Anmeldeseite weitergeleitet. Hier geben Sie dann ein paar Anmeldedaten ein. Der Default-Anmeldename lautet *admin* und das dazugehörige Default-Passwort *nutanix/4u* (Tabelle 13.5 listet Ihnen die unterschiedlichen Kombinationen auf). Nach der Anmeldung werden Sie auf das zentrale Dashboard weitergeleitet (siehe Abbildung 13.38). Hier werden Ihnen auf einer Seite die wichtigsten Informationen zu Ihrem Nutanix-Cluster übersichtlich dargestellt.

Interface	Ziel	Anmeldename	Default-Passwort
SSH-Client oder Konsole	AHV	root	nutanix/4u
SSH-Client oder Konsole	ESXi	root	nutanix/4u
SSH-Client oder Konsole	Hyper-V	Administrator	nutanix/4u
SSH-Client	CVM	nutanix	nutanix/4u
Web Console	Prism	admin	admin

Tabelle 13.5 Anmeldungen im Nutanix-Cluster

Links oben sehen Sie z. B. den eingesetzten Hypervisor – in diesem Fall kommt der AHV, der Akropolis Hypervisor von Nutanix, zum Einsatz. Würden Sie in Ihrem AOS-Cluster den VMware ESXi oder den Microsoft Hyper-V als Hypervisor verwenden, stünde an der Stelle, an der jetzt AHV steht, entsprechend ESXI oder HYPER-V.

Neben diesem Feld sehen Sie ein Feld mit der Überschrift PRISM CENTRAL. Prism Central ist, wie Sie bereits wissen, eine übergeordnete Managementinstanz, die Ihnen einen erweiterten Funktionsumfang bietet, wie z. B. das Cluster-übergreifende Management sämtlicher Ihrer Nutanix-Cluster-Ressourcen. Im Feld darunter, der Storage-Zusammenfassung, können Sie sich beispielsweise über Ihren aktuellen Storage-Verbrauch im Cluster informieren.

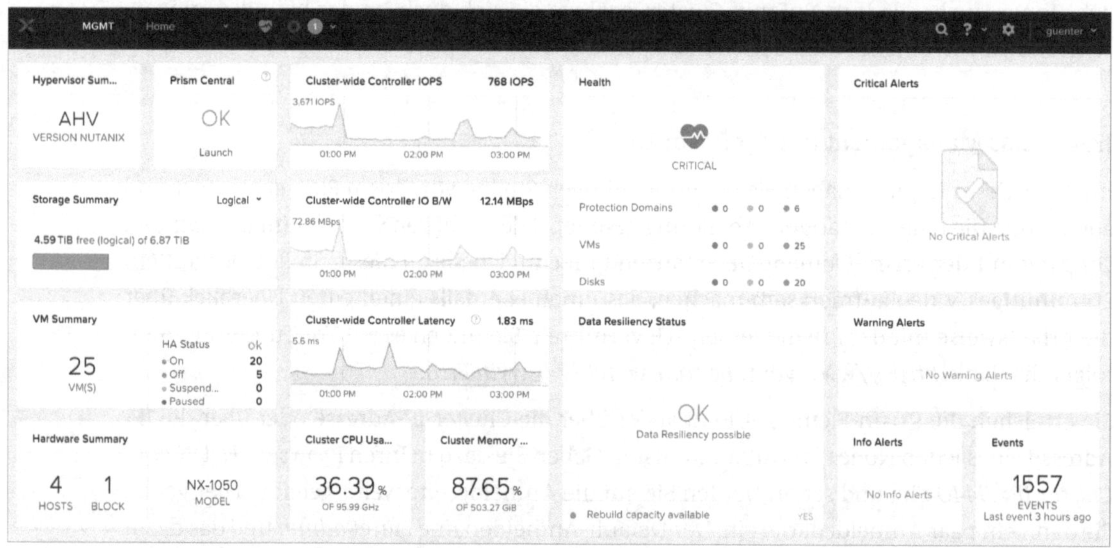

Abbildung 13.38 Nutanix-Cluster mit AHV in der Prism-Element-UI

Darunter sehen Sie die Zusammenfassung bezüglich Ihrer VMs. VM SUMMARY hilft Ihnen dabei, einen möglichen VM-Wildwuchs schnell und einfach zu erkennen, um sofort Gegenmaßnahmen ergreifen zu können. Ganz links unten finden Sie die Hardwarezusammenfassung. Hier wird Ihnen aufgezeigt, welche Hardware in Ihrem Cluster verwendet wird. In diesem Fall ist es ein Modell aus der NX-Serie des Herstellers Supermicro. Aber wie Sie ja bereits wissen, können Sie genauso gut Plattformen von vielen anderen Serverherstellern in einem Nutanix-Cluster einsetzen. Denken Sie immer daran, dass Sie niemals Hardware von unterschiedlichen Herstellern in einem einzelnen Nutanix-Cluster mischen dürfen. Möchten Sie zwei unterschiedliche Hardwarehersteller nutzen – um z. B. eine Multivendorstrategie in Ihrem Rechenzentrum zu verfolgen –, müssen Sie einen Nutanix-Cluster mit den Nodes des einen Herstellers und einen anderen Cluster mit den Nodes des anderen Hardwareherstellers aufbauen. Verwalten können Sie diese beiden Cluster dann natürlich gemeinsam unter dem Dach von Prism Central (siehe Abbildung 13.40).

Aber zurück zum Dashboard. Sie sehen, dass der Nutanix-Cluster hier aus vier Nodes bzw. einem Block besteht.

Im oberen Bereich der zweiten Spalte in der Abbildung finden Sie Informationen über die Cluster-Performance. Dies ist besonders dann hilfreich, wenn Sie z. B. mögliche Lastspitzen schnell und einfach identifizieren möchten. Unterhalb dieses Bereichs sehen Sie die Anzeigen zur Cluster-CPU- und Cluster-Memory-Usage. Hierbei handelt es sich um eine Clusterweite Ressourcenanzeige bzgl. CPU und Memory-Verbrauch. Diese Informationen helfen Ihnen, die Auslastung mit Blick auf CPU und Memory jederzeit im Auge zu behalten, um so mögliche Engpässe schnell und einfach identifizieren zu können, um Gegenmaßnahmen zu ergreifen.

Die dritte und vierte Spalte in der rechten Hälfte des Dashboards versorgen Sie mit den Informationen über den momentanen Gesundheitsstatus Ihres Clusters. Nutanix arbeitet hier mit den Ampelfarben Grün, Gelb und Rot, sodass Sie sehr schnell identifizieren können, wie schwerwiegend die einzelnen Probleme einzustufen sind.

Hintergrundchecks

Im Hintergrund laufen regelmäßige Systemchecks, die den Cluster ständig auf seinen Gesundheitszustand hin überprüfen.

Unter der Überschrift DATA RESILLIENCY STATUS wird der aktuelle Verfügbarkeits- und Ausfallsicherheitsstatus Ihres Clusters angezeigt. Je nachdem, mit welchem Replikationsfaktor Sie die Sicherheit für Ihre Daten in Ihrem Cluster konfiguriert haben, können Sie in diesem Anzeigefeld (Abbildung 13.38) die entsprechenden Meldungen ablesen. Auch hält Sie das System über die Rebuild Capacity auf dem Laufenden. Das bedeutet, dass, wenn Komponenten im Cluster ausfallen, Ihnen hier angezeigt wird, ob die Redundanz wiederhergestellt werden kann.

In der vierten und letzten Spalte erhalten Sie Informationen über die Systemalarme. Hier werden kritische Hinweise, Warnhinweise oder Informationshinweise im Cluster angezeigt.

Pulse

Nutanix bietet seinen Kunden im Rahmen des Supports die Call-Home-Technologie *Pulse* an. Wenn Sie einer anonymisierten Überwachung im Rahmen des Supports zustimmen, können mögliche Probleme, die in Ihrem Cluster auftreten, unmittelbar erkannt werden. Der Hersteller kann Ihnen dann nicht nur reaktiv zur Seite stehen, sondern Sie auch proaktiv im Rahmen des Supports unterstützen.

Am oberen Rand des Dashboards sehen Sie eine schwarze Menüleiste. Hier befinden sich die Tools, die Sie von überall aus in Prism Element sehen können. Verlassen Sie das Dashboard, indem Sie in einen anderen Bereich der UI wechseln, bleibt diese Leiste dennoch am selben Platz. Ganz rechts oben sehen Sie den aktuell angemeldeten Benutzer. Das kann entweder ein lokaler Benutzer oder ein Benutzer aus einem Directory-Service sein.

Des Weiteren sehen Sie einige Piktogramme in der Leiste, die Sie über die aktuellen Störmeldungen, Warnings und laufende Tasks informieren. Sie können z. B. mit der Lupe Ihr gesamtes System nach administrativen Begriffen durchsuchen, und mit einem Klick auf das Zahnrad erreichen Sie den Bereich, in dem Sie die Systemeinstellungen vornehmen können.

Abbildung 13.39 Das Home-Menü der Prism-Element-UI

Klicken Sie auf HOME, wird Ihnen das Menü aus Abbildung 13.39 angezeigt. Über dieses Auswahlfenster können Sie nun die unterschiedlichen Bereiche aufsuchen, in denen Sie Ihre administrativen Tätigkeiten innerhalb des Nutanix-Clusters durchführen können. Tätigkeiten wie das Anlegen einer VM oder das Bereitstellen eines vStorage-Containers können Sie durchführen, indem Sie über diese Menüpunkte in die entsprechenden Bereiche des UI gehen.

Nachdem Sie sich nun ein erstes Bild davon machen konnten, wie sich die Benutzer- und Administrationsoberfläche eines Nutanix-Clusters darstellt, möchte ich Sie noch zusätzlich auf einige weiterführende Informationen zur Administration mit Prism Element hinweisen, die Ihnen die Arbeit hoffentlich leichter machen:

- *https://www.youtube.com/watch?v=JswydFBtl7I*
- *https://portal.nutanix.com/page/documents/details?targetId=Web-Console-Guide-Prism-v5_16:Web-Console-Guide-Prism-v5_16*
- *https://nutanixbible.com/#anchor-book-of-prism*

13.4.2 Das Management mit der Prism-Central-UI

Bei Prism Central handelt es sich um ein Tool für das Multi-Cluster-Management. Darüber hinaus können Sie mit Prism Central die optionalen Lösungen von Nutanix nutzen, und in Prism Central befinden sich auch die Algorithmen für die unterschiedlichen Analysemethoden, die auf maschinellem Lernen basieren.

Das heißt, dass Sie Prism Central installieren und betreiben müssen, wenn Sie beispielsweise Lösungen wie Flow, Karbon oder Calm (Sie erinnern sich an die Übersicht aus Abbildung 13.1?) nutzen möchten oder wenn Sie z. B. Anomalien im Verhalten Ihrer Workloads erkennen wollen, um dann automatisierte Maßnahmen zur Optimierung zu starten. Das Prism Central ist also eine zentrale Komponente einer Nutanix-Installation.

Prism Central wird als Virtual Appliance, also in Form eines Workloads, bereitgestellt und kann in einem Nutanix-Cluster natürlich unter den verschiedenen Hypervisoren betrieben werden. Prism Central lässt sich grundsätzlich auf zwei unterschiedliche Arten betreiben: zum einen als Stand-alone- und zum anderen in einer Cluster-Variante.

Die Cluster- bzw. Scale-Out-Variante umfasst dabei drei VMs, die auf drei unterschiedlichen Nodes im Cluster betrieben werden können. Prism Central kann unter allen unterstützten Hypervisoren betrieben werden. Des Weiteren kann das Deployment von Prism Central in den zwei unterschiedlichen Größen *Small* und *Large* erfolgen. Hierbei werden maximal 300 Nutanix-Cluster mit bis zu 25.000 Workloads über alle Cluster hinweg unterstützt.

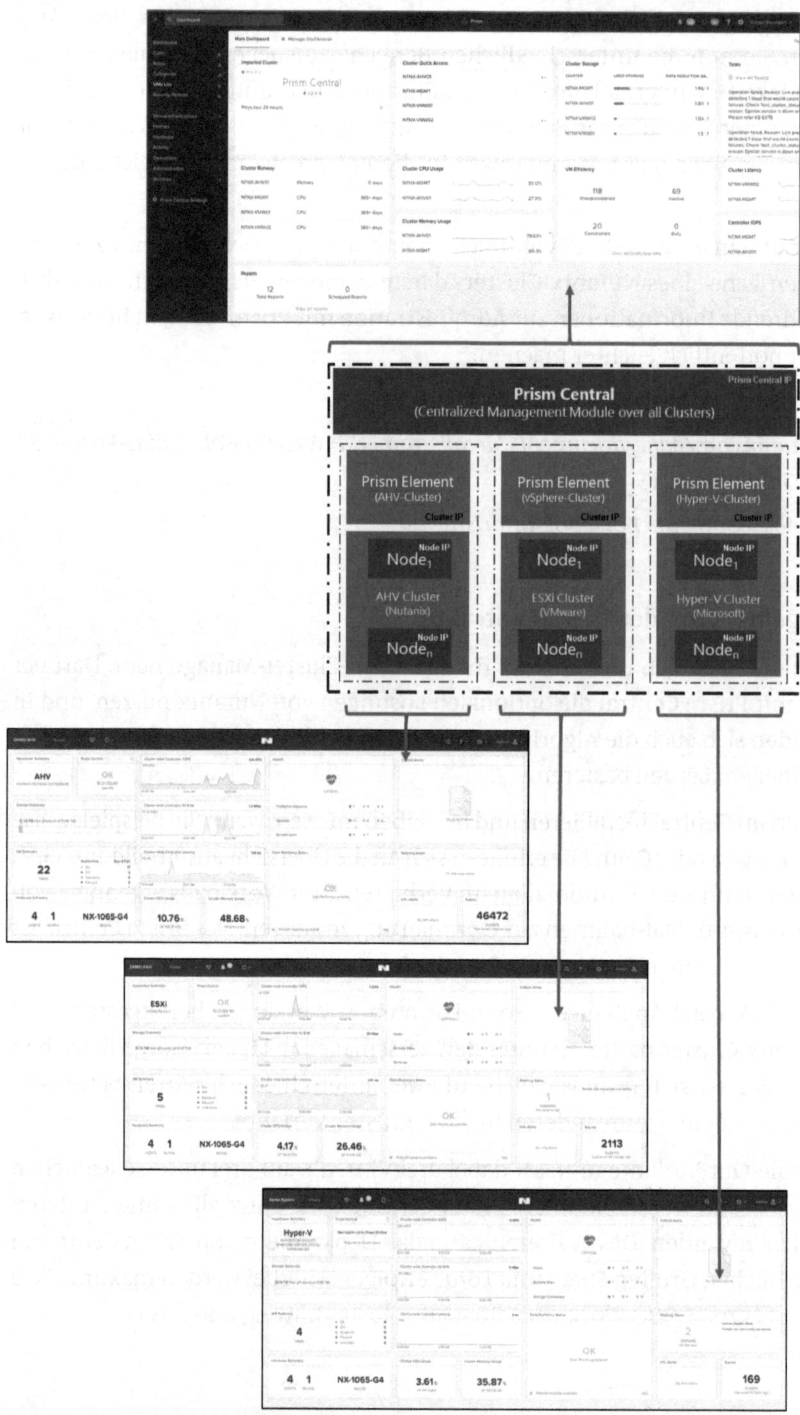

Abbildung 13.40 Prism Central erlaubt die Verwaltung einer großen Anzahl von Nutanix-Clustern mit unterschiedlichen Hypervisoren.

Infos zur Bereitstellung als einzelne Prism-Central-VM

Es stehen Ihnen zwei Varianten zur Verfügung.

Die Small-Version unterstützt 2.500 VMs.

- Ressourcenbedarf der Small-Version: 6 vCPUs, 26 GB Memory, 500 GiB Storage.
- Maximal können mit der Small-Version 10 Cluster verwaltet werden.
- Die maximale Anzahl von 200 Nodes darf bei einer Small-Version nicht überschritten werden.

Die Large-Version unterstützt 12.500 VMs.

- Ressourcenbedarf der Large-Version: 10 vCPUs, 44 GB Memory, 2.500 GiB Storage.
- Maximal können mit der Large-Version 25 Cluster verwaltet werden.
- Die maximale Anzahl von 500 Nodes darf bei einer Large-Version nicht überschritten werden.

Infos zur Bereitstellung als Prism-Central-Cluster

Die Small-Version unterstützt 5.000 VMs.

- Ressourcenbedarf der Small-Version: 18 vCPUs, 78 GB Memory, 1.500 GiB Storage.
- Maximal können mit der Large-Version 20 Cluster verwaltet werden.
- Die maximale Anzahl von 400 Nodes darf bei einer Large-Version nicht überschritten werden.

Die Large-Version unterstützt 25.000 VMs.

- Ressourcenbedarf der Large-Version: 30 vCPUs, 132 GB Memory, 7.500 GiB Storage.
- Maximal können mit der Large-Version 300 Cluster verwaltet werden.
- Die maximale Anzahl von 1.000 Nodes darf bei einer Large-Version nicht überschritten werden.

Weiterführende Informationen zu Prism Central finden Sie unter den folgenden Links:

- *https://portal.nutanix.com/page/documents/details?targetId=Prism-Central-Guide-Prism-v5_10:Prism-Central-Guide-Prism-v5_10*
- *https://nutanixbible.com/#anchor-book-of-prism-prism-central*

13.5 Die VM in einem Nutanix-Cluster

In einer Umgebung, in der Sie unterschiedliche Hypervisor einsetzen können, ist der Umgang mit VMs natürlich so verschiedenartig wie der Umgang mit den einzelnen Hypervisoren. Das bedeutet, wenn Sie Hyper-V einsetzen, ist der Erstellungs-, Konfigurations- und Administrationsprozess einer VM natürlich ein ganz anderer, als würden Sie als Hypervisor den Nutanix AHV oder den VMware ESXi nutzen. Was den Aufbau von VMs angeht und welche Möglichkeiten Sie unter VMware vSphere haben, können Sie im Kapitel 20 nachlesen. Zu Hyper-V schlagen Sie bitte in der entsprechenden Literatur von Microsoft nach, wie z. B. unter *https://docs.microsoft.com/de-de/windows-server/virtualization/hyper-v/plan/plan-hyper-v-scalability-in-windows-server*.

Verwenden Sie den AHV als Hypervisor, sieht das Ganze wie folgt aus: Wie Sie aus Abschnitt 13.3 bereits wissen, ist der Hypervisor, der AHV, mit dem AOS, dem Nutanix-Cloud-Betriebssystem, sehr eng verbunden. Das sehen Sie bereits daran, dass Sie sämtliche administrativen Tätigkeiten eines Nutanix-Clusters zentral in der Prism-Element-UI vornehmen. Die Grenzen zwischen dem Hypervisor und dem Software Defined Storage sind aus der Sicht der UI fließend.

Bei der Nutzung des AHV als Hypervisor steht Ihnen z. B. der in Prism integrierte Image Store zur Verfügung. Sie erreichen ihn über die Prism-Element-UI, indem Sie die SETTINGS aufrufen und dann IMAGE CONFIGURATION anklicken. Hier können Sie die Images z. B. eines Windows- oder Linux-ISO wahlweise entweder von der lokalen Disk Ihrer Arbeitsstation oder über die Angabe einer URL in den Image Store laden. Des Weiteren können Sie aus bereits existierenden VMs Images erstellen, die Sie dann später auch für die Bereitstellung neuer VMs benutzen können. In Abbildung 13.41 sehen Sie den Aufbau des Image Stores.

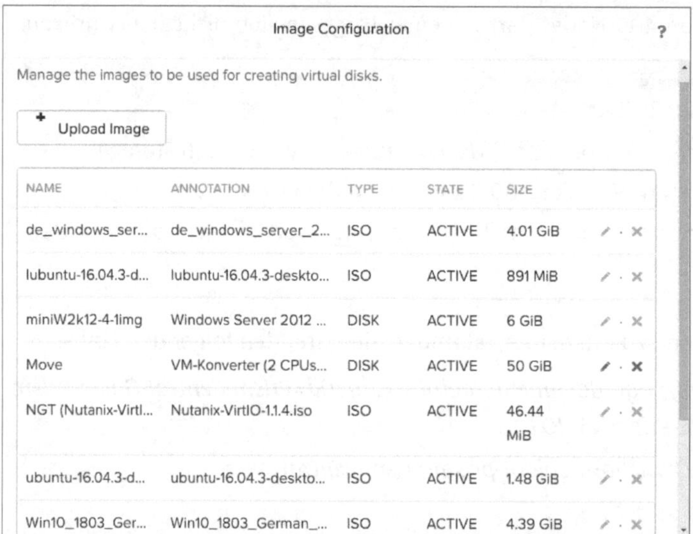

Abbildung 13.41 Im Image Store stehen alle im Cluster verfügbaren ISO- und Disk-Images für die VM-Erstellung zur Verfügung.

Schauen wir uns nun einmal an einem kleinen Beispiel an, wie das Deployment einer VM vonstattengeht. Nehmen wir an, Sie möchten eine Linux-VM erstellen. Das Image in Form eines ISO haben Sie bereits in den Image Store geladen, sodass Sie es für die Erstellung einer neuen VM benutzen können. Unter dem Menüpunkt VM können Sie dann mit einem Klick auf + CREATE VM das Formularfenster öffnen und die Einstellungen Ihrer neuen VM vornehmen.

Neben der Vergabe eines Namens und eventuell auch noch einer Bemerkung in den entsprechenden Feldern wählen Sie zunächst im Feld TIMEZONE Ihre Zeitzone aus. Im Anschluss daran vergeben Sie der zukünftigen VM dann die Memory- und vCPU-Ressourcen. Entscheiden Sie, ob Sie ein UEFI oder eher ein Legacy-BIOS konfigurieren möchten, und wählen Sie dann eine NIC aus, über die die VM mit der Außenwelt kommunizieren soll. Zum Schluss erstellen Sie eine vDisk für die Installation des Betriebssystems in Ihrer VM in einem vStorage-Container Ihrer Wahl und legen das Linux-Installations-ISO nun in das virtuelle CD-ROM ein. Hierzu klicken Sie einfach auf das Symbol mit dem Stift im Feld CD-ROM.

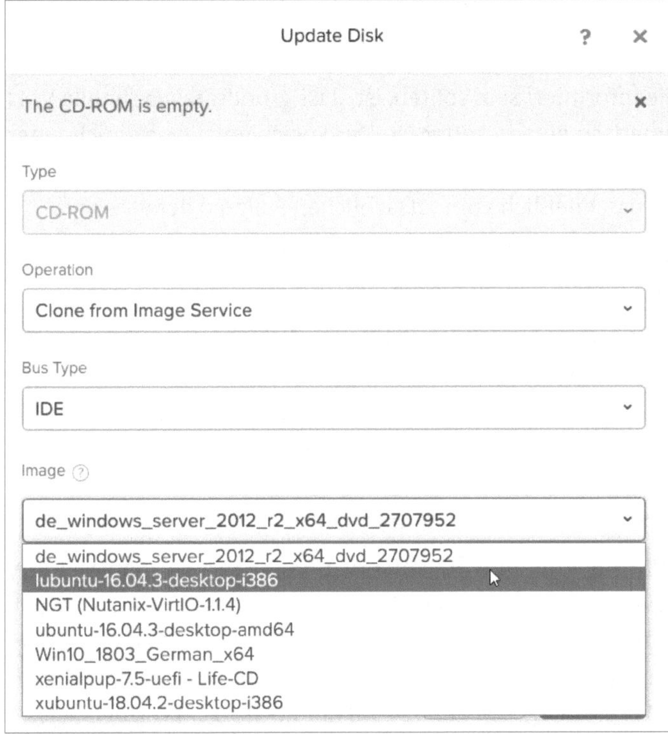

Abbildung 13.42 Auswahl eines Images aus dem Image Store während der Installation einer VM

Danach sehen Sie ein neues Fenster (siehe Abbildung 13.42), und Sie können unter OPERATION in der Auswahlbox CLONE FROM IMAGE SERVICE auswählen. Wählen Sie hier eines der in Ihrem Image Store hinterlegten Linux-ISO-Images aus. Klicken Sie anschließend auf das Feld UPDATE und dann auf SAVE.

Augenblicklich ist die VM fertiggestellt und einschaltbereit. Klicken Sie als Nächstes auf POWER ON und dann auf LAUNCH CONSOLE. Sie werden sofort mit der Konsole der VM im Browserfenster verbunden, können jetzt den Installationsvorgang des Linux-Betriebssystems verfolgen und dann die entsprechende Konfiguration vornehmen.

Disk-Formate

Der Nutanix-Cluster supportet folgende Formate

- qcaw2 (Nutanix AHV, QUEMU)
- vhd (Microsoft Hyper-V)
- vmdk (VMware ESXi)
- raw (Red Hat KVM und Citrix Xen)
- vdi (Oracle Virtual Box)
- iso (ISO-Disk-Images)

Ein weiterer Aspekt, über den Sie informiert sein sollten, ist, dass grundsätzlich für alle VMs Thin-Provisioning immer automatisch eingeschaltet ist. Der Speicherplatzverbrauch einer VM ist also nur so hoch, wie sie tatsächlich mit Daten belegt ist. Der tatsächliche Speicherplatzverbrauch hängt demnach ausschließlich vom tatsächlichen Füllgrad der vDisk ab.

Des Weiteren ist es mit der Funktion *VM Flash Mode* möglich, eine VM im Flash-Tier, also in Tier-1 eines Hybrid-Clusters, festzusetzen bzw. zu pinnen.

Auch wird die Funktion *Hot-Add* unterstützt. Hierbei ist es möglich, die Anzahl der vCPUs und die Menge des Arbeitsspeichers einer VM im laufenden Betrieb zu erhöhen. Voraussetzung ist natürlich, dass das in der VM installierte Betriebssystem dies ebenso unterstützt. Das Abändern der Anzahl von Cores je Socket ist bei einer eingeschalteten VM dagegen zum aktuellen Zeitpunkt noch nicht möglich. Sollten Sie eine diesbezügliche Änderung an einer VM vornehmen wollen, müssen Sie die VM vorher herunterfahren.

Der Arbeitsspeicher, der einer VM zugeordnet wird, entspricht dem tatsächlichen Memory des Hosts. Das heißt, vRAM ist gleich pRAM. Wird der VM z. B. 8 GB an Memory zugeordnet, wird diese Menge an Memory für die VM zur Laufzeit reserviert. Wird die VM dann ausgeschaltet, wird der Speicher an das System zurückgegeben und kann anderweitig verwendet werden. Vergeben Sie an eine VM z. B. 32 GB RAM und es sind nur noch 30 GB verfügbar, lässt sich die VM natürlich auch nicht einschalten.

Bei der vCPU bzw. dem vCore sieht es dagegen vollkommen anders aus. Das *CPU-Overcommitment* wird vollständig unterstützt. So können Sie auf einen physischen Prozessor die von Ihnen gewünschte Menge an vCPUs abbilden.

Mit der Einstellung START VM AS AN AGENT VM, zu konfigurieren in den Einstellungen einer VM in der Prism-Element-UI, können Sie Startvorgänge von VMs priorisieren. Sollte der

Node, auf dem die VM läuft, ausfallen, wird diese dann automatisch auf einem anderen Node bevorzugt gestartet.

Virtuelle Maschinen in Nutanix-Clustern mit unterschiedlichen Hypervisoren

vCPU-Size: Die Anzahl der vCPUs, also vSockets mal vCores, darf nicht größer als die Anzahl der in einem Node enthaltenen logischen physikalischen CPUs (Hyper-Threaded-CPUs) sein.

vRAM-Size: Eingeschränkt durch die Menge an physical RAM-Capacity im Node:

- bei AHV: 6 TB
- bei ESXi: siehe Limitierung durch VMware
- bei Hyper-V: siehe Limitierung durch Microsoft

vDisk-Size:

- Version ESXi 5.5 und darüber: 62 TB
- Version ESXi 5.1 und darunter: 2 TB–512 Byte
- Hyper-V mit dem vhdx-Format: 64 TB
- Hyper-V mit dem vhd-Format: 2 TB
- AHV: theoretisch liegt der Maximalwert bei 9 EB (Exabyte)

13

13.5.1 Nutanix Guest Tools

Wie Sie eine Linux-VM mithilfe der Prism-Element-UI erstellen, haben Sie gerade gesehen. Wenn Sie eine Windows-VM in einem Nutanix-Cluster, der als Hypervisor den AHV beinhaltet, erstellen möchten, ist es erforderlich, der VM bei der Erstellung noch ein weiteres CD-ROM-Laufwerk zu spendieren und das Image *Nutanix-VirtIO-x.x.x.iso* einzulegen. Bei diesem Image handelt es sich um das virtIO-x.x.x-Paket für Nutanix (siehe Abbildung 13.41). Zur Drucklegung dieses Buchs war Version 1.1.5 aktuell. Das VirtIO-Image enthält unter anderem Treiber für paravirtualisierte Geräte unter AHV. VirtIO unterstützt Microsoft Windows Server ab Version 2008 R2 und Microsoft-Windows-Client-Betriebssysteme ab der Version von Windows 7.

Wollen Sie also eine VM erstellen, deren Betriebssystem Windows sein soll, benötigen Sie die entsprechenden Treiber im Zuge des Windows-Setups, um eine virtuelle Festplatte für die Betriebssysteminstallation nutzen zu können. In Abbildung 13.43 sehen Sie, dass Windows sonst keine Disks für die Installation des Betriebssystems finden kann. Um das zu ändern, klicken Sie auf LOAD DRIVER und wählen das CD-ROM-Laufwerk mit dem VirtIO-ISO aus. Gehen Sie dann in das Verzeichnis, das die Treiber für das entsprechende Betriebssystem enthält.

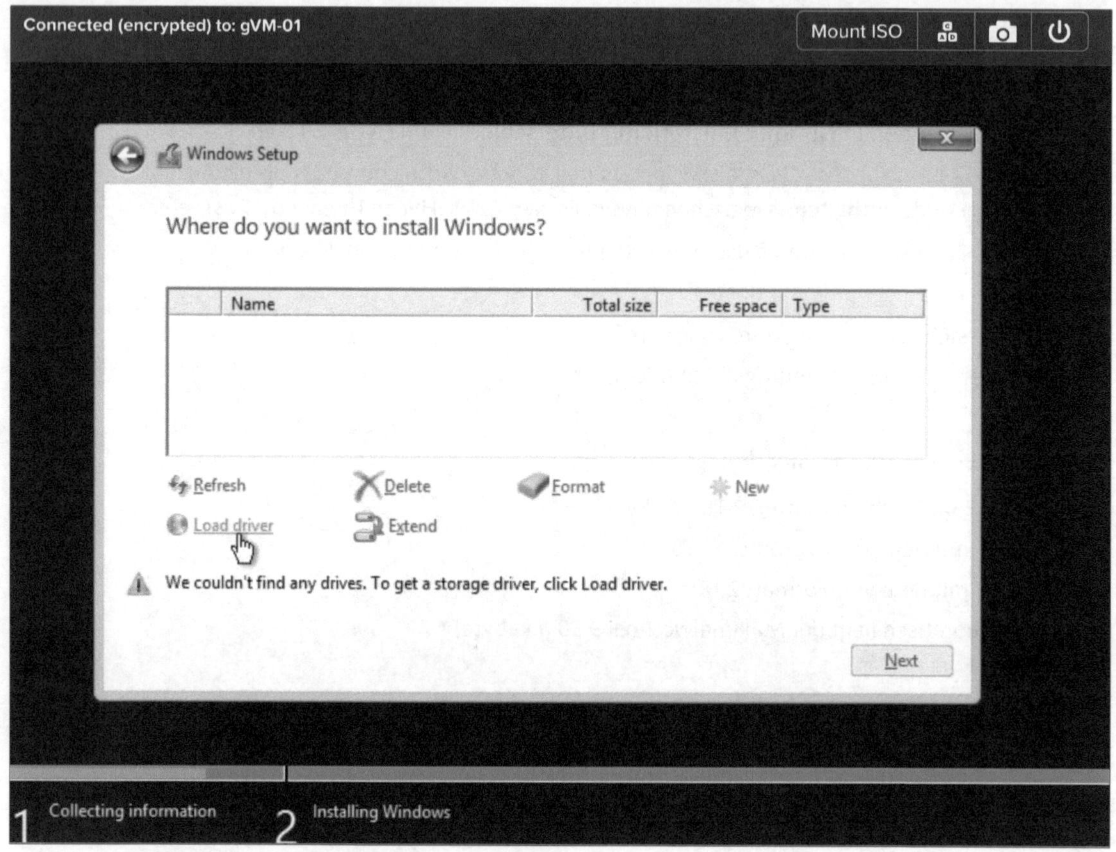

Abbildung 13.43 Nutanix VirtIO Balloon Driver, Nutanix VirtIO Ethernet Adapter und Nutanix VirtIO SCSI Pass Through Controller im Zuge einer Windows-Installation einbinden

Wählen Sie jetzt *Nutanix VirtIO Balloon Driver, Nutanix VirtIO Ethernet Adapter* und *Nutanix VirtIO SCSI Pass Through Controller* aus. Nach einem Klick auf NEXT werden die Treiber installiert, und im Anschluss daran sehen Sie nun auch ein Disk-Drive, das Sie auswählen und zur Installation Ihres Betriebssystems benutzen können. Ab hier beginnt dann die normale Installation Ihres Windows-Betriebssystems.

Das VirtIO-Image enthält neben den soeben besprochenen Treibern auch noch ein MSI-Paket mit der Bezeichnung *Nutanix-VirtIO-x.x.x.msi*. Bevor Sie erfahren, was dieses Paket Ihnen alles an Funktionalität bereitstellt, schauen wir uns aber zuerst das Nutanix-VirtIO-Setup für die *Nutanix Guest Tools*, kurz *NGT*, etwas genauer an. Sie werden nun den ganzen Vorgang anhand einer VM, die sich auf einem Nutanix-AHV-Cluster befindet, vorgestellt bekommen. Dieser Vorgang ist der gleiche, wenn sich die Gast-VM auf einem Nutanix-ESXi-Cluster befindet. Eine VM kann ja auch direkt von der Prism-Central-UI erstellt werden.

Sie können die Nutanix Guest Tools ebenfalls unter Linux nutzen. Wie Sie das installieren und nutzen und auch wie Sie einen »Silent-Install« durchführen, entnehmen Sie bitte folgendem Dokument: *https://portal.nutanix.com/page/documents/details?targetId=Web-Console-Guide-Prism-v5_17:man-nutanix-guest-tool-install-c.html.*

Zurück zu unserer Windows-Gast-VM. Entfernen Sie nun das VirtIO-Image aus Ihrem Laufwerk. Gehen Sie zur Prism-Element-UI zurück und markieren Sie die VM im Menüpunkt VM unter TABLE. Anschließend klicken Sie auf MANAGE GUEST TOOLS und nehmen die Einstellungen vor, die Sie in Abbildung 13.44 sehen. Nachdem Sie auf die Schaltfläche SUBMIT geklickt haben, beginnt der Installationsprozess.

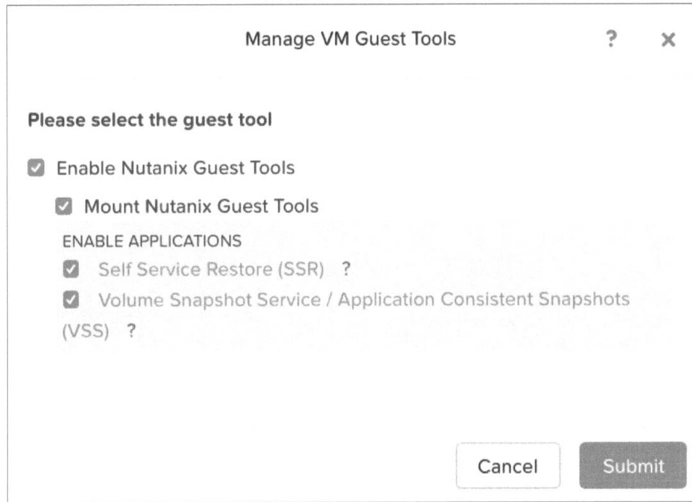

Abbildung 13.44 Aktivieren der Nutanix-Guest-Tools-Funktionen File Level Recovery (SSR) und applikationskonsistente Snapshots (VSS) für VMs

Nach der erfolgreichen Installation startet Windows automatisch neu. Wenn Sie sich nach dem Neustart den Windows-Desktop anschauen, finden Sie darauf einen Link mit der Bezeichnung NUTANIX SSR (*http://localhost:5000/*). Folgen Sie dem Link, und im Browser sehen Sie dann eine Anmelde-Site. Anmeldename und Passwort entsprechen den Anmeldedaten Ihrer Windows-Anmeldung. Nach der Anmeldung sehen Sie erst einmal nur ein leeres Formular.

Damit das nicht so bleibt und Sie die Möglichkeiten sehen, die Sie mit SSR haben, gehen wir das ganze Prozedere einfach mal durch. In der Prism-Element-UI gehen Sie über das HOME-Menü auf DATAPROTECTION, klicken auf TABLE und erstellen mittels Klicks auf +PROTECTION DOMAIN und auf ASYNC DR im nun geöffneten Formular eine neue Protection-Domain. Nennen Sie sie der Einfachheit halber `SSR-TEST`. Dann klicken Sie auf CREATE und suchen unter UNPROTECTED ENTITIES die soeben installierte Windows-VM heraus, markieren Sie und klicken auf PROTECT SELECTED ENTITIES.

Nach einem Klick auf den NEXT-Button stellen Sie im Feld CONFIGURE YOUR LOCAL SCHEDULE die gewünschte Snapshot-Frequenz ein und klicken auf CREATE. Jetzt erstellt Ihr System von Ihrer VM in der angegebenen Frequenz bzw. alle so und so viele Minuten einen Snapshot. Wie lange das System das machen soll und ob die Snapshots überschrieben werden sollen, können Sie im Scheduler Ihren Wünschen entsprechend festlegen.

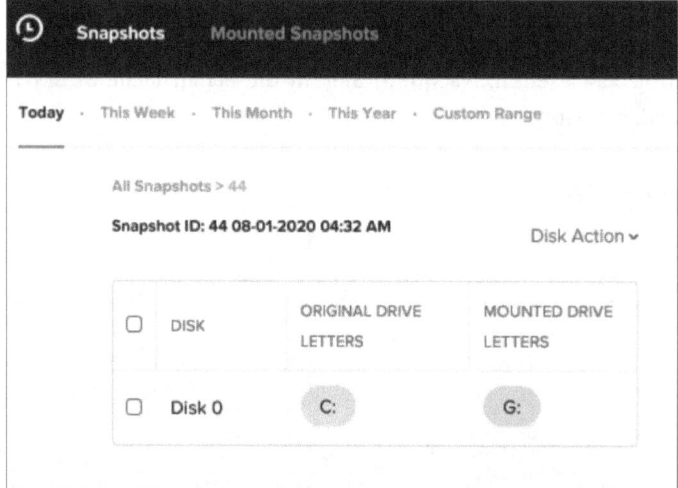

Abbildung 13.45 Die Disk des Snapshots (G:) einer Gast-VM in der Gast-VM mounten

Gehen Sie nun noch einmal zurück in den Menüpunkt VM unter TABLE und klicken Sie dann auf MANAGE GUEST TOOLS. Sieht alles so aus, wie in Abbildung 13.44 zu sehen ist, können Sie nun in Ihrer VM damit beginnen, die Disk des Snapshots als zusätzliche Disk in Ihrer Windows-Gast-VM zu mounten.

Hierzu klicken Sie auf dem Desktop der Windows-Gast-VM den Link mit der Bezeichnung NUTANIX SSR an und melden sich mit Ihren Windows-Anmeldedaten an. Sie sehen nun Ihren ersten Snapshot im Formular. Wenn Sie ihn anklicken, können Sie die Disk des Snapshots unter MOUNTED DRIVE LETTERS an Ihre Windows-Gast-VM anhängen und haben dadurch jetzt vollen Zugriff auf die historischen Daten (siehe Abbildung 13.45), die zum Zeitpunkt der Erstellung des Snapshots aktuell waren.

Komponenten und Funktionen, die die Nutanix-Guest-Tools-Installation mitbringt

- Guest Agent Service
- Self-Service Restore (SSR) bzw. File-Level Restore (Dateiwiederherstellung)
- VirtIO-Treiber für AHV
- VSS-Agent und Hardwareprovider für Windows-VMs
- App-konsistenter Snapshot-Support für Linux-VMs mittels Quiesce-Skript

Da es auch zu diesem Thema noch so viel zu sagen gäbe, verweise ich für weitere Informationen zu diesem Thema auf diese Links:

- *https://nutanixbible.com/#anchor-book-of-aos-nutanix-guest-tools-(ngt)*
- *https://portal.nutanix.com/page/documents/details?targetId=Web-Console-Guide-Prism-v5_17:man-nutanix-guest-tool-install-c.html*
- *https://portal.nutanix.com/page/documents/details?targetId=Xi-Infra-Service-Admin-Guide:inf-upgrading-ngt-xi-t.html*
- *https://portal.nutanix.com/page/downloads?product=virtio*
- *https://portal.nutanix.com/page/documents/details?targetId=Release-Notes-VirtIO:top-virtio-v114-r.html*

13.6 Data Protection

Unter dieser Überschrift möchte ich Ihnen lediglich einen allgemeinen Überblick über die Möglichkeiten geben, die Sie mit Replikationstechnologien im Hinblick auf den Einsatz von mehreren Nutanix-Clustern haben. Sie werden in diesem Abschnitt aber sehr viele Links finden, mit denen Sie sich umfänglich mit dem Thema *DR* (*Data Recovery*) auseinandersetzen können.

13

Wie Sie aus Abschnitt 13.3.1 ja bereits wissen, wird die Verfügbarkeit von Workloads bzw. Services innerhalb eines einzelnen Nutanix-Clusters mithilfe von Verfahren wie High Availability, der HA-Funktion, der Replikation von Blöcken mit dem entsprechenden Replikationsfaktor etc. erreicht.

Hier geht es aber darum, dass Sie Ihre Services, die sich auf mehreren eigenständigen Clustern, die sich auch noch in unterschiedlichen Regionen befinden, mit wiederum unterschiedlichen Arten von Replikation vor Nichterreichbarkeit schützen.

Wie in Abbildung 13.46 zu sehen ist, können folgende Replikationsstrategien verwendet werden: 1:1, 1:n, n:1 und n:n. Als Replikationsziele können andere Cluster mit unterschiedlicher Anzahl von Nodes oder auch Public-Clouds wie z. B. *Amazon Web Services*, kurz *AWS*, und Microsoft Azure genutzt werden. Bei der Replikation von Workloads können asynchrone, aber auch synchrone Verfahren verwendet werden. Letzteres setzt voraus, dass die entsprechenden Links die notwendigen niedrigen Latenzen und die erforderlichen Bandbreiten zur Verfügung stellen. Aktuell gibt es unterschiedliche Verfahren für die DR-Replikation und die unterschiedlichen Hypervisor, die Sie in einem Nutanix-Cluster verwenden können. Bei asynchroner VM-zentrischer Replikation stehen Ihnen mehrere Intervalle zur Verfügung, wobei eine Intervalldauer von einer Minute möglich ist.

Ich möchte Ihnen an dieser Stelle noch einmal die Themen *RTO* und *RPO* in Erinnerung rufen. Sicherlich kennen Sie diese Abkürzungen bereits und wissen, was dahintersteckt. Doch für alle diejenigen, die sich nicht mehr ganz sicher sind, hier ein kurzer Refresh: *Recovery Time Objective*, kurz RTO, gibt an, wie lange ein Geschäftsprozess bzw. System ausfallen bzw. wie lange also ein bestimmter Service unerreichbar sein darf.

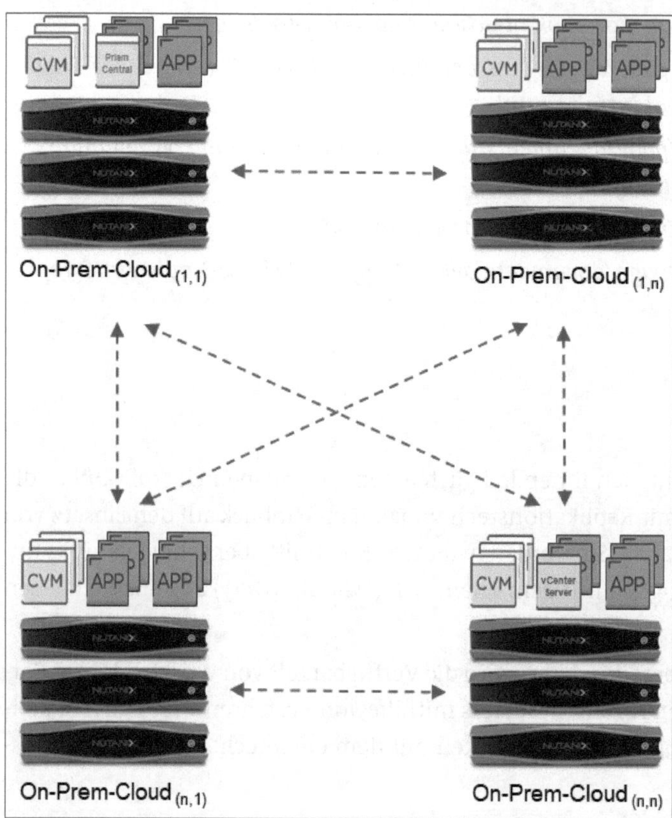

Abbildung 13.46 Nutanix-Cluster können mit unterschiedlichen Replikationsstrategien verwendet werden.

Beim *Recovery Point Objective* (RPO) stellt sich nun die folgende Frage: Wie viele Daten oder Transaktionen gehen in einem bestimmten Zeitraum verloren, wenn das entsprechende System offline ist? Stellen Sie sich vor, dass Ihr System eine Stunde lang nicht arbeitet und dadurch eine gewisse Menge an Transaktionen verloren gehen. Wenn Sie sagen, dass diese Verluste an Daten toleriert werden, können Sie Ihr System mit RPO = 60 Minuten auslegen. Sie entscheiden somit, wie viele Daten bzw. Transaktionen zwischen der letzten Sicherung und dem Systemausfall höchstens verloren gehen dürfen.

Weitere Infos zu Data Protection und Recovery mittels Prism Element finden Sie unter *https://portal.nutanix.com/page/documents/details/?targetId=Prism-Element-Data-Protection-Guide-v5_17%3APrism-Element-Data-Protection-Guide-v5_17.*

13.6.1 Async DR

Für die VM-zentrische asynchrone Synchronisationsmethode zwischen Nutanix-Clustern AsyncDR (asynchrones Disaster Recovery) gilt Folgendes:

Die Replikation der Daten bzw. der Workloads erfolgt über Zeiträume, die größer oder gleich einer Stunde entsprechen. Das bedeutet, dass mindestens 60 Minuten zwischen zwei Datensicherungen vergehen, wenn es sich um einen Cluster mit hybriden Nodes handelt, und mindestens 30 Minuten zwischen zwei Datensicherungen vergehen dürfen, wenn es sich um einen Cluster mit All-Flash-Nodes handelt. In dieser Variante müssen die Nutanix-Cluster auf beiden Sites vollständig aus All-Flash-Nodes bestehen, und das installierte AOS muss mindestens bei Version 5.17 liegen. Abbildung 13.47 verdeutlicht dies.

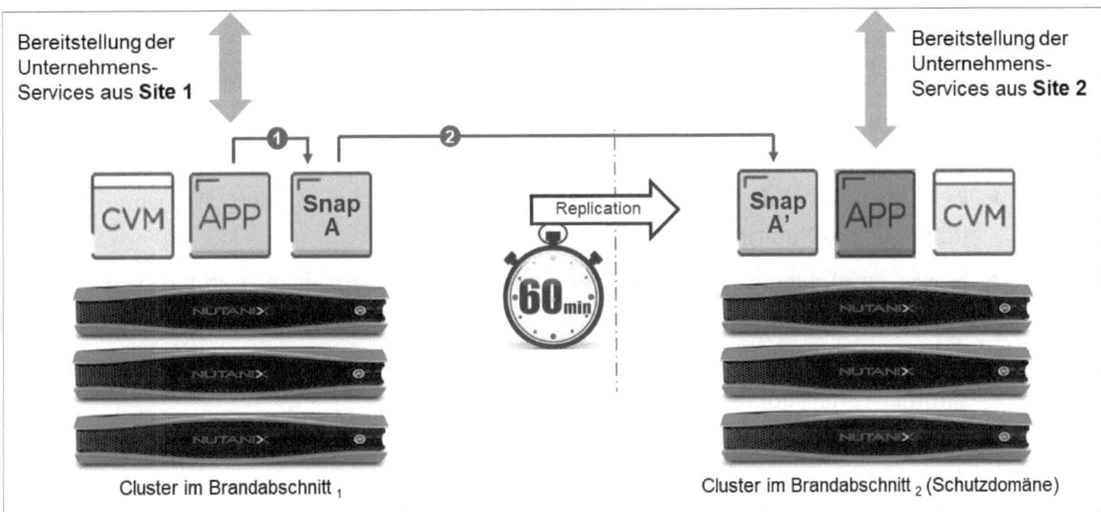

Abbildung 13.47 CVM-zentrische asynchrone Replikation zwischen zwei Nutanix-Hybrid-Clustern

Die Replikation basiert auf VM-zentrischen Snapshots. Bei der asynchronen Replikation gelten keine Abstandsbeschränkungen und auch keine Vorgaben im Hinblick auf die Latenz.

Hier habe ich die Informationen zur Disaster Recovery mit asynchroner Replikation noch mal zusammengefasst:

- RPO ≥ 60 Minuten bei Hybrid-Nodes im Cluster und RPO ≥ 30 Minuten bei All-Flash-Nodes im Cluster.
- Vollständiger VM-Centric-Snapshot.
- Hypervisor-übergreifendes DR ist möglich.
- Cloud Connect ist möglich.
- Der minimale RPO beträgt bei Clustern mit einem oder zwei Nodes sechs Stunden.
- Unterstützt werden folgende Workload-OS:
  - ab Microsoft Windows Server 2008 R2 (nur 64-Bit-OS)
  - mit CentOS 6.5 und 7.0
  - mit RHEL 6.5 oder neuer und RHEL 7.0 oder neuer

  - mit Oracle Linux 6.5 und 7.0
  - mit Ubuntu 14.04
- In einer Schutzdomäne dürfen sich maximal 200 Entitäten (VMs oder Volume Groups) befinden.
- VMs, die gemeinsam eine Anwendung bilden, sollten einer eigenen Schutzdomäne zugeordnet sein.
- Eine Consistency Group kann in einer Schutzdomäne angelegt werden und sollte nicht mehr als maximal 20 Entitäten enthalten.
- Wenn eine Beziehung zwischen zwei Consistency Groups besteht, die sich innerhalb einer Schutzdomäne befinden, dürfen maximal zehn Entitäten je Consistency Group enthalten sein.
- Es können nur VMs in eine Schutzdomäne aufgenommen werden, die sich vollständig innerhalb des Nutanix-HCI-Datastores befinden.
- Es wird empfohlen, den Replikationskanal zu verschlüsseln, da die Daten unverschlüsselt übertragen werden.
- Wird eine Schutzdomäne, die Snapshots von VMs enthält, deaktiviert, werden sofort sämtliche Snapshots gelöscht.
- Wird eine Schutzdomäne, die VMs enthält, deaktiviert und dann gelöscht, werden alle dazugehörigen VMs ebenfalls gelöscht.
- Cross Hypervisor Disaster Recovery (CHDR) wird unterstützt.

Bei Einsatz von VMware ESXi als Hypervisor müssen Sie folgende Punkte bedenken:

- Nutanix-Snapshots unterstützen kein Fault Tolerance.
- Sämtliche Dateien und Ordner, die zu einer VM gehören, müssen sich im selben Folder befinden.
- Der Name der vSwitches zwischen Prim.- und Sek.-Standort muss identisch sein.
- Die Klone einer VM, die geschützt wurde, erben die Verfügbarkeitskonfiguration nicht.

Wenn Sie hingegen Microsoft Hyper-V als Hypervisor einsetzen, gelten folgende Punkte:

- Hyper-V-Replica-VMs werden in einer Async-DR-Schutzdomäne nicht unterstützt.
- Eine VM kann auch auf einem anderen Node als dem ursprünglichen wiederhergestellt werden.
- Das Konto für die Administration bezüglich AsyncDR sollte ein Domain-Administratorkonto sein, das Administratorrechte für die Nutanix-Hosts benötigt (*Sizing Space*). Weitere Informationen dazu finden Sie unter:

  https://portal.nutanix.com/page/documents/solutions/details?targetId=BP-2005_Data_Protection:top_sizing_space.html

Wie Sie in der Prism-Element-UI AsyncDR konfigurieren, um Ihre VMs in zwei Cluster zu schützen, entnehmen Sie bitte der Dokumentation:

- *https://portal.nutanix.com/page/documents/details?targetId=Web-Console-Guide-Prism-v5_10:wc-protection-domain-wc-t.html*
- *https://portal.nutanix.com/page/documents/details?targetId=Web-Console-Guide-Prism-v5_10:wc-protection-domain-wc-c.html*

Weiterführende Informationen zum Datenschutz und zum Thema Disaster Recovery generell finden Sie unter:

- *https://portal.nutanix.com/page/documents/details?targetId=Xi-Leap-Admin-Guide:dra-draas-requirements-asynchronous-protectionpolicy-pc-r.html*
- *https://portal.nutanix.com/page/documents/solutions/details?targetId=TN-2027_Data_Protection_and_Disaster_Recovery:TN-2027_Data_Protection_and_Disaster_Recovery*
- *https://nutanix-bibel.com/#anchor-replication-and-disaster-recovery-(dr)-88*

13.6.2 NearSync DR

NearSync DR ist ein asynchrones Replikationsverfahren zwischen Clustern, in dem bei Nutzung des AHV als Hypervisor Zeitintervalle für die Replikation zwischen einer und 15 Minuten möglich sind. Im Hinblick auf Recovery Point Objective müssen Sie mit diesem Verfahren im besten Fall lediglich einen Daten- bzw. Transaktionsverlust im Zeitraum von einer Minute hinnehmen.

Das wird möglich, da dieses Replikationsverfahren in Teilen auf der Replikation von synthetischen sogenannten Light-Weight-Snapshots (LWS) basiert. Die Light-Weight-Snapshots erlauben, dass VM-zentrische Snapshots in einer Minute nahezu synchron repliziert werden können und das wiederum ohne Abstandsbeschränkungen und Latenzvorgaben. Allerdings müssen Sie bei der Umsetzung unbedingt die entsprechenden zusätzlich benötigten Ressourcen im Cluster im Hinblick auf das Sizing berücksichtigen.

Da die LWSs im Flash-Tier des Clusters gespeichert werden, wäre es natürlich optimal, wenn die beiden Cluster als All-Flash-Cluster ausgelegt würden. Ist das nicht möglich und handelt es sich um einen Cluster bestehend aus Hybrid-Nodes, ist es allerdings ratsam, je nach Gesamtkapazität eines Nodes mindestens ein paar SSDs mit großer Kapazität in jedem Node zu verbauen:

https://portal.nutanix.com/page/documents/details?targetId=Prism-Element-Data-Protection-Guide-v5_17:wc-dr-nearsync-resource-requirements-r.html#nref_oh3_pzb_yjb)

Wie Sie also sehen, besteht ein direkter Zusammenhang zwischen der Menge an Flash im Cluster, der Replikationsfrequenz und der Menge an Workloads, die an der Replikation beteiligt sind.

Vereinfacht gesagt, funktioniert das Verfahren so, dass zwischen zwei vDisk-Snapshots eine Reihe an LWSs erstellt wird. Im Augenblick der Konfiguration von NearSync DR wird automatisch der LWS-Store im Flash-Tier angelegt. Hierbei handelt es sich quasi um ein Journal-Volume, das üblicherweise für einen *Store and Forward*-Ansatz verwendet wird. Damit ein kontinuierlicher Datenstrom entsteht, wird der LWS genutzt. Der LWS unterscheidet sich von einem herkömmlichen vDisk-Snapshot dadurch, dass ein Check-Point-gestütztes Übertragungsverfahren verwendet wird (siehe Abbildung 13.48). Es werden periodische Status-Snapshots für die Datenübertragung erstellt und verwendet (*https://nutanixbible.com/#anchor-book-of-aos-nearsync*).

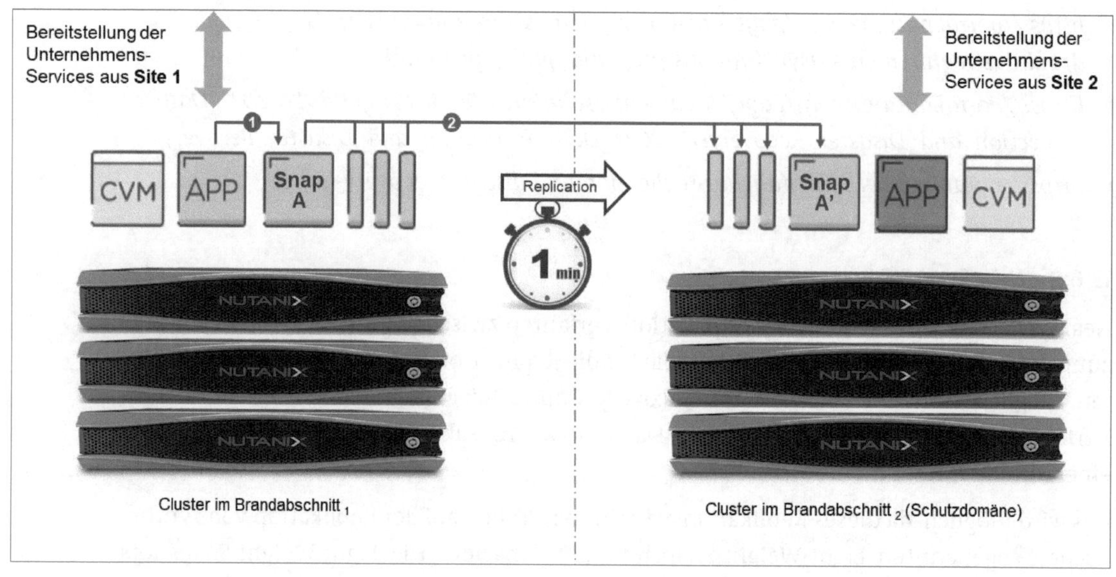

Abbildung 13.48 CVM-zentrische asynchrone Replikation zwischen zwei Nutanix-Clustern bei der Nutzung von AHV als Hypervisor

Konfigurieren können Sie NearSync DR ebenfalls in der Prism-Element-UI an der gleichen Stelle, an der Sie auch die Konfiguration für Async DR vornehmen (siehe Abbildung 13.49).

Hier tragen Sie das gewünschte Intervall ein. Anstatt größer oder gleich 60 Minuten zu wählen, entscheiden Sie sich für einen Wert zwischen einer und 15 Minuten. Alle anderen Konfigurationsschritte sind identisch. Sie sehen zwischen Async und NearSync keinen optischen Unterschied bei der Konfiguration und Administration in der UI.

Setzen Sie den ESXi als Hypervisor in Ihrem Nutanix-Cluster ein, können Sie sogar einen RPO von 20 Sekunden erreichen. Allerdings gibt es hier einen großen Unterschied bezüglich der Entität gegenüber der Verwendung von AHV als Hypervisor. Sie können die NearSync-Replikation mit einem RPO = 20 s nur für vStore-Protection-Domains nutzen und nicht wie unter AHV eine VM-zentrische Replikation durchführen. Es wird also alle 20 Sekunden ein entsprechender Snapshot erzeugt und auf den Remote-Cluster repliziert.

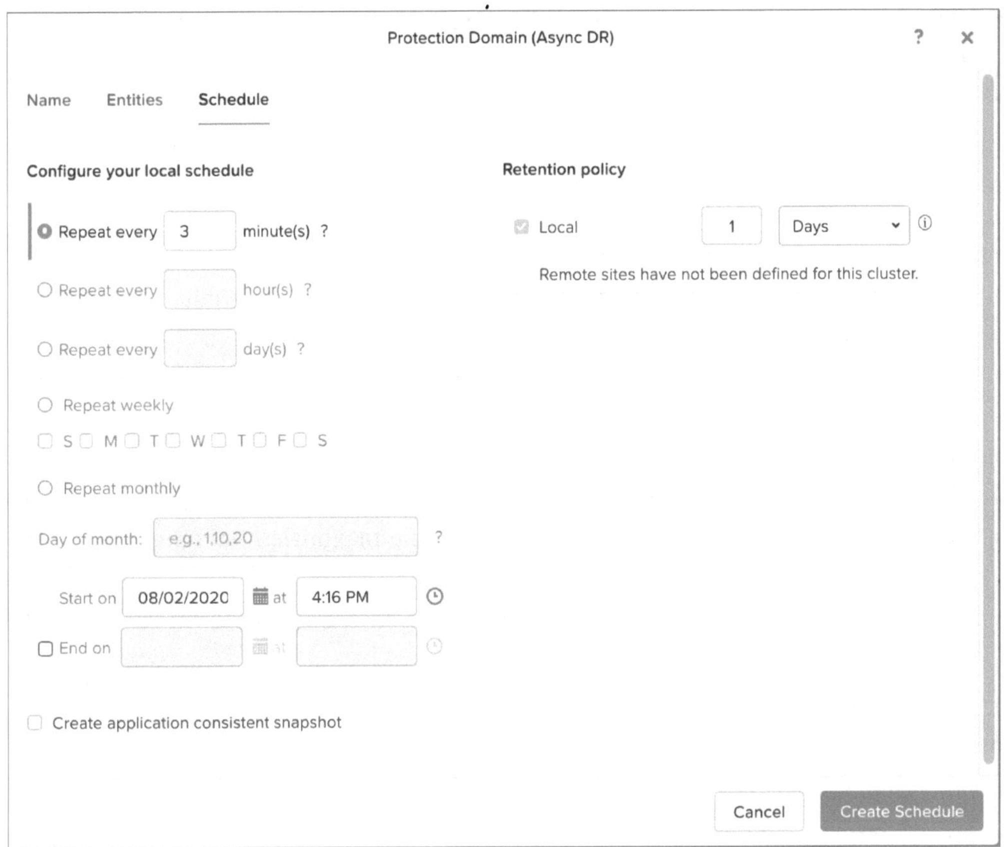

Abbildung 13.49 Konfiguration der Replikationsintervalle in der Prism-Element-UI

Auch hier möchte ich Ihnen wieder die wichtigsten Informationen zum Thema Disaster Recovery mit beschleunigter Async Replication zusammenfassen:

- VM-zentrisches Disaster Recovery mit einem 1 Minute ≥ RPO ≤ 15 Minuten bei Nutzung von AHV als Hypervisor.
- vStore-zentrisches Disaster Recovery mit einem RPO ≥ 20 Sekunden bei Nutzung von ESXi als Hypervisor.
- Es wird ausschließlich eine 1:1-Replikation unterstützt.
- In jeder Site muss ein Cluster ≥ 3 Nodes existieren.
- Es wird eine Konfiguration des Zeitplans bei Einsatz von AHV von 1 bis 15 Minuten unterstützt. Eine Konfiguration zwischen 16 und 59 Minuten ist nicht möglich.
- Die Bestückung der Nodes im Hinblick auf die Menge an Flash-Speicher hängt unmittelbar mit der Replikationsfrequenz und der Menge an zu replizierenden Workloads zusammen.
- Die maximale Anzahl von Entitäten in einer Schutzdomäne beläuft sich auf 10.

- VMs, die gemeinsam eine Anwendung bilden, sollten einer eigenen Schutzdomäne zugeordnet sein.
- Die maximale Kapazität eines einzelnen Hybrid- oder All-Flash-Nodes im Nutanix-Cluster entnehmen Sie bitte der Tabelle unter *https://portal.nutanix.com/page/documents/details?targetId=Prism-Element-Data-Protection-Guide-v5_17:wc-dr-nearsync-resource-requirements-r.html#nref_oh3_pzb_yjb*.
- Es werden ausschließlich AHV und ESXi als Hypervisor unterstützt.
- Der vStorage-Container im Remote-Cluster muss die Kapazität der Entitäten, die repliziert werden sollen, bereitstellen.
- Es gibt keine Mindestanforderungen bezüglich Latenz.
- Deduplizierung für Speicher-Container, die mit NearSync geschützt wurden, verringern die Replikationsgeschwindigkeit.
- Die Bandbreite sollte mindestens der Änderungsrate der geschützten Entitäten entsprechen (höher wäre in jedem Fall optimaler) und eine maximale Änderungsrate von 20 Mbps nicht überschreiten.
- Bei ESXi-Clustern müssen sich sämtliche Files, die zu einer VM gehören, im selben Ordner befinden.

Weiterführende Informationen zum Datenschutz und zum Thema Disaster Recovery entnehmen Sie bitte den folgenden Links:

- *https://nutanixbible.com/#anchor-book-of-aos-nearsync*
- *https://portal.nutanix.com/page/documents/solutions/details?targetId=TN-2027_Data_Protection_and_Disaster_Recovery:TN-2027_Data_Protection_and_Disaster_Recovery*
- *https://portal.nutanix.com/page/documents/details?targetId=Prism-Element-Data-Protection-Guide-v5_17:wc-dr-near-sync-c.html*

13.6.3 Synchron DR

Die synchrone VM-zentrische Replikation steht erfreulicherweise seit AOS 5.17, also gerade noch vor Drucklegung dieses Buchs, auch für den Betrieb mit dem AHV als Hypervisor zur Verfügung. Hierbei können Sie Ihre Workloads nun auch von einem Nutanix-Cluster zu einem zweiten entfernten Nutanix-Cluster mit einem RPO nahe null schützen (weitere Informationen finden Sie unter *https://portal.nutanix.com/page/documents/details?targetId=Xi-Leap-Admin-Guide:dra-draas-procedure-synchronous-protectionpolicy-pc-c.html#draas-procedure-synchronous-protectionpolicy-pc-c*).

Informationen zu den Requirements bezüglich der synchronen Replikation können Sie unter *https://portal.nutanix.com/page/documents/details?targetId=Xi-Leap-Admin-Guide:dra-draas-requirements-synchronous-protectionpolicy-pc-r.html* nachschlagen. Verwenden Sie als Hypervisor VMware ESXi oder Microsoft Hyper-V, ist die synchrone Replikation vStorage-Container-zentrisch. Das bedeutet, dass zwei vStorage-Container mit ihren darin befindlichen Workloads innerhalb von zwei entfernten Nutanix-Clustern synchron gehalten werden.

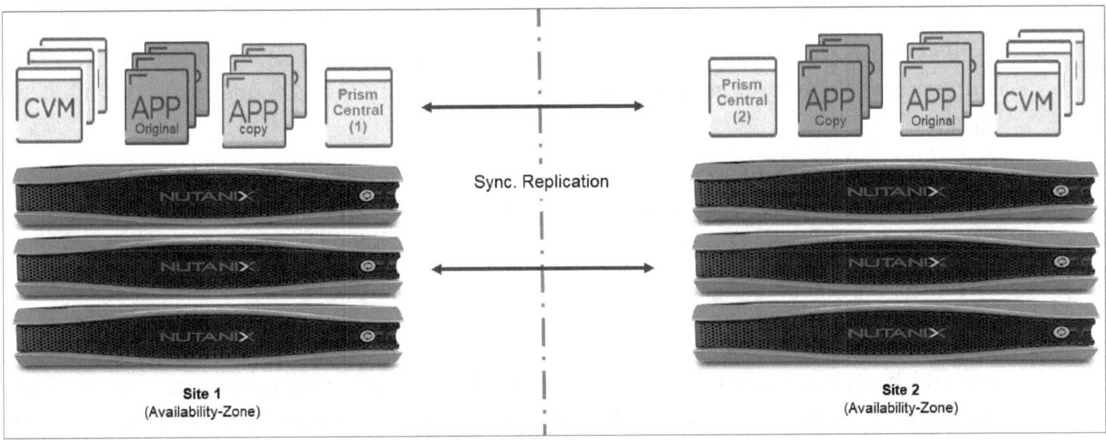

Abbildung 13.50 VM-zentrische synchrone Replikation zwischen zwei Nutanix-Clustern mit AHV als Hypervisor

Damit Sie die VM-zentrische synchrone Replikation zwischen zwei Nutanix-AHV-Clustern nutzen können, benötigen Sie Nutanix Leap (siehe Abschnitt 13.6.5), das Bestandteil von Prism Central ist und über die Prism-Central-UI konfiguriert und administriert wird. Sie benötigen für den Aufbau zwei separate Nutanix On-Premises Cluster mit AHV als Hypervisor. Des Weiteren benötigen Sie auf jedem der beiden Cluster je eine Prism-Central-Instanz, in der jeweils der entsprechende Cluster registriert ist. Bitte schlagen Sie für weitere Informationen zu den Requirements von Nutanix Leap unter *https://portal.nutanix.com/page/documents/details/?targetId=Xi-Leap-Admin-Guide%3Adra-draas-requirements-pc-r.html* nach.

Round-Trip-Time und Peak-Writes

Um eine optimale Leistung und eine einwandfreie Funktion zu gewährleisten, wird eine Round-Trip-Time, kurz RTT, zwischen zwei Nutanix-AHV-Clustern von weniger als 5 ms (fünf Millisekunden) benötigt. Die verfügbare Bandbreite auf der Replikationsstrecke muss so ausgelegt sein, dass auch etwaige Peak-Writes keine Engpässe verursachen. Auch muss die Replikationsstrecke bzw. das physische Netzwerk zwischen den beiden Clustern redundant ausgelegt sein.

Eine Beschreibung des vollständigen Verlaufs des DR-Workflows finden Sie unter *https://portal.nutanix.com/page/documents/details?targetId=Xi-Leap-Admin-Guide:dra-dr-workflow-nutanix-c.html#nconcept_qcn_14p_vlb.*

13.6.4 Metro Availability

Kommen wir nun zum Thema Disaster Recovery mit synchroner Replication, RPO nahe null und Metro Availability (*https://portal.nutanix.com/page/documents/solutions/details?targetId=BP-2009_Metro_Availability:top_metro_availability_overview.html*). Diese Funktion wird aktuell nur in Verbindung mit den Hypervisoren VMware ESXi und Microsoft Hyper-V unterstützt. Weitere Informationen zu Metro Availability für ESXi und Hyper-V finden Sie unter:

- *https://portal.nutanix.com/page/documents/details?targetId=Prism-Element-Data-Protection-Guide-v5_17:wc-metro-availability-on-esxi-c.html*
- *https://portal.nutanix.com/page/documents/details?targetId=Prism-Element-Data-Protection-Guide-v5_17:sto-metro-configuration-hyperv-c.html*

Um einen Metro-Cluster aufbauen zu können, benötigen Sie normalerweise drei unterschiedliche Komponenten. Sie brauchen einen Nutanix-Cluster in der ersten Location, dann einen zweiten Nutanix-Cluster in einer anderen Location und eine Witness-VM in einer dritten Location (siehe Abbildung 13.51).

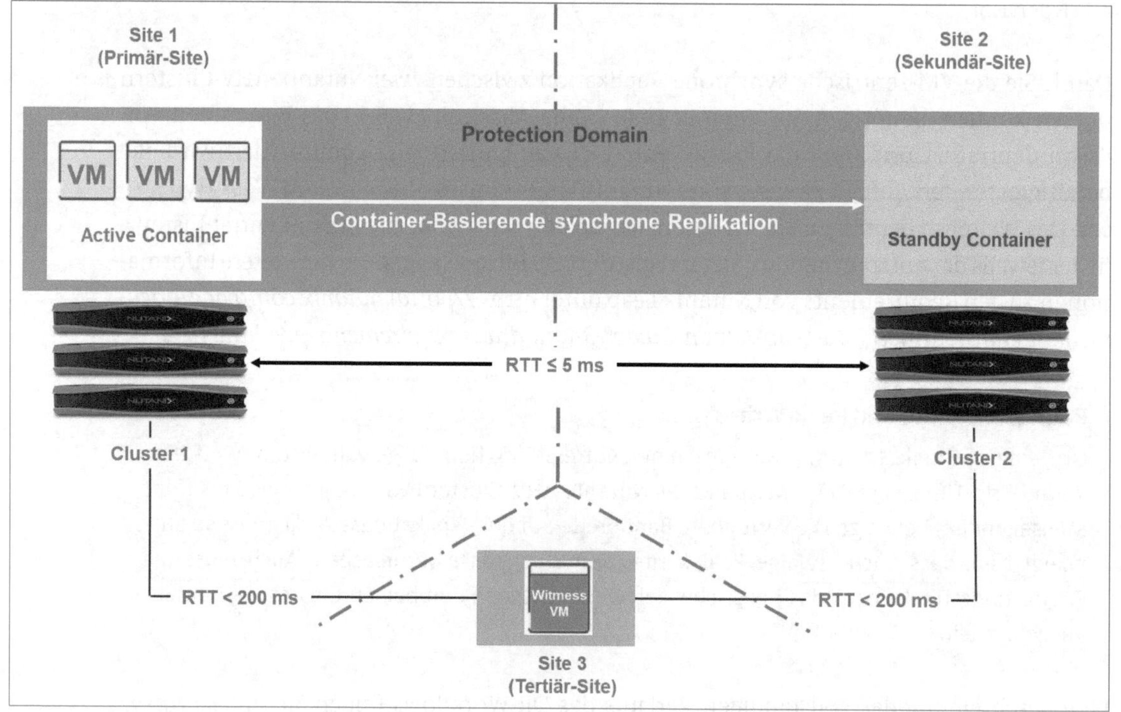

Abbildung 13.51 Nutanix-Cluster mit Metro-Availability und unidirektionaler synchroner Replikation

Bei einer Witness-VM (Zeugen-VM) handelt es sich um eine spezielle vAppliance-VM, die den Konfigurationszustand der Metro Availability überwacht. Die Witness-VM befindet sich in einer separaten Fehlerdomäne. Aus dieser Perspektive ist es für die Witness-VM möglich, Verbindungsfehler an und zwischen den Standorten der Nutanix-Cluster zu erkennen. So ist die Witness-VM dann in der Lage, bei einem Ausfall eines Cluster-Standorts oder bei einer Netzwerkunterbrechung zwischen den beiden Standorten zu entscheiden, wie mit den einzelnen Workloads z. B. im Hinblick auf den HA-Event zu verfahren ist. Weiter ist die Witness-VM natürlich auch für die Feststellung von Split-Brains zuständig. Sie sehen: Die Witness-VM leistet einen entscheidenden Beitrag zur Automatisierung im Hinblick auf Failover-Szenarien zwischen den Clustern in Ihren Rechenzentren.

Werfen Sie noch einmal einen kurzen Blick auf Abbildung 13.51. Wie Sie sehen, hostet Cluster 1 virtuelle Maschinen. Cluster 2 hostet dagegen keine VMs. Ich möchte Ihnen anhand dieser vereinfachten Darstellung kurz die Funktion erläutern. In einem realen Metro-Availability-Szenario befinden sich allerdings in der Regel in beiden Clustern VMs, die dann bei Ausfall eines Clusters entsprechend auf der anderen Site wieder gestartet werden können.

Alle bisher angesprochenen Replikationsverfahren basierten auf einem VM-zentrischen Ansatz. Das bedeutet, dass es immer um einzelne VMs geht. Bei der Metro Availability mit VMware ESXi oder Microsoft Hyper-V als Hypervisor wird die vollständige Replikation eines vStorage-Containers mit allen darin enthaltenen VMs bzw. Daten synchron gehalten. Es ist also ein völlig anderer Ansatz.

Eine sehr detaillierte Beschreibung der Funktion und auch eine Betrachtung von möglichen Ausfallszenarien sowie die Erläuterung der Konfiguration finden Sie im Metro Availability Guide unter *https://portal.nutanix.com/page/documents/solutions/details?targetId=BP-2009_Metro_Availability:BP-2009_Metro_Availability*. Ein sehr hilfreiches Dokument, das auf die Funktion und Konfiguration eingeht, ist der Nutanix Best Practice Guide für Metro Availability. Laden Sie sich das Dokument unter *https://www.nutanix.com/de/go/metro-availability* herunter.

Round-Trip-Time und Redundanz

Auch hier gilt, dass eine optimale Leistung und eine einwandfreie Funktion zu gewährleisten ist und dass eine Round-Trip-Time zwischen zwei Nutanix-ESXi-Clustern von weniger als 5 ms einzuhalten ist. Die verfügbare Bandbreite auf der Replikationsstrecke muss ebenfalls so ausgelegt werden, dass etwaige Peak-Writes keine Engpässe verursachen. Die Replikationsstrecke bzw. das physische Netzwerk zwischen den beiden Clustern muss natürlich auch redundant ausgelegt sein.

13.6.5 Leap

Bevor Sie nun einen kurzen Einblick in Leap (siehe Abbildung 13.1) bekommen, sollten Sie erfahren, was unter einer *Availability-Zone* (Verfügbarkeitszone) zu verstehen ist. Eine Availability-Zone ist eine physisch isolierte Site, in die Sie Ihre Daten replizieren können, die Sie schützen möchten. Eine Availability-Zone kann sich entweder in Ihrem lokalen Rechenzentrum oder in der Public-Cloud als Xi-Cloud-Service befinden, wobei jede Prism-Central-Instanz eine Verfügbarkeitszone darstellt.

Bei Leap handelt es sich um eine Komponente, die ein Bestandteil von Prism Central (siehe Abschnitt 13.4.2) ist. Mit Leap ist es möglich, asynchrone und je nach Distanz auch synchrone Replikationen zwischen zwei eigenständigen entfernten Nutanix-Clustern durchzuführen, die sich z. B. jeweils in einem Ihrer Rechenzentren befinden (siehe Abbildung 13.50). Man kann also hier auch von Local-Leap sprechen, in der dann durch Prism Central die entsprechende Availability-Zone gebildet wird.

Des Weiteren ist es möglich, Leap so zu konfigurieren, dass Sie einen Ihrer lokalen Nutanix-Cluster mit dem sogenannten *Xi-Leap* (siehe Abbildung 13.52) verbinden. Dabei befindet sich das Replikationsziel in der Nutanix Off-Premises-Cloud, einem Public-Cloud-Bereich, den Nutanix als *Disaster-Recovery-as-a-Service*, kurz DRaaS, zur Verfügung stellt und der mit Xi-Leap bezeichnet wird. Die Replikationsquelle, also Ihr Nutanix On-Premises bzw. Ihr Private-Cloud-Bereich befindet sich aber in Ihrem eigenen Rechenzentrum als lokale Availability-Zone. Bei diesem Ansatz wird in der Regel allerdings dann ein asynchrones Replikationsverfahren verwendet.

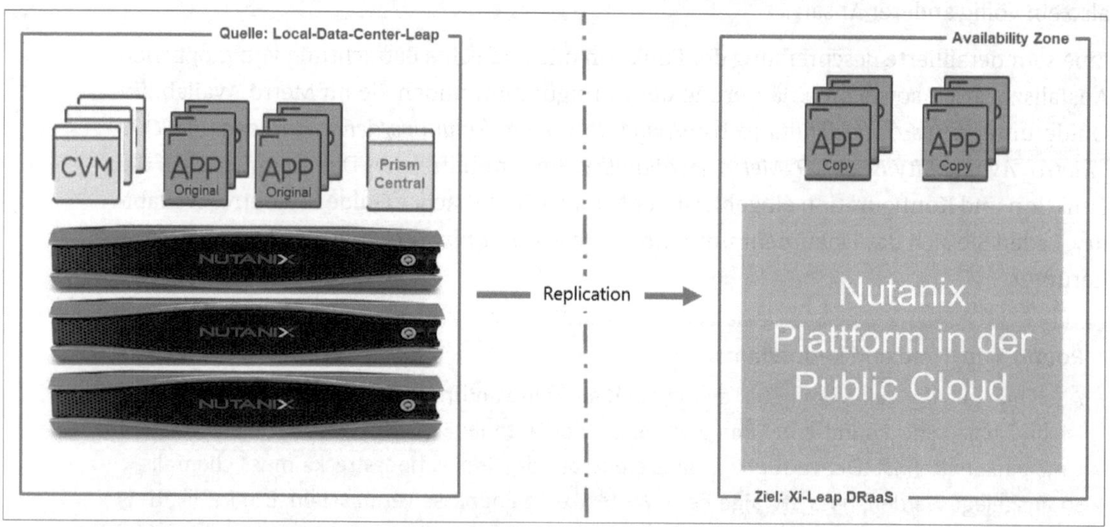

Abbildung 13.52 Nutzung des Nutanix-Public-Cloud-Service Xi für DRaaS

Genutzt werden kann Leap sowohl in Verbindung mit dem Nutanix AHV als auch mit dem VMware ESXi als Hypervisor innerhalb eines Nutanix-Clusters.

Realisiert wird das Ganze dadurch, dass im Xi-Leap-Datacenter ein VPN-Server zur Verfügung steht, der es Ihnen gestattet, mittels einer VPN-Client-VM eine stabile und gesicherte Verbindung zwischen Ihrer lokalen und der entfernten Infrastruktur herzustellen. Diese

Anwendungsvariante kann z. B. als Backup- oder DR-Schutz eines lokalen Nutanix-Clusters eingesetzt werden.

Da es sich bei dem Off-Prem Nutanix Xi Leap Environment ebenfalls um einen entfernten Nutanix-Cluster im Nutanix-Datacenter handelt, kann im Desaster-Fall einfach das Replikat im entfernten Nutanix-Datacenter angefahren werden, und dadurch können dann sämtliche Services sofort wieder zur Verfügung stehen. Daneben gibt es selbstverständlich auch Policies, die es erlauben, lediglich Teile des gesicherten Environments wieder anzufahren. Dadurch wird es Ihnen ermöglicht, im Desaster-Fall nicht das gesamte Environment wieder anfahren zu müssen, sondern Sie könnten auch einen nicht ganz so aufwendigen Notbetrieb aufrechterhalten. Die Art der Konfiguration und auch die Disaster-Recovery-Workflows sind, unabhängig davon, ob Sie eine On-Prem- oder eine Xi-Cloud-Services-Wiederherstellung durchführen, praktisch identisch.

Wie Sie das Ganze nun administrieren können und welche Rahmenbedingungen Sie einhalten sollten, aber auch wenn Sie die unterschiedlichen Protection Policies und Recovery-Pläne kennenlernen wollen, ist die richtige Quelle für Sie das Leap-Administrationshandbuch unter *https://portal.nutanix.com/page/documents/details/?targetId=Xi-Leap-Admin-Guide%3AXi-Leap-Admin-Guide.*

13.7 Move

Nutanix Move ist ein Werkzeug für die Migration von virtuellen Maschinen. Sie können Move dazu verwenden, Ihre VMs von einer Virtualisierungsumgebung in eine andere zu migrieren. Nutanix Move ist also ein V2V-Migration-Tool (V2V = Virtuell to Virtuell).

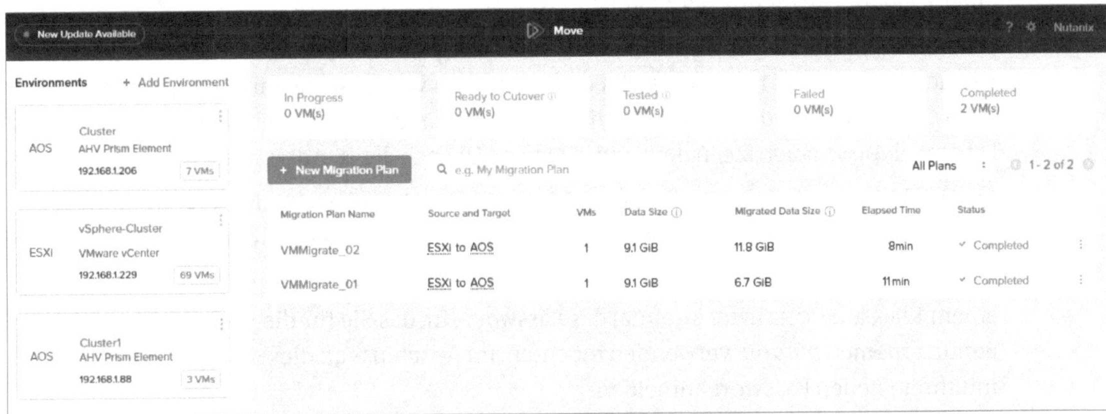

Abbildung 13.53 Mit Move können V2V-Migrationen von Workloads durchgeführt werden.

Die Möglichkeiten, die sich Ihnen hier bieten, entnehmen Sie bitte Abbildung 13.54.

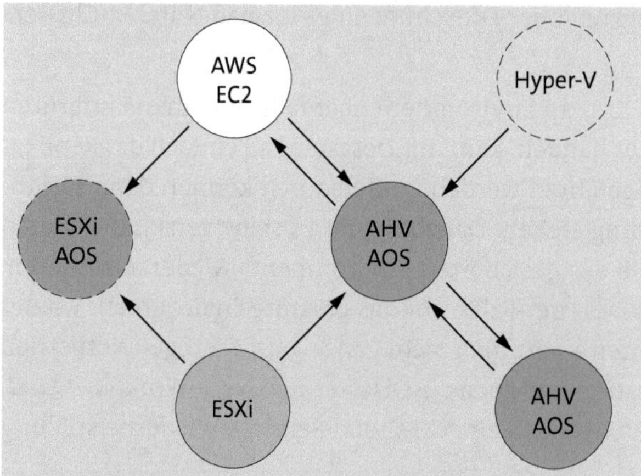

Abbildung 13.54 Migration von Workloads mittels Nutanix Move

Einschränkungen von Move

Sollten Sie in der Situation sein, Workloads von einer XenServer-Umgebung hin zu einem Nutanix-Cluster mit AHV als Hypervisor migrieren zu wollen, ist Move aktuell nicht das geeignete Werkzeug. Gehen Sie bei einem derartigen Vorhaben besser nach der Anleitung unter *https://portal.nutanix.com/page/documents/kbs/details?targetId=kA00e000000kAKJCA2* vor.

Move wird als virtuelle Appliance geliefert. Downloaden Sie das Move-Image unter *https://portal.nutanix.com/page/downloads?product=move* und stellen Sie es in Ihrem Nutanix-Cluster bereit. Alternativ können Sie Move auch als OVA-File herunterladen und dann z. B. in einer vSphere-Umgebung bereitstellen.

Nachdem Sie das Move-Image in den Image Store importiert und eine neue VM erstellt haben, bestücken Sie die VM mit zwei vCPUs und mit je zwei vCores sowie mit einem Netzwerkadapter, 4 GB Memory und erstellen auf dieser Basis das Image (siehe Abbildung 13.55). Nach der Fertigstellung schauen Sie in der Prism-Element-UI nach der IP-Adresse der Move-VM.

Im Anschluss an die Bereitstellung erreichen Sie den Move-Service unter der IP-Adresse der VM. Geben Sie dazu in Ihren Browser *https://<Move-VM-IP-Adresse>* ein.

Bei der erstmaligen Anmeldung bestätigen Sie das LICENSE AGREEMENT und geben nach einem Klick auf CONTINUE zweimal das Passwort ein, das Sie für die Anmeldung unter dem Benutzernamen *nutanix* verwenden möchten. Im Anschluss an diese Aktion können Sie sich mit Ihrem neuen Passwort anmelden.

Nach der Anmeldung werden Sie auf das Move-Migrations-Dashboard (siehe Abbildung 13.53) weitergeleitet. Hier können Sie nun über +ADD ENVIRONMENT die einzelnen Environments, die an den Migrationen beteiligt sein sollen, einfach angeben. Bitte achten Sie darauf, dass Sie die Versionen der Hypervisoren in Ihren Umgebungen auf die Kompatibilität zu Move überprüfen (siehe Tabelle 13.6).

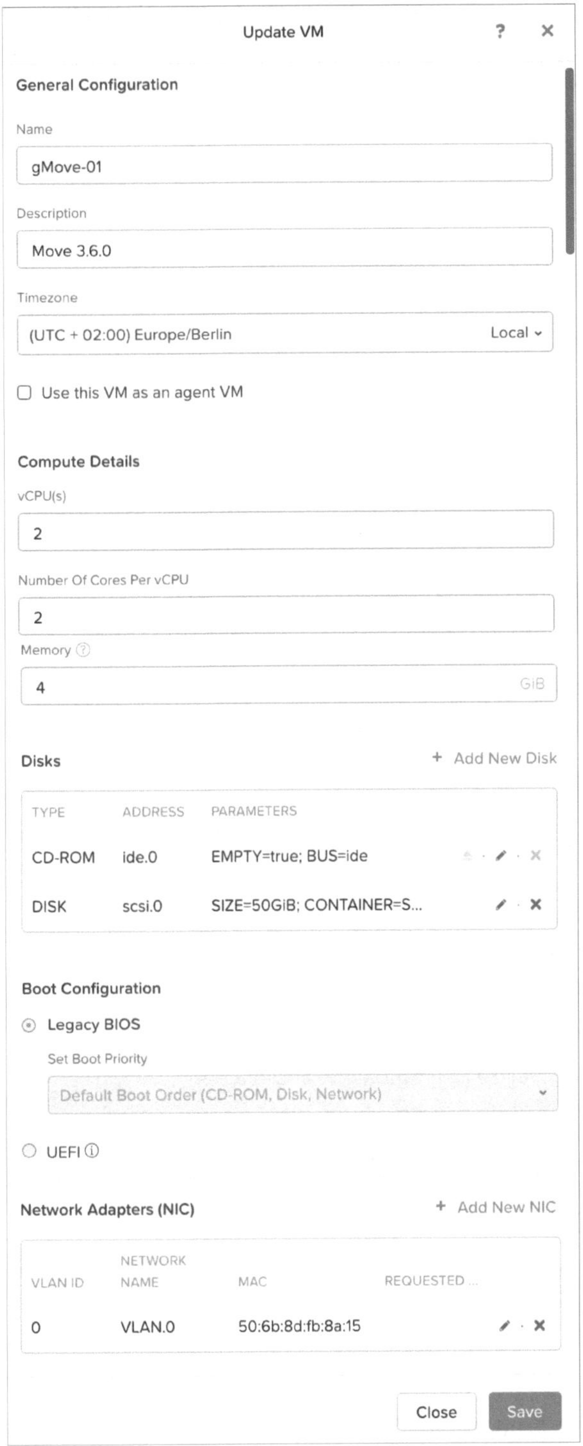

Update VM ? ✕

General Configuration

Name

gMove-01

Description

Move 3.6.0

Timezone

(UTC + 02:00) Europe/Berlin Local ⌄

☐ Use this VM as an agent VM

Compute Details

vCPU(s)

2

Number Of Cores Per vCPU

2

Memory

4 GiB

Disks + Add New Disk

TYPE	ADDRESS	PARAMETERS
CD-ROM	ide.0	EMPTY=true; BUS=ide
DISK	scsi.0	SIZE=50GiB; CONTAINER=S...

Boot Configuration

◉ Legacy BIOS

Set Boot Priority

Default Boot Order (CD-ROM, Disk, Network)

○ UEFI

Network Adapters (NIC) + Add New NIC

VLAN ID	NETWORK NAME	MAC	REQUESTED ...
0	VLAN.0	50:6b:8d:fb:8a:15	

Close Save

Abbildung 13.55 Ansicht der Eigenschaften einer Move-VM in einem Nutanix-AHV-Cluster

Ist das geschehen, haben Sie Zugriff auf die einzelnen VMs, die sich in den unterschiedlichen Umgebungen befinden, und können diese dann entsprechend von einem in das andere Environment verlegen bzw. migrieren. Eine Liste der Betriebssysteme, die in Ihren VMs installiert sein können, entnehmen Sie bitte Tabelle 13.6.

Betriebssystem	Versionen
AOS	5.5.x 5.6.x 5.8.x 5.9.x 5.10.x bis 5.11.1.2 5.15 5.16 5.17
vCenter und ESXi	5.1 5.5 6.0 6.5 6.7 6.7 Update 2 6.7 Update 3 7.0
Hyper-V	Windows Server 2012 with Hyper-V role (Standalone and Cluster) Windows Server 2012 R2 with Hyper-V role (Standalone and Cluster) Windows Server 2016 with Hyper-V role (Standalone and Cluster) Microsoft Hyper-V Server 2012 (Standalone and Cluster) Microsoft Hyper-V Server 2012 R2 (Standalone and Cluster) Microsoft Hyper-V Server 2016 (Standalone and Cluster) Microsoft Hyper-V Server 2019 (Standalone and Cluster)

Tabelle 13.6 Kompatibilität von Move mit den unterschiedlichen Hypervisor-Versionen.

Move selbst unterstützt folgende Systeme:

- Windows 7, 8, 8.1, 10
- Windows Server 2008 R2, 2012, 2012 R2, 2016, 2019
- RHEL 6.3 (32 Bit und 64 Bit) bis 6.10, 7.0–7.7 und 8.1

- CentOS 6.3 (32 Bit und 64 Bit) bis 6.9 und 7.0–7.7
- Ubuntu Server und Desktop 12.04.5, 14.04.x, 16.04.x, 16.10 (32 Bit und 64 Bit)
- Ubuntu Server 12.0.4, 18.04, 19.04
- FreeBSD 9.3 und 11.0
- SUSE Linux Enterprise Server 11, SP3 / SP4, 12, 12 SP1/SP2/SP3/SP4
- Oracle Linux 6.4 und höher, 7.x.
- Debian 9.4

Bevor der Migrationsvorgang von Move überhaupt startet, überprüft Move die Zielumgebung im Hinblick auf die dort zur Verfügung stehenden Ressourcen. Sollte die Migration eines Workloads aus irgendeinem Grund nicht möglich sein, wird eine entsprechende Meldung ausgegeben, und die Migration startet nicht.

Wie Sie Ihre Workloads aber nun von einer Umgebung in die andere migrieren können, entnehmen Sie bitte dem Move-Benutzerhandbuch. Sie finden die entsprechende Dokumentation unter *https://portal.nutanix.com/page/documents/details?targetId=Nutanix-Move-v3_6:Nutanix-Move-v3_6*. Zur Ansicht der Release-Notes klicken Sie auf den nachfolgenden Link: *https://portal.nutanix.com/page/documents/details?targetId=Release-Notes-Nutanix-Move-v3_6_0:Release-Notes-Nutanix-Move-v3_6_0*.

13.8 Weitere Informationen

13.8.1 Community Edition

Neben dem kommerziellen Produkt der Nutanix-On-Prem-Cloud gibt es auch eine kostenlose Edition namens *Nutanix Community Edition*, abgekürzt CE. Der entsprechende Download steht Ihnen unter *https://www.nutanix.com/products/community-edition* zur Verfügung.

Diese freie Version funktioniert anders als die kommerzielle Version auch auf Low-End-Hardware wie z. B. dem Intel NUC, älteren Servern oder auch diversen Refurbished Servern, die möglicherweise noch in Ihrem Rechenzentrumsbestand existieren. Aber natürlich können Sie die Community Edition auch in einer virtuellen Umgebung »nested« installieren.

Die Community Edition ermöglicht Ihnen, die Nutanix-Cloud bei Ihnen im Lab auszuprobieren oder Vorführungen und Schulungen oder auch Softwaretests durchzuführen. Selbstverständlich hat die Community Edition einige Einschränkungen gegenüber der kommerziellen Version. Beispielsweise ist es mit der Community Edition nicht möglich, unterschiedliche Hypervisor einzusetzen. Wobei man natürlich aber niemals im Vorfeld sagen kann, ob Nutanix hier nicht demnächst einmal eine diesbezügliche Erweiterung vornehmen wird. Mit der Community Edition können Sie aktuell ausschließlich den Nutanix-eigenen Any-Hypervisor (ehemals Acropolis) nutzen.

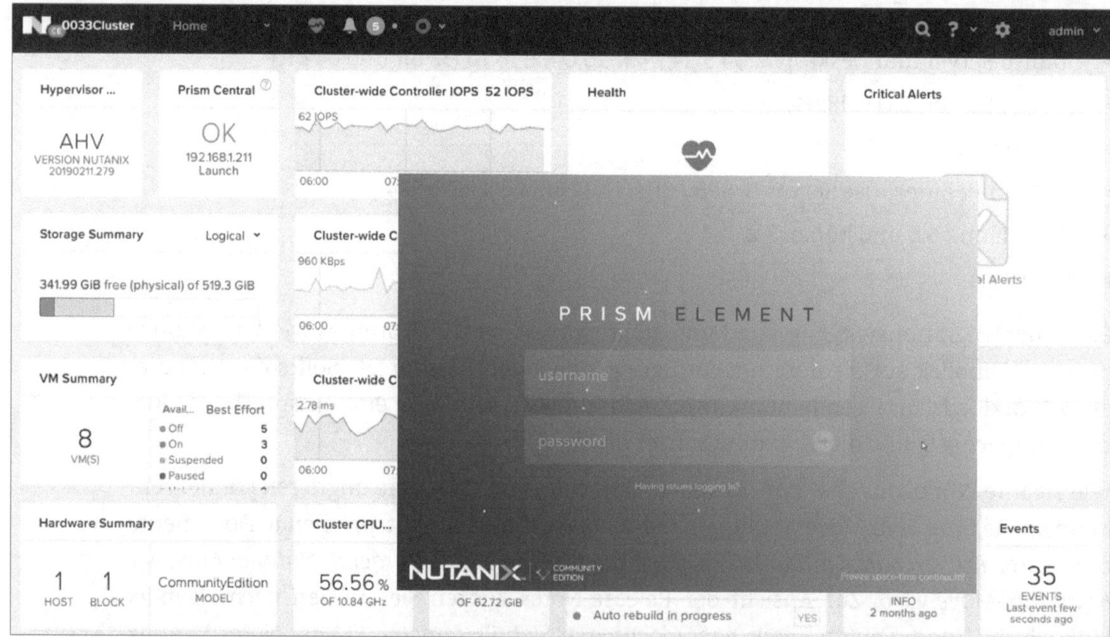

Abbildung 13.56 Log-in-Screen und Dashboard der Nutanix Community Edition

Des Weiteren können Sie keine Replikation auf der Basis von NearSync (siehe Abschnitt 13.6.2) oder SyncDR (siehe Abschnitt 13.6.3) durchführen. Sie können auch keinen Zwei-Node-Cluster betreiben, sondern nur die Single-Node- und Drei-Node- oder maximal eine Vier-Node-Variante aufbauen. Prinzipiell kann man aber sagen, dass mit der Community Edition alles möglich ist, was in einer normalen Nutanix-Virtualisierungsumgebung bzw. in einem Nutanix-Cluster bei einem ersten PoC (Proof of Concept) gefragt ist.

Die Community Edition ist ausschließlich zur Demonstration der Technologie gedacht und stellt keinen Ersatz für eine produktive Acropolis-Umgebung dar. Auch existiert für die Community Edition keinerlei Support. Die Community Edition ist also nicht als Produktionslösung geeignet.

Was sie aber leisten kann und wofür sie letztendlich entwickelt wurde, werden Sie erkennen, wenn Sie sie in Betrieb nehmen. Mit der Community Edition können Sie sich einen sehr guten Eindruck davon verschaffen, wie Software von Nutanix arbeitet bzw. sich im Betrieb anfühlt.

Selbstverständlich können Sie auch optionale Produkte (siehe die Übersicht in Abbildung 13.1) wie z. B. Nutanix Calm für die Application Lifecycle Automation, Nutanix Flow für die Nutzung von Microsegmentation im Umfeld von Software Defined Network oder auch Volumes zur Bereitstellung von Software Defined Block Storage nutzen.

Darüber hinaus ist die Community Edition, wie natürlich die kommerzielle Version auch, vollständig via REST-API steuerbar.

Um mit der CE arbeiten zu können, benötigen Sie einen Nutanix-Community-Account. Diesen legen Sie sich unter *https://www.nutanix.com/products/register* selbst an. Die Binaries und die Dokumentation stehen Ihnen unter *Download & Getting Started with CE 5.11* (*https://next.nutanix.com/download-community-edition-15/download-getting-started-with-ce-5-11-24210*) zur Verfügung. Ein Video für die Installation finden Sie in der Nutanix University unter *https://www.youtube.com/watch?v=3GGdy2I4THU*.

Für die Hardwareinstallation sollten Sie mindestens die folgenden Ressourcen bereitstellen:

- Single-, Drei- oder Vier-Server-Nodes
- eine Intel-CPU mit mindestens vier Cores und VT-x-Support je Node
- eine SSD pro Node ≥ 500 GB
- eine HDD pro Node ≥ 1 TB
- eine Dual-Port-Netzwerkkarte

In der Nutanix University (*https://www.youtube.com/channel/UCJupSMWQRKQTvkb2Cf-kWOEg*) finden Sie viele hilfreiche Videos von Nutanix, die Ihnen einen schnellen Einstieg in die einzelnen Themen ermöglichen.

Suchen Sie explizit nach deutschen Inhalten, finden Sie unter *https://www.youtube.com/channel/UCqEkEcjpOfdTkRS-riZSiJw* ebenfalls einiges, das Ihnen einen schnellen Einstieg in den Umgang mit einem Nutanix-Cluster ermöglicht.

13.8.2 Lizenzierung

Die Lizenzierung der Nutanix-AOS-Software basiert auf der Gesamtanzahl der physikalischen Kerne in einem Nutanix-Cluster und der im Nutanix-Cluster enthaltenen Gesamtmenge an Flash-Speicher. Des Weiteren stellt Nutanix Ihnen die Nutanix-AOS-Software (siehe Abschnitt 13.2.3) in drei unterschiedlichen Varianten zur Verfügung, die sich durch ihren Funktionsumfang voneinander unterscheiden. Bei den drei Varianten können Sie sich zwischen einer Starter-, einer Pro- und einer Ultimate-Version entscheiden. Was die einzelnen Versionen leisten können, entnehmen Sie bitte der Abbildung 13.57.

Die Lizenzierung der Nutanix-Prism-Central-Software (siehe Abschnitt 13.4.2) unterteilt sich in zwei Lizenzstufen. Hier können Sie entweder die Starter- oder die Pro-Version (siehe Abbildung 13.58) in Ihrer Nutanix-Umgebung einsetzen. Die Starter-Version ist grundsätzlich im Softwareumfang von AOS enthalten. Die Pro-Version ist optional.

Acropolis Operating System – AOS		STARTER	PRO	ULTIMATE
Enterprise Storage	Clustergröße	12	Unlimited	Unlimited
	Heterogeneous Clusters			
	VM-Centric Snapshots			
	VM-Centric Clones			
	Data Tiering			
	Inline Compression			
	Inline Performance Deduplication			
	Online Cluster-Erweiterung und -Verkleinerung (Grow / Shrink)			
	Acropolis Container Services			
Infrastructure Resilience	Data Path Redundancy			
	Redundanz-Faktor (RF)	RF 2	RF 2 oder RF 3	RF 2 oder RF 3
Management & Analytics	Prism Starter Lizenz			
	Pulse (Call Home Management)			
	Cluster Health			
	One-click Upgrades (Nutanix OS & Hypervisor)	Single Cluster		
	Rest APIs			
Supported Hypervisors	Nutanix AHV	Lizenz enthalten		
	VMware ESXi			
	Microsoft Hyper-V			
	XenServer for Citrix workloads	http://download.nutanix.com/misc/EOL+Notice+for+Citrix+XenServer.pdf		
Built-In Virtualization (Nutanix AHV)	VM Management			
	Intelligent VM Placement			
	VM Automated Resource Scheduling			
	VM Affinity Rules			
	Virtual Network Configuration			
	Host Profiles			
	VM High Availability			
	Open Stack Drivers			
	Hypervisor Conversion			
	Cross Hypervisor DR			
	Self Service Portal			
Security	Client Authentication			
Data Protection	Disaster Recovery mit Async Replication (RPO ≥ 60 min.)			
	Application Consistent Snapshots			
	Local Snapshots			
Enterprise Storage	Nutanix Files™ (optionale Lösung für SMB und NFS)	1 TiB for free je Cluster		
	Nutanix objects™ (optionale Lösung für S3)	2 TiB for free je Cluster		
Security	Cluster Lockdown			
Infrastructure Resilience	Availability Domains (Block- und Rack-Awareness)			
Enterprise Storage	Nutanix Volumes™			
	Post-Process-Compression (nachgelagert)			
	Post-Process-Deduplication (nachgelagert)			
	Erasure Coding (EC-X)			
Data Protection	Self Service Restore			
	Cloud Connect			
	Multiple Site DR (1:n | n:n)		Lizenzenzierung ist nachträglich möglich.	
	Metro Availability			
	Disaster Recovery mit NearSync (RPO 1 bis 15 min.)			
	Disaster Recovery mit Sync Replication (RPO 0)			
	Leap-Advanced Orchestration – on-prem (Multiple Boot Phases, re-IP, Recovery Plan Test)			
Security	Selbstverschlüsselnde Laufwerke (SED) mittels Data-at-Rest Encryption – DaRE@SED			
	Softwarebasierte Verschlüsselung mittels Data-at-Rest Encryption – DaRE@SW			
	Native KMS (Unterstützung unterschiedlicher Key Management Server)			
Enterprise Storage	VM Flash Mode (Pinning von VMs innerhalb von Tier 0)			

Abbildung 13.57 Welche AOS-Funktionen sind in welcher Lizenz-Stufe enthalten (Stand: August 2020)

Prism Central		STARTER	PRO
Cluster Management	Single Cluster Management		
	Multi Cluster Management		
	VM Management		
	Storage Management		
	Multi-Hypervisor Management		
	Network Visualization		
Operation Automation	Prism Advanced Search		
	Konfigurierbares Dashboard		
	Action Gallery (Scheduled Reporting)		
Microsegmentation	Flow (Option)	60 day trial	
Life Cycle Automation	Calm (Option)	60 day trial	
Built-In Enterprise-grade Kubernetes	Karbon (Containerized)		
Proactive Remediation (Wiederherstellung)	Remediation Actions (Maßnahmen zur Problembehebung)		
	Bottleneck Detection		
	Anomaly Detection		
Automatisierte Optimierung	Kapazitätsverhaltenstrends (Capacity Behavior Trends)		
	Just in Time Forecast		
	VM Right Sizing		
Cluster Management & Automatisierung	Action Gallery		
	Codeless Task Automation (X-Play)		
	One-click Centralized Upgrades		Multi-Cluster-Upgrade

Abbildung 13.58 Der Funktionsumfang von Prism-Central ist in zwei Stufen aufgeteilt (Stand: August 2020).

Wenn Sie weitere Informationen zur Lizenzierung von Nutanix-Software benötigen, folgen Sie einfach diesem Link: *https://www.nutanix.com/de/products/software-options*.

13.8.3 Support

Je nachdem, ob Ihre Plattform von Nutanix direkt oder von einem der Nutanix-OEM-Partner stammt, gibt es Unterschiede in der Vorgehensweise bei der Case-Eröffnung bzw. der Kontaktierung des Supports, um eine Störung zu melden oder eine Frage zu stellen. In der Regel hat jeder OEM sein eigenes Verfahren, wie er Ihnen seinen Support zur Verfügung stellt. Oftmals gibt es eine entsprechende E-Mail-Adresse oder eine Telefonnummer, über die Sie den Service-Request starten können, oder Sie nutzen für die Case-Eröffnung das Portal des entsprechenden Herstellers. Sprechen Sie hierzu einfach Ihren zuständigen Betreuer aus dem OEM an. Dieser wird Ihnen weitere Fragen beantworten können. Nach dem Starten eines Support-Requests wird dieser dann vom OEM qualifiziert und gegebenenfalls an den Nutanix-Support weitergeleitet, um Ihr Anliegen weiter zu analysieren bzw. zu untersuchen und um Ihr Problem zu lösen.

Nutanix bietet Ihnen für das Eröffnen eines Support-Requests grundsätzlich zwei unterschiedliche Verfahren an. Sie können die Unterstützung im Servicefall entweder direkt über das Nutanix-Portal (*https://portal.nutanix.com/*) online durch die Eröffnung eines Cases über die Schaltfläche + CREATE CASE anfordern, oder Sie gehen den Weg über das Telefon. Eine telefonische Support-Case-Eröffnung in Deutschland erfolgt über die Rufnummer 0800-7238481. Eine vollständige und weltweit gültige Liste der Rufnummern finden Sie unter *https://www.nutanix.com/support-services/product-support/support-phone-numbers*.

Priorität des Requests

Bitte berücksichtigen Sie bei der Eröffnung eines Support-Cases auch die einzelnen Support-Levels. Der Support-Level erlaubt Ihnen, Ihre Support-Fälle zu priorisieren. Sie haben die Möglichkeit, fünf Prioritätsstufen zu nutzen.

Prioritätsstufen für einen Support-Request

- P1: Emergency – Das System ist nicht verfügbar, und es liegt Produktionsstillstand vor.
- P2: Critical – Das System ist noch verfügbar, aber die Produktion ist gefährdet.
- P3: Normal – Das System ist verfügbar, und die Produktion ist nicht gefährdet.
- P4: Low – Allgemeine Fragen zum System, der Dokumentation etc.
- RFE: Request for Enhancement – Anfrage bezüglich einer Funktionserweiterung des Systems.

Eine wesentlich detailliertere Beschreibung der Prioritätsstufen finden Sie neben vielen anderen nützlichen Informationen zum Nutanix-Support in den Support-FAQ, die Sie unter *https://www.nutanix.com/de/support-services/product-support/faqs* einsehen können.

Denken Sie daran, dass Sie, bevor Sie Kontakt mit dem Support aufnehmen, immer die entsprechenden Informationen bereithalten, etwa die Seriennummern der Hardware, die Sie z. B. in Prism im Bereich des Hardwarediagramms finden. Außerdem benötigen Sie die AOS-Version und die Version des Hypervisors, den Sie einsetzen. Diese Daten finden Sie ebenfalls in Prism. Gehen Sie hierzu z. B. in den SETTINGS in den Bereich UPGRADE SOFTWARE. An dieser Stelle können Sie dann die entsprechenden Informationen einsehen. Und auch über die Prioritätsstufe zum Service-Request sollten Sie sich im Vorfeld bereits Gedanken gemacht haben.

Kapitel 14
Konfiguration von ESXi und vCenter

Die Konfiguration der virtuellen Infrastruktur kann sehr umfassend und komplex sein. Es gibt viele Punkte, die Sie konfigurieren können oder müssen, um einen reibungslosen Betrieb zu gewährleisten. Auf diese Punkte gehen wir in diesem Kapitel ein.
Autor dieses Kapitels ist Bertram Wöhrmann.
buch@ligarion.de

Die gesamte Infrastruktur umfasst nicht nur den vSphere-Host und den vCenter Server, sondern auch zusätzliche Komponenten, auf die Sie bei der Konfiguration achten müssen. Auf den folgenden Seiten gehen wir näher auf die verschiedenen Komponenten sowie auf die Konfiguration der virtuellen Infrastruktur ein.

Wir werden in diesem Kapitel mit den Konfigurationsmöglichkeiten des Hosts beginnen und anschließend das gleiche Thema zum vCenter Server genauer betrachten.

Hinweis
Wir gehen hier von den Einstellungen im vCenter Web Client aus und nicht von den Einstellungen im Hostclient.

Es folgen allgemeine übergreifende Punkte wie z. B. das Thema Berechtigungen, und zum Schluss gibt es noch wichtige Tipps für einige Aufgaben.

Die beiden Themen *Netzwerk* und *Storage* besprechen wir in eigenen Kapiteln, nämlich in Kapitel 7 und Kapitel 9.

14.1 DNS

Eine sauber funktionierende Namensauflösung ist die Grundvoraussetzung für eine einwandfrei arbeitende virtuelle Infrastruktur. Aus diesem Grund sollten Sie in der gesamten Umgebung DNS (*Domain Name System*) einsetzen. Ein falsch konfiguriertes DNS kann viele Schwierigkeiten verursachen, die oftmals nicht direkt dem eigentlichen Problem zuzuordnen sind.

Die DNS-Konfiguration eines vSphere-Hosts können Sie über den Webclient vornehmen. Dafür müssen Sie sich direkt am Host oder am vCenter Server anmelden. Über CONFIGURE • NETWORKING • TCP/IP CONFIGURATION gelangen Sie zur Anzeige der IP-Einstellungen. Über das Stiftsymbol kommen Sie zu dem Konfigurationspunkt DNS CONFIGURATION und erreichen dort die Eingabemaske. In dieser Maske nehmen Sie alle nötigen Eingaben vor, um den Namensdienst zu konfigurieren (siehe Abbildung 14.1).

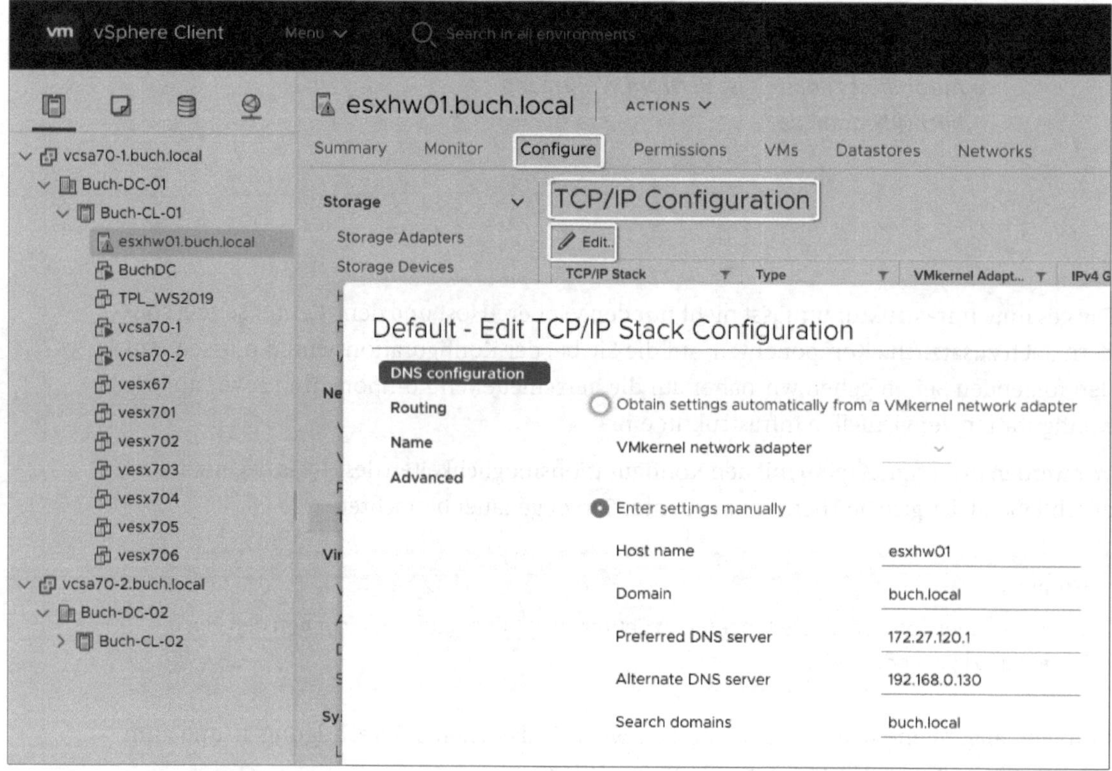

Abbildung 14.1 DNS-Konfiguration der vSphere-Hosts

14.1.1 Routing/Gateway

Eine Änderung des Gateway ist über den Webclient ebenfalls sehr einfach möglich. Der Weg ist identisch mit der Anpassung der DNS-Einstellungen. Gehen Sie einfach einen Schritt weiter. Hier verbirgt sich die Möglichkeit, das Gateway für das Managementnetzwerk sowie den VMkernel einzugeben. Beachten Sie – aber das ist keine vSphere-Eigenart –, dass das Gateway in Ihrem Netzwerksegment liegen muss.

14.2 Virtual Machines

Im Bereich VIRTUAL MACHINES können Sie globale Einstellungen für virtuelle Maschinen vornehmen.

14.2.1 VM Startup/Shutdown

Die Einstellung der Startreihenfolge von virtuellen Maschinen ist nur dann möglich, wenn der Host nicht Mitglied in einem Cluster ist. Falls der Host Teil eines Clusters ist, müssen Sie die Startreihenfolge am Cluster konfigurieren.

Bei der Konfigurationseinstellung VM STARTUP/SHUTDOWN wird das Verhalten von virtuellen Maschinen festgelegt, wenn ein Host gestartet wird. Dahinter verbergen sich zwei Parameter: Hier wird festgelegt, welche virtuelle Maschine beim Starten des Hosts gestartet werden soll und in welcher Reihenfolge das geschieht (siehe Abbildung 14.2).

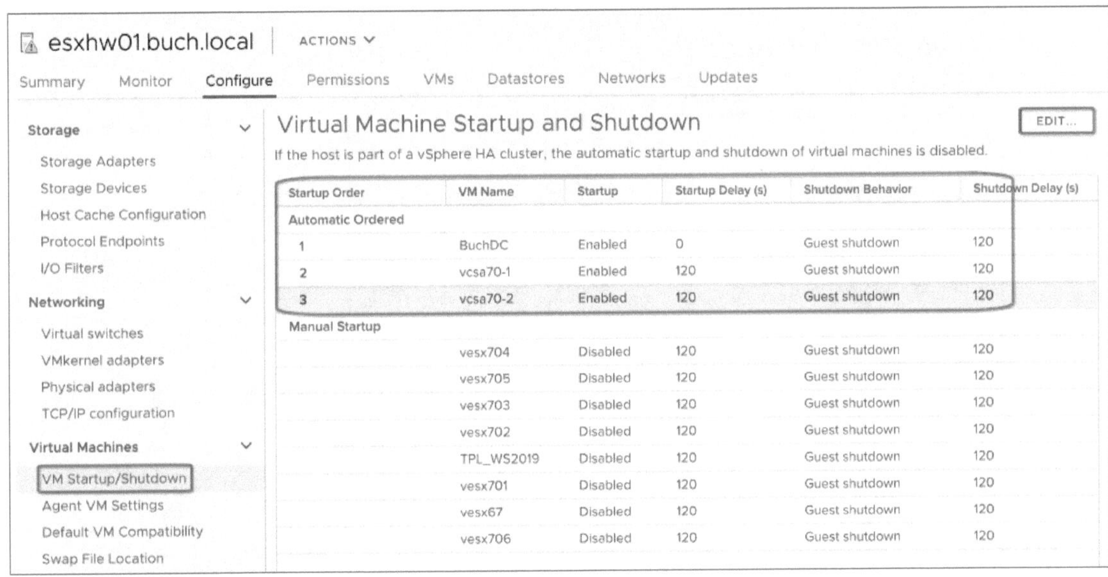

Abbildung 14.2 Konfiguration des VM-Verhaltens beim Ein- und Ausschalten des Hosts

Per Voreinstellung wird keine VM automatisch gestartet. In der Testumgebung wird erst der Domänencontroller gestartet, und danach folgen die beiden vCenter Server. Hinter dem EDIT-Button verbergen sich die globalen Einstellungen. Sie können aber auch die Konfiguration pro VM vornehmen, und zwar im EDIT-Dialog über die Auswahl der entsprechenden VM.

Agent VM Settings

Es gibt die Möglichkeit, über eine virtuelle Maschine bzw. Appliance Funktionen in der virtuellen Infrastruktur bereitzustellen. Hinter der Funktion AGENT VM SETTINGS befindet sich letztendlich eine Autostartfunktion für Infrastrukturdienste mit der Priorität 0. Nach einem Restart des Hosts werden diese Dienste gestartet, bevor andere VMs eingeschaltet werden.

14.2.2 Default VM Compatibility

An dieser Stelle hinterlegen Sie, mit welcher Version der virtuellen Hardware auf dem Host bzw. auf dem Cluster neue virtuelle Maschinen standardmäßig angelegt werden sollen. Das ist eigentlich nur eine theoretische Möglichkeit, denn sobald der Host über ein vCenter Server gemanagt wird, kann hier keine Einstellung mehr vorgenommen werden (siehe Abbildung 14.3). Der EDIT-Button ist ausgegraut.

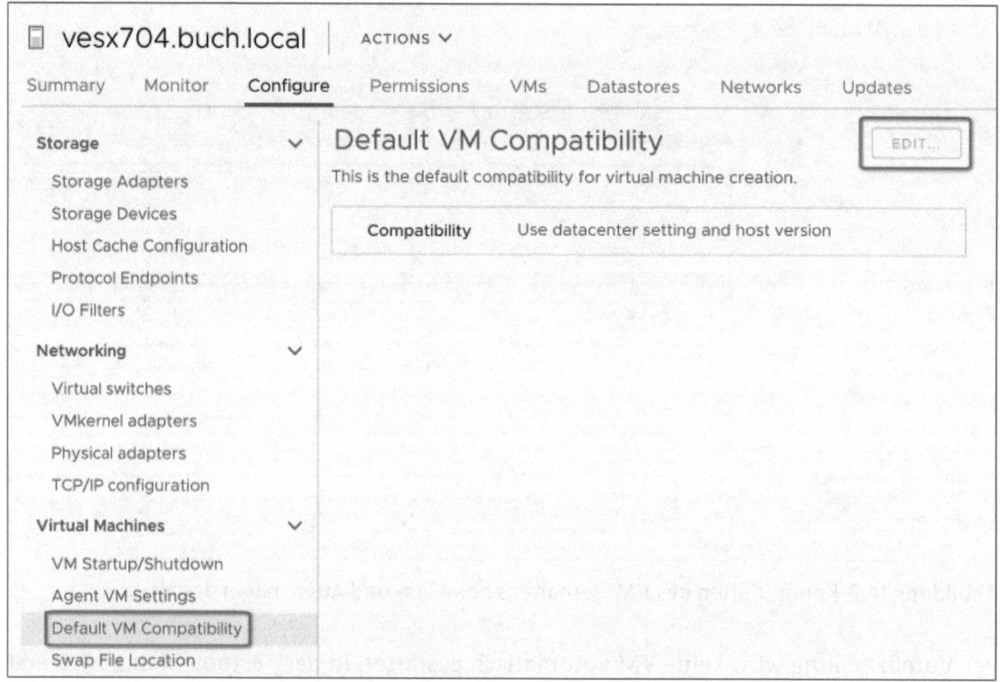

Abbildung 14.3 Festlegen der VM-Kompatibilität

14.2.3 Ablage der VM-Swapfiles

VMware setzt bei seiner virtuellen Infrastruktur Mechanismen ein, die es ermöglichen, den virtuellen Maschinen mehr Arbeitsspeicher zuzuweisen, als tatsächlich in dem Hostsystem vorhanden ist. Das sogenannte *Memory-Overcommitment* bedingt aber, dass der Host nicht aktiv genutzten Arbeitsspeicher der einzelnen virtuellen Maschine auslagert. Diese Auslagerung findet, wie bei anderen Systemen auch, ins Filesystem statt. Mit der Option SWAP FILE LOCATION gibt es nun die Möglichkeit, festzulegen, an welchen Speicherort der Arbeitsspeicher ausgelagert werden soll. Dabei bietet das System zwei Möglichkeiten: Entweder erfolgt die Ablage in den Ordner, in dem auch die Files der virtuellen Maschine liegen, oder Sie wählen einen dedizierten Datastore aus.

14.3 System

Alle systemrelevanten Einstellungen bzw. Informationen des Hosts lassen sich hier einstellen bzw. anzeigen. Die Auflistung erfolgt in der Reihenfolge der Auflistung im Webclient.

14.3.1 Licensing

In diesem Abschnitt wird angezeigt, welche Lizenz an den vSphere-Host gebunden ist. Neben der Anzeige der »verbrauchten« CPUs bzw. Cores werden hier auch alle Dienste aufgelistet, die von der eingebundenen Lizenz unterstützt werden.

14.3.2 Hostprofile

Hostprofile erleichtern die Konfiguration einer Farm von vSphere-Servern oder auch mehreren Hosts in ähnlichen Umgebungen. Dadurch ist es möglich, die Konfiguration eines Hosts auf verschiedene andere Hosts zu übertragen, und zwar mit den hostspezifischen Anpassungen, und somit identische Systeme zu erhalten.

Es ist nicht mehr nötig, die Konfiguration auf jedem Host einzeln und manuell vorzunehmen. Das spart Zeit, und die Fehleranfälligkeit sinkt; die Enterprise-Plus-Lizenz ist dafür jedoch Voraussetzung. In den anderen Versionen von vSphere muss bei der Konfiguration von mehreren Hosts jeder einzelne Host angefasst werden. Dabei kann es schnell einmal zu Fehlern kommen, wenn z. B. »mal eben« ein neues virtuelles Netzwerk eingerichtet werden muss. Solche Fehler stören nicht nur den Betrieb erheblich, sondern können auch dazu führen, dass nicht alle Funktionen in der virtuellen Infrastruktur zur Verfügung stehen.

Durch das einmalige Erstellen eines Hostprofils und das Verteilen auf die einzelnen Server ist eine schnelle und sichere Konfiguration einer vSphere-Farm möglich. Das Erstellen und Verteilen dieser Hostprofile beschreiben wir im Folgenden näher.

Als Erstes legen Sie ein Hostprofil von einem fertig konfigurierten Host im System an oder importieren ein bestehendes. Dazu rufen Sie im MENU des vSphere-Clients den Punkt POLICIES AND PROFILES auf (siehe Abbildung 14.4). Im Fenster der Hostprofile können Sie Profile manipulieren. Außerdem ist es möglich, vorhandene Cluster und ESXi-Hosts mit einem Profil zu verknüpfen.

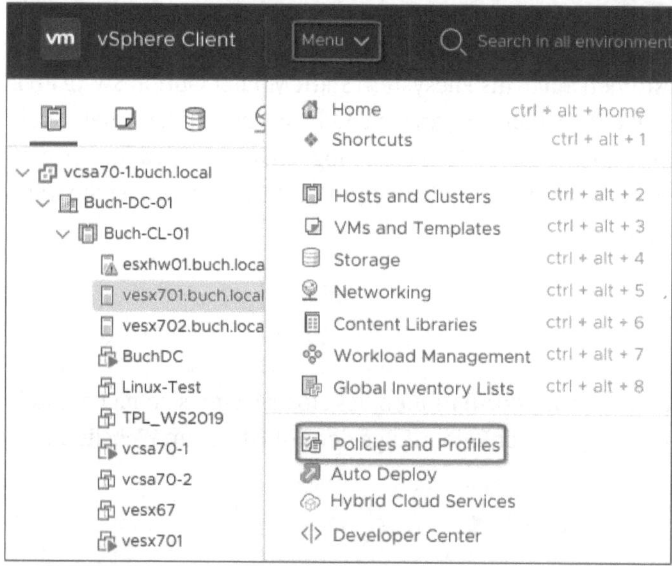

Abbildung 14.4 Aufruf der Hostprofile

Das Verknüpfen der Cluster oder vSphere-Hosts mit einem Hostprofil ähnelt dem Verbinden mit Policies für den *VMware Lifecycle Manager*. Sind Hosts mit einem Profil verbunden, können Sie die Hosts auf Konformität prüfen und die Profile auf die Hosts übertragen. Auch wenn Hostprofile die Konfiguration eines Hosts sehr erleichtern, kommen Sie um die eigentliche Konfiguration eines Hosts nicht herum. Auf den nächsten Seiten erfahren Sie mehr über diese Konfiguration.

Wichtig

Die administrativen Passwörter der Hosts und die UUID sind nicht Bestandteil des Hostprofils.

Erstellen eines Hostprofils

Das Erstellen eines Hostprofils ist denkbar einfach, Sie müssen dazu keine Einstellungen oder Ähnliches in einer Konfigurationsdatei editieren. Zuerst konfigurieren Sie einen vSphere-Host komplett so durch, wie er produktiv zum Einsatz kommen soll. So parametrieren Sie zum Beispiel die Einstellungen für das Netzwerk. Als Beispiel werden wir drei virtuelle Switches erstellen und mit physischen Netzwerkkarten verbinden, anschließend konfigurieren wir das Managementnetzwerk, *Fault Tolerance* und *vMotion*. Damit diese Einstellungen auch auf die anderen Hosts übertragen werden, muss lediglich ein Profil von diesem Host erstellt werden.

Ebenso ist es möglich, ein Profil zu importieren. Dateien mit der Endung *.vpf* sind die beschriebenen Profildateien für VMware-Hosts. Die Profile werden automatisch in der Datenbank gespeichert. Über den Weg des Exports erhalten Sie eine Datei. So ist es zum Beispiel möglich, eine Datei zu erstellen, um diese dann beim Kunden zu nutzen oder dem Kunden zu schicken. Das Einzige, was Sie nach dem Einspielen noch anpassen müssen, ist die IP-Adresse. Während der Inhalt der Datei in der Oberfläche des vCenters noch recht lesbar aussieht (siehe Abbildung 14.5), ist der Inhalt der abgespeicherten XML-Datei aufgrund fehlender Umbrüche sehr schwer zu lesen.

Die Informationen zu der Profildatei finden Sie in der SUMMARY. Über das Register CONFIGURE lässt sich das Profil editieren. Zum Exportieren müssen Sie über den Link ACTIONS gehen. Hier können Sie auch ein Duplikat des Profils erstellen.

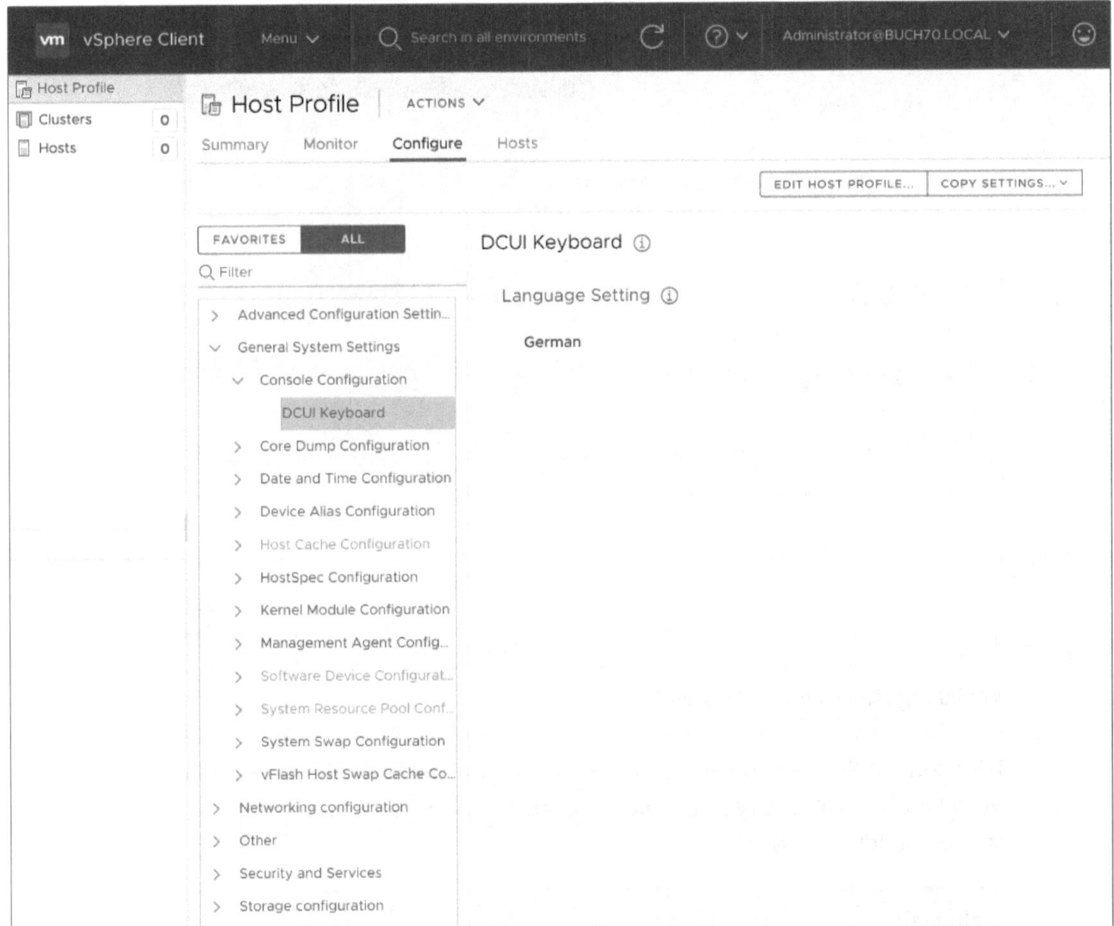

Abbildung 14.5 Profildatei eines vSphere-Hosts

Anpassen eines Hostprofils

Haben Sie ein Profil einmal mit einem primären Host erstellt, ist es auch nachträglich möglich, das Profil an Ihre Bedürfnisse anzupassen. Dazu starten Sie den Editiermodus über das Register CONFIGURE und die Auswahl EDIT HOST PROFILE des entsprechenden Profils. Dann öffnet sich ein Fenster, das wesentlich mehr offenbart als das SUMMARY-Fenster (siehe Abbildung 14.6).

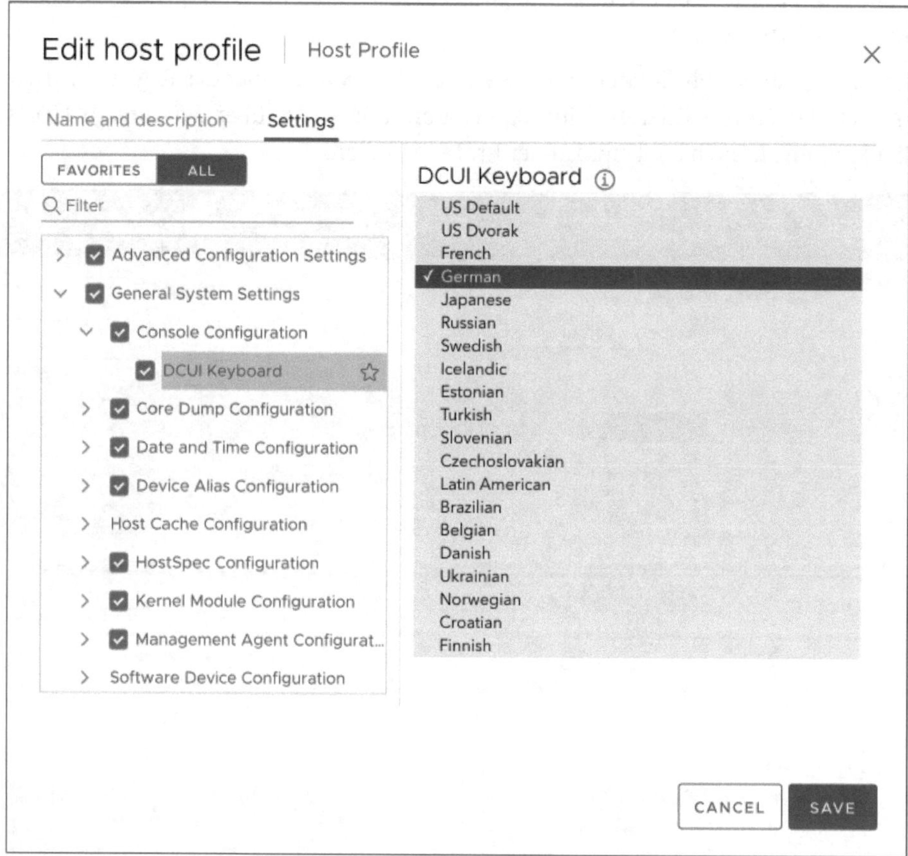

Abbildung 14.6 Editor für Hostprofile

Hier können Sie auch angeben, welche Einstellungen hostindividuell sind und damit beim Verteilen des Profils auf einen neuen Host nicht via Aufforderung angepasst werden müssen (siehe Abbildung 14.7).

Hinweis

Denken Sie daran, dass Sie Hostspezifika aus dem gezogenen Profil entfernen, wie z. B. Konfigurationen zum Boot-Device bzw. zu lokalen Platten.

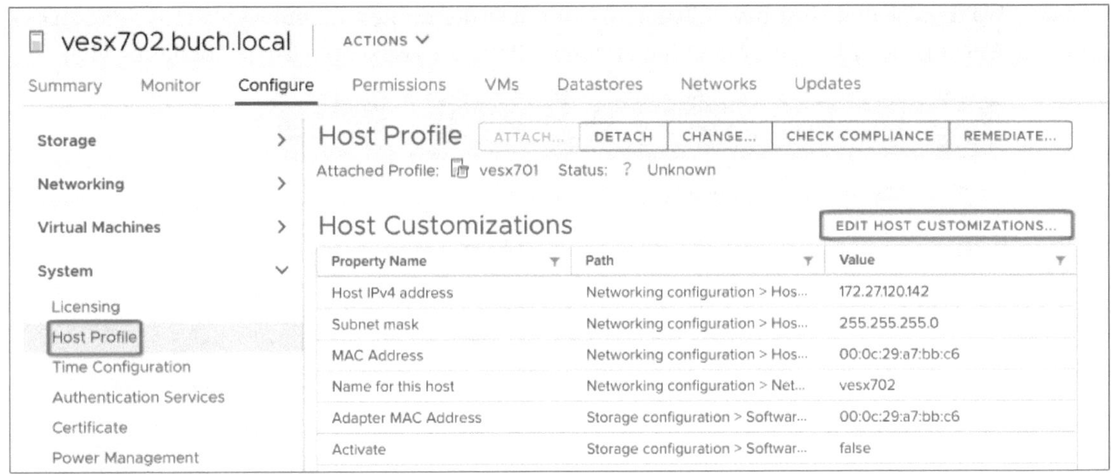

Abbildung 14.7 Individuelle Hostanpassungen

Der Schritt wurde hier stark vereinfacht. Bei der Auswahl eines Hosts werden im folgenden Schritt alle hostindividuellen Daten direkt ausgelesen (siehe Abbildung 14.8).

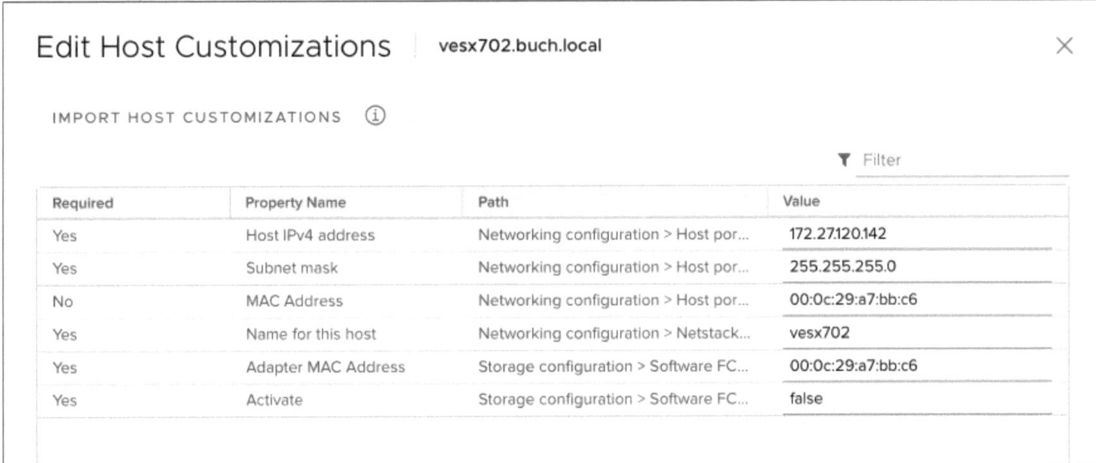

Abbildung 14.8 Hostparameter zur Anpassung

Sind die Anpassungsarbeiten beendet, schließen Sie das Fenster mit OK und können mit dem Profil arbeiten.

Host bzw. Cluster mit einem Profil assoziieren

Nachdem Sie ein Hostprofil erstellt haben, ist es noch mit einem Objekt zu verbinden. Dafür müssen Sie als Erstes den Cluster oder den Host mit dem Profil verbinden.

Wählen Sie den Host bzw. Cluster aus, um über die Kontextmenübefehle HOST PROFILES • ATTACH HOST PROFILE Maschinen mit dem Profil zu assoziieren (siehe Abbildung 14.9).

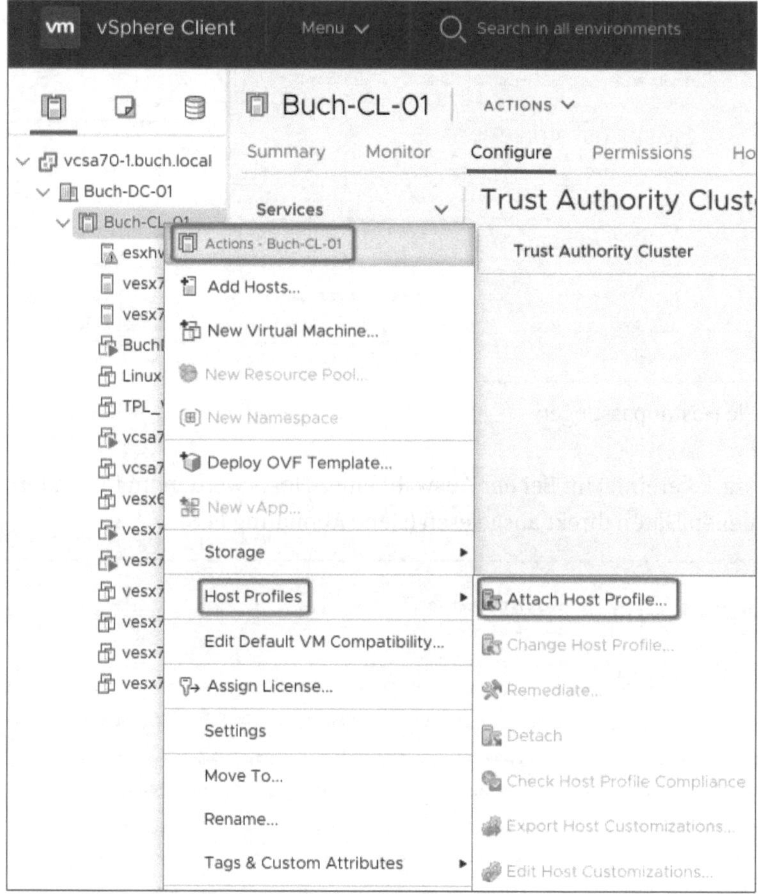

Abbildung 14.9 Assoziieren eines Hostprofils

Sobald Sie dem Cluster ein Profil zugewiesen haben, finden Sie alle Maschinen direkt unter CONFIGURE • HOST PROFILE. Hier ist es möglich, die Hostprofile auf die Maschinen zu übertragen und die nötigen Einstellungen vornehmen zu lassen bzw. festzustellen, ob die Hosts *compliant* sind.

Es kann überprüft werden, welche Hostkonfiguration dem ausgewählten Profil entspricht und welche nicht.

Im gezeigten Fall hat schon ein Test der Hostkonfiguration stattgefunden: Zwei Hosts sind COMPLIANT, einer nicht. Der Test erfolgt erst durch die Aktivierung von CHECK COMPLIANCE.

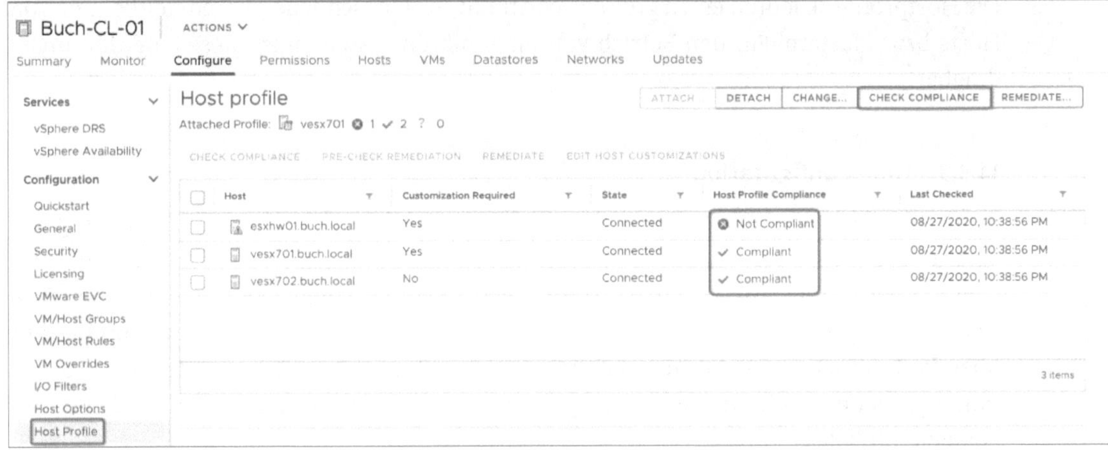

Abbildung 14.10 Anzeige der Compliance der verknüpften Hosts

Sollte ein Host nicht NOT COMPLIANT sein, wie in Abbildung 14.10 gezeigt, versetzen Sie ihn in den Maintenance-Modus und wenden das Profil an.

Anwenden eines Hostprofils

Wenn ein Host nicht richtig konfiguriert ist, wird er markiert und als »nicht compliant« gekennzeichnet. Das darunterliegende Fenster zeigt an, welche Fehlkonfiguration vorliegt. So sehen Sie, welche Änderungen Sie an der Hostkonfiguration noch vornehmen müssen.

Jetzt weisen Sie das Profil dem zweiten Host zu. Ist dieser nicht im Maintenance-Modus, erscheint direkt eine Fehlermeldung. Über das Kontextmenü können Sie den Host in den Maintenance-Modus versetzen, um im folgenden Schritt das Profil zuzuweisen.

> **Achtung**
> Sollte ein Host nach dem Anwenden des Profils als NOT COMPLIANT bezeichnet werden, kontrollieren Sie bitte, ob lokale Hosteinstellungen die Compliance verhindern.

Nach der Zuweisung

Sobald Sie alle Einstellungen vorgenommen haben, wird die Konfiguration aktualisiert. In den RECENT TASKS des vCenters erkennen Sie nun den jeweiligen Task dazu. Durch das Verwenden von Hostprofilen wird das Durchführen und Prüfen von Konfigurationsänderungen in großen Umgebungen nicht nur sehr viel einfacher, sondern auch wesentlich weniger fehleranfällig.

Wenn Sie nicht das gesamte Profil auf einen Host anwenden möchten, können Sie einfach ein Duplikat des Profils anfertigen und es entsprechend anpassen. Über die entsprechende Auswahl wird das Profil dann individualisiert.

Die Hostprofile bedeuten einen großen Schritt hin zu einer schnellen Vereinheitlichung von Hosts bzw. Clustern. Für den Betrieb von plattenlosen Systemen ist diese Funktion unabdingbar.

14.3.3 Time Configuration

Bei der Konfiguration der Zeiteinstellungen hat sich mit Version vSphere 7.0 einiges geändert. In den Vorversionen gab es nur die Möglichkeit der manuellen Einstellung oder der Einstellung per NTP-Protokoll. Hinzu kommt jetzt noch die Möglichkeit des *Precision Time Protocol* (*PTP*). Wo liegen die Unterschiede? Grundsätzlich wird NTP genutzt, um die Zeit über das Internet zu synchronisieren. Im Gegensatz dazu soll im PTP eine Zeitsynchronisation im LAN durchgeführt werden. Kommen wir aber erst einmal zum Grundsätzlichen der beiden Protokolle.

Das *Network Time Protocol* (NTP) ist ein Standard zur Synchronisierung der Uhrzeit über das Netzwerk, definiert im RFC958 und aktualisiert im RFC5905. Diese simpel klingende, aber sehr kritische Funktion sollten Sie unter allen Umständen konfigurieren. Eine Uhrzeit, die über alle Systeme im Netzwerk identisch ist, ist für den korrekten und reibungslosen Betrieb einer virtuellen Umgebung absolut notwendig! Man handelt sich schnell Probleme ein, wenn man das Prinzip der Bereitstellung der Zeitfunktion nicht kennt. Das System hat eine hierarchische Struktur.

Die einzelnen Hierarchieebenen tragen die Bezeichnung *Stratum* mit einer laufenden Nummer. Je kleiner die Nummer ist, desto genauer ist die Uhrzeit bzw. desto geringer die Abweichung. Dabei ist *Stratum 0* die eigentliche Zeitquelle. Diese Zeitquelle wird direkt – nicht über das Netzwerk, sondern per Schnittstelle – mit einem Computer verbunden. Dieser Computer ist Mitglied der *Stratum 1*-Ebene. Systeme, die sich die Zeit von der *Stratum 1*-Ebene holen, bilden die *Stratum 2*-Ebene und so weiter. Je tiefer die Ebene ist, auf der die Zeit abgefragt wird, desto größer kann die Zeitabweichung von der Ursprungsquelle sein. Beachten Sie die Besonderheit, dass ab Ebene 1 jedes Gerät nicht nur Server, sondern auch Client ist (siehe Abbildung 14.11).

Versuchen Sie, die Zeit mit einer möglichst hohen Ebene abzugleichen. Dann sollten Sie in Ihrer virtuellen Landschaft keine Probleme mit der Zeit bekommen.

Hinweis

Das NTP-Protokoll funktioniert einzig über eine regelmäßige Abfrage, Laufzeiten werden nicht berücksichtigt.

Sie haben verschiedene Möglichkeiten, NTP auf einem vSphere-Server zu konfigurieren. Um die Zeit der virtuellen Maschinen mit dem vSphere-Host zu synchronisieren, können Sie die *VMware Tools* des Gasts verwenden. Dieses Thema behandeln wir in Abschnitt 20.5.8.

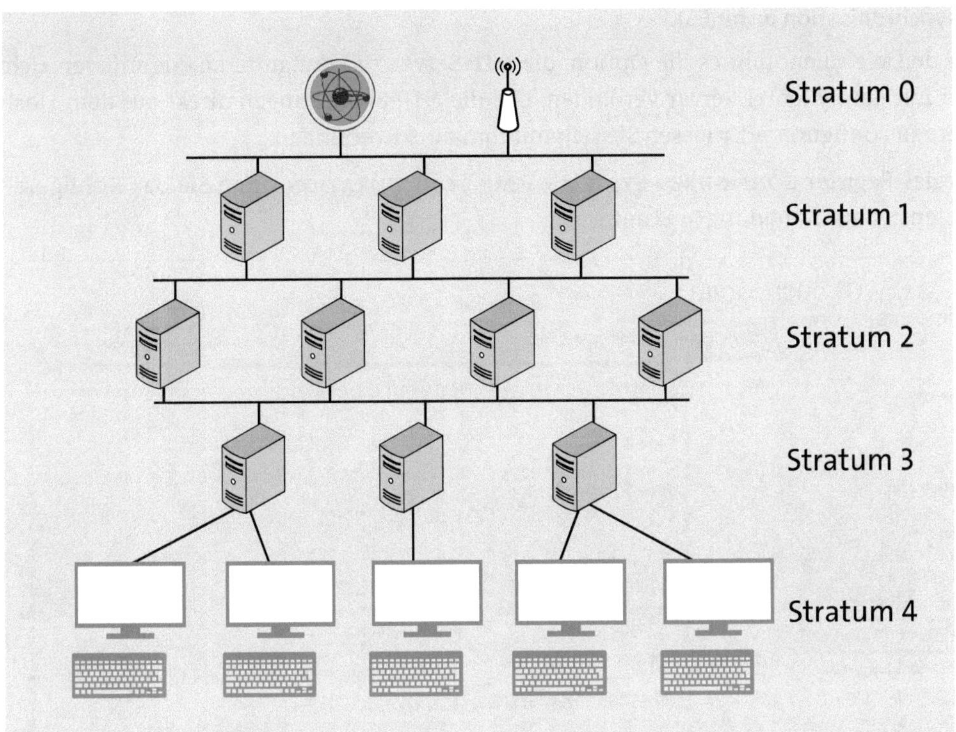

Abbildung 14.11 NTP-Hierarchie

Mit PTP sieht das Ganze etwas anders aus. Ziel ist es, die Zeitsynchronisation wesentlich präziser zu machen. Die Ungenauigkeit kann in den Nanosekundenbereich reduziert werden. Definiert ist das Protokoll in IEEE1588 bzw. IEC61588.

Grundsätzlich gibt es beim PTP *Boundary Clocks* – der Master – sowie *Ordinary Clocks*, das sind die Slave-Komponenten. Der Haupt-Master sollte dann z. B. eine Funkuhr sein.

Das Prinzip der Synchronisation folgt zwei Schritten. Im ersten Schritt erfolgt eine Offsetkorrektur. Eine zyklische Sync-Message wird dabei an den Slave gesendet. Für jede dieser Sync-Messages wird ein möglichst genauer Zeitstempel gemessen. Es folgt das Senden einer Follow-up-Message mit dem exakten Sendedatum der ersten Nachricht. Durch einen Abgleich mit der genauen Zeitmessung auf dem Slave kann der genaue Offset bestimmt werden, und die Zeit auf dem Slave wird gesetzt. In einer optimalen Umgebung wären die Uhrzeiten jetzt identisch, aber jedes Netzwerk hat Latenzen. Diese zu bestimmen, dient der zweite Schritt. Es ist daher sehr wichtig, dass es eine synchrone Verzögerung auf dem Hin- bzw. Rückweg gibt. Die Messung erfolgt ähnlich wie im ersten Schritt. Es wird eine Delay-Request- und eine Delay-Response-Nachricht geschickt. Jeder Slave im Netzwerk kann auch gleichzeitig Master sein. Damit wird gewährleistet, dass die Wege für die PTP-Pakete so kurz wie möglich sind und damit die Zeit extrem genau wird.

Zeitsynchronisation unter ESXi

Über den Webclient gibt es die Option, die NTP-Server zu konfigurieren. Sie müssen sich dabei mit dem vCenter Server verbinden. Um die NTP-Einstellungen direkt auf dem Host anders zu konfigurieren, müssen Sie sich mit ihm direkt verbinden.

Über das Register CONFIGURE • SYSTEM • TIME CONFIGURATION rufen Sie das Konfigurationsfenster aus Abbildung 14.12 auf.

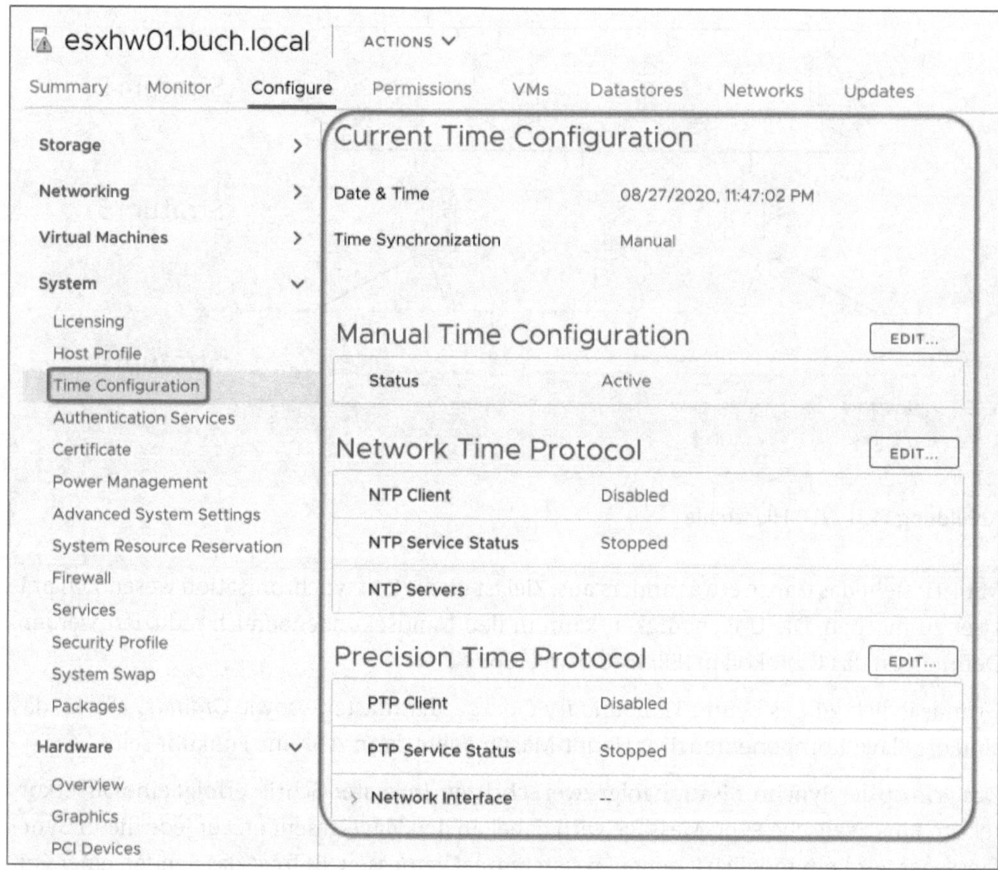

Abbildung 14.12 Konfiguration der Zeiteinstellung des Hosts

Für jede Art der Zeiteinstellung gibt es hier eine Einstellungsmöglichkeit, entweder statisch, per NTP oder per PTP. Dazu muss der entsprechende EDIT-Button angeklickt werden. Über ihn können Sie alle NTP-Einstellungen vornehmen. Bei der statischen Konfiguration werden das Datum und die Uhrzeit einmal eingestellt.

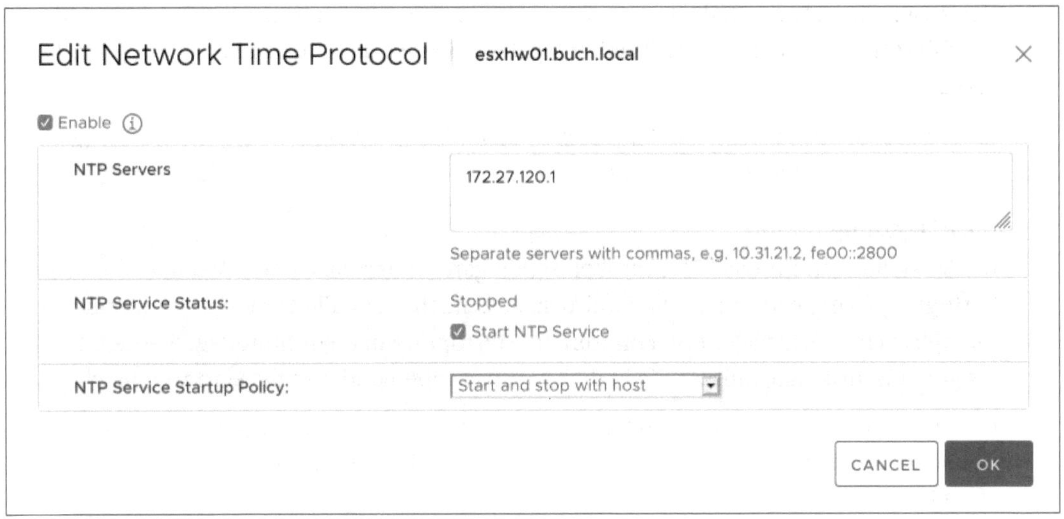

Abbildung 14.13 Konfiguration des NTP-Protokolls

Die NTP-Konfiguration

Der NTP-Zeitdienst wird über drei Parameter konfiguriert. Das sind zunächst einmal die Zeitquellen, die Sie durch Kommata getrennt bei NTP SERVERS eintragen.

Sind die Server eingetragen, können Sie die Startart des NTP-Dienstes festlegen, und zwar unter NTP SERVICE STARTUP POLICY. Dabei stehen Ihnen die drei Optionen aus Tabelle 14.1 zur Verfügung.

Startparameter	Bemerkung
START AND STOP WITH PORT USAGE	Der Dienst wird automatisch gestartet, wenn die Ports in der Firewall freigeschaltet sind. Im Gegenzug dazu wird der Dienst gestoppt, wenn die Ports geschlossen sind.
START AND STOP WITH HOST	Der Dienst wird mit dem Host gestartet und gestoppt.
START AND STOP MANUALLY	Der Dienst muss von Ihnen gestoppt und gestartet werden.

Tabelle 14.1 NTP-Startparameter

Der Punkt NTP SERVICE STATUS zeigt an, ob der Dienst derzeit läuft. Der Dienst lässt sich an dieser Stelle auch starten und anhalten. Wenn Sie den NTP-Server auf diese Art anlegen, müssen Sie auch die Firewall nicht mehr anpassen – dies geschieht automatisch.

Vergessen Sie aber nicht, dass natürlich auch die Firewalls im Netzwerk Ihre NTP-Anfrage durchlassen müssen. Sollte es Probleme geben, liegt es also nicht zwangsläufig am ESXi-Server.

Wird die Verbindung mit dem vSphere-Client direkt auf einem beliebigen Host hergestellt, stellt sich die Konfiguration anders dar.

Die PTP-Konfiguration

Die Einstellungen für das PTP-Protokoll sehen ganz anders aus. In der Version, die uns zur Verfügung stand, hatte man den Eindruck, dass noch nicht alle Optionen im Menü implementiert waren. Beispielsweise konnten die Startoptionen nicht hinterlegt werden. Um die Startart auszuwählen, müssen Sie in die SERVICES gehen und dort die Startart einstellen.

Es wird auch kein Abfrageziel für die Zeitsynchronisation festgelegt. Es kann nur ausgewählt werden, über welchen Netzwerkadapter das PTP-Protokoll arbeiten soll (siehe Abbildung 14.14).

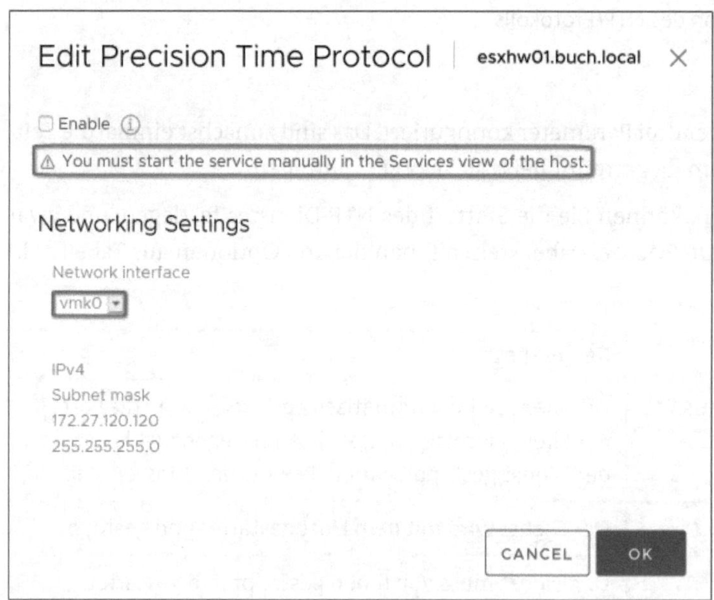

Abbildung 14.14 Konfiguration des PTP-Protokolls

Zeitsynchronisation in der virtuellen Maschine mithilfe von VMware Tools einstellen

Es ist möglich, die Zeit des virtuellen Gasts mit der Zeit des VMware-vSphere-Hosts zu synchronisieren (siehe Abbildung 14.15). Dabei spielen die *VMware Tools* im virtuellen Gastsystem eine entscheidende Rolle; sie müssen also installiert sein.

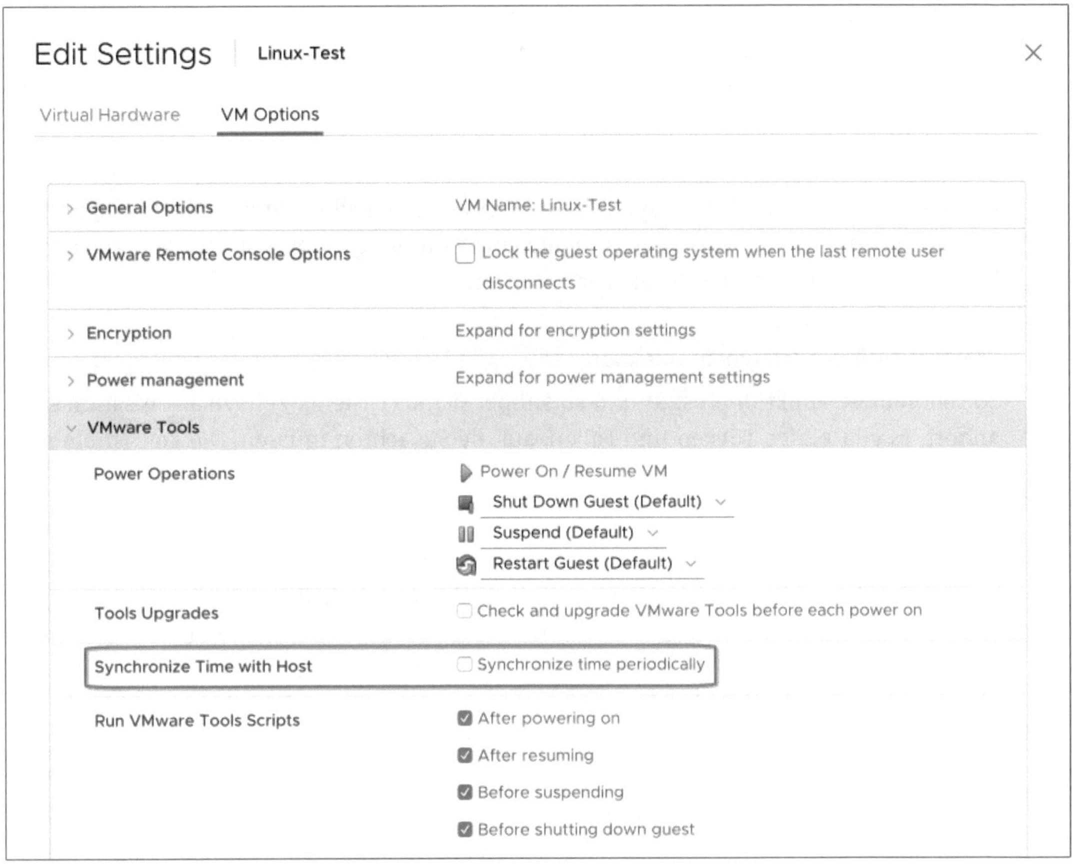

Abbildung 14.15 Aktivieren der Zeitsynchronisation für den Gast

Gehen Sie in die Einstellungen einer virtuellen Maschine, indem Sie im Kontextmenü der VM den Punkt EDIT SETTINGS aufrufen. Setzen Sie auf der Registerkarte VM OPTIONS einen Haken bei der Option TIME • SYNCHRONIZE GUEST TIME WITH HOST. Nachdem Sie die Checkbox aktiviert haben, gleichen die VMware Tools die Zeit mit dem vSphere-Host ab und passen somit die Zeit des Gasts an.

Wichtig

Die Gastzeitsynchronisation der VMware Tools ist nur dafür ausgelegt, eine zu langsam laufende Uhr zur Zeitanpassung schneller laufen zu lassen. Die Tools können die Zeit nicht langsamer laufen lassen!

Verwenden Sie nicht mehrere Möglichkeiten der Zeitsynchronisation parallel. Gibt es bereits eine globale Unternehmenslösung zur Synchronisierung der Zeit, sollten Sie die virtuellen

Maschinen ebenfalls entsprechend konfigurieren; in diesem Fall müssen Sie die Checkbox deaktivieren. Achten Sie auch darauf, dass Mitglieder einer Domäne ihre Zeit automatisch mit dem *AD-Controller* (*Active Directory Server*) synchronisieren. In diesem Fall ist ebenfalls von einer Aktivierung der Checkbox SYNCHRONIZE GUEST TIME WITH HOST abzusehen.

Gerade in großen Umgebungen ist darauf zu achten, dass es einen definierten Prozess gibt, der beschreibt, wie mit der Zeitsynchronisation verfahren wird. Oft wird die Konfiguration der Gäste und der Hosts von unterschiedlichen Teams vorgenommen, was Fehlern Tür und Tor öffnet, wenn kein einheitliches Verfahren existiert.

Probleme mit der Zeitsynchronisation

So schön diese Funktionen sind und so simpel sich das Thema Zeitsynchronisation auch anhört, es gibt einige Tücken und Fallen, auf die Sie achten müssen. Die Zeit ist ein sehr wichtiges Thema in allen Netzwerken, aber vor allem bei der Verwendung von Verzeichnisdiensten.

Warum soll die Zeit überhaupt synchronisiert werden, und wieso kann sie aus dem Ruder laufen? Die Mechanismen, die VMware nutzt, um Ressourcen in der virtuellen Umgebung zu sparen, wirken sich auf die Timer im Gast aus. Benötigt der virtuelle Server keine Rechenzeit, erhält er auch keine. Damit bekommt der Zeitgeber ebenfalls keine Rechenzeit, und so läuft die Uhr im Gast unregelmäßig. Aber nicht nur bei hohen Idle-Zyklen gibt es Probleme, auch wenn ein Host am oberen Limit läuft, kann es problematisch werden, jeder VM genug CPU-Rechenzeit zu geben, damit der Timer richtig läuft. Der Timer kann sowohl zu schnell als auch zu langsam laufen. Ganz kritisch ist das Zurückstellen der Uhrzeit besonders dann, wenn Sie auf dem System Datenbanken betreiben. Die einzelnen Transaktionen verlieren ihre Reihenfolge, wenn die Zeit zurückgestellt wird. Das ist dann der Beginn aller Probleme.

Allgemeines

Die Firma VMware hat die Probleme erkannt, die im Rahmen der Zeitsynchronisierung auftreten können. In der Knowledge Base finden sich zahlreiche Artikel zu dem Thema, die auch immer wieder aktualisiert werden.

Zwei Knowledge-Base-Artikel und ein Aufsatz mit dem Zeitthema für die Betriebssysteme Linux und Windows möchten wir an dieser Stelle hervorheben (siehe Tabelle 14.2). Bei einer Suche in der Knowledge Base werden Sie aber noch mehr Artikel zu dem Thema finden.

URLs der KB-Artikel bzw. des Papers	Bemerkungen
http://kb.vmware.com/kb/1006427	Timekeeping für Linux-Systeme
http://kb.vmware.com/kb/1318	Timekeeping für Windows-Systeme

Tabelle 14.2 Knowledge-Base-Artikel zum Thema Zeitsynchronisation

Je nach eingesetztem Linux-Derivat und verwendetem Kernel haben Sie verschiedene Optionen, das Problem anzugehen. Der Linux-Artikel beschreibt, wie Sie bei welchem System mit welchem Kernel verfahren müssen, damit die Zeitsynchronisation einwandfrei funktioniert. Wir verzichten an dieser Stelle darauf, diese Informationen hier weiterzugeben; bei der Drucklegung des Buchs wären Teile davon schon wieder überholt.

Zeitsynchronisation im Active Directory

Der Verzeichnisdienst *Active Directory* (AD) ist, was die Uhrzeit angeht, hoch kritisch. Die AD-Implementierung von Microsoft erlaubt standardmäßig eine maximale Zeitdifferenz von fünf Minuten für das Kerberos-Protokoll. Fast alle Dienste und Policies arbeiten mit sogenannten *Timestamps*. Bei der Migration von physischen zu virtuellen Maschinen werden auch oft die Active-Directory-Server (DCs = Domänencontroller) migriert. Da diese Server das Herz eines Microsoft-Active-Directory-Netzwerks sind, ist für diese Maschinen meist ein NTP-Server konfiguriert. Sollte das der Fall sein, müssen Sie darauf achten, dass entweder die Active-Directory-Server die Zeitsynchronisation bestimmen oder dass die vSphere-Hosts die aktuelle Zeit holen und per VMware Tools an die Gäste geben. Sie dürfen auf keinen Fall beide Möglichkeiten verwenden!

Das Thema »Zeit bei AD-Controllern« können Sie aber mit einigen einfachen Kniffen entschärfen.

Zuerst sollten Sie den Time-Service auf dem AD-Controller anpassen. Rufen Sie dazu den *Registry-Editor* auf. Geben Sie dann den Befehl `regedit` ein. Ändern Sie nun im Registry-Editor den Wert `HKLM\System\CurrentControlSet\W32Time\Parameters\Type` von `NT5DS` auf `NTP`. Als Timeserver geben Sie einen anderen Stratum-1-NTP-Server an.

Den Wert des Keys `HKLM\System\CurrentControlSet\W32Time\Config\AnnounceFlags` passen Sie von `10` auf `5` an. Hiermit weisen Sie dem Domänencontroller fest die Funktion eines Zeitservers zu. Mit `net stop w32time` und `net start w32time` starten Sie den Zeitdienst nach der Neukonfiguration neu. Abschließend stoßen Sie in der Kommandozeile manuell eine Synchronisation mit dem neuen Stratum-1-Server durch den Befehl `w32tm /resync /rediscover` an.

Nach dieser Konfiguration liegt für die gesamte Domäne eine stabile Zeitquelle vor. Entscheidend ist aber, dass Sie auf allen Servern der Domäne die Zeitsynchronisation über die VMware Tools deaktivieren (siehe Abbildung 14.15)! In den neueren Versionen *vSphere Fusion* und *vSphere Workstation* ist das VMware-Tools-Menü verschwunden. Die zugehörigen Einstellungen können zwar immer noch vorgenommen werden, allerdings geht das nur noch über die Kommandozeile. Das Tool trägt den Namen:

C:\Programm Files\VMware\VMware Tools\VMwareToolboxCmd.exe

Der Aufruf mit dem Parameter `help` zeigt alle möglichen Befehle an (siehe Abbildung 14.16).

```
Administrator: Windows PowerShell
PS C:\Program Files\VMware\VMware Tools> .\VMwareToolboxCmd.exe help
Usage: C:\Program Files\VMware\VMware Tools\VMwareToolboxCmd.exe <command> [options] [subcommand]
Type 'C:\Program Files\VMware\VMware Tools\VMwareToolboxCmd.exe help <command>' for help on a specific command.
Type 'C:\Program Files\VMware\VMware Tools\VMwareToolboxCmd.exe -v' to see the VMware Tools version.
Use '-q' option to suppress stdout output.
Most commands take a subcommand.

Available commands:
   config
   device
   disk (not available on all operating systems)
   guestStore (not available on all operating systems)
   info
   logging
   script
   stat
   timesync
   upgrade (not available on all operating systems)
PS C:\Program Files\VMware\VMware Tools>
```

Abbildung 14.16 Befehlsoptionen von »VMwareToolboxCmd.exe«

Die Syntax ähnelt der des Befehls `esxcli`. Die Deaktivierung der Zeitsynchronisation über die VMware Tools gestaltet sich dann auch ganz einfach (siehe Abbildung 14.17).

```
Administrator: Windows PowerShell
PS C:\Program Files\VMware\VMware Tools> .\VMwareToolboxCmd.exe help timesync
timesync: Funktionen für die Steuerung der Zeitsynchronisierung auf dem Gastbetriebssystem\Nutzung: C:\Program Files\VMw
are\VMware Tools\VMwareToolboxCmd.exe timesync <Unterbefehl>

Unterbefehle:
   enable: Aktivieren der Zeitsynchronisierung
   disable: Deaktivieren der Zeitsynchronisierung
   status: Ausgeben des Status der Zeitsynchronisierung
PS C:\Program Files\VMware\VMware Tools>
```

Abbildung 14.17 Parameter zur Konfiguration der Zeitsynchronisation in der Windows-Kommandozeile

Mit dem Befehl `.\VMwareToolboxCmd.exe timesync disable` wird die Zeitsynchronisation deaktiviert.

14.3.4 Authentication Services

Im Bereich AUTHENTICATION SERVICES lassen sich unterschiedliche Einstellungen vornehmen (siehe Abbildung 14.18), die zum Teil voneinander abhängig sind.

Als Erstes kann ein Host einem Active Directory hinzugefügt werden. Alternativ zum Anlegen eines Computerkontos von Hand kann auch mit einem Proxy gearbeitet werden, und zwar mit dem *Authentication Proxy*. Er wurde entwickelt, damit ein per Auto Deploy bereitgestellter Host automatisch Mitglied einer Domäne werden kann, ohne dass der Administrator tätig werden muss. Der zugehörige Dienst wird bei beiden vCenter-Versionen automatisch mitinstalliert, ist aber im Standard deaktiviert. Die Aktivierung des Diensts erfolgt in der VAMI (siehe Abbildung 14.19).

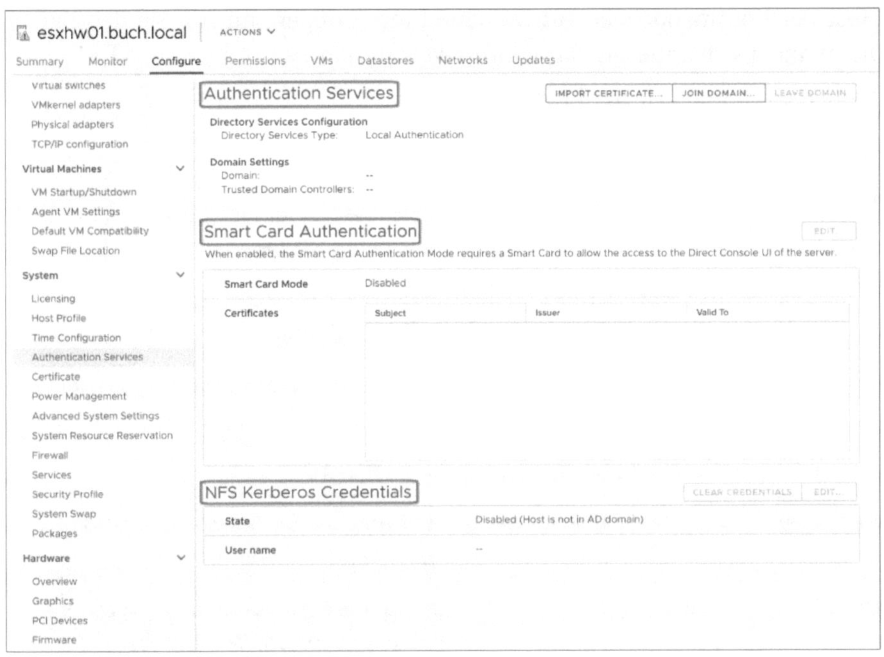

Abbildung 14.18 Authentifizierungseinstellungen

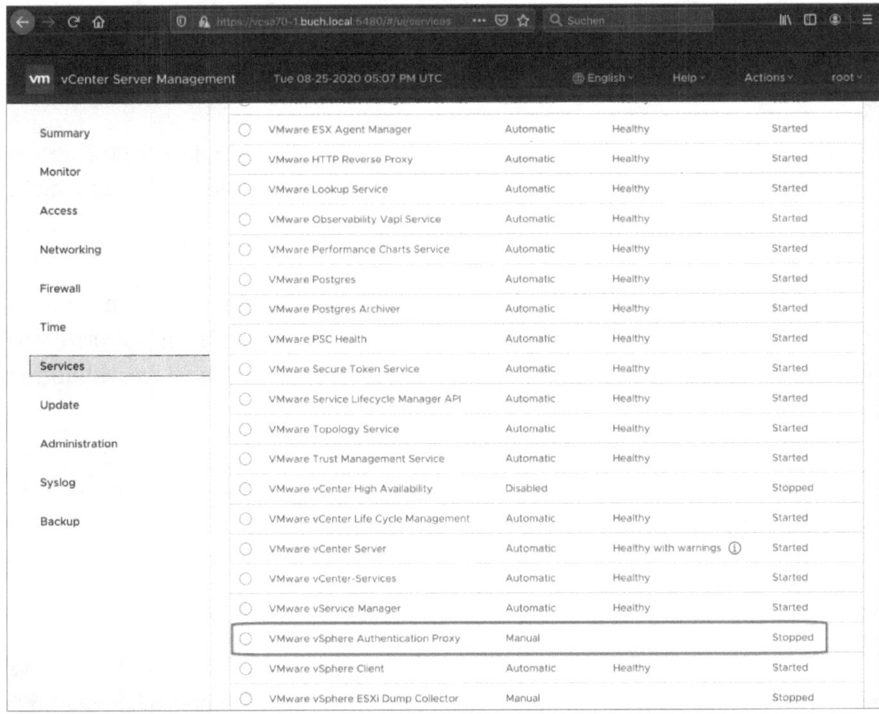

Abbildung 14.19 Aktivierung des Authentication Proxy

Um einen Host per Kommandozeile zur Domäne hinzuzufügen, nutzen Sie den Befehl camconfig. Dieser findet sich unter */usr/lib/vmware-vmcam/bin/*.

Die Befehlssyntax entnehmen Sie bitte Tabelle 14.3.

Befehl	Schalter	Bemerkungen
add-domain	-d, --domain <Domänenname>	Der Name der Domäne, zu der das System hinzugefügt werden soll.
	-u, --user <Username>	Benötigter User-Account zum Hinzufügen zur Domäne.
	-w, --password <Passwort>	Zum User-Account gehöriges Passwort zur Authentifizierung an der Domäne.
	-x, --pfile <Passwortdatei>	Passwortdatei.
remove-domain	-d, --domain <Domänenname>	Der Name der Domäne, von der das System entfernt werden soll.
ssl-cliAuth	-e, --enable	Erlaubt die Manipulation der Netzwerkeinstellungen von VMs und Hosts.
	-n, --disable	Hier sind alle Rechte hinterlegt, die für das Handling der Content Library notwendig sind.

Tabelle 14.3 Beschreibung der Befehle und ihrer Schalter

Der Host wird automatisch hinzugefügt, solange er in der Zugriffsliste steht. Um die Zugriffssicherheit zu erhöhen, können Sie auch die Clientauthentifizierung aktivieren. Das geschieht mit dem Befehl ssl-cliAuth. Bei Aktivierung wird darüber hinaus das Hostzertifikat überprüft.

In Infrastrukturen, die extrem hohen Sicherheitsanforderungen genügen müssen, können Sie für die Anmeldung am Host eine Smartcard-Authentifizierung aktivieren (SMART CARD AUTHENTICATION). Auch das ist in diesem Konfigurationsfenster möglich (siehe Abbildung 14.19).

Außerdem besteht optional die Möglichkeit, NFS-Verbindungen mit Kerberos-Tickets herzustellen (NFS KERBEROS CREDENTIALS), aber das funktioniert nur, wenn der Host Mitglied eines Active Directory ist.

14.3.5 Certificate

Der nächste Punkt unter SYSTEM ist die CERTIFICATE-Auswahl. Hier können Sie sich das aktuell gültige Zertifikat anzeigen lassen oder es gegebenenfalls auch erneuern (siehe Abbildung 14.20).

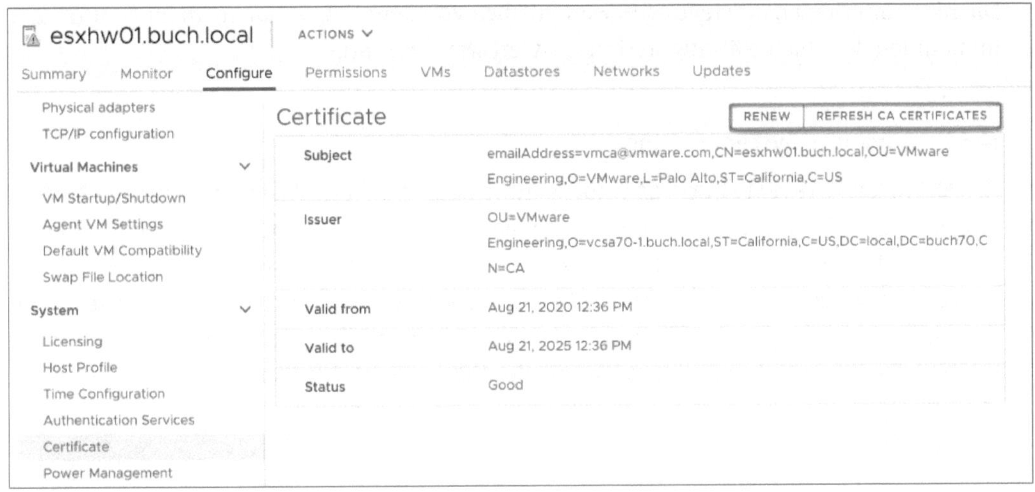

Abbildung 14.20 Anzeige des Hostzertifikats

14.3.6 Power Management

In der Sektion Power Management (siehe Abbildung 14.21) können Sie Informationen hinterlegen, mit denen der Host heruntergefahren und auch wieder automatisch gestartet werden kann.

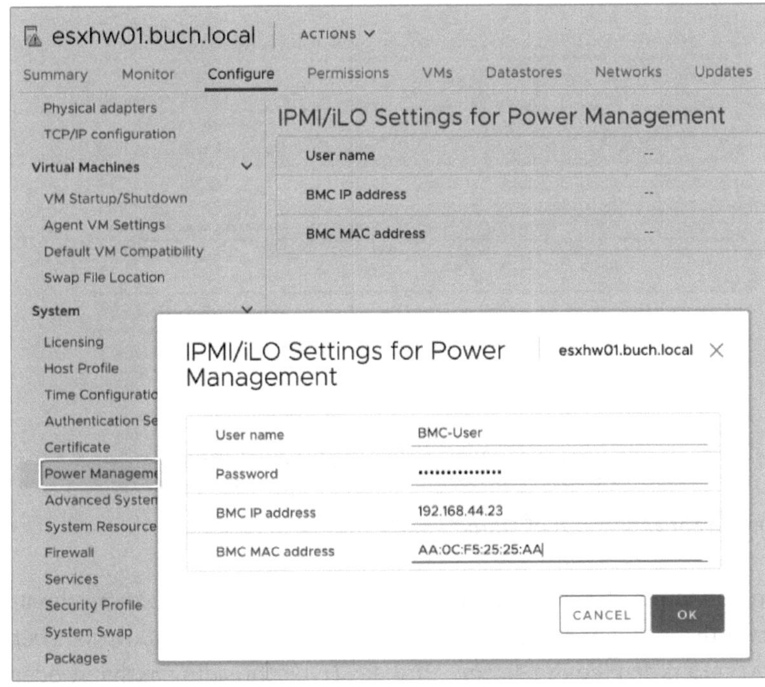

Abbildung 14.21 Einstellungen zum Stromsparen

Die hier hinterlegten Einstellungen werden auch von dem *Power Management* genutzt, das im Rahmen der Cluster-Konfiguration aktiviert werden kann.

14.3.7 Advanced System Settings

Die Advanced System Settings sind eigentlich der Dreh- und Angelpunkt für alle Einstellungen. Sämtliche Konfigurationen können hier direkt vorgenommen werden, wenn die zugehörigen Parameter bekannt sind. Letztendlich beruht jede Konfigurationsänderung, die im vCenter geschieht, auf der Anpassung eines speziellen Parameters. Diese Anpassung kann hier direkt vorgenommen werden. Manche Parameter können gar nicht über die Konsole angepasst werden; dann muss hier die Konfiguration stattfinden.

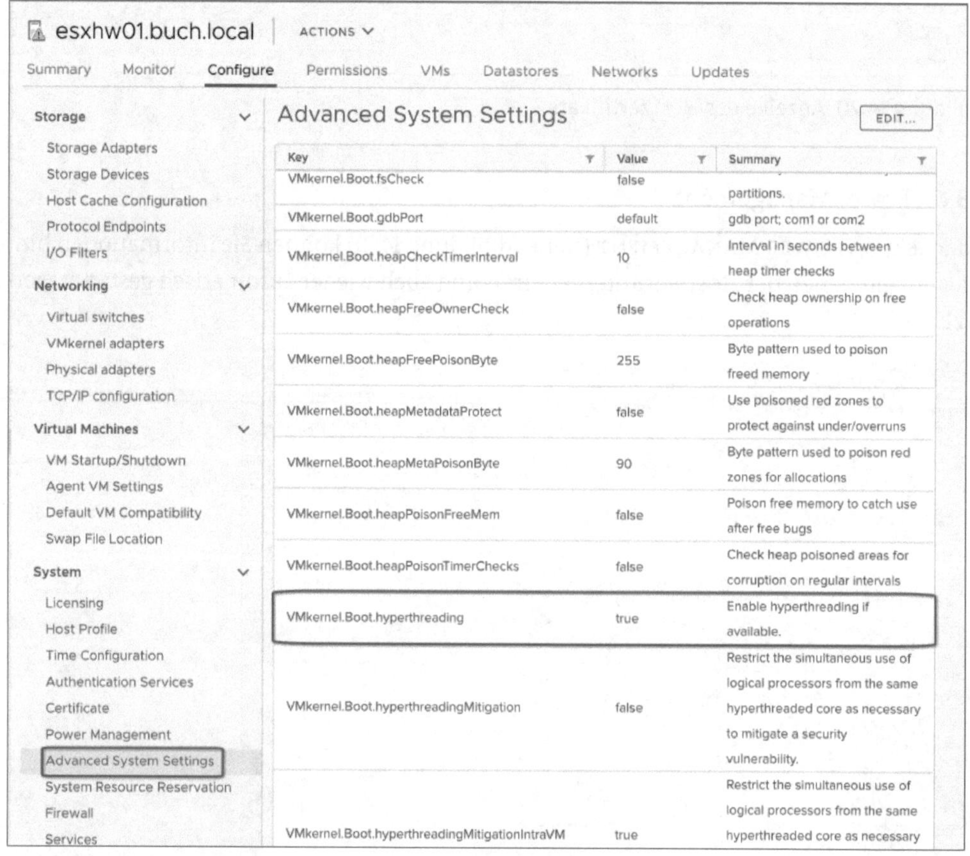

Abbildung 14.22 Änderungen der »Advanced«-Parameter

Als Beispiel sehen Sie in Abbildung 14.22 die Aktivierung bzw. Deaktivierung des Hyperthreadings. Der dafür verantwortliche Parameter heißt VMkernel.Boot.hyperthreading. Über den Wert TRUE oder FALSE, auf den Sie ihn setzen, wird das Hyperthreading aktiviert oder deaktiviert.

Viele Parameter des vSphere-Hosts können an dieser Stelle angepasst werden. Hier ändern Sie Einstellungen, wenn z. B. der Hardwarehersteller des Storages Sie dazu auffordert. Auch der VMware-Support verlangt von Ihnen möglicherweise, hier Einstellungen anzupassen, wenn es Probleme gibt. Viel mehr können wir Ihnen zu diesem Fenster aber nicht berichten, denn für die Funktion der einzelnen Parameter gibt es nur eine Kurzbeschreibung in der rechten Fensterhälfte. Mehr ist nirgendwo dokumentiert. Nur einige wenige Werte sind in unterschiedlichen Internetforen beschrieben. Ändern Sie nur Werte, wenn der Hardware- oder Softwaresupport Sie dazu auffordert. Weniger ist auch hier mehr.

14.3.8 System Resource Reservation

Unter dem Punkt SYSTEM RESOURCE RESERVATION lassen sich keine Einstellungen vornehmen. Es handelt sich um eine reine Anzeige (siehe Abbildung 14.23).

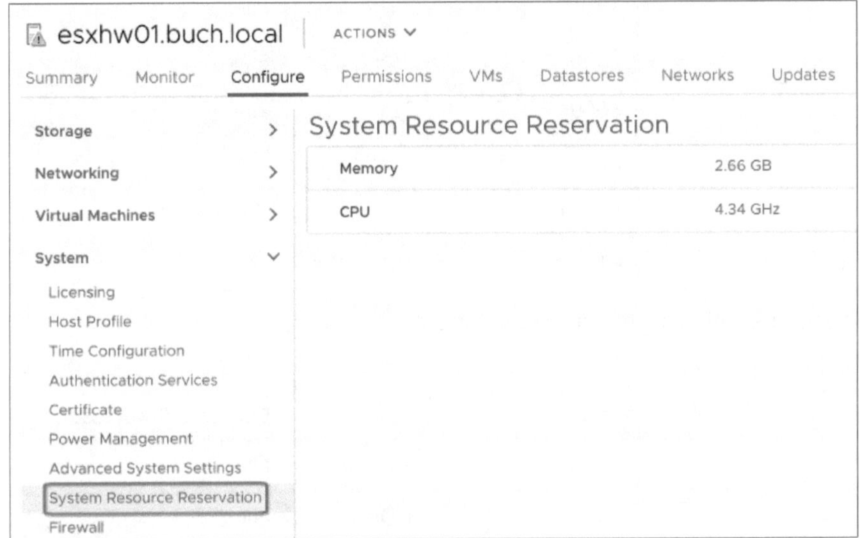

Abbildung 14.23 Anzeige der Hypervisor-Ressourcen

14.3.9 Firewall: vSphere-Security

Der VMware-vSphere-Host ist mit einer Firewall ausgestattet, die ihn schützt. Die Firewall ist nach der Installation eingeschaltet und konfiguriert. Auch hier hat sich eine Änderung ergeben: Das vSphere-Security-Fenster teilt sich in zwei Abschnitte; im oberen finden sich nun die Dienste (*Services*) wieder, und im unteren werden die Ports angezeigt. Standardmäßig werden alle Ports erst einmal geschlossen – abgesehen von denjenigen, die für die Standardkommunikation notwendig sind. In unserer Beispielinstallation sind alle Ports freigeschaltet, die in Tabelle 14.4 und Tabelle 14.5 aufgelistet sind. Dabei haben wir die Ports in eingehende und in ausgehende Ports aufgeteilt.

Dienste	Port	Protokoll	Erlaubte IP-Adressen
CIM Secure Server	5989	TCP	alle
CIM Server	5988	TCP	alle
CIM SLP	427	UDP/TCP	alle
DHCP Client	68	UDP	alle
DVSSync	8301/8302	UDP	alle
Fault Tolerance	8300	UDP	alle
iofiltervp	9080	TCP	alle
NFC	902	TCP	alle
SNMP Server	161	UDP	alle
SSH Server	22	TCP	alle
vMotion	8000	TCP	alle
vSphere Web Access	80	TCP	alle
vSphere Web Client	443/902	TCP	alle
High Availability Agent	8182	UDP/TCP	alle

Tabelle 14.4 vSphere-Firewall – eingehende Verbindungen

Dienst	Port	Protokoll	Erlaubte IP-Adressen
CIM SLP	427	TCP/UDP	alle
DHCP Client	68	UDP	alle
DNS Client	53	TCP/UDP	alle
DVSSync	8301/8302	UDP	alle
Fault Tolerance	80/8300	TCP	alle
HBR	31031/44046	TCP	alle
NFC	902	TCP	alle
NFS Client	0–65535	TCP	alle
Trusted-infrastructure-kmxa	0–65535	TCP	alle
vCenter Update Manager	80/9000–9100	TCP	alle

Tabelle 14.5 vSphere-Firewall – ausgehende Verbindungen

Dienst	Port	Protokoll	Erlaubte IP-Adressen
vMotion	8000	TCP	alle
VMware vCenter Agent	902	UDP	alle
WOL	9	UDP	alle

Tabelle 14.5 vSphere-Firewall – ausgehende Verbindungen (Forts.)

Das Startverhalten der eingerichteten Freischaltung oder Sperrung von Ports lässt sich individuell konfigurieren. Sie haben drei Optionen für das Startverhalten der Portfreischaltung (siehe Abbildung 14.24).

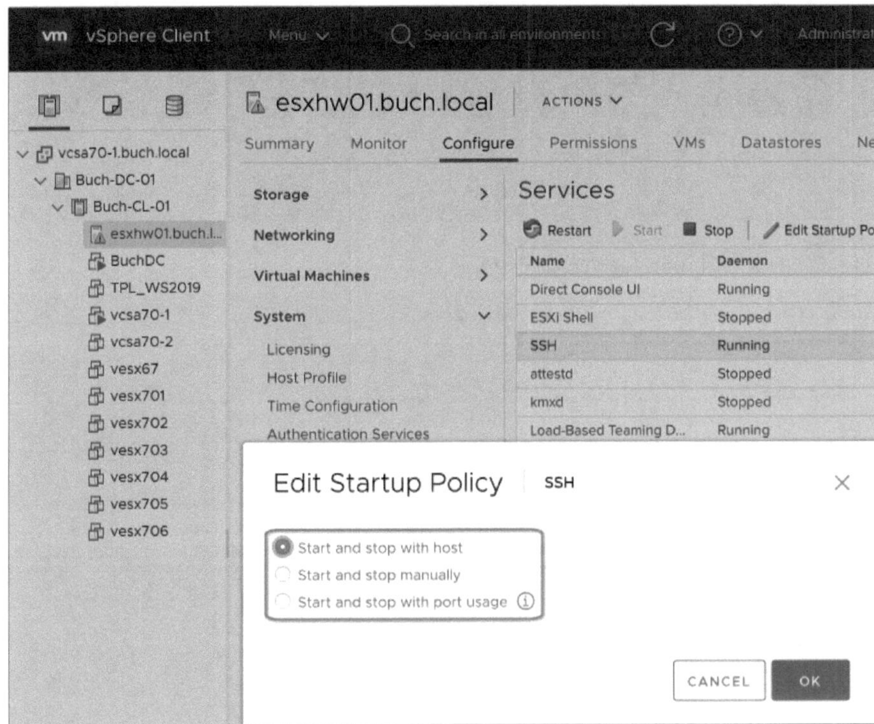

Abbildung 14.24 Startarten für Portfreischaltungen

START AND STOP WITH HOST ist die Standardoption für alle Ports. Mit dieser Option werden die Dienste direkt mit dem Host gestartet oder beendet. Bei Aktivierung von START AND STOP MANUALLY startet keine Freischaltung automatisch, der Dienst muss manuell gestartet werden. Wird der Dienst mit dieser Option manuell gestartet und später der Host neu gebootet, ist der Dienst nach dem Neustart nicht mehr verfügbar.

Die dritte Option, START AND STOP WITH PORT USAGE, startet den Dienst, sobald die zugehörigen Ports freigeschaltet worden sind.

Die Startart können Sie einfach über die Eigenschaften des Diensts ändern und für Ihre Zwecke anpassen.

Öffnen und Schließen eines Ports mit dem vSphere Web Client

Um einen Port zu öffnen oder zu schließen, müssen Sie sich direkt mit einem vCenter verbinden. Dann ist der VMware-Host auszuwählen, auf dem die Porteinstellungen geändert werden sollen. Der Weg führt über CONFIGURE SETTINGS • FIREWALL. Durch Anklicken des EDIT-Buttons im Bereich der Firewall schalten Sie die Ports frei. Dabei können Sie keine eigenen Ports freischalten, sondern nur Ports für Funktionen, die VMware zur Verfügung stellt.

Nun wird eine komplette Übersicht dazu angezeigt, welche Ports mit welchen Parametern freigeschaltet sind (siehe Abbildung 14.25). Diese können Sie nicht ändern. Es werden nur die gängigen vorkonfigurierten Ports angezeigt, die freigeschaltet werden können.

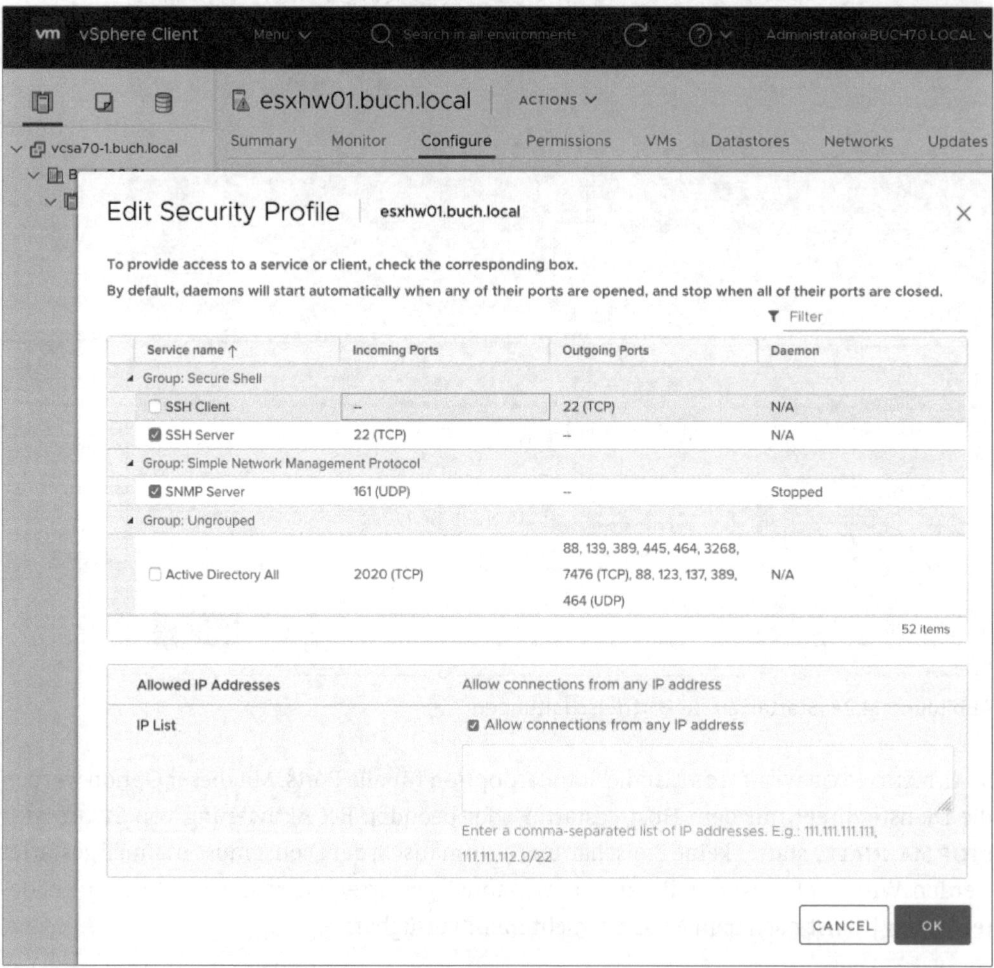

Abbildung 14.25 Portfreischaltungen der vSphere-Firewall

Im unteren Bereich des Konfigurationsfensters können Sie die IP-Zugriffseinschränkungen konfigurieren.

Vorsicht

Wird ein Port auf der Firewall, der bisher geöffnet war, geschlossen, werden bereits aktive Verbindungen nicht beendet. Die laufende Kommunikation über einen bestimmten nachträglich geschlossenen Port funktioniert so lange weiter, bis die Verbindung getrennt wird.

Wenn Sie Ports freischalten wollen, die in dieser Liste nicht auftauchen, bleibt Ihnen nur der Weg über die Kommandozeilentools, um die Freischaltungen hinzuzufügen.

14.3.10 Services

Zusätzlich sind noch die Dienste (SERVICES) des Hosts wichtig (siehe Abbildung 14.26).

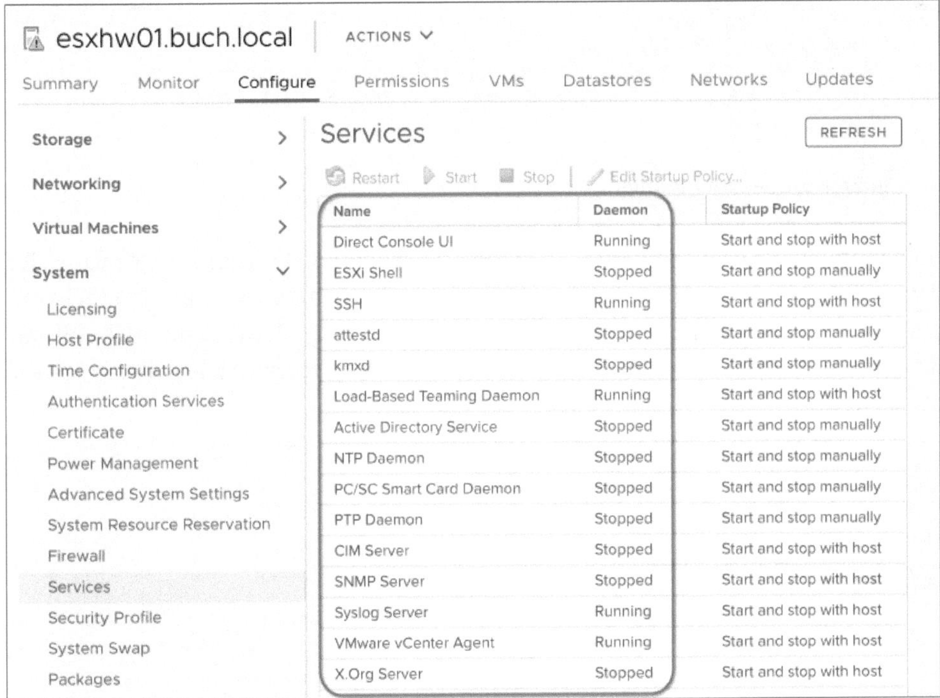

Abbildung 14.26 Dienste des ESXi-Hosts

Einige Einstellungsanpassungen an den Diensten können Sie sofort sehen, wenn Sie sich auf der lokalen Konsole anmelden, so z. B. an der ESXi-Shell.

Wird die Startart eines Diensts geändert, werden im Hintergrund automatisch die Ports in der Firewall aktiviert. Damit ist gewährleistet, dass auch alle Ports geöffnet werden, die der Service benötigt.

14.3.11 Security Profile

Um strengen Sicherheitsanforderungen zu genügen, kann ein Host weitergehend abgesichert werden (siehe Abbildung 14.27).

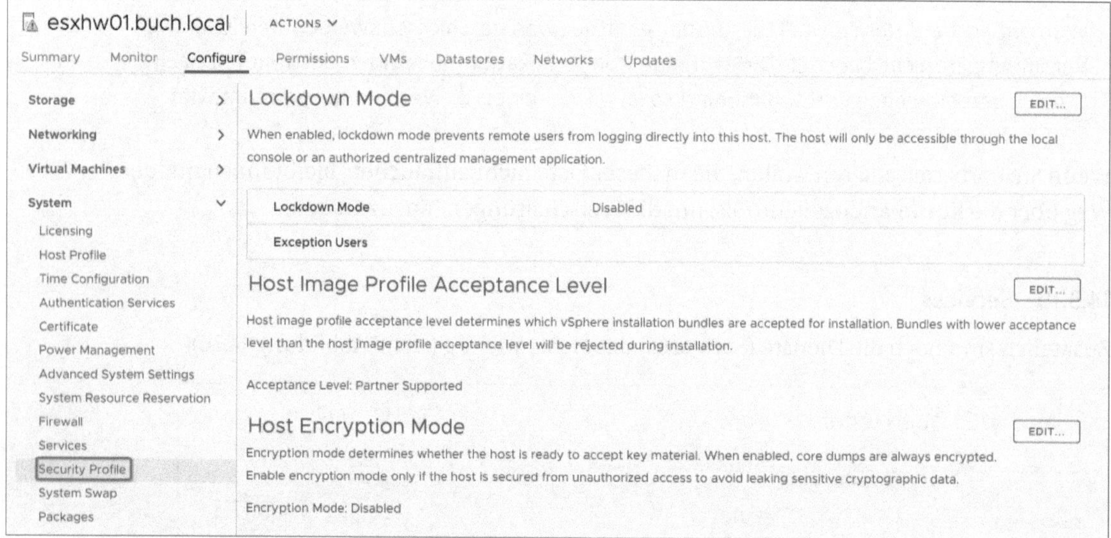

Abbildung 14.27 Host-Security-Profile

Dazu stehen Ihnen die drei folgenden Optionen zu Verfügung: der LOCKDOWN MODE, der HOST IMAGE PROFILE ACCEPTANCE LEVEL und der HOST ENCRYPTION MODE. Mit dem LOCKDOWN MODE kann der Remote-Zugriff gesperrt werden. Der Zugriff kann auch auf das vCenter beschränkt werden. Ausnahmen werden über eine Account-Liste generiert (siehe Abbildung 14.28).

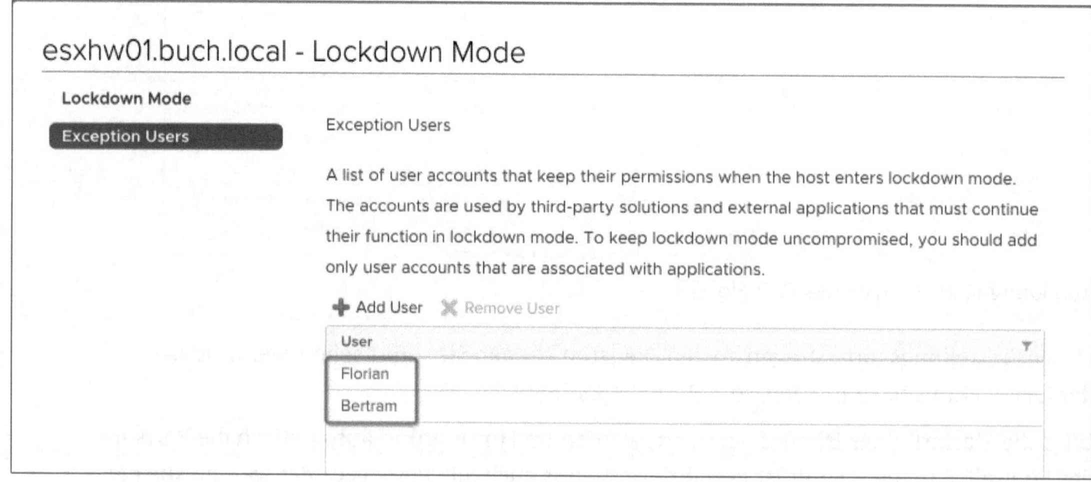

Abbildung 14.28 Ausnahmeliste für User-Accounts

VMware empfiehlt, hier nur Accounts einzutragen, die direkt mit der Funktion von Applikationen zu tun haben.

Wer schon mit der PowerCLI gearbeitet hat, kennt den *Acceptance Level*. Er legt fest, welche Pakete auf dem Host installiert werden dürfen (siehe Abbildung 14.29).

Abbildung 14.29 Anpassung der Acceptance Level

Hier gibt es vier mögliche Werte, die in Tabelle 14.6 beschrieben werden. Je weiter Sie die Tabelle nach unten gehen, desto unsicherer können die installierten Pakete sein.

Acceptance Level	Beschreibung
VMWARE CERTIFIED	Nur von VMware zertifizierte Pakete sind erlaubt.
VMWARE ACCEPTED	Pakete, die VMware akzeptiert, können installiert werden.
PARTNER SUPPORTED	Es dürfen auch Pakete installiert werden, die nur Support von einem VMware-Partner erhalten.
COMMUNITY SUPPORTED	Community-unterstützte Pakete dürfen installiert werden.

Tabelle 14.6 Acceptance Level

Mit dem letzten Punkt, HOST ENCRYPTION MODE, aktivieren Sie die Verschlüsselung des Hosts.

14.3.12 System Swap

Die vorletzte noch nicht besprochene Einstellung in der Sektion SYSTEM ist der SYSTEM SWAP (siehe Abbildung 14.30).

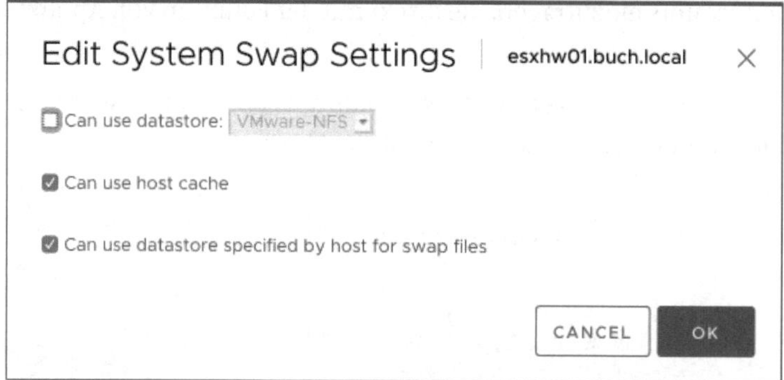

Abbildung 14.30 Einstellung der Art und Weise, ob und wie ein Host swappen soll

Hier legen Sie fest, ob der vSphere-Host Speicher auslagern soll und, wenn ja, wohin. Die Einstellungen an sich sollten selbsterklärend sein. Es besteht ebenfalls die Möglichkeit, einen festen Datastore für diese Funktion auszuwählen.

14.3.13 Packages

Auch im Webclient ist es nun möglich, zu kontrollieren, welche Softwarepakete auf dem ESXi-Host installiert sind. Dazu rufen Sie den Punkt PACKAGES auf (siehe Abbildung 14.31).

Aber nicht nur die Paketversion ist hier einsehbar, sondern auch der Hersteller und der ACCEPTANCE LEVEL. Mit diesem Wert kann festgelegt werden, welche Pakete auf einem Host installiert werden dürfen.

Name	Description	Version	Vendor	Acceptance level	Installed on
igbn	Native igbn network driver for VMware ESXi	0.1.1.0-6vmw.700.1.0.15843807	VMW	VMware-certified	08/09/2020, 2:39:07 PM
iser	VMware Native iSER Driver	1.1.0.0-1vmw.700.1.0.15843807	VMW	VMware-certified	08/09/2020, 2:39:07 PM
ixgben	Native ixgben network driver for VMware ESXi	1.7.1.26-1vmw.700.1.0.15843807	VMW	VMware-certified	08/09/2020, 2:39:07 PM
loadesx	Provides functionalities to improve the ESXi re...	7.0.0-1.25.16324942	VMware	VMware-certified	08/09/2020, 2:39:07 PM
lpfc	Emulex Fibre Channel and FCoE Driver	12.4.293.3-5vmw.700.1.0.15843807	VMW	VMware-certified	08/09/2020, 2:39:07 PM
lpnic	Emulex OneConnect Network Driver	11.4.62.0-1vmw.700.1.0.15843807	VMW	VMware-certified	08/09/2020, 2:39:07 PM
lsi-mr3	Broadcom Native MegaRAID SAS driver for v...	7.712.50.00-1vmw.700.1.0.15843807	VMW	VMware-certified	08/09/2020, 2:39:07 PM
lsi-msgpt2	Avago (LSI) Native 6Gbps SAS MPT Driver for ...	20.00.06.00-2vmw.700.1.0.15843807	VMW	VMware-certified	08/09/2020, 2:39:07 PM
lsi-msgpt3	Avago (LSI) Native 12Gbps SAS MPT Driver for...	17.00.10.00-1vmw.700.1.0.15843807	VMW	VMware-certified	08/09/2020, 2:39:07 PM
lsi-msgpt35	Broadcom Native 12Gbps SAS/PCIe MPT Drive...	13.00.12.00-1vmw.700.1.0.15843807	VMW	VMware-certified	08/09/2020, 2:39:07 PM
lsuv2-hpv2-hpsa-plugin	HPSA LSU Management Plugin	1.0.0-2vmw.700.1.0.15843807	VMware	VMware-certified	08/09/2020, 2:39:07 PM
lsuv2-intelv2-nvme-vmd-plugin	INTEL VMD LSU Management Plugin	1.0.0-2vmw.700.1.0.15843807	VMware	VMware-certified	08/09/2020, 2:39:07 PM
lsuv2-lsiv2-drivers-plugin	LSI NATIVE DRIVERS LSU Management Plugin	1.0.0-2vmw.700.1.0.15843807	VMware	VMware-certified	08/09/2020, 2:39:07 PM
lsuv2-nvme-pcie-plugin	NVME PCIe LSU Management Plugin	1.0.0-1vmw.700.1.0.15843807	VMware	VMware-certified	08/09/2020, 2:39:07 PM

Abbildung 14.31 Installierte Softwarepakete

14.4 Hardware

In diesem Abschnitt möchten wir Ihnen die Einträge im Menü HARDWARE unter CONFIGURE näherbringen.

14.4.1 Overview

Sie finden hier unterschiedliche Einstellungen, die direkt im Zusammenhang mit der Serverhardware stehen. Dabei können Sie überwiegend Informationen abrufen. Die Auswahl OVERVIEW (siehe Abbildung 14.32 und Abbildung 14.33) zeigt alle systemrelevanten Informationen über den Host an.

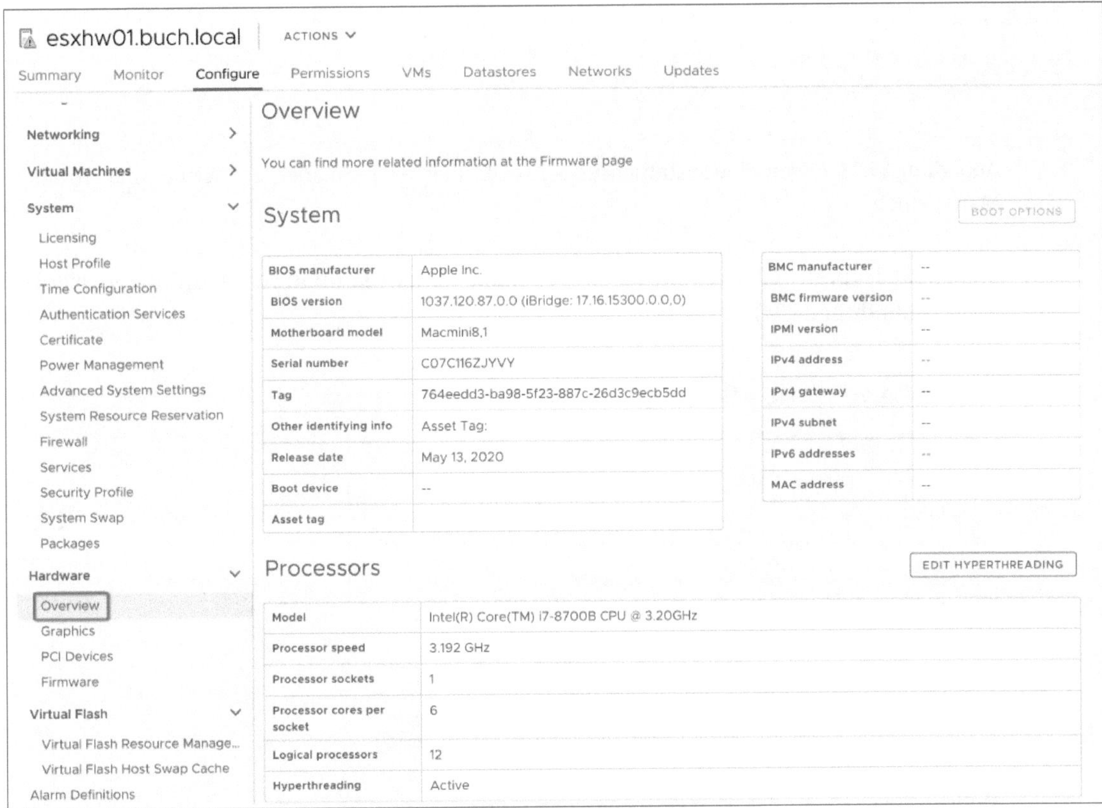

Abbildung 14.32 Allgemeine Systemanzeige mit Prozessorübersicht

Hier werden auch Informationen angezeigt, die an anderer Stelle konfiguriert werden müssen.

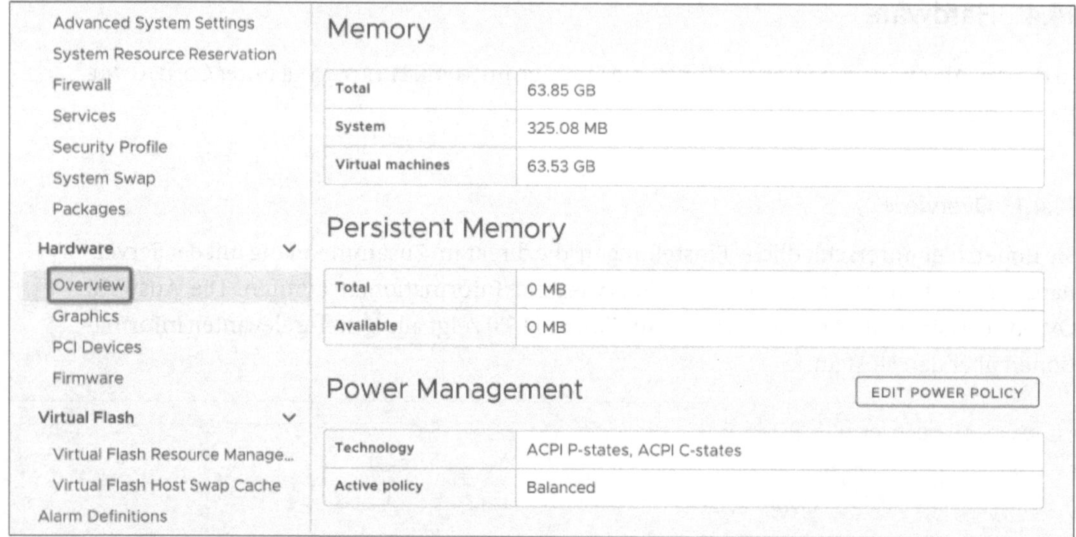

Abbildung 14.33 Allgemeine Systemanzeige, Arbeitsspeicher, permanenter Speicher und Power Management

Einzig das Hyperthreading und das Power Management können hier manipuliert werden (siehe Abbildung 14.34).

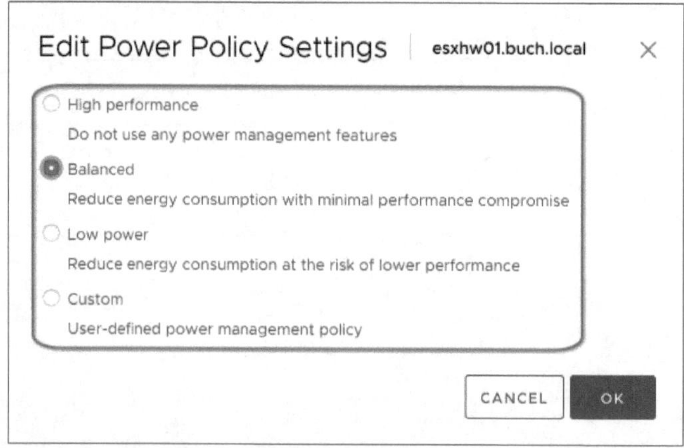

Abbildung 14.34 CPU-Power-Management-Einstellungen

Vier Einstellungen unterschiedlicher Abstufungen finden sich hier. Sie können zwischen drei fest vordefinierten Rollen auswählen und einer Rolle, die frei konfigurierbar ist.

Die konfigurierbaren Parameter für die frei einstellbare Power-Management-Rolle finden Sie unter CONFIGURE • SYSTEM • ADVANCED SYSTEM SETTINGS. Hier können Sie dann die Anpassungen an Ihrer Landschaft vornehmen. Folgende Werte sind dafür verantwortlich (siehe Tabelle 14.7).

Power-Parameter	Standardwert	Beschreibung
`Power.UsePStates`	1	Bei Auslastung des Prozessors sollen ACPI-P-Statuszustände genutzt werden, um Energie einzusparen.
`Power.MaxCpuLoad`	60	P-States sollen nur genutzt werden, wenn die Auslastung der CPU in Prozent unter diesem Wert liegt.
`Power.MinFreqPct`	100	P-States sollen nur genutzt werden, wenn sie langsamer als die in Prozent angegebene CPU-Last sind.
`Power.UseStallCtr`		Ein tieferer P-State soll genutzt werden, wenn die CPU beim Warten ins Stocken gerät.
`Power.TimerHz`	100	Auswertungsintervall in Sekunden für die Auswertung der P-States.
`Power.UseCStates`	1	Nutzung tiefer ACPI-C-States im CPU Leerlauf.
`Power.CStateMaxLatency`	500	Nutzung von keinen C-States, die eine größere Latenz haben als der angegebene Wert.
`Power.CStateResidencyCoef`	110479	Berechnung eines Werts, ob die C-States aggressiv oder konservativ angewendet werden.
`Power.CStatePredictionCoef`	5	Vorhersagewert, wie lange eine CPU im Leerlauf sein wird. **Dieser Wert darf nicht geändert werden!**
`Power.PerfBias`	17	0 → Hochleistung 6 → Ausgeglichene Leistung 15 → Geringe Leistung **Gilt nur für Intel-CPUs!**

Tabelle 14.7 Custom Power Management

Es ist schade, dass hier keine direkte Verzweigung zu den Parametern stattfindet und Sie stattdessen den Umweg über die ADVANCED PARAMETER gehen müssen.

14.4.2 Grafik

An dieser Stelle werden Informationen zur Grafikhardware angezeigt (siehe Abbildung 14.35).

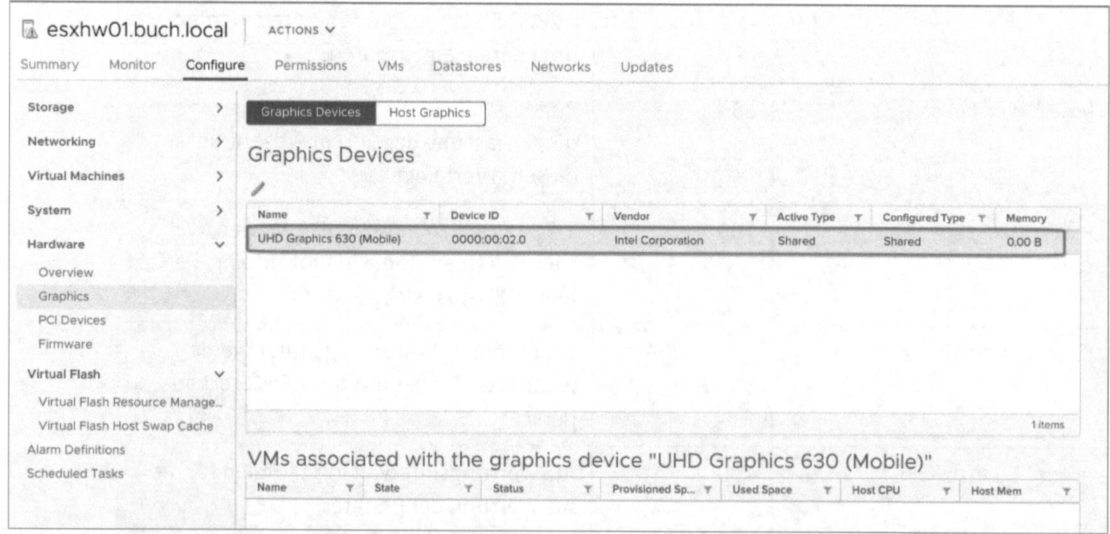

Abbildung 14.35 Grafikkarte des ESXi-Hosts

Die GPU des Hosts kann in VMs genutzt werden. Die Konfiguration erfolgt in dem Menü, das Sie in Abbildung 14.36 sehen.

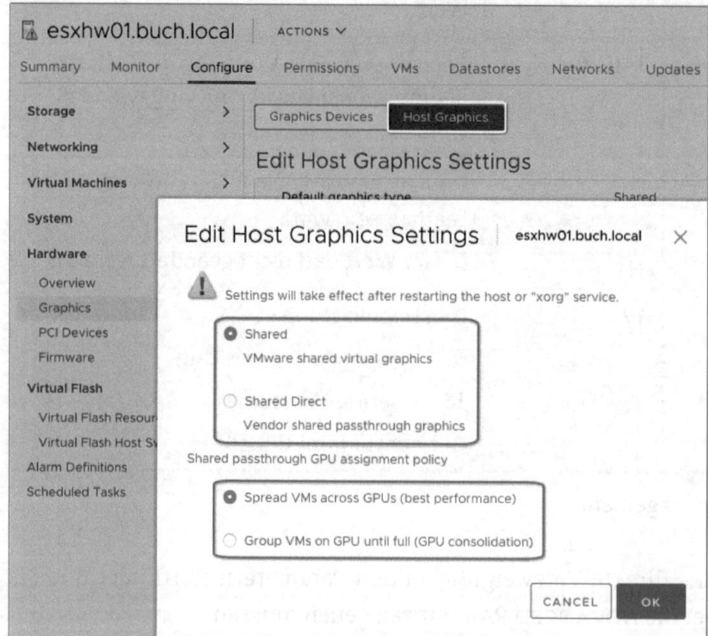

Abbildung 14.36 Konfiguration des GPU-Verhaltens

14.4.3 PCI Devices

Informationen über PCI DEVICES finden sich in diesem Abschnitt. Es wird auch angezeigt, ob ein PCI-Device in eine VM gemappt werden kann (siehe Abbildung 14.37).

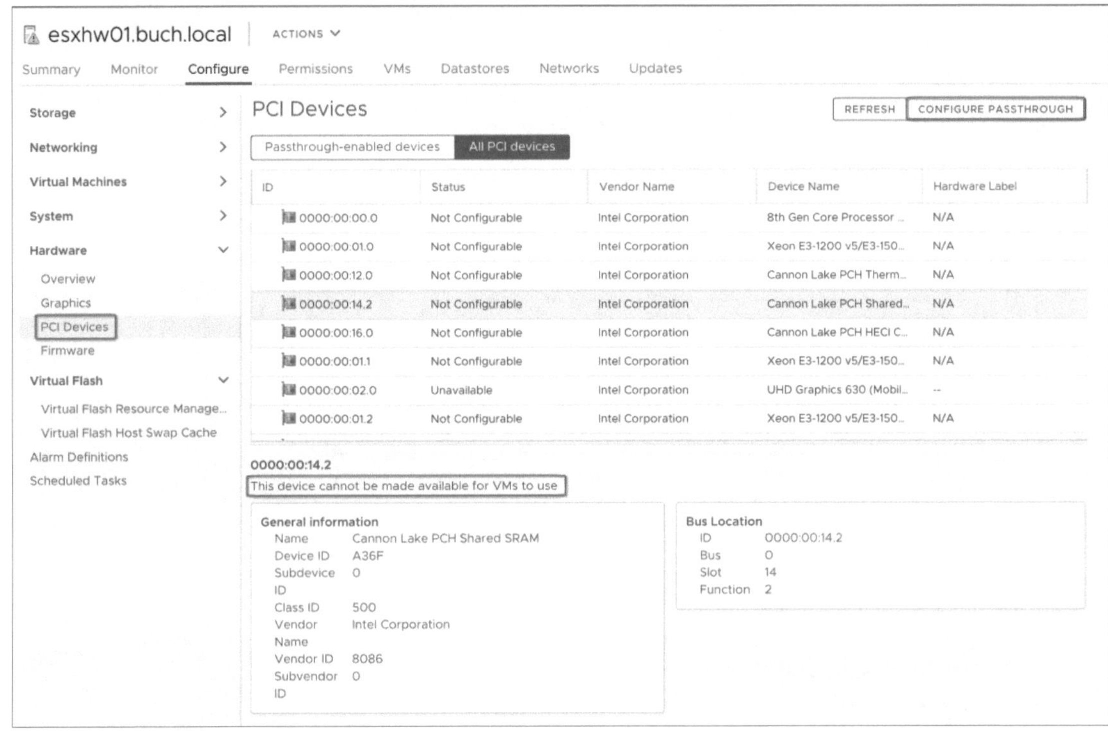

Abbildung 14.37 Übersicht der PCI-Devices im ESXi-Host

Kann ein Gerät nicht für ein Mapping in eine VM konfiguriert werden, wird am Gerät die Meldung THIS DEVICE CANNOT BE MADE AVAILABLE FOR VMS TO USE angezeigt. Ist es möglich, ein Gerät in die VM einzubinden, finden Sie an dieser Stelle den Hinweis THIS DEVICE IS NOT CURRENTLY AVAILABLE FOR VMS TO USE.

Über den Link CONFIGURE PASSTHROUGH kann ein Gerät für das Durchreichen vorbereitet werden (siehe Abbildung 14.38). Es muss nur markiert werden und erhält danach die Markierung AVAILABLE.

Beim Anlegen einer VM kann jetzt ein neues PCI-Gerät hinzugefügt werden (siehe Abbildung 14.39).

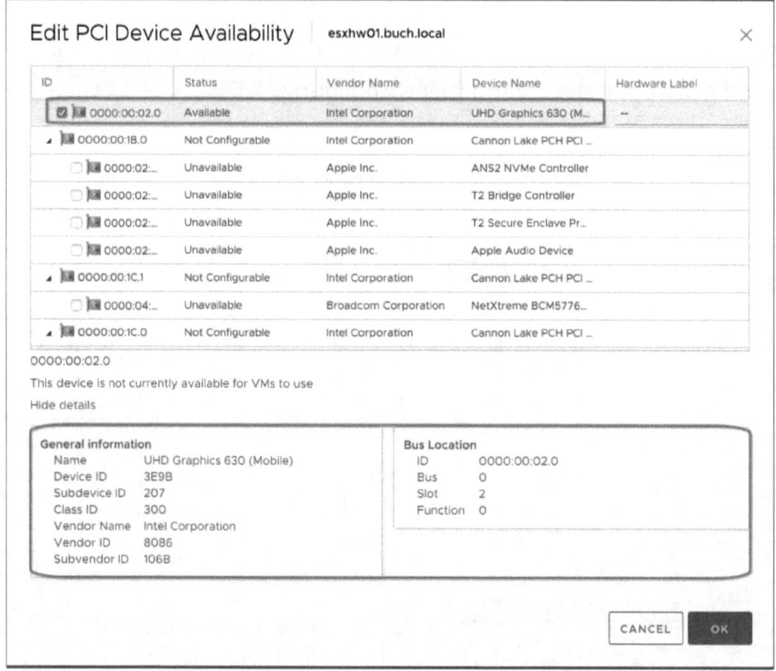

Abbildung 14.38 Vorbereitung der Grafikkarte für Passthrough

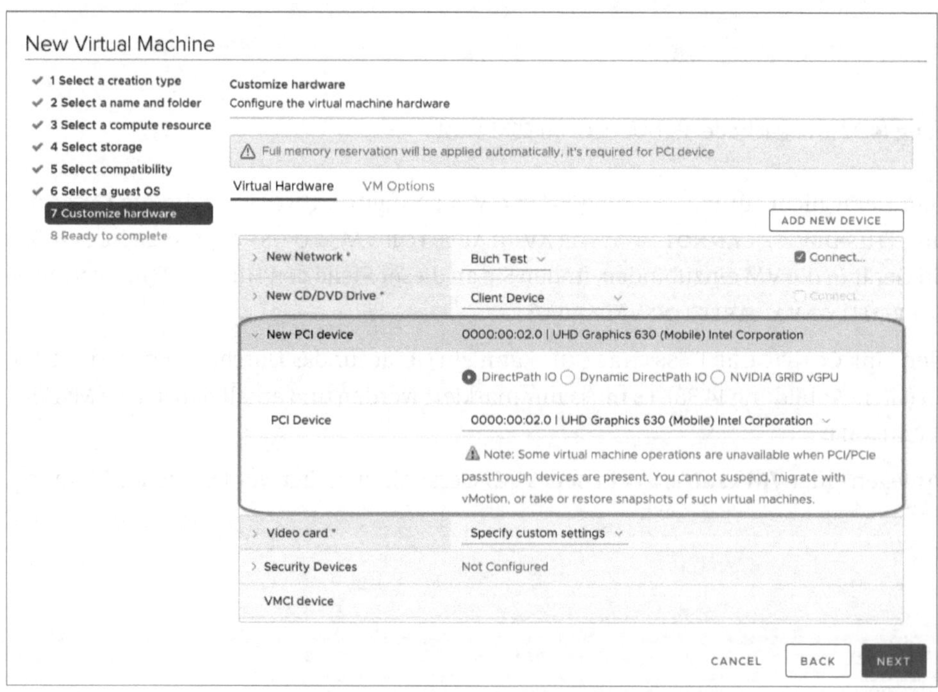

Abbildung 14.39 Einbinden eines Passthrough-Geräts in eine VM

14.4.4 Firmware

Das Thema Firmware kann in Serverumgebungen eine große Rolle spielen. Hier ist auf einen Blick ersichtlich, welche Release-Stände die Firmware auf den Geräten hat (siehe Abbildung 14.40).

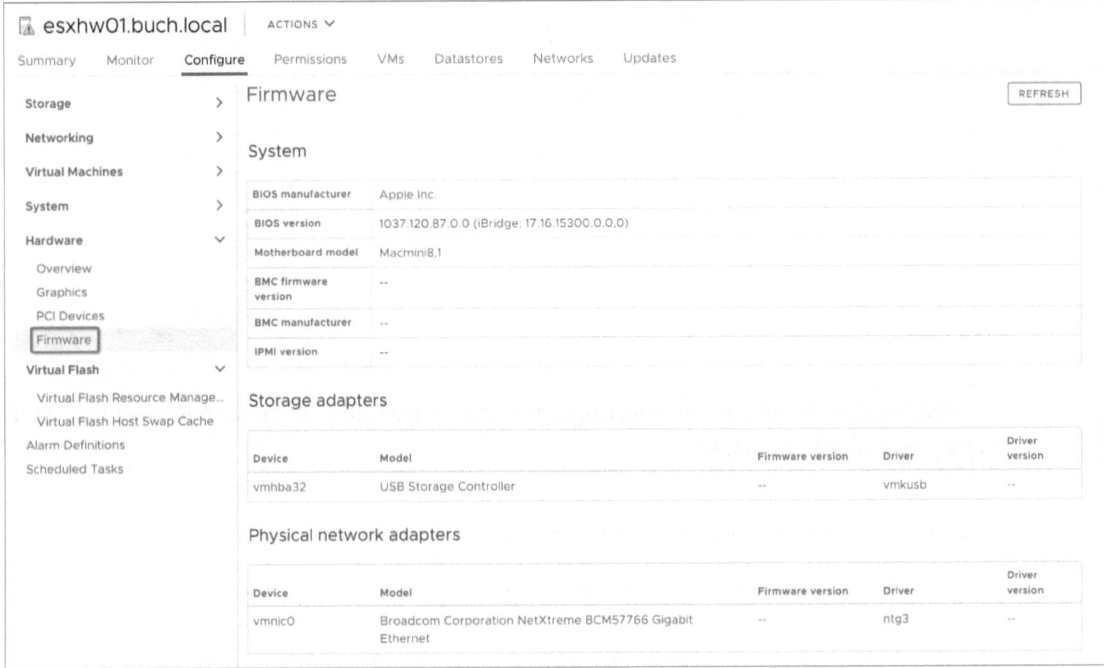

Abbildung 14.40 Firmwareübersicht des ESXi-Hosts

14.5 Virtual Flash

Zur Beschleunigung der virtuellen Infrastruktur können Flash-Speichermedien im Host oder zentral genutzt werden. Sie dienen als Lesecache für virtuelle Festplatten oder als Ablage für das Swap-File des Hosts.

14.5.1 Virtual Flash Resource Management

Damit der Host Flash-Speicher nutzen kann, muss der Speicher zuerst dem System bekannt gegeben werden (siehe Abbildung 14.41). Die Einrichtung des Speichers erfolgt über die Links oben rechts.

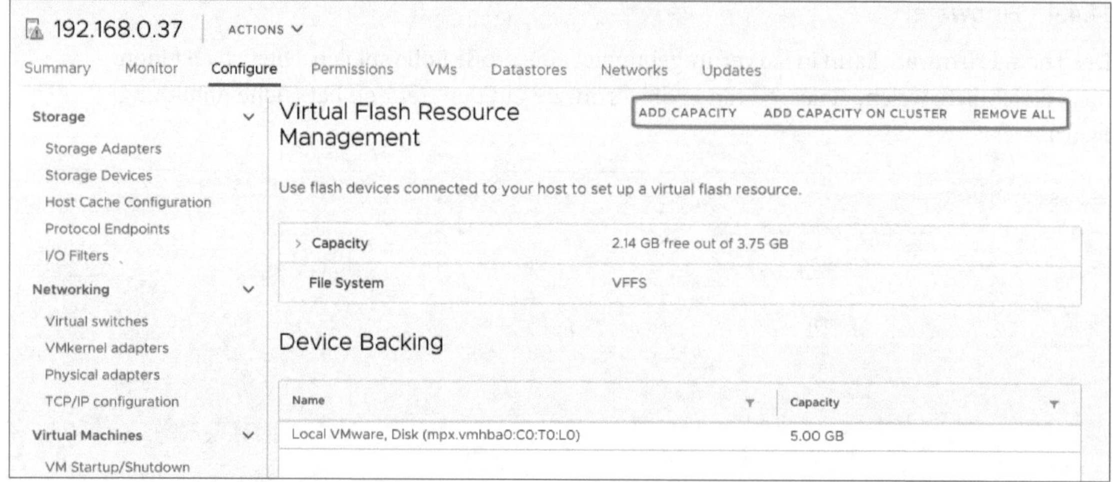

Abbildung 14.41 Konfiguration von vFlash

Bei der Einrichtung gibt es keine Konfigurationsmöglichkeiten; der Cache wird schlicht aktiviert (siehe Abbildung 14.42).

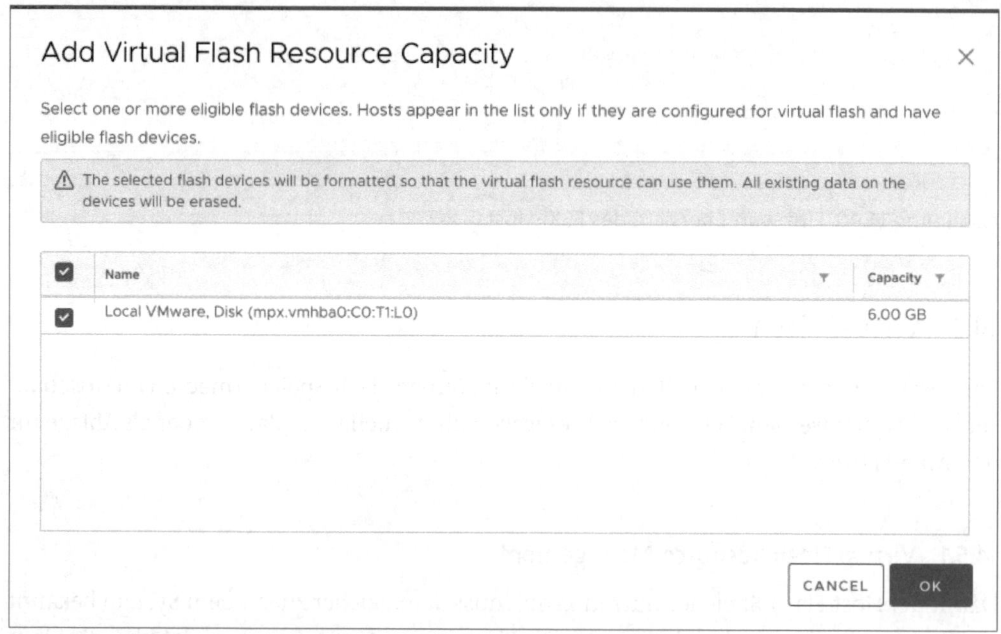

Abbildung 14.42 Aktivierung des vFlash

Nach der Einrichtung werden die nutzbaren Größen angezeigt (siehe Abbildung 14.43). Bitte achten Sie auf das File System. Für die Nutzung als Flash-Cache wird ein anderes Filesystem genutzt, das VFFS (*Virtual Flash File System*).

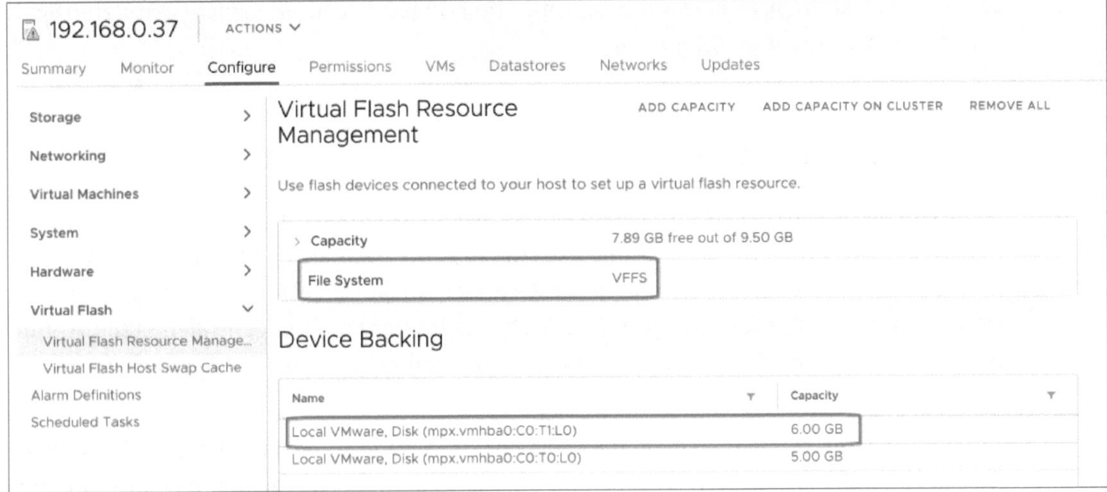

Abbildung 14.43 Nutzgrößen des Flash-Caches

Der angelegte Speicher kann dabei unterteilt werden: zur Nutzung als Swap für den Host und zur Nutzung als Flash-Lesecache für virtuelle Festplatten.

14.5.2 Virtual Flash Host Swap Cache

Ist dem Host der Flash-Speicher bekannt gegeben worden, kann der Speicher unterschiedlich konfiguriert werden. Die Einrichtung als Swap-Speicher findet sich direkt unter dem Menüpunkt VIRTUAL FLASH HOST SWAP CACHE (siehe Abbildung 14.44).

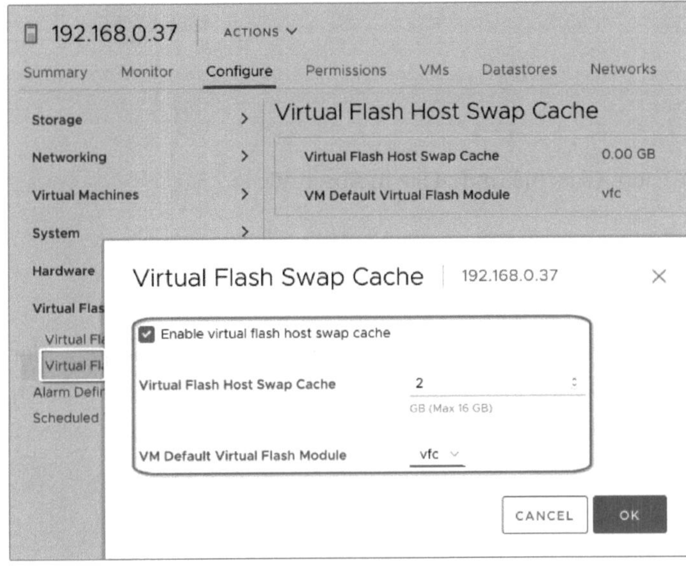

Abbildung 14.44 Festlegen der Swap-Cache-Größe des Hosts

Wie Sie sehen können, ist eine Mindestgröße von 1 GB festgelegt. Jeden nicht genutzten Speicher können Sie für eine VM nutzen.

14.6 Alarm Definitions

In diesem Menüpunkt gibt es bei jedem Objekt in der virtuellen Infrastruktur die Ansicht der ALARM DEFINITIONS. Im Auslieferungszustand liegt die Basis aller Definitionen im vCenter selbst, und nur dort können sie manipuliert werden. An den Objekten können Sie zwar neue Definitionen erstellen, aber es empfiehlt sich, das immer an einer zentralen Stelle zu tun, nämlich im vCenter. So haben Sie stets einen zentralen Einstiegspunkt, mit dem Sie alle Alarme finden.

An den Objekten selbst haben Sie die Möglichkeit, Alarme zu deaktivieren. Im Menü wird dargestellt, welcher Objekttyp vorliegt, wo der Alarm definiert wurde, wann er zuletzt manipuliert wurde und ob er aktiv ist (siehe Abbildung 14.45).

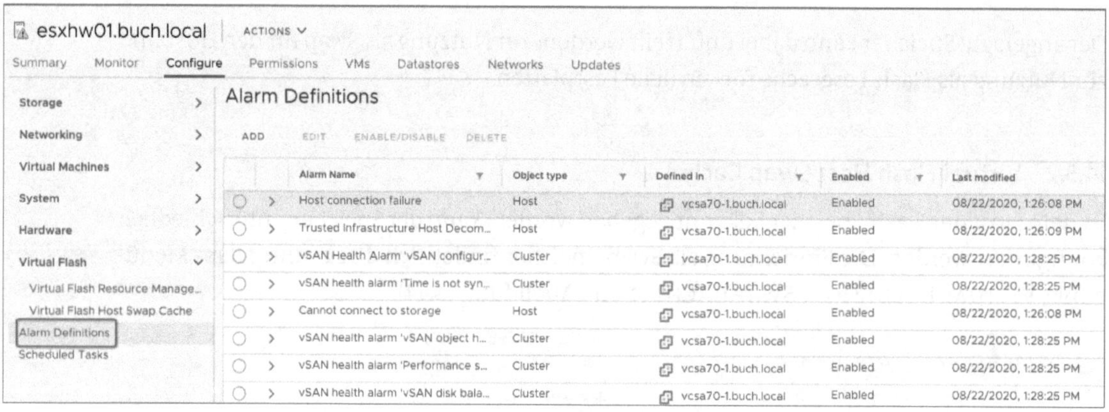

Abbildung 14.45 Alarmdefinitionen

Genauere Informationen zum Thema Alarme finden Sie in Abschnitt 16.2.5.

14.7 Scheduled Tasks

Unter dem Menüpunkt SCHEDULED TASKS lassen sich Aufgaben planen, VMware gibt hier aber die Möglichkeiten fest vor. Sie können keine eigenen Tasks erstellen, sondern müssen aus den VMware-Vorgaben auswählen (siehe Abbildung 14.46).

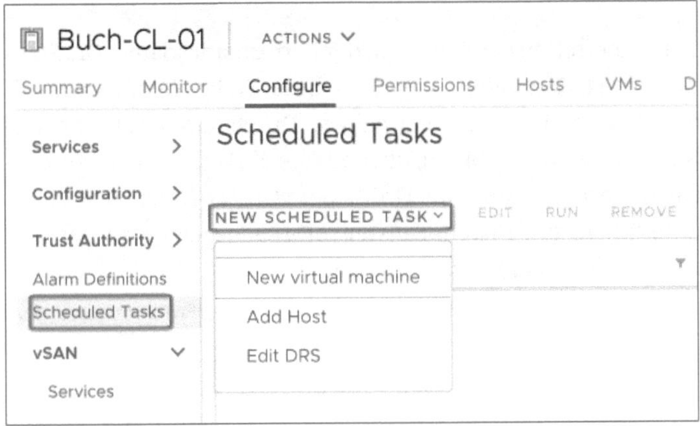

Abbildung 14.46 Einbinden eines Scheduled Tasks

14.8 vCenter-Konfigurationseinstellungen

Jetzt möchten wir noch auf die eigentlichen Konfigurationseinstellungen von *vCenter Server* eingehen. Dazu gehen wir das Konfigurationsmenü von oben nach unten durch. Der Einstiegspunkt ist mittlerweile ganz leicht zu finden.

1. Der Aufruf erfolgt über den VCENTER SERVER-Link im Hauptfenster.
2. Das Ziel erreichen Sie dann über die Auswahl von CONFIGURE • SETTINGS • GENERAL und den EDIT-Button.

Lassen Sie uns die Einstellungen der Reihe nach durchsprechen.

Reboot

Achten Sie bitte auf die Anzeigen im Konfigurationsfenster. Ist nach einer Anpassung von Konfigurationsparametern ein Reboot nötig, wird dies im Fenster bekannt gegeben (siehe Abbildung 14.47).

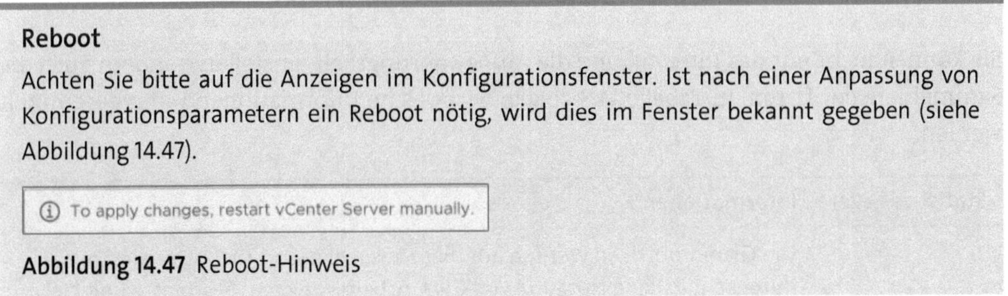

Abbildung 14.47 Reboot-Hinweis

14.8.1 Settings

General

Alle Grundeinstellungen des vCenter Servers finden sich in dieser Sektion. Weitere zusätzliche Einstellungen zu erweiterten Funktionen gibt es im Anschluss.

Statistics

Die Einstellungen unter STATISTICS betreffen das Sammeln der Performancedaten. Die Standardeinstellungen sind in Abbildung 14.48 zu sehen. Es gibt an dieser Stelle vier unterschiedliche Regeln, um die Daten zu sammeln und vorzuhalten. Durch ein Anklicken der eingestellten Werte erhalten Sie ein Drop-down-Menü, über das Sie die Werte anpassen können. Denken Sie daran, dass das Ändern der Werte die Größe der vCenter-Datenbank direkt beeinflusst. Deshalb ist es sehr hilfreich, dass in dem Fenster sofort angezeigt wird, wie sich die Größe der Datenbank ändert, wenn Sie Parameter anpassen.

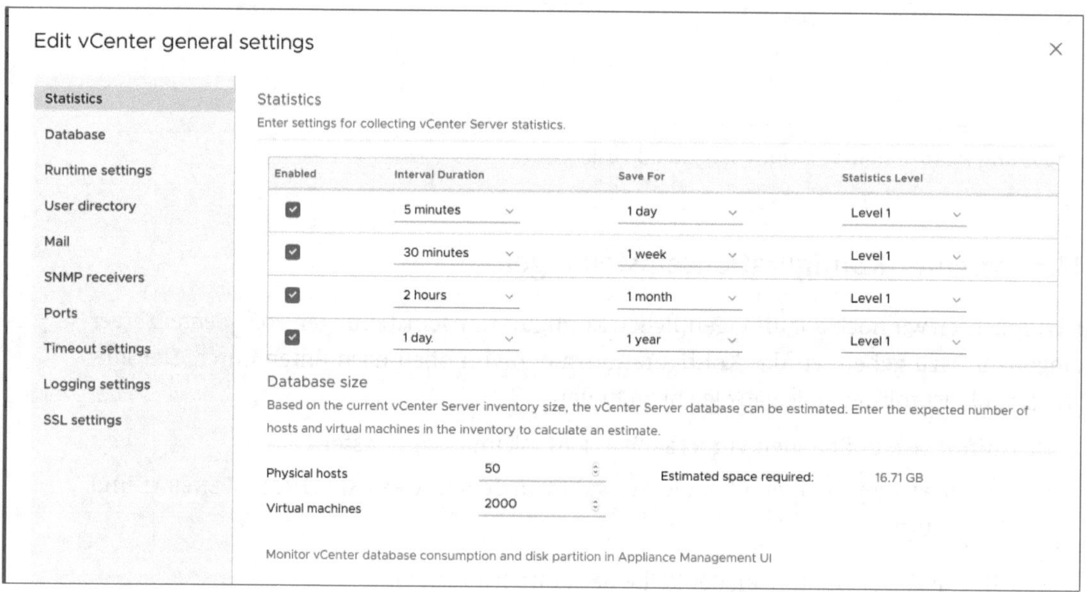

Abbildung 14.48 So stellen Sie die Intervalle für das Sammeln der Auswertungsdaten ein.

Sie können nicht nur das Intervall und die Aufbewahrungszeit einstellen, sondern auch die Sammeltiefe der Daten. In Tabelle 14.8 zeigen wir, welche Informationen wann gesammelt werden.

Statistics-Level	Informationen
1	Die Grundmetriken werden auf diesem Level gesammelt. Das sind die durchschnittliche Nutzung von CPU, Arbeitsspeicher, Festplatte und Netzwerk. Zusätzlich werden die Systemlaufzeit, der Systemtakt und DRS-Metriken protokolliert. Geräte werden auf diesem Level nicht geloggt.
2	Level 2 enthält Level 1, wobei zu den Metriken CPU, Arbeitsspeicher, Festplatte und Netzwerk alle Informationen gesammelt werden, einschließlich des letzten Roll-up-Typs. Einzige Ausnahme bilden die Min- und Max-Werte des Roll-up-Typs.

Tabelle 14.8 Liste der Statistics-Level

Statistics-Level	Informationen
3	Hier ist ebenfalls Level 2 komplett inkludiert, einschließlich der Geräte. Auch hier bilden die Min- und Max-Werte der Roll-up-Typen die Ausnahme.
4	Dieser Level sammelt alle Metriken, die das vCenter zur Verfügung stellt.

Tabelle 14.8 Liste der Statistics-Level (Forts.)

Datenbankeinstellungen

Die Einstellungen für die Datenbank finden Sie unter dem Konfigurationspunkt DATABASE (siehe Abbildung 14.49).

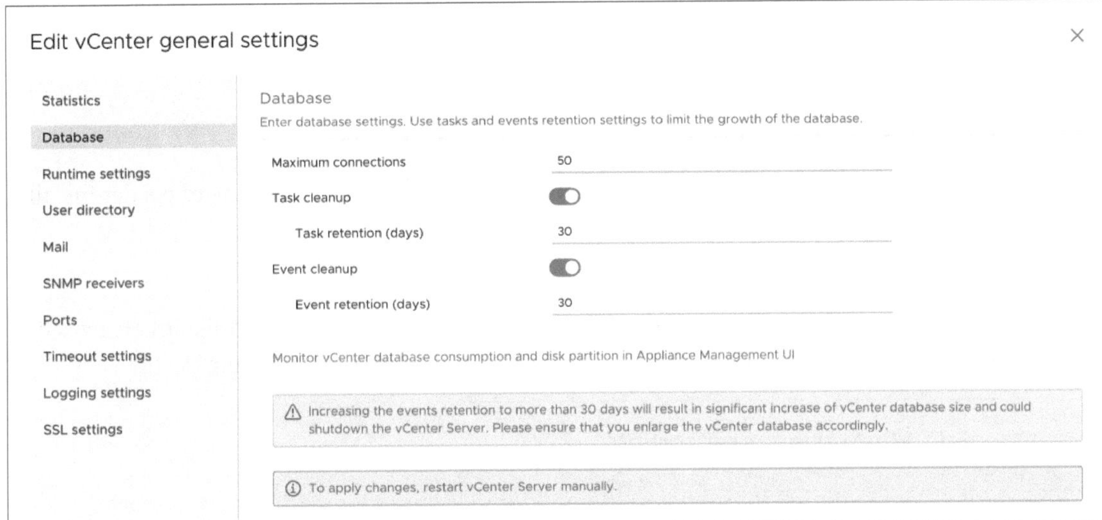

Abbildung 14.49 Einstellungen der Datenbank

Hier können Sie einstellen, wie lange Tasks und Events in der Datenbank aufbewahrt werden sollen und ob ein automatisches Clean-up stattfinden soll. Änderungen an den Werten können dazu führen, dass sich die Größe der Datenbank signifikant ändert.

Erhöhen Sie den Wert, wenn viele zeitkritische Aktionen laufen, was die Kommunikation zwischen vCenter und Datenbank verbessert. Natürlich ist es auch möglich, die Anzahl der Verbindungen zu reduzieren, etwa wenn diese Verbindungen hausintern verrechnet werden. Wünschen Sie, dass die Datenbankgröße nicht zu stark anwächst, begrenzen Sie über die TASK RETENTION das Wachstum der Datenbank. Hier können Sie das Speichern der Events und Tasks einschränken.

Berücksichtigen Sie, dass nach der Aktivierung der *Retention Policy* nicht mehr alle Aktionen in der virtuellen Landschaft nachvollzogen werden können. Es ist also abzuwägen, was wichtiger ist – eine Nachvollziehbarkeit aller Aktionen oder das Einsparen von Festplattenplatz.

Beachten Sie den Hinweis im Konfigurationsfenster.

Runtime Settings

Es folgt die Konfiguration der RUNTIME SETTINGS (siehe Abbildung 14.50). Hier ist die ID des vCenters hinterlegt; den Namen und die IP-Adresse können Sie eintragen.

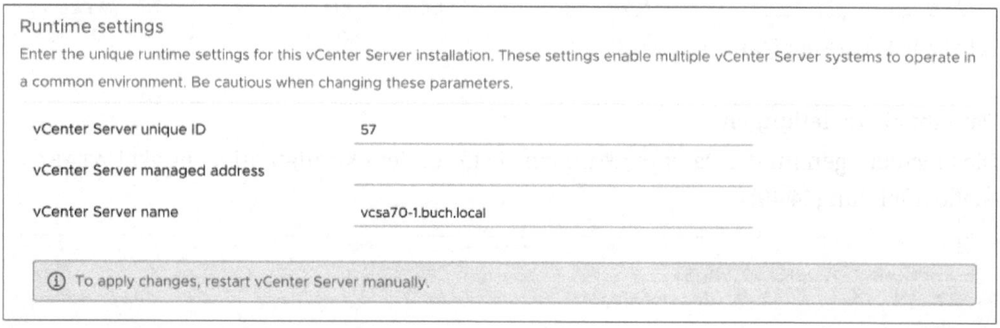

Runtime settings

Enter the unique runtime settings for this vCenter Server installation. These settings enable multiple vCenter Server systems to operate in a common environment. Be cautious when changing these parameters.

vCenter Server unique ID 57

vCenter Server managed address

vCenter Server name vcsa70-1.buch.local

To apply changes, restart vCenter Server manually.

Abbildung 14.50 Einstellungen für die »Runtime settings«

Die UNIQUE ID muss einen Wert zwischen 0 und 63 haben. Dieser Wert wird bei der Installation zufällig vergeben. Die beiden anderen Einträge sprechen für sich.

User Directory

Unter USER DIRECTORY gibt es im vCenter Einstellungen, die die Zusammenarbeit zwischen dem Active Directory und dem vCenter Server betreffen (siehe Abbildung 14.51).

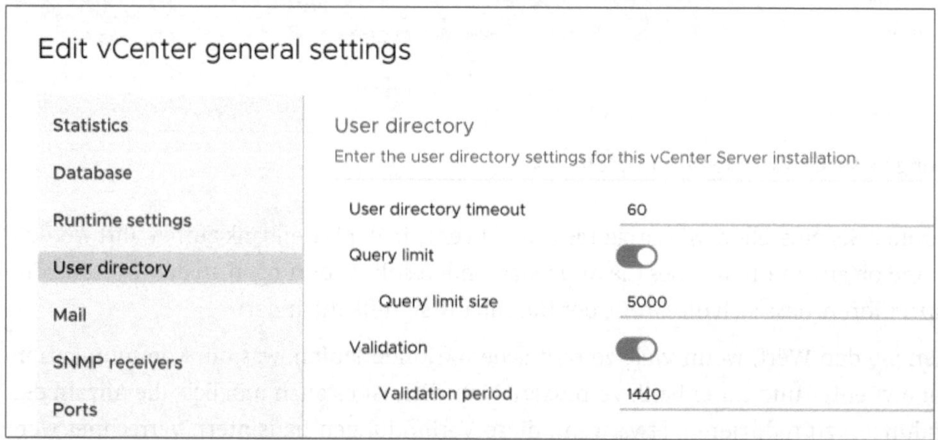

Abbildung 14.51 An dieser Stelle legen Sie das Verhalten zwischen Active Directory und vCenter Server fest.

Die ersten vier Werte bedürfen sicherlich keiner näheren Beschreibung, die VALIDATION PERIOD ist aber genauer zu betrachten: Sie müssen verstehen, was sie bewirkt, damit Sie eine richtige Konfiguration vornehmen können. Zuerst einmal wird der Wert in Minuten angegeben; der Standardwert 1.440 Minuten entspricht also einem ganzen Tag. Es handelt sich hier um das Zeitintervall, in dem ein Abgleich zwischen dem Active Directory (AD) und dem vCenter stattfindet.

Wird ein User-Account im AD gelöscht und mit dem gleichen Namen wieder angelegt, arbeitet der neu angelegte User im vCenter mit den gleichen Rechten wie der alte Anwender, solange die Synchronisierung zwischen beiden Komponenten noch nicht stattgefunden hat. Die Empfehlung an dieser Stelle lautet, den Wert zu modifizieren und das Zeitintervall zu verringern. Die Intervallgröße muss sich an den betriebsinternen Prozessen für das Löschen bzw. die Neueinrichtung von Anwendern orientieren. Werden Anwender nicht sofort gelöscht, sondern erst für eine Übergangszeit deaktiviert, entschärft sich das Problem. Andernfalls ist ein Wert von 480 gut gewählt. Die Wahrscheinlichkeit, dass an einem Tag das Löschen und das Neuanlegen desselben Users erfolgt, ist doch recht unwahrscheinlich.

Mail

Vergessen Sie nicht, die MAIL-Einträge im vCenter Server vorzunehmen. Neben dem Mailserver tragen Sie eine E-Mail-Adresse, besser noch eine Verteilerliste ein (siehe Abbildung 14.52). An diesen Empfänger werden die Benachrichtigungen gesendet, die das System verschickt.

Edit vCenter general settings

Statistics
Database
Runtime settings
User directory
Mail
SNMP receivers

Mail
Enter the settings that vCenter Server uses to send email alerts.
Mail server mail.buch.local
Mail sender send.buch.local

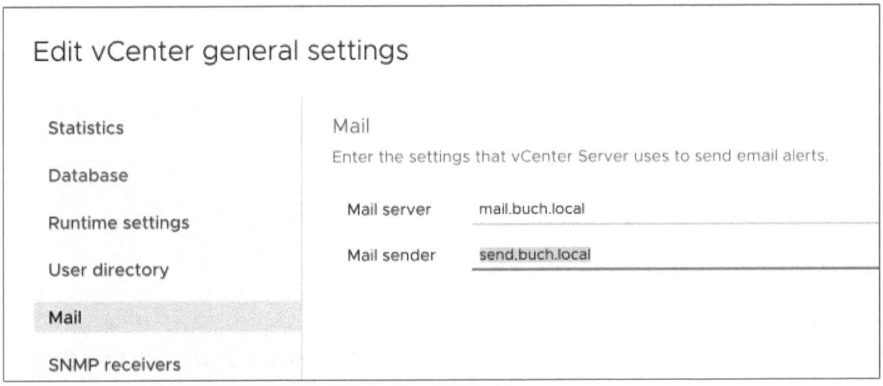

Abbildung 14.52 Einstellung der Mailbenachrichtigung

SNMP Receivers

Sollen die vom vCenter generierten SNMP-Nachrichten auf einem zentralen Managementsystem ausgewertet werden, müssen Sie unter SNMP RECEIVERS die Parameter passend auswählen (siehe Abbildung 14.53).

Edit vCenter general settings

Statistics
Database
Runtime settings
User directory
Mail
SNMP receivers
Ports
Timeout settings
Logging settings
SSL settings

SNMP receivers
Select where SNMP alerts are received.

Enable receiver 1	
Primary Receiver URL	localhost
Receiver port	162
Community string	public
Enable receiver 2	
Enable receiver 3	
Enable receiver 4	

Abbildung 14.53 Konfiguration der SNMP-Empfänger

Es ist dabei nicht nur möglich, ein Ziel zu konfigurieren, stattdessen unterstützt das vCenter bis zu vier unterschiedliche Ziele für SNMP-Traps.

Ports

Die Zugriffsports für den vCenter Server lassen sich hier nicht anpassen. Als Standard ist für HTTP Port 80 und für HTTPS Port 443 festgelegt (siehe Abbildung 14.54).

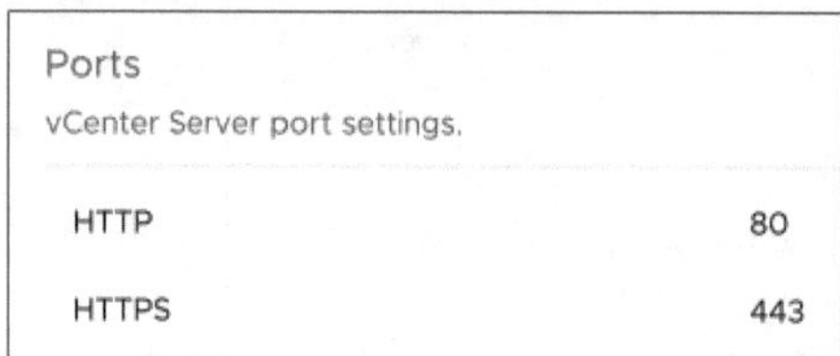

Abbildung 14.54 Kommunikationsports des vCenters

Timeout Settings

Für die Kommunikation mit den Objekten in der virtuellen Infrastruktur werden im vCenter Timeout-Werte gesetzt (siehe Abbildung 14.55).

Timeout settings
Enter vCenter Server connection timeout settings.

Normal	30
Long	120

Abbildung 14.55 Zeitüberschreitungseinstellungen

Es werden zwei Vorgänge parametriert: der normale Vorgang und der lange Vorgang. Beide Werte sollten logischerweise nicht auf null gesetzt werden.

Logging Settings

Wichtig ist die Einstellung im Dialog für den Log-Level. An dieser Stelle bietet das vCenter sechs Optionen (siehe Abbildung 14.56).

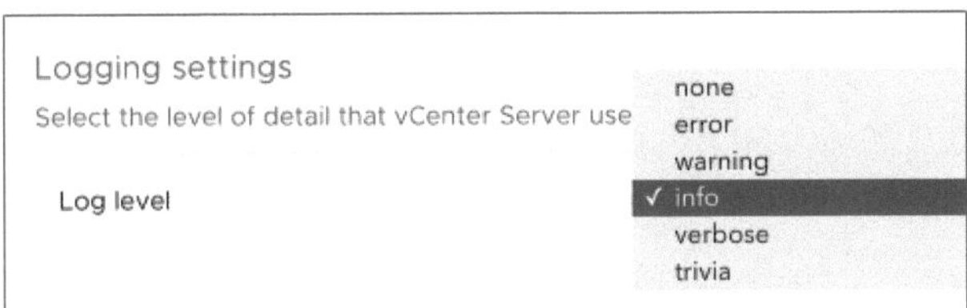

Abbildung 14.56 Logging-Einstellungen

Je nach ausgewähltem Level werden mehr oder weniger Daten gesammelt. Tabelle 14.9 listet die unterschiedlichen Level auf.

Log-Level	Informationen
NONE	Mit dieser Auswahl schalten Sie das Logging komplett ab.
ERROR	Diese Option loggt nur Fehlereinträge.
WARNING	Wählen Sie diesen Punkt, wenn Sie nur Warnungen und Fehler sehen wollen.
INFO	Es werden Informationen, Warnungen und Fehler angezeigt. Das ist der Standard-Log-Level.
VERBOSE	Dieser Level entspricht dem Level INFO, aber mit ausführlicherem Inhalt.
TRIVIA	In diesem Level wird der Informationsinhalt gegenüber dem VERBOSE-Level noch weiter erhöht.

Tabelle 14.9 Auflistung der möglichen Log-Level

Passen Sie den Level nur an, wenn es notwendig ist; die Datenmengen nehmen sonst einen enormen Umfang an.

SSL Settings

Unter SSL SETTINGS können Sie die SSL-Einstellungen für das vCenter einsehen. Diese Einstellung kann nicht geändert werden (siehe Abbildung 14.57).

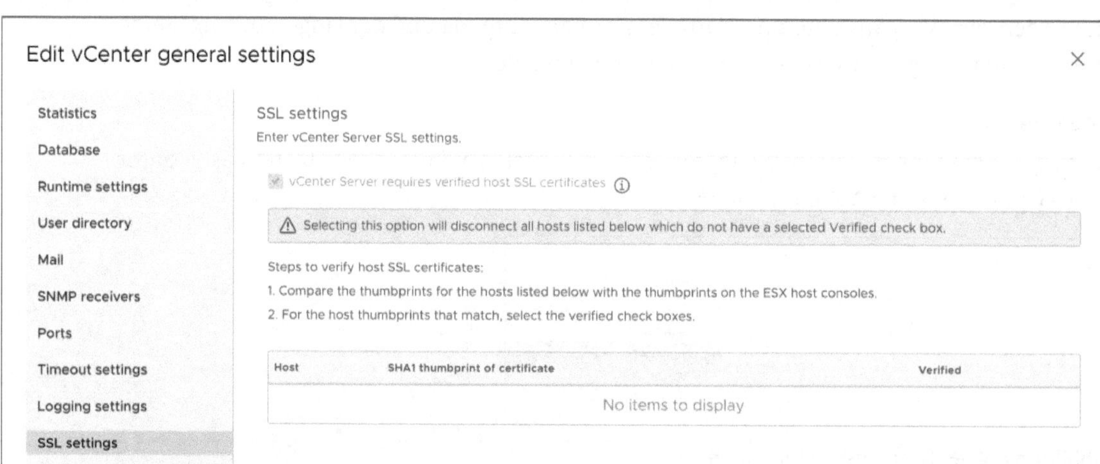

Abbildung 14.57 Aktivierung von SSL-Zertifikaten

Licensing

Wenn Sie herausfinden wollen, mit welcher Lizenz Ihr vCenter Server versorgt worden ist, finden Sie diese Information unter CONFIGURE • SETTINGS • LICENSING (siehe Abbildung 14.58).

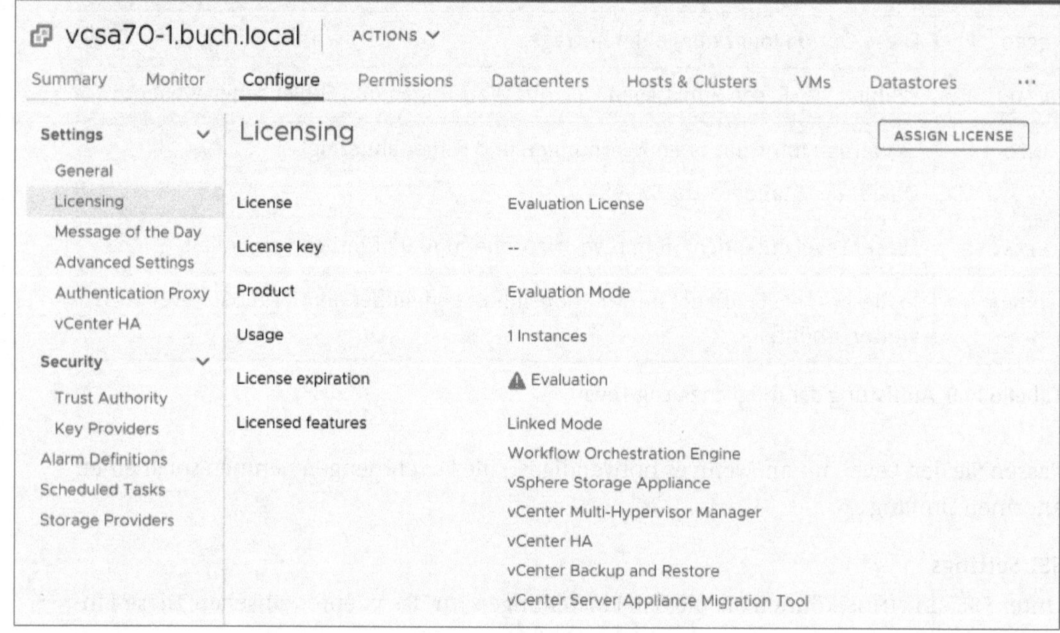

Abbildung 14.58 Abfrage der Lizenzeinstellungen des vCenters

Sie können an dieser Stelle aber auch eine Lizenz mit dem vCenter Server verbinden. Ist eine Lizenz eingetragen, zeigt das System Ihnen, welche Lizenz eingebunden ist – und damit auch, welche Funktionen enthalten sind. Es wird immer nur der Lizenzname angezeigt.

Message of the Day

Das vCenter enthält auch eine Funktion, mit deren Hilfe die Nutzer auf einfache Art und Weise über Wartungsarbeiten informiert werden können. Über die Funktion MESSAGE OF THE DAY (siehe Abbildung 14.59) können solche Nachrichten übermittelt werden.

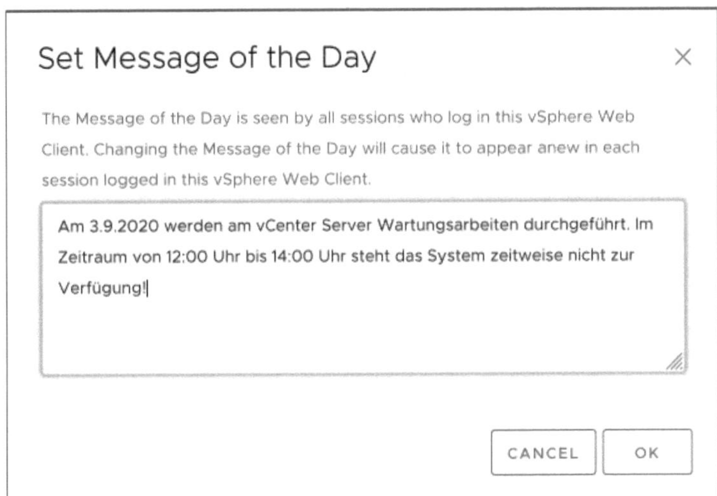

Abbildung 14.59 Übermittlung von Nachrichten an die Nutzer des vCenter Servers

Nach dem Eingeben der Nachricht wird diese sofort allen aktiven Nutzern angezeigt. Anwender, die sich neu am System anmelden, bekommen den Hinweis direkt nach der Anmeldung gezeigt.

Advanced Settings

VMware bietet mit den ADVANCED SETTINGS eine Option, zusätzlich Parameter einzufügen, die Sie nicht direkt über eine GUI einpflegen können (siehe Abbildung 14.60).

Trotzdem werden hier auch die Parameter angezeigt, die Sie über die GUI ändern können und die wir bis zu dieser Stelle besprochen haben. Sie können alle Werte in den ADVANCED SETTINGS einsehen und auch manipulieren. Zusätzlich besteht die Option, neue Werte einzutragen und über ADD hinzuzufügen.

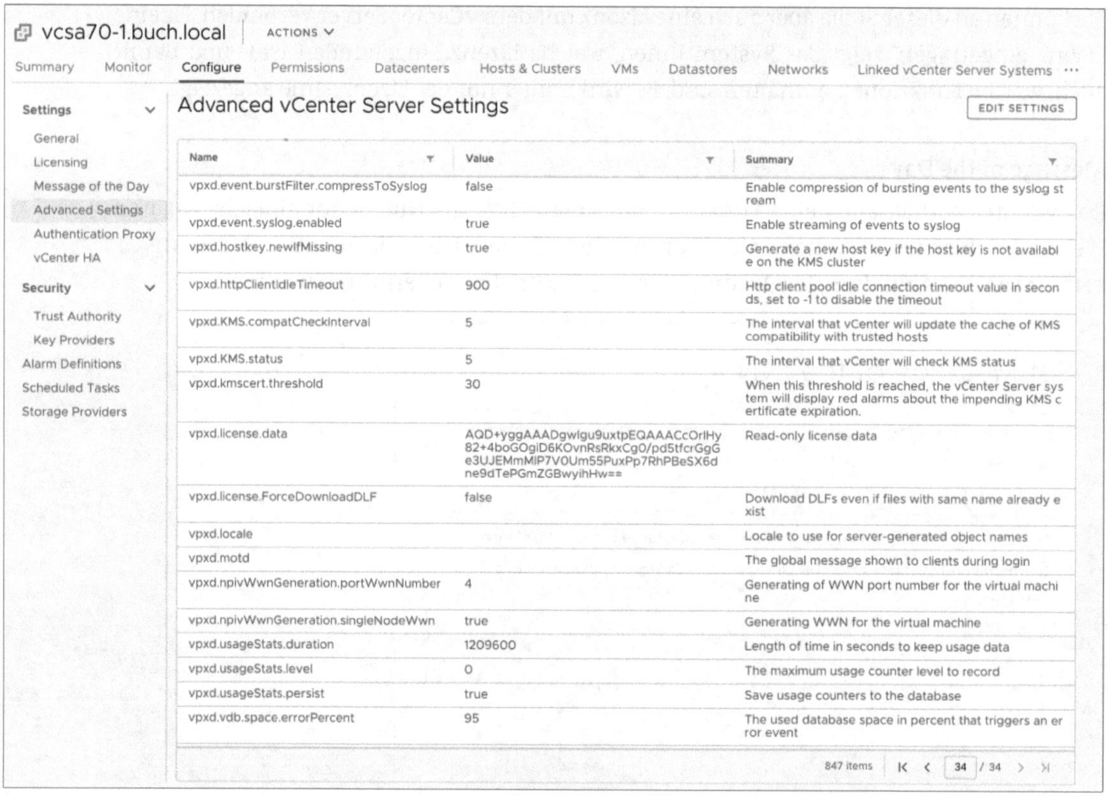

vcsa70-1.buch.local
ACTIONS
Summary
Monitor
Configure
Permissions
Datacenters
Hosts & Clusters
VMs
Datastores
Networks
Linked vCenter Server Systems
Settings
General
Licensing
Message of the Day
Advanced Settings
Authentication Proxy
vCenter HA
Security
Trust Authority
Key Providers
Alarm Definitions
Scheduled Tasks
Storage Providers
Advanced vCenter Server Settings
EDIT SETTINGS
Name
Value
Summary
vpxd.event.burstFilter.compressToSyslog
false
Enable compression of bursting events to the syslog stream
vpxd.event.syslog.enabled
true
Enable streaming of events to syslog
vpxd.hostkey.newIfMissing
true
Generate a new host key if the host key is not available on the KMS cluster
vpxd.httpClientIdleTimeout
900
Http client pool idle connection timeout value in seconds, set to -1 to disable the timeout
vpxd.KMS.compatCheckInterval
5
The interval that vCenter will update the cache of KMS compatibility with trusted hosts
vpxd.KMS.status
5
The interval that vCenter will check KMS status
vpxd.kmscert.threshold
30
When this threshold is reached, the vCenter Server system will display red alarms about the impending KMS certificate expiration.
vpxd.license.data
AQD+yggAAADgwlgu9uxtpEQAAACcOrlHy82+4boGOgiD6KOvnRsRkxCg0/pd5tfcrGgGe3UJEMmMlP7V0Um55PuxPp7RhPBeSX6dne9dTePGmZGBwyihHw==
Read-only license data
vpxd.license.ForceDownloadDLF
false
Download DLFs even if files with same name already exist
vpxd.locale
Locale to use for server-generated object names
vpxd.motd
The global message shown to clients during login
vpxd.npivWwnGeneration.portWwnNumber
4
Generating of WWN port number for the virtual machine
vpxd.npivWwnGeneration.singleNodeWwn
true
Generating WWN for the virtual machine
vpxd.usageStats.duration
1209600
Length of time in seconds to keep usage data
vpxd.usageStats.level
0
The maximum usage counter level to record
vpxd.usageStats.persist
true
Save usage counters to the database
vpxd.vdb.space.errorPercent
95
The used database space in percent that triggers an error event
847 items
34 / 34

Abbildung 14.60 Die »Advanced Settings« des vCenters

Authentication Proxy

Die Funktion des Authentication Proxy wurde schon in Abschnitt 14.3.4 beschrieben. Die Aktivierung erfolgt hier. Klicken Sie einfach auf den Link Enable (siehe Abbildung 14.61).

vcsa70-1.buch.local
ACTIONS
Summary
Monitor
Configure
Permissions
Datacenters
Hosts & Clusters
VMs
Datastores
Networks
Linked vCenter Server Systems
Settings
General
Licensing
Message of the Day
Advanced Settings
Authentication Proxy
vCenter HA
Security
Trust Authority
Key Providers
Alarm Definitions
Authentication Proxy
Authentication Proxy allows unattended hosts to join Active Directory using an account with delegated privileges for adding workstations for the domain.
Status
Disabled
ENABLE
Domain Settings
EDIT
Domain
--
Domain User
--
Domain Password
•••••••

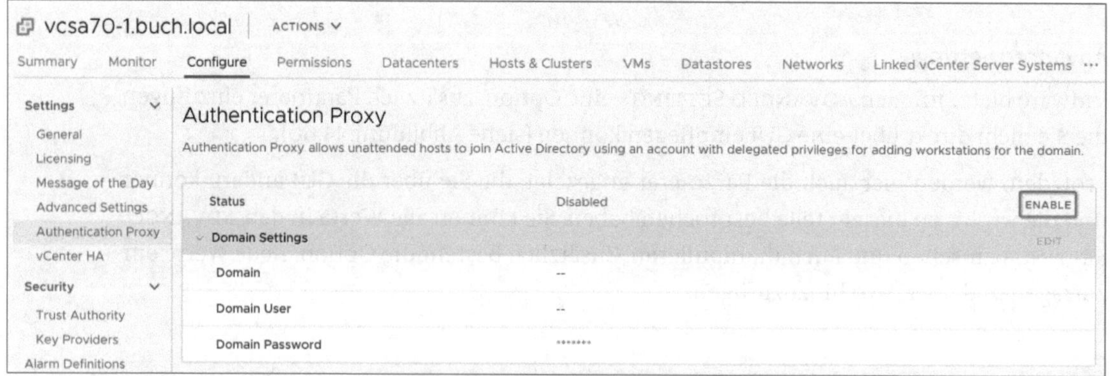

Abbildung 14.61 Aktivierung des Authentication Proxy

vCenter HA

Der Bereich *vCenter HA* wurde bereits im Installationskapitel besprochen.

14.8.2 Security

Das Thema Sicherheit spielt eine immer wichtigere Rolle. Für eine optimale Verschlüsselung von virtuellen Maschinen ist eine Trust Authority aufzubauen. Und zusätzlich wird ein KMS-Server benötigt.

Trust Authority

Die Konfiguration der TRUST AUTHORITY erfolgt nicht in der Oberfläche des Webclients. Sie müssen dazu die PowerShell mit der PowerCLI-Erweiterung nutzen.

Damit die Funktion freigeschaltet werden kann, muss ein User in der SSO-Gruppe TRUSTEDADMINS sein. Die Empfehlung von VMware ist, hier nur sehr wenige User zu berechtigen (siehe Abbildung 14.62).

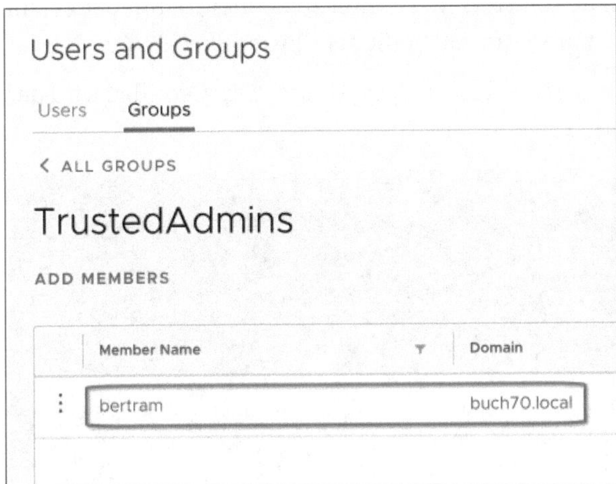

Abbildung 14.62 Hinzufügen eines Users zur Gruppe »TrustedAdmins«

Bevor es nun ans Eingemachte geht, müssen Sie eine Verbindung zum vCenter Server über die PowerShell mit diesem Befehl herstellen:

```
Connect-VIServer -Server vcsa70-2.buch.local
```

Nach Eingabe des Passworts sollte der Status des Clusters überprüft werden, d. h., es wird die Frage geklärt, ob der Cluster schon aktiv ist (siehe Abbildung 14.63):

```
Get-TrustAuthorityCluster
```

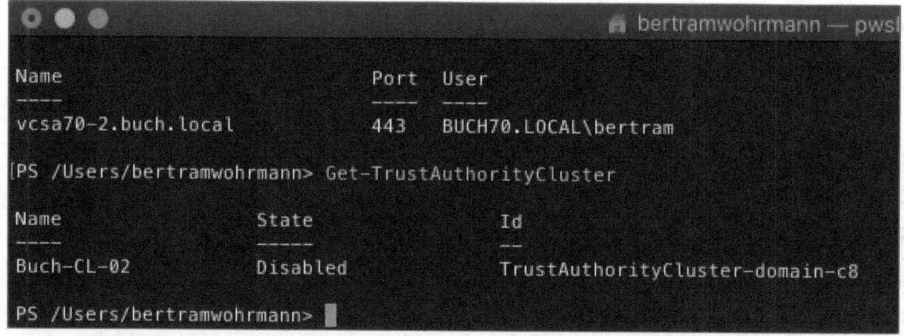

Abbildung 14.63 Statusabfrage des Trust-Authority-Clusters

Besteht noch kein Cluster, muss über die Kommandozeile der Cluster aktiviert werden. Dazu ist es zwingend notwendig, den Namen des Clusters im vCenter zu kennen, damit der Befehl entsprechend abgesetzt werden kann. In unserem Fall heißt der Cluster *Buch-CL-02*.

Mit `Set-TrustAuthorityCluster -TrustAuthorityCluster ‚Buch-CL-02‘ -State enabled` wird der Cluster aktiviert (siehe Abbildung 14.64).

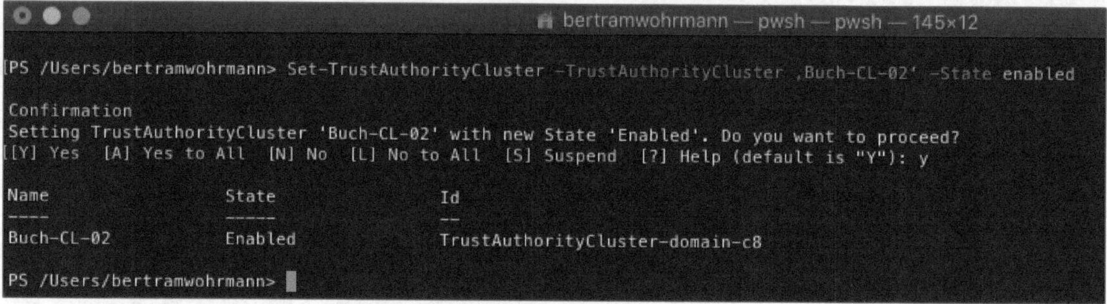

Abbildung 14.64 Trust-Authority-Cluster erstellt

Die Aktivierung des Clusters bedeutet, dass auf allen Hosts des Trust-Authority-Clusters zwei weitere Dienste installiert werden.

- Attestation Service
- Key Provider Service

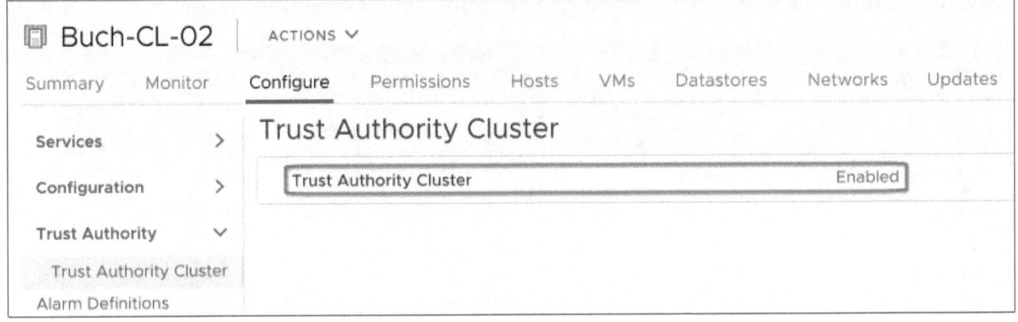

Abbildung 14.65 Cluster aktiv

Ist der Cluster aktiviert, können Hosts in den Cluster aufgenommen werden.

Key Providers

Damit eine vCenter Trust Authority aufgebaut werden kann, wird ein System benötigt, das die Schlüssel und Zertifikate bereitstellt. Das System muss hier bekannt gegeben werden (siehe Abbildung 14.66). Es muss das *Key Management Interoperability Protocol* (KIMP) Version 1.1 sprechen.

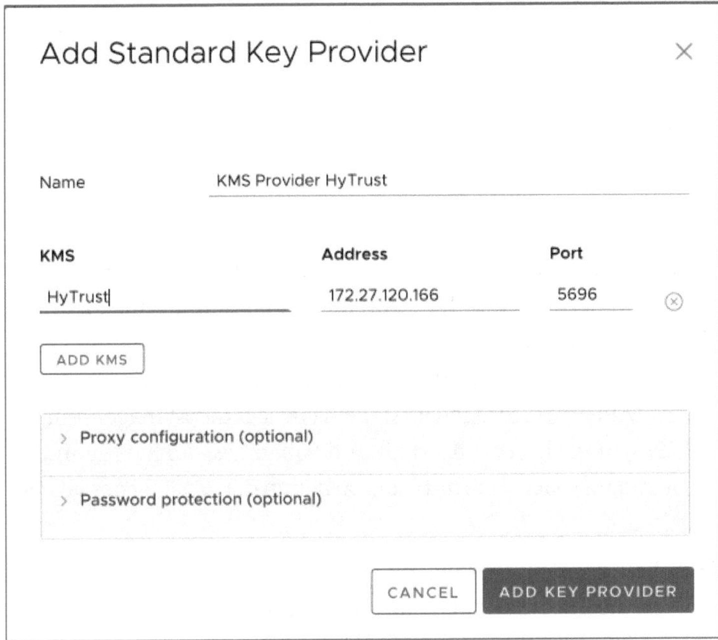

Abbildung 14.66 KMS-Provider einbinden

In der HCL muss die Software ebenfalls gelistet sein (siehe Abbildung 14.67).

Search Results: Your search for" Key Management Server (KMS) " returned **9 results.** Back to Top Turn Off Auto Scroll

Partner Name	KMS Name	KMS Version	KMIP Version	vSphere Versions
Dell EMC	CloudLink	6.9	1.1,1.2,1.3	vSphere 7.0
Dell EMC	CloudLink	7.0	1.1,1.2,1.3	vSphere 7.0, vSphere 6.5 U2
HyTrust, Inc	HyTrust KeyControl	5.1.1	1.1,1.2,1.3,1.4	vSphere 7.0
HyTrust, Inc	HyTrust KeyControl	5.1.2	1.1,1.2,1.3,1.4	vSphere 7.0
IBM	IBM Security Key Lifecycle Manager	v4.0	1.1,1.2,1.3,1.4,2.0	vSphere 7.0
IBM	KMIP for VMware on IBM Cloud	1.0	1.1,1.2	vSphere 7.0, vSphere 6.7 U3, vSphere 6.7 U2, vSphere 6.7 U1, vSphere 6.7, vSphere 6.5 U3, vSphere 6.5 U2
QuintessenceLabs	qCrypt 200V	qCrypt 1.8.1	1.1,1.2,1.3,1.4	vSphere 7.0
Unbound Tech	Unbound_KMS_UKC	2.0	1.1,1.2,1.3,1.4	vSphere 7.0, vSphere 6.7 U3, vSphere 6.7 U2, vSphere 6.7 U1, vSphere 6.7, vSphere 6.5, vSphere 6.5 U3, vSphere 6.5 U2, vSphere 6.5 U1
Utimaco Inc	ESKM	5.3	1.1,1.2,1.3,1.4,2.0	vSphere 7.0, vSphere 6.7 U3, vSphere 6.7 U2, vSphere 6.7 U1, vSphere 6.7

Abbildung 14.67 Unterstützte KMS-Server

14.8.3 Storage Providers

VMware hat eine Schnittstelle implementiert, über die Storage-Hersteller APIs einbinden können, um Operationen zwischen den VMware-Komponenten und dem Storage zu optimieren. Nehmen wir als Beispiel *Storage vMotion*: Beim Wechseln des Datastores einer aktiven virtuellen Maschine stößt das Management die Operation an und kontrolliert sie, bis sie abgeschlossen ist. Binden Sie eine API Ihres Storage-Herstellers ein, legt das Management die Aufgabe in deren Hände, und Sie sparen sich somit Arbeit und haben Ressourcen für andere Aufgaben frei. Der Storage meldet dann nach Abschluss der Arbeiten den Vollzug der gestellten Aufgabe ans vCenter zurück.

Wie Sie in Abbildung 14.68 sehen können, werden hier unterschiedliche Informationen bereitgestellt. Das sind zum einen die Informationen zum Hersteller und zum anderen Infos zum Plug-in-Typ.

Bei der Vendor-ID zeigt das System nur, welche Systeme unterstützt werden, und das Zertifikat kann man sich auch anzeigen lassen.

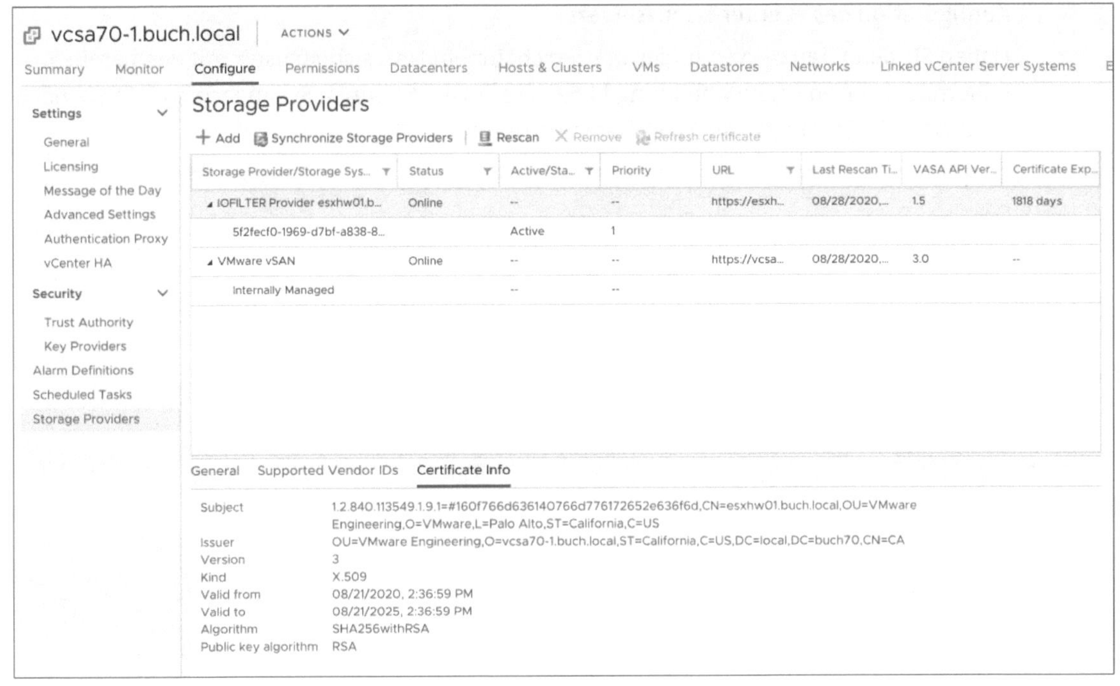

Abbildung 14.68 Informationen zum Provider

14.8.4 vSAN

Für das Thema *vSAN* schlagen Sie bitte in Kapitel 10 nach.

14.9 Das Administrationsmenü

In diesem Abschnitt besprechen wir die Menüpunkte aus dem ADMINISTRATION-Bereich der Favoritenleiste.

14.9.1 Access Control

Rollen und Zugriffsrechte sind ein so wichtiges Thema, dass wir diesem einen eigenen Abschnitt gewidmet haben. Schauen Sie dazu bitte in Abschnitt 14.13.

14.9.2 Lizenzierung

Der Lizenzserver ist ein integraler Bestandteil des vCenter Servers. Er verwaltet alle Lizenzen und stellt sie dem vCenter selbst und den vSphere-Hosts zur Verfügung.

Konfiguration des vCenter-Lizenzservers

Haben Sie den Lizenzserver aufgerufen, erscheint ein Übersichtsfenster mit den bereits installierten Lizenzen (siehe Abbildung 14.69). Die Ansicht können Sie ändern, indem Sie nach Produkten, Lizenz-Keys und Asset-Daten sortieren.

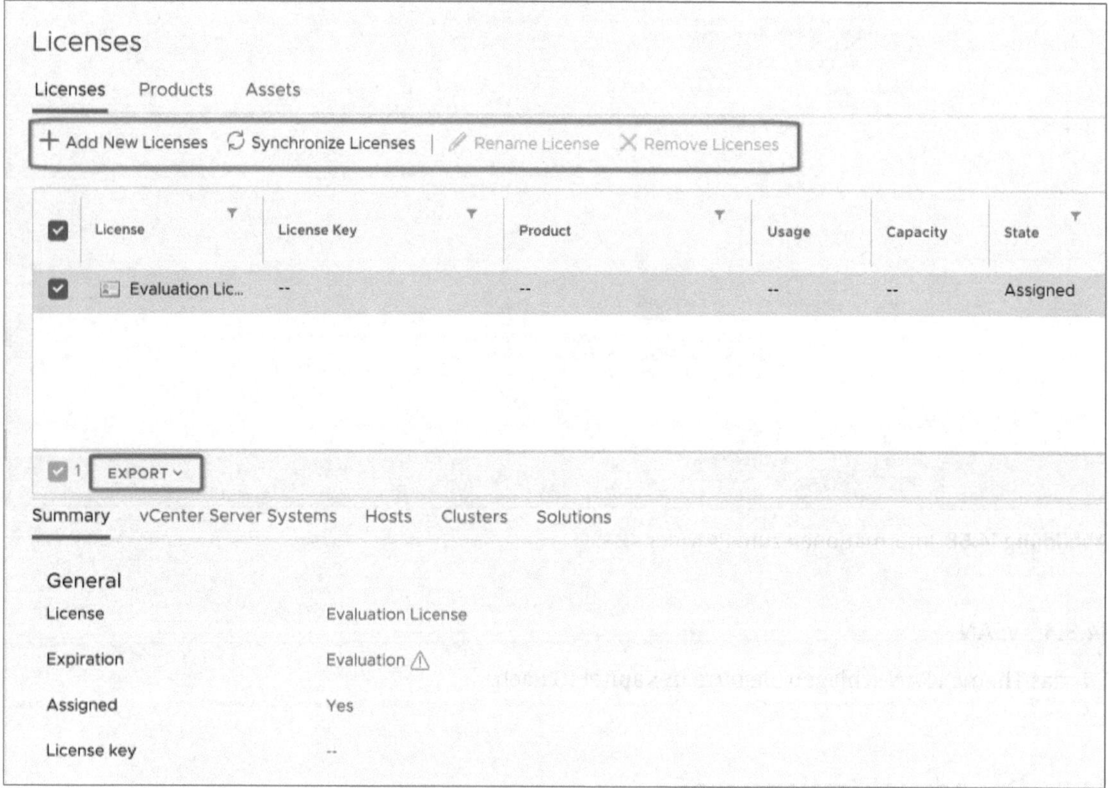

Abbildung 14.69 Übersicht des Lizenzservers

> **Hinweis**
> Die angezeigte Liste lässt sich auch exportieren; dafür steht nur das Dateiformat CSV zur Verfügung.

Mit einem Klick auf das Pluszeichen starten Sie den eigentlichen Prozess zum Einpflegen von Lizenzen (siehe Abbildung 14.70).

Das Einpflegen von Lizenzen gliedert sich in mehrere Schritte. Als Erstes tragen Sie den Schlüssel ein. Optional fügen Sie zusätzlich eine Bezeichnung der Lizenz hinzu.

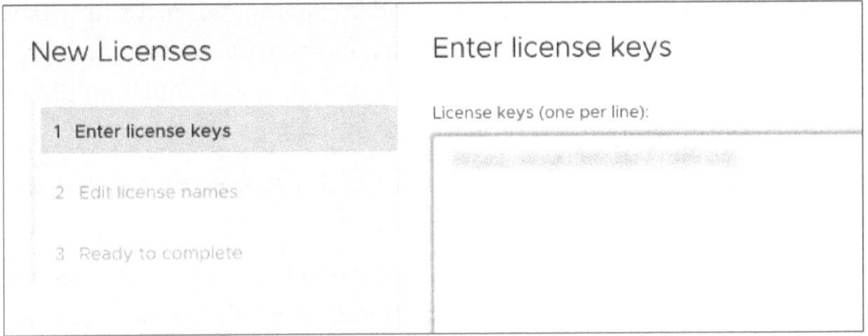

Abbildung 14.70 Hinzufügen von Lizenzen

Im zweiten Schritt weisen Sie den Key einem Asset-Satz zu (siehe Abbildung 14.71). Das erfolgt per Auswahl des Asset-Satzes über die zugehörigen Register.

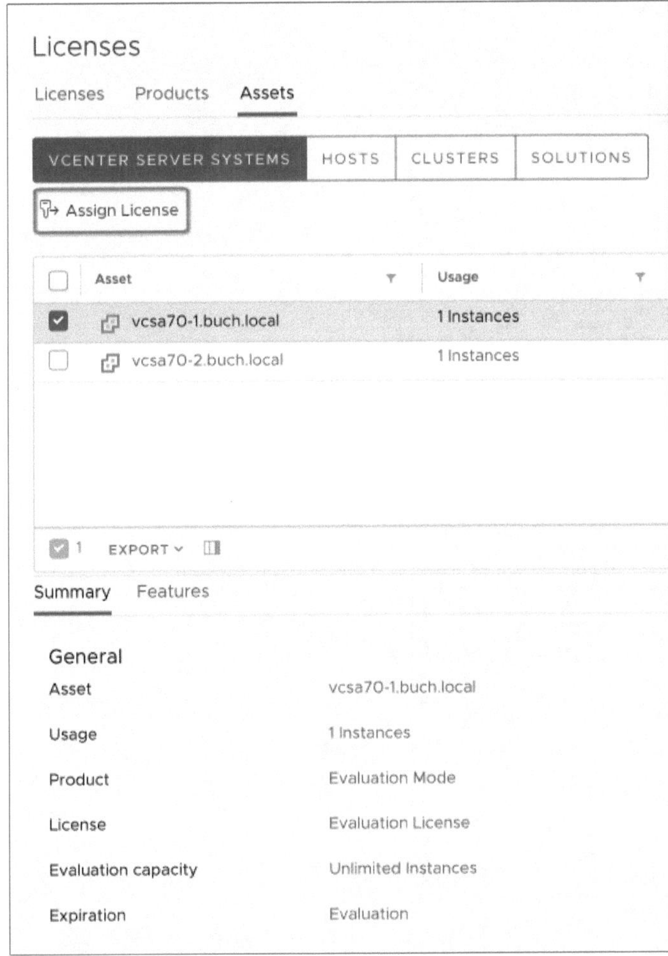

Abbildung 14.71 Zuweisen der Lizenzen zum Asset

Haben Sie keine Angst, wenn Sie größere Umgebungen haben: Sie müssen nicht für jeden Server ein eigenes Lizenzpaket schnüren. Machen Sie es sich einfach, indem Sie einen großen Pool mit Lizenzen bilden und diesem Pool mehrere Server zuweisen. Auch an dieser Stelle können Sie Ihre Arbeit optimieren und vereinfachen.

Verschiedene Sortieroptionen ermöglichen eine Auflistung nach lizenzierten, unlizenzierten oder allen Assets.

Wechseln Sie in der Ansicht auf den Host selbst bzw. schauen Sie sich die FEATURES des Lizenzschlüssels an, werden dort ausführlichere Informationen über die Lizenz angezeigt (siehe Abbildung 14.72).

Das Informationsfenster listet hier alle inkludierten lizenzpflichtigen Optionen auf. So ist direkt sichtbar, welche Erweiterungen nutzbar sind und welche nicht.

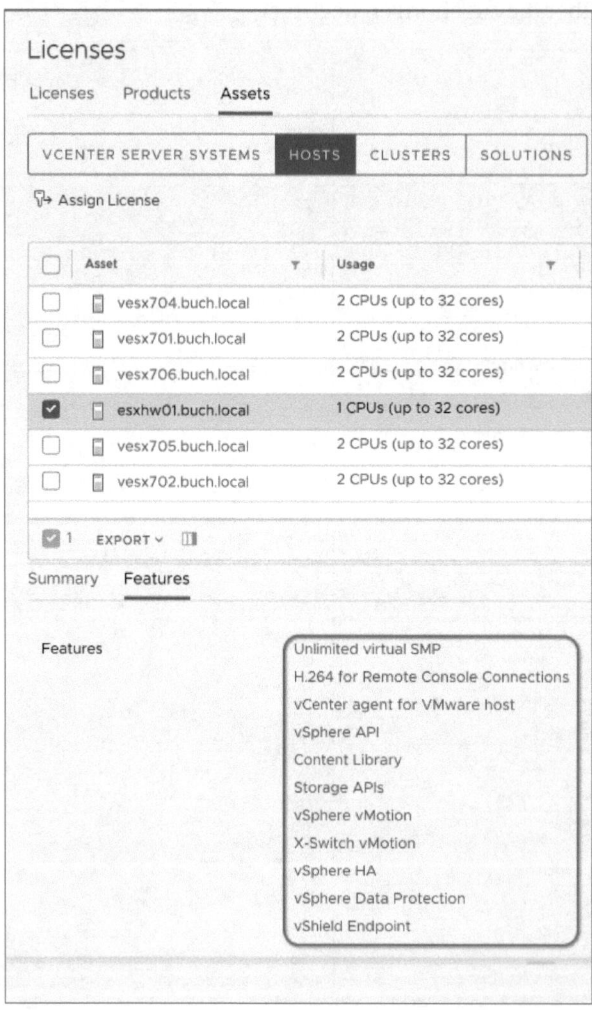

Abbildung 14.72 Umfang der mit dem Host verbundenen Lizenz

Eine einfache Möglichkeit, Lizenzen einzupflegen, führt über den Link SYNCHRONIZE LICENSES im Lizenzierungsportal bei VMware

14.9.3 Lösungen

Client-Plug-ins

Das vCenter ist modular aufgebaut und kann durch Plug-ins erweitert werden. Alle in das vCenter integrierten Plug-ins können Sie hier finden.

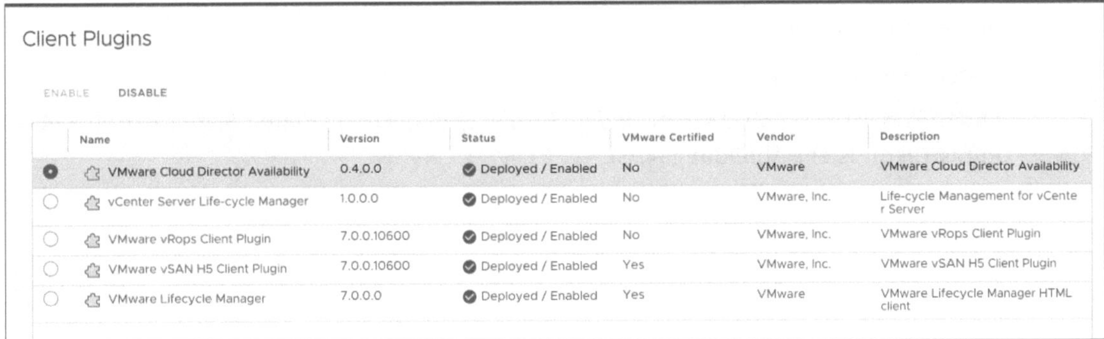

Client Plugins

ENABLE DISABLE

Name	Version	Status	VMware Certified	Vendor	Description
VMware Cloud Director Availability	0.4.0.0	Deployed / Enabled	No	VMware	VMware Cloud Director Availability
vCenter Server Life-cycle Manager	1.0.0.0	Deployed / Enabled	No	VMware, Inc.	Life-cycle Management for vCenter Server
VMware vRops Client Plugin	7.0.0.10600	Deployed / Enabled	No	VMware, Inc.	VMware vRops Client Plugin
VMware vSAN H5 Client Plugin	7.0.0.10600	Deployed / Enabled	Yes	VMware, Inc.	VMware vSAN H5 Client Plugin
VMware Lifecycle Manager	7.0.0.0	Deployed / Enabled	Yes	VMware	VMware Lifecycle Manager HTML client

Abbildung 14.73 Plug-in-Übersicht im vCenter

Über das Kontextmenü können Sie Dienste aktivieren oder deaktivieren.

vCenter-Server-Erweiterungen

Es gibt die Möglichkeit, das vCenter um Funktionen zu erweitern. Damit meinen wir zusätzliche Dienste wie z. B. den *Replication Manager*. Der installierte Dienst bindet sich direkt in das vCenter ein und stellt weitere Funktionen zur Verfügung. Im *vCenter Server Extensions Manager* wird diese Verbindung von Applikationen mit dem vCenter nun sichtbar.

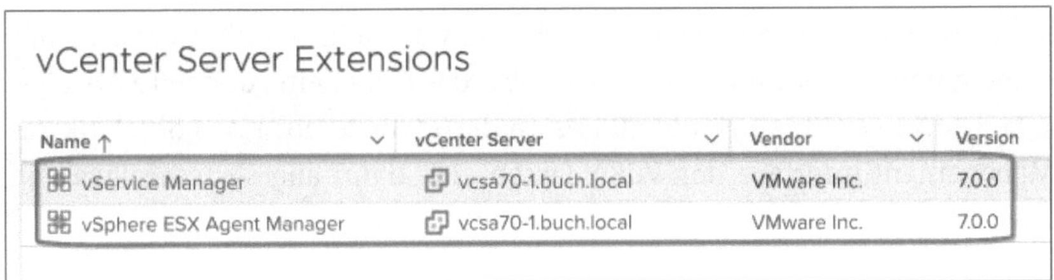

vCenter Server Extensions

Name ↑	vCenter Server	Vendor	Version
vService Manager	vcsa70-1.buch.local	VMware Inc.	7.0.0
vSphere ESX Agent Manager	vcsa70-1.buch.local	VMware Inc.	7.0.0

Abbildung 14.74 Standarderweiterung des vCenters

In Abbildung 14.74 sehen Sie die zwei Standarderweiterungen, die in jedem vCenter zu finden sind: den *vSphere ESX Agent Manager*, der sich um das Handling der Host-Agents kümmert, und den *vService Manager*, der für das Management der Verbindungen zwischen einer

VM und einer vCenter-Erweiterung zuständig ist. Die VMs, die solche Dienste zur Verfügung stellen, finden Sie, indem Sie auf die Erweiterung doppelklicken.

Sollten Sie Interesse daran haben, Software zu entwickeln, die sich über den *Solutions Manager* einbinden lässt, empfehlen wir Ihnen die Dokumentation von VMware. Sie finden sie im Allgemeinen unter *https://code.vmware.com/web/sdk/67/vsphere-management* und für die Extension-Themen unter *https://code.vmware.com/docs/6518/developing-and-deploying-vsphere-solutions--vservices--and-esx-agents*.

14.9.4 Deployment

System Configuration

In der System Configuration finden Sie alle gemanagten vCenter Server der virtuellen Infrastruktur (siehe Abbildung 14.75).

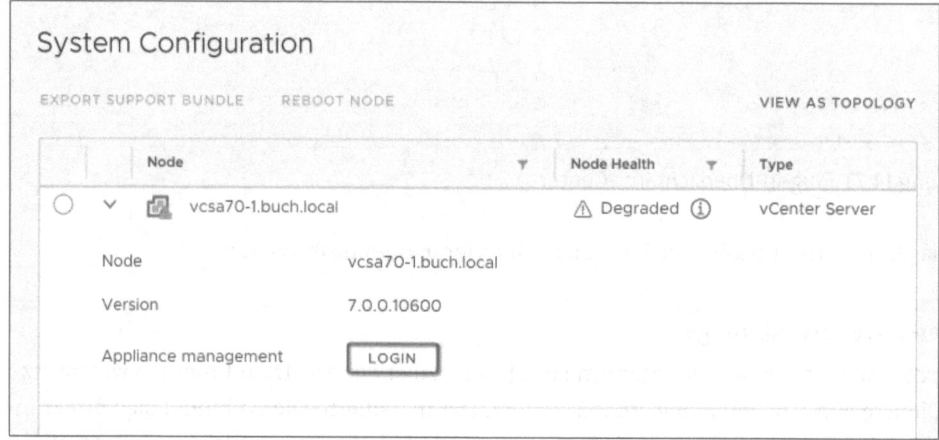

Abbildung 14.75 Einsprungpunkt für das Management des vCenter Servers

Konnte man hier früher sehen, wie der Status der Dienste war, sieht man in Version 7 nur noch die vCenter und einen Login-Button. Eigentlich war das früher eine doppelte Anzeige, denn hier waren die Dienste sichtbar. Heute gibt es an dieser Stelle nur noch den Link zur VAMI. In dem Management-Interface der VCSA lassen sich dann alle systemrelevanten Dinge anzeigen bzw. konfigurieren. Hinter dem Log-in verbirgt sich letztendlich die URL *<IP der VCSA>:5480*.

Customer Experience Improvement Program

Die Teilnahme am Kundenzufriedenheitsprogramm können Sie über die Auswahl Customer Experience Improvement aktivieren. Damit werden VMware-Daten zur Nutzerzufriedenheit über den Client übermittelt.

Customer Experience Improvement Program

✓ JOIN PROGRAM

Participating in VMware's Customer Experience Improvement Program (CEIP) enables VMware to provide you with a proactive, reliable, and consistent vSphere environment and experience. Examples of such enhancements can be seen in the following features:

- Skyline vSphere Health
- Skyline vSAN Online Health
- vCenter Server Update Planner
- vSAN Performance Analytics
- Host Hardware Compatibility
- vSAN Support Insight

CEIP collects configuration, feature usage, and performance information. No personally identifiable information is collected. All data is sanitized and obfuscated prior to being received by VMware.

For additional information on CEIP and the data collected, please see VMware's Trust & Assurance Center.

Data collection can be enabled or disabled at any time.

Internet connection status: Connected

Program Status: **Not Joined** JOIN PROGRAM

Latest Payload: Empty SAMPLE DATA

Node	VAMI link
vcsa70-1.buch.local	Open VAMI
vcsa70-2.buch.local	Open VAMI

Abbildung 14.76 Mit »Join Programm« beteiligen Sie sich am »Customer Experience Improvement Program«.

14.9.5 Support

Gibt es in der Infrastruktur ein Problem und muss ein Call bei VMware geöffnet werden, müssen Sie zuerst die Logs über das Kontextmenü des vCenters und die Auswahl von Export System Logs öffnen (siehe Abbildung 14.77).

Hier finden Sie selektive Möglichkeiten zur Generierung von Logs – von einzelnen Hosts mit inkludierten Log-Dateien des vCenter Servers oder ohne die Log-Dateien des vCenter Servers. Nachdem Sie das Log erzeugt haben, können Sie es über das vCenter hochladen – vorausgesetzt, das vCenter darf sich mit dem Internet verbinden (siehe Abbildung 14.78).

Nach der Eingabe der Service request ID kann das Log-File angehängt werden. Es wird dann über eine sichere Verbindung an VMware übermittelt.

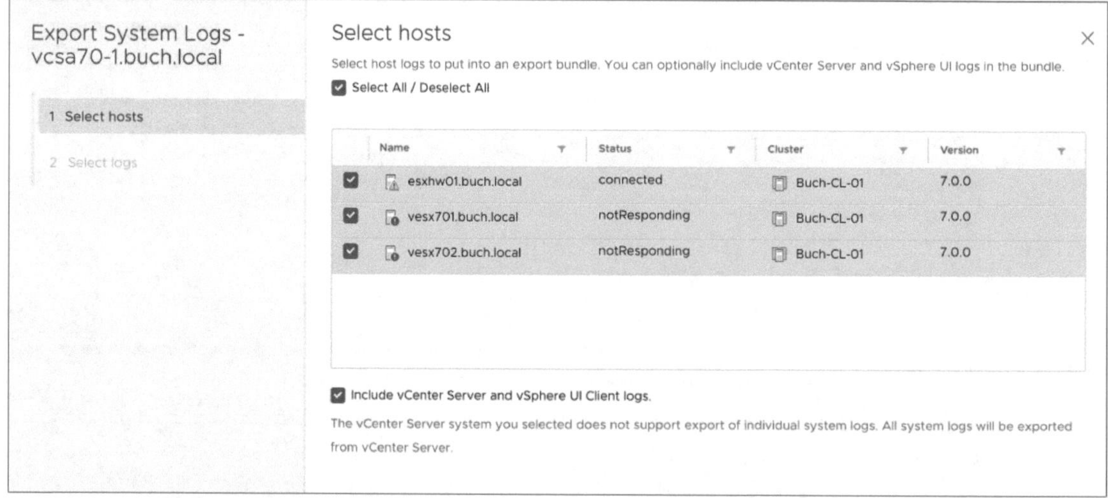

Abbildung 14.77 System-Logs im vCenter generieren

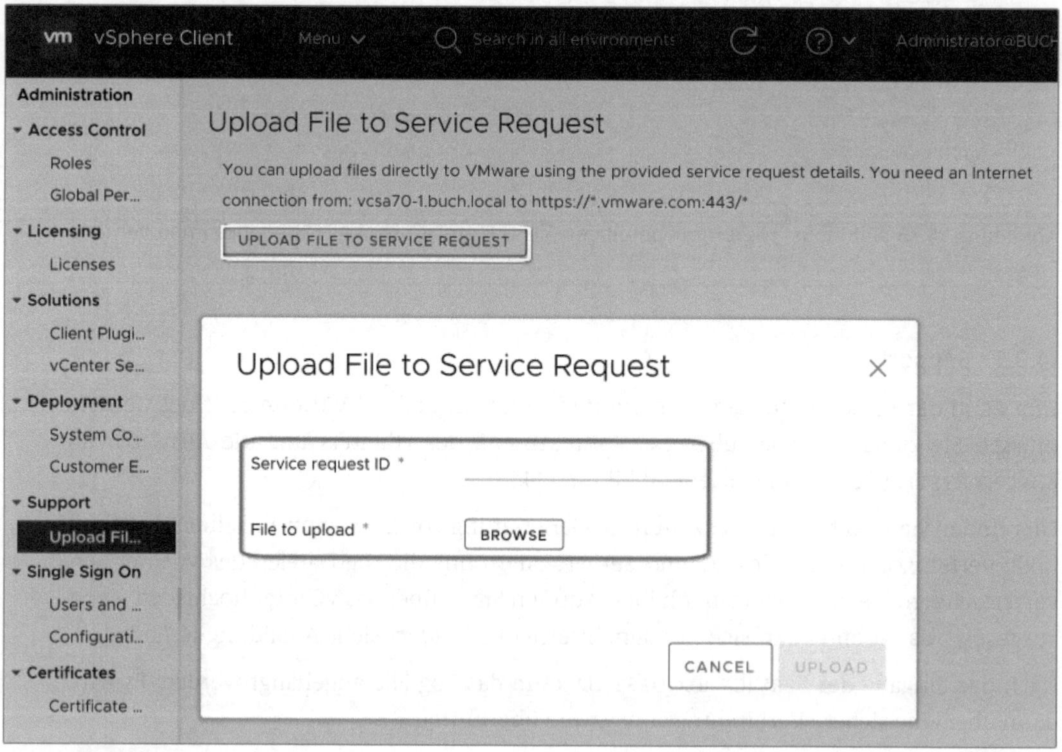

Abbildung 14.78 Upload des Log-Files

14.9.6 Single Sign On

Users and Groups

Selbstverständlich können für das Single-Sign-On-Verfahren (SSO) Benutzer und Benutzergruppen angelegt werden. Die Vorgehensweise ist die gleiche wie bei anderen Systemen. Sie können hier nur einen User in der SSO-Domäne anlegen. Beim Anlegen der Gruppe müssen Sie erst im Anlegen-Dialog selbst die Auswahl treffen. Dort kann man dann auch direkt die User hinzufügen, egal ob sie aus dem lokalen OS, der SSO-Domäne oder einem angeschlossenen AD kommen. Ein späteres Hinzufügen von Mitgliedern erfolgt schließlich über einen Doppelklick auf die Gruppe.

Single Sign On Configuration

Alle Konfigurationsdaten für das *Single Sign On* (SSO) werden in der Sektion vorgenommen, die Sie in Abbildung 14.79 sehen.

Abbildung 14.79 SSO-Konfiguration

Das Fenster teilt sich in drei Bereiche Identity Provider, Local Accounts und Login Message. Unter Identity Provider werden zusätzliche Identitätsquellen eingebunden, aber es kann hier auch das vCenter einer Domäne hinzugefügt werden. Die Aktivierung der SmartCard-Authentifizierung ist hier ebenfalls beheimatet.

Hinter dem Bereich Local Accounts finden sich die Parameter für Domain, Password Policy, Lockout Policy und Token Trustworthiness (siehe Abbildung 14.80).

Der Abschnitt Domain ist eine reine Anzeige des SSO-Domänennamens. Unter Password Policy finden sich die Bedingungen für ein Passwort, die eingehalten werden müssen. Soll das Passwort nicht ablaufen, dann sind 0 Tage einzustellen.

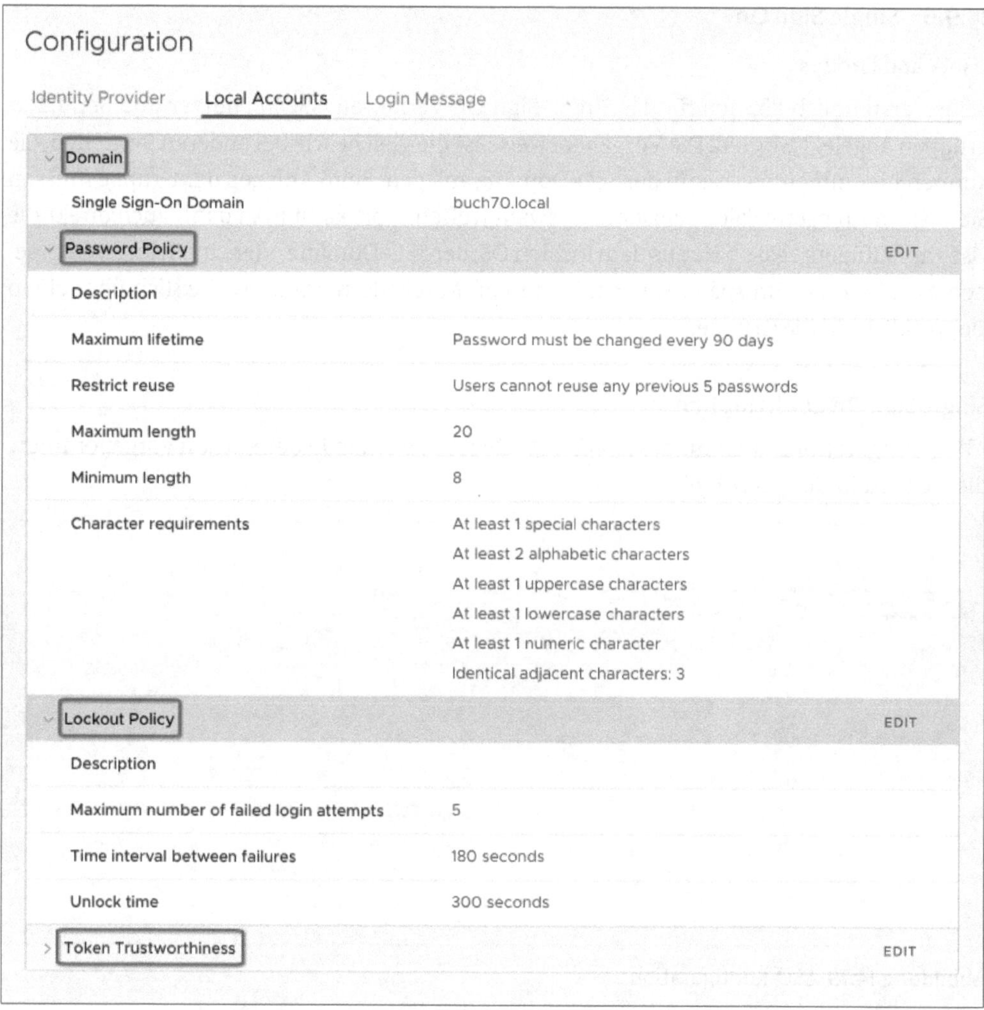

Abbildung 14.80 Einstellungen für das SSO

Wie mit Falschanmeldungen umgegangen wird (LOCKOUT POLICY) und wie der Umgang mit dem Anmeldetoken ist (TOKEN TRUSTWORTHINESS), wird in den beiden letzten Punkten festgelegt.

Das Register LOGIN MESSAGE ist selbsterklärend.

14.9.7 Zertifikatsmanagement

Die im System befindlichen Zertifikate sind in diesem Menü mit allen Konfigurationsdaten einsehbar. Das betrifft das Maschinenzertifikat des vCenter Servers und auch die Zertifikate, denen vertraut wird (siehe Abbildung 14.81).

Certificate Management

Machine SSL Certificate

__MACHINE_CERT

Valid until Aug 23, 2022

Private Key and Certificate chain

VIEW DETAILS ACTIONS

Trusted Root Certificates ADD

87406B27AB6D5EA...

Valid until Aug 17, 2030

Certificate

VIEW DETAILS

905E5693D117F70...

Valid until Aug 17, 2030

Certificate

VIEW DETAILS

Abbildung 14.81 Im System befindliche Zertifikate

Trusted-Root-Zertifikate können hier ebenfalls hinzugefügt werden. Dabei wird die Datei der Zertifikats-Chain benötigt.

14.10 Das Menü im Home-Screen des vCenters

Im Bereich des Menübaums im Home-Screen des vCenter Servers gibt es eine Reihe von Menüpunkten.

Bei der Auswahl der ersten vier Menüpunkte wird immer eine kleine Symbolleiste angezeigt. Diese Leiste symbolisiert die ersten vier Menüpunkte als Shortcuts. Die Reihenfolge entspricht dem Vorkommen in der Menüleiste: HOSTS AND CLUSTERS, VMS AND TEMPLATES, STORAGE und NETWORK (siehe Abbildung 14.82).

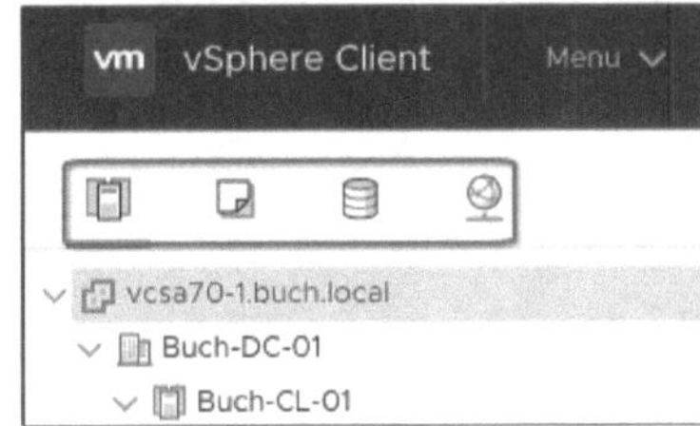

Abbildung 14.82 Shortcuts für die Favoritenleiste

14.10.1 Hosts and Clusters

Hier sehen Sie als Anzeigestruktur das vCenter mit allen unterliegenden Objekten der virtuellen Infrastruktur – vom Datacenter über den Cluster und die Hosts bis zu den VMs. Templates werden in dieser Ansicht nicht angezeigt (siehe Abbildung 14.83).

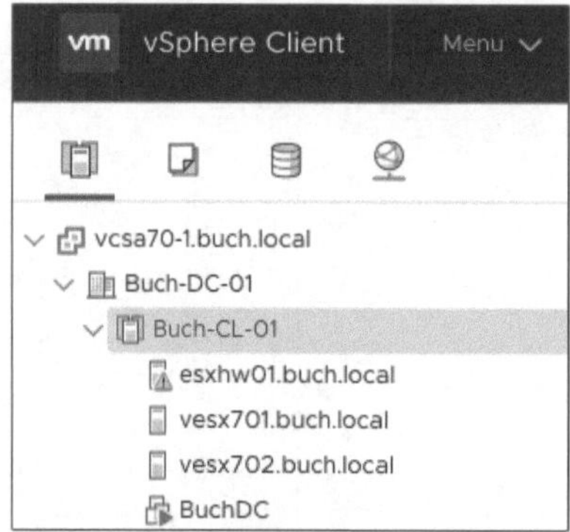

Abbildung 14.83 Ansicht Hosts and Clusters

14.10.2 VMs and Templates

Die Ansicht VMs AND TEMPLATES ist etwas abgespeckter als die vorhergehende. Der Cluster und die Hosts werden zwar nicht angezeigt, aber dafür können Sie hier die Templates sehen (siehe Abbildung 14.84).

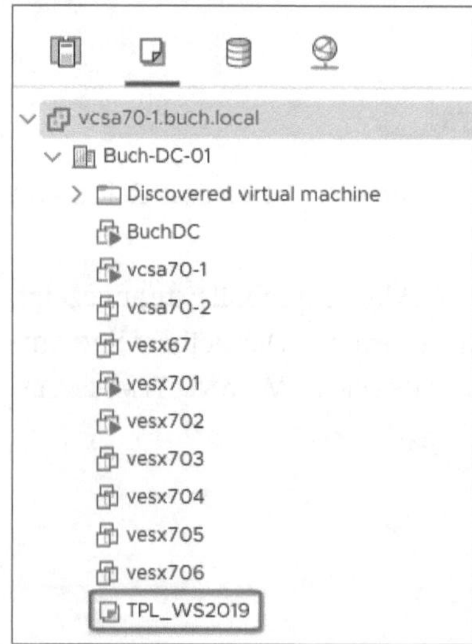

Abbildung 14.84 Ansicht VMs and Templates

14.10.3 Storage

Alle Datastores werden in dieser Sektion angezeigt. Auch hier ist die Struktur analog zur Sektion zuvor. Der Cluster und die Hosts werden wieder nicht angezeigt (siehe Abbildung 14.85).

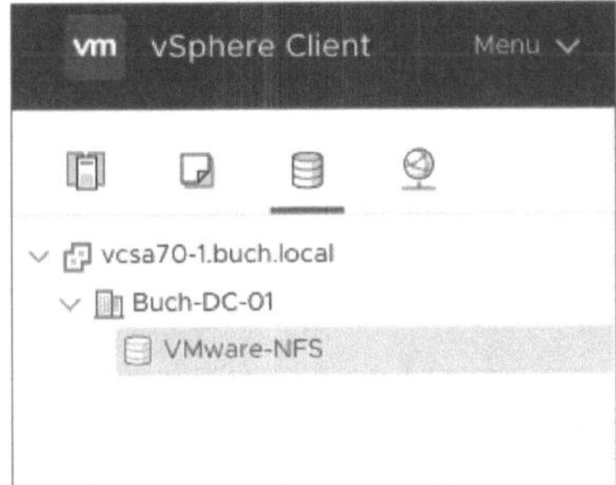

Abbildung 14.85 Ansicht der Datastores

14.10.4 Netzwerk

Alle virtuellen Netzwerkkomponenten werden in diesem Menü angezeigt. Von den virtuellen Switchen sind nur die Portgruppen sichtbar. Die Distributed Switches sind hier ebenfalls zu sehen. Unabhängig davon, ob ein Host eine Portgruppe nutzt oder ob alle Hosts sie zur Verfügung stellen – sie werden hier angezeigt (siehe Abbildung 14.86).

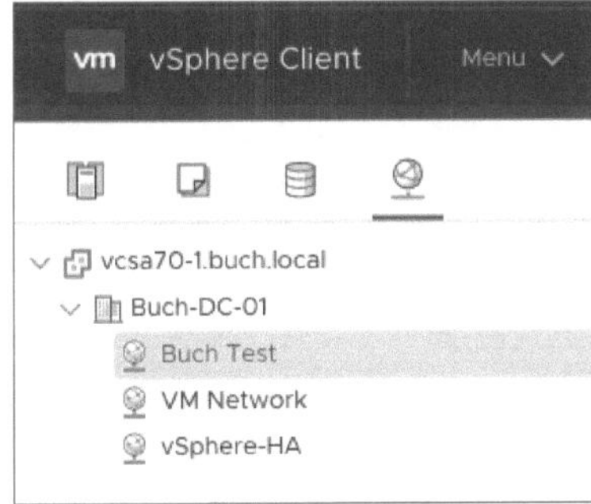

Abbildung 14.86 Netzwerkanbindungen für virtuelle Maschinen

14.10.5 Content Libraries

Die CONTENT LIBRARY bietet die Möglichkeit, alle Templates zentral abzulegen und auch anderen vSphere-Umgebungen zur Verfügung zu stellen. Damit soll gewährleistet werden, dass alle Installationen mit identischen Templates aufgesetzt werden. Die Daten können dabei auf einem Netzwerk-Share oder einem Datastore bereitgestellt werden.

Nach dem Aufruf gelangen Sie direkt in das Übersichtsfenster zur Erstellung einer neuen Library, bzw. zur Konfiguration der Library (siehe Abbildung 14.87).

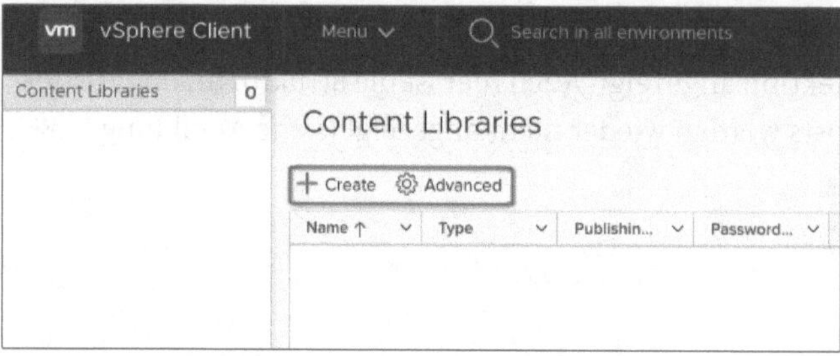

Abbildung 14.87 Aufruf der Content Library

Die Einstellungen erreichen Sie über den Link ADVANCED (siehe Abbildung 14.88). Es gibt grundsätzlich zwei Einstellungsbereiche, nämlich das Synchronisationsverhalten und Einstellungen, die die Performance beeinträchtigen.

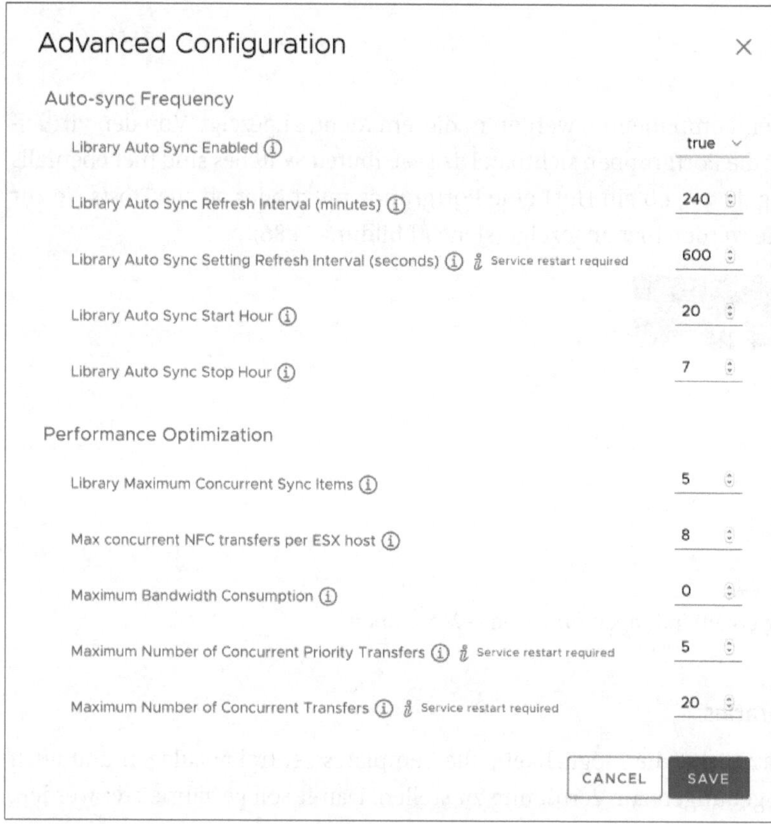

Abbildung 14.88 Einstellungen der Content Library

Mit dem Plus-Button können Sie eine neue Library anlegen. Nun erwartet das System einige Eingaben von Ihnen. Im ersten Dialog sind das der Name und die Auswahl des vCenter, das die Library beheimaten soll (siehe Abbildung 14.89).

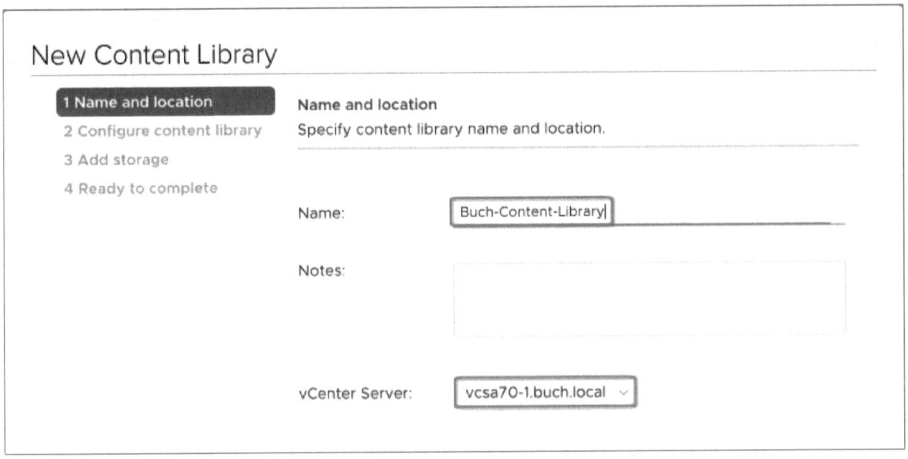

Abbildung 14.89 Erstellen einer Content Library

Im folgenden Dialog haben Sie drei Optionen zur Auswahl. Sie können sich mit einer vorhandenen Library verbinden, Sie können eine lokale Library anlegen, die auch nur lokal zur Verfügung steht, oder Sie können die lokal angelegte Library freigeben. Die letzten beiden Auswahlpunkte benötigen noch die Festlegung, wie mit dem Content umgegangen wird. Entweder wird der gesamte Content sofort heruntergeladen (IMMEDIATELY), oder der Download erfolgt auf Anforderung (WHEN NEEDED) vor der Bereitstellung der VM (siehe Abbildung 14.90).

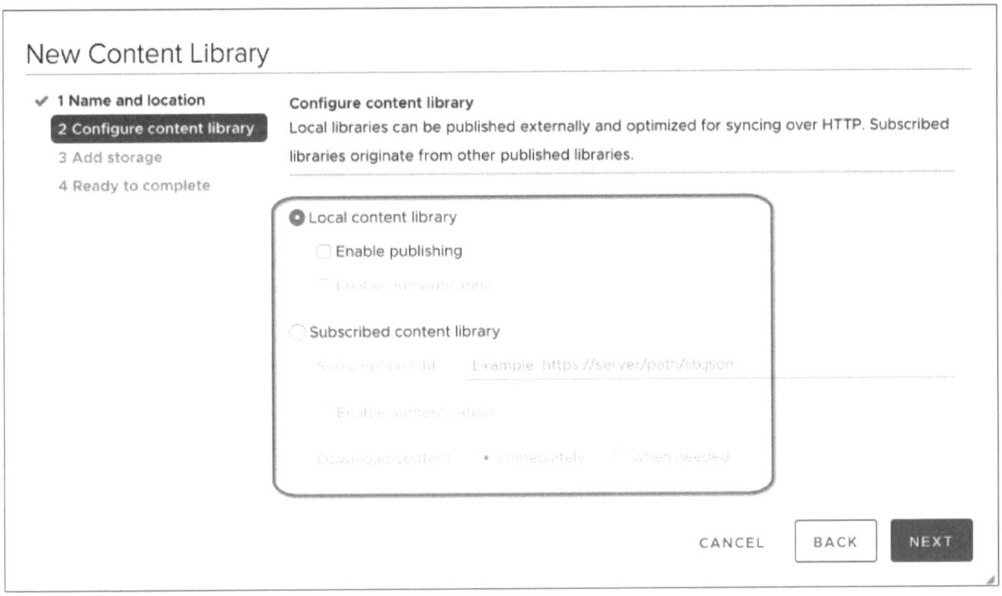

Abbildung 14.90 Festlegung der Parameter

Beim Anlegen der lokalen Library ist es möglich, eine Authentifizierung zu aktivieren. Die einzige weitere Einstellungsmöglichkeit ist die Auswahl des Ablageziels (siehe Abbildung 14.91): entweder im Netzwerk oder auf einem Datastore.

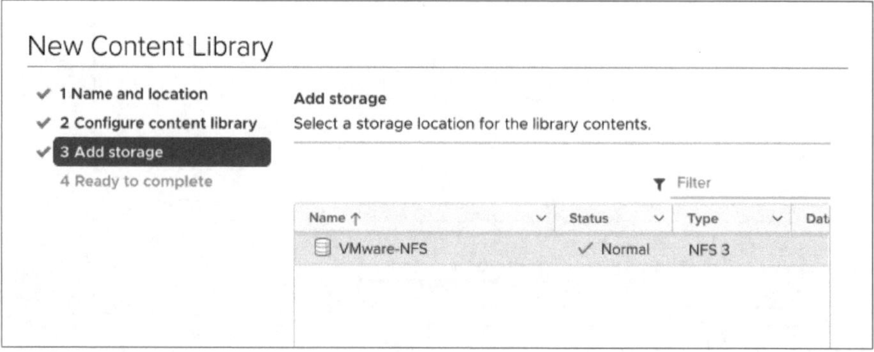

Abbildung 14.91 Festlegung des Library-Speicherorts

Jetzt können Sie vorhandene Maschinen in die Library klonen, um diese dann als Basis für die Bereitstellung zu nutzen (siehe Abbildung 14.92).

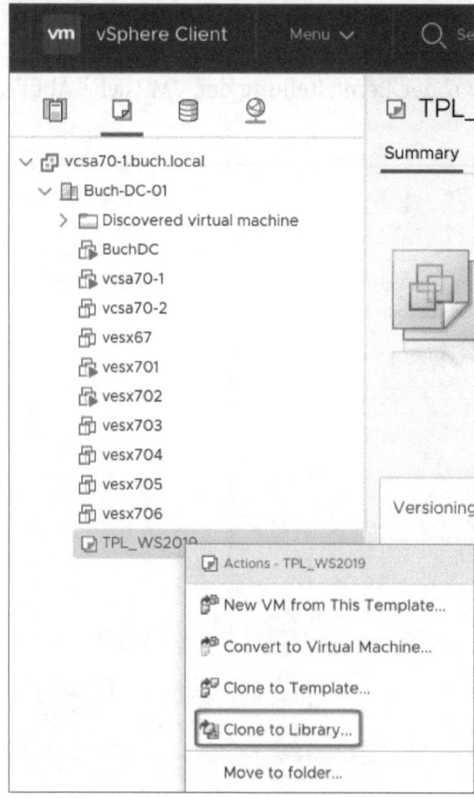

Abbildung 14.92 Durch Klonen füllen Sie die Content Library.

Die so erstellten Templates können von allen Anwendern genutzt werden, die Zugriff auf die Library haben.

14.10.6 Workload Management

Der Bereich WORKLOAD MANAGEMENT ist der Einstiegspunkt in die Kubernetes-Welt. Hier werden die *Namespaces* verwaltet, sie beinhalten COMPUTE, NETZWERK und STORAGE. Im Kontext des Namespace laufen dann die Applikationen.

Weitere Informationen zu Kubernetes finden Sie in Kapitel 21.

14.10.7 Global Inventory Lists

Eine andere Darstellung der Ressourcen einer virtuellen Infrastruktur findet sich unter GLOBAL INVENTORY LISTS. Hier sehen Sie auf der linken Seite eine Liste der einzelnen Ressourcengruppen, in die Sie direkt verzweigen können (siehe Abbildung 14.93).

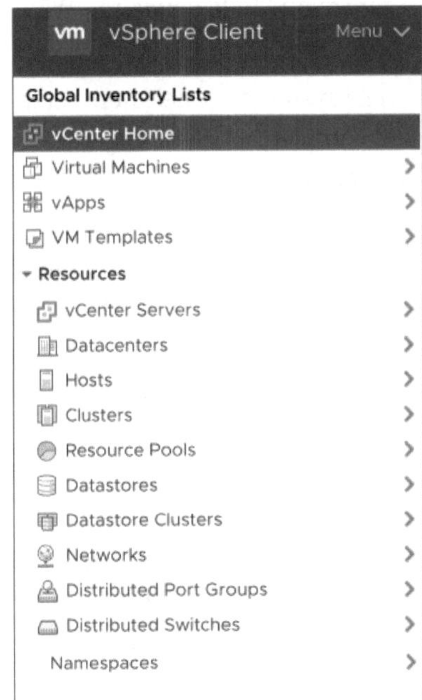

Abbildung 14.93 Favoritenleiste der Global Inventory List

14.10.8 Policies and Profiles

Hinter dem Bereich POLICIES AND PROFILES verbergen sich unterschiedliche Profile und Regeln, auf die wir jetzt im Einzelnen eingehen werden (siehe Abbildung 14.94).

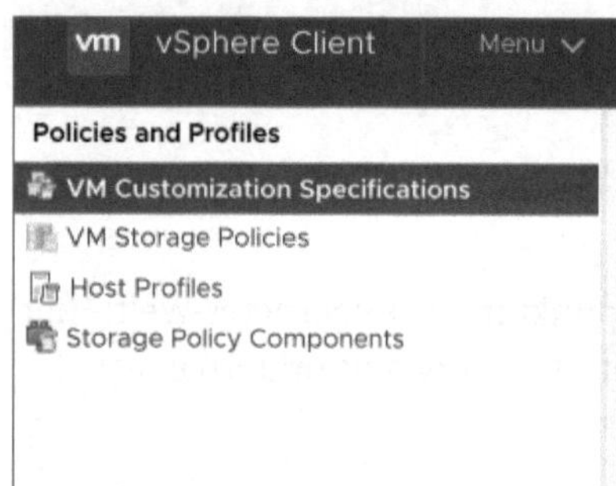

Abbildung 14.94 Übersicht der Regeln und Profile

VM Customization Specification Manager

Beim Anpassen einer virtuellen Maschine oder dann, wenn Sie eine VM klonen, können Sie ein Profil erstellen, das Sie auch später beim erneuten Klonen wieder benutzen können. Das Profil dient dem Anonymisieren der neuen VM, sodass es keine Kollisionen mit vorhandenen Sicherheits-IDs gibt. Alle diese Profile werden an einer zentralen Stelle verwaltet: Wählen Sie den entsprechenden Menüpunkt unter POLICIES AND PROFILES aus.

Nun können Sie Anpassungen für Windows- und Linux-Betriebssysteme vornehmen. Letztendlich geht es darum, bereits installierte Maschinen, die als Template dienen, zu generalisieren, damit sie ohne Probleme in eine Umgebung eingebunden werden können.

Beim Anlegen müssen Sie zuerst definieren, für welches Betriebssystem die Anpassung genutzt werden soll (NAME AND TARGET OS). Hier wird auch festgelegt, ob bei der Anpassung der VM die SID des Systems geändert werden soll. Deswegen machen wir das Ganze ja, stimmen Sie also zu. Ändern Sie die SID nicht, kann es zu zum Teil abstrusen Fehlern kommen. Im nächsten Schritt machen Sie die erforderlichen Angaben zur Registrierung und legen die Organisation fest. In Schritt 3 aus Abbildung 14.95 legen Sie fest, welcher Name verwendet wird.

Aus unserer Sicht ist es optimal, der neuen VM den gleichen Namen zu geben wie im vCenter (USE THE VIRTUAL MACHINE NAME). Das macht den Betrieb am einfachsten. Eine feste Namensvergabe (ENTER A NAME) widerspricht eigentlich einem generischen Profil. Einzig die Eingabe des Namens bei der Erstellung halten wir noch für sinnvoll (ENTER A NAME IN THE CLONE/DEPLOY WIZARD).

Die Lizenzierungsinformationen müssen Sie im nächsten Dialog eingeben, direkt gefolgt vom Passwort für den Administrator-Account und der Festlegung, wie häufig der Administrator automatisch nach dem Neustart angemeldet werden soll. Die Zeitzone gehört ebenso zu den Eingaben wie die RUN-ONCE-Sektion für den einmaligen Start von Skripten oder Installationen.

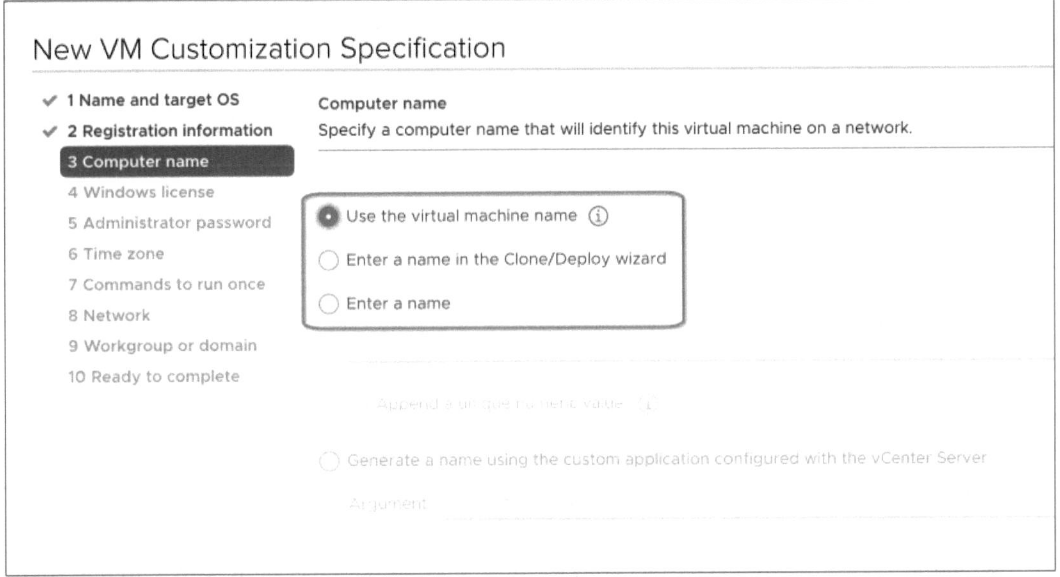

Abbildung 14.95 Namensvergabe

Die Netzwerkparameter aus Abbildung 14.96 sind ebenfalls eine wichtige Konfiguration. DHCP oder die manuelle Einstellung sind hier möglich.

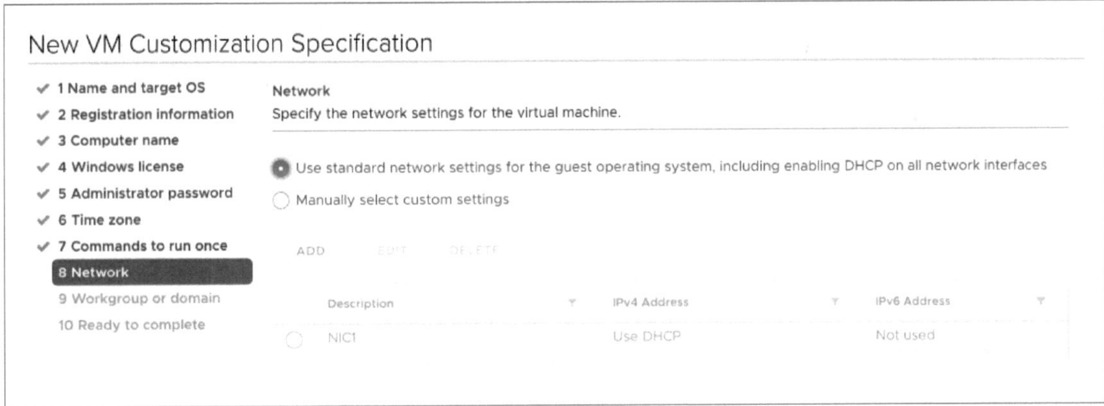

Abbildung 14.96 Festlegung der Netzwerkkonfiguration

Das Hinzufügen zu einer Windows-Domäne ist ebenfalls Bestandteil der Abfragen (siehe Abbildung 14.97), wobei Sie das System aber nur zu einer Workgroup hinzufügen können.

Sie haben nun ein Anpassungsprofil erstellt, mit dem Sie Windows-Systeme generalisieren können.

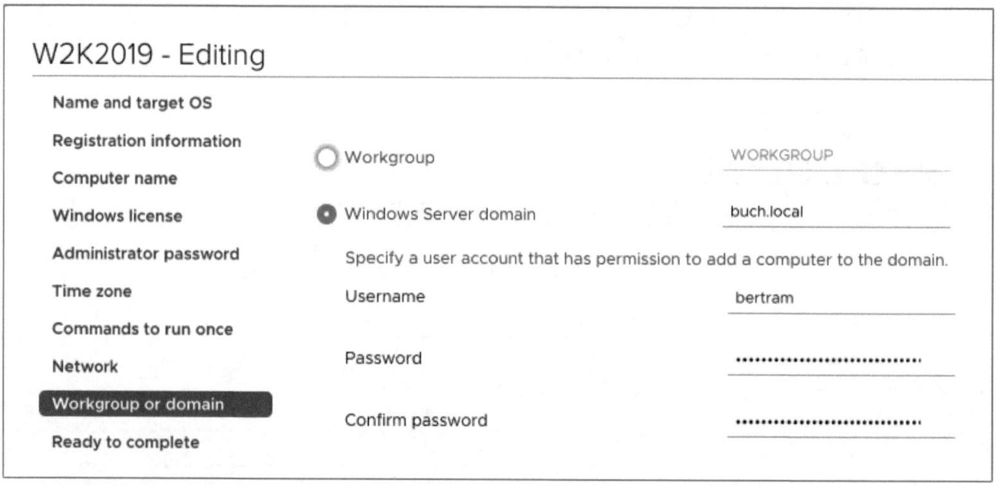

Abbildung 14.97 Einstellungen für die Domänenmitgliedschaft

Arbeiten Sie mit Linux-Systemen, können Sie auch hier eine passende Anpassung vornehmen. Die Schritte, die Sie dazu durchlaufen müssen, sind aber nicht so zahlreich wie bei der Windows-Anpassung (siehe Abbildung 14.98).

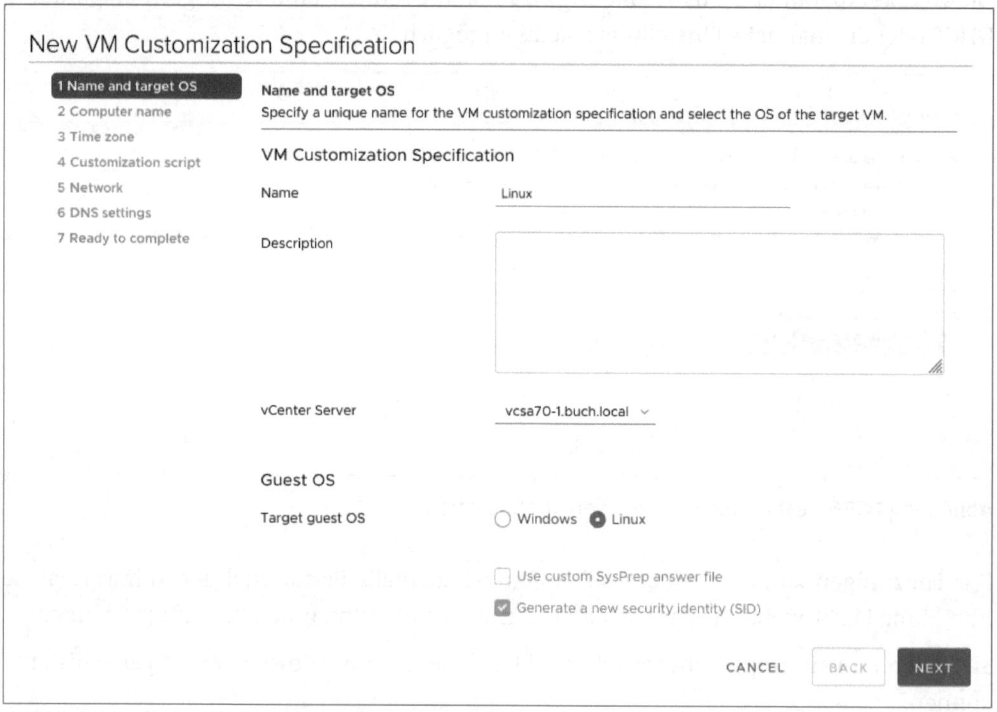

Abbildung 14.98 Erstellen einer Anpassung für Linux

Die Eingabe der Zeitzone erfolgt hier anders als zuvor (siehe Abbildung 14.99), die Netzwerkparametereinstellung ist wiederum identisch.

New VM Customization Specification

1 Name and target OS
2 Computer name
3 Time zone
4 Customization script
5 Network
6 DNS settings
7 Ready to complete

Time zone
Specify a time zone for the virtual machine.

Area: Europe

Location:
Amsterdam
Andorra
Astrakhan
Athens
Belgrade
Berlin
Bratislava
Brussels
Bucharest
Budapest
Busingen
Chisinau
Copenhagen
Dublin

Hardware clock set to: UTC / Local time

CANCEL BACK NEXT

Abbildung 14.99 Zeitzonenfestlegung für die neue VM

Es lässt sich nun ein Anpassungsskript einbinden, gefolgt von den Netzwerkeinstellungen. Abschließend erwartet Linux die Angabe der DNS-Server, die genutzt werden sollen. Jetzt sind wir auch an dieser Stelle fertig (siehe Abbildung 14.100) und können nun Vorlagen für virtuelle Maschinen mit Windows- und Linux-Betriebssystemen automatisch individualisieren.

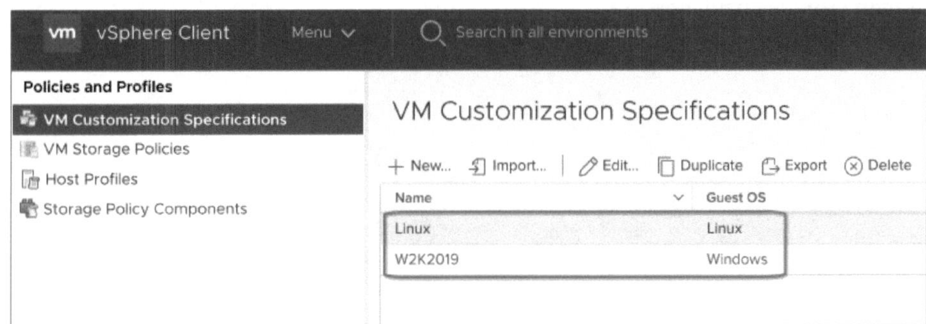

Abbildung 14.100 Anzeige der angelegten Profile

VM-Speicherregeln

Welche Philosophie steht hinter den Speicherprofilen (*VM Storage Policies*), und was möchte VMware mit dieser Funktion bezwecken?

Schauen wir uns einmal den Prozess der Bereitstellung einer virtuellen Maschine an. Sind die Grunddaten – wie CPU, RAM, Netzwerk und Plattenanzahl sowie deren Größe – festgelegt, müssen Sie entscheiden, welche Leistungsdaten der Storage erfüllen muss.

Hinter jeder Speicherregel verbirgt sich eine Storage-Wertigkeit bzw. eine Storage-Funktion. Eine VM wird nicht mehr direkt auf einem Datastore bereitgestellt, sondern auf einem Speicherprofil, das dann wiederum mit einem Storage verknüpft wird.

Nähere Informationen dazu finden Sie in Kapitel 18, »Ausfallsicherheit«.

VM Storage Policies

Die *VM Storage Policies* dienen der korrekten Ablage von VMs auf den entsprechenden Datenbereichen. Es gibt eine Reihe von Regeln, die noch erweitert werden können (Abbildung 14.101):

- Host-local PMem Default Storage Policy
- Management Storage policy – Encryption
- Management Storage policy – Large
- Management Storage policy – Regular
- Management Storage policy – Single Node
- Management Storage policy – Stretched
- Management Storage policy – Thin
- VM Encryption Policy
- vSAN Default Storage Policy
- VVol No Requirements Policy

Bei der Erstellung einer VM kann eine dieser Regeln hinterlegt werden, um sie optimal auf dem richtigen Storage abzulegen.

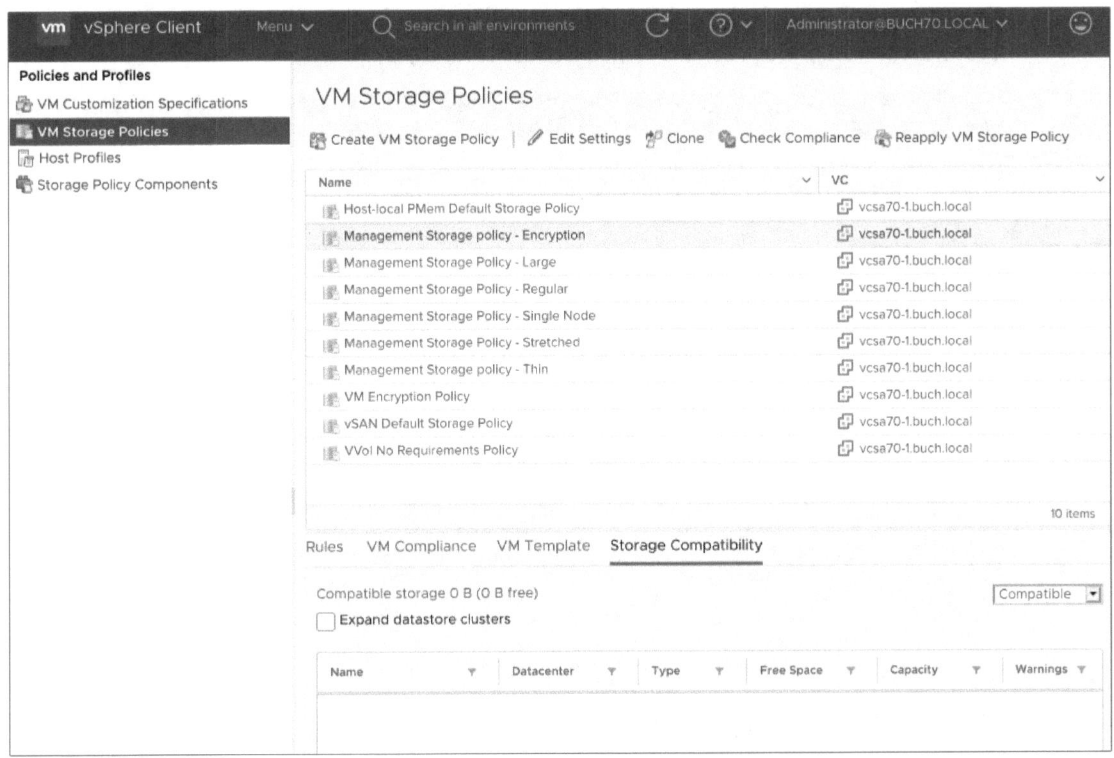

Abbildung 14.101 Die im System standardmäßig vorhandenen VM Storage Policies

Weitere Informationen zu dem Thema finden Sie in Kapitel 9.

Host Profiles

Die Erklärung zu dem Thema findet sich in Abschnitt 14.3.2.

Storage Policy Components

Die Storage Policy Components sind ein Bestandteil, der an eine VM-Speicherregel angehängt werden kann. Es handelt sich dabei nicht um eine 1:1-Beziehung. Direkt kann die Policy nicht an eine VM angehängt werden. Sie muss mit einer VM-Speicherregel verbunden werden, und diese wiederum kann dann mit einer VM verknüpft werden. Vier Regeln werden quasi mit ausgeliefert (siehe Abbildung 14.102):

- Default encryption properties
- Low IO shares allocation
- High IO shares allocation
- Normal IO shares allocation

Die erste Regel dient der Verschlüsselung, und die drei folgenden Regeln geben mögliche IO-Last-Maxima an. Dafür verantwortlich ist das *Storage I/O Control*.

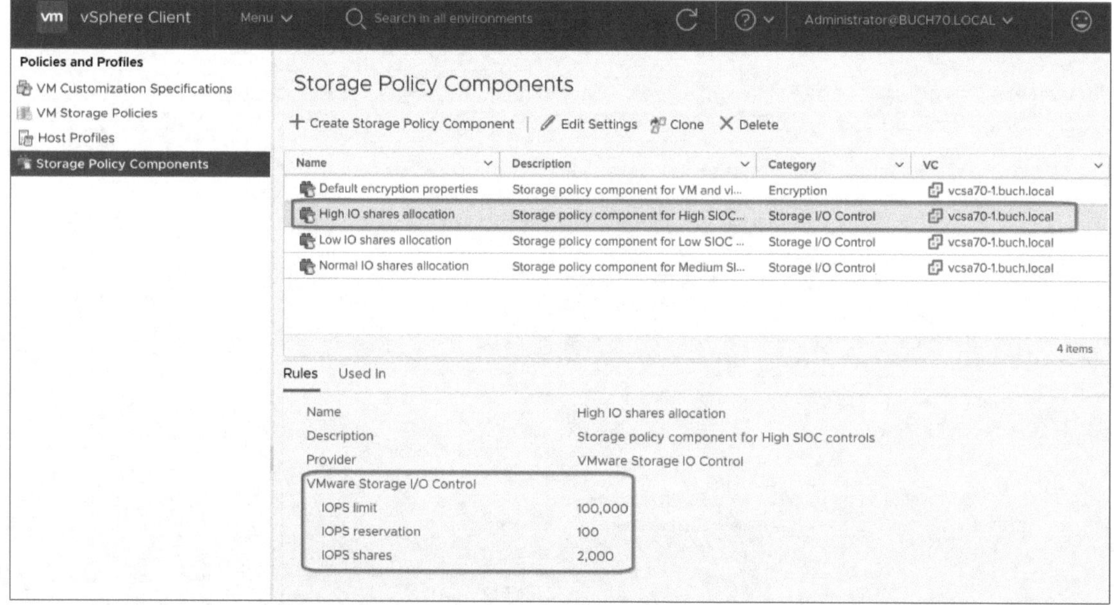

Abbildung 14.102 Die »High IO shares allocation«-Storage-Regel

14.10.9 Auto Deploy

Weitergehende Informationen zu dem Thema finden Sie in Abschnitt 15.4.

14.10.10 Hybrid Cloud Services

Weitergehende Informationen zu dem Thema finden Sie in Abschnitt 15.5.

14.10.11 Developer Center

Das Developer Center ist ein Einsprungspunkt für das Skripting bzw. die Programmierung im Bereich der virtuellen Infrastruktur. Über den API-Explorer sind Sie dazu in der Lage, sich die REST-API-Befehle zu unterschiedlichen Komponenten anzeigen zu lassen. Mit dieser Information können Sie weitergehende Programme oder Skripte schreiben, um Arbeiten in der virtuellen Infrastruktur zu automatisieren (siehe Abbildung 14.103).

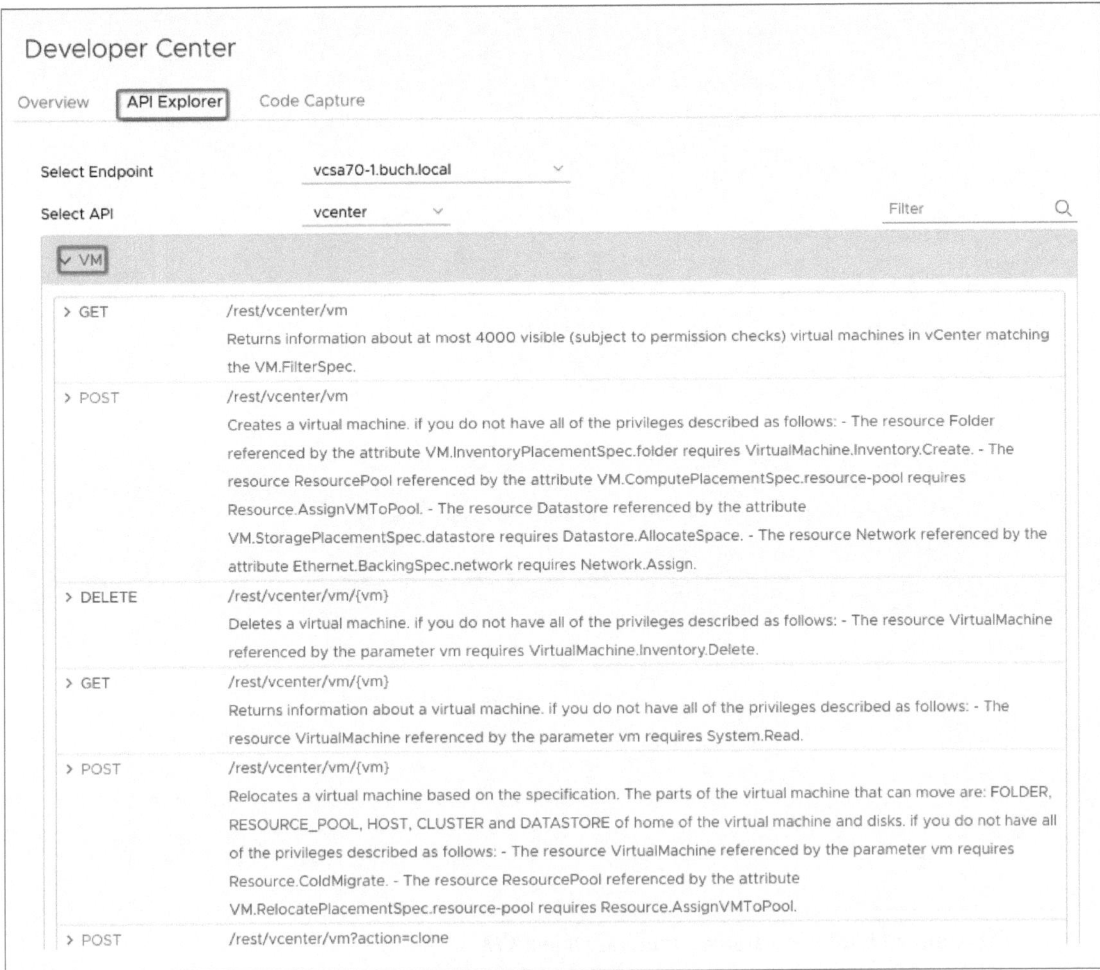

Abbildung 14.103 Auflistung von Parametern zu einem definierten Objekt

In diesem Fall geht es um Parameter zum `Get`-Befehl der VM (siehe Abbildung 14.104). Die Liste ist aber zu lang, um sie hier zu besprechen bzw. aufzulisten. Nehmen Sie sich die Zeit und schauen Sie einmal in den Bereich rein, um zu sehen, wie viele Möglichkeiten hier schlummern.

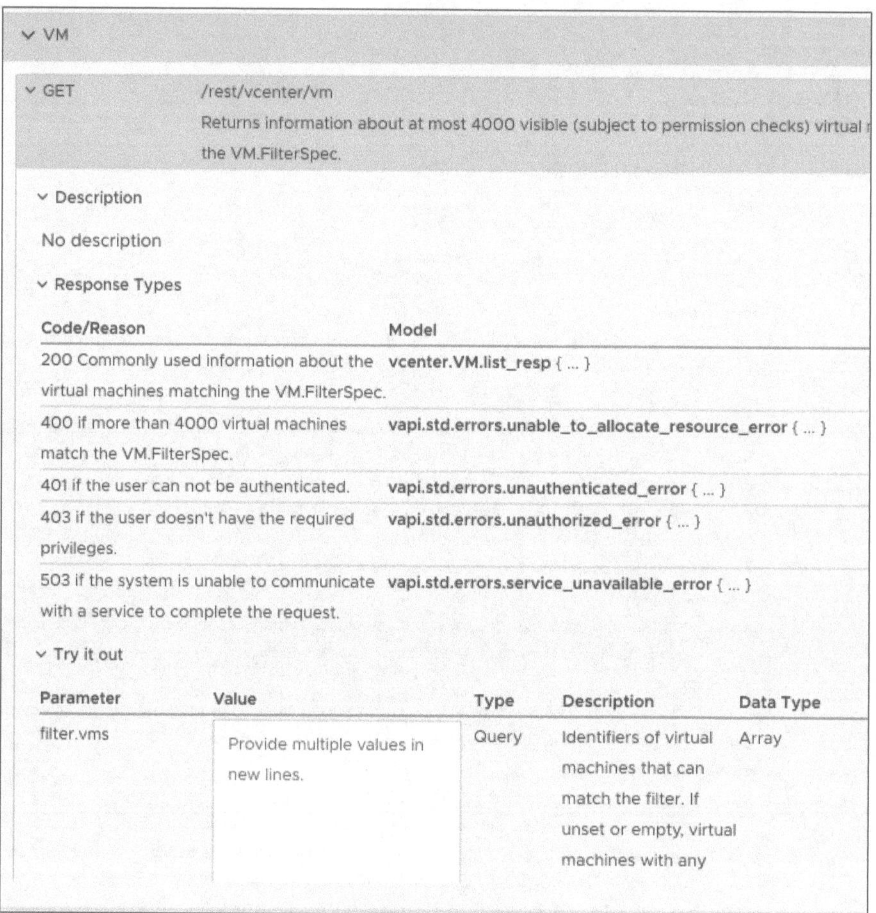

Abbildung 14.104 API-Parameter für das Objekt VM

Ein richtig cooles Feature ist die Aufzeichnung von Aktionen im vCenter und die automatische Übersetzung in PowerCLI-Code. Mit dem Add-on *Fling Onyx* war das schon möglich, aber es ist sehr schön und durchaus hilfreich, dass VMware diese Möglichkeit in den Client integriert hat (siehe Abbildung 14.105).

Auf diese Weise können Sie Arbeitstätigkeiten und Aktionen automatisieren, auch wenn Sie die PowerShell noch nicht kennen. Für anspruchsvollere Skripte sollten Sie jedoch die Grundlagen der PowerShell lernen und sich die Module zur vSphere-Administration anschauen. Das ist eine sehr lohnende Zeitinvestition, die Ihnen langfristig das Leben leichter machen wird.

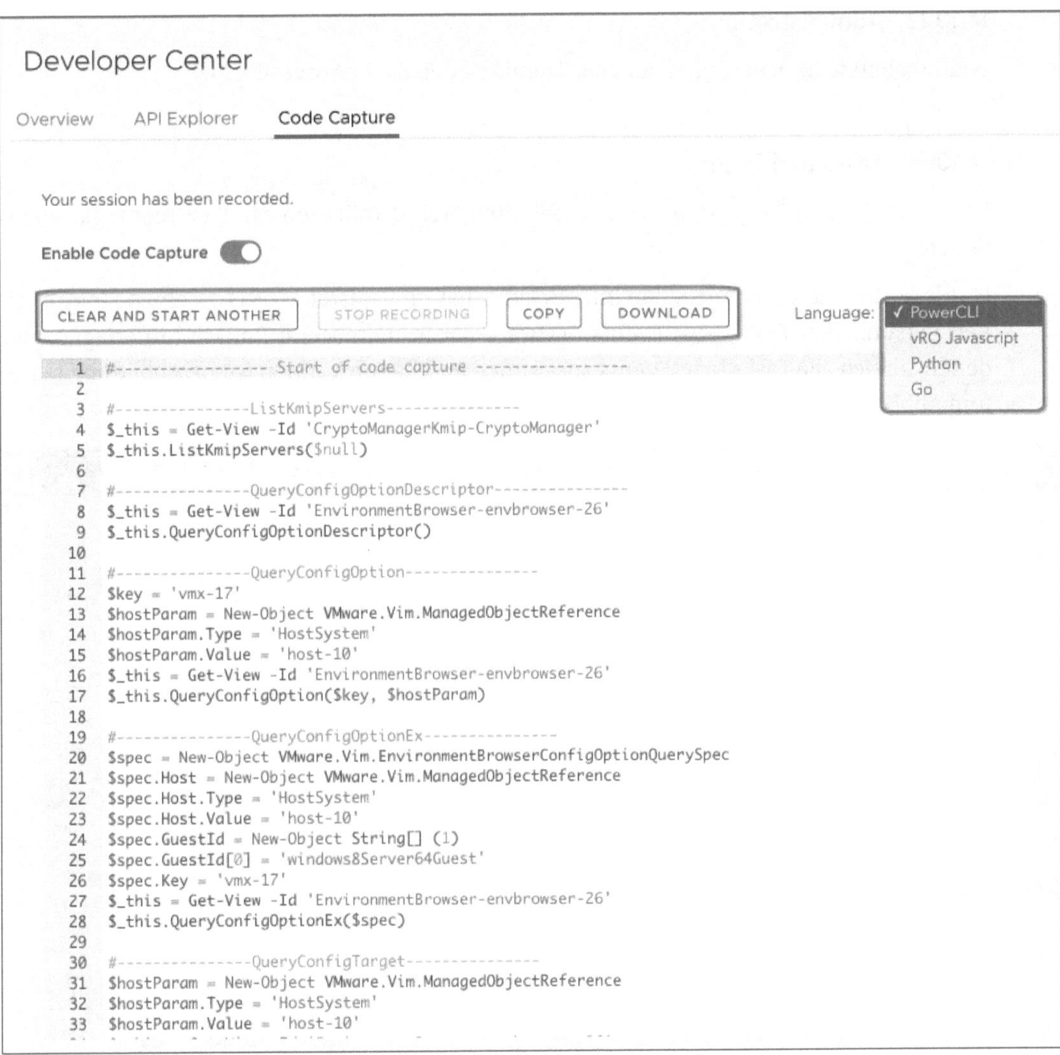

Abbildung 14.105 Aufzeichnung der Erstellung einer VM

Als Code können aber nicht nur PowerCLI-Skripte erstellt werden. Es werden auch Skripte in JavaScript, Python und Go unterstützt.

Diese Implementierung ist sehr mächtig und extrem hilfreich.

14.10.12 Administration

Weitergehende Informationen zu dem Thema finden Sie in Abschnitt 14.9.

14.10.13 Tasks und Events

Da sich die Punkte TASKS und EVENTS sehr ähnlich sind, möchten wir diese hier zusammenfassen.

Fast jedes Objekt in der virtuellen Infrastruktur hat im Register MONITOR einen Link zu seinen persönlichen Tasks bzw. Events. VMware hat in dem Menü Punkte hinterlegt, unter denen Sie sich alle Tasks bzw. Events zusammen anschauen können (siehe Abbildung 14.106 und Abbildung 14.107).

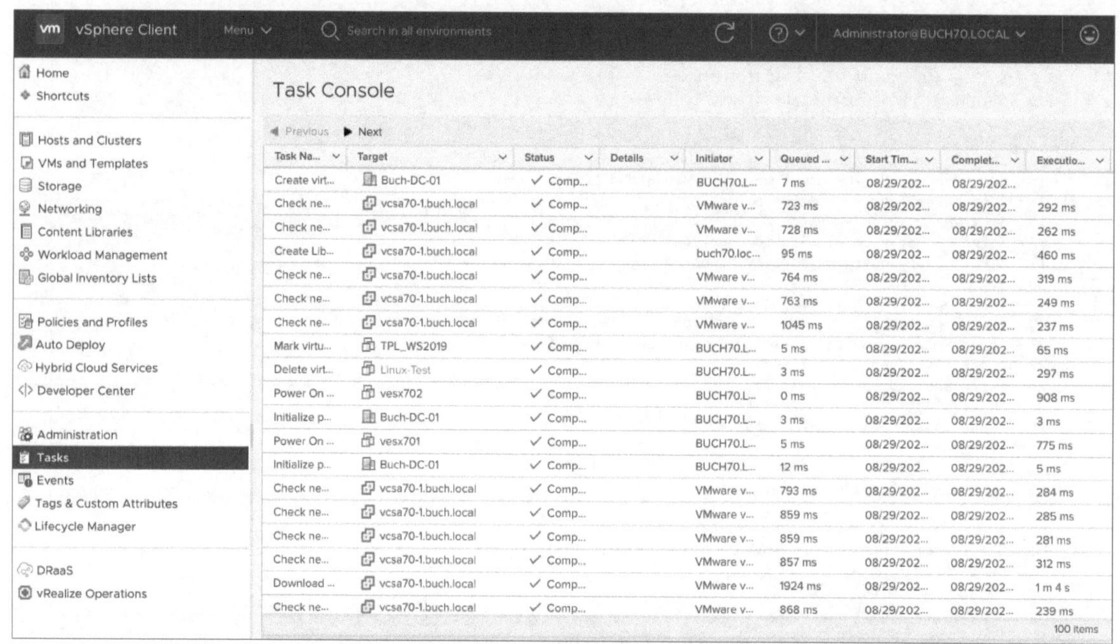

Abbildung 14.106 Gesammelte Tasks einer virtuellen Infrastruktur

Es gibt Situationen, in denen es für eine Fehleranalyse wichtig ist, die Tasks bzw. Events von verschiedenen Objekten zusammen zu betrachten. Das ist in der EVENT CONSOLE möglich (siehe Abbildung 14.107).

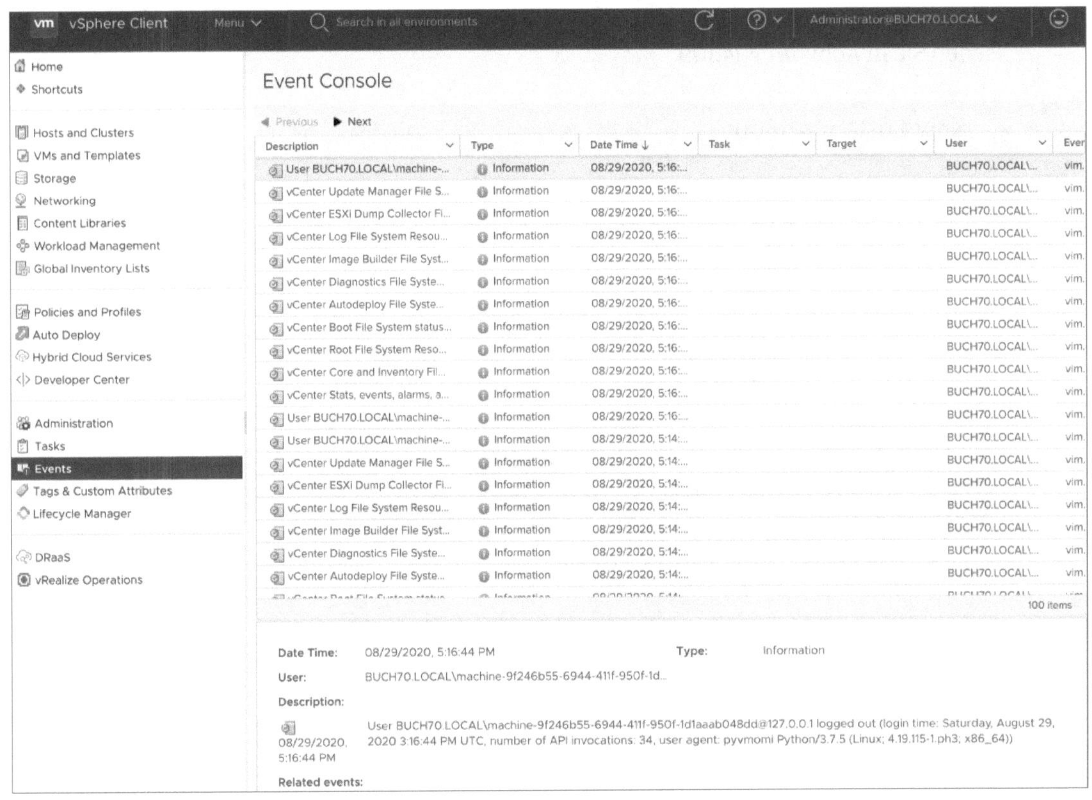

Abbildung 14.107 Gebündelte Events einer vSphere-Umgebung

14.10.14 Tags & Custom Attributes

Ursprünglich sollten die *Tags* die *Custom Attributes* ablösen, jetzt sehen wir aber eine Koexistenz der beiden.

Worin besteht nun der Unterschied, und wann nutzt man was? Letztendlich gibt es, je nach Objekt, drei unterschiedliche Arten, wie man Informationen an z. B. VMs vermerken kann: Es gibt die *Notes*, die *Tags* und die *Custom Attributes*. Meistens werden die Notes zu allen möglichen und unmöglichen Dingen missbraucht. Manchmal stehen halbe Romane an Informationen in den Notes, die aber nur sehr schwer auszuwerten sind.

Custom Attributes sind Informationen, die einmal einen Namen bekommen und dann an allen Objekten vorhanden sind.

Machen wir das an einem einfachen Beispiel fest. Zur Erleichterung der Administration soll an jeder VM stehen, wer der Fachverantwortliche für das System ist (siehe Abbildung 14.108). Dabei ist es egal, ob dort ein Anwender oder eine Gruppe bzw. Abteilung steht.

An jeder VM bzw. vApp hängt nun dieses Custom Attribute – logischerweise ohne Wert, aber Sie können jetzt an jeder VM dem Custom Attribute *Verantwortlicher* einen Namen zuweisen, z. B. *Bertram*. Die Zuweisung erfolgt über das Kontextmenü des Objekts. Das Ergebnis sehen Sie in Abbildung 14.109.

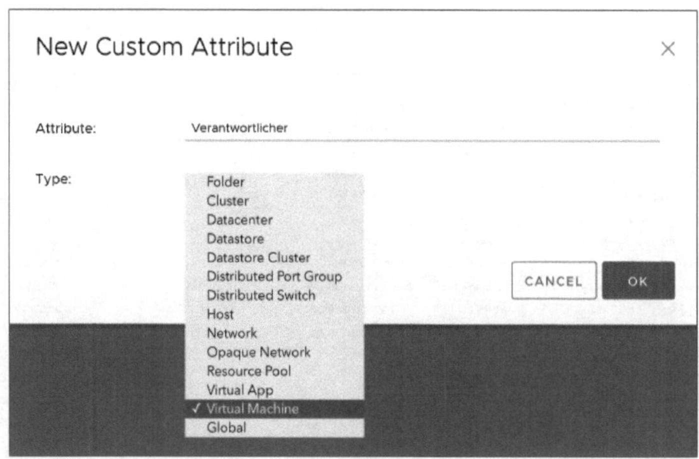

Abbildung 14.108 Anlegen eines »Custom Attribute«

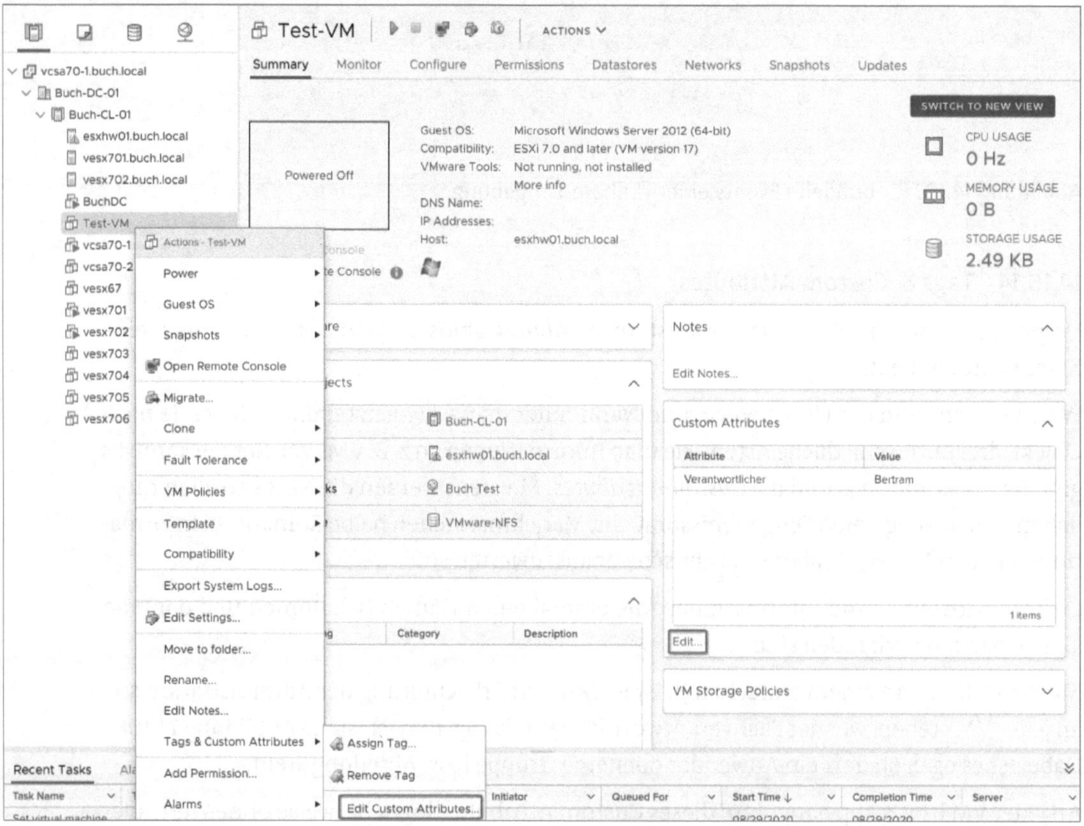

Abbildung 14.109 Dem Attribut »Verantwortlicher« wurde der Wert »Bertram« zugewiesen.

Durch den Aufruf von TAGS gelangen Sie in das eigentliche Konfigurationsfenster für die Tags (siehe Abbildung 14.110).

Tags & Custom Attributes
Tags
Custom Attributes
TAGS
CATEGORIES
NEW
EDIT
DELETE
ADD PERMISSION
Tag Name
Category
Description

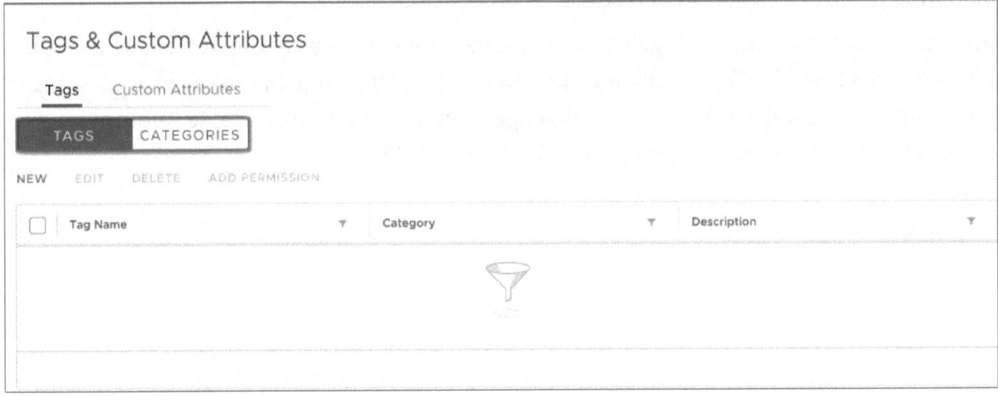

Abbildung 14.110 Tags und Kategorien

Dabei können dort die Tags, aber auch zusammenfassende Kategorien (CATEGORIES) definiert werden. Kategorien sind übergeordnete Objekte, in denen wiederum die Tags zusammengefasst werden können.

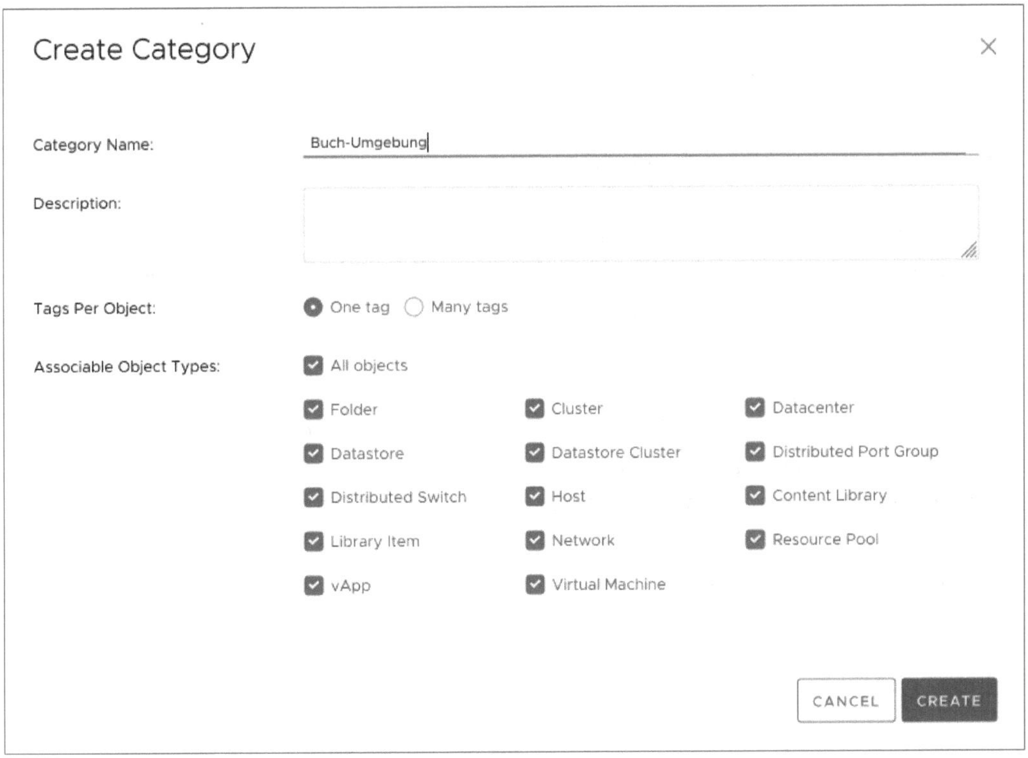

Create Category
Category Name:
Buch-Umgebung
Description:
Tags Per Object:
One tag
Many tags
Associable Object Types:
All objects
Folder
Cluster
Datacenter
Datastore
Datastore Cluster
Distributed Port Group
Distributed Switch
Host
Content Library
Library Item
Network
Resource Pool
vApp
Virtual Machine
CANCEL
CREATE

Abbildung 14.111 Erstellen einer Kategorie

Als Erstes erstellen wir eine Kategorie. Dazu wechseln wir in die passende Ansicht und klicken auf das ADD-Symbol oberhalb des Anzeigebereichs. Die Kategorie kann auch direkt bei der Einrichtung des Tags erstellt werden.

Im Dialog aus Abbildung 14.111 geben Sie der Kategorie einen eindeutigen Namen und legen fest, wie viele Tags ein Objekt haben kann und welchen Objekten dieses Tag bzw. diese Kategorie zugeordnet werden kann. Beim Erzeugen des Tags kann direkt eine Zuordnung zwischen Tag und Kategorie erfolgen (siehe Abbildung 14.112).

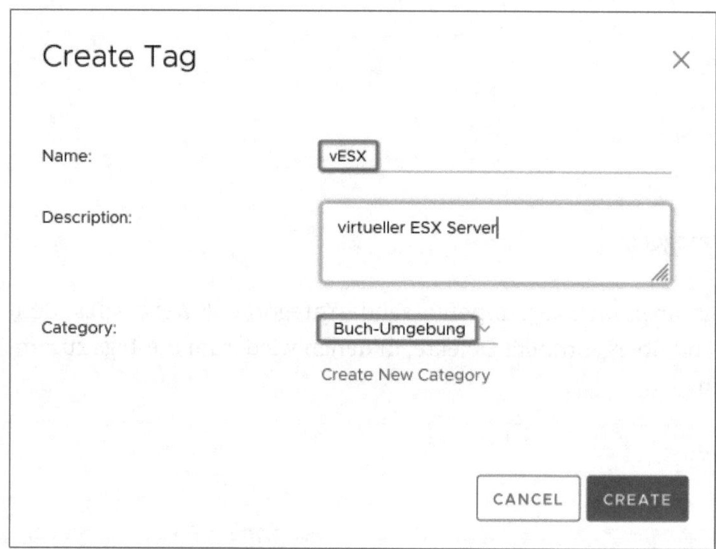

Abbildung 14.112 So weisen Sie ein Tag einer Kategorie zu.

Die Zuweisung zur virtuellen Maschine, die virtuelle ESXi-Hosts für die Beispielumgebung zu diesem Buch trägt, erfolgt dann wieder an der virtuellen Maschine – wobei hier auch direkt das Tag erzeugt werden könnte (siehe Abbildung 14.113).

Mit diesen Tags und Kategorien können Sie Ihre virtualisierte Umgebung strukturieren und so für Ordnung sorgen. Generell gilt dabei, dass eine gute, Planung Gold wert ist. Denn Sie können zwar natürlich jederzeit Tags und Kategorien ändern, aber in der Praxis ist es oft so, dass die beschreibenden Metainformationen nicht mehr mit den Aufgaben der virtuellen Maschinen übereinstimmen. Das sorgt dann eher für Verwirrung und sollte dementsprechend vermieden werden.

Legen Sie sich stattdessen vorrausschauend eine sinnvolle Struktur aus Tags und Kategorien an.

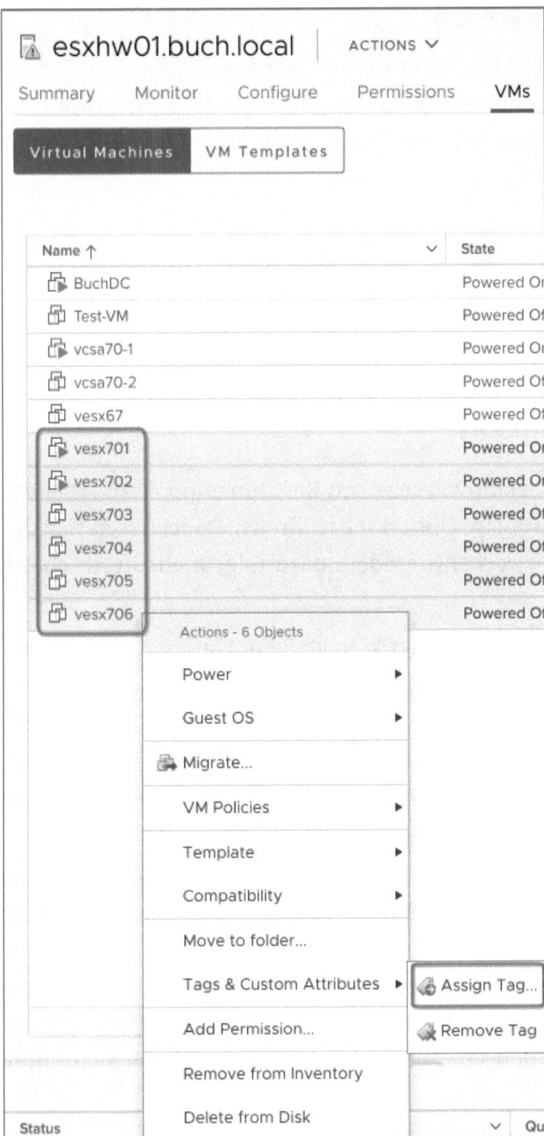

Abbildung 14.113 Zuweisung des Tags zum Objekt

Mit diesem System kann dann eine eigene organisatorische Struktur für die virtuelle Umgebung aufgebaut werden. Derartige Strukturen sind auch hervorragend für Suchen geeignet.

14.10.15 Lifecycle Manager

Die Informationen zum *Lifecycle Manager* finden Sie in Abschnitt 15.2, »Der Lifecycle Manager«.

14.10.16 DRaaS (Desaster Recovery as a Service)

DRaaS ist eine cloudbasierte Lösung von VMware, die es ermöglicht im Falle eines Desasters die Workloads des Kunden in einem anderen Rechenzentrum hochfahren zu können. Das Thema ist so umfangreich, dass wir es im Rahmen dieses Buches nicht mit aufnehmen können.

14.10.17 vRealize Operations

Weitergehende Informationen zu dem Thema finden Sie in Abschnitt 16.3.2.

14.11 Einrichtung von Ressourcenpools

Nicht nur in großen Umgebungen kann es sinnvoll sein, mit Ressourcenpools zu arbeiten, sondern auch in kleineren Landschaften ist diese Option sehr hilfreich. Dabei lassen sich die Ressourcenpools für andere Funktionen zweckentfremden; dazu folgt mehr in Abschnitt 14.13, »vCenter-Berechtigungen«.

Lassen Sie uns vorn beginnen und kurz in die Thematik einsteigen. Was sind *Ressourcenpools* überhaupt? In Ressourcenpools werden Teile von CPU- und Memory-Ressourcen eines Hosts zusammengefasst. Dabei ist es möglich, die Parameter des Pools variabel zu gestalten. Aber Pools fassen nicht nur Ressourcen zusammen, sie bieten auch die Möglichkeit, Rechte zu bündeln. Somit kann es ein Mittel der Wahl sein, Anwendern in »ihren« Ressourcenpools mehr Rechte zu geben als auf den anderen Objekten der virtuellen Infrastruktur.

Die Ressourcenpools werden in der HOSTS AND CLUSTERS-Ansicht mit einem eigenen Symbol dargestellt – mit einer Ausnahme: Es gibt einen Ressourcenpool, der in keiner Ansicht des vCenter Servers angezeigt wird. Dabei handelt es sich um den Root-Ressourcenpool. In diesem Pool werden alle Ressourcen eines Hosts bzw. DRS-Clusters zusammengefasst. Hier sehen Sie auch, warum der Pool nicht angezeigt wird: Die Ressourcen von Host bzw. Cluster sind identisch. Alle in einem Pool liegenden virtuellen Maschinen gruppieren sich unter dem Ressourcenpool, dem sie angehören.

In Ressourcenpools ist es Ihnen möglich, Ressourcen aufzuteilen, bereitzustellen und zu reservieren. Sie können aber auch Ressourcenpools ineinander verschachteln.

14.11.1 Erstellung eines Ressourcenpools

Das Kontextmenü des Hosts oder Clusters führt zu dem Punkt NEW RESOURCE POOL, mit dem Sie Ressourcenpools anlegen können (siehe Abbildung 14.114).

Anschließend erscheint ein Fenster, in dem Sie verschiedene Einstellungen vornehmen können, um den Ressourcenpool anzulegen (siehe Abbildung 14.115).

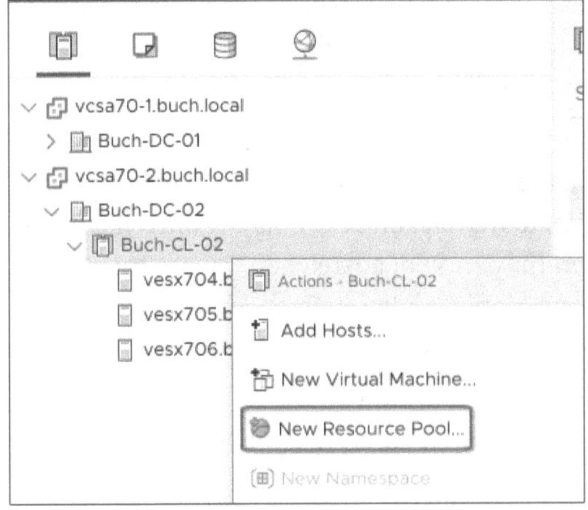

Abbildung 14.114 Neuen Ressourcenpool erstellen

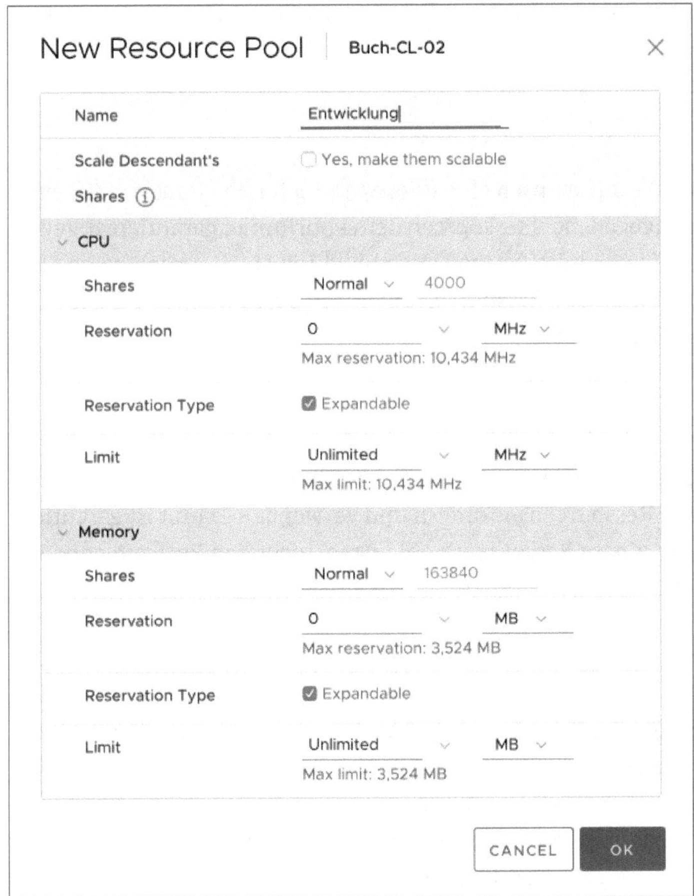

Abbildung 14.115 Konfiguration von Ressourcenpools

Im Feld NAME geben Sie einen Namen für diesen neuen Ressourcenpool ein. Hier legen wir einen Pool für die Entwicklungsabteilung an. In den anderen Feldern konfigurieren Sie die CPU- und RAM-Ressourcen, die verwendet werden sollen.

Beachten Sie bitte, dass beim Anlegen von Ressourcenpools das System eine Plausibilitätsprüfung dahin gehend durchführt, ob die vorhandenen und jetzt zugewiesenen Ressourcen auch zur Verfügung stehen. Optimal wäre es, vor dem Anlegen des Pools zu kontrollieren, ob die noch zur Verfügung stehenden Ressourcen für den Pool ausreichen. Es gibt im vCenter aber leider keine Übersicht, die die zugewiesene Menge an Ressourcen anzeigt. Sie können nur die Gesamtressourcen des Clusters bzw. Hosts einsehen.

Eine Hilfe gibt Ihnen aber VMware im Webclient doch mit: Abbildung 14.115 zeigt Ihnen die maximal nutzbaren Werte an. Dabei werden Funktionen wie z. B. HA bei der Berechnung berücksichtigt.

Gegenüber der Vorversion gibt es hier einen neuen Konfigurationspunkt: SCALE DESCENDANT'S SHARES. Bei Aktivierung dieser Option werden, bei verschachtelten Ressourcenpools, die Shares automatisch so angepasst, dass die Relation der Ressourcen der VMs untereinander nicht verschoben werden.

14.11.2 Reservation

Im Feld RESERVATION nehmen Sie auf Wunsch eine Reservierung für den Pool vor. Bei einer Reservierung werden die hier angegebenen Ressourcen dem Pool immer garantiert zugewiesen, wenn sie benötigt werden. In unserem Beispiel aus Abbildung 14.115 werden keine CPU-Ressourcen zugewiesen. Bei den Memory-Ressourcen geben Sie durch den Wert 0 alle Speicherressourcen frei, wenn sie nicht benötigt werden.

14.11.3 Limit

Die Einstellung für LIMIT wirkt ähnlich wie eine Reservierung. Wenn Sie ein LIMIT einstellen, kann dieser Pool maximal diese Ressourcen anfordern und verwenden. Damit ist garantiert, dass virtuelle Maschinen, die in einem Ressourcenpool liegen, nicht den Ressourcenbedarf von anderen VMs außerhalb des Pools beeinflussen.

14.11.4 Expandable

Haben Sie im Dialog aus Abbildung 14.115 bei RESERVATION TYPE • EXPANDABLE einen Haken gesetzt, können sich Kinder (virtuelle Maschinen und Pools) eines Elternobjekts an dessen Ressourcen bedienen. Wenn Sie den Haken nicht gesetzt haben, können Kinder (virtuelle Maschinen und Pools) nur von diesem Pool Ressourcen beziehen, auch wenn der darüberstehende Elternpool freie Ressourcen zur Verfügung hat.

Lassen Sie uns das an einem Beispiel verdeutlichen. In Abbildung 14.116 sehen Sie verschachtelte Pools.

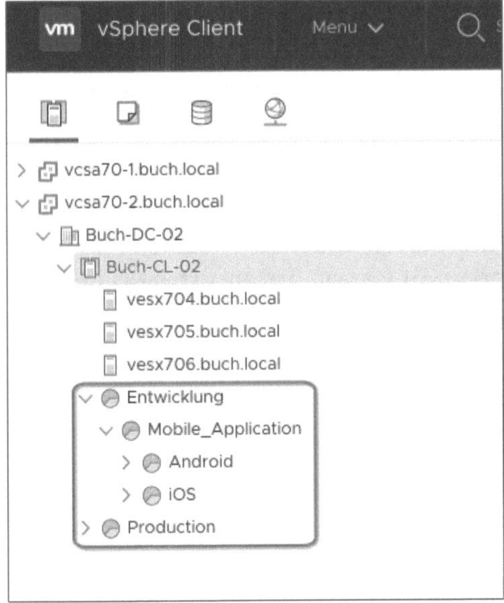

Abbildung 14.116 Verschachtelte Ressourcenpools

Sie sehen in dieser Konfiguration mehrere Ressourcenpools direkt im Wurzelverzeichnis des vCenters: zum Beispiel einen Pool namens PRODUCTION und einen Pool namens ENTWICKLUNG. PRODUCTION ist ein einfacher Ressourcenpool, der Ressourcen gemäß seiner Konfiguration für die enthaltenen VMs bereitstellt.

Der Pool ENTWICKLUNG enthält noch mehrere untergliederte Ressourcenpools, wobei der Pool MOBILE_APPLICATION ebenfalls in zwei weitere Pools verzweigt. Als Beispiel haben Sie nun dem Pool MOBILE_APPLICATION 10.000 MB Memory-Ressourcen und den Pools ANDROID und IOS jeweils 2.000 MB Memory-Ressourcen zugewiesen. Ist nun bei den Pools IOS und ANDROID die Option EXPANDABLE RESERVATION aktiviert, können die virtuellen Maschinen aus den beiden Pools ANDROID und IOS bei Bedarf jeweils unabhängig voneinander Memory-Ressourcen beim Elternpool anfragen und auch bekommen. Benötigen die Maschinen in dem darüberliegenden Pool wieder mehr Ressourcen, werden diese den Kindpools wieder entzogen.

Sie sehen also, dass das Anlegen eines solchen Pools sehr einfach und schnell erledigt ist. Bei großen und komplexen Umgebungen sollten Sie allerdings auf jeden Fall ein grundlegendes Konzept erstellen. Oft entstehen Ressourcen- oder Performanceprobleme aufgrund einer falschen Konfiguration von Ressourcenpools im Zusammenhang mit einer großen Infrastruktur.

14.11.5 Shares

Die sogenannten *Shares* greifen immer dann, wenn keine freien Ressourcen mehr zur Verfügung stehen und die virtuellen Maschinen weitere Ressourcen anfordern. In diesem Fall priorisieren die Shares die Ressourcen der virtuellen Maschine anhand eines Share-basierten Modells. Wie viel Zeit das Objekt auf der eingestellten Ressource erhält, hängt immer von den eigenen Shares im Vergleich zu den vorhandenen Gesamt-Shares ab. Hat zum Beispiel eine virtuelle Maschine (VM1) 2.000 CPU-Shares und eine zweite virtuelle Maschine (VM2) 4.000 CPU-Shares, bekommt VM1 33,3 % und VM2 66,6 % der zur Verfügung stehenden CPU-Ressourcen. Die Aufteilungsgrundlage der CPU-Ressourcen bildet die Gesamtsumme aller Shares. Das sind in diesem Fall 6.000 Shares (2.000 [VM1] + 4.000 [VM2]). VMware nutzt drei Standardwerte, die zum Einsatz kommen können. Natürlich ist es auch möglich, eigene Werte zu vergeben. In Tabelle 14.10 sind die Share-Werte aufgelistet.

Shares	CPU-Wert	Memory-Wert
Low	500 × Anzahl CPUs	5.120 × GB Arbeitsspeicher
Normal	1.000 × Anzahl CPUs	10.240 × GB Arbeitsspeicher
High	2.000 × Anzahl CPUs	20.480 × GB Arbeitsspeicher
Custom	variabel	variabel

Tabelle 14.10 Standardwerte der Shares

Shares sind zwar ein Mittel der Priorisierung von Ressourcen, aber weniger ist hier definitiv mehr. Bedenken Sie: Je komplexer die Struktur ist, desto schwieriger ist es im Fall von Problemen, die Fehlerursache zu finden. Arbeiten Sie aus diesem Grund nie ohne Konzept, wenn Sie diese Mechanismen nutzen. Wichtig ist ebenfalls eine genaue Dokumentation solcher Konfigurationen, damit bei Problemen alle nötigen Informationen für die Fehlerbehebung vorliegen.

14.12 VMware vApp

Bieten Ressourcenpools die Möglichkeit, unterschiedliche virtuelle Maschinen zu gruppieren, haben Sie die Möglichkeit, in einer VMware-vApp Server zusammenzufassen, die funktionell zusammengehören. Nicht nur das – es ist sogar möglich, die Abhängigkeiten der Systeme untereinander zu hinterlegen. Soll heißen: Der vCenter Server weiß genau, in welcher Reihenfolge die Systeme gebootet werden müssen.

Lassen Sie uns das Ganze an einem Beispiel verdeutlichen. Wir nehmen dazu einen Webserver, der als Backend einen Datenbankserver benötigt. Aus diesen beiden Systemen erzeugen wir nun eine vApp. Doch bevor die Arbeiten beginnen können, benötigen Sie einen DRS-Cluster oder einen VMware-Host.

14.12.1 Erstellen einer vApp

Zum Erstellen einer neuen vApp rufen Sie den entsprechenden Menüpunkt aus dem Kontextmenü auf. Aber nicht auf allen übergeordneten Objekten kann eine vApp angelegt werden. Es gibt nur drei Elemente, die das zulassen: der Cluster, der Ressourcenpool und ein Stand-alone-Host (siehe Abbildung 14.117).

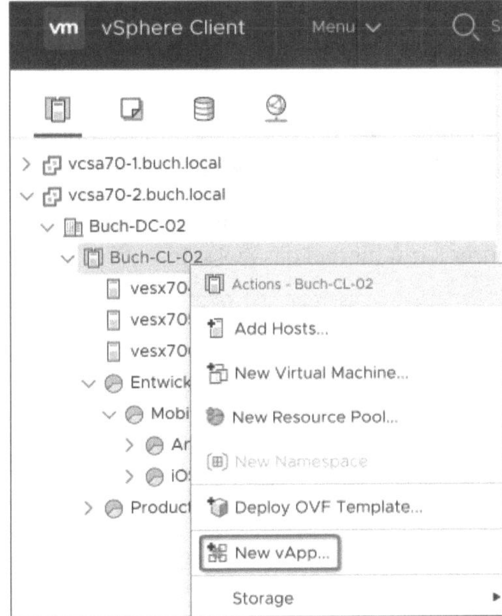

Abbildung 14.117 Erstellen einer vApp über das Kontextmenü

Machen Sie sich Ihre eigenen Gedanken darüber, was für Sie am sinnvollsten ist. Auch hier sollten Sie darauf achten, dass eine Einheitlichkeit vorhanden ist und dass Sie alles so übersichtlich wie möglich halten.

Nun startet – wie sollte es auch anders sein – ein Wizard, der Sie durch das Anlegen der vApp führt. Zuallererst gibt es aber noch die Auswahlmöglichkeit, welche Aktion denn nun durchgeführt werden soll (siehe Abbildung 14.118): Sie können eine neue vApp anlegen oder ein Duplikat einer vApp erstellen. Wir beginnen mit dem ersten Punkt.

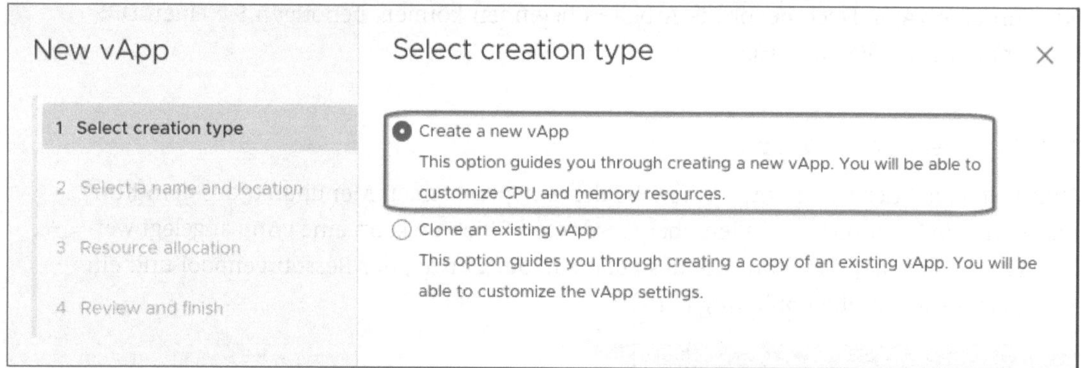

Abbildung 14.118 Erstellen einer vApp

Geben Sie der Applikation einen Namen (siehe Abbildung 14.119). Der Name muss eindeutig sein und darf nicht mit anderen Namen in der virtuellen Infrastruktur kollidieren.

Beachten Sie, dass die Länge auf 80 Zeichen beschränkt ist. Es folgt die Angabe des Ablageorts in der Infrastruktur. Ein Ordner oder ein Datacenter kann hierbei das Ziel sein.

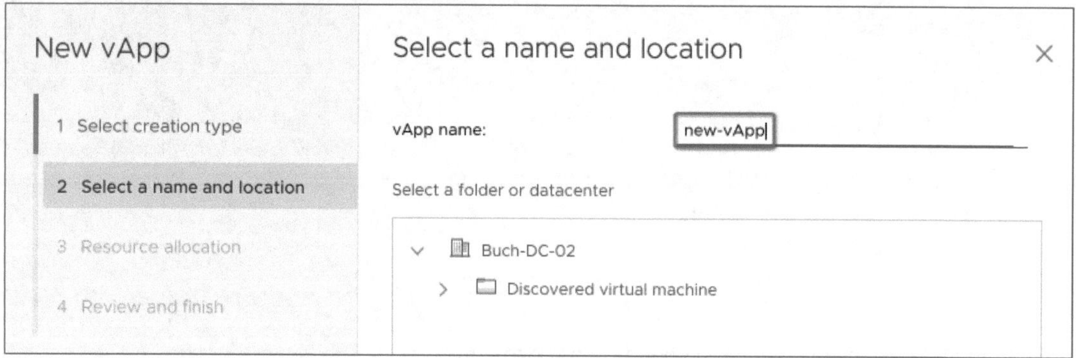

Abbildung 14.119 Anlegen einer vApp und Namensvergabe

Wie schon beim Anlegen eines Ressourcenpools können Sie der vApp nun auf Wunsch Ressourcen zuweisen (siehe Abbildung 14.120).

Damit sind die Arbeiten für das Anlegen der vApp schon erledigt. Nach der Zusammenfassung schließen Sie einfach den Dialog.

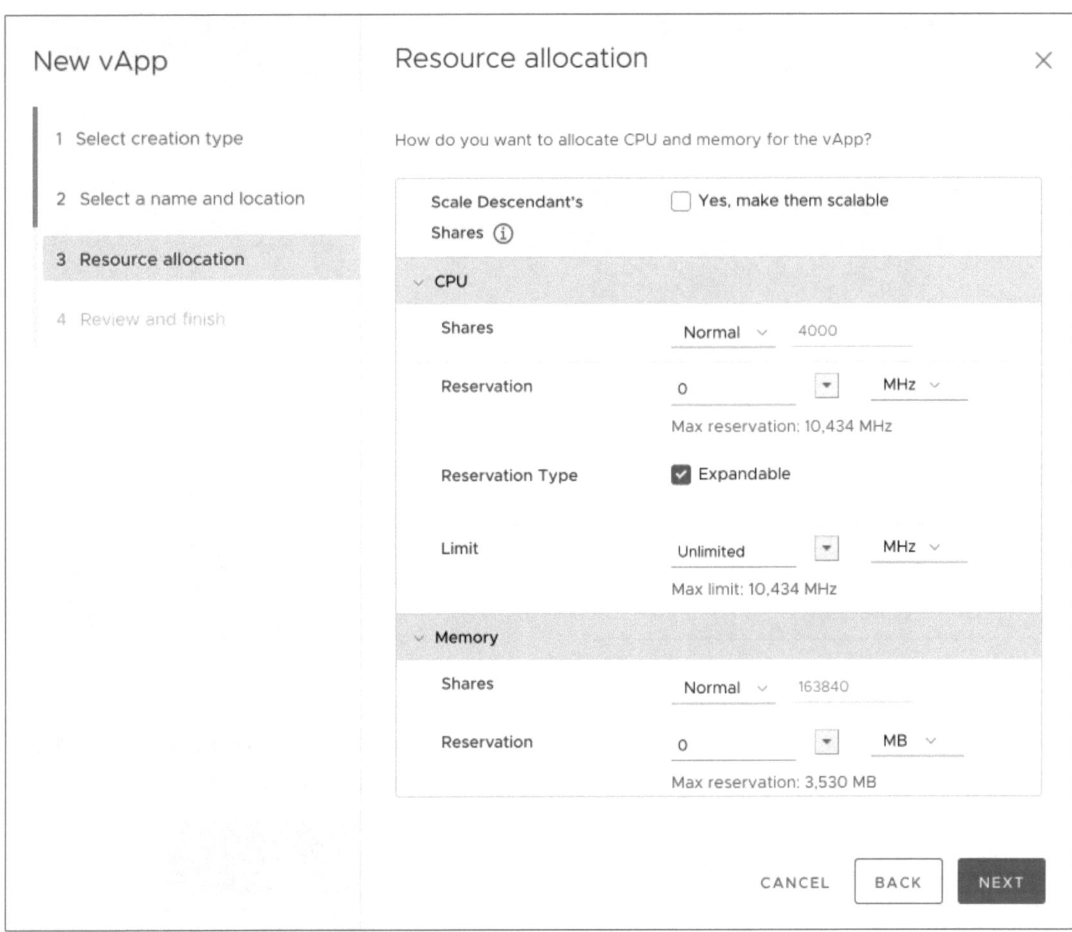

Abbildung 14.120 Ressourcenzuweisung für die vApp

14.12.2 Verknüpfung einer vApp mit virtuellen Servern

Ist die Hülle für eine vApp komplett angelegt, folgt im nächsten Schritt die Verknüpfung mit anderen vApps oder mit vorhandenen VMs. Die Verknüpfung von bereits vorhandenen VMs mit der vApp erfolgt durch einfaches Drag-and-drop (siehe Abbildung 14.121). Der Zustand der virtuellen Maschinen ist für den Aufnahmevorgang unerheblich. Die Aufnahme funktioniert sowohl im ausgeschalteten als auch im eingeschalteten Zustand.

Neue virtuelle Maschinen können Sie aber auch direkt in der vApp anlegen. Die Vorgehensweise entspricht der Ihnen bereits bekannten für die Erstellung einer VM.

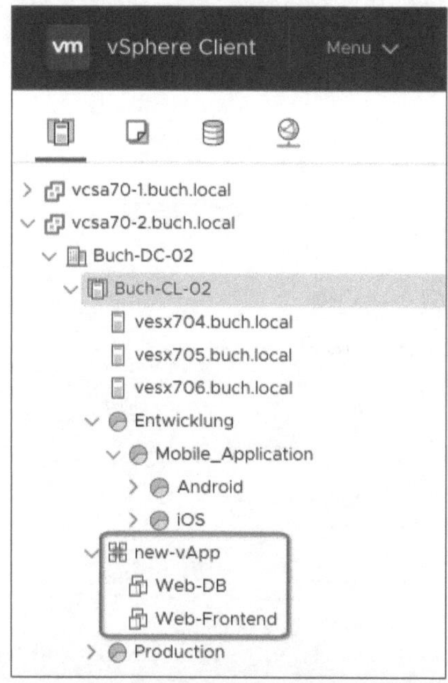

Abbildung 14.121 Die erstellte vApp mit ihren zukünftigen VMs

Wenn Sie die beiden virtuellen Maschinen WEB-DB und WEB-FRONTEND der vApp NEW-VAPP hinzugefügt haben, stellt sich das so dar wie in Abbildung 14.122.

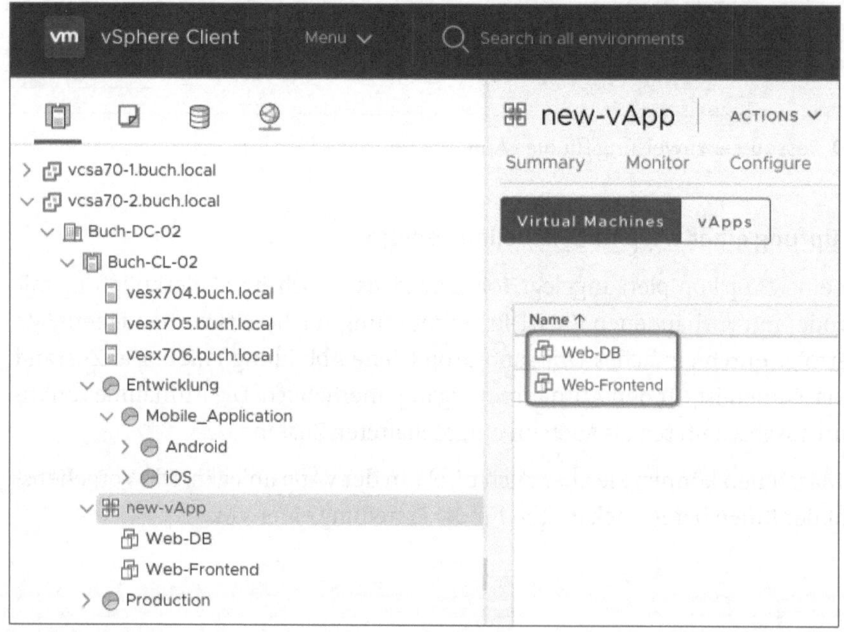

Abbildung 14.122 Fertig erstellte vApp »new-vApp«

Ist die vApp eingeschaltet, befindet sich, wie bei den VMs auch, ein grüner Pfeil in dem Anzeige-Icon. Jetzt haben Sie die vApp NEW-VAPP erstellt. In dieser vApp liegen ein Datenbankserver und der dazugehörige Webserver.

Wie Sie in Abbildung 14.123 sehen, ist die vApp kein starres Gebilde. Sie können vApps in vApps erstellen oder dort sogar Ressourcenpools anlegen. In der Ressourcenübersicht der vApp sehen Sie dann genau, welche Elemente Bestandteil der vApp sind und wie viele dieser Elemente Teil des Konglomerats sind.

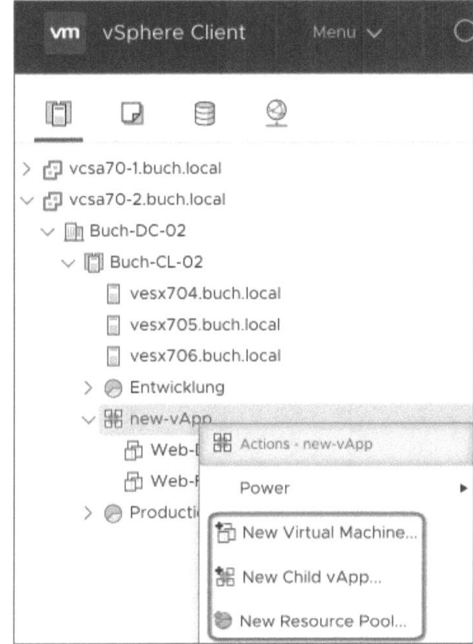

Abbildung 14.123 vApp-Verschachtelungen

14.12.3 vApp-Einstellungen

Über das Kontextmenü und EDIT SETTINGS können Sie die Einstellungen der vApp weiter bearbeiten. Sie können alle Einstellungen der vApp in dem Fenster vornehmen, das sich nun öffnet. Dabei gibt es vier Bereiche, in denen Veränderungen vorgenommen werden können: RESOURCES, START ORDER, IP ALLOCATION und DETAILS (siehe Abbildung 14.124).

Im ersten Bereich erfolgt die Verwaltung der Ressourcen der vApp. Dabei sehen die Einstellungen der CPU- und Speicherressourcen so aus wie bei der Konfiguration des Ressourcenpools.

Wichtig ist die START ORDER (siehe Abbildung 14.125). Hier werden die Abhängigkeiten der virtuellen Maschinen innerhalb der vApp abgebildet. Um bei unserem Beispiel zu bleiben: Es muss erst der Datenbankserver gestartet werden, bevor der Webserver seinen Dienst aufnehmen kann. Durch weitere Parameter werden die Start- bzw. Stoppaktionen der vApp flankiert.

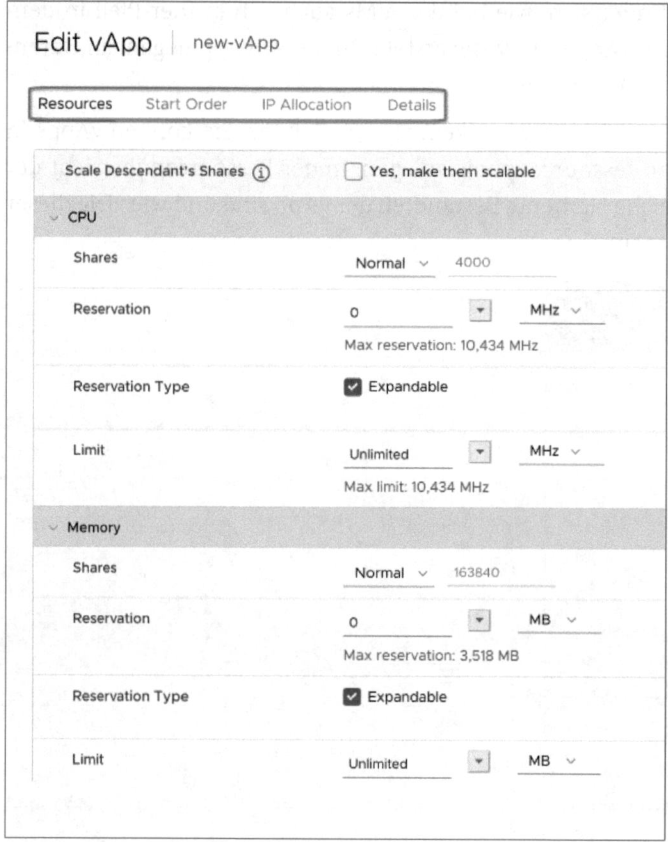

Abbildung 14.124 Anpassung der Ressourcen

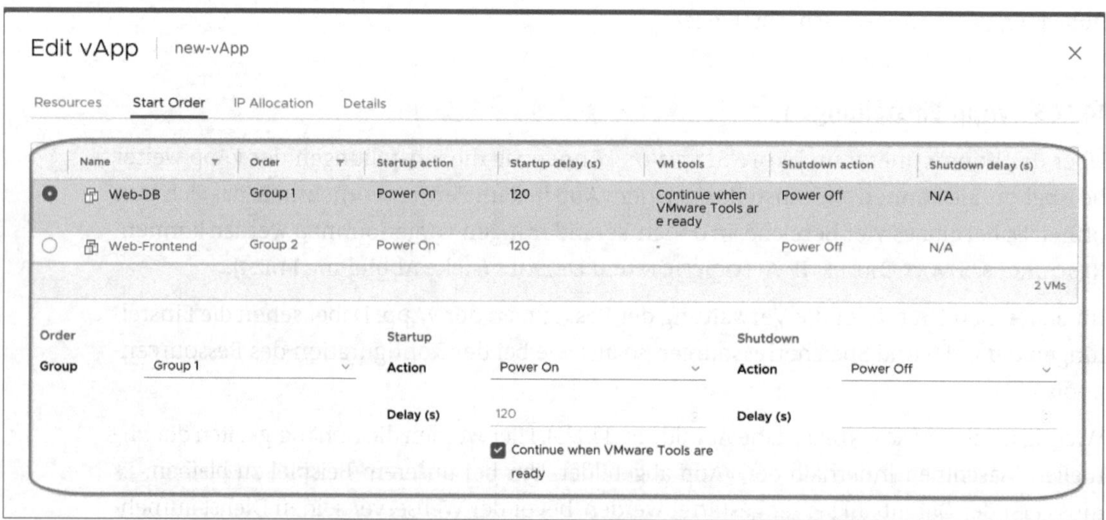

Abbildung 14.125 So legen Sie die Startreihenfolge der VMs innerhalb der vApp fest.

Dabei werden Einschalt- und Ausschaltaktion getrennt voneinander konfiguriert. Damit die abhängigen Server auch garantiert gestartet werden, kann entweder ein Zeitfenster definiert werden, oder der Start der VMware Tools wird als Indiz dafür herangezogen, dass ein Server bereit ist, seine Arbeit zu verrichten. Wenn Sie eine VM markieren, können Sie sie mit den Pfeilen in der Startreihenfolge verschieben, wenn sie geändert werden soll.

Selbstverständlich erfolgt die Abarbeitung des Ausschaltvorgangs in umgekehrter Reihenfolge, wobei es an dieser Stelle vier unterschiedliche Varianten für den Shutdown-Vorgang gibt:

- Ausschalten
- Gast herunterfahren
- Suspend
- Keine Aktion

Die Sektion IP ALLOCATION zeigt die Art der Versorgung der vApp mit den IP-Parametern.

Kommen wir nun zum DETAILS-Bereich. Darin können Sie die vApp personalisieren (siehe Abbildung 14.126). Dabei sprechen die Eingabefelder für sich.

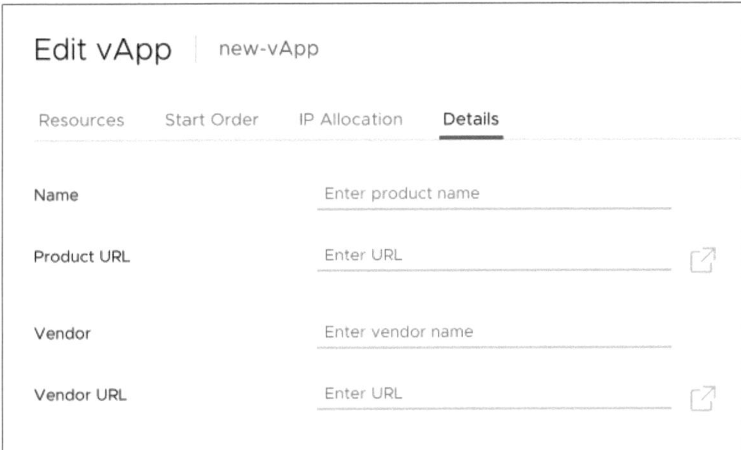

Abbildung 14.126 Personalisierung der vApp

> **Wichtig**
> Wenn Sie mit vApps arbeiten, denken Sie bitte daran, die Ein- und Ausschaltbefehle nur über das Kontextmenü der vApp zu nutzen. Anderenfalls wird die Startreihenfolge unter Umständen nicht eingehalten. Wurde über die vApp eine Aktion gestartet, sind die Befehle im Kontextmenü der VM ausgeblendet.

Wenn Sie tiefer in dieses Thema einsteigen und komplexere vApps und auch eigene OVF-Dateien (*Open Virtualization Format*) erstellen wollen, sollten Sie sich mit dem *VMware*

Studio beschäftigen. Dieses Entwicklertool von VMware ermöglicht Ihnen, komplett eigene VMs zu kreieren. Nähere Informationen zu dem Thema finden Sie auf der Webseite von VMware unter *http://www.vmware.com/products/studio*.

14.12.4 Klonen einer vApp

Nicht nur virtuelle Umgebungen können dupliziert werden, auch bei vApps wird diese Funktion unterstützt. Einstiegspunkt ist das Kontextmenü einer bestehenden vApp.

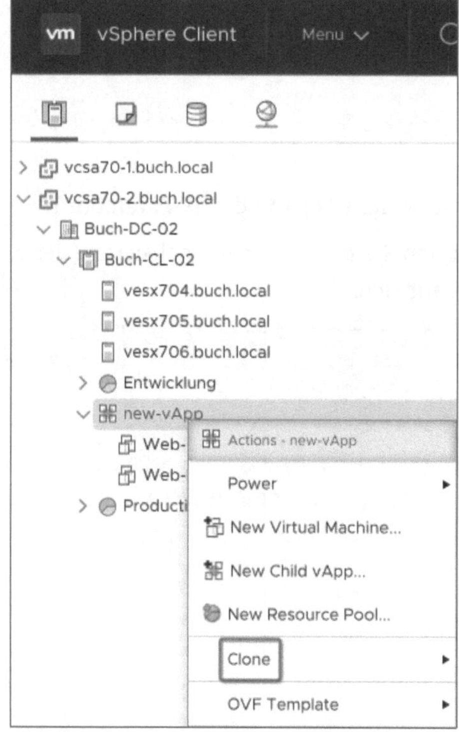

Abbildung 14.127 Klonen einer vApp

Gestartet werden kann die Aktion über das Menü CLONE (siehe Abbildung 14.127).

Bevor der Ablageort der vApp abgefragt wird, ist es notwendig, das Ziel zu definieren, an dem die vApp später laufen soll, also die COMPUTE RESSOURCE. Die DISK RESSOURCE folgt im nächsten Auswahldialog.

In Schritt 5 des Wizards muss ein Mapping erfolgen. Das heißt, es wird konfiguriert, welches Netzwerk der Original-vApp durch welches Netzwerk der virtuellen Infrastruktur ersetzt werden soll. Die vApp wird dann in das neu ausgewählte Netzwerk importiert. In Schritt 6 werden die Ressourcen der vApp konfiguriert.

Als Ergebnis sehen Sie die neue vApp im Management-Tool (siehe Abbildung 14.128).

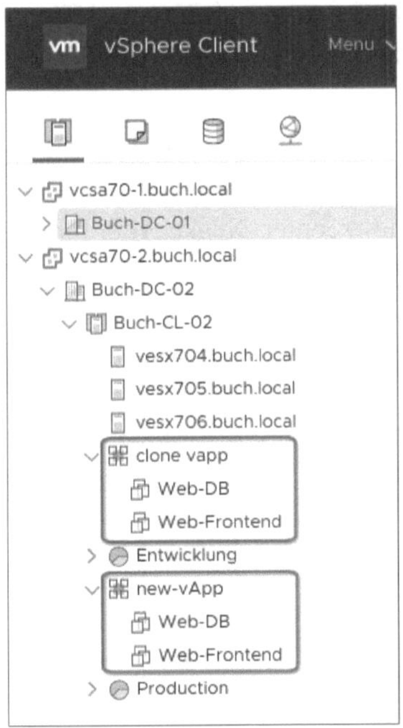

Abbildung 14.128 Die geklonte vApp im vSphere-Client

14

> **Achtung**
> In einer virtuellen Umgebung können VMs mit identischem Namen vorkommen. Das kann passieren, wenn man vApps klont. Zusätzlich ist es dann noch möglich, eine »normale« VM mit identischem Namen anzulegen – und das auch mehrfach, solange die VM in einem anderen Folder angelegt wird.

14.13 vCenter-Berechtigungen

Wir haben uns bis jetzt wie selbstverständlich im vCenter bewegt. Aber wie ist das möglich? Woher kennt der vCenter Server den Benutzer-Account aus dem Betriebssystem? Diese Fragen möchten wir in diesem Abschnitt klären.

VMware integriert den vCenter Server nahtlos in das Benutzergruppensystem des Windows-Betriebssystems. Ist der Server Mitglied eines *Active Directory* (AD), können auch Benutzer und Gruppen des AD im vCenter berechtigt werden. Diese nahtlose Integration kann aber Probleme aufwerfen. Lesen Sie jetzt, wie VMware mit den Berechtigungen im vCenter umgeht.

Berechtigungssysteme führen immer zwei Komponenten zusammen: zum einen die Anwender, zum anderen die Rechte. *Anwender* können sowohl Benutzer als auch Gruppen sein (wir werden der Einfachheit halber nur noch von den Benutzern sprechen). Beide, also

Anwender und Rechte, werden in der Managementoberfläche zusammengeführt und bilden so ein Netzwerk für die Administration der gesamten Infrastruktur mit unterschiedlichen Rechteebenen.

Rechte können an alle Objekte des vCenters gebunden werden. Wenn die Möglichkeit besteht, aktiv Rechte zu vergeben, ist auf der rechten Seite im vCenter ein Register PERMISSIONS zu sehen. Alternativ nutzen Sie das Kontextmenü eines vCenter-Objekts. Hier führen Sie dann die entsprechenden Arbeiten durch (siehe Abbildung 14.129).

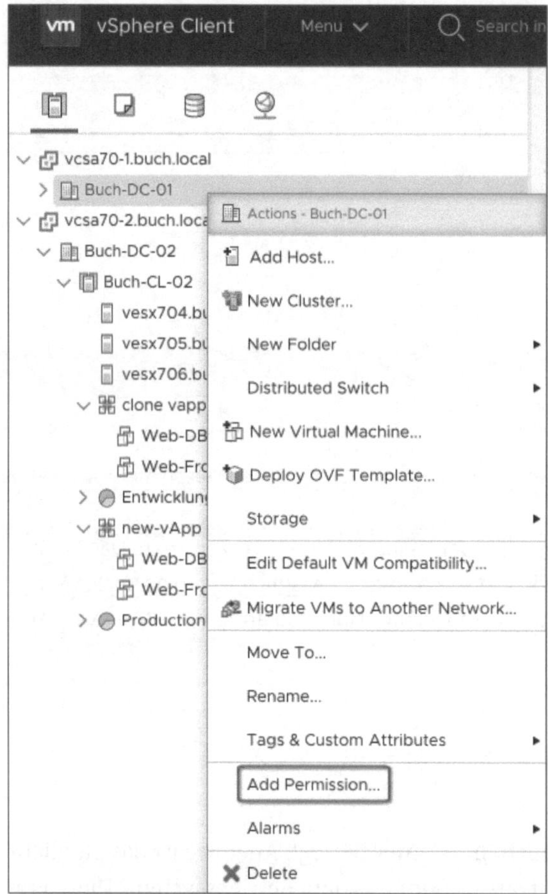

Abbildung 14.129 Rechtevergabe im vCenter

Unsere Empfehlung ist, dass Sie *Rollen* – so nennt VMware die Berechtigungen – für alle benötigten Zwecke erstellen und passend benennen. Lassen Sie in der Domäne ebenfalls passende Gruppen erstellen. Diese beiden Elemente fügen Sie dann im vCenter zusammen. Alle Anwender, die Berechtigungen benötigen, müssen dann nur in die passende ADS-Gruppe geschoben werden, und schon stehen die Berechtigungen. Mit dieser Strategie lassen sich Benutzer und Rechte sehr einfach einpflegen.

Wie so oft kann man auch hier sagen: Weniger ist mehr. Vergeben Sie nur Rechte für Anwender, die Berechtigungen benötigen, und berechtigen Sie Mitarbeiter nicht schon in vorauseilendem Gehorsam.

14.13.1 Rollen

Nach der Neuinstallation stellt das System eine Reihe von Rollen zur Verfügung. Auf der MANAGEMENT-Homepage finden Sie die ROLES. Über das Icon gelangen Sie in die Verwaltung der Benutzerrechte (siehe Abbildung 14.130).

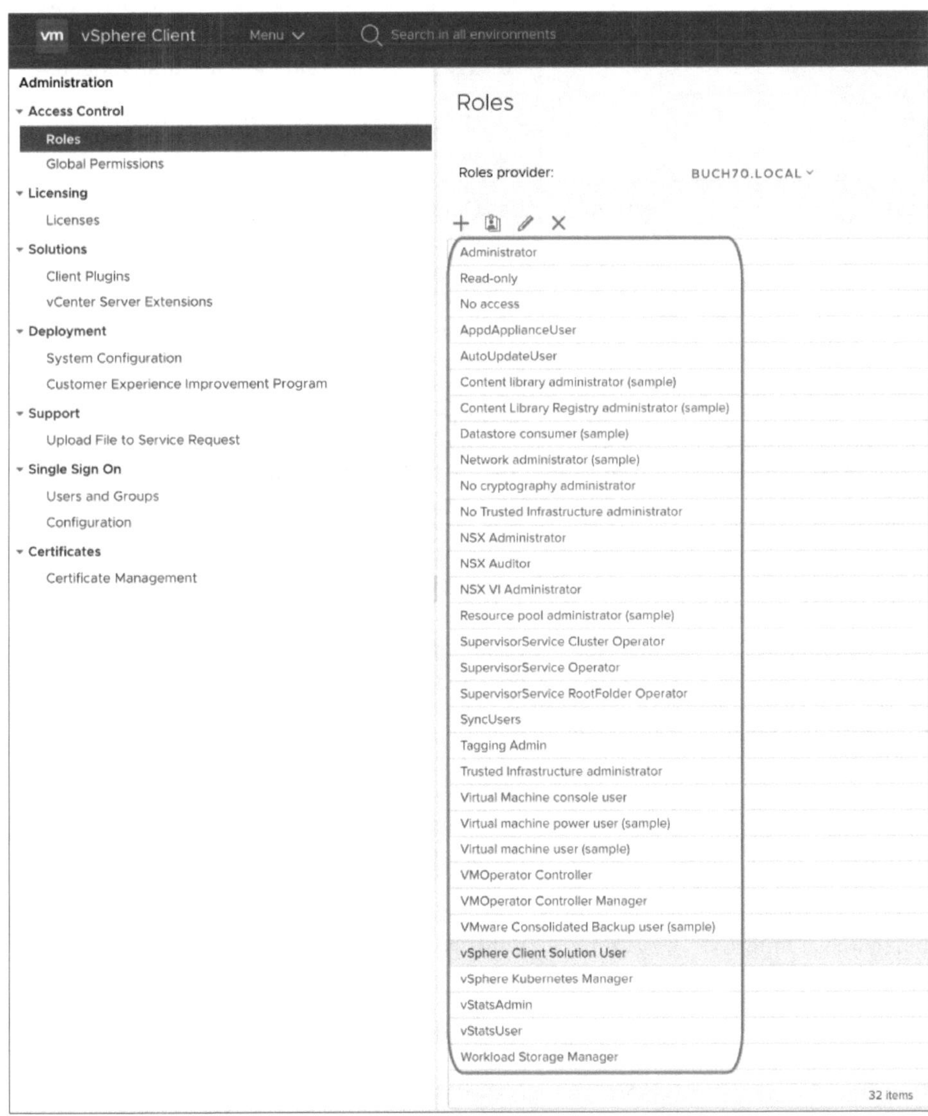

Abbildung 14.130 Management der Benutzerrechte

Wie Sie sehen, stellt das System schon einige Benutzerrollen zur Verfügung.

Hinweis

Zum Teil wurden die Rollen ins Deutsche übersetzt, und die Übersetzung ist nicht immer so gelungen. Die angehängten Erklärungstexte sind aber weiterhin in Englisch.

Tabelle 14.11 listet sie auf und beschreibt ihre Funktion.

Rolle	Rollentyp	Bemerkungen
Administrator	System	Diese Rolle stellt den Benutzern alle Rechte zur Verfügung. Es gibt keinerlei Einschränkungen.
Read-only	System	Alle Objekte und Register sind sichtbar – mit Ausnahme der Konsole.
No access	System	Das Objekt ist nicht sichtbar, und es können keine Änderungen vorgenommen werden.
AppdApplianceUser	System	Rolle für Operationen, die durch die AppDefence Appliance ausgeführt werden.
AutoUpdateUser	System	Diese Rolle wird nur für das Event Logging benötigt.
Content library administrator	Beispiel	Hier sind alle Rechte hinterlegt, die für das Handling der Content Library notwendig sind.
Content library Registry administrator	Beispiel	Voller Zugriff für den Registrierungsdienst der Content Library.
Datastore consumer	Beispiel	Erlaubt das Erstellen von virtuellen Festplatten oder Snapshots.
Network administrator	Beispiel	Erlaubt die Manipulation der Netzwerkeinstellungen von VMs und Hosts.
No cryptography administrator	System	Dieses ist eine vollwertige Administratorrolle mit der Ausnahme, dass keine Kryptografie-Tasks durchgeführt werden können.
No Trusted Infrastructure administrator	System	Vollzugriff ohne Trusted-Infrastruktur-Privilegien.
NSX Administrator	System	NSX-Konfiguration sehen und ändern.
NSX Auditor	System	NSX-Konfiguration, nur lesender Zugriff.

Tabelle 14.11 Beschreibung der Rollentypen

Rolle	Rollentyp	Bemerkungen
NSX VI Administrator	System	Rolle zum Managen von NSX.
Resource pool administrator	Beispiel	Gibt das Recht, untergeordnete Ressourcenpools anzulegen und zu manipulieren.
SupervisorService Cluster Operator	System	Rolle zum Löschen, Erstellen und Ändern von Rechten an Namespaces.
SupervisorService Operator	System	Rolle zum Signieren von Zertifikaten.
SupervisorService RootFolder Operator	System	Rolle zum Erstellen, Löschen und Ändern von Storage Policies.
SyncUsers	System	Rolle für die Synchronisation.
Tagging Admin	System	Erlaubt das Management von Tags.
Trusted Infrastructure administrator	System	Einrichtung und Betrieb einer Trusted-Infrastruktur.
Virtual machine Console user	System	Diese Rolle entspricht der Rolle Virtual Machine User mit der Ausnahme, dass kein Task-Handling möglich ist.
Virtual machine power user	Beispiel	Diese Rolle verleiht administrative Rechte für die Arbeit mit virtuellen Maschinen. Das schließt Hardwareänderungen und das Erstellen von Snapshots ein.
Virtual machine user	Beispiel	Entspricht den Rechten des Virtual machine power user ohne die Rechte, Änderungen an der Hardware vorzunehmen und Snapshots zu erstellen.
VMOperator Controller	System	Zugriff auf die Content Library und Vergabe von Tags.
VMOperator Control Manager	System	Rolle für das Lifecycle-Management von VMs.
VMware Consolidated Backup user	Beispiel	Rechte für die Verwendung der in VMware integrierten Backup-Lösung.
vSphere Kubernetes Manager	System	Rolle für das Lifecycle-Management von vSphere-Pods.

Tabelle 14.11 Beschreibung der Rollentypen (Forts.)

Rolle	Rollentyp	Bemerkungen
vStatsAdmin	System	Rolle für die Administration von vStats.
vStatsUser	System	Rolle zum Sammeln von Statistiken und Absetzen von Queries.
Workload Storage Manager	System	Rolle für die Integration von Storage in Namespaces.

Tabelle 14.11 Beschreibung der Rollentypen (Forts.)

In Abbildung 14.130 sehen Sie, dass einige Rollen mit (Sample) (dt. »Beispiel«) gekennzeichnet sind. Nutzen Sie diese Rollen als Basis für Ihre eigenen Definitionen. Die Systemrollen lassen sich nicht ändern, Sie können aber eine Rolle kopieren und anschließend für Ihre Zwecke anpassen. Die Beispielrollen sind manipulierbar. Trotzdem sollten Sie auch diese Rollen nicht ändern.

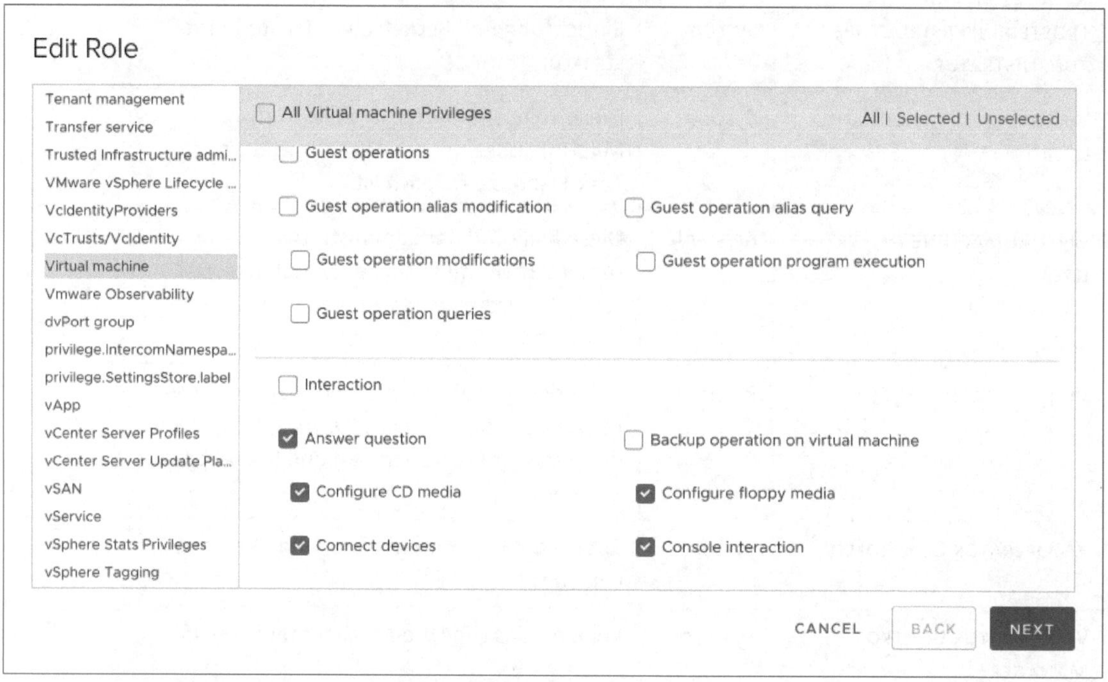

Abbildung 14.131 Anpassen einer Rolle

Über das Kontextmenü erstellen Sie einfach einen Klon der Musterrolle, passen ihn mit dem Edit-Befehl an Ihre Bedürfnisse an und geben ihm einen sprechenden Namen (siehe Abbildung 14.131).

Selbstverständlich können Sie Rollen auch komplett neu erstellen. Über das Pluszeichen legen Sie eine neue Rolle ohne jegliche Rechte an. Diese müssen Sie dann für Ihre Zwecke anpassen. Die Rechte werden immer hierarchisch vererbt. Abbildung 14.132 zeigt die Vererbungsreihenfolge.

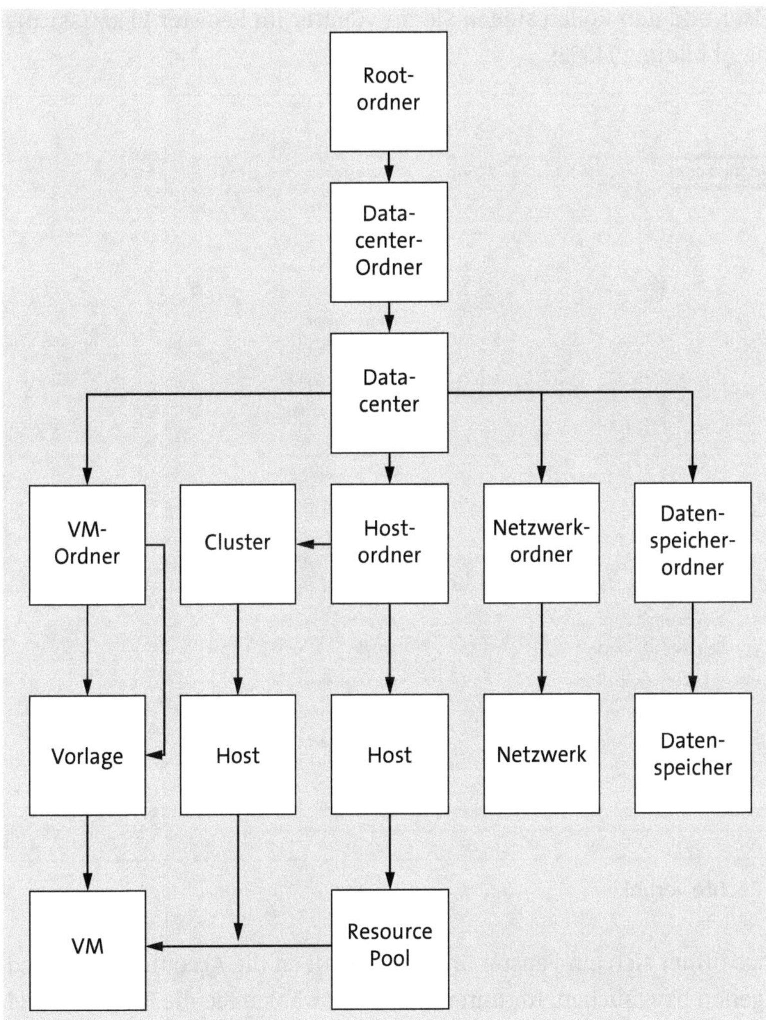

Abbildung 14.132 Form der Rechtevererbung

Wie Sie sehen, übernehmen die meisten Objekte ihre Rechte von einem Vorgänger; einzig die virtuelle Maschine wird von mehreren übergeordneten Objekten beeinflusst. Das müssen Sie berücksichtigen, wenn Sie auf virtuellen Maschinen Rechte vergeben wollen. Außerdem ist es wichtig, zu wissen, dass für die Freischaltung von detaillierten Funktionen (wie z. B. dem Anhängen einer ISO-Datei) auch auf dem Host und dem Datastore Rechte vorhanden sein müssen.

14.13.2 Benutzer einrichten

Wie oben bereits gesagt, werden im vCenter keine Benutzer erstellt. Der vCenter Server greift auf die Benutzerdatenbank des Betriebssystems, das Active Directory oder auf den vSphere-SSO zu. Bevor Sie Benutzern Rollen zuweisen, sollten Sie diese Rollen einrichten. Die Verbindung zwischen dem User und den Rollen stellen Sie im vCenter im Register PERMISSIONS eines Objekts her (siehe Abbildung 14.133).

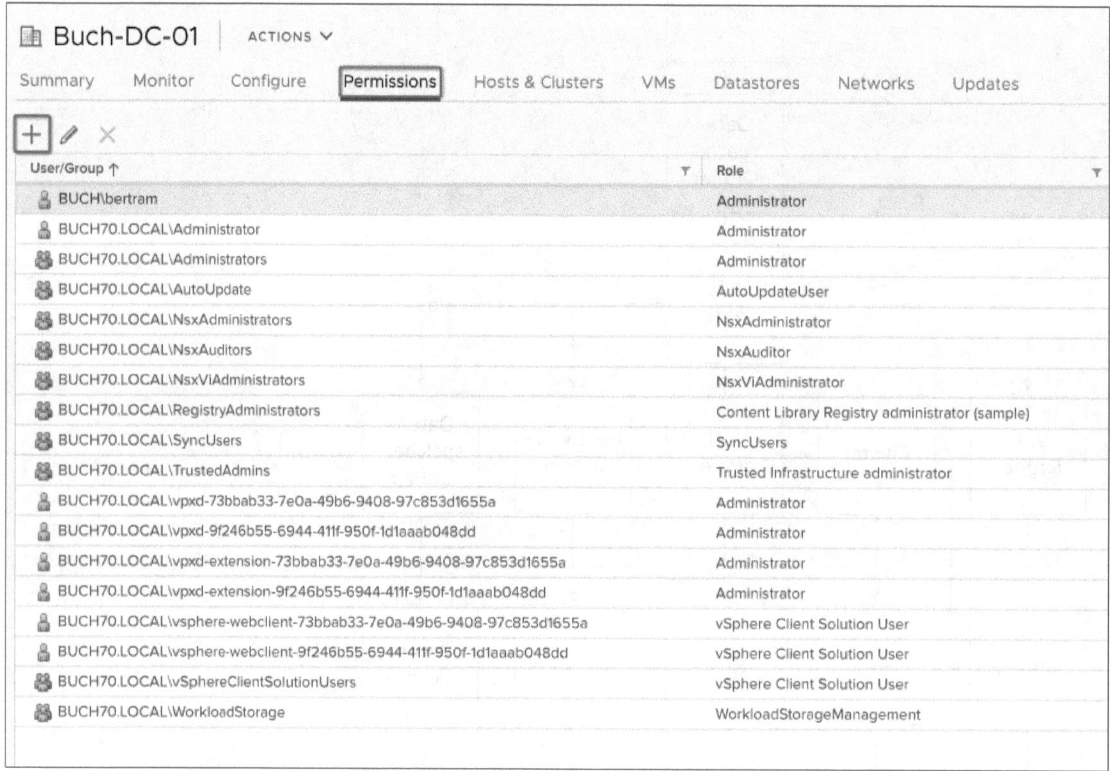

Abbildung 14.133 Neue Rechte verlinken

Nach Aufruf des Dialogs öffnet sich ein Fenster, in dem Sie zuerst die Account-Quelle und dann den Account angeben bzw. suchen. Im unteren Bereich wählen Sie die Rolle aus und können definieren, ob die Rechte auf alle darunterliegenden Elemente vererbt werden sollen (PROPAGATE TO CHILDREN, siehe Abbildung 14.134).

Über den OK-Button ordnen Sie dem ausgewählten Recht nun die Nutzer oder besser die Gruppen zu. Das neu angelegte Recht ist jetzt in der Oberfläche sichtbar (siehe Abbildung 14.135). Eine große Hilfe ist, dass in der Spalte DEFINED IN angezeigt wird, an welcher Stelle der Ursprung des Rechts liegt.

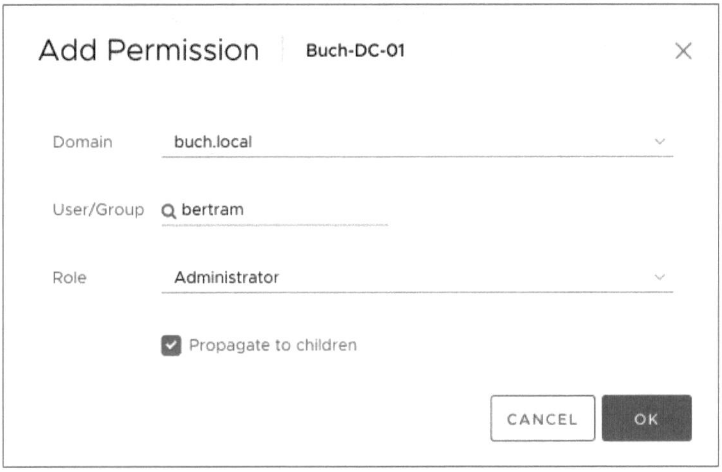

Add Permission
Buch-DC-01
Domain
buch.local
User/Group
bertram
Role
Administrator
Propagate to children
CANCEL
OK

Abbildung 14.134 Verknüpfen von Usern mit Rechten

Rechtekonkurrenz

Die Rechte eines einzelnen Users überschreiben die Rechte einer Gruppe. Ebenso haben die Rechte, die weiter unten in der Struktur vergeben werden, eine höhere Priorität als diejenigen, die darüber liegen.

Ein User ist Mitglied in zwei Gruppen: *Admin* im Datacenter und *User* (Read-only-Rechte) in einem Ordner *Entwicklung* unterhalb des DC. Geht der User in den Ordner *Entwicklung*, werden die Admin-Rechte ausgeblendet, und er hat nur Read-only-Rechte.

BuchDC
ACTIONS
Summary
Monitor
Configure
Permissions
Datastores
Networks
Snapshots
Updates
User/Group
Role
Defined In
BUCH\bertram
Administrator
vcsa70-1.buch.local
BUCH70.LOCAL\Administrator
Administrator
vcsa70-1.buch.local
BUCH70.LOCAL\Administrators
Administrator
Global Permission
BUCH70.LOCAL\AutoUpdate
AutoUpdateUser
Global Permission
BUCH70.LOCAL\com.vmware.vr-ab7ae2d7-7d26-4628-87a3-e830df8b8...
Administrator
vcsa70-1.buch.local
BUCH70.LOCAL\NsxAdministrators
NsxAdministrator
Global Permission
BUCH70.LOCAL\NsxAuditors
NsxAuditor
Global Permission

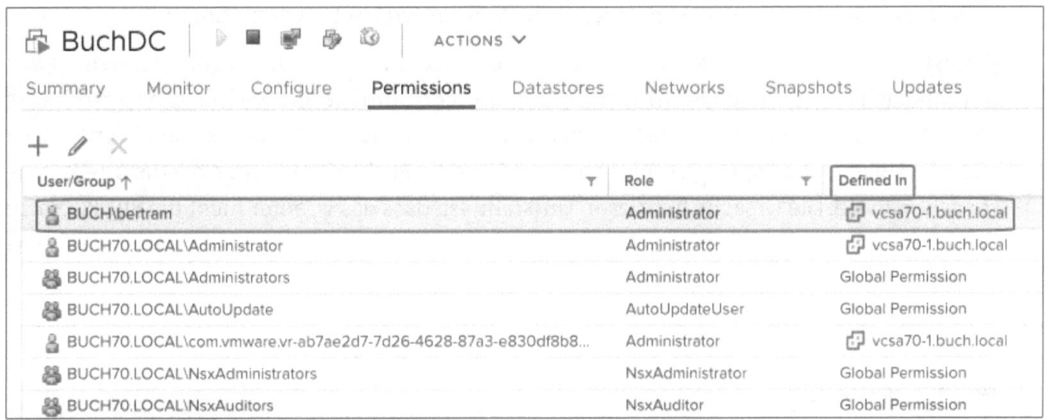

Abbildung 14.135 Neu eingerichtete Rechte für den User »Bertram«

Benutzerrechte werden regelmäßig vom System validiert. Im vCenter können Sie das Zeitintervall für die Verifikation zwischen vCenter und Active Directory einstellen. In den

Standardeinstellungen werden die Accounts einmal am Tag (siehe Abbildung 14.136) und bei einem Neustart des Managementservers überprüft.

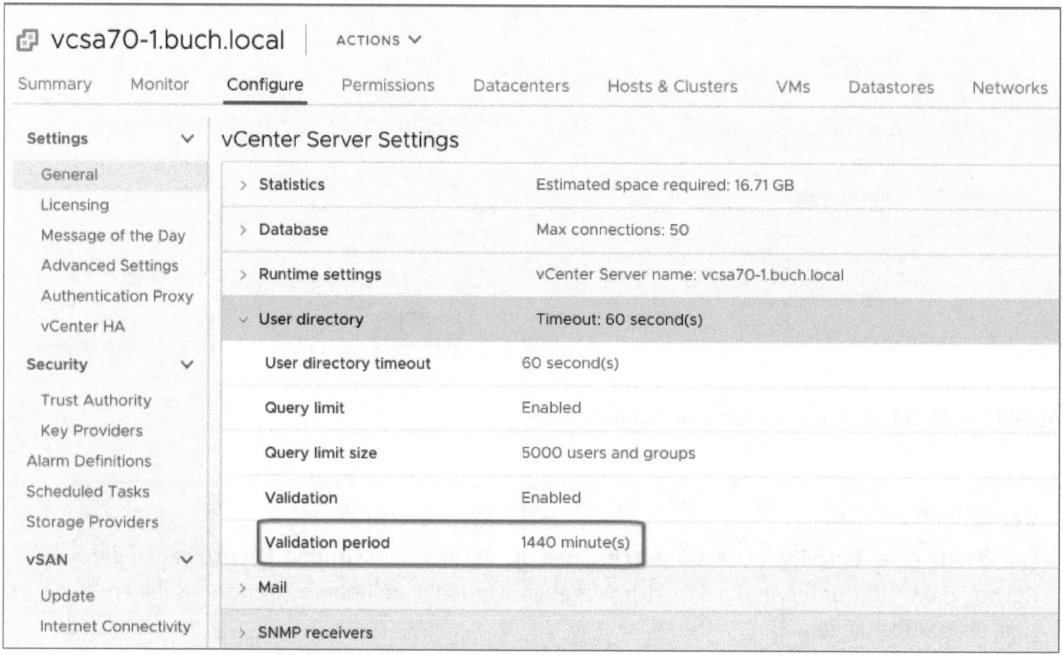

Abbildung 14.136 Berechtigungsvalidierungsintervall

Lassen Sie uns näher darauf eingehen, wie die Überprüfung der Accounts funktioniert. Wird ein vorhandener User »Meier« in »Meier-Schmitz« umbenannt, werden bei der nächsten Validierung die Rechte von »Meier« gelöscht, weil es den User nicht mehr gibt.

Verlässt eben dieser Herr »Meier« das Unternehmen und wird sein Account gelöscht, dann werden nach der nächsten Synchronisierung mit der Domäne alle Rechte von Herrn Meier gelöscht. Wird aber vor der nächsten Überprüfung ein Benutzer mit demselben Namen, also wieder »Meier«, neu angelegt, erhält der neue User die Rechte im vCenter, die der alte Benutzer schon hatte. Die Ursache für diesen Umstand ist, dass das vCenter nicht die SID (*Security Identifier*) des AD auswertet. Aus diesem Grund sollten Sie das Refresh-Intervall zum AD verkürzen. Ein Zeitfenster von zwei Stunden ist empfehlenswert.

14.14 Sonstiges

14.14.1 Automatisches Starten und Stoppen der VMs mit dem Host

Es besteht die Möglichkeit, beim Start des vSphere-Hosts virtuelle Maschinen automatisch starten zu lassen. Speziell dafür bietet das Register MANAGE • SYSTEM • AUTOSTART auf einem vSphere-Host eine entsprechende Option (siehe Abbildung 14.137).

Achtung

Das geht nur direkt über den Webzugriff auf den Host – es sei denn, der Host wird lediglich zentral gemanagt und ist nicht Teil eines DRS-Clusters.

Im vCenter wird die Konfiguration nur angezeigt.

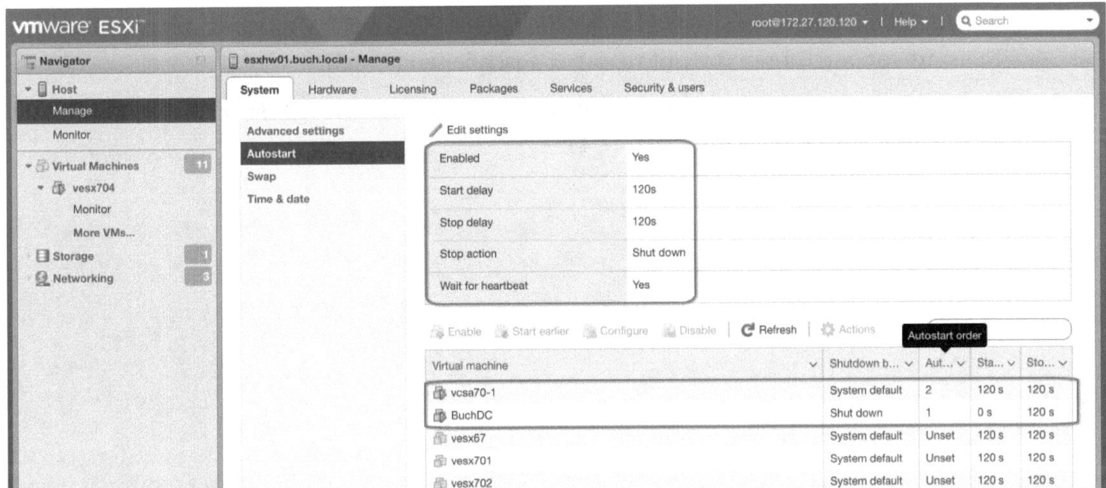

Abbildung 14.137 Konfiguration der automatischen Start-up-Funktion

Im oberen Teil des Fensters werden die Standardparameter hinterlegt, sprich: Was passiert bei welcher Aktion? Empfehlenswert ist, immer zu versuchen, die VM herunterzufahren, wenn noch die Option besteht. Aus diesem Grund sollte STOP ACTION auf SHUT DOWN geändert werden.

Es besteht die Möglichkeit, die virtuellen Maschinen automatisch zu stoppen oder zu starten. Rufen Sie mit dem Link EDIT SETTINGS im oberen Teil des Fensters das in Abbildung 14.137 gezeigte Menü auf, in dem Sie das automatische Starten und Stoppen der virtuellen Maschinen konfigurieren.

Im Beispiel aus Abbildung 14.137 sehen Sie eine unserer Testumgebungen. Nach dem Start des Hosts wird automatisch der Active-Directory-Server gestartet, dann der vCenter Server und anschließend der Log-Server. Über die Schaltfläche START EARLIER bzw. START LATER kann das Start-Ranking jederzeit geändert werden.

Wird ein neues System in die Startreihenfolge aufgenommen, erfolgt die Anlage mit den Standardwerten, die aber je VM noch individualisiert werden können.

14.14.2 Einen Account zurücksetzen

Eigentlich sollte das nicht passieren, aber wenn das Passwort der Appliance nicht mehr bekannt ist, gibt es die Möglichkeit, es zurückzusetzen. Dazu müssen Sie direkten Zugriff auf die Konsole der Appliance haben und diese neu starten. Direkt nach dem Start drücken Sie die Taste [E]. Die Zeile, die mit `linux` beginnt, erweitern Sie um den Zusatz `rw init=/bin/bash`. Das Booten erfolgt dann über [F10] und bringt Sie auf die Konsole.

Über den Konsolenbefehl `passwd` ändern Sie nun das Passwort. Mit `umount /` bereiten Sie den Neustart vor und führen ihn mit `reboot -f` abschließend durch.

Weitergehende Informationen dazu finden Sie in der Knowledge Base von VMware unter *https://kb.vmware.com/s/article/2147144*.

Kapitel 15

Konfiguration von vCenter-Add-ons

In Kapitel 14 haben wir uns mit der Konfiguration des vCenters und des Hosts beschäftigt. In diesem Kapitel gehen wir näher auf die Konfiguration der vCenter-Add-ons ein.

Autor dieses Kapitels ist Bertram Wöhrmann, Ligarion.
buch@ligarion.de

In Kapitel 14 lag der Schwerpunkt auf den Basisfunktionen des vCenter Servers. Jetzt kommen wir zu zusätzlichen Optionen, die Ihnen das Leben als Administrator sehr erleichtern.

15.1 Customer Experience Improvement Program (CEIP)

Das CEIP ist immer eine Komponente, die viele Administratoren deaktivieren. Das ist nicht nur in VMware-Umgebungen so. VMware hat diese Komponente aufgebohrt bzw. Funktionen an ihre Aktivierung gebunden (siehe Abbildung 15.1).

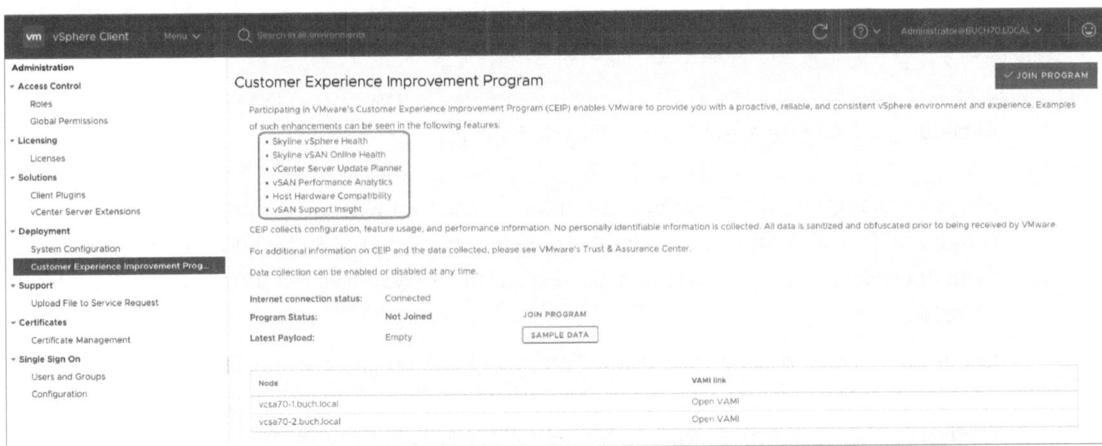

Abbildung 15.1 Aktivierung des CEIP

Auswirkungen hat die Aktivierung auf die im Bild markierten Komponenten. Sie können nur nach Aktivierung des CEIP genutzt werden.

15.2 Der Lifecycle Manager

Der *VMware vCenter Lifecycle Manager* (vLCM) ist ein integriertes Produkt zur Aktualisierung der VMware-Infrastruktur. Dabei geht es primär um den Lifecycle der vSphere-Hosts.

Das Patchen von virtuellen Maschinen beinhaltet nur die Aktualisierung der virtuellen Hardware und der *VMware Tools*.

Elemente des Lifecycle Managers finden sich in der Übersicht einiger Objekte im Client. Dazu gehören:

- vCenter
- Datacenter
- Cluster
- Host
- Ordner
- vApps
- VM

Das Patch-Handling ist aus dem Kontextmenü der entsprechenden Objekte in die Registerübersicht gewandert (siehe Abbildung 15.2).

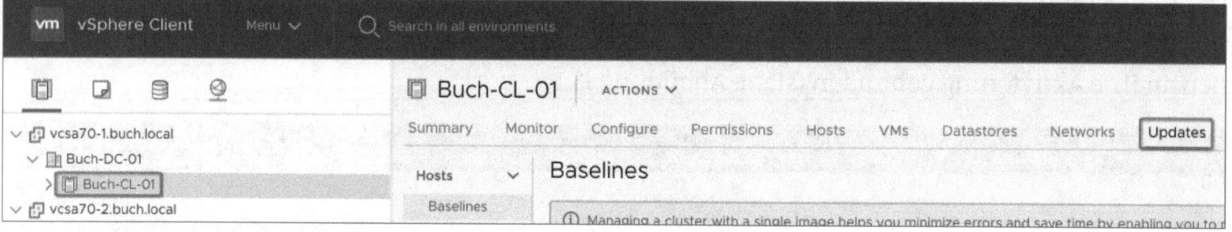

Abbildung 15.2 Registerauswahl zum Lifecycle Manager

Bevor wir näher auf die Erweiterung eingehen, müssen wir uns die grundsätzlichen Änderungen beim vLCM anschauen, denn VMware hat an dieser Stelle einiges geändert. Es ist wohl überflüssig zu sagen, dass hier als Minimum eine vSphere-7.0-Infrastruktur Voraussetzung ist.

In der alten Version haben wir immer nur von Patchen gesprochen. Es konnten also auch unterschiedliche Hostinstallationen als Resultat herauskommen, denn neben der Software spielen natürlich andere Komponenten ebenfalls eine Rolle. VMware hat hier als Neuerung den Begriff der *Images* eingeführt. Ein Image besteht letztendlich aus vier möglichen Komponenten:

- **Basis-Image:** Das ist das Basis-Image zur Installation der vSphere-Hosts mit allen von VMware bereitgestellten Treibern und Komponenten.

- **Hersteller-Add-on:** Alle vom Hersteller gelieferten Treiber und Komponenten werden unter diesem Begriff zusammengefasst.
- **Firmware/Treiber-Add-on:** Firmware für die unterliegende Hardware nebst passenden Treibern gehören in diese Rubrik.
- **Komponenten:** Hier geht es um Softwarekomponenten von Third-Party-Herstellern.

Letztendlich erfolgt der Abgleich der Hosts dann nicht gegen eine Patch-Liste, sondern gegen die eben beschriebenen Images.

15.2.1 Der Lifecycle Manager im Administrationsmenü – Settings

Als Erstes müssen Sie den Update Manager konfigurieren. Im LIFECYCLE MANAGER gelangen Sie über das Register SETTINGS in die Einstellungen (siehe Abbildung 15.3).

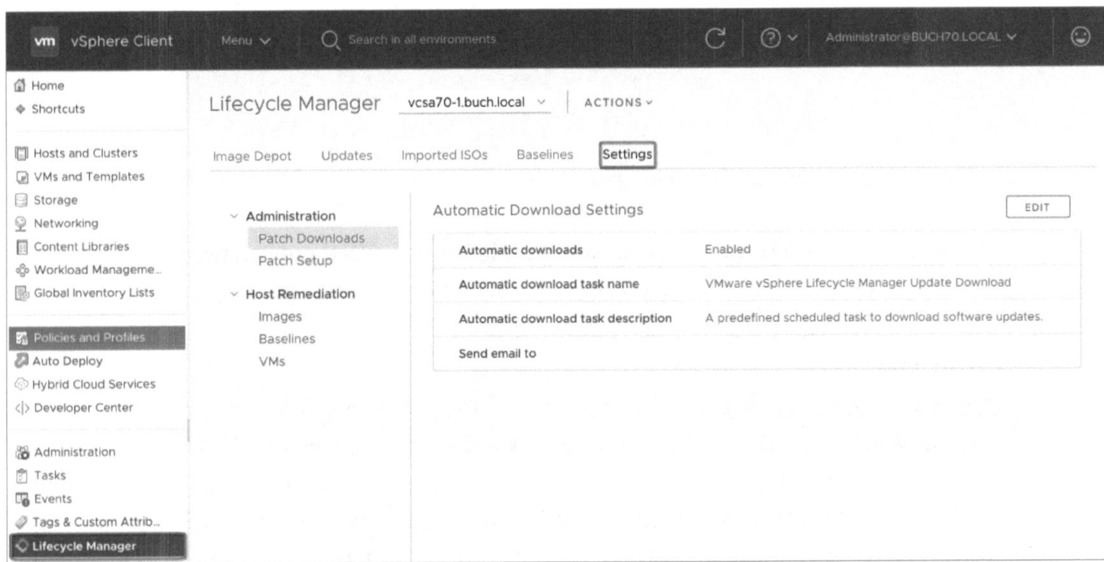

Abbildung 15.3 Settings des Lifecycle Managers

Patch-Downloads-Einstellungen

Im Konfigurationsabschnitt ADMINISTRATION • PATCH DOWNLOADS bereiten Sie den Server dafür vor, die gewünschten Patches in das Repository zu laden. An dieser Stelle ist es wichtig, dass genügend Speicherplatz auf der Festplatte vorhanden ist, auf der das Repository liegt. Aber Sie müssen sich darum gar nicht kümmern, denn die Daten liegen auf der VCSA, und das managt sie selbst. Nach dem Drücken des EDIT-Buttons gelangen Sie in die Einstellungen (siehe Abbildung 15.4).

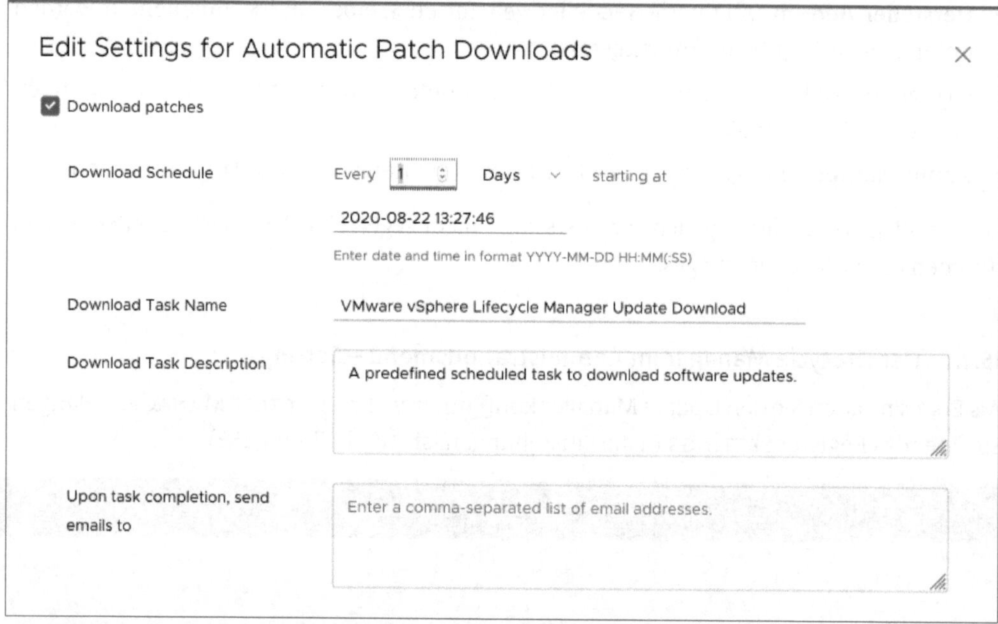

Abbildung 15.4 Download-Einstellungen

An dieser Stelle wird hinterlegt, wie häufig und zu welcher Zeit die Patches geladen werden. Zusätzlich können Sie hier dem Job einen Namen und eine Beschreibung geben.

Patch-Setup

Gehen Sie in ADMINISTRATION • PATCH SETUP • CHANGE DOWNLOAD SOURCE, um festzulegen, aus welcher Quelle die Patches geladen werden sollen. Zwei Möglichkeiten stehen hier zur Auswahl. Entweder Sie laden die Patches aus dem Internet oder aus einem *Update Manager Download Service*-(UMDS-)Repository. Im PATCH SETUP stehen die vier Standard-Repositories von VMware bereit. Diese vier Repositories können nicht gelöscht, sondern nur deaktiviert oder aktiviert werden (siehe Abbildung 15.5).

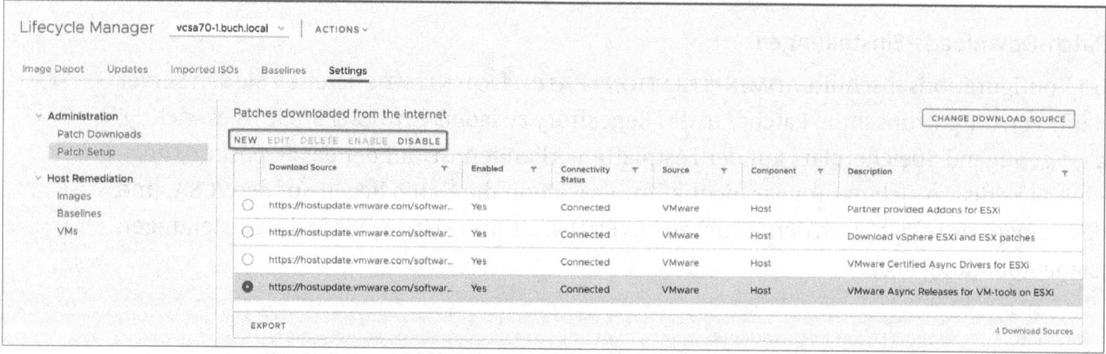

Abbildung 15.5 Lifecycle-Manager-Repositories

Über den New-Button können weitere Repositories angelegt werden (siehe Abbildung 15.6).

Abbildung 15.6 Neue Download-Quelle angeben

Für den Zugriff auf das Internet werden die in der VAMI hinterlegten Proxy-Einstellungen genutzt.

In der Sektion Host Remediation wird das Verhalten während des Patchens festgelegt. Aufgeteilt ist der Bereich in die Punkte Images, Baselines und VMs.

Host Remediation – Images

Beginnen wir mit Images, hier wird das Verhalten festgelegt, wenn ein Cluster gepatcht wird (siehe Abbildung 15.7).

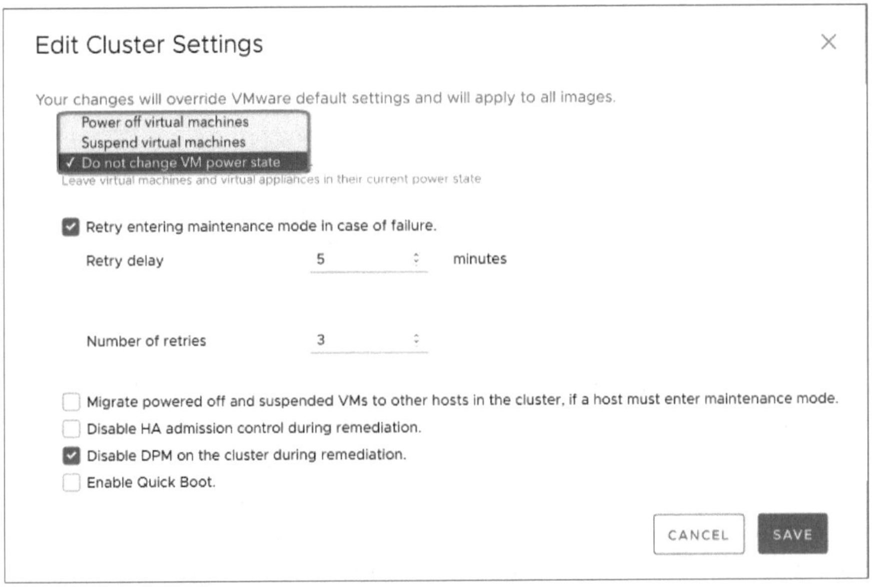

Abbildung 15.7 Patch-Verhalten beim Cluster

Die erste Einstellung legt das Verhalten mit den betroffenen VMs fest. Der Status der VM kann unverändert bleiben, sie kann ausgeschaltet werden oder sie wird in den Suspend-Modus gefahren. Zum Einspielen von Patches müssen die Hosts in den Maintenance-Modus gebracht werden. Wie oft das versucht wird und in welchen zeitlichen Abständen, wird hier ebenfalls hinterlegt. Im letzten Abschnitt gibt es vier weitere Optionen. Dabei geht es um den Umgang mit ausgeschalteten bzw. VMs im Suspend-Modus. Zusätzlich kann die Admission Control deaktiviert werden. Das dynamische Power-Management (DPM) ist im Standard deaktiviert. Als Letztes kann der Quick Boot des Hosts aktiviert werden.

Host Remediation – Baselines

Das Patch-Verhalten des Clusters wird im nächsten Dialog unter BASELINES festgelegt (siehe Abbildung 15.8).

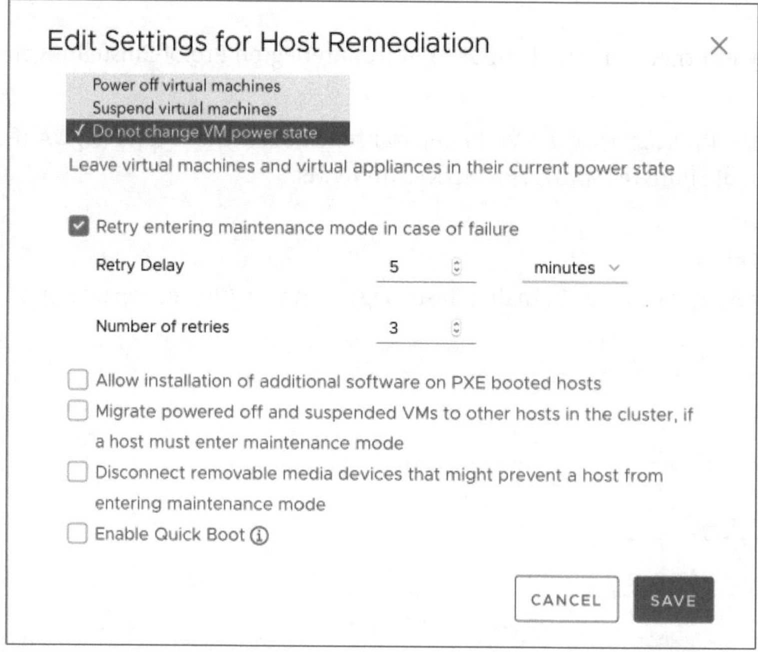

Abbildung 15.8 Verhalten beim Patchen von Hosts

Die Einstellungen der beiden ersten Abschnitte sind identisch mit denen des ersten Dialogs, der das Verhalten der VMs und das Verhalten mit dem Maintenance-Modus steuert. Im letzten Abschnitt gibt es vier weitere Einstellungen. Es können zusätzliche Softwarehosts installiert werden, die über PXE gebootet werden. Außerdem wird das Verhalten von ausgeschalteten VMs und VMs im Suspend festgelegt. Die dritte Option bestimmt, ob die Verbindung von Geräten, die verhindern können, dass ein Host in den Maintenance-Modus geht, unterbrochen werden können. Als Letztes lässt sich auch hier der Quick-Boot-Modus aktivieren.

Achtung
Auch wenn die Hardware in der Liste der Systeme steht, für die Sie Quick Boot nutzen können, kann ein nicht kompatibler Treiber leider trotzdem dazu führen, dass die Option nicht funktioniert!

Host Remediation – VMs

Als letzte Einstellungsmöglichkeit wird festgelegt, wie ein Rollback der VM erfolgen soll (siehe Abbildung 15.9).

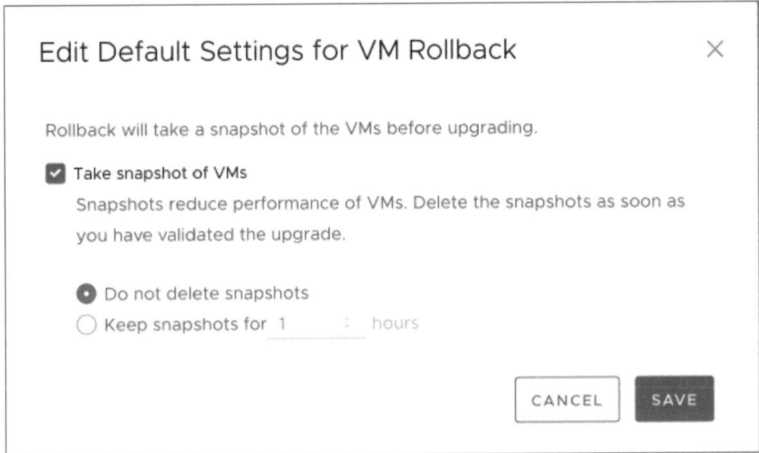

Abbildung 15.9 VM-Rollback-Einstellungen

Beim Arbeiten mit VMs können Snapshots aktiviert werden. Dabei wird auch festgelegt, wie mit dem Snapshot nach dem Patchen umgegangen wird. Er wird nicht gelöscht, oder Sie können festlegen, wie lange ein Snapshot vorgehalten wird. Es würde die Arbeit stark vereinfachen, wenn eine automatische Benachrichtigung für bestehende Snapshots aktiviert werden könnte, aber leider existiert eine solche Option (noch) nicht.

15.2.2 Image Depot

Im Register IMAGE DEPOT finden sich die verschiedenen ESXi-Versionen, Hersteller-Add-ons und Komponenten. Dieses Register hat eine reine Anzeigenfunktion. Wählt man einen Punkt aus, werden im rechten Fenster genaue Informationen zu dem Paket angezeigt (siehe Abbildung 15.10).

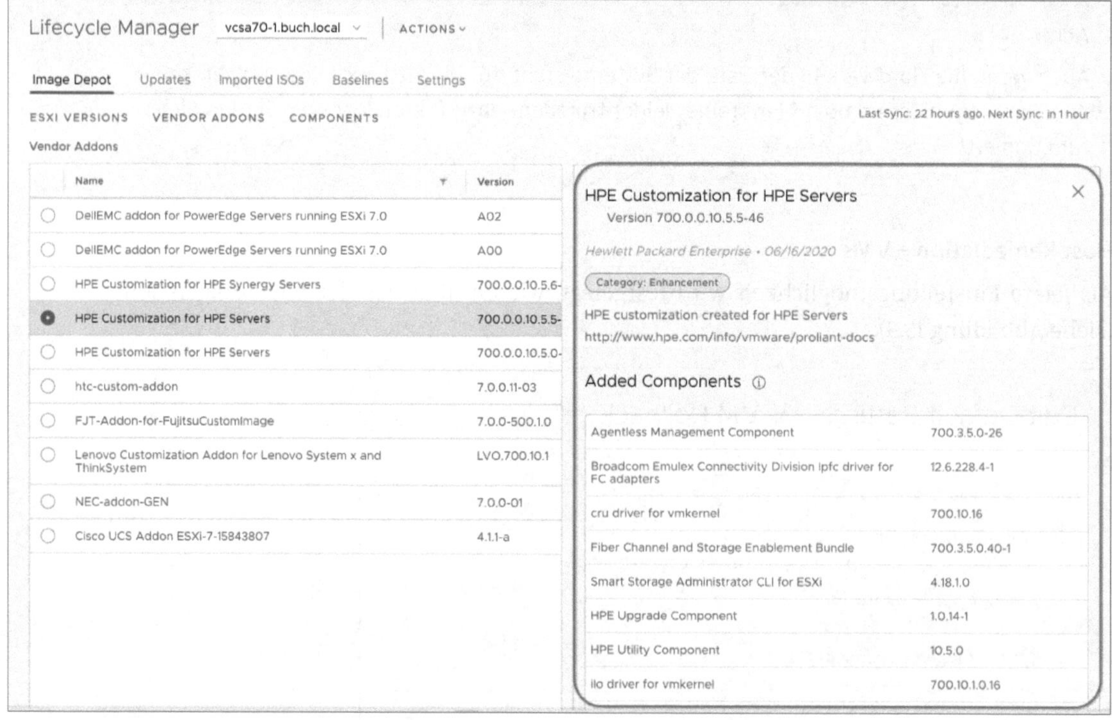

Abbildung 15.10 Paketinhalt des Patchs

15.2.3 Updates

Hinter der Anzeige im Register UPDATES verbirgt sich das Patch-Repository. Hier können alle im Lifecycle Manager befindlichen Patches eingesehen werden. Eigentlich sind es nicht nur Patches, sondern auch Erweiterungen, Updates und Roll-up-Pakete. Zur Vereinfachung der Anzeige können nur Roll-up-Updates angezeigt werden. Ein zusätzlicher Filter, FILTER BY BASELINE, kann die Ansicht auf kritische, nicht kritische und Sicherheits-Patches einschränken. Eine Mehrfachauswahl ist möglich (siehe Abbildung 15.11).

Die Gliederung in der Übersicht ist hilfreich. Durch Filter kann hier ebenfalls eine Sortierung vorgenommen werden. Nach dem Namen und der ID folgt die Spalte mit der Gewichtung. Hier gibt es Klassifizierungen von LOW über MODERATE bis IMPORTANT. Den Typ haben wir schon besprochen, es folgt die Kategorie mit den möglichen Einträgen BUGFIX, ENHANCEMENT, OTHER und SECURITY.

Filtern Sie in der nächsten Spalte auf die ESXi-Version, um sich nur die für Ihr System relevanten Files anzeigen zu lassen. Die Spalte IMPACT zeigt an, welchen Einfluss das Einspielen des Pakets auf den Host hat. Auch hier gibt es drei mögliche Werte: der einfache Neustart, der Maintenance-Modus mit Neustart und keine weitere Angabe. Die letzten beiden Spalten zeigen weitere Informationen zum Paket.

Abbildung 15.11 Auflistung der Pakete im Repository

15.2.4 Imported ISOs

Unter IMPORT ISO können Sie ESXi-ISO-Files hochladen, mit denen Sie ESXi-Hosts patchen können. Die Versionen sind unerheblich (siehe Abbildung 15.12).

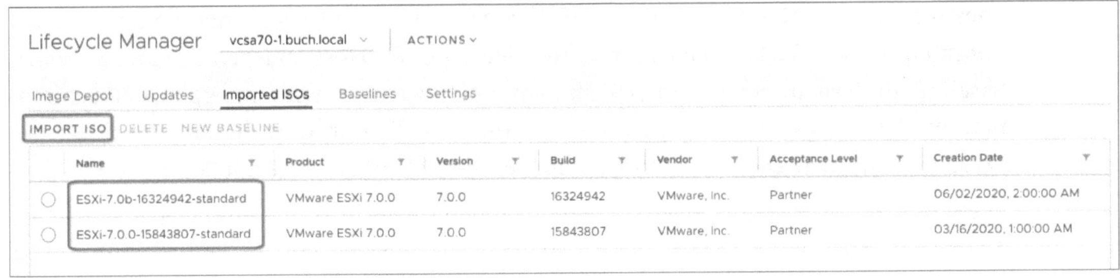

Abbildung 15.12 Imported ISO-Files

Der Import selbst geht ganz einfach vonstatten. Sie müssen nur das ISO auswählen, es wird dann automatisch importiert (siehe Abbildung 15.13).

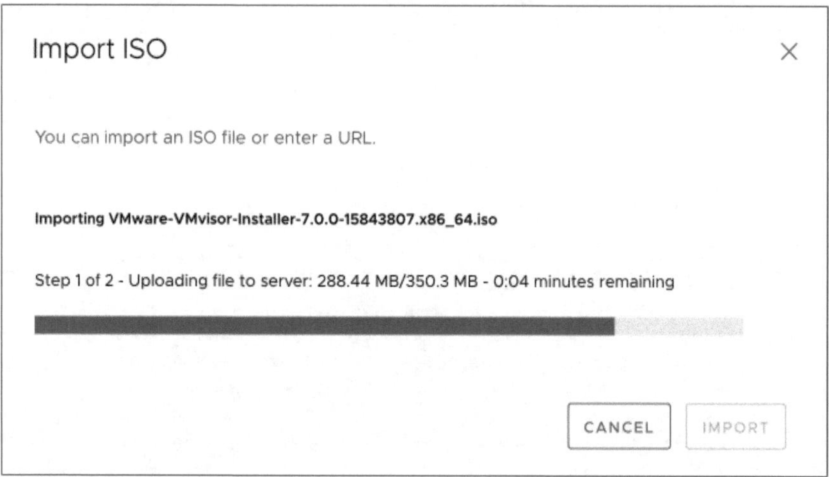

Abbildung 15.13 ISO-Import

> **Hinweis**
>
> Das System frisst erst einmal alle ihm vorgesetzten ISO-Dateien. Nur die Dateien, die unterstützt werden, finden sich dann auch im Repository wieder.

15.2.5 Baselines

Die Baselines sind das verknüpfende Element zwischen Files aus dem Repository und den Objekten im vCenter. Hier hat sich eine Änderung ergeben. Früher gab es getrennte Baselines für virtuelle Maschinen und Hosts. Entsprechende Konfigurationen konnten vorgenommen werden. Sie können jetzt nur noch Baselines für Hosts anlegen. Es gibt zwar noch Baselines für VMs, die aber können nicht manipuliert werden – was Sinn ergibt, denn es können mit dem Lifecycle Manager sowieso nur die virtuelle Hardware und die VMware Tools aktualisiert werden. Die VM-Baselines sind hier nicht sichtbar (siehe Abbildung 15.14).

Bevor nun eigene Baselines angelegt werden, finden Sie hier erst mal eine Übersicht über die Anzeige im vCenter. Im oberen Abschnitt finden sich die Baselines, im Fenster darunter ist zu sehen, welche Softwarepakete in der Baseline zusammengefasst werden. Schön sehen Sie hier, dass Sie die mitgelieferten Baselines nicht manipulieren können. Sie müssen zuerst über den Link DUPLICATE eine Kopie erstellen, um sie dann bearbeiten zu können. Natürlich können Sie über NEW auch eigene neue Baselines anlegen oder sogar Baseline Groups (siehe Abbildung 15.15). Der Unterschied zeigt sich sehr schnell. Erstellte Baselines können in Gruppen zusammengefasst werden.

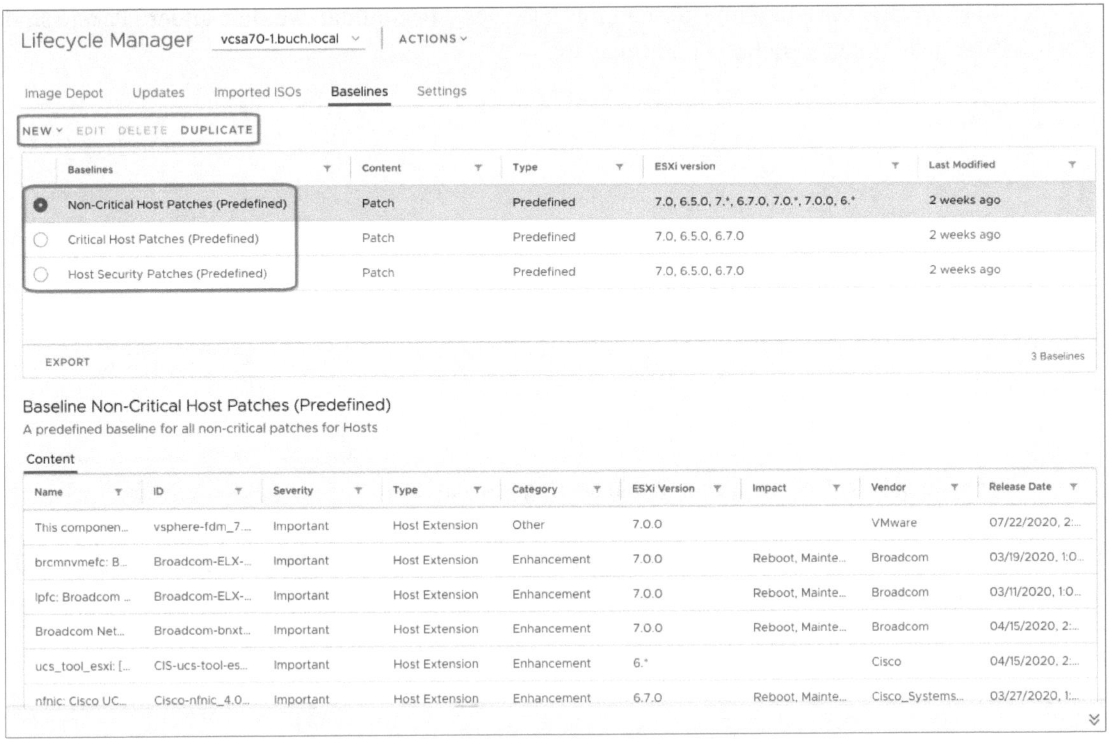

Lifecycle Manager
vcsa70-1.buch.local
ACTIONS
Image Depot
Updates
Imported ISOs
Baselines
Settings
NEW
EDIT
DELETE
DUPLICATE
Baselines
Content
Type
ESXi version
Last Modified
Non-Critical Host Patches (Predefined)
Patch
Predefined
7.0, 6.5.0, 7.*, 6.7.0, 7.0.*, 7.0.0, 6.*
2 weeks ago
Critical Host Patches (Predefined)
Patch
Predefined
7.0, 6.5.0, 6.7.0
2 weeks ago
Host Security Patches (Predefined)
Patch
Predefined
7.0, 6.5.0, 6.7.0
2 weeks ago
EXPORT
3 Baselines
Baseline Non-Critical Host Patches (Predefined)
A predefined baseline for all non-critical patches for Hosts
Content
Name
ID
Severity
Type
Category
ESXi Version
Impact
Vendor
Release Date
This componen...
vsphere-fdm_7...
Important
Host Extension
Other
7.0.0
VMware
07/22/2020, 2:...
brcmnvmefc: B...
Broadcom-ELX-...
Important
Host Extension
Enhancement
7.0.0
Reboot, Mainte...
Broadcom
03/19/2020, 1:0...
lpfc: Broadcom ...
Broadcom-ELX-...
Important
Host Extension
Enhancement
7.0.0
Reboot, Mainte...
Broadcom
03/11/2020, 1:0...
Broadcom Net...
Broadcom-bnxt...
Important
Host Extension
Enhancement
7.0.0
Reboot, Mainte...
Broadcom
04/15/2020, 2:...
ucs_tool_esxi: [...
CIS-ucs-tool-es...
Important
Host Extension
Enhancement
6.*
Cisco
04/15/2020, 2:...
nfnic: Cisco UC...
Cisco-nfnic_4.0...
Important
Host Extension
Enhancement
6.7.0
Reboot, Mainte...
Cisco_Systems...
03/27/2020, 1:...

Abbildung 15.14 Baselines in vSphere 7.0

Create Baseline
1 Name and Description
2 Select ISO
3 Summary
Name and description
Enter a name and select the baseline type.
Name
Upgrade vSphere 7.0
Description
alle Upgradepakete
Content
Upgrade
Patch
Extension

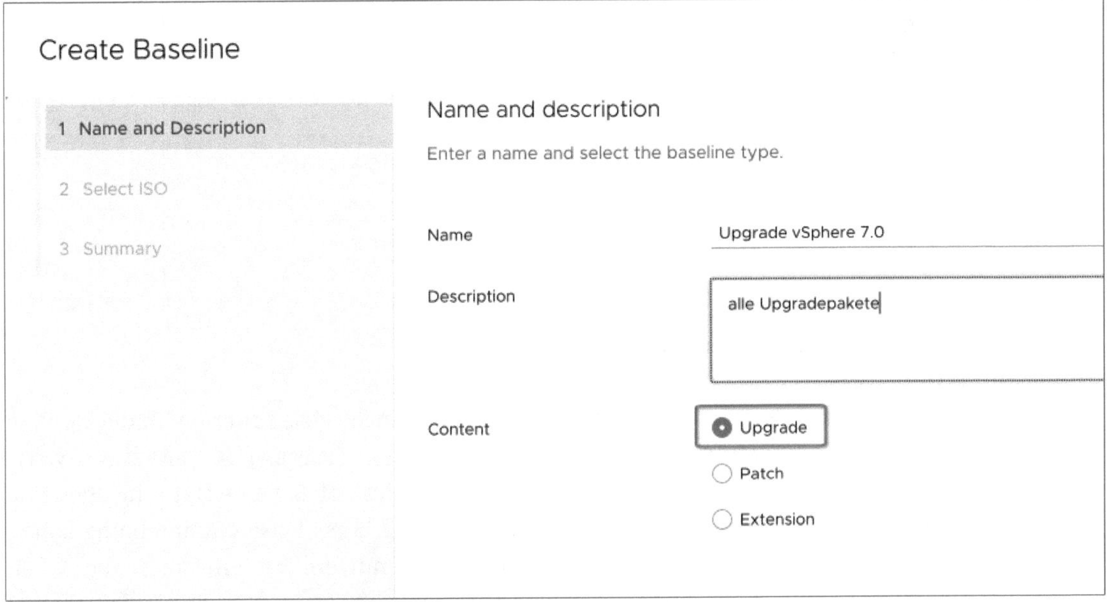

Abbildung 15.15 Erstellen einer Upgrade-Baseline

In einer UPGRADE-Baseline können nur ISO-Files eingebunden werden, andere Pakete sind hier nicht nutzbar (siehe Abbildung 15.16).

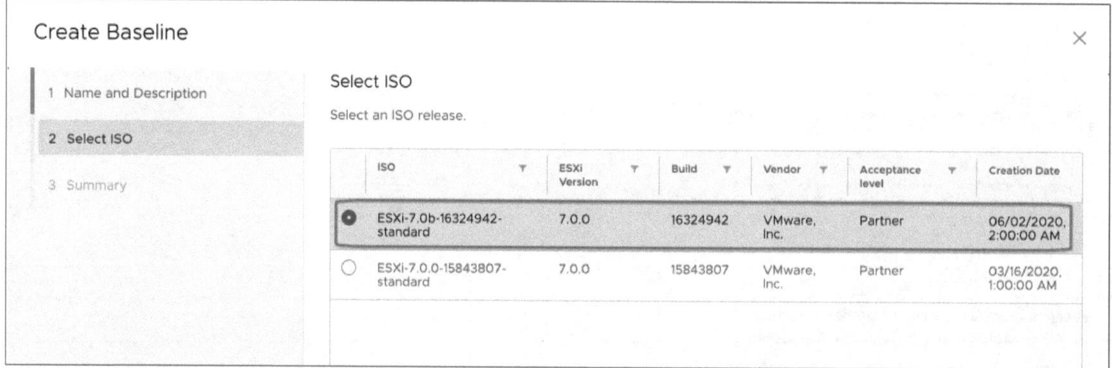

Abbildung 15.16 Einbinden eines ISO in die Upgrade-Baseline

Danach ist die Erstellung abgeschlossen. Kommen wir nun zur Patch-Baseline (siehe Abbildung 15.17).

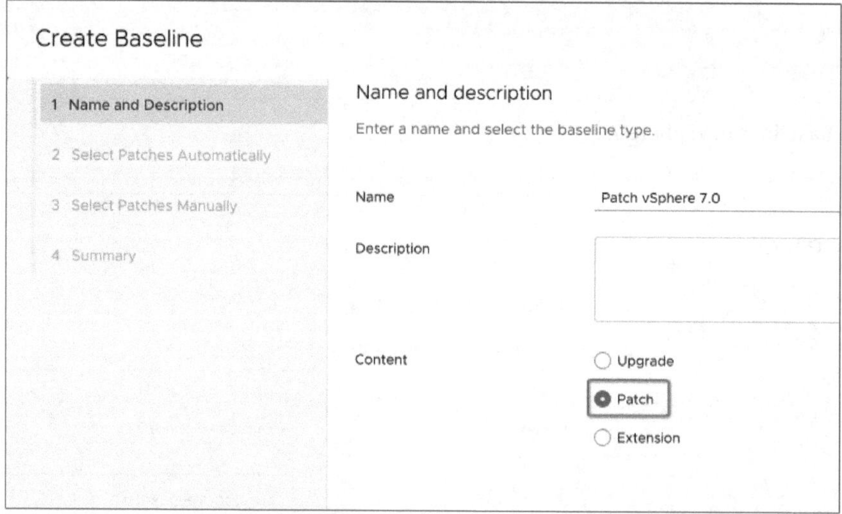

Abbildung 15.17 Erstellen einer Patch-Baseline

Der folgende Dialog ist bereits sehr komplex, hier können Sie viele Kriterien für die Baseline hinterlegen. Die obere Auswahlbox AUTOMATICALLY UPDATE THIS BASELINE WITH PATCHES THAT MATCH THE FOLLOWING CRITERIA legt fest, ob Sie eine statische oder eine dynamische Baseline erzeugen wollen (siehe Abbildung 15.18). Unsere Empfehlung lautet, wenn möglich immer eine automatische Baseline zu nutzen. Das erleichtert die Arbeit enorm, denn es muss nicht immer kontrolliert werden, ob es was Neues gibt und ob man es in eine vorhandene Baseline einbinden muss.

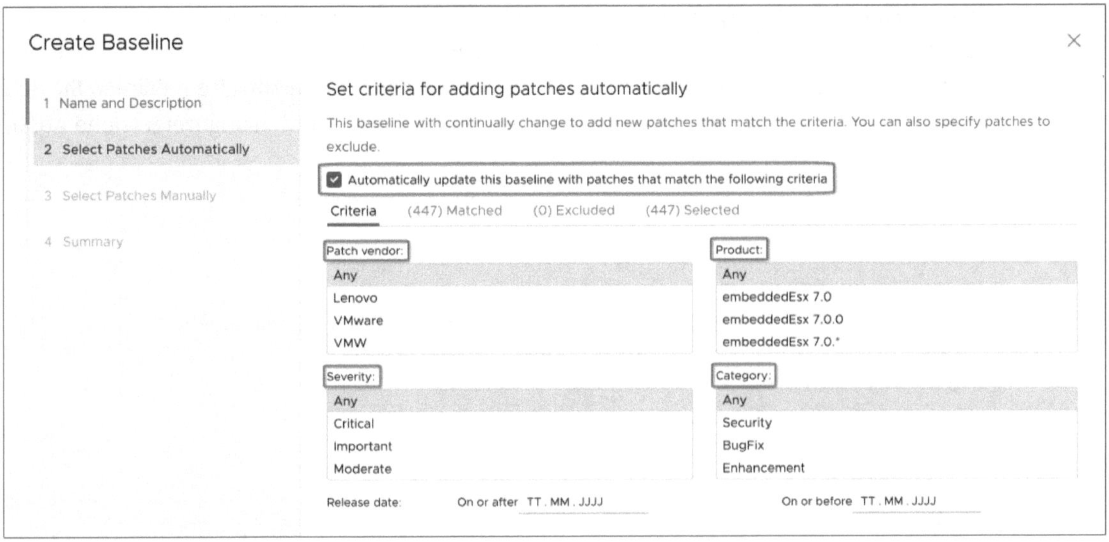

Abbildung 15.18 Festlegung der Patch-Auswahl

Auswahlkriterien sind hier der Patch-Hersteller, das zu patchende Produkt, der Schweregrad und die Patch-Kategorie. Haben Sie die Auswahl entsprechend angepasst, wird Ihnen direkt angezeigt, auf wie viele Patches die Kriterien passen. Nehmen wir das folgende Beispiel (siehe Abbildung 15.19).

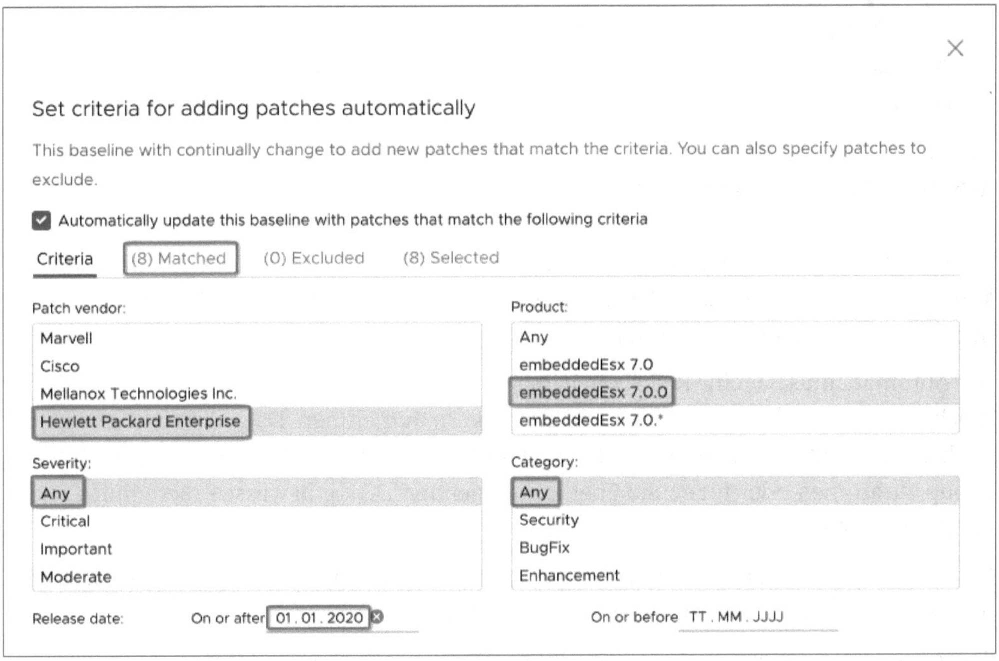

Abbildung 15.19 Beispiel-Baseline

Hier sollen alle Softwarepakete in die Baseline fließen, die von Hewlett Packard Enterprise stammen, egal welchen Schweregrad sie haben, aber nur für die vSphere-Version 7.0.0. Als Ergebnis sehen Sie insgesamt acht Pakete, auf die diese Kriterien zutreffen. Wählen Sie den Link MATCHED, und weitere Details zu den Softwarepaketen werden angezeigt (siehe Abbildung 15.20).

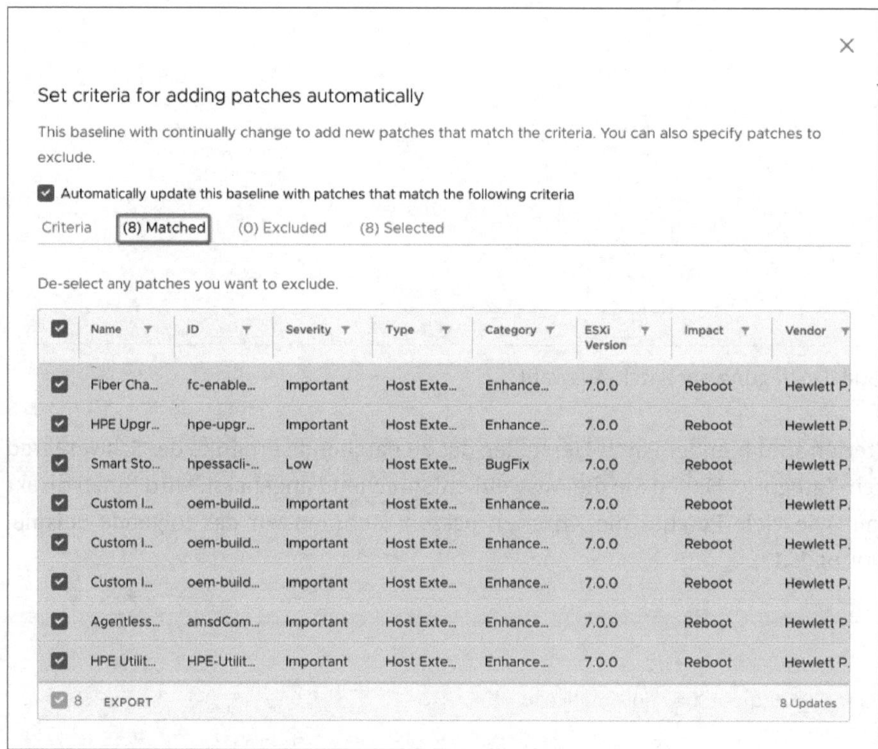

Abbildung 15.20 Ausgewählte Patches

Soll ein Patch aus der automatischen Auswahl nicht in die Baseline aufgenommen werden, können Sie das Paket einfach über das Auswahlkästchen abwählen. Die Register EXCLUDED und SELECTED sind selbsterklärend.

Der Automatismus hat eine Reihe von Patches in die Baseline aufgenommen, aber vielleicht möchten Sie noch weitere von anderen Herstellern aufnehmen. Da gibt es jetzt zwei Möglichkeiten. Erstellen Sie eine zweite Baseline und fassen Sie beide Baselines in einer Baseline Group zusammen oder fügen Sie über den folgenden Dialog bewusst Pakete hinzu (siehe Abbildung 15.21).

In diesem Fall ist das der ISCSI DRIVER FOR VMWARE ESX von VMware. Nach Abschluss wird die Baseline erstellt und kann später genutzt werden.

Als Letztes erzeugen wir eine Baseline für Erweiterungen (siehe Abbildung 15.22).

Create Baseline

1 Name and Description
2 Select Patches Automatically
3 Select Patches Manually
4 Summary

Add patches manually

Optionally, select patches that will always be in this baseline.

	Name	ID
☐	NEC Configuration VIB	nec-configura
☐	smx:WBEM Providers for ESXi 7.0	smxProvider_
☐	Smart Storage Administrator CLI for ESXi	ssacli-compon
☐	sut: Integrated Smart Update Tool	sutComponen
☐	sut: Integrated Smart Update Tool	sutComponen
☐	IMA plugin for elxiscsi driver	Broadcom-EL
☐	Emulex FCoE Driver	Broadcom-EL
☐	Broadcom NVMeF FC Driver	Broadcom-EL
☐	Emulex FC Driver	Broadcom-EL
☐	Broadcom NetXtreme-E Network and ROCE/RDMA Drivers for VMware ESXi	Broadcom-bn
☑	iscsi driver for VMware ESX	Broadcom-elx
☐	net driver for VMware ESX	Broadcom-elx
☐	net driver for VMware ESX	Broadcom-lpn

1 EXPORT 21 - 40 of 439 Updates 2 / 22

CANCEL BACK NEXT

Abbildung 15.21 Hinzufügen eines Patchs zu einer automatischen Baseline

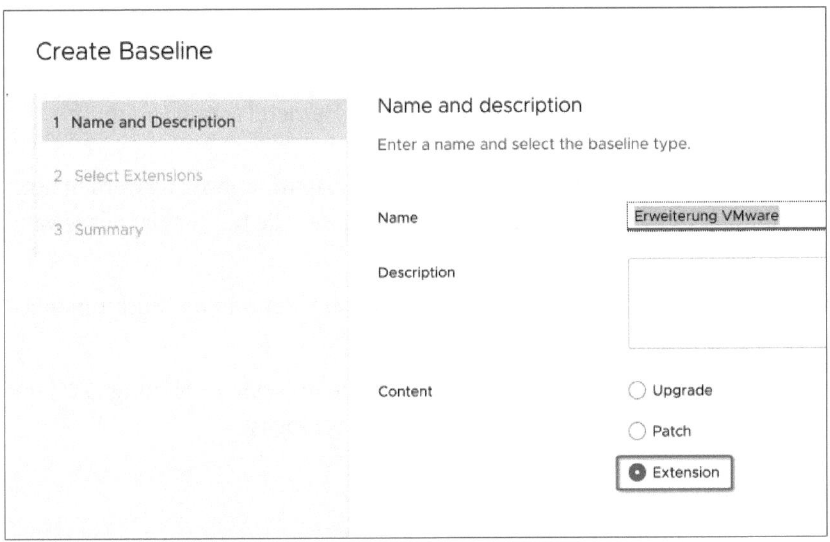

Abbildung 15.22 Erstellen einer Baseline mit Erweiterungen

Im folgenden Dialog lassen sich alle Erweiterungen der Baseline hinzufügen, die im Lifecycle Manager vorliegen. Das ist ein rein manueller Prozess. Als Auswahlhilfen können hier nur die Filter genutzt werden (siehe Abbildung 15.23).

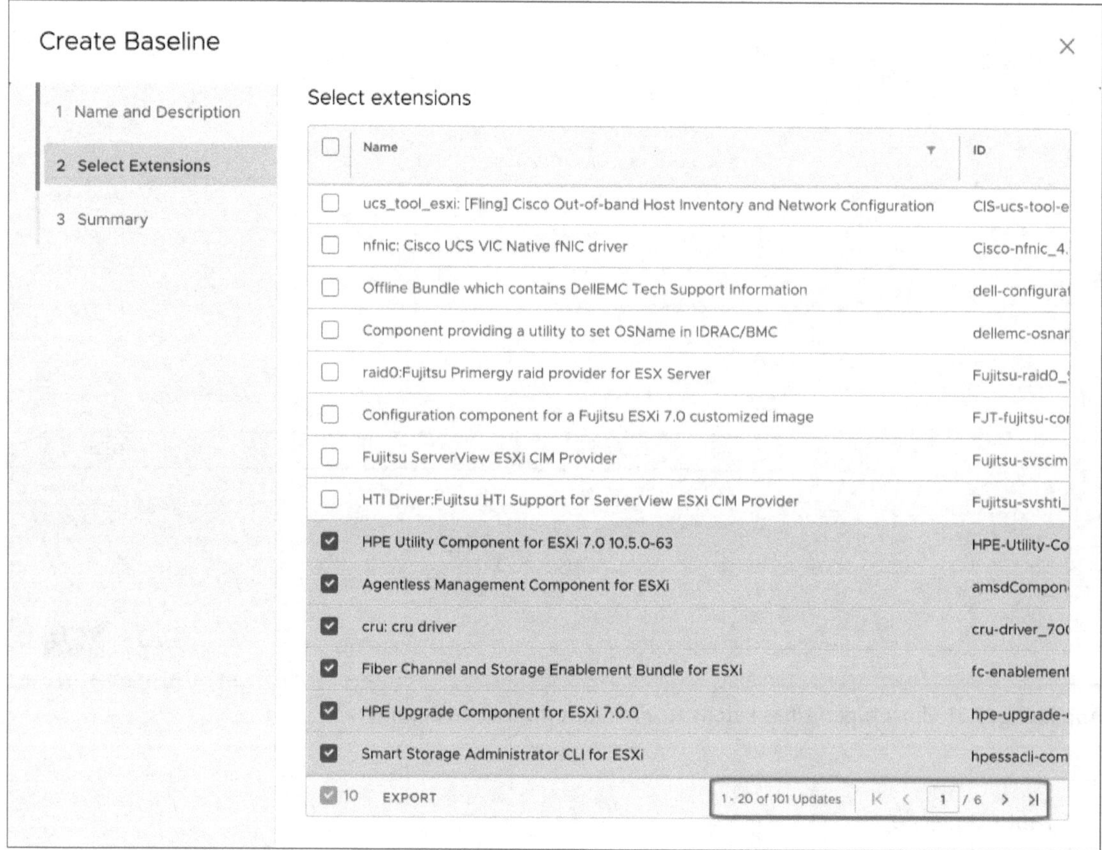

Abbildung 15.23 Auswahl von Erweiterungen, in diesem Fall von Hewlett Packard Enterprise

Die Liste ist länger, wie Sie unten sehen können, aber in der Zusammenfassung werden noch einmal alle ausgewählten Punkte zusammengefasst, Sie erhalten die Namen der ausgewählten Pakete (siehe Abbildung 15.24).

Wie Sie sehen können, sind die Namen nicht immer eindeutig, denn in der Zusammenfassung gibt es drei Pakete mit dem gleichen Namen.

In der Übersicht sind jetzt die drei erstellten Baselines zu sehen (siehe Abbildung 15.25) mit dem Typ der Baseline und dass es eine nicht vordefinierte Baseline ist.

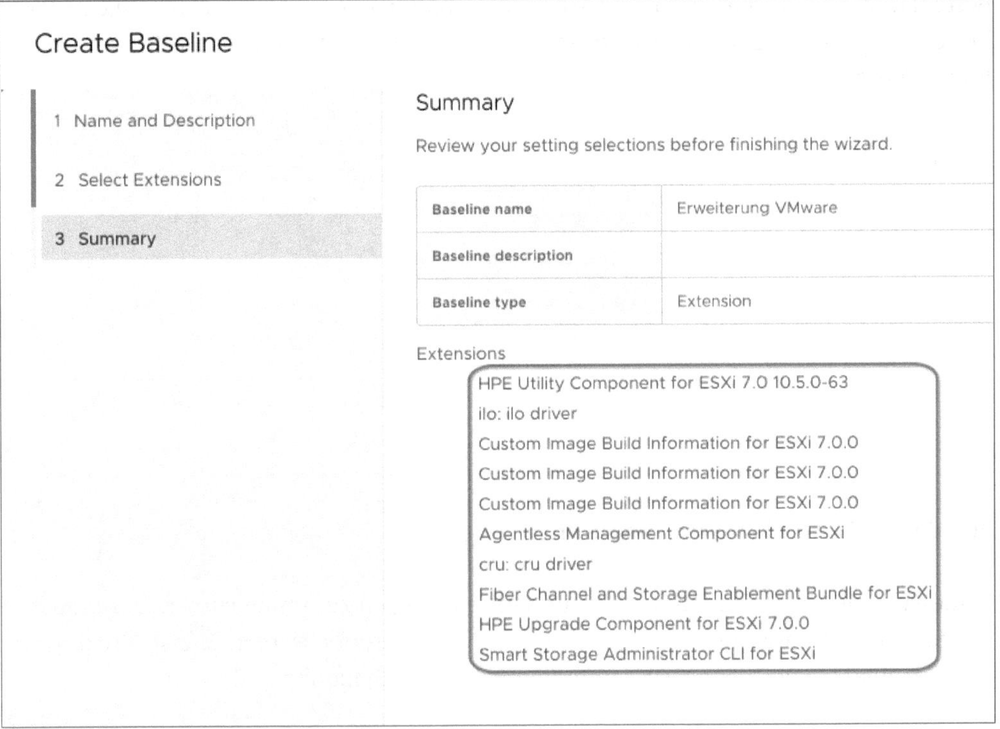

Abbildung 15.24 Ausgewählte Pakete in der Zusammenfassung

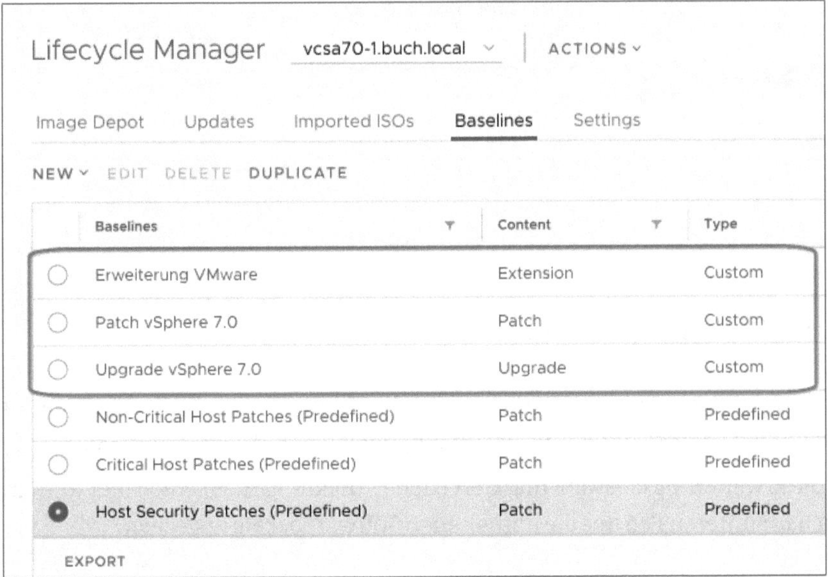

Abbildung 15.25 Die drei erstellten Baselines in der Übersicht

Besteht nun der Wunsch, verschiedene Baselines miteinander zu kombinieren, ist eine Baseline Group zu erstellen. Über die Auswahl NEW • BASELINE GROUP erfolgt die Zusammenstellung (siehe Abbildung 15.26).

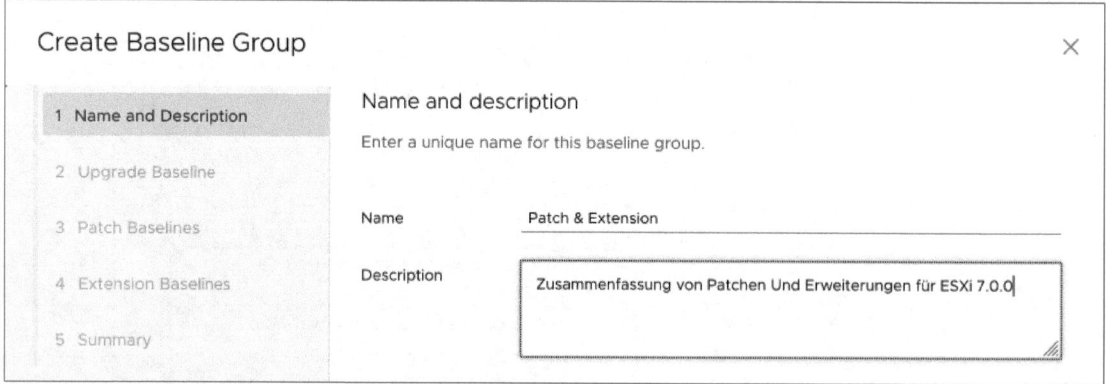

Abbildung 15.26 Erstellen einer Baseline Group

In diesem Beispiel möchte ich Patches und Erweiterungen zusammenfassen. Dazu muss in den folgenden Auswahlfenstern die richtige Auswahl getroffen werden. Zuerst wird das Hinzufügen einer UPGRADE BASELINE unterbunden (siehe Abbildung 15.27).

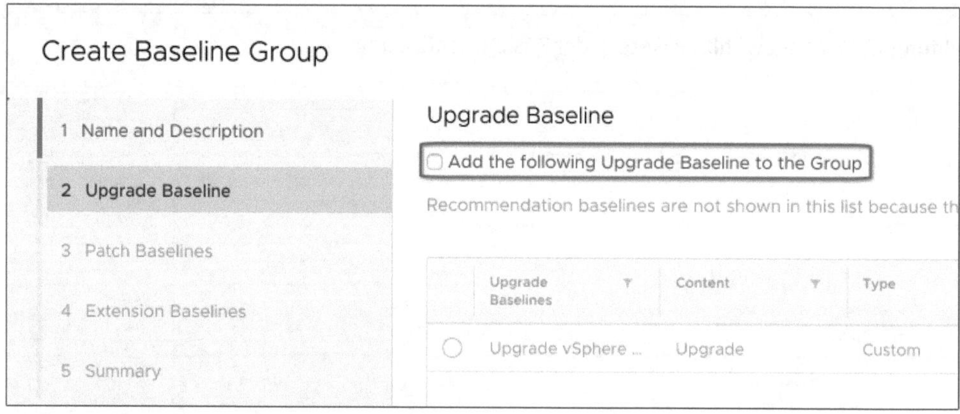

Abbildung 15.27 Abwahl der Upgrade-Baseline

Nun wird die passende Patch-Baseline markiert, hier die eben erstellte. Nach der Auswahl werden alle enthaltenen Patches unten im Fenster angezeigt (siehe Abbildung 15.28).

Als Letztes wird die Erweiterungsauswahl markiert (siehe Abbildung 15.29). Auch hier werden selbstverständlich im unteren Fenster die enthaltenen Softwarepakete angezeigt.

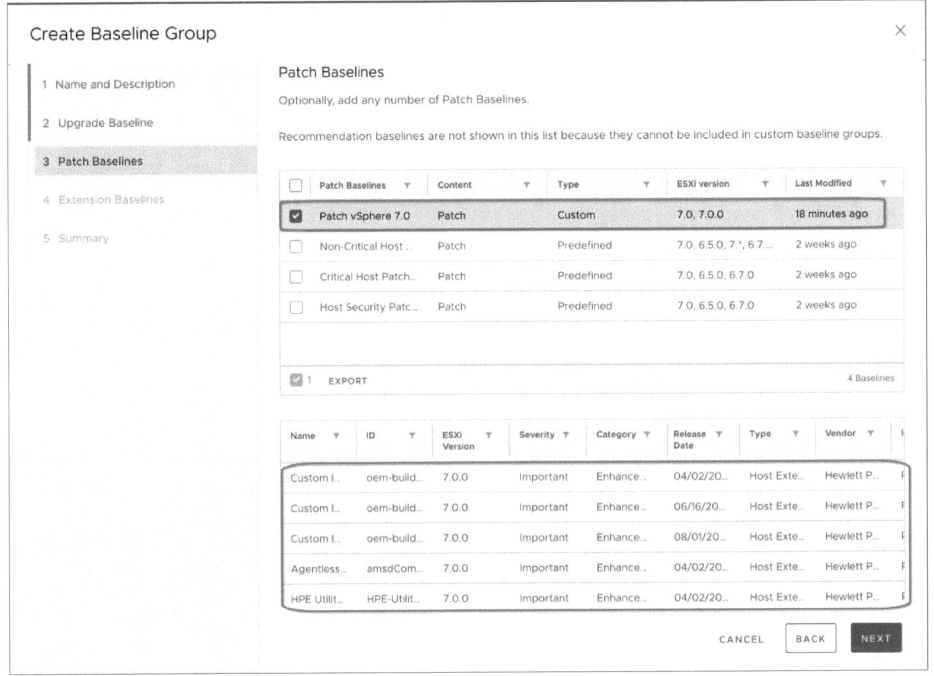

Abbildung 15.28 Auswahl der Patch-Baseline

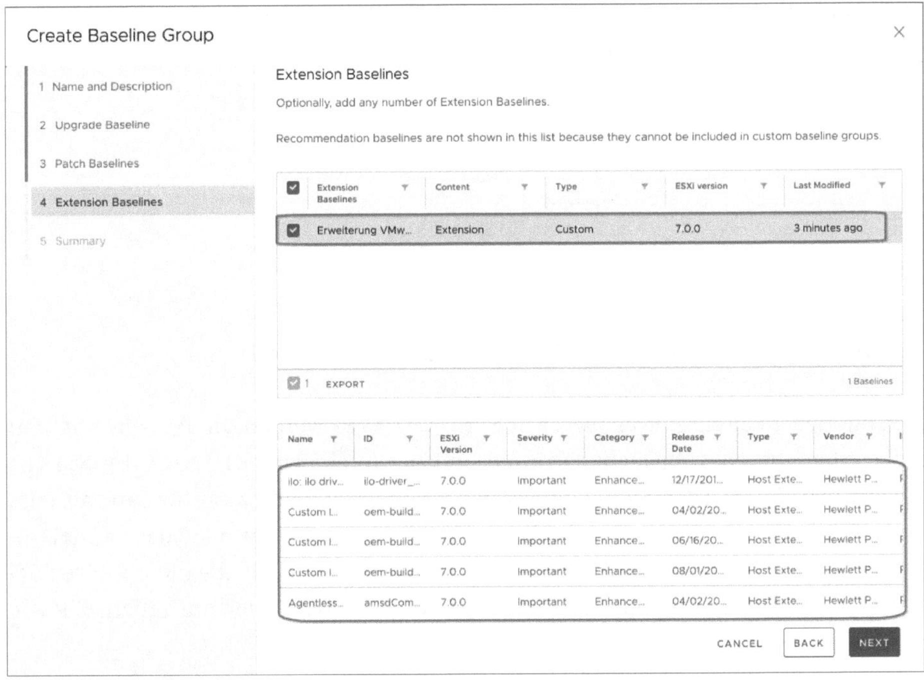

Abbildung 15.29 Auswahl der Erweiterungs-Baseline

Im Fazit werden noch einmal die ausgewählten Baselines zusammengefasst, und damit ist die Baseline Group fertig (siehe Abbildung 15.30).

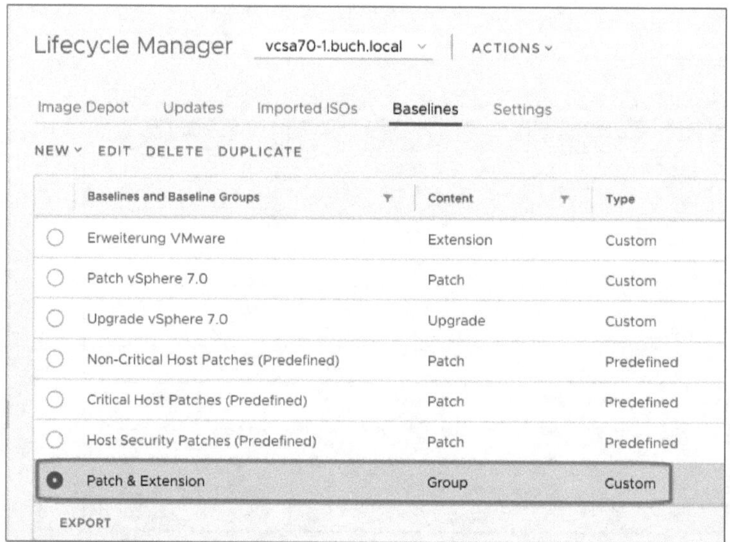

Abbildung 15.30 Die Baseline Group ist erstellt.

Im Folgenden kann nun mit der Baseline Group gearbeitet werden.

Es gibt noch ein paar weitere Aktionen, die in diesem Fenster durchgeführt werden können. Sie finden sie hinter dem ACTIONS-Menü (siehe Abbildung 15.31).

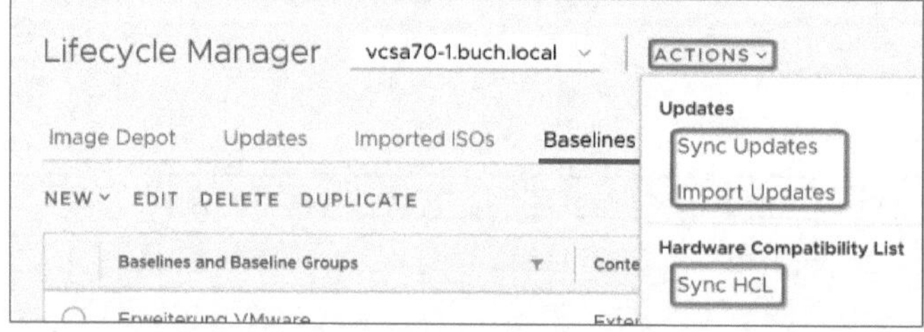

Abbildung 15.31 Das Actions-Menü in den Lifecycle-Manager-Einstellungen

Drei Auswahlmöglichkeiten gibt es hier. Mit SYNC UPDATES werden die Patches von den Quellen, die unter SETTINGS angegeben worden sind, heruntergeladen. IMPORT UPDATES ist der Einstiegspunkt für das Laden von Patches in das Repository, und zwar für den Fall, dass der Lifecycle Manager nicht direkt auf das Internet zugreifen kann oder dass ein Hardwarehersteller oder VMware selber Ihnen Patches zur Verfügung stellt, die nicht frei verfügbar sind. Der Import kann über eine anzugebende URL erfolgen oder mit einem ZIP-File (siehe Abbildung 15.32).

Mit dem letzten Punkt, SYNC HCL, wird die aktuelle HCL in das vCenter geladen.

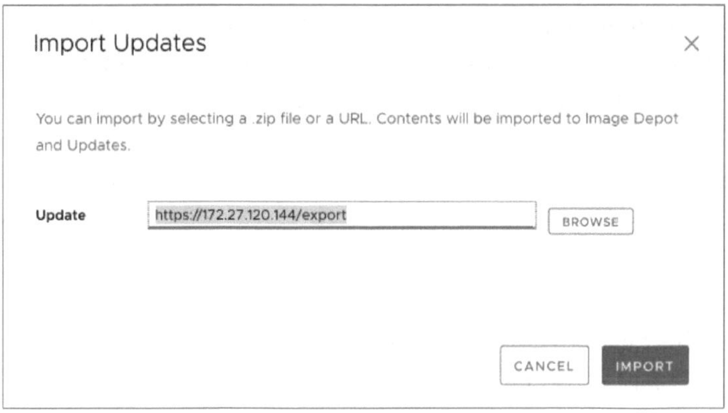

Import Updates

You can import by selecting a .zip file or a URL. Contents will be imported to Image Depot and Updates.

Update https://172.27.120.144/export BROWSE

CANCEL IMPORT

Abbildung 15.32 Import von Patches

Achtung

Müssen Sie für Sync HCL den Weg über einen Proxy nehmen, werden Sie auf einen Fehler laufen (Stand September 2020)!

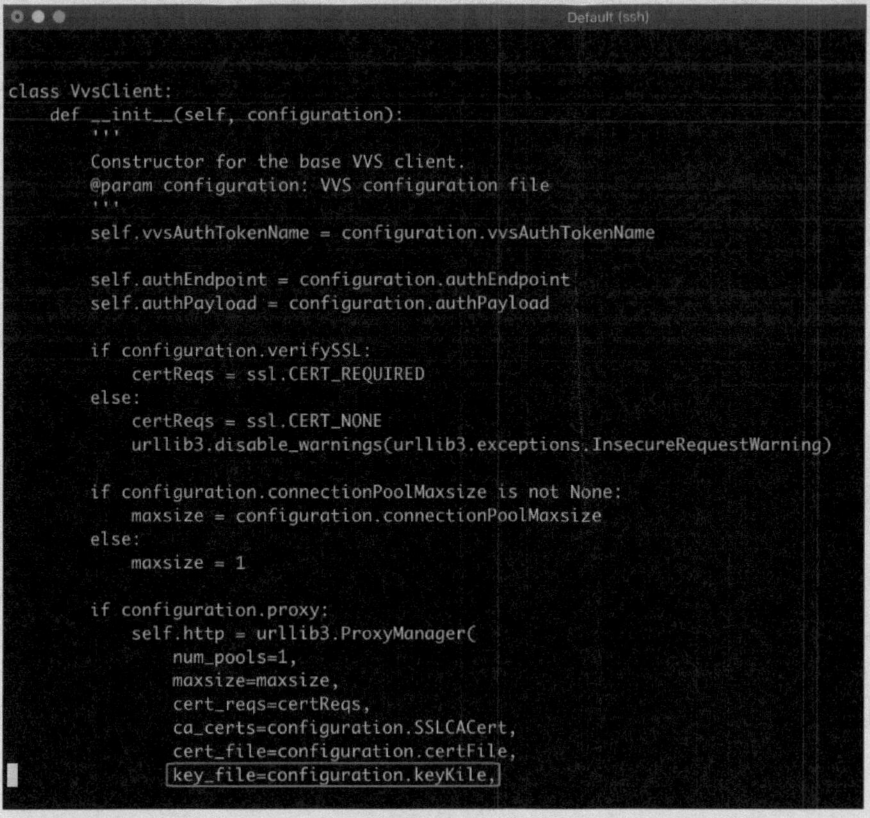

```
class VvsClient:
    def __init__(self, configuration):
        '''
        Constructor for the base VVS client.
        @param configuration: VVS configuration file
        '''
        self.vvsAuthTokenName = configuration.vvsAuthTokenName

        self.authEndpoint = configuration.authEndpoint
        self.authPayload = configuration.authPayload

        if configuration.verifySSL:
            certReqs = ssl.CERT_REQUIRED
        else:
            certReqs = ssl.CERT_NONE
            urllib3.disable_warnings(urllib3.exceptions.InsecureRequestWarning)

        if configuration.connectionPoolMaxsize is not None:
            maxsize = configuration.connectionPoolMaxsize
        else:
            maxsize = 1

        if configuration.proxy:
            self.http = urllib3.ProxyManager(
                num_pools=1,
                maxsize=maxsize,
                cert_reqs=certReqs,
                ca_certs=configuration.SSLCACert,
                cert_file=configuration.certFile,
                key_file=configuration.keyKile,
```

Abbildung 15.33 Schreibfehler im Python-Skript

15

Diesen Fehler verursacht ein Rechtschreibfehler in einem Python-Skript. Zur Behebung müssen Sie auf der Kommandozeile der VCSA in das Verzeichnis */usr/lib/vmware-updatemgr/python/hcl/compatibility/vvs/rest* wechseln. In der Datei *vss_client.py* findet sich der Schreibfehler (siehe Abbildung 15.33).

Ändern Sie bitte die Zeile `key_file=configuration.keyKile` in `key_file=configuration.keyFile`. Danach sollte der Download der HCL funktionieren.

15.2.6 Download von Updates auf dem Offline-Update-Manager UMDS

Um Patches auf einen dedizierten Download-Server herunterzuladen, müssen Sie auf jeden Fall die Kommandozeile bemühen.

Der Download-Manager muss auf einem dedizierten Linux-Server installiert werden!

Die verschiedenen Aufrufparameter der *vmware-umds*-Datei können Sie in Abbildung 15.34 sehen.

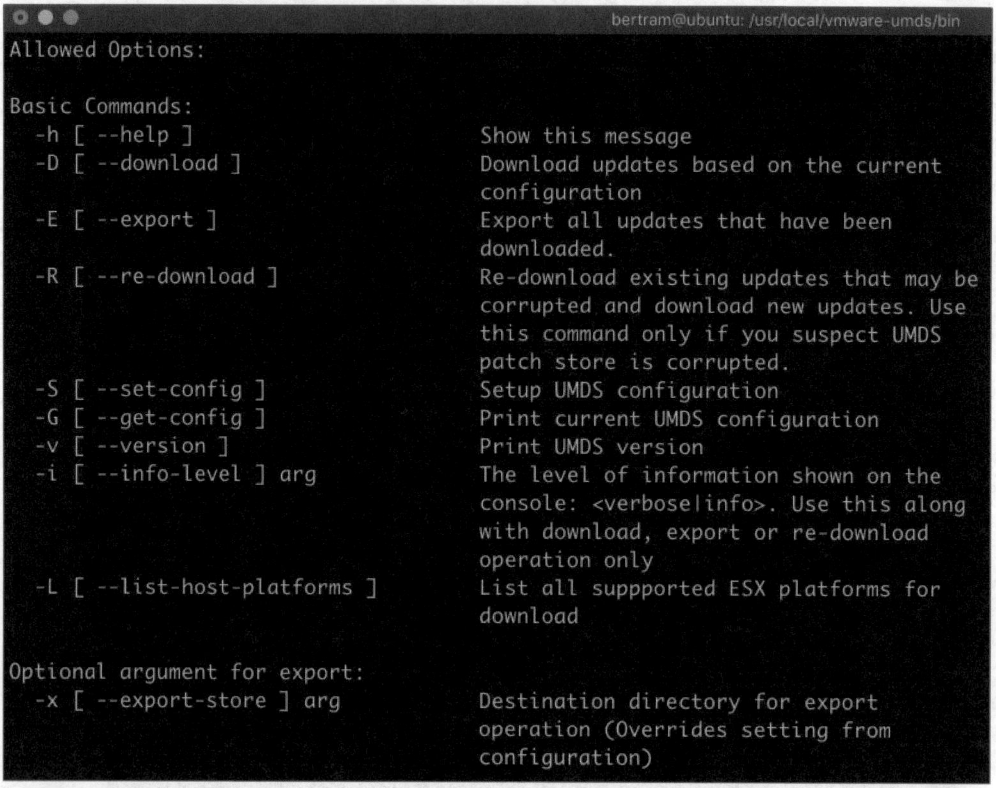

```
bertram@ubuntu: /usr/local/vmware-umds/bin
Allowed Options:

Basic Commands:
  -h [ --help ]                    Show this message
  -D [ --download ]                Download updates based on the current
                                   configuration
  -E [ --export ]                  Export all updates that have been
                                   downloaded.
  -R [ --re-download ]             Re-download existing updates that may be
                                   corrupted and download new updates. Use
                                   this command only if you suspect UMDS
                                   patch store is corrupted.
  -S [ --set-config ]              Setup UMDS configuration
  -G [ --get-config ]              Print current UMDS configuration
  -v [ --version ]                 Print UMDS version
  -i [ --info-level ] arg          The level of information shown on the
                                   console: <verbose|info>. Use this along
                                   with download, export or re-download
                                   operation only
  -L [ --list-host-platforms ]     List all suppported ESX platforms for
                                   download

Optional argument for export:
  -x [ --export-store ] arg        Destination directory for export
                                   operation (Overrides setting from
                                   configuration)
```

Abbildung 15.34 Kommandos und Argumente für vmware-umds

Mit dem Kommando `vmware-umds` wird der Manager bedient. Zum Ansehen der aktuellen Konfiguration nutzen Sie den Befehl `vmware-umds -G` (Get Config) (siehe Abbildung 15.35).

```
bertram@ubuntu:/usr/local/vmware-umds/bin$ ./vmware-umds -G
grep: /etc/photon-release: No such file or directory
./vmware-umds: 41: [: unexpected operator
Configured URLs
URL Type Removable URL
HOST     NO        https://hostupdate.vmware.com/software/VUM/PRODUCTION/main/vmw-depot-index.xml
HOST     NO        https://hostupdate.vmware.com/software/VUM/PRODUCTION/addon-main/vmw-depot-index.xml
HOST     NO        https://hostupdate.vmware.com/software/VUM/PRODUCTION/iovp-main/vmw-depot-index.xml
HOST     NO        https://hostupdate.vmware.com/software/VUM/PRODUCTION/vmtools-main/vmw-depot-index.xml

Patch store location  : /usr/local/vmware-umds/patches/
Export store location :
Proxy Server          : Not configured

Host patch content download: enabled
Host Versions for which patch content will be downloaded:
embeddedEsx-6.5.0-INTL
embeddedEsx-6.7.0-INTL
embeddedEsx-6.9.1-INTL
embeddedEsx-7.0-INTL

bertram@ubuntu:/usr/local/vmware-umds/bin$
```

Abbildung 15.35 Abrufen der aktuellen Konfiguration

15

Mit dem Parameter `set-config` können Sie die Konfiguration des UMDS anpassen (siehe Abbildung 15.36).

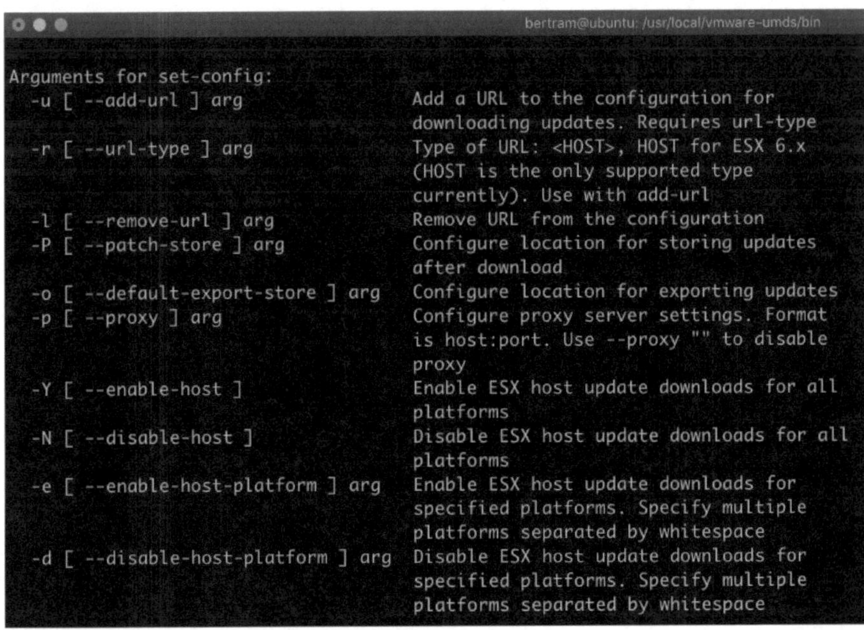

Abbildung 15.36 Argumente für »set-config«

Es gibt zwei Wege, um zu bestimmen, welche Patches heruntergeladen werden sollen:

- Parametrierung der Downloads über die Kommandozeile
- Einschränkung der Downloads durch Anpassen der Konfigurationsdatei

Im Handbuch wird nur die Nutzung der Kommandozeile beschrieben. Die Befehle für das Deaktivieren des Downloads von ESXi-6.5-Patches sehen wie folgt aus:

```
vmware-umds -S -enable-hosts
vmware-umds -S -d embeddedEsx-6.5.0
-S (Set Config)
-d (Disable)
```

Mit der Kommandozeile können Sie die Konfiguration weiter anpassen. Theoretisch können Sie auch die Konfigurationsdatei anpassen, aber das ist nicht zu empfehlen.

In der Konfigurationsdatei (*downloadConfig.xml*) finden Sie alle Einstellungen, die den UMDS betreffen.

```
<Config>
  <HostConfig>
    <ESX4xUpdateUrl id="1">https://hostupdate.vmware.com/software/VUM/PRODUCTION/
main/vmw-depot-index.xml</ESX4xUpdateUrl>
    <ESX4xUpdateUrl id="2">https://hostupdate.vmware.com/software/VUM/PRODUCTION/
addon-main/vmw-depot-index.xml</ESX4xUpdateUrl>
    <ESX4xUpdateUrl id="3">https://hostupdate.vmware.com/software/VUM/PRODUCTION/
iovp-main/vmw-depot-index.xml</ESX4xUpdateUrl>
    <ESX4xUpdateUrl id="4">https://hostupdate.vmware.com/software/VUM/PRODUCTION/
vmtools-main/vmw-depot-index.xml</ESX4xUpdateUrl>
  </HostConfig>
  <contentSettings>
    <hostInclude id="0001">embeddedEsx-6.5.0-INTL</hostInclude>
    <hostInclude id="0002">embeddedEsx-6.7.0-INTL</hostInclude>
    <hostInclude id="0003">embeddedEsx-6.9.1-INTL</hostInclude>
    <hostInclude id="0004">embeddedEsx-7.0-INTL</hostInclude>
    <hostUpdateEnabled>true</hostUpdateEnabled>
  </contentSettings>
  <exportStore/>
  <langs>ENU</langs>
  <log>
    <components>
      <lib.vdb.vdb>
        <level>info</level>
      </lib.vdb.vdb>
      <lib.vdb.vdbStatement>
        <level>info</level>
      </lib.vdb.vdbStatement>
```

```
    </components>
    <level>verbose</level>
    <memoryLevel>error</memoryLevel>
    <name>vmware-downloadService</name>
    <outputToConsole>false</outputToConsole>
  </log>
  <patchStore>/usr/local/vmware-umds/patches/</patchStore>
  <proxySettings>
    <password/>
    <proxyPort>0</proxyPort>
    <proxyServer/>
    <useProxyServer>0</useProxyServer>
    <username/>
  </proxySettings>
</Config>
```

Listing 15.1 Die Konfigurationsdatei downloadConfig.xml

In Abbildung 15.37 sehen Sie noch weitere Beispiele für den Download-Manager.

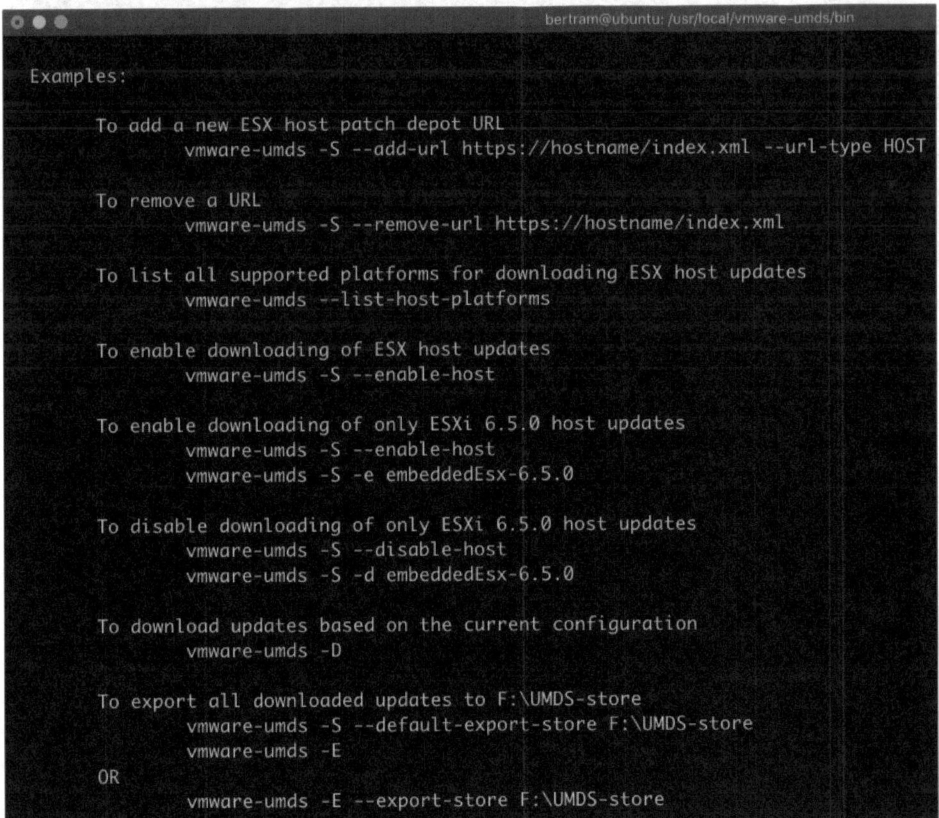

Abbildung 15.37 Beispiele für »vmware-udms«

Hinweis

Lassen Sie sich nicht von den Laufwerkbuchstaben in den Beispielen irritieren. Das Tool gab es ursprünglich auch unter Windows. Das sind wohl noch Altlasten.

Als Nächstes können Sie die Updates herunterladen. Dies stoßen Sie mit dem Befehl `vmware-umds -D` an. Ist der Job abgeschlossen, befinden sich die gewünschten Patches im zugehörigen Verzeichnis, das Sie während der Installation als Patch-Repository angegeben haben (siehe Abbildung 15.38).

```
bertram@ubuntu: /usr/local/vmware-umds/bin
INFO -   Downloaded file from: https://hostupdate.vmware.com/software/VUM/PRODUCTION/main/esx/vmw/vib20/tools-light/VMware_locker_tool
s-light_11.1.0.16036546-16321839.vib
INFO -   Now downloading https://hostupdate.vmware.com/software/VUM/PRODUCTION/vmtools-main/vmtools/vmw/vib20/tools-light/VMware_locke
r_tools-light_11.1.1.16303738-16332064.vib
INFO -   Executing download job {36929648}, url=https://hostupdate.vmware.com/software/VUM/PRODUCTION/vmtools-main/vmtools/vmw/vib20/t
ools-light/VMware_locker_tools-light_11.1.1.16303738-16332064.vib
INFO -   curl_easy_perform() succeeded - url: https://hostupdate.vmware.com/software/VUM/PRODUCTION/vmtools-main/vmtools/vmw/vib20/too
ls-light/VMware_locker_tools-light_11.1.1.16303738-16332064.vib
INFO -   Validation passed for file downloaded from: https://hostupdate.vmware.com/software/VUM/PRODUCTION/vmtools-main/vmtools/vmw/vi
b20/tools-light/VMware_locker_tools-light_11.1.1.16303738-16332064.vib
INFO -   Download job {36929648} finished, bytes downloaded = 186234448
INFO -   Downloaded file from: https://hostupdate.vmware.com/software/VUM/PRODUCTION/vmtools-main/vmtools/vmw/vib20/tools-light/VMware
_locker_tools-light_11.1.1.16303738-16332064.vib
INFO -   Now downloading https://hostupdate.vmware.com/software/VUM/PRODUCTION/vmtools-main/vmtools/vmw/vib20/tools-light/VMware_locke
r_tools-light_11.1.5.16724464-16725101.vib
INFO -   Executing download job {37530208}, url=https://hostupdate.vmware.com/software/VUM/PRODUCTION/vmtools-main/vmtools/vmw/vib20/t
ools-light/VMware_locker_tools-light_11.1.5.16724464-16725101.vib
INFO -   curl_easy_perform() succeeded - url: https://hostupdate.vmware.com/software/VUM/PRODUCTION/vmtools-main/vmtools/vmw/vib20/too
ls-light/VMware_locker_tools-light_11.1.5.16724464-16725101.vib
INFO -   Validation passed for file downloaded from: https://hostupdate.vmware.com/software/VUM/PRODUCTION/vmtools-main/vmtools/vmw/vi
b20/tools-light/VMware_locker_tools-light_11.1.5.16724464-16725101.vib
INFO -   Download job {37530208} finished, bytes downloaded = 186311560
INFO -   Downloaded file from: https://hostupdate.vmware.com/software/VUM/PRODUCTION/vmtools-main/vmtools/vmw/vib20/tools-light/VMware
_locker_tools-light_11.1.5.16724464-16725101.vib
INFO -   VIB download successful
**********************************************
Downloaded 110 updates, download size: 1724 MB
**********************************************
bertram@ubuntu:/usr/local/vmware-umds/bin$
```

Abbildung 15.38 Download der Patches

Exportieren Sie das Patch-Repository mit folgendem Befehl:

```
vmware-umds -E --export-store /mnt/export-umds
```

Außer den Optionen, einen erneuten Download von Patches anzustoßen oder nur die Patches erneut herunterzuladen, die korrupt sind, stellt das Tool nicht wesentlich mehr an Funktionen zur Verfügung. Diese Option sollten Sie nur nutzen, wenn das Datenverzeichnis des Lifecylce Managers Schaden genommen hat.

Damit Sie die Patches jetzt im Lifecycle Manager nutzen können müssen Sie sie entweder per Webserver zur Verfügung stellen, z. B. mithilfe eines einfachen Webservers, oder Sie packen das Patch-Verzeichnis und importieren die Datei im Webclient (siehe Abbildung 15.39).

In dem Dialog müssen Sie entweder die Webserver-URL oder das ZIP-File angeben, der Import erfolgt dann automatisch.

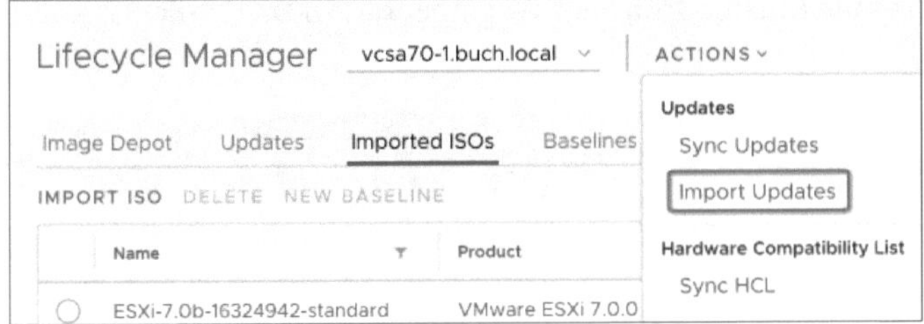

Abbildung 15.39 Import der Patches in den Lifecycle Manager

Unter dem Punkt RECENT TASKS ist der erfolgreiche Importjob sichtbar. Nachdem die Patches nun im System hinterlegt sind, können Sie mit den weiterführenden Arbeiten beginnen.

15.2.7 Arbeiten mit dem Lifecycle Manager

Wie schon zu Beginn des Kapitels beschrieben, gibt es insgesamt sieben Objekte im vCenter, die eine Verzweigung zum Lifecycle Manager haben. Hier sollen die allgemeinen und die speziellen Möglichkeiten an den Objekten näher beschrieben werden. Starten möchten wir mit der Beschreibung der Erstellung von Images.

Erstellen von vLCM-Images

Die Images, die im vCenter hinterlegt werden können, werden direkt im Webclient erstellt. Zwei Möglichkeiten gibt es dafür. Direkt bei der Anlage des Clusters kann die Aktivierung erfolgen (siehe Abbildung 15.40).

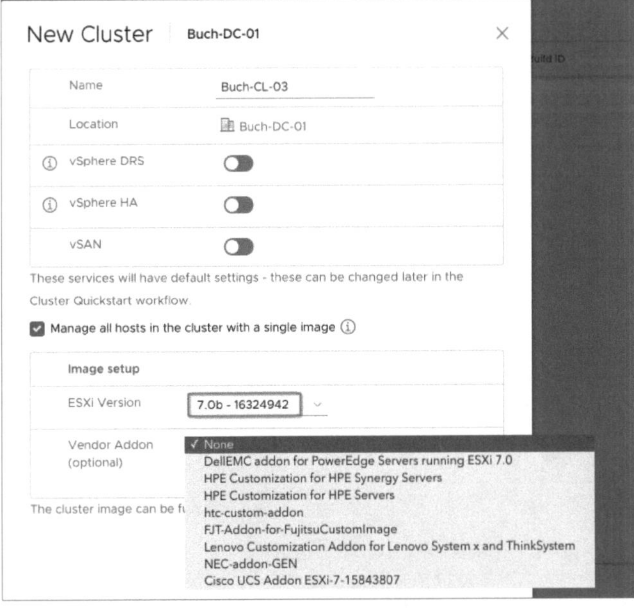

Abbildung 15.40 Image-Erstellung an einem neuen Cluster

Gibt es in der Umgebung schon einen Cluster, führt der Weg über das UPDATES-Register am Cluster (siehe Abbildung 15.41).

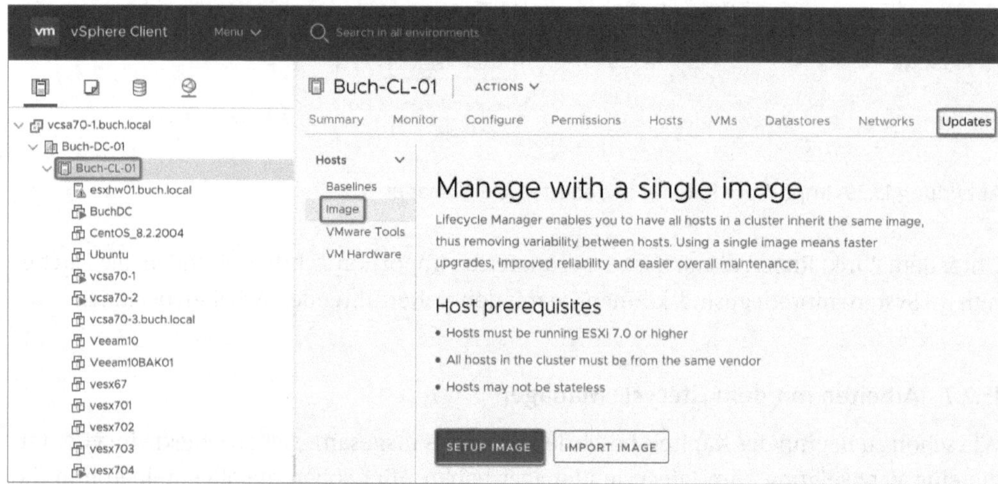

Abbildung 15.41 Erstellen eines Images

Der Unterschied zwischen der ersten und der zweiten Methode besteht in dem unterschiedlichen Freiheitsgrad. Gibt es noch keinen Cluster, kann in gewissen Grenzen eine freie Konfiguration erfolgen, aber nur für die ersten beiden Punkte. Firmware und weitere Komponenten können hier noch nicht besetzt werden. Wird ein Image an einem vorhandenen Cluster erstellt, können alle vier Punkte konfiguriert werden (siehe Abbildung 15.42).

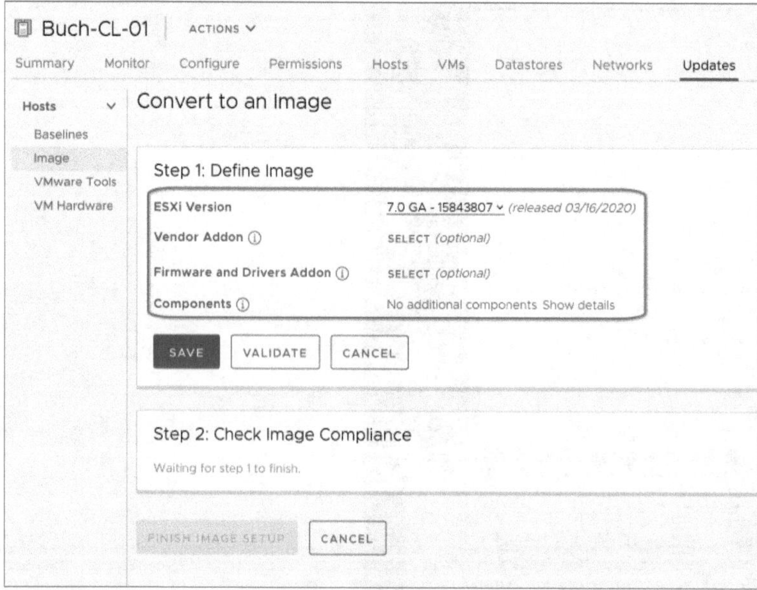

Abbildung 15.42 Image-Erstellung an einem vorhandenen Cluster

Nach der Erstellung wird automatisch ein Compliance-Check durchgeführt.

VM

Die Ansicht im Kontext der virtuellen Maschine zeigt den Status der VM zu ihrem Host an. Es wird angezeigt bzw. kann überprüft werden, ob die VMware Tools und/oder die Version der virtuellen Hardware den Versionen auf dem Host entspricht. Für den Test müssen Sie CHECK STATUS auswählen (siehe Abbildung 15.43).

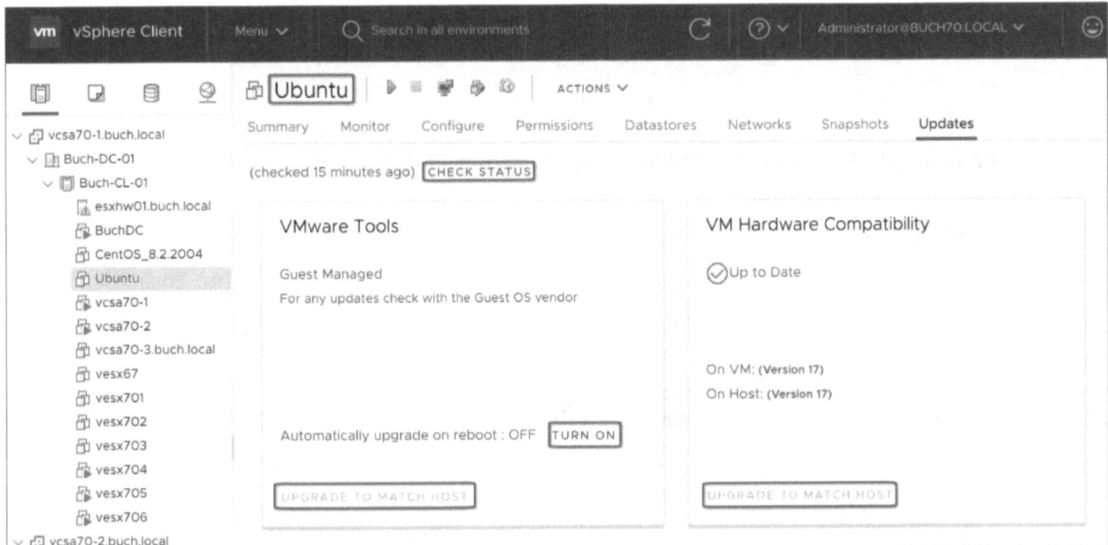

Abbildung 15.43 Status von virtueller Hardware und VMware Tools an der VM

Gibt es eine Abweichung, können Sie über den Link UPGRADE TO MATCH HOST die VMware Tools bzw. die virtuelle Hardware aktualisieren. Zusätzlich kann die automatische Überprüfung mit der Aktualisierung der VMware Tools hier aktiviert werden. Sie müssen dazu nur auf den Link TURN ON klicken.

vApps

An der vApp gibt es zwar ein Register UPDATES, aber es gibt dort keine weitergehende Ansicht.

Ordner

Auf der UPDATES-Registerkarte am VM-Ordner in der Ansicht VMS AND TEMPLATES findet sich eine Übersicht über die Versionen der virtuellen Hardware und der VMware Tools. Es geht darum, ob sie mit den Hosts übereinstimmen oder nicht (siehe Abbildung 15.44).

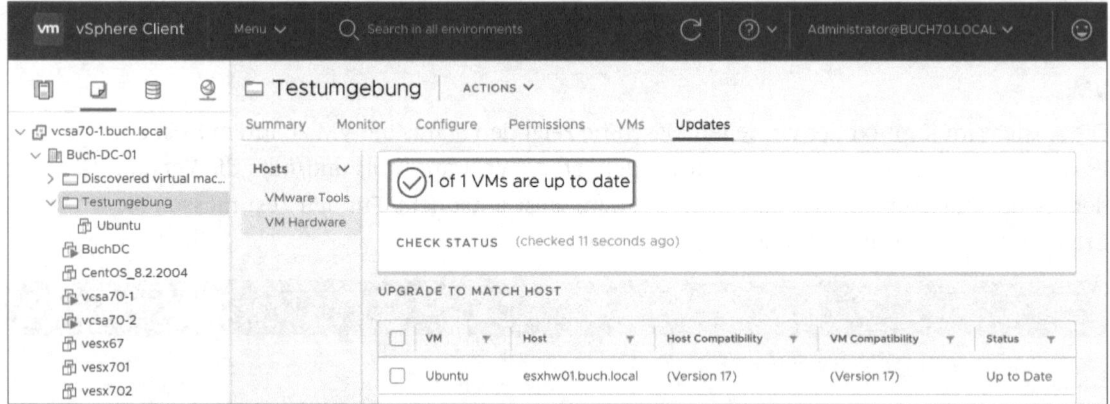

Abbildung 15.44 Status von VMware Tools und virtueller Hardware

vCenter

Das vCenter hat die gleichen Auswahlpunkte wie Cluster und Datacenter. Zusätzlich findet sich hier auch noch der Update Planner (siehe Abbildung 15.45). Er kann nur genutzt werden, wenn das CEIP aktiviert wurde.

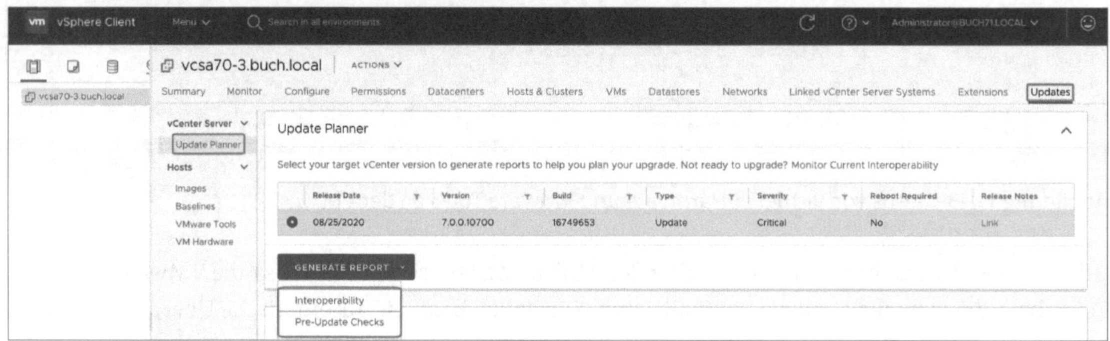

Abbildung 15.45 Update-Planer für die VCSA

Datacenter

Am Datacenter können keine Einstellungen vorgenommen werden. Einzig ein Compliance-Check gegen den Cluster, der mit einem Image verbunden ist, kann durchgeführt werden (siehe Abbildung 15.46). Der Link findet sich im Bereich Images.

Für Hosts, die nicht in einem mit einem Image verbundenen Cluster residieren, gibt es noch die Baseline-Ansicht.

Die jeweilige Auswahl von VMware Tools und VM Hardware entspricht der am Ordner in VMs and Templates mit dem Unterschied, dass sich die Ansicht auf den Host bezieht.

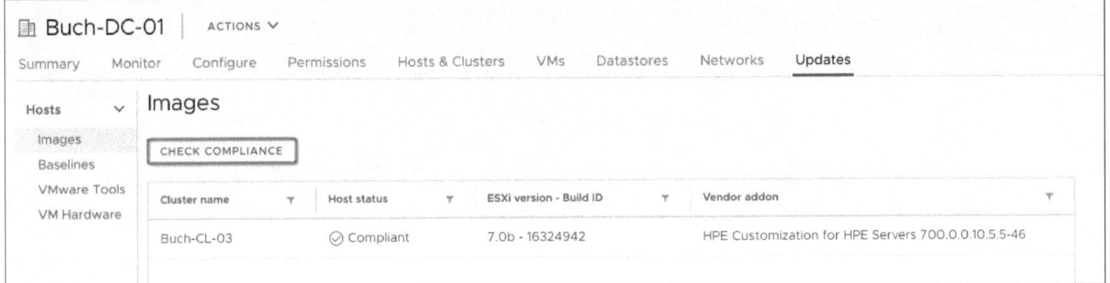

Abbildung 15.46 Compliance-Check am Datacenter

Cluster

Beim Cluster gibt es grundsätzlich die gleichen Auswahlpunkte wie beim Datacenter, aber die Punkte ändern sich zum Teil, wenn ein Image angehängt bzw. erstellt worden ist.

Starten wir mit dem imagelosen Cluster (siehe Abbildung 15.47).

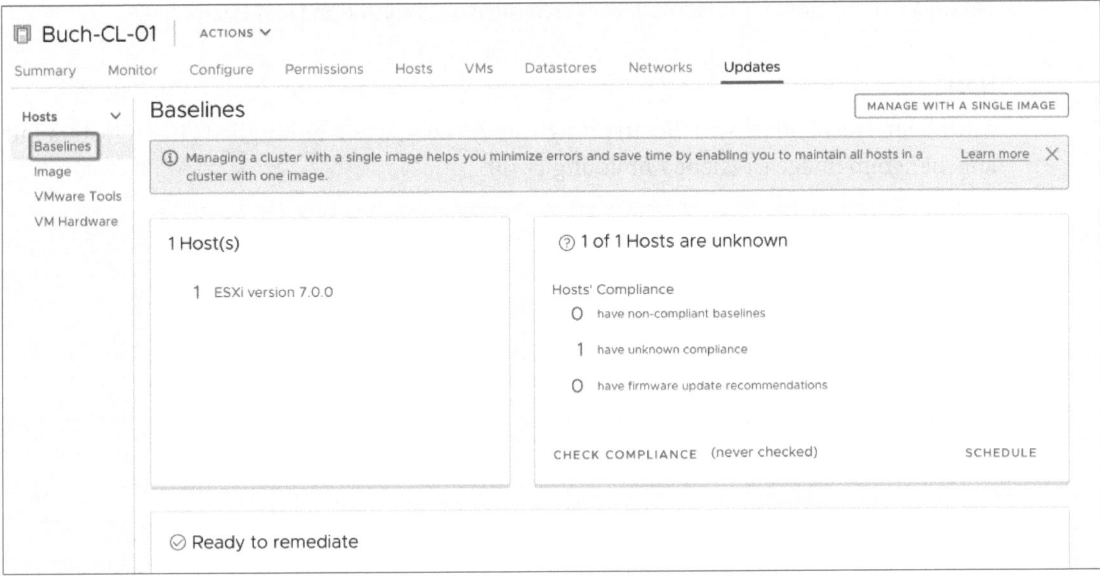

Abbildung 15.47 Updates-Baseline am Cluster

An dieser Stelle werden die Hosts nur gegen die Baselines getestet, die am Host, am Cluster oder am Datacenter angehängt sind.

Über IMAGE wird hier das Image erstellt, wie bereits weiter oben in diesem Kapitel beschrieben. Ist das Image erstellt, ändern sich hier die Auswahlpunkte (siehe Abbildung 15.48).

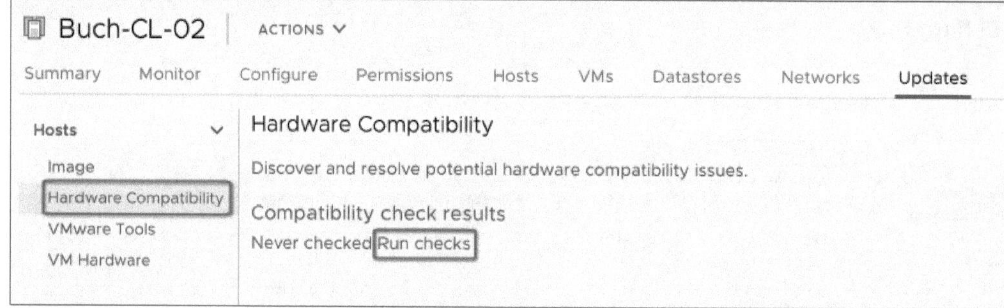

Abbildung 15.48 Neue Auswahlpunkte bei Image-Nutzung

Der Punkt BASELINE ist nach der Erstellung eines Images nicht mehr vorhanden und wird durch den Punkt HARDWARE COMPATIBILITY ersetzt. Hier können Tests für die Kompatibilität durchgeführt werden.

Die jeweilige Auswahl von VMWARE TOOLS und VM HARDWARE entspricht der in VMS AND TEMPLATES mit dem Unterschied, dass sich die Ansicht auf den Host bezieht.

Host

Auch beim Host ändert sich die ursprüngliche Ansicht, wenn er Mitglied eines Clusters mit angehängtem Image ist (siehe Abbildung 15.49).

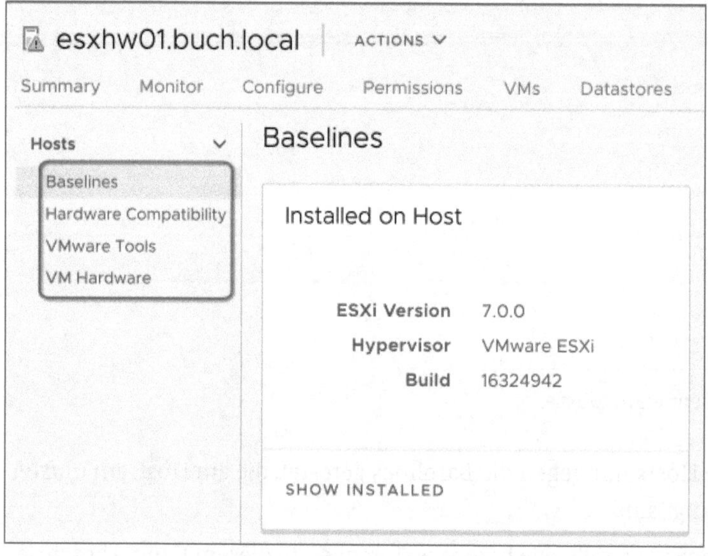

Abbildung 15.49 Host ohne angehängtes Image

Die Ansicht ändert sich mit angehängtem Image (siehe Abbildung 15.50).

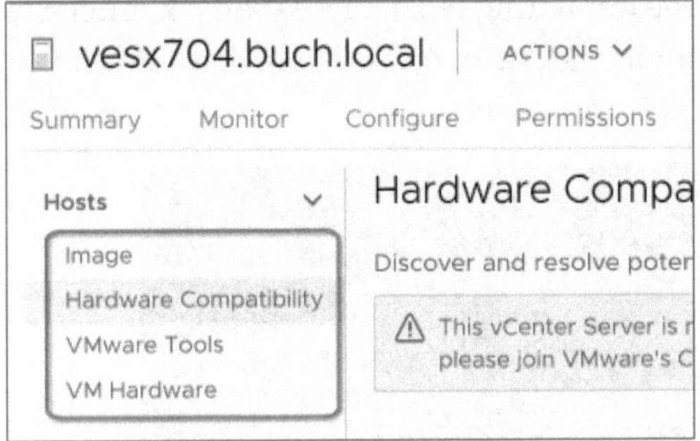

Abbildung 15.50 Host mit angehängtem Image

Auch hier entspricht die Auswahl VMWARE TOOLS und VM HARDWARE die im Ordner VMS AND TEMPLATES mit dem Unterschied, dass sich die Ansicht auf den Cluster bezieht.

15.3 VMware vSphere Image Builder PowerCLI

In Abschnitt 5.10.3 haben wir die Installation des *Image Builders* beschrieben (Sie müssen nichts weiter tun, außer die PowerCLI zu installieren). Hier möchten wir exemplarisch zeigen, wie Sie ein Image erstellen. Eine Konfiguration des Image Builders ist nicht notwendig. Die passenden Cmdlets sind Teil des PowerCLI.

Der erste Schritt besteht darin, das Depot mit dem folgenden Befehl bekannt zu machen (siehe Abbildung 15.51):

```
Add-EsxSoftwareDepot -DepotUrl C:\Depot\VMware-ESXi-7.0b-16324942-depot.zip
```

```
Administrator: Windows PowerShell
PS C:\WINDOWS\system32> Add-EsxSoftwareDepot -DepotUrl C:\Depot\VMware-ESXi-7.0b-16324942-depot.zip

Depot Url
---------
zip:C:\Depot\VMware-ESXi-7.0b-16324942-depot.zip?index.xml


PS C:\WINDOWS\system32>
```

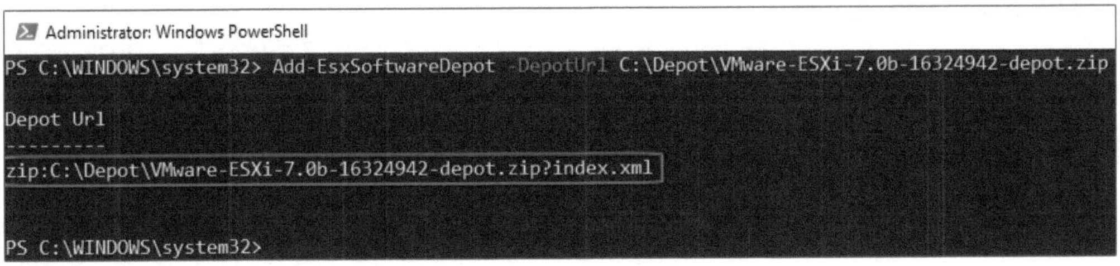

Abbildung 15.51 Erstellen eines Depots

Ein Depot-File kann bereits unterschiedliche Profile enthalten. Diese können Sie sich anzeigen lassen:

```
Get-EsxImageProfile
```

Das Original-Depot-File von VMware selbst enthält bereits vier Profile: das Standardprofil mit Bugfixes und Sicherheitsupdates und das Profil nur mit Sicherheitsupdates. Beide Profile gibt es als Tools- und als No-Tools-Profil (siehe Abbildung 15.52). Diese Profile können Sie nicht ändern; sie sind schreibgeschützt. Das hindert Sie aber nicht daran, diese Profile zu duplizieren und anschließend an Ihre Bedürfnisse anzupassen.

```
PS C:\WINDOWS\system32> Get-EsxImageProfile

Name                            Vendor          Last Modified    Acceptance Level
----                            ------          -------------    ----------------
ESXi-7.0b-16324942-no-tools     VMware, Inc.    02.06.2020 1...  PartnerSupported
ESXi-7.0bs-16321839-standard    VMware, Inc.    02.06.2020 0...  PartnerSupported
ESXi-7.0bs-16321839-no-tools    VMware, Inc.    02.06.2020 0...  PartnerSupported
ESXi-7.0b-16324942-standard     VMware, Inc.    02.06.2020 1...  PartnerSupported


PS C:\WINDOWS\system32>
```

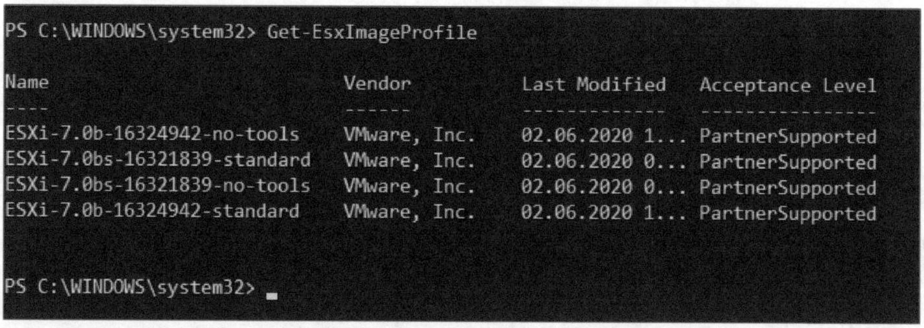

Abbildung 15.52 Profile im Standard-Depot-File

Wir erstellen nun eine Kopie des Standardprofils, um diese später für unsere Arbeiten zu nutzen:

```
New-EsxImageProfile -CloneProfile ESXi-7.0b-16324942-standard
  -Name "Eigene_vSphere7_Installation" -Vendor ME
```

Ein sehr wichtiger Punkt ist das *Acceptance Level*. Es gibt an, welche VIBs (*vSphere Installation Bundles*) in das Profil eingebunden werden dürfen. Folgende Werte sind möglich:

- VMwareCertified
- VMwareAccepted
- PartnerSupported
- CommunitySupported

Es kann also erforderlich sein, das Level an Ihre Bedürfnisse anzupassen. Der Befehl sieht dann wie folgt aus:

```
New-EsxImageProfile -CloneProfile ESXi-7.0b-16324942-standard
 -Name "Eigene_vSphere7_Installation" -AcceptanceLevel CommunitySupported
```

Alternativ können Sie einzelne Anpassungen auch noch nachträglich mit dem Befehl Set-EsxImageProfile vornehmen. Lassen Sie uns nun kontrollieren, welche Installationspakete das Profil enthält (siehe Abbildung 15.53).

Den hervorgehobenen Treiber benötigen wir später noch einmal. Auch hierfür gibt es ein passendes Kommando:

```
Get-ESXSoftwarePackage
```

```
Administrator: Windows PowerShell
PS C:\WINDOWS\system32> Get-EsxSoftwarePackage

Name                         Version                          Vendor    Creation Date
----                         -------                          ------    -------------
elxiscsi                     12.0.1200.0-1vmw.700.1.0.15...   VMW       16.03.2020 09...
elxnet                       12.0.1250.0-5vmw.700.1.0.15...   VMW       16.03.2020 09...
cpu-microcode                7.0.0-1.25.16324942              VMware    02.06.2020 16...
vsanhealth                   7.0.0-1.25.16324942              VMware    02.06.2020 16...
lpfc                         12.4.293.3-5vmw.700.1.0.158...   VMW       16.03.2020 09...
lsuv2-smartpqiv2-plugin      1.0.0-3vmw.700.1.0.15843807      VMware    16.03.2020 09...
ne1000                       0.8.4-10vmw.700.1.0.15843807     VMW       16.03.2020 09...
esx-update                   7.0.0-1.20.16321839              VMware    02.06.2020 04...
pvscsi                       0.1-2vmw.700.1.0.15843807        VMW       16.03.2020 09...
vdfs                         7.0.0-1.25.16324942              VMware    02.06.2020 16...
nvmerdma                     1.0.0.0-1vmw.700.1.0.15843807    VMW       16.03.2020 09...
qlnativefc                   4.0.1.0-3vmw.700.1.0.15843807    VMware    16.03.2020 09...
qedrntv                      3.12.1.2-12vmw.700.1.0.1584...   VMW       16.03.2020 09...
i40en                        1.8.1.16-1vmw.700.1.0.15843807   VMW       16.03.2020 09...
i40iwn                       1.1.2.5-1vmw.700.1.0.15843807    VMW       16.03.2020 09...
lsi-mr3                      7.712.50.00-1vmw.700.1.0.15...   VMW       16.03.2020 09...
elx-esx-libelxima.so         12.0.1200.0-2vmw.700.1.0.15...   VMware    16.03.2020 09...
nhpsa                        2.0.50-1vmw.700.1.0.15843807     VMW       16.03.2020 09...
iser                         1.1.0.0-1vmw.700.1.0.15843807    VMW       16.03.2020 09...
nvme-pcie                    1.2.2.14-1vmw.700.1.25.1632...   VMW       02.06.2020 16...
lsi-msgpt35                  13.00.12.00-1vmw.700.1.0.15...   VMW       16.03.2020 09...
lsuv2-oem-dell-plugin        1.0.0-1vmw.700.1.0.15843807      VMware    16.03.2020 09...
vdfs                         7.0.0-1.20.16321839              VMware    02.06.2020 04...
nfnic                        4.0.0.44-1vmw.700.1.0.15843807   VMW       16.03.2020 09...
esx-base                     7.0.0-1.20.16321839              VMware    02.06.2020 04...
vmkfcoe                      1.0.0.2-1vmw.700.1.0.15843807    VMW       16.03.2020 09...
esx-xserver                  7.0.0-1.25.16324942              VMware    02.06.2020 16...
vmw-ahci                     1.3.9-1vmw.700.1.0.15843807      VMW       16.03.2020 09...
native-misc-drivers          7.0.0-1.20.16321839              VMware    02.06.2020 04...
iavmd                        2.0.0.1055-3vmw.700.1.0.158...   VMW       16.03.2020 09...
nmlx5-core                   4.19.16.7-1vmw.700.1.0.1584...   VMW       16.03.2020 09...
loadesx                      7.0.0-1.20.16321839              VMware    02.06.2020 04...
nmlx5-rdma                   4.19.16.7-1vmw.700.1.0.1584...   VMW       16.03.2020 09...
esx-base                     7.0.0-1.25.16324942              VMware    02.06.2020 16...
nmlx4-core                   3.19.16.7-1vmw.700.1.0.1584...   VMW       16.03.2020 09...
native-misc-drivers          7.0.0-1.25.16324942              VMware    02.06.2020 16...
vmkusb                       0.1-1vmw.700.1.0.15843807        VMW       16.03.2020 09...
bnxtnet                      216.0.50.0-4vmw.700.1.0.158...   VMW       16.03.2020 09...
lsi-msgpt2                   20.00.06.00-2vmw.700.1.0.15...   VMW       16.03.2020 09...
cpu-microcode                7.0.0-1.20.16321839              VMware    02.06.2020 04...
vmkata                       0.1-1vmw.700.1.0.15843807        VMW       16.03.2020 09...
igbn                         0.1.1.0-6vmw.700.1.0.15843807    VMW       16.03.2020 09...
esx-dvfilter-generic-...     7.0.0-1.25.16324942              VMware    02.06.2020 16...
tools-light                  11.1.0.16036546-16321839         VMware    02.06.2020 04...
nmlx4-en                     3.19.16.7-1vmw.700.1.0.1584...   VMW       16.03.2020 09...
lsuv2-hpv2-hpsa-plugin       1.0.0-2vmw.700.1.0.15843807      VMware    16.03.2020 09...
```

Abbildung 15.53 Installationspakete im Profil

Logischerweise sind alle Softwarepakete VIBs, und alle werden geladen, soweit benötigt.

Zu Beginn steht nun die Analyse, was zu tun ist. Welche Arbeiten könnten zu erledigen sein? Möglichkeiten wären das Hinzufügen und Entfernen von VMware Infrastructure Bundles (VIBs). Als Beispiel fügen wir den neuen *i40en-ens*-Treiber für Netzwerkkarten der Firma Intel ein.

Beide Aktionen möchten wir Ihnen jetzt zeigen. Beginnen wir mit dem Entfernen eines Pakets, was beispielsweise auf jeden Fall relevant ist, wenn ein Treiber aktualisiert werden muss. Sie müssen dann zuerst den alten Treiber entfernen und anschließend den neuen Treiber einspielen.

```
Remove-EsxSoftwarePackage -ImageProfile Eigene_vSphere7_Installation
  -SoftwarePackage i40en-ens
```

Nachdem Sie den aktuellen Treiber bei VMware heruntergeladen haben, können Sie ihn zum Profil hinzufügen.

Kopieren Sie den heruntergeladenen Treiber in das Depotverzeichnis und extrahieren Sie das Offline-Bundle aus der ZIP-Datei.

Bevor Sie den neuen Treiber in das Profil laden können, müssen Sie ihn zuerst dem Depot hinzufügen (siehe Abbildung 15.54):

```
Add-EsxSoftwareDepot -DepotUrl C:\Depot\Intel-i40en-ens_1.2.7.0-
  1OEM.700.1.0.15843807_16744886.zip
```

```
Administrator: Windows PowerShell
PS C:\Depot> Add-EsxSoftwareDepot -DepotUrl .\Intel-i40en-ens_1.2.7.0-1OEM.700.1.0.15843807_16744886.zip

Depot Url
---------
zip:C:\Depot\Intel-i40en-ens_1.2.7.0-1OEM.700.1.0.15843807_16744886.zip?index.xml


PS C:\Depot>
```

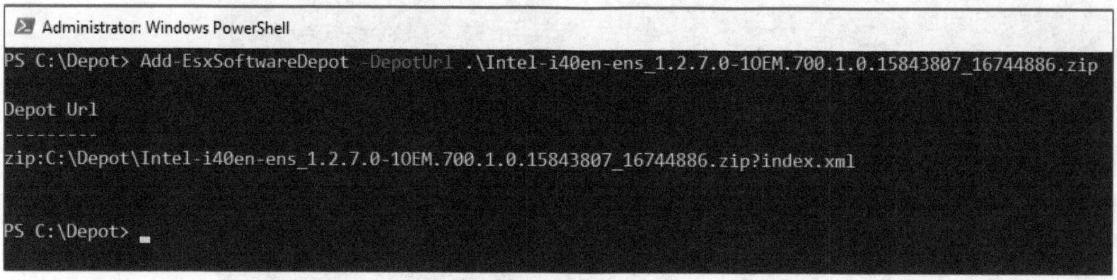

Abbildung 15.54 Einbinden eines Treibers in das Depot

Jetzt ist der richtige Zeitpunkt gekommen, um den neuen Treiber in das Profil zu importieren (siehe Abbildung 15.55):

```
Add-EsxSoftwarePackage -ImageProfile Eigene_vSphere7_Installation
  -SoftwarePackage i40en-ens
```

```
Administrator: Windows PowerShell
PS C:\Depot> Add-EsxSoftwareDepot -DepotUrl .\Intel-i40en-ens_1.2.7.0-1OEM.700.1.0.15843807_16744886.zip

Depot Url
---------
zip:C:\Depot\Intel-i40en-ens_1.2.7.0-1OEM.700.1.0.15843807_16744886.zip?index.xml


PS C:\Depot>
```

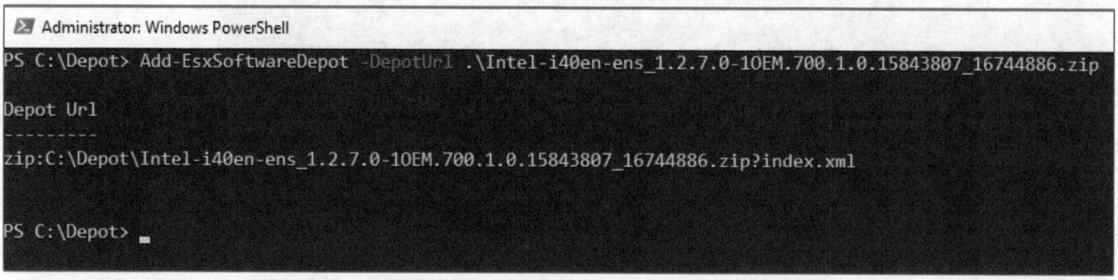

Abbildung 15.55 Entfernen und Hinzufügen von VIBs

Wollen Sie kontrollieren, welche Änderungen Sie im Profil vorgenommen haben, verwenden Sie folgenden Befehl:

```
(Get-EsxImageProfile -Name "Eigene_vSphere7_Installation").VibList
```

Wenn Sie sich jetzt die Pakete im Profil anschauen, können Sie den integrierten Treiber lokalisieren (siehe Abbildung 15.56).

```
Administrator: Windows PowerShell
PS C:\Depot> (Get-EsxImageProfile -Name "Eigene_vSphere7_Installation").VibList

Name                     Version                            Vendor   Creation Date
----                     -------                            ------   -------------
elxiscsi                 12.0.1200.0-1vmw.700.1.0.15...     VMW      16.03.2020 09...
lpfc                     12.4.293.3-5vmw.700.1.0.158...     VMW      16.03.2020 09...
cpu-microcode            7.0.0-1.25.16324942                VMware   02.06.2020 16...
vsanhealth               7.0.0-1.25.16324942                VMware   02.06.2020 16...
elxnet                   12.0.1250.0-5vmw.700.1.0.15...     VMW      16.03.2020 09...
lsuv2-smartpqiv2-plugin  1.0.0-3vmw.700.1.0.15843807        VMware   16.03.2020 09...
ne1000                   0.8.4-10vmw.700.1.0.15843807       VMW      16.03.2020 09...
nvmerdma                 1.0.0.0-1vmw.700.1.0.15843807      VMW      16.03.2020 09...
vdfs                     7.0.0-1.25.16324942                VMware   02.06.2020 16...
pvscsi                   0.1-2vmw.700.1.0.15843807          VMW      16.03.2020 09...
qlnativefc               4.0.1.0-3vmw.700.1.0.15843807      VMware   16.03.2020 09...
qedrntv                  3.12.1.2-12vmw.700.1.0.1584...     VMW      16.03.2020 09...
elx-esx-libelxima.so     12.0.1200.0-2vmw.700.1.0.15...     VMware   16.03.2020 09...
i40iwn                   1.1.2.5-1vmw.700.1.0.15843807      VMW      16.03.2020 09...
lsi-mr3                  7.712.50.00-1vmw.700.1.0.15...     VMW      16.03.2020 09...
i40en                    1.8.1.16-1vmw.700.1.0.15843807     VMW      16.03.2020 09...
nhpsa                    2.0.50-1vmw.700.1.0.15843807       VMW      16.03.2020 09...
iser                     1.1.0.0-1vmw.700.1.0.15843807      VMW      16.03.2020 09...
nvme-pcie                1.2.2.14-1vmw.700.1.25.1632...     VMW      02.06.2020 16...
lsi-msgpt35              13.00.12.00-1vmw.700.1.0.15...     VMW      16.03.2020 09...
lsuv2-oem-dell-plugin    1.0.0-1vmw.700.1.0.15843807        VMware   16.03.2020 09...
nfnic                    4.0.0.44-1vmw.700.1.0.15843807     VMW      16.03.2020 09...
vmkfcoe                  1.0.0.2-1vmw.700.1.0.15843807      VMW      16.03.2020 09...
esx-xserver              7.0.0-1.25.16324942                VMware   02.06.2020 16...
iavmd                    2.0.0.1055-3vmw.700.1.0.158...     VMW      16.03.2020 09...
vmw-ahci                 1.3.9-1vmw.700.1.0.15843807        VMW      16.03.2020 09...
nmlx5-core               4.19.16.7-1vmw.700.1.0.1584...     VMW      16.03.2020 09...
brcmfcoe                 12.0.1500.0-1vmw.700.1.0.15...     VMW      16.03.2020 09...
lsi-msgpt2               20.00.06.00-2vmw.700.1.0.15...     VMW      16.03.2020 09...
nmlx5-rdma               4.19.16.7-1vmw.700.1.0.1584...     VMW      16.03.2020 09...
esx-base                 7.0.0-1.25.16324942                VMware   02.06.2020 16...
nmlx4-core               3.19.16.7-1vmw.700.1.0.1584...     VMW      16.03.2020 09...
native-misc-drivers      7.0.0-1.25.16324942                VMware   02.06.2020 16...
bnxtnet                  216.0.50.0-4vmw.700.1.0.158...     VMW      16.03.2020 09...
vmkata                   0.1-1vmw.700.1.0.15843807          VMW      16.03.2020 09...
igbn                     0.1.1.0-6vmw.700.1.0.15843807      VMW      16.03.2020 09...
tools-light              11.1.0.16036546-16321839           VMware   02.06.2020 04...
nmlx4-en                 3.19.16.7-1vmw.700.1.0.1584...     VMW      16.03.2020 09...
lsuv2-hpv2-hpsa-plugin   1.0.0-2vmw.700.1.0.15843807        VMware   16.03.2020 09...
loadesx                  7.0.0-1.25.16324942                VMware   02.06.2020 16...
esx-dvfilter-generic-... 7.0.0-1.25.16324942                VMware   02.06.2020 16...
lsuv2-intelv2-nvme-vm... 1.0.0-2vmw.700.1.0.15843807        VMware   16.03.2020 09...
vsan                     7.0.0-1.25.16324942                VMware   02.06.2020 16...
i40en-ens                1.2.7.0-10EM.700.1.0.15843807      INT      29.06.2020 17...
esx-update               7.0.0-1.25.16324942                VMware   02.06.2020 16...
crx                      7.0.0-1.25.16324942                VMware   02.06.2020 16...
```

Abbildung 15.56 Anzeige des integrierten Netzwerktreibers

Wir hoffen, Sie haben einen kleinen Überblick darüber bekommen, wie Sie mit dem Image Builder arbeiten können, um Ihre Bedürfnisse in diesem Umfeld abzudecken.

Abschließend bleibt Ihnen nur noch das Erstellen des ISO-Files, wenn Sie direkt mit einem Datenträger arbeiten wollen:

```
Export-EsxImageProfile -ImageProfile Eigene_vSphere7_Installation
 -FilePath C:\Depot\Eigene_vSphere7_Installation.iso -ExportToIso
```

Alternativ erzeugen Sie ein Offline-Bundle für die Verwendung im Auto-Deploy-Server:

```
Export-EsxImageProfile -ImageProfile Eigene_vSphere7_Installation
 -FilePath C:\Depot\Eigene_vSphere7_Installation.zip -ExportToBundle
```

Sie können nicht beide Exporte in einem Schritt erzeugen, sondern müssen beide Zeilen nacheinander aufrufen (siehe Abbildung 15.57).

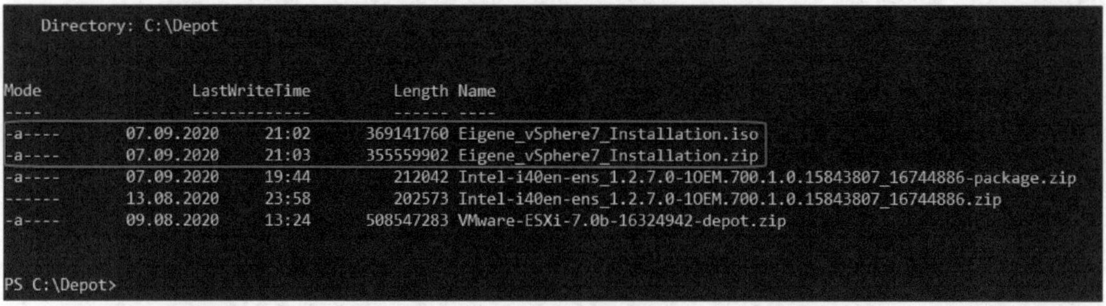

```
    Directory: C:\Depot

Mode                LastWriteTime         Length Name
----                -------------         ------ ----
-a----       07.09.2020     21:02      369141760 Eigene_vSphere7_Installation.iso
-a----       07.09.2020     21:03      355559902 Eigene_vSphere7_Installation.zip
-a----       07.09.2020     19:44         212042 Intel-i40en-ens_1.2.7.0-1OEM.700.1.0.15843807_16744886-package.zip
------       13.08.2020     23:58         202573 Intel-i40en-ens_1.2.7.0-1OEM.700.1.0.15843807_16744886.zip
-a----       09.08.2020     13:24      508547283 VMware-ESXi-7.0b-16324942-depot.zip


PS C:\Depot>
```

Abbildung 15.57 ISO- und Offline-Bundle mit eigenen Treibern

15.4 VMware Auto Deploy und Image Builder im Webclient

Beide Themen, *Auto Deploy* und *Image Builder*, haben eine große Änderung erfahren. Den Image Builder gibt es jetzt in zwei »Varianten«. Es gibt Aufgaben, die nicht nur in der PowerCLI, sondern auch im Webclient durchgeführt werden können. Die Besprechung des Image Builders in der PowerCLI finden Sie im Unterabschnitt zuvor.

VMware Auto Deploy und der Image Builder haben jetzt ihren Einsprungpunkt in der Favoritenleiste (siehe Abbildung 15.58).

Haben Sie zunächst nur den Image Builder aktiviert, können Sie über das Register CONFIGURE • ENABLE AUTO DEPLOY SERVICE auch den Auto-Deploy-Dienst starten (siehe Abbildung 15.59).

Die Einstellungsmöglichkeiten der Dienste sind sehr begrenzt, einzig die Cachegröße, die IP-Ports und der Log-Level können geändert werden.

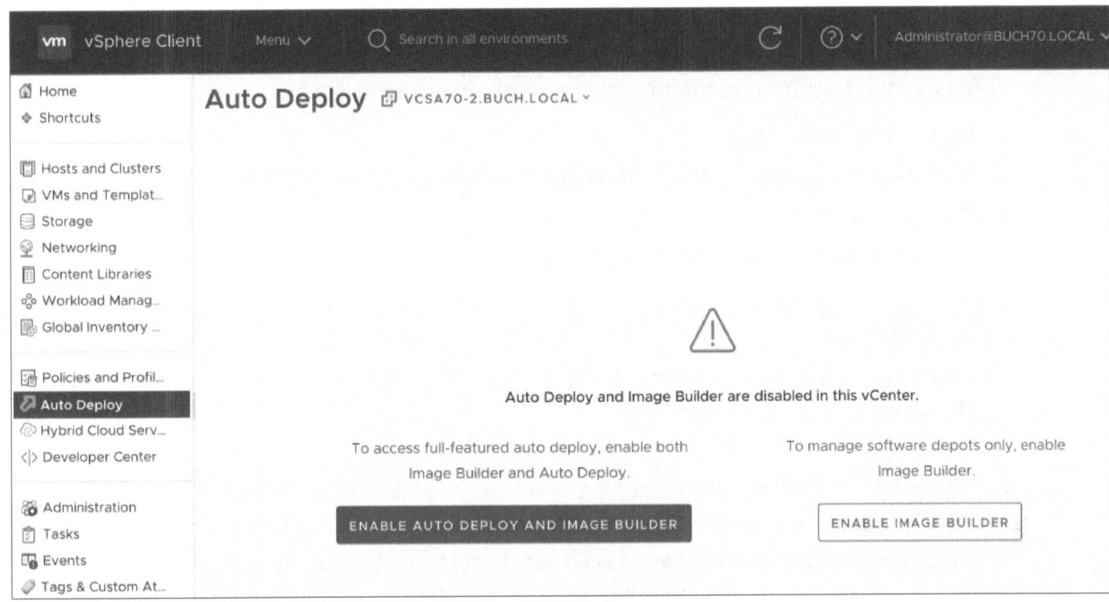

Abbildung 15.58 Einstiegspunkt für Auto Deploy und Image Builder

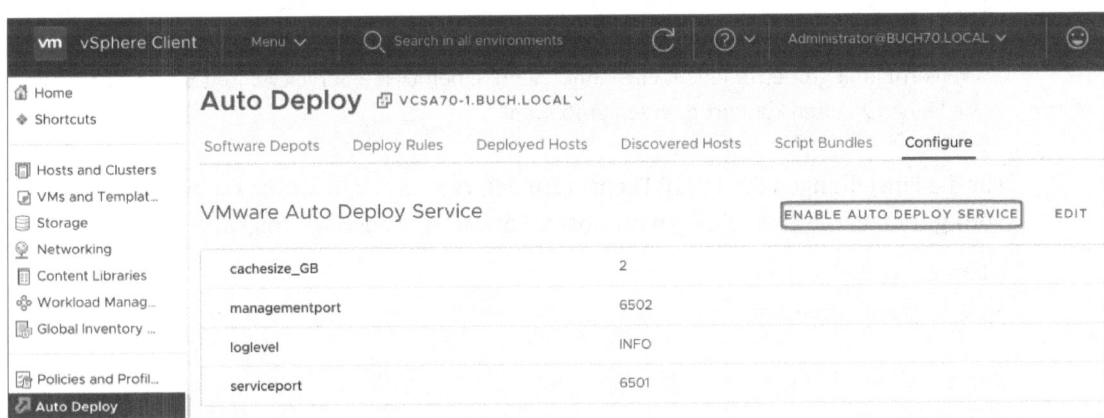

Abbildung 15.59 Nachträgliche Aktivierung von Auto Deploy

Hinweis

Bevor Sie den *Auto Deploy Service* nutzen können, möchten wir Sie noch einmal auf die zusätzlichen Komponenten hinweisen, die im Netzwerk erreichbar sein müssen, damit Sie dieses Add-on verwenden können:

- TFTP-Server
- DHCP-Server

Es gibt verschiedene freie oder kostenpflichtige TFTP-Server, die Sie für diese Belange verwenden können. In einigen davon ist DHCP integriert. Lassen Sie uns exemplarisch zwei Softwarepakete aufführen, um Ihnen einen Anhaltspunkt zu geben:

- TFTP-Server ohne DHCP:
  http://www.solarwinds.com/products/freetools/free_tftp_server.aspx
- TFTP-Server mit DHCP:
  https://github.com/peacepenguin/tftpd64

Achtung

Achten Sie darauf, dass die Ports, die im Netz für die Funktionen benötigt werden, freigeschaltet sind – auch auf dem Server.

Ein Vorteil der *Virtual vCenter Server Appliance* (VCSA) ist, dass Sie keinen dedizierten DHCP- und auch keinen separaten TFTP-Server benötigen. Die Appliance bringt von Haus aus alles mit, was Sie brauchen. Sie müssen das Ganze nur aktivieren und die Konfiguration entsprechend anpassen. Die richtigen Stellen werden Sie nicht in der Weboberfläche finden, dazu müssen Sie sich schon auf die Kommandozeile bemühen.

Achtung

Im Normalfall gibt es in jedem Firmennetzwerk einen DHCP-Server. Achten Sie darauf, dass Sie keinen zweiten konkurrierenden aufbauen!

Für die Einstellungen des DHCP-Diensts auf der VCSA müssen Sie die Datei */etc/dhcpd.conf* konfigurieren. Die Einstellungen für unsere Landschaft sehen wie folgt aus:

```
ddns-update-style interim;
ignore client-updates;

subnet 172.27.120.0 netmask 255.255.255.0 {
pool {
option routers       172.27.120.1;
option subnet-mask      255.255.255.0;
option domain-name-servers  172.27.120.130;
option domain-name      "buch.local";
option time-offset      +3600; # MEZ
default-lease-time      21600;
max-lease-time       43200;
range         172.27.120.220 172.27.120.240;
filename    "undionly.kpxe.vmw-hardwired";
allow unknown-clients;
}
```

Was das Thema DHCP betrifft, sind wir jetzt aber erst auf der ersten Hälfte des Weges. Das System muss nun noch wissen, über welches Interface der Dienst bereitgestellt werden soll. Dazu editieren Sie die Datei */etc/sysconfig/dhcpd*. Ergänzen Sie hier folgenden Eintrag:

```
DHCPD_INTERFACE="eth<x>"
```

Dabei steht <x> für die Nummer der Netzwerkkarte. Jetzt können Sie den DHCP-Dienst starten. Dazu passen Sie im ersten Schritt die Run-Level-Informationen des Systems an. Das heißt, dass Sie die Systeminformation so anpassen, dass der DHCP-Service automatisch gestartet wird, wenn Sie die Appliance einschalten:

```
chkconfig dhcpd on
```

Es folgt der Start des Diensts mit:

```
service dhcpd start
```

DHCP unter Windows

Nutzen Sie einen DHCP-Server unter Windows, müssen unter Umständen DHCP-Optionen als Nummern konfiguriert werden. Die Zuordnung lautet wie folgt:

- Option 066 – Boot Server Host Name
- Option 067 – Bootfile Name

Nehmen wir nun den letzten Teil des Weges in Angriff, den TFTP-Dienst. Auch hier sind einige wenige Konfigurationsschritte durchzuführen. Werfen wir zuerst einen Blick in das Dateisystem der VCSA. Dort finden Sie unter dem Pfad */tftpboot* einige Dateien (siehe Abbildung 15.60).

```
root@vcsa70-2 [ /tftpboot ]# ls -liah
total 2.3M
655361 drwxr-xr-x  2 root root 4.0K Aug 22 12:04 .
     2 drwxr-xr-x 20 root root 4.0K Sep  1 17:21 ..
655366 -rw-r--r--  1 root root 285K Sep  1 17:30 snponly64.efi
655368 -rw-r--r--  1 root root 295K Sep  1 17:30 snponly64.efi.officialkey
655367 -rw-r--r--  1 root root 289K Sep  1 17:30 snponly64.efi.testkey
655369 -rw-r--r--  1 root root 285K Sep  1 17:30 snponly64.efi.vmw-hardwired
655371 -rw-r--r--  1 root root 295K Sep  1 17:30 snponly64.efi.vmw-hardwired.officialkey
655370 -rw-r--r--  1 root root 289K Sep  1 17:30 snponly64.efi.vmw-hardwired.testkey
655372 -rw-r--r--  1 root root  121 Aug 22 12:04 tramp
655362 -rw-r--r--  1 root root 126K Sep  1 17:30 undionly.kpxe
655363 -rw-r--r--  1 root root 126K Sep  1 17:30 undionly.kpxe.nomcast
655364 -rw-r--r--  1 root root 126K Sep  1 17:30 undionly.kpxe.vmw-hardwired
655365 -rw-r--r--  1 root root 126K Sep  1 17:30 undionly.kpxe.vmw-hardwired-nomcast
root@vcsa70-2 [ /tftpboot ]#
```

Abbildung 15.60 Inhalt des »tftpboot«-Ordners

Sie sehen, es sind genau die Dateien, die Sie für den TFTP-Dienst benötigen. Jetzt muss nur noch der Dienst aktiviert werden; das kennen Sie ja schon vom DHCP-Dienst:

```
chkconfig atftpd on
```

Es folgt der Start des Diensts mit:

```
service atftpd start
```

Sie bemerken an dieser Stelle den entscheidenden Vorteil der Appliance: Sie müssen nicht nach anderen Softwarepaketen suchen; die Appliance bringt alles mit, was Sie für den Auto Deploy benötigen.

Jetzt müssen Sie über die Homepage des vSphere Web Clients die Konfigurationsseite des VMware Auto Deploys aufrufen. Das erfolgt im vCenter Server über CONFIGURE • AUTO DEPLOY RUNTIME SUMMARY. Über den Link DOWNLOAD TFTP ZIP FILE laden Sie die Bootdatei für den TFTP-Server herunter (siehe Abbildung 15.61).

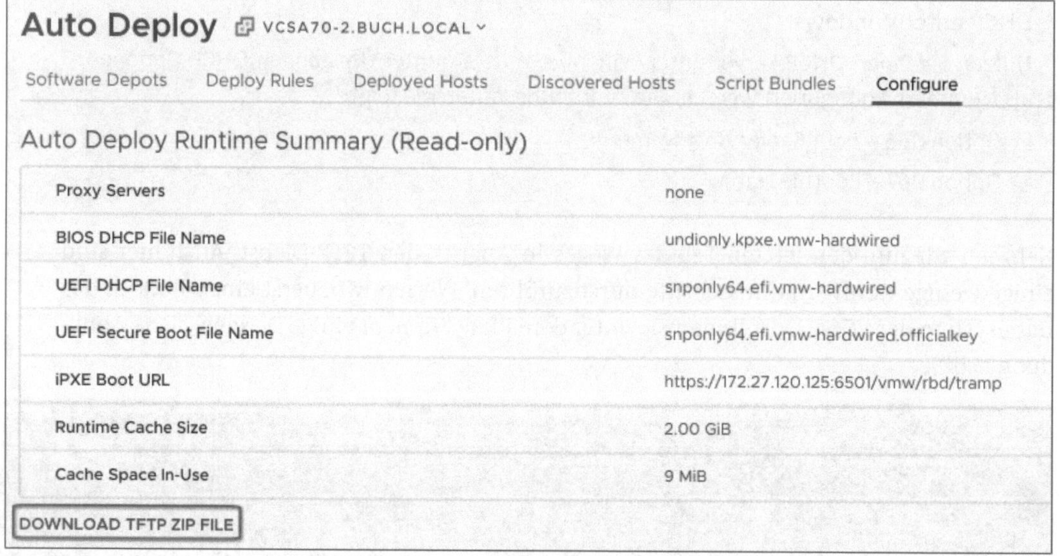

Abbildung 15.61 Download des TFTP-Bootfiles

Falls Sie mit dem *Internet Explorer* arbeiten, sollten Sie dazu die *Enhanced Internet Security* deaktivieren. Entpacken Sie die heruntergeladene Datei in das Verzeichnis des TFTP-Servers. Auf der VCSA ist das */tftpboot*.

Als ersten Test können Sie jetzt einen Host booten. Sie werden sehr schnell sehen, ob alles richtig konfiguriert ist.

Die weiteren Arbeiten erfolgen nun in der *PowerCLI*. Wie Sie diese einrichten, damit Sie Ihre Arbeiten durchführen können, haben wir bereits in Abschnitt 5.10.4 beschrieben.

Verbinden Sie sich zuallererst mit dem vCenter Server:

```
Connect-VIServer vcsa70-2.buch.local
```

Zunächst müssen Sie ein Softwaredepot anlegen und bekannt geben. Anschließend ist das Installations-Image mit dem Auto-Deploy-Dienst des vCenter Servers verbunden:

```
Add-EsxSoftwareDepot C:\Depot\VMware-ESXi-7.0b-16324942-depot.zip
```

In jedem Image sind unterschiedliche Profile enthalten, die Sie mit

```
Get-EsxImageProfile
```

auflisten. Wählen Sie Ihr gewünschtes Profil aus, um es für die Installation zu nutzen.

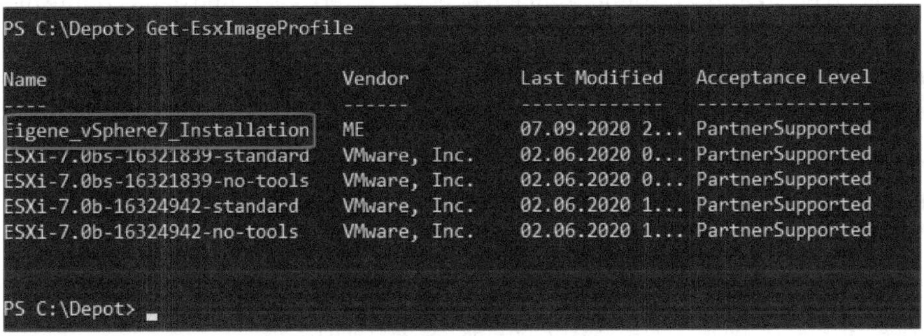

```
PS C:\Depot> Get-EsxImageProfile

Name                            Vendor          Last Modified   Acceptance Level
----                            ------          -------------   ----------------
Eigene_vSphere7_Installation    ME              07.09.2020 2... PartnerSupported
ESXi-7.0bs-16321839-standard    VMware, Inc.    02.06.2020 0... PartnerSupported
ESXi-7.0bs-16321839-no-tools    VMware, Inc.    02.06.2020 0... PartnerSupported
ESXi-7.0b-16324942-standard     VMware, Inc.    02.06.2020 1... PartnerSupported
ESXi-7.0b-16324942-no-tools     VMware, Inc.    02.06.2020 1... PartnerSupported


PS C:\Depot>
```

Abbildung 15.62 Anzeige der im Depot enthaltenen Profile

Würden Sie das erste Profil nutzen, könnten Sie vom vCenter Server aus keine *VMware Tools* installieren. Das wollen wir aber nicht, deshalb verwenden wir das zweite Profil:

```
New-DeployRule -Name "Virtual-ESX" -Item " Eigene_vSphere7_Installation"
  -Pattern "mac=00:50:56:94:5f:19"
```

Das System lädt nun die benötigten Dateien auf den Auto-Deploy-Server hoch, damit die Installation angestoßen werden kann und der Prozess alle benötigten Files erhält. Die MAC-Adresse sorgt dafür, dass das Profil fest einem Host zugewiesen wird. Abschließend ist die folgende Regel zu aktivieren:

```
Add-DeployRule -DeployRule Virtual-ESX
```

Die Installation läuft nun einwandfrei durch, und Sie erhalten einen neuen installierten ESXi-Host. Aber der Host, den Sie dann im vCenter vorfinden, muss noch komplett durchkonfiguriert werden. Wieder möchten wir kurz darauf eingehen, warum es so wichtig ist, auch diese weitergehenden Schritte automatisch durchführen zu können. Der Zeitaufwand für die Konfiguration eines Hosts ist wesentlich höher als der für die Installation. Hier herrscht also Optimierungsbedarf, damit die installierten vSphere-Hosts schnell bereitgestellt werden können. Zu guter Letzt sei erneut die ESXi-»Installation« im Arbeitsspeicher genannt. Kann der Host nicht bis zum letzten Schritt automatisch konfiguriert werden, ergibt diese Art der Installation keinen Sinn. Auch für diese Herausforderung hat VMware das passende Werkzeug im Koffer. Lassen Sie uns darauf nun eingehen.

Am besten nehmen Sie den gerade installierten Host und konfigurieren ihn komplett durch. Beziehen Sie auch den Storage, das NTP, das Netzwerk und alle weiteren Einstellungen ein, die Sie in Ihrer Landschaft bzw. im Cluster brauchen werden. Anschließend erstellen Sie ein Hostprofil. In unserem Beispiel nutzen wir den Namen AUTOINST-PROFIL. Achten Sie darauf, dass Sie möglichst alle Einstellungen in dem Hostprofil hinterlegen, sodass Sie bei der Verteilung des Profils keine Einstellungen mehr von Hand vornehmen müssen. Mit den jetzt vorgenommenen Einstellungen könnten wir ein neues Profil erstellen, und dann könnte die Installation erfolgen. Lassen Sie uns aber zuvor noch einen weiteren Parameter mit aufnehmen. Wir gehen davon aus, dass die meisten von Ihnen ihre Hosts zumindest teilweise in Clustern organisiert haben.

Wie schon einmal im Image-Builder-Abschnitt beschrieben, erstellen wir nun eine Kopie des Standardprofils und fügen den HA-Agent hinzu. Wir zeigen hier nur noch einmal die Befehlsliste, die Erklärungen dazu finden Sie in Abschnitt 15.3, »VMware vSphere Image Builder PowerCLI«.

```
New-EsxImageProfile -CloneProfile ESXi-7.0b-16324942-standard
 -Name "Eigene_vSphere7_Installation-mit-HA" -AcceptanceLevel CommunitySupported

Add-EsxSoftwarePackage -ImageProfile "Eigene_vSphere7_Installation-mit-HA"
 -SoftwarePackage vmware-fdm
```

Es kann notwendig sein, eine aktive Deploy-Rule vorher zu entfernen. Dazu verwenden Sie folgenden Befehl:

```
Remove-DeployRule -DeployRule <Rule-Name>.
```

Jetzt erstellen Sie eine neue Rolle und geben zusätzlich an, in welchem Cluster das System eingebunden werden soll. In diesem Fall trägt er den Namen `HA-DRS-Cluster-1`:

```
New-DeployRule -Name "ProdHARule" -Item "Eigene_vSphere7_Installation-mit-HA",
 Autoinst-Profil, HA-DRS-Cluster-1 -Pattern "mac=00:50:56:94:5f:19"
Add-DeployRule -DeployRule "ProdHARule"
```

Wenn Sie jetzt die Installation erneut starten, werden Sie sehen, dass der Host so konfiguriert wird, wie Sie es wünschen, und dass er mit dem passenden Hostprofil versehen und auch in den Cluster aufgenommen wird.

Hinweis
Wie schon gesagt, können Sie das Profil nur mit einem Host nutzen. Andere Hosts haben möglicherweise zum Teil andere Einstellungen, die Sie aber über das Profil individuell anpassen können, so z. B. die IP-Adresse des vMotion-Netzwerks.

15.5 Hybrid Cloud Services

Unter dem Menüpunkt HYBRID CLOUD SERVICES finden Sie den Einstiegspunkt, wenn Sie eine hybride Cloud zwischen einer On-Prem-Umgebung und einer der vielen Cloud-Lösungen aufbauen wollen. Dabei werden nicht nur Klassiker wie AWS, Google, Azure und die IBM-Cloud unterstützt, sondern auch viele andere Partner, die als *VMware Cloud Provider* zertifiziert sind (siehe Abbildung 15.63). Aus der VCSA werden Sie über LEARN MORE auf die Webseite von VMware weitergeleitet, wo Sie eine nähere Beschreibung finden.

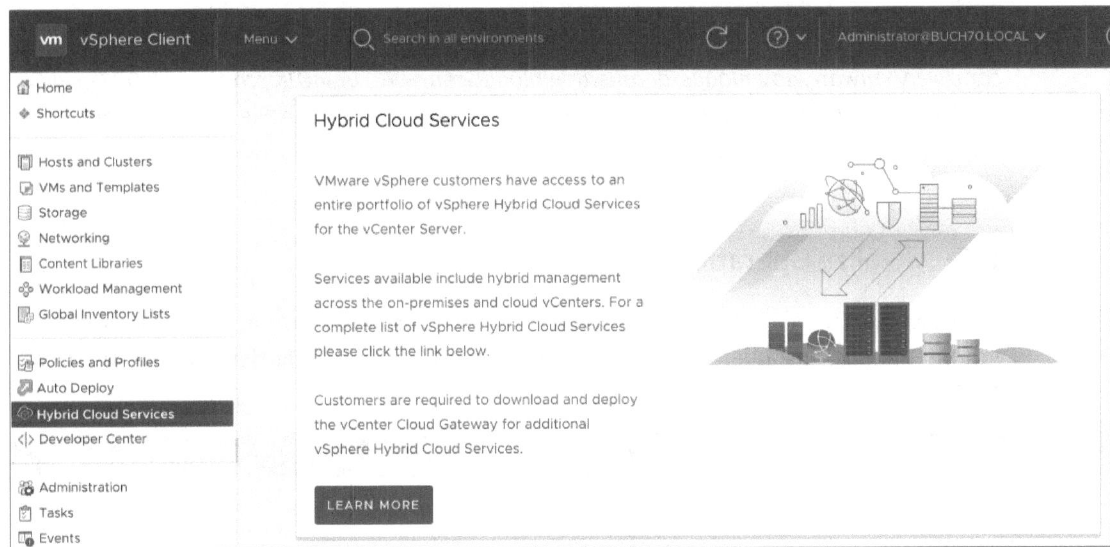

Abbildung 15.63 Hybride Cloud nutzen

15.6 DRaaS

DRaaS steht für *Disaster Recovery as a Service*. VMware bietet dazu das Produkt *VMware Cloud Director Availability* an. Sie haben damit eine einfache Möglichkeit, Workloads in die Cloud zu schieben und Disaster-Recovery-Dienste in der Cloud zu nutzen (siehe Abbildung 15.64).

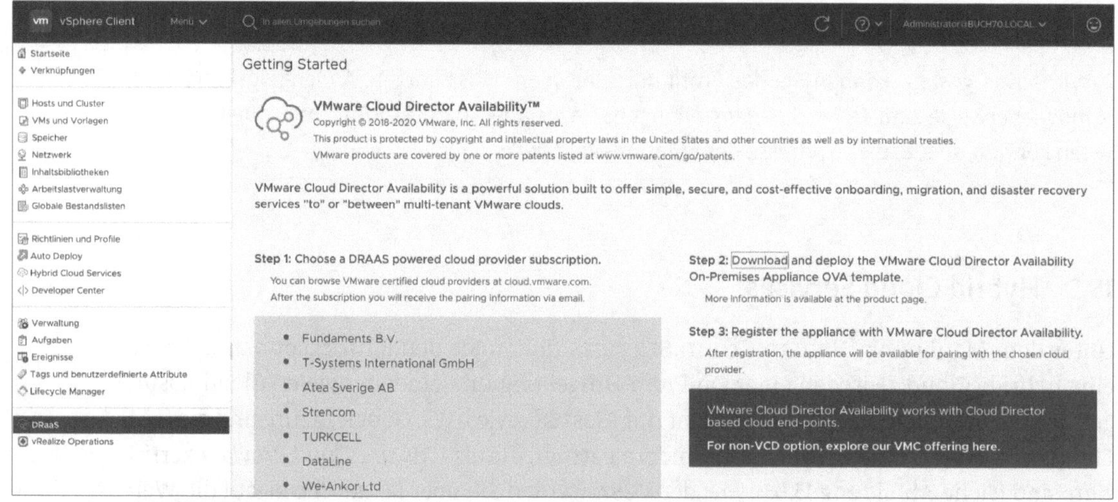

Abbildung 15.64 VMware Cloud Director Availibility nutzen

Für den Einsatz müssen Sie die On-Premises-Appliance herunterladen (*https://my.vmware.com/web/vmware/downloads/details?downloadGroup=VCDA_401&productId=1003&rPId=48931#drivers_tools*), installieren und einrichten. Danach können Sie eine Verbindung zu unterstützten DR-Providern herstellen.

15.7 vRealize Operations

Über den Menüpunkt vREALIZE OPERATIONS können Sie das Monitoring-Tool *vCenter Operations Manager* installieren oder eine vorhandene Instanz konfigurieren (siehe Abbildung 15.65).

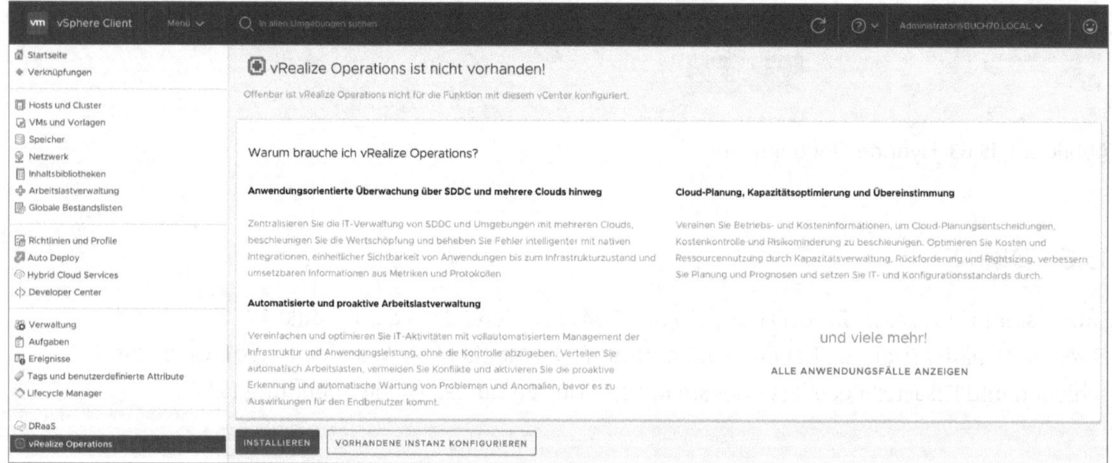

Abbildung 15.65 vRealize-Operations-Installation bzw. -Konfiguration

Die Installation kann direkt über das Internet erfolgen, oder Sie nutzen ein bereits heruntergeladenes Softwarepaket.

Wir werden in diesem Buch nicht weiter auf diese Ergänzung eingehen.

15.8 VMware vSphere Replication Appliance

Die Konfiguration der *vSphere Replication Appliance* gestaltet sich recht einfach. Auch hier gibt es nach dem Import und dem anschließenden Start der Appliance die Option, über den Webbrowser das System weiter zu konfigurieren (siehe Abbildung 15.66).

Abbildung 15.66 Startseite der »vSphere Replication«-Konfiguration

Dazu stellen Sie eine Verbindung über die URL *https://<FQDN oder IP-Adresse der vSphere Replication Appliance>:5480* her. Die Anmeldung erfolgt mit dem root-Account und dem beim Import vergebenen Passwort.

Über zwei Links ist eine direkte Verzweigung zu unterschiedlichen Konfigurationspunkten möglich. Wir wollen aber die einzelnen Punkte direkt durchgehen.

Der CONFIGURATION-Button verzweigt direkt in die Grundkonfiguration der Appliance, die Sie in Abbildung 15.67 sehen. Hier legen Sie fest, welche Datenbank genutzt werden soll, und stellen auch die Verknüpfung mit dem zugehörigen vCenter Server her.

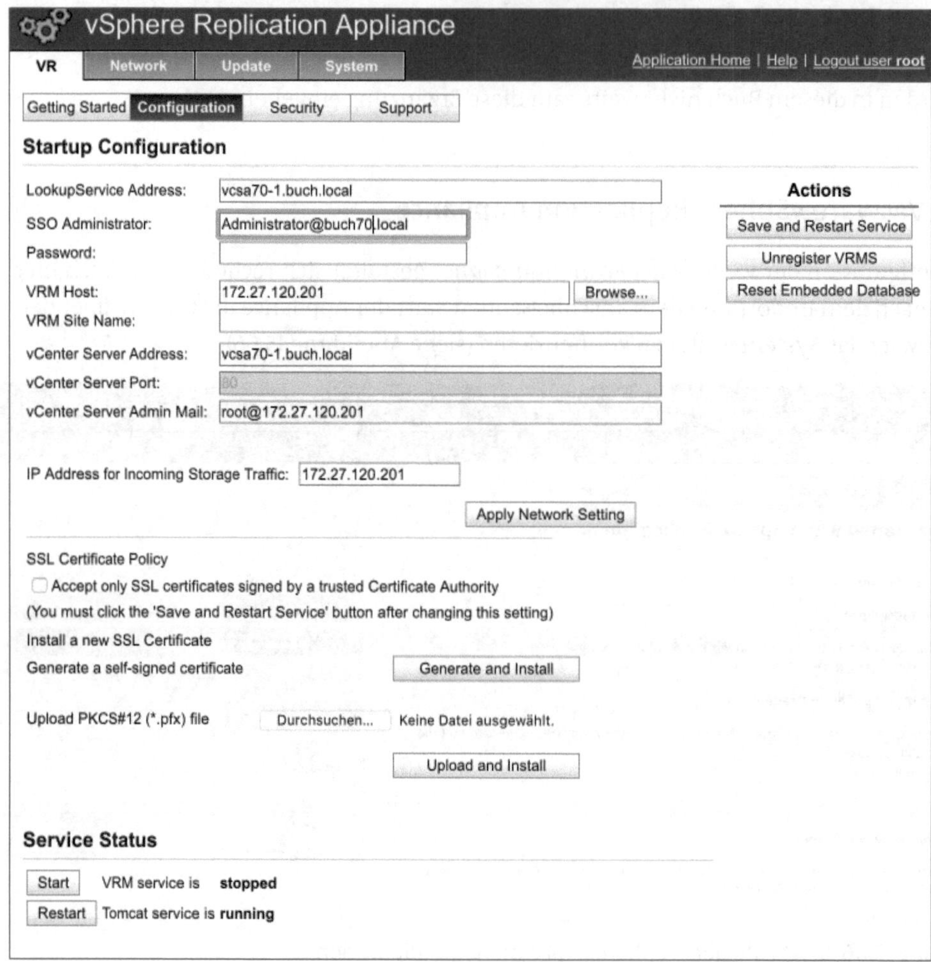

Abbildung 15.67 Grundkonfiguration der »vSphere Replication Appliance«

Last, but not least ist es möglich, hier eine weitergehende Konfiguration des Zertifikats-Handlings vorzunehmen. Dabei kann ein Zertifikat generiert werden, oder es wird einfach ein vorhandenes importiert.

Hinter dem SECURITY-Button verbirgt sich ein Dialog, in dem Sie das administrative Passwort setzen und die Daten des genutzten SSL-Zertifikats einsehen können. Wie z. B. auch beim vCenter Server kann das System im Fall eines Problems und eines daraus resultierenden Support-Calls eine Anzahl von Log-Dateien zur weiteren Analyse exportieren. Der SUPPORT-Button bringt Sie an die passende Stelle.

Über das NETWORK-Register rufen Sie neben dem aktuellen Status auch alle relevanten Netzwerkeinstellungen auf (siehe Abbildung 15.68).

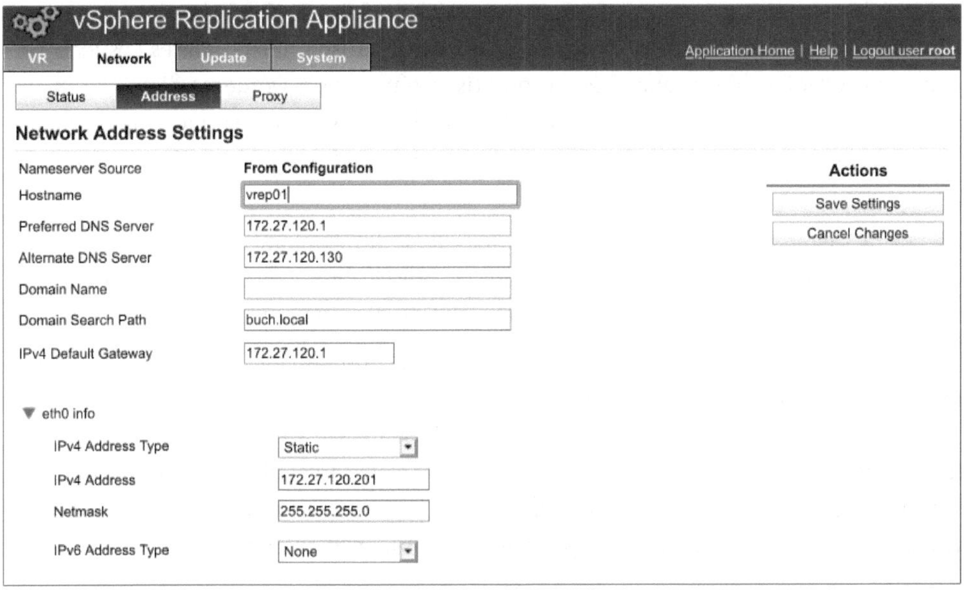

Abbildung 15.68 Parametrierung der Netzwerkkonfiguration

Die Einstellungen unterteilen sich in zwei Bereiche: in die eigentlichen IP-Einstellungen und in die Proxy-Einstellungen, damit das System das Internet erreichen kann und so eine direkte Aktualisierung des Systems möglich ist. Diese kann dann über das UPDATE-Register erfolgen (siehe Abbildung 15.69).

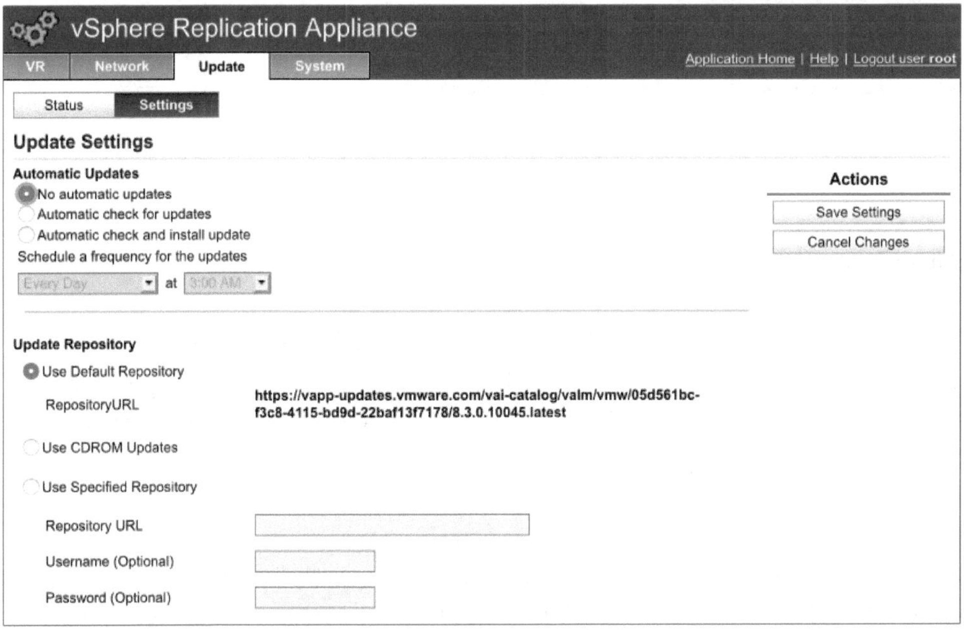

Abbildung 15.69 Update der »vSphere Replication Appliance«

Auch hier gibt es eine Statusanzeige und einen Bereich, in dem die Konfiguration vorgenommen werden kann. Dabei können Sie festlegen, ob automatisch nach Updates gesucht werden soll und ob diese dann ebenfalls automatisch eingespielt werden sollen. Damit das Ganze auch funktioniert, müssen Sie dem System beibringen, wo es nach den Updates suchen soll. Außer auf einem lokalen Repository kann die Suche auf einer CD oder direkt im Internet stattfinden.

Das letzte Register SYSTEM gibt Informationen über die Appliance selbst preis – wenn gewünscht, auch über das OVF – und erlaubt dem Administrator, das System herunterzufahren oder neu zu starten. Darüber hinaus findet sich hier die Einstellung der Zeitzone.

Wird aus Lastgründen eine weitere Appliance importiert, müssen Sie mit dem *vSphere Replication Add-on* arbeiten. Auch dieses System hat eine Weboberfläche zur Administration. An dieser Stelle lassen wir die identischen Konfigurationspunkte weg und gehen nur auf die Unterschiede ein – besser gesagt auf den Unterschied, denn es gibt nur einen unter dem Punkt VRS • CONFIGURATION (siehe Abbildung 15.70). Hier ist es möglich, ein bestehendes Zertifikat zu importieren oder ein neues Zertifikat erzeugen zu lassen.

Abbildung 15.70 Konfiguration des »vSphere Replication Appliance Add-ons«

Alle anderen Konfigurationspunkte sind mit der Haupt-Appliance identisch.

Damit sind aber die Konfigurationsmöglichkeiten nicht erschöpft. Wird der Webclient gestartet, eröffnen sich dem Administrator weitere Optionen der Konfiguration (siehe Abbildung 15.71).

Achtung

Nach der Konfiguration der Replication Appliances sollte im Webclient in der Favoritenliste die Auswahl SITE RECOVERY auftauchen. Ist dem nicht so, müssen Sie den VMware-vSphere-Client-Dienst in der VAMI neu starten (siehe Abbildung 15.72).

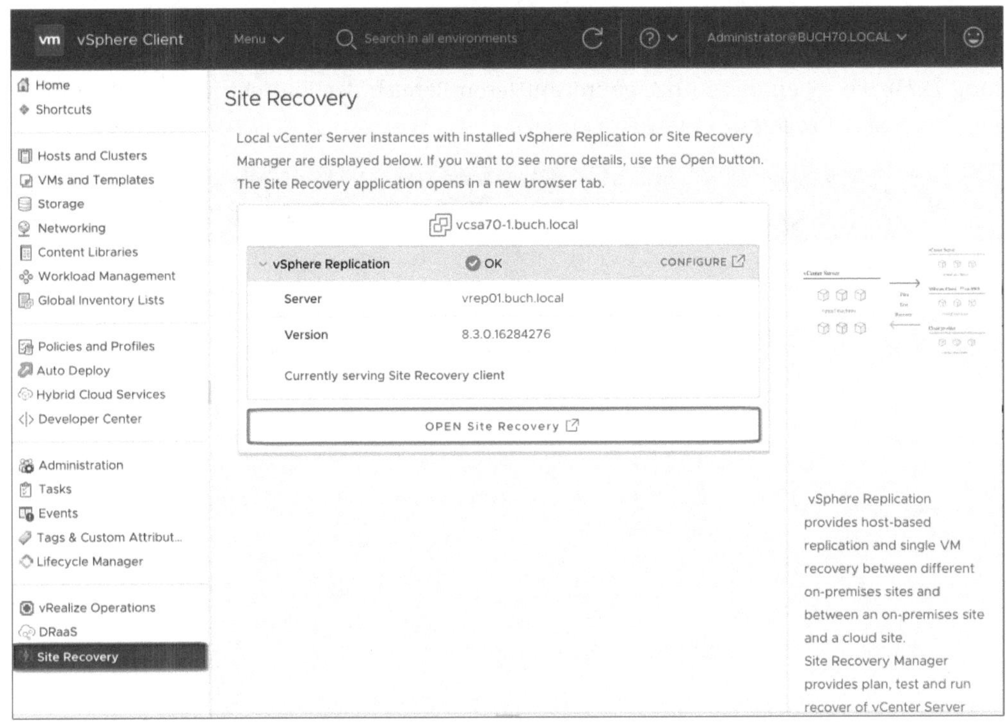

Abbildung 15.71 Verzweigungsmöglichkeiten zur Replikationsfunktion im Webclient

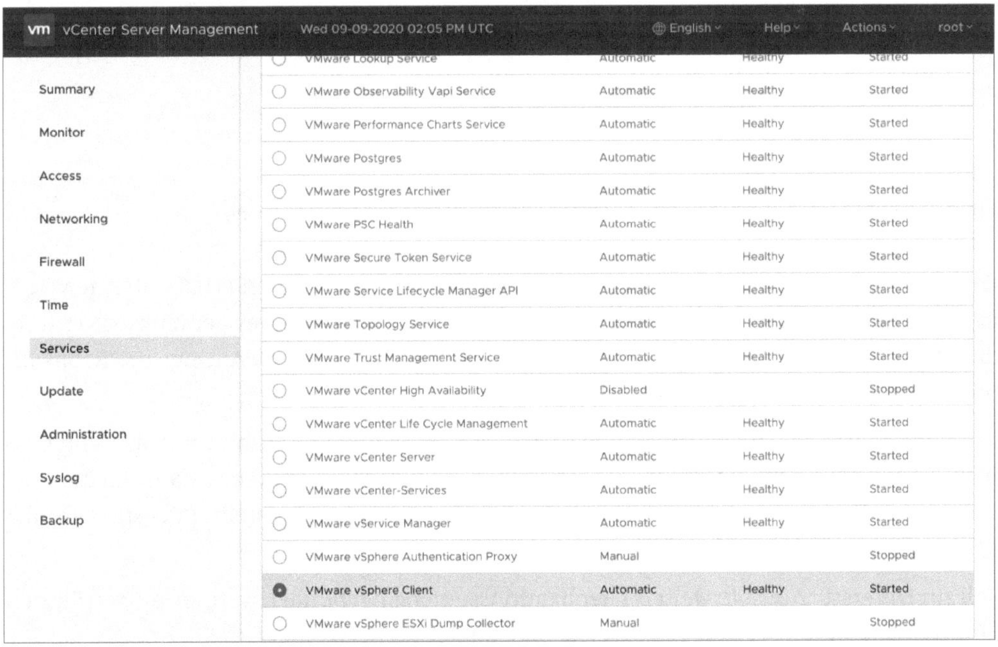

vCenter Server Management — Wed 09-09-2020 02:05 PM UTC — English — Help — Actions — root

Summary, Monitor, Access, Networking, Firewall, Time, Services, Update, Administration, Syslog, Backup

Name	Startup Type	Health	State
VMware Lookup Service	Automatic	Healthy	Started
VMware Observability Vapi Service	Automatic	Healthy	Started
VMware Performance Charts Service	Automatic	Healthy	Started
VMware Postgres	Automatic	Healthy	Started
VMware Postgres Archiver	Automatic	Healthy	Started
VMware PSC Health	Automatic	Healthy	Started
VMware Secure Token Service	Automatic	Healthy	Started
VMware Service Lifecycle Manager API	Automatic	Healthy	Started
VMware Topology Service	Automatic	Healthy	Started
VMware Trust Management Service	Automatic	Healthy	Started
VMware vCenter High Availability	Disabled		Stopped
VMware vCenter Life Cycle Management	Automatic	Healthy	Started
VMware vCenter Server	Automatic	Healthy	Started
VMware vCenter-Services	Automatic	Healthy	Started
VMware vService Manager	Automatic	Healthy	Started
VMware vSphere Authentication Proxy	Manual		Stopped
VMware vSphere Client	Automatic	Healthy	Started
VMware vSphere ESXi Dump Collector	Manual		Stopped

Abbildung 15.72 Neustart des vSphere-Client-Diensts

Egal welcher Weg genutzt wird, es erfolgt eine Verzweigung ans selbe Ziel und damit zur Anzeige der vCenter Server im Zusammenhang mit dem Replikationsservice (siehe Abbildung 15.73). Sie sehen diese Anzeige im mittleren Bereich des Bildschirms. Der Weg führt über OPEN SITE RECOVERY • VIEW DETAILS.

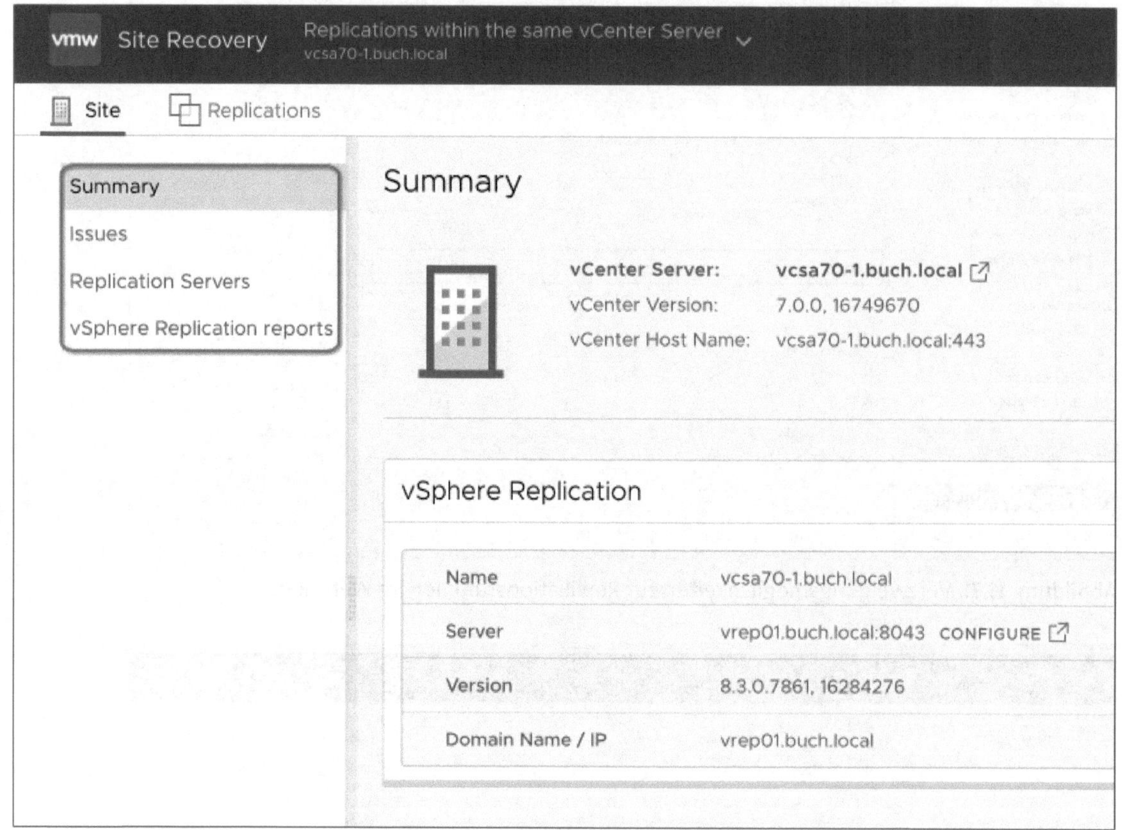

Abbildung 15.73 Administration des »vSphere Replication Appliance Add-ons«

Entweder erfolgt nun die Verzweigung zum Monitoring über VSPHERE REPLICATION REPORTS oder direkt zur Administration. Bei der Administration führt der Link CONFIGURE direkt zur Admin-Webseite der Appliance. Beim Monitoring folgt die Anzeige des Replikationsdatenverkehrs (siehe Abbildung 15.74).

Die Anzeige ist sehr übersichtlich gehalten. Die Darstellung erfolgt nun in Form von Graphen. Dabei wird nach ausgehendem und eingehendem Datenverkehr unterschieden. Die Daten zum *Recovery Point Objective* (RPO) werden ebenfalls dargestellt. RPO steht für die Wiederanlaufzeit nach einem Ausfall.

Soll zur Unterstützung ein weiterer Replikationsserver eingebunden werden, nutzen Sie den Link REPLICATION SERVERS • REGISTER (siehe Abbildung 15.75).

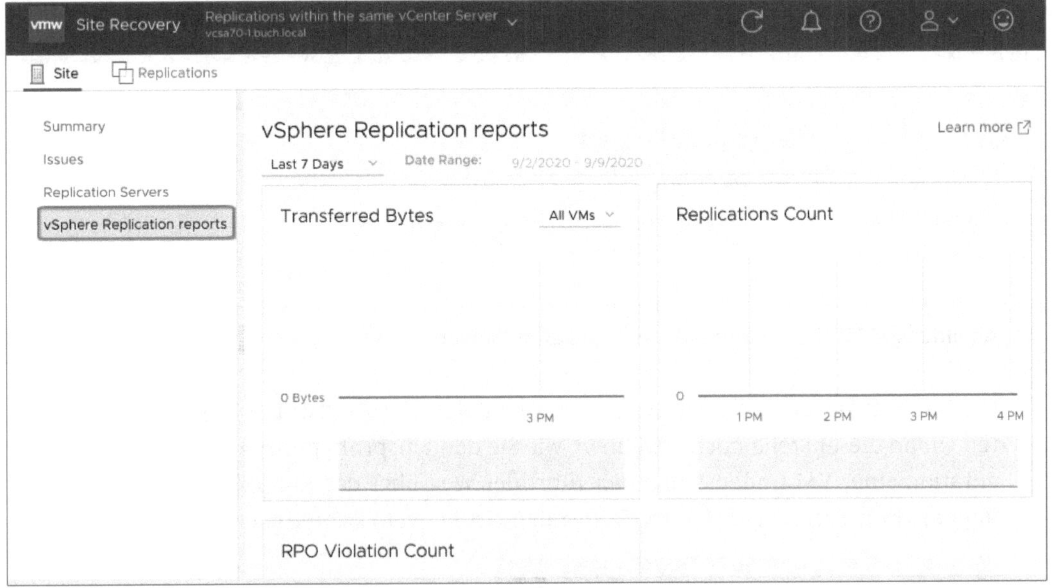

Abbildung 15.74 Datenverkehrsanzeige der Replikation

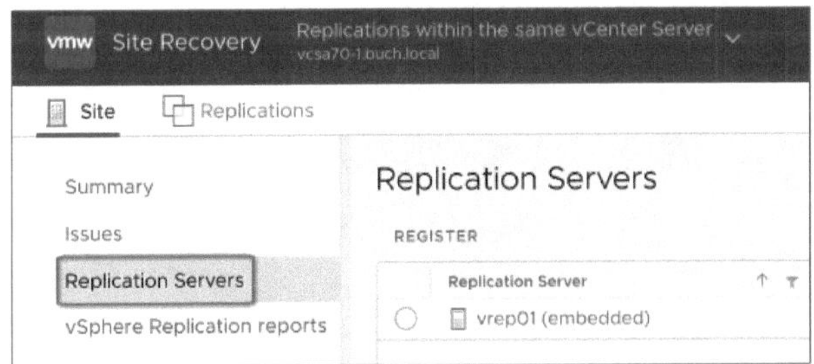

Abbildung 15.75 Registrierung eines weiteren Replikationsservers

Es folgt ein Auswahlfenster, in dem Sie die zusätzliche Appliance markieren (siehe Abbildung 15.76).

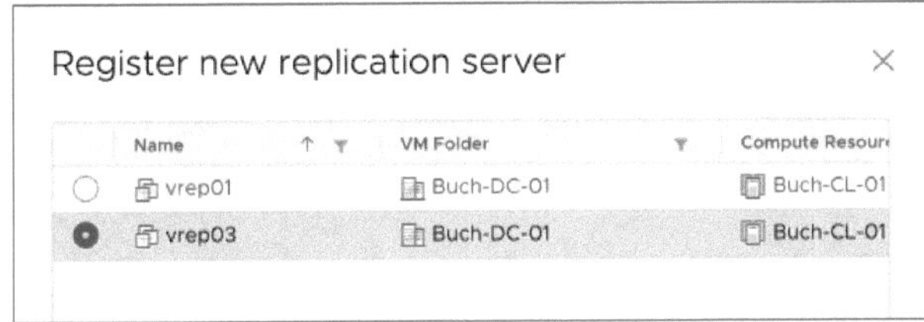

Abbildung 15.76 Auswahl eines zusätzlichen Replikationsservers

Das Einbinden geht recht schnell, und sobald es gelungen ist, findet sich ein weiterer Replikationsserver im Übersichtsfenster (siehe Abbildung 15.77).

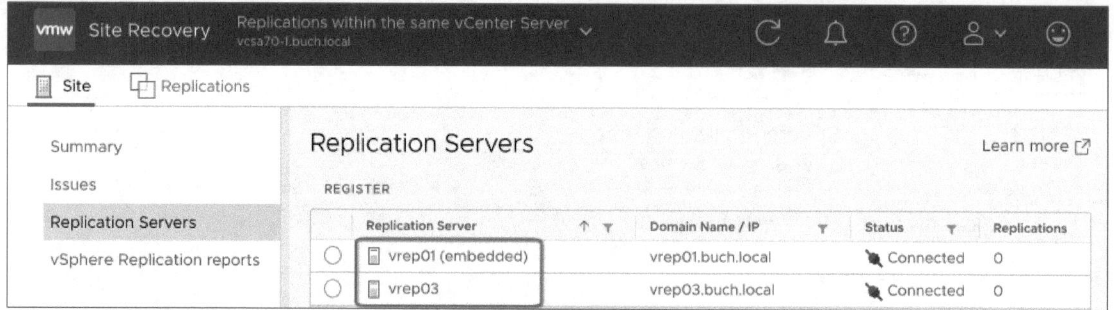

Abbildung 15.77 Neu eingebundener Replikationsserver

Der Haupt-Replikationsserver ist das System mit dem Zusatz (EMBEDDED). Zusätzlich möchten wir an dieser Stelle noch erwähnen, wie Sie den Einsprungpunkt zur Replikationskonfiguration einer VM finden. Auch hier führt der Weg über das Kontextmenü, aber diesmal über das Kontextmenü der zu replizierenden virtuellen Maschine (siehe Abbildung 15.78).

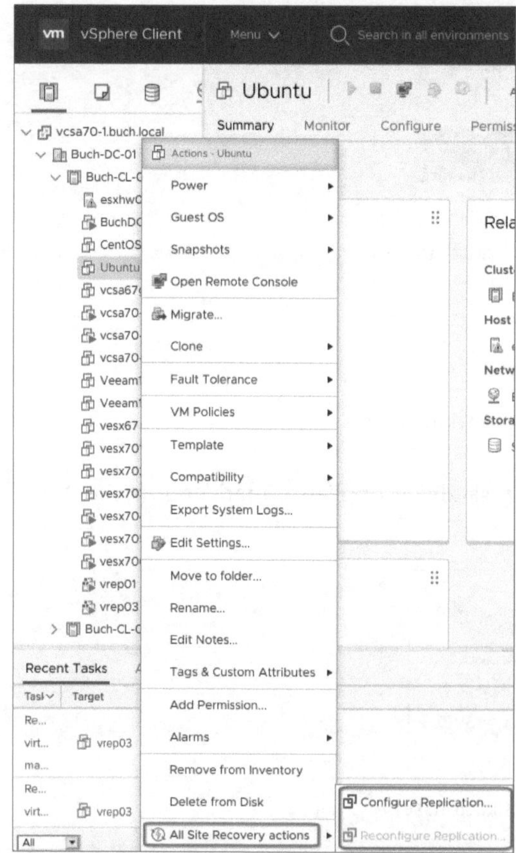

Abbildung 15.78 Konfiguration einer VM-Replikation

15.9 VMware vCenter Converter Standalone

Der *vCenter Converter* – viele werden ihn noch als »P2V« oder »VMware Converter« kennen – ermöglicht es, Computer in eine virtuelle Maschine zu konvertieren. Dabei ist nicht entscheidend, welche Hardware die Maschine hat, die Sie übernehmen wollen. Viel wichtiger ist, dass der Converter in der Lage ist, die systemkritischen Treiber nicht nur zu entfernen, sondern auch durch VMware-konforme zu ersetzen.

Der Converter virtualisiert bzw. migriert ein System mit dem sogenannten Hotclone-Verfahren. Das bedeutet, dass die entsprechende Maschine aktiv gestartet ist. Je komplexer eine VM ist, desto sinnvoller ist es, Servicedienste auf der Maschine zu deaktivieren, wie z. B. Datenbankdienste oder Ähnliches.

Hinweis

Leider hat VMware die Coldclone-Funktionalität nicht weiterverfolgt, aber gerade für einige ältere Systeme hat es sich als wichtig erwiesen, diese Vorgehensweise zu nutzen. Wenn Sie den Bedarf haben, sie zu nutzen, suchen Sie im Netz die Version 3.0.3 des Converters: Sie ist die letzte Version, die diese Funktionalität unterstützt. Leider können Sie das Tool in dieser Version auch nicht mehr bei VMware herunterladen.

Alternativ erstellen Sie ein Image mit z. B. Acronis und importieren das Acronis-Image in die virtuelle Infrastruktur. Auch hierfür benötigen Sie einen älteren Converter.

Im Fall des *Hotclones* wird ein aktiver Server im laufenden Betrieb übernommen. Bevor die Arbeiten beginnen können, müssen Sie einen Agent auf dem System installieren. Je nach Gastbetriebssystem ist ein Neustart des Servers notwendig. Am besten installieren Sie den Konverter direkt auf die zu übernehmende Maschine.

Für die Abbildung der Funktion wird automatisch ein Snapshot auf dem zu übernehmenden System erzeugt. Alle Änderungsdaten werden in diesen Snapshot geschrieben. So übernehmen Sie zuerst die statischen Daten. Ist dieser Schritt abgeschlossen, wird automatisch ein Snapshot erstellt und so fort. Dies geschieht so lange, bis die Maschine übernommen ist. Problematisch wird es, wenn die Applikation nicht angehalten wird. Ist die Übernahme abgeschlossen, können sich die Daten der Quellmaschine weiterhin ändern, und damit sind das Quell- und das Zielsystem nicht identisch. Sorgen Sie deshalb dafür, dass keine Clientapplikation auf das System zugreifen kann. Die Übernahme wird dann auch schneller vonstattengehen.

Hinweis zur Konvertierung

Soll das *Hotclone*-Verfahren genutzt werden, ist es zumindest bei Datenbankapplikationen empfehlenswert, die Datenbank zu stoppen, bevor Sie die Übernahme starten. Ebenso sollten Sie bei anderen Applikationen verfahren, die hohe Änderungsraten im Content haben.

Die Übernahme von Computern mit dem *vCenter Converter* funktioniert nicht für alle Betriebssysteme. In der folgenden Übersicht sehen Sie die Systeme, die unterstützt werden.

OS-Support

Folgende Betriebssysteme werden unterstützt:

- Windows Vista SP2 (32 Bit und 64 Bit)
- Windows 7 (32 Bit und 64 Bit)
- Windows 8 (32 Bit und 64 Bit)
- Windows 8.1 (32 Bit und 64 Bit)
- Windows 10 (32 Bit und 64 Bit)
- Windows Server 2008 SP2 (32 Bit und 64 Bit)
- Windows Server 2008 R2 (64 Bit)
- Windows Server 2008 (64 Bit)
- Windows Server 2012 (64 Bit)
- Windows Server 2012 R2 (64 Bit)
- Windows Server 2016
- CentOS 6.x (32 Bit und 64 Bit)
- CentOS 7.0 (64 Bit)
- Red Hat Enterprise Linux 4.x bis 6.x (32 Bit und 64 Bit)
- Red Hat Enterprise Linux 7.0 (64 Bit)
- SUSE Linux Enterprise Server 10.x bis 11.x (32 Bit und 64 Bit)
- Ubuntu 12.04 (32 Bit und 64 Bit)
- Ubuntu 14.04 bis 16.04 (32 Bit und 64 Bit)

Hinweis

Sollte der Bedarf bestehen, ältere Systeme zu konvertieren, laden Sie sich bei VMware einen Converter in einer älteren Version herunter.

Es ist unerheblich, auf welcher Plattform die zu übernehmende Maschine läuft. Solange Sie ein unterstütztes Betriebssystem nutzen, kann die Maschine übernommen werden. Es werden an dieser Stelle nur die Mechanismen des Betriebssystems genutzt.

Achtung

Bei der Konvertierung von Linux-Systemen gelten folgende Bedingungen für das Filesystem: Übernommen werden *ext2*, *ext3*, *ext4*, *reiserfs*, *vfat* und *xfs*. Alle anderen Filesysteme werden nach *ext3* oder *ext4* konvertiert!

Die Microsoft-Sysprep-Tools müssen auf dem VMware-vCenter-Converter-Server vorhanden sein, auf dem der *vCenter Converter* ausgeführt wird. Anderenfalls kann die Maschine, die übernommen werden soll, beim Import mit dem Converter nicht angepasst werden. Früher mussten dazu die passenden Files auf die Maschine kopiert werden. Bei aktuellen Windows-Betriebssystemen ist *sysprep* Teil des Betriebssystems.

Hinweis

Der Import von Images, die mit Drittherstellertools erstellt wurden, wird nicht mehr unterstützt! Nutzen Sie dazu eine ältere Version: *https://www.vmware.com/de/support/support-resources/pubs/converter_pubs.html.*

15.9.1 »VMware vCenter Converter Standalone« verwenden

Nach dem Aufruf des Clients und dem Start erscheint eine ganz eigene Oberfläche (siehe Abbildung 15.79).

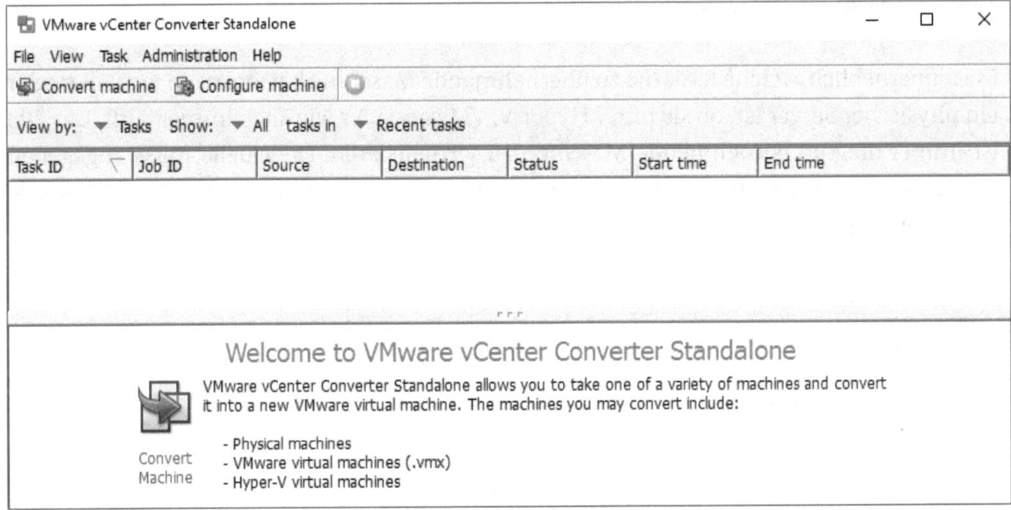

Abbildung 15.79 Die Willkommensseite zu »vCenter Converter Standalone«

Über den Link CONVERT MACHINE starten Sie den Wizard für den Import eines Computers. Geben Sie direkt auf der ersten Seite die Daten der Quellmaschine ein (siehe Abbildung 15.80).

Unter SELECT SOURCE TYPE stehen Ihnen drei Möglichkeiten zur Auswahl:

- REMOTE WINDOWS MACHINE
- REMOTE LINUX MACHINE
- THIS LOCAL MACHINE

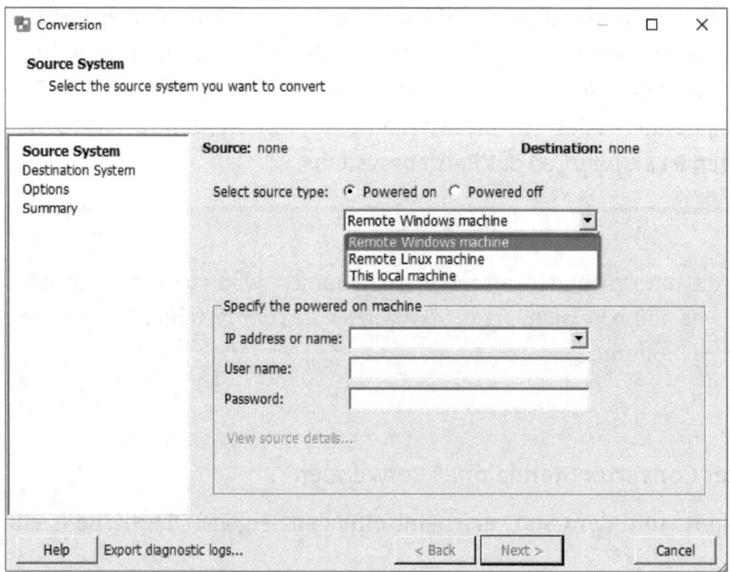

Abbildung 15.80 Die Daten der Quellmaschine

Es ist unerheblich, welche Basis die zu übernehmende Maschine hat, ob es ein virtueller oder ein physischer Server ist, ob sie unter Hyper-V, VMware oder wie auch immer läuft. Das Ziel ist immer die zu übernehmende Maschine zu virtualisieren. Die Quelle muss angegeben werden und natürlich ein administrativer Account auf dem System, solange nicht die lokale Maschine konvertiert werden soll (siehe Abbildung 15.81).

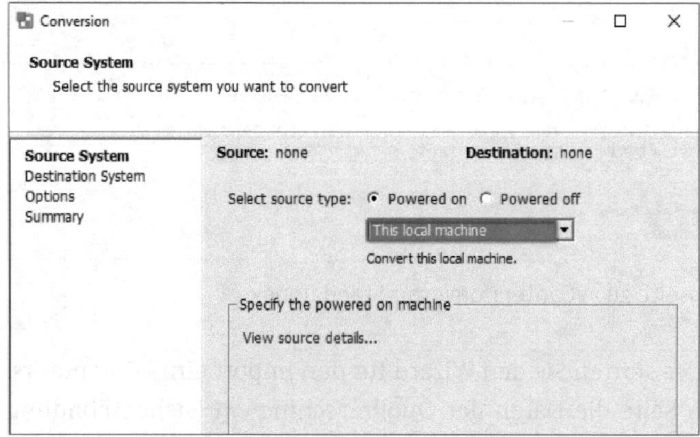

Abbildung 15.81 Auswahl der Quellmaschine

Für die Übernahme einer Remote-Maschine muss ein Agent installiert werden. Was mit dem Agent nach der Übernahme passieren soll, müssen Sie festlegen. Entweder führen Sie die automatische Deinstallation des Agents nach der Übernahme durch, oder Sie löschen ihn per Hand.

Es ist nun festzulegen, auf welches Ziel die Migration erfolgen soll. Dazu benötigen Sie die Anmeldedaten für die passende virtuelle Infrastruktur (siehe Abbildung 15.82). Das Ziel der konvertierten VM kann dabei ein vSphere-Host oder ein vCenter Server sein oder alternativ eine VMware Workstation oder VMware Fusion.

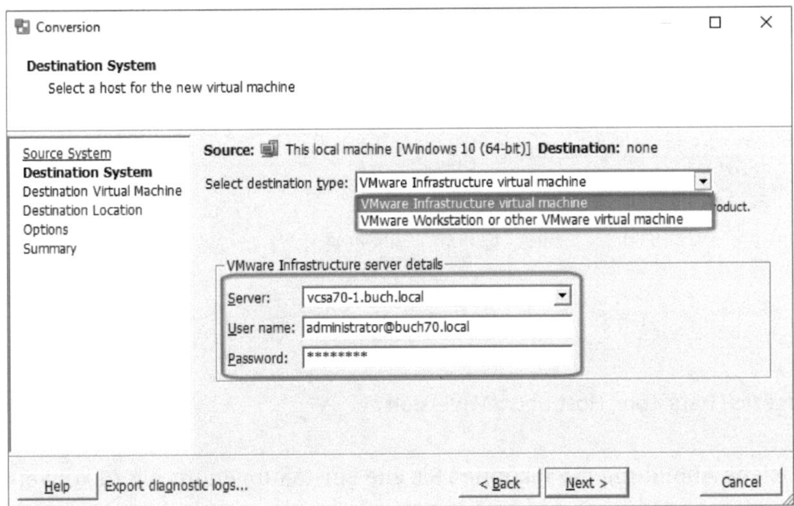

Abbildung 15.82 Anmeldung an der virtuellen Infrastruktur zur Übernahme eines Systems

Nach einem Klick auf NEXT versucht die Applikation, sich mit der zu übernehmenden Maschine zu verbinden, und fragt anschließend nach dem Ziel (siehe Abbildung 15.83).

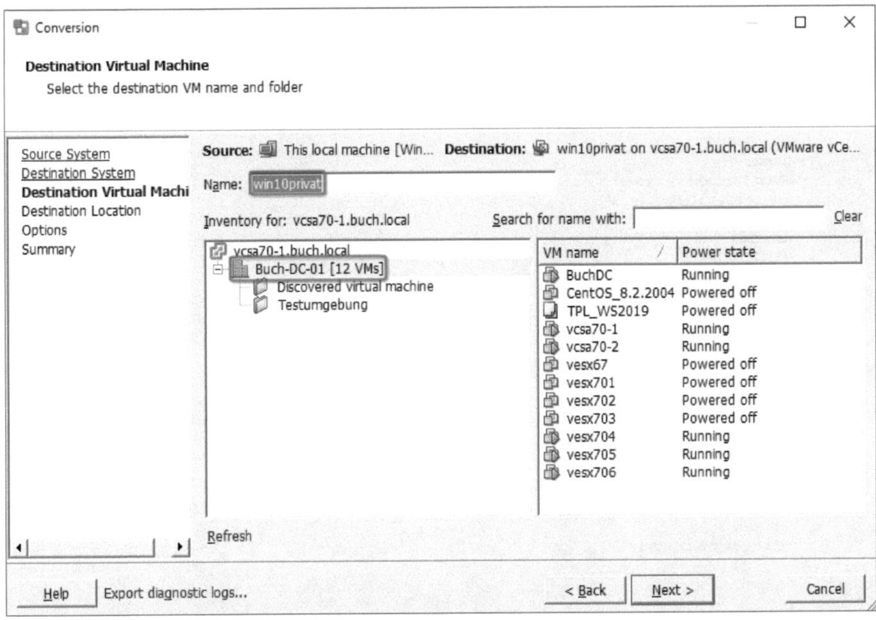

Abbildung 15.83 Ablageziel und Name der konvertierten VM

Im folgenden Dialog (siehe Abbildung 15.84) müssen Sie dem System sagen, auf welchem Host die VM angelegt werden soll. Wählen Sie außerdem den DATASTORE und die Version der virtuellen Maschine. Eine Überprüfung der benötigten Ressourcen findet hier nicht statt.

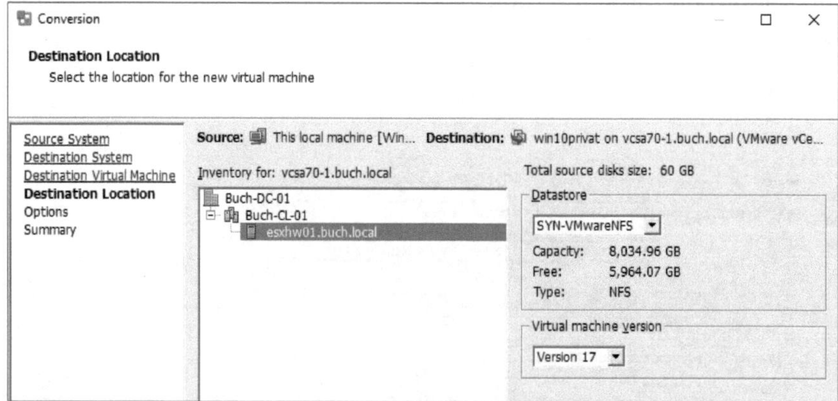

Abbildung 15.84 Ablageziel, Datastore, Host und VM-Version

Im nächsten Dialog (siehe Abbildung 15.85) können Sie alle Einstellungen für die zu konvertierende VM anpassen.

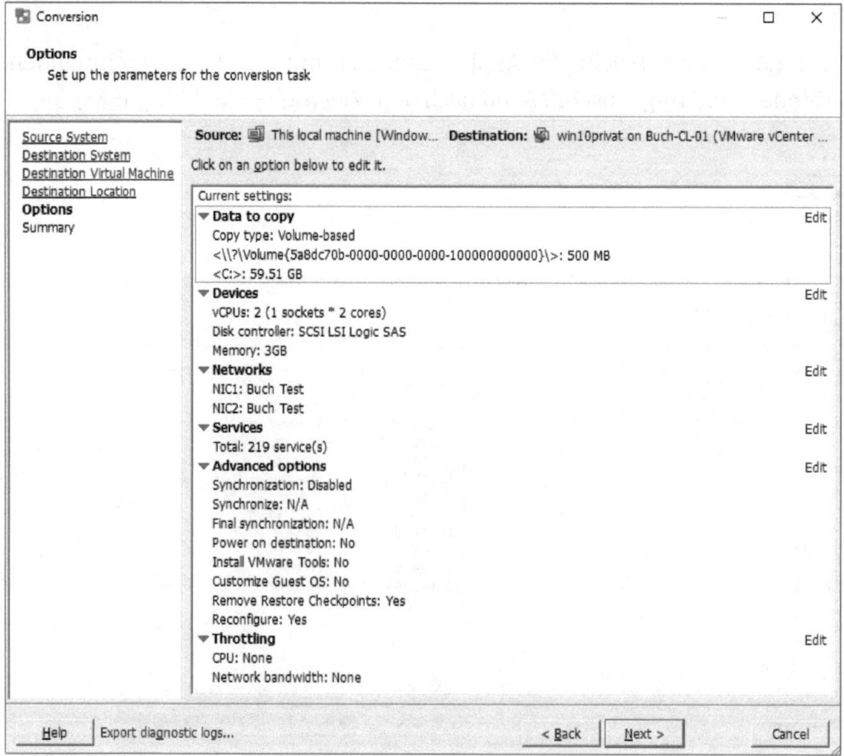

Abbildung 15.85 Anpassung der Festplatteneinstellungen

Options – Data to copy

Data to copy ermöglicht die Anpassung der zu übernehmenden Festplatte. Wollen Sie weitergehende Änderungen am Layout vornehmen, wechseln Sie über den Link Edit in die Advanced-Ansicht. Es empfiehlt sich, die beiden Auswahlfelder im unteren Bereich aktiviert zu lassen. Das optimiert zum einen die neue Zielmaschine und zum anderen die Performance der VM.

Die folgende Ansicht stellt nur die Auswahl zur Verfügung, welche Festplatten übernommen werden sollen. Weitere Einstellungen sind hier nicht möglich.

Richtig interessant ist das Register Destination Layout (siehe Abbildung 15.86), den Sie über den Advanced-Link erreichen. Es bietet weitergehende Konfigurationsoptionen. Auch hier können Sie selbstverständlich die Ziel-LUN noch einmal anpassen. Ein wichtiger Punkt in diesem Dialog ist die Änderung des Plattentyps von Thick auf Thin oder umgekehrt. Bei der Auswahl Flat wird der gesamte Festplattenspeicher, den die virtuelle Festplatte benötigt, sofort alloziert. Bei Thin wird nur der Plattenplatz belegt, der aktuell auch beschrieben ist.

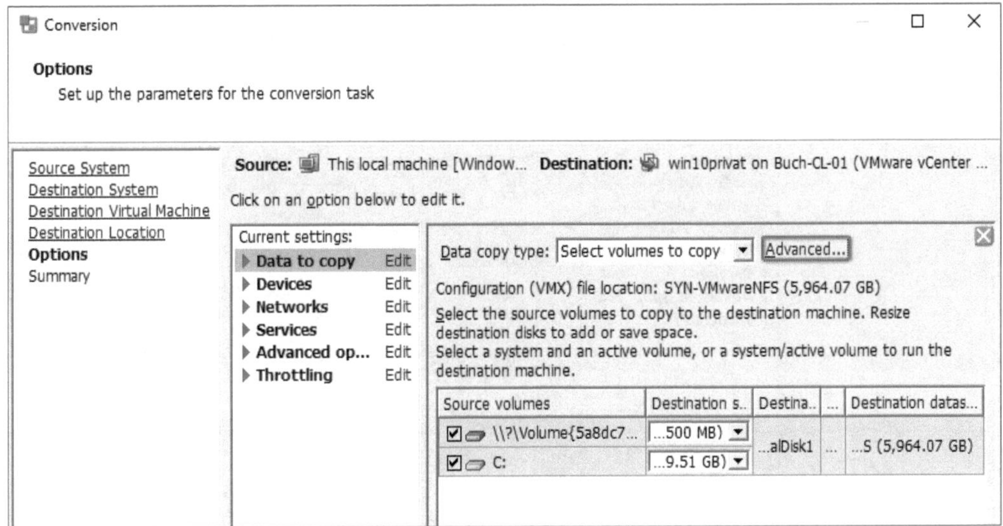

Abbildung 15.86 Festplattenkonfiguration

Die angegebene Festplattengröße markiert die obere Grenze. Achten Sie bei der Nutzung dieser Option darauf, dass genügend freier Platz auf der LUN vorhanden ist. Selbst wenn zu Beginn nur ein Bruchteil der virtuellen Platte genutzt wird, kann der verwendete Plattenplatz ganz schnell steigen und dann Probleme verursachen.

Von Haus aus werden die Platten und Partitionen so abgebildet, wie die Aufteilung auf dem Quellsystem war. Möchten Sie diese Aufteilung ändern, fügen Sie über Add Disk eine neue Festplatte hinzu. Markieren Sie die Partition, die auf eine eigene Festplatte verschoben werden soll, und bringen Sie sie über die Buttons Move up oder Move Down an die gewünschte

Position. Diese Vorgehensweise bietet den Vorteil, dass Sie im Nachhinein leicht die Größe einer Partition ändern können, ohne zuvor eine dahinterliegende Partition mit einer passenden Software verschieben zu müssen.

Options – Devices

Der folgende Dialog ist extrem komplex. Einen Großteil der Parameter des Zielcomputers können Sie an dieser Stelle anpassen (siehe Abbildung 15.87). Auf die verschiedenen Optionen gehen wir jetzt einzeln ein. VMware gibt Ihnen durch eine Bewertung der einzelnen Punkte ein Hilfsmittel an die Hand: Ist vor den einzelnen Devices ein rotes oder gelbes Zeichen, sollten Sie sich die entsprechende Konfiguration genau anschauen; es ist nicht ausgeschlossen, dass es dort Probleme gibt.

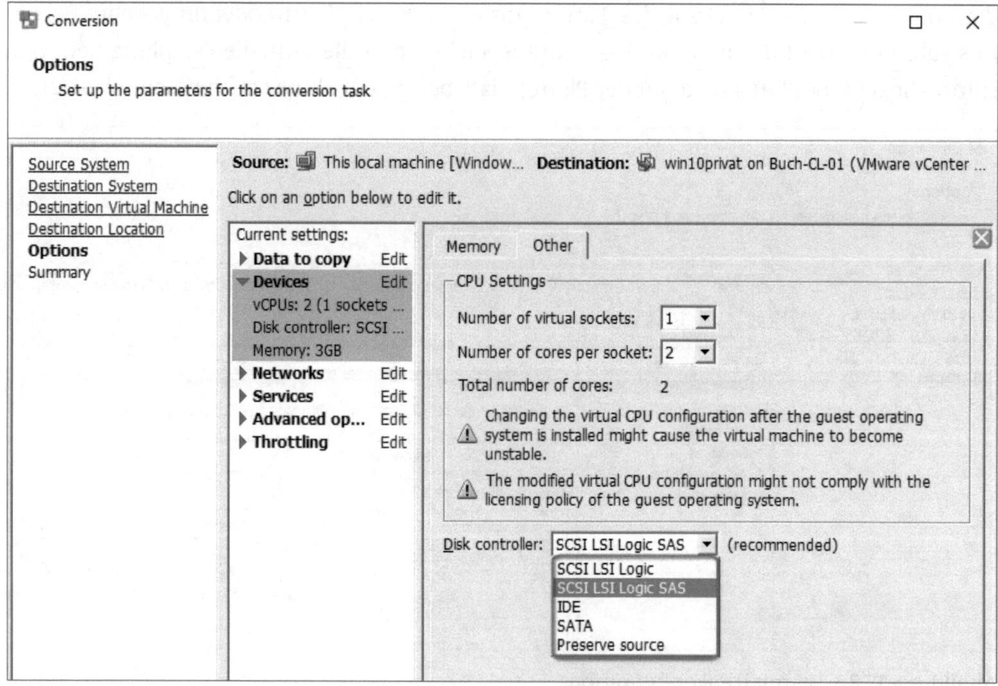

Abbildung 15.87 So passen Sie die Parameter der Zielmaschine an.

Bei Devices können Sie mehrere Optionen anpassen: die Anzahl der CPUs bzw. Cores und die Größe des Arbeitsspeichers. Der wichtigste Punkt ist hier aber die Einstellung des Festplattencontrollers. Es werden nur Controller angezeigt, die in dem System auch genutzt werden können. Wenn Sie den Controllertyp z. B. von IDE auf SCSI ändern, ist es wichtig, dass Sie die *VMware Tools* automatisch mitinstallieren lassen, damit Ihr System später auch booten kann.

Options – Networks

Unter NETWORKS stellen Sie das virtuelle Netzwerk ein, an das die Zielmaschine angeschlossen werden soll. Den Verbindungsstatus beim Start des Computers bestimmen Sie in der rechten Spalte CONNECT AT POWER-ON (siehe Abbildung 15.88).

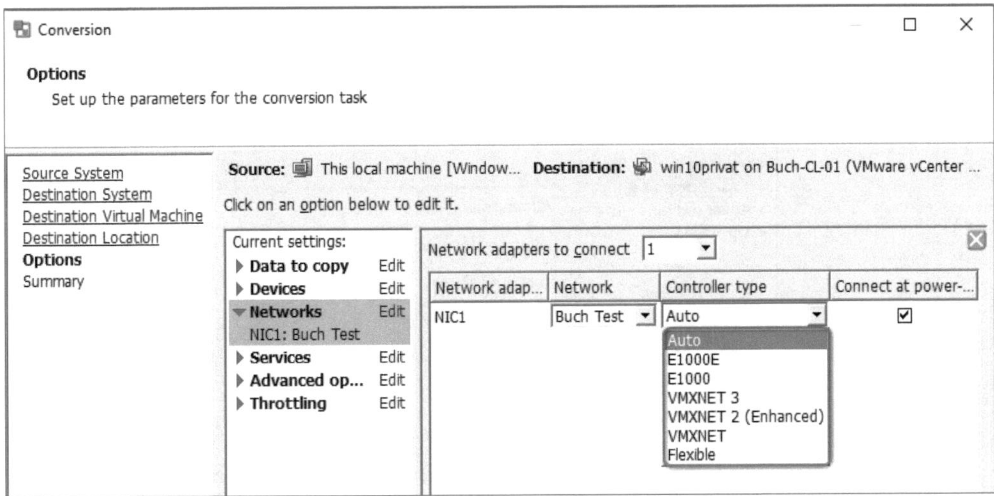

Abbildung 15.88 Parametrierung der Netzwerkeinstellungen

Selbstverständlich können Sie zusätzliche Netzwerkkarten hinzufügen. Die Grenze liegt hier bei zehn Adaptern.

Options – Services

SERVICES bietet eine Anpassung der Dienste sowohl auf dem Quell- als auch auf dem Zielsystem (siehe Abbildung 15.89). Gibt es Dienste, die beim Import besser nicht aktiv sein sollten, müssen Sie sie hier deaktivieren. Sehen Sie sich dazu das Register SOURCE SERVICES an. Wir denken da z. B. an einen SQL-Server oder ähnliche Dienste, hinter denen sich ein starkes Änderungspotenzial auf der Festplatte verbergen kann. Nicht alle Dienste sind manipulierbar, aber ein Großteil der installierten Dienste ist es. Die Startart (STARTUP MODE) aller Dienste des Zielsystems können Sie hingegen anpassen. Beachten Sie, dass der Computer einige Services auf jeden Fall benötigt, damit er starten kann.

An dieser Stelle können Sie bereits eingreifen und Dienste auf dem Zielsystem deaktivieren, die über die Systemtools des Serverhardwareherstellers installiert wurden. Wechseln Sie dazu auf das Register DESTINATION SERVICES. Grundsätzlich sollten Sie aber bei einer Eins-zu-eins-Übernahme an dieser Stelle sehr vorsichtig mit den Änderungen sein.

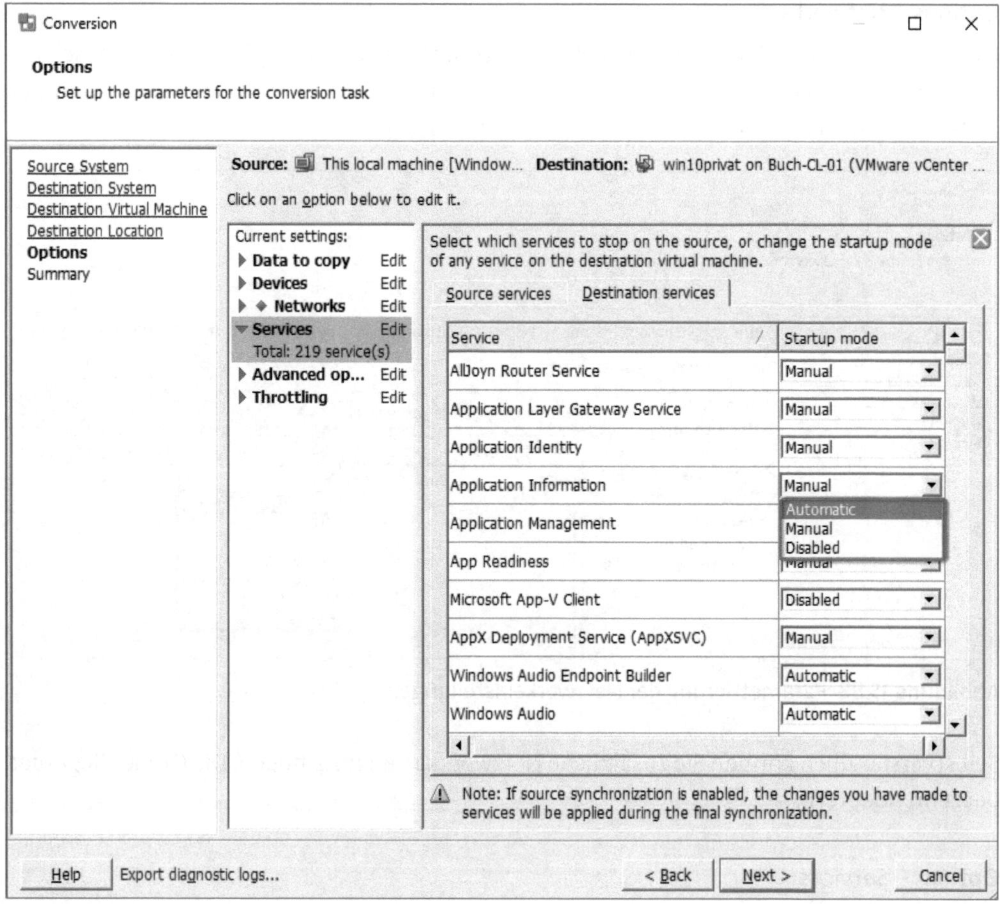

Abbildung 15.89 Einstellungen der Dienste

Options – Advanced options

Unter ADVANCED OPTIONS geben Sie an, welche Aktionen im Rahmen der Übernahme zusätzlich durchgeführt werden sollen (siehe Abbildung 15.90). Dabei wird zwischen Aktionen vor dem Abschluss der Übernahme und Aktionen nach der Übernahme unterschieden.

SYNCHRONIZE CHANGES bewirkt, dass nach der kompletten Übernahme des Quellsystems alle nicht benötigten Dienste angehalten und die bis zu diesem Zeitpunkt aufgelaufenen Änderungen im Content auf das Zielsystem synchronisiert werden. Diesen Job können Sie zeitgesteuert oder sofort nach dem Abschluss der Übernahme starten.

Hinweis

Es gibt Randbedingungen, die die Synchronisierung verhindern. Dazu gehören das Ändern von FAT-Partitionen, das Verkleinern von NTFS-Partitionen und das Anpassen der Cluster-Größe der Festplatte.

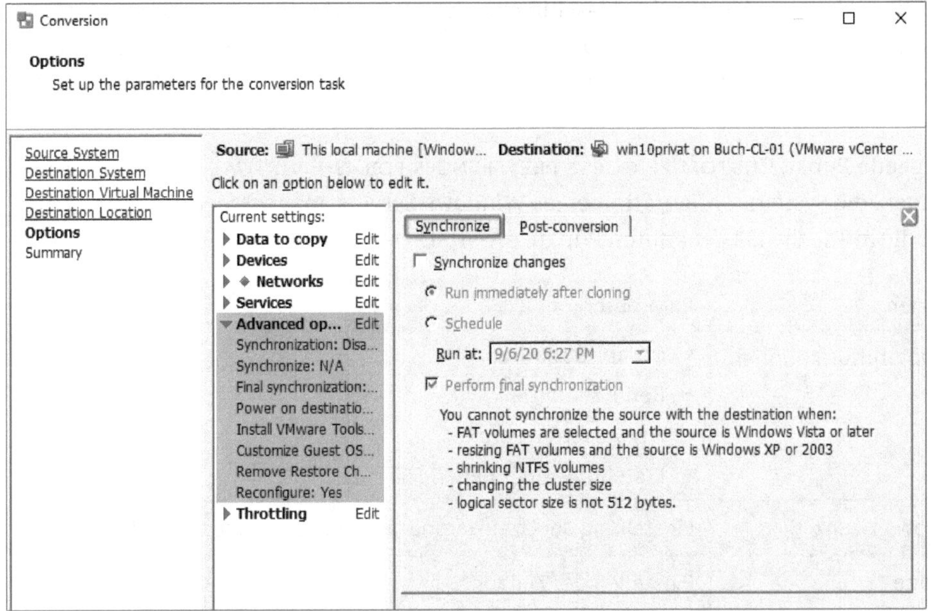

Abbildung 15.90 »Advanced Options« beim »vCenter Converter Standalone« vor Abschluss der Übernahme

Die nächsten Punkte steuern das Verhalten von Quell- und Zielsystem nach der Übernahme (siehe Abbildung 15.91). Sie können die Quellmaschine nach dem Vorgang automatisch starten (POWER ON DESTINATION MACHINE), oder Sie lassen das Ziel ausgeschaltet.

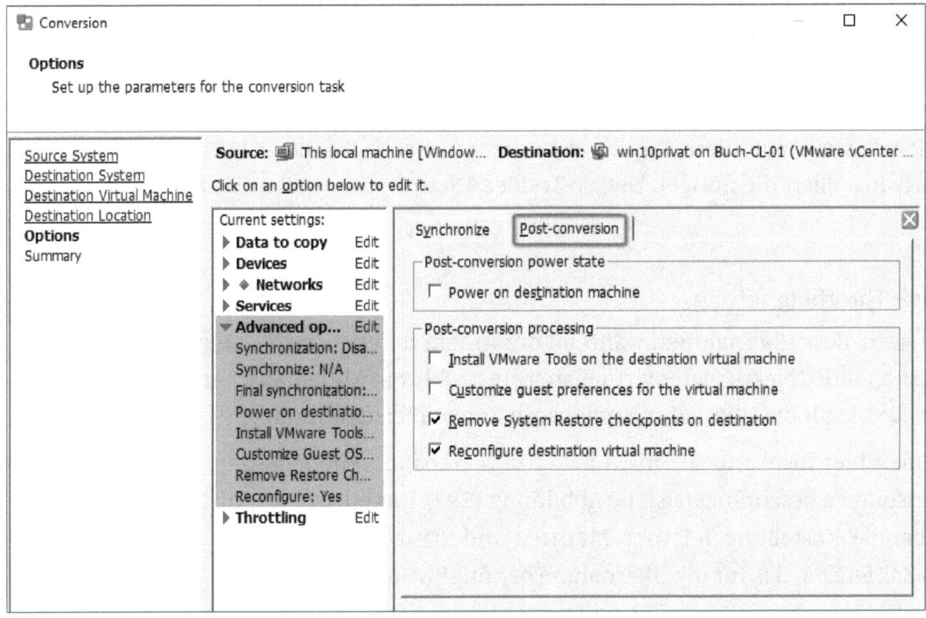

Abbildung 15.91 Verhalten nach der Übernahme

Achten Sie darauf, dass nicht beide Maschinen gleichzeitig aktiv sind, denn dann wären zwei identische Server im Netz, was zu Problemen führen kann. INSTALL VMWARE TOOLS ON THE DESTINATION VIRTUAL MACHINE ist selbsterklärend. Wir empfehlen, diese Option zu aktivieren.

Der folgende Punkt, CUSTOMIZE GUEST PREFERENCES FOR THE VIRTUAL MACHINE, ermöglicht Ihnen, die Systemkonfiguration eines Windows-Servers anzupassen. Es werden Eingaben für die in Tabelle 15.1 genannten Punkte erwartet.

Optionen	Parameter
Computerinformationen	▶ Computername ▶ Benutzername ▶ Organisationsname ▶ Erstellung einer neuen SID
Windows-Lizenz	Einstellung der Lizenzierungsart: pro Server oder pro Arbeitsplatz.
Zeitzone	Einstellen der Zeitzone
Netzwerk	Hier stellen Sie die Netzwerkparameter ein.
Arbeitsgruppe/Domain	Steht das Zielsystem in einer Arbeitsgruppe, oder soll es Mitglied einer Domäne sein?

Tabelle 15.1 Parameterübersicht für die Anpassung von Windows-Systemen

REMOVE SYSTEM RESTORE CHECKPOINTS ON DESTINATION entfernt alle Punkte, die in der Systemwiederherstellung unter Windows gesetzt sind. Die Systemwiederherstellung ermöglicht es, das System in den Zustand zurückzuversetzen, den es zu einem definierten Zeitpunkt in der Vergangenheit hatte. In den meisten Fällen ist es nicht nötig, im späteren virtuellen System auf diese Punkte zuzugreifen. RECONFIGURE DESTINATION VIRTUAL MACHINE installiert die nötigen Device-Treiber. Diese Option sollten Sie auf jeden Fall aktivieren.

Options – Throttling settings

Es kann sein, dass Übernahmen während der Arbeitszeiten erfolgen sollen. Um zu vermeiden, dass andere Objekte in der virtuellen Infrastruktur in Mitleidenschaft gezogen werden, können Sie die für die Übernahme nutzbaren Ressourcen einschränken.

Sie können hier nicht nur die maximale Netzwerkbandbreite festlegen, sondern auch die CPU-Ressourcen beschränken (siehe Abbildung 15.92). Das erfolgt aber nicht numerisch, sondern über die Einstellungen LIGHT, MEDIUM und NONE. Selbstverständlich hat das Einfluss auf das Zeitfenster, das für die Übernahme benötigt wird.

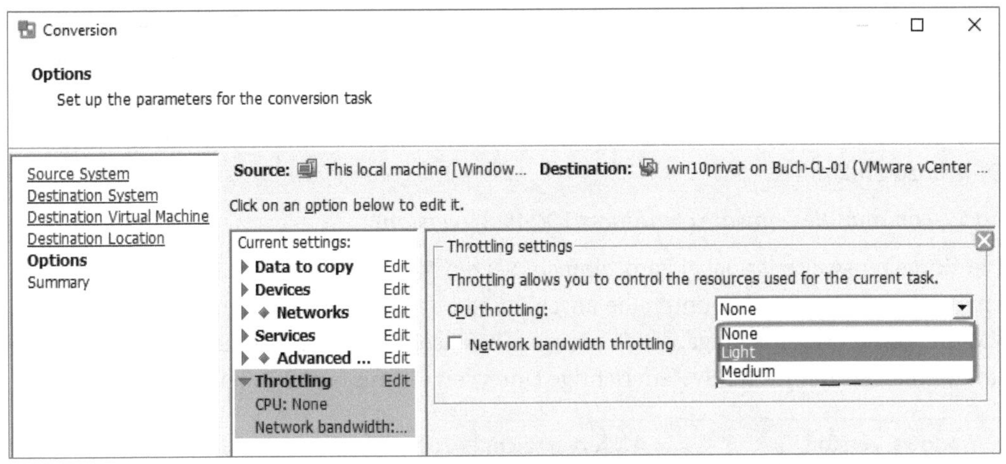

Abbildung 15.92 Ressourceneinschränkung für die Übernahme

Wenn Sie nun auf den Button NEXT klicken, erscheint eine Zusammenfassung aller Einstellungen. Sollten noch Defizite – also Unstimmigkeiten bei der Konfiguration – vorhanden sein, werden Sie oben im Fenster darauf hingewiesen. Mit FINISH starten Sie den Import der Maschine. Der Vorgang nimmt je nach Größe der Quellmaschine eventuell längere Zeit in Anspruch. Im Hauptfenster wird jetzt der Job angezeigt, und Sie können dort den aktuellen Status des Jobs während der Konvertierung kontrollieren.

15.9.2 Nacharbeiten nach der Übernahme

Bevor Sie die importierte Maschine starten, sollten Sie sich die Konfiguration der virtuellen Maschine anschauen. Löschen Sie die Hardwarekomponenten, die Sie nicht benötigen, so z. B. die serielle Schnittstelle, die parallele Schnittstelle und Audio. Achten Sie auch darauf, dass bei Wechselmedien das Client-Device eingestellt ist. Verbinden sollten Sie Floppy und CD-ROM nur, wenn Sie sie benötigen. Unter Umständen ist es später sehr zeitaufwendig, ein verbundenes CD-ROM-Laufwerk zu suchen. Dies kann zu Problemen in der virtuellen Infrastruktur führen und auch Funktionen aushebeln.

Ist der Server dann gestartet, sollten Sie die gesamte installierte Software auf den Prüfstand stellen. Deinstallieren Sie alle vom Hardwarehersteller gelieferten Tools, wie Treiber für die Remote-Konsole, RAID-Treiber, Netzwerktreiber und Konfigurationstools für die Computerhardware. Nach der systemspezifischen Software geht es den überflüssigen Treibern des Windows-Systems an den Kragen. Legen Sie dazu eine neue System-Environment-Variable an. Sie lautet `devmgr_show_nonpresent_devices` und bekommt den Wert 1. Anschließend rufen Sie den Geräte-Manager und den Menüpunkt VIEW • SHOW HIDDEN DEVICES auf. Jetzt können Sie die nicht benötigten Gerätetreiber deinstallieren. Eine relativ einfache Richtschnur ist, sich alle Treiber anzuschauen, die mit einem ausgegrauten Symbol markiert sind. Haben

Sie die Arbeiten abgeschlossen, sollten Sie den Computer neu starten. Jetzt kann die Maschine nach einem ausführlichen Applikationstest den Job des alten Servers übernehmen.

Sie können sich bei älteren Betriebssystemen die Arbeit auch erleichtern: Es gibt im Netz eine ISO-Datei, die die Arbeit für Sie übernehmen kann. Sie finden den Artikel und den Download-Link unter:

http://communities.vmware.com/docs/DOC-15187/version/4

Die Vorgehensweise ist dabei ganz einfach: Setzen Sie zuerst, wie bereits beschrieben, die Environment-Variable. Mounten Sie anschließend das heruntergeladene ISO-Image in die VM und öffnen Sie eine Eingabeaufforderung. Wechseln Sie anschließend auf das ISO-Image und wählen Sie das für Ihr System richtige Unterverzeichnis (siehe Tabelle 15.2).

Windows-Version	Unterverzeichnis
Windows 32 Bit	*i386*
Windows 64 Bit	*x64*
Windows für Itanium-Systeme	*ia64*

Tabelle 15.2 Zuordnung der Unterverzeichnisse zu Windows-Versionen

In dem Unterverzeichnis befindet sich eine Datei mit dem Namen *removedevices.js*. Starten Sie sie, und die nicht benötigten Gerätetreiber werden automatisch entfernt.

Kapitel 16
Monitoring

Die Administration eines vSphere-Clusters gliedert sich grob in zwei Bereiche: Konfiguration und Monitoring. Unter Konfiguration wird ein Soll-Zustand definiert. Unter Monitoring wird überprüft, ob der Ist-Zustand mit dem Soll-Zustand übereinstimmt. Dieses Kapitel widmet sich dem Thema Monitoring. Sie werden lernen, wo und wie Sie den Zustand Ihrer ESXi-Hosts und Ihres Clusters kontrollieren können.
Autor dieses Kapitels ist Dr. Michael Schröder, Gründer und Inhaber von Microlytix, schroeder@microlytix.de.

Sie können sich auf zwei Arten mit Ihrer Infrastruktur verbinden: mit dem ESXi-Hostclient und mit dem vSphere-Client. Jeder ESXi-Server verfügt über einen integrierten Webserver. Über diesen (Hostclient genannten) können Sie genau diesen ESXi-Server überwachen und administrieren. Die Verwaltungsinstanz über die gesamte Infrastruktur ist das Virtual Center (*vCenter* oder kurz *VC*). Auch das vCenter verfügt über einen integrierten Webserver (vSphere-Client). Über diesen können Sie die gesamte Infrastruktur überwachen und administrieren. In früheren vSphere-Versionen gab es unterschiedliche Clients. Bis Version 6.5 gab es einen installierbaren vSphere-Client (auch C#-Client genannt), der als ausführbares Programm auf einem Clientsystem installiert werden musste. Bis Version 6.7 gab es darüber hinaus einen auf Adobe Flash basierenden Webclient (auch Flex-Client genannt).

Sowohl C#-Client als auch Webclient werden nicht mehr fortgeführt und sind unter vSphere7 nicht mehr verfügbar. Es gibt nur noch einen Client auf HTML5-Basis, der *vSphere-Client* genannt wird. Sie benötigen lediglich einen modernen Browser, der den HTML5-Standard unterstützt.

Betriebssystem	Browser
Windows 32 Bit und 64 Bit	Microsoft Edge Version 38 und höher
	Microsoft IE Version 11.0.96 und höher
	Mozilla Firefox Version 45 und höher
	Google Chrome Version 50 und höher

Tabelle 16.1 Softwareanforderungen für den vSphere-Client

Betriebssystem	Browser
Linux	Mozilla Firefox Version 45 und höher
	Google Chrome Version 50 und höher
macOS	Mozilla Firefox Version 45 und höher
	Google Chrome Version 50 und höher
	Safari 5.1 und höher

Tabelle 16.1 Softwareanforderungen für den vSphere-Client (Forts.)

16.1 Monitoring mit dem Hostclient

Der Hostclient ist ein wertvolles Hilfsmittel, wenn noch kein vCenter verfügbar oder durch eine schwerwiegende Störung nicht erreichbar ist. Mit dem Hostclient lässt sich nur genau eine ESXi-Serverinstanz und die mit ihr assoziierten Ressourcen verwalten. Sie erreichen den Hostclient im Browser unter der URL *https://<FQDN_or_IP_address>*, zum Beispiel: *https://esx01.lab.local*. Der Log-in-Name ist bei der Standardkonfiguration `root` (siehe Abbildung 16.1).

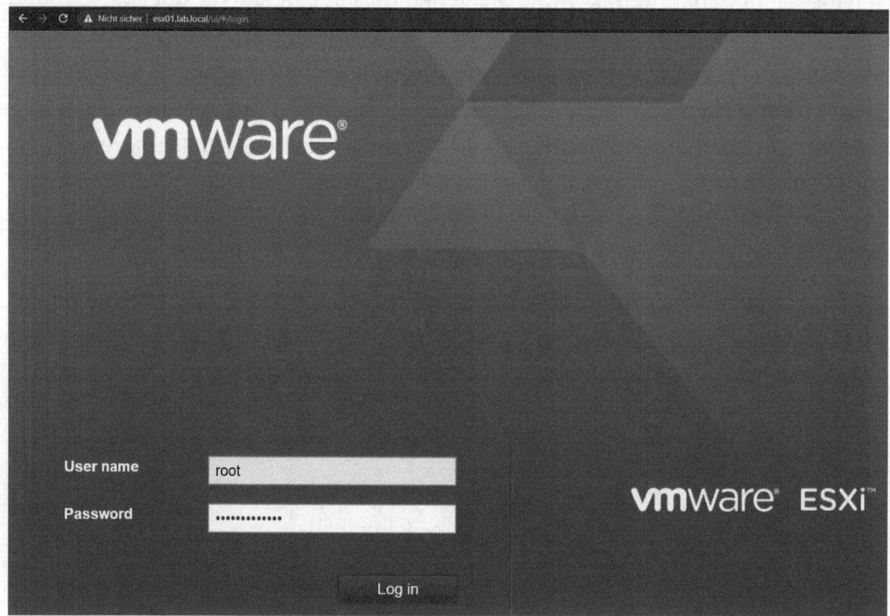

Abbildung 16.1 Log-in-Seite des Hostclients

Sofort nachdem Sie sich erfolgreich am Hostclient angemeldet haben, sehen Sie die Gesamtübersicht, die auch Startseite oder *Dashboard* genannt wird (siehe Abbildung 16.2).

Die Startseite gibt Ihnen Basisinformationen über den Zustand Ihres ESXi-Hosts wie z. B. DNS-Name, Version und Build-Nummer, Betriebszeit (*Uptime*), Hardware, Hersteller, CPU-Modell, Netzwerkeinstellungen und verfügbare Datenspeicher.

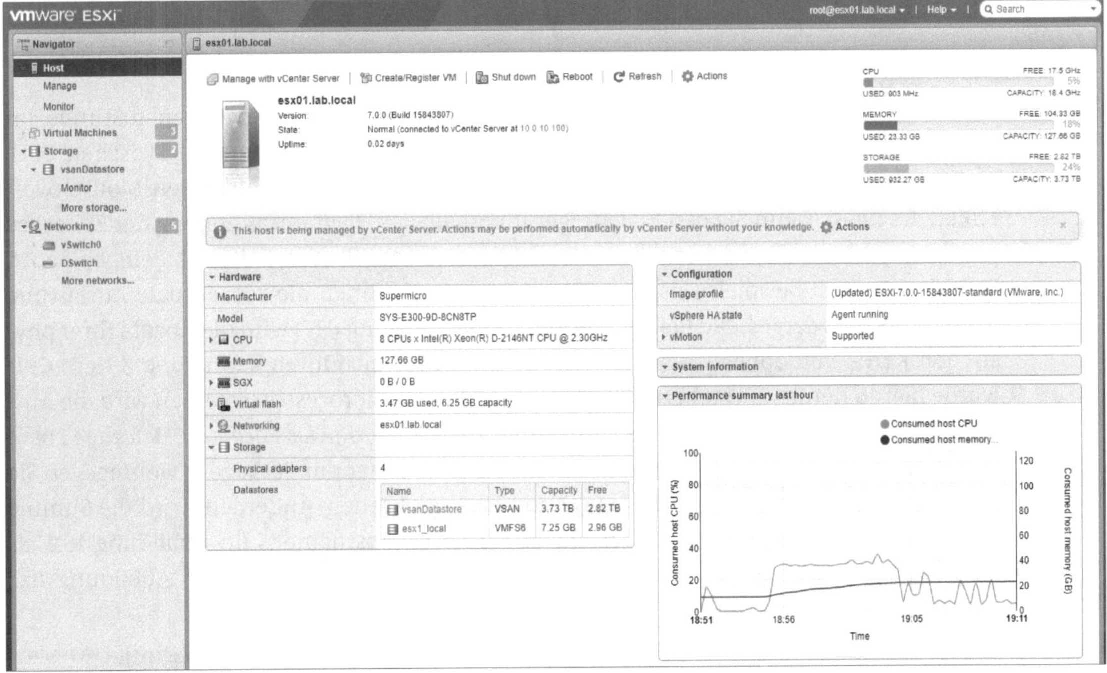

Abbildung 16.2 Dashboard des Hostclients

Die Standardsprache im Hostclient richtet sich nach Ihrer System- bzw. Browsersprache. Ist diese bei Ihnen auf Englisch eingestellt, werden Sie den Hostclient in englischer Sprache sehen. Zur Änderung der Spracheinstellung klicken Sie am rechten oberen Rand des Browserfensters auf den Pfeil neben dem Nutzernamen (normalerweise ROOT@HOSTNAME). Wählen Sie im Drop-down-Menü SETTINGS und dann LANGUAGE. Voreingestellt ist die Browsersprache. Sie können jedoch auch manuell die Sprache auf Englisch, Französisch, Spanisch, Deutsch, Chinesisch, Koreanisch oder Japanisch umstellen.

Im linken Navigationsmenü sehen Sie eine Gliederung in die Bereiche HOST, VIRTUAL MACHINES, STORAGE und NETWORKING, auf die ich im Detail eingehen werde.

16.1.1 Host

Klicken Sie im linken Menü auf den kleinen schwarzen Pfeil neben HOST. Dadurch werden die beiden Unterpunkte MANAGE (Verwaltung) und MONITOR (Überwachung) sichtbar. Durch Klick auf den Pfeil können Sie die Ansicht auf- und zuklappen. Wir werden uns in diesem Kapitel nur auf die Überwachung, also das Monitoring konzentrieren.

Sobald Sie auf MONITOR klicken, ändert sich der zentrale Bereich des Hostclients. Sie sehen nun am oberen Rand die sechs Register PERFORMANCE, HARDWARE, EVENTS, TASKS, LOGS und NOTIFICATIONS bzw. im Client mit deutscher Spracheinstellung LEISTUNG, HARDWARE, EREIGNISSE, AUFGABEN, PROTOKOLLE und BENACHRICHTIGUNGEN.

Performance (Leistung)

In diesem Register sehen Sie die Fieberkurve der Hostleistung der vergangenen Stunde. Im Drop-down-Menü am oberen Rand des Registers können Sie die Ansicht zwischen CPU, MEMORY, NETWORK und DISK wechseln. Die Kurve hat einen sogenannten Mouse-over-Effekt, das heißt, wenn Sie den Mauszeiger innerhalb des Diagramms entlang der Zeitachse bewegen, werden die numerischen Messwerte zum gegebenen Zeitpunkt eingeblendet. Befinden Sie sich beispielsweise im CPU-Kontext, wird Ihnen die prozentuale Auslastung jedes CPU-Kerns dargestellt. Bei aktiviertem Hyperthreading (HT) wird die Anzahl Ihrer physischen Kerne verdoppelt, da jeder Kern zwei Threads ausführen kann. Eine 8-Kern-CPU würde hier 16 Kerne (CPU 0 bis CPU 15) anzeigen. Bei Multiprozessorsystemen wird die Auslastung des jeweiligen CPU-Sockels aufsummiert. Diese werden als *Package 0, Package 1* usw. nummeriert. In einem Single-Socket System sehen Sie daher nur Package 0, wohingegen Sie in einem Dual-Sockel System Package 0 und Package 1 sehen. Außerdem wird die Summe über alle Kerne (aller Sockel) dargestellt in Form des Hostnamens (in Abbildung 16.3 als *esx01.lab.local*). Dies ist die prozentuale CPU-Gesamtlast des Systems. In Abbildung 16.3 sehen Sie exemplarisch die CPU-Leistungsanzeige der letzten Stunde.

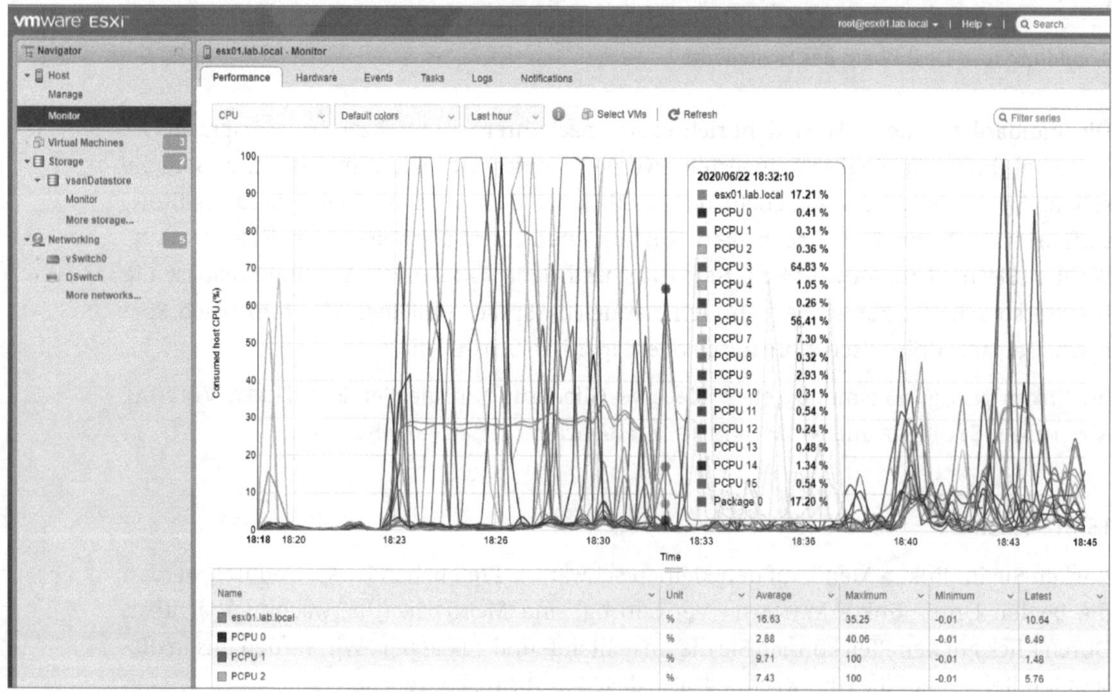

Abbildung 16.3 CPU-Leistungsübersicht im Hostclient

In der Ansicht MEMORY (Arbeitsspeicher) sehen Sie nur die Belegung des Hostarbeitsspeichers in GB. Sie werden später sehen, dass dafür im vSphere-Client wesentlich bessere Monitoring-Möglichkeiten bestehen.

In der Ansicht NETWORK (NETZWERK) sehen Sie für jeden vmnic die Sende- und die Empfangsrate in MB/s, im Englischen TRANSMIT-RATE und RECEIVE-RATE. Die deutsche Übersetzung ist hier leider etwas ungenau und benennt die Senderate als ÜBERTRAGUNGSRATE. Sie sehen auch die aufsummierten Transmit- und Receive-Raten aller Adapter sowie die gesamte Netzwerkauslastung (TOTAL NETWORK USAGE). Dies ist die Summe aus Sende- und Empfangsrate aller Adapter.

In der Ansicht DISK (die in der deutschen Übersetzung etwas unglücklich als Festplatte bezeichnet wird) sehen Sie alle erreichbaren Datenspeichergeräte mit Lese- und Schreibrate in MB/s (siehe Abbildung 16.4). Sie sehen auch die aufsummierte Lese- und Schreibrate über alle Geräte in MB/s. Der Parameter FESTPLATTENBELEGUNG in deutscher Sprache ist leider wieder ein Ergebnis schlechter Übersetzung. Es geht hier mitnichten um die Belegung der Festplatte, sondern um die Summe aus Gesamtlese- und Schreibrate (im Englischen TOTAL DISK USAGE). Ein besonders interessanter Parameter ist die MAXIMUM LATENCY (also Wartezeit) in Millisekunden. Dies ist die maximal gemessene Zeit, die ein Prozess auf Daten vom Datenträger warten musste.

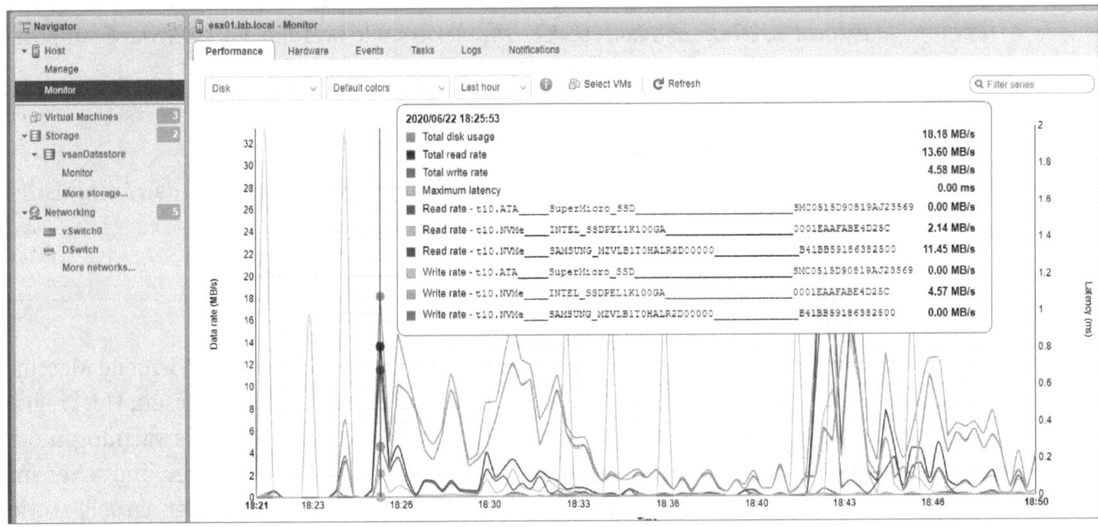

Abbildung 16.4 Leistungsanalyse der Speichergeräte im Hostclient

Hardware

Im Register HARDWARE sehen Sie unter SYSTEM SENSORS die physikalischen Betriebsparameter Ihrer Hardware, wie z. B. Spannung, Temperatur oder Umdrehungszahl.

16

Events (Ereignisse)

Im Register EVENTS finden Sie das Protokoll aller eingetretenen Ereignisse mit Datum, Uhrzeit und Zeitzone. Ereignisse können den Status *Info*, *Warnung* oder *Fehler* haben. Ereignisse haben keine zeitliche Ausdehnung (Dauer).

Tasks (Aufgaben)

Im Register TASKS sehen Sie alle Aufgaben des Hosts mit Beschreibung, Initiator, Start- und Endzeit sowie dem Ergebnis. Aufgaben unterscheiden sich von Ereignissen darin, dass sie einen zeitlichen Verlauf haben. Sie haben eine Start- und eine Endzeit.

Logs (Protokolle)

LOGS (Protokolle) sind eine Sammlung von Ereignissen und Aufgaben. Jeder Systemdienst hat ein eigenes Protokoll. Durch Markierung eines Logs (oberer Bereich) wird dessen Inhalt im Hauptfenster dargestellt. Sie können die Protokolle exportieren, indem Sie im oberen Bereich auf das Symbol mit dem Rettungsring (GENERATE SUPPORT BUNDLE) klicken. Es werden alle Protokolle zu einem Archiv zusammengefasst, komprimiert und heruntergeladen. Der Download kann von einigen Megabytes bis zu mehreren Gigabytes groß sein und daher einige Zeit in Anspruch nehmen. Die Datei ist ein *tgz*-Archiv und trägt den Ursprungstyp (*esx*), den Hostnamen sowie den Zeitstempel im Dateinamen, beispielsweise in der Form *esx-esx01.lab.local-2020-05-23–14.42-1057665.tgz*. Protokolle werden von VMware-Support-Mitarbeitern angefragt, wenn Sie einen Supportfall anmelden.

Notifications (Benachrichtigungen)

NOTIFICATIONS sind Informationen, Fragen oder Warnungen, die sich an das Administrations-Team richten.

16.1.2 Virtual Machines

Im linken Navigations-Frame sehen Sie die Sektion VIRTUAL MACHINES (Virtuelle Maschinen). Das graue Feld rechts der Sektion zeigt die Anzahl der VMs, die auf diesem Host registriert sind, die diesen Host also als Compute-Ressource verwenden. Die Überwachungsmöglichkeiten an dieser Stelle sind eingeschränkt. Sie können eine VM markieren und sehen im Hauptfenster einen Screenshot der VM-Konsole (dieser ist nicht unbedingt aktuell) sowie Informationen zum Gastsystem, zur virtuellen Hardware und dem Zustand der VMware-Tools in der VM. Sie können darüber hinaus die VM starten und stoppen, die Einstellungen bearbeiten oder Snapshots erzeugen.

16.1.3 Storage (Speicher)

In der Sektion STORAGE sehen Sie die Anzahl der von diesem Host erreichbaren Datenspeicher. Im Hauptfenster erscheinen die vier Register DATASTORES, ADAPTERS, DEVICES und

Persistent Memory. Im Client mit deutscher Spracheinstellung heißen sie Datenspeicher, Adapter, Geräte und Persistenter Datenspeicher.

Datastores (Datenspeicher)

Im Register Datastores werden alle vom Host erreichbaren Datenspeicher mit Namen, Medientyp (Harddisk, SSD), Gesamtkapazität, Belegung, freiem Speicher und Dateisystem (VMFS5, VMFS6, vSAN) gelistet.

Adapters (Adapter)

Im Register Adapter sehen Sie alle Speicheradapter des Hosts, wie z. B. Fibre-Channel-HBA, SCSI- oder iSCSI-Adapter. Sie erhalten Informationen zu Modell, Status und dem verwendeten Treiber.

Devices (Geräte)

Im Register Devices sehen Sie alle lokalen oder über *Storage Array Network* (SAN) angeschlossenen Storage-Geräte (siehe Abbildung 16.5). Diese müssen nicht mit den zuvor genannten Datenspeichern übereinstimmen. So kann sich ein logischer Datenspeicher über mehrere Geräte erstrecken. Ein vSAN-Datenspeicher benötigt beispielsweise mindestens einen lokalen Flash-Speicher für das Caching sowie mindestens ein lokales Disk-Device (SSD, HDD) für Daten. Lesen Sie mehr zu vSAN-Datenspeichern in Kapitel 10, »VMware vSAN«.

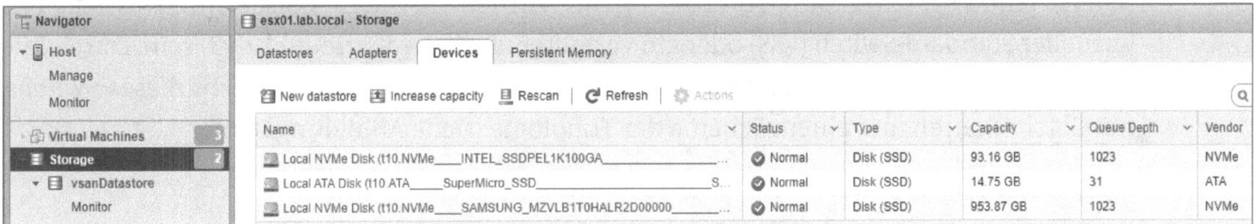

Abbildung 16.5 Ansicht der Speichergeräte im Hostclient

Persistent Memory

Persistenter Arbeitsspeicher ist eine moderne Speicherform, die zwischen Dynamic-RAM (DRAM) und Flashspeicher einzuordnen ist. Er wird auf Dual-Inline-Memory-Modulen (DIMM) in Speicherbänke gesetzt und ist im Gegensatz zu DRAM persistent, das heißt, der Inhalt übersteht auch einen Neustart des Hosts, ähnlich einer SSD. Er zeichnet sich aber durch wesentlich kürzere Zugriffszeiten als SSD- oder NVMe-Speicher aus. Sollte im Host persistenter Arbeitsspeicher verbaut sein, können Sie dessen Eigenschaften in diesem Register abfragen.

16.1.4 Networking (Netzwerk)

In der Sektion Networking sehen Sie die auf diesem Host verfügbaren Netzwerkressourcen und Objekte. Im Hauptfenster erscheinen die sechs Register Port groups, Virtual swit-

CHES, PHYSICAL NICs, VMKERNEL NICs, TCP/IP STACKS und FIREWALL RULES, mit deutscher Spracheinstellung PORTGRUPPEN, VIRTUELLE SWITCHES, PHYSISCHE NETZWERKKARTEN DES HOSTS VERWALTEN, VMKERNEL-NETZWERKKARTEN DES HOSTS VERWALTEN, TCP/IP STACKS und FIREWALLREGELN.

Port Groups (Portgruppen)

Im Register PORT GROUPS erhalten Sie eine Übersicht aller am Host verfügbaren Portgruppen. Eine Portgruppe ist immer Teil eines virtuellen Switchs. Sie sehen die Bezeichnung der Portgruppe und die Anzahl der aktiven Ports. Darunter versteht man virtuelle Ports, die einer VM oder einem Uplink zugeordnet sind. Wurde der Portgruppe eine VLAN-ID (IEEE 802.1X) zugeteilt, können Sie diese in der Spalte VLAN ID ablesen. Das bedeutet, dass alle Datenpakete, die diese Portgruppe verlassen, mit einem VLAN-Tag versehen werden. In der Spalte mit der Bezeichnung TYPE sehen Sie, ob es sich um eine Portgruppe eines Standard-Switchs (auf dem Host definiert) oder um eine verteilte Portgruppe (im vCenter definiert) handelt. Der übergeordnete vSwitch (Standard oder Distributed) sowie die Anzahl der verbundenen VMs werden ebenfalls angezeigt.

Virtual Switches (Virtuelle Switches)

Analog zu den Portgruppen sehen Sie in diesem Register Informationen zu den virtuellen Switches dieses Hosts. Angezeigt werden der Name, die Portgruppen, die Anzahl der physischen Uplinks (Netzwerkports) und der Typ des virtuellen Switchs. Dieser kann entweder ein virtueller Standard-Switch (vSS) oder ein verteilter vSwitch (distributed, dvS) sein. Durch Klicken auf einen virtuellen Standard-Switch (Link) gelangen Sie zur Übersicht dieses Switchs mit Eigenschaften und einem Schema der Topologie (siehe Abbildung 16.6).

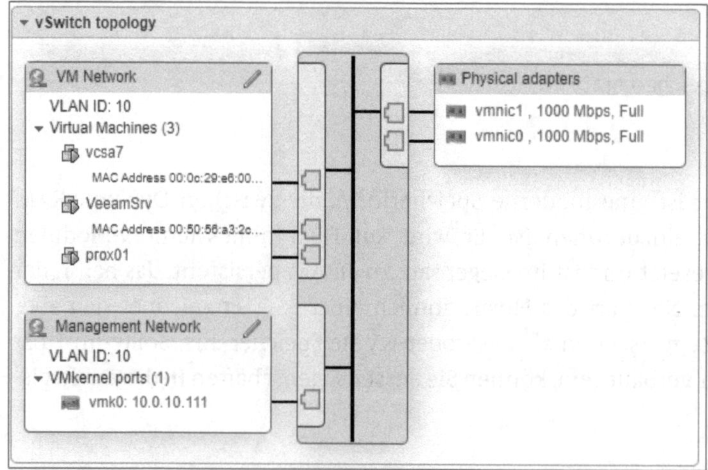

Abbildung 16.6 vSwitch-Topologie eines Standard-Switchs im Hostclient

Physical NICs (Physische Netzwerkkarten des Hosts verwalten)

In diesem Register sehen Sie Informationen zu den physischen Netzwerkadaptern des Hosts. VMware ESXi nennt seine Netzwerkadapter *vmnic* und nummeriert sie von 0 bis *n* durch (siehe Abbildung 16.7). Das ist der Name des Adapters. Dazu wird der für diesen Adapter geladene Treiber gelistet sowie die eindeutige MAC-Adresse des Ports. Hinzu kommen Informationen dazu, ob der Port für die automatische Aushandlung der Verbindungseigenschaften (AUTO-NEGOTIATE) mit der Gegenstelle konfiguriert ist. Die automatische Aushandlung kann aktiviert oder deaktiviert sein. Ist sie deaktiviert, müssen die Kommunikationsgeschwindigkeit und der Modus (Halbduplex, Vollduplex) manuell gesetzt werden. Dies ist eine häufige Fehlerquelle für Kommunikationsprobleme. Die Parameter müssen beidseitig einheitlich gesetzt sein, d. h. beide Seiten auf automatischer Aushandlung oder auf demselben manuellen Wert. Mögliche Werte sind z. B. 10.000 MBit Vollduplex, 1.000 MBit Vollduplex, 100 MBit Halb-/Vollduplex, 10 MBit Halb-/Vollduplex.

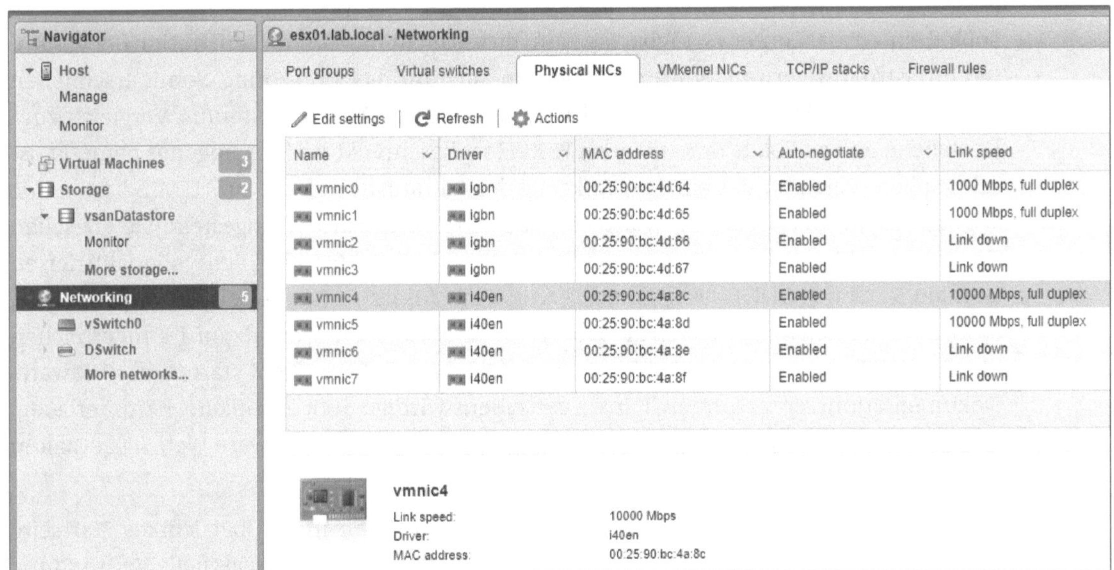

Abbildung 16.7 Verwaltung der physischen Netzwerkadapter im Hostclient

VMkernel-NICs (VMkernel-Netzwerkkarten des Hosts verwalten)

VMkernel-Adapter sind virtuelle Netzwerkadapter des Hosts, denen spezielle Aufgaben oder Dienste zugeordnet sind. Dies können beispielsweise Hostmanagement, iSCSI, NFS, vSAN oder vMotion sein. Der ESXi-Host nennt seine VMkernel-Adapter *vmk* und nummeriert sie von 0 bis *n*. Sie sehen in der Liste den Namen des Kernel-Adapters, dessen Portgruppe, den TCP/IP-Stack, zugeordnete Dienste, die IPv4- und die IPv6-Adresse.

TCP/IP-Stacks

ESXi kann für unterschiedliche Netzdienste verschiedene TCP/IP-Stacks bereitstellen. Diese können dann eigene Gateway-Adressen und DNS-Server haben. Sie sehen in der Liste die Bezeichnung des TCP/IP-Stacks, dessen IPv4- bzw. IPv6-Gateways, seinen bevorzugten DNS-Server und gegebenenfalls einen alternativen DNS-Server.

Firewall rules (Firewallregeln)

Jeder ESXi-Host verfügt über eine eigene Host-Firewall. Im Register FIREWALL RULES sehen Sie die Bezeichnung der Regel, den internen Namen (KEY), ein- und ausgehende Ports, Protokolle, zugeordnete Systemdienste und Ausführungszustand (RUNNING, STOPPED, NONE).

16.2 Monitoring mit dem vSphere-Client

Sobald ein Virtual Center verfügbar ist, kann dieses nicht nur zur Administration der gesamten Infrastruktur verwendet werden, sondern auch für das Monitoring. Somit erschließen sich Ihnen über das vCenter auch viel mehr Monitoring-Möglichkeiten im Vergleich zum Hostclient, dessen Fokus nur auf einen ESXi-Host beschränkt ist. Wie eingangs bemerkt, ist seit vSphere-Version 7 das einzige Werkzeug der Administration der auf HTML5 basierende vSphere-Client. Der Webclient (Flash) und der C#-Client wurden eingestellt. Sie erreichen den vSphere-Client des vCenters mittels SSL Protokoll (https) über den vollqualifizierten Domain-Namen (FQDN) des vCenter-Servers mit Zusatz */ui*, zum Beispiel *https://vc.lab.local/ui*. Erwähnenswert ist auch die verkürzte Adresse ohne den Zusatz */ui*. Damit erreichen Sie eine Willkommensseite. Sie können von dort den vSphere-Client starten, das VMware-Dokumentationscenter öffnen (Link), vertrauenswürdige root-Zertifikate herunterladen, den *Managed Object Browser* (*MOB*) starten, Informationen zum VMware-Web-SDK erhalten oder die REST-API durchsuchen.

Nach erfolgreichem Log-in in den vSphere-Client kommen Sie in die Übersicht der Startseite (siehe Abbildung 16.8). Sie sehen im oberen Bereich der Startseite die aktuelle Verwendung der Ressourcen-CPU, MEMORY und STORAGE im Cluster. Darunter finden Sie Übersichten aller VMs und deren Betriebszustand sowie aller Hosts und deren Zustand. Darunter sehen Sie eine Liste der Objekte mit den meisten Alarmen. So lassen sich Problemquellen sehr schnell lokalisieren. Der Einstiegspunkt nach dem Login kann sich verändern, da das vCenter registriert, welche Ansicht Sie zuletzt gewählt hatten. Sie gelangen zu dieser Ansicht zurück, indem Sie links oben auf das Feld VSPHERE CLIENT klicken und dann HOME auswählen.

Links befindet sich der Navigationsbereich, in dem Sie schnell zwischen den Kategorien HOSTS AND CLUSTERS, VMS AND TEMPLATES, STORAGE und NETWORKING wechseln können (siehe Abbildung 16.9).

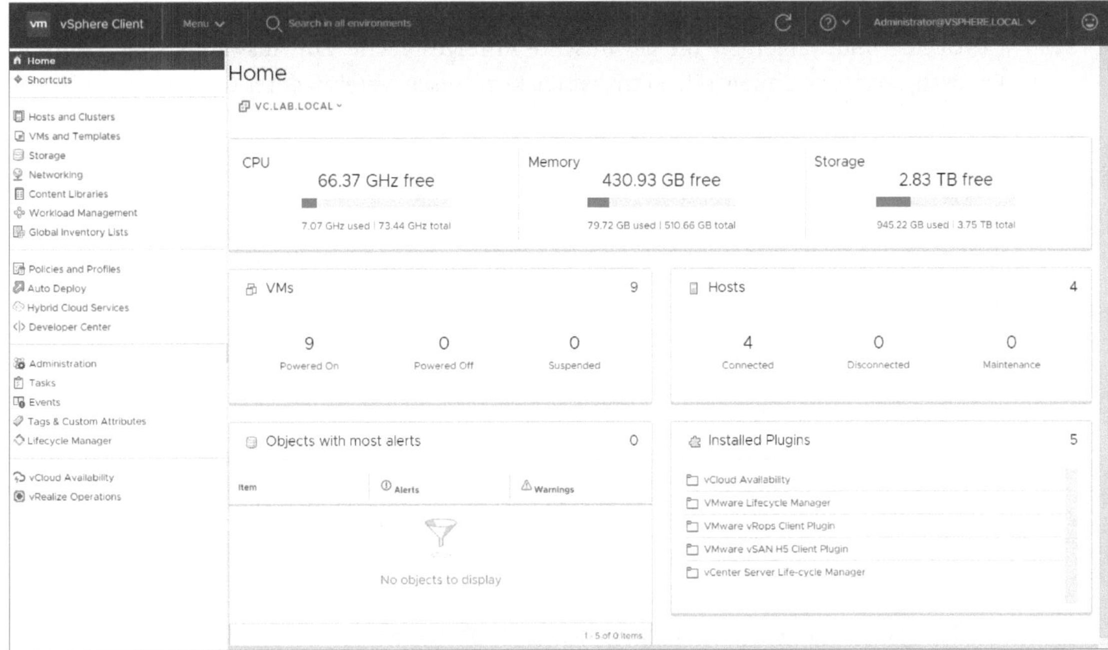

Abbildung 16.8 Startseite des vSphere-Clients

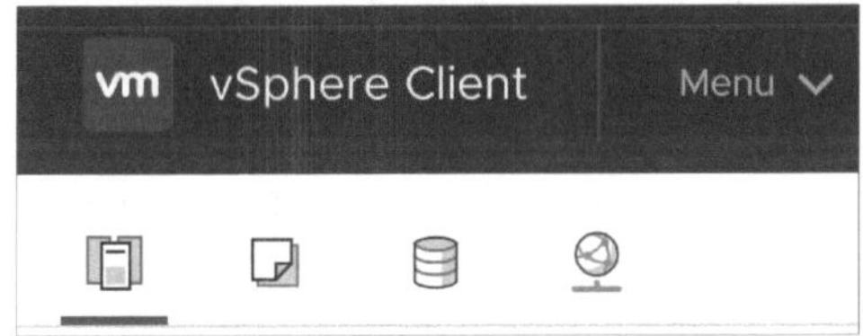

Abbildung 16.9 Kategorieauswahl im vSphere-Client

In jeder Kategorie sehen Sie im linken Bereich Objekte dieser Kategorie, zum Beispiel Datacenter, Cluster und ESXi-Hosts in der Kategorie HOSTS AND CLUSTERS oder virtuelle Switches in der Kategorie NETWORKING. Zu jedem Objekt jeder Kategorie gibt es im Zentralbereich ein Register MONITOR (ÜBERWACHEN). Dort gibt es objektspezifische Überwachungsoptionen, die in Monitor-Untergruppen gegliedert sind. Ein Datenspeicher zeigt Ihnen andere Monitoroptionen als z. B. eine virtuelle Maschine.

16.2.1 Spracheinstellungen

Die Anzeigesprache Ihres vSphere-Clients richtet sich nach Ihrer Browsersprache (Standardeinstellung). Sie können jedoch im vSphere-Client die Anzeigesprache festlegen. Klicken Sie dazu oben rechts im schwarzen Balken auf den Benutzernamen (z. B. *administrator@vsphere.local*). Wählen Sie MY PREFERENCES (Meine Einstellungen). Ein Dialogfenster öffnet sich. Klicken Sie darin auf LANGUAGE, setzen Sie den Radiobutton auf SPECIFY A LANGUAGE und wählen Sie die gewünschte Anzeigesprache. Zur Auswahl stehen Deutsch, Englisch, Spanisch, Chinesisch, Französisch, Koreanisch, vereinfachtes Chinesisch und Japanisch.

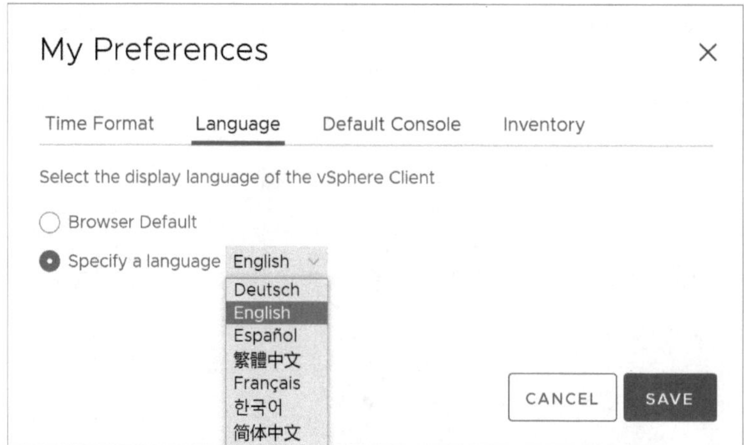

Abbildung 16.10 Auswahl der Anzeigesprache im vSphere-Client

Eine Benutzeroberfläche in deutscher Sprache ist komfortabel für Anwender im deutschen Sprachgebiet. Es gibt jedoch gute Gründe, die Anzeigesprache auf Englisch zu stellen. Der erste ist die mitunter etwas unglückliche und zum Teil irreführende Übersetzung der Fachbegriffe. Der weitaus wichtigere Grund bezieht sich auf die Problemanalyse. Wenn Sie eine unbekannte Fehlermeldung auf Deutsch in die Suchmaschine eingeben, werden Sie nur eine geringe Trefferwahrscheinlichkeit haben, denn die meisten technischen Ressourcen, Blogs und User-Foren sind in englischer Sprache verfasst. Es kann also von entscheidendem Vorteil sein, auch die Suchanfragen mit den Original-Fehlermeldungen in englischer Sprache zu stellen. Ich habe daher ebenfalls viele Begriffe auf Englisch belassen bzw. Screenshots der englischen Oberfläche eingefügt. Sie sollten sich überlegen, ob Sie nicht auch besser mit der englischen Version arbeiten.

16.2.2 Leistungsdaten analysieren

Für fast jedes Objekt können im Register MONITOR • PERFORMANCE Leistungsdaten abgerufen werden. Es gibt dafür zwei Ansichten: OVERVIEW und ADVANCED. Die Ansicht OVERVIEW sammelt die wichtigsten Leistungsdaten zum gewählten Objekt und stellt sie in mehreren Schaubildern dar. Sie können die Daten der letzten Stunde, des letzten Tages, der letzten Woche, des letzten Monats, des letzten Jahres oder ein selbst definiertes Intervall anzeigen lassen. Beachten Sie, dass mit der Größe des Zeitintervalls die Schärfe der Messpunkte abnimmt, da über mehrere Werte gemittelt werden muss. Kurzzeitige Pegelspitzen könnten so durch Glättung übersehen werden. Tabelle 16.2 zeigt die einstellbaren Intervalle, den Abstand der Messpunkte sowie die maximale Anzahl an Messpunkten.

Intervall	Abstand Messpunkte	Messpunkte
Echtzeit (1 h)	20 s	180
letzter Tag	5 min	288
letzte Woche	30 min	336
letzter Monat	2 h	360
letztes Jahr	1 d	365

Tabelle 16.2 Anzeigeoptionen

In der erweiterten Leistungsansicht (ADVANCED) können Sie das Zeitintervall und die dargestellten Parameter selbst auswählen. Beachten Sie, dass die Echtzeitdarstellung nicht für jedes Objekt verfügbar ist. Es gibt dagegen auch Metriken, die nur in Echtzeit verfügbar sind, wie zum Beispiel die Latenz. Diese ist lediglich in sehr kurzen Messintervallen aussagekräftig. Die CPU-Latenz über einen Tag oder eine Woche hätte durch die Mittelwertbildung keinerlei Aussagekraft und wird daher nicht angeboten.

Metriken mit summierten Zeiteinheiten müssen auf das Zeitintervall umgerechnet werden. Dies ist ein weitverbreiteter Fehler bei der Interpretation der Leistungsdaten im vSphere-Client. Betrachten wir hierzu ein Beispiel: In der Echtzeitanzeige der CPU-Ready-Zeit eines ESXi-Hosts sehen Sie einen Maximalwert von 100 ms. Das klingt, zunächst sehr dramatisch, als habe ein Prozess 100 ms warten müssen, bis ihm auf einem CPU-Kern Rechenzeit zugeteilt wurde. Dies ist jedoch nicht der Fall. Tatsächlich wird in der Echtzeitanalyse die CPU-Ready-Zeit über 20 Sekunden aufsummiert. Das bedeutet: In einem Zeitraum von 20.000 ms haben sich 100 ms an Ready-Zeit angesammelt. Umgerechnet auf 1 ms beträgt der Wert also 100 ms / 20.000 ms = 0,005, also 5 µs Ready-Zeit innerhalb einer Millisekunde. Das entspricht 0,5 % und ist ein durchaus guter Wert.

16.2.3 Tasks (Aufgaben und Ereignisse)

Zu jedem Objekt in der linken Navigationsleiste gibt es im Register MONITOR einen Bereich TASKS AND EVENTS. Diese sind immer kontextbezogen auf das gewählte Objekt. Wie beim Hostclient gilt auch hier: Ereignisse sind punktuell und haben keine zeitliche Ausdehnung. Aufgaben haben dagegen einen Beginn und ein Ende. Ein mögliches Ereignis einer virtuellen Maschine ist beispielsweise: »Die virtuelle Maschine wird gestartet.« Ein Beispiel für eine Aufgabe zu einer virtuellen Maschine wäre: »Die virtuelle Maschine VM1 wurde vom Host *esx01.lab.local*, vSAN-Datastore in vSAN-Datacenter nach *esx02.lab.local*, vSAN-Datastore in vSAN-Datacenter migriert.« Diese Aufgabe hat einen Zeitstempel für den Beginn, eine Ausführungsdauer und einen Zeitstempel für das Ende.

Brauchen Sie eine Liste aller Aufgaben aller Objekte in chronologischer Reihenfolge, dann klicken Sie im schwarzen Balken des Clients (oben) auf MENU und dann auf TASKS. Das Gleiche gilt für eine Liste aller Ereignisse aller Objekte. Sie finden diese ebenfalls im Menü direkt unter den Aufgaben (siehe Abbildung 16.11).

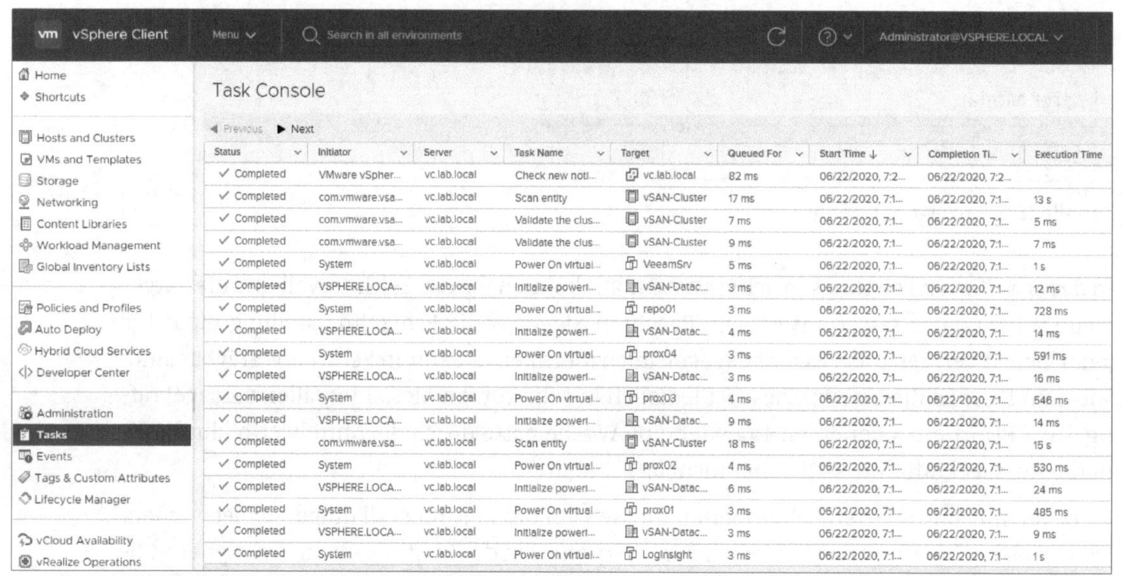

Abbildung 16.11 Aufgabenliste im vSphere-Client

16.2.4 Issues and Alarms (Probleme und Alarme)

Analog zu den Aufgaben und Ereignissen hat jedes Objekt einen Bereich ISSUES AND ALARMS. Sie können das leicht selbst testen, indem Sie z. B. auf einem ESXi-Server den SSH-Dienst einschalten. Dies wird als Sicherheitsproblem eingestuft, und Sie erhalten auf dem Host unter MONITOR • ISSUES AND ALARMS • ALL ISSUES die Meldung: »SSH für den Host wurde aktiviert« (siehe Abbildung 16.12). Sie sehen gleichzeitig das Symbol Ihres ESXi-Hosts, gekennzeichnet mit einem gelben Warnsymbol. Sobald Sie das Problem beseitigt, also den SSH-Dienst wieder gestoppt haben, verschwindet die Meldung und auch das Warnsymbol am Host.

Alarme verhalten sich etwas anders als Probleme. Alarme müssen quittiert oder manuell auf Status *Grün* gesetzt werden. Beim Quittieren (engl. ACKNOWLEDGE) eines Alarms werden die Alarmreaktionen unterbrochen, der Alarm bleibt jedoch sichtbar, und im Log wird vermerkt, wer den Alarm bestätigt hat. Somit teilt ein Administrator den anderen indirekt mit, dass der Fall bemerkt wurde und in Bearbeitung ist. Wird ein Alarm auf Grün zurückgesetzt (engl. RESET TO GREEN), verschwindet die Meldung aus der Clientansicht. Dies ist gelegentlich notwendig, wenn Alarme ihren Status zur Information nicht automatisch zurücksetzen, obwohl die Ursache nicht mehr besteht (siehe Abbildung 16.13)

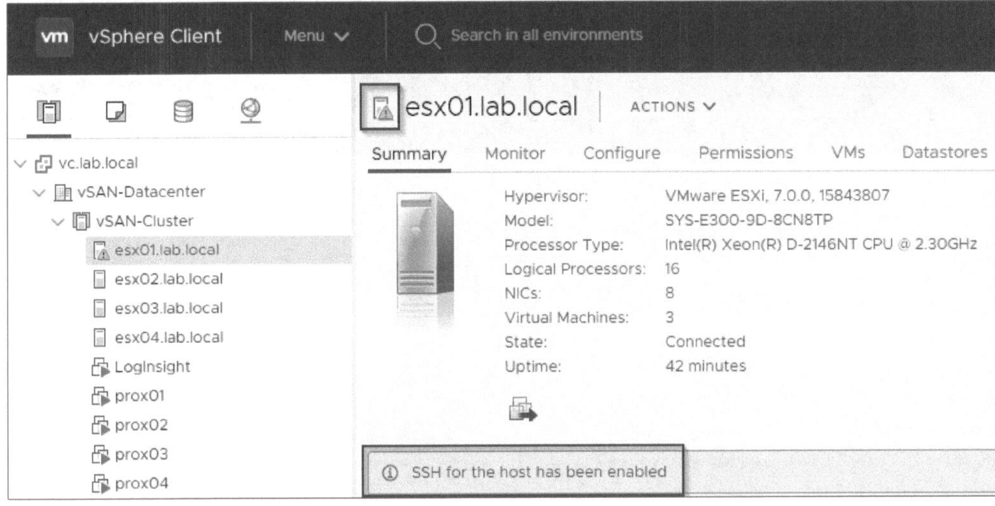

Abbildung 16.12 Warnmeldung im vSphere-Client

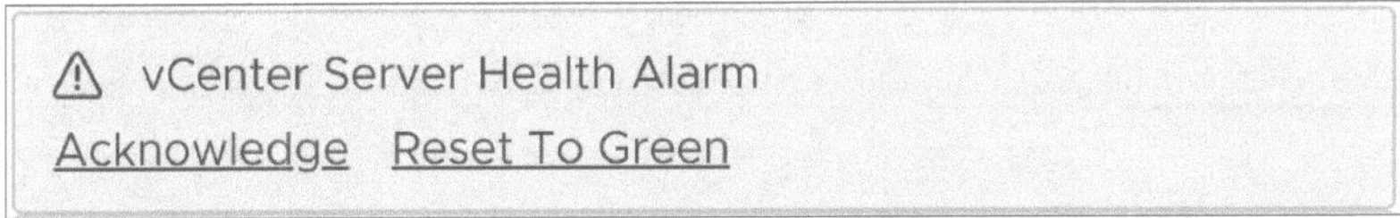

Abbildung 16.13 Alarme bestätigen oder zurücksetzen

Ein kritischer Alarm für einen Host wäre beispielsweise der Verlust der Uplink-Redundanz eines virtuellen Switchs. Dies erzeugt sowohl einen Eintrag unter ISSUES als auch einen unter ALARMS, denn wir haben es hier mit einer potenziell kritischen Störung zu tun.

16.2.5 Alarme definieren

Das vCenter ist mit vielen Alarmen vorkonfiguriert. Es besteht jedoch die Möglichkeit, eigene Alarme zu definieren oder vorhandene Alarmgrenzen nach eigenen Bedürfnissen anzupassen.

Sie werden lernen, exemplarisch einen eigenen Alarm zu definieren, der immer dann ausgelöst wird, wenn der Snapshot einer VM einen Grenzwert überschreitet.

Dazu klicken Sie im linken Navigationsmenü auf die oberste Ebene (vCenter). Wechseln Sie zum Register CONFIGURE und dann zu ALARM DEFINITIONS. Aktivieren Sie den Link ADD, worauf sich ein Fenster öffnet (siehe Abbildung 16.14). Geben Sie dem Alarm einen aussagekräftigen Namen, wie z. B. `Snapshotsize`. Als Zieltyp wählen Sie im Drop-down VIRTUAL MACHINES und klicken auf NEXT. Als Alarmregel1 wählen Sie im Drop-down unter der IF-

Bedingung SNAPSHOT • VM-SNAPSHOT-SIZE. Wählen Sie im zweiten Drop-down die Bedingung IS ABOVE und setzen Sie den Wert auf z. B. 1 GB. Wählen Sie als Aktion unter THEN • TRIGGER THE ALARM und SHOW AS WARNING. Klicken Sie auf NEXT und belassen Sie die Rücksetzregel auf STANDARD. Klicken Sie auf NEXT und dann auf CREATE.

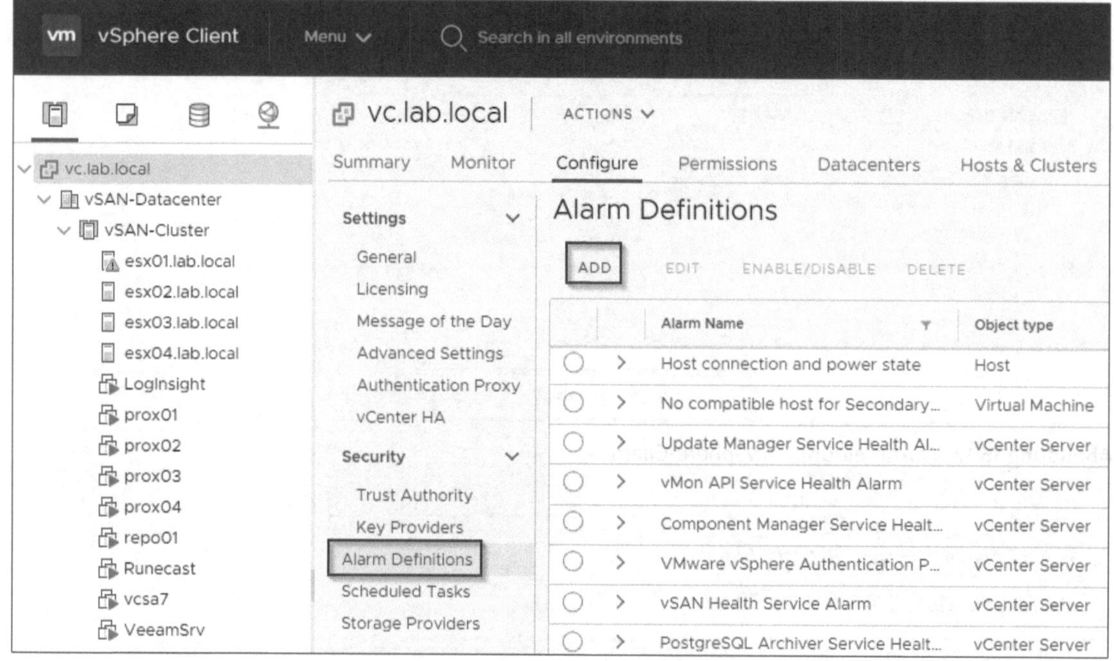

Abbildung 16.14 Eigene Alarme im vSphere-Client definieren

Der Alarm ist sofort aktiv. Testen Sie die Funktion, indem Sie einen Snapshot auf einer VM erzeugen, und warten Sie, bis das Ereignis eintritt. Zur Beschleunigung können Sie Daten in diese VM kopieren.

Sie können mehrere Bedingungen zur Auslösung eines Alarms definieren und diese logisch (UND bzw. ODER) verknüpfen.

- Der Alarm löst aus, wenn Bedingung1 UND Bedingung2 erfüllt sind.
- Der Alarm löst aus, wenn Bedingung1 ODER Bedingung2 erfüllt ist.

16.2.6 Syslog-Server einrichten

Ein Syslog-Server ist ein zentrales System, das aus unterschiedlichsten Quellen Syslog-Meldungen entgegennimmt. Es ist nicht Teil der ESXi-Hosts oder des vCenters. Sie können aber Ihre ESXi-Hosts für das Versenden von Syslog-Meldungen an ein Fremdsystem konfigurieren. Wählen Sie dazu in der Ansicht HOSTS AND CLUSTERS einen ESXi-Server aus und gehen Sie im zentralen Fenster auf das Register CONFIGURE. Erweitern Sie im mittleren Untermenü den Bereich SYSTEM und wählen Sie ADVANCED SYSTEM SETTINGS (Erweiterte Systemeinstellungen). Klicken Sie rechts oben auf die Schaltfläche EDIT (siehe Abbildung 16.15). Ein Fenster mit allen erweiterten Systemeinstellungen öffnet sich. Geben Sie innerhalb des Fensters rechts oben im Filter den Suchbegriff `syslog` ein. Suchen Sie den Eintrag `Syslog.global.LogHost` und geben Sie in der Spalte WERT die Adresse und die Portnummer Ihres Syslog-Servers an. Die meisten Syslog-Server verwenden das UDP-Protokoll auf Port 514. In diesem Fall lautet der Eintrag *udp://mySyslog.lab.local:514*. Statt UDP dürfen Sie auch TCP oder SSL verwenden. Es ist erlaubt, in der Spalte VALUE mehrere Syslog-Ziele zu definieren. Trennen Sie dann die Adressen durch ein Komma.

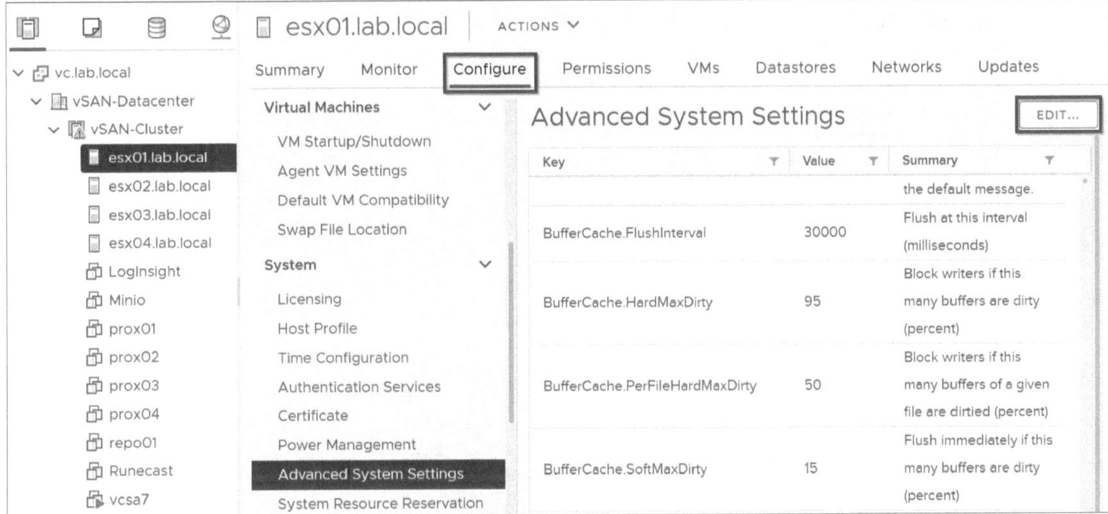

Abbildung 16.15 Erweiterte Systemeinstellungen bearbeiten

16.3 Monitoring mit esxtop

Eines der vielseitigsten Mittel zur Leistungsmessung und Analyse von Engpässen ist `esxtop`. Es gleicht dem Linux-Kommando `top` und wird auf der Shell des ESXi-Hosts ausgeführt. Dem ungeübten Auge mag dieses Werkzeug etwas anachronistisch erscheinen, aber zur Detailanalyse von Leistungsengpässen ist es geradezu unverzichtbar. Während in der grafischen Leistungsanalyse die feinste Abstufung bei 20 Sekunden liegt, kann `esxtop` sekundengenau arbeiten. Mit `esxtop` lassen sich alle Systemressourcen (CPU, Arbeitsspeicher, Disk, Netzwerk) überwachen und aufzeichnen.

Das Werkzeug `esxtop` ist sehr mächtig und umfangreich. Alle Funktionen und Parameter zu erklären, würde den Rahmen dieses Buchs sprengen. Wir werden uns daher gezielt auf einige der gängigsten Parameter beschränken. Eine sehr ausführliche und stets aktuelle Dokumentation finden Sie im *VMware Technology Network* (VMTN) unter *https://communities.vmware.com/docs/DOC-9279*.

Eine weitere sehr empfehlenswerte Seite wird von Duncan Epping auf seinem Blog YellowBricks gepflegt: *http://www.yellow-bricks.com/esxtop*. Die Informationen auf Duncan Eppings Blog sind etwas kompakter und für Neueinsteiger möglicherweise besser geeignet.

16.3.1 esxtop auf der Shell

Sie starten `esxtop` von der CLI eines ESXi-Hosts. Direkt nach dem Start befinden Sie sich in der CPU-Analyse. Sie navigieren mit Tastaturkürzeln durch die verschiedenen Ansichten (siehe Tabelle 16.3).

Taste	Funktion
[C]	CPU
[M]	Memory
[N]	Network
[I]	Interrupts
[D]	Disk Adapter
[U]	Disk Device
[V]	VM
[P]	Power Management
[R]	RDMA
[X]	vSAN

Tabelle 16.3 esxtop-Kommandos zum Wechsel der Ansichten

Zur besseren Übersichtlichkeit können Sie die Ansicht auf virtuelle Maschinen einschränken. Verwenden Sie hierfür in der CPU-Analyse die Tastenkombination [⇧]+[V].

Abbildung 16.16 zeigt die CPU-Statistik aller VMs eines ESXi-Hosts. Die oberste Zeile gibt Ihnen Informationen über die aktuelle Systemzeit, die Uptime des Systems, die Anzahl der Worlds, die Anzahl der VMs auf diesem Host, die Summe der vCPU aller VMs sowie die mittlere CPU-Auslastung über 1 Minute, 5 Minuten und 15 Minuten. Maximalwert ist 1,00 (100 %).

In dem dargestellten Beispiel hatten wir in der vergangenen Minute eine mittlere Auslastung von 0,05 (5 %), über die letzten 5 Minuten 0,05 (5 %) und in der vergangenen Viertelstunde 0,07 (7 %).

```
esx01.lab.local - PuTTY
 3:16:09pm up  6:42, 1013 worlds, 2 VMs, 4 vCPUs; CPU load average: 0.05, 0.05, 0.07
PCPU USED(%): 1.1 3.0 2.5 0.6 0.3 0.8 1.1 5.2 2.1 0.1 0.2 0.4 7.7 0.5 0.0 0.2 AVG: 1.6
PCPU UTIL(%): 2.1 3.7 3.6 1.3 0.5 1.8 1.9 5.3 4.4 0.2 0.4 1.0  13 1.3 0.1 0.4 AVG: 2.6
CORE UTIL(%): 5.7     4.8     2.2     7.1     4.6     1.4      14     0.5     AVG: 5.2

      ID      GID NAME      NWLD   %USED    %RUN    %SYS   %WAIT %VMWAIT    %RDY   %IDLE  %OVRLP   %CSTP  %MLMTD  %SWPWT
   23282    23282 vcsa7       26   17.21   25.39    0.08 2577.19    0.00    0.05  175.09    0.05    0.00    0.00    0.00
  289766   289766 prox01       9    0.41    0.68    0.00  900.00    0.00    0.08  200.35    0.00    0.00    0.00    0.00
```

Abbildung 16.16 CPU-Monitoring-VMs mit esxtop

Worlds

Eine World ist ein Ausführungskontext oder Prozess, dem auf einer physischen CPU-Rechenzeit zugeteilt werden kann. Man spricht bei dieser Zuteilung von *Scheduling* (engl. *to schedule*, sinngemäß übersetzt geplante Bearbeitung oder Disposition). Eine World ist vergleichbar mit Prozessen in einem herkömmlichen Betriebssystem.

Eine virtuelle Maschine ist eine Sammlung von Worlds, von denen es unterschiedliche Arten gibt. Jede virtuelle CPU (vCPU) einer VM ist eine World. Diese werden von `vmx-vcpu-0` bis `vmx-vcpu-n` durchnummeriert.

Eine weitere World existiert für Maus, Tastatur und Anzeige (Mouse, Keyboard, Screen) und heißt `vmx-mks`. Auch das SVGA-Device ist eine World (`vmx-svga`). Darüber hinaus gibt es noch zwei Worker-Prozesse `vmx-vthread-n`, die jeweils auch eine World repräsentieren. Eine World wird für die Speicherüberwachung verwendet (`vmast`). Zusammengefasst:

- eine World pro virtuelle CPU – diese werden von `vmx-vcpu-0` bis `vmx-vcpu-n` durchnummeriert
- eine World für Maus, Tastatur und Anzeige: `vmx-mks`
- eine World für das SVGA-Device: `vmx-svga`
- zwei Worlds für Worker-Prozesse: `vmx-vthread-n`
- eine World für die Speicherüberwachung: `vmast`

Worlds können in Gruppen organisiert sein. Die Gruppe `idle` beinhaltet beispielsweise alle Worlds, die aktuell nicht disponiert werden.

PCPU

PCPU bezeichnet einen Ausführungskontext des CPU-Kerns, entweder des gesamten Kerns (Core) ohne Hyperthreading (HT) oder eines Threads bei aktiviertem HT. In diesem Fall steht PCPU für eine logische CPU innerhalb des Cores.

Bei aktiviertem Hyperthreading wird der Core in zwei logische CPUs unterteilt, die unabhängig arbeiten können, jedoch auf gemeinsame Ressourcen des Cores zugreifen.

PCPU UTIL(%) und PCPU USED(%)

Die Metrik PCPU UTIL(%) bezeichnet den prozentualen Zeitanteil, in dem ein physischer Core oder eine logische CPU aktiv war, sich also nicht im Leerlauf (`idle`) befand. Es sagt jedoch nicht unbedingt etwas darüber aus, wie viel Arbeit geleistet wurde. Letzteres wird mit der Metrik PCPU USED(%) beschrieben.

Man möchte meinen, dass beide Werte gleich groß sein sollten. Das sind sie auch, sofern keine der folgenden Funktionen aktiv ist:

- Hyperthreading
- Power-Management

In Abbildung 16.17 sehen Sie in Zeile 2 und 3 jeweils 16 Werte für PCPU USED und PCPU UTIL. Das physische System hat acht CPU-Kerne mit aktiviertem HT. Daher sehen wir in diesem Bild die Werte für jeweils 16 logische CPU (Threads).

PCPU USED(%) kann maximal den Wert von PCPU UTIL(%) erreichen. Damit ist PCPU UTIL(%) ≥ USED(%).

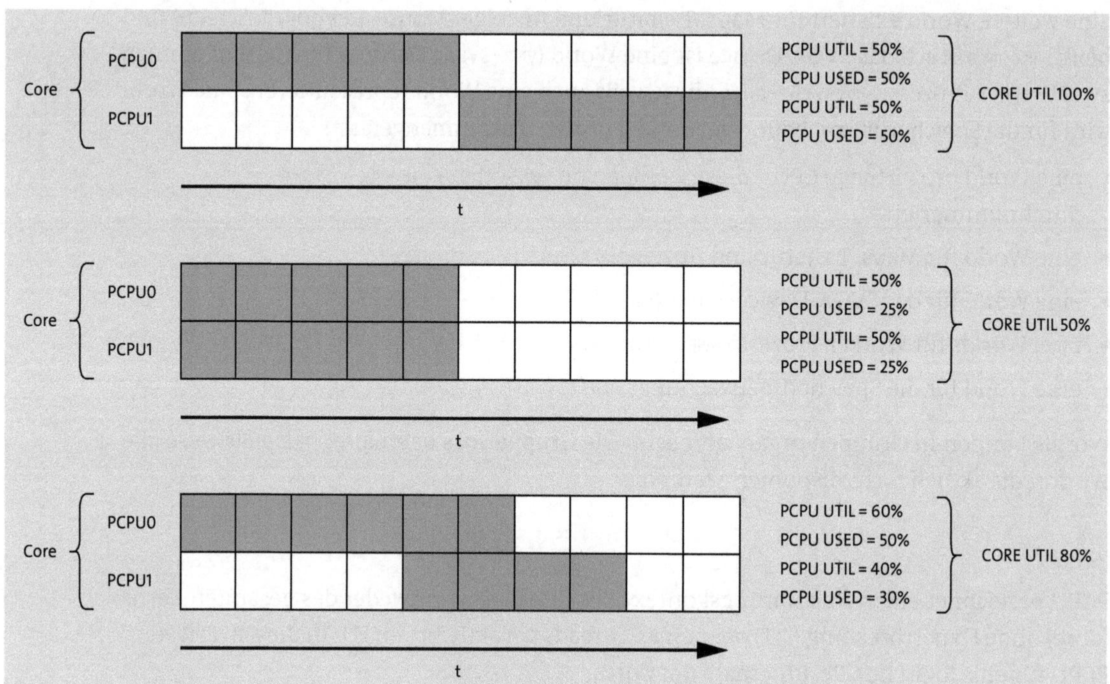

Abbildung 16.17 Zusammenhang zwischen PCPU UTIL, PCPU USED und CORE UTIL

Wir werden die Diskrepanz am Beispiel des Hyperthreadings (HT) erläutern. Der Hauptgrund dafür, dass wir hier unterschiedliche Werte erhalten, liegt in der Architektur eines CPU-Kerns mit aktiviertem HT. Beide logischen CPUs teilen sich gemeinsame Hardwareressourcen innerhalb des Cores. Eine PCPU, die alleine läuft, erhält daher die volle Leistung. Findet jedoch zeitgleich eine Ausführung mit einer zweiten PCPU statt, ist die Leistung geringer. PCPU USED(%) wird dann nur zur Hälfte angerechnet. Zum besseren Verständnis zeige ich hier drei Beispiele, die in Abbildung 16.17 visualisiert sind:

1. Zwei logische CPUs (PCPU) rechnen jeweils 50 % der Intervallzeit, jedoch nicht gleichzeitig: PCPU UTIL = 50 %, PCPU USED = 50 %.
2. Zwei PCPUs rechnen gleichzeitig 50 % der Intervallzeit. Durch die zeitgleiche Ausführung der PCPU wird PCPU USED nur zur Hälfe angerechnet: PCPU UTIL = 50 %, PCPU USED = 25 %.
3. Findet die Ausführung nur teilweise überlappend statt, werden die zeitgleich ausgeführten Anteile nur zur Hälfte angerechnet.

Hohe Werte für PCPU UTIL% können ein Anzeichen von CPU-Overcommitment sein – also zu viele virtuelle CPUs, die sich zu wenige physische Cores teilen.

CORE UTIL(%)

Die Metrik CORE UTIL(%) wird nur angezeigt, wenn Hyperthreading aktiviert ist. Es beschreibt den prozentualen Anteil der CPU-Zyklen im letzten Messintervall, bei denen mindestens ein Thread (eine PCPU) im Kern aktiv war. Dies wird am besten in einem Beispiel plausibel: Wenn beide logische CPUs (PCPU0 und PCPU1) eines Cores zeitgleich rechnen und beide nach der halben Intervallzeit aufhören, beträgt der Wert für CORE UTIL 50 %, denn die zweite Hälfte des Intervalls wurde gar nicht gerechnet, und der Core befand sich im Zustand `idle`. Dies entspricht der mittleren Darstellung in Abbildung 16.17.

Arbeiten beide PCPUs die halbe Intervalldauer, jedoch nacheinander, beträgt der Wert CORE UTIL 100 %. Denn die erste Hälfte der Zeit rechnete PCPU0 alleine und die zweite Hälfte PCPU1. Insgesamt war der CPU-Core jedoch 100 % der Zeit beschäftigt. Dies entspricht der oberen Darstellung in Abbildung 16.17.

In Abbildung 16.16 sehen Sie in der vierten Zeile acht Werte für CORE UTIL(%). Jeder dieser Werte steht für einen Core der physischen CPU. AVG ist der Mittelwert über alle Kerne.

NWLD

NWLD steht für *Number of Worlds*, also die Anzahl an Worlds innerhalb einer Gruppe. Abbildung 16.16 zeigt für die Gruppe der VM `vcsa7` ein NWLD von 26. Das heißt, die Gruppe umfasst 26 Worlds (vCPU, MKS, Worker etc.).

%USED

Die Metrik %USED bezieht sich nicht auf einen Ausführungskontext wie eine logische CPU, sondern auf eine World oder eine World-Gruppe.

%RDY

Eine World, die auf Zuteilung von CPU-Ressourcen durch den Scheduler wartet, steht in der Ready-(RDY-)Warteschlange. Der Wert %RDY bezeichnet den prozentualen Zeitanteil des Intervalls, den eine World in der Warteschlange verbrachte. %RDY ist damit immer kleiner 100 %.

Ready Time ist auch immer ein Warnindikator. Werte über 10 % sind ein Hinweis auf Übersättigung der physischen CPU-Ressourcen, wenn diese mit gleichzeitig hohen %USED-Werten von über 75 % einhergehen.

Daumenregel: Mittlere PCPU USED-Werte des Hosts von 75 % oder Spitzenwerte von über 90 % bei gleichzeitigen %RDY-Werten von über 10 % sind ein Anzeichen für Überlastung der Host-CPU.

16.3.2 Hilfsmittel zur Analyse

Zur benutzerfreundlicheren Anwendung wurden in der Vergangenheit visuelle Hilfsmittel verwendet. Eines davon war *Visual ESXTOP*, eine auf Java basierende grafische Oberfläche für `esxtop`. Bei der Anwendung handelte es sich um einen sogenannten *Fling*, der von VMware-Entwicklern kostenlos, aber ohne Support bereitgestellt wurde (siehe *https://flings.vmware.com*). Visual ESXTOP ist jedoch veraltet und funktioniert schon seit ESXi 6.5 U3 nicht mehr zuverlässig. Das letzte Update wurde 2017 eingestellt.

Perfmon

Eine modernere und voll unterstützte Methode ist die grafische Aufarbeitung der `esxtop`-Ergebnisse mit Perfmon.

Startet man `esxtop` im Batch-Modus mit vielen aktivierten Messgrößen, wirft dieses eine mitunter sehr große und unübersichtliche CSV-Datei aus. Mit dem Windows-Tool Perfmon lassen sich auch große Datenmengen gut grafisch darstellen und analysieren.

Starten Sie `esxtop` im Batch-Modus über die CLI des ESXi-Hosts. Übergeben Sie dabei die Parameter `-b` (Batch), `-d` (Delay, Intervalldauer in Sekunden) und `-n` (Anzahl der Intervalle) sowie die Ausgabedatei:

```
esxtop -b -d 2 -n 50 > /tmp/esxtopesx01.csv
```

In diesem Fall beträgt das Intervall 2 Sekunden, und es werden 50 Intervalle aufgenommen. Damit erstreckt sich die gesamte Messung über 100 Sekunden. Die Ergebnisse werden in die Datei *esxtopesx01.csv* gespeichert. Die Eingabeaufforderung kommt erst nach Abschluss der Sequenz zurück. Möchten Sie vorher abbrechen, drücken Sie die Tasten Strg+C. Übertragen Sie dazu die CSV-Datei auf das Windows-System. Eine einfache Methode hierfür ist es, die CSV-Datei auf einen ESXi-Datenspeicher zu verschieben:

```
mv /tmp/esxtopesx01.csv /vmfs/volumes/esx1_local/
```

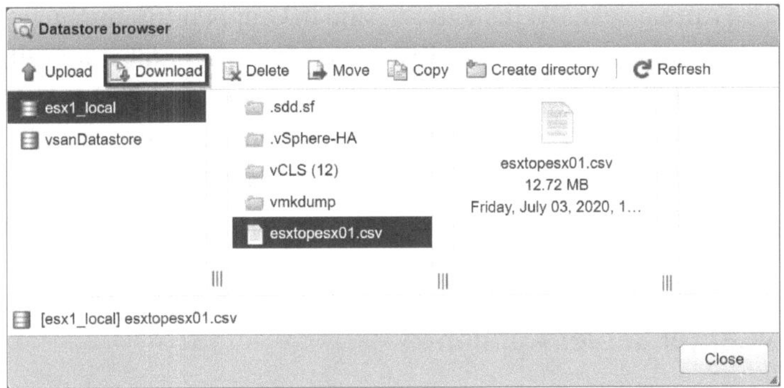

Abbildung 16.18 Download der CSV-Datei über den Hostclient

Von dort kann man sie bequem über den vSphere-Client oder den Hostclient herunterladen (siehe Abbildung 16.18). Starten Sie die Perfmon-Applikation, indem Sie die Tastenkombination ⊞+R drücken. Geben Sie `perfmon` ins Eingabefeld ein und drücken Sie ↵. Navigieren Sie zu ÜBERWACHUNGSTOOLS • LEISTUNGSÜBERWACHUNG. Klicken Sie mit der rechten Maustaste in das Grafikfeld und wählen Sie EIGENSCHAFTEN. Wechseln Sie im Dialog auf das Register QUELLE. Setzen Sie den Radiobutton auf PROTOKOLLDATEIEN und klicken Sie auf HINZUFÜGEN. Wählen Sie dort die zu untersuchende CSV-Datei und klicken Sie auf ÖFFNEN.

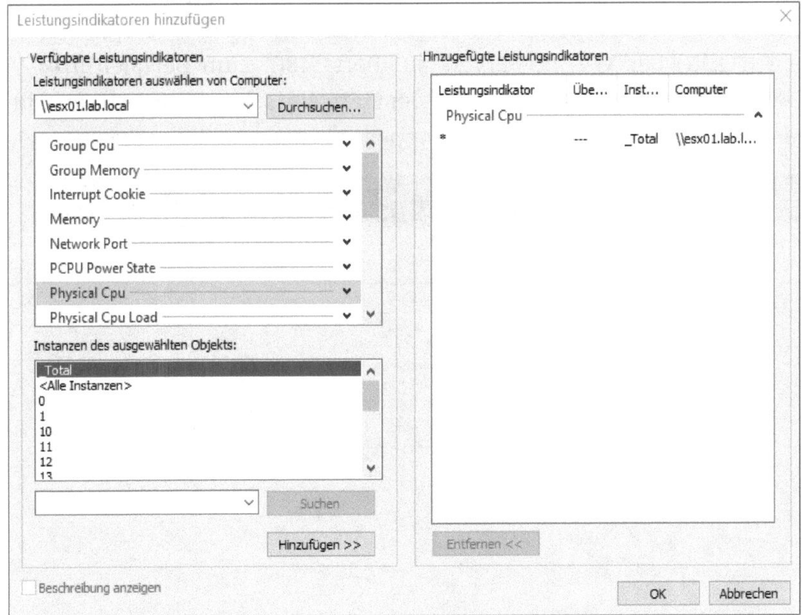

Abbildung 16.19 Auswahl der Leistungsindikatoren

Zunächst werden Sie keine Daten sehen. Sie müssen erst unter der Rubrik LEISTUNGSÜBERWACHUNG LEISTUNGSINDIKATOREN HINZUFÜGEN, und zwar entweder mit dem grünen

Plus oder per Kontextmenü im Anzeigefeld. Die Indikatoren sind in Gruppen zusammengefasst (siehe Abbildung 16.19). Es ist ratsam, eine kleine Auswahl an Leistungsindikatoren zu selektieren, da andernfalls die Darstellung schnell unübersichtlich werden kann. Sie können die Datensätze in Perfmon kürzen, indem Sie nur die aktuell selektierten Indikatoren als CSV exportieren. Die nun kleineren Datensätze können beispielsweise in Excel geöffnet und weiterbearbeitet werden.

16.4 Monitoring der vCenter Server Appliance

In diesem Abschnitt geht es nicht um die Überwachung mithilfe des vCenters, sondern um die Überwachung der vCenter Appliance selbst. Denn die *vCenter Server Appliance* (VCSA) ist letztlich auch nur eine VM mit einer Vielzahl an Diensten. Als Basisbetriebssystem fungiert das schlanke PhotonOS, ein von VMware selbst entwickeltes Linux, das auf vSphere und Container-Workloads zugeschnitten ist. Weitere Informationen finden Sie unter *https://vmware.github.io/photon*.

16.4.1 VAMI

Zur Verwaltung der VCSA hat diese ein eigenes Virtual-Appliance-Management-Interface (VAMI). Sie erreichen es im Browser mittels SSL Protokoll (https) über den vollqualifizierten Domain-Namen (FQDN) des vCenter-Servers auf Port 5480. Zum Beispiel *https://vc.lab.local:5480*. Der Standardbenutzer ist `root`. Auf der Startseite sehen Sie eine Übersicht über die wichtigsten Parameter der vCenter Server Appliance (siehe Abbildung 16.20).

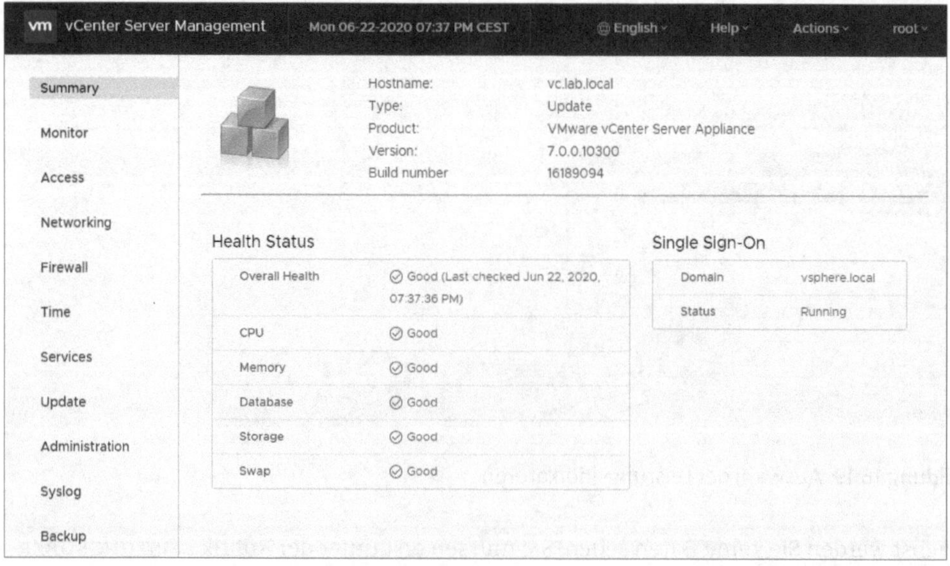

Abbildung 16.20 VAMI-Oberfläche der VCSA

Auf der linken Seite sehen Sie das Navigationsmenü. Viele der Menüeinträge dienen der Administration. Wir werden uns hier jedoch auf die für das Monitoring relevanten Einträge konzentrieren.

Monitor

Im Bereich MONITOR haben Sie die Möglichkeit, Leistungsdaten der VCSA zu kontrollieren. Sie können den Verlauf von CPU-Leistung und Arbeitsspeicher der Appliance grafisch darstellen lassen. Im Unterbereich DISKS sehen Sie die Größe und die Belegung jeder einzelnen vDisk (Partition) der VCSA. Diese Ansicht ist neu und überaus nützlich. In früheren Versionen musste man für diese Information noch auf die Bash-Shell der Appliance wechseln.

Im Unterbereich NETWORK können Sie Übertragungsfehler und -raten der Appliance überwachen.

Der Unterpunkt DATABASE bezieht sich auf den Füllungsgrad und den Trend der Zunahme der internen PostgreSQL-Datenbank.

Services

Im Bereich SERVICES sehen Sie eine Liste aller vCenter-Dienste, deren Zustand und mögliche Probleme. Sie können an dieser Stelle auch Dienste starten, beenden oder neu starten.

Update

Im Bereich UPDATE können Sie prüfen, ob Updates für die vCenter Server Appliance verfügbar sind. Zur Onlineprüfung benötigt die Appliance Zugriff auf das Internet. Alternativ können Sie ein offizielles Update-ISO von VMware herunterladen und dem virtuellen CD-ROM der VCSA anhängen. Verwenden Sie das ISO mit dem Suffix *patch-FP* (Full Patch) im Dateinamen. Die Prüfung erkennt die neuere Version auf dem ISO-Image und schlägt ein Update vor.

16.4.2 VCSA-Bash-Shell

Auch wenn die Wartung der VCSA komplett über Online-Update oder Update-Images erfolgt, kann es dennoch gelegentlich notwendig sein, auf die Appliance per CLI zuzugreifen.

Die VCSA beinhaltet eine komplette Bash-Shell. Das bedeutet, Sie können herkömmliche Linux-Kommandos zur Fehleranalyse verwenden. Dazu muss der Fernzugriff per SSH erlaubt und die Bash-Shell aktiviert sein. Damit diese rettende Hintertür kein Sicherheitsrisiko darstellt, können Sie auf der VCSA-Firewall den Zugriff auf ein Subnet oder einzelne IP-Adressen beschränken.

Ein mögliches Szenario ist, dass der Log-in per Browser am VAMI nicht funktioniert, obwohl das Kennwort nachweislich korrekt und nicht abgelaufen war. Eine denkbare Ursache ist in diesem Fall, dass der vCenter Application Management Service (`applmgmt`) beendet oder gar nicht gestartet wurde und ohne den die VAMI-Oberfläche nicht funktioniert. Das Problem lässt sich beseitigen, indem Sie per SSH eine Verbindung zur Appliance aufbauen und dann auf der Kommandozeile den Dienst (neu) starten.

Ein wichtiges Kommando zur Diagnose auf der Shell der VCSA ist die Kontrolle der Dienste:

```
service-control --Status
```

Sie erhalten eine Übersicht aller Dienste und deren Zustand (gestartet, gestoppt). Mit demselben Befehl können Sie auch alle oder gezielt einzelne Dienste starten bzw. beenden. Am Beispiel des Application Management Services wäre das der entsprechende Startbefehl:

```
service-control --start applmgmt
```

Wenn der Zugriff über SSH erlaubt, aber die Bash-Shell nicht aktiviert ist, können Sie diese auf der CLI starten mit dem Befehl:

```
shell.set -enabled true
```

VIMTOP

VMware hat das PhotonOS der vCenter Server Appliance mit dem eigenen Monitoring-Tool `vimtop` ausgestattet. Die Bedienung ähnelt sehr stark dem Tool `esxtop`, das Sie bereits auf dem ESXi-Host kennengelernt haben. Der Unterschied ist, dass wir hier nur die Ressourcen innerhalb der Appliance überwachen. Tabelle 16.4 zeigt einen Auszug der wichtigsten Tastenkürzel. Weitere Informationen zu `vimtop`-Befehlen finden Sie im VMware-Dokumentationsportal: *https://bit.ly/2XS7ysq*

Taste	Funktion
H	Hilfemenü
M	Arbeitsspeicherinformation ein-/ausblenden
F	CPU-Informationen ein-/ausblenden
Leerzeichen	Ansicht aktualisieren
S	Aktualisierungsintervall definieren
Q	interaktiven Modus beenden
K	Festplattenansicht einblenden
O	zur Netzwerkansicht wechseln
↵	Details zum gewählten Dienst einblenden
C	Spalten auswählen

Tabelle 16.4 vimtop Kommandos (Auszug)

16.5 Benchmark-Werkzeuge

Leistungsmessungen in virtualisierten Umgebungen stehen grundsätzlich vor der Herausforderung, dass die Analyseapplikationen keinen exklusiven Zugriff auf die Hardwareressourcen des Hosts haben, sondern diese mit anderen Arbeitslasten (VMs) teilen müssen. Das Resultat hängt also immer davon ab, wie viel Last die anderen Systeme auf dem Host zum Zeitpunkt der Messung anfordern. Aus diesem Grund gibt es spezielle Werkzeuge, die auf virtuelle Infrastrukturen optimiert sind. Zwei dieser Werkzeuge werde ich nachfolgend beschreiben.

16.5.1 VMware VMmark

VMware VMmark ist ein kostenloser von VMware entwickelter Simulator für synthetische VM-Arbeitslasten über mehrere ESXi-Hosts, darunter skalierbare Websimulationen wie der Weathervane-Benchmark (*https://github.com/vmware/weathervane*) und mehrschichtige E-Commerce-Simulationen bestehend aus mehreren Webservern, Mailserver und Datenbank. VMmark wird seit mehreren Jahren entwickelt und ist im April 2020 in der Version 3.11 erschienen.

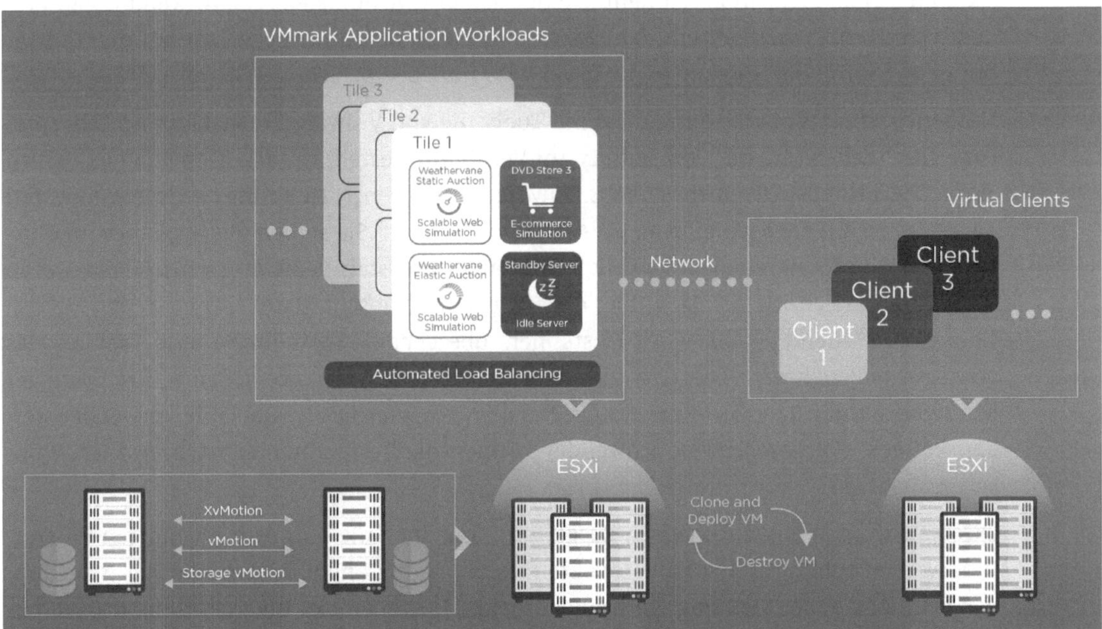

Abbildung 16.21 Schema der VMmark-Testumgebung (Quelle: VMware-VMmark-Produktwebseite)

VMmark erzeugt nicht nur Lasten aus der VM, sondern auch Lasten aus der Infrastruktur, wie z. B. vMotion, Storage vMotion, VM-Bereitstellung und automatische Lastverteilung.

VMmark-Benchmark kombiniert virtualisierte Anwendungen zu vordefinierten Paketen, die als *Kacheln* (Tiles) bezeichnet werden. Die Anzahl der VMmark-Kacheln, die eine Virtualisierungsplattform ausführen kann, sowie die kumulative Performance dieser Kacheln in Kombination mit Infrastruktur-Workloads bestimmen die VMmark-Bewertung.

VMmark 3 kann automatisch `esxtop`-Leistungsdaten von den Servern erfassen, auf denen die VMmark-Anwendungen laufen. Wenn diese Funktion aktiviert ist, können Sie den Netzteilsensor des Servers auslesen und so die Leistungsdaten in Relation zum Stromverbrauch setzen.

Unter der URL *https://www.vmware.com/go/download-vmmark* kann VMmark kostenlos heruntergeladen werden. Es ist dafür nur ein ebenfalls kostenfreies VMware-Konto nötig.

16.5.2 HCIBench

Der *Hyper Converged Infrastructure Benchmark* (*HCIBench*) ist eine Sammlung von Open-Source-Benchmark-Tools wie Vdbench und Fio. Es ist speziell auf vSAN-Cluster optimiert und berücksichtigt dessen Eigenarten, wie *Storage Policy Based Management* (SPBM) oder Caching. Das Tool ist vor allem wertvoll für Leistungsmessungen in Proof-of-Concept-Projekten (POC) oder vor Inbetriebnahme eines neuen vSAN-Clusters. Die Anwendung in Produktivclustern ist weniger empfehlenswert, da HCIBench erhebliche Last auf den Cluster bringt und somit die Leistung produktiver VMs stark beeinträchtigen kann.

HCIBench ist ein VMware-Fling. Das sind Tools, die von VMware-Entwicklern als Laborprojekte geschrieben und der Community zur Verfügung gestellt werden. Den Fling-HCIBench finden Sie unter der URL *https://flings.vmware.com/hcibench*. Laden Sie den User Guide und die neueste HCIBench-Version als OVA-Vorlage herunter. Sie stellen die Appliance im Cluster bereit, konfigurieren die Netzwerkeinstellungen und starten die Appliance. Alle weiteren Konfigurationsschritte erfolgen über die eingebaute Webschnittstelle. Dort stellen Sie den Kontakt zu vCenter und vSAN-Hosts her, übergeben Log-in-Daten und wählen das gewünschte Benchmark-Tool (Fio oder Vdbench) aus. Die Appliance hat einen für Einsteiger benutzerfreundlichen Easy-Run-Modus, bei dem vorgefertigte Testabläufe verwendet werden können. Fortgeschrittene Anwender können die Testparameter nach eigenen Wünschen anpassen.

Die Tests werden vollautomatisch ausgeführt, und auch die hierfür notwendigen Worker-VMs werden automatisch im Cluster bereitgestellt. Abbildung 16.22 zeigt die Statusmeldungen beim Ablauf der Messung. Anwender erhalten Rückmeldung über den aktuell ablaufenden Schritt und Hinweise auf dessen mögliche Ausführungsdauer. Sie können bestimmen, ob diese Worker-VMs nach Ende des Tests gelöscht oder für den nächsten Lauf wiederverwendet werden. Eine Besonderheit der Tests besteht darin, dass zunächst die Cache-Devices der vSAN-Hosts geflutet werden, denn diese würden das Testergebnis verfälschen. Lesen Sie mehr zum Thema vSAN-Caching in Kapitel 10, »VMware vSAN«, dieses Buchs.

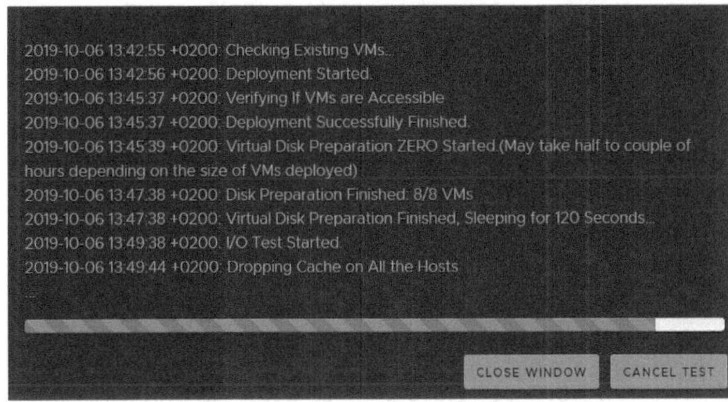

Abbildung 16.22 Statusmeldungen während der HCIBench-Leistungsmessung

Das Ergebnis eines Laufs wird optisch ansprechend mithilfe des Grafana-Frameworks in Dashboards dargestellt (siehe Abbildung 16.23). Die Dashboards sind interaktiv und verlinken auf Detailinformationen. Am linken Rand befindet sich ein Navigationsmenü, das in Abbildung 16.23 minimiert wurde.

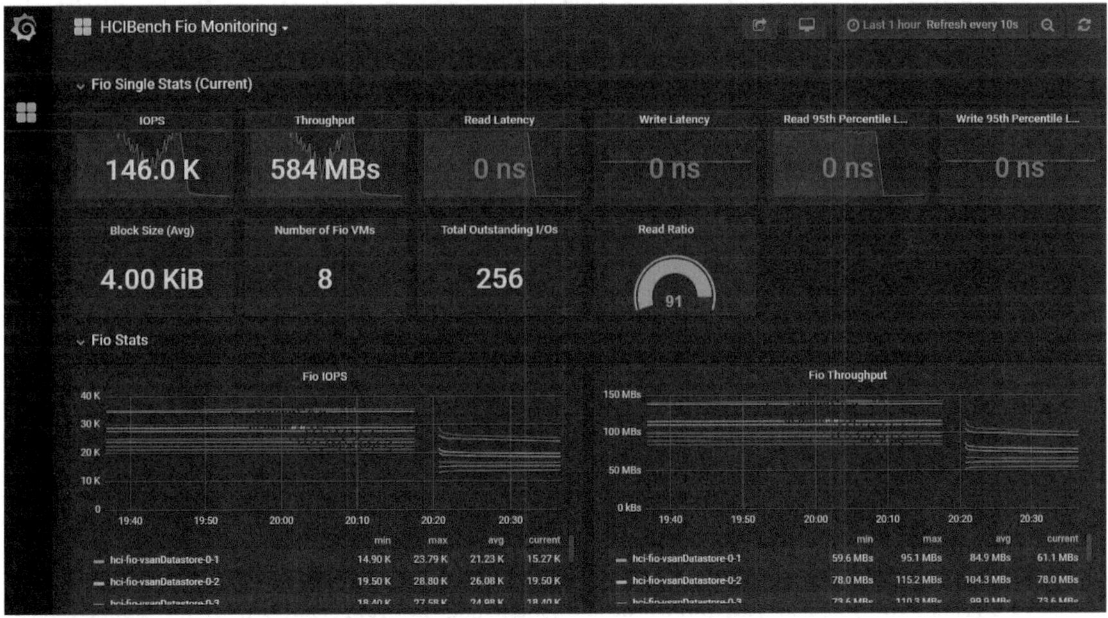

Abbildung 16.23 HCIBench-Dashboard

Noch mehr Details und Hintergründe zu HCIBench bietet die VMworld-2020 Session der beiden Entwickler: *Benchmarking Deep Dive for Hyperconverged Infrastructure [HCI1647]*. Sie kann unter folgender URL abgerufen werden (kostenloser VMworld Login erforderlich):

https://my.vmworld.com/widget/vmware/vmworld2020/catalog/session/1586804181620001sFzb

16.6 Monitoring-Tools

Mit den bisher aufgezeigten Bordmitteln können Sie bereits ein umfangreiches Monitoring umsetzen. Es fehlt jedoch zuweilen die Übersichtlichkeit, denn man muss zunächst mehrere Einstellungen anpassen, um die Parameter zu sehen, die für die aktuelle Fragestellung von Interesse sind. Gerade wenn viele Hard- und Softwarekomponenten überwacht werden sollen, können tatsächliche Probleme in der Flut an Informationen übersehen werden. Mit einer zentralen Sammelstelle aller Systemlogs und der optisch ansprechenden Aufbereitung kann der Fokus gezielt auf Störungen gelenkt werden. Suchfunktionen, Filter und Detailanalyse helfen, das Problem schnell zu identifizieren.

Mit herkömmlichen Methoden werden Störungen erst gemeldet, wenn das Problem bereits eingetreten ist. Dabei sind über 90 % der beobachteten kritischen Probleme bekannt und dokumentiert. Hier wäre es besonders wertvoll, potenzielle Probleme in der eigenen Infrastruktur zu erkennen, bevor diese tatsächlich eintreten. Man nennt das *proaktive Fehlervermeidung*. Dabei wird die eigene Infrastruktur auf problematische Konstellationen aus Hardware, Software, Treiber, und Firmware untersucht. Dies sind Fälle, die in der VMware Knowledgebase (KB) bekannt und dokumentiert sind, die man aber in der Regel nur retrospektiv findet, wenn daraus schon eine Problemsituation entstanden ist. Das kann beispielsweise ein gefürchteter *Purple Screen of Death* (PSOD) eines ESXi-Hosts sein. Dieser wird vom VMkernel bei einem schwerwiegenden Hardwareproblem ausgegeben.

16.6.1 VMware vRealize LogInsight

VMware LogInsight ist mehr als nur ein Syslog-Server. Es zeichnet sich aus durch interaktive, intuitive Dashboards mit ausgefeilter Analytik im Backend. Die Analyse ist nicht auf VMware-Produkte beschränkt, sondern kann durch viele Drittanbieter-Plug-ins (Content-Packs) erweitert werden. LogInsight ermöglicht damit tiefe Einblicke in operative Vorgänge und so schnellere Problemlösung in physischen, virtuellen und Cloud-Umgebungen.

LogInsight wird als virtuelle Appliance bereitgestellt. Die aktuelle Version LogInsight 8.1 kann allein oder verclustert mit bis zu 18 Knoten arbeiten. Jeder Knoten kann rund 15.000 Meldungen pro Sekunde verarbeiten und bis zu 4 TB an Log-Daten speichern. Das sind im Maximum 270.000 Meldungen pro Sekunde und 72 TB Log-Kapazität.

VMware vRealize LogInsight 8.1 arbeitet eng mit vRealize Operations 8.1 zusammen, das ich in Abschnitt 16.6.2 betrachten werde. Sämtliche Logs können als Metriken in vRealize Operations dargestellt werden. Die Administration ist webbasiert und findet im Browser statt.

Dashboard teilen

Seit Version 8.1 können Dashboards auch für Personen ohne LogInsight-Zugriff freigegeben werden. Über eine URL können Sie Dritten einen zeitlich begrenzten Lesezugriff auf Teile des Dashboards freigeben und somit beispielsweise gemeinsam Probleme analysieren.

Variable Haltezeiten

Unterschiedliche Logs können unterschiedlich wichtig sein. Daher gibt es in Version 8.1 nicht nur eine Richtlinie zur Haltezeit aller Logs, sondern viele. Somit können Sie weniger wichtige Log-Einträge früh kürzen und dafür wichtige entsprechend länger halten. Das spart Speicherplatz auf dem LogInsight-Server.

16.6.2 VMware vRealize Operations

VMware vRealize Operations ist ebenfalls Teil der vRealize-Suite und bietet intelligentes Betriebsmanagement über physische, virtuelle und Cloud-Infrastrukturen hinweg. Es verknüpft Daten von Anwendungen bis Storage in einem einheitlichen Managementtool, das dank prädiktiver Analysefunktionen zur Unterstützung proaktiver Maßnahmen und richtlinienbasierter Automatisierung vollständige Kontrolle über Performance, Kapazität und Konfiguration bietet.

Drohende Kapazitäts-, Konfigurations- und Performanceprobleme können proaktiv erkannt werden. Die Analysewerkzeuge lernen aus den erfassten Daten. Der Anwender erhält damit einen umfassenden Überblick über die eigene Infrastruktur. Die Plattform ist offen und erweiterbar. Neben VMware können auch Produkte von Drittanbietern wie Microsoft, SAP und anderen über Managementpacks eingebunden und überwacht werden.

16.6.3 VMware Skyline

VMware Skyline ist ein Produkt zur proaktiven Fehlervermeidung und dient der Erleichterung von Supportanfragen. Es ist eine reine Cloud-Anwendung und kann somit nicht offline betrieben werden. Skyline gibt es in zwei Ausprägungen: *Skyline Health* und *Skyline Advisor.*

Skyline Health

VMware Skyline Health ist die Basisversion. Sie steht allen VMware-Kunden kostenlos zur Verfügung, die eine vSphere-Version 6.7 oder höher betreiben. Skyline Health ist aus den beiden Vorgängerprodukten vSphere Health und vSAN Health hervorgegangen.

Die Nutzung von Skyline Health setzt voraus, dass Sie dem *VMware Customer Experience Improvement Program* (CEIP) zugestimmt haben (*https://www.vmware.com/solutions/trustvmware/ceip.html*). Dies hat zur Folge, dass Sie regelmäßig Telemetriedaten Ihrer Infrastruktur mit dem VMware-Support teilen. Das beinhaltet Konfigurationsdaten (Version, Einstellungen, Geräte, Zusatzprodukte von Fremdherstellern), Nutzeraktivität, Leistungsdaten (Antwortzeiten, API-Aufrufe) und andere. Beispiele für die übermittelten Telemetriedaten sind im VMware-Knowledgebase-Artikel KB71071 beschrieben (*https://kb.vmware.com/s/article/71071*). Es werden jedoch keine personenbezogenen Daten wie z. B. Benutzernamen oder Kennwörter geteilt. Vor der Aktivierung von VMware Skyline ist daher zu klären, ob dies mit den Datenschutz- und Geheimhaltungsrichtlinien des Unternehmens konform ist. Wer hier Vorbehalte hat, sollte sich aber konsequenterweise vor Augen führen, dass mit jedem Support-Bundle, das man bei Eröffnung eines Tickets bei VMware hochlädt, in einem wesentlich umfangreicheren Maße Daten preisgegeben werden.

Wenn Sie dem CEIP zugestimmt haben, werden Sie einen weiteren Menüpunkt SKYLINE HEALTH im Register MONITOR zu sehen bekommen. Sie werden umfangreiche Informationen zu akuten oder potenziellen Problemen Ihrer Infrastruktur erhalten. So prüft Skyline Health beispielsweise, ob Ihre eingesetzte Kombination aus Treiber, Hardware und Firmware mit der *VMware Hardware Compatibility List* (HCL) konform ist oder ob dafür in der VMware Knowledgebase Probleme bekannt sind. Diese deckt Skyline derzeit noch nicht komplett ab, es finden aber immer mehr Artikel Einzug in das Produkt. Sie können dies erkennen an einem Vermerk im KB-Artikel mit der Bezeichnung »Detectable by VMware Skyline« (siehe Abbildung 16.24). Stand Februar 2020 war etwa ein Viertel aller kritischen KB-Meldungen für vSphere 6+ in Skyline enthalten – insgesamt etwas über 200 Artikel der KB, Tendenz steigend.

Abbildung 16.24 Kennzeichnung von KB-Artikeln, die in Skyline erfasst sind

Skyline Advisor

Die erweiterte Version ist *Skyline Advisor*. Sie beinhaltet alle Funktionen von Skyline Health und steht allen VMware-Kunden zur Verfügung, die mindestens einen VMware-Production-Supportvertrag haben. Mit Basic-Support ist diese Variante nicht verfügbar. Skyline Advisor erfordert eine Appliance in der lokalen Infrastruktur, die die Daten sammelt und zu VMware überträgt. Zusätzlich zu den Health-Funktionen unterstützt der Skyline Advisor auch NSX, vRealize-Operations, Horizon, VMware Validated Design (VVD), VxRail und vCloud Foundation (VCF). Er bietet auch eine Log-Assist-Funktion, die die Bereitstellung von Log-Bundles für den VMware-Support stark vereinfacht und auf Wunsch auch automatisiert.

Kunden mit mindestens Premier-Support können erweiterte Funktionen des Skyline Advisors nutzen. Sie können Reports generieren und archivieren, die für Sicherheitsaudits interessant sind, und sie erhalten erweiterte Lösungsvorschläge bei Problemen mit mehreren Produktabhängigkeiten.

Feature	Basic	Production	Premier
Skyline Health			
vSphere + vSAN			

Tabelle 16.5 Skyline-Versions- und Funktionsübersicht

Feature	Basic	Production	Premier
NSX, Horizon, vROps, VVD, VxRail, VCF	✓		
Skyline Advisor	✓		
Log-Assist	✓		
CSV Export	✓		
Operational Summary Report	✓	✓	
Adv. Findings and Recommendation	✓	✓	
Guided Remediation by VMware GSS	✓	✓	

Tabelle 16.5 Skyline-Versions- und Funktionsübersicht (Forts.)

16.6.4 Runecast Analyzer

Runecast Analyzer ist ein Monitoring-Tool der Firma Runecast (*https://www.runecast.com*), das proaktiv potenzielle Probleme aufzeigt, bevor diese zum akuten Problem werden. Die Lösung verfügt über stets aktuelle Empfehlungen aus Expertenquellen wie der VMware Knowledgebase, Best-Practice-Empfehlungen der Runecast-Spezialisten, Empfehlungen von Sicherheitsbehörden, wie z. B. dem BSI und anderen Security Hardening Guides, aber auch über Erkenntnisse aus Blogs und Foren der großen vSphere-Community. All diese Kenntnisse fließen in die Runecast-Datenbank ein. Diese wird teilweise automatisiert gepflegt, aber auch von Experten editiert. So deckte die Datenbank im Sommer 2020 nahezu 800 VMware-KB-Artikel ab. Auch hier nimmt die Zahl der abgedeckten KB-Artikel stetig zu.

Runecast kann als Syslog-Server für vCenter und ESXi-Hosts fungieren. Im Gegensatz zu reinen Syslog-Lösungen wie zum Beispiel VMware LogInsight, die Meldungen nur sammeln und optisch aufbereiten, untersucht Runecast die Logs gezielt auf Schlüsselwörter und kann somit potenzielle Probleme im Vorfeld erkennen. Die Eintragung als Syslog-Server kann Runecast selbst vornehmen, wenn das vCenter-Verbindungskonto über ausreichend Rechte verfügt.

Runecast Analyzer wird als virtuelle Appliance im Cluster installiert. Die Appliance benötigt ein Zugriffskonto mit Leserechten auf vCenter. Installation und Konfiguration sind sehr einfach und nehmen weniger als zehn Minuten in Anspruch. Nach einem ersten Check werden die gefundenen Probleme (Issues) kategorisiert nach Schweregrad (*critical, major, medium, low*) und Herkunft (Compute, Storage, VM, Netzwerk etc.) und dann in optisch sehr übersichtlicher Weise dargestellt. Zu jedem Fund erhält der Anwender eine ausführliche Erklärung, Hilfe zur Beseitigung, Links zu weiterführenden Informationen und bei welchen Objekten das Problem gefunden wurde.

Runecast gibt Empfehlungen zu VMware vSphere, NSX, Horizon und vSAN. Darüber hinaus kann es AWS (IAM, EC2, VPC, S3) und SAP HANA auf vSphere analysieren. Es bietet HCL-Checks der gesamten Hardware und kann sogar eine Upgrade-Simulation auf eine höhere VMware-Version mit der bestehenden Hardware durchführen. Somit können Sie beispielsweise im Vorfeld überprüfen, ob Ihr HCL-konformes System auf vSphere 6.5 Update 1 auch auf vSphere 7.0 noch HCL-konform wäre – und wenn nicht, welche Komponenten gegebenenfalls zuvor getauscht werden müssten.

Als Anwender können Sie aus einer Liste von Sicherheitsrichtlinien auswählen, gegen die Sie Ihre vSphere-Infrastruktur testen möchten. Aktuell werden folgende Kataloge unterstützt: *Payment Card Industry Data Security Standard* (PCI-DSS), *Health Insurance Portability and Accountability Act* (HIPAA), *Defense Information Systems Agency Security Technical Implementation Guide* (DISA-STIG), *Bundesamt für Sicherheit in der Informationstechnik* (BSI), *Center for Internet Security* (CIS) sowie *National Institute of Standards and Technology* (NIST).

Die Datenbank wird mindestens wöchentlich aktualisiert, oder schneller bei Bekanntwerden hoch kritischer Probleme.

Runecast Analyzer unterstützt die aktuellste Version vSphere 7.0 bis hinunter zu Versionen, die seitens VMware schon das End-of-Life (EOL) erreicht haben, wie zum Beispiel vSphere 5.5 oder 6.0.

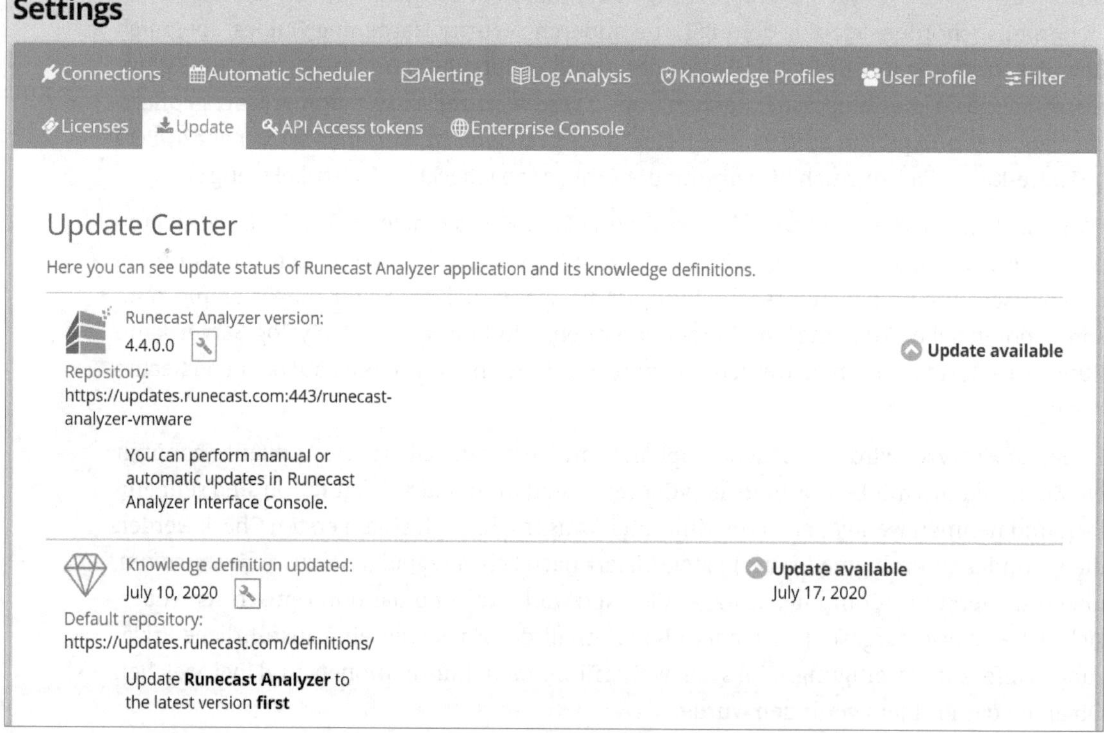

Abbildung 16.25 Aktualisierung der Runecast Appliance und der Signaturen

Ein großer Pluspunkt der Software ist ihre Arbeitsweise: Runecast Analyzer funktioniert komplett offline ohne Internetverbindung. Alle Signaturen befinden sich in der lokalen Datenbank der Appliance, und es werden keine Informationen nach außen gegeben. Signatur-Updates können Sie wahlweise online oder offline beziehen (siehe Abbildung 16.25). Im letzteren Fall hängen Sie entweder ein Update-ISO an die Appliance-VM und aktualisieren diese, oder Sie erzeugen einen eigenen Repository-Server auf Basis von Linux. Runecast Analyzer ist somit komplett DSGVO-konform und kann auch in Hochsicherheitsbereichen betrieben werden.

Arbeiten mit Runecast Analyzer

Runecast kann entweder im Browser geöffnet werden oder direkt aus dem vSphere-Client über ein Plug-in. Im Folgenden werden Sie hier das Browser-Interface sehen, das sich aber nur geringfügig vom Client-Plug-in unterscheidet. Nach erfolgreichem Log-in (Defaultname `rcuser`, Passwort `Runecast!`) sehen Sie die Übersicht im Dashboard (siehe Abbildung 16.26). Sie finden hier eine Zusammenfassung der Gesamtsituation Ihrer Infrastruktur und erhalten einen schnellen Überblick über die Anzahl an Problemen, sortiert nach Schweregrad. Dadurch ist es möglich, sich zunächst auf die kritischen und schweren Probleme zu konzentrieren und sich allmählich zu den weniger kritischen vorzuarbeiten. Sie sehen, zu welchem Grad (%) Sie Sicherheits- und Best-Practice-Empfehlungen umgesetzt haben.

16

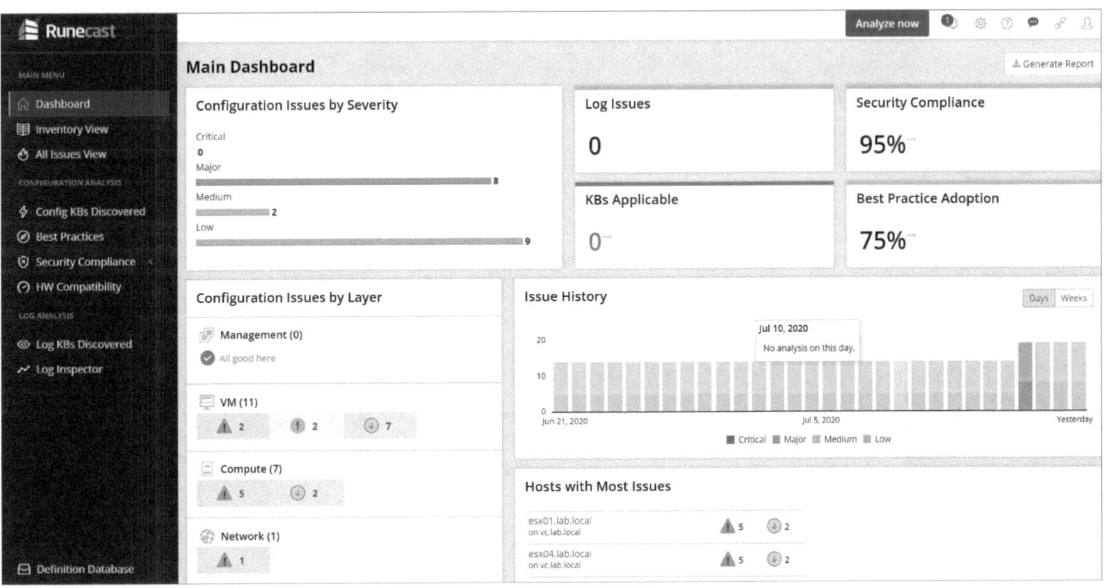

Abbildung 16.26 Runecast Analyzer Dashboard

Im Bereich HW COMPATIBILITY erhalten Sie detaillierte Informationen zu Servern und darin verbauten Adaptern (SCSI, FC-HBA, Netzwerk). Sie sehen auf einen Blick, ob Ihre Hardware (noch) HCL-konform ist oder ob Sie unter Umständen eine Aktualisierung der Firmware vornehmen müssen. Über den Button HCL ONLINE gelangen Sie direkt zur VMware-Kompatibilitätsseite für Ihre Hardwarekomponente. Dies ist ein Vorteil gegenüber dem *VMware Update Manager* (VUM) bzw. *Lifecycle Manager* (vLCM), die Firmware- und BIOS-Versionen derzeit noch nicht berücksichtigen, oder hierfür herstellerspezifische Hilfsmittel benötigen. In Abbildung 16.27 sehen Sie das Ergebnis am Beispiel eines Intel-X722-Netzwerkadapters.

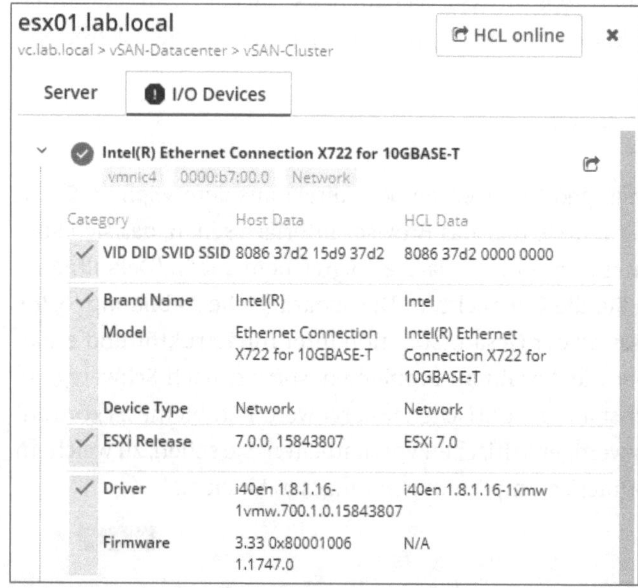

Abbildung 16.27 Prüfung der Hardwarekompatibilität in Runecast

Severity	Title	Applies to	Products	Objects	Building Block	Result
Major	Configure the ESXi host firewall to restrict access to management services running on the host (SYS.1.5.A5)	Compute	vSphere	4	SYS.1.5.A5	Fail
Major	Configure remote logging for VMs: enable-remote-syslog (SYS.1.5.A6)	VM	vSphere	9	SYS.1.5.A6	Fail
Low	Set alternate isolation address for HA cluster (SYS.1.5.A20)	Compute	vSphere	1	SYS.1.5.A20	Fail
Low	Ensure VMs have all memory reserved (SYS.1.5.A21)	VM	vSphere	2	SYS.1.5.A21	Fail
Low	Ensure VMs virtual disks are not thin provisioned (SYS.1.5.A21)	VM	vSphere	9	SYS.1.5.A21	Fail
Low	Disable VM snapshots (SYS.1.5.A24)	VM	vSphere	10	SYS.1.5.A24	Fail
Low	Allow only one remote console session at a time (SYS.1.5.A25)	VM	vSphere	9	SYS.1.5.A25	Fail
Major	Apply ESXi patches (SYS.1.5.A1)	Compute	vSphere	0	SYS.1.5.A1	Configured
Major	Apply ESXi security patches (SYS.1.5.A1)	Compute	vSphere	0	SYS.1.5.A1	Configured
Major	Apply vCenter patches (SYS.1.5.A1)	vCenter	vSphere	0	SYS.1.5.A1	Configured

Abbildung 16.28 Runecast Security Compliance Check

Im Abschnitt SECURITY COMPLIANCE sehen Sie die von Ihnen zuvor ausgewählten Richtlinienkataloge. Wählen Sie einen davon aus, und Sie werden im Hauptfenster eine Liste aller Empfehlungen und Vorgaben dieses Katalogs sehen. In der rechten Spalte RESULT sehen Sie, ob Ihre Umgebung diese Forderung erfüllt (CONFIGURED, grün) oder nicht (FAIL, rot). Wenn es für Sie gute Gründe gibt, eine Empfehlung nicht umzusetzen, können Sie diese künftig in der Analyse unterdrücken. Abbildung 16.28 zeigt exemplarisch Vorgaben des BSI-IT-Grundschutz-Katalogs, der vor allem für Unternehmen und Behörden in der Bundesrepublik maßgebend ist.

16.6.5 SexiLog und SexiGraf

Der freie Log-Server *SexiLog* ist ein »Ready-to-Log«-Community-Projekt von Raphael Schitz und Frederic Martin (*https://www.sexilog.fr*). Die Installation kann auf zwei Wegen erfolgen: Entweder Sie installieren sich alle Komponenten in eine Debian-Linux-VM oder Sie laden die fertige OVA aus dem GitHub-Repository des Projekts herunter. Die Appliance ist vorkonfiguriert und stark auf die Verwendung mit VMware-ESXi-Hosts zugeschnitten. Stellen Sie die OVA im eigenen Cluster bereit und nehmen Sie eine kurze Basiskonfiguration der Netzwerkeinstellungen, des Tastaturlayouts und der E-Mail-Benachrichtigungen vor. Danach muss SexiLog als Log-Target auf den ESXi-Hosts eingetragen werden. Hierzu geben Sie in den erweiterten Einstellungen des Hosts `Syslog.global.logHost` die URL der SexiLog Appliance ein: *udp://your_appliance_fqdn_or_ipv4:514*.

SexiLog verfügt über mehrere eingebaute Dashboards (siehe Abbildung 16.29), darunter auch für 3rd-Party-Lösungen wie z. B. Veeam Backup & Replication.

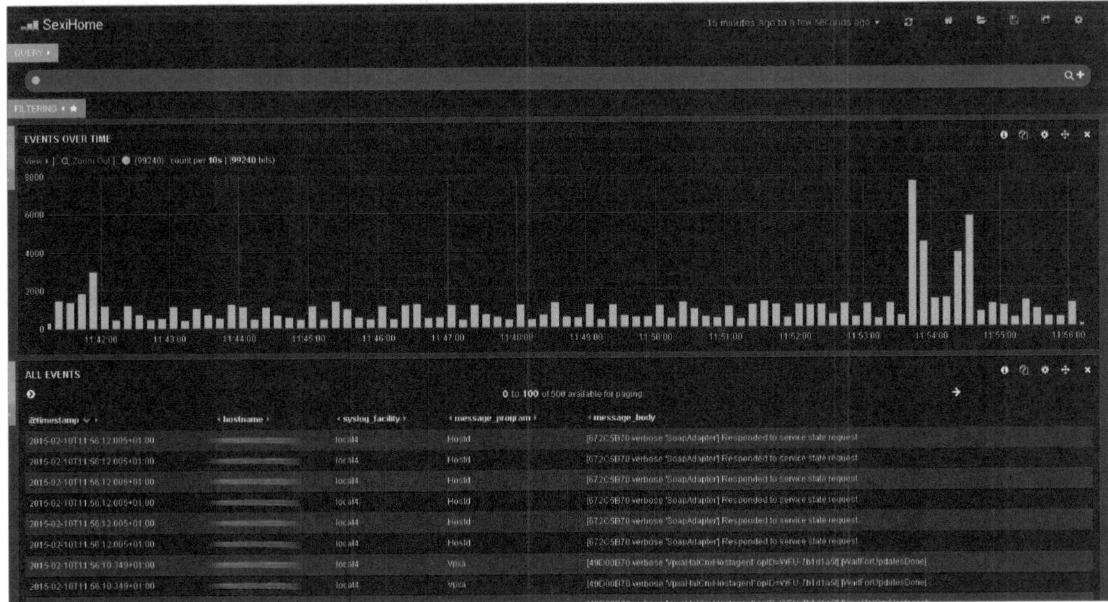

Abbildung 16.29 SexiLog-Dashboard; Quelle: SexiLog-Webseite

Leider wird das Projekt seit einiger Zeit nicht mehr aktualisiert. Das letzte Release 0.99g »Ailuropoda« entstand im April 2015. Die Betreiber des Projekts konzentrieren sich seit 2015 auf ihr Monitoring-Projekt *SexiGraf* (*https://www.sexigraf.fr*). Dies ist eine freie, auf dem Open-Source-Tool Grafana basierende Appliance, die verschiedenste Quellen wie VMware vSphere, VMware vSAN oder Windows einbindet, aber auch SNMP-Traps aller Art verarbeiten kann. Die Metriken werden grafisch in sogenannten *SexiPanels* aufbereitet und im Browser dargestellt (siehe Abbildung 16.30).

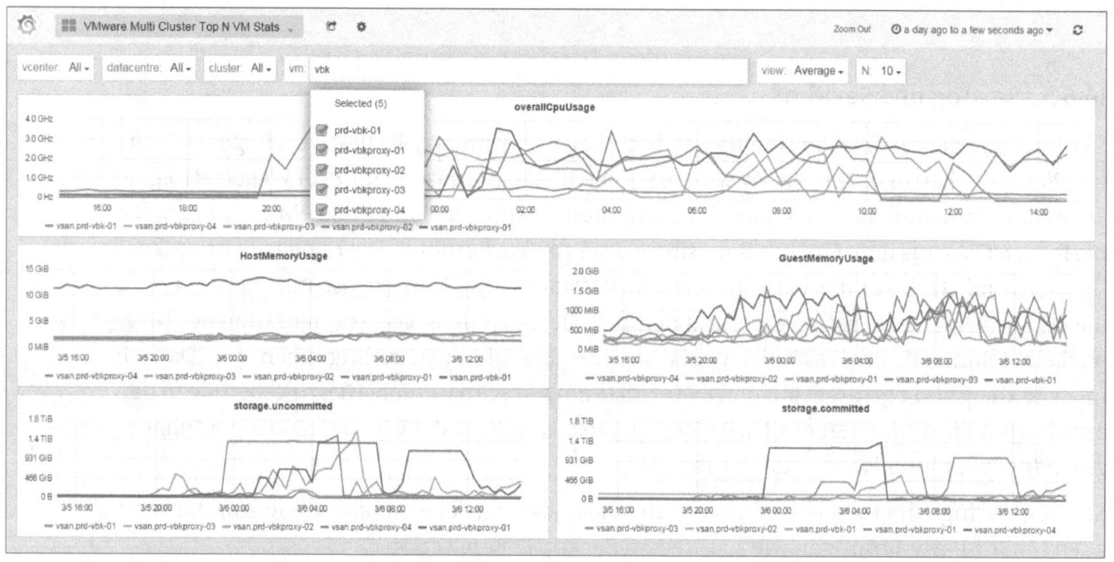

Abbildung 16.30 SexiPanels der SexiGraf Appliance; Quelle: SexiGraf-Webseite

Auch bei diesem Projekt wurde seit einiger Zeit keine Aktualisierung mehr veröffentlicht, und die neueste Version entstand im Mai 2019. Dennoch sind beide Projekte einen Versuch wert, auch wenn sie noch nicht auf die neueste vSphere-Version 7 angepasst wurden.

16.6.6 SNMP

Das *Simple Network Management Protocol* (SNMP) ist ein Standardnetzwerkprotokoll, das Sie zur Überwachung von Hardware verwenden können. Es ist selbst kein Monitoring-Tool, sondern ein Protokoll, das von Monitoring-Systemen genutzt wird. Über SNMP können Hardwaredaten und Betriebszustände abgefragt und zentral auf einem Managementsystem gesammelt werden. ESXi-Server sprechen das SNMP-Protokoll, sobald man den Dienst auf dem ESXi-Host aktiviert und den entsprechenden Port (161 UDP) auf der Host-Firewall frei gibt. SNMP arbeitet im Netzwerk in zwei Modi: Entweder holt das Managementsystem die Daten über ein GET-Kommando oder die Meldungen werden über einen sogenannten *Trap* an das Managementsystem gesendet.

VMware-Produkte wie ESXi oder vCenter unterstützen nur die Trap-Methode, d. h., sie senden Ereignisse aktiv an das Managementsystem. Eine Abfrage in die andere Richtung (GET) wird nicht unterstützt.

16.6.7 RVTools

Die kostenlose Software *RVTools* von Rob de Veij fällt etwas aus der Reihe, da es sich nicht im herkömmlichen Sinne um ein Monitoring-Tool handelt. Die Software ist ein kleines in Dot.net geschriebenes Programm, das entweder installiert oder portabel von einem USB-Flash-Medium ausgeführt werden kann. Eingabeparameter sind nur der voll qualifizierte Name oder die IP-Adresse des vCenters sowie ein Konto mit Leserechten auf dem vCenter.

Die Software liefert einen tabellarischen Überblick über die gesamte virtuelle Infrastruktur. Sie erhalten sehr schnell und kondensiert Informationen über alle Cluster, Hosts, VMs, virtuelle Netzwerke, Disks, Snapshots etc. Das Ergebnis kann auf Wunsch in eine Excel-Tabelle exportiert werden und so eine Momentaufnahme der Infrastruktur archivieren. Für mehrere vCenter-Server kann die Software auch im Batch-Modus arbeiten. Hierfür werden PowerShell-Skripte mitgeliefert. Log-in-Daten im Skript können mit einem eigenen Encrypter verschlüsselt werden.

Diese Software ist ausgesprochen wertvoll in der Kapazitätsplanung und in der Abschätzung der Zuwachsrate, aber auch für eine bessere Ressourcenaufteilung, und sollte im Werkzeugkoffer keines VMware-Administrators fehlen. 16

Sie können die Software unter folgender URL beziehen: *https://www.robware.net/rvtools*. Das Projekt finanziert sich durch Sponsoring durch die Firma Veeam. Vor dem Download müssen Sie sich daher bei Veeam mit einer gültigen Mailadresse registrieren, über die Sie den Download-Link erhalten.

16.6.8 Opvizor Performance Analyzer

Autor des Abschnitts 16.6.8 ist Dennis Zimmer, opvizor, dzimmer@opvizor.com.

Opvizor wurde 2012 von Dennis Zimmer gegründet. Seitdem entwickelt das Unternehmen Produkte zur Überwachung. Fehlersuche, Optimierung und Verbesserung der VMware-vSphere-Performance und -Stabilität. Durch die Analyse und Aufbereitung von Performancedaten, die weit über die typischen VMware-Metriken hinausgehen, sowie die Log-Analyse sind Leistungsengpässe bei VMs und ESXi-Hosts schnell erkannt und können gezielt behoben werden. Der *Performance Analyzer* liegt aktuell in der Version 6.6 vor.

Der Performance Analyzer konzentriert sich auf die schnelle und detaillierte Analyse von Performanceproblemen und Engpässen in VMware-vSphere-Umgebungen und deren Peripherie (*VMware vSAN, VMware View Horizon, Dell, NetApp, Cisco, Brocade, Microsoft, Linux* und vielen mehr) und hilft Ihnen bei der fortführenden Planung. Durch die detaillierte Analyse der Ressourcen inklusive wichtiger Werte wie NUMA-Auslastung, die zum Forecasting genutzt werden können, optimieren Sie die Nutzung der bestehenden Ressourcen und minimieren Leistungsprobleme.

Dabei wird immer ein Schwerpunkt darauf gelegt, dass die Darstellung und Verständlichkeit der gezeigten Informationen so einfach wie möglich ist. Das beginnt bereits bei den verschiedenen Dashboards, die je nach Anforderung Informationen für die schnelle Gesamtübersicht oder Details für die gezielte Fehlersuche liefern, und erstreckt sich bis zu den weiterführenden Informationen in den einzelnen Charts. Daher finden Einsteiger wie auch Profis die für sie relevanten Informationen auf einfachste Art und Weise.

Neben der Auswertung von Standardmetriken wie *CPU-Last* oder *Memory-Nutzung* und VMware-spezifischen Metriken wie *CPU Ready*, *Co-Stopping* oder *Memory Ballooning* hilft Performance Analyzer Ihnen auch beim Finden von NUMA-Fehlkonfigurationen, die zu Performanceverlusten von bis zu 75 % führen können, sowie bei sämtlichen relevanten Netzwerk- und Storage-Leistungsproblemen.

Der Performance Analyzer bietet außerdem die Möglichkeit, historische Daten über viele Monate oder sogar Jahre zu speichern. Dies ermöglicht Ihnen, Leistungsvergleiche über längere Zeit oder zwischen verschiedenen Zeiträumen durchzuführen.

Installation

Die Installation des Performance Analyzer ist sehr einfach gehalten: Sie können nach der Registrierung unter *https://www.opvizor.com* eine virtuelle Appliance für VMware vSphere herunterladen.

Ab einer Infrastrukturgröße von 100 ESXi-Hosts oder 1.000 VMs ist es sinnvoll, die CPU- und Hauptspeicherkonfiguration zu verdoppeln. Außerdem sollte dann auch die zweite virtuelle Festplatte um 20 GB vergrößert werden.

Nach dem Start der virtuellen Appliance wird eine automatische Netzwerkkonfiguration über DHCP eingerichtet. Falls die virtuelle Festplatte vergrößert wurde, wird auch die Datenpartition angepasst.

Falls Sie die Netzwerkkonfiguration manuell festlegen wollen, können Sie sich mit dem Benutzernamen `admin` und dem Passwort `VMware123` an der vSphere-Konsole anmelden und dort das Netzwerk konfigurieren.

Anschließend startet die Appliance automatisch neu, um die Konfiguration zu übernehmen.

Konfiguration

Die Webseite zur Konfiguration steht unter *http://appliance-ip/admin* zur Verfügung. Die Zugangsdaten lauten dort `admin` mit dem Passwort `VMware123`.

Der Performance Analyzer läuft nach der Installation für 15 Tage ohne Lizenz im Evaluationsmodus. Sie können diesen Zeitraum verlängern, indem Sie einfach eine weitere 30-Tage-Lizenz unter OVERVIEW in der Administrationsoberfläche anfordern (siehe Abbildung 16.31).

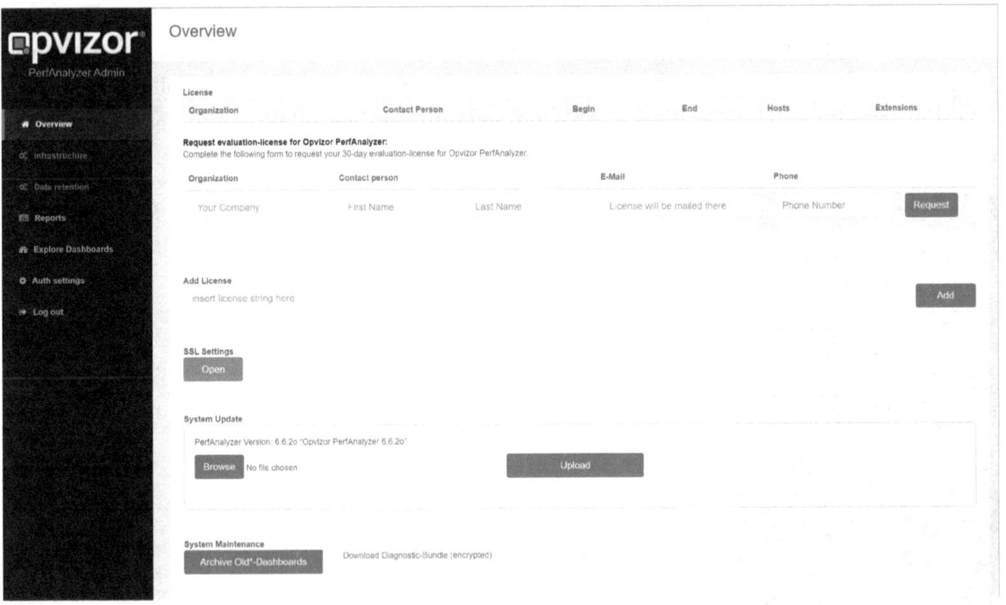

Abbildung 16.31 Administrationsoberfläche zur Anforderung einer Evaluationslizenz

Die Übersichtsseite dient auch zum Hochladen und Einspielen von Aktualisierungen, die Sie unter *http://manual.opvizor.com* finden. Außerdem können Sie SSL-Einstellungen an dieser Stelle festlegen (siehe Abbildung 16.32).

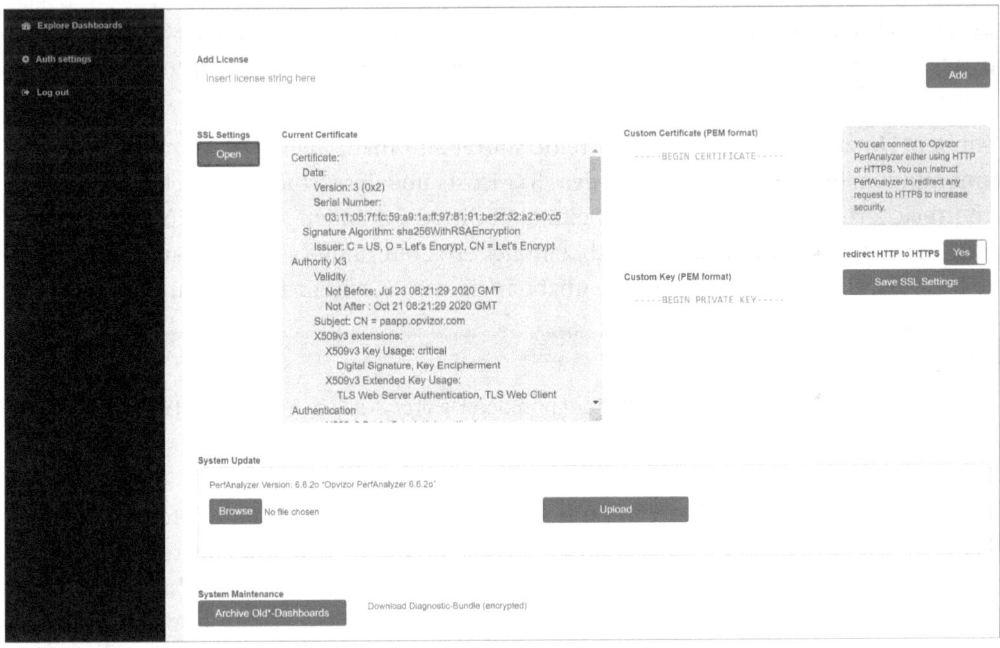

Abbildung 16.32 Aktivierung von SSL zum verschlüsselten HTTPS-Zugriff auf die Daten von »Performance Analyzer«

Damit der Performance Analyzer mit der Datensammlung beginnen kann, sollten Sie einen internen E-Mail-Server konfigurieren, um Alarme und Meldungen zu erhalten, sowie die VMware vCenter hinzufügen. Insgesamt habe ich bis zu 20 vCenter pro Appliance getestet. Pro vCenter wird automatisch die vSAN-Überwachung aktiviert, falls ein vSAN erkannt wird (siehe Abbildung 16.33).

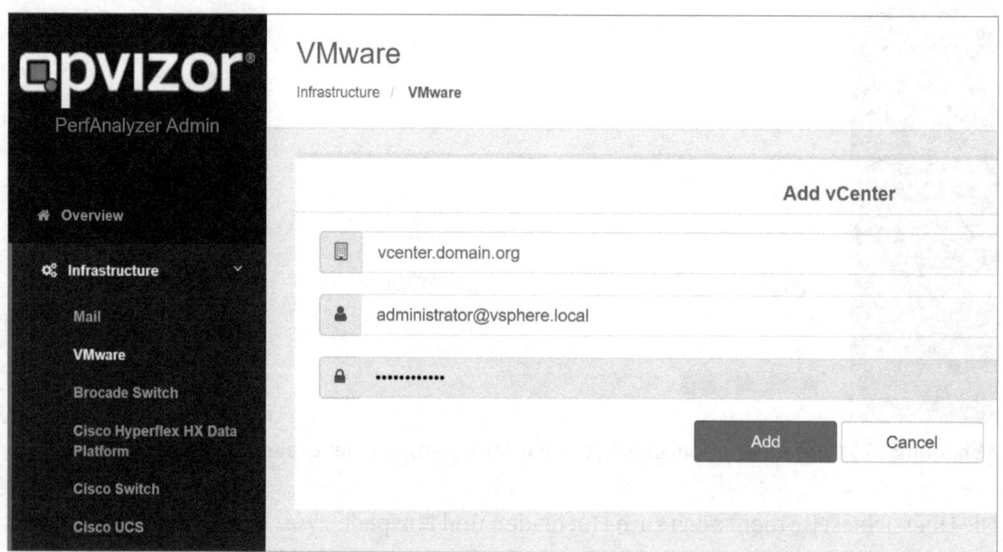

Abbildung 16.33 Hinzufügen des VMware vCenters

Grundsätzlich ist nur eine Leseberechtigung notwendig, Sie sollten aber zusätzlich den Statistiklevel 2 im vCenter und die Berechtigung *Global-Tasks* zur NUMA-Datensammlung für den angegebenen Benutzer einrichten.

Mit dem Hinzufügen der vCenter-Systeme startet automatisch ein Datensammler, der alle fünf Minuten die Performancedaten der ESXi-Hosts und der virtuellen Maschinen sammelt und speichert. Die Datensammlung beinhaltet die 20-Sekunden-Metriken innerhalb dieser fünf Minuten, sodass Sie fast einen Echtzeitblick erhalten, ohne das vCenter außerordentlich zu belasten. Danach stehen die Daten unabhängig vom vCenter zur Verfügung.

Dauer der Datensammlung

Die ersten aussagekräftigen Daten stehen in den Dashboards nach ungefähr 15 Minuten zur Verfügung.

Unter dem Eintrag INFRASTRUCTURE finden Sie weitere Optionen, um auch Daten von anderen Systemen zu sammeln. Neben VMware finden Sie Module für NetApp, Microsoft Windows, Linux, Microsoft SQL Server oder Cisco-UCS-Daten. Um Daten aus *VMware View Horizon* oder *DataCore* zu sammeln, reicht eine kurze E-Mail an *support@opvizor.com* aus. Vom Support erhalten Sie schnell und einfach Informationen zur Installation und Konfiguration.

Navigation

Um zu den Monitoring- und Analyse-Dashboards zu gelangen, rufen Sie entweder die URL *http://appliance* direkt auf, oder Sie öffnen auf der Admin-Oberfläche den Menüpunkt Explore Dashboards.

Die Navigation in den Dashboards ist sehr einfach (siehe Abbildung 16.34). Zur Entwicklung des Dashboards wurde auf die Open-Source-Lösung Grafana gesetzt, vielleicht kennen Sie diese bereits von anderen Projekten.

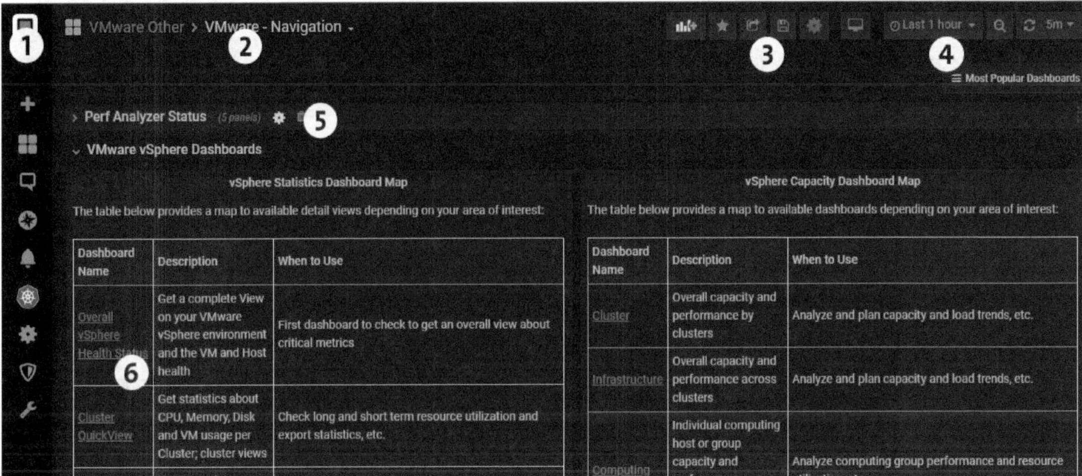

Abbildung 16.34 Allgemeine Navigation im »Performance Analyzer«

Es gibt folgende Bereiche:

❶ Generelle Administration, Erstellung von Playlists und Benutzerverwaltung.

❷ Dashboard-Liste und Auswahl – hier ist auch eine Volltextsuche integriert.

❸ Aktionen für das aktuelle Dashboard (Speichern, Bearbeitung von Titel und Variablen).

❹ Auswahl des Zeitraums (Schnellnavigation und Detailauswahl für den Zeitpunkt).

❺ Abschnitte innerhalb des Dashboards können aus- und eingeklappt werden.

❻ Links innerhalb des Dashboards.

Das Dashboard bietet darüber hinaus diverse Filtermöglichkeiten, die in Abbildung 16.35 zu sehen sind:

❼ Genaue Auswahl des Zeitraums.

❽ Typische Zeiträume zur Schnellauswahl.

❾ Einstellung der automatischen Aktualisierung eines Dashboards.

❿ Filtern von Entitäten (z. B. VMware vCenter, Datacenter, Cluster, Host, VM etc.).

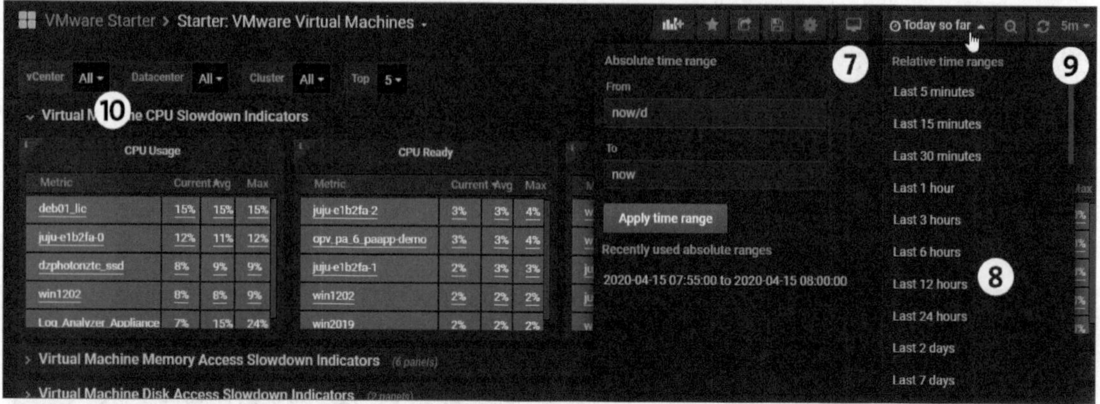

Abbildung 16.35 Filter innerhalb der Dashboards

Gesamtübersicht über VMware vSphere

Der Performance Analyzer bietet verschiedene Dashboard-Typen an, die einen schnellen Gesamtüberblick über genau die Informationen liefern, die Sie erhalten möchten. So zeigt Abbildung 16.36 das HEALTH STATUS-Dashboard.

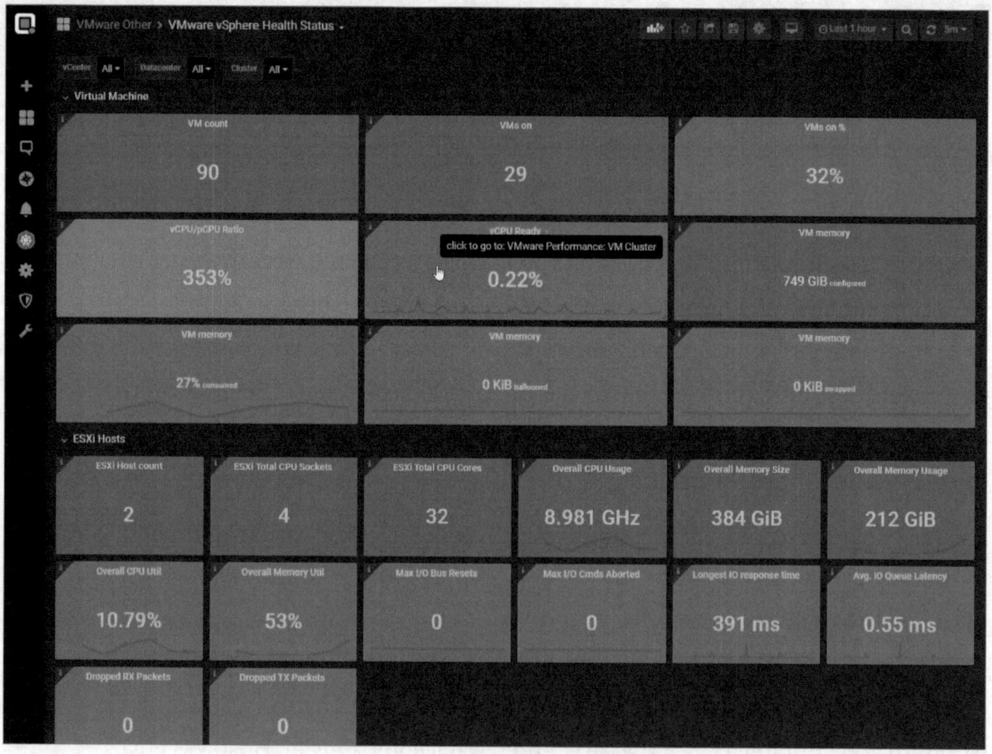

Abbildung 16.36 »Health Status«-Dashboard für VMware vSphere

Der typische Einstieg führt über das Dashboard VMWARE VSPHERE HEALTH STATUS, das neben der farblichen Problemkennzeichnung (Rot = kritisch, Gelb = Warnung, Grün = alles okay, Blau = Information) auch einen tieferen Einstieg ermöglicht. Klicken Sie dazu einfach auf die farbigen Panels.

Wenn Sie etwa auf vCPU READY oder VM MEMORY BALLOONED klicken, wird automatisch auf die Cluster-Übersicht gewechselt, die die Top 10 der virtuellen Maschinen auf Basis der jeweiligen Metrik zeigt (siehe Abbildung 16.37).

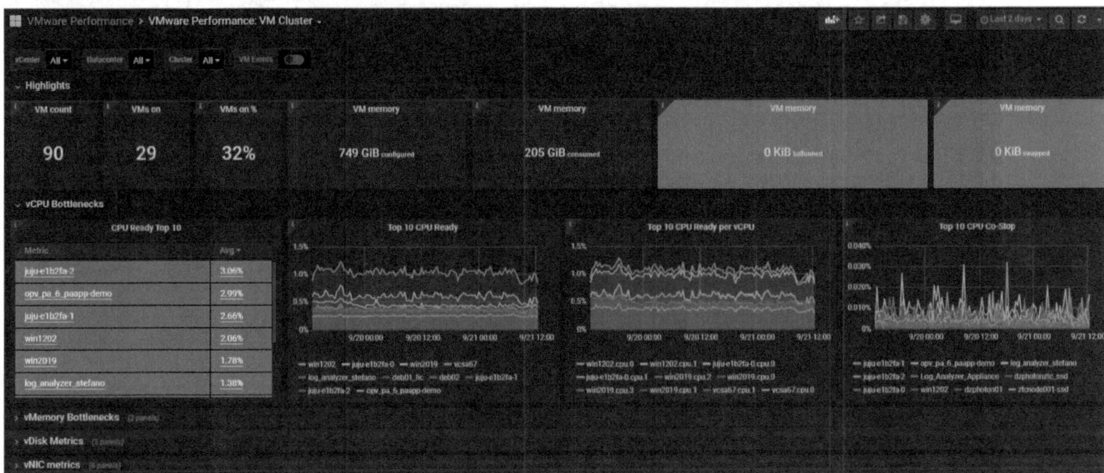

Abbildung 16.37 VM-Cluster-Übersicht

Die VM-Cluster-Übersicht in Abbildung 16.37 enthält folgende Bereiche:

1. Hilfe zu dem jeweiligen Panel (Metriken).
2. Detailübersicht in den Charts.
3. Ein Klick auf die jeweiligen Namen im Chart setzt den Fokus darauf.
4. Sortierung auf Basis der Werte

Die Hilfe in den jeweiligen Metriken kann immer über das kleine »i« in der linken Ecke der Panels eingesehen werden. Sie bietet Ihnen weitere Links und Informationen (siehe Abbildung 16.38).

Die integrierten Highlight-Dashboards (siehe Abbildung 16.39) bieten ebenfalls eine sehr gute Übersicht über die wichtigsten Metriken der virtuellen Maschinen und ESXi-Hosts und eignen sich auch zur Anzeige auf Großbildschirmen.

Verwenden Sie individuelle Playlists, die automatisch zwischen verschiedenen Dashboards umschalten, um das Monitoring auf Großbildschirmen noch nützlicher und beeindruckender zu gestalten.

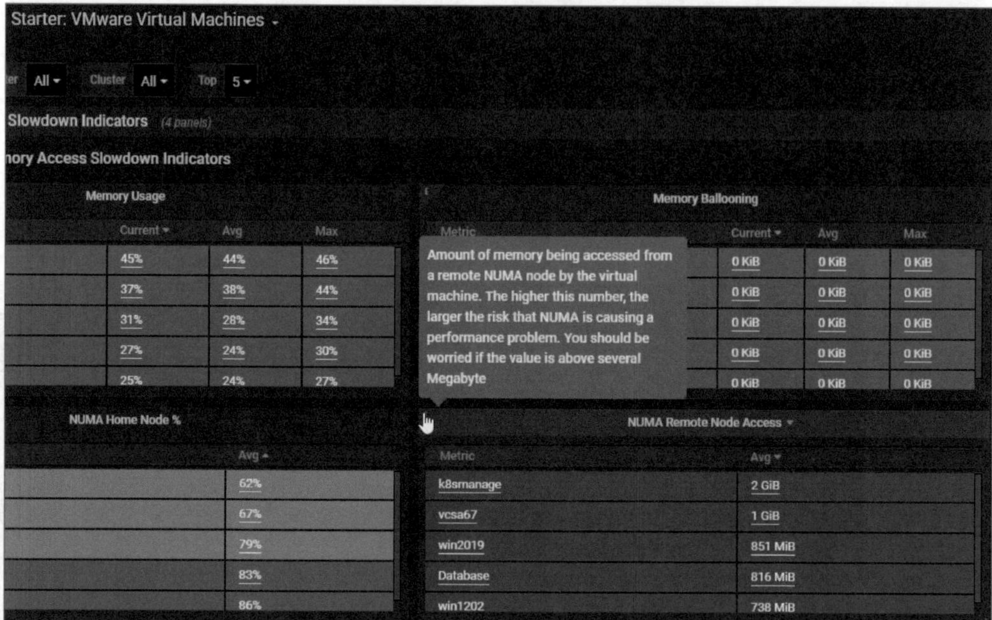

Abbildung 16.38 Hilfeansicht in einem Panel

Abbildung 16.39 Highlight-Dashboard zur schnellen Gesamtübersicht darüber, ob VMs derzeit in einem guten oder einem kritischen Zustand sind

Während ein Highlight-Dashboard die aktuelle Situation im Rechenzentrum darstellt, existieren noch Starter-Dashboards, die neben den aktuellen Leistungswerten auch Durchschnittswerte und Maximalwerte anzeigen (siehe Abbildung 16.40).

Diese eignen sich besonders gut zur Fehlersuche und liefern Informationen über virtuelle Maschinen, ESXi-Hosts und Datastores.

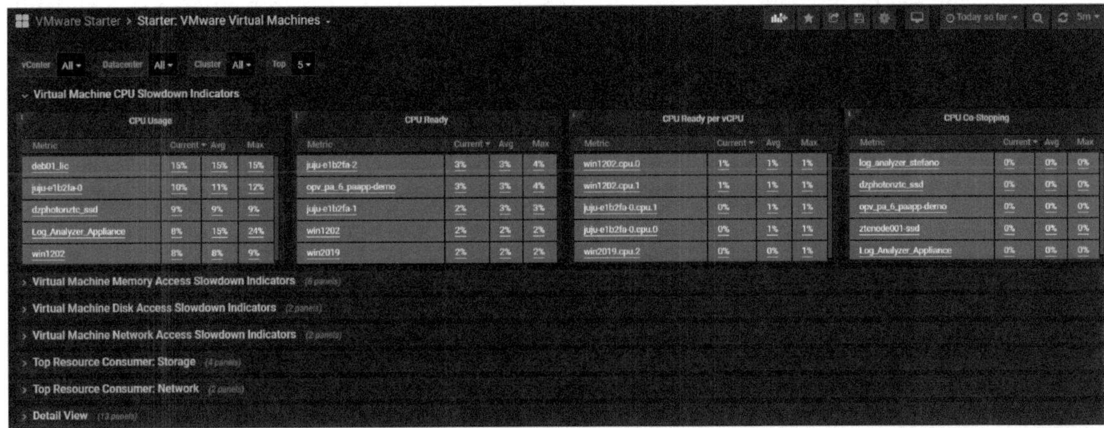

Abbildung 16.40 Starter-Dashboard für virtuelle Maschinen

Die Starter-Dashboards weisen auch auf spezifische Leistungsprobleme hin. Sie können so beispielsweise leicht einschätzen, ob es eher beim CPU- oder beim Hauptspeicherzugriff zu Problemen kommt.

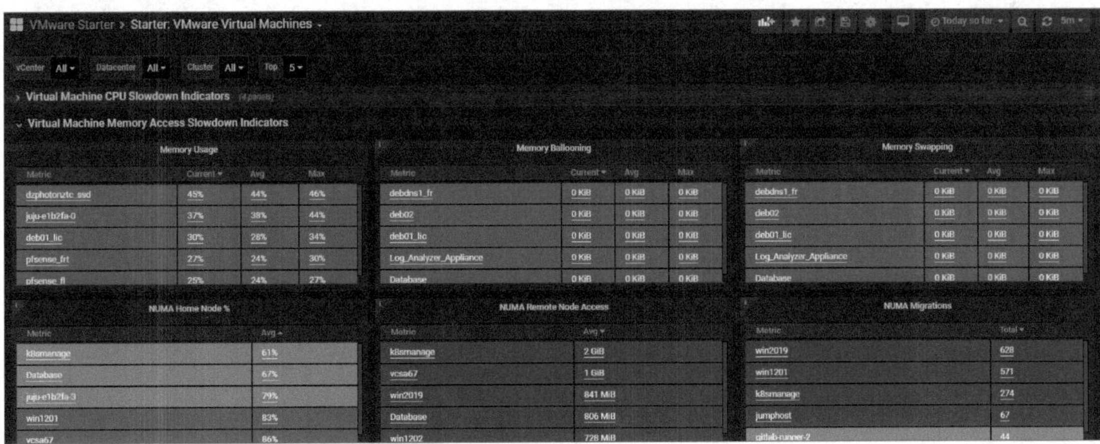

Abbildung 16.41 Details zum NUMA-Zugriff

Besonders interessant sind die Memory-Informationen zur NUMA-Nutzung (siehe Abbildung 16.41), da Sie so auf einen Blick sehen, ob die virtuelle Maschine nahezu 100%ig optimal läuft oder ob viele Hauptspeicherzugriffe über die langsamen Remote-Node-Zugriffe erfolgen. Das kann in einigen Fällen zu Leistungseinbußen von 75 % des möglichen Hauptspeicherzugriffs führen und sollte unbedingt vermieden werden. Gerade hohe NUMA-Migrationen sind eine oft übersehene Metrik, die extreme Performanceeinbußen auslösen kann.

VMware-Performance im Detail

Haben Sie bereits eine Idee, an welcher Stelle die Performanceprobleme zu suchen sind, wechseln Sie direkt auf die Detail-Dashboards, ohne den Umweg über Starter- oder Highlight-Dashboards einzuschlagen (siehe Abbildung 16.42).

Beispielsweise finden Sie im Dashboard unter VMWARE PERFORMANCE: HOST SINGLE die Details eines ESXi-Hosts – bis hin zur Ansicht von VMkernel-Queue, NUMA- oder vFlash-Nutzung. Auch Informationen zu Paketverlusten im Netzwerkverkehr oder zur VMHBA-Kommunikation werden hier dargestellt.

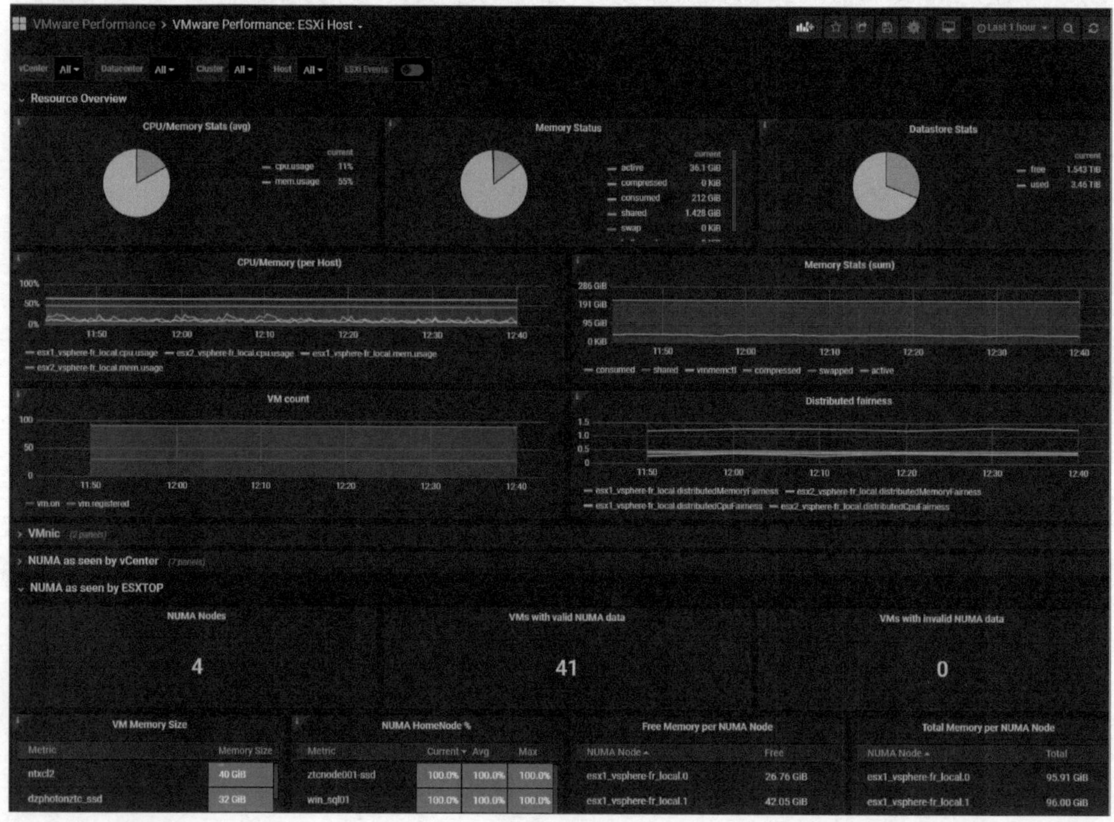

Abbildung 16.42 ESXi-Performance im Detail

Das Dashboard VMWARE PERFORMANCE: DATASTORE VS. VIRTUAL MACHINES (siehe Abbildung 16.43) zeigt die Details des Storage-Zugriffs per Datastore. Es kann bis zur einzelnen VM auf einem Datastore gefiltert werden. Dies ist insbesondere dann nützlich, wenn Sie auf der

Suche nach sogenannten *Noisy Neighbors* sind, also virtuellen Maschinen, die durch ihre hohe Leistungsaufnahme die Leistungsmöglichkeiten anderer VMs einschränken, mit denen sie sich dieselben Ressourcen teilen.

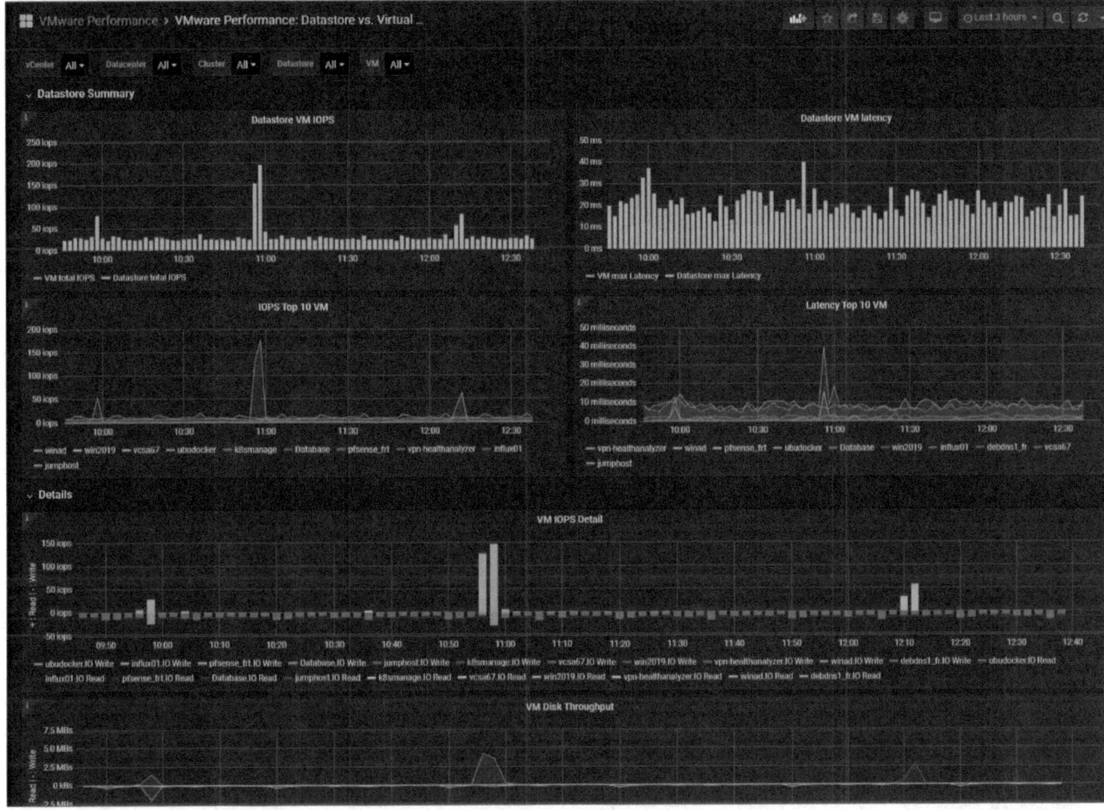

Abbildung 16.43 Das Dashboard »Datastore vs. Virtual Machines«

Der Performance Analyzer verfügt über viele weitere Dashboards, die Detailinformationen zu Ihrem Netzwerk zeigen: Welche vSwitches werden am meisten genutzt? Läuft der Netzwerkverkehr einzelner VMs oder in den Clustern hauptsächlich innerhalb oder außerhalb eines ESXi-Hosts ab? Die Antworten auf diese Fragen lassen einfach visuell darstellen.

Statistiken und Planung

Wenn bereits Leistungsdaten erhoben wurden, ist eine Planung nicht mehr weit. Hier bietet der Performance Analyzer Übersichts-Dashboards zur Kapazitätsplanung.

Dabei geht es nicht nur um die Kapazitätsplanung auf Basis von Plattenspeichernutzung oder um die Einschätzung, wie viele virtuelle Maschinen noch in einem Cluster Platz finden (inklusive Ausfallplanung), sondern auch um sehr konkrete alltägliche Probleme wie um das

Snapshot-Aufkommen und die Snapshot-Speichernutzung oder beispielsweise um die Frage, ob *Spectre*- und *Meltdown*-Bugfixes eingespielt wurden.

Das Snapshot-Dashboard VMWARE CAPACITY: VMWARE SNAPSHOTS zeigt das Wachstum der Snapshots über die eingestellte Zeitdauer an (siehe Abbildung 16.44). Damit können Sie nicht nur erkennen, ob Snapshots regelmäßig gelöscht werden, sondern sehen auch auf einen Blick, wie stark diese in den letzten Tagen oder Wochen gewachsen sind. Die integrierten Alarme zur Snapshot-Größe und -Anzahl können Sie für die eigene Infrastruktur anpassen.

Das mitgelieferte SPECTRE/MELTDOWN-Dashboard (siehe Abbildung 16.45) bietet neben der Analyse, ob Ihre VMware-ESXi-Systeme und VMs betroffen sind, auch zwei sehr interessante Details an: zum einen eine Checkliste dazu, welche Fixes noch benötigt werden, und zum anderen eine Ansicht dazu, welche Leistungsänderungen seit den Fixes zu erkennen sind. Es ist zwar bekannt, dass eine minimale Leistungsreduktion durch die Patches zu erwarten ist, aber man weiß nie genau, was »minimal« in der Praxis wirklich bedeutet. Durch eine Gegenüberstellung von Vergangenheitsdaten und aktuellen Daten ist es daher möglich, eine Einschätzung der Leistungsreduktion zu erhalten.

Abbildung 16.44 Snapshot-Analyse auf Basis von Anzahl und Größe der Snapshots

Abbildung 16.45 Die Intel-Spectre/Meltdown-Checkliste und -Analyse

Abbildung 16.46 Kapazitätsplanung auf Basis von bestehenden virtuellen Maschinen

Logs, Events und Tasks

Mit Version 6.6 wurde Performance Analyzer um eine Syslog-, Event- und Task-Analyse für ESXi-Hosts, vCSA und VMs erweitert. Diese *Log Compliance* genannte Erweiterung ermöglicht eine Volltextsuche durch alle Protokolldaten und vCenter-Events und ist auch in Dashboards integriert, z. B. zur Anzeige aller Anmeldeversuche oder der Storage-Latenzen.

Nachdem Sie die entsprechende Lizenz registriert und die vCenter-Systeme hinzugefügt haben, werden die Tasks und Events automatisch ausgelesen und per Volltextsuche zugänglich gemacht.

Um auch die Syslog-Daten der ESXi-Hosts zu erhalten, können Sie entweder die ESXis selbst zur Syslog-Weiterleitung konfigurieren oder die Konfiguration automatisch im Admin-Interface ausführen lassen (siehe Abbildung 16.47).

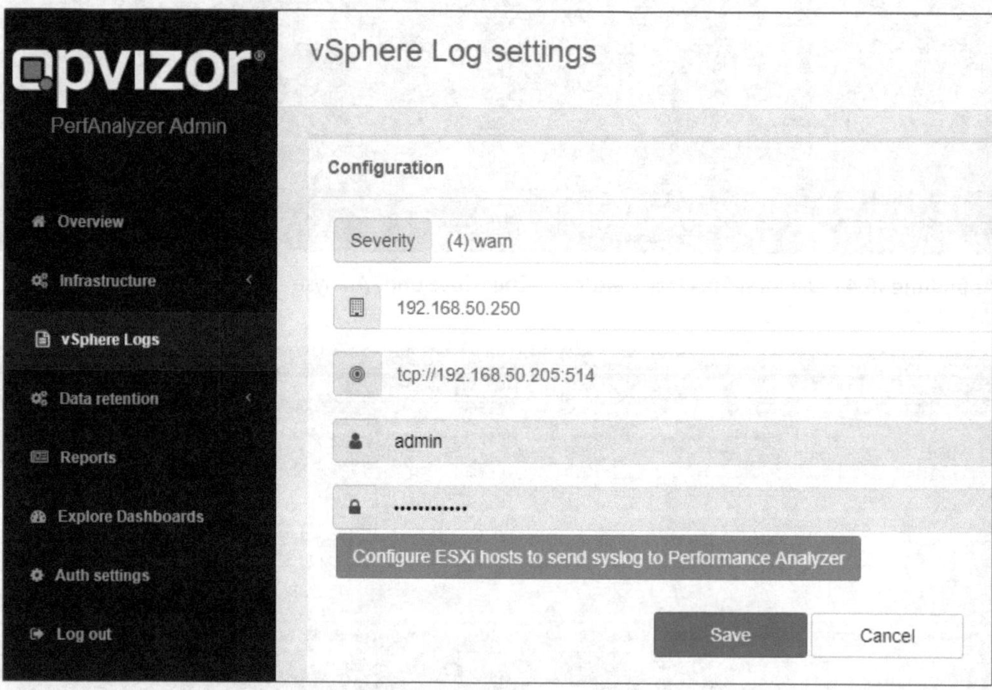

Abbildung 16.47 ESXi-Syslog-Weiterleitung konfigurieren

Um Festplattenplatz zu sparen, können Sie die SEVERITY anpassen und so einstellen, ab welchem Level Daten weitergeleitet werden. Sie sollten INFO auswählen, falls Sie auch die erfolgreichen Anmeldeversuche protokollieren möchten.

Mit einem Klick auf das Icon LOG COMPLIANCE in der Navigation können Sie Events, Tasks und Syslog-Daten mit Volltextunterstützung durchsuchen oder nach bestimmten Tags filtern. Die Tags erleichtern die Suche nach bestimmten VM- oder ESXi-Host-Ereignissen.

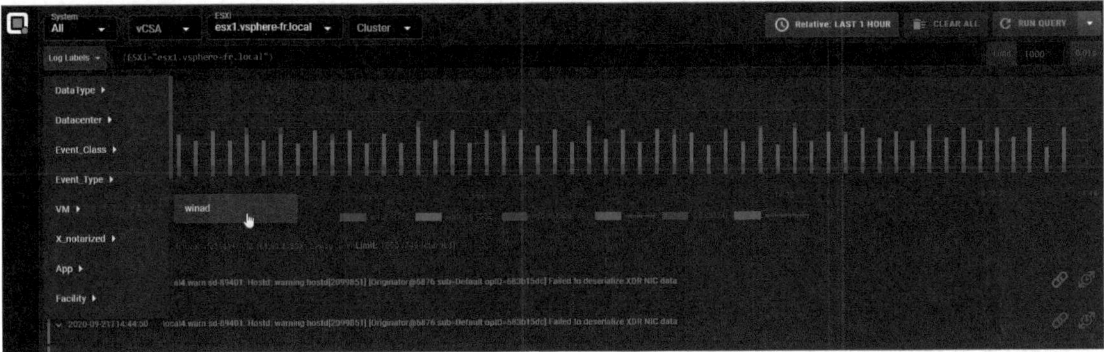

Abbildung 16.48 Ansicht der Protokolldateien inklusive Volltextsuche

Zusätzlich zur individuellen Log-Datei-Analyse sind auch verschiedene Dashboards integriert, die Storage-Engpässe oder sicherheitsrelevante Ereignisse grafisch aufbereitet anzeigen.

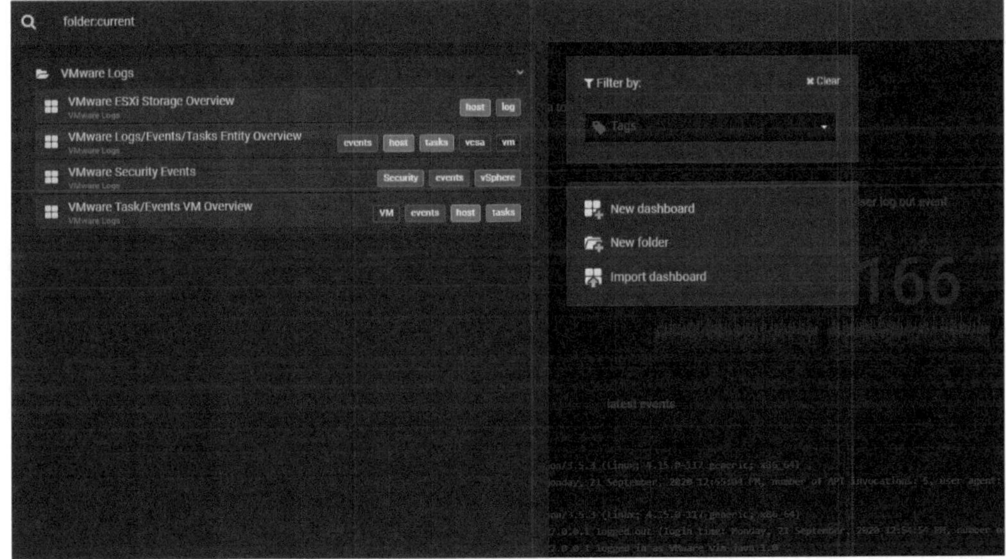

Abbildung 16.49 Dashboards zur Ansicht von wichtigen Ereignissen in Protokolldaten

Fälschungssichere Protokolldatenablage

Damit die Protokolldaten regelkonform (z. B. nach BSI-IT-Grundschutzhandbuch), fälschungssicher und für den definierten Zeitraum unlöschbar abgelegt werden können, wird die Open-Source-Datenbank *immudb* (*https://www.immudb.io*) verwendet. Durch diese Integration wird eine Ablagesicherheit garantiert, die bisher nur mit Hardwarelösungen möglich war.

Ob die Daten manipuliert wurden, wird stetig überprüft und kann genau pro Log-Eintrag kontrolliert werden. Damit können Auditoren die fälschungssichere Protokolldatenablage garantieren.

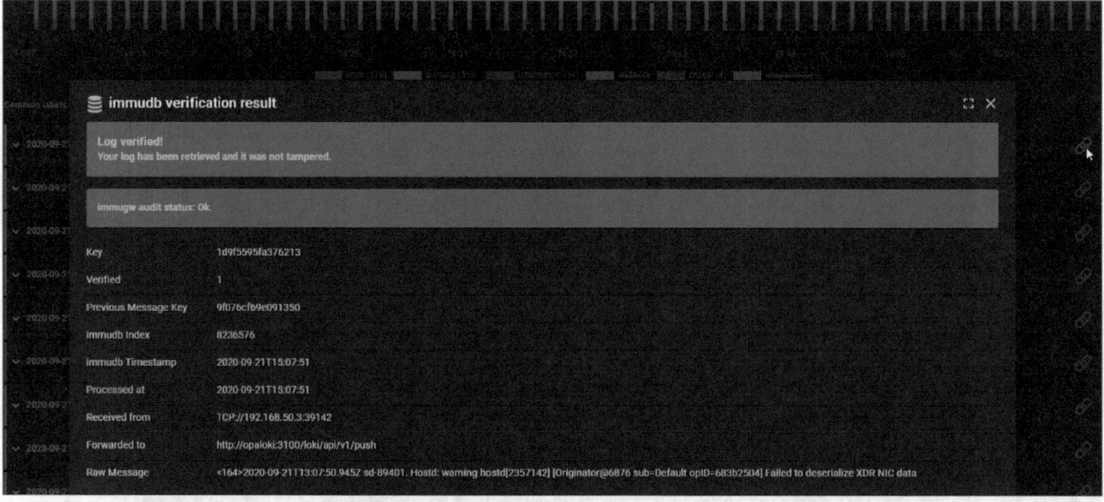

Abbildung 16.50 Verifizierung eines fälschungssicher abgelegten Protokolleintrags

Die fälschungssichere Datenablage ist komplett in die Ansicht LOG COMPLIANCE integriert und zeigt die Syslog-Rohdaten inklusive des Prüfergebnisses.

Sowohl die Manipulation einzelner Protokolleinträge wird erkannt als auch die Löschung!

Fazit

Der Performance Analyzer geht weit über die Metriken hinaus, die in Monitoring-Tools zumeist sichtbar sind. Der Funktionsumfang wurde durch die Log-Analyse und die fälschungssichere Ablage von Metriken und Protokolldaten in der letzten Version 6.6 nochmals deutlich erweitert. Die Software ist in wenigen Minuten per vApp importiert und startet direkt mit einer Testlizenz. So kann jeder VMware-Administrator oder -Berater innerhalb kurzer Zeit prüfen, ob Probleme in seiner VMware-Umgebung bestehen, und Statistiken über den Betrieb sammeln.

Vor allem die Funktionen zur Behebung von NUMA-Performanceproblemen, zur Kapazitätsplanung und zur Überwachung von VDI-Antwortzeiten sind für Kunden absolute Highlights und ermöglichen eine komplett neue Sicht auf bisher unerkannte Probleme.

Kapitel 17
Datensicherung von vSphere-Umgebungen

In diesem Kapitel lernen Sie die Möglichkeiten zur Datensicherung und -wiederherstellung von VMware-vSphere-Umgebungen kennen. Für Leser, die Produkte von Drittherstellern einsetzen, bietet das Kapitel eine Einführung in die Datensicherung und -wiederherstellung auf konzeptioneller Ebene. Darüber hinaus wird eines der beliebtesten Backup-Tools, Veeam Backup & Replication, vorgestellt.
Autor dieses Kapitels ist Florian Klotmann, florian@klotmann.net.

17.1 Einführung

Neben der Hochverfügbarkeit und dem Wiederanlauf im Katastrophenfall gehört auch die Datensicherung zur *IT Business Continuity*. Dieses Kapitel widmet sich dem Thema *Datensicherung*, das heißt, wir befassen uns mit dem Sichern der Daten von Applikationen, aber auch mit dem Sichern infrastruktureller Komponenten wie dem Gastbetriebssystem. Darüber hinaus werden Konzepte zum Wiederanlauf aus Sicht der Datensicherung behandelt.

Wir verwenden in diesem Kapitel den *vSphere Web Client* als Grundlage für sämtliche Schritte im vCenter.

Grundsätzliches zu Soft- und Firmwareversionen

Die in diesem Kapitel vorgestellten Produkte beziehen sich auf folgende Release-Stände:

Veeam Backup & Replication 10.0.1.4854 (kompatibel zu vSphere 7)

Neuere Releases können Erweiterungen und Änderungen mit sich bringen, die in diesem Kapitel getroffene Aussagen überholt erscheinen lassen.

Darüber hinaus haben wir die Bebilderung dieses Kapitels »en bloc« durchgeführt. So können Sie in den Abschnitten 14.8 bis 14.10 den Bildern wie in einem Installations- und Konfigurations-Guide folgen.

17.1.1 Allgemeines zur Datensicherung

VMware vSphere bietet verschiedene Optionen für die Datensicherung und -wiederherstellung in virtuellen Umgebungen.

Bevor Sie eine Datensicherung Ihrer virtuellen Umgebung tätigen, sollten Sie Richtlinien definieren. Diese wiederum beruhen auf den *Service Level Objectives* (SLO) Ihres angebotenen Diensts (beispielsweise einer E-Mail-Applikation wie *Microsoft Exchange*). Dabei ist es von Vorteil, mit den Begriffen und Kürzeln aus Tabelle 17.1 vertraut zu sein.

Kürzel	Begriff	Erklärung
RPO	*Recovery Point Objective*	Wiederherstellungspunkt: Wie viel Datenverlust darf der Dienst maximal haben?
RTO	*Recovery Time Objective*	Wiederherstellungszeit: Wie schnell muss der Dienst wieder verfügbar sein?
RT	*Retention Time*	Aufbewahrungszeit: Wie lange muss eine einzelne Datensicherung eines Diensts aufbewahrt werden? Das kann auch rechtliche Aspekte beinhalten, die bedacht werden müssen.
RP	*Retention Points*	Sicherungspunkte: Wie viele einzelne Datensicherungen sollen vorliegen? Bei einer Sicherung alle zwei Tage sowie sieben Retention Points hätte man damit Sicherungen bis zu einem Alter von zwei Wochen.
GFS	*Grandfather-Father-Son*	Soll eine Sicherung in unterschiedliche Aufbewahrungszeiten aufgeteilt werden? Damit können zum Beispiel Wochen- und Monatssicherungen länger als Tagessicherungen vorgehalten werden.
	Datensicherungsgenerationen	Wie viele Kopien eines Dienstes müssen vorgehalten werden?
	Häufigkeit der Datensicherung	Wie oft müssen die Daten des Dienstes gesichert werden?
	Änderungsrate	Wie groß ist die Datenmenge, die sich pro Zyklus ändert? (Hier geht es um die effektiv neu geschriebenen Datenblöcke.)
	Datensicherungsschema	Auf welche Art muss die Datensicherung erfolgen (vollständige, inkrementelle, differenzielle Sicherung)?

Tabelle 17.1 Begriffe der Datensicherung

Die Werte, die Sie aus den Objectives in Tabelle 17.1 ableiten, entscheiden sowohl über die Wahl der *Datensicherungsmethoden* als auch über die zugrunde liegende *infrastrukturelle Architektur*. Je nach den Möglichkeiten der Plattformen, die Sie einsetzen, gibt es herstellerspezifische Unterschiede. Dieses Kapitel konzentriert sich auf die VMware-eigenen Technologien.

17.1.2 Die zwei Typen der Datensicherung

Prinzipiell unterscheidet man zwischen zwei Typen der Datensicherung:

- **Logische Datensicherung** – eine vom Primärspeicher-Volume abhängige Kopie, beispielsweise *VMware Snapshot*
- **Physische Datensicherung** – eine vom Primärspeicher-Volume unabhängige Kopie, beispielsweise *VMware Clone*

Logische Datensicherung

Eine *logische Datensicherung* legt ein Point-in-Time-Abbild (*Snapshot, Klon, Replikation*) einer virtuellen Maschine, eines VMFS-Datastores, einer LUN oder eines Dateisystems an. Logische Datensicherungen erfolgen sehr schnell und nutzen die Speicherkapazität im *Primärspeichersystem* oder in dessen Replikat. Die Wiederherstellung der Daten aus einer logischen Datensicherung geschieht sehr schnell im Vergleich zu Datensicherungen auf Sekundärspeichersystemen. Das hängt direkt mit den IT-Prozessen (*Standard Operating Procedures*) zur Restaurierung der Daten sowie von der verwendeten Technologie ab. Die logische Datensicherung ermöglicht eine kurze Wiederanlaufzeit eines Dienstes oder – was weitaus üblicher ist – die Wiederherstellung einzelner Dateien. Logische Datensicherung schützt Sie beispielsweise vor korrupten virtuellen Maschinen oder versehentlich gelöschten Dateien innerhalb der VMs.

17

Physische Datensicherung

Im Gegensatz zur logischen Datensicherung erstellen Sie bei der *physischen Datensicherung* eine vollständige, unabhängige Kopie einer virtuellen Maschine, eines VMFS-Datastores, einer LUN oder eines Dateisystems. Das gibt Ihnen die Möglichkeit, diese Kopie in einem anderen Speichersystem abzulegen, um auch bei beispielsweise einem Hardwaredefekt des Primärspeichers abgesichert zu sein. Dabei kann dies traditionell in einer Bandbibliothek oder einem zusätzlichen Speichersystem erfolgen. Hier gibt es (wie im Verlauf dieses Kapitels beschrieben) via *Veeam Backup & Replication* die verschiedensten Möglichkeiten, um dieses Szenario abzubilden.

Nachteilig wirken sich der Speicherkapazitätsbedarf und die längere Laufzeit der Datensicherung aus. Moderne Datensicherungstechnologien erlauben es, sowohl den Kapazitätsbedarf (Komprimierung oder Deduplizierung der Daten) als auch ihre Laufzeit (quellbasierte Deduplizierung) zu optimieren.

Ein weiteres Einsatzgebiet, das physische Datensicherungen oder eigenständige Zweitkopien erfordert, sind gesetzliche Vorgaben, wie sie beispielsweise das Handelsgesetzbuch in Deutschland oder die Geschäftsbücherverordnung in der Schweiz zur Aufbewahrung digitaler Daten vorschreiben. Damit ist auch immer eine Mindestaufbewahrungsfrist (*Retention Time*) dieser Daten verknüpft.

17.1.3 Stufenweises Datensicherungskonzept

Bei der gleichzeitigen Nutzung von logischer und physischer Datensicherung spricht man von einem *stufenweisen Datensicherungskonzept*.

Es ist daher durchaus eine Best Practice, sowohl die physische wie auch die logische Datensicherung für einen Dienst einzusetzen, um ein SLO (*Service Level Objective*) vollständig abzudecken. Ein SLO kann durchaus auch nach Lösungen zur Disaster-Vorsorge verlangen.

Bei einem Systemausfall (beispielsweise einer VM) oder bei Datenverlust empfiehlt es sich immer – vorausgesetzt, die Datenkonsistenz ist gemäß SLO gegeben –, auf diejenige Sicherungskopie zurückzugreifen, von der aus die Wiederherstellung am schnellsten erfolgt (Beispiel: Snapshot vom Primärspeichersystem).

Tabelle 17.2 fasst die verschiedenen Stufen samt ihrer Vor- und Nachteile zusammen.

Art der Sicherung	Vorteil	Nachteil
Snapshot, Clone (logisch)	schnelle Wiederherstellung	keine Sicherheit vor Primärspeichersystem-, Standort- oder Zweitspeichersystemausfall
Datensicherung auf Zweitspeichersystem (physisch)	schnelle Wiederherstellung	kein Schutz vor Standort- oder Zweitspeichersystemausfall
Replikation (logisch)	schneller Wiederanlauf bei Standort- oder Primärspeichersystemausfall	hohe Kosten für den Zweitstandort
Datensicherung an Zweitstandort (physisch)	Sicherung gegen Standortausfall	langsamere Wiederherstellung, Kosten für den Zweitstandort

Tabelle 17.2 Stufenweises Konzept zur Datensicherung

Typischerweise werden Sie aufgrund der schnellen Wiederherstellungszeit häufiger logische Datensicherungen durchführen als physische. Die logische Datensicherung kann aber die physische Datensicherung keinesfalls ersetzen, weil sie weder Schutz vor einem Systemausfall (logischer oder physischer Natur) noch vor einen Medienbruch (Datenspeicherung auf einem Zweitsystem oder anhand eines anderen Speichermodells) bietet.

Die logische Datensicherung (Snapshot) ist in Kapitel 8 und in Abschnitt 20.19, »Snapshots«, ausführlich beschrieben.

17.2 Grundlagen der Datensicherung

Bei der Datensicherung treffen Sie immer wieder auf die Begriffe, die in Tabelle 17.3 aufgelistet sind.

Begriff	Beschreibung
Sekundärspeichersystem	Dedizierter Speicher als Zielsystem der Datensicherung. Dieses kann auf Festplatten, Bändern, optischen Medien oder auf einer Kombination daraus basieren.
Full Backup	Vollständige Datensicherung eines Systems, einer Datenbank oder einer Applikation.
Active Full	Vollständige Datensicherung, die ausschließlich anhand aller Daten des zu sichernden Objekts erstellt wird.
Synthetic Full	Synthetische, vollständige Datensicherung. Diese wird aus dem letzten *Full Backup* und den inkrementellen oder differenziellen Datensicherungspunkten zusammengestellt.
Incremental Backup	Inkrementelle Datensicherung, ausgehend von dem Datensicherungspunkt, der zuletzt erstellt wurde.
Differential Backup	Differenzielle Datensicherung, ausgehend vom letzten *Full Backup*.
Incremental Forever	Als Erstes wird ein *Active Full*-Backup eines Systems, einer Datenbank oder einer Applikation angelegt, anschließend folgen nur noch inkrementelle Datensicherungen über den gesamten Lebenszyklus.
Image-Level	Es wird die gesamte virtuelle Maschine oder es werden einzelne virtuelle Festplatten gesichert. Die *VMware Tools* werden benötigt, um eine konsistente Sicherung zu gewährleisten. (Dabei werden kurzzeitig Schreibvorgänge auf dem Dateisystem blockiert.)

Tabelle 17.3 Begriffe der Datensicherung

Begriff	Beschreibung
File-Level	Die Datensicherung geschieht auf Dateisystemebene innerhalb eines Gastbetriebssystems und benötigt einen Agenten. Dabei greifen die meisten Sicherungsprogramme auf die *VMware Tools* zurück und/oder ergänzen diese mit eigenen Agenten, wie das zum Beispiel auch hier bei *Veeam Backup & Replication* möglich ist.
Application-Level	Die Datensicherung erfolgt innerhalb des Gastbetriebssystems und sichert wahlweise entweder die gesamte Applikation und Datenbank oder einzelne Instanzen. Dafür wird ein spezieller Agent benötigt.
Changed Block Tracking	Inkrementelle Image-Level-Datensicherung, die auf den Datenblöcken basiert, die während eines Datensicherungsintervalls geändert wurden (siehe auch Abschnitt 17.4.3).
Deduplikation	Bei der Deduplikation von Daten werden Datensätze in kleine Einheiten variabler oder fixer Länge zerlegt, anschließend werden doppelt vorkommende identische Einheiten gelöscht.
Quellbasierte Deduplikation	Die Deduplikation geschieht im Gastbetriebssystem, in der Applikation oder in einem Datensammler (Proxy-System), bevor die Daten über ein Netzwerk zum Sekundärspeichersystem gesendet werden.
Zielbasierte Deduplikation	Die Deduplikation der Daten erfolgt direkt im Sekundärspeichersystem.

Tabelle 17.3 Begriffe der Datensicherung (Forts.)

Wenn es um die Wiederherstellung von Daten geht, ist das Full Backup natürlich die wichtigste Komponente aller Datensicherungspunkte. Dank der inkrementellen und differenziellen Sicherungspunkte sind täglich oder mehrmals am Tag Backups möglich, ohne ein zu großes Zeitfenster dafür einrechnen zu müssen. Außerdem kann dadurch viel Speicherplatz im Sekundärspeichersystem eingespart werden, da nicht in jedem Sicherungspunkt alle Daten des gesicherten Objekts vorhanden sind. Dabei gibt es leider durch die Nutzung der inkrementellen oder differenziellen Sicherungen auch einen Nachteil: Je nach gewünschtem Stand der Daten werden im Fall einer Wiederherstellung nicht nur das Full Backup, sondern auch die inkrementellen oder differenziellen Daten benötigt, die zusätzlich zurückgespielt werden müssen.

Die Methode *Synthetic Full* ist sehr nützlich, da sie es erlaubt, Daten ab dem ersten *Full Backup* nur noch inkrementell zu sichern und so für die Datensicherung eingeplante Zeitfenster trotz Datenwachstums einzuhalten. Die Sicherungsapplikation generiert anhand der

Daten des letzten *Full Backups* (egal ob synthetisch oder nicht) und der darauffolgenden inkrementellen Sicherungen periodisch Vollkopien, die sich entsprechend schnell wiederherstellen lassen.

17.2.1 Deduplikation

Sehr vielversprechend ist die Kombination von *Changed Block Tracking* und quellbasierter Deduplikation.

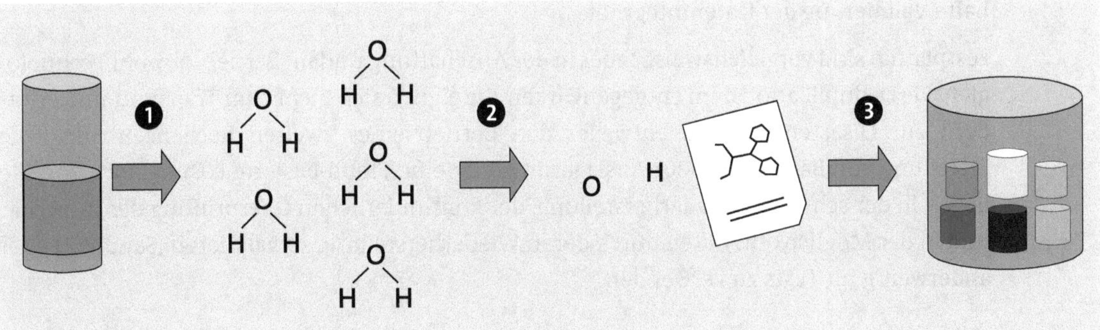

Abbildung 17.1 Schematische Darstellung einer Deduplikation

Abbildung 17.1 zeigt, wie Deduplikation vom Prinzip her funktioniert:

❶ Aufbrechen der Daten in ihre Atome.

❷ Einmaliges Senden und Speichern dieser Atome.

❸ Das führt zu einer massiven Reduktion an gespeicherten Daten.

Dabei hängt die tatsächliche Datenreduktion von der Beschaffenheit der Daten ab. Viele ähnliche oder sogar gleiche Daten reduzieren sich massiv. Hingegen reduzieren sich signifikante Daten, z. B. verschiedene Fotos derselben Landschaft, nur wenig.

Diese Deduplikation kann an der Quelle, also im Gastsystem, auf dem ESXi-Server unter Verwendung des DD-Boost-Protokolls oder am Ziel stattfinden. Im virtuellen Umfeld ist die quellbasierte Deduplikation am effizientesten. Sie profitiert davon, dass nur die eindeutigen Datensegmente sämtlicher auf einem ESXi-Server laufender VMs gesendet werden. Dort wiederum werden lediglich die eindeutigen Datensegmente sämtlicher VMs gespeichert, die in unserem Beispiel durch *Veeam Backup & Replication* geschützt sind.

17.2.2 Medien zur physischen Datensicherung

Datensicherung und Archivierung bilden in der IT-Infrastruktur eine Ausnahme, was die Speichermedien betrifft. Im Primärspeicherbereich werden ausschließlich Festplatten bzw. Flash-Speicher verwendet. Mannigfaltiger präsentiert sich die Situation der verwendeten

Medien im Bereich der Datensicherung. Da finden Sie Bänder, optische Medien, Festplatten und sogar auch Flash-Speicher. Aber am häufigsten treffen Sie wohl immer noch Bandbibliotheken an. Ausschließlich festplattenbasierte Speichersysteme werden jedoch immer populärer.

Bänder sind sehr günstige Medien, was Anschaffung, Betrieb (Strom- und Kühlungskosten) und den Transport (Auslagerung zur Disaster-Vorsorge) betrifft. Ihre Nachteile sind der enorm arbeitsintensive und auch zeitliche Aufwand bei der Administration sowie der Datenwiederherstellung, ihre Unzuverlässigkeit in Sachen Datenkonsistenz sowie eine mangelhafte Validierung der Datenintegrität.

Festplatten sind vergleichsweise teuer in der Anschaffung und im Betrieb, obwohl Technologien wie Deduplikation dem entgegenwirken. Sie eignen sich nicht zum Transport und erfordern zur Disaster-Vorsorge entweder den Betrieb eines zweiten Rechenzentrums, die Erstellung von Bandkopien zur Auslagerung oder eine Cloud-basierte Lösung. Ihre Vorteile liegen in der schnellen Wiederherstellung, der kontinuierlichen Überprüfung der Integrität und in der Möglichkeit, Daten durch deren Wiederherstellung zu validieren (Sandbox) oder anderweitig für Tests zu verwenden.

17.2.3 Datenkonsistenz von VMs, Datenbanken und Applikationen

Damit Sie Daten erfolgreich wiederherstellen können, müssen die Daten konsistent sein. Man unterscheidet drei Arten von Datenkonsistenz:

- **Inkonsistente Datensicherung oder korrupte Daten:** Das wäre z. B. ein auf Band gesicherter unleserlicher Datenbestand. Diese unerwünschte Form wird hier nur der Vollständigkeit halber aufgeführt. Sie wird nicht weiter erläutert.
- **Absturzkonsistente Datensicherung:** Hierbei handelt es sich um eine Sicherung einer virtuellen Maschine ohne Agenten oder Applikations-Plug-ins.
- **Applikationskonsistente Datensicherung:** Dies ist die Sicherung einer Applikation innerhalb einer virtuellen Maschine mittels Agenten oder Plug-in.

Absturzkonsistente Datensicherung

Unter einer absturzkonsistenten Datensicherung logischer oder physischer Natur versteht man die agentenfreie Sicherung einer virtuellen Maschine oder eines gesamten *VMFS-Datastores*. Eine absturzkonsistente Datensicherung kommt bei virtuellen Maschinen ohne geschäftskritische Applikationen und Datenbanken zur Anwendung oder dann, wenn es keinen spezifischen, produktabhängigen Datensicherungsagenten gibt. In vielen Anwendungsfällen genügt diese Art der Datensicherung. Dabei wird vorausgesetzt, dass die *VMware Tools* installiert sind und dass die Sicherungsapplikation oder der Sicherungsvorgang den *VSS Provider* oder den *File System Sync Driver* ansprechen kann. Beide können die Schreibvorgänge des Dateisystems eines unterstützten Gastbetriebssystems kurzfristig stilllegen, um eine konsistente Datensicherung auf Basis der virtuellen Maschine zu ermöglichen (man spricht dann von *VM-konsistenter Sicherung*).

Applikationskonsistente Datensicherung

Von einer *applikationskonsistenten Datensicherung* ist die Rede, wenn der Datenzugriff auf die Applikation oder auf die angebundene Datenbank zum Zweck der Sicherung kurzfristig stillgelegt wird. Dazu brauchen Sie spezielle Software in Form von Datensicherungsagenten (beispielsweise *VMware Tools*) oder *Plug-ins*. Sollte eine Applikation nicht von der eingesetzten Software unterstützt werden, bietet sich alternativ ein Skript oder ein manueller Eingriff an, der die Applikationsdienste stoppt. VMware Tools bieten eine Integration in die *Microsoft Shadow Copy Services*. Diese wiederum erlauben das kurzzeitige Einfrieren eines *Microsoft SQL*-Datenbankdiensts. Das Zusammenspiel der beiden Technologien ermöglicht die Erstellung einer applikations- bzw. datenbankkonsistenten Datensicherung.

Traditionell werden auch heute noch oft geschäftskritische Applikationen für eine kurze Weile bis hin zu einer längeren Zeit stillgelegt, damit diese Daten konsistent gesichert werden können. Mit zunehmenden Datenmengen und immer geringer werdenden Datensicherungsfenstern – wenn noch vorhanden – ist diese Methode zusehends unpraktikabel. Abhilfe bieten dabei *Changed Block Tracking* (CBT) in Verbindung mit *quellbasierter Deduplikation* oder auch Snapshots.

Veeam Backup & Replication verfügt über unterschiedliche Datensicherungsagenten für (auf Windows-basierten Servern laufende) Applikationen wie zum Beispiel *Exchange*, *SQL*, *Oracle* und *SharePoint*, um nur einige zu nennen. Diese sind in der Software direkt selbst enthalten und werden bei Bedarf und entsprechender Lizenzierung aktiviert. Dabei wird die Applikation nur so lange stillgelegt, bis ein VMware-Snapshot erstellt wurde. Dieser Vorgang sollte (je nach Ausgangslage) dabei im Regelfall wenige Sekunden bis hin zu wenigen Minuten dauern, wodurch die Dauer der Stilllegung der Applikation so gering wie möglich gehalten wird.

17.2.4 Sicherung von mehrschichtigen Applikationen oder vApps

Im Aufbau komplexerer virtueller Maschinen oder vApps mit definierten *Anti-Affinity*-Richtlinien zur Lastverteilung auf unterschiedliche VMFS-Datastores gestalten sich die absturzkonsistenten Datensicherungen ungleich schwieriger. Hier scheitern Sie mit der erwähnten Methode eines Point-in-Time-Abbilds oder eines Klons der betroffenen VMFS-Datastores. Beispiele solcher Applikationen sind:

- *Microsoft Exchange*: Clientzugriff- und Postfachserver
- *Microsoft SharePoint*: Web-Frontend- und Backend-Datenbankserver
- *Webapplikationen*: Web- und Datenbankserver

Consistency Groups

Einige Speichersystemhersteller bieten zur Abbildung solcher Datensicherungsszenarien sogenannte *Consistency Groups* (CG), die mehrere *VMFS-Datastores* zu einer logischen Einheit zusammenfassen. Eine CG erlaubt das kurzfristige simultane Einfrieren (Sperren der Schreibvorgänge mehrerer VMFS-Datastores bzw. LUNs) zum Zweck einer konsistenten Datensicherung. Die absturz- sowie applikationskonsistente Datensicherung bedient sich desselben Mechanismus auf Ebene des Primärspeichersystems. Von diesem profitieren sowohl die logische als auch die physische Datensicherung.

Erkundigen Sie sich beim Hersteller, ob das in Ihrer Firma eingesetzte Speichersystem und gegebenenfalls die Datensicherungssoftware diese Funktion unterstützen.

17.3 Die fünf Prinzipien einer konsequenten Datensicherung

Eine konsequent durchgeführte Datensicherung verfolgt die Prinzipien eines *Medienbruchs*, der *Datenkopien*, einer *Indexierung* und Prüfung (*Validierung*) sowie auf organisatorischer Ebene der *Funktionstrennung*.

17.3.1 Medienbruch

Beim Medienbruch unterscheidet man den logischen vom physischen Typ. (Früher verstand man darunter meistens die Sicherung auf Band. Mittlerweile werden auch andere Medien genutzt.)

- **Logischer Medienbruch:** Eine Datensicherungsapplikation sichert Daten in einen dedizierten Bereich. Beispiel: Sie verwenden *Veeam Backup & Replication* mit einem *VMFS-Datastore*, der auf einem Primärspeichersystem im dedizierten Plattenbereich liegt. Die Vorteile sind: Verwaltung einer Speichersysteminfrastruktur und bessere Kapazitätsauslastung des Systems. Der Nachteil ist ein mittleres Risiko beim Release-Management und bei einem potenziellen Systemausfall.
- **Physischer Medienbruch:** Die Datensicherungsapplikation sichert Daten auf ein dediziertes System. Beispiel: *Veeam B&R* speichert Daten in ein dediziertes Sekundärspeichersystem. Der Vorteil ist ein geringes Risiko beim Release-Management, da für das Primär- und das Sekundärspeichersystem unterschiedliche Technologien sowie getrennte Systeme zum Einsatz kommen. Der Nachteil ist, dass zwei unterschiedliche Komponenten in der Speichersysteminfrastruktur verwaltet werden müssen, was mit höheren Kosten und Aufwänden verbunden ist.
- **Kein Medienbruch:** Die Datensicherungsapplikation verwaltet das Erstellen von Snapshots, Klonen oder replizierten Datenkopien. Die Vorteile sind die native Integration im Primärspeichersystem, bessere Kapazitätsauslastung des Systems und eine schnelle

Datenwiederherstellung. Der Nachteil ist ein hohes Risiko beim Release-Management; bei Snapshots kommt die Abhängigkeit von den Primärvolumes hinzu. Außerdem kann ein Systemausfall oder Datenkorruption einzelner Primärvolumes zum Verlust intakter Kopien führen.

17.3.2 Datenkopien

Datenkopien können Sie in mannigfaltiger Weise erstellen, entweder auf dem Primärspeicher oder auf anderen Speichersystemen. Auch die Datenträger können unterschiedlicher Art sein, wie Festplatten, Bänder oder optische Medien. Wie in Abschnitt 17.1.2 erläutert wurde, unterscheidet man zwischen logischer und physischer Datensicherung. Ein entscheidender Faktor bei der Wahl der einzusetzenden Technologien ist die Aufbewahrungsfrist der Daten. Diese kann auch gesetzlich reguliert sein. Es ist durchaus gängige Praxis, gleichzeitig die logische und die physische Datensicherung zu nutzen. Die Kosten, die aufgrund des Speicherbedarfs einer Kopie entstehen, sind dabei nicht zu unterschätzen.

Die populärsten Technologien der logischen Datensicherung sind:

- **Snapshot einer VM**
  Vorteile: Granularität auf Ebene einer VM, sehr schnelle Datensicherung und -wiederherstellung, VM-konsistent und mit VMware Tools unter Windows dateisystemkonsistent.

  Nachteile: Hoher Verwaltungsaufwand, höhere Kosten der benötigten Speicherkapazität im Vergleich zu einem Sekundärspeichersystem, bei längerer Vorhaltezeit spürbar abnehmende Performance der virtuellen Maschine.
- **Snapshot einer VM oder .vmdk-Datei (VVol-Datastores)**
  Vorteile: Granularität auf Ebene einer VM oder virtuellen Festplatte (*.vmdk*-Datei), schnelle Datensicherung und -wiederherstellung, VM-konsistent. Transparenz im Storage-Container und VVol-Datastore.

  Nachteile: Hoher Verwaltungsaufwand, Abhängigkeit von der produktiven VM. Höhere Kosten der benötigten Speicherkapazität im Vergleich zu einem Sekundärspeichersystem.
- **Snapshot eines Datastores (LUN, Dateisystem)**
  Vorteile: Schnelle Datensicherung und -wiederherstellung, VM-konsistent.

  Nachteile: Granularität und Indexierung der Datensicherung auf Ebene eines Datastores (kann bei *Storage DRS* oder *Storage vMotion* zu Inkonsistenzen in der Datensicherung führen), Abhängigkeit vom produktiven Datastore. Höhere Kosten der benötigten Speicherkapazität im Vergleich zu einem Sekundärspeichersystem.
- **Snapshot eines RDM (LUN)**
  Vorteile: Hohe Granularität, schnelle Datensicherung und -wiederherstellung, applikationskonsistent.

  Nachteil: Hoher Verwaltungsaufwand, eingeschränkt auf spezielle Agenten für Applikationen im Gastbetriebssystem, Abhängigkeit vom produktiven Datastore. Höhere Kosten der benötigten Speicherkapazität im Vergleich zu einem Sekundärspeichersystem.

- **Klon eines Datastores oder RDM**
  Vorteil: Von der Quelle unabhängige Datenkopie im selben Primärspeichersystem. Ansonsten gelten die gleichen Vor- und Nachteile wie für Snapshots von Datastores und RDMs.
- **Replikation eines Datastores oder RDM**
  Vorteil: Von der Quelle unabhängige Datenkopie in einem zweiten Primärspeichersystem, zumeist an einem anderen Standort. Ansonsten gelten die gleichen Vor- und Nachteile wie für Klone von Datastores und RDMs. Höhere Kosten der benötigten Speicherkapazität im Vergleich zu einem Sekundärspeichersystem.

Wichtig zu verstehen ist, dass logische Datensicherungen das Prinzip des Medienbruchs nicht abbilden können. Dafür bieten sie eine schnelle Datenwiederherstellung. Mit der physischen Datensicherung lässt sich ein Medienbruch abbilden. Dabei werden Datenkopien wahlweise auf den folgenden Medien angelegt:

- Datensicherung auf festplattenbasierten Sekundärspeichersystemen
- Datensicherung auf Band und optischen Medien

Die Vor- und Nachteile können Sie in Abschnitt 17.2.2, »Medien zur physischen Datensicherung«, nachlesen. Die physische Datensicherung und -wiederherstellung braucht mehr Zeit als die logische. Eine Ausnahme bietet hier *Veeam B&R* mit der *Instant VM Recovery*, doch dazu später mehr.

17.3.3 Indexierung

Eine Indexierung bzw. ein Datensicherungskatalog ist nichts anderes als die grafische Repräsentation der Datenbank einer Sicherungsapplikation, die darüber Buch führt, was zu welchem Zeitpunkt wie gesichert wurde. Moderne Sicherungsapplikationen können durchaus sowohl physische wie auch logische Datenkopien verwalten und zudem unterscheiden, welche Art von Konsistenz (VM oder Applikation) genutzt wurde.

Eine Indexierung hilft Ihnen nicht nur bei der Sicherung von Daten, sondern auch bei ihrer Restaurierung und protokolliert deren Status (Erfolg, Misserfolg, keine Sicherung). Neue virtuelle Maschinen können automatisch indiziert werden, falls die Richtlinien entsprechend gesetzt sind. So riskieren Sie nicht, mit nicht gesicherten Gastbetriebssystemen zu arbeiten.

17.3.4 Validierung

Einzig eine stetige Überprüfung garantiert die Verwendbarkeit der gesicherten Daten im Fall ihrer Wiederherstellung. Grundsätzlich unterscheidet man zwei Arten, die kombiniert am wirksamsten sind:

- Integritätsprüfung
- Validierung

Moderne festplattenbasierte Speichersysteme bieten die Möglichkeit der Integritätsprüfung sämtlicher Daten. Das geschieht auf Blockebene und garantiert nicht, dass die Daten wiederverwendbar restauriert werden können. Die Integritätsprüfung bietet aber eine zusätzliche Sicherheit, da die Daten so wiederhergestellt werden können, wie sie gesichert wurden.

Einen Schritt weiter geht die Validierung. Mit ihrer Hilfe starten Sie virtuelle Maschinen in einer isolierten Umgebung (Sandkasten) und überprüfen damit, ob die Wiederherstellung tatsächlich im Ernstfall möglich ist. Sollte ein Test fehlschlagen, können Sie noch korrigierend eingreifen.

17.3.5 Funktionstrennung

Die Funktionstrennung ist Aufgabe der Organisation. Sie muss die Voraussetzungen dafür schaffen, dass die Funktionstrennung realisiert werden kann.

Um die Funktionstrennung auch technisch umzusetzen, müssen die unten aufgelisteten Voraussetzungen erfüllt sein:

- Es muss unterschiedliche Benutzerkonten geben, die explizit einer Person zugewiesen und ihr eineindeutig zuzuordnen sind.
- Sämtliche Zugriffe auf die Systeme werden aufgezeichnet (Logging), können im Bedarfsfall ausgewertet werden und sind gemäß Unternehmensvorgaben archiviert.
- Die Systeme unterstützen den rollenbasierten Zugriff, wobei die Rollen in Form von Regeln über Zugriffsrechte hinterlegt werden. Eine oder mehrere Regeln werden Benutzern oder Gruppen zugeordnet.
- Das Arbeiten mit generellen Benutzerkonten ist unterbunden und wird nur in Spezialfällen mit Genehmigung des Managements und unter Aufsicht einer Zweitperson gestattet (beispielsweise das `root`-Konto bei Linux-Systemen).
- Sämtliche Passwörter werden regelmäßig geändert und müssen Sicherheitsrichtlinien entsprechen, die vom Unternehmen festgelegt werden.

17.4 VMware-Werkzeuge zur Datensicherung

VMware bringt von Haus aus gute Werkzeuge zur Datensicherung mit, die wir Ihnen im Folgenden vorstellen:

- *VMware Tools* (VSS-Modul für Windows-Gastbetriebssysteme)
- *VM Snapshot* (seine Funktionalität wird in Abschnitt 9.12, »VMware-Storage-Architektur«, ausführlich beschrieben)
- *Changed Block Tracking*

17.4.1 VMware Tools

Jede Installation der *VMware Tools* auf Windows-Gastbetriebssystemen bringt ein *VSS-Modul* (*Volume Shadow Copy Services*) mit. Das ist ein Modul zur Unterstützung einer automatischen Sicherung virtueller Maschinen. Dies bietet den Vorteil VM-konsistenter Snapshots. Dabei werden Dienste der Applikationen (Prozesse) unterbrochen, und die virtuelle Festplatte wird kurzfristig stillgelegt. Diesen Mechanismus machen sich viele Sicherungsapplikationen zunutze. Das VSS-Modul ist im Lieferumfang sämtlicher aktueller Versionen von Windows enthalten. Für Linux-Gastbetriebssysteme bietet *VMware Tools* leider keinen analogen Mechanismus. Es ist Drittherstellern von Sicherungsapplikationen überlassen, einen solchen zur Verfügung zu stellen.

Funktionsweise von Microsoft Volume Shadow Copy Services (VSS)

Microsoft bietet mit *VSS* einen Mechanismus zur Erstellung konsistenter Schattenkopien (*Shadow Copies*). Dieser bietet geschäftskritischen Applikationen sowie Dateisystemdiensten auf schnelle Wiederherstellung abgestimmte Lösungen. Das von *VMware Tools* mitgelieferte VSS-Modul beinhaltet einen *VSS Snapshot Provider* (VSP) und einen *VSS Requestor*. Letzterer reagiert auf Ereignisse einer externen Sicherungsanwendung. Er wird vom VMware-Tools-Dienst instanziiert, wenn ein Sicherungsvorgang angestoßen wird. Der als Windows-Dienst registrierte VSP informiert den ESXi-Server, sobald eine Applikation stillgelegt wird, um einen Snapshot der virtuellen Maschine zu erstellen. Detaillierte Informationen zu *Microsoft VSS* finden Sie unter *https://docs.microsoft.com/en-us/windows-server/storage/file-server/volume-shadow-copy-service*.

VMware Tools und Datensicherungsagenten

Vorsicht ist geboten, wenn Datensicherungsagenten von Drittherstellern innerhalb derselben virtuellen Maschine installiert sind. Falls diese auch ein VSS-Modul mitbringen, kann das mit dem Modul der *VMware Tools* konkurrieren. Das kann zur Folge haben, dass keine Datensicherung durchgeführt werden kann. Im VMware-Knowledge-Base-Artikel 1018194 wird das Symptom beschrieben (*http://kb.vmware.com/kb/1018194*). Die Lösung besteht in der benutzerdefinierten Neuinstallation von *VMware Tools* und im anschließenden Weglassen des VSS-Moduls.

Weiterführende Informationen über den Funktionsumfang von *VMware Tools* finden Sie in Abschnitt 20.12.

17.4.2 VM-Snapshots

Viele Sicherungsapplikationen machen sich die Vorteile eines *VM-Snapshots* – nach Möglichkeit in Kombination mit dem VSS-Modul von *VMware Tools* – zunutze, um auf Ebene des Speichersystems einen VM-konsistenten Snapshot eines VMFS- oder NFS-Datastores durchzuführen. Ohne *VMware Tools* ist der Snapshot absturzsicher. Das heißt, das Gastbetriebssystem kann höchstwahrscheinlich wieder anlaufen, bietet aber nicht die gleiche Qualität der Konsistenz, da das Dateisystem während des Snapshot-Vorgangs nicht stillgelegt werden kann.

Die Funktionsweise eines VM-Snapshots wird in Abschnitt 9.12 ausführlich beschrieben.

17.4.3 Changed Block Tracking

Changed Block Tracking (CBT) ist eine Technologie von VMware, die die inkrementelle Datensicherung von virtuellen Maschinen ermöglicht. Bei einer *inkrementellen* Datensicherung werden immer nur die Daten gesichert, die sich seit der letzten Datensicherung geändert haben. Das beschleunigt den Prozess der Datensicherung erheblich. CBT speichert dabei nur die zuletzt geänderten Datenblöcke und nicht etwa vollständig geänderte Dateien.

CBT ermöglicht sowohl eine inkrementelle Sicherung der virtuellen Festplatten von virtuellen Maschinen als auch deren Wiederherstellung. Voraussetzung für die Wiederherstellung mittels CBT ist allerdings, dass diese direkt in die Quell-VM erfolgt.

Voraussetzungen für CBT

- CBT läuft ab ESXi 4.0 und der Hardwareversion 7 virtueller Maschinen.
- Von der virtuellen Maschine dürfen keine Snapshots existieren.
- Um eine erfolgreiche Datensicherung mit CBT durchzuführen, muss der I/O durch den *vSphere Storage Stack* gehen (kein Support für pRDM und vRDM in den Independent Modes).
- Die virtuelle Maschine sollte zum Einrichten ausgeschaltet sein.
- Achten Sie darauf, dass die virtuelle Maschine bei ihrem Start keine VM-Snapshots enthalten sollte, damit CBT einwandfrei funktioniert. Lesen Sie dazu auch den Knowledge-Base-Artikel 1020128 unter *https://kb.vmware.com/s/article/1020128*.

CBT ist in der Grundeinstellung ausgeschaltet. Datensicherungssoftware wie VDP schaltet CBT automatisch auf zu sichernden VMs ein, sobald die Datensicherung dieser VMs angestoßen wird. CBT erstellt daraufhin eine CTK-Datei pro virtuelle Festplatte im selben Verzeichnis. In diese Datei werden die geänderten Blöcke eingetragen. Die Datensicherungssoftware speichert nach der ersten Vollsicherung nur noch diese Datei anstelle der virtuellen Maschine.

Werden virtuelle Maschinen mit *Storage vMotion* (beispielsweise *Storage DRS*) verschoben, werden die von CBT gespeicherten geänderten Blöcke verworfen, und der Prozess wird zurückgesetzt. CBT kann auch den Faden verlieren, sollte die VM gestoppt (*Power Off*) werden oder der ESXi-Host abstürzen.

17.5 Datensicherungstopologien

Dieser Abschnitt behandelt die Grundlagen von Topologien, wie sie auch in der Praxis Anwendung finden. Die Datensicherung und -wiederherstellung ist die Versicherung für Unternehmensdaten. Eine Datensicherung ist eine Kopie der Unternehmensdaten. Das Ziel einer Datensicherung ist immer die Möglichkeit einer konsistenten Wiederherstellung der benötigten Daten. Darauf muss ein Datensicherungskonzept abzielen.

Zur Wiederholung: Eine konsequent durchgeführte Datensicherung impliziert

- einen Medienbruch,
- das vollständige Erstellen von Datenkopien,
- das Führen eines Sicherungskatalogs oder Index und
- die Prüfung von Kopien sowie
- die Funktionstrennung.

Allerdings ist die Durchführung einer konsequenten Datensicherung sämtlicher Unternehmensdaten mit dem einhergehenden Datenwachstum wirtschaftlich kaum tragbar. Daher wurden Technologien entwickelt, die einen nicht unerheblichen Beitrag zur Wirtschaftlichkeit der Sicherungslösungen leisten. Weiter gilt es, eine Klassifizierung der Daten nach deren Wertigkeit über den Lebenszyklus durchzuführen. Diese sollte im Einklang mit der Kritikalität der IT-Dienste stehen, die auf diese Daten zugreifen. Diese Maßnahmen sind erforderlich für ein Unternehmen, um Datensicherung wirtschaftlich tragbar zu halten.

In vielen Unternehmen besteht bereits eine Klassifikation von IT-Diensten; sie sind in *Service Level Objectives* (SLO) definiert. Die im SLO definierten Werte beeinflussen im Zusammenspiel mit den finanziellen Möglichkeiten maßgeblich, wie Sie *IT Business Continuity* im Allgemeinen und Datensicherung im Speziellen technisch abbilden. Auch dürfen Sie nicht außer Acht lassen, dass die Wertigkeit vieler Daten über die Zeit abnimmt. Das heißt, dass Daten unterschiedlich verwaltet werden müssen (archiviert anstatt gesichert), um die IT-Infrastruktur zu entlasten. Es ist durchaus üblich und sogar notwendig, die physische und die logische Datensicherung zu kombinieren, um die SLOs vollständig abzudecken.

Die in diesem Abschnitt vorgestellten Topologien von *Veeam Backup & Replication* (*Veeam B&R*) können in Datensicherungsarchitekturen verwendet werden. Sie bilden die Grundlage einer konsequent durchgeführten Datensicherung einer virtuellen Umgebung, da sich mit jeder Topologie vier der vorgestellten Prinzipien abbilden lassen (Medienbruch, Datenkopien, Indexierung sowie Validierung).

In diesem Abschnitt stellen wir Ihnen zunächst Topologien auf Basis von *Veeam B&R* vor. Die technische Realisierung zeigen wir Ihnen in Abschnitt 17.6, »Planung einer Datensicherungsumgebung«.

Empfehlung basierend auf dem Prinzip Medienbruch

Um einen Medienbruch zu gewährleisten, empfiehlt es sich, den *Veeam B&R*-Server (was durchaus auch eine VM sein kann) und dessen Ablagepunkt für die Sicherungen getrennt vom Produktivsystem zu halten.

Sollte das aus wirtschaftlichen Gründen nicht möglich sein, müssen Sie versuchen, Ihre Architektur möglichst nahe an diesem Ideal abzubilden. Konkret heißt das: Nutzen Sie für die Sicherung zwei getrennte Speichersysteme oder zumindest ein redundant ausgelegtes System mit zwei physisch und logisch getrennten Speicherbereichen. Dies könnte z. B. ein SAN-Storage mit zwei Controllern sein, in dem 18 Festplatten in zwei Neunerblöcken der vSphere-Umgebung zwei LUNs anbieten.

17.5.1 Topologien zur lokalen Datensicherung

Veeam B&R ist ein Programm, das in einer Windows-Maschine läuft. Befindet sich diese auf einem physischen Hostsystem, wie beispielsweise auf einem HPE DL380 mit 18 Festplatten, wäre dies ein Beispiel für eine lokale Sicherung. Die Festplatten des Servers werden unter Windows eingebunden, eine oder mehrere Partitionen werden gebildet, und diese werden dann Veeam B&R als Speicher für die Datensicherungen präsentiert.

Lokale Datensicherung ist ein relativer Begriff

Veeam B&R unterscheidet dabei nicht, ob die ihm präsentierte Partition lokal oder remote vorliegt. Die Windows-»Maschine« könnte ebenso eine VM sein, der ein entsprechend großes VMDK zugewiesen ist. So könnte z. B. die Windows-VM, auf der Veeam B&R läuft, über eine kleine Systempartition und eine riesige weitere Partition verfügen, auf der eine VMDK mit 64 TB liegt.

Natürlich bietet Veeam B&R auch andere Möglichkeiten, beispielsweise die Nutzung von NFS-Datastores.

17.5.2 Konzepte für die Datensicherung über zwei und mehr Standorte und in der Cloud

Veeam B&R bietet darüber hinaus Möglichkeiten, Sicherungen über mehrere Standorte zu verteilen. Hierzu müssen Sie zunächst einmal unterscheiden, ob es sich dabei um eine Trennung der Standorte durch vSphere handelt oder ob eine tatsächliche logische Trennung vorliegt, die Veeam B&R ebenfalls versteht.

Nehmen wir zunächst an, dass unsere Veeam-B&R-VM innerhalb eines vSphere-Clusters, der an sich schon aus Standorten besteht, aus jedem Standort je eine LUN aus einem entsprechenden Storage bereitgestellt bekommt. Somit ist Veeam B&R nicht in der Lage, eine Unterscheidung zwischen lokaler und entfernter Location des Datenspeichers festzustellen. Aus seiner Sicht handelt es sich schlicht und ergreifend nur um zwei unterschiedliche Partitionen, die in Wirklichkeit schon voneinander getrennt sind. Einem solchen Konstrukt sind natürlich aufgrund der Latenzen gewisse Grenzen gesetzt.

Ähnlich sieht es aus, wenn Sie Veeam B&R »auseinanderziehen«. Anders als bei der einfachsten Installation befinden sich dann das Management, *Backup-Server* genannt, und die Worker-Komponente, *Backup-Proxys* genannt, nicht auf derselben VM, was als *Advanced Deployment* bekannt ist – im Gegensatz zum *Simple Deployment* mit nur einer VM, auf der alle Veeam-Komponenten installiert sind. So kann die *Worker-Komponente* auf einer eigenen VM liegen und die Sicherungslocation, *Backup-Repository* genannt, vorhalten.

Es gibt einen dritten generellen Fall, in dem Veeam einen Managementserver vorhält, an den wiederum die gesamten Veeam-B&R-Strukturen angehängt sind. Das ist als *Distributed Deployment* bekannt. Dieser Ansatz wird in sehr großen, sehr weit verteilten Umgebungen genutzt, meist an Organisationseinheiten gebunden, die über Länder und Kontinente verteilt sind.

Last, but not least ermöglicht Veeam B&R auch die Sicherung in die Cloud. Dabei handelt es sich im weitesten Sinne um Veeam-Komponenten, die bei einem zunächst beliebigen Serviceprovider gehostet werden können. Damit ermöglicht Veeam einfache Optionen zur Abbildung von Disaster-Recovery-Szenarien.

17.5.3 Backup vs. Replikation

Eine immer wiederkehrende Frage lautet: »Was ist eigentlich der Unterschied zwischen *Backup* und *Replikation*?«

Ganz allgemein bezeichnet *Backup* das Kopieren von Dateien oder Datenblöcken auf ein externes Speichermedium. Dabei können verschiedene Technologien zum Einsatz kommen, um sowohl die Datenmenge als auch die Backup-Zeit zu verringern, beispielsweise Kompression oder Deduplikation. Durch regelmäßige Backups werden dann entsprechende Wiederherstellungspunkte erzeugt. Dadurch entsteht eine Historie der VM, die beliebig weit in die Vergangenheit zurückreichen kann. In der Praxis wird dies durch weitere Faktoren beeinflusst: maßgeblich durch die verfügbaren Kapazitäten im Backup-Speicher, die wiederum durch den Kostenfaktor bestimmt werden.

Replikation hingegen erstellt, wie der Name schon impliziert, eine echte Eins-zu-eins-Kopie einer VM. Dies geschieht in der exakten Größe der ursprünglichen VM. Änderungen werden synchronisiert, womöglich auch wieder mit geschickt angewendeten Technologien. Letztendlich bleibt das Replikat aber exakt eine Version – die letzte Version der VM, um genau zu sein. Eine Historie wie in Backups gibt es hier entsprechend nicht.

Wie sieht dann der *Kostenfaktor* beim Vergleich zwischen Backup und Replikation aus? Da die Kosten im direkten Zusammenhang mit dem Kapazitätsverbrauch liegen, ist eine Replikation im Prinzip erst mal genauso teuer wie das Original, da sie die exakt gleiche Menge an Daten vorhält. In der Praxis wird zwar immer wieder versucht, die Kosten durch qualitativ niederwertige Infrastruktur zu drücken, z. B. indem man für die Original-VM schnellen SSD-Speicher verwendet und für das Replikat langsameren SAS- oder gar SATA-Speicher. Sinnvoll ist dies in der Regel nicht. Immerhin möchte man mit dem Replikat eine möglichst aktuelle Kopie vom Original haben, um im Disaster-Fall »umschalten« zu können. Wenn das Replikat dann nicht die gewohnte Performance bringt, sind die Anwender enttäuscht, und das eigentliche Ziel der Replikation wird verfehlt.

Betreibt man eine gut durchdachte Backup-Strategie, könnte man durchaus argumentieren, dass eine Replikation nicht zwingend erforderlich ist. Anders herum ist dies allerdings nicht möglich, da eine Replikation Backups nie ersetzen kann.

Backups verfolgen eine andere Strategie: Der Fokus liegt hier auf einer der VM, der Applikation oder den Daten angemessenen Granularität sowie Vorhaltedauer. Immerhin möchte man womöglich Daten noch Jahre später wiederherstellen können. Mit geschickten Verfahren wird versucht, die verbrauchten Kapazitäten so gering wie möglich zu halten. So kann man z. B. von einer VM für jeden Tag einer Woche ein Backup haben, dessen Kapazität aber nicht, wie es im Fall einer Replikation wäre, das Siebenfache der ursprünglichen Größe verbraucht. Stattdessen wird die Größe der Daten geschickt verringert. Später beim Wiederherstellen müssen die vorhandenen Backups dann erst einmal »zusammengesetzt« werden; das heißt, Kompression, Deduplikation und verschiedene inkrementelle Verfahren müssen so aufbereitet werden, dass schlussendlich die VM in dem Zustand des definierten Wiederherstellungszeitpunkts entsteht.

17.6 Planung einer Datensicherungsumgebung

In diesem Abschnitt beschreiben wir die Funktionsvielfalt von *Veeam Backup & Replication*. Das Produkt läuft als VM und kann somit einfach in Ihre vSphere-Umgebung integriert werden. Ein Einsatz auf einem physischen Server ist auch möglich.

An dieser Stelle sei die größte Einschränkung vom Veeam – bzw. von allen Backup-Tools, die vSphere-basierende Technologie mittels Snapshots nutzen – erwähnt: Während eines Backup-Jobs kann keine gleichzeitige Wiederherstellung stattfinden. Dies liegt schlichtweg an den Snapshots, die von vSphere erstellt werden. Sollten Sie also Use Cases haben, in denen Sie sowohl ein Backup als auch eine gleichzeitige Wiederherstellung gewährleisten müssen, ist es erforderlich, auf andere Technologien (z. B. ein filebasiertes Backup) ausweichen.

17.6.1 Funktionsübersicht zu Veeam Backup & Replication

Für Ihre Planung finden Sie in Tabelle 17.4 eine Auflistung der Eigenschaften von Veeam B&R.

Eigenschaft	Veeam Backup & Replication
Maximale Anzahl der VMs	abhängig von der Größe der VMs
Backup-Proxys	abhängig von der Größe der Infrastruktur
Maximale Kapazität (native Speicherressourcen)	skaliert mit Speichersystem
Deduplikation	✓
Change Block Tracking	✓
Microsoft Exchange	✓
Exchange Single Mailbox Restore	✓
Microsoft SharePoint	✓
Microsoft SQL	✓
Flexibler Zeitplaner und Aufbewahrungsfristen	✓
Simple sowie komplexere Aufbewahrungsfristen	✓ Mittels Backup-Copy-Jobs sind auch Wochen- und Monatssicherungen etc. (*GFS*) möglich.
Granulare *.vmdk*-Dateisicherung und -wiederherstellung	✓
Wiederherstellung einzelner Dateien innerhalb der VM	✓
Flexible Platzierung von Speicherressourcen	✓
Automatisierte Überprüfung der Datensicherungen	✓
vSphere-Integration	✓
Wiederherstellung in einem Schritt	✓
Instant Recovery	✓

Tabelle 17.4 Funktionsumfang von »Veeam Backup & Replication«

17.6.2 Generelle Ressourcenplanung

Die Planung der Ressourcen ist natürlich ein sehr umfangreiches Thema, und es ist unmöglich, alle möglichen Fälle anzusprechen. Deswegen versuchen wir an dieser Stelle, die wichtigsten Grundlagen bei der Ressourcenplanung zu erklären.

Machen wir es uns zunächst einfach und beschreiben wir die Replikation. Wie schon erwähnt, handelt es sich bei einer Replikation um eine Eins-zu-eins-Kopie, die so oft wie möglich und nötig mit dem Original synchronisiert wird. Dabei verbraucht die Replikation exakt die gleichen Ressourcen wie das Original. Entsprechend müssen Sie für ein Replikat die gleiche Menge an CPU, RAM und vor allem Speicher vorhalten.

Bei Backups sieht die Sache anders aus. Ein Backup wird anders als ein Replikat nicht dazu genutzt, beim Ausfall des Originals den Betrieb weiterhin zu gewährleisten. Deswegen müssen Sie CPU und RAM als Ressourcen kaum berücksichtigen. Hingegen kommt dem Speicher eine massive Bedeutung zu. Hier ist es zunächst einmal notwendig, die Art des Backups über die Use Cases zu definieren.

- Wie oft muss ein Backup von einer VM erstellt werden?
- Wie viele Backups werden benötigt?
- Sind zusätzliche Wochen- oder Monatssicherungen etc. mit längeren Aufbewahrungszeiten notwendig?
- Werden Backup-Kopien erstellt und, wenn ja, wo werden diese gespeichert?

In vielen Fällen lässt sich die Frage nach der Häufigkeit der Backups einfach beantworten: einmal täglich. Prominente Gegenbeispiele sind oftmals Server mit Datenbanken oder anderen kleineren sich rapide ändernden Daten. Nehmen wir aber zunächst an, dass alle VMs mit einem täglichen Backup ausreichend gesichert wären, dann ist die zweite Frage nach den Voll-Backups zu klären. Auch hier können Sie in vielen Fällen davon ausgehen, dass abgesehen von dem ersten Voll-Backup im weiteren Betrieb nur noch inkrementelle Backups notwendig sind und dass bei Bedarf mit sogenannten synthetischen Voll-Backups operiert werden kann. In einem solchen Fall wird beispielsweise eine VM, die bisher 100 GB Speicherplatz verbraucht und jeden Tag ein weiteres Gigabyte an Daten erzeugt, bei einer Vorhaltedauer von 14 Tagen 114 GB im Backup-Speicher verbrauchen. Dabei betrachten wir natürlich noch nicht die Kompression oder Deduplikation.

Best Practices zur Kompression und Deduplikation

Immer wieder ein heißes Diskussionsthema ist, wie viel Datenreduktion man bei Kompression und Deduplikation erwarten kann. Je nach Hersteller werden hier sehr unterschiedliche Werte genannt, und selbst diese sind meist nur grobe Schätzwerte, was man dann gegebenenfalls im Kleingedruckten nachlesen kann.

Dies liegt vor allem an der Beschaffenheit Ihrer Daten. Einige Daten, mit immer wiederkehrenden Mustern, lassen sich leicht und effizient deduplizieren, andere hingegen nicht.

Deswegen ist es in der Praxis wichtig, entweder sehr konservativ mit solchen Schätzungen umzugehen oder durch echte Tests mit den eigenen Daten korrekte Werte für Kompression und Deduplikation herauszufinden. In jedem Fall sollten Sie bei sehr hohen Werten der Datenreduktion (z. B. 500:1) hellhörig werden, denn dies ist in der Praxis nicht realistisch.

Für die Beispielrechnung nutzen wir den *Restore Point Simulator*, der eine sehr gute Schätzung für die zu erwartende Kapazität berechnet (siehe Abbildung 17.2). Sie finden das Tool unter *https://rps.dewin.me*.

Abbildung 17.2 Beispielrechnung 1

Unser Beispiel geht von einer Infrastruktur aus, in der ein Nettodatenverbrauch von 5 TB gegeben ist und diese Daten 14 Tage vorgehalten werden sollen. Wir nutzen als Voreinstellung unter QUICK PRESETS die Option FOREVER INCREMENTAL und wählen als STYLE die Einstellung REVERSE. Als Änderungsrate nehmen wir optimistisch nur 5 % an.

FOREVER INCREMENTAL bedeutet, dass wir einmal ein Voll-Backup schreiben, nämlich das erste Backup, und anschließend nur noch die Änderung. REVERSE bedeutet, dass Veeam als letztes Backup das »volle Backup« synthetisiert. Dies ist insofern sinnvoll, als somit das letzte Backup auch immer am schnellsten herzustellen ist.

Im Gegenzug wird bei der Datenreduktion durch Kompression und Deduplikation nur 100:80 angenommen, also eine Reduktion um 20 % bzw. der Divisor 1,25.

Abbildung 17.2 zeigt uns, dass insgesamt auf dem Backup-Speicher mit 6,6 TB zu rechnen ist, wobei ein sogenannter *Work Space* von 4.200 GB hinzukommt, der von Veeam für die entsprechenden Prozesse benötigt wird. Es ist sehr sinnvoll, mit einem generellen Datenwachstum zu rechnen. Bilder und Dokumente wachsen pro Datei stetig an.

Mit 10 % pro Jahr erreichen wir dann, wie in Abbildung 17.3 zu sehen, 7,25 TB plus 4,6 TB Work Space, also knappe 12 TB benötigten Backup-Speicherplatz.

Was bedeutet Veränderungsrate (CHANGE RATE) eigentlich genau? Diese Frage wird immer wieder gestellt. Sie ist schwer zu beantworten, denn zu viele beeinflussende Faktoren sind zu berücksichtigen. Deswegen wird in der Praxis meist das einfachste Mittel verwendet, nämlich echte Kennwerte aus der Vergangenheit. Hierfür ziehen Sie schlicht die echte, verbrauchte Speicherkapazität der VMs heran und messen diese über einen längeren Zeitraum. Hierbei gilt natürlich: Je länger und detaillierter Sie messen, desto besser. Idealerweise sollte dies mit einem Tool dokumentiert werden.

Leider zeigt sich aber auch, dass in der Praxis ein großer Teil der IT-Administratoren keine echten Kennwerte für die Änderungsrate nennen kann und entsprechend auch keine genaue Vorstellung davon hat, auf welchem Niveau sich die Veränderungsrate bewegt. Dies liegt in der Natur der Aufgabenverteilung. Die Veränderungsrate ist ein Wert, der die IT-Strategie beeinflusst, und fällt damit in den Aufgaben- und Verantwortlichkeitsbereich eines IT-Architekten. Da jedoch nicht in jeder Infrastruktur ein solcher IT-Architekt im Einsatz ist und der Blickwinkel von IT-Admins oftmals einen Level unter dem des Architekten liegt, entsteht so ein blinder Fleck. Und für die IT-Strategie werden oft IT-Direktoren oder IT-Abteilungs- und Bereichsleiter herangezogen, die ebenfalls keine IT-Architekten sind, sondern Managementaufgaben wahrnehmen. In solchen Fällen werden dann gern externe IT-Architekten engagiert.

Werden Sie nun als externer Berater hinzugezogen und sind keine Tools im Einsatz, die die Änderungsrate erfassen, kann dieser blinde Fleck selbst von dem besten IT-Architekten nicht mit Sicherheit eliminiert werden. Die einzige Alternative wäre, die IT-Administratoren dazu zu verpflichten, in Sisyphusarbeit die Veränderungen der Backup-Größen zu notieren: clever, aber sehr mühselig und mit sehr hohem Zeitaufwand verbunden. Dabei geht es wohlgemerkt um Backups aus den letzten zwei bis drei Jahren, wenn sich diese überhaupt lückenlos darstellen lassen.

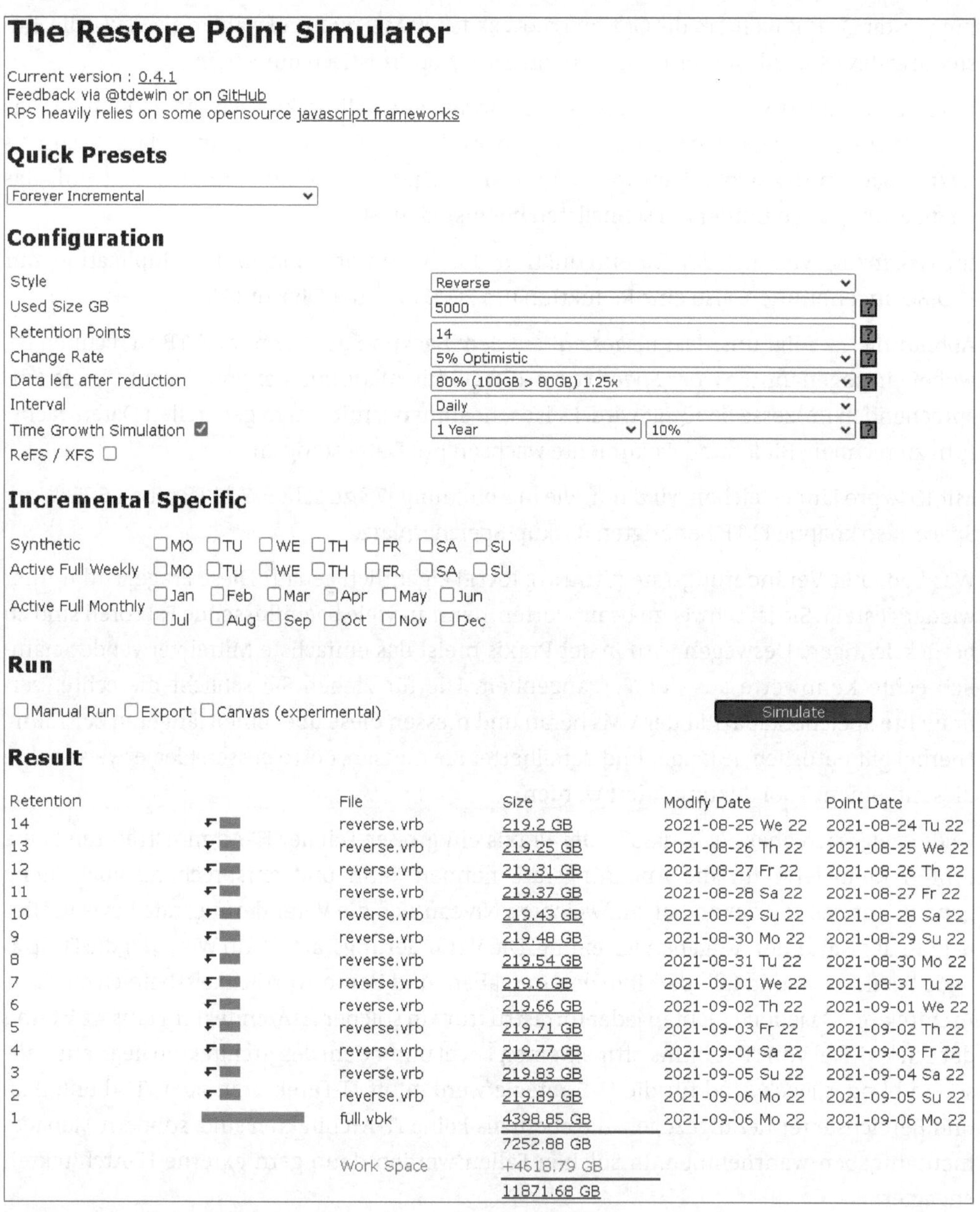

Abbildung 17.3 Beispielrechnung 2

Entsprechend bleiben oft nur generelle Aussagen und Schätzungen übrig. Die Änderungsrate wird maßgeblich beeinflusst durch *die Art der Daten*, die *Größe der Daten*, die *Anhäufungsintensität* und die *Veränderungsrate* innerhalb bereits bestehender Daten.

Die Art der Daten lässt sich in vielerlei Hinsicht beschreiben. Je nach Erfahrung des Beschreibers schwanken die Ansätze. Eine Möglichkeit ist, die Beschreibung nach Erstellungsursache zu kategorisieren. Die üblichen Verdächtigen sind hier:

- **Office-Dokumente** wie Word, Excel, PowerPoint – also im Prinzip alles, was durch den typischen Office-Worker produziert wird.
- **Kooperationsdaten**, hauptsächlich E-Mails, denen eine besondere Betrachtung zukommt, da oftmals Teile der anderen Daten freizügig über E-Mails verschickt werden und es hier schnell zu einer Multiplikation vom Daten kommen kann.
- **Kreative Daten** mit den typischen Kandidaten Fotos, Filme und alle Dateien rund um Adobe-Produkte.
- **Technische Daten**, oftmals technische Zeichnungen unterschiedlicher Art, egal ob diese nun einen komplexen Schaltplan für eine Heizung oder das Gittermodell für ein neues Automodell darstellen.
- **Datenbanken**, die Sie besonders exakt betrachten müssen. Meist sind bei Datenbanken die Änderungsraten äußerst hoch, die Datenmenge aber eher gering. Im Vergleich zum Rechner einer Fotografin, die in einer Stunde vielleicht 100 Fotos mit einer Datengröße von 20 GB erzeugt, können sich in einer Datenbank in einer Stunde z. B. 100.000 Datensätze ändern, die auf dem Datenspeicher aber nur 150 MB verbrauchen. Die rein technischen Schwierigkeiten, die viele kleine Dateien mit sich bringen, ziehen sich über die produktive Infrastruktur natürlich bis in die Backup-Infrastruktur durch. Durch diese besondere Beschaffenheit von Datenbanken werden sie oftmals in separate Backup-Jobs gesteckt, um wesentlich kürzere Backup-Intervalle zu gewährleisten. Während die meisten Use Cases mit einem täglichen Backup abgedeckt werden, leistet man sich bei VMs mit Datenbanken oft eine sinnvolle Menge von mehreren Backups am Tag. Diese Menge kann von einer generellen, gleichmäßigen Aufteilung alle 2, 4, 6 oder 8 Stunden ausgehen oder an signifikanten Tageszeiten festgemacht sein: 06:00 Uhr, bevor die meisten Mitarbeiter den Tag beginnen, 13:00 Uhr, wenn sie in der Mittagspause sind, und 18:00 Uhr, wenn sie die Arbeit verlassen haben. Und dann gibt es natürlich noch die ganz zeitkritischen Fälle, in denen man ein nahezu kontinuierliches Backup gewährleisten möchte. Mit Veeam R&B lassen sich *Recovery Time Objectives* (RTO) und *Recovery Point Objectives* (RPO) von weniger als 15 Minuten realisieren.

Idealerweise teilt man anschließend die Daten nach ihrer Größe auf. Nehmen wir Folgendes an:

- **Office-Daten** von 100 GB – mit einer geschätzten Veränderungsrate von 10 bis 20 % liegt man oft schon recht gut. Hier lassen sich meist mit einer kurzen Beobachtungsdauer von einer bis sechs Wochen gute Schätzwerte ermitteln. Dies deckt Schwankungen ab, die unter der Woche entstehen, also auch beispielsweise Urlaube und Krankheiten von Mitarbeitern. Zusätzlich sollten quartals- und jahresbedingte Veränderungen berücksichtigt und idealerweise erfasst werden.

- **Datenbanken** sind, wie Sie vermutlich wissen, immer ein etwas spezielles Thema. Da verschiedene Datenbanken ihre Daten auf unterschiedliche Weise verarbeiten und natürlich auch mit sehr unterschiedlichen Daten gefüttert werden, kann es durchaus sein, dass die Änderungsrate einer Datenbank nahezu 100 % pro Tag beträgt. Dies ist natürlich nicht der Normalfall, kann in bestimmten Fällen aber durchaus passieren.

  Deswegen unterteilt man bei Datenbanken die Veränderungsrate und die Datenzuwachsrate meist in Primär- und Backup-Storage. In einem solchen Worst Case mit 100 % Änderungsrate wachsen die Daten im Primärspeicher normalerweise mit moderaten Zuwachsraten an, die im niedrigen zweistelligen Bereich liegen, was bei einer »kleinen« Datenbank von beispielsweise 10 GB nicht so viel ausmacht. Mit einer hohen Veränderungsrate wirkt sich dies aber im Backup-Speicher massiv aus.

  Nehmen wir eine Veränderungsrate von 50 % an: Somit müssen selbst bei inkrementellen Backups jeden Tag 5 GB neu gespeichert werden. Wir verwenden wieder den *Restore Point Simulator* unter *https://rps.dewin.me* und erhalten bei einer Vorhaltedauer von 30 Tagen bei zwei Backups am Tag einen Gesamtverbrauch von 305 GB plus 10,5 GB Working Space im Veeam-Backup-Repository, also das 31-Fache bzw. 3.100 % der Kapazität im Primärspeicher.

- **Daten mit signifikanten Einzelgrößen** sind meistens *kreative Daten*. Dieser Datenbestand wächst in aller Regel nur mit 3 bis 7 %. Dies liegt schlicht an der Neigung der Menschen, kreative Erzeugnisse nicht einfach wegzuwerfen, was dazu führt, dass im Verhältnis zu vielen Altdaten nur wenige neue Dateien hinzukommen. Gleichzeitig optimieren sich Arbeitsprozesse im kreativen Umfeld, weil z. B. die 1.000 Bilder eines Fotoshootings noch gefiltert werden und erst am Ende die 50 besten Bilder zur weiteren Verarbeitung dauerhaft gespeichert werden. Doch ist hier Vorsicht geboten, damit diese Prozesse nicht eine Veränderung erfahren, während die IT-Infrastruktur verändert wird, oder man muss diesen Umstand entsprechend berücksichtigen.

Ein Beispiel aus der Praxis: Eine Werbeagentur erneuert die IT-Infrastruktur. Im Zuge dessen werden nicht nur die Backup-Strukturen verändert, sondern auch die Fileserver-Struktur. Auf den alten Fileservern liegen Daten, die ca. 100 TB Speicherplatz verbrauchen. Da die neue Infrastruktur größer, schneller und besser ist – die üblichen Anpreisungen eben –, werden ca. zwei Monate, nachdem die neue Infrastruktur in Betrieb genommen wurde, alle Mitarbeiter angewiesen, von nun an ihre Daten auf den neuen Fileservern zu speichern. Daraufhin gehen auch die Mitarbeiter, die mit der Produktion von Werbefilmen beauftragt sind, dazu über, nicht nur die fertigen Filme, sondern auch alles, was *Work in Progress* ist, auf den neuen Fileservern zu speichern. Dadurch steigt die zuvor prognostizierte Datenzuwachsmenge von ca. 1,3 TB im Monat auf nunmehr 5 TB im Monat an. Die neue Infrastruktur, die auf drei Jahre Datenzuwachs ausgelegt war und dann mit entsprechenden Storage-Erweiterungen hätte skaliert werden sollen, erreicht dadurch schon nach neun Monaten Einsatz den Füllstand, der eigentlich auf drei Jahre berechnet war. Das betrifft sowohl den Primärspeicher als auch die Backup-Systeme.

Dieses Beispiel verdeutlicht, dass die benötigte Backup-Kapazität besonders im Bereich von Datenbanken und Dateien mit signifikanter Einzelgröße sehr rasch in die Höhe schießen kann. Deswegen müssen Sie bei der Berechnung bzw. der Schätzung der Backup-Speicher-Kapazität besondere Sorgfalt bei der Ermittlung der Gegebenheiten im Primärspeicher an den Tag legen und verschiedene Backup-Szenarien durchspielen.

The Restore Point Simulator

Current version : 0.4.1
Feedback via @tdewin or on GitHub
RPS heavily relies on some opensource javascript frameworks

Quick Presets

Forever Incremental

Configuration

Style	Reverse
Used Size GB	100
Retention Points	14
Change Rate	10% Conservative
Data left after reduction	80% (100GB > 80GB) 1.25x
Interval	Daily
Time Growth Simulation ☐	1 Year / 10%
ReFS / XFS ☐	

Incremental Specific

Synthetic	☐MO	☐TU	☐WE	☐TH	☐FR	☐SA	☐SU
Active Full Weekly	☐MO	☐TU	☐WE	☐TH	☐FR	☐SA	☐SU
Active Full Monthly	☐Jan	☐Feb	☐Mar	☐Apr	☐May	☐Jun	
	☐Jul	☐Aug	☐Sep	☐Oct	☐Nov	☐Dec	

Run

☐Manual Run ☐Export ☐Canvas (experimental) Simulate

Result

Retention	File	Size	Modify Date	Point Date
14	reverse.vrb	8 GB	2020-09-08 Tu 22	2020-09-07 Mo 22
13	reverse.vrb	8 GB	2020-09-09 We 22	2020-09-08 Tu 22
12	reverse.vrb	8 GB	2020-09-10 Th 22	2020-09-09 We 22
11	reverse.vrb	8 GB	2020-09-11 Fr 22	2020-09-10 Th 22
10	reverse.vrb	8 GB	2020-09-12 Sa 22	2020-09-11 Fr 22
9	reverse.vrb	8 GB	2020-09-13 Su 22	2020-09-12 Sa 22
8	reverse.vrb	8 GB	2020-09-14 Mo 22	2020-09-13 Su 22
7	reverse.vrb	8 GB	2020-09-15 Tu 22	2020-09-14 Mo 22
6	reverse.vrb	8 GB	2020-09-16 We 22	2020-09-15 Tu 22
5	reverse.vrb	8 GB	2020-09-17 Th 22	2020-09-16 We 22
4	reverse.vrb	8 GB	2020-09-18 Fr 22	2020-09-17 Th 22
3	reverse.vrb	8 GB	2020-09-19 Sa 22	2020-09-18 Fr 22
2	reverse.vrb	8 GB	2020-09-20 Su 22	2020-09-19 Sa 22
1	full.vbk	80 GB	2020-09-20 Su 22	2020-09-20 Su 22
		184 GB		
	Work Space	+84 GB		
		268 GB		

Abbildung 17.4 Restore-Point-Rechner

Sie sollten für jede Backup-Infrastruktur mit Veeam den oben vorgestellten *Restore Point Simulator* (siehe Abbildung 17.4) nutzen, um eine möglichst gute Schätzung der benötigten Ressourcen zu erhalten. Denn prinzipiell lassen sich die Backup-Repositories vom Veeam B&R zwar fast beliebig skalieren, aber Sie sollten dennoch bei der ersten Implementierung mit ausreichend Ressourcen starten, um nicht schon ein paar Monate später weitere Kapazitäten im Backup-Speicher-System nachkaufen zu müssen.

Copy-Jobs

Des Weiteren erfreuen sich die sogenannten Copy-Jobs sehr hoher Beliebtheit. Dabei werden die mit Veeam B&R erstellten Backups erneut gesichert. Gerade in einem mehrstufigen Modell erreichen Sie auf diese Weise mit Tapes, die sich immer noch hoher Beliebtheit erfreuen, den Medienbruch, ohne die Infrastruktur zusätzlich zu belasten. Nehmen wir an, dass Veeam B&R das Backup in der Nacht zwischen 02:00 Uhr und 06:00 Uhr durchführt. Anschließend könnte ein Backup-Copy-Job das neueste Backup auf Tape wegschreiben, um so eine generelle zweite Kopie auf einem physisch anderen Medium vorzuhalten. Dies ist deswegen so beliebt, weil viele Firmen nach wie vor die berüchtigten Backups der letzten zehn Jahre in einem Safe bei einer Bank vorhalten müssen. Auch hierfür bietet Veeam B&R entsprechende Möglichkeiten an, und auch hier hilft der Restore Point Simulator Ihnen, die benötigten Kapazitäten zu schätzen.

17.6.3 Deployment-Methoden

Veeam Backup & Replication teilt sich in folgende Komponenten auf:

- **Backup-Server** – Der Backup-Server ist das Konfigurations- und Kontrollzentrum. Er wird auf einem physischen Rechner oder einer virtuellen Windows-VM installiert. Neben der Koordination aller Jobs werden auch alle globalen Einstellungen hier vorgenommen.
- **Backup-Proxy** – Der Backup-Proxy befindet sich zwischen dem Backup-Server und den Infrastrukturkomponenten. Er ist sowohl für das Holen der Daten aus dem Produktions-Storage als auch für das Komprimieren, Deduplizieren, Verschlüsseln und Weitersenden an den Backup-Storage verantwortlich.
- **Backup-Repository** – Im Backup-Repository werden die Location der Backup-Daten, die VM-Kopien oder die Metadaten für Replikationsjobs gespeichert. Als Location kommen infrage:
  - Microsoft-Windows-Server, also eine »lokale« Partition
  - Linux-Server
  - CIFS/SMB-Shares
  - Dell EMC Data Domain
  - ExaGrid

  - HPE StoreOnce
  - Quantum und OEM-Partner

  Darüber hinaus sind auch Festplatten über USB oder eSATA möglich, was jedoch aufgrund der Performance wie auch der Funktionseinschränkungen nicht empfehlenswert ist. Außerdem sei erwähnt, dass ein Backup-Repository eine Singularität besitzen muss: Vermeiden Sie es auf jeden Fall, mehrere Repositories zu konfigurieren, die auf dieselbe Location zeigen und denselben Pfad nutzen!

- **Mount-Server** – Ein Mount-Server wird benötigt, um eine Wiederherstellung auf Datei- und Applikationsebene zu ermöglichen. Allerdings hat sich in der Praxis gezeigt, dass die Wiederherstellung von einzelnen Dateien idealerweise auf eine Netzwerkfreigabe geschehen sollte. Das direkte Wiederherstellen wirft neben logischen Problemen (Soll man die Datei in der Original-Location verwerfen oder ersetzen?) bei vielen kleinen Dateien auch Performanceprobleme auf. Dies liegt daran, dass jede Datei einzeln durch die gesamte vSphere-Infrastruktur übertragen werden muss, was einen Overhead produziert.
- **Guest-Interaction-Proxy** – Der Guest-Interaction-Proxy befindet sich zwischen dem Backup-Server und der VM, die gesichert werden soll. Er kümmert sich um Application-Aware- und Transaction-Log-Prozesse und auch um die Indexierung des Gastdateisystems. Durch diesen Proxy ist es dem Backup-Server möglich, mit der Gast-OS-VM zu kommunizieren, auch wenn beide in unterschiedlichen Netzen liegen
- **Scale-out-Backup-Repository** – Ein Scale-out-Backup-Repository ist eine Zusammenfassung mehrerer Backup-Repositories zu einer logischen Einheit. In diesem Pool wird entsprechend die Summe aus den einzelnen Repositories als Kapazität angeboten. Dies ist insofern nützlich, weil man nicht mehr die Backups von einem zu klein gewordenen Repository bzw. Backup-Storage auf ein neues, größeres verschieben muss. Somit hilft ein Scale-out-Backup-Repository, die generelle Skalierbarkeit der Backup-Locations so einfach wie möglich zu halten.
- **Gateway-Server** – Ein Gateway-Server ist erforderlich, wenn Sie *Dell EMC Data Domain Deduplication Appliances*, *HPE StoreOnce Deduplication Storage Appliances* oder andere verteilte Backup-Repositories nutzen.
- **WAN-Acceleratoren** – WAN-Acceleratoren sind für das globale Daten-Caching und -Deduplizieren und das anschließende Versenden an die Remote-Locations verantwortlich. Die WAN-Acceleratoren verringern durch entsprechende Optimierung die Größe der Datenpakete. Spezielle Versionen bzw. Add-on-Lizenzen von Veeam sind notwendig.
- **Log-Shipping-Server** – Diese Server sind dedizierte Komponenten für Microsoft-SQL-Server-Transaktionslogs und Oracle-Archive-Logs.
- **Tape-Server** – Viele Unternehmen entscheiden sich auch heute noch dafür, Backups auf Tapes auszulagern. Dabei steht man häufig vor der Herausforderung, dass die Veeam-B&R-Windows-Maschine als VM innerhalb der vSphere-Umgebung läuft und eine voll unterstützte Anbindung von Tape-Laufwerken oder gar Tape-Storages oftmals nicht ohne

Weiteres möglich ist. Oft scheitert dies an Legacy-Tape-Geräten und fehlenden PCI-Karten mit vSphere-Support in den ESXi-Servern. Der Tape-Server löst dieses Problem geschickt: Auf älteren Windows-PCs, in denen mit entsprechenden Schnittstellen Tape-Laufwerke verbaut oder an die Tape-Storages angeschlossen sind, wird der Veeam-Tape-Server ausgerollt. Anschließend können Sie die Tapes so ansteuern, wie man es in Legacy-Tape-Backup-Software gewohnt ist.

- **Veeam Backup Enterprise Manager** – Dies ist eine optionale Komponente, die für die Konsolidierung mehrerer Backup-Infrastrukturen in eine Weboberfläche gedacht ist. *Veeam Backup Enterprise Manager* entspricht in etwa der Funktion eines vCenters, nur eben für Veeam.

Diese Komponenten lassen sich auf unterschiedliche Art und Weise implementieren, die wir Ihnen in den nächsten Abschnitten vorstellen.

Simple Deployment

Wie der Name schon verrät, handelt es sich bei dem *Simple Deployment* um eine denkbar einfache Installation. Die oben genannten essenziellen Veeam-Komponenten werden auf einer einzigen Windows-Maschine oder VM installiert, die dann im üblichen Sprachgebrauch als *Backup-Server* bezeichnet wird.

Der Backup-Server steuert alle Jobs, agiert als Default-Backup-Proxy, ist der Speicherort für das Default- oder auch weitere Backup-Repositories und ist der Mount- bzw. Interaktions-Proxy (siehe Abbildung 17.5).

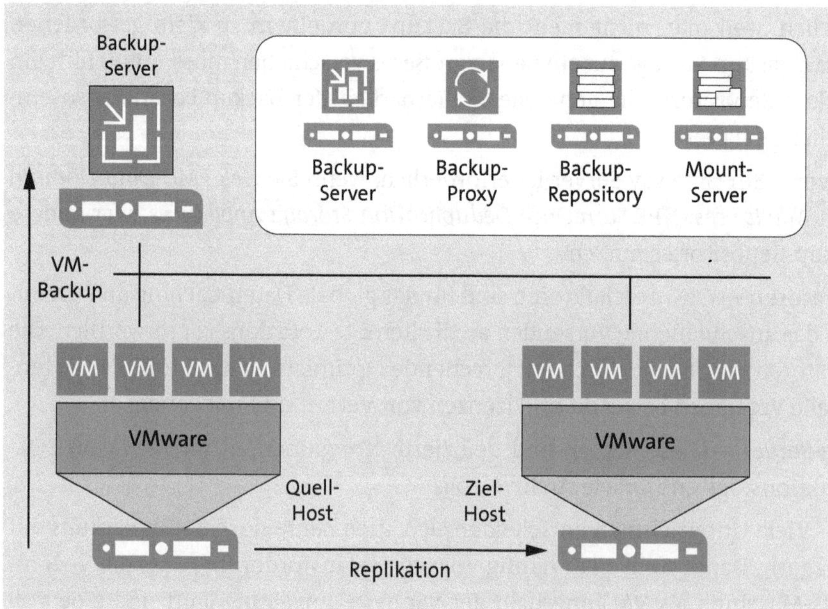

Abbildung 17.5 Schematische Darstellung eines »Simple Deployment«

Ein solches Simple Deployment eignet sich vor allem für kleinere Infrastrukturen und Testinstallationen.

Der Nachteil an einer solch einfachen Installation ist, dass alle Backups »lokal« gespeichert werden. Die Backups liegen also beispielsweise innerhalb der VM, die als Ganzes auf dem Backup-Storage liegt. Im Speziellen liegt der Nachteil hier in der Skalierbarkeit: Je nach Situation kann z. B. die Kapazität des Backup-Servers schnell ausgeschöpft sein. Handelt es sich dabei um einen Server mit internen Festplatten, bereitet dies Schwierigkeiten bei der Skalierung bzw. der Erweiterung des Backup-Storage. Für Backup-Server als VM, die dann auch noch Zugriff auf einen Shared Storage oder NFS haben, ergeben sich in der Regel keine Skalierungsprobleme. Hier muss nur sichergestellt werden, dass die Storage-Systeme, die von Veeam B&R benutzt werden, entsprechende Möglichkeiten zur Erweiterung bieten.

Advanced Deployment

Wie der Name schon vermuten lässt, stellt das *Advanced Deployment* die Erweiterung eines Simple Deployments dar (siehe Abbildung 17.6). In größeren Infrastrukturen wird die Last für einen Backup-Server schnell zu hoch. Entsprechend wird der Backup-Server nur noch als Manager eingesetzt. Die eigentliche Arbeit geschieht dann auf den Backup-Proxys, die deswegen typischerweise auch *Data Mover* genannt werden. Eine solche Installation führt unweigerlich zu der Frage, wie sich Veeam-B&R-Jobs überhaupt skalieren lassen und wie die benötigten Ressourcen berechnet werden. Lesen Sie hierzu Abschnitt 17.6.4, »Dimensionierung von Veeam Backup & Replication-Komponenten«.

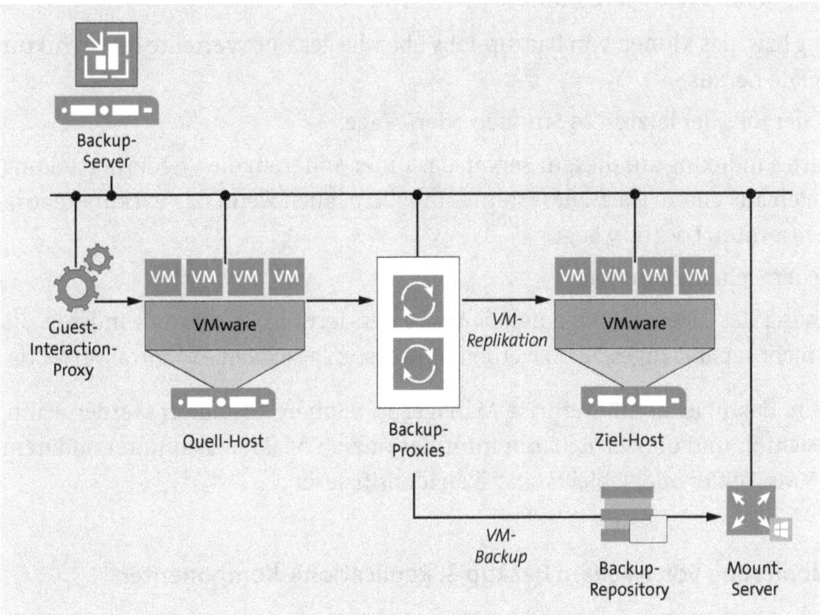

Abbildung 17.6 Schematische Darstellung eines »Advanced Deployment«, Überblick

Distributed Deployment

Die letzte Ausbaustufe einer Veeam-Backup-Infrastruktur ist eine verteilte Installation, bei der sich einfache oder erweiterte Installationen über mehrere Standorte verteilen.

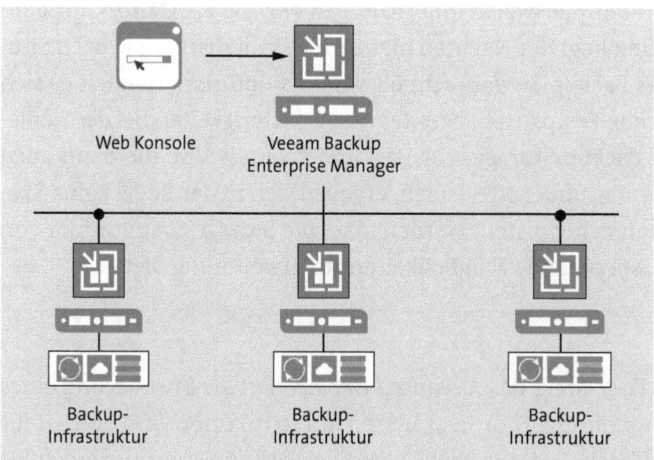

Abbildung 17.7 Schematische Darstellung eines »Distributed Deployment«

Diese werden dann über den *Veeam Backup Enterprise Manager* gesteuert. Dieser stellt über ein Webinterface, ähnlich einem vCenter, einen zentralen Anlaufpunkt zur Verwaltung aller entfernten Backup-Infrastrukturen dar, die viel zitierte *Single Pane of Glas*. Der *Veeam Backup Enterprise Manager* bietet unter anderem:

- die Bearbeitung bzw. das Klonen von Backup-Jobs über die gesamte verteilte Infrastruktur aus eine Template heraus,
- das Reporting der Jobs der letzten 24 Stunden oder 7 Tage,
- ein konsolidiertes Indexing auf diesem Server, das unter anderem die Wiederherstellung einzelner Dateien aus einem Gast-Filesystem ermöglicht, auch wenn das Backup-Repository in einer entfernten Location liegt,
- die Steuerung der Sicherheitsrollen,
- die Vereinfachung des Lizenzmanagements. An den entfernten Standorten müssen die Lizenzen nun nicht separat zugewiesen werden, stattdessen geschieht es zentral verwaltet.

Ein Veeam-Plug-in, das über den Enterprise Manager in vSphere installiert werden kann, erweitert die Ansichten und die verfügbaren Informationen. So lassen sich unter anderem nicht gesicherte VMs, Fehler oder Objektstatistiken identifizieren.

17.6.4 Dimensionierung von »Veeam Backup & Replication«-Komponenten

Für Veeam B&R werden die Ressourcen anhand der benötigten *Concurrent Tasks* im Vergleich zu der gewünschten Backup-Dauer berechnet.

In einer einfachen Installation von Veeam B&R, bei der sich alle Komponenten auf einem Server befinden, gilt:

- Ein *Concurrent Task* entspricht der Abarbeitung einer VMDK.
- Je *Concurrent Task* ist eine vCPU bzw. ein CPU-Kern erforderlich.
- 4 GB RAM plus 500 MB je *Concurrent Task* müssen pro *Concurrent Task* zur Verfügung stehen.

In einer erweiterten Installation mit Backup-Proxys benötigen diese folgende Ressourcen:

- Ein *Concurrent Task* entspricht der Abarbeitung einer VMDK.
- Je *Concurrent Task* ist eine vCPU bzw. ein CPU-Kern erforderlich
- 2 GB RAM plus 200 MB je *Concurrent Task* müssen pro *Concurrent Task* zur Verfügung stehen.

Veeam rechnet in sogenannten *Concurrent Tasks*, wobei ein solcher Task im Prinzip die Abarbeitung einer Disk, also einer VMDK ist. Als Empfehlung wird von Veeam ein Task pro CPU-Kern genannt. Nehmen wir an, Sie möchten 100 VMs mit jeweils 2 Disks sichern. Daraus ergeben sich also 200 Concurrent Tasks. Hätten Sie, wie in einem Simple Deployment, nur einen Backup-Server und hätte dieser z. B. 2 CPUs mit je 8 Kernen, also insgesamt 16 Kerne, dann würde dieser Backup-Server zunächst 16 Disks abarbeiten. Das entspricht in unserem Beispiel 8 VMs. Die anderen VMs und Disks würden in die Warteschlange geraten.

Um nun weiter in unserem Beispiel zu rechnen, nehmen wir an, dass alle 200 Disks gleich groß sind, gleich viel Kapazität verbrauchen, gleich gut im Netzwerk erreichbar sind und alle auf gleich guten Speichersystem liegen. Nehmen wir weiterhin an, dass die entsprechende Veeam-Komponente für die Abarbeitung einer Disk 10 Minuten benötigt. Bei 200 Disks geteilt durch 16 Kerne ergibt das 200 ÷ 16 = 12,5 Zeiteinheiten zu je 10 Minuten. Am Ende dauert das Backup also 125 Minuten, knapp über 2 Stunden. So weit, so gut.

17

Nun kommen aber weitere VMs, größere Disks oder andere Anforderungen hinzu, z. B. ein kürzeres Backup-Zeitintervall. Machen wir es uns an dieser Stelle erst mal einfach und rechnen wir mit dem obigen Beispiel weiter. Wir gehen von der Vorgabe aus, dass das Backup innerhalb von 30 Minuten für die angenommene Infrastruktur durchgeführt werden muss. Wir erhöhen daher die Anzahl der Backup-Proxys, die ebenfalls mit 2 Sockets und 8 Kernen ausgestattet sind, von 1 auf 5. 4 Backup-Proxys wären zu wenig, da (200 Disks ÷ (16 Kerne × 4 Backup-Proxys)) × 10 Minuten je Disk = 31,25 Minuten sind, was über unserem Ziel von 30 Minuten liegt. Mit 5 Backup-Proxys (und wieder 2 Sockets und 8 Kernen) kommen wir auf (200 ÷ (16 × 5)) × 10 = 25 Minuten und erreichen die Vorgabe.

In der Praxis gibt es natürlich weitere Erwägungen, z. B. die tatsächliche momentan verbrauchte Kapazität der Disks oder die Geschwindigkeit der Anbindung zu den ESXi-Hosts und Speichersystemen. Gerade die Schätzung der Zeit beim ersten Backup mit Veeam oder der Voll-Backups gestaltet sich natürlich etwas schwieriger, sodass wir hier kein einfaches Beispiel errechnen können.

Allerdings können wir aus der Praxis Anmerkungen zu inkrementellen Backups machen. Mit den clever genutzten Technologien werden tägliche Backups und in sehr vielen Fällen – nach dem ersten Voll-Backup – alle Folge-Backups mit der Einstellung INCREMENTAL FOREVER oder REVERSE INCREMENTAL FOREVER durchgeführt. Da hier nur die Änderungen gesichert werden müssen, könnte man nun also fälschlicherweise meinen, dass sich die Backup-Zeit nicht nur signifikant, sondern bei entsprechend geringen Änderungsraten auf quasi 0 verringert. Dem ist aufgrund des Overheads bei der Abarbeitung der Prozesse jedoch nicht so. Je nach Leistung der gesamten Infrastruktur dauert es trotz minimaler Änderungen der Daten innerhalb einer VM in aller Regel fünf bis sieben Minuten, bis die Backups abgearbeitet sind. Beachten Sie, dass wir hier explizit nicht von »Backups schreiben« sprechen, da das tatsächliche Schreiben der Änderungsdaten innerhalb dieser fünf bis sieben Minuten teilweise nur wenige Sekunden in Anspruch nehmen kann.

Der benötigte RAM berechnet sich ähnlich mit 4 GB + 500 MB für einzelne Backup-Server und 2 GB – 200 MB für Backup-Proxys einer erweiterten Installation. Da sich die Arbeit auf die Backup-Proxys verteilt, benötigt der Backup-Server dann natürlich die genannten Ressourcen nicht mehr.

Hier sehen Sie das Ganze noch mal etwas mathematischer erklärt und von der anderen Seite aus gerechnet, um die Frage zu beantworten, wie viele Backup-Proxys benötigt werden:

- Da – Daten in MB, echter Verbrauch
- BZ – Backup-Zeitfenster in Sekunden
- D – Durchsatz, der sich aus *Da ÷BZ* ergibt
- VR – Veränderungsrate
- KV – Kerne für Voll-Backup (*Full Backup*)
- KD – Kerne für differenzielle Backups (*Incremental Backup*)

Nehmen wir folgende Infrastruktur als Grundlage unserer Berechnungen an:

- 500 virtuelle Maschinen
- 80 TB verbrauchter Speicher
- 4 Stunden gewünschtes Backup-Zeitfenster
- 10 % Änderungsrate

Da = 80 TB × 1.024^2 = 80 × 1.024 × 1.024 = 83.886.080 MB

BZ = 4 Stunden × 60^2 = 4 Stunden × 60 Sekunden je Minute × 60 Minuten je Stunde = 14.400 Sekunden

D = Da ÷ BZ = 83.886.080 MB ÷ 14.400 Sekunden ≈ 5.825 MB/s

Für Voll-Backups ist die Performance etwa viermal so hoch wie für differenzielle Backups, weswegen sich der Divisor unterscheidet.

KV = D ÷ 100 = 5.825 MB/s ÷ 100 = 58,25 ≈ 59 Kerne

Für ein differenzielles Backup haben wir mit einem Divisor von 25 gerechnet. Dafür wird der Dividend nun mit der Änderungsrate multipliziert.

KD = (D × VR) ÷ 25 = (5.825 MB/s × 0,1) ÷ 25 = 23,3 ≈ 24 Kerne

Der benötigte RAM für die Backup-Proxys errechnet sich mit 2,2 GB × *Anzahl der Kerne*, beträgt also insgesamt 59 × 2,2 GB ≈ 130 GB.

Nun verteilen wir die benötigten Ressourcen möglichst gleichmäßig. Für virtuelle Backup-Proxys müssen Sie berücksichtigen, dass wie bei jeder VM mit steigender Anzahl an vCPU womöglich ein Engpass beim Scheduling auf den physischen CPUs entsteht. Weitere Informationen hierzu finden Sie in Kapitel 20, »Virtuelle Maschinen«.

Wir rechnen deswegen nur mit 4 vCPUs: 59 Kerne ÷ 4 vCPUs sind 14,75. Es sollten also 15 Backup-Proxys mit 4 vCPUs und 9 GB RAM ausreichen. 9 GB RAM werden benötigt, da 4 vCPUs und 4 Concurrent Tasks 4 × 2,2 GB RAM, also 8,8 GB RAM entsprechen.

Sollten Sie keine Voll-Backups nutzen bzw. diese nur z. B. am Wochenende durchführen, können Sie bei der Berechnung natürlich nur die benötigten Ressourcen für differenzielle Backups heranziehen und anschließend das zu erwartende Backup-Zeitfenster für das Voll-Backup am Wochenende ermitteln. In diesem Fall würden Sie auf 24 Kerne ÷ 4 vCPU = 6 Backup-Proxys mit je 9 GB RAM kommen. Damit erreicht man das gewünschte Backup-Zeitfenster von 4 Stunden unter der Woche. Am Wochenende würde das Voll-Backup entsprechend ca. 10 Stunden dauern (4 Stunden × 60 ÷ 24, was dem Verhältnis der vCPUs in unseren beiden Berechnungsbeispielen entspricht).

Diese Art der Skalierung der Backup-Komponenten wird im Allgemeinen als *Scale-Out* bezeichnet. Entsprechend wäre z. B. in einer einfachen Installation mit einem Backup-Server, der alle Komponenten beinhaltet, die Erhöhung vom RAM, vCPUs und Speicher ein *Scale-Up*.

17.6.5 Der optimale Bereich für die Dimensionierung

Bei der Dimensionierung der Backup-Jobs müssen Sie die Art und Weise der Jobs, die Anzahl der VMs etc. berücksichtigen. Dies liegt daran, dass die im Hintergrund laufenden Prozesse teilweise sequenziell abgearbeitet werden müssen, z. B. das Auflösen der Snapshots oder das Zusammenführen des inkrementellen Backups in eine »volle« Datei, wenn man als Backup-Methode *Reverse Incremental* nutzt.

Ebenso gilt es, den Einfluss auf die Speichersysteme zu berücksichtigen. Laufen mehrere Jobs gleichzeitig ab, werden auch mehrere Snapshots gleichzeitig verwendet. Übersteigt dies die Möglichkeiten der Infrastruktur, kann es sein, dass es genauso wie auch bei vCPU-Scheduling-Problemen zu Wartezeiten kommt, bis ein entsprechender Time-Slot frei ist und ein Prozess gestartet werden kann. Auch beim Storage sollten Sie die Anzahl der gleichzeitig zu verarbeitenden Jobs berücksichtigen: Wie viel Durchsatz schafft das Backup-Repository? Wie viele gleichzeitige Tasks können gestartet werden? Schafft der echte, physische Storage im Hintergrund den Durchsatz, oder wird er z. B. durch langsame SATA-Festplatten begrenzt?

Als Faustformel werden als Maximum oft 30 VMs für ein *Job-Backup* und 300 VMs für einen Per-VM-Backup-Job genannt. Je nach Performance des Backup-Storage sollten Sie diese Zahl auf 50 bis 200 VMs verringern.

Weiterhin gibt es für die Datenbank, die Veeam B&R nutzt, einen optimalen Bereich, der bei 75 bis 100 Jobs liegt. Prinzipiell könnte Veeam mehr verarbeiten, doch auch hier hat sich gezeigt, dass Prozesse durch die Datenbank und deren Lastverteilung negativ beeinflusst werden, wenn man mehr als 100 Jobs laufen lässt.

An dieser Stelle wird sicherlich die Frage auftauchen, wie man VMs in unterschiedliche Jobs aufteilt. Wie wir schon erklärt haben, arbeitet Veeam B&R die Concurrent Tasks parallel mit den zur Verfügung stehenden Ressourcen ab. Gibt es mehr Aufgaben, als parallel abgearbeitet werden können, werden diese der Reihe nach abgearbeitet. Zusätzlich gibt es die Einschränkung, dass, während ein Job läuft, nicht gleichzeitig eine Wiederherstellung stattfinden kann, selbst wenn eine VM eigentlich schon abgearbeitet ist und nun nur noch andere VMs innerhalb des Jobs auf ihr Backup warten.

Nun könnte man geneigt sein, einfach für jede VM ein separates Backup einzurichten. Dies ist auch denkbar und bietet sogar die Möglichkeit, Backup-Jobs zu verketten, sprich, der nächste Backup-Job beginnt, nachdem der andere fertig ist. Dennoch bleiben Einschränkungen bezüglich der optimalen Nutzung: Würden Sie wirklich für jede VM einen Job verwenden wollen, müssten Sie zunächst einmal manuell entsprechend viele Jobs konfigurieren – wenn auch nicht vollständig per Hand, da Veeam die Möglichkeit bietet, Jobs zu klonen. Die entsprechende VM müssten Sie trotzdem erstellen und zudem festlegen, welcher Job der vorherige ist, nach dem der nun zu konfigurierende Job starten soll. Dies allein ist schon wesentlich aufwendiger, als für einen Backup-Job 50 VMs auszuwählen. Außerdem müssten Sie eine richtige Menge an Jobs konfigurieren, die in einem bestimmten Zeitfenster starten. Hier selbst genau die richtige Menge zu finden, die die Infrastruktur optimal nutzt – also weder zu wenig noch zu viel –, ist nahezu unmöglich. Deswegen werden in der Praxis oftmals typenähnliche VMs zusammen in einem Job konfiguriert und die Sonderfälle einzeln oder gemäß den Use Cases aufgeteilt.

Eine relativ typische Aufteilung wäre beispielsweise:

- Die Fileserver werden mit einem täglichen Backup-Job gesichert.
- Die Datenbankserver werden mit einem Backup-Job gesichert, der beispielsweise alle vier Stunden läuft.
- E-Mail-Server, die oftmals eines der wichtigsten Systeme darstellen, werden ebenfalls mit einem separaten Backup-Job gesichert, der zweimal täglich läuft.
- Besondere VMs, bei denen z. B. nicht der optimale Transportmodus beim Backup genutzt werden kann, weil es sich um ein sehr altes System handelt und kein Guest-OS-Agent verwendet werden kann, bekommen einen eigenen Backup-Job. Eine Sonder-VM kann je nach Use Case alles Mögliche sein: von VIP-VMs über Legacy-VMs bis hin zu speziellen Anwendungen, die beim Erstellen von Snapshots bitterböse reagieren, weil sich die Performance auf der VMs leicht verringert.

- Alle anderen VMs werden (je nach Jobtyp) gleichmäßig in Gruppen zu je 50 bis 200 VMs aufgeteilt.

17.6.6 Was man nicht machen sollte

Wie immer gibt es das eine oder andere Limit, das Sie nicht überschreiten sollten, und die eine oder andere Einstellung, die Sie auf gar keinen Fall nutzen dürfen. Bei Veeam sind das folgende Punkte:

- **Kompression auf »hoch« oder »extrem« stellen:** Hierfür werden mindestens zwei vCPUs je Concurrent Task benötigt. In der Ressourcenplanung führt diese Einstellung mal eben zu einer Verdopplung der benötigten vCPUs. Dabei bringt die Einstellung »hoch« gerade mal 2 % bis 10 % Platzersparnis im Backup-Speicher.
- **Applikationsserver als Backup-Server nutzen:** Dies ist eigentlich eine Selbstverständlichkeit. Dennoch passiert es immer wieder, dass Veeam B&R auf einem Server installiert wird, auf dem bereits eine andere Applikation läuft.
- **Blockgrößen:** In vorangegangenen Versionen vom vSphere haben sich unterschiedliche Blockgrößen teilweise stark ausgewirkt. Bei kleineren Blockgrößen wurde etwas mehr RAM für die Deduplikation benötigt, wenn man auf einen »lokalen« LAN-Speicher geschrieben hat, und zwei- bis viermal so viel RAM, wenn man auf ein WAN-Ziel geschrieben hat. Da die Wahl der Blockgröße mittlerweile automatisiert läuft und nicht mehr die manuell einstellbaren Möglichkeiten früherer Versionen bietet und darüber hinaus die Empfehlung bei den Einstellungen fast immer »local« für Backup-Jobs und »LAN« Replikationsjobs lautet, muss man hier nicht mehr so intensiv nachdenken. Sollten Sie auf ein WAN-Ziel schreiben wollen, wird Ihnen das Thema ohnehin noch einmal begegnen. Und was die Deduplizierung angeht, sollten Sie in der Praxis mit folgender Erwartungshaltung operieren: »Deduplizierung ist schön; wir rechnen mit nichts und freuen uns über das, was am Ende herauskommt.« Doch das ist wieder ein anderes Thema.
- **Antivirensoftware auf dem Veeam-Backup-Server** kann je nach Einstellungen zu massiven Problemen führen. Prinzipiell überwacht Antivirensoftware Schreibvorgänge, was natürlich auch alle Daten betrifft, die von Veeam B&R geschrieben werden. Entsprechend müssen Sie dafür Sorge tragen, dass Veeam B&R nicht durch diese Programme geblockt bzw. beeinträchtigt wird. Da dieses Thema mit Datensicherung nichts zu tun hat, verweisen wir an dieser Stelle auf die Veeam-KB-Artikel sowie die Dokumentation, die eine umfangreiche Liste von verwendeten Dateien, Ordnern und Ports liefert, die Sie von der Kontrolle durch Antivirensoftware ausschließen müssten.

17.7 Veeam-Backup-Repository

Um die benötigten Backup-Speicher zu planen, müssen Sie zunächst einmal genauer betrachten, welche Möglichkeiten *Veeam Backup & Replication* bietet. Dies führt uns zu den sogenannten *Backup-Repositories*. Veeam speichert in einem solchen Repository die Backup-Dateien, VM-Kopien und Metadaten replizierter VMs. Dabei kann jeder Backup-Job nur ein Repository verwenden, die Repositories können aber mehrere Jobs annehmen. Somit besteht hier eine n:1-Beziehung von Job zu Repository. Des Weiteren lässt sich, die entsprechende Lizenz vorausgesetzt, auch ein sogenanntes *Scale-out-Backup-Repository* verwenden.

Je nach eingesetzten Features können die Anforderungen an die Backup-Infrastruktur stark variieren. Nehmen wir beispielsweise das Feature *Instant VM Recovery*. Die viel beschriebene 3-2-1-Regel für Datensicherungen werden Sie sicherlich kennen: Drei Backups an zwei unterschiedlichen Standorten, einmal besonders gesichert oder getrennt. Diese Strategie hat aber erst einmal nicht viel mit Verfügbarkeit zu tun, daher sollte man vielleicht besser Veeams *Instant VM Recovery* nutzen. Hier wird die VM aus dem Backup gebootet, der Produktionsumgebung direkt zur Verfügung gestellt und zeitgleich im Hintergrund auf den Primär-Storage kopiert. Dabei muss die Performance des Backup-Speichers höhere Ansprüche erfüllen. Wäre ein Backup-Speicher nominell nur 1/4 so leistungsfähig wie der Primär-Storage, können Sie bei der Nutzung von Instant VM Recovery davon ausgehen, dass die Performance dieser VM deutlich weniger hergibt und nur im besten Fall 1/4 der Leistung des Primär-Storage erreichen wird. Denn meist bildet sich eine Kaskade: Die übliche Anzahl der User möchte die VM natürlich direkt nutzen, während gleichzeitig der Hintergrundprozess läuft. In der Praxis hat sich gezeigt, dass die Performance dann sehr schnell weiter mit halbierten Faktoren abnimmt: 1/8, 1/16 etc. Die Begeisterung bei den Usern, IT-Administratoren und Managern wird sich deshalb sehr in Grenzen halten. Im schlimmsten Fall bleibt die VM nicht effektiv nutzbar, und der gesamte Sinn und Zweck von Instant VM Recovery würde hinfällig.

17.7.1 Verschiedene Backup-Repository-Typen

Die üblichen Kennwerte für einen Storage und somit auch für einen Backup-Storage sind immer die gleichen:

1. Gesamtkapazität
2. Schreib- und Leseleistung
3. Verfügbarkeit der Bestandteile wie Festplatten, LUNs, Controller etc.
4. Kosten-Leistungs-Faktor

Nun werden sich viele fragen, warum der Kosten-Leistungs-Faktor bei den Kennwerten des Storage genannt wird. In unserer heutigen Zeit sind der Leistung und der Kapazität kaum noch technische Grenzen gesetzt. Maßgeblicher Faktor ist und bleibt aber das einsetzbare Kapital. Hat man in den Bereichen 1, 2 und 3 Ansprüche, wird viel Kapital benötigt. Oftmals stellen Kunden zunächst eine Wunschliste mit der perfekten Lösung auf, um anschließend festzustellen, dass ihre Wünsche und ihr verfügbares Kapital nicht vereinbar sind. Anschließend begibt man sich auf die Suche nach einer schlankeren 80-%-Lösung, idealerweise für 20 % der Kosten.

Eine Möglichkeit ist es, mehrere qualitativ unterschiedliche Backup-Repositories zu verwenden. Eine häufig gewählte Variante ist ein leistungsstarkes Speichersystem mit weniger Kapazität sowie ein schwächeres System mit deutlich mehr Kapazität. Dabei werden aktuelle Wiederherstellungspunkte auf dem schnellen Speicher vorgehalten und weiter in der Vergangenheit liegende Wiederherstellungspunkte auf den schwächeren Speicher ausgelagert. In einem solchen Fall würden Sie mit einem Veeam-Backup-Copy-Job die Backups vom schnelleren zum größeren System kopieren oder, mit der entsprechenden Lizenz, ein Scale-out-Backup-Repository einrichten.

Eine weitere Stufe ist die Nutzung von extrem langsamen Speichern mit extrem hohen Kapazitäten, typischerweise Tapes. Doch dazu später mehr.

17.7.2 SMB-Backup-Repository

Da wir bereits in Kapitel 9, »Storage-Architektur«, auf unterschiedliche Arten von Speichern eingegangen sind, wollen wir an dieser Stelle nur die wichtigsten Punkte erwähnen, ohne auf die verschiedenen Vor- und Nachteile einzugehen.

Wir gehen davon aus, dass eine Windows-VM als Backup-Server, Backup-Proxy bzw. Gateway-Server verwendet wird. Auf dieser Windows-VM werden die verfügbaren Volumes dann entweder zu einer Partition zusammengefasst oder als separate Partition genutzt. Letzteres sollten Sie nur mit Bedacht tun: Die Aufteilung in separate Partitionen entsteht durch den Wunsch, eine bessere Lastverteilung zu erreichen. Allerdings sind einer einzelnen VM schon gewisse Limitierungen durch das Speichersystem auferlegt, auf dem die VMDK der VM liegt. Um dort, z. B. bei der *Queue Depth* der RAID-Karte, nicht in Schwierigkeiten zu geraten, ist es oftmals besser und auch einfacher zu berechnen, wenn man Backup-Repositories mit Backup-Proxys zusammen skaliert.

Bei der Wahl des Repository bieten die Gateway-Server oder die Backup-Jobs zwei Modi zur Auswahl: *automatisch* und die Auswahl des spezifischen Servers. Wie unschwer zu erraten ist, wird mit der Option *automatisch* die Auswahl des Backup-Repository durch die entsprechende Veeam-Komponente getroffen. Wenn Sie diese Entscheidung selbst treffen wollen, nutzen Sie in der Konfiguration das entsprechende Menü, um das gewünschte Repository auszuwählen. So können Sie z. B. Backups auf ein performanteres Speichersystem schieben und *Instant VM Recovery* nutzen. Oder Sie konfigurieren Ihre Backups explizit auf ein lokales Backup-Repository, weil eines der Backup-Repositories an einem Remote-Standort liegt. Sie möchten damit verhindern, dass die automatische Auswahl des Backup-Repository genau jenes auswählt, das sich an einem anderen Standort befindet, was die Latenzen und damit die Verarbeitungsdauer der Jobs in die Höhe schnellen ließe.

Im Fall einer automatischen Wahl wird das Load-Balancing ebenfalls automatisch durchgeführt. Hierbei gilt es zu berücksichtigen, dass pro Backup-Job nur ein Server, nämlich der *Gateway-Server*, verwendet wird, um die Daten auf ein SMB-Share zu schreiben. Bei mehreren verfügbaren Proxy-Servern ist das immer der erste, der vom Backup-Job »gefunden«

wird. Ist im Backup-Job die Option PER-VM BACKUP FILES aktiviert, werden mehrere Backup-Reihen im Hintergrund erstellt, die jede für sich wiederum möglicherweise mehrere Backup-Proxys ansprechen, von denen wiederum der erste zum Gateway-Server wird. In einem solchen Fall werden also mehrere Gateway-Server gleichzeitig angesprochen. Deswegen sollte das Netzwerk ausreichend gut ausgelegt sein, damit an dieser Stelle keine Engpässe entstehen. Außerdem ist es bei mehreren Backup-Reihen möglich, dass »der erste gefundene Backup-Proxy«, der zum Gateway-Server gemacht wird, in mehreren Reihen derselbe ist. Diesen erkennt man schnell daran, dass seine CPU- und RAM-Last wesentlich höher ist als bei den anderen Backup-Proxy-Servern.

Ein Vorteil mehrerer Backup-Reihen ist natürlich, dass mehrere Threads zu einem Speichersystem genutzt werden können. Gerade bei NAS-Speichern kann das durchaus sehr sinnvoll sein, um so die generelle Geschwindigkeit zu erhöhen, mit der Backups weggeschrieben werden können. Natürlich ist dabei zu erwähnen, dass man dies mit Bedacht tun sollte, um nicht das NAS zu überlasten. Und dass man nicht das billigste NAS dafür einsetzen sollte, ist eigentlich auch selbstverständlich.

17.7.3 Deduplication Appliances und VTL als Backup-Repository

Veeam ist in der Lage, Deduplizierungs-Appliances als Backup-Repository, Backup-Copy-Repository oder als *virtuelle Tape-Library* (VTL) zu nutzen. Solche Deduplizierungs-Appliances sind sehr vereinfacht gesagt Speichersysteme, die sich darauf spezialisiert haben, Daten anzunehmen und möglichst effizient – also mit möglichst geringem Speicherverbrauch – wegzuschreiben.

Die genaue Funktion solcher Systeme unterscheidet sich von Hersteller zu Hersteller und soll auch nicht Teil dieses Kapitels sein. Generell ist aber anzumerken, dass mit dem Vorteil des geringen Platzverbrauchs auch ein Nachteil einhergeht: Üblicherweise speichern solche Appliances auf sehr schnellen SSD- oder SAS-Festplatten einen Cache. Das können beispielsweise die »frischesten« Dateien sein, die »heißesten« Blöcke etc. Dieser Cache ist natürlich endlich, und so werden die Daten kurze Zeit später auf wesentlich langsamere Medien wie SATA-Festplatten oder Tapes geschrieben. Möchten Sie nun Daten zurückholen, die nicht im Cache liegen, kann dies entsprechend lange dauern. Sind die Daten auch noch auf mehrere Speicher verteilt, was bei Random-I/Os immer ein Thema ist, verschlimmert sich dieses Problem natürlich. Im Englischen wird dieses Phänomen *Re-hydration Process* genannt. Die »De-Hydrierung« ist dabei die Transformation der originalen Speicherblöcke in deduplizierte Speicherblöcke, und entsprechend ist die »Re-Hydrierung« die Transformation der deduplizierten Speicherblöcke in ihre originale Form. Darüber hinaus lässt sich leicht erraten, dass gerade stark I/O-lastige Prozesse für Deduplizierungs-Appliances besonders schwer zu bewältigen sind. Somit ist die Verwendung solcher Systeme für Veeams *Instant VM Recovery* denkbar ungünstig, da dieses Feature mit Abstand die meisten I/Os verursacht.

Um diese Problematik ein Stück weit zu entschärfen, gibt es für die Konfiguration von primären Backup-Jobs zwei Möglichkeiten: Storage-Hersteller bieten möglicherweise ein von

Veeam unterstütztes Produkt an. Beispiele sind hier *EMC DataDomain* mit ihrem *DDBoost*-Protokoll oder *HPE StoreOnce* mit dem *Catalyst*. Beschreibungen, wie diese optimal angesteuert werden, finden Sie in der Dokumentation der Hersteller oder in der Veeam-Dokumentation. Für Produkte aller anderen Anbieter ist die Verwendung des *Forward Incremental with Active Full*-Backups zu empfehlen. Alle anderen Backup-Modi erfordern eine Datentransformation mit signifikant höherer I/O-Last mit De-Hydrierung und Re-Hydrierung auf dem Speichersystem.

Weiterhin ergeben sich aus der Nutzung von *Forward Incremental with Active Full*-Backups Einschränkungen, die es bei der Planung zu berücksichtigen gilt, z. B. Backup-Zeitfenster, Anzahl und Speicherverbrauch von Snapshots etc. Aus diesem Grund ist es empfehlenswert, Deduplikations-Appliances wenig oder besser gar nicht für primäre Backup-Jobs zu nutzen. Auch bei Backup-Copy-Jobs werden Transformationen vorgenommen, wenn die sogenannten synthetischen Voll-Backups verwendet werden. Entsprechend wird empfohlen, aktive Voll-Backups bei den Backup-Copy-Jobs für das Schreiben auf Deduplikations-Appliances zu verwenden.

Für die Nutzung von virtuellen Tape-Libraries (VTL) muss ein Backup-Repository ohne Kompression genutzt werden, das als Zwischenschritt vor dem Schreiben auf die VTL benötigt wird. Hierzu sollte das Backup-Repository in den erweiterten Einstellungen mit DECOMPRESS BEFORE STORING konfiguriert sein. Das gewährleistet einen effizienteren Prozess, da die Kompression, die auf Jobebene eingestellt wurde, ignoriert wird.

17

17.7.4 Pro-VM-Backup-Dateien

In der empfohlenen Standardeinstellung werden die Daten aus einem Backup-Job in einem *Stream* geschrieben, was sich durch einen Haken ändern lässt, wie Abbildung 17.8 zeigt.

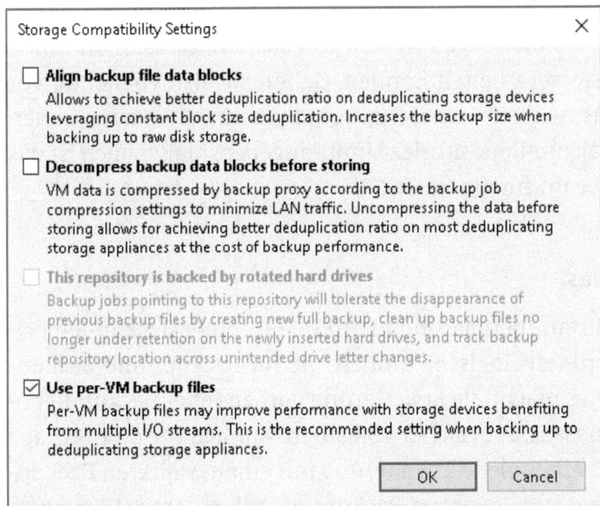

Abbildung 17.8 Die Option »Use per-VM backup files«

Dadurch sind alle Daten für mehrere VMs in einer einzigen Backup-Datei enthalten. Daraus ergibt sich eine zuvor schon angesprochene Einschränkung, da man nicht gleichzeitig das Backup und das Restore eines Jobs durchführen kann, was in der Folge einen Restore einer VM aus jenem Job verhindert, auch wenn diese schon abgearbeitet wurde.

Seit Veeam B&R ab Version 9 wird die Möglichkeit geboten, *Pro-VM-Backup-Dateien* zu schreiben. Das heißt, dass Veam je VM einen Schreibstream nutzt. Das vereinfacht das Jobmanagement erheblich. Gleichzeitig erhöht sich dadurch generell die Schreibperformance, und in bestimmten Jobmodi verbessert sich die Leistung beim Zusammenführen von Backup-Dateien. Außerdem sinkt der Speicherbedarf im Backup-Repository, das als Workspace nun nicht mehr für die Transformation der Workspaces eines Voll-Backups vorgehalten werden muss, sondern nur so viel freien Speicherplatz benötigt, um die größte Backup-Datei verarbeiten zu können.

Da die Aufteilung in mehrere Schreibstreams besonders Deduplikations-Appliances zugutekommt, wird die Einstellung entsprechend empfohlen. Darüber hinaus profitieren gerade Tape-Libraries mit mehreren Laufwerken, die jeweils nur einen Schreibstream verarbeiten können, von dieser Änderung, da nun die Schreibstreams auf alle verfügbaren Tape-Laufwerke verteilt werden können, was wiederum die Schreibleistung in Gänze verbessert und die Verarbeitungszeit verringert. In Scale-out-Backup-Repositories ist diese Einstellung standardmäßig immer aktiviert, um innerhalb eines Scale-out-Backup-Repository die Volumes ebenfalls besser ansprechen zu können. Wesentlich größer als 300 VMs sollten Backup-Jobs mit eingestelltem »Per-VM-Backup«-Dateien wie bereits erwähnt nicht werden. Dies liegt vor allem daran, dass z. B. synthetisierende Prozesse, Backup-Copy-Jobs oder Gesundheitschecks erst durchgeführt werden, nachdem alle VMs erfolgreich durchgelaufen sind, was wiederum sehr große Backup-Jobs wenig sinnvoll macht.

Bei all den Vorteilen dieses Features wollen wir aber auch die potenziellen Nachteile erwähnen. Mit multiplen Schreibstreams erreichen Sie natürlich wesentlich schneller die Grenzen Ihrer Speichersysteme. Gerade NAS-Systeme reagieren sehr ungehalten, wenn man ihnen mehr Schreibstreams aufbürdet, als sie verarbeiten können. Gehen Sie also vorsichtig vor und erweitern Sie Ihre Schreibstreams nur stufenweise. Alternativ können Sie auch in den Einstellungen von Backup-Jobs und Backup-Repositories Limits angeben. Maßgeblich ist das Concurrent-Tasks-Limit, das sich in Veeam steuern lässt.

17.7.5 Scale-out-Backup-Repositories

Veeam Scale Out Repository ist eine Zusammenfassung mehrerer einzelner Backup-Repositories und bildet damit eine übergeordnete, logische Einheit, die für Backup- und Backup-Copy-Jobs verwendet werden kann. Dies macht die Erweiterung vorhandener Backup-Repositories denkbar einfach, falls diese langsam, aber sicher volllaufen. Ähnlich wie eine Storage Extent in vSphere wird auch in Veeam eine solche Erweiterung mit einem weiteren Backup-Repository vorgenommen. Aufwendige Umzüge alter Backups entfallen damit. Wie zuvor schon erwähnt, muss eine entsprechende Lizenz vorhanden sein, und Sie benötigen natürlich mindestens zwei einfache Backup-Repositories. Auch empfiehlt es sich, die Option PER VM BACKUP FILES mit mehreren Schreibstreams beizubehalten. Es gibt allerdings Einschränkungen:

- Eine Enterprise- oder Enterprise-Plus-Lizenz ist erforderlich.
- Das Scale-out-Backup-Repository kann nicht Ziel sein für:
  - Konfigurations-Backup-Jobs
  - Replikationsjobs
  - VM-Copy-Jobs
  - Veeam-Agent-Backup-Jobs, die mit *Veeam Endpoint Backup 1.5* oder älter und *Veeam Agent for Linux 1.0 Update 1* oder älter erstellt wurden
- Sollte eines der genannten Backups schon auf einem Backup-Repository eingerichtet sein, können Sie dieses nicht für das Scale-out-Backup-Repository verwenden. Maßgeblich betrifft dies das Default-Backup-Repository, das üblicherweise bei der Installation auf der *C:*-Partition der Windows-Maschine konfiguriert wird und sofort das Konfigurations-Backup aufnimmt. Entsprechend müssen Sie vorher die genannten Jobs auf ein anderes Ziel zeigen lassen, um dann das Backup-Repository für Scale-out verfügbar zu machen.
- Externe Laufwerke, die per USB oder eSATA angeschlossen sind, werden nicht unterstützt. Allerdings ignoriert Veeam die Einstellung THIS REPOSITORY IS BACKED BY ROTATED HARD DRIVE bei einem Extent schlichtweg und behandelt das Backup-Repository wie jedes andere.
- Sobald Sie ein Backup-Repository als Extent für ein Scale-out-Backup-Repository genutzt haben, können Sie es nicht mehr als normales Repository direkt nutzen. Ebenso können Sie es nicht für ein anderes Scale-out-Backup-Repository nutzen.
- Eine Kaskade aus Scale-out-Backup-Repositories, in der wiederum Scale-out-Backup-Repositories als Extent verwendet werden, ist nicht möglich.
- Wird ein Backup-Repository schon von *vCloud Director* verwendet, kann es nicht für ein Scale-out-Backup-Repository verwendet werden.
- Während ein laufender Prozess auf ein Backup-Repository zugreift, kann dieses nicht an ein Scale-out-Backup-Repository angebunden werden.
- Nur in der Enterprise-Plus-Lizenz sind den Scale-out-Backup-Repositories keine Limits gesetzt. Mit einer Enterprise-Lizenz sind Sie auf ein Scale-out-Backup-Repository mit drei aktiven und einem inaktiven Backup-Repository beschränkt. Das Hinzufügen eines vierten Backup-Repository verursacht Fehler bei Backup-Jobs.
- Die *Extract and Backup Validator Utilities* funktionieren nicht mit Scale-out-Backup-Repositories.
- Veeam B&R führt beim Import von Backups aus Scale-out-Backup-Repositories automatisch einen Rescan durch. Dabei dürfen sämtliche Pfade zu Ordnern und VBM-Dateien ausschließlich die alphanumerischen Zeichen a–z, A–Z, 0–9 und die Sonderzeichen _-.+= @^ enthalten. Leerzeichen dürfen nicht enthalten sein. Sind dennoch verbotene Zeichen

vorhanden, wird ein Import fehlschlagen. In einem solchen Fall müssen Sie die Sonderzeichen durch manuelles Umbenennen entfernen und einen erneuten Import durchführen.

- Veeam B&R teilt Backup-Dateien nicht auf. Das heißt, eine Backup-Datei wird immer als Ganzes auf einem Extent abgelegt.

17.7.6 Backup-File-Placement im Scale-out-Backup-Repository

Prinzipiell gibt es für Scale-out-Backup-Repositories zwei unterschiedliche Richtlinien, nach denen Dateien abgelegt werden: *Data Locality* und *Performance*. Allerdings sind diese Richtlinien nicht in Stein gemeißelt, da Veeam B&R als alles überschattende Richtlinie immer einer erfolgreichen Jobfertigstellung höchste Priorität einräumt. Dabei werden andere Richtlinien gebrochen bzw. missachtet, wenn dies eine erfolgreiche Fertigstellung eines Jobs ermöglicht. Außerdem sollten Sie bedenken, dass zum einem auf jedem Extent eines Scale-out-Backup-Repository 1 % freier Speicherplatz vorgehalten wird, um die korrekte Abarbeitung sowohl von Zusammenführungsprozessen als auch von Updates der VBM-Dateien zu gewährleisten. Zum anderen sollte ein Extent generell ausreichend Platz für Zusammenführungsprozesse vorhalten. Ist dem nicht so, könnten diese Prozesse fehlschlagen.

In der Richtlinie *Data Locality* werden die Backup-Dateien einer *Backup-Kette* (*Backup Chain*) zusammen in den gleichen Extent geschrieben. Bei der Option PER-VM BACKUP FILES sind das die Metadaten (VBM), die Voll-Backup-Datei (VBK) und die Differenzdateien (VIB). Das bedeutet auch, dass beispielsweise Dateien eines Backup-Jobs, die sich in unterschiedlichen Backup-Ketten befinden, auf alle Extents eines Scale-out-Backup-Repository verteilen können.

In der Richtlinie *Performance* werden die Voll-Backup-Dateien (VBK) und die Differenzdateien (VIB) getrennt voneinander auf unterschiedlichen Extents gespeichert. Ohne weitere Konfiguration verteilt Veeam B&R die Extents automatisch selbst, eine Spezifizierung der Extents ist aber auch möglich. Wie der Name schon verrät, erhöht dies in aller Regel die Leistung, da nun I/O-intensive Prozesse auf mehrere Extents verteilt werden. In der Praxis funktioniert das natürlich nur in Abhängigkeit von der Leistungsfähigkeit der physischen Speichersysteme. Besteht Ihr Scale-out-Backup-Repository beispielsweise aus zwei Extents, die auf der Windows-VM in zwei unterschiedlichen Volumes liegen, die wiederum in zwei unterschiedlichen VMDKs liegen, wobei die VMDKs aber auf ein und derselben LUN auf ein und demselben Array liegen, ist natürlich absehbar, dass eine echte Performancesteigerung nicht bzw. nur sehr begrenzt zu erwarten ist.

Dass alle Extents online und verfügbar sein müssen und dass eine entsprechende Netzwerkverbindung zwischen den Extents bestehen muss, damit Jobs mit dem Scale-out-Backup-Repository als Ziel erfolgreich laufen, versteht sich von selbst. Um Fälle von nicht verfügbaren Extents abzufangen, können Sie bei Voll-Backups die Option PERFORM FULL BACKUP WHEN REQURIED EXTENT IS OFFLINE aktivieren. Dadurch fallen fehlende differenzielle Dateien aus der Backup-Kette nicht ins Gewicht. Auf der anderen Seite wird dadurch natürlich die Backup-Dauer erhöht, und es wird mehr Speicher verbraucht, da nun ein Voll-Backup geschrieben wird anstelle eines weiteren inkrementellen Backups.

17.7.7 Windows-Server-Deduplikation-Share als Backup-Repository

Möchten Sie als Backup-Repository einen Windows-Fileserver mit Deduplikation nutzen, sollten Sie folgende Einstellungen vornehmen:

- Formatieren Sie Festplatten in der Konsole mit der Option /L für große Dateien.
- Verwenden Sie 64 KB als Cluster-Größe.
- Spielen Sie alle Patches für Windows 2012 R2 und 2016 ein, die Verbesserungen für die Deduplikation enthalten.
- Verwenden Sie aktive Voll-Backups mit Differenzdateien (Option: ACTIVE FULL WITH INCREMENTALS).
- Verteilen Sie aktive Voll-Backups über die Woche.
- Stellen Sie die Garbage Collection von wöchentlich auf täglich um.
- VBK-Dateien sollten 1 TB nicht überschreiten, da Microsoft größere Dateien offiziell nicht unterstützt. In der Praxis geht das zwar problemlos, es dauert dann nur sehr lange.
- Da *Windows Deduplikation* nur auf einem Thread läuft, können Sie mehrere Volumes einrichten, um eine bessere Performance zu erreichen. Dem steht die Tatsache entgegen, dass größere Volumes eine bessere Deduplikationsrate erreichen.
- Führen Sie die Deduplikation täglich mit einem möglichst großen Zeitfenster durch.
- Deaktivieren Sie die Veeam-Kompression und verwenden Sie als Blockgröße LAN.

17.7.8 ReFS-Volume auf einem Windows-Server

Eine weitere sehr beliebte Art des Backup-Speichers bietet ein Windows-Server mit via ReFS formatierten Partitionen. Das *Resilient File System* bietet hier das *Block Cloning*-Feature, das sich Veeam zunutze machen kann. Diese Technologie kann enorme Vorteile in Bezug auf die Speichernutzung bringen, da auch hier ähnlich wie bei der Deduplikation gleiche Datensätze nur einmalig gespeichert werden. Es muss allerdings bedacht werden, dass dieser Vorteil nur im Zusammenhang mit *Synthetic Fulls* funktioniert.

Als Beispielszenario nehmen wir an, dass wir von den 1 TB großen virtuellen Maschinen Backups für die letzten 14 Tage vorhalten wollen. Außerdem möchten wir in dem Zeitraum von jedem Samstag ein Full Backup behalten. Über den *Restore Point Simulator*, der vorhin bereits vorgestellt wurde, wird nun schnell ersichtlich (siehe Abbildung 17.9), welche enormen Vorteile Block Cloning bieten kann. Bei jedem Synthetic Full verbrauchen hier nur die veränderten Blöcke wirklich Speicherplatz auf dem Dateisystem, sämtliche auch im letzten Full Backup vorhandenen (und unveränderten) Blöcke werden verlinkt. Dadurch ist hier die Erstellung eines solchen Synthetic Fulls extrem schnell, da Veeam dies via *Fast Clone* erstellt. Die schwarzen Balken zeigen dementsprechend die Daten an, die nicht erneut geschrieben werden müssen. Wenn wir nun den Haken bei REFS / XFS entfernen würden, wäre der gesamte benötigte Speicher um ganze 1.800 GB höher.

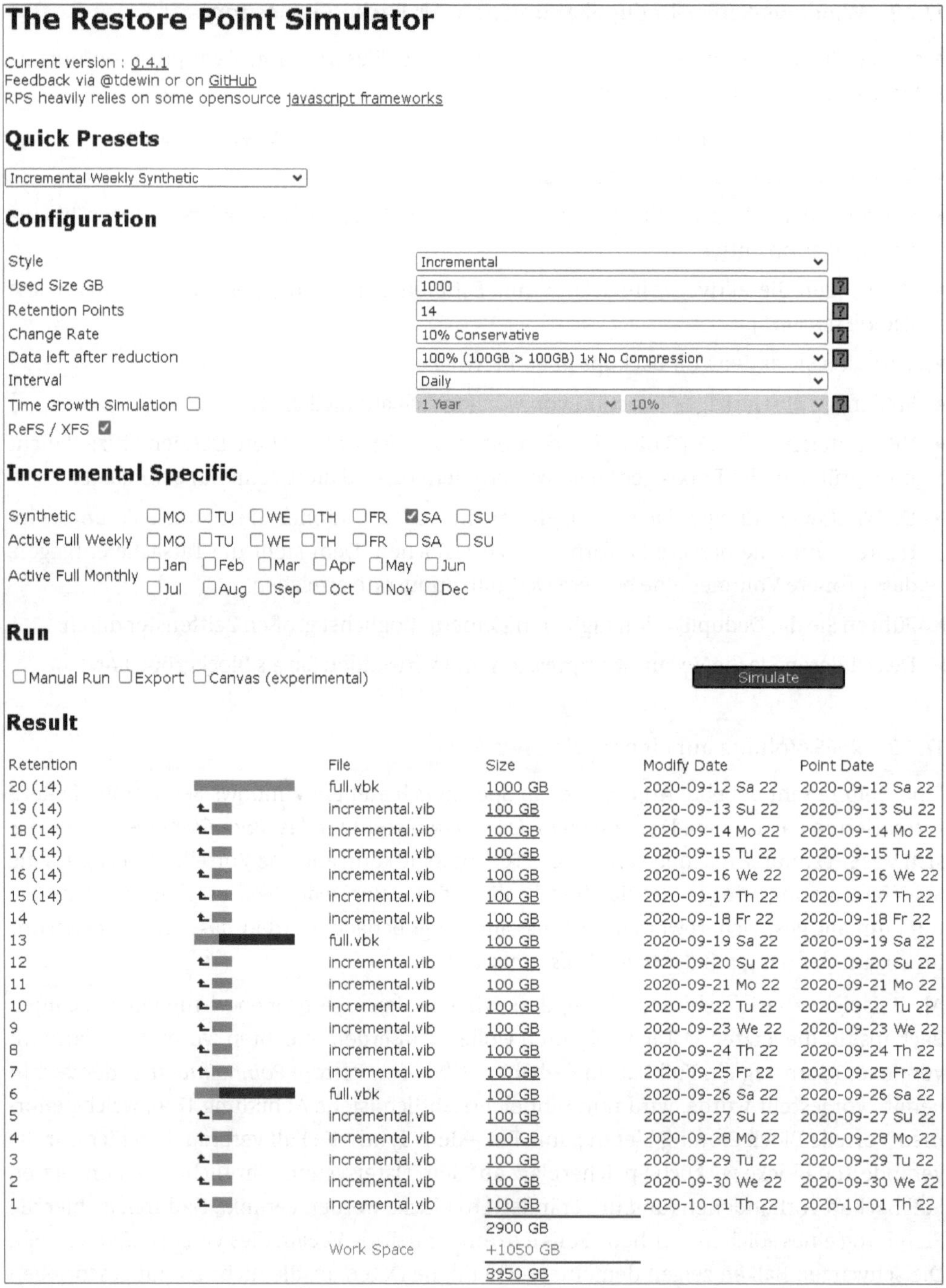

The Restore Point Simulator

Current version : 0.4.1
Feedback via @tdewin or on GitHub
RPS heavily relies on some opensource javascript frameworks

Quick Presets

Incremental Weekly Synthetic

Configuration

Style	Incremental
Used Size GB	1000
Retention Points	14
Change Rate	10% Conservative
Data left after reduction	100% (100GB > 100GB) 1x No Compression
Interval	Daily
Time Growth Simulation ☐	1 Year / 10%
ReFS / XFS ☑	

Incremental Specific

Synthetic	☐MO ☐TU ☐WE ☐TH ☐FR ☑SA ☐SU
Active Full Weekly	☐MO ☐TU ☐WE ☐TH ☐FR ☐SA ☐SU
Active Full Monthly	☐Jan ☐Feb ☐Mar ☐Apr ☐May ☐Jun ☐Jul ☐Aug ☐Sep ☐Oct ☐Nov ☐Dec

Run

☐Manual Run ☐Export ☐Canvas (experimental) Simulate

Result

Retention	File	Size	Modify Date	Point Date
20 (14)	full.vbk	1000 GB	2020-09-12 Sa 22	2020-09-12 Sa 22
19 (14)	incremental.vib	100 GB	2020-09-13 Su 22	2020-09-13 Su 22
18 (14)	incremental.vib	100 GB	2020-09-14 Mo 22	2020-09-14 Mo 22
17 (14)	incremental.vib	100 GB	2020-09-15 Tu 22	2020-09-15 Tu 22
16 (14)	incremental.vib	100 GB	2020-09-16 We 22	2020-09-16 We 22
15 (14)	incremental.vib	100 GB	2020-09-17 Th 22	2020-09-17 Th 22
14	incremental.vib	100 GB	2020-09-18 Fr 22	2020-09-18 Fr 22
13	full.vbk	100 GB	2020-09-19 Sa 22	2020-09-19 Sa 22
12	incremental.vib	100 GB	2020-09-20 Su 22	2020-09-20 Su 22
11	incremental.vib	100 GB	2020-09-21 Mo 22	2020-09-21 Mo 22
10	incremental.vib	100 GB	2020-09-22 Tu 22	2020-09-22 Tu 22
9	incremental.vib	100 GB	2020-09-23 We 22	2020-09-23 We 22
8	incremental.vib	100 GB	2020-09-24 Th 22	2020-09-24 Th 22
7	incremental.vib	100 GB	2020-09-25 Fr 22	2020-09-25 Fr 22
6	full.vbk	100 GB	2020-09-26 Sa 22	2020-09-26 Sa 22
5	incremental.vib	100 GB	2020-09-27 Su 22	2020-09-27 Su 22
4	incremental.vib	100 GB	2020-09-28 Mo 22	2020-09-28 Mo 22
3	incremental.vib	100 GB	2020-09-29 Tu 22	2020-09-29 Tu 22
2	incremental.vib	100 GB	2020-09-30 We 22	2020-09-30 We 22
1	incremental.vib	100 GB	2020-10-01 Th 22	2020-10-01 Th 22
		2900 GB		
	Work Space	+1050 GB		
		3950 GB		

Abbildung 17.9 »ReFS / XFS« zeigt hier, wie viel Speicherplatz bei Full Backups gespart werden kann.

Als Nachteil ist hier allerdings zu erwähnen, dass bei so erstellten Synthetic Fulls die für einen Restore benötigten Blöcke auf den Festplatten sehr weit »verstreut« liegen können, was zu starken Random-I/O führen kann und gerade bei HDDs nicht sehr effizient ist. Dadurch können Wiederherstellungen über normal via NTFS formatierte Partitionen schneller laufen.

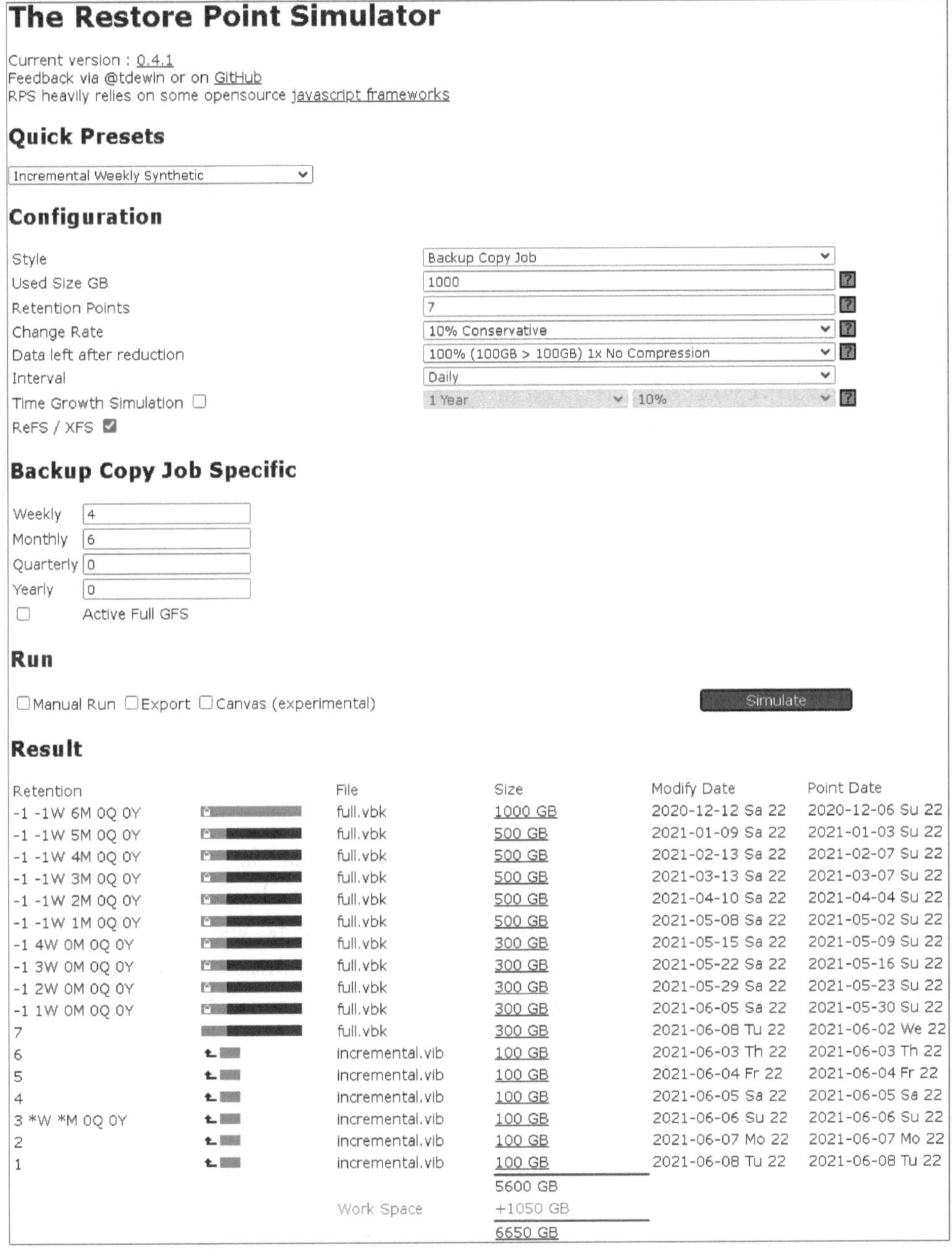

Abbildung 17.10 Hier wird anhand der schwarzen Balken gut sichtbar, wie viel Speicherplatz durch die Verwendung einer via ReFS formatierten Partition eingespart werden kann.

Wenn man nun allerdings einen Schritt weitergeht und möchte, dass über einen Backup-Copy-Job ein *GFS* aufgebaut wird, in dem beispielsweise die letzten sieben Tagessicherungen, vier Wochensicherungen sowie sechs Monatssicherungen vorgehalten werden, kann die Speicherersparnis enorm sein, wie in Abbildung 17.10 zu sehen ist. Ohne ReFS würden hier 6.000 GB mehr an Speicherplatz verbraucht werden, wodurch wir ein fast doppelt so großes Speichersystem benötigten.

Um eine schnelle Erstellung der *Synthetic Fulls* via *Fast Clone* zu gewährleiten, sollte allerdings darauf geachtet werden, dass ein Backup-Job auch nur auf ein Repository bzw. ein Extent eines Scale-out-Repository schreibt. Wenn das nicht der Fall ist, entfällt für diese Daten die schnelle Fast-Clone-Variante, und die Erstellung des Full Backups kann somit deutlich mehr Zeit in Anspruch nehmen.

17.8 Veeam Backup & Replication installieren

Die Installation von Veeam B&R ist recht einfach. Hat man noch keine Lizenz zur Hand, empfiehlt sich der Einsatz einer Demolizenz. Hierfür melden Sie sich auf der Webseite von Veeam an, klicken auf PRODUCTS • VEEAM BACKUP & REPLICATION und dann auf den Link, der das kostenlose Testen verspricht. Neben der Weiterleitung zum Download der ISO-Datei wird Ihnen eine E-Mail mit einer Lizenzdatei zugeschickt. Diese ist zwingend notwendig, da sonst nicht alle Funktionen zur Verfügung stehen.

Wenn Sie aus der ISO-Datei heraus die Installation starten, erscheint das Installationsmenü. Mit einem Klick auf INSTALL direkt unter der Überschrift VEEAM BACKUP & REPLICATION 10A geht es los.

Akzeptieren Sie die Lizenzvereinbarung und fügen Sie anschließend im nächsten Fenster die zuvor erwähnte Lizenzdatei der Installation hinzu. Im nächsten Fenster wählen Sie die Komponenten aus, die Sie installieren wollen.

Für die erste einfache Installation nehmen Sie die Default-Settings und klicken weiter. Daraufhin überprüft Veeam, ob das System die Voraussetzungen erfüllt. Sollten Softwarekomponenten fehlen, beispielsweise *MS SQL Management Objects*, bietet Veeam die Installation an, die Sie durch einen Klick auf INSTALL durchführen. Bei der anschließenden erneuten Überprüfung sollte Veeam dann alle Voraussetzungen als erfüllt ansehen, und Sie können die Installation fortführen.

Eine letzte Übersicht erscheint, in der Sie noch den Haken für die erweiterten Einstellungen setzen können, um unter anderem die zu verwendenden Ports, die Installationsverzeichnisse sowie den SQL-Server weiter anzupassen. Anschließend starten Sie die Installation aller ausgewählten Komponenten mit einem Klick auf INSTALL.

Anders als in früheren Versionen, bei denen Veeam nur den Stand des Master-ISO-Images installierte, werden nun direkt mit der ISO-Datei auch die neuesten Updates mitgeliefert.

Entsprechend sehen Sie im Fortschrittsbalken die Installation von Updates ebenfalls. Nach der Fertigstellung sollte ein Reboot der Maschine durchgeführt werden. Anschließend können Sie über das Icon auf dem Desktop die Veeam-Applikation starten (siehe Abbildung 17.11).

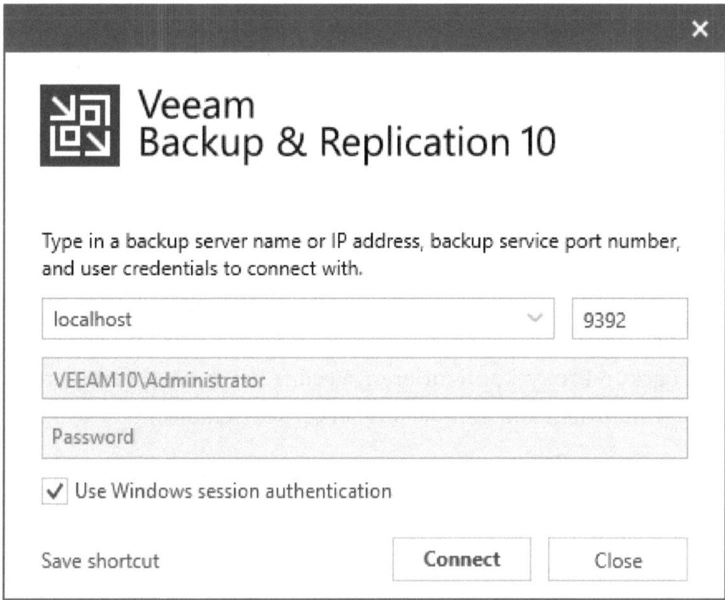

Abbildung 17.11 Das Anmeldefenster von Veeam B&R

Falls Sie nach einem Klick auf CONNECT Probleme haben, sich anzumelden, oder nach der Anmeldung andere Phänomene auftreten, die vermutlich auf Netzwerkprobleme zurückzuführen sind, sollten Sie zuerst die Windows-Firewall überprüfen. Auf der Veeam-VM, der Ziel-VM für das Backup, auf dem Backup-Repository, dem Backup-Proxy etc. kann es hier passieren, dass die Windows-Firewall noch Zugriffe blockt. In solch einem Fall sollten der Firewall die benötigten Ausnahmeregeln hinzugefügt werden.

Der übliche Startbildschirm der Veeam-Konsole erscheint. Hier sollte man ein Auge auf die Lizenzdauer und die Version haben. In der eigentlichen Konsole wird man dann direkt auf entsprechende Probleme oder Tasks aufmerksam gemacht.

17.9 Veeam richtig konfigurieren

Bevor die ersten virtuellen Maschinen gesichert werden können, muss Veeam natürlich für die jeweilige Umgebung angepasst werden. Hier starten wir nun in der Veeam-Konsole links unten im Bereich BACKUP INFRASTRUCTURE und gehen die wichtigsten Punkte in der linken Leiste durch.

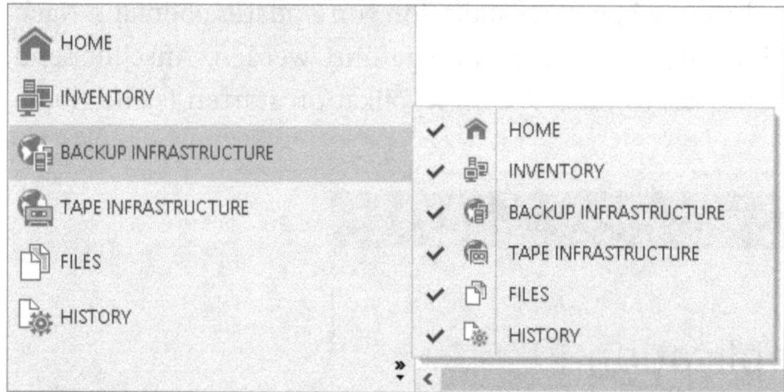

Abbildung 17.12 Falls Sie einen der nun angesprochenen Punkte nicht finden, sollten Sie über den hier markierten Button prüfen, ob der jeweilige Punkt vielleicht nicht angehakt ist.

17.9.1 Einrichtung des Backup-Proxys

Zuallererst sollten Sie einen Backup-Proxy konfigurieren. Veeam hat für VMware bereits einen Default-Proxy erstellt, der natürlich auf dem Veeam-Server selbst läuft.

Sie können einfach den vordefinierten Proxy nutzen oder auch direkt einen oder mehrere neue Proxys hinzufügen. In dem Bearbeitungsmenü eines Proxys können Sie unter anderem Feineinstellungen wie die Anzahl der maximal gleichzeitig erlaubten Tasks oder auch den gewollten Transport Mode konfigurieren.

17.9.2 Einrichtung eines Backup-Repository

Auch hier kommt Veeam bereits mit einer Vorkonfiguration. Das Default-Backup-Repository zeigt auf eine lokale Partition des Backup-Servers selbst, hier werden auch direkt automatisch Konfigurations-Backups von Veeam gespeichert. Es empfiehlt sich, daran keine Änderungen vorzunehmen und das Default-Backup-Repository nicht weiter zu nutzen bzw. für »echte« Backup-Jobs andere Backup-Repositories zu konfigurieren.

Beim Einrichten eines Backup-Repository können Sie, wie schon zuvor beschrieben, entsprechende Einstellungen bezüglich der maximalen Anzahl der Concurrent Tasks sowie der maximalen Schreib- und Leserate festlegen (siehe Abbildung 17.13). Entsprechend ihrer zuvor geplanten Zielumgebung sollten Sie hier die benötigten Einstellungen vornehmen.

Unter dem Punkt ADVANCED können Sie unter anderem auch die bereits erwähnte Option USE PER-VM BACKUP FILES auswählen, wodurch pro virtuelle Maschine eigene Sicherungsdateien erstellt werden und damit die Schreibvorgänge in mehr Streams aufgeteilt werden können.

Ebenso können Sie bei der Einrichtung eines Backup-Repository Einstellungen für den Mount-Server vornehmen oder Ports verändern. Hier gilt ebenso, dass für stark verteilte Installationen die Auswahl angepasst werden muss, um eine optimale Performance zu erreichen. Wer sich nicht sicher ist, fährt mit den Default-Settings allerdings erst einmal ganz gut.

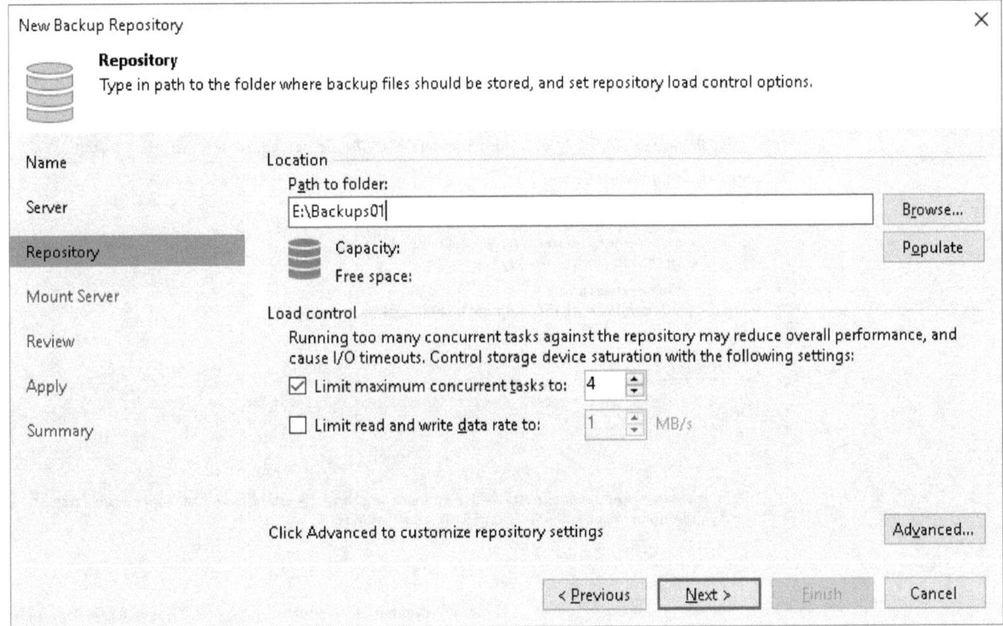

Abbildung 17.13 Einstellungen des Backup-Repository zu Location und Limits

Nachdem Sie das erste Repository erstellt haben, werden Sie auch gleich gefragt, ob Veeam seine automatischen Konfigurationssicherungen nur noch dort speichern soll. Hier sollten Sie sich überlegen, wo genau diese Konfiguration gerade für einen Worst Case am sichersten gelagert wäre.

17.9.3 Anbindung an das vCenter

Wenn Sie auf der linken Seite auf MANAGED SERVERS klicken, erscheint in der Mittelkonsole eine Auswahl der zu konfigurierenden Server. Sie wählen dort *VMware vSphere* aus und starten damit die Anbindung an das vCenter.

Geben Sie dann den DNS-Namen oder die IP-Adresse des vCenters ein und konfigurieren Sie im nächsten Fenster einen User, der sich mit den notwendigen Rechten dort anmelden darf.

Anschließend versucht Veeam, die Verbindung zum vCenter herzustellen. Wie üblich wird eine Bestätigung dazu angefordert, dass Sie dem Zertifikat vertrauen; bestätigen Sie diese (siehe Abbildung 17.14).

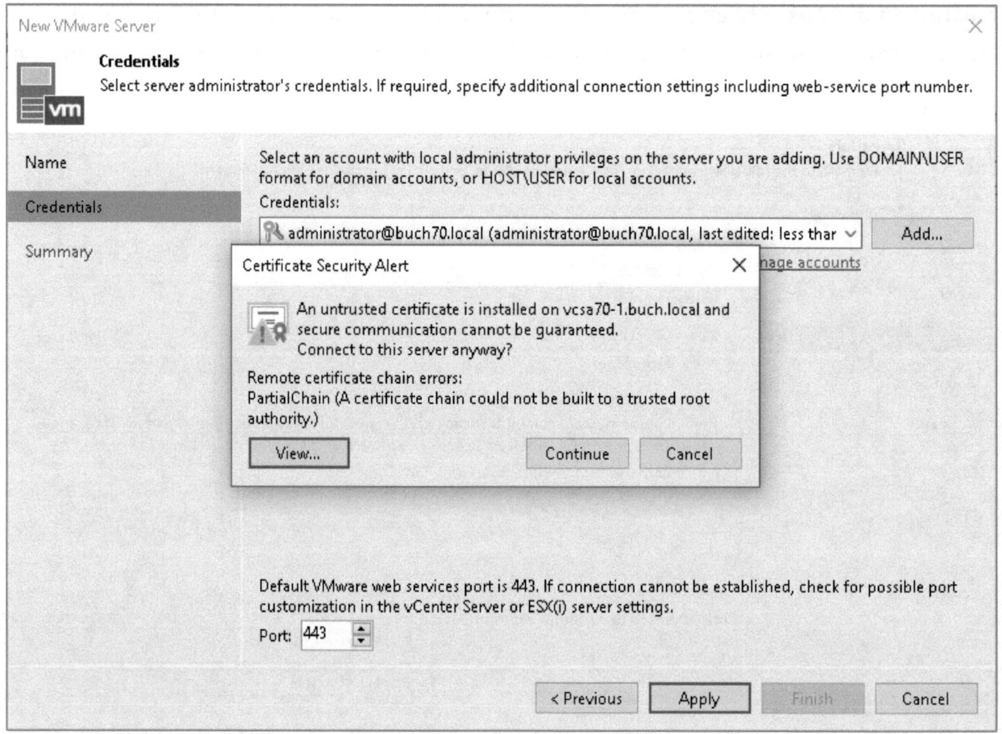

Abbildung 17.14 Mit »Continue« verbinden Sie sich mit dem vCenter und vertrauen ihm gleichzeitig.

Nachdem Sie das vCenter hinzugefügt haben, ist dieses in der Veeam-Konsole als MANAGED SERVER sichtbar (siehe Abbildung 17.15).

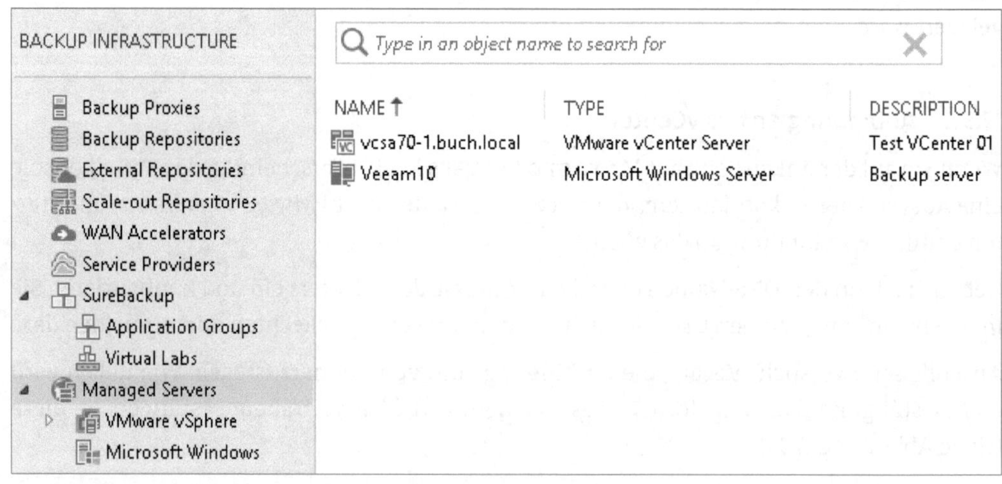

Abbildung 17.15 Veeam-Konsole nach Anbindung des vCenters

17.10 Erstellen von Backups

In diesem Abschnitt zeigen wir Ihnen, wie Sie Backup-Jobs anlegen.

17.10.1 Den ersten Backup-Job erstellen

Nachdem wir in den letzten beiden Abschnitten die Konfiguration der Backup-Komponenten abgeschlossen haben, erstellen wir nun unseren ersten Backup-Job. Andere Jobs, beispielsweise Backup-Copy-Jobs oder Replication-Jobs, verhalten sich ähnlich und unterscheiden sich nur in gewissen Details. Darüber hinaus nutzen wir diesen Absatz dafür, die komplette Konfiguration eines Backup-Jobs bebildert zu zeigen. Die technischen Feinheiten und Details zu verschiedenen Einstellungen beschreiben wir anschließend.

Abbildung 17.16 zeigt die Veeam-Konsole, wie sie erscheint, wenn Sie HOME • JOBS aufrufen. Über die Buttons in der Menüleiste der Konsole oder per Rechtklick lassen sich nun Jobs anlegen.

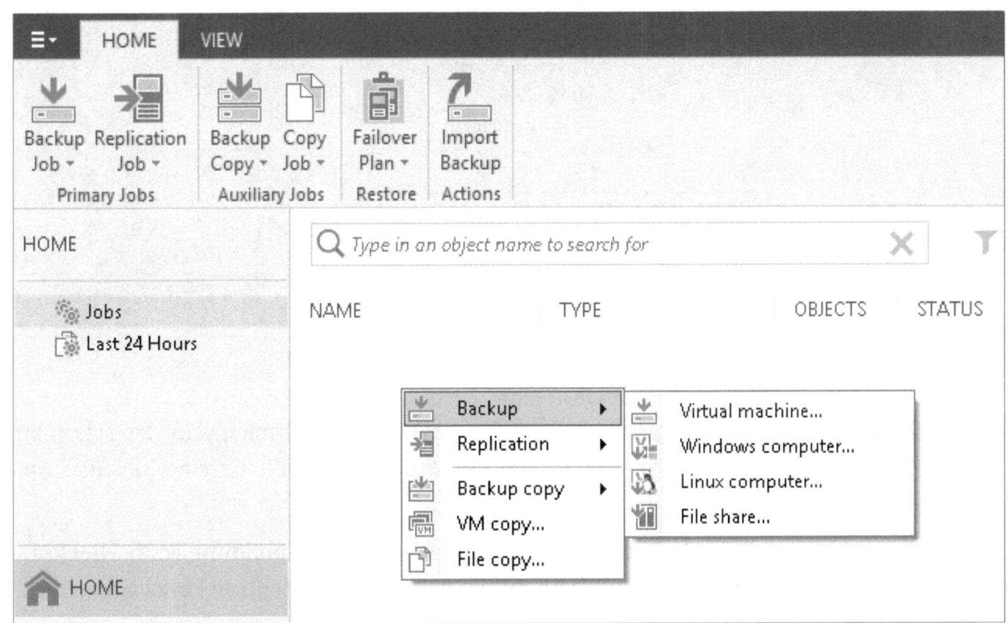

Abbildung 17.16 Erstellung unseres ersten Backup-Jobs

Wir wählen verständlicherweise BACKUP • VIRTUAL MACHINE aus und vergeben einen Namen für den Backup-Job. Es empfiehlt sich, die Namen der Backup-Jobs einfach bzw. lesbar zu halten. Mit wachsender Anzahl verliert man ansonsten schnell den Überblick.

Im Fenster aus Abbildung 17.17 wählen wir nun über ADD die Objekte aus, die in diesem Backup-Job gesichert werden sollen. Neben VMs – das ist das einfachste Objekt – können über die Icons oben rechts im Auswahlfenster auch Gruppen, Ordner, Datenspeicher, Cluster

17

etc. ausgewählt werden. Es dauert einen kurzen Moment, bis die Objekte aus dem vCenter gelesen sind. Wählen Sie Objektgruppen aus, können auch entsprechende Ausschlüsse konfiguriert werden.

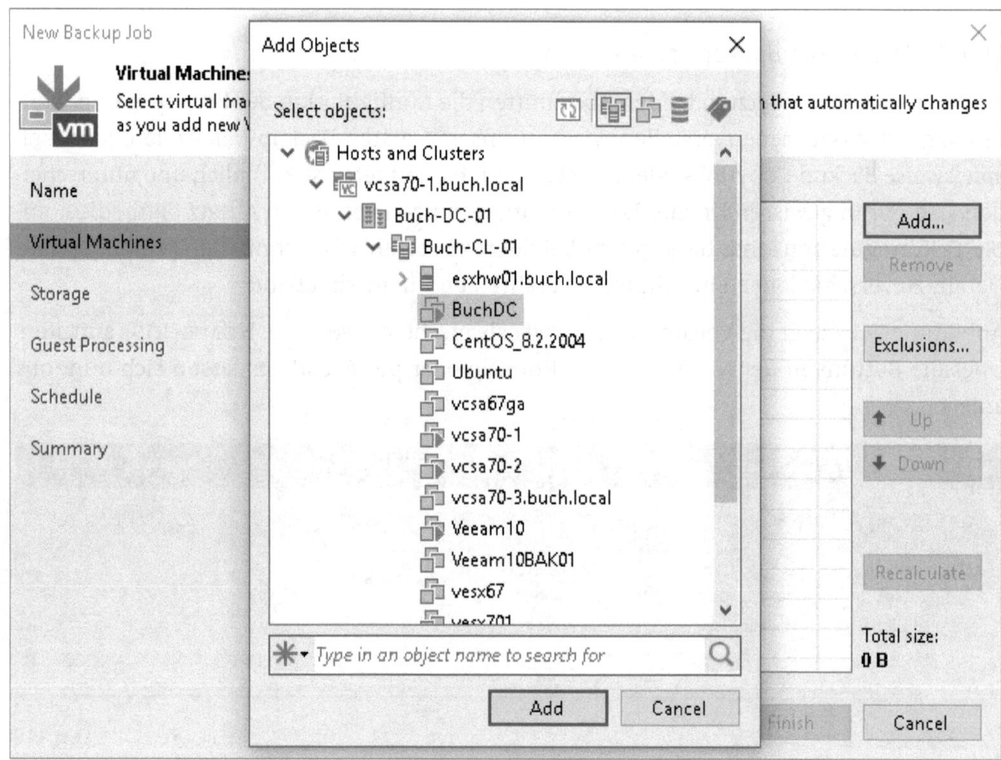

Abbildung 17.17 Auswahl der zur Sicherung vorgesehenen Objekte

Veeam versucht nun, die Objektgröße zu berechnen. Dies kann hilfreich sein, um schon an dieser Stelle festzustellen, dass die Anzahl der Objekte vielleicht die Größe eines Backup-Repository, das Sie zuvor erstellt haben, überschreitet.

Im nächsten Fenster stellen wir die STORAGE-Optionen ein (siehe Abbildung 17.18). Hier können Sie den BACKUP PROXY, das BACKUP REPOSITORY sowie die Retention Policy anpassen.

Neu ist hier unter anderem die Möglichkeit, die Vorhaltezeit nun auch in Tagen angeben zu können (RETENTION POLICY: DAYS). Früher konnte nur die Anzahl der zu behaltenden Sicherungspunkte eingestellt werden, was ein doch sehr wichtiger Unterschied ist. So wird meist dem Business gegenüber versichert, Sicherungen für einen bestimmten Zeitraum vorzuhalten und nicht eine gewisse Anzahl an Sicherungen. Hier sollte auch bei bereits bestehenden Veeam-Installationen geprüft werden, ob eine Anpassung dieser Policy nicht eine gute Idee wäre.

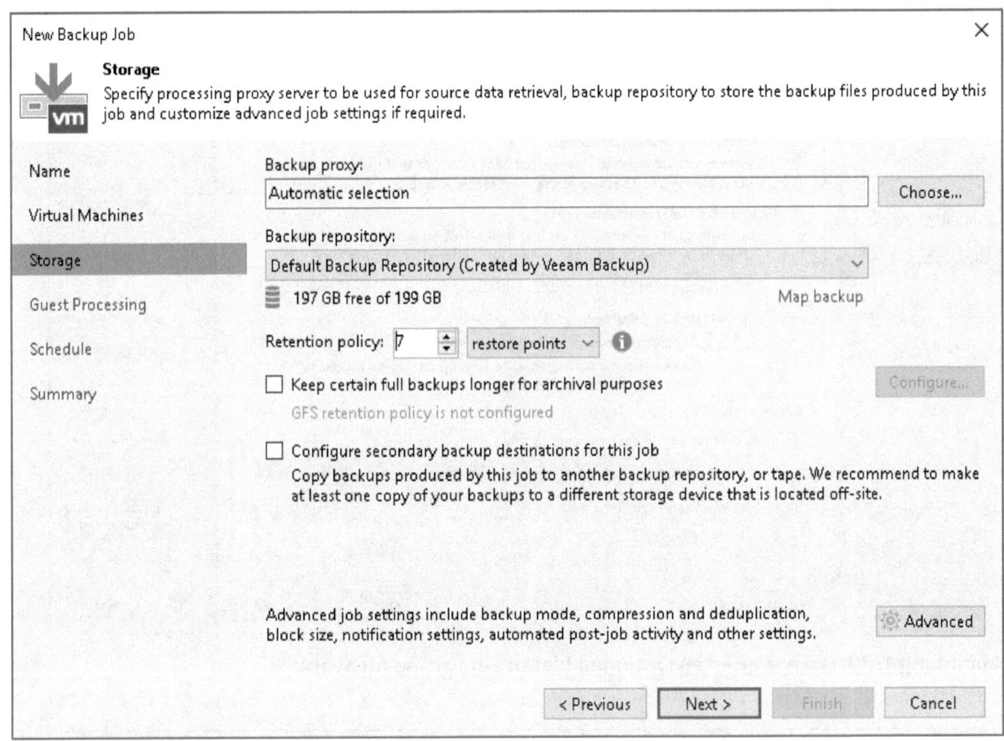

Abbildung 17.18 Einstellen des Backup-Repository und weiterer Optionen

Auch neu ist die Möglichkeit, direkt im Backup-Job ein GFS aufzubauen, dies war bisher den Backup-Copy-Jobs vorbehalten – ein weiterer Punkt, den man definitiv in seinem Zieldesign mit bedenken sollte.

Optional können Sie hier auch direkt Backup-Copy-Jobs konfigurieren (CONFIGURE SECONDARY BACKUP DESTINATIONS FOR THIS JOB) sowie erweiterte Einstellungen (ADVANCED) vornehmen.

Bei den erweiterten Einstellungen (siehe Abbildung 17.19) gibt es eine große Auswahl, die wir später detaillierter beschreiben werden. Prinzipiell sind die Einstellungen einfach zu verstehen, wenn Sie sich vorher Gedanken zu Ihrer Backup-Strategie gemacht haben.

Im Fenster GUEST PROCESSING (siehe Abbildung 17.20) können Sie die Application-Awareness und das Guest-Indexing aktivieren. Per Default sind beide nicht ausgewählt. Für die Sicherung eines Fileservers sind beide Optionen nicht zwingend notwendig. Das Indexing kommt erst dann wirklich ins Spiel, sofern Sie als Self-Service die *Veeam 1-Click Recovery* über den Enterprise Manager den Endusern anbieten möchten.

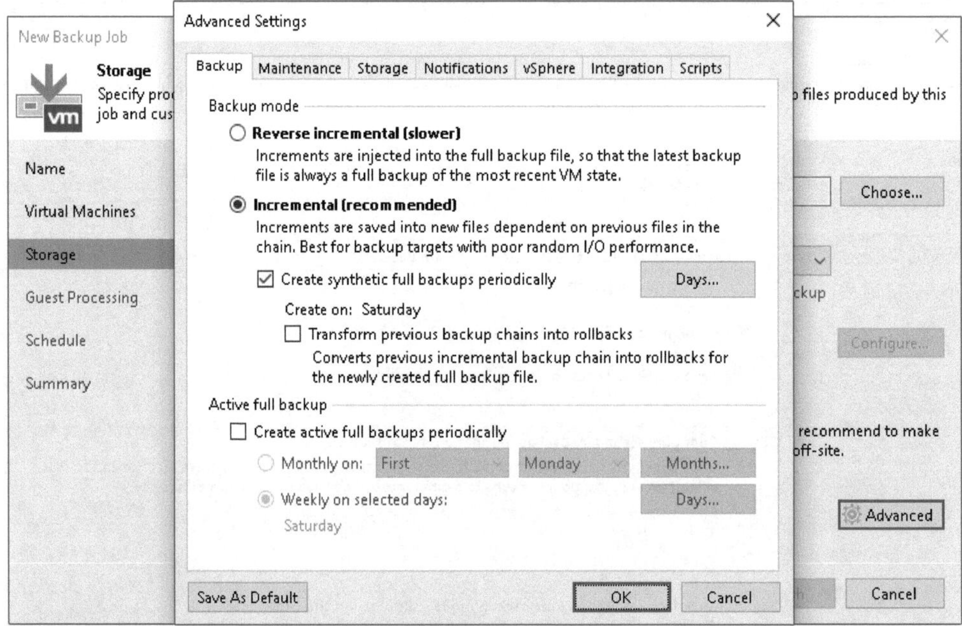

Abbildung 17.19 Die erweiterten Optionen bieten eine große Auswahl.

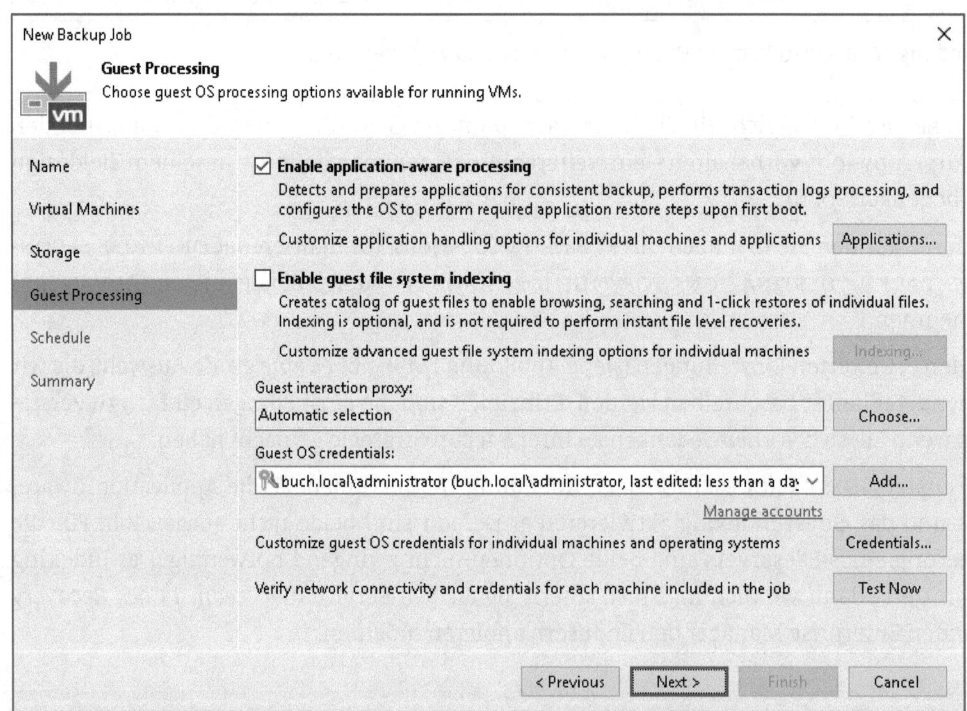

Abbildung 17.20 »Guest Processing« mit Optionen zur Application-Awareness und zum Indexing

Wenn Sie eine oder beide Optionen aktivieren, muss Veeam Zugriff auf die Gast-VM haben, und es müssen entsprechende Zugriffs-Accounts hinterlegt sein. Hier kommt Ihnen die schon angesprochene Integration mit Active Directory zu Hilfe. Sie können alternativ auch manuell einzelne Accounts definieren, was zwar ein bisschen mehr Handarbeit erfordert, aber gerade zum Beispiel bei Systemen innerhalb eines abgeschotteten Netzes meist nicht zu verhindern ist.

Klicken Sie zum Abschluss auf TEST NOW. Veeam führt dann eine Überprüfung der zur Verfügung gestellten Zugriffs-Accounts durch und testet die Zugangsdaten sowie Einstellungen. So lassen sich entsprechende Probleme direkt erkennen (siehe Abbildung 17.21). Wenn Sie diesen Schritt überspringen und die VMs des Jobs die definierten Zugriffs-Accounts nicht akzeptieren, wird das Backup fehlschlagen.

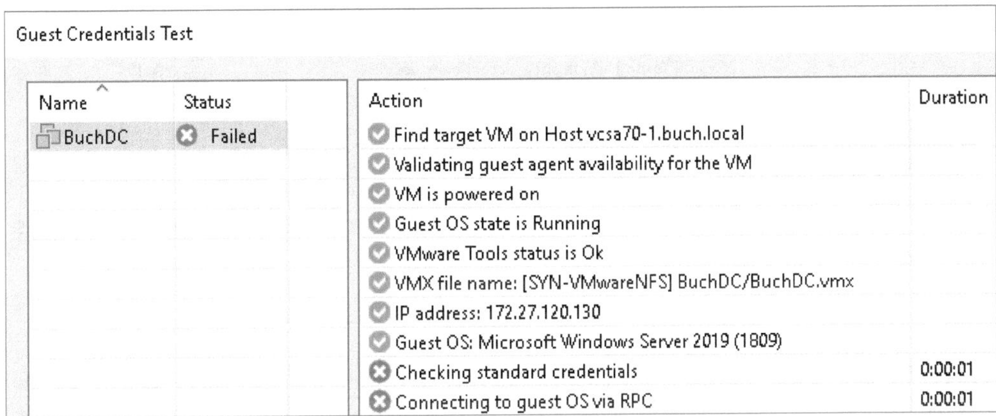

Abbildung 17.21 Ein Problem ist beim Zugriff auf das Gastbetriebssystem der VM entstanden.

Windows-Firewall

An dieser Stelle ist wieder der Hinweis wichtig, dass die Firewall bei Windows-VMs genau in solch einer Situation zu einem Problem werden kann, wenn nicht die entsprechenden Regeln konfiguriert sind.

Ist nun alles korrekt eingestellt und wurden die Accounts für die Anmeldung an den VMs hinterlegt, sollte das Ergebnis des Tests wie in Abbildung 17.22 aussehen. Alles funktioniert und die Angaben sind richtig.

Im Fenster aus Abbildung 17.23 definieren Sie die Backup-Zeitfenster und legen die unterschiedlichen Muster fest, nach denen der Backup-Job durchgeführt wird.

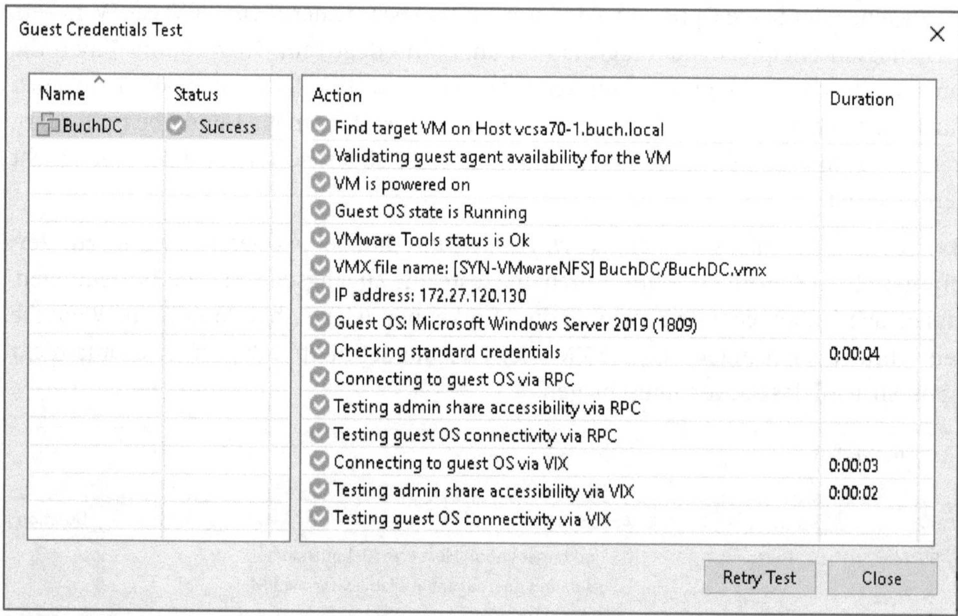

Abbildung 17.22 Wenn alle Parameter stimmen, kann sich Veeam nun korrekt am Gastbetriebssystem der VM anmelden.

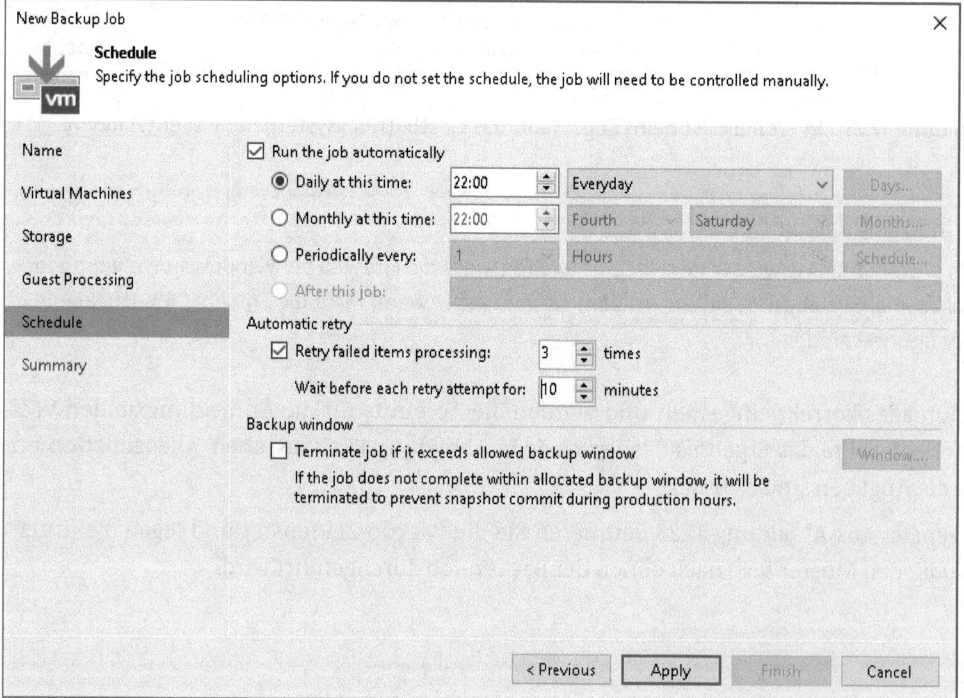

Abbildung 17.23 Einstellen des Zeitplans für die automatische Ausführung des Backup-Jobs

Es gibt die Optionen *täglich, monatlich, periodisch* (alle x Minuten, Stunden, durchgehend) oder *nach einem vorangegangenen Job*. Auch lassen sich die Anzahl der Versuche (RETRY FAILED ITEMS PROCESSING) sowie die Wartezeit dazwischen (WAIT BEFORE EACH RETRY ATTEMPT FOR) einstellen. VMs neigen unter Last dazu, nicht ausreichend schnell auf die Backup-Anfrage von Veeam zu reagieren. Veeam versucht es dann später erneut. Diese Einstellung kann große Auswirkungen auf die Dauer Ihres Backup-Jobs haben, wenn die Anzahl der Versuche und die Wartezeit entsprechend hoch eingestellt werden.

Darüber hinaus lassen sich Zeitfenster definieren, in denen keine Backups laufen dürfen (siehe Abbildung 17.24). Dies wird immer wieder gern mit der löblichen Idee genutzt, während der Produktionsphasen, also beispielsweise zwischen 8 und 20 Uhr, keine Backups durchzuführen, die den Arbeitsbetrieb beeinträchtigen könnten. In der Praxis ist es allerdings deutlich besser, wenn Sie sich gar nicht darum kümmern müssen und die Produktions- und Backup-Infrastruktur ausreichend Leistung mitbringt, um die gewünschten Zeitfenster für Backups einzuhalten.

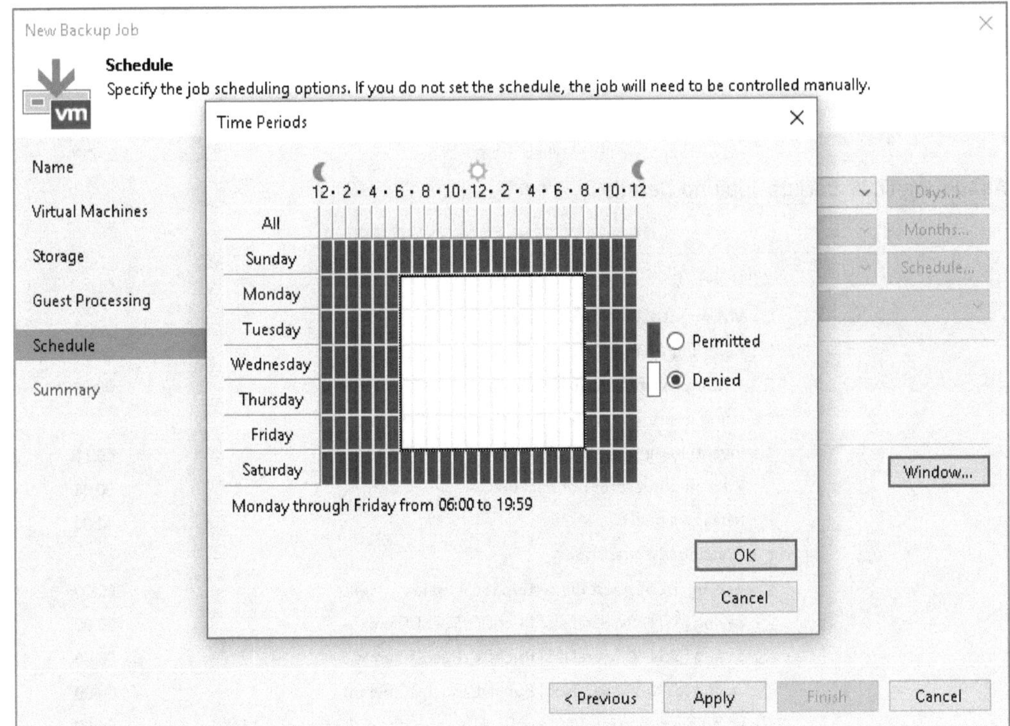

Abbildung 17.24 Zeitfenster für die Jobabarbeitung festlegen

Im letzten Fenster wird eine abschließende Übersicht präsentiert. Sie können den Backup-Job hier, wenn gewünscht, direkt starten.

Der laufende Backup-Job wird in der Veeam-Konsole angezeigt. Durch einfaches Klicken auf den Job lassen Sie sich Details anzeigen (siehe Abbildung 17.25).

Ebenso können Sie sich durch Auswahl einer VM Detailinformationen zu ihr anzeigen lassen (siehe Abbildung 17.26).

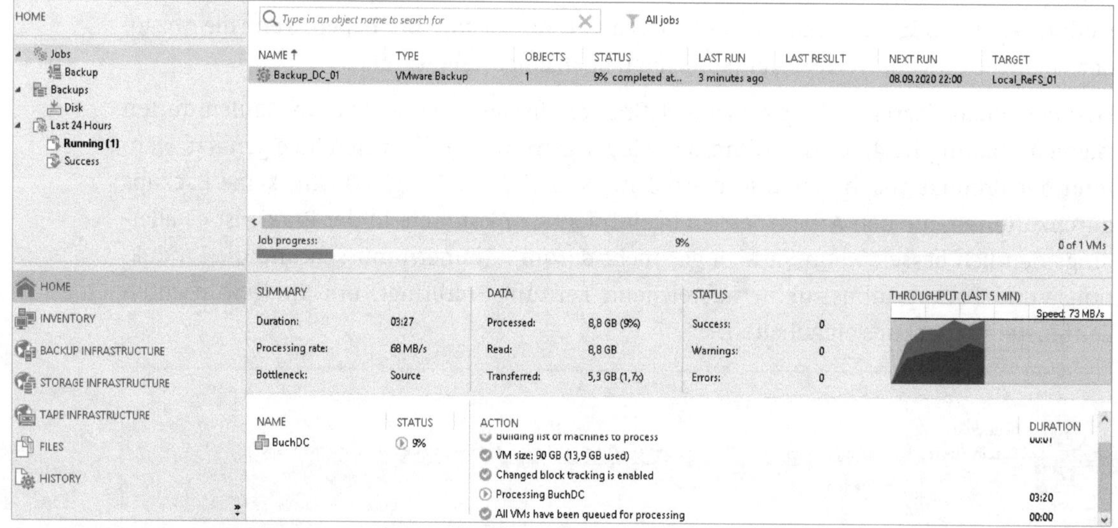

Abbildung 17.25 Backup-Job und Details

NAME	STATUS	ACTION	DURATION
BuchDC	11%	VM size: 90 GB (13,9 GB used)	
		Resetting CBT per job settings for active fulls	00:06
		Getting VM info from vSphere	00:09
		Using guest interaction proxy Veeam10 (Same subnet)	
		Inventorying guest system	00:11
		Preparing guest for hot backup	00:04
		Releasing guest	00:00
		Creating VM snapshot	
		Getting list of guest file system local users	00:00
		Saving [SYN-VMwareNFS] BuchDC/BuchDC.vmx	00:00
		Saving [SYN-VMwareNFS] BuchDC/BuchDC.vmxf	00:00
		Saving [SYN-VMwareNFS] BuchDC/BuchDC.nvram	00:00
		Using backup proxy VMware Backup Proxy for disk Hard disk 1 [nfs]	00:00
		Hard disk 1 (90 GB) 10,9 GB read at 69 MB/s [CBT]	02:57

Abbildung 17.26 Details einer VM innerhalb des Backup-Jobs

Es empfiehlt sich, E-Mail-Benachrichtigungen (global für Veeam oder einzeln pro Job) einzurichten, um eine entsprechende Übersicht zu erhalten.

17.10.2 Backup-Methoden

Wie in dem einen oder anderen Beispiel bereits angesprochen, verfügt *Veeam Backup & Replication* über verschiedene Backup-Methoden, die eine Vielzahl unterschiedlicher Use Cases abdecken. Dabei erzeugen die unterschiedlichen Backup-Methoden unterschiedlich viele Schreibzugriffe auf den Produktions- und Backup-Speichersystemen, und zwar:

- **Forward Incremental** – einfache I/O-Last für die Differenz-Backups
- **Forward Incremental with Active Full (d. h. mit aktivem Voll-Backup)** – einfache I/O-Last für das gesamte Backup
- **Forward Incremental with Synthetic Full (d. h. mit synthetisiertem Voll-Backup)** – doppelte I/O-Last (einmal schreibend, einmal lesend) für die gesamte Backup-Kette
- **Reversed Incremental** – dreifache I/O-Last (zweimal schreibend, einmal lesend) für das Differenz-Backup
- **Synthetic Full with Transform to Rollbacks** – vierfache I/O-Last (zweimal schreibend, zweimal lesend) für die gesamte Backup-Kette

Dies zeigt recht deutlich, dass sich die verschiedenen Modi nicht nur vom Denkansatz her deutlich unterscheiden, sondern auch in der Last, die sie für die Speichersysteme produzieren. Sollte die Notwendigkeit bestehen, die I/O-Last zu verringern, lassen sich entsprechende Backup-Modi nutzen. Außerdem bestehen weitere Möglichkeiten in Kombination mit bestimmten Dateisystemen. So erlaubt es *Microsoft ReFS* mit Windows Server 2016 oder neuer, unnötige I/O-Last zu vermeiden.

Man unterscheidet folgende Modi:

- **Forward Incremental** – Eine der einfachsten Methoden sind vorwärts inkrementelle Backups. Die Last für Speichersysteme ist hier am geringsten. Wegen der periodisch notwendigen Voll-Backups (aktiv voll oder synthetisch, üblicherweise wöchentlich) wird mehr Speicherkapazität benötigt als bei anderen Methoden. Mit jedem neuen Voll-Backup wird eine neue Backup-Kette erzeugt, womit ältere Backups und Backup-Ketten entfernt werden können.
- **Active Full** – Die ganze VM wird gelesen (mit Ausnahme von leeren Blöcken oder Swap-Bereichen) und anschließend in einer VBK-Datei, oftmals komprimiert und dedupliziert, gespeichert. Jedes Voll-Backup erzeugt eine neue VBK-Datei. Prinzipiell ist die I/O-Last hoch, da alle Blöcke vom Speicher gelesen und anschließend auf den Backup-Speicher geschrieben werden müssen. CBT (*Changed Block Tracking*, siehe Abschnitt 17.4.3) wird hier entsprechend nicht genutzt. Insgesamt dauern solche Voll-Backups auch entsprechend länger im Verhältnis zu inkrementellen Backups.
- **Synthetic Full** – Nachdem ein neues, inkrementelles Backup geschrieben wurde, wird es mit den vorangegangenen Differenz-Backups und dem letzten Voll-Backup zu einem neuen Voll-Backup zusammengeführt oder, anders gesagt, *synthetisiert*. Ein Vorteil hierbei ist, dass die Synthetisierung im Backup-Repository stattfindet und keine I/Os im

Produktionsspeicher erzeugt. Dadurch ist es sinnvoll, mehrere kleinere Backup-Jobs mit einer geringen Anzahl von VMs zu nutzen, um die Synthetisierung zu beschleunigen. Dies funktioniert am besten mit der Option PER-VM BACKUP FILES.

- **Forever Forward Incremental** – Nach der Erstellung des ersten Voll-Backups werden nur noch inkrementelle Backups erstellt. Am Ende der Vorhaltedauer, beispielsweise nach 30 täglichen Restore-Points, wird das 31. Backup geschrieben, und das erste bzw. älteste inkrementelle Backup wird mit dem Voll-Backup zusammengeführt und anschließend gelöscht. Dies hat den Vorteil, dass nur sehr wenig Speicherkapazität verbraucht wird. Auf der anderen Seite entsteht ein Nachteil für die Wiederherstellung, da das Voll-Backup und die Differenzen zunächst zusammen »geöffnet« werden müssen. Dies macht sich besonders beim Öffnen des letzten Restore-Points bemerkbar. In unserem Beispiel muss Veeam insgesamt 31 Dateien, also eine VBK-Datei und 30 VIB-Dateien, öffnen bzw. aufbereiten, damit ein vollständiges Restore oder vielleicht sogar nur die Wiederherstellung einer einzigen Datei aus jener VM durchgeführt werden kann. Dementsprechend entsteht eine relativ hohe I/O-Last.
- **Reverse Incremental** – Nachdem ein Voll-Backup geschrieben wurde, werden anschließend nur noch inkrementelle Backups erzeugt. Allerdings wird das letzte, neueste inkrementelle Backup mit dem Voll-Backup zusammengeführt. Dadurch »bewegt« sich das Voll-Backup nach vorne und ist immer die aktuellste Backup-Datei. Auf dem Backup-Repository sind die Differenzdateien an ihrer Endung *.vrb* leicht zu erkennen (anders als die VIB-Dateien bei *Forward Incremental*). Durch diese Methode erfolgt das Öffnen des aktuellsten Restore-Points schneller, da es sich ja um das (im Prinzip synthetisierte) Voll-Backup handelt. Erst wenn Sie Restore-Points hinter dem aktuellsten auswählen, muss Veeam die VBK-Datei und die VRB-Dateien entpacken und für den User zusammen präsentieren.

17.10.3 Verschlüsselung

Veeam Backup & Replication bietet die Möglichkeit, Daten sowohl auf dem Weg zum Ziel als auch auf dem Zielspeichermedium zu verschlüsseln. Die Backup-Job- und Backup-Copy-Job-Einstellungen stellen die Verschlüsselung auf dem Zielspeichermedium ein, wenn die Daten geschrieben wurden. Entsprechend bietet sich die Verschlüsselung der Backup-Daten dort an, wo diese z. B. von externen Medien wie Tapes und mobilen Festplatten aus dem Rechenzentrum entfernt werden.

Einige Dinge gibt es bei der Nutzung von Verschlüsselung zu beachten:

- Die Verschlüsselung verhindert nicht, dass berechtigte Veeam-User Zugriff auf das Backup haben.
- Das zur Verschlüsselung genutzte Passwort sollte sicher aufbewahrt werden, und natürlich sollten Sie ein entsprechend starkes Passwort verwenden. Eine Wiederherstellung ohne das Passwort ist im Veeam möglich, erfordert aber gewisse Voraussetzungen, die

in der Veeam-B&R-Dokumentation zu finden sind (siehe dazu *https://helpcenter.veeam.com/docs/backup/vsphere/decryption_no_pass_hiw.html?ver=100* und *https://helpcenter.veeam.com/docs/backup/vsphere/decrypt_without_pass.html?ver=100*).

- Wenn Sie die Verschlüsselung aktivieren, ist zunächst ein *Active Full*-Backup notwendig.
- Natürlich wird etwas mehr CPU-Leistung bei der Erstellung verschlüsselter Backups als bei unverschlüsselten Backups benötigt. Dies macht in der Regel nicht viel aus, sollte aber berücksichtigt werden, gerade wenn der eine oder andere Backup-Proxy ohnehin schon an seiner Leistungsgrenze operiert.

Prinzipiell gelten diese Best Practices für alle Disk- und Tape-Backups. Möchten Sie diese Daten während der Übertragung verschlüsseln, ist das auch dann möglich, wenn die eigentlichen Backup-Daten im Zielspeicher später nicht verschlüsselt sind. Diese Einstellung lässt sich über die NETWORK TRAFFIC-Optionen treffen.

17.10.4 Komprimierung und Deduplikation

Wie schon zuvor erwähnt, sollten Sie sich von der Komprimierung und Deduplikation nicht zu viel versprechen: Wer das tut, wird in aller Regel schnell enttäuscht. Gerade bei der Deduplikation sollten Sie am besten mit wenig rechnen und sich über alles freuen, was am Ende dedupliziert wird. Zu diesem Thema hatten wir schon bei den unterschiedlichen Backup-Zielen in Abschnitt 17.6.2 ein paar Worte verloren. Im Folgenden soll es nun darum gehen, welche *Speicheroptimierungen* Veeam B&R anbietet:

- **Local** – Hier liest und berechnet Veeam die Daten und Hashes in 1-MB-Chunks.
- **LAN** – Empfohlen bei dateibasierten Repositories wie SMB. Veeam nutzt hier 512-KB-Chunks.
- **WAN** – Empfohlen, wenn Backups über langsame Leitungen erstellt werden oder wenn Replikation genutzt wird. Es entstehen so die kleinstmöglichen Backup-Dateien, was allerdings zulasten der Performance geht. Es werden 256-KB-Chunks genutzt.
- **Local mit mehr als 16 TB** – Wie die »normale« LOCAL-Optimierung, aber mit 4-MB-Chunks. Diese Option empfehlen wir bei sehr großen Backup-Jobs, beispielsweise bei Monster-Fileserver-VMs.

Wie üblich gilt, dass kleinere Chunks bzw. Blöcke mehr CPU und RAM verbrauchen.

Mit der Komprimierung soll die Menge der übertragenen und zu speichernden Daten verringert werden. Wie immer gilt, dass unterschiedliche Methoden unterschiedliche Auswirkungen auf die Leistung und den Verbrauch bei CPU, RAM und Speicherplatz verursachen. Es gibt folgende Optionen zur Einstellung der Kompression:

- **None** – Keine Kompression. Die Daten werden in ihrem Originalzustand belassen und in unveränderten Blöcken vom Produktions-Storage gelesen.
- **Optimal** – Dies ist die empfohlene Einstellung, die in den meisten Fällen den besten Kompromiss zwischen Backup-Größe und Joblaufzeit erreicht.

- **High** – Erreicht eine um 10 % höhere Komprimierung als die Einstellung OPTIMAL, belastet die CPU allerdings auch ca. 10-mal stärker.
- **Extrem** – Belastet die CPU maximal und erreicht dabei meist nur maximal weitere 3 bis 5 % Kompression.
- **Dedupe-friendly** – Ist sehr CPU-freundlich und erzeugt dabei recht vorhersehbare Datenpakete, was der Deduplikation einer angebundenen Appliance zuarbeitet.

Vielleicht fragen Sie sich nun, inwieweit man sich von den empfohlenen Einstellungen entfernen sollte. Generell gilt wie immer die Unix-Regel »Wenn man nicht weiß, was man tut, sollte man es lassen«, was auch für Veeam gilt. Veeam B&R ist standardmäßig auf eine gute Balance eingestellt, und in aller Regel sollte es nicht notwendig sein, signifikante Änderungen an den Standardeinstellungen vorzunehmen.

17.10.5 Backup-Jobs

Veeam B&R hilft Ihnen bei der Erstellung eines Backup-Jobs durch einen entsprechenden Assistenten (siehe Abbildung 17.16). Zunächst werden die virtuellen Maschinen über ADD OBJECTS hinzugefügt (siehe Abbildung 17.17). Dabei sind verschiedene Ansichten der Objekte im vCenter möglich. Es dauert in der Regel einen Moment, bis die verfügbaren Objekte aufgelöst wurden und zur Auswahl bereitstehen. Es ist möglich, einzelne Objekte auszuwählen, Elternobjekte auszuwählen und Objekte auszuschließen. Üblicherweise sucht man sich die VMs zusammen, die zu einem Backup-Job zusammengefasst werden sollen. Lassen Sie bei Elternobjekten jedoch Vorsicht walten, da bestimmte verknüpfte Objekte von bestimmten Jobs nicht ausgeschlossen werden können.

Es ist sinnvoll, Gruppen ähnlicher VMs bzw. VMs gleicher Art zusammenzufassen, gerade wenn Sie bei den Einstellungen des Backup-Jobs unterschiedliche Anforderungen an die Backups der VMs abdecken müssen. Das einfachste Merkmal ist hier die Backup-Häufigkeit. Während die meisten VMs einmal täglich gesichert werden können, benötigen andere VMs kleinere Backup-Intervalle. Andere Beispiele, an denen sich sehr gut weitere Effekte festmachen lassen, sind das Betriebssystem der VMs sowie die Deduplizierungsrate.

Deduplizierung

An dieser Stelle sei erneut erwähnt, dass Sie sich nicht zu sehr auf die Deduplizierung verlassen sollten. Selbst wenn Sie alle Vorteile, die die Option PER-VM BACKUP FILES mit sich bringt, ignorieren können, weil sie in einem bestimmten Anwendungsfall weniger greifen, ist und bleibt eine extrem hohe Deduplizierungsrate meist ein Traum.

Das Backup lässt sich auch indirekt verwalten, indem Sie Backup-Jobs auf Containern basieren lassen. So können beispielsweise Ordner oder Pools als Elternobjekt verwendet werden. Wird anschließend eine VM in vSphere aus dem Elternobjekt entfernt, fällt sie automatisch aus dem Backup. In der Praxis hat sich aber gezeigt, dass Backups, die so strukturiert sind, oftmals die Komplexität erhöhen oder gar nicht ohne Weiteres konfigurierbar sind. Dies liegt zum einem an der Nutzung der Ordner, denn viele Administratoren nutzen Ordner nur bedingt. Und selbst wenn eine geschickte Nutzung eines Ordners möglich wäre, müssen Sie immer die Auswirkung von Veränderungen auf das Backup berücksichtigen. Dies kann schnell dazu führen, dass man die Übersicht verliert. Das gilt besonders dann, wenn man nur eine kleine Menge von Foldern für das Backup auswählt und der Normalfall eben ein anderer ist.

Außerdem können Sie *Tags* für die Strukturierung von Backup-Jobs verwenden. Genauer gesagt, können Sie je Backup-Job exakt ein Tag verwenden. Ähnlich wie bei Ordnern gilt aber auch hier, dass eine gut strukturierte und durchdachte Vorgehensweise wichtig ist, wenn man den Überblick nicht verlieren will. So sollten Sie die Anzahl an VMs, die durch ein Tag einem Job hinzugefügt werden, im Auge behalten.

Die Konfiguration des Zeitfensters (siehe Abbildung 17.23 und Abbildung 17.24) ist recht simpel gehalten. Es bietet unterschiedliche Einstellungsmöglichkeiten, mit denen Sie die Startzeit Ihrer Backups verwalten können. Eine weitere Option ist das Verknüpfen von Backup-Jobs. Dabei wird das Ende des einen Backup-Jobs als Startsignal für den nächsten verwendet. Auch wenn dies eine sehr angenehme und geschickte Lösung ist, sei angemerkt, dass solche Verkettungen fehleranfällig sind, wenn ein Job Probleme bereitet oder gar hängen bleibt.

Weitere Einstellungen lassen sich in Bezug auf Load-Balancing und Proxy-Affinity vornehmen. Generell empfehlen wir, Veeam entscheiden zu lassen, welcher Proxy welche Jobs machen soll. Dies ist nicht nur sehr einfach für den User, da es keine weiteren Überlegungen erfordert, sondern ist in aller Regel auch sehr effizient, da das *Intelligent Load Balancing* (ILB) von Veeam für eine optimale Verteilung sorgt. Sollte dennoch die Notwendigkeit bestehen, manuelle Einstellungen vorzunehmen, gibt es generell zwei Möglichkeiten: Zum einem können Sie mit STORAGE LATENCY CONTROL oder BACKUP I/O CONTROL die Last auf dem Speicher verringern. Zum anderen lassen sich mit PROXY AFFINITY-Regeln Vorgaben erstellen, wonach bestimmte Proxys nur mit bestimmten Backup-Repositories zusammenarbeiten dürfen. Dies kann sehr hilfreich sein, wenn Sie eine über mehrere Standorte verteilte Infrastruktur verwenden, da man dort offensichtlich unnötige Latenzen zwischen Proxy und Repository vermeiden und Prozesse innerhalb eines Standorts ablaufen lassen möchte.

17.10.6 Backup-Copy-Jobs

Veeam B&R führt mit *Backup-Copy-Jobs* eine zweite Stufe der Sicherung durch. Dabei werden die Dateien des »ersten« Backups, das durch die direkte Sicherung der VM bzw. ihrer Blöcke erfolgt, gelesen und gesichert. Diese Kette bringt einige Vorteile mit sich. Zum einem wird der Produktions-Storage nicht doppelt belastet. Zum anderen kann diese zweite und völlig unabhängige Backup-Kette mehrere Backup-Jobs zusammenfassen und sichern.

Damit eignen sich Backup-Copy-Jobs hervorragend zum Sichern der »Primär«-Backups auf sekundären Backup-Speichern z. B. Tapes. So lässt sich die 3-2-1-Methode leicht erreichen, denn mit dem Sichern auf Tapes wird nicht nur der Medienbruch erreicht. Gleichzeitig lassen sich diese remote lagern. Hierzu werden immer wieder gern Gruppen von Tapes zyklisch verwendet. Beispielsweise werden zwei identische Backup-Copy-Jobs konfiguriert. Im ersten Monat schreibt der erste Job die Backup-Copy auf die Tapes. Zu Beginn des zweiten Monats wird der erste Backup-Copy-Job deaktiviert, und die Tapes werden ausgetauscht. Das eine Set wird im Safe bei der Bank eingelagert, während das zweite Set in die Laufwerke gesteckt wird. Anschließend aktiviert man den zweiten Backup-Copy-Job. Im dritten Monat beginnt dieser Zyklus erneut. Man gewährleistet auf diese Weise die Off-Site-Lagerung eines kompletten Infrastruktur-Backups, das nicht älter als einen Monat ist, wobei man nur zweimal die entsprechende Tape-Kapazität vorhält. Dieses Beispiel ist wohl eines der am häufigsten vorkommenden Modelle für eine komplette Disaster-Recovery.

Da die Backup-Copy-Jobs an einen Backup-Job gekoppelt sind, verhält sich ein Backup-Copy-Job etwas anders:

- Am Anfang wird ein Gesundheitscheck der Backup-Dateien durchgeführt.
- Eine Sync-Phase prüft zunächst, ob neue Backup-Dateien vorhanden sind, und startet gemäß der konfigurierten Zeit die Synchronisation.
- Ein Backup-Copy-Job ist immer *forward incremental* und enthält deswegen eine Transformationsphase.
- Nach Beendigung des Backup-Copy-Jobs tritt dieser in eine Schlafphase, bis ein neuer Restore-Point im Backup-Job auftaucht bzw. der neue Zyklus des Backup-Copy-Jobs startet.

17.10.7 Speicherwartung bei Defragmentierung durch inkrementelle Backups

Backup-Jobs bieten unter dem MAINTENANCE-Register erweiterte Einstellungen, um die Nachteile von inkrementellen Backup-Jobs zu negieren. Die zwei schwerwiegendsten Nachteile sind die *Full Backup File Fragmentation* und die *Silent Storage Corruption*:

- **Full Backup File Fragmentation** – Die Voll-Backup-Datei-Fragmentierung entsteht im Laufe der Zeit, da die inkrementellen Backups zusammengefasst werden. Dadurch verteilen sich einzelne Fragmente möglicherweise ungünstig auf dem Backup-Speicher. Dies konnte zuvor nur durch das Schreiben periodischer Voll-Backups verhindert werden.
- **Silent Storage Corruption** – Die stille Speicherkorruption tritt dann ein, wenn ein inkrementelles Datenstück schadhaft wird, was unter Umständen alle folgenden Wiederherstellungs- und Konsolidierungsprozesse beeinflusst.

Die Option DEFRAGMENT AND COMPACT FULL BACKUP FILE, die Sie im Wartungs-Tab in den erweiterten Einstellungen finden, kann dazu genutzt werden, genau diese beiden Effekte zu verhindern. Allerdings sollten Sie sie nicht zusammen mit Deduplizierungs-Appliances nutzen, da diese von Haus aus immer stark fragmentiert sind.

Zusätzlich wurde der sogenannte *Storage-level Corruption Guard* eingeführt, der die Blöcke nach dem Backup anhand der Metadaten überprüft und bei einer Abweichung direkt repariert. Schlägt diese Reparatur fehl, wird der User darüber informiert, dass ein Voll-Backup erforderlich ist. Dieses Feature wird entsprechend für alle inkrementellen Backups empfohlen. Sollte das Backup-Speichersystem bereits über ein sogenanntes *Scrubbing* verfügen, das essenziell gesehen exakt dieses Feature darstellt, sollte es in Veeam B&R entsprechend deaktiviert werden.

17.10.8 Application-Aware Processing

Veeam ist in der Lage, Backups und Replikation mit einer Application-Awareness durchzuführen, um sogenannte *Transactionally Consistent Backup Images* zu erzeugen. Im Gegensatz zum einfachen Snapshot einer VM werden hierbei weitere systemnahe Funktionen genutzt, um die Konsistenz von Daten sicherzustellen. Dabei gibt es generell zwei Methoden: *Quiescence* mit den VMware Tools und das Veeam-eigene *App-Aware Image Processing*, das auf Microsoft VSS oder Linux-Skripten basiert. Die Eigenschaften der beiden Optionen sehen Sie in Tabelle 17.5.

Funktion	VMware-Tools-Quiescence	App-Aware Image Processing
App-Aware Backups	begrenzt	ja
Vorbereitung von VSS für spezifische Apps (z. B. Oracle)	nein	ja
App-Log-Trunkierung, z. B. für MS SQL oder Exchange	nein	ja
Ausführbare Skripte	ja, im Gast-OS	ja, zentral
Fehlermeldungen	innerhalb der Gast-OS-VM	zentral auf dem Veeam-Backup-Server
Konsistente Windows-Backups	ja	ja
Sync-Treiber für Linux	ja	nein

Tabelle 17.5 Vergleich zwischen der VMware-Tools-Quiescence und dem Veeam-eigenen Application-Aware Image Processing

Wie Sie besonders an den ersten drei aufgeführten Funktionen erkennen können, bringt Veeam einige hochinteressante Fähigkeiten mit. Mit diesen lässt sich beispielsweise eine Microsoft-SQL-Datenbank konsistent sichern oder es lassen sich Exchange-Postfächer so sichern, dass Sie später sogar einzelne Objekte wie beispielsweise eine E-Mail einfach wiederherstellen können.

Dabei geht Veeam wie folgt vor:

1. Veeam überprüft im Gastbetriebssystem, ob eine Applikation installiert ist, die Sie mit App-Awareness erfassen können.
2. Wenn nötig, werden vorab Skripte innerhalb der VM ausgeführt, um die Applikation »einzufrieren«.
3. VSS Quiescence wird durchgeführt, und anschließend wird ein Snapshot der VM erstellt.
4. Nach dem Snapshot wird die VM wieder »aufgetaut«, und eventuell vorhandene Skripte werden ausgeführt.
5. Das Backup wird erstellt und der Snapshot aufgelöst bzw. committet.
6. Log-Dateien werden mit VSS oder mit nativen Oracle-Kommandos sortiert.

Damit dieses erweiterte Quiescence funktionieren kann, sind entsprechende Zugriffsrechte innerhalb der VM nötig. Idealerweise wird hierfür ein Active-Directory-Account verwendet. An dieser Stelle ist wieder zu erwähnen, dass Sie ähnliche VMs bündeln sollten. Befinden sich ausschließlich Windows-VMs einer Domain in einem Backup-Job, können Sie Zugriffsrechte einmal vergeben, und alle VMs sind bedient. Befindet sich beispielweise zusätzlich eine Linux-VM im selben Backup-Job, die nicht ins AD integriert ist, müssen Sie die Linux-VM dediziert anpassen und Veeam spezielle Zugriffsrechte für die Abarbeitung innerhalb der VM gewähren.

Darüber hinaus sind verschiedene Ports notwendig. Für eine Windows-VM sind dies RPC inklusive dynamischer Port-Range (49152 bis 65535 für Windows 2008 und neuer), TCP/UDP auf 135, 137 bis 139 und 455. Für Linux-VMs müssen Sie den SSH-Port 22 freigeben.

17.11 Erstellen von Replikaten

Wie der Name Veeam Backup & Replication schon sagt, können Sie anstelle von Backups auch Replikate erstellen. In Abschnitt 17.5.3 haben wir die Unterschiede bereits detailliert dargestellt, weshalb wir uns zur Erinnerung auf den wichtigsten Unterschied beschränken können: Ein Replikat ist eine Eins-zu-eins-Kopie einer VM und enthält ausschließlich den letzten Status. Es ist nicht dafür gedacht, eine Historie der Daten vorzuhalten, sondern im Fall eines Ausfalls die *primäre* VM möglichst zeitnah zu ersetzen bzw. zu vertreten. Generell geht es dabei also um einen bestimmten Fall aus dem Bereich Disaster-Recovery. Nichtsdestotrotz bietet vSphere Ihnen die Möglichkeit, mehrere Restore-Points vorzuhalten. Deswegen kann es immer wieder mal vorkommen, dass sich nicht eindeutig erschließt, wann man am besten Backups und wann man Replikation einsetzt. Dies hängt auch damit zusammen, dass die Replikation ähnliche Prozesse nutzt wie das Backup und z. B. vom Typ her *forward incremental* ist.

Der wichtigste Unterschied zu Backups ist, dass die Metadaten nicht zusammen mit der Replikation auf dem Ziel gespeichert werden, sondern im Backup-Repository des Replikationsjobs verbleiben. Dies liegt maßgeblich daran, dass der Replikant nicht als eine Backup-Datei auf einem Repository liegt, sondern eine »lebende« VM ist und das Ziel am Ende ein ESXi-Host ist, lokal oder in einem entfernten Datacenter. Bleibt die Replikation lokal, bedient der Backup-Proxy bzw. der Backup-Server beide Teilnehmer: den Source-ESXi-Host und den Target-ESXi-Host.

Wird die Replikation hingegen in eine andere Location geschoben, kommunizieren zwei Backup-Proxys miteinander: einer auf der Source-Site und einer auf der Target-Site. Das dabei verwendete Backup-Repository muss auf der Source-Site zur Verfügung stehen, um die besagten Metadaten sichern zu können. Darüber hinaus ist es ebenso empfehlenswert, einen Veeam-Backup-Server auf der Target-Site einzusetzen, um einen Failover durchführen zu können. Das bedeutet auch, dass alle Operationen im Disaster-Recovery-(DR-)Fall eben durch jenen Veeam-Backup-Server auf der Target-Site bzw. der DR-Site ausgeführt werden. Um solche Failover- und Fail-Backup-Prozesse durchführen zu können, müssen beide Sites de facto autonom lauffähig sein. Das heißt, Dienste wie DNS, DHCP, AD, vCenter etc. müssen in beiden Sites unabhängig voneinander lauffähig sein.

Bei der Übertragung der Daten gibt es weitere Maßnahmen, die z. B. die Menge an zu übertragenden Daten verringern können. Darunter fällt unter anderem auch die WAN-Beschleunigung. Wir empfehlen Ihnen, sich die entsprechenden Kapitel in der Veeam-Dokumentation unter *https://helpcenter.veeam.com/docs/backup/vsphere/wan_acceleration.html?ver=100* durchzulesen.

17.12 Wiederherstellung aus Backups

Folgende Wiederherstellungstypen bezüglich einer VMware-vSphere-Umgebung sind mit Veeam B&R möglich:

- INSTANT VM RECOVERY – Bootet die VM direkt aus dem Backup-Repository in die Produktionsumgebung. Dies ersetzt (wenn nicht anders eingestellt) die vorhandene VM und hat einen entsprechend hohen Impact auf primäre und Backup-Speicher, die genügend Leistung benötigen, damit diese Möglichkeit auch benutzerfreundlich abläuft.
- RESTORE ENTIRE VM – Wiederherstellung der gesamten VM; ersetzt die Original-VM.
- RESTORE VIRTUAL DISKS – Wiederherstellung einzelner VM-Disks.
- RESTORE VM FILES – Wiederherstellung von VM-Dateien auf dem Primärspeicher, z. B. die *.vmx*-Datei. Hiermit sind nicht Dateien innerhalb der Gastbetriebssysteme gemeint.
- RESTORE GUEST FILES – Wiederherstellung von Dateien im Gastbetriebssystem, z. B. Dateien eines Fileservers, die in irgendeiner Partition liegen.

- RESTORE APPLICATION ITEMS – Wiederherstellung von Applikationsobjekten z. B. eines Benutzers innerhalb der Microsoft-AD.
- RESTORE TO MICROSOFT AZURE – Wiederherstellung der VM auf Azure.

Die Wiederherstellung von anderen Objekten, beispielsweise von Exchange- oder SQL-Objekten, verläuft ähnlich wie die Dateiwiederherstellung der Gastbetriebssysteme über einen »Explorer«. Diesen Vorgang möchten wir im Folgenden kurz demonstrieren.

In der Veeam-Konsole erreichen Sie über HOME • BACKUPS • DISK die Sicherungspunkte der zuvor erfolgreich durchgeführten Backup-Jobs. Die Buttons im Menüband am oberen Fensterrand oder ein Rechtsklick auf den Backup-Job bieten die unterschiedlichen Wiederherstellungsmethoden an (siehe Abbildung 17.27).

In diesem Beispiel möchten wir eine Datei aus einer VM wiederherstellen; die anderen Wiederherstellungsmethoden gestalten sich aber ebenso einfach und sind vergleichbar durchzuführen. Über einen Rechtsklick wählen Sie RESTORE GUEST FILES • MICROSOFT WINDOWS aus. Im Dialog aus Abbildung 17.28 werden zunächst alle verfügbaren Wiederherstellungspunkte angezeigt, von denen Sie einen auswählen und fortfahren.

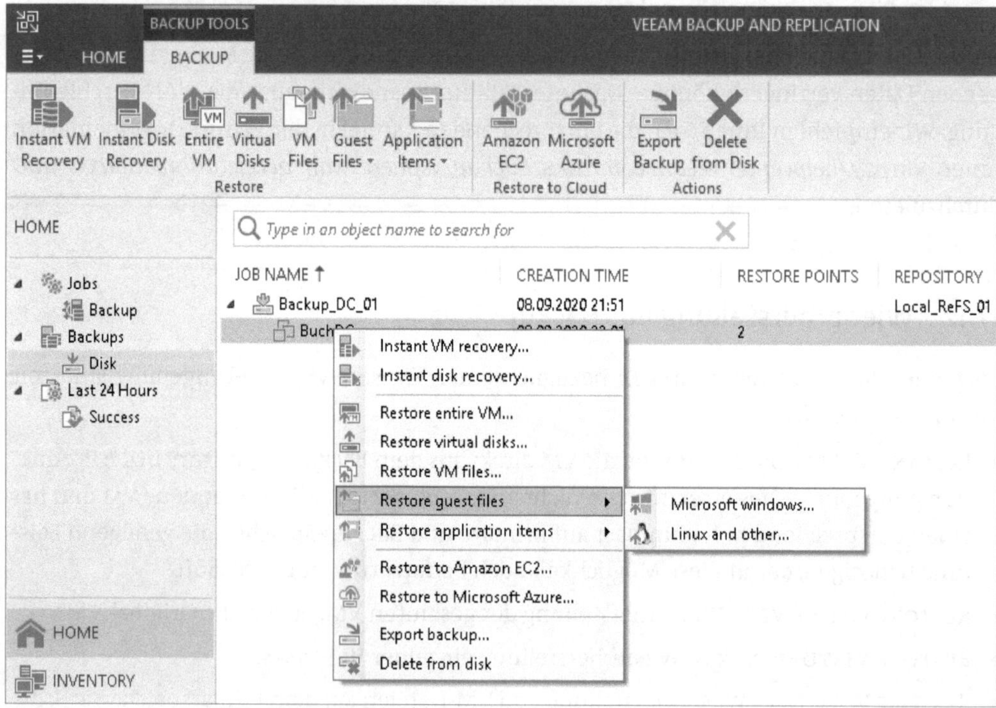

Abbildung 17.27 Wiederherstellung einer Datei aus einer VM (Restore von Gastbetriebssystemdateien)

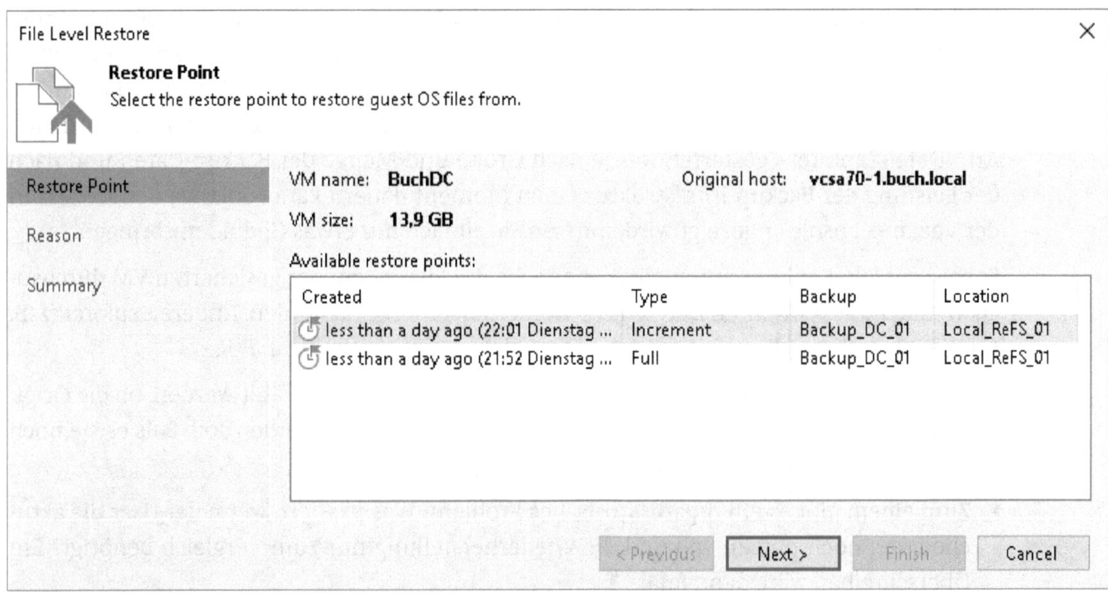

Abbildung 17.28 Einen Restore-Point zur Wiederherstellung auswählen

Sie erhalten nun die Möglichkeit, Kommentare einzufügen, oder können entscheiden, dieses Fenster für die Zukunft auszublenden. Anschließend wird die Übersicht angezeigt, in der Sie mit einem Klick auf FINISH den Vorgang beenden können (siehe Abbildung 17.29).

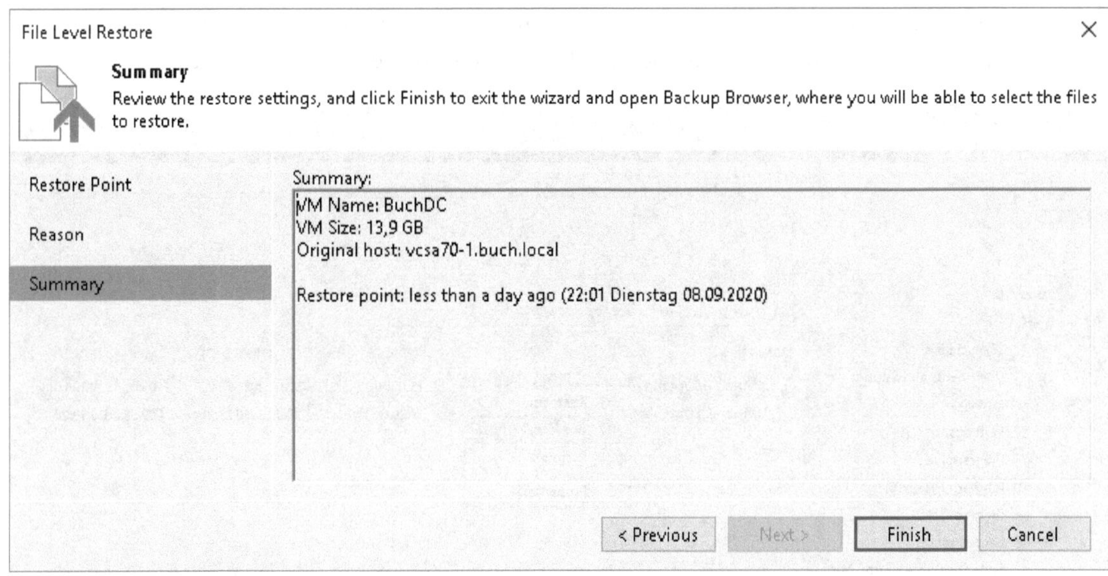

Abbildung 17.29 Der Wiederherstellungsprozess läuft. Wir müssen uns einem Moment gedulden, bis der File-Explorer erscheint.

Vielleicht wundern Sie sich jetzt darüber, dass der Vorgang so kurz ist und schon beendet wurde, denn Sie haben ja bisher keine Datei zur Wiederherstellung ausgewählt. Mit FINISH wird lediglich der Assistent beendet. Anschließend startet je nach Wiederherstellungsmethode der eigentliche Prozess. Für eine Dateiwiederherstellung aus einer VM wird eine Art »Datei-Explorer« gestartet, was je nach Größe und Menge der Backup-Daten und nach der Leistung der Backup-Infrastruktur einen Moment dauern kann. Solange der Prozess in der Veeam-Konsole angezeigt wird, müssen Sie einfach nur etwas Geduld mitbringen.

Sobald der File-Explorer auftaucht, können Sie das Filesystem der gesicherten VM durchsuchen und die gewünschten Dateien zur Wiederherstellung auswählen. Andere Explorer (z. B. für die Wiederherstellung eines Exchange-Objekts) funktionieren analog.

Sie können die Datei nun direkt wiederherstellen. Dabei kann gewählt werden, ob die Originaldatei auf der Quell-VM direkt überschrieben oder behalten werden soll, falls es sie noch gibt. Aus zwei Gründen raten wir von beiden Wegen ab:

- Zum einem gibt es ein organisatorisches Problem: Was passiert, wenn der User die aktuelle Datei noch nutzen will und die Wiederherstellung nur zum Vergleich benötigt? Ein Überschreiben wäre dann fatal.
- Zum anderen wird die wiederherzustellende Datei über den gesamten Hypervisor-Stack geschoben, was eine hohe Auslastung von vSphere zur Folge hat. Da dies für jede Datei geschieht, führen besonders viele kleine Dateien schnell zu Problemen und sorgen dafür, dass die Wiederherstellungsdauer rapide ansteigt.

Deswegen empfiehlt sich die Wiederherstellung auf ein dediziertes Netzlaufwerk oder einen Server, denn so umgehen Sie beide Probleme. Das kann am einfachsten erreicht werden, wenn Sie im Kontextmenü auf den Punkt COPY TO... klicken (siehe Abbildung 17.30).

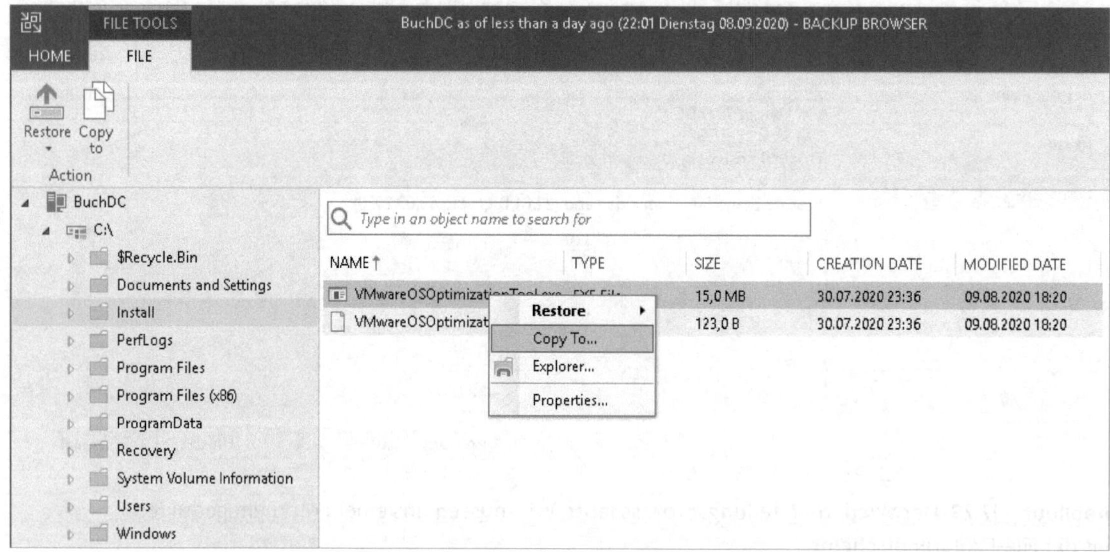

Abbildung 17.30 Die Wiederherstellung einer Datei auf ein Netzlaufwerk bietet viele Vorteile.

Sobald Sie die Datei zurückkopiert haben, ist es zwingend erforderlich, den File-Explorer wieder zu schließen, da er sonst die Backup-Datei blockiert. Bleibt er geöffnet, wird das nächste Backup zwangsläufig fehlschlagen. Durch Schließen des File-Explorer-Fensters wird das Ende des Wiederherstellungsprozesses eingeleitet. Wenige Momente später ist unter RUNNING kein aktiver Prozess mehr zu sehen.

17.12.1 Virtual Lab

Veeam verfügt über ein sogenanntes Virtual Lab, in dem Sie eine VM testweise zur Überprüfung wiederherstellen können. Hierfür erzeugt Veeam eine abgeschlossene und vom Produktionsnetzwerk getrennte Umgebung, in die die VM hochgefahren wird. Über die Veeam-Konsole können Sie sich dann testweise in der wiederhergestellten VM bewegen.

Um diese Funktion nutzen zu können, müssen Sie zuvor das Virtual Lab über BACKUP INFRASTRUCTURE • SUREBACKUP • VIRTUAL LABS einrichten. Alles Weitere verhält sich wie die Wiederherstellung einer VM, nur erfolgt diese eben in das Virtual Lab hinein.

Kapitel 18
Ausfallsicherheit

Dieses Kapitel beschäftigt sich mit der Ausfallsicherheit und der Hochverfügbarkeit der virtuellen Infrastruktur und ihrer Komponenten. Die Sicherung von Hosts, vCenter und VMs ist ein Thema dieses Kapitels.
Autor dieses Kapitels ist Bertram Wöhrmann, Ligarion.
buch@ligarion.de

Wenn Sie für Ausfallsicherheit sorgen wollen, brauchen Sie sich nicht nur auf dem Drittanbietermarkt zu orientieren, auch VMware bietet Add-ons an, mit denen Sie Ihre Aufgaben lösen können.

18.1 Sicherung – Rücksicherung

Eines der wichtigsten Themen beim Betrieb einer virtuellen Infrastruktur ist die Sicherung der verschiedenen Komponenten. Zur Datensicherung der virtuellen Maschinen kommen noch Sicherungen der VMware-vSphere-Hosts hinzu. Des Weiteren müssen Sie eine Backup-Strategie für den vCenter Server und weitere Komponenten der Infrastruktur erarbeiten. Es gibt verschiedene Alternativen, um diese Aufgaben zu erfüllen. In diesem Kapitel gehen wir auf einige Möglichkeiten dazu ein, wie Sie die einzelnen Komponenten sichern können.

18.1.1 Sicherung des vSphere-Hosts

Wie geht man nun mit der Sicherung der Hostsysteme um? Schauen wir einmal zurück, wie ein Host installiert wird und welche Daten er vorhält. Die Installation eines vSphere-Hosts geht grundsätzlich sehr schnell. Der Zeitfaktor wird nur dadurch beeinflusst, wie die Installation erfolgt: ob manuell, per Skript oder über Auto Deploy. Die Daten, die ein Host vorhält, sind eigentlich nur Konfigurationsdaten. Alle anderen Informationen gehören zu den virtuellen Maschinen und liegen auf dem Datastore oder in der Datenbank des vCenter Servers.

Es ist sinnlos, über die Sicherung nachzudenken, wenn Sie aufgrund der Lizenzierung mit Hostprofilen arbeiten können. In diesem Fall gestaltet sich der Prozess der Inbetriebnahme nach der Installation recht einfach. Steht die Funktion der Hostprofile lizenztechnisch nicht zur Verfügung, können Sie die Konfiguration auch mit einem Befehl über die Kommandozeile sichern. Nachdem Sie eine SSH-Verbindung mit dem Host hergestellt haben, arbeiten Sie mit folgenden Befehlen.

Sicherung

```
/bin/FirmwareConfig.py - - backup /tmp/
```

Rücksicherung

```
/bin/FirmwareConfig.py - - restore /tmp/<Sicherungsfile>.tgz
```

Arbeit mit Installationsskripten

Mit einem Installationsskript oder einer Installations-Appliance sind Neuinstallationen in sehr kurzer Zeit möglich. Dieser Vorgang wird mit den Funktionen *Image Builder* und *Auto Deploy* sehr stark vereinfacht.

Die Zeit, die Sie brauchen, um sich mit den Funktionen vertraut zu machen, ist unserer Meinung nach gut investiert. Sie erhalten auf diese Weise eine optimierte automatisierte Installation. Damit schlagen Sie zwei Fliegen mit einer Klappe: Zum einen ist das System im Fehlerfall schnell wieder am Start, zum anderen können Sie neue Systeme schneller in Betrieb nehmen. Sie brauchen allerdings die Enterprise-Plus-Lizenz, um die Auto-Deploy-Funktion nutzen zu können. Es steht Ihnen aber die Option offen, mit dem *Image Builder* ein für Sie passendes Image zu erstellen.

18.1.2 Sicherung von vCenter Server

Der erste Teil dieses Abschnitts beschäftigt sich mit allgemeinen Möglichkeiten, die verschiedenen Komponenten zu sichern, die für den Betrieb einer virtuellen Landschaft nötig sind. Dabei gehen wir nicht näher auf spezielle Produkte ein. Wir möchten darlegen, was wie gesichert werden sollte bzw. gesichert werden kann. Durch den Einsatz der VCSA ist der Prozess stark vereinfacht worden, denn seitdem der Lifecycle Manager auch Bestandteil der VCSA ist, liegen alle benötigten Managementkomponenten zentral auf einem System.

Wir können Ihnen natürlich nur Empfehlungen geben und technisch darstellen, was möglich ist. In vielen Unternehmen gibt es aber Richtlinien, die dem Administrator erst einmal wenig bis keinen Spielraum für die Vorgehensweise beim Thema Datensicherung und Datenrücksicherung lassen. Es kann also gut sein, dass Sie erst Entwicklungsarbeit leisten müssen, damit Sie den technisch optimalen Weg gehen können.

Ausfall der vCenter Server Appliance

Die *VCSA* ist einer der entscheidenden und wichtigsten Faktoren in einer virtuellen Landschaft. Obwohl über diese Komponente alle wichtigen Arbeiten durchgeführt werden und alle Fäden der Umgebung hier zusammenlaufen, ist ein Ausfall des vCenters im Grunde erst einmal nichts, was eine laufende Umgebung stark beeinträchtigt, wenn der Ausfall nicht zu lange dauert. Die Aussage kann sich relativieren, je nachdem, welche Komponenten Sie aktiviert haben. Zwar stehen einige Funktionen nicht zur Verfügung, das ist aber unter Umständen temporär zu verschmerzen.

Genutzte Komponenten hin oder her, Sie müssen sich Gedanken um die Sicherung der VCSA machen.

Achtung

Diese Aussage gilt aber höchstens für eine virtuelle Serverinfrastruktur. Ist eine vSphere-Infrastruktur die Basis für virtuelle Desktops, z. B. auf Basis von VMware Horizon View, dann ist das vCenter hochkritisch!

Bevor Sie tiefer in die Planung einsteigen, sollten Sie sich vergegenwärtigen, welche Funktionen bei einem Ausfall des Managements nicht zur Verfügung stehen. Tabelle 18.1 zeigt Ihnen, auf welche Eigenschaften Sie bei einem Ausfall verzichten müssen und welche Basiseigenschaften Sie weiterhin im Betrieb unterstützen.

Funktion	Funktion ohne Virtual Center
vMotion/Storage vMotion	nein
VMware DRS	nein
VMware Storage DRS	nein
Ressourcenpool	nein
vSphere HA: RESTART VM	ja
vSphere HA: ADMISSION CONTROL ADD NEW HOST TO CLUSTER	nein
vSphere HA: ADD NEW HOST TO CLUSTER	nein
vSphere HA: HOST REJOINS THE CLUSTER	ja
Erstellen eines VDS	nein
Storage-I/O-Kontrolle konfigurieren	nein
Netzwerk-I/O-Kontrolle konfigurieren	nein
Virtuelle Maschinen	ja
Fault Tolerance	funktioniert, bis auf das Starten der *Secondary VM*
Trust Authority	nein
Management vCenter	nein

Tabelle 18.1 Funktionsstatus bei inaktivem vCenter Server

Mit den Daten, die Ihnen jetzt vorliegen, können Sie entscheiden, wie lange das System ausfallen darf, bevor es für den Betrieb kritisch wird. Darf die Ausfallzeit nur minimal sein, empfehlen wir den Einsatz von *vCenter HA*.

Sicherung der vCenter Server Appliance

Die Sicherungsmöglichkeiten haben sich über die Entwicklungszeit der VCSA stark verändert. Vor noch nicht allzu langer Zeit benötigte man ein Skript-Framework zum Sichern der VCSA. Mittlerweile hat VMware im Management-Interface die Möglichkeit vorgesehen, die Daten der VCSA zu sichern (siehe Abbildung 18.1).

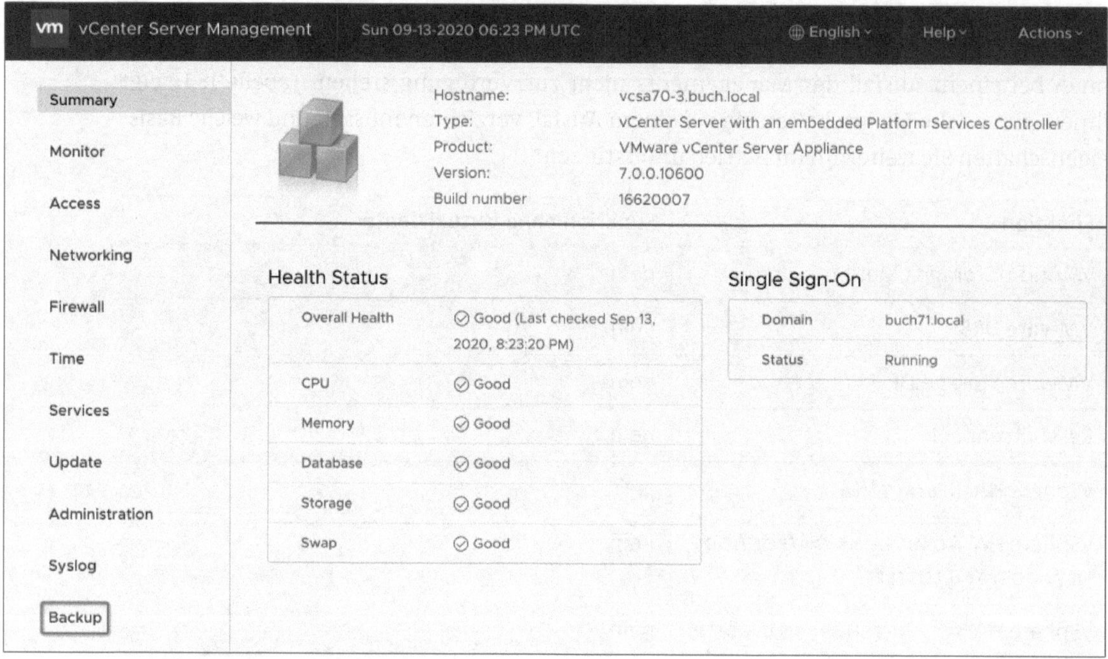

Abbildung 18.1 Backup der VCSA

> **Achtung**
> Betreiben Sie eine VCSA, die mit vCenter HA abgesichert ist, wird nur die primäre VCSA gesichert!

Damit ein Backup durchgeführt werden kann, benötigt die VCSA eine Angabe des Backup-Ziels, auf das die Sicherung geschrieben werden soll. Dabei müssen Sie keinen Datensicherungsclient angeben, sondern eine Freigabe, die über die Protokolle

- FTP (unsicheres Protokoll),
- FTPS,

- HTTP (unsicheres Protokoll),
- HTTPS oder
- SCP (Ziel muss ein Backup-Server auf Linux sein)

angesprochen wird. Der Zugriff erfolgt dann beispielsweise auf einen FTP-Server wie folgt:

ftp://<Backup-Server-Name oder -IP-Adresse>:<Portnummer>/Mountpoint

In unserem Lab sieht der Zugriffspfad dann so aus:

ftp://10.0.68.146:21/backup

> **Hinweis**
>
> Während des Backups baut die VCSA mehrere Verbindungen zum Backup-Server auf. Dieser sollte daher auch mehrere Verbindungen zulassen. VMware empfiehlt mindestens zehn Verbindungen!
>
> Achten Sie darauf, dass der verwendete User ausreichend Rechte im Mountpoint des Backup-Servers hat. Er braucht Schreibrechte, um Dateien und Verzeichnisse anlegen zu können!

Im Management-Interface gibt es zwei Punkte zur Datensicherung, einen für eine einmalige Sicherung und einen für eine regelmäßige Sicherung (siehe Abbildung 18.2).

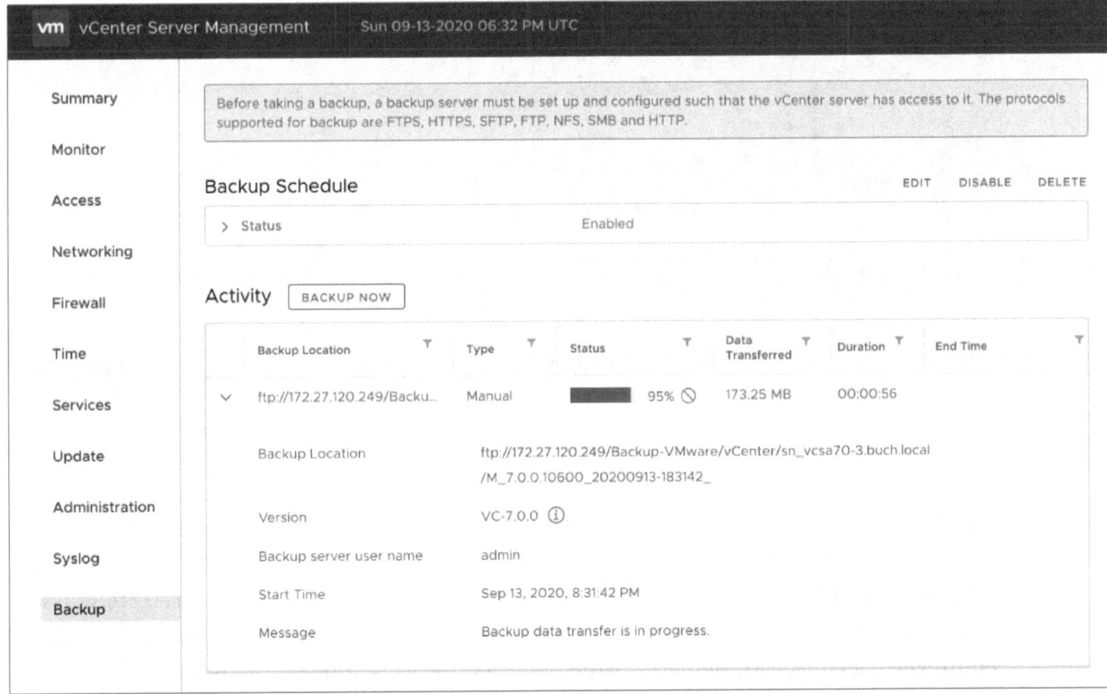

Abbildung 18.2 Backup-Möglichkeiten

Ist ein regelmäßiger Job eingerichtet, kann der Verbindungsstring auch beim einmaligen Job übernommen werden. Die Einrichtung eines Jobs gestaltet sich recht einfach. Die Anzahl der Einstellungen ist übersichtlich und auch größtenteils selbsterklärend. Trotzdem gibt es zwei Punkte, die noch näher erläutert werden müssen. Zum einen möchten wir auf die Option der Verschlüsselung hinweisen (siehe Abbildung 18.3).

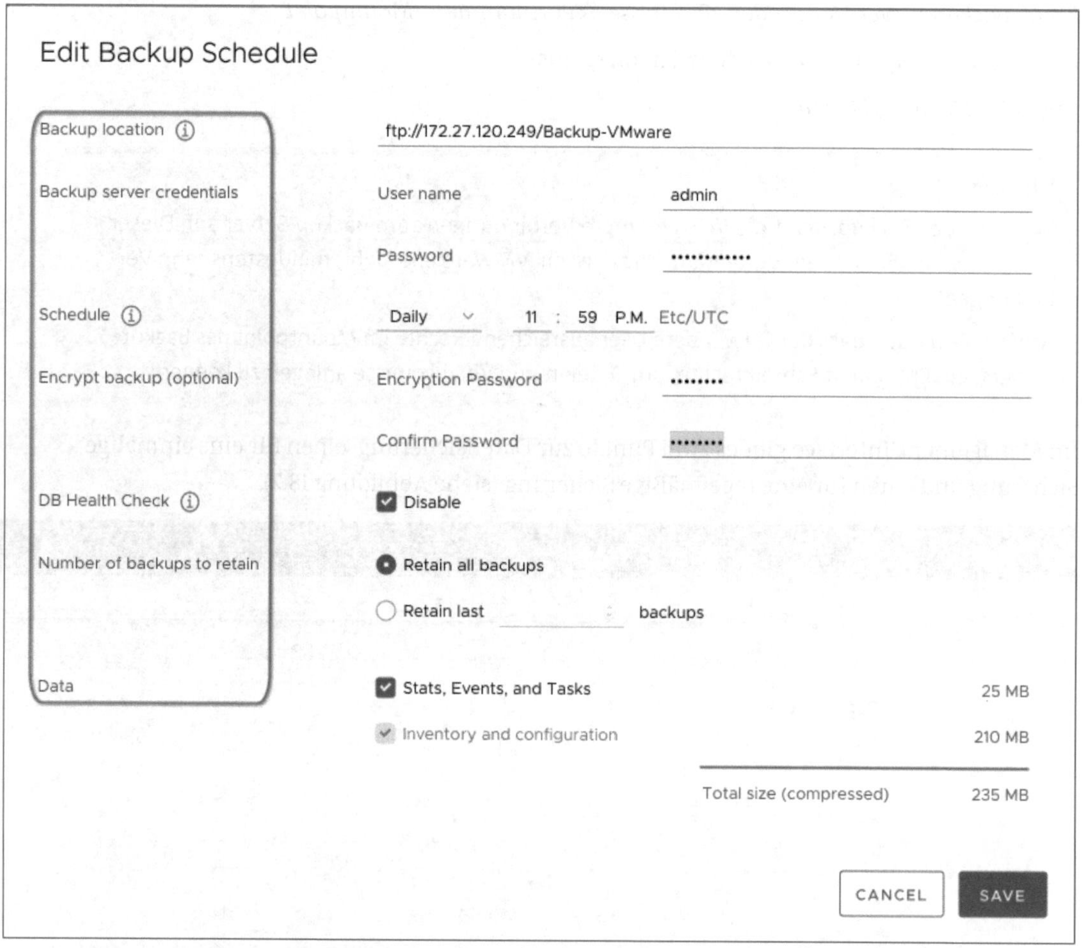

Abbildung 18.3 Einstellungen für das regelmäßige Backup

Zum anderen können Sie festlegen, wie viele Backup-Versionen behalten werden sollen. Hier müssen Sie überlegen, wie viel Datenverlust Sie letztendlich verkraften können. Der größte Verlust betrifft hier eigentlich Daten zu den Statistiken, zur Performance und zu Ereignissen. Konfigurationsdaten ändern sich ja nicht so häufig. Überlegen Sie sich also, ob Sie wirklich zahlreiche Backup-Versionen von Daten benötigen, die nur zur Statistikerhebung dienen.

Schlussendlich kann man nach jeder Konfigurationsänderung auch eine Sicherung von Hand anstoßen.

Ein einmal angelegter Job ist automatisch aktiviert. Er kann aber auch ausgesetzt und angepasst werden (siehe Abbildung 18.4).

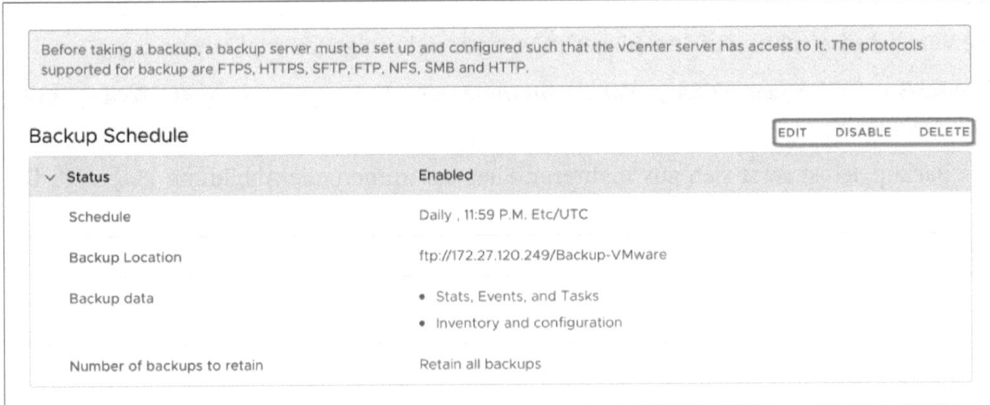

Abbildung 18.4 Der regelmäßige Sicherungsjob

Soll, z. B. nach einer Konfigurationsänderung, eine einmalige Sicherung starten, so erfolgt diese Aktion über den Befehl ACTIVITY • BACKUP NOW (siehe Abbildung 18.5).

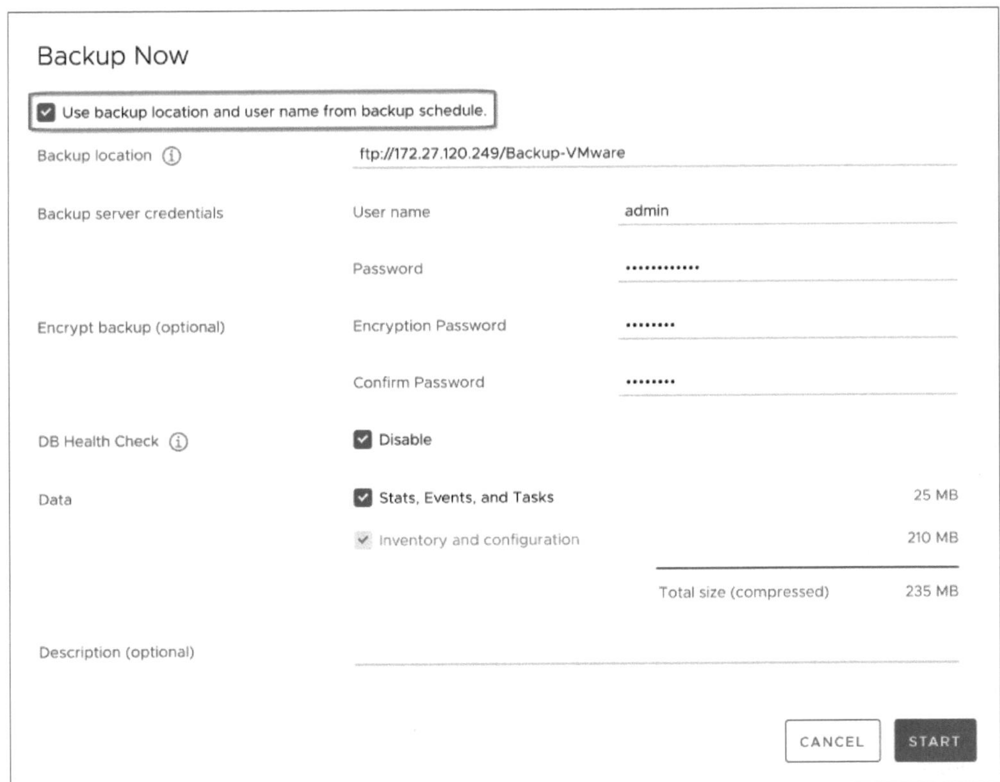

Abbildung 18.5 Einmalige Sicherung

Dabei können Sie bestimmen, die Verbindungsdaten aus dem regelmäßigen Backup zu übernehmen oder eine alternative Ablage für die Sicherung zu wählen. Mehr können Sie an dieser Stelle nicht tun.

Die Verzeichnisstruktur auf dem Sicherungsserver sieht folgendermaßen aus:

vCenter/sn_<FQDN der VCSA>/<Versionsnummer der VCSA>_<Datum>_<Uhrzeit>_ <Verschlüsselungskey>

Das Backup selbst setzt sich aus mehreren Files zusammen, die Abbildung 18.6 zeigt. Die Endung *.enc* zeigt, dass die Files verschlüsselt sind.

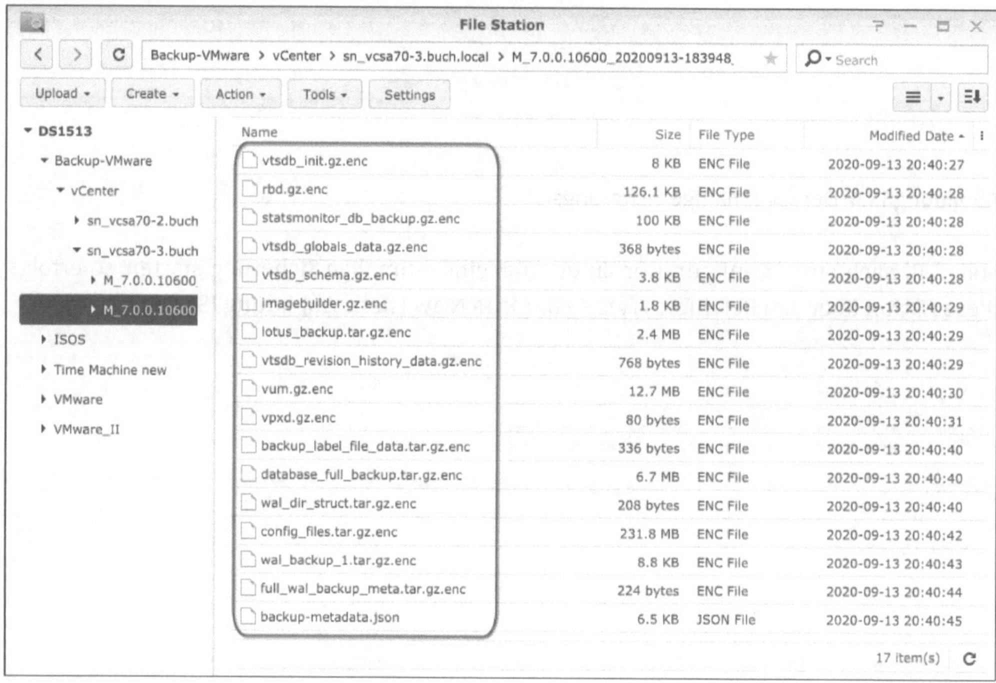

Abbildung 18.6 Files in der Datensicherung

> **Achtung**
>
> Kommen in Ihrer virtuellen Infrastruktur *Distributed Switches* zum Einsatz, sollten Sie auf jeden Fall die Konfiguration nach Änderungen sichern. Hinweise dazu finden Sie in Kapitel 7, »Das Netzwerk in VMware vSphere«.

Rücksicherung der vCenter Server Appliance

Für die Rücksicherung finden Sie auf der Managementwebseite keinen Auswahlpunkt. Dieser Vorgang erfolgt anders und ist ziemlich radikal, denn letztendlich ist die Rücksicherung eine Neuinstallation mit dem Einspielen der Datensicherung.

Achtung

Die Version, mit der Sie das Backup nutzen wollen, muss selbstverständlich mit der Version im Backup identisch sein!

Lassen Sie uns den Prozess näher betrachten. Zunächt einmal müssen Sie von dem VCSA-Installationsmedium die Installationsroutine aufrufen (siehe Abbildung 18.7).

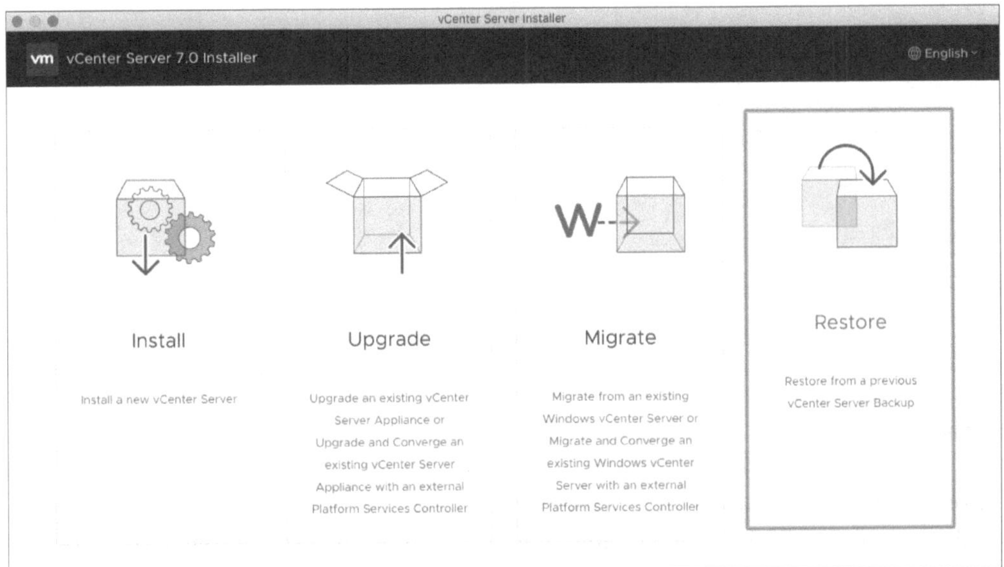

Abbildung 18.7 »Restore« einer VCSA

Im Wizard geben Sie den Mountpoint auf der Backup-Maschine nebst den benötigten Benutzerdaten ein (siehe Abbildung 18.8).

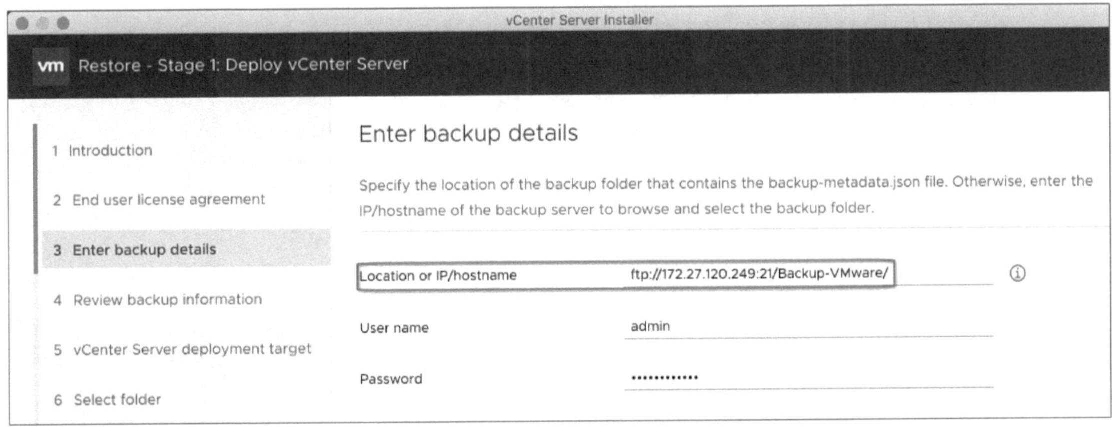

Abbildung 18.8 Angabe des Backup-Mountpoints

Es ist nicht notwendig, den gesamten Pfad zu kennen, denn in einer Art abgespecktem Filebrowser können Sie das gewünschte Backup auswählen (siehe Abbildung 18.9).

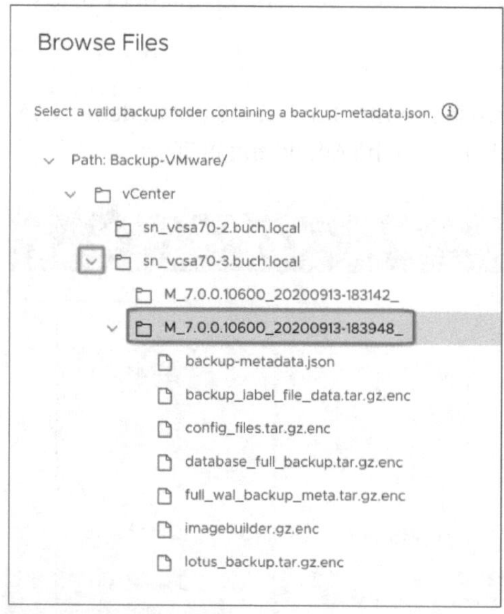

Abbildung 18.9 Auswahl des Backups

Informationen zum Zeitpunkt des Backups und der Konfiguration der VCSA finden Sie im nächsten Teil des Wizards (siehe Abbildung 18.10). Auf Basis dieser Daten wird später die Appliance wieder bereitgestellt.

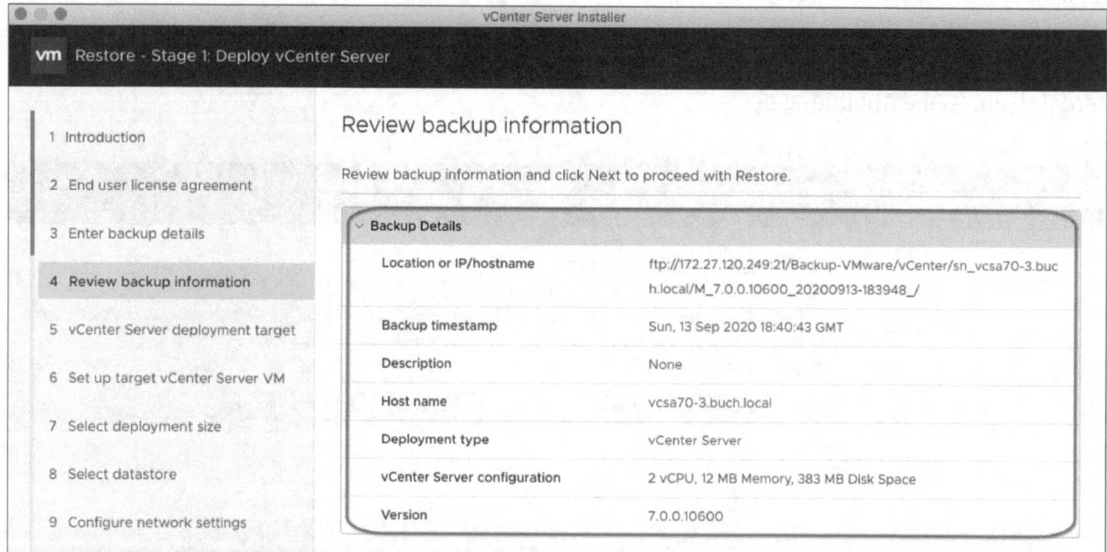

Abbildung 18.10 Information zur gesicherten Appliance

Jetzt kommen die bekannten Abfragen:

1. Host- oder vCenter-Auswahl zur Platzierung der VM
2. Ablageordner im Bereich *VMs and Templates*
3. Auswahl der Computing-Ressource
4. Name der neuen VCSA und Festlegung des Root-Kennworts
5. Festlegung der Bereitstellungsgröße
6. Auswahl des Ziel-Datastores
7. Kontrolle bzw. Festlegung der IP-Konfiguration

Nach der Anzeige der Zusammenfassung erfolgt die Bereitstellungsphase der VCSA, wie Sie sie auch von der Installation kennen. Ist Phase 1, die Bereitstellung, abgeschlossen, werden Sie nach Bestätigung automatisch in Phase 2 überführt. Hier wird Ihnen noch einmal angezeigt, welche Rücksicherung eingespielt wird. War die Sicherung des Systems verschlüsselt, muss an dieser Stelle das Passwort angegeben werden (siehe Abbildung 18.11).

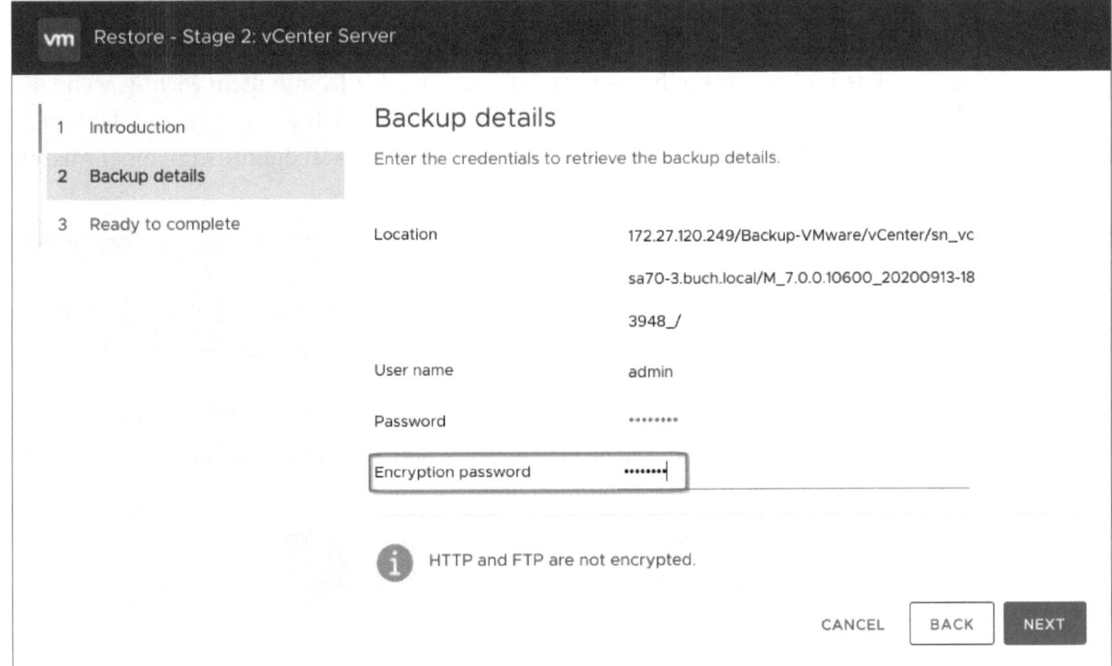

Abbildung 18.11 Eingabe des Verschlüsselungskennworts

Es erfolgt eine Validierung aller Daten.

Nach einer abschließenden Zusammenfassung beginnt die zweite Phase der Bereitstellung der VCSA mit der Übernahme der alten Daten (siehe Abbildung 18.12).

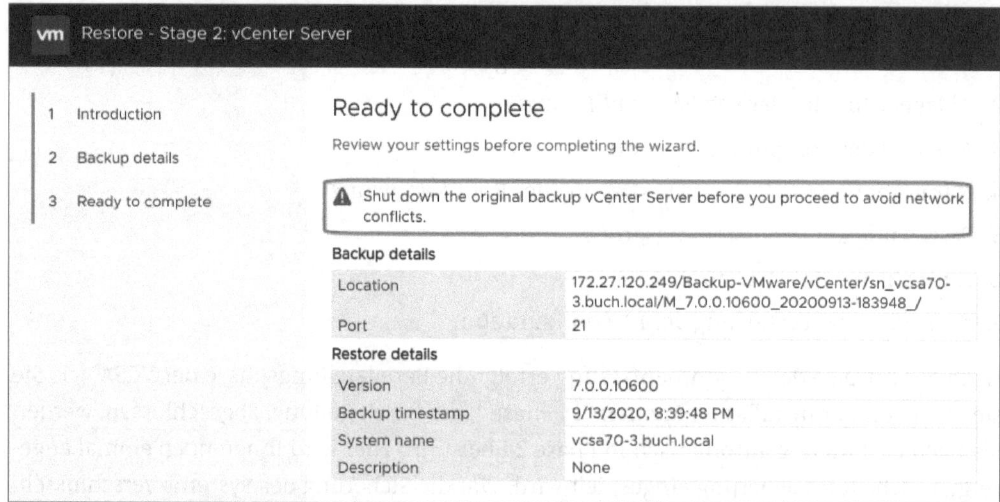

Abbildung 18.12 Zusammenfassung aller Informationen zur VCSA

Bitte beachten Sie den Hinweis, dass die alte VCSA heruntergefahren werden muss, damit keine Konflikte im Netzwerk auftreten können. Das ist natürlich nur dann wichtig, wenn die alte VCSA noch »lebt«. Sie können, sollte die alte VCSA noch aktiv sein, so die Zeit der Bereitstellung kompensieren. Bei der Konfiguration der neuen VCSA ist definitiv mit einer Auszeit zu rechnen.

Hinweis

Die Zeitdauer für die Abarbeitung beider Phasen kann schwer beziffert werden. Grundsätzlich hängt das von der Menge der zu importierenden Daten ab. Je nach Größe müssen Sie etwas Geduld mitbringen.

Wenn nach erfolgter Rücksicherung alle Dienste neu gestartet sind, können Sie wieder normal mit der VCSA arbeiten (siehe Abbildung 18.13).

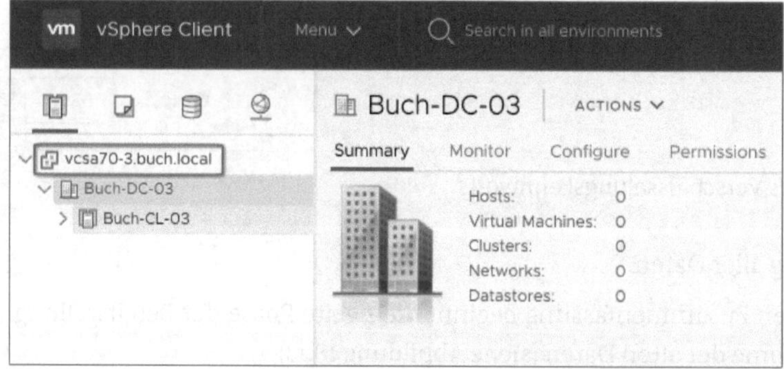

Abbildung 18.13 Abgeschlossene Wiederherstellung der VCSA

Achtung

Soll eine VCSA, die mit vCenter HA abgesichert ist, wiederhergestellt werden, müssen alle drei VCSAs (*primäre, sekundäre* und *Witness*) heruntergefahren werden. Der VCSA-Cluster wird nicht automatisch wiederhergestellt. Er muss nach der Rücksicherung wieder neu eingerichtet werden!

18.2 Ausfallsicherheit für das vCenter

Eines der wichtigsten Systeme der virtuellen Infrastruktur ist das Management. Welche Möglichkeiten gibt es, um den vCenter Server gegen einen Ausfall abzusichern? Mit dem Wegfall des vCenter Servers unter Windows ist das Thema sehr einfach zu regeln. vSphere HA ist die Funktion der Wahl. Sie ist im Paket vSphere Standard genau so wie in vSphere Enterprise Plus integriert.

Bedenken Sie

Letztendlich ist alles so sicher wie das schwächste Glied in der Kette.

Nähere Informationen zu möglichen vCenter-Server-Architekturen entnehmen Sie bitte Kapitel 2, »vSphere-Architektur«). Für die Installationen schauen Sie ins Kapitel 5, »Installation von ESXi und vCenter«.

Der einfachste Ansatz ist sicherlich die intelligente Nutzung von vSphere HA. Dazu richten Sie die VCSA ein und verwenden als nutzbare Hosts zwei dedizierte Systeme in zwei unterschiedlichen Brandabschnitten. Fällt der eine Host aus, wird das vCenter im anderen Brandabschnitt automatisch in Betrieb genommen und die virtuelle Umgebung kann weiter administriert werden.

Mit der Funktion *vCenter HA* lässt sich sehr gut eine hohe Verfügbarkeit der VCSA realisieren. Dazu sollten regelmäßig entsprechende Tests durchgeführt werden. Diese Option finden Sie als entsprechenden Punkt im Client (siehe Abbildung 18.14).

Beim Aufruf des Failover-Tests kann eine abschließende Synchronisierung unterbunden werden. Das ergibt für einen Test aber gar keinen Sinn.

Fällt die primäre VCSA aus, wird die sekundäre produktiv gesetzt. Der Prozess beinhaltet mehrere Schritte. Zuerst wird die primäre VCSA vom Netz genommen, dann wird auf der sekundären das Netzwerk aktiviert. Anschließend werden alle VCSA-Dienste gestartet.

Für Wartungsarbeiten ist der Edit-Button vorgesehen (siehe Abbildung 18.14). Im entsprechenden Fenster gibt es grundsätzlich drei Optionen, von denen immer nur zwei auswählbar sind. Die Punkte variieren je nach Zustand des Clusters (siehe Abbildung 18.15).

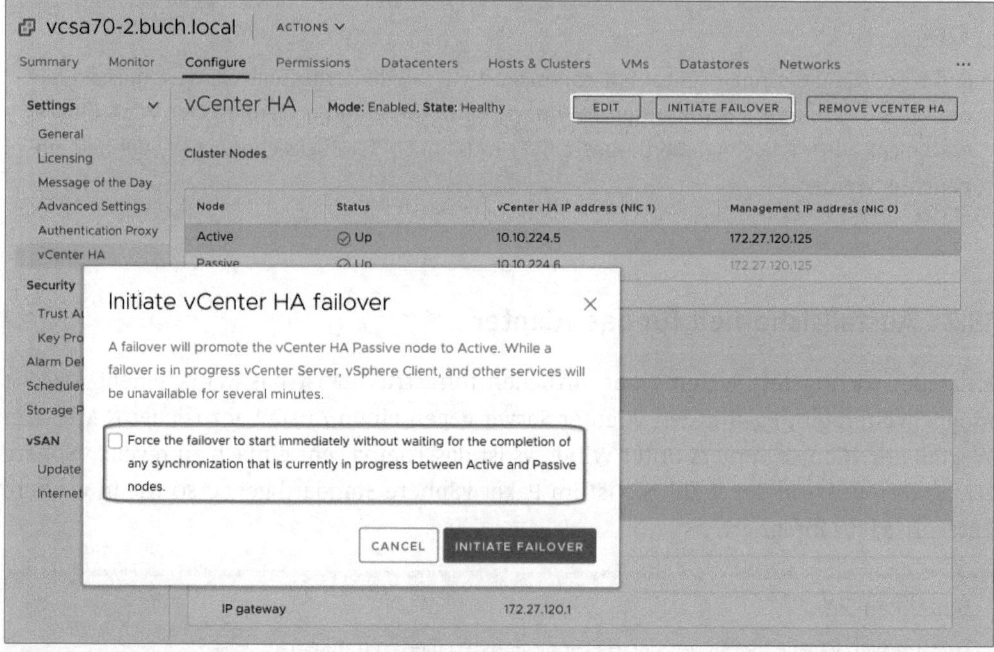

Abbildung 18.14 Failover-Test

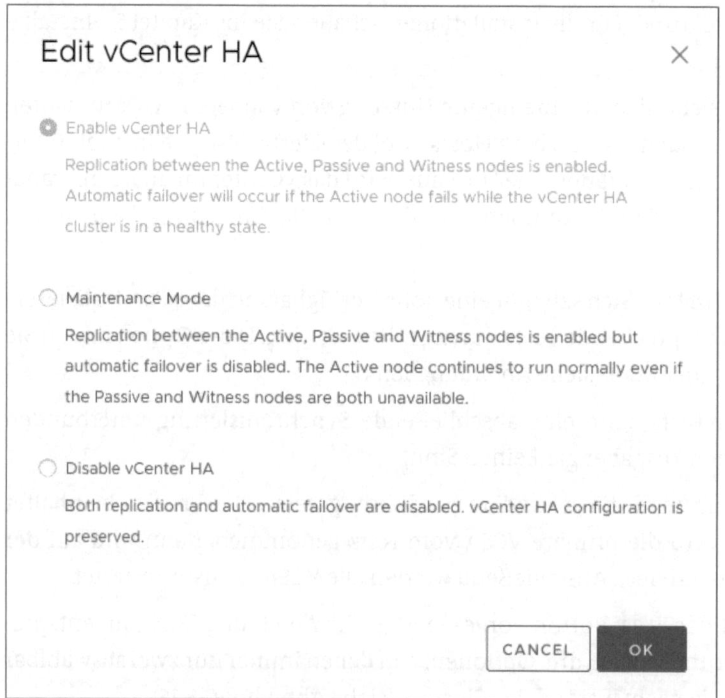

Abbildung 18.15 Wartungsoptionen von vCenter HA

> **Hinweis**
> Wie beim Neustart einer VCSA müssen Sie auch bei der Produktivsetzung der sekundären VCSA mit einem Zeitfenster von ca. 10 bis 15 Minuten rechnen.

Mit dem MAINTENANCE MODE wird der automatische Failover deaktiviert, aber die Synchronisation bleibt aktiv. Der Punkt DISABLE VCENTER HA deaktiviert beides, also den Failover und die Synchronisation. Mehr Auswahl gibt es hier nicht. Der Rückbau des vSphere-HA-Clusters ist aus diesem Dialog ins Hauptfenster gewandert (siehe Abbildung 18.16).

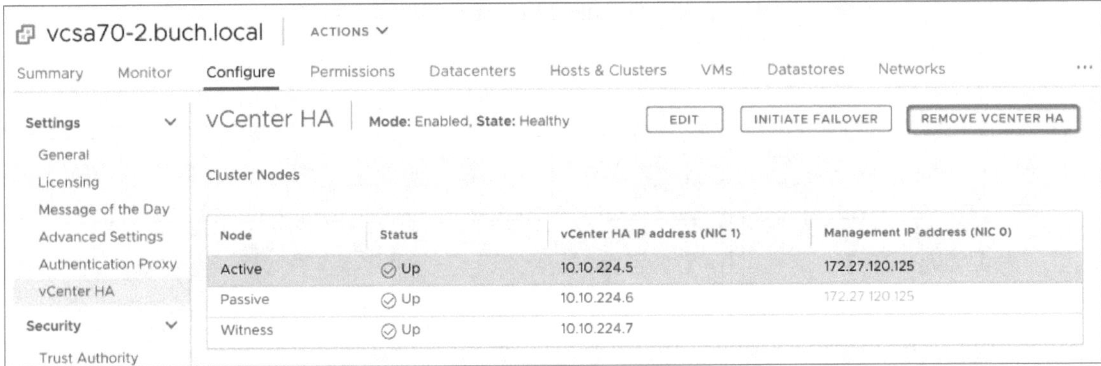

Abbildung 18.16 Rückbau des VCSA-Clusters

Über REMOVE VCENTER HA wird der vCenter-HA-Cluster wieder zurückgebaut und hält die primäre VCSA produktiv. Dieser Schritt erfolgt unterbrechungsfrei.

18

18.3 Fault Tolerance

Fault Tolerance (FT) ist eine Technologie, die von VMware entwickelt wurde. Im Gegensatz zu *VMware High Availability* (vSphere HA), bei dem die virtuellen Maschinen auf einem anderen Host neu gestartet werden, sobald ein Cluster-Knoten ausfällt, läuft die virtuelle Maschine bei FT nahtlos weiter.

Mit vSphere 7.0 gibt es eine Unterstützung von bis zu acht vCPUs. vSphere Standard unterstützt dabei nur zwei vCPUs.

> **Hinweis**
> Es gibt zwei Fault-Tolerance-Versionen: *FT* und *FT-Legacy*. Aus Gründen der Rückwärtskompatibilität zu den vSphere-Vorgängerversionen gibt es *FT-Legacy* nur für VMs mit einer vCPU und vSphere in der Version 6.5.
>
> FT-Legacy hat andere Einschränkungen als FT. Hier werden wir nur die aktuelle FT-Version beschreiben.

Es gibt keine Ausfallzeit beim Absturz einer virtuellen Maschine, die durch FT geschützt ist. Dabei spielt es keine Rolle, ob nur die primäre VM ausgefallen ist oder das komplette Hostsystem, auf dem die primäre VM lief. Es handelt sich also um eine erweiterte Hochverfügbarkeit, die vor ihrer Einführung auch als *Continuous High Availability* bezeichnet wurde. Ein Eingriff in den Gast ist nicht notwendig, allerdings müssen für FT einige Randbedingungen erfüllt sein. Damit ist FT sogar weit mächtiger als die bekannten Cluster-Produkte und bietet den höchsten Grad an Ausfallsicherheit.

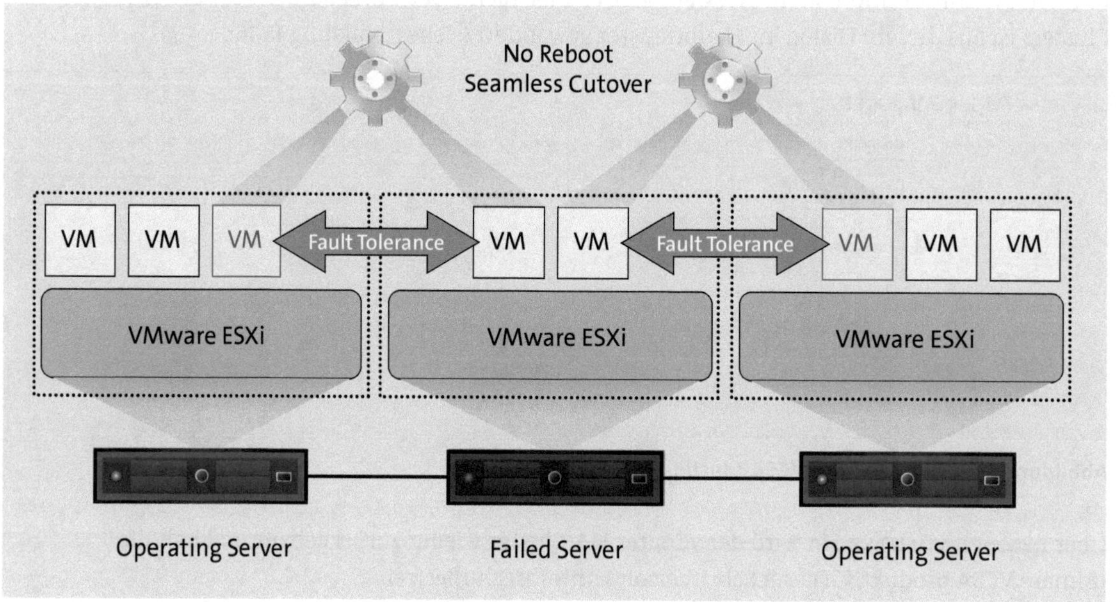

Abbildung 18.17 Fault Tolerance ermöglicht einen unterbrechungsfreien Betrieb virtueller Maschinen, sogar beim Ausfall des physischen ESXi-Servers.

18.3.1 Wie funktioniert Fault Tolerance?

War es in der alten Version so, dass mit gemeinsamen Festplattenfiles gearbeitet wurde, so gibt es jetzt eine komplett identische zweite Maschine, die auch die gleichen Ressourcenmengen beansprucht (siehe Abbildung 18.18).

Beim Aktivieren von FT an einer virtuellen Maschine wird durch den *FT Motion Mirror*-Treiber die sekundäre Maschine angelegt. Dabei müssen Sie auswählen, auf welchem Datenbereich die sekundäre Maschine platziert werden soll. Dem Administrator bieten sich hier weitere Möglichkeiten der Ausfallsicherung.

Ist die zweite VM angelegt und gestartet, wird die *Fast Checkpointing*-Technologie aktiv und sorgt dafür, dass beide Maschinen immer abgeglichen werden. Was verbirgt sich hinter dieser Technologie? Lassen Sie uns das mit einer Änderungsanforderung erklären, die durch eine externe Anforderung an das System herangetragen wird (siehe Abbildung 18.19).

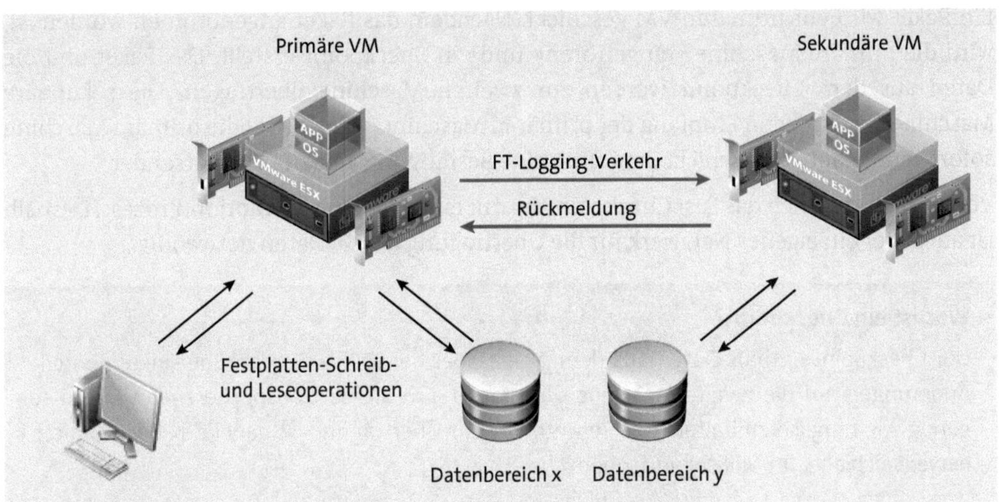

Abbildung 18.18 Funktionsübersicht von »VMware Fault Tolerance«

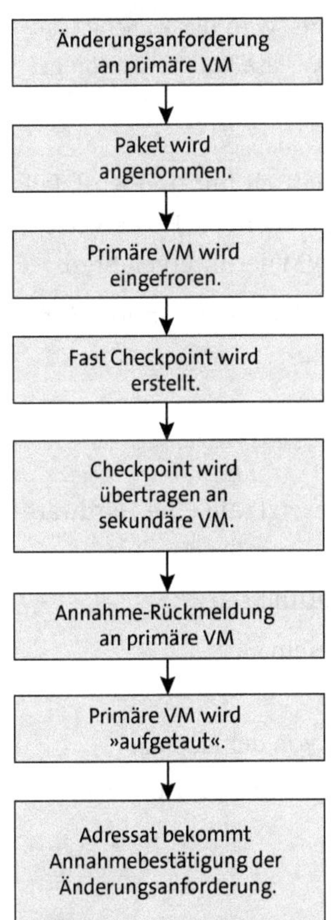

Abbildung 18.19 Abarbeitung der Änderungsanforderung

Ein Paket wird zur primären VM geschickt. Nachdem das Paket angenommen worden ist, wird die primäre Maschine »eingefroren« und ein Checkpoint erstellt. Das Paket und die Daten aus dem Checkpoint werden zur zweiten Maschine übertragen. Die sekundäre Maschine bestätigt den Empfang der primären Maschine. Damit wird die primäre Maschine sofort »aufgetaut« und schickt daraufhin eine Bestätigung an den Paketversender.

Vergleichen lässt sich das Fast Checkpointing mit einem endlosen vMotion-Prozess. Deshalb ist auch hier ein eigenes Netzwerk für die Übertragung der FT-Daten notwendig.

Was ist ein Checkpoint?

Der Checkpoint enthält Daten aus dem Arbeitsspeicher. Diese werden über inkrementelle Änderungen auf die zweite Maschine übertragen, um die zu transportierenden Daten so gering wie möglich zu halten. Das Zeitintervall zur Übertragung ist dabei flexibel gestaltet, bewegt sich aber im Millisekundenbereich.

Wichtig

Fällt die primäre virtuelle Maschine aufgrund eines Bluescreens aus, wird dieses Schicksal mit sehr hoher Wahrscheinlichkeit auch die sekundäre VM ereilen. Diese könnte allerdings durch *HA Virtual Machine Monitoring* neu gestartet werden.

Wird die primäre VM gestartet, startet die sekundäre VM automatisch mit und wird, falls DRS aktiviert ist, anhand der DRS-Empfehlungen auf den entsprechenden Hosts verteilt. Wird die primäre VM heruntergefahren, wird auch die sekundäre VM heruntergefahren.

Sowohl die primäre als auch die sekundäre VM können mittels vMotion migriert, dürfen aber nie auf dem gleichen Hostsystem betrieben werden.

18.3.2 Technische Voraussetzungen

Damit FT funktioniert, werden in den ESXi-Hosts CPUs vorausgesetzt, die eine Hardwarevirtualisierung unterstützen.

Neben der CPU-Kompatibilität müssen folgende Anforderungen erfüllt sein:

- Auf allen Hosts muss dieselbe VMware-ESXi-Version installiert sein.
- Alle Hosts müssen im gleichen HA-Cluster konfiguriert sein.
- Ein Host kann maximal acht vCPUs mit FT managen (abhängig von der Lizenz).
- Shared Storage muss verwendet werden, da die Festplatten nicht repliziert, sondern gemeinsam genutzt werden.
- Es können bis zu acht virtuelle CPUs verwendet werden.
- DRS wird unterstützt.
- Storage vMotion ist nicht erlaubt.

- Wechselmedien mit physischer Verbindung (nur ISO oder Client Device) sind nicht erlaubt.
- USB- oder Soundgeräte werden nicht unterstützt.
- Es ist keine PCI-Passthrough-Unterstützung vorhanden.
- Es ist keine Unterstützung für Device-Hot-Plugging vorhanden.
- RDM wird im Virtual Mode unterstützt, RDM im Physical Mode aber nicht.
- N-Port-ID-Virtualisierung (NPIV) wird nicht unterstützt.
- Die maximale Größe der virtuellen Festplattendatei darf 2 TB nicht überschreiten.
- Die geschützte VM darf maximal 128 GB Arbeitsspeicher haben.
- Maximal 16 Festplattendateien werden unterstützt.
- Videogeräte mit 3-D-Option werden nicht unterstützt.
- Serielle und parallele Schnittstellen werden nicht unterstützt.
- Der Einsatz von Virtual vVols ist nicht möglich.

Sobald ein FT-fähiger Managementport eingerichtet ist und die CPU passt, wird automatisch eine Firewall-Regel für Fault Tolerance auf den ESXi-Servern aktiviert (siehe Abbildung 18.20). Diese sollten Sie auch nicht abschalten. Beim Managementport sollten Sie beachten, dass das Fault-Tolerance-Netzwerk auf guten Durchsatz beim Datenverkehr angewiesen ist und dass daher ein Netzwerk empfohlen wird, das von sonstigem Netzwerkverkehr getrennt ist.

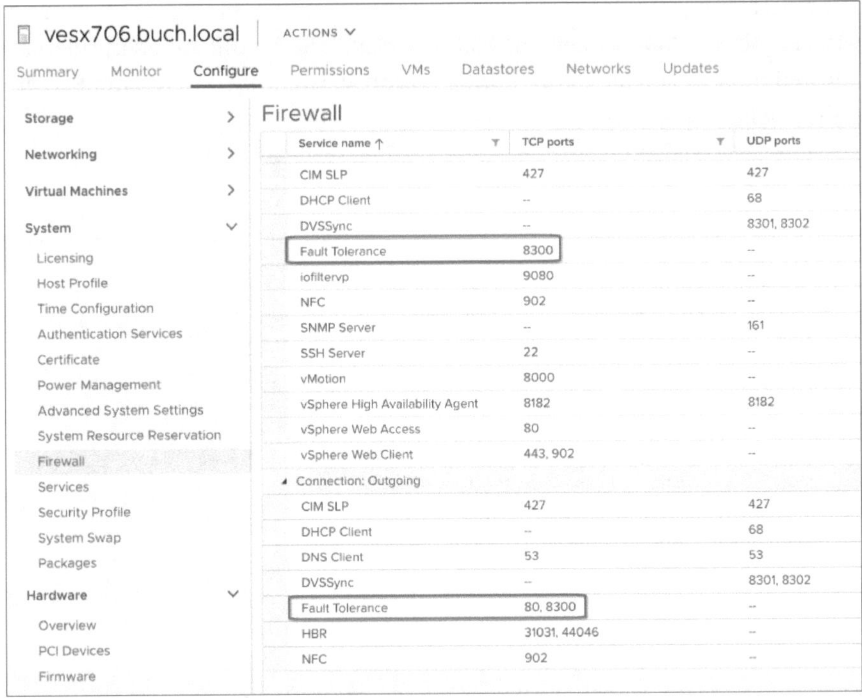

Abbildung 18.20 Fault-Tolerance-Firewall-Regel

Für die Auswertung der FT-Funktion kann eine zusätzliche Protokollierung aktiviert werden (siehe Abbildung 18.21).

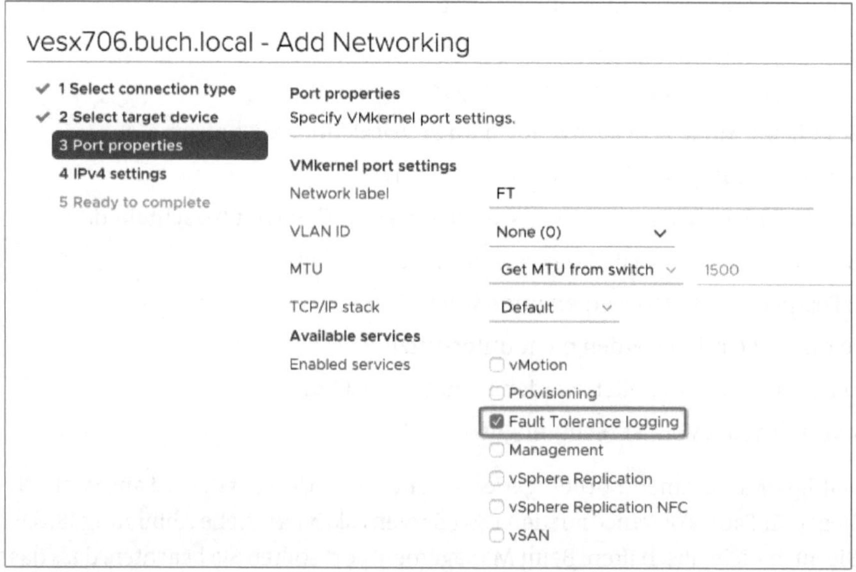

Abbildung 18.21 Aktivierung des FT-Loggings auf einem VMkernel-Port

Neben diesen Voraussetzungen müssen Sie eine weitere Einstellung setzen, die im vCenter konfiguriert wird. Es gibt die Möglichkeit, die ESXi-Hosts auf SSL-Zertifikate überprüfen zu lassen. Diese Einstellung müssen Sie in der Konfigurationsverwaltung des vCenter Servers einschalten (siehe Abbildung 18.22).

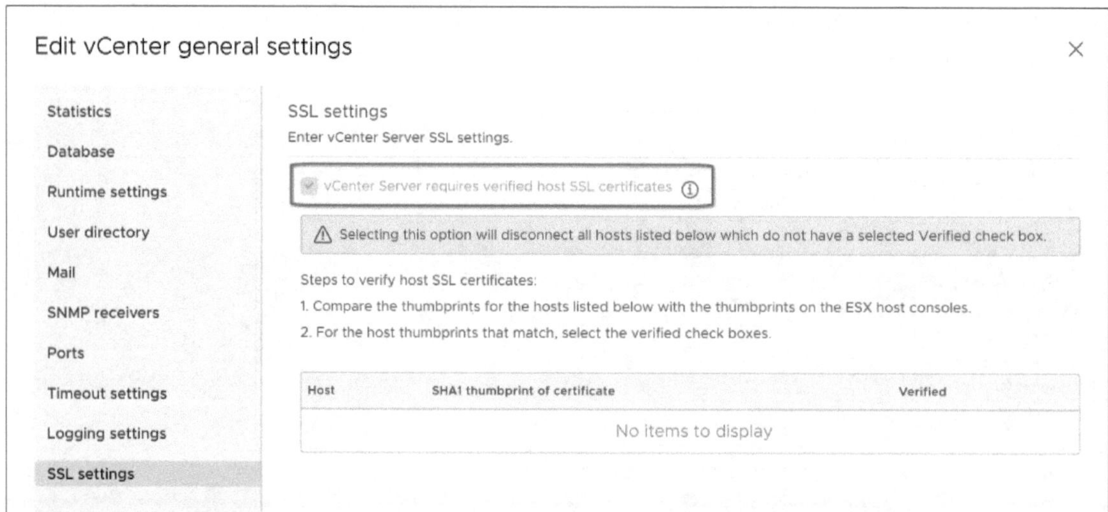

Abbildung 18.22 Die Überprüfung des SSL-Zertifikats muss für FT aktiviert sein.

Berechnung des Fault-Tolerance-Logging-Datenverkehrs

Wer an der Berechnung des Fault-Tolerance-Logging-Datenverkehrs interessiert ist, sollte sich die Formel merken, mit der VMware die Datenmenge ermittelt:

VMware-FT-Logging-Bandbreite ≈ (durchschnittliche Festplattenzugriffe (lesend) (MB/s) × 8 + durchschnittlicher Netzwerkverkehr (eingehend) (MBps)) × 1,2 [20 % Puffer]

18.3.3 Technische Einschränkungen

Es gibt einige Einschränkungen bei der Fault-Tolerance-Funktion seitens des Hosts. So werden maximal vier FT-geschützte VMs pro Host unterstützt. Die zweite Limitierung ist eine maximale Anzahl von acht FT-geschützten vCPUs. Dabei zählt die Grenze, die zuerst erreicht wird. Es zählen sowohl die vCPUs der primären als auch die der sekundären virtuellen Maschine.

18.3.4 Fault Tolerance für eine virtuelle Maschine aktivieren

Sind alle technischen Voraussetzungen erfüllt, ist das Aktivieren von FT kein großes Problem mehr. Sie müssen nur abhängig von der genutzten CPU die VM gegebenenfalls vorher abschalten.

Über das Menü im vCenter wählen Sie eine virtuelle Maschine aus. Durch einen Klick mit der rechten Maustaste öffnen Sie das Menü mit den verschiedenen Einstellungen, in dem ein Punkt FAULT TOLERANCE heißt (siehe Abbildung 18.23). Über diesen Punkt im Menü aktivieren Sie TURN ON FAULT TOLERANCE.

Sollte der Menüpunkt ausgegraut sein, liegt dies mit hoher Wahrscheinlichkeit an einem der folgenden Punkte:

- Die VM wird auf einem Host betrieben, der über keine FT-Lizenz verfügt.
- Die VM ist vom vCenter getrennt oder verwaist (*orphaned*, das heißt, die *.vmx*-Datei ist nicht im Zugriff).
- Der Anwender hat keine Berechtigung, FT zu nutzen.

Danach findet direkt eine Überprüfung der VM auf Kompatibilität statt.

Die Bereitstellung erfolgt in mehreren Schritten. Der Vorgang beginnt mit der Auflistung der Kernkomponenten und der Möglichkeit, den neuen Zieldatenbereich auszuwählen (siehe Abbildung 18.24).

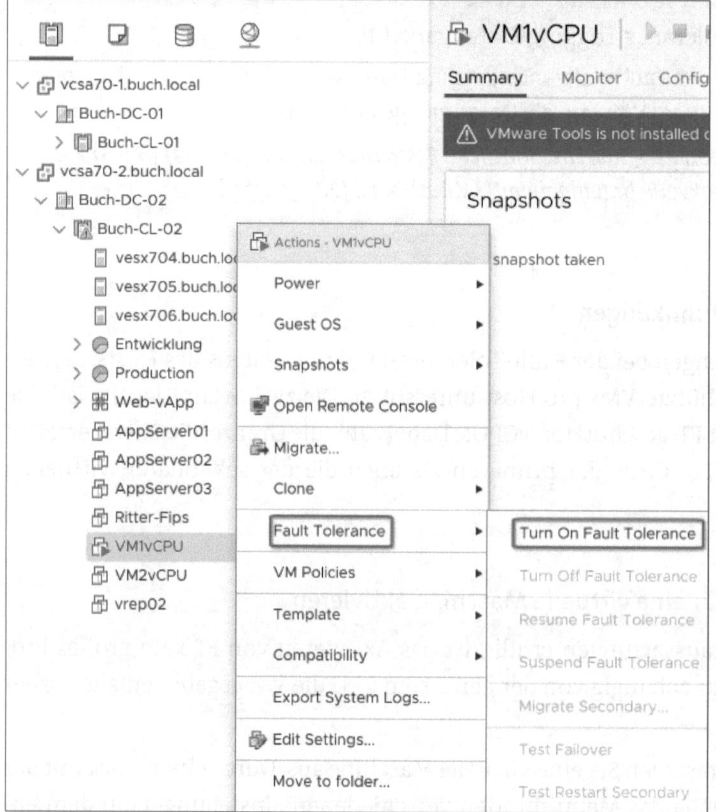

Abbildung 18.23 Aktivierung von FT über das Kontextmenü

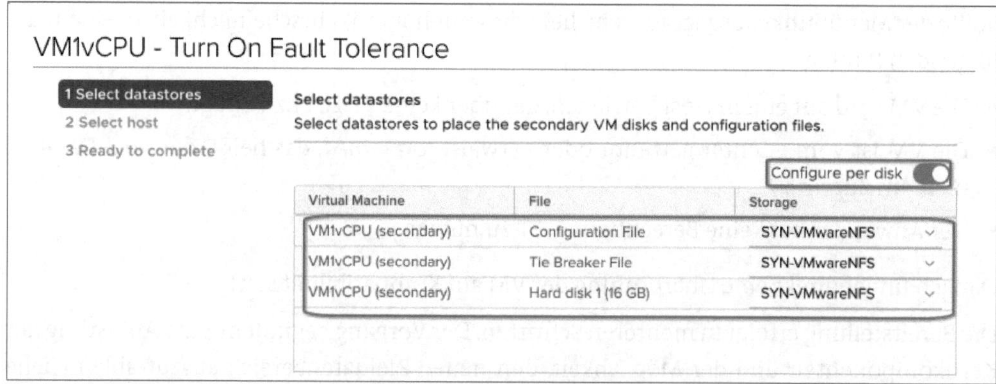

Abbildung 18.24 Festlegung des Datenbereichs für die sekundäre Maschine

Dabei kann die Ablage der einzelnen Files auf unterschiedlichen Datastores erfolgen. Es ist natürlich absolut sinnvoll, wenn die Secondary VM auf einem anderen Datastore liegt als die Primary VM.

Bei der Auswahl des Hosts (siehe Abbildung 18.25) erfolgt direkt eine Überprüfung des Zielhosts. Der Host, auf dem die primäre Maschine aktiv läuft, wird gar nicht erst zur Auswahl angeboten.

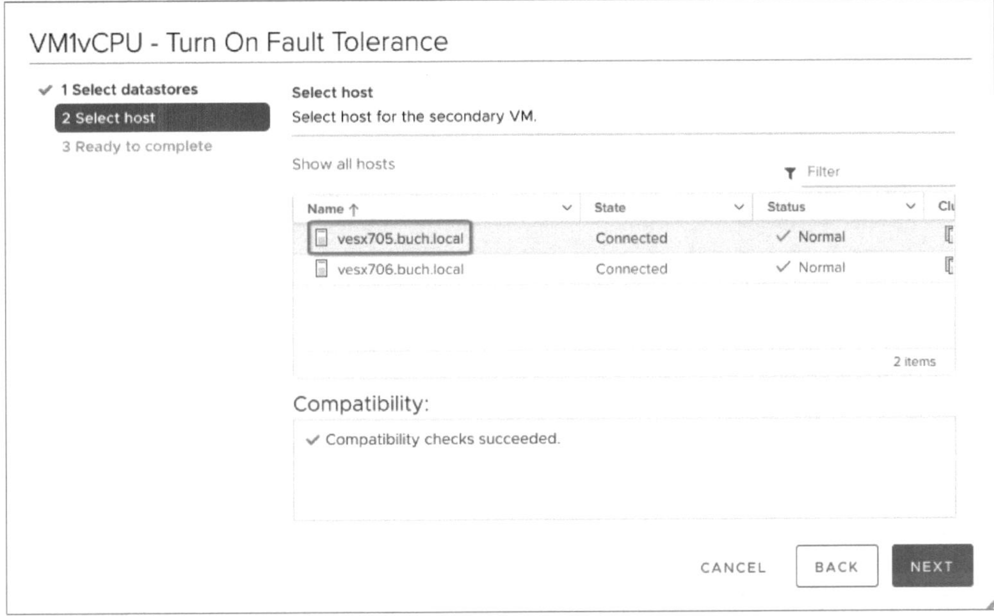

Abbildung 18.25 Platzierung der sekundären Maschine

Nachdem Sie die Aktivierung bestätigt haben, erscheint im RECENT TASKS-Fenster ein Task für die ausgewählte virtuelle Maschine, der TURN ON FAULT TOLERANCE heißt. Ist dieser Task abgeschlossen, wird ein weiterer Task aufgerufen, der FT startet.

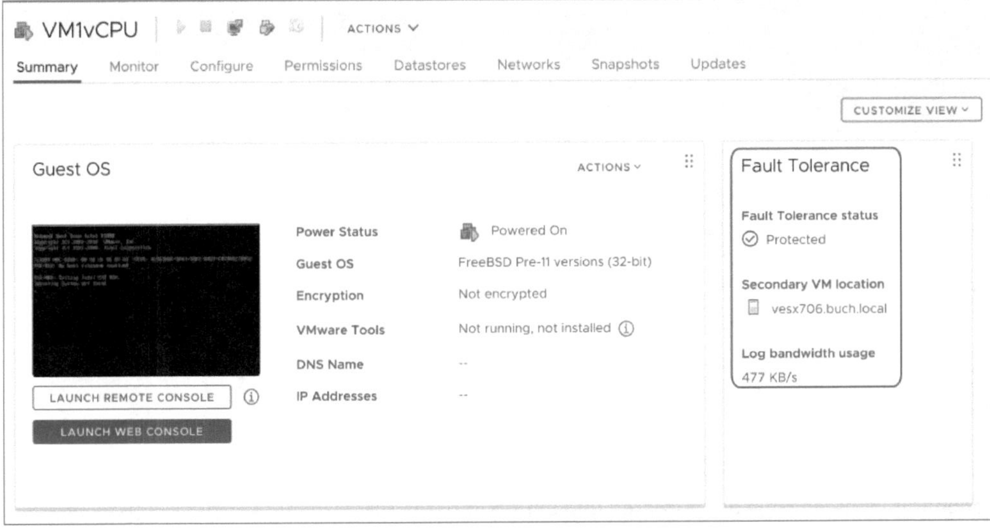

Abbildung 18.26 Anzeige des FT-Status auf der »Summary«-Seite der VM

Im selben Zug wird das ÜBERSICHT-Fenster (SUMMARY-Seite, siehe Abbildung 18.26) der virtuellen Maschine um ein FAULT TOLERANCE-Fenster erweitert. Dort finden Sie verschiedene Informationen zum FT-Status dieser virtuellen Maschine – zum Beispiel, auf welchem Host die sekundäre VM läuft und welche Latenzzeit bei der Log-Übertragung herrscht. Das bekannte Icon der primären virtuellen Maschine im Inventar des vCenters wird außerdem in Dunkelblau angezeigt, sodass eine FT-geschützte VM direkt zu erkennen (siehe Abbildung 18.27).

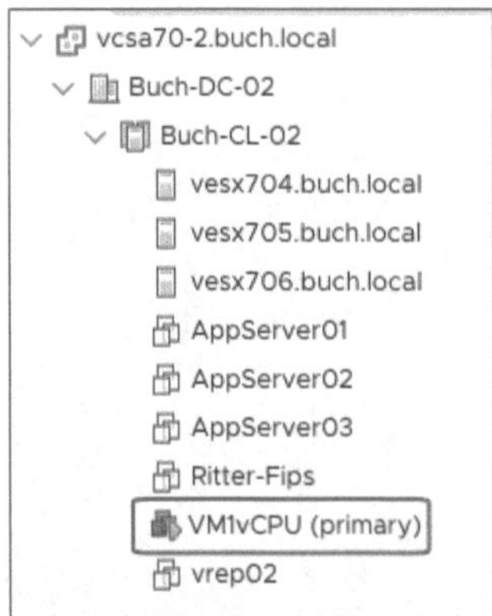

Abbildung 18.27 Anpassung des VM-Symbols nach erfolgreicher FT-Aktivierung

Wenn Sie sich die virtuellen Maschinen im Cluster anschauen, werden Sie erkennen, dass ein weiterer Eintrag hinzugefügt wurde: Die durch FT geschützte virtuelle Maschine hat nun einen zweiten Eintrag, der durch (SECONDARY) erweitert wird (siehe Abbildung 18.28). Dies ist die sekundäre Maschine, die verwendet wird, wenn die primäre Maschine ausfällt. Die sekundäre VM erscheint nur in der VM-Ansicht des Clusters oder des ESXi-Hosts.

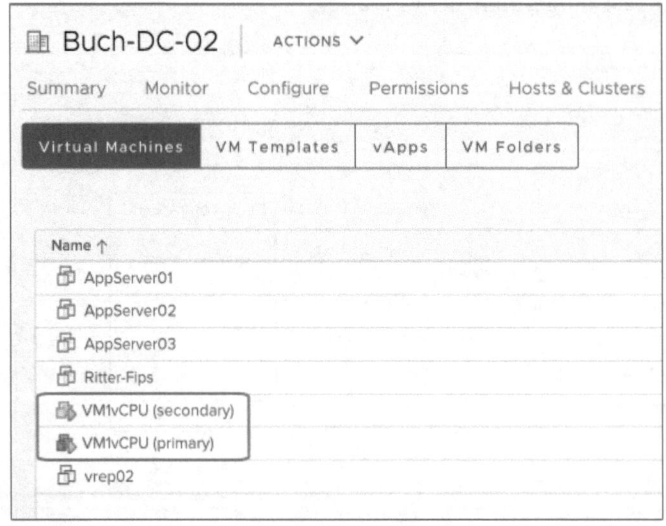

Abbildung 18.28 Anzeige der primären und der sekundären VM

Sobald FT einwandfrei läuft, kann die primäre VM aus beliebigem Grund ausfallen (mit Ausnahme des Ausfalls des Shared Storage, wenn beide auf derselben Box liegen). Die sekundäre VM springt in der gleichen Sekunde an und übernimmt die Funktionen der primären VM. Dies geschieht ohne Ausfall und ohne Datenverlust.

18.3.5 Bedienung von Fault Tolerance für eine virtuelle Maschine

Sobald *Fault Tolerance* für eine oder mehrere VMs aktiviert ist, existiert ein neues Kontextmenü mit deutlich mehr Menüpunkten zur Verwaltung von Fault Tolerance. In Tabelle 18.2 finden Sie Erklärungen zu den Optionen aus Abbildung 18.29.

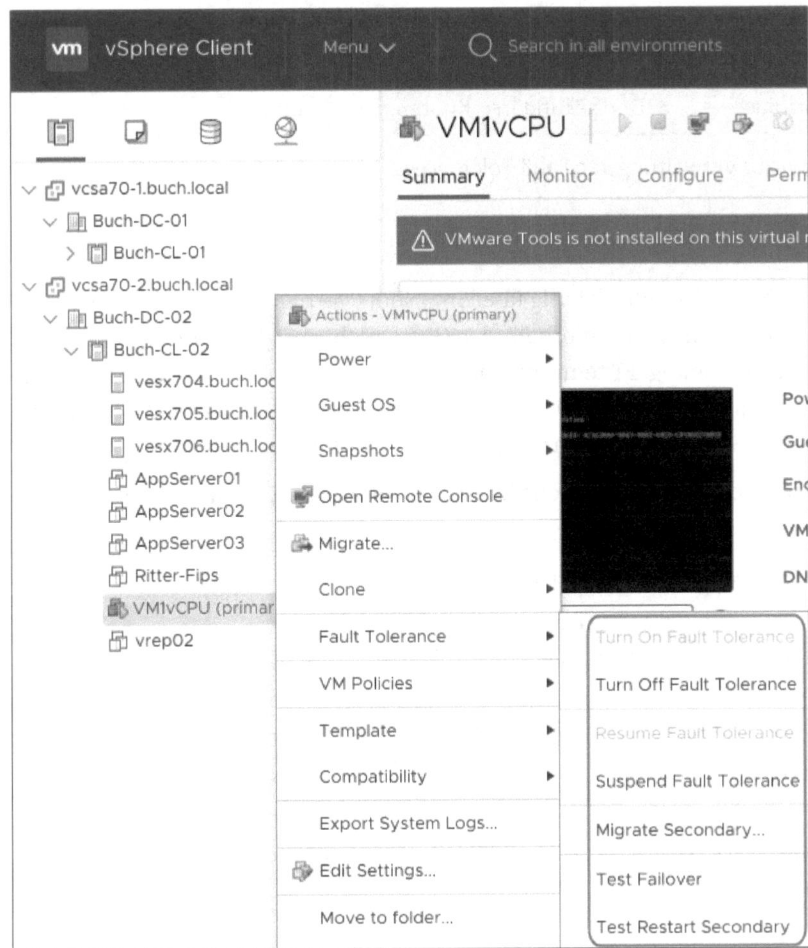

Abbildung 18.29 Kontextmenü bei aktivierter Fault Tolerance

Option	Beschreibung
TURN ON FAULT TOLERANCE	FT aktivieren.
TURN OFF FAULT TOLERANCE	FT abschalten und alle FT-Statistikdaten löschen.
RESUME FAULT TOLERANCE	Die VM aus dem Suspend-Modus reaktivieren.
SUSPEND FAULT TOLERANCE	Die VM in den Suspend-Modus versetzen.
MIGRATE SECONDARY	Den sekundären Knoten auf einen anderen ESXi-Host migrieren.
TEST FAILOVER	FT-Umschaltung vom primären auf den sekundären Knoten testen.
TEST RESTART SECONDARY	Den sekundären Knoten neu starten.

Tabelle 18.2 Optionen zur Verwaltung von Fault Tolerance

18.3.6 Snapshots mit FT

Da mit FT geschützte VMs nicht gleichzeitig über Snapshots verfügen dürfen, ist eine Sicherung mit Sicherungsprogrammen außerhalb des Gasts nicht möglich. Um dies dennoch durchzuführen, ist es notwendig, FT temporär abzuschalten, wenn Sie einen Snapshot anlegen wollen. Dies führen Sie idealerweise mit dem Menüeintrag TURN OFF FAULT TOLERANCE durch und aktivieren FT wieder, nachdem alle Snapshots gelöscht wurden.

Im Folgenden sehen Sie ein PowerShell-Beispiel zur Aktivierung und Deaktivierung von FT:

- **Activation:**
  ```
  Get-VM VM1 | Get-View | % { $_.CreateSecondaryVM($null) }
  ```
- **Turn off:**
  ```
  Get-VM VM1 | Select -First 1 | Get-View | % { $_.TurnOffFault-ToleranceForVM() }
  ```
- **Disable FT:**
  ```
  Get-VM VM1 | Select -First 1 | Get-View | % { $_.DisableSecondary-VM(get-vm
  "secondary VM") }
  ```
- **Enable FT:**
  ```
  Get-VM VM1 | Select -First 1 | Get-View | % { $_.EnableSecondary-VM(get-vm
  "secondary VM") }
  ```

18.3.7 Was passiert im Fehlerfall?

In Tabelle 18.3 finden Sie verschiedene Aktionen, mit denen auf Fehler reagiert wird.

Ausfall	Aktion
Teilausfall des primären Hosts (z. B. Fibre-Channel-Ausfall – kein Zugriff auf den Storage)	*Fault Tolerance* schaltet auf die sekundäre VM um.
Komplettausfall des primären Hosts	*Fault Tolerance* schaltet auf die sekundäre VM um.
Ausfall der Hosts, auf denen der primäre und der sekundäre Knoten laufen	*vSphere HA* startet den primären Knoten, und der sekundäre Knoten wird durch *VMware FT* gestartet.
Softwarefehler (Kernel-Panic, Bluescreen) auf dem primären Knoten	*VM Monitoring* (VMHA) erkennt den Ausfall aufgrund des fehlenden VMware-Tools *Heartbeat* und startet den primären Knoten neu. Der sekundäre Knoten wird mit dem primären durch FT neu gestartet.
Split-Brain-Situation, da der primäre und der sekundäre Knoten sich nicht mehr sehen (Netzwerkfehler)	Das Renaming (das Umbenennen einer Datei im Shared Storage) wird von einer VM »gewonnen«; die andere schaltet sich selbst ab.
Die primäre VM wird suspendiert.	Die sekundäre VM wird ausgeschaltet.
Reset der primären VM (*hard*)	Die sekundäre VM wird beim Reset ausgeschaltet und beim Neustart des primären Knotens durch einen angepassten vMotion-Prozess erstellt.
Restart Guest der primären VM (*soft*)	Die primäre und die sekundäre VM führen einen Neustart ohne Abschaltung durch.

Tabelle 18.3 Was passiert im FT-Fehlerfall?

18.3.8 Lizenzierung von FT

VMwares *Fault Tolerance* ist Bestandteil der vSphere-Suite, die auf CPU-Sockel-Basis lizenziert wird und ab der Edition *Standard* integriert ist. In der Version *Standard* können VMs mit maximal zwei vCPUs abgesichert werden. Für die Absicherung von virtuellen Maschinen mit bis zu acht vCPUs ist die *Enterprise Plus*-Version notwendig.

18.3.9 Fault Tolerance Legacy Version

Die alte FT-Version sollte nicht mehr genutzt werden. Mit einer Aktualisierung der virtuellen Hardwareversion hat sich das Thema erledigt.

18.4 Windows Server Failover Clustering (WSFC) Service für virtuelle Maschinen

Zwischenzeitlich wurde der Microsoft Cluster Service für virtuelle Maschinen nicht mehr unterstützt. Mit vSphere 7.0 kehrt der Support für Cluster unter Windows wieder zurück. Aus unserer Sicht ergibt es keinen Sinn, hier den Inhalt des entsprechenden Whitepapers von VMware zu hinterlegen. Wenn Sie sich für das Thema interessieren, lesen Sie am besten unter *https://docs.vmware.com/en/VMware-vSphere/7.0/vsphere-esxi-vcenter-server-70-setup-wsfc.pdf* weiter, dort finden Sie alle Informationen zu dem Thema.

18.5 vSphere Replication

Die Funktion *vSphere Replication* dient der Replikation von virtuellen Maschinen, entweder innerhalb einer Site oder Site-übergreifend.

Hier muss als Erstes die Site Recovery aufgerufen werden, auch wenn es »nur« um eine Replikation geht (siehe Abbildung 18.30). Wählen Sie dazu im Menü die SITE RECOVERY aus.

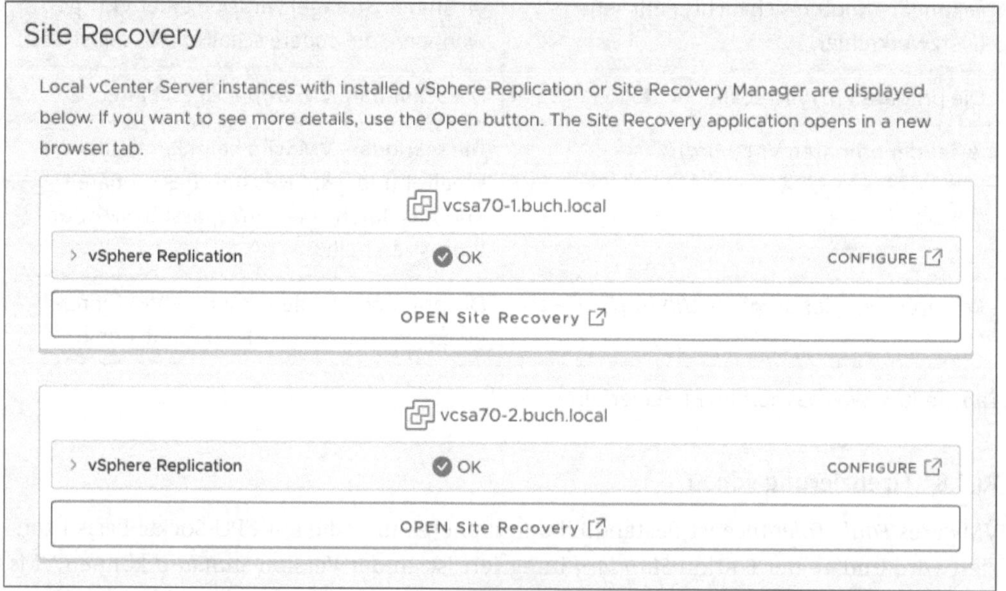

Abbildung 18.30 Einstieg zur Konfiguration der Replikation

Zur Verbindung mit einer zweiten Site muss eine entsprechende Konfiguration erfolgen (siehe Abbildung 18.31). Dabei kann die Remote-Site ein weiterer Brandabschnitt bzw. Standort sein oder auch ein Cloud-Provider.

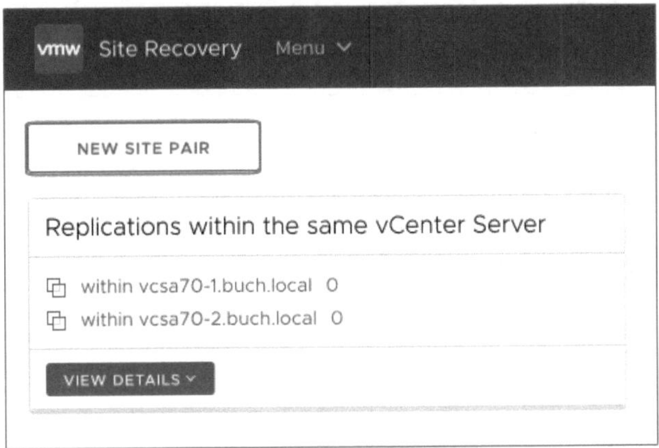

Abbildung 18.31 Verbinden von Sites

Über die Auswahl New Site Pair erstellen Sie die Verbindung. Dabei müssen Sie die Quell-Site und die Ziel-Site auswählen. Die Verbindung mit einer Site innerhalb des Unternehmens erfordert die Anmeldedaten für das zugehörige vCenter (siehe Abbildung 18.32).

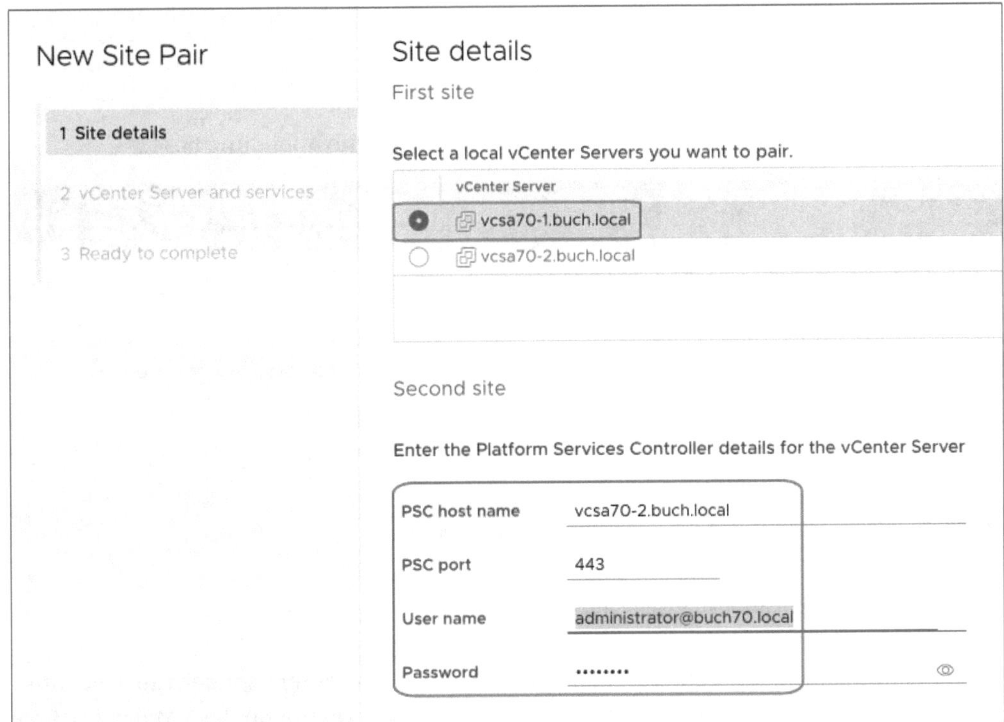

Abbildung 18.32 Anmeldedaten für die zweite Site

18

Es folgt ein Zertifikatshinweis, und wenn das zweite vCenter gefunden wird, ist eine Auswahl möglich (siehe Abbildung 18.33). Zusätzlich ist die Replikationsinstanz auszuwählen.

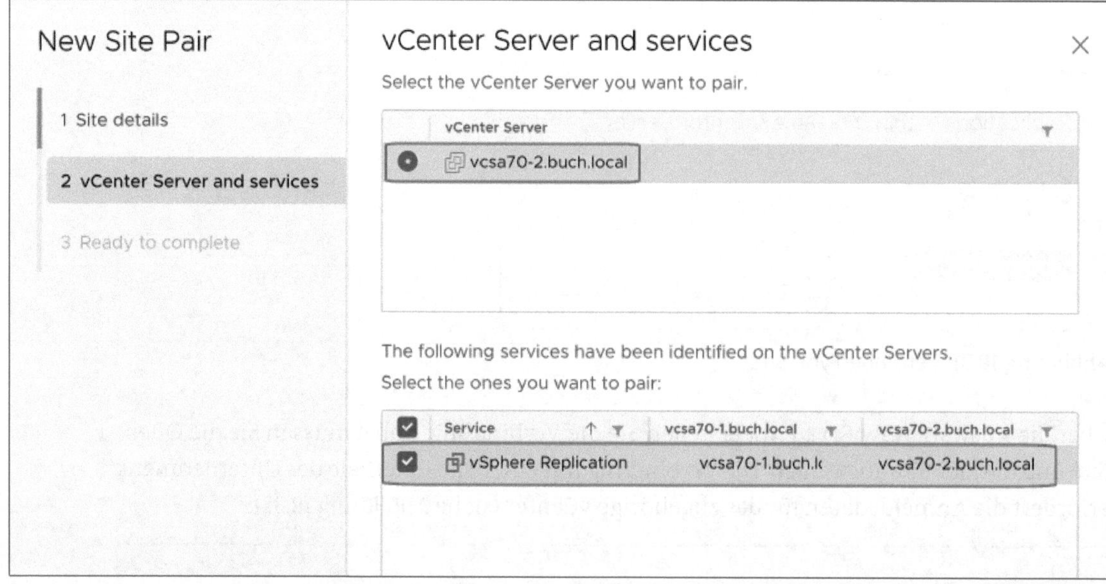

Abbildung 18.33 Auswahl der Ziel-Replikationsinstanz

Nach einer Zusammenfassung besteht eine Verbindung (siehe Abbildung 18.34).

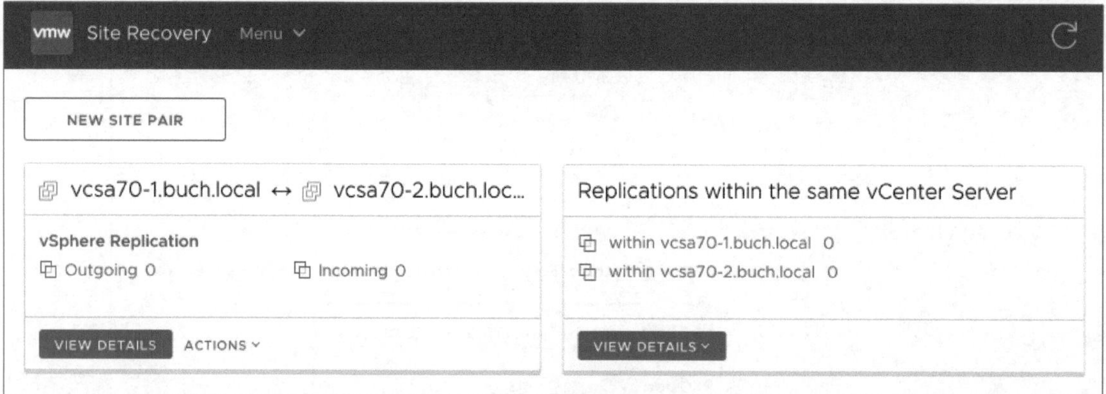

Abbildung 18.34 Replikationspartner sind festgelegt.

Sie können jetzt nicht nur eine Replikation innerhalb eines vCenters, sondern auch vCenter-übergreifend durchführen. Der Aufruf erfolgt über das Kontextmenü der VM per All Site Recovery Actions • Configure Replication. Alternativ kann die Replikation über die Webseite des *Site Recovery Managers* erfolgen.

Im ersten Schritt müssen Sie das Ziel für die Replikation aussuchen (siehe Abbildung 18.35). Der zugehörige Replikationsserver kann hier manuell oder automatisch zugeordnet werden.

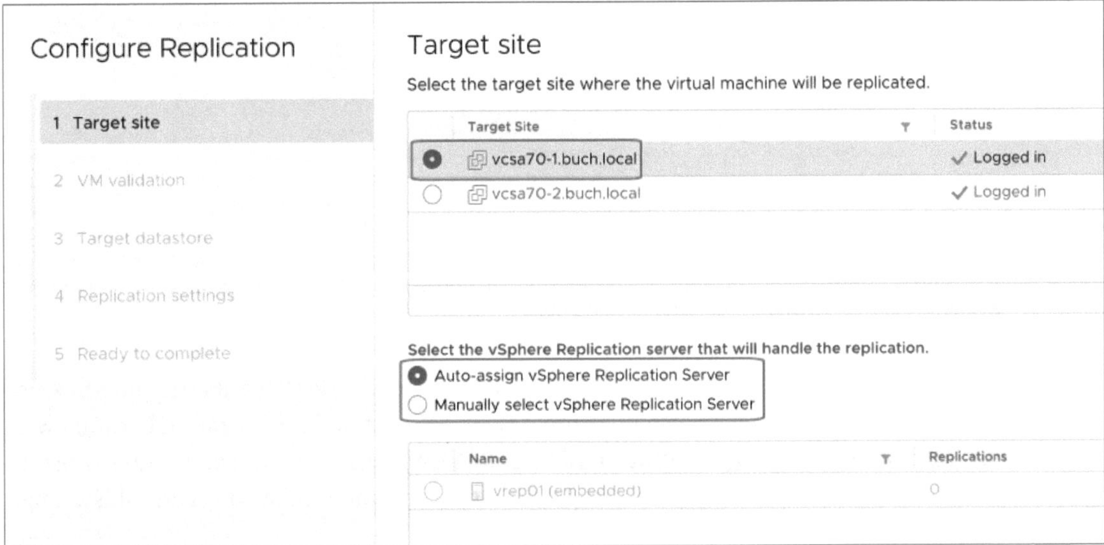

Abbildung 18.35 Festlegen des Replikationsziels

Die Replikationsfähigkeit der ausgewählten VM wird validiert (siehe Abbildung 18.36).

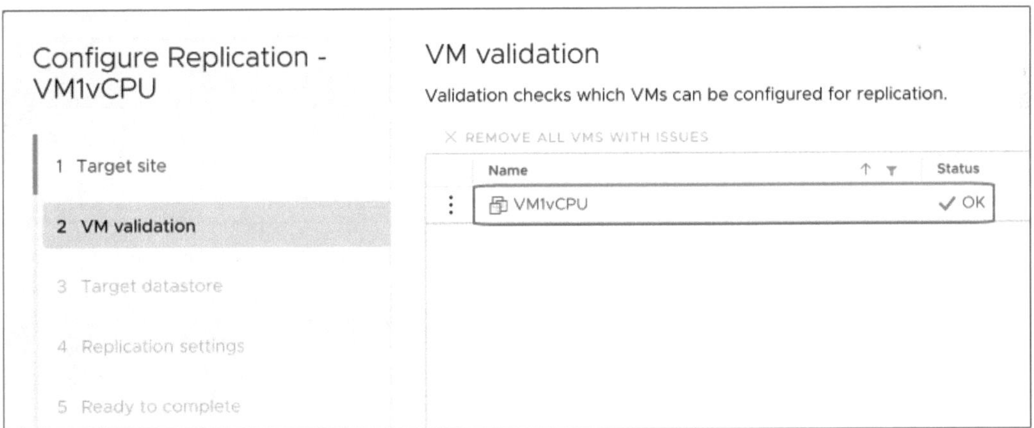

Abbildung 18.36 Mögliche Replikationsziele

Das Ziel der *vmdk*-Dateien ist im nächsten Schritt zu konfigurieren (siehe Abbildung 18.37). Dabei müssen nicht alle Festplattendateien einer VM gleich behandelt werden. Die Storage Policy und das Format der Festplattendatei sind hier ebenfalls einzustellen.

18

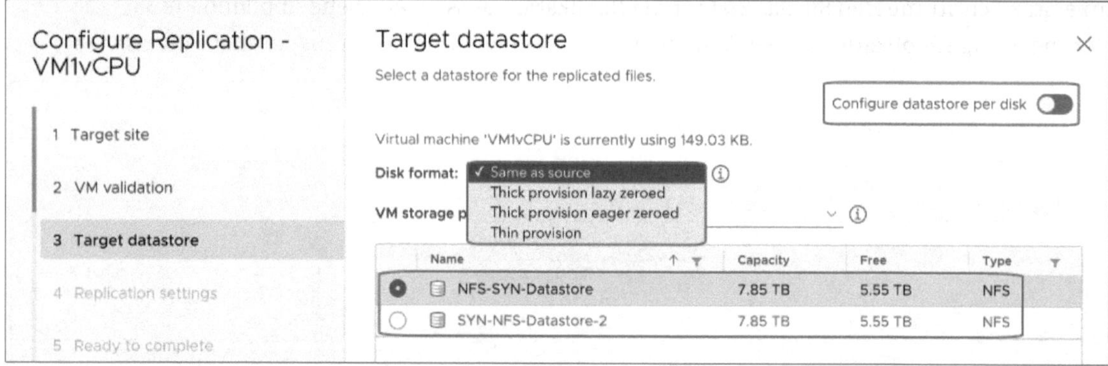

Abbildung 18.37 Festlegen der Plattenparameter

Zur Optimierung des Replikationsergebnisses ist es möglich, die Datenübertragung zu komprimieren. Zusätzlich oder alternativ kann das Filesystem vor der Replikation beruhigt werden (ENABLE GUEST OS QUIESCING in Abbildung 18.38). Letzteres kann aber unter Umständen zu Ausfallzeiten führen. Neu hinzugekommen ist die Möglichkeit der Verschlüsselung.

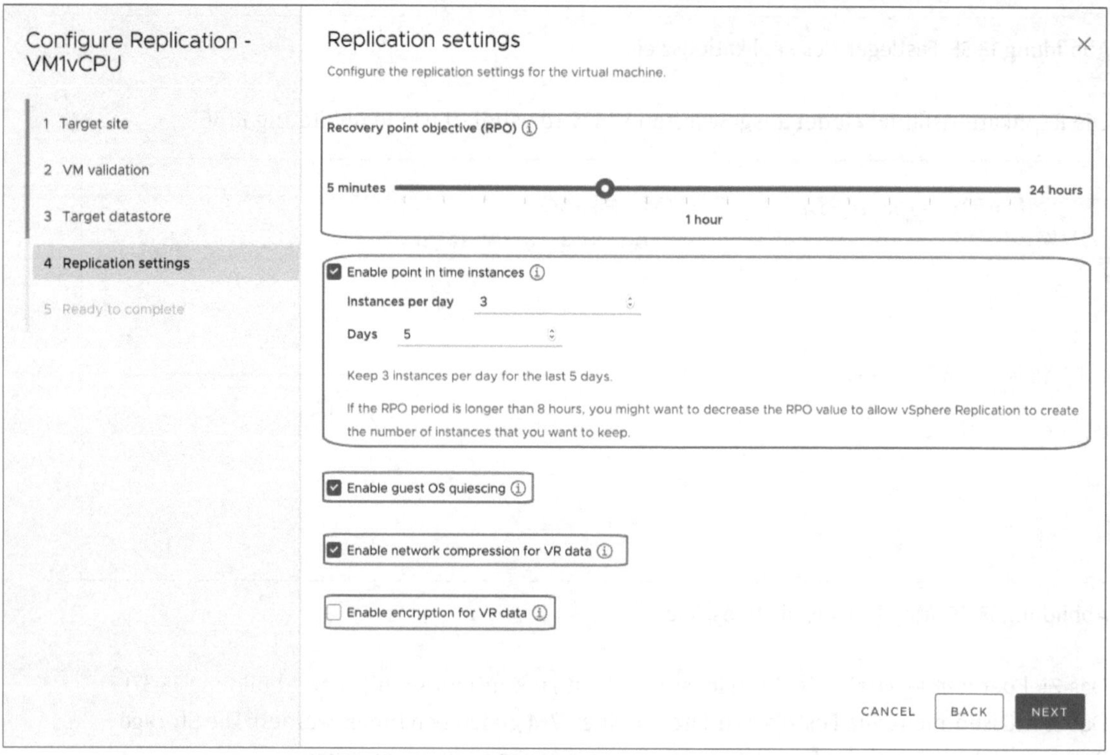

Abbildung 18.38 Festlegen der Replikationsoptionen

Anders als bei einer Spiegelung wird bei einer Replikation bewusst auf die absolute Aktualität des Replikats verzichtet.

Der Wert für das RECOVERY POINT OBJECTIVE (RPO) kann minimal 15 Minuten annehmen und maximal 24 Stunden. Das RPO entspricht dem Zeitfenster, um das die replizierte Maschine dem Original »hinterherhinkt«. Definiert wird hier das zeitliche Delta zwischen Original und Kopie. Der zweite hier einstellbare Parameter ist der Wert für POINT IN TIME INSTANCES. Damit können Sie definieren, wie viele Snapshots einer replizierten Maschine das System aufbewahren soll.

Hinweis

Es handelt sich hier um replikationseigene Snapshots. Auf klassische Weise erstellte Snapshots werden nicht repliziert.

Sie können jetzt in der Übersicht der RECENT TASKS aus Abbildung 18.39 sehen, dass zuerst die VM für die Replikation eingerichtet wird und anschließend die Replikation startet.

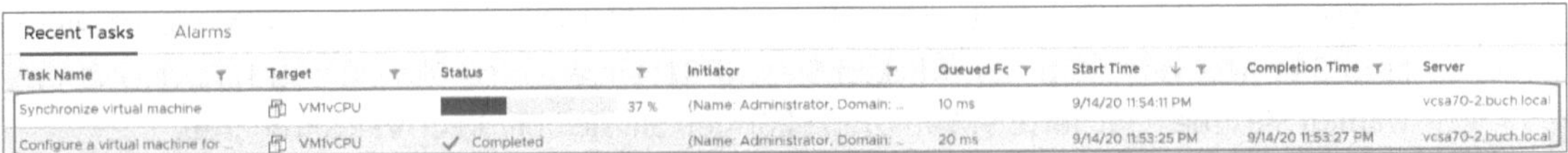

Abbildung 18.39 Arbeitsschritte für die Aktivierung der Replikation

Eine Änderung der Konfiguration bzw. weitere administrative Aufgaben können nur über die Webseite des Site Recovery Managers vorgenommen werden. Der Einstieg erfolgt über die Details der Site und das Register REPLICATIONS (siehe Abbildung 18.40).

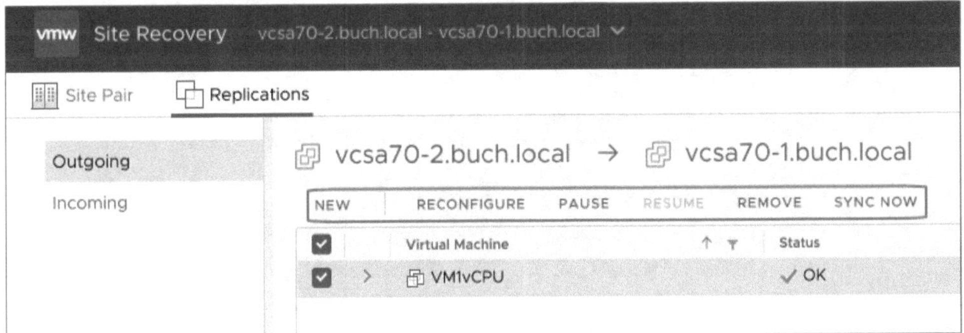

Abbildung 18.40 Auswahl der replizierten VM

Hier können dann auch weitere Aktionen durchgeführt werden, wie das Aussetzen bzw. Fortführen der Replikation, eine Synchronisation und auch ein Löschen der Replikation. Mit RECONFIGURE können die ursprünglichen Einstellungen angepasst werden.

Aktivierung des Replikats

Jede Replikation ist ja eine schöne Sache, aber wie können Sie eine replizierte VM wieder in Betrieb nehmen, wenn es mit der originalen Maschine Probleme gegeben hat? Das geht relativ einfach, aber nur auf dem Ziel-vCenter-Server bzw. auf dem Ziel-Replikationsserver (siehe Abbildung 18.41).

Abbildung 18.41 Aktivierung des Replikats

Gehen Sie zur Aktivierung eines Replikats auf das Ziel-vCenter-System und von dort weiter zum Site Recovery Manager. Klicken Sie auf REPLICATIONS • REVERSE REPLICATIONS und wählen Sie eine replizierte VM aus. Jetzt können Sie sie über RECOVER aktivieren.

Nach dem Aufruf startet erneut ein Wizard, der Sie durch die einzelnen Arbeitsschritte führt.

Sie können eine abschließende Synchronisierung durchführen, was aber eine aktive Master-VM voraussetzt, oder Sie nutzen die letzten Synchronisationsdaten (siehe Abbildung 18.42).

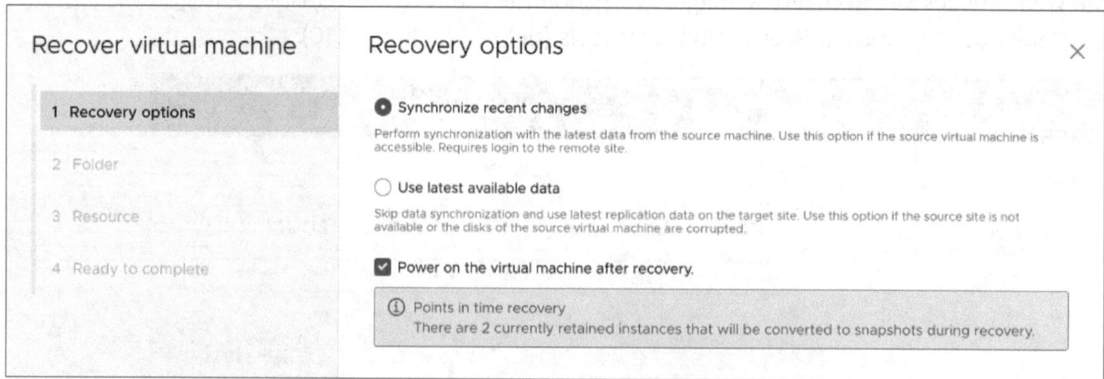

Abbildung 18.42 Konfiguration des Replikats für die Aktivierung

Als Nächstes geben Sie den Zielordner an (siehe Abbildung 18.43).

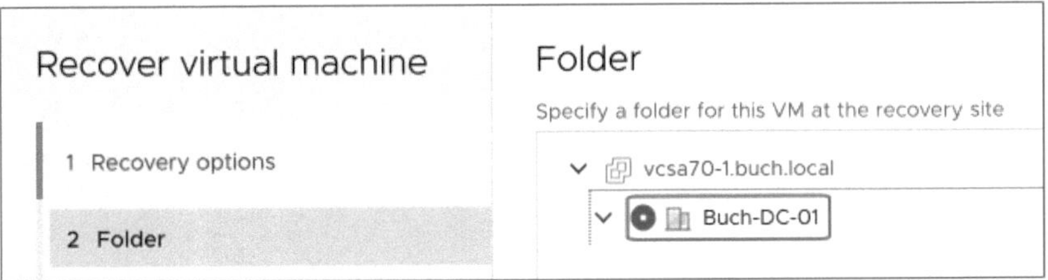

Abbildung 18.43 Festlegung des Zielordners

Natürlich möchte das System noch wissen, auf welcher Hostressource die VM bereitgestellt werden soll (siehe Abbildung 18.44). Und abschließend legen Sie fest, ob nach der Wiederherstellung die VM gestartet werden soll.

Abbildung 18.44 Auswahl der Hostressource

Jetzt startet der Prozess zur Aktivierung des Replikats. Ist er abgeschlossen, wird die VM in dem Ziel-vCenter sichtbar und natürlich auch gestartet. Die VM, die auf der neuen Site läuft, kann nicht automatisch zurücksynchronisiert werden, denn die VM dort ist ja jetzt Quelle und nicht mehr Ziel.

Sie sehen, es ist nicht kompliziert, Replikationen einzurichten. Bedenken Sie aber bitte, dass eine Replikation Bandbreite benötigt.

Kapitel 19
Automatisierung von vSphere

In den letzten Jahren hat das Thema »Automatisierung und Orchestrierung von IT-Infrastrukturen« zunehmend an Bedeutung gewonnen. Auch wenn das Themenfeld so weit und komplex ist, dass es die Abhandlung in einem eigenen Buch verdiente, soll an dieser Stelle ein Überblick zu den Automatisierungsmöglichkeiten von vSphere nicht fehlen.
Autoren dieses Kapitels sind Dr. Guido Söldner, Geschäftsführer der Söldner Consult GmbH, guido.soeldner@soeldner-consult.de, und Dr. Jens-Henrik Söldner, Professor für Wirtschaftsinformatik und IT-Sicherheit an der Hochschule Ansbach sowie Geschäftsführer der Söldner Consult GmbH, jens.soeldner@soeldner-consult.de.

Nachdem in Rechenzentren schon vor über einem Jahrzehnt das Virtualisieren von Server- und Desktop-Systemen zum Standard geworden ist und nun VMware auch weitere Aspekte wie das Netzwerk und die Speichersysteme im Rahmen des Software-Defined Datacenters virtualisieren kann, stehen zunehmend operative Erleichterungen wie die Automatisierung und Orchestrierung von IT-Diensten auf der Wunschliste vieler IT-Verantwortlicher.

Für diesen Zweck existiert inzwischen eine Vielzahl von Werkzeugen, und es mangelt nicht an Innovationen in diesem Bereich, was zu einer anspruchsvollen Lernkurve für Administratoren führt, die sich mit dem Thema Automatisierung befassen. In diesem Kapitel erhalten Sie daher einen kompakten Überblick über die Aspekte der Automatisierung von vSphere-Umgebungen und über die wichtigsten Schnittstellen und Werkzeuge.

19.1 Use Cases zur Automatisierung im Überblick

Neben der gewohnten manuellen Provisionierung von virtuellen Maschinen bekommt für viele Unternehmen die automatisierte Bereitstellung von IT-Ressourcen eine immer größere Bedeutung. Gerade in größeren Enterprise-Umgebungen existiert oft eine Reihe von Wünschen und Anforderungen hinsichtlich der Automatisierung der IT.

19.1.1 Bereitstellung von Ressourcen

Gerade wenn eine vSphere-Umgebung öfter um neue Ressourcen erweitert werden soll, ist der Bedarf an Automatisierung groß. Über entsprechende Tools von VMware können Sie die Installation der ESXi-Hosts und deren Integration in die bestehende Umgebung bereits weitgehend automatisieren. Auch das automatische Erzeugen von Komponenten einer VMware-Infrastruktur (wie Portgruppen auf Standard- oder Distributed-Switches) oder die Provisionierung von Storage ist ohne vertiefte Programmierkenntnisse direkt über Installationsskripte oder die PowerCLI möglich.

19.1.2 Konfigurationsmanagement

Viele IT-Abteilungen möchten ihre vSphere-Umgebung durch ein zentrales Konfigurationsmanagement verwaltet sehen. VMware bietet hierfür in der *Enterprise Plus Edition* von vSphere bereits das Feature der *Host Profiles*, mit denen die Konfigurationseinstellungen von vSphere auf einfache Art und Weise auf neue ESXi-Hosts übertragen werden können. Weitergehende Konfigurationsanpassungen können relativ einfach in der PowerCLI geskriptet werden oder mit etwas mehr Aufwand in Werkzeugen wie *VMware vRealize Orchestrator* über Workflows durchgeführt werden.

19.1.3 Automatisiertes Erzeugen von virtuellen Maschinen und Applikationsumgebungen

Neben der Automatisierung der Basis-vSphere-Infrastruktur ist es in vielen Fällen darüber hinaus erwünscht, die Bereitstellungszeiten von virtuellen Maschinen zu verringern. Oft wünschen sich die Endanwender (zumeist Entwickler im Unternehmen) nicht nur einfache virtuelle Maschinen, sondern gleich vorinstallierte Server-Applikationen in komplexen mehrschichtigen Umgebungen inklusive Netzwerkkomponenten wie Load-Balancern sowie die Integration in die existierende Umgebung.

19.1.4 Continuous Integration und Continuous Delivery

Wenn im Unternehmen eine DevOps-Philosophie zum Einsatz kommt, wünschen sich die Abteilungen oft den Einsatz von *Continuous-Integration*- und *Continuous-Delivery*-Werkzeugen, um die Betriebsprozesse innerhalb der Softwareentwicklung weitgehend zu automatisieren. Dies setzt eine Automatisierung der Bereitstellungsvorgänge in der vSphere-Infrastruktur voraus, die der Umgebung zugrunde liegt. Oftmals müssen hierbei virtuelle Maschinen, separate logische Netzwerke und Load-Balancer (via *VMware NSX*) oder auch Container provisioniert werden.

19.1.5 Security

Bei der zunehmenden Komplexität von Rechenzentren darf man das Thema Security nicht aus den Augen lassen. Gerade an dieser Stelle kann Automatisierung helfen. Durch automatisierte Vorgänge verringern sich potenzielle Fehler, die durch manuelle Konfiguration erstehen. Darüber hinaus stellt Automatisierung einen wichtigen Schritt in der Standardisierung von Prozessen dar.

19.1.6 Governance

Neben der automatisierten Erstellung von Ressourcen steht aber auch die Governance bei vielen Unternehmenskunden im Fokus. So soll es möglich sein, den kompletten Lebenszyklus von bereitgestellten Ressourcen über Richtlinien und Prozesse zu steuern. Dies beinhaltet unter anderem mehrstufige Genehmigungsprozesse oder genaue Richtlinien über die Bereitstellungsdauer von Ressourcen. Für solche Anwendungsfälle haben sich in den letzten Jahren Cloud-Management-Plattformen wie *VMware vRealize Automation* oder *Morpheus* von Morpheus Data auf dem Markt durchgesetzt.

19.1.7 Self-Service-Portale

Neben der Automatisierung steht bei vielen Firmen auch das Bereitstellen eines internen Self-Service-Portals für die Endkunden wie Entwickler auf der Wunschliste. Dieses Portal soll im Stil der Public Cloud erscheinen. Ein solches Feature ist jedoch nicht Teil von vSphere, vielmehr ist dafür eine Cloud-Management-Plattform notwendig. Benutzer von Cloud-Management-Plattformen können gewünschte Ressourcen in einem webbasierten Self-Service-Katalog bestellen und warten, bis die Cloud-Management-Plattform diese mittels Automatisierungstechniken bereitstellt – in der Regel sind somit die meisten Ressourcenanforderungen innerhalb weniger Minuten für den Besteller verfügbar.

19.2 Technischer Überblick

Nachdem Sie im vorigen Abschnitt wichtige Use Cases kennengelernt haben, in denen Automatisierung helfen kann, erfahren Sie nun, welche technischen Möglichkeiten die vSphere-Plattform für die Automatisierung bereitstellt.

Nicht betrachtet werden hierbei administrative Formen der Automatisierung, bei denen bestimmte Konfigurationsaspekte von vSphere im Rahmen von spezifischen Features automatisiert werden können. Dazu zählen z. B.:

- *vSphere Auto Deploy* zur automatisierten Installation und Provisionierung von ESXi-Hosts
- *vSphere Host Profiles* zur Automatisierung der Konfiguration von ESXi-Hosts

- der Distributed vSwitch zum zentralen Verwalten und Automatisieren der Netzwerkkonfiguration von ESXi-Hosts
- die Verwaltung von Storage über Storage-Profile

Vielmehr stehen im Folgenden die technischen Möglichkeiten im Vordergrund, mit denen Sie selbst die Basisfunktionen von vSphere programmatisch ansprechen können, um im Rahmen einer Automatisierungsstrategie möglichst weitgehende Kontrolle über das System zu erhalten.

19.2.1 vSphere Management SDK

Beim *VMware vSphere Management SDK* (Software Development Kit) handelt es sich um ein Bundle von Bibliotheken, das unter anderem das *vSphere Web Services SDK*, das *vSphere Storage Management SDK*, das *vSphere ESX Agent Manager SDK*, das *SSO Client SDK* und das *vSphere Storage Policy SDK* umfasst. Das vSphere Management SDK kann als ZIP-Datei oder auch als Update-Site für die Entwicklungsumgebung Eclipse heruntergeladen werden.

Um mit der zugehörigen vSphere-API zu arbeiten, müssen Sie das zugrunde liegende vSphere-Objektmodell verstehen. Die vSphere-API besteht aus drei verschiedenen Arten von Objekten:

- **Managed Objects** – Hierbei handelt es sich um serverseitige Objekttypen.
- **Managed Object References** – Diese stellen die clientseitigen Referenzen auf Managed Objects dar.
- **Data Objects** – Diese enthalten Informationen über Managed Objects und werden benutzt, um Daten zwischen Clients und Servern zu übertragen.

Um sich in das vSphere-Objektmodell einzuarbeiten, lohnt es sich, den *Managed Object Browser* (MOB) zu verwenden. Sie erreichen ihn direkt über die URL *https://<vCenter-Name-oder-ip>/mob* oder über den Menüpunkt BROWSE OBJECTS MANAGED BY VSPHERE auf der Startseite Ihres vCenter-Server-Systems (siehe Abbildung 19.1).

Nachdem Sie sich dort mit Ihren Credentials erfolgreich angemeldet haben, können Sie sich durch das vCenter-Inventar bewegen und Objekte begutachten, Attribute auslesen und über Methoden auch selbst eingreifen (siehe Abbildung 19.2). Hier ist natürlich große Vorsicht geboten: Der vSphere Managed Object Browser hat direkten Durchgriff in die Datenbank und ist ähnlich vorsichtig zu verwenden wie der Registry-Editor unter Windows!

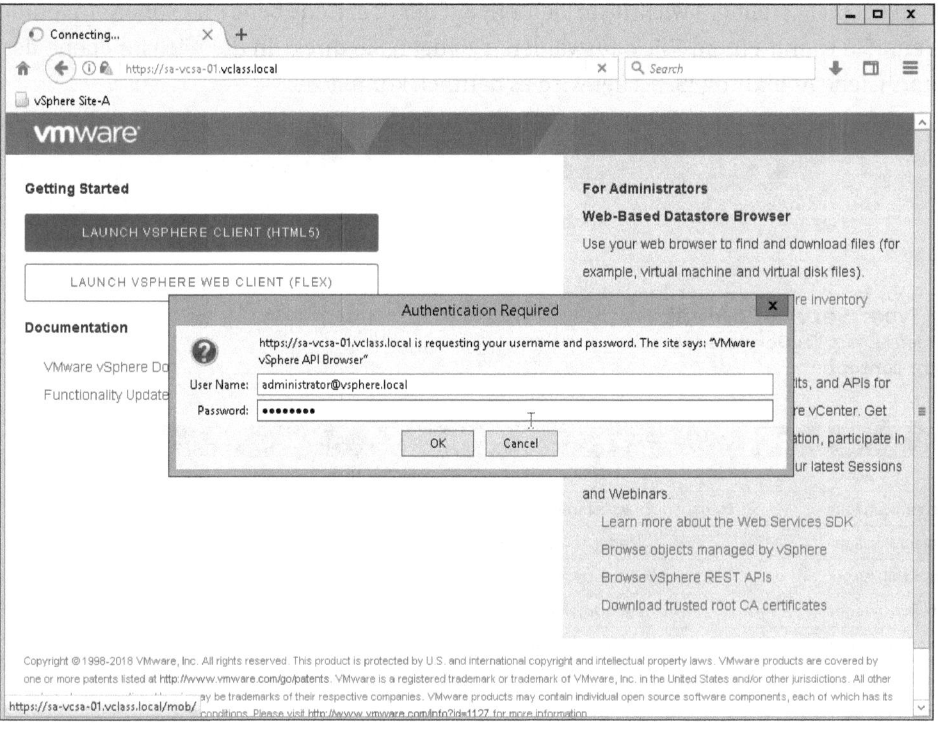

Abbildung 19.1 Unter dem Menüpunkt »Browse objects managed by vSphere« verbirgt sich der »Managed Object Browser« von vSphere.

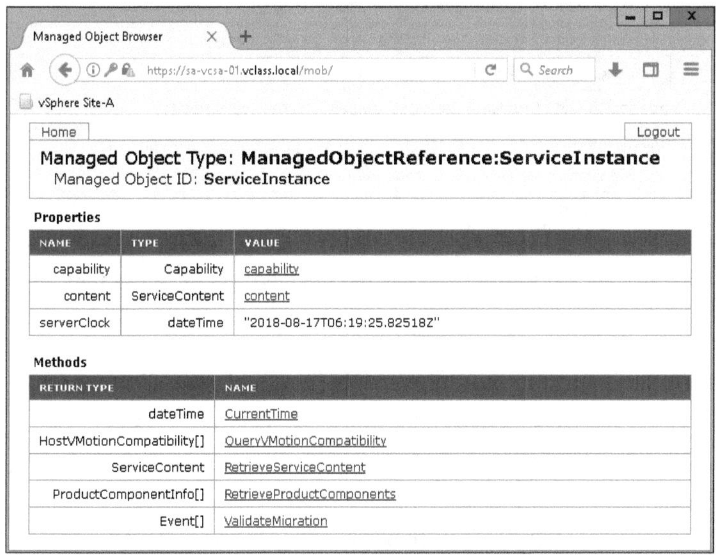

Abbildung 19.2 Nach erfolgter Anmeldung können Sie mit dem »Managed Object Browser« das vCenter-Inventar durchsuchen, Objekte betrachten und Methoden ausführen.

Das Objekt `content` stellt das wichtigste Element auf der obersten Ebene im vSphere-Inventar dar. Wenn Sie es mit einem Klick auswählen, gelangen Sie direkt in die nächste Ebene des Inventars (siehe Abbildung 19.3). Hier wird es deutlich komplexer.

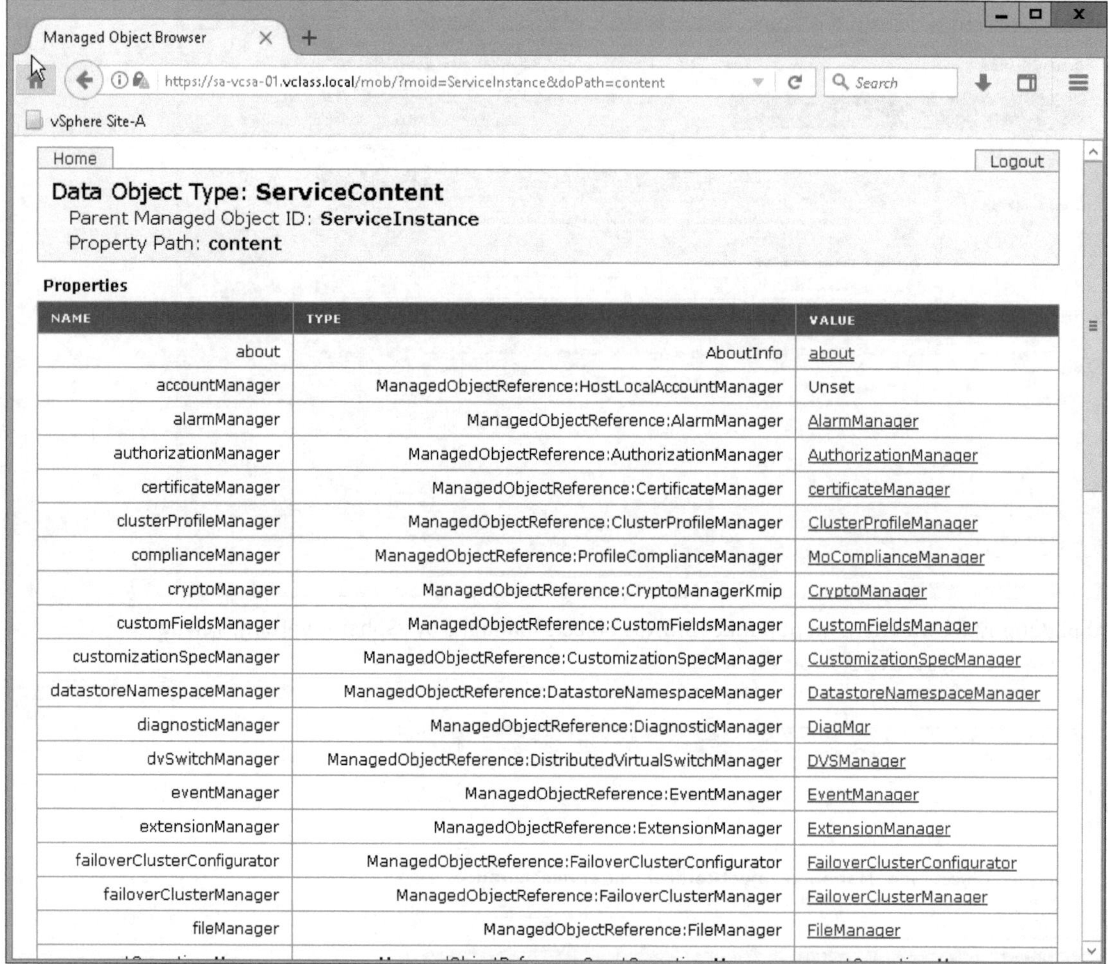

NAME	TYPE	VALUE
about	AboutInfo	about
accountManager	ManagedObjectReference:HostLocalAccountManager	Unset
alarmManager	ManagedObjectReference:AlarmManager	AlarmManager
authorizationManager	ManagedObjectReference:AuthorizationManager	AuthorizationManager
certificateManager	ManagedObjectReference:CertificateManager	certificateManager
clusterProfileManager	ManagedObjectReference:ClusterProfileManager	ClusterProfileManager
complianceManager	ManagedObjectReference:ProfileComplianceManager	MoComplianceManager
cryptoManager	ManagedObjectReference:CryptoManagerKmip	CryptoManager
customFieldsManager	ManagedObjectReference:CustomFieldsManager	CustomFieldsManager
customizationSpecManager	ManagedObjectReference:CustomizationSpecManager	CustomizationSpecManager
datastoreNamespaceManager	ManagedObjectReference:DatastoreNamespaceManager	DatastoreNamespaceManager
diagnosticManager	ManagedObjectReference:DiagnosticManager	DiagMgr
dvSwitchManager	ManagedObjectReference:DistributedVirtualSwitchManager	DVSManager
eventManager	ManagedObjectReference:EventManager	EventManager
extensionManager	ManagedObjectReference:ExtensionManager	ExtensionManager
failoverClusterConfigurator	ManagedObjectReference:FailoverClusterConfigurator	FailoverClusterConfigurator
failoverClusterManager	ManagedObjectReference:FailoverClusterManager	FailoverClusterManager
fileManager	ManagedObjectReference:FileManager	FileManager

Abbildung 19.3 Nach einem Klick auf das »content«-Objekt in der obersten Ebene findet man sich mitten im vSphere-Inventar wieder.

Eine erste Hilfestellung für die Navigation im komplexen Objektmodell von vSphere erhalten Sie in Abbildung 19.4. Sie stellt den Aufbau des vSphere-Inventars als Grafik dar.

Der Managed Object Browser stellt den Startpunkt dar, um mit dem Objektmodell von vSphere zu arbeiten, und kann auch manchmal zu Troubleshooting-Zwecken sehr nützlich sein, wenn Sie den Zugriff auf interne Eigenschaften benötigen. Aufgrund seiner Komplexität und der damit verbundenen hohen Lernhürde setzen die meisten Entwickler jedoch andere Technologien als den direkten Durchgriff auf das SDK zur Automatisierung ein.

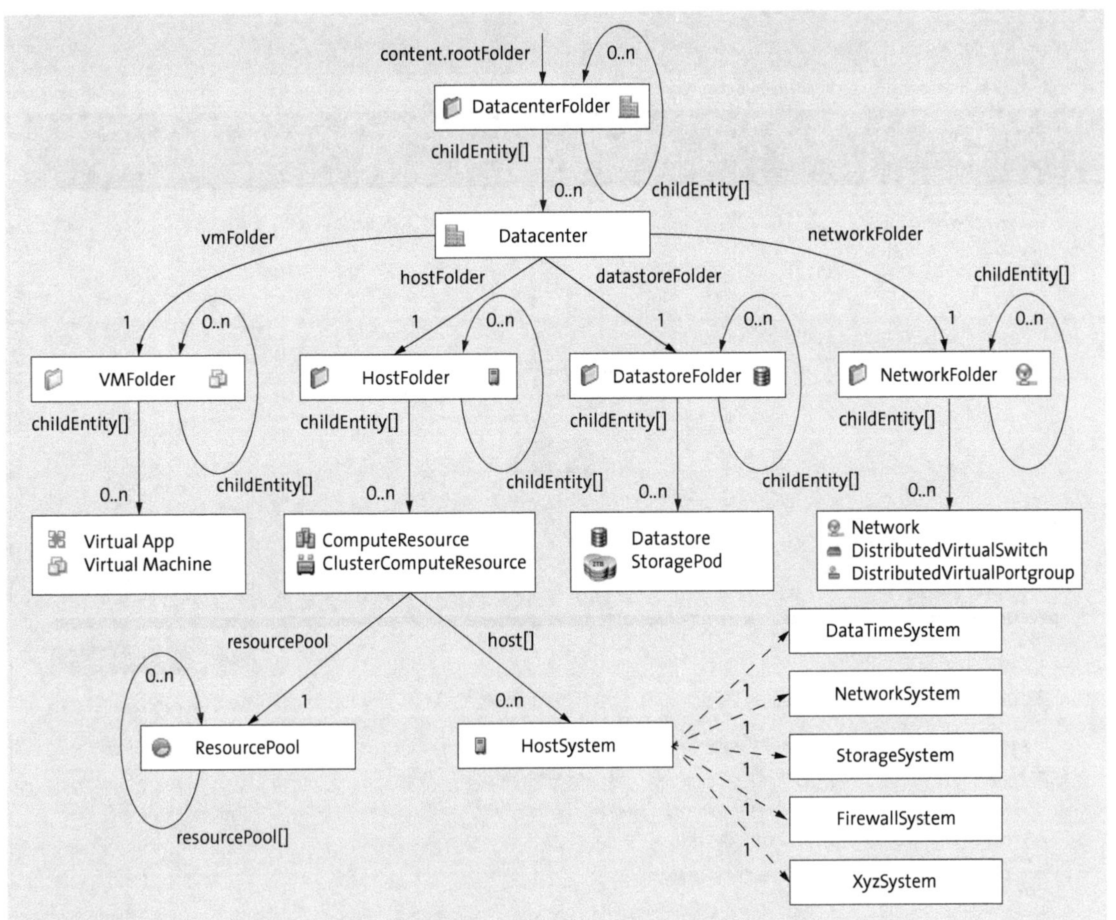

Abbildung 19.4 Die Struktur des vSphere-Inventars ist komplexer, als es in den vSphere-Clients auf den ersten Blick erscheint.

19.2.2 vSphere SDK für Python

VMware erlaubt es, das vSphere SDK in verschiedenen Programmiersprachen zu nutzen, unter anderem auch in Java und Python. Dabei hat sich Python in vielen Unternehmen als beliebte Sprache durchgesetzt. Die entsprechende Python-Bibliothek heißt *pyVmomi*. Die Gründe für ihren Erfolg liegen in der einfachen Lernkurve mit Python, in der Tatsache, dass pyVmomi vom schwierigen Objektmodell des SDKs abstrahiert, und darin, dass viel Community-Support zur Verfügung steht.

VMware stellt pyVmomi auf GitHub unter *https://github.com/vmware/pyvmomi* zum Download bereit (siehe Abbildung 19.5). Sie erhalten dort auch eine Anleitung für die ersten Schritte.

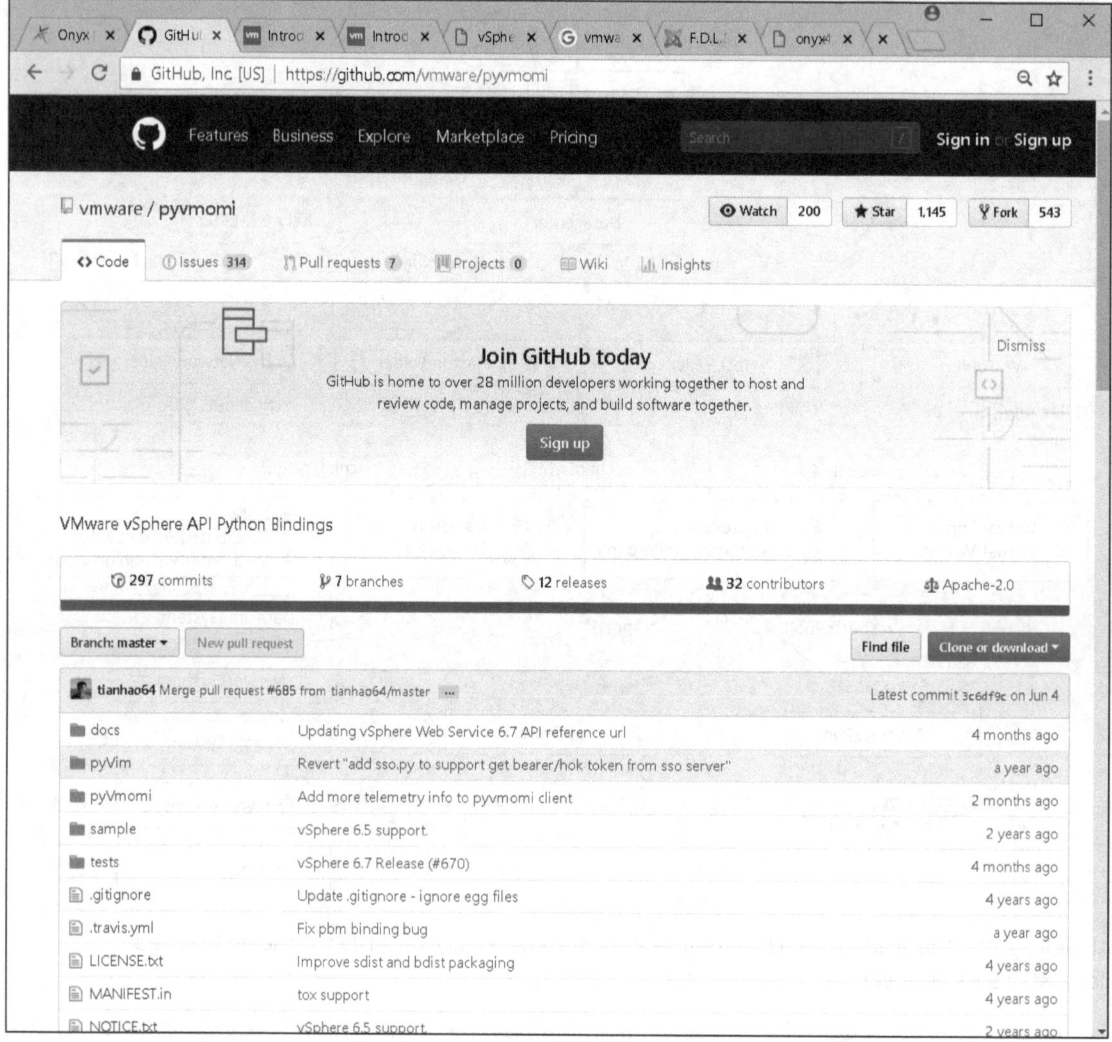

Abbildung 19.5 VMware stellt »pyVmomi« auf GitHub zum Download bereit.

Um pyVmomi nutzen zu können, muss Python auf Ihrem System installiert sein. Die Installation von pyVmomi gelingt am einfachsten mit dem *pip*-Paketmanager:

```
pip3 install --upgrade pyvmomi
```

Nachdem Sie pyVmomi installiert haben, können Sie beginnen, erste Skripte zu erstellen. Im folgenden Beispiel sehen Sie, wie Sie sich mit einem ESXi-Host verbinden und die aktuelle Serverzeit abfragen:

```
from pyVim.connect import SmartConnect
import ssl
s = ssl.SSLContext(ssl.PROTOCOL_TLSv1)
s.verify_mode = ssl.CERT_NONE
c = SmartConnect(host="192.168.20.1", user="root", pwd='VMware1!', sslContext=s)
print(c.CurrentTime())
```

Listing 19.1 Die Serverzeit mit »pyvmomi« abfragen

In dem Codefragment werden zuerst die benötigten Bibliotheken importiert – in unserem Fall werden das Element `SmartConnect` aus dem pyVim-Modul sowie das SSL-Modul importiert. Im nächsten Schritt werden die SSL-Verbindungseinstellungen konfiguriert. Ist dies erledigt, können Sie mit dem `SmartConnect`-Element den Verbindungsaufbau zu vSphere starten. Um überprüfen zu können, ob die vorherigen Schritte auch erfolgreich durchgeführt wurden, wird in der letzten Zeile die aktuelle Zeit in der Konsole ausgegeben.

Für den Einstieg sollten Sie einen Blick auf das GitHub-Projekt werfen. In den entsprechenden Unterordnern können Sie viele Beispiele für diverse Automatisierungsaufgaben finden.

19.2.3 Die vSphere-REST-API

In den letzten Jahren haben sich REST-APIs in der IT-Industrie weit verbreitet, sodass VMware seit Version 6.5 auch den Zugriff über REST ermöglicht. Das VMware-Objektmodell hinter REST wurde neu gestaltet, sodass die Programmierung nun deutlich einfacher möglich ist als mit den alten Schnittstellen. Inzwischen deckt die REST-API mit ein paar wenigen Ausnahmen die gesamte Funktionalität der traditionellen ab, so dass die traditionelle SOAP-basierte API fast nur noch für Legacy-Code benötigt wird. Zudem wird die SOAP-API nicht mehr erweitert, sondern neuere Funktionalitäten werden nur noch für die REST-API bereitgestellt.

Was ist eine REST-API?

REST (*Representational State Transfer*) steht für einen modernen Architekturstil oder ein Programmierparadigma, um APIs über Webservices einfach zugänglich zu machen. REST stellt eine deutlich einfachere Alternative zu älteren Verfahren wie SOAP (*Simple Object Access Protocol*) dar, das für den Zugriff auf die klassische vSphere-API verwendet wird.

Ähnlich wie beim vSphere SDK für Python finden Sie die Dokumentation und Beispiele auf GitHub (siehe *https://code.vmware.com/samples/2562* und Abbildung 19.6).

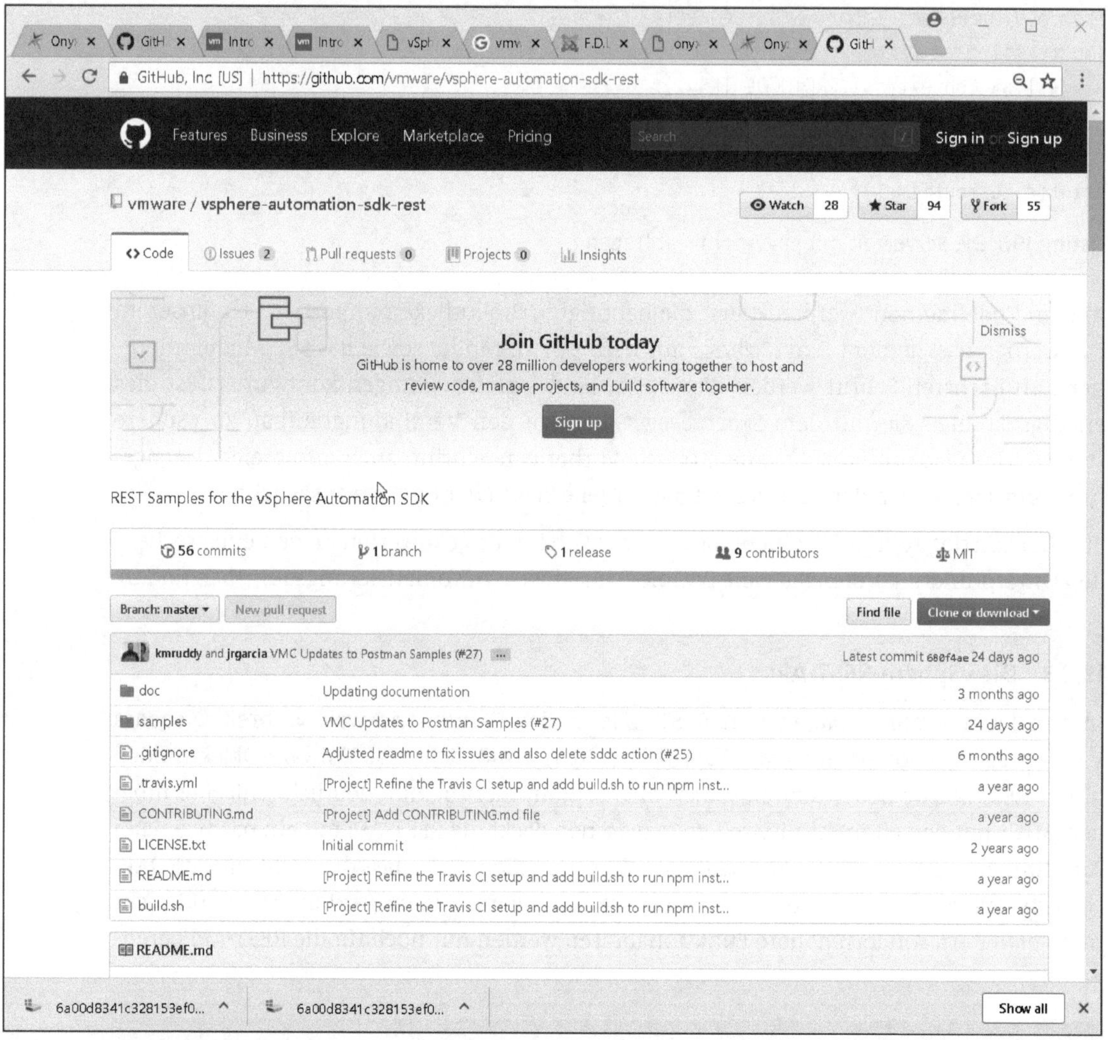

Abbildung 19.6 Dokumentation und Beispiele zur Automatisierung von vSphere über die REST-API finden Sie ebenfalls auf GitHub.

Im ersten Schritt sollten Sie den Inhalt des Git-Repositorys entweder herunterladen oder das Repository mithilfe der CLI klonen. Dazu geben Sie folgenden Befehl auf der Konsole ein:

```
git clone https://github.com/vmware/vsphere-automation-sdk-rest.git
```

Die Dokumentation finden Sie anschließend im Unterordner *doc\client*. Dort müssen Sie noch die Datei *client.zip* entpacken, um anschließend lokal mit der REST-Dokumentation arbeiten zu können (siehe Abbildung 19.7).

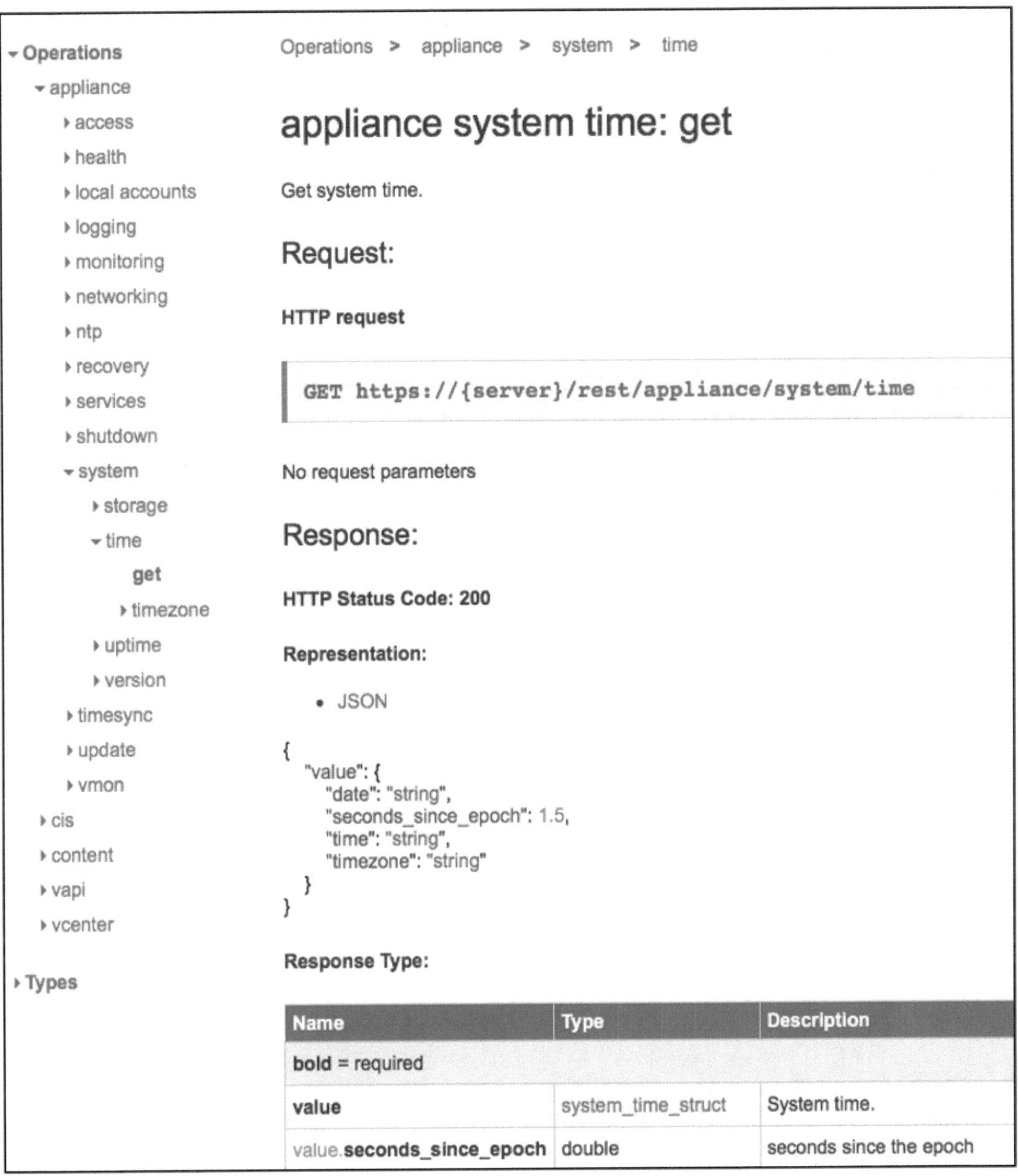

Abbildung 19.7 Die Dokumentation zur REST-API listet die momentan verfügbaren Operationen auf.

Das Tool *Postman* erleichtert Ihnen die Arbeit mit der REST-API. Postman ist ein frei erhältlicher REST-Client, den Sie unter Windows, macOS und Linux installieren können. Sie finden Postman auf der Webseite *https://www.getpostman.com*.

Nachdem Sie Postman installiert und gestartet haben, müssen Sie die beiden vSphere-SDK-Dateien für Postman importieren, die Sie im Unterordner *client\samples\postman* finden. Dabei handelt es sich um:

- *vSphere-Automation-Rest-API-Resources.postman.json*
- *vSphere-Automation-Rest-API-Samples.postman.json*

Den Import starten Sie, indem Sie auf IMPORT klicken und dann die beiden Dateien auswählen.

Der nächste Schritt besteht darin, sich am vCenter Server anzumelden. Dazu erweitern Sie links in der COLLECTIONS-Toolbox den AUTHENTICATION-Unterordner und wählen das POST-Login-Element aus (siehe Abbildung 19.8). Im Hauptbereich übergeben Sie dann die Daten der Benutzer, die Zugriff auf das vCenter haben.

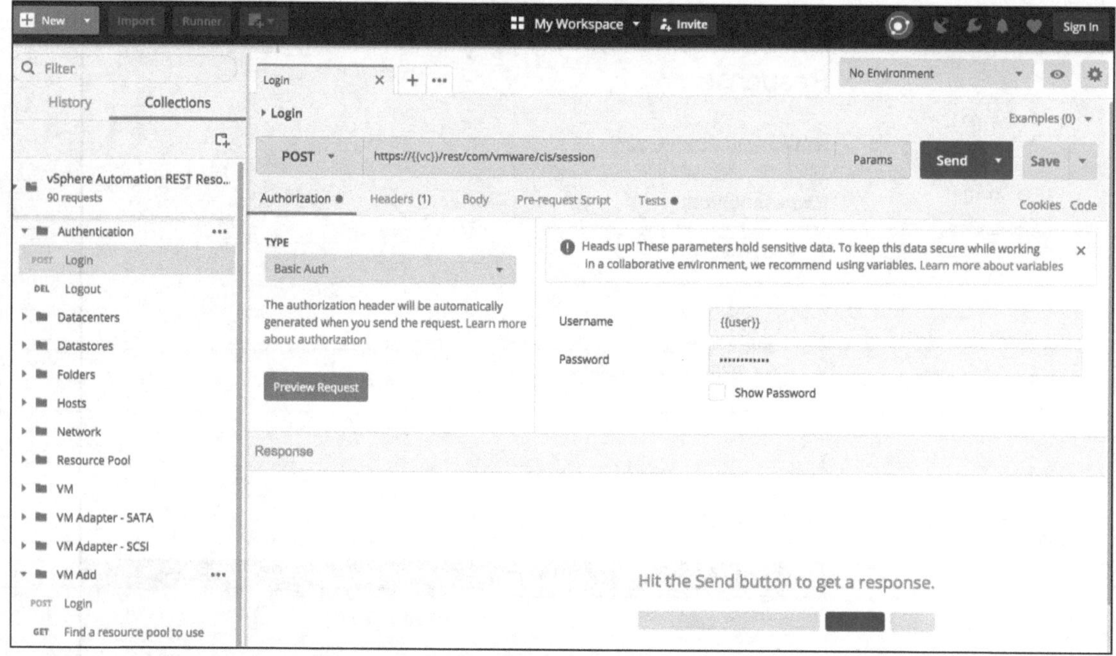

Abbildung 19.8 Der erste Schritt ist die Authentifizierung mit vSphere in »Postman«.

Sobald Sie die Authentifizierung vorgenommen haben, können Sie die eigentlichen Methoden der REST-Schnittstelle aufrufen. Im Folgenden können Sie das exemplarisch am Beispiel der Erstellung einer virtuellen Maschine durchspielen. Dazu erweitern Sie den Ordner VM und wählen das Element POST • CREATE WITH DEFAULTS aus. Nachdem Sie die entsprechenden Werte im Body der Anfrage angepasst haben, können Sie den Erstellungsvorgang mit einem Klick auf den SEND-Button starten (siehe Abbildung 19.9).

Während Postman sich sehr gut eignet, um die REST-API zu erkunden und auszutesten, werden Sie früher oder später die API in eigenen Skripten ansprechen wollen. Für das Ansprechen von REST-APIs sind viele Programmier- und Skriptsprachen geeignet, beispielsweise auch die Microsoft PowerShell. Im Codefragment aus Listing 19.2 sehen Sie den Zugriff auf die REST-API über JavaScript.

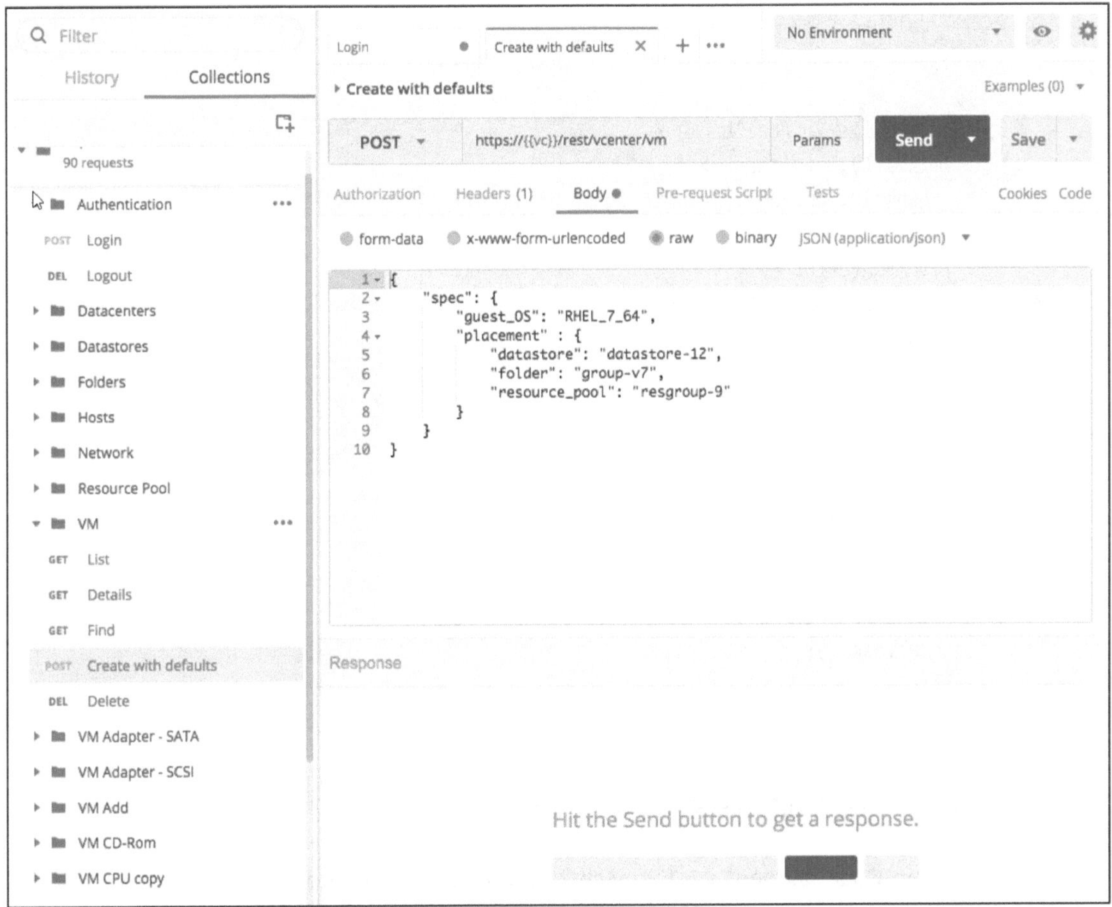

Abbildung 19.9 Über den API-Aufruf »Create with defaults« im Ordner »VM« gelingt die Erstellung einer virtuellen Maschine einfach.

```
require('rootpath')();
var unirest = require('unirest');
var settings = require('common/settings');
var auth = require('resources/authentication');
var vm = require('resources/vms');
var async = require("async");
async.series([
```

```
  function login(callback) {
    console.log('logging in');
    auth.login().then(resp => {
      callback();
    }).catch(error => {
      console.log(JSON.stringify(error, null, 2));
      callback();
    });
  },
  function listVms(callback) {
    vm.list().then(resp => {
      console.log(JSON.stringify(resp.body,null,2));
      callback();
    }).catch(error => {
      console.log(JSON.stringify(error, null, 2));
      callback();
    });
  },
  function logout(callback) {
    auth.logout().then(resp => {
      console.log('logged out');
      callback();
    }).catch(error => {
      console.log(JSON.stringify(error, null, 2));
      callback();
    });
  }
]);
```

Listing 19.2 Zugriff auf die REST-API mit JavaScript

In diesem Codefragment wird zunächst eine Reihe von Bibliotheken importiert. Mit der `async.series`-Methode können verschiedene Funktionen in Reihe geschaltet werden. Dabei wird zuerst mit dem Login begonnen. Ist dies erledigt, übernimmt die Funktion `listVms`, die alle virtuellen Maschinen an der Konsole ausgibt. Anschließend findet ein Logout statt. Angereichert wird das Skript mit Fehlerbehandlungsroutinen, falls an irgendeiner Stelle ein Fehler auftritt.

19.2.4 VMware-Modul für Ansible

Für viele Aufgaben ist es gar nicht notwendig, eigene Skripte zu entwickeln. Oft können Sie auf Drittersteller-Werkzeuge zurückgreifen, in denen für viele Routineaufgaben schon fertige Module bereitstehen. Eines dieser Projekte ist *Ansible*, ein agentenloses Konfigurationsmanagementwerkzeug. Auch für die Verwaltung der VMware-Konfiguration gibt es bereits eine Reihe von Ansible-Modulen, mit denen Sie viele Aufgaben zur Konfiguration von Host, Netzwerken, Datastores und virtuellen Maschinen in vSphere automatisieren können.

Eine Liste der von Ansible bereits mitgelieferten Module für VMware finden Sie unter:

https://docs.ansible.com/ansible/2.9/modules/list_of_cloud_modules.html#vmware

Die Dokumentation, wie VMware mit Ansible verwaltet wird, finden Sie unter:

https://docs.ansible.com/ansible/latest/scenario_guides/guide_vmware.html

Im Folgenden sehen Sie exemplarisch, wie Sie mit Ansible eine virtuelle Maschine erzeugen können. Dazu müssen Sie in einem *Ansible Playbook* den folgenden Task definieren:

```
---
- hosts: localhost
  connection: local
  tasks:

  - name: Including Secret Environment Items
    include_vars:
      file: secrets.yml
      name: secret

  - name: Create a VM from a template
    vmware_guest:
      hostname: "{{secret.vcenter}}"
      username: "{{secret.username}}"
      password: "{{secret.password}}"
      validate_certs: no
      datacenter: SCLABS
      folder: /Ansible
     cluster: MD
      name: ansibleTestvm
      state: poweredon
      template: Ubuntu
      hardware:
        memory_mb: 4096
        num_cpus: 4
        num_cpu_cores_per_socket: 2
        scsi: paravirtual
        memory_reservation: 512
        memory_reservation_lock: True
        mem_limit: 8096
        mem_reservation: 4096
        cpu_limit: 8096
```

```
      cpu_reservation: 4096
      hotadd_cpu: True
      hotremove_cpu: True
      hotadd_memory: True
    disk:
    - size_gb: 42
      type: thin
      datastore: Test_RR
    networks:
    - name: VLAN-41
      ip: 10.0.41.48
      netmask: 255.255.255.0
      gateway: 10.0.41.254
      domain: vdi.sclabs.net
      connected: yes
      start_connected: yes
      dns_servers:
      - 10.0.30.20
      - 1.1.1.1
    wait_for_ip_address: no
  delegate_to: localhost
  register: deploy
...
```

Listing 19.3 Task-Definition zum Erstellen einer VM via Ansible Playbook

Ansible benutzt YAML als Format für seine Konfigurationsdateien. Unser Beispiel-Task nennt sich `Create a VM from a template` und definiert zuerst die Variablen `vCenter`, `username` und `password`, die dem Task von außen übergeben werden. Anschließend werden die Eigenschaften der virtuellen Maschine gesetzt. Man kann sofort erkennen, dass die Benutzung von Ansible in vielen Fällen deutlich einfacher ist, als von Grund auf eigene Skripte zu erstellen. Darüber hinaus besteht die Möglichkeit, mittels Python eigene Module zu erstellen, falls ein Modul mit der gewünschten Funktionalität fehlt.

19.2.5 VMware PowerCLI

VMware PowerCLI ist ein Werkzeug für die Administration von vSphere auf der Kommandozeile und für die Automatisierung via Scripting. PowerCLI basiert auf Microsofts PowerShell, die inzwischen nicht mehr nur für Windows-Systeme, sondern auch unter macOS und bestimmten Linux-Distributionen bereitsteht. Die PowerCLI hat sich als das Mittel der Wahl etabliert, wenn einfache Konfigurationsaufgaben über bestehende PowerCLI-Befehle schnell geskriptet werden sollen. Soll die Automatisierung tiefer gehen, sind andere Werkzeuge wie *vRealize Orchestrator* oder die direkte Programmierung gegen die APIs geeigneter.

19.2.6 VMware vRealize Orchestrator

VMware vRealize Orchestrator ist eine Orchestrierungs-Engine, die bei Lizenzierung von vSphere bislang kostenfrei genutzt werden kann.

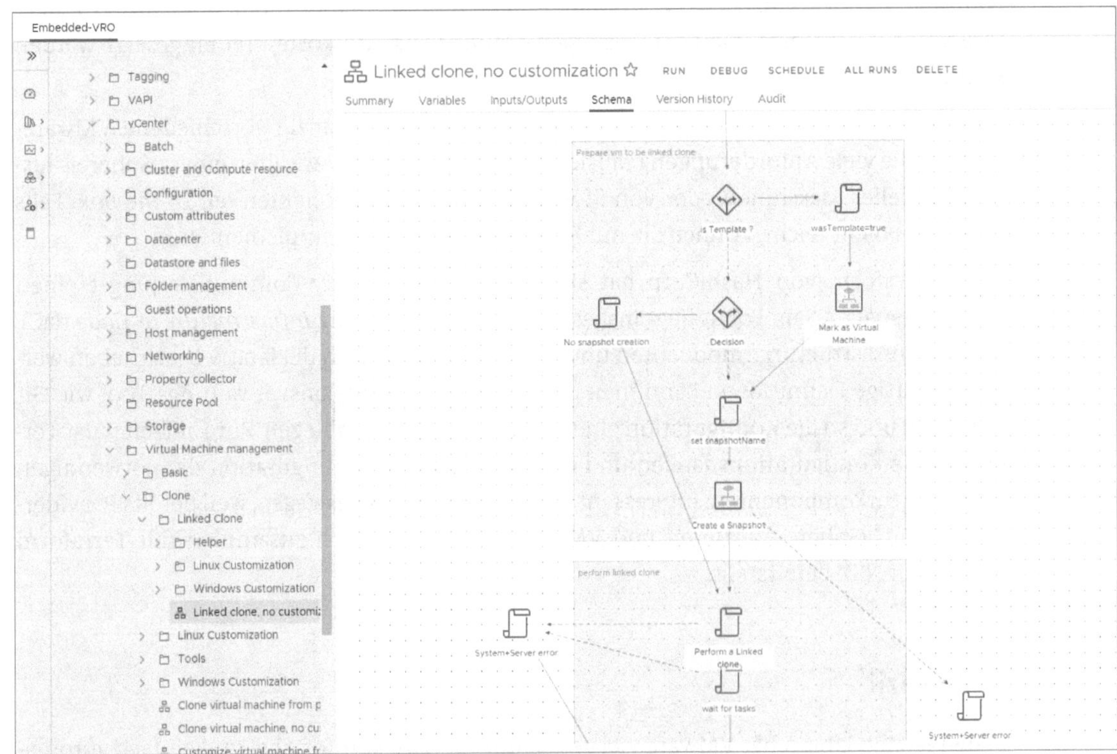

Abbildung 19.10 »VMware vRealize Orchestrator« ist ein mächtiges Werkzeug zum Automatisieren von IT-Umgebungen über Workflows.

Der vRealize Orchestrator liefert bereits eine Menge von Workflows mit, sodass Unternehmen nicht von Grund auf alles selbst entwickeln müssen. Vielmehr hat sich um den Orchestrator mittlerweile ein großes Ökosystem gebildet. So bieten viele Hersteller fertige Plug-ins für Orchestrator an, die direkt nutzbare, aber auch individuell anpassbare Workflows mitbringen. Als Beispiel sollen an dieser Stelle nur die Plug-ins verschiedener Storage-Hersteller genannt werden, die beispielsweise das automatisierte Erstellen und Einbinden von zusätzlichen LUNs erlauben.

Zudem liefert VMware von Haus aus Hunderte mächtiger Workflows mit. Diese Workflows bilden nahezu alles ab, was Sie manuell in den vSphere-Clients vornehmen können. Darüber hinaus übernehmen sie auch Aufgaben, die über die vSphere-Clients nicht gelöst werden können, z. B. das Kopieren von Dateien in virtuelle Maschinen oder aus diesen heraus oder das Erstellen von platzsparenden Linked Clones.

19.2.7 Third-Party-Tools

Trotz aller Tools und Schnittstellen, die VMware selbst liefert, gibt es darüber hinaus noch die Möglichkeit, Werkzeuge von anderen Herstellern (sogenannte Drittthersteller- oder Third-Party-Tools) einzusetzen. Besonders beliebt sind hierbei momentan die Produkte *Ansible* und *Terraform*, die beide als Open-Source-Produkte kostenfrei eingesetzt werden können.

Ansible (siehe auch Abschnitt 19.2.4) bietet bereits über zwanzig verschiedene VMware-Module, die viele Anforderungen realisieren können, z. B. das Verwalten eines vSphere-Clusters, virtueller Maschinen oder von Storage/Netzwerk-Komponenten *out of the box*. Falls Ihnen dies nicht reicht, können Sie mit Python eigene Module implementieren.

Auch Terraform von HashiCorp hat sich in der Open-Source-Community jüngst einen Namen gemacht. Sein Fokus liegt insbesondere auf dem Ansatz *Infrastructure as Code* (IaC), bei dem Infrastrukturkomponenten und Umgebungen einfach deklarativ beschrieben werden. Derartige Definitionen kann man einfach in einem Versionsverwaltungs-Tool wie Git speichern und so die Konfiguration einer Umgebung zentral ablegen. Zur Laufzeit parst Terraform die Konfigurationsdateien und erstellt gemäß der Konfiguration die notwendigen Infrastrukturkomponenten. Interessant ist Terraform auch deswegen, weil bereits Provider-Module für vSphere existieren und VMware neuerdings auch zusammen mit Terraform Module für NSX bereitstellt.

19.3 Fazit

In den letzten Jahren hat VMware viel getan, um vSphere komfortabel und einfach automatisierbar zu machen. Schon seit Langem gibt es entsprechende SDKs zum Zugriff auf die vSphere-API. Sie sind zwar einerseits mächtig, aber alles andere als einfach in der Bedienung. Für die Automatisierung von Routineaufgaben steht seit vielen Jahren eine Integration mit Microsofts PowerShell zur Verfügung, die *VMware PowerCLI*. Mit vielen Hunderten Commandlets können Administratoren über VMwares PowerCLI auch komplexe Aufgaben einfach skripten.

Wollen Sie in großen Automatisierungsprojekten auch weitere Systeme wie Active Directory, Storage-Systeme oder ein IP-Adressverwaltungssystem (IPAM) ansprechen, eignet sich insbesondere *vRealize Orchestrator*.

Relativ neu ist die Verfügbarkeit einer modernen REST-API, die Sie über Tools wie *Postman* zunächst austesten und dann mit nahezu beliebigen Programmier- und Skriptsprachen nutzen können.

Kapitel 20
Virtuelle Maschinen

In diesem Kapitel behandeln wir virtuelle Maschinen – von den Grundlagen bis zur Erstellung, zur Konfiguration und zum Betrieb.
Autor dieses Kapitels ist Jan Große,
Login Consultants Germany GmbH.
jgrosse@vpantheon.com

In diesem Kapitel erhalten Sie einen Überblick darüber, was virtuelle Maschinen sind, aus welchen Bestandteilen sie sich zusammensetzen und welche Konfigurationsmöglichkeiten sich Ihnen bieten.

20.1 Virtuelle Hardware

Die *virtuelle Hardware* ist die Basis einer virtuellen Maschine. Ähnlich wie bei physischer Hardware werden durch sie diverse Parameter der virtuellen Maschine bestimmt. Jedoch gibt es den großen Vorteil, dass sich viele Eigenschaften der virtuellen Hardware durch eine Änderung in der Konfiguration anpassen und somit ohne Eingriff in die physische Hardware ändern lassen.

20.1.1 Version der virtuellen Hardware

Bevor Sie sich mit den virtuellen Komponenten befassen, müssen Sie sich um die Version der virtuellen Hardware kümmern. Sie definiert die Möglichkeiten der virtuellen Hardware. Dazu zählen Komponenten, Maxima und Konfigurationsmöglichkeiten. Die Releases der virtuellen Hardware erscheinen häufig in Kombination mit großen Releases von VMware. Sie werden allerdings nicht standardmäßig eingespielt. Stattdessen müssen Sie bestehende virtuelle Maschinen entweder von Hand oder mithilfe einer Regel upgraden.

Mit VMware vSphere 7 ist die virtuelle Hardware mit der Versionsnummer 17 aktuell. In Tabelle 20.1 sehen Sie, welche Versionen der virtuellen Hardware derzeit von den gelisteten vSphere-Versionen unterstützt werden.

Version der virtuellen Hardware	Unterstützte Basis
17	ESXi 7.0.0
15	ESXi 6.7 U2 (VMware Cloud on AWS)
14	ESXi 6.7
13	ESXi 6.5
11	ESXi 6.0
10	ESXi 5.5
9	ESXi 5.1
8	ESXi 5.0
7	ESXi/ESX 4.x
4	ESX 3.x
3	ESX 2.x

Tabelle 20.1 Versionen der virtuellen Hardware

Eine vollständige Liste der Versionen der virtuellen Hardware und zusätzliche unterstützte Produkte, z. B. *VMware Workstation*, finden Sie unter *http://kb.VMware.com/kb/1003746*.

Die Hardwareversion der virtuellen Maschine darf nicht höher sein als die höchste vom ESX(i)-Host unterstützte Version, die ihr in Tabelle 20.1 zugeordnet ist. So ist es zum Beispiel nicht möglich, eine virtuelle Maschine mit Hardwareversion 11 auf einem ESXi 5.5 zu starten, da dort maximal die Hardwareversion 10 unterstützt wird. Andersherum laufen virtuelle Maschinen mit der Hardwareversion 10 auf einem ESXi 7.0.

Die virtuelle Hardware bestimmt auch die maximal unterstützten Eigenschaften einer virtuellen Maschine. In Tabelle 20.2 sehen Sie die Werte der Version 17.

Hardware	Maximum
Arbeitsspeicher (GB)	6.128
Logische Prozessoren	256
SCSI-Adapter	4
NVMe-Adapter	4
SATA-Adapter	4

Tabelle 20.2 Maxima der virtuellen Hardware der Version 17

Hardware	Maximum
Netzwerkkarten	10
Videospeicher (MB)	2.048
3D Grafikkarten Memory (MB)	4.096
SVGA-Bildschirme	10
PCI Passthrough	16
USB-Controller	1
Serielle Schnittstellen	32
Parallele Schnittstellen	3
Floppy-Laufwerke	2

Tabelle 20.2 Maxima der virtuellen Hardware der Version 17 (Forts.)

Neben diesen Maxima sind die folgenden Features mit der virtuellen Hardware Version 17 eingeführt worden:

- **Virtual Watchdog Timer (vWDT)**
  Der Virtual Watchdog Timer (vWDT) ist ein virtuelles Gerät, mit dessen Hilfe der Status des Gastbetriebssystems und der darauf laufenden Applikationen ständig überwacht werden können. Auf Basis des Status können Events, wie beispielsweise ein Reset der virtuellen Maschine, ausgelöst werden. Eine Unterstützung von Watchdog ist in Linux und Windows im Betriebssystem enthalten und benötigt keinen zusätzlichen VMware-Treiber.
- **Precision Time Protocol (PTP)**
  Das Precision Time Protocol (PTP) ist eine moderne Alternative zum bekannten NTP. Um das PTP in der virtuellen Maschine nutzen zu können, muss der ESXi-Host ebenfalls mit einer PTP-Konfiguration versehen werden.
- **Virtual SGX Device**
  Das Virtual SGX Device ermöglicht die Nutzung der *Intel Software Guard Extensions* (vSGX) in virtuellen Maschinen. Intel SGX ist eine Technologie für Prozessoren, die es Entwicklern ermöglicht, Teile Ihres Codes und Ihres Arbeitsspeichers zusätzlich zu schützen.
- **Dynamic DirectPath I/O**
  Dynamic DirectPath I/O erlaubt es, PCIe-Geräte des ESXi-Hosts an virtuelle Maschinen anzubinden. Die PCIe-Geräte werden dabei nicht direkt über die Hardwareadresse an die virtuellen Maschinen gebunden, sondern über selbst definierte Labels zugeordnet. So können beispielsweise ESXi-Hosts mit unterschiedlichen Grafikkarten derselben Archi-

tektur in einem Cluster zusammengefasst werden, und virtuelle Maschinen können die Ressourcen sämtlicher Hosts nutzen.

In der virtuellen Hardware der Version 17 werden gegenüber Version 15 keine neuen Gastbetriebssysteme unterstützt.

Eine vollständige Liste der unterstützten Betriebssysteme finden Sie unter:

http://www.VMware.com/resources/compatibility/search.php?deviceCategory=guestos

20.1.2 Gastbetriebssystem

Die Art des Gastbetriebssystems können Sie beim Anlegen festlegen und im späteren Verlauf verändern. Der Typ kann frei gewählt werden. So kann etwa ein Windows ausgewählt werden, obwohl in der VM in Wirklichkeit ein Linux installiert ist. Diese Auswahl hat Auswirkungen auf die mögliche Konfiguration (z. B. auf auswählbare Features bzw. Komponenten).

20.1.3 CPU

Die CPU der virtuellen Maschine bildet eine besondere Ausnahme. Die CPU wird – abgesehen von der Anzahl an Kernen – dem Gastbetriebssystem komplett offengelegt. Zugriffe der VM auf die CPU werden vom Hypervisor direkt (nach einem Scheduling-Prinzip) an die physische CPU weitergeleitet. Die virtuelle Maschine sieht also (sofern nicht via EVC verändert) sämtliche Eigenschaften der CPU inklusive Typ, Leistung pro Kern etc.

Lediglich die Anzahl der Kerne/CPUs und der Umfang der Features der CPU, die der VM zur Verfügung gestellt werden sollen, können manipuliert werden. Beim Einschränken der Features ist es allerdings nur möglich, Features zu verstecken, um eine Abwärtskompatibilität neuer CPUs zu älteren CPUs serverübergreifend zu ermöglichen. Weitere Informationen zum Thema EVC (*Enhanced vMotion Compatibility*) finden Sie in Abschnitt 4.1.2.

Eine wichtige Eigenschaft der virtuellen CPU ist, dass Typ, Befehlssatz sowie der maximale Takt der physischen CPU direkt an die virtuelle Maschine weitergereicht werden. Sollte physisch eine CPU mit einem maximalen Takt von 3 GHz pro Kern verbaut sein, ist dies auch der maximale Takt, den die virtuelle Maschine sieht. Dieser Wert kann nicht durch Limits oder andere Einstellungen verändert werden. Der Befehlssatz kann durch den Einsatz von EVC, über den Cluster oder per CPU-ID-Maske pro virtuelle Maschine eingeschränkt werden.

Bei der Vergabe von virtuellen CPUs an die virtuelle Maschine sollten Sie die physischen Gegebenheiten beachten. In der Regel ist es sinnvoll, die Anzahl vCPUs so klein wie möglich zu halten, um dem Ressourcenmanagement des Hypervisors die Arbeit zu erleichtern. Des Weiteren sollten Sie darauf achten, dass die Anzahl der vCPUs pro VM nur in bewusst gewählten Situationen die Anzahl der CPU-Kerne übersteigt, die pro physischen Sockel zur Verfügung stehen.

20.1.4 Arbeitsspeicher

Der Arbeitsspeicher einer virtuellen Maschine muss sich nicht zwingend eins zu eins im Arbeitsspeicher des Hypervisors wiederfinden. Verschiedene Mechaniken des Hypervisors versuchen, die Ressource optimal zu managen. Somit kann Arbeitsspeicher in die Swap-Datei auf dem Datastore ausgelagert werden, und es gibt eine Art Deduplizierung für den Arbeitsspeicher namens *Transparent Page Sharing* (TPS). Außerdem kann der Hypervisor im Fall von Engpässen versuchen, durch *Ballooning* Arbeitsspeicher umzuverteilen, der von anderen VMs nicht mehr benötigt wird. Für diesen Mechanismus sind die *VMware Tools* zwingend notwendig.

Beim Konfigurieren des Arbeitsspeichers ist es wichtig zu wissen, dass nicht nur die Ressource Arbeitsspeicher, sondern auch Datastore-Speicher im Rahmen einer Swap-Datei vergeben wird. Die Swap-Datei einer virtuellen Maschine liegt, solange es nicht anders konfiguriert ist, mit im Verzeichnis der virtuellen Maschine und hat die Größe des an die VM vergebenen Arbeitsspeichers abzüglich der Menge an reserviertem Arbeitsspeicher. Die Formel zur Berechnung der Größe der Swap-Datei lautet somit:

Arbeitsspeicher – reservierter Arbeitsspeicher = Größe der Swap-Datei

Ein einfaches Beispiel:

Eine virtuelle Maschine besitzt 4 GB Arbeitsspeicher und keinerlei Reservierung:

4 GB – 0 GB = 4 GB

Somit ist die Swap-Datei 4 GB groß.

Vergibt man nun eine Reservierung von 1 GB, lautet die Rechnung wie folgt:

4 GB – 1 GB = 3 GB

Die Swap-Datei schrumpft in diesem Fall um 1 GB.

Dieses Sparpotenzial hat allerdings auch Nachteile. Mit Reservierungen wird man unflexibel und macht es dem Hypervisor schwer bis unmöglich, Ressourcen dynamisch zu verteilen. Man macht sich also mit zu umfangreichen Reservierungen einen der großen Vorteile der Virtualisierung zunichte.

Bei der Planung der virtuellen Infrastruktur sollten diese Werte miteinbezogen werden. In verschiedenen Situationen kann sich die Nutzung von Reservierungen zum Verkleinern der Swap-Datei des VMkernels für die VM als sehr nützlich erweisen.

20.1.5 CD/DVD-Laufwerk

Das virtuelle CD-Laufwerk verhält sich abgesehen von der Kapazität ähnlich wie das Diskettenlaufwerk. CD-Laufwerke können entweder per IDE oder per SATA angebunden werden. Einmal verbunden, wird das Laufwerk im Gastbetriebssystem immer angezeigt, egal ob ein Medium eingelegt ist oder nicht. Medien können im ein- und ausgeschalteten Zustand eingelegt sowie auch entfernt werden. Eine Ausnahme stellt hier das Verbinden eines Mediums dar, das über eine Remotekonsole erfolgt. Dieses Medium kann nur im eingeschalteten Zustand verbunden werden. Folgende Optionen, ein Medium »einzulegen«, stehen beim virtuellen CD/DVD-Laufwerk zur Verfügung:

- **Clientgerät:** An dieser Stelle gibt es zwei Möglichkeiten. Beide erfordern eine Verbindung via Remotekonsole zur virtuellen Maschine. Es kann entweder ein physisches Laufwerk oder eine über den Client erreichbare ISO-Datei verbunden werden.
- **Datenspeicher-ISO-Datei:** Bei dieser Option kann eine ISO-Datei, die sich auf einem mit dem ESXi-Host verbundenen Datastore befindet, mit dem virtuellen Laufwerk verbunden werden.
- **CD-Laufwerk des Hosts verbinden:** Das CD-Laufwerk des ESXi-Hosts wird mit dem virtuellen Laufwerk des Gastbetriebssystems verbunden. So kann ein physisches Medium im virtuellen Gastsystem genutzt werden.

20.1.6 Festplattencontroller

Um einer VM Festplatten zuweisen zu können, benötigen Sie mindestens einen Festplattencontroller. Es gibt verschiedene Typen von Festplattencontrollern, und beim Erstellen einer VM wird abhängig von dem Betriebssystem, das Sie in der VM-Konfiguration ausgewählt haben, ein Controllertyp eingebunden.

Der Controller kann bei Bedarf entweder entfernt und durch einen anderen Controller ersetzt oder durch weitere Controller ergänzt werden. Bei einem solchen Tausch sollten Sie vor allem darauf achten, dass der Controller sowohl kompatibel ist als auch unterstützt wird und dass der entsprechende Treiber im Gastbetriebssystem installiert ist. Eine solche Konfiguration kann zum Beispiel sinnvoll sein, um virtuellen Maschinen einen zusätzlichen paravirtualisierten Adapter zuzuordnen, der bei Applikationen mit hohen Durchsatzraten ideal ist.

Es gibt folgende Typen von Festplattencontrollern:

- **VMware Paravirtual:** Ein paravirtueller SCSI-Controller. Er wurde entwickelt, um möglichst wenig Last auf der CPU des Hypervisors zu erzeugen, und bietet bestmögliche Performance. Vor einem Einsatz dieses Controllers sollte sichergestellt werden, dass das Gastbetriebssystem über den entsprechenden Treiber verfügt. Ansonsten muss das Gast-OS zuerst unter Verwendung eines anderen Controllers installiert und der Controllertyp muss nach der Installation der VMware Tools (und somit auch der Treiber) auf VMware Paravirtual gesetzt werden.
- **LSI Logic SAS:** Ein ebenfalls sehr performanter Adapter.
- **LSI Logic Parallel:** Eines der Urgesteine der virtuellen SCSI-Controller; auch bekannt unter dem Namen »LSI Logic«. Dank der Queue-Länge von 32 und der breiten Verfügbarkeit von Treibern ist dieser Controller eine häufig gewählte Variante.

- **BusLogic:** Ebenfalls eines der Urgesteine der virtuellen SCSI-Controller. Die meisten alten Betriebssysteme (etwa ein Windows 2000) können diesen Controller nutzen. Aufgrund seiner Queue-Länge von 1 ist die Performance allerdings stark limitiert. Dieser Controller sollte nach Möglichkeit nicht mehr benutzt werden.
- **AHCI SATA:** Ein SATA-Controller, der seit Version 10 der virtuellen Hardware unterstützt wird. Unterstützte Betriebssysteme sind Windows Vista und aufwärts, Linux ab Kernel-Version 2.6.29 und Mac-Betriebssysteme.
- **NVMe:** Ein NVMe-Controller. Er ist verfügbar ab der virtuellen Hardware der Version 13. Er zeichnet sich durch einen geringen Overhead aus und erlaubt eine gute Leistung.

20.1.7 Festplatten

Die Festplatte einer virtuellen Maschine liegt auf einem Datastore, der an den Hypervisor angebunden ist. Es gibt dabei verschiedene Modi und Eigenschaften, die beachtet werden müssen.

- **Festplattenmodus**: Es gibt drei verschiedene Festplattenmodi, die zur Auswahl stehen:
  - **Dependent:** Festplatten in diesem Modus werden wie normale Festplatten behandelt. Änderungen auf ihnen werden sofort geschrieben, und sie werden in Snapshots berücksichtigt.
  - **Independent – Persistent:** In diesem Modus werden Änderungen ebenfalls sofort und dauerhaft geschrieben, sie werden allerdings nicht in Snapshots berücksichtigt.
  - **Independent – Nonpersistent:** Dieser Modus, auch *Kiosk Mode* genannt, verwirft Änderungen auf der Festplatte bei einem Herunterfahren oder beim Wiederherstellen eines Snapshots der VM.
- **Provisionierung**: Bei der Provisionierung wird festgelegt, wie sich die Datendatei der VM verhalten soll. Es gibt insgesamt drei verschiedene Möglichkeiten:
  - **Thin Provision:** Thin Provision bedeutet, dass es zwar aus der virtuellen Maschine heraus so aussieht, als wäre die Festplatte tatsächlich so groß wie konfiguriert, auf dem Datastore hingegen wird nur der Speicherplatz verbraucht, den die Maschine tatsächlich benötigt. Dieser verbrauchte Speicherplatz wird bei ansteigendem genutztem Plattenplatz in der VM erhöht. Beachten Sie, dass der Betrieb solcher Systeme eine stetige Überwachung des genutzten Plattenplatzes bzw. große Puffer voraussetzt, da bei einem rasanten Anstieg des genutzten Plattenplatzes vieler virtueller Maschinen (etwa bei einem Patch-Day oder beim Roll-out von Software) schnell der gesamte genutzte Plattenplatz steigt und Datastores somit zulaufen können.
  - **Thick Provision Eager Zeroed:** Beim Thick Provision Eager Zeroed wird der für die VM konfigurierte Festplattenplatz auf dem Datastore komplett in Beschlag genommen und anschließend einmalig mit Nullen vollgeschrieben, bevor er genutzt werden kann. Dieser Vorgang kann einige Zeit in Anspruch nehmen.

- **Thick Provision Lazy Zeroed:** Beim Thick Provision Lazy Zeroed wird – anders als beim Eager-Zeroed-Verfahren – der Plattenplatz nur in Beschlag genommen, aber zunächst nicht mit Nullen gefüllt. Dies passiert erst bei der Nutzung der Bereiche und kann eine Latenz im Vergleich zum Eager-Zeroed-Verfahren bedeuten. In vielen Fällen ist dieser Unterschied so verschwindend gering, dass er vernachlässigt werden kann.

- **RAW-Device-Mappings:** RAW-Device-Mappings (RDMs) stellen eine große Ausnahme dar, was den Aufbau angeht. RAW-Device-Mappings sollten nur dann verwendet werden, wenn es besondere Anforderungen gibt, die nur durch RDMs umsetzbar sind. RAW-Device-Mapping bedeutet, dass eine virtuelle Maschine nicht auf einem geteilten Datastore abgelegt wird, sondern dass Sie exklusiven Zugriff auf eine LUN oder eine Festplatte im Hypervisor bekommen. RAW-Device-Mappings können entweder im physischen oder im virtuellen Modus erstellt werden. Der physische Modus hat den Vorteil, dass direkt auf die LUN zugegriffen wird und dies somit SAN-Aware-Anwendungen zugutekommt. Diese Art der Verwendung hat allerdings auch den Nachteil, dass – anders als beim virtuellen Modus – ein Klonen oder eine Umwandlung in ein Template der virtuellen Maschine nicht möglich ist. Ebenso ist die Verwendung von Snapshots auf einem physischen RDM nicht möglich. Der virtuelle Modus eines RAW-Device-Mappings bietet eine erhöhte Flexibilität. So können Sie entscheiden, ob die Änderungen auf der Festplatte dauerhaft geschrieben oder nach einem Neustart der VM verworfen werden sollen, und Sie können Snapshots anlegen und die Maschine klonen.

20.1.8 Netzwerkkarten

Um einen Zugriff auf die VM und natürlich auch die Kommunikation von der VM mit anderen Systemen zu ermöglichen, ist mindestens ein Weg erforderlich, um mit dem Netzwerk zu kommunizieren. Für diesen Zweck bietet VMware verschiedene virtuelle Netzwerkkarten an. Üblicherweise kommen heutzutage die Typen E1000, VMXNET3 und SR-IOV zum Einsatz. Darüber hinaus gibt es aber noch verschiedene andere.

Die folgende Liste enthält alle existierenden virtuellen Netzwerkkarten:

- **E1000:** Die E1000 ist eine virtuelle Emulation der *Intel-82545EM*-Gigabit-Netzwerkkarte. Sie hat den Vorteil, dass viele Betriebssysteme bereits bei der Installation den passenden Treiber an Bord haben und somit sofort eine Netzwerkverbindung aufgebaut werden kann. Windows ab Server 2003 (32 Bit), XP Professional 64 Bit und Linux ab der Kernel-Version 2.4.19 bringen den notwendigen Treiber schon in der Standardinstallation mit.
- **E1000e:** Eine emulierte Variante der *Intel Gigabit NIC 82574*. Diese Version der NIC (*Network Interface Card*, dt. *Netzwerkkarte*) ist seit der virtuellen Hardware 8 verfügbar und wird standardmäßig ab Windows 8 verwendet. Für Linux hingegen können Sie E1000e nicht über das User Interface auswählen.
- **VMXNET:** Der erste Adapter der VMware-VMXNET-Reihe. Diese Netzwerkkarten haben kein physisches Gegenstück und fallen unter die Kategorie der Paravirtualisierung. Es ist

zwingend notwendig, die VMware Tools und somit die darin für die VMXNET-Karten enthaltenen Treiber im Gastbetriebssystem zu installieren, um sie verwenden zu können.

- **VMXNET 2 (Enhanced):** Eine erweiterte Variante der VMXNET. In dieser Version gibt es vor allem Performanceerweiterungen, etwa die Unterstützung für Jumbo Frames und Hardware-Offload. Diese Netzwerkkarte kann ab der ESX-Version 3.5 eingesetzt werden. Wie bei der VMXNET muss der entsprechende Treiber über die VMware Tools installiert werden, um sie nutzen zu können.
- **VMXNET 3:** Die VMXNET 3 ist, anders als der Name es vermuten lassen könnte, *keine* Erweiterung der VMXNET 2 oder VMXNET. Sie ist ein paravirtualisierter Netzwerkadapter, dessen Fokus vor allem auf Performance liegt. Sie wird ab der virtuellen Hardware Version 7 unterstützt, und wie VMXNET und VMXNET 2 funktioniert sie nur in Verbindung mit den entsprechenden Treibern aus den VMware Tools. Der Funktionsumfang ist identisch mit dem der VMXNET 2. Hinzu kommen Funktionen wie Multiqueue-Unterstützung und IPv6-Offload.
- **Vlance:** Vlance ist die virtuelle Nachbildung der *AMD 79C970 PCnet32-LANCE NIC*. Es ist eine recht in die Jahre gekommene Variante einer NIC mit einem maximalen Durchsatz von 10 Mbps. Treiber sind in den meisten 32-Bit-Betriebssystemen ab Windows Vista und aufwärts verfügbar.
- **Flexible:** Diese Netzwerkkarte stellt einen Hybriden dar. Beim Booten verhält sie sich wie eine Vlance-NIC, nach dem Bootvorgang (installierte VMware Tools vorausgesetzt) wird sie dann in eine VMXNET-NIC umgeschaltet.
- **SR-IOV Passthrough:** Seit vSphere 5.1 wird *Single-Root-I/O-Virtualisierung* (SR-IOV) in Verbindung mit Intel-Prozessoren unterstützt. Ab Version 5.5 funktioniert SR-IOV ebenfalls mit AMD-Prozessoren. SR-IOV wird für virtuelle Gastsysteme empfohlen, die einen hohen Datendurchsatz haben oder empfindlich sind, was die Latenzzeiten betrifft. Bei der Verwendung von SR-IOV werden die Zugriffe der virtuellen Maschine auf das Netzwerk direkt an die Netzwerkkarte gesendet. Der Netzwerkverkehr wird also nicht über den VMkernel geleitet. So kann ein großer Teil der CPU-Last auf dem Hypervisor, der durch Netzwerkzugriffe der VM provoziert wird, vermieden werden, und die Latenz wird verbessert. Wenn Sie planen, SR-IOV zu verwenden, achten Sie darauf, dass sowohl der Hypervisor als auch die Gast-VM die entsprechende NIC unterstützen. Des Weiteren muss im BIOS des Hypervisors die Funktion *I/O-Memory-Management* aktiviert sein. Eine Reservierung des Arbeitsspeichers der virtuellen Maschine ist beim Einsatz von SR-IOV ebenfalls empfehlenswert.

20.2 Virtuelle Maschinendateien

Die Konfiguration sowie der Inhalt der virtuellen Maschine werden in den Datastores gespeichert, die im Hypervisor konfiguriert sind. Eine virtuelle Maschine besteht aus mehreren

Dateien, die verschiedene Aufgaben und Inhalte haben. In der klassischen Konfiguration finden sich die Dateien alle auf einem Datastore in einem Verzeichnis wieder. Das Verzeichnis hat den Namen der virtuellen Maschine. Die in dem Verzeichnis enthaltenen Dateien haben ebenfalls den Namen der VM und unterscheiden sich durch Erweiterungen des Namens und unterschiedliche Endungen, die ihre verschiedenen Funktionen widerspiegeln.

Von dieser klassischen Konfiguration kann abgewichen werden. So können zum Beispiel verschiedene Festplatten der virtuellen Maschine auf verschiedenen Datastores untergebracht werden. Dies kann unter anderem aus Platz- oder Performancegründen notwendig sein.

Es gibt folgende Dateitypen:

- **.vmx:** Die Konfigurationsdatei der virtuellen Maschine. In ihr sind große Teile der Konfiguration festgehalten.
- **.vmxf:** Eine zusätzliche Konfigurationsdatei für virtuelle Maschinen in einem Team. Sollte die VM aus dem Team entfernt werden, bleibt diese Datei weiterhin bestehen.
- **.nvram:** Die *.nvram*-Datei speichert Informationen zu BIOS- bzw. UEFI-Einstellungen.
- **flat.vmdk:** Die eigentliche Festplatte der VM. In dieser Datei sind die Dateien der VM abgelegt. Sollten mehrere Festplatten existieren, werden sie durch eine Nummerierung der Dateien unterschieden. Das Format ist »Servername_*Nummer*-flat.vmdk«.
- **.vmdk:** Die Beschreibung der Festplatte. Jede angehängte Festplatte hat eine *.vmdk*-Datei, in der die Beschreibung sowie der Name der Festplatte abgelegt sind. Das Namensformat ist, abgesehen von dem Bestandteil »flat.«, identisch mit dem der *flat.vmdk*-Dateien: »Servername_*Nummer*.vmdk«.
- **.vmsn:** Das sind die Snapshot-Dateien. Darin werden die Änderungen gespeichert, die ab dem Anlegen eines Snapshots anfallen. Sollte die Maschine über mehrere Festplatten verfügen, wird pro Festplatte jeweils eine Datei angelegt. Werden mehrere Snapshots angelegt, werden diese durch fortlaufende Nummern unterschieden. Das Namensformat sieht wie folgt aus: »Servername-Snapshot*Nummer*.vmsn«.
- **.vmsd:** Die Snapshot-Beschreibung. In ihr werden verschiedene Informationen zu den entsprechenden Daten eines Snapshots festgehalten, unter anderem IDs und Informationen zum Weg der Snapshot-Kette für einen Snapshot. Um den Weg einer Snapshot-Kette nachvollziehen zu können, müssen die Informationen sämtlicher Snapshot-Beschreibungen miteinander kombiniert werden.
- **.vswp:** Dies ist die Swap-Datei der virtuellen Maschine. Ihre Größe ist identisch mit der Größe des Arbeitsspeichers abzüglich der Menge des Arbeitsspeichers, der für die Maschine reserviert ist. Sie dient dem Hypervisor zum Auslagern des Arbeitsspeichers. Auch wenn das Auslagern des Arbeitsspeichers eher eine Ausnahme darstellen sollte, wird diese Datei immer angelegt. Das sollten Sie bei der Planung berücksichtigen.
- **.log:** Bei dieser Datei ist der Name zugleich auch die Funktion. Sie enthält Log-Einträge zur VM selbst. Sie stellt eine Ausnahme dar, was den Namen angeht. Unabhängig vom Namen

der VM heißt sie immer *VMware.log*. Nach einem *Power On* bzw. *Power Off* wird sie rotiert. Die aktuelle Datei ist immer die *VMware.log*, und sie wird bei einer Rotation dann in »VMware-*Nummer*.log« umbenannt. Bei der nächsten Rotation wird diese Nummer entsprechend erhöht. Da die Dateien in der Standardkonfiguration nur bei einem Power Off/On rotiert werden, kann es passieren, dass sie aufgrund einer hohen Laufzeit der VM und/oder aufgrund von Fehlern auf eine nicht zu unterschätzende Größe anwachsen. Es gibt Angriffsszenarien, in denen bewusst Fehler provoziert werden, um Einträge in der *VMware.log*-Datei auszulösen und somit die Datastores zum Volllaufen zu bringen. Um ein solches Worst-Case-Szenario zu vermeiden, empfiehlt es sich, eine maximale Größe für die Log-Datei festzulegen. Dies kann durch Anpassen bzw. Einfügen des Parameters `log.rotateSize` = **`Größe in Bytes`** in der *.vmx*-Datei der VM geschehen.

Weitere Informationen zu Parametern bezüglich der *VMware.log*-Dateien finden Sie unter *http://kb.VMware.com/kb/8182749*.

- **.vmss:** In dieser Datei wird der Arbeitsspeicher einer virtuellen Maschine gespeichert, die angehalten (*suspended*) wird.

> **Hinweis**
> Wird eine virtuelle Maschine umbenannt, behalten sowohl die Ordner als auch die Dateien der VM den alten Namen. Die Namen werden erst bei einem nachgelagerten Storage vMotion auf den neuen VM-Namen aktualisiert.

20.3 Management Tools für die VM

Die *VMware Tools* sind eine Sammlung von Applikationen und Treibern, die in einer virtuellen Maschine installiert werden. Sie verbessern die Performance der VM, schaffen die Möglichkeit, Geräte zu nutzen, indem sie die entsprechenden Treiber zur Verfügung stellen, und bieten eine Kommunikationsschnittstelle zum Management. Mehr Informationen zu den VMware Tools finden Sie in Abschnitt 20.14, »VMware Tools«.

20.4 Konfiguration der virtuellen Hardware

Bei der Konfiguration der virtuellen Maschine finden Sie viele Einstellungsmöglichkeiten. Im Folgenden werden sie der Reihe nach beschrieben. Bitte beachten Sie, dass viele Teile der Konfiguration bereits in Abschnitt 20.1, »Virtuelle Hardware«, behandelt wurden. Die Themen Reservierungen, Limits und Shares werden in Abschnitt 20.8, »Ressourcenmanagement«, behandelt.

20.4.1 Ändern der Hardware und HotPlug

Zu einer virtuellen Maschine können Komponenten hinzugefügt werden. Ebenso können Komponenten verändert und auch wieder entfernt werden. Für viele Komponenten gilt das sowohl im ausgeschalteten als auch im eingeschalteten Zustand. Im eingeschalteten Zustand wird dieser Vorgang als *HotPlug* bezeichnet. Seit Version 8 der virtuellen Hardware ist dies auch für Arbeitsspeicher und CPUs möglich. (Eine entsprechende Unterstützung des Gastbetriebssystems ist hierbei zwingend vorausgesetzt.) Mehr zu diesem Thema finden Sie in Abschnitt 20.13, »Konfiguration und Anpassung von virtuellen Maschinen«.

20.4.2 CPU

In den folgenden Abschnitten behandeln wir alles, was Sie im Zusammenhang mit der CPU beachten müssen.

Cores vs. Sockets

Es gibt zwei Möglichkeiten, die im Gastbetriebssystem verfügbaren CPU-Kapazitäten zu bestimmen: über Cores und über Sockets. Die Verteilung hat technisch auf Hypervisor-Ebene keine Auswirkungen. Diese Option dient vielmehr dazu, Anforderungen der Lizenzmodelle verschiedener Softwarehersteller zu bedienen. Die Anzahl der CPUs/Kerne pro virtuelle Maschine kann die Anzahl physischer CPUs nicht übersteigen. Falls die Anzahl der CPU-Kerne einer virtuellen Maschine über die Grenzen eines NUMA-Knotens hinaus steigt, kann es zu Performanceproblemen kommen.

HotPlug

Seit Version 8 der virtuellen Hardware ist das Hinzufügen von CPUs im laufenden Betrieb der VM möglich. Achten Sie bei der Verwendung darauf, dass das genutzte Gastbetriebssystem dieses Feature unterstützt. Beachten Sie, dass bei der Aktivierung von HotPlug keine Verwendung von vNUMA stattfinden kann. Die virtuelle Maschine erhält somit keine Informationen über die Verwendung von NUMA und kann keine betriebssystem- oder applikationsspezifischen Features für NUMA einsetzen. Dieser Zustand kann eine deutliche Verschlechterung der Leistung der virtuellen Maschine mit sich bringen. Sollten Sie auf die Verwendung von vNUMA angewiesen sein, hilft nur ein Deaktivieren von HotPlug.

CPU-ID-Maske

Mithilfe der CPU-ID-Maske kann, ähnlich wie bei der Verwendung des EVC-Modus in Clustern, eine Kompatibilität der virtuellen Maschine über ESXi-Hosts mit CPUs hergestellt werden, die über verschiedene Feature-Sets verfügen. Diese Einstellungen können nur im ausgeschalteten Zustand der VM geändert werden. Es gibt die Möglichkeit, das NX/XD-Flag (ein Security-Feature auf der CPU) für den Gast ein- bzw. auszublenden. Darüber hinaus können in den erweiterten Einstellungen die Register manuell angepasst werden.

Hardwarevirtualisierung

Mithilfe der Hardwarevirtualisierung werden Virtualisierungsfeatures der CPU für das Gastbetriebssystem sichtbar und nutzbar gemacht. Somit können zum Beispiel Hypervisoren virtualisiert werden. Sie können also ein ESXi in einer virtuellen Maschine installieren.

Leistungsindikatoren

Das Aktivieren der CPU-Leistungsindikatoren kann Entwicklern dabei helfen, Performanceprobleme via Software-Profiling zu identifizieren. Die Mindestvoraussetzung zur Nutzung dieses Features ist der Einsatz von ESXi 5.1 oder höher sowie von Intel-Prozessoren ab der Nehalem-Generation oder von AMD-Prozessoren ab der Greyhound-Generation. Es kann passieren, dass bestimmte Leistungsindikatoren nicht zur Verfügung stehen, wenn *Fault Tolerance* im Einsatz ist oder wenn das BIOS des ESXi-Hosts selbst Leistungsindikatoren verwendet.

CPU/MMU-Virtualisierung

Mit den Optionen für die CPU/MMU-Virtualisierung können Sie über die Nutzung der Hardwareunterstützung für CPU und MMU (*Memory Management Unit*) entscheiden. Folgende Modi stehen zur Auswahl:

- **Automatisch:** Der Hypervisor legt automatisch aufgrund des Prozessortyps und der virtuellen Maschine einen Modus fest. Je nach Arbeitsauslastung kann sich diese Einstellung negativ auf die Leistung des Systems auswirken.
- **Software-CPU und -MMU:** Es werden softwarebasierte Mittel sowohl für die Verwaltung der CPU als auch der der MMU eingesetzt.
- **Hardware-CPU, Software-MMU:** Die Verwaltung der CPU läuft über die CPU-Features, die MMU wird via Software von VMware verwaltet.
- **Hardware-CPU und -MMU:** Sowohl CPU als auch MMU werden über die Hardwareunterstützung betrieben.

Wird eine Auswahl getroffen, die nicht kompatibel zum Hypervisor ist oder anderen Einstellungen widerspricht, so wird sie mit der Einstellung AUTOMATISCH überschrieben.

Hinweis

Da die aktuellen x86-Prozessoren Virtualisierung vollständig unterstützen, ist eine Softwareunterstützung nicht länger notwendig.

Mit der Verwendung der virtuellen Hardware der Version 13 und höher ist es daher nicht mehr möglich, diese Einstellung vorzunehmen.

Processor Scheduling Affinity

Das Feature *Processor Scheduling Affinity* steht nur zur Verfügung, wenn sich die Maschine nicht in einem DRS-Cluster befindet. Mit ihm können Sie die Verteilung der CPUs der virtuellen Maschine manuell steuern. Die Affinität kann als Range und/oder als Liste angegeben werden. Sie kann also zum Beispiel »2-6«, »2,3,4« oder »2-3,4,5,6« lauten. Es müssen mindestens so viele Affinitäten angegeben werden, wie virtuelle CPUs in der VM konfiguriert sind.

HT Sharing

Mit der Hyperthreading-Technik ist es möglich, einen physischen CPU-Kern als zwei Kerne auszugeben. Die Leistung wird so zwar nicht verdoppelt, kann aber besser genutzt werden. Mit der Einstellung HT SHARING können Sie nun abseits vom Ressourcenmanagement festlegen, wie mit dieser virtuellen Maschine im Hinblick auf Hyperthreading verfahren werden soll. Folgende Möglichkeiten stehen zur Verfügung:

- **Any:** Während der Laufzeit kann die virtuelle CPU einer virtuellen Maschine sich den Kern mit anderen virtuellen CPUs dieser Maschine oder anderer virtueller Maschinen teilen.
- **None:** Der CPU-Kern wird zur Laufzeit ausschließlich von der virtuellen CPU der virtuellen Maschine und von keiner anderen genutzt.
- **Internal:** Diese Einstellung tritt nur in Kraft, wenn die VM über genau zwei virtuelle CPUs verfügt. Sollte sie über eine andere Anzahl an CPUs verfügen, verhält sie sich genau wie bei der Einstellung NONE. Zur Laufzeit der virtuellen CPU kann sich die virtuelle Maschine den physischen Kern mit der zweiten virtuellen CPU teilen.

20.4.3 Arbeitsspeicher – Memory-HotPlug

Seit Version 8 der virtuellen Hardware ist das Hinzufügen von Arbeitsspeicher im laufenden Betrieb möglich. Achten Sie beim Einsatz darauf, dass das verwendete Gastbetriebssystem dieses Feature unterstützt. Weitere Informationen zum Thema HotPlug finden Sie in Abschnitt 20.13, »Konfiguration und Anpassung von virtuellen Maschinen«.

20.4.4 SCSI-Controller – SCSI-Bus-Sharing

Das SCSI-Bus-Sharing bietet die Möglichkeit, mehrere virtuelle Maschinen auf eine Festplatte zugreifen zu lassen, wie es etwa beim Quorum eines Clusters notwendig sein kann. Es gibt drei verschiedene Modi:

- **Keine**: In diesem Fall können Festplatten, die über diesen Controller verbunden sind, nicht mit anderen virtuellen Maschinen gemeinsam genutzt werden.
- **Virtuell**: Virtuelle Festplatten an diesem Controller können von anderen virtuellen Maschinen genutzt werden, die sich auf dem gleichen ESXi-Host befinden.
- **Physisch**: Diese virtuellen Festplatten können von mehreren virtuellen Maschinen genutzt werden, unabhängig davon, auf welchem ESXi-Host sie sich befinden.

20.4.5 Festplatten

Im Zusammenhang mit Festplatten müssen Sie auf die VM-Speicherrichtlinie achten. Eine Speicherrichtlinie grenzt den wählbaren Storage auf die Datastores ein bzw. bestimmt Vorgaben, die dem jeweiligen Profil entsprechen. Mehr zum Einrichten und Verwalten von VM-Speicherrichtlinien finden Sie in Abschnitt 20.12, »Speicherrichtlinien für virtuelle Maschinen«.

20.4.6 Netzwerk – MAC-Adresse

Sie können entweder automatisch eine MAC-Adresse zuordnen lassen oder eine Adresse manuell vergeben. Die automatische Vergabe von MAC-Adressen erfolgt über das vCenter oder – wenn ein ESXi-Host ohne vCenter betrieben wird – direkt über den Host.

Die MAC-Adresse, die über das vCenter vergeben wird, setzt sich wie folgt zusammen:

- Die ersten 3 Bytes bestehen aus dem OUI (*Organizationally Unique Identifier*) 00:50:56 von VMware.
- Byte 4 errechnet sich aus 80 + *vCenter-Server-ID*.
- Die Bytes 5 und 6 werden über zufällige Werte vergeben.

Die Vergabe von MAC-Adressen auf einem allein stehenden ESXi-Host erfolgt auf Basis eines Algorithmus. Der Algorithmus generiert die Adressen wie folgt:

- Die ersten 3 Bytes der MAC-Adresse sind immer der VMware-OUI 00:0C:29. Dieser OUI ist speziell für die Vergabe von MAC-Adressen über ESXi-Hosts vorgesehen.
- Die Bytes 4 und 5 werden auf denselben Wert gesetzt, der den letzten 2 Bytes der primären IP-Adresse des Hosts entspricht.
- Byte 6 wird über einen Hash generiert, der anhand des Namens der Konfigurationsdatei der virtuellen Maschine errechnet wird.

Die generierten MAC-Adressen werden vom ESXi-Host nur für eingeschaltete und suspendierte virtuelle Maschinen gespeichert. Es kann also passieren, dass nach einem Neustart die Adresse der virtuellen Maschine wechselt. Die manuelle Vergabe ist hingegen statisch: Die MAC-Adresse bleibt immer auf demselben gesetzten Wert. Bei der manuellen Vergabe sollten Sie beachten, dass die vergebene Adresse bei sämtlichen eingeschalteten und mit dem selben Netzwerk verbundenen Komponenten nur ein einziges Mal vorkommen darf.

20.4.7 Video Card

Im Zusammenhang mit der Grafikdarstellung sind folgende Punkte zu beachten.

Anzahl der Anzeigen

Sie können die Anzahl der verfügbaren Anzeigen, also der Bildschirme, konfigurieren.

Gesamter Videoarbeitsspeicher

Der gesamte Videoarbeitsspeicher definiert den für die virtuelle Maschine zur Verfügung stehenden Arbeitsspeicher für die visuelle Darstellung. Der Videoarbeitsspeicher ist ausschlaggebend dafür, wie hoch die maximale Anzahl an Displays und die Auflösung gewählt werden kann.

3-D-Einstellungen

Um die Verwendung von 3-D-Anwendungen in virtuellen Maschinen zu ermöglichen bzw. zu beschleunigen, können Sie die 3-D-Unterstützung für die virtuelle Maschine aktivieren. Es gibt drei unterschiedliche Einstellungen:

- **Automatisch:** Es wird automatisch nach Verfügbarkeit einer physischen GPU und in Abhängigkeit vom Gastsystem gewählt, ob der Software- oder Hardwaremodus genutzt wird.
- **Software:** Es wird eine Softwarevariante genutzt. Selbst wenn eine physische GPU vorhanden sein sollte, wird sie nicht genutzt.
- **Hardware:** Es wird eine physische GPU genutzt. Sollte keine solche GPU im ESXi-Host vorhanden sein, kann die virtuelle Maschine nicht gestartet werden.

20.4.8 PCI Device

Über die Option PCI DEVICE können entweder *Nvidia Gird vGPUs* hinzugefügt werden, oder es können via *DirectPath I/O* andere physische PCI-Komponenten im ESXi-Host direkt an die virtuelle Maschine durchgereicht werden. Das Einbinden einer solchen Konfiguration ist eine 1:1-Verbindung. Eine Komponente steht in einem solchen Fall also exklusiv der einen VM zur Verfügung, der sie hinzugefügt wurde, und kann nicht zusätzlich vom Hypervisor oder anderen virtuellen Maschinen genutzt werden.

Die Nutzung von DirectPath I/O bringt einige Einschränkungen mit sich. Unter anderem ist die Verwendung von HotPlug, vMotion, Suspend, Fault Tolerance, HA und Snapshots nicht möglich. Der Einsatz von DRS funktioniert nur bedingt. Die VM kann Teil eines DRS-Clusters sein, kann aber nicht via vMotion migriert werden. Eine besondere Ausnahme stellt die Verwendung von Cisco-UCS-Systemen an dieser Stelle dar. Durch die Verwendung von Cisco-VM-FEX-(*Virtual Machine Fabric Extender-*)Distributed-Switches können vMotion, das HotPlug von virtuellen Komponenten, Suspend, HA, DRS sowie Snapshots auf dieser speziellen Hardware genutzt werden.

Um eine PCI-Komponente in einer virtuellen Maschine hinzuzufügen, muss sie zuvor im Hypervisor reserviert und anschließend über Einstellungen der virtuellen Maschine als neues PCI-Gerät hinzugefügt werden. Der Dialog der Konfiguration bietet anschließend ein Auswahlmenü mit den verfügbaren PCI-Geräten.

20.5 Optionen für die virtuellen Maschinen

20.5.1 VM Name

Sie können den Namen einer virtuellen Maschine ändern. Beachten Sie, dass beim Ändern des Namens nur der angezeigte Name geändert wird; sämtliche Ordner und Dateien auf dem Datastore behalten ihren alten Namen.

Der einfachste Weg, den Namen des Verzeichnisses und der Dateien zu ändern, ist ein Storage vMotion auf einen anderen Datastore.

20.5.2 VM Config File

Ort und Name der *.vmx*-Datei der virtuellen Maschine, die alle Daten zur Konfiguration der virtuellen Maschine enthält.

20.5.3 VM Working Location

Die VM Working Location gibt den Pfad zum Speicherort an, unter der die Maschine zu finden ist.

20.5.4 Gastbetriebssystem anpassen

Sollte das Gastbetriebssystem durch ein Upgrade oder durch eine Neuinstallation gewechselt haben, empfiehlt es sich, auch die Version des Gastbetriebssystems in den Einstellungen der virtuellen Maschine anzupassen.

Durch diese Änderung werden die verfügbaren Komponenten und Standards für die virtuelle Maschine angepasst. Beachten Sie, dass bei einer nachträglichen Änderung die bestehenden Komponenten nicht angepasst werden. Sie sollten also im Fall einer Änderung des Betriebssystems prüfen, ob es sinnvoll oder sogar zwingend notwendig ist, Komponenten zu entfernen, zu tauschen oder hinzuzufügen.

20.5.5 VMware Remote Console Options

Die Remotekonsole bietet Möglichkeiten, um die Sicherheit beim Zugriff über die Konsole zu erhöhen. So kann hier gewählt werden, dass das Gastbetriebssystem automatisch gesperrt wird, wenn die letzte Remotekonsole zur VM geschlossen wird. Häufig kommt es nämlich vor, dass sich Nutzer aus Gewohnheit durch das Schließen der Konsole von einem System verabschieden. In diesem Fall bleibt der Nutzer im Gastbetriebssystem im Normalfall weiterhin eingeloggt, und der nächste Nutzer, der sich über eine Remotekonsole mit dem System verbindet, kann mit dem eingeloggten Account im Gastbetriebssystem weiterarbeiten.

Eine weitere Möglichkeit ist das Einschränken der maximalen Anzahl gleichzeitiger Verbindungen via Remotekonsole zur VM. VMware schlägt im Security Hardening Guide vor, diese Einstellung auf eine gleichzeitige Verbindung zu setzen. So kann sich kein weiterer Nutzer mit einer virtuellen Maschine verbinden, um Einblick in die Tätigkeit des anderen Nutzers zu bekommen. Diese Einstellung sollte mit Vorsicht gewählt werden: Falls ein Nutzer vergisst, die Remotekonsole zu schließen, nimmt er sämtlichen anderen Nutzern die Möglichkeit, die Maschine über die Remotekonsole zu administrieren, bis er sie wieder freigibt.

20.5.6 Encryption

Sie haben die Möglichkeit, die virtuelle Maschine selbst und den vMotion-Datenverkehr zu verschlüsseln. Eine zwingende Voraussetzung für die Verschlüsselung ist ein *Key Management Server*.

Beim vMotion-Datenverkehr können Sie zwischen drei Einstellungen wählen:

- **Disabled:** vMotion-Datenverkehr wird nicht verschlüsselt.
- **Required:** vMotion kann nur durchgeführt werden, wenn sowohl das Ziel als auch die Quelle Verschlüsselung unterstützen.
- **Opportunistic:** Der vMotion-Datenverkehr wird verschlüsselt, wenn sowohl das Ziel als auch die Quelle Verschlüsselung unterstützen. Sollte dies nicht der Fall sein, wird der Datenverkehr unverschlüsselt übertragen.

20.5.7 Power Management

Im Power Management finden Sie die Option STANDBY RESPONSE. Diese Option bietet die Möglichkeit, das Gastbetriebssystem als Stand-by in den Suspend zu schicken und somit den Arbeitsspeicher auf den Speicher zu schreiben und die VM auszuschalten. Die zweite Möglichkeit ist, die virtuelle Maschine eingeschaltet zu lassen und sie in den Stand-by-Modus zu versetzen. Suspend entspricht dem Suspend-to-Disk, Stand-by dem Suspend-to-RAM.

20.5.8 VMware Tools

Zu den VMware Tools können Sie folgende Einstellungen vornehmen.

Power Operations

Über die Betriebsvorgänge kann gesteuert werden, welche Aktion beim Ausschalten, Anhalten und Neustarten der VM durchgeführt werden soll. So können Sie sich beim Ausschalten zwischen einem Herunterfahren der VM über den Gast oder einem simplen Power Off entscheiden.

Tools Upgrades

Bei jedem Einschalten der VM kann geprüft werden, ob die aktuelle Version der VMware Tools installiert ist. Ist das nicht der Fall, werden die Tools automatisch auf den neuesten verfügbaren Stand aktualisiert. Wenn Sie die automatische Aktualisierung wählen, sollten Sie sich über die eventuellen Gefahren im Klaren sein. Dazu gehört unter anderem ein möglicher Ausfall von einzelnen Komponenten oder sogar des gesamten Betriebssystems, wenn das Update nicht erfolgreich durchgeführt werden konnte oder wenn andere Applikationen sich mit dem Update nicht vertragen.

Synchronize Time with Host

Es besteht die Möglichkeit, die Zeit der virtuellen Maschine regelmäßig mit der Zeit des ESXi-Hosts zu synchronisieren. Dies ist sinnvoll, wenn kein NTP-Server für die virtuelle Maschine zur Verfügung steht und sie auch nicht über eine Mitgliedschaft in einer Domäne mit einer Zeitsynchronisation versorgt wird. Die Zeit wird dann alle 60 Sekunden vom Host über die *VMware Tools* an das Betriebssystem der VM übermittelt. Bei diesem Vorgang wird die Zeit bei der Synchronisation nur vor-, aber niemals zurückgestellt.

Bitte beachten Sie, dass selbst dann, wenn diese Option nicht aktiviert ist, die Zeit bei bestimmten Aktionen (etwa bei einem Resume der VM) trotzdem zwischen Host und Gast abgeglichen wird. Dies kann nur über eine Anpassung der Konfiguration der VM in der *.vmx*-Datei verhindert werden. Schalten Sie dazu die VM aus und ändern bzw. ergänzen Sie die folgenden Einträge in der *.vmx*-Datei:

```
tools.syncTime = "FALSE"
time.synchronize.continue = "FALSE"
time.synchronize.restore = "FALSE"
time.synchronize.resume.disk = "FALSE"
time.synchronize.shrink = "FALSE"
time.synchronize.tools.startup = "FALSE"
```

Starten Sie die VM anschließend wieder.

Run VMware Tools Scripts

Die VMware-Tools-Skripte können nach dem Einschalten oder Fortsetzen bzw. vor dem Anhalten oder Herunterfahren einer virtuellen Maschine ausgelöst werden. In ihnen kann man Aktionen definieren, etwa das Starten oder Stoppen einer Datenbank. Die auszuführenden Standardskripte sind unter Windows-Betriebssystemen in *Program Files\VMware\VMware Tools* und unter Linux unter */etc/VMware-tools* hinterlegt. Folgende Skripte stehen standardmäßig zur Verfügung:

- **poweroff-vm-default:** Dieses Skript wird beim Ausschalten bzw. beim Reset ausgeführt.
- **poweron-vm-default:** Dieses Skript wird beim Einschalten oder beim Wiederhochfahren nach einem Reset der VM ausgeführt.

- **resume-vm-default:** Dieses Skript wird ausschließlich nach einem Resume aus einem Suspend ausgeführt. In virtuellen Maschinen mit Windows-Betriebssystem, die DHCP nutzen, wird nach einem Resume über dieses Skript das DHCP-Lease der VM erneuert. Bei virtuellen Maschinen, die Linux, macOS, Solaris oder FreeBSD als Betriebssystem nutzen, startet dieses Skript den Netzwerkservice der VM.
- **suspend-vm-default:** Dieses Skript wird bei einem Suspend der VM ausgeführt. Im Standardskript wird unter Windows (und nur bei Nutzung von DHCP) die IP-Adresse freigegeben. Unter Linux, macOS und FreeBSD wird der Netzwerkservice gestoppt.

Diese vier Standardskripte können angepasst werden. Alternativ können Sie die Sammlung um eigene Skripte erweitern. Skripte unter Windows müssen als Batch-Datei, unter Linux als ausführbare Skriptdatei (Shell, Perl o. Ä.) vorliegen und können über den Befehl `VMwareToolboxCmd` verwaltet werden.

20.5.9 Virtualization Based Security

Virtualization Based Security (VBS) ist ein Feature, das von Microsoft im Jahr 2015 eingeführt wurde. VMware unterstützt dieses Feature nun. Bei der Aktivierung von VBS in den Einstellungen werden folgende Features aktiviert:

- Nested virtualization
- I/O MMU
- EFI Firmware
- Secure Boot

Die Aktivierung von VBS im Gastbetriebssystem muss von Hand geschehen.

20.5.10 Boot Options

Bei den Startoptionen müssen Sie die folgenden Punkte gegebenenfalls konfigurieren.

Firmware

Im Bereich der Firmware können Sie festlegen, ob für die virtuelle Maschine ein BIOS oder ein EFI genutzt werden soll. Eine nachträgliche Änderung kann dazu führen, dass das Gastbetriebssystem der VM nicht mehr gestartet werden kann.

Secure Boot

Mit dieser Option können Sie *UEFI Secure Boot* als Standard für die virtuelle Maschine aktivieren.

Hinweis

Beachten Sie bitte, dass *UEFI Secure Boot* nur dann eingesetzt werden kann, wenn das Gastbetriebssystem dies auch unterstützt.

Der Einsatz von Secure Boot ist ab Version 13 der virtuellen Hardware möglich.

Boot Delay

Die Startverzögerung wird in Millisekunden angegeben. Mit ihr legen Sie die Zeit für eine Pause zwischen dem Einschalten der virtuellen Maschine und dem tatsächlichen Hochfahren fest. In dieser Pause können Sie beispielsweise virtuelle CD-ROM-Laufwerke über die Remotekonsole mit einem ISO-Image bestücken, das dann zum Booten der VM genutzt wird.

Force BIOS Setup

Beim nächsten Start der virtuellen Maschine wird automatisch das BIOS bzw. EFI der VM aufgerufen.

Failed Boot Recovery

Sollte beim Starten der virtuellen Maschine kein Medium gefunden werden, von dem gebootet werden kann, wird die Maschine nach einer festzulegenden Zeit neu gestartet. Achten Sie darauf, dass dieser Wert – anders als die Startverzögerung – nicht in Millisekunden, sondern in Sekunden angegeben wird.

20.5.11 Advanced

Bei der erweiterten Konfiguration stehen Ihnen die Optionen zur Verfügung, die im Folgenden aufgeführt sind.

Disable acceleration

Mit der Funktion kann zeitweise die Performance der virtuellen Maschine verlangsamt werden. Dies kann Ihnen dabei helfen, Probleme zu beheben, die beim Installieren oder zur Laufzeit einer Applikation auftreten und die Maschine zum Stillstand bringen. Diese Funktion sollte nur aktiviert werden, um das entsprechende Problem zu umgehen, und anschließend schnellstmöglich wieder deaktiviert werden.

Enable logging

Über diese Option kann die Protokollierung der virtuellen Maschine in die *VMware.log*-Datei ein- bzw. ausgeschaltet werden. Weitere Informationen zum Thema *VMware.log* finden Sie in Abschnitt 20.2, »Virtuelle Maschinendateien«.

Debugging and statistics

Das Erfassen von erweiterten Debugging- bzw. Statistikinformationen kann dem technischen Support von VMware im Fall eines Fehlers in Ihrer virtuellen Umgebung helfen, das Problem besser zu analysieren. Diese Einstellungen sollten Sie nur aktivieren, wenn sie wirklich benötigt werden, da sie ansonsten unnötig Speicherplatz verbrauchen. Nachdem Sie den Fehler behoben haben, sollten Sie wieder zum Modus NORMAL AUSFÜHREN wechseln.

Swap file location

Es gibt insgesamt drei Möglichkeiten, den Speicherort der Auslagerungsdatei der VM zu bestimmen:

- **Default:** In der STANDARD-Einstellung wird der Speicherort übernommen, der im Cluster oder auf dem Host der virtuellen Maschine festgelegt wurde.
- **Virtual machine directory:** Die Auslagerungsdatei wird im selben Verzeichnis wie die virtuelle Maschine gespeichert.
- **Datastore specified by host:** Es wird der auf dem Host vorhandene Datenspeicher als Speicherort für die Swap-Dateien verwendet. Sollte es nicht möglich sein, die Auslagerungsdatei an dem angegebenen Ort zu speichern, wird sie im Verzeichnis der virtuellen Maschine gespeichert.

Egal welche Variante Sie nutzen, die Größe der Swap-Datei sollten Sie in einem Sizing immer berücksichtigen. Des Weiteren kann das Ablegen von Auslagerungsdateien, die nicht für alle beteiligten Hosts während eines vMotion-Vorgangs sichtbar sind, die Leistung von vMotion negativ beeinflussen.

Configuration Parameters

Es ist möglich, weitere Konfigurationsparameter hinzuzufügen bzw. bestehende Parameter zu ändern. Diese Änderungen sollten nur aufgrund von Anweisungen des technischen Supports von VMware bzw. aufgrund von technischen Dokumentationen angepasst werden.

Latency Sensitivity

Seit der vSphere-Version 5.5 bietet VMware die Möglichkeit, virtuelle Maschinen mit einer Latenzempfindlichkeit zu versehen. Eine Anpassung der Latenzempfindlichkeit empfiehlt sich für virtuelle Maschinen mit latenzsensitiven Anwendungen. Solche Anwendungen können zum Beispiel Berechnungen in Echtzeit oder VOIP sein.

In vSphere 7 gibt es derzeit zwei verschiedene Stufen, über die die Empfindlichkeit reguliert werden kann:

- Normal
- High

Häufig empfiehlt es sich, die gewählte Einstellung durch weitere Anpassungen (wie das Reservieren von Ressourcen) sowie durch das Anpassen einzelner Komponenten (wie Netzwerk und Storage) zu ergänzen.

20.5.12 Fibre Channel NPIV

Die *N-Port-ID-Virtualisierung* (NPIV) bietet die Möglichkeit, physische Fibre-Channel-HBA-Ports des Hosts über mehrere virtuelle Ports zu teilen. Über diese virtuellen Ports kann dann der Zugriff auf LUNs konfiguriert werden. Voraussetzung für den Einsatz von NPIV ist, dass Sie Hosts und Switches verwenden, die NPIV unterstützen. Auf die freigegebene LUN sollte sowohl der Host als auch die VM zugreifen können. Jeder virtuelle Port bekommt vom Host oder vCenter mindestens einen einzigartigen *WWN* (*World Wide Name*) mit dem dazugehörigen *WWPN* (*World Wide Port Name*) und dem *WWNN* (*World Wide Node Name*).

20.6 Virtuelle Maschinen erstellen

Es gibt diverse Wege, um virtuelle Maschinen zu erstellen. Die gängigsten Verfahren sind das Erstellen einer neuen »leeren« virtuellen Maschine mithilfe des vSphere-Clients, das Erstellen einer virtuellen Maschine ausgehend von einem Template über den vSphere-Client oder das Importieren einer VM aus einer bestehenden OVF- oder OVA-Grundlage. Über diese Methoden hinaus gibt es aber noch diverse andere Möglichkeiten:

- **Klonen einer bestehenden virtuellen Maschine:** Hierbei wird eine bestehende Maschine dupliziert. Dabei müssen Sie anschließend verschiedene Änderungen vornehmen, damit sich die Komponenten nicht in die Quere kommen. So müssen Sie unter anderem die Adressen ändern, die zur Kommunikation dienen, und IDs ändern, die zur eindeutigen Identifikation erforderlich sind.
- **P2V-Migration:** Das ist die Migration einer physischen Maschine (oder einer Maschine, die in einer anderen virtuellen Infrastruktur vorhanden ist) zu einer virtuellen Maschine – etwa mit dem *VMware Converter*.
- **Kopieren und Registrieren einer virtuellen Maschine:** Vorausgesetzt, die virtuelle Maschine hat ein unterstütztes Format, dann kann sie auf Datastore-Ebene kopiert und anschließend in vSphere registriert werden. Bei einer solchen Kopie müssen Sie genau wie beim Klonen beachten, dass sich die Ursprungs- und die Ziel-VM nicht gegenseitig im Betrieb stören.
- **PowerCLI:** Die *VMware PowerCLI* kann für diverse Deploy-Methoden genutzt werden.

20.6.1 Erstellen einer neuen virtuellen Maschine

Um in einer vSphere-Infrastruktur eine neue virtuelle Maschine zu erstellen, die anschließend zum Beispiel über einen Datenträger (*.iso*) oder über das Netzwerk mit einem Betriebssystem bestückt werden kann, nutzen Sie am besten den entsprechenden Wizard.

Öffnen Sie dazu im *vSphere Client* die Ansicht VMS AND TEMPLATES und wählen Sie ein Datacenter aus, in dem Sie die virtuelle Maschine erstellen möchten. Starten Sie den Wizard über ACTION • NEW VIRTUAL MACHINE... Wählen Sie dann den Punkt CREATE A NEW VIRTUAL MACHINE (siehe Abbildung 20.1).

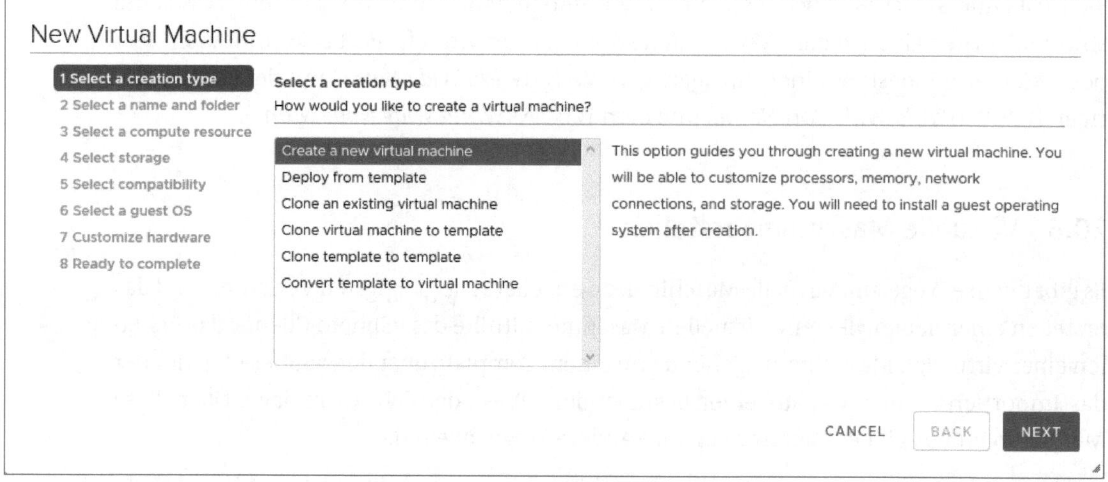

Abbildung 20.1 Der »Neue virtuelle Maschine«-Wizard

Legen Sie in Schritt 2 nun einen Namen für die Maschine fest und wählen Sie ein Datacenter bzw. einen Ordner aus, in dem die virtuelle Maschine organisatorisch abgelegt werden soll.

In Schritt 3 wählen Sie eine Compute-Ressource für die virtuelle Maschine aus. Die Ressource kann entweder ein DRS-Cluster, ein ESXi-Host, eine vAPP oder ein Ressourcenpool sein.

Konfigurieren Sie in Schritt 4 einen Datastore, auf dem die Dateien der virtuellen Maschine abgelegt werden sollen. Sie können die Auswahl an dieser Stelle vereinfachen, indem Sie Speicherrichtlinien nutzen.

Mit der Auswahl der Kompatibilität in Schritt 5 legen Sie die Version der virtuellen Hardware für Ihre virtuelle Maschine fest. Wählen Sie hier im Drop-down-Menü COMPATIBLE WITH die Option ESXI 7.0 AND LATER. Durch diese Auswahl wird die virtuelle Maschine mit der aktuellen virtuellen Hardware Version 17 erstellt.

Mit dem Festlegen des Gastbetriebssystems in Schritt 6 wird automatisch eine Vorauswahl an Hardware für die VM getroffen und auch die spätere Auswahl an verfügbarer Hardware auf das Gastbetriebssystem zugeschnitten. Wählen Sie hier das Gastbetriebssystem, das Sie später in der virtuellen Maschine installieren wollen.

In Schritt 7 können Sie nun die virtuelle Hardware an die geplante Nutzung anpassen. Fügen Sie die virtuelle Hardware hinzu bzw. verändern Sie die Mengen oder Einstellungen der bereits vorhandenen virtuellen Komponenten (siehe Abbildung 20.2). Entfernen Sie aber auch virtuelle Hardware, die Sie nicht zu nutzen gedenken.

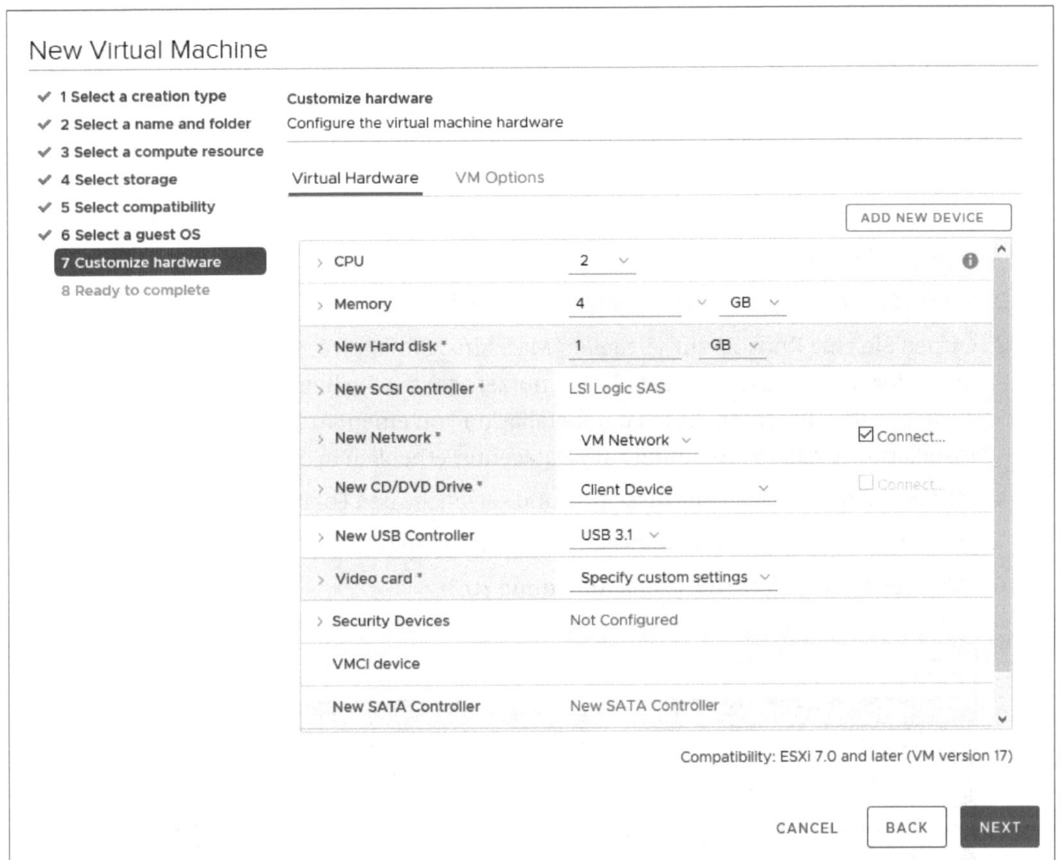

Abbildung 20.2 Der »Neue virtuelle Maschine«-Wizard – Hardware anpassen

Hinweis

Manche Einstellungen einer virtuellen Hardware können nur geändert werden, wenn sie hinzugefügt werden. Das gilt beispielsweise für den Adaptertyp der virtuellen Netzwerkkarte. Wird hier eine Karte als E1000 hinzugefügt, kann sie später nicht in eine VMXNET3-NIC geändert werden. In diesem Fall müssen Sie die E1000-Karte entfernen, eine neue Karte mit dem Typ VMXNET3 hinzufügen und anschließend die Konfiguration im Gastbetriebssystem anpassen.

Schließen Sie die Erstellung der virtuellen Maschine nach Prüfen der Übersicht ab. Die virtuelle Maschine wird nun erstellt.

20.6.2 Installieren des Gastbetriebssystems

Zur Installation des Gastbetriebssystems kann entweder ein Medium wie eine ISO-Datei oder eine Installation über das Netzwerk per PXE genutzt werden.

Um der VM mitzuteilen, von welchem Medium aus gebootet werden soll, nutzen Sie das Boot-Menü. Dieses können Sie nach dem Start der virtuellen Maschine über eine Konsole mit der Taste [Esc] aufrufen. Typischerweise ist der Start allerdings so schnell, dass dieser Aufruf nur funktioniert, wenn Sie einen BOOT DELAY in den BOOT OPTIONS der VM konfigurieren. Ein Wert von 5000 Millisekunden verschafft Ihnen in der Regel einen ausreichend großen Zeitpuffer:

1. Stellen Sie sicher, dass die virtuelle Maschine über ein CD-ROM-Laufwerk bzw. eine Netzwerkverbindung verfügt.
2. Setzen Sie den Boot Delay auf einen ausreichend großen Wert.
3. Öffnen Sie eine Konsole zur virtuellen Maschine. Wollen Sie eine CD oder ISO-Datei von Ihrem lokalen Rechner zur Installation nutzen, sollten Sie hier auf die VMRC als Konsole zurückgreifen. Beachten Sie bei der Installation von einem Arbeitsplatz aus, dass sich die Installation je nach Verbindung zum Datacenter erheblich in die Länge ziehen kann.
4. Starten Sie nun die virtuelle Maschine und setzen Sie den Fokus in die VM.
5. Drücken Sie die [Esc]-Taste während des Startvorgangs.
6. Das Boot-Menü öffnet sich (siehe Abbildung 20.3).

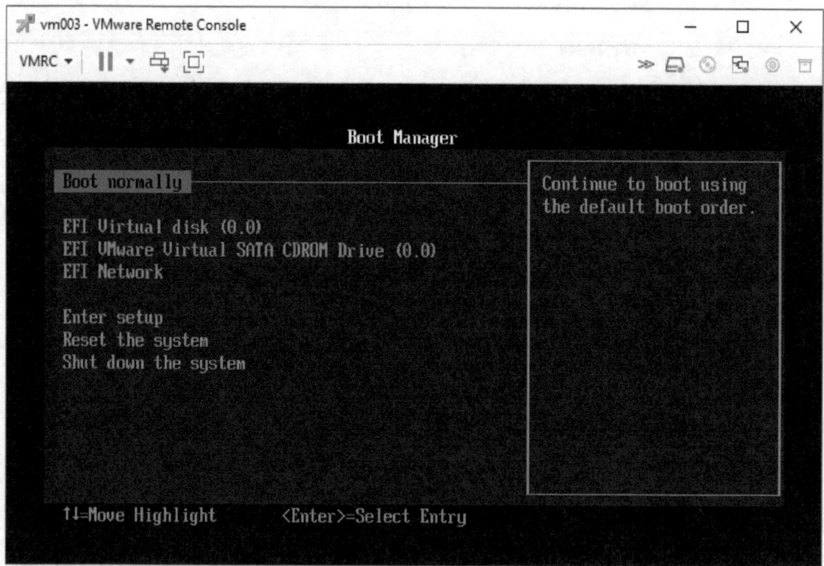

Abbildung 20.3 Das Boot-Menü für die virtuelle Maschine

7. Soll zur Installation eine CD bzw. eine ISO-Datei genutzt werden, verbinden Sie diese Datei nun über die Konfiguration der virtuellen Maschine bzw. über die Konsole.

8. Wählen Sie dann das Boot-Medium aus, das genutzt werden soll.
9. Die Installation startet wie gewohnt.

Denken Sie nach abgeschlossener Installation daran, die Startverzögerung sowie sämtliche nicht länger benötigten Medien zu entfernen.

20.7 Aktualisieren der virtuellen Hardware

Wie wir in Abschnitt 20.1, »Virtuelle Hardware«, beschrieben haben, verfügt jede virtuelle Maschine über eine virtuelle Hardware. VMware empfiehlt, die Version der virtuellen Hardware immer auf den aktuellen Stand zu heben. Nur wenn die aktuelle Version verwendet wird, können auch sämtliche neuen Features zum Einsatz kommen.

Bitte beachten Sie, dass ein Upgrade der virtuellen Hardware es unmöglich macht, die virtuelle Maschine auf ESXi-Hosts starten zu lassen oder zu migrieren, die über eine ältere ESXi-Version verfügen. So kann zum Beispiel eine virtuelle Maschine mit der Hardwareversion 17 nicht auf einem ESXi 5.5 laufen.

Um die virtuelle Hardware zu aktualisieren, gibt es zwei Möglichkeiten. Sie können zum einen die Hardware von Hand aktualisieren. Das funktioniert allerdings nur, wenn die VM ausgeschaltet ist. Die zweite Möglichkeit besteht darin, die Aktualisierung der virtuellen Hardware zu planen. Das bedeutet, die Hardware wird beim nächsten Neustart der virtuellen Maschine automatisch auf den aktuellen Stand gebracht.

Beide Varianten sowie auch eine Möglichkeit, ein geplantes Upgrade abzubrechen, finden Sie über das Kontextmenü der virtuellen Maschine unter dem Punkt COMPATIBLITY.

Ein **manueller Upgrade-Vorgang** sollte laut VMware in den folgenden Schritten ablaufen:

1. Aktualisieren Sie die *VMware Tools* (und starten Sie wenn notwendig die VM neu).
2. Fahren Sie die virtuelle Maschine herunter.
3. Upgraden Sie die virtuelle Hardware.
4. Starten Sie die virtuelle Maschine.
5. Sollte das Betriebssystem einen Neustart nach der Installation neuer Komponenten erfordern, folgen Sie der Anweisung und starten das System neu. (Bei Linux reicht häufig ein Neustart der betroffenen Services.)

Ein **automatischer Upgrade-Vorgang** sollte wie folgt ablaufen:

1. Aktualisieren Sie die *VMware Tools* (und starten Sie wenn notwendig die VM neu).
2. Wählen Sie aus dem Kontextmenü der virtuellen Maschine COMPATIBILITY • SCHEDULE VM COMPATIBILITY UPGRADE... und bestätigen Sie den Dialog mit YES.
3. Starten Sie die VM neu.
4. Die virtuelle Maschine wird nun automatisch heruntergefahren. Die Hardware wird auf den aktuellsten Stand gehoben, und die virtuelle Maschine wird wieder gestartet.

20.8 Ressourcenmanagement

Die Ressourcen der virtuellen Maschine werden über das Ressourcenmanagement des Hypervisors gesteuert. In der Standardkonfiguration werden sämtliche virtuellen Maschinen gleich behandelt. In Ausnahmefällen kann es Sinn ergeben, dieses Ressourcenmanagement durch verschiedene Einstellungen zu bearbeiten und somit zum Beispiel virtuelle Maschinen bevorzugt oder mit geringerer Priorität zu behandeln oder auch Ressourcen fix für sie zu reservieren. Die Einstellungen können pro virtuelle Maschine bzw. pro Komponente der virtuellen Maschine gesetzt werden. Sie können das Ressourcenmanagement in folgenden Punkten anpassen: CPU, Arbeitsspeicher, Festplatten und Netzwerk.

20.8.1 CPU

Reservierung

Die Leistung der konfigurierten vCPUs kann in physischer Form teilweise oder vollständig reserviert werden. Die Reservierung wird nicht in Form von Sockeln oder Kernen angegeben, sondern in MHz oder GHz und ist immer absolut. Sie muss also, falls es zu einer Änderung der Ressourcen im Host oder Gast kommt, bei Bedarf angepasst werden.

Die Reservierung der Ressource sorgt dafür, dass diese Leistung immer ad hoc für die VM abrufbar ist und dass sie nicht mit anderen virtuellen Maschinen oder Prozessen des Hypervisors um diesen Teil der Ressourcen konkurrieren muss. Dies bedeutet aber nicht, dass der reservierte Bereich nie von anderen virtuellen Maschinen genutzt werden kann. Es handelt sich hierbei vielmehr um folgende Zusicherung: Wenn die virtuelle Maschine mit der Reservierung die Leistung abfragt, wird sie ihr auch wirklich zur Verfügung gestellt.

Verfügt eine virtuelle Maschine über eine Reservierung von 1.000 MHz, nutzt aber nur 500 MHz, können die verbleibenden 500 MHz so lange von anderen virtuellen Maschinen genutzt werden, bis sie von der VM mit der Reservierung benötigt werden.

Reservierungen können für verschiedene Szenarien sinnvoll sein. Es kann etwa ein kleiner Teil der CPU reserviert werden, um der Maschine eine gewisse Grundleistung zur Verfügung zu stellen, damit sie auch bei hoher CPU-Last des Hypervisors noch schnell und ausreichend Rechenzeit bekommt. Ein weiteres Szenario kann eine hohe oder sogar vollständige Reservierung der Rechenleistung der VM sein. Eine solch hohe Reservierung ermöglicht es, dass die Rechenleistung immer schnellstmöglich verfügbar ist, und minimiert das Aufkommen von Wartezeiten für das Gastsystem. Eine solch hohe Reservierung kann auch eine sinnvolle Ergänzung zum Erhöhen der Latenzsensitivität einer virtuellen Maschine sein.

Um eine Reservierung der CPU festzulegen, öffnen Sie die Einstellungen der virtuellen Maschine und klappen den Dialog zur Konfiguration der virtuellen CPU auf. Tragen Sie im Punkt RESERVATION die zu reservierende Menge ein. Um eine bestehende Reservierung aufzuheben, tragen Sie »0« ein. Die Reservierung tritt unmittelbar und ohne Neustart in Kraft.

Beachten Sie, dass durch das Reservieren von Ressourcen immer die Flexibilität leidet und dass Sie solche Reservierungen im Sizing berücksichtigen sollten. Vor dem Starten einer virtuellen Maschine bzw. beim Übertragen einer virtuellen Maschine via vMotion auf einen anderen Host wird über die Admission-Control-Funktion geprüft, ob die reservierten Ressourcen auf einem Hypervisor zur Verfügung stehen. Sollten die reservierten Ressourcen nicht zur Verfügung stehen, kann die Maschine nicht gestartet werden. Ein vMotion schlägt in diesem Fall fehl, und die VM bleibt auf dem ursprünglichen Host.

Limit

Das Limit stellt eine Beschränkung der Ressource dar. Es wird wie bei der Reservierung nicht auf Basis von CPUs oder Kernen gesetzt, sondern auf Basis der Taktfrequenz und ist ebenfalls absolut. Diese Limitierung birgt allerdings auch einige Tücken, die beachtet werden sollten. Wie wir schon in Abschnitt 20.1, »Virtuelle Hardware«, beschrieben haben, sieht die virtuelle Maschine die Eigenschaften der CPU. Dazu gehört auch der maximale Takt, den die CPU pro Kern zur Verfügung stellen kann. Dieser kann über das Limit zwar reduziert werden, die Reduzierung wird allerdings nicht an das Gastbetriebssystem kommuniziert. Überschreitet die virtuelle Maschine anschließend das gesetzte Limit, kommt es unvermeidlich zu Wartezeiten (CPU-Ready).

Am besten wird das anhand eines Beispiels deutlich: Gehen wir davon aus, dass der Hypervisor über eine CPU mit vier Kernen verfügt, die jeweils einen maximalen Takt von 3 GHz zur Verfügung stellen können, und dass eine virtuelle Maschine mit einer vCPU konfiguriert ist. Diese Maschine sieht die maximale Taktfrequenz von 3 GHz. Sollte dieser der virtuellen Maschine zur Verfügung gestellte Takt über ein Limit auf egal welchen Wert unterhalb von 3 GHz reduziert werden, sieht das Gastbetriebssystem weiterhin, dass eine maximale Taktfrequenz von 3 GHz zur Verfügung steht.

Gehen wir an dieser Stelle von einem Limit von 1,5 GHz aus. Solange die virtuelle Maschine maximal eine Leistung von 1,5 GHz abruft, gibt es kein Problem. Ab dem Überschreiten der 1,5 GHz wird das System automatisch vom Hypervisor ausgebremst. Das bedeutet, dass die VM ab dem Überschreiten der 1,5 GHz mit weiteren Anfragen an die CPU warten muss.

Diese Wartezeit wird *CPU-Ready* genannt und beschreibt, wie lange die virtuelle Maschine auf die Verarbeitung von einem einzelnen Takt auf der physischen CPU warten muss, bevor er tatsächlich ausgeführt wird. Hohe CPU-Ready-Zeiten können zu einer deutlichen Verschlechterung bis hin zum Stillstand bzw. zu Fehlersituationen im Betriebssystem führen, da Aktionen nicht mehr zeitnah genug ausgeführt werden können.

Limits sollten also nur in absoluten Ausnahmesituationen eingesetzt werden. Solche Situationen können etwa Tests oder Systeme sein, die aufgrund eines Fehlers permanent hohe CPU-Leistungen verursachen, ohne die Leistung wirklich zu benötigen.

Shares

Shares bestimmen Anteile, die eine virtuelle Maschine beim Ressourcenmanagement des Hypervisors zugeordnet bekommt. Diese Anteile sind im Gegensatz zu Reservierungen und Limits relativ und skalieren somit, wenn sich die Anzahl an CPUs/Cores ändert. Je mehr Shares eine virtuelle Maschine besitzt, desto höher ist die Priorität beim Ressourcenmanagement. VMware hat, um Sie bei der Vergabe von Shares zu unterstützen, drei Kategorien mit einer entsprechenden Anzahl an Shares pro konfigurierte CPU/Core vordefiniert (siehe Tabelle 20.3).

Kategorie	Shares pro CPU/Core
Low	500
Normal	1.000
High	2.000

Tabelle 20.3 CPU-Shares

Eine virtuelle Maschine mit vier vCPUs in der Kategorie Normal hat also 4 × 1.000 Shares = 4.000 Shares. Die Verwendung von Shares ist zwingend notwendig und kann nicht abgeschaltet werden. In der Standardkonfiguration sind Shares immer auf den Wert Normal gesetzt.

Um die CPU-Shares einer virtuellen Maschine anzupassen, öffnen Sie die Konfiguration der virtuellen Maschine und passen den Wert Shares in der erweiterten Konfiguration der CPU an. Beachten Sie, dass das Manipulieren der Shares einer virtuellen Maschine zwingend Auswirkungen auf das Ressourcenmanagement anderer virtueller Maschinen hat, da geänderte Ressourcen die Prioritäten der virtuellen Maschinen auf einem Hypervisor untereinander verschieben.

20.8.2 Arbeitsspeicher

Auch beim Arbeitsspeicher müssen Sie sich um die *Reservierung* sowie um *Limits* und *Shares* kümmern.

Reservation

Reservierungen des Arbeitsspeichers verhalten sich ähnlich wie Reservierungen der CPU. Um einer virtuellen Maschine einen Bereich an Arbeitsspeicher im physischen Speicher zu garantieren, kann der Arbeitsspeicher teilweise oder auch ganz reserviert werden. Solange der reservierte Bereich nicht in Anspruch genommen wird, kann er von anderen Systemen genutzt werden.

Eine Anpassung von Reservierungen des Arbeitsspeichers sollte im Sizing einer virtuellen Infrastruktur berücksichtigt werden, da er verschiedene Faktoren beeinflusst. Die Flexibilität der gesamten Infrastruktur wird durch die Vergabe von Reservierungen gesenkt. Eine virtuelle Maschine mit Reservierungen kann nur gestartet oder auf einen anderen Server über vMotion übertragen werden, wenn die reservierten Ressourcen zur Verfügung stehen. Reservierter Arbeitsspeicher wird immer im physischen Speicher des ESXi-Hosts verwaltet und wird niemals in eine Swap-Datei ausgelagert. Diese Eigenschaft der Reservierung ist dafür verantwortlich, dass die Swap-Datei einer virtuellen Maschine um den Bereich reservierten Arbeitsspeichers verkleinert wird.

Um eine Reservierung für den Arbeitsspeicher einer VM zu definieren, öffnen Sie in der Konfiguration der VM die erweiterten Einstellungen zum Arbeitsspeicher. Es gibt nun die Möglichkeit, einen festen, absoluten Bereich einzutragen. Sollten Sie den gesamten Bereich des Arbeitsspeichers reservieren wollen, dann nutzen Sie dazu die Checkbox RESERVER ALL GUEST MEMORY (ALL LOCKED). Durch diese Option wird die Reservierung beim Ändern der Größe des Arbeitsspeichers automatisch an die jeweils aktuelle Größe angepasst.

Limit

Eine Limitierung des Arbeitsspeichers ähnelt ebenfalls einem Limit auf der CPU. Auch wenn der Hypervisor mehr Ressourcen zur Verfügung stellen könnte, wird er der virtuellen Maschine nie mehr Arbeitsspeicher zur Verfügung stellen, als im Limit festgelegt ist. Wenn keine Limitierung festgesetzt wird, ist das Limit identisch mit der Größe des konfigurierten Arbeitsspeichers. Limitierungen können zum Beispiel genutzt werden, um zu testen, wie sich die virtuelle Maschine bei einer höheren Auslastung des Hosts verhalten würde. Greift eine virtuelle Maschine mit einer Limitierung auf mehr Arbeitsspeicher zu, als das Limit erlaubt, wird automatisch die Swap-Datei der VM genutzt, um den darüber hinausgehenden Arbeitsspeicherbedarf der VM zu decken. Um ein Limit für den Arbeitsspeicher festzulegen, tragen Sie das Limit in der Konfiguration der virtuellen Maschine unter den erweiterten Einstellungen des Arbeitsspeichers beim Punkt LIMIT ein.

Shares

Die Shares des Arbeitsspeichers definieren die Priorität, mit der Arbeitsspeicheranfragen der virtuellen Maschine vom Host verarbeitet werden. Für die Shares des Arbeitsspeichers gibt es drei vordefinierte Optionen (siehe Tabelle 20.4).

Kategorie	Shares pro MB Arbeitsspeicher
LOW	5
NORMAL	10
HIGH	20

Tabelle 20.4 Arbeitsspeicher-Shares

Darüber hinaus kann auch die Option CUSTOM genutzt werden, um einen frei wählbaren Wert zu setzen.

Achten Sie bei der Vergabe der Shares einer virtuellen Maschine darauf, dass Sie damit nicht nur die einzelne virtuelle Maschine manipulieren, sondern auch sämtliche neben ihr laufenden VMs. Die Prioritäten aller virtuellen Maschinen werden relativ über ihre Shares in Abhängigkeit zueinander gemanagt.

20.8.3 Festplatte

Bei der Konfiguration der Festplatte legen Sie *Shares* und die *Grenzwert-IOPs* fest.

Shares

Über die Shares der Festplatte legen Sie die Priorität der Zugriffe auf die Festplatte relativ zu den anderen Festplatten fest. Auch hier gibt es wieder drei vordefinierte Auswahlmöglichkeiten (siehe Tabelle 20.5).

Kategorie	Shares pro Festplatte
LOW	500
NORMAL	1.000
HIGH	2.000

Tabelle 20.5 Festplatten-Shares

Bei den Festplatten-Shares ist es darüber hinaus ebenfalls möglich, einen frei wählbaren Wert über die Option CUSTOM zu setzen.

Grenzwert-IOPs

Auch bei der Festplatte besteht die Möglichkeit, ein Limit für Zugriffe (IOPs) festzulegen. In der Standardkonfiguration ist dieser Wert unbegrenzt, er kann aber auf einen frei wählbaren Wert gesetzt werden.

20.8.4 Netzwerk

Das Ressourcenmanagement des Netzwerks kann in Form von Limits und Shares gesteuert werden. Dies geschieht nicht über die Netzwerkkarte selbst, sondern über die Funktion *Network I/O Control* (NIOC) und ist nur in Distributed vSwitches verfügbar. Mehr zu diesem Thema finden Sie in Abschnitt 7.6.6, »Network I/O Control«.

20.9 USB-Geräte

Seit Version 7 der virtuellen Hardware können USB-Geräte mit virtuellen Maschinen verbunden werden. Es können entweder USB-Geräte genutzt werden, die direkt an den ESXi-Host angeschlossen sind, oder USB-Geräte, die an ein System angeschlossen sind, das eine Verbindung zur Konsole der virtuellen Maschine herstellt.

Um die Verbindung zu einem USB-Gerät herzustellen, das an einen ESXi-Host angeschlossen ist, muss die virtuelle Maschine beim Verbinden auf diesem Host laufen. Sie kann anschließend via vMotion verschoben werden, und die Verbindung besteht weiterhin. Sollte die VM neu gestartet werden, muss sie wieder auf dem Host gestartet werden, an den das USB-Gerät angeschlossen ist.

Damit Sie ein USB-Gerät mit einer virtuellen Maschine verbinden können, sind insgesamt drei Komponenten notwendig: ein *USB-Arbitrator*, ein *USB-Controller* und das *USB-Gerät* selbst. Diese Komponenten sorgen dafür, dass die USB-Geräte erkannt und weitergereicht werden können. Sie bringen auch einige Einschränkungen mit sich, die bereits bei der Planung der virtuellen Infrastruktur berücksichtigt werden sollten.

20.9.1 USB-Komponenten

In den folgenden Unterabschnitten stellen wir die drei USB-Komponenten genauer vor.

USB-Arbitrator

Der USB-Arbitrator verwaltet die USB-Verbindungen. Er überwacht den Host im Hinblick auf verbundene USB-Geräte und regelt den Zugriff auf die Geräte. Auf jedes USB-Gerät kann immer nur jeweils eine virtuelle Maschine zugreifen. Weitere Anfragen werden vom USB-Arbitrator gesperrt. Der USB-Arbitrator kann maximal 15 USB-Controller auf einem Host verwalten. USB-Geräte, die mit USB-Controllern verbunden sind, die über die Nummer 15 hinausgehen, können nicht an virtuelle Maschinen weitergereicht werden.

USB-Controller

Der USB-Controller stellt dem Betriebssystem die Möglichkeit zur Verfügung, USB-Geräte zu verbinden. Es gibt zwei virtuelle USB-Controller:

- **EHCI+UHCI:** Dieser Controller bietet Unterstützung für USB 2.0 und USB 1.1. Er unterstützt sowohl ein Verbinden von USB-Geräten vom ESXi-Host aus als auch ein Verbinden von USB-Geräten, die über den VMware-Client angebunden werden. Dieser Controller wird von den meisten Betriebssystemen unterstützt.
- **xHCI:** xHCI bietet Unterstützung für USB 3.0, 2.0 und 1.1. Es wird sowohl ein Verbinden von USB-Geräten vom ESXi-Host aus als auch ein Verbinden über den VMware-Client unterstützt. Seit der vSphere-Version 6.0 ist nun auch ein Verbinden von USB-3.0-Geräten

über den ESXi-Host möglich. In den vorherigen Versionen war es nur möglich, USB-2.0- und -1.1-Geräte über den Host einzubinden. Als Gastbetriebssysteme werden für den xHCI-Controller Linux mit einer Kernel-Version 2.6.35 oder höher und Windows ab Version 8 bzw. Server 2012 unterstützt.

Jeder virtuellen Maschine können maximal acht USB-Controller hinzugefügt werden.

Hinweis

In virtuellen Maschinen mit Linux-Gastbetriebssystem kann jeder Controllertyp jeweils nur einmal konfiguriert werden. Sie können also entweder einen der beiden oder beide Controller gleichzeitig verwenden. Die Verwendung von USB-3.0-(Superspeed-)Geräten, die mit dem ESXi-Host verbunden sind, wird unter Linux nicht unterstützt.

USB-Geräte

Es können bis zu 20 USB-Geräte mit einer virtuellen Maschine und ebenfalls bis zu 20 USB-Geräte pro ESXi-Host verbunden werden. Ein USB-Gerät kann immer nur exklusiv mit einem System verbunden werden. Eine Liste unterstützter USB-Geräte können Sie unter dem Link *http://kb.VMware.com/kb/1021345* in der VMware Knowledge Base finden.

20.9.2 Ein USB-Gerät hinzufügen und entfernen

Um ein USB-Gerät zu einer virtuellen Maschine hinzuzufügen, gehen Sie wie folgt vor:

USB-Controller hinzufügen

Sollte die virtuelle Maschine, der ein USB-Gerät hinzugefügt werden soll, bereits über einen USB-Controller verfügen, den Sie für das USB-Gerät verwenden möchten, können Sie diesen Schritt überspringen.

1. Öffnen Sie die Einstellungen der virtuellen Maschine über die Aktion EDIT SETTINGS.
2. Wählen Sie am oberen Rand des Fensters aus dem Drop-down-Menü ADD NEW DEVICE die Option USB CONTROLLER (siehe Abbildung 20.4).
3. In der Liste VIRTUELLE HARDWARE erscheint nun ein NEW USB-CONTROLLER. Wählen Sie in seinen erweiterten Einstellungen, ob ein USB-2.0- oder -3.1-Controller hinzugefügt werden soll (siehe Abbildung 20.5).
4. Bestätigen Sie den Dialog EDIT SETTINGS, indem Sie auf OK klicken.

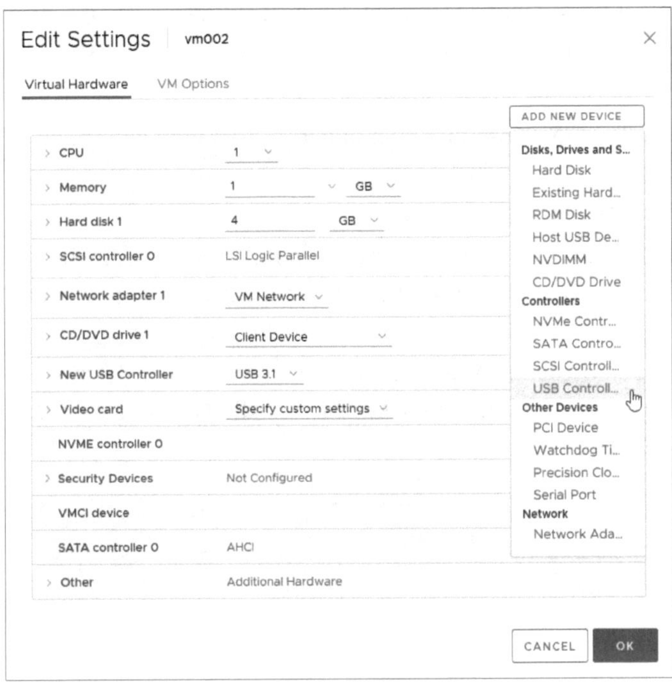

Abbildung 20.4 USB-Controller hinzufügen

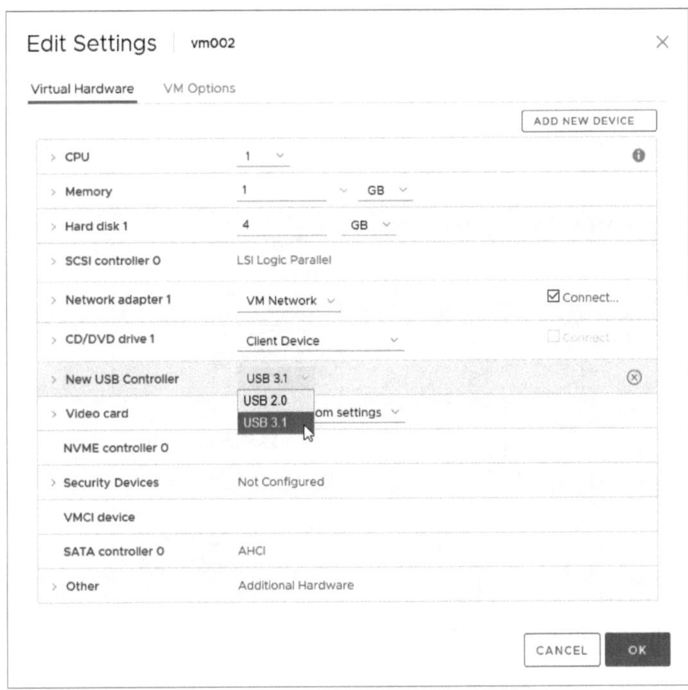

Abbildung 20.5 USB-Controllertyp konfigurieren

Der USB-Controller ist nun im Gastbetriebssystem verfügbar. Stellen Sie sicher, dass der Treiber ordnungsgemäß installiert wurde und das Gerät bereit zur Verwendung ist. VMware empfiehlt, keine Treiber von Drittanbietern zu verwenden.

Sie können USB-Geräte jetzt über den ESXi-Host oder über den VMware-Client verbinden.

ESXi-Passthrough-USB-Gerät hinzufügen

1. Stellen Sie sicher, dass das USB-Gerät mit dem ESXi-Server verbunden ist, auf dem die virtuelle Maschine ausgeführt wird, und dass die VM über einen zum USB-Gerät passenden USB-Controller verfügt.

   Öffnen Sie die Einstellungen der virtuellen Maschine über die Aktion EDIT SETTINGS... und wählen Sie über das Drop-down-Menü ADD NEW DEVICE die Option HOST USB DEVICE aus (siehe Abbildung 20.6).

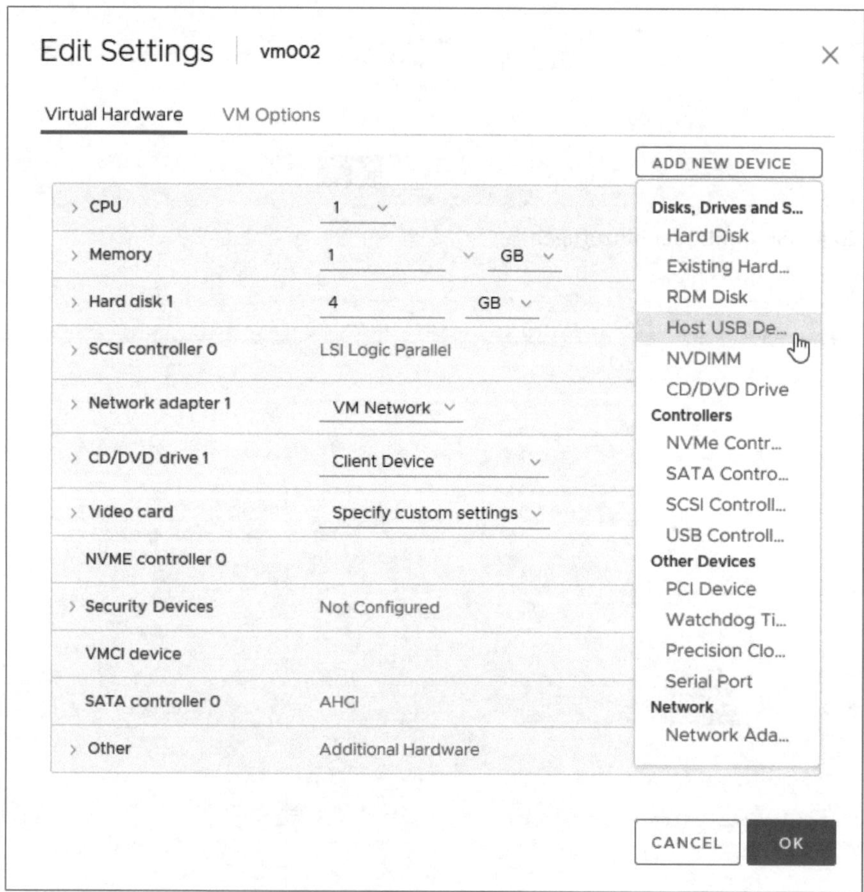

Abbildung 20.6 ESXi-Passthrough-USB-Gerät hinzufügen

2. Klicken Sie auf HINZUFÜGEN (ADD).

3. Wählen Sie im Drop-down-Menü unter VIRTUAL HARDWARE im Bereich NEW HOST USB DEVICE das USB-Gerät aus, zu dem Sie eine Verbindung herstellen.
4. Sie können nun in den erweiterten Einstellungen des Geräts festlegen, ob das USB-Gerät VMOTION-UNTERSTÜTZUNG erhalten soll.

Hinweis

Sollten Sie vMotion für das USB-Gerät aktivieren, kann die virtuelle Maschine auf andere Hosts verschoben werden. Der Zugriff auf das USB-Gerät bleibt dabei bestehen. Falls die Maschine ausgeschaltet bzw. neu gestartet wird, muss der neue Startvorgang wieder auf dem Host erfolgen, mit dem das USB-Gerät verbunden ist.

5. Beenden Sie den Dialog EDIT SETTINGS, indem Sie auf OK klicken.

Das USB-Gerät ist nun im Gastbetriebssystem verfügbar.

Hinweis

Wenn ein Gerät via ESXi-Passthrough mit einer virtuellen Maschine verbunden ist, wird diese Verbindung mithilfe des Pfads zum USB-Gerät und nicht auf Basis der Geräte-ID gespeichert. Sie können das USB-Gerät am ESXi-Host entfernen und danach erneut mit demselben Port verbinden. Es wird automatisch wieder mit der virtuellen Maschine verbunden. Dies funktioniert nicht, wenn Sie beim Wiedereinstecken einen anderen USB-Port wählen! Des Weiteren funktioniert der Auto-Reconnect nicht, wenn das USB-Gerät gegen ein Gerät mit einer anderen USB-Spezifikation am selben Port ausgetauscht wird. Ein USB-2.0-Gerät an Port 1 wird also nicht ordnungsgemäß wieder verbunden, wenn es durch ein USB-1.1-Gerät an Port 1 ersetzt wird.

ESXi-Passthrough-USB-Gerät entfernen

Um das über ESXi-Passthrough verbundene USB-Gerät zu trennen, entfernen Sie es zuerst über das Betriebssystem der virtuellen Maschine. Wechseln Sie nun im VMware vSphere Client zum Dialog EDIT SETTINGS der virtuellen Maschine. Suchen Sie in der Liste VIRTUAL HARDWARE nach dem USB-Gerät, das entfernt werden soll. Sie können die Verbindung nun über einen Klick auf den Kreis mit dem Kreuz trennen. Bestätigen Sie den Dialog anschließend mit einem Klick auf OK.

VMware-Client-USB-Gerät hinzufügen

Damit Sie ein USB-Gerät über eine Remotekonsole mit der virtuellen Maschine verbinden können, muss die virtuelle Maschine ebenfalls über einen USB-Controller verfügen.

Sie können aber nicht jede Konsole nutzen, um eine Verbindung mit einem USB-Gerät herzustellen, sondern müssen die VMRC (*VMware Remote Console*) verwenden. Die VMRC laden

Sie einfach bei VMware herunter. Sie ist eine vollwertige Applikation und funktioniert als Erweiterung zum vSphere-Client. Den passenden Link für den Download der VMRC finden Sie im *VMware vSphere Client* in der Übersicht der virtuellen Maschinen unter DOWNLOAD REMOTE CONSOLE (*http://www.vmware.com/go/download-vmrc*).

Um die VMRC zu nutzen, öffnen Sie die Konsole über die Aktionen oder das Kontextmenü der virtuellen Maschine. Oder Sie nutzen stattdessen den Link LAUNCH REMOTE CONSOLE in der Übersicht der VM (siehe Abbildung 20.7).

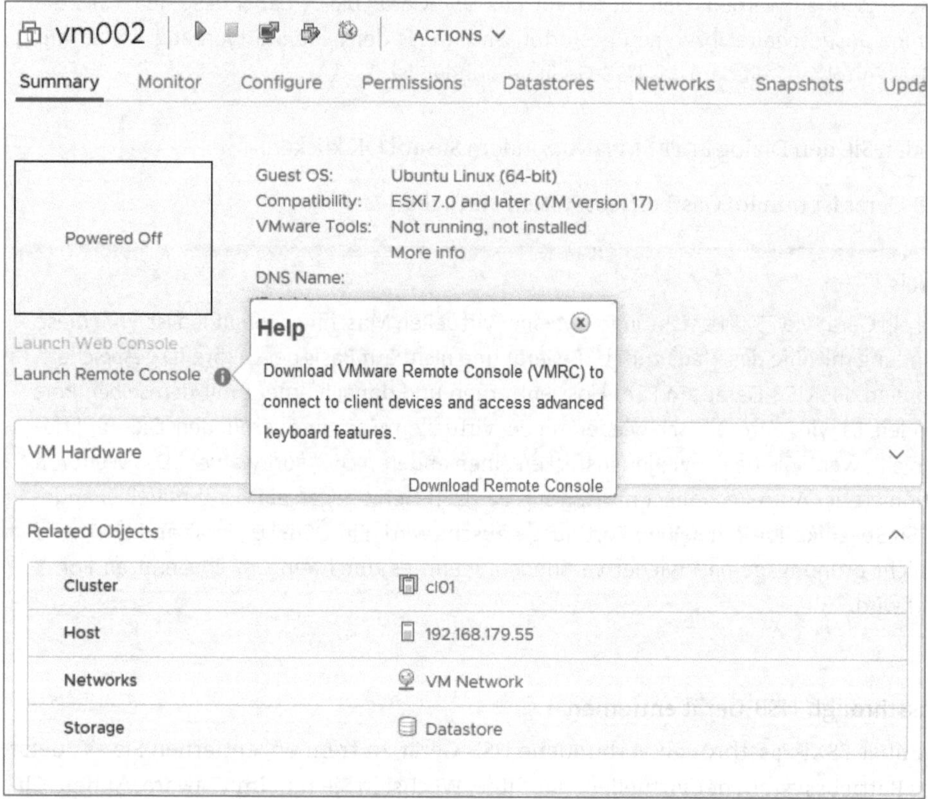

Abbildung 20.7 VMRC herunterladen und starten

Um ein USB-Gerät via VMRC zu verbinden, gehen Sie über die SUMMARY der virtuellen Maschine zur Konsole und wählen dort die Option LAUNCH REMOTE CONSOLE.

Sie können nun in der *VMware Remote Console* über das Menü VMRC • REMOVABLE DEVICES eine Liste der derzeit am Client verfügbaren USB-Geräte einblenden. Wählen Sie das passende Gerät aus und klicken Sie auf CONNECT (DISCONNECT FROM HOST), um ein Gerät vom PC zu trennen und mit der virtuellen Maschine zu verbinden (siehe Abbildung 20.8).

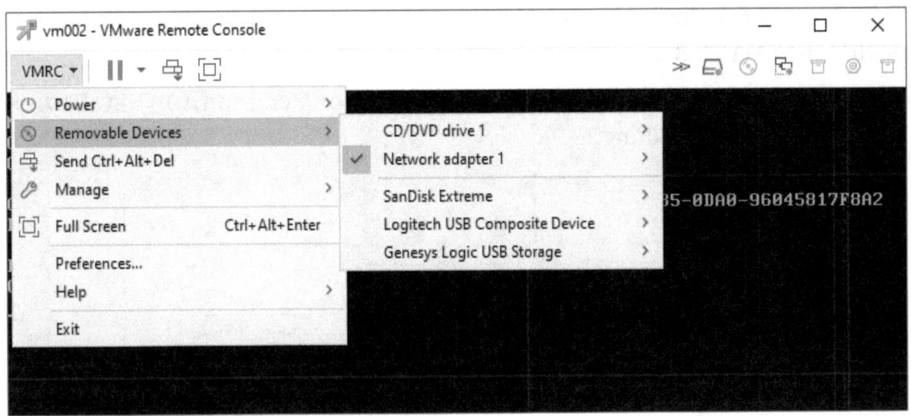

Abbildung 20.8 VMRC-USB-Gerät verbinden

Das USB-Gerät kann nun ganz normal in der virtuellen Maschine verwendet werden.

> **Hinweis**
> Auch hier gilt – wie bei der Verbindung über ESXi-Passthrough –, dass ein USB-Gerät immer nur exklusiv mit einem System verbunden sein kann. Sie können also zum Beispiel einen USB-Speicherstick immer nur entweder mit Ihrem PC oder via VMRC mit einer virtuellen Maschine verbinden.

VMware-Client-USB-Gerät entfernen

Um das Gerät nach der Verwendung wieder zu entfernen, entfernen Sie es zuerst im Gastbetriebssystem. Anschließend kann es einfach über das Kontextmenü der VMRC mit der Option REMOVABLE DEVICES • DISCONNECT (CONNECT TO HOST) wieder entfernt werden.

20.10 Wechselmedien

Neben USB-Geräten können auch Wechselmedien wie CDs oder DVDs mit virtuellen Maschinen verbunden werden. Voraussetzung für das Verbinden ist ein entsprechendes virtuelles CD/DVD-Laufwerk in der virtuellen Maschine.

Beachten Sie, dass verbundene Wechselmedien ein vMotion unterbinden können.

20.10.1 CD/DVD-Laufwerk zur virtuellen Maschine hinzufügen

CD/DVD-Laufwerke können im laufenden Betrieb einer virtuellen Maschine hinzugefügt werden. Sie können entweder über SATA oder IDE angebunden werden.

Um ein CD/DVD-Laufwerk einer virtuellen Maschine hinzuzufügen, gehen Sie in die Einstellungen der virtuellen Maschine.

Im Bereich VIRTUAL HARDWARE wählen Sie nun im Drop-down-Menü von ADD NEW DEVICE ein CD/DVD DRIVE (siehe Abbildung 20.9).

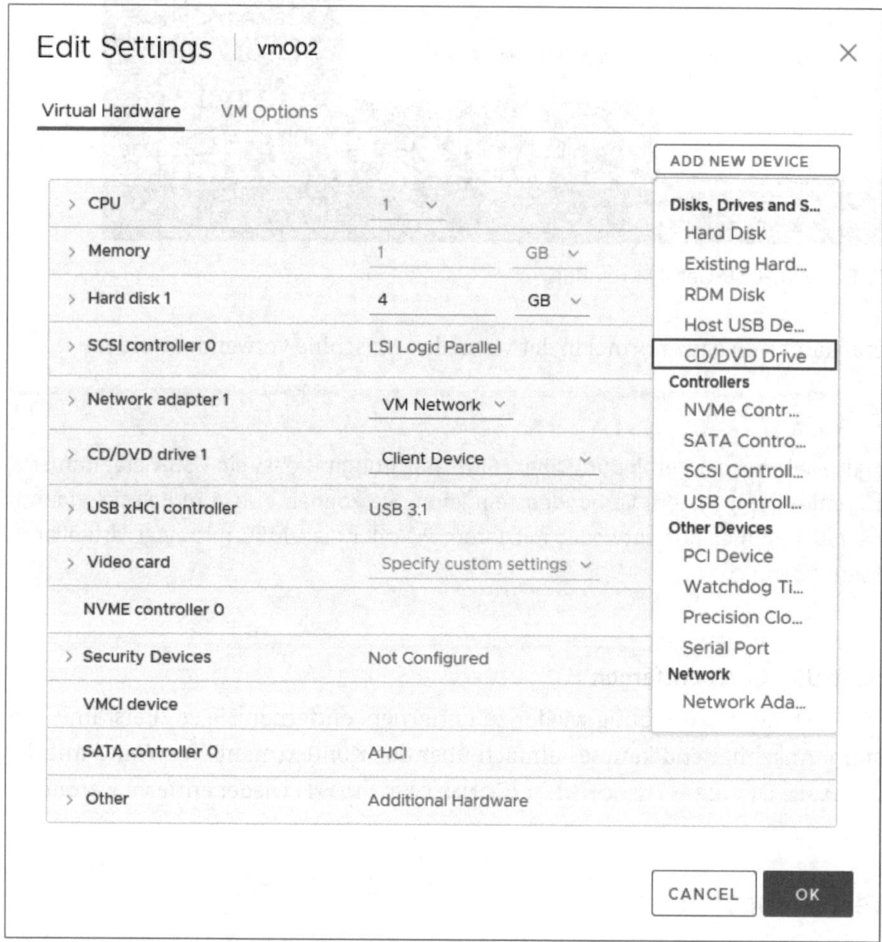

Abbildung 20.9 CD/DVD-Laufwerk hinzufügen

Ein neues CD/DVD-Laufwerk erscheint in der Liste der virtuellen Hardware. Klappen Sie die Optionen des Laufwerks auf (siehe Abbildung 20.10).

In diesen Einstellungen legen Sie nun den DEVICE MODE fest:

- Planen Sie, ein physisches mit dem ESXi-Host verbundenes Laufwerk mit der VM zu verbinden, wählen Sie für den Gerätemodus PASSTHROUGH-CD-ROM.
- Wollen Sie eine ISO-Datei mit dem virtuellen Laufwerk verbinden, wählen Sie stattdessen EMULATE CD-ROM.

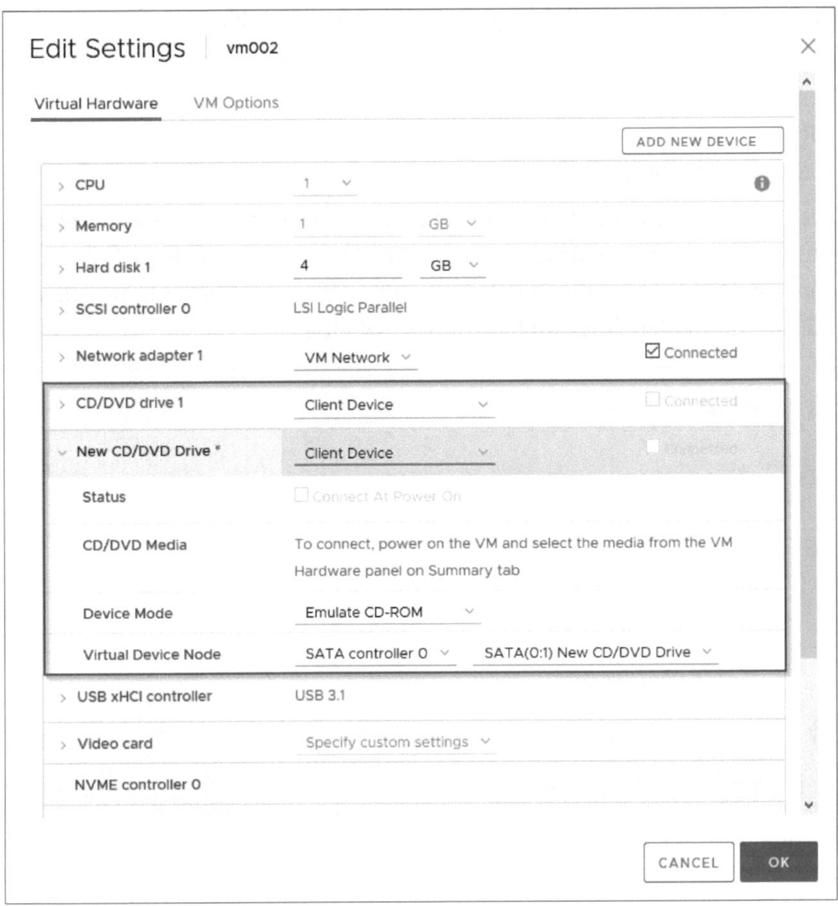

Abbildung 20.10 Neues CD/DVD-Laufwerk konfigurieren

Unter VIRTUAL DEVICE NODE stellen Sie nun ein, ob das Gerät via SATA oder IDE verbunden werden soll. Zusätzlich können Sie noch von Hand eine ID auswählen.

Klicken Sie nach dem Setzen der Parameter auf OK. Sie können nun ein Medium mit dem virtuellen CD/DVD-Laufwerk verbinden.

20.10.2 CD/DVD mit virtueller Maschine verbinden

Um ein CD- oder DVD-Medium mit dem Laufwerk der virtuellen Maschine zu verbinden, können Sie verschiedene Möglichkeiten nutzen. Sie können entweder physische Laufwerke des ESXi-Hosts oder ISO-Dateien von Datastores verwenden, die an den Host angebunden sind. Oder Sie nutzen eine Verbindung mit der VMRC zur virtuellen Maschine, um ein physisches Laufwerk oder eine ISO-Datei, die über den Client erreichbar ist, mit dem virtuellen CD/DVD-Laufwerk zu verbinden.

Physisches Laufwerk des ESXi-Hosts mit dem virtuellen Laufwerk verbinden

Sie können ein physisches Laufwerk des ESXi-Hosts mit dem virtuellen Laufwerk einer virtuellen Maschine verbinden. Beachten Sie dabei, dass eine solche Verbindung ein vMotion und somit auch ein DRS der virtuellen Maschine unmöglich macht. Trennen Sie die Verbindung also, sobald sie nicht mehr benötigt wird.

Um ein physisches Laufwerk des Hosts mit dem virtuellen Laufwerk zu verbinden, wechseln Sie in die Einstellungen der virtuellen Maschine (siehe Abbildung 20.11). Im Bereich VIRTUAL HARDWARE rufen Sie nun unter dem Punkt CD-/DVD DRIVE über das Verbindungsicon das Drop-down-Menü auf und wählen dort die Option HOST DEVICE.

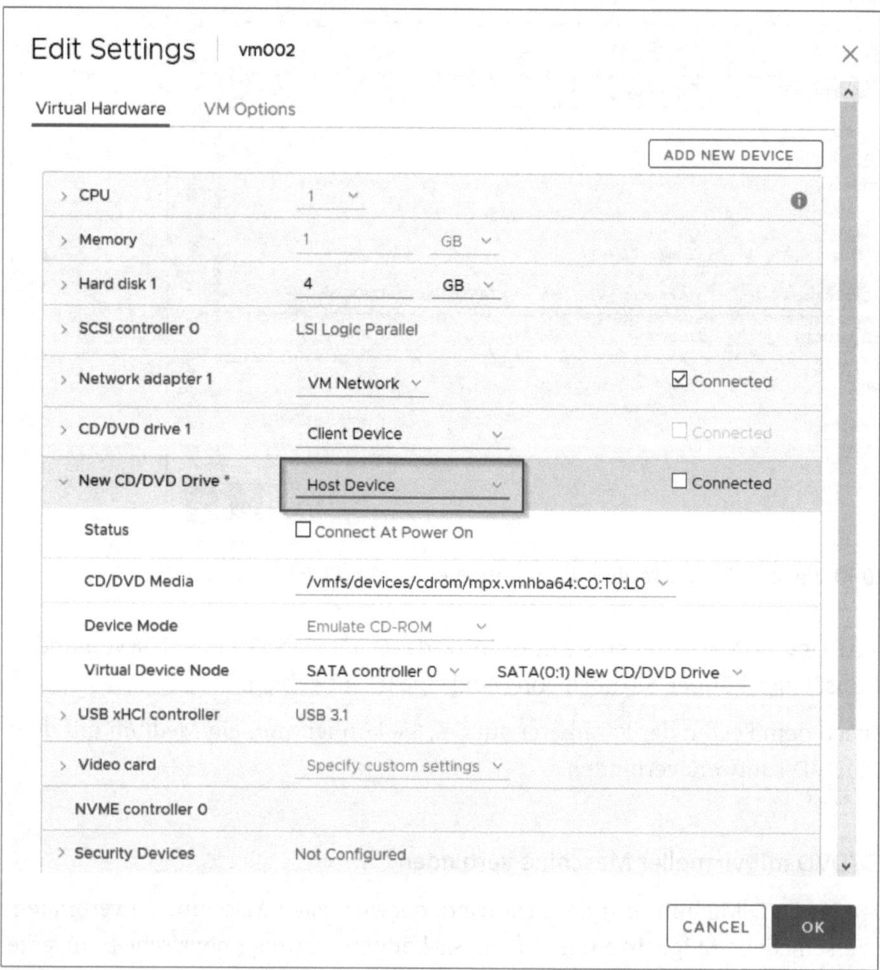

Abbildung 20.11 Das CD-Laufwerk des ESXi-Hosts mit der VM verbinden

Wählen Sie über das Drop-down-Menü von CD-/DVD DRIVE das Laufwerk, mit dem Sie eine Verbindung herstellen wollen (siehe Abbildung 20.12).

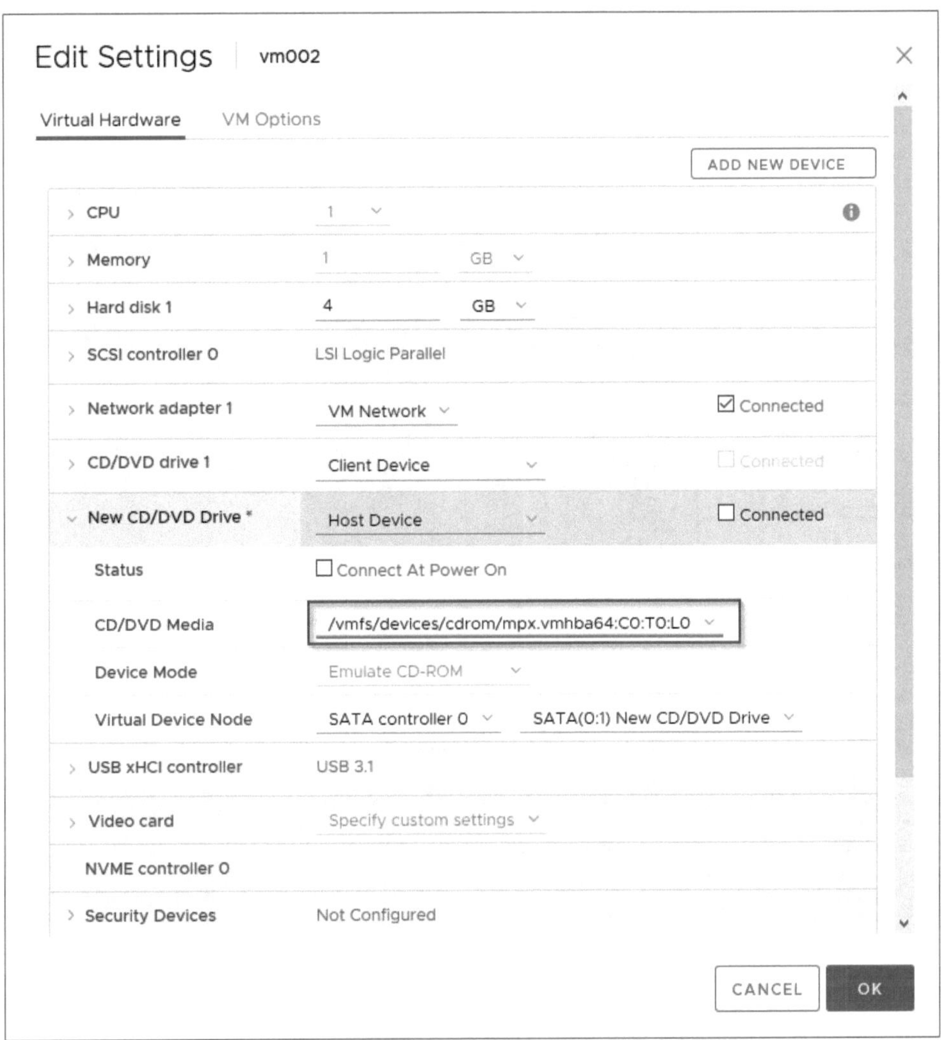

Abbildung 20.12 Physisches CD-Laufwerk auswählen

Bestätigen Sie den Dialog mit OK. Das Laufwerk wird nun verbunden, und Medien, die in das physische Laufwerk eingelegt werden, können in der virtuellen Maschine genutzt werden.

Um die Verbindung zu beenden, öffnen Sie erneut den Dialog EDIT SETTINGS und wählen als CD-/DVD DRIVE jetzt CLIENTGERÄT. Bestätigen Sie den Dialog mit OK (siehe Abbildung 20.13).

Hinweis

Beachten Sie, dass physische Laufwerke, die mit dem ESXi-Host verbunden werden sollen, zwingend über SCSI verbunden werden müssen, um sie an eine VM weiterreichen zu können. Um SCSI-Geräte an den Host anzuschließen, müssen Sie ihn zuerst ausschalten.

20

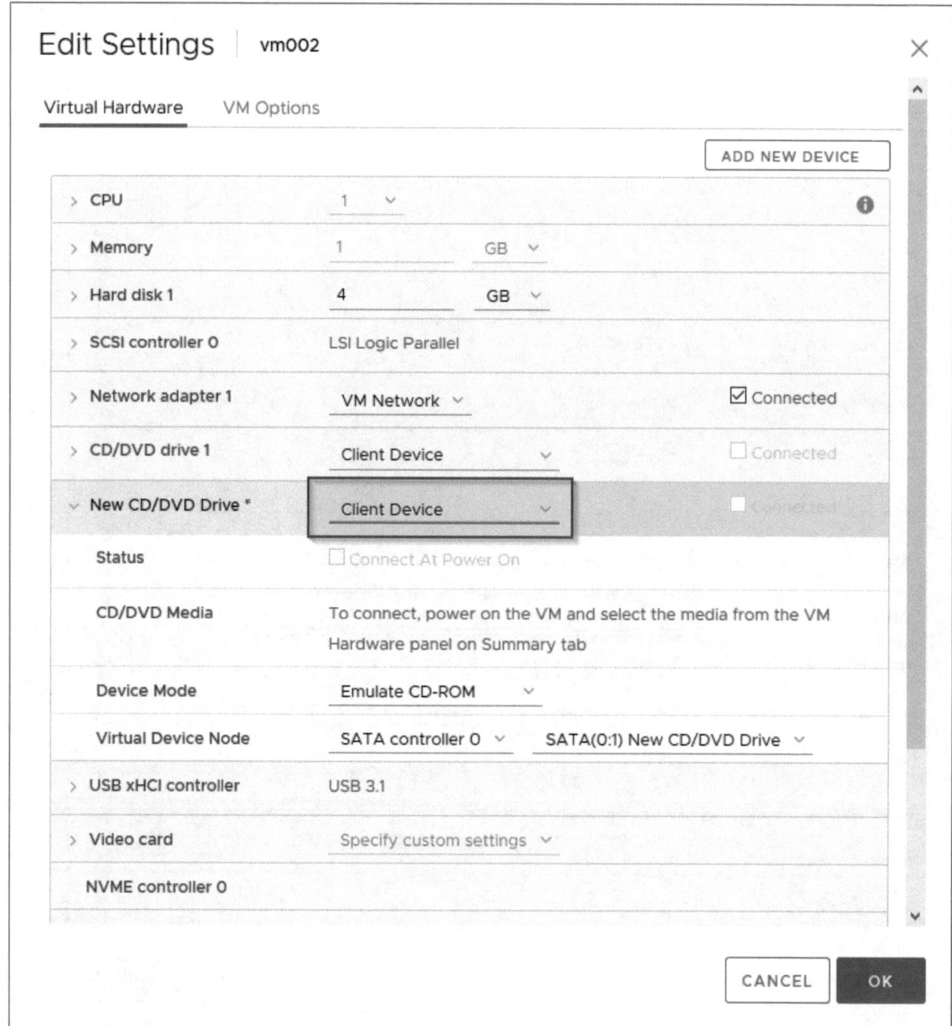

Abbildung 20.13 Verbindung zum physischen CD-Laufwerk trennen

ISO-Datei von Host-Datenspeicher verbinden

Um eine ISO-Datei, die sich auf einem mit dem Host verbundenen Datastore befindet, in das virtuelle CD/DVD-Laufwerk einzulegen, öffnen Sie den Dialog EDIT SETTINGS der virtuellen Maschine.

Wählen Sie im Drop-down-Menü im Bereich VIRTUAL HARDWARE • CD/DVD DRIVE die Option DATASTORE ISO FILE (siehe Abbildung 20.14).

Klicken Sie nun in der Zeile CD/DVD DRIVE auf den Button BROWSE... Der Dialog SELECT FILE öffnet sich (siehe Abbildung 20.15).

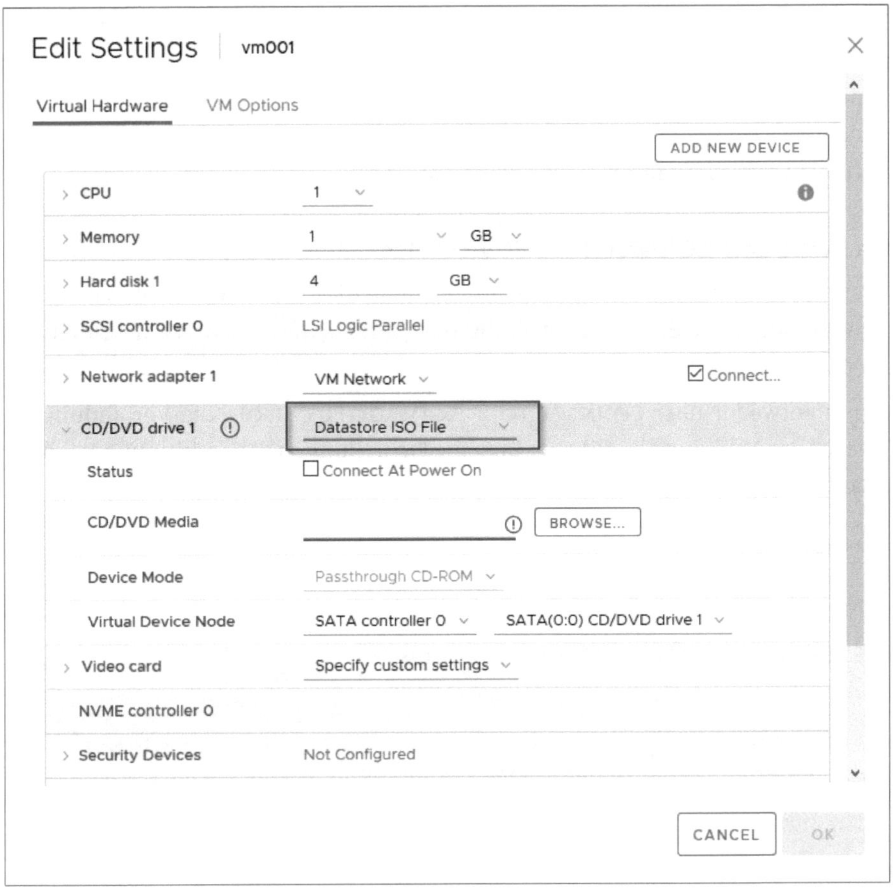

Abbildung 20.14 Datenspeicher-ISO-Datei verbinden

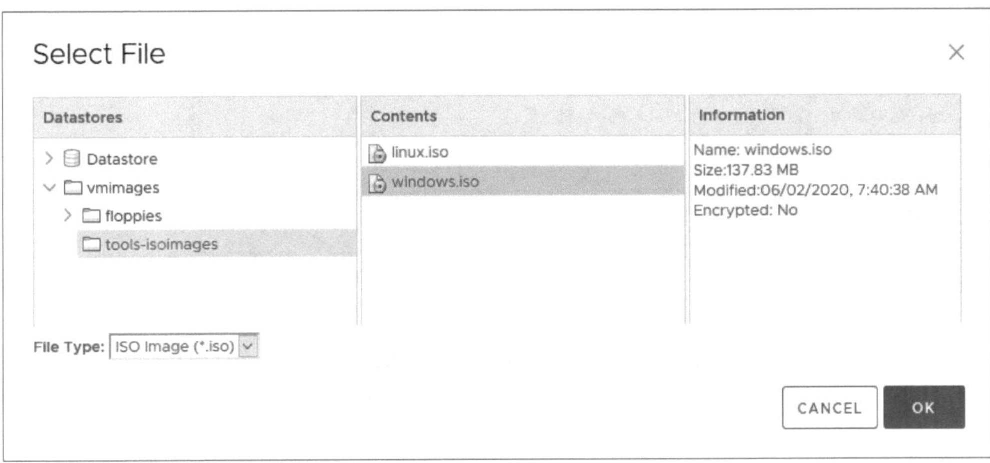

Abbildung 20.15 Datenspeicher-ISO-Datei auswählen

Wählen Sie die ISO-Datei aus, mit der Sie eine Verbindung herstellen wollen, und bestätigen Sie mit OK.

Die Datei ist nun mit dem CD-Laufwerk der virtuellen Maschine verbunden. Um die Verbindung zu beenden, wählen Sie im Bereich EDIT SETTINGS beim Punkt CD/DVD DRIVE die Option CLIENT DEVICE und bestätigen den Dialog mit OK.

Physisches Laufwerk oder ISO-Datei via VMRC verbinden

Um ein physisches Laufwerk oder eine ISO-Datei über die VMRC mit einer virtuellen Maschine zu verbinden, öffnen Sie in der VMRC das Menü VMRC • REMOVABLE DEVICES • CD/DVD-DRIVE.

Sie können nun entweder über CONNECT TO DISK IMAGE FILE (ISO)... die Verbindung zu einer ISO-Datei (siehe Abbildung 20.16) oder über die Einstellungen die Verbindung mit dem physischen Laufwerk herstellen.

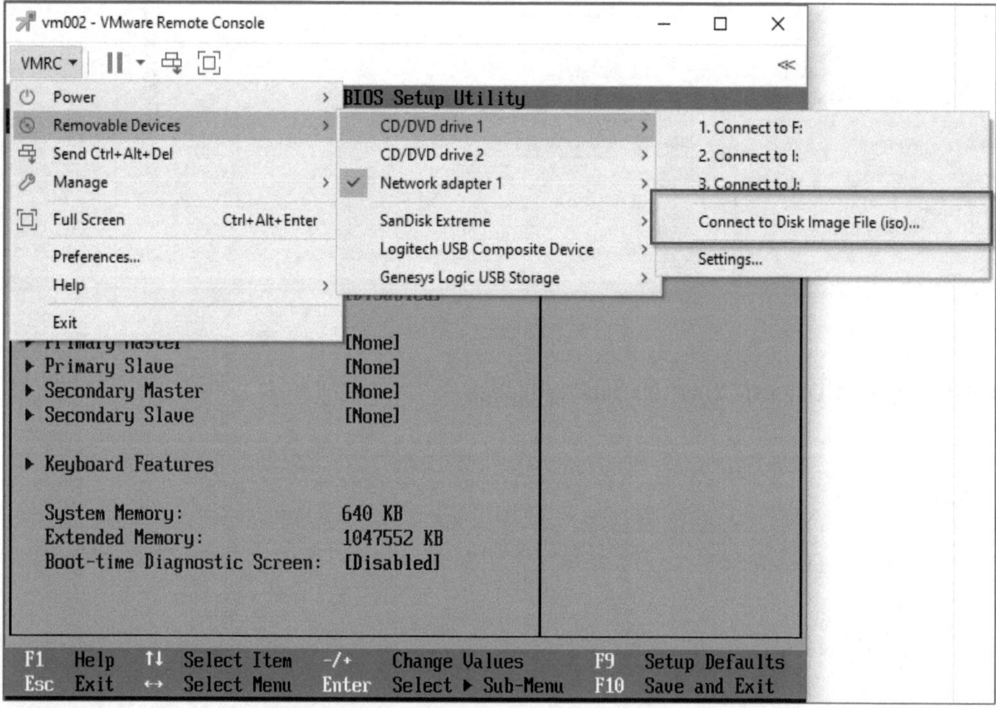

Abbildung 20.16 CD/DVD über VMRC verbinden

Um die Verbindung zu beenden, öffnen Sie das Menü VMRC • REMOVABLE DEVICES • CD/DVD DRIVE erneut und trennen die Verbindung, oder Sie schließen die VMRC.

20.11 Betriebszustände einer virtuellen Maschine

Eine virtuelle Maschine kann drei verschiedene Betriebszustände annehmen: eingeschaltet, ausgeschaltet und angehalten.

Um diese Zustände zu steuern, stehen in vSphere verschiedene Aktionen zur Verfügung.

Hinweis

Wenn die *VMware Tools* in der virtuellen Maschine installiert sind, werden zu den verschiedenen Aktionen entsprechende Skripte innerhalb der VM ausgeführt. Weitere Informationen zu den VMware-Tools-Skripten finden Sie in Abschnitt 20.5.8, »VMware Tools« unter »Skripte«.

- **Power On:** Die virtuelle Maschine wird eingeschaltet.
- **Power Off:** Die virtuelle Maschine wird ausgeschaltet. Diese Aktion entspricht dem Ziehen eines Netzsteckers an einer physischen Maschine.
- **Suspend:** Wird eine virtuelle Maschine angehalten, so wird der Inhalt des Arbeitsspeichers in eine *.vmss*-Datei auf den Datenspeicher der virtuellen Maschine geschrieben. Die VM wird anschließend ausgeschaltet. Diesen Vorgang kann man sich wie ein Konservieren des Zustands der Maschine auf dem Datastore vorstellen.
- **Resume:** Der Inhalt des Arbeitsspeichers der virtuellen Maschine wird aus der *.vmss*-Datei wieder geladen, und die VM wird auf den Betriebszustand »gestartet« gesetzt. Die virtuelle Maschine wird also an dem Punkt fortgesetzt, an dem sie zuvor beim Anhalten gestoppt wurde.
- **Reset:** Das Zurücksetzen schaltet die VM kurz aus und anschließend wieder ein. Es ist das virtuelle Gegenstück des Reset-Schalters einer physischen Maschine.
- **Kill:** Kill beendet den Prozess der virtuellen Maschine auf dem ESXi-Host. Diese Funktion sollte ausschließlich genutzt werden, wenn ein Power Off der virtuellen Maschine nicht mehr möglich ist.
- **Shutdown Guest OS:** Das Herunterfahren der virtuellen Maschine wird über das Gastbetriebssystem ausgelöst. Diese Funktion steht nur zur Verfügung, wenn die VMware Tools installiert sind.
- **Restart Guest OS:** Die virtuelle Maschine wird neu gestartet, indem im Gastbetriebssystem ein Neustart ausgelöst wird. Diese Funktion steht ebenfalls nur zur Verfügung, wenn die VMware Tools installiert sind.

20.12 Speicherrichtlinien für virtuelle Maschinen

Speicherrichtlinien bieten die Möglichkeit, Datenspeicher innerhalb der vSphere in verschiedene Kategorien einzuteilen. Diese Kategorien können dann virtuellen Festplatten oder virtuellen Maschinen zugeordnet werden, um das Installieren sowie die Verwaltung der Compliance der virtuellen Maschine möglichst einfach zu gestalten.

Viele moderne Speichergeräte liefern bereits über die VAAI eigene Speicherrichtlinien mit. Über diese vom Hersteller gelieferten Speicherrichtlinien hinaus können Sie eigene Tag-basierte Speicherrichtlinien erstellen. Speicherrichtlinien eignen sich beispielsweise, um verschiedene Datenspeicher in Kategorien, nach Redundanz oder Leistungsfähigkeit zu unterteilen. Die Installation und Verwaltung der virtuellen Maschinen kann durch solche Speicherrichtlinien erheblich erleichtert werden.

Über diese Unterteilung hinaus ist es möglich, mit den Speicherrichtlinien verschiedene Einstellungen auf einem Datenspeicher zu steuern. Dies ist etwa auf VVOLS oder im vSAN möglich.

20.12.1 Speicherrichtlinien zuweisen

Speicherrichtlinien können entweder beim Erstellen der virtuellen Maschine oder auch nachträglich zur virtuellen Maschine hinzugefügt werden. Sie werden pro Festplatte vergeben. So kann eine virtuelle Maschine über verschiedene Speicherrichtlinien verfügen.

Um der Festplatte einer bestehenden VM eine Speicherrichtlinie zuzuweisen, öffnen Sie die Einstellungen der virtuellen Maschine.

Klappen Sie im Bereich VIRTUAL HARDWARE die Konfiguration der entsprechenden Festplatte auf (siehe Abbildung 20.17).

Wählen Sie unter VM STORAGE POLICY nun die entsprechende Richtlinie aus und bestätigen Sie Ihre Auswahl mit OK.

Die Speicherrichtlinie ist nun aktiv, und Sie können die Compliance der Festplatte prüfen.

Eine weitere Möglichkeit ist das Verwalten der Speicherrichtlinie über AKTIONEN • VM POLICIES • EDIT VM STORAGE POLICIES... (siehe Abbildung 20.18).

Sie können nun eine VM-Speicherrichtlinie auswählen und auf sämtliche Festplatten der virtuellen Maschine anwenden oder nach der Aktivierung der Option PRO DATENTRÄGER KONFIGURIEREN in der jeweiligen Zeile pro Festplatte der virtuellen Maschine eine Speicherrichtlinie aus einem Drop-down-Menü auswählen.

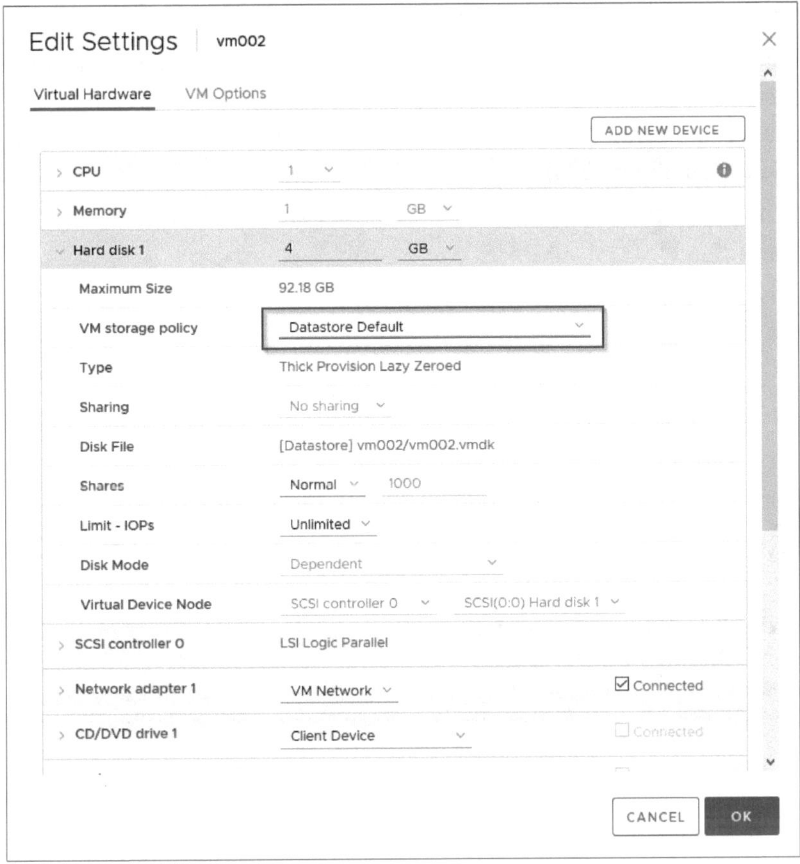

Abbildung 20.17 Speicherrichtlinie zu virtueller Festplatte zuweisen

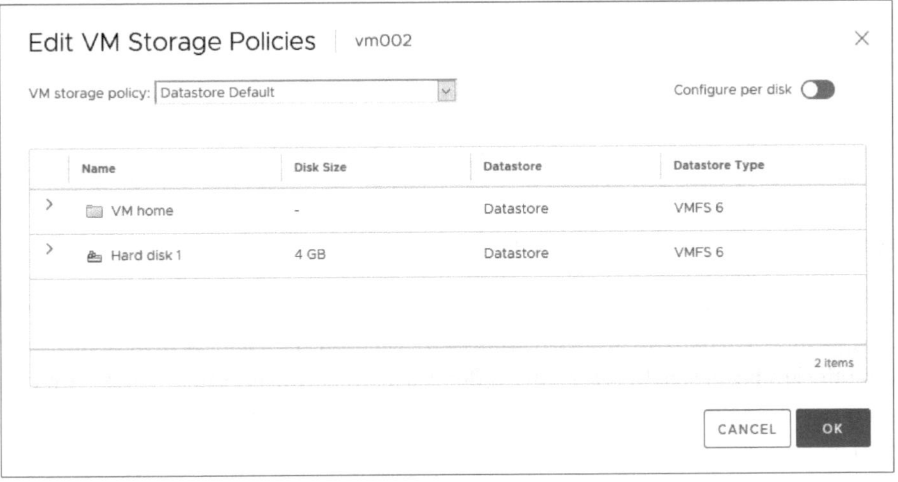

Abbildung 20.18 VM-Speicherrichtlinien verwalten

20.12.2 Compliance der Speicherrichtlinie prüfen

Die Speicherrichtlinien einer virtuellen Maschine können Sie einfach über die ÜBERSICHT der virtuellen Maschine prüfen. Im Bereich VM STORAGE POLICIES erhalten Sie einen Überblick über die Compliance und können eine erneute Prüfung über die Funktion CHECK COMPLIANCE anstoßen (siehe Abbildung 20.19).

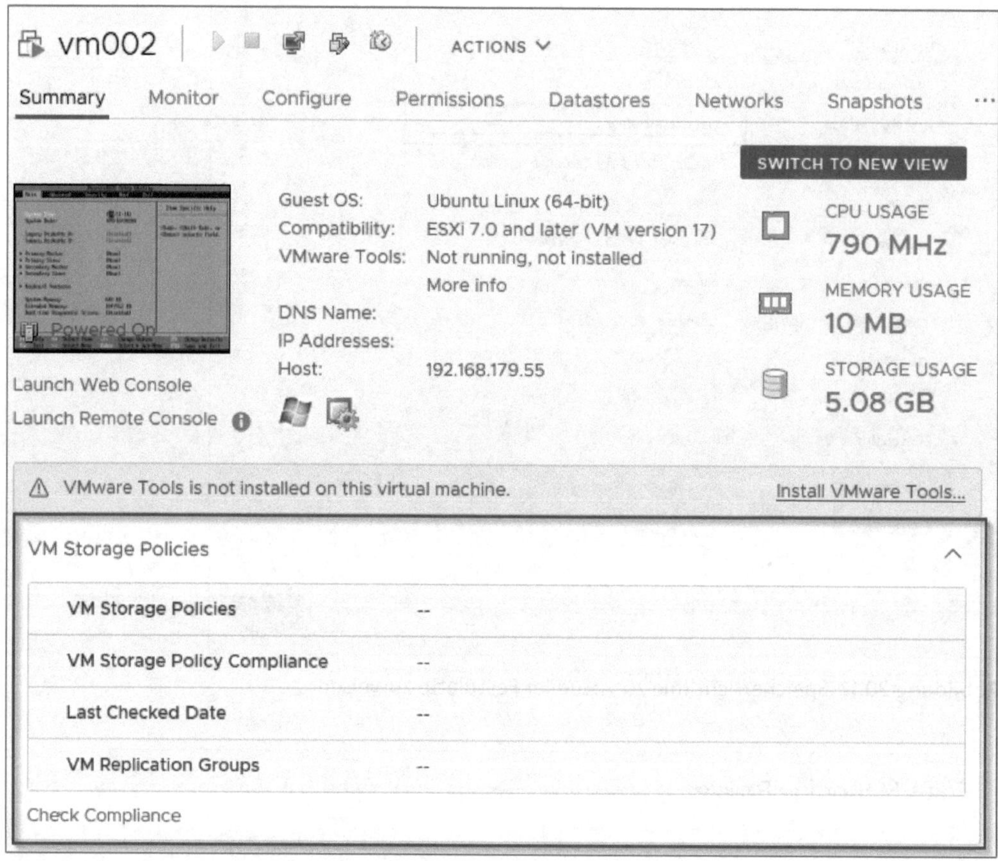

Abbildung 20.19 VM-Speicherrichtlinien-Status

20.13 Konfiguration und Anpassung von virtuellen Maschinen

Die Ausstattung einer virtuellen Maschine kann sowohl beim Erstellen als auch im Nachhinein angepasst werden. Ob das Hinzufügen, Anpassen und Entfernen dabei entweder im eingeschalteten oder im ausgeschalteten Zustand der Maschine erfolgen muss, hängt von der virtuellen Hardware, von deren Konfiguration und von dem entsprechenden Gastbetriebssystem ab. Manche virtuelle Hardware kann zwar im laufenden Betrieb erweitert werden, wird aber erst bei einem Neustart des Gastbetriebssystems erkannt und somit verfügbar.

20.13.1 HotPlug

Das Hinzufügen von Hardware im laufenden Betrieb bezeichnet man als *HotPlug* oder *HotAdd*. Für virtuelle CPUs und Arbeitsspeicher können Sie HotAdd seit Version 7 der virtuellen Hardware nutzen. Das Hinzufügen von Mehrkern-CPUs im laufenden Betrieb ist seit Version 8 der virtuellen Hardware möglich.

20.13.2 HotPlug von virtuellen CPUs

Das Hinzufügen von virtuellen Einzelkern-CPUs im laufenden Betrieb ist seit Version 7 der virtuellen Hardware möglich. Das Hinzufügen von Multikern-CPUs ist ab der virtuellen Hardware Version 8 verfügbar.

Um das Feature nutzen zu können, muss es zuvor in den Einstellungen der einzelnen virtuellen Maschine aktiviert werden. Das Aktivieren kann ausschließlich im ausgeschalteten Zustand der virtuellen Maschine erfolgen. Sollten Sie also davon ausgehen, dass Sie die CPUs der virtuellen Maschine ständig erweitern müssen, ergibt es Sinn, diese Option schon bei der Erstellung der virtuellen Maschine zu aktivieren. Sie finden die Option in den Einstellungen der virtuellen Maschine im Bereich VIRTUAL HARDWARE unter den erweiterten Einstellungen der CPU. Beachten Sie dabei, dass diese Option nur zur Verfügung steht, wenn das ausgewählte Gastbetriebssystem sie auch unterstützt.

Laut VMware wird das Hinzufügen von CPUs via HotAdd ab Windows Server 2008 und Windows Server 2008 R2 ausschließlich in der *Datacenter-64-Bit-Edition* sowie ab Windows Server 2012 in der *Standard*, der *Enterprise* und der *Datacenter Edition* unterstützt. Ein Hot-Remove, also das Entfernen von CPUs im laufenden Betrieb, ist bei Windows-Betriebssystemen derzeit nicht möglich.

Bei Linux-Betriebssystemen beginnt der Support für HotAdd ab der Kernel-Version 2.6.14. Bei aktuellen Linux-Kernel-Versionen wird sowohl HotPlug als auch HotRemove unterstützt.

Hinweis

Das Hinzufügen von CPUs via HotPlug beendet sämtliche bestehenden Verbindungen von USB-Geräten zur virtuellen Maschine und stellt sie anschließend wieder her. Es empfiehlt sich, die USB-Geräte ordnungsgemäß zu entfernen, bevor man CPUs über HotPlug hinzufügt.

20.13.3 HotPlug von Arbeitsspeicher

HotPlug für Arbeitsspeicher steht ab der virtuellen Hardware Version 7 zur Verfügung. Auch hier ist die Unterstützung des Gastbetriebssystems notwendig. Wie beim HotPlug der CPU gilt, dass zuvor das Feature pro virtuelle Maschine aktiviert werden muss. Die Option findet sich hier ebenfalls in den Einstellungen der VM, und zwar unter den Einstellungen des Arbeitsspeichers im Bereich VIRTUAL HARDWARE. Auch das Aktivieren der HotPlug-Funktion für den Arbeitsspeicher ist nur im ausgeschalteten Zustand des Gastsystems möglich.

Das Hinzufügen von Arbeitsspeicher via HotPlug wird bei Windows ab den folgenden Versionen unterstützt:

- Windows Server 2003 Enterprise Edition und Datacenter Edition 32 Bit
- Windows Server 2003 Service Pack 1 Enterprise Edition und Datacenter Edition 64 Bit
- Windows Server 2008 Enterprise und Datacenter Edition
- Windows Server 2008 R2 Enterprise und Datacenter Edition
- Windows Server 2012 Standard, Enterprise und Datacenter Edition
- Windows Server 2016 Essentials Edition, Standard Edition, Datacenter Edition
- Windows Server 2019 Datacenter x64 Edition, Standard x64 Edition

Bei Linux ist mindestens der Kernel 2.6.14 Voraussetzung.

Wenn Sie Arbeitsspeicher in Linux-Gastsystemen via HotPlug hinzufügen, kann es dazu kommen, dass das Betriebssystem den erkannten Speicher nicht sofort zur Verfügung stellt. Um den Speicher verfügbar zu machen, muss häufig nicht neu gestartet werden, sondern es reicht, wenn Sie den Arbeitsspeicher online nehmen.

Informationen zu diesem Thema finden Sie in der VMware Knowledge Base unter:
http://kb.vmware.com/kb/1012764

20.13.4 MAC-Adresse ändern

Die MAC-Adresse einer virtuellen Netzwerkkarte wird im Normalfall automatisch vergeben. Sie kann bei Bedarf aber auch manuell geändert werden. Diese Änderung ist ausschließlich im ausgeschalteten Zustand der VM möglich. Die MAC-Adresse kann auf verschiedene Arten geändert werden.

Im Folgenden beschreiben wir, wie Sie die virtuelle MAC-Adresse über den vSphere-Client ändern:

1. Stellen Sie sicher, dass die virtuelle Maschine ausgeschaltet ist.
2. Gehen Sie in die Einstellungen der virtuellen Maschine und wechseln Sie in den Bereich VIRTUAL HARDWARE.
3. Öffnen Sie die Einstellungen der Netzwerkkarte und wählen Sie im Drop-down-Menü der MAC-ADDRESS die Option MANUAL aus (siehe Abbildung 20.20).

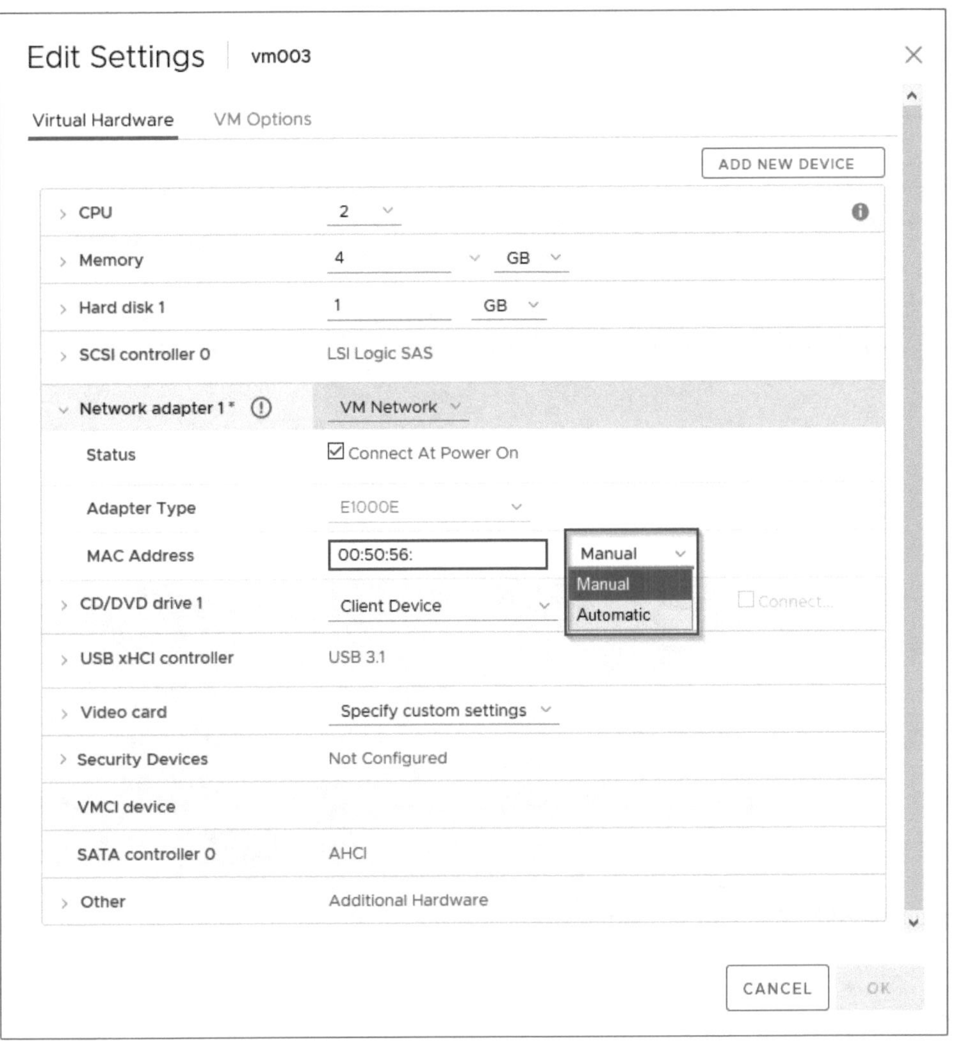

Abbildung 20.20 MAC-Adresse manuell setzen

4. Bestätigen Sie die eingegebene MAC-Adresse mit OK (siehe Abbildung 20.21) und starten Sie die virtuelle Maschine. Die Netzwerkverbindung wird nun über die neu vergebene MAC-Adresse hergestellt.

Hinweis

Beachten Sie, dass MAC-Adressen zumindest innerhalb des Netzwerks immer einzigartig sein sollten.

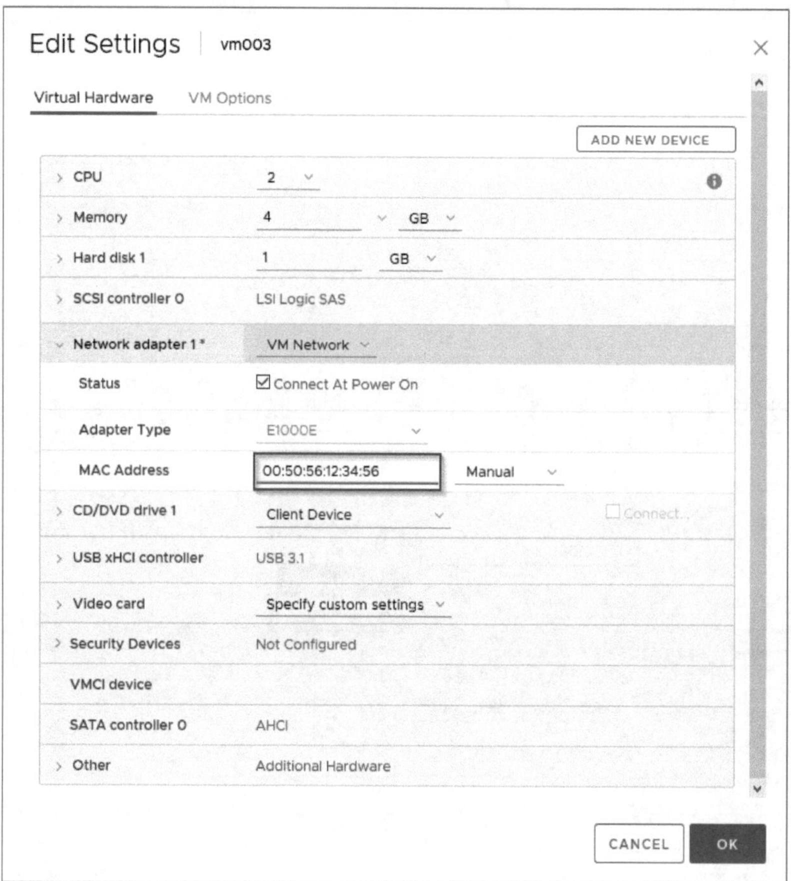

Abbildung 20.21 MAC-Adresse eintragen

20.14 VMware Tools

Die VMware Tools sind eine Sammlung von Applikationen und Treibern, die auf jeder virtuellen Maschine installiert und regelmäßig aktualisiert werden sollte. Die Tools sorgen für die Unterstützung von VMware-eigener Hardware, z. B. der VMXNET-Netzwerkkarten, und bieten darüber hinaus die Möglichkeit zur Kommunikation des ESXi-Hosts mit der virtuellen Maschine. So kann eine virtuelle Maschine nicht nur hart ausgeschaltet, sondern ebenso ordnungsgemäß heruntergefahren werden. Weitere Features sind das Ausführen von Skripten beim Starten, Herunterfahren, Suspend oder Resume einer virtuellen Maschine. Die VMware Tools sind zwingend notwendig für die Verwendung von Ballooning.

Bis Version 9.x wurden die VMware Tools zusammen mit den Builds der ESXi-Server veröffentlicht. Seit Version 10.0.0 werden sie nun auch unabhängig von diesen Builds veröffentlicht. Die aktuelle Version der VMware Tools für vSphere 7.0 finden Sie unter folgendem Link:

https://my.vmware.com/web/vmware/downloads/info/slug/datacenter_cloud_infrastructure/vmware_vsphere/7_0

Achten Sie darauf, immer die aktuellste verfügbare Version der VMware Tools zu installieren. Die Version der VMware Tools ist abwärtskompatibel. So können beispielsweise virtuelle Maschinen mit der VMware-Tools-Version 10.0.0 auch ohne Probleme auf einem ESXi-Host mit der Version 5.5 betrieben werden.

20.14.1 Zeitsynchronisation

Die Zeit einer virtuellen Maschine kann über die VMware Tools mit der Zeit des Hosts abgeglichen werden. Dies ist sinnvoll, wenn kein NTP-Sever für die virtuelle Maschine zur Verfügung steht.

20.14.2 Installation der VMware Tools unter Windows

Um die VMware Tools zu installieren, nutzen Sie am besten den vSphere-Client:

1. Öffnen Sie die Summary der virtuellen Maschine und wählen Sie im Drop-down-Menü Actions • Guest OS • Install VMware Tools... (siehe Abbildung 20.22).

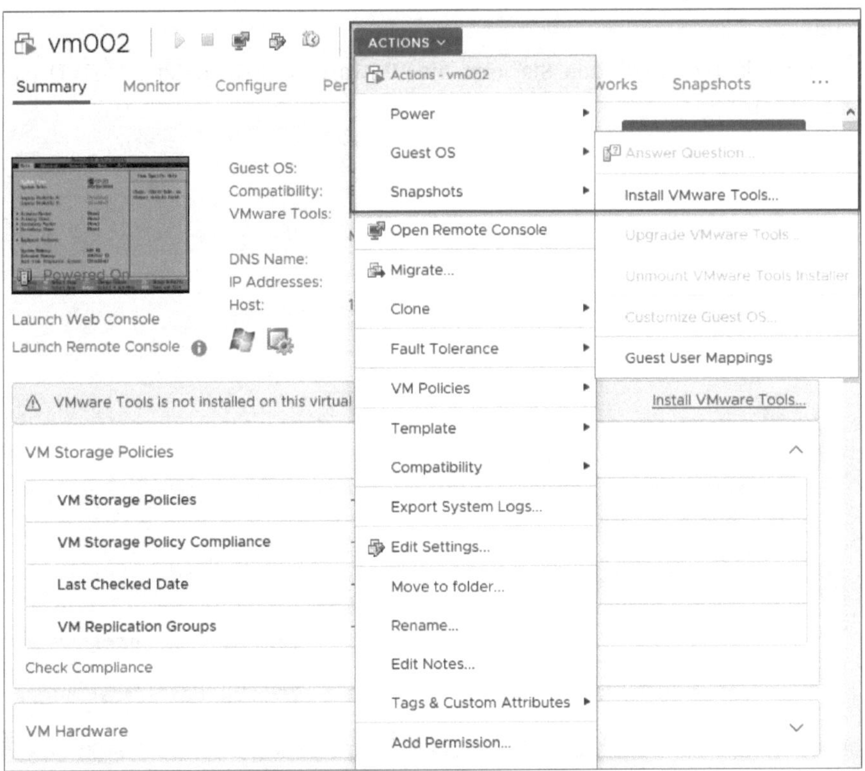

Abbildung 20.22 VMware Tools installieren

2. Es folgt ein Dialog, der ebenfalls Install VMware Tools heißt (siehe Abbildung 20.23). Klicken Sie dort auf den Button Mount.

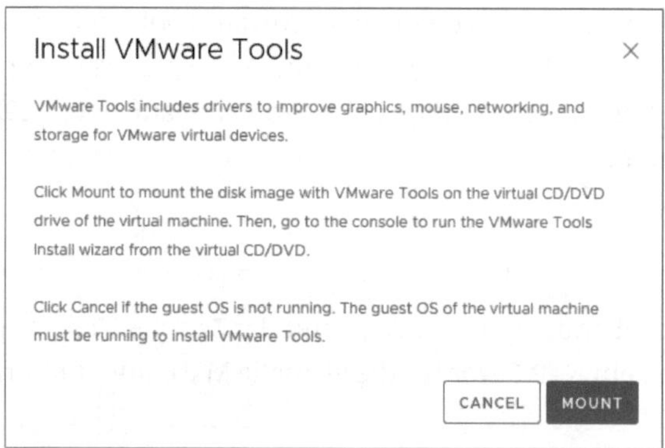

Abbildung 20.23 VMware Tools mounten

Die CD mit den VMware Tools wird nun in das virtuelle CD/DVD-Laufwerk eingebunden. Die Auswahl, welches VMware-Tools-Image angebunden wird, erfolgt in Abhängigkeit vom ausgewählten Betriebssystem in den Einstellungen der virtuellen Maschine.

3. Öffnen Sie nun eine Konsole zur virtuellen Maschine und melden Sie sich am Gastbetriebssystem an.
4. Im DVD-Laufwerk der VM finden Sie jetzt die VMware-Tools-Installations-DVD (siehe Abbildung 20.24).

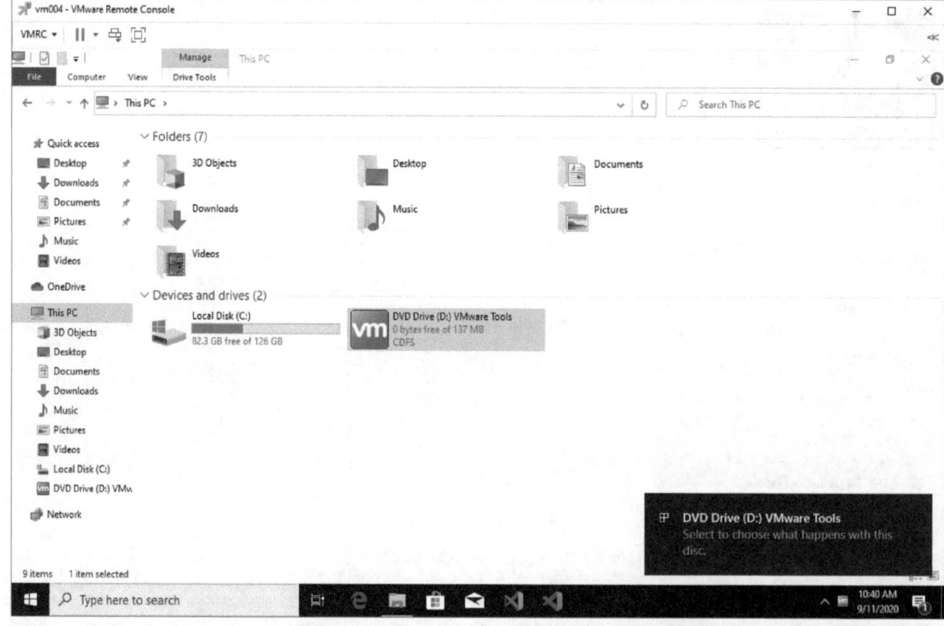

Abbildung 20.24 Die VMware-Tools-Installations-DVD

5. Starten Sie die Installation über einen Doppelklick auf das Laufwerk.
6. Der Installer der VMware Tools öffnet sich. Sie können hier zwischen der Standardinstallation, einer angepassten und einer vollständigen Installation wählen. Typischerweise ist die Standardinstallation der empfohlene Weg.

Nachdem die Installation abgeschlossen ist, muss das Betriebssystem neu gestartet werden. Nach dem Neustart sollten die klassischen Symptome einer virtuellen Maschine – wie das Ruckeln der Maus, eine niedrige Bildschirmauflösung und eine hakelnde Tastatur – beseitigt sein. Sie können nun Geräte verwenden, die VMware-eigene Treiber erfordern, und die Funktionen nutzen, die die VMware Tools erfordern.

20.14.3 Installation der VMware Tools unter Linux

Zur Installation der VMware Tools führen Sie die Schritte aus Abschnitt 20.14.2, »Installation der VMware Tools unter Windows«, durch – bis inklusive des Mountens der DVD.

1. Wechseln Sie nun in die Konsole und mounten Sie die Installations-DVD in einen Pfad Ihrer Wahl mit:
   ```
   mount /dev/<CDROM> <Pfad>
   ```
2. Wechseln Sie dann zum Pfad der Installations-DVD:
   ```
   cd <Pfad>
   ```
3. Kopieren Sie die auf der DVD enthaltene *.tar.gz*-Datei in ein Verzeichnis Ihrer Wahl:
   ```
   cp VMwareTools-x.x.x-NNN.tar.gz <ZielVerzeichnis>
   ```
4. Entpacken Sie die *.tar.gz*-Datei:
   ```
   tar zxf VMwareTools-x.x.x-NNN.tar.gz
   ```
5. Wechseln Sie in das Unterverzeichnis *vmware-tools-distrib*:
   ```
   cd vmware-tools-distrib
   ```
6. Starten Sie nun die Installation der VMware Tools über das Skript *vmware-install.pl*:
   ```
   ./vmware-install.pl
   ```
7. Beantworten Sie die Fragen der Installation. Um die Standardwerte zu wählen, nutzen Sie einfach [↵] zum Beantworten der Fragen.

Nach der Installation müssen entweder sämtliche betroffenen Services oder muss das gesamte Betriebssystem neu gestartet werden. Folgen Sie an dieser Stelle den Anweisungen des Installer-Skripts.

Hinweis

Für viele Linux-Distributionen bietet VMware sogenannte OSPs (*Operating System Specific Packages*). Diese OSPs sind speziell für die jeweilige Linux-Distribution angefertigte Pakete.

Sie liegen im jeweils passenden Paketformat vor, beispielsweise als *.deb* oder *.rpm*. Für folgende Gastbetriebssysteme bietet VMware derzeit OSPs:

- CentOS 4.0 bis 6.0
- Red Hat Enterprise Linux 3.0 bis 6.x
- SUSE Linux Enterprise Server 9 bis 11
- SUSE Linux Enterprise Desktop 10 bis 11
- Ubuntu Linux 8.04 bis 12.04

Informationen zum Download sowie zur Installation der OSPs finden Sie auf der VMware-Seite unter *https://www.vmware.com/support/packages.html*.

20.14.4 Den Status der VMware Tools prüfen

Um den Status der VMware Tools für eine virtuelle Maschine zu prüfen, nutzen Sie den vSphere-Client. Öffnen Sie die SUMMARY der virtuellen Maschine. Sie finden im oberen Bereich eine Zeile VMWARE TOOLS (siehe Abbildung 20.25).

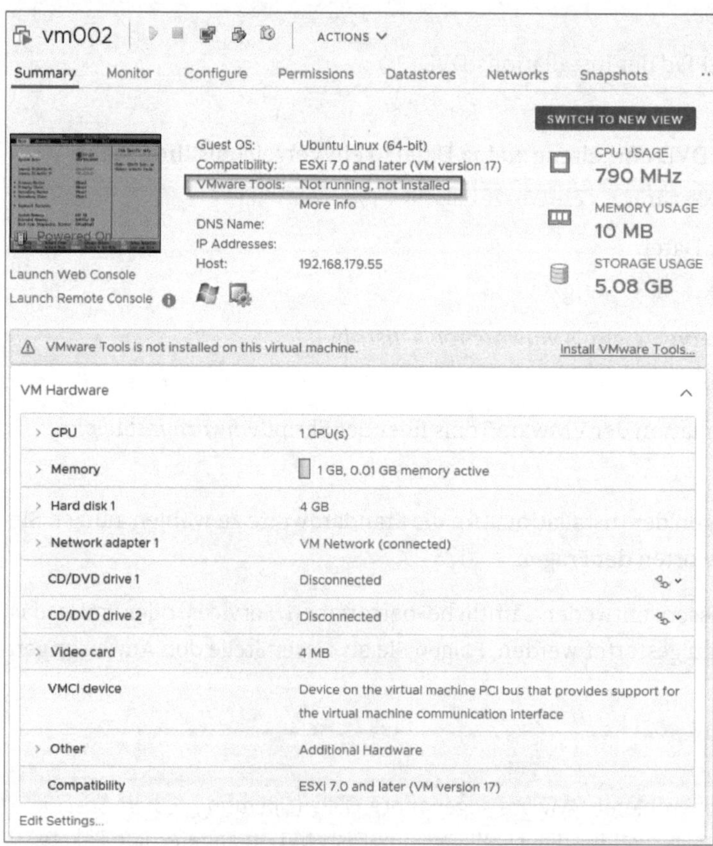

Abbildung 20.25 Den Status der VMware Tools prüfen

In diesem Status bekommen Sie die Information, ob die Tools installiert sind, ob die aktuellste (auf dem ESXi-Host verfügbare) Version der Tools installiert ist bzw. unterstützt wird und ob Upgrades verfügbar sind.

20.14.5 Aktualisierung der VMware Tools

Die Aktualisierung der VMware Tools kann entweder manuell erfolgen, oder Sie können die virtuelle Maschine so konfigurieren, dass beim Einschalten der Maschine geprüft wird, ob eine neue Version der VMware Tools verfügbar ist. Die aktuelle Version wird dann automatisch installiert.

Achten Sie bei der Aktualisierung immer darauf, dass die Installation der neuen VMware Tools eventuell einen Neustart erfordert. Virtuelle Maschinen, die nicht mindestens auf dem Stand 5.1 der VMware Tools sind bzw. nicht mindestens ein Windows Vista als Gastbetriebssystem einsetzen, benötigen bei der Aktualisierung immer einen Neustart.

Des Weiteren müssen auch Systeme, die diese Anforderungen erfüllen, einem Neustart unterzogen werden, wenn neue Komponenten der VMware Tools installiert werden oder Komponenten der Installation einen Neustart erfordern. Weitere Informationen dazu, welche Komponenten einen Neustart erfordern, finden Sie in der VMware Knowledge Base unter *http://kb.vmware.com/kb/2015163*.

Linux-Gastbetriebssysteme benötigen meist einen Neustart der vom Upgrade betroffenen Services oder einen Neustart der gesamten VM.

Automatische Aktualisierung der VMware Tools

Die Konfiguration des automatischen Upgrades können Sie in den Einstellungen der virtuellen Maschine konfigurieren.

Die Konfiguration beschreiben wir in Abschnitt 20.5.8, »VMware Tools«, unter »Automatische Aktualisierung der VMware Tools«.

Manuelle Aktualisierung der VMware Tools

Zur manuellen Aktualisierung der VMware Tools öffnen Sie das ACTIONS-Menü der virtuellen Maschine. Wählen Sie GUEST OS • UPGRADE VMWARE TOOLS.

Hinweis

Sollten Sie diesen Punkt nicht finden, kann das daran liegen, dass die VMware Tools über ein OSP installiert wurden oder die derzeitige Version nicht korrekt erkannt werden kann. In diesem Fall folgen Sie den Schritten zur Installation der VMware Tools.

Sie können nun im Dialog UPGRADE VMWARE TOOLS auswählen, ob Sie ein INTERACTIVE UPGRADE oder ein AUTOMATIC UGPRADE ausführen wollen (siehe Abbildung 20.26):

- Das INTERACTIVE UPGRADE funktioniert exakt wie die Installation der VMware Tools.
- Das AUTOMATIC UPGRADE führt die Installation der neuen Version automatisch aus. Es können ADVANCED OPTIONS hinzugefügt werden, um beispielsweise einen Neustart nach der Installation zu unterdrücken.

Bestätigen Sie das automatische Upgrade mit dem Button UPGRADE.

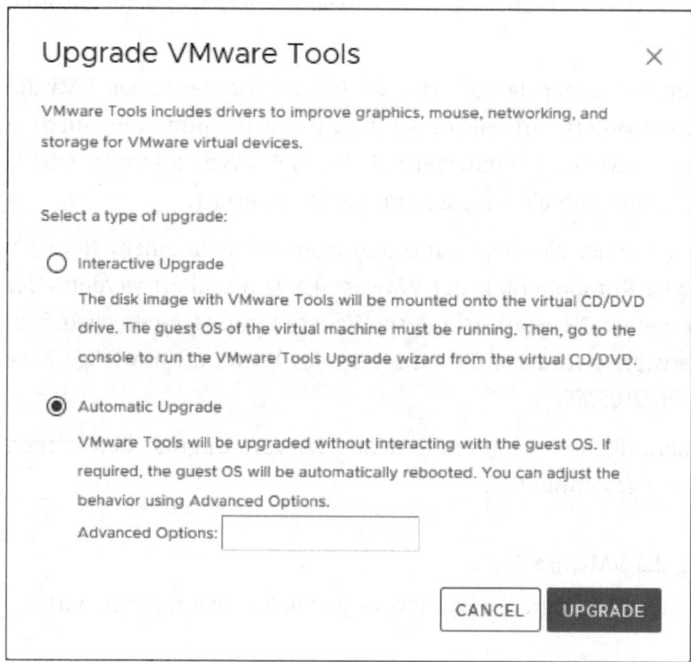

Abbildung 20.26 VMware-Tools-Upgrade-Variante wählen

Die Installation der neuen VMware Tools läuft nun im Hintergrund. Sie können den Status über die SUMMARY der virtuellen Maschine im Bereich VMWARE TOOLS oder im Bereich KÜRZLICH RECENT TASKS des vCenters finden.

20.15 Migration von virtuellen Maschinen

Grundsätzlich gibt es zwei Möglichkeiten zur Migration einer virtuellen Maschine: Sie können entweder den laufenden Teil der virtuellen Maschine migrieren und die Maschine somit von ESXi-Host A zu ESXi-Host B verschieben oder die Dateien der virtuellen Maschine von Datenspeicher A zu Datenspeicher B verschieben.

Bei diesen beiden Arten der Migration unterscheidet man dann jeweils, ob im eingeschalteten Zustand oder im ausgeschalteten Zustand der Maschine migriert wird.

Eine Migration kann innerhalb eines Clusters, von einem Cluster zu einem anderen Cluster und seit der vSphere-Version 6.0 sogar von einem vCenter in ein anderes vCenter erfolgen.

20.15.1 vMotion

Die Migration einer virtuellen Maschine im eingeschalteten Zustand von einem Host zu einem anderen bezeichnet man in vSphere als *vMotion*:

1. Um einen vMotion-Vorgang zu starten, öffnen Sie das ACTIONS-Menü der virtuellen Maschine, die Sie migrieren wollen, und wählen MIGRATE...
2. Wählen Sie die Option CHANGE COMPUTE RESOURCE ONLY.
3. Sie können nun bestimmen, auf welche Ressource die VM migriert werden soll und welche Portgruppen auf dem Ziel nach der Migration genutzt werden.
4. Prüfen Sie abschließend die gewählten Optionen und schließen Sie die Migration ab.

Das System wird nun live migriert und kann während der Migration normal benutzt werden.

Weitere Informationen zum Thema finden Sie in Abschnitt 3.1, »vMotion«.

20.15.2 Storage vMotion

Das Migrieren der Dateien auf einem Datenspeicher einer virtuellen Maschine bezeichnet man in vSphere als *Storage vMotion*.

1. Um eine virtuelle Maschine einem Storage vMotion zu unterziehen, öffnen Sie das ACTIONS-Menü der virtuellen Maschine und wählen MIGRATE...
2. Wählen Sie nun die Option CHANGE STORAGE ONLY.
3. Im Folgenden können Sie den Zieldatenspeicher und das Zielformat wählen. Möchten Sie beispielsweise eine zuvor im Thin-Format abgelegte VM lieber im Thick-Eager-Zeroed-Format abspeichern, können Sie dies bei der Migration angeben.
4. Prüfen Sie abschließend die gewählten Optionen und schließen Sie die Migration ab.

Weitere Informationen zum Thema Storage vMotion finden Sie in Abschnitt 3.2, »Storage vMotion«.

20.15.3 Hybrid-Migration

Zusätzlich zu den Optionen, eine virtuelle Maschine entweder einem vMotion oder einem Storage vMotion zu unterziehen, ist es möglich, ein Storage vMotion gleichzeitig mit einem vMotion durchführen zu lassen. Auf diese Art kann eine virtuelle Maschine auch migriert werden, wenn Quell- und Zielhost keinen gemeinsamen Datenspeicher besitzen.

1. Starten Sie eine Hybrid-Migration über das Menü ACTIONS • MIGRATE.
2. Wählen Sie CHANGE BOTH COMPUTE RESOURCE AND STORAGE. Sie können nun entscheiden, ob Sie zuerst eine Computing-Ressource oder zuerst einen Datenspeicher wählen wollen.
3. Im Folgenden bestimmen Sie den Zielhost, den Zieldatenspeicher und das Netzwerk, das auf dem Zielhost für die virtuelle Maschine verwendet werden soll.
4. Prüfen Sie abschließend die gewählten Optionen und schließen Sie die Migration ab.

20.16 Klone

Mithilfe des Klonens können virtuelle Maschinen vervielfältigt werden. Die VM kann dabei als virtuelle Maschine oder als Template geklont werden. Ein Klon muss dabei nicht zwingend eine 1:1-Kopie einer virtuellen Maschine sein. VMware bietet beim Klonen verschiedene Anpassungsmöglichkeiten. So können Sie die Maschinen schon auf den Verwendungszweck vorbereiten. Sollten Sie nicht planen, die Quell-VM im Nachgang vollständig durch den Klon zu ersetzen, können Ihnen diese Anpassungen dabei helfen, einzigartige Adressen sowie IDs der virtuellen Maschine durch neue dann auch wieder wirklich einzigartige Werte zu ersetzen.

Der Klon kopiert die Konfiguration sowie die Festplatten der VM. Der Zustand einer laufenden VM wird bei einem Klon verworfen. Sollte die Maschine während des Klonens also laufen, ist es für den Klon anschließend so, als hätten Sie die Maschine hart ausgeschaltet. Snapshots werden bei einem Klonvorgang automatisch gelöscht. Sie erhalten bei dem Klon also nur den aktuellen Stand des Systems.

Einen Klon erstellen

Bevor Sie eine virtuelle Maschine klonen, sollten Sie sicherstellen, dass keine I/O-intensiven Anwendungen auf dem System laufen. Eine hohe I/O-Last kann beim Kopieren der virtuellen Festplatten dafür sorgen, dass der Klonvorgang entweder extrem lange läuft oder sogar aufgrund einer Zeitüberschreitung abgebrochen wird.

Wählen Sie im ACTIONS-Menü der VM den Punkt CLONE • CLONE TO VIRTUAL MACHINE... (siehe Abbildung 20.27).

Wählen Sie nun einen Namen und einen Ordner für die virtuelle Maschine aus (siehe Abbildung 20.28).

Abbildung 20.27 Den Klonvorgang starten

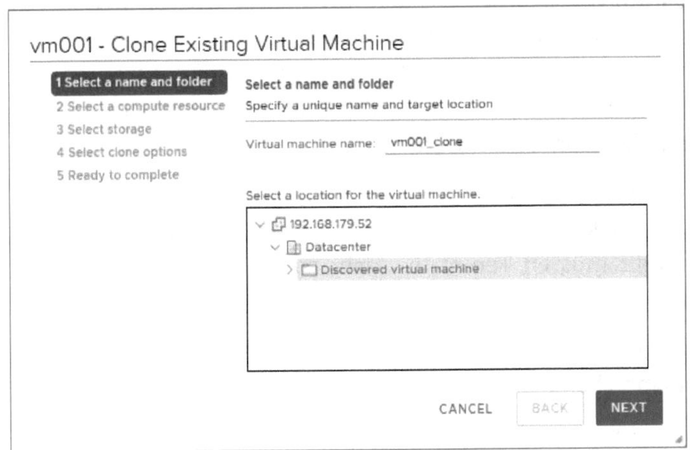

Abbildung 20.28 VM klonen: Name und VM-Verzeichnis angeben

Im folgenden Schritt 2 legen Sie fest, auf welchem Host oder Cluster der Klon konfiguriert werden soll.

In Schritt 3 können Sie wählen, auf welchen Datenspeicher die Dateien des Klons kopiert werden sollen und welche Speicherrichtlinie verwendet werden soll. Sie können an dieser Stelle das Format der Festplattendateien anpassen, beispielsweise von Thick auf Thin.

In den Klonoptionen unter Punkt 4 können Sie nun verschiedene Punkte zum Anpassen des Klons festlegen. Folgende Optionen stehen hier zur Verfügung:

- **Customize the operating system:** Über diese Option können Sie die Individualisierung für Microsoft-Windows-Gastbetriebssysteme für die Punkte REGISTRIERUNGSINFORMATIONEN, COMPUTERNAME, LIZENZ, ADMINISTRATOR-PASSWORT, ZEITZONE, NETZWERK, ARBEITSGRUPPE/DOMÄNE sowie das Erstellen einer neuen SID und das einmalige Ausführen eines Skripts konfigurieren. Für Linux-Betriebssysteme können Sie an diesem Punkt den Computernamen, die Zeitzone, das Netzwerk sowie DNS- und Domäneneinstellungen konfigurieren. Die Anpassungen werden über Spezifikationen gesteuert. Informationen zum Anlegen einer Spezifikation finden Sie in Abschnitt 14.10.8, »Policies and Profiles«.
- **Customize this virtual machine's hardware:** Sie können die Hardware der virtuellen Maschine beim Klonen verändern.
- **Power on the virtual machine after creation:** Die virtuelle Maschine wird nach dem erfolgreichen Klonvorgang gestartet.

Schließen Sie den Vorgang ab, um das Klonen der VM zu starten.

20.17 Vorlagen

Vorlagen (auch *Templates* genannt) stellen eine Basis dar, von der aus virtuelle Maschinen erstellt werden können. Sie können ein Betriebssystem samt Software und Konfiguration beinhalten. Anders als virtuelle Maschinen können sie nicht eingeschaltet werden. Für Änderungen muss ein Template zuvor in eine virtuelle Maschine umgewandelt und nach der Änderung wieder in ein Template konvertiert werden.

Templates können entweder auf einem Datenspeicher oder in einer Bibliothek gespeichert werden. Das Verwenden der Bibliothek hat den Vorteil, dass sie geteilt und in andere vCenter eingebunden werden kann. Somit müssen Templates nicht zu den einzelnen vCentern kopiert werden.

Um eine Vorlage zu erstellen, können Sie entweder eine virtuelle Maschine umwandeln oder klonen, oder Sie können ein entsprechendes *.ovf*-Paket zum Import eines Templates in eine Bibliothek nutzen.

Hinweis
Bitte beachten Sie, dass Templates, die auf einem Datenspeicher liegen, nur in der Ansicht VMs and Templates und nicht in der Ansicht Hosts and Clusters sichtbar sind!

20.17.1 Eine Vorlage aus einer virtuellen Maschine erstellen

Um eine Vorlage aus einer virtuellen Maschine zu erstellen, stehen Ihnen verschiedene Wege zur Verfügung.

Der wohl einfachste Weg ist das Umwandeln einer bestehenden VM in eine Vorlage. Die virtuelle Maschine kann nach der Konvertierung dann allerdings nicht mehr als virtuelle Maschine genutzt werden. Das heißt, für Änderungen am Template müssen Sie entweder eine virtuelle Maschine auf Basis der Vorlage erstellen oder das Template wieder zurück in eine virtuelle Maschine konvertieren. Gerade bei Microsoft-Gastbetriebssystemen sollten Sie den Weg über die Konvertierung nutzen, um einen unnötigen Sysprep-Vorgang zu vermeiden. Die Anzahl an möglichen Sysprep-Vorgängen innerhalb einer Windows-Installation ist meist begrenzt.

Virtuelle Maschine in Vorlage umwandeln

Um eine virtuelle Maschine in eine Vorlage umzuwandeln, wählen Sie im Actions-Menü der virtuellen Maschine die Option Template • Convert to Template.

Bestätigen Sie in der Abfrage, dass die VM in eine Vorlage konvertiert werden soll.

Virtuelle Maschine in Vorlage klonen

20

Das Klonen einer virtuellen Maschine in eine Vorlage erfolgt über das Actions-Menü der virtuellen Maschine. Wählen Sie Clone • Clone to Template.

Vergeben Sie einen Namen für das zu erstellende Template und wählen Sie einen Compute- sowie einen Speicherort aus. Prüfen Sie dann die Optionen und schließen Sie den Dialog mit Finish. Die Maschine wird anschließend in ein Template konvertiert und steht in der Ansicht VMs and Templates bereit.

Virtuelle Maschine in Bibliothek klonen

Der Weg, eine virtuelle Maschine in ein Template in einer Bibliothek zu klonen, führt ebenfalls über das Actions-Menü der virtuellen Maschine.

Wählen Sie dazu Clone • Clone as Template to Library.

Verwenden Sie als Typ VM Template und passen Sie den Vorlagennamen an. Wählen Sie anschließend ein Verzeichnis, in dem das Template organisiert werden soll (siehe Abbildung 20.29).

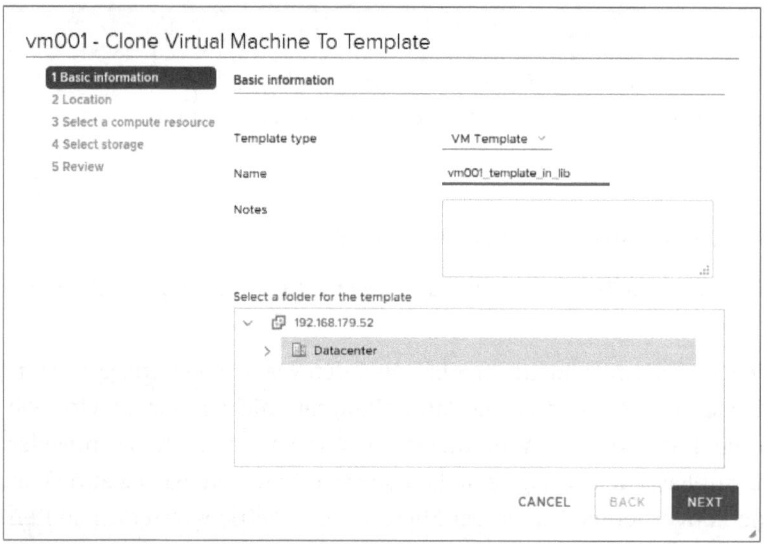

Abbildung 20.29 Vorlage in Inhaltsbibliothek klonen

20.17.2 Eine Vorlage in die Bibliothek importieren

Um ein *.ovf*-Paket mit einem Template in eine Bibliothek zu importieren, öffnen Sie den Punkt CONTENT LIBRARIES über MENU.

Wählen Sie hier die Content Library aus und öffnen Sie den Dialog ACTIONS • IMPORT ITEM.

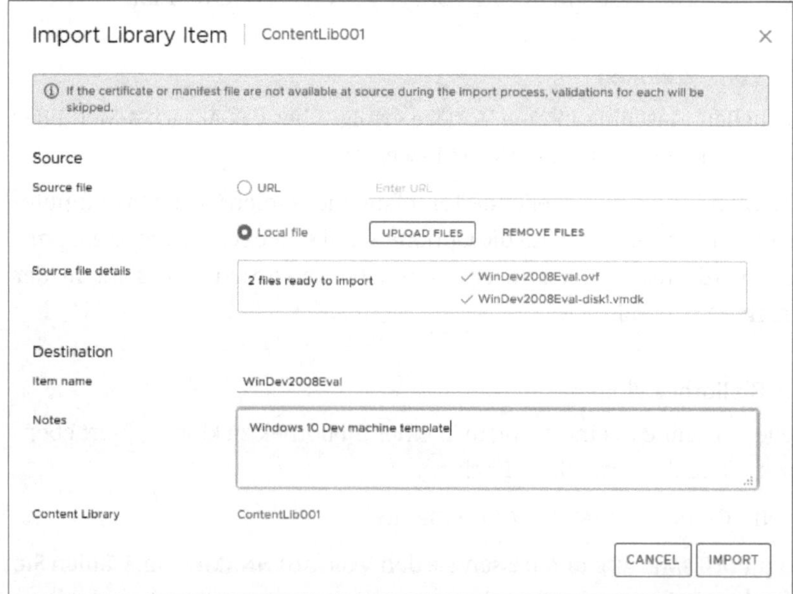

Abbildung 20.30 Ein ».ovf«-Paket-Template in eine Bibliothek importieren

Sie können nun eine Quelldatei über eine URL oder über LOCAL FILE in die Bibliothek importieren. Wählen Sie einen ITEM NAME, unter dem die Vorlage gespeichert werden soll, und fügen Sie eventuell notwendige Notizen hinzu. Starten Sie den Vorgang über IMPORT.

20.17.3 VM-Vorlagen in Ordnern verwalten

Um die Templates, die sich auf Datenspeichern befinden, innerhalb eines vCenters zu verwalten, nutzen Sie aus den GLOBALE INVENTORY LISTS den Punkt VM TEMPLATES.

Sie bekommen damit eine Übersicht über sämtliche vorhandenen Vorlagen (siehe Abbildung 20.31).

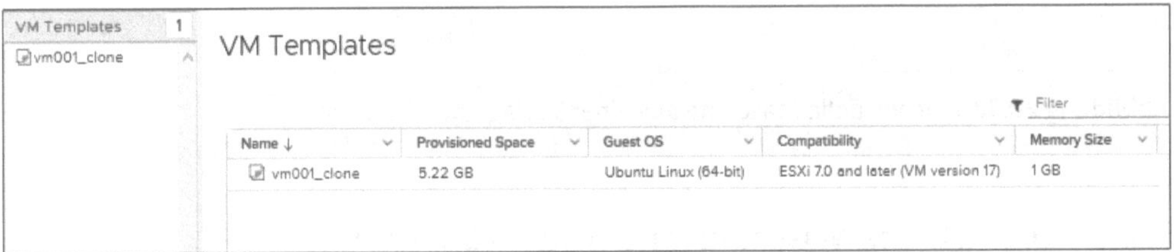

Abbildung 20.31 VM-Vorlagen in Ordern

Darüber hinaus stehen Ihnen hier an zentraler Stelle folgende Funktionen zur Verfügung:

- eine VM über ein Template erstellen
- Vorlagen in virtuelle Maschinen konvertieren
- Vorlagen für neue Vorlagen klonen
- Vorlagen in Bibliotheken klonen
- Vorlagen verschieben
- Berechtigungen der Vorlagen verwalten
- Hinweise, Tags und Attribute bearbeiten
- Vorlagen aus dem Bestand entfernen
- Vorlagen löschen

20.17.4 Eine virtuelle Maschine aus einer Vorlage erstellen

Wechseln Sie in die Ansicht der VMs AND TEMPLATES und wählen Sie die Vorlage, die als Basis für die neue virtuelle Maschine dienen soll. Wählen Sie über das Menü des Templates nun die Option NEW VM FROM THIS TEMPLATE..., um eine neue VM zu erstellen (siehe Abbildung 20.32).

Der weitere Ablauf ist identisch mit dem Vorgang, den wir in Abschnitt 20.16, »Klone«, beschrieben haben.

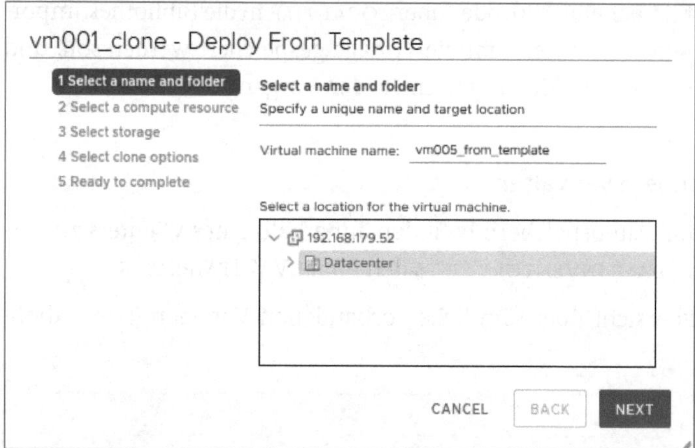

Abbildung 20.32 Eine virtuelle Maschine aus einer Vorlage bereitstellen

20.18 Die virtuelle Maschine im VMware vSphere Client

Im VMware vSphere Client gibt es verschiedene Register, die Informationen bzw. Konfigurationsmöglichkeiten der virtuellen Maschine zugänglich machen. Diese Register werden in diesem Abschnitt der Reihe nach beschrieben. In den Registern MONITOR und CONFIGURE ist jeweils noch ein Satz an Registerkarten enthalten, die ausführlichere Einstellungsmöglichkeiten bieten.

20.18.1 Summary

Im Register SUMMARY finden Sie einen Überblick über die Konfiguration, die genutzten Ressourcen und diverse andere Parameter der virtuellen Maschine (siehe Abbildung 20.33).

Die Summary ist unterteilt in viele kleine Kacheln. Die Kacheln können nach Belieben verschoben werden.

Im Bereich GUEST OS finden Sie Basisinformationen über die virtuelle Maschine und das Gastbetriebssystem. Neben einem kleinen Statusbild der Konsole mit dem Power-Zustand und der Möglichkeit, die Webkonsole oder die VMRC für diese Maschine zu starten, finden Sie hier folgende Informationen:

- Power-Status
- Guest OS
- Encryption
- Status der VMware Tools
- DNS-Name
- IP Adresses

Rechts daneben sehen Sie den Status der derzeit genutzten Ressourcen:

- CPU
- Memory
- Storage

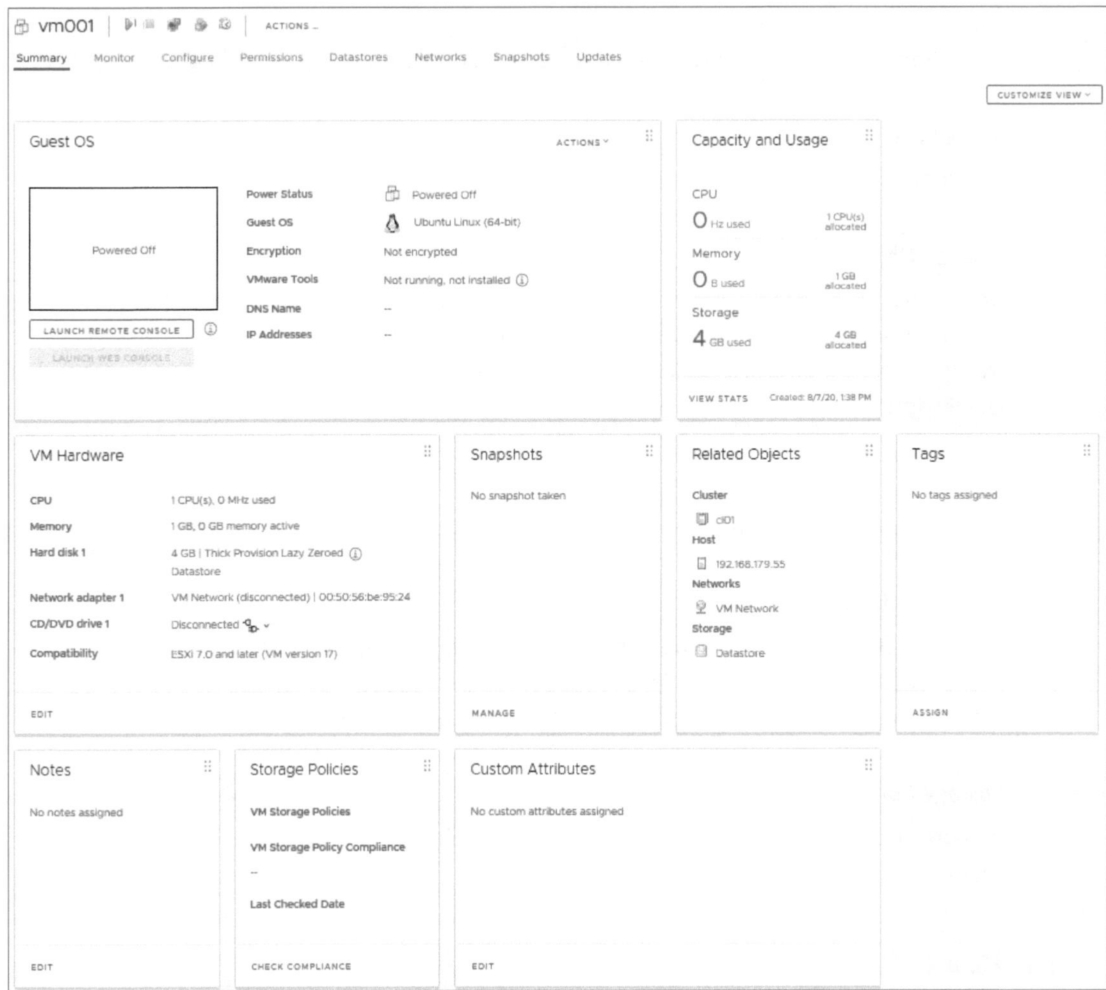

Abbildung 20.33 »Übersicht« der virtuellen Maschine

Im Bereich zwischen den Registern und den Kacheln finden Sie Warnungen und Alarme zu Problemen der virtuellen Maschine. Diese werden nur eingeblendet, wenn sie ausgelöst werden. Ein solches Problem kann zum Beispiel der Umstand sein, dass die VMware Tools nicht installiert sind.

Im unteren Bereich der Übersicht finden Sie verschiedene kleine Fenster, die sich auf- und zuklappen lassen. Wir beschreiben sie kurz in den folgenden Abschnitten.

VM Hardware

Hier können Sie die Komponenten der virtuellen Maschine sowie verbundene Medien (wie ISO-Dateien) einsehen. Die Komponenten können Sie teilweise aufblättern, um weitere Details zu erhalten.

Tags

Hier können Sie Tags der virtuellen Maschine einsehen, hinzufügen und entfernen.

Snapshots

Ein Überblick über eventuell vorhandene Snapshots.

Related Objects

Im Fenster RELATED OBJECTS werden die beteiligten Komponenten (wie Netzwerk, Cluster, Host und Datenspeicher) angezeigt, die mit der virtuellen Maschine in Verbindung gebracht werden. Über einen Klick auf die jeweilige Komponente können Sie zum entsprechenden Objekt springen.

Notes

In den Hinweisen können Sie Kommentare zur virtuellen Maschine einsehen und bearbeiten.

Custom Attributes

In diesem Bereich können benutzerdefinierte Attribute mit entsprechenden Werten festgelegt werden, etwa eine interne Nummer zur Verrechnung oder Ähnliches. Diese Attribute sind ähnlich wie die Tags sehr wertvoll für eine Automatisierung.

Storage Policies

Im Bereich STORAGE POLICIES können Sie die derzeit konfigurierten Speicherrichtlinien einsehen und die Einhaltung der Richtlinien prüfen.

20.18.2 Monitor

Das Register MONITOR bietet einen Überblick über alles, was mit der Laufzeit der virtuellen Maschine zu tun hat. Es ist in weitere Kategorien unterteilt – ISSUES AND ALARMS, PERFORMANCE, TASKS AND EVENTS sowie UTILIZATION – die im Folgenden kurz erklärt werden.

Issues and Alarms

Im Register ALL ISSUES finden Sie unter anderem die Informationen, die auch auf der Übersicht angezeigt werden. Darüber hinaus gibt es hier eine Kategorie, in der TRIGGERED ALARMS gezeigt werden. Die Alarme können vordefiniert oder auch selbst konfiguriert sein.

Performance

Im Register PERFORMANCE werden im Überblick vorkonfigurierte Leistungsgraphen zur virtuellen Maschine gezeigt. In der vorkonfigurierten Ansicht werden Graphen zur CPU-, Arbeitsspeicher-, Datenspeicher- sowie Netzwerklast gezeigt (siehe Abbildung 20.34). Es lassen sich verschiedene Zeiträume festlegen, die angezeigt werden sollen.

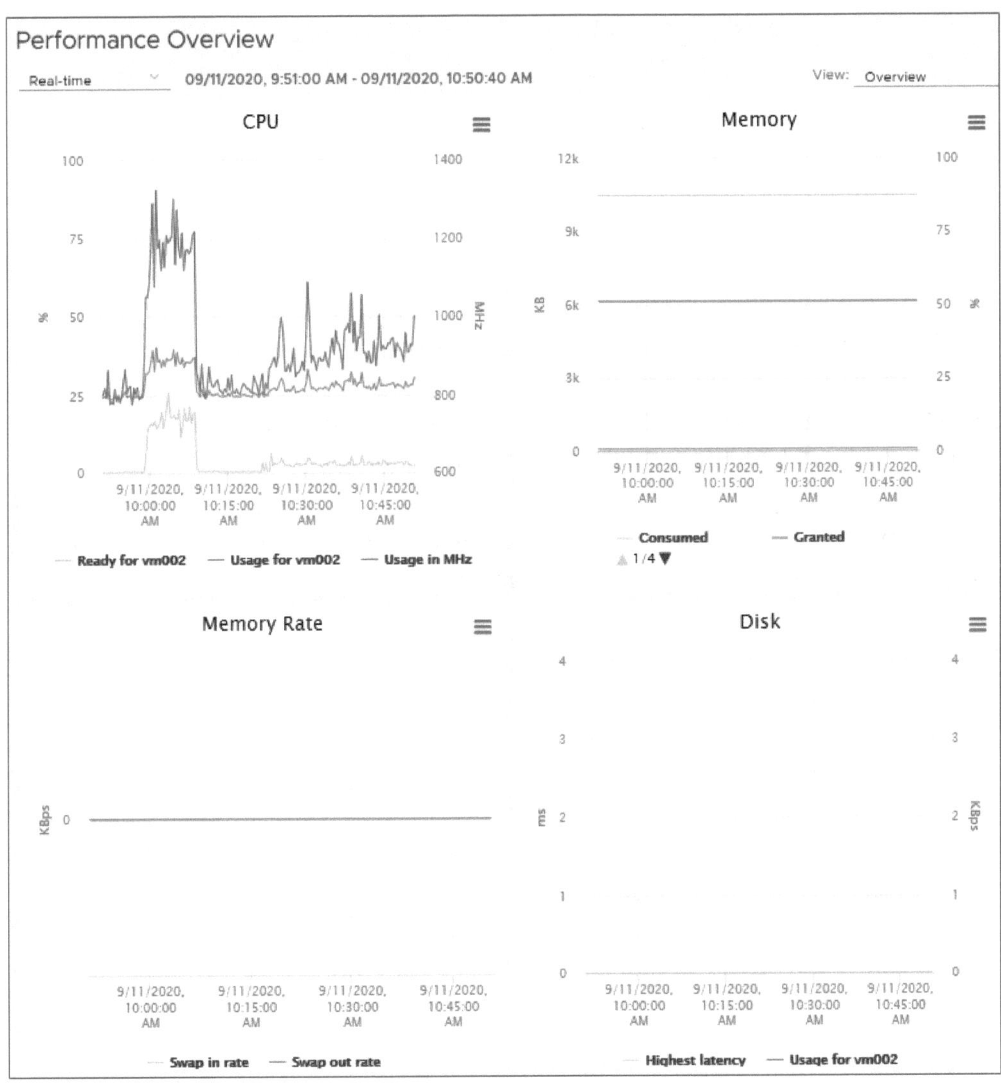

Abbildung 20.34 Vordefinierte Leistungsgraphen der virtuellen Maschine

Neben diesen vordefinierten Graphen können unter dem Punkt ADVANCED eigene Graphen konfiguriert werden (siehe Abbildung 20.35).

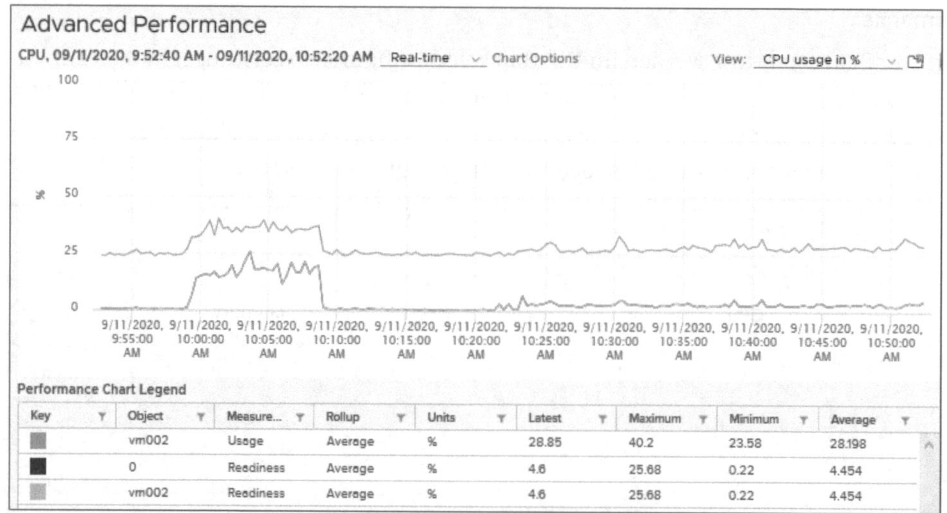

Key	Object	Measure...	Rollup	Units	Latest	Maximum	Minimum	Average
	vm002	Usage	Average	%	28.85	40.2	23.58	28.198
	0	Readiness	Average	%	4.6	25.68	0.22	4.454
	vm002	Readiness	Average	%	4.6	25.68	0.22	4.454

Abbildung 20.35 Benutzerdefinierte Leistungsgraphen der virtuellen Maschine

Diese Graphen können Sie über den Punkt CHART OPTIONS so konfigurieren, wie es in Abbildung 20.36 gezeigt wird, und anschließend über die Option ANSICHT auswählen.

Neben den verschiedenen Kategorien – wie CPU, Cluster services, Datastore, Disk, Memory, Network, Power, System und virtual Disk – können Sie hier auch die Werte der einzelnen Kategorien, die Zeitspanne und den Diagrammtyp auswählen.

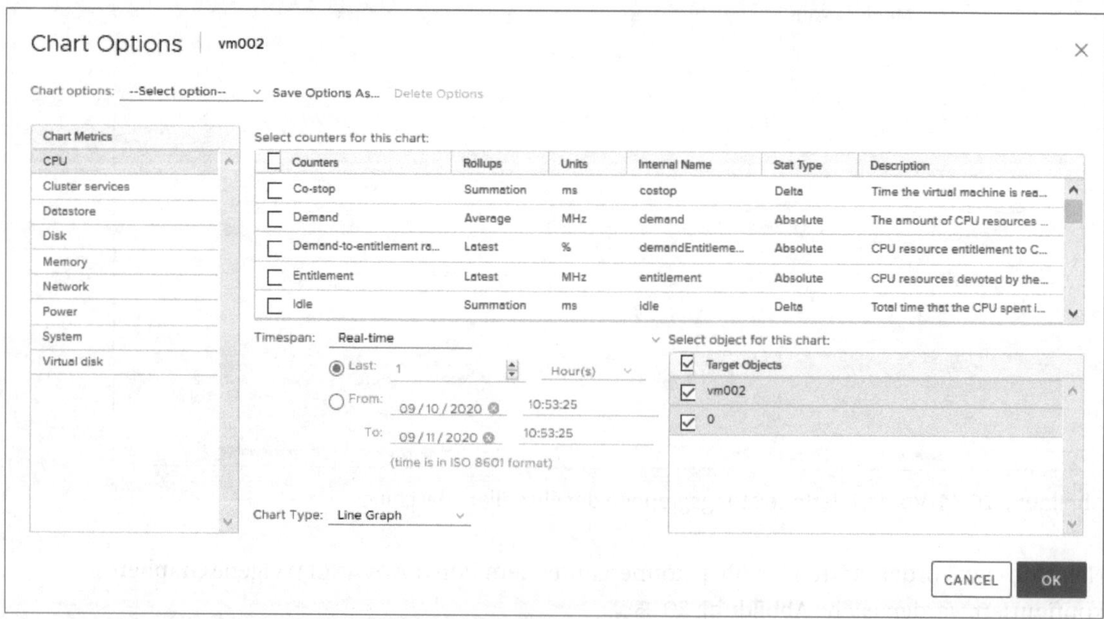

Abbildung 20.36 Konfiguration benutzerdefinierter Leistungsgraphen der virtuellen Maschine

Tasks

Im Register TASKS werden bestehende sowie abgeschlossene Aufgaben der virtuellen Maschine gezeigt (siehe Abbildung 20.37). Sie können hier nachvollziehen, welcher Benutzer welche Aktion gestartet hat und wie lange diese bis zur Fertigstellung benötigte. Darüber hinaus können einzelne Tasks ausgewählt und damit erweiterte Informationen zum Task abgerufen werden. Diese erweiterten Informationen können etwa darin bestehen, welche Änderungen genau während des Vorgangs *Reconfigure virtual machine Events* durchgeführt wurden.

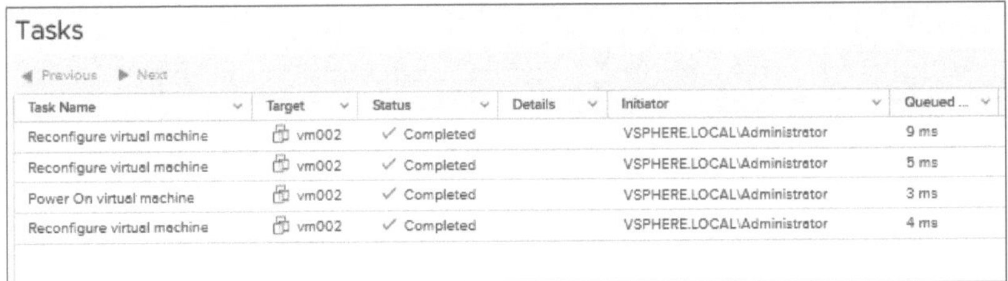

Abbildung 20.37 Das Register »Tasks« der virtuellen Maschine

Events

Das Register EVENTS zeigt Informationen wie die Zustandswechsel, die im Zusammenhang mit der virtuellen Maschine stehen. Sie können sie einzeln anwählen, um weitere Informationen über das entsprechende Ereignis zu bekommen (siehe Abbildung 20.38).

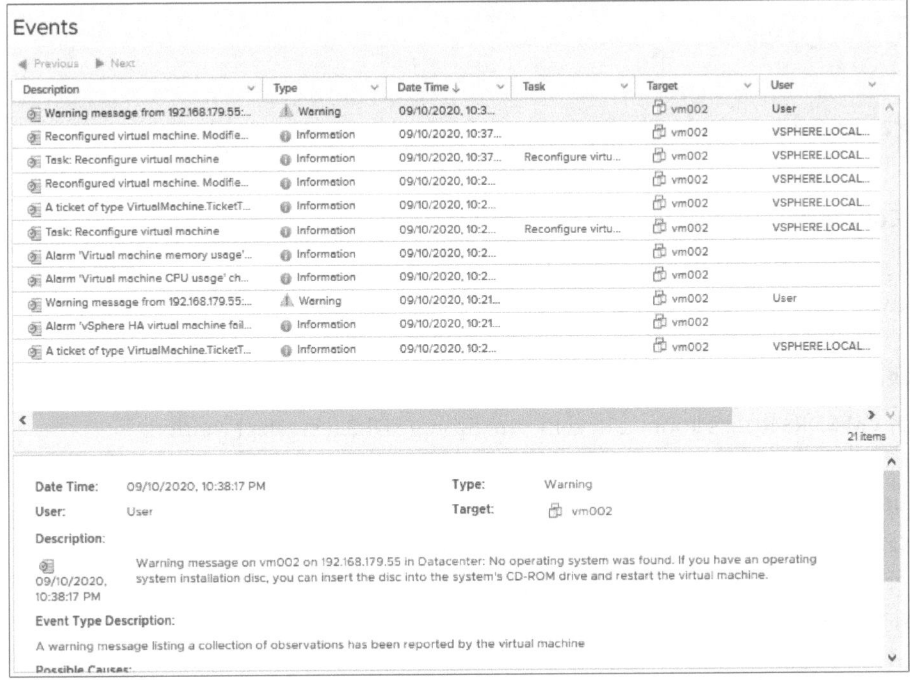

Abbildung 20.38 »Events« der virtuellen Maschine

Utilization

Das Register UTILIZATION zeigt in Form eines Balkendiagramms sowie einer Tabelle die Ressourcennutzung von CPU und Arbeitsspeicher der virtuellen Maschine (siehe Abbildung 20.39). Der Ressourcenverbrauch der virtuellen Maschine wird hier im Detail aufgeschlüsselt.

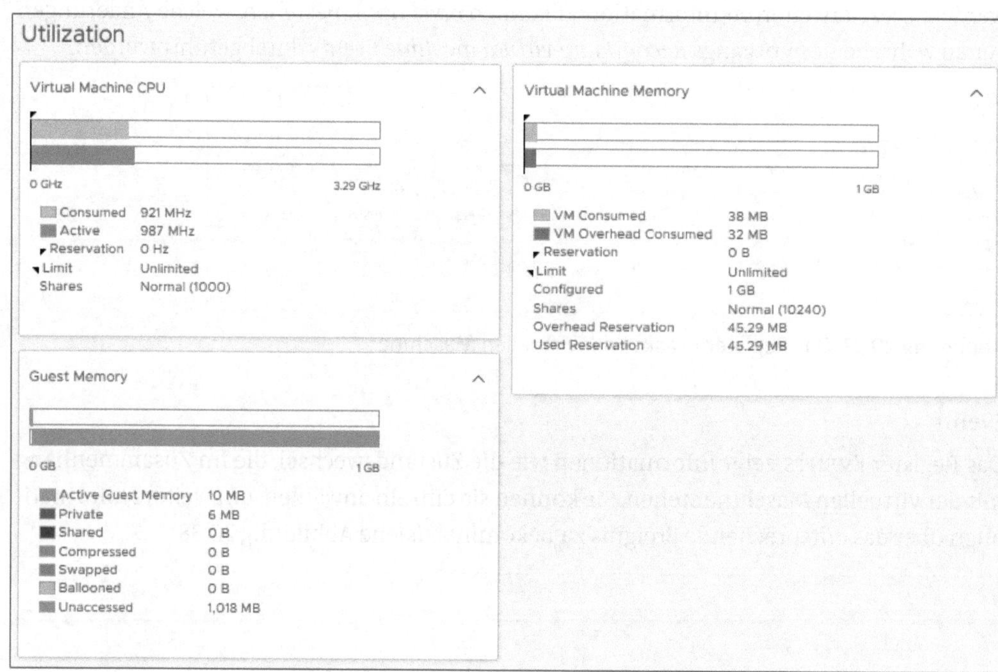

Abbildung 20.39 Das Register »Utilization« mit den Daten zur virtuellen Maschine

20.18.3 Configure

Im Register CONFIGURE können Einstellungen der virtuellen Maschine vorgenommen, vApps aktiviert und Aufgaben geplant werden.

VM SDRS Rules

Im Bereich VM SDRS RULES können Regeln zum Storage DRS festgelegt werden.

vApp-Optionen

Wie der Name schon sagt, können hier diverse Einstellungen zu vApps aktiviert und hinzugefügt werden. Bestandteile einer vApp sind unter anderem Produktinformationen zur vApp sowie netzwerkrelevante Themen.

Alarm Definitions

In den ALARM DEFINITIONS können Sie die bestehenden Alarmdefinitionen der virtuellen Maschine einsehen, neue Alarme erstellen und vorhandene Alarme verändern. Beachten Sie, dass Alarme, die in anderen Objekten als der virtuellen Maschine definiert sind, auch in dem jeweiligen Objekt geändert werden müssen, das Sie in der Spalte DEFINED IN finden (siehe Abbildung 20.40). Alarme, die auf der Ebene der virtuellen Maschine erstellt werden, gelten nur für diese virtuelle Maschine. Wollen Sie einen Alarm erstellen, der für mehrere virtuelle Maschinen gültig ist, dann wählen Sie eine über der VM liegende Ebene, wie etwa das vCenter oder den Cluster.

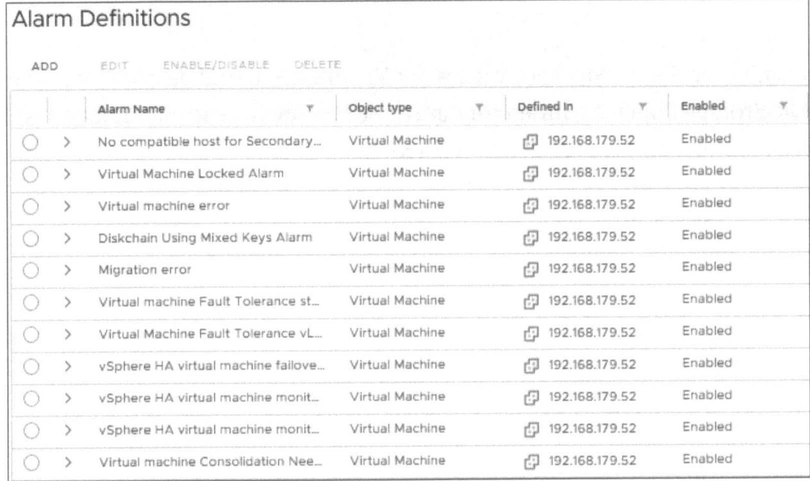

Abbildung 20.40 »Alarm Definitions« der virtuellen Maschine

Scheduled Tasks

Über die SCHEDULED TASKS können Sie Aufgaben für die virtuelle Maschine planen, die dann zu einem bestimmten oder zu einem wiederkehrenden Zeitpunkt ausgeführt werden. Mögliche planbare Aufgaben sind:

- Power On
- Shut Down Guest OS
- Restart Guest OS
- Power Off
- Suspend
- Reset
- Take Snapshot
- Migrate
- Clone to Virtual Machine

Die geplanten Aufgaben werden anschließend in der Liste angezeigt (siehe Abbildung 20.41).

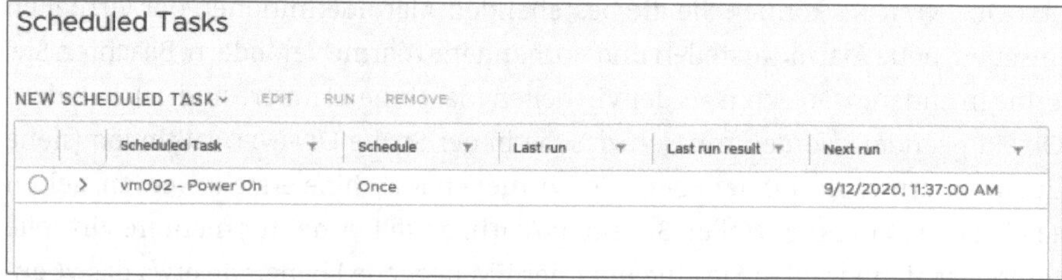

Abbildung 20.41 Liste der geplanten Aufgaben

Policies

Im Register Policies können Sie die Storage Policies der VM einsehen und bearbeiten (siehe Abbildung 20.42). Die Storage Policies können für das Arbeitsverzeichnis sowie für jede Festplatte der virtuellen Maschine einzeln festgelegt werden.

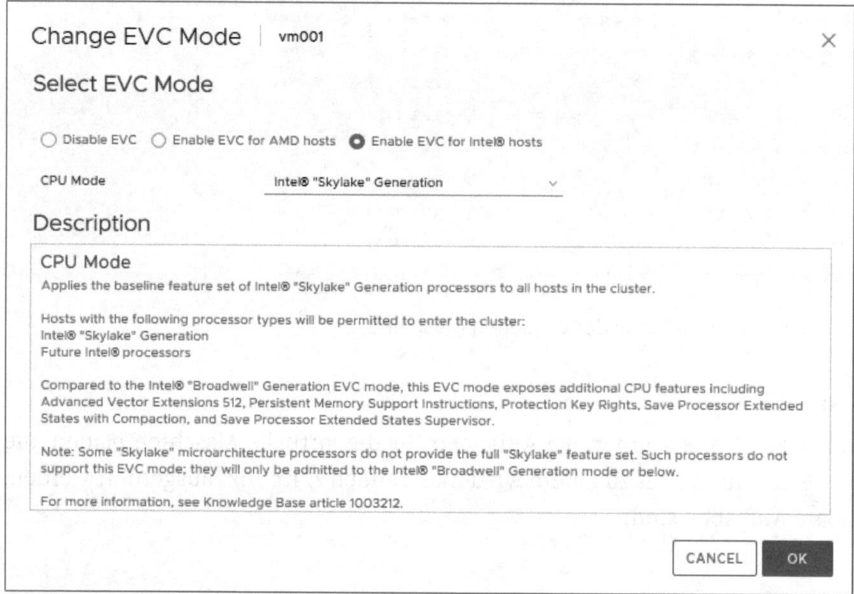

Abbildung 20.42 »Policies« der virtuellen Maschine

VMware EVC

Hier können Sie den EVC-Modus aktivieren und deaktivieren. Bestimmen Sie, ob EVC für Intel oder AMD aktiviert werden soll, und wählen Sie anschließend eine Generation für den EVC aus (siehe Abbildung 20.43).

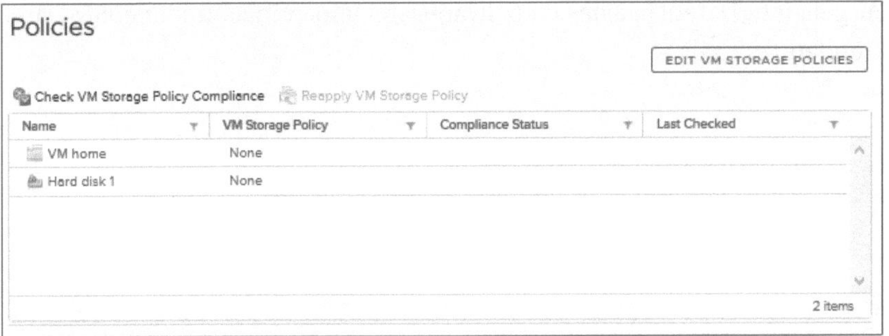

Abbildung 20.43 EVC-Modus ändern

Guest User Mappings

Mithilfe der GUEST USER MAPPINGS kann ein Account für das Gastbetriebssystem hinterlegt werden.

20.18.4 Permissions

Im Register PERMISSIONS können Sie Zugriffsrechte für Einstellungen und Zugriffe der virtuellen Maschine einsehen und verwalten (siehe Abbildung 20.44). Bitte beachten Sie, dass für die virtuelle Maschine angelegte Berechtigungen auch nur für die virtuelle Maschine gelten. Wollen Sie Berechtigungen für eine Gruppe oder sämtliche vorhandenen virtuellen Maschinen anlegen, muss dies auf der entsprechenden über den virtuellen Maschinen liegenden Ebene geschehen.

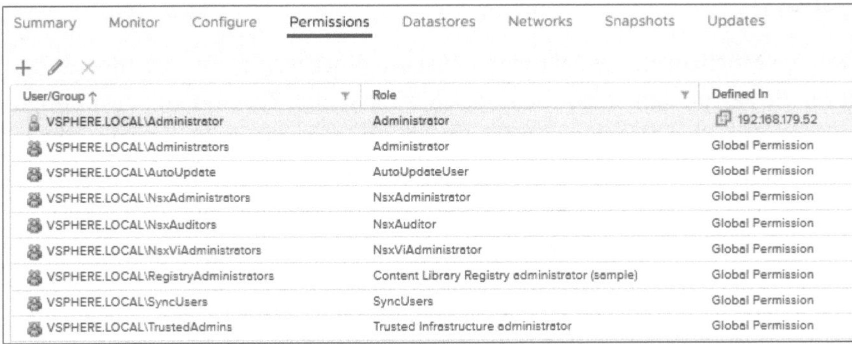

Abbildung 20.44 »Permissions« der virtuellen Maschine

20.18.5 Datastores

Im Register DATASTORES sehen Sie eine Liste der Datenspeicher, die mit der virtuellen Maschine in Verbindung gebracht werden (siehe Abbildung 20.45). Dies kann unter anderem bedeuten, dass der gelistete Datenspeicher eine Swap-Datei, eine eingebundene ISO-Datei oder eine Festplattendatei enthält.

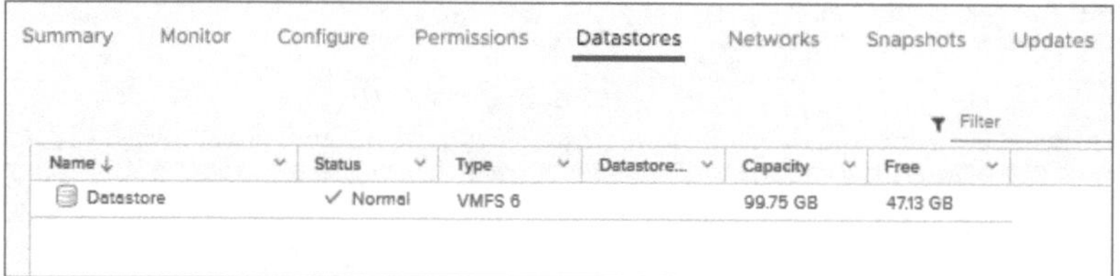

Abbildung 20.45 »Datastores« der virtuellen Maschine

20.18.6 Networks

Dieser Bereich enthält die Netzwerke, die mit der VM in Verbindung gebracht werden (siehe Abbildung 20.46).

Summary Monitor Configure Permissions Datastores **Networks** Snapshots Updates

Filter

Name ↑	Type	Network ...	VMs	Hosts
VM Network	Standard network		5	1

Abbildung 20.46 Die Netzwerke der virtuellen Maschine

20.19 Snapshots

Snapshots bieten die Möglichkeit, den aktuellen Zustand einer virtuellen Maschine festzuhalten. Das gilt für die Festplatten, den Arbeitsspeicherinhalt, den Zustand und die Konfiguration der jeweiligen virtuellen Maschine. Dabei werden die Informationen aus dem Arbeitsspeicher auf dem Datenspeicher abgelegt. Der Inhalt der Festplatte wird eingefroren, und Änderungen, die ab dem Erstellen des Snapshots erfolgen, werden in eine Delta-Datei geschrieben. Ein Snapshot legt also keine Kopie der virtuellen Festplatten an, sondern speichert lediglich Änderungen in einer anderen Datei. Bei Lesezugriffen auf die virtuelle Festplatte wird zuerst in dem obersten Snapshot im entsprechenden Bereich nachgesehen. Wird dort nichts gefunden, wird der nächste darüberliegende Snapshot bzw. die ursprüngliche Festplattendatei geprüft. Dieser Vorgang wird so lange wiederholt, bis die Information gefunden wird.

Es ist möglich, mehrere Snapshots in Folge zu erstellen und zwischen verschiedenen Snapshot-Ständen zu wechseln. Auch von diesen Snapshot-Ständen können beim Zurückspringen wieder weitere Snapshots erstellt werden. Es kann allerdings immer nur ein Snapshot aktiv genutzt werden. Nachdem der Snapshot nicht mehr benötigt wird, kann er gelöscht werden. Beim Löschen können entweder sämtliche Snapshots gelöscht werden, der aktuell aktive Stand der VM wird dabei in die Dateien der virtuellen Maschine geschrieben, oder Sie löschen einen einzelnen Snapshot. Dabei wird der aktuelle Stand dem darüberliegenden Stand übergeben; Informationen aus den Daten-Deltas der virtuellen Festplatten werden in den darüberliegenden Stand geschrieben.

Snapshots eignen sich beispielsweise hervorragend, um einen Stand vor einer Installation einer Applikation oder einem Upgrade innerhalb einer virtuellen Maschine festzuhalten. Nach der erfolgreichen Installation kann der neue Stand dann einfach zurückgeschrieben und die Maschine kann weiterbetrieben werden. Im Fehlerfall können Sie einfach zum ursprünglichen Stand der VM wechseln und von vorne beginnen. Über die Snapshot-Ketten können dabei selbstverständlich auch Snapshots von einzelnen Schritten während eines solchen Installationsvorgangs angelegt werden. Obwohl eine maximale Anzahl von 32 Snapshots pro virtuelle Maschine unterstützt wird, sollten Sie die Anzahl der Snapshots immer so gering wie möglich halten.

Snapshots werden häufig als Backups missbraucht. Für diesen Zweck eignen sie sich allerdings nur bedingt. Auch wenn mithilfe von Snapshots alte Stände einer VM wiederhergestellt werden können, werden sie standardmäßig auf dem Datenspeicher der virtuellen Maschine gespeichert und schützen somit Ihre Daten nicht beim Ausfall des Datenspeichers. Des Weiteren verursachen sie beim Zugriff auf die virtuellen Festplatten unnötigen Overhead und kosten unnötig teuren Datenspeicher der Produktion, der für Backups nicht optimiert ist. Schlussendlich ist im Fall eines Defekts in einem Snapshot oder einer Snapshot-Kette nicht nur die virtuelle Maschine, sondern auch der als Backup missbrauchte Snapshot nicht mehr nutzbar.

Der Einsatz von Snapshots kann an vielen Stellen sehr hilfreich sein. Denken Sie allerdings daran, dass Snapshots eine nicht zu unterschätzende Größe annehmen können. Jeder Snapshot einer virtuellen Maschine kann bis zur vollständigen Größe der Festplattendateien wachsen. Hinzu kommt die Größe des Arbeitsspeichers – vorausgesetzt, er wird ebenfalls mit in den Snapshot einbezogen. Die Nutzung von Snapshots und insbesondere von langen Snapshot-Ketten stellt dazu einen nicht zu unterschätzenden Mehraufwand für den Hypervisor und den Storage dar.

Für Systeme wie Domaincontroller und Datenbanken sollten Sie Snapshots möglichst nicht verwenden. Diese Systeme vertragen meist das Zurückkehren zu einem früheren Punkt nicht, und es kann zu Fehlern bzw. Inkonsistenzen kommen.

Viele Backup-Produkte für vSphere arbeiten auf Basis von Snapshots. Bei einem Backup-Vorgang mit einem solchen Produkt wird zuerst ein Snapshot der virtuellen Maschine erstellt, und anschließend kann das Backup-Produkt die ursprünglichen Datendateien der virtuellen Maschine kopieren, ohne dass Veränderungen während des Backup-Vorgangs in diese Datei geschrieben werden. Bei der Verwendung eines solchen Produkts sollten Sie regelmäßig prüfen, ob die Snapshots nach einem solchen Vorgang ordnungsgemäß gelöscht wurden.

20.19.1 Snapshot erstellen

Um einen Snapshot zu erstellen, wählen Sie aus dem ACTIONS-Menü der virtuellen Maschine den Punkt SNAPSHOTS • TAKE SNAPSHOT... (siehe Abbildung 20.47).

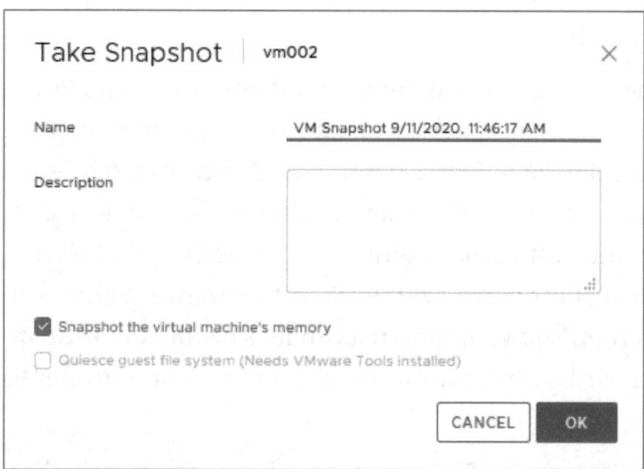

Abbildung 20.47 Snapshot erstellen

Legen Sie einen NAMEN sowie eine BESCHREIBUNG für den Snapshot fest. Sie können nun wählen, ob Sie zusätzlich zum Snapshot der virtuellen Festplatte und der Konfiguration auch mit der Option SNAPSHOT THE VIRTUAL MACHINE'S MEMORY den Arbeitsspeicher zum Snapshot hinzufügen lassen möchten. Diese Option gibt Ihnen die Möglichkeit, bei einem späteren Zurückkehren zum Snapshot genau an dem eingeschalteten Punkt fortzusetzen, an dem sich die Maschine befand. Die Option QUIESCE GUEST FILE SYSTEM erlaubt es, das Dateisystem während eines Snapshots einzufrieren. Die Option ist nur auf Systemen verfügbar, auf denen die VMware Tools installiert sind.

20.19.2 Manage Snapshots

Um die bestehenden Snapshots einer virtuellen Maschine zu verwalten, nutzen Sie den Snapshot-Manager.

Öffnen Sie den Snapshot-Manager über das ACTIONS-Menü der VM und wählen Sie SNAPSHOTS • MANAGE SNAPSHOTS.

Im Snapshot-Manager (siehe Abbildung 20.48) sehen Sie nun auf der linken Seite die Struktur der Snapshots der ausgewählten virtuellen Maschine. Die Struktur zeigt, welche Snapshots in welcher Hierarchie existieren und ob sie inklusive Arbeitsspeicherinhalt und Zustand der VM angelegt wurden. Snapshots mit einem kleinen grünen Pfeil stehen dabei für Snapshots der VM mit Arbeitsspeicherinhalt.

Auf der rechten Seite des Dialogs bekommen Sie eine Übersicht über die Eigenschaften des jeweils gewählten Snapshots. Die Übersicht zeigt den Namen, eine Beschreibung (die Sie beim Anlegen des Snapshots selbst erstellen müssen), das Erstellungsdatum, die derzeitige Festplattennutzung und einen Screenshot der Konsole der virtuellen Maschine.

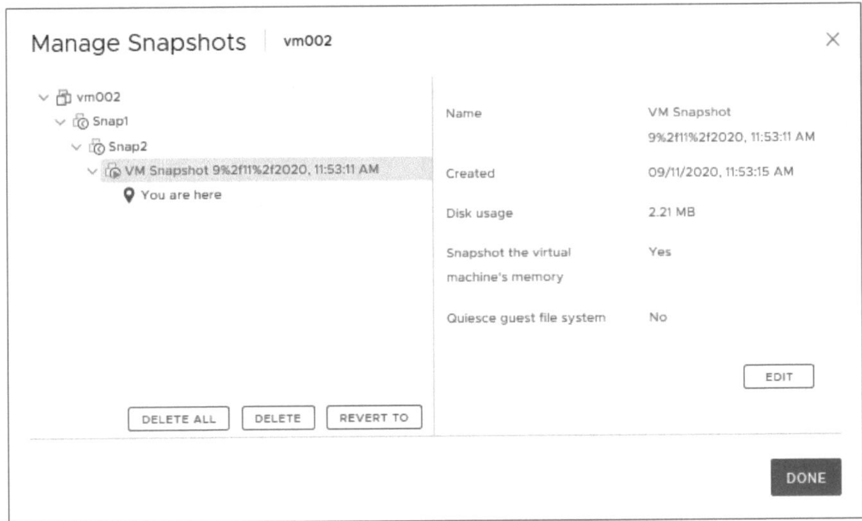

Abbildung 20.48 Der Snapshot-Manager

Über die Option EDIT haben Sie die Möglichkeit, den Namen sowie die Beschreibung des Snapshots anzupassen.

Snapshot(s) löschen

Einen Snapshot zu löschen, bedeutet nicht, den Zustand aus dem Snapshot zu verwerfen und somit zu einem früheren Stand zurückzukehren. Es bedeutet, dass man nach dem Löschen nur noch den aktuellen Zustand der virtuellen Maschine behält. Eine Ausnahme bildet dabei das Löschen von Snapshots einer Snapshot-Kette, die nicht aktiv ist, bzw. das Löschen von Snapshots hinter dem derzeit aktiven Stand. Ihre Daten werden gelöscht.

Haben Sie beispielsweise einen oder mehrere Snapshots während der Installation einer Applikation angelegt und ist die Installation nun erfolgreich abgeschlossen, können Sie durch das Löschen der Snapshots die Daten persistent in die ursprünglichen Dateien der virtuellen Maschine schreiben lassen und die Snapshots somit verwerfen.

Durch das Löschen von Snapshots schaffen Sie nicht nur Speicherplatz auf den Datenspeichern, sondern gehen auch potenziellen Fehlern (wie einer Korruption) aus dem Weg und vermeiden Leistungsengpässe, die durch die Lesezugriffe auf die virtuelle Maschine mit Snapshot(s) ausgelöst werden.

Bedenken Sie, dass das Löschen je nach Größe der Snapshot-Dateien sehr viel Zeit und auch Leistung des Hypervisors und des Datenspeichers in Anspruch nehmen kann.

Zum Löschen von Snapshots stehen zwei Möglichkeiten zur Verfügung. Sie können entweder alle Snapshots löschen oder nur einzelne:

- Wenn Sie alle Snapshots löschen, legen Sie fest, dass der aktuelle Stand der virtuellen Maschine in die ursprünglichen Dateien der VM geschrieben wird und Sie nur noch diesen Stand nutzen können. Sämtliche anderen Snapshots werden dabei gelöscht. Um alle Snapshots zu löschen, wählen Sie im Snapshot-Manager die Option DELETE ALL und bestätigen die Abfragen.
- Alternativ dazu können Sie einzelne Snapshots löschen. Wählen Sie dazu den Snapshot, den Sie löschen wollen, im Snapshot-Manager aus und wählen Sie die Option DELETE. Befindet sich der ausgewählte Snapshot in der aktiven Snapshot-Kette vor dem derzeit aktiven Punkt, werden sämtliche darin enthaltenen Änderungen der Konfiguration sowie der Festplatten in den darüberliegenden Snapshot geschrieben. Sollte der Snapshot beim Löschen nicht Bestandteil der aktiven Snapshot-Kette sein bzw. hinter dem derzeit aktiven Snapshot der Maschine liegen, wird er gelöscht, ohne dass die Daten in einen anderen Teil übernommen werden.

Zu einem Snapshot zurückkehren

Snapshots können dazu genutzt werden, zu einem alten Stand der virtuellen Maschine zurückzukehren.

Wählen Sie dazu im Snapshot-Manager den entsprechenden Snapshot aus, klicken Sie die Option REVERT TO an und bestätigen Sie Ihre Auswahl.

Die virtuelle Maschine wird nun an dem von Ihnen ausgewählten Punkt fortgesetzt. Bitte beachten Sie, dass die virtuelle Maschine ausgeschaltet ist, wenn Sie zu einem Snapshot zurückkehren, der keinen Snapshot des Arbeitsspeichers beinhaltet.

Sollten Sie die Snapshots auf Ebenen, die über dem nun genutzten Zustand liegen, nicht mehr benötigen, können Sie diese jetzt im Snapshot-Manager auswählen und löschen.

20.19.3 Snapshot-Konsolidierung

Beim Einsatz von Snapshots kann es zu diversen Problemen kommen. Ein häufiges Problem ist, dass bestehende Snapshots nicht im Snapshot-Manager aufgeführt werden. Der Ursprung dieses Fehlers ist in der Vorgehensweise zu finden, mit der VMware Snapshots löscht. In dem Moment, in dem das Löschen eines Snapshots angestoßen wird, wird der Snapshot sofort aus dem Snapshot-Manager gelöscht. Erst nach dem Löschen der Informationen aus dem Snapshot-Manager werden die Festplattendaten des Snapshots in die darüberliegenden Dateien geschrieben. Wird dieser Vorgang nicht erfolgreich abgeschlossen, erhält man als Endergebnis einen Snapshot, der weiterhin als solcher funktioniert, aber nicht mehr über den Snapshot-Manager verwaltet werden kann. Neue Snapshots werden in einer solchen Situation weiterhin an die bestehende Snapshot-Kette angehängt und tauchen ebenfalls nicht im Snapshot-Manager auf.

Um dieses Problem zu lösen, hat VMware das Feature der Snapshot-Konsolidierung eingeführt. Einen Überblick über die virtuellen Maschinen, die einer Snapshot-Konsolidierung bedürfen, bekommen Sie in der Übersicht der virtuellen Maschinen, beispielsweise über die Ansicht HOST • VMS (siehe Abbildung 20.49). Sie können nun über die Spalte NEEDS CONSOLIDATION sehen, welche virtuellen Maschinen konsolidiert werden müssen.

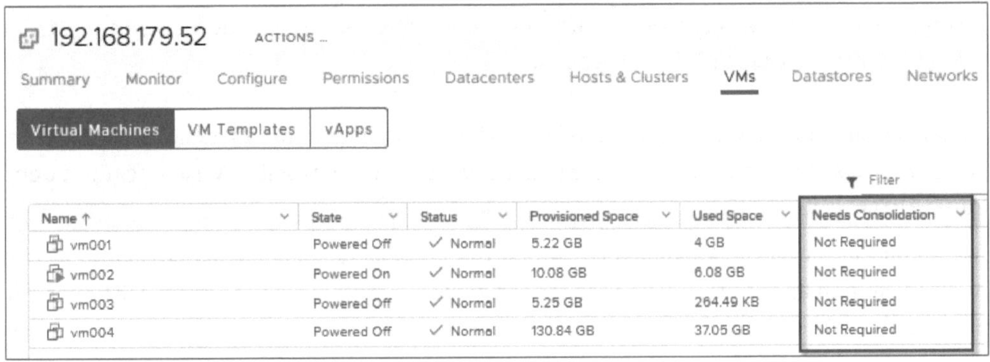

Abbildung 20.49 Übersicht der virtuellen Maschinen – »Needs Consolidation?«

Um eine Konsolidierung auszulösen, öffnen Sie das Kontextmenü der virtuellen Maschine und wählen SNAPSHOTS • CONSOLIDATE.

Hinweis

Überprüfen Sie nach der Konsolidierung die Verzeichnisse der virtuellen Maschine auf den Datenspeichern auf weiterhin bestehende Snapshot-Dateien. Prüfen Sie darüber hinaus, ob die *.vmx*-Datei der virtuellen Maschine noch einen Verweis auf einen Snapshot enthält.

20.20 Erweitertes VM-Management

In diesem Abschnitt befassen wir uns damit, wie Sie Prozesse einer virtuellen Maschine beenden, die Leistung einer VM überprüfen und die VM gegebenenfalls optimieren.

20.20.1 Prozesse einer virtuellen Maschine beenden

Wenn eine virtuelle Maschine nicht mehr reagiert und auch die Steuerfunktionen über den vSphere-Client bzw. die PowerCLI keine Wirkung mehr zeigen, kann dies auf einen Fehler im Hypervisor hinweisen. Um den Knoten an dieser Stelle zu lösen, hilft dann häufig nur noch, den Prozess der virtuellen Maschine auf dem ESXi-Host zu beenden. Alternativ zum nachfolgend händisch beschriebenen Vorgehen können Sie seit vSphere 7 auch dem Befehl POWER • KILL über das ACTIONS-Menu der virtuellen Maschine auslösen.

Hinweis

Gehen Sie mit dem Beenden von Prozessen auf einem ESXi-Host vorsichtig um. Das Beenden eines falschen Prozesses kann im Extremfall zum kompletten Ausfall des Hypervisors führen und somit auch sämtliche anderen virtuellen Maschinen betreffen. Wenn Sie unsicher sind, verschieben Sie alle virtuellen Maschinen bis auf die betroffene via vMotion auf einen anderen Host, bevor Sie einen Prozess beenden.

Stellen Sie zuerst fest, welcher Host als Computing-Ressource für die virtuelle Maschine festgelegt ist. Diese Information finden Sie in der SUMMARY der virtuellen Maschine unter dem Punkt HOST.

Aktivieren Sie nun eine Möglichkeit, um auf die Konsole des ESXi-Hosts zuzugreifen. Zur Auswahl stehen an dieser Stelle entweder der Remotezugriff auf den Host via SSH oder ein Eingriff über die ESXi-Shell direkt am Host.

Starten Sie den entsprechenden Dienst unter dem Punkt CONFIGURE • SERVICES. Alternativ dazu können Sie die Dienste an der Konsole des ESXi-Hosts über das Menü TROUBLESHOOTING OPTIONS aktivieren.

Hinweis

Um die ESXi-Shell auf der Konsole des ESXi-Hosts zu öffnen, drücken Sie `Alt` + `F1`.

Öffnen Sie nun eine Verbindung via SSH oder per ESXi-Shell und melden Sie sich an.

An dieser Stelle gibt es jetzt zwei Möglichkeiten, um die virtuelle Maschine zu beenden:

- Möglichkeit eins ist das Beenden über:

  ```
  kill -9 <Prozess-ID>
  ```

  Um die Prozess-ID der virtuellen Maschine herauszufinden, nutzen Sie folgenden Befehl:

  ```
  ps | grep vmx
  ```

  Als Ergebnis bekommen Sie eine Liste der Prozesse von virtuellen Maschinen, die auf dem ESXi-Host laufen (siehe Abbildung 20.50).

  Suchen Sie nun einen Prozess, den Sie der hängenden virtuellen Maschine zuordnen können, und nutzen Sie die in der zweiten Spalte aufgeführte ID, um den Prozess der virtuellen Maschine zu beenden. In Abbildung 20.50 wäre das in diesem Fall die ID `635701` für die virtuelle Maschine `jagr02`.

```
[root@entity45:~] ps | grep vmx
35557   35557   vmx
35558   35558   vmx
35565   35558   vmx-vthread-8
35577   35557   vmx-vthread-6
35578   35558   vmx-mks:management-server
35581   35558   vmx-svga:management-server
35586   35557   vmx-vthread-7:Nested-ESXi-3
35587   35557   vmx-vthread-8:Nested-ESXi-3
35589   35557   vmx-mks:Nested-ESXi-3
35591   35558   vmx-vcpu-0:management-server
35592   35558   vmx-vcpu-1:management-server
35593   35558   vmx-vcpu-2:management-server
35594   35558   vmx-vcpu-3:management-server
35595   35557   vmx-svga:Nested-ESXi-3
35599   35557   vmx-vcpu-0:Nested-ESXi-3
35600   35557   vmx-vcpu-1:Nested-ESXi-3
789790  789790  vmx
789793  789790  vmx-vthread-5
789794  789790  vmx-mks:jagr09
789795  789790  vmx-svga:jagr09
789796  789790  vmx-vcpu-0:jagr09
635701  635701  vmx
635706  635701  vmx-vthread-6
635707  635701  vmx-mks:jagr02
635708  635701  vmx-svga:jagr02
635709  635701  vmx-vcpu-0:jagr02
635710  635701  vmx-vcpu-1:jagr02
604338  604338  vmx
604342  604338  vmx-vthread-6
604343  604338  vmx-mks:update
604344  604338  vmx-svga:update
604345  604338  vmx-vcpu-0:update
604346  604338  vmx-vcpu-1:update
840266  840266  vmx
840270  840266  vmx-vthread-6
840271  840266  vmx-vthread-7:psc
840272  840266  vmx-vthread-8:psc
840273  840266  vmx-vthread-9:psc
840274  840266  vmx-mks:psc
840275  840266  vmx-svga:psc
840276  840266  vmx-vcpu-0:psc
840277  840266  vmx-vcpu-1:psc
[root@entity45:~]
```

Abbildung 20.50 Liste der VM-Prozesse auf einem ESXi-Host

Nutzen Sie nun die Prozess-ID, um den Prozess zu beenden.

- Die zweite Möglichkeit ist das Beenden der virtuellen Maschine über *esxtop*.

Öffnen Sie dazu *esxtop* und wechseln Sie mit der Tastenkombination ⇧ + V in die Ansicht VIEW VM ONLY.

Zum Beenden der virtuellen Maschine benötigen Sie die *Leader World Id*. Die Spalte der LEADER WORLD ID können Sie über die Spaltenauswahl von *esxtop* hinzufügen. Drücken Sie F, um in das Menü zu gelangen. Über den Buchstaben C können Sie nun die LWID-(*Leader World Id*-)Spalte aktivieren. Bestätigen Sie die Auswahl mit ↵.

Öffnen Sie über den Buchstaben K jetzt die WID-(*World to kill*-)Funktion.

Damit der Prozess beendet wird, tragen Sie die LWID aus der Zeile der virtuellen Maschine ein und bestätigen mit ↵.

20

20.20.2 Die Leistung einer virtuellen Maschine überprüfen

Wenn es zu Leistungsproblemen mit einer VM kommen sollte und keine Auswirkungen innerhalb der virtuellen Maschine zu finden sind, kann eine Suche nach der Ursache in der virtuellen Infrastruktur durchaus Sinn ergeben. Die häufigsten Ursachen dafür, dass virtuelle Maschinen trotz ausreichender Provisionierung »langsam« sind, werden im Folgenden beschrieben.

CPU-Ready

CPU-Ready beschreibt die Zeit, die eine virtuelle Maschine darauf warten muss, bis ein Takt tatsächlich verarbeitet wird. Diese Wartezeit kann durch folgende Szenarien verursacht werden:

- **Zu hohe »Virtuelle-zu-physische-CPU«-Ratio auf dem ESXi-Host:** Wenn zu viele virtuelle CPUs an virtuelle Maschinen auf einem Host vergeben sind, kann der ESXi-Host die Anfragen irgendwann nicht mehr zeitnah verarbeiten. Versuchen Sie, die Rate zu senken, indem Sie einen Teil der VMs auf andere (weniger ausgelastete) Hosts verschieben. Eine weitere Möglichkeit ist, die Anzahl der CPUs innerhalb der VMs zu verringern.
- **Monster-VM – eine virtuelle Maschine ist über mehrere CPUs verteilt:** Wenn eine virtuelle Maschine über eine so hohe Zahl virtueller CPUs verfügt, dass sie über mehrere physische CPUs verteilt ist, kann das für eine deutliche Verschlechterung der Leistung sorgen. Versuchen Sie, die Anzahl der vCPUs möglichst immer unter der maximalen Anzahl der Prozessorkerne einer physischen CPU zu halten.
- **Eine hohe Anzahl virtueller CPUs innerhalb einer virtuellen Maschine:** Eine virtuelle Maschine muss – egal wie viele Kerne der vCPU in dem Moment tatsächlich genutzt werden – immer warten, bis eine gleich große Zahl physischer CPU-Kerne verfügbar ist. Dieser Effekt kann CPU-Ready-Zeiten fördern.
- **Die CPUs des ESXi-Hosts sind ausgelastet:** Auch wenn die CPUs in einer virtuellen Infrastruktur selten der Flaschenhals sind – sollten die CPUs eines ESXi-Hosts bis zum Anschlag ausgelastet sein, kommt es automatisch zu Wartezeiten.

Um zu erkennen, ob die virtuelle Maschine aufgrund von CPU-Ready derzeit lahmt, können Sie diese Zeiten mit verschiedenen Verfahren prüfen.

- Das erste Verfahren ist die Nutzung von *esxtop* bzw. *resxtop*.

  Eine Anleitung zum Öffnen von *esxtop* finden Sie in Abschnitt 20.20.1, »Prozesse einer virtuellen Maschine beenden«. Im *esxtop* wechseln Sie nun mit [⇧] + [V] zur VIEW VM ONLY.

  Aktivieren Sie über den Buchstaben [F] in der Auswahl folgende Spalten:

  ```
  D: Name = Name
  F: %STATE TIMES = CPU State Times
  ```

  Kehren Sie mit [↵] zur Übersicht zurück.

  Sie sehen nun den Namen der virtuellen Maschinen sowie entsprechende Spalten zum Zustand der CPU-Zeiten (siehe Abbildung 20.51).

```
 2:30:45pm up 14 days  4:17, 653 worlds, 7 VMs, 15 vCPUs; CPU load average: 0.20, 0.19, 0.18
PCPU USED(%): 7.2 1.6 2.5 2.5 2.9 7.6 3.1 3.5 0.3 1.6 1.6 0.3 0.8 0.3 0.1 111 AVG: 9.2
PCPU UTIL(%): 6.8 2.4 2.3 3.5 2.9 7.9 3.3 3.1 0.3 1.5 1.3 0.4 0.8 0.7 0.2 100 AVG: 8.6
CORE UTIL(%): 9.0     5.7      10      6.1      1.8      1.5      1.4      100      AVG:  17

NAME                 %USED    %RUN    %SYS   %WAIT %VMWAIT    %RDY   %IDLE  %OVRLP   %CSTP  %MLMTD  %SWPWT
jagr07               16.43   16.23    0.01  575.73    0.18   99.15   74.15    0.01   11.38   99.01    0.00
Nested-ESXi-3         3.08    4.19    0.06  899.52    0.28    0.20  196.35    0.02    0.00    0.00    0.00
psc                   3.43    3.72    0.03  999.68    0.12    0.07  196.86    0.02    0.00    0.00    0.00
management-serv       1.80    1.74    0.02  900.00    0.42    0.07  399.71    0.02    0.00    0.00    0.00
update                4.75    4.54    0.05  697.85    0.00    0.04  196.57    0.01    0.00    0.00    0.00
jagr02                1.55    1.42    0.00  700.00    0.35    0.01  199.17    0.00    0.00    0.00    0.00
jagr09                0.08    0.09    0.00  600.00    0.43    0.01   99.87    0.00    0.00    0.00    0.00
```

Abbildung 20.51 esxtop CPU-Ready (%RDY)

Durch Drücken von [R] können Sie nun noch die Zeilen nach %RDY sortieren lassen.

Ein CPU-Ready-Wert ab 5 % gilt als Warnung, ein Wert ab 10 % kann die VM schon deutlich verlangsamen. Bei der Auswertung sollte berücksichtigt werden, dass diese Werte pro vCPU gelten. Die Rechnung sieht wie folgt aus:

CPU-Ready = %RDY ÷ (Anzahl virtueller CPU × Anzahl virtueller CPU-Kerne)

Ein %RDY von 20 % auf einer virtuellen Maschine mit acht vCPUs würde somit am Ende

20 % ÷ 8 = 2,5 %

entsprechen und wäre somit noch vollkommen im Rahmen.

- Eine weitere Möglichkeit, den CPU-Ready-Wert auszulesen, ist der Performance-Graph der virtuellen Maschine im vSphere-Client. Sie finden den passenden Graphen »CPU« im Bereich MONITOR • PERFORMANCE • OVERVIEW der VM (siehe Abbildung 20.52). Anders als in früheren Versionen von vSphere wird der CPU-Ready-Wert seit dem Erscheinen von vSphere 6.0 nun auch in Prozent und nicht mehr in Millisekunden angegeben.

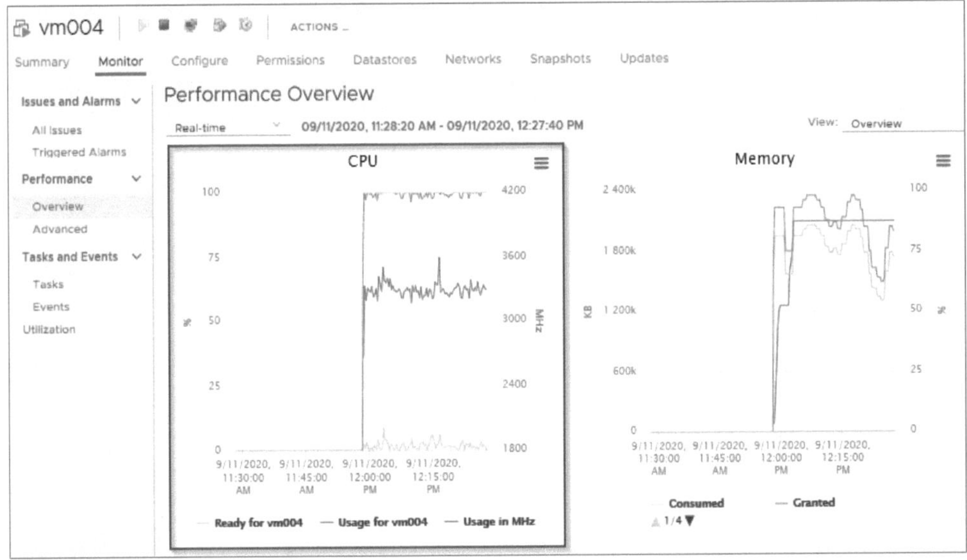

Abbildung 20.52 CPU-Ready im Performance-Graphen einer VM

20.20.3 Optimieren von virtuellen Maschinen

Zur Optimierung von virtuellen Maschinen gibt es einige grundsätzliche Dinge, die Sie sowohl bei der Installation als auch im Betrieb beachten sollten.

Grundsätzlich gilt, dass virtuelle Maschinen, die in der geringstmöglichen Größe angelegt werden, dem Hypervisor die beste Möglichkeit bieten, Ressourcen zu verteilen. Ein guter Ansatz ist das Minimalprinzip: Stellen Sie VMs mit der kleinstmöglichen Ausstattung zur Verfügung und erweitern Sie Ressourcen im Bedarfsfall. Prüfen Sie regelmäßig, ob die Ressourcen der VMs tatsächlich genutzt werden, und entfernen Sie überschüssige Kapazitäten.

Installieren Sie möglichst auf sämtlichen virtuellen Maschinen die *VMware Tools*. Prüfen Sie regelmäßig, ob die installierten VMware Tools auf dem aktuellsten Stand sind, und aktualisieren Sie sie schnellstmöglich.

Gehen Sie sparsam und vorsichtig mit den Mitteln zum Ressourcenmanagement um. Ein Limit auf einer virtuellen Maschine kann schnell zu einem ungewollten Engpass werden. Die falsche Verteilung von Shares – das gilt auch für die Verwendung von Ressourcenpools – kann die Prioritäten schnell in eine ungewollte Richtung verschieben. Zu hohe Reservierungen machen die Umgebung unflexibel und können teilweise dazu führen, dass VMs nicht mehr gestartet oder via vMotion verschoben werden können.

Prüfen Sie regelmäßig, ob die Snapshots der virtuellen Maschinen noch benötigt werden. Eine interne Policy, die eine maximale Aufbewahrungsfrist für Snapshots vorgibt, kann dabei helfen.

Kapitel 21
Kubernetes

In diesem Kapitel möchten wir Ihnen Kubernetes kurz vorstellen und Ihnen zeigen, warum es nun auch für vSphere relevant ist.
Autoren dieses Kapitels sind Dr. Constantin Söldner, constantin.soeldner@soeldner-consult.de, sowie Dr. Guido Söldner, guido.soeldner@soeldner-consult.de. Beide sind Geschäftsführer der Söldner Consult GmbH und verfügen über langjährige Erfahrung im Cloud-Umfeld.

In den letzten Jahren haben sich Container-Technologien, insbesondere Docker und Kubernetes, als einer der ganz großen Trends in der IT herauskristallisiert. Gerade für die Bereitstellung von Microservices bieten Container viele Vorteile gegenüber klassischen VMs. Container sind plattformunabhängig, d. h., sie sind ohne Änderungen sowohl im eigenen Rechenzentrum als auch in Public-Cloud-Umgebungen lauffähig. Insbesondere ist aber auch die Performanz von Containern hervorzuheben. Da Container nicht einen kompletten Betriebssystem-Stack mitschleppen, können sie innerhalb von Sekunden bzw. Millisekunden gestartet werden. Das macht sie auch für Workloads, mit hohen Skalierungsanforderungen, sehr interessant. Zur Verwaltung von Docker-Containern hat sich Kubernetes als die führende Orchestrierungslösung etabliert, die aus Cloud-Umgebungen kaum noch wegzudenken ist. VMware hat mit vSphere mit Kubernetes neben dem klassischen Betrieb von Containern auf VMs nun auch die Möglichkeit geschaffen, Container quasi direkt auf dem Hypervisor auszuführen. Daher möchten wir in diesem Kapitel einen Überblick über die neuen Möglichkeiten seitens vSphere zum Betrieb von containerbasierten Workloads geben.

Eine der großen Neuerungen bei vSphere 7 ist die native Unterstützung von Kubernetes. Dieser Schritt ist die langersehnte Antwort von VMware, mit der vSphere wirklich cloud-nativ aufgestellt wird. Die Open-Source-Plattform Kubernetes hat in den letzten Jahren einen regelrechten Siegeszug angetreten, daher ist es nur folgerichtig, dass VMware mit nativer Unterstützung von Kubernetes in Hypervisor jetzt in die Vollen geht.

Für die meisten Kunden ist ein blankes Kubernetes (*Plain Vanilla*) allerdings zu schwierig zu verwalten, deswegen haben sich die meisten Kunden bislang für eine gemanagte Variante entschieden, etwa RedHats OpenShift oder Google Kubernetes Engine (GKE). Zwar bietet auch VMware seit einigen Jahren in Zusammenarbeit mit Pivotal das Produkt *VMware PKS* (*Pivotal Container Service*) mit einer gemanagten Kubernetes-Plattform plus NSX-Integration, so richtig abgehoben hat das Angebot aber bislang nicht. Auch der Ansatz, Container ohne Container-Orchestrierung durch Kubernetes direkt mit der Lösung *vSphere Integrated Containers* zu verwalten, hat VMware nicht den notwendigen Durchbruch gebracht. Der jetzige Ansatz wirkt dagegen schon vielversprechender, zumal die direkte Integration in vSphere die Konfiguration von Kubernetes deutlich vereinfacht.

Doch bevor wir tiefer in die Welt von vSphere mit Kubernetes einsteigen, müssen im Folgenden erst ein paar Grundlagen erläutert werden.

21.1 Container-Technologien

Container sind technologisch eigentlich eine Sammlung von verschiedenen Bibliotheken und Kernel-Erweiterungen, die dem Linux-Betriebssystem in den letzten Jahren sukzessive hinzugefügt wurden. Zum Ersten wären hier Linux-Namespaces zu nennen, die das Bündeln von Prozessen zu Prozessgruppen ermöglichen und somit die Sichtbarkeit der Prozesse entsprechend den Namespaces limitieren. Dieses Feature ist also zur Isolation von Containern gedacht. Des Weiteren ermöglicht es die Bibliothek *cgroups* der Container-Laufzeitumgebung, die einzelnen Container hinsichtlich Arbeitsspeicher, CPU-Zeit, I/O-Bandbreite und anderer Ressourcen einzuschränken.

21.1.1 Vorteile von Containern

Docker ist zwar die populärste, doch bei weitem nicht die einzige Technologie, die für den Betrieb von Containern verwendet werden kann. Neben *Docker* gibt es z. B. noch *CRI-O*, *rtklet*, *container* und andere. Aufgrund der aktuell hohen Verbreitung beschränken wir uns hier aber auf Docker. Wenn man Container mit virtuellen Maschinen vergleicht, ergeben sich einige Vorteile bei der Benutzung von Containern. Zum einen sind die Bootzeiten von Containern hervorzuheben. Während bei einer VM immer erst ein Betriebssystemstart notwendig ist, fällt dies bei Containern weg, weil sie im Regelfall innerhalb eines Host-Betriebssystems gestartet werden. Die Startzeiten können damit in den Bereich weniger Sekunden bzw. in den Millisekundenbereich gedrückt werden. Dadurch wird auch erhöhten Anforderungen hinsichtlich Agilität und Skalierung Rechnung getragen.

Nicht weniger wichtig ist auch das Argument, dass innerhalb eines Containers die Applikation mitsamt all ihren Abhängigkeiten paketiert wird. Die zugrundeliegende Plattform muss also nicht mehr irgendwelche geforderten Abhängigkeiten bereitstellen, wie z. B. eine bestimmte Version der Java Runtime. Stattdessen muss beim Deployment eines neuen Releases lediglich die neue Version des Container-Images ausgerollt werden, was das Deployment erheblich verkürzt. Ein weiterer positiver Aspekt ist die damit einhergehende Plattformunabhängigkeit. Ein Container, der bislang noch auf On-Premises gelaufen ist, kann ohne Weiteres in die Cloud migriert werden, ohne dass dazu Anpassungen an das Container-Image nötig wären; das Gleiche gilt auch für den umgekehrten Weg.

.1.2 Docker-Images

·vor Sie mit Containern loslegen können, brauchen Sie ein entsprechendes Docker-Image. ıf der öffentlich verfügbaren Container-Registry *Docker Hub* gibt es eine hohe Anzahl von ıages, die kostenfrei genutzt werden können. Sobald Sie aber eigene Applikationen »con- inerisieren« möchten, kommen Sie nicht umhin, eigene Container-Images zu schnüren. .e verfügbaren Images auf Docker Hub können dafür durchaus als Basis-Images dienen, chtsdestotrotz sollten diese im produktiven Einsatz erst mal einen Sicherheits-Check ırchlaufen.

ɔcker-Images werden in der Regel mithilfe von Dockerfiles erstellt. Exemplarisch kann ein ɔckerfile den folgenden Aufbau haben:

```
OM UBUNTU:20.04
PY . /app
N make /app
D python /app/app.py
```

sting 21.1 Exemplarischer Aufbau eines Dockerfiles

as Dockerfile ist erst mal nur ein Textfile und beschreibt, wie ein Docker-Image bei der Aus- hrung von `docker build` erzeugt werden soll. Listing 21.1 besteht aus vier Anweisungen, weils in einer eigenen Zeile, und jede dieser Anweisungen erzeugt eine Schicht im resultie- nden Container-Image.

- In der ersten Zeile wird mit der `FROM`-Anweisung der Basis-Layer spezifiziert, hier also ein bestehendes Ubuntu-Image. Falls dieses Basis-Image noch nicht lokal vorliegt, wird es bei der Ausführung von `docker build` aus einem Repository heruntergeladen. Im resultierenden Image wird allerdings nicht das komplette Basis-Image mitabgelegt, sondern nur der Unterschied (das Delta) zum Basis-Image. Dies ist so gewünscht, da dieses Verhalten zur Leichtgewichtigkeit der Docker-Images beiträgt.
- Der `COPY`-Befehl fügt Dateien aus dem Verzeichnis des Clients hinzu.
- Mit `RUN` können während des Container-Build-Prozesses Anwendungen ausgeführt werden. In diesem Beispiel wird mit dem `make`-Kommando das Bauen einer Applikation angestoßen.
- Die letzte Zeile mit der `CMD`-Anweisung definiert das Default-Kommando, das beim Starten des Docker-Containers ausgeführt wird. Dieses Kommando kann aber beim Containerstart überschrieben werden.

'ie bereits oben erwähnt, wird das Docker-Image mit dem Befehl `docker build` erzeugt. Falls e sich im gleichen Verzeichnis wie das Dockerfile befinden, geben Sie für den Build-Vor- ıng den folgenden Befehl ein (Docker sucht automatisch im aktuellen Verzeichnis nach nem vorhandenen Dockerfile): `docker build .`

21.1.3 Container-Orchestrierung mit Kubernetes

Als Docker an Popularität hinzugewonnen hatte, stellte sich das manuelle Starten und Verwalten von Docker-Containern mit der Zeit als zu aufwändig heraus. Ziemlich bald also kam der Bedarf nach einer Plattform auf, die Aufgaben wie das Scheduling, die Verwaltung sowie viele weitere administrative Vorgänge abnehmen konnte. Steigt die Anzahl der Container-Hosts und damit auch der laufenden Container, wird es schwierig, mit Docker-Bordmitteln noch die Kontrolle zu behalten. Ähnlich wie virtuelle Maschinen im VMware-Umfeld über das vCenter verwaltet werden, musste für Docker-Container eine Orchestrierungsplattform her. In den letzten Jahren hat sich Kubernetes als die Orchestrierungsplattform der Wahl herausgestellt. Historisch ist Kubernetes im Google-Umfeld entstanden, die Kontrolle wurde aber von Google schon vor längerer Zeit der *Cloud Native Computing Foundation* (*CNCF*) übergeben.

Zu den Kernaufgaben von Kubernetes gehören das Deployment bzw. Scheduling von Containern, die Bereitstellung von Schnittstellen zu Netzwerk- und Storage-Ressourcen, Load Balancing, aber auch Funktionen zum Monitoring und Logging sowie diverse weitere Verwaltungsfunktionen. Damit nimmt Kubernetes die Rolle eines PaaS (Plattform as a Service) ein. Kubernetes ist gleichzeitig eine offene Plattform und lädt externe Firmen und Entwickler ein, die Plattform mit zusätzlichen Funktionen zu erweitern. Ein Blick auf die Webseite der CNCF beweist eindrucksvoll die Größe des Ökosystems, das sich in den letzten Jahren gebildet hat: *https://www.cncf.io/about/members/*

Deklarative Konfiguration

Dieses Buch kann keine umfassende Einführung in Kubernetes bieten, aber ein paar grundlegende Aspekte sollen trotzdem nicht unerwähnt bleiben. Ein wichtiges Prinzip bei Kubernetes ist, dass nahezu jegliche Konfiguration in Kubernetes deklarativ ist; d. h., der gewünschte Zustand von containerisierten Anwendungen sowie anderer Kubernetes-Objekte wird mit YAML-Code beschrieben (sogenannte *Kubernetes-Manifests*). Das folgende Beispiel (Listing 21.2) aus der Kubernetes-Dokumentation veranschaulicht dies:

```
apiVersion: v1
kind: Pod
metadata:
  name: nginx
  namespace: test-app
  labels:
    app: frontend-nginx
spec:
  containers:
    - name: web
      image: nginx: 1.14.2
      resources:
```

```
      limits:
        cpu: "1"
      requests:
        cpu: "0.5"
    ports:
      - name: web
        containerPort: 80
        protocol: TCP
```

Listing 21.2 Exemplarisches Kubernetes-Manifest aus der Kubernetes-Dokumentation

Das Code-Beispiel in Listing 21.2 beschreibt einen sogenannten *Pod*, ein Kubernetes-Konstrukt, mit dem ein oder mehrere Container (in der Regel Docker-Container) beschrieben werden. In Kubernetes werden Docker-Container nicht direkt gestartet, sondern immer innerhalb eines Pods, der eine Art Wrapper darstellt. Alle Container innerhalb eines Pods laufen immer auf der gleichen Ausführungsumgebung, d. h. dem gleichen Worker-Knoten. Zudem unterliegen die Container eines Pods auch dem gleichen Lebenszyklus und teilen sich eine IP-Adresse.

Im obigen Code-Beispiel gibt es mehrere interessante Anweisungen. Der Pod mit dem Namen *nginx* wird in dem Namespace *test-app* ausgeführt. Namespaces erlauben die Unterteilung von Kubernetes-Clustern in einzelne virtuelle Cluster und ermöglichen damit die Mandantenfähigkeit von Kubernetes. Unterhalb von `spec > containers` wird der Name des Container-Images referenziert, in diesem Fall ein Image, das den bekannten Webserver nginx in der Version 1.14.2 enthält. Mithilfe der Limits lassen sich Container im Zaum halten, die zu viele Ressourcen fordern. `Requests` gibt an, wie viele Ressourcen der Container vom darunterliegenden Kubernetes-Worker-Knoten fordert. Sollten bereits zu viele Ressourcen von anderen Pods allokiert sein, sucht Kubernetes einen anderen Worker-Knoten, um darauf den Pod zu starten. Mit dem Attribut `containerPort` wird angegeben, auf welchen Port der Container intern hört, in diesem auf Fall TCP-Port 80.

Einzelne Pods werden jedoch selten direkt auf Kubernetes gestartet, in der Regel werden einzelne oder mehrere Pods als *Kubernetes-Deployment* genutzt. Mithilfe eines Deployments können Sie angeben, wie viele Instanzen eines Pods gewünscht sind. Im Beispiel aus Listing 21.3 werden drei *Replicas* des nginx-Containers angelegt. Für die Verwaltung der Replicas ist ein sogenanntes `ReplicaSet` verantwortlich, das Kubernetes pro Deployment im Hintergrund anlegt. Mithilfe des ReplicaSets wird sichergestellt, dass immer die angegebene Anzahl von Replicas eines Pods im Cluster läuft; in unserem Beispiel sind es, wie bereits gesagt, drei Replicas. Sollte ein Pod oder ein Worker-Knoten ausfallen, startet Kubernetes automatisch einen Ersatz-Pod.

```
apiVersion: apps/v1
kind: Deployment
metadata:
```

```
  name: nginx-deployment
  labels:
    app: nginx
spec:
  replicas: 3
  selector:
    matchLabels:
      app: frontend-nginx
  template:
    metadata:
      labels:
        app: frontend-nginx
    spec:
      containers:
      - name: nginx
        image: nginx:1.14.2
        ports:
        - containerPort: 80
```

Listing 21.3 Replicas eines nginx-Containers

Um diese Kubernetes-Ressourcendefinitionen auszuführen, wird das Kommandozeilentool `kubectl` verwendet. Das oben genannte Deployment starten Sie mit folgendem Befehl:

```
kubectl apply -f deployment.yaml
```

21.2 Kubernetes-Architektur

Bei der Architektur von Kubernetes ist grundsätzlich zwischen Master und Worker (auch *Minions* genannt) zu unterscheiden. Auf dem Master laufen die Komponenten der Control Plane:

- `kube-apiserver` stellt, wie der Name schon vermuten lässt, die Kubernetes-API zur Verfügung. Clients kommunizieren z. B. mit `kubectl` mit dem API-Server.
- `etcd` ist ein Key-Value Store, der quasi die zentrale Datenbank für alle Clusterdaten darstellt.
- Die Komponente `kube-controller-manager` beinhaltet verschiedene Controller-Prozesse. Logisch gesehen sind die Controller eigene Prozesse, allerdings werden sie als einzelne Binary kompiliert, um die Komplexität zu reduzieren. Zu den Controllern gehören z. B. der Node-Controller, der auf Node-Ausfälle reagiert, oder auch der Replication-Controller, der dafür sorgt, dass pro Deployment immer die gewünschte Anzahl an Pods laufen.

- `kube-scheduler` hält Ausschau, wann immer ein neuer Pod erstellt wird, und wählt einen Knoten aus, auf dem der Pod gestartet werden soll. Dies geschieht nach unterschiedlichen Kriterien, in erster Linie aber hinsichtlich verfügbarer Ressourcen.

Daneben gibt es noch die Node-Komponenten, die auf jedem Node laufen:

- `kubelet` ist ein Agent, der auf jedem Knoten des Clusters läuft. Er stellt sicher, dass für jeden Pod die entsprechenden Container laufen.
- `kube-proxy` ist ein Netzwerkproxy, der Netzwerkregeln auf den Knoten verwaltet. Diese Netzwerkregeln stellen die Netzwerkkommunikation zu den Pods innerhalb sowie von außerhalb des Clusters sicher.

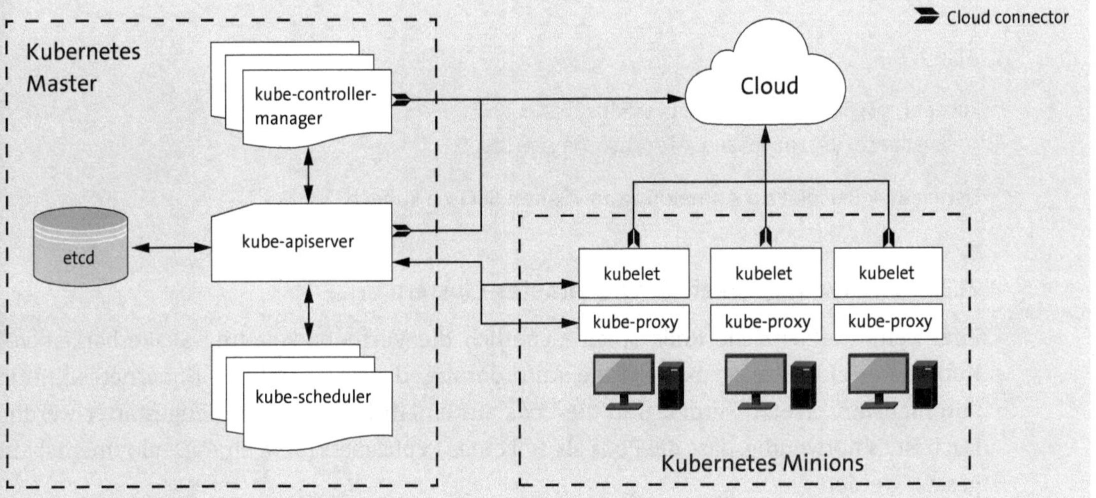

Abbildung 21.1 Kubernetes-Architektur

Neben den genannten Komponenten hat ein Kubernetes-Cluster noch weitere Add-ons, beispielsweise für DNS (aktuell *CoreDNS*), für das Container-Ressourcenmonitoring (*Metrics Server*) sowie für das Cluster-Level Logging (z. B. *fluentd*). Daneben gibt es unter anderem auch noch Integrationen für externen Storage sowie für die Bereitstellung von virtuellen Netzwerken.

21.3 Kriterien für den Unternehmenseinsatz

Damit Kubernetes auch im Enterprise-Umfeld strahlen kann, sind einige Features und Funktionen notwendig, die gemanagte Kubernetes-Distributionen mitbringen sollten. Im Folgenden wollen wir diese kurz erläutern und darstellen, was vSphere mit Kubernetes in den jeweiligen Bereichen bietet.

Zunächst ist die Frage nach dem Identity Management und Access Management zu klären. Kubernetes unterstützt zwar das Rechtemanagement, unter anderem mithilfe von *Role based Access Management* (RBAC), allerdings stellt es keinen Verzeichnisdienst bereit, in dem User verwaltet werden können. Authentifiziert wird normalerweise mit Zertifikaten, Token oder dem Basic-Authentication-Modus. Viele Hersteller gehen dabei den Weg, bestehende Identity-Systeme über *OpenID Connect* einzubinden. Bei VMware erfolgt die Authentifizierung über das *vCenter Single Sign-On* (*SSO*), das *JSON Web Token* (*JWT*) ausstellt. Die Anmeldung erfolgt dabei über das Kubernetes-Anwendern bereits wohlvertraute Kommandozeilen-Tool kubectl:

```
kubectl vsphere login --server=<KUBERNETES-CONTROL-PLANE-IP-ADDRESS>
  --vsphere-username <VCENTER-SSO-USER>
```

Also z. B.

```
kubectl vsphere login --server=10.92.42.13
  --vsphere-username administrator@example.com
```

Listing 21.4 Beispiel zur Anmeldung an vCenter SSO via kubectl

21.3.1 Hochverfügbarkeit von Kubernetes-Clustern

Eine weitere essenzielle Rolle spielt sicherlich die Verfügbarkeit und Skalierbarkeit von Kubernetes-Clustern. So besteht die Anforderung, dass ausgefallene Kubernetes-Knoten automatisiert ersetzt werden und die Pods auf einem Ersatzknoten neugestartet werden. Dazu ist es notwendig, dass die Pods als Teil eines ReplicaSets (bzw. eines Deployments) aufgesetzt werden.

21.3.2 Autoskalieren bei Ressourcenknappheit

Neben dem Abfangen von Hostausfällen ist auch das Cluster-Autoscaling ein weitverbreitetes Feature. Dies bedeutet, dass ein automatisches Hinzufügen (Scale-out) oder Entfernen von Worker-Knoten (Scale-in) bei schwankendem Ressourcenbedarf durchgeführt wird. Beim Scale-in kann es aber sein, dass Pods bei der Wegnahme ihres Hosts auf einem anderen Knoten neugestartet werden müssen. Der Entwickler muss dafür allerdings sicherstellen, dass seine containerisierte Anwendung dieses Verhalten toleriert.

21.3.3 Logging-Unterstützung

Das Fehlen von zentralen Logging- und Monitoring-Mechanismen ist ebenfalls eine Lücke, die es zu füllen gilt. In der Praxis werden dazu häufig die Open-Source-Tools wie *Prometheus* oder *Elasticsearch* verwendet. Im VMware-Ökosystem werden hingegen auch die hauseigenen Tools *Log Insight* sowie *vRealize Operations* eingesetzt.

21.3.4 Zentrale Verwaltung von Container-Images mithilfe einer Container-Registry

Container-Images beinhalten nicht nur die eigentliche Anwendung, sondern auch die entsprechenden Abhängigkeiten (Bibliotheken, Laufzeitumgebung etc.). Zudem gibt es in agilen Umgebungen permanent neue Versionen der Applikationen, was zu einer hohen Anzahl an Container-Versionen führen kann. Um dieses Sammelsurium an verschiedenen Images zu verwalten, wird in der Regel eine Container-Registry verwendet, die neben RBAC auch Security-Mechanismen wie Schwachstellen-Scanning oder Image-Signierung anbietet. VMware hat hier mit *Harbor* bereits ein recht reifes Produkt vorzuweisen, das auch Teil der Cloud Native Computing Foundation (CNCF) ist. Harbor ist eines der wenigen *Graduated Projects* in der CNCF, was dafür spricht, dass es bereits einen hohen Reifegrad hat. Innerhalb von Harbor wird für die Signierung der Images *Notary* und für das Schwachstellen-Scanning *Clair* eingesetzt.

21.3.5 Storage für Container

Vergessen Sie auch nicht das Thema Storage für Container. Auch im Zeitalter von Stateless Applications besteht nach wie vor die Notwendigkeit, Daten persistent zu speichern. Kubernetes ist auf externen Storage angewiesen, hat dafür aber eine flexible Schnittstelle vorzuweisen: das *Container Storage Interface* (*CSI*). Das CSI definiert einen einheitlichen Standard zur Bereitstellung verschiedener, darunterliegender Storage-Systeme. Hierfür wiederum können Dritthersteller Plugins bereitstellen. Für diesen Zweck definiert VMware die Serverkomponente *Cloud Native Storage* (CNS), die den vCenter Server erweitert. Diese ist zuständig für die Bereitstellung sowie die Lebenszyklusvorgänge für Container Volumes. Für die Entwicklung sind diese Details allerdings transparent, und Sie können mit den gewohnten Kubernetes-Storage-Ressourcen arbeiten, wie z. B. `PersistentVolumes` und `PersistentVolumeClaims`.

21.3.6 Software-Defined Networking für Container

Einer der Bereiche, in denen vSphere mit Kubernetes Vorteile bringt, ist die enge Integration in VMwares Produkt für Software-Defined Networking, nämlich NSX-T. Da auf einem Kubernetes-Cluster in der Regel verschiedene Applikationen sowie Applikationstiers laufen, ist es unabdingbar, hierfür isolierte Netzwerke dynamisch bereitzustellen. Containerbasierte Workloads, die auf vSphere mit Kubernetes aufsetzen, profitieren daher von den Möglichkeiten, die NSX-T bietet. Neben Mikrosegmentierung und Distributed Firewall ist auch der NSX-T Load Balancer bereits voll integriert. Für die Integration von Kubernetes mit NSX-T ist das *NSX Container Plugin* zuständig, das z. B. beim Anlegen eines neuen Kubernetes-Namespaces ein entsprechendes NSX-Segment definiert. Eigene Firewall-Regeln können Entwickler über Network Policies, eine Kubernetes-Ressource definieren, die im Hintergrund als Regeln in der Distributed Firewall von NSX-T abgebildet werden.

21.4 vSphere mit Kubernetes

Ein Weg, vSphere mit Kubernetes aufzusetzen, ist über die VMware Cloud Foundation. Die VMware Cloud Foundation ist ein ganzheitlicher Software-Stack bestehend aus vSphere mit *Kubernetes, vSAN, NSX-T, SDDC Manager, Cloud Builder* sowie der *vRealize Suite*. Die Kombination dieser Produkte ermöglicht es Kunden, ihre eigene Private Cloud oder Hybrid Cloud aufzubauen. Cloud Builder und SDDC Manager sind die beiden primären Verwaltungstools von VMware Cloud Foundation (VCF).

Mit dem Cloud Builder werden die Management Domain sowie SDDC Manager aufgesetzt. Über den SDDC Manager wird der komplette Stack und dessen Lebenszyklus (von der Installation über die Konfiguration bis hin zu Upgrades und Patches) verwaltet. Um vRealize Operations, vRealize Automation sowie vRealize Log Insight zu installieren, wird ab der Version 4 von Cloud Foundation der *vRealize Suite Lifecycle Manager* (*vRSLCM*) verwendet.

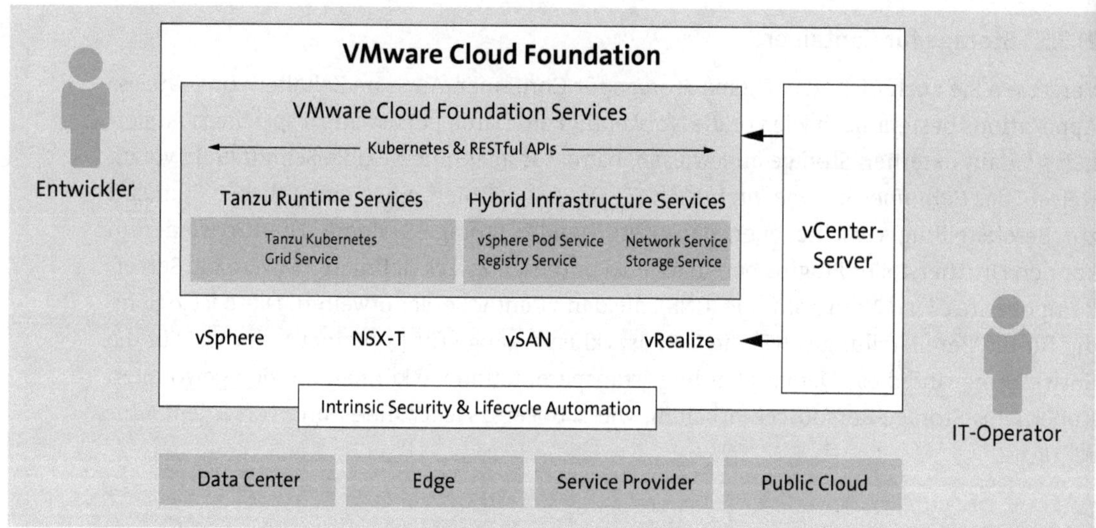

Abbildung 21.2 VMware Cloud Foundation

VMware Cloud Foundation Services bietet eine Reihe von Services, die quasi den vSphere-Unterbau darstellen, um Kubernetes mit vSphere zu verknüpfen. Dazu gehören folgende *Hybrid Infrastructure Services*, die Entwickler direkt über die Kubernetes-API konsumieren können:

- `vSphere Pod Service`: Dieser Dienst erlaubt Entwicklern den nativen und sicheren Betrieb von VMs direkt auf vSphere, ohne dass VMs oder Kubernetes-Cluster verwaltet werden müssen.
- `Network Service`: Hiermit können Entwicklerteams virtuelle Router, Load-Balancer sowie Firewall-Regeln bereitstellen.
- `Registry Service`: Mit diesem Dienst können Entwicklerteams sicher Docker sowie OCI-Images ablegen und verwalten.

- `Storage Service`: Über den Storage Service können vSphere Storage Policies für den Betrieb von Persistent Disks konsumiert werden.

21.5 Supervisor- und Tanzu-Kubernetes-Grid-Cluster

Grundsätzlich ist es wichtig zu verstehen, dass in vSphere 7 zwei Arten von Kubernetes-Clustern unterstützt werden:

- *Supervisor-Cluster*, die in der Regel vom vSphere-Administrator erstellt werden.
- *Tanzu-Kubernetes-Grid-Cluster (TKG-Cluster)*, die innerhalb von Supervisor-Clustern gehostet werden.

Für den Betrieb von TKG-Clustern ist der Supervisor-Cluster zwingend erforderlich. Die Frage ist aber, ob der Kunde seine Workloads direkt auf dem Supervisor-Cluster oder lieber auf dem TKG-Cluster hosten möchte. Auf die Unterschiede dieser beiden Cluster-Varianten wollen wir in den folgenden Abschnitten 21.5.1 und 21.5.2 eingehen.

21.5.1 Supervisor-Cluster

Ein Supervisor-Cluster entspricht erst mal einem regulären vSphere-Cluster, der um entsprechende Kubernetes-Funktionalität erweitert wurde, um neben virtuellen Maschinen auch Kubernetes-Pods zu hosten. Dazu muss auf dem Cluster das Workload Management aktiviert werden. Der zentrale Unterschied zu anderen Kubernetes-Distributionen ist, dass die Kubernetes-Pods nicht auf virtuellen Maschinen, sondern direkt auf dem Hypervisor gehostet werden. Die ESXi-Server stellen also die Worker-Nodes für die Kubernetes-Pods dar, wie dies auch in Abbildung 21.3 ersichtlich ist.

Streng genommen ist allerdings der ESXi-Host selbst nicht die eigentliche Ausführungsumgebung von Kubernetes-Pods. Jeder Kubernetes-Pod wird in einer eigenen paravirtualisierten VM gestartet. Diese paravirtualisierte VM wird mithilfe der Container Runtime Executive (CRX) realisiert. Sie verfügt über einen Photon-Linux-Kernel, der eng mit dem Hypervisor zusammenarbeitet. Aus diesem Grund werden die Pods auch als vSphere-Pods bezeichnet. Ein Vorteil dieses Ansatzes ist, dass CRX den gleichen Level an Isolation wie reguläre virtuelle Maschinen bietet.

Des Weiteren wird der Prozess `kubelet`, der in klassischen Kubernetes-Umgebungen auf jeder Host-VM läuft, bei Supervisor-Clustern durch den Prozess `Spherelet` ersetzt. Dieser hat die gleiche Aufgabe wie `kubelet`, ist aber direkt auf dem Hypervisor als *VMware Installation Bundle* (VIB) bereitgestellt. Die Control Plane des Supervisor-Clusters hingegen entspricht der normalen Kubernetes-Architektur, da sie verteilt auf regulären VMs gehostet wird. VM-Anti-Affinitätsregeln stellen sicher, dass diese auf unterschiedlichen Hosts laufen.

Trotz dieser architektonischen Unterschiede können Sie auf die gleiche Art und Weise mit Supervisor-Clustern interagieren wie in klassischen Kubernetes-Umgebungen. Der Zugriff auf Supervisor-Cluster erfolgt nämlich über die gleiche API, die von der Control Plane bereit-gestellt wird. Damit werden die gewohnten Tools eingesetzt (im Regelfall `kubectl`), um Pods und andere Objekte auf dem Cluster zu erzeugen.

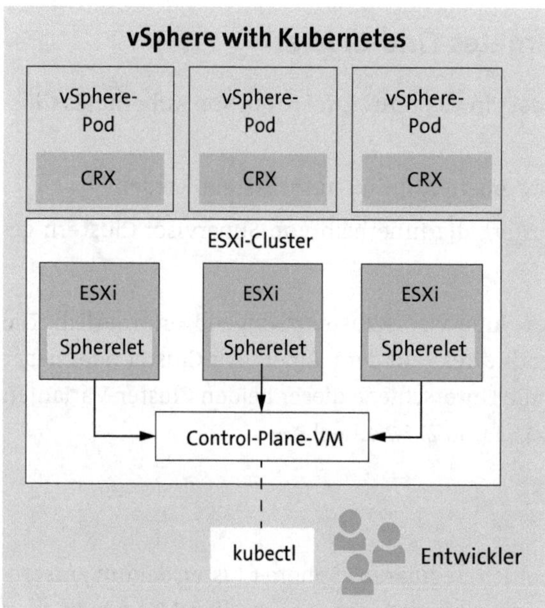

Abbildung 21.3 vSphere mit Kubernetes-Architektur

21.5.2 Tanzu-Kubernetes-Grid-Cluster

Die Architektur von Tanzu-Kubernetes-Grid-Clustern gleicht der, die Sie von anderen Kubernetes-Distributionen gewohnt sind. Sowohl die Control Plane (die Kubernetes Master) als auch die Worker-Knoten werden als reguläre VMs abgebildet. Ein Unterschied ist, dass TKG-Cluster sogenannte *Upstream-Cluster* sind, d. h., sowohl die Control Plane als auch die Worker-VMs laufen innerhalb eines Namespaces des Supervisor-Clusters. In Abbildung 21.4 sehen Sie, dass in den Namespaces des Supervisor-Clusters nicht nur vSphere-Pods ausgeführt werden, sondern auch virtuelle Maschinen.

Für die Erstellung und die Verwaltung von Tanzu-Kubernetes-Clustern ist im Übrigen der *Tanzu Kubernetes Grid Service* zuständig.

Die Bereitstellung der TKG-Cluster erfolgt über den Tanzu Kubernetes Grid Service für vSphere. Entwickler können mit dem Tanzu Kubernetes Grid Service über die sogenannte Cluster-API kommunizieren. Diese API ist ein Kubernetes-Subprojekt, mit dem die automatisierte Bereitstellung von Kubernetes-Clustern über eine API ermöglicht wird. Diese API ist vor allem auch für Entwickler interessant, wenn sie nach Devops-Prinzipien die Infrastruktur on demand bereitstellen wollen. Tanzu Cluster können entweder mit dem `tkg`-Kommandozeilen-Tool erstellt werden oder alternativ auch mit `kubectl`.

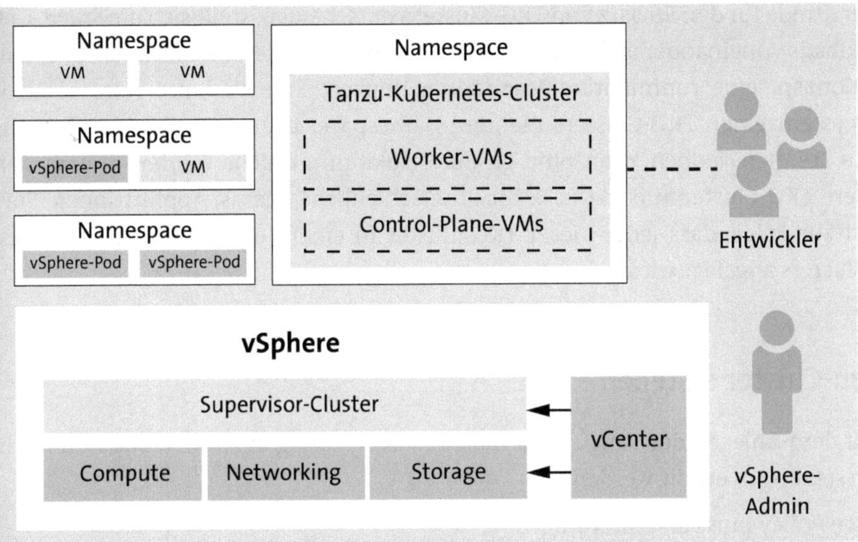

Abbildung 21.4 Tanzu-Namespace-Architektur

21.5.3 Gegenüberstellung von Supvervisor-Cluster und TKG-Cluster

Nachdem wir beide Varianten kurz vorgestellt haben, stellt sich natürlich die Frage, welche zu bevorzugen ist bzw. welches die Vor- und Nachteile dieser beiden Ansätze sind. Für den Supervisor-Cluster sprechen vor allem die folgenden Argumente:

- Verwendung von Kubernetes, ohne sich über den Lebenszyklus des Kubernetes-Clusters Gedanken zu machen
- Höhere Isolierung von Containern aufgrund der paravirtualisierten Laufzeitumgebung anstatt geteilter Worker-VM

Für Tanzu Kubernetes Grid Service für vSphere sprechen vor allem die folgenden Argumente:

- Container laufen auf einem mit Open Container Initiative (OCI) konformen Cluster
- Root-Level-Zugriff auf Kubernetes-Cluster möglich
- Fokus auf Open-Source-Lösungen für das Deployment, das Monitoring sowie den Betrieb von Kubernetes-Clustern
- Mehr Customization möglich
- Multimandantenfähigkeit durch verschiedene Tanzu-Cluster innerhalb eines Superclusters

In den meisten Fällen ist allerdings eher die zweite Variante zu bevorzugen, nämlich mit Tanzu-Clustern zu arbeiten. Das Starten von Containern auf bereits laufenden Worker-VMs ist einfach performanter, als sie über CRX zu starten, da CRX als paravirtualisierte VM doch noch mal zusätzlichen Overhead mit sich bringt.

Sollte sich der Kunde für den Einsatz von TKG-Clustern entscheiden, stellt sich die Frage, wie er seine Workloads voneinander isolieren möchte. Grundsätzlich bietet Kubernetes über das Namespace-Konzept eine rudimentäre Mandantenfähigkeit. Eine Variante wäre es also, innerhalb eines einzelnen TKG-Clusters mehrere Namespaces anzulegen, um darüber die Workloads zu trennen. Jedoch kann eine größere Isolation erreicht werden, indem der Kunde mehrere TKG-Cluster aufsetzt (z. B. für unterschiedliche Teams, Applikationen, Stages). Dies hat zur Folge, dass jeder dieser TKG-Cluster in einem eigenen Namespace des Supervisor-Clusters angelegt wird.

21.6 Tanzu-Cluster erstellen

Bevor wir mit dem Anlegen des Tanzu-Kubernetes-Clusters loslegen können, müssen noch einige Voraussetzungen erfüllt werden:

- Eine Storage Policy muss erstellt werden.
- Eine Subscription zur offiziellen, von VMware verwalteten Content Library muss angelegt sein (für die benötigten VM-Images). Alternativ können Sie eine eigene Content Library angeben, falls keine Internetverbindung gegeben ist.
- Templates von Images müssen via Content Library zur Verfügung gestellt werden.
- Ein Namespace für den TKG-Cluster muss im Supervisor-Cluster erstellt werden.

21.6.1 Erstellung eines Namespaces im Supervisor-Cluster

Sofern die Storage Policy erstellt wurde, kann nun ein neuer Namespace im Supervisor-Cluster angelegt werden. Innerhalb dieses Namespaces soll dann auch der neue Tanzu-Cluster gehostet werden. Dazu müssen im vSphere-Client die folgenden Schritte ausgeführt werden:

1. Navigieren Sie ins Menü zu WORKLOAD MANAGEMENT.
2. Klicken Sie auf NEW NAMESPACE. Es öffnet sich das in Abbildung 21.5 gezeigte Fenster.
3. Im Fenster CREATE NAMESPACE (Abbildung 21.6) muss ein Cluster ausgewählt und ein Name für den neuen Namespace vergeben werden (hier *ns-sclabs-dev*).
4. Nachdem Sie auf CREATE geklickt haben, landen Sie automatisch im neuangelegten Namespace. Sofern auch andere Nutzer Zugriff auf den Namespace bekommen sollen, werden im Tab PERMISSIONS die Zugriffsberechtigungen vergeben.
5. Im nächsten Schritt weisen Sie nun dem Namespace eine Storage Policy zu. Über Storage Policies wird festgelegt, wie Persistent Volumes sowie die Tanzu Kubernetes Cluster Nodes auf den verfügbaren vSphere-Datastores platziert werden. Hierzu wechseln Sie auf den Tab STORAGE, klicken auf EDIT und wählen, wie in Abbildung 21.7 dargestellt, die gewünschte Storage Policy aus.

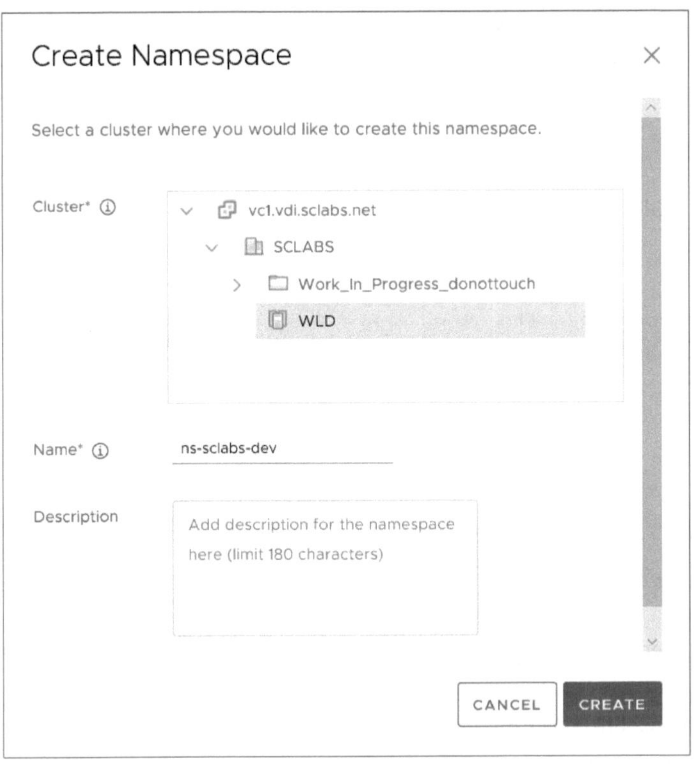

Abbildung 21.5 Erstellen eines Namespaces

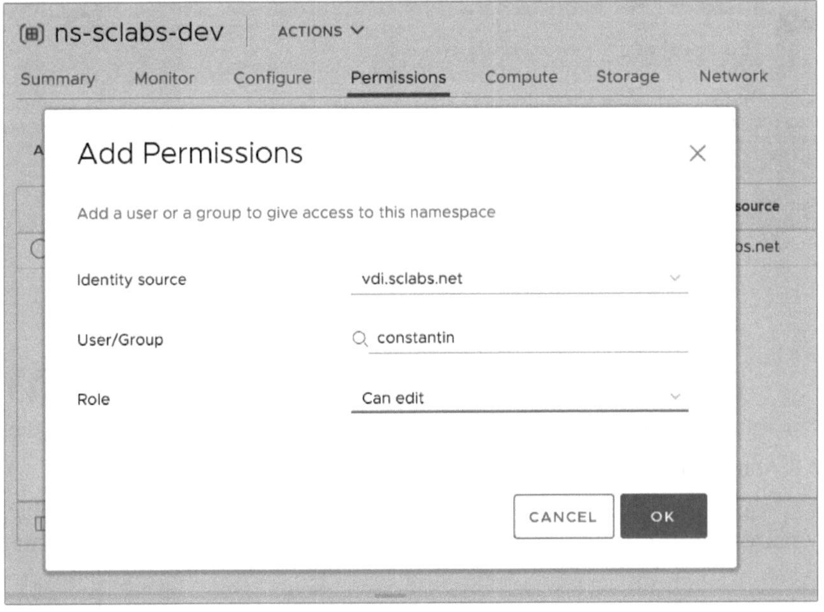

Abbildung 21.6 Hinzufügen von Berechtigungen

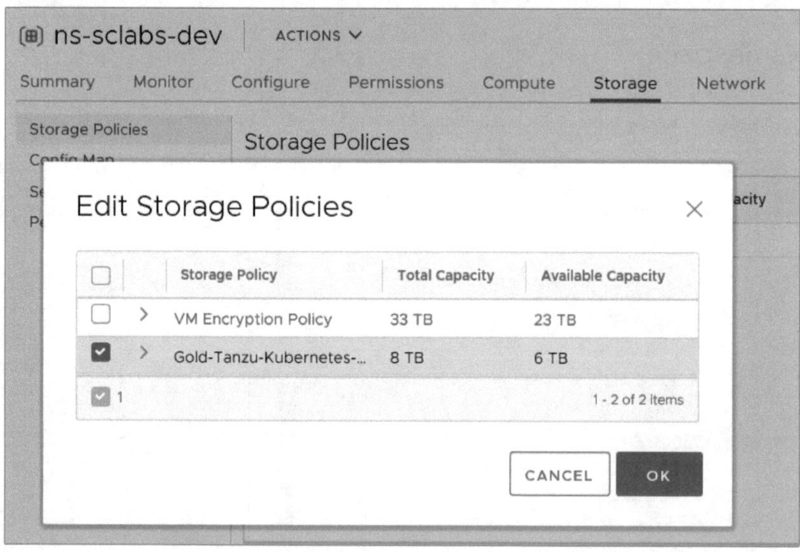

Abbildung 21.7 Zuweisung einer Storage Policy

6. Anschließend muss die bereits angelegte, mit Images befüllte Published Content Library verlinkt werden (*Subscribe*). Die Subscription hat die folgende URL: *https://wp-content.vmware.com/v2/latest/lib.json* (siehe Abbildung 21.8)

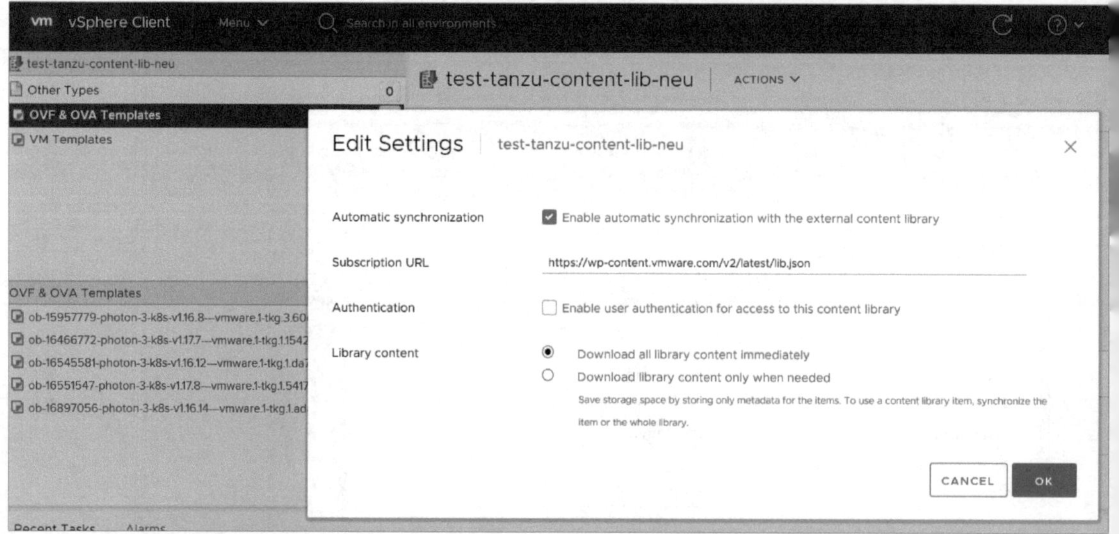

Abbildung 21.8 Anmelden (Subscribe) einer Content Library

7. Nach der Synchronisierung sind unter OVF & OVA TEMPLATES diverse Photon-Images ersichtlich.

Anschließend muss die *Subscribed Content Library* noch mit dem Namespace verknüpft werden. Hierfür navigieren Sie auf dem Cluster, auf dem der Namespace erstellt wurde, wählen den Tab CONFIGURE aus, navigieren dann zu NAMESPACES • GENERAL • EDIT und tätigen, wie in Abbildung 21.9 ersichtlich, Ihre Auswahl.

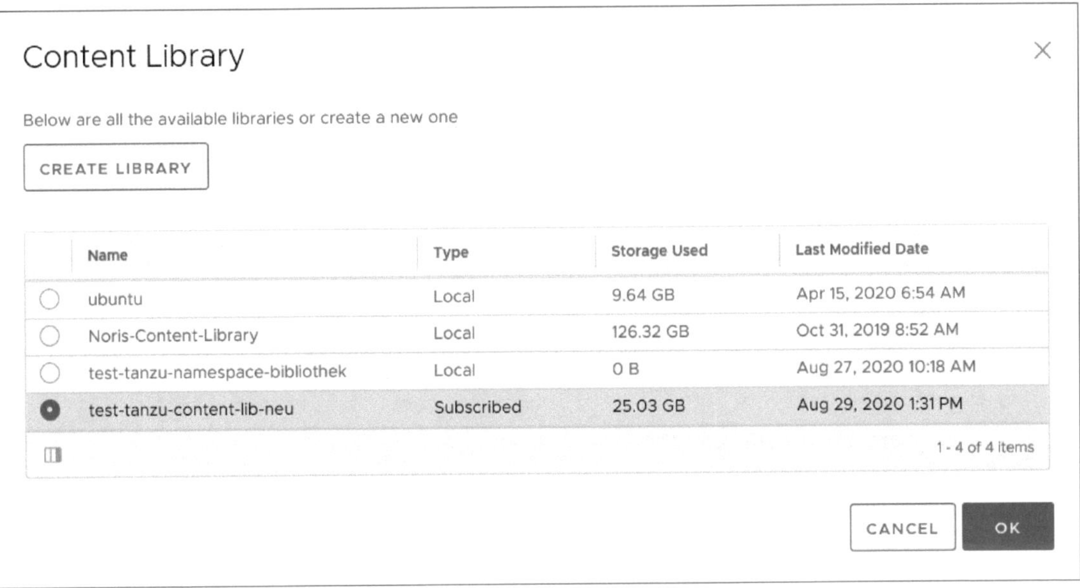

Abbildung 21.9 Verknüpfung zwischen Namespace und Content Library

21.6.2 Erstellen eines TKG-Clusters

Nachdem die in Abschnitt 21.6.1 geschilderten Vorbereitungen abgeschlossen sind, kann nun der TKG-Cluster erstellt werden. Das Anlegen wird mithilfe von `kubectl` durchgeführt. Hierzu müssen Sie die *Kubernetes CLI Tools for vSphere* auf Ihrem Rechner installieren, sofern noch nicht geschehen. Diese sind nichts anderes als das kubectl-Kommandozeilentool, um das *vSphere Plugin for kubectl* ergänzt. Um die Tools zu installieren, führen Sie die folgenden drei Schritte aus:

1. Die CLI Tools können über den Link im vSphere-Client bei Ihrem neu angelegten Namespace heruntergeladen werden (siehe Abbildung 21.10).
2. Nachdem Sie die Tools als ZIP-Datei heruntergeladen haben, müssen Sie diese entpacken und Ihre Pfadvariable so anpassen, dass sie das entpackte Verzeichnis mit den entsprechenden Tools enthält.
3. Anschließend prüfen Sie mit dem Befehl `kubectl vsphere`, ob die Pfadvariable korrekt angepasst wurde. Ist dies der Fall, erhalten Sie die in Listing 21.5 ersichtliche Ausgabe.

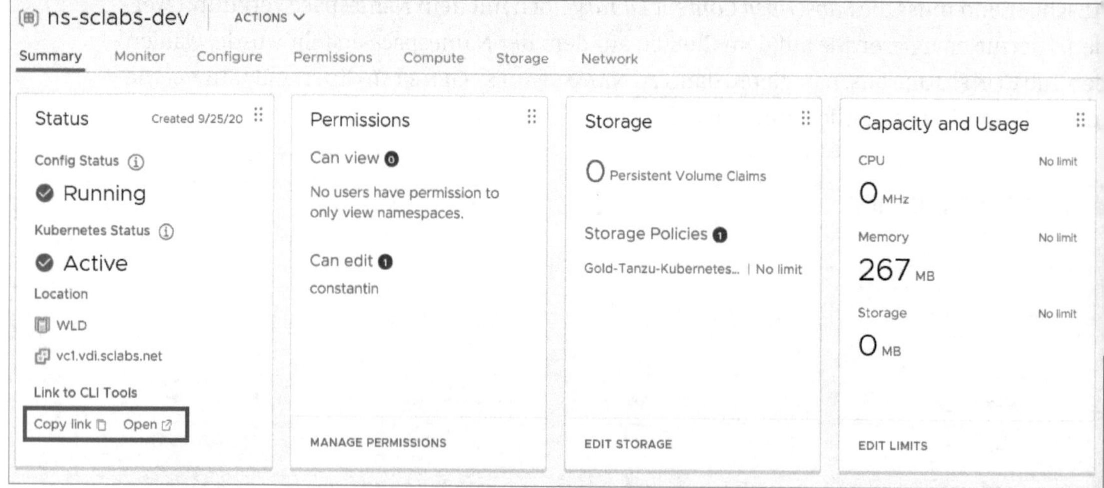

Abbildung 21.10 Verlinkung zum Download der CLI Tools im Namespace

```
vSphere Plugin for kubectl.
Usage:
  kubectl-vsphere [command]
Available Commands:
  help        Help about any command
  login       Authenticate user with vCenter Namespaces
  logout      Destroys current sessions with all vCenter Namespacesclusters.
  version     Prints the version of the plugin.
Flags:
  -h, --help                    help for kubectl-vsphere
      --request-timeout string  Request timeout for HTTP client.
  -v, --verbose int             Print verbose logging information.
Use "kubectl-vsphere [command] --help" for more information about a command
```

Listing 21.5 Kommando »kubectl vsphere«

4. Nun können wir uns dem eigentlichen Anlegen des TKG-Clusters widmen. Dazu müssen wir uns zuallererst mit `kubectl vsphere login --server 10.4.10.1 -u constantin@vdi.sclabs.net --insecure-skip-tls-verify` anmelden.
5. Im nächsten Schritt setzen wir den Kontext auf den neuangelegten Namespace, d. h., alle folgenden Befehle werden in diesem Namespace ausgeführt:

   `kubectl config use-context ns-sclabs-dev`

Tanzu-Kubernetes-Cluster werden mithilfe eines *Kubernetes-Manifests* angelegt. Ein einfaches Manifest kann z. B. wie in Listing 21.6 aussehen.

```
piVersion: run.tanzu.vmware.com/v1alpha1
ind: TanzuKubernetesCluster
etadata:
 name: tkg-cluster-sclabs
 namespace: ns-sclabs-dev
pec:
 distribution:
   version: v1.16
 topology:
   controlPlane:
     count: 1
     class: best-effort-small
     storageClass: gold-tanzu-kubernetes-storage-policy
   workers:
     count: 3
     class: best-effort-small
     storageClass: gold-tanzu-kubernetes-storage-policy
```

Listing 21.6 Exemplarisches Kubernetes-Manifest

In der Manifest-Datei muss die Kubernetes-Version angegeben werden (hier v1.16), die für den TKG-Cluster gewünscht wird. In den Sektionen `controlPlane` sowie `workers` wird die Anzahl der Kubernetes Master respektive der Worker-VMs spezifiziert. Die Größe `best-effort-small` ist eine vorgegebene Standardgröße, die mit 2 CPUs, 4 GB Arbeitsspeicher sowie 16 GB Storage ausgestattet ist. *Best-Effort* bedeutet, dass für die Maschine keine CPU- bzw. Arbeitsspeicherreservierung festgelegt wird. Weitere mögliche VM-Größen können über den Befehl `kubectl get virtualmachineclasses` angezeigt werden.

21

Das Manifest kann dann mit dem Befehl `kubectl apply -f tkg-cluster-sclabs.yaml` ausgeführt werden. Daraufhin wird der TKG-Cluster nun deployt. Die Meldung `tanzukubernetescluster.run.tanzu.vmware.com/tkg-cluster-sclabs created` bedeutet aber nicht, dass der Cluster-Erstellungsprozess bereits abgeschlossen ist, sondern nur, dass die Kubernetes-API den Befehl angenommen hat.

Hinweis: Arbeit mit der Kommandozeile

Alternativ hätte der Cluster auch mit den `tkg`-Kommandozeilentools angelegt werden können.

Mit den Befehlen aus Listing 21.7 kann der Status der Cluster-Erstellung abgefragt werden.

```
kubectl get tanzukubernetescluster
kubectl describe tanzukubernetescluster tkg-cluster-sclabs
```

Listing 21.7 Statusabfrage bezüglich der Erstellung des Clusters

Nachdem der Cluster erstellt worden ist, sind auch im vSphere-Client die Control-Plane-VM sowie die drei Worker-VMs ersichtlich, wie in Abbildung 21.11 dargestellt.

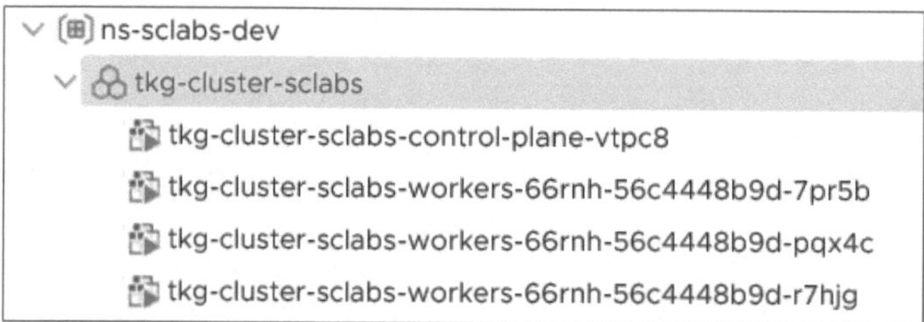

Abbildung 21.11 Cluster-VM sowie drei Worker-VMs (Minions) innerhalb des Clusters

21.6.3 Arbeiten mit Tanzu-Kubernes-Cluster

In diesem Kapitel wollen wir auf dem gerade neu erstellten Tanzu-Kubernetes-Cluster ein nginx-Deployment erstellen. Obwohl der TKG-Cluster in einem Namespace des Supervisor-Clusters läuft, stellt er trotzdem einen eigenständigen Kubernetes-Cluster dar. Dies bedeutet, dass wir uns, wie zuvor mit dem Supervisor-Cluster, nun mit dem TKG-Cluster verbinden müssen. Dazu geben wir in der Kommandozeile den folgenden Befehl ein:

```
kubectl-vsphere login --vsphere-username constantin@vdi.sclabs.net
  --server=10.4.10.1
  --insecure-skip-tls-verify --tanzu-kubernetes-cluster-name tkg-cluster-sclabs
  --tanzu-kubernetes-cluster-namespace ns-sclabs-dev
```

Um sicherzustellen, dass Sie sich im richtigen Kontext befinden, können Sie diesen mit dem Kommando `kubectl config use-context tkg-cluster-sclabs` festlegen.

Bevor wir auf dem Cluster privilegierte Pods deployen können, müssen wir noch ein sogenanntes `RoleBinding` für die `system:serviceaccounts` anlegen, damit diese die Default Pod Security Policy verwenden dürfen. Ein *RoleBinding* ist eine Kubernetes-Ressource, mit der bestimmten Subjekten, wie z. B. hier den `system:serviceaccounts`, eine bestimmte `ClusterRole` wie beispielsweise `psp:vmware-system-privileged` zugewiesen werden kann. Dazu legen wir ein Kubernetes-Manifest mit dem in Listing 21.8 dargestellten Inhalt an.

```
kind: RoleBinding
apiVersion: rbac.authorization.k8s.io/v1
metadata:
  name: rolebinding-default-privileged-sa-ns_default
  namespace: default
roleRef:
  kind: ClusterRole
  name: psp:vmware-system-privileged
  apiGroup: rbac.authorization.k8s.io
```

```
subjects:
- kind: Group
  apiGroup: rbac.authorization.k8s.io
  name: system:serviceaccounts
```

Listing 21.8 Kubernetes-Manifest mit RoleBinding

Hinweis

In Produktionsumgebungen sollte genau geprüft werden, wie Pod Security Policies verwendet werden dürfen, da diese wichtige Sicherheitseinstellungen beinhalten.

Das RoleBinding kann dann mit dem Befehl `kubectl apply -f rolebinding-default-privileged-pod.yaml` angelegt werden.

Nach diesem Schritt können wir nun letztendlich unser Deployment anlegen. Dazu verwenden wir die zu Beginn gezeigte Manifest-Definition, die in Listing 21.9 nochmals zu sehen ist.

```
apiVersion: apps/v1
kind: Deployment
metadata:
  name: nginx-deployment
  labels:
    app: nginx
spec:
  replicas: 3
  selector:
    matchLabels:
      app: frontend-nginx
  template:
    metadata:
      labels:
        app: frontend-nginx
    spec:
      containers:
      - name: nginx
        image: nginx:1.14.2
        ports:
        - containerPort: 80
```

Listing 21.9 Kubernetes-Manifest für nginx-Deployment

Diese wird nun mittels `kubectl apply -f nginx-deployment.yaml` ausgeführt.

Nach kurzer Zeit wurden drei nginx-Pods erstellt. Dies lässt sich mit dem Befehlt `kubectl get pods` prüfen. Die Ausgabe hierzu ist in Listing 21.10 dargestellt.

```
NAME                                READY   STATUS    RESTARTS   AGE
nginx-deployment-6b474476c4-8d6jh   1/1     Running   0          11s
nginx-deployment-6b474476c4-dzrhg   1/1     Running   0          11s
nginx-deployment-6b474476c4-mtprq   1/1     Running   0          11s
```

Listing 21.10 Kommando »kubectl get pods«

Mit diesem Beispiel wollen wir das Thema vSphere mit Kubernetes auch schon abschließen, da eine umfassende Behandlung von Kubernetes den Rahmen dieses Buches sprengen würde.

Kapitel 22
VMware Cloud Foundation 4.0

Bisher haben wir in diesem Buch sehr viel über die einzelnen Komponenten geschrieben, die ein Software-Defined Datacenter ausmachen, angefangen bei vSphere über vSAN bis hin zu NSX. VMware Cloud Foundation liefert diese Funktionalitäten als ein einziges nativ-integriertes System.
Autor dieses Kapitels ist Gerd Pflueger, Lead Solution Engineer, VMware, gerd@vmware.com oder gerd@expect.de (basierend auf einer Version von Frank Wegner, VMware)

Sie sind IT-Architekt oder IT-Ingenieur in einem Unternehmen? Dann begleiten Sie mich in eine neue Welt: Wie wäre es, wenn Ihre Arbeit, wie Sie sie heute kennen, nicht mehr existiert? Wie wäre es, wenn Ihre Firma auf Public-Cloud-Anbieter setzt? Was, wenn die Geschäftsleitung Ihrer Firma entschieden hat, dass die eigene IT zu langsam oder zu unflexibel ist? In dieser Welt würden Serviceprovider das Planen und Aufbauen von IT-Architekturen für Ihre Firma übernehmen.

Sie halten das für unwahrscheinlich? Dann denken Sie 150 Jahre zurück: Damals hatten viele Fabriken eigene Generatoren, um Strom zu erzeugen. Heute beziehen Unternehmen ihren Strom von Elektrizitätswerken. Ich halte es für wahrscheinlich, dass sich in der IT in den kommenden Jahren ein ähnlicher Wandel abzeichnet.

In ein paar Jahren wird kaum noch jemand gebraucht werden, der vSphere installieren oder konfigurieren kann. Warum Storage-Infrastruktur oder Netzwerke selbst aufbauen und vor allem pflegen, wenn Firmen vergleichbare Dienste aus der Public Cloud bekommen könnten, vielleicht sogar mit besserer Verfügbarkeit und Compliance?

VMware Cloud Foundation (*VCF*) ist ein Schritt in diese Richtung. Ihre Arbeit, wie Sie sie heute kennen, existiert nicht mehr, wenn Sie VMware Cloud Foundation einsetzen. Mit VMware Cloud Foundation werden Sie kein vSphere oder vSAN oder NSX mehr selbst installieren oder manuell patchen müssen. Sie werden keine Architektur für diese Komponenten planen müssen, weil alle diese Tätigkeiten vom VCF-System übernommen werden.

Ihre Tätigkeit wird sich ändern. Sie werden die Businessarchitektur planen, Sie werden IT-Services automatisieren und verschiedene Systeme integrieren. Aber es fallen viel weniger manuelle, infrastrukturnahe Aufgaben an.

Lesen Sie weiter und erfahren Sie, warum ich diese Prognose wage. Begleiten Sie mich in di Welt von VMware Cloud Foundation, in der Rechenzentrumsinfrastruktur automatisier aufgebaut und aktualisiert wird.

Zur Version von VMware Cloud Foundation

In diesem Kapitel beziehe ich mich auf *VMware Cloud Foundation 4.0*. Zukünftige Versionen von VMware Cloud Foundation können zusätzliche Funktionen oder eine höhere Flexibilität besitzen. Bitte informieren Sie sich auf der offiziellen VMware-Cloud-Foundation-Website über die jeweils neueste Version.

22.1 Modernisieren Sie Ihr Rechenzentrum

Lassen Sie uns annehmen, Sie hätten den Auftrag, die Infrastruktur Ihres Rechenzentrums zu modernisieren. Es gibt klare Vorgaben dazu, welche Anwendungen und Softwareentwicklungssysteme bereitgestellt werden müssen. Hinzu kommen Auflagen der Sicherheitsabteilung, die eine flexible und granulare Trennung der Anwendungen erfordern. Sie haben enge Zeitvorgaben und sehr wenig Personal. Es gibt keine Vorgaben bezüglich der Hardware, weil die Geschäftsbereiche den Fokus auf die Anwendungen legen.

Nach Analyse der Anforderungen kommen Sie zu dem Schluss, dass für diese Modernisierung der Aufbau eines *Software-Defined Datacenters* (SDDC) mit vSphere, vSAN und NSX nötig ist. Normalerweise planen Sie nun eine Architektur, stellen Hardware und Software aus Kompatibilitätslisten zusammen, führen die Installation durch und kümmern sich um das Patchen und Upgraden. Doch nehmen wir an, es fehlten NSX-Spezialisten, um die Architektur zu planen und aufzubauen. Was wäre, wenn Sie gar nicht genug Zeit hätten, um alles wie üblich aufbauen zu lassen?

Die heutige IT hat sehr viel mit Architekturwissen und manueller Aufbauarbeit und Pflege zu tun. Es ist so, als würden Sie ein Auto aus Einzelteilen zusammenbauen. Wäre es nicht viel einfacher, ein fertiges Auto zu haben, mit dem Sie gleich fahren könnten? Genau das ist die Idee hinter VMware Cloud Foundation.

VMware Cloud Foundation 4 ist eine Hybrid-Cloud-Plattform, die die Entwicklung moderner Anwendungen beschleunigt und die Bereitstellung und das Lebenszyklusmanagement komplexer Kubernetes-Umgebungen automatisiert. VMware Cloud Foundation ist eine einfache Art, ein Software-Defined Datacenter bereitzustellen und zu betreiben. Es basiert mit vSAN auf einer Hyper-Converged Systemarchitektur und ergänzt diese durch Netzwerk- und Sicherheitsdienste sowie Cloud-Management-Dienste. Darum bezeichnen wir VMware Cloud Foundation manchmal auch als *Next-Generation Hyper-Converged Infrastructure*. Entwickler haben über VCF-Services reibungslosen Zugriff auf umfassende Entwicklerumgebungen und Infrastrukturressourcen. VCF-Services bestehen aus Tanzu Runtimes Services, und Hybrid Infrastructure Services werden über Kubernetes (K8s) und RESTful-APIs bereitgestellt.

Um die Lücke zwischen IT-Betrieb und Entwicklern zu schließen, wird bei der Zuweisung der Infrastruktur ein kollaborativer Ansatz verfolgt. Dies beinhaltet die Koordination einer Reihe von Aktivierungen, die vom IT-Betreiber durchgeführt werden müssen, um die Infrastruktur zuzuweisen und die vSphere-mit-Kubernetes-Umgebung vorzubereiten, gefolgt von einer formellen Übergabe der K8s-Umgebung an das Entwicklerteam, das Zugriff auf die Umgebung zum Bereitstellen nativer Pods und zum Implementieren von K8-Guest-Cluster haben.

VCN 4.0: Versprechen für Agilität, Zuverlässigkeit und Effizienz von Unternehmen

VMware macht mit der Cloud Foundation folgende Versprechen:

Voller Protokoll-Stack und Sicherheit

- Bereitstellung von Full-Stack-HCI mit vollständig integrierter Rechen-, Speicher-, Netzwerk- und Verwaltungsfunktion mit Automatisierung für weniger Komplexität und niedrigere Gesamtbetriebskosten.
- Schnelle Bereitstellung und Wartung der Infrastruktur mit Unternehmensmaßstab, Leistung und Ausfallsicherheit, um die Geschäftsanforderungen zu erfüllen.
- Intrinsische Unternehmenssicherheit für Container- und VM-basierte Dienste auf jeder Ebene des Stacks.

Verbindung von Developer- und IT-Silos zur Bereitstellung moderner Apps

- Effiziente Verwaltung von VMs und Containern auf einer einzigen Plattform mit vertrauten Tools nach Industriestandard für eine schnellstmögliche Markteinführung.
- Möglichkeit für Entwicklerteam, ein auf Kubernetes basierendes Self-Service-API-Modell, das die Entwicklerproduktivität steigert, und CI/CD-Prozesse zu nutzen.
- Bereitstellung entwicklerorientierter Services unter Beibehaltung von Richtlinien der Enterprise-Klasse für Ausfallsicherheit, QoS, Sicherheit und Zugriffskontrolle.

Cloud-Nutzung

- Sie beschleunigen die Einführung eines Cloud-Betriebsmodells für die Private Cloud, das sich auch über die Bereitstellung einer konsistenten Infrastruktur und eines konsistenten Betriebs in der gesamten Public Cloud erstreckt.
- Sie nutzen Kubernetes, um die Verwaltung von Container- und VM-Workloads in heterogenen Clouds zu vereinfachen und Leistung, Ausfallsicherheit und Verfügbarkeit zu optimieren.
- Sie vermeiden den Lock-in und vereinfachen die Workload-Mobilität mit den umfassendsten Cloud-Bereitstellungsoptionen.

Sie können VMware Cloud Foundation in Ihrem Rechenzentrum einsetzen oder als Service von Public-Cloud-Serviceprovidern mieten.

Sie kaufen eine Architektur

Als Nutzer von VMware Cloud Foundation planen und bauen Sie Ihre Infrastruktur nicht, Sie kaufen sie als fertiges System. Dies geht weit über frühere Anläufe hinaus, weil diese Architektur den Aufbau der physischen Switches und Server ebenso einschließt wie die SDDC-Software. Sind Sie bereit, eine fertige Architektur zu kaufen? Hier erfahren Sie, was das bedeutet.

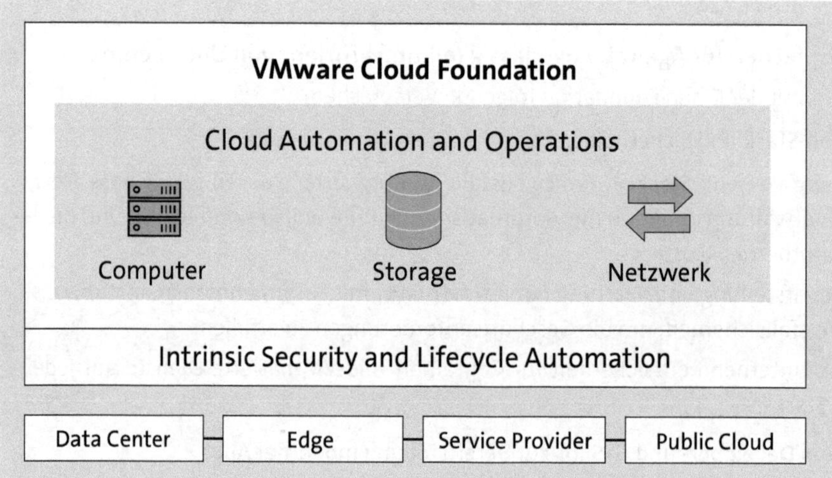

Abbildung 22.1 »VMware Cloud Foundation 4.0« ist ein nativ integriertes System für das Software-Defined Datacenter in der Hybrid-Cloud und inkludiert Edge- und Serviceprovider-Umgebungen.

VMware Cloud Foundation automatisiert die Architektur in allen Bereichen des Datacenters, von Edge-Installationen über die Serviceprovider bis zur Hybrid-Cloud und der Installation von *VMware vRealize Automation* und *Horizon View*. Die gesamte Architektur wird durch die integrierte Sicherheit (Intrinsic Security) abgesichert.

Zur Drucklegung des Buchs bestand VCF 4.0 aus den Produktversionen, die in Abbildung 22.2 gezeigt werden. Neben den Standard-SDDC-Produkten, wie SDDC Manager, vSphere, vSAN und NSX-T inklusive Lifecycle Manager, die automatisiert installiert werden, sind zusätzliche VMware-Produkte mit im VCF-4.0-Paket enthalten. vRealize Automation, Network Insight und Log Insight sowie Workspace ONE Access werden nicht automatisch installiert. Es gibt aber eine optimierte Anleitung (*Prescriptive Guidance*).

In diesem Kapitel gebe ich Ihnen einen Einblick in VMware Cloud Foundation. Dabei gehe ich chronologisch vor und beschreibe die Vorbereitung des Einsatzes, die Installation und Einrichtung von VMware Cloud Foundation und dessen wesentliche Funktionen. Begleitend zu den jeweiligen Schritten gehe ich auf die Architektur ein.

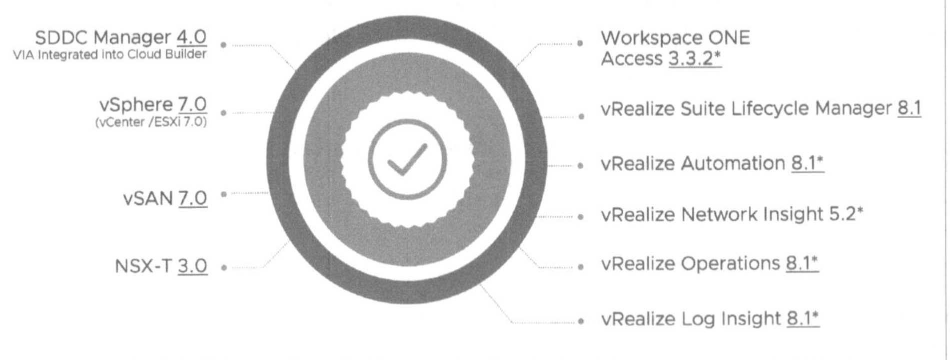

Abbildung 22.2 VMware Cloud Foundation 4.0 besteht aus verschiedenen VMware-SDDC-Produkten. Die mit einem Stern (*) gekennzeichneten Produkte werden nicht automatisch installiert.

Ausgeschlossene Aspekte

Die folgenden Erweiterungen lasse ich in diesem Kapitel aus. Bitte informieren Sie sich über diese in der Produktdokumentation (*https://www.vmware.com/products.html*):

- Installation und Konfiguration von *VMware vRealize Operations*
- Installation und Konfiguration von *VMware vRealize Automation*
- Installation und Konfiguration von *VMware Intrinsic Security*-Verfahren
- Erstellen einer *VDI-Workload-Domain* mit Installation und Konfiguration von *VMware Horizon*
- Installation und Konfiguration von *VMware Workspace ONE Access*
- *Tanzu Runtimes Services* wie *Kubernetes (K8s)* und *RESTful-APIs*
- Änderungen genereller Art bei neueren VMware-VCF-Versionen

22

22.2 Die Vorbereitung

VMware Cloud Foundation ist ein nativ integriertes System mit einer umfangreichen Automatisierung. Diese Automatisierung hat einen starken Einfluss auf Ihren Betrieb. Darum ist es wichtig, dass Sie sich im Vorfeld Gedanken über IT-Prozesse und Teamstrukturen machen. Da Sie die Planung auf Ihr Unternehmen abstimmen müssen, ist sie zu speziell, um Teil dieses Kapitels zu sein. Wenn Sie dazu Unterstützung wünschen, können Sie sich an VMware oder Partner wenden, die ein entsprechendes Expertenwissen auf diesem Gebiet anbieten.

Es gibt drei Arten, auf denen Sie VMware Cloud Foundation nutzen können:

- als *Softwareinstallation* auf zertifizierten Servern und Switches (Customer Managed)
- als *integriertes System* von einem OEM-Hersteller (Customer/Partner Managed)
- als *Service von einem Public-Cloud-Provider* (VMware/Cloud Managed)

Sie können die Kompatibilität mit verschiedenen Herstellern über diesen Link prüfen: *https://www.vmware.com/resources/compatibility/search.php?deviceCategory=vcf.*

Tabelle 22.1 schlüsselt die Optionen auf:

Aktivität	Softwareinstallation	Integriertes System	Public-Cloud-Service
Auswahl von Server und Switch-Hardware	Auswahl aus dem VMware Compatibility Guide	Auswahl aus dem OEM-Katalog	Servertypauswahl aus dem Katalog des Serviceproviders
Aufbau und Verkabelung der Hardware	im Kunden-RZ, wird vom Kunden oder Partner nach VMware-Anleitung durchgeführt	in der Fabrik des OEM	entfällt
Imaging (Erstinstallation)	wird vom Kunden oder Partner durchgeführt	in der Fabrik des OEM	entfällt
Bring-up (Konfiguration)	wird vom Kunden oder Partner durchgeführt	wird vom Kunden oder Partner durchgeführt	entfällt
Ressourcenbereitstellung	durch Kunden via Benutzerschnittstelle	durch Kunden via Benutzerschnittstelle	durch Kunden via Serviceprovider-UI
Support	Hardware: OEM Software: VMware	OEM	Serviceprovider
Systemaktualisierung	durch Kunden via Benutzerschnittstelle	durch Kunden via Benutzerschnittstelle	entweder durch Kunden via Serviceprovider-UI oder durch den Serviceprovider selbst im Hintergrund

Tabelle 22.1 Nutzungsarten der VMware Cloud Foundation

Hinweis: VMware-Cloud-Foundation-Varianten

Im weiteren Verlauf dieses Kapitels gehe ich auf VMware Cloud Foundation als Softwareinstallation auf zertifizierten Servern und Switches ein. Informationen zu den integrierten Systemen erhalten Sie von den entsprechenden OEMs, und für Informationen zu VMware Cloud Foundation in Public Clouds wenden Sie sich bitte an die entsprechenden Serviceprovider. Es gibt eine Ausnahme: Zur VMware-Cloud auf AWS, GCP oder Azure sprechen Sie bitte Ihren VMware-Vertriebskontakt an.

Zur Planung gehören die Abschätzung der Größe der Installation (d. h., wie viele Server Sie benötigen) und die Auswahl der Hardware selbst. Vorhandene Hardware kann genutzt werden, wenn sie im VMware Compatibility Guide für VMware Cloud Foundation erwähnt ist. Zusätzliche Fragen sind unter anderem: Muss ein neues Rack gekauft werden, und ist genügend Platz im Rechenzentrum vorhanden sowie genügend Strom und Kühlung?

Es empfiehlt sich, die vSAN-Sizing-Werkzeuge zu nutzen und ein *Microsegmentation and Security Assessment* für NSX vorab durchzuführen, um die vSAN- und NSX-Komponenten optimal zu nutzen. Diese Vorbereitung ist sehr hilfreich für Ihre Installation von VMware Cloud Foundation.

22.3 Die Standardarchitektur und Architekturvarianten

Bevor wir nun die Installation angehen, verschaffen wir uns erst einmal einen Überblick über die Architektur, die wir aufbauen werden. VMware Cloud Foundation automatisiert viele der manuellen Schritte, die beim Aufbau und Betrieb eines Software-Defined Datacenters anfallen.

Tabelle 22.2 zeigt einige der Aufgaben im Vergleich:

Aufgabe	Selbst gebaute Infrastruktur	VMware Cloud Foundation
Architektur der Infrastruktur	manuelle Planung, aufwendig	keine Arbeit, vom System vorgegeben
Hardwareauswahl	nach Kompatibilitätsliste	nach Kompatibilitätsliste
Softwareauswahl	nach Kompatibilitätslisten, manuelle Prüfung der Versionen	vom System vorgegeben
Installation	manuell, dauert oft Wochen	Dateneingabe via Wizard, vom System durchgeführt
vCenter Server und vSAN/NSX-Bereitstellung	manuell, dauert oft Wochen	Dateneingabe via Wizard, vom System durchgeführt
Update von vSphere, vSAN und NSX	manuell, dauert oft Wochen	Dateneingabe via Wizard, vom System durchgeführt

Tabelle 22.2 Vergleich der Aufgaben beim Aufbau einer Infrastruktur

Die tatsächliche Zeitersparnis hängt von folgenden Faktoren ab: von Ihrer jeweiligen Umgebung, von dem Know-how Ihrer Mitarbeiter, von der Reife Ihrer Prozesse und von dem Umfang der Automatisierung, die Sie für die Infrastruktur implementiert haben.

22

Die umfassende Automatisierung von VMware Cloud Foundation ist möglich, weil die Architektur in dieser Lösung vorgegeben ist. Sie wirkt sich auf die Art und Weise aus, wie physische Server und Switches konfiguriert werden, wie die vCenter Server aufgesetzt werden.

Das Gleiche gilt für vSAN-, NSX-, Horizon und vRealize-Suite-Komponenten, all das stellt der Installationsprozess automatisch bereit. Das ist ein ganz besonders wichtiger Aspekt, um VMware Cloud Foundation zu verstehen. Es geht darum, schnell eine validierte Architektur zur Verfügung zu haben und auf einfache Weise die Umgebung aktuell zu halten.

VMware Cloud Foundation ist ein Installationspaket (siehe Abbildung 22.3), das Sie als Einheit installieren und aktualisieren. Einige Komponenten sind verpflichtend, andere sind optional. Die Versionen der enthaltenen Komponenten sind aufeinander abgestimmt und in den Release Notes dokumentiert. In Cloud Foundation 4.0 wurde die Architektur für *Platform Services Controller* (PCS) von der Bereitstellung von zwei externen PSCs (in VCF 2.x/3.x) zu einer eingebetteten PSC-Architektur geändert.

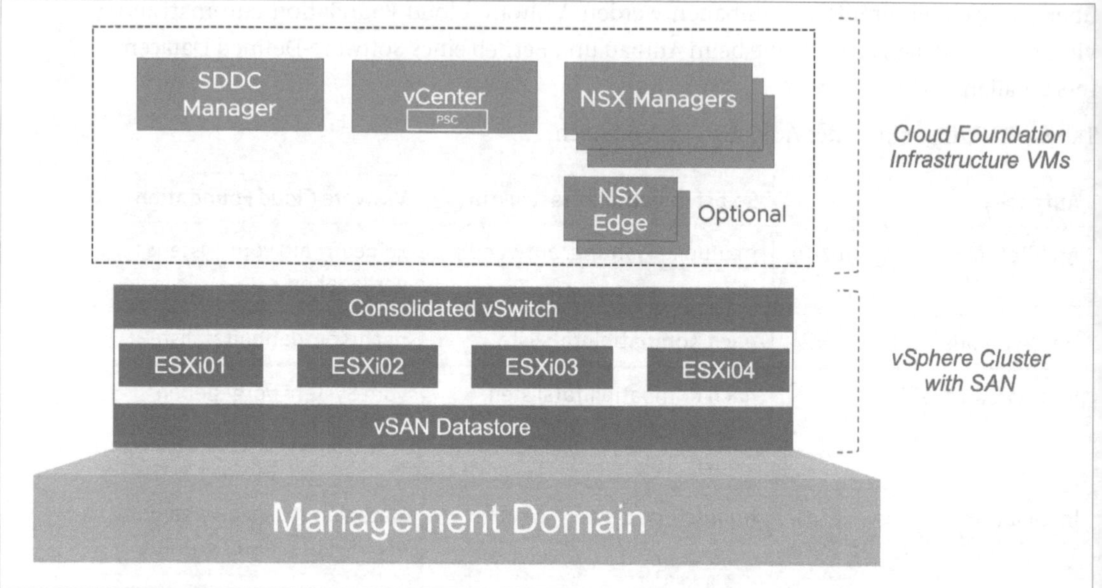

Abbildung 22.3 Umfang von VMware Cloud Foundation als Management-Domain

Die Management-Domain enthält nach Abschluss des Startvorgangs die folgenden VMs:

- SDDC Manager
- vCenter Server
- NSX-Instanz mit drei Knoten
- NSX-Edge-Cluster mit zwei Knoten (optional)

Der SDDC Manager ist das Herz von VMware Cloud Foundation

Der *SDDC Manager* automatisiert die Installation und die Aktualisierungen der Infrastruktursoftware. Dabei stellt der SDDC Manager sicher, dass alle Versionen der beteiligten Komponenten kompatibel sind. Das ist ein Mehrwert gegenüber einer manuellen Installation der einzelnen Komponenten. Tabelle 22.3 erläutert, welche Komponenten automatisch installiert werden.

Komponente	Automatische Installation	Patch/Upgrade
SDDC Manager	beim Bring-up	automatisch
Platform Services Controller	beim Bring-up	automatisch
vCenter Server	beim Bring-up/WLD-Erstellung	automatisch
ESXi	beim Bring-up	automatisch
vSAN	beim Bring-up/WLD-Erstellung	automatisch
NSX	beim Bring-up/WLD-Erstellung	automatisch
vRealize Log Insight	beim Bring-up	manuell
vRealize Operations	optional	manuell
vRealize Automation	optional	manuell
Horizon	optional (separate Lizenz)	manuell

Tabelle 22.3 Automatisierung des Software-Lifecycle-Managements in VMware Cloud Foundation

Beachten Sie, dass es verschiedene VMware-Cloud-Foundation-Editionen gibt, die sich im Umfang der enthaltenen Software unterscheiden. Eine Übersicht finden Sie in Abbildung 22.4.

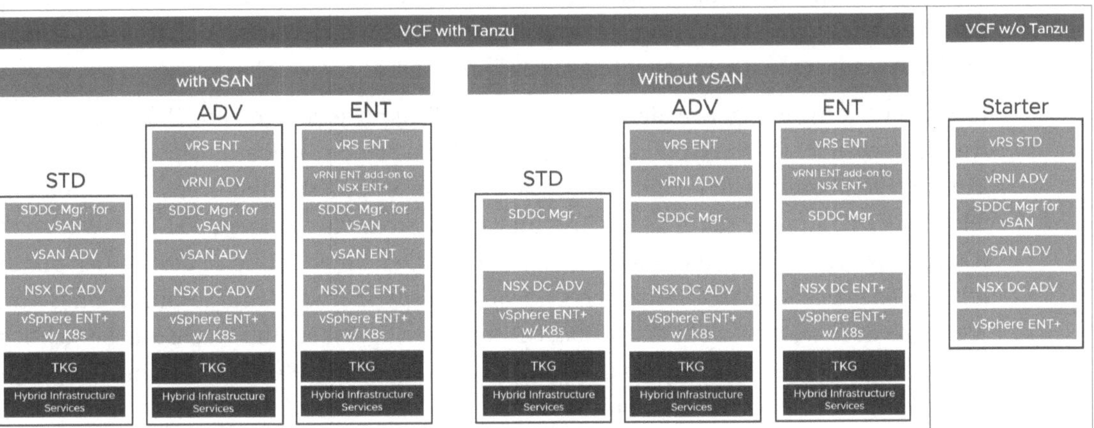

Abbildung 22.4 VMware-Cloud-Foundation-Editionen (Stand: Juni 2020)

Eine wesentliche Eigenschaft von VMware Cloud Foundation ist die einfache Bereitstellung von Compute-, Storage- und Netzwerkkapazität in der Form von *Workload-Domains*. Die Architektur ist standardisiert. Kunden können in einer Workload-Domain virtuelle Maschinen laufen lassen. In diesem Abschnitt gebe ich einen Überblick über die Architektur.

Bitte beachten!

Auf folgende Punkte sollten Sie achten:

- Das vSphere-Add-on für Kubernetes ist nur über VCF verfügbar (*Tanzu Kubernetes Grid Integrated for VMware Cloud Foundation*).
- In der *Management Workload Domain* (WLD) ist vSAN obligatorisch. VCF ohne vSAN kann nur für Compute WLDs verwendet werden.
- Außerdem benötigen Sie die »Security Bundles« für VCF mit *VMware NSX Distributed IDS/IPS, VMware NSX Advanced Load Balancer/WAF* und *VMware Carbon Black Endpoint Advanced.*
- Gegebenenfalls steht auch noch das *VCF Express Promo* zur Verfügung (bitte den VMware-Vertrieb befragen).

Architekturvarianten von VMware Cloud Foundation

Es gibt zwei Varianten, in denen VMware Cloud Foundation benutzt werden kann: Es gibt die *Consolidated Architecture* ab 4 Servern in einem Rack und die *Standard Architecture* mit 8 bis 256 Servern in bis zu 8 Racks. Die Consolidated Architecture empfehlen wir für kleine Umgebungen und Testinstallationen. In diesem Kapitel behandle ich die Standard Architecture.

Für kleine Umgebungen können Kunden eine konsolidierte Architektur (*Consolidated Architecture*) verwenden. Hier werden Kunden-Workloads zusammen mit ihren Verwaltungskomponenten ausgeführt. In einer konsolidierten Architektur sind erneut mindestens vier Knoten erforderlich, um sicherzustellen, dass die Umgebung einen Fehler tolerieren kann, während ein anderer Knoten aktualisiert wird. Ein Kunde kann Ressourcenpools, Freigaben und Reservierungen konfigurieren, um eine Isolation zwischen seinen eigenen Workloads und den Managementkomponenten zu gewährleisten.

In größeren Umgebungen, in denen ein Kunde dedizierte Ressourcen und RBAC bevorzugen würde, um verschiedene Workloads zu trennen, kann er eine Standardarchitektur (*Standard Architecture*) bereitstellen. Eine Standardarchitektur erfordert mindestens vier Knoten in einer dedizierten Verwaltungsdomäne und mindestens drei Knoten für jede Workload-Domain der virtuellen Infrastruktur. Es ist wichtig, die richtige Größe zu bestimmen und zu planen, wie viele Knoten erforderlich sind, um den spezifischen Anforderungen eines Kunden gerecht zu werden, wobei Kapazität, Leistung, Verfügbarkeit und Wachstum berücksichtigt werden. Dieser Bereitstellungstyp wird als *Standardarchitektur* bezeichnet und von VMware als bevorzugter Ansatz empfohlen.

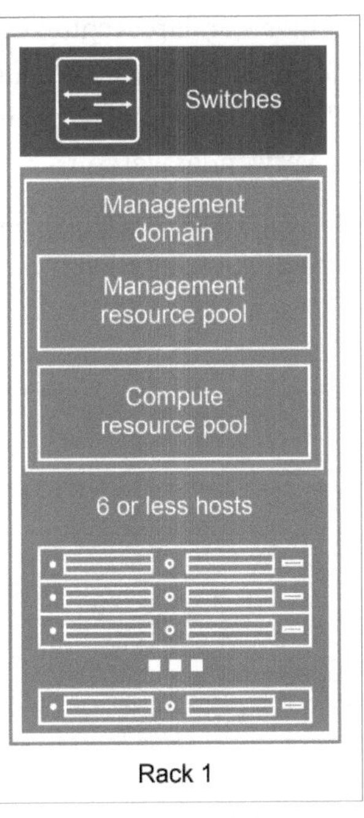

Abbildung 22.5 VMware Cloud Foundation – Consolidated Architecture Model

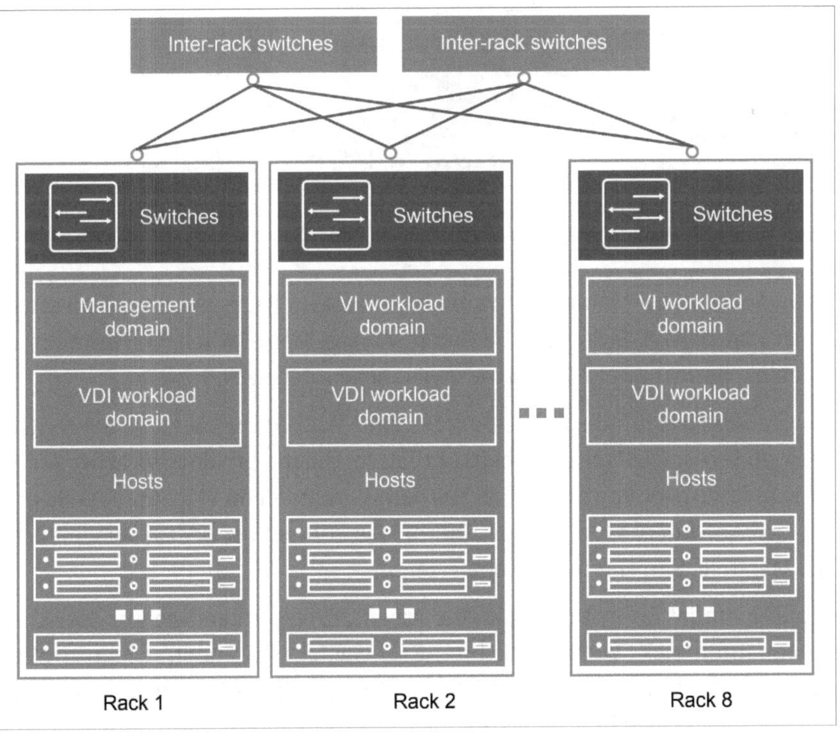

Abbildung 22.6 VMware Cloud Foundation – Standard Architecture Model

Ein Kunde, der eine konsolidierte Architektur verwendet, kann zu einer Standardarchitektur übergehen, indem er weitere Knoten hinzufügt und mithilfe des SDDC Managers eine neue VI-Workload-Domain bereitstellt. Wenn Kunden-VMs bereitgestellt wurden, kann vMotion oder HCX zum Migrieren dieser Workloads in die neue VI-Domäne verwendet werden.

Abweichungen von der hier beschriebenen Architektur sind in der Regel nicht möglich. Sie ist vorgegeben und bedingt durch die umfassende Automatisierung des Systems. Eventuell mögliche Abweichungen sind explizit vermerkt. In Abbildung 22.7 sehen Sie die Struktur eines Racks.

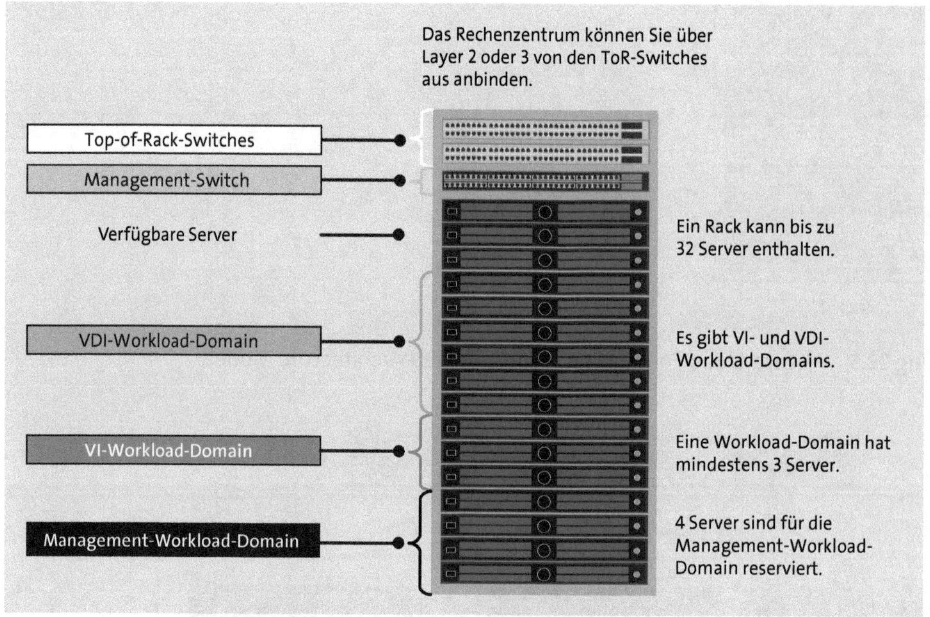

Abbildung 22.7 Die Struktur eines VMware-Cloud-Foundation-Racks

Eine VMware-Cloud-Foundation-Instanz kann aus einem bis acht Racks bestehen. Jedes Rack hat außerdem zwei Top-of-Rack-Switches und einen Management-Switch. Wenn mehr als ein Rack vorhanden ist, hat das zweite Rack zwei zusätzliche Inter-Rack-Switches.

Im ersten Rack befinden sich mindestens 8 Server. Jedes Rack kann bis zu 32 Server (1U-Höheneinheit) bzw. 16 Server (2U-Höheneinheit) enthalten. Die maximale Anzahl der Server pro Rack in einer Kundenumgebung ergibt sich aus dem vorhandenen Platz und der Stromversorgung sowie aus Anforderungen an die Kühlung. Sie können bei Bedarf verschiedene Servertypen eines Herstellers in einem Rack einsetzen.

Eine VMware-Cloud-Foundation-Instanz hat eine Layer-2-Netzwerkarchitektur zwischen den Top-of-Rack- und Inter-Rack-Switches. Die Inter-Rack-Switches befinden sich im zweiten Rack und verbinden die Racks untereinander. Die Verbindung in das Rechenzentrum wird über die beiden Top-of-Rack-Switches des ersten Racks hergestellt. Das kann entweder eine

Layer-2- oder eine Layer-3-Verbindung sein. Welche Option Sie wählen, hängt von Ihren Anforderungen ab (siehe Abbildung 22.8).

Die Kommunikation mit dem Rechenzentrum erfolgt über zwei Netzwerke: eines für das Management und eines für die Anwendungen. Zusätzliche Segmente können manuell angelegt werden.

VMware Cloud Foundation nutzt vSAN als primären Storage für alle Systeme. Sie können zusätzlich IP-basierten iSCSI- oder NFS-Storage anbinden. Fibre-Channel-/SAN-Storage können Sie nicht mit VMware Cloud Foundation nutzen.

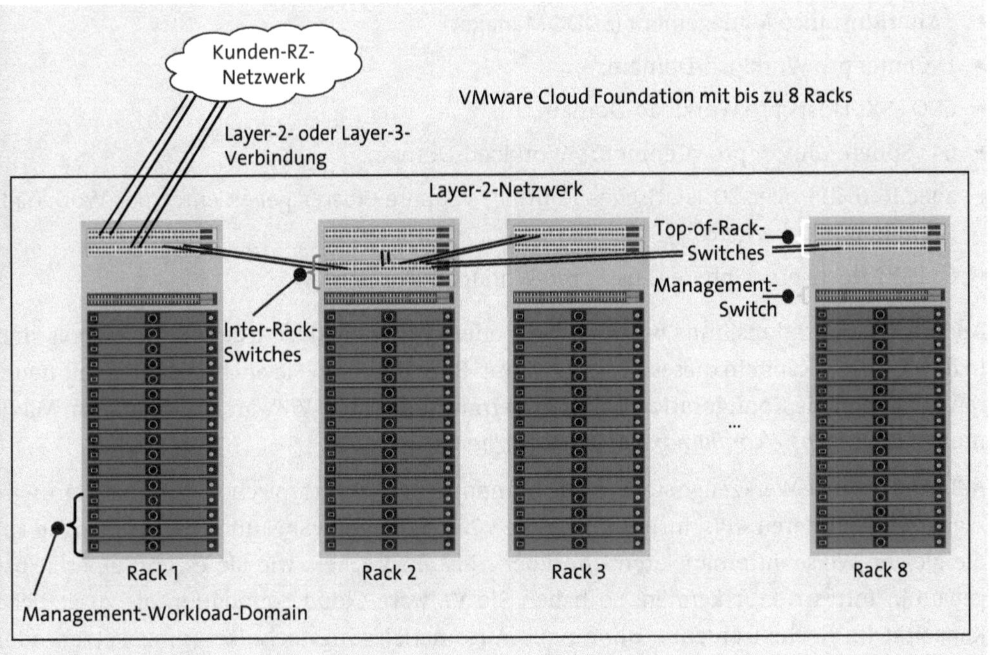

Abbildung 22.8 VMware Cloud Foundation mit bis zu acht Racks

Über *Workload-Domains* werden Ressourcen bereitgestellt, die auf vSphere, vSAN und NSX basieren. Diese Ressourcen gibt es für den Management-Cluster und die Anwendungen. Eine Workload-Domain basiert auf einer Gruppe von ESXi-Hosts. Vier Hosts im ersten Rack bilden die *Management-Workload-Domain*. Sie können sie bei Bedarf später durch weitere Hosts ergänzen. In dieser Management-Workload-Domain befinden sich der SDDC Manager, der integrierte *Platform Services Controller* (PSC), die vCenter Server, die NSX-Manager und NSX-Controller, vRealize-Suite-Komponenten und – wenn installiert – die Horizon-Management-Komponenten.

Dazu gibt es noch eine *Virtual Infrastructure Workload Domain* (VI-Workload-Domain). Ein vCenter Server verwaltet sie, und sie hat wie jede Workload-Domain eine eigene NSX-Installation.

Schließlich gibt es die *Virtual Desktop Infrastructure Workload Domain* (VDI-Workload-Domain). Das ist eine VI-Workload-Domain, in der zusätzlich noch die Horizon-Komponenten installiert sind.

Jede Workload-Domain wird von einem eigenen vCenter Server verwaltet. Alle vCenter Server sind in derselben SSO-Domain.

Andere Konfigurationslimits von VCF 4.0 sind

- 600 ESXi-Hosts pro SDDC-Manager-Instanz,
- 14 Workload-Domains pro NSX-T-Manager- und SDDC-Manager-Instanz,
- 5 Multi-Instance-Management (SDDC Manager),
- 1 vCenter pro Workload-Domain,
- 600 ESXi-Hosts pro Workload-Domain,
- 64 vSphere-Cluster pro vCenter pro Workload-Domain,
- aber 16 (BGP) oder 20 (statisches Routing) vSphere-Cluster per vCenter per Workload-Domain mit Kubernetes,
- 64 ESXi-Hosts pro vSphere-Cluster pro Workload-Domain.

Andere Konfigurationslimits bei NSX, vSAN oder vSphere inklusive der vRealize-Tools sind in den anderen Kapiteln dieses Buchs erwähnt. Bitte beachten Sie auch, dass sich mit neueren Versionen die Konfigurationslimits ändern werden (siehe VMware Configuration Maximums unter *https://configmax.vmware.com/home*).

APIs und externe Werkzeuge steuern alle Komponenten wie in typischen Automatisierungsszenarien über deren APIs. Insbesondere die vCenter Server, vSAN und NSX können Sie auf die gleiche Weise automatisieren und über APIs ansprechen, wie Sie es von einer selbst gebauten Infrastruktur kennen. So haben Sie VMware Cloud Foundation als zusätzliche Kapazität im Rechenzentrum, ohne neue Automatisierungstechniken einzusetzen oder lernen zu müssen. VMware-Cloud-Foundation-APIs sind hier dokumentiert: *https://code.vmware.com/apis/1002/vmware-cloud-foundation*.

22.4 Installation

Ich beschreibe in diesem Abschnitt die Installation des ersten Racks. Die Installation von VMware Cloud Foundation läuft in vier Schritten ab:

1. Planung der Installation
2. Aufbau und Verkabelung der Hardware
3. Imaging der Hardware
4. Bring-up und Konfiguration des Management-Clusters

Damit das Imaging der Hardware und die Installation der Software reibungslos verlaufen, ist es sehr wichtig, genau zu planen und die Installation sauber vorzubereiten.

Kritische Punkte bei der Installation von VMware Cloud Foundation

- Top-of-Rack- und Management-Netzwerk-Switches müssen genau die Modelle sein, die in dem VMware Compatibility Guide angegeben sind. Das Switch-Betriebssystem muss die vorgegebene Version sein. Ältere oder neuere Switch-OS-Versionen können zu Fehlern führen: *http://www.vmware.com/resources/compatibility/vcl/cloudfoundation.php*.
- Die Server müssen die *vSAN Ready Node*-Modelle sein, die in dem VMware Compatibility Guide für VMware Cloud Foundation angegeben sind. BIOS-, Treiber- und Firmwareversionen müssen genau stimmen. Erlaubte Variationen sind im Knowledge-Base-Artikel KB 52084 beschrieben: *https://kb.vmware.com/s/article/52084*.
- Die Verkabelung zwischen Server und Switches müssen Sie so vornehmen, wie es in der Dokumentation zur *VMware Imaging Appliance* steht. Sie müssen die Portnummern einhalten.

22.4.1 Vorbereitung der Hardware

Wie bereits erwähnt, ist es wichtig, dass Sie sorgfältig vorgehen und die Vorgaben genau befolgen. Verkabeln Sie die Server und Switches so, wie es in der Dokumentation zur *VMware Prerequisites Checklist* steht, und achten Sie auf die Netzwerkkonfigurationsgrundlagen:

- Top-of-Rack-Switches sind konfiguriert. Jeder Host und jede Netzwerkkarte in der Verwaltungsdomäne muss dieselbe Netzwerkkonfiguration haben. Es wird keine Ethernet-Link-Aggregationstechnologie (LAG/VPC/LACP) verwendet.
- IP-Bereiche, Subnetzmaske und ein zuverlässiges L3-Gateway (Standard) für jedes VLAN.
- Jumbo Frames (MTU 9000) werden für alle VLANs empfohlen. Für die End-to-End-VLANs NSX-T Host Overlay (Host TEP) und NSX-T Edge Overlay (Edge TEP) in Ihrer Umgebung ist mindestens eine MTU von 1600 erforderlich.
- VLANs für Management-, vMotion-, vSAN-, NSX-T-Host-Overlay- (Host-TEP-), NSX-T-Edge-Overlay- (Edge-TEP-) und NSX-Uplink-Netzwerke werden erstellt und mit allen Hostports versehen. Jedes VLAN ist mit 802.1q-Tags versehen. Das NSX-T-Host-Overlay-VLAN (Host-TEP) und das NSX-T-Edge-Overlay-VLAN (Host-TEP) werden miteinander geroutet.
- Die Management-IP ist VLAN-gesichert und auf den Hosts konfiguriert. Die IP-Bereiche von vMotion und vSAN werden während des Startvorgangs konfiguriert.
- DHCP mit einer geeigneten Bereichsgröße (eine IP pro physische Netzwerkkarte pro Host) ist für das NSX-Host-Overlay-(Host TEP-)VLAN konfiguriert.

- Um Application Virtual Networks (AVNs) für vRealize-Suite-Komponenten zu verwenden, benötigen Sie außerdem:
  - ToR-Switches (Top of Rack), die mit dem Border Gateway Protocol (BGP) konfiguriert wurden, einschließlich AS-Nummern (Autonomous System) und BGP-Nachbarkennwörtern sowie Schnittstellen für die Verbindung mit NSX-T-Edge-Knoten.
  - Zwei VLANs, die für alle ESXi-Hosts konfiguriert und angezeigt werden, um die Uplink-Konfiguration zwischen den (ToR-)Switches und den NSX-T-Edge-Knoten für die ausgehende Kommunikation zu unterstützen.

Server müssen installiert und verkabelt sein. Die in den Versionshinweisen zu VMware Cloud Foundation erwähnte ESXi-Version muss auf jedem Host installiert sein.

Weitere Best-Practice-Hinweise finden Sie auch in Abschnitt 22.4.4, »Zusätzliche Tipps und Best Practices zur Installation«.

22.4.2 Installation der Software

Sie beginnen den Cloud-Foundation-Bereitstellungsprozess mit der Bereitstellung der VMware Cloud Builder Appliance. Die VMware Cloud Builder Appliance enthält den VMware-Imaging-Appliance-Dienst, mit dem Sie Ihre Server mit ESXi-Software installieren können. Nach dem Imaging Ihrer Server laden Sie das Worksheet mit den Installationsparametern von der VMware Cloud Builder Appliance herunter und vervollständigen sie, um Ihre Netzwerkinformationen, Hostdetails und andere erforderliche Informationen zu definieren (siehe auch Abbildung 22.9 und Abbildung 22.10). Während des Bereitstellungsprozesses wird dieses Worksheet automatisch in eine JSON-Datei konvertiert und auf die VMware Cloud Builder Appliance hochgeladen. Die bereitgestellten Informationen werden validiert, und die automatisierte Phase des Aufrufprozesses beginnt.

- **Stellen Sie die VMware Cloud Builder Appliance bereit.**

  Die VMware Cloud Builder Appliance ist eine VM, die auch einen Dienst namens VMware Imaging Appliance enthält, mit dem das Basis-ESXi-Betriebssystem auf Ihren physischen Servern installiert werden kann. Nachdem Sie die Server mit einem Image versehen haben, verwenden Sie die Cloud Builder Appliance, um die Verwaltungsdomäne bereitzustellen und zu konfigurieren und Inventar und Kontrolle an den SDDC Manager zu übertragen. Während des Bereitstellungsprozesses überprüft die Cloud Builder Appliance die Netzwerkinformationen, die Sie in der Arbeitsmappe für Bereitstellungsparameter angegeben haben, z. B. DNS-, Netzwerk- (VLANS, IPs, MTUs) und Anmeldeinformationen. Bitte lesen Sie die Details in der Produktinfo unter DEPLOY VMWARE CLOUD BUILDER APPLIANCE.

- **Installieren der ESXi-Software auf Cloud-Foundation-Servern.**

  Sie können den in der VMware Cloud Builder Appliance enthaltenen VMware-Imaging-Appliance-Dienst (VIA) für Image-Server zur Verwendung in den Verwaltungsdomänen und VI-Workload-Domains verwenden. Alternativ können Sie ESXi manuell installieren. Informationen zur unterstützten ESXi-Version finden Sie im Abschnitt STÜCKLISTE der Versionshinweise zu VMware Cloud Foundation. Weitere Infos erhalten Sie unter INSTALLING ESXI SOFTWARE ON CLOUD FOUNDATION SERVERS.

- **Initiieren Sie den Cloud-Foundation-Startvorgang.**

  Der Cloud-Foundation-Bereitstellungsprozess wird als Bring-up bezeichnet. Sie geben für Ihre Umgebung spezifische Bereitstellungsinformationen wie Netzwerke, Hosts, Lizenzschlüssel und andere Informationen in der Arbeitsmappe für Bereitstellungsparameter an und laden die Datei auf die VMware Cloud Builder Appliance hoch, um das Aufrufen zu starten. Während des Startvorgangs wird die Verwaltungsdomäne auf den in der Arbeitsmappe angegebenen ESXi-Hosts erstellt. Die Cloud-Foundation-Softwarekomponenten werden mithilfe der verfügbaren Informationen automatisch bereitgestellt, konfiguriert und lizenziert. Näheres finden Sie im Bereich UPLOAD THE DEPLOYMENT PARAMETER WORKBOOK AND COMPLETE DEPLOYMENT.

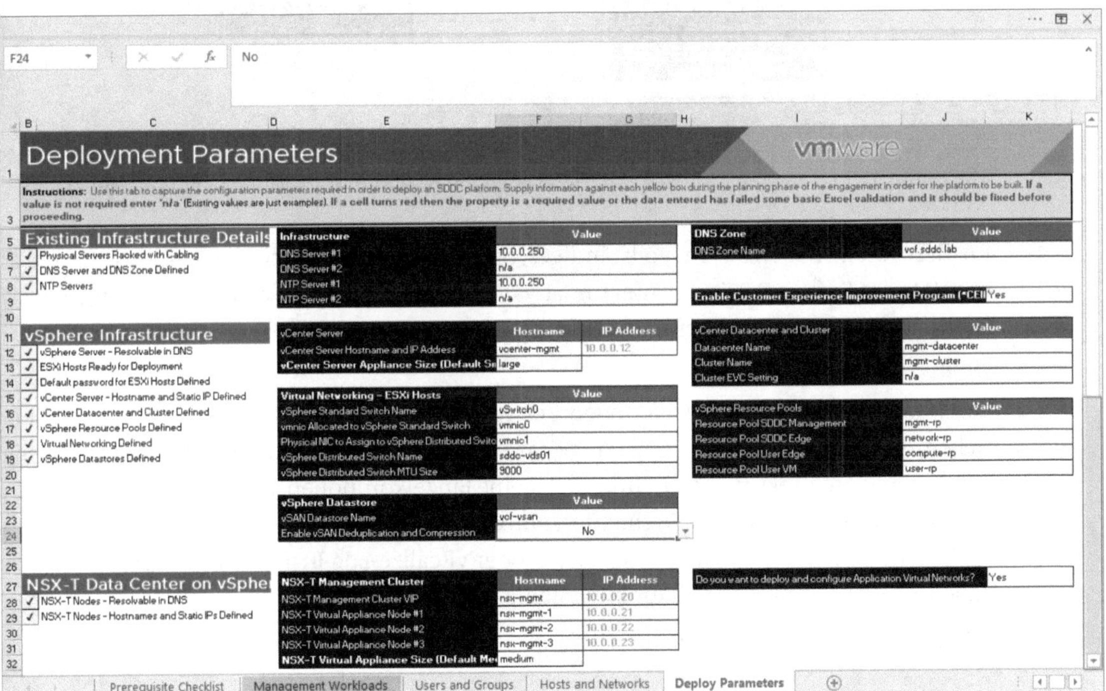

Abbildung 22.9 VMware Cloud Foundation Deployment Parameters Worksheet (Beispiel 1)

22

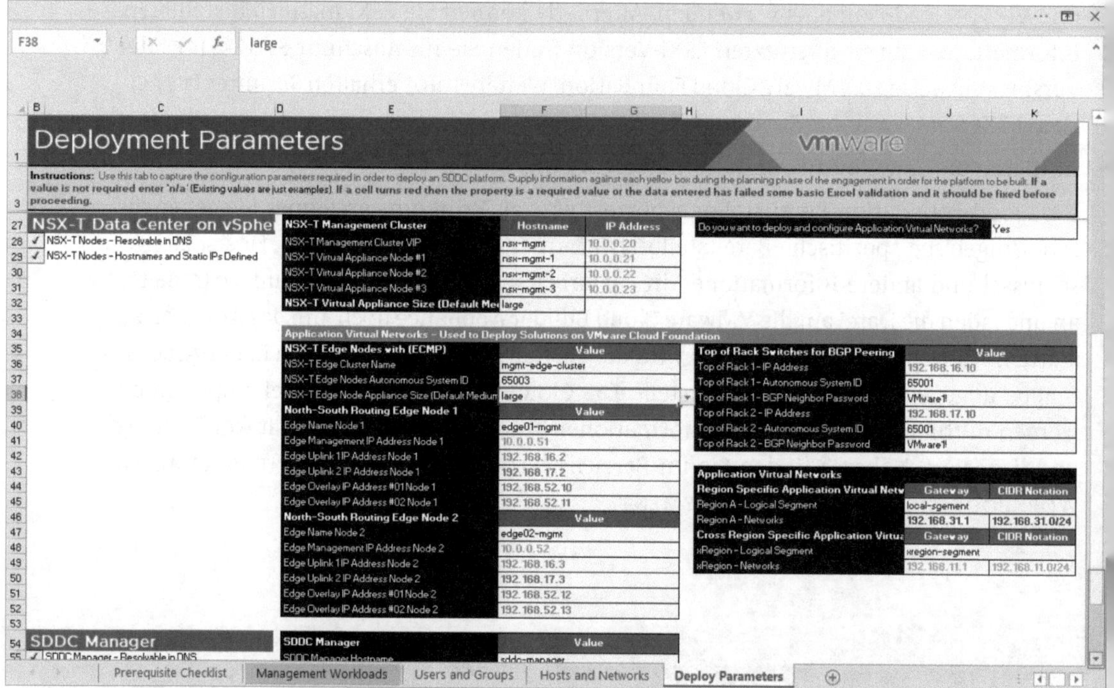

Abbildung 22.10 VMware Cloud Foundation Deployment Parameters Worksheet (Beispiel 2)

An dieser Stelle haben Sie ein vollständiges, produktionsreifes Software-Defined Datacenter mit VMware-Software. Die Architektur ist validiert und so, wie sie von VMware vorgegeben ist. Der Management-Cluster ist fertig aufgebaut, und leere ESXi-Server stehen zur Verfügung.

Beachten Sie besonders den geringen Zeitaufwand, den Sie bis hierher benötigt haben. Neben der Planung haben Sie einen Wizard mit den Konfigurationsdaten ausgefüllt. Sie haben keine Architektur geplant und auch keine Einzelkomponenten geprüft und installiert. Das alles hat VMware Cloud Foundation automatisiert für Sie übernommen. Sie benötigen bis hierher keinerlei vSphere-, vSAN-, NSX- oder vRealize-Log-Insight-Kenntnisse, und doch haben Sie diese Lösungen voll funktionsfähig ausgerollt.

Schauen wir uns einmal genauer an, was wir bis jetzt aufgebaut haben.

22.4.3 Architektur der Management-Workload-Domain

Die Architektur ist vorgegeben

Um es gleich zu Beginn dieses Abschnitts noch einmal zu wiederholen: Sie entwerfen und bauen hier keine Architektur für die Infrastruktur. Sie verwenden eine vorgegebene Architektur, die ich in diesem Abschnitt näher beschreibe.

Aus Sicht der Cloud Foundation ist eine Workload-Domain (siehe Abbildung 22.11) eine logische SDDC-Instanz eines oder mehrerer vSphere-Cluster mit einem dedizierten vCenter Server und einem NSX-Manager, die sich beide in der Verwaltungsdomäne befinden.

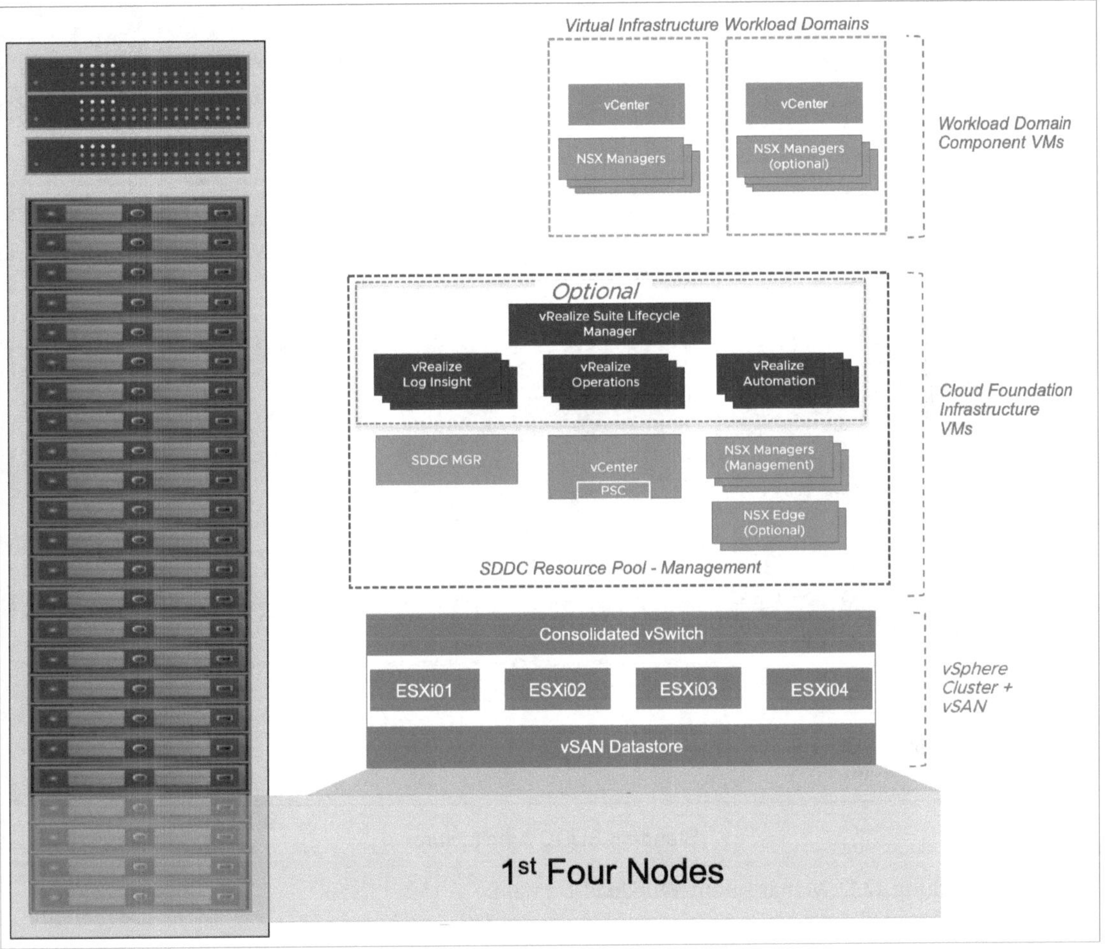

Abbildung 22.11 Virtuelle Maschinen in der Management-Workload-Domain

Die Bereitstellung von Workload-Domains (siehe Abbildung 22.12) wird über den SDDC Manager automatisiert, der vCenter, vSphere vSAN und NSX konfiguriert und die Integration in alle installierten vRealize-Suite-Komponenten ermöglicht.

22

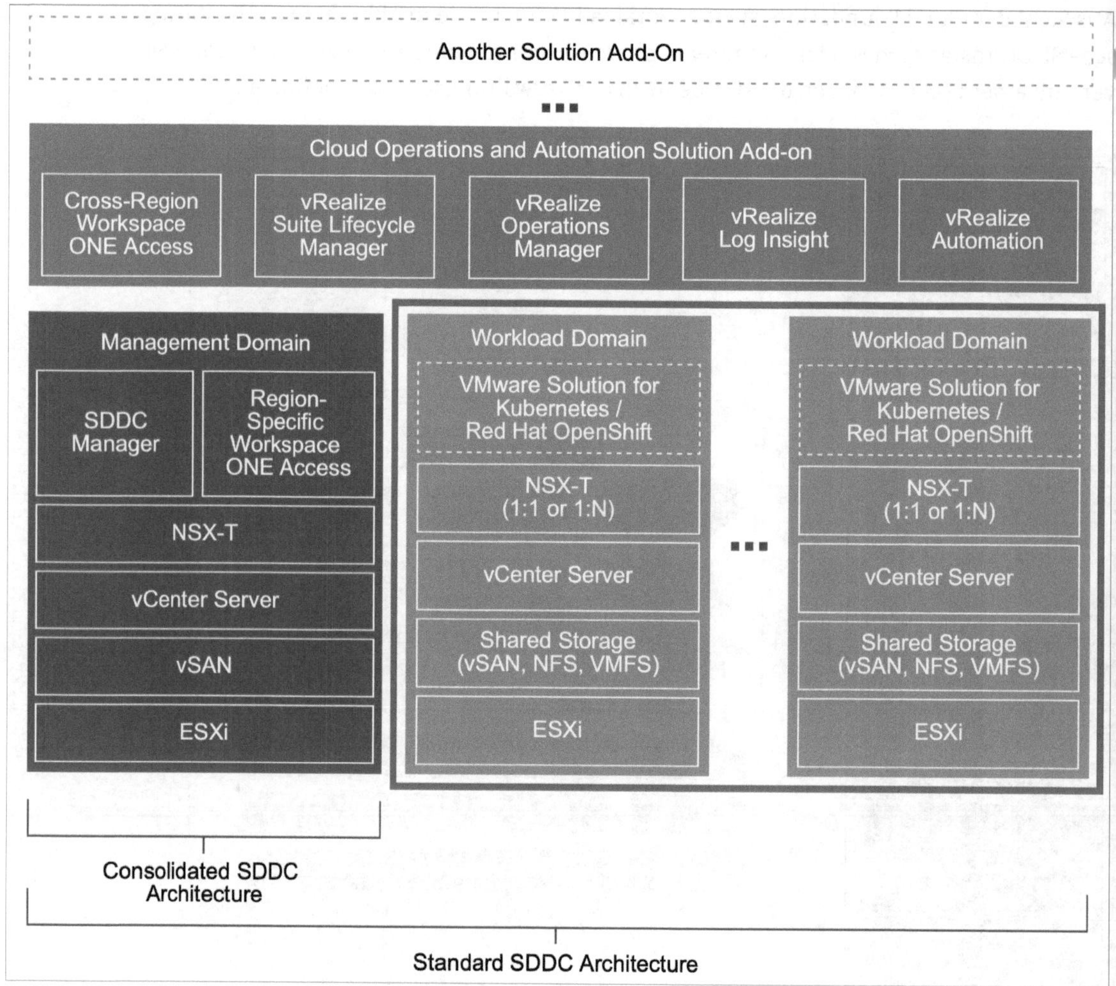

Abbildung 22.12 Management-Workload-Domain

Cloud Foundation unterstützt insgesamt 15 WLD innerhalb einer Bereitstellung. Jeder in jeder Workload-Domain bereitgestellte vCenter Server ist mit einem erweiterten Verbindungsmodus konfiguriert, und alle teilen sich eine gemeinsame SSO-Domäne mit replizierten SSO-Instanzen, die in jedes vCenter eingebettet sind.

Kunden stellen häufig die Frage, ob sie für jeden vCenter Server der Workload-Domain separate vCenter-Lizenzen erwerben müssen. Die Antwort ist Nein. Die einzelne vCenter-Lizenz, die in der Tabelle mit den Bereitstellungsparametern eingegeben wird, unterstützt alle vCenter-Instanzen innerhalb der Bereitstellung

Der vCenter Server verwaltet die Server der Management-Workload-Domain in einem vSAN-Cluster mit einem Datastore namens vsanDatastore, den alle VMs nutzen. Die vSAN-Default-Storage-Policy ist aktiv (`FTT = 1`, `Disk Stripes per Object = 1`, `Force provisioning = No`, `Object` space reservation = 0%, Flash read cache reservation = 0%). Sie können bei Bedarf weitere Storage-Policies anlegen und benutzen. vSAN macht externen Speicher überflüssig und vereinfacht auch die Bereitstellung virtueller Maschinen.

Der NSX-Manager und die drei NSX-Controller stellen die NSX-Umgebung bereit. Die Management-Workload-Domain nutzt NSX für die vRealize-Automation-Architektur, die Sie optional aktivieren können.

Der SDDC Manager richtet *VMware vRealize Log Insight* automatisch ein und konfiguriert es. VMware vRealize Log Insight liefert eine zentralisierte Log-Aggregation und -Analyse, eine interaktive und hochperformante Suche und ein angepasstes Dashboard mit einer verteilten Architektur. Der SDDC Manager installiert einen mittleren Drei-Node-Cluster in der Management-Workload-Domain. Er aktiviert vSphere HA, richtet die VIP-Konfiguration und das eingebaute vRealize-Log-Insight-Load-Balancing ein, bietet den Link zur Benutzeroberfläche und sorgt für die Konfiguration der Content-Packs für vSphere, vSAN, NSX, VMware Cloud Foundation, Horizon View, Active Directory, SQL und Windows.

Der SDDC Manager sendet seine Events, Alerts und Logs an vRealize Log Insight. Die folgenden Komponenten der Management-Workload-Domain senden ebenfalls Events und Logs an vRealize Log Insight:

- ESXi-Server
- vSAN
- NSX-Manager und NSX-Controller

22.4.4 Zusätzliche Tipps und Best Practices zur Installation

In diesem Abschnitt möchte ich Ihnen kurz zusammengefast einige Hinweise zur Installation geben.

Management-Domain-Installation

- Die automatisierte Edge-Bereitstellung kann als Teil des Bring-ups (AVN) aktiviert werden, indem ein Edge-Cluster im Management-Cluster bereitgestellt wird.
- Overlay-Netzwerke können für Lösungen wie vRealize verwendet werden. Hinweis: Wenn das AVN bei der Einführung aktiviert ist, wird der SDDC Manager wissen, dass hier dazu das AVN verwendet wird.
- Die erforderlichen Daten (Netzwerkinfo, BGP-Einstellungen ...) werden in der Bring-up-JSON-Datei hinzugefügt.

VI-WLD-Installations-Workflow

- Kümmern Sie sich zunächst um die Voraussetzungen: Netzwerk, DNS-Einträge, Netzzugang der Hosts etc.

- Führen Sie eine Validierung vor dem Workflow-Start durch.
- Stellen Sie Edge-Appliances bereiten und legen Sie DRS-Regeln fest.
- Erstellen Sie einen Edge-Cluster:
  - Edge-Uplink-Segmente erstellen
  - Erstellen und Konfigurieren von T0
  - BGP-Peering
  - HA-Modus (A-A/A-S)
  - Erstellen und Konfigurieren von T1-Routern
  - Profilbasierte Edge-Erstellung beginnend mit WCP-Usecase

Was ist das AVN (Applications Virtual Network)?

- Das *Applications Virtual Network* (AVN) ist ein VMware-eigener Netzwerkbegriff. AVN sind die Overlay-Teilnetze, die die Cloud-Foundation-Architektur über BGP dem physischen Netzwerk zur Verfügung stellen.
- VCF kann in einem VLAN-gestützten Netzwerk oder mit AVN eingesetzt werden.
- Best Practice ist die Bereitstellung der NSX-Edges mit dem Cloud Builder.
- Anforderungen vom AVN sind 13 Subnetze, 7 VLANs und DHCP (siehe Abbildung 22.13).

Management Domain VLAN and IP Subnet Requirements (First Availability Zone)									
VLAN Backed									
Function	**Rainpole VLAN ID**	**Actual VLAN ID**	**Rainpole Subnet**	**Actual Subnet**	**Rainpole Gateway**	**Actual Gateway**	**Rainpole MTU**	**Actual MTU**	**Information**
Management Network	1611		172.16.11.0/24		172.16.11.253		1500		
vMotion Network	1612		172.16.12.0/24		172.16.12.253		9000		
vSAN Network	1613		172.16.13.0/24		172.16.13.253		9000		
NSX-T Host Overlay	1614		DHCP	DHCP	DHCP	DHCP	9000		
NSX-T Edge Uplink 1	2711		172.27.11.0/24		172.27.11.253		9000		
NSX-T Edge Uplink 2	2712		172.27.12.0/24		172.27.12.253		9000		
NSX-T Edge Overlay	2713		172.27.13.0/24		172.27.13.253		9000		
NSX-T Virtual Network Segments									
Function	**Rainpole VLAN ID**	**Actual VLAN ID**	**Rainpole Subnet**	**Actual Subnet**	**Rainpole Gateway**	**Actual Gateway**	**Rainpole MTU**	**Actual MTU**	**Information**
Region Specific Segment IP Network	n/a	n/a	192.168.31.0/24		192.168.31.1		n/a	n/a	
Cross Region Segment IP Network	n/a	n/a	192.168.11.0/24		192.168.11.1		n/a	n/a	

Management Domain BGP Requirements (First Availability Zone)		
Purpose	**Rainpole Value**	**Actual Value**
NSX-T Edge Nodes Autonomous System ID	65003	
Top of Rack 1 - IP Address	172.27.11.1	
Top of Rack 1 - Autonomous System ID	65001	
Top of Rack 1 - BGP Neighbor Password	1Upp1$pecMin8	
Top of Rack 2 - IP Address	172.27.12.1	
Top of Rack 2 - Autonomous System ID	65001	
Top of Rack 2 - BGP Neighbor Password	1Upp1$pecMin8	

Abbildung 22.13 Cloud-Builder-Netzwerk-Installation

- »Large« Edge Nodes sind erforderlich; normalerweise installiert der Cloud Builder »Medium«, aber für Kubernetes-Workloads wird »Large« gebraucht.

- BGP mit zwei Uplinks und privater ASN zu den physikalischen Routern wird benötigt.
- Für die Kubernetes Networks müssen IP-Pools zur Verfügung gestellt werden (siehe Abbildung 22.14).

Kubernetes IP Pool Subnet Requirements (First Availability Zone Only)								
Function	Rainpole VLAN ID	Actual VLAN ID	Rainpole Subnet	Actual Subnet	Rainpole Gateway	Actual Gateway	Rainpole MTU	Actual MTU
Ingress Pool	n/a	n/a	192.168.21.0/24		n/a	n/a	n/a	n/a
Egress Pool	n/a	n/a	192.168.22.0/24		n/a	n/a	n/a	n/a
Pod Pool	n/a	n/a	100.100.0.0/20		n/a	n/a	n/a	n/a
Service Pool	n/a	n/a	10.200.0.0/22		n/a	n/a	n/a	n/a

Abbildung 22.14 Kubernetes-IP-Pool-Subnet-Installation

Weitere Best Practices und Tipps

- Richten Sie die Subnetze mit größeren Subnetmasks (/22) speziell für Ingress ein. (Eine Neuinstallation ist bei Änderungen notwendig – es können RFC1918-IP-Adressen verwandt werden).
- DHCP kann auch aus NSX verwendet werden.
- BGP ist ein Muss beim Peering mit der physikalischen Welt. Das Netzwerkteam kann dann das Ganze auch redistributieren.

22.5 Ressourcen durch Workload-Domains bereitstellen

Nach der Installation können Sie jedoch noch keine Anwendungen und virtuelle Maschinen betreiben. Dazu benötigen Sie eine Workload-Domain. Das Anlegen einer Workload-Domain beschreibe ich in diesem Abschnitt.

Cloud Foundation hat eine neue Abstraktion namens Workload-Domain eingeführt, die aus einem oder mehreren vSphere-Clustern besteht, die automatisch vom SDDC Manager bereitgestellt werden.

Workload-Domains sind Ressourcen-Container mit spezifischen Richtlinien, die für Leistung, Verfügbarkeit und Sicherheit konfiguriert sind. Es gibt zwei Arten: Verwaltungsdomäne und Compute-Workload-Domain, wobei Letztere weiter kategorisiert wird in Workload-Domains für Virtual Infrastructure VI und Workload-Domain für Virtual Desktop Infrastructure oder VDI.

Die Verwaltungsdomäne verwendet Speicher aus dem vSAN-Cluster und wird während des ersten Startvorgangs erstellt, der aus ESXi-, vCenter-Server- und Platform-Services-Controllern, NSX für vSphere-Komponenten (NSX-Manager und drei NSX-Controller-VMs) und vRealize-Suite-Komponenten wie vRealize besteht. Optionale Komponenten sind Log Insight sowie, vRealize Operations Manager. Standardmäßig verfügt jede Cloud-Foundation-Bereitstellung über eine Verwaltungsdomäne.

VI-Workload-Domains (Virtual Infrastructure) werden für Benutzer-Workloads implementiert, wobei wir für jede VI-Workload-Domain die Speicheroption vSAN oder NFS und NSX für vSphere oder NSX-T auswählen können. Die VI-Workload-Domain kann einen oder mehrere vSphere-Cluster mit mindestens drei Hosts und maximal 64 Hosts haben. Wenn Cloud Foundation VI-Workload-Domains erzeugt und bereitstellt, stellt es eine dedizierte vCenter-Server-Instanz bereit, konfiguriert ESXi-Hosts auf vSAN-Clustern und stellt NSX für das Netzwerk bereit.

Wenn wir eine VDI-Workload-Domain erzeugen, stellt Cloud Foundation die zur Unterstützung der VDI-Umgebung erforderliche VMware-Horizon-Infrastruktur bereit, stellt zunächst die Workload-Domain für die virtuelle Infrastruktur mit dem SDDC-Software-Stack bereit und stellt dann den Horizon-Stack für die VDI-Umgebung in der Virtual-Infrastructure-Umgebung bereit und konfiguriert ihn. Da die Bereitstellung der VDI-Workload-Domain in der Basis-VI-Domäne erfolgt, enthält sie andere Softwarekomponenten, die die VDI-Umgebung unterstützen, z. B. View Connection Server, Horizon Agent, Horizon View Administrator oder View Composer.

Der SDDC Manager wird zum Erstellen einer VI-Workload-Domain verwendet, in der Details zu Verfügbarkeit und Leistung, Kapazität und Netzwerk angeben werden und in dem die für die VI-Workload-Domain bereitgestellten Ressourcen gesucht werden.

Für den Aufbau einer solchen Umgebung benötigen Sie kein VMware-Know-how, und er kostet nur wenige Minuten Ihrer Zeit. Sie bedienen lediglich den Wizard zum Anlegen einer Workload-Domain und lassen die Automatisierung von VMware Cloud Foundation die Arbeit machen.

22.5.1 Eine VI-Workload-Domain erstellen

Sie legen eine *VI-Workload-Domain* an, indem Sie den entsprechenden Wizard im SDDC Manager aufrufen. Führen Sie folgende Schritte aus:

- Geben Sie einen Namen für die VI-Workload-Domain an.
- Wählen Sie die ESXi-Server aus.
- Bestimmen Sie Default-Performance und Verfügbarkeit.
- Konfigurieren Sie das Netzwerk.

Nach wenigen Minuten können Sie den Workflow zum Anlegen der VI-Workload-Domain anstoßen. Nach ein bis zwei Stunden haben Sie die Umgebung so weit fertig, um darin virtuelle Maschinen laufen zu lassen (siehe Abbildung 22.12).

Der vCenter Server und die NSX-Manager für die VI-Workload-Domain werden in der Management-Workload-Domain angelegt. So können Sie die Kapazität der ESXi-Hosts der VI-Workload-Domain optimal für Anwendungen nutzen. Virtuelle Maschinen mit NSX Edge und die NSX-Controller laufen in der VI-Workload-Domain, da sie bei den Anwendungen sein müssen.

Sie können über den SDDC Manager weitere ESXi-Server zu einer bestehenden Workload-Domain hinzufügen.

Wenn Sie eine Workload-Domain nicht mehr benötigen, können Sie sie mit dem SDDC Manager löschen. Dabei werden vCenter Server, vSAN und NSX deinstalliert. Die ESXi-Hosts stehen danach als freie Kapazität anderen Workload-Domains zur Verfügung.

22.5.2 Architektur einer VI-Workload-Domain

Eine VI-Workload-Domain besteht aus 3 bis 64 ESXi-Servern, die in einem vSAN-Cluster von einem eigenen vCenter Server verwaltet werden und eine eigene NSX-Installation nutzen. Der vCenter Server und der NSX-Manager laufen in der Management-Workload-Domain. Die passenden NSX-Controller laufen in der VI-Workload-Domain (siehe Abbildung 22.15).

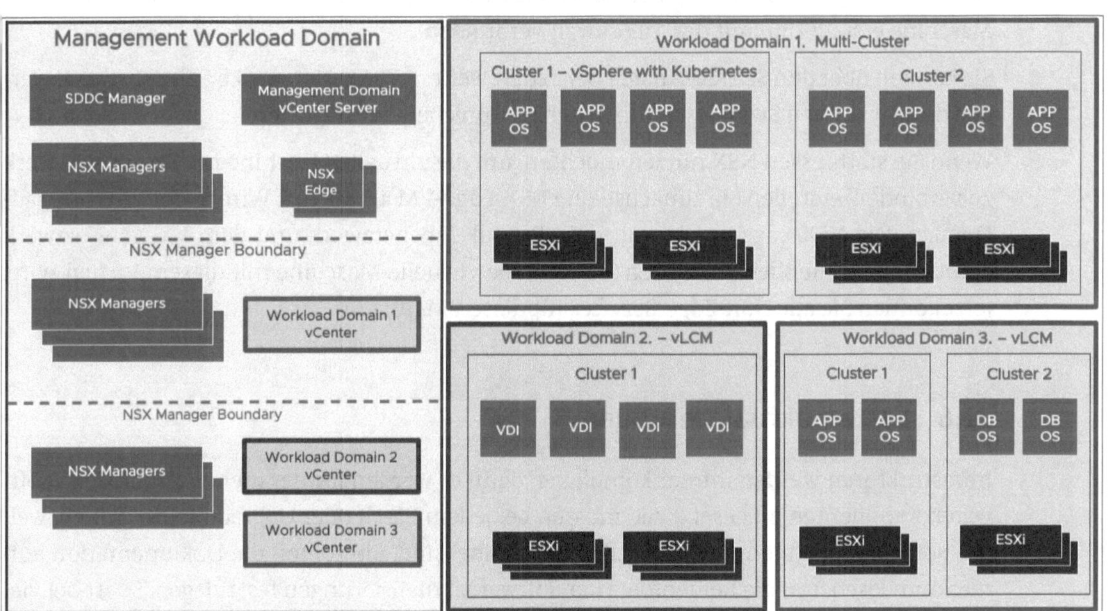

Abbildung 22.15 VMs und Netzwerke einer VI-Workload-Domain

Wenn Sie eine entsprechende Lizenz von vRealize Log Insight besitzen, dürfen Sie den Einsatz dieses Werkzeugs für weitere Workload-Domains im SDDC Manager aktivieren. Dann sammelt vRealize Log Insight, das in der Management-Workload-Domain läuft, automatisch Events und Logs von dem vCenter Server, den ESXi-Servern, vSAN, dem NSX-Manager und den NSX-Controllern der VI-Workload-Domain.

22.5.3 Eine virtuelle Maschine anlegen

Bis zu diesem Punkt haben Sie eine SDDC-Architektur vollautomatisch angelegt. Dabei haben Sie ausschließlich Wizards des SDDC Managers genutzt. In diesem Abschnitt erkläre ich, wie Sie eine virtuelle Maschine anlegen und so mit dem Rechenzentrum verbinden, dass Sie auf sie zugreifen können.

Ich unterscheide zwei Fälle:

- die Benutzung des Standard-VLAN und
- die Benutzung von NSX.

Das VLAN-Netzwerk für virtuelle Maschinen wurde schon beim Bring-up angelegt und auf den Top-of-Rack-Switches konfiguriert. Beim Erstellen der VI-Workload-Domain wurden die ESXi-Hosts auch mit diesem Netzwerk verbunden.

Sie legen über den vSphere Web Client oder das Automatisierungswerkzeug Ihrer Wahl eine virtuelle Maschine an und wählen genau dieses Netzwerk aus. Damit haben Sie die virtuelle Maschine erstellt und mit der Außenwelt verbunden.

Sie können über den SDDC Manager bei Bedarf weitere VLAN-Netzwerke anlegen. Dabei werden die physischen Switches automatisch entsprechend konfiguriert.

Wenn Sie stattdessen NSX nutzen möchten, um die virtuelle Maschine mit Ihrem Netzwerk zu verbinden, erstellen Sie zunächst eine NSX-Edge-VM am Virtual Wire in der VI-Workload-Domain. Die NSX-Edge-VM ist mit dem Produktionsnetzwerk und dem VXLAN-Netzwerk verbunden. Schließlich verbinden Sie die neue virtuelle Maschine mit diesem Virtual Wire. Jetzt können Sie alle NSX-Edge-Services für diese VM nutzen.

22.6 Systemaktualisierungen

Infrastrukturen werden immer komplexer, denn es werden immer mehr verschiedene Softwarekomponenten eingesetzt. Sie müssen bei jedem Patch oder Upgrade selbst prüfen, welche Softwareversionen untereinander kompatibel sind. Sie sollten die Dokumentation aufmerksam lesen, um die Reihenfolge der Softwareaktualisierungen festzulegen. So ist bei vielen Umgebungen das Aktualisieren der Infrastruktur ein Projekt mit Risikomanagement und aufwendiger Planung.

Wichtig ist, dass vSphere mit Kubernetes nur den VMware Update Manager (VUM) nutzt und dass nur bei offiziell unterstützter Hardware der vLCM (Lifecycle Manager) möglich ist.

Der Hauptunterschied zu vLCM in VCF-Instanzen besteht darin, dass die Images erstellt und dann zum Gebrauch beim Erstellen einer Workload-Domain oder eines Clusters in den SDDC Manager hochgeladen werden.

In VCF 4.0 stellt vSphere 7 eine völlig neue Lösung für die einheitliche Software- und Firmwareverwaltung vor, die in vSphere integriert ist. Der *vSphere Lifecycle Manager* oder *vLCM* ist der Ersatz der nächsten Generation für den vSphere Update Manager (VUM). Er basiert auf einem gewünschten Status oder einem deklarativen Modell und bietet Lebenszyklusmanagement für den Hypervisor und die gesamten Versionen von Treibern und Firmware für die Server. vLCM ist ein leistungsstarker neuer Ansatz zur Schaffung eines vereinfachten konsistenten Server-Lifecycle-Managements in großem Maßstab. vLCM wurde unter Berücksichtigung der Anforderungen von Providern entwickelt. Diese können ihre spezifischen Lebenszyklusaktualisierungen über das Framework mithilfe eines Plug-ins bereitstellen, das vom Kunden einfach installiert werden kann.

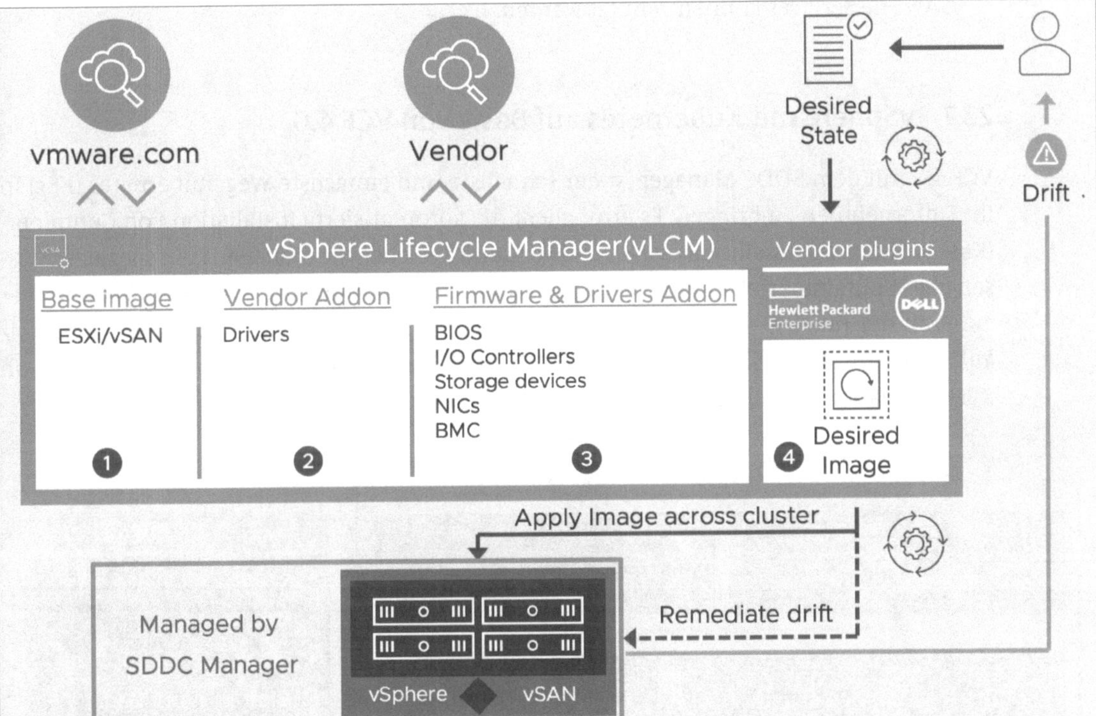

Abbildung 22.16 vSphere Lifecycle Manager

Die Schritte des Upgrades des vSphere Lifecycle Managers, die nur auf spezieller Hardware unterstützt werden (siehe Abbildung 22.16), sehen so aus:

- Der vLCM verwendet das gewünschte Zustandsmodell für alle erforderlichen Lebenszyklusvorgänge, die sich im Laufe der Nutzung oder durch neue Versionen ergeben. Er überwacht die Compliance (Drift), d. h. die Abweichung von den Vorgaben, und stellt den gewünschten Zustand wieder her.

- Der vLCM verwaltet Hosts auf Cluster-Ebene und stellt sicher, dass die Versionen für Hypervisor, Treiber und Firmware der Hardware aktuell sind. Dabei muss die Hardware im Cluster homogen sein.
- Beim vLCM werden Firmware-Plug-ins von Anbietern wie Dell und HPE unterstützt.

Optional kann der *VMware Update Manager* (VUM) genutzt werden (beachten Sie, dass Kubernetes nur VUM unterstützt):

- Die Management-Domain muss auf VUM basieren. Sie können Kubernetes auf VUM-basierter WLD aktivieren.
- Es gibt keine Änderungen in der Upgrade-Methode auf Bundle- bzw. Cluster-Ebene, und vSAN File Services können genutzt werden.

22.7 vSphere mit Kubernetes auf Basis von VCF 4.0

VCF 4.0 mit dem SDDC Manager ist der schnellste und einfachste Weg, Kubernetes (K8s) in Ihr Unternehmen zu bringen. Es ermöglicht die automatisierte Installation von Container-(K8s)-Workload-Domains inklusive Netzwerk und Speicher. Sie brauchen kein spezielles Wissen über Container (siehe Abbildung 22.17). Es wird ein sofort nutzbares Cluster für Container auf Basis der *Tanzu Kubernetes Grid* (TKG) installiert (siehe auch *https://tanzu.vmware.com/kubernetes-grid*). Der SDDC Manager hilft ebenfalls bei der Erweiterung oder Löschung von K8s-Installationen und nutzt den Lifecycle Manager zum Update des kompletten Clusters.

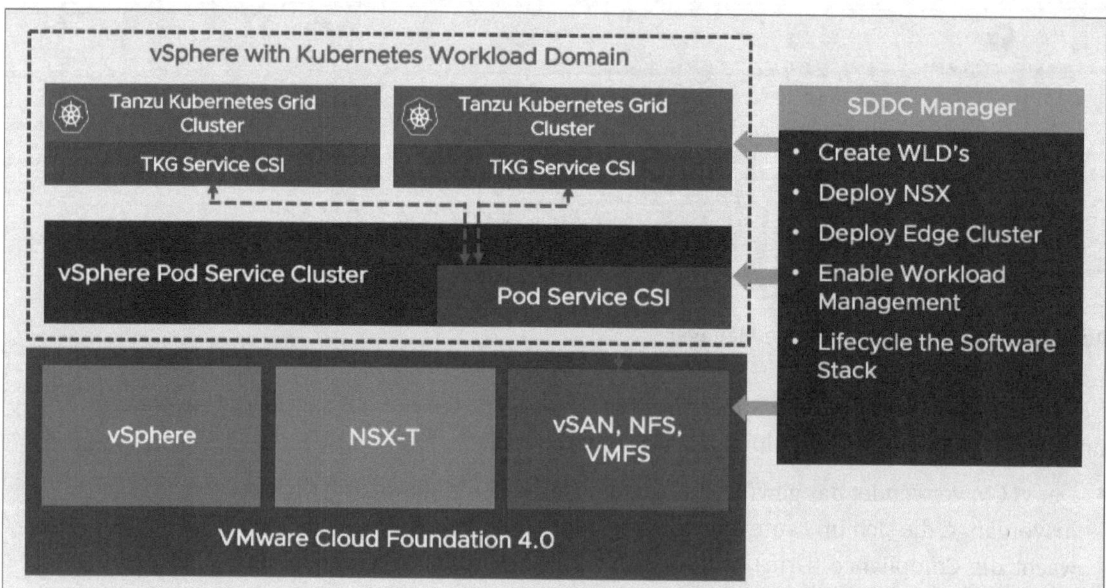

Abbildung 22.17 vSphere mit Kubernetes auf Basis von VCF 4.0

22.8 Mehrere Standorte

Viele Infrastrukturarchitekturen setzen mehrere Brandabschnitte oder sogar mehrere Standorte voraus, um eine entsprechende Ausfallsicherheit zu gewährleisten. Mit VMware Cloud Foundation können Sie solche umfangreichen Architekturen vereinfachen, weil Aufbau und Betrieb der Infrastruktur automatisiert und standardisiert sind. Insbesondere wenn mehrere Standorte betrieben werden, können Sie sicher sein, dass die Architektur identisch ist. Das reduziert Betriebsrisiken erheblich.

Wenn Sie VMware Cloud Foundation an mehreren Standorten gleichzeitig einsetzen, erstellen Sie an jedem Standort eine eigene VMware-Cloud-Foundation-Instanz.

Eine VMware-Cloud-Foundation-Instanz befindet sich immer innerhalb eines Standorts

Beachten Sie, dass VMware Cloud Foundation und SDDC Manager jeden Standort einzeln automatisieren. Für Multi-Site-Szenarien setzen Sie zusätzliche Lösungen ein, die das Ausrollen von Services und das Spiegeln von Daten übernehmen. Wenn Sie mehrere Standorte miteinander verbinden wollen, können Sie VCF Federation mit Multi-Instance-Management nutzen (siehe auch Abbildung 22.18).

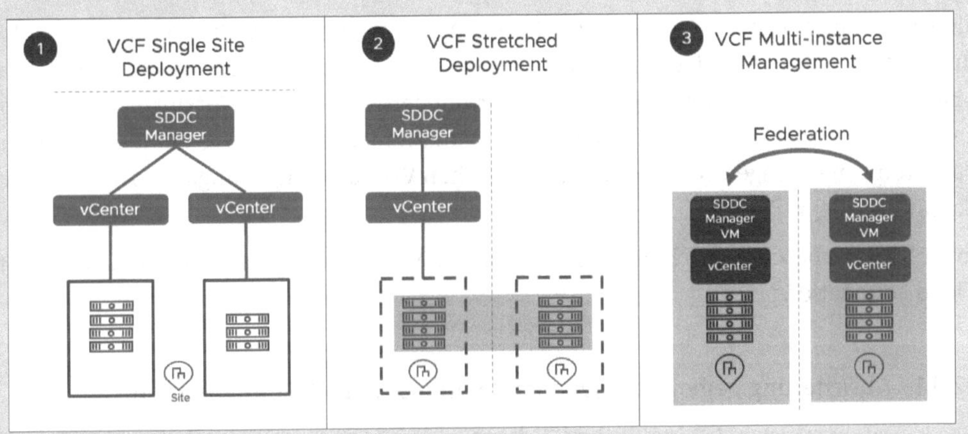

Abbildung 22.18 VMware Cloud Foundation – Standort-Installationsoptionen

VMware Cloud Foundation bietet Ihnen jetzt eine sehr breite Mischung verschiedener Bereitstellungsoptionen für eine Vielzahl unterschiedlicher Kundenszenarien:

- Cloud Foundation kann in seiner einfachsten Form als einzelner Standort bereitgestellt werden, der aus einer oder mehreren Workload-Domains besteht und in einer konsolidierten oder Standardarchitektur bereitgestellt wird. Jede Workload-Domain kann aus einem oder mehreren Clustern bestehen.
- Cloud Foundation unterstützt bei Verwendung mit vSAN auch gestreckte Cluster-Bereitstellungen zwischen zwei Standorten. Die Verwaltungsdomäne ist gestreckt, und der Kunde hat die Möglichkeit, zusätzliche Cluster in anderen Workload-Domains zu strecken.

- Neu seit Cloud Foundation 3.9 ist die Verwaltung mehrerer Instanzen, mit der mehrere VCF-Instanzen über eine Föderation eine Verbindung herstellen können, um eine aggregierte Sichtbarkeit und eine einfache Verwaltung zu gewährleisten.

Zur Bereitstellung von IT-Services über verschiedene Standorte hinweg können Sie eine übergreifende Cloud-Management-Plattform wie die VMware vRealize Automation nutzen, die Sie an die jeweiligen vCenter Server auf den beiden Standorten anschließen. Dazu rufen Sie die IP-Adressen bzw. Hostnamen der jeweiligen vCenter Server aus dem SDDC Manager ab und tragen diese als Deployment-Endpunkte in vRealize Automation ein.

Ein sehr großer Prozentsatz der VMware-Cloud-Foundation-Kunden hat sich für diese Software entschieden, um eine effiziente und einfach zu betreibende Katastrophenfall-Lösung über mehrere Standorte hinweg aufzubauen. Mithilfe von VMware Site Recovery Manager für die automatische Wiederherstellung im Katastrophenfall und VMware vSphere Replication für die Spiegelung der Daten können Sie auf VMware Cloud Foundation aufbauen.

22.9 Verfügbarkeit und Ausfallsicherheit

Sie können Ihre VMware-Cloud-Foundation-Umgebung gegen Ausfälle von Komponenten und Systemen auf verschiedene Arten absichern. Dabei wird zwischen der Absicherung der Managementkomponenten und der Absicherung der eigentlichen Workloads, Anwendungen und IT-Services unterschieden. Letzteres funktioniert bei VMware-Cloud-Foundation-basierten Umgebungen genauso wie in klassischen VMware-Umgebungen. Darum gehe ich darauf hier nicht näher ein.

Im Folgenden beschreibe ich die Absicherung der Managementkomponenten der VMware Cloud Foundation.

22.9.1 Absicherung gegen Datenverlust der Management-Komponenten

Gegen Datenverlust hilft eine Backup-Sicherung der Konfiguration. Dabei unterstützt Sie der SDDC Manager.

Details dazu finden Sie in der Produktdokumentation zu VMware Cloud Foundation, die Sie unter *https://docs.vmware.com/en/VMware-Cloud-Foundation* finden. Die kommenden Abschnitte helfen Ihnen, die weiteren Möglichkeiten einzuordnen.

22.9.2 Ausfall des Gesamtsystems

Wenn Sie sich davor schützen wollen, dass ein gesamtes VMware-Cloud-Foundation-System ausfällt, weil z. B. ein Standort verloren geht, und Sie es auf neuer Hardware wieder aufbauen wollen, beachten Sie folgende Schritte:

- **VMware-Cloud-Foundation-System**: Dokumentieren Sie alle Parameter, die Sie bei der Einrichtung von VMware Cloud Foundation und den Workload-Domains angegeben haben. Dokumentieren Sie auch alle nachträglich vorgenommenen Konfigurationen sowohl im SDDC Manager als auch direkt in den jeweiligen Systemen (vSphere, vSAN, NSX, vRealize Log Insight und allen anderen installierten Systemen).
- **Workloads:** Erstellen Sie regelmäßig Backups von den Workloads. Zum Backup benutzen Sie die gleichen Prozesse und Werkzeuge wie in anderen VMware-Infrastrukturen. Das ist nicht anders als bei VMware Cloud Foundation.

Zur Wiederherstellung installieren Sie VMware Cloud Foundation mit den dokumentierten Parametern, führen alle Konfigurationen durch und stellen die Workloads aus dem Backup wieder her.

22.9.3 Ausfall einzelner Softwarekomponenten

Benutzen Sie die Backup-Funktionen von VMware Cloud Foundation so, wie es in der Produktdokumentation beschrieben ist. Stellen Sie bei Bedarf die betroffenen Komponenten aus dem Backup wieder her.

22.9.4 Ausfall einzelner Server

Die Management-Workload-Domain ist durch VMware HA geschützt, der Ausfall einzelner Server wirkt sich nicht auf den Betrieb aus. Bei den anderen Workload-Domains können Sie die Verfügbarkeit beim Anlegen einstellen. Bei mittlerer oder hoher Verfügbarkeit ist auch hier VMware HA aktiv.

22.9.5 Ausfall einzelner Racks

Beim Design von VMware Cloud Foundation wird angenommen, dass es sehr unwahrscheinlich ist, dass einzelne Racks komplett ausfallen, weil jedes Rack eine redundante Stromversorgung hat. Damit ist der Ausfall eines Racks ungefähr so wahrscheinlich wie der Ausfall eines ganzen Systems. Darum hat VMware bewusst entschieden, die Uplinks ins Rechenzentrum und die Management-Workload-Domain in das erste Rack zu packen, weil auf diese Weise die Gesamtarchitektur einfacher aufzubauen war.

Wenn Sie sich davor schützen wollen, dass das erste Rack des VMware-Cloud-Foundation-Systems ausfällt, und Sie es auf neuer Hardware wiederaufbauen wollen, folgen Sie den gleichen Schritten wie beim Ausfall des Gesamtsystems.

22.10 Ausblick

Sie haben nun einen ersten Einblick in VMware Cloud Foundation gewonnen. In dieser Welt wird die Infrastruktur automatisiert bereitgestellt. Die Architektur ist fest vorgegeben, und Sie konzentrieren sich darauf, die IT-Services aufzubauen und zu betreiben.

Es geht weiter mit VMware Cloud Foundation

Dies ist der Anfang eines Wegs. Im Laufe der Zeit wird sowohl die Automatisierung als auch die Flexibilität von VMware Cloud Foundation zunehmen:

- Unternehmensinstallationen im Produktionsmaßstab durch verbesserte VCF-Funktionen (Sicherheit, Upgrades und Wiederanlauf), durch bessere Skalierung für Kapazität und Management und durch Hinzufügen von Ecosystem-Partnern.
- Modern Application Platform mit Integration von Kubernetes und Tanzu in vSphere, CI/CD und verbesserte Installation der Infrastruktur.
- Multi-Clouds, Edge- und Cloud-Dienste mit Multi-Cloud-Lösungen durch HCX und VCD und der Erweiterung der Edge-Funktionalität.

Speziell die Edge-Funktionalität für VCF Remote Cluster wird in zukünftigen Versionen erweitert werden, sodass VCF Remote Cluster sowohl als:

- Workload-Domain wie auch als
- gemeinsamer Cluster

installiert werden können.

Damit ergeben sich in der Zukunft verschiedene Vorteile, wenn Sie

- Ihre Remote-Ressourcen einfach nur nutzen möchten und nicht so viel Zeit mit Planung und Pflege der Infrastruktur verbringen wollen,
- Full-Stack-Infrastruktur so nah wie möglich an den entfernten Anwendungen platzieren möchten, um Latenzzeiten und Overhead zu minimieren, oder wenn Sie
- alle entfernten Systeme von einem zentralen VCF-Standort aus mit minimaler Hardware und ohne Personal an entfernten Standorten verwalten wollen.

Typische Anwendungsfälle könnten sein:

- Datacenter-Erweiterungen (z. B. verteilte Anwendungen oder Anwendungen mit hohem Rechenaufwand),
- Zusammenfassung von Anwendungen in entfernten Locations (z. B. Point of Sale im Filialnetz),
- Datenverarbeitung in den entfernten Locations (z. B. AI und Analytics).

Bitte informieren Sie sich über die neuesten VCF-Versionen und die erweiterte Funktionalität auf den VMware-Webseiten oder mithilfe Ihres VMware-Sales-Teams.

Index

C

D

E

F

G

H

I

J

K

L

M

N

O

P

Q

R

S

T

U

V

W

X

Z